中華人民共和國國務院批准的重大文化出版工程

國家文化發展規劃綱要的重點出版工程項目

新聞出版總署列爲「十一五」國家重大工程出版規劃之首

國家出版基金重點支持項目

中華大典

數學典

山東出版傳媒股份有限公司
山東教育出版社

圖書在版編目（CIP）數據

中華大典. 數學典. 數學概論分典 /《中華大典》工作委員會,《中華大典》編纂委員會. —濟南：山東教育出版社，2018

ISBN 978-7-5328-9810-7

Ⅰ.①中… Ⅱ.①中… ②中… Ⅲ.①百科全書—中國 ②數學—中國 Ⅳ.①Z227②01

中國版本圖書館CIP數據核字（2018）第084898號

中華大典·數學典·數學概論分典

編　　纂：《中華大典》工作委員會
　　　　　《中華大典》編纂委員會
主管單位：山東出版傳媒股份有限公司
出版發行：山東教育出版社
　　　　　地址：濟南市緯一路321號　郵編：250001
　　　　　電話：（0531）82092664　網址：www.sjs.com.cn
排　　版：南京展望文化發展有限公司
印　　刷：山東臨沂新華印刷物流集團有限責任公司
版　　次：2018年5月第1版
印　　次：2018年5月第1次印刷
開　　本：787毫米×1092毫米　1/16
印　　張：55.25
字　　數：1770千
印　　數：1—1000

定價：500.00圓

《中華大典》工作委員會

主　任：柳斌傑
金人慶

副主任：李　彥　于永湛　鄔書林　張少春　李衛紅
周和平　陳金泉　李静海

委　員：張小影　伍　傑　朱新均　吴尚之　孫　明
王家新　徐維凡　劉小琴　毛群安　遲　計
曹清堯　彭常新　王志勇　潘教峰　姜文明
王　正　石立英　安平秋　陳祖武　詹福瑞
戴龍基　宋焕起　孫　顒　陳　昕　魏同賢
王建輝　朱建綱　高紀言　莫世行　段志洪
李　維　何學惠　甄樹聲　馮俊科　譚　躍
羅小衛　王兆成

《中華大典》辦公室

主　　任：于永湛

副 主 任：伍　傑
　　　　　姜學中

編　　審：趙含坤
　　　　　崔望雲
　　　　　馮寶志
　　　　　宋志英
　　　　　谷笑鵬

封面裝幀設計：章耀達

《中華大典》編纂委員會

《中華大典》前言

《中華大典》是運用我國歷代漢文古籍編纂的一部大型工具書。其目的是爲學術界及願意瞭解中國古代珍貴文化典籍的人士提供準確詳實、便於檢索的漢文古籍分類資料。

中國是世界文明古國之一，幾千年來纂寫和聚集的文化典籍浩如烟海。我國歷代都有編纂類書的優良傳統，具有代表性的《永樂大典》等大多已佚失，現存《古今圖書集成》編就距今也已數百年。爲了適應今天和以後研究和檢索的需要，一九八八年海内外三百多位專家學者和各古籍出版社同仁倡議，在已有類書的基礎上，用現代科學方法編纂一部新的類書《中華大典》。

國務院在關於編纂《中華大典》問題的批覆中指出，編纂《中華大典》「是我國建國以來最大的一項文化出版工程」。本書所收漢文古籍上起先秦，下迄清末，約三萬種，達七億多字，分爲二十四個典，近百個分典，内容廣博，規模宏大，前所未有。

《中華大典》的編纂工作堅持科學態度和百花齊放、百家争鳴方針。儘量採用古精校精刻本，優先採用我國建國後文獻學和考古學的優秀成果。對傳統文化中重要的不同學派的資料，兼收并蓄。運用現代圖書分類的方法，對收集到的資料，精選、精編，力求便於檢索、準確可信。

這項工作從開始起就受到中共中央、國務院和有關部門的重視和支持。國家主席江澤民、國務院總理李鵬分別爲《中華大典》題詞。江澤民的題詞是「同心同德群策群力認真編好中華大典爲建設有中國特色的社會主義服務」。李鵬的題詞是「繼承和弘揚民族優秀傳統文化」。全國政協主席李瑞環、國務委員李鐵映也作了重要指示，要求抓緊辦理。一九九〇年五月，國務院批准《中華大典》爲國家重點古籍整理項目。一九九二年九月，正式成立了《中華大典》工作委員會和《中華大典》編纂委員會，召開了《中華大典》工作、編纂會議。自此，《中華大典》的編纂工作由試點轉入正式啓動，逐步鋪開。

編纂《中華大典》，學術性很强，工作量很大，工程十分艱巨，全賴廣大專家學者和全國各有關高等院校、科研院所、圖書館、出版單位的鼎力支持與積極參與。大家本着弘揚中華民族優秀文化的心願，發揚奉獻精神，克服各種困難，團結協作，給這部巨大類書的出版提供了根本保證。在此謹表示誠摯的謝意。

對本書的批評與建議，我們將十分歡迎。

《中華大典》編纂委員會

一九九七年四月

二〇〇六年十一月修訂

《中華大典》編纂通則

一、性質：《中華大典》（以下簡稱《大典》）是對漢文古籍（含已翻譯成漢文的少數民族古籍）進行全面的、系統的、科學的分類整理和彙編總結的新型類書，是在繼承歷代類書優良傳統、考慮漢文古籍固有特點的基礎上，借鑒和參照近代編纂百科全書的經驗和方法編纂而成。編纂《大典》的目的，是爲學術界及願意瞭解中國古代珍貴文化典籍的人士提供各種分門别類的、準確詳細的古代漢文專題資料。

二、規模和體例：《大典》所收古籍的時限，上自先秦，下迄辛亥革命。全書共收各類漢文古籍三萬餘種，七億多字。全書體例，着重汲取清代《古今圖書集成》所採用的經目和緯目相交織這一統一框架結構的模式，同時參照現代科學的學科、目録分類方法，並根據各類學科内容的實際情況，一般將每一大類學科輯爲一典，也有將幾個相關學科共輯爲一典的。對各典名稱，均以現代學科命名，對於所收入的各種古籍資料，亦儘可能納入現代科學分類體系之中。

三、經目：大典共分二十四個典，即哲學典、宗教典、政治典、軍事典、經濟典、法律典、教育典、語言文字典、文學典、藝術典、歷史典、地理典、民俗典、數學典、物理化學典、天文典、地學典、生物學典、醫藥衛生典、農業典、林業典、工業典、交通運輸典、文獻目録典。典以下以分典、總部、部、分部分級，分部之下的標目根據各學科特點由各典自行擬定。

四、緯目：共設置九項緯目，用以包容各級經目的具體内容：

（一）題解：對有關學科的名稱、概念、含義、特點等作總體介紹的資料。

（二）論説：有關理論部分的資料。

（三）綜述：有關學科或事物的系統性資料，凡有關學科或事物的性狀、制度、範疇、特點及學科地位、發展情況等具體内容均編入此緯目中。

（四）傳記：有關人物的傳記資料。

（五）紀事：有關學科或事物的具體活動或事例的資料。

（六）著録：重要人物或文獻的有關著作資料，如專集介紹、序跋、藏書題記，以及有關著作的成書經過、版本源流等。

（七）藝文：有關屬於文學欣賞性的散文或韵文。

（八）雜録：凡未收入以上各緯目，而又有較高參考價值的資料，均入雜録。

（九）圖表：根據有關經目的内容需要，圖與表附於相關專題之下，或集中彙總於某級經目之後。

《大典》以内容分類安排各級緯目，各級緯目的正文，一般以原書爲單位，按時代順序排列。每一條資料前標明出處，包括書名或作者名、篇名或卷次，以利讀者核對原書。

五、書目：每分典後附有該分典所收書之書目，書目包括書名、作者、時（年）代、版本等内容。時代以成書時代爲準，成書時代不詳者，以作者主要活動時代爲準，並遵從歷史習慣。

六、版本：《大典》在選用版本時儘量採用古人的精校精刻本，亦採用學術界通用的近、現代整理圈點本及現代學者校點整理本。

七、校點：爲儘可能保存古籍原貌，《大典》祇對底本中明顯的脱、訛、衍、倒進行勘正。古本中的避諱字一般不作改動，祇對缺筆字補足筆劃。後人刻書時避當朝人諱而改動的字，據古本改回。《大典》採用新式標點法。

一九九六年八月

二〇〇六年十一月修訂

《中華大典·數學典》編纂委員會

名譽主編：吴文俊

主　　編：郭書春

副 主 編：郭世榮　馮立昇

編　　委：（按姓氏拼音爲序）

鄧　亮　鄧可卉　董　傑　段耀勇　馮立昇

付　佳　高　峰　郭金海　郭世榮　郭書春

李民芬　劉　飛　劉建軍　劉芹英　呂興焕

潘澍原　宋　華　宋建昃　特古斯　童慶鈞

王雪迎　徐　君　徐澤林　楊　楠　姚　芳

張　祺　張　昇　張俊峰　趙栓林　鄭振初

鄒大海

《中華大典·數學典》項目領導小組

項目負責人：劉東傑　陸　炎
項目聯絡人：陸　炎　韓義華
項目組成員：（按姓氏拼音爲序）
白漢坤　陳　霞　韓義華　胡明濤
劉　純　陸　炎　孟旭虹　齊　飛
石　静　孫金棟　吴江楠

《中華大典·數學典》序

數學是中國古代最爲發達的基礎科學學科之一。《中華大典·數學典》在保留中國古代數學的特色基礎上，運用現代數學的觀念和方法，對遠古到清末（一九一一年十二月三十一日）以前在中國疆域范圍內産生的漢文數學典籍以及文史典籍、出土文物等中，有關數學概論、數學成就、數學家、數學教育及規章制度、數學與社會經濟及思想的關係等等的資料，進行系統的整理、分類、彙編，以期爲中國科學史和文化史、數學和數學史的研究者、愛好者提供準確、全面、可信的學科資料。

由於中國古代數學的形態及術語、表達方式與人們現在學習的數學迥然不同，爲了便於讀者閱讀，在此有必要簡要介紹一下中國古代數學的發展概況、典籍、成就、特點、弱點及其在世界文明史、科學史和數學史上的地位。

數、算、算數、筭術、算學、數術和數學

數學在先秦通常稱爲「數」。《周髀筭經》中周公稱精通數學的商高「善數」。「數」在西周初年被列爲貴族子弟受教育的「六藝」即六門科目之一。它有九個分支，稱爲「九數」，表明數學在當時已經初步形成爲一門學科。不過當時「九數」的内容尚不清楚。數學需要計算，自然被稱爲「算」（筭）。三國魏劉徽稱編纂《九章筭術》的張蒼、耿壽昌「善筭」。計算當然是「數」的運算，數學又稱爲「筭數」。《世本》云「隸首作筭數」，一作「隸首作數」。唐之前通常將數學方法稱爲「術」，秦漢時期也有作「朮」「述」者。《周髀筭經》中陳子荅榮方問中有「筭數之術」和「筭術」，後者實際上是前者的簡稱。東漢許慎《説文解字》云：「筭，長六寸，計歷數者。從竹，從弄，言常弄乃不誤也。」清段玉裁云：「此謂筭籌，與算數字各用……古書多不別。」「筭」有一個同音字「算」。許慎《説文》云：「算，數也，從竹，從具，讀若筭。」就是説，許慎和段玉裁都認爲「筭」主要指算籌，而「算」指計算。然而古代數學著作中訓計算者亦多用「筭」字，鮮有用「算」者。清代

以降，才多用「算」字，鮮有用「筭」者。自然，數學又稱爲「筭學」或「算學」，隋唐國子監設算學館。西漢之後又有「數術」之名，成帝「詔咸校數術」，劉歆《七略》之數術略包括天文、曆譜、五行、蓍龜、雜占、形法六類圖書，算術書《許商筭術》等列入曆譜類。南宋數學家秦九韶將「數術之書」分爲外算、内算兩類，外算指現今之數學書，内算指象數書。「數術」有一同義語「數學」，大約起源於北宋，既指象數學，如邵雍便以研究數學聞名，《宣和遺事》云：陳摶「精於數學，預知未來之事」，也指象數學。秦九韶自述「嘗從隱君子受數學」，這裏的「數學」大約包括象數學和現今數學兩種内容。而著名數學家榮棨在南宋初年説《九章筭術》「凡善數學者人人服膺而重之」，元大數學家朱世傑被譽爲「數學名家」，這裏的「數學」當然是現今所説的數學。此後「算學」「數學」一直並用。一九三九年六月，中國數學會決定廢止術語「算學」，只用「數學」。

不言而喻，古代的術語算術、算學等對應于英文的mathematics而不是arithmetic。在初等範圍之内，它包括今天數學教科書的算術、代數、幾何、三角等方面的内容。即使是微積分等高等數學傳入中國之後，也被納入算學的範疇。

十進位值制記數法和算籌、籌算、珠算

中國古代數學一直使用十進位值制記數法，它比十進非位值制簡潔，比其他進位制的位值制方便，是當時世界上最優越的記數制度。十進位值制記數法什麽時候完成的，已不可考。《墨經・經説下》：「一少於二而多於五，説在建位。」其《經説下》：「五有一焉，一有五焉，十二焉。」反映了墨家對十進位值制記數法中同一數字在不同的位置上表示不同數值的認識。經文是説：一在個位上表示一，故小於二，而在十位上表示十，則比五多。經説是説：從個位看一，五中包含有一，從十位看一，有兩個五，可見一中包含有五。這表明最晚在春秋時代，十進位值制記數法已經相當完善，它的産生當在西周。事實上，殷墟甲骨文數字和金文數字都是十進制，並有了位值制萌芽。

宋元之前的主要計算工具是算籌，又稱爲算、籌、策、算子等。它通常用竹或木製作，也有用象牙或骨製造的。《漢書・律曆志》云：「其算法用竹，徑一分，長六寸。」徑約合今〇.二三釐米，長約一三.八釐米。在長期使用過程中，算籌逐步由長變短，截面由圓變方。算籌是甚麽時候産生的，亦不可考。《老子》説「善數者不用籌策」。《左傳・襄公三十年》（公元前五四三年）記載一個字謎：「史趙曰：亥有二首六身，下二如身，是其日數也。士文伯曰：然則二萬六千六百有六旬也。」亥

字拆開來爲‖T⊥T，即二六六六〇日。這都説明，算籌最遲在春秋時期已經普遍使用。上世紀以來在戰國秦漢墓葬發現的算籌很多，其形制與《漢書·律曆志》的記載基本一致。

現存資料中，算籌數字的記數法則最先出現在《孫子筭經》卷上，而《夏侯陽筭經》更爲完整：「一從十橫，百立千僵，千十相望，萬百相當。滿六以上，五在上方。六不積算，五不單張。」可見，算籌數字分縱橫兩式，縱式表示個位數、百位數、萬位數……橫式表示十位數、千位數、十萬位數……一至九的算籌數字與阿拉伯數字對應如下：

數字	1	2	3	4	5	6	7	8	9
縱式	𝍠	𝍡	𝍢	𝍣	𝍤	𝍥	𝍦	𝍧	𝍨
橫式	𝍩	𝍪	𝍫	𝍬	𝍭	𝍮	𝍯	𝍰	𝍱

用這種縱橫相間的算籌，加上用空位表示〇，可以表示任何自然數、分數、小數、負數，以及多項式、一元方程、綫性方程組與多元高次方程組。這種記法十分便於進行加減乘除四則運算、開方及方程組消元等其他運算。加之漢語中的數字都是單音節，容易編成口訣，促進籌算的乘除捷算法向口訣的轉化，並導致珠算最遲在南宋產生。

珠算和珠算盤在明代之後對中國和東亞各民族的生產生活發生了極大的影響，至今爲人們所使用。而在計算機普及的今天，人們更加重視珠算的教育及開發人類智力的功能。二〇一三年十二月四日聯合國教科文組織政府間委員會第八次會議審議通過：將「中國珠算——運用算盤進行數學計算的知識與實踐」列入人類非物質文化遺產代表作名錄。其決議指出：「珠算不僅是一種計算工具，而且是『一直適用於日常生活的許多領域，具有多重的社會文化功能，爲世界提供了另一種知識體系』。」

數學典籍

歷代數學家的數學著述是數學進步的腳印，是數學成就的載體。中國古代的數學著述通常稱爲「某某筭術」，唐初李淳風等整理漢唐十部算書，大約爲了提高數學的地位，並與列入國子監其他館的儒家經典相匹配，統統改爲「筭經」。清中葉開辦《四庫全書》館，戴震整理漢唐算書，遂改爲「算經」，有的改爲「算術」。清末以前出現過多少數學著作，不得而知。有學者估計，自漢至清末所存者有二千餘種。由於清代翻刻著作很多，而翻刻時又常改名，同書異名者很多，精確統計的難度很大，不過說現存千種左右，還是可信的。

先秦數學著作在西漢末年前已全部失傳，《漢書·藝文志》已不見先秦數學著作的記載。所幸二十世紀八十年代起，有幾批先秦、秦漢數學簡牘出土或被收藏，填補了西漢初年以前數學著作的空白。漢簡《筭數書》等是從幾部著作中摘抄而成的，說明先秦出現了不止一部數學著作。二十四史《藝文志》《經籍志》所著録的西漢至明末的算經亦大多亡佚，目前僅存不足四十種。因此，對明末以前的中國古代數學而言，目前衹能瞭解幾個片斷或幾個點。上面所述千種著作，大多數產生於明末之後，尤其是清中葉之後。

中國古代數學著作有很大的差異。

首先它們的體例不同。二十世紀許多著述將《九章筭術》等中國古代數學著作統統稱之爲應用問題集，甚至說都是「一題、一答、一術，概莫能外」，術都是應用問題的具體解法。然而只要打開《九章筭術》，就會發現這種看法並不符合事實，因而是錯誤的。實際上，《九章筭術》的主體部分或先列出一個或幾個問題，然後給出抽象、嚴謹、普適性的術文，或先給出抽象、嚴謹、普適性的術文，再列出若干應用題。顯然，這裏以術文爲中心，採取了術文統率例題的形式。應當指出，這種形式在秦漢數學簡牘佔有相當大的比重。但是，確實有一部分著作，如《孫子筭經》等，採用應用問題集的形式，不僅是「一題、一答、一術」，而且術文都是應用問題的具體解法。

其次，它們的內容高深程度不同。《周髀筭經》《九章筭術》《海島筭經》《緝古筭經》《黄帝九章筭經細草》《數書九章》《測圓海鏡》《詳解九章筭法》《筭學啓蒙》《四元玉鑒》等是具有高深內容的著作，《孫子筭經》《張丘建筭經》《五曹筭經》《夏侯陽筭經》《楊輝筭法》《九章筭法比類大全》《筭法統宗》等都是淺顯的或普及性的著作。

第三，抽象程度不同。抽象性是數學的重要特點。前已指出，《九章筭術》主體部分的術文大都是抽象性非常高的公式、算法，劉徽《九章筭術注》、賈憲《黄帝九章筭經細草》等進一步抽象了《九章筭術》抽象程度不高的術文。《測圓海鏡》卷一展示了全書所需的基本理論，其「圓城圖式」用漢字記點，是個創舉；其「識別雜記」提出六百餘條抽象命題，集中國句股容圓知識之大成；卷二在「洞淵九容」基礎上以非常抽象的形式表示了句股形與圓的十種基本關係。許多著作中也都有不同程度的抽象命題。而《九章筭術》的一少部分，以及《孫子筭經》《五曹筭經》《夏侯陽筭經》《九章筭法比類大全》《筭法統宗》等的術文大都是具體問題的演算細草。

第四，嚴謹性不同。嚴謹性也是數學的一大特點，是數學著作的生命綫。《九章筭術》《海島筭經》《孫子筭經》《張丘建筭經》《緝古筭經》《夏侯陽筭經》《黄帝九章筭經細草》《數書九章》《測圓海鏡》《詳解九章筭法》《楊輝筭法》《筭學啓蒙》《四元玉鑒》《筭學寶鑒》《句股算術》《測圓海鏡分類釋術》《弧矢算術》《測圓算術》，以及明末至清末許多著作等的算法都很嚴謹，而《五曹筭經》《算法全能集》《詳明算法》《九章筭法比類大全》等的錯誤比較多，甚至重複某些已被前人糾正了的錯誤。

此外，在是不是有數學推理和證明上，當然更是不同的。

中國古代數學的分期

數學史的分期應以數學内部的發展爲主要依據，同時考慮相應時期的社會經濟、政治的變革和思想、文化背景。

自遠古到西周是中國古代數學的萌芽階段，完成了十進位值制記數法，創造了算籌，創造了畫圓的工具規和畫方的工具矩。規矩不僅是數學作圖的工具，而且成爲表示中華民族禮法和道德規範的習慣用語。當時還掌握了簡單的測望技術及對句股定理的初步認識。

《九章筭術》在西漢由張蒼、耿壽昌刪補成書，奠定了中國傳統數學的基本框架，在分數四則運算、比例和比例分配算法、盈不足算法、開方法、綫性方程組解法、正負數加減法則、解句股形和句股數組等方面走在了世界的前面。根據劉徽《九章筭術注·序》「九數之流，《九章》是矣」的提示和《九章筭術》所提供的物價等資料的分析，《九章筭術》的主體部分與「九數」暗合，表明它在春秋戰國時期已經完成了。因此，中國傳統數學的第一個高潮出現在春秋戰國，西漢完成《九章筭術》等著作的編纂，是這個高潮的總結。秦漢數學簡牘雖然不是《九章筭術》的前身，卻爲上述看法提供了佐證。因此，春秋戰國秦漢是奠定中國數學基本框架的階段。

魏景元四年（公元二六三年）劉徽撰《九章筭術注》，「析理以辭，解體用圖」，提出了許多嚴格的數學定義，並以演繹邏輯爲主要方法全面證明了《九章筭術》的算法，奠定了中國傳統數學的理論基礎。他在世界數學史上首次將極限思想和無窮小分割方法引入數學證明。祖冲之父子《綴術》的數學水平不會低於劉徽，遺憾的是，由於隋唐算學館的學官對其「莫能究其深奥，是故廢而不理」，導致其失傳，我們只知道祖冲之將圓周率精確到八位有效數字等隻鱗片爪。此外，汉末《數術記遺》，南北朝《孫子筭經》《張丘建筭經》，唐初《緝古筭經》等，在計算工具的改進、不定方程解法、三次方程上有貢獻。唐初李淳風等整理漢唐十部算經，是中國數學框架確立和理論奠基時期著作的總結。總之，自東漢末至唐中葉是中國古代數學完成其理論體系的階段。

自唐中葉起，人們簡化乘除運算，創造各種口訣，導致珠算最遲在宋代誕生。另一方面，北宋賈憲撰《黄帝九章筭經細草》、南宋秦九韶撰《數書九章》，楊輝撰《詳解九章筭法》《楊輝筭法》，元李冶撰《測圓海鏡》《益古演段》，朱世傑撰《筭學啓蒙》《四元玉鑒》等，在高次方程解法（增乘開方法和正負開方術）、設未知數列方程（天元術）、高次方程組解法（四元術）、一次同餘方程組解法（大衍總數術）、垜積術和招差術等高深數學的許多分支，取得了超前其他文化傳統的成果。這就是人們常說的宋元籌算高潮的階段。

元中葉到明末，人們繼續改進籌算、珠算技術，珠算得到普及，並最遲在明中葉之後完全取代籌算，完成了中國計算工具的改革。數學家的興趣在爲人們日常生產生活提出的問題服務上。因此，中國傳統的高深數學急劇衰落，明代數學家没有一個能看懂宋元時期的重大數學貢獻，漢唐宋元數學著作也瀕於失傳。中國數學在東漢、隋唐都出現過衰微，但三五百年後便重新繁榮。即使是衰微的時候，其水平也不低於當時其他文化傳統的數學。而元中葉和明代的這次衰微卻使中國數學失去了在世界上領先的地位，並且長達六七百年。

正當中國明代數學衰微的時候，西方卻經歷着文藝復興，發達的古希臘數學被重新發掘出來，同時引進東方的數學方法，創造了若干新的數學分支和方法，超過了中國。明末利瑪竇等傳教士將《幾何原本》等西方初等數學傳入中國，隨後傳教士又傳入三角函數和對數，給中國數學注入了新的血液，中國從此邁入了中西數學融會貫通的新階段，徐光啓、李之藻、梅文鼎等都做出了貢獻。一七二三年，雍正帝將傳教士除在欽天監供職者外悉數趕到澳門，西方數學知識的傳入中斷，中國數學家一方面繼續消化前此傳入的西方數學知識，一方面致力於傳統數學著作的發掘、整理和研究，《九章筭術》《數書九章》《測圓海鏡》《筭學啓蒙》《四元玉鑒》等漢唐宋元許多著作重新面世，並取得了一些新的研究成果。李善蘭的尖錐術則踏到了微積分的門檻。西方列强通過鴉片戰争轟開了清帝國的大門，微積分等近代數學傳入中國，中國數學開始跨入變量數學。

有清一代，官方對數學教育之重視，知識份子對數學認識之高，數學家對數學研究之執着，出版數學著作之多，涉及的數學分支之廣泛，遠遠超過歷代任何一個王朝，其數學水平也超過了宋元，但是與世界數學先進水平的差距卻越來越大。不過，近代數學知識的廣泛傳播，人們對數學認識的提高，爲中國數學在二十世紀完全融入世界統一的數學準備了必要的條件。

中國古代數學的特點

中國傳統數學有自己明顯的特點。

首先，與古希臘將數學看成思辨的產物、鄙視實際應用不同，中國傳統數學注重數學理論密切聯繫實際。《周易·繫辭下》云：庖羲氏作八卦，「以通神明之德，以類萬物之情」，劉徽將其寫入《九章筭術注·序》，遂成爲中國古代對數學作用的代表性論述。但是宋元之前的數學家幾乎都不關心「通神明」，而專注於「類萬物」，正如南宋數學家秦九韶所說「數術之傳，以實爲體」。因此，人們認爲數學是艱深的學問，但又認爲不是不可以研究的，正如金元數學家李冶所説：「謂數爲難窮，斯可。謂數爲不可窮，斯不可。」

其次，中國傳統數學以計算爲中心。所有的問題，包括現今所謂幾何内容都是計算面積、體積、句股測望等問題的長度的公式、解法。劉徽説數學「其能窮纖入微，探測無方。至於以法相傳，亦猶規矩度量可得而共」，道出了中國傳統數學中數與形相結合，幾何問題都要化成算術、代數問題求解的特點。宋元時期，數學家發明了天元術，將幾何問題通過天元多項式，化爲一元方程求解。後來又創造了二元術、三元術、四元術，即二元、三元、四元高次方程組。這就是幾何學代數化。

還有，位值制在中國傳統數學中有特殊的作用。位值制的思想不僅體現在記數與數學運算中，而且貫穿於求解過程中。這大大方便了計算。

更重要的是，正如吴文俊先生所指出的，構造性與機械化是中國古代數學的兩大特色，貫穿其始終。所謂構造性數學是指從某些初始條件出發，通過明確規定的操作展開的數學理論。所謂機械化，就是刻板化和規格化。中國古代的分數四則運算法則、盈不足術、方程術即綫性方程組解法、劉徽求圓周率的程序、開方術和求高次方程正根的增乘開方法、設未知數列方程的天元術、求解多元高次方程組的四元術、大衍總數術即一次同餘方程組解法等，都是典型的構造性和機械化方法。吴文俊受中國傳統數學的構造性和機械化特點的啟發，開創了數學機械化理論。

中國古代數學的弱點和理論研究

對數學理論研究不够重視，是中國古代數學的突出弱點。一個明顯的事實是，大多數數學著作的本文没有數學定義、推理，更没有數學證明，一部分著作是「一題、一答、一術」的應用問題集，甚至没有抽象性、普適性的術文，還有個别錯誤解法長期流傳，得不到糾正。其次，二千餘年間，許多著作沿襲「九數」框架，有的按應用，有的按數學方法，分類標準不同一。但是，國内外數學界和學術界，包括對中國古代數學成就十分推崇的某些學者在内，也多認爲中國古代數學的所謂成就都是經驗的積累，没有數學理論，則是不完全符合事實，因而是不正確的。

所謂數學理論，最主要的有兩個方面：首先是具有普適性的抽象性的嚴謹算法。其次是關於這些算法的推理和論證，以及數學定義，並且其推理和論證主要是演繹的。前已指出，許多著作中存在大量抽象性術文，它們正如先秦數學家陳子所概括的具有「言約而用博」的特點。這當然是數學理論。

另一方面，李冶的《測圓海鏡》《益古演段》，楊輝的《詳解九章筭法》《楊輝筭法》，王文素的《筭學寶鑒》等都有不同程度的定義、推理和論證。而最妙的推理與證明往往在後人給筭經的注解中，如趙爽《周髀筭經注》的句股圓方圖注，劉徽的《九章筭術注》。因爲是注解，往往被人忽視。只要認真考察劉徽的《九章筭術注》就會發現，現今形式邏輯教程中關於演繹推理的幾種主要形式，如三段論、關係推理、假言推理、選言推理、聯言推理、二難推理等演繹邏輯的最重要的推理形式，以及數學歸納法的雛形，劉徽都嫻熟地使用過，而且没有任何循環推理。有人説中國古代數學中没有形式邏輯，尤其没有演繹邏輯，「在從實踐到純知識領域的飛躍中，中國數學是未曾參與過的」，顯然是不符合事實的。

由此可見，中國古代實際上存在着純數學研究。就實際應用而言，《九章筭術》和許多數學著作提出的公式、算法，只要能夠無數次的應用，並且在應用中表明它們正確就夠了，不證明之，並不影響它們的應用。劉徽對《九章筭術》的公式、算法進行了全面而且基本上是嚴謹的證明，顯然是純數學的活動。同時，對計算中精確度的追求，比如，劉徽對開方不盡時提出求

「微數」的思想，以十進分數逼近無理根，劉徽、祖冲之將圓周率精確到三位，五位，甚至八位有效數字，都不是人們的實際需要，而是純數學活動，是數學發展的需要。

中國古代數學在世界數學史上的地位

人類進入文明社會以來，世界數學研究的重心發生了幾次大的變化。先是約公元前三十一世紀開始的尼羅河流域數學和約公元前二十四世紀開始的兩河流域數學。公元前七世紀起希臘地區取代了上述地區，數學非常發達。約公元前三世紀至公元十四世紀初，中國取代古希臘，成爲世界數學研究的重心；後來印度、阿拉伯地區的數學也發展起來。十六、十七世紀，歐洲數學伴隨着文藝復興，度過了中世紀的黑暗，進入變量數學時代。從此，歐洲以及二十世紀的蘇聯、美國一直佔據着世界數學研究的重心位置。另一方面，在歷史長河中，數學機械化算法體系與數學公理化演繹體系曾多次反復互爲消長，交替成爲數學發展中的主流。可見，從公元前三世紀至十四世紀初，中國數學屬於世界數學的主流。正是以中國數學爲其源頭和重要組成部分的東方數學傳到歐洲，與發掘出來的古希臘數學相結合，導致西方數學模式和數學家的數學觀的改變，重視數學計算，走向幾何問題的代數化，從而開闢了文藝復興後歐洲數學的繁榮，並開闢了通向解析幾何和微積分的道路。

《數學典》的編纂

我們在《數學典》的編纂中力圖做到內容全面而沒有重大脱漏，分類科學而基本上沒有交叉重複，取材精當而防止揀小失大，版本精善而擯棄粗製濫造，校點得當而避免錯校誤改，使資料的選編體現全面性、科學性、系統性和實用性。

所謂全面性就是要覆蓋清末以前整個中國數學發展的各個時代，各個分支，各個方面，力求不漏收主要的典籍、重要的數學家與成就。對不同學術流派、觀點和論見要兼收並蓄，不應以編纂者的主觀意見決定其取捨。

所謂科學性就是資料的選編要科學準確地體現中國古代數學的思想、方法、成就、典籍、數學家及各分支的發展情況。所用資料盡可能使用善本。凡是所用典籍有原本者，一般不用後世類書的引文。採集的文字一般自成段落，不割裂文句或斷章取義，不隨意刪節古文，意義不大或不屬於本緯目論題的必須要刪節者則在刪節處綴「【略】」字樣，不將不同段落的內容連綴成一段。

所謂系統性就是要通過所選編的資料系統反映中國古代數學思想、數學方法的真實情況，傳統數學各個分支的發展史，中西數學會通時期各分支的引進、發展、研究的歷史，既展現中國古代數學的整體情況，又使讀者由此可系統瞭解中國數學各分支的發展情況。

所謂實用性就是便於讀者使用。

《數學典》分爲四個分典：

數學概論分典　彙集中國古代在數學著作的序跋、數學典籍的注疏、二十四史的《律曆志》及其他文史典籍中對數學的起源、內容、意義和功用，對數學教育、中外交流，對數學與其他學科的關係等的論述。

中國傳統算法分典　彙集秦漢數學簡牘、漢至清末中國數學著作在分數與率、籌算捷算法和珠算、盈不足術、面積、體積、開方術、句股測望、方程術、天元術和四元術、垛積招差、不定問題、極限思想與無窮小分割方法、數學與天文曆法等方面的主要成就。

會通中西算法分典　彙集明末至清末在算術、代數、數論、幾何和畫法幾何、圓錐曲綫、三角學、對數、冪級數、微積分等方面融會中西算法的成就。由於這一時期傳世的數學著作多，我們對資料進行了精選，而不是有聞必錄。

數學家與數學典籍分典　數學家的傳記是數學史研究的重要方面，然而二十四史中沒有爲數學家立傳（祖沖之、李冶分別以文學、名臣而不是以數學家的身份入二十四史）。數學典籍是數學思想、數學方法和數學成就的主要載體。本分典按漢至唐數學家和著作、宋元數學家和著作、明代數學家和著作、明末至清前期數學家和著作、清中期數學家和著作、清後期數學家和著作彙集歷代典籍中數學家的傳記資料，以及對數學典籍的記述和論述。

每個分典又按專題或數學分支分成若干總部，每個總部之下設若干部，必要時在部下設若干分部，甚至在分部設若干小標題，以使讀者掌握各個專題、分支的原始文獻，並由此瞭解清末以前數學的概貌。

由吳文俊、任繼愈、席澤宗三位大師推薦，我主持《中華大典·數學典》的編纂，勉爲其難。好在有郭世榮、馮立昇和各位同仁的鼎力相助，在《數學典》立項第十年之時，完成了編纂。在《數學典》即將付梓之時，我們特別懷念李儼、錢寶琮、任繼愈、嚴敦傑、席澤宗、李迪等先生。李儼、錢寶琮是中國數學史學科的奠基人，他們開闢草萊，篳路襤褸的著述使我們能够從橫觀上把握中國數學史的發展歷程。李儼的中算藏書，海内外獨步，去世時贈中國科學院中國自然科學史研究室（今自然科學史研究所）圖書館，爲我們的編纂提供了得天獨厚的條件。嚴敦傑、李迪是中國數學史事業的主要繼承者，李儼的藏書主要是嚴敦傑帮助採購的，李迪桃李滿天下，《數學典》的大半編纂者是李迪門下或再傳弟子。著名學者、《中華大典》總主编任繼愈、副主編席澤宗生前不斷親自指導《數學典》的編纂，經常耳提面命。特別要感謝當代中國數學泰斗、《中華大典》副主編、《數學典》名譽主編吴文俊先生，他四十年來一直倡導支持中國數學史研究，十年來一直關心《數學典》的編纂。感謝中國科學院基礎局、規劃局和自然科學史研究所、内蒙古師範大學、清華大學等高等院校及其圖書館、國家圖書館，它們爲《數學典》的編纂提供了良好的工作條件和豐富的數學典籍。感謝數學史界同仁，他們近四十餘年在數學史園地的辛勤耕耘，使「文革」前研究基礎最爲堅實的中國數學史學科度過了因「文革」十年和中國數學史已成爲「貧礦」的迷信而造成的低潮，煥發出青春，在先秦和秦漢數學簡牘、《九章筭術》及其劉徽注、宋元數學、明清數學、中日中韓數學交流等領域取得了豐碩成果，爲《數學典》的編纂打下了良好的基礎。感謝國家出版基金委和中國科學院提供了必要的經費，感謝中華大典工作委員會及其辦公室的領導，感謝山東教育出版社，他們爲《數學典》的編纂出版盡心竭力，保證了《數學典》編纂工作的順利進行。當然，更要感謝參加編纂工作的各位先生，他們都具有碩士、博士學位，都是中國數學史學科的科研骨干或學術帶頭人，並承担繁重的科研和教學任務，有的還是教學和科研單位的領導或有的單位的領導幹部，在繁重的科研、教學和日常工作之暇，妥善安排，圓滿完成了編纂工作。

由於清末以前的數學典籍卷帙浩繁，有許多著作，尤其是某些明清典籍，尚未深入、系統研究，加之我們自己的水平有限，儘管廢寢忘食，全力以赴，仍不免有缺憾和不足，懇請方家和廣大讀者不吝指正，則不勝感激之至。

郭書春

乙未　羊年春節　於北京華嚴北里寓所

《中華大典·數學典》總目

中華大典·數學典

數學概論分典

主　編　馮立昇
副主編　鄧　亮

#《數學典·數學概論分典》編纂委員會

主　　編：馮立昇

副 主 編：鄧　亮

編　　委：（按姓氏拼音爲序）

鄧　亮　馮立昇　付　佳　高　峰

郭金海　劉芹英　牛　騰　司宏偉

宋建昃　童慶鈞　王雪迎　張俊峰

鄒大海

《數學典·數學概論分典》編纂説明

《數學概論分典》是《中華大典·數學典》四個分典之一，主要收録中國古代數學的概述性歷史資料，以及中國數學發展演變情況的史料，力圖呈現中國數學發展的歷史脈絡和整體面貌。具體分爲數學的起源與發展、記數法與計算工具、律吕算法與縱横圖、數學教育與考試、中外數學交流、中西數學關係與比較六個總部。考慮到與其他分典的關係以及篇幅大小的限制，並未彙集完備的相關資料，而是有目的地選擇了其中部分重要相關内容。下面將本分典各總部情況做一介紹。

一、數學的起源與發展總部

本總部包括數學的起源部、先秦諸子與數學部、數學的興衰與演進部。

數學的起源部收録了古代文獻中有關數學起源和早期數學活動的記載。在古代，對於數學起源有不同的説法，如認爲數與形的數學概念源於「道」「象」，或認爲數學起源於「河圖」「洛書」等等。傳説中的黄帝時代前後，發明創造甚多，有關數學的記載也頗多，并將數學知識的創造與伏羲、黄帝和隸首等傳説人物聯繫了起來。儘管古文獻中記載的原始社會的數學發明創造與實踐活動有很强的傳説色彩，但這些傳説還是以一定的歷史事實爲基礎的，從不同側面反映了數學起源與初期發展的一些情況。考古發現也提供了數與幾何圖形概念在原始社會已經初步形成的證據。文獻記載也反映了大禹治水時期數學的應用已達到相當的水平，而周公商高時期中國數學一些概念和理論已開始形成。

先秦諸子與數學部對先秦諸子的數學思想與方法進行分類彙集，包括綜合論述和數學概念、數學推理、無限思想與九九術等專題分述。

數學的興衰與演進部包括數學興衰和演進兩個分部，前者彙集了歷代學者對數學興盛與衰落及其成因的論述，後者爲不同時期數學家對傳統數學發展與演進脈絡的梳理。

二、記數法與計算工具總部

本總部包括算籌與籌算記數法部、算盤與珠算部、大數與小數記法部、傳統數學計算工具部、西方傳入的計算工具部。

算籌與籌算記數法部收録了古代文獻與數學典籍中有關算籌制度與籌算記數方法的一些重要記載和説明，包括算籌的形制規格，籌算記數規則和籌式布算與演算方式以及歌訣等内容。

算盤與珠算部彙集了不同時期有關算盤與珠算方法的重要論述，包括算盤形制、圖式、記數與示數方法、珠算歌訣及重要算法説明等。

大數與小數記法部對中國數學典籍中有關大數記法與小數記法的内容進行了彙編，包括大數記法和小數記法兩個分部。大數記法分部内容涉及大數名詞，下數、中數與上數的三等數大數進位制及相應的記數法等。小數記法分部包括小數名詞和相應的記數方法和十進小數進位制等。

傳統數學計算工具部包括九九表、其他記數法與計算工具兩個分部。其中，九九表分部對出土文獻和傳世文獻中的九九乘法表與口訣進行了彙編，其他計算工具分部選録了《數術記遺》及甄鸞注中對多種計數與計算工具的記述。

西方傳入的計算工具部收録了明清時期西方傳入中國的納皮爾籌、比例規的相關資料，包括羅雅谷《籌算》《比例規解》、梅文鼎《籌算》《度算釋例》、方中通《數度衍》、阮元《疇人傳》等著述中的相關内容。

三、律吕算法與縱横圖總部

本總部包括律吕算法部與縱横圖部。

律吕算法部主要收録中國古代律吕算法的相關資料，涉及音律計算和度量衡計算方面的内容，反映了古代數學應用的一個重要方面。收録範圍上起先秦，下訖清代，包括歷代正史律曆志、藝文志、音樂志、算書等典籍文獻中的相關記述。

縱横圖部彙集了歷代文獻和數學典籍中有關縱横圖文獻，不僅包括九宫圖、河圖、洛書及四四圖、五五圖、六六圖、七七圖、八八圖、九九圖、十十百子圖、聚五圖、聚六圖、聚八圖、聚九圖、八陣圖和九宫連環陣圖等各類平面縱横圖及文字解釋，而且還收録了立體縱横圖和相關説明。縱横圖中的各類幻方屬於二十世紀建立的組合數學的内容，但在中國先秦時期就已出現了三階幻方，到宋代又有重大進展，屬於中國古代的重要數學成就之一。

四、數學教育與考試總部

本總部包括古代數學教育部、清末數學教育與考試部。

古代數學教育部彙集了中國古代數學教育發展的重要事件、數學教育與考試制度及數學教科書的文獻，上起先秦，下訖清代。清末數學教育與考試部收録了有關清末數學教育與考試的資料，從十九世紀六十年代開始，訖於一九一一年間。内容包括數學教育制度、數學課藝和數學考試與試題等方面的内容。制度分部收録了京師同文館設立天文算學館、清廷於科舉考試中設立算學科的奏疏，京師同文館課程、學部審定的和《東西學書録》中的數學教科書書目、奏定學堂章程中與新式數學教育制度的確立等内容；課藝分部收録了有代表性的學堂的課藝；考試分部收録了湖北經古場數學試題與考生解，京師同文館、京師大學堂的數學考試試題等。

五、中外數學交流總部

本總部包括中外數學交往與翻譯活动部、數學譯著評介部、數學名詞術語翻譯部。

中外數學交往與翻譯活动部包括中印中阿、中日中朝中越、中西三個分部。中印中阿分部收録了唐代至清代中國與印度、中國與阿拉伯地區在數學交流方面的文獻資料，包括人員交往和數學和曆法計算方面的史料。中日中朝中越分部收録了隋唐時期至清末中國與日本、中國與朝鮮半島、中國與越南在數學交流方面的資料，包括數學家交往、數學著作交流、中國數學教育制度的東傳朝鮮半島、日本及中國引進日本數學等方面的内容，爲了確保史料的客觀和完整性，適當選録了日本和朝鮮半島古代漢文典籍文獻中的相關史料内容。中西分部收録了明清時期西學東漸背景下中國與歐美國家在數學交流方面的資料，主要爲來華傳教士與中國數學家交往與合作翻譯及西方數學傳入過程的其他相關史料。中外數學交流對中國數學的發展及中國數學的對外傳播有重大影響，本部彙集了中外數學交流的重要漢文史料，可以展現歷史上中外數學交流的總體面貌。

數學譯著評介部收録了明末至清末數學譯著的評介性資料，凡八十一種譯著的評介。根據其特點，分作算術、代數、幾何、三角、解析幾何　微積分、數表、算器七個分部。其中，算術分部包括綜論性質的數學著作及啟蒙讀物，代數分部專論代數學，幾何分部包括幾何學及圓錐曲綫的著作，三角分部專論三角學及八綫數理，解析幾何　微積分部專論用代數方法解決幾何問題、微分與積分，數表分部則收録八綫表、對數表等各種數表的介紹，算器分部收録介紹算籌、比例尺及各種新式算器使用方法的著作。本部重點在於收録各種譯著的序跋、目録、凡例，及他書有關該譯著的提要、評論性文字和著録情況，力圖展示明清兩代數學譯著的概貌。

數學名詞術語翻譯部包括算術　代數分部、幾何學　解析幾何分部、三角學分部、微積分相關術語及算式符號分部，收録了清代數學名詞術語翻譯方面的資料，其中包括清代所編中英算術名詞對照表、中英代數學名詞對照表、中英三角學名詞對照表、中英解析幾何名詞對照表和中英微積分名詞對照表以及西方數學符號的漢譯資料。

六、中西數學關係與比較總部

本總部包括中西會通部、西學中源説部、中西比較部。

中西會通部收録了明清之際西方數學傳入後，中國學者消化吸收西方數學後對中西數學進行會通的相關資料，涉及徐光啟、薛鳳祚、王錫闡、梅文鼎等一大批學者的著述。明末以來，以徐光啟提出的「會通—超勝」説爲代表，明清時期湧現出一大批致力於中西數學會通的學者，他們在中西數學會通方面所做的工作對中國數學的轉變和發展有重要影響。中西會通部收録的資料反映了他們的中西數學會通思想。

西學中源説部，彙集了清代西學中源論的相關資料。經康熙皇帝、梅文鼎等人的倡導和闡述，阮元的進一步提倡，西學中源説在清代逐漸確立，一方面方便了對西方數學的學習、研究、會通工作，促進清中葉傳統數學的復興，但又在一定程度上阻礙了對西方數學的深入研究，影響到傳統數學的進一步發展。西學中源説部在收録西學中源論資料的同時，增設西學中源論之反駁分部，收入一些較明顯地反對西學中源説的論述。

中西比較部收録明清學者有關中西數學比較的論述，涉及天文曆算、算術、勾股與幾何、方程天元四元與借根方代數等專題性比較和中西數學的綜合性比較。到晚清時期，代數學、微積分、解析幾何、概率論等西方近代數學新知不斷傳入，雖仍有一些中國學者進行比較與會通工作，但已不得不承認差距，開始傳播與研習西方數學知識，逐漸推進了中國數學的近代化轉變。中西比較部彙集的資料也大體上可以反映這一轉變過程。

《數學概論分典》是在《數學典》編委會指導下集體完成的，編委會多次開會就相關問題、資料取捨與安排等問題進行反復討論。各總部的主編與編纂人員如下：

數學的起源與發展總部：主編鄒大海、張俊峰，編纂人員有馮立昇、牛騰；

記數法與計算工具總部：主編劉芹英、童慶鈞；

律吕算法與縱横圖總部：主編童慶鈞、馮立昇，編纂人員有司宏偉；

數學教育與考試總部：主編郭金海、付佳，編纂人員有馮立昇；

中外數學交流總部：主編王雪迎、高峰，編纂人員有鄧亮；

中西數學關係與比較總部：主編鄧亮、馮立昇，編纂人員有宋建昃。

本分典由馮立昇擔任主編，鄧亮擔任副主編，最後由馮立昇、鄧亮完成統稿工作。

編纂過程中，我們得到山東教育出版社的大力支持和幫助，《數學典》主編郭書春先生對我們的工作也給予了指導和幫助，在此謹代表本分典全體編纂人員表示衷心的感謝！

作爲本分典主編，筆者也非常感謝全體編纂人員幾年來的辛苦工作和積極配合。雖然我們試圖努力把本分典編得更好，但由於本人學識和能力有限，書中一定存在疏誤之處，敬請專家和讀者批評指正！

馮立昇

二〇一六年六月

《數學典・數學概論分典》簡目

中外數學交流總部

中西數學關係與比較總部

中西比較部

引用書目

數學的起源與發展總部

主編 鄒大海 張俊峰

數學的起源部

道分部

題解

宋・榮棨《黃帝九章序》 夫筭者數也，數之所生，生於道。老子曰「道生一」是也。數之所成，成於九。

宋・陳幾先《日用筭法序》 萬物莫逃乎數，是數也，先天地而已存，後天地而已立，蓋一而二，二而一者也。

綜論

元・趙元鎮《筭學啟蒙序》 嘗觀水一也，散則千流萬派，木一也，散則千條萬枝，數一也，散則千變萬化。老子曰：數者一也，道之所生，生於一，數之所成，成於九。

元・莫若《四元玉鑑序》 數，一而已。一者，萬物之所從始，故《易》一太極也，一而二，二而四，四而八，生生不窮者，豈非自然而然之數邪。

明・趙瑀《通原筭法序》 天下之理一，散之則爲萬殊，有是理則有是數，數由理而出，故亦原於一。推之而後有十百千萬，以至於無窮者焉。

明・柯尚遷《數學通軌》 數原

一二三四五至十說。

孔子曰：《易》有太極，是生兩儀，兩儀生四象，四象立而三才具，五行運於其間矣。故天地之數始於一。太極者，一也。太極生陰陽。陰陽者，二也。陰陽生四象，而三才成。三才者，三也。四象者，四也。四象分爲五行，而五數立矣。天地之道乏於五，爲數之原，由是天地相合，生成之德配爲十，以立數之本。故天以一生水，須地以成之，而六生焉。一與六配爲水，合也。地以二生火，須天以成之，而七生焉。二與七配爲火，合也。天以三生木，須地以成之，而八生焉。三與八配爲木，合也。地以四生金，須天以成之，而九生焉。四與九配爲金，合也。天以五生土，而地成之，則十生焉。五與十爲土，合也。故又曰天數五，地數五，五位相得，而各有合。此自一至十之數所由肇也。

明・項麒《九章筭法比類大全序》 天一地二，天三地四，天五地六，天七地八，天九地十，此天地生成萬類大數之元會也。

清・梅文鼎《方程論・叙》 且數何兆歟？當其未始有物之初，混沌鴻蒙，杳冥恍惚，無始無終，無聲無形，無理可名，無數可紀，乃數之根也，是謂真一。有真一者，無一也，一且非一，而況其分？及其自無之有，無一而忽然有一。有一則有萬，萬者，一之萬也，萬各其一，一各其萬，即萬即一，環應無端，又孰從而精麁之，小大之乎？故果蓏之有理，而星度齊觀，理實同源，數亦冥會，苟未達此，而侈言高遠，遺乎目睫，將日用之酬酢，有外乎理數以自立者哉？

又 總論

萬筭皆生于和較，和較可以御萬筭分合之義也。萬物之未形，一而已矣，一且未有，況萬乎？及其有也，有一則有二，有二則有三，自此以至于無窮，而數生焉矣。和者，諸數之合也，較者，諸數之分也，分則有差，故謂之較。較與和相而法立焉矣。故一與一和，則二也，一與二和，則三也。一與二之較，一也。一與三之較，二也。萬筭雖多，準此矣。故和較者，萬筭之綱也。

雜録

宋・楊輝《通變筭法序》 夫筭之數起於九九，制算之法出自乘除。

清・施彥恪《徵刻曆算全書啟》 粵稽帝王御世，道在承天，賢聖修身，學通知命。五行媾運，定甲子之斡旋；二氣冥孚，驗黃鐘之根本。奠鼇立極，想始行推步之年；規矩準繩，在既竭心思之後。幼教方名書數，迺遊藝復次於依仁；日觀弦朔晦明，信易理莫昭於懸象。故經緯天人之學，道重儒先；元會運世之文，理資河洛。然而道以人存，書缺有間。五百年當差一日，至開元始破其疑；廿四日多下一籌，匪隸首疇徵其信。況葭灰卦筴，例逾紛而驗罕符；奇耦生成，理自明而言則晦。

清・孔繼涵《同度記・敘》 故律者起數之事，而非所以成數。【略】《易》云天一生水，而地六成之。生其起數之謂歟？成其成數謂之歟？

清・李宗昉《開方釋例序》 然必謂後人之學皆古人所本有，則又不然。慎子曰：治水者茨防決塞，雖在異域，相似如一。學之於水，不學之於禹也。夫言算術者，亦求之數而已，豈真囿於隸首、商高哉？世人謂羲和之後流入西域，故西法獨精，不知人之心思智力愈用愈出，故愈入愈深。西人能用其心思耳。

清・徐虎臣《溥通新代數・序》 《皇極經世》云：「天下之數出於理，違於理則入於術，世人以數入於術，故失於理。」偉哉其言也。嗚呼，天下之數無一非出於理，天下之理皆憑於數而始顯。苟無理，則數不生。苟無數，則理不顯。理者，天下之公道也，亘萬世而不變，通萬國而不異，彌萬物無不存。若夫日月之麗於蒼天，星辰之運於太虛，皆有自然之理爲之主宰。欲證明自然之理，唯數而已。苟無理則天地混沌，日月失明，星辰飛散，人類死滅，草木枯朽，萬物無噍類矣，則數何以起？由此觀之，天下之數出於理者不誣，違於理則入於術矣。術者，一人之私意，非天下之公道也，亘萬世不能無變更，通萬國不能使相同。欲定萬世不易，萬國普通之公理，非數而何？

清・華蘅芳《代數術・序》 夫古人造數之時，所以必以十紀之者，誠以數之多可至無窮，若每數各與一名，則吾之名必有窮時，且紛而無序，將不可記憶，不如極之於九，而以十進其位，則舉手而示，屈指而記，雖愚魯者皆能之。故可便於民生日用，傳之數千百年，至今不變也。

象分部

題解

《後漢書・律曆志》 古之人論數也，曰：物生而後有象，象而後有滋，滋而後有數，然則天地初形，人物既著，則筭數之事生矣。

綜論

明・吴敬《九章算法比類大全・序》 有理而後有象，有象而後有形。

明・柯尚遷《數學通軌・敘》 天地之始，一氣而已，氣之運動而自然者爲理，有氣而後有象，有象而後有數，故數亦理之形見者。【略】九爲數之歸，八爲數之象，聖人以九九之濾而立數之原，以八八之濾而立卦之象。

清・梅文鼎《古算器考》 若古之用籌，用以紀數而無字畫，故一籌只當一數，乘除之時，以籌縱横列於几案，一望了然。觀古算字作祘，蓋象形也，然則起於何時？曰：是不可攷，然大易揲蓍，亦以一蓍當一數，則其來遠矣。

清・張成桂《微積通詮序》 《春秋》傳曰：物生而後有象，象而後有滋，滋而後有數，是故形體初具渾侖，而運諸無窮，其鬱化精而幽。贊之者探賾索隱，剖割太真，於是迎日推筴之事興焉。

清・曾紀鴻《綴術釋明序》 《易・繫》曰：極其數，遂定天下之象。則綜天下難定之象，以歸於有定，莫數若矣。在昔聖神，制器尚象，利物前民，其於數理，必有究極精微，範圍後世者。

清・劉鐸《若水齋古今算學書録・序》 傳稱物生而後有象，象而後有滋，滋而後有數。故象數爲首，度量權衡，凡本律以生數，惟律隨地中，非有古今。【略】律居陰而治陽，曆居陽而治陰。陰陽正，七政齊，而人道立，然仰觀俯察，其始無始，其既無盡，故天文終焉。

河圖洛書分部

題解

宋・秦九韶《數學九章・序》 周教六藝，數實成之，學士大夫所從來，尚矣。其用本太虛生一，而周流無窮。【略】若昔推策以日，定律而知氣，髀矩濬川，土圭度晷，天地之大，囿焉而不能外，況其間總總者乎。爰自河圖洛書闓發祕奧，八卦九疇錯綜精微，極而至於大衍皇極之用，而人事之變無不該，鬼神之情莫能隱矣。聖人神之言而遺其麤，常人昧之由而莫之覺。要其歸，則數與道非二本也。

又 昆侖旁礴，道本虛一，聖有大衍，微寓于易，奇餘取策，羣數皆捐，衍而究之，揆隱知原，數術之傳，以實爲體，其書九章，惟茲弗紀。

元・莫若《四元玉鑑序》 河洛圖書泄其秘，《黃帝九章》著之書，其章有九，其術則二百四十有六，始方田，終句股，包括三才，旁通萬有，凡言數者，莫得而逃焉。如《易》之大衍，《書》之厤象，《詩》之萬億及秭，《禮記》之三千三百，《周官》之三百六十數之見於經者，蓋不特《黃帝九章》爲然也。

元・丁巨《丁巨算法》記 稽古河圖，五十有五，一二三四五爲七八九六。大衍之數五十。

清・《數理精蘊》上編卷一 粤稽上古，河出圖，洛出書，八卦是生，九疇是敘，數學亦於是乎肇焉。

綜論

明・王文素《算學寶鑑》 河圖者，伏羲氏王天下，龍馬出河，其文五十有五，遂則之畫八卦，自天下陰陽五行，至于萬事萬物，無所不該，而數之名始著。

又 洛書者，禹治水時神龜負文而刻背，禹遂因而第之以成九類。劉歆云：伏羲氏繼天而生，受河圖而畫之八卦是也，禹治洪水，賜洛書法，而陳之九疇是也。河圖洛書相爲經緯，八卦九章相爲表裏。

明・吳敬《九章算法比類大全・序》 圖書出於河洛，大衍五十有五之數，聖人以之成變化而行鬼神。

明・程大位《算法統宗》總説 數何肇？其肇自圖書乎。伏羲得之，以畫卦。大禹得之，以序疇。列聖得之，以開物成務。凡天官、地員、律曆、兵賦，以及纖悉杪忽，莫不有數，則莫不本于易範。故今推明直指算法，輒揭河圖洛書于首，見數有原本云。

又程大位《書直指算法統宗後》 數居六藝之一，其來尚矣。蓋自虙戲宰世，龍馬負圖，而數肇端。

明・程時用《直指算法纂要序》 昔尼父鈎河擿洛，神理設教，而置數六藝之末。

清・方中履《數度衍序》 《後漢志》曰：隸首作數。《晉志》亦曰：隸首作算數。《博物記》曰：隸首，黃帝臣。按：《周髀》曰包犧曆度，數安從出。則算不自隸首始矣。【略】商高曰：禹之所以治天下，此數之所生也。【略】逮吾仲兄侍大人而學《易》，始明勾股出于河圖，加減乘除出于洛書，實前人所未發，此《數度衍》之所以作也。

清・方中通《數度衍・凡例》 此書明勾股出於河圖，加減乘除出於洛書，知一切不外洛也，故首言其原。黃鐘爲數之始，故次律衍。線面體之理，盡於幾何，故約之

又 卷首之一《數原》

勾股原圖説

通曰：九數出於勾股，勾股出於河圖，故河圖爲數之原。《周髀》曰：勾廣三，股修四，徑隅五。天數二十，有五弦之開方也。河圖之數五十有五，中五不用，用其五十，合勾自之股自之弦自之之數也。勾三，陽數也，居左，和弦而爲八，故八與三同位。股四，陰數也，居右，和弦而爲九，故九與四同位。弦五，勾股所求之數也，居中。勾弦較，得二，居上。股弦較得一，居下，勾弦較與弦和爲七，故七與二同位。股弦較與弦和爲六，故六與一同位，弦居中，倍爲十。而倍之之數不可用，故洛書不用十也。勾股左右，兩較上下，四和四圍，豈偶然哉。勾不盡於三而始於三，股不盡於四而始於四，弦不盡於五而始於五，較不盡於一二而始於一二，和不盡於六七八九而始於六七八九，此勾股之原也。

又 加減乘除原圖説

通曰：不用十而用九，河圖變爲洛書。加減乘除之數皆從洛生，而九數之用備焉。加者，併也，一陰一陽相併而生陽爲用。故一併六爲七，七併二爲九，九併四爲十三，去十不用，所生爲三，三併八爲十一，去十不用，所生爲一。數始于陽，陽故統陰，此加之原也。減者去也，陰中去陽，則六去一爲五，八去三爲五。陽中去陰，則九去四爲五，七去二爲五，邊去中存，此減之原也。乘者，積也。除者，分也。一無積分，相對而爲乘除者，仍爲九焉。二與八對，二其八，八其二，所積皆十六，截東南三四九之數合矣。二分十六得八。八分十六得二，此

二與八之互見也。三與七對，三其七，七其三，所積皆二十一，不用三下之八，七下之六，而一二四五九之數合矣，三分二十一得七，七分二十一得三，此三與七之互見也。四與六對，四其六，六其四，所積皆二十四，三八亦積二十四，不用三八，而一二五七九之數合矣。四分二十四得六，六分二十四得四，此四與六之互見也。五宜與十對，而洛書無十，故以中五乘四隅，所積之數，必止於十而無餘。五乘二爲一十，是爲兩方之數。四正四隅，兩方相對皆十。五乘四爲二十，是爲四方之數。四正合爲二十，四隅亦合爲二十，兩正兩隅亦合爲二十。五乘八爲四十，是爲八方之數。四正四隅合爲四十。五除十得二，五除二十得四，五除三十得六，五除四十得八。二除十，四除二十，六除三十，八除四十，皆五，此即五與十之互見也。洛書無十，而十藏於中矣。足後反無餘，不足然後足。此乘除之原也。

又　九九圖説

通曰：商高曰「圓出於方，方出於矩，矩出於九九八十一」。趙君卿曰「九九者，乘除之原也，乘之九九見乎外，除之九九藏乎內，故爲乘之原，即爲除之原也」。夫九九者，生生之謂也，人知夫數始於一，而不知數始於九。人知夫數終于十，而不知數終於九。蓋九與九遇，始以繼終，終以繼始，旋相爲用而無始無終，此所謂生生也。一三五七爲陽，而九統之。二四六八爲陰，而九統之。陽故不統陽而統陰陽者也。如右諸圖，靡不適合，然猶一定位次。至錯綜變化，無方無體，而中天然之節。藏往知來，寧獨九九而已哉。

又　九章皆勾股説

加減乘除出於洛，亦成於勾股。和者，勾股弦之相併也。較者，勾股弦之相較也。併以成加，較以成減。勾股自之而爲弦積，則乘成。弦積開方而爲弦，則除成。有河即有洛，有勾股即有加減乘除。何往非圖書引觸哉。

又　倚數圖説

通曰：《易》曰「參天兩地而倚數」。無倚不生，則無數也。有中倚焉，有偏倚焉。數始於一。二何自來乎，一之自併也。三何自來乎，一與二併也。四何自來乎，二之自併也，一與三併也。推至京垓，亦無不然。兩相倚而生者，中也。以此倚彼而生者，偏也。不特生爲然也，即用亦有倚焉。積小知大，則用中倚。由博反約，則用偏倚。中可互用，偏惟專成。裒多益寡，則偏中皆用。蓋用之無節，雖中亦偏。用之當位，雖偏亦中，存乎其人耳。數故可倚而不可倚，不可倚而後可倚也。若夫相追而合，有偶合不可爲率者，有巧合可爲準者。相距而合，有不合而適合者，有似合而非合者。故參兩之倚，可以神遇，不可盡以言傳。苟非默悟會通，未免倚彼失此，倚此失彼。逐物者中無所主，自恃者有所不見，此不可以入數，即不可以入理也。

又　今之五量用數圖説

雖然，數不可以名拘。河洛有數無名，聖人因其數而名之曰一曰二，亦物謂之而然也。

清·《數理精蘊》上編卷一　故論其數，設爲幾何之分，而立相求之法。加減乘除，凡多寡輕重貴賤盈朒，無疑數也。論其理，設爲幾何之形，而明所以立算之故，比例分合，凡方圓大小遠近高深，無遺理也。溯其本原，加減實出於河圖，乘除殆出於洛書。

清·年希堯《面體比例便覽·序》　聖人因物格理，因理辨形，因形設數，不期而承河圖洛書之用矣。

清·羅士琳《比例匯通》卷一　自河圖洛書出，而隸首作筭，商高著經，算數於是興焉。

清·曹自鋆《勾股淺述序》　數之名尊於圖書，數之實大於律曆。夫高托卦爻，推原河洛，奇偶積而運五行，蓍策備而當萬物。然而六九以紀陰陽，何與生成之德；五六以標中合，何資交泰之功。是雖三變七者圓而神，四變八者方以智。理別有在，數豈居名。至於鐘律之説，實因算數而彰。

清·蕭維樞《筭海説詳序》　數之不盡于百千萬億，而不外一至九、十爲之紀，則河洛爲之祖也。

清·李長茂《筭海説詳》　筭法九章名義

筭法從來分列九章，分九章者，本河洛九數而立。

又　**卷一**　程賓渠曰：數法肇自圖書，羲皇以之畫卦，禹王以之序疇，列聖以之開物成(物)[務]，凡天文、地理、律曆、兵賦以及民生日用，纖悉杪忽，莫不有數，則莫不本於圖書易數，故推明筭法，先列河圖洛書，以示源本。

解義

河圖出，乃有自一至十之數，推衍至百千萬億無窮，不外自一至十之數爲統，是河圖者，數之所始也。洛書出，乃有自一至九之文，數雖有十，如筭盤定位，逢十則進前位之一，是洛書九數乃九歸之法所由本也。故數學以河圖洛書爲祖，源流之所從出也。

又 河圖者，伏羲氏王天下，龍馬負圖出河，背上旋文，有自一至十，具天地之全數，此數所自始。洛書者，禹治水時，洛水神龟負文於背，戴九履一，左三右七，二四爲肩，六八爲足，有數自一至九，禹因苐之以作九疇。故河圖洛書爲九九數法之宗，而不能外也。

清・屈曾發《九數通考・例言》 數理本原，肇於圖書，度量權衡，根於黄鐘。周髀爲算書之祖，幾何乃西法之宗，學算而不講求，非先河後海之旨。

又 卷首 粤稽上古，河出圖，洛出書，八卦是生，九疇是叙，數學亦於是乎肇焉。蓋圖書應天地之瑞，因聖人而始出，數學窮萬物之理，自聖人而得明也。泝其本源，加減出於河圖，乘除出於洛書。

又 《周髀經解》

萬物之象，不出圓方。萬象之數，不離圓方。河圖者，方之象也。洛書者，圓之象也。太極者，圓之體奇也。四象者，方之體偶也。奇數天也，耦數地也。有天地而萬物於是乎生，有圓方而萬象於是乎定。有奇耦而萬數於是乎立矣。

清・周運烇《算學便讀・入算初階》 算學一書，數百餘編，考諸上古，此學深淵，大禹演疇，包犧窺天，羲和象曆，師曠言音，般墨於械，孫吴於兵，皆本乎數，理精法明，祖龍一炬，遂失其真。【略】知地者智，知天者聖，入算加減，始於河圖，繼以乘除，本乎洛書。

藝文

清・梅文鼎《李安卿孝廉刻余方程論於安溪古詩四章寄謝》 方程備九數，而居算術終。亦如勾股義，絜矩道多通。末俗安俚近，臆解增其蒙。良書不可致，訂考將安從。寧知古九章，河洛爲根宗。變化生擬議，襍傳歸中庸。

又梅文鼎《七夕後兩日試算法限二十四韻》 理數昭河洛，匪同書器湮。

伏羲分部

題解

《周髀算經》卷上 昔者周公問於商高曰：「竊聞乎大夫善數也，請問古者包犧立周天曆度，包犧，三皇之一，始畫八卦。以商高善數，能通乎微妙，達乎無方，無大不綜，無幽不顯，聞包犧立周天曆度，建章蔀之法。《易》曰：「古者包犧氏之王天下也，仰則觀象於天，俯則觀法於地。」此之謂也。夫天不可階而升，地不可得尺寸而度，請問數安從出？」商高曰：「數之法出於圓方。圓出於方，方出於矩。矩出於九九八十一。故禹之所以治天下者，此數之所生也。」禹治洪水，決流江河。望山川之形，定高下之勢，除滔天之災，釋昬墊之厄，使東注於海而無浸逆。乃句股之所由生也。

三國魏・劉徽《九章算術序》 昔在庖犧氏始畫八卦，以通神明之德，以類萬物之情，作九九之數，以合六爻之變。暨於黄帝神而化之，引而伸之，於是建曆紀，協律吕，用稽道原，然後兩儀四象精微之氣可得而效焉。

綜論

唐・佚名《夏侯陽算經序》 夫博通九經爲儒門之首，學該六蓺爲伎術之宗，若非材性通明，孰能與于此也。然筭數起自伏犧，而黄帝定三數爲十等，隸首因以著九章。

明・趙瑀《通原算法序》 上古結繩而治，何有於數。伏羲畫八卦造書契而數始形，至軒轅氏九章之數出，而乘除加減之法於是乎備。

明・項麒《九章算法比類大全序》 爰從伏羲氏之王天下也，神會乎上下，神祇肇發其閟，而傳歷乎百千萬世，以至于無紀極而咸有賴焉。神聖之主，開物成務之功大矣哉。

清・白鎔《算牖序》 自虙戲作九九之數，以合天道，九章於是乎權輿。算術與《易》卦并起，引綴量用，不待隸首也。

清・梅啟照《學彊恕齋筆算・序》 包犧氏立周天度數，始作九九之術，以合六爻之變，而類萬物之情。

雜録

清・吴雲《數度衍序》 數學自三百六旬有六，載于《書》。萬千五百二十，載于《易》，尚矣。

清・屈曾發《九數通考・周髀經解》 周天曆度者，分周天三百六十度，爲推求歷日之用也。按《通鑑》載包犧作甲歷，又《易大傳》言包犧仰以觀於天文，俯以察於地理。其觀察之時，必有度數，以紀其法象，則曆度始於包羲無疑矣。

黄帝隸首分部

清・楊光先《不得已・辟邪論上》 太古洪荒都不具論，而天皇氏有干支之名，伏羲紀元癸未，則伏羲以前有甲子明矣。

[比]・南懷仁《曆法不得已辯・新法曆遵聖旨爲無庸辯之原》 御製文曰：伏羲制干支，神農分八節，黄帝綜六術，顓頊合二正。

題解

《世本》 黄帝時，隸首作數。

漢・徐岳《數術記遺》 黄帝爲法，數有十等。

三國魏・劉徽《九章筭術序》 記稱隸首作數，其詳未之聞也。按周公制禮而有九數，九數之流，則九章是矣。

《後漢書・律曆志》 記稱大橈作甲子，《吕氏春秋》曰：黄帝師大橈。《博物記》曰：容成氏造曆，黄帝臣也。《月令章句》：大橈探五行之情，占斗綱所建，於是始作甲乙以名日，謂之干。作子丑以名日月，謂之枝，枝干相配，以成六旬。 隸首作數。《博物記》曰：隸首，黄帝之臣。一説隸首，善筭者也。

《晉書・律曆志》 黄帝紀三綱而闡書契，乃使羲和占日，常儀占月，車區占星氣，伶倫造律吕，大撓造甲子，隸首作筭數。容成綜斯六術，考定氣象，建五行，察發斂，起消息，正閏餘，述而著焉，謂之調歷。

綜論

北大秦簡《算書甲種・魯久次問數于陳起》 魯久次問數于陳起曰：「久次讀語、計數弗能竝(□)[徹]，欲(□)[徹]一物，(可)[何]物爲急？」陳起對之曰：「子爲弗能竝(□)[徹]，舍語而(□)[徹]數，(=)[數]可語(殹)[也]，語不可數(殹)[也]。」

久次曰：「天下之物，孰不用數？」陳起對之曰：「天下之物，无不用數者。夫天所蓋之大(殹)[也]，地所生之衆(殹)[也]，歲四時之至(殹)[也]，日月相代(殹)[也]，星辰之(生)[往]與來(殹)[也]，五音六律生(殹)[也]，畢用數。子其近計之：一日之役必先(智)[知]食數，一日之行必先(智)[知]里數，一日之田必先(智)[知]畝數，此皆數之始(殹)[也]。今夫疾之發於百(體)[體]之(封)[樹](殹)[也]，自足、胻、(腂)[踝]、(䣛)[膝]、股、(脾)[髀]、(膂)[尻](族)[脊]、脊、背、肩、(應)[膺]、手、臂、肘、臑、耳、目、鼻、口、頸、項，苟(智)[知]其疾發之日，(蚤)[早](莫)[暮]之時，其瘳與死畢有數，所以有數故可(殹)[醫]。曰：地方三重，天(員)[圓]三重，故曰三方三(員)[圓]，規(梠)[矩]水繩、五音六律六(簡)[閒]皆存。始(者)[諸]黄帝、(端)[顓](玉)[頊]、(尭)[堯]、舜之智，循(緜)[鯀]、禹、(睪)[皋]、(匋)[陶]、羿、(簦)[筆]之巧，以作命下之瀍，以立鐘之副，(=)[副]黄鐘以爲十二律，以印(久)[記]下爲十二時，命曰十二字，生五音、十日、廿八日宿。道頭到足，百(體)[體]各有(笥)[司](殹)[也]，是故百(體)[體]之痈，其瘳與死各有數。曰：大方大(員)[圓]，命曰(巽)[單]薄之(參)[三]；中方中(員)[圓]，命曰日之七；小方小圓，命曰播之五。故曰黄鐘之副，(巽)[單]薄之(參)[三]，日之七，播之五，命爲四卦，以卜天下。」

久次敢問：「臨官(立)[莅]政，立(庀)[度]興事，(可)[何]數爲急？」陳起對之曰：「夫臨官（立）〔莅〕政，立（庀）〔度〕興事，數无不急者。不循（瞖）〔昏〕（墨）〔黑〕，（杲）〔澡〕漱（絜）〔潔〕齒，治官府，非數无以（智）〔知〕之。和均五官，米粟（髼）〔鬆〕（桼）〔漆〕，升（料）〔料〕斗（甬）〔桶〕，非數无以命之。具爲甲兵筋革，折筋、（靡）〔磨〕矢、（姑）〔栝〕翼，非數无以成之。（段）〔鍛〕鐵（鏤）〔鑄〕金，和赤白，爲（椠）〔柔〕剛，磬鐘竽瑟，六律五音，非數无以和之。錦繡文章，（卒）〔萃〕爲七等，藍茈葉英，别爲五（采）〔彩〕，非數无以别之。外之城（攻）〔工〕，斬（離）〔籬〕鑿（豪）〔壕〕，材之方（員）〔圓〕細大，（溥）〔薄〕厚曼（夾）〔狹〕，（色）〔絶〕契羨杼，斲鑿（楅）〔斧〕鋸、水繩規（椐）〔矩〕之所折斷，非數无以折之。高閣臺（謝）〔榭〕，（戈）〔弋〕（邋）〔獵〕置（坙）〔放〕（御）〔禦〕，度池（旱）〔岸〕曲，非數无以置之。和（攻）〔功〕度事，（見）〔視〕土剛（椠）〔柔〕，黑白黄赤，蓁（厲）〔萊〕津（如）〔洳〕，（立）〔粒〕石之地，各有所宜，非數无以（智）〔知〕之。今夫數之所利，賦事（見）〔視〕（攻）〔功〕，程殿（冣）〔最〕，取其中以爲民（義）〔儀〕。凡古爲數者，何其（智）〔知〕之發也？數與（庀）〔度〕交相（衡）〔徹〕也。民而不（智）〔知〕（庀）〔度〕數，（辟）〔譬〕猶天之毋日月也。天若毋日月，毋以（智）〔知〕明晦。民若不（智）〔知〕度數，無以（智）〔知〕百事經紀。故夫數者必頒而改，數而不頒，毋以（智）〔知〕百事之患。故夫學者必前其難而後其易，其（智）〔知〕乃益。故曰：命而毀之，（甾）〔錙〕而（垂）〔錘〕之，半而倍之，以物起之。凡夫數者，恒人之行也，而民弗（智）〔知〕，甚可病也。審（祭）〔察〕而（鼠）〔予〕之，未（智）〔知〕其當也；亂惑而奪之，未（智）〔知〕其亡也。故夫古聖者書竹（白）〔帛〕以教後（枼）〔世〕子（紓）〔孫〕，學者必慎毋忘數。凡數之（保）〔寶〕莫急（鄙）〔隸〕首，（＝＝）〔隸首〕者筭之始也，少廣者筭之市也，所求者毋不有也。」

宋・榮棨《黄帝九章序》 列子曰：九者究。爰昔黄帝，推天地之道，究萬物之始，錯綜其數，列爲九章，立術二百四十有六。

宋・楊輝《日用算法序》 夫黄帝九章乃法筭之總經也。

又楊輝《摘奇算法》 夫六藝之設，數學居其一焉，昔黄帝時，大夫隸首創此藝，繼得周公著《九章》。

元・舒天民《六藝綱目》 數有九章，古之成法，黄帝之臣，隸首所作。

元・李冶《益古演段・序》 術數雖居六藝之末，而施之人事，則最爲切務。故古之博雅君子馬鄭之流，未有不研精於此者也。其撰者成書者，無慮百家，然皆以《九章》爲祖，而劉徽、李淳風又加註釋，而此道益明。今之爲筭者未必有劉李之工，而褊心踞見，不肯曉然示人，惟務隱互錯糅，故爲溟涬黯黮，惟恐學者得闚其彷彿也。不然，則又以淺近牾俗，無足觀者，致使軒轅、隸首之術，三五錯綜之妙，盡墮於市井沾沾之兒，及夫荒邨下里蚩蚩之民。

元・趙元鎮《筭學啟蒙序》 昔者黄帝氏定三數爲十等，九章之名立焉。周公制禮作爲九數，九數之流，九章是已。

元・丁巨《丁巨算法》記 隸首作筭數，羲和以閏月定四時成歲，舜在璿璣玉衡以齊七政，禹别九州，五十而貢，殷人七十，而助其有法術。《周禮・大司徒》始列九數。

明・安止齋《詳明算法序》 隸首作筭法，張蒼定章程，人習知之，而未考其原，皆本於黄鍾也。

明・寶朝瓛《筭學寶鑑序》 自結繩之政遠，而後代之書契立，自書契立而後總之以數筭，是數學爲用於世大矣。蓋肇自黄帝命隸首分爲九章，始傳於世。

明・王文素《筭學寶鑑・序》 竊聞曩古黄帝命隸首作筭數，其目有九。

明・汪一棟《筭法指南》引 自軒轅氏命隸首作筭數而其法肇，暨周公九章之作而其法詳，其來尚矣。

明・聶大年《九章筭法比類大全序》 筭學自大撓以來，古今凡六十六家。

明・吴敬《九章筭法比類大全・序》 昔黄帝使隸首作筭數，而其□□傳於世。

明・程涓《筭法統宗序》 古先哲王以六藝教天下，而數要其成，所從來久矣。其後有熊氏創之隸首，而周公受之高商，於是筭学大興。

明・程時用《刻直指筭法統宗序》 不知數雖出於筭師掌故之手，而其理則原自鴻濛，紀於易範，肇創於軒后之世。

明・吴繼綬《筭學統宗序》 夫筭非小技也，有熊氏命隸首創焉，周官則置保氏教國子以六藝，而數居其一。

明・程大位《書直指算法統宗後》 軒后紀曆，隸首作筭，而法始衍。

清・《數理精蘊》上編卷一 蓋圖書應天地之瑞，因聖人而始出，數學窮萬物之理，自聖人而得明也。昔黄帝命隸首作算，九章之義已啟。

清・梅文鼎《中西算學通序例》 算數作於隸首，見於《周官》，吾聖門六藝之一也。

又梅文鼎《少廣拾遺》　少廣爲九章之一，其開平方法爲薄海内外測量家所需，非隸首不能作也。

又梅文鼎《塹堵測量》　九章句股作於隸首，爲測量之根本，三代以上學有專家，大司徒以三物教民，而數居六藝之一。

又梅文鼎《測算刀圭序》　算數作於隸首，九數中句股以御高深廣遠，本於《周官》大司徒，算測之學，其來已久。

清・年希堯《測算刀圭・叙》　算數作於隸首，九數中句股以御高深廣遠，本於《周官》大司徒。算數測量之學，其來已久。【略】然《周髀算經》所載北極之下朝耕暮穫，與西測地圓之説實相符契。由是觀之，算術本自中土，傳及遠西。

又年希堯《面體比例便覽・序》　所以黄帝命隸首作九章，别理所存，施之於法，而周公與商高尚論周髀，展縱横高下以廣其用，而古經濟聖帝明王之所必需。

清・曹自㴶《勾股淺述序》　聿惟羲和之歷象，實爲隸首之正宗。致探賾索隱之能，極察紀揆天之術。殿九章而獨貴，開三角以居先。道有在焉。

清・張成桂《微積通詮序》　蓋繇隸首以還，闢徑開畦，遞推遞轉。

清・丁福保《算學書目提要》例言　象數之學，肇自軒帝。

清・戴煦《謝穀堂算書・序》　余觀算學自隸首以來，詳於《周官》，述於漢晉，盛於唐而精於元。

清・卓垣焯《入算初階序》　自有熊氏命隸首定算數，而律度量衡由是成焉。

清・汪銘鑾《引綴録序》　算爲儒家最先之事，《周官》六藝，其一曰數。仲尼之門，端木與冉並造其微，枚乘《七發》曰：孟子持籌而算之，萬不失一。是則三代之間，儒先聖喆，未有不承隸首周公之遺法，講明而切究者也。

雜録

漢・徐幹《中論・務本》　聰如師曠，御如王良，射如夷羿，書如史籀，計如隸首。

晉・葛洪《抱朴子内篇・道意》　抱朴子曰：道者，涵乾括坤，其本無名，論其無，則影響猶爲有焉，論其有，則萬物猶爲無焉，隸首不能計其多少。

晉・皇甫謐《帝王世紀》　黄帝四史官：沮誦、倉頡、隸首、孔甲。

南朝齊・褚澄《褚氏遺書・辯書》　尹彦成問曰：五運六氣，是邪？非邪？曰：大撓作甲子，隸首作數，志歲月日時遠近耳。

北朝齊・劉晝《劉子》　隸首，天下之善筭也。

周公商高分部

題解

唐・王孝通《上緝古筭經表》　臣孝通言：臣聞九疇載叙，紀法著於彝倫；六藝成功，數術參於造化。夫爲君上者司牧黔首，布神道而設教，采能事而經綸。盡性窮源，莫重於筭。昔周公制禮有九數之名，竊尋九數即九章是也。

綜論

宋・鮑澣之《九章筭經後序》　《九章筭經》九卷，周公之遺書，而漢丞相張蒼之所删補者也。筭數之書凡數十家，獨以《九章》爲經之首，以其九數之法無所不備。諸家立術雖有變通，推其本意，皆自此出，而且知後人無以易周、漢之舊也。

元・硯堅《益古演段序》　筭數之學，其來尚矣，率自九章支分派委，劉徽、李淳風又爲之註，後之學者咸祖其法。

明・柯尚遷《數學通軌・叙》　九數之名，出於《周禮》，三代相傳，始於方田，終於勾股。

明・吴敬《九章算法比類大全・序》　故筭數之家止稱九章等法爲宗，世傳其書出於周公。

明・黄宗羲《句股述序》　句股之學，其精爲容圓測圓割圓，皆周公、商高之遺術，六藝中之一也。

清·朱彝尊《九章算經跋》 《九章》即《周官》之九數，保氏以教國子者也。【略】蓋周公既問數於商高，定此九數，算術之古，莫尚於此矣。

清·四庫館臣《九章算術提要》 臣等謹案：《九章算術》九卷，蓋《周禮·保氏》之遺法，不知何人所傳。《永樂大典》引《古今事通》曰：王孝通言，周公制禮有《九章》之名。其理幽而微，其形秘而約。張蒼刪補殘缺，校其條目頗與古術不同云云。【略】算術莫古於九數，九數莫古於是書。雖新法屢更，愈推愈密，而窮源探本，要百變不離其宗，録而傳之，固古今算學之弁冕矣。

清·孔繼涵《九章算術跋》 《九章》之術乃算術之鼻祖，囊括後賢，胥不能度越範圍焉，猶六經之臨百氏也。

清·李文田《方子壯數學》 幾何之學尚已，其源蓋出於《周官》保氏之教。

清·戴敦元《句股容三事拾遺序》 算書之祖，無過《周髀》。説者謂出自周公受之商高，所言句廣股修，其傳最古，究莫知誰作。

清·王錫恩《勾股演代·序》 勾股算學，由來尚矣，周時商高已開其端。

雜録

清·方中通《數度衍·凡例》 西學精矣，中士失傳耳。今以西學歸《九章》，以《九章》歸《周髀》，《周髀》獨言勾股，而《九章》皆勾股所生，故以勾股爲首。

清·勞乃宣《古籌算考釋續編·序》 九數之學，肇自古初，三代之隆，列於六藝。

先秦諸子與數學部

綜合分部

綜論

《管子・(臣)[巨]乘馬》 管子曰：「虞國得筴乘馬之數矣。」桓公曰：「何謂筴乘馬之數？」管子曰：「百畝之夫予之筴：率二十七日爲子之春事，資子之幣。春秋，子穀大登，國穀之重去分。謂農夫曰：『幣之在子者，以爲穀而廩之州里。』國穀之分在上，國穀之重再十倍。謂遠近之縣里邑百官，皆當奉器械備，曰：國無幣，以穀準幣。國穀之槫，一切什九。還穀而應穀，國器皆資，無藉於民。此有虞之筴乘馬也。」

又《輕重丁》 桓公曰：「齊西水潦而民飢，齊東豐庸而糶賤，欲以東之賤被西之貴，爲之有道乎？」管子對曰：「今齊西之粟釜百泉，則鏂二十也。齊東之粟釜十泉，則鏂二錢也。請以令籍人三十泉，得以五穀菽粟決其籍。若此，則齊西出三斗而決其籍，齊東出三釜而決其籍。然則釜十之粟皆實於倉廩，西之民飢者得食，寒者得衣；無本者予之陳，無種者予之新。若此，則東西之相被，遠近之準平矣。」

又《山至數》 桓公問管子曰：「請問幣乘馬。」管子對曰：「始取夫三大夫之家，方六里而一乘，二十七人而奉一乘。幣乘馬者，方六里，田之美惡若干，穀之多寡若干，穀之貴賤若干，凡方六里用幣若干，穀之重用幣若干。故幣乘馬者，布幣於國，幣爲一國陸地之數。謂之幣乘馬。」

《老子》 道生一，一生二，二生三，三生萬物。

《墨子・經下》 一，少於二而多於五。説在建(住)[位]。

又《經説下》 一：五有一焉；一有五焉；十，二焉。

《墨子・備城門》 轉射機，機長六尺，貍一尺。【略】二十步一，令善射(之)者佐[之]，一人(皆)[下上之]勿離。城上百步一樓，樓四植，植皆爲通舄，下高丈，上九尺，廣(喪)[袤]各丈六尺，皆爲(甯)[亭]。三十步一突，[袤]九尺，廣十尺，高八尺，鑿廣三尺，(表)[袤]二尺，爲(甯)[亭]。【略】城上九尺一弩、一戟、一椎、一斧、一艾，皆積(參)[絫]石、蒺藜。渠長丈六尺，夫長丈二尺，臂長六尺，(亣)[亓]貍者三尺，樹渠毋傅堞五寸。藉莫長八尺，廣七尺，(亣)[亓]木也廣五尺，中藉苴爲之橋，索(亣)[亓]端；適攻，令一人下上之，勿離。城上二十步一藉車，當隊者不用此數。城上三十步一(讋)[礱]竈。持水者必以布麻斗、革盆，十步一。柄長八尺，斗大容二斗以上到三斗。敝(裕)[絡]、新布長六尺，中拙柄長丈，十步一，必以大繩爲箭。城上十步一鈂。【略】爲卒乾飯，人二斗，以備陰雨，(面)[而]使積燥處。令使守爲城内堞外行餐。【略】靈丁，三丈一(火耳)[犬牙]施之。十步一人，居柴内弩，(弩)[柴]半，爲狗屖者環之。牆七步而一。

又 城上二步一渠，渠立程，丈三尺，冠長十丈，辟長六尺。二步一荅，廣九尺，袤十二尺。二步置連梃、長斧、長椎各一物，槍二十枚，周置二步中。二步一木弩，必射五十步以上。及多爲矢，(節)[即]毋(以)竹箭，[以]楛、(趙)[桃]、(摝)[樜]、榆可，(蓋)[益]求齊鐵夫，播以射(衙)[衝]及櫳樅。二步積石，石重千鈞以上者五百枚。毋[下]百，以亢疾犂，壁，皆可善方。二步積苙，大一圍，長丈，二十枚。五步一罌，盛水有奚，奚蠡大容一斗。五步積狗屍五百枚，狗屍長三尺，喪以弟，瓮(亣)[亓]端，堅約弋。十步積摶，大二圍以上，長八尺者二十枚。二十五步一竈，竈有鐵鐕容石以上者一，戒以爲湯。及持沙，毋下千石。三十步置坐候樓，樓出於堞四尺，廣三尺，(廣)[長]四尺，板周三面，密傅之，夏蓋(亣)[亓]上。五十步一藉車，藉車必爲鐵纂。五十步一井屏，周垣之，高八尺。五十步一方，方尚必爲關籥守之。五十步積薪，毋下三百石，善蒙塗，毋令外火能傷也。百步一櫳樅，起地高五丈，三層，下廣前面八尺，後十三尺，(亣)[亓]上稱議衰殺之。百步一木樓，樓廣前面九尺，高七尺，樓(軔)[匈]居(土古)[坫]，出城十二尺。百步一井，井十甕，以木爲繫連。水器容四斗到六斗者百。百步一積雜秆，大二圍以上者五十枚。百步爲櫓，櫓廣四尺，高八尺。爲衝術，百步爲幽(贖)[竇]，廣三尺、高四尺者千。二百步一立樓，城中廣二丈五尺(二)，長二丈，出樞五尺。城上廣三步到四步，乃可以爲使鬭。俾倪廣三尺，高二尺五寸。陛高二尺五[寸]，廣長各三尺，(遠)[道]廣各六尺。城上四隅(童異)[重廙]，高五尺，四尉舍焉。城上七尺一渠，長丈五尺，貍三尺，去堞五寸，夫長丈二尺，臂長六尺半。植一鑿，内(後)[徑]長五寸。夫兩鑿，渠夫前端下堞四寸而適。**【略】**城上(千)[十]步一表，長丈，棄水者操表搖之。五十步一廁，與下同圂。之廁者，不得操。城上三十步一藉車，當隊者不用。城上五十步一道陛，高二尺五寸，長十步。城上五十步一樓(扤)[撕]，(扤勇勇)[樓撕]必[再]重。土樓百步一，外門發樓，左右渠之。爲樓加藉幕，棧上出之以救外。城上皆毋得有室，若也可依匿者，盡除去之。城下州道內百步一積薪，毋下三千石以上，善塗之。城上十人一什長，屬一吏士、一帛尉。百步一亭，高垣丈四尺，厚四尺，爲閨門兩扇，令各可以自閉。亭一尉，尉必取有重厚忠信可任事者。二舍共一井爨，灰、康、粃、(杯)[秠]馬矢，皆謹收藏之。**【略】**樓五十步一，堞下爲爵穴，三尺而一爲薪皋，二圍，長四尺半，必有潔。瓦石：重二(升)[斤]以上(上)。城上沙，五十步一積。竈置鐵鐕焉，與沙同處。木大二圍，長丈二尺以上，善耿(亣)[亓]本，名曰長從，五十步三十。木橋長三丈，毋下五十。復使卒急爲壘壁，以蓋瓦復之。用瓦木罌容十升以上者，五十步而十，盛水，且用之。五十二者十步而二。**【略】**寇在城下，收諸盆甕，耕積之城下，百步一積，積五百。城門內不得有室，爲周官桓吏，四尺爲倪。行棧內閈，二關一堞。

《商君書・禁使》 今夫飛蓬遇飄風而行千里，乘風之勢也；探淵者知千仞之深，縣繩之數也。故託其勢者，雖遠必至；守其數者，雖深必得。

《荀子・王制》 王者之[法]：等賦、政事、財萬物，所以養萬民也。田野什一，關市幾而不征，山林澤梁，以時禁發而不稅。相地而衰政，理道之遠近而致貢。通流財物粟米，無有滯留，使相歸移也，四海之內若一家。故近者不隱其能，遠者不疾其勞，無幽閒隱僻之國，莫不趨使而安樂之。

《管子・八觀》 行其田野，視其耕芸，計其農事，而飢飽之國可以知也。**【略】**行其山澤，觀其桑麻，計其六畜之產，而貧富之國可知也。**【略】**不通於若計者，不可使用國。**【略】**課兇饑，計師役，觀臺榭，量國費，而實虛之國可知也。

又《七法》 剛柔也、輕重也、大小也、實虛也、遠近也、多少也，謂之計數。**【略】**不明於計數，而欲舉大事，猶無舟檝而欲經於水險也。**【略】**舉事必成，不知計數不可。

又《問》 問少壯而未勝甲兵者幾何人？**【略】**問獨夫寡婦孤寡疾病者幾何人也？**【略】**問鄉之良家其所牧養者幾何人矣？問邑之貧人債而食者幾何家？問理園圃而食者幾何家？人之開田而耕者幾何家？士之身耕者幾何家？問鄉之貧人何族之別也？問宗子之收昆弟者，以貧從昆弟者幾何家？餘子仕而有田邑，今入者幾何人？子弟以孝聞於鄉里者幾何人？餘子父母存，不養而出離者幾何人？士之有田而不使者幾何人？吏惡何事？士之有田而不耕者幾何人？身何事？君臣有位而未有田者幾何人？外人之來從而未有田宅者幾何家？國子弟之遊於外者幾何人？貧士之受責於大夫者幾何人？官賤行書，身士以家臣自代者幾何人？官承吏之無田餼而徒理事者幾何人？群臣有位事官大夫者幾何人？外人來遊在大夫之家者幾何人？鄉子弟力田爲人率者幾何人？國子弟之無上事，衣食不節，率子弟不田弋獵者幾何人？**【略】**問人之貸粟米，有別券者幾何家？問國之伏利其可應人之急者幾何所也？**【略】**問士之有田宅、身在陳列者幾何人？餘子之勝甲兵、有行伍者幾何人？問男女有巧伎、能利備用者幾何人？處女操工事者幾何人？冗國所開口而食者幾何人？問一民有幾年之食也？問兵車之計幾何乘也？牽家馬軶家車者幾何乘？處士修行，足以教人，可使帥衆莅百姓者幾何人？士之急難可使者幾何人？工之巧，出足以利軍伍，處可以修城郭、補守備者幾何人？城粟軍糧其可以行幾何年也？吏之急難可使者幾何人？大夫疏器甲兵、兵車、旌旗、鼓鐃、帷幕、帥車之載，幾何乘？**【略】**問兵官之吏，國之豪士，其急難足以先後者幾何人？**【略】**問所以教選人者何事？問執官都者，其位事幾何年矣？所辟草萊有益於家邑者幾何矣？**【略】**所捕盜賊，除人害者幾何矣？

又《幼官》 閒男女之畜，修鄉閭之什伍。量委積之多寡，定府官之計數。

《墨子・經下》 不知其數而知其盡也。說在(明)[問]者。

又《經說下》 不：(二)[不]智其數，惡智愛民之盡(文)[之]也？或者遺乎其問也。盡問人，則盡愛其所問。若不智其數，而智愛之盡(文)[之]也，無難。

《商君書・去彊》 彊國知十三數：竟內倉口之數，壯男壯女之數，老弱之數，官士之數，以言說取食者之數，利民之數，馬牛芻藁之數。欲彊國，不知國十三數，地雖利，民雖衆，國愈弱至削。

《管子・國蓄》 然而人事不及、用不足者何也？利有所并藏也。然則人君非能散積聚，鈞羨不足，分并財利而調民事也，則君雖彊本趣耕，而自爲鑄幣而無已，乃今使民下相役耳，惡能以爲治乎？

又 一人廩食，十人得餘；十人廩食，百人得餘；百人廩食，千人得餘。夫物多則賤，寡則貴，散則輕，聚則重。人君知其然，故視國之羨不足而御其財物。穀賤則以幣予食，布帛賤則以幣予衣。視物之輕重而御之以准，故貴賤可調而君得其利。

又《事語》 桓公曰：「何謂非數？」管子對曰：「此定壤之數也。彼天子之制，壤方千里，齊諸侯方百里，負海子七十里，男五十里，若胸臂之相使也。故准徐疾、贏不足，雖在下也，不爲君憂。

又《君臣上》 上惠其道，下敦其業，上下相希。若望參表，則邪者可知也。

又《揆度》 陰山之礝碈，一筴也。燕之紫山白金，一筴也。發朝鮮之文皮，一筴也。汝漢水之右衢黄金，一筴也。江陽之珠，一筴也。秦明山之曾青，一筴也。禺氏邊山之玉，一筴也。此謂以寡爲多，以狹爲廣。天下之數盡於輕重矣。

又《小匡》 相地而衰其政，則民不移矣。

《晏子春秋・内篇諫上》 景公燕賞于國内，萬鍾者三，千鍾者五，令三出，而職計莫之從。公怒，令免職計，令三出，而士師莫之從。

《六韜・王翼》 武王問太公曰：「王者帥師，必有股肱羽翼以成威神，**【略】**」太公曰：「**【略】**故將有股肱羽翼七十二人，**【略】**腹心一人，**【略】**法筭二人：主計會三軍營壁、糧食、財用出入。」

《吕氏春秋・季秋》 是月也，大饗帝，嘗犧牲，告備于天子。合諸侯，制百縣，爲來歲受朔日，與諸侯所税於民，輕重之法，貢職之數，以遠近土地所宜爲度，以給郊廟之事，無有所私。

又《知度》 持社稷立功名之道，不得不然也。猶大匠之爲宫室也，量小大而知材木矣，訾功丈而知人數矣。

又《大樂》 音樂之所由來者遠矣。生於度量，本於太一。

《墨子・大取》 小圜之圜，與大圜之圜同。

又《經下》 不可偏去而二。説在見與[不見]俱、一與二、廣與脩。

又《經説下》 [不]：見不見[不]離，一二不相盈，廣脩堅白。

《商君書・算地》 今世主欲辟地治民而不審數，臣欲盡其事而不立術，故國有不服之民，(生)[主]有不令之臣。

《尹文子・大道上》 故人以度審長短，以量受多少，以衡平輕重，以律均清濁，以名稽虚實，以法定治亂，以簡治煩惑，以易御險難，以萬事皆歸于一，百度皆準于法。歸一者，簡之至；準法者，易之極。

《莊子・齊物論》 既已謂之一矣，且得无言乎？一與言爲二，二與一爲三。

又《天下》 惠施多方，其書五車，其道舛駁，其言也不中。厤物之意，曰：「至大無外，謂之大一；至小無内，謂之小一。無厚，不可積也，其大千里。天與地卑，山與澤平。日方中方睨，物方生方死。大同而與小同異，此之謂小同異；萬物畢同畢異，此之謂大同異。南方無窮而有窮。今日適越而昔來。連環可解也。我知天之中央，燕之北、越之南是也。泛愛萬物，天地一體也。」惠施以此爲大觀於天下而曉辯者，天下之辯者相與樂之。卵有毛。雞有三足。郢有天下。犬可以爲羊。馬有卵。丁子有尾。火不熱。山出口。輪不蹍地。目不見。指不至，至不絶。龜長於蛇。矩不方，規不可以爲圓。鑿不圍枘。飛鳥之景未嘗動也。鏃矢之疾，而有不行不止之時。狗非犬。黄馬驪牛三。白狗黑。孤駒未嘗有母。一尺之捶，日取其半，萬世不竭。辯者以此與惠施相應，終身無窮。

《吕氏春秋・不屈》 惠子曰：「今之城者，或者操大築乎城上，或負畚而赴乎城下，或操表掇以善睎望。若施者，其操表掇者也。」

《孟子・滕文公上》 公明儀曰：「文王我師也。周公豈欺我哉？」今滕絶長補短，將五十里也。猶可以爲善國。」

《墨子・非命上》 古者湯封於亳，絶長繼短，方地百里，與其百姓兼相愛，交相利，移則分，率其百姓以上尊天事鬼，是以天鬼富之，諸侯與之，百姓親之，賢士歸之，未殁其世而王天下，政諸侯。昔者文王封於岐周，絶長繼短，方地百里，與其百姓兼相愛，交相利則，是以近者安其政，遠者歸其德。

又《公輸》 荆之地，方五千里，宋之地，方五百里，此猶文軒之與敝轝也。

又《魯問》 子墨子游公尚過於越。公尚過説越王，越王大説，謂公尚過曰：「先生苟能使子墨子於越而教寡人，請裂故吴之地，方五百里，以封子墨子。」

數學概念分部

題解

《墨子·經上》倍，爲二也。

又《經説上》倍：二尺與尺，但去一。

《墨子·經上》體，分於兼也。

又《經説上》體：若二之一，尺之端也。

《墨子·經上》平，同高也。

《墨子·經上》直，參也。

《墨子·經上》同長，以缶相盡也。

又《經説上》同：捷與狂之同長也。

《墨子·經上》中，同長也。

又《經説上》（心）中：自是往相若也。

《墨子·經上》方，柱隅四讙也。

又《經説上》方：矩見（支）[交]也。

《墨子·經上》圜，一中同長也。

又《經説上》圜：規寫（支）[交]也。

《墨子·經上》間，不及旁也。

又《經説上》間：謂夾者也。尺，前於區穴而後於端，不夾於端與區内。及，及非齊之及也。

《墨子·經上》有間，中也。

又《經説上》有間：謂夾之者也。

《墨子·經上》纑，間虚也。

又《經説上》纑：間虚也者，兩木之間，謂其無木者也。

《墨子·經上》（似）[仳]，有以相攖，有不相攖也。

又《經説上》仳：兩有端而后可。

《墨子·經上》攖，相得也。

又《經説上》攖：尺與尺俱，不盡。端與端，俱盡。尺與[端]，或盡或不盡。堅白之攖相盡，體攖不相盡。（端）。

《墨子·經上》厚，有所大也。

又《經説上》厚：惟無[厚無]所大。

《墨子·經上》端，體之無（序）[厚]而最前者也。

又《經説上》端：是無（同）[間]也。

《墨子·經上》盈，莫不有也。

又《經説上》盈：無盈無厚。於（尺）[石]，無所往而不（得）得二。

雜録

《商君書·境内》其攻城圍邑也，國司空訾（莫）[其]城之廣厚之數，國尉分地，以徒校分積尺而攻之，爲期曰：「先已者當爲最啟，後已者訾爲最殿。再訾則廢。」

《孟子·滕文公上》卿以下，必有圭田；圭田五十畝。餘夫二十五畝。

數學推理分部

綜論

《墨子·經上》故，所得而後成也。

又《經説上》故：小故，有之不必然，無之必不然。體也，若有端。大故，有之必（無）然，若見之成見也。

《墨子·大取》夫辭，以故生，以理長，以類行也者。立辭而不明於其所生，忘也。今人非道無所行，唯有强股肱而不明於道，其困也，可立而待也。夫辭，以類行者也，立辭而不明於其類，則必困矣。

又《小取》　夫辯者，將以明是非之分，審治亂之紀，明同異之處，察名實之理，處利害，決嫌疑焉。摹略萬物之然，論求羣言之比。以名舉實，以辭抒意，以說出故，以類取，以類予。

《墨子・經上》　止，因以別道。

又《經說上》　（心）[止]：彼舉然者，以爲此其然也，則舉不然者而問之。（若聖人有非而不非。）

《墨子・經上》　辯，争彼也。辯勝，當也。

又《經說上》　辯：或謂之牛，謂之非牛，是争彼也。是不俱當，不俱當，必或不當，不若當犬。

《墨子・經下》　謂辯無勝，必不當，說在辯。

又《經說下》　謂：所謂，非同也，則異也。同則或謂之狗，其或謂之犬也。異則或謂之牛，（牛）或謂之馬也。俱無勝，是不辯也。辯也者，或謂之是，或謂之非。當者勝也。

《墨子・經上》　攸，不可兩不可也。

又《經說上》　彼：凡牛樞非牛，兩也，無以非也。

《墨子・經下》　異類不吡，說在量。

又《經說下》　異：木與夜孰長？智與粟孰多？爵、親、行、賈，四者孰貴？麋與霍孰高？麋與霍孰霍？蚓與瑟孰瑟？

《吕氏春秋・别類》　小方，大方之類也。小馬，大馬之類也。小智，非大智之類也。

《墨子・經上》　同，異而俱於之一也。

又《經說上》　侗：二人而俱見是楹也，若事君。

《墨子・經下》　一法者之相與也盡，若方之相合也。說在方。

又《經說下》　一：方，盡類，俱有法而異。或木或石，不害其方之相合也。盡類猶方也，物俱然。

《墨子・經下》　偏去莫加少。說在故。

又《經說下》　偏：俱一無變。

《論語・述而》　子曰：「不憤不啓，不悱不發。舉一隅，不以三隅反，則不復也。」

《墨子・經下》　止類以行（人）[之]，說在同。

又《經說下》　止：彼以此其然也，說是其然也；我以此其不然也，疑是其然也。

《墨子・大取》　諸非以舉量數命者，（敗）[取]之盡是也。故一人指，非一人也；是一人之指，乃是一人也。方之一面，非方也；方木之面，方木也。

紀事

《論語・公冶長》　子謂子貢曰：「女與回也孰愈？」對曰：「賜也，何敢望回？回也，聞一以知十。賜也，聞一以知二。」子曰：「弗如也。吾與女弗如也。」

《孟子正義・公孫醜下》　陳臻問曰：「前日於齊，王餽兼金一百而不受。於宋，餽七十鎰而受。於薛，餽五十鎰而受。前日之不受是，則今日之受非也。今日之受是，則前日之不受非也。夫子必居一於此矣。」孟子曰：「皆是也。當在宋也，予將有遠行，行者必以贐，辭曰餽贐，予何爲不受？當在薛也，予有戒心，辭曰聞戒，故爲兵餽之。予何爲不受？若於齊，則未有處也，無處而餽之，是貨之也。焉有君子而可以貨取乎？」

《韓非子・難一》　楚人有鬻楯與矛者，譽之曰：「吾楯之堅，物莫能陷也。」又譽其矛曰：「吾矛之利，於物無不陷也。」或曰：「以子之矛，陷子之楯，何如？」其人弗能應也。夫不可陷之楯，與無不陷之矛，不可同世而立。

無限思想分部

題解

《墨子・經上》　窮，或有前不容尺也。

又《經說上》 窮：或不容尺，有窮；莫不容尺，無窮也。

綜論

《管子·內業》 彼道自來，可藉與謀，靜則得之，躁則失之。靈氣在心，一來一逝，其細無內，其大無外。

又《心術上》 道在天地之間也，其大無外，其小無內，故曰：「不遠而難極也」。

又《形勢解》 天之裁大，故能兼覆萬物。地之裁大，故能兼載萬物。人主之裁大，故容物多而衆人得比焉。故曰：「裁大者衆之所比也。」

又《宙合》 天地萬物之橐也。宙合有橐天地，天地苴萬物，故曰萬物之橐。宙合之意，上通於天之上，下泉於地之下，外出於四海之外，合絡天地，以爲一裹。散之至于無閒，不可名而山。是大之無外，小之無內，故曰有橐天地。

又 夫成軸之多也，其處大也不究，其入小也不塞。猶迹求履之憲也。夫焉有不適善？

《老子·道德經下》 天下之至柔，馳騁天下之至堅。無有入於無間。

《列子·天瑞》 夫天地，空中之一細物，有中之最巨者。難終難窮，此固然矣；難測難識，此固然矣。

《呂氏春秋·下賢》 與物變化而無所終窮，精充天地而不竭，神覆宇宙而無望。莫知其始，莫知其終，莫知其門，莫知其端，莫知其源。其大無外，其小無內。此之謂至貴。

《墨子·經上》 次，無間而不(攖)[相]攖也。

又《經說上》 次，無厚而后可。

《墨子·經下》 無窮不害兼。說在盈否。

又《經說下》 無：南者，有窮則可盡，無窮則不可盡。有窮無窮未可智，則可盡不可盡(不可盡)未可智。人之盈之否未可智，(而必)人之可盡不可盡亦未可智。而必人之可盡愛也，誖。人若不盈(先)[无]窮，則人有窮也，盡有窮無難。盈無窮，則無窮盡也；盡(有)[無]窮無難。

《墨子·經下》 非半弗𣃔則不動，說在端。

又《經說下》 非：𣃔半，進前取也。前，則中無爲半，猶端也。前後取，則端中也。𣃔必半；毋與非半，不可𣃔也。

《荀子·賦》 有物於此，居則周靜致下，動則綦高以鉅，圓者中規，方者中矩，大參天地，德厚堯禹，精微乎毫毛，而充盈乎大寓。忽兮其極之遠也，攭兮其相逐而反也，卬卬兮天下之咸蹇也。德厚而不捐，五采備而成文，往來惛憊，通于大神，出入甚極，莫知其門。天下失之則滅，得之則存。弟子不敏，此之願陳，君子設辭，請測意之。

曰：此夫大而不塞者與？充盈大宇而不窕，入郄穴而不偪者與？行遠疾速，而不可託訊者與？往來惛憊，而不可爲固塞者與？暴至殺傷，而不億忌者與？功被天下，而不私置者與？託地而遊宇，友風而子雨，冬日作寒，夏日作暑，廣大精神，請歸之雲——雲。

又《解蔽》 疏觀萬物而知其情，參稽治亂而通其度，經緯天地而材官萬物，制割大理而宇宙裏矣。恢恢廣廣，孰知其極？睪睪廣廣，孰知其德？涫涫紛紛，孰知其形？明參日月，大滿八極，夫是之謂大人。夫惡有蔽矣哉。

《尹文子·大道上》 故窮則徼終，徼終則反始，始終相襲，無窮極也。

又 語曰：好牛，又曰：不可不察也。好則物之通稱，牛則物之定形，以通稱隨定形，不可窮極者也。設復言好馬，則復連于馬矣，則好所通無方也。

《莊子·齊物論》 類與不類，相與爲類，則與彼无以異矣。雖然，請嘗言之：有始也者，有未始有始也者，有未始有夫未始有始也者；有有也者，有无也者，有未始有无也者，有未始有夫未始有无也者。

又 日夜相代乎前，而莫知其所萌。

又 注焉而不滿，酌焉而不竭，而不知其所由來，此之謂葆光。

又《逍遥遊》 天之蒼蒼，其正色邪？其遠而無所至極邪？

又 吾驚怖其言，猶河漢而无極也，大有徑庭，不近人情焉。

又《養生主》 吾生也有涯，而知也无涯。以有涯隨无涯，殆已。

又 彼節者有閒，而刀刃者无厚；以无厚入有閒，恢恢乎其於遊刃必有餘地矣。

又《應帝王》 體盡无窮，而遊无朕。

又《秋水》 北海若曰：否。夫物，量无窮，時无止，分无常，終始无故。

又 年不可舉，時不可止。

又 泛泛乎其若四方之无窮，其无所畛域，兼懷萬物，其孰承翼？是謂无方。

又 知天地之爲稊米也，知毫末之爲丘山也，則差數覩矣。

又 天下之水，莫大於海：萬川歸之，不知何時止而不盈；尾閭泄之，不知何時已而不虛；春秋不變，水旱不知。此其過江河之流，不可爲量數。而吾未嘗以此自多者，自以比形於天地，而受氣於陰陽，吾在天地之閒，猶小石小木之在大山也。

又《在宥》 彼其物无窮，而人皆以爲有終；彼其物无測，而人皆以爲有極。得吾道者，上爲皇而下爲王；失吾道者，上見光而下爲土。今夫百昌皆生於土而反於土。故余將去女，入无窮之門，以遊无極之野。

又 挈汝適復之撓撓，以遊无端，出入无旁，與日无始。

又《庚桑楚》 有實而无乎處者，宇也；有長而无本剽者，宙也。

《管子・形勢解》 海不辭水，故能成其大。山不辭土石，故能成其高。明主不厭人，故能成其衆。士不厭學，故能成其聖。

《韓非子・八經》 參伍之道：行參以謀多，揆伍以責失。行參必折，揆伍必怒。不折則瀆上，不怒則相和。折之微足以知多寡，怒之前不及其衆。

又《喻老》 有形之類，大必起於小；行久之物，族必起於少。

《老子》 合抱之木，生於毫末；九層之臺，起於累土；千里之行，始於足下。

《荀子・大略》 夫盡小者大，積微者箸。

又《彊國》 積微，月不勝日，時不勝月，歲不勝時。凡人好敖慢小事，大事至，然後興之務之。如是，則常不勝夫敦比於小事者矣。是何也？則小事之至也數，其縣日也博，其爲積也大。大事之至也希，其縣日也淺，其爲積也小。故善日者王，善時者霸，補漏者危，大荒者亡。

又《勸學》 積土成山，風雨興焉；積水成淵，蛟龍生焉；積善成德，而神明自得，聖心備焉。故不積蹞步，無以致千里；不積小流，無以成江海。騏驥一躍，不能十步；駑馬十駕，功在不舍。

《莊子・則陽》 是故丘山積卑而爲高，江河合水而爲大，大人合并而爲公。

紀事

《列子・湯問》 殷湯曰：「然則上下八方有極盡乎？」革曰：「不知也。」湯固問。革曰：「無則無極，有則有盡；朕何以知之？然無極之外復無無極，無盡之中復無無盡。無極復無無極，無盡復無無盡。朕以是知其無極無盡也，而不知其有極有盡也。」

《莊子・秋水》 河伯曰：「然則吾大天地而小豪末，可乎？」北海若曰：「否。夫物，量无窮，時无止，分无常，終始无故。是故大知觀於遠近，故小而不寡，大而不多，知量无窮。證曏今故，故遥而不悶，掇而不跂，知時无止。察乎盈虛，故得而不喜，失而不憂，知分之无常也。明乎坦塗，故生而不說，死而不禍，知終始之不可故也。計人之所知，不若其所不知；其生之時，不若未生之時。以其至小，求窮其至大之域，是故迷亂而不能自得也。由此觀之，又何以知毫末之足以定至細之倪，又何以知天地之足以窮至大之域！」

又 河伯曰：「世之議者皆曰：『至精无形，至大不可圍。』是信情乎？」北海若曰：「夫自細視大者不盡，自大視細者不明。夫精，小之微也；垺，大之殷也；故異便。此勢之有也。夫精粗者，期於有形者也；无形者，數之所不能分也；不可圍者，數之所不能窮也。可以言論者，物之粗也；可以意致者，物之精也；言之所不能論，意之所不能察致者，不期精粗焉。

又《則陽》 戴晉人曰：「有所謂蝸者，君知之乎？」曰：「然。」【略】曰：「臣請爲君實之。君以意在四方上下有窮乎？」君曰：「无窮。」曰：「知游心于无窮，而反在通達之國，若存若亡乎？」君曰：「然。」

九九術分部

綜論

《管子·輕重戊》 管子對曰：「虙戲作，造六峜，以迎陰陽，作九九之數，以合天道，而天下化之。【略】」

《鶡冠子·度萬》 天地陰陽，取稽於身，故布五正以司五明，十變九道，稽從身始。五音六律，稽從身出，五五二十五，以理天下。六六三十六，以爲歲式。氣由神生，道由神成。

《呂氏春秋·制樂》 有三善言，必有三賞，熒惑必三徙舍。舍行七星，星一徙當七年，三七二十一，臣故曰君延年二十一歲矣。

《荀子·大略》 立視前六尺而(大)[六]之，六六三十六，三丈六尺。

《管子·地員》 凡將起五音，凡首，先主一而三之，四開以合九九，以是生黃鍾小素之首，以成宮。三分而益之以一，爲百有八，爲徵。不無有三分而去其乘，適足，以是生商。有三分，而復於其所，以是成羽。有三分，去其乘，適足，以是成角。墳延者六施，六七四十二尺而至於泉。陝之芳七施，七七四十九尺而至於泉。祀陝八施，七八五十六尺而至於泉。杜陵九施，七九六十三尺而至於泉。延陵十施，七十尺而至於泉。環陵十一施，七十七尺而至於泉。蔓山十二施，八十四尺而至於泉，付山十三施九十一尺，而至於泉。付山白徒十四施，九十八尺而至於泉。中陵十五施，百五尺而至於泉。青山十六施，百一十二尺而至於泉。青龍之所居，庚泥，不可得泉。赤壤㔉山十七施，百一十九尺而至於泉。其下清商，不可得泉。陛山白壤十八施，百二十六尺而至於泉。其下駢石，不可得泉。徙山十九施，百三十三尺而至於泉。其下有灰壤，不可得泉。高陵土山二十施，百四十尺而至於泉，山之上命之曰縣泉，其地不乾，其草如茅與走，其木乃樠。鑿之二尺，乃至於泉。山之上命曰復呂，其草魚腸與蕕，其木乃柳。鑿之三尺，而至於泉。山之上命之曰泉英，其草蘄白昌，其木乃楊，鑿之五尺，而至於泉。山之材，其草兢與薔，其木乃格，鑿之二七十四尺而至於泉。山之側，其草蕭與蔞，其木乃品榆，鑿之三七二十一尺而至於泉。

又 瀆田悉徙，五種無不宜，其立后而手實。其木宜蚖菕與杜松，其草宜楚棘。見是土也，命之曰五施，五七三十五尺而至於泉。呼音中角。其水倉，其民疆。

赤壚，歷彊肥，五種無不宜。其麻白，其布黃，其草宜白茅與萑，其木宜赤棠。見是土也，命之曰四施，四七二十八尺而至於泉。呼音中商。其水白而甘，其民壽。

黃唐，無宜也，唯宜黍秫也。宜縣澤。行廧落，地潤數毀，難以立邑置廧。其草宜黍秫與茅，其木宜櫄擾桑。見是土也，命之曰三施，三七二十一尺而至於泉。呼音中宮。其泉黃而糗，流徙。

斥埴，宜大菽與麥。其草宜萯雚，其木宜杞。見是土也，命之曰再施，二七十四尺而至於泉。呼音中羽。其泉鹹，水流徙。

黑埴，宜稻麥。其草宜苹蓨，其木宜白棠。見是土也，命之曰一施，七尺而至於泉。呼音中徵。其水黑而苦。

數學工具分部

綜論

《老子·道德經上》 善行無轍跡；善言無瑕謫；善數不用籌策；善閉無關楗而不可開；善結無繩約而不可解。

《孫子·計》 夫未戰而廟算勝者，得算多也。未戰而廟算不勝者，得算少也。多算勝，少算不勝，而況於無算乎！吾以此觀之，勝負見矣。

《孫臏兵法·客主人分》 衆者勝乎？則投筭而戰耳。富者勝乎？則量粟而戰耳。兵利甲堅者勝乎？則勝易𥎿矣。

《尸子》卷下 古者倕爲規矩準繩，使天下倣焉。

《墨子·法儀》 雖至百工從事者，亦皆有法。百工爲方以矩，爲圓以規，直以繩，正以縣。無巧工不巧工，皆以此五者爲法。

又《天志上》 我有天志，譬若輪人之有規，匠人之有矩。輪匠執其規矩，以度天下之方員，曰：「中者是也，不中者非也。」

《荀子·不苟》 五寸之矩，盡天下之方也。故君子不下室堂，而海内之情舉積此者，則操術然也。

又《禮論》 故繩者，直之至；衡者，平之至；規矩者，方圓之至；禮者，人道之極也。

《孟子·離婁章上》 孟子曰：離婁之明，公輸子之巧，不以規矩不能成方員。

又 聖人既竭目力焉，繼之以規矩準繩以爲方員平直，不可勝用也。

《莊子·達生》 工倕旋而蓋規矩，指與物化而不以心稽，故其靈臺一而不桎。

又《胠篋》 毁絶鉤繩而棄規矩，攦工倕之指，而天下始人有其巧矣。故曰：大巧若拙。

《列子·説符》 宋人有遊於道得人遺契者，歸而藏之，密數其齒。告鄰人曰：「吾富可待矣。」

《墨子·公孟》 今子曰，孔子博於詩書，察於禮樂，詳於萬物，而曰可以爲天子。是數人之齒，而以爲富。

《莊子·胠篋》 昔者容成氏、大庭氏、伯皇氏、中央氏、栗陸氏、驪畜氏、軒轅氏、赫胥氏、尊盧氏、祝融氏、伏犧氏、神農氏，當是時也，民結繩而用之。

計算與算法分部

綜論

《孟子·萬章下》 大國地方百里，君十卿禄，卿禄四大夫，大夫倍上士，上士倍中士，中士倍下士，下士與庶人在官者同禄。禄足以代其耕也。次國地方七十里，君十卿禄，卿禄三大夫，大夫倍上士，上士倍中士，中士倍下士，下士與庶人在官者同禄，禄足以代其耕也。小國地方五十里，君十卿禄，卿禄二大夫，大夫倍上士，上士倍中士，中士倍下士，下士與庶人在官者同禄，禄足以代其耕也。

《墨子·備蛾傅》 備蛾傅爲縣脾，以木板厚二寸，前後三尺，旁廣五尺，高五尺，而折爲下磨車，轉徑尺六寸。令一人操二丈四(方)[矛]，刃其兩端，居縣脾中，以鐵璅敷縣(二)脾，[縣脾]上衡爲之機，令有力四人下上之，弗離。施縣脾，大數二十步一，攻隊所在。六步一荅，廣從(丈各)[各丈]二尺。

又《雜守》 斗食，終歲三十六石。參食，終歲二十四石。四食，終歲十八石。五食，終歲十四石四斗。六食，終歲十二石。斗食食五升，參食食參升小半，四食食二升半，五食食二升，六食食一升大半。日再食。救死之時，日二升者二十日，日三升者三十日，日四升者四十日，如是而民免於九十日之約矣。

《晏子春秋·内篇問下》 齊舊四量：豆、區、釜、鍾，四升爲豆，各自其四，以登于釜，釜十則鍾。田氏三量皆登一焉，鍾乃巨矣。以家量貸，以公量收之。

又《外篇重而異者》 齊舊四量：四升爲豆，豆四而區，區四而釜，釜十而鍾。田氏四量，各加一焉。以家量貸，以公量收，則所以羅百姓之死命者澤矣。

《管子·中匡》 管仲會國用，三分二在賓客，其一在國，管仲懼而復之。

《莊子·在宥》 其存人之國也，無萬分之一。而喪人之國也，一不成而萬有餘喪矣。

又《知北遊》 今於道，秋豪之端萬分未得處一焉，而猶知藏其狂言而死，又況夫體道者乎！

《管子·(臣)[巨]乘馬》 起一人之繇，百畝不舉；起十人之繇，千畝不舉；起百人之繇，萬畝不舉；起千人之繇，十萬畝不舉。

《管子·乘馬》 地之不可食者，山之無木者，百而當一。涸澤，百而當一。地之無草木者，百而當一。樊棘雜處，民不得入焉，百而當一。藪，鐮纏得入焉，九而當一。蔓山，其木可以爲材，可以爲軸，斤斧得入焉，九而當一。汎山，其木可以爲棺，可以爲車，斤斧得入焉，十而當一。流水，網罟得入焉，五而當一。林，其木可以爲棺，可以爲車，斤斧得入焉，五而當一。澤，網罟得入焉，五而當一。命之曰地均，以實數。

又 上地方八十里，萬室之國一，千室之都四。中地方百里，萬室之國一，千室之都四。下地方百二十里，萬室之國一，千室之都四。以上地方八十里，與下地方百二十里，通於中地方百里。

又 事成而制器，方六里爲一乘之地也。一乘者，四馬也。一馬其甲七，其蔽五。(四)[一]乘，其甲二十有八，其蔽二十。白徒三十人奉車兩，器制也。

又 黄金一鎰，百乘一宿之盡也，無金則用其絹。季絹三十三制當一鎰，無絹則用其布。經暴布百兩當一鎰，一鎰之金，食百乘之一宿。

又 十仞見水不大潦，五尺見水不大旱，十一仞見水輕征，十分去二三，二則去三四，四則去四，五則去半，比之於山。五尺見水，十分去一，四則去三，三則去二，二則去一，三尺而見水，比之於澤。距國門以外，窮四竟之內，丈夫二犂，童五尺一犂，以爲三日之功。

《管子・大匡》 桓公踐位十九年，弛關市之征，五十而取一。賦祿以粟，案田而税。二歲而税一，上年什取三，中年什取二，下年什取一；歲飢不税，歲飢弛而税。

又《度地》 故高其上領，瓴之，尺有十分之三，里滿四十九者，水可走也。

又《法法》 堂上遠於百里，堂下遠於千里，門廷遠於萬里。今步者一日，百里之情通矣；堂上有事，十日而君不聞，此所謂遠於百里也。步者十日，千里之情通矣；堂下有事，一月而君不聞，此所謂遠於千里也。步者百日，萬里之情通矣，門庭有事，期年而君不聞，此所謂遠於萬里也。

又《海王》 桓公曰：「何謂正鹽筴？」管子對曰：「十口之家十人食鹽，百口之家百人食鹽。終月，大男食鹽五升少半，大女食鹽三升少半，吾子食鹽二升少半，此其大曆也。鹽百升而釜。令鹽之重升加分彊，釜五十也；升加一彊，釜百也；升加二彊，釜二百也。鍾二千，十鍾二萬，百鍾二十萬，千鍾二百萬。萬乘之國，人數開口千萬也，禺筴之商，日二百萬，十日二千萬，一月六千萬。萬乘之國，正九百萬也。月人三十錢之籍，爲錢三千萬。今吾非籍之諸君吾子，而有二國之籍者六千萬。使君施令曰：吾將籍於諸君吾子，則必囂號。今夫給之鹽筴，則百倍歸於上，人無以避此者，數也。」

又 令鍼之重加一也，三十鍼一人之籍；刀之重加六，五六三十，五刀一人之籍也；耜鐵之重加(七)[十]，三耜鐵一人之籍也。其餘輕重皆准此而行。

《管子・禁藏》 所以富民有要，食民有率，率三十畝而足於卒歲。歲兼美惡，畝取一石，則人有三十石，果蓏素食當十石，穅粃六畜當十石，則人有五十石。布帛麻絲，旁入奇利，未在其中也。故國有餘藏，民有餘食。

又《揆度》 管子曰：「二歲耕，五歲食，粟賈五倍。一歲耕，六歲食，粟賈六倍。二年耕而十(一)[二]年食。夫富能奪，貧能予，乃可以爲天下。且天下者，處茲行茲，若此而天下可壹也。夫天下者，使之不使，用之不用。故善爲天下者，毋曰使之，使不得不使；毋曰用之，用不得不用也。」

又《輕重甲》 管子對曰：「粟賈平四十，則金賈四千。粟賈釜四十則鍾四百也，十鍾四千也，二十鍾者爲八千也。金賈四千，則二金中八千也。然則一農之事，終歲耕百畝，百畝之收不過二十鍾，一農之事乃中二金之財耳。故粟重黄金輕，黄金重而粟輕，兩者不衡立，故善者重粟之賈。釜四百，則是鍾四千也，十鍾四萬，二十鍾者八萬。金賈四千，則是十金四萬也，二十金者爲八萬。故發號出令，曰一農之事有二十金之筴。然則地非有廣狹，國非有貧富也，通於發號出令，審於輕重之數然。」

又《山權數》 桓公曰：「何謂國無制，地有量？」管子對曰：「高田十石，閒田五石，庸田三石，其餘皆屬諸荒田。地量百畝，一夫之力也。粟賈一，粟賈十；粟賈三十，粟賈百。其在流筴者，百畝從中千畝之筴也。然則百乘從千乘也，千乘從萬乘也。故地有量，國無筴。」

又 軌守其數，准平其流，動於未形，而守事已成。物一也而十，是九爲用。徐疾之數，輕重之筴也，一可以爲十，十可以爲百。引十之半而藏四，以五操事，在君之決塞。

《管子・幼官》 三會諸侯，令曰：田租百取五。市賦百取二。關賦百取一。毋乏耕織之器。四會諸侯，令曰：修道路，偕度量，一稱數。藪澤以時禁發之。

《呂氏春秋・音律》 黄鍾生林鍾，林鍾生太蔟，太蔟生南呂，南呂生姑洗，姑洗生應鍾，應鍾生蕤賓，蕤賓生大呂，大呂生夷則，夷則生夾鍾，夾鍾生無射，無射生仲呂。三分所生，益之一分以上生。三分所生，去其一分以下生。黄鍾、大呂、太蔟、夾鍾、姑洗、仲呂、蕤賓爲上，林鍾、夷則、南呂、無射、應鍾爲下。

《孟子・盡心上》 孟子曰：「大匠不爲拙工改廢繩墨，羿不爲拙射變其彀率。」

又《滕文公上》 夏后氏五十而貢，殷人七十而助，周人百畝而徹。其實皆什一也。徹者，徹也。助者，藉也。龍子曰：「治地莫善於助，莫不善於貢，貢者挍數歲之中以爲常。」

《墨子・備城門》（昔）［皆］築，七尺一居屬，五步一壘。五築有銻。長斧，柄長八尺。十步一長鐮，柄長八尺。十步一鬬，長椎，柄長六尺，頭長尺，斧（亣）［亓］兩端。三步一大鋌，前長尺，蚤長五寸。兩鋌交之置如平，不如平不利，兑（亣）［亓］兩末。

又 守法：五十步丈夫十人，丁女二十人，老小十人，計之五十步四十人。城下樓卒，率一步一人，二十步二十人。城小大以此率之，乃足以守圍。

《墨子・備蛾傅》 土五步一，毋（其）［下］二十畾。爵穴十尺一，下堞三尺，廣其外。

又 二十步一殺，有（壚）［鬲］，厚十尺。殺有兩門，門廣五（步）［尺］，薄門板梯，貍之勿築，令易拔。城上希薄門而置搗。縣火，四尺一椅，五步一竈，竈門有爐炭。

《墨子・備梯》 二十步一殺，殺有一鬲，鬲厚十尺，殺有兩門，門廣五尺。**【略】**縣火，四尺一鉤樴，五步一竈，竈門有鑪炭。

又 《七患》 歲饉，則仕者大夫以下皆損祿五分之一。旱，則損五分之二。凶，則損五分之三。餽，則損五分之四。饑，則盡無祿，稟食而已矣。故凶饑存乎國人，君徹鼎食五分之（五）［三］，大夫徹縣，士不入學，君朝之衣不革制，諸侯之客，四鄰之使，雍食而不盛；徹驂騑，塗不芸，馬不食粟，婢妾不衣帛，此告不足之至也。

又 《迎敵祠》 城上步一甲、一戟，其贊三人。五步有五長，十步有什長，百步有百長，旁有大率，中有大將，皆有司吏卒長。

《商君書・靳令》 以力攻者，出一取十。以言攻者，出十亡百。國好力，此謂以難攻。國好言，此謂以易攻。

又 《境内》 五百主，短兵五十人。二五百主，將之主，短兵百。千石之令，短兵百人。八百之令，短兵八十人。七百之令，短兵七十人。六百之令，短兵六十人。

又 《徠民》 地方百里者，山陵處什一，藪澤處什一，谿谷流水處什一，都邑蹊道處什一，惡田處什二，良田處什四。以此食作夫五萬，其山陵、藪澤、谿谷可以給其材，都邑蹊道足以處其民，先王制土分民之律也。

又 《農戰》 凡治國者，患民之散而不可摶也，是以聖人作壹，摶之也。國作壹一歲者十歲彊，作壹十歲者百歲彊，作壹百歲者千歲彊，千歲彊者王。君脩賞罰以輔壹教，是以其教有所常，而政有成也。

又 《去彊》 國作壹一歲，十歲彊；作壹十歲，百歲彊，作壹百歲，千歲彊。千歲彊者王。威，以一取十，以聲以實，故能爲威者王。

《孫臏兵法・月戰》 孫子曰：十戰而六勝，以星也。十戰而七勝，以日者也。十戰而八勝，以月者也。十戰而九勝，月有☐而十勝，將善而生過者也。

《孫子・作戰》 力屈財殫，中原内虛於家，百姓之費，十去其七；公家之費，破軍罷馬，甲胄矢弩，戟楯蔽櫓，丘牛大車，十去其六。

又 故智將務食於敵，食敵一鍾，當吾二十鍾；萁秆一石，當吾二十石。

《吴子・治兵》 故用兵之法：教戒爲先。一人學戰，教成十人；十人學戰，教成百人；百人學戰，教成千人；千人學戰，教成萬人；萬人學戰，教成三軍。以近待遠，以佚待勞，以飽待飢。

《莊子・寓言》 寓言十九，重言十七，巵言日出，和以天倪。

數學的興衰與演進部

數學興衰分部

綜論

《史記》 幽厲之後，周室微，陪臣執政，史不記時，君不告朔，故疇人子弟分散，或在諸夏，或在夷狄，是以其機祥廢而不統。

三國魏・劉徽《九章筭術注・序》 往者暴秦焚書，經術散壞。

元・莫若《四元玉鑑序》 至後世明筭之科不設，而此學寖失其傳，由是秝法之進退畸盈，農田之方圓曲直，以至斗升勺合毫釐絲忽，往往皆不能盡其法者，又豈非古學之無傳，而學者莫知所依據耶。

明・唐順之《荊川文集》卷七 與顧箬溪

竊以六藝之學皆先王所以寓精神心術之妙，非特以資實用而已。《傳》曰：其數可陳也，其義難知也。顧得其數而昧於其義，則九九之技小道泥於致遠，是曲藝之所以藝成而下也。即其數而窮其義，則參伍錯綜之用，可以成變化而行鬼神，是儒者之所以游于藝也。游於藝，則藝也者即所謂德成而上也。顧先王六藝之教既寖，而筭書之傳於世，往往出於曲藝之士之所爲，是以其數存而其義隱矣。而藝士之著書者，又往往以秘其機爲奇，所謂立天元如一云爾，積求之云爾者，漫不省爲何語。其意蓋惟恐緘縢之不密而金針之或泄也，是以其數雖存而數之所以爲數者亦隱矣。伏惟明公以當世耆儒，玩心神明之學而出其緒余，於藝數之問明公之于數，蓋古所謂進乎技而入於道，以神遇而不以器求者也。且小子辱不勌之教久矣，是以敢更有請焉，謹具如別紙。

明・顧應祥《測圓筭術・序》 句股求容圓之徑，古有其法，未有若元翰林學士樂城李先生之精且密者也。其所著《測圓海鏡》設爲天地日月山川、東西南北、乾坤艮巽名號，而以通句股、邊句股、底句股等，錯綜而求之，極爲明備。但每條細草，止以天元一立筭，而漫無下手之處，應詳已爲之類釋。

明・程涓《筭法統宗序》 古先哲王以六蓺教天下，而數要其成，所從來久矣。其後有熊氏創之隸首，而周公受之高商，於是筭学大興。《九章》之雖立，而保氏寔司之，世代相沿，若筭博士等官並屬之太史令。漢唐时樊英、單颺、劉徽、李淳風、甄鸞、交矦湯之流，訂攷註釋，皆卓然名家。當是時有專官，而亡廢職，降及秝季，六蓺之教既寖，而筭數之学，儒者絕不能舉其槩，官府會計第委之掾史輩，而其書之行于世者，曲蓺之士或能通一二等，豈獨其官廢哉。即業其事者，有循習而無精詣。余是以深慨古今之不相及矣。

明・徐光啟《幾何原本・序》 唐、虞之世，自羲、和治曆，暨司空、后稷、工、虞、典樂五官者，非度數不爲功。《周官》六藝，數與居一焉，而五藝者不以度數從事，亦不得工也。襄、曠之於音，般、墨之於械，豈有他謬巧哉？精於用法而已。故嘗謂三代而上爲此業者，盛有原原本本，師傳曹習之學，而畢喪於祖龍之焰。漢以來多任意揣摩，如盲人射的，虛發無效；或依儗形似，如持螢燭象，得首失尾。至於今而此道盡廢，有不得不廢者矣。《幾何原本》者，度數之所宗，所以窮方圓平直之情，盡規矩準繩之用也。

清・《數理精蘊》上編卷一 堯命羲和治曆，敬授人時，而歲功已成。《周官》以六藝教士，數居其一，《周髀》商高之説可考也。秦漢而後，代不乏人，如洛下閎、張衡、劉焯、祖冲之之徒，各有著述。唐宋設明經算學科，其書頒在學宮，令博士弟子肄習，是知算數之學實格物致知之要務也。

又《周髀經解》 數學之失傳久矣。漢晉以來所存幾如一綫，其後祖冲之、郭守敬輩殫心象數，立密率消長之法，以爲習算入門之規。然其法以有盡度無盡，止言天行，未及地體，是以測之有變更，度之多盈縮，蓋有未盡之餘蘊也。明萬曆間，西洋人始入中土，其中一二習算數者，如利瑪竇、穆尼閣等，著爲《幾何原本》《同文算指》諸書，大體雖具，實未闡明理數之精微。及我朝定鼎以來，遠人慕化至者漸多，有湯若望、南懷仁、安多、閔明我相繼治理曆法，間明算學，而度數之理漸加詳備。【略】粤稽古聖，堯之欽明，舜之濬哲，曆象授時，閏餘定歲，璿璣玉衡，以齊七政，推步之學，孰大於是。至於三代盛時，聲教四訖，重譯向風，則書籍流傳於海外者，殆不一矣。周末疇人子弟失官分散，嗣經秦火，中原之典章既多缺佚，而海外之支流反得真傳，此西學之所以有本也。古算書存者，獨有《周髀》，周公、商高問答，其本文也，榮方、陳子以下，所推衍也。而漢張衡、蔡邕以爲術數雖存，考驗天狀，多所違失。按：榮方、陳子始言晷度，衡、邕所疑，或在於是。

清・談泰《疇人傳序》 古今算氏代不（之）〔乏〕人，推策則愈久而愈精，制器則愈新而愈巧，此非先民之識有所弗逮也。從來有因而成易，無因而成難，循已然之跡，發未盡之奥，前人心思之所竭，正後人智慧之所生，積薪之歎，有自來矣。上古容成、隸首，中天羲和、叔仲爲術家鼻祖，而推步細草紀載無徵，三代以來亦無可攷。漢始有《太初》法，而班《志》不詳，惟《三統》號稱密要，與古多允合，爲中法之權輿。《四分》以後，《大統》以前，皆因之而修明耳。自泰西入中國，始立新法新名，於是畛域攸分，搆爭頓起，終明之世，莫能是正。

清・阮元《疇人傳・序》 昔者黄帝迎日推策而步術興焉。自時厥后後，堯命羲和，舜在璿璣，三代迭王，正朔遞改，蓋效法乾象，布宣庶績，帝王之要道也。是故周公製禮，設馮相之官，孔子作《春秋》，譏司（術）〔曆〕之過，先古聖人咸重其事，兩漢通才大儒若劉向父子、張衡、鄭（元）〔玄〕之徒，纂續微言，鉤稽典籍，類皆甄明象數，洞曉天官，或作法以叙三光，或立論以明五紀，數術窮天地，制作侔造化。儒者之學，斯爲大矣。世風遞降，末學支離，九九之術，俗儒鄙不之講，而履觀臺領司天者，皆株守舊聞，罔知法意，演撰算造之家，徒換易子母，弗憑圭表，爲合驗天，失之彌遠。步算之道，由是日衰，臺官之選，因而愈輕，六藝道湮，良可嗟歎。

又 **卷七** 祖沖之

論曰：【略】其所著《綴術》，唐立於學官，限習四歲，視《五曹》《孫子》等經，限歲最久，其爲祕奥不易研究可知。自宋以來，數學衰歇，是書遂亡。造微之術，終于不傳，又重可惜已。

又 **卷三九** 梅瑴成

明代算家不解立天元術，瑴成謂天元一即西法之借根方，其説曰：嘗讀《授時秝草》求弦矢之法，先立天元一爲矢，而元學士李治所著《測圓海鏡》，亦用天元一立算，傳寫魯魚，算式訛舛，殊不易讀。前明唐荊川、顧箬溪兩公互相推重，自謂得此中三昧。荊川之説曰：藝士著書，往往以祕其機爲奇，所謂立天元一云爾，如積求之云爾，漫不省其爲何語。而箬溪則言：細考《測圓海鏡》，如求城徑，即以二百四十爲天元，半徑即以一百二十爲天元，既知其數，何用算爲？似不必立可也。二公之言如此。余於顧説頗不謂然，而無以解也。後供奉内廷，蒙聖祖仁皇帝授以借根方法。【略】夫元時學士著書，臺官治秝，莫非此物。不知何故，遂失其傳，猶幸遠人慕化，復得故物。東來之名，彼尚不能忘所自，而明人視爲贅疣，而欲棄之。噫！好學深思如唐、顧二公，猶不能知其意，而淺見寡聞者，又何足道哉，何足道哉！

又 **卷四四** 利瑪竇

論曰：【略】天文算數之學，吾中土講明而切究者，代不乏人。自明季空談性命，不務實學，而此業遂微，臺官步勘天道，疏闊彌甚。于是西人起而乘其衰，不得不矯然自異矣。【略】我國家右文尊道，六藝昌明。若吴江王氏、宣城梅氏，皆精于數學，實能盡得西法之長，而匡所不逮。至休寧戴東原先生，發明《五曹》《孫子》等經，而古算學明矣。嘉定錢竹汀先生著《廿二史攷異》，詳論《三統》《四分》以來諸家之術，而古推步學又明矣。

又阮元《續疇人傳序》 在昔聖人治易畫象，獨於革卦，【略】非古人之心思才力不逮今人，亦非古法之疏，不若今法之密，蓋迫於積漸生差，術以是見疏耳。【略】自西人尚巧算，屢經實測修改，精務求精，又值中法湮替之時，遂使乘間居奇。

清・羅士琳《續疇人傳》卷四九 錢大昕

論曰：【略】即如律算一道，古法至明全佚。自梅宣城倡之於始，江、戴諸君又踵而振之，於是古法漸顯。

又 李潢

論曰：算自明季寖疎，古籍散佚，前賢精義，百無一存。西士因得逞其技，明人驟見西法，詫爲神奇，趨之若鶩，遂漫以爲古法不逮。

又羅士琳《筭學啟蒙序》 竊惟唐時選舉有明筭科，自《周髀》以迄王孝通之《緝古》，號爲十經，分限年歲。趙序湣風之解十經，即此謂耳。厥後科目雖廢，去古未遠，文獻可徵，故言筭要當以宋元時秦、李、朱三家爲大備。秦氏箸《數學九章》，而古正負開方術顯，李氏箸《測圜海鏡》《益古演段》二書，而古立天元一術傳，朱氏集秦、李之大成而兼而有之，又推廣以至四元，于是實事求是，無隱不見，無微不彰矣。【略】以時攷之，彼時筭名最箸如李受益、郭邢臺諸公，亦適值其間，所以秝法大明。又如楊序所偁中山劉先生及史仲榮，玉鑑祖序所偁平陽蔣周等，雖其書不傳，其人莫攷，而其一時人才之盛聰明精鋭已可概見，宜乎筭之超越今古也。降及明季，以空談爲僿，筭學寖失，書亦湮亡，致顧箬溪輩妄删天元細艸，遂成絶學。今十經，惟《綴術》失傳，餘與秦李諸書次弟復出，皆收入

《四庫全書》，而《玉鑑》亦經吾鄉阮相國續獲鈔録，斯學因得復昌。

清・朱福詵《重刻疇人傳正續序》 自顓家之學以息，六藝之道寖微，號一公以聖人，謂郭氏爲絶藝，末學加之頽廢，俗儒黜以鄙夷。禮失求野，良可慨已。

清・馮桂芬《天元算術序》 余惟算學四元之術，始於宋，盛於元，絶於明，而復大昌於我朝。是術在元時爲承學之士所共曉，不嫌徑省其文，曰立天元一云爾，如積求之云爾，而文義已足，無何忽失其傳。有明一代，知算如唐荊川、顧箬溪，直不知爲何語。至於國朝宣城梅文穆公，始知爲西法借根方所本，而於正負開方之理未詳。

清・戴煦《謝穀堂算書・序》 余觀算學自隸首以來，詳於周官，述於漢晉，盛於唐而精於元。

清・李棠《四元玉鑒跋》 自黄帝九章而降，算書之存於世者，厪十一耳，而要莫備於宋元之世。觀祖序所載，及如意混和弟一問注中所引可知矣。意其時去唐未遠，猶興明算之科，故是學大昌，人皆争趣，而書亦聚。逮明之季，是科不設，人皆輟學，而書亦佚。

數學演進分部

綜論

三國魏・劉徽《九章算術注・序》 按周公制禮而有九數，九數之流，則《九章》是矣。往者暴秦焚書，經術散壞。自時厥後，漢北平侯張蒼、大司農中丞耿壽昌皆以善筭命世。蒼等因舊文之遺殘，各稱删補。故校其目則與古或異，而所論者多近語也。

徽幼習《九章》，長再詳覽。觀陰陽之割裂，總筭術之根源，探賾之暇，遂悟其意。是以敢竭頑魯，采其所見，爲之作注。事類相推，各有攸歸，故枝條雖分而同本榦知，發其一端而已。又所析理以辭，解體用圖，庶亦約而能周，通而不黷，覽之者思過半矣。且筭在六藝，古者以賓興賢能，教習國子。雖曰九數，其能窮纖入微，探測無方。至於以法相傳，亦猶規矩度量可得而共，非特難爲也。

《九章》立四表望遠及因木望山之術，皆端旁互見，無有超邈若斯之類。然則蒼等爲術猶未足以博盡群數也。徽尋九數有重差之名，原其指趣乃所以施於此也。凡望極高、測絶深而兼知其遠者必用重差、句股，則必以重差爲率，故曰重差也。

徽以爲今之史籍且略舉天地之物，考論厥數，載之於志，以闡世術之美，輒造《重差》，並爲注解，以究古人之意，綴於句股之下。

佚名《筭學源流》 《晉書・律曆志》：黄帝紀三綱而闡書契，乃使羲和占日，常儀占月，車區占星氣，伶倫造律吕，大撓造甲子，隸首作筭數，容成總斯六術，考定氣象，建五行，察發斂，起消息，正閏餘，述而著焉，謂之調歷。

《漢書・律曆志》：一曰備數，二曰和聲，三曰審度，四曰嘉量，五曰權衡。數者一十百千萬也。所以筭數，事物順性命之理也。其筭法，用竹，徑一分，長六寸，二百七十一枚而成，六觚爲一握，度長短者不失毫釐，量多少者不失圭撮，權輕重者不失黍絫，紀於一，協於十，長於百，大於千，衍於萬，其法在筭術，宣于天下，小學是則。職在太史，羲和掌之。

《周禮》：地官之屬，保氏養國子以道，乃教之六藝。一曰五禮，二曰六樂，三曰五射，四曰五馭，六曰九數。鄭氏《注》：鄭司農云，九數，方田、粟米、差分、少廣、商功、均輸、方程、贏不足、旁要。今有、重差、夕桀，句股也。賈公彦《疏》釋曰：九數者，方田已下皆依《九章筭術》而言，云今有、重差、夕桀，句股也者，此漢法增之。馬氏《注》以爲，今有、重差、夕桀，夕桀亦是筭術之名，與鄭異。案：今《九章》以句股替旁要，則旁要，句服之也。

《漢書紀》：高祖不脩文學，而性明達，好謀能聽。天下既定，命蕭何次律令，韓信申軍法，張蒼定章程。顔師古《注》如淳云：章歷，數之章術也。程者，權衡丈尺斗斛之平法也。師古曰：程，法式也。叔孫通制禮儀，陸賈造新語，規摹弘遠也。

《唐書・選舉志》：唐制取士之科，多因隋舊。其科目有秀才，有明經，有俊士，有進士，有明字，有明筭，有三史，有開元禮，有道舉，有童子。

凡學六，皆隸於國子監。筭學生三十員，以八品以下子及庶人之通其學者爲之。

凡筭學，《孫子》《五曹》共限一歲，《九章》《海島》共三歲，《張丘建》《夏侯陽》

各一歲，《周髀》《五經筭》共一歲，《綴術》四歲，《緝古》三歲，《記遺》《三等數》皆兼習之。

凡筭學，録大義本條爲問荅，明數造術，詳明術理，然後爲通。試《九章》三條，《海島》《孫子》《五曹》《張丘建》《夏侯陽》《周髀》《五經筭》各一條，十通六，《記遺》《三等數》帖讀，十得九，爲第。試《綴術》《緝古》，録大義爲問荅者，明數造術，詳明術理，無注者合數造術，不失義理，然後爲通。《綴術》七條，《緝古》三條，十通六，《記遺》《三等數》帖讀，十得九，爲第。落經者，雖通六，不第。

高宗龍朔三年以筭學隸祕閣。

《唐書·百官志》：國子監祭酒、司業掌儒學訓導之政，揔國子太學廣文四門、律、書、筭，凡七學。

筭學博士二人，從九品下，助教一人，掌教八品以下及庶人子爲生者，二分其經，以爲業。《九章》《海島》《孫子》《五曹》《張丘建》《夏侯陽》《周髀》《五經筭》《綴術》《緝古》爲顓業，兼習《記遺》《三等數》，凡六學束脩之禮，督課，試舉，皆如國子學。助教以下所掌亦如之。唐廢筭學。顯慶元年復置。三年又廢。以博士以下隸太史局。龍朔二年復有學生十人，典學二人，東都學生二人。

《[崇寧]國子監筭學令》：諸學生習《九章》《周髀》義及筭問，謂假設疑數。兼通《海島》《孫子》《五曹》《張丘建》《夏侯陽》筭法，並曆筭、三式、天文書。

諸試以通粗併計，兩粗當一通，筭義、筭問以所對優長，通及三分以上爲合格。曆筭即筭前一季五星昏曉宿度，或日月交食，仍筭定時刻早晚及所食分數。三式即射覆，及豫占三日陰陽風雨。天文即豫定一月或一季分野、災祥，並以依經備草合問爲通。

崇寧國子監筭學格。

官屬

博士，四員。內二員，分講《九章》《周髀》；二員分習曆筭、三式、天文。

學正，舉行學規。一員。

職事人

學録，佐學正糾不如規者。一人。

學諭，以所習業傳諭諸生。一人。

司計，掌飲食支用。一人。

直學，掌文籍及謹學生出入。二人。

司書，掌書籍。一人。

齋長、糾齋中不如規者。齋諭，掌佐齋長道諭諸生。齋各一人。

學生

上舍，三十人。

內舍，八十人。

外舍，一百五十人。

補試命官公試同。

《九章》義三道，

筭問二道。

私試孟月。

補上內舍第一場。

《九章》《周髀》義三道，

筭問二道。

私試仲月。

補上內舍第二場。

曆筭一道。

私試季月。

補上內舍第三場。

三式或天文一道。

崇寧國子監筭學對修中書省格。

秋試奏到筭學升補上舍等第推恩下項：

上舍上等通仕郎，

上舍中等登仕郎，

上舍下等將仕郎。

宋·楊輝《續古摘奇筭法·序》 夫六藝之設，數學居其一焉。昔黃帝時，大夫隸首創此藝，繼得周公著《九章》，戰國則有魏劉徽譔《海島》，至漢甄鸞註《島髀》《五經》，唐李淳風校正諸家筭法。自昔歷代名賢，皆以此藝爲重。迄于我宋，設科取士，亦以《九章》爲筭經之首，輝所以尊尚此書，留意詳解。

元·莫若《四元玉鑑序》 河洛圖書泄其祕，黃帝《九章》著之書，其章有九，其術則二百四十有六，始方田，終句股，包括三才，旁通萬有，凡言數者皆莫得而逃焉。如《易》之大衍，《書》之秝象，《詩》之萬億及秭，《禮記》之三千三百，《周官》之三百六十，數之見於經者，蓋不特黄帝《九章》爲然也。

元·祖頤《松庭先生〈四元玉鑑〉後序》 黄帝九章以降，筭經多矣，不可枚舉。唐宋設明筭科，立法取士，不出《九章》《周髀》《海島》《孫子》《張邱建》《夏侯陽》《五曹》《五經筭》《緝古》《綴術》數家而已。然天地人物四元，罔有云及一者。厥後平陽蔣周撰《益古》，博陸李文一撰《照膽》，鹿泉石信道撰《鈐經》，平水劉汝諧撰《如積釋鎖》，絳人元裕之《細艸》，後人始知有天元也。平陽李德載因撰《兩儀羣英集臻》，兼有地元，霍山邢先生頌不高弟劉大鑑潤夫撰《乾坤括囊》，末僅有人元二問。吾友燕山朱漢卿先生演數有年，探三才之賾，索九章之隱，按天地人物，立成四元，【略】書成，名曰《四元玉鑑》。【略】余詳觀之，有素所未嘗接於耳目者，不用而用以之通，非數而數以之成，由是而知有數皆從無數中來，高邁於前賢，能盡其妙矣。

元·硯堅《益古演段序》 筭數之學，其來尚矣，率自九章支分派委，劉徽李淳風又爲之註，後之學者咸祖其法。

明·唐順之《荊川文集》卷七 〔與顧箬溪〕二

《易》云：形而上者謂之道，形而下者謂之器。聖人雖是爲性命真機發此兩語，其實百氏技術、理數諸家之學，精微緊要處悉在此矣。竊觀明公演出《測圓海鏡》書，自非明公細心絶識，洞極神明之奥，則不能剖破此混沌也。敬服，敬服！然鄙見竊以爲，此書形下之數太詳，而形上之義或略，使觀之者尚不免有數可陳而義難知，及示人以鴛鴦枕而不度與人以金針之疑。僕意欲明公於緊要處提掇一二，作法源頭出來，使後世爲數學者識其大者得其義，識其小者得其數，則此書尤更覺精采耳。何如，何如？

明·顧應祥《測圓海鏡分類釋術·序》 余自幼好習數學，晚得荊川唐太史所録《測圓海鏡》一書，乃元翰林學士欒城李公冶所著，雖專主于求容圓求方一術，然其中間如平方、立方、三乘方、帶縱、減縱、益廉、減廉、正隅、負隅諸法，凡所謂以積求形者，皆盡之矣。但其每條下細草，雖徑立天元一，反覆合之，而無下手之術，使後學之士茫然無門路之可入。

明·程時用《刻直指筭法統宗序》 昔齊威公時，有以九九見者，威公不逆，當時大之。豈非以九九末技，非世主之所屑越者乎？不知數雖出於筭師掌故之手，而其理則原自鴻濛，紀於易範，肇創於軒后之世。其爲用起沙塵秒忽以迄秭億無量，凡日月運行，朓朒遲速之變，天地山川之高深廣縱，律曆戎賦、度量權衡之輕重多寡，莫不取裁焉。先儒謂數盡天下之物，則又謂天地萬物，具於指掌，數距不重哉。自隸首定數，以率其羨，要其會，而後之布筭者莫之有易。漢魏以來代設專官以掌其事，一時藝能之列，心計之臣，類能講試。今觀其書，起張蒼以迄今日，無類十數百家詳矣，顧質有明胷，見有偏全，或有九章而無乘除，或有乘除而無之位，各照隅隙，鮮窺衢道，矜察秋毫，卒忘眉睫，若是者蓋大氐然矣。國朝雖不設筭學，而超奇絶倫之彦，無論山林遺逸，即一代宗公，若尚書箬溪顧公，中丞荊川唐公，後先闡繹勾股、弧矢二術，精詣神鮮，有巧歷不能得而二公得之一察者，可不謂筭學之金鍼哉。第其法精微幻眇，可與通識道，難與中庸言。余族子賓渠程大位氏，【略】別爲九章，釐爲一十七卷，題曰《直指筭法統宗》。既成問序於余。余閱之，卒業見其標倫揭目，開闢啓鑰，鈎玄抉隐，删繁舉要，苴罅補隙，正訛黜謬，其啓瞑振瞶也若發蔀，其別同較異也若懸鑑，其苞會統舉摠百端之畧而集之成也。若派別區分而統宗於一，以是規天準地，揆序萬物，豈惟圜徑方斜，縱横直曲，盈朒凹突，開闔折變，物得其度，即隔海望山，揆影測表，六合之外，八蝢之遠，皆可數計而得。非夫推本隸首之宗旨，以逖遡易範餘諸，祖顧、唐二公畧意，而成一代筭學之宗者乎。

清·黄生《字詁》 祘 按：漢徐岳《數術記遺》，算法自積算至計算，凡十四種，有用籌者，有用珠者。今之算盤用珠，是其遺制，而用籌之法，遂不傳矣。

清·方中通《數度衍》卷首之一《數原》 四算説

通曰：古法用竹徑一分，長六寸，二百七十一，而成六觚，爲一握，即少廣圓以六包也。後世有珠算而古法亡矣。

清·梅文鼎《筆算·叙》 自圖書啟而文字興，叁兩倚數畢，天下之能事，六書九數皆原於《易》，非二事也。古人算具，以籌策縱横布列，略入筮法之掛扐，其字象形爲祘，是故其縱立者一而一，其上横者一而五。珠盤之位，實此權輿。夫用著在立卦之後，則籌策之算必不在文字先矣，是故籌策之未立，形聲點畫自足以用，而籌策之所得，又將紀之簡策，以詔方來。書與數之相須較然明也。近數百季間，再變而爲珠盤，踵事生新，以趨簡易。然觀《九章》中盈朒、方程，必列副位厥用，仍資筆札，其源流不可想見與？

清·阮元《續疇人傳序》 方今聖世，六藝昌明，佚書大顯，後有疇人思欲復古，將見大衍爲考古之根，天元爲開來之具，綴術爲五星之用，招差爲八線之資，合大衍約分、天元寄(毋)[母]、綴術求等、招差疊積,又爲後學之權衡,斯又宋元來復見之各書所亟宜甄録而表章也。【略】又宋元間算法所指,太極、天元、四元、大衍等名,皆用假判真,借虚課實,以爲先後彼此地位之分別耳,非如道學家言確有太極、天地之道貫乎其中,至術數、占候及太乙、壬遁、符讖之流,則尤明秝明算者所不屑言也。

清・談泰《疇人傳序》 泰嘗謂,算學無分于今古,亦無分于中西,惟求其順時合天而已。大抵古之爲法也簡,今之爲法也煩,古之所無,今之所有,古之所取,今之所棄,中法凡七十餘改,西法亦屢經更定,蓋天道遠,非一手足所能御,天行健,非一朝夕所能窺,必遲之,又久而其差始見,雖有神解,烏能逆睹將來乎?

清・羅士琳《續疇人傳》卷四七 朱世傑

論曰:漢卿在宋元間,與秦道古、李仁卿可稱鼎足而三。【略】蓋當時競言天元之學,推其源實出於衰分,雖同爲假借之算,而衰分所借者爲今有之見數,天元所借者爲所求之問數,見數實而問數虚,故衰分較易。

清・朱福詵《重刻疇人傳正續序》 歐邏巴人承列朝放失之餘,綜彼中傳習之術,法以日密,用以日繁,流入中華,遞相傳授,人立一法,家箸一書。遭逢聖祖仁皇帝聰明由於天縱,制作侔於造化,究其精藴,勒爲成書,於是樸學承流,通人接踵。【略】近者宣城祖孫竝擅參微之學,東原師弟咸垂繼絶之功,即以公之丹青元化冠冕九流,猶復提要鉤元,作範垂訓,是知持籌之子多在握槧之流,況今國家廣厲學官,特增秝法。九章可習,遠仿於周官,六科竝重,近追夫唐代,益當爲實事求是之學,博儒生稽古之榮,不誣,方將庶有達者。

[英]偉烈亞力《數學啓蒙序》 天下萬國之大,無論中外,有書契即有算數。【略】此方算術,至唐中衰。【略】中國算學,肇自黄帝。嬴政焚書,《周髀》《九章》尚在人間,後人靡不祖述此書,若夫求一之術,出於《孫子算經》。南宋末,秦道古因之以成《大衍策》。元初,李冶、朱世傑兩君以立天元一術,大暢厥旨,薈萃各家,窮極奥渺。自元迄明,此學幾絶,而盤珠小術盛行於世。至萬曆時,西士利瑪竇等至京師,釐定曆數,絶學因之復明。利公授西學於李之藻,所著有《同文算指》,第西法與中法同原。清初,康熙御製《數理精藴》,此書於中西諸法,皆有次第。西法中有名借根方者,宣城梅氏謂與元人天元術同法,而天元更爲精密,於是諸家遂修立天元一,而不習借根方矣。

清・潘逢禧《算學發蒙・古算一》 古算説略

古者數學既興,必有布算之具。自珠盤盛,而古器寖以式微。嘗攷漢書云:用竹徑一分,長六寸,二百七十一,而成六觚,爲一握,度長短者不失毫釐,量多少者不失圭撮,權輕重者不失黍絫。又世説云:王衍持牙籌會計。則知古人,皆用籌也。大易揲蓍,按策計數,張良語漢高,借前箸而籌,則知古人以一籌當一數也。浦江吴氏《中饋録》,有算條巴子,切肉長三寸,各如算子樣,則又可知籌式之長短矣。國初宣城梅徵君定九,著《古算衍畧》,引《乾鑿度》,卧算爲年,立算爲日,謂立算即縱,卧算即横,位數多者,恐其相混,故算位皆一縱一横以別之。又謂五以下,既可易縱而横,則六以上,横一當五者,亦可易之而縱。又引《朱子語類》,潛虚之數用五,只似如今算位一般。其直一畫,則五也,下横一畫,則爲六,横二畫,則爲七。蔡九峯皇極數,以横畫當五,下竪一畫爲六,竪二畫爲七,謂二説相反,而理則相通。《授時曆草》則兼用之。徵君之説,似猶未盡。

又《珠算一》 珠算説略

珠盤之製,蓋即濫觴於古算者也。古算歌訣中,如五在上方,六不積聚,言十自過,不滿自當等句,珠算皆因之,特易籌而珠,列盤運指,器靈而用捷耳。其創始何時,書闕有間。梅定九徵君謂歸除歌括,始於錢塘吴信民,珠盤所恃以行者,疑即是時所創。然証以楊氏《算寶》,朱氏《啓蒙》,所載歌括,字句大畧相同。詳見古算。楊爲宋德祐時人,朱爲元大德時人,吴爲明時人,則歌括非始於吴矣。且朱氏《啓蒙》嘗謂古法多用商除,後人以歸除法代之,即非正術。玩其語意,似歌括行世已久,或尚在楊氏以前,亦未可知。徵君又謂欽天監所傳《通軌》,凡乘除皆有定子之法,惟珠盤則可用。又謂明太祖時,修改歷法,聞郭伯玉精明九數之學,徵令推算。伯玉爲郭太史之裔,珠算或即所製。按此二説,可爲用盤之證,而不可爲製盤之證。今考珠盤樑上所列二珠,以御商除則有餘,以御歸除則不足,每遇大數,輒多費手,若珠盤因歸除而製,豈有創始之時,即自爲窒碍之理。竊謂當起於宋世,其時尚御商除,故樑上二珠,即已足用,迨後日趨巧便,轉爲歸除,而舊製尚沿而不改耳。大抵一物之興,必有其漸。古算縱横几案,初無分格,及流變三疊圖出,遂已明列位次,儼於珠盤具體而微,至後來推闡通變,製而爲盤,亦理所必至者。然則珠盤之起,必在歸除以前,至元明而盛行,非明初而始創也。光緒辛巳四月二十四日澹如氏記。

清・丁福保《初等代數學講義・概論》 自隸首作算數以至於今，凡四千餘年。其間算學之盛衰，因革以時代分之可區别爲四期。自黄帝至明隆慶間爲中算純一之時代，其間最有名之著述約有六種列左。

《周髀算經》，不著作者姓氏爲中算最古之書。

《九章算術》，不著作者姓氏。《周髀》而外，惟此最著。《九章》者首方田，次粟米，次衰分，次少廣，次商功，次均輸，次盈不足，次方程，次句股也。案：《周髀》《九章》之外，尚有《孫子算經》《數術記遺》《夏侯陽算經》《五曹算經》《五經算術》《張邱建算經》《緝古算經》《海島算經》八種。

《數學九章》，宋秦九韶撰。是書已立天元與古《九章》迥别其分目亦異。

《測圓海鏡》，元李冶撰。俱以天元立術，錯綜變化最爲深奥。天元者猶代數之立獨元也。

《益古演段》，元李冶撰。冶以蔣周所作《益古集》於立術之原，隱而未露，故作是書以闡其局，所謂演者演天元一草也，所謂段者求條段之理也。

《四元玉鑑》，元朱世傑撰。其演草頗簡略，閲之不易遽曉。四元者，立天地人物四元，猶代數，列於六藝。司徒掌之，以教萬民。保氏掌之，以教國子。尼山七十子之徒咸通其術。秦漢以後代有專家，唐以算學取士，斯風最盛。趙宋崇甯亦立學宫迨開方。李氏詳天元一術，朱氏生秦李之後，集兩家之大成，而更推尋所未至創立四元，義尤精邃，與秦李二家鼎足而三。勝朝崇尚制義二百餘年，疇人掃迹象數之學不絶如綫，而天元、四元遂成廣陵散矣。案明顧箬溪輩以爲天元無下手處。

自明萬曆至國朝道光間，爲西算東漸、古法中興之時代。其間最有名之著述約有七種列左。

《同文算指》前編二卷、通編八卷，明西洋利瑪竇譯、浙西李之藻演。利氏於萬曆十年不遠九萬里航海東來，是爲西算入中土之始。案：古時用籌算、珠算而無西算。

《幾何原本》前六卷，明西洋利瑪竇、吴淞徐光啟譯。是爲幾何學入中土之始。案：後九卷爲李善蘭與偉烈亞力所譯。

《御定數理精蘊》五十三卷，聖祖仁皇帝御定。是書爲梅瑴成手擬之稿，中西並録採擇甚精，誠非私家撰述所能希其萬一也。是時西國代數已輸入中土，惟其術尚未發達，譯曰借根方，備載於是書下編卷三十一至三十六。

《梅氏叢書輯要》，宣城梅文鼎撰，梅瑴成重編。梅氏爲國初絶學，所論算術明白如話，一洗艱深晦塞之弊，爲算家别開生面，故數百年來羣推梅氏爲第一大家云。

《四元玉鑑細草》十八卷，甘泉羅士琳撰。朱氏原書頗簡略，羅氏研究一紀，始成全草，是爲中算最精博之書。

《疇人傳》六十四卷，儀徵阮元撰。從黄帝起迄乾隆末，凡知算者人爲立傳，融貫古今，包羅繁富，歷算源流，粲然俱在，爲算家備考之書。

《續疇人傳》六卷，羅世琳撰。補前傳所闕，從宋元起至道光初年止，其議論較前傳更爲精核。案：尚有《疇人傳》三編，爲諸可寶撰。統觀阮羅二氏之言，皆偏袒古術，抨擊西法，蓋當時天元、四元之術，推闡靡遺，西人借根相形見絀，主中奴西良有以也。案：明萬曆至昭代康熙間，凡幾何、借根、對數、割圜八綫等法已漸次輸入，是爲算學歷史上一大關鍵。宣城梅文穆公名瑴成文鼎孫供奉内廷，聖祖仁皇帝授以借根方，文穆遂悟天元之術，使已絶之學復明於世，是爲算學歷史上之一大特色。自梅氏以借根方釋明天元後，遂有李氏尚之作開方説，以演秦法開方，通釋以融會兩家之説，洵秦李之功臣也。

自咸豐至光緒間爲西算發達之時代。其間最有名之著述約有八種列左。

《代數學》十三卷，英國偉烈亞力口譯，海甯李善蘭筆述。是書始將借根方改譯爲代數。

《代微積拾級》十八卷，英國偉烈亞力口譯，海甯李善蘭筆述。是爲微積分輸入中土之始，其前九卷即日本所謂解析幾何也。山陰謝洪賚别有譯本名《代形合參》較李譯尤爲完善。謝君又譯《微積備旨》，頗合教科之用，刻未竣而燬於火，惜哉！

《代數術》二十五卷，英國傅蘭雅口譯，金匱華蘅芳筆述。是書較《代數學》爲詳，備其二十二、二十三兩卷，日本譯曰解析幾何，其二十四、二十五兩卷，爲三角術，皆自爲一科，不能以代數學二字括之也。

《代數學難題》十六卷，英國傅蘭雅口譯，金匱華蘅芳筆述。解題之草整齊，簡易最足取法，惟列式太簡，初學每難索解。

《微積溯源》八卷，英國傅蘭雅口譯，金匱華蘅芳筆述，是書較《拾級》爲詳備。

《三角數理》十二卷，英國傅蘭雅口譯，金匱華蘅芳筆述。自始迄終無一欵虚設，誠算氏至精之書。

《則古昔齋算學》，海甯李善蘭撰。是書之《方圓弧矢》、對數三種皆以尖錐立算，最爲深邃，其四元解之算式，與羅草迥異，雖覺繁重而可免夾縫中寄數之弊，餘亦精卓近世算家無有出其右者。

《行素軒算稿》，金匱華蘅芳撰。是書中之《學算筆談》最便初學，其數根開方實能發古人未發之秘，李壬叔先生稱其空前絶後，洵不誣也。案：道咸以來，疇人輩起，項梅侶、徐莊愍、鄒特夫、戴諤士之屬，率皆擘精覃思幾。歷年所牛毛繭絲細入無間，其譔箸均卓爾不羣，蔚爲藝圃之鉅觀。又有海甯李氏、金匱華氏後先輝映接眕連驪，適逢偉傅之西萊遂超利、徐之盛業，橫絶海内無可瑕疵，遊藝之士咸資扇發是皆竝，世之耆碩儒林所仰鏡者也。

近年以來爲西算普及之時代，各學堂内最通行之算書有四種列左。

《筆算數學》三卷，美國狄考文編譯。是書頗有條理，合於教科之，近人有將是書之問題演成詳草者，名《筆算數學細草》，雖有錯誤，可爲初學參考之資。

《代數學備旨》十三章，美國狄考文選譯。條理亦佳，爲普通代數學善本。近人亦有將是書之題演成詳草者，名《代數備旨細草》，一題間有列數法者，可爲學者獨修之助。

《形學備旨》十卷，美國狄考文選譯。是書有許多要題，爲《幾何原本》所不載，故近世學者咸以是書爲宗，此幾何學進步之一證也。其習題亦有細草，徐君伯庚所編，證節詳明，不愧善本。

《八線備旨》四卷，美國羅密士撰，潘慎文選譯。八線，日人譯作三角學，亦爲普通學科之一，是書於教科最爲合宜。案：吾國舊譯八線，亦作三角。案：吾國自戊戌以後，學校漸盛。粲粲學子咸肄象數普通學科區分爲四，曰數學，曰代數，曰幾何，曰三角，此東西各國之通例也。惟舊時算籍條理未賅，爲疇人涉獵之資，非庠序課程之選，間有甄録譯本，自爲編輯者則倉卒從事，繁簡失當，遺誤之譏諒不能免。數年以來未見佳著，是以大小學校羣奉狄氏潘氏之書爲圭臬也。

建德周美權達所著之《日本調查算學記》頗能爲算學界上別開生面，有志算學者均宜瀏覽一過，以廣識見。慎勿以舊時譯籍限其進步也。福保附志。

記數法與計算工具總部

主編　劉芹英　童慶鈞

算籌與籌算記數法部

題解

《儀禮·鄉射禮》 箭籌八十，長尺有握。握素。

漢·戴德《大戴禮記》卷一二 投壺第七十八 筭長尺二寸。

《漢書·律曆志》 其筭法用竹，徑一分，長六寸，二百七十一枚，而成六觚爲一握。

漢·許慎《説文解字》卷五《竹部》 筭，長六寸，計秝數者。从竹从弄，言常弄乃不誤也。蘇貫切。

又 算，數也。从竹从具，讀若筭。蘇管切。

三國魏·劉徽《九章筭術注》 正筭赤，負筭黑。

晉·佚名《孫子筭經》 凡筭之法，先識其位，一縱十横，百立千僵，千十相望，萬百相當。又六不積，五不只。

唐·佚名《夏侯陽筭經》 夫乘除之法，先明九九，一從十横，百立千僵，千十相望，萬百相當。滿六已上，五在上方，六不積筭，五不單張。

元·朱世傑《筭學啟蒙》 明從横訣：一從十横，百立千僵，千十相望，萬百相當，滿六已上，五在上方，六不集聚，五不單張，言十自過，不滿自當，若明此訣，可習九章。

明·《魁本對相四言雜字》 筭子。

綜論

漢·徐岳《數術記遺》 積筭

今之常筭者也，以竹爲之。長四寸，以效四時。方三分，以象三才。言筭法，是包括天地，以燭人情，數始四時，終於大衍，猶如循環。故曰今之常筭是也。

漢·鄭玄注《儀禮》卷五 鄉射禮

箭籌八十，箭，篠也。籌，筭也。筭八十者，略以十耦爲正貴全數，其時衆寡從賓。長尺有握。握素。握，本所持處也。素，謂刊之也。刊本一作膚。

又鄭玄注《禮記》卷一九 筭長尺二寸。其莭三扶可也。或曰，筭長尺有握，握素也。

《隋書·律曆制》 備數

其筭用竹，廣二分，長三寸。正策三廉，積二百一十六枚，成六觚，乾之策也；負策四廉，積一百四十四枚，成方，坤之策也。觚、方皆徑十二，天地之大數也。

敦煌石室《筭經一卷序》 凡竿者正身端坐，一從右膝而起，【略】萬百相似，千十相望，六不積聚，五不單張。

宋·史炤《資治通鑑釋文》卷二四 唐紀四十四《通鑑》卷二百二十八。 執筭。蘇貫切，所以籌筭也。其法，用竹徑一分，長六寸，二百七十一枚，而成六觚，爲一握。

元·祖頤《松庭先生〈四元玉鑑〉後序》 吾友燕山朱漢卿先生演數有年，探三才之賾，索九章之隱，按天地人物，立成四元，以元氣居中，立天句地股人弦物黄方，考圖明之上升下降，左右進退，互通變化，乘除往來，用假象真，以虚問實，錯綜正負，分成四式，必以寄之剔之，餘籌易位，横衝直撞，精而不雜，自然而然，消而和會，以成開方之式也。

明·李之藻述《同文筭指》前编卷上 定位第一

古法用竹徑一分，長六寸，二百七十一而成，六觚爲一握。

清·黄生《字詁》 祘 算字，古作祘。蒜字从此。《六書正譌》以爲从二示，會意。非也。此象布筭縱横之形，偶同二示，其實不然。《説文》云：筭長六寸，蓋古人筭子如今之籌馬。右軍《筆陣圖》云：平直相似，狀如筭子，便不是書。平直即謂畫之横豎。《五代史》王章云：措大輩把與一把筭子，不知倒順，其製可見。今就祘字字形思之，想古人筭法，每位只用五籌，遇六數則以一當五，餘四籌下盡，則又以一當十，另从上位起數矣。二示象左右，二位二縱三横象當五與畸零也。戴侗解與余同。

清·梅文鼎《古算衍略》 古算器攷

或有問於梅子曰：古者算學亦有器乎？曰：有。曰：何器？曰：古用籌。[曰：]籌何似？曰：《漢書》言之矣。用竹徑一分，長六寸，二百七十一，而成六觚，爲一握。度長短者不失毫釐，量多少者不失圭撮，權輕重者不失黍絫。又《世説》言王衍持牙籌會計，此用籌之明證也。

曰：若是則籌可用竹，亦可用牙矣。然則即今之籌筭非歟？曰：非也。今西曆用籌，亦起徐、李諸公，蓋從曆家之立成而成，即立成表之活者耳。故一籌即備九數，若古之用籌，用以紀數而無字畫，故一籌只當一數。乘除之時以籌縱横列於几案，一望了然。觀古算字作祘，蓋象形也。然則起於何時？曰：是不可攷。然大易揲蓍亦以一蓍當一數，則其來遠矣。蓍策所以决疑，非常用之物，故特隆重其製而加長，長則不可以横，故皆縱列，惟分二象兩之，後掛一策以别之，使無淩雜，餘皆縱列也。又其數只四十九，故四揲以稽其實數，其用專專則誠也。布算之法，有十百千萬之等，以乘除而升降。又日用必需之物，故其製短，使几案可列。其言六寸成觚者，有度量之用。古尺既小於今尺，才四寸奇，蓋亦取其便於手握耳。浦江吴氏《中饋録》有算條巴子，切肉長三寸，各如算子樣，亦可以想其長短。然則其用之若何？曰：五以下皆縱列，六以上則横置，一籌以當五而縱列，其餘式詳後。然則十百千萬何以列之？曰：其式皆自左而右，略如珠筭之位，亦如西域歐邏寫算之位，皆順手勢不得不同也。曰：亦有徵歟？曰：有之。蔡九峯《洪範皇極》數所紀算位，一至五皆縱列，六至九皆横，一於上以當五。又自一之一至九之九皆並列兩位，自左而右，此用於宋者也。又《授時曆草》所載乘除法實之式皆縱横排列，自左而右，以萬千百十零爲序，此用於元者也。《左傳》史趙言，亥有二首六身，下二如身，爲絳縣老人日數。士文伯知其爲二萬六千六百六旬，而孟康、杜預、顔師古釋之，皆以爲亥字二畫在上，其下三六爲身，如筭之六，蓋横一當五，又竪一於横一之下則爲六矣，與《皇極》同也。又言下亥二畫，竪置身傍，蓋即竪兩筭爲二萬，又並三六爲六千六百六旬，而四位平列，與《曆草》同。此又用於三代及漢晉者也。

曰：《曆草》又有一至五横紀之處，何歟？曰：此亦非起於《曆草》也，何以知之？唐人論書法横直多者，有俯仰向背之法，若直如筭子，便不是書，其言筭子，即所列籌也。然兼横直書言之，則唐人用籌爲算亦有横直可知。《乾鑿度》云，卧算爲年，立算爲日，蓋位數多者恐其相混，故三十三、二十二之類筭位，皆一縱一横以别之。縱即立算，横即卧算也。《乾鑿度》不知作於何人，然其在漢魏以前無可疑者，則横直相錯之法，古有之矣。五以下既可易縱爲横，則六以上横一當五者亦可易之而縱，又何疑於《曆草》哉。

曰：南雷畣牧齋流變三疊之問，既云長水分别算位，本位是竪，進一位即是横，本位是横，進一位即是竪。【略】又云長水之算，只用今器。其所謂横竪者，分别算位，南雷之意，蓋謂長水姑借横竪之語以分算位，而實用珠算，非實有横竪也。然以鼎觀之，疏既以一横二竪當十二，復以一竪二横當百二十，終以一横二竪當千二百，而皆曰進動算位，明是用籌，非用珠也。故當十進百之時，則當取去第一疊零位之二竪而加十位之一横爲二横，又添一竪於百位，則成百二十矣，故曰進動算位爲第二疊也。百進千，則又取去十位之二横而增一竪於百位爲二竪，又别增一横於千位，成千二百，故亦曰進動算位爲第三疊也。説本明晰，與今珠算何涉乎？若如南雷所圖，則横竪字爲贅文矣。是故布籌可縱可横，此亦一證。

籌有色以分正負。沈存中括《筆談》曰：天有黄赤二道，月有九道，此皆强名，非實有也，亦由天之有三百六十五度，天何嘗有度，以日行三百六十五日而一朞，强謂之度以步日月五星行次而已。日之所由謂之黄道，南北極之中間度最均處謂之赤道，月行黄道，南謂之朱道，北謂之黑道，東謂之青道，西謂之白道，黄道内外各四，并黄道而九，日月之行有遲有速，難以一術御，故因其合散分爲數段，每段以一色名之，欲以别算位而已。如算法用赤籌、黑籌以别正負之數，曆家不知其意，遂以爲實有九道，甚可嗤也。按此又宋算用籌之明證。

又梅文鼎《筆算・叙》 古人算具，以籌策縱横布列，略入筭法之掛扐，其字象形爲祘，是故其縱立者一而一，其上横者一而五。珠盤之位，實此權輿。夫用著在立卦之後，則籌策之算必不在文字先矣，是故籌策之未立，形聲點畫自足以用，而籌策之所得，又將紀之簡策，以詔方來。書與數之相須較然明也。

又梅文鼎《勿庵曆算書目・籌算》 籌算之法，蓋始於作曆書時。【略】其爲術也，本係直籌横寫。鼎此書，則易之以横籌直寫，乃所以適中土筆墨之宜。

清・戴震《戴東原集》卷七《策算序》 《漢書・律曆志》：算㳒用竹，徑一分，長六寸，二百七十一枝，而成六觚，爲一握。古算之大略可考如是。其一枝謂之一算，亦謂之籌。《梅福傳》福上書曰：臣聞齊桓之時，有以九九見者。所謂九九，蓋始一，至九因而九之，終於八十一。《周髀算經》商高曰，數之㳒出於圓方，圓出於方，方出於矩，矩出於九九八十一是也。以九九書於策，則盡椉除之用，是爲策算。策取可書不曰籌，而曰策，以别於古籌算，不使名稱相亂也。策列九位，位有上下，凡策或木，或竹，皆兩面，一與九，二與八，三與七，四與六，共策，五之一面空之，爲空策，合五策，而九九備如是者，十各得十策，别用策一列，始一至九各自椉，得方冪之數，爲開平方策。算㳒雖多椉除盡之矣。開方，亦除也。平方用廣，立方罕用。故策算專爲椉除、開平方。舉其例略，取經史中資於算者，次成一卷，俾治《九章算術》者首從事焉。

清・李潢《九章算術細草圖說》卷一《方田》　說曰：古算用籌，漢書云：其算法用竹，徑一分，長六寸，二百七十一枚而成，六觚爲一握。《孫子算經》云：凡算之法，先識其位，一從十橫，百立千僵，千十相望，萬百相當。又云：六不積，五不只。謂算籌也。

清・王鑒《算學啓蒙述義・總括》　明縱橫訣：【略】

鑒案：此記數之法也。古人用籌，以籌記之。後世用筆，以畫記之。必使縱橫相間，方免紊亂。一者，單數之謂也，凡自一至九爲單數，進一位爲十，又進而爲百、爲千、爲萬。立者，縱也。僵者，橫也。千與十相間，萬與百相間，故曰相望、相當也。數自六以上則以一畫代五，或縱或橫記於上，其餘數記於下，但上縱則下必橫，上橫則下必縱，六不積聚者，不必連作六畫，用五在上方之法以省之也。若只有五數則不能以一畫代之，嫌其與一無別也，故曰五不單張也。言十自過者，下位之十當上位之一也。不滿自當者，不滿十則不必進位也。不明乎此，不足以習九章之術也。又案：記數之法，自左而右，列之末位爲單數，如數至十止，則於末位加一圈以記之，至百止則以二圈記之，千萬以上悉同此例。此定位之法也。其單位之右爲分厘諸小數者，則於單位下注明步寸等字，如但有分厘，則於單位記一圈以別之。諸數有空位者，如有千十之數無百，或有萬十之數無千百之類，均作圈以記之。凡空一位作一圈，空二位作二圈，餘悉倣此。

清・顧觀光《九數存古》卷一　算法用竹，徑一分，長六寸。二百七十一枚而成六觚，爲一握。蘇林云：六觚，六角也。其表六九五十四算中積，凡二百七十一枚。此即商功章之圜束形。《漢書・律曆志》。算用竹，廣二分，長三寸，正策三廉，積二百一十六枚，成六觚，乾之策也。三廉成茭草形，每面六枚，積三十六枚，合六茭草形而成六觚，積二百十六枚，與圜束同，惟無中心之一耳。負策四廉，積一百四十四枚，成方坤之策也。四廉成方策形，每面十二枚，積百四十四枚。觚方皆經十二，句有誤，此謂觚與方徑皆十二也。然圜徑當并中心之一，則是十三非十二。天地之大數也。《隋書・律曆志》。夫乘除之法，先明九九。一從十橫，百立千僵。千十相望，萬百相當。滿六已上，五在上方。六不積算，五不單張。上下相乘，實居中央。言十自過，不滿自當。以法除之，宜得上商。從算相似，橫算相當。以次右行，極於左方。左疑右。《夏侯陽算經》。下同。時務云：十乘加一等，百乘加二等，千乘加三等，萬乘加四等。言千再加一等。十除退一等，百除退二等，千除退三等，萬除退四等。不滿法者再退一等。夫學算者不患乘除之爲難，而患通分之爲難，是以序列諸分之本原，宜明約通之要法，上實有餘爲分子，下法從而爲分母，可約者約以命之，不可約者因以名之。《張邱建算經序》。

清・劉衡《籌表開諸乘方捷法》卷上

造籌

以牙、或竹、或木版、或合楮、或畫紙爲之，以平正爲尚，長短厚薄無定度，諸籌相準不得，各有長短厚薄之異。泰西家籌縱而取數橫，自左而右，如古廉率圖，又彷彿所用珠算。梅氏易爲籌橫數縱。今製皆仍泰西之舊而斜行，稍變通之。

又　小籌

詳見《籌算易知》。

大籌

大籌者，開各乘方之籌也。凡大籌，橫皆九格，與小籌等。故大籌長必與小籌等，其各橫格界線亦必與小籌符合無出入，其縱斜行，視本乘方每多一數，如三乘方籌，則縱斜行凡四；如八乘方籌，則縱斜行凡九；乃至十六乘方籌，其縱斜行十有七也。其右一行無橫格者，恐其混合籌面各橫格之數也。凡大籌廣窄可任意爲之，籌式如左。

清・王仁俊《格致古微》卷一　《易》《繫辭》大衍之數五十，其用四十有九，分而爲二，以象兩掛，一以象三，揲之以四，以象四時。案：此籌算之始也。

清・潘逢禧《算學發蒙・古算一》

古算器式

古算器，或用牙，或用木，不拘大小，皆可任意製成。每籌約長二三寸，厚潤約二三分，亦不拘籌數，取其足用而止。約作一百籌，再製一小木匣，每層十籌，勻十層收之。用法：大數在左，小數在右，乘除加減，按數列籌，一如珠盤，亦如歐羅巴寫算之位，皆自左而右。

又　紀籌式

古算記籌，以一籌當一數，自一至五皆遞加。六以上，則上加一籌以當五。遇直籌則上加橫籌。遇橫籌。則上加直籌。下有一籌則六數，下有二籌則七數也。今將縱橫二式，具列於左。

縱籌	𝍠	𝍡	𝍢	𝍣	𝍤	𝍥	𝍦	𝍧	𝍨
	一	二	三	四	五	六	七	八	九
橫籌	𝍩	𝍪	𝍫	𝍬	𝍭	𝍮	𝍯	𝍰	𝍱

以上即古籌縱橫之式也。大概五以下，每數遞積。六以上，則上一當五以別之。近日珠盤製法，并暗馬紀號，皆由此濫觴。又上籌分縱橫二式者，因紀數之時，單位則作縱籌，十位則紀橫籌，百千萬億，皆由此縱橫而上，不容誤也。

又 明縱橫訣：一縱十横，百立千僵。千十相望，萬百相當。滿六已上，五在上方。六不積聚，五不單張。言十自過，不滿自當。若明此訣，可習九章。

以上歌括十二句，係《算學啓蒙》中鈔出，古人用籌器，縱横排列之總訣也。一二兩句，謂單位籌皆直列，十位籌皆横列，百位又直列，千位又横列。立即直也，僵即横也。三四兩句，謂千位與十位皆横，萬位與百位皆縱，自此以上，乃至億兆，每隔一位，皆縱横相對也。五六兩句，謂滿六數以上，則以一籌列上當五，而下列一籌，即六數也。如係單位、百位作丅，十位、千位作丄，蓋單、百籌本縱列，故上横當五，千、十籌係横列，故上直當五，所以别也。億萬以上仿此。七八兩句，謂凡遇六數，不必排列六籌，遇五數必五籌盡列，不可列單籌。蓋必滿六已上，始可以一籌列上當五。若只有五數而列單籌，則與一數無别矣。皆申明上二句意也。九十兩句，謂滿十數已上，當由自身而過，列在上位。不滿十者，列在自身本位也。末二句易解不贅。按古人布算，加減並無歌訣，大概以意默算，然後列籌紀之，亦如商除之法。此歌即加減所用，幸勿忽也。

清・勞乃宣《古籌算考釋》卷一

籌制

《儀禮・鄉射禮》記曰：箭籌八十，長尺有握。握素。注曰：箭，篠也。籌，筭也。握，本所持處也。素，謂刊之也。刊本一膚。疏曰：云箭，篠也者，謂以箭爲籌。云長尺，復云有握，則握在一尺之外，則此籌尺四寸矣。云刊本一膚者。何休云：側手爲膚。又投壺云，室中五扶。注云：鋪四指曰扶，一指案寸，皆謂布四指。一指一寸，四指則四寸。引之者，證握膚爲一，謂刊四寸也。《禮記・投壺》曰：筭尺有二寸。注曰：其節三扶可也。或曰：筭長尺有握，握素也。

《説文・竹部》曰：筭，長六寸，計秝數者。从竹，从弄，言常弄乃不誤也。段氏注曰：此謂筭籌，與算數字各用計之，所謂算也。古書多不别。

又曰：算，數也。从竹具，讀若筭。段氏注曰：筭爲算之器，算爲筭之用，二字音同而義别。《説文繫傳・竹部》曰：籌，壺矢也。从竹，壽聲。臣鍇曰：投壺之矢也。其制似箸，人以之算數也。

《漢書・律曆志》曰：其算法用竹，徑一分，長六寸，二百七十一枚而成六觚，爲一握。蘇林曰：六觚，六角也。度角至角，其度一寸，面容一分算九枚，相因之數有十，正面之數實九，其表六九五十四算，中積凡得二百七十一枚。

《九章算術・方程》劉徽注曰：正算赤，負算黑。

古筭之制，見於經史諸書者如此。以諸説參之，其制略可考見。筭者，其正名也。籌者，其通稱也。算者，用以計之之謂也。其材以竹，其形似箸，其色有赤有黑，其度不一。古長而漢短，蓋古者席地而坐，布筭於地，故宜長，後世施於几案，故宜短，各取便用，無一定之制也。漢尺六寸，當今四寸有奇。梅徵君《古算器考》引浦江吴氏《中饋録》，有筭條巴子，切肉長三寸，各如筭子様，亦後世筭制漸短之證。《世説》言王戎持牙籌會計，則後人亦有用牙者。今考古制製之，以竹以牙皆可。赤與黑各二百七十一枚，其徑仿漢制爲一分，其長如用漢尺六寸，布於几案，乘除尚可，若開方天元算位多者，猶嫌其長，約用漢尺二寸寸餘足矣。

又 筭位

《孫子算經》曰：凡算之法，先識其位。一從十横，百立千僵。千十相望，百萬相當。

朱氏《筭學啟蒙》明縱横訣曰：一縱十横，百立千僵。千十相望，萬百相當。滿六以上，五在上方。六不積聚，五不單張。言十自過，不滿自當。若明此訣，可習九章。

此布筭之式也。一者，單位也。十者，十位也。百千萬皆然。縱者，一爲𝍠，二爲𝍡，三爲𝍢，四爲𝍣，五爲𝍤，六爲𝍥，七爲𝍦，八爲𝍧，九爲𝍨。横者，一爲𝍩，二爲𝍪，三爲𝍫，四爲𝍬，五爲𝍭，六爲𝍮，七爲𝍯，八爲𝍰，九爲𝍱。其列位自左而右，縱横相間。如一百二十三，作𝍠𝍪𝍢，一千二百三十作𝍩𝍡𝍫，七百〇八作𝍦𝍧，七千〇八十作𝍯𝍰之類，下一筭當一數，上一筭當五數。今之珠盤，即本諸此。惟珠盤滿五數即在上方，籌算五猶積筭，滿六然後在上，其加減與珠盤上法退法同。《孫子算經》諸書，佚而復出，在乾隆時。《筭學啟蒙》，道光己亥，羅茗香始得朝鮮本重刊之，梅徵君均未見，故《古算器考》徵引他書，參稽鈎考，乃能得其大略。今以諸書考之，顯然明白矣。按：筭位至十、百而止，不至單位者，其虚位必有以記之，乃不混淆。古法如何無可考，而古算書之晝筭位者，其虚位皆記以圈，想古人必有記之之器，其形必圓。今擬以圓棊或錢記之，十則記一虚位，作一〇，百則記二虚位，作𝍠〇〇，千則記三虚位，作一〇〇〇，萬以上類推，單下奇零，則記虚位於左，如〇一及〇〇𝍠之類。

又勞乃宣《古籌算考釋續編》卷一　籌制補

《數術記遺》曰：積算，今之常算者也。以竹爲之，長四寸，以效四時，方三分，以象三才。

《隋書・律曆志》曰：其筭用竹，廣二分，長三寸，正策三廉，積二百一十六枚，成六觚，乾之策也。金山顧氏曰：三廉成菱草形，每面六枚，積三十六枚，合六菱草形，而成六觚，積二百十六枚。與圓束同。惟無中心之一耳。負策四廉，積一百四十四枚成方，坤之策也。顧氏曰：四廉成方束形，每面十二枚，積百四十四枚。觚方皆經十二，顧氏曰：句有誤。此謂觚與方徑皆十二也。然圓徑當并中心之一，則是十三非十二。天地之大數也。

余初於經史諸家書中，考得古算籌之制，形圓而數二百七十一，已採録前編。顧仿以製籌，圓籌易於輥動，不甚適用，乃改製方形之籌，用之頗便。方籌不能成六觚，因亦不拘二百七十一之數，但取便用，不知其合於古否也。及觀《數術記遺》之言，則知古人有用方籌者矣。又觀《隋志》之言，則又知古人算籌有不拘二百七十一之數者矣。亟録於此，以補前編之闕。製籌者，或圓，或方，或二百餘枚，或一百餘枚，各從其便可矣。

又勞乃宣《籌算淺釋》卷上

籌制

籌以竹爲之，體圓而長，徑約一分，或分餘，長約一寸，或寸餘，染赤黑二色，漆之，或油之，每色二百七十一枚，各按法盛於六角合，爲一副。或爲方籌六角籌，每色二三百枚，不必拘數，任以方圓長方等合散盛之，亦可。算法深者，兼用黑籌。淺近諸法，專用赤籌足矣。數有零位，以錢記之。每籌一副，從以錢二三十枚。

又 筭式

籌一枚，謂之一筭。自一至五，皆以一筭爲一數。一，一筭；二，二筭；三，三筭；四，四筭；五，五筭。有縱横二式，六以上，則以上一筭爲五數，下一筭爲一數。縱者，上横下縱，横者，上縱下横。六，上一筭，下一筭；七，上一筭，下二筭，八，上一筭，下三筭；九，上一筭，下四筭。

九數筭式

	一	二	三	四	五	六	七	八	九
縱式	𝍠	𝍡	𝍢	𝍣	𝍤	𝍥	𝍦	𝍧	𝍨
横式	𝍩	𝍪	𝍫	𝍬	𝍭	𝍮	𝍯	𝍰	𝍱

又 列位

筭式惟有九數，滿十則進一於左，爲十位之一。又滿十，則又進一於左，爲百位之一。而千而萬皆然。故筭位横列。右一位爲單數，單左一位爲十數，二位爲百數，三位爲千數，四位爲萬數，萬以上皆然。其置筭以一縱一横相間爲別。單位縱，十位横，百位縱，千位横，萬位縱，以上類推。單位無數者，記一錢以存其位；單位十位皆無數，記二錢；單位至百位皆無數，記三錢；至千位皆無數，記四錢，至萬位皆無數，記五錢；以上類推。其百與單有數而十無數者，於十空位記一錢；千與單有數而百十皆無數者，於百十空位記二錢，餘類推。或仍其空位，不記錢，亦可。單位以上，皆謂之。

整數列位式

𝍩𝍡

十二列位式。

𝍫𝍥𝍯𝍣

三千六百七十四列位式。

𝍬𝍤𝍪𝍦𝍰𝍥

四十五萬二千七百八十六列位式。

𝍥𝍫𝍢𝍩𝍧𝍯〇

六百三十三萬一千八百七十列位式。

𝍱𝍢𝍪〇〇〇

九十三萬二千列位式。

𝍦𝍪〇𝍬𝍢〇𝍢

七百二十萬零四千三百零三列位式。

𝍤𝍮𝍦

五百六十七列位式。

𝍧𝍱𝍠𝍭𝍡

八萬九千一百五十二列位式。

𝍢𝍯𝍣𝍮𝍦𝍬𝍨

三百七十四萬六千七百四十九列位式。

𝍤𝍮𝍧𝍫〇〇

五十六萬八千三百列位式。

𝍠𝍫𝍡𝍯𝍣〇𝍠

一百三十二萬七千四百零一列位式。

𝍥𝍫〇〇𝍤

六萬三千零零五列位式。

丅≣〇〇〇⊥ 七十萬零零零五十六列位式。

｜≡〇〇〇〇‖ 二百萬零零零零三十一列位式。

‖〇｜‖‖〇丅〇‖‖ 四百零六萬零三百零二列位式。

〇⊥〇≣〇≟ 八十萬零五千零六十列位式。

丅〇‖〇丅 五百零六萬零二百零七列位式。

〇≟〇⊥〇≡ 三十萬零七千零八十列位式。

單位以下爲零數，記錢於左以存單位。如以兩爲單位，而兩無數錢有數，則記一錢於錢位之左，而錢爲橫；兩錢皆無數而分有數，則記二錢於分位之左，而分爲縱；自兩至分皆無數而釐有數，則記三錢；至釐皆無數而毫有數，則記四錢。以下類推。如以丈爲單位而僅有尺，則記一錢而尺爲橫；僅有寸，則記二錢而寸爲縱；如以尺爲單位而僅有寸，則記一錢而寸爲橫；僅有分，則記二錢而分爲縱。餘類推。

零數列位式

〇≟ 以兩爲單位，兩無數而僅有九錢式。

〇=‖‖ 以兩爲單位，兩無數而僅有二錢五分式。

〇≡丅≡ 以兩爲單位，兩無數，而僅有三錢七分四釐式。

〇⊥丅≣‖‖ 以兩爲單位，兩無數，而僅有七錢八分五釐五毫式。

〇〇‖〇｜ 以兩爲單位，兩、錢釐皆無數，而僅有二分零一毫式。

〇〇〇=丅 以兩爲單位，兩、錢、分皆無數，而僅有二釐七毫式。

〇≟‖≣ 以丈爲單位，丈無數，而僅有八尺二寸五分式。

〇〇〇≟ 以丈爲單位，丈、尺、寸皆無數，而僅有九分式。

⊥〇丅 以丈爲單位，丈、寸皆無數，而僅有六尺零七分式。

〇≟ 以尺爲單位，尺無數，而僅有八寸式。

〇⊥丅〇 以尺爲單位，尺無數，而僅有六寸七分式。

〇〇‖‖ 以尺爲單位，尺、寸皆無數，而僅有五分式。

〇=‖‖〇｜ 以斗爲單位，斗、勺皆無數，而僅有二升三合零一抄式。

〇⊥〇〇丅 以斗爲單位，斗、合、勺皆無數，而僅有七升零零六抄式。

〇〇〇〇｜ 以斗爲單位，斗、升、合、勺皆無數，而僅有一抄式。

〇≟‖‖≟‖‖ 以升爲單位，升無數，而僅有九合九勺九抄九撮式。

〇=〇≡｜ 以升爲單位，升、勺皆無數，而僅有二合零四抄一撮式。

〇〇丅〇丅 以升爲單位，升、合、抄皆無數，而僅有六勺零七撮式。

單位本位與右位皆有數，及左右皆有數者，則記一錢於單位之上，以識其位。

又 整數帶零數列位式

=｜ 以丈爲單位，一丈二尺式。

‖〇‖‖ 二丈零四寸，列位式。

‖〇〇⊥ 六十丈零零二寸，列位式。

≡丅‖‖‖ 以尺爲單位，三尺六寸五分式。

⊥〇⊥ 七十尺零六寸，列位式。

≡‖‖‖≟ 以斗爲單位，三十五斗八升式。

　　〇
𝍭𝍨〇𝍧　五十九斗零八合列位式。

　　〇
𝍥〇𝍡𝍩　以升爲單位，六石零二升一合式。

　　〇
𝍠𝍪𝍢𝍬𝍤　一百二十三兩四錢五分列位式。

〇
𝍦𝍬𝍠𝍱　以石爲單位，七石四斗一升九合式。

　　〇
𝍣𝍯〇𝍰　以兩爲單位，四百七十兩零八錢式。

　　〇
𝍢〇〇〇𝍨　三百兩零零九分列位式。

又　加法

列位者，列一數於位也。已列一數，再加一數，謂之加。其加法加於空位者，自一至九皆徑加之；加於有數之位，加數合原數不逾五與九者，徑加之；逾五而滿六以上者，退其與加數合而爲五之數於下，而下一算於上爲五，一與四合爲五，故退四下五；二與三合爲五，故退三下五；三與二合爲五，故退二下五；四與一合爲五，故退一下五。五，不退而徑下五於上。逾九而滿十以上者，退其與加數合而爲十之數於本位，而進一十於左位。一與九合爲十，故退九進十；二與八合爲十，故退八進十；三與七合爲十，故退七進十；四與六合爲十，故退六進十；五與五合爲十，故退五進十；六與四合爲十，故退四進十；七與三合爲十，故退三進十；八與二合爲十，故退二進十；九與一合爲十，故退一進十。滿十以上而退數不能徑退者，於本位退五，還其與退數合而爲五之數，而進一十於左位。六則退五還一而進十；七則退五還二而進十；八則退五還三而進十；九則退五還四而進十。

加法式

	原數	加一
空位	〇	徑加𝍠
一	𝍠	𝍡
二	𝍡	𝍢
三	𝍢	𝍣
四	𝍣	𝍤
五	𝍤	𝍥 退四下五
六	𝍥	徑加𝍦
七	𝍦	𝍧
八	𝍧	𝍨
九	𝍨	𝍩〇 退九進十

續表

	加二	加三	加四	加五	加六	加七	加八	加九
空位	徑加𝍡	徑加𝍢	徑加𝍣	徑加𝍤	徑加𝍥	徑加𝍦	徑加𝍧	徑加𝍨
一	𝍢	𝍣	𝍤	𝍥 下五於上	𝍦	𝍧	𝍨	𝍩〇 退一進十
二	𝍣	𝍤	𝍥 退一下五	𝍦	𝍧	𝍨	𝍩〇 退二進十	𝍩𝍠
三	𝍤	𝍥 退二下五	𝍦	𝍧	𝍨	𝍩〇 退三進十	𝍩𝍠	𝍩𝍡
四	𝍥 退三下五	𝍦	𝍧	𝍨	𝍩〇 退四進十	𝍩𝍠	𝍩𝍡	𝍩𝍢
五	𝍦	𝍧	𝍨	𝍩〇 退五進十	𝍩𝍠	𝍩𝍡	𝍩𝍢	𝍩𝍣
六	徑加𝍧	徑加𝍨	𝍩〇 退六進十	𝍩𝍠	𝍩𝍡 退五還一進十	𝍩𝍢 退五還二進十	𝍩𝍣 退五還三進十	𝍩𝍤 退五還四進十
七	𝍨	𝍩〇 退七進十	𝍩𝍠	𝍩𝍡	𝍩𝍢	𝍩𝍣	𝍩𝍤	𝍩𝍥 退一進十
八	𝍩〇 退八進十	𝍩𝍠	𝍩𝍡	𝍩𝍢	𝍩𝍣	𝍩𝍤	𝍩𝍥 退二進十	𝍩𝍦
九	𝍩𝍠	𝍩𝍡	𝍩𝍢	𝍩𝍣	𝍩𝍤	𝍩𝍥 退三進十	𝍩𝍦	𝍩𝍧

右繪縱式，其横式同。

其相加也。以單加單，以十加十，以百、千、萬加百、千、萬，各當其位。相加而尾位成空者，記錢以存其位，單位空，記一錢；單位十位空，記二錢；至百、千、萬以上皆然。空在中位，而空位之右有數者，記錢與否皆可。相加滿十進一於左位，而左位原數爲九者，合爲一百，退其九而進一於其又左，其又左又爲九者，合爲一千，又退其九而進一於其又左之又左，以上皆然。

又　加法設題

原數一
𝍠　原數

加二爲三
𝍢　徑加

加三爲六
𝍥　退二下五

加五爲十一
𝍩𝍠　退五進十

加五爲十六
𝍩𝍥　下五於上

加一十七爲三十三
𝍫𝍢　一十徑加，七退五還二進十

加四十七爲七十
𝍯〇　四十，退一下(五)；七退三進十

加四十五爲一百二十五。
𝍠𝍪𝍤　四十，退六進十，五徑加

加八十三爲二百零八
𝍡〇𝍧　八十退二進十三退二下五

加九十二爲三百
𝍢〇〇　九十徑加二退八進十而十位又退九進十

加八百七十六爲一千一百七十六
𝍩𝍠𝍯𝍥　八百退二進十七十六徑加

加二百三十二爲一千四百零八
𝍩𝍣〇𝍧　二百徑加三十退七進十二徑加

加三百九十二爲一千八百
𝍩𝍧〇〇　三百退二下五九十徑加二退八進十而十位又退九進十

加二百三十四爲二千零三十四
𝍪〇𝍫𝍣　二百退八進十三十四徑加

加一千九百七十三爲四千零零七
𝍬〇〇𝍦　一千九百徑加七十退三進十而百位又退九進十三退二下五

加二千零四十三爲六千零五十
𝍮〇𝍭〇　二千退三下五四十徑加三退七進十

加一千九百四十爲七千九百九十
𝍯𝍨𝍱〇　一千九百徑加四十退一下五

加一千零一十爲九千
𝍱〇〇〇　一千徑加一十退九進十而百位又退九進十

加六千五百四十七爲一萬五千五百四十七
𝍠𝍭𝍤𝍬𝍦　六千上一退五進十五百四十七徑加

加二千一百六十三爲一萬七千七百一十
𝍠𝍯𝍦𝍩〇　二千退三下五一百退四下五六十退四進十三退七進十

加五千七百九十六爲二萬三千五百零六
𝍡𝍫𝍤〇𝍥　五千退五進十七百上二退五進十九十退一進十六徑加

加六千四百九十八爲三萬零零零四
𝍢〇〇〇𝍣　六千徑加四百退一下五九十徑加八上三退五進十而十位又退九進十百位又退九進十千位又退九進十

加三萬零五百零五爲六萬零五百零九
𝍥〇𝍤〇𝍨　三萬退二下五五百零五徑加

加九千九百二十爲七萬零四百二十九
𝍦〇𝍣𝍪𝍨　九千徑加九百退一進十而千位又退九進十二十徑加

加五千五百七十七爲七萬六千零零六
五千五百七十徑加七退三進十而十位又退九進十百位又退九進十千位退四下五
𝍦𝍮〇〇𝍥

加七千九百爲八萬八千
七千徑加九百退一進十
𝍧𝍰〇〇〇

加三萬三千四百五十六爲一十二萬三千四百五十六
三萬退七進十三千四百五十六徑加
𝍩𝍡𝍫𝍣𝍭𝍥

加七萬零九百一十爲二十萬零九千零二十
七萬退三進十九百退一進十一十徑加
𝍪〇𝍱〇𝍪〇

加四千零九十四爲八萬零一百
四千退六進十九十徑加四退六進十而十位又退九進十
𝍧〇𝍠〇〇

加二千爲九萬
二千退八進十
𝍨〇〇〇〇

加一萬四千六百五十四爲一十三萬八千一百一十
一萬徑加四千退一下五六百退四進十五十退五進十四退六進十
𝍩𝍢𝍰𝍠𝍩〇

加一十萬零一千零八十一爲三十一萬零一百零一
一十萬徑加一千退九進十八十退二進十一徑加
𝍫𝍠〇𝍠〇𝍠

加三十二萬三千九百零九爲六十三萬四千零一十
三十萬退二下五二萬三千徑加九百退一進十九退一進十
𝍮𝍢𝍬〇𝍩〇

加一百零一爲七十九萬零零零一
一百退九進十而千位又退九進十一徑加
𝍯𝍨〇〇〇𝍠

加三萬四千五百六十七爲八十三萬四千五百七十六
三萬四千五百六十徑加七退三進十
𝍰𝍢𝍬𝍤𝍯𝍥

加二十四萬六千八百二十五爲一百一十四萬六千八百二十五
二十萬退八進十四萬六千八百二十五徑加
𝍠𝍩𝍣𝍮𝍧𝍪𝍤

加一十五萬五千八百九十爲七十八萬九千九百
一十五萬五千八百徑加九十退一進十
𝍯𝍧𝍱𝍨〇〇

加一萬零零零八爲八十萬零零零九
一萬退九進十八徑加
𝍰〇〇〇〇𝍨

加六萬五千四百二十四爲九十萬
六萬五千徑加四百退一下五二十徑加四退六進十而十位又退九進十百位又退九進十千位又退九進十萬位又退九進十
𝍱〇〇〇〇〇

加九十六萬四千一百七十四爲二百一十一萬零九百九十九
九十萬退一進十六萬退四進十四千退六進十一百七十徑加四退一下五
𝍡𝍩𝍠〇𝍨𝍱𝍨

加一百二十二萬二千零零一爲三百三十三萬三千

一百二十二萬二千徑加一退九進十而十位又退九進十百位又退九進十

𝍢𝍫𝍢𝍫〇〇〇

加五十六萬零二百五十三爲四百六十萬零零六百五十七

五十萬徑加六萬退四進十十萬位退四下五二百退三下五五十徑加三退二下五

𝍣𝍮〇〇𝍥𝍭𝍦

加四十四萬四千五百零六爲五百八十萬零零零零六

四十萬退一下五四萬退一下五四千退一下五五百退五進十千位又退九進十萬位又退九進十六徑加

𝍤𝍰〇〇〇〇𝍥

加七十萬零七千四百零四爲四百零四萬零四百零四

七十萬退三進十七千退三進十四百零四徑加

𝍣〇𝍣〇𝍣〇𝍣

加七十五萬四千八百四十三爲五百三十五萬五千五百

七十萬上二退五進十五萬四千徑加八百上三退五進十四十退一下五三退七進十十位又退九進十

𝍤𝍫𝍤𝍭𝍤〇〇

加一十六萬零零四十四爲五百九十六萬零零五十

一十六萬徑加四十徑加四退六進十

𝍤𝍱𝍥〇〇𝍭〇

加一百零三萬九千九百五十八爲七百萬零零零零零八

一百萬退四下五三萬九千九百徑加五十退五進十百位又退九進十千位又退九進十萬位又退九進十十萬位又退九進十八徑加

𝍦〇〇〇〇〇𝍧

加五千零零一爲七百萬零零五千零零九

五千徑加一徑加

𝍦〇〇𝍭〇〇𝍨

加六萬九千零七十六爲七百零七萬四千零八十五

六萬徑加九千退一進十七十徑加六上一退五進十

𝍦〇𝍦𝍬〇𝍰𝍤

加四十三萬四千九百一十五爲七百五十萬零九千

四十萬徑加三萬退七進十四千退一下五九百一十徑加五退五進十十位又退九進十百位又退九進十

𝍦𝍭〇𝍱〇〇〇

加四十九萬一千爲八百萬

四十萬退一下五九萬徑加一千退九進十萬位又退九進十十萬位又退九進十

𝍧〇〇〇〇〇〇

單位以下，零數相加，亦當其位。中有空位者，記錢以存之，相加而成整數者，去其單位以下之錢。

又勞乃宣《籌算蒙課》

筭式

竪一	𝍠	竪二	𝍡	竪三	𝍢	竪四	𝍣	竪五	𝍤	竪六	𝍥
竪七	𝍦	竪八	𝍧	竪九	𝍨			橫一	𝍩	橫二	𝍪
橫三	𝍫	橫四	𝍬	橫五	𝍭	橫六	𝍮	橫七	𝍯	橫八	𝍰
橫九	𝍱			空位	〇						

又 列位

一個	𝍠	二十三	𝍪𝍢	四十五	𝍬𝍤	六十七	𝍮𝍦	八十九	𝍰𝍨
二個	𝍡	二十四	𝍪𝍣	四十六	𝍬𝍥	六十八	𝍮𝍧	九十	𝍱〇
三個	𝍢	二十五	𝍪𝍤	四十七	𝍬𝍦	六十九	𝍮𝍨	九十一	𝍱𝍠
四個	𝍣	二十六	𝍪𝍥	四十八	𝍬𝍧	七十	𝍯〇	九十二	𝍱𝍡
五個	𝍤	二十七	𝍪𝍦	四十九	𝍬𝍨	七十一	𝍯𝍠	九十三	𝍱𝍢
六個	𝍥	二十八	𝍪𝍧	五十	𝍭〇	七十二	𝍯𝍡	九十四	𝍱𝍣
七個	𝍦	二十九	𝍪𝍨	五十一	𝍭𝍠	七十三	𝍯𝍢	九十五	𝍱𝍤
八個	𝍧	三十	𝍫〇	五十二	𝍭𝍡	七十四	𝍯𝍣	九十六	𝍱𝍥
九個	𝍨	三十一	𝍫𝍠	四十三	𝍭𝍢	七十五	𝍯𝍤	九十七	𝍱𝍦
十	𝍩〇	三十二	𝍫𝍡	五十四	𝍭𝍣	七十六	𝍯𝍥	九十八	𝍱𝍧
十一	𝍩𝍠	三十三	𝍫𝍢	五十五	𝍭𝍤	七十七	𝍯𝍦	九十九	𝍱𝍨
十二	𝍩𝍡	三十四	𝍫𝍣	五十六	𝍭𝍥	七十八	𝍯𝍧	一百	𝍠〇〇
十三	𝍩𝍢	三十五	𝍫𝍤	五十七	𝍭𝍦	七十九	𝍯𝍨	一百零一	𝍠〇𝍠
十四	𝍩𝍣	三十六	𝍫𝍥	五十八	𝍭𝍧	八十	𝍰〇	一百零二	𝍠〇𝍡
十五	𝍩𝍤	三十七	𝍫𝍦	五十九	𝍭𝍨	八十一	𝍰𝍠	一百零三	𝍠〇𝍢
十六	𝍩𝍥	三十八	𝍫𝍧	六十	𝍮〇	八十二	𝍰𝍡	一百零四	𝍠〇𝍣
十七	𝍩𝍦	三十九	𝍫𝍨	六十一	𝍮𝍠	八十三	𝍰𝍢	一百零五	𝍠〇𝍤
十八	𝍩𝍧	四十	𝍬〇	六十二	𝍮𝍡	八十四	𝍰𝍣	一百零六	𝍠〇𝍥
十九	𝍩𝍨	四十一	𝍬𝍠	六十三	𝍮𝍢	八十五	𝍰𝍤	一百零七	𝍠〇𝍦
二十	𝍪〇	四十二	𝍬𝍡	六十四	𝍮𝍣	八十六	𝍰𝍥	一百零八	𝍠〇𝍧
二十一	𝍪𝍠	四十三	𝍬𝍢	六十五	𝍮𝍤	八十七	𝍰𝍦	一百零九	𝍠〇𝍨
二十二	𝍪𝍡	四十四	𝍬𝍣	六十六	𝍮𝍥	八十八	𝍰𝍧	一百一十	𝍠𝍩〇

續表

一個	一百二十	𝍠𝍪〇	七千	𝍯〇〇〇
二個	一百三十	𝍠𝍫〇	八千	𝍰〇〇〇
三個	一百四十	𝍠𝍬〇	九千	𝍱〇〇〇
四個	一百五十	𝍠𝍭〇	一萬	𝍠〇〇〇〇
五個	一百六十	𝍠𝍮〇		
六個	一百七十	𝍠𝍯〇		
七個	一百八十	𝍠𝍰〇		
八個	一百九十	𝍠𝍱〇		
九個	二百	𝍡〇〇		
十	三百	𝍢〇〇		
十一	四百	𝍣〇〇		
十二	五百	𝍤〇〇		
十三	六百	𝍥〇〇		
十四	七百	𝍦〇〇		
十五	八百	𝍧〇〇		
十六	九百	𝍨〇〇		
十七	一千	𝍩〇〇〇		
十八	二千	𝍪〇〇〇		
十九	三千	𝍫〇〇〇		
二十	四千	𝍬〇〇〇		
二十一	五千	𝍭〇〇〇		
二十二	六千	𝍮〇〇〇		

又 加法

加一至一百。

上一，𝍠 上一，𝍡 上一，𝍢 上一，𝍣 上一，𝍤 退四下五，𝍥 上一，𝍦 上一，𝍧 上一，𝍨 退九進一十，𝍩〇 上一，𝍩𝍠 上一，𝍩𝍡 上一，𝍩𝍢 上一，𝍩𝍣 上一，𝍩𝍤 退四下五，𝍩𝍥 上一，𝍩𝍦 上一，𝍩𝍧 上一，𝍩𝍨 退九進一十，𝍪〇 上一，𝍪𝍠 上一，𝍪𝍡 上一，𝍪𝍢 上一，𝍪𝍣 上一，𝍪𝍤 退四下五，𝍪𝍥 上一，𝍪𝍦 上一，𝍪𝍧 上一，𝍪𝍨 退九進一十，𝍫〇 上一，𝍫𝍠 上一，𝍫𝍡 上一，𝍫𝍢 上一，𝍫𝍣 上一，𝍫𝍤 退四下五，𝍫𝍥 上一，𝍫𝍦 上一，𝍫𝍧 上一，𝍫𝍨 退九進一十，𝍬〇 上一，𝍬𝍠 上一，𝍬𝍡 上一，𝍬𝍢 上一，𝍬𝍣 上一，𝍬𝍤 退四下五，𝍬𝍥 上一，𝍬𝍦 上一，𝍬𝍧 上一，𝍬𝍨 退九進一十，𝍭〇 上一，𝍭𝍠 上一，𝍭𝍡 上一，𝍭𝍢 上一，𝍭𝍣 上一，𝍭𝍤 退四下五，𝍭𝍥 上一，𝍭𝍦 上一，𝍭𝍧 上一，𝍭𝍨 退九進一十，𝍮〇 上一，𝍮𝍠 上一，𝍮𝍡 上一，𝍮𝍢 上一，𝍮𝍣 上一，𝍮𝍤 退四下五，𝍮𝍥 上一，𝍮𝍦 上一，𝍮𝍧 上一，𝍮𝍨 退九進一十，𝍯〇 上一，𝍯𝍠 上一，𝍯𝍡 上一，𝍯𝍢 上一，𝍯𝍣 上一，𝍯𝍤 退四下五，𝍯𝍥 上一，𝍯𝍦 上一，𝍯𝍧 上一，𝍯𝍨 退九進一十，𝍰〇 上一，𝍰𝍠 上一，𝍰𝍡 上一，𝍰𝍢 上一，𝍰𝍣 上一，𝍰𝍤 退四下五，𝍰𝍥 上一，𝍰𝍦 上一，𝍰𝍧 上一，𝍰𝍨 退九進一十，𝍱〇 上一，𝍱𝍠 上一，𝍱𝍡 上一，𝍱𝍢 上一，𝍱𝍣 上一，𝍱𝍤 退四下五，𝍱𝍥 上一，𝍱𝍦 上一，𝍱𝍧 上一，𝍱𝍨 退九進十，𝍠〇〇

加二至一百。

上二，𝍡 上二，𝍣 退三下五，𝍥 上二，𝍧 退八進一十，𝍩〇 上二，𝍩𝍡 上二，𝍩𝍣 退三下五，𝍩𝍥 上二，𝍩𝍧 退八進一十，𝍪〇 上二，𝍪𝍡 上二，𝍪𝍣 退三下五，𝍪𝍥 上二，𝍪𝍧 退八進一十，𝍫〇 上二，𝍫𝍡

上二，𝍫𝍣 退三下五，𝍫𝍥 上二，𝍫𝍧 退八進一十，𝍬〇 上二，𝍬𝍡 上二，𝍬𝍣 退三下五，𝍬𝍥 上二，𝍬𝍧 退八進一十，𝍭〇 上二，𝍭𝍡 上二，𝍭𝍣 退三下五，𝍭𝍥 上二，𝍭𝍧 退八進一十，𝍮〇 上二，𝍮𝍡 上二，𝍮𝍣 退三下五，𝍮𝍥 上二，𝍮𝍧 退八進一十，𝍯〇 上二，𝍯𝍡 上二，𝍯𝍣 退三下五，𝍯𝍥 上二，𝍯𝍧 退八進一，𝍰〇

算盤與珠算部

題解

漢・徐岳《數術記遺》 珠筭

控帶四時，經緯三才。

刻板爲三分，其上下二分以停游珠，中間一分以定筭位。位各五珠，上一珠與下四珠色別。其上別色之珠當其下四珠，珠各當一。至下四珠所領，故云控帶四時。其珠游於三方之中，故云經緯三才也。

明・《魁本對相四言雜字》 筭盤。

清・薛鳳祚《推測易知》卷四 珠算盤式

盤以堅木爲之，任作一矩形，四圍匡廓，中易設横梁，上近下遠。匀分位數，或十三位，或十五位，或十九位，愈多愈適用。每位各用直桿，或銅或竹皆可。勿使搖動。每桿用珠上三、下五，俗用上二珠者，實不敷用。惟用上三下五，取其適用，非獨創也。梁上三珠，每珠當五數，如梁上二珠，每珠亦當五數，但加減數多，不如三珠之便耳。梁下五珠，每珠當一數，遇十進一。用法自左而右，大數在左，小數在右。凡算之時，梁下五珠先用，五珠已滿，則用梁上一珠代之，而抹去五珠，以爲後數加減之地，本位已滿十數，亦全抹去，而記上位一珠。如用乘法，則實數若干位記於左，法數若干位記於右，然後或乘或除，或加或減，以法馭之。

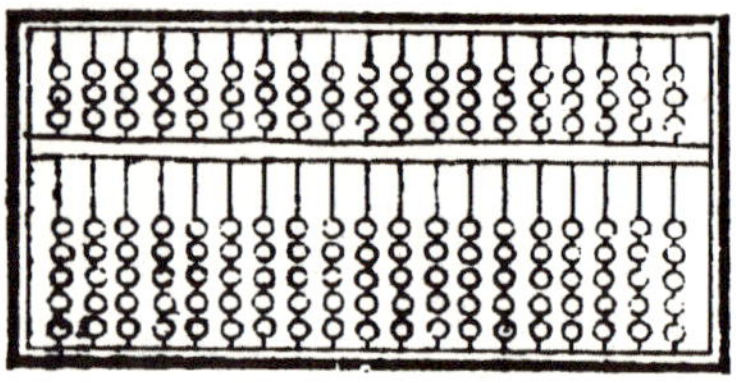
珠算盤式圖

清・蔣守誠《算法全書》 算盤定式圖

凡算盤，每一行七銖，中隔一梁，上面二銖，每一銖當梁下五銖，梁下五銖，一銖只是一數。其盤放于人位前，以人身配之，分其左右，以位前爲左，以位後爲右，前位爲上，後位爲下。凡前位一銖，則當後位十銖，故云逢幾進十、退十還幾之説。

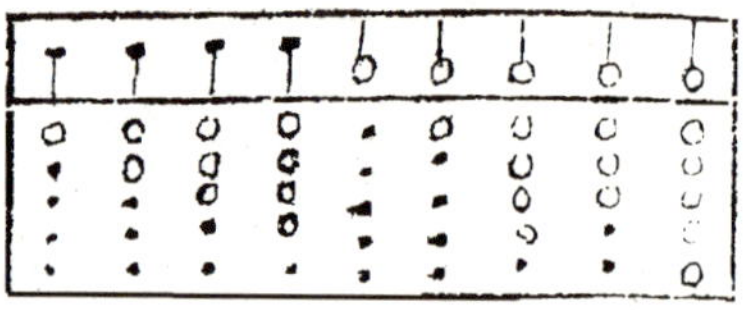
算盤定式圖

清・潘逢禧《算學發蒙・珠算一》 珠盤式

盤以堅木爲之，任作一矩形，不拘大小，四圍匡廓，中設横樑。上近下遠。匀分位數，或九位，或十三位，或十九位，或二十五位，不拘，愈多愈適用。每位各用直桿。或銅，或竹皆可，總以圓滑爲主，用竹較輕，便携帶。穿横樑而過，上下兩邊，以小竅緊承之，勿使動搖。每桿用珠八。珠用木、用牙皆可，式須扁圓，中通圓竅，以桿貫之，以便上下。横樑下用珠五，横樑上用珠三。舊製上二下五，實不敷用。譬如八十九數，以九歸之。歌訣九八下加八，次位本有九數，再加八數，共十七數，樑上二珠當十，樑下五珠當五，共只十五，不足二數。學者每遇此等，往往錯誤。茲於樑上多用一珠，似較適用。按《參同契》有水火匡廓，三五至精各圖，則三五妙合，亦非無本之説。閲者勿以獨創爲疑也。樑上三珠，每珠當五數。樑下五珠，每珠當一數。用法自左而右。大數在左，小數在右。每左一位，謂之上一位。則數遞陞。每右一位，謂之下一位。則數遞降。凡算之時，樑下五珠先用，五珠已滿，則下樑上一珠代之，而抹去五珠，以爲後數再加之地，本位已滿十數，亦全抹去，而紀上位一珠。若畸零變例，不在此論，具詳各條下。所謂進一十也。如用乘除，則實數若干紀於左，共若干位。法數若干紀於右，共若干位。然後或乘或除，以法馭之。

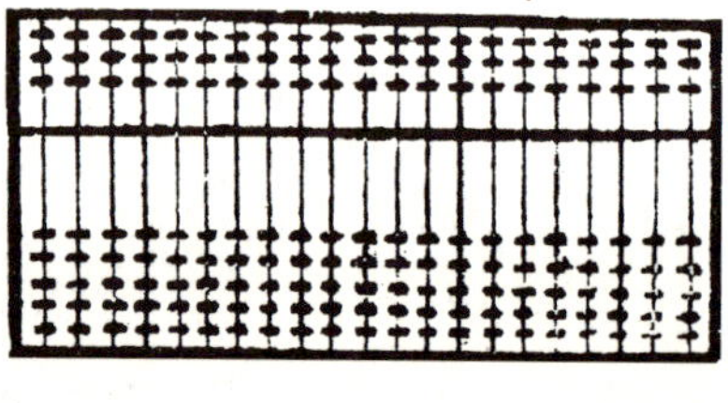

清・江南商業學堂《最新珠算教科書》卷上 珠算名目

算盤有九行、十一行、十三行、十七行等製，每行穿算珠七粒，中隔横梁，分爲梁上二珠，梁下五珠，梁下每珠當一，如一箇、一十、一百、一千之類。梁上每珠當五，如五箇、五十、五百、五千之類。故梁上一珠可當梁下五珠。其位置左大右小，任於盤中指一行爲單位，則靠單位左一行爲十位，遞靠左各行爲百千萬等位，靠單位右一行爲分位，遞靠右各行爲釐毫絲等位。故任取相連左右兩行，合右行梁上一珠、梁下五珠，僅當左行梁下之一珠。其用法，先使梁上珠俱切盤之上邊梁，下珠俱切盤之下邊，然後將所設之數撥珠切横梁以記之。故算盤者，記數之器也。而其所記之各法，名之曰珠算。

明・午榮《魯班經》卷二　筭盤式

一尺二寸長，四寸二分大，框六分，厚九分，大起碗底，線上二子，一寸一分，下下五子，三寸一分，長短大小，看子而做。

明・徐心魯《盤珠筭法》卷一

隸首上訣

一上一，一下五除四，如本行下五子俱已在位，今又要上一，則下無一可上，故於上面下一，是五復於下面去四，故上得一。一退九進一十。如本位子滿在位，又要加一，却無一可加，故幾退去九子，却于上位還一子，當下位十子，却正一也。

二上二，二下五除三，如本位要止二棄，下梁五子俱在位，却無子可上，故於上梁下二是五，復於下面退三子則止，上得二子也。二退八進一十。本位無二可上，則退去入上位還一是十，只實得一數也。餘效(北)[此]理同前。

三上三，三下五除二，三退七進一十。

四上四，四下五除一，四退六進一十。

五上五，五去五進一十。

六上六，六上一去五進一十，六退四進一十。

七上七，七上二去五進一十，七退三進一十。

八上八，八上三去五進一十，八退二進一十。

九上九，九上四去五進一十，九退一進一十。

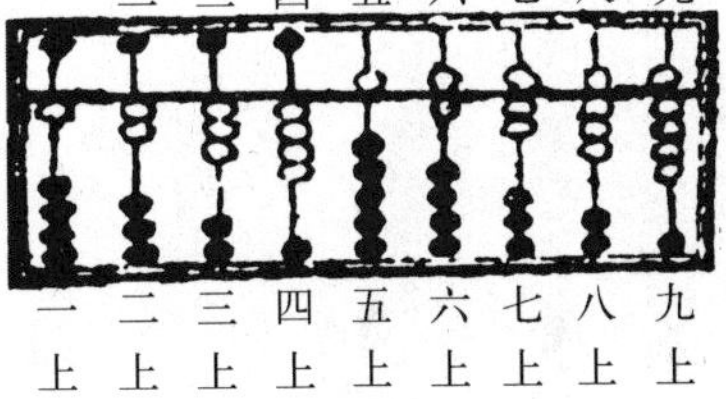

第一上法

又　退法要訣

一退一，一退十還九，如本位無一可退，故於上位退一是十，復於下位還九，數上退得一數也。一上四退五。如梁上有子，梁下無子，故於梁上退一是五，復於下梁補上四子，樂退得。其餘倣此。

二退二，二退十還八，一上四退五。

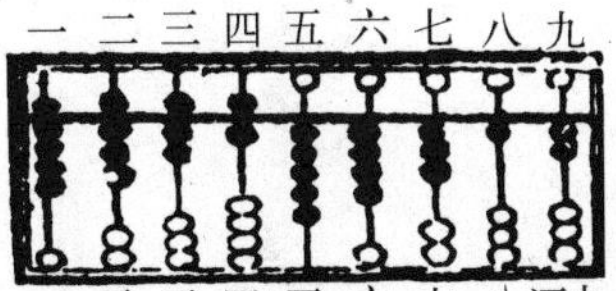

第一退法

三退三，三退十還七，二上三退五。

四退四，四退十還六，四上一退五。

五退五，五退十還五。

六退六，六退十還四。

七退七，七退十還三。

八退八，八退十還二。

九退九，九退十還一。

又　歸法總訣

一歸。不須歸，其法故不立。

二歸。二一添作五，逢二進一十，逢四進一十逢六進三十，逢八進四十。

三歸。三十三十一，三二六十二，逢三進一十，逢六進二十，逢九進三十。

四歸。四一二十二，四二添作五，四三七十二，逢四進一十，逢八進二十。

五歸。五一倍作二，五二倍作四，五三倍作六，五四倍作八，逢九進一十。

六歸。六一下加四，六二三十二，六三添作五，六四六十四，六五八十二，逢六進一十。

七歸。七一下加三，七二下加六，七三四十二，七四五十五，七五七十一，七六八十四　逢七進一十。

八歸。八一下加二，八二下加四，八三下加六，八四添作五，八五六十二，八六七十四。

九歸。八七八十六，逢八進一十。

隨身下位加一倍　逢九進一十

明・柯尚遷《數學通軌》

起五譜

一　起四作五　二　起三作五　三　起二作五　四　起一作五

成十訣

一　起九成十　二　起八成十　三　起七成十　四　起六成十　六　起四成十　七　起二成十　八　起二成十　九　起一成十

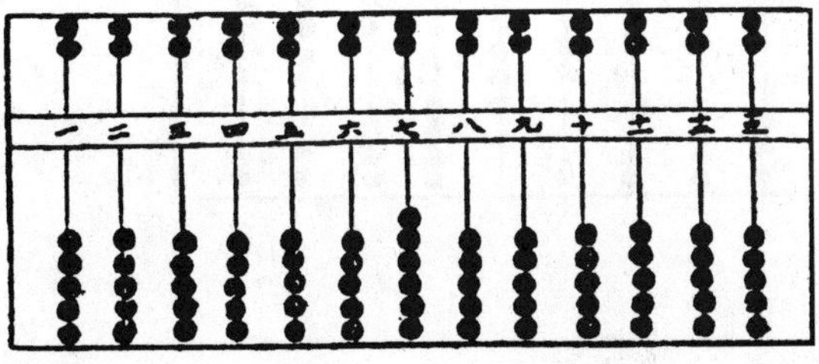

初定算盤圖式

破五訣

無一　去五下還四　無二　去五下還三　無三　去五下還二　無四　去五下還一

破十訣

無一　破十還九　無二　破十還八　無三　破十下還七　無四　破十下還六　無六　破十下還四　無七　破十下還三　無八　破十下還二　無九　破十下還一

又　九九上法語

一上一，一下五除四，一退九進一十；
二上二，二下五除三，二退八進一十；
三上三，三下五除二，三退七進一十；
四上四，四下五除一，四退六進一十；
五上五，五退五進一十；
六上六，六上一去五進一十，六退四進一十；
七上七，七上二去五進一十，七退三進一十；
八上八，八上三去五進一十，八退二進一十；
九上九，九上四去五進一十，九退一進一十。

九九退法語

一退一，一上四退五，一退十還九；
二退二，二上三退五，二退十還八；
三退三，三上二退五，三退十還七；
四退四，四上一退五，四退十還六；
五退五，五退十還五；
六退六，六退十還四；四下五除一。
七退七，七退十還三；三下五除二。
八退八，八退十還二；二下五除三。
九退九　九退十還一。一下五除四。

又　九九進退圖式

第一上圖式

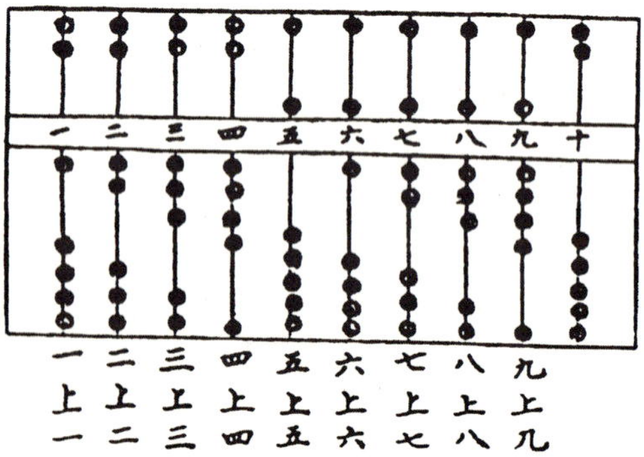

第一退圖式

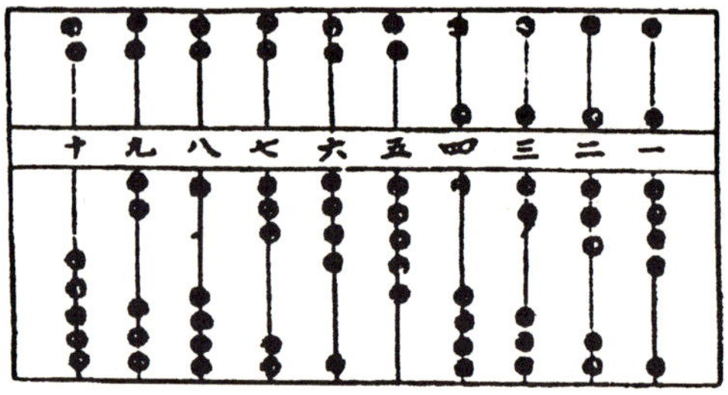

又　習數法語

一先要熟讀九數，二要誦歸除歌法，三要知加減定位，四要知量度衡畝，五要知諸分母子，六要知長濶堆積，七要知盈朒隱互，八要知正負行例，九要知勾股弦數，十要知開方各色。

又　九歸總歌法語

一歸。無法之身除。又曰一歸不須歸，其法故不立。
二歸。二一添作五，逢二進一十，逢四進二十，逢六進三十，逢八進四十。
三歸。三一三十一，三二六十二，逢三進一十，逢六進二十，逢九進三十。
四歸。四一二十二，四二添作五，四三七十二，逢四進一十，逢八進二十。
五歸。五一倍作二，五二倍作五，五三倍作六，五四倍作八，進五進一十。
六歸。六一下加四，六二三十二，六三添作五，六四六十四，六五八十二，進六進一十。
七歸。七一下加三，七二下加六，七三四十二，七四五十五，七五七十一，七六八十四，逢七進一十。
八歸。八一下加二，八二下加四，八三下加六，八四添作五，八五六十二，八六七十四，八七八十六，逢八進一十。
九歸。下位加一倍，逢九進一十。

又　算盤法實數

盤後數謂之法，宜靜而呼。

盤前數謂之實，宜動而分。

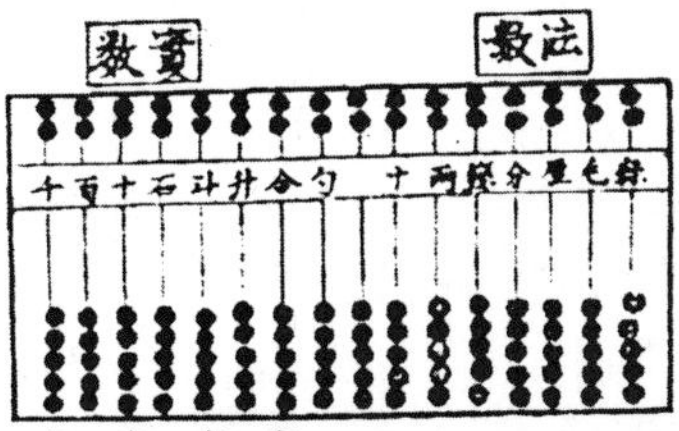

法之末位即下位。

法之次位即下位。

法之首位即前位。

實之末位即次位即末位。

實之三位即次位即下位。

實之二位即次位即下位。

實之一位即首位即前位。

明・程大位《算法統宗》卷一

算法提綱

習學之法：一要先熟讀九數，二要誦歸除歌法，三要知加減定位，四要知量度衡畝，五要知諸分母子，六要知長濶堆積，七要知盈朒互隐，八要知正負行例，九要知勾股弦數，十要知開方各色。

又　筭學節要

學筭之人須努力，先將九數時時習。呼如下位筭爲先，變其身數呼求十。觀其發問果何如，仔細斟量分法實。若然法實既能知，次求定位最爲忌。再考九歸及歸除，又將減法細尋繹。有能致意用工夫，筭學雖深可盡識。

又　乘除用字釋

以者用也，置者列也，爲者數未定也，得者數已成也，呼者呼喚其數也，命者言也，首者第一位也，尾者末位也，身者本位也，率者齊數也，實者所問之物也，法者所求之價也，乘之者九字相生之數也，除之者謂九歸、歸除、商除之類。

又　用字凡例

法，樣數也。實，本數也。因，法之單位者又由也。歸，入巳之數也。
加，增添也。減，除少也。乘，法之多位者。歸，先歸後除合名也。
除，減少也。積，乘成之數也。乘，法實合變數也。如，九數用此下一位也。
身，本位也。則，法也。左，上邊大位也。右，下邊小位也。
縱，直長也。橫，廣濶也。廣，橫濶也。濶，橫廣也。
直，長也。面，方面也。高，立起也。深，陷下也。
倍，加上本數也。併，二數相令。截，割斷也。分，撥開也。
原，初數也。差，多少不同數也。通，會同其數。變，改換其數。
約，量度。中，筭盤之中。進，移上前一位。逢，遇有數而言逢。
上，脊梁之上又位之左。下，脊梁之下又位之右。挨，隨身変數也。退，移下後一位。
勾，濶也。股，長也。斜，兩隅相去又不正也。弦，勾股斜曰弦弧矢亦有弦。
隅，曲角也。長，直也。周，外圍也。較，相減餘也。
廉，方直也。方，四面同數。徑，周中之弦。脊，盤中橫梁隔木。
列位，各置位次。折半，減去一半。還原，復舊數也。商除，心與意商量而除之。
相乘，長濶或銀貨等。自乘，法實數同相乘。再乘，自乘之而又乘。遍乘，先以一法遍乘諸數。
商總，合用商開之法于盤中。開方，即自乘還原也。開立，即自乘再乘之還原。
中實，即商總也。併率，如一二三四五併得十五數也。得令，斤兩貫箇石等類也。
得術，乃法首位每下該得之名。互乘，如四處數目上下斜角相乘。
相減，如二數以少減多餘曰較。合得，筭數定奪。維乘，四處顛倒相乘。
若干，一爲數始十爲數終未筭難定。幾何，與若干相同。

又　定筭盤位次實左法右論

按：《洛書》數曰：左三右七，則右者第一之行位也，左者第二之行位也。

又按：《大學章句》曰：別爲序，次如左，則左者以後之事也。又曰：右傳之某章，則右者以前之事也。今當以初行爲右，次行爲左，以理而推之，法當從右，實當在左，此乃不易之位也。

又　九九八十一便蒙通用。

一遍。一上一，二上二，三上三，四上四，五下五，六上六，七上七，八上八，九上九。

二遍。一上一，二上二，三下五除二，四下五除一，五起五還一十，六上一起五還一十，七上二起五還一十，八退二還一十，九退一還一十。

三遍。一上一，二下五除三，三上三，四退六還一十，五下五，六上六，七退三還一十，八退二還一十，九退一還一十。

四遍。一上一，二上二，三退七還一十，四下五除一，五起五還一十，六退四還一十，七退三還一十，八上三起五還一十，九退一還一十。

五遍。一下五除四，二退八還一十，三下五除二，四退六還一十，五下五，六上一起五還一十，七上七，八退二還一十，九退一還一十。

六遍。一上一，二上二，三退七還一十，四下五除一，五起五還一十，六上六，七退三還一十，八退二還一十，九上四起五還一十。

七遍。一上一，二下五除三，三上三，四退六還一十，五下五，六退四還一十，七上二起五還一十，八退二還一十，九退一還一十。

八遍。一上一，二上二，三下五除二，四下五除一，五起五還一十，六上一起五還一十，七退三還一十，八退二還一十，九退一還一十。

九遍。一上一，二上二，三上三，四上四，五下五，六上六，七上七，八上八，九退一還一十。

又 九歸歌

呼大數在上，小數在下。

一歸。不須歸，一者原數不必歸也。其法故不立。

二歸。二一添作五，逢二進一十。

三歸。三一三十一，三二六十二，逢三進一十。

四歸。四一二十二，四二添作五，四三七十二，逢四進一十。

五歸。五一倍作二，五二倍作四，五三倍作六，五四倍作八，逢五進一十。

六歸。六一下加四，六二三十二，六三添作五，六四六十四，六五八十二，逢六進一十。

七歸。七一下加三，七二下加六，七三四十二，七四五十五，七五七十一，七六八十四，逢七進一十。

八歸。八一下加二，八二下加四，八三下加六，八四添作五，八五六十二，八六七十四，八七八十六，逢八進一十。

九歸。九歸隨身下，逢九進一十。

右法與九九合數相混，但記句法，惟辨多數在先，少數在次，即九歸之句。如八六七十四是歸，六八四十八是因。之類已上句法，併後各樣歌訣，皆學者所當熟記。

因乘法者，單位曰因，位數多曰乘，通而言之乘也，置所有物爲實，以所求價爲法，皆從末位而起，如法乘之，呼九字相生之數，次第乘之，呼如須次位言十在本身陞積謂之乘，其數雖陞而位反降矣，必須用定位之法而治之。詳見于後。

九歸歸除法者，單位者曰歸，位數多者曰歸除，通而言之曰歸除，置所出率爲實，以所求率爲法，皆從實首位而起，以法之首位用歸，以次之位皆用除之，故曰歸除。歸者，呼九歸之歌。除者，呼九字相生之數，次第除之，降積謂之除，其數雖降而位反陞矣。須詳定位訣而求之，以法爲母，以實爲子，實爲法而一。法實相反，失之千里，必須用心詳玩，直指定位法實訣于後，或有畸零之不盡者，設有約分之法而命之。

商除法者，商量法實多寡而除之，古法未有歸除，故用之不如歸除最是捷徑之法也，然開方法用之。

加法者，隨母留身增添，謂之加。謂如正米每斗帶耗七合者，留身以七合隔位加之。又如每銀一兩加利三錢，不破本身以三增之，故謂之加法。或用乘法而代之，如每斗加七合，就以一斗零七合乘之，得正耗之數也。

減法者，即曰定身除法，約存原本之數而除之，故謂之減。假有正耗米，其九斗只約正米八斗，呼七八減去五升六合之類，又如本利銀四兩，每兩減去三錢，只呼三三除減九錢得本銀三兩有零之類。或用歸除而代之，如正耗米爲實，就以一斗零七合爲法，歸除之得正米之數也。

約分法者，凡用除法，多有畸零數之不盡。位數多者，以法約之，則簡。假如九百四十分之二百三十五，以法約之得四分之一，何也？曰：分母九百四十分，乃是四箇二百三十五，故謂四分之一也。去其繁而截其簡之故耳。

通分法者，謂法實帶有畸零之數，若不設法通之，則何由而置位乎？假如畸零四分之一者，就以一分之數變作四分，加入零一分，可用乘除而筭之，故曰通分。凡公私皆不用之，今但有畸零者，至于毫忽，以六收之，以四去之。筭家若不精微，豈可合得數乎。

異乘同除者，謂先應除法而後用乘法者，其除法多有畸零不盡之數，則何由而用乘法乎？故變法而先用乘法，然後用歸除，雖有畸零數之不盡者，而可命之，故曰異乘同除。至于精奥其變通之大術矣。

異乘同乘者，謂如用四乘之，又用五乘之，再以七乘之者，就變法以四乘五得二十，再以七乘之，得一百四十。就以一百四十爲法乘之，以代三次相乘，而數之不差矣。

異除同除者，謂用四歸之，又用五歸之，再用十二歸除之者，就變法以四乘五得二十，再以一十二乘之，得二百四十。就以二歸四除以代三次除也。已上皆言筭法變通之理乎。

開平方法者，謂如平地四面皆然也。如長十步，濶十步，自乘得積一百步，開者以積求方面之數也。此法別是一種，有實而無法，則商約而除之，所以最難之法也。今新增歸除開方而法之便矣。

開立方法者，立者立起之方也。如長十尺，濶十尺，自乘得一百尺，再以高十尺乘之，得積一千尺，開者以積求立方每面之數也。有實而無法，則商約而除之，所以又難之法也。今新增歸除開立，故法之易便矣。

倍法者，加一倍是也。法當用二因而位反降矣。今變用五歸而位不降矣。

折半法者，謂減去一半是也。法理當用五歸而位反陞矣。今變用五因而位不陞也。

又 定位總歌

數家定位法爲奇，因乘俱向下位推。加減只須認本位，歸與歸除上位施。法多原實逆上法，位前得令順下宜。法少原實降下數，法前得令逆上知。

又十二字訣曰：乘從每下得術，歸從法前得令。

又程大位《筭法纂要》卷一

筭法提綱

習學之法：一要先熟讀九數，二要誦歸除歌法，三要知實左法右，四要知量度衡畝。

又 筭學節要

學筭之人須努力，先將九數時時習。呼如下位筭爲先，變其身數呼求十。觀其發問果何如，仔細酌量分法實。

又 乘除用字釋

以，用也。置，列也。爲，數未定也。得，數已成也。呼，呼喚其數。命，言也。首，第一位。尾，末位也。身，本位。率，齊數。實，所問之物。法，所求之價。積，乘除成數。則，法也。左，上邊大位。右，下邊小位。倍，加一倍二。折半，成一半。原，初數也。併，二數合一。裁，割斷。通，會同諸數。變，改換。廉，方直長。逢，遇實數多。進，前一位。退，下一位。自乘，法實數相同。相乘，互換相生九九之數。遍乘，先以一法遍乘諸數。再乘，謂立方，長闊相乘，又以高乘。除之，九歸、歸除、商除之類。互乘，如四處數目，顛倒斜角，上下相乘。若干，未筭成數。

又 定筭盤位次實左法右論

按：《洛書》數曰：左三右七，則右者第一之行位也，左者第二之行位也。又按：《大學章句》曰：別爲序，次如左，則左屬後矣。曰：右傳之某章，則右屬前矣。今筭盤定位，當以初行爲右，次行爲左，法當從右，實當在左，庶爲不易之位。

又 九九八十一

一遍。一上一，二上二，三上三，四上四，五上五，六上六，七上七，八上八，九上九。

二遍。一上一，二上二，三下五除二，四下五除一，五起五還一十，六上一起五還一十，七上二起五還一十，八退二還一十，九退一還一十。

三遍。一上一，二下五除三，三上三，四退六還一十，五下五，六上六，七退三還一十，八退二還一十，九退一還一十。

四遍。一上一，二上二，三退七還一十，四下五除一，五起五還一十，六退四還一十，七退三還一十，八上三起五還一十，九退一還一十。

五遍。一下五除四，二退八還一十，三下五除二，四退六還一十，五下五，六上一起五還一十，七上七，八退二還一十，九退一還一十。

六遍。一上一，二上二，三退七還一十，四下五除一，五起五還一十，六上六，七退三還一十，八退二還一十，九上四起五還一十。

七遍。一上一，二下五除三，三上三，四退六還一十，五下五，六退四還一十，七上二起五還一十，八退二還一十，九退一還一十。

八遍。一上一，二上二，三下五除二，四下五除一，五起五還一十，六上一起五還一十，七退三還一十，八退二還一十，九退一還一十。

九遍。一上一，二上二，三上三，四上四，五下五，六上六，七上七，八上八，九退一還一十。

又 九歸歌呼大數在上，小數在下。

一歸。不須歸，一者原數不必歸也。其法故不立。若須歸除，逢一進一。起至逢九進九止。即九次逢一進一。

二歸。二一添作五，逢二進一十。

三歸。三一三十一，三二六十二，逢三進一十。

四歸。四一二十二，四二添作五，四三七十二，逢四進一十。

五歸。五一倍作二，五二倍作四，五三倍作六，五四倍作八，逢五進一十。

六歸。六一下加四，六二三十二，六三添作五，六四六十四，六五八十二，逢六進一十。

七歸。七一下加三，七二下加六，七三四十二，七四五十五，七五七十一，七六八十四，逢七進一十。

八歸。八一下加二，八二下加四，八三下加六，八四添作五，八五六十二，八六七十四，八七八十六，逢八進一十。

九歸。九歸隨身下，逢九進一十。

右法與九九合數相混，但記句法，惟辨多數在先，少數在次，即九帰之句。如八六七十四是帰，六八四十八是因之類，已上句法，併後各樣歌訣，皆學者所當熟記。

又 卷二

分別法實左右圖

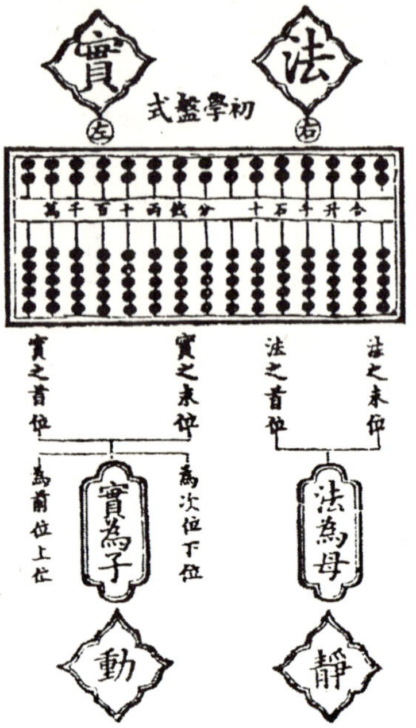

清・李長茂《筭海説詳》卷一九 積數

一下一，一下五除四，一起九成一十。

二下二，二下五除三，二起八成一十。

三下三，三下五除二，三起七成一十。

四下四，四下五除一，四起六成一十。

五下五，五起五成一十。

六下六，六下一起五成一十，六起四成一十。

七下七，七下二起五成一十，七起三成一十。

八下八，八起二成一十。

九下九，九起一成一十。

又 法實左右定位

分別法實左右圖【略】

按：《洛書》數曰：左三右七，則右者第一之行位也，左者第二之行位也。

又按：《大學章句》曰：別爲序次如左，則左者以後之事也。又曰右傳之某章，則右者以前之事也。今當以初行爲右，次行爲左，以理推之，法當從右，寔當在左，此乃不易之位也。

解義。按：書文篇章行數，俱挨次自右而左，則右先左後。筭盤之位皆自左而右，如有數若干萬千百十俱自左行，之萬首位，一順挨次而右，則左先右後，乃便于右首推筭之故耳。故筭盤以左爲上位，右爲下位。乘法自左退右，謂之降位。除法自右進左，謂之陞位。以此論之，寔當爲母，法當爲子，以法求寔，乃以子分母。舊以法爲母，寔爲子，以法先寔後，爲分左分右之義，似有未當。又以法爲静，寔爲動者，因以法求寔，呼法數目，到底不易。寔則逐位改破動移本數也。然定寔于盤，以法逐位乘除之，乃寔位居静，而動用全在法，是又寔静而法動矣，似亦不得以法爲静寔爲動也。

又 定法實訣

實者，所問之數實也。法者，推分數實之則法也。或以物爲實，價爲法；或以價爲實，物爲法；或以人爲實，銀與物爲法；或以或銀或物爲實，人爲法；或以總物、總數爲實，以分物、分數爲法；或以分物、分數爲實，總物、總數爲法；或一實二法，如一實而用一法除之，又用一法乘之是也；或二實一法，如人物或銀物各實，以法除人實得人，除物實得物，除銀實得銀，除物實得物是也；或分實、分法，如物有貴賤輕重不同，兩邊互乘對減，以貴與重爲實，爲法得賤與輕者，以賤與輕爲實，爲法得貴與重者是也；或疊實、疊法，如所問多位參差不齊，互乘對減，得各物平法，以乘實位，又得每物平法，以乘物實得物數，乘價實得價數是也。各因所問以定法、實，未可拘一。

清・薛鳳祚《推測易知》卷四　珠算盤式

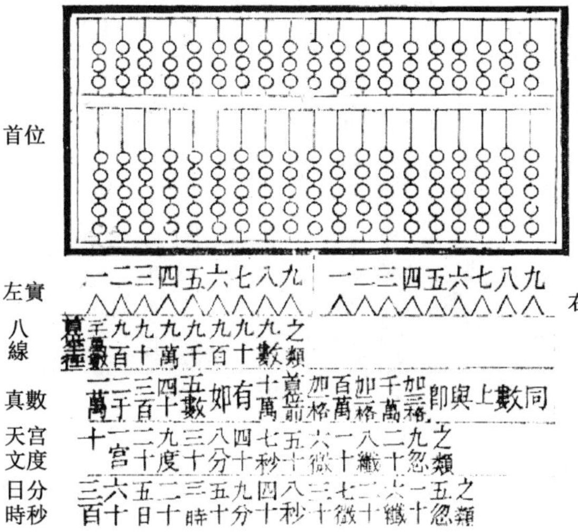

用數各條

算法首重定位，如萬千百十單之位。而列位又不可拘，皆可臨時酌定，認定某位爲單位，則自單而左爲十位，又左爲百位，又左爲千位，乃至億兆，自單而右爲錢位，再右爲分位，乃至渺漠，大概大數在左，小數在右，每隔一位，而變其名，萬千百十，錢分釐豪，名目不一，亦有隔兩位三位，而變其名者，各有分條。但既列以後，則須認定，如加十必在十位，除百必在百位之類。得數方不錯訛。譬如用加減，則認定所列位次，按歌訣如法運珠求得數。如用乘除，則分盤之左爲實位，實數若干列幾位，盤之右爲法位，法數若干列幾位，兩邊列位，皆係自左而右。亦認定所列之位，以法化實，實位動，而法位不動。按歌訣如法運珠求得數。蓋珠盤之位爲虛位，故記數可以周流迭居，而萬千百十之名，則每位遞降，不容紊也。珠算歌訣，未考作自何人，而具有精理，初學不明其旨，往往致誤，玆録加減乘除各法，庶學者意領神會，以後觸類變通，自能隅反。

加減兩法，互相消長，即互相還原，且定位不移，得數之後，並無升降，無認根之煩，又極簡明，珠算入門，莫便於此，最宜熟習，庶幾漸臻神化。

乘除兩法，皆相反而相通。乘法以每數得總數，如四五得二十，是四箇五數，共成二十數。五八得四十，是四箇八數，共成四十數之類。除法以總數得每數，如四二添作五，是四人分二十，各得五數。五四倍作八，是五人分四十，各得八數之類。乘法以小數得大數，位宜升而反降，如五數、八數是小數，乘爲二十、四十是大數，當升上一位，而按訣反降在本位。除法以大數得小數，位宜降而反升，如二十、四十是大數，除爲五數、八數是小數，當降下一位，而按訣反升在本位。是相反也。然既乘之後，仍得未除之原數原位，既除之後，仍得未除之原數原位，是相通也。蓋珠盤乘法，自右而左，乘訖一位，方乘上位，若位不降，則撥及上位矣。除法自左而右，除訖一位，方除下位，若位不升，則撥及下位矣。或除或乘，各自爲例，互相還原。古人立法，精妙如此。以數相加謂之加，珠算別之曰上法。以數相減謂之減，珠算別之曰退法。兩數相生謂之乘，珠算別之，單位乘曰因，多位乘曰乘。兩位相剖謂之除，珠算別之，單位除曰歸，多位除曰除。然盤珠遞上謂之上，盤珠遞退謂之退，以此異名可也。若乘除兩法，單位除但用九歸歌訣，多位除則兼用九因之數，固宜別之爲歸爲除，乘法則並無分別，不過强立名目，不可不知。

清・梅文鼎《曆學駢枝》卷一　大統曆步氣朔法。求中積分。

【略】定子法者，爲珠算定位設也。其法，十定一子，百定二子，千定三子，萬定四子，十萬定五子，百萬定六子，千萬定七子，億萬定八子。歲實首位是三百萬，故定六子。積年有十定一，有百定二，皆一法也。言十加定一子者，以乘法首位言之。凡法首位與實首位相呼，九九數有言十之句，則得數進一位，故加定一子。此條原文缺，此句余所補也。得數以八子約之，爲億者謂視原定之子，若有八子則乘得數首位是億也。未乘之先，視法實之數以定子，故既乘之後，即據所定之子以定得數。此法最便初學也。

清・沈士桂《易明算法》卷一

九遍堆垛法即九九八十一。

一遍。一上一，二上二，三上三，四上四，五上五，六上六，七上七，八上八，九上九。【略】

又 [九歸法訣]解明法義

二一添作五，如銀一兩弧二人分，問每人該銀若干。法用二一添作五，便知每人該銀五錢矣。

逢二進一十，如金二錢兑銀二兩，問每錢兑銀若干。法用逢二進一十，便知每錢兑銀一兩矣。

逢四進二十，如綿四觔織布二疋，問每疋用銀若干。法用逢四進二十，便知每疋用銀二觔矣。

逢六進三十，如錢六文買桃二觔，問每觔該銀若干。法用逢六進三十，便知每觔該錢三文矣。

又 撞歸法訣

一歸。見一無除將身化九一，無除退一下還一。
二歸。見二無除將身化九二，無除退一下還二。
三歸。見三無除將身化九三，無除退一下還三。
四歸。見四無除將身化九四，無除退一下還四。
五歸。見五無除將身化九五，無除退一下還五。
六歸。見六無除將身化九六，無除退一下還六。
七歸。見七無除將身化九七，無除退一下還七。
八歸。見八無除將身化九八，無除退一下還八。
九歸。見九無除將身化九九，無除退一下還九。

又 觔秤減六訣即觔兩法。

一退六二五，二化一二五，三化一八七五，四化二五，五化三一二五，六化三七五，七化四三七五，八化五，九化五六二五，十化六二五，十一化六八七五，十二化七五，十三化八一二五，十四化八七五，十五化九三七五，十六化成一觔。

解明法義

一觔之數，十六兩也。算盤子以十爲定，觔下有兩，若不變化，何能疊進？所以一觔要作十分算也。

法將十分以十六兩分派，得每一兩該六厘二毫五絲，將此六厘二宅五絲次第加成數目，定爲觔秤，減六法訣一退六二五是也。今將觔秤減六法，解詳開于後。

分别法實左右圖

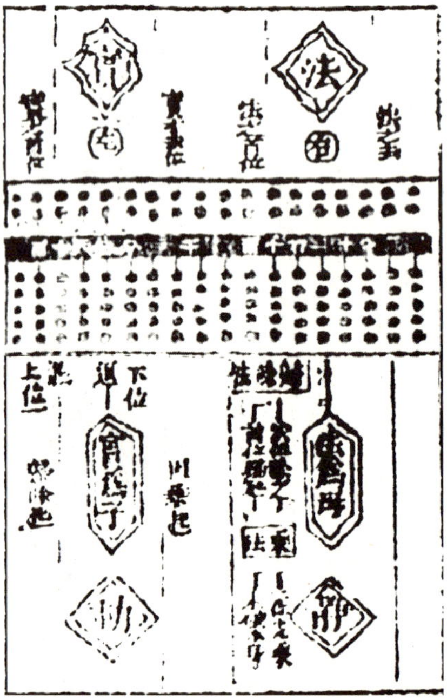

清·梅瑴成《增删算法統宗》卷一 珠盤式

上法歌即垛積法，將衆散數，合爲總數。筆算名爲併法，亦名加法。

一上一，一下五除四，一退九還一十。
二上二，二下五除三，二退八還一十。
三上三，三下五除二，三退七還一十。
四上四，四下五除一，四退六還一十。
五上五，五去五還一十。
六上六，六上一去五還一十，六退四還一十。
七上七，七上二去五還一十，七退三還一十。
八上八，八上三去五還一十，八退二還一十。
九上九，九上四去五還一十，九退一還一十。

退法歌即筆算之減法，有總數，有用數，于總數内退去用數。得其餘數也。

一退一，一上四去五，一退十還九。
二退二，二上三去五，二退十還八。
三退三，三上二去五，三退十還七。

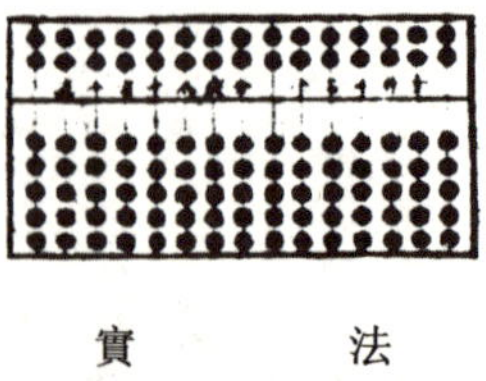

四退四，四上一去五，四退十還六。

五退五，五退十還五。

六退六，六退十還四。

七退七，七退十還三。

八退八，八退十還二。

九退九，九退十還一。

柳下居士曰：算法至珠盤，簡妙極矣。而珠盤之上退法，尤爲快捷。觀書目，元豐、紹興間所刻有《盤珠集》《走盤集》，其昉於此時歟？持籌之法，變而珠盤，亦如篆籀八分之變楷，封建井田之變郡縣阡陌，皆變之極而不可復返者也。

因乘總論

柳下居士曰：珠盤之法，即改原實爲算出之數。如以法二乘四，曰二四如八，即將四錢除去于下位上八，則四錢之位已空。次乘三曰二三如六，則除去三兩，上六于四錢之位，故算畢只有算得之數，原數全無，今圖仍存原數，而另列得數者，恐塗改糢糊難看，且法位多者，必不能屢改，不得不列多層，俾初學易于觀覽，其實只用最下一層，即珠盤之得數也。後倣此，覽者會之。

九歸歌

柳下居士曰：九歸歌，每句只五字耳，然有法、有實、有得數、有餘實。如云二一添作五者，二是法，一是實，五是得數，蓋謂兩人分一數，各得其半，如分一兩，各得五錢也。所分不能成一整數，故不言進，而但于本位添四作五，故謂之添作也。其云逢二者，二即實也，進一十者得數也。兩人分二數，則各得其一也，所得既爲整一，則進前一位而謂之進一十，逢二上宜有二字爲法數，今無者省文也。餘倣此。其云三一三十一者，三爲法，一爲實，三十爲得數，末一則餘實也。蓋謂三人分一兩，各得三錢仍餘一錢也，此三十即本位，餘實一則置于下位，以待再分也。餘倣此。其五歸倍作云者，皆得數在本位，倍之與添作五同。其云六一下加四者，六爲法，一爲實，又爲得數下加四者，餘實也。假如六人分一兩，各得一錢，而仍餘四錢，以待再分也。因得數與實數同爲一而在本位，故不用添倍，即借實數爲得數，而但加餘實四于下位也。餘倣此。

清・潘逢禧《算學發蒙・珠算一》　珠算例

算法首重定位，如萬千百十單之位。而列位又可不拘，皆可臨時酌定。詳下列位法。任定某位爲單位，則自單而左爲十位，又左爲百位，乃至億兆。自單而右爲錢位，再右爲分位，乃至渺漠。大概大數在左，小數在右。珠盤推算，係用右手，故列位必自左而右，庶得數之後，不至遮蔽，亦無腕袖觸拂之虞，所謂勢之自然也。每隔一位而變其名，萬千百十，錢分釐毫，名各不同。亦有隔兩位、三位而變其名者，詳各條下。但既列以後，則須認定。如加十必在十位，除百必在百位之類。得數方不訛錯。譬如用加減，則認定所列位次，按歌訣如法運珠，求得數。如用乘除，則分盤之左爲實位，實數若干列幾位，盤之右爲法位，法數若干列幾位，兩邊列位，皆係自左而右。亦認定所列之位，以法化實。實位動，而法位不動。按歌訣如法運珠，求得數。蓋珠盤之位爲虛位，故紀數可以周流迭居，而萬千百十之名，則每位遞降，不容紊也。

珠算歌訣，未考作自何人，而具有精理。初學不明其旨，往往致誤，茲將加減乘除四種歌訣，逐句詮解，庶學者意領神會，以後觸類變通，自能隅反。

珠算之用，指法爲先。指法不熟，易致粘滯，且多錯訛，須時時溫習，務使四指並用。至少亦須三指，若只用一指、兩指，斷不能熟。盤珠上下，聲如雨點，纍纍不絶，方爲至熟，方稱能手。

加減兩法，互相消長，即互相還原，且定位不移。得數之後，並無陞降，無認根之煩。歌訣又極簡明，珠算入門，莫便於此，最宜熟習，庶幾漸臻神化。

乘除兩法，所有歌訣，皆相反而相通。乘法以每數得總數，如歌訣中，四五得二十，是四箇五數，共成二十數，五八得四十，是五箇八數，共成四十數之類。除法以總數得每數，如歌訣中，四二添作五，是四人分二十，各得五數，五四倍作八，是五人分四十，各得八數之類。乘法以小數得大數，位宜陞而反降。如五數八數是小數，乘爲二十、四十是大數，當陞上一位。而按訣反降在本位。除法以大數得小數，位宜降而反陞。如二十、四十是大數，除爲五數、八數，是小數，當降下一位。而按訣反陞在本位。是相反也。然既乘之後，仍得未除之原數原位。既除之後，仍得未乘之原數原位。是相通也。蓋珠盤乘法，自右而左，乘訖一位，方乘上位。若古用縱横因法，則亦自左而右，又不一論。若位不降，則擾及上位矣。除法自左而右，除訖一位，方除下位，若位不陞，則擾及下位矣。或乘或除，各自爲例，互相還原。古人立法，精妙若此。

以數相加謂之加，珠算別之曰上法。以數相減謂之減，珠算別之曰退法。兩數相生謂之乘，珠算別之，單位乘曰因，多位乘曰乘。兩位相剖謂之除，珠算別之，單位除曰歸，多位除曰除。然盤珠遞上謂之上，盤珠遞退謂之退，以此異名可也。若乘除兩法，單位除但用九歸歌訣，多位除則兼用九因之數，固宜別之爲歸爲除，乘法則並無分別，不過强立名目，不可不知。

又 上法歌訣凡歌訣中數目字，在句首者，皆指數而言。在句中句、末者，皆指盤珠而言。退法歌訣，亦同此例。

一上一，謂欲加一數，本位樑下有珠可上，則上一珠，紀一數。後皆倣此。一下五除四，如樑下無珠可上，則於樑上下一珠，當五數，而除樑下四珠，是無異上一珠也。後皆倣此。一退九還十。如本位樑上樑下俱滿，則本位退九珠，而上位還一珠，當十數，是亦無異上一珠也。後皆倣此。

二上二，謂欲加二數，於本位樑下上二珠。二下五除三，樑上下一珠，樑下除三珠。二退八還十。本位退八珠，上位還一珠。

三上三，謂欲加三數，於本位樑下上三珠。三下五除二，樑上下一珠，樑下除二珠。三退七還十。本位退七珠，上位還一珠。

四上四，謂欲加四數，則上四珠。四下五除一，樑上下一珠，樑下除一珠。四退六還十。本位退六珠，上位還一珠。

五上五。謂欲加五數，於本位樑上下一珠，當五數，即上五也。五起五還十。如本位樑上有珠，則除去一珠，即起五也，而於上位還一珠，是無異上五珠也。

六上六，謂欲加六數於本位樑上下一珠，樑下上一珠，是上六珠也。後倣此。六退四還十，如本位樑下已滿，不能上六珠，則退四珠，而於上位還一珠，當十數，是無異上六珠也。後倣此。六起五上一還十。如本位樑上有珠，則起去一珠，而於樑下上一珠，當退四，仍於上位還一珠，是無異上六珠也。後倣此。

七上七，謂欲加七數，於本位樑上下一珠，樑下上二珠。七退三還十，本位退三珠，上位還一珠。七起五上二還十。樑上起一珠，樑下上二珠，而於上位還一珠。

八上八，謂欲加八數於本位樑上，下一珠樑下上三珠，是上八珠也。八退二還十，本位退二珠，上位還一珠。八起五上三還十。樑上起一珠，樑下上三珠，而於上位還一珠。

九上九，謂欲加九數，於本位樑上下一珠，樑下上四珠。九退一還十，本位退一珠，上位還一珠。九起五上四還十。樑上起一珠，樑下上四珠而於上位還一珠。

又 退法歌訣

一退一，謂欲減一數，而本位樑下，有珠可退，則退一珠，減一數，後皆倣此。一起五上四，如樑下無珠可退，而樑上有珠，則起一珠減五數，而於樑下上四珠，是無異退一珠也，後皆倣此。一退十還九。如樑上樑下皆空位，則於上位退一珠，減十數，而於本位還九珠，是無異退一珠也，後皆倣此。

二退二，謂欲減二數，於本位樑下，退二珠。二起五上三，樑上起一珠，樑下上三珠。二退十還八。上位退一珠，本位上八珠。

三退三，謂欲減三數，樑下退三珠。三起五上二，樑上起一珠，樑下上二珠。三退十還七。上位退一珠本位還七珠。

四退四，謂欲減四數，樑下退四珠。四起五上一，樑上起一珠，樑下上一珠。四退十還六。上位退一珠，本位還六珠。

五退五，謂欲減五數，樑上起一珠，即減五數。五退十還五。如本位樑上無珠，則上位退一珠，而本位樑上下一珠，是退五數也。

六退六，謂欲減六數，於本位樑上，起一珠，樑下除一珠，是退六也。六退十還四，如本位無珠可退，則上位退一珠，而本位樑下上四珠是無異退六珠也，後皆倣此。六退十下五除一。如本位樑上無珠，則下一珠，而樑下除一珠，當上四，仍於上位退一珠，是無異退六珠也，後皆倣此。

七退七，謂欲減七數，樑上起一珠，樑下除二珠。七退十還三，上位退一珠，本位還三珠。七退十下五除二。上位退一珠，本位樑上下一珠，樑下除二珠。

八退八，謂欲減八數，樑上起一珠，樑下除三珠。八退十還二，上位退一珠，本位還二珠。八退十下五除三。上位退一珠，本位樑上下一珠，樑下除三珠。

九退九，謂欲減九數，樑上起一珠，樑下除四珠。九退十還一，上位退一珠，本位還一珠。九退十下五除四。上位退一珠，本位樑上下一珠，樑下除四珠。

又 加減列位式

假如有數六萬三千五百八十七，作何列位，以盤珠明之。

以上一式也。移易如下盤。

以上又一式也。再移易如下盤。

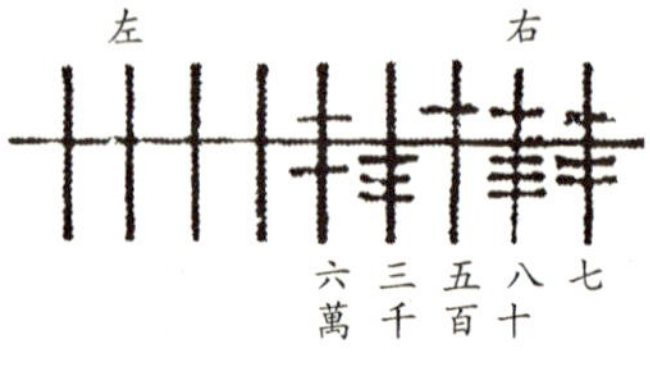

以上又一式也。

以上凡三式，以明盤之左右，皆可紀數。而萬千百十之位，則一定不移。所謂珠盤爲虚位，紀數可以迭居，而數之每位遞降者，不可紊也。

此姑以五位爲式，位有多寡，皆以單數爲根，單亦曰零。

又　列空位式

假如有數三千八百零零萬五千零七十四，作何列位。

凡列位以最下小數爲單，單上有一位，共二位，即是十數。有三位是百，有四位是千，有五位是萬。故單位爲根，最宜認定。凡數大小相承，或有零數，必空一格，以存其位。若零幾數，則空幾格。觀圖自明。

又　畸零列位式

凡整數自單而陞，如前兩條。畸零數則自單而析。故單者，數之根也。然整數之陞，以十爲等，自單而十而百而千而萬，皆一法。萬以上，有以十萬爲億，十億爲兆，十兆爲京，自此而垓而秭、壤、溝、澗、正、載，皆以十而變，謂之小數。有以萬萬爲億，億億爲兆，兆兆爲京，以上盡然，皆以自乘而變，謂之大數。今所用者，以萬萬爲億，萬億爲兆，萬兆爲京，以上盡然，皆以萬而變，謂之中數。三者不同，然其列位，皆以十爲等，故曰一法也。若畸零之式，其故多端，約而言之，大概不外二法。其一以十爲等，其一不以十爲等，而各以所立之率爲等。是二法者，又各分二類，列之各有其法，具詳於後。

清・汪訒菴《指明算法》卷上　算盤定式

凡算盤，每一行七銖，中隔一梁，上面二銖，每一銖當梁下五銖，梁下五銖，一銖只是一數。其盤放于人位前，以人身配之，分其左右，以位前爲左，以位後爲右，前位爲上，後位爲下。凡前位一銖，則當後位十銖，故云逢几進十、退十還九之説。

算盤定式

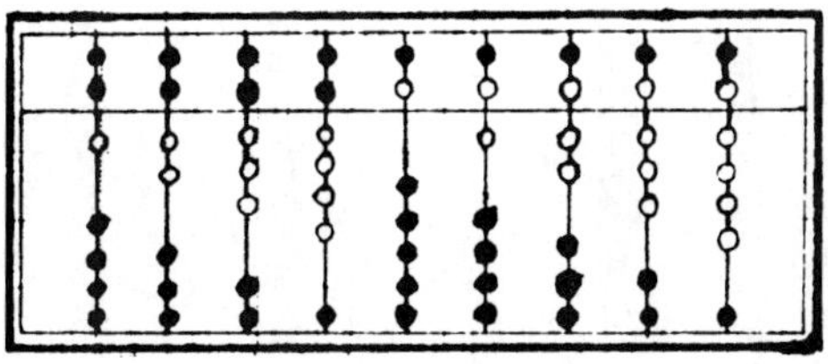

又　九九上法

一遍。一上一，二上二，三上三，四上四，五上五，六上六，七上七，八上八，九上九。

二遍。一上一，二上二，三下五除二，四下五除一，五起五還一十，六上一，起五還一十。七上二，起五還一十。八退二還一十，九退一還一十。

三遍。一上一，二下五除三，三上三，四退六還一十，五上五，六上六，七退三還一十，八退二還一十，九退一還一十。

四遍。一上一，二上二，三退七還一十，四下五除一，五起五還一十，六退四還一十，七退三還一十，八上三起五還一十，九退一還一十。

五遍。一下五除四，二退八還一十，三下五除二，四退六還一十，五上五，六上一，起五還一十。七上七，八退二，還一十。九退一還一十。

六遍。一上一，二上二，三退七還一十，四下五除一，五起五還一十，六上六，七退三還一十，八退二還一十，九上四起五還一十。

七遍。一上一，二下五除三，三上三，四退六還一十，五上五，六退四還一十，七上二，起五還一十。八退二還一十，九退一還一十。

八遍。一上一，二上二，三下五除二，四下五除一，五起五還一十，六上一，起五還一十。七退三，還一十。八退二還一十，九退一還一十。

九遍。一上一，二上二，三上三，四上四，五上五，六上六，七上七，八上八，九退一還一十。

又　九九退法

一遍。一退一，二退二，三退三，四退四，五退五，六退六，七退七，八退八，九退十還一。

二遍。一退一，二退二，三上二去五，四上一去五，五退十還五，六退十，還四。四下五除一。七退十，還三。三下五除二。八退十，還二。九退十還一。

三遍。一退一，二上三去五，三退三，四退十還六，五退五，六上六，七退十還三，八退十還二，九退十還一。

四遍。一退一，二退二，三退十還七，四上一去五，五退十還五，六退十還四，七退十還三，八退十還二，九退十還一。

五遍。一上四去五，二退十還八，三上二去五四退十還六，五退五，六退十，還四。四下五除一。七退七，八退十，還二。二下五除三。九退十。還一。一下五除四。

六遍。一退一，二退二，三退三，四上一去五五退十還五，六退六，七退十還三，八退十還二，九退十還一。

七遍。一退一，二上三去五，三退十還七，四退十還六，五退五，六退十，還四。七退十，還三。三下五除二。八退十還二，九退十還一。

八遍。一退一，二退二，三上二去五，四上一去五，五退十還五，六退十，還四。四下五除一。七退十，還三。八退十還二，九退十還一。

九遍。一退一，二退二，三退三，四退四，五退五，六退六，七退七，八退八，九退九。

又　九歸歌

【略】右法。此歸、因二歌，乃算之祖。但恐九九句法相混，學者必宜讀熟記之。惟辨多數在先，少數在次。即九帰之句，如八六七十四是帰、六八四十八是因之類，已上句法併後各樣歌訣，皆學者所當之記。

清・許桂林《算牖》卷四　雜綴

珠算定位法

除法。于珠盤内一位作記爲實，中數與法首同者列實，即列此數于其位，得數後此上一位定爲單位。

乘法定位。定以實首位，凡單乘單實首下一位即單，十乘單實首下一位即十，十乘十下一位即百，百乘單下一位即百，百乘十下一位即千，百乘百下一位即萬，千乘單下一位即千，千乘十下一位即萬。餘可推。

清・鄧建章《中西算學入門匯通》卷一

珠算加法

珠盤横梁上邊二珠，每珠作五箇，或懸珠作十箇，下邊五珠，每珠作一箇。

一上一。謂有一箇，就上一珠，一字勿拘，自一至十百千萬……皆作一。以下類推。

一下五除四。除，去也，謂欲加一箇，而横梁下邊已有四珠，將上邊下一珠，去下邊四珠。以下類推。

一起九成十。起，去也，謂欲加一箇，而横梁上邊已有一珠，下邊又有四珠，是九箇，則皆起去，進位上一珠，此十字勿拘，自十至百千萬……皆作十。下倣此。

二上二，二下五除三，二起八成十。

三上三，三下五除二，三起七成十。

四上四，四下五除一，四，起六成十。

五還五。還，猶上也，於横梁上邊欲上一珠，是下一珠。因變上字爲還字，上邊下一珠即是五箇。

五起五成十。將横梁上邊一珠起去，進位於下邊上一珠。

六還六。將横梁上邊下一珠，下邊上一珠。下仿此。

六上一去五成十。將横梁下邊上一珠，去上邊一珠，進位。

六退四成十。退，猶起也。

七還七，七上二去五成十，七退三成十。

八還八，八上三去五成十，八退二成十。

九還九，九上四去五成十，九退一成十。

起首欲上自一至九之數，則呼一上一，二上二等句，如盤上已有記數之珠，欲於此位加三箇，則呼三上三。合則已，不合，再呼三下五除二。合則已，不合，再呼三起七成十，自合。餘皆倣此。

又　珠算減法

筆算減法，齊其單位，自右而左，挨次減之。珠算減法，則自左而右，挨次照加法，反其道而用之，即得。

又　珠算乘法

合數表

一一如一，謂一遇一則將本位之一退去，下位加一。法位數多，一非首位則隔一位上一。餘仿此。乘法，法實不拘，以法乘實，以實乘法，皆可。歸除，則法實不可倒置，必審定誰爲法，誰爲實。法首位爲歸，餘位爲除。歸用後九歸歌，除用此等句。如字改除字，呼一一除一。以下類推。

一二如二，二二如四。

一三如三，二三如六，三三如九。謂三遇四撞成一。

一四如四，二四如八，三四一十二，十二也，將實四，本位四珠除去三珠，留一珠，下位上二珠，此是一位乘，若多位乘，此三字不在首位，則審定位次上一珠，下位上二珠，四遇三亦然。餘悉倣此。四四一十六。

一五如五，二五一十，三五一十五，四五二十，五五二十五。

一六如六，二六一十二，三六一十八，四六二十四，五六三十，六六三十六。

一七如七，二七一十四，三七二十一，四七二十八，五七三十五，六七四十二，七七四十九。

一八如八，二八一十六，三八二十四，四八三十二，五八四十，六八四十八，七八五十六，八八六十四。

一九如九，二九一十八，三九二十七，四九三十六，五九四十五，六九五十四。　七九六十三，八九七十二，九九八十一。

又　珠算除法

九歸歌撞歸法，起一還原法。附。

一歸。

算法云：一歸不須歸，其法故不立。茲則詳述。法首位是一，用一歸，法首位是二，用二歸，餘類推。

逢一進一。謂實上有一珠，即將此一珠除去，進位上一珠。下仿此。

逢二進二，逢三進三，逢四進四，逢五進五，逢六進六，逢七進七，逢八進八，逢九進九。

見一無除撞九一。有時遇實上一珠不能逢，則用此句，將一珠變成九珠，下位上一珠，合九一。餘皆倣此。

無除起一下還一。有時不敷除，將實上起去一珠，下位上一珠猶不敷除，再起一，下還一，以敷除爲界。

餘可類推。

二歸。

二一添作五。上二字是法，下一字是實，謂二遇一，將一除去，於横梁上邊下一珠，即是五，如有數一百，欲作二分分之，則呼二一添作五，每分得五十。下倣此。

逢二進一十，逢四進二十，逢六進三十，逢八進四十，見二無除撞九二，無除起一下還二。

三歸。

三一三十一。謂三遇一，將一珠變作三珠，下位上一珠。如有數一百，欲作三分分之，每分先得三十，其下位餘一，即於一百内減去九十，仍餘十是也。

三二六十二，逢三進一十，逢六進二十，逢九進三十，見三無除撞九三，無除起一下還三。

四歸。

四一二十二，四二添作五，四三七十二，逢四進一十，逢八進二十，見四無除撞九四，無除起一下還四。

五歸。

五一倍作二。謂五遇一，將一珠再加一珠，改作二珠。下倣此。

五二倍作四，五三倍作六，五四倍作八，逢五進一十，見五無除撞九五，無除起一下還五。

六歸。

六一下加四。謂六遇一，本位不動，下位上四珠。下倣此。

六二三十二，六三添作五，六四六十四，六五八十二，逢六進一十，見六無除撞九六，無除起一下還六。

七歸。

七一下加三，七二下加六，七三四十二，七四五十五，七五七十一，七六八十四，逢七進一十，見七無除撞九七，無除起一下還七。

八歸。

八一下加二，八二下加四，八三下加六，八四添作五，八五六十二，八六七十四，八七八十六，逢八進一十，見八無除撞九八，無除起一下還八。

九歸。

九一下加一，九二下加二，九三下加三，九四下加四，九五下加五，九六下加六，九七下加七，九八下加八，逢九進一十，見九無除撞九九，無除起一下還九。

清·江南商業學堂《最新珠算教科書》卷上　布算法與讀算法

取算盤中行略偏右者爲單位之行，横梁中作●誌之，此行將⊙乙珠撥上得  謂之一，凡稱一數之物俱用之。增丙珠得  謂之二，凡稱二數之物俱用之。如是逐次增丁、戊、己珠謂之三、四、五，凡三數、四數、五數之物俱用之。先有物數，使之置於算盤，謂之布算法。先有算珠，使之讀其物數，謂之讀算法。猶筆算之有寫法唸法也。

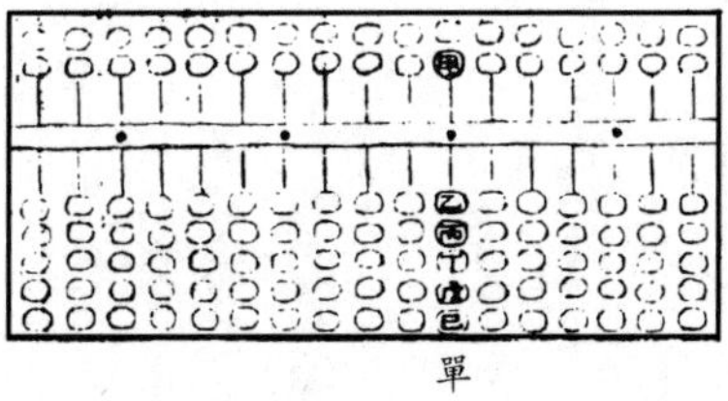

單位

案：凡有數之算珠俱切梁，不切梁者謂之空位。

雜録

宋·劉因《静修先生文集》卷一一　算盤詩

不作翁商舞，休停餅氏歌。執籌仍蔽簸，辛苦欲如何。

元・陶宗儀《南村輟耕録》卷二九　井珠

人欲娶妻而未得，謂之尋河覓井。已娶而料理家事，謂之擔雪填井。男婚女嫁，財禮奩具，種種不可闕，謂之投河奔井。凡納婢僕，初來時曰擂盤珠，言不撥自動。稍久曰筭盤珠，言撥之則動。既久曰佛頂珠，言終日凝然，雖撥亦不動。此雖俗諺，實切事情。

明・臧懋循《元曲選》　龐居士誤放來生債雜劇

[二煞]去那算盤裏撥了我的歲數，趲下些山岸也。

明・郝敬《談經》卷一　聖人作易開物成務【略】如算盤，十百千萬不離子。

明・朱載堉《筭學新説》

初學凡例【略】

已上凡例，初學須知。凡學開方，須造大筭盤，長九九八十一位，共五百六十七子，方可筭也。不然只用尋常筭盤，四五箇接連在一處筭之，亦無不可也。其筭盤梁上帖紙一長條，上寫第一位、第二位等項字樣，使初學易曉也。

又　初學立方凡例

凡開立方，將筭盤梁上帖紙一條，寫千百十寸、百十分、百十釐、百十毫、百十絲、百十忽、百十微、百千纖之名，至於纖巳下位數，不立名色，只隔二位畫一圈，使開方除實不錯耳。

清・梅文鼎《古算衍略》　古算器攷

曰：然則今用珠盤，起於何時？曰：古書散亡，苦無明據。然以愚度之，亦起明初耳。何以知之？曰：歸除歌括最爲簡妙，此珠盤所恃以行也。然《九章比類》所載句長而澁，蓋即是時所創，後人踵事增華，乃更簡快。是書爲錢塘吴信民作，其年月可攷而知，則珠盤之來則自不遠。【略】

按欽天監曆科所傳《通軌》，凡乘除皆有定子之法，惟珠算則可用。然則珠算即起，其時又嘗見他書。元統造《大統曆》，訪求得郭伯玉善算，以佐成之，即郭太史之裔也。然則珠盤之法，蓋即伯玉等所製，亦未可定。

曰：南雷畣牧齋流變三疊之問，【略】又引《鑿度》卧算立算以證之矣。然其所圖算位俱作圓點，殊無横直之形，何耶？曰：南雷固言，今之算器數分於珠，是指珠算也。

又梅文鼎《筆算・敘》　古人算具，【略】珠盤之位，實此權輿。【略】近數百季間，再變而爲珠盤，踵事生新，以趨簡易。

又　**卷二**　除法

【略】除法還原。【略】論曰：除法以乘法還原，猶之乘法以除法還原。此舊法珠算所必需。若除法以除法還原，則舊所無也。

又梅文鼎《績學堂詩文鈔》卷六　算盤

交深則食，留極乃逆。當其動，可以數得數，窮萬一，弗窮寂不動，籌策安從。

又　後位十當前位一，一有十也。下位五當上位一，一有五也。後之上位二當前之下位一，一有二也。是故上位二，二各有五也，下位五，五各有二也。二者，氣也。五者，行也。二五交，萬化出也。一者，太極也。二者，二其一。五者，五其一。十者，十其一。通于一萬，事畢也。上位二而用者一也，下位五而用者四也，數有十而用者九也。一常不用，惟不用故常用也。

又　嗚呼！天地莫違者數也，而況於人乎？

清・駱騰鳳《藝遊録》卷一　筆算定位

今算用珠，以九歸之訣行之，然法實之數易棼，即正負之名難別矣。

清・永瑢《四庫全書總目》卷一〇七　子部十七

《算法統宗》十七卷，内府藏本。明程大位撰。大位字汝，思徽州人。珠算之名，始見甄鸞周髀註，則北齊已有之。然所説與今頗異。梅文鼎謂起於元末明初，不知宋人三珠戲語，已有算盤珠之説，則是法盛行於宋矣。此書專爲珠算而作，其法皆適於民用，故世俗通行，惟拙於屬文詞，多支蔓，未免榛楛勿翦之譏。

清・錢大昕《十駕齋養新録附餘録》卷一七　算盤

古人布算以籌，今用算盤，以木爲珠，不知何人所造，亦未審起于何代。

案：陶南村《輟畊録》有走盤珠、算盤珠之喻，則元代已有之矣。

清・汪訒菴《指明算法》卷上　雙調西江月

智慧童蒙易曉，愚頑皓首難明。世間六藝任紛紛，算乃人之根本。知書不知算法，如臨暗室昏昏。慢同高手細評論，數徹無容方寸。

清・許桂林《算牖》卷四　雜綴珠盤考

梅先生《算器考》，不詳珠算所起。錢竹汀先生引《輟耕録》「婢僕初來如擂盤珠，繼如算盤，繼如佛頂珠」語，明當起元代。桂林案：宋楊輝《續古摘奇算法》言，元豊、紹興所刻算書，有《盤珠集》《走盤集》，明係珠盤。又晉徐岳《數術紀遺》序稱，天目先生告劉會稽，隸首注術，乃有多種，其一珠算。雖所云「控帶四時，經緯三才」，不知若何，而珠算之名已立。又所云其一了知，首惟乘五，腹背兩兼，亦似珠算。中爲首，上格第二珠爲五也，上格上一珠亦爲五背也，下格五珠亦爲五腹也，殆腹背兩兼乎？

清・梅啟照《學彊恕齋筆算》卷首　珠盤攷

徐岳《數術記遺》一卷，唐以之課士，五季時明算科廢亡其書，宋嘉定五年壬申知汀州軍鮑澣之於七寶山三茅甯壽觀道藏中復録得之。篇首天門金虎呼吸精泉，道家語也。其書曰：隸首注術，乃有多種，及余遺忘，記憶數事而已，有積算、太乙算、兩儀算、三才算、五行算、八卦算、九宫算、運籌算、了知算、成數算、把頭算，而以珠算終。文曰：珠算，控帶四時，經緯三才。甄鸞注：刻板爲三分上下二分以停游珠，中間一分以定算位，位各五珠，上一珠與下四珠色別，其上別色之珠當其下四珠，珠各當一。按：徐岳，東萊人，生漢末，受歷學於劉洪，見《後漢書》。甄鸞，北周時人，嘗造《太和曆》。據此則漢時已有珠盤算法，其所從來久矣。但古用上一珠，下四珠，上一當下四，以合八卦之數，本足進退。後世易爲上一珠，下五珠，上一當下五，乃更便捷耳。西蜀武侯屯兵之地有籌筆驛，當時帷幄之中自是用籌、用筆，今時珠盤通用，而籌筆不知何物矣。殊不知珠盤便捷不似籌筆之繁，而用筆、用籌理數較然比珠盤之易混亂者，又不啻天淵也。凡古人立法具有精意，不可廢類如是。

大數與小數記法部

大數記法分部

題解

漢・徐岳《數術記遺》 按《詩》云：胡取禾三百億[兮]。毛注曰：萬萬曰億。此即中數也。鄭注云：十萬曰億。此即下數也。徐援《受記》云：億億曰兆，兆兆曰京也。此即上數也。鄭蓋以數爲多，故合而言也。

唐・李淳風等注釋《孫子筭經》 凡大數之法：萬萬曰億，萬萬億曰兆，萬萬兆曰京，萬萬京曰(陔)[垓]，萬萬(陔)[垓]曰秭，萬萬秭曰(穰)[壤]，萬萬(穰)[壤]曰溝，萬萬溝曰澗，萬萬澗曰正，萬萬正曰載。

北周・甄鸞撰　唐・李淳風注《五經筭術》卷上 案：今《孝經》亦無此注。考天子曰：兆民蔔偃之語。鄭康成注：内則降德於衆。兆民云：萬億曰兆，天子曰兆。民諸侯曰：萬民然則，此所引《尚書》及《孝經》注説也。

敦煌千佛洞筭書和筭表 右孫子數，錢滿載，天不容，地不載，故以載爲極末也。

元・朱世傑《筭學啟蒙》 凡數之大者，天莫能蓋，地莫能載，其數不能極，故謂之大數也。

一，十，百，千，萬，十萬，百萬，千萬。萬萬曰億。萬萬億曰兆。如前呼之，一億，十億，百億，千億，萬億，十萬億，百萬億，千萬億，萬萬億曰兆是也。後仿此，[更]不繁説。

元・賈亨《算法全能集》算法上 總説　五項錢

千即貫也。

清・梅瑴成《增删算法統宗》卷一 有以自乘之數進者，如萬萬曰億，億億曰兆之類，謂之大數。

綜論

漢・徐岳《數術記遺》 黄帝爲法。數有十等，及其用也，乃有三焉。十等者，謂億、兆、京、垓、秭、壤、溝、澗、正、載。三等者，謂上中下也。其下數者，十十變之，若言十萬曰億，十億曰兆，十兆曰京也。中數者，萬萬變之，若言萬萬曰億，萬萬億曰兆，萬萬兆曰京也。上數者，數窮則變，若言萬萬曰億，億億曰兆，兆兆曰京也。

北周・甄鸞撰　唐・李淳風注《五經筭術》卷上 按注云：億萬曰兆者，理或未盡。何者按黄帝爲法，數有十等及其用也。乃有三焉十等者。謂億、兆、京、垓、秭、壤、溝、澗、正、載也。三等者，謂上中下也。其下數者，十十變之。若言十萬曰億，十億曰兆，十兆曰京也。中數者，萬萬變之。若言萬萬曰億，萬萬億曰兆，萬萬兆曰京也。上數者，數窮則變。若言萬萬曰億，億億曰兆，兆兆曰京也。若以下數言之，則十億曰兆。若以中數言之，則萬萬億曰兆。若以上數言之，則億億曰兆。注乃云：萬億曰兆者，正是萬億也。若從中數其次，則須有十萬億次、百萬億次、千萬億次、萬萬億曰兆。三數[並]違，有所未詳，按尚書無此注，故從孝經注釋之。

敦煌千佛洞筭書和筭表 凡數不過十，名不過萬，故萬萬即改。一、十、百、千、萬，一萬，十萬，百萬，千萬。萬萬曰億，一億、十億、百億、千億、萬億、十萬億、百萬億、千萬億。萬萬億曰兆，一兆、十兆、百兆、千兆、萬兆、十萬兆、百萬兆、千萬兆。萬萬兆曰京，一京、十京、百京、千京、萬京、十萬京、百萬京、千萬京。萬萬京曰(該)[垓]，一(該)[垓]、十(該)[垓]、百(該)[垓]、千(該)[垓]、萬(該)[垓]、十萬(該)[垓]、百萬(該)[垓]、千萬(該)[垓]。萬萬(該)[垓]曰(梓)[秭]。一(梓)[秭]、十(梓)[秭]、百(梓)[秭]、千(梓)[秭]、萬(梓)[秭]、十萬(梓)[秭]、百萬(梓)[秭]、千萬(梓)[秭]。萬萬(梓)[秭]曰讓，一讓、十讓、百讓、千讓、萬讓、十萬讓、百萬讓、千萬讓。萬萬讓曰溝，一溝、十溝、百溝、千溝、萬溝、十萬溝、百萬溝、千萬溝。萬萬溝曰(間)[澗]，一(間)[澗]、十(間)[澗]、百(間)[澗]、千(間)[澗]、萬(間)[澗]、十萬(間)[澗]、百萬(間)[澗]、千萬(間)[澗]。萬萬(間)[澗]曰(政)[正]。一(政)[正]、十(政)[正]、百(政)[正]、千

(政)[正]、萬(政)[正]、十萬(政)[正]、百萬(政)[正]、千萬(政)[正]。萬萬(政)[正]曰載。一載、十載、百載、千載、萬載、十萬載、百萬載、千萬載。萬萬載曰極。

宋・謝察微《謝察微筭經》 大數

一，大數之始也。十，十個一[爲]十。百，十個十爲百。千，十個百爲千。十千爲萬，數之成也。十萬、百萬、千萬。億，萬萬曰億。十億、百億、千億、萬億、十萬億、百萬億、千萬億。兆，萬萬億。京，萬萬兆。垓，萬萬京。秭，萬萬垓。

宋・李昉等《太平御覽》 七百五十引《風俗通》云：十十謂之百，十百謂之千，十千謂之萬，十萬謂之億，十億謂之兆，十兆謂之經，十經謂之垓，十垓謂之秭，十秭謂之選，十選謂之載，十載謂之極。

元・朱世傑《筭學啟蒙》 大數之類

萬萬兆曰京。萬萬京曰陔。萬萬陔曰曰秭。萬萬秭曰曰壤。萬萬壤曰溝。萬萬溝曰澗。萬萬澗曰正。萬萬正曰載。萬萬載曰極。萬萬極曰恒河沙。萬萬恒河沙曰阿僧祇。萬萬阿僧祇曰那由他。萬萬那由他曰不可思議。萬萬不可思議曰無量數。

元・丁巨《丁巨筭法》 爲數始於一，終於十，積于一二，成於九九。大爲十百、十千、十萬、百萬、千萬、萬萬、億、兆、京、垓、神、壤、溝、澗正、載、極。

元・賈亨《筭法全能集》算法上 總説 五項錢

一錢之上有十，十十爲百，十百爲千。

十千爲萬，以至十萬、百萬、千萬。萬萬，爲一億。十億、百億、千億、萬億、十萬億、百萬億、千萬億。萬萬億爲兆。萬萬兆爲京。萬萬京爲垓。萬萬垓爲秭。萬萬秭爲穰。萬萬穰爲溝。以上又有澗、正、載、極、恒河沙、阿僧祇、那由他、不可思議、無量數。

元・安止齋《詳明筭法》 大數始於一。十一爲十。十十爲百。十百爲千。十千爲萬。十萬、百萬、千萬。萬萬爲億。十億，百億，千億，萬億，十萬億，百萬億，千萬億。

明・周述學《曆宗筭會》卷一 入筭名數

夫度始於一忽，量始於一圭，權始於一黍，是一乃數之始也。一二三四五爲生數，六七八九十爲成數。十十名百，十百名千，十千名萬，從一、十、百、千，萬名億，(萬萬)[億億]名兆，名京，名垓，名秭，名穰，名溝，名澗，名正，名載，名極，皆各滿萬萬而以次進也。至於佛説名恒河沙、阿僧祇、郍由他、不可思議、無量數，亦各滿萬萬而以次進也。謂之無量數者，以天莫之蓋，而地莫之載矣。

明・柯尚遷《數學通軌》 數原

一二三四五至十説。

此自一至十之數所由肇也。由此以爲數本，積而倍之，則十十爲百，十百爲千，十千爲萬，十萬爲億，十億爲兆，十兆爲京，十京爲垓，十垓爲秭。《詩》曰：萬億及秭是也。十秭爲穰。《詩》曰：降福穰穰，穰而復穰，則多而不可窮，故謂之極焉。故數始於太極，而終於極窮，天地悉萬物矣，皆由自一至十之所始也。

明・吳敬《九章筭法比類大全・乘除開方起例》 大數

忽絲毫釐分，之所積□至也。十，自一至十，□□筭位。百，十十爲百。千，十百爲千。□爲實。萬，十千爲萬。億，[從]一十百千萬，萬萬爲一億。兆，再從一、十、百、十[千]萬起，至萬萬億曰兆。京，萬萬兆曰京。垓，萬萬京曰垓。秭，萬萬垓曰秭。穰，萬萬秭曰穰。溝，萬萬穰曰溝。澗，萬萬溝曰澗。正，萬萬澗曰正。載，萬萬正曰載。極，萬萬載曰極。恒河沙，萬萬極也，佛書數。阿僧秖，萬萬恒河沙也。那由他，萬萬阿僧秖也。不可思議，萬萬那由他也。無量數，萬萬不可思議。□□云天不可盡，地莫起□載，謂之無量數也。

明・王文素《筭學寶鑒》卷一 大數名第一

一數，數之始也。分、厘之所積，十數，之終也。百，十十曰百。千，十百曰千。萬，十千曰萬。其上有十萬、百萬、千萬。億，萬萬曰(德)[億]。兆，萬萬億曰兆。京，萬萬[兆]曰京。垓，萬萬京曰垓。秭，萬萬垓曰秭。穰，萬萬秭曰穰。溝，萬萬穰曰溝。澗，萬萬溝曰澗。正，萬萬澗也。載，萬萬正也。極，萬萬載也。

以(上)[下]皆仿此。恒河沙、阿僧祇、那由他、不可思議、無量數。古人云：天下不能蓋，地不能載，故理之無量數也。

鮮曰：儒家謂十萬曰億，十億曰兆。諸家筭集皆曰：萬萬爲億，萬萬[億]爲兆。未詳孰是貫今之軍儲數目，其十萬而不曰億，仍曰十萬爲億，則百萬爲兆矣。亦不曰兆仍曰百萬，亦以萬萬爲億，不敢擅變縱筭家云爾。

明・徐心魯《盤珠筭法》卷一 十百曰千。十千曰萬。十萬曰億。十億曰兆。十兆曰京。十京曰垓。十垓曰秭。十秭曰穰。十穰曰溝。十溝曰澗。十澗曰正。十正曰載。十載曰極。

萬萬極曰恒河爲沙。萬萬恒河沙曰阿僧祇。萬萬阿僧祇[曰]那由他。萬萬那由他曰不可思議。萬萬不可思議曰無量[數]。大數也。

明・程大位《筭法統宗》卷一　大數

一，大數之始也。十，十個一爲十。百，十個十爲百。千，十個百爲千。萬，十千爲萬。數之成也。十萬、百萬、千萬。億，萬萬曰億。十億、百億、千億、萬億、十萬億、百萬億、千萬億。兆，萬萬億。京，萬萬兆。垓，萬萬京。秭，萬萬垓。穰、溝、澗、正、載、極、恒河沙、阿僧祇、那由他、不可思議、無量數。自京、垓以後，世之罕用，亦不可廢姑存之。按孟子注：其麗不億之億，爲十萬誤也。

又程大位《筭法纂要》卷一　大數

一之上也，始於一。

一，大數之始也。十，十個一爲十。百，十個十爲百。千，十個百爲千。萬，十個千爲萬。數起於一，至於萬。公私之利是用。至於萬萬曰億。億之上，雖有名，而無用也。

明・朱載堉《筭學新説》　大數

名色雖多，自京□□□學者，難曉筭家亦不常用故略之。

一、十、百、千、萬、十萬、百萬、千萬。萬萬爲億。一億、十億、百億、千億、萬億、十萬億、百萬億、千萬億。萬萬億爲兆。一兆、十兆、百兆、千兆、萬兆、十萬兆、百萬兆、千萬兆。萬萬兆爲京。

大數有三等。下等者，十萬爲億，十億爲兆，十兆爲京，之類是也。

中等者，萬萬爲億，萬萬億爲兆，萬萬兆爲京，之類是也。

上等者，萬萬爲億，億億爲兆，兆兆爲京，之類是也。

大抵儒書中所載者，下等也。筭書中所載者，中等也。其上等者，未詳所載。而佛經中，則又與此三等不同。今所用者，特依筭書用中等之數。

明・李之藻《同文算指》前編卷上　定位第一

右式三位而成百，五位而成萬，九位而成億，十七位而成兆，二十五位而成京，自京至垓，自垓至秭，以極於正於載，皆以萬萬迪加，是爲中數。昔者皇帝爲法，數有十等，及其用也。乃有三焉十等者，億、兆、京、垓、秭、壤、溝、澗、正、載。三等者，謂上、中、下也。其下數者，十十變之，若言十萬曰億，十億曰兆，十兆曰京。中數者，萬萬變之，若言萬萬曰億，萬萬億曰兆，萬萬億曰京也。上數者，數窮則變，若言萬萬曰億，億億曰兆，兆兆曰京也。從億至載，終於大衍。

下數淺短，計事不盡，上數宏闊，世不可用，故其傳業惟以中數。舉一中數，而天地鬼神人物之紀思議之，所不及者皆盡之矣。況更有上數在乎？由旬、剎那，吾無取焉耳。

清・李長茂《筭海説詳》卷一　大數

一，數之始。十，十個一爲十。百，十十爲百。千，十百爲千。萬，十千爲萬；數之成也。十萬、百萬、千萬。億，萬萬。十億、百億、千億、萬億、十萬億、百萬億、千萬億。兆，萬萬億。京，萬萬兆。垓，萬萬京。秭，萬萬垓。穰、溝、澗、正、載、極、恒河沙、阿僧祇、那由他、不可思議、無量數。自京以後，世之罕用，姑存之。又按萬曰億，萬萬億曰兆，孟子注：其麗不億觧爲十萬誤也。

清・沈士桂《易明算法》卷四　大數

一，數之(姑)[始]也。十，十個一爲十。百，十個十爲百。千，十個百爲千。萬，十千爲萬。數之成也。十萬、百萬、千萬、億萬萬爲億。兆，萬萬億爲兆。京，萬萬兆爲京。垓，萬萬京爲垓。秭，萬萬垓爲秭。穰，萬萬秭爲穰。溝，萬萬穰爲溝。澗，萬萬溝爲澗。正，萬萬澗爲正。載，萬萬正爲載。極，萬萬載爲極。恒河沙，萬萬極爲恒河沙。(呵)[阿]僧祇，萬萬恒河沙爲阿僧祇。那由他，萬萬阿僧祇爲那(出)[由]他。不可思議，萬萬那(山)[由]他爲不可思議。無量數，萬萬不可思議爲無量數。

清・陳世明《數學舉要》卷一　數之大者，自單遞升而上之。十，百，千，萬，十萬，百萬，千萬。億，萬萬也。十億，百億，千億，萬億，十萬億，百萬億，千萬億。兆，萬萬億也。　京，萬萬兆也。垓，萬萬京也。秭，萬萬垓也。穰，萬萬秭也。仍有所謂(冓)[溝]、澗、正、載、極等名，今無之矣。

清・梅瑴成《增删算法統宗》卷一　凡度量權衡，自單以上，曰十、百、千、萬、億兆、京、垓、秭、穰、溝、澗、正、載、極、恒河沙、阿僧祇、那由他、不可思議、無量數。自萬以下，皆以十進。【略】有以萬進者，如萬萬曰億，萬億曰兆之類，謂之中數。有以自乘之數進者，如萬萬曰億，億億曰兆之類，謂之大數。今皆從中數。

清・王鑾《筭學啟蒙述義・總括》　大數之類

鑒案：此推數之極大者，以定其名也。數始於一，故由一而上之，但無量數以上，仍有大於此者也，故曰：其數不能極。

清・許桂林《算牖》卷一　總綱

大小數目。欽遵《數理精蘊》。

單位以上，十、百、千、萬、億、兆、京、垓、秭、壤、溝、澗、正、載、極、恒河沙、阿僧祇、那由他、不可思議、無量數。

桂林案：徐岳《數術記遺》言，黄帝爲法數有十等。十等者，自億至載也。

小數記法分部

題解

元・朱世傑《筭學啟蒙・總括》 凡數之小者，視之無形，取之無像，數也不能盡。故謂之小數也。

元・安止齋《詳明算法》卷上 按俗本，纖下復有塵、埃、渺、漠、糢（湖）[糊]、逡巡、須臾、瞬息、彈指、刹那、六德、虚、空、清、浄等名皆無用。

清・梅瑴成《增删算法統宗》卷一 自億以上，有以十進者，如十萬曰億，十億曰兆之類，謂之小數。

綜論

宋・謝察微《謝察微筭經》 小數

分，十釐爲分。釐，十毫。毫，十絲。絲，十忽。忽，十微。微，十纖。纖，十沙。沙，十塵。塵，埃渺。

元・朱世傑《筭學啟蒙・總括》 小數之類

一、分、厘、毫、絲、忽、微、纖、沙。萬萬塵曰沙。萬萬埃曰塵。萬萬渺曰埃。萬萬漠曰渺。萬萬糢糊曰漠。萬萬逡巡曰糢糊。萬萬須臾曰逡巡。萬萬瞬息曰須臾。萬萬彈指曰瞬息。萬萬刹那曰彈指。萬萬六德曰刹那。萬萬虚曰六德。萬萬空曰虚。萬萬清曰空。萬萬浄曰清。千萬浄，百萬浄、十萬浄、萬浄、千浄、百浄、十浄、一浄。

元・丁巨《丁巨算法・序》 小則，分、厘、毫、絲、忽、微、纖、沙、塵、埃、渺、漠、幽、虚、空、清、浄、無爲、盡。一、十、百、千、萬，互爲消長，由是而天高地厚，日月往來，律吕聲音，陰陽幽顯。因此，測彼精人鬼神伊遊於藝，玩物喪志，至正十有五年，青龍在乙未八月甲寅朔，丁巨記。

元・賈亨《算法全能集》算法上 總説 五項錢

一錢之下，有十分，一分該十厘。一厘該十毫。一毫該十絲。一絲該十忽。以下又有微、塵、渺、漠、幽、虚、空、清、浄、無爲、盡之數。

元・安止齋《詳明算法》 小數始於一，一爲十分。分爲十厘。厘爲十毫。毫爲十絲。絲爲十忽。忽爲十微。微爲十纖。纖爲十沙。

明・吴敬《九章算法比類大全・乘除開方起例》 小數

分，十厘爲分。厘，十毫爲厘。毫，十絲爲毫。絲，十忽爲絲。忽，蠶口初出之絲，公私[ ]明。微、塵、沙、渺、漠、（模）[糢]糊、逡巡、須臾、瞬息、彈指、刹那、六德、虚、空、清、静，雖有此名而無實，公私也不用。

明・王文素《筭學寶鑒》卷一 小數名

分，十厘爲分，物之零也。厘，十毫。毫，十[絲]。絲，十忽。忽，十微。微，十纖。纖，十沙。沙，推用筭法云：萬萬塵爲一沙，後仿比[此]。塵，萬萬埃也。埃，萬萬渺。渺，萬萬莽。莽，萬萬模（胡）[糊]。模糊，萬萬逡巡。逡巡，萬萬須臾。須臾，萬萬瞬息。瞬息，萬萬彈指。彈指，萬萬刹那。刹那，萬萬六德。六德，萬萬虚。虚，萬萬空。空，萬萬清。清，萬萬浄。以下不可言也。

明・徐心魯《盤珠算法》卷一 小名數法

十埃曰塵。十塵曰沙。十沙曰纖。十纖曰微。十微曰忽。十忽曰絲。十絲曰毫。十毫曰厘。十厘曰分。十分曰錢。十錢曰兩。十六兩一斤。

明・柯尚遷《數學通軌》 數原

一二三四五至十説。

然一者數之始，亦由數之小者，積小而大，故十厘爲一分，十毫爲一厘，十絲爲一毫，十忽爲一絲，忽蠶口所出之絲，忽而微微，而塵至於沙渺，漠糊逡巡，則不可用於數矣。

明・程大位《算法統宗》卷一 小數

分，十釐爲分。釐，十毫。毫，十絲。絲，十忽。忽，十微。微，十纖。纖，十沙。沙，十塵。塵、埃、渺、漠、模糊、逡巡、須臾、瞬息、彈指、刹那、六德、虚、空、清、浄，雖有此名，而無實。公私亦不用。

又程大位《算法纂要》卷一　小數

分之下也，始(午)[於]分。分，十厘爲分。厘，十毫。毫，十絲。絲，十忽。忽，十微。微，十纖。纖，十沙。沙，十塵。

凡小數。塵之外，雖有名而無實，公私之不用也。分之上，十分曰[錢]，十錢曰兩，入一數也。

明・朱載堉《算學新説》　小數

名色雖多，自纖已不初學者，難曉算家亦不常用，故(各)[名]之。

幾尺、幾寸、幾分、幾厘、幾毫、幾絲、幾微、幾纖。此乃常人所曉，次載平立積　宜習之。

清・李長茂《算海説詳》卷一　小數

分、微、渺、鼇、纖、漠、毫、沙、模糊、絲、塵、逡巡、忽、埃、須臾、瞬息、彈指、刹那、六德、虚、空、清、浄。[浄]以下，雖有此名而無寔，公私亦不用。

清・沈士桂《易明算法》卷四　小數

錢，十分爲錢。分，十(匣)[厘]爲分。厘，十毫爲厘。毫，十絲爲毫。絲，十忽爲絲。忽，十微爲忽。微，十纖爲微。纖，十沙爲纖。沙，十塵爲沙。塵，十埃爲塵。埃，十渺爲埃。渺，十漠爲渺。漠，數之未也。

浙省錢糧尾數用，微、塵、渺、漠、埃、纖、沙。

清・陳世明《數學舉要》卷一　數之小者，自單遞降而下之。錢、分、厘、毫、絲、忽、微、纖、沙、塵、埃、渺、漠、[糢]糊、逡巡、須臾。以上每字，俱以十折者。

清・王鑒《算學啟蒙述義・總括》　小數之類

鑒案：此推數之極小者，以定其名也。數成於一，故由一而下之。但浄以下，仍有小於此者。故曰：數也不能盡。

傳統數學計算工具部

九九表分部

題解

《周髀筭經》卷一　數之法出於圓方。圓出於方，方出於矩，矩出於九九八十一。

趙爽注曰：九九者乘除之原也。

唐・佚名《夏侯陽筭經》　乘除之法，先明九九。

元・安止齋《詳明筭法》　此止一半，倒念一字又一半也。

綜論

里耶秦簡九九口訣表

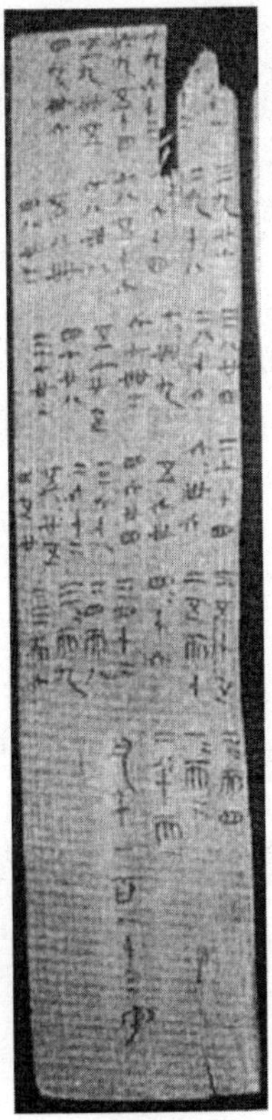

［九九］八十一，［八九七］十二，七九六十三，六九五十四，五九卌五，四九卅六，

三九廿七，二九十八，（八八）六十四，七八五十六，六八卌八，五八卌，四八卅二，

三八廿四，二八十六，七七卌九，六七卌二，五七卅五，四七廿八，三七廿一，

二七十四，六六卅六，五六卅，四六廿四，三六十八，二六十二，五五廿五，四五廿，

三五十五，二五而十，四四十六，三四十二，二四而八，三三而九，二三而六，

二二而四，一一而二，二半而一。凡千一百一十三字。

敦煌漢簡「九九」殘表

九九八十一，八八六十四，五七三十五，二六十二，二三而六，大凡千一百一十，

八九七十二，七八五十六，四七二十八，五五二十五，二二而四，

七九六十三，六八四十八，三七二十一，四五二十

五八四十　　三五十五

《敦煌筭書》　九九乘法歌

九九八十一，八九七十二，七九六十三，六九五十四。五九□五，四九卅六，

三九廿七，　二九十八，一九如九；

八八六十四，七八五十六，六八□八，五八□，四八卅二，三八廿四，二八十六，一八如八；

七七□九，六七□二，五七卅五，四七廿八，三七廿一，二七十四，一七如七；

六六卅六，五六卅，四六廿四，三六十八，二六十二，一六如六；

五五廿五，四五廿，三五十五，二五十，一五如五；

三四十二，二四如八，一四如四；

三三如九，二三如六，一三如三；

二二如四，一二如二；一一如一。

晉・佚名《孫子筭經》卷上

九九八十一自相乘得幾何。

答曰：六千五百六十一。

術曰：

八九七十二，自相乘得五千一百八十四。八人分之，人得六百四十八。

七九六十三，自相乘得三千九百六十九。七人分之，人得五百六十七。

六九五十四，自相乘得二千九百一十六。六人分之，人得四百八十六。

五九四十五，自相乘得二千二十五。五人分之，人得四百五。

四九三十六，自相乘得一千二百九十六。四人分之，人得三百二十四。
三九二十七，自相乘得七百二十九。三人分之，人得二百四十三。
二九一十八，自相乘得三百二十四。二人分之，人得一百六十二。
一九如九，自相乘得八十一。一人得八十一。
八八六十四，自相乘得四千九十六。八人分之，人得五百一十二。
七八五十六，自相乘得三千一百三十六。七人分之，人得四百四十八。
六八四十八，自相乘得二千三百四。六人分之，人得三百八十四。
五八四十，自相乘得一千六百五。五人分之，人得三百二十。
四八三十二，自相乘得一千二十四。四人分之，人得二百五十六。
三八二十四，自相乘得五百七十六。三人分之，人得一百九十二。
二八一十六，自相乘得二百(一)[五]六。二人分之，人得一百二十八。
一八如八，自相乘得六十四。一人得六十四。
七七四十九，自相乘得二千四百一。七人分之，人得三百四十三。
六七四十二，自相乘得一千七百六十四。六人分之，人得二百九十四。
五七三十五，自相乘得一千二百二十五。五人分之，人得二百四十五。
四七二十八，自相乘得七百八十四。四人分之，人得一百九十六。
三七二十一，自相乘得四百四十一。三人分之，人得一百四十七。
二七一十四，自相乘得一百九十六。二人分之，人得九十八。
一七如七，自相乘得四十九。一人得四十九。
六六三十六，自相乘得一千二百九十六。六人分之，人得二百一十六。
五六三十，自相乘得九百。五人分之，人得一百八十。
四六二十四，自相乘得五百七十六。四人分之，人得一百四十四。
三六一十八，自相乘得三百二十四。三人分之，人得一百八。
二六一十二，自相乘得一百四十四。二人分之，人得七十二。
一六如六，自相乘得三十六，一人得三十六。
五五二十五，自相乘得六百二十五。五人分之，人得一百二十五。
四五二十，自相乘得四百。四人分之，人得一百。
三五一十五，自相乘得二百二十五。三人分之，人得七十五。
二五一十，自相乘得一百。二人分之，人得五十。
一五如五，自相乘得二十五。一人得二十五。
四四一十六，自相乘得二百五十六。四人分之，人得六十四。
三四一十二，自相乘得一百四十四。三人分之，人得四十八。
二四如八，自相乘得六十四。二人分之，人得三十二。
一四如四，自相乘得一十六。一人得一十六。
三三如九，自相乘得八十一。三人分之，人得二十七。
二三如六，自相乘得三十六。二人分之，人得一十八。
一三如三，自相乘得九。一人得九。
二二如四，自相乘得一十六。二人分之，人得八。
一二如二，自相乘得四。一人得四。
一一如一，自相乘得一。一乘不長。

宋・楊輝《楊輝算法・乘除通變算寶》卷上 先念九九合數：一一如一至九九八十一，自小至大，用法不出於此。

又楊輝《算法通變本末》卷上 習算綱目

先念九九合數：一一如一至九九八十一，自小至大，用法不出於此。

元・朱世傑《算學啟蒙》 釋九數法

一一如一；
一二如二，二二如四；
一三如三，二三如六，三三如九；
一四如四，二四如八，三四一十二，四四一十六；
一五如五，二五一十，三五一十五，四五二十，五五二十五；
一六如六，二六一十二，三六一十八，四六二十四，五六三十，六六三十六；
一七如七，二七一十四，三七二十一，四七二十八，五七三十五，六七四十二，七七四十九；
一八如八，二八一十六，三八二十四，四八三十二，五八四十，六八四十八，七八五十六，八八六十四；
一九如九，二九一十八，三九二十七，四九三十六，五九四十五，六九五十四，七九六十三，八九七十二，九九八十一。

元・賈亨《算法全能集》算法上 因法歌曰：九因之法甚分明，合數常將記在心。下十過身前一位，如令只就本事尋。

一如一，一二如二，一三如三，一四如四，一五如五，一六如六，一七如七，一八如八，一九如九；

二二如四，二三如六，二四如八，二五一十，二六一十二，二七一十四，二八一十六，二九一十八；

三三如九，三四一十二，三五一十五，三六一十八，三七二十一，三八二十四，三九二十七；

四四一十六，四五二十，四六二十四，四七二十八，四八三十二，四九三十六；

五五二十五，五六三十，五七三十五，五八四十，五九四十五；

六六三十六，六七四十二，六八四十八，六九五十四；

七七四十九，七八五十六，七九六十三；

八八六十四，八九七十二；

九九八十一。

元·安止齋《詳明算法》 九九合數

一一如一，一二如二，二二如四。

一三如三，二三如六，三三如九。

一四如四，二四如八，三四一十二，四四一十六。

一五如五，二五一十，三五一十五，四五二十，五五二十五。

一六如六，二六一十二，三六一十八，四六二十四，五六三十，六六三十六。

一七如七，二七一十四，三七二十一，四七二十八，五七三十五，六七四十二，七七四十九。

一八如八，二八一十六，三八二十四，四八三十二，五八四十，六八四十八，七八五十六，八八六十四。

一九如九，二九一十八，三九二十七，四九三十六，五九四十五，六九五十四，七九六十三，八九七十二。九九八十一。

明·吴敬《九章筭法比類大全》

一一如一。

一二如二，二二如四，共六數。

一三如三，二三如六，三三如九，共一十八數。

一四如四，二四如八，三四一十二，四四一十六，共四十數。

一五如五，二五一十，三五一十五，四五二十，五五廿五，共七十五數。

一六如六，二六一十二，三六一十八，四六二十四，五六三十，六六卅六，共一百二十六數。

一七如七，二七一十四，三七二十一，四七二十八，五七三十五，六七四十二，七七四十九，[共]一百九十六數。

一八如八，二八一十六，三八二十四，四八三十二，五八四十，六八四十八，七八五十六，八八六十四，[共]二百八十八數。

一九如九，二九一十八，三九二十七，四九三十六，五九四十五，六九五十四，七九六十三，八九七十二，九九八十一，[共]四百五數。

明·王文素《筭學寶鑑》 九九合數第八

一一如一；

一二如二，二二如四；

一三如三，二三如六，三三如九；

一四如(如)[四]，二四如八，三四一十二，四四一十六；

一五如五，二五一十，三五一十五，四五二十，五五二十五；

一六如六，二六一十二，三六一十八，四六二十四，五六三十，六六三十六；

一七如七，二十一十四，三七二十一，四七二十八，五七三十五，六七四十二，七七四十九；

一八如八，二八一十六，三八二十四，四八三十二，五八四十，六八四十八，七八五十六，八八六十四；

一九如九，二九一十八，三九二十七，四九三十六，五九四十五，六九五十四，七九六十四，八九七十二，九九八十一。

楊輝曰：宋錢塘人著《乘除筭寶》。九九合數，陰陽凡八十一句，今人求簡，止念四十五句，餘置不用。筭家惟恐無數可致，豈得有數不用者乎。故述于左。

二一如二；

三一如三，三二如六；

四一如四，四二如八，四三一十二；

五一如五，五二一十，五三一十五，五四二十；

六一如六，六二一十二，六三一十八，六四二十四，六五三十；

七一如七，七二一十四，七三二十一，七四二十八，七五三十五，七六四十二；

八一如八，八二一十六，八三二十四，八四三十二，八五四十，八六四十八，八七五十六；

九一如九，九二一十八，九三二十七，九四三十六，九五四十五，九六五十四，九七六十三，九八七十二。

明・徐心魯《盤珠算法》

一因法，從右邊打起；

二因法：二一如二，二二如四，二三如六，二四如八，二五一十，二六一十二，二七一十四，二八一十六，二九一十八；

三因法：三一如三，三二如六，三三如九，三四一十二，三五一十五，三六一十八，三七二十一，三八二十四，三九二十七；

四因：四一如一，四二如八，四三一十二，四四一十六，四五二十，四六二十四，四七二十八，四八三十二，四九三十六；

五因：五一如五，五二當一十，五三一十五，五四當二十，五五二十五，五六當三十，五七三十五，五八當四十，五九四十五；

六因：六一如六，六二一十二，六三一十八，六四二十四，六五當三十，六七四十二，六八四十八，六九五十四；

七因：七一如七，七二一十四，七三二十一，七四二十八，七五三十五，七六四十二，七七四十九，七八五十六，七九六十三；

八因：八一如八，八二一十六，八三二十四，八四三十二，八五當四十，八六四十八，八七五十六，八八六十四，八九七十二；

九因：九一如九，九二一十八，九三二十七，九四三十六，九五四十五，九六五十四，九七六十三，九八七十二，九九八十一。

明・柯尚遷《數學通軌・序》 九爲數之歸，八爲數之象。聖人以九九之瀍而立數之原，以八八之瀍而立卦之象。故易後道陰陽，故一而二之，二而四之，四而八，重八而六十四，易道立矣。數以理三才，故一而三之，三而九之，重九而八十一。

又 習九九數總念歌，乘除加減皆呼此數。

一一如一；

一二如二，二二如四；

一三如三，二三如六，三三如九；

一四如四，二四如八，三四一十二，四四一十六；

一五如五，二五成一十，三五一十五，四五成二十，五五二十五；

一六如六，二六一十二，三六一十八，四六二十四，五六成三十，六六三十六；

一七如七，二七一十四，三七二十一，四七二十八，五七三十五，六七四十二，七七四十九，八七五十六，九七六十三；

一八如八，二八一十六，三八二十四，四八三十二，五八成四十，六八四十八，七八五十六，八八六十四，九八七十二；

一九如九，二九一十八，三九二十七，四九三十六，五九四十五，六九五十四，七九六十三，八九七十二，九九八十一。

又 九歸因乘法語此歸因再詳演之，令明白易曉也。

一因。不須因其法故不立

二因。二九一十八，二八一十六，二七一十四，二六一十二，二五一十，二四如八，二三如六，二二如四，二一如二。

三因。三九二十七，三八二十四，三七二十一，三六一十八，三五一十五，三四一十二，三三如九，三二如六，三一如三。

四因。四九三十六，四八三十二，四七二十八，四六二十四，四五二十，四四一十六，四三一十二，四二如八，四一如四。

五因。五九四十五，五八方四十，五七三十五，五六方三十，五五二十五，五四二十，五三一十五，五二一十，五一如五。

六因。六九五十四，六八四十八，六七四十二，六六三十六，六五方三十，六四二十四，六三一十八，六二一十二，六一如一。

七因。七九六十三，七八五十六，七七四十九，七六四十二，七五三十五，七四二十八，七三二十一，七二一十四，七一如一。

八因。八九七十二，八八六十四，八七五十六，八六四十八，八五方四十，八四三十二，八三二十四，八二一十六，八一如八。

九因。九九八十一，九八七十二，九七六十三，九六五十四，九五四十五，九四三十六，九三二十七，九二一十八，九一如九。

明・程大位《算法統宗》 九九合數，乘除加減皆呼此數。故呼小數在上，大數在下。

一一如一；

一二如二，二二如四；

一三如三，二三如六，三三如九；

一四如四，二四如八，三四一十二，四四一十六；

一五如五，二五得一十，三五一十五，四五得二十，五五二十五；

一六如六，二六一十二，三六一十八，四六二十四，五六得三十，六六三十六；

一七如七，二七一十四，三七二十一，四七二十八，五七三十五，六七四十二，七七四十九；

一八如八，二八一十六，三八二十四，四八三十二，五八得四十，六八四十八，七八五十六，八八六十四；

一九如九，二九一十八，三九二十七，四九三十六，五九四十五，六九五十四，七九六十三，八九七十二，九九八十一。

右法。遇十挨身上，逢如下位加。謂句內有十字之數，就本身之位上之，若句內有如字之數，下一位上之也。

又程大位《算法纂要》 九九合數，乘除加減皆呼此數。 故呼小數在上，大數在下。

一一如一；

一二如二，二二如四；

一三如三，二三如六，三三如九；

一四如四，二四如八，三四一十二，四四一十六；

一五如五，二五得一十，三五一十五，四五得二十，五五二十五；

一六如六，二六一十二，三六一十八，四六二十四，五六得三十，六六三十六；

一七如七，二七一十四，三七二十一，四七二十八，五七三十五，六七四十二，七七四十九；

一八如八，二八一十六，三八二十四，四八三十二，五八得四十，六八四十八，七八五十六，八八六十四；

一九如九，二九一十八，三九二十七，四九三十六，五九四十五，六九五十四，七九六十三，八九七十二，九九八十一。

右法。遇十挨身上，逢如下位加。謂句內有十字之數，就本身之位上之，若句內有如字之數，下一位上之也。

明・朱載堉《算學新説》 因法總念

一 一一如一； 凡有如數俱過一位，若只一色，就特本位破盡，特□如在下位之上。餘皆倣此。

二 一二如二，二二如四； 如兩個二數共得是四，故云二二如四。

三 一三如三，二三如六，三三如九；

四 一四如四，二四如八，三四一十二，四四一十六；

五 一五如五，二五當一十，三五一十五，四五當二十，五五二十五；

六 一六如六，二六一十二，三六一十八，四六二十四，五六當三十，六六三十六；

七 一七如七，二七一十四，三七二十一，四七二十八，五七三十五，六七四十二，七七四十九；

八 一八如八，二八一十六，三八二十四，四八三十二，五八當四十，六八四十八，七八五十六，八八六十四；

九 一九如九，二九一十八，三九二十七，四九三十六，五九四十五，六九五十四，七九六十三，八九七十二，九九八十一。 乘除加減俱同此數。

明・黃龍吟《算法指南》卷上 因法總念

一 一一如一； 凡有如數俱過一位，若只一色，就特本位破盡，特□如在下位之上。餘皆倣此。

二 一二如二，二二如四； 如兩個二數共得是四，故云二二如四。

三 一三如三，二三如六，三三如九；

四 一四如四，二四如八，三四一十二，四四一十六；

五 一五如五，二五當一十，三五一十五，四五當二十，五五二十五；

六 一六如六，二六一十二，三六一十八，四六二十四，五六當三十，六六三十六；

七 一七如七，二七一十四，三七二十一，四七二十八，五七三十五，六七四十二，七七四十九；

八 一八如八，二八一十六，三八二十四，四八三十二，五八當四十，六八四十八，七八五十六，八八六十四；

九　一九如九，二九一十八，三九二十七，四九三十六，五九四十五，六九五十四，七九六十三，八九七十二，九九八十一。乘除加減俱同此數。

明・李之藻述《同文算指》前編卷上　乘法第四附九九相乘歌。

一一如一；

一二如二，二二如四；

一三如三，二三如六，三三如九；

一四如四，二四如八，三四一十二，四四一十六；

一五如五，二五得一十，三五一十五，四五得二十，五五二十五；

一六如六，二六一十二，三六一十八，四六二十四，五六得三十，六六三十六；

一七如七，二七一十四，三七二十一，四七二十八，五七三十五，六七四十二，七七四十九；

一八如八，二八一十六，三八二十四，四八三十二，五八得四十，六八四十八，七八五十六，八八六十四；

一九如九，二九一十八，三九二十七，四九三十六，五九四十五，六九五十四，七九六十三，八九七十二，九九八十一。

清・李長茂《筭海説詳》　九因數

一一如一；

一二如二，二二如四；

一三如三，二三如六，三三如九；

一四如四，二四如八，三四一十二，四四一十六；

一五如五，二五得一十，三五一十五，四五得二十，五五二十五；

一六如六，二六一十二，三六一十八，四六二十四，五六得三十，六六三十六；

一七如七，二七一十四，三七二十一，四七二十八，五七三十五，六七四十二，七七四十九；

一八如八，二八一十六，三八二十四，四八三十二；　五八得四十，六八四十八，七八五十六，八八六十四；

一九如九，二九一十八，三九二十七，四九三十六，五九四十五，六九五十四，七九六十三，八九七十二，九九八十一。

右法。遇句内有十字之數，就本身位上之。遇如字之數，下一位上之。

訣曰：遇十挨身上，逢如下位加。法皆小數在上大數在次須熟記。

清・薛鳳祚《推測易知》　釋九數法

一一如一；

一二如二，二二如四；

一三如三，二三如六，三三如九；

一四如四，二四如八，三四一十二，四四得一十六；

一五如五，二五得一十，三五一十五，四五得二十，五五二十五；

一六如六，二六一十二，三六一十八，四六二十四，五六得三十，六六三十六；

一七如七，二七一十四，三七二十一，四七二十八，五七三十五，六七四十二，七七得四十九；

一八如八，二八一十六，三八二十四，四八三十二，五八得四十，六八四十八，七八五十六，八八六十四；

一九如九，二九一十八，三九二十七，四九三十六，五九四十五，六九五十四，七九六十三，八九七十二，九九八十一。

清・方中通《數度衍》卷一　因乘法

一一如一；

一二如二，二二如四；

一三如三，二三如六，三三如九；

一四如四，二四如八，三四一十二，四四一十六；

一五如五，二五一十，三五一十五，四五二十，五五二十五；

一六如六，二六一十二，三六一十八，四六二十四，五六三十，六六三十六；

一七如七，二七一十四，三七二十一，四七二十八，五七三十五，六七四十二，七七四十九；

一八如八，二八一十六，三八二十四，四八三十二，五八四十，六八四十八，七八五十六，八八六十四；

一九如九，二九一十八，三九二十七，四九三十六，五九四十五，六九五十四，七九六十三，八九七十二，九九八十一。

術曰：一位曰因，二位曰乘。有法，有實，以法乘實，爲所求數也。然法實亦可互用，故曰相乘。一位法者，相因得數而已。法二位以至多位者，自左向右，用第二位法起。諸位法畢，然後乘法首位也。以法乘實，先乘實右末位，向左逐位遍乘，乘畢而實數即變爲所求數矣。有鼠尾乘、破頭乘，皆不適用，故不録。

清・沈士桂《易明算法》卷四　因乘法訣即九九合數。

一一如一；

一二如二，二二如四；

一三如三，二三如六，三三如九；

一四如四，二四如八，三四一十二，四四一十六；

一五如五，二五得一十，三五一十五，四五得二十，五五二十五；

一六如六，二六□十二，三六一十八，四六二十四，五六得三十，六六三十六；

一七如七，二七一十四，三七二十一，四七二十八，五七三十五，六七四十二，七七四十九；

一八如八，二八一十六，三八二十四，四八三十二，五八得四十，六八四十八，七八五十六，八八六十四；

一九如九，二九一十八，三九二十七，四九三十六，五九四十五，六九五十四，七九六十三，八九七十二，九九八十一。

清・陳世明《數學舉要》　法尾數而前後之位皆定矣，法詳于後，言如在本位者，即一一如一，一二如二，一三如三，一四如四，一五如五，一六如六，一七如七，一八如八，一九如九；二二如四，二三如六，二四如八，三三如九，之類是也。

言十進前位者，即二五得一十，四五得二十，五六得三十，五八得四十，之類是也。

若有十數又有零數者，即二六一十二，二七一十四，二八一十六，二九一十八；三四一十二，三五一十五，三六一十八，三七二十一，三八二十四，三九二十七；四四一十六，四六二十四，四七二十八，四八三十二，四九三十六，五五二十五，五七三十五，五九四十五；六六三十六，六七四十二，六八四十八，六九五十四，七七四十九，七八五十六，七九六十三，八八六十四，八九七十二，九九八十一，之類是也。

清・蔣守誠《算法全書》卷一　九九合數，乘除加減皆呼此數。故呼小數在上，大數在下。

一一如一；

一二如二，二二如四；

一三如三，二三如六，三三如九；

一四如四，二四如八，三四一十二，四四一十六；

一五如五，二五得一十，三五一十五，四五得二十，五五二十五；

一六如六，二六一十二，三六一十八，四六二十四，五六得三十，六六三十六；

一七如七，二七一十四，三七二十一，四七二十八，五七三十五，六七四十二，七七四十九；

一八如八，二八一十六，三八二十四，四八三十二，五八得四十，六八四十八，七八五十六，八八六十四；

一九如九，二九一十八，三九二十七，四九三十六，五九四十五，六九五十四，七九六十三，八九七十二，九九八十一。

右法。遇十挨身上，逢如下位加。

清・屈曾發《九數通考》卷一　九九合數，少數在上，多數在下。加減乘除，皆呼此數。

一一如一；

一二如二，二二如四；

一三如三，二三如六，三三如九；

一四如四，二四如八，三四一十二，四四一十六；

一五如五，二五一十，三五一十五，四五二十，五五二十五；

一六如六，二六一十二，三六一十八，四六二十四，五六三十，六六三十六；

一七如七，二七一十四，三七二十一，四七二十八，五七三十五，六七四十二，七七四十九；

一八如八，二八一十六，三八二十四，四八三十二，五八四十，六八四十八，七八五十六，八八六十四；

一九如九，二九一十八，三九二十七，四九三十六，五九四十五，六九五十四，七九六十三，八九七十二，九九八十一。

右法。遇十挨身改，逢如下位加。

清・王鑒《筭學啟蒙述義》［釋九數法］

鑒案：此乘法也，乘者加也，凡累加則用乘。一與一相乘，其數不變，故一如一；一與二相乘，則一化爲二，故一二如二；二與二相乘，是兩個一乘二之數也，故二二如四；一三如三者，則一化爲三也；二三如六，是兩個一三相乘之數也。餘可類推。

清・陳杰静《算法大成》上編卷一　九因合數。俗名大九九。梅循齋謂此爲俗名小九九，非也。若按加法逐句遞加之得一千一百五十五。

一一如一。

一二如二，二二如四。

一三如三，二三如六，三三如九。

一四如四，二四如八，三四一十二，四四十六。

一五如五，二五得一十，三五一十五，四五得二十，五五二十五。

一六如六，二六一十二，三六一十八，四六二十四，五六得三十，六六三十六。

一七如七，二七一十四，三七二十一，四七二十八，五七三十五，六七四十二，七七四十九。

一八如八，二八一十六，三八二十四，四八三十二，五八得四十，六八四十八，七八五十六，八八六十四。

一九如九，二九一十八，三九二十七，四九三十六，五九四十五，六九五十四，七九六十三，八九七十二，九九八十一。

清・徐以祥《蒙學算法正宗》卷一　如法。九九數。

一一如一。

一二如二，二二如四。

一三如三，二三如六，三三如九。

一四如四，二四如八，三四十二，四四十六。

一五如五，二五十，三五十五，四五二十，五五二十五。

一六如六，二六十二，三六十八，四六二十四，五六三十，六六三十六。

一七如七，二七十四，三七二十一，四七二十八，五七三十五，六七四十二，七七四十九。

一八如八，二八十六，三八二十四，四八三十二，五八四十，六八四十八，七八五十六，八八六十四。

一九如九，二九十八，三九二十七，四九三十六，五九四十五，六九五十四，七九六十三，八九七十二，九九八十一。

其疊併成一千一百五十五。

清・陳瑶《算法正宗》卷一　九九合數

一一如一。

一二如二，二二如四。

一三如三，二三如六，三三如九。

一四如四，二四如八，三四一十二，四四一十六。

一五如五，二五得一十，三五一十五，四五得二十，五五二十五。

一六如六，二六一十二，三六一十八，四六二十四，五六得三十，六六三十六。

一七如七，二七一十四，三七二十一，四七二十八，五七三十五，六七四十二，七七四十九。

一八如八，二八一十六，三八二十四，四八三十二，五八得四十，六八四十八，七八五十六，八八六十四。

一九如九，二九一十八，三九二十七，四九三十六，五九四十五，六九五十四，七九六十三，八九七十二，九九八十一。

清・陶俊良《九章禹珠集》　乘法

一一如一。

一二如二，二二如四。

一三如三，二三得六，三三見九。

一四如四，二四得八，三四十二，四四十六。

一五如五，二五得十，三五十五，四五管廿，五五廿五。

一六如六，二六十二，三六十八，四六廿四，五六得三十，六六三十六。

一七如七，二七十四，三七廿一，四七廿八，五七三十五，六七四十二，七七四十九。

一八如八，二八十六，三八廿四，四八三十二，五八得四十，六八四十八，七八五十六，八八六十四。

一九如九，二九十八，三九廿七，四九三十六，五九四十五，六九五十四，七九六十三，八九七十二，九九八十一。

圖表

清華《戰國竹簡・算表》

《算表》以中國古代戰國時期楚文字書寫，多異體、繁寫字及合文，含合文符。釋讀如下：「|」表示朱砂線，「⋮」表示編繩，原皆橫貫全册，今逐簡標出。「•」表示引繩孔。［ ］內文字爲整理者所補文字，加粗**［ ］**內數碼爲整理者所加竹簡順序編號。

|•⋮ 九十＝（九十） |八十＝（八十） |七十＝（七十） |六十＝（六十） | 五十＝（五十） |四十＝（四十） | 卅＝（三十） | 廿＝
（二十） | 十 ⋮ 九 | 八 |七 | 六 | 五 | 四 | 弎 | 弍 | 弌 ⋮ 削（半） | **［一］**

|•⋮•|•|•|•|•|•|•|•|•|•⋮•|•|•|•|•|•
|•|•|•⋮•| **［二］**

|九十＝（九十） • ⋮ 八千一百 | 七千二百 | 六千三百 | 五千四百 | 四千五百 | 三千六百 | 二千七百 | 千八百 | 九
百 ⋮ 八百一十 | 七百二十 | 六百卅＝（三十） | 五百四十 | 四百五十 | 三百六十 | 二百七十 | 百八十＝（八十） | 九
十＝（九十） ⋮ 四十＝（四十）五 | **［三］**

|八十＝（八十） • ⋮ 七千二百 | 六千四百 | 五千六百 |四千八百 | 四千 | 三千二百 | 二千四百 | 千六百 | 八百
⋮ 七百二十 | 六百四十 | 五百六十 | 四百八十 | 四百 | 三百廿 | 二百四十 | 百六十 | 八十＝（八十） ⋮ 四十＝（四
十） | **［四］**

|七十＝（七十） • ⋮ 六千三百 | 五千六百 | 四千九百 | 四千二百 | 三千五百 | 二千八百 | 二千一百 | 千四百 | 七
百 ⋮ 六百卅＝（三十） | 五百六十＝（六十） | 四百九十 | 四百廿（二十） | 三百五十＝（五十） | 二百八十＝（八十） | 二百一
十 | 百四十 | 七十＝（七十） ⋮ 卅＝（三十）五 | **［五］**

|六十＝（六十） • ⋮ 五千四百 | 四千八百 | 四千二［百］ | 三千六百 | 三千 | 二千四百 | 千八百 | 千二百 | 六
百 ⋮ 五百四十 | 四百八十＝（八十） | 四百廿＝（二十） | 三百六十＝（六十） | 三百 | 二百四十 | 百八十＝（八十） | 百廿＝
（二十） | 六十＝（六十） ⋮ 卅＝（三十） | **［六］**

|五十＝（五十） • ⋮ 四千五百 | 四千 | 三千五百 | 三千 | 二千五百 | 二千 | 千五百 | 千 | 五百 ⋮ 四百五十＝
（五十） | 四百 | 三百五十＝（五十） | 三百 | 二百五十＝（五十） | 二百 | 百五十＝（五十） | 百 | 五十＝（五十） ⋮ 廿＝
（二十）五 | **［七］**

| 四十＝（四十） • ⋮ 三千六百 | 三千二百 | 二千八百 | 二千四百 | 二千 | 千六百 | 千二百 | 八百 | 四百 ⋮

三百六十—三百二十〃(二十)—二百八十〃(八十)—二百四十—二百—百六十〃(六十)—百二十—八十〃(八十)—四十……廿〃(二十)—　[八]

☐[—卌〃(三十)]·……二千七百—二千四百—二千一百—千八百—千五百—千二百—九百—六百—三百……二百七十〃(七十)—二百四十—二百十—百八十〃(八十)—百五十—百二十—九十〃(九十)—六十〃(六十)—三十……十五—　[九]

—廿〃(二十)·……千八百—千六百—千四百—千二百—千—八百—六百—四百—二百……百八十〃(八十)—百六十〃(六十)—百四十—百廿〃(二十)—百—八十〃(八十)—六十〃(六十)—四十—廿〃(二十)……十—　[一〇]

—十·……九百—八百—七百—六百—五百—四百—三百—百……九十〃(九十)—八十〃(八十)—七十〃(七十)—六十〃(六十)—五十〃(五十)—四十〃(四十)—卌〃(三十)—廿〃(二十)—十……五—　[一一]

—九·……八百十—七百廿〃(二十)—六百卌〃(三十)—五百四十—四百五十—三百六十—二百七十〃(七十)—百八十〃(八十)二—九十〃(九十)……八十〃(八十)一—七十二—六十三—五十〃(五十)四—四十五—三十〃(三十)六—廿〃(二十)七—十八—九……四刖(半)—　[一二]

—八·……七百廿〃(二十)—六百四十—五百六十——四百八十—四百—三百廿〃(二十)—二百四十—百六十—八十〃(八十)……七十〃(七十)二—六十〃(六十)四—五十六—四十〃(四十)八—四十—卌〃(三十)二—廿〃(二十)四—十六—八……四—　[一三]

—七·……六百三十〃(三十)—五百六十〃(六十)—四百九十〃(九十)—四百廿〃(二十)—三百五十—二百八十〃(八十)—二百十—百四十—七十……六十〃(六十)三—五十六—四十九—四十二—三十五—二十八—二十一—十四—七……三刖(半)—　[一四]

—六·……五百四十—四百八十〃(八十)—四百二十—三百六十〃(六十)—三百—二百四十—百八十—百二十—六十〃(六十)……五十〃(五十)四—四十〃(四十)八—四十二—三十六—三十—二十四—十八—十二—六……三—　[一五]

☐[—五·四百五十—四百]—三百五十〃(五十)—三百—二百五十〃(五十)—二百—百五十〃(五十)—百—五十〃(五十)……四十五—四十—卌〃(三十)五—卌〃(三十)—廿〃(二十)五—廿〃(二十)—十五—十—五……二刖(半)—　[一六]

☐[—四·……三百六十—三百二十]—二百八十〃(八十)—二百四十—二百—百六十〃(六十)—百廿〃(二十)—八十〃(八十)—四十……三十六—三十二—二十八—二十四—廿〃(二十)—十六—十二—八—四……二—　[一七]

—三·……二百七十〃(七十)—二百四十—二百十—百八十〃(八十)—百五十〃(五十)—百廿〃(二十)—九十〃(九十)—六十〃(六十)—卌〃(三十)……廿〃(二十)七—廿〃(二十)四—廿〃(二十)一—十八—十五—十二—九—六—三……一刖(半)—　[一八]

｜二　·　┆百八十〓（八十）　｜百六十〓（六十）　｜百四十　｜百廿〓（二十）　｜百　｜八十〓（八十）　｜六十〓（六十）　｜四十　｜廿〓（二十）

┆十八　｜十六　｜十四　｜十二　｜十　｜八　｜六　｜四　｜二　┆一　｜　[一九]

｜　·　┆　九十〓（九十）　｜八十〓（八十）　｜七十〓（七十）　｜六十〓（六十）　｜五十〓（五十）　｜四十〓（四十）　｜卌〓　（三十）　｜廿〓（二十）　｜十　┆　九　｜八　｜七　｜六　｜五　｜四　｜三　｜二　｜一　┆刖（半）　｜　[二〇]

｜刖（半）　·　┆四十五　｜四十　｜卌〓　（三十）五　｜卌〓（三十）　｜廿〓（二十）五　｜廿〓（二十）　｜十五　｜十　｜五　┆四刖（半）　｜四

｜三刖（半）　｜三　｜二刖（半）　｜二　｜一刖（半）　｜一　｜　刖（半）　┆　鈄（錙）　｜　[二一]

其他記數法與計算工具分部

綜論

漢・徐岳《數術記遺》　余又問曰：爲筭之體皆以積爲名爲復，更有他法乎？先生曰：隸首注術乃有多種，及余遺忘，記憶數事而已。

其一積筭，其一太乙，其一兩儀，其一三才，其一五行，其一八卦，其一九宮，其一運籌，其一了知，其一成數，其一把頭，其一龜筭，其一珠筭，其一計數。

此等諸法，隨須更位。唯有九宮，守一不移，位依行色，並應無窮。位依行色者，位依從積筭已來至珠筭，從一至於百、千已上位，更不變改。位依行色者，位依五行之色。北方水色黑，數一。東方木色青，數三。南方火色赤，數二。西方金色白，數四。中央土色黃，數五。言位依行色，若一位第一，用玄珠；十位第二，用赤珠；百位第三，用青珠；千位第四，用白珠；萬位第五，用黃珠；[十萬位以赤線繫黃珠；百萬位以青綖繫黃珠；]千萬位以白綖繫黃珠，萬萬位曰億，以黃縱繫黃珠。自餘諸位，唯兼之。故曰：並應無窮也。

余慕其術，慮恐遺忘，故與好事後生記之云耳。【略】

太一筭。太一之行，去來九道。

刻板橫爲九道，豎以爲柱。柱上一珠，數從下始，故曰去來九道也。

兩儀筭。天氣下通，地稟四時。

刻板橫爲五道，豎以爲位，一位兩珠，色青下珠，色黃上珠。至上第一刻主五，第二刻主六，第三刻主七，第四刻主八，第五刻主九。其黃珠自下而上，至下第一刻主一，第二刻主二，第三刻主三，第四刻主四，而已故曰：天氣下通地稟四時也。

三才筭。天地和同，隨物變通。

刻板橫爲三道，上刻爲天，中刻爲地，下刻爲人。豎爲筭位，有三珠，青珠屬天，黃珠屬地，白珠屬人，又其三珠通行三道，若天珠在天爲九，在地主六，在人主三；其地珠在天爲八，在地主五，在人主二；人珠在天主七，在地主四，在人主一。故曰：天地和同，隨物變通。亦況三[六]九上元甲子，一七四中元甲子，二八五下元甲子。三六九隨物變通也。

五行筭。以生兼生，生變無窮。

五行之法，水玄生數一，火赤生數二，木青生數三，金白生數四，土黃生數五，今爲五行筭。色別九枚，以五行色數相配，爲筭之位。假令九億八千七百六十五萬四千三百二十一者，則以白筭爲九億，以青筭配黃爲八千，以赤筭配黃爲七百，以玄筭配黃爲筭爲六十，以一黃筭爲五萬，以一白筭爲四千，以一青筭爲三百，以一赤筭爲二十，以玄筭爲一也。故曰：以生兼生生變無窮。

八卦筭。針刺八方，位闕從天。

筭爲之法，位用以針鋒所指以定筭位。數一從離起，指正南離爲一，西南坤爲二，正西兑爲三，西北乾爲四，正北坎五，東北艮爲六，正東震爲七，東南巽爲八，至第九位闕，即在中央，豎而指天。故曰：位闕從天也。

九宮筭。五行參數，猶如迴圈。

九宮者，即二四爲肩，六八爲足，左三右七，戴九履一，五居中央。五行參數者，設位之法，依五行已注於上是也。

運籌筭。小往大來，運於指掌。

此法位别，須筭籌一枚，各長五寸，至一籌上，各爲五刻，上頭一刻近頭，一刻之其下四刻迭相去一寸，令去下頭亦一寸也。入手取四指三間，間有三節，初食指上節間爲一位，第二節間爲十位，第三節間爲百位，至中指上節間爲千位，中節間爲萬位，下節間爲十萬位，無名指上節間爲百萬位，中爲千萬位，下爲億也。他皆倣此，至筭刻近頭者，一刻主五，其遠頭者一刻之别從下而起主一，主二，主三，主四也。若一二三四頭則向下於掌中，中若其至五，則迴取上頭向掌中，故小往大來也，迴游於手掌之間。故曰：運於指掌。

了知筭。首唯秉五，腹背兩兼。

了筭之法，一位爲一，了字其了有三曲，其下服之末内主一，外主九，下次第一曲内主二，外主八，其第二曲内主三，外主七，其第三曲内主四，外主六，當了字之首獨主五。故曰：首唯秉五腹背兩兼也。

成數筭。春夏生養，秋冬收成。

筭之法，位别須五色筭一枚。其一筭之象頭，各以黄色爲本，以生數也。餘色爲首，其五行各配土爲成數也。水玄生數一，成數六。火赤生數二，成數七。木青生數三，成數八。金白生數四，成數九。若以首向東及南爲生數，向西及北爲成數，假令有九億八千七百六十五萬四千三百二十一者，則以白籌首向北爲九億，以青籌首向西爲八千，以赤籌首向北爲七百，以玄籌首向西爲六十，以黄籌一枚豎爲五萬，以白籌首向東爲四千，以青籌首向南爲三百，以赤籌首向東爲二十，以玄籌首向向南爲一也。故首向東、向南爲生數，向西、向北爲成數。故云：春夏生養、秋冬收成也。

把頭筭。以身當五，目視四方。

把頭之法，位别須筭二枚，一漫一齒者。一面刻爲一，其一面爲二；一面爲三，其一面爲四也。漫者爲把爲猶，即當五筭。生齒者爲把頭，一目當一筭。故曰：以身當五，目視四方也。

龜筭。春夏秋成，遇冬則停。

爲筭之法，位别一龜，龜之四面爲十二時，以龜首指寅爲一，指卯爲二，指辰爲三，指巳爲四，指午爲五，指未爲六，指申爲七，指酉爲八，指戌爲九，指亥爲十。龜頭指不以爲數，故云遇冬則停也。

【略】

計數。既捨數術，宜從心計。

言捨數術者，謂不用筭籌，宜以心計之。或問曰：今有大水，不知廣狹，欲不用筭籌，度而知之。假令於水北度之者，在水北置三表，令南北相直，各相去一丈，人在中表之北，平直相望北水岸，令三相直，即記南表相望相直之處，其中表人目望處亦記之。又從中相望處，直望水南岸三相直，看南表相直之處亦記之。取南表二記之處，高下以等，北表點記之。還從中表前望之所北望之北表下，記三相直之北，即河北岸也，又望上記三相直之處，即河北岸，中間則水廣狹也。

西方傳入的計算工具部

納皮爾籌分部

題解

［意］羅雅谷《籌算》 造法

一、造籌

或牙，或骨，或木，或合楮俱可。其形長方，廣爲長六之一，厚約廣五之一。諸籌相準，不得有短長廣狹厚薄，須平正光潔，便于畫方書字。凡籌數任意多寡，總之，五籌兩面可當一單數。說見定數條，十籌當十數，十五籌當百數，二十籌當千數，二十五籌當萬數，三十籌當十萬數，約以衆籌之厚，爲一籌之長，便于作開方籌入匣也。詳造匣條。

二、分方

每籌横平分爲九，作九方，籌籌相等。横列之，線線相直，方方相對。

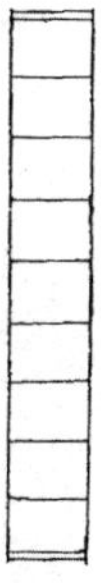

三、分角

每方自左上至右下，斜作一對角線，則每方成直角三邊形二。横列之，則兩籌對角線又成一斜直線，其兩直角三邊形，又合成一平行線方形。

四、定數

數自一至九，并〇共十位。籌有二面，五籌可滿十數，其數以方數與籌上方數相乘，每方之中，既以對角線分而爲二，即每方各成二位，右位即零數，左位即十數，至第九籌第九方，九九相乘，得八十一而止。

第一籌，一面作零數。九方對角線之上，各畫一圈。一面作一數。九方對角線之上順書一、二、三、四、五、六、七、八、九數。

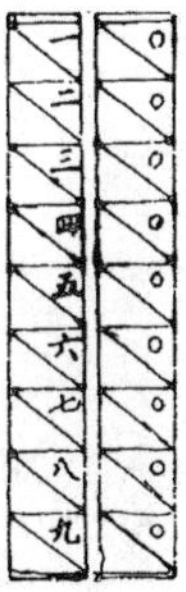

第二籌，一面作二數。第一方線右書二，第二方線右書四，二籌二方，二二如四也。第三方線右書六，二籌三方，二三得六也。後推此，則第四方線右書八，第五方線右書〇，線左書一，二籌五方，二五得十，故左位□□□〇以當零數也。後推此，則第六方線右書二，線左書一。第七方線右書四，線左書一。第八方線右書六，線左書一。第九方線右書八，線左書一。一面作三數。第一方線右書三。第二方線右書六。第三方線右書九。第四方線右書二，線左書一。第五方線右書五，線左書一。第六方線右書八，線左書一。第七方線右書一，線左書二。第八方線右書四，線左書二。第九方線右書七，線左書二。

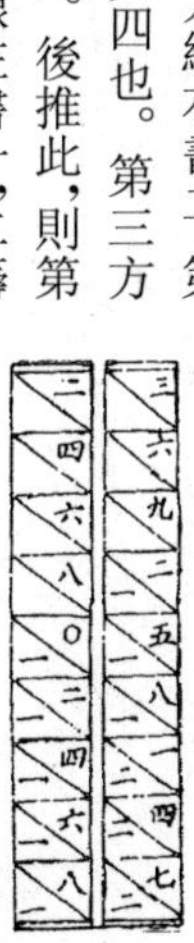

第三籌，一面作四數。第一方線右書四。第二方線右書八。第三方線右書二，線左書一。第四方線右書六，線左書一。第五方線右書〇，線左書二。第六方線右書四，線左書二。第七方線右書八，線左書二。第八方線右書二，線左書三。第九方線右書六，線左書三。一面作五數。第一方線右書五。第二方線右書〇，線左書一。第三方線右書五，線左書一。第四方線右書〇，線左書二。第五方線右書五，線左書二。第六方線右書〇，線左書三。第七方線右書五，線左書三。第八方線右書〇，線左書四。第九方線右書五，線左書四。

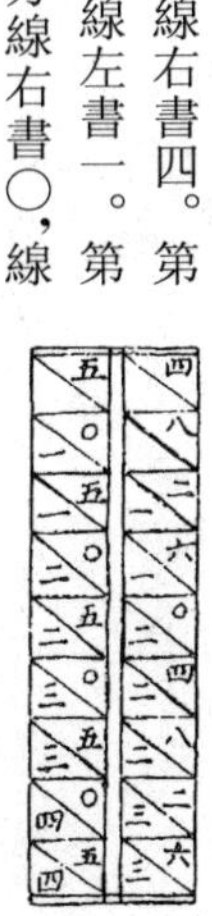

第四籌，一面作六數。第一方線右書六。第二方線右書二，線左書一。第三方線右書八，線左書一。第四方線右書四，線左書二。第五方線右書〇，線左書三。第六方線右書六，線左書三。第七方線右書二，線左書四。第八方線右書八，線左書四。第九方線右書四，線左書五。一面作七數。第一方線右書七。第二方線右書四，線左書一。第三方線右書一，線左書二。第四方線右書八，線左書二。第五方線右書五，線左書三。第六方線右書二，線左書四。第七方線右書九，線左書四。第八方線右書六，線左書五。第九方線右書三，線左書六。

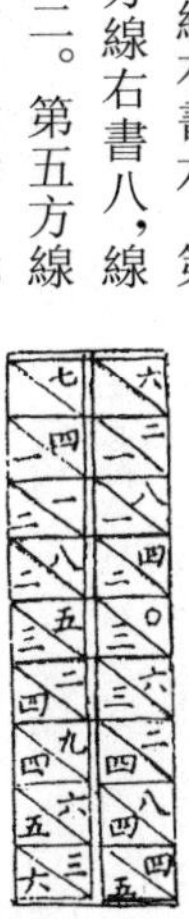

第五籌，一面作八數。第一方線右書八。第二方線右書六，線左書一。第三方線右書四，線左書二。第四方線右書二，線左書三。第五方線右書〇，線左書四。第六方線右書八，線左書四。第七方線右書六，線左書五。第八方線右書四，線左書六。第九方線右書二，線左書七。一面作九數。第一方線右書九。第二方線右書八，線左書一。第三方線右書七，線左書二。第四方線右書六，線左書三。第五方線右書五，線左書四。第六方線右書四，線左書五。第七方線右書三，線左書六。第八方線右書二，線左書七。第九方線右書一，線左書八。

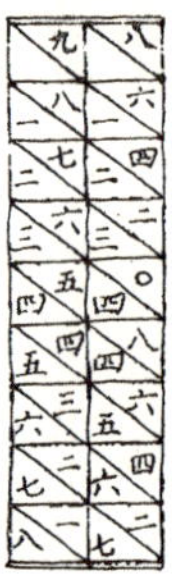

五、定號

號者，應于面之左右兩旁厚處露出匣外者。記本面數目，〇至九，共十號。其旁狹，難書一、二、三、四等字，姑作橫線。如〇則無線，一則一橫線也。至五則結爲一縱線以該之。如五則一縱，六則一縱一橫，七則一縱二橫也。各書本面之右，用時視其旁，即可得之。

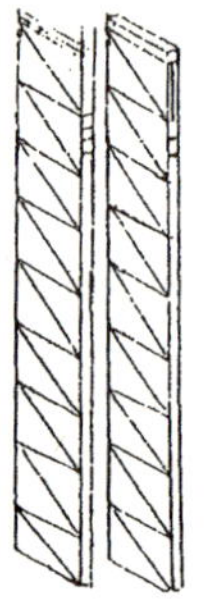

六、平立方籌

罷小籌之外，別作一大籌，長與諸籌等，廣約長六分之二。兩面橫分九方，亦與諸籌等。其一面平方籌，縱作二行。其右行九方，書一至九之數，爲平方根。其左行九方，亦如小籌作對角線，以平方根數自乘之，各書根數之左。第一方線右書一。第二方線右書四。第三方線右書九。第四方線右書六，線左書一。第五方線右書五，線左書二。第六方線右書六，線左書三。第七方線右書九，線左書四。第八方線右書四，線左書六。第九方線右書一，線左書八。其一面立方籌，縱作六分。右一分作一行，九方書一至九之數，爲立方根。中二分作一行，九方書一至九各自乘之數，與平方籌同。左三分作一行，九方每方止截左邊三分之二，亦如小籌作對角線，是每方分爲直角三邊形，無法四邊形各一也。而無法四邊形之中，暗具一直角方形在右，一直角三邊形在左。今止以左中右分之，以中行自乘之數再乘之各書方數之左，名立方數。第一方右書一。第二方右書八。第三方右書七，中

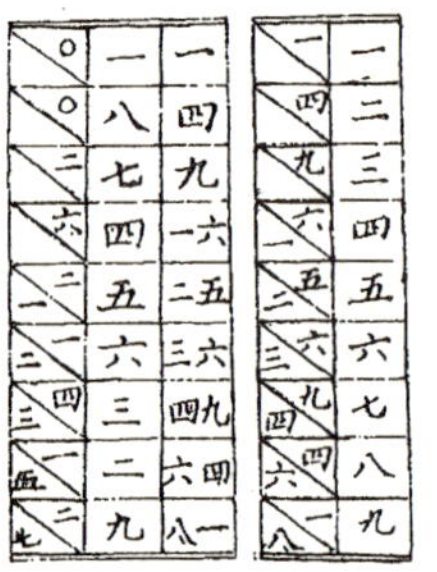

書二。第四方右書四，中書六。第五方右書五，中書二，左書一。第六方右書六，中書一，左書二。第七方右書三，中書四，左書三。第八方右書二，中書一，左書五。第九方右書九，中書二，左書七。

七、造匣

匣合，紙或木爲之，其形短方。其空廣如籌之長，空厚如籌之廣。匣有蓋，以籌長五分之三，爲匣之深。其二爲蓋之深，使籌入匣而旁號露于匣口之上，以便抽取也。小籌比立匣中，方根籌側于小籌之旁，下切匣口，上切蓋頂，正相容也。若蓋之外徑等于匣之外徑，則匣口必出筍以入蓋。夫方根籌之廣，與匣之深并，尚不及小籌之長，以其不及爲筍之高，則匣與蓋外切，籌與蓋匣内切矣。若匣之外徑等于蓋之内徑，則匣自爲筍，蓋冒之，可無痛筍也。

清·梅文鼎《籌算·序》 唐有《九執曆》不用布算，唯以筆紀，史謂其繁重，其法不傳。今西儒筆算或其遺意歟？筆算之法，詳見《同文算指》中。曆書出，乃有籌算，其法與舊傳鋪地錦相似，而加便捷，又昔但以乘者，今兼以除，且益之開方諸率，可謂盡變矣。但本法橫書，彷彿於珠算之位。至於除法，則實橫而商數縱，頗難定位。愚謂既用筆書，宜一行直下爲便，輒以鄙意，改用橫籌直寫，而於定位之法，尤加詳焉。俾用者無復纖疑，即不敢謂兼中西兩家之長，而於籌算庶幾無憾矣。

又 籌算有數便：奚囊遠涉，便於佩帶，一也。所用乘除，存儲片楮，久可覆核，二也。斗室匡坐，點筆徐觀，諸數歷然，人不能測，三也。布算未終，無妨泛應，前功可續，四也。乘除一理，不須歌括，五也。尤便習學，朝得暮能，六也。

原法橫書，故用直籌，籌直則積數橫，彼中文字，實用橫書也。今直書，故用橫籌，籌橫則積數直，其理一也。亦有數便：自上而下，乃中土筆墨之宜，便寫，一也。兩半圓合一位，便查數，二也。商數與實平行，便定位，三也。

又 卷一

作籌之度

凡籌，以牙爲之，或紙，或竹片皆可，長短任意，以方正爲度。

凡籌背面皆平分九行，每行以曲線界之，爲兩半圓狀。

凡籌背面皆相對，第一籌之陰即爲第九，便檢尋也。二與八，三與七，四與

六，五與空位，皆倣此，共五類。類各五籌，當珠盤二十五位，或更加之亦可，式如左。外有開方籌，爲平方、立方之用，詳見本法。

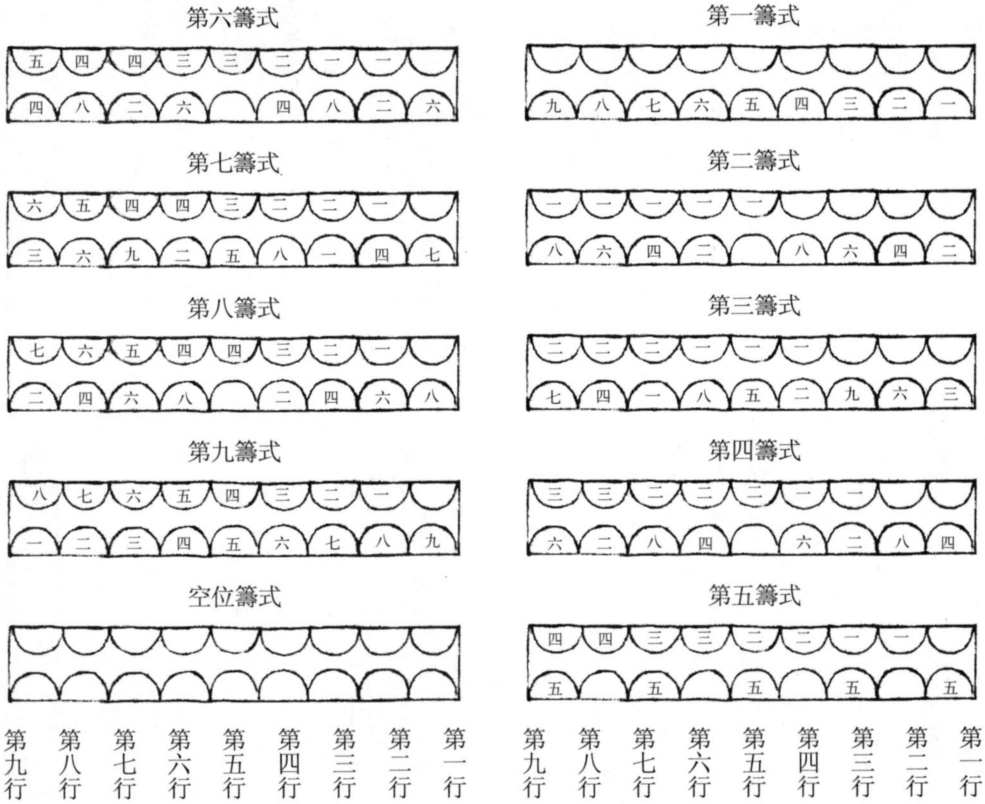

作籌之理

凡籌，每行以曲線界之，成兩位：其下爲本位，上爲進位。假如本位一兩，則進位爲十兩。

凡列兩籌，則行內成三位，下之進位與上之本位，兩半圓合成一位故也。列三籌，則成四位；列四籌，則成五位。五籌以上皆倣此。

凡籌有明數，有暗數。明數者，籌面所有之數是也；暗數者，行數也。假如第一行即爲一數，第二行即爲二數。

凡籌與行數相因而成積數，假如第二籌之第四行，即爲八數；第九籌之第八行，即爲七二數。

籌算之資

凡用籌算，當先知併減二法。詳《筆算》。

籌算之用

凡算先別乘除，乘除皆有法實。實者，現有之物也；法者，今所用以乘之除之之規則也。

凡籌算，皆以實列位，而以籌爲法。法有幾位，則用幾籌。如法有十係兩位，則用兩籌；法有百係三位，則用三籌。

凡法實不可誤用，唯乘法或可通融。若除法必須細認，俱詳後。

清・方中通《數度衍》卷四　籌算

九籌

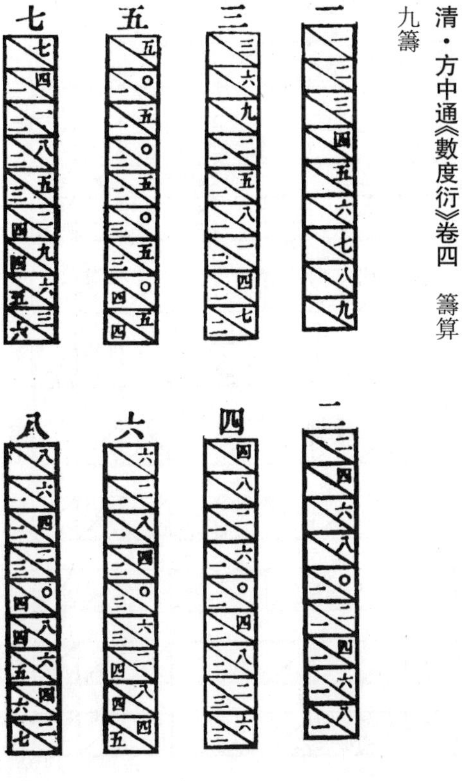

通曰：珠算、筆算，皆有數而後乘。籌算，無數而先乘也，故乘以籌爲捷。數盡九九，除亦因乘，故隨時施用。所遇數更，而先乘之數亦變，多寡前後，相合自成。至若零籌無數，又無用之用也。

開方籌

通曰：籌有二：曰平方，自乘之還原也，故用自乘之數；曰立方，自乘再乘之還原也，故用自乘再乘之數。

清・戴震《策算》　《漢書・律曆志》：「算法用竹，徑一分，長六寸，二百七十一枚而成六觚爲一握。」古算之大略可考如是。其一枚謂之一算，亦謂之籌。《梅福傳》：福上書曰：「臣聞齊桓之時，有以九九見者。」所謂九九，蓋始一至九，因而九之，終於八十一。《周髀算經》「商高曰：數之法出於圓方，圓出於方，方出於矩，矩出於九九八十一」是也。以九九書於策，則盡乘除之用，是爲策算。策取可書，不曰籌而曰策，以别於古籌算，不使名稱相亂也。策列九位，位有上下。凡策或木或竹，皆兩面，一與九、二與八、三與七、四與六共策，五之一面空之爲空策，合五策而九九備。如是者十，各得十策。别用策一列，始一至九，各自乘，得方冪之數，爲開平方策。算法雖多，乘除盡之矣，開方亦除也。

清・鄭復光《籌算説略》　籌數亦鈐也，但鈐須臨時立之，籌則預已立定，臨時排列即得，惟其中兩位相合處，須臨時并而爲之，或數大又當臨時於上一位耳。如五與五合，則進上爲一，而本位空；六與七合，則進上爲一，而本位爲三之類。其籌本□横格，斜分爲二，左上右下直書，因乘歌訣取用，則横讀之，自左而右。梅定九氏改用横籌，虚分九格，每格上下各畫半圈，横書乘訣，取用則直讀之，自上而下。上籌下半圓之數與下籌上半圓內之數，恰合成一圈，則並成一數，眉目更爲清楚。惟作之稍費工力，兹各具一式，任便可耳。

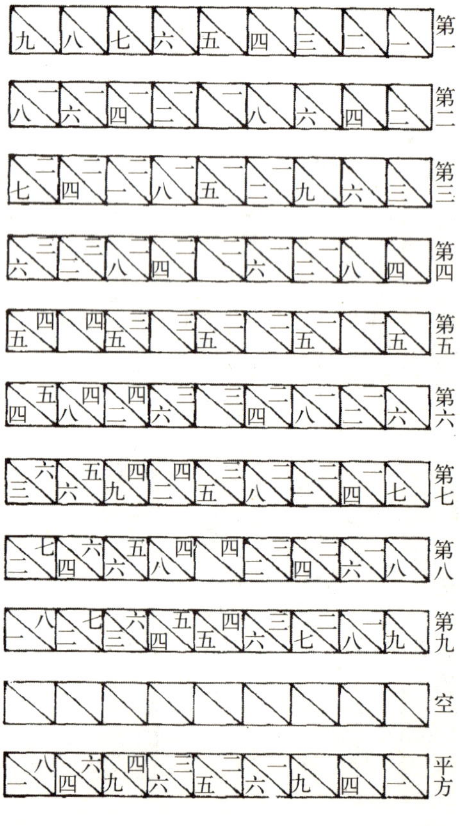

補作籌法

籌凡十式，皆用因乘訣。第一籌自一一如一至一九如九止，第二籌自一二如二至二九十八止，第三籌至第九皆同一律。餘一籌爲零，籌用空位。舊法兩面作之，每式九根，共九十根，殊費工力，而用時止用一面，其一面費於無用矣。或從省，則第一籌背作零籌爲對，二與九對，三與八對，四與七對，五與六對，則作四十五籌可得，每式九根矣。然算時，第一籌取用一根，則零籌只八根。若取用二根，則〇籌只七根矣。今法用參差相對，如第一籌一根與〇對，二根即與九對，三根即與八對，四根即與七對，五根即與六對，六根與五對，七根與四對，八根與三對，九根與二對，共九根。其二籌則一根與零對，至八根與三對則止，只有八根。其三籌至七根與四對止，只有七根。四籌至六根與五對止，只有六根。五籌至與六對止，只五根。六籌至與七對止，只四根。七籌至與八對止，只三根。八籌至與九對止，只二根。其九籌

横籌式

直立籌式

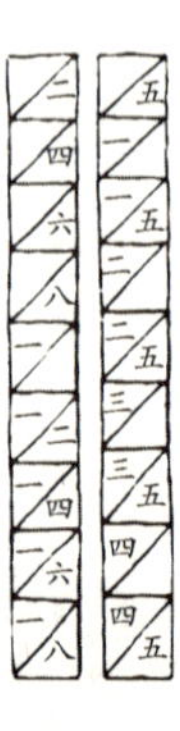

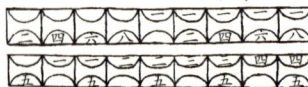

與零對，僅一根。何也？蓋每籌作兩面，不取同式，故十式止有九根，而一籌至九根止，則二籌至九根，當與一對，則與一籌之第九根複矣。故減一籌，餘籌每減一根，故至九籌，則僅一根，共得四十九籌也。而用時每數皆可，具九數者，何也？如用第一、第二兩籌，中有零位，則此兩籌皆取其對面作零者，則零籌自一至九皆可取用，而法已十一位矣。況法少一數，則零籌斷無，不敷九根，可知也。惟一籌或二籌用盡九根，則餘籌方不足九，若一與二皆用至九根，則餘籌方不足八，而一與二籌皆用至九根，又加零籌七根，則法共升五位，用算之題從來未有也。且即法多至廿五位，實不必亦然，則乘法尚可法實互易，即法實同至廿五位，尚可截□兩次，乘而并之，惟除乃不足耳。此外再□平方自乘一根，立方再乘一根，平方及四十五籌共四十六根，可作兩路立方三位濶倍之，可配匣裝貯。四十七籌共一千三百五十六字。

清・杞廬主人《時務通考》卷二三　宣城梅氏，精通天算，集中西大成，其所著各書非一時，繁複失次，有待於後人之編定者。東原戴氏，祖述其法，所著《策算》一卷，即梅氏所稱籌算。

清・潘逢禧《算學發蒙》　籌算説略

筆算創始西儒。曆書出，乃有籌算，實即筆算之變體也。筆算須臨時紀數，籌算則列數於籌，無論乘除開方諸率，無不畢具，列籌几案，瞭若列眉，較之舊傳鋪地錦，尤爲巧妙。但西人文字，皆衡列爲行，故籌算本法，因仍筆算，均係横書，彷彿珠盤之位，至除法則實横而商數縱，頗難定位。梅徵君定九謂既用筆書，在中土宜以直下爲便，爰改横籌直書，於定位尤加詳審，可謂折衷至當，獨惜於鈔録籌積之法，尚未盡明晰。南海何夢瑶《算迪》所載乘除歌訣，録積截實，爲例最精，惟乘法以法首與實位對列，不特與筆乘原法迥有不同，且於法實互用時，又不能一律認根，閲者不免眩瞀。茲酌改原訣數字，詳見卷中。定以法尾對實位，庶與各法通行無礙。又籌製舊式，但列九因積數，至籌之行數，均須臨時點算，茲於各籌上下兩半圈之中，均列古算位，某積某行，可一望而知，似亦握算者之一快也。抑余於此有感焉。古算沿用數千百年，未有變製，自元明間易爲珠盤，由是而筆算，而籌算，而尺算，輾轉相生，紛然雜出，豈今人心思果勝於古哉？蓋寧拙毋巧。古製所以久存，後世精華盡洩，是渾沌而鑿七竅也。嗚呼！可觀世變矣。

綜論

［意］羅雅谷《籌算》

賴用筭法凡三條。

筭家加減二法，并命分法，亦用籌所賴，故各具一則。

一、加法

加者，多小幾何，并爲一大幾何也，亦謂之計。先以第一小數，從左向右，横列于上。次以第二小數如前横列于下，從視之，則零對零，十對十，百對百也。分錢兩及寸尺丈，俱依此推。次視零位，若成十，成十則進一位。又視十位若干，百則進一位，千萬以上俱依此推。

假如有銀九萬一千七百六十一兩，又八萬二千〇七十八兩，又四千五百二十兩，又九萬〇六百五十四兩，俱横列，則視末位有一、八、〇、四，并得十三。本位書三，進位加一，與六、七、二、五并，得二十一。本位書一，進位加二，與七、五、六并，得二十。本位作〇，進位加二，與一、二、四并，得九，本位書九。首位九、八、九，并得二十六。本位書六，進位書二，得二十六萬九千〇一十三兩。如物數是斤兩，則十六兩成一斤，進位。尺步畝之類，俱依此推。

九一七六一
八二〇七八
　四五二〇
九〇六五四
二六九〇一三

二、減法

減者，一大幾何，減去一小幾何，餘幾何也，亦謂之除。以大數書于上，應減書于下，亦零對零，十對十，百對百也。次於每位對除之。若除數多於原數，則借前位一，以除之。蓋前位之一，即本位之十也。除完則得餘數。

假如有銀三十〇萬〇一百七十六兩三錢四分，內除去二十九萬八千六百四十三兩八錢五分。從左首位起，上數三，下數二，三除二存一。次位上數〇，下數九，借前一成一〇，除九存一。三位上數〇，下數八，借前一成一〇，除八存二。四位上數一，下數六，借前一成一一，除六存五。五位上數七，下數四，七除四存三。六位上數六，下數三，六除三存三。七位上數三，下數八，借前一成一三，除八存五。八位上數四，下數五，借前一成一四，除五存九。該存一千五百三十二兩四錢九分。

三，命分二法

命分者，一大幾何，已分幾何，尚餘幾何。今應命此餘者爲幾何，分之幾何也。又所餘之小幾何，再分得幾何，今應命此得者爲幾何，分之幾何也。前解曰：法數爲母，餘數爲子。如法數一六八，餘數四九，即命爲一百六十八分之四十九。後解曰得數爲子，得數前位爲母。如得數一位，則前位爲十。得數六，即命爲十分之六。得數二位，則前位爲百。得數三四，即命爲百分之三十四。得數三位，則前位爲千。得數二八三，即命爲千分之二百八十三。得數四五位以上推此。第前位定于一，數十則一十，百則一百，千則一千，萬則一萬。前一法即九章之命分法，亦即《幾何原本》之命比例法。後一法即《九章》之小數，如衡有錢、分、厘、毫，量有尺、寸、分、釐，曆有分、秒、微、纖也。

兩
二　一
一˥一˥二˥五三三˥四九
三˥〇˥〇˥一七六三四
二˥九˥八˥六四三八五

用法凡四條。

一、乘法

乘數，有實有法。先將實數依號查籌，從左向右齊列。其兩籌相並所成平行線斜方形，合成一位，方形内之數并爲一數矣。次以籌之方位爲法數，如法數是五，則視兩籌第五方；是九，則視兩籌第九方，即得數矣。若法有二數，則先查法尾所得數，横列之。次查法首所得數，進一位横列之。末用加法并之，得數。法有三數以上，依此推顯。

解曰：乘者，陞也，九九陞積之義也。數有二，一爲實，一爲法，可互用，大略以位數多者爲實可也。用籌則如實數列籌，自左而右。次視法數，依籌之同數格上横取之，并得商數列書之，更視次法。如前得次商數，進一位，書初商之下。三以上倣此。商畢，并諸商數，即乘得之數。

假如八十三爲實，以四乘之，先列八三兩籌，視其第四格，八號籌下左半斜方有三，兩籌合一，斜方有二二，并作三。三號籌下右半斜方有二，并爲三百三十二也。

一七五
三一五
———
三三二五

又如每銀一錢糴米九升五合，今有銀三兩五錢，問該米若

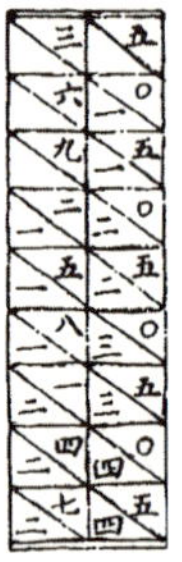

干。則以三五爲實，九五爲法，先查實數二籌齊列，次視法尾五，查二籌第五横行内數是一七五，另列。再視法首九，查二籌第九横行内數，有三一五。進一位，列于前得數之下併之，得三三二五。該米三石三斗二升五合。

九一五
三六六
一八三
———
二二八七五

又如有米一斗，賣錢一百二十五文，今有米一十八石三斗，問該錢若干。則以一八三爲實，一二五爲法，先查實數三籌齊列，次視法尾五，查三籌第五横行内數是九一五，另列。次視法次二，查三籌第二横行内數是三六六，進一位列于前得數之下。次視法首一，查三籌第一横行内數是一八三，又進一位，列于前得二數之下，併之得二二八七五。該錢二萬二千八百七十五文。

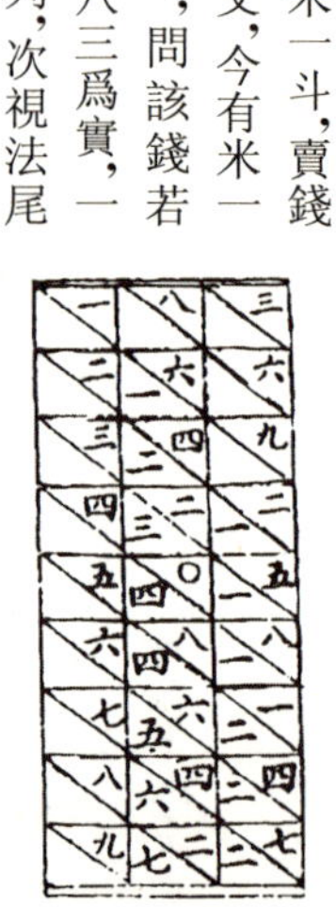

如法數有〇，則徑作一〇，以當其位。再查法數如前，如六八三爲實，三〇〇爲法，則作二〇。乃查三籌之第三横行内數，從二〇左進書之，餘倣此。

二、除法

除法，有實，有法，有商。先將法數依號查籌，從左向右齊列。次于諸籌從上至下，查横行内連數之等于實數，或畧少于實數者，在第幾行，即是初商數。如在第一行，即得數是一；在第九行，即得數是九也。次以查得之數減其實數，如已盡，則知止有初商；未盡，則知宜有再商也。有再商者，即再查横行内數之等于存實，或畧少于存實者，在第幾行，即是再商數。又以查得之數減其存數如前，又未盡，則更有三商，亦如上法。三以上倣此。若初得已除實數未盡，乃實數次位無實，則知當有〇位，即作一〇以當次商。或三位俱無，則知得有二〇，即又作一〇以當三商。乃從後數查之，若雖有餘數，而其數小于法數，是爲不盡法。法之數，用命分法。

解曰：除法者，分率之法也。有實有法，先列實，次以法數平分之。故古《九章》法名爲實如法而一，或省曰而一也。除法有二：一歸除，一商除。商除者古法，歸除則後來捷法。珠算可任用之。若書算、籌算，必獨用商除也。用籌則先如法數列籌，自左而右，别列實數。簡籌之某格與實數相合者，或畧少于實數者，以減實，即初商數也。若未盡，即如前再商三商，以上皆如之。又未盡，則以法命之。假如列實一百〇八，以三十六爲法除之，蔄三、六兩籌

列之，視其第三格，六號籌下，右半斜方有八，中各斜方有一、九，共十。進一位成百，即一百〇八，除實盡也。

又如，有米九升五合，價銀一錢。今有米三石三斗二升五合，問該銀若干。

五
七二
四三
三
商數三五

以三三二五爲實，九五爲法，先以法數二籌齊列，次于各行橫數內，求三三二。有則徑減實數，無則取其畧少者，二八五。以二八五減三三二，餘四七五爲實，而此二八五數乃在第三行，即三爲初商數。次視第五行，有四七五，正與餘實相等減盡，即五爲次商數，是三五爲得數也。該銀三兩五錢。

又如，每錢三百七十四文，買米一斗。今有錢八萬七千一百四十二文，問該米若干。以八七一四二爲

二
二四
一三一
一二七
一八
商數二二三

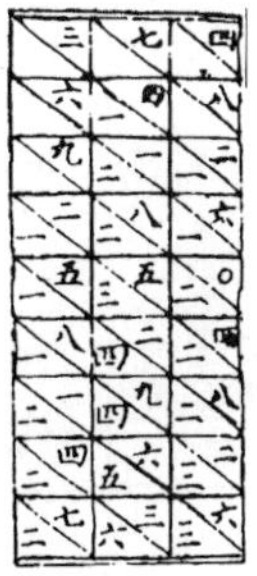

實，三七四爲法，先以法數三籌齊列，次視各行橫數內，求八七一。無則取其畧少者七四八，以七四八減八七一，餘一二三四二爲實。而此七四八乃在第二行，即二爲初商數。次視各行中無一二三四及畧少者，惟第三行有一一二二。以一一二二減一二三四，餘一一二二爲實，即三爲次商數。次視第三行有一一二二，正與餘實相等，除盡。即三爲三商數。該米二十三石三斗。

若積數爲八七二四八，尚有一〇六爲餘實，再欲細分，即用命分第一法，以餘數一〇六爲子，法數三七四爲母，即命爲三百七十四分之一百〇六。

或用命分第二法，于餘實一〇六後加一〇，依上法再分之，得二。又加一〇，再分之得八，又加一〇，再分之得三。得數爲二八三，凡三位，即命爲一千之二百八十三。

三、開平方法

開平方有積數，有商數。商有方法，有廉法、隅法。置積爲實，從末位下作一點，向前隔一位作一點，每一點當作一商。次視平方籌內自乘之數，有與實首相等者即除之。若無相等，則取其相近之畧少者除之，但實首以左第一點爲主。若點前無位，則自乘止於零數，如一四九是也。若點前有一位，則自乘應有十數，如十六至八十一是也。而此乘數在第幾格，則第幾數即初商數。如所用數是九，九爲三之自乘，在第三格，即三爲商數也。若有二點者，則以初商數倍之，如一倍爲二，三倍爲六也。即查所倍之籌，列于方籌之左。如四倍爲八，即取。第八籌，九倍爲十八。即取第一、第八兩籌也。次視諸籌橫行內數之，與存實相等者除之。而此數在第幾格，則第幾數即次商數。如在第五格，即五爲次商數也，不盡，以法命之。三點以上倣此。

解曰：開平方者，即自乘還原也，而法實相同，無從置算。故以積求形，必用方廉隅三法商除之。如有積一百，商其根根者，一邊之數，四邊皆同。十，即盡實。此獨用方法，無用廉隅矣。若一百二十一，初商十，除實百，餘二十一，則倍初商方根爲廉法，任加于初商實一角之旁兩邊，故曰廉。兩廉故倍初商根。次商一。以乘廉，得二十。以一爲隅法，實盡。則百二十一之積，開其根，得十一也。在籌，則右行自一至九者，即方根數也。左二行，即方根自乘之數止于二位，故隔一位作點。查實下作幾點，知方根當幾位也。法先于左第一點上一位或二位爲乘數，平行求得其根，適足則已，不合則用其少者。餘實以待次商也，左點或一位或二位者，點在實首，則乘數爲單數，點在實首之次位，則乘數爲十數也。

如圖，先以第一點求初商根，爲方法，乙爲方積也。不盡爲二點之實，以初商根倍之爲廉法，甲丙之長邊也。次商若干，即以爲隅法，丁方之一邊也。并二廉一隅法，以除實甲乙丙丁平方也，不盡，三商之。商而不盡者，以法命之。其籌法，先列本籌，得初商。次商則列廉法籌于本籌之左，本籌之自乘數，即隅積也。其根隅□也。次查所列籌，何格中平行并數，可當廉法之幾倍及隅方積，得其根，以除實即得。設實下有二點，則左一點之根爲十數，右一點之根爲單數。故廉法籌爲十數，本籌數爲單數也。三點以上倣此。

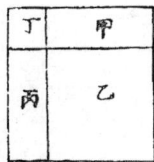

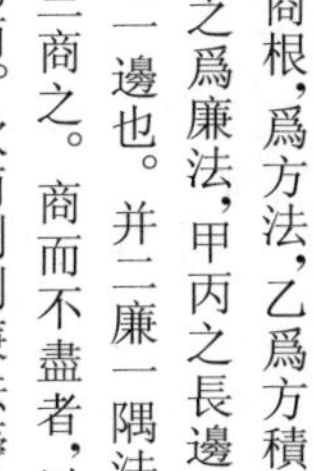

假如有積六百二十五，別列爲實。從末位五向前，隔二位各作一

五、
二
六、二
商根二十五
倍根四

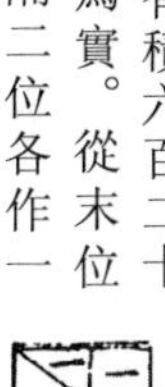

點，即知商二位也，點在實首。六爲單數，視方籌內自乘之數，無六，其下九，過實。用其上四，實之近少數也。平行向右取二爲方法，即方根。另列之，爲初商。即以四佰減六，百。存二。百。以并次點之實，得二二五爲餘實。

次倍初商根，得四爲廉法。廉有二，故倍方根。

九、
八　商根六⌉十⌉七
八四⌉、倍數一⌉十⌉二
四⌉

取四號籌，列方籌左，于列籌內并數，取其合餘實，或近少于餘實者，至五格適合。即五爲廉次率，爲隅法，爲次商。而本方之根，得二十五。

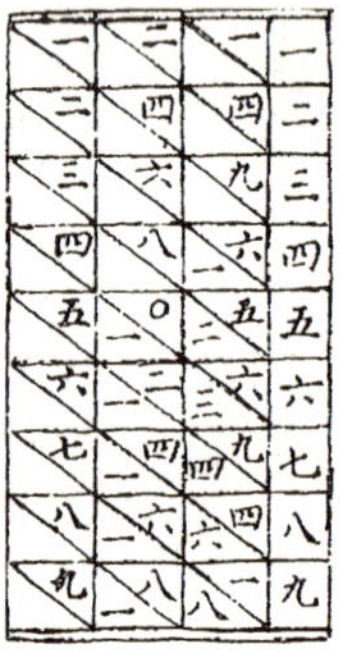

又如積四千四百八十九，別列爲實。從末位九向前作二點，知商二位，點在次位，則實首四四爲十數也。視籌內自乘無四四，近少爲三六，平行取六爲方法，爲初商，即以三六減四四，存八。以并次點之實，得八八九，爲餘實。次倍初根，得十二，爲廉法。取一、二號兩籌列方籌左，於列籌并數，得八八九，在第七格。除實盡，即七爲廉次率，爲隅法，爲次商。而本方之根，得六十七。

〇一⌉、
〇四⌉　根一七九
一⌉〇⌉、倍二四
三⌉二⌉　二
二⌉三⌉、

又如，有積三萬二千〇四十一，列爲實。從末向前，隔一位作一點，得三點，知商三位。點在實首，三爲單數，視籌自乘無三，近少爲一。平行取一爲方法，爲初商。即以一減三，存二，以并次點實。得二二〇，爲餘實。次倍初根，得廉法二，取二號籌列左籌方，於列籌并數，得近少者一八九，在第七格，即七爲隅法，爲次商，列初商之右。以一八九減餘實，得三一，以并三點之實，得三一四一，爲次餘實。次倍前根十七，得三四，爲次廉法。取三四兩籌，列方籌左，于列籌并數，得三一四一，在第九格，適盡。即九爲三商，爲隅法，列次商之右。而本方之根，得一百七十九。

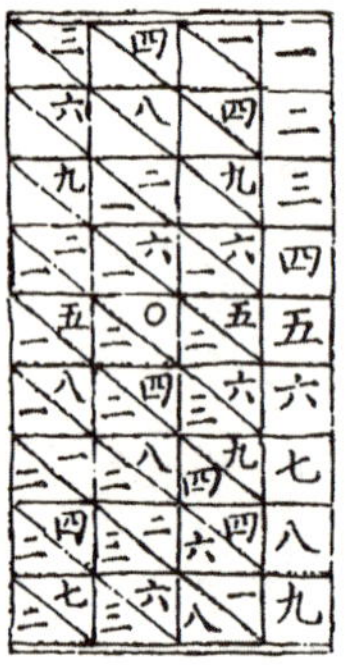

又如，有積六十五萬一千二百四十九列爲實，從末位九向前，隔一位作一點，得三點，知商三位，點在次位，則實首六五爲十數也。視籌自乘無六五，近少爲六四，平行取八爲方法，爲初商。以六四減六五，存一，以并次點實，得一一二爲餘實。次倍初根，得廉法一六，取一六兩籌列方籌左，於列籌并數，查無一一二，亦無近小數，即知次商爲〇也。則於八下加〇，以當次商，而以一一二并三點之實，得一一二四九，爲次餘實。次倍前根八，得一六，進一位，得一六〇，爲次廉法。取〇籌列一六兩籌之右，于列籌并數，得一一二四九，在第七格，適盡。即七爲三商，爲隅法。列前二商。之下，而本方之根得八〇七。

一⌉　〇　〇　〇
六⌉五⌉、一⌉二⌉、四⌉九⌉、
倍根
一六八
〇
一六〇七

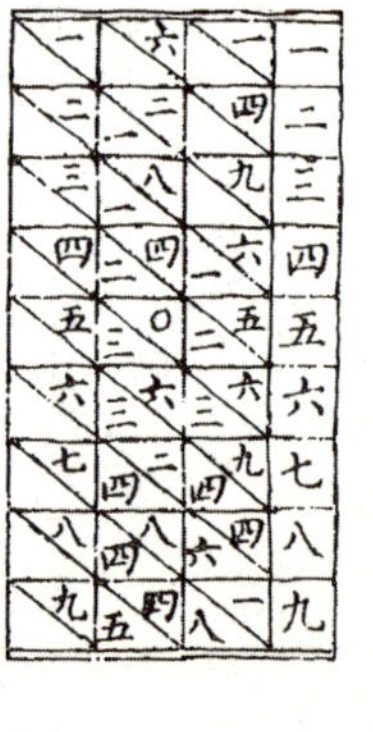

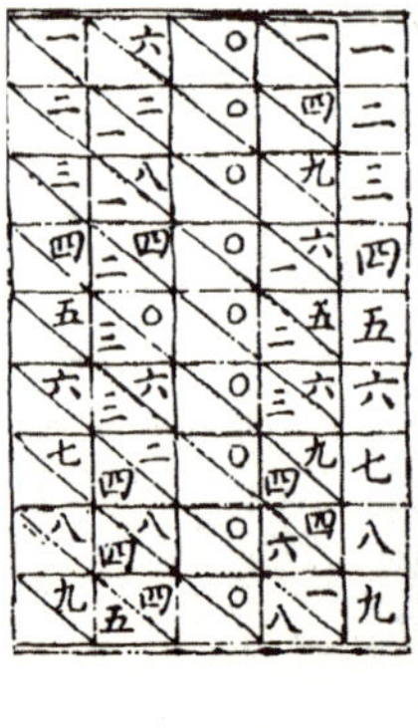

其商而不盡者，以法命之，則有二術。其一如前第一，六一六萬二千七百四十九，如前三商，得根八百一十四，餘積一百五十三，更商一。當倍廉加隅，得一千六百二十八，今不足，則命爲未盡者，一千六百二十八之一百五十三也。

一
二⌉六⌉六⌉五三
六⌉六⌉、二⌉七⌉、四⌉九⌉、
餘　倍根
一六八
一六二八七六二一
一五三　四

法曰：凡開方不盡實，其命分法。倍前商數二廉也。加一，立隅。爲母，積商之一。餘實爲子，依法命之，然終不能盡。如設積六十，求開方，初商七，餘十一。倍七加一，得十五，爲母。十一爲子，可命六十之根爲七又一十五之一十一，而縮。試并初商及分數自之，得四十九又二二五之二四三一，約之爲一十一，是二二五之一八一。以并四十九，得五十九又二二五之一八一，不及□積。若倍初商，不加一爲母，命爲十四之十一，試自之，得六十〇又一九六之一四一，過元積而盈。

其一，欲得其小分，則通爲小數，如前第二法更開之。當於餘積之右，加兩圈，是原積之一化爲百也。如法開之，得根數，當命爲一十分之幾分也。或加四圈，是原積之一，化爲萬也。得根數，命爲一百分之幾分也。或加六圈，一化爲百萬。得根，命爲一千分之幾分。或加十圈，一化爲一百萬萬。得根，命爲十萬分之幾分也。

如圖，原積六六二七四九，已商得八一四，不盡者一五三，欲得其細分。加六圈，是一百五十三化爲一萬五千三百〇十〇萬〇千〇百〇十〇也。更開得數，爲〇九三。因空位六，則命爲一千分之〇百九十三也。欲更細，更加空位，終不能盡，何故？六十者，本無根之方也。

一〇、
五〇　根
三九〇、
七一〇
〇七〇、倍
六四〇
一六三、
五
一、

四百十單
一〇九三
八
八〇八
二八一
六二八
一六二
一六

四、開立方法

開立方亦有積數，有商數。商有方法，有平廉法，長廉法，隅法。置積爲實，從末位向前，隔二位作點，每一點有一商。次視立方籌內再乘之數，有與實首相等者，即除之。若無相等，則取其近少者除之。但實首以左第一點爲主。若點前無位，則再乘止于零數，如一如八是也。若點前有一位，則再乘應有十數，如二七，如六四是也。若點前有二位，則再乘應有百數，如一二五至七二九是也。而此乘數在第幾格，則第幾數即初商數。如所用數是八，八爲二之再乘，在第二格，即二爲初商也。若有二點者，以初商數自乘而三倍之，如二之自乘得四，四之三倍爲一十二，爲平廉法。以初商數三倍之，如二之三倍得六，爲長廉法。次以平廉法數查籌，列立方籌左，又以長廉法數查籌，列立方籌右。次視左籌與方籌并之橫行內數，商其少于餘實者，平行取數爲約數，即以此數爲次商。如在五格，即次商五也。次以次商自乘之數與長廉法數相乘，進一位，書于約數之下。以此二數併之，除其餘實，即得立方根。不盡者，以法命之。三點以上倣此。

解曰：立方形者，六方面積爲一實體也，每面等，每邊每角各等。立方積者，一數自乘再乘之所積也。線有長，面有長有廣，體有長有廣有高，所謂一乘作面、再乘作體是也。開立方者，亦以積求形之術，其異于平方者，平方爲面。面有四等線開之，求得四線之一，爲方根也。立方爲體，體有十二等線，開之求得十二線之一，爲方根也。三乘方以上，亦皆十二線，有等有不等，而皆求其最初第一面之一界線，爲方根也。今解立方廉隅法，姑作分合圖論之，若截木，或鎔蠟作八體分合解之，尤易曉矣。其一，作六方面形一事，諸面線角皆相等。此名方法體，即上圖甲乙丙丁立方體是也。其二，作六面扁方體三事，其上下面各與方法等。旁四面之高少于方法之高，任意多寡，開訖乃得。而四稜線皆等。此名平廉法體，即上圖戊己庚辛是也。其三，作六面長方體三事，其上下左右四面，與平廉之旁面等，兩端之四界線，皆與平廉之高等。此名長廉法體，即上圖壬癸是也。其四，作六面小立方體一事，六面之廣袤，皆與長廉之兩端等，此名隅法體，即上圖子丑是也。

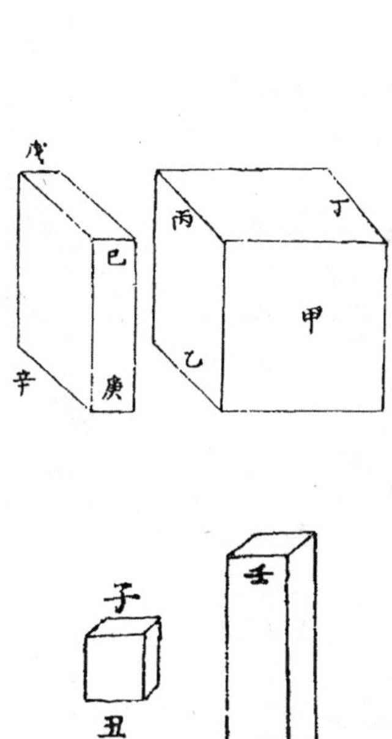

古度數家以度理解數學，度者，點線面體，量法也；數者，一十百千等，算法也。亦□□□□度學。如鳥兩翼，交相待而爲用也。今依此，借□□□立方之體，如初方體之邊各四，則一面之積爲一六，其容積六四，平廉之兩大面亦一六，其高設五，相乘得容積八〇。長廉之長亦四，其兩端之高廣各五，則其容積一〇〇。立隅之邊各五，則其容一二五，此八體并之，以三平廉合于初方之甲丙乙丙丙丁三面，以三長廉補三平廉三闕，以立隅補三長廉之闕，即成一總立方也。又算法：單數乘單數，生單數。如四乘六爲二四，是爲六者四，積爲二十四，而其根四乃單數也。單數乘十數，生十數。如四乘三十爲一二〇，是爲三十者四積爲一百二十，而其根三，乃十數也。十數乘十數，生百數。如三十乘八十，爲二四，是爲八十者三十，積爲二千四百，而其根四，乃四百也。推之，則十乘百生千，百乘百生萬也。今依此推前總立方，以四十五爲全根，其初方之一邊爲四十，其面則爲四十者四十，是一千六百也，是十乘十生百也。其容積爲一千六百者四十，是六萬四千也，是十乘百生千也。其平廉之兩大面與初方之面等，亦一千六百，其高五，是單數。以乘

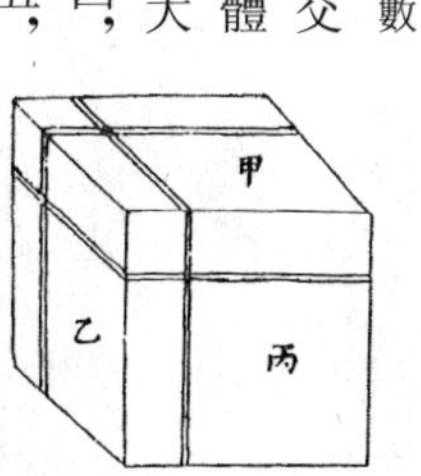

百，得八十者百，是八千也，是單乘百生百也。立廉三三倍之，得二萬四千也。長廉之高廣皆與平廉之高等，爲五，是單數，其面爲二五，單根也。其長與初方等，爲四十，相乘得四十者二十五，是爲一百者十，則一千也，是單乘十生十也。長廉三，三倍之，得三千也。立隅體與平廉之高等，爲五，是單數。自乘得二五，亦單數也。再乘得一二五，亦單數也，是單乘單生單數也。已上共得九萬一千一百二十五，爲兩商之總立方積，其根四十五。右以數明立體之理，其在籌。則右行自一至九者，立方根數也。左三行自一至七二九者，即方根自乘再乘之數也。自乘再乘，止于三位，如三自乘再乘，爲二十七，九自乘再乘，爲七百二十九。故列實下隔二位作點，查實下幾點，知立方根當幾位也。法先于第一點以上查實，簡籌或適足，或略少者，即初商之立方體，平行求得其根也。次初商根自乘得平廉面，與初商之體等。三倍者，三平廉也，平廉之籌，列立方籌之左者。立方籌之右行爲單數，中行爲十，左行爲百，平廉籌右行之號亦百數也。以合於立籌之左行，其爲幾百也。次平廉之面積三，偕初商之根三，并爲分率數，以求六廉一隅之商。於立籌平籌上求餘實之近少數，不欲太少，爲尚有長廉之容故也。約可用者。平行取根，即次商也。不言隅法者，次商之再乘，即是立隅。籌上所自有也，又平行取次商之平方積，乘長廉籌之數，得長廉之容，長廉之號爲十數，以列于約數之下。進一位，作十數。次求七體之總積，初體之外，有平廉三，長廉三，立隅一。其定位，立隅在本籌之上爲單數，次商與三長廉法相乘得數爲三長廉之實。此數之號爲十數，三平廉之籌加于立籌之外，其號爲百數。通併之以除餘實，未盡。而原實有三點者，以先兩商之總方爲初體，復如前法三商之，亦并八體爲一總體，不及商爲一者。依法命之。

《同文算指》曰：先得之根初商也。乘于三十，今曰三之，長廉法也。所得之號爲十數也。又曰：先根之方初體之面。乘于三百，今曰三之，平廉法也。所得之號爲百數也。一也。

假如有積四千九百一十三，別列爲實，從末位三向前，隔二位，各作一點，即知商二位也。

三、倍根三
一　商根一七
九
三四「、倍方三

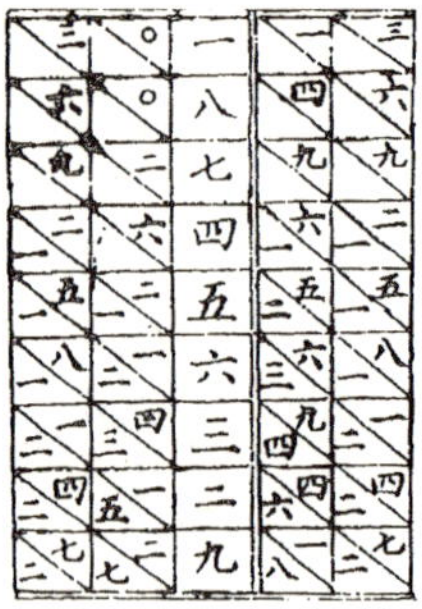

點在實首，四爲單數，視立方籌內再乘之數無四，下八，過實，用其上一。實之近少數也，平行向右取一，爲方法。即方根。另列之，爲初商，即以一千。減四，千。存三。千。以并次點之實，得三九一三，爲餘實。次用初商一自乘，爲平廉面。而三倍之，三平廉故。得三百爲平廉法。亦名倍方數。取三號籌列立方籌左，又以初商一十，三倍之，一者長廉邊，三長廉，故三倍。得三，爲長廉法。亦名倍根數。取三號籌列立方籌右，于列籌立方籌與平廉籌也。內并數，取其少于餘實者爲約數。第其中有長廉之實，不得過少，又不得多。多者，如第九格遇三四二九，以爲約數，近少矣，另列之。向右平籌自乘數內，平行取八十一，乘于長廉法三，得二百四十三，列近少數三四二九。下。進一位，并得五八五九，則多于餘實也。至第七格，遇二四四三，以爲約數，另列之。向右平籌自乘數平行取四十九，以乘長廉法三，得一百四十七，列近少數二四四三。下，進一位，并得三九一三，除實盡。平廉籌之二千一百，平廉實也。立方籌之三百四十三，立隅積也。平方籌之四十九，長廉兩端之面也。以乘長廉法三十，得一四七，長廉積也。諸籌之上，一一分明。平行求其根，得七，即七爲次商也。得總立方之根一十七。

又如積九百一十五萬九千八百九十九，別列爲實。從末位九向前，隔二位作一點，凡三點，當商三位也。點在實首，九爲單數。視立方籌內再乘之數無九，下二七過實，用其上八，實之近少數也，平行向右取二爲方法，另列爲初商，即以八減九，存一。以并下位，得一一五九爲餘實。次用初商二，自乘而三倍之，得一十二爲平廉法。取一號二號兩籌列立方籌左，又以初商二，三倍之得六，爲長廉法。取六號籌，列立方籌右，於列籌立方與平廉，共三籌。內并數，取其少于餘實者爲約數，試之而無有，是少者爲第一格之一二〇一。則知商有空位。於初商下作圈，以當次商。復開第三點之餘實，爲一一五九八九九。前兩商二〇，二十也。自乘之得四〇〇。四百也。

一
九、一五九、八九九、
商
二

一　三〇五七〇
九「一「五「九「八「九「九、
倍　商　倍
方　二　根
一二〇六〇
一二〇〇九

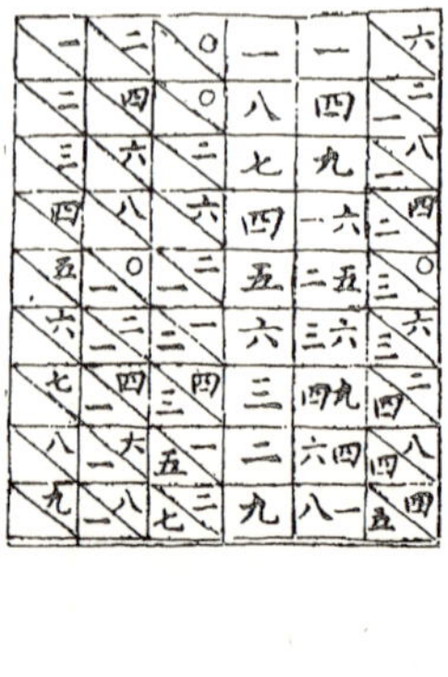

三倍之，爲一二〇〇。一千二百。依數取四籌爲平廉法，列立方籌左，前商二〇，三倍之，得六〇。取二籌爲長廉法，列立方籌右，於列籌立方與平廉，共五籌。内并數，取其少於餘實者爲約數至第九格，方得一〇八〇七二九，另列之。向右平籌自乘數平行取八十一，以乘長廉法六〇，得四八六〇。列近少數一〇八〇七二九。下，進一位，并得一一二九三三九，除實，不盡三〇五七〇。其三商平行取根，得九，并初二商，得立方根二〇九。不盡者更欲細分之，則用命分第二法，於餘實後加三圈，得三〇五七〇〇〇〇爲餘實。依上法再開之，以前商二〇九，自乘爲四三六八一，又三倍之，爲一三一〇四三。取此六籌，列方籌左，爲平廉法。又以前商二〇九，三倍之，爲六二七。取此三籌，列方籌右，爲長廉法。於列籌左籌七。内并數，取其近少爲約數，試之至第二格遇二六二〇八六〇八，爲近少于餘實。三〇五七〇〇〇〇。另列之，向右平籌自乘數内，平行取四，乘于長廉法六二七，得二五〇八，列近少數二六二〇八六〇八。下，進一位，并得二六二三三六八八。以除實，不盡四三三六三一二。即取右根二爲商數，依法命爲一十分之二分也。若欲再開，則餘實後又加三圈，得四三三六三一二〇〇〇，爲餘實。依上法，以前商二〇九二自乘，爲四三七六四六四。又

二〇 一〇、 三〇 六〇、 三七 三五 四〇、 三
倍根 二六二七
商根 〇 九、二
倍方 一三一〇四三〇
餘實

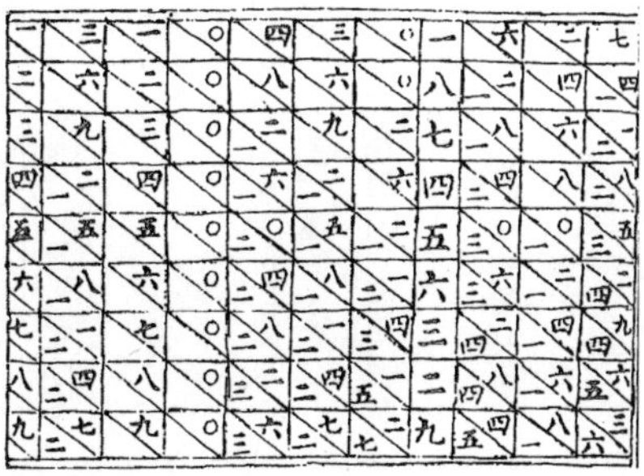

三倍之，得一三一二九三九二。取此八籌，列方籌左，爲平廉法。又以前商二〇九三，三倍之，爲六二七六。取此四籌，列方籌右，爲長廉法。於列籌左九籌。内并數，取其近少，至第三格遇三九三八八一七六二七，爲近少于餘實。四三三六三一二〇〇〇。另列之，向右平籌自乘數，平行取九，乘於長廉法六二七六，得五六四八四。列近少數三九三八八一七六二七。下，進一位，并得三九三九三八二四六七，以除實，不盡三九六九二九五三三。即取右根三爲商數，依法命爲二百〇九又一百分之二十三分也。若再開，則餘實後又加三圈，得三九六九二九五三三〇〇〇爲餘實。依上法，以前商二〇九二三，自乘爲四三七七七一九二九，又三倍之，得一三一三三一五七八七。取此十籌，列方籌，左爲平廉法。又以前商二〇九二三，三倍之，得六二七六九。取此五籌，列方籌右，爲長廉法。於列籌左十一籌。并數取約至第三格，遇三九三九九四七三六一二七，爲近少于餘實。三九六九二九五三三〇〇〇。另列之，向右平籌自乘數，平行取九乘于長廉法六二七六九，得五六四九二一。列近少數三九三九九四七三六一二七。下，進一位，并得三九四〇〇〇三八五三三七，以除實，不盡爲二九二一九一四七六六三，即取右根三爲商數，依法命爲二百〇九又一千分之二百三十三也。餘實任開之，終不盡，何者？無立方數，不得有立方根也。

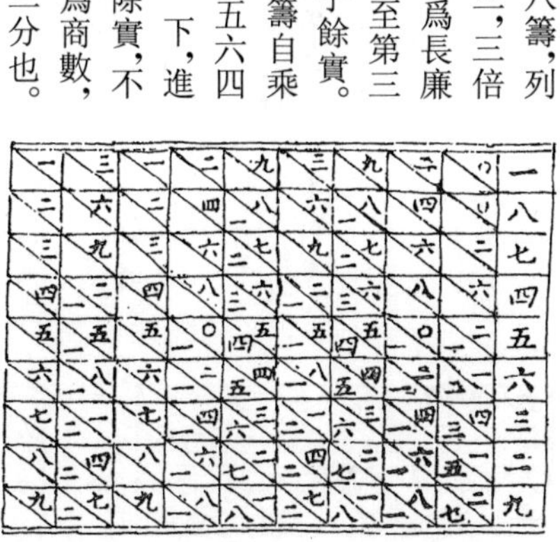

三〇、 三〇 五〇 九二、 二一 九三 六六、 九三 三三 〇四、
倍根 六二七六
商根 二〇九 二三
倍方 一三一二九三九二

〇 〇 〇 三、 三 五 九、 二 九 六、 九 三
倍根 六二七六九
商 二〇九 二三三
倍方 一三一三三一五七八七

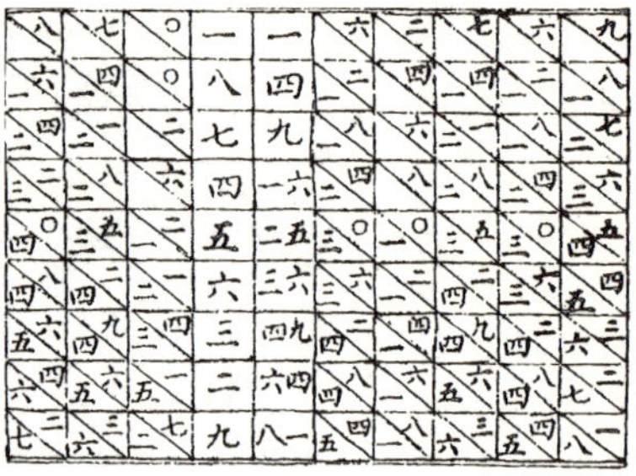

清・梅文鼎《籌算》卷一

乘法

凡理之可言者,皆其有數者也。數始於一,相緣以至於無窮,故曰一與一爲二,二與一爲三。自此以往,巧歷不能盡,乘之義也,故首乘法。

解曰:乘者,增加之義。其數漸陞,如乘高而進也。亦曰因,言相因而多也。在珠算則有因法,有乘法;在籌算總一乘法,與筆算同。

法曰:凡兩數相乘,任以一爲實,一爲法。如以人數給糧,或以人爲實,糧爲法;或以糧爲實,人爲法之類。

凡算先列實,列書之於紙,或粉板亦可。依千百十零之位列之,自左而右。次以法,數用籌乘之,法有幾位,則用幾籌。如法爲六十四,則用第六、第四兩籌。法爲三百八十四,則用第三、第八、第四共三籌。

凡乘皆從實末位最小數起,視原實某數,即於籌某行取數列之。如實是二,則取第二行數之類。

凡列乘數,皆自下而上,如畫卦。

凡實有幾位,挨次乘之,但次乘之數,必高於前所列之數一位。如先乘者是單,次乘者必是十,故進位列之。如法乘訖,乃以併法併之,與筆算同。

假如有軍匠一十二名,每名給米三石六斗,共幾何。

答曰:四十三石二斗。

此以三石六斗爲實,一十二名爲法,宜用一二兩籌。法是兩位,故用兩籌。

若以三石六斗爲法,則用三六兩籌。其乘得之數並同。

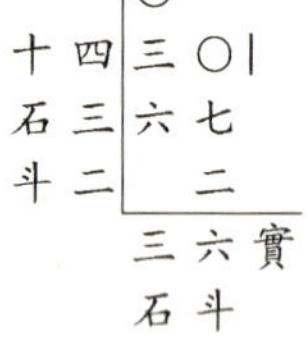

先乘六斗,取籌第六行數○七二書於實六斗上。

次乘三石,取籌三行數○三六進一位,書於三石上。

乘訖,併之,得四三二。

定位法,問者是共米數,而每人之米末數是斗,則知得數之末位是二斗,而以上之位皆定矣。

假如方田之法,以二百四十步爲一畝,今有田一百二十五畝,該步幾何。

答曰:共三萬步。

此以二百四十步爲法,宜用二四兩籌。

先乘五畝,取籌第五行數書於五畝上。

次乘二十,取籌第二行數進一位書之。

末乘一百,取籌第一行數,又進一位書之。

併之,得三○○○○。

定位法,問者是共步數,而畝法尾數是十步,則知得數之末位是十步。既知末位是十步,則首位爲三萬步明矣。

假如焦氏《易林》四千零九十六卦,若每卦又變六十四,共幾何。

答曰:二十六萬二千一百四十四卦。

此以六十四變爲法,用六四兩籌。

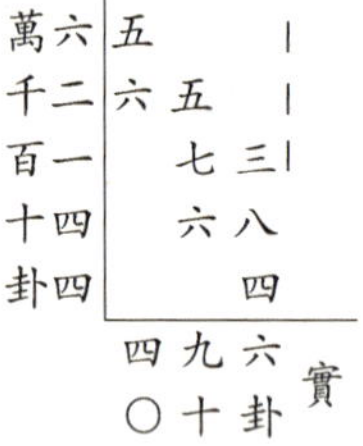

進一位書,

竟進兩位書,因百位空,省不乘,竟乘四千,故進兩位也。

右實中有空位省乘式也。若法中有空位,則須用空籌,如此問。

若以四千零九十六爲法,則宜用四○九六之四籌也。

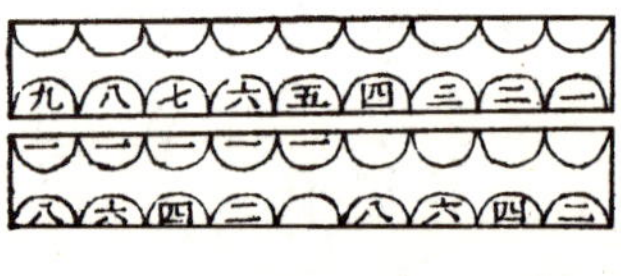

法一十二名

法一百四十

法六十四

除法

天地之道，消息盈虛而已，無有消而不息，無有盈而不虛。乘者，息也，盈也；除者，消也，虛也。二者相反而不能相無，其數每相當，不失毫釐，如相報也。邵子曰：算法雖多，乘除盡之矣，故除法次之。

解曰：除者，分物之法也。原物幾何，今作幾分分之，則成各得之數。而除去原數也，有歸除，有商除。珠算任用，籌算則用商除爲便，以意商量用之，與筆算同。

法曰：凡除以所分之物爲實，而以分之之物爲法，法實須審定，儻一倒置，則毫釐千里矣。如有糧若干，分給若干人，則當以糧爲實，以人之數爲法除之，蓋以糧數是所分之物，人數是用以分之之法也。若倒用糧分人，則所誤多矣。

凡法有幾位，則用幾籌。與乘法同。

凡列實自上而下，直書之。

凡初商，視籌之第幾行内積數，有與實相同者，或畧少於實者。用其數以減實，而視所用數係籌之第幾行，其行數即爲初商數。如所減數是籌之第一行，即商一；第二行，即商二；第三行，即商三是也。

凡次商，用初商減餘之實，與籌之積數相較而減之，而得次商，並與初商同。三商以上皆如之，實盡而止。不盡者，以法命之，詳筆算。

凡書商數，皆與減數第一位相對。若減數之首位是〇，則補作〇於實首位上，而以商數對之。此定位之根，不可忽畧。

凡定位，以得數即商得之共數。與實數對位求之，於法首位之上一位，命爲單數，即珠盤所謂歸於法前得零也。與筆算同。

假如太陽每歲行天三百六十度，分爲七十二候，每候幾何度。

答曰：每候五度。

此欲分爲七十二分也，故以七十二爲法，用七、二兩籌。而三百六十爲所分之度，以爲實。

實 三六〇（百 十△ 度）
得數 五 度（法首）

先列實三六〇，次簡籌之第五行有三六〇，與實相同，用以減實恰盡，乃商五。因減數係第五行也。對實首位三字書之。減數首位是三字故。

定位，於實内尋十度位爲法首位，再上一位爲單度，定得數爲五度。

法七十二候

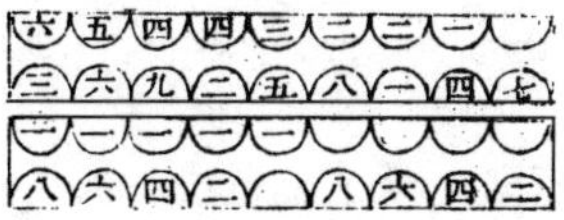

假如皇極經世，一元共一十二萬九千六百年，分爲十二會，每會各幾何。

答曰：每會一萬零八百年。

此欲分爲十二分也，故以一十二爲法，用一、二兩籌。而以共年爲實。

實 〇一二九六〇〇（十 萬 千 百 十△ 年）
一

先列實一二九六〇〇，次簡籌之第一行，是〇一二。乃補作〇於實首位上，始減之，減去〇一二。餘九六〇〇。商作一，第一行故。對實首上一位〇書之，減數首位是〇故。此定位之根，要留意。

實 〇二二九六〇〇（十 萬 千 百 十△ 年）
得數 一〇八〇〇（萬 千 百 十 年）（法首）

又簡籌之第八行，是〇九六，與餘實相同，減之恰盡，乃商八。第八行故。對餘實九字之上一位書之。因減數是〇九六，首位是〇，故以商數八進位書之，以暗對其〇。

如此審定，商數位置已知不錯，而初商次商空一位，不相接，是得數有空位也。乃於其間補作〇，爲一〇八。

儻隔兩位，則作兩〇，三位以上倣此。若非於商數審定書之，鮮不誤矣。

定位，從原實内法首十位再上一位是單年，單位空，補作〇。又上一位是十年，十位亦空，亦補作〇。又上一位是百年，故定爲一萬零八百年。

法一十二會

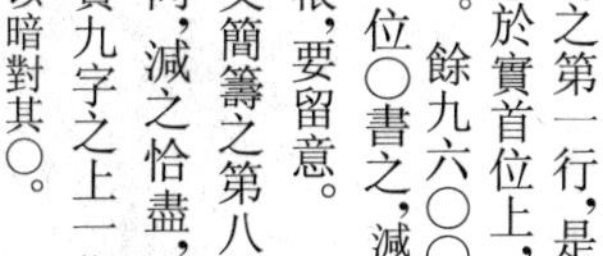

假如有布二萬一千七百六十八丈，給與九百零七人，各幾何。

答曰：每人二十四丈。

此欲分爲九百零七分也，故以九百零七人爲法，用九、〇、七共三籌。而以共布爲實。

原實 二一七六八（萬 千 百△ 十 丈）　三六二
得數 二四（十 丈）（法首）

先列實二一七六八，次簡籌惟第二行一八一四，畧少於實，減之，餘三六二八，商作二。第二行故。對實首位二萬書之，又簡籌第四行，是三六二八，與餘實同，減實盡，商作四。第四行故。對餘實首位三千書之，定位同前。

法九百零七人

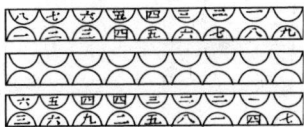

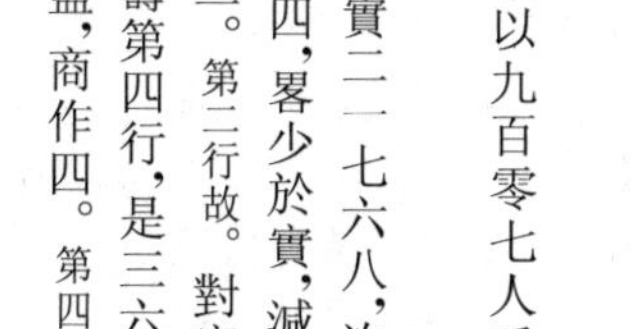

假如有大珠重九錢六分五釐，換得小珠三十四萬三千一百五十四粒，每大珠一錢，換小珠幾何粒。

答曰：每錢換三萬五千五百六十粒。

以九錢六分五釐爲法，用三籌。小珠共數爲實。

如法列實，先簡籌第三行二八九五，畧少於實，減之。餘五三六五四，乃商三。次簡籌第五行四八二五，畧少於餘實，減之。仍餘五四〇四，乃商五。又簡籌第五行四八二五，畧少於餘實，仍商五，減餘實。仍餘五七九，又簡籌第六行是五七九〇，與餘實同，恰減盡，商六。

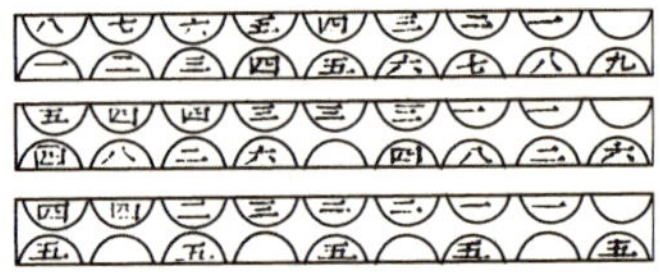
法九錢六分五厘

定位，從原實中尋單位爲法之首位，法首位之上一位爲單粒，從單粒逆上計之，至得數首位爲萬，定所得爲三萬五千五百六十粒，爲大珠每錢所换小珠之數。

或曰：法首是錢，實尾是粒，不類也，何爲竟以粒爲錢位乎？勿庵曰：此定位之法，所以的確不易也。子疑錢與粒不類，抑知單與單爲一類乎？蓋所問是每錢若干，故以錢爲單。若問每分若干，則法首錢爲十位，所得爲三千五百五十六粒矣。故定位須詳問意也。

開平方法

自《周髀算經》特著開平方法，其説謂周公受於商高，矩地規天，爲用甚大。然有實無法，故少廣之在九數，别自爲章。今以籌御之，簡易直截，亦數學之一樂也。

解曰：平方者，長濶相等之形也，其中所容，古謂之冪積，亦曰面冪。西法謂之面，面有方有圓，此所求者方面也。其法有方有廉有隅，總曰平方也。冪音覓，覆物巾也。開亦除也，以所有散數，整齊而布列之爲正方形，故不曰除而曰開。

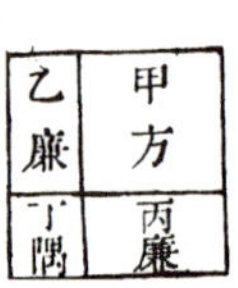

次商圖

方者初商也。初商不盡，則有次商；次商則有兩廉、一隅。三商以上倣此，圖如後。

三商圖

如圖，甲爲初商方形，乙與丙爲次商之兩廉，丁爲次商之隅，以補乙、丙兩廉之空。合一方、兩廉、一隅成一正方形。

如圖，甲乙丙丁爲初商次商之一方兩廉一隅，戊與己爲三商之兩廉，庚爲三商之隅，以補戊己兩廉之空，合三商之兩廉一隅，以輔次商廉隅之外，成一正方形。四商以上，倣此加之。

解曰：每行兩位者，自乘之積也。假如方根一十，則其積一百；方根二十，則其積四百；以至方根九十，則其積八千一百也。籌之行數即方根也。假如第一行積一百，則其根一十；第二行積四百，則其根二十；乃至第九行積八千一百，則其根九十也。

平方籌式

開平方籌只用兩位，何也？曰爲初商設也。平方積數雖多，而初商所用者只兩位，次商以後皆廉積也。

籌下一位單數也，而實百也，萬也，百萬也，億也，百億也，萬億也，百萬億也，皆于單同理。故獨商首位者，用下位之積數焉。其積自〇一至〇九，其方根爲一二三。

籌上一位十數也，而實有千也，十萬也，千萬也，十億也，千億也，十萬億也，千萬億也，皆與十同理。故合商兩位者，用上下兩位之積數焉。其積自一六至八一，其方根自四至九。

凡列實至單位止，實有空，作〇以存其位。列畢乃作點。

凡作點之法，皆從實單位作一點起，每隔一位則點之，而視其最上一點以爲用。點在實首位者，即以首一位爲初商實。乃補作一〇於原實之上，亦成兩位之形。點在實次位者，合實首兩位爲初商實，皆視平方籌積數，有與實相同，或差小於實者用之，以減原實而得初商。

凡定位，既得初商，則計實之點以定其位，知其所得爲何等。或單或十之類。如只一點者，初商必單數也，自一根至九根。則初商已盡，無次商矣。有二點者，初商必十數也。自根一十至根九十。初商十數者，有次商矣。有三點者，初商必百數也。自根一百至根九百。初商百數者，有次商，又有三商。有四點者，初商千也，有商四次焉。有五點者，初商萬也，有商五次焉。

次商法曰：若初商已開得單數，雖減積不盡，不必更求次商也。雖未開得單數，而初商減積已盡，亦不必更求次商也。惟初商未是單數，而減積又有不盡，是有次商矣。乃倍初商爲廉法，廉有二，故倍之。用籌初商一，則用第二籌；初商七，則用一四兩籌，皆取倍數。加於平方籌上，爲廉隅共法。隅小平方也，故用平方籌爲隅法。又隅之數必小於廉之數一位，故以平方籌列於廉法籌下。視籌積數，有與餘實等，或畧小於餘實者，用之爲廉隅共積，即視積數在籌之某行，命爲次商數。

商三次以上法曰：次商所得尚非單數，而減積又有不盡，是有第三次商矣。乃合初商次商數皆倍之，爲三商廉法。用籌以除餘實而得三商，皆如次商。商四次、五次以上並同。

命分法曰：但開至單數而有餘實者，是不盡也。不盡者，以法命之。法以所開得數倍之，又加隅一爲命分，不盡之數爲得分。凡得分必小於命分，亦有開未至單，宜有續商。而其餘實甚少，不能除作單一者，亦如法命之。而於其開得平方數下作圈紀其位，如云平方每面幾十〇又幾十分之幾，或平方每面幾百〇〇又幾百幾十幾分之幾。

若欲知單下之零分，則於餘實下加〇〇，則多開一位，其所得者爲單下之零分，開法與次商三商同。

凡書商數，依前隔位所作點，以最上一點爲主，視得數自一至四，皆對此點之上一位書之。五以上者則又進一位書之，其故何也？五以上之廉倍之則十，故豫進一位以居次商，四以下雖倍之，猶單數也，所以不同。凡歸除開平方，須明此理，不則皆誤矣。大約所商單數，必在廉法之上一位，乃法上得零之理也。平方有實無法，廉法者乃其法也。至次商以上，其書法並同除法。

審空位法曰：若次商實小於廉隅共法之第一行，凡籌第一行數最小。則次商是空位也，即作〇於初商下，以爲次商。乃於廉法籌下，平方籌上，加一空籌，爲廉隅共法，以求三商。三商實小有空位並同。

假如有積一十二萬九千六百，平方開之，其方根幾何。

答曰：方根三百六十。

列位作點，有三點，應商三次。

三
一二九六〇〇、
三六〇

視首位無點，點在次位，合兩位一十二萬，爲初商實。

視平方籌積，有小於一二者是〇九，其根三也。第三行故。於是商三百。三點故初商百。對點之上一位書之，減去方積九萬，餘三萬九千六百，爲次商實。

次倍初商三百作六百爲廉法，用第六籌加於平方籌上，視籌第六行積數三九六與餘實等，乃商六十。書於初商三百之下，減積恰盡。

實有三點，宜商三次，而次商減積已盡，是方根無單數也。

凡開得方根三百六十。

假如有積一千六百七十七萬七千二百一十六尺，其方根幾何。

答曰：四千零九十六尺。

〇 四九一
一六七七、七二一六
四〇九六

列位作點，有四點，應商四次。

點在次位，合兩位一千六百萬爲初商實。

視平方籌之第四行積數一六與實同，商四千尺，書於點之上一位，以減初商實，恰盡。

次倍初商四作八爲廉法，用第八籌列於平方籌上爲廉隅共法，以二點上餘實七七爲次商實。凡餘實必在商數下一位起。儻空位，則作〇補之，此其例也。

視籌第一行是〇八一，大於實，知次商空也，乃作〇於初商四千尺下以存次商位，亦減去餘實首位之〇。

次加空籌於次商廉下平方籌上爲三商廉隅共法。以第三點上餘實七七七二爲三商實。

視籌第九行是七二八一，小於實，商九十尺。對三商實首位書之，仍用前圖。以減三商實，餘四九一。

次倍初商次商三商數共四〇九，倍之作八一八爲廉法，用八一八共三籌，列於平方籌上爲四商廉隅共法。以第四點上餘實四九一一六爲四商實。

視籌第六行積數是四九一一六，與四商實等，乃商六尺。書於三商之下，仍用前圖。以減四商實，恰盡。

凡開得平方每面方根四千零九十六尺。

開帶縱平方法

算有九，極於句股。句股出於圓方，故少廣旁要，相資爲用也。然開方以御句股，而縱法以御和較。古有益積、減積、翻積諸術，參伍錯綜，要之皆帶縱之法而已。

帶縱圖

次商圖

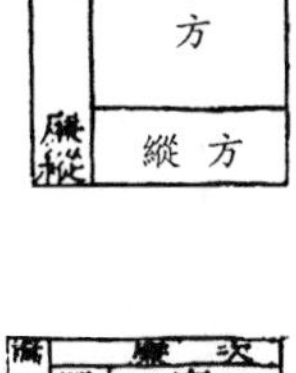

三商圖

平方者，長濶相等如棊局也。平方帶縱者，直田也。長多於闊之數謂之縱。平方與方縱兩形，初商也。兩廉一隅一廉縱四形，次商也。

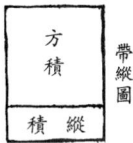

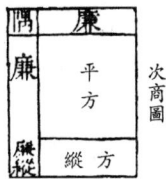

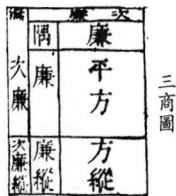

如次商減積不盡而有三商，則於前圖之外，又加兩次廉，一次隅，一次廉縱，而成此圖。四商以上，倣此增之。

凡列位作點定位，皆與開平方法同。

凡初商以帶縱數用籌，與平方籌並列，各爲法。

視平方籌積數有小於實者，用其行數爲初商數，用其積數爲方積。又視縱籌與初商同行之積數，用之爲縱積，合方積縱積以減原實而定初商。若不及減，改而商之，及減而止。

若應商十數，因無縱積，改商單九，是初商空也，則於初商之位作〇，而紀其改商之數於〇下，若次商者然。初商應百而改九十，應千而改九百，並同。

凡次商之法，倍初商加縱數爲廉法，用籌除之。視廉法籌内積數有小於餘實者，用爲廉積，以減餘實，用其行數爲次商。

就以次商自乘爲隅積，以減餘實而定次商。不及減者，改商之，及減而止。

商三次以上，並同次商。

凡命分之法，以所商數倍之，加縱。又加隅一爲命分，不盡之數爲得分。

凡書商數，初商五以上皆與平方法同。若四以下，則以縱之多少爲進退。法以縱折半加入初商，單十以類相從。若滿五以上者從進法，書於點之上兩位。若縱數少，雖加之而仍不滿五數者，仍用常法，書於點之上一位。如初商四，而縱只一；初商三，而縱只三之類。

又初商若得單數，其廉法即爲命分。凡商得單數，必在命分之上一位。

假如有直田積六十三步，但云闊不及長二步，其長濶各幾何。

答曰：闊七步，長九步。

列位，依平方法。作點。從單位起。

點在次位，合兩位六十三步爲實。

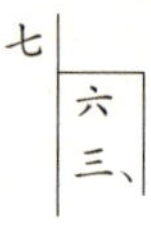

次用平方籌與縱籌縱二步用第二籌。平列之，各爲法。

視平方籌積有四九，小於六三，係第七行，商作七，書於點之上二位。用進法。又視縱籌第七行積數一四，用爲縱積，併方積四九，共六三，以減實恰盡。

凡開得闊七步，加縱二步，得長九步。

假如有直田五畝，但云長多闊八十八步，其長闊各幾何步。

答云：濶一十二步，長一百步。

列位，以畝法二百四十通之，得一千二百步。作點。

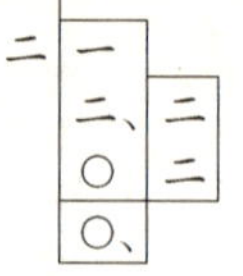

點在次位，合兩位一千二百爲初商實。

縱兩位，用兩籌，有兩點。初商是十數，加空籌於縱籌下，初商十與縱相乘，則縱之單數成十數，故加空籌以升其位。與平方籌並列，各爲法。

視平方籌内有〇九，小於一二，宜商三十。因縱數甚大，只商一十，用進法書於點之上兩位，縱折半四十四步，加初商一十步，共五十四步，故用進法。其方積一百步。以初商一十步乘也。視縱籌第一行，是八八〇，即八百八十步爲縱積。併兩積共九百八十步，以減實，餘二百二十步爲次商實。

次以初商十步倍之，加縱八十八步，共一百零八步爲廉法，用一〇八共三籌。

視籌第二行積二一六小於實，次商二步，書於初商下，復以次商二步自乘，得四步爲隅積，以併廉積二一六共二二〇，以減次商實恰盡。

凡開得闊一十二步，加縱八十八步，得長一百步。

又　卷二

開立方法

物可以長短度者，泰西家謂之線。線之原度一衡一縮，而自相乘之，以得其羃積者，平方也，西法謂之面。面與線再相乘而得其容積，則立方也，西法謂之體。

解曰：平方長濶相等，形如碁局。立方長濶高皆相等，形如骰子。細分之，有方，有平廉，古曰方法。有長廉，古曰廉法。有小隅，總曰立方。

立方亦有實無法，以所有散數整齊之，成一立方形，故亦曰開。

立方長濶高皆等，今求其一邊之數，故西法亦曰立方根。

初商次商總圖

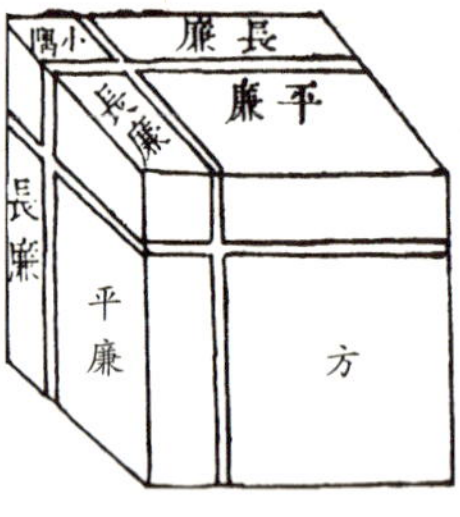

初商圖

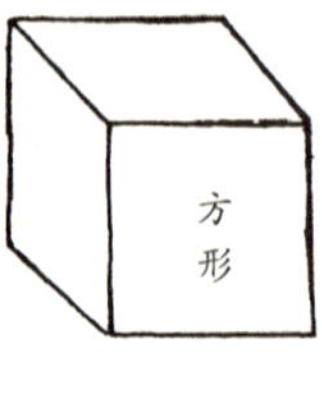

次商分圖

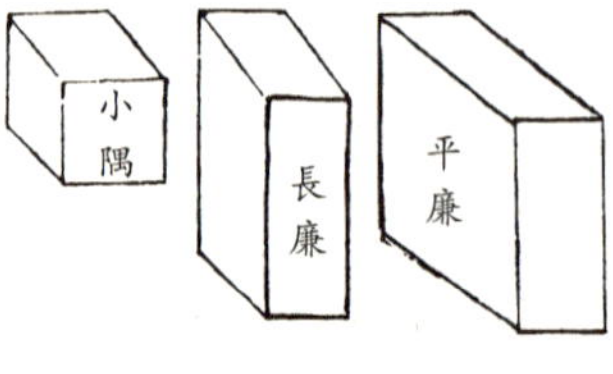

方者，初商也。初商不盡則再商之，于是有三平廉，三長廉，一小隅，共七。并初商方形而八，合之成一立方形。

方形者，長濶高皆如初商之數。方形只一。
平廉形者，長濶皆如初商數，其厚則如次商數。平廉形凡三，以輔于方形之三面。
長廉者，長如初商數，其高與濶皆如次商數。長廉形亦三，以補三平廉之隙。
小隅者，長濶高皆等，皆如次商數。其形只一，以補三長廉之隙。
一方，三平廉，三長廉，一小隅，除實仍不盡，則更商之。又得次平廉，次長廉，各三；次小隅一，合之共十五形，湊成一大立方形。次平廉之長濶相等，皆如初商并次商之數；厚如三商數，其形三，以輔初商并次商合形之外。次長廉之長，如初商并次商之數，其濶與厚相等，皆如三商數，其形亦三，以補三次平廉之隙。次小隅之長濶高皆等，皆如三商數，其形只一，以補次長廉之隙。

三商總圖

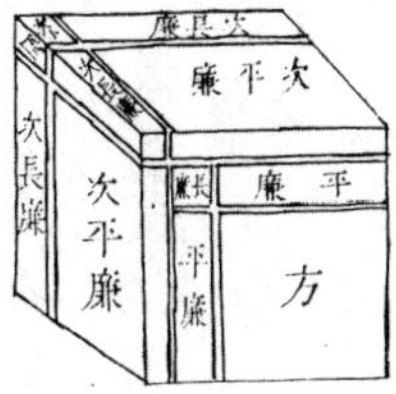

解曰：上三位者，自乘再乘之積也。假如根一十，則其積一千；根二十，則其積八千；乃至根九十，則其積七十二萬九千也。
立方籌三位，何也？自乘再乘之數止于三位也。且以爲初商之用，故只須三位，其餘實雖多位，皆廉積耳。
凡列位之法，至單位止，無單者作圈以存其位，乃作點。
凡作點之位，從單位起，每隔兩位作一點，視最上一點以爲用。點在首位者獨商之，以首位爲初商實。點在次位者，合首兩位爲初商實。點在第三位者，合首三位爲初商實。
又法：視其點在首位，則于原實之上加兩圈；點在次位者，上加一圈，皆合三位而商之。

立方籌式

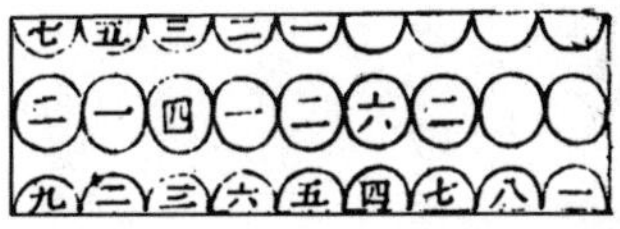

凡初商之法，視立方籌積數有與實相同，或差小于實者，用之以減原實，而用其行數爲初商數。
凡定位之法，既得初商，則計列實所作之點以定位。如只有一點者是單，有二點者是十，有三點者是百，以至四點商千，五點商萬。每多一點，則得數進一位，而其商數亦多一次，皆以商得單數乃止也。
凡減積之法，初商減至最上點止，次商至第二點止，三商以上倣此。

凡次商之法，以初商數自乘而三之，爲平廉法。以平廉法用籌列于立方籌上，用立方籌爲隅法也。爲平廉小隅共法。又以初商數三之用籌，并加空籌爲長廉法。加空籌者，以合進一位也。先以平隅共法，即平廉小隅共法，或省曰共法。爲次商之法，即截取初商下一位至第二點止，爲次商之實。法除實，得次商。視共法籌內，有小于實者，爲平廉小隅共積，用其行數爲次商。次以次商之自乘數，取長廉籌行內積數爲長廉積，加入平隅共積，爲次商總積。以此總積減次商之實，及減則已。倘不及減，轉改次商，及減而止。因廉積或大，有不及減者。
三商者，合初商次商數自乘而三之爲平廉法，以其數用籌列立方籌上爲平廉小隅共法。別以初商加次商數而三之，以其數用籌下加一空位籌爲長廉法。截取次商下一位至第三點爲三商之實，共法爲法除之，以得三商。其積爲共積。次以三商自乘數與長廉法相乘得數，用籌取之。加入共積，爲三商總積。減實。又法：長廉法不必加空籌，但于得數下加一圈，即進位也。
四商以上倣此。
凡命分之法，但商得單數而有不盡，則以法命之。未商得單數而餘實甚少，不能商單一者，亦以法命之，其法以所商立方數自乘而三之。如平廉。又以立方數三之，如長廉。又加單一，如小隅。併三數爲命分，不盡之數爲得分，其命分必大于得分。
凡列商數之法，初商一數者用常法，書于點之上一位。商得二三四五者用進法，書于點之上二位。若商得六七八九者，用超進法，書于點之上三位。
平方只有進法，而立方有三法，何也？平方以廉法爲法，而平方只二廉，故其廉法之積數只有進一位，故止立進法與常法爲二也。立方以方法爲法，而立方有三平廉，故其方法之積數有進一位進兩位，故立進法超進法，而與常法爲三也。其預爲續商之地，使所得單數居于法之上一位則同。
假如立方單一，其方法單三。若立方單二，則方法一十二，變爲十數，進一位矣。故單一用常法，而單二即用進法也。
又如立方單五，其方法七十五。若立方單六，則方法一百〇八。又變百數，進兩位矣。故單五只用進法，而單六以上必用超進之法也。
假如立方一十，其方法三百。若立方二十，則方法一千二百，變千數，進一位矣。故一十只用常法，而二十即用進法也。
又如立方五十，其方法七千五百。若立方六十，則方法一萬〇八百，又變萬數，進兩位矣。故五十仍用進法，而六十以上必用超進之法也。

若宜進而不進，宜超進而不超進，則初商次商同位矣；不宜進而進，則初商次商理不相接矣。此歸除開立方之大法也。

其次商列位，理本歸除，以所減積數首一位是空不是空，定其進退，皆同平方。商三次以上並同。

審空位法，若次商之實小于平廉小隅共法之第一行，或僅如共法之第一行而無長廉積，則次商是空位也，即作圈于初商下以爲次商。乃于平廉籌下，立方籌上，加兩空位籌爲三商平廉小隅之共法，以求三商。其長廉法下又加一空位籌，并原有一空位籌，共兩空位籌。爲三商長廉法。又法：長廉不必加空籌，但于得數下加兩圈。

若商數有兩空位者，平廉小隅籌下加四空位籌，長廉積下加三圈。

隅積法曰：隅法單，隅積盡單位。隅法是十，隅積盡于千位。隅法百，隅積盡百萬之位。以上倣求。大約隅法大一位，則隅積大三位。

凡還原之法，置開得立方數爲實，以立方數爲法乘之，得數再以立方數乘之，有不盡者加入不盡之數，即得原實。

假如有積一千三百三十一，立方開之，其根幾何。

答曰：立方根一十一。

列位，作點，從單位起。

○

○○|二、|三「三「一、

一一

視首位有點，以○○一爲初商實。

乃視立方籌有○○一，係第一行，于是商一十。有二點故商十。減去立方積一千，餘第二點上積三三一爲次商實，而書商數一于點之上一位，常法也。

次以初商一十而三之，得三十爲廉法。

又以初商一十自乘而三之，得三百。用第三籌加立方籌上，爲共法。視共法籌第一行積數○三○一，小于實，乃商一爲次商，書于初商一十之下。減積首位是○，故進位書于一十之下，以暗對其○。又以次商一自乘，仍得一，用乘廉法得三○爲長廉積，以併平隅共積三○一，即籌第一行積數。共三三一，除餘實恰盡。

假如有立方積三萬二千七百六十八，立方開之，其根幾何。

答曰：立方根三十二。

列位，作點。

「五

○|三|二|「七、「六「八、

三二

視點在次位，以○三二爲初商實。乃視立方籌積小于○三二者是○二七，係第三行，于是商三十。二點故初商十。減立方積二七，餘五，合第二點上積共五七六八，爲次商實。而書商數三于點之上兩位，進法也。次以初商三十用三因，得九十爲廉法。又以初商三十自乘，得九百而三之，得二千七百。用第二、第七兩籌，加于立方籌上，爲平隅共法，視共法籌第二行積○五四○八，小于餘實。次商單二書于初商三十之下，所減首位○，宜進書以對其○。又以次商自乘得四，用乘廉法得三六○爲長廉積，以併平隅共積，即籌第二行積數。共五千七百六十八，除實盡。

開帶縱立方法

泰西家説勾股開方甚詳，然未有帶縱之術。《同文算指》取中算補之，其論帶縱平方有十一種，而于立方帶縱，終缺然也。程汝思《統宗》所載，又皆兩縱之相同者，惟難題堆垜還原有二例，祇一可用，其一强合而已，非立術本意。又不附少廣，而雜見于均輸，雖有善學，何從而辨之？兹因撰《籌算》，稍以鄙意完其缺，義取曉暢，不厭煩複，使得其意者，可施之他率不窮云爾。

凡立方帶縱有三。

一只帶一縱，如云長多方若干，或高多方若干是也。深即同高。一帶兩縱而縱數相同，如云長不及方若干，高不及方若干是也。一帶兩縱而縱數又不相同，如云長多濶若干，濶又多高若干是也。

此長立方也。横置之則爲横縱，其縱之濶與高並如其方，其厚也如其縱所設。竪立之則爲高縱，其縱之長與濶並如其方，其高也如其縱所設。

立方形方縱形合者，初商也。平廉三，内帶縱者二；長廉三，内帶縱者一；小隅一，此七者次商也。

帶一縱初商圖

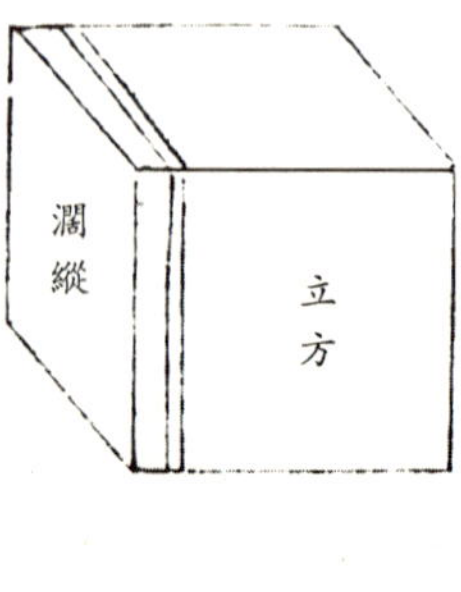

平廉所帶之縱，長與立方等，厚與次商等，其高如縱所設。長廉所帶之縱，兩頭横直等，皆如次商，其高也如縱所設。帶一縱立方之法，列位作點，皆同立方。

凡初商視立方籌積數，有小于初商之實者，用其行數爲初商。用其積數爲初商立方積。

次以初商自乘以乘縱數爲縱積。

合計立方積縱積共數，以減原積而定初商，命初商爲方數。加縱數爲高數，或長數，皆依先所設。不及減者改商之，及減而止。

凡次商法，以初商自乘而三之，又以縱與初商相乘而兩之，共爲平廉法。又法：又初商三之，縱倍之，併其數與初商相乘，得數爲平廉法。或以初商加縱而倍之，併初商數以乘初商爲平廉法，並同。

帶一縱次商圖

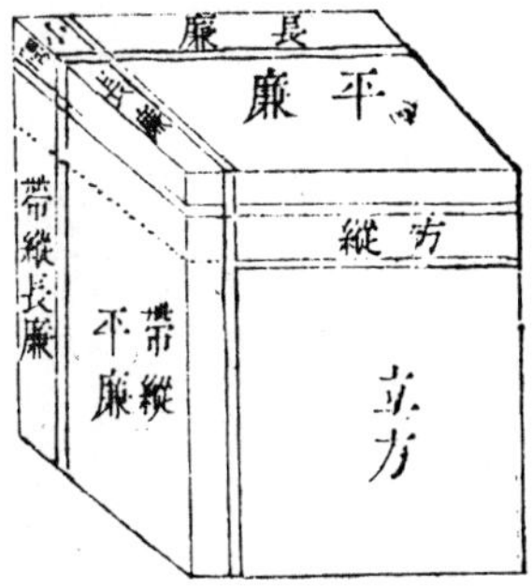

又以初商三之，加縱爲長廉法。

乃置餘實，以平廉法除之，得數爲次商。用籌爲法，除而得之，依除法定其位。于是以次商乘平廉法，爲三平廉積。又以次商自乘以乘長廉法，爲三長廉積。就以次商自乘再乘爲隅積。合計平廉、長廉、隅積共若干數。以減原實而定次商，不及減者改商之。及減而止，乃併初商次商所得數爲方數，加縱數爲高，或長，皆如先所設。合問。

凡商三次者，以初商、次商所得數加縱而倍之，併商得數爲法。仍與商得數相乘爲平廉法。

又以商得數三之，加縱爲長廉法。餘並同次商。

凡命分法，已商至單數而有不盡，則以法命之，其法以所商得數，加縱倍之，加所商得數，以乘所商得數。如平廉。又以所商得數三之，加縱，如長廉。併兩數又加單一如隅。爲命分，不盡之數爲得分。

或商數尚未是單，而餘實甚少，在所用平廉長廉兩法併數之下，或僅同其數，僅同者無隅積。是無可續商也。亦以法命之，法即以所用長廉、平廉兩法併之，又加隅一爲命分。

凡書商數俱同立方法。惟縱數多，廉法有進位，則宜用常法者改用進法，宜用進法者用超進之法，宜超進者更超一位書之。其法于次商時酌而定之，蓋次商時有三平廉法，三長廉法，再加隅一爲命分。法于原實尋命分之位爲主，命分上一位，單數位也。從此單數逆尋而上，自單而十而百而千至初商位止，有不合者，改而進書之。若與初商恰合者不必强改。此法甚妙，平方帶縱亦可用之。

若宜商一十而改單九，或宜商一百而改九十，凡得數退改小一等數者，皆不用最上一點，而以第二點論之，此尤要訣。或于初商位作圈，而以改商之小數書于圈之下，即可仍以上一點論也。

假如浚井，計立方積七百五十四萬九千八百八十八尺，但云深多方八百尺。以帶一縱立方開之。

列位，作點。

初商不定之圖

○○七、五四九、八八八、

視點在首位獨商之，以○○七百萬尺爲初商之實。以立方籌爲法。視立方籌積有○○一，小于○○七，商一百尺，得立方積一百萬尺，而書初商一于點之上一位。次以初商一百尺自乘一萬尺，乘縱八百尺，得八百萬尺爲縱積。併兩積九百萬尺，大于原實，不及減，改商如後圖。視立方籌第九行積七二九，改商九十尺，得立方積七十二萬九千尺。百改十，故亦改用第二點。第二點是十位，故方積亦盡于千位。次以初商九十尺自乘八千一百尺，乘縱八百尺，得六百四十八萬尺爲縱積。併兩積共七百二十萬○九千尺，以減原實，餘三十四萬○八百八十八尺。再商除之，初商一百，今改商九十，故上一點不用，用第二點論之，商九者書于第二點之上三位，超進法也。

改商之圖

三四○
七、五四九、八八八、
○九

次用次商又法：以縱八百尺加初商九十尺而倍之，得一千七百八十尺。併初商九十尺，共一千八百七十尺，用與初商九十尺相乘，得一十六萬八千三百尺爲平廉法。又以初商九十尺三因之，得二百七十尺，加縱八百尺，共得一千○七十尺爲長廉法。

乃列餘實，以平廉爲法除之。用一、六、八、三，共四籌。商九十，用超進法書于第二點之上三位。今以縱多，致廉法進爲十萬，故次商時應更爲酌定，又超一位書之，然後次商單數在廉法上一位矣，改如下圖。廉法十萬上一位，單數位也，今商九十，不合在此位，故改之。

酌改進位之圖

三四○
七、五四九、八八八、
⑨
廉法

○、三四○、
七五四九、八八八、
九二
廉法

合視籌第二行積〇三三六六小于餘實，次商二尺于初商九十之下。所減首位是〇法，宜進書也；初商不改而更超之，何以居次商？

就以次商二尺乘平廉法，得三十三萬六千六百尺爲平廉積。又以次商二尺自乘四尺用乘長廉法，得四千二百八十尺爲長廉積。又以次商二尺自乘再乘，得八尺爲隅積。併三積共三十四萬〇八百八十八尺，除實盡。

凡開得井方九十二尺，加縱八百尺，得井深八百九十二尺。

此扁立方也，橫與直俱多于高，是爲兩縱。兩縱者，縱廉二，縱方一，并立方而四。縱廉形，高與濶如其方，其厚也如所設縱之數。縱方形，兩頭等皆如縱數，其高也如立方之數。兩縱廉輔立方兩面，而縱方補其隅，合爲一扁立方形。

初商有立方，有縱廉二，縱方一，共四形。今只圖其二，餘爲平廉所掩，意會之可也。此橫頭，不及方也，即前圖之眠體。

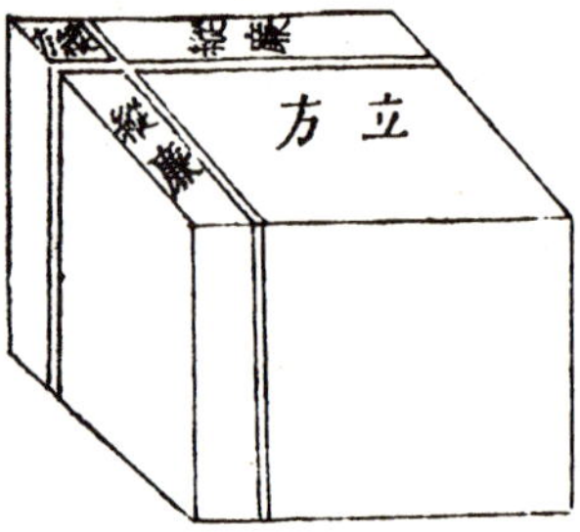

帶兩縱相同初商圖

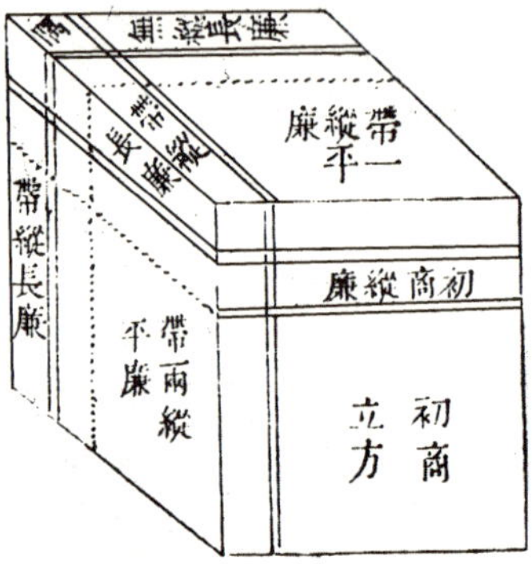

帶兩縱相同次商圖

次商平廉三，內帶一縱者二，帶兩縱者一，長廉三，內帶縱者二，小隅一，共七。

平廉帶一縱者，濶如初商，加縱爲長，厚如次商，其帶兩縱者，高濶皆等，皆如初商加縱之數，厚如次商。長廉帶縱者，長如初商加縱之數，其兩頭橫直皆等，皆如次商。無縱長廉，長如初商，兩頭橫直等，如次商。小隅橫直高皆等，皆如次商。

帶兩縱相同立方之法，先以縱倍之爲縱廉，兩縱併也。以縱自乘爲縱方。兩縱相乘。

乃如法列位作點，求初商之實。

用立方籌，求得初商方數及初商立方積。皆如立方法，計點定位。

次以初商乘縱方爲縱方積。又以初商自乘數乘縱廉，爲縱廉積。併縱方縱廉立方之共積，以減原實而定初商。皆如一縱法。

命初商爲高數，或深數，皆如所設。加縱爲方數。不及減，改商之。

凡次商之法，以初商加縱倍之，以乘初商高數。又以初商加縱自乘，併之爲平廉法。又法：初商三之加縱，以初商加縱乘之，爲平廉法。

次以初商加縱倍之，併初商爲長廉法，又法：初商三之，縱倍之，併爲長廉法。

乃置餘實列位。以廉法位，酌定初商列法而進退之，以平廉爲法而除餘實，得數爲次商。皆以所減首位是〇與否，而爲之進若退。又法：合平廉、長廉兩法以求次商。

于是以次商乘平廉法爲平廉積。又以次商自乘數乘長廉法爲長廉積。又以次商自乘再乘爲隅積。合計平廉、長廉、隅積共若干數，以減餘實而定次商。

又法：以次商乘長廉法爲長廉法，又以次商自乘爲隅法，併平廉、長廉、隅法以乘次商，爲次商廉隅共積以減餘實，亦同。

乃命所商數爲高，或深之類如所設。加縱數命爲方。合問。

不盡者，以方倍之乘高，又以方自乘，如平廉。又以方倍之併高，如長廉。又加單一如隅。爲命分。

假如有方臺積五百八十六萬六千一百八十一尺，但云高不及方一百四十尺。

以帶兩縱立方開之。

先以縱一百四十尺倍之，得二百八十尺爲縱廉。又縱自乘之，得一萬九千六百尺爲縱方。

列位，加點。

一〇

〇〇「五、「八「六　六、一　八　一、

一　㈠　單廉　數法

視點在首位，獨商之，以〇〇五爲初商實，視立方積有〇〇一，小于〇〇五，商一百尺，得立方積一百萬尺。商一數宜用常法，書于點之上一位。今因縱多，致廉法昇爲十萬，法上一位爲單，單上一位爲十，今初商是百尺，故改用進法書之。廉法之昇見後。

就以初商一百尺乘縱方，得一百九十六萬尺爲縱方積。

又以初商自乘一萬乘縱廉，得二百八十萬尺爲縱廉積。

合計立方縱方、縱廉積共五百七十六萬尺，以減原實，餘一十萬〇六千一百八十一尺。

初商一百尺高也。加縱共二百四十尺方也。

次以方倍之四百八十尺，用乘高數，得四萬八千尺。又以方自乘，得五萬七千六百尺，併之，得一十萬〇五千六百尺爲平廉法。

又以方倍之，併高，得五百八十尺爲長廉法。

乃列餘實，以廉法酌定初商，改進一位書之。

「一「〇
〇〇五、八六六、「一「八「一、
一〇一

以平廉法用籌除餘實。

視籌第一行〇一〇五六，小于餘實，次商一尺于初商一百尺之隔位。所減是〇一〇五六，首位〇宜進書，然猶與初商隔位，故知爲單一尺。就以次商一尺乘平廉法如故，又以次商一尺自乘以乘長廉法亦如故。就命爲平廉長廉積。又以次商自乘再乘仍得一尺如故。

合計三積共一十萬〇六千一百八十一尺，除實盡。

凡開得臺高一百〇一尺，加縱得方二百四十一尺。

此長多于闊，而高又多于長也，是爲兩縱而又不相同。凡爲大縱廉小縱廉各一，縱方一，并立方形而四。大縱廉横直如其方，而高如大縱。小縱廉高濶如其方，而厚如小縱。縱方形之兩頭，高如大縱，厚如小縱，其長也則如立方。大縱、小縱以輔立方之兩面，而縱方補其闕，合爲一長立方形。

初商有立方，有大縱廉、小縱廉、縱方各一，共四。只圖其二，餘爲平廉所掩也。次商平廉三，内帶小縱者一，帶大縱者一，在初商大縱立方之背面。帶兩縱者一，長廉三，内帶小縱者一，帶大縱者一，無縱者一，小隅一，共七。

帶小縱平廉，濶如初商，長如初商加小縱之數，高如次商。

帶大縱平廉，濶如初商，高如初商加大縱之數，厚如次商。

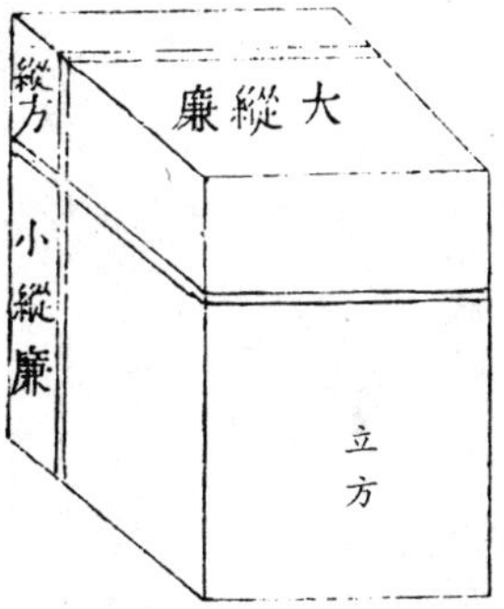

兩縱不同初商圖

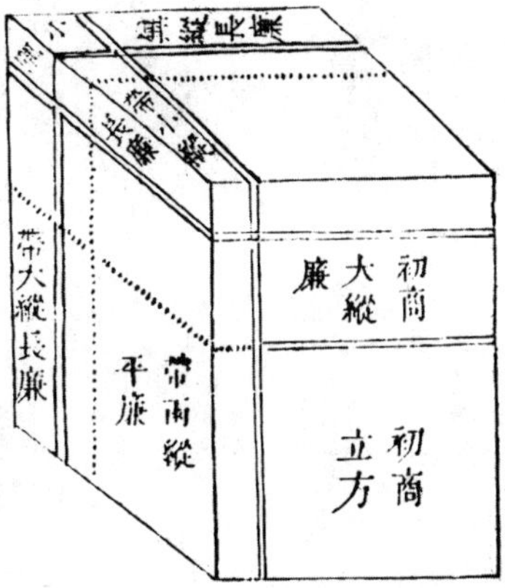

兩縱不同次商圖

帶兩縱平廉，濶如初商加小縱之數，高如初商加大縱之數，厚如次商。

帶小縱長廉，長如初商加小縱之數。帶大縱長廉，高如初商加大縱之數。

無縱長廉，長如初商數。其兩頭横直皆如次商之數。

小隅横直高皆如次商之數。

帶兩縱不同立方之法，以兩縱相併爲縱廉，以兩縱相乘爲縱方。列位作點，求初商之實。以立方籌求得初商立方積，以初商求得縱方縱廉兩積，皆如前法。乃以初商爲濶，各加縱爲長爲高。

求次商者，以初商長濶高維乘而併之，爲平廉法。又以初商長濶高併之，爲長廉法。

乃置餘實列位，以平廉酌定初商之位。以平廉爲法求次商，及平廉積、長廉積、隅積以減餘實，乃命所商爲濶，各以縱加之爲高爲長，皆如前法。不盡者，以所商長濶高維乘併之。如平廉。又以長濶高併之，如長廉。又加單一如隅。爲命分。

假如有長立方形，積九十尺，但云高多濶三尺，長多濶二尺。用帶兩縱不同立方開之。

先以兩縱相併五尺爲縱廉，以兩縱相乘六尺爲縱方。

列位，作點。

〇「九〇、
三

視點在第二位，合〇九〇爲初商實。乃視立方籌有〇六四，小于〇九〇，宜商四尺。因有縱，改商三尺，得二十七尺爲立方積。

次以初商三尺自乘九尺，乘縱廉得四十五尺爲縱廉積。

又以初商三尺乘縱方，得一十八尺，爲縱方積，併三積共九十尺，除實盡。

凡開得濶三尺，長五尺，高六尺。

假如有立方積一千六百二十尺，但云長多濶六尺，高多濶三尺，用帶兩縱不同立方開之。

先以兩縱相併九尺爲縱廉，以兩縱相乘十八尺爲縱方。

列位，作點。

〇〇「一、「六「二〇、
㊀九

視點在首位，以〇〇一爲初商實。

乃視立方籌有〇〇一與實同，商一十尺，得立方積一千尺。次以初商一十尺自乘一百尺，乘縱廉得九百尺爲縱廉積。又以初商一十尺乘縱方，得一百八十尺爲縱方積。合計之，得二千〇八十尺，大于實不及減。改商九尺，得七百二十九尺爲立方積。十變爲單，則上一點不用，用第二點，故商九，書于第二點之上兩位，用超進法也。

次以初商九尺自乘八十一，乘縱廉亦得七百二十九尺爲縱廉積。

次以初商九尺乘縱方，得一百六十二尺爲縱方積，併三積共一千六百二十尺，除實盡。

凡開得濶九尺，長一十五尺，高一十二尺。

假如有長立方積六萬四千尺，但云長多濶五尺，高又多長一尺，以帶兩縱不同立方法開之。

先以長多五尺高多六尺併之，得十一。爲縱廉。又以五尺六尺相乘三十爲縱方。解曰：長多濶五尺，高又多長一尺，是高多濶六尺也。

列位，作點。

二六二

〇「六「四「〇〇〇、

三

視點在第二位，以〇六四爲初商實。

視立方籌有〇六四與實同，宜商四十尺。

改商三十尺，得二萬七千尺爲立方積。因有縱，

次以初商三十尺自乘九百尺，乘縱廉得九千九百尺爲縱廉積。

次以初商三十尺乘縱方，得九百尺爲縱方積。併三積共三萬七千八百尺，以減原實，餘二萬六千二百尺，再商之。

初商三十尺，濶也。加縱五尺，共三十五尺，長也。又加一尺，共三十六尺，高也。乃以初商長濶高維乘而併之。

濶乘長得一千〇五十尺，高乘濶得一千〇八十尺，長乘高得一千二百六十尺，併之，共三千三百九十尺爲平廉法。

次以初商長濶高併之，共一百〇一尺爲長廉法。

乃以平廉用籌爲法，以餘實，列位除之。

合視籌第六行是二〇三四，小于餘實，次商六尺，所減首位不空，故書本位。得二萬〇三百四十尺爲平廉積。次商乘平廉法也。次以次商六尺自乘三十六尺，乘長廉法，得三千六百三十六尺爲長廉積。

二〇

「二「六「二　八

六四、〇〇「〇、

三六

又以次商六尺自乘再乘，得二百一十六尺爲隅積。

併三積共二萬四千一百九十二尺，以減餘實，餘二千〇〇八不盡，以法命之。

法以初商濶高長各加次商，維乘而併之。

濶乘長得一千四百七十六尺，高乘濶得一千五百一十二尺，長乘高得一千七百二十二尺，併得四千七百一十尺。如平廉。又併濶高長得一百一十九尺，如長廉。又加一尺，如隅。共得四千八百三十尺爲命分，不盡之數爲得分，命爲四千八百三十分尺之二千〇〇八。

凡開得濶三十六尺零，長四十一尺零，高四十二尺零。

清·方中通《數度衍》卷四

乘法

術曰：有實有法。先將實數查籌，從左向右齊列。其兩籌每格平行綫斜方形，合成一位，併爲一數矣。次以籌之格爲法數，如法數是五，即查第五格也。若法有二位，先查法尾所得數，横列之。次查法首所得數，進一位横列之。再用筆算加法，得所求數。

一位法　式　有五十九人，每人八兩，問共若干。

曰：四百七十二兩。

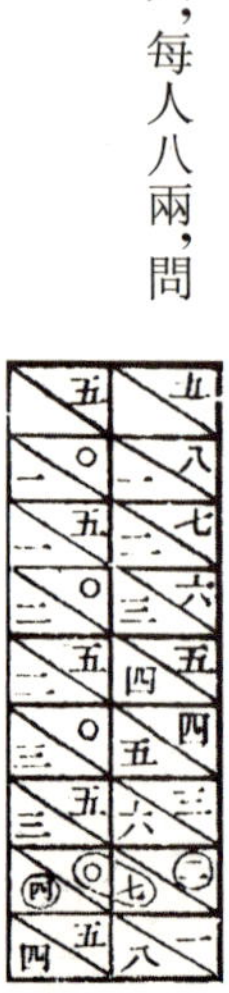

術以五十九人爲實，八兩爲法。先依實數查第五籌、第九籌，五左九右並列。次依法八，查第八格内横數，曰二，曰七〇，曰四，去〇不用。自左向右横視之，得四百七十二兩也，得數尾，與法尾數同，故知爲兩。

二位法　式　有五十四人，每人六十四兩，問共若干。

曰：三千四百五十六兩。

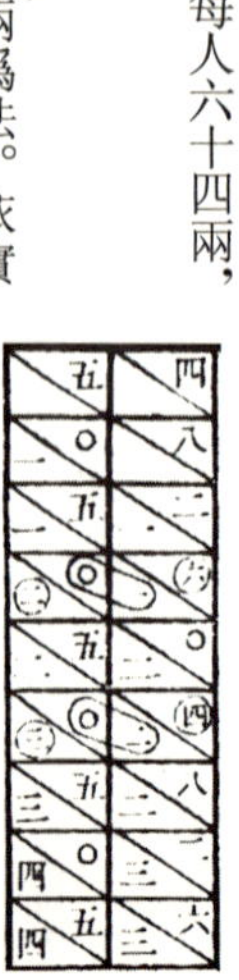

術以五十四人爲實，六十四兩爲法。依實查五四兩籌齊列，先依法尾四，查第四格，曰六，曰一〇，曰二。自右向左横列之，次依法首六，查第六格，曰四，曰二〇，曰三，進一位横列之。用筆算加法，得三千四百五十六兩也。

併	相	列	横
	二	一	六
三	二	四	
三	四	五	六

多位法者視此，每查格一回，進一位列數。

通曰：九格内，凡遇右尾有〇者，必須列之以存位。其〇在數中者，說詳後式。

籌内斜方有〇無數　式　有五十四人，每人二十八兩，問共若干。

曰：一千五百一十二兩。

術以五十四人爲實，查籌並列。二十八兩爲法，先查八格，曰二，曰三〇，曰四，横列之。次查二格，曰八，曰〇，曰一，進一位列之。加得。合問。

通曰：斜方之中，有數有〇，則去〇不用。若無數有〇，則須存之以定位，如八格去〇列三，二格列〇存位，是也。

横列相併

二三四

一〇八

一五一二

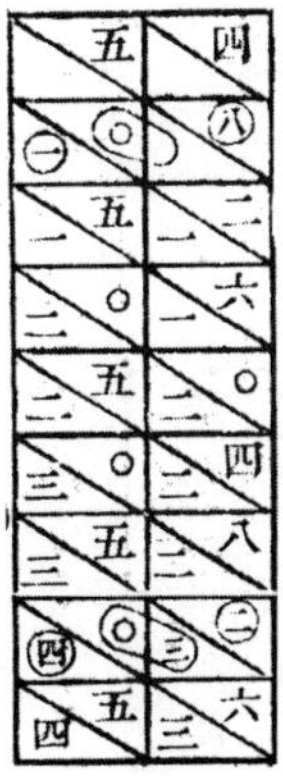

籌內斜方併數進十　式

有八十七人，每人六兩，問共若干。

横列

五二二

曰：五百二十二兩。

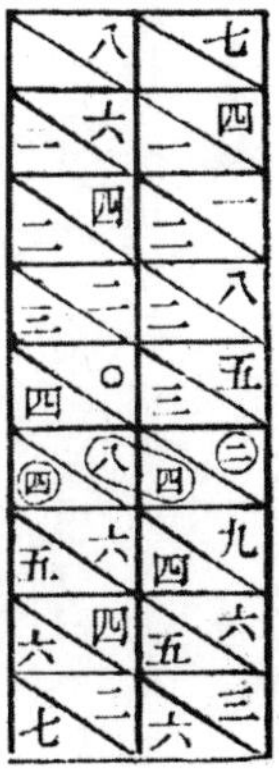

術以八十七人爲實，查籌並列。六兩爲法，查六格，曰二，曰四八，曰四。其曰四八者，併爲十二，本位存二，以十進位作一。其曰四者，併所進之一爲五，當自右向左，列曰二二五矣。

用零籌　式

有六百零八人，每人三十四兩，問共若干。

曰：二萬零六百七十二兩。

横列相併

二四三二

一八二四

二〇六七二

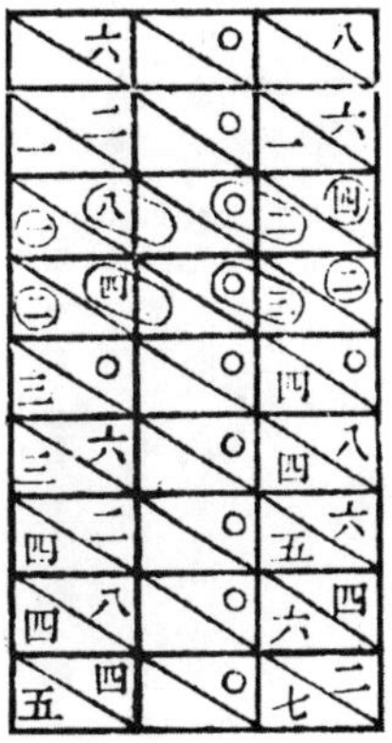

術以六百零八人爲實，查六籌零籌八籌並列。三十四兩爲法，先查四格，曰二，曰三〇，曰四，曰二，横列之。次查三格，曰四，曰二〇，曰八，曰一，進一位列之。加得，合問。

通曰：實數整幾十者，列一零籌於右；整幾百者，列二零籌於右，以定位也。

除法

術曰：有實，有法，有商，别列實數。以法數依號查籌，從左向右齊列，於諸籌九格內，查横行數之等於實數，或畧少於實數者，在第幾格，即是初商數。如在第一格，即一爲初商也。次以查得之數，減其實數，已盡，則止一商。如未盡，則有再商。即再查横行內數之等於存實，或畧少於存實者，在第幾格，即是再商數。又以查得之數，減其存實，如前。又未盡，則更有三商。倘初商已除，實雖未盡而次位無實，則商有〇位，即作〇以當次商。再以存實於格內查之，若至餘實數少於法數，是爲不盡法，當命分之。

一位商　式

有三百二十五兩，六十五人分之，問各若干。

别列實

三二五

曰：五兩。

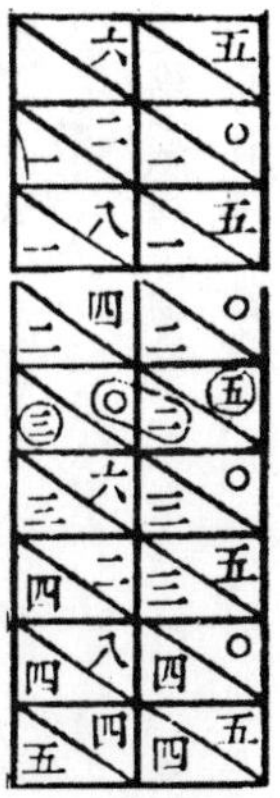

術别列三百二十五兩爲實，以六十五人爲法。查六五兩籌，左右齊列。查九格內，何格數與實相等，一格至四格皆少。五格內，自左向右曰三二五，適等，即五爲商數矣。

二位商　式

有三千三百二十五兩，九十五人分之，問各若干。

列實

四七

三三二｜五

商數三五

曰：三十五兩。

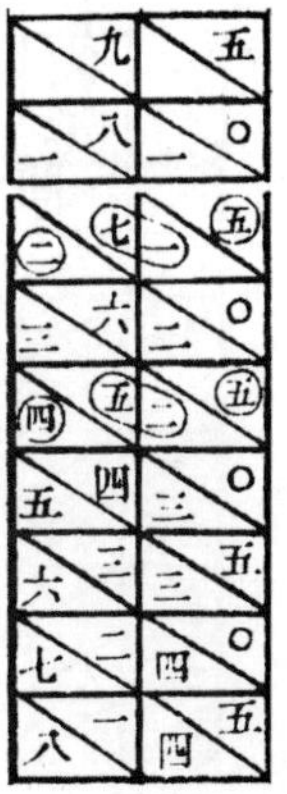

術列三千三百二十五兩爲實，九十五人爲法。列籌，二籌横數止三位，須截實左三位，曰三三二，作三百三十二。於格內查之，至三格，自左向右曰二八五。中位二七併八。作二百八十五，畧少於實數，四格則多矣。用三爲初商，相減，餘四十七，再以餘實四七及截外之五，作四百七十五。查至五格，四七二五併七。五，適等，用五爲次商。

商當有〇　式

有三十二萬三千八百七十六兩，五百三十八人分之，問各若干。

列實

位次

一〇

三二三八｜七六

商數六〇二

曰：六百零二兩。

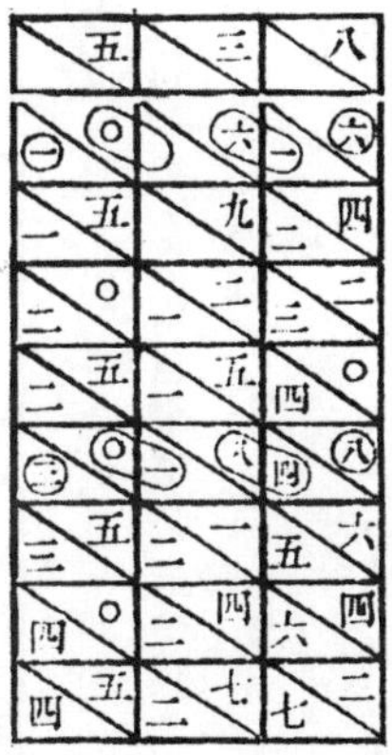

術列實，查籌。三籌横數止四位，截實左四位，曰三二三八，作三千二百三十八。查至六格，自左向右曰三二二八，作三千二百二十八，畧少於實數，七格則多矣。用六爲初商，相減，餘一十，以餘實一〇。及截七六，作一千零七十六，此乃次位無實也。次商當作〇，竟不除實，餘實仍是一千零七十六，查至二格，一〇七六，適等，用二爲三商。

通曰：次位三位俱無實者，即一連兩商，皆當作〇也。

實不盡　式　有三千三百三十六兩，九十五人分之，問各若干。

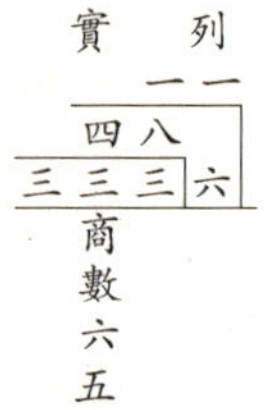

曰：三十五兩，餘實一十一兩。

術列實，查籌。二籌橫數止三位，截實左三位，曰三三三。查至三格，自左向右，曰二八五，畧少於實數，用三爲初商。相減，餘四八，以餘實四八及截外六，作四八六。查至五格，四七五，畧少於餘實，用五爲次商。相減，尚餘一十一，爲不盡數也。

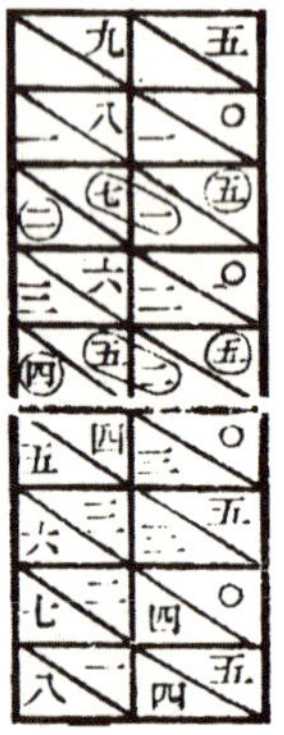

開平方法

術曰：有積數，即實數。有商數，商有方法，有廉法，隅法。置積數，從末位下作點，向左隔一位作一點。有一點，知有一商也。視平方籌內自乘之數，與實相等，或畧少者，取以除實。但自左一點爲始，點前無位，則自乘止於零數；點前有位，則自乘應有十數。而此乘數在籌內第幾格，即用其格數爲初商也。有二點者，以初商倍之，乃以倍數查籌，列於平方籌之左。再視諸籌橫行內數，與存實相等者，用以除實，而此數在幾格，即用爲次商也。實不盡者，以法命之，或實右加〇再開之。詳少廣章。

通曰：開方有實無法，故用方廉隅以代之。初商積與次商隅積，皆自乘數也。次商廉積之數，處初商與隅積之間也。

第一點求初商之根，爲方法，乙爲方積也，不盡。求二點之商，倍初商根爲廉法，甲丙兩長邊也。隅法，丁方一角也。此甲乙丙丁爲平方二商之形，如三商，則加戊己廉及庚隅也。

式　有積三萬二千〇四十一，平方開之，問邊得若干。

曰：一百七十九。

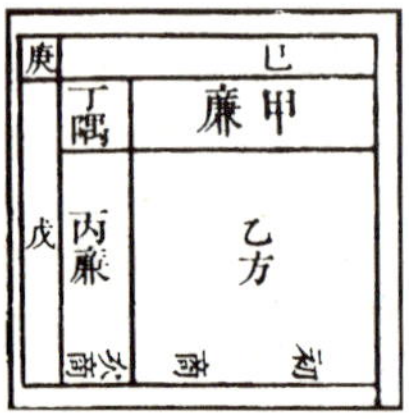

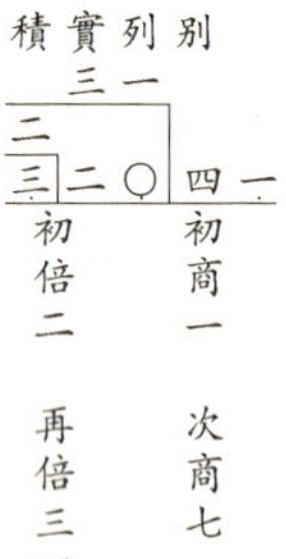

術別列積爲實，從末位一下作點，向左隔一位〇下作點，三下作點，共得三點，知商有三位也。點左無實，三作零數。視方籌內自乘無三，近少爲一，平行取一爲方法，爲初商。乃於實三內減去一格自乘之一，存二以共次點實，曰二二〇，爲餘實。次倍初商根，得二，爲廉法。倍一爲二。取二號籌，列方籌之左，於兩籌橫行內，求二二〇，無則用近少者一八九。在第七格，即七爲次商，爲隅法。乃以一八九，減餘實二二〇，餘三一。以共三點之實，曰三一四一，爲次餘實。再倍初次兩商之一七，得三四，初商一作一十，次商七，共爲十七，倍爲三十四。爲次廉法。乃去次商所列之第二籌，又取三號四號兩籌，自左向右俱列方籌之左。於橫行內求三一四一，在第九格，即九爲三商，爲次隅法。減實無餘，即三次所商，爲平方邊一百七十九也。

開立方法

術曰：有積數，有商數。商有方法，有平廉法，長廉法，隅法。置積爲實，從末位作點，向左隔二位作點，每一點，有一商。視立方籌內再乘之數，有與實相等或近少者，用以除實也。但自左一點爲始，點前無位，則再乘止於零數。點前有一位，則再乘應有十數。點前有二位，則再乘應有百數。而此乘數在第幾格，即用作初商也。有二點者，以初商自乘而三倍之，爲平廉法。以初商三倍之，爲長廉法。却以平廉法數查籌，列立方籌左；以長廉法數查籌，列立方籌右。乃視左籌與方籌之橫行內數，查其或等或少於餘實者，取格數爲約數，即以此爲次商。以次商自乘之數，與長廉法數相乘，進一位，書於約數之下。以此二數併之，除其餘實，即得立方邊也，不盡者依法命之，詳少廣章。

其一，作六面方體，諸面線角皆相等，此名方法體，成甲乙丙丁形。

通曰：此初商形也，凡邊皆初商之數。

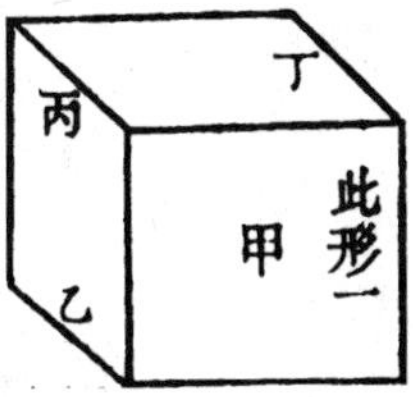

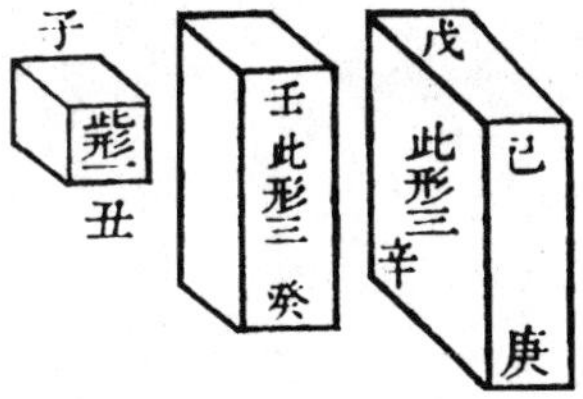

其二，作六面扁方體，其上下面各與方法等，旁四面之高，少於方法之高，而四稜線皆等。此名平廉法體，成戊己庚辛形。

其三，作六面長方體，其上下左右四面，與平廉之旁面等。兩端之四界線，皆與平廉之高等。此名長廉法體，成壬癸形。

其四，作六面小立方體，六面之廣袤，皆與長廉之兩端等。此名隅法體，成子丑形。

通曰：右三形，皆次商形也。三四商者，亦如此三形增之。後邊長廉之下尚有一平廉。

通曰：初商方根。次商上加一平廉，左加一平廉，後加一平廉，故三倍初商之自乘，爲平廉法也。上與後之邊，齊右加一長廉，上與左之邊，齊前加一長廉，左與後之邊，齊下加一長廉，故三倍初商，爲長廉法也。上與左與後三角，加隅法，而立方形成矣。

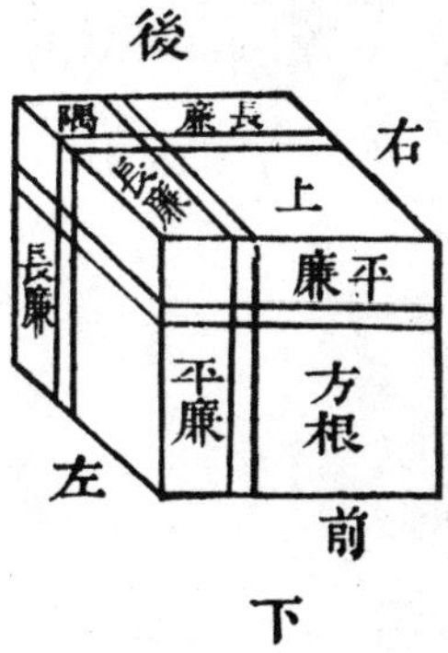

式　有積九百一十二萬九千三百二十九，立方開之，問邊得若干。

曰：二百零九。

術別列積數爲實，從末位九下作點，向左隔二位作點，凡三點，知商有三位也。點前無實，則實首九爲零數，視立方籌內再乘之數無九，三格二七過實。用二格八，實之近少數也，即取二爲方法，爲初商。九內減八，存一，以共次點之實，曰一一二九，爲餘實。將初商二，自乘得四，又三倍得十二，爲平廉法。取一號、二號兩籌，列方籌左，又將初商二，三倍得六，爲長廉法。取六號籌，列方籌右，乃於立方與平廉共三籌內之橫行數，取其少於餘實者，爲約數。視籌內無近少數，即第一格之一二〇一，亦多於餘實之一一二九。遇此，則知商有〇位矣。竟於初商下作〇，以當次商，而實數不動。復開第三點之實，一一二九三二九，將初次兩商之二〇，此作二十。自乘之，得四〇〇。此作四百。又三倍之，得一二〇〇，此作一千二百。爲次平廉法。乃取一號、二號、〇號、〇號之四籌，列方籌左，而去次商所列之平廉兩籌，又將初次兩商之二〇，此作二十。三倍之得六〇，此作六十。爲次長廉法。

別列實積

九二三九二一九
二

三倍初商六　三倍初次兩商六〇
初商二　次商〇　三商九
自乘初商四　自乘初次兩商四〇〇
三倍初商自乘一二　三倍初次兩商自乘一二〇〇
約數一〇八〇七二九
乘長　四八六〇進一位
併　一一二九三二九

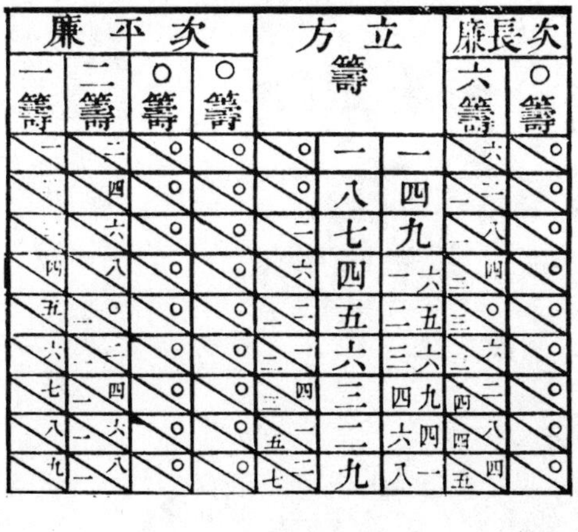

取六號、〇號兩籌，列方籌右，而去次商所列之長廉籌，乃於立方與次平廉共五籌内之横行數，取其少於餘實者，爲約數。至第九格，曰一〇八〇七二九，另列之，向立方籌右平行，取九格之自乘數八十一，以乘次長廉六〇，此作六十。得四八六〇。此八十一回六十也。進一位，列約數一〇八〇七二九之下，相併得一一二九三二九。以此數，除餘實之一一二九三二九，恰盡。乃以約數之格數九，爲三商也。三次所商，曰二，曰〇，曰九，是爲立方根二百零九也。

通曰：長廉籌，止用其號數，格内諸數皆無用，即不列籌，而止列數亦可。開方宜入少廣章，因有此二籌，故立式於此。

清・戴震《策算》

乘

凡兩數相乘，任以一爲實，一爲法。列實從右向左横書之。法有幾位，則用幾策。列策從上而下，凡上策之下位與下策之上位，相并成一數，滿十則進之於上數。策之九位，上下合爲九行，視實某數，於策某行取數書所列實之上。列乘數從實首至末，每行低一位；從實末至首，每行陞一位。以次列畢，横并之書於左。有空行空位，必以(圜)［圖］表而識之。

定位法：視策所取之數最上一位，當法首萬千百十單之位，自上而下，至單數之下一位，以實首之萬千百十單命之。

如《易》二篇之策，萬有一千五百二十。凡老陽策數四九三十六，老陰策數四六二十四，上下經陽爻陰爻各一百九十二，其策數各若干。術以一百九十二爲法，用第一、第九、第二策；以三十六爲實，視第三、第六行之數并之，得陽爻六千九百一十二策；又以二十四爲實，視第二、第四行之數并之，得陰爻四千六百八策。

自上而下第三位爲單位。

三十	〇五七六
六策	一一五二
	六九一二
	千百十策

二十	〇三八四
四策	〇七六八
	四六〇八
	千百十策

同上

又如《易》六十四卦，焦氏《易林》每卦變六十四，共若干。術用第六、第四策，視第六、第四行之數并之，此法、實皆六十四也。得四千九十六卦。

自上而下第二位爲單位。

六十	三八四
四卦	二五六
	四〇九六
	千百十卦

又如古以二十四銖爲一兩，十六兩成一斤，三十斤成一鈞，爲銖若干。術以二十四銖爲法，用第二、第四策，以十六兩爲實，視第一、第六行之數併之，得三百八十四銖爲一斤，合《易》二篇之爻。又以三百八十四爲法，用第三、第八、第四策，以三十斤爲實，視第三行之數，得一萬一千五百二十銖爲一鈞，合《易》二篇之策。

一十	〇二四
六兩	一四四
	三八四
	百十銖

三十斤	一一五二
	萬千百十銖

又如量之本出於黄鍾，一千二百黍實其龠，兩龠爲合，十合爲升。《考工記》嘉量鬴容六斗四升，計黍若干。術以六斗四升爲法，用第六、第四策，以每升容二十龠爲實，視第二行之數，得一千二百八十龠爲一鬴所容。又以一千二百八十龠爲法，用第一、第二、第八策，以每龠容一千二百黍爲實，視第一、第二行之數併之，得一百五十三萬六千黍。

二十	一二八
	千百十

一千	〇一二八
二百	〇二五六
	〇一五三六
	百十萬千

又如《漢書・律曆志》以八十一爲日法，又以章歲十九通之，得一千五百三十九爲一日之小分；以四分歲周之一爲中法，凡十四萬五百三十小分。其一歲計日小分若干。術以四爲法，用第四策，以十四萬五百三十爲實，取第一、第四、第五、第三行之數，中空千應空一行，併之，得五十六萬二千一百二十爲歲周。此審空行式。或以十四萬五百三十爲法，用第一、第四、第五、第三策，中空千應加空策一，以四爲實，視第四行之數，所得亦同。此加空策式。

又如《皇極經世》：一元十二會，每會一萬八百年。一元其年若干。術以一萬八百年爲法，用第一、第八策，中空千加空策一，以十二爲實，視第一、第二行之

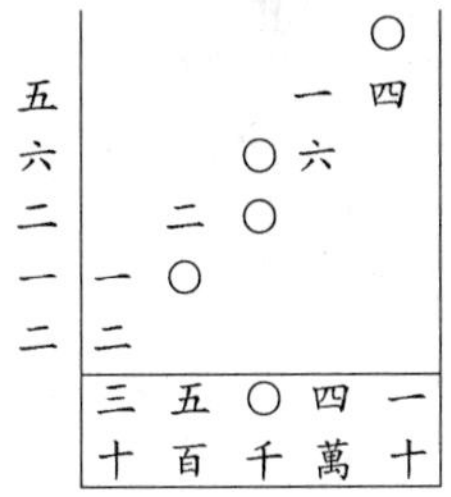

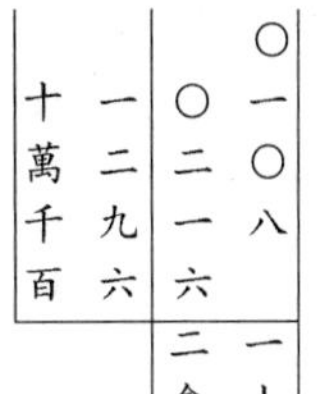

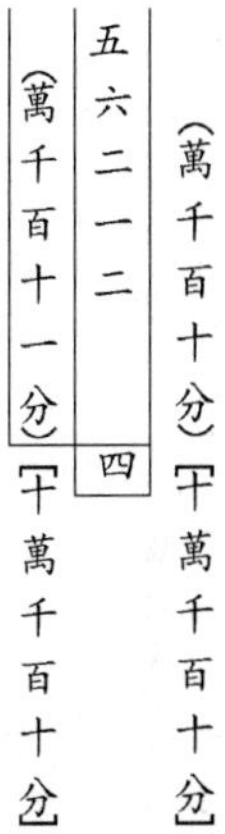

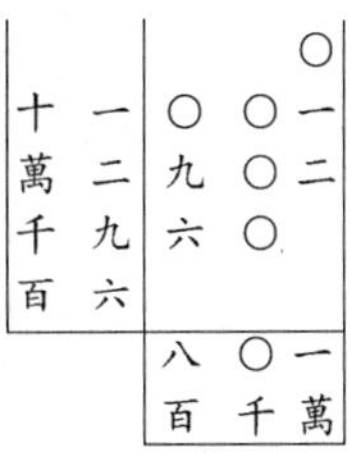

數併之，得一十二萬九千六百年爲一元。此亦加空策式。或以十二爲法，用第一、第二策，以一萬八百爲實，視第一、第八行之數併之，所得亦同。此亦審空行式。

除

凡除必審定法實，變動者爲實，如所分之物。不變動者爲法。如作幾分分之。法有幾位，則用幾策。列實從上而下，直書之至單位止，雖實不至單位，必以圈識之。視策之第幾行，其數有與實等，或差小於實者，以減實，不盡又如法減之，實盡而止。除或不盡，則單位之下命爲幾分之幾。以策之行數爲所得數，列策數每行低一位，若低兩位則有一空行，低三位則有二空行也。策數書之於左，所減之餘書之於右。定位法：視所列實之位，與法首萬千百十單之位相當者，其上一位爲單位，各對策所取之數最上一位，命其下所得數。

凡除不盡，而命分法爲分母，實爲分子，以少減多，迭更相減，求其等數，以等數除法實，命爲幾分之幾。若有所命之分與他數相乘，則分母乘全數，納分子，然後以他數乘之，乘訖仍以分母報除。若除有他數，或爲實，或爲法，亦分母乘全數，納分子，又以分母乘他數，皆散全成積分，然後除其無全數。徑用分子者，在乘則乘訖以分母報除，在除則以分母乘他數，散爲積分。凡兩數皆有所命之分，而分母不同，則分子亦異，各如上納分子訖，母互乘子，以齊其子，母相乘以同其母，報除如上。

如《漢書·律曆志》：黄鍾之實，十有七萬七千一百四十七，始於一而三之，三三積之，歷十二辰之數。凡律吕用九，九絲爲毫，九毫爲釐，九釐爲分，九分爲寸。子一爲黄鍾之律，丑三爲絲法，卯二十七爲毫法，巳二百四十三爲釐法，未二千一百八十七爲分法，酉一萬九千六百八十三爲寸法。以寸、分、釐、毫、絲之法，除黄鍾之實，得寸、分、釐、毫、絲之數。列其算術，皆以黄鍾之實十七萬七千一百四十七爲實。以寸法一萬九千六百八十三，用第二、第一、第九、第六、第八、第三策，得寸數九；以分法二千一百八十七，用第二、第一、第八、第七策，得分數八十一；以釐法二百四十三，用第二、第四、第三策，得釐數七百二十九；以毫法二十七，用第二、第七策，得毫數六千五百六十一；以絲法三，用第三策，得絲數五萬九千四十九。此空行式。是爲寅九，辰八十一，午七百二十九，申六千五百六十一，戌五萬九千四十九。陽辰順而左行，爲寸、分、釐、毫、絲之數；陰辰逆而右行，爲起寸、分、釐、毫、絲之法。

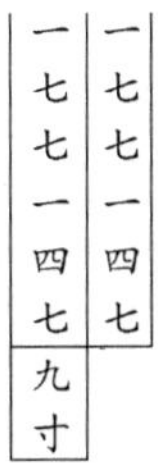

實之第二位與法首相當，故上一位命爲單數。

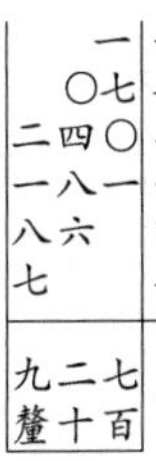

實之第四位與法首相當。

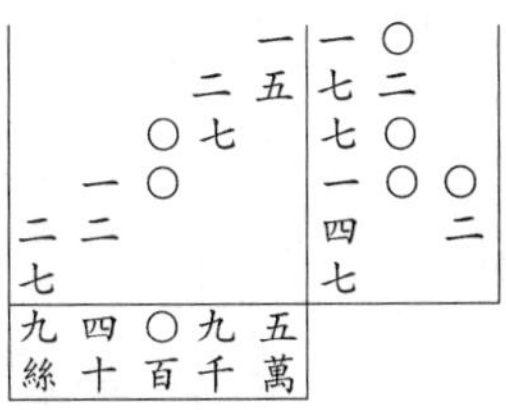

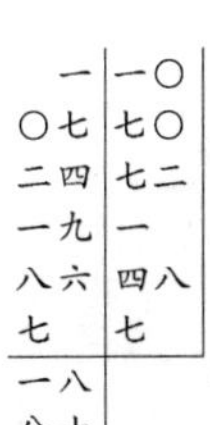

實之第三位與法首相當。

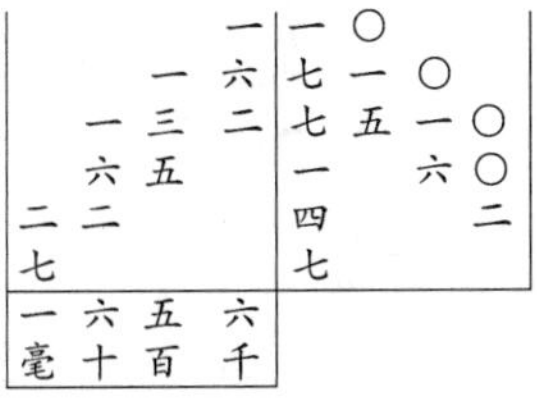

實之第五位與法首相當。

實之第二位與法首相當。

又如太陽每歲行天三百六十度，分爲七十二候，每候幾度。術以七十二爲法，用第七、第二策，以三百六十爲實，視策行内有與實等之數，用減實恰盡，得每候五度。

實之第四位與法首相當。

○○七	一一五二○	一○八	○七二	九百六十

又如黄鍾之龠，容千二百黍，重十二銖，一鈞萬一千五百二十銖，爲龠若干。術以十二爲法，用第一、第二策，以萬一千五百二十爲實，視策行内之數，用減實恰盡，得九百六十龠黍。

實之第四位與法首相當。

一	二	一一五二○	○九	○二四	○一二	三百八十四銖

又如《漢書・律曆志》：三十斤成鈞「萬一千五百二十銖」，合《易》二篇之策，每一斤爲銖若干。術以三十爲法，用第三策，以一萬一千五百二十爲實，視策行内之數，用減實恰盡，得三百八十四銖，合《易》二篇之爻。

又如《吕氏春秋》：先爲黄鍾之宫，次制十二筒。蔡邕《月令章句》云：「黄鍾之宫爲黄鍾少宫也，半黄鍾九寸之數，管長四寸五分。」此蓋用半律之法，後人未之考。今列其算：以上生者，四其實，三其法；以下生者，倍其實，三其法。黄鍾之宫四寸五分，上生林鍾，四其實得十八，三除之得六寸。林鍾下生太簇，倍其實得十二，三除之得四寸。太簇上生南吕，四其實得十六，三除之得五寸，餘一不盡，命爲三分寸之一，此命分法也。五寸爲全數，三爲分母，一爲分子。南吕下生姑洗，先以分母三乘五寸得十五，納分子一，共十六，倍其實得三十二，當以三除之，又以分母三報除，省兩偏除爲一乘一除，則以三與三相乘爲九，除之得三寸，餘五不盡，命爲九分寸之五。姑洗上生應鍾，以分母九乘三寸，納分子五，四其實得一百二十八，以九與三相乘爲二十七，除之得四寸，餘二十不盡，命爲二十七分寸之二十。應鍾下生蕤賓，以分母二十七乘四寸，納分子二十，倍其實得二百五十六，以二十七與三相乘爲八十一，除之得三寸，餘十三，命爲八十一分寸之十三。蕤賓上生大吕，以分母八十一乘三寸，納分子十三，四其實得一千二十四，以八十一與三相乘爲二百四十三，除之得四寸，餘五十二，命爲二百四十三分寸之五十二。大吕上生夷則，以分母二百四十三乘四寸，納分子五十二，四其實得四千九十六，以二百四十三與三相乘爲七百二十九，除之得五寸，餘四百五十一，命爲七百二十九分寸之四百五十一。夷則下生夾鍾，以分母七百二十九乘五寸，納分子四百五十一，倍其實得八千一百九十二，以七百二十九與三相乘爲二千一百八十七，除之得三寸，餘一千六百三十一，命爲二千一百八十七分寸之一千六百三十一。夾鍾上生無射，以分母二千一百八十七乘三寸，納分子一千六百三十一，四其實得三萬二千七百六十八，以二千一百八十七與三相乘爲六千五百六十一，除之得四寸，餘六千五百二十四，命爲六千五百六十一分寸之六千五百二十四。無射下生仲吕，以分母六千五百六十一乘四寸，納分子六千五百二十四，倍其實得六萬五千五百三十六，以六千五百六十一與三相乘爲一萬九千六百八十三，除之得三寸，餘六千四百八十七，命爲一萬九千六百八十三分寸之六千四百八十七。乘除式如前。

又如《儀禮注》：「二十兩曰溢，爲米一升二十四分升之一。」以百二十斤曰石，爲米一斛。計之則十二斤爲一斗，斤十六兩，兩二十四銖，銖一絫。十二斤爲絫四萬六千八十，以十升分之，(升)[計]得四千六百八絫。於二十兩爲絫四千八百内減此數，仍有一百九十二絫不盡；以不盡之數與每一升爲絫四千六百八相減，適得一百九十二絫是爲等數。以等數爲法，除每一升爲絫四千六百八，得分母二十四，以等數除不盡之一百九十二，得分子一，故命爲二十四分升之一。

又如古曆皆以十九年氣朔分齊爲一章，日行十九周，月行二百五十四周。以是例之，日行一度月行度若干。術以月行二百五十四周爲實，以日行十九周爲法，除之得十三，餘七不盡，命爲日行一度月行十三度十九分度之七。

又如一章之内，日行十九周，月行二百五十四周，凡月周天又追及於日，而與之會，以成一月。於月二百五十四周減日十九周，得日月之會二百三十五，是爲章月。十九年爲章歲，平歲十二月，十九年凡二百二十八月，以減章月餘七，得十九年七閏而氣朔分齊。以是例之，一歲之閏餘若干。術以章月爲實，以章歲爲法，除之得十二月，餘七不盡，命爲一歲閏餘十九分月之七。

又如《漢書・律曆志》：鄧平落下閎「以律起曆」，「律容一龠，積八十一寸」爲一日之分。月有「二十九日八十一分日之四十三」，以分母八十一乘二十九日，納分子四十三，得二千三百九十二，是爲月法，一月之日分也。以是例之，一歲十二月十九分月之七，其日分若干。術以分母十九乘十二月，納七，得二百三十五，以月法二千三百九十二乘之，得五十六萬二千一百二十，當以分母十九報除，因除不可盡，以十九乘日分八十一，得一千五百三十九，爲日之小分，即以五十六萬二千一百二十爲一歲之小分。置此小分爲實，以一千五百三十九爲法，除之得三百六十五日，餘三百八十五不盡，命爲小餘一千五百三十九分日之三百八十五。合四年之小餘，得一千五百四十，滿一千五百三十九成日仍有一分，此《太初曆》小餘四年，而大於《四分曆》小餘一千五百三十九分日之一也。六千一百五十六年而差一日，六十一年過半年而差一刻。古今歲實未有大於此者矣。

又如後漢用《四分曆》，以蔀月九百四十爲一日之小分，以蔀日二萬七千七百五十九爲一月之小分，以大周三十四萬三千三百三十五爲一歲之小分。置蔀日爲實，蔀月爲法，除之得二十九日，餘四百九十九，命爲九百四十分日之四百九十九。置大周爲實，蔀月爲法，除之得三百六十五日，餘二百三十五，命爲九百四十分日之二百三十五。置蔀日以平年十二月乘之，得三十三萬三千一百八，以蔀月爲法，除之得三百五十四日，餘三百四十八。以甲子六十除十二月之日，得五甲子餘五十四日。是爲大餘五十四，小餘三百四十八。《史記》《曆書》《曆術甲子篇》「太初元年」「大餘五十四，小餘三百四十八」，即此數。《四分曆》推二十四氣，每一氣十五日三十二分日之七，故又以三十二爲日分。以二十四乘十五日，得三百六十日，適六甲子。以二十四乘餘分七，得一百六十八，是爲日餘。以三十二除日餘，得五日餘八，是爲大餘五，小餘八。《曆術甲子篇》，太初元年，又記「大餘五、小餘八」，即此數。《史記》當用《太初曆》，不當用《四分曆》，以此知《曆術甲子篇》乃後漢人竄入，非《史記》本文。《太初曆》月法二千三百九十二，以平年十二月乘之，得二萬八千七百四，以日法八十一除之，得三百五十四日餘三十。當云大餘五十四，小餘三十；大餘五，小餘三百八十五。前記朔數，後記中數，皆不與《四分曆》同。

又如《回回曆》，西域默狄納國王馬哈麻所作。日周分一千四百四十刻九十六，每刻十五分，分六十妙，以下皆六十遞析。三百六十五日爲平年，增一日爲閏年，一百二十八年而閏三十一日，是爲三百六十五日，小餘一百二十八分日之三十一，較《四分曆》一百二十八年閏三十二日有一日之差。用一千萬爲日分，置三十一爲實，以一百二十八爲法，除之得小餘二百四十二萬一千八百七十五分。《四分曆》小餘二百五十萬，大於此七萬八千一百二十五分。明萬曆三十八年以後至崇禎末，西洋人龐迪我熊三拔等所譯《新法曆書》云：西法歲三百六十五日四分日之一，每四歲之小餘成一日，因而置閏。百年中爲整年七十五，閏年二十五，共爲三萬六千五百二十五日。此即《周髀算經》三百六十五日謂之經歲，餘四分日之一，積四年而增一日也。《新法曆書》又云：當神宗十六年戊子，第谷測春分時刻，與前弘治元年戊申西城白耳瓦所測相較，定歲實三百六十五日二十三刻三分四十五秒。考其與《回回曆》異同，每日九十六刻，以分秒通之，得八萬六千四百秒爲日法。以十五乘二十三刻，納三分，又以六十乘之，納四十五秒，得二萬九百二十五秒。用一千萬爲日分，通法乘之，以每日八萬六千四百秒爲法，除之得二百四十二萬一千八百七十五分，(於)［與］《回回曆》之小餘不差分秒。其會望策二十九，日五三〇五九三，亦云西史依巴谷考驗所得於元郭守敬。《授時曆》之朔策二十九，日五千三百五分九十三秒，亦不差分秒。西洋人舊法襲用中土古《四分曆》，其新法則襲《回回曆》，會望策又襲郭守敬，乃妄言第谷巴谷測定，以欺人耳。

開平方

凡平方冪，四面相等，有冪積，求其一面之數。置冪積爲實，列實自上而下至單位止，有空位以圈識之。從單位起作點，每隔一位則點之，首位有點者，於上加一圈。平方策有二位，故二位爲一次商，實有幾點，則有幾次商。凡除實不盡，倍商數，用乘除一至九之策爲兩廉，用平方策爲隅。若策之數雖差小於實而與點不相當，其下位過點而下，則知有空位；於兩廉所用策下、平方策上，加空策一，多空位者，審定加之。

定位法：實有一點者，初商爲單位，有二點者爲十，有三點者爲百，以上準此。

初商除內方冪，次商有兩廉冪及隅冪，三商亦有兩廉冪及隅冪，以後倣此。

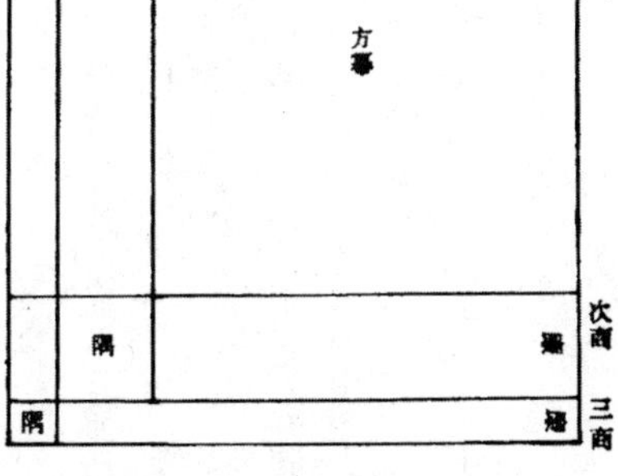

如《論語》「道千乘之國」。馬融注云：「《司馬法》六尺爲步，步百爲畮，畮百爲夫，夫三爲屋，屋三爲井，井十爲通，通十爲成，成出革車一乘。然則千乘之賦，其地千成，居地方三百一十六里有畸。」按成方十里，爲方一里者百，則千成爲方一里者十萬。術以十萬里爲平方冪積，列實一，下加五圈，識萬千

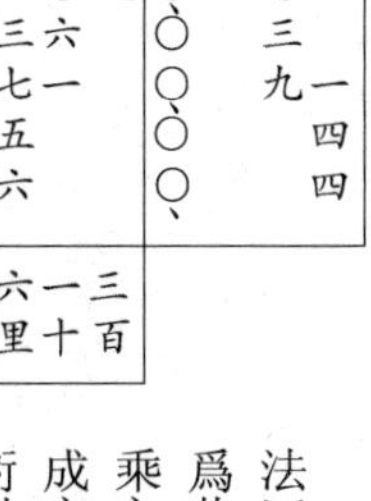

百十單五位。從單位起作點，越十至百作點，越千至萬作點。用平方策開之，視第三行小於實，減九萬里，餘一萬里，定爲初商三百里。倍之，用第六策爲兩廉，用平方策爲隅，視第一行小於實，減六千一百里，餘三千九百里，定爲次商十里。合初商、次商倍之，用第六、第二策爲兩廉，用平方策爲隅，視第六行小於實，減三千七百五十六里，餘一百四十四里不盡。是爲一面三百一十六里，若三百一十七里則不足，故云居地方三百一十六里有畸。

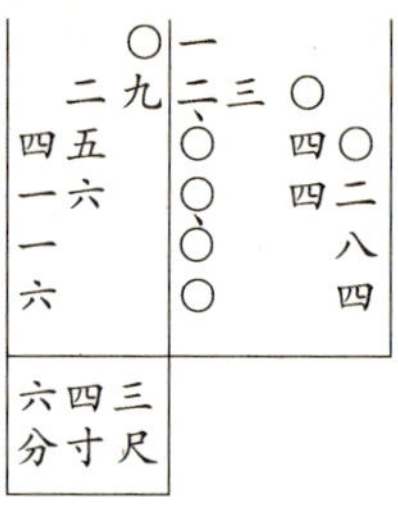

又如《考工記》：「輪人爲蓋，」「參分弓長，以其一爲之尊。」鄭《注》云：「六尺之弓，上近部平者二尺，爪末下於部二尺，二尺爲句，四尺爲弦，求其股，股十二除之，面三尺幾半也。」按股十二者，此句弦求股術。弦四自乘，十六爲弦實，句二自乘，四爲句實，減句實於弦實，餘十二爲股實。凡方一尺爲寸百，爲分萬，此方尺者十二，爲分十二萬。列實一十二，下加四圈，識千百十單四位，從單位起作點，用平方策開之，視第三行小於實，減九萬分，餘三萬分，定爲初商三百分。倍之，用第六策爲兩廉，用平方策爲隅，視第四行小於實，減二萬五千六百分，餘四千四百分，定爲次商四十分。合初商、次商倍之，用第六、第八策爲兩廉，用平方策爲隅，視第六行小於實，減四千一百一十六分，餘二百八十四分不盡。是爲股長三尺四寸六分有畸，不足三尺五寸，故云面三尺幾半。

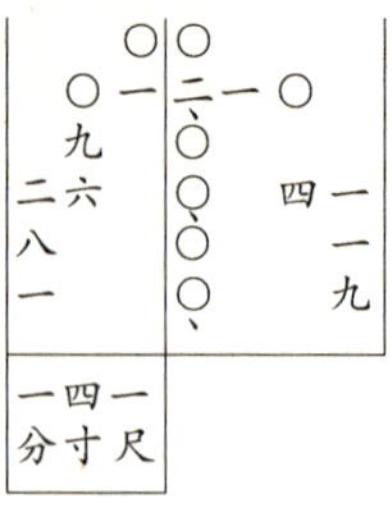

又如《考工記》：「磬氏爲磬，倨句一矩有半。」鄭《注》云：「必先度一矩爲句，一矩爲股，而求其弦。既而以一矩有半觸其弦，則磬之倨句也。」賈公彦《疏》云：「假令句股各一尺，今以一尺五寸觸兩弦。」按句與股必横直正方相遇，古磬制不正方，謂之磬折。故先求句股弦，以明磬折之弦大於此磬之鼓，與股不相等，而定倨句之法則。度兩矩相等，一爲句，一爲股定之。設句長百分，自乘得萬分；股亦長百分，自乘得萬分；併之，二萬分爲弦實。列實二，上加一圈，下加四圈，從單位起作點。用平方策開之，視第一行小於實，減一萬分，餘一萬分，定爲初商一百分。倍之，用第二策爲兩廉，用平方策爲隅，視第四行小於實，減九千六百分，餘四百分，定爲次商四十分。合初商、次商倍之，用第二、第八策爲兩廉，平方策爲隅，視第一行小於實，減二百八十一分，餘一百一十九分不盡。是爲弦長一尺四寸一分有畸，一矩有半，乃一尺五寸，大於弦，張兩矩就之，以爲磬折倨句之法。

清・鄭復光《籌算説略》

乘法

設如砌墻買磚十二堆，每堆廿五塊，問共磚若干。

答曰：共三百。

法取第二與第五籌并之。籌式見前。或第一、第二籌并之亦可，緣乘可法實互易也。

先以法廿五列爲一層，次於法首左一位作「□」，爲所定位，次列實十二爲二層，其實之原單位二與所定方匡相當，右補二圈齊法尾，乃檢籌第二，用横則第二行，用直則第二格。得零五零列爲三層，首○與二相當，畢即將二勾去，挨實上一位得一，以檢籌第一，得○二五列爲四層。首○與一相當，下做此。畢即將一勾去，下作横線用加法并之，得三○○。筭訖末位與原法單位相當，即得三百塊，爲所求。

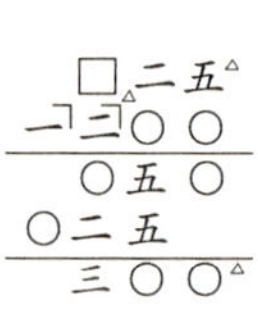

設如布十疋，計四十丈○三尺九寸，議定每尺價二十九文七毫，毫者，文下小數，從俗所稱，非毫釐之□也。問共錢若干。

答曰：十一千九百九十六文。

法取二九七籌并之，先以法二九七列爲一層，九是每文數，旁作「△」，爲法之單位，次於法首左一位作「□」，爲所定位。次列寔四○三九，爲二層。題是問尺，三是尺爲寔單位，與方匡相當，右補二圈齊法尾，乃從實末位九起，檢籌第九，得二六七三列爲三層，畢即將九勾去，挨實上一位，得之以檢籌第三，得○八九一列爲四層，畢即將三勾去，下作横線，用加法并之，得一一五八三爲五層，挨實上一位，得○省筭，亦作「○」存空位列爲六層，即將○勾去，挨實上一位，得四以檢籌第四，得一一八八列爲七層，畢即將四勾去，下作横線，用加法并之，得一一九九五八三爲八層。算訖末位第三，從右至左。其數五與法單位相當，小餘八滿半收爲一，共得十一千九百九十六文，爲所求。

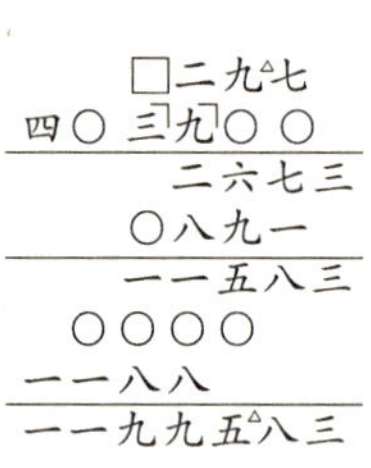

除法

設有鹽一百○七萬○○十斤，每引四百○五斤，問爲引若干。

答曰：二千六百四十二引。用四五籌并五籌，上半不與四籌相并，因法有〇也。

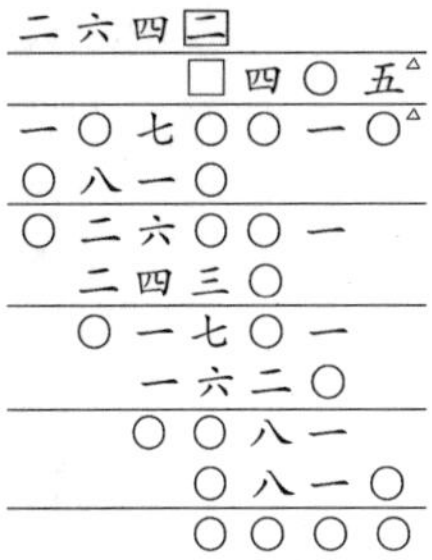

先作一横爲初線，次列法四百〇五斤，爲下一層。法單位是五斤，旁作「△」識之，又作横線，列實一百〇七萬〇〇十斤，〇爲二層實尾，是十斤，補〇，作「△」識之，次於法首左作方匡，爲所定單位，乃檢籌與實相近略小者，得〇八一〇列爲三層，其籌得第二。用横爲第二行，用直爲第二格。即書二於初線上與首〇相當，下作線減實，餘二六〇〇一，爲四層，以檢籌相近畧小者，得二四三〇列爲五層，其籌得第六，即書六於初線，上與首二相當，下作線減之，餘〇一七〇一爲六層。以檢籌相近畧小者，得一六二〇列爲七層，其籌得第四，即書四於初線，上與首一相當，下作線減之，餘〇〇八一爲八層，以檢籌，得〇八一〇，其數恰合，列爲九層，其籌得第二，即書二於初線，上與首〇相當，下作線減之，恰盡。筭訖，得二千六百四十二引，爲所求。

開方法

算法千變萬化，總不外乎加減乘除及開方而已。第加減乘除於用已足，至開方一門，非惟尋常用算者所不及，即撰述名家，自有明以來，祖載常法，開方未有。能得達正負開方術意者，其義寔精深也。邇來遺書漸生，又得李尚之、張古餘諸公精詣神解，於秦道古、李敬齋、朱松庭三家之書，得祖沖之不傳之緒，而後開方之術稱賅貫矣。然其術雖神妙，義最精深，非初學可驟幾，今因算籌既具平立二方未可徒設，故祗取常法正方數題見例，未暇多及，非故爲緘祕也。

開方法，先作初線，次列實爲一層，自末位起，平方(隅)［隔］一位，作一點爲「、」。立方隔二位，三乘方隔三位，餘多乘方倣此。蓋加減乘除之數其等，皆以每一位爲一等，如以寸爲單，有數一萬二千三百四十五，即是一百廿三丈四尺五寸也。開方則平方爲一丈二十三尺四十五寸，是以兩位爲一等也。立方則爲一十二尺三百四十五寸，是以三位爲一等也。三乘方則爲一尺二千三百四十五寸，是以四位爲一等也。四乘方五位，五乘方六位，皆例於之也。故先隔位(□)［作］點爲「、」，凡有幾點，即知當開幾位，而眉目清晰無訛矣。凡作點，皆自單位起，自右而左，開法則自左而右，初點爲初商，次點爲次商，三點爲三商，開至末點，則止商，爲得數，此開方通例也。

平方

設有正平方實百寸開，問開得幾何。

答曰：十寸。

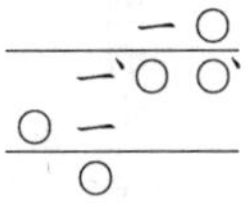

法用平方籌求初商，先作横線，次列寔一〇〇爲一層，次於末位旁作一點，次隔一位作一點，共得二點。知可開兩位，爰以初點一檢籌，與第一恰合，得〇一列爲二層，其籌得第一，即書一於初線上第二位，自末位起，此題有兩點，故初商在第二位。下作線減之，恰盡，知無次商。初線上空一位，補作〇，視初線上得一十寸，即所求。

設有方磚砌地作正方形，共五百七十六塊，問每邊若干塊。

答曰：各廿四塊。

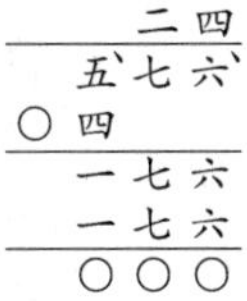

法用平方籌求初商，先作初線，次以共磚五百七十六塊列爲一層，次從末位隔一作點，共得二點。爰以初點五檢籌相近畧小者，得〇四列爲二層，其籌得第二，即書二於初線上第二位，爲初商二十。下作線減之，餘一，并次點得一七六，爲次商，寔列爲三層，爰倍初商。平方兩廉，故信之。得四，遂取四籌爲廉，法以平方籌爲隅，法乃并四籌，與平方籌爲廉隅共法，以餘數檢之，得一七六恰合，列爲四層，其籌爲第四，即書四於初線上末位，爲次商四，下作線減之，得五層，恰盡。初線上商得二十四，即所求。

立方

設有六面相等體八千枚，欲堆垛成立方形，長闊高相等，問各幾何。

答曰：二十枚。

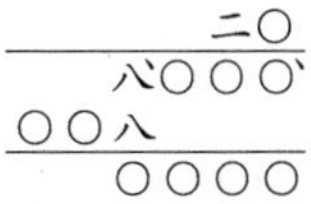

法用立方籌求初商，先作初線，次列総枚數爲寔，列爲一層，次每隔二位作點，共得二點，爰以初商八檢籌，得〇〇八，恰合，列爲二層，其籌得第二，即書二於初線上第二位，共二點，故初商在二位。爲初商二十，下作線減之，恰盡，無次商。初線上空位補〇，視初線上商，得二十枚，即所求。

設有立方寔八垓七京九兆二億一萬七千九百一十二，問開得幾何。

答曰：九百五十八。

十萬曰億，十億曰兆，此小數也。萬萬曰億，萬億曰兆，爲中數。萬萬曰億，億億曰兆，爲大數，謂之三等。見《五經算術》。

法用立方籌求初商，先作初線，次列實爲一層，次每隔二位作點，共得三點，爰以初點八七九，檢籌相近畧小者，得七二九列爲二層，其籌得第九，即書九於初線上第三位，爲初商。九百下作線減之，餘一五〇，并次點二一七，得一五〇二一七，爲次商實，列爲三層。爰以初商九百自乘，得八億一萬。又三之，得二兆四億三萬，爲三方廉法。以約餘寔一五〇，可得五十，爲從，次商即以五十乘初商九百，得四萬五千。又三之，得一億三萬五千，爲三長廉法。又以從次商五十自乘，得二千五百，爲隅法。乃并兩廉一隅法，得二兆五億六萬七千五百，爲廉隅共法。乃取二五六七五籌并之，以餘寔一五〇二一七。檢籌相近畧小者，得一二八三七五，其籌得第五，即列爲四層，而五爲定次商。遂書五於初線上二位，爲次商五十。下作線減之，餘二一八四二，并三點九一二，得二一八四二九一二，爲三商寔，列爲五層。爰以初次商并得九百五十，自乘得九億〇二千五百。又三之，得二兆七億〇七千五百，爲三方廉法。以約餘實二一八，可得八，爲從三商。即以八乘初次商，并九百五十，得七千六百。又三之，得二萬二千八百，爲三長廉法。又以從三商八自乘之，得六十四，爲隅法。乃并兩廉一隅法，得二兆七億三萬〇三百六十四，爲廉隅共法。乃取二七三〇三六四籌并之以餘寔，檢之得籌第八恰合，即列爲六層。而八爲寔三商，遂書八於初線上末位，爲三商八，下作線減之，恰盡，視初線上得九百五十八，即所求。

九五八
八七九二一七九一二
七二九
一五〇二一七
一二八三七五
〇二一八四二九一二

平、立二方俱有帶縱之法，平方兩廉，立方三平廉，三長廉，平方一縱，立方兩縱，而兩縱又有相同不同之別，頭緒繁多，另有專書，亦非初學所及，然果能熟此則，於開方之書，自能領會矣。

十六兩爲斤，六十分爲度，三十度爲宫。

十五分爲刻，八刻爲時，二百四十步爲畝，一百八十丈爲里。

十黍爲絫，十絫爲銖，二十四銖爲兩，八兩爲錙。

釜深尺方尺容六斗四升，古尺於□只六寸二分半，是古尺一石合一斗五升二合有奇，古一釜□九升七合七勺弱。

著録

清·阮元《疇人傳》卷三六 方中通

方中通字位伯，桐城人也。集諸家之説著《數度衍》二十四卷，附録一卷。

又 卷三七 梅文鼎

《勿庵籌算》七卷。籌算之法，蓋起於作曆書時，術本直籌横寫，易之以横籌直寫，所以適中土筆墨之宜。

又 卷四四 羅雅谷

羅雅谷又著《籌算》一卷，言：算數之學，大者晝野經天，小者米鹽凌雜，凡有形質度數之物與事，靡不藉爲用焉。

比例規分部

題解

［意］羅雅谷《比例規解·自序》 天文曆法等學，舍度與數，則授受不能措其辭。故量法筭法，恒相發焉。其法種種不襲，而器因之。各國之法與器大同小異。如筭法之或以書，或以盤珠，吾西國猶以爲未盡其妙也。近世設立籌法，似更超越千古。至幾何家用法則籌有所不盡者，而量該之，不能不藉以爲用。今繇《幾何》六卷六題，推顯比例規尺一器，其用至廣，其法至妙，前諸法器，不能及之。因度用數，開闔其尺，以規揣度，得筭最捷。或加減，或乘除，或三率，或開方之面與體，此尺悉能括之。又函表度、倒景、直景、日晷、句股弦筭、五金輕重諸法，及百種技藝，無不賴之，功倍用捷，爲造瑪得瑪第嘉最近之津梁也。

又 論度數者，其綱領有二，一曰量法，一曰筭法。所量所筭，其節目有四，曰點，曰線，曰面，曰體，總命之曰幾何之學。而其法不出于比例，比例法又不出于句股。第句股爲正方角，而別有等角、斜角，句股不足盡其理，故總名之曰三角形。此規名比例者，用比例法也。器不越咫尺，而量法、筭法，若線，若面，若體，若弧矢方圓諸法。凡度數所須，該括欲盡，斯亦奇矣。所分諸線，篇中稱引之說特其指要，各有本法本論，未及詳焉。若所從出，與其致用，則三角形之比例而已。按《幾何原本》六卷四題云：凡等角三角形，其在等角旁之各兩腰線，相與爲比例，必等。而對等角之邊爲相似之邊。六題云：兩三角形之一角等，而對等角旁之各兩邊比例等，即兩形爲等角形，而對各相似邊之角各等。作者因此二題，創爲此器。今依上圖解之，如甲乙丙與丁乙戊，大小兩三角形，同用乙角，即爲等角。則甲乙與乙丙之比例，若丁乙與乙戊。而對等角之邊，如甲丙與丁戊，爲相似之邊也。又顯兩形爲等角形，而對各相似邊之角各等也。今此規之樞心即乙角，兩股即乙甲、乙丙兩腰，甲丙爲底，即與乙丁戊爲等角形。而各相當之各角各邊其比例悉等矣。任張翕之，但取大小兩腰，其兩底必相似也。或取兩底，其兩腰必相似也。或取此腰此底，其與彼腰彼底必相似也。以數明之，如甲乙大腰一百，乙丁小腰六十，而設甲丙大底八十，以求小底丁戊，即定尺，用規器量取丁戊爲度，向平分線取數，必四十八，不煩乘除矣。又如平方積一萬，其根一百，求作別方，爲大方四之三，即以一百爲腰，分面線之四點爲大底，次以三點爲小腰，取小底爲度，向平分線得八十六半强，爲小方根自之，約得七千五百爲小方積，不煩開平方矣。又如立方積八千，其根二十，求作大方，倍元方，即以二十爲小底，分體線之一點爲小腰，次以二點爲大腰，取大底爲度，于平分線得二十五半，自之，再自之，約得一萬六千爲大方積，不煩開立方矣。篇中言某爲腰，其爲底，設某數，得某數，皆此類也。規凡二面，面五線，共十線，其目如左。

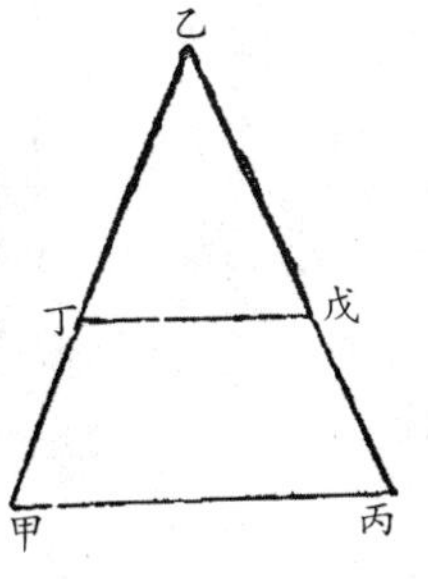

第一平分線，第二分面線，第三更面線，第四分體線，第五更體線，第六分弦線，第七節氣線，第八時刻線，第九表心線，第十五金線。

右比例十類之外，依《幾何原本》，其法甚多，因一器難容多線，故止設十線，其不爲恒用者，姑置之稍廣焉。更具四法如左。

一，平面形之邊與其積。二，有形五體之邊與其積與其面。三，有法五體與球或内或外兩相容。四，隨地造日晷求其節氣。

比例規造法一名度數尺，其式有二。

第一式

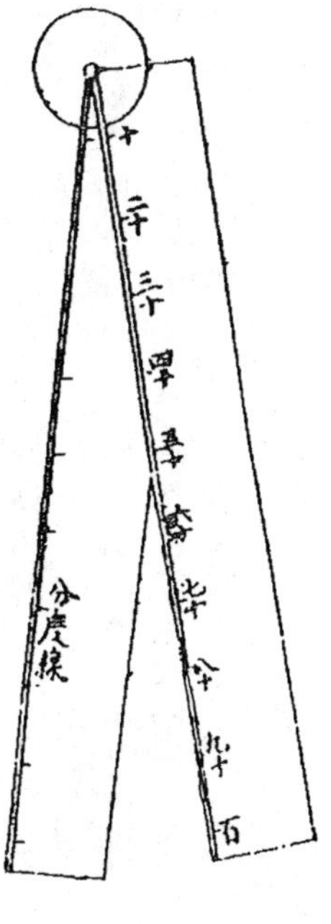

以薄銅板或厚紙作兩長股，如圖。任長一尺上下，廣如長八之一，兩股等長等廣。股首上角爲樞，以樞心爲心，從心出各直線。以尺大小定線數，今折中作五線，兩股之面，共十線，可用十種比例之法。線行相距之地，取足書字而止。尺首半規餘地，以固樞也，用時張翕游移。

第二式

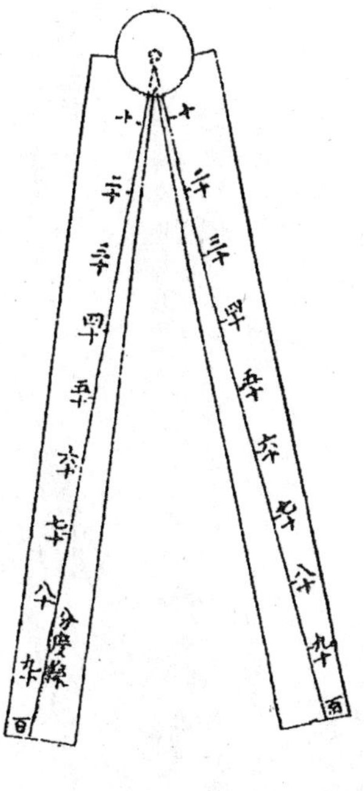

以銅或堅木作兩股，如圖。厚一分以上，長任意。股上兩用之際以爲心，規餘地以安樞。其一，規面與尺面平，而空其中。其一，剡規而入于彼尺之空，令密無罅也，樞欲其無偏也。兩尺並，欲其無罅也。樞心爲心，與兩尺之合線，欲其中繩也。用則張翕游移之張翕，令兩首相就，成一直線，可作長尺。或以兩半直角相就，成一直角，可作矩尺。

比例規之類別有二種，一爲四鋭定心規，一爲四鋭百游規，不解之，其造法頗難，爲用未廣，姑置之。

比例各線總圖

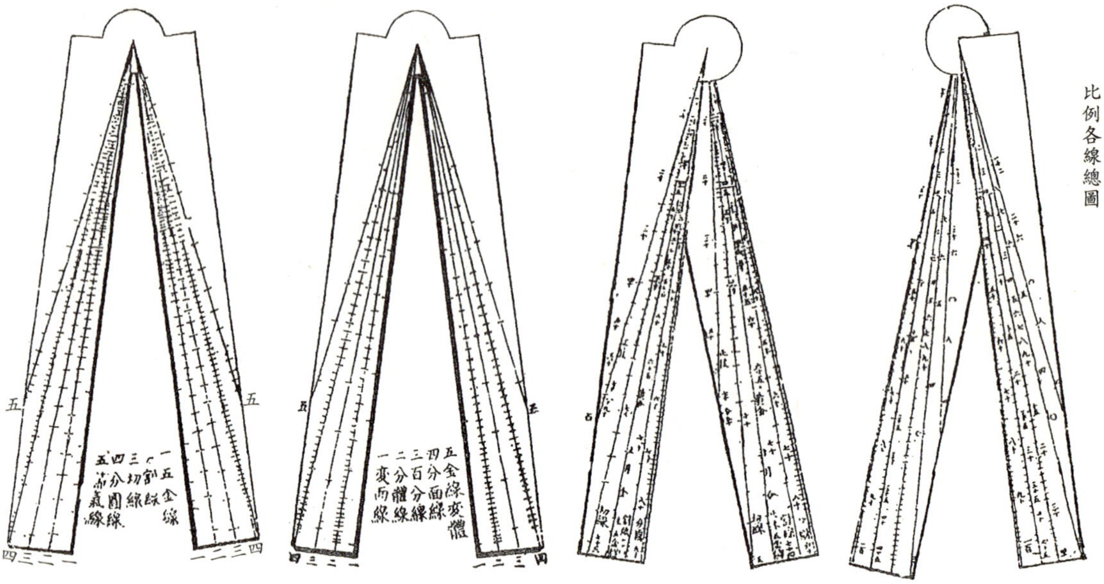

清・梅文鼎《度算釋例》

比例尺式即度數尺也。原名比例規，以兩尺可開可合，有似作員之器，故亦可云規。

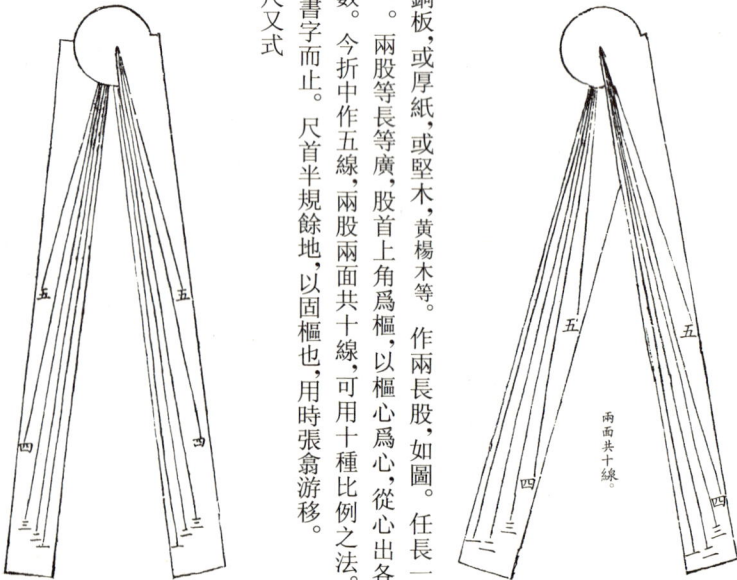

用薄銅板，或厚紙，或堅木，黄楊木等。作兩長股，如圖。任長一尺上下，廣如長八之一。兩股等長等廣，股首上角爲樞，以樞心爲心，從心出各直線，以尺大小定線數。今折中作五線，兩股兩面共十線，可用十種比例之法。線行相距之地，取足書字而止。尺首半規餘地，以固樞也，用時張翕游移。

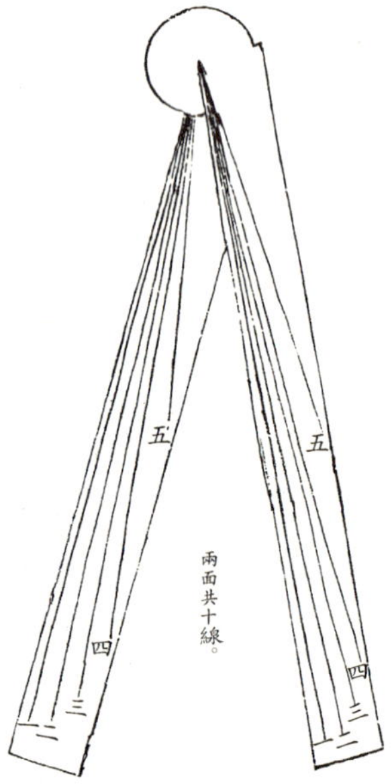

比例尺又式

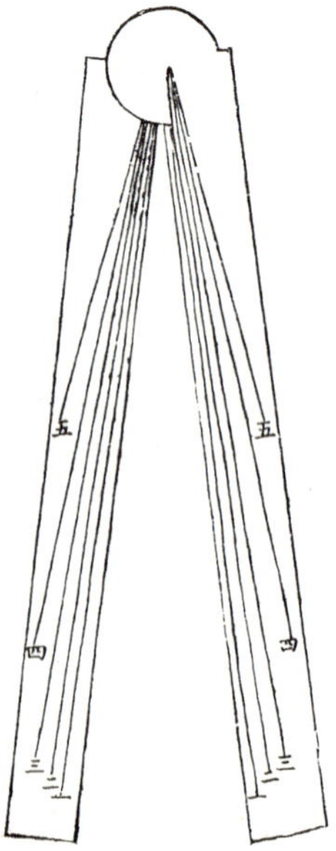

前式兩股相疊，此式兩股相並。股上兩用之際以爲心，規餘地以安樞。其一，規面與尺面平，而空其中；其一，剡規而入于彼尺之空，令密無罅也。樞，欲其無偏也；兩尺並，欲其無罅也。樞心爲心，與兩尺之合線，欲其中繩也。張盡，令兩首相就，成一直線，可作長尺，或以兩尺横直相得，成一方角，可作矩尺。

規式此本爲畫圓之器，尺算賴之以取底數，蓋相須爲用者也。

用銅或鐵，亦如尺作兩股，但尺式扁方，此可圓也。首爲樞，可張可翕。末

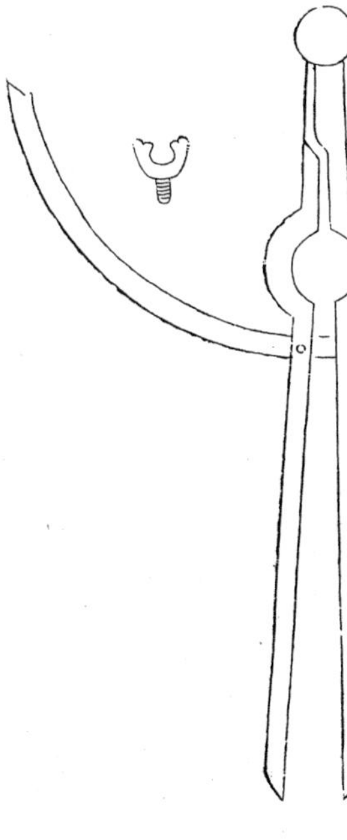

銳，以便于尺上取數也。當其半腰，綴一銅條橫貫之，勢曲而長，如割圓象限之弧，與樞相應。得數後，用螺釘固之。

凡筭例假如有言取某數爲底線者，並以規之兩銳于平分線上，量而得之。其用底線爲得數者，並以規取兩尺上弦線相等之距于平分線上，量而命之，故規之兩銳可當橫尺。《數度衍》以橫尺比量，反不如用規之便利，而得數且真也。

清・劉衡《尺筭日晷新義》卷上

尺式

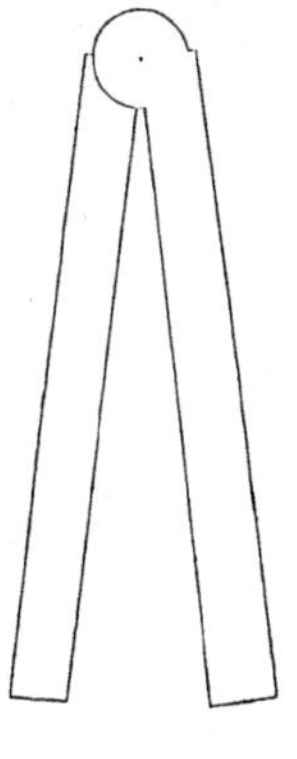

西人謂之比例規。規之云者，兩尺張翕任意，似畫圓之器也，此乃質言尺。

作尺法

用薄銅版或堅木作兩長尺，扁方任長一尺上下，廣約五分，取足作線、作點、書字而已。兩尺相並，等長等廣，無毫髮差。然兩尺相並，則無由相聯也，乃于兩尺之一端近隅處多留餘地，以隅爲心圓之，其一圓頭與尺面平，而空其中，令空處之圓與尺面之圓相等如乾；其一如坤，則剡其圓頭，上下二面俱剡。令二面剡去之圓與乾尺中空之圓相等，以相入密無罅也。乃于尺隅圓頭之中心作小孔洞之，而貫以樞聯。兩尺爲一樞，欲其無偏也。兩尺並，欲其無罅也。樞心爲心，與兩尺相並之縫，欲其中繩也。

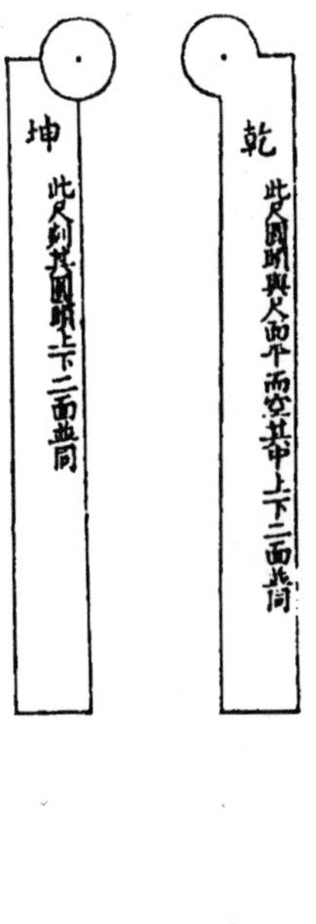

規式

用銅或銕爲之，銳其兩端，欲其細也。兩股交處貫以樞，欲其固也。規爲畫圓之器，尺筭藉之以取諸數，故並圖，其式如右。

尺上分線

西法用割線。查割線表各度之數作點，識于兩尺間，名之曰表心線。得數難清，取度不真，不便于用，茲作此線與切線同理，而變其數，取度較真，即名之曰日晷線。

法曰：作直線如斗牛，次作橫線如斗女，與斗牛線相遇于斗。斗角爲正方角，必中矩，合九十度，毋毫髮出入，或鈍或銳。次以斗爲心，以斗牛或斗女。爲界，取規以一端指斗，其一端指牛，或女。作弧形，得圓周四之一，成象限弧。

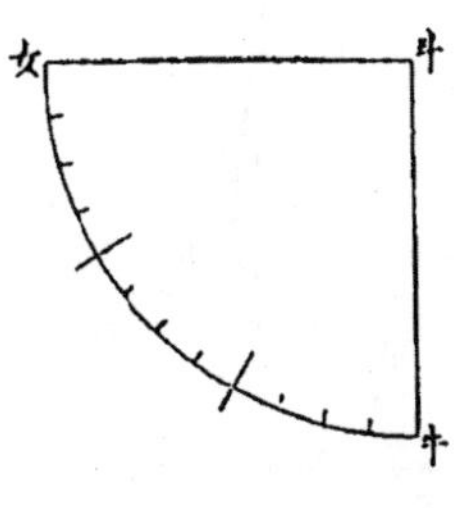

次三分其弧，作點于弧，識之。次于每一分內又八分之，得二十四平分，作點于弧，識之。

士琳案：原稿因弧小，以十二平分，當二十四限。今仍其舊，又脱點作識，今補。

次于斗牛線左作直線，與斗牛線平行，如井亢，此線長與尺等。次從斗心向弧各點作直線，聯之。每直線皆從斗心斜出，過各限之點，遇井亢直線而止，惟斗牛線平行無度，終古不能與井亢線相遇，故斗牛毋庸出直線，即近斗牛一二線亦不必出直線，至井亢線，恐尺短不能容也。

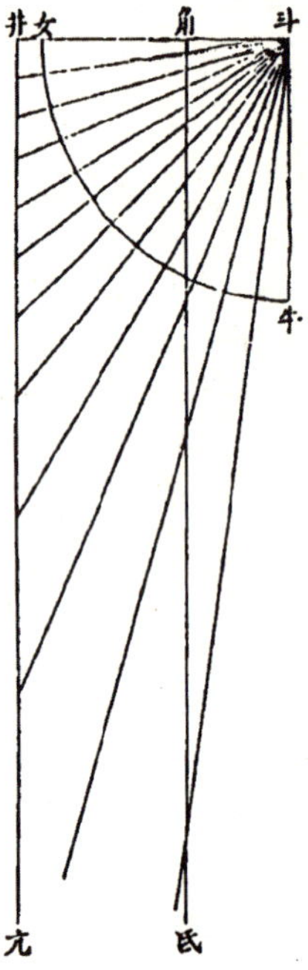

或問井亢線之義，曰即割圓八線中之切線也。切線九十度，末度平行無度，故只以八十九度立筭。兹變爲二十四限，末限平行無度，故只以二十三限具尺。每限當切線三度四十五分爲一刻，每四限當切線十五度爲半時，兹詳譜之如左。

第一限即一刻也，即切線三度四十五分。
二限即二刻也，即切線七度半。
三限即三刻也，即切線十一度十五分。
四限即四刻也，滿半時矣，即切線十五度。
五限又一刻也，即切線十八度四十五分。
六限又二刻也，即切線二十二度半。
七限又三刻也，即切線二十六度十五分。
八限又四刻也，滿半時矣，即切線三十度。
九限又一刻也，即切線三十三度四十五分。
十限又二刻也，即切線三十七度半。
十一限又三刻也，即切線四十一度十五分。
十二限又四刻也，滿半時矣，即切線四十五度。
十三限又一刻也，即切線四十八度四十五分。
十四限又二刻也，即切線五十二度半。
十五限又三刻也，即切線五十六度十五分。
十六限又四刻也，滿半時矣，即切線六十度。
十七限又一刻也，即切線六十三度四十五分。
十八限又二刻也，即切線六十七度半。
十九限又三刻也，即切線七十一度十五分。
二十限又四刻也，滿半時矣，即切線七十五度。
二十一限又一刻也，即切線七十八度四十五分。
二十二限又二刻也，即切線八十二度半。
二十三限又三刻也，即切線八十六度十五分。

若井亢線稍短，秖容二十限，或十八十九限，則不足日晷時刻之用。法將井亢線進移于右，稍近斗牛線，務令本線遇二十三限，或遇二十二限，不遇則再移近斗牛，取之遇則止，如角氐線。此線務與右斗牛左井亢之線平行，其長則如井亢線，務與尺等。

士琳案：原稿此下但注「即用右圖可也」六字，而缺圖。今據後文兩尺必等語，故取前圖各線點併入尺式，以補之。

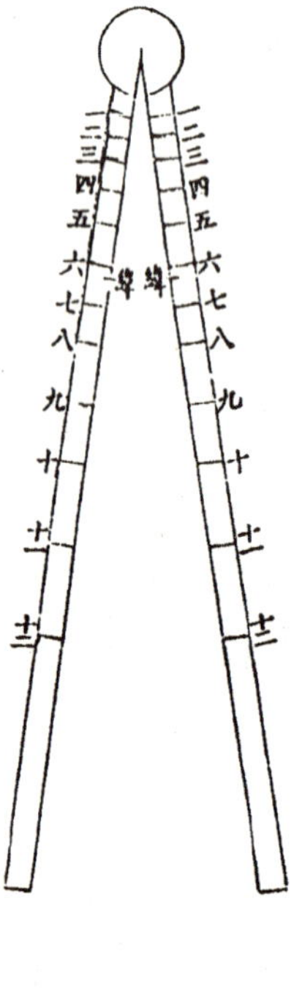

又按：日晷定各節氣，須取太陽緯度二十三度半爲冬至、夏至日影，所到內本尺各限無二十三度半之度，須添設此線。法將女牛弧上第七限、第八限并之，而平分爲十五分。士琳案：自第六限起至第八限止，即爲第七限、第八限，今以一平分。當兩限應于女牛弧上自第三線點至第四線點之中，又平分十五分也。其第六限下之第二分即二十三度半也，作點識之，亦自斗心斜出直線，遇弧本限之點，而至角氐線。

問：何以知第六限下第二分之確爲二十三度半也？曰：第六限二十二度半也，而第八限則三十度也。每限三度四十五分，併七、八兩限，得七度半。倍之，爲十五。則一分爲半度，二分爲一度矣。第六限既爲二十二度半，則限下第一分即二十三度，而其第二分爲二十三度半，無疑也。

次于角氐線上量取各限，以次移于兩尺相並處，作點識之，旁書字爲記，兩尺必等。

清·杞廬主人《時務通考》卷二三 比例規解

比例尺代算，凡點綫面體，乘除開方，皆可以規度而得。然於畫圖製器，尤所必需，誠算器之至善者焉。究其立法之原，總不越同式三角形之比例，蓋同式三角形，其各角各邊，皆爲相當之率。今張尺之兩股，爲三角形之兩腰，其尺末相距即三角形之底，則於中任截兩邊相等之各三角形，其各腰之比例，必與各底之比例相當也。一曰平分綫，以御三率；一曰分面綫，一曰更面綫，以御面(幕)[冪]；一曰分體綫，一曰更體綫，以御體積；一曰五金綫，以御輕重；一曰分圓綫，一曰正弦綫，一曰正切綫，一曰正割綫，以御測量。併製平儀諸器，凡此十綫，或總歸一尺，或分爲數尺，任意俱可。

清·潘逢禧《算學發蒙》尺算説略

中土算器，古用籌策，元明閒易爲珠盤。西算舊以筆録，繼乃用籌。雖器有不同，皆輾轉相承爲用。至尺算則別出新意，以量代算，法與古殊，而用特簡妙。其書爲西儒羅雅谷所譯。尺分十線，一平分，二分面，三變面，四分體，五變體，六割圓，七節氣，八時刻，九表心，十五金。凡此十線，或分作數尺，或合作一尺，而總名曰比例規。以兩尺可開可合，有似作圓之器也。按羅序云：此尺，百種技藝，無不賴之，功倍用捷，爲造瑪得瑪第嘉之津梁。蓋西人藉此製器，十線並資，固缺一不可者。惜其中圖説參差，簡而不詳，閲者憾焉。國初梅定九徵君，偕其季爾素，爲之校注折衷，直窮底蘊，改分面線爲平方，變面線爲更面，分體線爲立方，變體線爲更體，節氣線爲正弦，時刻線爲正切，表心線爲正割，皆直正其名，庶免悮用。又著爲《度算釋例》一書，於是條貫井然，可施諸用。第十線尺式，分點疏密不同，各隨所用。平方更面者，以御面冪也。立方更體者，以御體積也。五金者，以御輕重也。割圓正弦、正切、正割諸線者，以御測量併製儀晷之用也。用法微妙，均非核數所資。惟平分線尺式，按尺匀點，耑御乘除，最爲巧捷。兹特取爲一種，並於三率比例各法，較梅氏原書，增以設例，加以理解，附之四種之後。庶握算者，有以尋其緒而究其根，由是進求各線之變化，諸法之精微，悟量算同歸之理，是亦算學家別調也。願以質之同好者。

綜論

[意]羅雅谷《比例規解》

第一平分線

分法　此線平分爲一百，或二百，乃至一千，量尺之大小也。分法：如取一百，先平分之爲二，又平分爲四，又各五分之爲二十。自此以上，不容分矣，則用更分法。以元分四，復五分之；或以元分六，復五分之，如(上)圖。甲乙線分丙丁戊，爲元分之四，今更五分之，得己庚辛壬。元分與次分之較爲壬丙，爲戊己，皆甲乙二十分之一，爲元分五之一。每數至十至百，各書字識之。

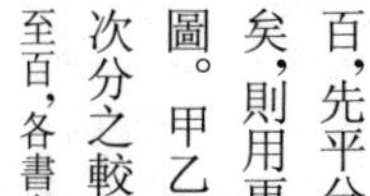

論曰：甲乙四。與甲丙一。若甲己四。與甲壬。一。更之，甲乙四。與甲己，四。若甲丙一。與甲壬。一。甲己爲甲乙五之四，即甲壬爲甲丙五之四，壬丙爲甲丙五之一。又甲丁爲十，甲辛爲八，辛丁爲甲丁十之二，或丙丁五之二。戊庚爲丁戊五之三，又壬丙爲甲丙五之一，必爲甲壬四之一。《幾何》五卷。

用法一　凡設一直線，任欲作幾分，假如四分，即以設線爲度，數兩尺之各一百以爲腰。張尺以就度，令設線度爲兩腰之底，置尺，數兩尺之各二十五以爲腰。斂規，取二十五兩點間之度以爲底。向線上簡得若干數，即所求分數。凡言線者，皆直線。依《幾何原本》大小兩三角形之比例，則二十五與得線，若一百與設線也。更之，二十五與一百，得線與設線，皆若一與四也。若求極微分，如一百之一。如上以一百爲腰，設線爲底，置尺。次以九十九爲腰，取底，比設線，其較爲百之一。若欲設線内取零數，如七之三，即以七十爲腰，設線爲底，置尺。次以三十爲腰，斂規取底，即設線七之三。置尺者，置不復動，下倣此。

用法二　凡有線，求幾倍之。以十爲腰，設線爲底，置尺。如求七倍，以七十爲腰，取底，即元線之七倍。若求十四倍，則倍得線，或先取十倍，更取四倍，并之。

用法三　有兩直線，欲定其比例，以大線爲尺末之數，尺百即百，千即千。置尺。斂規取小線度，於尺上進退就其等數，如大線爲一百，小線爲三十七，即兩線之比例，若一百與三十七，可約者約之。約法以兩大數約爲兩小數，其比例不異。如一百與三十約爲十與三。

用法四　乘法與倍法相通。乘者，求設數之幾倍也。如以七乘十三，于腰線取十三爲度，七倍之，即所求數也。

用法五　設兩線或兩數，凡言數者，腰上取其分，或以數變爲線，或以線變爲數。欲求一直線，而與元設兩線爲連比

例。若設大求小，則以大設爲兩腰，中設爲底。次以中設爲兩腰，得小底，即所求。如甲乙、甲丙，尺之兩腰，所設兩數爲三十，爲十八。欲求其小比例，從心向兩腰取三十，如甲辛、甲己，識之。斂規取十八爲度，以爲底，如辛己。次從心取十八，如甲丁、甲戊，即丁戊爲連比例之小率，得十一有奇。若設小求大，則反之。以中設爲兩腰，小設爲底，置尺。以中設爲度，進求其等數，以爲底。從底向心得數，即所求。如甲丁、甲戊爲兩腰，丁戊爲底。次以甲丁爲度，引之至辛至己而等，從辛從己向心得三十，即大率。論見《幾何》六卷十一題。凡言等數者，皆兩腰上縱心取兩數等，下同。

用法六　凡有四率連比例，既有三率，而求第四。或以前求後，則丁戊爲第一率，辛己、甲丁、甲戊爲第一，又爲第三，而得辛甲爲第四。若以後求前，則甲辛甲、己爲第一，辛己、甲戊、甲丁爲第二，又爲第三，而得丁戊爲第四。甲辛與辛己，若甲丁與丁戊故也。

用法七　有斷比例之三率，求第四。如一星行九日，得一十一度。今行二十五度，日幾何？即用三率法，以元得一十一度爲兩腰，元行九日爲底置尺。以二十五度爲兩腰，取大底，腰上數之，得二十日，十一之五。爲所求日。此正三率法，《九章》中名異乘同除也。

用法八　句股形有二邊而求第三。法于一尺取三十爲内句，一尺取四十爲内股。更取五十爲底，以爲内弦，即腰間角爲直角，置尺。若求弦，則以各相當之句股，進退取數。各作識于所得點，兩點相望得外弦線。以弦向尺上取數，爲外弦數。言内外者，以先定之句股成式爲内，甲乙丙是。以所設所得之他句股形爲外，甲戊己是。若求句，于内股上取外股，作識

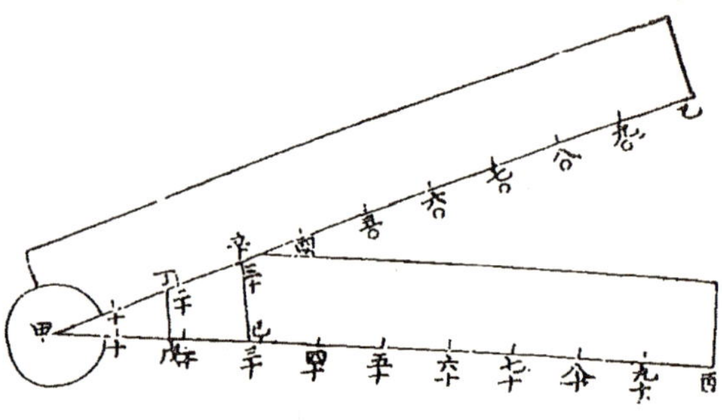

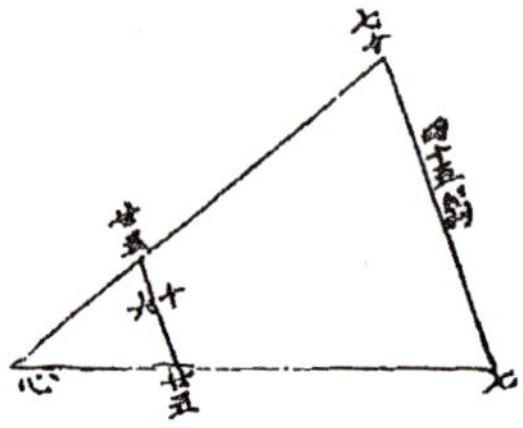

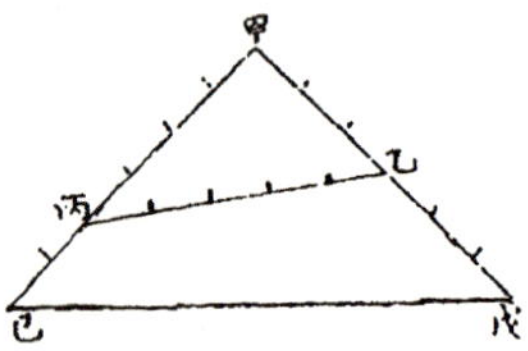

以設弦爲度，從識向句尺取外弦，得點作識。從次識向心數之，得句。求股亦如之。下有開方術爲勾股，本法可用。

用法九　若雜角形，有一角及各傍兩腰，求餘邊。先以弦線法，依設角作尺之腰間角，次用前法取之。見下二十一用四法。

用法十　有小圖，欲更畫大幾倍之圖，則尺上取元圖之各線加幾倍，如前作之。

用法十一　此線上宜定兩數，其比例若徑與周。爲七與二十二，或七十一與二百二十三，即二十八數上書徑，八十六上書周。有圈求周徑，法以元周爲腰，設周爲底，次于元兩徑取小底，得所求徑。反之，以徑求周，徑爲腰，如前。

用法十二　此線上定兩數，求爲理分中末之比例，則七十二與四十二又三之一，不盡，爲大分。其小分爲二十四又三之二弱。有一直線，欲分中末分，則以設線爲度，依前數取之。《幾何》六卷三十題。

第二分面線

今爲一百不平分，分法有二，一以筭，一以量。

以筭分　筭法者，以樞心爲心，任定一度爲甲乙，十平分之，自之得積一百。今求加倍，則倍元積得二百，其方根爲十四又十四之九，即于甲乙十分線加四分半强，而得甲丙，爲倍面之邊。求三倍，則開三百之根，得十七有半，爲甲丁。求五六七倍以上邊，法同。用方根表甚簡易。

以量分　任取甲乙度，爲直角方形之一邊，求倍。則于甲乙引至丁截乙丁，倍于甲乙。次平分甲丁于戊，戊心甲界，作半圈。從乙作乙己垂線，截圈于己，即己乙線爲二百容形之一邊。六卷二十六增。求三倍，則乙丁三倍于甲乙。四倍以上法同。於尺上從心取甲乙，又從

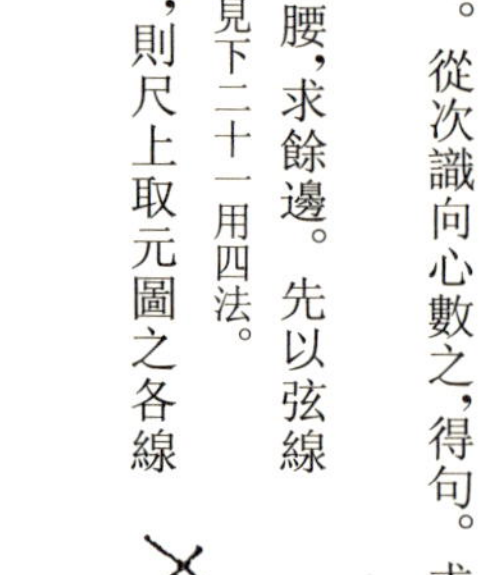

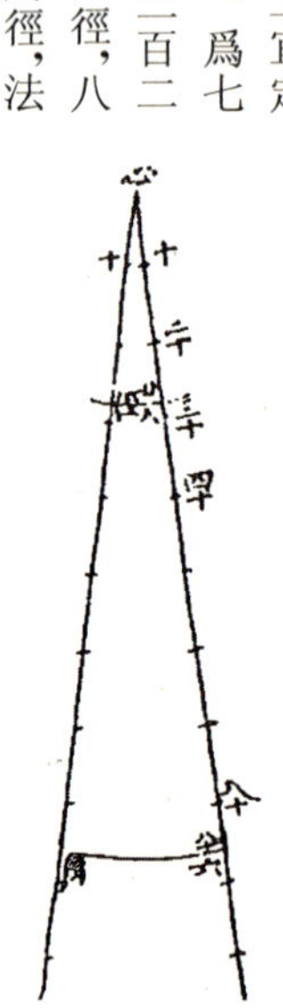

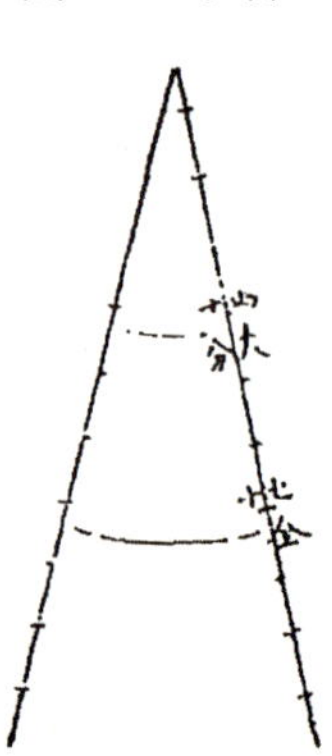

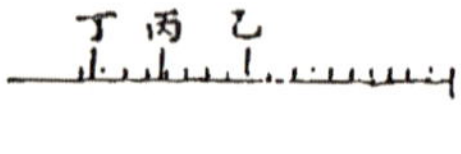

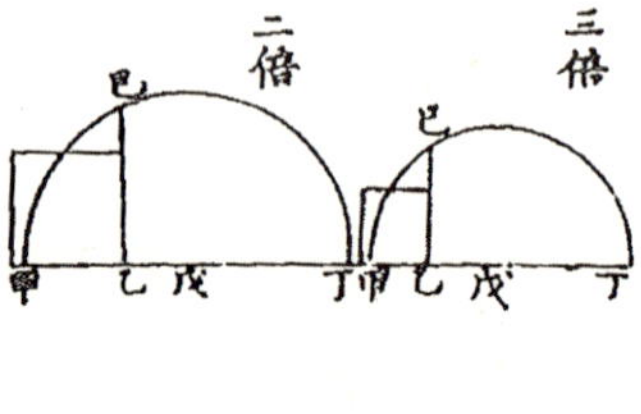

心取乙己等線成分面線。

試法　元線爲一正方直角方形省曰正方。之邊，倍之得四倍容方之邊，否即不合。三倍之，得九倍容方之邊。四倍得十六，五倍二十五。又取三倍之邊，倍之得十二，再加倍，得二十七倍之邊。再加倍，得四十八倍之邊。再加倍，得七十五倍之邊。若五倍容形之邊倍之，得二十倍容形之邊。再加倍，得四十五倍容形之邊。再加倍，得八十倍容形之邊。本邊之論見《幾何》六卷十三。

用法一　有同類之幾形，方、圓、三邊、多邊等形，容與容之比例，若邊與邊，其理具《幾何》諸題。欲并而成一同類之形，其容與元幾形并之容等。如正方大小四形，求作一大方，其容與四形并等，第一形之容爲二，二形之容爲三，三形之容爲四有半，四形之容爲六又四之三。其法從心至第二點爲兩腰，以第一小形之邊爲底，置尺。次并四形之容得十六又四之一，以爲兩腰。取其底爲大形邊，其容與四形之容并等。若無容積之比例，但設邊，如甲乙丙丁四方形。其法從心至尺之第一點爲兩腰，小形甲邊爲底，置尺。次以乙形邊爲度，進退取等數，得第二點外又四分之三，即書二又四之三。次丙形邊爲度，得三又五之一，丁形邊得四又六之五，并諸數。及甲形一，得十又二十之十九。向元定尺上進退取等數爲底，即所設四形同類等容之一大形邊。此加形之法。

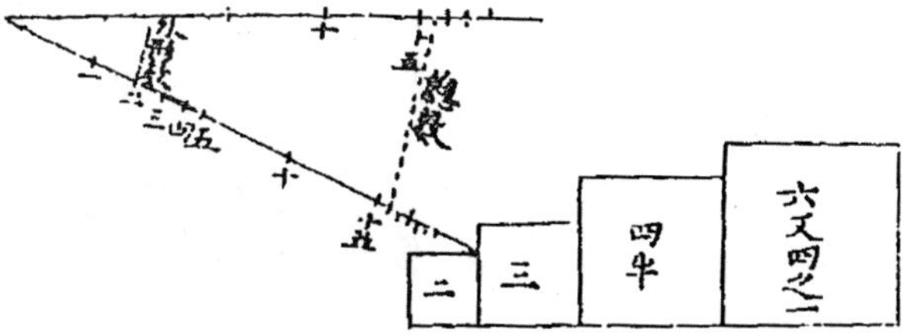

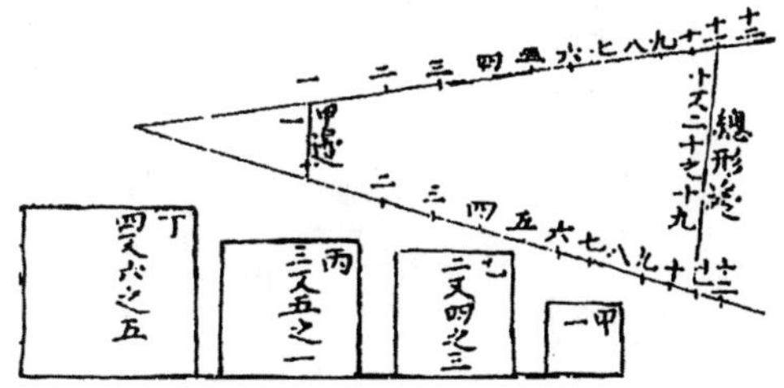

用法二　設一形，求作他形，大于元形幾倍。法曰：元形邊爲底，從心至第一點爲腰，引至所求倍數點爲大腰，取大底，即大形之邊。此乘形之法。

用法三　若于元形求幾分之幾，以元形邊爲底，命分數爲腰，退至所求數爲腰，取小底，即得。如正方一形，求別作一正方，其容爲元形四之三。以大形邊爲底，第四點爲腰，即命分數。次以第三點爲腰，即得分數。得小底，即小形邊。此除形之法。若設一形之積大而求其若干倍小，而求其若干分，則以原積當單數，用第一線求之。

用法四　有同類兩形，求其較。或求其多寡，或求其比例若干。法曰：小形邊爲底，第一點爲腰，置尺。以大形之邊爲度，進退就兩等數以爲腰，得兩形比例之數。次于得數減一，所餘爲同類他形之一邊。此他形爲兩元形之較。如前圖，小形邊爲一，大形邊爲六，其比例爲一與六，則從一至六爲較形邊。此減形之法。

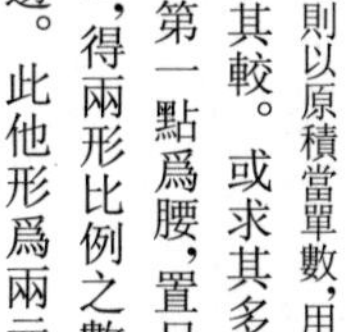

用法五　有一形，求作同類之他形，但云兩形之容積若所設之比例。法曰：設形邊爲底，比例之相當率爲腰。次他率爲腰，取其底，爲他形之邊。

用法六　有兩數，求其中比例之數。法曰：先以大數變爲線。變線者，于分度線上取其分，與數等，爲度也。以爲底，以本線上之本數爲腰，置尺。次于小數上取其底線變爲數。變數者，于分度線上查得若干分也。此數爲兩元數中比例之數。如前圖，二與八爲兩元數，先變八爲線，以爲底。以本線之第八點爲腰，置尺。次于第二點上，取其底線變爲四數，則二與四，若四與八也。若設兩線，不知其分，先于分度數線上查幾分，法如前。

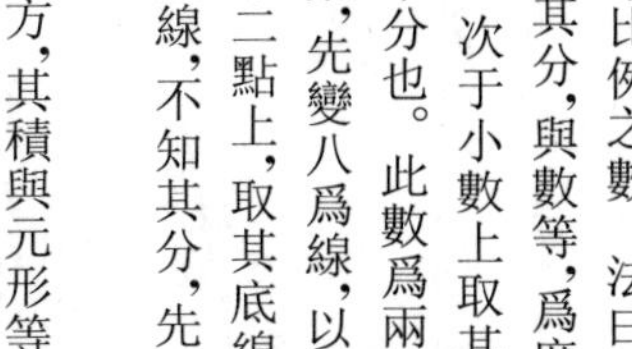

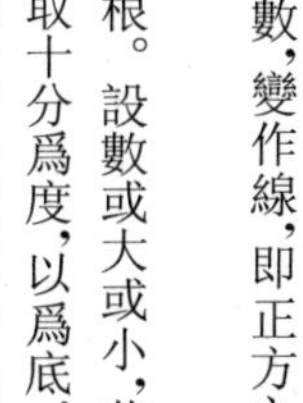

用法七　有長方，求作正方，其積與元形等。法曰：長方兩邊變兩數，求其中比例之數，變作線，即正方之一邊，與元形等積。

用法八　有數，求其方根。設數或大或小，若大，如一千三百二十五，先于度線上取十分爲度，以爲底，以本線一點爲腰，即一正方之邊，其積一百次，求一百與設數之比例，得十三倍又四之一。以本線十三點強爲腰，取其底，于度線上查分，得三十五強，爲設數之根。

第三更面線

分法　如有正方形，欲作圓形，與元形之積等。置公類之容積四三二九六

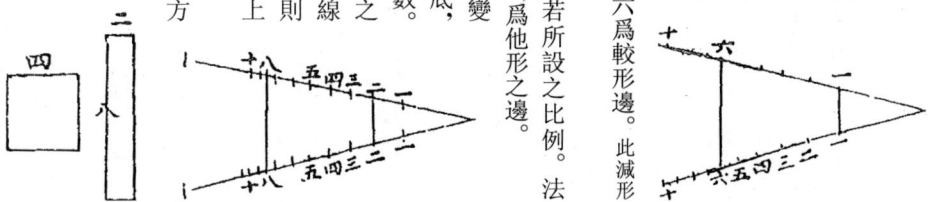

四，以開方，得六五八，正方邊也。以開三邊形之根，得一千，爲三邊等形之一邊。開五邊之根，得五〇二，六邊形之根爲四〇八，七邊形之根爲三四五，八邊形之根爲二九九，

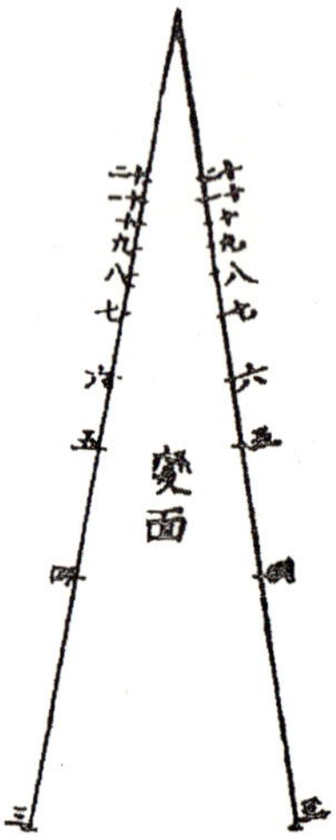

九邊形之根爲二六〇，十邊形之根爲二三七，十一邊形之根爲二一四，十二邊形之根爲一九七，圓形之徑爲七四二。以本線爲千平分，而取各類之數，從心至末，取各數加本類之號。言平形者，有法之形，各邊各角俱等。

用法一　有異類之形，欲相併，先以本線各形之邊爲度，以爲底，以本類之號爲腰，置尺。取正方號之底線，别書之末，以各正方之邊，于分面線上取數合之，而得綫邊。假如甲、乙、丙三異類形，欲相併，先以三邊號爲腰，甲一邊爲底，置尺。取正方號四點内之底，向分面線上，用十數爲腰，正方底爲底，于甲形内作方底線書十。次五邊號爲腰，乙一邊爲底，如前取正方底，向分面線得二十一半，即于乙形内作方底線，書之。次圓號爲腰，徑爲底，如前得十六弱，并得四十七半弱。若欲相減，則先通類如前法，次于分面線上相減。用上圖。

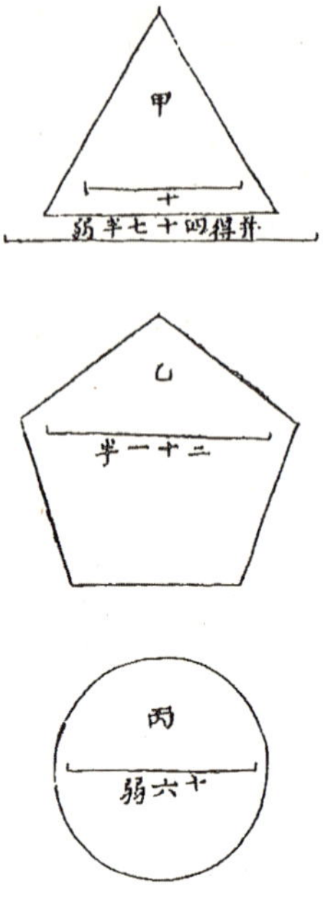

用法二　有一類之形，求變爲他類之形，同積。以元形邊爲度，以爲底，從心至本號點爲腰，置尺。次以所求變形之號爲腰，得底，即變形邊。

用法三　凡設數，求開各類之根，先于分面線求正方之根，次以方根度爲底，本線正方號爲腰，置尺。則所求形之號之底線，即元數某類之根。有法之平形，其邊可名爲根，與方根相似。

用法四　若異類形，欲得其比例，與其較，則先變成正方，依分面線求之。

第四分體線

線不平分，分法有二，一以筭，一以量。

以筭分　從尺心任定一度爲甲乙，十平分，自之。又自之，得積一千。即定其線爲一千，即體之根。今求加一倍積體之根，倍元積，得二千。開立方根，得十二又三之一，即于甲乙加二又三之一，爲甲丙。乃倍體之邊，求三倍。開三千數之立方根，以上同。

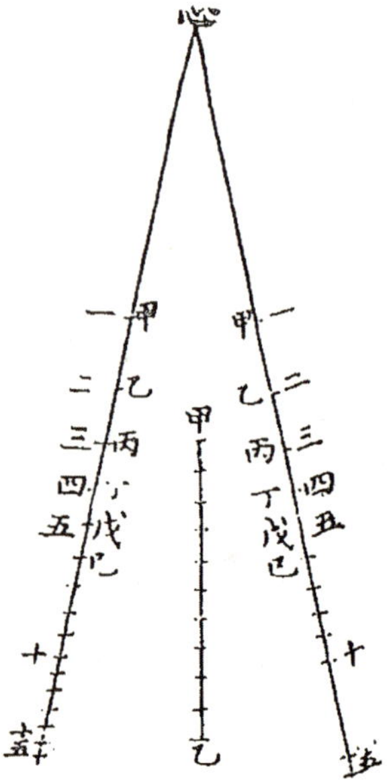

又捷法：取甲乙元體之邊四分之一，加于甲乙元邊，得甲丙，即倍體邊。又取甲丙七分之一，加于甲丙，得甲丁，乃三倍體之邊。取甲丁十分之一，加于甲丁，得甲戊，乃三倍體之邊，再分再加，如圖。

元體一甲乙、次體甲丙、三倍甲丁、四甲戊、五甲己、六甲庚、七甲辛、八甲壬、九甲癸、十甲子、一全、加四之一、七之一、十之一、十三之一、十六之一、十九之一、廿二之一、廿五之一、廿七之一。

試置元體之邊二十八，四之一，得七，以加之，得三十五。

法曰：兩根之實數，即用再自之數，爲一與二不遠，蓋二十八之立實，爲二一九五二。倍之，爲四三九〇四。比于三十五倍體邊之實四二八七五，其差纔〇一〇二九。約之爲一千四百五十二分之一，不足爲差。若用三十六之四六六五六，其差爲遠。又加倍體七之一，得再倍體之邊三十五又七之一，七之一者，五也。以加之，得四十，其實爲六四〇〇〇。元積再倍之數，爲六五八五六，較差纔〇一八五六，或三十五之一，可不入筭也。若用四十一根之實六八九二一，其差爲遠。

又試倍邊上之體，爲體之八倍，即依圖計零數至第八位，爲五之四，八之七，

十一之十，十四之十三，十七之十六，二十之十九，二十三之二十二。用合分法合之，得一二〇四二八〇之六〇八六〇八，約之爲一〇七五〇之五四三四，與二之一不遠，則法亦不遠。右兩則，皆用開立方之法，不盡數難爲定法。

以量分　先如圖，求四率連比例線之第二。蓋元體之邊，與倍體之邊，爲三加之比例也。今求第二幾何。法曰：第二線上之體與第一線上之體，若四率連比例線之第四與第一。假如丙乙元體之邊，求倍體之邊，則倍丙乙，得甲丁，以甲丁、乙丙作壬己辛庚矩形，于壬角之兩腰引長之，以形心爲心，如戊，作圈分。截引長線于子于午，漸試之，必令子午直線切矩形之辛角乃止，即乙丙。即辛庚、午庚、子己、甲丁(即壬庚)，爲四率連比例線，用第二率午庚爲次體之一邊，其體倍大于元體。詳雙中率論。若甲丁爲乙丙之三倍四倍，即午庚邊上之體，大于元體亦三四倍。以上倣此。用前法，則元體之邊倍之，得八倍體之邊。若三之，得二十七倍體之邊；四之，得六十四倍體之邊；五之，得一百二十五倍體之邊。

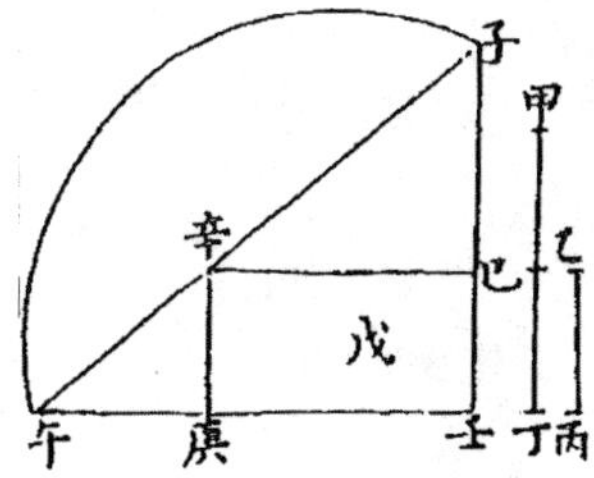

又取二倍體邊，倍之得十六，再倍得一二八。倍體之邊本線上量體，任用其邊、其根、其面、其對角線、其軸，皆可。

用法一　設一體，求作同類體，大于元體幾倍。法以元體邊爲底，從心至第一點爲腰，置尺。次以所求倍數爲腰，得大底，即所求大體邊。若設零數，如元體設三，求作七。以三點爲初腰，七點爲次腰，如上法。此乘體之法。

用法二　有體，求作小體，得元體之幾分，如四分之一、四分之三等。法以元體之邊爲底，命分數之點爲腰，置尺。退至得分數爲小腰，得小底，是所求體邊。此分體之法。

用法三　有兩體，求其比例。以小體邊爲底，第一點爲腰，置尺。次以大體邊爲底，就等數，得比例之數也，不盡。則引小體邊于二點以下，以大邊就等數，兩得數乃上，可得比例之全數，而省零數。

用法四　有幾同類之體，求并作一總體。若有各體之比例，則以比例之數，合爲總數。以小體邊爲底，一點以上爲腰，置尺。于總數點内得大底，即總體邊。若不知其比例，先求之，次用前法。此如體之法。

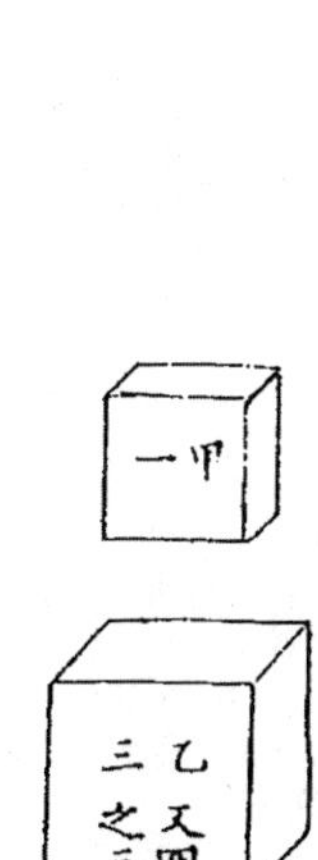

如圖，甲、乙、丙三立方體，求并作一大立方體，其甲根一，乙三又四之三，丙六，并得十又四之三。以甲邊爲底，本線一點以上爲腰，置尺。向外求十又四之三爲腰，取底爲度，即所求總體之根。

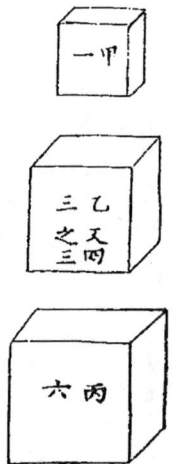

用法五　大内減小，所存，求成一同類之體。先求其比例，次以小體邊爲底，比例之小率點以上爲腰，置尺。次以比例兩率較數點上爲腰，得較底，即較體之邊。此減體之法。

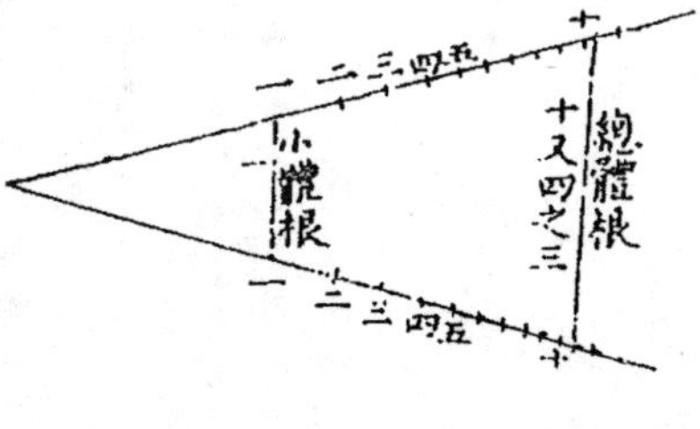

用法六　有同質同類之兩體，得一體之重，知他體之重，蓋重與重，若容與容。先求兩體之比例，次用三率法，某容得某重若干，求某容得某重若干。同質者，金、鉛、銀、銅等；同體者，方、圓、長、立等。

用法七　有積數，欲開立方之根。置積，與一千數，求其比例。次于平分線上取十分爲底，本線一點以上爲腰，置尺。次比例之大率以上爲腰，得大底。于平分線上取其分，爲所設數之立方根。如設四萬，則四萬與一千之比例爲四十與一。如法于四十點内得大底線，變爲分，得三十四强。若所設積小，不及千，則以一分爲底，一點或半點或四之一等數爲腰，置尺。設數内求底而定其分，若用半點，用所設數之一半，用四之一，亦用設數四之一。蓋筭法通變，或倍或分，不變比例之理。

用法八　有兩線，求其雙中率。線數同理。如三爲第一率，二十四爲第四率，求其比例之中兩率。法：求兩率之約數，得一與八，以小線爲底，一點以上爲腰，置尺。次八點以上爲腰，取大底，即第二率。有第二、第四，依平分線求第三。

第五變體線

變體者，如有一球體，求別作立方，其容與之等。

分法　置公積百萬，依筭法，開各類之根，則立方之根爲一百，四等面體之根爲二〇四，八等面體之根爲一二八半，十二等面體之根爲五十，二十等面體之根爲七六，圓球之徑爲一二六。因諸體中，獨四等面體之邊最大，故本線用二百〇四分平分之，從心數各類之根至本數加字。開根法，見《測量全義》六卷。

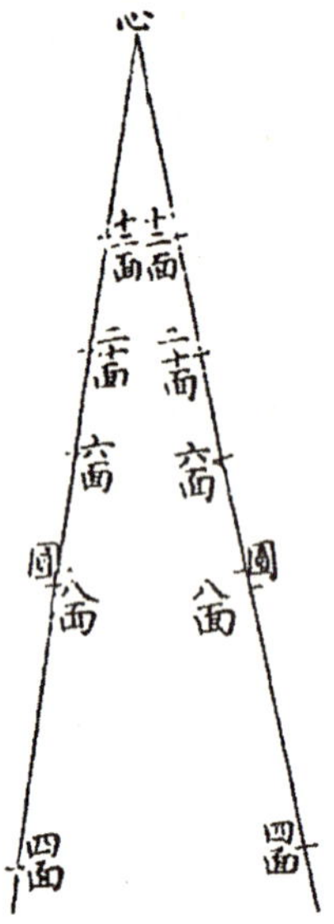

用法一　有異類之體，求相加。以各體之邊爲度，以爲底。本線本類之點以上爲腰，置尺。次從立方點内取底，別書之。各書訖，依分體線法合之。

用法二　有異類之幾體，求其容之比例。先以各體變而求同容之立方邊，次于分體線求其比例，乃所設體之比例。若知一體之容數，因三率法，求他體之容數。

第六分弦線

亦曰分圈線。分法有二。

一法　別作象限圈分，令半徑與本線等長。分弧爲九十度，各作識，從一角向各識取度，移入尺線。從尺心起度，各依所取度作識，加字。若尺身大，加半度之點，可作一百八十〇度。若身小，可六十度或九十度止。

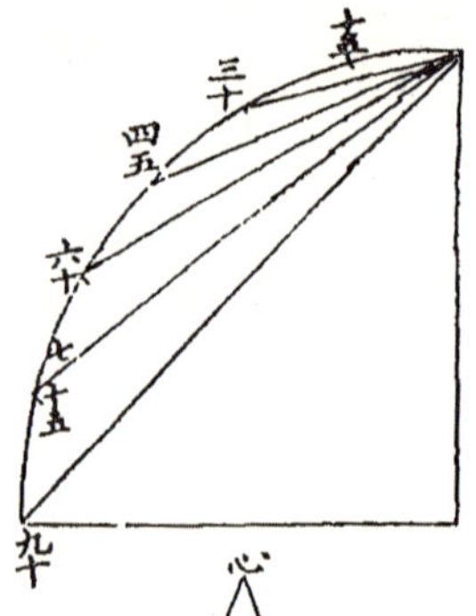

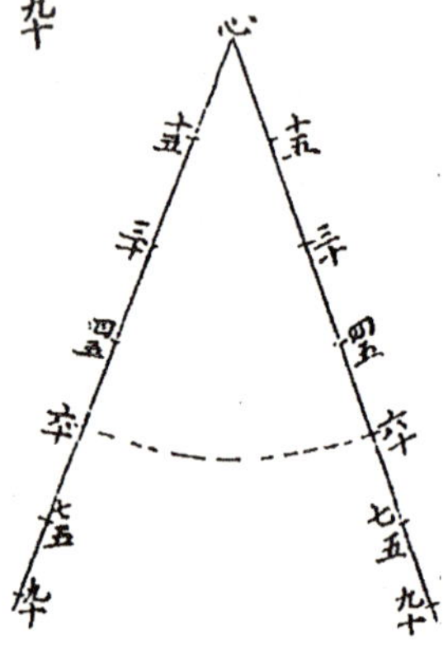

又法　用正弦數表，取度分數半之，求其正弦，倍之。本線上從心數之，識之。如求三十度弦，即其半十五度之正弦爲二五九，倍之，得千分之五一九，爲三十度之弦，從心識之。

用法一　有圈徑，設若干之弧，求其弦。以半徑爲底，六十度爲腰，置尺。次以設度爲腰，取底，即其弦。移試元圈上，合其弧。反之，有定度之弦，求元圈徑。以設弧之弦爲底，設度爲腰，置尺。次取六十度爲腰，取底，即圈之半徑。

用法二　有全圈，求作若干分。法以半徑爲底，六十度其弦即半徑也。爲腰，置尺。命分數爲法，全圈爲實而一，得數爲腰。取底，試元圈上，合所求分。此分圈之法。約法：本線上先定各分之點，如百二十爲三之一，九十爲四之一，七十二爲五之一，六十爲六之一，五十一又七之三爲七之一，四十五爲八之一，四十爲九之一，三十六爲十之一，三十二又十一之八爲十一之一，三十爲十二之一，各加字。

用法三　凡作有法之平形，先作圈，以半徑爲底，六十度爲腰，置尺。次本形之號爲腰，取底，移圈上，得分。

用法四　有直線角，求其度。以角爲心，任作圈，兩腰間之弧度即其對角之度。有半徑，有弧，求度如左。

用法五　有半徑設弧，不知其度。法以半徑爲底，六十度爲腰，置尺。次以弧爲度，就等數作底，其等數即弧度。反之，設角度，不知其徑及弧，求作圖。其法先作直線，一界爲心，任作圈分，以截線爲底，六十度之弦線爲腰，置尺。次于本線取設度之弦線爲腰，得底，以爲度，從截圈點取圈分，即設度之弧。再作線到心，即半徑。成直線角，如所求。

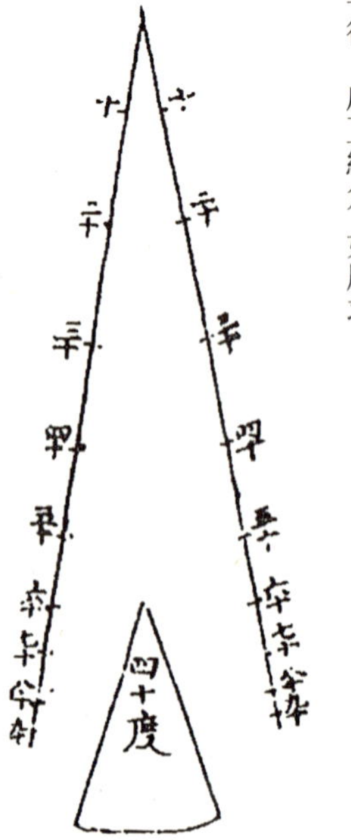

因此有兩法，可解三角形，省布數。詳《測量全義》首卷。

第七節氣線一名正弦線。

分法　全數爲一百平分，尺大，可作一千，用正弦表。從心數各度之數，每十度加字。如三十度之正弦五十，則五十數傍書三十，二度之正弦五，則五數傍書二。

簡法　第一平分線，可當此線，爲各有百平分，則一線兩旁，一書分數字，一書度數字。

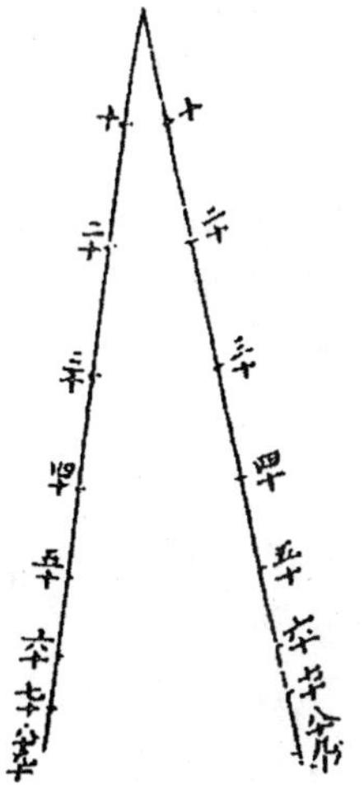

用法一　半徑內有設弧，求其正弦。以半徑爲底，百爲腰，置尺。次以設度爲腰，取底，即其正弦。

用法二　凡造簡平儀、平、渾、日晷等器，用此線甚簡易。如簡平儀之于盤周天圈，其赤道線左右求作各節氣線。先定赤道線爲春秋分，次于弧上取赤道左右各二十三度半之弧，兩弧相向作弦，以其半弦爲底，本線百數爲腰，置尺。次數各節氣，離春秋分兩節之數尋本線之相等數爲腰，取底爲度。移赤道線左右兩旁，作直線，與相對之節氣相連，爲各節氣線。或于赤道線上及二至線上定時刻，線之相距若干亦可。如欲定立春、立冬、立夏、立秋，因四節離赤道之度等，故爲公度。法曰：立春至春分四十五度，則取本線四十五度內之底線移于儀上春分線左右。若欲定小暑、小寒之線，離秋分、春分各七十五度，則取七十五度內之底線爲度，移二分線左右，得小暑、小寒之線。

第八時刻線一名切線。

分法　切線之數無限，爲九十度之切割兩線，皆平行無界。故今止用八十度，于本線立成表上，查八十度，得五六七，即本線作五六七平分。次因各度數加字。一度至十五，切線、正弦微差，尺上不顯，可即用正弦。

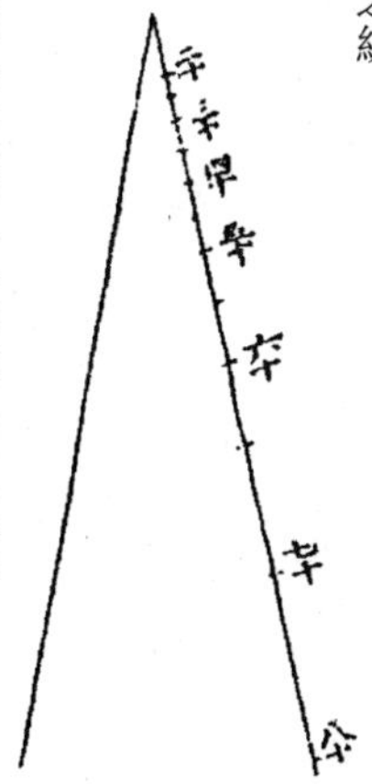

第九表心線一名割線。

分法　此線亦止八十度，依表查得五七五，平分之。其初點與四十五度之切線等，初點即全數，故等。次依本表加之。

用法一　有正弧或角，欲求其切線或割線。法以元圈之半徑爲底，切線線四十五度之本數爲腰，割線線則以〇度〇分爲腰，置尺。次以設度爲腰，取底，爲某度之切線割線。反之，有直線，又有本弧之徑，欲求設線之弧若干度。以半徑爲度，以爲底，設弧之度數爲腰，置尺。又設線爲底，求本線上等數，即設線之弧。

用法二　表度説以表景長短求日軌高度分。今作簡法，用切線，凡地平上立物，皆可當表。以表長爲底，本線四十五度上數爲腰，置尺。次取景長爲底，求兩腰之等數，即日軌高度分。若用橫表，法如前，但所得度分，乃日離天頂之度分也。安表法見本説。

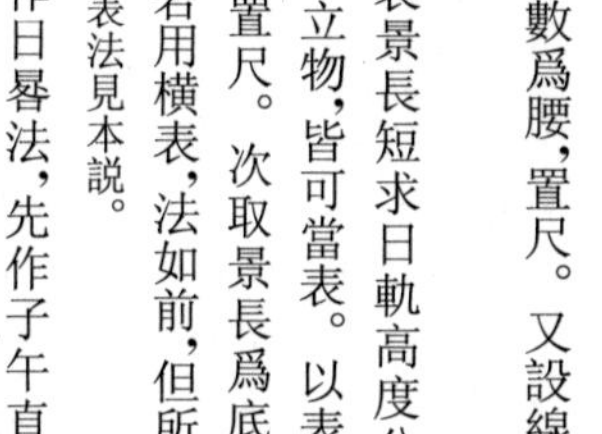

用法三　地平面上作日晷法，先作子午直線，卯酉橫線，令直角相交，從交至橫線端爲底，就切線線上之八十二度半爲腰，置尺。次于本線七度半點內取底爲度，向卯酉線交處左右各作識，爲第一時分。次遞加七度半，取底爲度，如前遞作識，爲各時分。每七度半者，如七度半、十五度、二十二度半、三十度、三十七度半、四十五度、五十二度半、六十度、六十七度半、七十五度、八十二度半。若求刻線，則遞隔三度四十五分，而取底爲度也。次于元切線上，取四十五度線四十五度之切線，即全數。爲底，割線初點爲腰，置尺。次以本地北極高度數爲腰，于本線上取底，爲表長。于子午、卯酉兩線之交正立之，又取北極高之餘度線爲度，于子午線上，從交點起，向南得日晷心，從心向卯酉線上各時分點作線，爲時線。在子午線西者，加午前字，如巳辰卯；在子午線東者，加午後字，如未申酉。

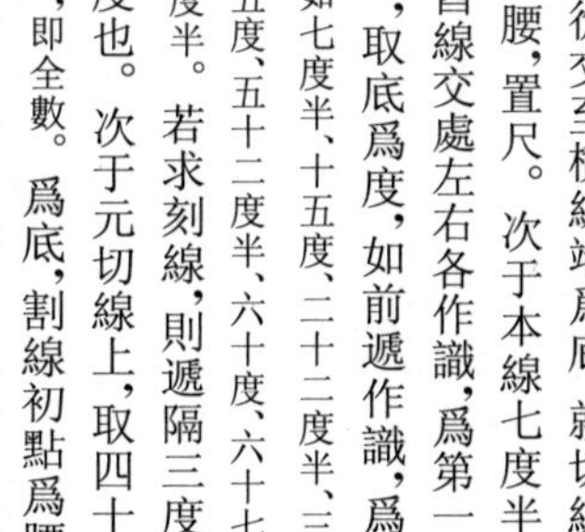

日晷圖説　子午、卯酉兩線相交于甲，甲酉爲度，以爲底，以切線之八十二度半爲腰，置尺。遞取七度半之底，向甲左右作識。如甲乙、甲丙。次取十五度線之底，作第二識，如甲丁、甲戊，每識遞加七度半，每識得二刻，則丁點爲午初，戊爲未初，餘點如圖。次取甲己線上四十五度之切線爲底，割線之初點爲腰，置尺。取北極高餘度順天府約五十。之割線爲度，從甲向南取辛，辛爲心，從心過乙丁等點作線，爲時刻線。又割線上取北極高度之

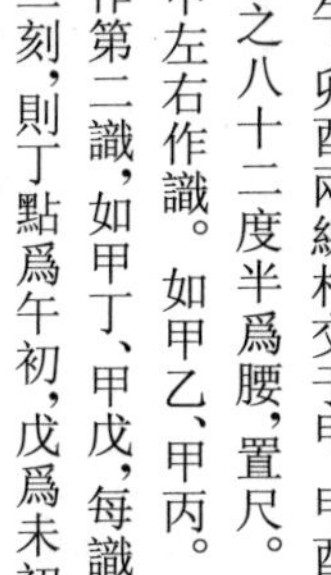

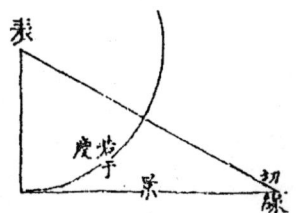

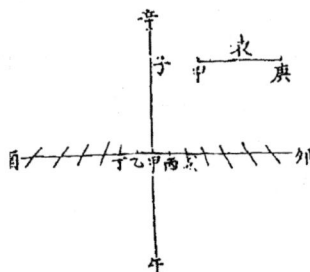

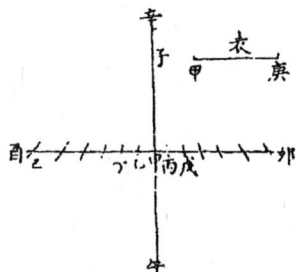

線順天府約四十。爲表長，即甲庚也。表與面爲垂線。立表法：以表位甲爲心，任作一圈。次立表，表末爲心，又作圈。若兩圈相合或平行，則表直矣。

用法四　先有表度，求作日晷，則以表長爲底，割線上之北極高度爲腰，置尺。次以極高餘度爲腰，取底爲度，定日晷之心。次用元尺，于切線上取每七半度之線如前。凡言表長，以垂表爲主，或垂線。

用法五　有立面向正南作日晷，法如前，但以北極高度求晷心，以北極高之餘度爲表長。又平晷之子午線爲此之垂線，書時刻，以平晷之卯爲此之西，各反之。

用法六　若立面向正東正西，先用權線作垂線，定表處即晷心。從心作橫線，與垂線爲直角。若面正東，于橫線下向北作象限弧；若面正西，于橫線下向南作弧。弧上從下數北極高之餘度爲界，從心過界作線爲赤道線。又以表長爲底，切線線上之四十五度爲腰，置尺。遞取七度半之線，從心向外，于赤道上各作識，從各識作線與赤道爲直角，則時刻線也。其過心之線，向東晷爲卯正線，向西晷爲酉正線。若欲加入節氣線，法以表長爲度，從表位甲上，取乙點爲表心，從心取赤道上各時刻點爲度，以爲底。以切線線之四十五度爲腰，置尺。又以二十三度半爲小腰，取小底爲度，于各時刻線上，從赤道向左、向右各作識，爲冬夏至日景所至之界。如上圖，甲乙爲卯酉正線，以表長爲度，從甲取乙爲表心，以切線上之四十五度爲腰，甲乙爲底，置尺。又以二十三度半爲小腰，取小底，于本線上，從赤道甲向左向右各作識，即卯酉正時冬夏至之景界。次從表心向卯酉初刻線，又赤道之交丙點爲底，切線之四十五度爲腰，置尺。以二十三度半爲小腰，取小底，于丙左右各作識，爲本時冬夏至之景界。次于各時線，如上法，各作二至景界訖。聯之，爲本晷上冬夏二至之景線。次作二至前後各節氣線，以節氣線之兩至點爲腰，即鶉首之次，西曆爲巨蟹宮。以各時線上赤道至兩至界爲底，置尺。次以各節氣爲小腰，取小底爲度，從各線之赤道左右作識，如前法。

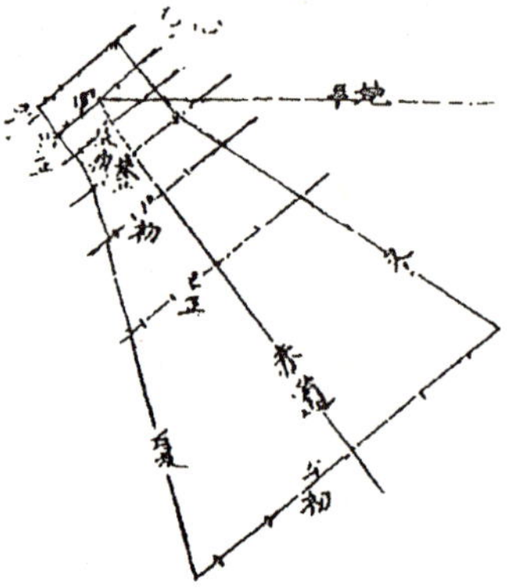

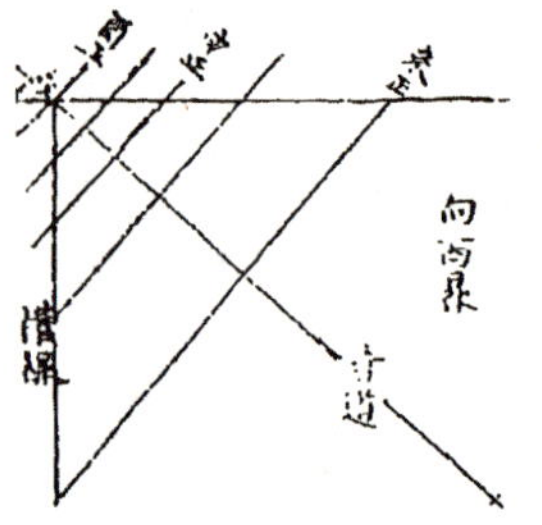

又　第十五金線

分法　用下文各分率及分體線。

置金一度，下方所列者，先造諸色體，大小同度，推之，得其輕重之差，以爲比例。

水銀一度又七十五分度之三十八，

鉛一度又二十三分度之一十五，

銀一度又三十一分度之二十六，

銅二度又九分度之一，

鐵二度又八分度之三，

錫二度又三十七分度之一。

先定金之立方體，其重一斤爲一度，本線上從心向外，任取一點爲一度，即是金度。次以分體線第十點爲腰，此度爲底，置尺。依各色之本率，于分體線上取若干度分之線爲底，從心取兩等腰，合於次底，作點，即某色之度點。

又法　取各率之分子，用通分法乘之。得

金四五九五九二五，

水銀六九二四五二七，

鉛八六二七四〇〇，

銀八四三一二一二七，

銅九〇〇一四〇〇，

鐵一〇九一四〇七五，

錫一一七九九〇〇〇。

次以各率開立方，求各色之根，得

金一六六弱，

水銀一九一弱，

鉛二〇二，

銀二〇四，

銅二一三，

鐵二二二，

錫二二八。

若金立方重一斤，其根一百六十六弱。用各色之根率爲邊，成立方，即與金爲同類，皆爲立方。同重皆爲一斤。之體。

今本線用此，以二二八爲末點，如各率分、各色之根數加號。石體輕重不等，故不記其比例。

用法一　有某色某體之重，欲以他色作同類之體，而等重，求其大小。法以所設某色某體之一邊爲度，以爲底，以本線本色點爲腰，置尺。次以他色號點爲腰，取底，即所求他體之邊。

用法二　若等體等大，求其重。法以所設體之相似一邊爲度，以爲底，置尺。于他色號點，取其底，兩底並識之，次于分體線上，先以設體之重數爲腰，以先設體之底爲底，置尺。以次得他體之底爲底，進退求相等數爲腰，即他體之重。

用法三　有異類之體，求其比例，先依更體線通爲同類，次如前法。

清·梅文鼎《度算釋例》卷一

第一平分線

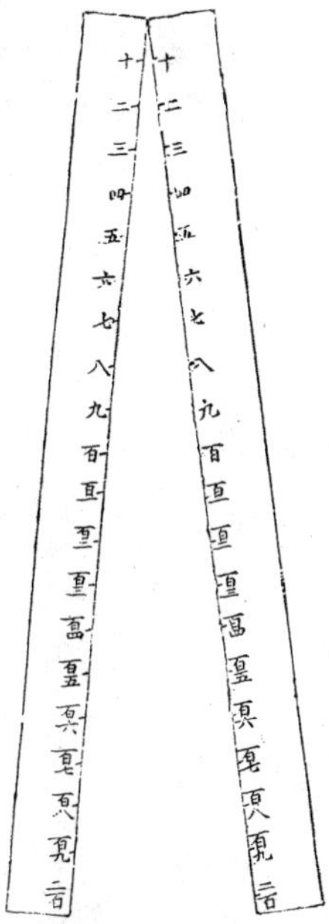

此線爲諸線之根，取數貴多。尺大可作一千，然過密又恐其不清也，故以二百爲率。

分法　如設一直線欲作百分，先平分之爲二，又平分之爲四，又于每一分内，各五分之，則已成二十分矣。于是用更分法，取元分四，改作五分。如甲乙内有丙戊丁三點，是元分之四也。今復勻作五分，加己庚辛壬四點。則元分與次分之較，如壬丙及己戊。皆元分五之一，亦即設線百分之一分。準此爲度，而周布之，即百分以成。

解曰：元分爲設線百分二十分之一，即每一分内函五分也。今壬丙、己戊，既皆五分之一，則甲壬、己乙，皆五分之四，亦即百分之四也。又丙辛、庚戊皆三，而辛丁、丁庚皆二也。任用一度，參差作點，互相攷訂，即成百分勻度矣。每數至十至百，皆作字記之。

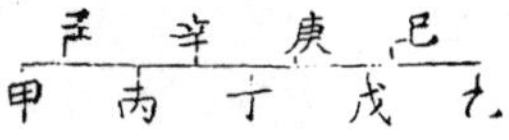

或取元分六，復五分之，亦同。何則？元分一，内函五分，則元分四，共函二十分。故可以五分之，若元分六，即共函三十分，故亦可五分之，其理一也。

用法一　凡設一直線，任欲作幾分。假如四分，即以規量設線爲度，而數兩尺之各一百以爲弦。乃張尺以就度，令設線度爲兩弦之底，置尺。置尺者，置不復動，故亦可云定尺。下倣此。數兩尺之各二十五以爲弦，斂規取二十五兩點間之底以爲度，即所求分數。即四分中一分也。以此爲度而分其線，即成四分。若求極微分，如一百之一，如上以一百爲弦，設線爲底置尺，次以九十九爲弦取底，比設線，其較爲百之一。若欲設線内取零數，如七之三，即以七十爲弦，設線爲底，置尺。次以三十爲弦，斂規取底，即設線七之三。

謹按：尺筭上兩等邊三角形，分之即兩句股也。兩句聯爲一線而在下，直謂之底，宜也。若兩尺上數，原係斜弦，改而稱腰，于義無取，今直正其名曰弦。

用法二　凡有線求幾倍之。以十爲弦，設線爲底，置尺。如求七倍，以七十爲弦取底，即元線之七倍。若求十四倍，則倍得線。或先取十倍，更取四倍，并之。

用法三　有兩直線，欲定其比例。以大線爲尺末之數，尺百即百，千即千。置尺。斂規取小線度，于尺上進退，就其兩弦等數，如大線爲一百，小線爲三十七，即兩線之比例。若一百與三十七，可約者約之。約法：以兩大數約爲兩小數，其比例不異。如一百與三十，約爲十與三。

用法四　有兩數，求相乘。假如以七乘十三，先以十點爲弦，取十三點爲底，置尺。次檢七十之等弦，取其底，得九十一，爲所求乘數。若以十爲弦，七爲底，置尺，而檢一百三十點之底，得數亦同。

論曰：乘法與倍法相通，故以七乘十三，是以十三之數七倍之，是七個十三也。以十三乘七，是以七數十三倍之，是十三個七也。故得數並同。

用法五　有兩數，求相除。假如有數九十一，七人分之，即以本線七十爲弦，取九十一爲底，置尺。次檢十點之弦取底，必得十三，爲所求。

又法：以九十一爲弦，用規取七十爲底，置尺。斂規取一十爲底，進退求其等弦，亦得十三，如所求。

論曰：筭家最重法實。今當以七人爲法，所分九十一數爲實，乃前法以法數七爲弦。實數九十一爲底，又法反之，而所得並同，何也？曰：異乘同除，以先有之兩率爲比例，筭今有之兩率，雖曰三率，實四率也。徵之于尺，則大弦與大底，小弦與小底，兩兩相比，明明四率，較若列者。故先有之兩率當弦，則今所求者在底，是以弦之比例例底也。若先有之率當底，則今所求者在弦，是以底之例例弦也。但四率中原缺一率，比而得之，固不必先審法實，殊爲簡易矣。

然則乘除一法乎？曰：凡四率中所缺之一率，求而得之，謂之得數。乘則先缺者，必大數也，故得亦大數，除則先缺者必小數也，故得亦小數。所不同者此耳，是故乘除皆有四率，得尺筭而其理愈明，亦諸家所未發也。

假如有銀九十六兩，四人分之。法以人數取四十分爲底，置銀數九十六兩爲弦，定尺。斂規取一十分爲底，進退求其等弦，得二十四兩，爲每人得數。

又法：取銀數九十六兩爲底，置一百分爲弦。定尺斂規于二十五分等弦，取其底，亦得二十四兩，爲每人數。

又如有數一百二十三，欲折取三分之一。法以規取三十分爲底，置一百二十三等數爲兩弦，定尺。斂規取一十數爲底，進退求其等數爲弦，必得四十一，命爲三分之一，如所求。

用法六　凡所求數大，尺所不能具，則退位取之。

假如有數一百二十，欲加五倍，即退一位，取一十二爲底，以尺之一十點爲兩弦，定尺。取兩弦五十點之底，即五倍。得六十。進一位，命所得爲六百。以一十二當一百二十，是一而當十，故進位命之也。凡用尺筭，須得此通融之法。

又法：以規取一十數爲底，于尺之一十二點爲兩弦，一十二以當一百二十，是一當十也。或二十四亦可，爲一當五。定尺。展規取五十數以當五倍。爲底，進退求其等數之弦，必得六十，進位成六百。

假如有銀十三兩，每兩換錢一千二百文。法退二位，以規取十二分當一千二百，以尺上一數當一百。爲底。置一十點即每兩之位。爲弦，定尺。然後尋一佰三十點即十三兩之位。爲弦，展規取其底，得一百五十六分。進二位命之，得共錢一十五千六百。

又如有銀四兩，每兩換錢九百六十文。法作兩次乘，先乘六十，取六數爲底，置一十點爲弦定尺。展規取四十點之底，得二十四。次乘九百，取九數爲底，置一十點爲弦定尺，展規取四十點之底，得三十六。進一位併之，得三八四。末增一，爲進位，得三千八百四十文。

千	三	三	
百	八	六	二
十	四		四
文	。		

因每兩是九百六十，故末位增。

假如有數一百二十，欲折取三分之一。法以規取六十折半法也。爲底，置九十分爲弦定尺。然後尋兩弦之三十分點，即三之一。取其底，于本線比之，必二十。命所得爲四十，加倍法也。先折半，故得數加倍。凡所用數，在一十點以內，近心難用，則進位取之，如前條所設，宜用六數九數爲底，其點近心，取數難清。即進位作六十取數用之，是進一位也。但先進一位者，得數後即退一位命其數，此可于前假如中詳之。用尺時有退位，得數後進位命其數，用尺時有進位，得數後退位命其數，其理相通，故不另立假如。或先進二位者，得數亦退二位。或先加倍者，得數折半，並同一法。

用法七　凡四率法，有中兩率同數者，謂之連比例。假如有大數、三十六。小數，二十四。再求一小數與此兩數爲連比例。法以大數爲弦，如辛甲。小數爲底，如辛己。定尺。再以辛己底爲弦，如甲丁。而取其底，如丁戊。其數必十六。則三十六與念四之比例，若念四與十六也。其比例爲三分損一。若先有小數、十六。大數，二十四。而求連比例之大數，則以小數爲底，如丁戊。大數爲弦，如丁甲。定尺。再以丁甲弦爲底，如辛己。取其弦，如辛甲。其數必三十六，則十六與念四，若念四與卅六也。其比例爲三分增一。他皆倣此。原書有斷比例法，今按：斷比例，即古法之異乘同除，西法謂之三率。前各條中用尺取數，皆異乘同除之法，故不更立例。

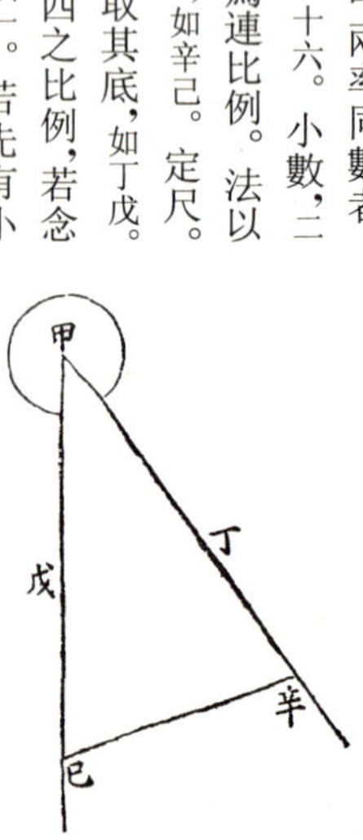

⊥三十六　第一率
⊥二十四　第二率
⊥一十六　第三率

若先有小數，則反用其率。

用法八　凡句股形，有句有股有弦，共三件。先有兩件而求其不知之一件，法以尺作正角取之。假如有句、八尺。股，十五尺。欲知其弦。法以規量取八十點爲底，一端指尺上之六十四點，一端指又一尺之四十八點。以定尺，則尺成正角。乃于尺上取八十點爲句，于又一尺上取一百五十點爲股，張規以就所識句股之兩點，必一百七十。退一位得弦十七尺，如所求。取句股數時，原進一位，故所得弦數，退一位命之，説見前。

若先有弦，十七尺。股，十五尺。求其句，則以規取一百七十點爲句股之弦，乃以規端指一百五十點，以餘一端，于又一尺上尋所指之點，必八十也。如上退位，得句八尺。或先有弦十七尺、句八尺，求其股，亦以規取一百七十，而一端指八十。尋又一端之所指，必得一百五十。命一十五尺爲股，如所求。

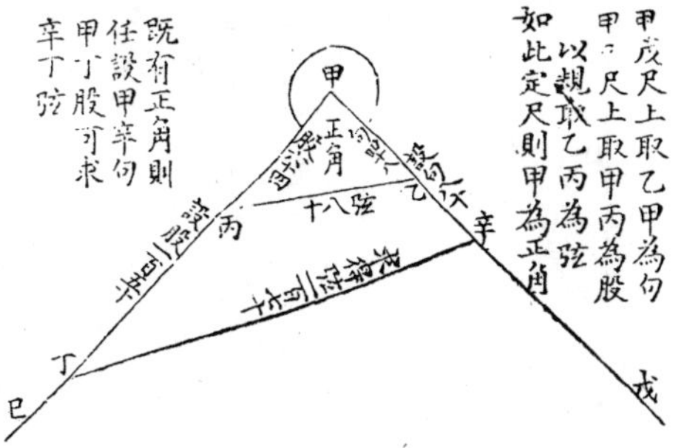

用法九　凡雜三角形，內無正角，不可以句股算。法先作角，假如先有一角，及角旁之兩邊，求餘一邊。法于平分線任用一邊，如甲乙。取數爲底，分圓線六十度爲兩弦定尺。以規取所設角之底，爲平分線上，任用甲乙邊等度之底。定尺，則尺間角如所設。如乙角。乃于兩尺上，依所設，取角旁兩邊之數，于兩尺各作識，如甲乙丙乙。遂用規取斜距之底，如甲丙。即得餘一邊，如所求。

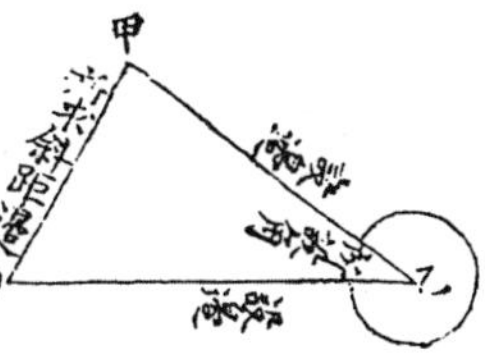

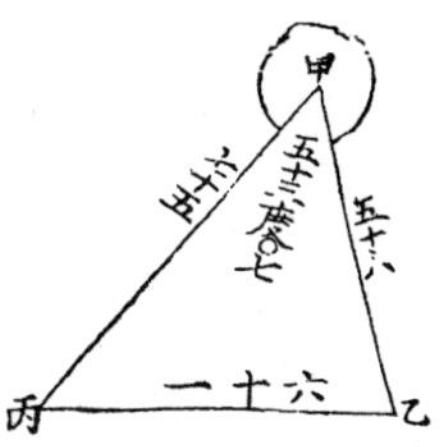

又法：假如乙甲丙三角形，有甲角五十三度〇七分。甲乙邊五十六尺，甲丙邊七十五尺，而求乙丙邊。法以規取一百分，爲分圓線上六十度之底，斂規取五十三度强之底，移于平分線上，作百分之底，定尺。乃于尺上取五十六點，如甲乙。又一尺上，取七十五點。如甲丙。乃以規取兩點斜距之底，于尺上較之，即得六十一尺，如乙丙。命爲所求邊。分圓線見後。

用法十　有小圖，欲改作大幾倍之圖，用前倍法。假如有小圖濶一尺二寸，今欲展作五倍，即取十二，爲十點之底，定尺。展規取五十點之底，必得六十，命爲六尺，如所求。

用法十一　平圓形，周徑相求，法于平分線上作兩識，以一百八十八半弱上爲周，六十爲徑，各書其號。假如有徑，七十一。求周，法以規取七十一，加于徑點爲底，定尺。展規取周點之底，即得周二百二十三，如所求。以周求徑，反此用之。

用法十二　求理分中末線，法于線上定三點，于九十六定全分，五十九又三之一爲大分，三十六又三之二爲小分。假如有一直線一百四十四，欲分中末線，即以設線加于全分點爲底，取其大小分點之底，即得八十九强爲大分，五十五弱爲小分。

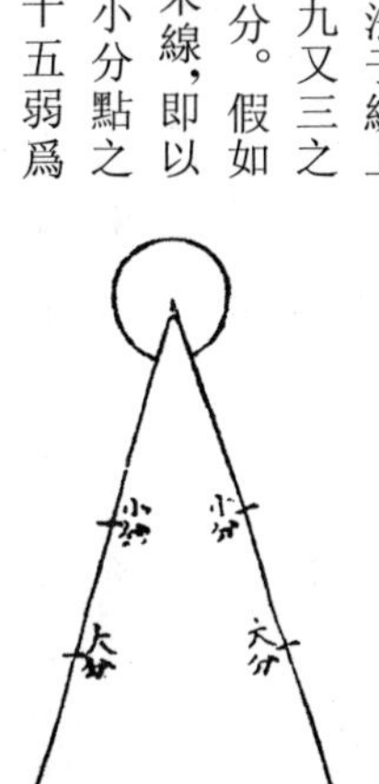

按：平線上既作周徑之號，若又作此，則太繁。不如另作一線，其上可寄五金線也。又按：原書全分七十二，大分四十二，又三之一小分二十七又三之二，大有訛錯，今改定。

以上十二用法，姑舉其槩。其實平分線之用，不止于是，善用者自知之耳。

第二平分線舊名分面線，凡平方形有積有邊，積謂之冪，亦謂之面。邊線亦謂之根，即開平方法也。

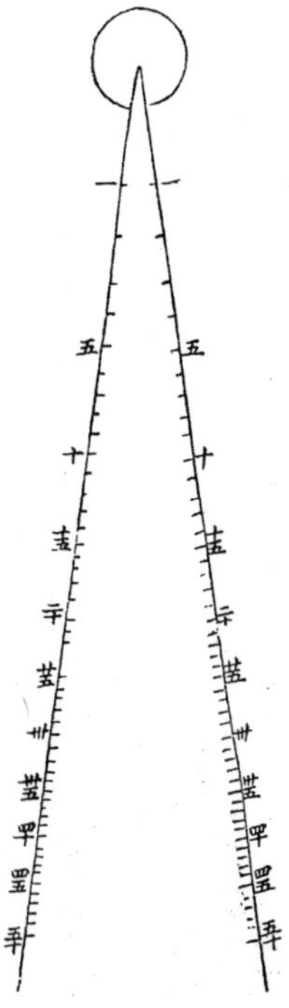

原爲一百不平分，今按若尺小欲其清，則但爲五十分亦可。假如有積六千四百，則以平分線之二十自之，得四百。于積爲十六倍之一，若置二十分于一點爲底，求十六點之底，則得方根八十。或置于二點爲底，則求三十二點之底。或置于三點爲底，則求四十八點之底，皆同。

分法有二，一以算，一以量。

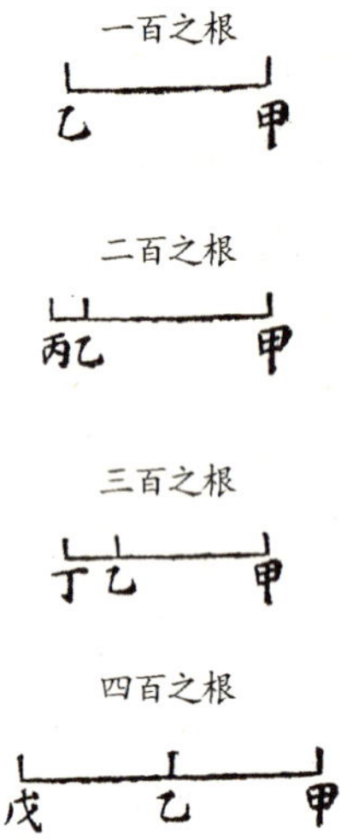

以算分　算法者，自樞心甲，任定一度，命爲十分，如甲乙，即平方積一百分之根。今求加倍平方二百分之根，爲十四又念九之四，即于甲乙線上加四分强，如丙。命甲丙爲倍積之根。求三倍，則開平方三百分之根，得十七又三十五之十一，即又于甲乙線上加十分半弱，如丁。即甲丁爲三倍積之根。求四倍，則平方四百之根二十，即以甲乙倍之得甲戊，爲四倍積之根。五六七以上並同。按：用方根表，甚簡易。

以量分　以任取之甲乙度作正方形，如丙乙甲。乃于乙甲横邊引長之，以當積數。丙乙直邊引長之作垂線，以當根數。如求倍積之根，即于横線上截丁乙，爲甲乙之倍。次平分甲丁于戊，戊爲心，甲爲界，作半圈，截垂線于己，即己乙爲二百分之邊，求三倍，則乙丁三倍于甲乙。四倍以上並同。

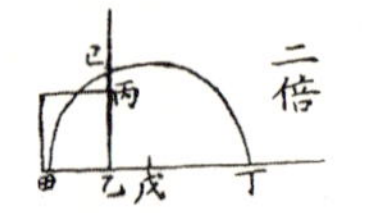

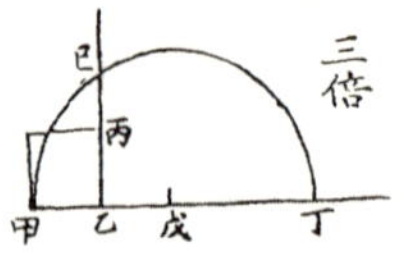

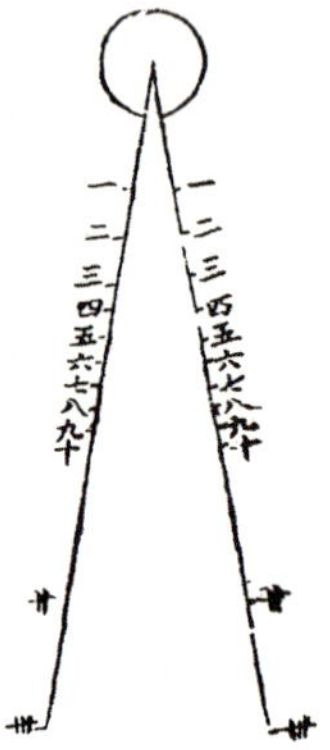

又捷法：　如前作句股形法，定兩尺間成正方角，如甲。乃任于尺上取甲乙命爲一點，而又于一尺取甲丙度，與甲乙相等，即皆爲一百之根。次取乙丙底，加于甲乙尺上，爲二百之根甲丁。又自丁至丙作斜弦，以加于甲乙尺上，爲三百之根甲戊。又自戊至丙作弦，以加于甲乙尺上，爲

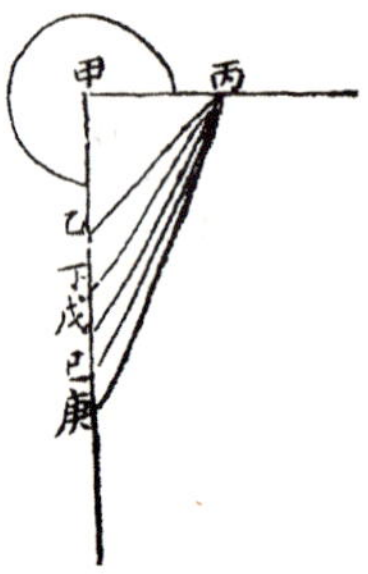

四百之根甲己。如此遞加，即得各方之根，其加法俱從尺心起。如求得丙乙，即以丙加甲，乙加丁，成甲丁，他皆倣此。

試法：　甲乙爲一正方形之邊，倍其度，即四倍方積之邊，否即不合。三倍得九倍方積之邊，四倍得十六，五倍得二十五。又取三倍之邊倍之，即十二倍之邊。四其三也。再加一倍，得二十七倍之邊。九其三也。再加倍，得四十八倍之邊。十六其三也。再加倍，得七十五倍之邊。廿五其三也。若以五倍之邊倍之，得二十倍之邊。四其五也。再加倍，得四十五倍之邊。九其五也。再加倍，得八十倍之邊。十六其五也。

凡言倍其度者，線上度也。如正方四百分之邊二十分，甲乙正方一百分之邊十分，其大爲一倍也。言幾倍方積者，積數也。如邊二十者積四百，即尺上所書。

用法一　有平方積，求其邊。即開平方。

法先求設數與某數，能相爲比例得幾倍，如法求之。假如有平方積一千二百二十五尺，欲求其根。以約分法，求得二十五爲設數四十九之一，即以規于平分線取五點爲平方線上一點之底定尺。展規于四十九點取其底，即得一邊三十五尺，爲平方根。積二十五，方根五。加四十九倍，爲積一千二百二十五，方根三十五。或用四十九爲設數，一千二百二十五尺。二十五之一，即以規取七點，爲平方一點之底，而取平方二十五點之底，亦得方根三十五，如所求。積四十九方根七，加二十五倍，爲積一千二百二十五，則其方根三十五。又法：若無比例可求者，但以十分爲一點之底定尺。有假如在用法七。

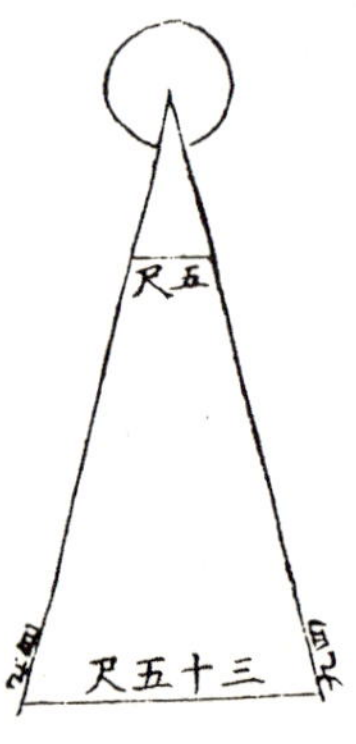

用法二　凡同類之平面形，可併爲一大形。或方或員，或三角多邊等形，但形相似，即爲同類。假如有平面正方四形，求作一大正方形與之等積，其第一形之冪積爲二，第二形之積爲三，第三形之積四有半，第四形之積六又四之三。法先併其積，得十六又四之一。乃任取第一小形之邊爲底，二點爲弦定尺。若用第二形之邊爲底定尺，即用三點爲弦。而于十六點又四之一取其底，爲大形邊，而面積與四形總數等。

若但有同類之形，而不知面積，亦不知邊數，則先求其積之比例，如甲乙丙丁。方形四，法以小形甲之邊爲底，平方線第一點爲弦定尺。次以乙形邊爲底，

進退求等數，得第二點外又五分之一，即命其積爲二又五之一。此與小形一之比例，不拘丈尺。次丙形邊爲底，求得二又四之三。丁形邊得四又六之五。并諸數及甲形一得十又六十分之四十七。約爲五之四弱。向元定尺上尋十點外十一點内之距，取其五之四，爲等數之兩弦即十一弱。用其底爲大方形邊，其面積與四形併數等。

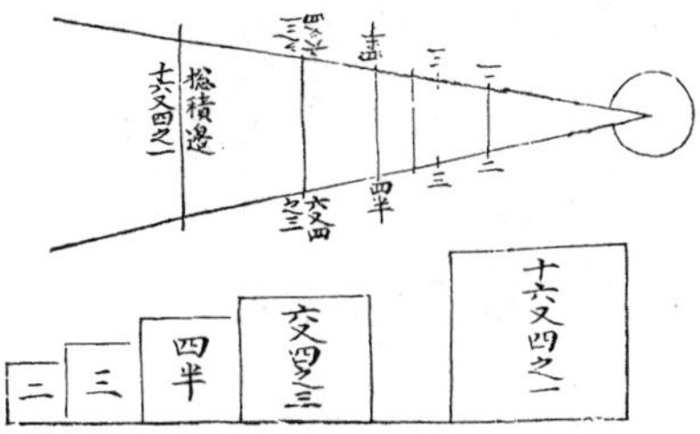

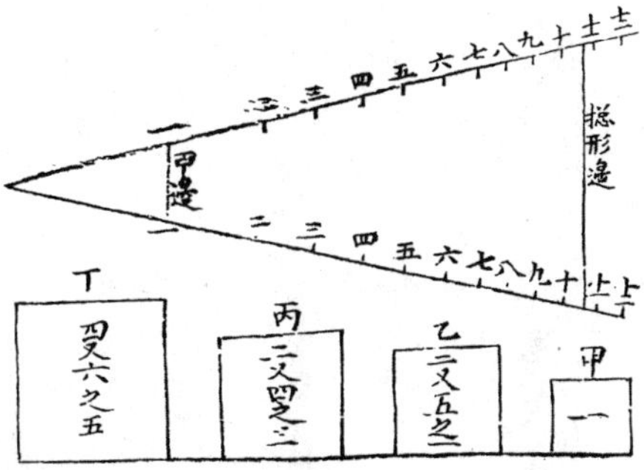

此加形法也。圓面及三角等面，凡相似之形，並可相併，其法同上。

用法三　平面形，求作一同類之他形，大于設形幾倍。以設形之邊爲一點之底定尺。假如有正方形面積四百，其邊二十，今求別作一方形，其容積大九倍。法以設形邊二十。爲平方線一點之底定尺，而取平方九點等數之底得六十，如所求。邊六十，其方積三千六百，以比設形積，爲大九倍。

用法四　平面形，求別作一同類之形，爲設形幾分之幾。以設形之邊爲命分定尺，而于得分取數。假如有平方形積三千六百，其邊六十，今求作小形，爲設形九之四。法以設形邊六十爲平方第九點之底定尺，而取第四點之底，得四十，如所求。邊四十，其積一千六百，以比設形積，爲九之四也。九爲命分，四爲得分。

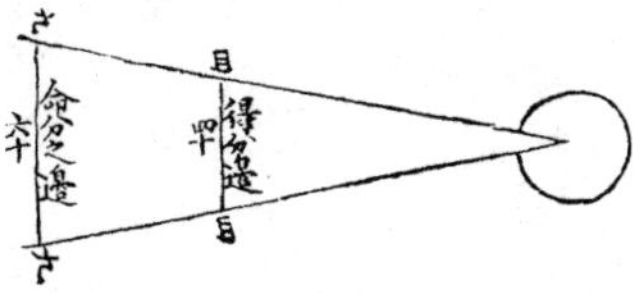

此減積法也。員面三角等，俱同一法。

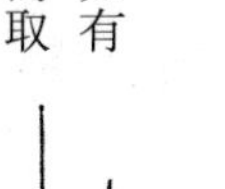

用法五　有兩數，求中比例。即三率連比例之第二率。假如有二與八兩數，求其中比例。法先以大數爲平方線八點之底，而取二點之底，得四，如所求。

二與四，如四與八，皆加倍之比例。故四爲二與八之中率。

用法六　有長方形，求作正方形。假如長方形，横二尺，直八尺，如上法，求得中比例之數爲四尺，以作正方形之邊，則其面積與直形等。

直八尺，横二尺，其積一十六尺。方形各邊並四尺，其積亦十六尺。

用法七　有設積，求其方根，而不能與他數爲比例，則以一十數爲比例。假如平積二百五十五，用十數比之，爲二十五倍半，即取十數爲平方線一點之底，而取二十五點半之底，得十六弱，爲方根。十六自乘積二百五十六，今只欠一小數，故命之爲十六弱。

第三更面線

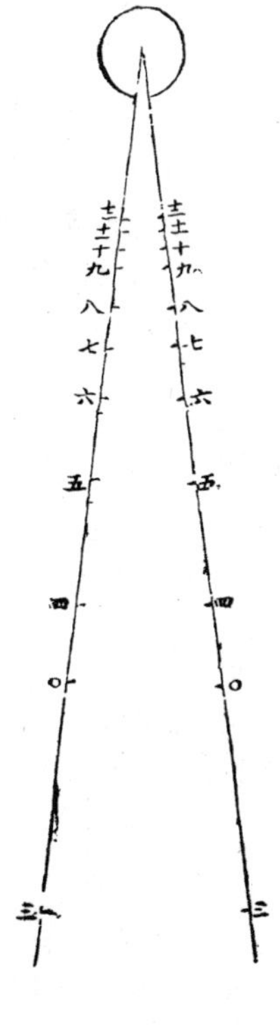

各形之圖

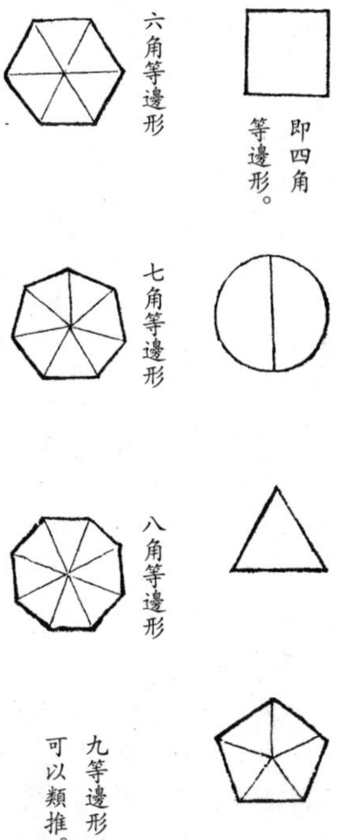

正方形 即四角等邊形。

圓形

三角等邊形

五角等邊形

六角等邊形

七角等邊形

八角等邊形

九等邊形以上，可以類推。

凡平面形，方必中矩，圓必中規。其餘各形並等邊等角，故皆爲有法之形，而可以相求。

分法　置公積四三一九六四，以開方，得正方形之根六五八，三邊形之根一千，五邊形之根五〇二，六邊形之根四〇八，七邊形之根三四五，八邊形之根二九九，九邊形之根二六〇，十邊形之根二三七，十一邊形之根二一四，十二邊形之根一九七，圓徑七四二。以本線爲千平分，而取各類之數，從心至末，取各數，加本類之號。

用法一　有平面積，求各類之根。凡三角及多邊各平面形，其邊既等，故並以形之一邊爲根。圓形則以徑爲根。法先以設數，于平方線上，求其正方根，以此爲度。于更面線之正方號爲底定尺，次于各形之號取底，即得所求各形邊。

假如有平面三等邊形，積二千七百七十一寸，欲求其邊。法以設積于平方線上，如法開其平方根。依前卷用法七，以設數爲十數之二百七十七倍强，各降一位，命爲一數之二十七倍又十之七强，乃以一數爲平方一點之底定尺，而于其二十七點十之七强取底數，得五寸二六。進一位，作五尺二寸半强。以所得方根，爲更面線正方號之底定尺，而取三等邊號之底得八尺，爲三等邊形根，如所求。

用法二　有平面形不同類，欲相併爲一大形。法先以各形邊，爲更面線上各本號之底，定尺。而取其正方號之底作線，爲所變正方形之邊。次以所變方邊，于分面線上，求其積數而併之，爲總積。

假如有甲，三角。乙，五邊。丙，平圓。三形，欲相併，先以甲邊爲三角號之底定尺，而取其正方號之底，作線于甲形內，如此則甲形已變爲正方，下同。書其數曰十。次以乙邊爲五邊號之底，如前取其平方底，向平方線求之，得二十一半。其法以甲邊爲平方十點之底定尺，而以乙所變方邊。進退求等度之弦，命之。即于乙形作方底線書之。次以丙圓徑爲平圓號之底，如前求得十六弱併三數，得四十七半弱，爲總積。此因三形之邊無數，姑以小形命十數定尺，而所得各方積，並小形十數之比例。

若三形內先知一形之面積，即用其所變方邊定尺，則所得皆真數，如上三形。但知丙形之積十六，或十六尺，或十六寸等。如法以丙形邊變方邊，于平方線十六點爲底定尺，餘如上法求之，亦必得甲爲十數，乙爲二十一半，總積四十七半。但前條所得是比例之數，比例雖同，而尺有大小，故以此所得爲真數也。

總積變平方亦如所作橫線。

形內所書數皆各形面積所作線並□變平方根也。

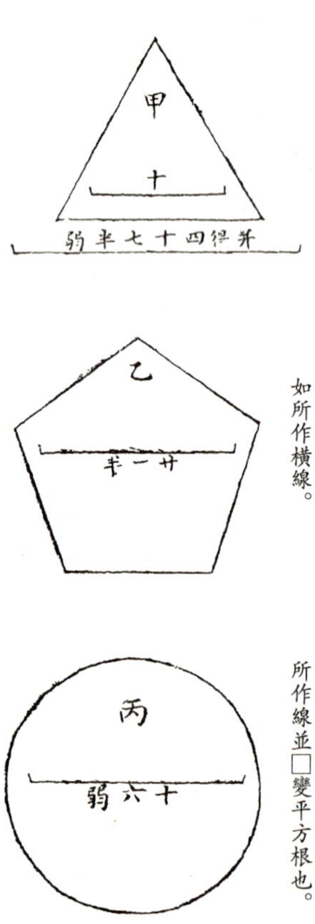

末以總數，于原定尺上，尋平方線四十七點半處取其底度，爲平方邊，則此大平方形與三形面積等。

若欲以總積爲五邊形，則以所得大平方邊爲更面線正方號之底定尺，而于五邊形之號取其底，即所求五邊形之一邊。若欲作三角或圓形，並同一法。

用法三　有平面形欲變爲他形，如上法，以本形邊爲本號之底定尺，而取所求他形號之底。

假如有三角形，欲改平圓，則以所設三角形之邊，加于本尺三角形之號爲底定尺，而取平圓號之底，求其數，命爲平圓徑。所作平圓，必與所設三角形同積。

用法四　有兩平面形，不同類，欲定其相較之比例，如前法，各以所設形變爲平方。

假如有六邊形，有圓形，相較，即如法各變爲平方，求其數。平圓數二十，六邊數三十六，即平員爲六邊形三十六之二十。以二十減三十六，得十六，爲兩形之較。

第四立方線舊名分體線。凡平方形如棊局，其四邊橫直相等，而無高與厚之數。立方則如方櫃，有橫有直又有高，而皆相等。平方之積曰平積，亦曰面積，亦曰冪積，如棊局中之細分方罫。立方之積曰體積，亦曰立積，並如骰子之積累成方。

舊圖誤以尺樞心甲書于一點上，今改正。甲乙一，亦即一十，則其內細數亦不平分。舊圖作十平分亦誤，今刪去。

分法有二，一以算，一以量。

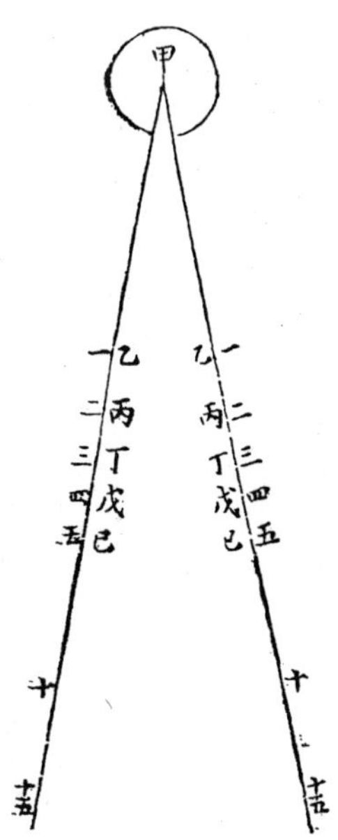

以算分　從尺心甲，任定一點爲乙，則甲乙之度當十分邊之積爲一千，十分自之，再自之，即成一千。假如立方一尺，其積必千寸。紀其號曰一。次加一倍，爲立積二千。開立方求其根，得十二又三之一，即于甲乙上加二又三之一，爲甲丙，紀其號曰二。再加一倍，立積三千，開立方得數紀三，以上並同。

捷法：取甲乙邊四分之一加甲乙成甲丙，即倍體邊。又取甲丙七分之一加甲丙，成甲丁，即三倍體邊。又取甲丁十之一加甲丁，成甲戊，即四倍體邊。再分再加，如圖。

元體甲乙	一
倍體甲丙	加四之一
三倍甲丁	七之一
四甲戊	十之一
五甲己	十三之一
六甲庚	十六之一
七甲辛	十九之一
八甲壬	廿二之一
九甲癸	廿五之一
十甲子	廿七之一

右加法，與開立方數所差不遠，然尾數不清，難爲定率，姑存其意。

又捷法：用立方表。

以量分　如後圖，作四率連比例，而求其第二，蓋元體之邊與倍體之邊，爲三加之比例也。假如邊爲一，倍之則二，若求平方面，則復倍之爲四，是再加之比例也。今求立方體，必再倍之爲八，故曰三加。三加者，即四率連比例也。

幾何法曰：第二線上之體，與第一線上之體，若四率連比例之第四與第一。第一爲元邊線，第二爲加倍之邊線，第三以邊線自乘，爲加倍線上之面。第四以邊線再自乘，爲加倍線上之體。今開立方，是以體積求邊線，即是以第四率求第二率也。

假如有立方體積，又有加倍之積，法以兩積變爲線，元積如辛庚，倍積如辛己。作壬己辛庚長方形。

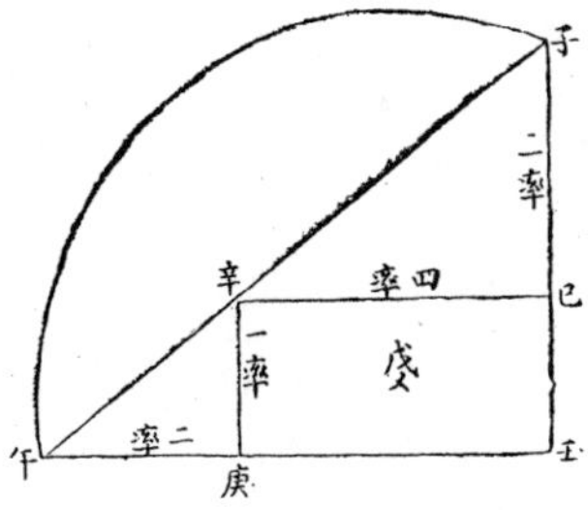

次于壬己、壬庚，兩各引長之，以形心戊爲心，作圈分。截引長線于子于午，作子午直線，切辛角。如不切辛角，必漸試之，令正相切，乃止。即辛庚一率、午庚二率、子己三率、己辛四率爲四率連比例。末用第二率午庚爲倍積之一邊，其體倍大于元積。

若辛己爲辛庚之三倍四倍，則午庚邊上體積亦大于元積三倍四倍。以上倣此。

解四率連比例之理

試于辛點作卯辛爲子午之垂線，次用子壬度，從午作卯午直線，截卯辛線于卯。又從卯作直線至子，又從辛點引辛庚邊至辰，引辛己邊至丑，成各句股形，皆相似而比例等。

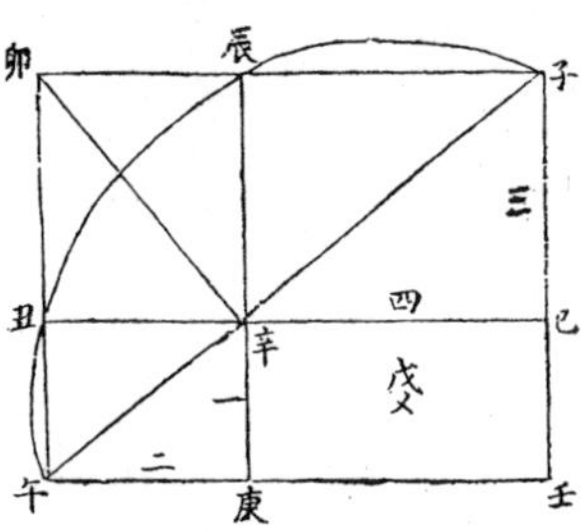

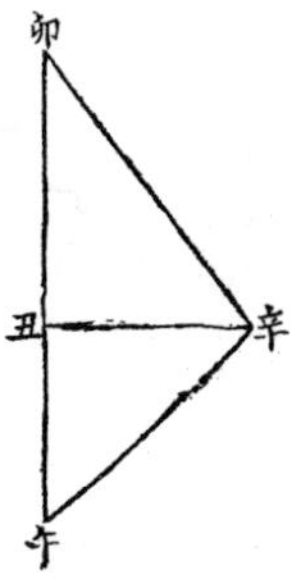

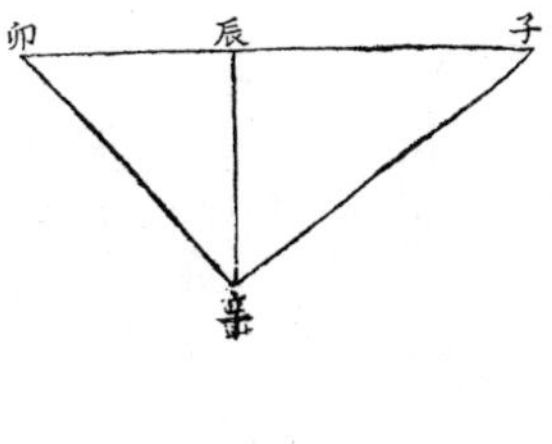

卯辛午句股形，從辛正角作垂線至丑，分爲兩句股形，則形相似而比例等。午丑辛形，以午丑爲句，丑辛爲股。辛丑卯形，以丑辛爲句，丑卯爲股。則午丑與丑辛，若丑辛與丑卯也，連比例也。

卯辛子句股形，從辛正角作垂線至辰，分兩句股形，亦形相似而比例等。卯辰辛形，卯辰爲句，辰辛爲股。辛辰子形，辰辛爲句，辰子爲股。則卯辰與辰辛，若辰辛與辰子也，亦連比例也。而辰辛即丑卯，故合之成四率連比例。

一率　辛庚即午丑

二率　午庚即丑辛，亦即辰卯

三率　子己即辛辰，亦即丑卯

四率　己辛即辰子

試法：元體邊倍之，即八倍體積之邊。若三之，即二十七倍之邊。四之即六十四倍體積之邊。五之即一百二十五倍體積之邊。又取二倍邊倍之，得十六。八其二也。再倍之，得一二八倍體積之邊。六十四其二也。

三加比例表平方、立方同理，即連比例。

第一率	第二率	第三率	第四率
元數	一加線	再加面冪	三加體積
一	二	四	八
一	三	九	二十七
一	四	十六	六十四
一	五	二十五	一百二十五
一	六	三十六	二百一十六
一	七	四十九	三百四十三
一	八	六十四	五百一十二
一	九	八十一	七百二十九
一	十	一百	一千

按：第一率爲元數，第二率爲線，即根數也。第三率爲面，平方冪積也。第四率爲體，立方積也。開平方開立方並以積求根，故所用者皆二率也。《比例規解》乃云本線上量體，任用其邊、其根、其面、其對角線、其軸皆可，其説殊不可曉，今刪去。

用法一　有立積，求其根。即開立方。假如有立方積四萬，法先求其與一千之比例，則四萬與一千，若四十與一。即取十數爲分體線上一點之底定尺，而取四十點之底，得三十四强，即立方之根。説見平方。

用法二　有兩數，求其變中率。謂有連比例之第一與第四，而求其第二、第三。法以小數爲一率，用作本線一點之底，而取大數之底爲二率，既有二率，可求三率。

假如有兩數，爲三與二十四，欲求其雙中率。法：約兩數之比例爲一與八，即以小數三爲本線一點之底定尺，而于八點取底，得六，爲第二率。末以二率、四率依法求中率，得十二爲三率。

一率三　二率六　三率十二　四率二十四

用法三　設一體，求作同類之體，大于設體爲幾倍。此乘體之法。假如設立方體八千，其邊二十，求作加八倍之體，爲六萬四，問邊若干。法以設體根二十，爲本線一點之底定尺，而取八點之底，得四十，即大體邊，如所求。

用法四　有同類之體，欲併爲一，法：累計其積而併之，爲總積，求其根即得。

假如有三立方體，甲容一十，乙容十三又四之三，丙容十七又四之一，併得四十一，即以甲容一十爲本線一點之底定尺，而取四十一點之底爲總體邊，如所求。若設體無積數，則以小體命爲一十，而求其比例，然後併之。

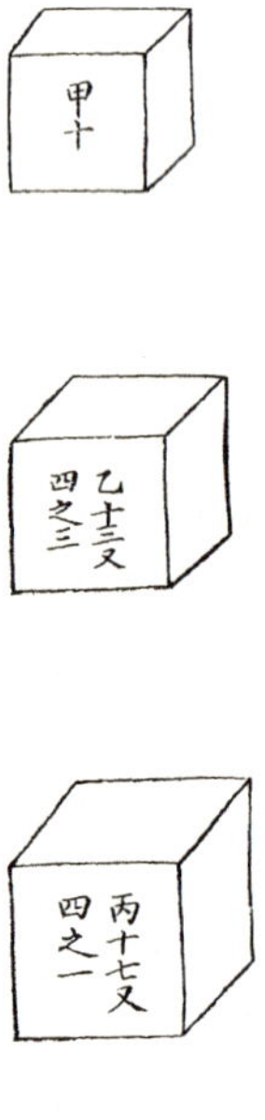

用法五　有兩同類之體，求其比例，與其較。此分體之法。假如甲丙兩立方體，欲求其較，而不知容積之數，法以甲小體邊爲一點之底定尺，而以丙邊爲底，進退求其等數，如所得爲九，即其比例爲九與一。以一減九，其較八，即于八點取底，爲較形之邊。

用法六　有立方體，欲別作一體，爲其幾分之幾。假如有立方體，欲另作一體，爲其八之五，則以設體邊爲本線八點之底定尺，而于五點取底爲邊，作立方體，即其容爲設體八之五。

第五更體線舊名變體線。

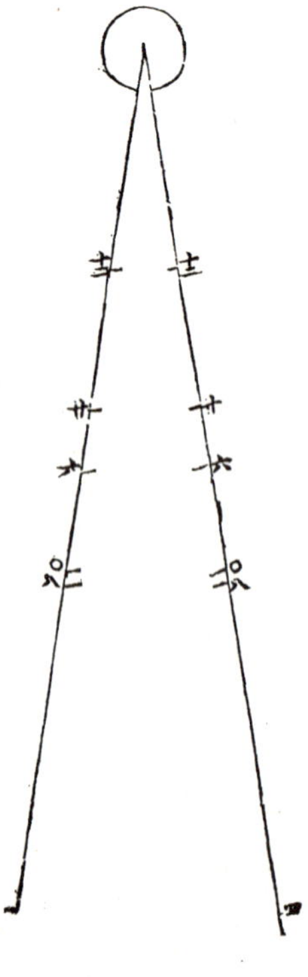

體之有法者，曰立方，曰立圓，曰四等面，曰八等面，曰十二等面，曰二十等面，凡六種。外此皆不能爲有法之體。

六等面體

六等面體，各面皆正方，即立方也，有十二稜，八角。《測量全義》曰設邊一百，求其容爲一〇〇〇〇〇〇。

渾圓體，亦曰珠體，即立圓也。《幾何補編》曰：同徑之立方積與立圓積，若六〇〇〇〇〇〇與三一四一五九二。設徑一百，求其容，爲五二三五九八。

渾圓體

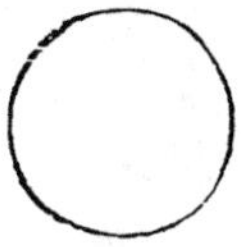

四等面體

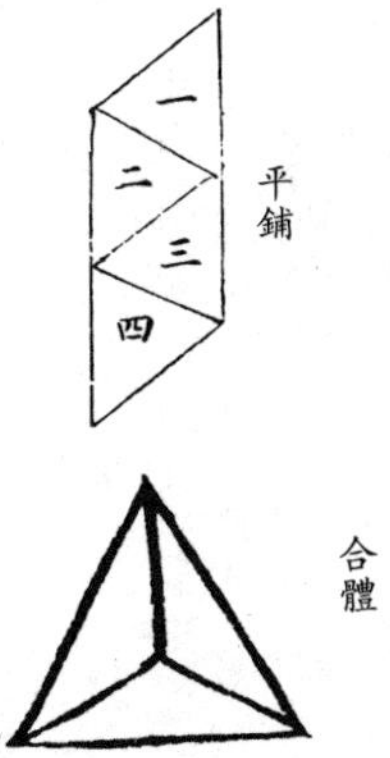

此三角平面形相合而成，有六稜、四角。《測量全義》曰：設邊一百，求其容，爲一一七四七二半。

此體各面，亦皆三等邊形，有十二稜、六角。《測量全義》曰：設邊一百，求其容，爲四七一四二五有奇。

八等面體

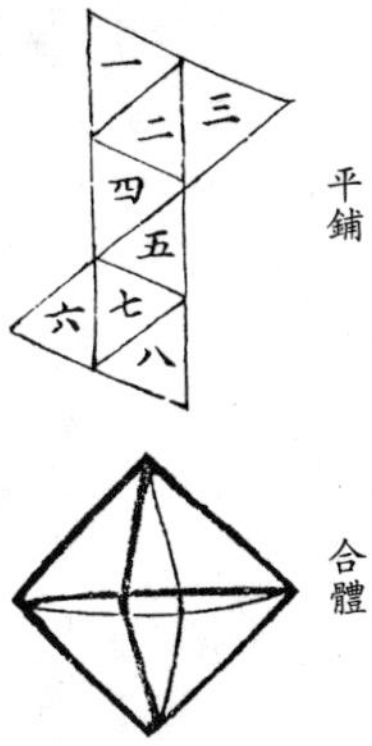

二十等面體

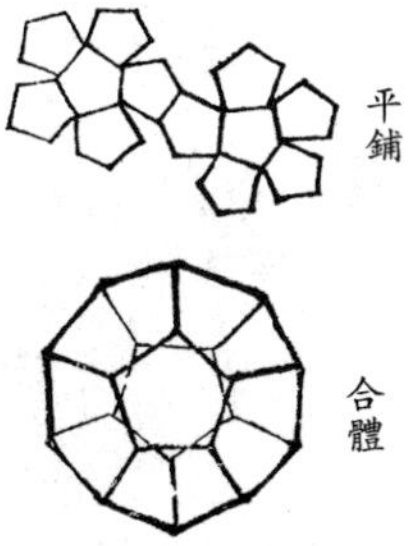

此體各面皆五等邊，有三十稜、二十角。《測量全義》曰：設邊一百，求其容，爲七六八六三八九。

此體各面亦皆三等邊，有三十稜、十二角。按：《幾何補編》：二十等面體，設邊一百，其積二百一十八萬一八二八。《測量全義》：作邊一百，容五二三三八〇九，相差四倍，故今不用。

二十等面體

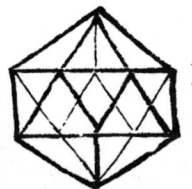

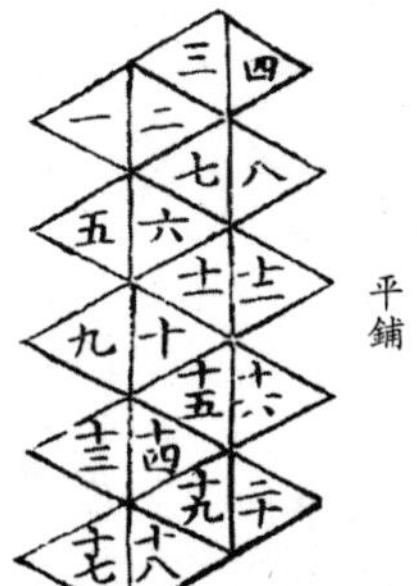

分法　置公積百萬，依算法開各類之根，則立方六等面體之根爲一百，四等面體之根爲二〇四，八等面體之根爲一二八半，十二等面體之根爲五〇半强，二十等面體之根爲七七，圓球之徑爲一二四。原本十二等面根五〇，二十等面根七六，圓徑一二六，今並依《幾何補編》改定。因諸體中獨四等面體之根最大，故本線用二〇四平分之，從心數各類之根至本數，加字。

用法一　有各類之立體，以積求根。即開各類有法體之方。

法皆以設積，于立方線求其根，乃移置更體線，求本號之根，即得。

假如有十二等面體，其積八千，問邊若干。法以一千之根十，爲立方一點之底定尺，而取八點之底得二十，爲所變立方之根。次以二十爲本線上立方號之底，而取十二等面號之底，得一十〇强，即十二等面之一邊。他倣此。

用法二　有各類之立體，以根求積。法先以所設根，變爲正方根，乃于立方線求其積。

假如有二十等面體，其邊三十一弱，問積。法以根三十一弱，爲本線二十等面號之底定尺，而取立方號之底得四十弱，爲所變立方之邊。次于立方線，以一十爲一點之底，而以四十進退求等數，得十六。點。命其積，一萬六千。如所求。邊一十，其積一千，則邊四十，積一萬六千。

用法三　有不同類之體，欲相併爲一。此以體相加之法，並變爲正方體積，即可相併。

假如有三立體，甲渾圓體，徑一百二十四。乙二十等面體，邊七十七。丙十二等面體，邊五十〇半。欲相併，用前條法，各以積變爲立方積，則三體之積皆一百萬，併之得三百萬，如所求。

用法四　有不同類之兩體，求其比例，與其較。此以體相減之法。法各變爲立方體，即可相較，以得其比例，並同更面線法。

又 卷二

第六分圓線即各弧度之通弦也，舊名分弦線，亦曰分圈。

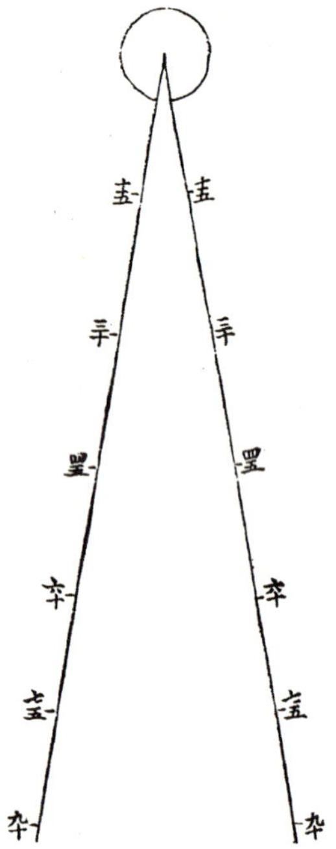

分法 有二，一以量，一以筭。

以量分 法作半方形，如甲乙丙。令甲丙斜弦與本線等長，以乙方角爲心，甲爲界，作象限弧，如甲丁丙。乃勻分之爲九十度，各識之。次從甲點作直線至各度，移入尺上，識其號。若尺小，可作六十度，即本線之長爲六十度號；若尺大，可作一百八十度，即本線之半爲六十度號。

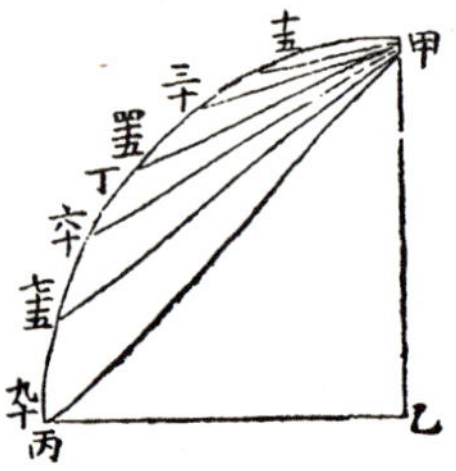

以筭分 法用正弦表，倍之，爲倍度之通弦。

假如求六十度通弦，即以三十度之正弦五〇〇〇〇倍之，得一〇〇〇〇〇，即六十度之通弦。他皆若是。

試法 十八爲半周十之一，即全圈二十之一也。三十六爲半周五之一，即全圈十之一。四十五爲半周四之一，即全圈八之一。七十二爲半周五之二，即全圈五之一。九十爲半周之半，即全圈四之一，謂之象限。百二十度爲半周三之二，即全圈三之一。

用法一 有圓徑，求若干度之弧，以半徑當六十度取之。

假如有甲乙丙全圈，有甲丙徑，求五十度之弧。即以甲丙徑半之于丁，以甲丁半徑爲本線六十度之底定尺，而取五十度之底如甲乙直線，以切圓分，即得甲戊乙弧爲五十度，如所求。

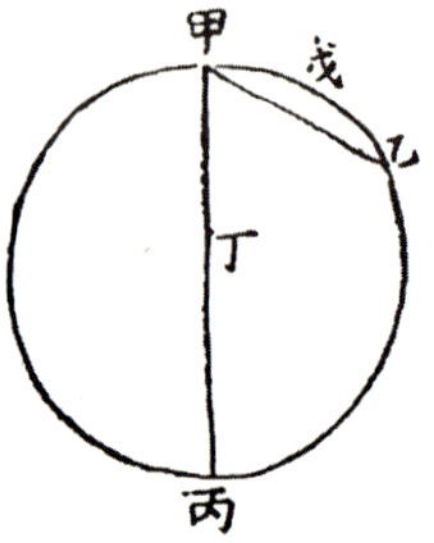

用法二 若以弧問徑，則反之。

如先有弧分如甲戊乙，爲五十度，而問全徑。法從弧兩端聯之作直線如甲乙，用爲本線五十度之底定尺，而取六十度之底爲半徑甲丁，倍之得全徑甲丙。

用法三 直線三角形，求量角度。

法以角爲心，任用規截角旁兩線作通弦，如法得角度。

假如甲丙乙三角形，不知角。法任用甲丁度，以甲爲心，作虛圈截甲丙線于丁，截甲乙線于戊，次作丁戊直線。次即用甲丁原度，以乙爲心，如法，截甲乙于辛，截丙乙于庚，作辛庚直線。末以甲丁爲六十度之底定尺，乃用丁戊爲底，進退求其等度之號，得甲角之度。用辛庚爲底，亦得乙角之度。合兩角減半周，得丙角度。

如甲角六十五，乙角四十，則丙角必七十五。

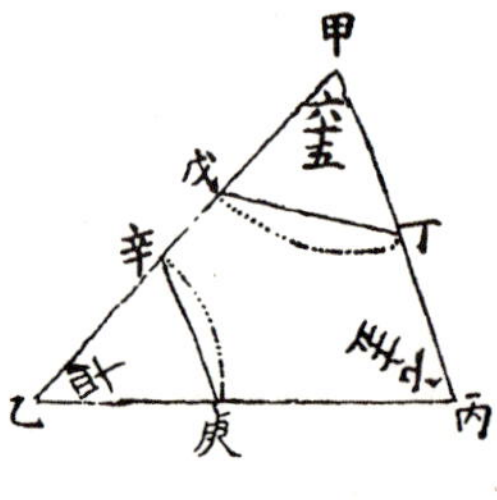

用法四 平面等邊形，求其徑。

假如有五等邊平面形，欲求徑作圖。即對角輳心直線。法以設邊爲分圓線七十二度之底，而取其六十度之底爲半徑，以作平圓。末以原設邊爲度，分其周爲五平分，即成五等面，如所求。他等邊形並同。

五等邊形，有一邊如丙乙，如法求得乙甲半徑。以甲爲心，乙爲界，作平圓。而以丙乙邊度，分其圓得丁、戊、己等點，作線聯之，即成五等邊形。而所作圓，即外切之圓。

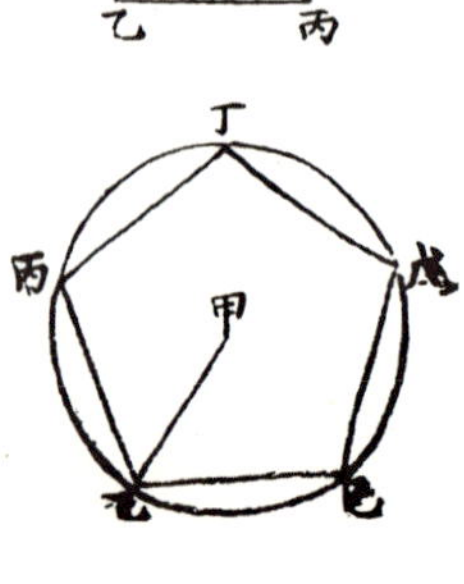

第七正弦線舊名節氣線，以其造平儀時有分節氣之用也。然正弦在三角法中，爲用甚多，不止一事，不如直言正弦，以免掛漏。

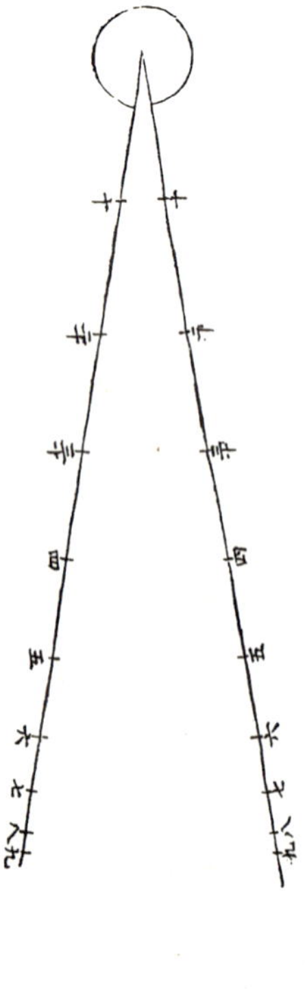

正弦線不平分，亦近樞心大而漸小，與分圓同。

分法　全尺爲一百平分，尺大可作一千，于正弦表取數，從樞心至各度分之，每十度加號。

簡法　第一平分線可當此線，其線兩傍，一書平分號，一書正弦號。

又法　分圓線可當此線，以分圓線兩度，當正弦一度，紀其號。

假如分圓六十度齘，即紀正弦三十。但分圓之號直書，則正弦横書以别之。

解曰：凡正弦皆倍度分圓之半，故其比例等。然則分圓之一度，即正弦之半度，而半度亦可取用，爲尤便也。

如圖，甲乙爲通弦，甲丙、乙丙皆正弦。

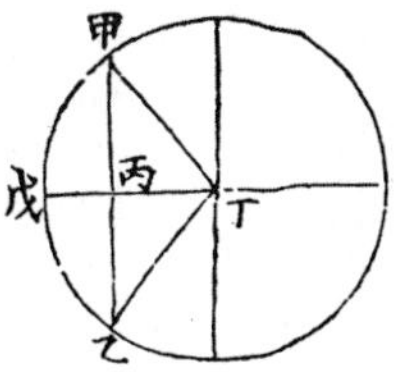

用法一　有設弧，求其正弦。法以九十度當半徑。

假如有七十五度之弧，求正弦，即以本圈半徑爲正弦線九十度之底定尺，而取七十五之底爲正弦，如所求。

用法二　有弧度之正弦數，求徑數，則以前條反用之。

假如有七十五度之正弦數，即用爲本線七十五度之底定尺，而取其九十度之底得半徑數。

用法三　句股形，有角度有弦，求句求股。法以弦當半徑，正弦當句與股。

假如句股形之弦二丈，有對句之角三十度，即取平分線之二十當弦數，爲正弦線九十度之底，而取三十度之底，得一十，即其句一丈。

又于其角之餘弦，即六十度正弦。取底，得一十七又三之二弱。即其股爲一丈七尺三寸二分。

若以句求弦，則反之。如句一丈，其句與弦所作之角爲六十度，其餘角三十度，即取一十數爲三十度之底定尺，而取九十度之底得二十，命其弦二丈。

用法四　三角形，以邊求角。假如三角形，有乙甲邊、甲丙邊，及丙角度，而求乙角。法以乙甲邊數爲丙角正弦之底定尺，而以甲丙邊數爲底，進退求其等度。取正弦線上號，爲乙角度，如所求。

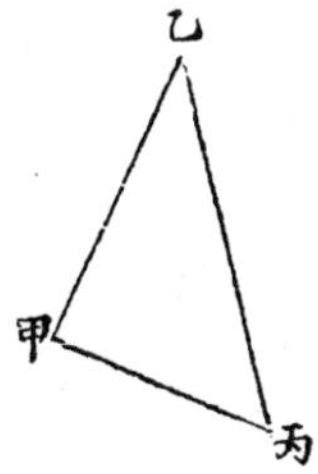

用法五　三角形，以角求邊。

假如三角形，有戊角度、己角度，及庚己邊，而求庚戊邊。法以庚己邊，爲戊角正弦之底定尺，而取己角正弦之底得數，即爲庚戊邊，如所求。餘詳《三角法舉要》。

用法六　作平儀，求太陽二至日離赤道緯度。

如圖，以十字分大圓，直者爲兩極，横者爲赤道，横直交于圓心，即地心也。赤道，即春秋分日行之道也。地心至兩極半徑，爲正弦線九十度之底定尺，取二十三度半之底，于地心上下，各作點于直線，于此點作横線，與赤道平行，爲二至日道。近北極者夏至，近南極者冬至也。

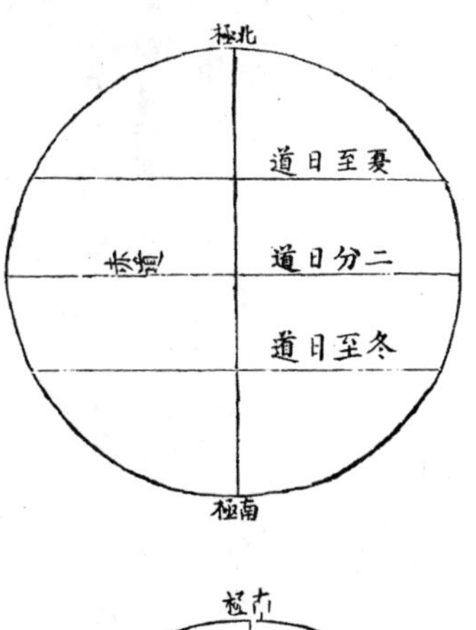

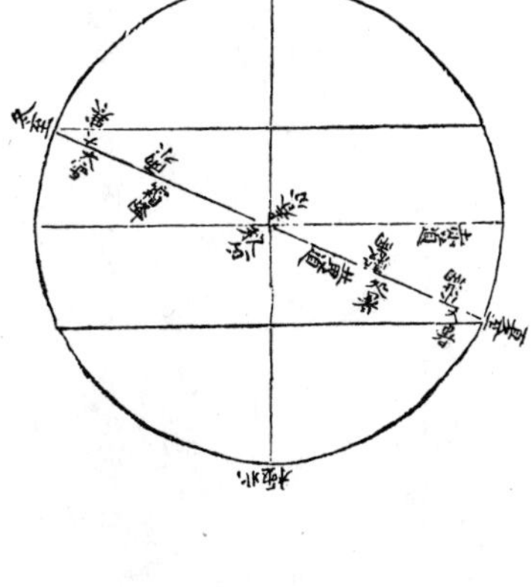

又求作各節氣日道。法先求黄道線。

法于夏至之一端，作斜線，過地心，至冬至之又一端，即成黄道。日行其上，一歲一周天者也。以黄道半徑，爲九十度之底定尺，每十五度正弦取底，移至黄道半徑上，並從地心起度。于地心上下各識之，即各節氣日躔黄道上度也。或三十度取底，則所得皆中氣。

乃自黄道上各點作直線，並與赤道平行，即各節氣日行之道。此與分至日道，皆東升西没，一日一周者也。其各線兩端抵大圓處，即各節氣赤道緯度也。春分以後在赤道北，秋分以後在赤道南。

試法　于二至日道兩端，作横線聯之。如甲乙。次以此横線之半爲度，如丙乙。過赤道處如丙。爲心，作半圈于大圓之上，如乙戊甲半圓。亦如法作半圈于下，兩半圈各匀分十二分作識。若但求中氣，可分六分。上下相向，作直線聯之，即必與先所作日行道合爲一線。又以甲丙爲正弦九十度之底定尺，而于其各正弦取底，亦即與原定日道緯度線合。如丙辛三十度之正弦也，與赤道旁第一緯線合；丙丁六十度之正弦也，與第二緯線合。左右上下考之，並同。

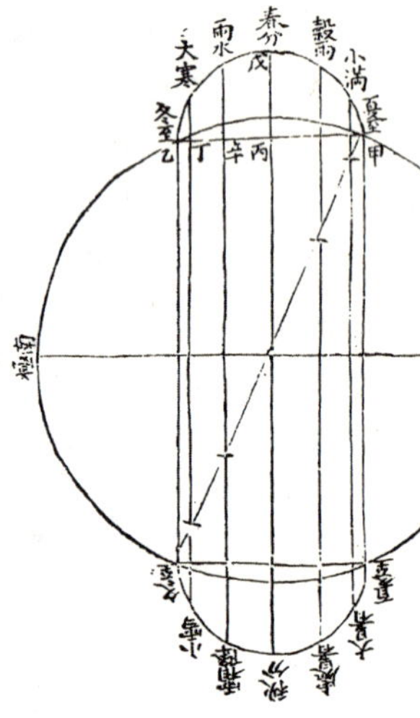

用法七　定時刻。仍用平儀。

法以平儀上赤道半徑，爲正弦線九十度之底定尺，而于各時刻距卯酉之度取其正弦，于赤道作識，過兩極軸線處，即卯正酉正也。距此而上三十度，午前爲辰正，午後爲申正。距此而下三十度，子前爲戌正，子後爲寅正。距此而上六十度，午前爲巳正，午後爲未正。距此而下六十度，子前爲亥正，子後爲丑正。至圓周處，上爲午正，下爲子正。即春秋分之時刻也。欲作各時初正及刻，准此求之，並以正弦爲用。每時分初正，各加距十五度，初正又各分四刻，每刻加距三度又四分之三，並取正弦，如前法。又以二至日道之半徑，爲正弦九十度之底定尺，如法取各正弦作識，即二至之時刻也。末以分至線上時刻，作弧線聯之，即得各節氣之時刻。

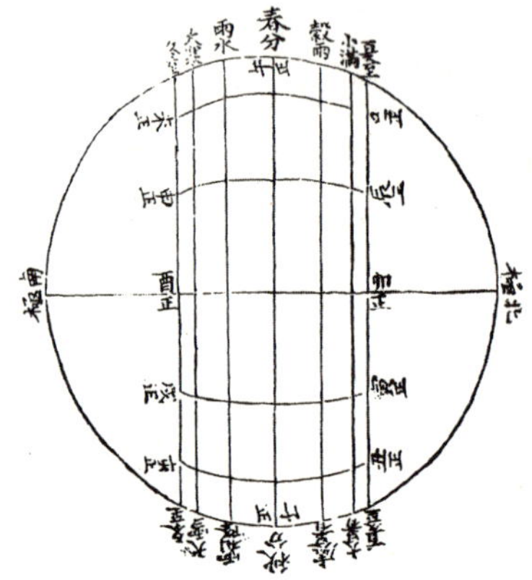

准此論之，平儀作時刻，亦用正弦。《比例規解》以正弦名節氣線，切線名時刻線，區而別之，非是。

第八切線舊名時刻線，今按平儀時刻，原用正弦，惟以日景取高度定時刻，斯用切線耳。又如渾蓋通憲等法，亦皆切線，其用甚多，故不如直名切線。

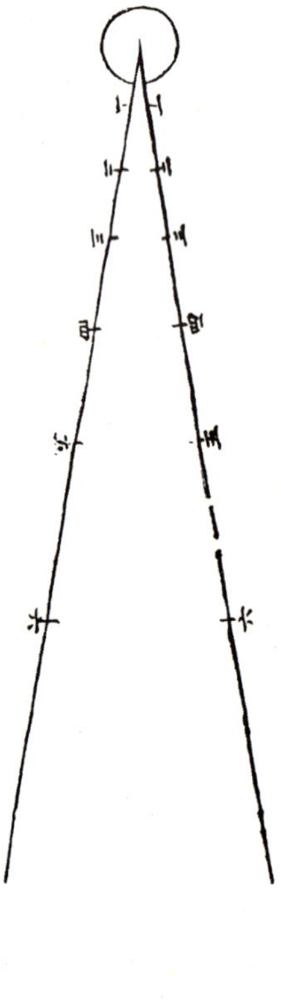

切線不平分，先小漸大，至九十度竟平行無界，故只用八十度，或只作六十度亦可。

分法　簡切線本表，八十度之切線五六七，即于尺上作五六七平分，次簡各度數分之，逢十加識。

用法一　三角形求角。

假如乙甲丁三角形，求乙角。任截角旁線于丙，得乙丙十寸。自丙作垂線戊丙，量得七寸。次用十數爲切線四十五度之底定尺，而以戊丙七數爲底，進退求等度，得三十五度，爲乙角。

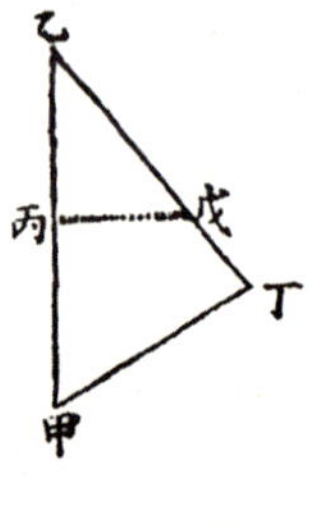

用法二　求太陽地平上高度。用直表。

法曰：凡地平上植立之物，皆可當表。以表高數爲切線四十五度之底定尺，而取表影數爲底，進退求等度，得日高度之餘切線。

假如表高一丈，影長一丈五尺。法以丈尺變爲數，用一十數當表高，爲切線四十五度之底定尺，次以一十五數當影長爲底，進退求等度，得五十六度十九分，爲日高之餘度。以減九十度，得日高三十三度四十一分。

用法三　求太陽高度，用横表。

植横木于牆，以候日影，即得倒影，爲正切線之度。

假如横表長一尺，倒影在牆壁者長一尺五寸。法用十數當横表，爲四十五度之底定尺，次以十五數當影長，進退求等度，得五十六度十九分，即命爲日高之度。

凡亭臺之内，日影可到者，量其簷際之深，可當横表。

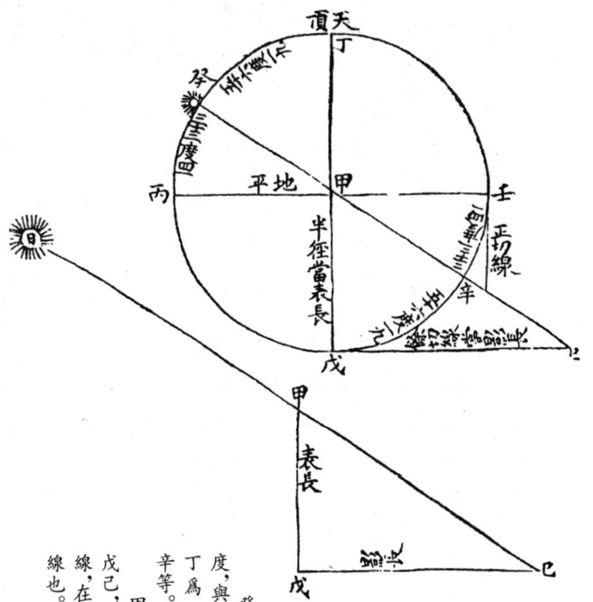

癸丙地平上日高度，與壬辛等，其餘度癸丁爲日距天頂，與戊辛等。

甲戊爲表長，其影戊己，乃日距天頂之切線，在日高癸丙爲餘切線也。

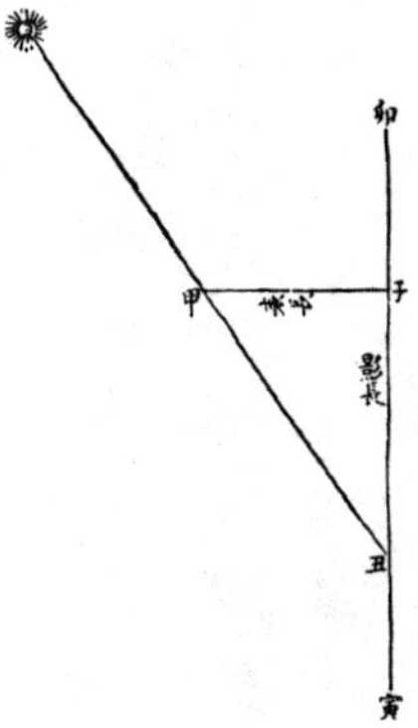

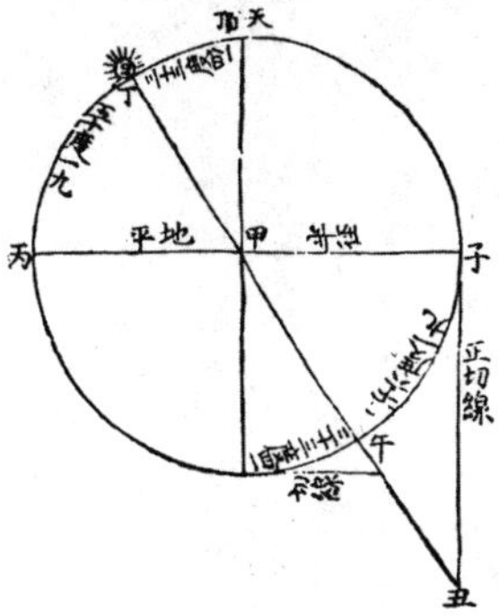

卯寅墻，子甲爲橫表，太陽光從丁過表端甲，射丑，成子丑倒影。丁丙爲日在地平上高度，與午子度等，故以子丑倒影爲日高度之正切線也。

按：直表之影，低度則影長，高度則漸短。日度益高，則影極短。故以餘切線當直影，前圖是也。橫表之影，低度則影短，高度則漸長。日度益高，則影極長，故以正切線當倒影。後圖是也。《比例規解》乃俱倒說，今正之。

用法四　求北極出地度分。

假如江寧府，立夏後九日午正。立表一丈，測得影長爲二尺四寸。法以一百數當表高，爲切線四十五度之底定尺，而以二十四數爲底，進退求等數，得一十三度半。如法，以減九十度，得七十六度半，爲日出地平上高度。簡黃赤距度表，是日太陽北緯一十九度，以減日高度，得赤道高五十七度半。轉減九十度，得北極高三十二度半。

捷法：以直表所得一十三度半，加太陽北緯十九度，即得三十二度半，爲北極高度。

解曰：直表所得，太陽距天頂度也。加北緯，即赤道距天頂度，亦即北極出地度。

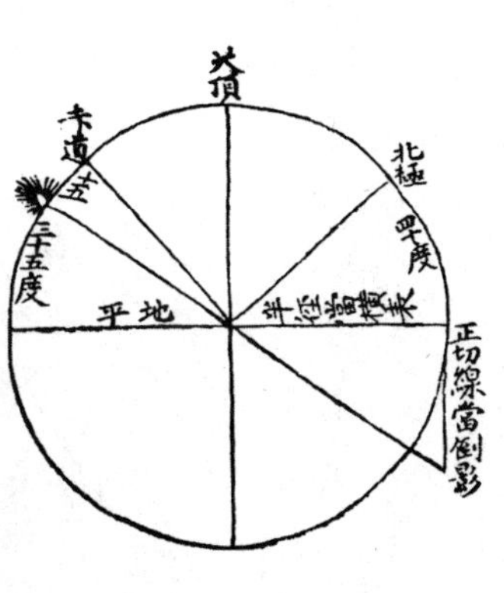

又如順天府，立春後四日。如法，用橫表三尺，得倒影二尺一寸。依切線法，求得日高三十五度，簡表得本日太陽南緯一十五度，以加日高度，得赤道高五十度，以減九十度，得北極高四十度。

第九割線舊名表心線，今按：割線非表心，又割線之用甚多，非只作日晷一事，故直名割線爲是。

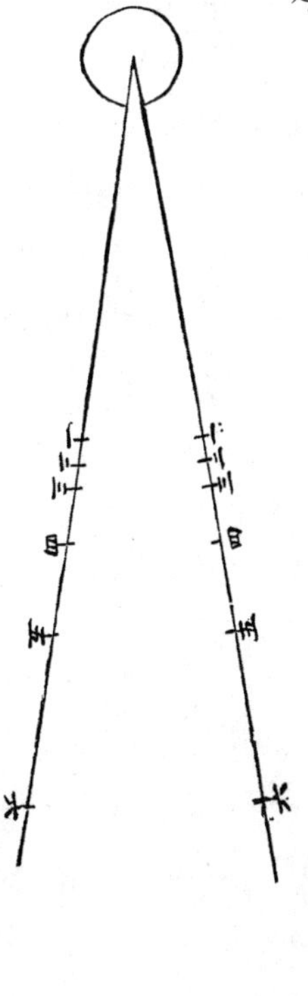

割線不平分，先小後大，並與切線略同。故亦只作八十度，或只作六十度亦可。

分法　用割線本表八十度之割線五七五，平分之，其初點與切線四十五度等，次依表作度加識。

用法一　三角形，以割線求角。

假如有甲乙丙三角形，求甲角。法：任于甲角旁之一邊，截戊甲十寸，作垂線如戊丁，截又一邊于丁，得丁甲十九寸。次以十數爲割線初點之底定尺，而以十九數爲底，進退求等數，得五十八度一十七分，爲甲角之度。

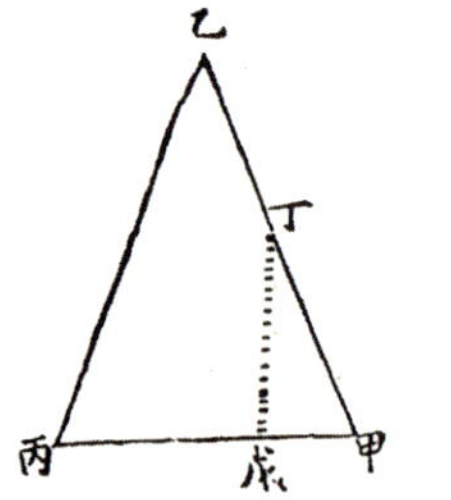

用法二　作平面日晷。兼用割切二線。

法曰：先作子午直線，卯酉横線，十字相交于甲。以甲爲午正時，從甲左右，儘横線畫處爲度，于切線八十二度半爲底定尺，次于本線七度半取底，向卯酉横線上識之。自甲點起爲第一時，如甲丙、甲乙，次每加七度半取底，如前作識，爲各時分。如七度半加之，成十五度，即第二時，又遞加，如二十二度半、三十度、三十七度半、四十五度、五十二度半、六十度、六十七度半、七十五度，至八十二度半，合線末元定之點。若遞加三度四十五分，而取底作識，即每時四刻全矣。按：每七度半加點，乃二刻也。今每三度四十五分，則一刻加點。

日晷圖

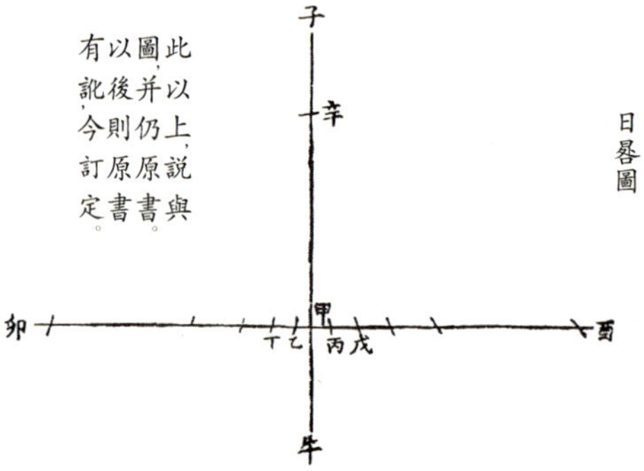

此圖，并以上説與以後，仍原書。則原書有訛，今訂定。

訂定法曰：横線上定時刻訖，次取甲交點左右各十二刻之度，即元定四十五度之切線，亦即半徑全數。爲割線上北極高度之底定尺，而取割線初點之底，爲表長。如壬庚。

次以表長當半徑，爲切線四十五之底定尺，而檢北極高度之正切，取底。自甲點向南截之，如甲壬，以壬爲表位。又于北極高度之餘切線取底，自表位壬向南截之，如壬辛，以辛爲晷心。末自晷心辛，向横線上原定時刻，作斜直線引長之，得時刻。

時刻在子午線西者，乙爲午初，丁爲巳正，又加之即巳初。又加之即辰正，又加之即辰初。在子午線東者，丙爲未初，戊爲未正，己爲申初。又加之即申正，又加之即酉初，並遞加四刻。

謹按：卯酉線，即赤道線也。二分之日，日躔赤道，日影終日行其上。庚甲割線，正對赤道。正午時日影從庚射甲，成庚甲影弦。若巳末午初，則庚點之影，不射甲而射乙，而庚甲影弦如半徑，乙甲如切線矣。以庚甲爲切線上半徑，而遞取各七度半之切線，以定左右各時刻之點，並日影從庚所射也。然此時庚甲之度無所取，故即用赤道線四十五度之切線代之。用切線，實用庚甲也。庚甲既爲切線之半徑，則必與四十五度之切線同長。以四十五度當半徑，而取切線以定時刻，此天下所同也。然赤道高度，隨各方北極之高而變，庚甲割線何以能常指赤道？則必于表之長短，及表位之遠近別之。故以庚甲當北極高度之割線，而取其初點爲表長。初點者半徑也，本宜以半徑求割線，今先有割線，故轉以割線求半徑也。既以庚壬表長爲半徑，庚甲爲割線，則自有壬甲切線，而表位亦定矣。表位既定，則庚甲影弦能指赤道矣。何以言之？表端壬庚甲角，既爲極高度，則庚角必赤道高度，而庚甲能指赤道也。故北極度高，則庚角大，甲角小，而庚壬表短，壬甲之距遠；北極度低，則赤道高，甲角大，而庚壬表長，壬甲之距近。《比例規解》乃以表位定于甲點，失其理矣。遂復誤以割線爲表長，餘割線爲晷心，而强以割線名爲表心線，名實盡乖，貽誤來學。此皆習其業者，原未深諳，强爲作解，而即有毫釐千里之差，立法者之精意亡矣。故特爲闡明之。

訂定日晷全圖

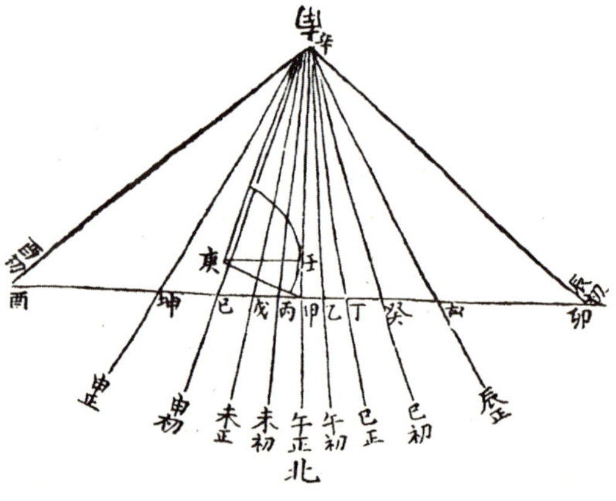

庚壬表，上指天頂，下指地心，爲半徑。壬，表位，壬甲爲正切線。

辛，晷心，辛壬爲餘切線。

甲角，即赤道高度。

壬庚甲角，即北極高度，與辛角等。

用法三　先有表，求作日晷。借用前圖可解。

法：先作子午直線，任于線中定一點爲表位，如壬。乃以表長數壬庚，爲切線四十五度之底定尺，而取本方北極出地度之底，得壬甲正切度。于表位北作點，如甲。次于甲點作卯酉横線，與子午線十字相交，即赤道線，春秋分日影所到也。又取極高餘度之底，得壬辛餘切線。于表位南作點，如辛。即晷心也。若自表端庚作直線至晷心辛，即爲兩極軸線。辛指南極，庚指北極也。次以表長庚壬。與壬甲正切相連作正方角，則庚壬如句，壬甲如股，而取其弦線庚甲，即極出地正割線也。次以庚甲爲切線四十五度之底定尺，而各取七度半之底，累加之于甲點左右，作識于卯酉横線上，末自晷心辛作線，向所識點，即得午前後時刻，並如前法。

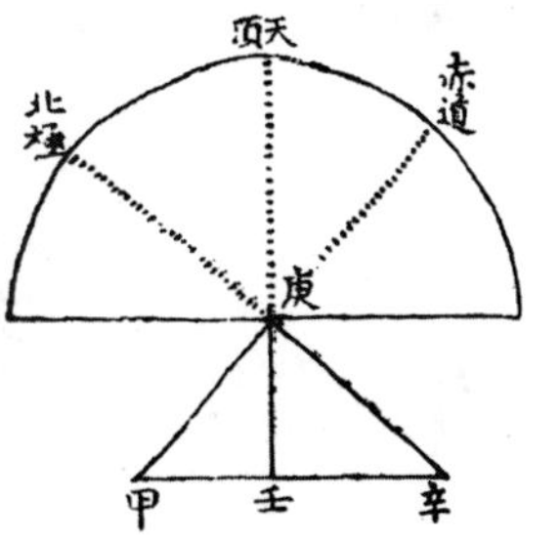

用法四　有立面，向正南作日晷，並同平面法，但以北極高度之餘切線定表位，以正切線定晷心，則自晷心作線至表端，能上指北極，爲兩極軸線。又立晷書時刻並逆旋，與平面反。然以立晷正立于此，與平晷相連，成垂線，則其時刻一一相符。

用法五　用横表，作向東向西日晷。

假如立面向正東，法于近南作直線，上指天頂，下指地心。近上作横線，與地平相應，兩線相交于甲。以甲爲心，于兩線間作象限弧，自下起，數至本方北極出地度止。自此向甲心作斜直線，以分弧度，此線即爲赤道。次以甲爲表位，用横表乙甲之長取數，爲切線四十五度之底定尺，遞取十五度切線，從心向赤道線累加之，作識定時，即春秋分日影所到也。若分二刻，則遞取七度半；細分每刻，則遞取三度四十五分。次于甲心作横斜線如丁戊，爲赤道之垂線。其餘時刻點，各作線，與丁戊平行。亦並與赤道十字相交。次于元定尺上，即以表長爲四十五度所定。取二十三度半之切線爲度，于甲左右截之爲界，如丁甲，如戊甲。即二至卯正時日影所到也。二分日卯正，則乙甲表正對日光無影，分前後則有緯度，而影亦漸生，日日不同，然不離丁戊線。至二至而極，冬至影在北如丁，夏至影在南如戊，以此爲界，向西酉正時，亦然。仍用元尺，取每十五度之黄赤距緯。切線，作于丁戊線内，從甲點左右作識，得各節氣卯正日影。或取三十度切線，則所得每月中氣，酉正亦然。

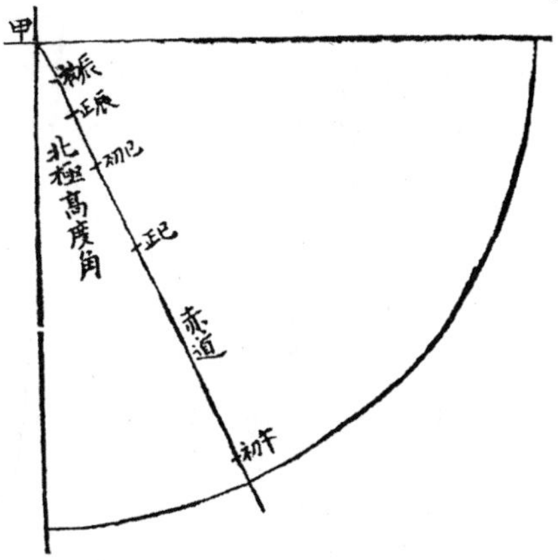

次以乙甲表長，爲割線初點之底定尺，而取十五度之割線，爲二分日在辰初刻之影弦，如乙辛，即天元赤道上日離午線十五度，其光過乙至辛所成也。就以乙辛割線，爲切線四十五度之底，而取二十三度半之底，自辛點左右截横線並如辛壬，爲冬夏至辰初刻日影所到之界。辛壬在南爲夏至，其在北爲冬至，亦然。又遞取每三十度之黄赤距緯。切線，從辛至壬作點，爲各中氣界。此向南日影界，乃赤道北半周節氣，其辛點向北作界，爲南半周亦然。自此而辰正，而巳初，而巳正，以至午初，並同。乃于節氣界作線聯之，即成正東日晷，其面正西立晷，作法並同，但其時刻逆書。自下而上，最下爲未初，次未正，次申初，次申正，次酉初，而至酉正，則横表正對日光而無影矣。此亦二分日酉正也。其餘節氣，亦有短影而不出本線，與卯正同。

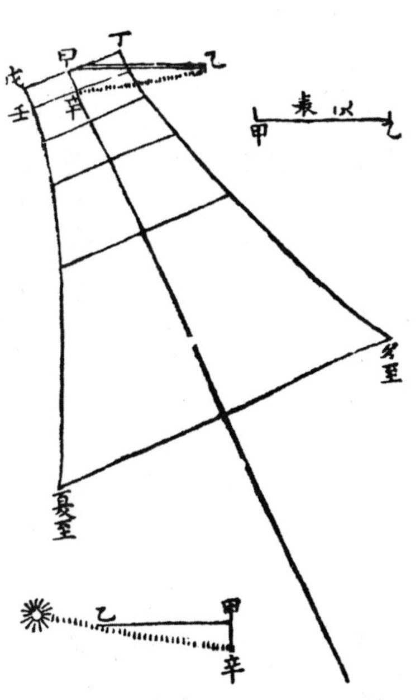

新增時刻線以切線分時刻，本亦非誤，但切線無半度。取度難清，今另作一線，得數既易，時刻尤真。

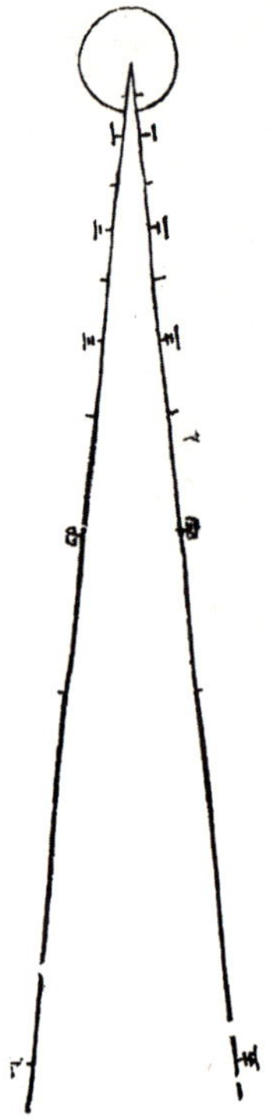

分法　依尺長短作直線，如後圖乙丙。於線端作橫垂線，如乙甲，爲乙丙垂線。又作直線略短，與設線平行，交橫線如十字。如甲己線交橫線于甲。以甲爲心，作象限弧，六平分之，爲時限。各一分內四平之，爲刻限。次于甲心，出直線，過各時限，至直線，成六時，過各刻限者成刻，乃作識紀之。並如後圖。

尺短，移直線近甲心取之。移進線，並與原直線平行，以遇第六時第二刻爲度，如己戊虛線，遇丁戊線于戊，即戊爲第六時之二刻。

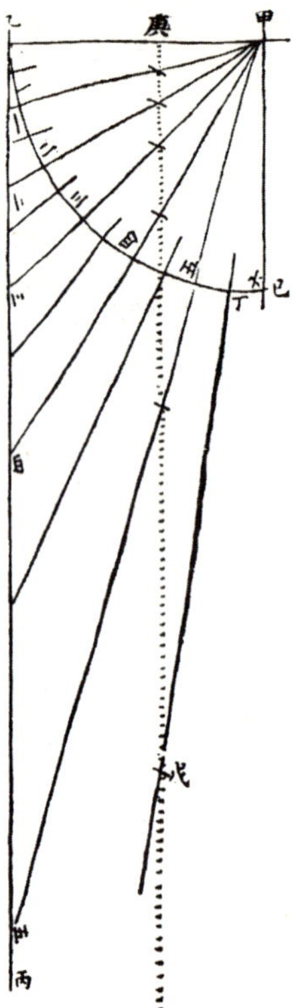

用法　凡作日晷，並以所設半徑，置第三時爲底定尺，而取各時刻之底，移于赤道線上，午前午後並起午正左右爲第一時，依次加識，即各得午正前後時刻。並如前法。

第十五金線即輕重之傳。

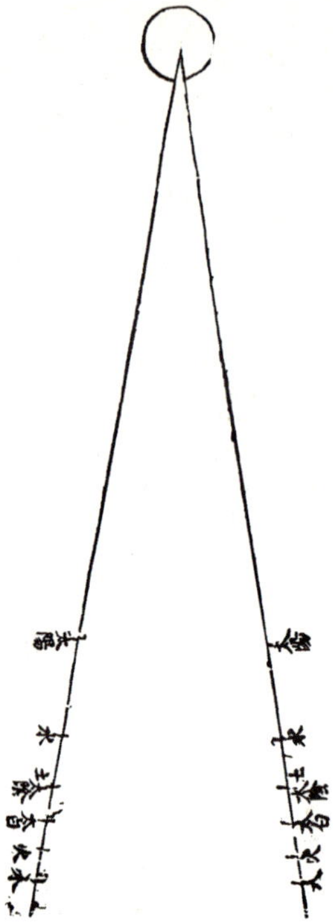

物有輕重，以此權之，獨言五金者，以其有定質也。

五金之性情，有與七政相類者，因以爲識。

金，太陽。水銀，水星。鉛，土星。銀，太陰。銅，太白。鐵，火星。錫。木星。

分法　用各分率，及立方線。

比例率先取諸色金，造成立方體，其大小一般無二，乃權其輕重，以爲比例。

黃金：一

水銀：一又七十五分之三十八《儀象志》作九十五分之三十八。

鉛：一又二十三分之一十五

銀：一又三十一分之二十六

銅：二又九分之一

鐵：二又八分之三

錫：二又三十七分之二十一《比例規解》原作三十七分之一，則錫率反小于銅鐵，而輕重之序乖，今依《儀象志》。

金體最重，故以爲準。自尺心向外，任定一度，爲金之根率，自此依各率增之，並以金度爲立方線上十分之底定尺，次依各率爲底，進退求等數，取以爲各色五金之根率，自心向金率點外作識。

解曰：此同重異積之率也。于立方線上求得方根作識于尺，則同重異根之率也。金體重，則其積最少。謂立方體積。各色之金謂銀、鉛等。體並輕于金，故必體積多而後能與之同重。然立積雖有多少，非開方不得其根之大小，故必于立方線求之也。

又解曰：先以同大之立方權之得各率者，同根異重之率也。而即列之爲同重異根之率，何也？蓋以根求重，則金最重而他色輕，以重求根，則金最小而他色大，其事相反，然其比例則皆等。假如金與銅之比例，爲一與二強，若體同大，則金倍重于銅矣。若其重同者，則銅之體必倍大于金，其理一也。

又法　用立方根比例率。

黃金：一六六弱

水銀：一九一弱

鉛：二〇二

銀：二〇四

銅：二一三

鐵：二二二

錫：二二八

若金立方根一百六十六，銀立方根二百〇四，則其重相等。他色倣此。

今本線用此，以二二八爲末點，依各色之根作識。

用法一　有某色金之立方體，求作他色金之立方體，與之同重。或立圓，及各種等面體，並同。

假如有金球之徑，又有其重，今作銀球與之等重，求徑若干。法以金球徑數，置本線太陽號爲底定尺，而取太陰號之底數，作銀球之徑，即其重與金球等。

用法二　若同類之體，其根同大，求其重。

假如有金銀兩印章，體俱正方，而其大等，既知銀重而求金重。法以銀圖章之根數置太陰號爲底定尺，而取太陽號底數，次于分體線上，以銀章重數爲兩弦，太陽號底數爲底定尺，而轉以太陰底數，即銀章根數。進退求等弦，得數，即金章之重。

輕重比例三線法附

重學爲西法一種，其起重運重諸法，以人巧補天工，實宇宙有用之學。五金輕重又重學中一種，蓋他物難爲定率，可定者獨五金耳。然《比例規解》雖載其術，而數多牴牾，未可全據。愚參以《靈臺儀象志》，其義始確，因廣之爲三線，曰重比例，曰重之容比例，曰重之根比例。既列之矩算，復爲之表若論，以發其凡。康熙壬戌長夏勿菴梅文鼎謹述。

重比例異色之物，體積同輕重異。

水與蠟若廿二與廿一		一九八	一八九
與蜜若二十與廿九		一二〇	一七四
與錫若五與三十七		〇二五	一八五
與鐵若一與八		〇二四	一九二
與銅若一與九		〇二一	一八九
與銀若三與三十一		〇一八	一八六
與鉛若二與廿三		〇一六	一八四
與汞若七與九十五		〇一四	一九〇
與金若一與十九		〇一〇	一九〇

解曰：重比例者，同積也。積同而求其重，則重者數多，輕者數少。若反其率，則爲容積比例矣。

用法　假如有金一件，不知重。法以水盛器中，令滿，權其重。乃入金其中，則水溢，溢定出金，乃復權之，則水之重必減于原數矣。乃以所減之重變爲線，于比例尺置于水點爲底，乃于金點取大底，即金重也。又如有玉刻辟邪，今欲作銅者，與之同大，問用銅幾何。法如前，以玉器入水，取水減重之數，置水點爲底，取銅點大底，即得所求。若作諸器，用蠟爲模，亦同。或以蠟輕難入水者，竟以蠟重于蠟點爲底，而取銅點大底，更妙也。

重之容比例輕重同，則容積異，亦謂異色之物。

蠟與水若廿一與廿二		一八九	一九八
水與蜜若廿九與廿		一七四	一二〇
與錫若卅七與五		一八五	〇二五
與鐵若八與一		一九二	〇二四
與銅若九與一		一八九	〇二一
與銀若卅一與三		一八六	〇一八
與鉛若廿三與二		一八四	〇一六
與汞若九十五與七		一九〇	〇一四
與金若十九與一		一九〇	〇一〇

解曰：容比例者，同重也。同重而求其積，則重者積數少，輕者積數多。反其率，亦即爲輕重之比例矣。

又解曰：容積比例，以立方求其根，則爲根比例矣。故輕重當爲三線也。

用法　假如有水若干重，盛器中滿十分，有汞與水同重，盛此器中，問幾何滿。法以水滿十分之數，作水點之底，而取汞點小底，則知汞在器中得幾分。

用法二　有同重之兩色物，欲知其立方根。法以容比例求其同重之積，再于分體線求其根。

用法三　有金或銅錫等，不知重。法如前入水，求得水溢所減之重，變爲線，乃以水重置金點爲底，若銅錫，亦置銅錫點。于水點取大底，此借容比例求重，故反用其率。若用蠟模鑄銅器，亦以蠟重置銅點爲底。而于蠟點取大底，即得合用銅斤。

解曰：有二法三法，則只須容比例一線足矣。蓋反用之可以求重，既得容可以求根。用三線者，取其便用；一線者，取其簡，可任意爲之也。

又容比例附

金與湏若五與七
與鉛若廿三與卅八
與銀若卅一與五十七
與銅若九與十九
與鐵若八與十九
與錫若卅七與九十五
與蜜若廿九與三百八十〇
與水若一與十九
與蠟若廿一與四百一十八

又容比例

金	〇一〇〇〇〇〇〇
湏	〇一四〇〇〇〇〇
鉛	〇一六五二一七三
銀	〇一八三八七〇九
銅	〇二一一一一一一
鐵	〇二三七五〇〇〇
錫	〇二五六七五六七
蜜	一三一〇三四四八
水	一九〇〇〇〇〇〇
蠟	一九九〇四七六一

解曰：容比例有三率也，其實一率而已。第一率以水爲主，取其便用也。第二率以金爲主，取其便携也。第三率平列，乃立方之積數也。其作線千尺，則皆一率而已矣。

此外仍有通分之法，亦愚所演，然其理皆具原表中，故仍載原表，而附之如後。

右表，《靈臺儀象志》所引重學一則也。其法：同重者以直推見容積，同積者以横推見重，重比例容比例皆在其中矣。既得容可以求根，則根之比例亦在其中矣。《比例規解》五金線蓋原于此。原書金與蠟之比例，訛廿一爲廿九，今改定。

輕重原表

	金	湏	鉛	銀	銅	鐵	錫	蜜	水	蠟
蠟	十九又廿一之十九	十四又一百四十七之五十二	十二又廿一之一	十又六十三之五十二	九又廿一之九	八又廿一之八	七又一百〇五之八十九	一又二百十〇之二百[illegible]	一又廿一之一	一
水	十九	十三又七之四	十一又二之一	十又三之一	九	八	七又五之二	一又廿分之九	一	
蜜	十三又廿九之三	九又二百〇三之七十三	七又廿九之廿七	七又八十七之十一	六又廿九之六	五又廿九之十五	五又廿九之三	一		
錫	二又卅七之廿一	一又二百卅九之一百十二	一又七十四之四十一	一又一百十一之四十四	一又卅七之八	一又卅七之三	一			
鐵	二又八之三	一又五十六之廿九	一又十六之七	一又廿四之七	一又八之一	一				
銅	二又九之一	一又六十三之卅二	一又十八之五	一又廿七之四	一					
銀	一又卅一之廿六	一又二百十七之六十八	一又六十二之七	一						
鉛	一又廿三之十五	一又一百六六之廿九	一							
湏	一又九十五之卅八	一								
金	一									

通分法亦容比例之率。

分母

湏九五

鉛廿三乘得二一八五

銀卅一又乘得六七七三五

銅〇九又乘得六〇九六一五

鐵〇八又乘得四八七六九二〇

錫卅七又乘得一八〇四四六〇四〇爲金率

以湏分母九十五除金率，得一八九九四三二。以乘分子卅八，得七二一七八四一六。加金率，得二五二二四四五六，爲湏率。

以鉛母廿三除金率，得七八四五四八〇。以乘子十五，得一一七六八二二

○○。加金率，得二九八一二八二四，爲鉛率。

以銀母卅一除金率，得五八二○八四○。以乘子廿六，得一五一三四一八四○。加金率，得三三一七八七八○，爲銀率。

以銅母九除金率，得二○○四九五六○。以乘子一，得如原數。加金率二，得三八○九四一六四○，爲銅率。

以鐵母八除金率，得二二五五五七五五。以乘子三，得六七六六七二六五。加金率二，得四二八五五九三四五，爲鐵率。

以錫母卅七除金率，得四八七六九二○。以乘子廿一，得一○二四一五三二○。加金率二，得四六三三○七四○○，爲錫率。

金	一八○四四六○四○		一八强	各取首三位	日		三六强加倍
澒	二五二六二四四五六		二五少强		水		五○半强
鉛	二九八一二八二四○		二九太强		土		五九半强
銀	三三一七八七八八○		三三少弱		月		六六少强
銅	三八○九四一六四○		三八强		太白		七六少弱
鐵	四二八五五九三四五		四二太强		火		八五太弱
錫	四六三三○七四○○		四六少强		木		九二太弱

按：自古曆算諸家，于尾數不能盡者，多不入算，故曰半已上取爲秒，已下棄之。其有不欲棄者，則以太、半、少、强、弱收之。

假如一百分，則成一整數。九十爲一弱，百一十爲一强。二十五爲少，即四分之一也。若二十爲少弱，三十爲少强。五十爲半，四十爲半弱，六十爲半强。七十五爲太，即四分之三也。七十爲太弱，八十爲太强。

重之根比例異色同重之立方。

金	一○○			五○			○七五
澒	一一二弱			五六			○八四弱
鉛	一一九半强		折	六○		四	○八九半强
銀	一二二半			六一			○九二弱
銅	一二八少强			六四		之	○九六少弱
鐵	一三三半弱			六七			一○○少弱
錫	一三六太强			六八			一○二半强
蜜	二三五太强		半	一一八		三	一七六太强
水	二六六太强			一三三			二○○
蠟	二七三弱			一三六			二○四太弱

附求重心法

乙甲癸子形，求重心。先作乙甲線，分爲乙子甲、乙癸甲兩三角形。次用三角形求心術，求乙子甲、乙癸甲之形心。在丙丁作丙丁線聯之。又作子癸線，分爲癸乙子、癸甲子兩三角形，求癸乙子、癸甲子形之心在庚辛。作庚辛線聯之。此二線相交於壬，則壬爲本形心，即重心也。

試作乙己正角線，至子癸線上，又作甲戊線至子癸線上。此兩線之比例，即兩形大小之比例也。法爲癸乙子形與癸甲子形之比例，若乙己與甲戊也。

以此比例，於庚辛兩心距線上，求得壬點，爲全形之重心。法爲乙己線與甲戊，若辛壬與庚壬。

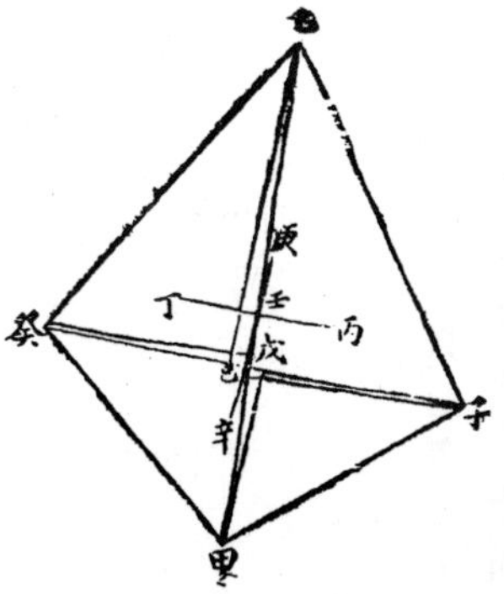

如圖，子己與癸戊之比例，若丁壬與丙壬也。餘並同前圖。

一	二	三	四
子己與癸戊二線并	子己	丁丙	丁壬

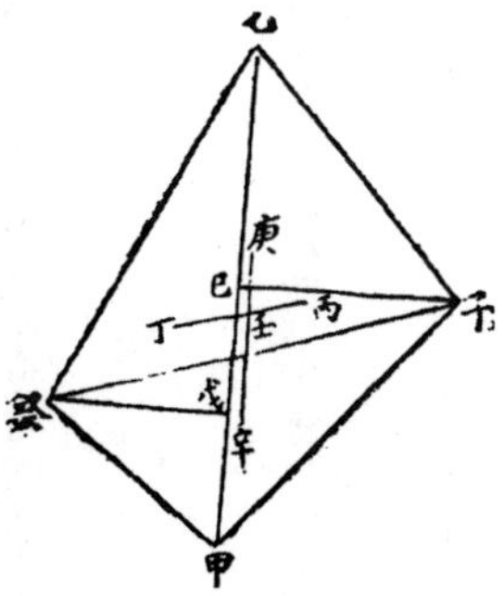

清・方中通《數度衍》卷五　尺算

法尺

通曰：法尺之式，上連下分，下則可開可合，上則相對不移，如此乃可爲法。

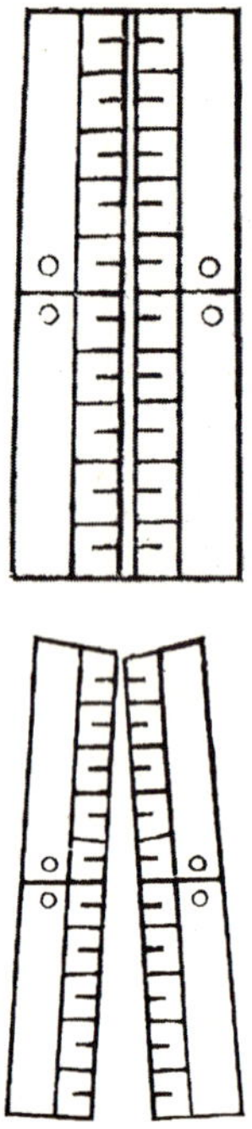

實尺

兩尺分寸須等，不可稍異。作一法尺，二實尺。

通曰：兩端變爲三角，因參知兩。勾股矩度，直景倒景，蓋同一源。加實尺於法尺之上，謂之三角可也，謂之勾股可也。

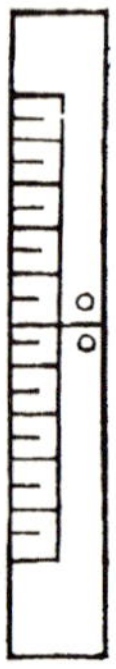

乘法

術曰：先定實數法數，與他算不同。既定，乃以法數作法尺何數，實數作實尺何數。或寸或分，又須預定，然後將實尺比照實數，横安於法尺之一分或一寸上。令法尺開而就之，隨量法尺之法數空處，得何數，即爲所求數也。

通曰：變通升降，其用始廣。如實尺數大，不便安放者，須降實數，寸降爲分，分降爲釐。或將實數折半，法實俱大，必須俱折，先降後升，先半後倍，得數原無異也。或用升法以代降實。

式　有五人，每人四兩，問共若干。

曰：二十兩。

安尺

量數

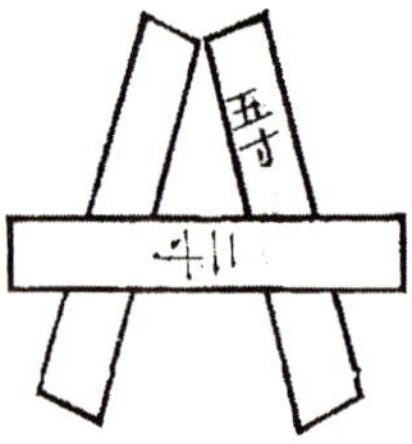

術以四兩爲四分，作實數。以五人爲五寸，作法數。將實尺比定四分，横安於法尺一寸空處，乃量法尺五寸空處，得何數。今得二寸，因以分爲兩，則寸即爲十，故知所得二寸爲二十兩也。

降數式　有五十九人，每人八兩，問共若干。

曰：四百七十二兩。

術以八兩爲八分，作實數。以五十九人作五寸九分，爲法數。用實尺比定八分，安於法尺一分上，八大一小，不可安放，乃降十倍，安於法尺一寸空處。量法尺五寸九分空處，得四寸七分二釐，先降後升，應升爲四尺七寸二分。原以分爲兩，故知所得爲四百七十二兩也。此係升法以代降實。

安尺

量數

實數折半式　有八人，每人一十二兩，問共若干。

曰：九十六兩。

術以八人作八寸爲法，以一十二兩折半，得六兩，作六分爲實，用實尺比定六分，安於法尺一寸空處。量法尺八寸空處，得四寸八分，原以分爲兩，是爲四十八兩，先半後倍，倍得九十六兩也。

安尺

量數

法實俱折半式　有一十六人，每人一十二兩，問共若干。

曰：一百九十二兩。

術以一十六人折半，得八人，作八寸爲法。以一十二兩折半，得六兩，作六分爲實，用實尺比定六分，安於法尺一寸空處。量法尺八寸空處，得四寸八分，以分爲兩，是爲四十八兩。倍之，得九十六兩，再倍之，得一百九十二兩。合問。

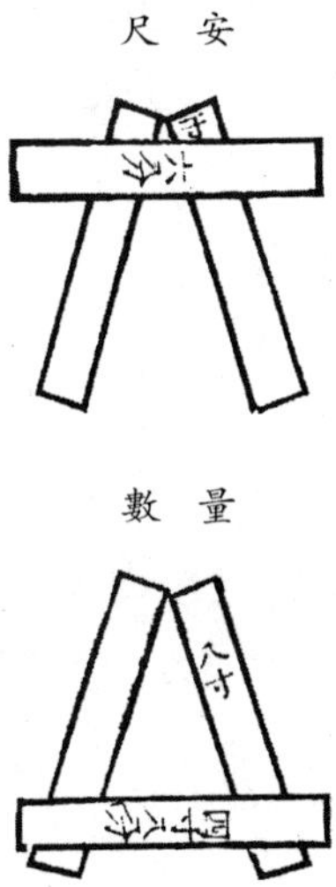

通曰：因法實俱折半，故加倍以還實，再加一倍以還法也。

實數再折式　有八人，每人二十四兩，問共若干。

曰：一百九十二兩。

術以八人作八寸爲法，以二十四兩折半，得一十二兩，又折半爲六兩，作六分爲實。用實尺比定六分，安於法尺一寸空處，量法尺八寸空處，得四寸八分，以分爲兩，是爲四十八兩。倍之，得九十六兩，再倍之，得一百九十二兩。合問。

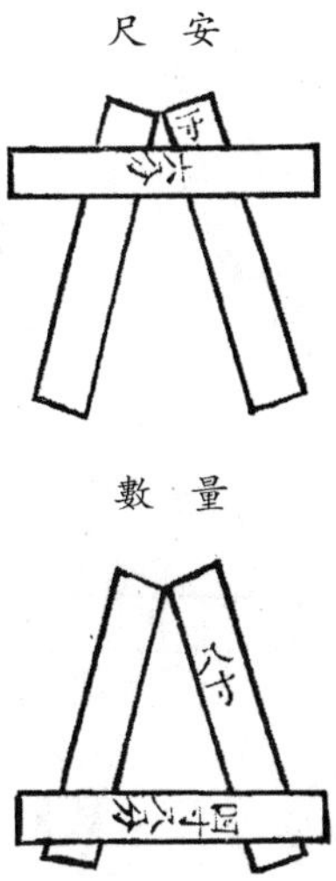

通曰：再折故再倍，或將實三分之，得數，三乘之，亦合。

法實俱再折式　有三十二人，每人二十四兩，問共若干。

曰：七百六十八兩。

術以三十二人折半，得一十六人，又折半，得八人，作八寸爲法。以二十四兩折半，得一十二兩，又折半，得六兩，作六分爲實。用實尺比定六分，安於法尺一寸空處，量法尺八寸空處，得四寸八分，以分爲兩，是爲四十八兩。倍之，得九十六兩，再倍之，得一百九十二兩，再倍之，得三百八十四兩，再倍之，得七百六十八兩。合問。

通曰：四其折半，故四其加倍，如以四自乘得十六，又乘四十八，亦合。

整零截量式　有二十四人，每人五錢三分，問共若干。

曰：一十二兩七錢二分。

術以二十四人，作法尺二寸四分，以五錢三分，作實尺五分三釐。先截整數二十人求之，將實尺比定五分三釐，安於法尺二分空處。實大不便安頓，降之安於法尺一寸空處。將五分三釐，升作五寸三分，此爲十人所得數。倍之，得十寸六分，便是二十人所得數也。後截零數四人求之，量法尺四分空處，得二分一釐二毫，亦升作二寸一分二釐，便是四人所得數。併兩得數，得十二寸七分二釐，爲二十四人所得總數也。因以尺之釐爲銀之分，故知爲十二兩七錢二分。

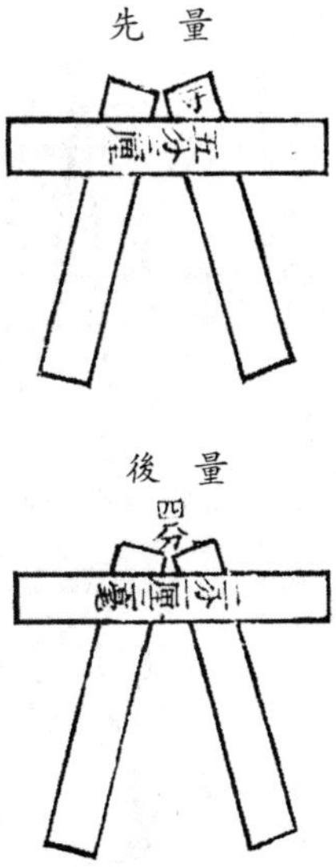

又術以二十四人，作法尺二尺四寸，以五錢三分，作實尺五分三釐，將實尺比定五分三釐，安於法尺一寸空處。量法尺十寸空處，得五寸三分。倍之，得一尺〇六分，爲二十人所得數。又於法尺四寸空處，量得二寸一分二釐，併得一尺二寸七分二釐，亦合。

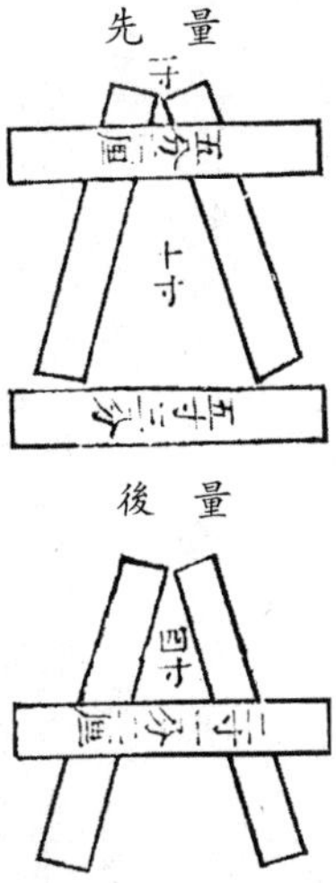

通曰：所截爲二十人，故加倍。若三十人，則用三乘；四十人，則用四乘也。

除法

術曰：法實數定之後，將實尺比定實數，安於法尺之法數空處。乃量法尺之一分或一寸空處，得幾何，即爲所求除出數也。亦用降數折數二法，或有實無法，任意作幾分者，不論實數多寡，將實尺比數，安於法尺之百分空處，用隨分法量之。

式　有銀二十二兩，四十四人分之，問各若干。

曰：五錢。

術以二十二兩，作二寸二分爲實。以四十四人，作四寸四分爲法。將實尺比定二寸二分，安於法尺四寸四分空處。乃量法尺之一分空處，得幾何，今得五釐。因以尺之分爲銀之兩，則釐當爲錢。又因以分爲人，則五錢爲一人所得數也。

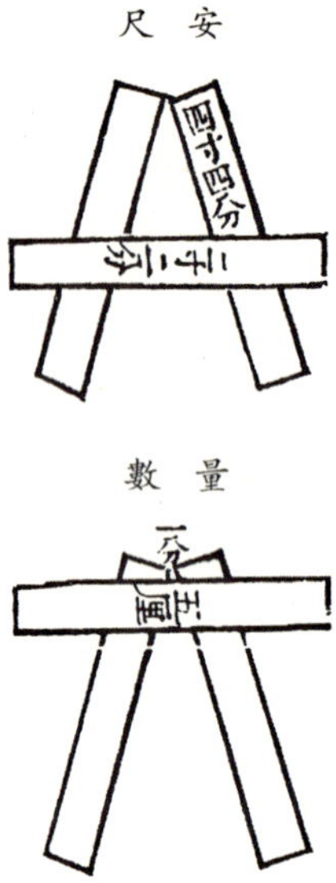

通曰：量一寸空處，得五分，降爲五釐，亦合。一分爲一人，一寸則爲十人。量四寸空處，得四十人銀數。四分空處，得四人銀數，此用乘以知除也。

降數式　有銀四十四兩，二十二人分之，問各若干。

曰：二兩。

術以四十四兩，作四寸四分爲實，以二十二人，作二寸二分爲法。將實尺比定四寸四分，安於法尺二寸二分上，實大不可安頓，降爲四分四釐，安於法尺二寸二分空處。乃量法尺一分空處，得二釐。因先降數，此當升爲二分，分爲銀之兩，則知所得爲二兩也。

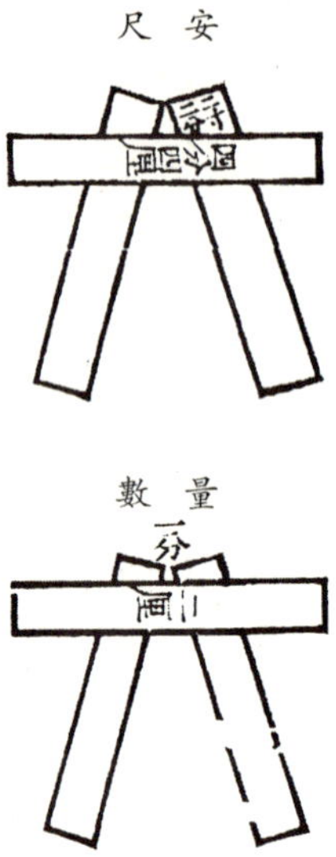

折實式　有一十八兩，六人分之，問各若干。

曰：三兩。

術以一十八兩，折半得九兩，作九寸爲實。以六人作六寸爲法，將實尺比定九寸，安於法尺六寸上。實大，降作九分，安於法尺六寸空處。乃量法尺一寸空處，得一分五釐。因降實，此當升爲一寸五分；又因折實，此當倍爲三寸。以寸爲兩，故知一人所得爲三兩也。

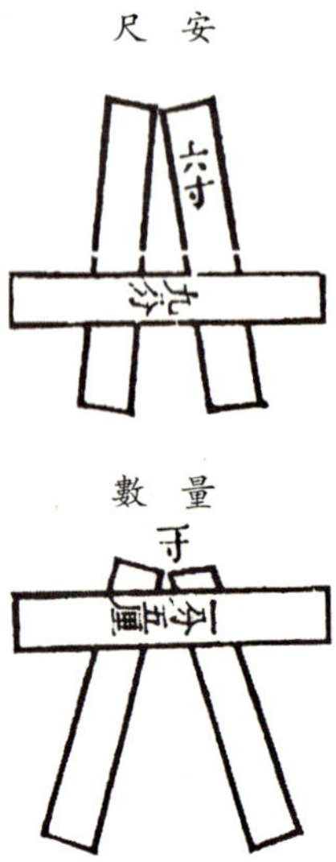

法實俱折式　有一十八兩，一十二人分之，問各若干。

曰：一兩五錢。

術以一十八兩折半，得九兩，作九寸爲實。以一十二人折半，得六人，作六寸爲法。將實尺比定九寸，安於法尺六寸上。實大，降作九分，安於法尺六寸空處。乃量法尺一寸空處，得一分五釐。因降實，當升爲一寸五分，寸爲兩，故知一人所得爲一兩五錢也。

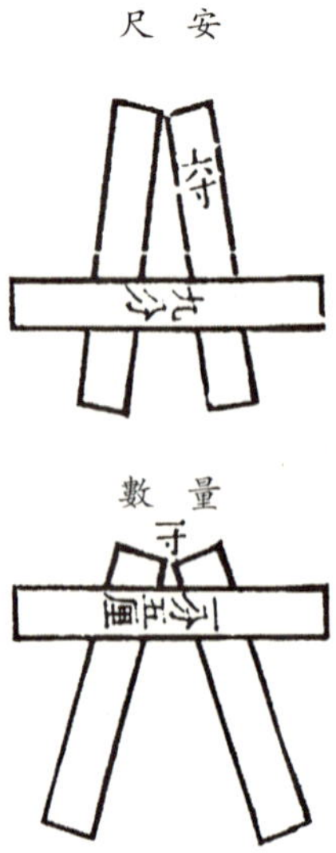

通曰：法實俱折者，除與乘不同。乘折，則所得止半數，故須倍之；除折，

則所得即所求數，不必又倍矣，蓋折亦除故也。

隨分式　有銀八十兩，或四平分，或五平分，問各若干。

曰：四分之一，得二十兩；五分之一，得一十六兩。

術以八十兩，作八十分爲實。將實尺比定八十分，安於法尺百分空處。如欲作四平分者，則量法尺二寸五分空處，得二十分，每人即得二十兩也。如欲作五平分者，則量法尺二寸空處，得一十六分，每人即得一十六兩也。

四分

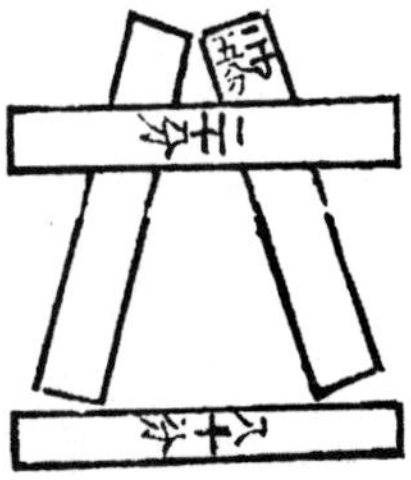

五分

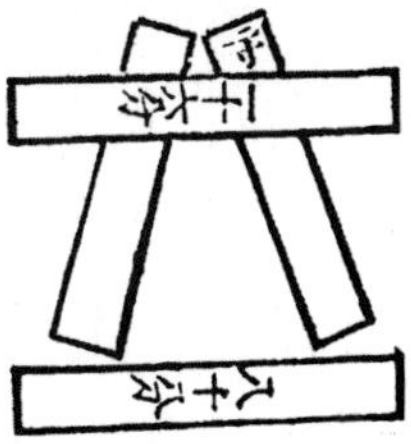

通曰：四平分者，先將四除十寸，得二寸五分；五平分者，先將五除十寸，得二寸。

整零截量式　有三十二兩，五人分之，問各若干。

曰：六兩四錢。

術以三十二兩，作三尺二寸爲實，以五人作五寸爲法。先截實末二寸求之，將實尺比定二寸，安於法尺五寸空處。量法尺一寸空處，得四分。後截實首三尺求之，將實尺比定三尺降作三寸，安於法尺五寸空處。量法尺一寸空處，得六分，應升爲六寸，併前四分，得六寸四分。以兩爲寸，故知每人得六兩四錢也。

先量

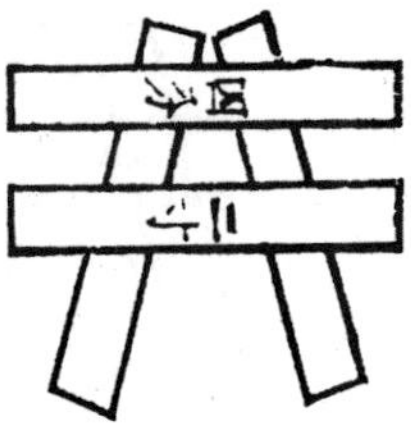

後量

通曰：後量法尺之十寸空處，得六寸，亦合，此不升數而升度也。

比例法

術曰：有實數於此，以某法數分之，得某數。今又有實於此，照前分例，求法幾何。將實尺比前實數，安法尺之前法數上，又將實尺比後實數，於法尺空處上下推移，求至脗合處，視法尺之分寸幾何，即所求數也。

通曰：比例無窮，不可盡舉，引而推之，存乎其人。

式　有銀四百四十兩，二百二十人分之，人得二兩。今又有銀八百八十兩，照前二兩分數，該人幾何。

曰：四百四十人。

術將二百二十人，作二寸二分爲法。將四百四十兩，作四寸四分爲實。以實尺比定四寸四分，安於法尺二寸二分上。實大，降作四分四釐，安於法尺二寸二分空處。又將八百八十兩，作八寸八分，亦降作八分八釐。以實尺比定八分八釐，於法尺空處，上下推移，至四寸四分空處，適合。以寸爲百數，即知爲四百四十人矣。

安尺

推量

通曰：前後俱降實，故不升。且前以人爲法，銀爲實，後亦以銀爲實，求出法數人，降實則不升法也。

又式　有銀三兩，給六人。今又有銀七兩，照前例，應給幾人？

曰：一十四人。

術以三兩作三寸爲法，以六人作六分爲實。將實尺比定六分，安於法尺三寸空處。乃量法尺七寸空處，視得幾何，今得一寸四分。以分爲人，即知所得爲一十四人也。

又術以三兩作三分爲實，以六人作六分爲法。將實尺比定三分，安於法尺六分空處。又將實尺比定七分，在於法尺空處，上下推移，至法尺一寸四分空處，適得脗合。一寸四分，即一十四人也。

安尺

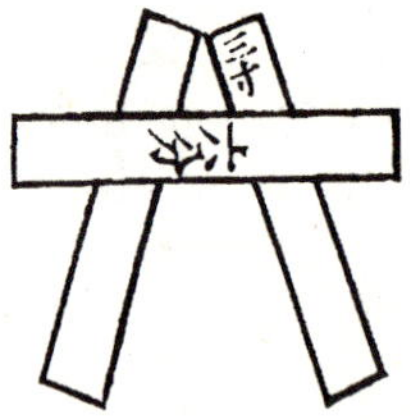

量數

通曰：法實可互更，乘除可互用，此尺算之異於他算也。凡求得數，皆以例比，即乘除亦無非比例，故比例以尺爲便。

清·劉衡《尺筭日晷新義》卷下　作日晷六法

第一法　斜立向正南之日晷

此晷作于平面，用時支之，使向南斜立，其斜度視各方北極高下之度，隨處可以通用。

先定時刻。

法曰：作横線如坎離，次于坎離横線中任定一點，爲表位如兑，兑作小孔，以植表也。次任取長數，長約晷體九之一，務直毋曲，細長如鍼，鋭其兩端。爲表如咸恒。

咸——恒

表植于表位，兑其一端，入兑之孔，務直，毋稍偏倚。而表長如咸兑。次以咸兑表度置尺十二限處爲底定尺，勿令移動。而取尺第一限至二十二限之各底，以次移于坎離線兑點之左右，右左。自兑起以次蟬聯而至于坎離。各作點識之，每一點爲一刻，即得午前午後各刻如圖。

兑　右第一點午初三刻
左第一點午正初刻

右第二點午初二刻
左第二點午正一刻

右第三點午初一刻
左第三點午正二刻

右第四點午初初刻
左第四點午正三刻

右第五點巳正三刻
左第五點未初初刻

右第六點巳正二刻
左第六點未初一刻

右第七點巳正一刻
左第七點未初二刻

右第八點巳正初刻
左第八點未初三刻

右第九點巳初三刻
左第九點未正初刻

右第十點巳初二刻
左第十點未正一刻

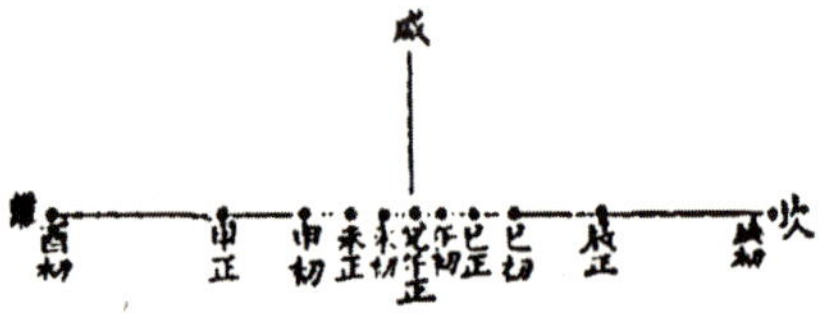

右第十一點巳初一刻
左第十一點未正二刻

右第十二點巳初初刻
左第十二點未正三刻

右第十三點辰正三刻
左第十三點申初初刻

右第十四點辰正二刻
左第十四點申初一刻

右第十五點辰正一刻
左第十五點申初二刻

右第十六點辰正初刻
左第十六點申初三刻

右第十七點辰初三刻
左第十七點申正初刻

右第十八點辰初二刻
左第十八點申正一刻

右第十九點辰初一刻
左第十九點申正二刻

右第二十點辰初初刻
左第二十點申正三刻

右第二十一點卯正三刻
左第二十一點申初初刻

右第二十二點卯正二刻
左第二十二點申初一刻

若晷體窄小，則近午難容密點，法並取二限爲一點，則每點爲二刻，或併取四限爲一點，則每點爲半時，然自巳未。正而右左。爲限漸寬，仍析取每限爲是。

問：其義云何？曰：坎離線即赤道也，每年春秋分兩日，太陽正躔，赤道日影終日行此線上，表端咸點所指之某限即是日某時某刻也。兑即赤道之心。故二分日正午則咸兑表直立，正對太陽中心一點，而無表影也。又曰：太陽射之弦割線影也，而其影度之見于平面，則切線也。十二限者，切線之四十五度也，半徑也。尺上各限即切線各度也，以表度置尺十二限爲底，是以表度者，半徑也，以表度當半徑而取其切線，以定時刻，此恒理也。

問：以某度爲底者，何也？曰：此定尺之法也，以規兩鋭張翕之，量定某長短之度，如咸兑表度之類。乃定規，勿令兩規張翕。乃張尺，以規度施于兩尺之某限，如十二限之類。將兩尺張翕之，以就規度，既得規度，則定尺。勿令兩尺張翕。此以尺就規度，令兩尺某限相距之度，如兩規相距之度也，規定而尺定于規也。

問：取某限爲底，何也？曰：此限兩尺各限之度之法也。兩尺既定矣，乃以規兩鋭張翕之，量定兩尺間某限相距之度，如第一限至二十二限之類。既得尺度，則定規。勿令兩規張翕，以便移其度入晷線也。此以規就尺度，令兩規相距之度如兩尺某限相距之度也，尺定而規定於尺也。

次定二至日太陽各時刻距赤道緯度。

法曰：以咸兑表度置尺十二限處爲底定尺，而取兩尺間六限下第二分之底移於晷線兑心之南，與其北南北。而各截之南如兑井，北如兑夬，乃于井夬作直線聯之，與坎離線十字正交于兑心，如下圖。

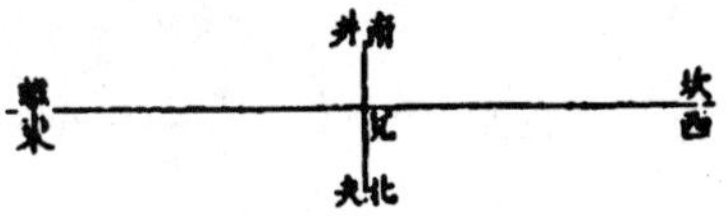

問：井夬之義。曰：井即夏至日正午日影所到也，夬即冬至日正午日影所到也。問何以知其然也，曰每日自東而西者，太陽之經度也，一年之中太陽半年在赤道南，半年在赤道北，其自北而南，自南而北者，太陽之緯度也。緯度極北爲夏至，距赤道二十三度半；緯度極南爲冬至，距赤道亦二十三度半。南北兩緯相距四十七度，故冬至日太陽在赤道南二十三度半，爲太陽緯度之極南。自此以後，太陽以次漸移而北，迨北行二十三度半而到赤道上，是日爲春分。既過春分，太陽漸離赤道而北，又北行二十三度半，而到緯度之極北，是日爲夏至。夏至日太陽在赤道北二十三度半，爲太陽緯度之極北。自此以後，太陽以次漸移而南，迨南行二十三度半而到赤道上，是日爲秋分。既過秋分，太陽漸離赤道而南，又南行二十三度半而到緯度之極南，是日爲冬至，此太陽終歲行度之不易者也。右法以表長當半徑，半徑圓徑之半也，即下圖圓心至各弧界之度。以十二限當四十五度之切線，亦即半徑也。其六限下，第二分即二十三度半之切線，故其度爲冬夏至日影所到也。

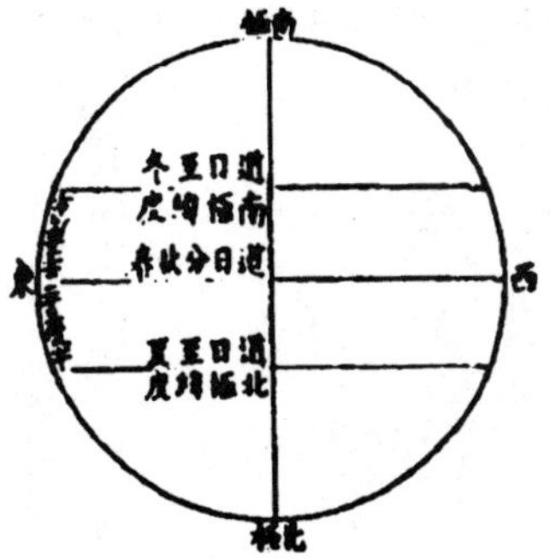

又曰：日南行而影則見于北日，北行而影則見于南日。晷者，取影之器也，故晷面井位南，而其日影所到非南緯冬至，乃北緯夏至也；夬位北，而其日影所到非北緯夏至，乃南緯冬至也。圖則畫日道所躔，晷則畫日影所到，故其南北相反也。

次以咸兑表長當句，而以兑心至右午初點當股，兑心至左未初點亦同。乃以表端咸至右午初點之弦度，咸至左未初之弦度亦同。置尺十二限爲底定尺，而取尺六限下第二分之底，移于晷面午初點處，于其點之上下截之，亦移于未初點處，亦于其上下截之，各如截井夬法，亦各作直線聯之，而皆與井夬線平行，即二至日午初未初日影所到也。

次仍以咸兑表長當句，而以兑心至右巳左未。正點當股，乃以表端咸至右巳左未。正點之弦度置尺，十二限爲底定尺，其取底移于晷面巳未。正點處，上下截之，作線聯之，悉如前法，即二至日巳未。正日影所到也。

次仍用咸兑句，而以兑心至右巳左申。初點當股，乃以咸至右巳左申。初點之弦度置尺，十二限爲底定尺，其取底移于晷面巳申。初點處，上下截之，作線聯之，悉如前法，即二至日巳申。初日影所到也。自是右左。而辰申。正，而卯酉。正皆用咸兑句，而以兑心至各時刻點當股，以表端咸至各時刻點處之弦度爲十二限之底，其取底截點作線，悉同前井夬法，惟右左。自巳未。正而右左。影度漸長，點線漸寬，若能以細分之各刻與咸兑表長爲句股，而各取其弦度爲底，以求緯度，則可得二至日各刻之日影所到也，如圖。幅短，借作直圖，須横觀之。

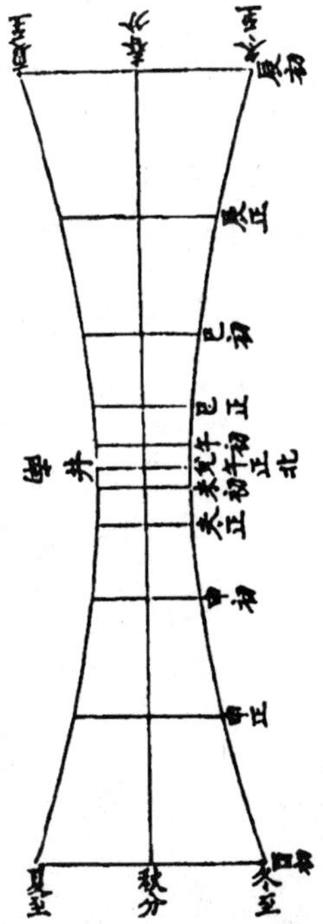

問：二至日正午以外，不用表度，而用各弦度爲底，有説乎？曰：天體渾圓，日晷則寫渾于平者也，故必有影差，何也？太陽惟二分日正躔赤道腰圍之一線，故晷面赤道線直必中繩，而是日日影所到亦終日不出此線。餘節氣太陽出入于南北緯度，故晷面之影不行直線，近午則短，而東西則漸弛也，非用割線則不能求其影差。各弦度者，割線也，右法表長恒爲句，即半徑也，兑心至左右各時刻點爲股，即大圈外之切線也，表端咸至各時刻點爲弦，即大圈外之割線、兑井兑夬線。以半徑表度當半徑，十二限即四十五度，亦半徑也。而求二十三度半之度，其餘各線則以割線各影弦度。當半徑，而求二十三度半之度，故能遞求遞濶，而得其影差也。

次定各節氣

法曰：以兑井之度用兑夬亦同。置尺十二限處爲底定尺，而取其第二限即七度半之切線。之底，自兑心起向南兑井線加之，作點識之，亦自兑心起，向北兑夬線加之，作點識之，北點即驚蟄、寒露日正午日影所到，南點即清明、白露日正午日影所到也。

次即原定尺取第四限即十五度之切線。之底，自兑心起南北。向兑井夬。線上加之，作點識之，北南。點即雨水、霜降、穀雨、處暑。日正午日影所到也。

次即原定尺取第六限即二十二度半之切線。之底，自兑心起南北。向兑井夬。線上加之，作點識之，北南。點即立春、夏。立冬、秋。日正午日影所到也。次即原定尺取第八限即三十度之切線。之底，自兑心起南、北。向兑井、夬。線上加之，作點識之，北、南。點即小雪、大寒、小滿、大暑。日正午日影所到也。次取原定尺取第十限即三十七度半之切線。之底，自兑心起南、北。向兑井、夬。線之上加之，作點識之，北、南。點即大雪、小寒、芒種、小暑。日正午日影所到也。

右所定節氣二十，皆本日正午日影所到也，合之兑心爲春分、秋分，井爲夏至，夬爲冬至，則正午二十四節氣全矣。

井夬正午線之左、之右各時刻線，其定節氣之法，皆以本線之半或用赤道南半線，或用赤道北半線。之度置尺十二限處爲底定尺，而遞取其第二限、四限、六限、八限、十限各底，以次皆自本線之心起向南，亦向北加之，作點識之，悉同上兑井、夬。 線求各節氣法。

幅短，借作直圖，須横觀之。

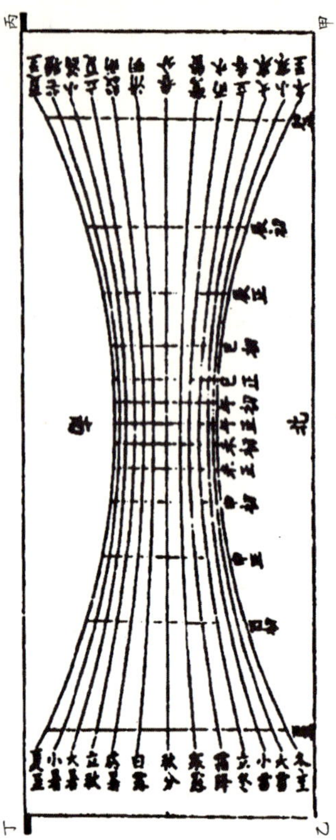

正午左右各時刻線均定節氣訖，乃于各線點識處各作横線聯之，次于各横線兩端盡處，將各節氣以次書之，如右圖。

士琳案：此段原稿在圖前，今移于圖後，故于圖上增一右字。

晷體横寬北甲乙，南丙丁，西丙甲，東丁乙，廣狹長短無定。度取足畫線書字而已，丙丁盡處各餘少許爲横軸，以入晷牀兩弧心氐小孔也。

問：尺十二限即切線之四十五度也，今分之爲六節氣，何也？曰：太陽一日行一度，十五日行十五度，爲一節氣。若六節氣，則滿九十度矣。日晷尺與切線同理，切線無九十度，平行無度，終古不能與割線相遇，故不立等。不得已而用其半，故以十二限之四十五度代九十度，而所取各限亦俱用其半也。第二限七年半以代十五度爲一節氣，第四限十五度以代三十度爲二節氣，第六限二十二度半以代四十五度爲三節氣，第八限三十度以代六十度爲四節氣，第十限三十七度半以代七十五度爲五節氣，而十二限四十五度代九十度爲六節氣，用半實用全法窮而巧法生矣。

問：晷面各時刻線自赤道至二至皆二十三度半也，何以又分爲九十度也？曰：太陽黄道周天三百六十度分爲四分，每分九十度謂之象限，一象限又分爲六分，每分十五度爲一節氣。太陽自冬至至春分、春分至夏至、夏至至秋分、秋分至冬至，每一象限各行九十度，各有六節氣，此太陽行黄道之經度也，而其行赤道之緯度，則非九十度也，則仍不出二十三度半也，何也？九十度者，黄道自東而西之度；而二十三度半者，黄道與赤道相距南北之度也。

問：以九十度六節氣加于晷面南北緯線，何以不挨次蟬聯而必逐次，皆自兑心起度也？曰：天體渾圓而非平圓，故太陽所躔緯度，可以平算，而不可以平視平測。自春分至清明，自秋分至寒露，日行黄道經度十五度，而其緯度則非十五度，乃六度十九分也。自立夏至小滿，自立冬至小雪，日行黄道經度亦十五度，而其緯度乃四度也。自芒種至夏至，自大雪至冬至，日行黄道經度亦十五度，而其緯度則一度弱也。蓋太陽近二分日其差多，近二至日其差少，故所取各限之底，必自兑心起，度而累加之也。

晷牀

用薄片作象限弧二，必等弧半徑。度與晷體丙丁度等，亦同丁乙。弧平分九十度，度皆從弧心氐斜出直線聯之，皆作孔洞之，孔當各度兩界線之中與弧線平行，密排如齒，如圖。

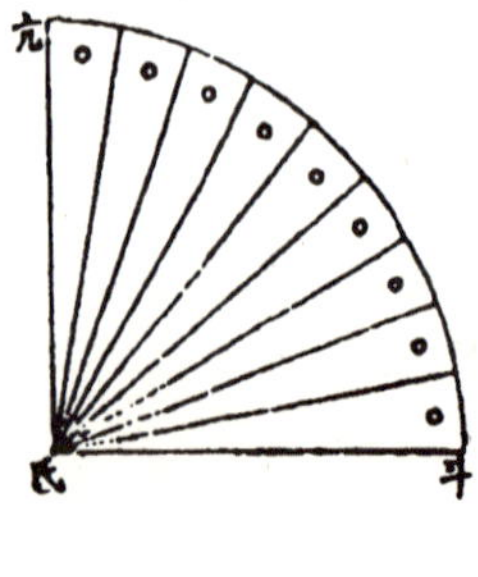

次用平版，廣狹長短視晷體差豐，亦横置之，以兩弧斗氐就版氐，南斗北植，立版之兩端，兩弧東西正對，勿稍攲側，其一以膠或釘固之，其一安晷後乃固之，版近北安指南車一具，如角。幅短改作直圖，須横觀之。

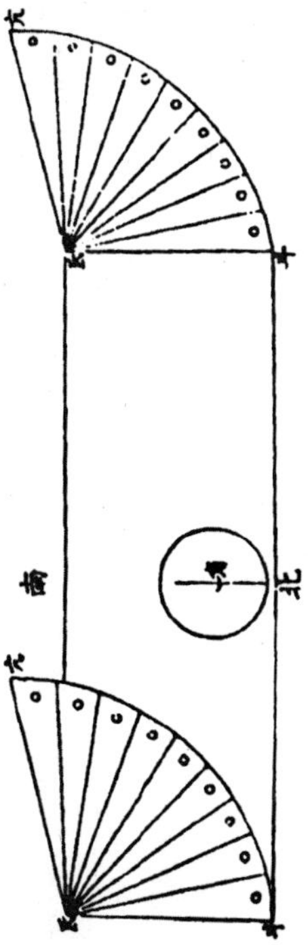

士琳案：弧版與晷牀平行，故原圖易作鈍角。次于兩弧心氐盡處各橫穿圓孔一，東西正對，如右圖。乃以晷體丙丁盡處兩橫軸入之，令晷體低昂任意，如轆轤然。

用法

定指南針，查本方北極出地平高若干度，各省北極高度見下第四法北極攷。次將晷體甲乙昂起，乃數晷牀旁植兩弧之度，自北之斗處數起，至本方北極高度，以長物為支條，入本度之孔，而橫貫于彼弧。本度之孔以支晷，令晷體為支條所橫格斜立向南，則晷體斜度如本方北極高度，而表端咸正指本方赤道矣。

若晷體稍厚，則支條斷不可施于本度之孔，必于其下一二度之孔斟酌用之，須令晷厚體平分處與本度兩界線之中心一點相準，否則晷體厚，則晷面高于本度，差毫釐失千里矣。

第二法　斜立向正東之日晷

此晷亦作于平面，用時視本方赤道之高下，斟酌斜支，隨處可以通用。

法曰：作直線即赤道也。如乾坤，以乾為表位，乾作小孔以植表也。

次任取長數為表，植之于表位乾之孔，務直，勿使偏倚。而表長如咸乾。

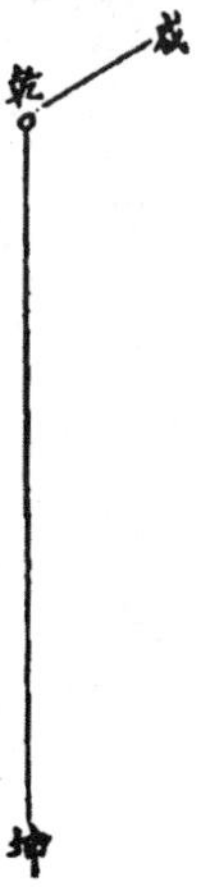

次以咸乾表度置尺十二限為底定尺，而取尺第一限至二十二限之各底，移于乾坤線上，自乾點起以次蟬聯順下，而各作點識之。第一點乾即卯正初刻也，次卯正一刻，次卯正二刻，次卯正三刻。自是而下四點為辰初之四刻，次四點為辰正之四刻，次四點為巳初之四刻，次四點為巳正之四刻，又次為午初。此春秋分日各時刻日影所到也。若晷小近卯處難容密線，則併取二限為一點，或併取四限為一點。

次定二至日各時刻太陽距赤道緯度，次定各節氣悉同前第一法，但彼分左右，此則自上而下耳。

晷體長方，剡其下坤端綴小圓釘如軸，以入晷牀弧心氐小孔也。

晷牀

用薄片作象限弧，一弧平分九十度，度皆從弧心氐斜出，直線聯之，皆作小孔洞之。孔當兩界線之中，與弧線平行，密排如齒，如後圖。

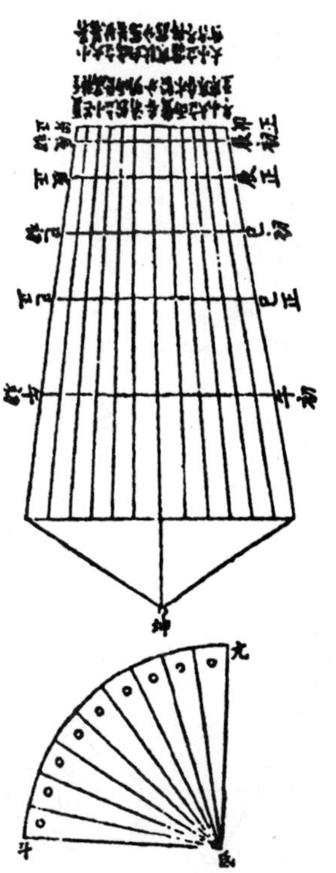

弧兩面作線必等。

士琳案：原稿晷牀文一段本在圖後，故末云如右圖。今因所空之行太狹，難容晷圖地位，故移圖在文後，而改右圖為後圖。

次用平版長與弧氐斗等廣，視長稍殺或等，乃以弧氐斗就版斗南氐北植立，版中央以膠或釘固之。勿令欹側。弧之東或西安指南車一具，乃于弧心氐作小圓孔洞之，以晷體坤端小圓軸入之，如轆轤然。

用法

定指南針，查本方赤道高若干度，赤道高度同北極餘度，見第四法北極攷。乃數晷牀弧度，自南之斗數起，至本方赤道高度，將晷體上下斜轉之，令晷體乾坤線恰當本度兩界線之中，乃於乾坤線上作小孔洞之，令與本度之孔準對，以樞貫之，則乾坤線如本方赤道，而成正東日晷矣。

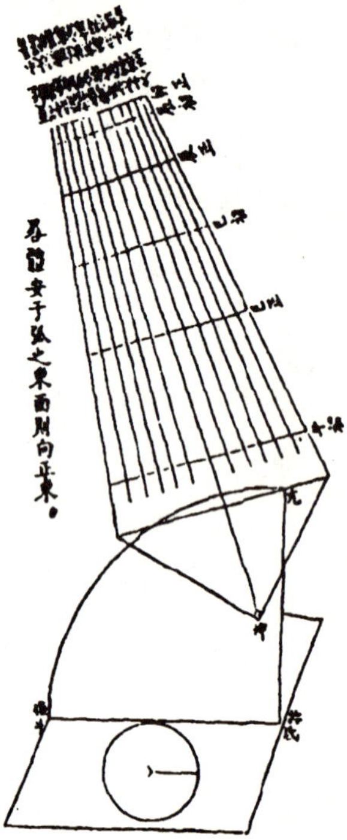

第三法　斜立向正西之日晷

說同前。

此晷作法同第二法，但面向正西，故其時刻次序皆逆行，自下而上，第一點乾即酉初三刻交正也，次酉初二刻，次酉初一刻，次酉初初刻，自是而下爲申正，爲申初，爲未正，爲未初，爲午末，又其節氣惟中一線春分、秋分同，第二法餘俱與第二法相反。如彼爲冬，至此爲夏，至彼爲芒種、小暑，此爲大雪、小寒之類。至晷牀用法俱同第二法，但彼向正東，故晷體安于弧之東面；此向正西，故晷體安于弧之西面耳。圖同第二法。

第四法　平卧向正北之日晷

此晷視本方北極之高下，定表之長短與表位及晷心之遠近，惟本方鄰近南北二百五十里，東西四百里以内可用，餘不能通用。

法曰：作直線如乾坤，乾南坤北。

次于乾坤直線中任定一點爲表位，如艮艮，作小孔以植表也。

次作表或銅或鐵，務直毋曲，細長如針，鋭其兩端。任長一寸或數寸，植立于表位艮，其一端入艮之孔，務直毋稍偏倚。表長如咸艮。

次以咸艮表度置尺十二限處爲底定尺，而取兩尺間本方北極出地高度如浙江北極高三十度，在尺第四限之類。若其度爲尺各限所不備者，則于相近之限上下斟酌取之。之底，移于乾坤線，自表位艮向北截之，作識于艮北，如兑爲艮兑。

次即原定尺，取本方北極高度之餘度如浙江北極餘度六十度在尺第十二限之類。若其度爲尺各限所不具者，則于相近之限上下斟酌取之。之底，亦移于乾坤線，自表位艮向南截之，作識于艮南，如巽即晷心也。爲艮巽。

問：北極高度餘度云何？曰：高度者，北極出地平之度也。餘度者，北極距天頂之度也。餘者對正之稱，周天大圜三百六十度，四平分之，每分九十度，即地平至天頂之度也。故北極出地平一度，其餘度必八十九度；北極出地平二度，其餘度必八十八度。正盈一度，則餘必絀一度；正絀一度，則餘必盈一度。正餘相爲盈絀，并之必滿九十度，故即正可以知餘，即餘可以知正也。

次于兑點左右引長之，作横線如坎離，與乾坤直線十字正交于兑，如圖。

士琳案：圖漏坎離字，今補。

問：坎離云何？曰：即赤道也，即春秋分日日影所到也。

次以表長咸艮當句，以艮兑當股，而取其弦度咸兑，置尺十二限爲底定尺，而取其自第一限至二十二限之各底，次第移于坎離横線兑點之左右，右左。自兑起蟬聯而至于坎離。而各識之，乃自晷心巽向各識處斜出直線聯之，即得午前午後各時刻，如右圖。兑左右各時刻詳見第一法。

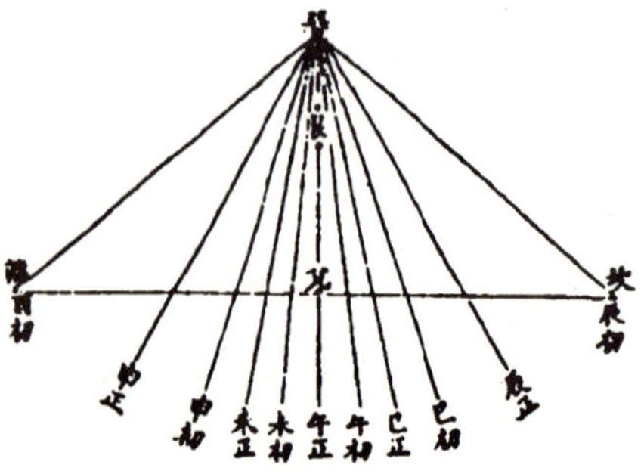

問咸艮表，曰半徑也。問兑，曰北極高度之正切線也。問艮巽，曰北極高度之餘切線也。何以知其然也？曰：試以咸爲心，艮爲界，作卯辰丑艮大圈，次引長咸艮線至于卯，又作截腰横線于卯辰線，十字正交于圜心，如丑辰。又于卯丑弧、圜形似弓背之弧，故曰弧。艮辰弧之間斜作直線過心，如申未，次于卯辰弧、艮丑弧之間亦斜作直線，與申未線十字正交于圜心，如巳丁。夫大圜周天三百六十度也，卯艮直線、丑辰横線十字正交，將大圈平分爲四分，各得九十度。卯辰弧、艮辰弧、卯丑弧、艮丑弧，皆九十度也。丑辰爲地平，卯爲天頂，咸爲地心，巳丁爲赤道，申未爲北極，申丑則北極出地平之高度，申卯則北極高度之餘度也。巳辰赤道出地平之度，巳卯則赤道距天頂之度也。赤道與北極相去必九十度，相爲高低，此高則彼低，此低則彼高，故北極出地平一度，則赤道出地平必八十九度。若如京師北極出地平四十度，則京師赤道出地平必五十度，故圜中四甲度皆等，四乙度亦皆等，此天道之不易者也。咸丑也，咸辰也，咸卯也，咸艮也，咸申、咸巳、咸未、咸丁也，各得大圜徑之半，故曰半徑。凡自圜心出線至弧界皆爲半徑，即皆句也。若無圜内之正弦爲句股，則半徑又爲弦。其出圜外而與切線相遇者曰割線，割線有二與正切相遇者曰正割，與餘切相遇者曰餘割。正割也，餘割也，皆弦也。圜外截圜之線，其直與卯艮線平行，横與丑辰線平行，而相遇于割線者曰切線，切線亦有二，一曰正切，一曰餘切，二線互爲正餘，此爲正則彼爲餘，彼爲正則此爲餘。割線亦然。正切也，餘切也，皆股也。圜内弦線亦爲股。句股爲正方角，無論巨細但同。弦則反正順逆，其形必兩兩相等，故可以互求，此筭理之不易者也，如右圖。

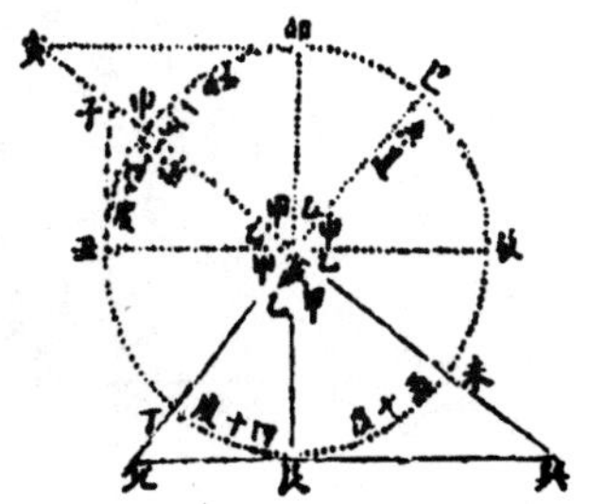

咸艮表上指天頂，下至地心，即咸卯也，亦即咸丑也。艮爲表位，咸艮兑句股形與咸丑子形等，故艮兑正切與北極高度之正切子丑必等，而咸兑正割與北極高度之正割咸子亦無不等也。巽爲晷心，咸艮巽句股形與咸卯寅形等，故艮巽餘切與北極高度之餘切卯寅必等，而咸巽餘割與北極高度之餘割卯寅亦無不等也。然則晷用艮兑，實用子丑也；晷用咸兑，實用咸子也；晷用艮巽，實用卯寅也。玩圖自明。

又論曰：赤道高低隨各方北極之高低爲轉移，故北極度高則赤道低，低則艮兑之距遠，艮巽之距近，而咸艮表宜短。若北極度低，則赤道高，高則艮兑之距近，艮巽之距遠，而咸艮表宜長，故表之長短、表位及晷心之遠近，必準乎北極之高下，然後赤道有定位，而春秋之兩日日躔赤道表端之割線乃終日指坎離赤道線上矣。

各省北極出地度赤道高度攷北極餘度與赤道高度同。

北極出地度	赤道高度
京師四十度	五十度
盛京四十二度	四十八度
山西三十八度	五十二度
山東三十七度	五十三度
陝西三十六度	五十四度
河南三十五度	五十五度
江南三十二度	五十八度
湖北三十一度	五十九度
浙江三十度	六十度
江西二十九度	六十一度
四川二十九度《天問》略作廿九度半。	六十一度
福建二十六度	六十四度
廣西二十五度	六十五度
貴州二十四度《天問》略作廿四度半。	六十六度
廣東二十三度《天問》略作廿三度半。	六十七度
雲南二十二度《天問》略作廿四度。	六十八度

第五法　立面向正南之日晷

並同第四法，但所定艮兑之距，于本方北極餘度之底取之，所定艮巽之度，于本方北極高度之底取之，蓋以北極高度定晷心，以北極餘度定表位，爲稍異耳。又其時刻逆旋，與第四法相反也。

第六法　斜立向正北正對北極之日晷

此晷亦作于平面，用時支之，使向北斜立，其斜度視各方赤道高下之度，隨處可以通用。

法曰：此晷不煩用尺，但取方版爲晷體，北如甲乙，南丙丁，西丙甲，東丁乙，其甲乙盡處餘少許，爲兩横軸，晷體上下二面務極平正，以版中心一點爲晷心，作大圜于方内，平分圜周爲九十六限，其向北正中一線即正午也。午右左。

四限爲午初、午正。之四刻，次右左。四限爲巳正、未初。之四刻，次右左。四限爲巳初、未正。之四刻，次辰正、申初。四刻，次辰初、申正。四刻，次卯正、酉初。四刻，次卯初、酉正。四刻。將各時刻挨次書于圜外版上，其戌亥子丑寅五時日入地平，影不能到，毋庸排寫，乃于晷心作小孔洞之，務直毋曲。直貫于下面中心之一點。下面亦以孔爲心，作大圜，亦平分爲九十六限，其向北正中一線亦正午也，而其左右各時刻則皆與上面相反，而逆旋，如圖。

上面之圓

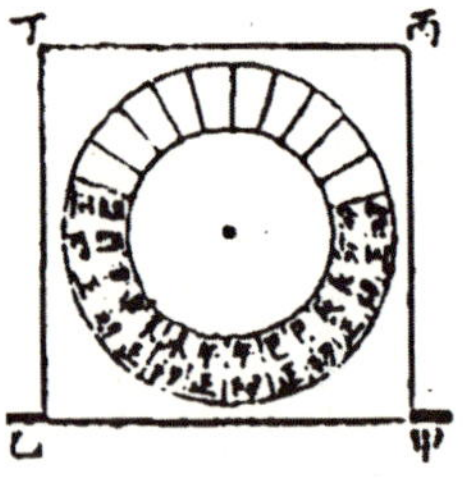

下面之圓

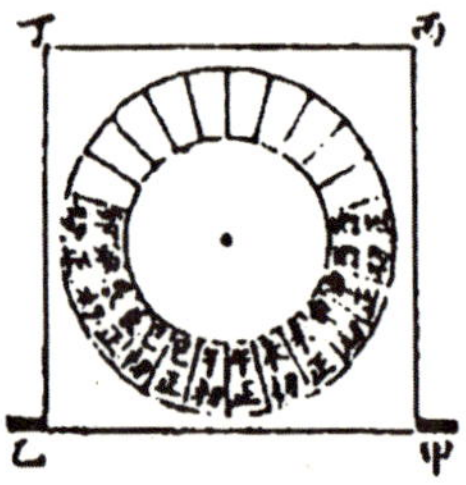

乃作表，表長短無定度，鋭其兩端，以晷心小孔爲表位，乃植表，表穴孔而出于彼面，令上下二面各得表之半。

晷牀

用薄片作象限弧二，必等弧半徑，與晷體丙甲丁乙同。等。其作線、作孔俱如第一法，兩弧心氐盡處亦各横穿小圜孔，俱如前法。次用平版，視晷體差大，以兩弧氐斗就版，斗南氐北植立，版兩端兩弧東西正對，毋稍欹側，其一以膠或釘固之，其一安晷後乃固之，版近南安指南針如角。

乃以晷體甲乙兩横軸入兩弧心氐之小圜孔，若轆轤然，令晷體低昂適意。

用法

定指南針，將晷體丙丁昂起，次查本方赤道高若干度，赤道高度攷見上。乃數晷牀旁植兩弧之度，自南斗數起。至本方赤道高度，以長物爲支條入本度之孔，而横貫于彼弧之孔，以支晷，令晷體爲支條，所横格斜立向

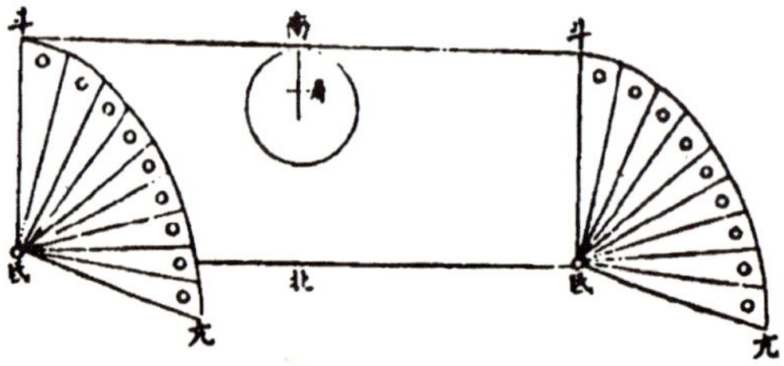

北，則晷體斜度如本方赤道高度，而晷上面之表指北極，下面之表指南極也。故自春分以後，太陽行北緯，則影見于上面，而下面無影；秋分以後，太陽行南緯，則影見于下面，而上面無影。若春秋分兩日太陽正躔赤道，則上下二面皆無影矣。

著録

清·黄虞稷《千頃堂書目》卷一三 徐光啟《崇禎曆書》一百十卷。【略】《比例規解》一卷。【略】崇禎二年五月初一日日入，欽天監推算晷刻不合，光啟時爲禮部左侍郎，因上疏請重修曆法，帝是之命光啟與李之藻、王應遠及西洋人羅雅谷、龍華氏、鄧玉函、湯若望同修，陸續成書，迄六年九月而成。

律呂算法與縱橫圖總部

主編　童慶鈞　馮立昇

律呂算法部

題解

《隋書·律曆志上》 傳稱黃帝命伶倫斷竹，長三寸九分，而吹以爲黃鍾之宮，曰含少。次制十二管，以聽鳳鳴，以別十二律，比雌雄之聲，以分律呂。上下相生，因黃鍾爲始。《虞書》云：「叶時月正日，同律度量衡。」夏禹受命，以聲爲律，以身爲度。《周禮》，樂器以十二律爲之度數。司馬遷《律書》云：「黃鍾長八寸七分之一，太簇長七寸七分二，林鍾長五寸七分三，應鍾長四寸三分二。」此樂之三始，十二律之本末也。班固、司馬彪《律志》：「黃鍾長九寸，聲最濁；太簇長八寸；林鍾長六寸；應鍾長四寸七分四氂强，聲最清。」鄭玄《禮·月令注》、蔡邕《月令章句》及杜夔、荀勗等所論，雖尺有增損，而十二律之寸數並同。《漢志》京房又以隔八相生，一始自黃鍾，終於中呂，十二律畢矣。中呂上生黃鍾，不滿九寸，謂之執始，下生去滅。上下相生，終於南事，更增四十八律，以爲六十。其依行在辰，上生包育，隔九編於冬至之後。分焉、遲內，其數遂減應鍾之清。宋元嘉中，太史錢樂之，因京房南事之餘，引而伸之，更爲三百律，終於安運，長四寸四分有奇。總合舊爲三百六十律。日當一管，宮徵旋韻，各以次從。何承天《立法制議》云：「上下相生，三分損益其一，蓋是古人簡易之法。猶如古曆周天三百六十五度四分之一，後人改制，皆不同焉。而京房不悟，謬爲六十。」承天更設新率，則從中呂還得黃鍾，十二旋宮，聲韻無失。黃鍾長九寸，太簇長八寸二氂，林鍾長六寸一氂，應鍾長四寸七分九氂强。其中呂上生所益之分，還得十七萬七千一百四十七，復十二辰參之數。

明·朱載堉《律呂精義·內篇》卷一 總論造律得失第一

律非難造之物，而造之難成何也？推詳其弊，蓋有三失：王莽僞作原非至善，而歷代善之，以爲定制，根本不正，其失一也；劉歆僞辭全無可取，而歷代取之，以爲定說，考據不明，其失二也；三分損益舊率疏舛，而歷代守之，以爲定法，算術不精，其失三也。欲矯其失，則有三要：不宗王莽律度量衡之制，一也；不從《漢志》劉歆、班固之說，二也；不用三分損益疏舛之法，三也。以此三要，矯彼三失，《律呂精義》所由作也。或曰：大泉之寸，秬黍之分，非莽歆遺法乎？今乃取之何也？答曰：大泉之徑，漢尺以爲寸，秬黍之長，古尺以爲分，而莽歆之尺則不然，所以與新法不同也。

《漢書·王莽傳》曰：「天鳳六年初，獻新樂於明堂太廟。或聞其樂聲，曰：清麗而哀，非興國之聲也。」根本不正，此之謂也。《宋書·律志》曰：「班氏所志，未能通律呂本源，徒訓角爲觸，徵爲祉，陽氣施種於黃鍾，如斯之屬，空煩其文，而爲辭費。又推九六，欲符劉歆三統之數，假托非類，以飾其說，皆孟堅之妄矣。」考據不明，此之謂也。《宋書·律志》又曰：「三分益一爲上生，三分損一爲下生，此其大略，猶周天斗分四分之一耳。京房不思此意，引而伸之，仲呂上生執始，執始下生去滅，至於南事，爲六十律，竟復不合，彌益其疏。」算術不精，此之謂也。大泉之寸，秬黍之分，詳見《審度篇中》。

清·安清翹《樂律心得·序》 律之與曆各自一事，古今言曆而及於律，言律而及於曆者，皆附會之說，不足爲據。顧律曆之理，有相同者，則筭數是也。自周末更秦漢，筭數僅存子史諸書，大半附會之說，其言曆而筭數精者，莫如元之郭太史；言律而筭數精者，莫如明之鄭世子。然郭太史言曆而於附會之說掃除殆盡，鄭世子言律而於附會之說不能盡去，其故何也？曆象之學，有實測可憑，雖泥古而巧於言者，不能以口舌争也。聲音之道，涉於虛，或是或非，孰從辨之，則泥古而巧於言者得以口舌争勝矣。此樂律之學二千餘年迄無定論也。然從來泥古之失半在儒者，蓋儒者每眩於名實之辨，而樂家附會之說自周官《禮記》已開其端。儒者以其經也，必附會以求其通，所争者皆樂律之名，而樂律之實則未之知也。余以爲樂律之實即在筭數，凡言律而出乎筭數之外，皆附會之說也，皆眩於名而不得其實者也。雖然，筭數之於樂律亦有名有實，筭數之實必心得之，如無得於心而徒博筭數之名，則亦無異於附會之說，眩於名而不得其實者矣。

綜論

《管子·地員》 凡將起五音，凡首，凡首，謂音之總先也。先主一而三之，四開以合九九，一而三之，即四也。以是四開合於五音，九也。又九九之爲八十一也。以是生黃鍾小素之首以成宮。素本宮八十一數，生黃鍾之宮，而爲五音之本。三分而益之以一，爲百有八，爲徵。黃鍾之數本八十一，益以三分之二十七，通前爲百有八，是爲徵之數。不無有，三分而去其乘，適足以是生商。不無有，即有也。乘亦三分之一也。三分百八而去一，餘七十二，是商之數也。有三分而復於其所，以是成羽。三分七十二，而益其一分二十四，合爲九十六，是羽之數。有三分去其乘，適足以是成角。三分九十六，去其一分，餘六十四，是角之數。

《史記·律書》

律數

九九八十一以爲宮。三分去一，五十四以爲徵。三分益一，七十二以爲商。三分去一，四十八以爲羽。三分益一，六十四以爲角。

黃鍾長八寸七分一，宮。大呂長七寸五分三分(一)[二]。太蔟長七寸(七)[十]分二，角。夾鍾長六寸(一)[七]分三分一。姑洗長六寸(七)[十]分四，羽。仲呂長五寸九分三分二，徵。蕤賓長五寸六分三分(一)[二]。林鍾長五寸(七)[十]分四，角。夷則長五寸(四分)三分二，商。南呂長四寸(七)[十]分八，徵。無射長四寸四分三分二。應鍾長四寸二分三分二，羽。

生鍾分

子一分。丑三分二。寅九分八。卯二十七分十六。辰八十一分六十四。巳二百四十三分一百二十八。午七百二十九分五百一十二。未二千一百八十七分一千二十四。申六千五百六十一分四千九十六。酉一萬九千六百八十三分八千一百九十二。戌五萬九千四十九分三萬二千七百六十八。亥十七萬七千一百四十七分六萬五千五百三十六。

生黃鍾術曰：以下生者，倍其實，三其法。以上生者，四其實，三其法。上九，商八，羽七，角六，宮五，徵九。置一而九三之以爲法。實如法，得長一寸。凡得九寸，命曰「黃鍾之宮」。故曰音始於宮，窮於角；數始於一，終於十，成於三；氣始於冬至，周而復生。

《漢書·律曆志上》 參分損一，下生林鐘。參分林鐘益一，上生太族。參分太族損一，下生南呂。參分南呂益一，上生姑洗。參分姑洗損一，下生應鐘。參分應鐘益一，上生蕤賓。參分蕤賓損一，下生大呂。參分大呂益一，上生夷則。參分夷則損一，下生夾鐘。參分夾鐘益一，上生亡射。參分亡射損一，下生中呂。陰陽相生，自黃鐘始而左旋，八八爲伍。

《淮南子·天文訓》 以三參物，三三如九，故黃鍾之律九寸而宮音調。調，和也。因而九之，九九八十一，故黃鍾之數立焉。補曰：《管子·地員篇》云：「凡將起五音，凡首，先主一而三之，四開以合九九，以是生黃鐘小素之首以成宮。」主一而三之者，置一而三之也。四開以合九九者，置一而四三之也。三爲一開，九爲二開，二十七爲三開，八十一爲四開，故曰以合九九，則黃鐘之積也。其長爲百分尺之九十分，故《漢志》云「九十分黃鐘之長。一爲一分，十分爲寸，十寸爲尺」。而唐都落下閎造《太初曆》亦曰律容一籥，積八十一寸，則一日之分也。《史記》言黃鐘八寸十分一，則約九十分爲八十一分，使外體中積相應，以便布算，而後人言《史記》用十分寸，《漢志》用九分寸，誤矣。《淮南》寸法，與《史記》《漢志》同。黃者，土德之色，鐘者，氣之所種也。日冬至德氣爲土，土色黃，故曰黃鐘。補曰：《漢志》云：「黃者，中之色，君之服也；鐘者，種也。天之中數五，五爲聲，聲上宮，五聲莫大焉。地之中數六，六爲律，律有形有色，色上黃，五色莫盛焉。故陽氣施種于黃泉，孳萌萬物，爲六氣元也。以黃色名元氣律者，著宮聲也。」是冬至爲元氣之始，黃鐘宮應焉，故以爲名。而季夏亦中黃鐘之宮者，此則七十二日五子受制之術，當是吹律聽聲而得之，故曰律中。蓋立春甲子受制，則穀雨前三日丙子受制，小暑前六日戊子受制，白露後六日庚子受制，小雪後三日壬子受制，合之《月令》所云其日甲乙、其日丙子者，無不相應，則季夏自中黃鐘之宮也。若以冬至爲黃鐘之宮，則出於候氣，謂之隨月律，律管最長，十二宮聲中亦最尊，故與元氣相應。然二法雖異，理實相通。何者？冬至時，候氣既效，即吹律亦無不中，可知。而季夏候氣，則用林鐘耳。《樂聲儀》云：「作樂制禮時，五音使于上元戊辰夜半冬至北方子。」鄭玄注云：「戊辰土位，土爲宮，官爲君，故作樂尚之，以爲君也。夜半子，以天時之始，稽命徵起于太素十一月閼逢之月，歲在攝提格之紀。」是云作樂制禮，蓋作樂則有禮通其反耳。東漢時所云攝提格之歲，未必太歲即在丙子。要是黃鐘起于冬至，則正有其本耳。律之數六，分爲雌雄，故曰十二鐘，以副十二月。補曰：《呂氏春秋·五月紀》曰：「黃帝又命伶倫與榮將鑄十二鐘，以和五音。」《隋志》以爲即鎛鐘。每鐘垂一簨虡，各應律呂之音。徐景安謂之律鐘。《大司樂》注：「《國語》曰：『律所以立均出度也。古之神瞽，攷中聲而量之，以制度律均鐘。』言以中聲定律，以律立鐘之均。」是謂律鐘。《唐志》：「鎛鐘十二，在十二辰之位。」而《尚書·大傳》云：「天子左五鐘，右五鐘。」鄭注謂天子宮縣黃鐘蕤賓在南北，其餘則在東西。賈公彥以爲十二零鐘，非鎛鐘也。《淮南》十二鐘，知即律鐘。賈誼《新書·六術篇》曰：「一歲十二月，分而陰陽各六月。是以聲音之器十二鐘，鐘當一月。其六鐘陰聲，六鐘陽聲。」是也。十二各以三成，故置一而十一，三之，爲積分十七萬七千一百四十七，黃鐘大數立焉。補曰：《前漢志》云：「太極元氣，函三爲一。極，中也。元氣行于十二辰，始動于子。參之于丑，得三。又參之于寅，得九。又參之于卯，得二十七。又參之于辰，得八十一。又參之于巳，得二百四十三。又參之于午，得七百二十九。又參之于未，得二千一百八十七。又參之于申，得六千五百六十一。又參之于酉，得萬九千六百八十三。又參之于戌，得五萬九千四十九。又參之于亥，得十七萬七千一百四十七。」凡十二律，黃鐘爲宮，太蔟爲商，姑洗爲角，林鐘爲徵，南吕爲羽。補曰：五音配五行，正五方，而律之長短，聲之清濁，實爲五音之序。宫最長而濁，商次長亦次濁，角長短清濁半，徵次短亦次清，羽最短而清。十二均皆然。物以三成，音以五立，三與五如八，故卵生者八竅。律之初生也，寫鳳之音，故音以八生。補曰：《吕氏春秋・五月紀》曰：「昔黄帝令伶倫作爲律。伶倫自大夏之西，乃之阮隃之陰，取竹于嶰谿之谷，以生空竅厚鈞者，斷兩節間，其長三寸九分而吹之，以爲黄鐘之宫。次日「含少」。次(淡案：「次曰」或作「次日」。今從畢氏校刊《吕覽》據《説苑》定作「曰」。)制十二筒，以之阮隃之下，聽鳳皇之鳴，以别十二律。其雄鳴爲六，雌鳴亦六，以比黄鐘之宫，適合。黄鐘之宫，皆可以生之，故曰黄鐘之宫，律吕之本。《漢志》云：「陰陽相生，自黄鐘始而左旋，八八爲五。」孟康曰：「從子數辰至未得八，下生林鐘。數未至寅，上生太簇。律上下相生，皆以此爲率。」按十二律之次，黄鐘子，林鐘丑，太簇寅，南吕卯，姑洗辰，應鐘巳，蕤賓午，大吕未，夷則申，夾鐘酉，無射戌，中吕亥，是隔一相生也。故六十律黄鐘宫後，即以應鐘、無射爲宫，無射之商，黄鐘也，則用半律。何則？十二律長短相間，至中宫而窮。黄鐘半律在無射、中吕之次，故以爲商。若以十二律直十二月，則林鐘、南吕、應鐘、大吕、夾鐘、中吕各居其衝，而得隔八相生之次，其律則自長而短，至應鐘而窮矣。前法是陽下生，陰上生。後法則蕤賓、夷則、無射陽，上生，大吕、夾鐘、中吕陰，下生。故林鐘、南吕、應鐘退居西北，而大吕、夾鐘、中吕進居東南也。黄鐘爲宫，宫者，音之君也，故黄鐘位子，其數八十一，補曰：黄鐘體中之積也。《漢志》横黍九十分爲長，用以除積，則九分爲圓冪，依密術求方冪，得十一分四十五釐九十豪，開方得三分三釐八豪五絲一忽爲徑，更以密術求圓周，得十分零主釐三豪四絲六忽。十二律皆用此圍徑而遞減其長，故算術必先定黄鐘之圍徑也。以此律圍乘九寸之長，實得九十五寸七分一釐一豪四絲爲體周，而能容千二百黍。孟康以九分爲圍，以圍乘長，得積八十一寸，則體周過小。晉、宋、隋、唐間依以制律，皆不能容千二百黍，其明驗也。主十一月，下生林鐘。林鐘之數五十四，補曰：林鐘體中之積也。置黄鐘之數二，因而三除之，得此數。以術推之，一寸之積實有九寸，則林鐘六寸積五十四寸也。以九約六寸，則長亦五十四分。《律書》云：「五寸十分四。」主六月，上生太簇。太簇之數七十二，補曰：太簇體中之積也。置林鐘之數四，因而三除之，得此數。以上三律，十分爲寸，則數爲積寸，九分爲寸，則數爲積分，皆得相應，故古人以當天地人三才。其餘則不能密合矣。要之，數兼分寸則俱同也。《淮南》獨言數者以此。《律書》云：「七寸十分二。」主正月，下生南吕。南吕之數四十八，補曰：置太簇之數二，因而三除之，得此數。《續志》：「南吕律五寸三分小分三强。」今以九乘之，得四十八微弱，以强補弱，即得整數。九除四十八亦得彼數。《律書》云：「四寸十分八。」主八月，上生姑洗。姑洗之數六十四，補曰：置南吕之數四，因而三除之，得此數。《續志》：「姑洗律七寸一分小分一微强。」今以九乘之，得六十四寸微弱，以强補弱，亦得整數。九除六十四，亦得彼數。此二律强弱相輔，數猶適合，于黄鐘宫則羽角也。餘唯無射一律適合陽律之終，其他則否矣。《律書》云：「六寸十分四。」主三月，下生應鐘。應鐘之數四十二，補曰：置姑洗之數二，因而三除之，得此數。《續志》：「應鐘律四寸七分小分四微强。」今以九乘之，得四十二寸六分六釐。九除四十二，得四寸六分六釐，尚有三之二。是彼之積寸較多，此之積分較少也。彼是實數，此則不能無所棄，法使之然也。《律書》云：「四寸二分三分二。」向宗魯云：《宋志》「二」作「三」。《五行大義》仍作「二」。案作「二」是。寧案：《晉書・律曆志》亦仍作「二」。主十月，上生蕤賓。蕤賓之數五十七，補曰：置應鐘之數四，因而三除之，當爲五十六。以前有所棄，故此益其一也。《續志》：「蕤賓律六寸三分小分二微强。」今以九乘之，得積五十六寸九分弱。此收九分弱爲一寸，所謂半法以上亦得一也，積寸如此，積分可知。九除五十七得六寸三分小分三，尚有三分一，則益一，整數之故。《律書》云：「五寸六分三分一。」向宗魯云：《五行大義》「七」作「六」。《宋志》仍作「七」。案作「七」是。寧案：《晉書・律曆志》亦作「七」。主五月，上生大吕。向宗魯云：《御覽》十六引《京氏律術》作「蕤賓下生大吕」。《漢志》同。此半律正律之異。(《晉志》亦云「蕤賓下生」。)大吕之數七十六，補曰：《漢志》作「下生大吕」，生半律也。此云「上生」，生正律也。大吕、夾鐘、中吕，以陰律而主夏至以前之月，故必上生。大吕之數七十六者，置蕤賓之數四，因而三除之，得此數。《續志》：「大吕律八寸四分小分三弱。」今以九乘之，得積七十五寸八分半强。九除七十六，得長八寸四分小分四半弱，皆以蕤賓所收稍多之故。古人只取整數，不得不然。《律書》云：「七寸五分三分一。」主十二月，下生夷則。夷則之數五十一，補曰：《漢志》作「上生夷則」，亦生正律也。夷則、無射雖陽律，而主夏至後之月，故此從下生。夷則之數五十一者，置大吕之數二，因而三除之，當爲五十又三分之二，在半法以上，故收爲一也。《續志》：「夷則律五寸六分小分二弱。」今以九乘之，得積五十寸六分弱。九除五十一得長五寸六分小分六又三分二也。《律書》云：「五寸四分三分二。」(淡案：「亦生正律也」，「正」當作「倍」。作「正」者，傳寫誤也。《漢志》「上生六而倍之，下生六而損之，皆以九爲法」。依術推之，正得一尺一寸二分有奇，倍律。若作正律，是用下生法，非《漢志》所云上生矣。又「二因而三除」之「二」，誤書作「四」。《律書》云「五寸四分三分二」，誤奪「四分」二字，今并校正。)主七月，上生夾鐘。夾鐘之數六十八，補曰：《漢志》云「下生夾鐘」，亦生半律。夾鐘之數六十八者，置夷則之數四，因而三除之，得此數。《續志》：「夾鐘律七寸四分小分九微强。」今以九乘之，得積六十七寸四分小分一强。九除六十八，得長七寸五分小分五，尚有九之五也。《律書》云：「六寸七分三分二。」向宗魯云：《宋志》「八」作「七」，《五行大義》仍作「八」，案作「七」是。主二月，下生無射。無射之數四十五，補曰：《漢志》作「上生」。無射之數四十五者，置夾鐘之數二，因而三除之，得此數。尚有三之一則棄之。《續志》：「無射律四寸九分小分九强。」今以九乘之，當爲四十五弱，以强補弱，故得積四十五，其一分不容不棄矣。九除四十五，得長五寸，亦與《續志》近。《律書》云：「四寸四分三分二。」主九月，上生仲吕。仲吕之數六十，補曰：《漢志》云：「下生仲吕。」仲吕之數六十者，置無射之數四，因而三除之，得此數。以九乘之，得積五十九寸七分半强。此收其餘分，故六十也。前有所棄，後必收之，與蕤賓同。九除六十，得長六寸六分小分六又三之二，則所收過多也。以上十二律，用九分十分二寸法互算，有合有否。十分寸爲實，九分寸爲變法。故九分爲寸，有棄有收。而《淮南》用九不用十者，有故焉。十二律自長至短，以次而殺。九分爲寸，黄鐘長於蕤賓二十四，是每月減四也。應鐘短於中吕十八，是每月減三也。以此爲通率，則不妨有棄有收。十分爲寸，則所減無通率矣。此《淮南》之所以用九不用十也。《律書》云：「五寸九分三分二。」主四月，補曰：十二律主十二月，由于候氣。律者，述陽氣之管也，故所候皆爲陽氣。十一月，陽氣動于黄泉，入地中八寸十分一，故以黄鐘候之。十月陽氣窮于地，上迫地面四寸十分二，故以應鐘候之。應鐘短于黄鐘三寸十分九，盈月得冬至，則當以三寸十分九減本律三分，爲黄鐘氣應之限。中間四寸十分二，即陽氣從下而上之處也。而五月陰生之始，蕤賓短于黄鐘二寸十分四，長于應鐘減過之數一寸十分八。是陽氣之長，其數二十四；陽氣之消，其數一十八；中間四十二，又即消長之總數也。陰氣消長之數如陽。其初陰上陽下，與黄鐘應。經六月而陽長二十四，則陰至黄鐘之分。是時陽上陰下，與蕤賓應。經六月而陽消一十八，則陰至蕤賓之分矣。蓋陽氣初長時，陰氣適滿二十四，至消爲一十八，則陽滿二十四矣。陰氣初長時，陽氣適滿二十四，至消爲一十八，則陰滿二十四矣。應鐘氣應逾月，而後黄鐘氣應，此應鐘之所以爲應鐘也。以十二律論之，黄鐘減五爲大吕，此陽氣之驟長也。自後每月減四，至中吕則減三，爲蕤賓，所長微矣。自蕤賓以後，月減三分，五月至應鐘盈月又減三，而陽氣復萌矣。蓋陰陽二氣初長時，皆驟長五分，未消時已暗消一分。故二至之月，俱至黄鐘、蕤賓之分也。應鐘倍律長于黄鐘三分，減之，即得黄鐘，猶減中吕三分而爲蕤賓，皆氣應盈月之驗也。《吕覽》黄鐘長三寸九分，即減應鐘正律所得，其義亦然。而自古無悟及者，何歟？或説黄鐘以後，六律候陽氣，蕤賓以後，六律候陰氣，此殊不然。《周易》卦氣，自下而上，律氣亦然。蕤賓之月，陽氣自黄鐘而進，正滿二十四分，而可謂之陰氣乎？律之用減不用增，皆由陽氣之自下而上爲之也。故曰述陽氣之管。且陽動陰静，灰之飛也，非其證乎？然則何以律有陰陽？曰：律之陰陽，從十二辰名之，在陽曰陽律，在陰曰陰律而已。極不生。補曰：「不」，舊作「下」，今依《晉志》所引改。《宋書》注云：「極不生，鐘律不復能相生。」疑采元注。然極不生者，不生黄鐘全律也，黄鐘之半律則生之矣。何者？旋宫之法，黄鐘爲商、角、徵、羽，爲變宫、變徵，必用半律，非中吕生之而誰生乎？置中吕之數二，因而四除之，止積四十，未盈八十一之半。然應鐘益一而生蕤賓，則中吕不可益之而生黄鐘乎？益四分分之三則能生矣。由是黄鐘自相生而半律備，則旋宫之用不窮。依《續漢志》十分寸，則倍中吕之實，爲二十六萬二千一百四十四分一，以三除之，止八萬七千三百八十一又三分一，半黄鐘之實，有八萬八千五百七十三又十之五，少一千一百九十二有奇，則誠不足以生黄鐘，因而上生執始。此二法之所以始通而終判也。《淮南》用六十律，唯以正半相參，與京房異，則中吕必生黄鐘。徵生宫，宫生商，劉績云：當作宫生徵，徵生商。王念孫云：劉説是也。上文云黄鐘爲宫，太簇爲商，林鐘爲徵。又曰黄鐘下生林鐘，林鐘上生太簇，所謂宫生徵，徵生商也。《宋書·律志》《晉書·律曆志》竝作「宫生徵，徵生商」。《地形篇》亦曰：「變宫生徵，變徵生商。」（高注：變猶化也。）商生羽，羽生角，角生姑洗，王引之云：音律相生，皆非同位者。上文云姑洗爲角，則角與姑洗爲一，不得云角生姑洗也。「生」當爲「主」。角主姑洗，猶言姑洗爲角耳。「主」與「生」相似，又因上下文「生」字而誤。《宋書·律志》亦誤作「生」。姑洗生應鐘，補曰：「宫生徵，徵生商，商生羽，羽生角，角生應鐘。」《晉志》所引如此。舊作「徵生宫，宫生商，商生羽，羽生角，角生姑洗，姑洗生應鐘」，誤也。比于正音，故爲和；應鐘，十月也，與正音比，故爲和。和，從聲也。一曰和也。補曰：注中「故」字，《宋書》引作「效」，「從」字引作「徙」。應鐘生蕤賓，不比正音，故爲繆。補曰：《宋書》采元注云：「繆，音相干也。周律故有繆和，爲武王伐紂七音也。」案：應鐘，黄鐘之變宫，蕤賓，黄鐘之變徵。謂之變宫、變徵者，六十律旋宫，則黄鐘宫，姑洗角，下生應鐘宫。應鐘爲宫，復下生蕤賓徵。今八十四聲旋宫，以應鐘宫二律歸入黄鐘宫，應鐘比黄鐘半律稍下，蕤賓比林鐘正律稍下，故云變也。云和、繆者，五音宫最長，商角徵羽以次而殺，律長則聲濁，律短則聲清。故《月令》注云：「宫最濁，商次濁，角清濁半，徵次清，羽最清。」此變宫從角下生，是清于羽也。順次而降，故爲和。變徵從變宫上生，是濁于徵也。逆抗而升，故爲繆。是以祖孝孫八十四調之法，一宫，二商，三角，四變徵，五徵，六羽，七變宫，而以變宫爲清宫，變徵爲正徵。云「清宫」是也，「正徵」當云濁徵。十二律皆有二變，此特舉其一耳。劉績云：「以序論之，黄鐘爲宫，以次而商角徵羽。姑洗生應鐘變宫，在南吕羽之後，故曰比於正音爲和；應鐘生蕤賓變徵，閒入正音角羽之閒，故曰不比正音爲繆。」王引之云：劉説非也。七音之序，周回相次。變宫在羽之後，宫之前，變徵在角之後，徵之前。（唐武后《樂書要録》説七聲次第曰：「假令十一月黄鐘爲宫，隔一月以正月太簇爲商，又隔一月以三月姑洗爲角，又隔一月以五月蕤賓爲變徵，即以其次之月六月林鐘爲徵，又隔一月以八月南吕爲羽，又隔一月以十月應鐘爲變宫，周廻，還與十一月相比也。」）其道相同，豈有順逆之分乎？「比」讀如《易比》卦之「比」。比，入也，合也。閔元年《左傳》曰「屯固比入」，又曰「合而能固」是也。（《説林篇》「黄鐘比宫，太簇比商」，與此「比」字同義。）「比于正音故爲和」，本作「不比于正音故爲和」。注內「與正音比」，本作「不與正音比」。不比于正音者，不入于正音也。言應鐘是宫之變音，故不入于正音，不入于正音，則命名當有以別之，故謂之曰和。和者，言其調和正音也。蕤賓是徵之變音，故亦不入于正音，不入于正音，則命名當有以別之，故謂之曰繆。（音目。）繆之言穆，穆亦和也。（《大雅·烝民箋》曰：「穆，和也。」「穆」「繆」古字通。）言其調和正音也。（《周語》「以七同其數，而以律和其聲，於是乎有七律」。昭二十年《左傳正義》釋其義曰：「變宫變徵，舊樂無之，聲或不會，而以律調和其聲，使與五音諧會。」是應鐘、蕤賓二律，皆所以調和其聲也。)《漢書・揚雄傳・甘泉賦》説風聲曰：「陰陽清濁，穆羽相和兮，若夔牙之調琴。」「穆」與「繆」同。穆在變音之末，言穆而和可知矣。羽在正音之末，言羽而宫商角徵可知矣。變聲與正聲相調和，故曰穆羽相和。(張晏曰：「穆然相和」，殆未達「穆」字之義。)以律管言之，則變宫爲和，變徵爲穆。以琴弦言之，則當以少宫爲和，少商爲穆。琴亦有和穆二音，故曰「穆羽相和，若夔牙之調琴」也。然則變音之「繆」，本與「穆」同。而穆之命名，正取相和之義明矣。後人誤讀「繆」爲「紕繆」之「繆」，以爲和與繆相反，(《宋書》引舊注曰「繆，音相干也」，亦誤解「繆」字。)遂於「應鐘不比于正音」句删去「不」字，以別於蕤賓，并注中「不」字而亦删之。古訓之不通，其勢必至於妄改矣。《宋書・律志》正作「姑洗生應鐘，不比於正音，故爲和」。載注文正作「不與正音比」。《晉書・律曆志》引淮南王安曰：「應鐘不比正音，故爲和。」足證今本之謬。日冬至，音比林鐘，浸以濁。日夏至，音比黄鐘，浸以清。補曰：《周語》韋昭注云：「十一月黄鐘，乾初九也。十二月大吕，坤六四也。正月太簇，乾九二也。二月夾鐘，坤六五也。三月姑洗，乾九三也。四月中吕，坤上六也。五月蕤賓，乾九四也。六月林鐘，坤初六也。七月夷則，乾九五也。八月南吕，坤六二也。九月無射，乾上九也。十月應鐘，坤六三也。」《乾鑿度》云：「乾貞于十一月子，左行陽時六。坤貞于六月未，右行陰時六。」注謂陰則退一辰者，謂左右交錯相避。此所云即其義也。而又反用之，何則？冬至本在子，今從坤初之例，退居于未。自後一氣厤一辰，則六中氣當坤六爻矣。夏至本在午，今從乾初之例，進居于子。自後一氣厤一辰，則六中氣當乾六爻矣。冬至後欲察陰，故轉比坤六律；夏至後欲察陽，故轉比乾六律。自林鐘至應鐘用正律，黄鐘至蕤賓用半律，則音漸清。因清知濁，故曰音漸濁，陽長故也。若十二辰俱用正律，亦音漸清。就清知清，故直曰音漸清，陰長故也。此必合前二十四時所比之音論之，其理方明。蓋前冬至比黄鐘，小寒比應鐘。黄鐘用半律則音漸濁，即此比林鐘後所知也。前夏至亦比黄鐘，小暑比大吕。黄鐘用正律，亦音漸清，即此比黄鐘後所知也。冬至何以用半律？夏至何以用正律？以夏至戊子受制，律中黄鐘之宫也。以十二律應二十四時之變。補曰：一律當一氣，前二法俱非月律之正，故曰變。甲子，仲吕之徵也；丙子，夾鐘之羽也；戊子，黄鐘之宫也；庚子，無射之商也；壬子，夷則之角也。補曰：五子皆謂黄鐘各居其宫，則各應其聲。以律配日，則黄鐘適配五子，始于戊子，卒于丁亥，而六十律成矣。甲子爲中吕之徵者，中吕爲亥，十月也，大雪之末日也，下生黄鐘半律。甲子冬至，黄鐘應，中吕爲宫，則黄鐘爲徵也。丙子爲夾鐘之羽者，丙子在甲子後第十三日，其前二日，律直夾鐘，夾鐘爲宫，則黄鐘爲羽。戊子爲黄鐘之宫者，戊子在甲子後第二十五日，黄鐘自爲宫。庚子爲無射之商者，庚子在甲子後第三十七日，其前二日，律直無射，無射爲宫，則黄鐘爲商。壬子爲夷則之角者，壬子在甲子後第四十九日，其前五日，律直夷則，夷則爲宫，則黄鐘爲角。甲有六而子惟五，故止有五子。五子中惟戊子用全律，餘俱半律。全律尊，不爲商、角、徵、羽也。六十律一周，則雨水矣。又十二日而得丙子，故丙子起驚蟄前三日。又一周，則將穀雨矣。又十二日而得戊子，故戊子起小滿前六日。又一周，則將小暑矣。又十二日而得庚子，故庚子起大暑後六日。又一周，則過白露矣。又十二日而得壬子，故壬子起寒露後三日。此七十二日，五子受制之律也，而冬至爲徵，則其餘皆爲徵。是故丙子後三日爲驚蟄，太簇之南吕也。戊子後六日爲小滿，則應鐘之蕤賓也。庚子後六日爲大暑，亦應鐘之蕤賓也。壬子前三日爲寒露，則夷則之夾鐘也。至復于甲子，則歲周矣。甲子起于冬至，《易稽覽圖》云「甲子卦氣起中孚」是也。戊子亦在大暑前六日，是爲季夏，故《月令》云：「中央土，其日戊己，其音宫，律中黄鐘之宫。」蓋六十日旬周，與七十二日受制，均得通也。《乾鑿度》云：「日十干者，五音也。」注謂「甲乙角也，丙丁徵也，戊己土也，庚辛商也，壬癸羽也」。此論其正法。旋宫則以甲己爲徵，乙庚爲商，丙辛爲羽，丁壬爲角，戊癸爲土。柔日從剛，則惟宫商不變，此其所以爲宫商也。《太玄》云：「甲己之數九，乙庚八，丙辛七，丁壬六，戊癸五。」《律書》云：「上九，商八，羽七，角六，宫五，徵九。」皆謂是也。注者不知，故別釋之。

《後漢書・律曆志上》 元帝時，郎中京房，房字君明。知五聲之音，六律之數。上使太子太傅韦。玄成、字少翁。諫議大夫章，雜試問房於樂府。房對：「受學故小黄令焦延壽。六十律相生之法：以上生下，皆三生二，以下生上，皆三生四，陽下生陰，陰上生陽，終於中吕，而十二律畢矣。中吕上生執始，執始下生去滅，上下相生，終於南事，六十律畢矣。夫十二律之變至於六十，猶八卦之變至於六十四也。宓羲作《易》，紀陽氣之初，以爲律法。建日冬至之聲，以黄鍾爲宫，太蔟爲商，姑洗爲角，林鍾爲徵，南吕爲羽，應鍾爲變宫，蕤賓爲變徵。此聲氣之元，五音之正也。故各(終)[統]一日。其餘以次運行，當日者各自爲宫，而商徵以類從焉。《禮運篇》曰：『五聲、六律、十二管還相爲宫』，此之謂也。以六十律分朞之日，黄鍾自冬至始，及冬至而復，陰陽寒燠風雨之占生焉。於以檢攝羣音，考其高下，苟非(草)[革]木之聲，則無不有所合。《虞書》曰『律和聲』，此之謂也。」房又曰：「竹聲不可以度調，故作準以定數。準之狀如瑟，長丈而十三絃，隱閒九尺，以應黄鍾之律九寸；中央一弦，下有畫分寸，以爲六十律清濁之節。」房言律詳於歆所奏，其術施行於史官，候部用之，文多不悉載。故總其本要，以續《前志》。

《律術》曰：陽以圓爲形，其性動。陰以方爲節，其性静。動者數三，静者數二。以陽生陰，倍之；以陰生陽，四之：皆三而一。陽生陰曰下生，陰生陽曰上生。上生不得過黄鍾之(清)濁，下生不得及黄鍾之(數實)[清]。皆參天兩地，圓蓋方覆，六耦承奇之道也。黄鍾，律吕之首，而生十一律者也。其相生也，皆三分而損益之。是故十二律之，得十七萬七千一百四十七，是爲黄鍾之實。又以二乘而三約之，是爲下生林鍾之實。又以四乘而三約之，是爲上生太蔟之實。推此上下，以定六十律之實。以九三之，(數)[得]萬九千六百八十三爲法。[於]律爲寸，於準爲尺。不盈者十之，所得爲分。又不盈十之，所得爲小分。以其餘正其强弱。

黄鍾，十七萬七千一百四十七。

下生林鍾。黄鍾爲宫，太蔟商，林鍾徵。

一日。律，九寸。準，九尺。

色育，十七萬六千七百七十六。

下生謙待。色育爲宫，未知商，謙待徵。

六日。律，八寸九分小分八微强。準，八尺九寸萬五千九百七十三。

執始，十七萬四千七百六十二。

下生去滅。執始爲宫，時息商，去滅徵。

六日。律，八寸八分小分七大强。準，八尺八寸萬五千五百一十六。

丙盛，十七萬二千四百一十。

下生安度。丙盛爲宫，屈齊商，安度徵。

六日。律，八寸七分小分六微弱。準，八尺七寸萬一千六百七十九。

分動，十七萬八十九。

下生歸嘉。分動爲宫，隨期商，歸嘉徵。

六日。律，八寸六分小分四强。準，八尺六寸八千一百五十二。

質末，十六萬七千八百。

下生否與。質末爲宫，形晉商，否與徵。

六日。律，八寸五分小分二[半]强。準，八尺五寸四千九百四十五。

大吕，十六萬五千八百八十八。

下生夷則。大吕爲宫，夾鍾商，夷則徵。

八日。律，八寸四分小分三弱。準，八尺四寸五千五百八。

分否，十六萬三千六百五十四。

下生解形。分否爲宫，開時商，解形徵。

八日。律，八寸三分小分一强。準，八尺三寸二千八百五十一。

凌陰，十六萬一千四百五十二。

下生去南。凌陰爲宫，族嘉商，去南徵。

八日。律，八寸二分小分一弱。準，八尺二寸五百一十四。

少出，十五萬九千二百八十。

下生分積。少出爲宫，争南商，分積徵。

六日。律，八寸小分九强。準，八尺萬八千一百六十。

太蔟，十五萬七千四百六十四。

下生南吕。太蔟爲宫，姑洗商，南吕徵。

一日。律，八寸。準，八尺。

未知，十五萬七千一百三十四。

下生白吕。未知爲宫，南授商，白吕徵。

六日。律，七寸九分小分八强。準，七尺九寸萬六千三百八十三。

時息，十五萬五千三百四十四。

下生結躬。時息爲宫，變虞商，結躬徵。

六日。律，七寸八分小分九少强。準，七尺八寸萬八千一百六十六。

屈齊，十五萬三千二百五十三。

下生歸期。屈齊爲宫，路時商，歸期徵。

六日。律，七寸七分小分九弱。準，七尺七寸萬六千九百三十九。

隨期，十五萬一千一百九十。

下生未卯。隨期爲宫，形始商，未卯徵。

六日。律，七寸六分小分八强。準，七尺六寸萬五千九百九十二。

形晉，十四萬九千一百五十(五)[六]。

下生夷汗。形晉爲宫，依行商，夷汗徵。

六日。律，七寸五分小分八弱。準，七尺五寸萬五千三百(二)[三]十五。

夾鍾，十四萬七千四百五十六。

下生無射。夾鍾爲宫，中吕商，無射徵。

六日。律，七寸四分小分九强。準，七尺四寸萬八千一十八。

開時，十四萬五千四百七十。

下生閉掩。開時爲宫，南中商，閉掩徵。

八日。律，七寸三分小分九微(弱)[强]。準，七尺三寸萬七千八百四十一。

族嘉，十四萬三千五百一十三。

下生鄰齊。族嘉爲宫，内負商，鄰齊徵。

八日。律，七寸二分小分九微強。準，七尺二寸萬七千九百五十四。

爭南，十四萬一千五百八十二。

下生期保。爭南爲宮，物應商，期保徵。

八日。律，七寸一分小分九強。準，七尺一寸萬八千三百二十七。

姑洗，十三萬九千九百六十八。

下生應鍾。姑洗爲宮，蕤賓商，應鍾徵。

一日。律，七寸一分小分一微強。準，七尺一寸二千一百八十七。

南授，十三萬九千六百七十[四]。

下生分烏。南授爲宮，南事商，分烏徵。

六日。律，七寸小分九大強。準，七尺萬八千九百三十。

變虞，十三萬八千八十四。

下生遲內。變虞爲宮，盛變商，遲內徵。

六日。律，七寸小分一半強。準，七尺三千三十。

路時，十三萬六千二百二十五。

下生未育。路時爲宮，離宮商，未育徵。

六日。律，六寸九分小分二微強。準，六尺九寸四千一百二十三。

形始，十三萬四千三百九十二。

下生遲時。形始爲宮，制時商，遲時徵。

五日。律，六寸八分小分三弱。準，六尺八寸五千四百七十六。

依行，十三萬二千五百八十二。

上生色育。依行爲宮，謙待商，色育徵。

七日。律，六寸七分小分三(大)[半]強。準，六尺七寸七千五十九。

中呂，十三萬一千七十二。

上生執始。中呂爲宮，去滅商，執始徵。

八日。律，六寸六分小分六弱。準，六尺六寸萬一千六百四十二。

南中，十二萬九千三百八。

上生丙盛。南中爲宮，安度商，丙盛徵。

七日。律，六寸五分小分七微弱。準，六尺五寸萬三千六百八十五。

內負，十二萬七千五百六十七。

上生分動。內負爲宮，歸嘉商，分動徵。

八日。律，六寸四分小分八[微]強。準，六尺四寸萬五千九百五十八。

物應，十二萬五千八百五十。

上生質末。物應爲宮，否與商，質末徵。

七日。律，六寸三分小分九強。準，六尺三寸萬八千四百七十一。

蕤賓，十二萬四千四百一十六。

上生大呂。蕤賓爲宮，夷則商，大呂徵。

一日。律，六寸三分小分二微強。準，六尺三寸四千一百三十一。

南事，十二萬四千一百五十四。

(下)[不]生。南事窮，無商，徵，不爲宮。

七日。律，六寸三分小分一弱。準，六尺三寸一千五百(三)[二]十一。

盛變，十二萬二千七百四十一。

上生分否。盛變爲宮，解形商，分否徵。

七日。律，六寸二分小分三(大)[半]強。準，六尺二寸七千六十四。

離宮，十二萬一千八(百一)十九。

上生凌陰。離宮爲宮，去南商，凌陰徵。

七日。律，六寸一分小分五微強。準，六尺一寸萬二百二十七。

制時，十一萬九千四百六十。

上生少出。制時爲宮，分積商，少出徵。

八日。律，六寸小分七弱。準，六尺萬三千六百二十。

林鍾，十一萬八千九十八。

上生太蔟。林鍾爲宮，南呂商，太蔟徵。

一日。律，六寸。準，六尺。

謙待，十一萬七千八百五十一。

上生未知。謙待爲宮，白呂商，未知徵。

五日。律，五寸九分小分九弱。準，五尺九寸萬七千二百一十三。

去滅，十一萬六千五百八。

上生時息。去滅爲宮，結躬商，時息徵。

七日。律，五寸九分小分二弱。準，五尺九寸三千七百八十三。

安度，十一萬四千九百四十。

上生屈齊。安度爲宮，歸期商，屈齊徵。

六日。律，五寸八分小分四[微]弱。準，五尺八寸七千七百八十六。

歸嘉，十一萬三千三百九十三。

上生隨期。歸嘉爲宫，未卯商，隨期徵。

六日。律，五寸七分小分六微强。準，五尺七寸萬一千九百九十九。

否與，十一萬一千八百六十七。

上生形晉。否與爲宫，夷汗商，形晉徵。

五日。律，五寸六分小分八强。準，五尺六寸萬六千四百二十二。

夷則，十一萬五百九十二。

上生夾鍾。夷則爲宫，無射商，夾鍾徵。

八日。律，五寸六分小分二弱。準，五尺六寸三千六百七十二。

解形，十(一)萬九千一百三。

上生開時。解形爲宫，閉掩商，開時徵。

八日。律，五寸五分小分四强。準，五尺五寸八千四百六十五。

去南，十萬七千六百三十五。

上生族嘉。去南爲宫，鄰齊商，族嘉徵。

八日。律，五寸四分小分六大强。準，五尺四寸萬三千四百六十八。

分積，十萬六千一百八十(八)[七]。

上生爭南。分積爲宫，期保商，爭南徵。

七日。律，五寸三分小分九半强。準，五尺三寸萬八千六百(八)[七]十一。

南吕，十萬四千九百七十六。

上生姑洗。南吕爲宫，應鍾商，姑洗徵。

一日。律，五寸三分小分三强。準，五尺三寸六千五百六十一。

白吕，十萬四千七百五十六。

上生南授。白吕爲宫，分烏商，南授徵。

五日。律，五寸三分小分二强。準，五尺三寸四千三百(七)[六]十一。

結躬，十萬三千五百六十三。

上生變虞。結躬爲宫，遲内商，變虞徵。

六日。律，五寸二分小分六(少)强。準，五尺二寸萬二千一百一十四。

歸期，十萬二千一百六十九。

上生路時。歸期爲宫，未育商，路時徵。

六日。律，五寸一分小分九微强。準，五尺一寸萬七千八百五十七。

未卯，十萬七百九十四。

上生形始。未卯爲宫，遲時商，形始徵。

六日。律，五寸一分小分二微强。準，五尺一寸四千(八十)[一百]七。

夷汗，九萬九千四百三十七。

上生依行。夷汗爲宫，色育商，依行徵。

七日。律，五寸小分五强。準，五尺萬二百二十。

無射，九萬八千三百四。

上生中吕。無射爲宫，執始商，中吕徵。

八日。律，四寸九分小分九强。準，四尺九寸萬八千五百七十三。

閉掩，九萬六千九百八十。

上生南中。閉掩爲宫，丙盛商，南中徵。

八日。律，四寸九分小分三弱。準，四尺九寸五千三百三十三。

鄰齊，九萬五千六百七十五。

上生内負。鄰齊爲宫，分動商，内負徵。

七日。律，四寸八分小分六微强。準，四尺八寸萬一千九百六十六。

期保，九萬四千三百八十八。

上生物應。期保爲宫，質末商，物應徵。

八日。律，四寸七分小分九(微)[半]强。準，四尺七寸萬八千七百七十九。

應鍾，九萬三千三百一十二。

上生蕤賓。應鍾爲宫，大吕商，蕤賓徵。

一日。律，四寸七分小分四微强。準，四尺七寸八千十九。

分烏，九萬三千一百一十(七)[六]。

上生南事。分烏窮次，無徵，不爲宫。

七日。律，四寸七分小分三微强。準，四尺七寸六千五十九。

遲内，九萬二千五十六。

上生盛變。遲内爲宫，分否商，盛變徵。

八日。律，四寸六分小分八弱。準，四尺六寸萬五千一百四十二。

未育，九萬八百一十七。

上生離宫。未育爲宫，凌陰商，離宫徵。

八日。律，四寸六分小分一少强。準，四尺六寸二千七百五十二。

遲時，八萬九千五百九十五。

上生制時。遲時爲宫，少出商，制時徵。

六日。律，四寸五分小分五强。準，四尺五寸萬二百一十五。

截管爲律，吹以考聲，列以物氣，道之本也。術家以其聲微而體難知，其分數不明，故作準以代之。準之聲，明暢易達，分寸又粗。然弦以緩急清濁，非管無以正也。均其中弦，令與黄鍾相得，案畫以求諸律，無不如數而應者矣。

《晉書・律曆志上》 呂不韋《春秋》言：黄鍾之宫，律之本也，下生林鍾，林鍾上生太蔟，太蔟下生南呂，南呂上生姑洗，姑洗下生應鍾，應鍾上生蕤賓，蕤賓下生大呂，大呂下生夷則，夷則上生夾鍾，夾鍾下生無射，無射上生中呂。三分所生，益其一分以上生；三分所生，去其一分以下生。後代之言音律者多宗此説。

及漢興，承秦之弊，張蒼首治律曆，頗未能詳。故孝武帝正樂，乃置協律之官，雖律呂清濁之體粗正，金石高下之音有準，然徒捃採遺存，以成一時之制，而數猶用五。

時淮南王安延致儒博，亦爲律呂。云黄鍾之律九寸而宫音調，因而九之，九九八十一，故黄鍾之數立焉，位在子。林鍾位在未，其數五十四。太蔟其數七十二，南呂之數四十八，姑洗之數六十四，應鍾之數四十二，蕤賓之數五十七，大呂之數七十六，夷則之數五十一，夾鍾之數六十八，無射之數四十五，中呂之數六十，極不生。以黄鍾爲宫，太蔟爲商，姑洗爲角，林鍾爲徵，南呂爲羽。宫生徵，徵生商，商生羽，羽生角，角生應鍾，不比正音，故爲和；應鍾生蕤賓，不比正音，故爲繆。日冬至，音比林鍾浸以濁。日夏至，音比黄鍾浸以清。十二律應二十四時之變。甲子，中呂之徵也。丙子，夾鍾之羽也。戊子，黄鍾之宫也。庚子，無射之商也。壬子，夷則之角也。其爲音也，一律而生五音，十二律而爲六十音。因而六之，六六三十六，故三百六十音以當一歲之日。故律曆之數，天地之道也。

司馬遷《八書》言律呂，粗舉大經，著於前史。則以太極元氣函三爲一，而始動於子，十二律之生，必所起焉。於是參一於丑得三，因而九三之，舉本位合十辰，得一萬九千六百八十三，謂之成數，以爲黄鍾之法。又參之律於十二辰，得十七萬七千一百四十七，謂之該數，以爲黄鍾之實。實如法而一，得黄鍾之律長九寸，十一月冬至之氣應焉。蓋陰陽合德，氣鍾於子，而化生萬物，則物之生莫不函三。故十二律空徑三分，而上下相生，皆損益以三。其術則因黄鍾之長九寸，以下生者倍其實，三其法；以上生者，四其實，三其法。所以明陽下生陰，陰上生陽。

起子，爲黄鍾九寸，一。

丑，三分之二。

寅，九分之八。

卯，二十七分之十六。

辰，八十一分之六十四。

巳，二百四十三分之一百二十八。

午，七百二十九分之五百一十二。

未，二千一百八十七分之一千二十四。

申，六千五百六十一分之四千九十六。

酉，一萬九千六百八十三分之八千一百九十二。

戌，五萬九千四十九分之三萬二千七百六十八。

亥，十七萬七千一百四十七分之六萬五千五百三十六。

如是周十二辰，在六律爲陽，則當位自得而下生陰，在六呂爲陰，則得其所衡而上生於陽，推算之術無重上生之法也。所謂律取妻，呂生子，陰陽升降，律呂之大經也。而遷又言十二律之長，今依淮南九九之數，則蕤賓爲重上。又言五音相生，而以宫生角，角生商，商生徵，徵生羽，羽生宫。求其理用，罔見通途。

及元始中，王莽輔政，博徵通知鍾律者，考其音義，使羲和劉歆典領調奏。班固《漢書》採而志之，其序論雖博，而言十二律損益次第，自黄鍾長九寸，三分損一，下生林鍾，長六寸。三分益一，上生太蔟而左旋，八八爲位。一上一下，終於無射，下生中呂。校其相生所得，與司馬遷正同。班固採以爲志。

元帝時，郎中京房知五音六十律之數，上使太子太傅玄成、諫議大夫章雜試問房於樂府，房對：「受學於故小黄令焦延壽。六十律相生之法：以上生下，皆三生二；以下生上，皆三生四。陽下生陰，陰上生陽，終於中呂，而十二律畢矣。中呂上生執始，執始下生去滅。上下相生，終於南事，而六十律畢矣。夫十二律之變至於六十，猶八卦之變至於六十四也。宓犧作《易》，紀陽氣之初以爲律法。建日冬至之聲，以黄鍾爲宫，太蔟爲商，姑洗爲角，林鍾爲徵，南呂爲羽，應鍾爲變宮，蕤賓爲變徵，此聲氣之元，五音之正也。故各統一日，其餘以次運行，當日者各自爲宮，而商角徵羽以類從焉。《禮運》曰：『五聲、六律、十二管還相爲宮』，此之謂也。以六十律分朞之日，黄鍾自冬至始，及冬至而復，陰陽、寒燠、風雨之占生焉。於以檢攝羣音，考其高下，苟非革木之聲，則無不有所合。《虞書》曰『律和聲』，此之謂也。」

京房又曰：「竹聲不可以度調，故作準以定數。準之狀如瑟，而長丈，十三弦，隱間九尺，以應黄鍾之律九寸。中央一弦，下有畫分寸，以爲六十律清濁之節。」房言律詳於歆所奏，其術施行於史官，候部用之，文多不悉載。截管爲律，吹以考聲，列以效氣，道之本也。術家以其聲微而體難知，其分數不明，故作準以代之。準之聲明暢易達，分寸又粗，然弦以緩急清濁，非管無以正也。均其中弦，令與黄鍾相得。案畫以求諸律，則無不如數而應者矣。《續漢志》具載其六十律準度數，其相生之次與《吕覽》《淮南》同。

漢章帝元和元年，待詔候鍾律殷肜上言：「官無曉六十律以準調音者。故待詔嚴崇具以準法教子男宣，願召宣補學官，主調樂器。」詔曰：「崇子學審曉律，别其族，協其聲者，審試。不得依託父學，以聾爲聰。聲微妙，獨非莫知，獨是莫曉。以律錯吹，能知命十二律，不失一，乃爲能傳崇學耳。」試宣十二律，其二中，其四不中，其六不知何律，宣遂罷。自此律家莫能爲準。

靈帝熹平六年，東觀召典律者太子舍人張光等問準意，光等不知，歸閲舊藏，乃得其器。形制如房書，猶不能定其弦緩急。音，不可書以曉人，知之者欲教而無從，心達者體知而無師，故史官能辨清濁者遂絶。其可以相傳者，唯候氣而已。

漢末紛亂，亡失雅樂。魏武時，河南杜夔精識音韵，爲雅樂郎中，令鑄銅工柴玉鑄鍾，其聲均清濁多不如法，數毁改作，玉甚厭之，謂夔清濁任意，更相訴白於魏武王。魏武王取玉所鑄鍾雜錯更試，然後知夔爲精，於是罪玉。

泰始十年，中書監荀勖、中書令張華出御府銅竹律二十五具，部太樂郎劉秀等校試，其三具與杜夔及左延年律法同，其二十二具，視其銘題尺寸，是笛律也。問協律中郎將列和，辭：「昔魏明帝時，令和承受笛聲以作此律，欲使學者别居一坊，歌詠講習，依此律調。至於都合樂時，但識其尺寸之名，則絲竹歌詠，皆得均合。歌聲濁者用長笛長律，歌聲清者用短笛短律。凡絃歌調張清濁之制，不依笛尺寸名之，則不可知也。」

勖等奏：「昔先王之作樂也，以振風蕩俗，饗神祐賢，必協律吕之和，以節八音之中。是故郊祀朝宴，用之有制，歌奏分叙，清濁有宜。故曰『五聲、十二律還相爲宮』，此經傳記籍可得而知者也。如和對辭，笛之長短無所象則，率意而作，不由曲度。考以正律，皆不相應；吹其聲均，多不諧合。又辭『先師傳笛，别其清濁，直以長短。工人裁制，舊不依律』。是爲作笛無法。而和寫笛造律，又令琴瑟歌詠，從之爲正，非所以稽古先哲，垂憲于後者也。謹條牒諸律，問和意狀如左。及依典制，用十二律造笛象十二枚，聲均調和，器用便利。講肄彈擊，必合律吕，況乎宴饗萬國，奏之廟堂者哉？雖伶夔曠遠，至音難精，猶宜儀形古昔，以求厥衷，合乎經禮，於制爲詳。若可施用，請更部笛工選竹造作，下太樂樂府施行。平議諸杜夔、左延年律可皆留，其御府笛正聲、下徵各一具，皆銘題作者姓名，其餘無所施用，還付御府毁。」奏可。

勖又問和：「作笛爲可依十二律作十二笛，令一孔依一律，然後乃以爲樂不？」和辭：「太樂東廂長笛正聲已長四尺二寸，今當復取其下徵之聲。於法，聲濁者笛當長，計其尺寸乃五尺有餘，和昔日作之，不可吹也。又，笛諸孔雖不校試，意謂不能得一孔輒應一律也。」案：太樂四尺二寸笛正聲均應蕤賓，以十二律還相爲宮，推法下徵之孔當應律大吕。大吕笛長二尺六寸有奇，不得長五尺餘。輒令太樂郎劉秀、鄧昊等依律作大吕笛以示和，又吹七律，一孔一校，聲皆相應。然後令郝生鼓筝，宋同吹笛，以爲雜引、《相和》諸曲。和乃辭曰：「自和父祖漢世以來，笛家相傳，不知此法，而令調均與律相應，實非所及也。」郝生、魯基、种整、朱夏皆與和同。

又問和：「笛有六孔，及其體中之空爲七，和爲能盡名其宮商角徵不？孔調與不調，以何檢知？」和辭：「先師相傳，吹笛但以作曲，相語爲某曲當舉某指，初不知七孔盡應何聲也。若當作笛，其仰尚方笛工依案舊像訖，但吹取鳴者，初不復校其諸孔調與不調也。」案：《周禮》調樂金石，有一定之聲，是故造鍾磬者先依律調之，然後施於廂懸。作樂之時，諸音皆受鍾磬之均，即爲悉應律也。至於饗宴殿堂之上，無廂懸鍾磬，以笛有一定調，故諸絃歌皆從笛爲正，是爲笛猶鍾磬，宜必合於律吕。如和所對，直以意造，率短一寸，七孔聲均，不知其皆應何律，調與不調，無以檢正，唯取竹之鳴者，爲無法制。輒部郎劉秀、鄧昊、王豔、魏邵等與笛工參共作笛，工人造其形，律者定其聲，然後器象有制，音均和協。

又問和：「若不知律吕之義作樂，音均高下清濁之調，當以何名之？」和辭：「每合樂時，隨歌者聲之清濁，用笛有長短。假令聲濁者用三尺二笛，因名曰此三尺二調也；聲清者用二尺九笛，因名曰此二尺九調也。漢魏相傳，施行皆然。」案：《周禮》奏六樂，乃奏黄鍾，歌大吕；乃奏太蔟，歌應鍾，皆以律吕之義，紀歌奏清濁。而和所稱以二尺、三尺爲名，雖漢魏用之，俗而不典。部郎劉秀、鄧昊等以律作笛，三尺二寸者應無射之律，若宜用長笛，執樂者曰請奏無射；二尺八寸四分四氂應黄鍾之律，若宜用短笛，執樂者曰請奏黄鍾。則歌奏之義，若合經禮，考之古典，於制爲雅。

《書》曰：「予欲聞六律、五聲、八音，在治忽。」《周禮》《國語》載六律六同，《禮記》又曰「五聲、十二律還相爲宫」。劉歆、班固撰《律曆志》亦紀十二律，惟京房始創六十律。至章帝時，其法已絶，蔡邕雖追紀其言，亦曰今無能爲者。依案古典及今音家所用，六十律者無施於樂。謹依典記，以五聲、十二律還相爲宫之法，制十二笛象，記注圖側，如别，省圖，不如視笛之孔，故復重作蕤賓伏孔笛。其制云：

黄鍾之笛，正聲應黄鍾，下徵應林鍾，長二尺八寸四分四氂有奇。正聲調法，以黄鍾爲宫，則姑洗爲角，翕笛之聲應姑洗，故以四角之長爲黄鍾之笛也。其宫聲正而不倍，故曰正聲。

正聲調法：黄鍾爲宫，第一孔也。應鍾爲變宫，第二孔也。南吕爲羽，第三孔也。林鍾爲徵，第四孔也。蕤賓爲變徵，第五附孔也。姑洗爲角，笛體中聲。太蔟爲商。笛後出孔也。商聲濁於角，當在角下，而角聲以在體中，故上其商孔，令在宫上，清於宫也。然則宫商正也，餘聲皆倍也；是故從宫以下，孔轉下轉濁也。此章記笛孔上下次第之名也。下章説律吕相生，笛之制也。正聲調法，黄鍾爲宫。作黄鍾之笛，將求宫孔，以姑洗及黄鍾律，從笛首下度之，盡二律之長而爲孔，則得宫聲也。宫生徵，黄鍾生林鍾也。以林鍾之律從宫孔下度之，盡律作孔，則得徵聲也。徵生商，林鍾生太蔟也。以太蔟律從徵孔上度之，盡律以爲孔，則得商聲也。商生羽，太蔟生南吕也。以南吕律從商孔下度之，盡律爲孔，則得羽聲也。羽生角，南吕生姑洗也。以姑洗律從羽孔上行度之，盡律而爲孔，則得角聲也。然則出於商孔之上，吹笛者左手所不及也。從羽孔下行度之，盡律而爲孔，亦得角聲，出於商附孔之下，則吹者右手所不逮也，故不作角孔。推而下之，復倍其均，是以角聲在笛體中，古之制也。音家舊法，雖一倍再倍，但令均同，適足爲唱和之聲，無害於曲均故也。《國語》曰，匏竹利制，議宜，謂便於事用從宜者也。角生變宫，姑洗生應鍾也。上句所謂當爲角孔而出於商上者，墨點識之，以應鍾律。從此點下行度之，盡律爲孔，則得變宫之聲也。變宫生變徵，應鍾生蕤賓也。以蕤賓律從變宫下度之，盡律爲孔，則得變徵之聲。十二笛之制，各以其宫爲主，相生之法，或倍或半，其便事用，例皆一也。

下徵調法：林鍾爲宫，第四孔也。本正聲黄鍾之徵。徵清，當在宫上，用笛之宜，倍令濁下，故曰下徵。下徵更爲宫者，《記》所謂「五聲，十二律還相爲宫」也。然則正聲清，下徵爲濁也。南吕爲商，第三孔也。本正聲黄鍾之羽，今爲下徵之商也。應鍾爲角，第二孔也。本正聲黄鍾之變宫，今爲下徵之角也。黄鍾爲變徵，下徵之調，林鍾爲宫，大吕當爲變徵，而黄鍾笛本無大吕之聲，故假用黄鍾以爲變徵也。假用之法，當爲變徵之聲，則俱發黄鍾及太蔟、應鍾三孔。黄鍾應濁而太蔟清，大吕律在二律之間，俱發三孔而微磑礡之，則得大吕變徵之聲矣。諸笛下徵調求變徵之法，皆如此也。太蔟爲徵，笛後出孔。本正聲之商，今爲下徵之徵也。姑洗爲羽，笛體中翕聲。本正聲之角，今爲下徵之羽。蕤賓爲變宫。附孔是也。本正聲之變徵也，今爲下徵之變宫也。然則正聲之調，孔轉下轉濁；下徵之調，孔轉上轉清也。

清角之調：以姑洗爲宫，即是笛體中翕聲。於正聲爲角，於下徵爲羽。清角之調乃以爲宫，而哨吹令清，故曰清角。惟得爲宛詩謡俗之曲，不合雅樂也。蕤賓爲商，正也。林鍾爲角，非正也。南吕爲變徵，非正也。應鍾爲徵，正也。黄鍾爲羽，非正也。太蔟爲變宫。非正也。清角之調，唯宫、商及徵與律相應，餘四聲非正者皆濁，一律哨吹令清，假而用之，其例一也。

凡笛體用角律，其長者八之，蕤賓、林鍾也。短者四之。其餘十笛，皆四角也。空中實容，長者十六。短笛竹宜受八律之黍也。若長短大小不合於此，或器用不便聲均法度之齊等也。然笛竹率上大下小，不能均齊，必不得也，取其聲均合。三宫，一曰正聲，二曰下徵，三曰清角也。二十一變也。宫有七聲，錯綜用之，故二十一變也。諸笛例皆一也。伏孔四，所以便事用也。一曰正角，出於商上者也；二曰倍角，近笛下者也；三曰變宫，近於宫孔，倍令下者也；四曰變徵，遠於徵孔，倍令高者也。或倍或半，或四分一，取則於琴徵也。四者皆不作其孔，而取其度，以應進退上下之法，所以協聲均，便事用也。其本孔隱而不見，故曰伏孔也。

大吕之笛，正聲應大吕，下徵應夷則，長二尺六寸六分三氂有奇。

太蔟之笛，正聲應太蔟，下徵應南吕，長二尺五寸三分一氂有奇。

夾鍾之笛，正聲應夾鍾，下徵應無射，長二尺四寸。

姑洗之笛，正聲應姑洗，下徵應應鍾，長二尺二寸三分三氂有奇。

蕤賓之笛，正聲應蕤賓，下徵應大吕，長三尺九寸九分五氂有奇。變宫近宫孔，故倍半令下，便於用也。林鍾亦如之。

林鍾之笛，正聲應林鍾，下徵應太蔟，長三尺七寸九分七氂有奇。

夷則之笛，正聲應夷則，下徵應夾鍾，長三尺六寸。變宮之法，亦如蕤賓，體用四角，故四分益一也。

南呂之笛，正聲應南呂，下徵應姑洗，長三尺三寸七分有奇。

無射之笛，正聲應無射，下徵應中呂，長三尺二寸。

應鍾之笛，正聲應應鍾，下徵應蕤賓，長二尺九寸九分六釐有奇。

五音十二律

土音宮，數八十一，爲聲之始。屬土者，以其最濁，君之象也。季夏之氣和，則宮聲調。宮亂則荒，其君驕。黄鍾之宮，律最長也。

火音徵，三分宮去一以生，其數五十四。屬火者，以其次清，事之象也。夏氣和，則徵聲調。徵亂則哀，其事勤也。

金音商，三分徵益一以生，其數七十二。屬金者，以其濁次宮，臣之象也。秋氣和，則商聲調。商亂則詖，其官壞也。

水音羽，三分商去一以生，其數四十八。屬水者，以爲最清，物之象也。冬氣和，則羽聲調。羽亂則危，其財匱也。

木音角，三分羽益一以生，其數六十四。屬木者，以其清濁中，人之象也。春氣和，則角聲調。角亂則憂，其人怨也。

凡聲尊卑，取象五行，數多者濁，數少者清；大不過宮，細不過羽。

十一月，律中黄鍾，律之始也，長九寸。仲冬氣至，則其律應，所以宣養六氣九德也。班固三分損一，下生林鍾。

十二月，律中大呂，司馬遷未下生之律，長四寸二百四十三分寸之五十二，倍之爲八寸二百四十三分寸之一百四。季冬氣至，則其律應，所以助宣物也。三分益一，上生夷則；京房三分損一，下生夷則。

正月，律中太蔟，未上生之律，長八寸。孟春氣至，則其律應，所以贊陽出滯也。三分損一，下生南呂。

二月，律中夾鍾，酉下生之律，長三寸二千一百八十七分寸之一千六百三十一，倍之爲七寸二千一百八十七分寸之一千七十五。仲春氣至，則其律應，所以出四隙之細也。三分益一，上生無射；京房三分損一，下生無射。

三月，律中姑洗，酉上生之律，長七寸九分寸之一。季春氣至，則其律應，所以修絜百物，考神納賓也。三分損一，下生應鍾。

四月，律中中呂，亥下生之律，長三寸萬九千六百八十三分寸之六千四百八十七，倍之爲六寸萬九千六百八十三分寸之萬二千九百七十四。孟夏氣至，則其律應，所以宣中氣也。

五月，律中蕤賓，亥上生之律，長六寸八十一分寸之二十六。仲夏氣至，則其律應，所以安静人神，獻酬交酢也。三分損一，下生大呂；京房三分益一，上生大呂。

六月，律中林鍾，丑下生之律，長六寸。季夏氣至，則其律應，所以和展百物，俾莫不任肅純恪也。三分益一，上生太蔟。

七月，律中夷則，丑上生之律，長五寸七百二十九分寸之四百五十一。孟秋氣至，則其律應，所以詠歌九則，平百姓而無貸也。三分損一，下生夾鍾；京房三分益一，上生夾鍾。

八月，律中南呂，卯下生之律，長五寸三分寸之一。仲秋氣至，則其律應，所以贊陽秀也。三分益一，上生姑洗。

九月，律中無射，卯上生之律，長四寸六千五百六十一分寸之六千五百二十四。季秋氣至，則其律應，所以宣佈哲人之令德，示人軌儀也。三分損一，下生中呂；京房三分益一，上生中呂。

十月，律中應鍾，巳下生之律，長四寸二十七分寸之二十。孟冬氣至，則其律應，所以均利器用，俾應復也。三分益一，上生蕤賓。

淮南、京房、鄭玄諸儒言律曆，皆上下相生，至蕤賓又重上生大呂，長八寸二百四十三分寸之百四；夷則上生夾鍾，長七寸千一百八十七分寸之千七十五；無射上生中呂，長六寸萬九千六百八十三分寸之萬二千九百七十四。此三品於司馬遷、班固所生之寸數及分皆倍焉，餘則並同。斯則泠州鳩所謂六間之道，揚沉伏，黜散越，假之爲用者也。變通相半，隨事之宜，贊助之法也。凡音聲之體，務在和均，益則加倍，損則減半，其於本音恒爲無爽。然則言一上一下者，相生之道；言重上生者，吹候之用也。於蕤賓重上生者，適會爲用之數，故言律者因焉，非相生之正也。

揚子雲曰：「聲生於日，謂甲己爲角，乙庚爲商，丙辛爲徵，丁壬爲羽，戊癸爲宫也。律生於辰，謂子爲黄鍾，丑爲大呂之屬也。聲以情質，質，正也。各以其行本情爲正也。律以和聲，當以律管鍾均和其清濁之聲。聲律相協而八音生。協，和也。」宫、商、角、徵、羽，謂之五聲。金、石、匏、革、絲、竹、土、木，謂之八音。聲和音諧，是謂五樂。

《隋書・音樂志上》 帝既素善鍾律，詳悉舊事，遂自制定禮樂。又立爲四器，名之爲通。通受聲廣九寸，宣聲長九尺，臨岳高一寸二分。每通皆施三絃。一曰玄英通：應鍾絃，用一百四十二絲，長四尺七寸四分差强；黄鍾絃，用二百七十絲，長九尺；大吕絃，用二百五十二絲，長八尺四寸三分差弱。二曰青陽通：太簇絃，用二百四十絲，長八尺；夾鍾絃，用二百二十四絲，長七尺五寸弱；姑洗絃，用二百一十四絲，長七尺一寸一分强。三曰朱明通：中吕絃，用一百九十九絲，長六尺六寸六分弱；蕤賓絃，用一百八十九絲，長六尺三寸二分强；林鍾絃，用一百八十絲，長六尺。四曰白藏通：夷則絃，用一百六十八絲，長五尺六寸二分弱；南吕絃，用一百六十絲，長五尺三寸二分大强；無射絃，用一百四十九絲，長四尺九寸九分强。因以通聲，轉推月氣，悉無差違，而還相得中。又制爲十二笛，黄鍾笛長三尺八寸，大吕笛長三尺六寸，太簇笛長三尺四寸，夾鍾笛長三尺二寸，姑洗笛長三尺一寸，中吕笛長二尺九寸，蕤賓笛長二尺八寸，林鍾笛長二尺七寸，夷則笛長二尺六寸，南吕笛長二尺五寸，無射笛長二尺四寸，應鍾笛長二尺三寸。用笛以寫通聲，飲古鍾玉律并周代古鍾，並皆不差。於是被以八音，施以七聲，莫不和韻。

又 《律曆志上》 和聲

傳稱黄帝命伶倫斷竹，長三寸九分，而吹以爲黄鍾之宫，曰含少。次制十二管，以聽鳳鳴，以別十二律，比雌雄之聲，以分律吕。上下相生，因黄鍾爲始。《虞書》云：「叶時月正日，同律度量衡。」夏禹受命，以聲爲律，以身爲度。《周禮》：樂器以十二律爲之度數。司馬遷《律書》云：「黄鍾長八寸七分之一，太簇長七寸七分二，林鍾長五寸七分三，應鍾長四寸三分二。」此樂之三始，十二律之本末也。班固、司馬彪《律志》：「黄鍾長九寸，聲最濁；太簇長八寸；林鍾長六寸；應鍾長四寸七分四釐强，聲最清。」鄭玄《禮・月令注》、蔡邕《月令章句》及杜夔、荀勗等所論，雖尺有增損，而十二律之寸數並同。《漢志》京房又以隔八相生，一始自黄鍾，終於中吕，十二律畢矣。中吕上生黄鍾，不滿九寸，謂之執始，下生去滅。上下相生，終於南事，更增四十八律，以爲六十。其依行在辰，上生包育，隔九編於冬至之後。分焉、遲内，其數遂減應鍾之清。宋元嘉中，太史錢樂之因京房南事之餘，引而伸之，更爲三百律，終於安運，長四寸四分有奇。總合舊爲三百六十律。日當一管，宫徵旋韻，各以次從。何承天《立法制議》云：「上下相生，三分損益其一，蓋是古人簡易之法。猶如古曆周天三百六十五度四分之一，後人改制，皆不同焉。而京房不悟，謬爲六十。」承天更設新率，則從中吕還得黄鍾，十二旋宫，聲韻無失。黄鍾長九寸，太簇長八寸二釐，林鍾長六寸一釐，應鍾長四寸七分九釐强。其中吕上生所益之分，還得十七萬七千一百四十七，復十二辰參之數。

梁初，因晉、宋及齊，無所改制。其後武帝作《鍾律緯》，論前代得失。其略云：

案：律吕，京、馬、鄭、蔡，至蕤賓，並上生大吕；而班固《律曆志》，至蕤賓，仍以次下生。若從班義，夾鍾唯長三寸七分有奇。律若過促，則夾鍾之聲成一調，中吕復去調半，是過於無調。仲春孟夏，正相長養，其氣舒緩，不容短促。求聲索實，班義爲乖。鄭玄又以陰陽六位，次第相生。若如玄義，陰陽相逐生者，止是升陽。其降陽復將何寄？就筮數而論，乾主甲壬而左行，坤主乙癸而右行，故陰陽得有升降之義。陰陽從行者，真性也，六位升降者，象數也。今鄭迺執象數以配真性，故言比而理窮。云九六相生，了不釋十二氣所以相通，鄭之不思，亦已明矣。

案：京房六十，準依法推，迺自無差。但律吕所得，或五或六，此一不例也。而分焉上生，乃復遲内上生盛變，盛變仍復上生分居，此二不例也。房妙盡陰陽，其當有以，若非深理難求，便是傳者不習。

比勑詳求，莫能辨正。聊以餘日，試推其旨，參校舊器，及古夾鍾玉律，更制新尺，以證分毫，制爲四器，名之爲通。四器絃間九尺，臨岳高一寸二分。黄鍾之絃二百七十絲，長九尺，以次三分損益其一，以生十二律之絃絲數及絃長。各以律本所建之月，五行生王，終始之音，相次之理，爲其名義，名之爲通。通施三絃，傳推月氣，悉無差舛。即以夾鍾玉律命之，則還相中。

又制爲十二笛，以寫通聲。其夾鍾笛十二調，以飲玉律，又不差異。《山謙之記》云：「殿前三鍾，悉是周景王所鑄無射也。」遣樂官以今無射新笛飲，不相中。以夷則笛飲，則聲韻合和。端門外鍾，亦案其銘題，定皆夷則。其西廂一鍾，天監中移度東。以今笛飲，乃中南吕。驗其鐫刻，乃是太簇，則下今笛二調。重勑太樂丞斯宣達，令更推校，鍾定有鑿處，表裏皆然。借訪舊識，迺是宋泰始中，使張永鑿之，去銅既多，故其調嘽下。以推求鍾律，便可得而見也。宋武平中原，使將軍陳傾致三鍾，小大中各一。則今之太極殿前二鍾，端門外一鍾是也。案：西鍾銘則云「清廟撞鍾」，秦無清廟，此周制明矣。又一銘云「太簇鍾徵」，則林鍾宮所施也。京房推用，似有由也。檢題既無秦、漢年代，直云夷則、太蔟，則非秦、漢明矣。古人性質，故作僮僕字，則題而言，彌驗非近。且夫驗聲改政，則五音六律，非可差舛。工守其音，儒執其文，歷年永久，隔而不通。無論樂奏，求之多缺，假使具存，亦不可用。周頌漢歌，各叙功德，豈容復施後王，以濫名實？今率詳論，以言所見，并詔百司，以求厥中。

未及改制，遇侯景亂。

陳氏制度，亦無改作。

西魏廢帝元年，周文攝政。又詔尚書蘇綽，詳正音律。綽時得宋尺，以定諸管，草創未就。會閔帝受禪，政由冢宰，方有齊寇，事竟不行。後掘太倉，得古玉斗，按以造律及衡，其事又多湮没。

至開皇初，詔太常牛弘，議定律吕。於是博徵學者，序論其法，又未能决。遇平江右，得陳氏律管十有二枚，並以付弘。遣曉音律者陳山陽太守毛爽及太樂令蔡子元、于普明等，以候節氣，作《律譜》。時爽年老，以白衣見高祖，授淮州刺史，辭不赴官。因遣協律郎祖孝孫，就其受法。弘又取此管，吹而定聲。既天下一統，異代器物，皆集樂府，曉音律者，頗議考覈，以定鍾律。更造樂器，以被《皇夏》十四曲，高祖與朝賢聽之，曰：「此聲滔滔和雅，令人舒緩。」

然萬物人事，非五行不生，非五行不成，非五行不滅。故五音用火尺，其事火重。用金尺則兵，用木尺則喪，用土尺則亂，用水尺則律吕合調，天下和平。魏及周、齊，貪布帛長度，故用土尺。今此樂聲，是用水尺。江東尺短於土，長於水。俗間不知者，見玉作，名爲玉尺，見鐵作，名爲鐵尺。詔施用水尺律樂，其前代金石，並鑄毁之，以息物議。

至仁壽四年，劉焯上啓於東宫，論張胄玄曆，兼論律吕。其大旨曰：「樂主於音，音定於律，音不以律，不可克諧，度律均鍾，於是乎在。但律終小吕，數復黄鍾，舊計未精，終不復始。故漢代京房，妄爲六十，而宋代錢樂之，更爲三百六十。考禮詮次，豈有得然，化未移風，將恐由此。匪直長短失於其差，亦自管圍乖於其數。又尺寸意定，莫能詳考，既亂管絃，亦舛度量。焯皆校定，庶有明發。」其黄鍾管六十三爲實，以次每律減三分，以七爲寸法。約之，得黄鍾長九寸，太簇長八寸一分四釐，林鍾長六寸，應鍾長四寸二分八釐七分之四。其年，高祖崩，煬帝初登，未遑改作，事遂寢廢。其書亦亡。大業二年，乃詔改用梁表律調鍾磬八音之器，比之前代，最爲合古。其制度文議，并毛爽舊律，並在江都淪喪。

唐・杜佑《通典》卷一四三《樂三》

五聲十二律旋相爲宫

伏羲氏作《易》，紀陽氣之初，以爲律法。建日冬至之聲，以黄鍾爲宫，太蔟爲商，姑洗爲角，林鍾爲徵，南吕爲羽，應鍾爲變宫，蕤賓爲變徵。此聲氣之元，五音之正也。按：應鍾爲變宫，蕤賓爲變徵。自殷已前，但有五音，此二者，自周以來加文、武二聲，謂之爲七音。五聲爲正，二聲爲變。變者，和也。故各統一日。其餘以次運行，當日者各自爲宫，而商徵以類從焉。揚子雲曰：「聲生於日，律生於辰。」取法於五行，十二辰之義也。聲生於日者，謂日有五，故聲亦有五日，謂甲己爲角，乙庚爲商，丙辛爲徵，丁壬爲羽，戊癸爲宫，是五行合爲五日，五音之聲生於日也。律生於辰者，十二律出於十二辰，子爲黄鍾之類是也。餘已見上文。《漢書》云：「黄帝使伶倫，自大夏之西，至崑崙之陰，取竹生於嶰谷其竅厚薄均者，斷兩節之間而吹之，以爲黄鍾之宫。因制十二管，吹以准鳳鳴，而定律吕之音。」用生六律六吕之制，以候氣之應，而立宫商之聲，以應五聲之調。鳳有雄雌，鳴亦不等。故吹陽律以候於鳳，吹陰律以擬於皇，故能協和中聲，候氣不爽，清濁相符，倫理無失。五聲六律旋相爲宫，其用之法，先以本管爲均，八音相生，或上或下，取五聲令足，然後爲十二律旋相爲宫。若黄鍾之均，以黄鍾爲宫，黄鍾下生林鍾爲徵，林鍾上生太蔟爲商，太蔟下生南吕爲羽，南吕上生姑洗爲角，此黄鍾之調也。姑洗皆三分之次，故用正律之聲也。若大吕之均，以大吕爲宫，大吕下生夷則爲徵，夷則上生夾鍾爲商，夾鍾下生無射爲羽，無射上生中吕爲角，此大吕之調也。中吕皆三分之次，故用正律之聲也。太蔟之均，以太蔟爲宫，太蔟下生南吕爲徵，南吕上生姑洗爲商，姑洗下生應鍾爲羽，應鍾上生蕤賓爲角，此太蔟之調也。蕤賓皆三分之次，故用正律之聲也。夾鍾之均，以夾鍾爲宫，夾鍾下生無射爲徵，無射上生中吕爲商，中吕上生黄鍾爲羽，黄鍾正律之聲長，非商三分去一之次，此用其子聲爲羽也。黄鍾下生林鍾爲角，林鍾子聲短，非中吕爲商之次，故還用林鍾正管之聲爲角。夾鐘之調，有四正聲，一子聲。姑洗之均，以姑洗爲宫，姑洗下生應鍾爲徵，應鍾上生蕤賓爲商，蕤賓上生大吕爲羽，大吕正聲長，非蕤賓三分去一之次，故用其子聲爲羽，是三分去一之次。大吕下生夷則爲角，夷則子聲短，非蕤賓爲商三分去一之次，故還用其聲爲角。此爲姑洗之調，亦正聲四，子聲一也。中吕之均，以中吕爲宫，中吕上生黄鍾爲徵，正聲長，非中吕三分去一之次，故用其子聲爲徵，是其三分去一之次。黄鍾下生林鍾爲商，林鍾子聲短，非中吕爲宫之次，故還用正聲爲商。林鍾上生太蔟爲羽，太蔟正聲長，非林鍾爲商三分去一之次，故用其子聲爲羽，亦是三分去一之次。太蔟下生南吕爲角。此中吕之調，正聲二，子聲三也。蕤賓之均，以蕤賓爲宫，蕤賓上生大吕爲徵，大吕下生夷則爲商，夷則上生夾鍾爲羽，正聲長，非夷則三分去一爲羽之次，故用子聲爲羽，亦是三分去一之次。夾鍾上生無射爲角，子聲短，非夷則爲商之次，還用正聲爲角。此蕤賓之調，亦二子聲，三正聲也。林鍾之均，以林鍾爲宮，林鍾上生太蔟爲徵，太蔟正聲長，非林鍾爲宮三分去一爲徵之次，故用子聲，亦是徵三分去一之次。太蔟下生南吕爲商，南吕上生姑洗爲羽，姑洗正聲長，非南吕三分去一爲羽之次，故用子聲，亦是去一之次。姑洗下生應鍾爲角，應鍾子聲短，非南吕爲商之次，故還用正聲爲角。此林鍾之調，亦子聲二，正聲三也。夷則之均，以夷則爲宮，夷則上生夾鍾爲徵，夾鍾正聲長，非夷則三分去一爲徵之次，故用子聲爲徵，亦是三分去一之次。夾鍾下生無射爲商，子聲短，非夷則爲商之次，故還用正聲爲商。無射上生中吕爲羽，中吕正聲長，非無射三分去一之次，故用子聲爲羽，亦是三分去一之次。中吕上生黄鍾爲角，黄鍾正聲長，非無射三分去一爲角之次，故用子聲爲角。此夷則之調，正聲二，子聲三也。南吕之均，以南吕爲宮，上生姑洗爲徵，姑洗正聲長，非南吕三分去一爲徵之次，故用子聲爲徵，亦是三分去一之次。姑洗下生應鍾爲商，應鍾子聲短，非南吕三分去一之次，故用正聲爲商。應鍾上生蕤賓爲羽，蕤賓上生大吕爲角，大吕正聲長，非應鍾爲商三分去一之次，故用子聲爲羽。蕤賓上生大吕爲角，正聲長，非應鍾爲商之次，故用子聲爲角，亦是三分去一之次。此南吕之調，正聲二，子聲三也。無射之均，以無射爲宮，無射上生中吕爲徵，中吕正聲長，非無射三分去一爲徵之次，故用子聲爲徵，亦是三分去一之次。中吕上生黄鍾爲商，黄鍾正聲長，非無射爲宮之次，故用子聲爲商，亦是其宮之次。黄鍾下生林鍾爲羽，林鍾正聲長，非黄鍾爲商三分去一之次，故用子聲爲羽。林鍾上生太蔟爲角，太蔟正聲長，非黄鍾爲商三分去一之次，故用子聲爲角。此無射之調，正聲一，子聲四。應鍾之均，以應鍾爲宮，應鍾上生蕤賓爲徵，蕤賓正聲長，非應鍾三分去一爲徵之次，故用子聲爲徵。蕤賓上生大吕爲商，大吕正聲長，非應鍾爲宮之次，故用子聲爲商。大吕下生夷則爲羽，夷則正聲長，非蕤賓爲徵之次，故用子聲爲羽。夷則上生夾鍾爲角，夾鍾正聲長，非大吕爲商之次，故用子聲爲角。此應鍾之調，亦正聲一，子聲四也。此謂迭爲宮商角徵羽也。若黄鍾之律自爲其宮，爲夾鍾之羽，爲中吕之徵，爲夷則之角，爲無射之商，此黄鍾之五聲也。大吕之律自爲其宮，爲姑洗之羽，爲蕤賓之徵，爲南吕之角，爲應鍾之商，此謂大吕之五聲也。太蔟之律自爲其宮，爲中吕之羽，爲林鍾之徵，爲無射之角，爲黄鍾之商，此謂太蔟之五聲也。夾鍾之律自爲其宮，爲蕤賓之羽，爲夷則之徵，爲應鍾之角，爲大吕之商，此爲夾鍾之五聲也。中吕之律自爲其宮，爲夷則之羽，爲無射之徵，爲大吕之角，爲夾鍾之商，此謂中吕之五聲也。蕤賓之律自爲其宮，爲南吕之羽，爲應鍾之徵，爲太蔟之角，爲姑洗之商，此謂蕤賓之五聲也。林鍾之律自爲其宮，爲無射之羽，爲黄鍾之徵，爲夾鍾之角，爲中吕之商，此謂林鍾之五聲也。夷則之律自爲其宮，爲應鍾之羽，爲大吕之徵，爲姑洗之角，爲蕤賓之商，此謂夷則之五聲也。南吕之律自爲其宮，爲黄鍾之羽，爲太蔟之徵，爲中吕之角，爲林鍾之商，此謂南吕之五聲也。無射之律自爲其宮，爲大吕之羽，爲夾鍾之徵，爲蕤賓之角，爲夷則之商，此謂無射之五聲也。應鍾之律自爲其宮，爲太蔟之羽，爲南吕之商，爲姑洗之徵，爲林鍾之角，此謂應鍾之五聲也。所謂五聲六律十二管旋相爲宮者也。

五聲十二律相生法

古之神瞽考律均聲，必先立黄鍾之均。五聲十二律，起於黄鍾之氣數。黄鍾之管，以九寸爲法，度其中氣，明其陽數之極。故用九自乘爲管絃之數。九九八十一數。管數多者則下生，其數少者則上生，相生增減之數皆不出於三。以本起三才之數也。又生取之數不出於八，以本法八風之義也。宮從黄鍾而起，下生得八爲林鍾，上生太蔟亦復依八而取爲商。其增減之法，以三爲度，以上生者皆三分益一，下生者皆三分去一，宮生徵，三分宮數八十一，分各二十七，下生者去一，去二十七，餘有五十四，以爲徵，故徵數五十四也。徵生商，三分徵數五十四，則分各十八，上生者益一，加十八於五十四，得七十二，以爲商，故商數七十二也。商生羽，三分商數七十二，則分各二十四，下生者去一，去二十四，得四十八，以爲羽，故羽數四十八。羽生角，三分羽數四十八，則分各十六，上生者益一，加十六於四十八，得六十四，以爲角，故角數六十四。此五聲大小之次也。是黄鍾爲均，用五聲之法，以下十二辰，辰各有五聲，其爲宮商之法亦如之，故辰各有五聲，合爲六十聲，是十二律之正聲也。聲本制，唯以宮、商、角、徵、羽各得上下三分之次爲聲。

其十二律相生之法，皆以黄鍾爲始，黄鍾之管，九寸。下生者三分去一，上生者三分益一，五下六上，仍得一終。黄鍾下生林鍾，林鍾之管，六寸。林鍾上生太蔟，太蔟之管，八寸。太蔟下生南吕，南吕之管，五寸三分寸之一。南吕上生姑洗，姑洗之管，長七寸九分寸之一。姑洗下生應鍾，應鍾之管，長四寸二十七分寸之二十。應鍾上生蕤賓，蕤賓之管，長六寸八十一分寸之二十六。蕤賓上生大吕，大吕之管，長四寸二百四十三分寸之五十二，倍之爲八寸二百四十三分寸之一百四。大吕下生夷則，夷則之管，長五寸七百二十九分寸之四百五十一。夷則上生夾鍾，夾鍾之管，長三寸二千一百八十七分寸之一千六百三十一，倍之爲七寸二千一百八十七分寸之一千七十五。夾鍾下生無射，無射之管，長四寸六千五百六十一分寸之六千五百二十四。無射上生中吕，中吕之管，長三寸萬九千六百八十三分寸之六千四百八十七，倍之爲六寸萬九千六百八十三分寸之萬二千九百七十四。此謂十二律長短相生一終於中吕之法。

又制十二鍾准，爲十二律之正聲也。鳧氏爲鐘，鄭玄云：「官有代功，若族有代業，則以氏名官也。」以律計自倍半。半者，准半正聲之半，以爲十二子律，制爲十二子聲。比正聲爲倍，則以正聲於子聲爲倍；以正聲比子聲，則子聲爲半。但先儒釋用倍聲，自有二義：一義云，半以十二正律，爲十子聲之鐘；二義云，從於中宮之管寸數，以三分益一，上生黃鍾，以所得管之寸數然半之，以爲子聲之鐘。其爲半正聲之法者：以黃鍾之管，正聲九寸爲均，子聲則四寸半，黃鍾下生林鍾之子聲，三分去一，故林鍾子聲律，三寸。林鍾上生太蔟之子聲，三分益一，太蔟子聲之律，四寸。太蔟下生南呂之子聲，三分去一，南呂子聲之管，長二寸三分寸之二。南呂上生姑洗之子聲，三分益一，姑洗子聲之律，長三寸九分寸之五。姑洗下生應鍾之子聲，三分去一，應鍾子聲之律，長二寸二十七分寸之十。應鍾上生蕤賓之子聲，三分益一，蕤賓子聲之律，三寸八十一分寸之十三。蕤賓上生大呂之子聲，三分益一，大呂子聲之律，四寸二百四十三分寸之五十二。大呂下生夷則之子聲，三分去一，夷則子聲之律，長二寸七百二十九分寸之五百九十。夷則上生夾鍾之子聲，三分益一，夾鍾子聲之律，長三寸二千一百八十七分寸之一千六百三十一。夾鍾下生無射之子聲，三分去一，無射子聲之律，二寸六千五百六十一分寸之三千二百六十二。無射上生中呂之子聲，三分益一，中呂子聲之律，三寸一萬九千六百八十三分寸之六千四百八十七。還終於中呂。此半正聲法。其半相生之法者，以正中呂之管長六寸，一萬九千六百八十三分寸之萬二千九百七十四。中呂上生黃鍾，三分益一，得八寸五萬九千四十九分寸之五萬一千八百九十六，半之，得四寸五萬九千四十九分寸之二萬五千九百四十八，以爲黃鍾。黃鍾下生林鍾，三分去一，還以六生所得林鍾之管寸數半之，以爲林鍾子聲之管，以次而爲上下相生，終於中呂，皆以相生所得之律寸數半之，各以爲子聲之律，故有正聲十二，子聲十二。分大小有二十，以爲二十四鍾，通於二神，迭爲五聲，合有六十聲，即爲六十律。其正管長者爲均之時，則通自用正聲五音；正管短者爲均之時，則通用子聲爲五音。亦皆三分益一減一之次，還以宮、商、角、徵、羽之聲得調也。

《宋書·律曆志上》 黃帝使伶倫自大夏之西，阮隃之陰，取竹之嶰谷生，其竅厚均者，斷兩節間而吹之，以爲黃鍾之宮。制十二管，以聽鳳鳴，以定律呂。夫聲有清濁，故協以宮商；形有長短，故檢以丈尺；器有大小，故定以斛斗；質有輕重，故平以鈞石。故《虞書》曰：「乃同律、度、量、衡。」然則律呂，宮商之所由生也。

夫樂有器有文，有情有官。鍾鼓干戚，樂之器也；屈伸舒疾，樂之文也；「論倫無患，樂之情也；欣喜歡愛，樂之官也。」「是以君子反情以和志，廣樂以成教，故能情深而文明，氣盛而化神，和順積中，而英華發外。」故曰：「樂者，心之動也；聲者，樂之象也。」《周禮》曰：「乃奏黃鍾，歌大呂，舞《雲門》，以祀天神。乃奏太蔟，歌應鐘，舞《咸池》，以祭地祇。」四望山川先祖，各有其樂。又曰：「圜鍾爲宮，黃鍾爲角，太蔟为徵，姑洗爲羽，雷鼓雷鼗，孤竹之管，雲和之琴瑟，《雲門》之舞，冬日至，於地上之圜丘奏之。若樂六變，則天神皆降，可得而禮矣。」地祇人鬼，禮亦如之。其可以感物興化，若此之深也。

「道始於一，一生二，二生三，三三而九。故黃鍾之數六，分而爲雌雄十二鍾。鍾以三成，故置一而三之，凡積分十七萬七千一百四十七，爲黃鍾之實。故黃鍾位子，主十一月，下生林鍾。林鍾之數五十四，主六月，上生太蔟。太蔟之數七十二，主正月，下生南呂。南呂之數四十八，主八月，上生姑洗。姑洗之數六十四，主三月，下生應鍾。應鍾之數四十三，主十月，上生蕤賓。蕤賓之數五十七，主五月，上生大呂。大呂之數七十六，主十二月，下生夷則。夷則之數五十，主七月，上生夾鍾。夾鍾之數六十七，主二月，下生無射。無射之數四十五，主九月，上生中呂。中呂之數六十，主四月，極不生。極不生，鍾律不能復相生。宮生徵，徵生商，商生羽，羽生角，角生姑洗，姑洗生應鍾，比於正音，故爲和。姑洗三月，應鍾十月，與正音比，故爲和。和，從聲也。應鍾生蕤賓，蕤賓不比於正音，故爲繆。繆，音相干也。周律故有繆、和，爲武王伐紂七音也。日冬至，音比林鍾浸以濁；日夏至，音比黃鍾浸以清。以十二月律應二十四時。甲子，中呂之徵也；丙子，夾鍾之羽也；戊子，黃鍾之宮也；庚子，無射之商也；壬子，夷則之角也。」

「古人爲度量輕重，皆生乎天道。黃鍾之律長九寸，物以三生，三三九，三九二十七，故幅廣二尺七寸，古之制也。音以八相生，故人長八尺，尋自倍，故八尺而爲尋。有形即有聲，音之數五，以五乘八，五八四十尺爲匹。匹者，中人之度也，一匹爲制。秋分而禾穮定，穮，禾穗芒也。穮定而禾孰。律之數十二，故十二穮而當一粟，十二粟而當一寸。律以當辰，音以當日。日之數十，故十寸而爲尺，十尺爲丈。其以爲重，十二粟而當一分，十二分而當一銖，十二銖而當半兩。衡有左右，因而倍之，故二十四銖而當一兩。天有四時，以成一歲，因而四之，四四十六，故十六兩而一斤。三月而一時，三十日一月，故三十斤而爲一鈞。四時而一歲，故四鈞而一石。」「其爲音也，一律而生五音，十二律而爲六十音；因而六之，六六三十六，故三百六十音以當一歲之日。故律曆之數，天地之道也。下生者倍，以三除之；上生者四，以三除之。」

揚子雲曰：「聲生於日，謂甲己爲角，乙庚爲商，丙辛爲徵，丁壬爲羽，戊癸爲宮。律生於辰，謂子爲黃鍾，丑爲大呂之屬。聲以情質，質，正也。各以其行本情爲正也。律以和聲，當以律管鍾均，和其清濁之聲。聲律相協，而八音生。協，和。宫、商、角、徵、羽，謂之五聲。金、石、匏、革、絲、竹、土、木，謂之八音。聲和音諧，是謂五樂。」

夫陰陽和則景至，律氣應則灰除。是故天子常以冬夏至御前殿，合八能之士，陳八音，聽樂均，度晷景，候鍾律，權土炭，効陰陽。冬至陽氣應，則樂均清，景長極，黄鍾通，土炭輕而衡仰。夏至陰氣應，則樂均濁，景短極，蕤賓通，土炭重而衡低。進退於先後五日之中，八能各以候狀聞。太史令封上。効則和，否則占。候氣之法，爲室三重，户閉，塗釁周密，布緹幔。室中以木爲案，每律各一，内庳外高，從其方位，加律其上。以葭莩灰布其内端，案曆而候之。氣至者灰動。其爲氣動者其灰散，人及風所動者，其灰聚。殿中候，用玉律十二。唯二至乃候靈臺，用竹律六十。取弘農宜陽縣金門山竹爲管，河内葭莩爲灰。

三代陵遲，音律失度。漢興，北平侯張蒼始定律曆。孝武之世，置協律之官。元帝時，郎中京房知五音六十律之數，受學於小黄令焦延壽。其下生、上生，終於中吕，而十二律畢矣。中吕上生執始，執始下生去滅，終於南事，而六十律畢矣。夫十二律之變至於六十，猶八卦之變至於六十四也。宓羲作《易》，紀陽氣之初，以爲律法。建日冬至之聲，以黄鍾爲宫，太蔟爲商，姑洗爲角，林鍾爲徵，南吕爲羽，應鍾爲變宫，蕤賓爲變徵。此聲氣之元，五音之正也。故各統一日。其餘以次運行，當日者各自爲宫，而商角徵羽以類從焉。《禮運篇》曰：「五聲、六律、十二管還相爲宫。」此之謂也。以六十律分一朞之日，黄鍾自冬至始，及冬至而復，陰陽寒煖風雨之占於是生焉。房又曰：「竹聲不可以度調，故作準以定數。準之狀如瑟，長丈而十三弦，隱間九尺，以應黄鍾之律九寸；中央一弦，下有畫分寸，以爲六十律清濁之節。」房言律詳於歆所奏，其術施行於史官，候部用之。《續漢志》具載其律準度數。

漢章帝元和元年，待詔候鍾律殷彤上言：「官無曉六十律以準調音者，故待詔嚴嵩具以準法教子男宣，願召宣補學官，主調樂器。」詔曰：「嵩子學審曉律，别其族，協其聲者，審試。不得依託父學，以聾爲聰。聲微妙，獨非莫知，獨是莫曉，以律錯吹，能知命十二律不失一，乃爲能傳嵩學耳。」試宣十二律，其二中，其四不中，其六不知何律，宣遂罷。自此律家莫能爲準。靈帝熹平六年，東觀召典律者太子舍人張光等問準意。光等不知。歸閲舊藏，乃得其器，形制如房書，猶不能定其絃緩急。音不可書以曉人，知之者欲教而無從，心達者體知而無師，故史官能辨清濁者遂絶。其可以相傳者，唯候氣而已。

舊律度	新律度	舊律分	新律分新律小分母三十六
黄鍾九寸	九寸	十七萬七千一百四十七	十七萬七千一百四十七
林鍾六寸	六寸一釐	十一萬八千九十八	十一萬八千二百九十六二十五
太蔟八寸	八寸二釐	十五萬七千四百六十四	十五萬七千八百六十一十四
南吕五寸三分三釐少强	五寸三分六釐少强	十萬四千九百七十六	十萬五千五百七十二三
姑洗七寸一分一釐强	七寸一分五釐强	十三萬九千九百六十八	十四萬七百六十二三十八
應鍾四寸七分四釐强	四寸七分九釐强	九萬三千三百一十二	九萬四千三百五十七
蕤賓六寸三分二釐强	六寸三分八釐强	十二萬四千四百一十六	十二萬五千六百八六
太吕八寸四分二釐大强	八寸四分九釐大强	十六萬五千八百八十八	十六萬七千二百七十八三十一
夷則五寸六分一釐大强	五寸七分弱	十一萬五百九十二	十一萬二千一百八十一二十
夾鍾七寸四分九釐少弱	七寸五分八釐少弱	十四萬七千四百五十六	十四萬九千二百四十四九
無射四寸九分九釐半弱	五寸九釐半	九萬八千三百四	十萬二百九十三十四
中吕六寸六分六釐弱	六寸七分七釐	十三萬一千七十二	十三萬三千二百五十七二十五
黄鍾八寸八分八釐弱	九寸	十七萬四千七百六十二二三分之二，不足二千三百八十四，三分之一	十七萬七千一百四十七

論曰：律呂相生，皆三分而損益之。先儒推十二律，從子至亥，每三之，凡十七萬七千一百四十七，而三約之，是爲上生。故《漢志》云：三分損一，下生林鍾，三分益一，上生太蔟。無射既上生中呂，則中呂又當上生黃鍾，然後五聲、六律、十二管還相爲宮。今上生不及黃鍾實二千三百八十四，九約實一千九百六十八爲一分，此則不周九寸之律一分有奇，豈得還爲宮乎？凡三分益一爲上生，三分損一爲下生，此其大略，猶周天斗分四分之一耳。京房不思此意，比十二律微有所增，方引而伸之，中呂上生執始，執始下生去滅，至於南事，爲六十律，竟復不合，彌益其疏。班氏所志，未能通律呂本源，徒訓角爲觸，徵爲祉，陽氣施種於黃鍾，如斯之屬，空煩其文，而爲辭費。又推九六，欲符劉歆三統之數，假託非類，以飾其說，皆孟堅之妄矣。

蔡邕從朔方上書，云《前漢志》但載十二律，不及六十。六律尺寸相生，司馬彪皆已志之。漢末，亡失雅樂，黃初中，鑄工柴玉巧有意思，形器之中，多所造作。協律都尉杜夔令玉鑄鍾，其聲清濁，多不如法。數毁改作，玉甚厭之，謂夔清濁任意。更相訴白於魏王。魏王取玉所鑄鍾，雜錯更試，然後知夔爲精，於是罪玉及諸子，皆爲養馬士。

晉泰始十年，中書監荀勗、中書令張華，出御府銅竹律二十五具，部太樂郎劉秀等校試，其三具與杜夔及左延年律法同，其二十二具，視其銘題尺寸，是笛律也。問協律中郎將列和，辭：「昔魏明帝時，令和承受笛聲，以作此律，欲使學者別居一坊，歌詠講習，依此律調。至於都合樂時，但識其尺寸之名，則絲竹歌詠，皆得均合。歌聲濁者，用長笛長律；歌聲清者，用短笛短律。凡絃歌調張清濁之制，不依笛尺寸名之，則不可知也。」

勗等奏：「昔先王之作樂也，以振風蕩俗，饗神佐賢，必協律呂之和，以節八音之中。是故郊祀朝宴，用之有制，歌奏分敘，清濁有宜。故曰『五聲十二律，還相爲宮』。此經傳記籍可得而知者也。如和對辭，笛之長短，無所象則，率意而作，不由曲度。考以正律，皆不相應，吹其聲均，多不諧合。又辭：『先師傳笛，別其清濁，直以長短，工人裁制，舊不依律。』是爲作笛無法。而和寫笛造律，又令琴瑟歌詠，從之爲正，非所以稽古先哲，垂憲於後者也。謹條牒諸律，問和意狀如左。及依典制，用十二律造笛像十二枚，聲均調和，器用便利。講肄彈擊，必合律呂，況乎宴饗萬國，奏之廟堂者哉！雖伶、夔曠遠，至音難精，猶宜儀刑古昔，以求厥衷，合于經禮，於制爲詳。若可施用，請更部笛工，選竹造作，下太樂、樂府施行。平議諸杜夔、左延年律可皆留。其御府笛正聲下徵各一具，皆銘題作者姓名。其餘無所施用，還付御府毁。」奏可。

勗又問和：「作笛爲可依十二律作十二笛，令一孔依一律，然後乃以爲樂不？」和辭：「太樂東廂長笛正聲已長四尺二寸，今當復取其下徵之聲；於法，聲濁者笛當長，計其尺寸，乃五尺有餘，和昔日作之，不可吹也。又笛諸孔，雖不校試，意謂不能得一孔輒應一律也。」案太樂，四尺二寸笛正聲均應蕤賓，以十二律還相爲宮，推法下徵之孔，當應律大呂。大呂笛長二尺六寸有奇，不得長五尺餘。令太樂郎劉秀、鄧昊等依律作大呂笛以示和。又吹七律，一孔一校，聲皆相應。然後令郝生鼓筝，宋同吹笛，以爲《雜引》《相和》諸曲。和乃辭曰：「自和父祖漢世以來，笛家相傳，不知此法，而令調均與律相應，實非所及也。」郝生、魯基、种整、朱夏，皆與和同。

又問和：「笛有六孔，及其體中之空爲七。和爲能盡名其宮商角徵不？孔調與不調，以何檢知？」和辭：「先師相傳，吹笛但以作曲相語，爲某曲當舉某指，初不知七孔盡應何聲也。若當作笛，其仰尚方笛工，依案舊像訖，但吹取鳴者，初不復校其諸孔調與不調也。」案：《周禮》調樂金石，有一定之聲，是故造鍾磬者，先以律調之，然後施於廂懸。作樂之時，諸音皆受鍾磬之均，即爲悉應律也。至於饗宴殿堂之上，無廂懸鍾磬，以笛有一定調，故諸絃歌皆從笛爲正。是爲笛猶鍾磬，宜必合於律呂。如和所對，直以意造，率短一寸，七孔聲均，不知其皆應何律。調與不調，無以檢正。唯取竹之鳴者，爲無法制。輒令部郎劉秀、鄧昊、王豔、魏邵等與笛工參共作笛，工人造其形，律者定其聲，然後器象有制，音均和協。

又問和：「若不知律呂之義，作樂音均高下清濁之調，當以何名之？」和辭：「每合樂時，隨歌者聲之清濁，用笛有長短。假令聲濁者用三尺二笛，因名曰此三尺二調也。聲清者用二尺九笛，因名曰此二尺九調也。漢、魏相傳，施行皆然。」案：《周禮》奏六樂，乃奏黃鍾，歌大呂；乃奏太蔟，歌應鍾。皆以律呂之義，紀歌奏清濁。而和所稱以二尺三尺爲名，雖漢、魏用之，俗而不典。部郎劉秀、鄧昊等以律作笛，三尺二寸者，應無射之律，若宜用長笛，執樂者曰「請奏無射」。《周語》曰：「無射所以宣佈哲人之令德，示民軌儀也。」二尺八寸四分四釐應黃鍾之律，若宜用短笛，執樂者曰「請奏黃鍾」。《周語》曰：「黃鍾所以宣養六氣九德也。」是則歌奏之義，當合經禮，考之古典，於制爲雅。

《書》曰：「予欲聞六律五聲八音，在治忽。」《周禮》載六律六同。《禮記》又曰：「五聲十二律，還相爲宮。」劉歆、班固纂《律曆志》，亦紀十二律。唯京房始創六十律，至章帝時，其法已亡；蔡邕雖追紀其言，亦曰「今無能爲者」。依案古典及今音家所用六十律者，無施於樂。謹依典記，以五聲十二律還相爲宮之法，制十二笛象，記注圖側，如別。省圖，不如視笛之了，故復重作蕤賓伏孔笛。其制云：

黃鍾之笛，正聲應黃鍾，下徵應林鍾，長二尺八寸四分四釐有奇。《周語》曰：「黃鍾所以宣養六氣九德也。」正聲調法，以黃鍾爲宮，則姑洗爲角。翕笛之聲應姑洗，故以四角之長爲黃鍾之笛也。其宮聲正而不倍，故曰正聲。正聲調法，黃鍾爲宮，第一孔。應鍾爲變宮，第二孔。南呂爲羽，第三孔。林鍾爲徵，第四孔。蕤賓爲變徵，第五附孔。姑洗爲角，笛體中聲。太蔟爲商。笛後出孔也。商聲濁於角，當在角下，而角聲以在體中，故上其商孔，令在宮上，清於宮也。然則宮商正也，餘聲皆倍也。是故從宮以下，孔轉下轉濁也。此章說笛孔上下次第之名也。下章說律呂相生，笛之制也。正聲調法，黃鍾爲宮，作黃鍾之笛，將求宮孔，以姑洗及黃鍾律從笛首下度之，盡二律之長而爲孔，則得宮聲也。宮生徵，黃鍾生林鍾也。以林鍾之律從宮孔下度之，盡律作孔，則得徵聲也。徵生商，林鍾生太蔟也。以太蔟律從徵孔上度之，盡律以爲孔，則得商聲也。商生羽，太蔟生南呂也。以南呂律從角孔下度之，盡律爲孔，則得羽聲也。羽生角，南呂生姑洗也。以姑洗律從羽孔上行度之，盡律而爲孔，則得角聲也。然則出於商孔之上，吹笛者左手所不及也。從羽孔下行度之，盡律而爲孔，亦得角聲，出於變徵附孔之下，則吹者右手所不逮也，故不作角孔。推而下之，復倍其均，是以角聲在笛體中，古之制也。音家舊法，雖一倍再倍，但令均同。適足爲唱和之聲，無害於曲均故也。《周語》曰，匏竹利制，議宜，謂便於事用從宜者也。角生變宮，姑洗生應鍾也。上句所謂當爲角孔而出商上者，墨點識之，以應律也。從此點下行度之，盡律爲孔，則得變宮之聲也。變宮生變徵，應鍾生蕤賓也。以蕤賓律從變宮下度之，盡律爲孔，則得變徵之聲。十二笛之制，各以其宮爲主。相生之法，或倍或半，其便事用，例皆一者也。下徵調法，林鍾爲宮，第四孔也。本正聲黃鍾之徵。徵清當在宮上，用笛之宜，倍令濁下，故曰下徵。下徵更爲宮者，記所謂「五聲十二律還相爲宮」者。然則正聲調清，下徵調濁也。南呂爲商，第三孔也。本正聲黃鍾之羽，今爲下徵之商。應鍾爲角，第二孔也。本正聲黃鍾之變宮，今爲下徵之角也。黃鍾爲變徵，下徵之調，林鍾爲宮，大呂當變徵。而黃鍾笛本無大呂之聲，故假用黃鍾以爲變徵也。假用之法：當變徵之聲，則俱發黃鍾及太蔟、應鍾三孔。黃鍾濁而太蔟清，大呂律在二律之間，俱發三孔而徵磑礭之，則得大呂變徵之聲矣。諸笛下徵調求變徵之法，皆如此。太蔟爲徵，笛後出孔，本正聲之商，今爲下徵之徵。姑洗爲羽，笛體中翕聲也。本正聲之角，今爲下徵之羽也。蕤賓爲變宮，附孔是也。本正聲之變徵也，今爲下徵之變宮也。然則正聲之調，孔轉下轉濁；下徵之調，孔轉上轉清也。清角之調：以姑洗爲宮，即是笛體中翕聲也，於正聲爲角，於下徵爲羽。清角之調，乃以爲宮，而哨吹令清，故曰清角。唯得爲宛詩謠俗之曲，不合雅樂也。蕤賓爲商，正也。林鍾爲角，非正也。南呂爲變徵，非正也。應鍾爲徵，正也。黃鍾爲羽，非正也。太蔟爲變宮。非正也。清角之調，唯宮商及徵，與律相應，餘四聲非正者皆濁，一律哨吹令清，假而用之，其例一也。

凡笛體用角律，其長者八之，蕤賓、林鍾也。短者四之，其餘十笛，皆四角也。空中實容，長者十六，短笛竹宜受八律之黍也。若長短大小不合於此，或器用不便聲均法度之齊等也。然笛竹率上大下小，不能均齊，必不得已，取其聲均合。三宮一曰正聲，二曰下徵，三曰清角。二十一變也。宮有七聲，錯綜用之，故二十一變也。諸笛例皆一也。伏孔四，所以便事用也。一曰正角，出於商上者也。二曰倍角，近笛下者也。三曰變宮，近於宮孔，倍令下者也。四曰變徵，遠於徵孔，倍令高者也。或倍或半，或四分一，取則於琴徵也。四者皆不作其孔而取其度，以應進退上下之法，所以協聲均，便事用也。其本孔隱而不見，故曰伏孔。

大呂之笛：正聲應大呂，下徵應夷則，長二尺六寸六分三釐有奇。《周語》曰：「元間大呂，助宣物也。」

太蔟之笛：正聲應太蔟，下徵應南呂，長二尺五寸二分八釐有奇。《周語》曰：「太蔟所以金奏，贊陽出滯也。」

夾鍾之笛：正聲應夾鍾，下徵應無射，長二尺四寸。《周語》曰：「二間夾鍾，出四隙之細也。」

姑洗之笛：正聲應姑洗，下徵應應鍾，長二尺二寸四分七釐有奇。《周語》曰：「姑洗所以修潔百物，考神納賓也。」

中呂之笛：正聲應中呂，下徵應黃鍾，長二尺一寸三分三釐有奇。《周語》曰：「三間中呂，宣中氣也。」

蕤賓之笛：正聲應蕤賓，下徵應大呂，長三尺九寸九分五釐有奇。《周語》曰：「蕤賓所以安靜神人，獻酬交酢。」變宮近宮孔，故陪半令下，便於用也。林鍾亦如之。

林鍾之笛：正聲應林鍾，下徵應太蔟，長三尺七寸九分二釐有奇。《周語》曰：「四間林鍾，和展百事，俾莫不任肅純恪。」

夷則之笛：正聲應夷則，下徵應夾鍾，長三尺六寸。《周語》曰：「夷則所以詠歌九則，平民無貳也。」變宮之法，亦如蕤賓，體用四角，故四分益一也。

南吕之笛：正聲應南吕，下徵應姑洗，長三尺三寸七分一釐有奇。《周語》曰：「五間南吕，贊陽秀也。」

無射之笛：正聲應無射，下徵應中吕，長三尺二寸。《周語》曰：「無射所以宣布哲人之令德，示民軌儀也。」

應鍾之笛：正聲應應鍾，下徵應蕤賓，長二尺九寸九分六釐有奇。《周語》曰：「六間應鍾，均利器用，俾應復也。」

勗又以魏杜夔所制律吕，檢校太樂、總章、鼓吹八音，與律乖錯。始知後漢至魏，尺度漸長於古四分有餘。夔依爲律吕，故致失韻。乃部佐著作郎劉恭依《周禮》更積黍起度，以鑄新律。既成，募求古器，得周時玉律，比之不差毫釐。又漢世故鍾，以律命之，不叩而自應。初勗行道，逢趙郡商人縣鐸於牛，其聲甚韻。至是搜得此鐸，以調律吕焉。

晉武帝以勗律與周、漢器合，乃施用之。散騎侍郎阮咸譏其聲高，非興國之音。咸亡後，掘地得古銅尺，果長勗尺四分，時人咸服其妙。

元康中，裴頠以爲醫方民命之急，而稱兩不與古同，爲害特重，宜因此改治權衡。不見省。

黄鍾箱笛，晉時三尺八寸，元嘉九年，太樂令鍾宗之減爲三尺七寸。十四年，治書令史奚縱又減五分，爲三尺六寸五分。列和云：「東箱長笛四尺二寸也。」太蔟箱笛，晉時三尺七寸，宗之減爲三尺三寸七分，縱又減一寸一分，爲三尺二寸六分。姑洗箱笛，晉時三尺五寸，宗之減爲二尺九寸七分，縱又減五分，爲二尺九寸二分。蕤賓箱笛，晉時二尺九寸，宗之減爲二尺六寸，縱又減二分，爲二尺五寸八分。

宋・蔡元定《律吕新書》卷上《律吕本原》

黄鐘第一

斷竹爲管，吹之而聲和，候之而氣應，而後數始形焉。均其長得九寸，審其圍得九分。此章幾言分者皆十分之一。積其實得八百一十分。長九寸，圍九分，積八百一十，是爲律本。度量權衡，於是而受法。十一律，由是損益焉。演算法，置八百一十分，分作九重，每重得九分。圓田術三分益一，得一十二。以開方法除之，得三分四厘六毫强，爲實徑之數，不盡二毫八絲四忽。今求圓積之數，以徑三分四厘六毫自相乘，得十一分九厘七毫一絲六忽。加以開方不盡之數二毫八絲四忽，得一十二分。以管長九十分乘之，得一千八十分，爲方積之數，四分取三爲圓積，得八百一十分。

黄鐘之實第二

以《淮南子》《漢前志》定其寸、分、厘、毫《書・生鍾分》定

子一	黄鍾之律
丑三	爲絲法
寅九	爲寸數
卯二十七	爲毫法
辰八十一	爲分數
巳二百四十三	爲厘法
午七百二十九	爲厘數
未二千一百八十七	爲分法
申六千五百六十一	爲毫數
酉一萬九千六百八十三	爲寸法
戌五萬九千□□四十九	爲絲數
亥一十七萬七千一百四十七	黄鍾之實

按：黄鍾九寸，以三分爲損益。故以三曆十二辰，得一十七萬七千一百四十七，爲黄鍾之實。其十二辰所得之數，在子、寅、辰、午、申、戌六陽辰，爲黄鍾寸、分、厘、毫、絲之數。子爲黄鍾之律，寅爲九寸，辰爲八十一分，午爲七百二十九厘，申爲六千五百六十一毫，戌爲五萬九千四十九絲。在亥、寅、未、巳、卯、丑六陰辰，爲黄鍾寸、分、厘、毫絲之法。亥爲黄鍾之實，酉之一萬九千六百八十三爲寸，未之二千一百八十七爲分，巳之二百四十三爲厘，卯之二十七爲毫，丑之三爲絲。其寸、分、厘、毫、絲之法，皆用九數。故九絲爲毫，九毫爲厘，九厘爲分，九分爲寸，爲黄鍾。蓋黄鍾之實一十七萬一百四十七之數，以三約之，爲絲者五萬九千四十九，以二十七約之，爲毫者六千五百六十一，以二百四十三約之，爲厘者七百二十九，以二千一百八十七約之，爲分者八十一，以一萬九千六百八十三約之，爲寸者九。由是三分損益以生十一律焉。或曰：「徑圍之分以十爲法，而相生之分、厘、毫、絲以九爲法，何也？」曰：「以十爲法者，天地之全數也。以九爲法者，因三分損益而立也。全數者，即十而取九，相生者約十而爲九。即十而取九者，體之所以立，約十而爲九者，用之所以行。體者所以定中聲，用者所以生十一律也。」

黄鐘生十一律第三

子一分，一爲九寸；丑三分二，一爲三寸；寅九分八，一爲一寸；卯二十七分十六，三爲一寸，一爲三分；辰八十一分六十四，九爲一寸，一爲一分；巳二百四十三分一百二十八，二十七爲一寸，三爲一分，一爲三厘；午七百二十九分五百一十二，八十一爲一寸，九爲一分，一爲一厘；未二千一百八十七分一千二十四，二百四十三爲一寸，二十七爲一分，三爲一厘，一爲三毫；申六千五百六十一分四千九十六，七百二十九爲一寸，八十一爲一分，九爲一厘，一爲一毫；酉一萬九千六百八十三分八千一百九十二，二千一百八十七爲一寸，二百四十三爲一分，二十七爲一厘，三爲一毫，一爲三絲；戌五萬九千四十九分三萬二千七百六十八，六千五百六十一爲一寸，七百二十九爲一分，八十一爲一厘，九爲一毫，一爲一絲；亥一十七萬七千一百四十七分六萬五千五百三十六，一萬九千六百八十三爲一寸，二千一百八十七爲分，二百四十三爲一厘，二十七爲一毫，三爲一絲，一爲三忽。

按：黄鍾生十一律，子、寅、辰、午、申、戌六陽辰，皆下生。丑、卯、巳、未、酉、亥六陰辰，皆上生。其上以三曆十二辰者，皆黄鍾之全數。其下陰數以倍者即演算法倍其實，三分本律而其一也。陽數以四者即演算法四其實，三分本律而增其一也。六陽辰當位自得，六陰辰則居其沖。其林鍾、南吕、應鍾三吕在陰，無所增損。其大吕、夾鍾、仲吕三吕在陽，則用倍數，方與十二月之氣相應。蓋陰之從陽，自然之理也。

十二律之實第四

子，黄鍾十七萬七千一百四十七，全九寸，半無；丑，林鍾十一萬八千□□九十八，全六寸，半三寸，不用；寅，太簇十五萬七千四百六十四，全八寸，半四寸；卯，南吕十□萬四千九百七十六，全五寸三分，半二寸六分，不用；辰，姑洗十三萬九千九百六十八，全七寸一分，半三寸五分；巳，應鍾九萬三千三百一十二，全四寸六分六厘，半二寸三分三厘，不用；午，蕤賓十二萬四千四百一十六，全六寸二分八厘，半三寸一分四厘；未，大吕十六萬五千八百八十八，全八寸三分七厘六毫，半四寸一分八厘三毫；申，夷則十一萬□□五百九十二，全五寸五分五厘一毫，半二寸七分二厘五毫；酉，夾鍾十四萬七千四百五十六，全七寸四分三厘七毫三絲，半三寸六分六厘三毫六絲；戌，無射九萬八千三百□□四，全四寸八分八厘四毫八絲，半二寸四分四厘二毫四絲；亥，仲吕十三萬一千□□七十二，全六寸五分八厘三毫四絲六忽餘二算半三寸二分八厘六毫二絲三忽。

按：十二律之實，約以寸法即除以一萬九千六百八十三，則黄鍾、林鍾太簇得全寸。約以分法即除以二千一百八十七，則南吕、姑洗得全分。約以厘法即除以二百四十三，則應鍾、蕤賓得全厘。約以毫法即除以二十七，則大吕、夷則得全毫。約以絲法即除以三，則夾鍾、無射得全絲。至仲吕之實十三萬一千七十二，以三分之不盡二算其數不行。此律之所以止於十二也。

變律第五

黄鍾十七萬四千七百六十二小分四百八十六，全八寸七分八厘一毫六絲二忽不用，半四寸三分八厘五毫三絲一忽。

林鍾十一萬六千五百□□八小分三百二十四，全五寸八分二厘四毫一絲一忽三初，半二寸八分五厘六毫五絲六初。

太簇十五萬五千三百四十四小分四百三十二，全七寸八分二毫四絲四忽七初不用，半三寸八分四厘五毫六絲六忽八初。

南吕十□萬三千五百六十三小分四十五，全五寸二分三厘一毫六絲一初六秒，半二寸五分六厘七絲四忽五初三秒。

姑洗十三萬八千□□八十四小分六十，全七寸一厘二絲二初二秒不用，半三寸四分五厘一毫一絲一初一秒。

應鍾九萬二千□□五十六小分四十，全四寸六分七毫四絲三忽一初四秒餘算一，半二寸三分三毫六絲六忽六秒彊不用。

按：十二律各自爲宫以生五聲二變。其黄鍾、林鍾、太簇、南吕、姑洗、應鍾六律，則能具足。至蕤賓、大吕、夷則、夾鍾、無射、仲吕六律，則取黄鍾、林鍾、太簇、南吕、姑洗、應鍾六律之聲，少下不和，故有變律。變律者，其聲近正而少高於正律也。然仲吕之實一十三萬一千□□七十二，以三分之不盡二算，既不可行，當有以通之。律當變者有六。故置一而六三之，得七百二十九。以七百二十九，因仲吕之實十三萬一千□□七十二，爲九千五百五十五萬一千四百八十八，三分益一，再生黄鍾、太簇、南吕、姑洗、應鍾六律。又以七百二十九歸之以從十二律之數，紀其餘分以爲忽秒。然後洪纖高下不相奪倫。至應鍾之實六千七百一十□萬八千八百六十四，以三分之又不盡一算，數又不可行。此變律之所以止於六也。變律非正律，故不爲宫也。

律生五聲圖第六

宫聲八十一　商聲七十二　角聲六十四　徵聲五十四　羽聲四十八

按：黄鍾之數九九八十一，是爲五聲之本。三分損一以下生徵，徵三分益一以上生商。商三分損一以下生羽。羽三分益一以上生角。至角聲之數六十四，以三分不盡一算，數不可行。此聲之數所以止於五也。或曰，此黄鍾一均五聲之數，他律不然。曰，置本律之實，以九九因之，三分損益以爲五聲。再以本律之實約之，則宫固八十一，商亦七十二，角亦六十四，徵亦五十四，羽亦四十八矣。假令應鍾九萬三千三百一十二，以八十一乘之，得七百五十五萬八千二百七十二爲宫。以九萬三千三百一十二約之，得八十一。三分宫損一，得五百□□三萬八千八百四十八爲徵。以九萬三千三百一十二約之，得五十四。三分徵益一，得六百七十一萬八千四百六十四爲商。以九萬三千三百一十二約之，得七十二，三分商損一，得四百四十七萬八千九百七十六爲羽。以九萬三千三百一十二約之得四十八，三分羽益一，得五百九十七萬一千九百六十八爲角，以九萬三千三百一十二約之得六十四。

變聲第七

變宫聲四十二小分六，變徵聲五十六小分八。

按：五聲，宫與商，商與角，徵与羽，相去各一律。至角與徵，羽與宫，相去乃二律。相去一律，則音節和，相去二律，則音節遠。故角徵之間，近徵收一聲，比徵少下，故謂之變徵。羽宫之間近宫收一聲，少高於宫，故謂之變宫也。角聲之實六十有四，以三分之，不盡一算。既不可行，當有以通之聲之變者二，故置一而兩，三之得九。以九因角聲之實六十有四，得五百七十六。三分損益再生變徵、變宫二聲，以九歸之，以從五聲之數。存其餘數，以爲强弱。至變徵之數五百一十二，以三分之，又不盡二算，其數又不行。此變聲所以止於二也。變宫、變徵，宫不成宫，徵不成徵。古人謂之：「和繆。」又曰：「所以濟五聲之不及也。變聲非正，故不爲調也。」

又　卷一《黄鍾之實》

黄鍾之實第三

《淮南子》曰：「規始於一，一不生，故分而爲陰陽，陰陽合和而萬物生，故曰：『一生二，二生三，三生萬物。』天地三月而爲一時，故祭祀三飯以爲禮，喪紀三踴以爲節，兵重三罕以爲制。以三參物，三三如九，故黄鍾之九寸而宫音調。因而九之，九九八十一，故黄鍾之數立焉。黄者，土德之色；鍾者，氣所種也。日冬至德氣爲土，土色黄，故曰黄鍾。律之數六，分爲雌雄，故曰十二鍾，以副十二月。十各以三成，故置一而十一，三之，爲積分十七萬七千一百四十七，黄鍾大數立焉。」

《前漢志》曰：「太極元氣，函三爲一。極，中也。元，始也。行於十二辰，始動於子。參之於丑，得三。又參之於寅，得九。又參之於卯，得二十七。又參之於辰，得八十一。又參之於巳，得二百四十三。又參之於午，得七百二十九，又參之於未，得二千一百八十七。又參之於申，得六千五百六十一。又參之於酉，得萬九千六百八十三。又參之於戌，得五萬九千零有四十九。又參之於亥，得十七萬七千一百四十七，此陰陽合德，氣鍾於子，化生萬物者也。」

律書曰：「置一而九三之以爲法。實如法，得長一寸。凡得九寸，命曰『黄鍾之律』。」

按：《淮南子》謂：「置一而十一，三之，以爲黄鍾之大數。」即此置一而九，三之以爲寸法者，其術一也。大置一而九三之，既爲寸法，則七三之，爲分法，五三之，爲厘法，三三之，爲毫法，一三之爲絲法，從可知矣。《律書》獨舉寸法者，蓋巳於生鍾分内，默具律寸分厘毫絲之法，而又於此律數之下，指其大者，以明凡例也，一三之而得三，三三之而得二十七，五三之而得二百四十三，七三之而得二千一百八十七，九三之而得一萬九千六百八十三，故一萬九千六百八十三，以九分之，則爲二千一百八十七。二千一百八十七，以九分之，則爲二百四十三，二百四十三以九分之，則爲二十七，二十七以九分之，則爲三。三者，絲法也。九其三得二十七，則毫法也。九其二十七，得二百四十三，則厘法也。九其二百四十三，得二千一百八十七，則分法也。九其二千一百八十七，得一萬九千六百八十三，則寸法也。一寸九分，一分九厘，一厘九毫，一毫九絲，以之生十一律，以之生五聲二變，上下乘除，《參同契》合，無所不通，蓋數之自然也。顧自淮南太史公之後即無識其意者，如京房之六十律，雖亦用此十七萬七千一百四十七之數，然乃謂不盈寸者十之所得爲分，又不盈分者，十之所得爲小分，以其餘爲强弱不知黄鍾九寸，以三損益數不出九，苟不盈分者十之，則其奇零無時而能盡，雖泛以强弱該之而卒無以見强弱之爲幾何，則其數之精微固有不可得而紀者矣。至於杜佑、胡瑗、范蜀公等則又不復知有此數，而以意强爲之法，故《通典》則自南吕而下各自爲法，故不可以見分厘毫絲之實，胡、范則止用八百一十分，是以積實生量之數爲律之長，而其因乘之法，亦用十數，故其餘算亦皆棄而不録，蓋非有意於棄之實其重分累析至於無數之可紀，故有所不得而録耳。夫自絲以下，雖非目力之所能然既有其數，而或一算之？則法於此而遂變不以約十爲九之法分之，則有終不可得而齊者，故淮南太史公之書，其論此也已詳，特房等有不察耳。司馬貞《史記索隱》注：「黃鍾八寸十分一云律九九八十一。」故云八寸十分一。《漢書》云：「長九寸者，九分之寸也。」此則古人論律以九分爲寸之明驗也。

三分損益上下相生第四

《呂氏春秋》曰：「黃鍾生林鍾，林鍾生太蔟，太蔟生南呂，南呂生姑洗，姑洗生應鍾，應鍾生蕤賓，蕤賓生大呂，大呂生夷則，夷則生夾鍾，夾鍾生無射，無射生仲呂，三分所生益之一分以上生，三分所生取其一分以下生，黃鍾、大呂、太蔟、夾鍾、姑洗、仲呂、蕤賓爲上，林鍾、夷則、南呂、無射、應鍾爲下。」

《淮南子》曰：「黃鍾位子，其數八十一，主十一月，下生林鍾。林鍾之數五十四，主六月，上生太蔟。太蔟之數七十二，主正月，下生南呂。南呂之數四十八，主八月，上生姑洗。姑洗之數六十四，主三月，下生應鍾。應鍾之數四十二，主十月，上生蕤賓。蕤賓數五十六，主五月，上生大呂。大呂之數七十六，主十二月，下生夷則。夷則之數五十一，主七月，上生夾鍾。夾鍾之數六十八，主二月，下生無射。無射之數四十五，主九月，上生仲呂。仲呂之數六十，主四月，極不生。」

按：《呂氏》《淮南子》上下相生，與司馬氏《律書》《漢前志》不同，雖大呂、夾鍾、仲呂用倍數則一，然《呂氏》《淮南》不過以數之多寡爲生之上下律呂，陰陽皆錯亂而無論非其本法也。

《律書・生鍾分》：「子，一分。丑，三分二。寅，九分八。卯，二十七分十六。辰，八十一分六十四。巳，二百四十三分一百二十八。午，七百二十九分五百一十二。未，二千一百八十七分一千□□二十四。申，六千五百六十一分四千□□九十六。酉，一萬九千六百八十三分八千一百九十二。戌，五萬九千□□四十九分三萬二千七百六十八。亥，一十七萬七千一百四十七分六萬五千五百三十六。」

按：此即三分損益上下相生之數，其分字以上者皆黃鍾之全數。子律數，寅寸數，辰分數，午厘數，申毫數，戌絲數，其丑卯巳未酉亥則三分律寸分厘毫絲之法也。其分字以下者，諸律所取於黃鍾長短之數也。假令子一分，則一爲九寸是黃鍾之全數。丑三分二，則一爲三寸，三三如九，亦是黃鍾之九寸，三分取二，其二，故林鍾得六寸。寅九分八，則一爲一寸，亦是黃鍾之九寸，九分取其八，故太蔟得八寸其上下相生之敘，則《晉志》所謂在六律爲陰陽當位自得，而下生於陰。六呂爲陰，則得其所動而上生於陽者是也。丑爲林鍾，卯爲南呂，巳爲應鍾，未爲大呂，酉爲夾鍾，亥爲仲呂。大呂、夾鍾、仲呂止得半聲，必用倍數乃與天地之氣相應，其寸分厘毫絲，皆九以爲法。

和聲第五

《漢前志》曰：「黃鍾爲宫，則太蔟、姑洗、林鍾、南呂，皆以正聲，應無有忽微，不復與他律爲役者，同心一統之義也，非黃鍾而他律，雖當其月自宫者，則其和應之律有空積忽微，不得其正。此黃鍾至尊，無與並也。」

按：黃鍾爲十二律之首。他律無大於黃鍾，故其正聲不爲他律役。其半聲當爲四寸五分，而前乃云無者，以十七萬七千一百四十七之數不可分，又三分損益，上下相生之所不及，故亦無所用也。至於大呂之變宫，夾鍾之羽，仲呂之徵，蕤賓之變徵，夷則之角，無射之商，自用變律，半聲非複黃鍾矣。此其所以最尊而爲君象，然亦非人之所能爲，乃數之自然，他律雖欲役之而不可得也，此一節最爲律呂旋宫用聲之綱領，古人言之已詳，唯杜佑《通典》再生黃鍾之法爲得之，而他人皆不及也。佑説見下條。

《漢後志》京房六十律

黃鍾　子	黃鍾生林鍾未	林鍾生太蔟酉	太蔟生南呂酉
南呂生姑洗辰	姑洗生應鍾亥	應鍾生蕤賓午	蕤賓生大呂丑
大呂生夷則申	夷則生夾鍾卯	夾鍾生無射戌	無射生仲呂巳
仲呂生執始子	執始生去滅未	去滅生時息寅	時息生結躬酉
結躬生變虞辰	變虞生達内亥	遲内生盛變午	盛變生分否丑
生否生解形申	解形生開時卯	開時生閉掩戌	閉掩生南中巳
南中生丙盛子	丙盛生安度未	安度生屈齊寅	屈齊生歸期酉
歸期生路時辰	路時生未育亥	未育生離宫午	離宫生淩陰丑
淩陰生去南申	去南生族嘉卯	族嘉生鄰齊戌	鄰齊生内負巳
内負生分動子	分動生歸嘉未	歸嘉生隨時寅	隨時生未卯酉
未卯生形始辰	形始生遲時亥	屖時生制時午	制時生少出丑
少出生分積申	分積生争南卯	争南生期保戌	期保生物應巳
物應生質未子	質未生否與未	否與生形晉寅	形晉生惟汗酉

惟汗生依行辰　依行生包育亥　包育生謙待未　謙待生未知寅
未知生白呂酉　白呂生南授辰　南授生分鳥亥　分鳥生南事午

按：世之論律者，皆以十二律爲迴圈相生，不知三分損益之數往而不返，仲呂再生黃鍾，止得八寸七分有奇，不成黃鍾正聲，京房覺其如此，故仲呂再生別名執始轉生四十八律，其三分損益不盡之算，或棄或增，夫仲呂上生不成黃鍾，京房之見則是矣。至於轉生四十八律則是不知變律之數，止於六者，出於自然不可複加，雖强加之，而亦無所用也，況律學微妙，其生數立法，正在毫釐秒忽之間。今乃以不盡之算，不容損益遂或棄之或增之，則其畸贏贅踰之積亦不得爲此律矣，又依行辰上生包育，統於黃鍾之次，乃是其黃鍾、林鍾、太蔟、南呂、姑洗，每律統五律。蕤賓、應鍾每律統四律。大呂、夾鍾、仲呂、夷則、無射每律統三律。三五不周，多寡不例。其與反生黃鍾相去五十百步之間耳。意者房之所傳出於焦氏，焦氏卦氣之學亦去四，而爲六十，故其推律，亦必求合卦氣之數，不知數之自然，在律者不可增，而於卦者不可減也。何承天、劉焯譏房之病，蓋得其一二。然承天與焯皆欲增林鍾已下十一律之分，使至仲呂反生黃鍾，還得十七萬七千一百四十七之數如此，則是惟黃鍾一律成律，他十一律皆不應三分損益之數，其失又甚於房矣。可謂目察秋毫，而不見其睫也。杜佑《通典》曰：「陳仲儒云：『調聲之體，宮商宜濁，徵羽宜清。若依公孫崇止以十二律而云，還相爲宮，清濁悉足，非惟未陳五調，調器之法，至於五聲次第，自是不足何者，黃鍾爲聲氣之元，其管最長，故以黃鍾爲宮，太蔟爲商，林鍾爲徵，則一相順，若均之八音，猶相錯，采衆聲配成其美。若以應鍾爲宮，大呂爲商，蕤賓爲徵，則徵濁而宮清，雖有其韻不成音曲。若以無射爲宮，則十二律中，惟得取仲呂爲徵，其商角羽，並無其韻。若以仲呂爲宮，則十二律內全無所取，何者？仲呂爲十二律之窮變律之也。依京房書，仲呂爲宮，乃以去滅爲商，執始爲徵，然後成韻而崇，乃以仲呂爲宮，猶用林鍾爲商，黃鍾爲徵，何由可諧。』」

按：仲儒所以攻公孫崇者當矣。其論應鍾爲宮，大呂爲商，蕤賓爲徵，商徵皆濁於宮，雖有其韻不成音曲。又謂仲呂爲宮，則十二律內全無所取，爲的切，然仲儒所主，是京氏六十律，不知依行爲宮，包育爲徵，果成音曲乎，果有其韻乎，蓋仲儒知仲呂之反生不可爲，黃鍾而不知變至於六，則數窮不生，雖或增或棄，成就使然之數，强生餘律，亦無所用也。《通典》曰：「十二律相生之法。自黃鍾始，黃鍾之管九寸三分損益，下生林鍾，上生太蔟，太蔟下生南呂，南呂上生姑洗，姑洗下生應鍾，應鍾上生蕤賓，蕤賓上生大呂，大呂下生夷則，夷則上生夾鍾，夾鍾下生無射，無射上生仲呂。仲呂之管，長六寸，一萬九千六百八十三，分寸之，萬二千九百七十四。所謂十二律長短相生，一終於仲呂之法，又制十二鍾以准十二律之正聲，又□氏爲鍾以律計自倍半以子聲比正聲，則正聲爲倍以正聲比子聲，則子聲爲半，但先儒釋用倍聲有二義：一義云半十二律正律爲十二子聲之鍾；二義云從於仲呂之管寸數，以三分益一，上生黃鍾以所得管之寸數，然後半之，以爲子聲之鍾，其爲變正聲之法者，以黃鍾之管正聲九寸，子聲則四寸半又上下相生之法者。以仲呂之管長六寸，一萬九千六百八十三，分寸之，萬二千九百七十四，上生黃鍾，三分益一，得八寸五萬九千□□四十九，分寸之，五萬一千八百九十六，半之，得四寸五萬九千□□四十九，分寸二萬五千九百四十八，以爲黃鍾又上下相生，以至仲呂皆以相生所得之律，寸數半之，以爲子聲之律。」

按：此説黃鍾九寸，生十一律，有十二子聲，所謂正律、正半律也。又自仲呂上生黃鍾，黃鍾八寸五，萬九千□□四十九，分寸之，五萬一千八百九十六，又生十一律，亦有十二子聲，即所謂變律、變半律也，正變及半。凡四十八聲，上下相生最得。《漢志》所謂「黃鍾不復爲他律役」之意與《律書》「五聲大小次第」之法，但變止于應鍾，雖設而無所用，則其實三十六聲而已，其間陽律不用變聲，而用黃鍾，又不用正半聲。陰律不用正半聲，而應鍾又不用變半聲其實又二十八聲而已。

五聲小大之次第六

《國語》曰：「大不踰宮，細不過羽，夫宮音之主也，第以及羽。」

《律書》曰：「律數九九八十一，以爲宮三分去一，五十四以爲徵，三分益一，七十二以爲商，三分去一，四十八以爲羽，三分益一，六十四以爲角。」

《通典》：「古之神瞽考律均聲，必先立黃鍾之均。五聲十二律，起於黃鍾之氣數。黃鍾之管，以九寸爲法，度其中氣，明其陽數之極。故用九自乘爲管絲之數。九九八十一數。其增減之法，又以三爲度，以上生者皆三分益一，下生者皆三分去一。宮生徵，三分宮數八十一，則分各二十七，下生者去一，去二十七餘有五十四，以爲徵，故徵數五十四也。徵生商，三分徵數五十四，則分各十八，上生者益一，加十八於五十四，得七十二，以爲商，故商數七十二也。商生羽，三分商數七十二，則分各二十四，下生者去其一，去二十四，得四十八，以爲羽，故羽數四十八也。羽生角，三分羽數四十八，則分各十六，上生者益一，加十六於四十八，則得六十四，以爲角，故角數六十四也。此五聲小大之次也。是黄鍾爲均，用五聲之法，以下十一辰，辰各有五聲，其爲宫商之法亦如之，辰各有五聲，合爲六十聲，是十二律之正聲也。」

按：宫聲之數八十一，商聲之數七十二，角聲之數六十四，徵聲之數五十四，羽聲之數四十八，是黄鍾一均之數而十一律於此取法焉。《通典》所謂以下十一辰，辰各五聲，其爲宫、爲商之法，亦如之者是也。夫以十二律之宫，長短不同，而其臣、民、事、物、尊、卑莫不有序，而不相淩犯，良以是耳，沈括不知此理，乃以爲五十四，在黄鍾爲徵，在夾鍾爲角，在仲吕爲商者，其亦誤矣。俗樂之有清聲，蓋亦略知此意，但不知仲吕反生黄鍾，黄鍾又自林鍾再生太蔟皆爲變律，已非黄鍾太蔟之清聲。胡安定知其如此，故於四清聲。皆小其圍徑，則黄鍾、太蔟二聲雖合，而大吕、夾鍾二聲又非本律之半，且自夷則至應鍾四律皆以次小，其圍徑以九之，遂使十二律五聲，皆有不得其正者，則亦不成樂矣。若李照、蜀公止用十二律，則又全然不知此理者也。蓋樂之和者，在於三分損益，樂之辨者在於上下相生，若李照、蜀公之法其合於三分損益者，則和矣。自夷則已降其臣、民、事、物，豈能尊、卑有辨，而不相淩犯乎，晉荀勖之笛，梁武帝之通亦不如此而有作者也。

變宫變徵第七

《春秋左氏傳》：「晏子曰，先王之濟五味、和五聲也，以平其心、成其政也。聲亦如味，一氣、二體、三類、四物、五聲、六律、七音、八風、九歌，以相成也。」

《漢前志》曰：「《書》曰：『予欲聞六律、五聲、八音、七始詠，以出納五言，汝聽。』」

《淮南子》曰：「宫生徵，徵生商，商生羽，羽生角，角生應鍾，不比於正音，故爲和，應鍾生蕤賓，不必於正音，故爲繆。」

《通典》注曰：「按應鍾爲變宫，蕤賓爲變徵，自殷以前，但有五音，自周以來，加文、武二聲，謂之七聲。五聲爲正，二聲爲變。變者，和也。」

按：宫與商，商與角，徵與羽，相去皆一律。角與徵，羽與宫，相去獨二律，一律則近而和，二律則遠而不相及，故宫羽之間有變宫，角徵之間有變徵，此亦出於自然。《左氏》所謂七音，《漢前志》所謂七始是也。然五聲者正變，故以起調異曲爲諸聲之綱，至二變聲，則宫不成宫，則徵不成徵，不比於正音，但可以濟五聲之所不及而已。然有五音而無二變，亦不可以成樂也。

六十調第八

《周禮》曰：「春官大司樂，凡樂圜鍾爲宫，黄鍾爲角，太蔟爲徵，姑洗爲羽，雷鼓雷鞀，孤竹之管，雲和之琴瑟。雲門之舞，冬日至於地上之圜丘奏之，若樂六變，則天神皆降可得而禮矣。凡樂，函鍾爲宫，太蔟爲角，姑洗爲徵，南吕爲羽，靈鼓靈鞀，孫竹之管，空桑之琴瑟，咸池之舞，夏日至於澤中之方丘奏之，若樂八變則地示皆出可得，而禮矣，凡樂，黄鍾爲宫，大吕爲角，太蔟爲徵，應鍾爲羽，路鼓路鞀陰竹之管，龍門之琴瑟，九德之歌，九盤之舞，於宗廟之中奏之，若樂九變則人鬼可得而禮也。」

按：此祭祀之樂，不用商聲，只有宫角徵羽四聲，無變宫變徵，蓋古人變宫、變徵不爲調也。左氏傳曰，中聲以降，五降之後不容彈矣。夫五降之後，更有變宫、變徵而曰不容彈者，以二變之不可爲調也。禮記禮運曰，五聲六律十二律管，還相爲宫也。鄭氏注曰，五聲宫商角徵羽也。其管陽曰律，曰陰吕，布十二辰，始終黄鍾管長九寸，下生者三分去一，上生者三分益一。終於仲吕，更生爲宫，凡六十也。孔氏疏曰黄鍾爲第一宫，下生林鍾爲徵，上生太蔟爲商，下生南吕爲羽，上生姑洗爲角，林鍾爲第二宫。上生太蔟爲徵，下生南吕爲商，上生姑洗爲羽，下生應鍾爲角，太蔟爲第三宫。下生南吕爲徵，上生姑洗爲商，下生應鍾爲羽，上生蕤賓爲角，南吕爲第四宫。上生姑洗爲徵，下生應鍾爲商，上生蕤賓爲羽，上生大吕爲角，姑洗爲第五宫。下生應鍾爲徵，上生蕤賓爲商，上生大吕爲羽，下生夷則爲角，應鍾爲第六宫。上生蕤賓爲徵，上生大吕爲商，下生夷則爲羽，上生夾鍾爲角，蕤賓爲第七宫。上生大吕爲徵，下生爲商，上生夾鍾爲羽，下生無射爲角，大吕爲第八宫。下生夷則爲徵，上生夾鍾爲商，下生無射爲羽，上生仲吕爲角，夷則爲第九宫。上生夾鍾爲徵，下生無射爲商，上生仲吕爲羽，上生黄鍾爲角，夾鍾爲第十宫。下生無射爲徵，上生仲吕爲商，上生黄鍾爲羽，下生林鍾爲角，無射爲第十一宫。上生仲吕爲徵，上黄鍾爲商，下生林鍾爲羽，上生太蔟爲角，仲吕爲第十二宫。上生黄鍾爲徵，下生林鍾爲商，上生太蔟爲羽，下生南吕爲角，是十二宫各有五聲，凡六十聲。

《淮南子》曰：「一律而五音，十二律而爲六十音，因而六之，六六三十六，故三百六十音，以當一歲之日，故律曆之數，天之道也。」

按：聲者所以起調，異曲爲諸聲之綱領。《禮運》所謂還相爲宫，所以始於黄鍾終於南吕也。後世以變宮、變徵參，而八十四調其亦不考也。

宋・沈括《補筆談》卷二 律有實積之數，有長短之數，有周徑之數，有清濁之數。

所謂（積實）〔實積〕之數者，黄鍾管長九寸，徑九（寸）〔分〕，以黍實其中，其積九九八十一，此實積之數也。林鍾長八寸，徑九分，八九七十二。《前漢書》稱八八六十四，誤也。解具下文。餘律準此。所謂長短之數者，黄鍾九寸，三分損一，下生林鍾，長六寸；林鍾三分益一，上生太蔟，長八寸，此長短之數也。餘律準此。所謂周徑之數者，黄鍾長九寸，圍九分；古人言「黄鍾圍九分」，舉盈數耳，細率之當周九分七分之三。林鍾長六寸，亦圍九分。十二律皆圍九分，《前漢志》言「林鍾圍六分」者，誤也。予於《樂論》辯之甚詳。《史記》稱「林鍾五寸十分四」，此則六分九五十四，足以驗《前漢》誤也。餘律準此。所謂清濁之數者，黄鍾長九寸爲正聲，一尺八寸爲黄鍾濁宮，四寸五分爲黄鍾清宮。倍而長爲濁宮，倍而短爲清宮。餘律準此。

明・黄佐《樂典》卷一

通曰：【略】太極元氣函三爲一，始孳於子，故黄鍾之律置一於子而三之。八十一大數，可以生五聲，不可以生十一律，故立此法。丑三，寅九，卯二十七，辰八十一，巳二百四十三，午七百二十九，未二千一百八十七，申六千五百六十一，酉一萬九千六百八十三，戌五萬九千四十九，亥一十七萬七千一百四十七。在六陽，辰子爲全律。順間一位，則寅爲寸數，辰爲分數，午爲釐數，申爲毫數，戌爲絲數。在六陰，辰亥爲黄鍾之實，逆間一位，酉爲寸法，未爲分法，巳爲釐法，卯爲毫法，丑爲絲法。此謂黄鍾之實，以該寸、分、釐、毫、絲，由是十一律生焉。其寸、分、釐、毫、絲之法，皆用九數，故九絲爲毫，九毫爲釐，九釐爲分，九分爲寸，九寸爲黄鍾。蓋黄鍾之實一十七萬七千一百四十七之數，以三約之，爲絲者五萬九千四十九，以二十七約之，爲毫者六千五百六十一，以二百四十三約之，爲釐者七百二十九，以二千一百八十七約之，爲分者八十一，以一萬九千六百八十三約之，爲寸者九，由是三分損益以生十一律焉。約之九寸，歸之正度，則八十一分爾。其譜曰合。其律最長不爲他均所役，當爲徵、商、羽、角，則以子聲變數應之，生自中吕，爲變律之元，八萬七千三百八十一。小分二百四十三。約之四寸三分八釐五毫三絲一忽，歸之正度，則三十九分爾。其譜曰六。黄帝命伶倫斷竹，兩節間聲出三寸九分，故吹曰含少，合其無聲者四十二分，則爲全律。倍之七十八，合吹口三分爲八十一。三十九，子半數也。子初四刻，徵陽初動。陽猶麗陰，陰含少陽，是以名也。凡律空圍九分，徑三分四釐六毫，十一律皆如之。

其自爲宮也，林鍾爲徵，太簇爲商，南吕爲羽，姑洗爲角，應鍾爲變宮，蕤賓爲變徵。其應聲也，於蕤賓爲變徵，於大吕爲變宮，於夷則爲角，於夾鍾爲羽，於無射爲商，於中吕爲徵。調起姑洗、南吕，六變爲羽、角，八變爲徵、商，九變返於其宮，大合樂角、羽，倡太簇商、徵，和蕤賓應之。

通曰：黄鍾律本九寸，爲管則八寸七分，虚三分吹口，則其數七十八，合有聲、無聲而計之也。右出《史記・律書》及揚雄《太玄》，張氏行成所謂制管之法數是也。七音六孔，黄鍾爲宮，自吹口至底中，凡九寸不爲孔。林鍾爲徵，去吹口六寸。太簇爲商，去吹口八寸。南吕爲羽，去吹口五寸三分。姑洗爲角，去吹口七寸一分。應鍾爲變宮，去吹口四寸六分六釐。蕤賓爲變徵。其孔旁附，去吹口六寸二分八釐。律娶妻則林鍾代宮，以變宮爲角，吕生子，則太簇代宮，以變徵爲角，此謂正聲三調，流轉用事，故曰五音之正聲，氣之元也。管本七音，而《後漢・律曆志》以爲五音之正者，盧植曰十二月各三調，流轉用事，故京房六十律止言宮、商、徵。三分損一，下生林鍾者，黄鍾之實九寸三分，其實得三以爲法，下生者倍，故林鍾六寸。詳見本均。及其聲應他均也，於蕤賓則爲變徵，於大吕則爲變宮，於夷則則爲角，於夾鍾則爲羽，於無射則爲商，於中吕則爲徵。律自爲宮，左行右還，以應斗聲，應他均；右行左還，以應日。凡周十二律而後返乎其宮，變宮、變徵不爲調，建律運曆以應六十日。甲子，中吕之徵也；丙子，夾鍾之羽也；戊子，黄鍾之宮也；庚子，無射之商也；壬子，夷則之角也。調起角、羽，而並奏之，姑洗六變夾鍾，八變中吕，南吕六變夷則，八變無射，蓋黄鍾用宮逐羽，南吕從宮，一變姑洗，爲徵。二變應鍾，爲商。三變蕤賓，爲羽。四變大吕，爲角。五變夷則，變宮。六變夾鍾，變徵。七變無射，八變中吕，九變黄鍾。姑洗徵九合於宮，應鍾商八合於徵，大吕角六合於羽，皆得黄鍾、大吕，應南吕爲角，故六變黄鍾爲角，夷則應鍾爲羽，故八變南吕爲羽，姑洗從南吕爲宮，故九變黄鍾爲宮，避無射，故以羽應。

又 卷三

律書生鍾分曰：寅九分八。生自丑三分二。九分者，本黄鐘之寸數也，以三乘丑上数得之。三分爲丑上數。八者，得黄鐘全數九分之八也。四，丑下數得之。八爲丑下數，四謂四其實，四二如八。黄鐘之實，以一萬九千六百八十三爲寸法，凡得一萬九千六百八十三者八，故太簇之實，十五萬七千四百六十四。

雖分自黄鐘九分之八，然益林鐘全數三分之一，亦無不同也。又置八於寅而三之，林鐘上生，故四其實，三其法。卯二十四，辰七十二，巳二百一十六，午六百四十八，未一千九百四十四，申五千八百三十二，酉一萬七千四百九十六，戌五萬二千四百八十八，亥則得太簇之實，以律法計之八寸，約以分法，二千一百八十七。七十二爾。其譜曰四。半之則三十六律四寸也。其譜曰高五。變半律生自變林鐘，七萬七千六百七十二，計三寸八分四釐五毫六絲六忽八初，約以分法，得三十五小分二百一十六，舉大數則三十六爾。譜同上。當爲林鐘之徵，以子聲半數應之，無射之角，中吕之羽，則以變半數應之，顓帝曆首建寅，律首應鐘者何？斗建寅則日月會於亥故也。

其自爲宫也，南吕爲徵，姑洗爲商，應鐘爲羽，蕤賓爲角，大吕爲變宫，夷則爲變徵。其應聲也，於夷則爲變徵，於夾鐘爲變宫，於無射爲角，於中吕爲羽，於黄鐘爲商，於林鐘爲徵。調起蕤賓、應鐘，六變爲羽、角，八變爲徵、商，九變返於其宫。大合樂角、羽，倡姑洗商、徵，和夷則應之。

通曰：太簇律本八寸，爲管則七寸七分，虚三分歛口，則其數六十九，合有聲無聲而計之也。律書曰七寸七分二商。七音六孔，太簇爲宫，自歛口至底中翕聲八寸。南吕爲徵，去吹口五寸三分。姑洗爲商，去吹口七寸一分。應鐘爲羽，去歛口四寸六分六釐。蕤賓爲角，去歛口六寸二分八釐。大吕爲變宫，去吹口四寸一分八釐三毫。夷則爲變徵。去歛口五寸五分五釐一毫附。律娶妻，則南吕代宫以變宫，大吕爲角，吕生子，則姑洗代宫以變徵，夷則爲角，此謂正聲三調，流轉用事。三分損一下生南吕者，太簇之實八寸三分，其實得二寸六分以爲法，下生者倍，故南吕五寸三分。舊法下生者，倍其實，得十六以爲法，三其一得三以分，其法用十五得三者，五爲五寸，餘一爲三分寸之一，合之爲南吕。

明・韓邦奇《苑洛志樂》卷二

黄鐘第一

解曰：此黄鐘之體數也，十分爲寸，分、釐、毫、絲并同。斷用之九爲十，何以？自然之數也。

長九寸，空圍九分，積八百一十分。

解曰：從長九寸，寸者十分黄鐘之長，通有九寸也。空圍九分，分者十分寸之一，黄鐘之管，滿於圍中，容九方分也，積實八十一分。黄鐘之管，從長九寸，寸十分。黄鐘九十分，空圍中九分，每長一分，圍必九分。以九十因之，則八百一十分也。

員田術：三分益一，得十二分。

解曰：三分爲一分，三分，九分也。又益一分，共四分，十二分也。以九方分平置，又三分益一分，共十二方分。

以開方法除之，

解曰：以上一分分割爲四片，每凡二釐五毫。貼於九方分四面。又每片除一毫九絲二忽爲角，每片上得二釐三毫八忽。

得三分四釐六毫强，爲實徑之數，

解曰：中九方分，四面各得三分，外四面各二釐三毫八忽。東與西四釐六毫一絲六忽，南與北亦然。是縱橫又得三分四釐六毫一絲六忽，爲實徑之數。

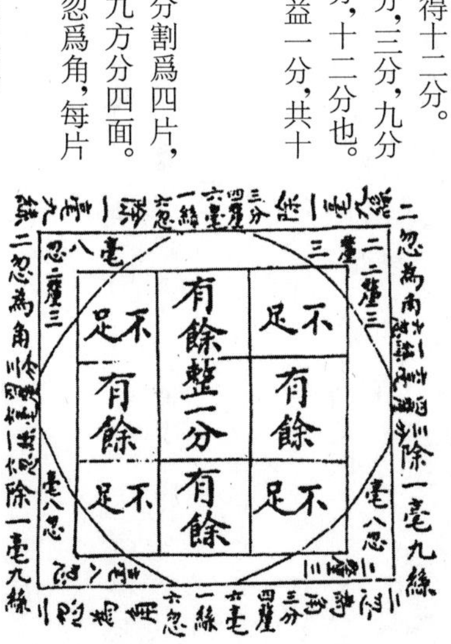

以寸代分取其大，則明白易於乘除。

不盡三毫八絲四忽。

解曰：此補四角之數也。本以一分割作四片，每片二釐五毫。兩面該五釐，合九方分，該三分五釐。徑今每片取一毫九絲二忽，補角兩面，該三毫八絲四忽，徑止得三分四釐六毫一絲六忽，猶餘三毫八絲四忽也。

今求員積之數，

解曰：謂圍員之數，并内積之數也。

以徑三分四釐六毫自相乘，

解曰：不用一絲六忽，每一分得三分四釐六毫，每一釐得三釐四毫六絲，每一毫得三毫四絲六忽。分以三乘，釐以四乘，毫以六乘。

得十一分九釐七毫一絲六忽。

解曰：若用一絲六忽時，正十二方分。惟不用一絲六忽，故止得如此。以上所乘計之，分之所得者十分三釐八毫，釐之所得者一分三釐八毫四絲，毫之所得者二釐六絲十六忽，總計所得十一方分零九釐七毫一絲六忽。

加以開方不盡之數二毫八絲四忽，

解曰：此不盡之數與上不同。上不盡之數乃是以三分四釐六毫一絲六忽爲徑，不盡三毫八絲四忽，除去補四角，成十二方分；此不盡之數，乃是以三分四釐六毫爲徑，于十二方分中餘得此數。

得一十二分。

解曰：以十一分九釐(一)[七]毫一絲六忽，合二毫八絲四忽，共得十二[方]分，如前開方之數。[以管長九十分乘之，得一千八十分，爲方積之數。]

解曰：每管一分，該十二分，積九十分而計之，共一千八十分，爲方積之數。徑三分四釐六毫一絲六忽，周方共十三分八釐四毫六絲四忽。

四分取三爲員積之數，得八百一十分。

解曰：以一千八十分作四分，則一分該二百七十分四分。中取三分爲員積之數，該八百一十分。以九方分積中計之，徑三分四釐六毫一絲六忽，周員十分八釐三毫四絲八小忽〇八秒。蔡十分三釐八毫則少，彭十分八釐七毫則多。

彭氏曰：黃鐘律管有從長，有面羃，有空圍，有周，有徑，有積實，

解曰：從長者，只以黃鐘管上下言之，不以積論也，一，一管；二，九寸；三，九十分；四，九百釐；五，九千毫；六，九萬絲。面羃者，止論黃鐘管面上中郛之數也。空圍者，論圍員中所容之數，合面羃積實之數也。以方分計之，一分整，四分有餘，四分不足，以有餘補不足，每長一分，當有九方分充滿於黃鐘之管。周廣者，九方分之郛，黃鐘管周員之數也，當有十分八釐三毫四絲零八少忽八秒。徑者，論黃鐘管直徑之數也，以管三分得一，當有三分四釐六毫一絲六忽。內積者，論黃鐘管上下空圍中之數也。七，九爲絲法；八，九十爲毫法；九，九百爲釐法；十，九千爲分法；十一，九萬爲寸法；十二，八十一萬爲黃鐘之實。通計黃鐘之實，一管九寸九十分，乘空圍九分，八百一十分八十一萬釐八萬萬一千萬毫八千萬萬一百萬萬絲。

積黍。

解曰：一爲一分，黃鐘之管長九十分。立九十黍，每一分空圍中可容十三黍又三分黍之一。以九十因之，可容千二百黍矣。夫黃鐘之管，一黍爲一分，黃鐘之實止八百一十方分，何以能容千二百黍哉？蓋方與員不同。方無空，員有空，以員頂對員頂，則一爲一分。若縱橫補塞，其空充滿黃鐘之管，可容千二百黍。九十分之，則每分該十三黍又三分黍之一矣。用羊頭山黍，以篩子篩之，去其大者、小者，而用中者。若管既定，則隨大小之宜而實其數，尤爲至當。

黃鐘之實第二

解曰：此黃鐘之用數也，九分爲寸，分、釐、毫、絲并同。約體之十以爲九，何以？九因三分損益而立也，若以十，則三分不盡其數，必有餘剩之數，且難推筭。約之爲九，既不失其十之長，又無餘剩之數，易于推筭矣。又置一而三，三徃而九間之，亦理之自然也。

子一，黃鐘之律。

解曰：此黃鐘通長之管也，一而已。太極以一含三，此一管含下丈、寸、分、釐、毫、絲之法。數實十一箇三也，置一也，陽辰之始也。

丑三，爲絲法。

解曰：黃鐘之數起于絲，然空圍中九分，八面相乘各三分，每一絲必有三絲，故三爲一絲。由一而三，加爲三，三箇一也。此雖由一而三，然陰陽各爲一事，不相[涉]焉。第一三也，陰辰之始也。

寅九，爲寸數。

解曰：此黃鐘之九寸也。一管九寸，與上(子)[寸]爲一連事。由三而三，加爲九，三箇三也。第二三也，[一寸]含三寸。

卯二十七，爲毫法。

解曰：黃鐘之數，九絲爲毫。然一毫乘圍，必有三毫，故九三二十七爲一毫也，與上丑爲一連事。由九而三，加爲二十七，三箇九也。第三三也。

辰八十一，爲分數。

解曰：此黃鐘八十一分也。一寸九分，九寸共八十一分，與上寅爲一連事。由二十七而三，加爲八十一，三箇二十七也。第四三也，一分含三分。

巳二百四十三，爲釐法。

解曰：黃鐘之數，九毫爲釐。然一釐乘圍，必有三釐；二十七既爲一毫，則九箇二十七，該二百四十三爲一釐也。與上卯爲一連事。由八十一而三，加爲二百四十三，三箇八十一也。第五三也。

午七百二十九，爲釐數。

解曰：此黃鐘七百二十九釐。一分九釐，八十一分共該七百二十九釐，與上辰爲一連事。由二百四十三而三，加爲七百二十九，三箇二百四十三也。第六三也，一釐含三釐。

未二千一百八十七，爲分法。

解曰：黃鐘之數，九釐爲分，然一分乘圍，必有三分；二百四十三既爲一

釐，則九箇二百四十三，該二千一百八十七爲一分也。與上巳爲一連事。由七百二十九而三，加爲二千一百八十七，三箇七百二十九也。第七三也。

申六千五百六十一，爲毫數。

解曰：此黄鐘之六千五百六十一毫也。一釐九毫，七百二十九釐共該六千五百六十一毫，與上午爲一連事。由二千一百八十七而三，加爲六千五百六十一三箇二千一百八十七也。第八三也，一毫含三毫。

酉一萬九千六百八十三，爲寸法。

解曰：黄鐘之數，九分爲寸。然一寸乘圍，必有三寸；二千一百八十七既爲一分，則九箇二千一百八十七，該一萬九千六百八十三爲一寸也。與上未爲一連事。由六千五百六十一而三，加爲一萬九千六百八十三，三箇六千五百六十一也。第九三也，所謂九三之爲寸法是也。

戌五萬九千四十九，爲絲數。

解曰：此黄鐘之五萬九千四十九絲也。一毫九絲，六千五百六十一毫共該五萬九千四十九也，與上申爲一連事。由一萬九千六百八十三而三，加爲五萬九千四十九，三箇一萬九千六百八十三也。第十三也，一絲含三絲。

亥十七萬七千一百四十七，爲黄鐘之實。

解曰：黄鐘之數，九寸爲管。然乘圍而三之，一萬九千六百八十三既爲一寸，則九箇一萬九千六百八十三該十七萬七千一百四十七爲九寸，一管黄鐘之實也，與上酉爲一連事。由五萬九千四十九而三，加爲十七萬七千一百四十七，三箇五萬九千四十九也。第十一三也，所謂置一而十一，三之謂黄鐘之實是也。

子、寅、辰、午、申、戌，六陽辰。

解曰：以六律在位故也，子、丑、寅、卯、辰、巳則正陽。

亥、酉、未、巳、卯、丑，六陰辰。

解曰：以六吕在位故也，午、未、申、酉、戌、亥則正陰。　黄鐘生十一律第三解曰：十二律相生亦在内。

黄鐘子	黄鐘爲一分
	黄鐘通長之管通用

子，一分。一爲九寸。

解曰：子，黄鐘也；一，黄鐘之管也。下十一律皆由此管而生。本註者，黄鐘生十一律也。圈外註者，十二律三分損益相生也。

黄鐘子	分黄鐘爲三分	
	一分不用	林鐘六寸之管二分用

丑，三分二。一爲三寸。

解曰：丑，林鐘也；三分，三分乎子也。二，林鐘之管也。以黄鐘九寸，分爲三分，每分三寸。得其二分，計六寸，爲林鐘之數也。　分黄鐘九寸爲三分，去一分，下生林鐘，得二分，計六寸。

黄鐘子	分黄鐘爲九	
	分一分不用	太蔟八寸之管八分用

寅，九分八。一爲一寸。

解曰：寅，太蔟也；九分，九分乎子也。（入）[八]，太蔟之管也。以黄鐘九寸，分爲九分，每分一寸。得其八分，計八寸，爲太蔟之數也。　分林鐘六寸爲三分，每分二寸，益一分，上生太蔟，得四分，計八寸。

黄鐘子	分黄鐘爲二十七	
	分十一分不用	南吕五寸三分之管十六分用

卯，二十七分十六。三爲一寸，一爲三分。

解曰：卯，南吕也；二十七分，二十七分乎子也。十六，南吕之管也。以黄鐘九寸，分爲二十七分，每三分一寸。得其十六分，計五寸三分，爲南吕之數也。　分太族八寸爲三分，每分二寸六分。去一分下生南呂，得二分，計五寸三分。

黃鍾子		
分黃鍾爲八十一	姑洗七寸一分之管六十四分用	分十七分不用

辰，八十一分六十四。九爲一寸，一爲一分。

解曰：辰，姑洗也；八十一分，八十一分乎子也。六十四，姑洗之管也。以黃鍾九寸，分爲八十一分，每九分一寸。得六十四分，計七寸一分，爲姑洗之數也。　分南呂五寸三分爲三分，每分一寸七分。益一分，上生姑洗，得四分，計七寸一分。

黃鍾子		
分黃鍾爲二百四十三分	應鍾四寸六分六釐一百二十分用	一百五十分不用

巳，二百四十三分一百二十八。二十七爲一寸，三爲一分，一爲三釐。

解曰：巳，應鍾也；二百四十三分，二百四十三分乎子也。一百二十八，應鍾之管也。以黃鍾九寸，分爲二百四十三分，每二十七分一寸。得一百二十八分，計四寸六分六釐，爲應鍾之數也。　分姑洗七寸一分爲三分，每分二寸三分三釐。去一分，下生應鍾，得二分，計四寸六分六釐。

黃鍾子		
分黃鍾爲七百二十九分	蕤賓六寸二分八釐之管五百十二分用	二百一十七分不用

午，七百二十九分五百一十二。八十一分爲一寸，九爲一分，一爲一釐。

解曰：午，蕤賓也；七百二十九分，七百二十九分乎子也。五百一十二，蕤賓之管也。以黃鍾九寸，分爲七百二十九分，每八十一分一寸。得五百一十二，計六寸二分八釐，爲蕤賓之數也。　分應鍾四寸六分六釐爲三分，每分一寸五分二釐。益一分，上生蕤賓，得四分，計六寸二分八釐。

黃鍾子		
分黃鍾爲二千一百八十七分	大呂八寸三分七釐六毫之管一千二十四用 倍之	一百六十三不用 二百四十三分

未，二千一百八十七分一千二十四。二百四十三爲一寸，二十七爲一分，三爲一釐，一爲三毫。

解曰：未，大呂也；二千一百八十七分，二千一百八十七分乎子也。一千二十四，大呂之管也。以黃鍾九寸，分爲二千一百八十七分，每二百四十三分一寸。得一千二十四，計四寸一分八釐三毫。在陽倍之，爲八寸三分七釐六毫，爲大呂之數也。　分蕤賓六寸二分八釐爲三分，每分二寸八釐六毫。去一分，下生大呂，得二分，計四寸一分八釐三毫。在陽倍之，通計八寸三分七釐六毫。在陽，謂居午也。

黃鍾子		
分黃鍾爲六千五百六十一分	夷則五寸五分五釐一毫之管四千九十六分用	二千四百六十五分不用 七百二十九

申，六千五百六十一分四千九十六。七百二十九爲一寸，八十一爲一分，九爲一釐，一爲一毫。

解曰：申，夷則也；六千五百六十一分，六千五百六十一分乎子也。四千九十六，夷則之管也。以黃鍾九寸，分爲六千五百六十一分，每七百二十九分一寸。得四千九十六，計五寸五分五釐一毫，爲夷則之數也。　分大呂四寸一分八釐三毫爲三分，每分一寸三分五釐七毫。益一分，上生夷則，得四分，計五寸五分五釐一毫。

黃鐘子	
分黃鐘爲一萬九千六百八十三分	
	夾鐘七寸四分三釐七毫三絲之管八十一百九十二分用倍之
萬一千四百九十一分不用	二千二百八十七

酉，一萬九千六百八十三分八千一百九十三。二千一百八十七爲一寸，二百四十一爲一分。二十七爲一釐，三爲一毫，一爲二絲。

解曰：酉，夾鐘也；一萬九千六百八十三分，一萬九千六百八十三分乎子也。八千一百九十二，夾鐘之半管也。以黃鐘九寸，分爲一萬九千六百八十三分，每二千一百八十七爲一寸。得八千一百九十二，計三寸六分六釐三毫六絲。在陽倍之，共七寸四分三釐七毫三絲，爲夾鐘之數也。分夷則五寸五分五釐一毫爲三分，每分一寸七分七釐六毫三絲。去一分，下生夾鐘，得二分，計三寸六分六釐三毫六絲。在陽倍之，通計七寸四分三釐七毫三絲也。在陽，謂居卯也。

黃鐘子	
分黃鐘爲五萬九千四十九分	
	無射四寸八分八釐四毫八絲之管三萬二千七百六十八用
二萬六千二百八十一分不用	(一)[六]千五百六十一

戌，五萬九千四十九分三萬二千七百六十八。六千五百六十一爲一寸，七百二十九爲一分，八十一爲一釐，九爲一毫，一爲一絲。

解曰：戌，無射也；五萬九千四十九分，五萬九千四十九分乎子也。三萬二千七百六十八，無射之管也。以黃鐘九寸，分爲五萬九千四十九分，每六千五百六十一爲一寸。得三萬二千七百六十八，計四寸八分八釐[四毫]八絲，爲無射之數也。分夾鐘三寸六分六釐三毫六絲爲三分，每分一寸二分二釐一毫二絲，益一分，上生無射，得四分，計四寸八分八釐四毫八絲。

黃鐘子	
分黃鐘爲一十七萬七千一百四十七分	
	仲呂六寸五分八釐三毫四絲六忽之管
一十一萬一千六百一十一	六萬五千五百二十六分倍用之一萬九
分不用	千六百八十三分

亥，一十七萬七千一百四十七分六萬五千五百三十六。一萬九千六百八十三爲一寸，二千一百八十七爲一分，二百四十三爲一釐，二十七爲一毫，三爲一絲，一爲三忽。

解曰：亥，仲呂也；十七萬七千一百四十七分，十七萬七千一百四十七分乎子也。六萬五千五百三十六，仲呂之半管也。以黃鐘九寸，分爲十七萬七千一百四十七分，每一萬九千六百八十三爲一寸。得六萬五千五百三十六，計三寸二分八釐六毫二絲三忽，爲仲呂之數也。在陽倍之，共六寸五分八釐三毫四絲六忽。分無射四寸八分八釐四毫八絲爲三分，每分一寸五分八釐七毫五絲六忽。去一分，下生仲呂，得二分，計三寸二分八釐六毫二絲三忽。在陽倍之，六寸五分八釐三毫四絲六忽。在陽，謂居巳也。

又 十二律之實第四

解曰：十二律各得於黃鐘之數也。

子，黃鐘，十七萬七千一百四十七，全九寸，

解曰：黃鐘之數，一萬九千六百八十三爲一寸。積[之]，則九箇一萬九千六百八十三爲九寸，共該十七萬七千一百四十七分。

半無。

一以十七萬七千一百四十七之數，不可分。

解曰：一十七萬七千一百四十七分，作兩分，一分得八萬八千五百七十三。餘一兩分，不得均平，故不可分而無半也。

一以三分損益，上下相生之所不及，故亦無所用也。

解曰：黃鐘不爲他律所役，故損益不及。損益不及，故不用半。如林鐘受損於黃鐘三分九寸，林鐘得二分六寸一分三寸爲半，非半無以成其數也。如太簇受益於林鐘三分六寸，太簇得四分八寸二分四寸爲半，非半亦無以成其數也。獨黃鐘不然。

丑，林鐘，十一萬八千九十八，全六寸，半三寸，不用。

解曰：凡律用半者，以上律短而下律長，故下律用半，以成宮、商、角、徵、羽之五聲。林鐘、南吕、應鐘三律受役於黄鐘、太簇，爲徵、羽。其上太簇、姑洗、蕤賓皆本然多寡之數，其餘爲宮、商、角。皆依序而下，乃自爲上律，而上律更無短者，而半又將何所用哉！雖爲無射之羽，所用則變林鐘也，以黄鐘用變之半故也。

寅，太簇，十五萬七千四百六十四，全八寸，半四寸。

卯，南吕，十萬四千九百七十六，全五寸三分，半二寸六分，不用。

解曰：黄鐘之數二千一百八十七爲一分，積而三之，六千五百六十一爲三分。五寸得九萬八千四百一十五，合三分之數，共十萬四千九百七十六。

辰，姑洗，十三萬九千九百六十八，全七寸一分，半三寸五分。

巳，應鐘，九萬三千三百一十二，全四寸六分六釐，半二寸三分三釐，不用。

解曰：黄鐘之數，二百四十三爲一釐，積而六之，一千四百五十八爲六釐。四寸六分，得九萬一千八百五十四，合六釐之數，共九萬三千三百一十二。

午，蕤賓，十二萬四千四百一十六，全六寸二分八釐，半三寸一分四釐。

未，大吕，十六萬五千八百八十八，全八寸三分七釐六毫，半四寸一分八釐三毫。

解曰：黄鐘之數，二十七爲一毫，積而六之，一百六十二爲六毫。八寸三分七釐，得十六萬五千七百二十六，合六毫之數，共十六萬五千八百八十八。

申，夷則，十一萬五百九十二，全五寸五分五釐一毫，半二寸七分二釐五毫。

酉，夾鐘，十四萬七千四百五十六，全七寸四分三釐七毫三絲，半三寸六分六釐三毫六絲。

解曰：黄鐘之數，三爲一絲，積而三之，爲九。七寸四分三釐七毫，得十四萬七千四百四十七，合三絲之數，共十四萬七千四百五十六。

戌，無射，九萬八千三百四，全四寸八分八釐四毫八絲，半二寸四分四釐二毫四絲。

亥，仲吕，十三萬一千七十二，全六寸五分八釐三毫四絲六忽，餘二筭。半三寸二分八釐六毫二絲。

解曰：黄鐘之數，一爲三忽，積而六之爲二。六寸五分八釐三毫四絲，得十三萬一千七十，合六忽之數，共十三萬一千七十二。

數至仲吕不生。

解曰：數止于仲吕十二不生者，何也？蓋律吕相生，以三分損益，至于仲吕，寸、分、釐、毫、絲、忽，雖可三分，數十三萬一千七十二，并半數三分亦不足，故不以相生也。二筭者，三忽爲一也。

寸忽可三分，

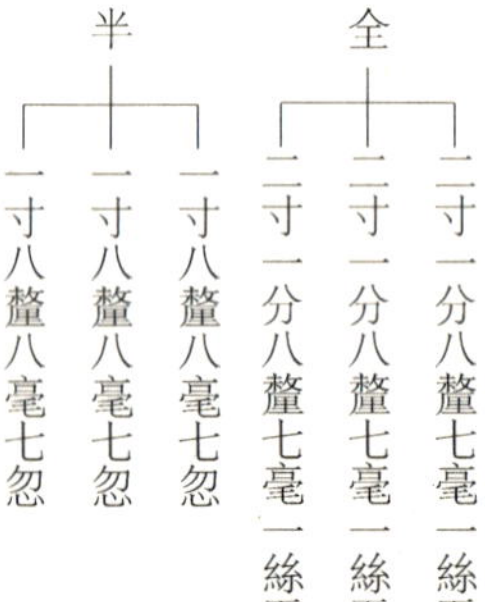

數不可三分。

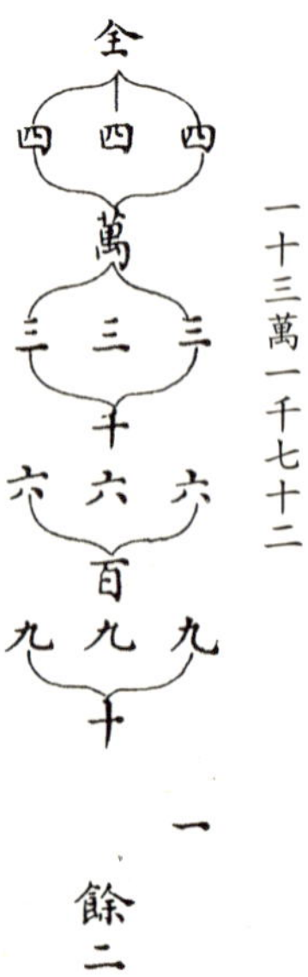

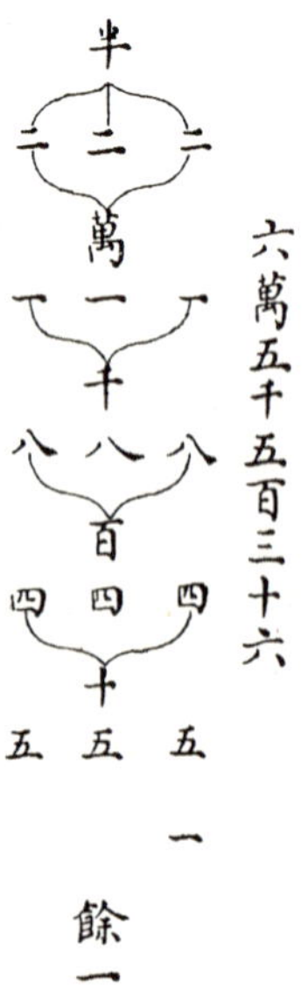

變律第五

解曰：變律者，在正律之位而非正律之聲也。然律所以有變者，其故有三：其一，黄鐘至尊爲君，不爲他律役，而每一律皆當爲五聲二變，共七聲。如黄鐘爲宮，則得其正矣。其爲無射之商，夷則[之]角，蕤賓之變徵，仲吕之徵，夾鐘之羽，大吕之變宮，皆受役于他律，故皆當變。黄鐘既變，其次所生之

［律］，若仍本律，則長不成曲，亦當變焉。如黃鐘爲商，則太簇之角，姑洗之變徵，林鐘之羽，南呂之變宮，皆隨而變。如黃鐘爲角，則太簇之變徵，林鐘之變宮，皆隨而變。如爲徵，則應鐘爲變徵，爲羽，則太簇爲變宮。臣之從君，理固然也。其二，以黃鐘、林鐘、太簇、南呂、姑洗、應鐘，上六律長；蕤賓、大呂、夷則、夾鐘、無射、仲呂，下六律短。以上律役下律，則或正或半，通而和；以下律役上律，則或正或半，戾而不和。故以上律役上律，以下律役下律，以上律役下律，皆不必變；惟以下律役上律，則必變。其上律使少短而與下律適也。其三，相生之法，至仲呂而窮，使不再生六律，則上律獨不能遍。七聲之用，下律亦無由而通。故以六三之七百二十九，因仲呂之實十三萬一千七十二，三分而益之，再得六律以爲變也。其實乃仲呂之實相乘，三分益一，再生黃鐘，不及舊數，止得十七萬四千七百六十二。其下相因而生，五律莫不於舊爲減。是皆數之自然，而非人力私智增損其間，以求合乎音韻也。其所以變有六者，以數至應鐘而窮。然至此則十二律七聲循環相役已遍，莫非天然自有也，律呂之數妙矣哉！

黃鐘，十七萬四千七百六十二，小分四百八十六。全八寸七分八釐一毫六絲二忽，不用，［半四寸三分八釐五毫三丝一忽。］

解曰：仲呂之實十三萬一千七十二，以三分之不盡二算，當有有以通之。律當變者有六，故置一而六，三之得七百二十九。七百二十九，因仲呂之十三萬一千七十二，每仲呂之一當七百二十九，共九千五百五十五萬一千四百八十八；以三分之，每分得三千一百八十五萬四百九十六；又益一分，上生黃鐘，共一萬二千七百四十萬一千九百八十四。復以七百二十九歸之，爲十七萬四千七百六十二箇七百二十九零四百八十六。每黃鐘之一當七百二十九，爲黃鐘十七萬四千七百六十二零三分一之二。以寸法計之，十五萬七千四百六十四，得寸者八。以分法計之，一萬五千三百九，得分者十。以釐法計之，一千九百四十四，得釐者八。以毫法計之，二十七，得毫者一。以絲法計之，一十八，得絲者六。七百二十九爲一，一小分七百二十九爲三，得三分一之二，爲四百八十六，爲二忽。積而計之，十七萬四千七百六十二小分四百八十六。半四寸三分八釐五毫三絲一忽，得八萬七千三百八十一小分二百四十三。不用全者，所受役之律無長於此者也，下同。且黃鐘，君也。

林鐘，十一萬六千五百，全五寸八分二釐四毫一絲一忽三初，半二寸八分五釐六毫五絲六初。

解曰：以黃鐘一萬二千七百四十萬一千九百八十四，三分之，每分得四千二百四十六萬七千三百二十八。損一分，下生林鐘，八千四百九十三萬四千六百五十六。以七百二十九歸之，爲林鐘之十一萬六千五百。八箇七百二十九零三百二十四，八十一爲一初。

太簇，十五萬五千三百四十四，小分四百三十二。全七寸八分二毫四絲四忽七初，不用；半三寸八分四釐五毫六絲六忽八初。

解曰：以林鐘八千四百九十三萬四千六百五十六，三分之，每分得二千八百三十一萬一千五百五十二。益一分，上生太簇，一萬一千三百二十四萬六千二百八。以七百二十九歸之，爲太簇之十九萬五千三百四十四箇七百二十九零四百三十二。

南呂，十萬三千五百［六十三］，全五寸［二分三釐一毫六丝一初六秒］，半二寸五分六釐七毫四絲五初二秒。

解曰：以太簇一萬一千三百二十四萬六千二百八，三分之，每分得三千七百七十四萬八千七百三十六。損一分，下生南呂，七千五百四十九萬七千四百七十二。以七百二十九歸之，爲南呂之十萬三千五百，六十三箇七百二十九零四十五。

姑洗，十三萬八千八十四，小分六十。全七寸一釐二毫二絲一初二秒，不用；半三寸四分五釐一毫一絲一初一秒。

解曰：以南呂七千五百四十九萬七千四百七十二，三分之，每分得二千五百十六萬五千八百二十四。益一分，上生姑洗，一萬六十六萬三千二百九十六。以七百二十九歸之，爲姑洗之十三萬八千，八十四箇七百二十九零六十。

應鐘，九萬二千五十六，小分四十。全四寸六分七毫四絲三忽一初四秒，餘筭。半二寸三分三毫六絲六忽六秒彊，不用。

解曰：以姑洗一萬六十六萬三千二百九十六，三分之，每分得三千三百五十五萬四千四百三十二。損一分，下生應鐘，六千七百十萬八千八百六十四。以七百二十九歸之，爲應鐘之九萬二千五十。［六］箇七百二十九零四十。

應鐘，六千七百十萬八千八百六十四，三分之，不盡一筭。

二　二　三　六　九　六　二　一

二千二百三十六萬九千六百二十一不盡一算。

二　二　三　六　九　六　二

變宮，四十二。小分六。

解曰：角聲之實六十四，以三分之，不盡一算。既不可行，當有以通之。聲之變者二，故置一而兩三之，得九，以九因［之］，角聲之實六十四，一九而當角數之一，爲六十四箇九。六十九得五百四十，又四九得三十六，共五百七十六。以三分之，每分一百九十二。損一分，下生變宮，得三百八十四。以九歸之，得三百六十，爲四十九。又［十八］爲二九，是爲宮之四十二。又六爲一分一之二，即是姑洗生應鐘也。

變徵，五十六。小分八。

解曰：以變宮三百八十四，三分之，每分得一百二十八。益一分，上生變徵，得五百一十二。以九歸之，得五百四，爲五十六箇九，是爲徵之五十六。又八爲四分一之三，是即應鐘生蕤賓也。

明・朱載堉《律呂精義・内篇》卷一

不宗黄鍾九寸第一

律由聲制，非由度出，制律之初，未有度也。度尚未有，則何以知黄鐘乃九寸哉！以黄鐘爲九寸，不過漢尺之九寸耳，周尺則不然也，商尺又不然也，虞夏之尺皆不然也，黄帝之尺亦不然也。

先儒謂：「夏禹十寸爲尺。成湯十二寸爲尺。武王八寸爲尺。」三代之尺不同。尺雖不同，而黄鍾則無不同也。解釋黄鍾之義，遷就九寸之説，自漢儒爲始耳。漢儒以前，《周禮》《左傳》《國語》《管子》《吕覽》之類，皆未嘗以黄鍾之長爲九寸也。此説臣聞諸臣父云：「蓋黄帝之尺，以黄鍾之長爲八十一分者，法洛書陽數也。」

黄帝時，洛出書，見沈約《符瑞志》，猶禹時洛書也。洛書數九，自乘得八十一，是爲陽數。蓋十二者，天地之大數也；百二十者，律吕之全數也，除去三十九，則八十一耳。故《吕氏春秋》曰：「斷兩節間，三寸九分。」後學未達，遂指三寸九分爲黄鍾之長者，誤矣。八寸一分，三寸九分，合而爲十二寸，即律吕之全數。全數之内，斷去三寸九分，餘爲八寸一分，即黄鍾之長也。《管子》曰：「凡將起五音，先主一而三之，四，開以合九九，以是生黄鐘。」蓋謂算術，先置一寸爲實，三之爲三寸，又四之爲十二寸也。「開以合九九」者，八十一分開方得九分，九分自乘得八十一分，爲黄鐘之長也。

「虞夏之尺皆以黄鐘之長爲十寸者，法河圖中數也。」

《書》稱舜：「同律度量衡」。堯舜禹相禪，未嘗改制度。然則禹以十寸爲尺，即舜所同之度尺也。舊謂：「度本起於黄鐘之長。」又謂：「黄鐘之長九寸，外加一寸爲尺。」何瑭嘗辨之曰：「《漢志》謂黄鐘之律九寸，加一寸以爲尺。夫度量權衡所以取法於黄鐘者，蓋貴其與天地之氣相應也。若加一寸以爲尺，則又何取於黄鐘？殊不知黄鐘之長，固非人所能爲。至於九其寸而爲律，十其寸而爲尺，則人之所爲也。《漢志》不知出此，乃欲加黄鐘一寸爲尺，謬矣。」臣按：黄鐘之律長九寸，縱黍爲分之九寸也。寸皆九分，凡八十一分，洛書之奇自相乘之數也，是爲律本。黄鐘之度長十寸，横黍爲分之十寸也。寸皆十分，凡百分，河圖之偶自相乘之數也，是爲度母。縱黍之律，横黍之度，名數雖異，分劑實同。孰使之然哉？天地自然之理耳。

「成湯以夏尺之十二寸有半寸爲尺，則黄鐘之長乃商尺之八寸。武王以夏尺之八寸爲尺，則黄鐘之長乃周尺之十二寸有半寸。黄鐘無所改，而尺有不同。彼執著九寸爲黄鐘之律，然則商之黄鐘太長，周之黄鐘太短，豈不謬哉。」

起度之法，十寸爲尺，八寸爲咫。商之咫，夏之尺也；夏之咫，周之尺也。十寸自乘爲實，八寸爲法除之，得十二寸有半寸也。

不用三分損益第三

律家三分損其一，三分益其一；曆家四分度之一，四分日之一；與夫方則直五斜七，圓則周三徑一等率：皆舉大略而言之耳，非精義也。新法算律與方圓皆用句股術，其法本諸《周禮》㮚氏爲量，「内方尺而圓其外」有圖見後。「内方尺而圓其外」，則圓徑與方斜同，知方之斜，則知圓之徑矣。

度本起於黄鐘之長，則黄鐘之長即度法一尺。命平方一尺爲黄鐘之率。東西十寸爲句，自乘得百寸爲句冪；南北十寸爲股，自乘得百寸爲股冪：相併共得二百寸爲弦冪。乃置弦冪爲實，開平方法除之，得弦一尺四寸一分四釐二毫一絲三忽五微六纖二三七三〇九五〇四八八〇一六八九爲方之斜，即圓之徑，亦即蕤賓倍律之率。以句十寸乘之，得平方積一百四十一寸四十二分一十三釐五十六毫二十三絲七十三忽〇九五〇四八八〇一六八九爲實，開平方法除之，得一尺一寸八分九釐二毫〇七忽一微一纖五〇〇二七二一〇六六七一七五，即

密率源流　密率源流出於《周禮・考工記》㮚氏爲量，内方尺而圓其外。詳見第十卷《嘉量篇》。

南呂倍律之率。仍以句十寸乘之，又以股十寸乘之，得立方積一千一百八十九寸二百〇七分一百一十五釐〇〇二毫七百二十一絲〇六十六忽七一七五爲實，開立方法除之，得一尺〇五分九釐四毫六絲三忽〇九纖四三五九二九五二六四五六一八二五，即應鍾倍律之率。蓋十二律黃鍾爲始，應鍾爲終，終而復始，循環無端，此自然真理，猶貞後元生，坤盡復來也。是故各律皆以黃鐘正數十寸乘之爲實，皆以應鐘倍數十寸〇五分九釐四毫六絲三忽〇九纖四三五九二九五二六四五六一八二五爲法除之，即得其次律也。安有往而不返之理哉！舊法往而不返者，蓋由三分損益算術不精之所致也。是故新法不用三分損益，别造密率，其詳如左。

積算旁通圖此條命尺爲京，後條或命寸爲兆，或命寸爲億，蓋欲多列位數，見開方之妙也。

二本是二尺，進作二百寸爲實，以上文所載應鐘倍律之數十寸五分有奇爲法除之，餘條倣此。

右乃黃鐘倍律積算。置黃鐘倍律積算進一位爲實，以應鐘倍律積算爲法除之，得大呂。

一八八七七四八六二五三六三三八六九九三二八三八二六

右乃大呂倍律積算。置大呂倍律積算進一位爲實，以應鐘倍律積算爲法除之，得太蔟。

一七八一七九七四三六二八〇六七八六〇九四八〇四五二

右乃太蔟倍律積算。置太蔟倍律積算進一位爲實，以應鐘倍律積算爲法除之，得夾鐘。

一六八一七九二八三〇五〇七四二九〇八六〇六二二五一

右乃夾鐘倍律積算。置夾鐘倍律積算進一位爲實，以應鐘倍律積算爲法除之，得姑洗。

一五八七四〇一〇五一九六八一九九四七四七五一七〇六

右乃姑洗倍律積算。置姑洗倍律積算進一位爲實，以應鐘倍律積算爲法除之，得仲呂。

一四九八三〇七〇七六八七六六八一四九八七九九二八一

右乃仲呂倍律積算。置仲呂倍律積算進一位爲實，以應鐘倍律積算爲法除之，得蕤賓。

一四一四二一三五六二三七三〇九五〇四八八〇一六八九

右乃蕤賓倍律積算。置蕤賓倍律積算進一位爲實，以應鐘倍律積算爲法除之，得林鐘。

一三三四八三九八五四一七〇〇三四三六四八三〇八三二

右乃林鐘倍律積算。置林鐘倍律積算進一位爲實，以應鐘倍律積算爲法除之，得夷則。

一二五九九二一〇四九八九四八七三一六四七六七二一一

右乃夷則倍律積算。置夷則倍律積算進一位爲實，以應鐘倍律積算爲法除之，得南呂。

一一八九二〇七一一五〇〇二七二一〇六六七一七五〇〇

右乃南呂倍律積算。置南呂倍律積算進一位爲實，以應鐘倍律積算爲法除之，得無射。

一一二二四六二〇四八三〇九三七二九八一四三三五三三

右乃無射倍律積算。置無射倍律積算進一位爲實，以應鐘倍律積算爲法除之，得應鐘。

一〇五九四六三〇九四三五九二九五二六四五六一八二五

右乃應鐘倍律積算。置應鐘倍律積算進一位爲實，以應鐘倍律積算爲法除之，得黃鐘。

新造密率二種倍律命寸爲兆，正律命寸爲億，欲初學者知命法之變通云耳。

黃鐘之率二十兆本是二十寸，命作二十兆。

大吕之率十八兆八千七百七十四萬八千六百二十五億三千六百三十三萬八千六百九十九

太蔟之率十七兆八千一百七十九萬七千四百三十六億二千八百〇六萬七千八百六十〇

夾鐘之率十六兆八千一百七十九萬二千八百三十億〇五千〇七十四萬二千九百〇八

姑洗之率十五兆八千七百四十萬〇一千〇五十一億九千六百八十一萬九千九百四十七

仲吕之率十四兆九千八百三十萬〇七千〇七十六億八千七百六十六萬八千一百四十九

蕤賓之率十四兆一千四百二十一萬三千五百六十二億三千七百三十萬〇九千五百〇四

林鐘之率十三兆三千四百八十三萬九千八百五十四億一千七百萬〇〇三千四百三十六

夷則之率十二兆五千九百九十二萬一千〇四十九億八千九百四十八萬七千三百一十六

南吕之率十一兆八千九百二十萬〇七千一百一十五億〇〇二十七萬二千一百〇六

無射之率十一兆二千二百四十六萬二千〇四十八億三千〇九十三萬七千二百九十八

應鍾之率十兆〇五千九百四十六萬三千〇九十四億三千五百九十二萬九千五百二十六

黃鐘之率十億本是十寸，命作十億。

大吕之率九億四千三百八十七萬四千三百一十二

太蔟之率八億九千〇八十九萬八千七百一十八

夾鐘之率八億四千〇八十九萬六千四百一十五

姑洗之率七億九千三百七十萬〇〇五百二十五

仲吕之率七億四千九百一十五萬三千五百三十八

蕤賓之率七億〇七百一十萬〇六千七百八十一

林鐘之率六億六千七百四十一萬九千九百二十七

夷則之率六億二千九百九十六萬〇五百二十四

南吕之率五億九千四百六十萬〇三千五百五十七

無射之率五億六千一百二十三萬一千〇二十四

應鐘之率五億二千九百七十三萬一千五百四十七

論曰：造率始於黃鐘，必先求蕤賓者，猶冬夏二至也；次求夾鐘及南吕者，猶春秋二分也。「太極生兩儀，兩儀生四象」，此之謂也。始於黃鐘者，履端於始也；中於蕤賓者，舉正於中也；終於應鐘者，歸餘於終也：律與曆一道也。黃鐘爲宫，蕤賓爲中，應鐘爲和，此三律者，律吕之綱紀也；尤見變宫變徵有益於樂，而不可妄廢也。

不拘隔八相生第四

新法不拘隔八相生，而相生有四法，或左旋，或右旋，皆循環無端也，以證三分損益往而不返之誤。所謂四法者，開列于後。

其一，黃鐘生林鐘，林鐘生太蔟，太蔟生南吕，南吕生姑洗，姑洗生應鐘，應鐘生蕤賓，蕤賓生大吕，大吕生夷則，夷則生夾鐘，夾鐘生無射，無射生仲吕，仲吕生黃鐘。長生短，五億乘之；短生長，十億乘之。皆以七億四千九百一十五萬三千五百三十八除之。

其二，黃鐘生仲吕，仲吕生無射，無射生夾鐘，夾鐘生夷則，夷則生大吕，大吕生蕤賓，蕤賓生應鐘，應鐘生姑洗，姑洗生南吕，南吕生太蔟，太蔟生林鐘，林鐘生黃鐘。長生短，五億乘之；短生長，十億乘之。皆以六億六千七百四十一萬九千九百二十七除之。

其三，黃鐘生大吕，大吕生太蔟，太蔟生夾鐘，夾鐘生姑洗，姑洗生仲吕，仲吕生蕤賓，蕤賓生林鐘，林鐘生夷則，夷則生南吕，南吕生無射，無射生應鐘，應鐘生黃鐘半律。此係長生短，皆以五億乘之，皆以五億二千九百七十三萬一千五百四十七除之。

其四，黃鐘半律生應鐘，應鐘生無射，無射生南吕，南吕生夷則，夷則生林鐘，林鐘生蕤賓，蕤賓生仲吕，仲吕生姑洗，姑洗生夾鐘，夾鐘生太蔟，太蔟生大吕，大吕生黄鐘。此係短生長，皆以十億乘之，皆以九億四千三百八十七萬四千三百一十二除之。

横黍百分律，依新法算。

黄鐘長十寸

新法置黄鐘之率十億爲實，五億乘之，七億四千九百一十五萬三千五百三十八除之，所得億約爲寸，得林鐘。

林鐘長六寸六分七釐四毫一絲九忽九微二纖

新法置林鐘之率六億六千七百四十一萬九千九百二十七爲實，十億乘之，七億四千九百一十五萬三千五百三十八除之，所得億約爲寸，得太蔟。

太蔟長八寸九分〇八毫九絲八忽七微一纖

新法置太蔟之率八億九千〇八十九萬八千七百一十八爲實，五億乘之，七億四千九百一十五萬三千五百三十八除之，所得億約爲寸，得南吕。

南吕長五寸九分四釐六毫〇三忽五微五纖

新法置南吕之率五億九千四百六十萬〇三千五百五十七爲實，十億乘之，七億四千九百一十五萬三千五百三十八除之，所得億約爲寸，得姑洗。

姑洗長七寸九分三釐七毫〇〇五微二纖

新法置姑洗之率七億九千三百七十萬〇〇五百二十五爲實，五億乘之，七億四千九百一十五萬三千五百三十八除之，所得億約爲寸，得應鐘。

應鐘長五寸二分九釐七毫三絲一忽五微四纖

新法置應鐘之率五億二千九百七十三萬一千五百四十七爲實，十億乘之，七億四千九百一十五萬三千五百三十八除之，所得億約爲寸，得蕤賓。

蕤賓長七寸〇七釐一毫〇六忽七微八纖

新法置蕤賓之率七億〇七百一十萬〇六千七百八十一爲實，十億乘之，七億四千九百一十五萬三千五百三十八除之，所得億約爲寸，得大吕。

大吕長九寸四分三釐八毫七絲四忽三微一纖

新法置大吕之率九億四千三百八十七萬四千三百一十二爲實，五億乘之，七億四千九百一十五萬三千五百三十八除之，所得億約爲寸，得夷則。

夷則長六寸二分九釐九毫六絲〇五微二纖

新法置夷則之率六億二千九百九十六萬〇五百二十四爲實，十億乘之，七億四千九百一十五萬三千五百三十八除之，所得億約爲寸，得夾鐘。

夾鐘長八寸四分〇八毫九絲六忽四微一纖

新法置夾鐘之率八億四千〇八十九萬六千四百一十五爲實，五億乘之，七億四千九百一十五萬三千五百三十八除之，所得億約爲寸，得無射。

無射長五寸六分一釐二毫三絲一忽〇二纖

新法置無射之率五億六千一百二十三萬一千〇二十四爲實，十億乘之，七億四千九百一十五萬三千五百三十八除之，所得億約爲寸，得仲吕。

仲吕長七寸四分九釐一毫五絲三忽五微三纖

新法置仲吕之率七億四千九百一十五萬三千五百三十八爲實，五億乘之，七億四千九百一十五萬三千五百三十八除之，所得億約爲寸，得黄鐘。

黄鐘長十寸還元。

新法置黄鐘之率十億爲實，五億乘之，六億六千七百四十一萬九千九百二十七除之，所得億約爲寸，得仲吕。

仲吕長七寸四分九釐一毫五絲三忽五微三纖

新法置仲吕之率七億四千九百一十五萬三千五百三十八爲實，五億乘之，六億六千七百四十一萬九千九百二十七除之，所得億約爲寸，得無射。

無射長五寸六分一釐二毫三絲一忽〇二纖

新法置無射之率五億六千一百二十三萬一千〇二十四爲實，十億乘之，六億六千七百四十一萬九千九百二十七除之，所得億約爲寸，得夾鐘。

夾鐘長八寸四分〇八毫九絲六忽四微一纖

新法置夾鐘之率八億四千〇八十九萬六千四百一十五爲實，五億乘之，六億六千七百四十一萬九千九百二十七除之，所得億約爲寸，得夷則。

夷則長六寸二分九釐九毫六絲〇五微二纖

新法置夷則之率六億二千九百九十六萬〇五百二十四爲實，十億乘之，六億六千七百四十一萬九千九百二十七除之，所得億約爲寸，得大吕。

大吕長九寸四分三釐八毫七絲四忽三微一纖

新法置大吕之率九億四千三百八十七萬四千三百一十二爲實，五億乘之，六億六千七百四十一萬九千九百二十七除之，所得億約爲寸，得蕤賓。

蕤賓長七寸〇七釐一毫〇六忽七微八纖

新法置蕤賓之率七億〇七百一十萬〇六千七百八十一爲實，五億乘之，六億六千七百四十一萬九千九百二十七除之，所得億約爲寸，得應鐘。

應鐘長五寸二分九釐七毫三絲一忽五微四纖

新法置應鐘之率五億二千九百七十三萬一千五百四十七爲實，十億乘之，六億六千七百四十一萬九千九百二十七除之，所得億約爲寸，得姑洗。

姑洗長七寸九分三釐七毫〇〇五微二纖

新法置姑洗之率七億九千三百七十萬〇〇五百二十五爲實，五億乘之，六億六千七百四十一萬九千九百二十七除之，所得億約爲寸，得南吕。

南吕長五寸九分四釐六毫〇三忽五微五纖

新法置南吕之率五億九千四百六十萬〇三千五百五十七爲實，十億乘之，六億六千七百四十一萬九千九百二十七除之，所得億約爲寸，得太蔟。

太蔟長八寸九分〇八毫九絲八忽七微一纖

新法置太蔟之率八億九千〇八十九萬八千七百一十八爲實，五億乘之，六億六千七百四十一萬九千九百二十七除之，所得億約爲寸，得林鐘。

林鐘長六寸六分七釐四毫一絲九忽九微二纖

新法置林鐘之率六億六千七百四十一萬九千九百二十七爲實，十億乘之，六億六千七百四十一萬九千九百二十七除之，所得億約爲寸，得黄鐘。

黄鐘長十寸還元。

新法置黄鐘之率十億爲實，五億乘之，五億二千九百七十三萬一千五百四十七除之，所得億約爲寸，得大吕。

大吕長九寸四分三釐八毫七絲四忽三微一纖

新法置大吕之率九億四千三百八十七萬四千三百一十二爲實，五億乘之，五億二千九百七十三萬一千五百四十七除之，所得億約爲寸，得太蔟。

太蔟長八寸九分〇八毫九絲八忽七微一纖

新法置太蔟之率八億九千〇八十九萬八千七百一十八爲實，五億乘之，五億二千九百七十三萬一千五百四十七除之，所得億約爲寸，得夾鐘。

夾鐘長八寸四分〇八毫九絲六忽四微一纖

新法置夾鐘之率八億四千〇八十九萬六千四百一十五爲實，五億乘之，五億二千九百七十三萬一千五百四十七除之，所得億約爲寸，得姑洗。

姑洗長七寸九分三釐七毫〇〇五微二纖

新法置姑洗之率七億九千三百七十萬〇〇五百二十五爲實，五億乘之，五億二千九百七十三萬一千五百四十七除之，所得億約爲寸，得仲吕。

仲吕長七寸四分九釐一毫五絲三忽五微三纖

新法置仲吕之率七億四千九百一十五萬三千五百三十八爲實，五億乘之，五億二千九百七十三萬一千五百四十七除之，所得億約爲寸，得蕤賓。

蕤賓長七寸〇七釐一毫〇六忽七微八纖

新法置蕤賓之率七億〇七百一十萬〇六千七百八十一爲實，五億乘之，五億二千九百七十三萬一千五百四十七除之，所得億約爲寸，得林鐘。

林鐘長六寸六分七釐四毫一絲九忽九微二纖

新法置林鐘之率六億六千七百四十一萬九千九百二十七爲實，五億乘之，五億二千九百七十三萬一千五百四十七除之，所得億約爲寸，得夷則。

夷則長六寸二分九釐九毫六絲〇五微二纖

新法置夷則之率六億二千九百九十六萬〇五百二十四爲實，五億乘之，五億二千九百七十三萬一千五百四十七除之，所得億約爲寸，得南吕。

南吕長五寸九分四釐六毫〇三忽五微五纖

新法置南吕之率五億九千四百六十萬〇三千五百五十七爲實，五億乘之，五億二千九百七十三萬一千五百四十七除之，所得億約爲寸，得無射。

無射長五寸六分一釐二毫三絲一忽〇二纖

新法置無射之率五億六千一百二十三萬一千〇二十四爲實，五億乘之，五億二千九百七十三萬一千五百四十七除之，所得億約爲寸，得應鐘。

應鐘長五寸二分九釐七毫三絲一忽五微四纖

新法置應鐘之率五億二千九百七十三萬一千五百四十七爲實，五億乘之，五億二千九百七十三萬一千五百四十七除之，所得億約爲寸，得黄鐘半律。

黄鐘半律長五寸

新法置黄鐘半率五億爲實，十億乘之，九億四千三百八十七萬四千三百一十二除之，所得億約爲寸，得應鐘。

應鐘長五寸二分九釐七毫三絲一忽五微四纖

新法置應鐘之率五億二千九百七十三萬一千五百四十七爲實，十億乘之，九億四千三百八十七萬四千三百一十二除之，所得億約爲寸，得無射。

無射長五寸六分一釐二毫三絲一忽〇二纖

新法置無射之率五億六千一百二十三萬一千〇二十四爲實，十億乘之，九億四千三百八十七萬四千三百一十二除之，所得億約爲寸，得南呂。

南呂長五寸九分四釐六毫〇三忽五微五纖

新法置南呂之率五億九千四百六十萬〇三千五百五十七爲實，十億乘之，九億四千三百八十七萬四千三百一十二除之，所得億約爲寸，得夷則。

夷則長六寸二分九釐九毫六絲〇五微二纖

新法置夷則之率六億二千九百九十六萬〇五百二十四爲實，十億乘之，九億四千三百八十七萬四千三百一十二除之，所得億約爲寸，得林鐘。

林鐘長六寸六分七釐四毫一絲九忽九微二纖

新法置林鐘之率六億六千七百四十一萬九千九百二十七爲實，十億乘之，九億四千三百八十七萬四千三百一十二除之，所得億約爲寸，得蕤賓。

蕤賓長七寸〇七釐一毫〇六忽七微八纖

新法置蕤賓之率七億〇七百一十萬〇六千七百八十一爲實，十億乘之，九億四千三百八十七萬四千三百一十二除之，所得億約爲寸，得仲呂。

仲呂長七寸四分九釐一毫五絲三忽五微三纖

新法置仲呂之率七億四千九百一十五萬三千五百三十八爲實，十億乘之，九億四千三百八十七萬四千三百一十二除之，所得億約爲寸，得姑洗。

姑洗長七寸九分三釐七毫〇〇五微二纖

新法置姑洗之率七億九千三百七十萬〇〇五百二十五爲實，十億乘之，九億四千三百八十七萬四千三百一十二除之，所得億約爲寸，得夾鐘。

夾鐘長八寸四分〇八毫九絲六忽四微一纖

新法置夾鐘之率八億四千〇八十九萬六千四百一十五爲實，十億乘之，九億四千三百八十七萬四千三百一十二除之，所得億約爲寸，得太簇。

太簇長八寸九分〇八毫九絲八忽七微一纖

新法置太簇之率八億九千〇八十九萬八千七百一十八爲實，十億乘之，九億四千三百八十七萬四千三百一十二除之，所得億約爲寸，得大呂。

大呂長九寸四分三釐八毫七絲四忽三微一纖

新法置大呂之率九億四千三百八十七萬四千三百一十二爲實，十億乘之，九億四千三百八十七萬四千三百一十二除之，所得億約爲寸，得黃鐘。

黃鐘長十寸還元。

以上橫黍百分之律，依新密率四法算竟。

斜黍九十分律，依新法算。

黃鐘長九寸每寸十分，餘律倣此。

新法置黃鐘之率十億折半爲實，九億乘之，七億四千九百一十五萬三千五百三十八除之，所得億約爲寸，得林鐘。

林鐘長六寸〇〇六毫七絲七忽九微三纖

新法置林鐘之率六億六千七百四十一萬九千九百二十七爲實，九億乘之，七億四千九百一十五萬三千五百三十八除之，所得億約爲寸，得太簇。

太簇長八寸〇一釐八毫〇八忽八微四纖

新法置太簇之率八億九千〇八十九萬八千七百一十八折半爲實，九億乘之，七億四千九百一十五萬三千五百三十八除之，所得億約爲寸，得南呂。

南呂長五寸三分五釐一毫四絲三忽二微〇

新法置南呂之率五億九千四百六十萬〇三千五百五十七爲實，九億乘之，七億四千九百一十五萬三千五百三十八除之，所得億約爲寸，得姑洗。

姑洗長七寸一分四釐三毫三絲〇四微七纖

新法置姑洗之率七億九千三百七十萬〇〇五百二十五折半爲實，九億乘之，七億四千九百一十五萬三千五百三十八除之，所得億約爲寸，得應鐘。

應鐘長四寸七分六釐七毫五絲八忽三微九纖

新法置應鐘之率五億二千九百七十三萬一千五百四十七爲實，九億乘之，七億四千九百一十五萬三千五百三十八除之，所得億約爲寸，得蕤賓。

蕤賓長六寸三分六釐三毫九絲六忽一微〇

新法置蕤賓之率七億〇七百一十萬〇六千七百八十一爲實，九億乘之，七億四千九百一十五萬三千五百三十八除之，所得億約爲寸，得大呂。

大呂長八寸四分九釐四毫八絲六忽八微八纖

新法置大呂之率九億四千三百八十七萬四千三百一十二折半爲實，九億乘之，七億四千九百一十五萬三千五百三十八除之，所得億約爲寸，得夷則。

夷則長五寸六分六釐九毫六絲四忽四微七纖

新法置夷則之率六億二千九百九十六萬〇五百二十四爲實，九億乘之，七億四千九百一十五萬三千五百三十八除之，所得億約爲寸，得夾鐘。

夾鐘長七寸五分六釐八毫〇六忽七微七纖

新法置夾鐘之率八億四千〇八十九萬六千四百一十五折半爲實，九億乘之，七億四千九百一十五萬三千五百三十八除之，所得億約爲寸，得無射。

無射長五寸〇五釐一毫〇七忽九微二纖

新法置無射之率五億六千一百二十三萬一千〇二十四爲實，九億乘之，七億四千九百一十五萬三千五百三十八除之，所得億約爲寸，得仲吕。

仲吕長六寸七分四釐二毫三絲八忽一微八纖

新法置仲吕之率七億四千九百一十五萬三千五百三十八爲實，九億乘之，七億四千九百一十五萬三千五百三十八除之，所得億約爲寸，得黄鐘。

黄鐘長九寸還元。

縱黍八十一分律，依新法算。

黄鐘長八寸一分

新法置黄鐘之率十億，以八十一億乘之，折半退位爲實，七億四千九百一十五萬三千五百三十八除之，所得億約爲寸，得林鐘。

林鐘長五寸四分〇六毫一絲〇一微四纖

新法置林鐘之率六億六千七百四十一萬九千九百二十七，以八十一億乘之，退位爲實，七億四千九百一十五萬三千五百三十八除之，所得億約爲寸，得太蔟。

太蔟長七寸二分一釐六毫二絲七忽九微六纖

新法置太蔟之率八億九千〇八十九萬八千七百一十八，以八十一億乘之，折半退位爲實，七億四千九百一十五萬三千五百三十八除之，所得億約爲寸，得南吕。

南吕長四寸八分一釐六毫二絲八忽八微八纖

新法置南吕之率五億九千四百六十萬〇三千五百五十七，以八十一億乘之，退位爲實，七億四千九百一十五萬三千五百三十八除之，所得億約爲寸，得姑洗。

姑洗長六寸四分二釐八毫九絲七忽四微二纖

新法置姑洗之率七億九千三百七十萬〇〇五百二十五，以八十一億乘之，折半退位爲實，七億四千九百一十五萬三千五百三十八除之，所得億約爲寸，得應鐘。

應鐘長四寸二分九釐〇八絲二忽五微五纖

新法置應鐘之率五億二千九百七十三萬一千五百四十七，以八十一億乘之，退位爲實，七億四千九百一十五萬三千五百三十八除之，所得億約爲寸，得蕤賓。

蕤賓長五寸七分二釐七毫五絲六忽四微九纖

新法置蕤賓之率七億〇七百一十萬〇六千七百八十一，以八十一億乘之，退位爲實，七億四千九百一十五萬三千五百三十八除之，所得億約爲寸，得大吕。

大吕長七寸六分四釐五毫三絲八忽一微九纖

新法置大吕之率九億四千三百八十七萬四千三百一十二，以八十一億乘之，折半退位爲實，七億四千九百一十五萬三千五百三十八除之，所得億約爲寸，得夷則。

夷則長五寸一分〇二毫六絲八忽〇二纖

新法置夷則之率六億二千九百九十六萬〇五百二十四，以八十一億乘之，退位爲實，七億四千九百一十五萬三千五百三十八除之，所得億約爲寸，得夾鐘。

夾鐘長六寸八分一釐一毫二絲六忽〇九纖

新法置夾鐘之率八億四千〇八十九萬六千四百一十五，以八十一億乘之，折半退位爲實，七億四千九百一十五萬三千五百三十八除之，所得億約爲寸，得無射。

無射長四寸五分四釐五毫九絲七忽一微二纖

新法置無射之率五億六千一百二十三萬一千〇二十四，以八十一億乘之，退位爲實，七億四千九百一十五萬三千五百三十八除之，所得億約爲寸，得仲吕。

仲吕長六寸〇六釐八毫一絲四忽三微六纖

新法置仲吕之率七億四千九百一十五萬三千五百三十八，以八十一億乘之，退位爲實，七億四千九百一十五萬三千五百三十八除之，所得億約爲寸，得黄鐘。

黄鐘長八寸一分還元。

以上斜黍九十分律，及縱黍八十一分律，各具四法。今載其一，餘三法皆倣此，故不悉載。

縱黍八十一分作九寸律，依新法算。

例曰：此法每寸九分，每分九釐，每釐九毫，每毫九絲，每絲九忽，每忽九微，每微九纖。皆以九爲法，故與十不同。

算盤首位爲寸位，第二位爲分位，第三位爲釐位，第四位爲毫位，第五位爲絲位，第六位爲忽位，第七位［爲］微位，第八位爲纖位。

初九因至寸位住，又九因至分位住，又九因至釐位住，又九因至毫位住，又九因至絲位住，又九因至忽位住，又九因至微位住，又九因至纖位住。

云至分位者，不許至寸位，云至釐位者，不許至分位。餘倣此。

黃鐘長九寸

新法置黃鐘之率十億爲實，九因至寸位住，得九寸，爲黃鐘。

大呂長八寸四分四釐〇六絲七忽四微五纖

新法置大呂之率九億四千三百八十七萬四千三百一十二爲實，初九因至寸位住，得八寸；又九因至分位住，得四分；又九因至釐位住，得四釐；又九因至毫位住，得〇毫；又九因至絲位住，得六絲；又九因至忽位住，得七忽；又九因至微位住，得四微；又九因至纖位住，得五纖。凡九因八遍，共得八寸四分四釐〇毫六絲七忽四微五纖，爲大呂。

太蔟長八寸〇一釐四毫一絲六忽〇八纖

新法得太蔟之率八億九千〇八十九萬八千七百一十八爲實，初九因至寸位住，得八寸；又九因至分位住，得〇分；又九因至釐位住，得一釐；又九因至毫位住，得四毫；又九因至絲位住，得一絲；又九因至忽位住，得六忽；又九因至微位住，得〇微；又九因至纖位住，得八纖。凡九因八遍，共得八寸〇分一釐四毫一絲六忽〇微八纖，爲太蔟。

夾鐘長七寸五分一釐〇一絲〇七微四纖

新法置夾鐘之率八億四千〇八十九萬六千四百一十五爲實，初九因至寸位住，得七寸；又九因至分位住，得五分；又九因至釐位住，得一釐；又九因至毫位住，得〇毫；又九因至絲位住，得一絲；又九因至忽位住，得〇忽；又九因至微位住，得七微；又九因至纖位住，得四纖。凡九因八遍，共得七寸五分一釐〇毫一絲〇忽七微四纖，爲夾鐘。

姑洗長七寸一分二釐五毫四絲二忽〇〇

新法置姑洗之率七億九千三百七十萬〇〇五百二十五爲實，初九因至寸位住，得七寸；又九因至分位住，得一分；又九因至釐位住，得二釐；又九因至毫位住，得五毫；又九因至絲位住，得四絲；又九因至忽位住，得二忽；又九因至微位住，得〇微；又九因至纖位住，得〇纖。凡九因八遍，共得七寸一分二釐五毫四絲二忽〇微〇纖，爲姑洗。

仲呂長六寸六分六釐二毫一絲六忽八微一纖

新法置仲呂之率七億四千九百一十五萬三千五百三十八爲實，初九因至寸位住，得六寸；又九因至分位住，得六分；又九因至釐位住，得六釐；又九因至毫位住，得二毫；又九因至絲位住，得一絲；又九因至忽位住，得六忽；又九因至微位住，得八微；又九因至纖位住，得一纖。凡九因八遍，共得六寸六分六釐二毫一絲六忽八微一纖，爲仲呂。

蕤賓長六寸三分二釐四毫二絲八忽四微七纖

新法置蕤賓之率七億〇七百一十萬〇六千七百八十一爲實，初九因至寸位住，得六寸；又九因至分位住，得三分；又九因至釐位住，得二釐；又九因至毫位住，得四毫；又九因至絲位住，得二絲；又九因至忽位住，得八忽；又九因至微位住，得四微；又九因至纖位住，得七纖。凡九因八遍，共得六寸三分二釐四毫二絲八忽四微七纖，爲蕤賓。

林鐘長六寸〇〇四毫八絲四忽二微七纖

新法置林鐘之率六億六千七百四十一萬九千九百二十七爲實，初九因至寸位住，得六寸；又九因至分位住，得〇分；又九因至釐位住，得〇釐；又九因至毫位住，得四毫；又九因至絲位住，得八絲；又九因至忽位住，得四忽；又九因至微位住，得二微；又九因至纖位住，得七纖。凡九因八遍，共得六寸〇分〇釐四毫八絲四忽二微七纖，爲林鐘。

夷則長五寸六分〇二毫一絲四忽七微五纖

新法置夷則之率六億二千九百九十六萬〇五百二十四爲實，初九因至寸位住，得五寸；又九因至分位住，得六分；又九因至釐位住，得〇釐；又九因至毫位住，得二毫；又九因至絲位住，得一絲；又九因至忽位住，得四忽；又九因至微位住，得七微；又九因至纖位住，得五纖。凡九因八遍，共得五寸六分〇釐二毫一絲四忽七微五纖，爲夷則。

南呂長五寸三分一釐四毫一絲六忽六微三纖

新法置南呂之率五億九千四百六十萬〇三千五百五十七爲實，初九因至寸位住，得五寸；又九因至分位住，得三分；又九因至釐位住，得一釐；又九因至毫位住，得四毫；又九因至絲位住，得一絲；又九因至忽位住，得六忽；又九因至微位住，得六微；又九因至纖位住，得三纖。凡九因八遍，共得五寸三分一釐四毫一絲六忽六微三纖，爲南吕。

無射長五寸〇四釐一毫二絲一忽一微五纖

新法置無射之率五億六千一百二十三萬一千〇二十四爲實，初九因至寸位住，得五寸；又九因至分位住，得〇分；又九因至釐位住，得四釐；又九因至毫位住，得一毫；又九因至絲位住，得二絲；又九因至忽位住，得一忽；又九因至微位住，得一微；又九因至纖位住，得五纖。凡九因八遍，共得五寸〇分四釐一毫二絲一忽一微五纖，爲無射。

應鐘長四寸六分八釐一毫五絲一忽〇五纖

新法置應鐘之率五億二千九百七十三萬一千五百四十七爲實，初九因至寸位住，得四寸；又九因至分位住，得六分；又九因至釐位住，得八釐；又九因至毫位住，得一毫；又九因至絲位住，得五絲；又九因至忽位住，得一忽；又九因至微位住，得〇微；又九因至纖位住，得五纖。凡九因八遍，共得四寸六分八釐一毫五絲一忽〇微五纖，爲應鐘。

黄鐘半律長四寸四分四釐四毫四絲四忽四微四纖

新法置黄鐘半率五億爲實，八因九歸，億約爲寸，得四寸四分四釐四毫四絲四忽四微四纖，爲黄鐘半律。

謹按：約十爲九主意，蓋爲三分損益而設，使歸除無不盡數耳。夫律吕之理，循環無端，而杪忽之數，歸除不蓋，此自然之理也。因其天生自然，不須人力穿鑿，以此算律，何善如之！歷代算律，祇欲杪忽除之有盡，遂致律吕往而不返，此乃顛倒之見，非自然之理也。是以新法不用三分損益，不拘隔八相生，然而相生有序，循環無端，十二律吕，一以貫之。此蓋二千餘年之所未有，自我聖朝始也，學者宜盡心焉。

又　卷二

不取圍徑皆同第五之上

舊律圍徑皆同，而新律各不同。《禮記註疏》曰「凡律空圍九分」，《月令章句》曰「圍數無增減」，及《隋志》安豐王等説，皆不足取也，故著此論。論曰：琴瑟不獨徽柱之有遠近，而弦亦有巨細焉；笙竽不獨管孔之有高低，而簧亦有厚薄焉。弦之巨細，若一但以徽柱遠近别之，不可也；簧之厚薄，若一但以管孔高低别之，不可也。譬諸律管，雖有修短之不齊，亦有廣狹之不等。先儒以爲，長短雖異，圍徑皆同，此未達之論也。今若不信，以竹或筆管製黄鐘之律一様二枚，截其一枚，分作兩段；全律半律，各令一人吹之，聲必不相合矣，此昭然可驗也。又製大吕之律一様二枚，周、徑與黄鐘同，截其一枚，分作兩段；全律半律，各令一人吹之，則亦不相合。而大吕半律，乃與黄鐘全律相合，略差不遠。是知所謂半律者，皆下全律一律矣。大抵管長則氣隘，隘則雖長而反清；管短則氣寬，寬則雖短而反濁。此自然之理，先儒未達也。要之，長短廣狹皆有一定之理，一定之數在焉。置黄鐘倍律九而一，以爲外周，用弦求句股術得其内周。又置倍律四十而一，以爲内徑，用句股求弦術得其外徑。蓋律管兩端形如環田，有内外周、徑焉。外周内容之方，即内徑也；内周外射之斜，即外徑也。方圓相容，天地之象，理數之妙者也。黄鐘通長八十一分者，外周九分，是爲八十一中之九，即約分法九分中之一也。若約黄鐘八十一分作爲九寸，則其外周當云一寸。舊以九十分爲黄鐘，而云空圍九分者，誤也。況又穿鑿，指爲面冪九方分，則誤益甚矣。方圓相容，有圖如左。

密率周徑　第一層倍律外周也。第二層倍律内周即正律外周也。三層、四層皆放此推之。

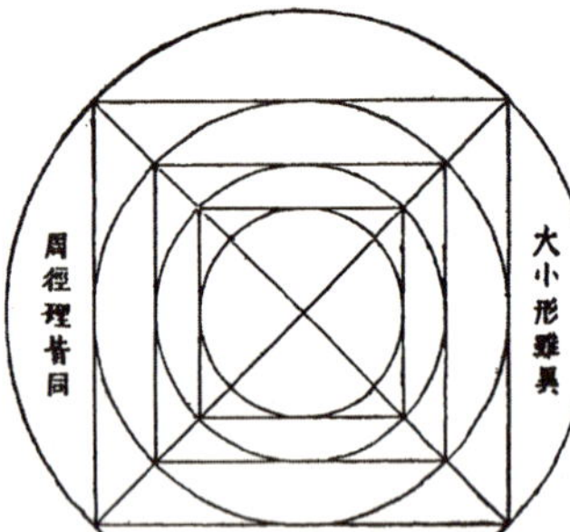

密率源流　法曰：圓周四十容方九，句股求弦數可知，遂以此爲求徑率。求周、求積，亦如之。

新法密率算術：周、徑、冪、積相求。

周求徑者，置周全數，九因，四十除之，所得自乘，倍之爲實，開平方法除之，得徑。

徑求周者，置徑全數，自乘，半之爲實，開平方法除之，所得四十乘之，九歸，得周。

周求積者，置周全數，九因，四十除之，所得自乘，倍之爲實； 徑求積者，置徑全數，自乘爲實。二項各又自乘，以一百乘之，一百六十二除之，所得爲實，開平方法除之，得積。

積求周、徑者，置積全數，自乘，所得以一百六十二乘之，一百除之爲實，開平方法除之，所得副置之： 其一折半爲實，開平方法除之，所得四十乘之，九歸，得周； 其一不須折半，但以開平方法除之，得徑。所謂積者，面羃平圓積也。以其通長乘之，各得其實積也。

舊法平圓周、徑、積互相求，但係圍三徑一術者，皆疏舛不可用； 惟周、徑相乘，四歸得積，及半周半徑相乘得積，二者可用。

先求三十六律通長真數

黄鐘倍律通長二尺，容黍二合，稱重二兩，律度量衡無非倍者。此自然全數也，故算法皆從倍律起。若夫正律於度雖足，於量於衡則皆不足，衹容半合，衹重半兩，比諸倍律似非自然全數。故算法不從正律起，亦不從半律起。倍律、正律、半律，各有十二，共爲三十六律。

置黄鐘倍律通長二尺爲實，以十億乘之，以十億〇五千九百四十六萬三千〇九十四除之，得一尺八寸八分七釐七毫四絲八忽六微二纖，爲大吕。

置大吕倍律通長一尺八寸八分七釐七毫四絲八忽六微二纖爲實，以十億乘之，以十億〇五千九百四十六萬三千〇九十四除之，得一尺七寸八分一釐七毫九絲七忽四微三纖，爲太蔟。

置太蔟倍律通長一尺七寸八分一釐七毫九絲七忽四微三纖爲實，以十億乘之，以十億〇五千九百四十六萬三千〇九十四除之，得一尺六寸八分一釐七毫九絲二忽八微三纖，爲夾鐘。

置夾鐘倍律通長一尺六寸八分一釐七毫九絲二忽八微三纖爲實，以十億乘之，以十億〇五千九百四十六萬三千〇九十四除之，得一尺五寸八分七釐四毫〇一忽〇五纖，爲姑洗。

置姑洗倍律通長一尺五寸八分七釐四毫〇一忽〇五纖爲實，以十億乘之，以十億〇五千九百四十六萬三千〇九十四除之，得一尺四寸九分八釐三毫〇七忽〇七纖，爲仲吕。

置仲吕倍律通長一尺四寸九分八釐三毫〇七忽〇七纖爲實，以十億乘之，以十億〇五千九百四十六萬三千〇九十四除之，得一尺四寸一分四釐二毫一絲三忽五微六纖，爲蕤賓。

置蕤賓倍律通長一尺四寸一分四釐二毫一絲三忽五微六纖爲實，以十億乘之，以十億〇五千九百四十六萬三千〇九十四除之，得一尺三寸三分四釐八毫三絲九忽八微五纖，爲林鐘。

置林鐘倍律通長一尺三寸三分四釐八毫三絲九忽八微五纖爲實，以十億乘之，以十億〇五千九百四十六萬三千〇九十四除之，得一尺二寸五分九釐九毫二絲一忽〇四纖，爲夷則。

置夷則倍律通長一尺二寸五分九釐九毫二絲一忽〇四纖爲實，以十億乘之，以十億〇五千九百四十六萬三千〇九十四除之，得一尺一寸八分九釐二毫〇七忽一微一纖，爲南吕。

置南吕倍律通長一尺一寸八分九釐二毫〇七忽一微一纖爲實，以十億乘之，以十億〇五千九百四十六萬三千〇九十四除之，得一尺一寸二分二釐四毫六絲二忽〇四纖，爲無射。

置無射倍律通長一尺一寸二分二釐四毫六絲二忽〇四纖爲實，以十億乘之，以十億〇五千九百四十六萬三千〇九十四除之，得一尺〇五分九釐四毫六絲三忽〇九纖，爲應鐘。

置應鐘倍律通長一尺〇五分九釐四毫六絲三忽〇九纖爲實，以十億乘之，以十億〇五千九百四十六萬三千〇九十四除之，得一尺，爲黄鐘。

置黄鐘正律通長一尺爲實，以十億乘之，以十億〇五千九百四十六萬三千〇九十四除之，得九寸四分三釐八毫七絲四忽三微一纖，爲大吕。

置大吕正律通長九寸四分三釐八毫七絲四忽三微一纖爲實，以十億乘之，以十億〇五千九百四十六萬三千〇九十四除之，得八寸九分〇八毫九絲八忽七微一纖，爲太蔟。

置太蔟正律通長八寸九分〇八毫九絲八忽七微一纖爲實，以十億乘之，以十億〇五千九百四十六萬三千〇九十四除之，得八寸四分〇八毫九絲六忽四微一纖，爲夾鐘。

置夾鐘正律通長八寸四分〇八毫九絲六忽四微一纖爲實，以十億乘之，以十億〇五千九百四十六萬三千〇九十四除之，得七寸九分三釐七毫〇〇五微二纖，爲姑洗。

置姑洗正律通長七寸九分三釐七毫〇〇五微二纖爲實，以十億乘之，以十億〇五千九百四十六萬三千〇九十四除之，得七寸四分九釐一毫五絲三忽五微三纖，爲仲呂。

置仲呂正律通長七寸四分九釐一毫五絲三忽五微三纖爲實，以十億乘之，以十億〇五千九百四十六萬三千〇九十四除之，得七寸〇七釐一毫〇六忽七微八纖，爲蕤賓。

置蕤賓正律通長七寸〇七釐一毫〇六忽七微八纖爲實，以十億乘之，以十億〇五千九百四十六萬三千〇九十四除之，得六寸六分七釐四毫一絲九忽九微二纖，爲林鐘。

置林鐘正律通長六寸六分七釐四毫一絲九忽九微二纖爲實，以十億乘之，以十億〇五千九百四十六萬三千〇九十四除之，得六寸二分九釐九毫六絲〇五微二纖，爲夷則。

置夷則正律通長六寸二分九釐九毫六絲〇五微二纖爲實，以十億乘之，以十億〇五千九百四十六萬三千〇九十四除之，得五寸九分四釐六毫〇三忽五微五纖，爲南呂。

置南呂正律通長五寸九分四釐六毫〇三忽五微五纖爲實，以十億乘之，以十億〇五千九百四十六萬三千〇九十四除之，得五寸六分一釐二毫三絲一忽〇二纖，爲無射。

置無射正律通長五寸六分一釐二毫三絲一忽〇二纖爲實，以十億乘之，以十億〇五千九百四十六萬三千〇九十四除之，得五寸二分九釐七毫三絲一忽五微四纖，爲應鐘。

置應鐘正律通長五寸二分九釐七毫三絲一忽五微四纖爲實，以十億乘之，以十億〇五千九百四十六萬三千〇九十四除之，得五寸，爲黄鐘。

置黄鐘半律通長五寸爲實，以十億乘之，以十億〇五千九百四十六萬三千〇九十四除之，得四寸七分一釐九毫三絲七忽一微五纖，爲大呂。

置大呂半律通長四寸七分一釐九毫三絲七忽一微五纖爲實，以十億乘之，以十億〇五千九百四十六萬三千〇九十四除之，得四寸四分五釐四毫四絲九忽三微五纖，爲太蔟。

置太蔟半律通長四寸四分五釐四毫四絲九忽三微五纖爲實，以十億乘之，以十億〇五千九百四十六萬三千〇九十四除之，得四寸二分〇四毫四絲八忽二微〇，爲夾鐘。

置夾鐘半律通長四寸二分〇四毫四絲八忽二微〇爲實，以十億乘之，以十億〇五千九百四十六萬三千〇九十四除之，得三寸九分六釐八毫五絲〇二微六纖，爲姑洗。

置姑洗半律通長三寸九分六釐八毫五絲〇二微六纖爲實，以十億乘之，以十億〇五千九百四十六萬三千〇九十四除之，得三寸七分四釐五毫七絲六忽七微六纖，爲仲呂。

置仲呂半律通長三寸七分四釐五毫七絲六忽七微六纖爲實，以十億乘之，以十億〇五千九百四十六萬三千〇九十四除之，得三寸五分三釐五毫五絲三忽三微九纖，爲蕤賓。

置蕤賓半律通長三寸五分三釐五毫五絲三忽三微九纖爲實，以十億乘之，以十億〇五千九百四十六萬三千〇九十四除之，得三寸三分三釐七毫〇九忽九微六纖，爲林鐘。

置林鐘半律通長三寸三分三釐七毫〇九忽九微六纖爲實，以十億乘之，以十億〇五千九百四十六萬三千〇九十四除之，得三寸一分四釐九毫八絲〇二微六纖，爲夷則。

置夷則半律通長三寸一分四釐九毫八絲〇二微六纖爲實，以十億乘之，以十億〇五千九百四十六萬三千〇九十四除之，得二寸九分七釐三毫〇一忽七微七纖，爲南呂。

置南呂半律通長二寸九分七釐三毫〇一忽七微七纖爲實，以十億乘之，以十億〇五千九百四十六萬三千〇九十四除之，得二寸八分〇六毫一絲五忽五微一纖，爲無射。

置無射半律通長二寸八分〇六毫一絲五忽五微一纖爲實，以十億乘之，以十億〇五千九百四十六萬三千〇九十四除之，得二寸六分四釐八毫六絲五忽七微七纖，爲應鐘。

次求三十六律外周真數

先置黄鐘倍律通長二尺爲實，九歸得二寸二分二釐二毫二絲二忽二微二纖爲其外周。就置所得爲實，依後項乘除之。

置黃鐘倍律外周二寸二分二釐二毫二絲二忽二微二纖爲實，以十億乘之，以十億○二千九百三十萬○二千二百三十六除之，得二寸一分五釐八毫九絲五忽九微八纖，爲大呂。

置大呂倍律外周二寸一分五釐八毫九絲五忽九微八纖爲實，以十億乘之，以十億○二千九百三十萬○二千二百三十六除之，得二寸○九釐七毫四絲九忽八微四纖，爲太蔟。

置太蔟倍律外周二寸○九釐七毫四絲九忽八微四纖爲實，以十億乘之，以十億○二千九百三十萬○二千二百三十六除之，得二寸○三釐七毫七絲八忽六微七纖，爲夾鐘。

置夾鐘倍律外周二寸○三釐七毫七絲八忽六微七纖爲實，以十億乘之，以十億○二千九百三十萬○二千二百三十六除之，得一寸九分七釐九毫七絲七忽四微九纖，爲姑洗。

置姑洗倍律外周一寸九分七釐九毫七絲七忽四微九纖爲實，以十億乘之，以十億○二千九百三十萬○二千二百三十六除之，得一寸九分二釐三毫四絲一忽四微五纖，爲仲呂。

置仲呂倍律外周一寸九分二釐三毫四絲一忽四微五纖爲實，以十億乘之，以十億○二千九百三十萬○二千二百三十六除之，得一寸八分六釐八毫六絲五忽八微七纖，爲蕤賓。

置蕤賓倍律外周一寸八分六釐八毫六絲五忽八微七纖爲實，以十億乘之，以十億○二千九百三十萬○二千二百三十六除之，得一寸八分一釐五毫四絲六忽一微六纖，爲林鐘。

置林鐘倍律外周一寸八分一釐五毫四絲六忽一微六纖爲實，以十億乘之，以十億○二千九百三十萬○二千二百三十六除之，得一寸七分六釐三毫七絲七忽八微九纖，爲夷則。

置夷則倍律外周一寸七分六釐三毫七絲七忽八微九纖爲實，以十億乘之，以十億○二千九百三十萬○二千二百三十六除之，得一寸七分一釐三毫五絲六忽七微五纖，爲南呂。

置南呂倍律外周一寸七分一釐三毫五絲六忽七微五纖爲實，以十億乘之，以十億○二千九百三十萬○二千二百三十六除之，得一寸六分六釐四毫七絲八忽五微六纖，爲無射。

置無射倍律外周一寸六分六釐四毫七絲八忽五微六纖爲實，以十億乘之，以十億○二千九百三十萬○二千二百三十六除之，得一寸六分一釐七毫三絲九忽二微四纖，爲應鐘。

置應鐘倍律外周一寸六分一釐七毫三絲九忽二微四纖爲實，以十億乘之，以十億○二千九百三十萬○二千二百三十六除之，得一寸五分七釐一毫三絲四忽八微四纖，爲黃鐘。

置黃鐘正律外周一寸五分七釐一毫三絲四忽八微四纖爲實，以十億乘之，以十億○二千九百三十萬○二千二百三十六除之，得一寸五分二釐六毫六絲一忽五微一纖，爲大呂。

置大呂正律外周一寸五分二釐六毫六絲一忽五微一纖爲實，以十億乘之，以十億○二千九百三十萬○二千二百三十六除之，得一寸四分八釐三毫一絲五忽五微三纖，爲太蔟。

置太蔟正律外周一寸四分八釐三毫一絲五忽五微三纖爲實，以十億乘之，以十億○二千九百三十萬○二千二百三十六除之，得一寸四分四釐○九絲三忽二微八纖，爲夾鐘。

置夾鐘正律外周一寸四分四釐○九絲三忽二微八纖爲實，以十億乘之，以十億○二千九百三十萬○二千二百三十六除之，得一寸三分九釐九毫九絲一忽二微二纖，爲姑洗。

置姑洗正律外周一寸三分九釐九毫九絲一忽二微二纖爲實，以十億乘之，以十億○二千九百三十萬○二千二百三十六除之，得一寸三分六釐○○五忽九微四纖，爲仲呂。

置仲呂正律外周一寸三分六釐○○五忽九微四纖爲實，以十億乘之，以十億○二千九百三十萬○二千二百三十六除之，得一寸三分二釐一毫三絲四忽一微二纖，爲蕤賓。

置蕤賓正律外周一寸三分二釐一毫三絲四忽一微二纖爲實，以十億乘之，以十億○二千九百三十萬○二千二百三十六除之，得一寸二分八釐三毫七絲二忽五微二纖，爲林鐘。

置林鐘正律外周一寸二分八釐三毫七絲二忽五微二纖爲實，以十億乘之，以十億○二千九百三十萬○二千二百三十六除之，得一寸二分四釐七毫一絲八忽○○，爲夷則。

置夷則正律外周一寸二分四釐七毫一絲八忽〇〇爲實，以十億〇二千九百三十萬〇二千二百三十六除之，得一寸二分一釐一毫六絲七忽五微二纖，爲南吕。

置南吕正律外周一寸二分一釐一毫六絲七忽五微二纖爲實，以十億〇二千九百三十萬〇二千二百三十六除之，得一寸一分七釐七毫一絲八忽一微二纖，爲無射。

置無射正律外周一寸一分七釐七毫一絲八忽一微二纖爲實，以十億〇二千九百三十萬〇二千二百三十六除之，得一寸一分四釐三毫六絲六忽九微一纖，爲應鐘。

置應鐘正律外周一寸一分四釐三毫六絲六忽九微一纖爲實，以十億〇二千九百三十萬〇二千二百三十六除之，得一寸一分一釐一毫一絲一忽一微一纖，爲黄鐘。

置黄鐘半律外周一寸一分一釐一毫一絲一忽一微一纖爲實，以十億〇二千九百三十萬〇二千二百三十六除之，得一寸〇七釐九毫四絲七忽九微九纖，爲大吕。

置大吕半律外周一寸〇七釐九毫四絲七忽九微九纖爲實，以十億〇二千九百三十萬〇二千二百三十六除之，得一寸〇四釐八毫七絲四忽九微二纖，爲太蔟。

置太蔟半律外周一寸〇四釐八毫七絲四忽九微二纖爲實，以十億〇二千九百三十萬〇二千二百三十六除之，得一寸〇一釐八毫八絲九忽三微三纖，爲夾鐘。

置夾鐘半律外周一寸〇一釐八毫八絲九忽三微三纖爲實，以十億〇二千九百三十萬〇二千二百三十六除之，得九分八釐九毫八絲八忽七微四纖，爲姑洗。

置姑洗半律外周九分八釐九毫八絲八忽七微四纖爲實，以十億〇二千九百三十萬〇二千二百三十六除之，得九分六釐一毫七絲〇七微二纖，爲仲吕。

置仲吕半律外周九分六釐一毫七絲〇七微二纖爲實，以十億〇二千九百三十萬〇二千二百三十六除之，得九分三釐四毫三絲二忽九微三纖，爲蕤賓。

置蕤賓半律外周九分三釐四毫三絲二忽九微三纖爲實，以十億〇二千九百三十萬〇二千二百三十六除之，得九分〇七毫七絲三忽〇八纖，爲林鐘。

置林鐘半律外周九分〇七毫七絲三忽〇八纖爲實，以十億〇二千九百三十萬〇二千二百三十六除之，得八分八釐一毫八絲八忽九微四纖，爲夷則。

置夷則半律外周八分八釐一毫八絲八忽九微四纖爲實，以十億〇二千九百三十萬〇二千二百三十六除之，得八分五釐六毫七絲八忽三微七纖，爲南吕。

置南吕半律外周八分五釐六毫七絲八忽三微七纖爲實，以十億〇二千九百三十萬〇二千二百三十六除之，得八分三釐二毫三絲九忽二微八纖，爲無射。

置無射半律外周八分三釐二毫三絲九忽二微八纖爲實，以十億〇二千九百三十萬〇二千二百三十六除之，得八分〇八毫六絲九忽六微二纖，爲應鐘。

次求三十六律外徑真數

周求徑術：置黄鐘倍律外周二寸二分二釐二毫二絲二忽二微二纖，九因得二尺，以四十除之，得五分，自乘得二十五分，加倍得五十分爲實，開平方法除之，得七分〇七毫一絲〇六微七纖，是爲外徑。就置所得爲實，依後項乘除之。

徑求周術：置黄鐘倍律外徑七分〇七毫一絲〇六微七纖，自乘得五十分，折半得二十五分爲實，開平方法除之，得五分，以四十乘之，得二尺，九歸，得二寸二分二釐二毫二絲二忽二微二纖，是爲外周。周、徑互相求，即還原法也。

置黄鐘倍律外徑七分〇七毫一絲〇六微七纖爲實，以十億〇二千九百三十萬〇二千二百三十六除之，得六分八釐六毫九絲七忽六微八纖，爲大吕。

置大吕倍律外徑六分八釐六毫九絲七忽六微八纖爲實，以十億〇二千九百三十萬〇二千二百三十六除之，得六分六釐七毫四絲一忽九微九纖，爲太蔟。

置太蔟倍律外徑六分六釐七毫四絲一忽九微九纖爲實，以十億乘之，以十億〇二千九百三十萬〇二千二百三十六除之，得六分四釐八毫四絲一忽九微七纖，爲夾鐘。

置夾鐘倍律外徑六分四釐八毫四絲一忽九微七纖爲實，以十億乘之，以十億〇二千九百三十萬〇二千二百三十六除之，得六分二釐九毫九絲六忽〇五纖，爲姑洗。

置姑洗倍律外徑六分二釐九毫九絲六忽〇五纖爲實，以十億乘之，以十億〇二千九百三十萬〇二千二百三十六除之，得六分一釐二毫〇二忽六微七纖，爲仲呂。

置仲呂倍律外徑六分一釐二毫〇二忽六微七纖爲實，以十億乘之，以十億〇二千九百三十萬〇二千二百三十六除之，得五分九釐四毫六絲〇三微五纖，爲蕤賓。

置蕤賓倍律外徑五分九釐四毫六絲〇三微五纖爲實，以十億乘之，以十億〇二千九百三十萬〇二千二百三十六除之，得五分七釐七毫六絲七忽六微三纖，爲林鐘。

置林鐘倍律外徑五分七釐七毫六絲七忽六微三纖爲實，以十億乘之，以十億〇二千九百三十萬〇二千二百三十六除之，得五分六釐一毫二絲三忽一微〇，爲夷則。

置夷則倍律外徑五分六釐一毫二絲三忽一微〇爲實，以十億乘之，以十億〇二千九百三十萬〇二千二百三十六除之，得五分四釐五毫二絲五忽三微八纖，爲南呂。

置南呂倍律外徑五分四釐五毫二絲五忽三微八纖爲實，以十億乘之，以十億〇二千九百三十萬〇二千二百三十六除之，得五分二釐九毫七絲三忽一微五纖，爲無射。

置無射倍律外徑五分二釐九毫七絲三忽一微五纖爲實，以十億乘之，以十億〇二千九百三十萬〇二千二百三十六除之，得五分一釐四毫六絲五忽一微一纖，爲應鐘。

置應鐘倍律外徑五分一釐四毫六絲五忽一微一纖爲實，以十億乘之，以十億〇二千九百三十萬〇二千二百三十六除之，得五分，爲黃鐘。

置黃鐘正律外徑五分爲實，以十億乘之，以十億〇二千九百三十萬〇二千二百三十六除之，得四分八釐五毫七絲六忽五微九纖，爲大呂。

置大呂正律外徑四分八釐五毫七絲六忽五微九纖爲實，以十億乘之，以十億〇二千九百三十萬〇二千二百三十六除之，得四分七釐一毫九絲三忽七微一纖，爲太蔟。

置太蔟正律外徑四分七釐一毫九絲三忽七微一纖爲實，以十億乘之，以十億〇二千九百三十萬〇二千二百三十六除之，得四分五釐八毫五絲〇二微〇，爲夾鐘。

置夾鐘正律外徑四分五釐八毫五絲〇二微〇爲實，以十億乘之，以十億〇二千九百三十萬〇二千二百三十六除之，得四分四釐五毫四絲四忽九微三纖，爲姑洗。

置姑洗正律外徑四分四釐五毫四絲四忽九微三纖爲實，以十億乘之，以十億〇二千九百三十萬〇二千二百三十六除之，得四分三釐二毫七絲六忽八微二纖，爲仲呂。

置仲呂正律外徑四分三釐二毫七絲六忽八微二纖爲實，以十億乘之，以十億〇二千九百三十萬〇二千二百三十六除之，得四分二釐〇四絲四忽八微二纖，爲蕤賓。

置蕤賓正律外徑四分二釐〇四絲四忽八微二纖爲實，以十億乘之，以十億〇二千九百三十萬〇二千二百三十六除之，得四分〇八毫四絲七忽八微八纖，爲林鐘。

置林鐘正律外徑四分〇八毫四絲七忽八微八纖爲實，以十億乘之，以十億〇二千九百三十萬〇二千二百三十六除之，得三分九釐六毫八絲五忽〇二纖，爲夷則。

置夷則正律外徑三分九釐六毫八絲五忽〇二纖爲實，以十億乘之，以十億〇二千九百三十萬〇二千二百三十六除之，得三分八釐五毫五絲五忽二微七纖，爲南呂。

置南呂正律外徑三分八釐五毫五絲五忽二微七纖爲實，以十億乘之，以十億〇二千九百三十萬〇二千二百三十六除之，得三分七釐四毫五絲七忽六微七纖，爲無射。

置無射正律外徑三分七釐四毫五絲七忽六微七纖爲實，以十億乘之，以十億〇二千九百三十萬〇二千二百三十六除之，得三分六釐三毫九絲一忽三微二纖，爲應鐘。

置應鐘正律外徑三分六釐三毫九絲一忽三微二纖爲實，以十億乘之，以十億〇二千九百三十萬〇二千二百三十六除之，得三分五釐三毫五絲五忽三微三纖，爲黃鐘。

置黃鐘半律外徑三分五釐三毫五絲五忽三微三纖爲實，以十億乘之，以十億〇二千九百三十萬〇二千二百三十六除之，得三分四釐三毫四絲八忽八微四纖，爲大呂。

置大呂半律外徑三分四釐三毫四絲八忽八微四纖爲實，以十億乘之，以十億〇二千九百三十萬〇二千二百三十六除之，得三分三釐三毫七絲〇九微九纖，爲太蔟。

置太蔟半律外徑三分三釐三毫七絲〇九微九纖爲實，以十億乘之，以十億〇二千九百三十萬〇二千二百三十六除之，得三分二釐四毫二絲〇九微八纖，爲夾鐘。

置夾鐘半律外徑三分二釐四毫二絲〇九微八纖爲實，以十億乘之，以十億〇二千九百三十萬〇二千二百三十六除之，得三分一釐四毫九絲八忽〇二纖，爲姑洗。

置姑洗半律外徑三分一釐四毫九絲八忽〇二纖爲實，以十億乘之，以十億〇二千九百三十萬〇二千二百三十六除之，得三分〇六毫〇一忽三微三纖，爲仲呂。

置仲呂半律外徑三分〇六毫〇一忽三微三纖爲實，以十億乘之，以十億〇二千九百三十萬〇二千二百三十六除之，得二分九釐七毫三絲〇一微七纖，爲蕤賓。

置蕤賓半律外徑二分九釐七毫三絲〇一微七纖爲實，以十億乘之，以十億〇二千九百三十萬〇二千二百三十六除之，得二分八釐八毫八絲三忽八微一纖，爲林鐘。

置林鐘半律外徑二分八釐八毫八絲三忽八微一纖爲實，以十億乘之，以十億〇二千九百三十萬〇二千二百三十六除之，得二分八釐〇六絲一忽五微五纖，爲夷則。

置夷則半律外徑二分八釐〇六絲一忽五微五纖爲實，以十億乘之，以十億〇二千九百三十萬〇二千二百三十六除之，得二分七釐二毫六絲二忽六微九纖，爲南呂。

置南呂半律外徑二分七釐二毫六絲二忽六微九纖爲實，以十億乘之，以十億〇二千九百三十萬〇二千二百三十六除之，得二分六釐四毫八絲六忽五微七纖，爲無射。

置無射半律外徑二分六釐四毫八絲六忽五微七纖爲實，以十億乘之，以十億〇二千九百三十萬〇二千二百三十六除之，得二分五釐七毫三絲二忽五微五纖，爲應鐘。

次求三十六律内徑真數

先置黃鐘倍律通長二尺爲實，四十除之，得五分，是爲内徑。 就置所得爲實，依後項乘除之。

置黃鐘倍律内徑五分爲實，以十億乘之，以十億〇二千九百三十萬〇二千二百三十六除之，得四分八釐五毫七絲六忽五微九纖，爲大呂。

置大呂倍律内徑四分八釐五毫七絲六忽五微九纖爲實，以十億乘之，以十億〇二千九百三十萬〇二千二百三十六除之，得四分七釐一毫九絲三忽七微一纖，爲太蔟。

置太蔟倍律内徑四分七釐一毫九絲三忽七微一纖爲實，以十億乘之，以十億〇二千九百三十萬〇二千二百三十六除之，得四分五釐八毫五絲〇二微〇，爲夾鐘。

置夾鐘倍律内徑四分五釐八毫五絲〇二微〇爲實，以十億乘之，以十億〇二千九百三十萬〇二千二百三十六除之，得四分四釐五毫四絲四忽九微三纖，爲姑洗。

置姑洗倍律内徑四分四釐五毫四絲四忽九微三纖爲實，以十億乘之，以十億〇二千九百三十萬〇二千二百三十六除之，得四分三釐二毫七絲六忽八微二纖，爲仲呂。

置仲呂倍律内徑四分三釐二毫七絲六忽八微二纖爲實，以十億乘之，以十億〇二千九百三十萬〇二千二百三十六除之，得四分二釐〇四絲四忽八微二纖，爲蕤賓。

置蕤賓倍律内徑四分二釐〇四絲四忽八微二纖爲實，以十億乘之，以十億〇二千九百三十萬〇二千二百三十六除之，得四分〇八毫四絲七忽八微八纖，爲林鐘。

置林鐘倍律内徑四分〇八毫四絲七忽八微八纖爲實，以十億乘之，以十億〇二千九百三十萬〇二千二百三十六除之，得三分九釐六毫八絲五忽〇二纖，爲夷則。

置夷則倍律内徑三分九釐六毫八絲五忽〇二纖爲實，以十億乘之，以十億〇二千九百三十萬〇二千二百三十六除之，得三分八釐五毫五絲五忽二微七纖，爲南呂。

置南呂倍律内徑三分八釐五毫五絲五忽二微七纖爲實，以十億乘之，以十億〇二千九百三十萬〇二千二百三十六除之，得三分七釐四毫五絲七忽六微七纖，爲無射。

置無射倍律内徑三分七釐四毫五絲七忽六微七纖爲實，以十億乘之，以十億〇二千九百三十萬〇二千二百三十六除之，得三分六釐三毫九絲一忽三微二纖，爲應鐘。

置應鐘倍律内徑三分六釐三毫九絲一忽三微二纖爲實，以十億乘之，以十億〇二千九百三十萬〇二千二百三十六除之，得三分五釐三毫五絲五忽三微三纖，爲黄鐘。

置黄鐘正律内徑三分五釐三毫五絲五忽三微三纖爲實，以十億乘之，以十億〇二千九百三十萬〇二千二百三十六除之，得三分四釐三毫四絲八忽八微四纖，爲大呂。

置大呂正律内徑三分四釐三毫四絲八忽八微四纖爲實，以十億乘之，以十億〇二千九百三十萬〇二千二百三十六除之，得三分三釐三毫七絲〇九微九纖，爲太蔟。

置太蔟正律内徑三分三釐三毫七絲〇九微九纖爲實，以十億乘之，以十億〇二千九百三十萬〇二千二百三十六除之，得三分二釐四毫二絲〇九微八纖，爲夾鐘。

置夾鐘正律内徑三分二釐四毫二絲〇九微八纖爲實，以十億乘之，以十億〇二千九百三十萬〇二千二百三十六除之，得三分一釐四毫九絲八忽〇二纖，爲姑洗。

置姑洗正律内徑三分一釐四毫九絲八忽〇二纖爲實，以十億乘之，以十億〇二千九百三十萬〇二千二百三十六除之，得三分〇六毫〇一忽三微三纖，爲仲呂。

置仲呂正律内徑三分〇六毫〇一忽三微三纖爲實，以十億乘之，以十億〇二千九百三十萬〇二千二百三十六除之，得二分九釐七毫三絲〇一微七纖，爲蕤賓。

置蕤賓正律内徑二分九釐七毫三絲〇一微七纖爲實，以十億乘之，以十億〇二千九百三十萬〇二千二百三十六除之，得二分八釐八毫八絲三忽八微一纖，爲林鐘。

置林鐘正律内徑二分八釐八毫八絲三忽八微一纖爲實，以十億乘之，以十億〇二千九百三十萬〇二千二百三十六除之，得二分八釐〇六絲一忽五微五纖，爲夷則。

置夷則正律内徑二分八釐〇六絲一忽五微五纖爲實，以十億乘之，以十億〇二千九百三十萬〇二千二百三十六除之，得二分七釐二毫六絲二忽六微九纖，爲南呂。

置南呂正律内徑二分七釐二毫六絲二忽六微九纖爲實，以十億乘之，以十億〇二千九百三十萬〇二千二百三十六除之，得二分六釐四毫八絲六忽五微七纖，爲無射。

置無射正律内徑二分六釐四毫八絲六忽五微七纖爲實，以十億乘之，以十億〇二千九百三十萬〇二千二百三十六除之，得二分五釐七毫三絲二忽五微五纖，爲應鐘。

置應鐘正律内徑二分五釐七毫三絲二忽五微五纖爲實，以十億乘之，以十億〇二千九百三十萬〇二千二百三十六除之，得二分五釐，爲黄鐘。

置黄鐘半律内徑二分五釐爲實，以十億乘之，以十億〇二千九百三十萬〇二千二百三十六除之，得二分四釐二毫八絲八忽二微九纖，爲大呂。

置大呂半律内徑二分四釐二毫八絲八忽二微九纖爲實，以十億乘之，以十億〇二千九百三十萬〇二千二百三十六除之，得二分三釐五毫九絲六忽八微五纖，爲太蔟。

置太蔟半律内徑二分三釐五毫九絲六忽八微五纖爲實，以十億乘之，以十億〇二千九百三十萬〇二千二百三十六除之，得二分二釐九毫二絲五忽一微〇，爲夾鐘。

置夾鐘半律内徑二分二釐九毫二絲五忽一微〇爲實，以十億乘之，以十億〇二千九百三十萬〇二千二百三十六除之，得二分二釐二毫七絲二忽四微六纖，爲姑洗。

置姑洗半律内徑二分二釐二毫七絲二忽四微六纖爲實，以十億乘之，以十億〇二千九百三十萬〇二千二百三十六除之，得二分一釐六毫三絲八忽四微一纖，爲仲吕。

置仲吕半律内徑二分一釐六毫三絲八忽四微一纖爲實，以十億乘之，以十億〇二千九百三十萬〇二千二百三十六除之，得二分一釐〇二絲二忽四微一纖，爲蕤賓。

置蕤賓半律内徑二分一釐〇二絲二忽四微一纖爲實，以十億乘之，以十億〇二千九百三十萬〇二千二百三十六除之，得二分〇四毫二絲三忽九微四纖，爲林鐘。

置林鐘半律内徑二分〇四毫二絲三忽九微四纖爲實，以十億乘之，以十億〇二千九百三十萬〇二千二百三十六除之，得一分九釐八毫四絲二忽五微一纖，爲夷則。

置夷則半律内徑一分九釐八毫四絲二忽五微一纖爲實，以十億乘之，以十億〇二千九百三十萬〇二千二百三十六除之，得一分九釐二毫七絲七忽六微三纖，爲南吕。

置南吕半律内徑一分九釐二毫七絲七忽六微三纖爲實，以十億乘之，以十億〇二千九百三十萬〇二千二百三十六除之，得一分八釐七毫二絲八忽八微三纖，爲無射。

置無射半律内徑一分八釐七毫二絲八忽八微三纖爲實，以十億乘之，以十億〇二千九百三十萬〇二千二百三十六除之，得一分八釐一毫九絲五忽六微六纖，爲應鐘。

次求三十六律内周真數

徑求周術：置黄鐘倍律内徑五分，自乘得二十五分，折半得一十二分半爲實，開平方法除之，得三分五釐三毫五絲五忽三微三纖九塵，以四十乘之，得一尺四寸一分四釐二毫一絲三忽五微六纖，九歸得一寸五分七釐一毫三絲四忽八微四纖，是爲内周。就置所得爲實，依後項乘除之。

周求徑術：置黄鐘倍律内周一寸五分七釐一毫三絲四忽八微四纖，九因得一尺四寸一分四釐二毫一絲三忽五微六纖，以四十除之，得三分五釐三毫五絲五忽三微三纖九塵，自乘得一十二分半，加倍得二十五分爲實，開平方法除之，得五分，是爲内徑。周、徑互相求，即還原法也。

置黄鐘倍律内周一寸五分七釐一毫三絲四忽八微四纖爲實，以十億乘之，以十億〇二千九百三十萬〇二千二百三十六除之，得一寸五分二釐六毫六絲一忽五微一纖，爲大吕。

置大吕倍律内周一寸五分二釐六毫六絲一忽五微一纖爲實，以十億乘之，以十億〇二千九百三十萬〇二千二百三十六除之，得一寸四分八釐三毫一絲五忽五微三纖，爲太蔟。

置太蔟倍律内周一寸四分八釐三毫一絲五忽五微三纖爲實，以十億乘之，以十億〇二千九百三十萬〇二千二百三十六除之，得一寸四分四釐〇九絲三忽二微八纖，爲夾鐘。

置夾鐘倍律内周一寸四分四釐〇九絲三忽二微八纖爲實，以十億乘之，以十億〇二千九百三十萬〇二千二百三十六除之，得一寸三分九釐九毫九絲一忽二微二纖，爲姑洗。

置姑洗倍律内周一寸三分九釐九毫九絲一忽二微二纖爲實，以十億乘之，以十億〇二千九百三十萬〇二千二百三十六除之，得一寸三分六釐〇〇五忽九微四纖，爲仲吕。

置仲吕倍律内周一寸三分六釐〇〇五忽九微四纖爲實，以十億乘之，以十億〇二千九百三十萬〇二千二百三十六除之，得一寸三分二釐一毫三絲四忽一微二纖，爲蕤賓。

置蕤賓倍律内周一寸三分二釐一毫三絲四忽一微二纖爲實，以十億乘之，以十億〇二千九百三十萬〇二千二百三十六除之，得一寸二分八釐三毫七絲二忽五微二纖，爲林鐘。

置林鐘倍律内周一寸二分八釐三毫七絲二忽五微二纖爲實，以十億乘之，以十億〇二千九百三十萬〇二千二百三十六除之，得一寸二分四釐七毫一絲八忽〇〇，爲夷則。

置夷則倍律内周一寸二分四釐七毫一絲八忽〇〇爲實，以十億乘之，以十億〇二千九百三十萬〇二千二百三十六除之，得一寸二分一釐一毫六絲七忽五微二纖，爲南吕。

置南吕倍律内周一寸二分一釐一毫六絲七忽五微二纖爲實，以十億乘之，以十億〇二千九百三十萬〇二千二百三十六除之，得一寸一分七釐七毫一絲八忽一微二纖，爲無射。

置無射倍律内周一寸一分七釐七毫一絲八忽一微二纖爲實，以十億乘之，以十億〇二千九百三十萬〇二千二百三十六除之，得一寸一分四釐三毫六絲六忽九微一纖，爲應鐘。

置應鐘倍律内周一寸一分四釐三毫六絲六忽九微一纖爲實，以十億乘之，以十億〇二千九百三十萬〇二千二百三十六除之，得一寸一分一釐一毫一絲一忽一微一纖，爲黄鐘。

置黄鐘正律内周一寸一分一釐一毫一絲一忽一微一纖爲實，以十億乘之，以十億〇二千九百三十萬〇二千二百三十六除之，得一寸〇七釐九毫四絲七忽九微九纖，爲大吕。

置大吕正律内周一寸〇七釐九毫四絲七忽九微九纖爲實，以十億乘之，以十億〇二千九百三十萬〇二千二百三十六除之，得一寸〇四釐八毫七絲四忽九微二纖，爲太蔟。

置太蔟正律内周一寸〇四釐八毫七絲四忽九微二纖爲實，以十億乘之，以十億〇二千九百三十萬〇二千二百三十六除之，得一寸〇一釐八毫八絲九忽三微三纖，爲夾鐘。

置夾鐘正律内周一寸〇一釐八毫八絲九忽三微三纖爲實，以十億乘之，以十億〇二千九百三十萬〇二千二百三十六除之，得九分八釐九毫八絲八忽七微四纖，爲姑洗。

置姑洗正律内周九分八釐九毫八絲八忽七微四纖爲實，以十億乘之，以十億〇二千九百三十萬〇二千二百三十六除之，得九分六釐一毫七絲〇七微二纖，爲仲吕。

置仲吕正律内周九分六釐一毫七絲〇七微二纖爲實，以十億乘之，以十億〇二千九百三十萬〇二千二百三十六除之，得九分三釐四毫三絲二忽九微三纖，爲蕤賓。

置蕤賓正律内周九分三釐四毫三絲二忽九微三纖爲實，以十億乘之，以十億〇二千九百三十萬〇二千二百三十六除之，得九分〇七毫七絲三忽〇八纖，爲林鐘。

置林鐘正律内周九分〇七毫七絲三忽〇八纖爲實，以十億乘之，以十億〇二千九百三十萬〇二千二百三十六除之，得八分八釐一毫八絲八忽九微四纖，爲夷則。

置夷則正律内周八分八釐一毫八絲八忽九微四纖爲實，以十億乘之，以十億〇二千九百三十萬〇二千二百三十六除之，得八分五釐六毫七絲八忽三微七纖，爲南吕。

置南吕正律内周八分五釐六毫七絲八忽三微七纖爲實，以十億乘之，以十億〇二千九百三十萬〇二千二百三十六除之，得八分三釐二毫三絲九忽二微八纖，爲無射。

置無射正律内周八分三釐二毫三絲九忽二微八纖爲實，以十億乘之，以十億〇二千九百三十萬〇二千二百三十六除之，得八分〇八毫六絲九忽六微二纖，爲應鐘。

置應鐘正律内周八分〇八毫六絲九忽六微二纖爲實，以十億乘之，以十億〇二千九百三十萬〇二千二百三十六除之，得七分八釐五毫六絲七忽四微二纖，爲黄鐘。

置黄鐘半律内周七分八釐五毫六絲七忽四微二纖爲實，以十億乘之，以十億〇二千九百三十萬〇二千二百三十六除之，得七分六釐三毫三絲〇七微五纖，爲大吕。

置大吕半律内周七分六釐三毫三絲〇七微五纖爲實，以十億乘之，以十億〇二千九百三十萬〇二千二百三十六除之，得七分四釐一毫五絲七忽七微六纖，爲太蔟。

置太蔟半律内周七分四釐一毫五絲七忽七微六纖爲實，以十億乘之，以十億〇二千九百三十萬〇二千二百三十六除之，得七分二釐〇四絲六忽六微四纖，爲夾鐘。

置夾鐘半律内周七分二釐〇四絲六忽六微四纖爲實，以十億乘之，以十億〇二千九百三十萬〇二千二百三十六除之，得六分九釐九毫九絲五忽六微一纖，爲姑洗。

置姑洗半律内周六分九釐九毫九絲五忽六微一纖爲實，以十億乘之，以十億〇二千九百三十萬〇二千二百三十六除之，得六分八釐〇〇二忽九微七纖，爲仲吕。

置仲吕半律内周六分八釐〇〇二忽九微七纖爲實，以十億乘之，以十億〇二千九百三十萬〇二千二百三十六除之，得六分六釐〇六絲七忽〇六纖，爲蕤賓。

置蕤賓半律内周六分六釐〇六絲七忽〇六纖爲實，以十億乘之，以十億〇二千九百三十萬〇二千二百三十六除之，得六分四釐一毫八絲六忽二微六纖，爲林鐘。

置林鐘半律内周六分四釐一毫八絲六忽二微六纖爲實，以十億乘之，以十億〇二千九百三十萬〇二千二百三十六除之，得六分二釐三毫五絲九忽〇〇，爲夷則。

置夷則半律内周六分二釐三毫五絲九忽〇〇爲實，以十億乘之，以十億〇二千九百三十萬〇二千二百三十六除之，得六分〇五毫八絲三忽七微六纖，爲南吕。

置南吕半律内周六分〇五毫八絲三忽七微六纖爲實，以十億乘之，以十億〇二千九百三十萬〇二千二百三十六除之，得五分八釐八毫五絲九忽〇六纖，爲無射。

置無射半律内周五分八釐八毫五絲九忽〇六纖爲實，以十億乘之，以十億〇二千九百三十萬〇二千二百三十六除之，得五分七釐一毫八絲三忽四微五纖，爲應鐘。

又　卷三

不取圍徑皆同第五之下

次求三十六律面冪真數

周求冪術：置黄鐘倍律内周一寸五分七釐一毫三絲四忽八微四纖，九因得一尺四寸一分四釐二毫一絲三忽五微六纖，以四十除之，得三分五釐三毫五絲五忽三微三纖九塵，自乘得一十二分半，加倍得二十五分，自乘得六百二十五分，以一百乘之，得六萬二千五百分，以一百六十二除之，得三百八十五分八十釐〇二十四毫六十九絲一十三忽爲實，開平方法除之，得一十九分六十四釐一十八毫五十五絲〇三忽，是爲面冪。就置所得爲實，依後項乘除之。

冪求周術：置黄鐘倍律面冪一十九分六十四釐一十八毫五十五絲〇三忽，自乘得三百八十五分八十釐〇二十四毫六十九絲〇一忽，以一百六十二乘之，得六萬二千五百分，以一百除之，得六百二十五分爲實，開平方法除之，得二十五分，折半得一十二分半爲實，開平方法除之，得三分五釐三毫五絲五忽三微三纖九塵，以四十乘之，得一尺四寸一分四釐二毫一絲三忽五微六纖，九歸得一寸五分七釐一毫三絲四忽八微四纖，是爲内周，即還原法。

徑求冪術：置黄鐘倍律内徑五分，自乘得二十五分，又自乘得六百二十五分，以一百乘之，得六萬二千五百分，以一百六十二除之，得三百八十五分八十釐〇二十四毫六十九絲一十三忽爲實，開平方法除之，得一十九分六十四釐一十八毫五十五絲〇三忽，是爲面冪。

冪求徑術：置黄鐘倍律面冪一十九分六十四釐一十八毫五十五絲〇三忽，自乘得三百八十五分八十釐 〇二十四毫六十九絲〇一忽，以一百六十二乘之，得六萬二千五百分，以一百除之，得六百二十五分爲實，開平方法除之，得二十五分爲實，開平方法除之，得五分，是爲内徑，即還原法。以上新法。

周、徑相乘，四歸得冪術：置黄鐘倍律内周一寸五分七釐一毫三絲四忽八微四纖爲實，以黄鐘倍律内徑五分乘之，得七十八分五十六釐七十四毫二十絲，四歸得一十九分六十四釐一十八毫五十五絲，是爲面冪。

半周半徑相乘得冪術：置黄鐘倍律内周一寸五分七釐一毫三絲四忽八微四纖，折半得七分八釐五毫六絲七忽四微二纖爲實，以黄鐘倍律内徑五分折半得二分半乘之，得一十九分六十四釐一十八毫五十五絲，是爲面冪。以上舊法。

大吕倍律以下三十五律，周、徑、面冪相求法皆倣此。

置黄鐘倍律面冪一十九分六十四釐一十八毫五十五絲〇三忽爲實，以十億乘之，以十億〇五千九百四十六萬三千〇九十四除之，得一十八分五十三釐九十四毫四十二絲四十一忽，爲大吕。

置大吕倍律面冪一十八分五十三釐九十四毫四十二絲四十一忽爲實，以十億乘之，以十億〇五千九百四十六萬三千〇九十四除之，得一十七分四十九釐八十九毫〇三絲四十七忽，爲太蔟。

置太蔟倍律面冪一十七分四十九釐八十九毫〇三絲四十七忽爲實，以十億乘之，以十億〇五千九百四十六萬三千〇九十四除之，得一十六分五十一釐六十七毫六十五絲四十八忽，爲夾鐘。

置夾鐘倍律面冪一十六分五十一釐六十七毫六十五絲四十八忽爲實，以十億乘之，以十億〇五千九百四十六萬三千〇九十四除之，得一十五分五十八釐九十七毫五十絲〇六十七忽，爲姑洗。

置姑洗倍律面冪一十五分五十八釐九十七毫五十絲〇六十七忽爲實，以十億乘之，以十億〇五千九百四十六萬三千〇九十四除之，得一十四分七十一釐四十七毫六十五絲一十九忽，爲仲吕。

置仲吕倍律面冪一十四分七十一釐四十七毫六十五絲一十九忽爲實，以十億乘之，以十億〇五千九百四十六萬三千〇九十四除之，得一十三分八十八釐八十八毫八十八絲八十八忽，爲蕤賓。

置蕤賓倍律面冪一十三分八十八釐八十八毫八十八絲八十八忽爲實，以十億乘之，以十億〇五千九百四十六萬三千〇九十四除之，得一十三分一十釐〇九十三毫六十五絲四十五忽，爲林鐘。

置林鐘倍律面冪一十三分一十釐〇九十三毫六十五絲四十五忽爲實，以十億乘之，以十億〇五千九百四十六萬三千〇九十四除之，得一十二分三十七釐三十五毫九十三絲三十忽〇，爲夷則。

置夷則倍律面冪一十二分三十七釐三十五毫九十三絲三十忽〇爲實，以十億乘之，以十億〇五千九百四十六萬三千〇九十四除之，得一十一分六十七釐九十一毫一十六絲八十七忽，爲南吕。

置南吕倍律面冪一十一分六十七釐九十一毫一十六絲八十七忽爲實，以十億乘之，以十億〇五千九百四十六萬三千〇九十四除之，得一十一分〇二釐三十六毫一十八絲四十一忽，爲無射。

置無射倍律面冪一十一分〇二釐三十六毫一十八絲四十一忽爲實，以十億乘之，以十億〇五千九百四十六萬三千〇九十四除之，得一十分〇四十釐〇四十九毫一十絲〇二十五忽，爲應鐘。

置應鐘倍律面冪一十分〇四十釐〇四十九毫一十絲〇二十五忽爲實，以十億乘之，以十億〇五千九百四十六萬三千〇九十四除之，得九分八十二釐〇九毫二十七絲五十一忽，爲黄鐘。

置黄鐘正律面冪九分八十二釐〇九毫二十七絲五十一忽爲實，以十億乘之，以十億〇五千九百四十六萬三千〇九十四除之，得九分二十六釐九十七毫二十一絲二十忽〇，爲大吕。

置大吕正律面冪九分二十六釐九十七毫二十一絲二十忽〇爲實，以十億乘之，以十億〇五千九百四十六萬三千〇九十四除之，得八分七十四釐九十四毫五十一絲七十三忽，爲太蔟。

置太蔟正律面冪八分七十四釐九十四毫五十一絲七十三忽爲實，以十億乘之，以十億〇五千九百四十六萬三千〇九十四除之，得八分二十五釐八十三毫八十二絲七十四忽，爲夾鐘。

置夾鐘正律面冪八分二十五釐八十三毫八十二絲七十四忽爲實，以十億乘之，以十億〇五千九百四十六萬三千〇九十四除之，得七分七十九釐四十八毫七十五絲三十三忽，爲姑洗。

置姑洗正律面冪七分七十九釐四十八毫七十五絲三十三忽爲實，以十億乘之，以十億〇五千九百四十六萬三千〇九十四除之，得七分三十五釐七十三毫八十二絲五十九忽，爲仲吕。

置仲吕正律面冪七分三十五釐七十三毫八十二絲五十九忽爲實，以十億乘之，以十億〇五千九百四十六萬三千〇九十四除之，得六分九十四釐四十四毫四十四絲四十四忽，爲蕤賓。

置蕤賓正律面冪六分九十四釐四十四毫四十四絲四十四忽爲實，以十億乘之，以十億〇五千九百四十六萬三千〇九十四除之，得六分五十五釐四十六毫八十二絲七十二忽，爲林鐘。

置林鐘正律面冪六分五十五釐四十六毫八十二絲七十二忽爲實，以十億乘之，以十億〇五千九百四十六萬三千〇九十四除之，得六分一十八釐六十七毫九十六絲六十五忽，爲夷則。

置夷則正律面冪六分一十八釐六十七毫九十六絲六十五忽爲實，以十億乘之，以十億〇五千九百四十六萬三千〇九十四除之，得五分八十三釐九十五毫五十八絲四十三忽，爲南吕。

置南吕正律面冪五分八十三釐九十五毫五十八絲四十三忽爲實，以十億乘之，以十億〇五千九百四十六萬三千〇九十四除之，得五分五十一釐一十八毫〇九絲二十忽〇，爲無射。

置無射正律面冪五分五十一釐一十八毫〇九絲二十忽〇爲實，以十億乘之，以十億〇五千九百四十六萬三千〇九十四除之，得五分二十釐〇二十四毫五十五絲一十二忽，爲應鐘。

置應鐘正律面冪五分二十釐〇二十四毫五十五絲一十二忽爲實，以十億乘之，以十億〇五千九百四十六萬三千〇九十四除之，得四分九十一釐〇四毫六十三絲七十五忽，爲黄鐘。

置黄鐘半律面冪四分九十一釐〇四毫六十三絲七十五忽爲實，以十億乘之，以十億〇五千九百四十六萬三千〇九十四除之，得四分六十三釐四十八毫六十絲〇六十忽〇，爲大呂。

置大呂半律面冪四分六十三釐四十八毫六十絲〇六十忽〇爲實，以十億乘之，以十億〇五千九百四十六萬三千〇九十四除之，得四分三十七釐四十七毫二十五絲八十六忽，爲太蔟。

置太蔟半律面冪四分三十七釐四十七毫二十五絲八十六忽爲實，以十億乘之，以十億〇五千九百四十六萬三千〇九十四除之，得四分一十二釐九十一毫九十一絲三十七毫，爲夾鐘。

置夾鐘半律面冪四分一十二釐九十一毫九十一絲三十七忽爲實，以十億乘之，以十億〇五千九百四十六萬三千〇九十四除之，得三分八十九釐七十四毫三十七絲六十六忽，爲姑洗。

置姑洗半律面冪三分八十九釐七十四毫三十七絲六十六忽爲實，以十億乘之，以十億〇五千九百四十六萬三千〇九十四除之，得三分六十七釐八十六毫九十一絲二十九忽，爲仲呂。

置仲呂半律面冪三分六十七釐八十六毫九十一絲二十九忽爲實，以十億乘之，以十億〇五千九百四十六萬三千〇九十四除之，得三分四十七釐二十二毫二十二絲二十二忽，爲蕤賓。

置蕤賓半律面冪三分四十七釐二十二毫二十二絲二十二忽爲實，以十億乘之，以十億〇五千九百四十六萬三千〇九十四除之，得三分二十七釐七十三毫四十一絲三十六忽，爲林鐘。

置林鐘半律面冪三分二十七釐七十三毫四十一絲三十六忽爲實，以十億乘之，以十億〇五千九百四十六萬三千〇九十四除之，得三分〇九釐三十三毫九十八絲三十二忽，爲夷則。

置夷則半律面冪三分〇九釐三十三毫九十八絲三十二忽爲實，以十億乘之，以十億〇五千九百四十六萬三千〇九十四除之，得二分九十一釐九十七毫七十九絲二十一忽，爲南呂。

置南呂半律面冪二分九十一釐九十七毫七十九絲二十一忽爲實，以十億乘之，以十億〇五千九百四十六萬三千〇九十四除之，得二分七十五釐五十九毫〇四絲六十忽〇，爲無射。

置無射半律面冪二分七十五釐五十九毫〇四絲六十忽〇爲實，以十億乘之，以十億〇五千九百四十六萬三千〇九十四除之，得二分六十釐〇一十二毫二十七絲五十六忽，爲應鐘。

次求三十六律實積真數

先置黄鐘倍律面冪全數一十九分六四一八五五〇三一九五九六五爲實，以黄鐘倍律通長二尺乘之，得三千九百二十八分三百七十一釐〇〇六毫五百九十一絲九百三十忽〇，是爲實積。就置所得爲實，依後項乘除之。

置黄鐘倍律實積三千九百二十八分三百七十一釐〇〇六毫五百九十一絲九百三十忽〇爲實，以十兆乘之，以十一兆二千二百四十六萬二千〇四十八億三千〇九十三萬七千二百九十八除之，得三千四百九十九分七百八十釐〇六百九十四毫一百五十二絲四百二十五忽，爲大呂。

置大呂倍律實積三千四百九十九分七百八十釐〇六百九十四毫一百五十二絲四百二十五忽爲實，以十兆乘之，以十一兆二千二百四十六萬二千〇四十八億三千〇九十三萬七千二百九十八除之，得三千一百一十七分九百五十釐〇一百三十四毫一百九十二絲七百〇二忽，爲太蔟。

置太蔟倍律實積三千一百一十七分九百五十釐〇一百三十四毫一百九十二絲七百〇二忽爲實，以十兆乘之，以十一兆二千二百四十六萬二千〇四十八億三千〇九十三萬七千二百九十八除之，得二千七百七十七分七百七十七釐七百七十七毫七百七十七絲七百七十七忽，爲夾鐘。

置夾鐘倍律實積二千七百七十七分七百七十七釐七百七十七毫七百七十七絲七百七十七忽爲實，以十兆乘之，以十一兆二千二百四十六萬二千〇四十八億三千〇九十三萬七千二百九十八除之，得二千四百七十四分七百一十八釐六百六十一毫五百絲〇〇九百四十二忽，爲姑洗。

置姑洗倍律實積二千四百七十四分七百一十八釐六百六十一毫五百絲〇〇九百四十二忽爲實，以十兆乘之，以十一兆二千二百四十六萬二千〇四十八億三千〇九十三萬七千二百九十八除之，得二千二百〇四分七百二十三釐六百八十三毫二百八十九絲一百六十五忽，爲仲呂。

置仲呂倍律實積二千二百〇四分七百二十三釐六百八十三毫二百八十九絲一百六十五忽爲實，以十兆乘之，以十一兆二千二百四十六萬二千〇四十八億三千〇九十三萬七千二百九十八除之，得一千九百六十四分一百八十五釐五百〇三毫二百九十五絲九百六十五忽，爲蕤賓。

置蕤賓倍律實積一千九百六十四分一百八十五釐五百〇三毫二百九十五絲九百六十五忽爲實，以十兆乘之，以十一兆二千二百四十六萬二千〇四十八億三千〇九十三萬七千二百九十八除之，得一千七百四十九分八百九十釐〇三百四十七毫〇七十六絲二百一十二忽，爲林鐘。

置林鐘倍律實積一千七百四十九分八百九十釐〇三百四十七毫〇七十六絲二百一十二忽爲實，以十兆乘之，以十一兆二千二百四十六萬二千〇四十八億三千〇九十三萬七千二百九十八除之，得一千五百五十八分九百七十五釐〇六十七毫〇九十六絲三百五十一忽，爲夷則。

置夷則倍律實積一千五百五十八分九百七十五釐〇六十七毫〇九十六絲三百五十一忽爲實，以十兆乘之，以十一兆二千二百四十六萬二千〇四十八億三千〇九十三萬七千二百九十八除之，得一千三百八十八分八百八十八釐八百八十八毫八百八十八絲八百八十八忽，爲南呂。

置南呂倍律實積一千三百八十八分八百八十八釐八百八十八毫八百八十八絲八百八十八忽爲實，以十兆乘之，以十一兆二千二百四十六萬二千〇四十八億三千〇九十三萬七千二百九十八除之，得一千二百三十七分三百五十九釐三百三十毫〇七百五十絲〇四百七十一忽，爲無射。

置無射倍律實積一千二百三十七分三百五十九釐三百三十毫〇七百五十絲〇四百七十一忽爲實，以十兆乘之，以十一兆二千二百四十六萬二千〇四十八億三千〇九十三萬七千二百九十八除之，得一千一百〇二分三百六十一釐八百四十一毫六百四十四絲五百八十二忽，爲應鐘。

置應鐘倍律實積一千一百〇二分三百六十一釐八百四十一毫六百四十四絲五百八十二忽爲實，以十兆乘之，以十一兆二千二百四十六萬二千〇四十八億三千〇九十三萬七千二百九十八除之，得九百八十二分〇九十二釐七百五十一毫六百四十七絲九百八十二忽，爲黃鐘。

置黃鐘正律實積九百八十二分〇九十二釐七百五十一毫六百四十七絲九百八十二忽爲實，以十兆乘之，以十一兆二千二百四十六萬二千〇四十八億三千〇九十三萬七千二百九十八除之，得八百七十四分九百四十五釐一百七十三毫五百三十八絲一百〇六忽，爲大呂。

置大呂正律實積八百七十四分九百四十五釐一百七十三毫五百三十八絲一百〇六忽爲實，以十兆乘之，以十一兆二千二百四十六萬二千〇四十八億三千〇九十三萬七千二百九十八除之，得七百七十九分四百八十七釐五百三十三毫五百四十八絲一百七十五忽，爲太蔟。

置太蔟正律實積七百七十九分四百八十七釐五百三十三毫五百四十八絲一百七十五忽爲實，以十兆乘之，以十一兆二千二百四十六萬二千〇四十八億三千〇九十三萬七千二百九十八除之，得六百九十四分四百四十四釐四百四十四毫四百四十四絲四百四十四忽，爲夾鐘。

置夾鐘正律實積六百九十四分四百四十四釐四百四十四毫四百四十四絲四百四十四忽爲實，以十兆乘之，以十一兆二千二百四十六萬二千〇四十八億三千〇九十三萬七千二百九十八除之，得六百一十八分六百七十九釐六百六十五毫三百七十五絲二百三十五忽，爲姑洗。

置姑洗正律實積六百一十八分六百七十九釐六百六十五毫三百七十五絲二百三十五忽爲實，以十兆乘之，以十一兆二千二百四十六萬二千〇四十八億三千〇九十三萬七千二百九十八除之，得五百五十一分一百八十釐〇九百二十毫〇八百二十二絲二百九十一忽，爲仲呂。

置仲呂正律實積五百五十一分一百八十釐〇九百二十毫〇八百二十二絲二百九十一忽爲實，以十兆乘之，以十一兆二千二百四十六萬二千〇四十八億三千〇九十三萬七千二百九十八除之，得四百九十一分〇四十六釐三百七十五毫八百二十三絲九百九十一忽，爲蕤賓。

置蕤賓正律實積四百九十一分〇四十六釐三百七十五毫八百二十三絲九百九十一忽爲實，以十兆乘之，以十一兆二千二百四十六萬二千〇四十八億三千〇九十三萬七千二百九十八除之，得四百三十七分四百七十二釐五百八十六毫七百六十九絲〇五十三忽，爲林鐘。

置林鐘正律實積四百三十七分四百七十二釐五百八十六毫七百六十九絲〇五十三忽爲實，以十兆乘之，以十一兆二千二百四十六萬二千〇四十八億三千〇九十三萬七千二百九十八除之，得三百八十九分七百四十三釐七百六十六毫七百七十四絲〇八十七忽，爲夷則。

置夷則正律實積三百八十九分七百四十三釐七百六十六毫七百七十四絲〇八十七忽爲實，以十兆乘之，以十一兆二千二百四十六萬二千〇四十八億三千〇九十三萬七千二百九十八除之，得三百四十七分二百二十二釐二百二十二毫二百二十二絲二百二十二忽，爲南呂。

置南呂正律實積三百四十七分二百二十二釐二百二十二毫二百二十二絲二百二十二忽爲實，以十一兆二千二百四十六萬二千〇四十八億三千〇九十三萬七千二百九十八除之，得三百〇九分三百三十九釐八百三十二毫六百八十七絲六百一十七忽，爲無射。

置無射正律實積三百〇九分三百三十九釐八百三十二毫六百八十七絲六百一十七忽爲實，以十一兆二千二百四十六萬二千〇四十八億三千〇九十三萬七千二百九十八除之，得二百七十五分五百九十釐〇四百六十毫〇四百一十一絲一百四十五忽，爲應鐘。

置應鐘正律實積二百七十五分五百九十釐〇四百六十毫〇四百一十一絲一百四十五忽爲實，以十一兆二千二百四十六萬二千〇四十八億三千〇九十三萬七千二百九十八除之，得二百四十五分五百二十三釐一百八十七毫九百一十一絲九百九十五忽，爲黃鐘。

置黃鐘半律實積二百四十五分五百二十三釐一百八十七毫九百一十一絲九百九十五忽爲實，以十一兆二千二百四十六萬二千〇四十八億三千〇九十三萬七千二百九十八除之，得二百一十八分七百三十六釐二百九十三毫三百八十四絲五百二十六忽，爲大呂。

置大呂半律實積二百一十八分七百三十六釐二百九十三毫三百八十四絲五百二十六忽爲實，以十一兆二千二百四十六萬二千〇四十八億三千〇九十三萬七千二百九十八除之，得一百九十四分八百七十一釐八百八十三毫三百八十七絲〇四十三忽，爲太簇。

置太簇半律實積一百九十四分八百七十一釐八百八十三毫三百八十七絲〇四十三忽爲實，以十一兆二千二百四十六萬二千〇四十八億三千〇九十三萬七千二百九十八除之，得一百七十三分六百一十一釐一百一十一毫一百一十一絲一百一十一忽，爲夾鐘。

置夾鐘半律實積一百七十三分六百一十一釐一百一十一毫一百一十一絲一百一十一忽爲實，以十一兆二千二百四十六萬二千〇四十八億三千〇九十三萬七千二百九十八除之，得一百五十四分六百六十九釐九百一十六毫三百四十三絲八百〇八忽，爲姑洗。

置姑洗半律實積一百五十四分六百六十九釐九百一十六毫三百四十三絲八百〇八忽爲實，以十一兆二千二百四十六萬二千〇四十八億三千〇九十三萬七千二百九十八除之，得一百三十七分七百九十五釐二百三十毫〇二百〇五絲五百七十二忽，爲仲呂。

置仲呂半律實積一百三十七分七百九十五釐二百三十毫〇二百〇五絲五百七十二忽爲實，以十一兆二千二百四十六萬二千〇四十八億三千〇九十三萬七千二百九十八除之，得一百二十二分七百六十一釐五百九十三毫九百五十五絲九百九十七忽，爲蕤賓。

置蕤賓半律實積一百二十二分七百六十一釐五百九十三毫九百五十五絲九百九十七忽爲實，以十一兆二千二百四十六萬二千〇四十八億三千〇九十三萬七千二百九十八除之，得一百〇九分三百六十八釐一百四十六毫六百九十二絲二百六十三忽，爲林鐘。

置林鐘半律實積一百〇九分三百六十八釐一百四十六毫六百九十二絲二百六十三忽爲實，以十一兆二千二百四十六萬二千〇四十八億三千〇九十三萬七千二百九十八除之，得九十七分四百三十五釐九百四十一毫六百九十三絲五百二十一忽，爲夷則。

置夷則半律實積九十七分四百三十五釐九百四十一毫六百九十三絲五百二十一忽爲實，以十一兆二千二百四十六萬二千〇四十八億三千〇九十三萬七千二百九十八除之，得八十六分八百〇五釐五百五十五毫五百五十五絲五百五十五忽，爲南呂。

置南呂半律實積八十六分八百〇五釐五百五十五毫五百五十五絲五百五十五忽爲實，以十一兆二千二百四十六萬二千〇四十八億三千〇九十三萬七千二百九十八除之，得七十七分三百三十四釐九百五十八毫一百七十一絲九百〇四忽，爲無射。

置無射半律實積七十七分三百三十四釐九百五十八毫一百七十一絲九百〇四忽爲實，以十一兆二千二百四十六萬二千〇四十八億三千〇九十三萬七千二百九十八除之，得六十八分八百九十七釐六百一十五毫一百〇二絲七百八十六忽，爲應鐘。

新法倍、正、半律，通長、周、徑、冪、積，算率立成。

倍律通長：

（尺寸分）

黃鐘二〇〇〇〇〇〇〇〇〇〇〇〇〇〇〇〇

大呂一八八七七四八六二五三六三八六九九
太蔟一七八一七九七四三六二八〇六七八六〇
夾鐘一六八一七九二八三〇五〇七四二九〇八
姑洗一五八七四〇一〇五一九六八一九九四七
仲呂一四九八三〇七〇七六八七六六八一四九
蕤賓一四一四二一三五六二三七三〇九五〇四
林鐘一三三四八三九八五四一七〇〇三四三六
夷則一二五九九二一〇四九八九四八七三一六
南呂一一八九二〇七一一五〇〇二七二一〇六
無射一一二二四六二〇四八三〇九三七二九八
應鐘一〇五九四六三〇九四三五九二九五二六

正律通長：

（尺寸分）

黃鐘一〇〇〇〇〇〇〇〇〇〇〇〇〇〇〇〇〇
大呂〇九四三八七四三一二六八一六九三四九
太蔟〇八九〇八九八七一八一四〇三三九三〇
夾鐘〇八四〇八九六四一五二五三七一四五四
姑洗〇七九三七〇〇五二五九八四〇九九七三
仲呂〇七四九一五三五三八四三八三四〇七四
蕤賓〇七〇七一〇六七八一一八六五四七五二
林鐘〇六六七四一九九二七〇八五〇一七一八
夷則〇六二九九六〇五二四九四七四三六五八
南呂〇五九四六〇三五五七五〇一三六〇五三
無射〇五六一二三一〇二四一五四六八六四九
應鐘〇五二九七三一五四七一七九六四七六三

半律通長：

（寸分）

黃鐘〇五〇〇〇〇〇〇〇〇〇〇〇〇〇〇〇〇
大呂〇四七一九三七一五六三四〇八四六七四
太蔟〇四四五四四九三五九〇七〇一六九六五

夾鐘〇四二〇四四八二〇七六二六八五七二七
姑洗〇三九六八五〇二六二九九二〇四九八六
仲呂〇三七四五七六七六九二一九一七〇三七
蕤賓〇三五三五五三三九〇五九三二七三七六
林鐘〇三三三七〇九九六三五四二五〇八五九
夷則〇三一四九八〇二六二四七三七一八二九
南呂〇二九七三〇一七七八七五〇六八〇二六
無射〇二八〇六一五五一二〇七七三四三二四
應鐘〇二六四八六五七七三五八九八二三八一

倍律外周：

（寸分）

黃鐘〇二二二二二二二二二二二二二二二二
大呂〇二一五八九五九八六九二三〇二三五二
太蔟〇二〇九七四九八四七二六二五九八五五
夾鐘〇二〇三七七八六七六二六七七〇四七一
姑洗〇一九七九七四九二九二〇〇七五四〇
仲呂〇一九二三四一四五八〇〇一三六五一
蕤賓〇一八六八六五八七〇〇五六三八一〇〇
林鐘〇一八一五四六一六一四七一二三三三一
夷則〇一七六三七七八九四六六三一二三三二七
南呂〇一七一三五六七五八三七八六六〇〇九
無射〇一六六四七八五六四〇九七四〇九〇五
應鐘〇一六一七三九二四二五三八〇二〇八一

倍律內周：

（寸分）

黃鐘〇一五七一三四八四〇二六三六七七二二與正律外周同。
大呂〇一五二六六一五一六三八四二三二一二
太蔟〇一四八三一五五三九三五二二二六〇四
夾鐘〇一四四〇九三二八三八五〇一一二一八
姑洗〇一三九九九一二二七七六六〇九七〇一

仲呂○一三六○○五九四九二五六○七二八○
蕤賓○一三二一三四一三八八九一九一二三
林鐘○一二八三七二五二一八七四六九七○○
夷則○一二四七一八○五三六七七○八一○
南呂○一二一一六七五二五八五一六九五二九
無射○一一七七一八一二一五九五四七七二五
應鐘○一一四三六六九一五一八二六一○二三

正律內周：

（寸分）

黃鐘○一一一一一一一一一一一一一一一二一與半律外周同。
大呂○一○七九四七九九三四六一五一一七六
太蔟○一○四八七四九二三六三一二九九二七
夾鐘○一○一八八九三三八一三三八五二三五
姑洗○○九八九八八七四六四六○○三七七○
仲呂○○九六一七○七二九○○○六八二五五
蕤賓○○九三四三二九三五○二八一九○五○
林鐘○○九○七七三○八○七三五六一六六五
夷則○○八八一八八九四七三三一五六六六三
南呂○○八五六七八三七九一八九三三○○四
無射○○八三三三九二八二○四八七○四五二
應鐘○○八○八六九六二二二六九○一○四○

半律內周：

（分）

黃鐘○○七八五六七四二○一三一八三八六一
大呂○○七六三三○七五八一九二一一六○六
太蔟○○七四一五七七六九六七六一一三○二
夾鐘○○七二○四六六四一九二五○五六○九
姑洗○○六九九五六一三八八三○四八五○
仲呂○○六八○○二九七四六二八○三六四○
蕤賓○○六六○六七○六一九四四五九五六一
林鐘○○六四一八六二六○九三七三四八五○
夷則○○六二三五九○○二六八三八五四○五
南呂○○六○五八三七六二一九二五八四七六四
無射○○五八八五九○六○七九七七三八六二
應鐘○○五七一八三四五七五九一三○五一一

倍律外徑：

（分）

黃鐘○○七○七一○六七八一一八六五四七五
大呂○○六八六九七六八二三七二九○四四五
太蔟○○六六七四一九九二七○八五○一七一
夾鐘○○六四八四一九七七三三五五○四八
姑洗○○六二九六○五二四九四七四三六五
仲呂○○六一二○二六七七一六五二三三七六
蕤賓○○五九四六○三五五七五○一三六○五
林鐘○○五七七六七六三四八四三六一三六五

倍律內徑：

（分）

黃鐘○○五○○○○○○○○○○○○○○○與正律外徑同。
大呂○○四八五七六五九七○五七六八○二九
太蔟○○四七一九三七一五六三四○八四六七
夾鐘○○四五八五○二○二一六○二三三五六
姑洗○○四四五四四九三五九○七○一六九六
仲呂○○四三二七六八二八○五○三○七一五
蕤賓○○四二○四四八二○七六二六八五七二
林鐘○○四○八四七八八六三三一○二七四九
夷則○○三九六八五○二六二九九二○四九八

南吕〇〇三八五五二七〇六三五一九八五二
無射〇〇三七四五七六九二一九一七〇三
應鐘〇〇三六三九一三二九五七一〇五四六八

正律內徑：

（分）

黄鐘〇〇三五三五五三三九〇五九三二七三七與半律外徑同。
大吕〇〇三四三四八八四一一八六四五二二二
太簇〇〇三三三七〇九九六三五四二五〇八五
夾鐘〇〇三二四二〇九八八六六二七五二四
姑洗〇〇三一四九八〇二六二四七三七一八二
仲吕〇〇三〇六〇一三三八五八二六一六三八
蕤賓〇〇二九七三〇一七七八七五〇六八〇二
林鐘〇〇二八八八三八一七四二一八〇六八二
夷則〇〇二八〇六一五五一二〇七七三四三三
南吕〇〇二七二六二六九三三一六六三一四四
無射〇〇二六四八六五七七三五八九八二三八
應鐘〇〇二五七三二五五五九一六〇八七三〇

半律內徑：

（分）

黄鐘〇〇二五〇〇〇〇〇〇〇〇〇〇〇〇〇
大吕〇〇二四二八八二九八五二八八四〇一四
太簇〇〇二三五九六八五七八一七〇四二三三
夾鐘〇〇二二九二五一〇一〇八〇一一六七八
姑洗〇〇二二七二四六七九五三五〇八四八
仲吕〇〇二一六三八四一四〇二五一五三五七
蕤賓〇〇二一〇二二四一〇三八一三四二八六
林鐘〇〇二〇四二三九四三一六五五一三七四
夷則〇〇一九八四二五一三一四九六〇二四九
南吕〇〇一九二七七六三五三一七五九九二六
無射〇〇一八七二八八三八四六〇九五八五一

應鐘〇〇一八一九五六六四七八五五二七三四

倍律面冪：

（分）

黄鐘〇一九六四一八五五〇三二九五九六五三
大吕〇一八五三九四四二四一九〇二八二五五
太簇〇一七四九八九〇三四七〇七六二一二七
夾鐘〇一六五一六七六五四八六一四八九〇三
姑洗〇一五五八九七五〇六七〇九六三五一三
仲吕〇一四七一四七六五一九九四三四六五六
蕤賓〇一三八八八八八八八八八八八八八八
林鐘〇一三一〇九三六五四五三九一二四〇九
夷則〇一二三七三五九三三〇七五〇四七一二
南吕〇一一六七九一一六八七八五二三八一三
無射〇一一〇二三六一八四一六四四五八二九
應鐘〇一〇四〇四九一〇二五六〇八八〇六五

正律面冪：

黄鐘〇〇九八二〇九二七五一六四七九八二六
大吕〇〇九二六九七二一二〇九五一四一二七
太簇〇〇八七四九四五一七三五三八一〇六三
夾鐘〇〇八二五八三八二七四三〇七四四五一
姑洗〇〇七七九四八七五三三五四八一七五六
仲吕〇〇七三五七三八二五九九七一七三二八
蕤賓〇〇六九四四四四四四四四四四四四四
林鐘〇〇六五五四六八二七二六九五六二〇四
夷則〇〇六一八六七九六六五三七五二三五六
南吕〇〇五八三九五五八四三九二六一九〇六
無射〇〇五五一一八〇九二〇八二二九一四
應鐘〇〇五二〇二四五五一二八〇四四〇三二

半律面冪：

黄鐘〇〇四九一〇四六三七五八二三九九一三

大呂〇〇四六三四八六〇六〇四七五七〇六三
太蔟〇〇四三七四七二五八六七六九〇五三一
夾鐘〇〇四一二九一九一三七一五三七二二五
姑洗〇〇三八九七四三七六六七七四〇八七八
仲呂〇〇三六七八六九一二九九八五八六六四
蕤賓〇〇三四七二二二二二二二二二二二二二
林鐘〇〇三二七七三四一三六三四七八一〇二
夷則〇〇三〇九三三九八三二六八七六一七八
南呂〇〇二九一九七七九二一九六三〇九五三
無射〇〇二七五五九〇四六〇四一一一四五七
應鐘〇〇二六〇一二二七五六四〇二三〇一六

倍律實積：

（千百十分）

黃鐘三九二八三七一〇〇六五九一九三〇六九
大呂三四九九七八〇六九四一五二四二五四五
太蔟三一一七九五〇一三四一九二七〇二七二
夾鐘二七七七七七七七七七七七七七七七七七
姑洗二四七四七一八六六一五〇〇九四二五一
仲呂二三〇四七二三六八三二八九一六五九三
蕤賓一九六四一八五五〇三二九五九六五三四
林鐘一七四九八九〇三四七〇七六二一二七二
夷則一五五八九七五〇六七〇九六三五一三六
南呂一三八八八八八八八八八八八八八八八八
無射一二三七三五九三三〇七五〇四七一二五
應鐘一一〇二三六一八四一六四四五八二九六

正律實積：

（百十分）

黃鐘〇九八二〇九二七五一六四七九八二六七
大呂〇八七四九四五一七三五三八一〇六三六
太蔟〇七七九四八七五三三五四八一七五六八
夾鐘〇六九四四四四四四四四四四四四四四四
姑洗〇六一八六七九六六五三七五二三五六二
仲呂〇五五一一八〇九二〇八二二二九一四八
蕤賓〇四九一〇四六三七五八二三九九一三三
林鐘〇四三七四七二五八六七六九〇五三一八
夷則〇三八九七四三七六六七七四〇八七八四
南呂〇三四七二二二二二二二二二二二二二二
無射〇三〇九三三九八三二六八七六一七八一
應鐘〇二七五五九〇四六〇四一一一四五七四

半律實積：

（百十分）

黃鐘〇二四五五二三一八七九一一九九五六六
大呂〇二一八七三六二九三三八四五二六五九
太蔟〇一九四八七一八八三三八七〇四三九二
夾鐘〇一七三六一一一一一一一一一一一一一
姑洗〇一五四六六九九一六三四三八〇八九〇
仲呂〇一三七七九五二三〇二〇五五七二八七
蕤賓〇一二二七六一五九三九五五九九七八三
林鐘〇一〇九三六八一四六六九二二六三二九
夷則〇〇九七四三五九四一六九三五二一九六
南呂〇〇八六八〇五五五五五五五五五五五五
無射〇〇七七三三四九五八一七一九〇四四五
應鐘〇〇六八八九七六一五一〇二七八六四三

立成圖者，校正算術所用，而非造律之所用也。學算之士，留心於此可也。若造律，則不必留心於此。但依樂器圖樣，篇中所載通長及內外徑之數足矣。

又　卷四

新舊法參校第六

古人算律有四種法：其一，以黃鐘爲十寸，每寸十分，共計百分。其二，以黃鐘爲九寸，每寸十分，共計九十分。其三，以黃鐘爲八寸一分，不作九寸。其四，以黃鐘爲九寸，每寸九分，共計八十一分。

其一，出太史公《律書·生鐘分》。

謹按：生鐘分者，三分損益之舊法也。一切算術，皆取法於河圖洛書。河圖十位，天地之體數也；洛書九位，天地之用數也。是故算律之術，或有約十而爲九者，著其用也；或有約九而爲十者，存其體也。下文約十爲九，此章約九爲十。先儒蓋未達，誤以九解之，恐非古人立法初意。若以十解之，尤簡易妙絶。

子一分分字去聲。每條大經分字皆同。

子，即黄鐘也。一分者，總爲一段也，即是夏尺之一尺也。命黄鐘爲一尺，故曰一分。《前漢書·叙傳》曰：「元元本本，數始於一。産氣黄鐘，造計秒忽。」《律曆志》曰：「太極元氣，函三爲一，行於十二辰，始動於子。」又曰：「算法用竹，徑一分，象黄鐘之一。」此皆古人命黄鐘爲一尺之明證也。

丑三分二

丑指林鐘，其長乃一尺中三分之二。算法：置一尺爲實，以二乘之，以三除之，得林鐘正律，長六寸六分六釐六毫六絲六忽六微六纖。

寅九分八

寅即太蔟，其長乃一尺中九分之八。算法：置一尺爲實，以八乘之，以九除之，得太蔟正律，長八寸八分八釐八毫八絲八忽八微八纖。下文倣此，故不細解。

卯二十七分一十六

卯指南吕，依法乘除，得南吕正律，長五寸九分二釐五毫九絲二忽五微九纖。

辰八十一分六十四

辰即姑洗，依法乘除，得姑洗正律，長七寸九分〇一毫二絲三忽四微五纖。

巳二百四十三分一百二十八

巳指應鐘，依法乘除，得應鐘正律，長五寸二分六釐七毫四絲八忽九微七纖。

午七百二十九分五百一十二

午即蕤賓，依法乘除，得蕤賓正律，長七寸〇二釐三毫三絲一忽九微六纖。

未二千一百八十七分一千〇二十四

未指大吕，依法乘除，得大吕半律，長四寸六分八釐二毫二絲一忽三微〇。求正律則倍之。

申六千五百六十一分四千〇九十六

申即夷則，依法乘除，得夷則正律，長六寸二分四釐二毫九絲五忽〇七纖。

酉一萬九千六百八十三分八千一百九十二

酉指夾鐘，依法乘除，得夾鐘半律，長四寸一分六釐一毫九絲六忽七微一纖。求正律則倍之。

戌五萬九千〇四十九分三萬二千七百六十八

戌即無射，依法乘除，得無射正律，長五寸五分四釐九毫二絲八忽九微五纖。

亥一十七萬七千一百四十七分六萬五千五百三十六

亥指仲吕，依法乘除，得仲吕半律，長三寸六分九釐九毫五絲二忽六微三纖。求正律則倍之。

陽律即本位，故曰即某；陰吕指其衝，故曰指某。未、酉、亥三位，所得加一倍。是皆舊説，而學者須知也。

臣按：此法，歷代律家蓋多錯解，先臣何瑭始發明之。古人四法中，宜以此爲首，「元元本本，數始於一」故也。

其一，上文已見，兹不復載。但載乘除所得之數，謂之舊法，與新法並載之，參校同異云耳。

舊法	新法
黄鐘長十寸整一百分。	十寸整一百分。
林鐘長六寸六分六釐六毫　有奇	六寸六分七釐四毫　有奇
太蔟長八寸八分八釐八毫　有奇	八寸九分〇八毫　有奇
南吕長五寸九分二釐五毫　有奇	五寸九分四釐六毫　有奇
姑洗長七寸九分〇一毫　有奇	七寸九分三釐七毫　有奇
應鐘長五寸二分六釐七毫　有奇	五寸二分九釐七毫　有奇
蕤賓長七寸〇二釐三毫　有奇	七寸〇七釐一毫　有奇
大吕長九寸三分六釐四毫　有奇	九寸四分三釐八毫　有奇
夷則長六寸二分四釐二毫　有奇	六寸二分九釐九毫　有奇

夾鐘長八寸三分二釐三毫　有奇	八寸四分〇八毫　有奇
無射長五寸五分四釐九毫　有奇	五寸六分一釐二毫　有奇
仲呂長七寸三分九釐九毫　有奇	七寸四分九釐一毫　有奇

其二，出京房律準及《後漢志》。

舊法	新法
黃鐘長九寸每寸十分，餘律倣此。	九寸每寸十分，整九十分。
林鐘長六寸	六寸〇〇六毫　有奇
太蔟長八寸	八寸〇一釐八毫　有奇
南呂長五寸三分小分三强	五寸三分五釐一毫　有奇
姑洗長七寸一分小分一微强	七寸一分四釐三毫　有奇
應鐘長四寸七分小分四微强	四寸七分六釐七毫　有奇
蕤賓長六寸三分小分二微强	六寸三分六釐三毫　有奇
大呂長八寸四分小分三弱	八寸四分九釐四毫　有奇
夷則長五寸六分小分二弱	五寸六分六釐九毫　有奇
夾鐘長七寸四分小分九微弱	七寸五寸六釐八毫　有奇
無射長四寸九分小分九强	五寸〇五釐一毫　有奇
仲呂長六寸六分小分六弱	六寸七分四釐二毫　有奇

其三，出《淮南子》及《晉書》《宋書》。

舊法	新法
黃鐘之數八十一　或云八寸十分一	八寸一分　整八十一分。
林鐘之數五十四　或云五寸十分四	五寸四分〇六毫　有奇
太蔟之數七十二　或云七寸十分二	七寸二分一釐六毫　有奇
南呂之數四十八　或云四寸十分八	四寸八分一釐六毫　有奇
姑洗之數六十四　或云六寸十分四	六寸四分二釐八毫　有奇
應鐘之數四十三《晉書》作二，誤。《宋書》作三，是。	四寸二分九釐〇　有奇
蕤賓之數五十七《晉》《宋》皆作七。蔡氏作六，誤。	五寸七分二釐七毫　有奇
大呂之數七十六	七寸六分四釐五毫　有奇
夷則之數五十一《晉書》有「一」字。《宋書》脱「一」字。	五寸一分〇二毫　有奇
夾鐘之數六十八《晉書》作八，是。《宋書》作七，誤。	六寸八分一釐一毫　有奇
無射之數四十五	四寸五分四釐五毫　有奇
仲呂之數六十	六寸〇六釐八毫　有奇

上層十二律，皆古人舊率，所謂三分損益者也；下層十二律，則新造密率，不用三分損益者也。凡算法歸除有不盡之數，然人目力所察至毫而止，絲忽有數，非目所及也。是故此條得毫而止，毫下細數但曰有奇，其詳則載諸第一卷中矣。

論曰：累黍造尺，不過三法，皆自古有之矣。曰横黍者，一黍之廣爲一分也。曰縱黍者，一黍之長爲一分也。曰斜黍者，非縱非横，而首尾相銜也。黃鐘之律，其長以横黍言之，則爲一百分，太史公所謂子一分，去聲。是也。以縱黍言之，則爲八十一分，平聲。《淮南子》所謂其數八十一是也。以斜黍言之，則爲九十分，前、後《漢志》所謂九寸是也。今人宗九寸不宗餘法者，惑於《漢志》之偏見也。苟能變通而不惑於一偏，則縱横斜黍皆合黃鐘矣。

三黍四律古今同異考

古法下生者，三分減一。三分減一，則爲二也，故用二因三歸。上生者，三分添一。三分添一，則爲四也，故用四因三歸。

別法下生者，五十乘之，七十五除之。上生者，一百乘之，七十五除之。所得與古同，而算術不同。

横黍百分律依舊法算

黃鐘長十寸

舊法置黃鐘爲實，下生者二因三歸，得林鐘。別法以五十乘之，七十五除之，亦得林鐘。

林鐘長六寸六分六釐六毫六絲六忽六微六纖有奇

舊法置林鐘爲實，上生者四因三歸，得太蔟。別法以一百乘之，七十五除之，亦得太蔟。

太蔟長八寸八分八釐八毫八絲八忽八微八纖有奇

舊法置太蔟爲實，下生者二因三歸，得南呂。別法以五十乘之，七十五除之，亦得南呂。

南呂長五寸九分二釐五毫九絲二忽五微九纖有奇

舊法置南呂爲實，上生者四因三歸，得姑洗。別法以一百乘之，七十五除之，亦得姑洗。

姑洗長七寸九分〇一毫二絲三忽四微五纖有奇

舊法置姑洗爲實，下生者二因三歸，得應鐘。別法以五十乘之，七十五除之，亦得應鐘。

應鐘長五寸二分六釐七毫四絲八忽九微七纖有奇

舊法置應鐘爲實，上生者四因三歸，得蕤賓。別法以一百乘之，七十五除之，亦得蕤賓。

蕤賓長七寸〇二釐三毫三絲一忽九微六纖有奇

舊法置蕤賓爲實，上生者四因三歸，得大呂。別法以一百乘之，七十五除之，亦得大呂。

大呂長九寸三分六釐四毫四絲二忽六微一纖有奇

舊法置大呂爲實，下生者二因三歸，得夷則。別法以五十乘之，七十五除之，亦得夷則。

夷則長六寸二分四釐二毫九絲五忽〇七纖有奇

舊法置夷則爲實，上生者四因三歸，得夾鐘。別法以一百乘之，七十五除之，亦得夾鐘。

夾鐘長八寸三分二釐三毫九絲三忽四微三纖有奇

舊法置夾鐘爲實，下生者二因三歸，得無射。別法以五十乘之，七十五除之，亦得無射。

無射長五寸五分四釐九毫二絲八忽九微五纖有奇

舊法置無射爲實，上生者四因三歸，得仲呂。別法以一百乘之，七十五除之，亦得仲呂。

仲呂長七寸三分九釐九毫〇五忽二微七纖有奇

舊法置仲呂爲實，上生者四因三歸，得黄鐘。別法以一百乘之，七十五除之，亦得黄鐘。

黄鐘長九寸八分六釐五毫四絲〇三微六纖有奇

比黄鐘正律少一分三釐四毫五絲九忽六微三纖有奇。

斜黍九十分律依舊法算

黄鐘長九寸

舊法置黄鐘爲實，下生者二因三歸，得林鐘。別法以五十乘之，七十五除之，亦得林鐘。

林鐘長六寸

舊法置林鐘爲實，上生者四因三歸，得太蔟。別法以一百乘之，七十五除之，亦得太蔟。

太蔟長八寸

舊法置太蔟爲實，下生者二因三歸，得南呂。別法以五十乘之，七十五除之，亦得南呂。

南呂長五寸三分三釐三毫三絲三忽三微三纖有奇

舊法置南呂爲實，上生者四因三歸，得姑洗。別法以一百乘之，七十五除之，亦得姑洗。

姑洗長七寸一分一釐一毫一絲一忽一微一纖有奇

舊法置姑洗爲實，下生者二因三歸，得應鐘。別法以五十乘之，七十五除之，亦得應鐘。

應鐘長四寸七分四釐〇七絲四忽〇七纖有奇

舊法置應鐘爲實，上生者四因三歸，得蕤賓。別法以一百乘之，七十五除之，亦得蕤賓。

蕤賓長六寸三分二釐〇九絲八忽七微六纖有奇

舊法置蕤賓爲實，上生者四因三歸，得大呂。別法以一百乘之，七十五除之，亦得大呂。

大呂長八寸四分二釐七毫九絲八忽三微五纖有奇

舊法置大呂爲實，下生者二因三歸，得夷則。別法以五十乘之，七十五除之，亦得夷則。

夷則長五寸六分一釐八毫六絲五忽五微六纖有奇

舊法置夷則爲實，上生者四因三歸，得夾鐘。別法以一百乘之，七十五除之，亦得夾鐘。

夾鐘長七寸四分九釐一毫五絲四忽〇九纖有奇

舊法置夾鐘爲實，下生者二因三歸，得無射。別法以五十乘之，七十五除之，亦得無射。

無射長四寸九分九釐四毫三絲六忽〇六纖有奇

舊法置無射爲實，上生者四因三歸，得仲呂。別法以一百乘之，七十五除之，亦得仲呂。

仲呂長六寸六分五釐九毫一絲四忽七微四纖有奇

舊法置仲吕爲實，上生者四因三歸，得黃鐘。別法以一百乘之，七十五除之，亦得黃鐘。

黃鐘長八寸八分七釐八毫八絲六忽三微三纖有奇

比黃鐘正律少一分二釐一毫一絲三忽六微六纖有奇。

縱黍八十一分律依舊法算不作九寸。

此法有二：出《史記律書》者，是三分損益法；出《淮南子》書者，非三分損益法。故律數頗不同，今並載之。

其一，出《史記律書》。

原文誤字，朱熹、蔡元定皆辨之已詳。茲不復載。但載乘除所得之數。

黃鐘長八寸一分

舊法置黃鐘爲實，下生者二因三歸，得林鐘。別法以五十乘之，七十五除之，亦得林鐘。

林鐘長五寸四分

舊法置林鐘爲實，上生者四因三歸，得太蔟。別法以一百乘之，七十五除之，亦得太蔟。

太蔟長七寸二分

舊法置太蔟爲實，下生者二因三歸，得南吕。別法以五十乘之，七十五除之，亦得南吕。

南吕長四寸八分

舊法置南吕爲實，上生者四因三歸，得姑洗。別法以一百乘之，七十五除之，亦得姑洗。

姑洗長六寸四分

舊法置姑洗爲實，下生者二因三歸，得應鐘。別法以五十乘之，七十五除之，亦得應鐘。

應鐘長四寸二分六釐六毫六絲六忽六微六纖有奇

舊法置應鐘爲實，上生者四因三歸，得蕤賓。別法以一百乘之，七十五除之，亦得蕤賓。

蕤賓長五寸六分八釐八毫八絲八忽八微八纖有奇

舊法置蕤賓爲實，上生者四因三歸，得大吕。別法以一百乘之，七十五除之，亦得大吕。

大吕長七寸五分八釐五毫一絲八忽五微一纖有奇

舊法置大吕爲實，下生者二因三歸，得夷則。別法以五十乘之，七十五除之，亦得夷則。

夷則長五寸〇五釐六毫七絲九忽〇一纖有奇

舊法置夷則爲實，上生者四因三歸，得夾鐘。別法以一百乘之，七十五除之，亦得夾鐘。

夾鐘長六寸七分四釐二毫三絲八忽六微八纖有奇

舊法置夾鐘爲實，下生者二因三歸，得無射。別法以五十乘之，七十五除之，亦得無射。

無射長四寸四分九釐四毫九絲二忽四微五纖有奇

舊法置無射爲實，上生者四因三歸，得仲吕。別法以一百乘之，七十五除之，亦得仲吕。

仲吕長五寸九分九釐三毫二絲三忽二微七纖有奇

舊法置仲吕爲實，上生者四因三歸，得黃鐘。別法以一百乘之，七十五除之，亦得黃鐘。

黃鐘長七寸九分九釐〇九絲七忽六微九纖有奇

比黃鐘正律少一分〇九毫〇二忽三微〇有奇。

其二，出《淮南子》書。

晉、宋二《志》及蔡元定所引，互有誤字，上文已辨之，茲不載。

黃鐘位子，其數八十一，主十一月，下生林鐘。

舊法置八十一分爲實，下生者以五百乘之，得四萬〇五百分，以七百四十九爲法除之，得五十四分，爲林鐘。餘數在半分以下，棄之不用。

林鐘之數五十四，主六月，上生太蔟。

舊法置五十四分爲實，上生者以一千乘之，得五萬四千分，以七百四十九爲法除之，得七十二分，爲太蔟。餘數在半分以下，棄之不用。

太蔟之數七十二，主正月，下生南吕。

舊法置七十二分爲實，下生者以五百乘之，得三萬六千分，以七百四十九爲法除之，得四十八分，爲南吕。餘數在半分以下，棄之不用。

南吕之數四十八，主八月，上生姑洗。

舊法置四十八分爲實，上生者以一千乘之，得四萬八千分，以七百四十九爲法除之，得六十四分，爲姑洗。餘數在半分以下，棄之不用。

姑洗之數六十四，主三月，下生應鐘。

舊法置六十四分爲實，下生者以五百乘之，得三萬二千分，以七百四十九爲法除之，得四十二分，餘數在半分以上，收之作四十三分，爲應鐘。

應鐘之數四十三，主十月，上生蕤賓。

舊法置四十三分爲實，上生者以一千乘之，得四萬三千分，以七百四十九爲法除之，得五十七分，爲蕤賓。餘數在半分以下，棄之不用。

蕤賓之數五十七，主五月，上生大吕。

舊法置五十七分爲實，上生者以一千乘之，得五萬七千分，以七百四十九爲法除之，得七十六分，爲大吕。餘數在半分以下，棄之不用。

大吕之數七十六，主十二月，下生夷則。

舊法置七十六分爲實，下生者以五百乘之，得三萬八千分，以七百四十九爲法除之，得五十分，餘數在半分以上，收之作五十一分，爲夷則。

夷則之數五十一，主七月，上生夾鐘。

舊法置五十一分爲實，上生者以一千乘之，得五萬一千分，以七百四十九爲法除之，得六十八分，爲夾鐘。餘數在半分以下，棄之不用。

夾鐘之數六十八，主二月，下生無射。

舊法置六十八分爲實，下生者以五百乘之，得三萬四千分，以七百四十九爲法除之，得四十五分，爲無射。餘數在半分以下，棄之不用。

無射之數四十五，主九月，上生仲吕。

舊法置四十五分爲實，上生者以一千乘之，得四萬五千分，以七百四十九爲法除之，得六十分，爲仲吕。餘數在半分以下，棄之不用。

仲吕之數六十，主四月，極不生。

舊法以爲極不生者，言不復上生黄鐘也。

論曰：三分損益，往而不返，其弊蓋由七五爲法，法太過而實不及也。《史記》《漢書》所載律，皆三分損益；惟《淮南子》及晉、宋《書》所載此法，獨非三分損益，蓋與新法頗同。其所不同者，仲吕不復生黄鐘耳。是知新法非自古所未有，疑古有之，失其傳也。若夫半以上收之，半以下棄之，此理律曆家所共曉，故不論焉。

其四，出《後漢志》注引《禮運》古注。

《後漢志》注引《禮運》古注曰：「宫數八十一，黄鐘長九寸，九九八十一也。三分宫去一生徵，徵數五十四，林鐘長六寸，六九五十四也。三分徵益一生商，商數七十二，太蔟長八寸，八九七十二也。三分商去一生羽，羽數四十八，南吕長五寸三分寸之一，五九四十五又三分寸之一，爲四十八也。三分羽益一生角，角數六十四，姑洗長七寸九分寸之一，七九六十三又九分寸之一，爲六十四也。三分角去一生變宫。三分變宫益一生變徵。自此以後則隨月而變，所謂『還相爲宫』。」

臣按：右一節乃九分爲寸之舊法也，語簡義精，爲律學之切要。然今本《十三經》《禮記注疏》中無此文，不可考也。朱熹、蔡元定皆宗九分爲寸之法，而不引此爲證，蓋未之詳考耳。

縱黍八十一分律依舊法算命作九寸。

此法有二：出《周禮注疏》者，係漢鄭氏算法；出《性理大全》者，係宋蔡氏算法。二家律實同，而算法不同。

其一，出《周禮注疏》。

鄭康成宗劉歆、班固之説，以六陽律配乾六爻，以六陰吕配坤六爻。故謂黄鐘爲初九，林鐘爲初六，太蔟爲九二，南吕爲六二之類。同位象夫妻，指初九之與初六也；異位象母子，指初六之與九二也。此係穿鑿，今皆不取，祇取其算法云。

黄鐘長九寸每寸九分，餘律倣此。

舊法置黄鐘長九寸爲實，下生者二因得十八寸，三歸得六寸，爲林鐘。

林鐘長六寸

舊法置林鐘長六寸爲實，上生者四因得二十四寸，三歸得八寸，爲太蔟。

太蔟長八寸

舊法置太蔟長八寸爲實，下生者二因得十六寸，三歸得五寸而餘一，命作三分寸之一，爲南吕。

南吕長五寸三分寸之一

舊法置南吕長五寸，以分母三通之，得十五寸，納分子之一，共得十六寸，上生者四因得六十四寸爲實，三因分母三得九爲法，除之得七寸而餘一，命作九分寸之一，爲姑洗。

姑洗長七寸九分寸之一

舊法置姑洗長七寸，以分母九通之，得六十三寸，納分子之一，共得六十四寸，下生者二因得一百二十八寸爲實，三因分母九得二十七爲法，除之得四寸而餘二十，命作二十七分寸之二十，爲應鐘。

應鐘長四寸二十七分寸之二十

舊法置應鐘長四寸，以分母二十七通之，得一百〇八寸，納分子之二十，共得一百二十八寸，上生者四因得五百一十二寸爲實，三因分母二十七得八十一爲法，除之得六寸而餘二十六，命作八十一分寸之二十六，爲蕤賓。

蕤賓長六寸八十一分寸之二十六

舊法置蕤賓長六寸，以分母八十一通之，得四百八十六寸，納分子之二十六，共得五百一十二寸，上生者四因得二千〇四十八寸爲實，三因分母八十一得二百四十三爲法，除之得八寸而餘一百〇四，命作二百四十三分寸之一百〇四，爲大吕。

大吕長八寸二百四十三分寸之一百〇四

舊法置大吕長八寸，以分母二百四十三通之，得一千九百四十四寸，納分子之一百〇四，共得二千〇四十八寸，下生者二因得四千〇九十六寸爲實，三因分母二百四十三得七百二十九爲法，除之得五寸而餘四百五十一，命作七百二十九分寸之四百五十一，爲夷則。

夷則長五寸七百二十九分寸之四百五十一

舊法置夷則長五寸，以分母七百二十九通之，得三千六百四十五寸，納分子之四百五十一，共得四千〇九十六寸，上生者四因得一萬六千三百八十四寸爲實，三因分母七百二十九得二千一百八十七爲法，除之得七寸而餘一千〇七十五，命作二千一百八十七分寸之一千〇七十五，爲夾鐘。

夾鐘長七寸二千一百八十七分寸之一千〇七十五

舊法置夾鐘長七寸，以分母二千一百八十七通之，得一萬五千三百〇九寸，納分子之一千〇七十五，共得一萬六千三百八十四寸，下生者二因得三萬二千七百六十八寸爲實，三因分母二千一百八十七得六千五百六十一爲法，除之得四寸而餘六千五百二十四，命作六千五百六十一分寸之六千五百二十四，爲無射。

無射長四寸六千五百六十一分寸之六千五百二十四

舊法置無射長四寸，以分母六千五百六十一通之，得二萬六千二百四十四寸，納分子之六千五百二十四，共得三萬二千七百六十八寸，上生者四因得十三萬一千〇七十二寸爲實，三因分母六千五百六十一得一萬九千六百八十三爲法，除之得六寸而餘一萬二千九百七十四，命作一萬九千六百八十三分寸之一萬二千九百七十四，爲仲吕。

仲吕長六寸一萬九千六百八十三分寸之一萬二千九百七十四

舊法置仲吕長六寸，以分母一萬九千六百八十三通之，得十一萬八千〇九十八寸，納分子之一萬二千九百七十四，共得十三萬一千〇七十二寸，上生者四因得五十二萬四千二百八十八寸爲實，三因分母一萬九千六百八十三得五萬九千〇四十九寸爲法，除之得八寸而餘五萬一千八百九十六，命作五萬九千〇四十九分寸之五萬一千八百九十六，爲黄鐘。

黄鐘長八寸五萬九千〇四十九分寸之五萬一千八百九十六，比黄鐘正律少五萬九千〇四十九分寸之七千一百五十三。

以上諸律出於《周禮注疏》漢鄭康成之算術也。

其二，出《性理大全》。

古法與蔡元定算法不同，是故名爲别法。法雖不同，而算出之數則同焉。今並列之，以便參考。

黄鐘長九寸

舊法置黄鐘之率十七萬七千一百四十七爲實，以寸法一萬九千六百八十三除之，得九寸。别法置黄鐘長一尺爲實，九因一遍退位，命作九寸。

林鐘長六寸

舊法置林鐘之率十一萬八千〇九十八爲實，以寸法一萬九千六百八十三除之，得六寸。别法置林鐘長六寸六分六釐六毫六絲六忽六微六纖爲實，九因一遍，命作六寸。

大蔟長八寸

舊法置太蔟之率十五萬七千四百六十四爲實，以寸法一萬九千六百八十三除之，得八寸。别法置太蔟長八寸八分八釐八毫八絲八忽八微八纖爲實，九因一遍，命作八寸。

南吕長五寸三分

舊法置南吕之率十萬〇四千九百七十六爲實，以寸法一萬九千六百八十三除之，得五寸；餘六千五百六十一爲實，以分法二千一百八十七除之，得三分；共得五寸三分。别法置南吕長五寸九分二釐五毫九絲二忽五微九纖爲實，九因一遍至寸位住，得五寸；又九因一遍至分位住，得三分；共得五寸三分。

姑洗長七寸一分

舊法置姑洗之率十三萬九千九百六十八爲實，以寸法一萬九千六百八十三除之，得七寸；餘二千一百八十七爲實，以分法二千一百八十七除之，得一分；

共得七寸一分。別法置姑洗長七寸九分〇一毫二絲三忽四微五纖爲實，九因一遍至寸位住，得七寸；又九因一遍至分位住，得一分；共得七寸一分。

應鐘長四寸六分六釐

舊法置應鐘之率九萬三千三百一十二爲實，以寸法一萬九千六百八十三除之，得四寸；餘一萬四千五百八十爲實，以分法二千一百八十七除之，得六分；餘一千四百五十八爲實，以釐法二百四十三除之，得六釐；共得四寸六分六釐。別法置應鐘長五寸二分六釐七毫四絲八忽九微七纖爲實，九因一遍至寸位住，得四寸；又九因一遍至分位住，得六分；又九因一遍至釐位住，得六釐；共得四寸六分六釐。

蕤賓長六寸二分八釐

舊法置蕤賓之率十二萬四千四百一十六爲實，以寸法一萬九千六百八十三除之，得六寸；餘六千三百一十八爲實，以分法二千一百八十七除之，得二分；餘一千九百四十四爲實，以釐法二百四十三除之，得八釐；共得六寸二分八釐。別法置蕤賓長七寸〇二釐三毫三絲一忽九微六纖爲實，九因一遍至寸位住，得六寸；又九因一遍至分位住，得二分；又九因一遍至釐位住，得八釐；共得六寸二分八釐。

大呂長八寸三分七釐六毫

舊法置大呂之率十六萬五千八百八十八爲實，以寸法一萬九千六百八十三除之，得八寸；餘八千四百二十四爲實，以分法二千一百八十七除之，得三分；餘一千八百六十三爲實，以釐法二百四十三除之，得七釐；餘一百六十二爲實，以毫法二十七除之，得六毫；共得八寸三分七釐六毫。別法置大呂長九寸三分六釐四毫四絲二忽六微一纖爲實，九因一遍至寸位住，得八寸；又九因一遍至分位住，得三分；又九因一遍至釐位住，得七釐；又九因一遍至毫位住，得六毫；共得八寸三分七釐六毫。

夷則長五寸五分五釐一毫

舊法置夷則之率十一萬〇五百九十二爲實，以寸法一萬九千六百八十三除之，得五寸；餘一萬二千一百七十七爲實，以分法二千一百八十七除之，得五分；餘一千二百四十二爲實，以釐法二百四十三除之，得五釐；餘二十七爲實，以毫法二十七除之，得一毫；共得五寸五分五釐一毫。別法置夷則長六寸二分四釐二毫九絲五忽〇七纖爲實，九因一遍至寸位住，得五寸；又九因一遍至分位住，得五分；又九因一遍至釐位住，得五釐；又九因一遍至毫位住，得一毫；共得五寸五分五釐一毫。

夾鐘長七寸四分三釐七毫三絲

舊法置夾鐘之率十四萬七千四百五十六爲實，以寸法一萬九千六百八十三除之，得七寸；餘九千六百七十五爲實，以分法二千一百八十七除之，得四分；餘九百二十七爲實，以釐法二百四十三除之，得三釐；餘一百九十八爲實，以毫法二十七除之，得七毫；餘九爲實，以絲法三除之，得三絲；共得七寸四分三釐七毫三絲。別法置夾鐘長八寸三分二釐三毫九絲三忽四微三纖爲實，九因一遍至寸位住，得七寸；又九因一遍至分位住，得四分；又九因一遍至釐位住，得三釐；又九因一遍至毫位住，得七毫；又九因一遍至絲位住，得三絲；共得七寸四分三釐七毫三絲。

無射長四寸八分八釐四毫八絲

舊法置無射之率九萬八千三百〇四爲實，以寸法一萬九千六百八十三除之，得四寸；餘一萬九千五百七十二爲實，以分法二千一百八十七除之，得八分；餘二千〇七十六爲實，以釐法二百四十三除之，得八釐；餘一百三十二爲實，以毫法二十七除之，得四毫；餘二十四爲實，以絲法三除之，得八絲；共得四寸八分八釐四毫八絲。別法置無射長五寸五分四釐九毫二絲八忽九微五纖爲實，九因一遍至寸位住，得四寸；又九因一遍至分位住，得八分；又九因一遍至釐位住，得八釐；又九因一遍至毫位住，得四毫；又九因一遍至絲位住，得八絲；共得四寸八分八釐四毫八絲。

仲呂長六寸五分八釐三毫四絲六忽

舊法置仲呂之率十三萬一千〇七十二爲實，以寸法一萬九千六百八十三除之，得六寸；餘一萬二千九百七十四爲實，以分法二千一百八十七除之，得五分；餘二千〇三十九爲實，以釐法二百四十三除之，得八釐；餘九十五爲實，以毫法二十七除之，得三毫；餘十四爲實，以絲法三除之，得四絲，餘二不盡。共得六寸五分八釐三毫四絲，餘二不盡。別法置仲呂長七寸三分九釐九毫〇五忽二微七纖爲實，九因一遍至寸位住，得六寸；又九因一遍至分位住，得五分；又九因一遍至釐位住，得八釐；又九因一遍至毫位住，得三毫；又九因一遍至絲位住，得四絲；又九因一遍至忽位住，得六忽；共得六寸五分八釐三毫四絲六忽。

以上諸律出於《性理大全》宋蔡元定之算法也。

論曰：古人算律之妙，二種而已。一以縱黍之長爲分，九分爲寸，九寸爲黄鐘，凡八十一分，取象洛書之九自相乘之數焉，此《淮南子》之所載也。一以横黍之廣爲分，十分爲寸，十寸爲黄鐘，凡一百分，取象河圖之十自相乘之數焉，此太史公之所記也。二術雖異，其律則同，蓋縱黍之八十一分適當横黍之一百分耳，本無九十分爲黄鐘者也。至於劉歆班固乃以九十分爲黄鐘，推原其誤，蓋自京房始也。房時去古未遠，明知古法九分爲寸，以其布算頗煩，初學難曉，乃變九而爲十；恐人不曉其意，故云：「不盈寸者十之，所得爲分。」此創始之辭也。至歆則又以九分乘九十分，得八百一十分，命爲黄鐘積實，欲牽合於黄鐘一龠之數。夫古曆法以二十九日，九百四十分之四百九十九爲朔餘算法，除之得五十三刻有奇。落下閎以八十一分之四十三爲朔餘算法，除之亦得五十三刻有奇。若以八百一十爲法除之，止得五刻有奇，不滿朔餘之數。是閎曆以八十一分爲法，取象黄鐘一龠之長，非謂積實也。則黄鐘决無長九十分、積八百一十分之理矣。淮南子、太史公、落下閎此三人，前漢律曆之學無出其右者，皆謂黄鐘九寸即是八十一分，世儒不信何也？朱熹、蔡元定始能表章九分爲寸之法，有功律學亦多，但未勘破王莽劉歆班固之謬，是猶有遺憾焉。

又 卷五

新舊律試驗第七

或問：新律舊律，其同異易知也；孰真孰僞，斯難知也。答曰：試驗則易知耳。試驗之法有二。其一，累黍造尺，依尺造律，吹之試驗。其二，吹笙定琴，用琴定瑟，彈之試驗。造尺見《審度篇》，定琴見《旋宫篇》。所謂依尺造律者，多採金門山竹，擇天生合式者爲律最佳。

金門山亦名律管山，今屬河南府永寧縣地，雖産竹，其大竹不堪用，惟用小竹長節者耳。節短而不圓，兩端不匀者，亦不堪也。甜竹最佳，而長節者尤爲難得。選得天生律管，内外周徑自然合式，可珍可貴。然須先有定式，而後知其合否。

如無，則擇厚竹，内外修治，使合式，亦可也。

苦竹，俗呼爲觀音竹，此竹節長而厚，内外皆可修治。假如黄鐘外徑五分，内徑三分五釐，竹之厚者外徑五分强，内徑三分五釐弱，則内外皆有餘，斯可以修治也。若外徑在五分以下，而内徑在三分五釐以上，則内外皆不足，斯不可修治也。餘律倣此。新採濕竹，待極乾乃造，濕造則不佳。

治法：外用方錯，内用圓錯，各依後項開列内外徑而治之。

竹匠木匠雖有巧者，但器未利，欲就利器，則於骨牙匠旋匠輩選巧者，易教也。方錯，若馬齦錯之類是也，斯可治外。圓錯，彼或無之，則令創造：似箭杆而細小，稍頭微大，狀如蓮子，蓮子周圍即鋼錯也。旋轉入内，取圓而已。黄鐘倍律錯頭，圓徑五分；黄鐘半律錯頭，圓徑二分五釐。如是，錯有三十六等，先小後大，漸次更换。造成，以尺量之，令内外徑與分寸相合，名爲合式也。

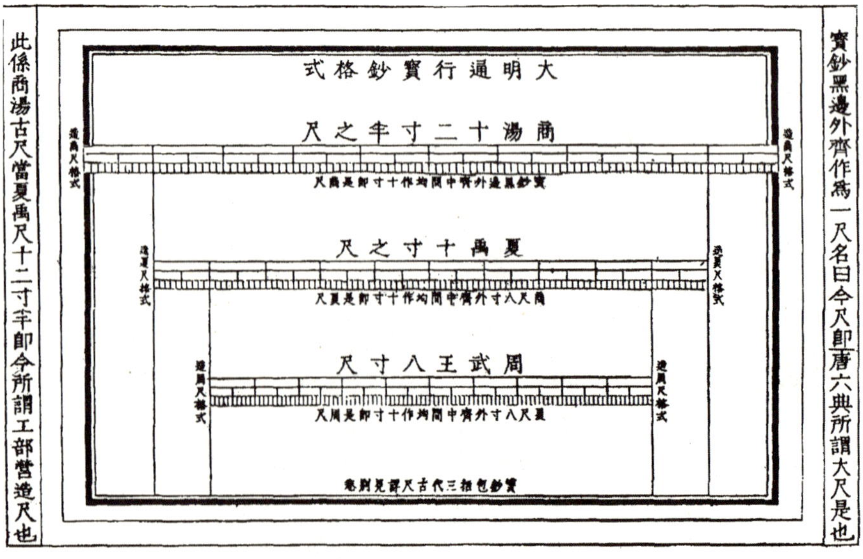

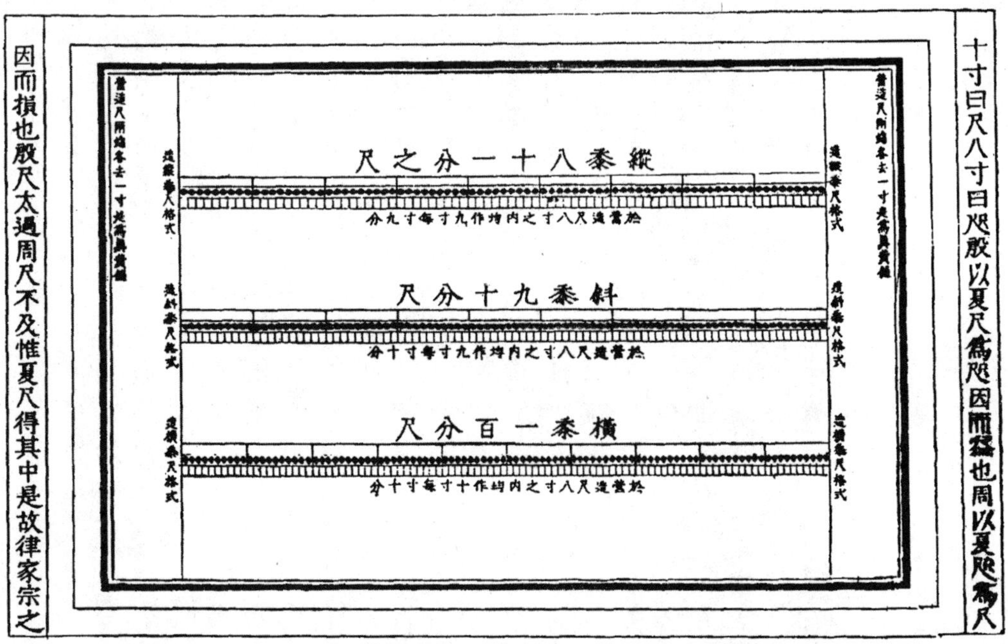

正律	外徑	內徑
黃鐘長八寸一分用縱黍尺，依新法算。	四分〇五毫	二分八釐六毫
大呂長七寸六分四釐五毫	三分九釐三毫	二分七釐八毫
太蔟長七寸二分一釐六毫	三分八釐二毫	二分七釐〇
夾鐘長六寸八分一釐一毫	三分七釐一毫	二分六釐二毫
姑洗長六寸四分二釐八毫	三分六釐〇	二分五釐五毫
仲呂長六寸〇六釐八毫	三分五釐〇	二分四釐七毫
蕤賓長五寸七分二釐七毫	三分四釐〇	二分四釐〇
林鐘長五寸四分〇六毫	三分三釐〇	二分三釐三毫
夷則長五寸一分〇二毫	三分二釐一毫	二分二釐七毫
南呂長四寸八分一釐六毫	三分一釐二毫	二分二釐〇
無射長四寸五分四釐五毫	三分〇三毫	二分一釐四毫
應鐘長四寸二分九釐〇	二分九釐四毫	二分〇八毫

半律	外徑	內徑
黃鐘長四寸〇五釐	二分八釐六毫	二分〇二毫
大呂長三寸八分二釐二毫	二分七釐八毫	一分九釐六毫
太蔟長三寸六分〇八毫	二分七釐〇	一分九釐一毫
夾鐘長三寸四分〇五毫	二分六釐二毫	一分八釐五毫

正律	外徑	內徑
黃鐘長九寸用縱黍尺，依新法算。	四分〇四毫	二分七釐六毫
大呂長八寸四分四釐〇	三分八釐三毫	二分七釐〇
太蔟長八寸〇一釐四毫	三分七釐三毫	二分六釐二毫
夾鐘長七寸五分一釐〇	三分六釐三毫	二分五釐五毫
姑洗長七寸一分二釐五毫	三分五釐四毫	二分四釐八毫
仲呂長六寸六分六釐一毫	三分四釐四毫	二分四釐二毫
蕤賓長六寸三分二釐四毫	三分三釐五毫	二分三釐六毫
林鐘長六寸〇〇四毫	三分二釐七毫	二分三釐〇
夷則長五寸六分〇二毫	三分一釐八毫	二分二釐四毫
南呂長五寸三分一釐四毫	三分一釐〇	二分一釐七毫
無射長五寸〇四釐一毫	三分〇二毫	二分一釐二毫

應鐘長四寸六分八釐一毫	二分八釐四毫	二分〇六毫
半律	外徑	內徑
黃鐘長四寸四分四釐四毫	二分七釐六毫	二分〇二毫
大呂長四寸二分二釐〇	二分七釐〇	一分八釐六毫
太蔟長四寸〇〇六毫	二分六釐二毫	一分八釐一毫
夾鐘長三寸七分〇四毫	二分五釐五毫	一分七釐六毫
正律	外徑	內徑
黃鐘長九寸用斜黍尺，依新法算。	四分五釐	三分一釐八毫
大呂長八寸四分九釐四毫	四分三釐七毫	三分〇九毫
太蔟長八寸〇一釐八毫	四分二釐四毫	三分〇〇
夾鐘長七寸五分六釐八毫	四分一釐二毫	二分九釐一毫
姑洗長七寸一分四釐三毫	四分〇〇	二分八釐三毫
仲呂長六寸七分四釐二毫	三分八釐九毫	二分七釐五毫
蕤賓長六寸三分六釐三毫	三分七釐八毫	二分六釐七毫
林鐘長六寸〇〇六毫	三分六釐七毫	二分五釐九毫
夷則長五寸六分六釐九毫	三分五釐七毫	二分五釐二毫
南呂長五寸三分五釐一毫	三分四釐六毫	二分四釐五毫
無射長五寸〇五釐一毫	三分三釐七毫	二分三釐八毫
應鐘長四寸七分六釐七毫	三分二釐七毫	二分三釐一毫
半律	外徑	內徑
黃鐘長四寸五分	三分一釐八毫	二分二釐五毫
大呂長四寸二分四釐七毫	三分〇九毫	二分一釐八毫
太蔟長四寸〇〇九毫	三分〇〇	二分一釐二毫
夾鐘長三寸七分八釐四毫	二分九釐一毫	二分〇六毫
正律	外徑	內徑
黃鐘長一尺用夏尺造，依新法算。	五分	三分五釐三毫
大呂長九寸四分三釐八毫	四分八釐五毫	三分四釐三毫
太蔟長八寸九分〇八毫	四分七釐一毫	三分三釐三毫
夾鐘長八寸四分〇八毫	四分五釐八毫	三分二釐四毫
姑洗長七寸九分三釐七毫	四分四釐五毫	三分一釐四毫
仲呂長七寸四分九釐一毫	四分三釐二毫	三分〇六毫
蕤賓長七寸〇七釐一毫	四分二釐〇	二分九釐七毫
林鐘長六寸六分七釐四毫	四分〇八毫	二分八釐八毫
夷則長六寸二分九釐九毫	三分九釐六毫	二分八釐〇
南呂長五寸九分四釐六毫	三分八釐五毫	二分七釐二毫
無射長五寸六分一釐二毫	三分七釐四毫	二分六釐四毫
應鐘長五寸二分九釐七毫	三分六釐三毫	二分五釐七毫
半律	外徑	內徑
黃鐘長五寸	三分五釐三毫	二分五釐
大呂長四寸七分一釐九毫	三分四釐三毫	二分四釐二毫
太蔟長四寸四分五釐四毫	三分三釐三毫	二分三釐五毫
夾鐘長四寸二分〇四毫	三分二釐四毫	二分二釐九毫
正律	外徑	內徑
黃鐘長八寸用商尺造，依新法算。	四分	二分八釐二毫
大呂長七寸五分五釐〇	三分八釐八毫	二分七釐四毫
太蔟長七寸一分二釐七毫	三分七釐七毫	二分六釐六毫
夾鐘長六寸七分二釐七毫	三分六釐六毫	二分五釐九毫
姑洗長六寸三分四釐九毫	三分五釐六毫	二分五釐一毫
仲呂長五寸九分九釐三毫	三分四釐六毫	二分四釐四毫
蕤賓長五寸六分五釐六毫	三分三釐六毫	二分三釐七毫
林鐘長五寸三分三釐九毫	三分二釐六毫	二分三釐一毫
夷則長五寸〇三釐九毫	三分一釐七毫	二分二釐四毫
南呂長四寸七分五釐六毫	三分〇八毫	二分一釐八毫
無射長四寸四分八釐九毫	二分九釐九毫	二分一釐一毫
應鐘長四寸二分三釐七毫	二分九釐一毫	二分〇五毫
半律	外徑	內徑
黃鐘長四寸	二分八釐二毫	二分
大呂長三寸七分七釐五毫	二分七釐四毫	一分九釐四毫
太蔟長三寸五分六釐三毫	二分六釐六毫	一分八釐八毫
夾鐘長三寸三分六釐三毫	二分五釐九毫	一分八釐三毫

舊用河南宜陽縣金門山竹不如浙江餘杭縣南筆管竹最佳

依縱黍尺造十二律並四清聲

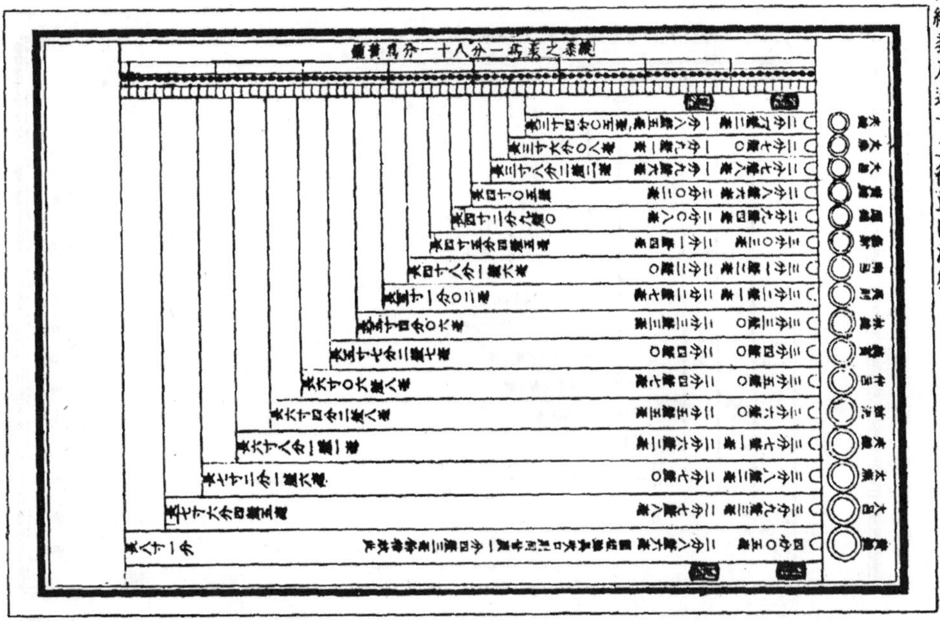

竹雖天生擇之在人預定格式多多竹中擇合式者則得之矣

依斜黍尺造十二律並四清聲

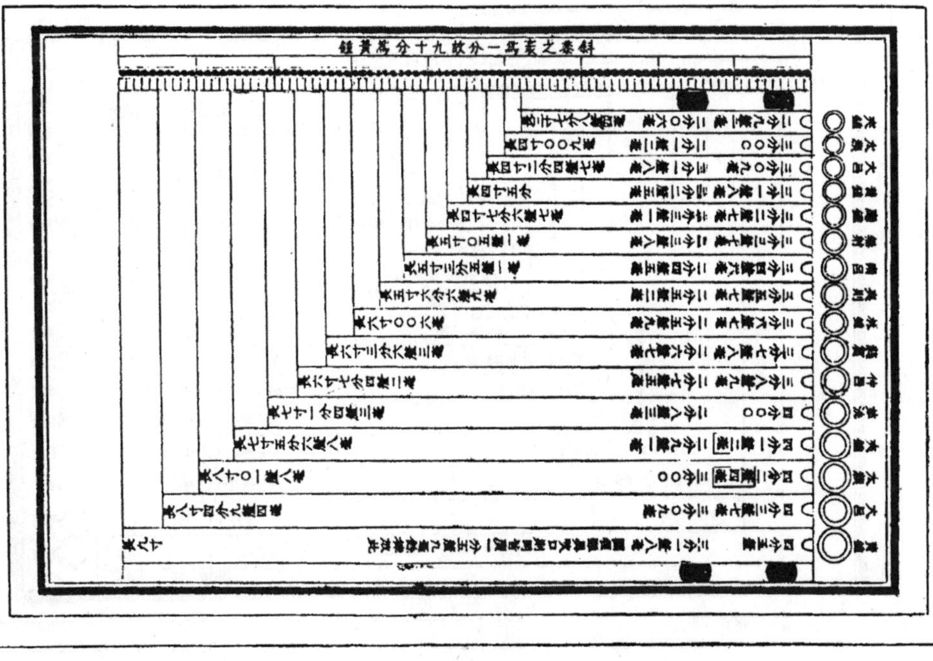

依夏尺造十二律並四清聲

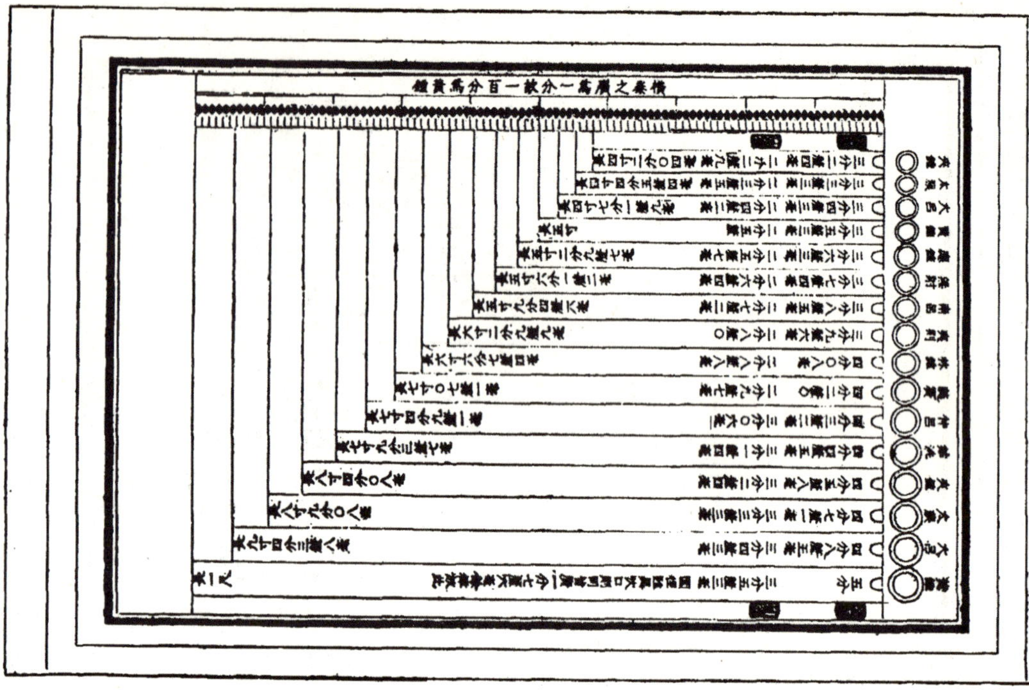

依商尺造十二律並四清聲

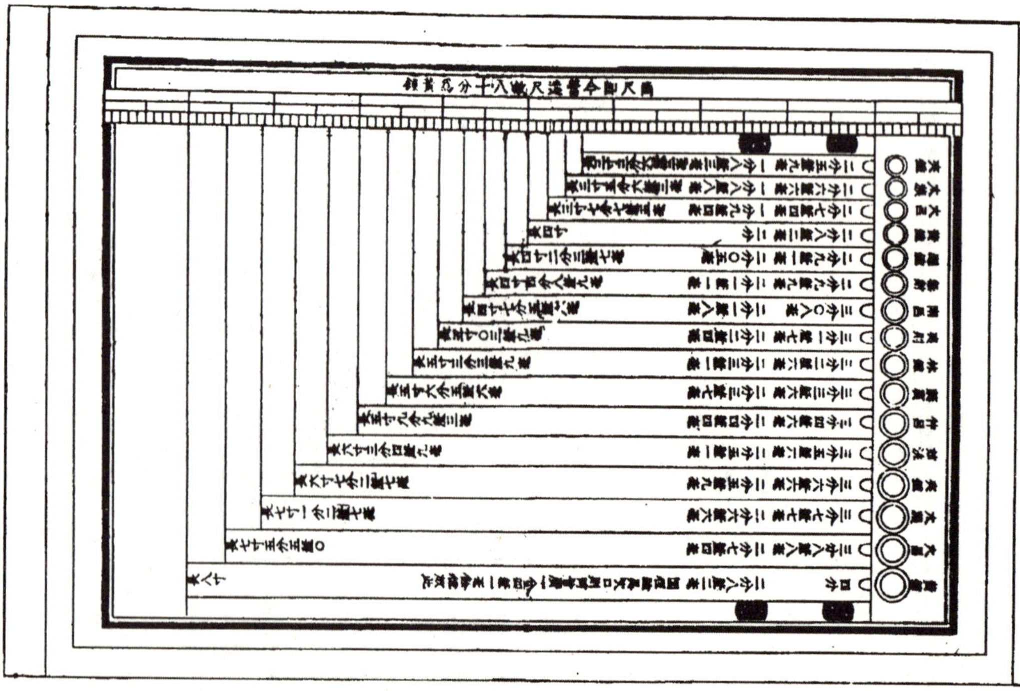

依周尺造十二律並四清聲

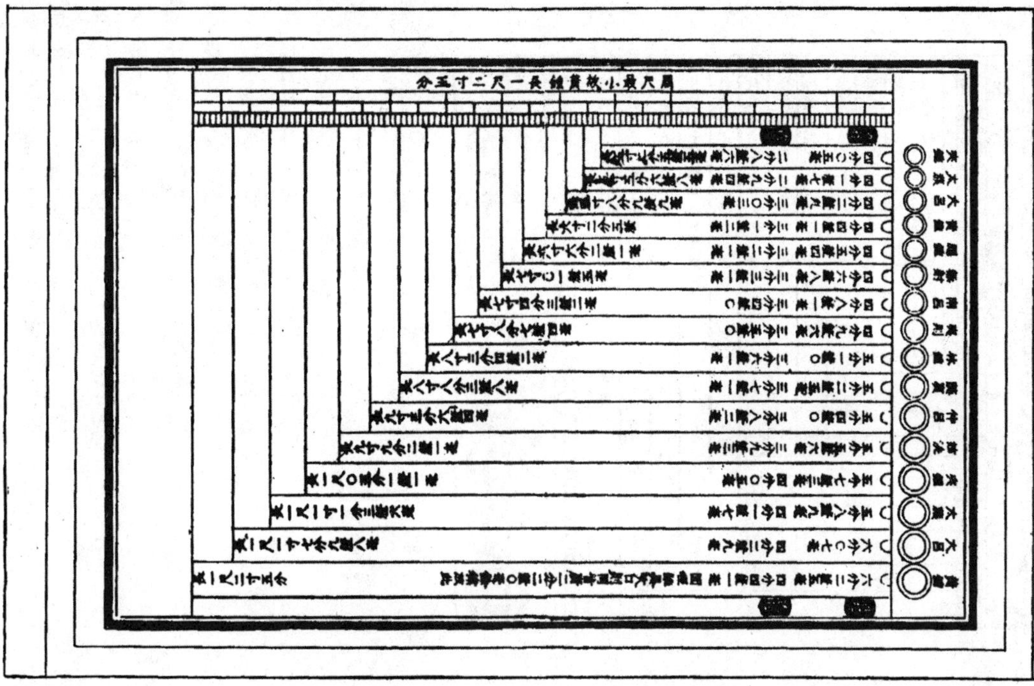

正律	外徑	內徑
黃鐘長一尺二寸五分用周尺造，依新法算。	六分二釐五毫	四分四釐一毫
大呂長一尺一寸七分九釐八毫	六分〇七毫	四分二釐九毫
太蔟長一尺一寸一分三釐六毫	五分八釐九毫	四分一釐七毫
夾鐘長一尺〇五分一釐一毫	五分七釐三毫	四分〇五毫
姑洗長九寸九分二釐一毫	五分五釐六毫	三分九釐三毫
仲呂長九寸三分六釐四毫	五分四釐〇	三分八釐二毫
蕤賓長八寸八分三釐八毫	五分二釐五毫	三分七釐一毫
林鐘長八寸三分四釐二毫	五分一釐〇	三分六釐一毫
夷則長七寸八分七釐四毫	四分九釐六毫	三分五釐〇
南呂長七寸四分三釐二毫	四分八釐一毫	三分四釐〇
無射長七寸〇一釐五毫	四分六釐八毫	三分三釐一毫
應鐘長六寸六分二釐一毫	四分五釐四毫	三分二釐一毫
半律	外徑	內徑
黃鐘長六寸二分五釐	四分四釐一毫	三分一釐二毫
大呂長五寸八分九釐九毫	四分二釐九毫	三分〇三毫
太蔟長五寸五分六釐八毫	四分一釐七毫	二分九釐四毫
夾鐘長五寸二分五釐五毫	四分〇五毫	二分八釐六毫

黃鐘長九寸或依《後漢志》京房所算，每寸皆十分。此係舊法三分損益。

林鐘長六寸舊法每管內徑三分，或徑三分四釐六毫，係胡瑗法。

太蔟長八寸

南呂長五寸三分小分三强小分三者，謂三釐也。下文倣此。

姑洗長七寸一分小分一微强

應鐘長四寸七分小分四微强

蕤賓長六寸三分小分二微强

大呂長八寸四分小分三弱

夷則長五寸六分小分二弱

夾鐘長七寸四分小分九微强

無射長四寸九分小分九强

仲呂長六寸六分小分六弱以上見《後漢志》，即京氏所算也。

黃鐘長九寸或依《性理》蔡元定所算，每寸皆九分。此係舊法九分爲寸。
林鐘長六寸舊法每管内外周徑與黃鐘同。
太蔟長八寸
南吕長五寸三分
姑洗長七寸一分
應鐘長四寸六分六釐
蕤賓長六寸二分八釐
大吕長八寸三分七釐六毫
夷則長五寸五分五釐一毫
夾鐘長七寸四分三釐七毫三絲
無射長四寸八分八釐四毫八絲
仲吕長六寸五分八釐三毫四絲六忽

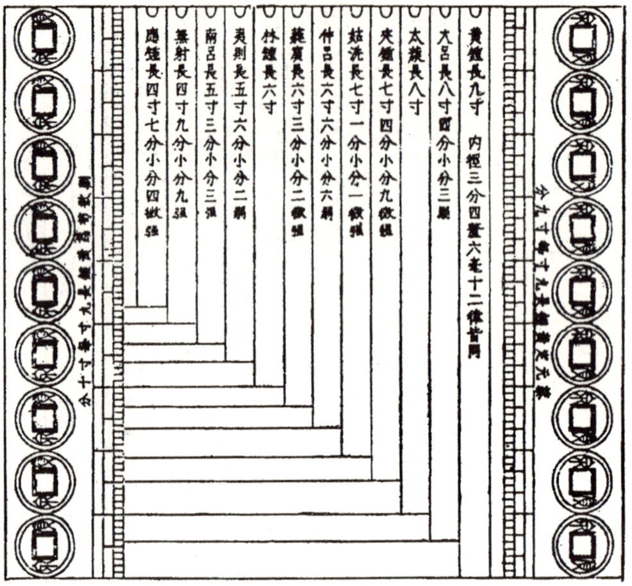

漢劉歆、晉荀勗所造律管，皆用貨泉尺。宋蔡元定著《律吕新書》，大率宗此尺，則其黃鐘與歆、勗之黃鐘大同小異。歆、勗之黃鐘空徑三分，元定則徑三分四釐六毫。依此尺法造律吹之，黃鐘聲中夾鐘。《宋志》謂王朴之黃鐘亦然。蓋四家比古律高三律。

宋李照、范鎮、魏漢津所定律，大率依宋太府尺。黃鐘長九寸，空徑三分，積六百三十六分，聲比古黃鐘低二律，即無射倍律。

國初冷謙所定律，用今工部營造尺。黃鐘長九寸，空徑三分四釐六毫，積八百四十六分，比古黃鐘低三律，即南吕倍律微高。

謙及元定十二律管，算法皆同，惟尺不同。

每律上端各有豁口，長廣一分七釐六毫，倍律正律半律皆同，勿令過與不及，不及則濁，過則清矣。通長正數，連豁口算者是也；除豁口不算，非也。倍律正律半律，但係律名同者，新律皆相協，舊律則不協，如是試驗，真僞可辨矣。吹時不可性急，急乃焦聲，非自然聲也。古云：細若氣，微若聲，吹之可養性，有益於人也。

謹按：程頤嘗曰：「黃鐘之聲亦不難定，世自有知音者。」張載嘗曰：「今人求古樂太深，始以古樂爲不可知。」此語誠然也。蓋知音者隨處有之，點笙之人其非知音而何？彼但不知律之名耳。宜選精於點笙之人，先擇聲與黃鐘相似之簧，令彼增減其蠟，務與黃鐘律聲全協。復擇聲與林鐘相似之簧，亦令增減其蠟，務與林鐘律聲全協。然後兩簧一口噙而吹之，則知黃鐘與林鐘全協者爲是，不協者爲非也。太蔟以下諸律倣此，開列如左。

黃鐘生林鐘，此二律相協。林鐘生太蔟，此二律相協。
太蔟生南吕，此二律相協。南吕生姑洗，此二律相協。
姑洗生應鐘，此二律相協。應鐘生蕤賓，此二律相協。以上用笙一攢。
蕤賓生大吕，此二律相協。大吕生夷則，此二律相協。
夷則生夾鐘，此二律相協。夾鐘生無射，此二律相協。
無射生仲吕，此二律相協。仲吕生黃鐘，此二律相協。以上用笙一攢。

吹律人勿用老弱者，氣與少壯不同，必不相協，然非律不協也。宜選一樣二律，令二人互換齊吹，察其氣同，乃與笙齊吹相協。照前法，增減各簧之蠟，一一點成，將律吕名寫於本簧之管。先取一攢，依新法所算之律點畢，别取一攢，却依舊法所算之律，亦照前法點成試驗：則新律與舊律孰是孰非，皆可知矣。笙

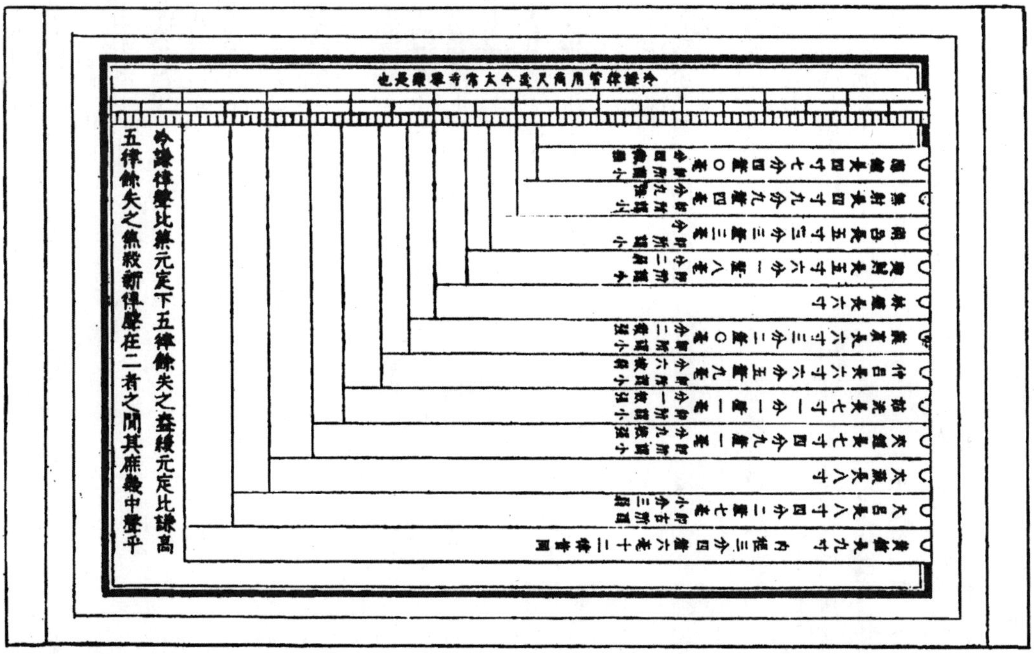

匠知音者，只吹律聽之，即知協否，不用笙亦可也。

又朱載堉《嘉量筭經》卷中

初學開平方例第一

用歸除開平方，各筭書未載，是故詳載之。凡學開方，須造大筭盤，長九九八十一位，或六六三十六位，方可筭也。筭盤梁上帖紙一長條，上寫第一位、第二位等項字樣，使初學易曉也。

平方積平立二積，初學難曉，故表出之。

平方，百纖爲一微，百微爲一忽，百忽爲一絲，百絲爲一毫，百毫爲一釐，百釐爲一分，百分爲一寸，百寸爲一尺。故曰：

幾十幾尺　幾十幾寸　幾十幾分　幾十幾釐　幾十幾毫　幾十幾絲　幾十幾忽　幾十幾微　幾十幾纖

又平積

一　一自乘所得也。

四　二自乘所得也。

九　三自乘所得也。

一十六　四自乘所得也。

二十五　五自乘所得也。

三十六　六自乘所得也。

四十九　七自乘所得也。

六十四　八自乘所得也。

八十一　九自乘所得也。

一已上開一。

四已上開二。

九已上開三。

一十六已上開四。

二十五已上開五。

三十六已上開六。

四十九已上開七。

六十四已上開八。

八十一已上開九。

一百已上開一十。
四百已上開二十。
九百已上開三十。
一千六百已上開四十。
二千五百已上開五十。
三千六百已上開六十。
四千九百已上開七十。
六千四百已上開八十。
八千一百已上開九十。
一萬已上開一百。
四萬已上開二百。
九百已上開三百。
一十六萬已上開四百。
二十五萬已上開五百。
三十六萬已上開六百。
四十九萬已上開七百。
六十四萬已上開八百。
八十一萬已上開九百。

周禮㮚氏爲量第二

問《周禮》㮚氏爲量，内方尺而圓其外。筭法求方之斜，即圓之徑，其斜弦長幾何。

荅曰：斜弦一尺四寸一分四釐二毫一絲三忽五微六纖二三七三〇九五〇四八八〇一六八九。纖已下數，不立名色。

法曰：依勾股求弦筭。置方面自南至北一十寸，自乘得一百寸，爲股冪，别置方面自東至西一十寸。自乘得一百寸爲勾冪，相併，共得二百寸爲弦冪。就置弦冪二百寸爲實，看前式内一百已上該開一十寸，命作一歸。爲下法，用開方歸除法除之，於實首位歸實呼逢一進一十，得一十寸。有歸不除，餘實一百寸。倍下法一十寸，改作二十寸，命作二歸。自此已後，有歸有除，於實第一位歸實，呼二一添作五，起一還二，只得四寸。下法亦置四寸於二十寸之下，共得二十四寸。於實第二位除實，呼四四除一十六，餘實四寸。倍下法，四寸改作八寸，共得二十八寸。於實第三位歸實，呼逢二進一十，得一分。下法亦置一分於二十八寸之下，共得二十八寸一分。於實第三位除實，呼一八退位除八。於第四位除實，呼一一退位除一，餘實一寸一十九分。倍下法，一分改作二分，共得二十八寸二分。於實第三位歸實，呼二一添作五，起一還二，只得四釐。下法亦置四釐於二十八寸二分之下，共得二十八寸二分四釐。於實第四位除實，呼四八除三十二。於第五位除實，呼二四退位除八。於第六位除實，呼四四除一十六，餘實六分〇四釐。倍下法，四釐改作八釐，共得二十八寸二分八釐。於實第五位歸實，呼逢四進二十，得二毫。下法亦置二毫於二十八寸二分八釐之下，共得二十八寸二分八釐二毫。於實第五位除實，呼二八除一十六。於第六位除實，呼二二退位除四。於第七位除實，呼二八除一十六。於第八位除實，呼二二退位除四，餘實三十八釐三十六毫。倍下法，二毫改作四毫，共得二十八寸二分八釐四毫。於實第六位歸實，呼逢二進一十，得一絲。下法亦置一絲，於二十八寸二分八釐四毫之下，共得二十八寸二分八釐四毫一絲。於實第六位除實，呼一八退位除八。於第七位除實，呼一二退位除二。於第八位除實，呼一八退位除八。於第九位除實，呼一四退位除四。於第十位除實，呼一一退位除一，餘實一十釐〇〇七毫五十九絲。倍下法，一絲改作二絲，共得二十八寸二分八釐四毫二絲。於實第六位歸實，呼二一添作五，起一還四，只得三忽。下法亦置三忽於二十八寸二分八釐四毫二絲之下，共得二十八寸二分八釐四毫二絲三忽。於實第七位除實，呼三八除二十四。於第八位除實，呼二三退位除六。於第九位除實，呼三八除二十四。於第十位除實，呼三四除一十二。於第十一位除實，呼二三退位除六。於第十二位除實，呼三三退位除九，餘實一釐五十九毫〇六絲三十一忽。倍下法，三忽改作六忽，共得二十八寸二分八釐四毫二絲六忽。於實第七位歸實，呼二一添作五，得五微。下法亦置五微於二十八寸二分八釐四毫二絲六忽之下，共得二十八寸二分八釐四毫二絲六忽五微。於實第八位除實，呼五八除四十。於第九位除實，呼二五除一十。於第十位除實，呼五八除四十。於第十一位除實，呼五四除二十。於第十二位除實，呼二五除一十。於第十三位除實，呼五六除三十。於第十四位除實，呼五五除二十五，餘實一十七毫六十四絲一十七忽七十五微。倍下法，五微改作一忽〇微，共得二十八寸二分八釐四毫二絲七忽〇微。於實第八位歸實，呼二一添作五，逢二進一十，得六纖。下法亦置六纖於二十八寸二分八釐四毫二絲七忽〇微之下，共得二十八寸二分八釐四毫二絲七忽〇六纖。於實第九位除實，呼六八除四十八。於第十位除實，呼二六除一十二。於第十一位除實，呼六八除四十八。於第十二位除實，呼四六除二十四。於第十三位除實，呼二六除一十二。於第十四位除實，呼六七除四十二，至第十五位下法空微無除。於第十六位除實，呼六六除三十六，餘實六十七絲一十二忽一十二微六十四纖。

自此已後，開至二十五位，其術同前，但纖已下不立名色，共得斜弦一尺四寸一分四釐二毫一絲三忽五微六纖二三七三〇九五〇四八八〇一六八九，即蕤賓倍律也。折半長七寸〇七釐一毫〇六忽七微八纖一一八六五四七五二四四〇〇八四四五，即蕤賓正律也。

子午卯酉相生第三

問黄鍾正律長十寸爲平方面，其兩隅斜弦即蕤賓倍律，以黄鍾正律乘蕤賓倍律，得平方積一百四十一寸四十二分一十三釐五十六毫二十三絲七十三忽〇九微五十纖〇四八八〇一六八九，開平方法除之，所得即南吕倍律，其長幾何。

答曰：長一尺一寸八分九釐二毫〇七忽一微一纖五〇〇二七二一〇六六七一七五〇〇，即南吕倍律也。

法曰：置所得蕤賓長，一十四寸一分四釐二毫一絲三忽五微六纖二三七三〇九五〇四八八〇一六八九。以黄鍾長十寸，乘之，得平方積一百四十一寸四十二分一十三釐五十六毫二十三絲七十三忽〇九微五十纖〇四八八〇一六八九，爲實。看前式内一百已上該開一十寸，命作一歸。爲下法，用開方歸除法除之，於實首位歸實，呼逢一進一十，得一十寸。有歸不除，餘實四十一寸四十二分一十三釐五十六毫二十三絲七十三忽〇九微五十纖〇四八八〇一六八九。倍下法，一十寸改作二十寸，命作二歸。自此已後，有歸有除，於實第二位歸實，呼逢二進一十，得一寸。下法亦置一寸於二十寸之下，共得二十一寸。於實第二位除實，呼一一退位除一，餘實二十寸〇四十二分一十三釐五十六毫二十三絲七十三忽〇九微五十纖〇四八八〇一六八九。倍下法，一寸改作二寸，共得二十二寸。於實第二位歸實，呼見二無除作九二，起一還二，得八分。下法亦置八分於二十二寸之下，共得二十二寸八分。於實第三位除實，呼二八除一十六。於第四位除實，呼八八除六十四，餘實二寸一十八分一十三釐五十六毫二十三絲七十三忽〇九微五十纖〇四八八〇一六八九。倍下法，八分改作一寸六分，共得二十三寸六分。於實第三位歸實，呼見二無除作九二，得九釐。下法亦置九釐於二十三寸六分之下，共得二十三寸六分九釐。於實第四位除實，呼三九除二十七。於第五位除實，呼六九除五十四。於第六位除實，呼九九除八十一，餘實四分九十二釐五十六毫二十三絲七十三忽〇九微五十纖〇四八八〇一六八九。倍下法，九釐改作一分八釐，共得二十三寸七分八釐。於實第五位歸實，呼逢四進二十，得二毫。下法亦置二毫於二十三寸七分八釐之下，共得二十三寸七分八釐二毫。於實第五位除實，呼二三退位除六。於第六位除實，呼二七除一十四。於第七位除實，呼二八除一十六。於第八位除實，呼二二退位除四，餘實一十六釐九十二毫二十三絲七十三忽〇九微五十纖〇四八八〇一六八九。倍下法，二毫改作四毫，共得二十三寸七分八釐四毫，第五位得空絲。於第六位歸實，呼二二添作五，逢四進二十，得七忽。下法亦置七忽於二十三寸七分八釐四毫〇絲之下，共得二十三寸七分八釐四毫〇絲七忽。於實第七位除實，呼三七除二十一。於第八位除實，呼七七除四十九。於第九位除實，呼七八除五十六。於第十位除實，呼四七除二十八，第十一位下法空絲無除。於第十二位除實，呼七七除四十九，餘實二十七毫三十五絲二十四忽〇九微五十纖〇四八八〇一六八九。倍下法，七忽改作一絲四忽，共得二十三寸七分八釐四毫一絲四忽。於實第八位歸實，呼逢二進一十，得一微。下法亦置一微於二十三寸七分八釐四毫一絲四忽之下，共得二十三寸七分八釐四毫一絲四忽一微。於實第八位除實，呼一三退位除三。於第九位除實，呼一七退位除七。於第十位除實，呼一八退位除八。於第十一位除實，呼一四退位除四。於第十二位除實，呼一一退位除一。於第十三位除實，呼一四退位除四。於第十四位除實，呼一一退位除一，餘實三毫五十六絲八十二忽六十八微五十纖〇四八八〇一六八九。倍下法，一微改作二微，共得二十三寸七分八釐四毫一絲四忽二微。於實第九位歸實，呼逢二進一十，得一纖。下法亦置一纖於二十三寸七分八釐四毫一絲四忽二微之下，共得二十三寸七分八釐四毫一絲四忽二微一纖。於實第九位除實，呼一三退位除三。於第十位除實，呼一七退位除七。於第十一位除實，呼一八退位除八。於第十二位除實，呼一四退位除四。於第十三位除實，呼一一退位除一。於第十四位除實，呼一四退位除四。於第十五位除實，呼一二退位除二。於第十六位除實，呼一一退位除一，餘實一毫一十八絲九十八忽五十四微二十九纖四八八〇一六八九。

自此已後，開至二十五位，其術同前，但纖已下不立名色，所得長一尺一寸八分九釐二毫〇七忽一微一纖五〇〇二七二一〇六六七一七五〇〇，即南吕倍律也。半之得五寸九分四釐六毫〇三忽五微五纖七五〇一三六〇五三三三五八七五〇，即南吕正律也。

置南吕倍律長一尺一寸八分九釐二毫〇七忽一微一纖五〇〇二七二一〇六六七一七五〇〇在位，以蕤賓倍律一尺四寸一分四釐二毫一絲三忽五微六纖二三七三〇九五〇四八八〇一六八九乘之，所得爲實，以黄鍾正律一尺爲法，除之得夾鍾倍律長一尺六寸八分一釐七毫九絲二忽八微三纖〇五〇七四二九〇八六〇六二二五一，折半得夾鍾正律長八寸四分〇八毫九絲六忽四微一纖五二五三七一四五四三〇三一一二五。

此之謂四正也。因黄鍾求蕤賓，猶冬夏二至也；因南吕求夾鍾，猶春秋二分也。曆家謂之象限。限者界也，俗所謂界墻也。先求黄鍾，履端於始，次求蕤賓，舉正於中，後求應鍾，歸餘於終，故曰律與曆一道也。

初學開立方例第四

凡開立方，將筭盤梁上帖紙一條，寫千百十寸、百十分、百十釐、百十毫、百十絲、百十忽、百十微、百十纖之名。至於纖已下位數，不立名色，只隔二位畫一圈，使開方除實不錯耳。

立方積

立方，千纖爲一微，千微爲一忽，千忽爲一絲，千絲爲一毫，千毫爲一釐，千釐爲一分，千分爲一寸，千寸爲一尺。故曰：

幾百幾十幾尺　幾百幾十幾寸　幾百幾十幾分　幾百幾十幾釐　幾百幾十幾毫　幾百幾十幾絲　幾百幾十幾忽　幾百幾十幾微　幾百幾十幾纖

又立積

一　一再乘所得也。
八　二再乘所得也。
二十七　三再乘所得也。
六十四　四再乘所得也。
一百二十五　五再乘所得也。
二百一十六　六再乘所得也。
三百四十三　七再乘所得也。
五百一十二　八再乘所得也。
七百二十九　九再乘所得也。

一已上開一。
八已上開二。
二十七已上開三。
六十四已上開四。
一百二十五已上開五。
二百一十六已上開六。
三百四十三已上開七。
五百一十二已上開八。
七百二十九已上開九。
一千已上開一十。
八千已上開二十。
二萬七千已上開三十。
六萬四千已上開四十。
一十二萬五千已上開五十。
二十一萬六千已上開六十。
三十四萬三千已上開七十。
五十一萬二千已上開八十。
七十二萬九千已上開九十。
一百萬已上開一百。
八百萬已上開二百。
二千七百萬已上開三百。
六千四百萬已上開四百。
一億二千五百萬已上開五百。
二億一千六百萬已上開六百。
三億四千三百萬已上開七百。
五億一千二百萬已上開八百。
七億二千九百萬已上開九百。

隅法定式

㈠〇〇一　㈡〇〇八　㈢〇二七　㈣〇六四　㈤一二五　㈥二一六　㈦三四三　㈧五一二　㈨七二九

立積隅法其理一也，俱要念誦極熟。

亥子循環相生第五

問南吕倍律長一尺一寸八分九釐二毫〇七忽一微一纖五〇〇二七二一〇六六七一七五〇〇，以黄鍾長十寸再乘，得立方積一千一百八十九寸二百〇七分一百一十五釐〇〇二毫七百二十一絲〇六十六忽七百一十七微五百〇〇纖，開立方法除之，所得即應鍾倍律，其長幾何。

荅曰：長一尺〇五分九釐四毫六絲三忽〇九纖四三五九二九五二六四五六一八二五。

法曰：置所得南吕倍律，長一尺一寸八分九釐二毫〇七忽一微一纖五〇〇二七二一〇六六七一七五〇〇。初以黄鍾正律長一十寸乘之，得一百一十八寸九十二分〇七釐一十一毫五十絲〇〇二忽七十二微一十纖〇六六七一七五〇〇，名平方積。再以黄鍾正律長一十寸乘之，得一千一百八十九寸二百〇七分一百一十五釐〇〇二毫七百二十一絲〇六十六忽七百一十七微五百〇〇纖，名立方積，爲實。

商第一位得一尺。

看式一千寸已上，該商一十寸。置於左，而於實内減去再乘數，一千寸，餘實一百八十九寸有奇。

商第二位得空寸。

三因所商，一十寸得三十寸。置於右爲下法，與實一百八十九寸相商，一寸該三百三十寸，實不及減。所得空位爲寸，置於上商一十寸之下，共得一十空寸，無減，餘實同上。

商第三位得五分。

三因所商一十空寸，得三十空寸。爲下法，與實一百八十九寸相商，六則太過，四則不及，所得該五。爲分，置於上商一十空寸之下，共得一十寸〇五分。別置一十寸〇五分，以所商五分乘之，得五百二十五分。又以下法三十空寸乘之，滿千分爲寸，得一百五十七寸五百分。隅法一百二十五分，相併，減實，一百五十七寸六百二十五分，餘實三十一寸五百八十二分有奇。

商第四位得九釐。

三因所商，五分得一寸五分。併入下法，共得三十一寸五分。與實三十一寸五百八十二分相商，九則適足，八則不及，所得該九。爲釐，置於上商一十寸〇五分之下，共得一十寸〇五分九釐。別置一十寸〇五分九釐，以所商九釐乘之，滿千釐爲分，得九分五百三十一釐。又以下法三十一寸五分乘之，滿千分爲寸，得三十寸〇二十二分六百五十釐。隅法七百二十九釐。相併，減實，三十寸〇二十三分三百七十九釐，餘實一寸五百五十八分七百三十六釐有奇。

商第五位得四毫。

三因所商，九釐得二分七釐。併入下法，共得三十一寸七分七釐。與實一寸五百五十八分七百三十六釐相商，五則太過，三則不及，所得該四。爲毫，置於上商一十寸〇五分九釐之下，共得一十寸〇五分九釐四毫。別置一十寸〇五分九釐四毫，以所商四毫乘之，滿千毫爲釐，得四十二釐三百七十六毫。又以下法三十一寸七分七釐乘之，滿千釐爲分，滿千分爲寸，得一寸三百四十六分二百八十五釐五百二十毫。隅法六十四毫，相併，減實，一寸三百四十六分二百八十五釐五百八十四毫，餘實二百一十二分四百五十釐〇四百一十八毫有奇。

商第六位得六絲。

三因所商，四毫得一釐二毫。併入下法，共得三十一寸七分八釐二毫。與實二百一十二分四百五十釐〇四百一十八毫相商，七則太過，五則不及，所得該六。爲絲，置於上商一十寸〇五分九釐四毫之下，共得一十寸〇五分九釐四毫六絲。別置一十寸〇五分九釐四毫六絲，以所商六絲乘之，滿千絲爲毫，得六百三十五毫六百七十六絲。又以下法三十一寸七分八釐二毫乘之，滿千毫爲釐，滿千釐爲分，得二百〇二分〇三十釐〇五百四十六毫三百二十絲。隅法二百一十六絲，相併，減實，二百〇二分〇三十釐〇五百四十六毫五百三十六絲，餘實一十分〇四百一十九釐八百七十二毫一百八十五絲有奇。

商第七位得三忽。

三因所商，六絲得一毫八絲。併入下法，共得三十一寸七分八釐三毫八絲。與實一十分〇四百一十九釐八百七十二毫一百八十五絲相商，四則太過，二則不及，所得該三。爲忽，置於上商一十寸〇五分九釐四毫六絲之下，共得一十寸〇五分九釐四毫六絲三忽。別置一十寸〇五分九釐四毫六絲三忽，以所商三忽乘之，滿千忽爲絲，滿千絲爲毫，得三毫一百七十八絲三百八十九忽。又以下法三十一寸七分八釐三毫八絲乘之，滿千毫爲釐，滿千釐爲分，得一十分〇一百〇二釐一百二十八毫〇二十九絲八百二十忽。隅法二十七忽，相併，減實，一十分〇一百〇二釐一百二十八毫〇二十九絲八百四十七忽，餘實三百一十七釐七百四十四毫一百五十五絲二百一十九忽有奇。

商第八位得空微。

三因所商，三忽得九忽。併入下法，共得三十一寸七分八釐三毫八絲九忽。與實三百一十七釐七百四十四毫一百五十五絲二百一十九忽相商，一微該三百三十六釐，實不及減。所得空位爲微，置於上商一十寸〇五分九釐四毫六絲三忽空微，無減，餘實同上。

商第九位得九纖。

三因所商，空微得空微。併入下法，共得三十一寸七分八釐三毫八絲九忽〇微。與實三百一十七釐七百四十四毫一百五十五絲二百一十九忽相商，九則適足，八則不及，所得該九。爲纖，置於上商一十寸〇五分九釐四毫六絲三忽〇微之下，共得一十寸〇五分九釐四毫六絲三忽〇九纖。別置一十寸〇五分九釐四毫六絲三忽〇九纖，以所商九纖乘之，滿千纖爲微，滿千微爲忽，得九百五十三忽五百一十六微七百八十一纖。又以下法三十一寸七分八釐三毫八絲九忽〇微乘之，滿千忽爲絲，滿千絲爲毫，滿千毫爲釐，得三百〇三釐〇六十四毫七百二十四絲八百〇四忽五百八十微〇九百纖。隅法七百二十九纖，相併，減實，三百〇三釐〇六十四毫七百二十四絲八百〇四忽五百八十一微六百二十九纖，餘實一十四釐六百七十九毫四百三十絲〇四百一十五忽一百三十五微八百七十一纖。

如欲開至二十五位，須用八十一位筭盤，先將蕤賓、南呂等律，各開至於七十餘位，然後乃得立方積實，共商除法同前，但纖已下不立名色，所得長一尺〇五分九釐四毫六絲三忽〇九纖四三五九二九五二六四五六一八二五，即應鍾倍律。半之，得五寸二分九釐七毫三絲一忽五微四纖七一七九六四七六三三二八〇九一二五，即應鍾正律也。置應鍾倍律，進一位，如應鍾正律而一，得黃鍾倍律也。

應鍾爲諸率母第六

置所得子、午、卯、酉四正界限各在位，先以應鍾乘黃鍾，得應鍾，次以應鍾除黃鍾，得大呂，此北方亥、子、丑三律。若所得在一尺已上，倍律也；一尺已下，正律也；五寸已下，半律也。餘律皆倣此，或進位，或退位，或加倍，或折半，各隨其宜，務得本律正數而已。

次以應鍾乘蕤賓，得仲呂，次以應鍾除蕤賓，得林鍾，此南方巳、午、未三律也。次以應鍾乘夾鍾，得太蔟，次以應鍾除夾鍾，得姑洗，此東方寅、卯、辰三律也。次以應鍾乘南呂，得夷則，次以應鍾除南呂，得無射，此西方申、酉、戌三律也。凡十二律，皆以應鍾爲率而乘除之，各得其倍、正、半三種之真數，又何必用古人「三分損益，隔八相生」疎舛之法哉？余所撰《嘉量筭經》蓋爲周公舊制，不幸絶傳於世，所以深惜之，故有是作也。黃鍾爲諸律祖，古今所知；應鍾爲諸率母，古今所不知。余請詳言之：應鍾建亥，象坤卦也；黃鍾建子，象復卦也。《參同契》曰「終坤始復，如循連環」，故律呂有循環之理。古今昧者以爲往而不反，豈不大謬？今欲明古密率皆自立方應鍾積筭中來，上文所得一尺〇五分九釐四毫六絲三忽，名爲通長之率，亦名面冪之率，自相乘，得一一二二四六二，名爲積實之率，亦名容黍之率。置應鍾積筭，進一位爲實，開平方法除之，得一〇二九三〇二，名爲周徑之率，首位皆命作一尺，其乘除法下文詳矣。此條但發明應鍾爲諸率之母耳。

求十二律通長第七

黃鍾長一尺

置黃鍾長一尺，表釜深一尺，進一位爲實，以應鍾積筭一尺〇五分九釐四毫六絲三忽爲法除之，得大呂。

大呂長九寸四分三釐八毫七絲四忽

置大呂，進一位爲實，前法除之，得太蔟。

太蔟長八寸九分〇釐八毫九絲八忽

夾鍾長八寸四分〇釐八毫九絲六忽

姑洗長七寸九分三釐七毫〇絲〇忽

仲呂長七寸四分九釐一毫五絲三忽

蕤賓長七寸〇分七釐一毫〇絲六忽

林鍾長六寸六分七釐四毫一絲九忽

夷則長六寸二分九釐九毫六絲〇忽
南吕長五寸九分四釐六毫〇絲三忽
無射長五寸六分一釐二毫三絲一忽
應鍾長五寸二分九釐七毫三絲一忽
已上俱照依上條筭，故不細解。
求十二律面冪第八
黄鍾面冪九分八十二釐〇九毫二十七絲
置釜之面冪在位，以一千六百爲法除之，得黄鍾面冪，進一位爲實，以應鍾積筭一尺〇五九四六三〇九爲法除之。
大吕九分二十六釐九十七毫二十一絲
太蔟八分七十四釐九十四毫五十一絲
夾鍾八分二十五釐八十三毫八十二絲
姑洗七分七十九釐四十八毫七十五絲
仲吕七分三十五釐七十三毫八十二絲
蕤賓六分九十四釐四十四毫四十四絲
林鍾六分五十五釐四十六毫八十二絲
夷則六分一十八釐六十七毫九十六絲
南吕五分八十三釐九十五毫五十八絲
無射五分五十一釐一十八毫〇九絲
應鍾五分二十釐〇二十四毫五十五絲
求十二律積實第九
黄鍾積實九百八十二分〇九十二釐
置釜之積實在位，以一千六百爲法除之，得黄鍾積實，進一位爲實，應鍾自乘所得，命作一尺一二二四六二爲法除之。
大吕積實八百七十四分九百四十五釐
太蔟積實七百七十九分四百八十七釐
夾鍾積實六百九十四分四百四十四釐
姑洗積實六百一十八分六百七十九釐
仲吕積實五百五十一分一百八十〇釐
蕤賓積實四百九十一分〇四十六釐
林鍾積實四百三十七分四百七十二釐
夷則積實三百八十九分七百四十三釐
南吕積實三百四十七分二百二十二釐
無射積實三百〇九分三百三十九釐
應鍾積實二百七十五分五百九十〇釐
求十二律容黍第十
黄鍾容黍一千二百
置黄鍾容黍，進一位爲實，應鍾自乘所得，命作一尺一二二四六二爲法除之。
大吕容黍一千〇六十九
太蔟容黍九百五十二
夾鍾容黍八百四十八
姑洗容黍七百五十五
仲吕容黍六百七十三
蕤賓容黍六百〇〇
林鍾容黍五百三十四
夷則容黍四百七十六
南吕容黍四百二十四
無射容黍三百七十八
應鍾容黍三百三十七
法雖如是，而擇黍務要如法，否則不合矣。
求十二律内周第十一
黄鍾内周一寸一分一釐一毫一絲一忽
置釜之内周在位，四十爲法除之，得黄鍾之内周，進一位爲實，應鍾開方所得，命作一尺〇二九三〇二爲法除之。
大吕内周一寸〇分七釐九毫四絲八忽
太蔟内周一寸〇分四釐八毫七絲五忽
夾鍾内周一寸〇分一釐八毫八絲九忽
姑洗内周九分八釐九毫八絲八忽
仲吕内周九分六釐 一毫七絲〇忽

蕤賓内周九分三釐四毫三絲二忽
林鍾内周九分〇釐七毫七絲二忽
夷則内周八分八釐一毫八絲八忽
南吕内周八分五釐六毫七絲七忽
無射内周八分三釐二毫三絲八忽
應鍾内周八分〇釐八毫六絲八忽

求十二律内徑第十二

黄鍾内徑三分五釐三毫五絲五忽

置釜之内徑在位，四十爲法除之，得黄鍾之内徑，進一位爲實，應鍾開方所得，命作一尺〇二九三〇二爲法除之。

大吕内徑三分四釐三毫四絲八忽
太蔟内徑三分三釐三毫七絲〇忽
夾鍾内徑三分二釐四毫二絲〇忽
姑洗内徑三分一釐四毫九絲七忽
仲吕内徑三分〇釐六毫〇絲〇忽
蕤賓内徑二分九釐七毫二絲九忽
林鍾内徑二分八釐八毫八絲三忽
夷則内徑二分八釐〇毫六絲一忽
南吕内徑二分七釐二毫六絲二忽
無射内徑二分六釐四毫八絲六忽
應鍾内徑二分五釐七毫三絲二忽

求十二律外周第十三

黄鍾外周一寸五分七釐一毫三絲四忽

置鬴之内周在位，二十爲法除之，得黄鍾之外周，進一位爲實，應鍾開方所得，命作一尺〇二九三〇二爲法除之。

大吕外周一寸五分二釐六毫六絲一忽
太蔟外周一寸四分八釐三毫一絲五忽
夾鍾外周一寸四分四釐〇毫九絲三忽
姑洗外周一寸三分九釐九毫九絲一忽
仲吕外周一寸三分六釐〇毫〇絲六忽
蕤賓外周一寸三分二釐一毫三絲四忽
林鍾外周一寸二分八釐三毫七絲二忽
夷則外周一寸二分四釐七毫一絲八忽
南吕外周一寸二分一釐一毫六絲七忽
無射外周一寸一分七釐七毫一絲八忽
應鍾外周一寸一分四釐三毫六絲七忽

求十二律外徑第十四

黄鍾外徑五分整

置鬴之内徑在位，二十爲法除之，得黄鍾之外徑，進一位爲實，應鍾開方所得，命作一尺〇二九三〇二爲法除之。

大吕外徑四分八釐五毫七絲六忽
太蔟外徑四分七釐一毫九絲三忽
夾鍾外徑四分五釐八毫五絲〇忽
姑洗外徑四分四釐五毫四絲五忽
仲吕外徑四分三釐二毫七絲七忽
蕤賓外徑四分二釐〇毫四絲五忽
林鍾外徑四分〇釐八毫四絲八忽
夷則外徑三分九釐六毫八絲五忽
南吕外徑三分八釐五毫五絲五忽
無射外徑三分七釐四毫五絲七忽
應鍾外徑三分六釐三毫九絲一忽

載堉曰：余玩數學之妙，出於天地自然，非由人力所杜撰也。嘉量一器，固黄鍾所自出，設若周徑冪積，交互相求，而不能合，則非妙矣。嘗一一試之，各置其長，以其面冪乘之，得其積實。四因面冪，以周除之，得徑。以徑除之，得周。此係正法。又法：鬴之内徑，一尺四寸一分四釐二毫一絲三忽五微六纖，命作弦率。鬴之内周，三尺一寸四分二釐六毫九絲六忽八微，命作周率。鬴之内徑，一尺，命作徑率。徑求周者，置所求徑在位，周率乘之，徑率除之，得周。周求徑者，置所求周在位，徑率乘之，周率除之，得徑。各置内周，内徑在位，弦率乘之，徑率除之，得其外周外徑，此係捷法。如帝網之融攝，重重無盡，非俗眼所識也，嗚呼妙哉！

清・李長茂《筭海說詳》卷九　黄鐘生五音歌

黄鐘九九起宫音，尋此三分損一真。六九逢之生徵火，三分益一屬商金。商居八九還生羽，羽水傳流六八侵。復以三分而益一，角音八八妙通神。

三分損一乃三分之二，三分益一乃再添三分内一分也。黄鐘之管長九寸，以九寸自乘得八十一寸，爲宫音。卻將八十一以二因之，得一百六十二寸，以三歸之，得五十四寸，所謂「三分損一二生徵火」。卻以五十四以四因之，得二百一十六，以三歸之得七十二寸，所謂「三分益一而生商金」。卻將七十二以二因之、以三歸之，得四十八寸，而生羽水。復將羽數四十八以四因之、以三歸之，得六十四，而生角木。此乃五音相生之法，多者爲尊爲濁，少者爲卑爲清也。

五音相生圖

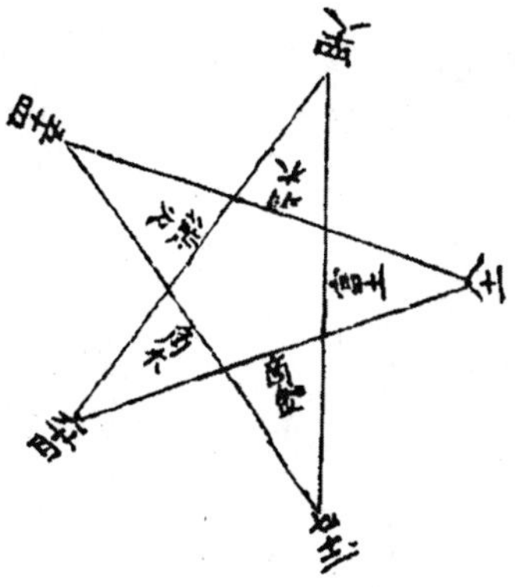

歌曰：律吕相生識者稀，黄鐘九寸是根基。隔八生陰三損一，陰律生陽益一奇。黄林太簇皆全寸，餘者通之更不疑。俱用九分乘見積，四時氣候配攸宜。

以上黄鐘、太簇、姑洗、蕤賓、夷則、無射爲陽，大吕、夾鐘、仲吕、林鐘、南吕、應鐘爲陰。

黄鐘屬陽，空圍九分，律長九寸，以九分因之，得積八百一十分，其候冬至。陽律生陰之法，卻將九寸以二因之，得一十八寸，三歸之，得六寸，隔八下生林鐘。

林鐘屬陰，空圍九分，律長六寸，以九分因之，得積五百四十分，其候大暑。陰律生陽之法，將六寸以四因之，得二十四寸，三歸之，得長八寸，隔八下生太簇。

太簇屬陽，空圍九分，律長八寸，以九分因之，得積七百二十分，其候雨水。陽律生陰之法，將八十以二因之，得一十六寸，三歸之，得五寸三分之一，隔八下生南吕。

以上三律皆得全寸，自此以下，凡律不盡之寸，俱用通之。

南吕屬陰，律長五寸三分之一，卻以分母三通五寸，加分子之一，共得一十六寸，以九分因之，以三歸之，得積四百八十分，其候秋分。卻以通寸一十六，以四因之，得六十四寸，另以三因分母三得九爲法，歸得七寸九分寸之一，隔八下生姑洗。

姑洗屬陽，律長七寸九分寸之一，卻以分母九通七寸，加分子之一，共得六十四寸，以空圍九分因之，得五千七百六十分，以分母九歸之，得積六百四十分，其候穀雨。卻以通寸六十四以二因之，得一百二十八寸，另以三因分母九得二十七爲法，除之得四寸二十七分寸之二十，隔八下生應鐘。

律吕相生圖

應鐘屬陰，律長四寸二十七分寸之二十，卻以分母二十七通四寸，加分子二十，共得一百二十八寸，以空圍九分因之，得一萬一千五百二十分，以分母二十七除之，不盡一十八分，法實皆九約之，得積四百二十分三分寸之二，其候小雪。卻以通寸一百二十八，以四因之，得五百一十二寸，另以三因二十七，得八十一爲法，除之得六寸八十一分寸之二十六，隔八下生蕤賓。

蕤賓屬陽，律長六寸八十一分寸之二十六，卻以分母八十一通六寸，加分子二十六，共得五百一十二寸，以空圍九分因之，得四萬六千零八十分，以分母八十一爲法除之，不盡七十二分，法實皆以九約之，得積五百六十分九分寸之八，其候夏至。卻以通寸五百一十二，以四因之，得二千零四十八寸，另以三因八十一，得二百四十三爲法，除之得八寸二百四十三分寸之一百零四，隔八下生大吕。

大吕屬陰，律長八寸二百四十三分寸之一百零四，卻以分母通八寸，加分子共得二千零四十八寸，以空圍九分因之，以分母二百四十三爲法除之，不盡一百二十六分，法實皆三約之，得積七百五十八分八十一(寸)[分]寸之四十二，其候大寒。卻以通寸二千零四十八寸，以二因之，得四千零九十六寸爲實，另以三因二百四十三，得七百二十九爲法，除之得五寸七百二十九分寸之四百五十一，隔八下生夷則。

夷則屬陽，律長五寸七百二十九分寸之四百五十一，卻以分母通五寸，加分子共得四千零九十六寸，以空圍九分因之，得三十六萬八千六百四十分爲實，以七百二十九爲法除之，不盡四百一十四分，法實皆九約之，得積五百八十一寸之四十六，其候處署。卻以通寸四千零九十六，以四因之，得一萬六千三百八十四寸，另以三因七百二十九，得二千一百八十七爲法，除之得七寸二千一百八十七分寸之一千零七十五，隔八下生夾鐘。

夾鐘屬陰，律長七寸二千一百八十七分寸之一千零七十五，卻以分母通七寸，加分子共得一萬六千三百八十四寸，以空圍九分因之，得一百四十七萬四千五百六十分，以分母二千一百八十七除之，不盡五百二十二分，法實皆九約之，得積六百七十四分二百四十三分寸之五十八，其候春分。卻以通寸一萬六千三百八十四寸，以二因之，得三萬二千七百六十八寸爲實，另以三因二千一百八十七，得六千五百六十一爲法，除之得四寸六千五百六十一分寸之六千五百二十四，隔八下生無射。

無射屬陽，律長六寸六千五百六十一分寸之六千五百二十四，卻以分母通四寸，加分子共得三萬二千七百六十八寸，以空圍九分因之，得二百九十四萬九千一百二十分，卻以分母六千五百六十一分爲法除之，不盡三千二百三十一分，以法命之，得積四百四十九分六千五百六十一分寸之三千二百三十一，其候霜降。卻以通寸三萬二千七百六十八寸，以四因之，得一十三萬一千零七十二寸，另以三因分母六千五百六十(二)〔一〕，得一萬九千六百八十三爲法，除之得六寸一萬九千六百八十三寸之一萬二千九百七十四，隔八下生仲呂。

仲呂屬陰，律長六寸一萬九千六百八十三分寸之一萬二千九百七十四，卻以分母通六寸，加分子共得一十三萬零七十二寸，以空圍九分因之，得一千一百七十九萬六千四百八十分，以分母一萬九千六百八十三爲法，除之得積五百九十九分一萬九千六百八十三分寸之六千三百六十三，其候小滿。

清·安清翹《樂律心得》卷一

論十二律爲虛律

樂之有十二律乃虛率，非實率也。蓋律起於黄鐘，猶之凡數皆起於一，所謂一者，如立天元一之一，乃虛率也。是故黄鐘即謂之一，並無尺寸之名。其剖一爲若干分，乃筭術通分之法，人爲之耳。如黄鐘爲八十一分之類，乃通分之術也。譬如周天度古法三百六十五度四分度之一，今法三百六十整度，立筭不同。周天度未嘗異也，梅氏論度法曰有布帛於此，以周尺度之，則於度有餘；以漢尺度之，則適足尺。有長短耳，於布帛豈有增損哉？愚亦謂以九寸筭黄鐘，或以十寸筭黄鐘，或九分爲寸，或十分爲寸，立筭不同耳，黄鐘豈有更移哉？苟知十二律爲虛率，其於律學思過半矣。

管子先主一，史記子一分，所謂一者，即天元一之一，乃虛率，並無尺寸之名。

論連比例爲樂律之要

樂律之學，數學也。數學以連比例爲第一義，十二律之相生即連比例之理也。明連比例之理，於樂律之要盡之矣。

先論加減連比例

自一生二、二生三以至於無窮，皆相連而生，此天地自然之數，即連比例之術所由立也。蓋一之與二如二之與三，爲加一之連比例。一加一爲二，二加一爲三。一之與三如三之與五，爲加二之連比例。一加二爲三，三加二爲五。或二之與四如四之與六，亦爲加二之連比例。二加二爲四，四加二爲六。推之加三、加四以至無窮，皆加法連比例也。反之，則爲減法連比例。三之與二如二之與一，爲減一之連比例。三減一爲二，二減一爲一。五之與三如三之與一，爲減二之連比例。五減二爲三，三減二爲一。或六之與四如四之與二，亦爲減二之連比例。六減二爲四，四減二爲二。推之減三減四以至無窮，皆減法連比例也。加者，律之由清而濁也；減者，律之由濁而清也。其漸清漸濁皆有一定之位次，即連比例之理也。

三率　一　二　三

有第一率，有第三率，求第二率法：以第一率與第三率相加半之而得第二率也。如第一率一，第三率三，求第二率。以第一率一與第三率三相加得四，半之得二，而爲第二率也。

有第一率，有第二率，求第三率法：以第二率倍之，以第一率減之，而得第三率也。如第一率一，第二率二，求第三率。以第二率二倍之得四，以第一率一減之得三，而爲第三率也。

有第二率，有第三率，求第一率法：以第二率倍之，以第三率減之，而得第一率也。如第二率二，第三率三，求第一率，以第二率二倍之得四，以第三率三減之得一，而爲第一率也。

論曰：連比例只三率，於理已足，三率者，初、中、末也，四率以後則中率漸多。

四率　一　二　三　四

有第一率，有第四率，求第二率法：以第一率倍之，與第四率相加，取三分之一，而得第二率也。如第一率一，第四率四，求第二率，以第一率一倍之得二，與第四率四相加得六，取三分之一得二，而爲第二率也。

有第一率，有第四率，求第三率法：以第四率倍之，與第一率相加，取三分之一，而得第三率也。如第一率一，第四率四，求第三率，以第四率四倍之得八，與第一率一相加得九，取三分之一得三，而爲第三率也。

論曰：黄鐘以聲定，非可以筭而定也，是故黄鐘即謂之一。既謂之一矣，則有倍，有半倍。黄鐘爲首率，則黄鐘爲末率；黄鐘爲首率，則半黄鐘爲末率。且首末之名可以互易，循環無端，以黄鐘始者，以黄鐘終也。是故四率以後，常以首率、末率爲所知之兩率，而所求之一率皆居中之率也。其先有中率，而求初末之術不具列。

五率　一　二　三　四　五

有第一率，有第五率，求第二率法：以第一率三之，與第五率相加，取四分之一，而得第二率也。

有第一率，有第五率，求第三率法：以第一率與第五率相加，半之，而得第三率也。

論曰：此簡法也。蓋一、三、五即相連之三率，故與三率有第一率，有第三率，求第二率術同。本當以第一率倍之，又以第五率倍之，取四分之一，而爲第三率，乃連比例五率之本術，今用簡法，所得數同。

有第一率，有第五率，求第四率法：以第五率三之，與第一率相加，取四分之一，而得第四率也。

六率　一　二　三　四　五　六

有第一率，有第六率，求第二率法：以第一率四之，與第六率相加，取五分之一，而得第二率也。

有第一率，有第六率，求第三率法：以第一率三之，又以第六率倍之，相加取五分之一，而得第三率也。

有第一率，有第六率，求第四率法：以第一率倍之，又以第六率三之，相加取五分之一，而得第四率也。

有第一率，有第六率，求第五率法：以第六率四之，與第一率相加，取五分之一，而得第五率也。

七率　一　二　三　四　五　六　七

有第一率，有第七率，求第二率法：以第一率五之，與第七率相加，取六分之一，而得第二率也。

有第一率，有第七率，求第三率法：以第一率倍之，與第七率相加，取三分之一，而得第三率也。此即連比例四率，有第一率、第四率，求第二率法也。

有第一率，有第七率，求第四率法：以第一率三之，又以第七率三之，相加取六分之一，而得第四率也。簡法：以第一率與第七率相加，折半，而得第四率，蓋一、四、七，即連比例三率也。

有第一率，有第七率，求第五率法：以第七率四之，又以第一率倍之，相加取六分之一，而得第五率也。簡法：以第七率倍之，與第一率相加，取三分之一，而得第五率。

有第一率，有第七率，求第六率法：以第七率五之，與第一率相加，取六分之一，而得第六率也。

八率　一　二　三　四　五　六　七　八

有第一率，有第八率，求第二率法：以第一率六之，與第八率相加，取七分之一，而得第二率也。

有第一率，有第八率，求第三率法：以第一率五之，又以第八率倍之，相加取七分之一，而得第三率也。

有第一率，有第八率，求第四率法：以第一率四之，又以第八率三之，相加取七分之一，而得第四率也。

有第一率，有第八率，求第五率法：以第一率三之，又以第八率四之，相加取七分之一，而得第五率也。

有第一率，有第八率，求第六率法：以第一率倍之，又以第八率五之，相加取七分之一，而得第六率也。

有第一率，有第八率，求第七率法：以第八率六之，與第一率相加，取七分之一，而得第七率也。

九率　一　二　三　四　五　六　七　八　九

有第一率，有第九率，求第二率法：以第一率七之，與第九率相加，取八分之一，而得第二率也。

有第一率，有第九率，求第三率法：以第一率六之，又以第九率倍之，相加取八分之一，而得第三率也。簡法則以一、三、五、七、九爲連比例五率，依五率術求之。

有第一率，有第九率，求第四率法：以第一率五之，又以第九率三之，相加取八分之一，而得第四率也。

有第一率，有第九率，求第五率法：以第一率四之，又以第九率四之，相加取八分之一，而得第五率也。簡法則以一、五、九爲三率，依三率術求之。

有第一率，有第九率，求第六率法：以第一率三之，又以第九率五之，相加取八分之一，而得第六率也。

有第一率，有第九率，求第七率法：以第一率倍之，又以第九率六之，相加取八分之一，而得第七率也。簡法用五率術求之。

有第一率，有第九率，求第八率法：以第八率七之，與第一率相加，取八分之一，而得第八率也。

十率　一　二　三　四　五　六　七　八　九　十

有第一率，有第十率，求第二率法：以第一率八之，與第十率相加，取九分之一，而得第二率也。

有第一率，有第十率，求第三率法：以第一率七之，又以第十率倍之，相加取九分之一，而得第三率也。

有第一率，有第十率，求第四率法：以第一率六之，又以第十率三之，相加取九分之一，而得第四率也。簡法則以一、四、七、十爲連比例四率，依四率術求之。

有第一率，有第十率，求第五率法：以第一率五之，又以第十率四之，相加取九分之一，而得第五率也。

有第一率，有第十率，求第六率法：以第一率四之，又以第十率五之，相加取九分之一，而得第六率也。

有第一率，有第十率，求第七率法：以第一率三之，又以第十率六之，相加取九分之一，而得第七率也。簡法依四率術求之。

有第一率，有第十率，求第八率法：以第一率倍之，又以第十率七之，相加取九分之一，而得第八率也。

有第一率，有第十率，求第九率法：以第十率八之，與第一率相加，取九分之一，而得第九率也。

十一率　一　二　三　四　五　六　七　八　九　十　十一

有第一率，有第十一率，求第二率法：以第一率九之，與第十一率相加，取十分之一，而得第二率也。

有第一率，有第十一率，求第三率法：以第一率八之，又以第十一率倍之，相加取十分之一，而得第三率也。簡法用六率術求之。

有第一率，有第十一率，求第四率法：以第一率七之，又以第十一率三之，相加取十分之一，而得第四率也。

有第一率，有第十一率，求第五率法：以第一率六之，又以第十一率四之，相加取十分之一，而得第五率也。

有第一率，有第十一率，求第六率法：以第一率五之，又以第十一率五之，相加取十分之一，而得第六率也。

有第一率，有第十一率，求第七率法：以第一率四之，又以第十一率六之，相加取十分之一，而得第七率也。

有第一率，有第十一率，求第八率法：以第一率三之，又以第十一率七之，相加取十分之一，而得第八率也。

有第一率，有第十一率，求第九率法：以第一率倍之，又以第十一率八之，相加取十分之一，而得第九率也。

有第一率，有第十一率，求第十率法：以第十一率九之，與第一率相加，取十分之一，而得第十率也。

十二率　一　二　三　四　五　六　七　八　九　十　十一　十二

有第一率，有第十二率，求第二率法：以第一率十之，與第十二率相加，取十一分之一，而得第二率也。

有第一率，有第十二率，求第三率法：以第一率九之，又以第十二率倍之，相加取十一分之一，而得第三率也。

有第一率，有第十二率，求第四率法：以第一率八之，又以第十二率三之，相加取十一分之一，而得第四率也。

有第一率，有第十二率，求第五率法：以第一率七之，又以第十二率四之，相加取十一分之一，而得第五率也。

有第一率，有第十二率，求第六率法：以第一率六之，又以第十二率五之，相加取十一分之一，而得第六率也。

有第一率，有第十二率，求第七率法：以第一率五之，又以第十二率六之，相加取十一分之一，而得第七率也。

有第一率，有第十二率，求第八率法：以第一率四之，又以第十二率七之，相加取十一分之一，而得第八率也。

有第一率，有第十二率，求第九率法：以第一率三之，又以第十二率八之，相加取十一分之一，而得第九率也。

有第一率，有第十二率，求第十率法：以第一率倍之，又以第十二率九之，相加取十一分之一，而得第十率也。

有第一率，有第十二率，求第十一率法：以第十二率十之，與第一率相加，取十一分之一，而得第十一率也。

十三率　一　二　三　四　五　六　七　八　九　十　十一　十二　十三

有第一率，有第十三率，求第二率法：以第一率十一之，與第十三率相加，取十二分之一，而得第二率也。如第一率一十一之得十一，與第十三率十三相加，得二十四。取十二分之一，得二，而爲第二率也。

有第一率，有第十三率，求第三率法：以第一率十之，又以第十三率倍之，相加取十二分之一，而得第三率也。如第一率一十之，得十，第十三率十三倍之，得二十六，相加得三十六。取十二分之一，得三，而爲第三率也。

有第一率，有第十三率，求第四率法：以第一率九之，又以第十三率三之，相加取十二分之一，而得第四率也。如第一率一九之，得九，第十三率十三，三之得三十九，相加得四十八。取十二分之一，得四，而爲第四率也。

有第一率，有第十三率，求第五率法：以第一率八之，又以第十三率四之，相加取十二分之一，而得第五率也。如第一率一八之，得八，第十三率十三，四之得五十二，相加得六十。取十二分之一，得五，而爲第五率也。

有第一率，有第十三率，求第六率法：以第一率七之，又以第十三率五之，相加取十二分之一，而得第六率也。如第一率一七之，得七，第十三率十三，五之得六十五，相加得七十二。取十二分之一，得六，而爲第六率也。

有第一率，有第十三率，求第七率法：以第一率六之，又以第十三率六之，相加取十二分之一，而得第七率也。如第一率一六之，得六，第十三率十三，六之得七十八，相加得八十四。取十二分之一，得七，而爲第七率也。

有第一率，有第十三率，求第八率法：以第一率五之，又以第十三率七之，相加取十二分之一，而得第八率也。如第一率一五之得五，第十三率十三，七之得九十一，相加得九十六。取十二分之一，得八，而爲第八率也。

有第一率，有第十三率，求第九率法：以第一率四之，又以第十三率八之，相加取十二分之一，而得第九率也。如第一率一四之得四，第十三率十三，八之得一百零四，相加得一百零八。取十二分之一，得九，而爲第九率也。

有第一率，有第十三率，求第十率法：以第一率三之，又以第十三率九之，相加取十二分之一，而得第十率也。如第一率一，三之得三，第十三率十三，九之得一百一十七，相加得一百二十。取十二分之一，得十，而爲第十率也。

有第一率，有第十三率，求第十一率法：以第一率倍之，又以第十三率十之，相加取十二分之一，而得第十一率也。如第一率一，倍之得二，第十三率十三，十之得一百三十，相加得一百三十二。取十二分之一，得十一，而爲第十一率也。

有第一率，有第十三率，求第十二率法：以第十三率十一之，與第一率相加，取十二分之一，而得第十二率也。如第十三率十三，十一之得一百四十三，與第一率一相加得一百四十四。取十二分之一，得十二，而爲第十二率也。簡法：以一、七、十三爲連比例三率，以一、五、九、十三爲連比例四率，以一、四、七、十、十三爲連比例五率，以一、三、五、七、九、十一、十三爲連比例七率。

次論乘除開方連比例

前論加減連比例之理既明，至於入算，則用乘除開方等術。凡前言相加者，用乘也；相減者，用除也。凡言倍之者，自乘得平方也；三之者，再乘得立方也；四之者，三乘方也；五之者，四乘方也；六之者，五乘方也；七之者，六乘方也；八之者，七乘方也；九之者，八乘方也；十之者，九乘方也；十一之者，十乘方也。凡言半之者，開平方也；取三分之一者，開立方也；取四分之一者，開三乘方也；取五分之一者，開四乘方也；取六分之一者，開五乘方也；取七分之一者，開六乘方也；取八分之一者，開七乘方也；取九分之一者，開八乘方也；取十分之一者，開九乘方也；取十一分之一者，開十乘方也；取十二分之一者,開十乘方也。

論十二律相生即算術連比例之理

前論連比例之理既明,始可言樂律矣。蓋六律者,即連比例七率,而第七率得第一率之半;十二律者,即連比例十三率,而第十三率得第一率之半也。自黃鐘起至半黃鐘止,或自半黃鐘起至黃鐘止,依連比例術求之,循環無端,相生不已,樂律於是無餘蘊矣。

表

一	二	三	四	五	六	七	八	九	十	十一	十二	十三
黃鐘	大呂	太簇	夾鐘	姑洗	仲呂	蕤賓	林鐘	夷則	南呂	無射	應鐘	半黃

按: 表先用加減連比例以定位次,用乘除開方等術算之,自三率用開平方,至十三率用開十一乘方,以次列於後。

黃鐘生蕤賓,用三率連比例。以黃鐘爲第一率,半黃爲第三率,求得第二率爲蕤賓。視表,黃鐘一,半黃十三,相加得十四,半之得七,爲蕤賓。法以黃鐘與半黃相乘爲實,開平方得蕤賓。

設黃鐘十寸,半黃鐘五寸,求蕤賓: 以十寸與五寸相乘,得五十寸爲實,開平方得七寸〇分七釐一毫,爲蕤賓。

黃鐘生姑洗,用四率連比例。以黃鐘爲第一率,半黃爲第四率,求得第二率爲姑洗。視表,黃鐘一,倍之得二,與半黃十三相加,得十五。取三分之一,得五,爲姑洗。法以黃鐘自乘,又以半黃乘之爲實,開立方得姑洗。

設黃鐘十寸,半黃五寸,求姑洗: 以十寸自乘得一百寸,與五寸相乘得五百寸。開立方,得七寸九分三釐七毫,爲姑洗。

黃鐘生夷則,用四率連比例。以黃鐘爲第一率,半黃爲第四率,求得第三率爲夷則。視表,黃鐘一,半黃十三,倍之得二十六,相加得二十七,取三分之一,得九,爲夷則。法以半黃自乘,又以黃鐘乘之爲實,開立方得夷則。

設黃鐘十寸,半黃五寸,求夷則: 以五寸自乘得二十五寸,又以十寸乘之,得二百五十寸爲實,開立方得六寸二分九釐九毫,爲夷則。

黃鐘生夾鐘,用五率連比例。以黃鐘爲第一率,以半黃爲第五率,求得第二率爲夾鐘。視表,黃鐘一,三之得三,與半黃十三相加,得十六,取四分之一,得四,爲夾鐘。法以黃鐘再乘,以半黃乘之,爲實,開三乘方得夾鐘。

設黃鐘十寸,半黃五寸,求夾鐘: 以十寸再乘得一千寸,又以五寸乘之,得五千寸爲實,開三乘方得八寸四分〇釐八毫,爲夾鐘。簡法: 開平方二次。

黃鐘生南呂,用五率連比例。以黃鐘爲第一率,半黃爲第五率,求得第四率爲南呂。視表,黃鐘一,半黃十三,三之得三十九,相加得四十,取四分之一,得十,爲南呂。法以半黃再乘,又以黃鐘乘之,爲實,開三乘方,得南呂。

設黃鐘十寸,半黃五寸,求南呂: 以五寸再乘得一百二十五寸,又以十寸乘之,得一千二百五十寸爲實,開三乘方,得五寸九分四釐六毫,爲南呂。

黃鐘生太簇,用七率連比例。以黃鐘爲第一率,半黃爲第七率,求得第二率爲太簇。視表,黃鐘一,五之得五,與半黃十三相加得十八,取六分之一,得三,爲太簇。法以黃鐘四乘,又以半黃乘之,爲實,開五乘方得太簇。

設黃鐘十寸,半黃五寸,求太簇: 以十寸四乘得十萬寸,又以五寸乘之,得五十萬寸爲實,開五乘方,得八寸九分〇釐八毫,爲太簇。簡法: 開平方一次,開立方一次。

黃鐘生無射,用七率連比例。以黃鐘爲第一率,半黃爲第七率,求得第六率爲無射。視表,黃鐘一,半黃十三,五之得六十五,相加得六十六,取六分之一,得十一,爲無射。法以半黃四乘,又以黃鐘乘之,爲實,開五乘方得無射。

設黃鐘十寸,半黃五寸,求無射: 以五寸四乘得三千一百二十五寸,又以十寸乘之,得三萬一千二百五十寸爲實,開五乘方,得五寸六分一釐二毫,爲無射。

黃鐘生大呂,用十三率連比例。以黃鐘爲第一率,半黃爲第十三率,求得第二率爲大呂。視表,黃鐘一,十一之得十一,與半黃十三相加,得二十四。取十二分之一,得二,爲大呂。法以黃鐘十乘,又以半黃乘之,爲實,開十一乘方,得大呂。

設黃鐘十寸,半黃五寸,求大呂: 以十寸十乘得一千億寸,又以半黃乘之,得五千億寸爲實,開十一乘方,得九寸四分三釐八毫,爲大呂。簡法: 開平方二次,開立方一次。

黃鐘生應鐘,用十三率連比例: 以黃鐘爲第一率,半黃爲第十三率,求得第十二率,爲應鐘。視表,半黃十三,十一之得一百四十三,與黃鐘一相加,得一百四十四,取十二分之一,得十二,爲應鐘。法以半黃十乘,又以黃鐘乘之,爲實,開十一乘方,得應鐘。

設黃鐘十寸,半黃五寸,求應鐘: 以五寸十乘,得四千八百八十二萬八千一百二十五寸，又以十寸乘之，得四億八千八百二十八萬一千二百五十寸爲實，開十一乘方，得五寸二分九釐七毫，爲應鐘。

黄鐘生仲吕，用十三率連比例。以黄鐘爲第一率，半黄爲第十三率，求得第六率，爲仲吕。視表，黄鐘一，七之得七，半黄十三，五之得六十五，相加得七十二，取十二分之一，得六，爲仲吕。法以黄鐘六乘，又以半黄四乘，乃以兩得數相乘爲實，開十一乘方，得仲吕。

設黄鐘十寸，半黄五寸，求仲吕：以十寸六乘得一千萬寸，以五寸四乘得三千一百二十五寸，乃以兩得數相乘，得三百一十二億五千萬寸爲實，開十一乘方，得七寸四分九釐一毫，爲仲吕。

黄鐘生林鐘，用十三率連比例。以黄鐘爲第一率，半黄爲第十三率，求得第八率，爲林鐘。視表，黄鐘一，五之得五，半黄十三，七之得九十一，相加得九十六。取十二分之一，得八，爲林鐘。法以黄鐘四乘，又以半黄六乘，乃以兩得數相乘爲實，開十一乘方，得林鐘。

設黄鐘十寸，半黄五寸，求林鐘：以十寸四乘得十萬寸，以五寸六乘得七萬八千一百二十五寸，乃以兩得數相乘，得七十八億一千二百五十萬寸爲實，開十一乘方，得六寸六分七釐四毫，爲林鐘。

凡連比例，皆以所知之兩率求不知之一率，是故黄鐘生各律，皆以黄鐘與半黄爲所知之首末兩率也。若十二律彼此互相求，則任用兩律求一律，皆可以連比例求之，畧舉大端於後，無煩具列。

有黄鐘，有應鐘，求中間十律，大吕至無射。用連比例十二率，開十乘方。

有黄鐘，有無射，求中間九律，大吕至南吕。用連比例十一率，開九乘方。

有黄鐘，有南吕，求中間八律，大吕至夷則。用連比例十率，開八乘方。

有黄鐘，有夷則，求中間七律，大吕至林鐘。用連比例九率，開七乘方。

有黄鐘，有林鐘，求中間六律，大吕至蕤賓。用連比例八率，開六乘方。

有黄鐘，有蕤賓，求中間五律，大吕至仲吕。用連比例七率，開五乘方。

有黄鐘，有仲吕，求中間四律，大吕至姑洗。用連比例六率，開四乘方。

有黄鐘，有姑洗，求中間三律，大吕至夾鐘。用連比例五率，開三乘方。

有黄鐘，有夾鐘，求中間二律，大吕、大簇。用連比例四率，開立方。

有黄鐘，有太簇，求中間一律，大吕。用連比例三率，開平方。

以上皆以首末兩律求中間各律。若以中間求首末，不過一反覆間耳，其餘或以相連之兩律求間位之律，任間幾位。或以間位之兩律任間幾位。求別位相間之律，任間幾位。皆依前術變通求之。如有黄鐘，有大吕，求夾鐘至應鐘九律；或有黄鐘，有太簇，求姑洗至應鐘八律。其餘變動不居，皆用前術求之。

又 卷二

九九連比例

《管子・地圓篇》云：凡將起五音，凡首凡首謂音之總先也。先主一而三之，四開以合九九，以是生黄鐘小素之首以成宫。愚按：先主一者，凡數始於一也。三之者，以三起率也。一爲數之始，其數不動。一而三之，然後數之用行焉。四開者，一而三之，爲一開；三其三得九，爲二開；三其九得二十七，爲三開；三其二十七得八十一，爲四開也。九九者，即八十一也。黄鐘小素之首以成宫者，即所謂黄鐘之宫，即所謂五音。凡首也，定黄鐘之宫爲八十一，則五音十二律皆可用四開之術定之矣。

四開之術即連比例之五率也。一爲第一率，三爲第二率，九爲第三率，二十七爲第四率，八十一爲第五率也。《史記》生鐘分亦連比例也。

《管子》此段爲樂律之綱領，凡論樂者不能出其外也。其所謂四開九九皆虚率，並無尺寸之名，其必以九九定率者，九九即算術也。凡數始於一，終於九九，《周髀算經》所謂「矩出於九九八十一」。《管子・輕重戊篇》所謂「虙戲作九九之數，以合天道是也」，知九九爲算術，知連比例爲算術第一義，而樂律之要可一言蔽之矣。

樂律斷比例

十二律相生皆連比例也。至於取聲則以連比例而兼斷比例，且連比例之用少，而斷比例之用多。連比例者，第一聲與第二聲之比，如第二聲與第三聲之比；而第二聲與第三聲之比，又如第三聲與第四聲之比也。斷比例者，第一聲與第二聲之比，如第四聲與第五聲之比，中隔一聲。其第二聲與第四聲之比不能如第一聲與第二聲、第四聲與第五聲之比也。推之中隔二三聲，或中隔多聲，皆斷比例也。連比例以兩律求一律，算術用開方；斷比例以三律求一律，算術用異乘同除。如第一聲黄鐘宫、第二聲太簇商、第三聲姑洗角，宫與商之比如商與角之比，此連比例三聲也。如蕤賓爲變徵，則蕤賓爲第四聲，與宫、商、角爲四聲連比例。如第一聲黄鐘宫，第三聲太簇商，第八聲林鐘徵，第十聲南吕羽，宫與商之比如徵與羽之比也。又如第三聲太簇商，第五聲姑洗角，第八聲林鐘徵，第十聲南呂羽，商與角之比亦如徵與羽之比也。此皆斷比例也。又如第五聲姑洗角，第八聲林鐘徵，第十聲南呂羽，第十三聲半黃鐘清宮，角與徵之比如羽與清宮之比也。此亦斷比例也。其餘可以類推矣。

五音之用兼斷比例

十二律之相生爲連比例。若五音之用，則以連比例而兼斷比例者也。蓋作樂之理，聲音必諧，其理即比例之理，所謂「累累乎殷如貫珠」者，連比例也。所謂「上如抗，下如墜，曲如折，止如槀木，倨中矩，句中鉤」者，斷比例也。曰上曰下，上與下相諧也；曰曲曰止，曲與止相諧也；曰居曰鉤，居即倨，鉤即句，倨句詳《考工記》。居與鉤相諧也：即斷比例之理也。以五音論之，宮與商之比如商與角之比，是爲連比例三率也；宮與商之比如徵與羽之比，是爲斷比例四率也；第二率與第三率隔二律。商與角之比如徵與羽之比，亦爲斷比例四率也。第二率與第三率隔二律。以上皆間一律之比例也。若角與徵之比如羽與清宮之比，亦爲斷比例四率，第二率與第三率隔一律。乃間二律之比例也。或間一律，或間二律，其斷處或隔一律，或隔二律，或隔三律，然其爲比例則一也，用是知音樂之要，全在比例。設比例未合其聲，必不和其音，必不諧矣，非精究理數而得其所以然之故，不足與語此也。

七音比例

七音者，宮、商、角、徵、羽，加以變宮、變徵也。以比例之理論之，宮與商之比如商與角之比，商與角之比如角與變徵之比，是爲連比例四率也。間一律比例。徵與羽之比如羽與變宮之比，是爲連比例三率也。間一律比例。變徵與羽之比如羽與清宮之比，亦爲連比例三率也。間二律比例。宮與商之比如羽與變宮之比，第二率與第三率中隔六律。商與角之比亦如羽與變宮之比，第二率與第三率中隔四律。皆爲斷比例四率也。角與變徵之比如徵與羽之比，第二率與第三率相連。亦爲斷比例四率也。以上皆間律之比例，若變徵與徵之比如變宮與清宮之比，第二率與第三率中隔三率。則無間之斷比例也。

長短徑圍

聲寓於器，而器有其體。如線、面、體之體。以竹管言之，有長短，又有徑圍。以絲絃言之，有長短，又有巨細，皆所謂體也。古今論樂律者，或謂長短不同而徑圍則同，或謂長短、徑圍俱不同，互相爭辨，各執一義。愚以爲聲音之理，變動不居，豈可執一端求之哉？有一體即有一聲，聲不同則體亦不同。有長短不同而徑圍則同者，此一體也；有長短、徑圍俱不同者，此亦一體也；且有長短同而徑圍乃不同者，此又一體也。兼斯三者，乃得體之全，即可得聲音之全矣。但就絲絃論之，一絃而有徽柱之不同，此即長短不同而徑圍則同之說也。此絃與彼絃巨細不同，而徽柱又異，此即長短徑圍俱不同之說也。各絃長短、徽柱俱同而巨細不同，此則長短同而徑圍不同之說也。雖竹管與絲絃取聲不必同，然必兼此三者，乃得體之全也。且此三者體雖不同，而其爲比例之理，則一所謂樂律者，即比例之理耳。兼此三者，乃可以盡比例之變，若滯於一偏，則非通論矣。

三分損益

三分損益始見《管子》。長生短二因三歸，短生長四因三歸，此蓋古人相傳算術之簡法耳。以異乘同除之理言之，三常爲第一率，長生短則二爲第二率，短生長則四爲第二率，所知之一律爲第三率，所生之一律爲第四率也。所以然者，十二律中隔八之比例。下生也。以約分之術約之，如三之與四也。設如黃鐘長九寸，下生林鐘長六寸，九與六之比如三與二之比也。林鐘長六寸，上生太簇長八寸，六與八之比如三與四之比也。以密率攷之，黃鐘長九寸，則林鐘六寸之下尚有尾數，太簇八寸之下尚有尾數。今以整數約之，是棄尾數不用也。尾數不用，則約六爲二，約八爲四者，必失之弱矣。二與四者，第二率也。二率既失之弱，則與三率相乘之實，必失之不足矣。實既不足，而以無不足之法除之，則所生之第四率必漸小，此仲呂所以不生，黃鐘遂有往而不返之疑也。鄭世子曰：三分損益，往而不返，其弊蓋由七五爲法，法太過而實不及也。愚謂非法太過，乃實之不及耳。然法之太過與實之不及，其理則一也。七五爲法失之強，《淮南子》七四九爲法則又失之弱。七十五與五十之比如三之與二也，七十五與一百之比如三之與四也。隔八之比例如七四九一五三五三八之與五億，隔六之比例如七四九一五三五三八之與十億，此密率也。密率有尾數，所以密也。

十二律周徑面冪空積比例

十二律長短相生，乃線與線之比例也。其徑與徑相生，周與周相生，亦線與線之比例也。徑爲直線，周爲弧線，同爲線與線之比例。若面冪與面冪相生，則面與面之比例也。律之面冪有二周與徑相乘，所得者平圓面冪也。律之長與周相乘，所得者長圓面冪也。古今多言平圓面冪而忽於長圓面冪，於算律之理尚有未盡。若空積與空積相生，則體與體之比例也。然線面體之比例各不同，而其爲連比例十三率則同也。所以然者，線與面之比爲加一之比例，線與體之比爲加二之比例，線與線之比同於面與面之比，而面與面之比同於體與體之比。凡用線者可改而用面，用面者可改而用體，此其所以無不同也。

十二律空積徑圍

凡音之生由於體積，金石之音出於實，律管之音出於虛，其爲體積則一也，十二管之清濁由於空積之大小，乃體與體之比例，非線與線、面與面之比例也。古今不達此理，大抵臆爲之説，而聲音之道失其傳矣。夫因線生面，因面生體，是故體也者，兼面與線而有之者也。律管有長短，有徑有圍，皆線也。有徑有圍而成平圓，有長短有圍而成長圓，皆面也。有徑有圍有長短而成空積，乃所謂體也。體也者，音之所由生也。古今論律者言長短則遺徑圍，言徑圍則遺空積，間有言空積者而昧於比例之理，宜乎二千餘年之論樂皆同説夢也。鄭世子曰舊律徑圍同而新律不同，《禮記注疏》曰凡律空圍九分，《月令章句》曰圍數無增減，及《隋志》安豐王等説，皆不足取也。愚按：世子闢徑圍皆同之説，誠爲卓見。蓋音之生由於律管之空積，舊説只知律管有長短，然長短雖合，而空積不合，於比例之理未盡也。世子又曰：以竹或筆管製黃鐘之律一樣二枚，截其一枚分作兩段，全律半律各令一人吹之，聲必不相合矣。又製大吕之律一樣二枚，周徑與黃鐘同，截其一枚分作兩段，全律半律各令一人吹之，則亦不相合，而大吕半律乃與黃鐘相合，畧差不遠。是知所謂半律者，皆下全律一律矣。愚按：世子此言蓋驗而得之。夫周徑既同，而以一枚分作兩段，是折半平分也，其聲安能相合哉？所以然者，音之相合由於空積之相應，周徑既同，而只折半平分，則全律與半律之空積不相應矣，此其所以不合也。大吕半律與黃鐘相合，畧差不遠者，蓋周徑既同，則周徑大一倍矣。周徑既大一倍，則折半之空積必多一倍矣。空積既多一倍，安得不下全律一律哉？此大吕半律所以與黃鐘全律相合，畧差不遠也。世子又曰：大抵管長則氣隘，隘則雖長而反清；管短則氣寬，寬則雖短而反濁。此自然之理，先儒未達也。愚按：音之清濁由於空積之大小，其理全在體與體之比例。世子氣隘氣寬之説似矣，而未盡也。世子又曰：琴瑟不獨徽柱之有遠近，而弦亦有巨細焉。笙竽不獨管孔之有高低，而簧亦有厚薄焉。弦之巨細若一，但以徽柱遠近別之，不可也。簧之厚薄若一，但以管孔高低別之，不可也。譬諸律管，雖有長短之不齊，亦有廣狹之不等。愚按：世子此論甚是，而亦有未盡。夫琴瑟一弦之上即分十二律，猶之一管徑圍同而分爲十二律也。然而有不同者，何也？蓋琴瑟之弦絲，音也。其取音本不與管音相同，管與管之比例乃體與體之比例也。琴瑟之弦，其絲雖有巨細，然一弦之内近於線與線之比例，不可與管之長短、徑圍比而同之也。至笙管之長短，亦即比例之理，與律管本同，其簧有厚薄，則音又生於簧，此如絲音，又有緊慢之不同耳。雖相因成聲，而各有其音，不得以笙竽之長短兼簧之厚薄與律管之長短徑圍並論也。世子破除舊説，自屬特識，然未明於線面體比例之理，故其説時有未盡耳。

隔八相生

樂律用三分損益，雖非密率，然其用隔八立算，則亦自然之理。何也？蓋十二律有正有倍有半，共三十六律，皆連比例也。若用隔七立算，則第一率爲黃鐘，第二率爲蕤賓，第三率即爲半黃鐘，不能生他律矣。若用隔五立算，則第一率爲黃鐘，第二率爲姑洗，第三率爲夷則，第四率即爲半黃鐘，亦不能生他律矣。隔四則第五率仍得半黃鐘，隔三則第七率仍得半黃鐘，皆不能生他律，惟隔六隔八能生全律。下生順數隔八，上生逆數隔六。是故立算必用隔八，亦不得不然之勢也。且以五音分三十六律，用隔八下生順數，依連比例算之，不用上生逆數。則宫爲第一律，黃鐘倍；徵爲第八律，林鐘倍；商爲第十五律，太簇正；羽爲第二十二律，南吕正；角爲第二十九律，姑洗清；變宫爲第三十六律，應鐘清。自宫至變宫滿三十六律，而五音一周，黃鐘、太簇、姑洗三陽律，林鐘、南吕、應鐘三陰律，各成連比例三率，而樂律之大綱已具。然則用隔八立算，亦有條而不紊也，所當議者，三分損益乃粗率，非密率耳。今用密率算隔八相生，庶於理爲盡，而古法亦存而不廢矣。

一	二	三	四	五	六
黃鐘倍	林鐘倍	太簇正	南吕正	姑洗清	應鐘清
一	二	三	一	二	三
黃鐘	太簇	姑洗	林鐘	南吕	應鐘

上生下生一理

古法隔八相生之術，下生隔八，上生隔六，其實一也。蓋姑洗以前，以正律生正律，則下生隔八；以半律生正律，則上生隔六也。仲吕以後，以正律生半律，則下生隔八；以正律生正律，則上生隔六也。如黃鐘生林鐘，用黃鐘正律生林鐘正律則爲下生，用黃鐘半律生林鐘正律則爲上生。所以然者，連比例十三率：黃鐘正律爲第一率，林鐘正律爲第八率，黃鐘半律爲第十三率。自第一率順數至第八率爲隔八，自第十三率逆數至第八率爲隔六也。如仲呂生黄鐘，還元。用仲呂正律生黄鐘半律則爲下生，用仲呂正律生黄鐘正律則爲上生。所以然者，黄鐘爲第一率，仲呂爲第六率，半黄鐘爲第十三率。自第六率順數至第十三率爲隔八，自第六率逆數至第一率爲隔六也。上生下生本是一理，滯於一偏，即有所不通矣。

《管子》：「四開以合九九，以是生黄鐘小素之首以成宫。三分而益之以一，爲百有八，爲徵。」愚按：此以正律生倍律，以正律生倍律，猶之以半律生正律也。即上生隔六之法也。

《吕氏春秋·音律篇》：「三分所生，益之一分以上生。三分所生，去其一分以下生。黄鐘、大吕、太簇、夾鐘、姑洗、仲吕、蕤賓爲上，林鐘、夷則、南吕、無射、應鐘爲下。」愚按：此即《管子》上生隔六之法。自黄鐘至蕤賓七律爲上生，隔六；自林鐘至應鐘爲下生，隔八。上生者，以半律生正律，或以正律生倍律；下生者，以正律生半律，或以倍律生正律也。在十二律之中，則爲以正律生正律。

《史記·律書》：「律數：九九八十一以爲宫。三分去一，五十四以爲徵。三分益一，七十二以爲商。三分去一，四十八以爲羽。三分益一，六十四以爲角。」愚按：此即隔八下生之法，與《管子》正相反。《管子》用上生之法，百有八爲徵。此用下生之法，五十四爲徵。百有八者，五十四之倍也。用是知上生下生本是一理。

《漢書·律志》：「黄鐘三分損一，下生林鐘。三分林鐘益一，上生太簇。三分太簇損一，下生南吕。三分南吕益一，上生姑洗。三分姑洗損一，下生應鐘。三分應鐘益一，上生蕤賓。三分蕤賓損一，下生大吕。三分大吕益一，上生夷則。三分夷則損一，下生夾鐘。三分夾鐘益一，上生無射。三分無射損一，下生仲吕。陰陽相生，自黄鐘始而左旋，八八爲伍。」注引蔡邕《律歷記》：「凡陽生陰曰下，陰生陽曰上也。」愚按：《律志》以六律生六吕爲下生，以六吕生六律爲上生，蓋黄鐘、太簇、姑洗用正律而下生正律，蕤賓、夷則、無射用正律而下生半律，大吕、夾鐘用半律而上生正律，仲吕、林鐘、南吕、應鐘用正律而上生正律也。半律易爲正律，正律易爲倍律亦可。

總之，上生下生，隔八隔六，乃筭術所用所謂二五一十者也。初無深義，儒者於此争是非，辨得失，則過矣。愚謂：或前五律下生，後七律上生；或前七律上生，後五律下生；或陽律下生，陰吕上生，其歸一也。

《夢溪筆談》云：「《漢志》『陰陽相生，自黄鐘始而左旋，八八爲伍。』八八爲伍者，謂一上生與一下生相間，如此則自大吕以後，律數皆差，須自蕤賓再上生，方得本數。此八八爲伍之誤也。」愚按：沈太史泥於前六律下生、後六律上生之法，故謂須自蕤賓再上生，方得本數耳。其謂大吕以後律數皆差者，意謂大吕當下生，若上生則差耳。不知上生、下生，不過正律、半律之不同，何嘗有差？

《筆談》又曰：「或云『律無上生吕之理，但當下生而用濁倍。』二説皆通。然至蕤賓清宫生大吕清宫，又當再上生。如此時上時下，即非自然之數，未免牽合矣。」愚按：下生而用濁倍者，如蕤賓下生大吕，半律倍之爲正律也。知此，則知上生下生本無不同。其謂律無上生吕之理，即《漢志》分陰陽之説，其謂蕤賓清宫生大吕清宫，又當再上生者，以蕤賓半律生大吕半律，又當用上生也。其謂時上時下，非自然之數者，駁《漢志》「八八爲伍」之誤也。沈太史此段駁《漢志》之誤，亦似有理。愚謂論律而泥於《漢志》陰陽之説，固失之偏，然用以立筭，亦無不可。因《漢志》而輕議《管子》及《吕氏春秋》，則失之妄，必欲駁《漢志》之誤，亦可以不必也。

《筆談》又云：「自子至巳爲陽律、陽吕，自午至亥爲陰律、陰吕。凡陽律、陽吕皆下生，陰律、陰吕皆上生。故巳方之律謂之中吕，言陰陽至此而中也。中吕當讀如本字，作仲非也。至午則謂之蕤賓，陽常爲主，陰常爲賓。蕤賓者，陽至此而爲賓也。納音之法，自黄鐘相生，至於中吕而終，謂之陽紀。自蕤賓相生，至於應鐘而終，謂之陰紀。蓋中吕爲陰陽之中，子午爲陰陽之分也。」愚按：沈太史此段較之《漢志》，其附會又加甚焉。沈太史有脛廟之説以譏班固，此段寧異於所謂脛廟者耶？其前六律皆下生，後六律皆上生，以立算亦無不可。

江氏慎修曰：「黄鐘生林鐘，不以全律下生，而以半律上生，則黄鐘之宫位乎清濁之間。在其前者，有林鐘、夷則、南吕、無射、應鐘，五全律爲濁，而下生乎清；在其後者，有大吕、太簇、夾鐘、姑洗、仲吕、蕤賓，六半律爲清，而上生乎濁也。」按：江氏本《吕氏春秋》前七律上生、後五律下生之法，而爲此説。愚謂黄鐘乃律本，凡極清、極濁與清濁之間，皆以黄鐘爲之界限，全律半律共二十四，成連比例二十五率。第一率爲黄鐘，第十三率爲黄鐘，第二十五率又爲黄鐘，初、中、末皆黄鐘也。至於上生下生，本是一理。江氏謂黄鐘生林鐘，不以全律下生，而以半律上生，則黄鐘位乎清濁之間，豈黄鐘以全律下生，即不位乎清濁之間耶？黄鐘用全律，而黄鐘之前有倍律，則黄鐘仍位乎清濁之間也。黄鐘下生而黃鐘爲極濁，黃鐘上生而黃鐘居清濁之間，皆至理也，豈可偏廢乎？夫上生之法，本自《管子》，然《管子》以八十一之宮上生百有八之徵，是《管子》亦用全律爲黃鐘之宮也。江氏執四寸五分之説，謂黃鐘生林鐘，不以全律下生，而以半律上生，舉一廢百，所謂固哉？高叟之爲詩者也，况上生下生不過隔八之術，乃算律之一端耳。設不用隔八，而黃鐘遂不能生諸律乎？黃鐘遂不能居清濁之中乎？定律之始必是正律，所謂半律者，因全律而半之者也。全律在前，半律在後也，然則黃鐘居清濁之中，亦當用《管子》全律生倍律之法，不可泥於四寸五分之謬説矣。

七音二變

七音之説始見《國語》《左傳》，後儒或非之，或是之。非之者以爲五音已足，何必七，是駢枝也。是之者以爲五音之外有二變，然後音諧而樂和。愚以爲二者之説皆非通論也。夫音可五，即可七，五非不足，七非有餘。何也？樂之要全在比例，或五或七，其比例則無不同。况十二律乃樂之全數，至樂之用，則古人必有變通，而不滯於一端，或五或七，豈能出十二律之外哉？既不出十二律之外，則或五或七，其實一也，非之者泥於五音定數，若音斷不可有七者，固非通人，是之者又謂音必七而後諧，似只用五音便不諧者，亦未達於音之所以然也。

五音之外加變宮、變徵而爲七音，此舊説也。其説非不可通，而愚傳攷而深思之，舊説殆未必然。蓋七音者非五音之外加二變聲，乃五音之外加二倍聲，或二半聲耳。其證有四：《管子》五音之數：宮八十一，商七十二，角六十四，此正聲也。百有八爲徵，九十六爲羽，此倍聲也。半之則五十四，爲徵之正聲。四十八爲羽之正聲，不言者可知也。夫正聲五而加以二倍聲，是爲七音。《管子》只言五音，而七音已具，此一證也。《史記·律書》曰：「上九，商八，羽七，角六，宮五，徵九。」此十二字，解者不得其意，遂以爲誤字，非也。蓋此一節就五音相生之序加二半聲而言也。五音配五成數，則宮爲十，徵爲九，商爲八，羽爲七，角爲六。宮、徵、商、羽、角者，五音相生之序也。十、九、八、七、六者，成數之序也。不言宮十者，五音之主不言可知也。其曰宮五者，半宮也。其曰徵九者，半徵也。徵數本九，九不可半也，故以上九別之。上九爲徵之正聲，則宮五之後又有徵九，其爲半聲可知也。五音之外有半宮、半徵，是爲七音。然《史記》與《管子》不同。《管子》乃五音清濁之序：宮、商、角、徵、羽，加倍徵、倍羽，而爲七律。書此條論五音相生之序，宮、徵、商、羽、角，加半宮、半徵，而爲七也。二者雖有不同，然音有相生之序，有清濁之序，或用倍聲，或用半聲，其理則一。用是知古人七音之用，必非滯於一端，若後人之拘拘也。此又一證也。古者編鐘、編磬必用十六，蓋十二律加以四清聲也。陳氏屏棄四清，爲儒者所嗤，宜矣。愚謂十二律之外有四清聲，猶之五音之外有二倍聲或二半聲耳。鐘磬十六，其四爲半聲，則音有七，其二爲倍聲或半聲。比而論之，似可無疑。蓋鐘磬雖十六，其四乃清聲，非於十二律之外有所加也。音有七，其二乃半聲或倍聲，非五音之外又有二變也。此又一證也。再以琴音言之，琴之有七弦，殆古者七音之遺也。第一弦散聲爲倍徵，第二弦散聲爲倍羽，第三弦散聲爲宮，第四弦散聲爲商，第五弦散聲爲角，其第六弦散聲與第一弦散聲相應，乃正徵也。第七弦散聲與第二弦散聲相應，乃正羽也。此與《管子》之言若合符節。樂器存於今者，惟琴最古。琴之七弦即古之七音，蓋無可疑。學者泥於二變之説，遂生異議耳。此只就琴音論之，又一證也。有此四證，而七音之解，不得以空談定之。變徵變宮之説，出於《國語》注，《後漢志》不可據爲定論也。

六十調八十四聲

或問：樂家有六十調，又有八十四聲之説，豈聲音之道固有多少之不同歟？曰：此後人因旋宮之説而推衍之耳，非樂理之要也。以五音合十二律而得六十，以七音合十二律而得八十四，於十二律未嘗有增損也，豈有多少之不同哉？夫聲音無窮，有正律，有倍律，有半律，共三十六。又有倍之倍，半之半，共六十。其實樂之用不過七音耳。七音之説，當以五音加二清爲是，只以琴之七弦，依鄭世子琴圖明之便可知也。應鐘爲變宮，蕤賓爲變徵之舊解，只可備一説，存而不論可也。

琴圖

弦	音	律
一弦	徵	倍林
二弦	羽	倍南
三弦	宮	正黃
四弦	商	正太
五弦	角	正姑
六弦	徵	正林
七弦	羽	正南

黃鐘爲宮

鄭世子曰：「凡各弦散聲即本律之正音。第十徽實音爲散聲之母，能生本律也。第九徽實音爲散聲之子，本律所生也。解弦更張，先吹合字上第一弦，按第十徽彈之，令與笙音相同，是爲黃鐘。次吹四字上第二弦，按第十徽彈之，令與笙音相同，是爲太簇。次吹上字上第三弦，按第十徽彈之，令與笙音相同，是爲仲呂。次吹尺字上第四弦，按第十徽彈之，令與笙音相同，是爲林鐘。次吹工字上第五弦，按第十徽彈之，令與笙音相同，是爲南呂。其第六弦、第七弦散聲與第一弦、第二弦散聲相應，此五聲爲均之琴也。」愚按：世子吹聲定弦之説，即以律正音之意，甚爲有理。所論雖曰五聲爲均之琴，然琴實有七弦，即七音也。琴圖所列即八十四聲也。

又曰：「一弦十徽，實音爲宫。二弦十徽，實音爲商。三弦十徽，實音爲角。四弦十徽，實音爲徵。五弦十徽，實音爲羽。六弦十徽，實音爲少宫。七弦十徽，實音爲少商。此古所謂正調也。俗謂正調一弦散聲爲宫，二弦散聲爲商，三弦散聲爲角，四弦散聲爲徵，五弦散聲爲羽，六弦散聲爲少宫，七弦散聲爲少商，非也。」愚按：據《管子》徵、羽、宫、商、角之序，則世子之言乃不易之論。蓋徵、羽、宫、商、角者，散聲之序也。宫、商、角、徵、羽者，實音之序也。然其要在於審音，不在於五音之名號也。

又曰：「黄鐘、大吕二均其宫，在第三弦之散聲。太簇、夾鐘二均其宫，在第四弦之散聲。姑洗、仲吕、蕤賓三均其宫，在第五弦之散聲。林鐘、夷則二均其宫，在第六弦之散聲。南吕、無射、應鐘三均其宫，在第七弦之散聲。宫所在處，名爲均主，惟第一弦、第二弦上取實音應和，不取散聲爲宫，不名均主也。」愚按：世子此段論琴音甚是，然亦不必拘於宫爲均主之名也。

五音清濁之序

宫、商、角、徵、羽，五音清濁之序也。自黄鐘至應鐘，十二律清濁之序也。律有倍有半，倍律濁於正律，半律清於正律，正律之濁較之倍律反爲清，正律之清較之半律反爲濁，所謂不可爲典要，惟變所適也。學者泥於宫濁羽清一定之數，遂誤認倍徵倍羽，而冒以宫商之名，而以宫爲角，以商爲徵，或者知之，遂欲破去宫濁羽清之説，皆一偏之見也。鄭世子曰：「世俗琴家謂琴第一弦爲宫，第二弦爲商，第三弦爲角，第四弦爲徵，第五弦爲羽，第六弦爲少宫，第七弦爲少商，其説非也。」愚按：世俗之説誤認倍徵倍羽爲宫商，而以宫爲角，以商爲徵，以角爲羽，以徵爲少宫，以羽爲少商，此特號名之互易耳，於聲音之實未嘗易也。世子又曰：「世儒論五音，謂最大而濁者爲宫，最小而清者爲羽，商之大次於宫，徵之小次於羽，而角居大小清濁之中。古人雖有此言，以理評之，似是而非。夫音固不離乎清濁大小之分，然不深知何者爲宫，何者爲商、徵、羽，而便一概指其濁，而大者謂之宫清，而小者謂之羽，其可哉？伶州鳩曰：『大不踰宫，細不過羽。』夫宫，音之主也，第以及羽，此指黄鐘一調，而言則是以爲通論，則非也。」愚按：世俗指音之濁而大者謂之宫，清而小者謂之羽，此（藥）〔樂〕家之常，不必深論。因此而謂大不踰宫，小不過羽，只指黄鐘一調而言，且以古人宫大羽小之説爲似是而非，則過矣。夫徵羽固有時大於宫商，然必倍徵倍羽乃大於宫商，獨不思有倍徵倍羽，即有倍宫倍商乎？倍徵倍羽大於宫商，若倍宫倍商不更大於倍徵倍羽乎？然則大不踰宫，細不過羽之説，正爲通論，豈但指黄鐘一調而言哉？世子因琴之七弦申明第一弦爲徵，第二弦爲羽，第三弦始爲宫，而爲矯枉過直之論，不知琴乃樂器之一耳。伶州鳩之言，豈但指琴之一器而言乎？世子又曰：「韓非子云：夫瑟以小弦爲大聲，以大弦爲小聲，借瑟以諷當時君弱臣强，正是此義。不獨善諫，亦可謂知音矣。」愚按：琴瑟一弦之上即分十二律，小弦有大聲，大弦有小聲，此聲音之常也。謂大弦之小聲爲濁，謂小弦之大聲爲清，固不可。然因有小聲而謂大弦爲清，因有大聲而謂小弦爲濁，尤不可也。至以君臣論樂，乃牽合之説，子史諸書誕妄迂怪，全在於此。誠如其言，則旋相爲宫，即可謂之旋相爲君乎？此悖妄之尤者。據此破宫大羽小之正論，又過之甚矣。世子又曰：「太史公書謂八十一數爲宫，五十四數爲徵，則宫大而徵小。《管子》之書謂宫數八十有一，徵數一百有八，則宫小而徵大。此二説雖不同，而宫與徵未嘗非其音也。蓋一百八即五十四加倍之數，其五十四即一百八折半之聲耳。」愚按：一百八即五十四加倍之數，然既謂之加倍之數，則宫大徵小之理自明。倍徵大於宫，若倍宫不更大於倍徵乎？宫大徵小，統三十六律而論之也。徵有時而大，宫有時而小，就一節而論之也。滯於一偏，即有害於理矣。世子又曰：「《史記》序五音，先宫商角而後徵羽，《管子》序五音，先徵羽而後宫商角。假令世俗評二家之得失，料其從馬遷者十中有九，求其是夷吾者，百中無一。殊不知先徵羽而後宫商角亦可也，先宫商角而後徵羽亦可也，宫大於徵亦可也，徵大於宫亦可也。十二律吕旋相爲宫，宫無定位，豈可拘於清濁大小之説？蓋夷吾所得者深，馬遷所知者淺，夫淺者人所共知，而深者俗所難解，二家相懸，正猶下里巴人之歌與夫陽春白雪之曲。」愚按：世子謂旋宫之法，宫無定位。宫大於徵亦可，徵大於宫亦可，此通人之論。然宫大徵小乃音之常理，徵大宫小乃音之變通，論雖持平，於理尚未盡。至謂管子所得深，《史記》所得淺，比之下里巴人與夫陽春白雪，則偏之甚矣。總之，宫商角徵羽特音之名耳，去其名而以算術比例辨音之清濁高下，乃音之實也。世子蓋猶惑於名而不得其實者也。

黄鐘之宫

宫爲五音之主，猶黄鐘爲十二律之主也。以十三率連比例言之，黄鐘居首，半黃鐘居末，是黃鐘者，音之始終也。以二十五率連比例言之，則半黃鐘居中，是黃鐘又居大小清濁之中也。居首居末居中皆黃鐘也，此黃鐘所以爲律之主也。宮音亦然。宮商角徵羽，五音一定之序，是宮居首也。管子用倍徵倍羽，而爲徵羽宮商角，是宮居中也。居首居中皆宮也，此宮所以爲五音之主也。由是以論黃鐘之宮，或用全律，或用半律。用全律則宮居首，用半律則宮居中，皆理之確然不易者也。自學者泥於一偏，執下生之説者，則曰黃鐘之宮乃全律，非半律也。執上生之説者，則曰黃鐘之宮乃半律，非全律也。各執一詞，争辨不休，皆非通人之論也。

《月令》：「中央土，其音宮律，中黃鐘之宮。」鄭注云：「聲始於宮，宮數八十一，屬土者，以其最濁，君之象也。黃鐘之宮最長也。」孔疏云：「蔡氏及熊氏以爲黃鐘之宮，謂黃鐘少宮也。半黃鐘九寸之數，管長四寸五分。」愚按：注所言者，下生之説也。蔡氏、熊氏所言者，上生之説也。就《月令》論之，子月律中黃鐘，既爲極長之律，則中央土不應復同。且《月令》本吕氏所作，《吕氏春秋》專主上生，謂黃鐘之宮爲清濁之衷，則蔡氏、熊氏之説近是。然《月令》以音律配合節氣，即吹灰之謬論於音律之所以然全無干涉，且用半律候氣，尤謬之。謬者只就《月令》而論，自當從蔡氏、熊氏。若據此以駁下生之説，謂《淮南・天文訓》及《漢書・律歷志》爲謬，則非通人矣。

《攷工記・㮚氏爲量》：「内方尺而圓其外，重一鈞。其聲中黃鐘之宮。」鄭注云：「方尺積千寸，鈞三十斤，其聲應律之首。」愚按：此所謂黃鐘之宮，乃全律也。康成律首之注確不可易，諸儒亦無異説，唯近時戴東原作補注，削去鄭注，而從江慎修半律之説，今取其説辨之。補注云：「黃鐘之宮，管子所謂『黃鐘小素之首，以成宮』者是也。」愚按：管子凡將起五音，凡首先主一而三之，四開以合九九，得黃鐘小素之首以成宮，所謂九九者即八十一也。宮數八十一乃全律，非半律也。管子五音雖以徵羽宮商角爲序，然所謂徵一百八、羽九十六者，乃倍律也。黃鐘雖上生，乃以全律生倍律，非以半律生全律也。倍徵倍羽而宮乃居中，管子之意也。戴氏申明半律之説，而引管子，乃截去上下文，只取小素之首一句，豈因小素二字即可謂之半律耶？疎矣。補注云：「《吕氏春秋》曰：『黃鐘之宮，聲之本也，清濁之衷也。』」見《適音篇》。又曰：「昔黃帝令伶倫作爲律。自大夏之西，乃之阮隃之陰，取竹於嶰谿之谷，以生空竅厚鈞者，斷兩節間，其長三寸九分，當作四寸五分。而吹之以爲黃鐘之宮，吹曰含少。次製十二筒，以之阮隃之下，聽鳳凰之鳴，以別十二律。其雄鳴爲六，雌鳴亦六，以比黃鐘之宮適合。黃鐘之宮皆可以生之，故曰『黃鐘之宮，律吕之本也。』」見《古樂篇》。又曰：「黃鐘生林鐘，林鐘生太簇，太簇生南吕，南吕生姑洗，姑洗生應鐘，應鐘生蕤賓，蕤賓生大吕，大吕生夷則，夷則生夾鐘，夾鐘生無射，無射生仲吕。三分所生益之一分以上生，三分所生去其一分以下生。黃鐘、大吕、太簇、夾鐘、姑洗、仲吕、蕤賓爲上，林鐘、夷則、南吕、無射、應鐘爲下。」見《音律篇》。爲上謂七者以半律上生，爲下謂五者以全律下生。愚按：《吕氏春秋》以黃鐘爲上生，亦算律之一術，與黃鐘下生之術雖異而實同，不過一用全、一用半耳。然此篇並未言及黃鐘之宮，亦未明言上生必用半律，其《古樂篇》三寸九分之説，似乎以半律爲黃鐘之宮，然三寸九分之説本屬可疑，戴氏改爲四寸五分，果否得吕氏之意，尚未可知。即使果得吕氏之意，亦吕氏一家之言耳，不可據一家之言而遂謂全律下生之説爲非也。戴氏據吕氏而改康成之注，亦過矣。況阮隃、鳳鳴等語，乃子書怪妄不經之談，殆不足辨，豈可以之注經乎？補注云：「《月令》中央土，其音宮律，中黃鐘之宮。疏云：蔡氏及熊氏以爲黃鐘之宮，謂黃鐘少宮也。半黃鐘九寸之數，管長四寸五分。」蔡氏、熊氏者，蔡邕《月令章句》，熊安生《禮記義疏》。愚按：《月令》亦吕氏之書，以半律解月令黃鐘之宮，自屬可從。愚已論之於前，戴氏據以釋《攷工記》則非也。補注云：「江先生曰：『黃鐘生林鐘，不以全律下生，而以半律上生，則黃鐘之宮位乎清濁之間。在乎前者，有林鐘、夷則、南吕、無射、應鐘五全律，爲濁，而下生乎清。在其後者，有大吕、太簇、夾鐘、姑洗、仲吕、蕤賓六半律，爲清，而上生乎濁也。』」又曰：「後世之樂，黃鐘宮以清，黃爲調首，正宮調，不當最濁之律，而在清濁之間，此正伶倫以黃鐘之宮爲律本之意，亦聲律自然之理。」愚按：江氏所據者，吕氏黃鐘上生之説也。然吕氏並未明言上生用半律，又安知吕氏之意不以黃鐘全律上生林鐘倍律乎？以黃鐘全律而上生林鐘倍律，則與管子以八十一之宮而上生百有八之徵若合符節。而全律爲黃鐘之宮，亦位乎清濁之間，其於理更爲顯而確也。所稱後世之樂正宮調不當最濁之律，而在清濁之間，即鄭世子論琴之七弦，以第三弦爲宮之説也。然亦與管子倍徵倍羽居宮前之理相同，不得據此謂黃鐘之宮定是半律，决非全律也。戴氏申明江氏之説，以存蔡、熊二氏之遺，以備一家之言，未嘗不可。若以釋《攷工記》而削康成之正解，則不可也。又按：黃鐘之宮，或全律，或半律，皆律理之所有。則《攷工記》所稱黃鐘之宮，其爲全，爲半，將何以定之乎？曰：只以記文定之，記曰「方尺而圓其外」，又曰「重一鈞」。《國語》：「單穆公曰：『先王之制鐘也，大不出鈞。』」既方尺矣，重一鈞矣，則其所中之聲，必黃鐘全律可知也。以記文定黃鐘之宮是全非半，雖有善辨者無所肆其喙矣。

江氏慎修曰：「《國語》伶州鳩因論七律而及武王之四樂，夷則無射曰上宮，黃鐘太簇曰下宮，蓋律長者用其清聲，律短者用其濁聲。」又曰：「《韓非子·外篇》：『夫琴以小弦爲大聲，大弦爲小聲』，雖詭其辭以諷，然因是知古者調瑟之法，黃鐘、大吕、太簇、夾鐘、姑洗、仲吕、蕤賓用半而居小弦，林鐘、夷則、南吕、無射、應鐘用全而居大弦。」愚按：江氏此論與鄭世子因韓非子之言而爲徵大宮小之説大意相同，皆一偏之見也。總之，宮爲五音之主，或居首或居中，皆理之至當不易者，拘於宮大之説而不知音有變通，因音有變通而矯之太過，遂於古人至當之論亦必盡反之而後快，皆樂學之惑也。

黃鐘之長一

《管子》：「四開以合九九，得黃鐘小素之首，以成宮。」所謂九九者，乃算術虛率，並無尺寸之名，非謂黃鐘長八寸一分也。《史記·律書》：「黃鐘長八寸十分一，」云云。始有分寸之名。蓋即以算術之九九八十一作八寸一分，而爲黃鐘之長耳。《律書》又云：「置一而九三之以爲法。實如法，得長一寸。凡得九寸，命曰『黃鐘之宮』。」此雖云黃鐘長九寸，然寸乃九分之寸，仍八寸一分也。蓋古來算律之法原如此，《史記》存之耳，其實黃鐘之長並無一定之數也，惟《漢書·律曆志》云度者「本起黃鐘之長。以子穀秬黍中者，一黍之廣，度之九十分，黃鐘之長。一爲一分。」夫曰：九十分，黃鐘之長，一爲一分，則黃鐘長九寸，乃十分之寸矣。此與《史記》不同，而以黍定尺，有實數可據，非復算術假如之虛率比也。後儒言律者泥於其説，皆命黃鐘爲九寸，以黍之廣爲一分。明鄭世子雖有異議，而累黍之法亦不能改也，今取世子之説論之於後。

鄭世子曰：「律由聲制，非由度出。制律之初，未有度也。度尚未有，則何以知黃鐘乃九寸哉？以黃鐘爲九寸，不過漢尺之九寸耳。周尺則不然也。商尺又不然也。虞夏之尺皆不然也。黃帝之尺亦不然也。」愚按：律由聲制，非由度出，自不待言。然既制律自不得不寄之於度，所以然者，聲虛而度實也。既不能不寄之於度，則即以算術之九九八十一定八寸一分爲黃鐘之長，乃算術假如之法。活數非死數也，此古人立法之本意，非謂必八寸一分而後謂之律必有一定之八寸一分，而後爲黃鐘之長也。其謂歷代之尺不同，自是度法於樂律全不相涉。班志以度論律，遂爲講樂家之一大惑。世子辨班志之失，而乃鰓鰓於度法之不同，是仍爲班志所惑而不自覺也。

又曰：「先儒謂夏禹十寸爲尺，成湯十二寸爲尺，武王八寸爲尺，三代之尺雖不同，而黃鐘則無不同也。解釋黃鐘之義，遷就九寸之説，自漢儒爲始耳。漢儒已前，《周禮》《左傳》《國語》《管子》《吕覽》之類，皆未嘗以黃鐘之長爲九寸也。」愚按：三代之尺不同，而黃鐘無不同，是矣。然班志之誤在於混律度爲一，其以黍定尺，乃度法也。律既於度法無涉，豈於黍有涉哉？且所謂黃鐘無不同者，乃算術比例之理。所謂四開以合九九者，無不同耳。至如假如之法，乃活數也，必比而同之，則無是理矣。其謂漢以前未嘗以黃鐘爲九寸，九寸之説自漢儒始，愚謂《管子》等書所言，皆算法虛率，不但無九寸之説，並無八寸一分與夫一尺之説也。《史記》八寸一分與九寸之説，皆算術而加以尺寸之名。漢儒九寸之説，蓋因班氏誤會《史記》九寸之法，《史記》九寸即八十一分。而附會爲九十黍之説，以伸其度起於黃鐘之意耳。世子辨九寸之非，而不能辨度起於黃鐘之謬，是不揣其本而齊其末也。且以九寸布算，與以八寸一分布算，其比例本無不同。世子定黃鐘爲一尺，其比例亦豈有異耶？比例既同，而以一尺譏九寸，是同浴而譏裸裎也。

又曰：「蓋黃帝之尺，以黃鐘之長爲八十一分者，法洛書陽數也。虞夏之尺皆以黃鐘之長爲十寸者，法河圖中數也。」愚按：八十一分之説出於《管子》，乃算術虛率，並無尺寸之名。至黃鐘之長爲十寸，則之古無此説，乃世子自爲之説也。託之黃帝、虞夏而附會於河圖洛書，愈高遠而愈無當，以此駁班氏，豈能服班氏之心哉？

又曰：「舊謂度本起於黃鐘之長，又謂黃鐘之長九寸，外加一寸爲尺，何塘嘗辨之曰《漢志》謂黃鐘之律九寸加一寸以爲尺，夫度量權衡所以取法於黃鐘者，蓋貴其與天地之氣相應也。若加一寸以爲尺，則又何取於黃鐘，殆不知黃鐘之長固非人所能爲？至於九其寸，而爲律十其寸而爲尺，則人之所爲也。《漢志》不知出此，乃欲加黃鐘一寸爲尺，謬矣。」愚按：加黃鐘一寸爲尺，此《漢志》致誤之根在於混律度爲一也。既定黃鐘爲九寸，而累黍之尺一黍爲一分，是一尺有百黍也。而黃鐘止九十黍，安得不加黃鐘一寸而爲尺哉？何氏謂黃鐘非人所能爲，至九其寸而爲律十其寸而爲尺，則人之所爲。愚謂黃鐘非人所能爲者，算術比例之理耳。加以尺寸之名，即人之所爲矣。九寸之律爲人之所爲，則一尺之律獨非人之所爲乎？何氏蓋亦惑於度起於黃鐘之謬説也。

又曰：「黄鐘之律長九寸，縱黍爲分之九寸也。寸皆九分，凡八十一分。洛書之奇，自相乘之數也，是爲律本。黄鐘之度長十寸，横黍爲分之十寸也。寸皆十分，凡百分。河圖之偶，自相乘之數也，是爲度母。縱黍之律，横黍之度，名數雖異，分劑實同，天地自然之理耳。」愚按：此世子之創論也。班志度與律不同，而分則同。世子之論度與律皆同，而分則不同。一齊其本而不齊其末，一齊其末而不齊其本，朝三暮四，與朝四暮三寧有異乎？世子意欲辨班志之失，其實承班志之誤，而更附會於圖書，附會於黍之縱横，以申明度起黄鐘之説，然於樂律之理則去之益遠矣。

又曰：「成湯以夏尺之十二寸有半寸爲尺，則黄鐘之長乃商尺之八寸。武王以夏尺之八寸爲尺，則黄鐘之長乃周尺之十二寸有半寸。黄鐘無所改，而尺有不同，彼執著九寸爲黄鐘之律，然則商之黄鐘太長，周之黄鐘太短，豈不謬哉？」愚按：三代之尺不同，乃度法之不同，與樂律何涉？蓋世子泥於黄鐘有一定之長，故謂黄鐘無所改，而有商長周短之疑。愚則謂黄鐘不可改者，九九之數不可改，即定黄鐘爲八寸一分，亦便於算，而適於用，可不必改也。若尺寸之大小，則可以不論。尺寸之大小不同，而比例則同。比例既同，則其可以正五音者，自無不同。比如測天之器，或大或小，皆可以測天。執一定之器以測天，非知天者也。執一定之律以論樂，非知樂者也。

又曰：「歷代尺法皆本諸黄鐘，而損益不同。《論語》言三代皆有所損益，蓋指度量衡諸物而言耳。律乃天地正氣，人之中聲，不可以損益也。律無損益，而尺有損益，是故黄鐘尺寸不同。」愚按：歷代尺法皆本諸黄鐘，即因班志之謬説，而附會之者也。愚則謂度量權衡所以便民用，示民不惑，或與黄鐘相合，或不與黄鐘相合，於度量權衡之用無涉也。論度量權衡而必求合於黄鐘，乃迂儒牽合附會之談。班志之謬正在於此。所取於班氏者，累黍爲尺之法，不見(地)[他]書，獨班氏言之耳，亦武成之二三策也。世子譏班氏，而謂歷代尺法皆本諸黄鐘，是舍二三策而更附會漂杵之一語也。度量權衡三代皆有損益，於樂律無涉也。律乃中聲，誠不可損益，然所謂中者，乃時中之中，非子莫之執中也。黍乃天産，亦無損益，此古尺之所以不同而實同也。攷度法自當從累黍爲尺之説，若據以論樂律，則失之遠矣。

又曰：「有以黄鐘之長均作九寸，而寸皆九分者，此黄帝命伶倫始造律之尺也。是名古律尺，又名縱黍尺，一黍之縱長命爲一分，九分爲一寸，九寸共計八十一分，是爲一尺。」愚按：縱黍八十一爲一尺，世子之説耳，託之黄帝伶倫而加以古律尺。縱黍尺之名，無徵不信，此之謂矣。

又曰：「《淮南子》曰：『一生二，二生三，三生萬物。三三如九，故黄鐘之律九寸而宫音調。因而九之，九九八十一，故黄鐘之數立焉。黄鐘爲宫，宫者，音之君也。故黄鐘位子，其數八十一。』云云。《後漢志》註引鄭元曰：『宫數八十一，黄鐘長九寸，九九八十一也。』云云。右二節九分爲寸之舊法也。落下閎以八十一分爲日法，即此耳。劉歆改爲八百一十分，非閎本法也。」愚按：《淮南子》及鄭氏之説皆述三分損益之舊法，其原出於《管子》所謂「四開以合九九」者也。然《管子》本無分寸之名，後人祖其法，而加以分寸之名，乃算家假如之法，其實皆虚率，非實數也。世子論三分損益，謂如算術假如之類，誠爲卓識。兹又泥於分寸之名，何也？況《淮南子》諸書並無八十一分爲一尺之説，累黍之法始見班志，《淮南子》諸書無有也。世子據二節爲縱黍八十一即是一尺之證，其誰信之？至落下閎以律定歷，乃歷法之疏。劉歆八百一十分之説，乃律管長九寸，周九分之長圓冪，其所謂寸者，乃十分之寸，非《史記》之九寸也。

又曰：「有以黄鐘之長均作十寸，而寸皆十分者，此舜同律度量衡之尺。至夏后氏而未嘗改，故名夏尺。傳曰夏禹十寸爲尺，蓋指此尺也。又名古度尺，又名横黍尺，一黍之横廣命爲一分，十分爲一寸，十寸共計百分，是爲一尺。」愚按：算術以十爲等者，數之常也。此十分爲寸，十寸爲尺，所以利於民而便於算也，豈必求合於黄鐘哉？即欲求合於黄鐘，亦當先齊其本。本者，黍之一分是也。寸者分之積，尺者寸之積。世子於律尺則縱其黍，於度尺則横其黍，是本先不齊矣。不齊其本而齊其末，未有能齊者也。且是使民惑也。虞夏之尺雖無確據，必不使民惑。古度尺横黍尺，世子命之名耳，虞夏之尺無此名也。

又曰：「《史記・律書》生鐘分曰：『子一分，丑三分二。』云云。右一節，十寸爲律之舊法也。先儒錯會，誤以九寸解之。」愚按：古今言律者，以《管子》爲第一，《史記》生鐘分一節次之。然《史記》亦因《管子》四開之術而推衍之耳。《管子》無尺寸之名，《史記》此節亦無分寸之名，所謂一分三分云者，乃算法通分之術。子一分者，即通分之術，所謂整數也。丑三分二，寅九分八云云。者，即通分之術，所謂幾分之幾也。所謂一分者，如立天元一之一。所謂整數者，對畸零不盡之數而言也。十可謂之一九，亦可謂之一十，可謂之整數九，亦可謂之整數也。所以然者，以其爲虚率，非實數也。《史記》此節與《管子》俱無分寸之名，最爲得理之正，先儒以九寸解之，已屬蛇足。世子據此爲黄鐘長一尺之證，則失之愈遠。蓋以九寸解此段，尚在本術中。本術原係由一而三，由三而九也。由一而三，由三而九，即連比例之理也。若世子一尺之說，則出本術之外矣。

又曰：「《漢志》度本起於黃鐘之長，則黃鐘之長即是一尺。古之長九寸，長八寸十分一之類，尺異而律同也。」愚按：《漢志》度起於黃鐘之長，此謬之大者。世子顧獨取其說，既取其說，則《漢志》明言九十黍爲黃鐘之長，加十黍爲一尺。律與度雖有九十黍與百黍之不同，而同起於黍之一分，雖謂之度起於黃鐘之長可也。乃既取之，而又駁之，遂有一縱一橫之說，以求律度之相應，獨不思一縱一橫先不相應矣？且攷之於古，無一合者，雖强合於《史記》《淮南子》，不知其終不可合也。古人長九寸、長八寸十分一之類，乃算術假如之尺寸耳，與漢志九十黍之說全不相涉，乃班氏誤會《史記》九寸之法而附會之耳。九寸者，每寸作九分立算，仍是八寸十分一也。本假如之尺寸，何嘗有異？而律之同固不待言，但所謂同者，乃同於比例之理，非同於一定之長短也。

又曰：「有以黃鐘之長均作四段，加出一段而爲尺者，此商尺也，適當夏尺十二寸五分。傳曰成湯十二寸爲尺，蓋指此尺也。有以黃鐘之長均作五段，減去一段而爲尺者，此周尺也，適當夏尺八寸。傳曰武王八寸爲尺，蓋指此尺也。有以黃鐘之長均作九寸，外加一寸爲尺，此漢尺也。有以黃鐘之長均作八寸，外加二寸爲尺，此唐尺也。有以黃鐘之長均作八十一分，外加十九寸爲尺，此宋尺也。唐尺即成湯尺，而唐人用之，故又名唐尺。宋尺即黃帝尺，而宋人用之，故又名宋尺。七代尺共五種，互相攷證，皆有補於律也。」愚按：七代之尺五種，如衣服、宮室、器用制度之不同耳，豈必盡求合於黃鐘哉？班志本牽合之說，而世子復發明之，益支離蔓延，以之攷古尺則可，其實於樂律無涉也。其謂黃帝尺爲八十一分，尤出臆測。八十一分者，算律之術也，即定爲八寸十分一，亦律之尺寸，因算術而定者也，非度長短之尺也。律所以正音，尺所以度長短，各自一事。漢志以黍定尺，攷古今尺法，當以爲準，其牽合黃鐘，則出於附會，不足據也。

又曰：「黃鐘之長，當縱黍尺八十一分，當斜黍尺九寸，當橫黍尺十寸。縱黍之尺，黃帝尺也，宋尺也。斜黍之尺，漢尺也。橫黍之尺，夏尺也。商尺去二寸爲夏尺，夏尺去二寸爲周尺。黃鐘之長當商尺八寸，當周尺十二寸五分。」愚按：以黍定尺，不易之法也，然必先定黍之分。若一縱一橫一斜是黍之分，先不定，則所定之尺有三種矣，必無之理也。古者或以八寸爲尺，或以十寸爲尺，或以十二寸爲尺。尺有長短，而一分爲一黍，則無不同。至謂漢尺以斜黍九十定之，尤爲非是。《漢志》所言者，古尺也，明言百黍爲一尺，即十寸爲尺之尺也。若九十黍之說，本《漢志》之謬談，世子既辨九十黍之非，乃又爲斜黍之說，以遷就之，何也？蓋世子不知以律起度之謬，凡一切尺法皆求合於黃鐘，遂分黍之一分爲三種，以遷就求合究之，於律理無涉，乃並尺法而亂之始也。欲因度以定律既也，又因律以亂度，凡泥於牽合之說，其弊必至此。此世子之一大惑也。曰然則黍之一分，何以齊之乎？曰據《漢志》一黍之廣度之，不曰長而曰廣，似指黍之橫而言。然古者風俗渾噩，不似後人之過於細巧，黍雖畧有縱橫之分，大抵圓形也。擇黍之中而圓者，以一黍累之，不參以他黍，必近之矣。用是攷世子所定之尺，其縱黍似畧長，橫黍似畧短，其斜黍近之而又似微長。雖然，此就累黍爲尺論之耳。若夫黃鐘，則本無長短之可言。所謂黃鐘之長者，即以算術命之耳。古算術謂之九九，九九八十一，加以分寸之名製律管，以便算而適用，則黃鐘之長雖謂之八寸一分可也。一黍爲一分，則黃鐘之長雖謂之八十一黍可也。

總而論之，因四開九九之術，命黃鐘爲八寸十分一，古今不易之論也。以黃鐘之長爲九十黍，《漢志》之謬也。凡以九寸立算者，承班氏之失也。辨《漢志》之謬，世子之卓識也。惑於何塘律由聲出之說，而不知律所以定聲，遂拘拘於黃鐘之長短，而爲子莫之執中。又泥於《漢志》以律起度之說，遂謂黃鐘爲一尺，又分縱、橫、斜三種，以遷就求合，世子之惑也。

黃鐘之長二

黃鐘不可以長短論。以長短論黃鐘，二千餘年講樂者之一大惑也。夫六律所以正五音，音有清濁，非律不能正，而律不可以清濁言也。如星之於尺，非星不能均長短，而星不可以長短言也。如衡之於權，非衡不能平輕重，而衡不可以輕重言也。如規之於圓，非規無以成圓，而規不可以圓之大小言也。如矩之於方，非矩無以成方，而矩不可以方之大小言也。如句股之表，非表無以算倨句之度，而表不可以度之大小言也。如測天之儀，非儀無以知高遠，而儀不可以高遠言也。尺不以長短言，而自杪忽之短至尋丈之長，皆以星均之也。衡不以輕重言，而自銖兩之輕至鈞石之重，皆以衡平之也。規不以圓之大小言，而圓之小圓之大，皆以規運之也。矩不以方之大小言，而方之小方之大，皆以矩絜之也。表不以度之大小言，而自地球之圓至周天之度，皆以表算之也。儀不以高遠言，而天之高、星辰之遠，皆以儀測之也。律不以清濁言，而匏、土、革、木、金、石、絲、竹無窮之音，皆以律正之也。尺非無長短，而求一定之長短於尺，則尺只一用而窮。衡非無輕重，而求一定之輕重於衡，則權只一用而窮。規非不圓，而求一定之圓於規，則規只一用而窮。矩非不方，而求一定之方於矩，則矩只一用而窮。表列倨句之度，而求一定之度於表，則表只一用而窮。儀測高遠，而求一定之高遠於儀，則儀只一用而窮。律所以正聲之清濁，而求一定之清濁於律，則律只一用而窮。此其理亦曉然易見，而二千餘年講樂之家皆迷而不悟，則執一之過也。曰然則黃鐘何以長八寸一分，曰此因九九算術而定爲尺寸，以便算而適用耳。尺何必十寸，寸何必十分，取其便於算而適於用也。衡何必十六兩而斤，二十四銖而兩，取其便於算而適於用也。規之爲器，尺寸之間耳，何不爲徑丈之規，不便於算，不適於用也。矩之爲器一尺二寸耳，何不爲徑丈之矩，不便於算，不適於用也。句股之表，其半徑何以必十萬或千萬，便於算而適於用也。測天之儀何以必分整度，便於算而適於用也。黃鐘之長何以必八十一分，便於算而適於用也。黃鐘之長何不定爲九寸或一尺，不便於算，不適於用也。何疑於黃鐘之長八寸一分哉？黃鐘長八寸一分，而黃鐘不可以長短論也。古樂器多不存，而律未嘗不存。律之號名雖不存，而其實尚存。所謂其實尚存者，古之六律即後世工師所傳「五凡工尺上，一四六勾合」之類是也。「五凡工尺上，一四六勾合」之類，豈可以長短論之哉？此在工師皆能解，而儒家講樂反不能解，所以不能解者，惑於六律之號名及子史荒誕之說也。視六律爲神怪奇物，必鳳凰鳴而後能定音，必得嶰谷之竹、上黨之黍而後能製管，果有鳳凰，又疑爲他鳥，非鳳凰也。果得嶰谷之竹、上黨之黍，必又曰物有古今之異，此非黃帝時之竹，非黃帝時之黍也。不亦惑之甚，而又可哂乎哉？攷之於古，質之於今，斷之以理，審之以數，黃鐘不可以長短論，實無絲毫疑義。蔽以一言，不過童幼所習之小九九耳。雖至淺至近，而爲愚心得之解，掃除二千餘年迂怪之論，蓋百世以俟聖人而不惑者，不但待後世之楊子雲也。

或問：黃鐘不可以長短論，則古來諸家所定之黃鐘，或長或短，皆謂之合於律，可乎？曰：不然也。尺不可以長短論，而星則必均，不均不可謂之尺也。權不可以輕重論，而衡則必平，不平不可謂之權也。規不可以圓之大小論，而規則必圓，不圓不可謂之規也。矩不可以方之大小論，而矩則必方，不方不可謂之矩也。表不可以一定之倨句論，而弦矢之率必密，不密不可謂之表也。儀不可以高卑遠近論，而儀上之分數必明，不明不可謂之儀也。黃鐘不可以長短論，而周徑空積之比例必準，不準不可謂之律也。古來諸家所爭，不過黃鐘之長短，其於《管子》四開九九之術則茫然不解。鄭世子始用開方立算，辨各律徑圍之大小，較諸家爲密，而於連比例之理，於空積比例之理，尚未之知也。然則古來諸家所定之黃鐘，殆無一合於律者。鄭世子近之，而未盡也。豈得因黃鐘不論長短，遂可任意爲之，而或長或短，無一之不合乎哉？但所謂不合者，由於算術比例不合，非由於長短不合耳。古來諸家所言者，律其實所爭者，乃尺也。尺與律最相近，而實不同，所謂毫釐千里者也。尺之分數乃平分之數，律之分數乃連比例，非平分也。尺之比例乃線與線之比例，而律之比例乃體與體之比例，以此斷諸家之合與不合，如視指上螺紋矣。

或問：律之不合者，無論矣。不識製律既合，遂可以和聲而定樂乎？曰：不然也。尺雖均，而以之度長短，仍不能均，不得歸過於尺也。衡雖平，而以之權輕重，仍不能平，不得歸過於衡也。規雖圓，而運之不能成圓，不得歸過於規也。矩雖方，而絜之不能成方，不得歸過於矩也。表中之弦矢，雖密而算之不精，不得歸過於表也。儀上之分數雖明，而測之不準，不得歸過於儀也。製律雖合，而聲不諧、樂不和，不得歸過於律也。律者，工師之規矩也，豈能使人巧哉？聖人之於樂，貴學貴習，既學而又時時習之，而巧出焉。而後樂和而聲諧，不諧不和而律不任過，既諧既和而律不任功也。古來諸家所定之樂，無論其律不合，即使得黃帝之律，亦斷其不諧不和，何也？諸家之於樂，未嘗學未嘗習故也。不學不習，而以空言求勝聽，其言也若河漢而無極，工師不能與之辨，而究不能勝工師之說者，工師且學且習故也。規矩未嘗不存，而巧無魯般，豈得謂製律既合，遂可以和聲而定樂哉？雖然，有規矩而不能巧者，有之矣，未有舍規矩而能巧者也。律既合而樂不和，聲不諧者，有之矣，未有律不合而能和樂諧聲者也。此律呂之學所以不可不先講也。

或問：因九九之術而定黃鐘之長爲八十一分，設驗之於聲，而黃鐘或已清或已濁，將何以處之乎？曰：黃鐘已清，則用倍律。黃鐘已濁，則用半律。黃鐘恰合，則用本律。只求合聲，而不泥於黃鐘大呂之名，斯得之矣。音不過五，而律有三十六，不必全用，而不可勝用也，在善用者擇之耳，何慮於黃鐘之已清已濁哉？《管子》先徵羽而後宮商，是用倍律也。《周禮》編鐘十六枚，是用半律也。黃鐘非清，有倍律，而黃鐘謂之清。黃鐘非濁，有半律，而黃鐘謂之濁。旋相爲宮，不可爲典要，唯變所適，此正黃鐘之不可以長短論也。不然，而謂黃鐘有一定之長短，則黃鐘已爲極長之律，濁之極矣。又有倍律，不太濁乎？應鐘已爲極短之律，清之極矣，又有半律，不太清乎？用是推知古人之用律擇而用之，黄鍾已清，則用應鍾以前之倍律；應鍾已濁，則用黄鍾以後之半律，所謂時中也。自迂者論之，見黄鍾之前又有長律，必疑黄鍾爲太短；見應鍾之後又有短律，必疑應鍾爲太長，二千餘年講樂之家著書充棟，所争者黄鍾之長短耳，所守者六律之號名耳。觀其所言，每曰某人之律高於古律若干律，某人之律低於古律若干律，究其所謂古，乃子莫之執中，各爲一子莫，各執一中，而律不知爲何物矣。夫東家之西即西家之東，畧辨東西者知之；尺有所短，寸有所長，畧解長短者知之，而二千餘年講樂之家獨不之知也。

或問：講樂之家必求黄鍾之長短者，所以定中聲也。黄鍾不可以長短論，然則何以定中聲？曰：中聲者，人聲也。高於人聲即謂之過高，低於人聲即謂之過低，合於人聲即謂之中聲。是故人聲者，樂律清濁之大界限也。天地之間，何往非聲？風號雷震皆聲也，而不謂之中聲者，大於人聲故也。蟲吟鳥噪亦聲也，而不謂之中聲者，細於人聲故也。然則人聲無過大過細之慮乎？曰：有之强爲大而不出於自然，即謂之過大；强爲細而不出於自然，即謂之過細。其出於自然而無所用其勉强者，無論細大，皆中聲也。《書》曰「歌永言，聲依永，律和聲」三言者，樂律之綱要也。歌永言者，人聲之出於自然者也。聲依永者，宫商角徵羽其清濁高下，依乎人聲之自然以爲準也。律和聲者，五音之清濁高下，必以律正之。按律索聲，而後聲可和也，非歌何以有聲，非聲何以有律？律無中聲可言，以其可以正五音，而謂之中聲。五音亦無中聲可言，以其依人之歌聲，而謂之中聲也。故曰中聲者，人聲也。講樂之家舍人聲而求中聲於黄鍾之長短，因律而有聲，因聲而有歌，是聲和律、永依聲也。本末倒置，不但毫釐之差，千里之謬也。且不獨歌聲出於人，凡匏土革木金石絲竹各有五音，亦豈能外於人哉？笙竽簫管，人以氣吹之也。琴瑟鐘磬，人以手鼓之也。氣之所不能吹，手之所不能鼓，其爲過大可知也。氣之所不容吹，手之所不容鼓，其爲過細可知也。氣之所吹，手之所鼓，出於勉强而非自然，其爲非中聲可知也。以歌聲爲主，而氣之所吹，手之所鼓，其清濁高下無不與歌聲相應。聽之以人之耳，而平之以人之心，是之謂聲諧而樂和，是之謂中聲。是中聲者，人人有之，人人能知之能得之，而不學不習，遂不知不得，故曰中庸不可能也。聖人作樂，所以和血氣，養性情，豈外於人而别有所謂中聲哉？别有中聲而强以人聲合之，是削趾就屨之説也，何以和血氣、養性情乎？曰：講樂之家以中聲爲難定，何也？曰：講樂之家，不求人聲，而求之鳳凰，求之吹灰，其最近者，求之絫黍之尺。夫鳳凰吹灰豈果有之哉？絫黍之尺豈能不以人聲爲驗哉？舍人人皆有之中聲，而索之無何有之鄉宜，其以中聲爲難定也，縱伶倫製管，后夔拊石，而彼亦不知其爲中聲也，以其無可憑也。惑於黄鍾之名，而各執一子莫之中，又能爲大言曰黄鍾者，萬事之根本也，天地之元氣也，所以感神人而致物者也，可以知勝敗，可以定吉凶，人豈敢與之辨哉？辨之則以爲侮天地神人矣，戰必敗，而動必凶矣。語曰道在（爾）[邇]而求諸遠，事在易而求諸難，誠然哉，誠然哉！

鄭世子云：「雅樂失傳。賴琴及笙二器尚在，雖與古律不無異同，若與歌聲高下相協，雖不中不遠矣。以人聲爲準，雖百世可知也。」愚按：以人聲爲準，古今不磨之論。世子知此而猶惑於黄鍾之名，備攷黍尺而爲遷就附會之説，以求黄鍾之長，何也？蓋胸無確見，遂多（岐）[歧]論。世子闢吹灰之謬，而又變以氣驗律之説爲以律驗氣之説，謂候氣爲用律之一端，亦由於胸無確見故也。世子又云：「詩不云乎？『鼓瑟鼓琴，笙磬同音』，蓋笙與琴瑟一堂之樂也。以笙定琴，以琴定瑟，以琴瑟協歌咏以定八音，則雅樂可興矣。古人琴瑟定弦皆以笙管爲準，琴有八十四聲，置八十四以十二除之得七，是知每均當具七音。自隋何妥建議廢旋宫法，由是以來，世俗琴士不識七音爲均之琴，唯笙皆是七音爲均，卻無五音爲均之笙，援笙爲琴瑟作證，不亦深切著明乎？琴中八十四聲祇用笙中七簧定之，以簡馭繁妙法也歟？」愚按：世子以笙之七音證琴之七音，可謂因此得彼，聞一知二者矣。其以笙之七簧定琴之八十四聲，尤爲不易之法。夫笙何（與）[異]於琴，而可以定琴者，以其比例同也。笙豈無大小，琴豈無長短，而皆可以笙定琴者，大小長短雖異，而比例則同也。蓋以笙定琴，則笙即琴之律也。笙之上、尺、工、凡、合、四、一，即律之黄鍾、太簇、姑洗、蕤賓、林鍾、南吕、應鍾也。夫笙非律而可以代律，笙之長短豈與律之長短相等哉？世子達乎此，而猶惑於黄鍾有一定之長短，其亦未之思矣。

黄鍾之長三

或問：黄鍾不可以長短論，則絫黍之尺可廢乎，不可廢乎？曰：非謂其不可廢，乃不必廢也。子莫之中亦中之一，但害在執耳。舉一廢百，執一之故也，果能不廢百，則所舉之一亦百中之一也，又何必舉百廢一乎？有意於舉百廢一，仍是執一也。曰：諸家之絫黍不一，其尺即不一，而律亦不一，將以何者爲是？

曰：任取一家依比例密率算之，製而爲律，使善用律者用之，只求合聲，不惑於黄鐘大吕之名，則皆可以正五音，可以得中聲也。累黍之尺，惟鄭世子攷校最詳，即就世子之言論之，世子謂蔡元定之律失之短，黄鐘比古律高三律，聲中古之夾鐘。夫古之夾鐘，獨非中聲乎？使蔡氏之黄鐘果當古之夾鐘，是蔡氏之名爲黄鐘者，即世子之名爲夾鐘者也。則蔡氏之名爲南吕倍律者，必世子之名爲黄鐘者也。易倍南吕之名爲黄鐘，易黄鐘之名爲夾鐘，則蔡氏可同於世子。若易夾鐘之名爲黄鐘，易黄鐘之名爲倍南吕，則世子亦可同於蔡氏矣。去其黄鐘、夾鐘、倍南吕之名，而世子與蔡氏其相同者自在也。世子謂李照之律失之長，黄鐘比古律低二律，當古之無射倍律。夫古之無射倍律，獨非中聲乎？使李氏之黄鐘果當古之無射倍律，是李氏之名爲黄鐘者，即世子之名爲無射倍律者也。則李氏之名爲太簇者，必世子之名爲黄鐘者也。易太簇之名爲黄鐘，易黄鐘之名爲倍無射，則李氏可同於世子。若易倍無射之名爲黄鐘，易黄鐘之名爲太簇，則世子亦可同於李氏矣。去其黄鐘、太簇、倍無射之名，而世子與李氏其相同者自在也。世子意謂律太短者，聲必失之焦急；律太長者，聲必失之重濁，皆非中聲也，此尤不然。夫蔡氏之黄鐘既當古之夾鐘，謂古之夾鐘失之焦急，非中聲，可乎？蔡氏之黄鐘失之焦急，則何不取蔡氏之倍南吕即古之黄鐘者而用之乎？李氏之黄鐘既當古之倍無射，謂古之倍無射失之重濁，非中聲，可乎？李氏之黄鐘失之重濁，則何不取李氏之太簇即古之黄鐘者而用之乎？夫當用黄鐘而不用黄鐘，當用夾鐘而不用夾鐘，當用倍無射而不用倍無射，此用律之過，非律之過也。當用黄鐘而用夾鐘，則失之焦急；用倍無射，則失之重濁。若當用倍無射而用黄鐘，則黄鐘亦失之焦急；當用夾鐘而用黄鐘，則黄鐘亦失之重濁矣，豈加以黄鐘之名，即可謂之中聲哉？音不過五，而律三十六，已不可勝用。古人用律或倍或半，只求合聲，不拘於倍半之名也。古人用律，其可數者四倍四半，合之本律共二十律，最長之八倍律與最短之八半律不必全用也。蔡氏之短，李氏之長，其當用之二十律與世子相同者，尚在三十六律之中也。設不在三十六律之中而變而通之，有倍之倍，有半之半，其當用之二十律與世子相同者，亦未嘗不全也，必拘拘於三十六，是亦子莫之執中也。古人之三十六律就中擇而用之耳，豈盡用之哉？不用之長律與不用之半律，豈盡拘之以八哉？必拘之以八，是又子莫之執中也。此就世子之説論之耳。世子以一已所定謂之古，其實古之十二律並無一定之短長也。古律無一定之短長，而其用之也，則擇之必精，非若後世限以一定之短長，而求之於律之名，不求之於聲之實也。總之，定律之要全在算術比例，比例既精，任取一家之尺，依法算之，而可以製律矣。至用以正音，則在善用律之人，善用律之人必能審音，必學習既久而後得之，非可以口舌爭也。師曠之聰，不以六律不能正五音，然唯師曠之聰，乃能以六律正五音，師曠上知也。其次必學習得之，非有六律即能正五音也。當師曠時，豈無六律，何師曠之少哉？猶之規矩常存，而巧者少也。如不能審音而歸過於律，於是爭黍之大小，尺之長短，而又惑於十二律之名。則守蔡氏之説者，謂世子之黍太大，尺太長，其聲失之重濁，其黄鐘乃古之倍南吕也。守李氏之説者，謂世子之黍太小，尺太短，其聲失之焦急，其黄鐘乃古之太簇也。各託於古，互相是非，黍豈有聲可論，尺豈有聲可論哉？世子又豈能以口舌爭哉？如不惑於十二律之名而審之以音，則三家之律如前所論，其相同者固在也，又何必以口舌爭哉？大抵講樂之家皆惑於律吕之名，所謂名者，不獨黄鐘爲萬事根本，黄鐘爲聲氣之元，一切虚渺之説爲然。即黄鐘長八寸一分，律共三十六，與夫六十調、八十四聲有一定之數者，皆律吕之名也。一拘於此(於)理，必有所不通矣。然則何謂律吕之實？曰：算術比例，《管子》所謂「四開九九」者，律吕之實也。此聖人之時中，非子莫之執中也。

鄭世子曰：「音律之有名，猶人名耳。邱垤之邱，孔子取之。轗軻之軻，孟子取之。孔孟之德，豈在是乎？聲音有高下，而莫能識，則古人强以宫商名之，而又强爲黄鐘等，正猶此耳，初無别義。以義解律，漢儒之穿鑿也。」愚按：世子闢漢儒穿鑿之失，是矣。但所謂名者，豈止宫商黄鐘等謂之名乎？凡五音、七音、三十六律、六十調、八十四聲以及黄鐘長短、宫濁羽清之類，皆名也。諸家守五音之説，則非七音；守七音之説，又非五音，於三十六律、六十調、八十四聲限以一定之數，必不可增減。而講黄鐘長短者，講宫濁羽清者，尤紛如聚訟，凡此皆惑於名之過也。宫商鐘吕之名，其惑人尚淺，此數端者，其惑人更深也。世子論黍尺而附會於河圖洛書，創爲縱黍、横黍之説，其與漢儒之穿鑿相去幾何哉？

世子又曰：「知音者隨處有之，點笙之人其非知音而何？彼但不知律之名耳。」愚按：後世工師惟不知律之名，而律之實猶在。儒者言律如繫風捕影，只於名求之，非失之怪誕，即失之拘泥，正由知律之名耳。知律之名即爲律之名所惑二千餘年，凡知律之名者，未有能知音者也。彼工師不知律之名，只求合聲，無所謂陰陽五行、吹灰生黍也，斯不失之怪誕矣。無所謂隔八相生，絫黍定尺也，斯不失之拘泥矣。此如歷家只求合天，其歷必密，凡言歷而求合於陰陽五行卦爻蓍策，其歷未有能密者也。凡言律而惑於名，未有能知律者也。

度量權衡

《虞書》同律度量衡各自一事，未嘗言同律於度量衡，同度量衡於律也。班氏志律曆，同曆於律，已爲附會之尤者，至今曆學大明，班氏之跡，殆不足辨，而同律於度量衡，講學之家猶遵守其説而不敢議，鄭世子辨九十黍及八百一十分之非，卓識獨見，高出前人，而仍惑於度量衡，皆起於黄鐘之謬説。夫律所以正五音，度所以度長短，量所以較多寡，衡所以平輕重，各有其用，乃比而同之。若度不起於黄鐘，即不可以度長短。量不起於黄鐘，即不可以較多寡。衡不起於黄鐘，即不可以平輕重者，又若律不同於度量衡，即不可以正五音者，夫後世之度量衡不起於黄鐘，而世之度量衡自若也，未有以今之度量衡不起於黄鐘而廢之者也。惟律不同，於度量衡即不可以正五音，遂爲二千餘年講樂家之一大惑。絫黍定尺以求黄鐘之長，至今猶守其説而不敢變也。今觀班志之誤，即在於一曰備數，其言曰數者，一十百千萬也，本起於黄鐘之數，始於一而三之云云。夫數者萬事萬物皆賴之，無論律曆，與度量權衡其一以貫之者，數是也。黄鐘者，數之一端耳。《管子》以九九定黄鐘，先主一而三之，是以數起黄鐘也，非以黄鐘起數也。班氏本《管子》之言，不達其意，乃謂一十百千萬本起於黄鐘之數，本末倒置，不知數爲何事矣。夫數尚起於黄鐘，則度量權衡尚有不起於黄鐘者哉？是以於度則曰不起於黄鐘之長，於量則曰本起於黄鐘之龠，於衡權則曰本起於黄鐘之重，皆因本起於黄鐘之數一語推衍之也。後世學者遂執《攷工記》㮚氏所爲之嘉量一器而律度量衡俱備者衍爲牽合之説，不知㮚氏嘉量雖一器，而律度量衡俱備，其實律自爲律，度自爲度，量自爲量，衡自爲衡也。若如牽合者之説，同度量衡於律，則黄鐘之管長九寸，而嘉量乃方一尺，不得謂之同。即從鄭世子黄鐘長一尺之説，則黄鐘之長乃圜長一尺，而嘉量乃立方一尺，其積千寸，更不得謂之同也。黄鐘之龠千二百黍，而嘉量其實一鬴，其數愈遠，且所謂黄鐘之龠者，尤爲難解。説者謂指爲黄鐘之實，夫黄鐘之實爲嘉量之龠，而黄鐘之聲乃叩方尺之鬴而得之，非叩龠而得之也，是亦不可謂之同也。黄鐘之重，千二百黍之重也，其重十二銖，而嘉量乃重一鈞，亦不可謂之同也。牽合之説蓋無往而不窮矣，而又謂嘉量重二鈞乃王莽之斛，更不足據。愚謂律算乃專門之學，非史家所長，其牽合附會本不足怪，獨怪講樂之家泥於其説，因班志謂度量衡皆起於黄鐘，遂專求黄鐘於度量衡，守株待兔，求劍刻舟，而黄鐘遂不知爲何事，此則不可不辨也。

著録

《宋史·藝文志》 蔡元定《律吕新書》二卷。

《明史·藝文志一》 韓邦奇《律吕新書直解》一卷、《苑洛志樂》二十卷。

【略】黄佐《禮典》四十卷、《樂典》三十六卷。

又《樂志》 神宗時，鄭世子載堉著《律吕精義》《律學新説》《樂舞全譜》共若干卷，具表進獻。

明·祁承㸁《澹生堂藏書目》 《嘉量算經》三卷，三册。

清·阮元《疇人傳》卷三六 李長茂

李長茂，著《算海説詳》，梅文鼎謂爲「亦有發明，而不能具《九章》」。

清·諸可寶《疇人傳三編》卷二 安清翹

安清翹，字□□，□□人。或曰爲山西人。里貫未詳。嘉道間，有《數學五書》如干卷，刻本行世。一《推步惟是》，二《一線表用》，三《學算存略》，四《筆算衍略》，五《樂律新得》也。

圖表

明·程大位《算法統宗》卷一七 黄鐘

五音相生歌

黄鐘九九起宫音，尋此三分損一尋。六九逢之生徵火，三分益一屬商金。
商居八九還生羽，羽水傳流六八侵。復以三分而益一，角音八八竗通神。

三分損一者乃三分之二也。三分益一者乃二分之一也。

五音相生圖

律呂相生圖

律呂相生歌

律呂相生識者稀，黄鍾九寸是根基。隔八生陰三損一，陰律生陽益一奇。黄林大簇皆全寸，餘者通之更不疑。俱用九分乘見積，四時氣候配攸宜。

明·黄道周《博物典彙》卷二　黄鍾、太簇、姑洗、蕤賓、夷則、無射爲陽，曰六律。皆三分損一隔八下生六律。

大吕、夾鍾、仲吕、林鍾、南吕、應鍾爲陰，曰六吕。皆三分益一隔八上生六律。

隔八相生圖

五聲八音八風之圖

天地之間，聲大者如雷霆，小者如螻蟻，皆不得其和。惟十二律定而後，聲之大者不過宫、小者不過羽，聲始和矣。以此被之八音，則八音和奏之，天地則八風和，八風和而諸禍之物可致之，祥畢至矣。聖人一天地贊化有之道，莫善(于)[于]此。

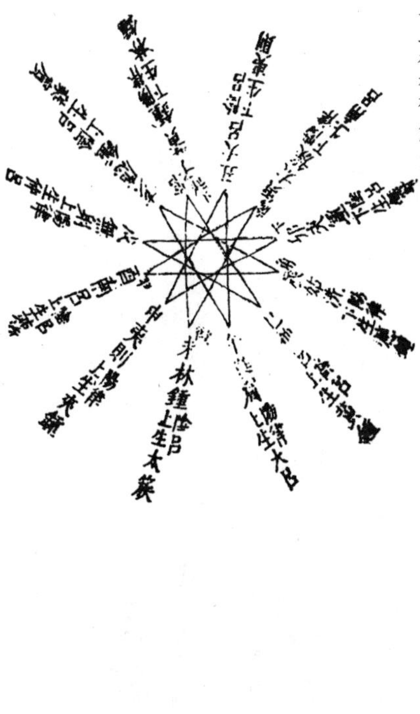

十二律旋相爲宫圖

清·劉錦藻《清續文獻通考》卷一八九

三分損益分音圖

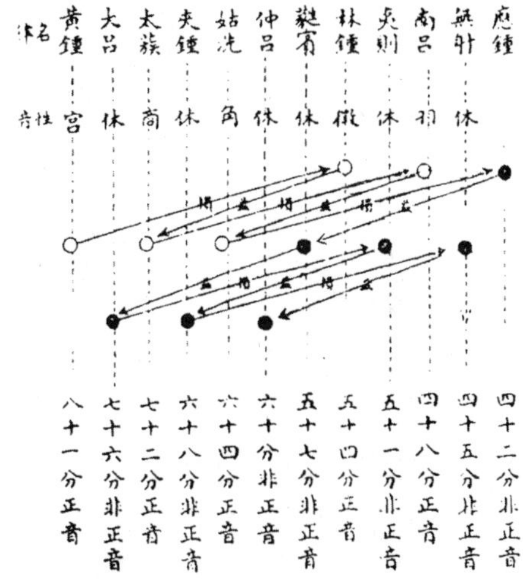

清・張行言《聖門禮樂統》卷二〇

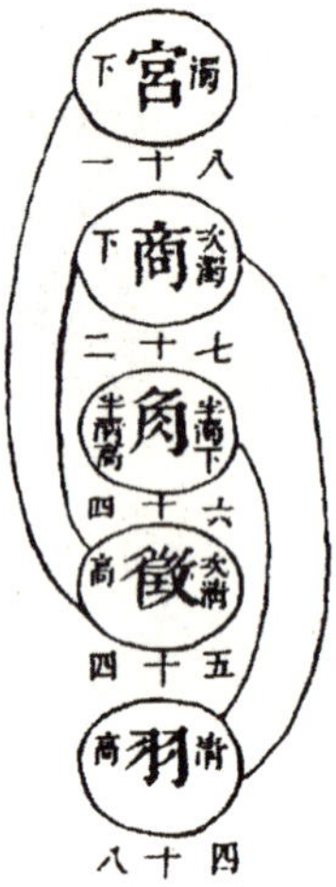

五音相生圖

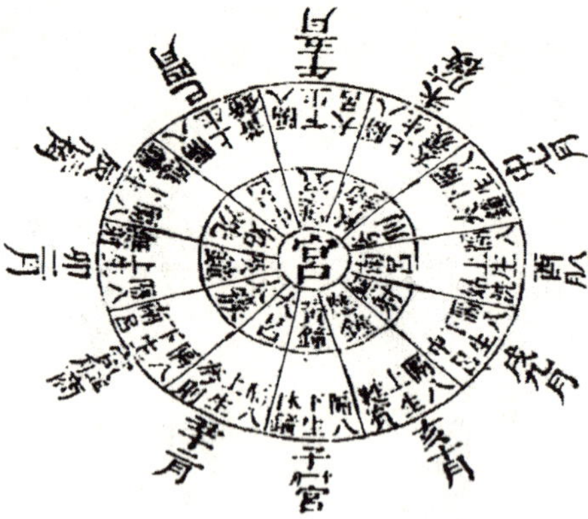

隔八相生圖

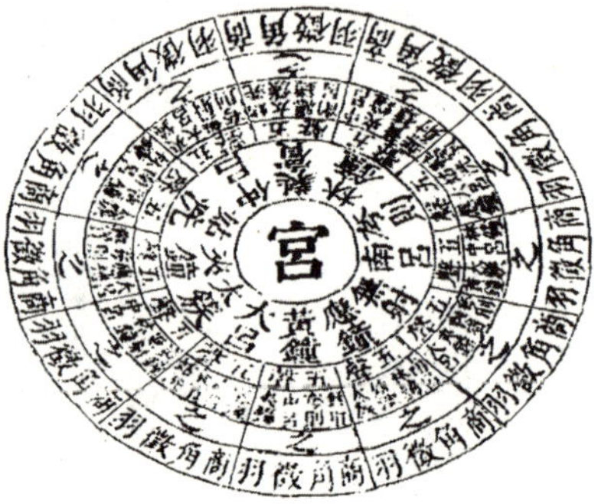

五聲六律旋相爲宮之圖

縱橫圖部

綜論

《尚書・顧命》 大玉、夷玉、天球、河圖，在東序。

《周易・繫辭上》 河出圖，洛出書，聖人則之。

漢・戴德《大戴禮記》卷八《明堂》 明堂者，古有之也，凡九室。【略】二九四，七五三，六一八。

漢・徐岳《數術記遺》 九宮算

甄鸞注云：九宮者，即二四爲肩，六八爲足，左三右七，戴九履一，五居中央。

《黃帝内經・靈樞》 九宮八風

立秋二，玄委西南方；秋分七，倉果西方；立冬六，新洛西北方；夏至九，上天南方；招摇中央；冬至一，葉蟄北方；立夏四，陰洛東南方；春分三，倉門東方；立春八，天留東北方。

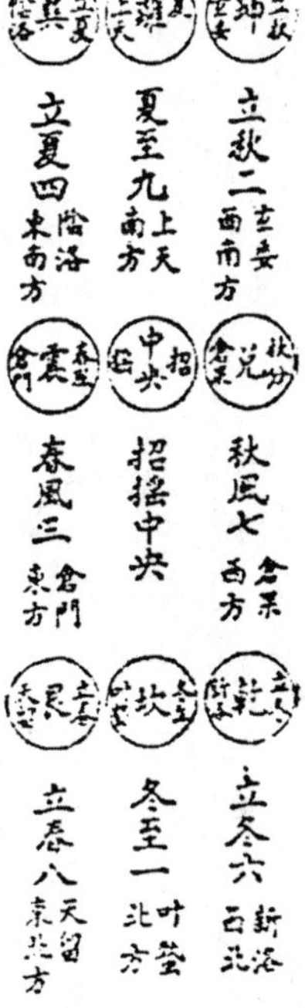

《靈樞經合纂》九宮八風

《易緯・乾鑿度》 故陽以七，陰以八爲象，易一陰一陽，合爲十五之謂道。**【略】**陽動而進，變七之九，象其氣之息也。陰動而退，變八之六，象其氣之消也。故太一取其數以行九宮，四正四維，皆合於十五。

太一者，北辰之神名也。居其所，曰太一常，行於八卦日辰之間。**【略】**四正四維，以八卦神所居，故亦名之曰宮。太一下行九宮，從坎宮始。**【略】**自此而從於坤宮。又自此而從震宮。**【略】**又自此而從巽宮。巽，長女也，所行者半矣，還息於中央之宮，既又自此而從乾宮。**【略】**自此而從兌宮。**【略】**又自此而從艮宮。**【略】**又自此從於離宮。離，中女也，行則周矣。

唐・呂巖《呂子易説》卷上 《河圖》《洛書》皆以五居中而一居下也，大衍之數五十而虛其一也。其一者，下之一也，一者萬物之根荄，即大造之化源也。**【略】**乾卦所謂勿用於潛龍者，即大衍所謂勿用之一也，四十有九之用，變化無窮，而未始離乎一也。

宋・劉牧《易數鈎隱圖》卷下

河圖第四十九

以五爲主，六八爲足，二四爲肩，左三右七，戴九履一。

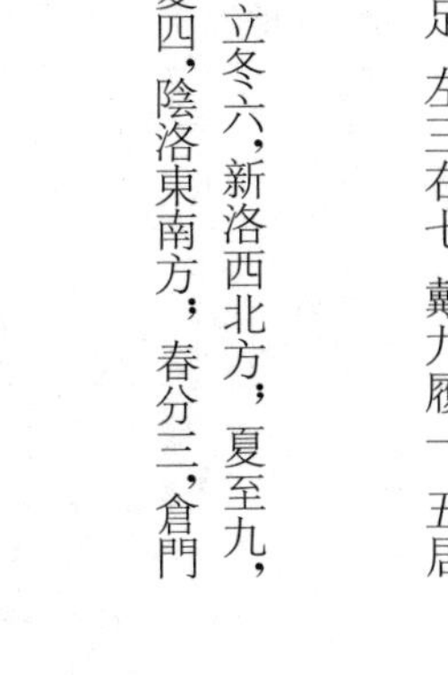

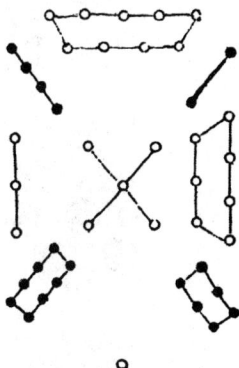

又 洛書五行生數第五十三

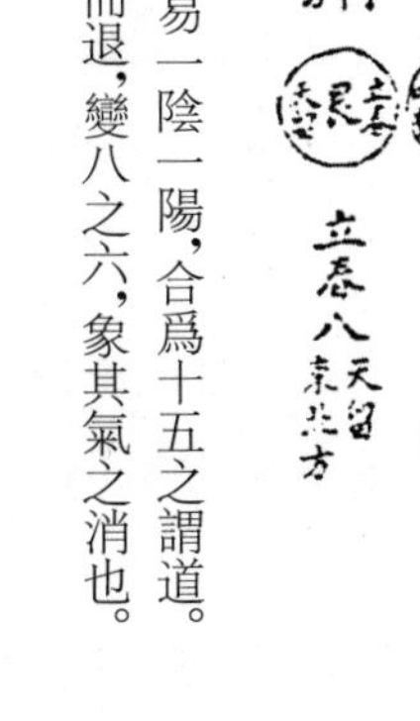

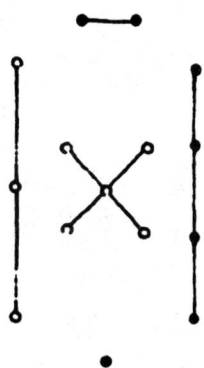

又 洛書五行成數第五十四

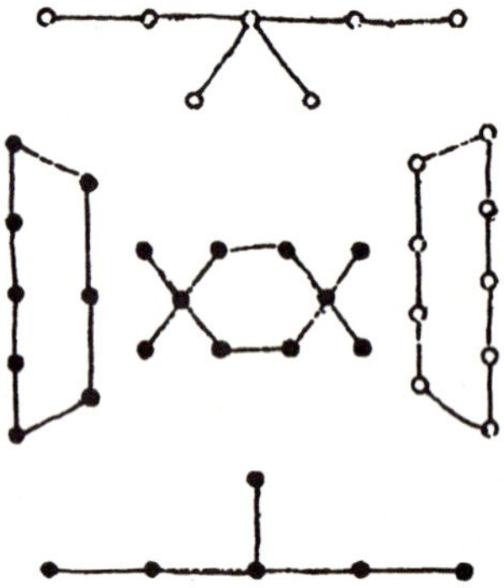

宋・阮逸《關朗易傳》 河圖之文，七前六後，八左九右。洛書之文，九前一後，三左七右，四前左，二前右，八後左，六後右。

宋・朱熹《周易本義》

河圖

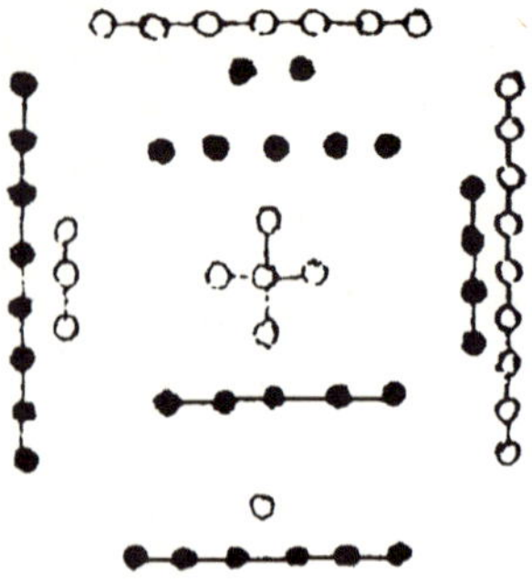

洛書

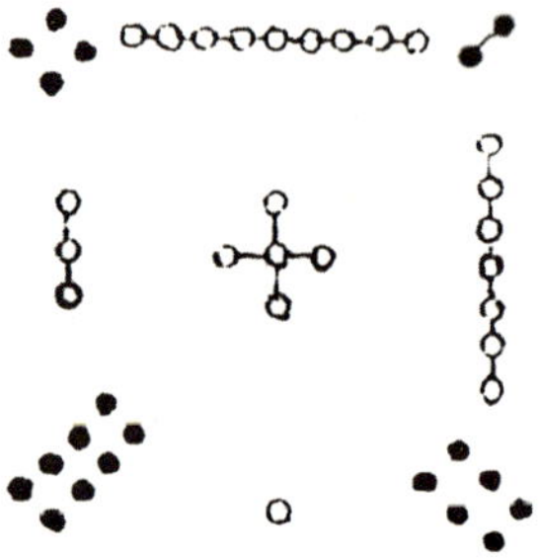

宋・楊輝《續古摘奇筭法》卷上 縱横圖

天數一三五七九，地數二四六八十。積五十五。

求積法曰：併上下數，共一十一，以高數十乘之，得百一十。折半，得五十五，爲天地之數。

洛書

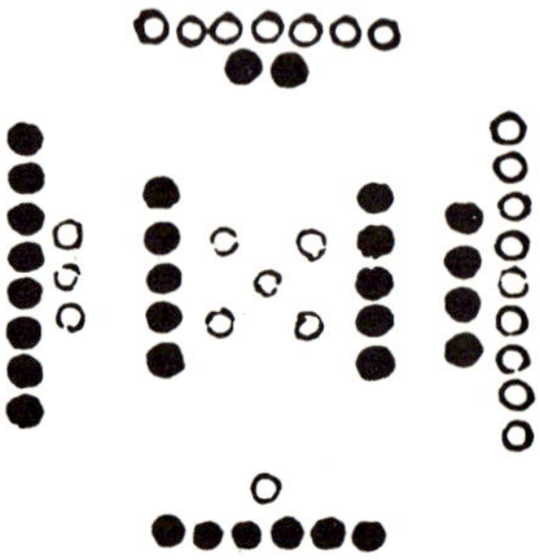

九子斜排，上下對易，左右相更，四維挺出。

河圖

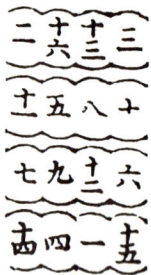

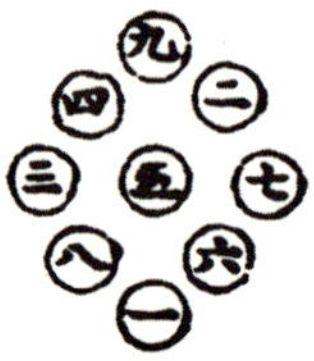

戴九履一，左三右七，二四爲肩，六八爲足。

花十六圖 縱横三十四。

二	十六	十三	三
十一	五	八	十
七	九	十二	六
十四	四	一	十五

陰圖 積百三十六。

四	九	五	十六
十四	七	十一	二
十五	六	十	三
一	十二	八	十三

右換易術曰：以十六子，依次第作四行排列。

一 二 三 四

五 六 七 八

九 十 十一 十二

十三 十四 十五 十六

先以外四角對換，一換十六，四換十三。復以内四角對換，六換十一，以七換十，横直上下斜訛，皆三十四數。對換止可施之於小。又總術。

求積數術曰：併上下數，上一下十六，共十七，以高數十六乘之，折半，得一百三十六，以行數四除之，得每行縱橫之數三十四。

求等術曰：以子數分兩行：一、二、三、四、五、六、七、八、而十六、十五、十四、十三、十二、十一、十、九

二子皆等十七，又分爲四行，而橫行先等三十四。

十二	五	十六	一
十一	六	十五	二
十	七	十四	三
九	八	十三	四

乃不易之數，却以此數，編排直行之數，使皆如元求一行之積三十四而止，繩墨既定，則不患數之不及也。

五五圖縱橫六十五。

一	廿三	十六	四	二十一
十五	十四	七	十八	十一
廿四	十七	十三	九	二
二十	八	十九	十二	六
五	三	十	廿二	廿五

陰圖積五百二十五。

十二	廿七	卅三	廿三	十
廿八	十八	十三	廿六	二十
十一	廿五	廿一	十七	卅一
廿二	十六	廿九	廿四	十四
卅二	十九	九	十五	三十

草曰：併上下，上乙，下二十五，共二十六。以高數二十五乘之，折半得積三百二十五。以五行除之，即一面之數皆六十五。

六六圖縱橫百一十一。

十三	廿二	十八	廿七	十一	二十
卅一	四	卅六	九	廿九	二
十二	廿一	十四	廿三	十六	廿五
三十	三	五	卅二	卅四	七
十七	廿六	十	十九	十五	廿四
八	卅五	廿八	一	六	卅三

陰圖共積六百六十六。

四	十三	卅六	廿七	廿九	二
廿一	卅一	十八	九	十一	二十
三	廿一	廿三	卅二	廿五	七
三十	十二	五	十四	十六	卅四
十七	廿六	十九	廿八	六	十五
卅五	八	十	一	廿四	卅三

衍數圖縱橫百七十五。

四六	八	十六	二十	二九	七	四九
三	四十	卅五	卅六	十八	四	二
四四	十二	卅三	廿三	十九	卅八	六
廿八	廿六	卅一	廿五	卅九	廿四	廿二
五	廿七	卅二	廿七	十七	十三	四五
四八	九	十五	十四	卅二	十	四七
一	四二	卅四	二三	廿二	四三	四

陰圖共積一千二百一十五。

四	四三	四十	四九	十五	廿一	二
四四	八	卅五	九	卅六	十五	三十
三八	十九	廿六	十一	廿七	廿二	卅二
三	十三	五	廿五	四五	卅七	四七
十八	廿八	廿三	二九	四四	卅一	十二
二十	二六	十四	四一	十七	四二	六
四八	廿九	卅四	一	十	七	四六

易數圖縱橫二百六十。

六一	四	三	六二	二	六三	六四	一
五二	十三	十四	五一	十五	五十	四九	十六
四五	二十	十九	四六	十八	四七	四八	十七
三六	廿九	三十	三五	卅一	三四	三三	三二
五	六十	五九	六	五八	七	八	五七
十二	五三	五四	十一	五五	十	九	五六
廿一	四四	四三	廿二	四二	廿三	廿四	四一
廿八	三七	三八	廿七	三九	廿六	廿五	四十

陰圖共積二千八十。

六一	三	二	六四	五七	七	六	六十
十二	五四	五五	九	十六	五十	五一	十三
二十	四六	四七	十七	二四	四二	四三	廿一
三七	二七	二六	四十	卅三	卅一	三十	卅六
廿九	三五	卅四	卅二	廿五	卅九	卅八	廿八
四四	廿二	廿三	四一	四八	十八	十九	四五
五二	十四	十五	四九	五六	十	十一	五三
五	五九	五八	八	一	六三	六二	四

九九圖縱橫三百六十九，共積三千三百二十一。

三十一	七十六	十三	三十六	八十一	十八	二十九	七十四	十一
二十二	四十	五十八	二十七	四十五	六十三	二十	三十八	五十六
六十七	四	四十九	七十二	九	五十四	六十五	二	四十七
三十	七十五	十二	三十一	七十七	十四	三十四	七十九	十六
二十一	三十九	五十七	二十三	四十一	五十九	二十五	四十三	六十一
六十六	三	四十八	六十八	五	五十	七十	七	五十二
三十五	八十	十七	二十八	七十三	十	三十三	七十八	十五
二十六	四十四	六十二	十九	三十七	五十五	二十四	四十二	六十
七十一	八	五十三	六十四	一	四十六	六十九	六	五十一

百子圖縱横五百五。共積五千五十。

一百	八十一	八十	六十一	六十	四十一	四十	二十一	二十	一
二	十九	二十二	三十九	四十二	五十九	六十二	七十九	八十二	九十九
九十八	八十三	七十八	六十三	五十八	四十三	三十八	二十三	十八	二
四	十七	二十四	三十七	四十四	五十七	六十四	七十七	八十四	九十七
九十六	八十五	七十六	六十五	五十六	四十五	三十六	二十五	十六	五
六	十五	二十六	三十五	四十六	五十五	六十六	七十五	八十六	九十五
八十七	九十四	六十七	七十四	四十七	五十四	二十七	三十四	七	十四
十三	八	三十三	二十八	五十三	四十八	七十三	六十八	九十三	八十八
八十九	九十二	六十九	七十二	四十九	五十二	二十九	三十二	九	十二
十	十一	三十	三十一	五十	五十一	七十	七十一	九十	九十一

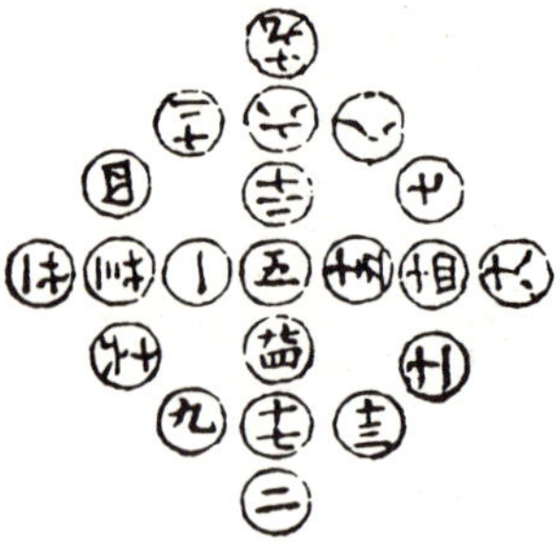
聚五圖二十一子作二十五子用。

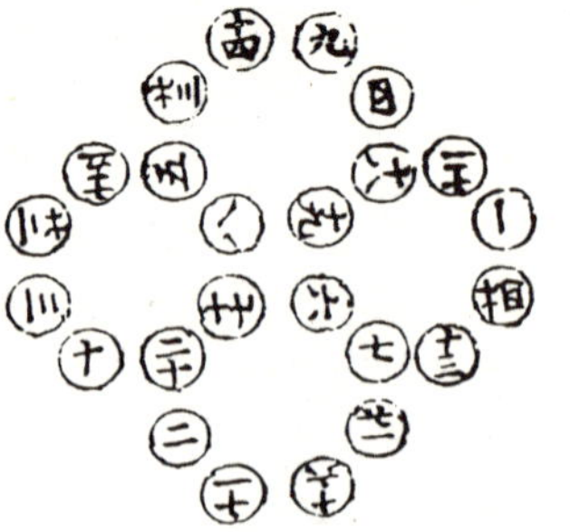
聚八圖二十四子作三十二子用。

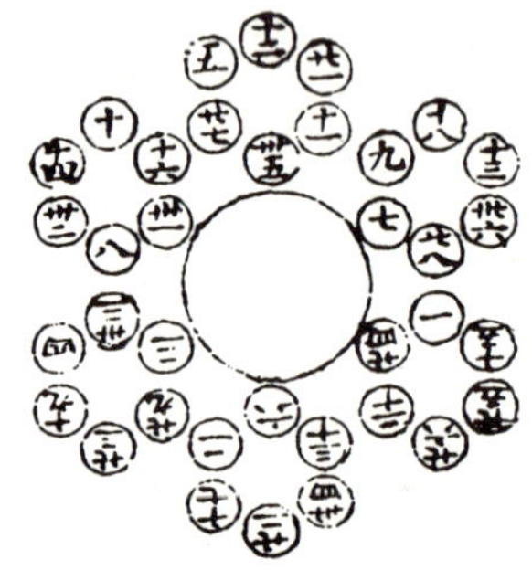
聚六圖六子迴環各一百一十一。

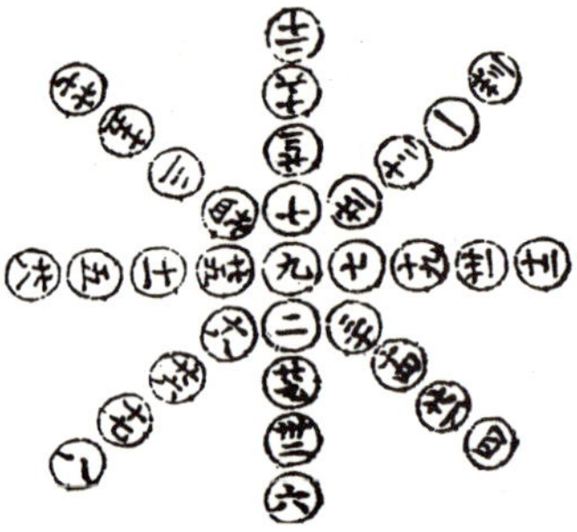
攢九圖斜直周圍各一百四十七。

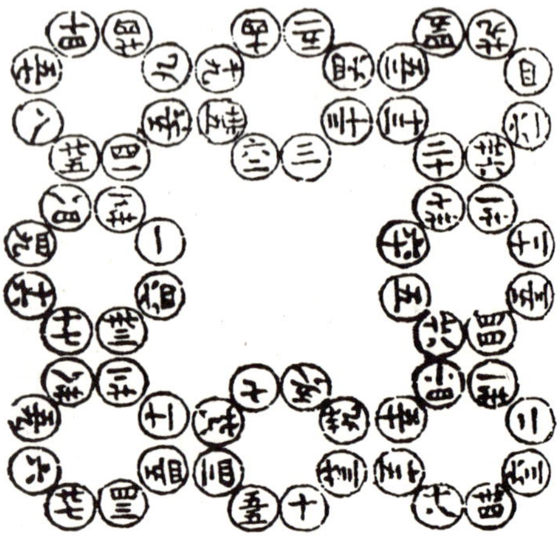
八陣圖

八八六十四子，總積二千八十，以八子爲一隊，縱横二百六十，以大輔小，而無强弱不齊之數，示均而無偏也。

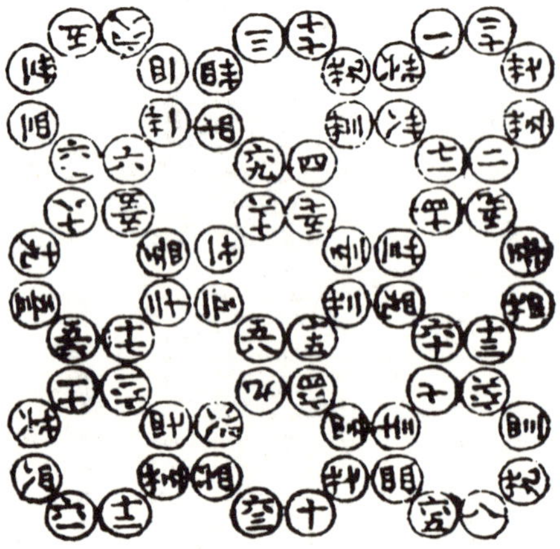
連環圖

七十二子總積二千六百二十八，以八子爲一隊，縱橫各二百九十二，多寡相資，隣壁相兼，以九隊化一十三隊，此見運用之道。

宋・丁易東《大衍索隱》卷一　原衍

天地之數五十有五，而大衍五十，先儒於此每失之鑿，獨朱子以五乘十之説近之。至於四十有九，率不過歸之虚一而已，未有得夫五十數與四十九之全者。予竊病焉。比游浙右，有謂邵子先天兩儀、四象、八卦，合四十九，所虚之一，是爲太極，其説雖異先儒，要無牽合傅會之病，予始以爲大衍之説，不過此耳。徐而思之，則於《易》中天地五十五數，尚有未合，固已疑之，未幾復得。河南楊氏大衍本原，謂四十九與五十皆天地之數，各再自乘而以中數自乘除之者，始知四十九真爲四十九，五十真爲五十，非强合之也。噫！楊氏之説似矣。然其爲數必再自乘，又以中數除而後得，雖無牽强，頗非簡易，未必聖人作《易》初意。嘗以管見求之，亦既得其説之一二矣。而猶以爲未也。思之思之而又思之，一旦豁然，若有遺於神明之通者，然後知五十、四十九皆天地之數，合而衍之，其偶、其奇自然而成。至簡至易而四象之奇之策，三百八十四爻，以至萬有一千五百二十之數，胥此焉出也。嗚呼！何其數之神如此，妙如此，契合如此，而古人曾未及之耶，抑嘗有知之者而其説不傳耶，是未可知也。或曰：若子之説，則聖人作《易》之初意果在是而他説可廢耶。曰：《易》道無窮，識見有限。聖人作《易》，取此四十九、五十之數以神蓍卦之用，而天地人物之理，無所能逃。豈予之淺見，遽可以盡聖人之本心乎。且予方其得以五衍之之説也，固未知以數乘除之説也，方其得以數乘除之説也，又未知有合而衍之之説也。安知後之學者其説有不出於予之上者乎。若但以先儒之説病予則咎，雖有所不辭理，亦當仁不遜，云名《原衍》。武陵丁易東序。

天數五，地數五，合而衍之耦數五十，奇數四十有九，其用四十有九顯諸仁。

大衍之數五十，藏諸用，耦爲大衍之體數，奇爲大衍之用數。體静而用動也。

天地之數各五，合而衍之通得九位，一與二爲三，二與三爲五，三與四爲七，四與五爲九，五與六爲十一，六與七爲十三，七與八爲十五，八與九爲十七，九與十爲十九。九位各有奇，而五位各有耦，置其五位之耦是爲五十，大衍之體數也。存其九位之奇，則得四十有九，大衍之用數也。一居其中，而左右之位各四，有掛一分二揲四之象焉，三與九合，五與七合，皆成十二，四其十二即以四揲之而合奇與策通成十二之象也。左右各二十有四，二十有四者，奇與策之中數，

大衍之數五十、其用四十九圖

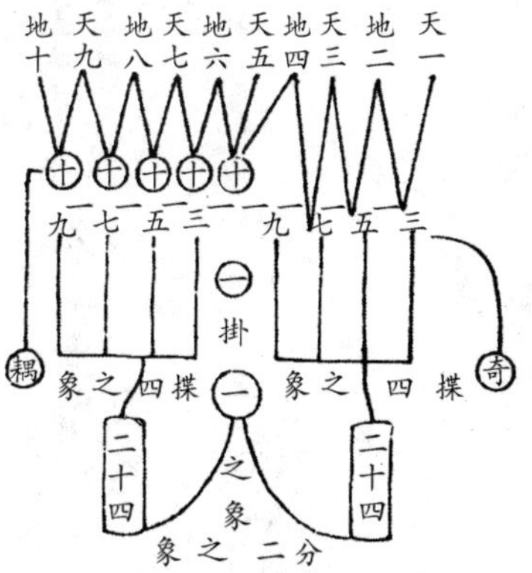

奇之多者，策之少者，皆至二十四數而止。

奇止於二十四，而策起於二十四也。又二十四者，八卦之爻數也，二十四而又二十四，則八卦之上又生八卦而上下之體具，六十四卦之象默寓於其中矣。雖然此大衍之數未用以前所示之象也。故掛中位之一而中分之。若夫四象之奇四象之策其數之合者，已用之後也。下圖詳之。

或曰：四十九之下爲五十，故先儒以虚一言之。今如此圖。則是四十九之外自有五十矣。四十九之外有五十是以九十九之數强分之也。毋乃非自然乎？曰：此圖奇數得四十九而耦數得五十，以奇耦而分，則固自然之理而非人爲矣。凡以數而言得五十者但見其爲五十而不見其爲四十九。得四十九者，但見其爲四十九而不見其爲五十。今奇耦各分而兩數俱存，以耦形奇，則見其四十九之下虚其五十之一數矣。豈四十九外之五十果有異於四十九下之五十耶。

朱子曰：大衍之數五十。而蓍一根百莖，可當大衍之數者二。故揲蓍之法，取五十莖爲一握，而置其一不用，以象太極。又廬陵羅長源曰：以奇數自倍倍之爲五十，而一無倍爲四十九。按：此二説雖非余本説而理有近者，蓋百莖之蓍置其一不用則九十九也。除其用四十有九，則一握之外尚餘五十莖焉。若夫以奇數自倍而一無倍，質之余圖則三、五、七、九、十一、十三、十五、十七、十九，除五位耦數之十，其三、五、七、九皆有倍，獨一無倍耳。

或問：耦數五位之十起於天五、地六之後，而天一、地二、天三、地四不與焉。何以謂之體數？曰：生成之數終於十，十者生成之全數也。且大衍之數非十不能衍，故謂之體也。惟其體也，故遇十則藏焉；用藏於十，此十之所以爲體

也，且生成之數於此乎止焉。止非静乎，静非體乎。

大衍合數生四象圖

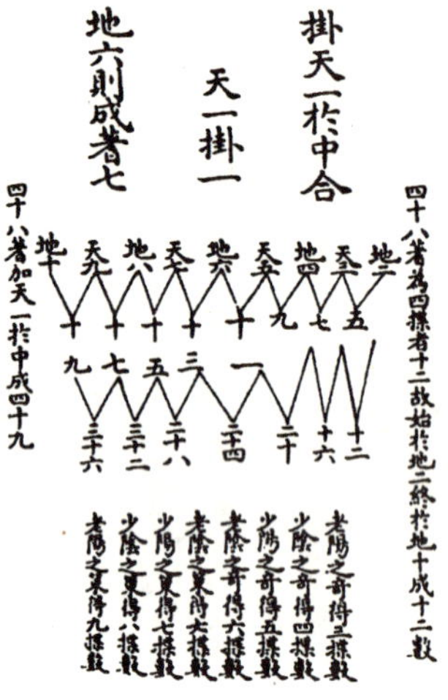

前圖以中位十一去其十而掛其一，左右皆得二十四。蓋中分也，止示其象耳，而一非真一也。

此圖但以天一掛其中而四象之奇、四象之策，無不具焉。而前所去五位之十，亦行乎其中矣。

或問：四象之奇、四象之策數合於已用之後者何哉？曰：夫前數之合者曰三、曰五、曰七、曰九、曰十一、曰十三、曰十五、曰十七、曰十九是也。若以十九合十七則三十六，老陽之策也；十七合十五則三十二，少陰之策也；十五合十三則二十六，少陽之策也；十三合十一則二十四，老陰之策、老陰之奇也。又以十一合九則二十，少陽之奇也；九合七則十六，少陰之奇也；七合五則十二，老陽之奇也。故此圖自五而七，以至自十七而十九，七位之中，四象之奇之策其脗合神妙，蓋如是焉。若夫五與三合則爲八者卦之數耳，而不用者掛天一也。何也？曰：前圖所掛者十下之一，今圖所掛者正爲天一。何也？曰：前圖中分而掛一，故取其兩旁之等，而一非真一，未用之前所示之象也。此圖所掛乃爲真一，實數之祖達諸用而無定在耳。

五與三合爲八又爲耦扐，三與一合爲四，實爲奇扐，乘數具之而此，但取八爲卦數者，蓋乘圖乘一爲一，故一見於用；合圖一即合二爲三，而一已隱，則一但合二而不合三，故不容取四爲奇扐，所以八但爲卦數，而不以爲耦扐，且天一已掛，則八亦不見於用耳。

合數即廉隅之本，乘數自廉隅而生。

大衍合數得乘數圖

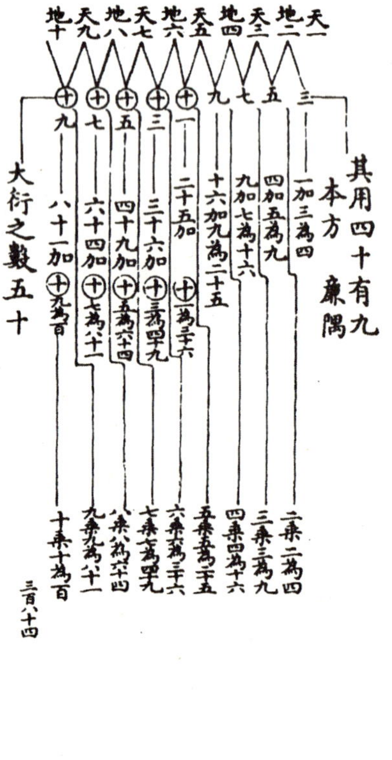

前圖由合數而得乘數自本而末此圖先乘數而後合數自末而本者也。

大衍乘數生爻復得合數之圖

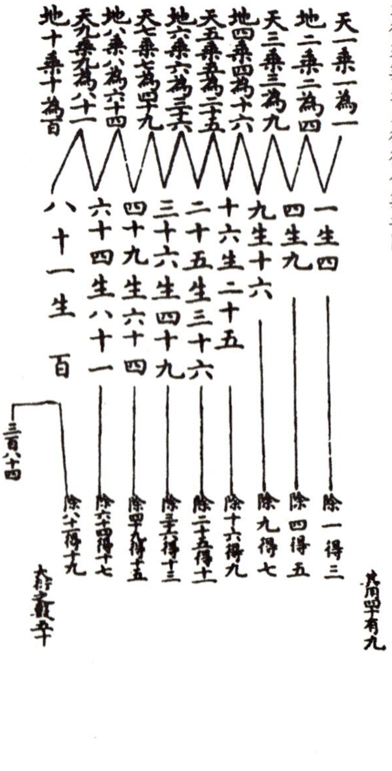

以此圖觀，則未有五十與四十九之數而先有三百八十四爻。程子曰：沖漠無朕，萬象森然，已具信矣。

或問：一與二爲三，以至九與十爲十九，其耦數之得五十，而奇數得四十九，則固然矣。然以其數之相繼者，比而合之，得非人力乎？曰：此豈人力之所爲哉！蓋見之於用相乘數之所自生也。夫一一爲一，不可變也，由一一之一，生二二之四，是自一而加其三也；由二二之四，生三三之九，是自四而加其五也；由三三之九，生四四之十六，是自九而加其七也；由四四之十六，生五五之二十五，是自十六而加其九也；由五五之二十五，生六六之三十六，是二十五而加其十一也；由六六之三十六，生七七之四十九，是自三十六而加其十三也；由七七之四十九，生八八之六十四，是自四十九而加其十五也；由八八之六十四，生九九之八十一，是自六十四而加其十七也；由九九之八十一，生十十之百，是自八十一而加其十九也。夫自一而加其三者，一其本方而三其廉隅也；自四而加其五者，四其本方而五其廉隅也；以至自六十四而加其十七者，六十四其本方而十七其廉隅也；自八十一而加其十九者，八十一其本方而十九其廉隅也。則其合數之中已寓乘數之妙矣。夫一一之一既不可變，若由二二之四，至十十之百，其爲數也通得三百八十有四，則《易》之爻數具焉豈人力之所爲哉！

張文饒曰：十十者一百也，去其十九則九九也。九九者八十一也，去其十七則八八也。八八者六十四也，去其十五則七七也。七七者四十九也，去其十三則六六也。六六者三十六也，去其十一則五五也。五五者二十五也，去其九則四四也。四四者十六也，去其七則三三也。三三者九也，去其五則二二也。二二者四也，去其三則一也。二二爲四者，天地之體數也，故以一爲本、三爲用也。天地各以一變四用者三不用者一 三三爲九者，老陽之數也，故以四爲本、五爲用也。四者體也五者冲氣也冲氣託天地以生物 四四十六者，地體之析數也，故以九爲本、七爲用也。地之全體析一爲四者生物之體也。九爲陽之極用七爲天之餘分，故皇極經世十六位之數不同者九外更有七也。五五二十五者，天數也，故以十六爲本、以地爲體。九爲用也。老陽爲用。六六三十六者，老陽之策數也，故以二十五爲本、十一爲用也。二十五者天也。十一者天之五地之六，五者天之中六者地之中也。七七四十九者，蓍數也，故以三十六爲本、十三爲用也。十三者閏月之數也。八八六十四者，卦數也，故以四十九爲本、十五爲用也。十五者三五之中數也，老陰六、少陰八成十四不及也，老陽九、少陽七成十六太過也，陰陽相交七與八九與六皆成十五也。九九八十一者，元範之數也，故以六十四爲本、以十七爲用也。先天運數自乾至同人九十有七卦。十十爲百者，真數三變之極也，故以八十一爲本、十九爲用也。九九者生物之極變又十九者閏餘也，故太元八十一家又九之爲七百二十九贊而天度猶未盡，乃以踦贏足之九者天之終、十者地之終。十九年七閏無餘分。子(雲)[云]以爲一章者天地之數一，小終也。康節云五以四爲本，六以五爲本。又曰天以三而致用、地以四爲立體，亦是此意。又曰：自一一至十十，通虛包數三百八十五，去其一一則爻數三百八十四也。又曰：自一一至十十衍爲百位衍之極也。愚按：張文饒三説正與乘圖合，但彼不知大衍之數五十，其用四十有九者，正以此數奇耦分之耳。

以奇除奇以耦除耦，則生四象。

合數之生奇策掛天一耳。乘數之生奇策，則天一實爲數之始焉。

大衍乘數生四象圖

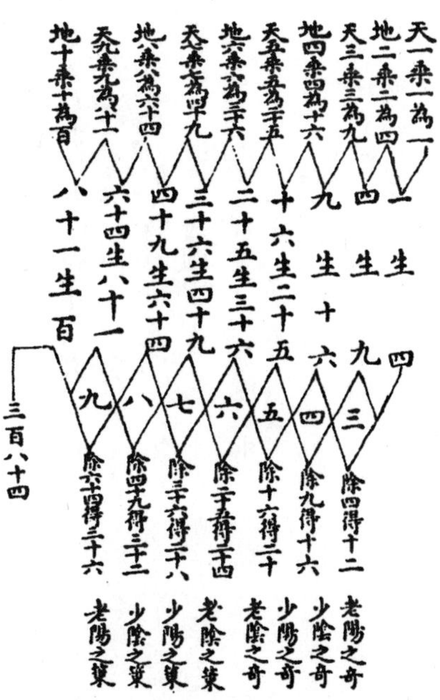

大衍合數得乘數生四象圖

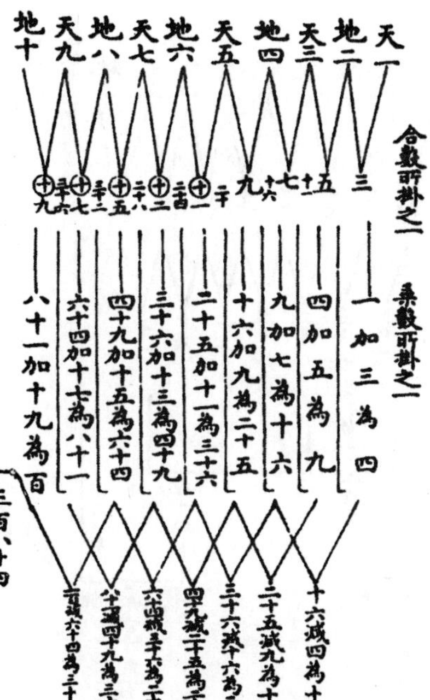

前圖但就桑數而見四象奇策。此圖又以合數爲乘數之本原,故列之。

合數之生奇策,前圖見矣。若乘數之生奇策,尤有可得而言者焉。夫一生四,四生九,九生十六,十六生二十五,二十五生三十六,三十六生四十九,四十九生六十四,六十四生八十一,八十一生百。此乘數之相生者也。若以奇數減奇,耦數減耦,隔位而除之,則四象之奇、四象之策有不期而合者焉。夫一一無乘也,二二則爲四矣,三三則爲九矣,是以乘數之偶始於四,乘數之奇始於九。四而十六,十六而三十六,三十六而六十四,六十四而後百者,其耦也。九而二十五,二十五而四十九,四十九而八十一者,其奇也。故以四而減十六則爲十二,十二者老陽之奇也;以九而減二十五則爲十六,十六者少陰之奇也;又以十六而減三十六則爲二十,二十者少陽之奇也;以二十五而減四十九則爲二十四,二十四者老陰之奇、老陰之策也;以三十六而減六十四則爲二十八,二十八者少陽之策也;以四十九而減八十一則爲三十二,三十二者少陰之策也;以六十四而減百則爲三十六,三十六者老陽之奇也。雖然所減 者中之積也,所存者外之周也,是故老陽之策。三十六者十十之周也,少陰之策。三十一 者九九之周也,少陽之策。二十八者八八之周也,老陰之策。與奇二十四者七七之周也,少陽之奇。二十者六六之周也,少陰之奇。十六者五五之周也,老陽之策。十二者四四之周也。夫三三、五五、七七、九九皆陽也,而周爲陰。二二、四四、六六、八八、十十皆陰也,而周爲陽。此則動靜互根之妙也。又豈人力之所能爲哉。下圖詳之。

八爲耦扐,則三三之周中止,虛一四爲奇扐,則二二之周而中本虛,故不列於圖也。八亦爲卦數,四亦爲象數。

四象之奇通七十二,平分而四則奇數十八,以十八乘三百八十四爻,亦六千九百一十二。

四象之策通一百有二十,平分而四則策數三十,以三十乘二百八十四爻,亦萬有一千五百二十。

二篇之策,萬有一千五百二十,先儒以爲三百八十四爻之中,一百九十二爲老陽,一百九十二爲老陰,老陽每策三十有六,老陰每策二十有四,合而言之,則萬有一千五百二十也;然此但以動爻言,之耳而未及其靜者。又以靜者言之,則一百九十二爲少陽,一百九十二爲少陰,少陽每策二十有八,少陰每策三十有二,合而言之,亦得萬有一千五百二十也;然此又專以靜者言之,而未及其動者。吾嘗合動靜而觀,蓋二篇之爻,共三百八十有四,若以四象分之,則九十六爲老陽,九十六爲老陰,九十六爲少陽,九十六爲少陰;老陽三十六乘九十六,得三千四百五十六;老陰二十四乘九十六,得二千三百四;少陽二十八乘九十六,得二千六百八十八;少陰三十二乘九十六,得三千七十二,亦得萬有一千五百二十。要其原本,固亦自前圖中來也。蓋九十九之數,若掛其一則但成九十有六故耳;若夫奇數六千九百一十二,亦放是推之。以九十六乘四象之策,百二十爲策數,以九十六乘四象之奇,七十二爲奇數。

張文饒以序卦乾變坤坤變屯屯變蒙,以至離變咸未濟復變爲乾之類必老少陰陽之策各九十六,又以雜卦乾變坤坤變比比變師,以至歸妹變未濟未濟變夬夬復變乾,亦老少陰陽之策各九十六,與此數同。

以上諸圖乃大衍之原本,以下諸圖皆前圖之注脚耳。

六七八九之數介乎五與十之間而合數一三五七九之上,又各有十數是四象之策實具於五十之體數也。

然則大衍之數止用四十九而不用五十豈五十真不用乎,四十九之用韻諸仁而五十之體藏諸用也。

天一、天三、天五之合人知其爲老陽之九,地二、地四之合人知其爲老陰之六,而不知五數再合則得老陰之策,又再合則得老陽之策,又再合而掛一之餘四

大衍掛一生二篇策數圖

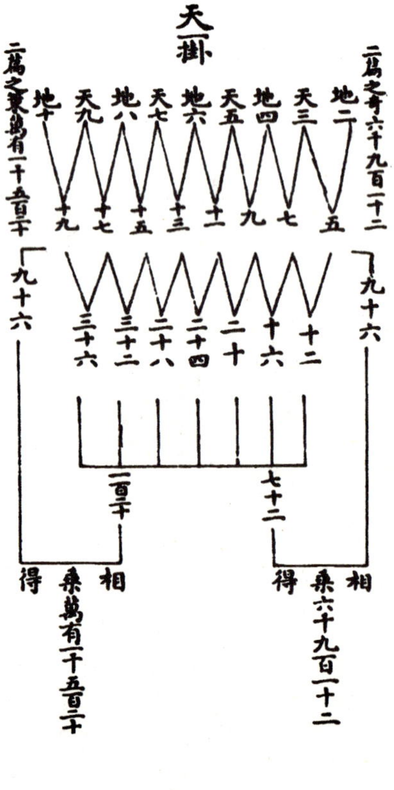

大衍用數得策本體數圖

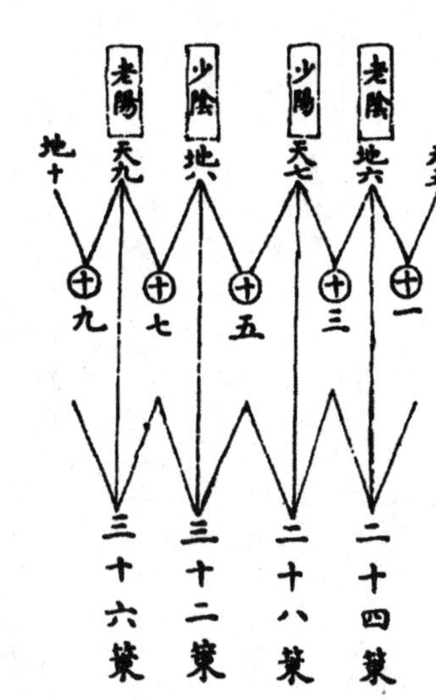

大衍參天兩地得老陰老陽互變圖

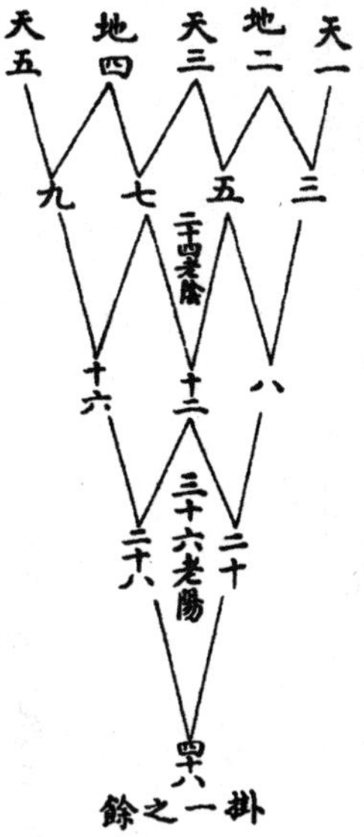

十八策見矣。老陰、老陽數雖不同而實相生四十八，亦得老陰之二。此老陽老陰之所以互變也。

二十四之説非一端奇之進數也，策之退數也，八卦之爻也，六爻之四揲也，皆所以生六十四卦也，八卦而小成，引而伸，觸類而長，天下之能事畢矣。

大衍生成合卦數圖

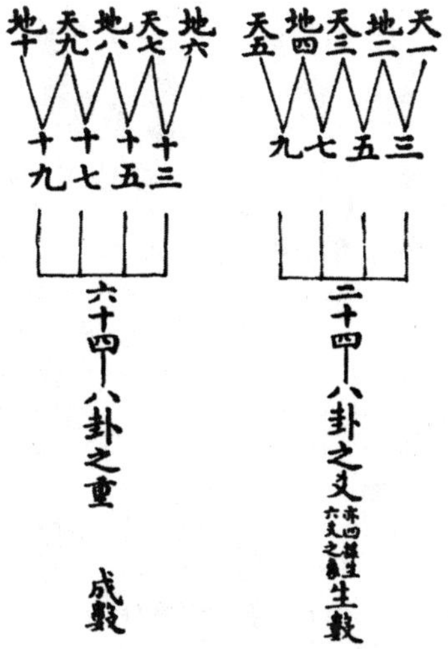

右三圖皆自前圖而生上圖，可以見四象策數生於五十耦數之下，而次圖又見二老之策掛一之餘亦以具於參天兩地之中。此圖則見合數生成暗合八卦之爻六十四卦之數，或自前圖中來，或爲前圖之變故，但附見於後。

以上諸圖止總其數而未表得數之實，此下諸圖復以圓圈表之。

大衍合數之圖

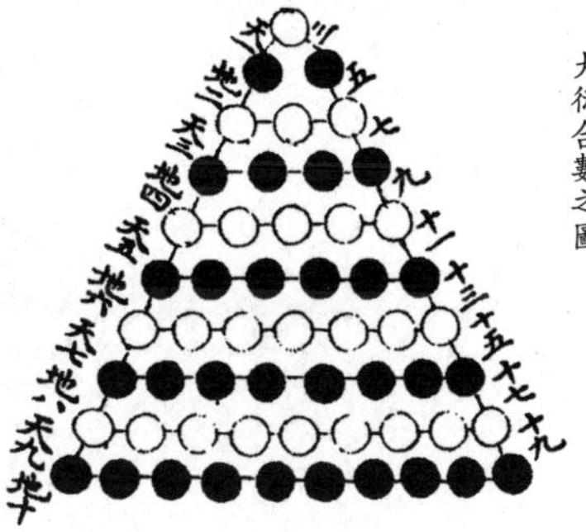

大衍生乘數平方圖

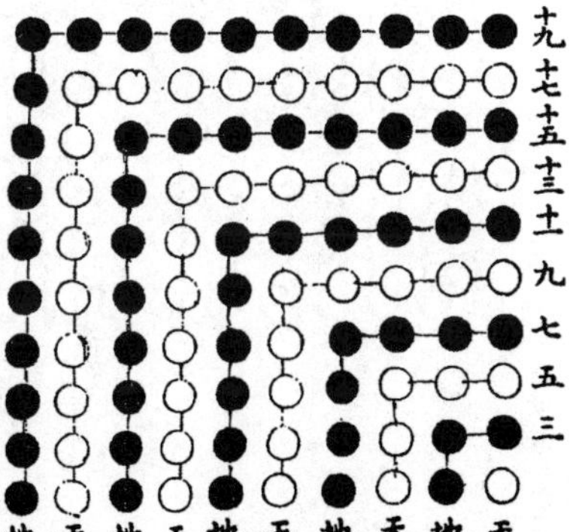

一無乘數，自三以下爲廉隅數。

大衍生乘數圭方圖

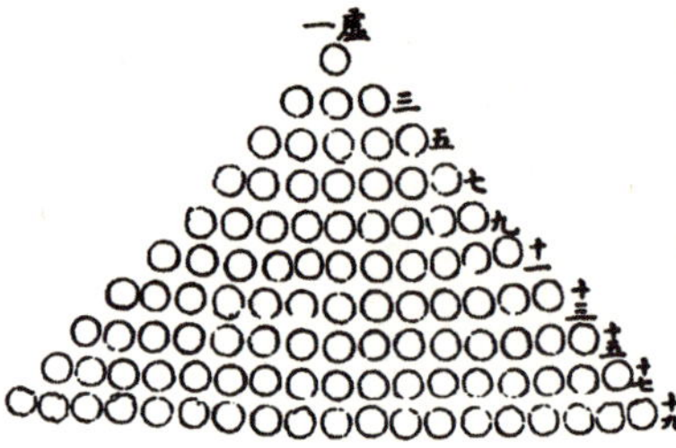

大衍乘數開方總圖

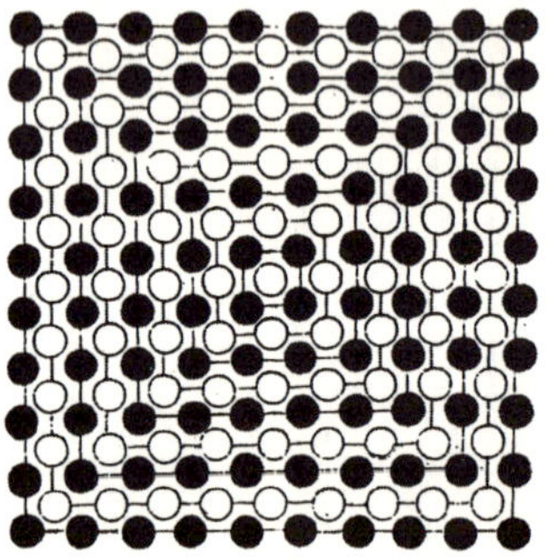

即前生乘數圖變爲圭方，既爲圭方則地二至地十本數藏矣。

十位乘數總爲一圖，分之則爲十圖。

大衍廉隅周數總圖

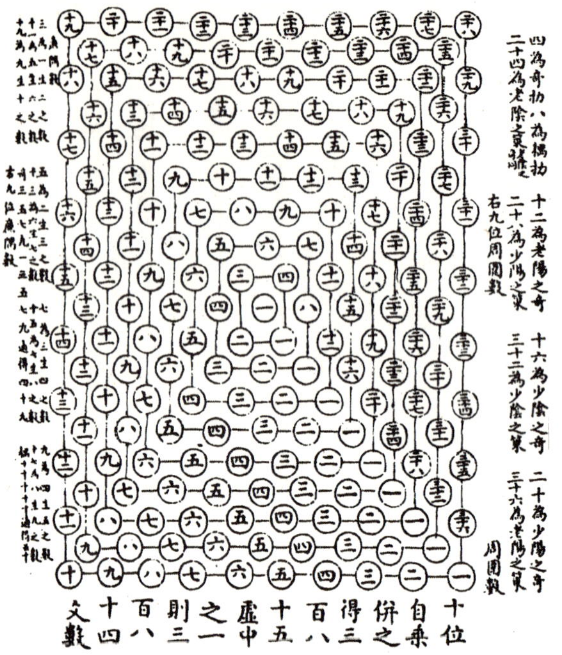

大衍乘數四方各得合數之圖

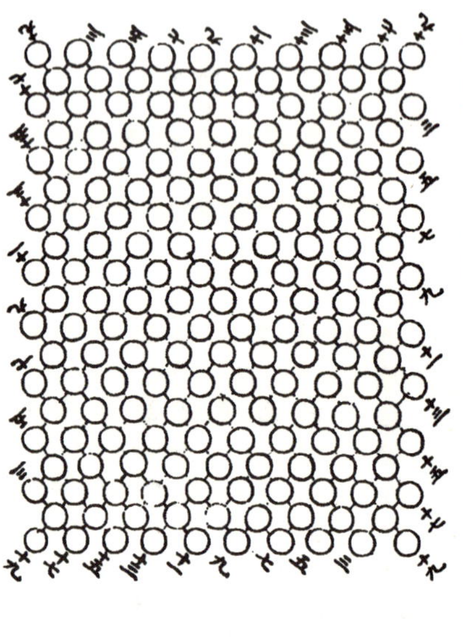

此圖即圭方圖之二合也。

右六圖内，第一圖明合數，第二圖明合數之生乘數，第三圖即第二圖變，第四圖專明乘數，第五圖明周數，而其東南之位則廉隅數也，第六圖又見大衍之數四方皆合焉。其精密之藴於此已盡，但恐學者未易遽曉，故再列向後數圖焉。

自合數圖以下至生閏圖，皆用圖圈以表得數之實，凡二十六圖。

大衍天一生地二圖

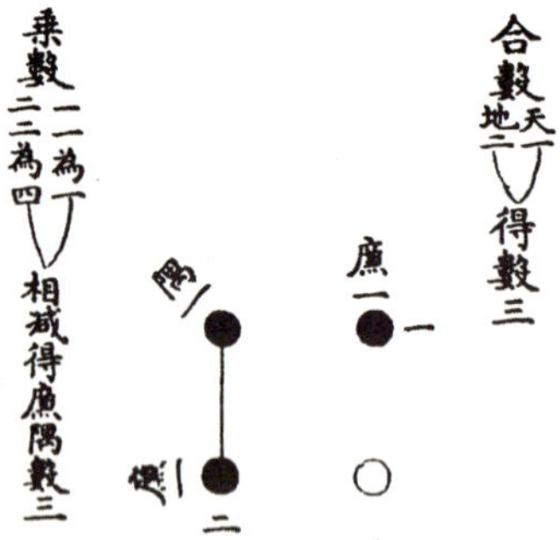

大衍地二生天三圖

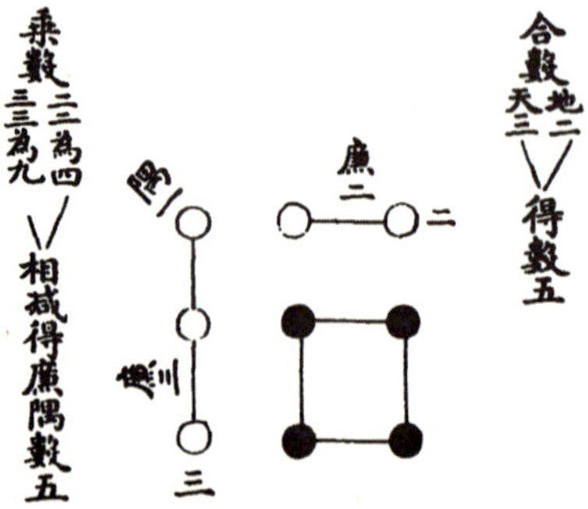

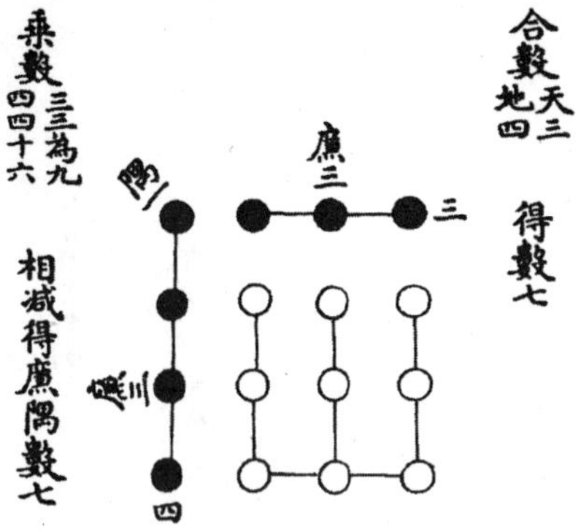

大衍天三生地四圖

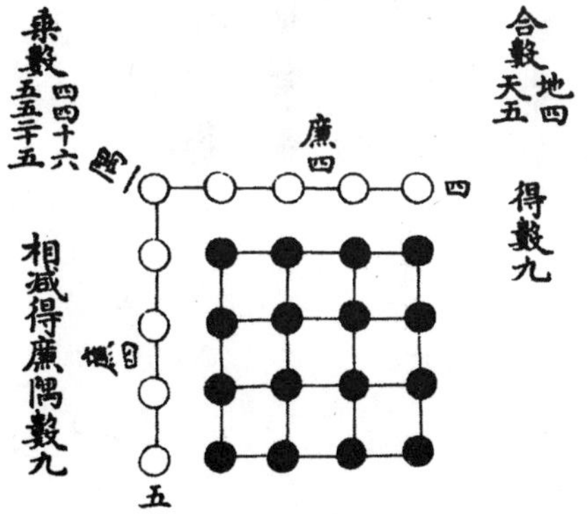

大衍地四生天五圖

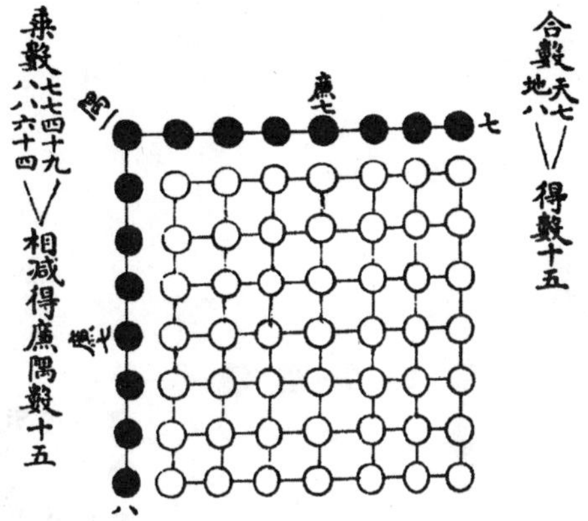

大衍天七生地八圖

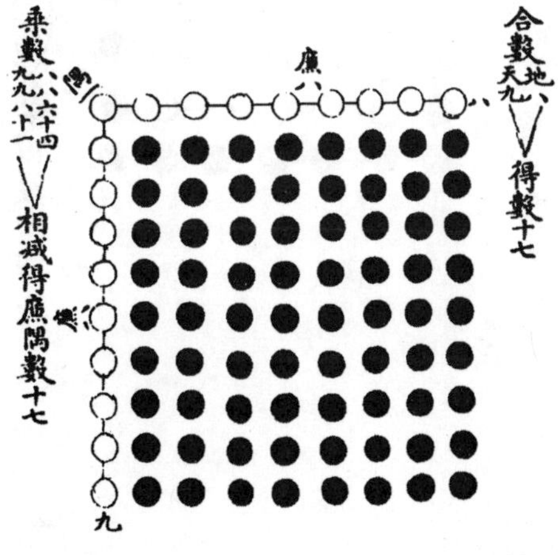

大衍地八生天九圖

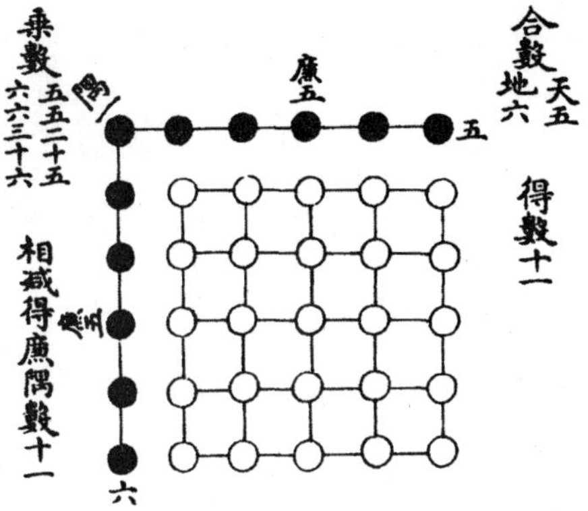

大衍天五生地六圖

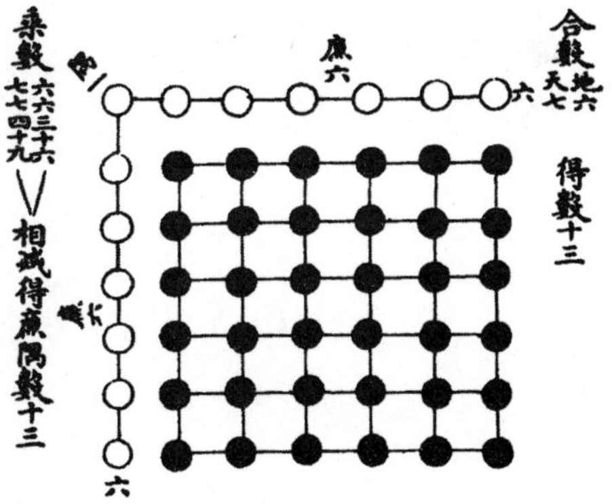

大衍地六生天七圖

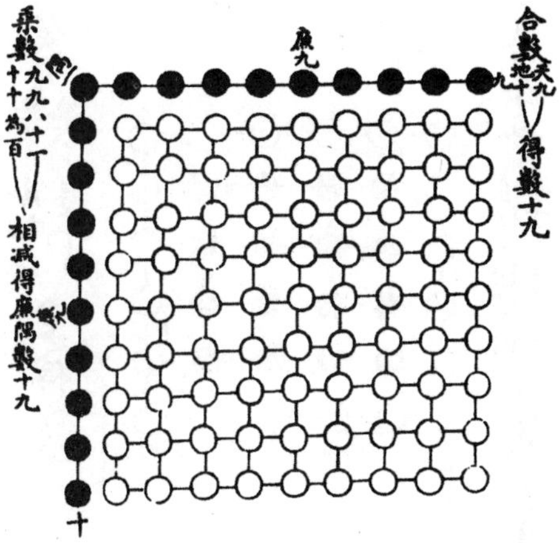

大衍天九生地十圖

右九圖分列，所以見合數爲乘數之所由生，而廣隅之數即合數也。凡開平方者，正方之外必增兩廉，而加一隅然後成方，蓋兩廉皆傍本方，而隅者所以補其不足也。

以上九圖，總名陰陽相生之圖。

大衍生老陽奇數圖

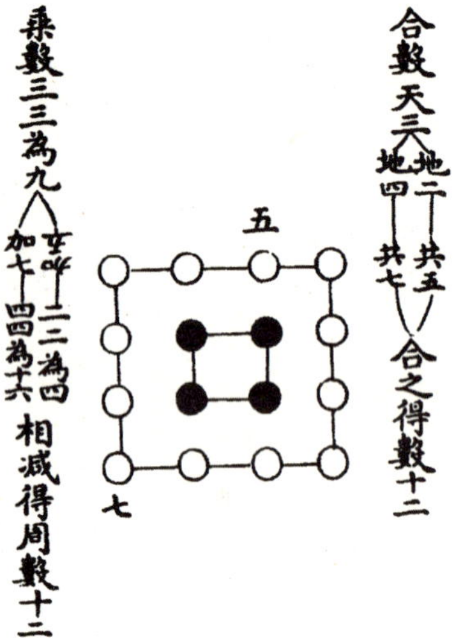

大衍生少陰奇數圖

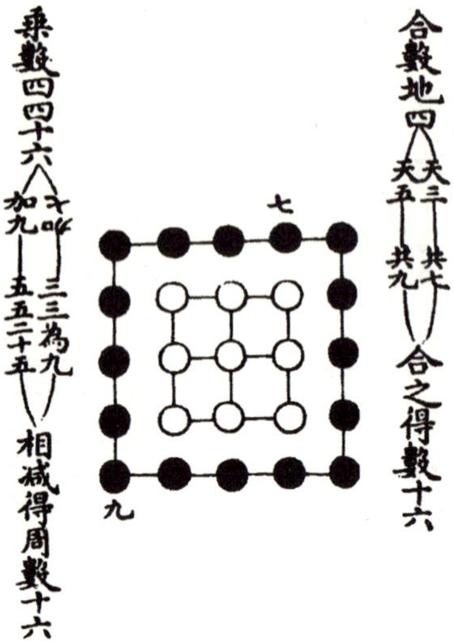

大衍生少陽奇數圖

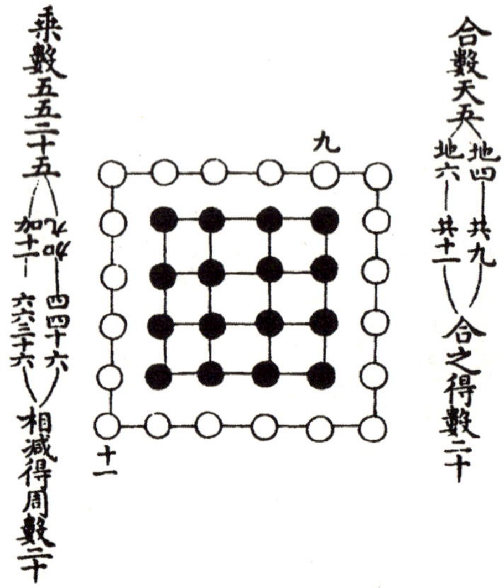

大衍生老陰奇數策數圖

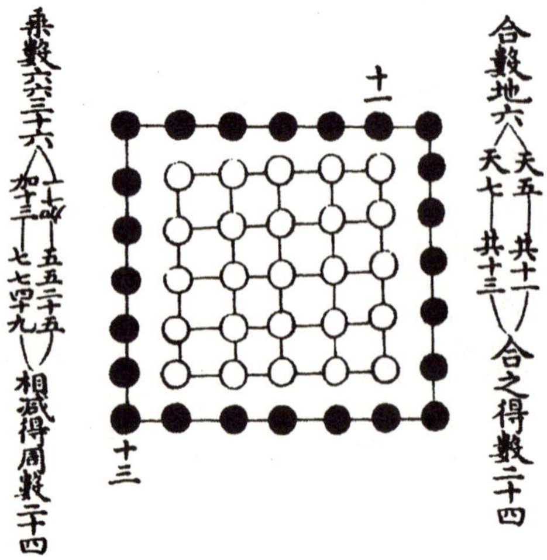

大衍生少陽策數圖

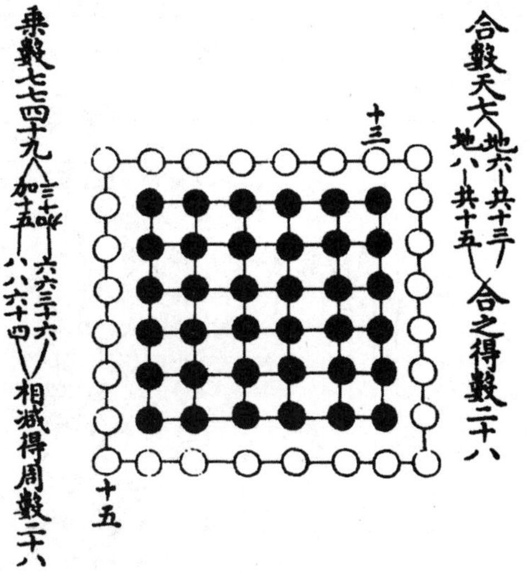

大衍生少陰策數圖

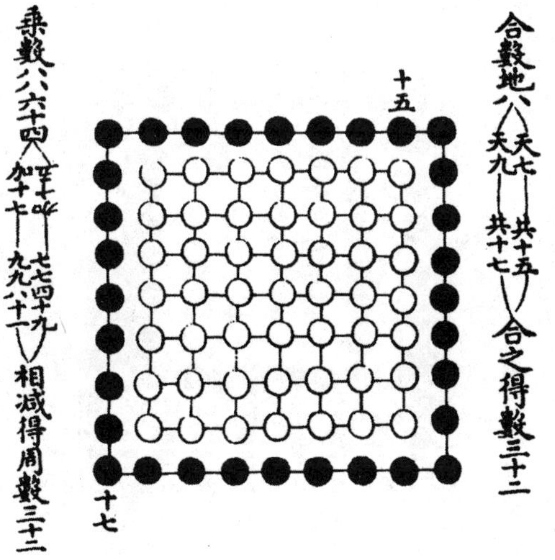

大衍生老陽策數圖

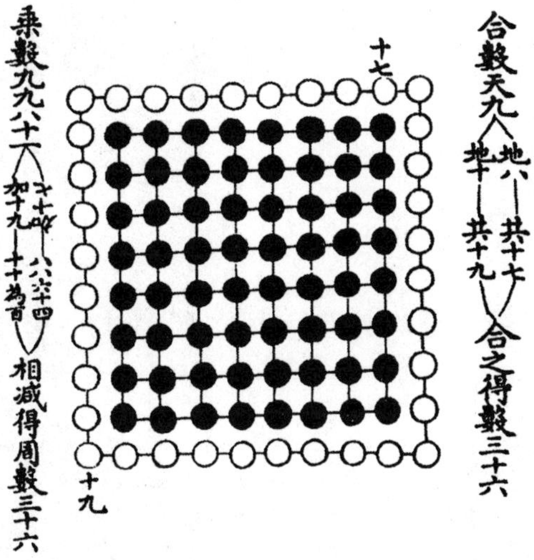

右七圖分列，所以見四象之奇之策所由生，蓋皆由除隔位之奇耦而成也。以上七圖總名陰陽互根之圖。

前陰陽相生計九圖，此互根但七圖者。第一圖十位而列九數，第二圖九位而列七數耳。

大衍虛中得四象奇數圖

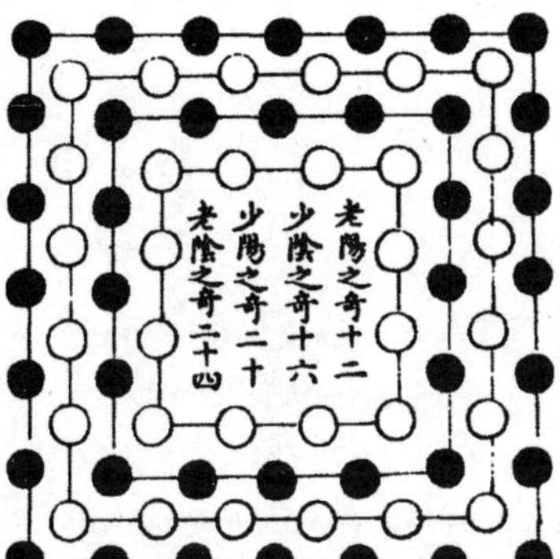

大衍虛中得四象策數圖

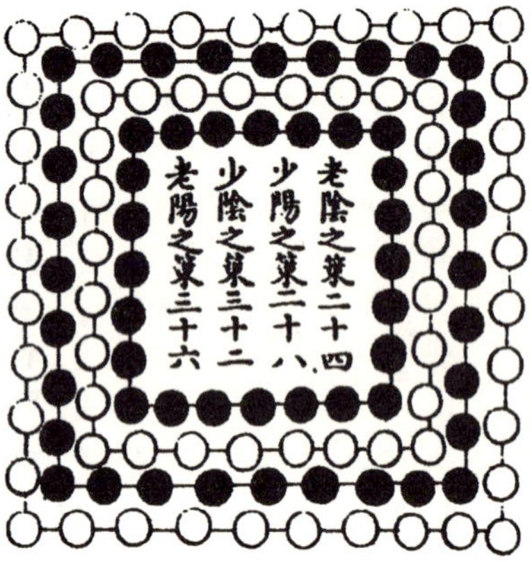

右二圖專以虛中而成，但以奇策分而爲二，而各以四象合爲一圖耳。

大衍一百八十一數得三百八十五數圖

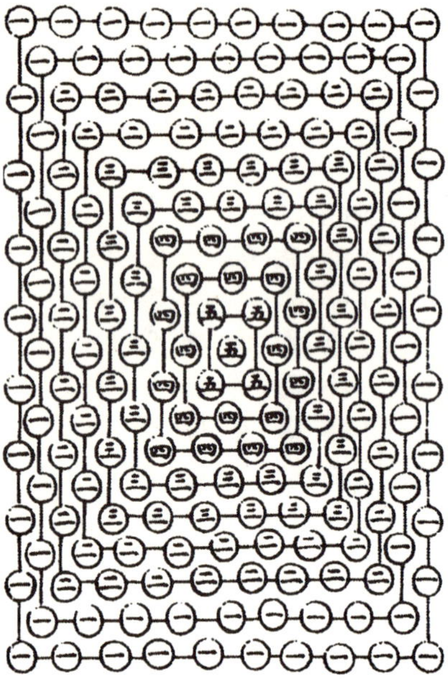

前圖用一百八十一位分十重，此圖用一百位分十重。大衍乘數二百八十五，再用至十用者，三百六十六。單用者十九。三百六十六合堯典朞數，十九合章數。

大衍生章數圖

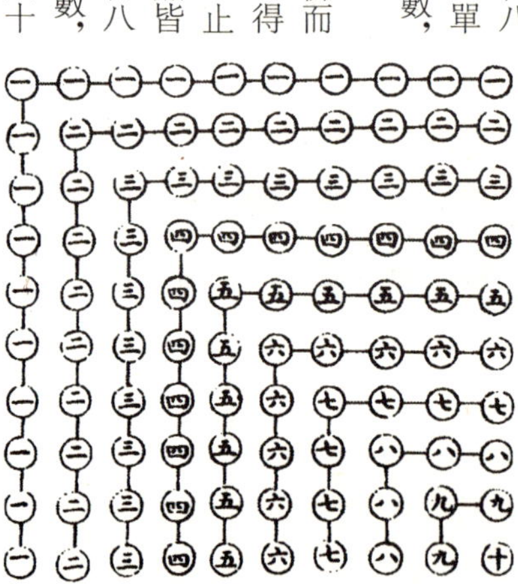

右二圖以乘數三百八十五併而積之。前圖以奇望奇、以耦望耦，得一百八十一位。後圖奇耦相併，止得一百位，故其位數不同如此，然皆不越於三百八十五數而已。三百八十五者，虛其中之一數，則爲爻數，爲閏歲之日故也。後圖則三百六十六爲重用之位，而十九者爲單用之位，又足以應朞之日與章之歲，則大衍象閏之理已寓於此矣。

三百八十四爲閏歲日數者，指十三月所得之日而言；三百六十六爲朞歲日數者，指二十四氣所跨之日而言。前圖三百八十四便得爻數，不待虛一者，蓋止用乘數，而一無乘故也。此圖則併元本之一計之耳。

又 卷二　翼衍

大衍數用，余嘗深思而得其說者凡三：以天一至地十合而衍之，此一說也；以《河圖》《洛書》五而衍之，又一說也；以《河圖》《洛書》乘數再自乘而除之，又一說也。以三者校之，則前圖最爲簡易明白，一見可曉意。聖人作《易》之初，或取諸此後二說非不可取。然以五衍之之圖，《河圖》止得五十，《洛書》止得四十九，離而爲二，以數自乘之圖雖可以得聖人用四十九而不用五十之意，而其說艱深非精於數者不能遽曉焉。蓋天地之數，無所不通，無往不合，特以精蘊分之，則前圖乃《易》之精，而後之二說止《易》之蘊焉耳。余既列前圖爲《原衍》而二說亦先儒所未及，故不忍棄置，復爲此編，且以先天八卦、《洪範九疇》之合大衍者列之。而《洛書》之變終焉，名《翼衍》。武陵丁易東叙。

河圖五十五數衍成五十位圖

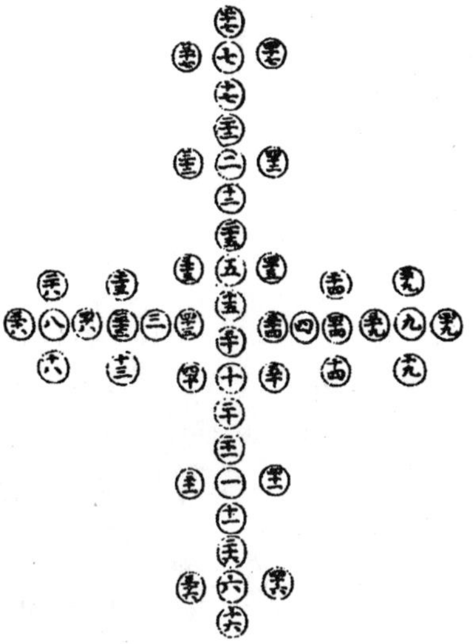

《河圖》十位生成之數通五十五，似與五十之數不同，若因其十位生成之數以五衍之亦得五十位。

洛書四十五數衍四十九用圖

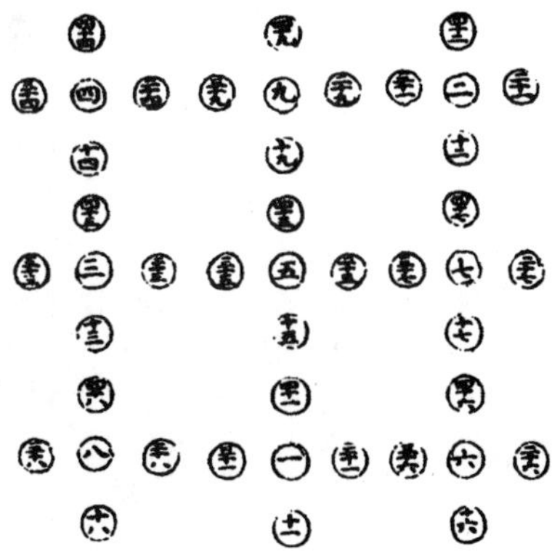

縱横一百九十有五

九與十一之間包十，十九與二十一之間包二十，二十九與三十一之間包三十，三十九與四十一之間包四十。洛書九位之數以五衍之，雖止得四十五位，然以數合之則實成四十有九。蓋虛包四位之十於其中故也。

《河圖》之數五十五，《洛書》之數四十五，何以衍之成五十與四十九也？曰：《河圖》之數雖五十五，實則十位；《洛書》之數雖四十五，實則九位，若各以五衍之，則其十位之數至五十，而止九位之數至四十九位而止矣。先儒但以其數五十五與四十五者衍之，每牽强而不合，若以位衍之，則其數自然配合，非一毫人力之所能爲矣。蓋先儒所衍者，天數二十五，地數三十之五十五者也。此所衍者，天數五，地數五之十位者也。曰：《河圖》之數十位，以五衍之，則得五十信矣。《洛書》九位，以五衍之，亦止得四十有五，謂之四十九，何哉？曰：《洛書》虛十而不用，故十無所附。而所謂一十、二十、三十、四十者，特虛包於數中而已。故九與十一之間，即十也；十九與二十一之間，即二十也；二十九與三十一之間，即三十也；三十九與四十一之間，即四十也。四位之十，隱然於其間，則其爲數自然四十九矣。曰：四十九之後，安知其不虛包五十乎？曰：所謂虛包者，蓋前有數引，後有數從。今四十九之外無五十一，則安能包五十哉？此其所以止於四十九也。曰：以五衍之之説元非經見，安知非臆説乎？曰：説卦不云乎，參天兩地而倚數，參三也兩二也，合之非五乎？倚者各倚於本數相爲依附之，義故以一倚一，以二倚二，以三倚三，以四倚四，以五倚五，以六倚六，以七倚七、以八倚八，以九倚九，以十倚十，夫是之謂倚數。然而倚之之法，若十衍之，至百可也。而止於五衍者，即前所謂參天兩地者也。由是言之，則《河圖》又爲《洛書》之體，《洛書》又爲《河圖》之用，而大衍之數所以合夫《河圖》，而大衍之用所以合諸《洛書》也。《易》曰：河出圖，洛出書，聖人則之吾於大衍之數與用知之矣。

洛書四十五數衍四十九位圖上

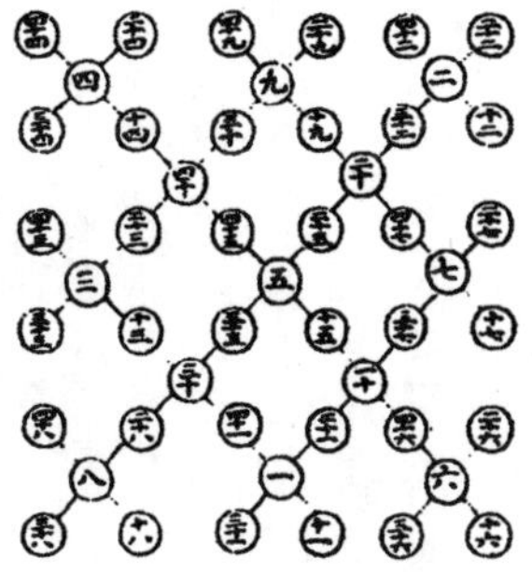

周圍對待數未相等。

洛書四十五數衍四十九位圖下

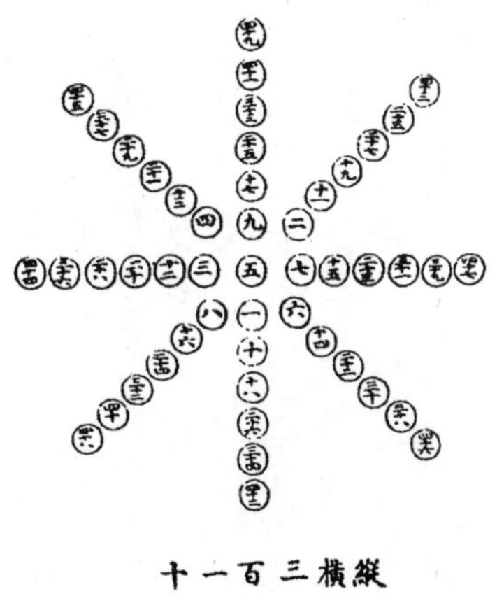

縱横三百一十

《洛書》九位衍而五之，雖四十五位，然其數則已至四十九矣。蓋虛包四位於中也，若以四位分之四維，則成四十九位，而不可復加矣。

六、七、八、九，陽得陽數，陰得陰數，一、二、三、四，陽得陰數，陰得陽數。前圖依《河圖》法衍已成四十九位。此圖又以九位居中而再以五周其八位者，亦四十九。

洛書四十九位得大衍五十數圖

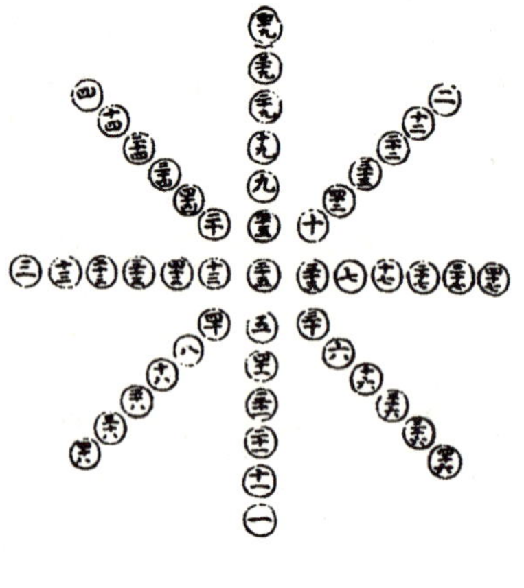

縱橫三百二十有五

對位各五十對位各中位七十五。

周圍各二百，周圍各中位二百二十五。前圖雖得四十九位，然數尚參差且與河圖五十未合。今以洛書之法縱橫等布遂成此圖，其位雖四十有九而對位之數各成五十。

《洛書》以五而衍已見前圖，此復列爲三圖。何也？曰：前圖但見數之四十九，未見位之四十九。此後三圖之所以作也。是三圖中前之一圖，止是前圖倚數之變添其四位云耳。後之二圖，上圖止以四十九數，旁環舊圖而布，不免參差。次圖乃以舊圖九位列而爲九，各以本數從而倚之，以見五十之不可不用也。曰：以數相倚，元無十數，今乃列之中宮，毋乃傅會乎？曰：中宮之位，以五爲一，故一爲五，二爲十，三爲十五，四爲二十，五爲二十五，六爲三十，七爲三十五，八爲四十，九爲四十五，各隨《洛書》戴履、左右、肩足之位布之。則知十之未嘗無可附矣。曰：然則八宮之數或自內而外，或自外而內者何也？曰：一於自內，一於自外，則數或不齊，必如是而後數可等也。此亦《洛書》以一對九，以三對七之餘意耳。一、二、三、四，先於五者也，故由外而內，所以斂而歸五也；六、七、八、九，後於五者也，故由內而外，蓋由五散之也。此皆天理之自然，非人之所能爲也。曰：《洛書》縱橫之數，面面皆等此圖，縱橫之與周圍有未等焉。何也？曰：《洛書》三三而比，故可以合。此圖周圍止八而縱橫之位則十三焉，故不可强同也。若以其對待者論之，則固皆五十矣。以其周圍者論之，固皆二百矣。以其縱橫者論之，固皆三百二十五矣。亦無非自然而然者也。蓋四十九位之積通得一千二百二十五，以四十九除之則各得二十五。其得五十者，二其二十五也；其得二百者，八其二十五也；其得三百二十五者，十三其二十五也。此二十五者，四十九數之中數也。吾大衍數圖所以必掛二十五於中者，亦此圖之餘意也。曰：然則此圖之數其於易卦也何居？曰：中二十五，天數也。以中統外，其縱橫之數，每位各統其六，則六爻之象也。其周圍之數，每重各統其八，則八卦之象也。然始畫八卦止三爻耳，八卦而有六爻焉，則六十四卦在其中矣。以中之一統外十二，又有貞悔之象焉，則四千九十六卦之變皆自此出矣。此聖人作《易》所以本諸《洛書》者，神妙蓋如此歟。若夫引而伸，觸類而長，其變猶有不止於是者。後圖詳之。

大衍用四十九合成五十數圖

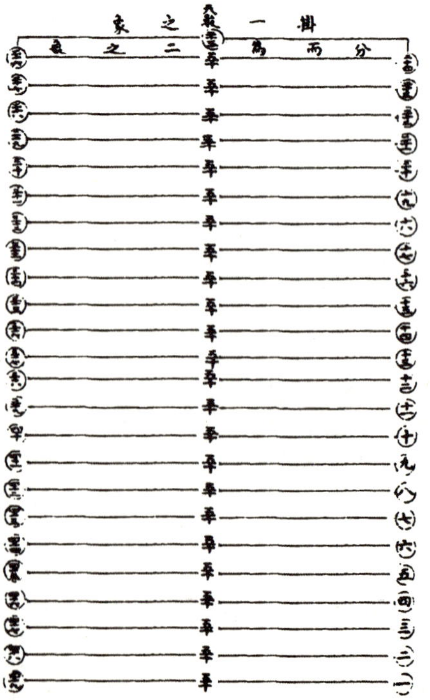

此圖乃第一圖之注脚，掛一於中而分二十四於左右也。

大衍四十九以中位掛而分之，從而合之，則皆得數五十。此用雖四十九，而隱然五十數之存也。此圖與前《洛書》圖合皆得五十，但彼以二十五數居中統外，而此爲掛一之象耳。

大衍除掛四十八蓍合成四十九圖

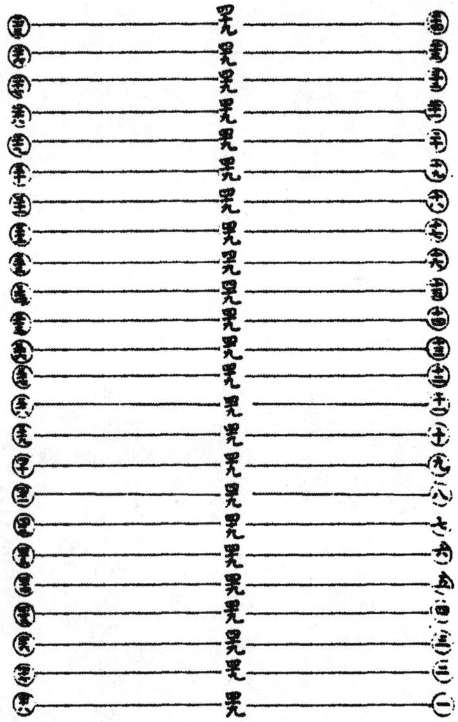

大衍掛一之後四十八位分而合之，則得數皆四十九。此四十九數之用，止在乎四十八蓍之揲也。

大衍五十位數合用四十九圖

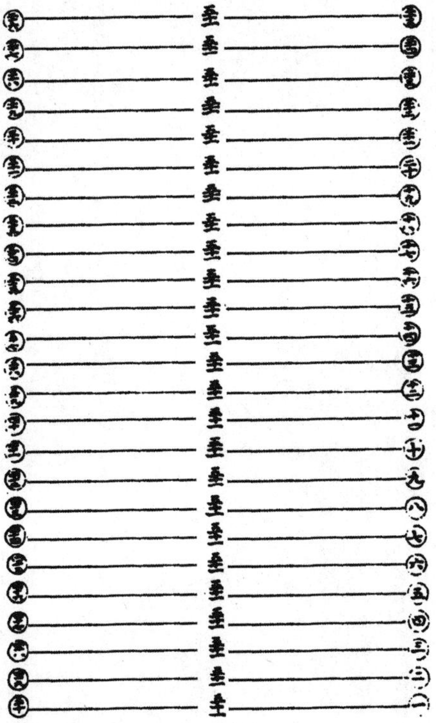

大衍之數五十，若以五十位耦而合之，則其得數皆五十一。必用四十有九位之數而掛其中位，然後合夫五十之本數焉。此五十之所以不用，四十九之所以必用也。

又蓍之生必滿百莖，五十一數之外實存四十有九，此亦五十位數當用四十九之旁驗也。

大衍之數五十，其用四十九，而不用五十。何也？曰：大凡合數，每每餘一，蓋自一與言爲二，二與一爲三，已然矣。如先天八卦乾一之與乾八，兑二之與艮七，離三之與坎六，震四之與巽五，皆合而成九，是名爲八卦，而實得九數也。若以《洛書》九宫言之，則一與九合，二與八合，三與七合，四與六合，數皆成十，以中五自配，亦能成十，是名爲九宫，而實得十數也。故先天之卦止八，則九在所虚，《洛書》之宫止九，則十在所虚。是以大衍之數若用五十，則其爲數得五十一，必用四十有九，乃能成五十也，而掛一之後，揲四十八又可以不失四十九焉。

或曰：子於前圖既以五十爲耦數之五十，四十九爲奇數之四十九，似非四十九之下之五十也。若此圖之五十乃四十九下之五十，而非四十九外之五十，毋乃自爲矛盾乎？曰：以奇耦分而言之，則五十自爲五十，四十九自爲四十九，以奇耦而相形，則四十九後之五十，即全數之五十，與彼四十九外之五十，其爲數何以異哉！前圖嘗及之矣。或者又曰：「分而爲二以象兩，掛一以象三，」皆信手而中分，不知其爲多且寡焉，故能隨揲而求奇。今子掛一在二十五，而平分二十四蓍於兩旁，毋乃非信手中分之謂乎？曰：揲蓍之際，信手中分，所以求奇也。吾之圖不過揭掛一分二之象，以明其五十之數所由成耳。大凡言數有一定而不易者，有隨時而變易者，以隨時變易者言之，吾所謂掛一分二之象也，必先有不易者，而後有變易者焉，此吾圖之所以作也。

大衍四十九用數合分至黃赤道圖

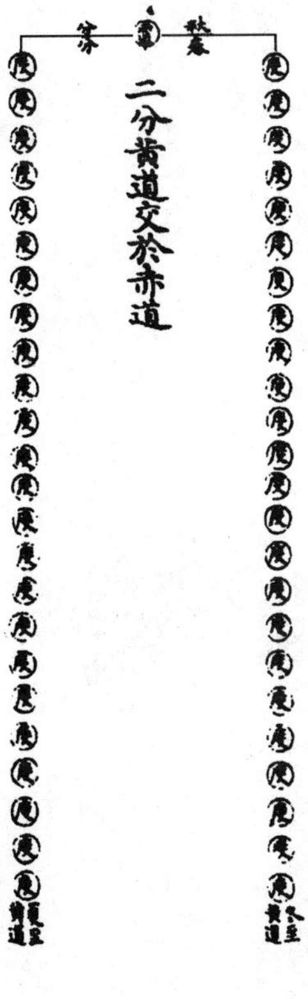

赤道帶天之紘，即二分黃道之交，去二至黃道各二十四度，於掛一分二之圖已有此象，則不待揲之以四而具四時矣。然必揲之以四者，蓋因其藏諸用者以顯諸仁也。

揲之以四，以象四時，本言四揲之象。今子之圖，方掛其一未揲之，間已具四時，不已見彈而求鴞炙乎？曰：有理而後有象，理如此則象如此，象未形而理已具，尚可言之於其先。今此圖之設，此象已著，特未見諸用耳，安有太早之嫌乎？蓋四時之所由成者，皆以日道之相去遠近爲之也。冬至之日，所行黃道在赤道南二十四度；夏至之日，所行黃道在赤道北二十四度。惟二分，黃道與赤道交，故日夜分。夫二十四度環於赤道之兩旁，則赤道云者，掛一之象也，南北各得二十四度者，分而爲二之象也，二分二至於焉得之。揲而爲四之象也，故以掛一分二之間已具二至二分之候，則四時之象不已著乎！惟其藏是用也，故揲以象之而顯諸仁耳。然則聖人作《易》，生蓍與天道脗合者如此，豈私意小智所能測哉！

大衍數四十九用得五十數變圖上

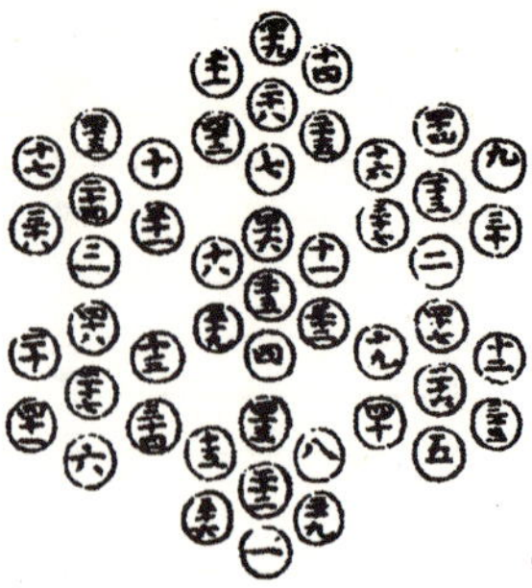

縱橫五百二十五

此圖七變，俱以順布。

大衍四十九用得五十數變圖下

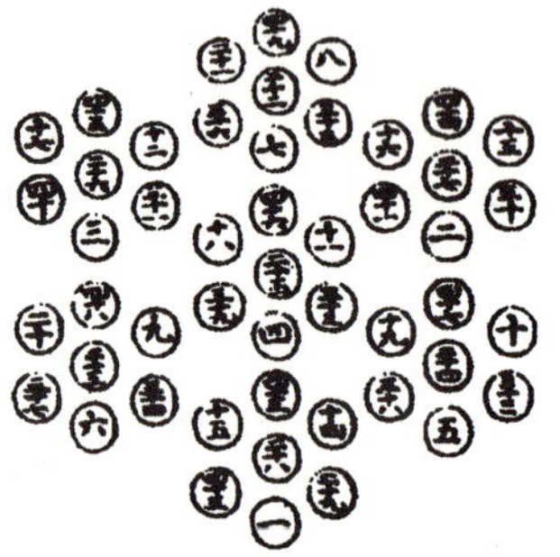

縱橫五百二十五

此圖七變，一順一逆。

大衍之數四十九，七七之數也。六包一爲七，而七七之數皆以六包七。故曰：「蓍之德圓而神。」前圖順布，後圖一順一逆而錯綜之，相對之位皆得五十。故附見於此。若以虛包六位合之，則成五十五，合天地數。

以上諸位並以五衍之之說。

河圖十位自乘之圖

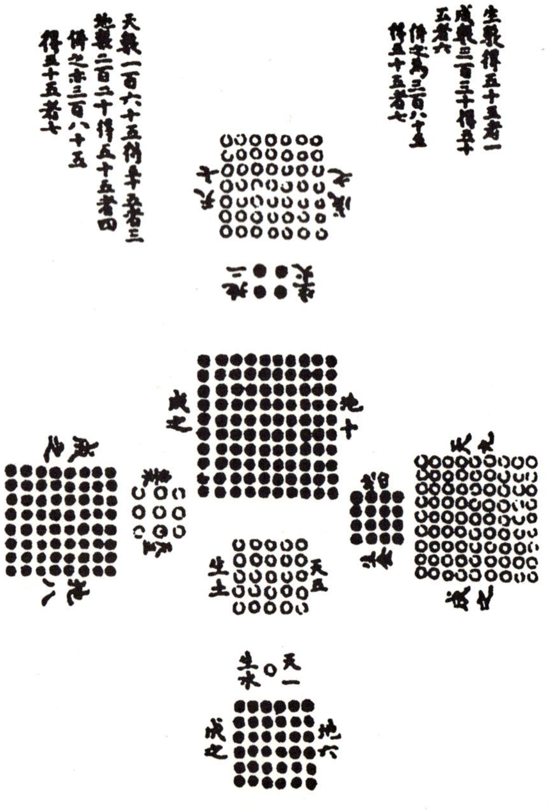

河圖十位成大衍數用圖

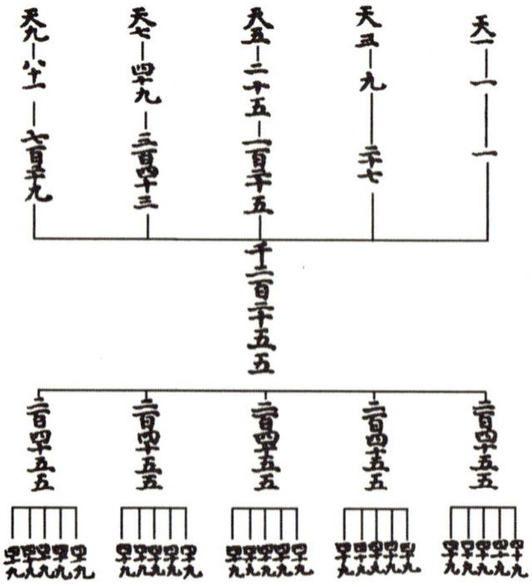

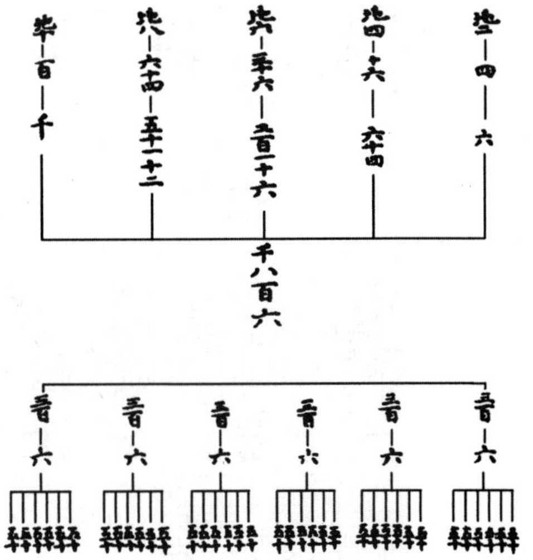

洛書九位自乘之圖

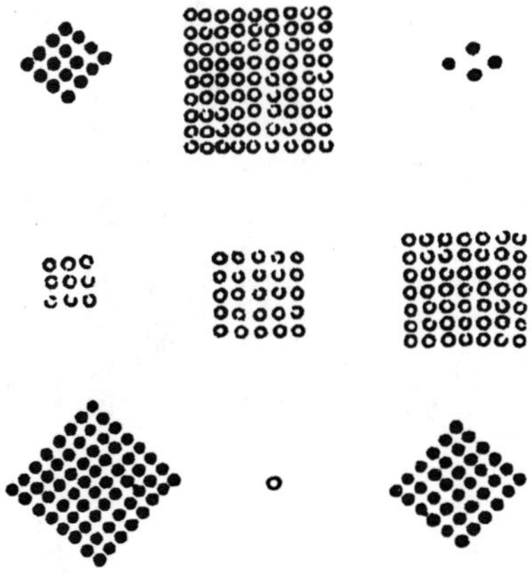

天數五位，各自乘而併之，得一百六十五。地數四位，各自乘而併之，得一百二十。

洛書九位成大衍數用圖

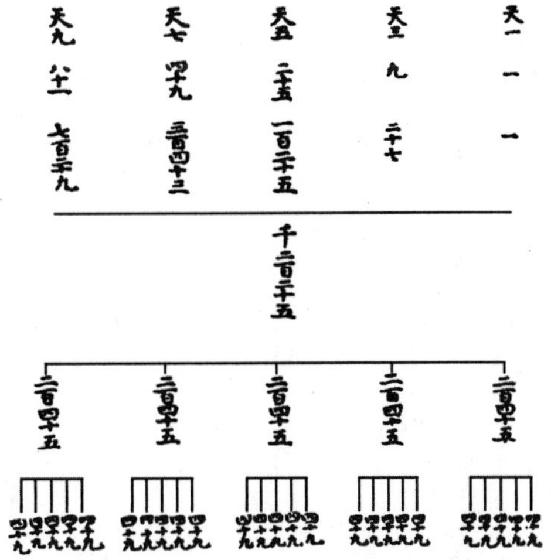

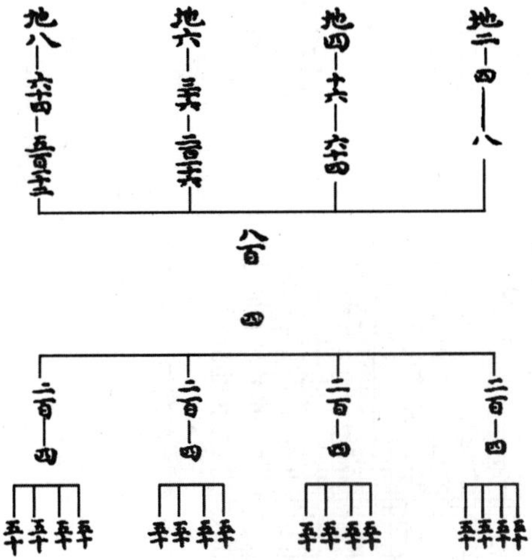

大凡巧歷布算，乘必有除，一乘者一度除之，再乘者兩度除之。《河圖》《洛書》之數，各以再自乘而得，故必用再除而後得大衍之數。夫河圖之數十，而以五六天地之中爲本數，初乘得三百八十五。爲天數者，一百六十五，爲地數者，二百二十。又以五十五各再乘之，天數得一千二百二十五，地數得一千八百，各分之而以天地五六中數各兩度除之，則天數皆得四十九，地數皆得五十矣。洛書之數九，雖五爲天中，而六不爲地中，故但以天之五位、地之四位爲本數；天數初乘再乘之數與《河圖》同，而地數則與《河圖》異，何者？《河圖》地數有五，而《洛書》止四故也。地數初乘得一百二十，再自乘得八百，故以天數五位，地數四位，各兩度而除則天數亦各得四十九，而地數亦各得五十也。曰：天數，以二十五除，地數以三十六除，本河南楊氏之説，子之説毋乃襲之歟？曰：楊氏以再自乘之數而用自乘之中數除之，吾則以其再乘者而再除之也。若如楊氏之説，則河圖固可除，而洛書不可除，故知楊氏之説猶滯於一隅，而吾之説無不通也。雖然天數四十九、地數五十，此猶有所對待而未見大衍之爲用也。若夫止用四十九而不用五十，則楊氏之説僅可用於《洛書》。下圖詳之。

河圖五位用生成相配圖

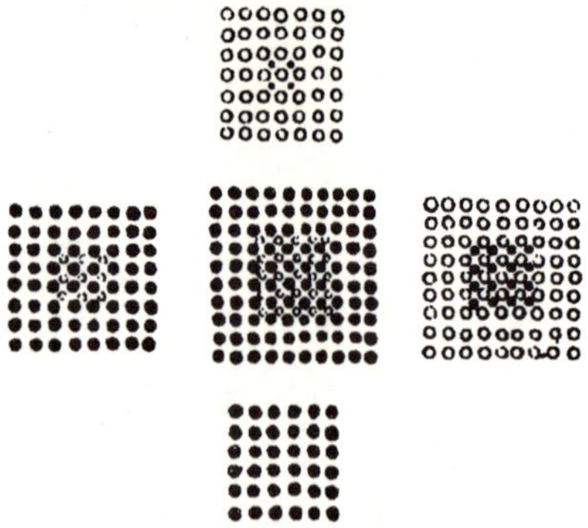

河圖五十五數乘爲四十九圖

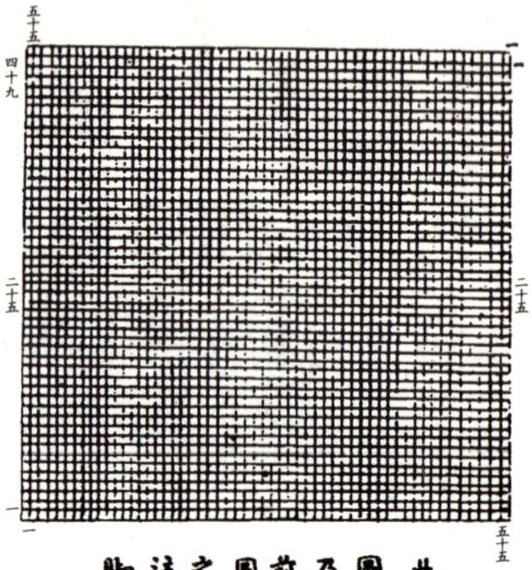

此圖乃前圖之注脚

前圖分五爲十，此圖合十爲五。

《河圖》五十五數，各自乘而併之，得三百八十五。以七除之，得五十五數。以生成之數未配以前得十位而天數藏四十九、地數藏五十，是二者並用也。《河圖》三百八十五以七乘之，得二千六百九十五，以五十五除之得四十九。既配之後止成五位則純，用四十九而不用五十矣。

洛書五位用天數圖

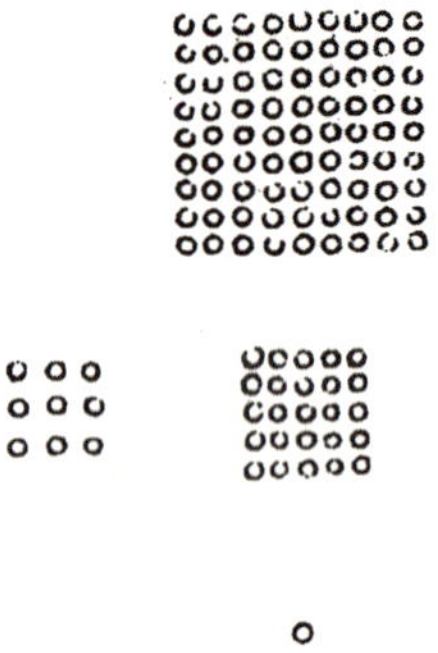

洛書天數二十五乘爲四十九圖

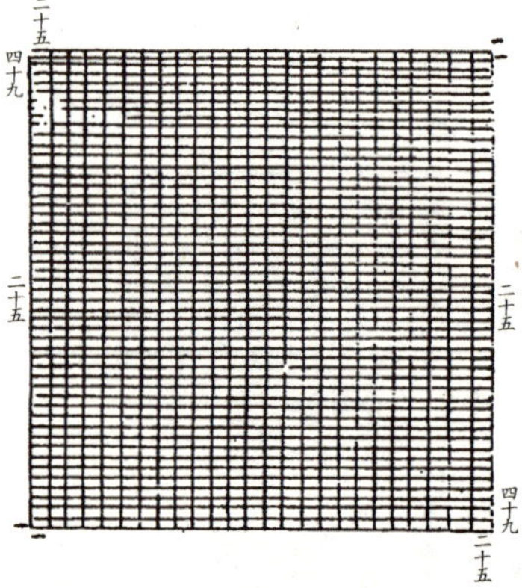

河南楊氏亦同此說但未畫爲圖之耳

前圖九宮並用，此圖不用四隅。

前圖天數再乘兩度，以五而除。此圖天數再乘，徑以二十五除，有此不同。五正位天數共二十五，各自乘而再乘，併之得千二百二十五，以天數二十五除之，得四十九。《洛書》天數五位，地數四位，以法乘除，則天數各得四十九、地數各得五十，今既屏地數於四維，進天數於正位，則純用四十九而不用五十矣。

《河圖》《洛書》乘而爲圖，天數皆得四十有九，地數皆得五十，何以見其用四十九而不用五十也？曰：以五正位而知之也。曰：《河圖》五正位共得十數，《洛書》五正位止得五數，何以見俱用四十九也？曰：《河圖》本數各自乘而併之，得三百八十五，則爲五十五者七，是《河圖》之本數一，而乘數七也。今置三百八十五數以七除之，既得五十五，復以七乘之，則得二千六百九十有五焉。二千六百九十有五者，五十五之四十九也，是四十九數亦已具於《河圖》五位之中矣。前圖天地數分，故各乘而各除之，此圖以成數而包生數於中，止成五位，則陰皆從陽，但見其四十九而不見其五十矣。若《洛書》則退地數於四維，而正位之中止有天數，故以天數各再自乘，而復以本數二十五者除之，則亦得二十五之四十九焉。《河圖》五位生成之數五十五，而爲四十九者亦五十五；《洛書》五位天數二十五，而爲四十九者亦二十五，此乃自然而然者也。曰：然則聖人作《易》得無本此，而子不以此圖先之者。何哉？曰：大衍之用，無往不合，聖人作《易》則未必取此，蓋此圖艱深而前圖易簡故也。曰：天數之生，用數毋乃近，河南楊氏之說乎。曰：河南楊氏但知天數之五可爲四十九，而不知河圖十位之併亦可以爲四十九也。但知《河圖》五六中數之可爲四十九與五十，而不知《洛書》天數之五、地數之四各再除而亦得四十九與五十也。但知五十與四十九之並列，而不知四十九之用所以成五十之體也。是則得其一遺其二，豈若吾說之全備哉。曰：前圖天數二十有五者，再乘之後再用五而除之，今乃徑用二十五除之者，何也？曰：前圖《河圖》之與《洛書》皆用天地相對列而爲圖，故《河圖》用五六之中數，而《洛書》用五四之位數，今此河圖既用五十五數而除，故此《洛書》之數亦用二十五數而除也，用雖不同，數則一耳。若能以《河圖》《洛書》相表裏而觀之，則知其法之各有攸當也。

以上諸圖並以河洛乘數再自乘之說。

先天圖合大衍數五十用四十九圖

大衍之數五十，則太極之位居中，故曰易有太極。大衍之用四十九，則太極之位本虛，故曰無極而太極。

太極居中不可以數名。陽一、陰二得三，老陽一、少陰二、少陽三、太陰四得十，乾一、兌二、離三、震四、巽五、坎六、艮七、坤八得三十六。合之爲四十九。若以居中之太極足之，則得五十。

太陽居一而含九，餘三位得九。少陽居三而含七，餘三位得七。少陰居二而含八，餘三位得八。太陰居四而含六，餘三位得六。

洪範合大衍數五十用四十九圖

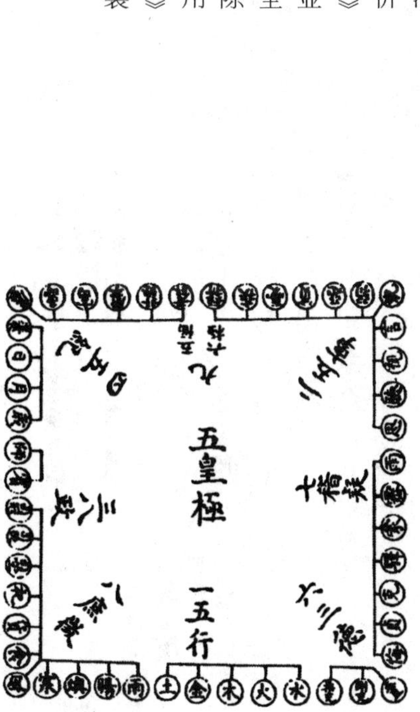

九疇之數通得五十，皇極居中有綱無目。非數可名則四十九，蓋合乎大衍之用也。

自五行至五紀得二十三，自三德至六極得二十六，合之爲四十九。若以居中之皇極足之，亦爲五十。

伏羲則《河圖》以畫八卦，而實與《洛書》相表裏；大禹則《洛書》以敘《九疇》，而實與《河圖》相貫通，一而二，二而一者也。先天八卦自兩儀而四象，自四象而八卦，得數四十有九，若併太極數之，則得五十數焉，故所虛之一，是爲太極，實兩儀、四象、八卦之所由生也。《洪範》自五行而五紀，自三德而六極，得數四十有九；若併皇極數之，則得五十數焉。故所虛之一是爲皇極，實五行至五紀、三德至六極、八疇之所由統也。曰：先天虛一而爲太極，洪範虛一而爲皇極，世亦有言之者矣。子之說毋乃出於彼耶？曰：彼知太極之爲虛一者，不知皇極之爲虛一；知皇極之爲虛一者，不知太極之爲虛一。吾之取此，於以見大衍之數無所不通云耳，豈彼所得專哉！

以上三圖又出前三說之外。

大衍相得有合生閏數圖

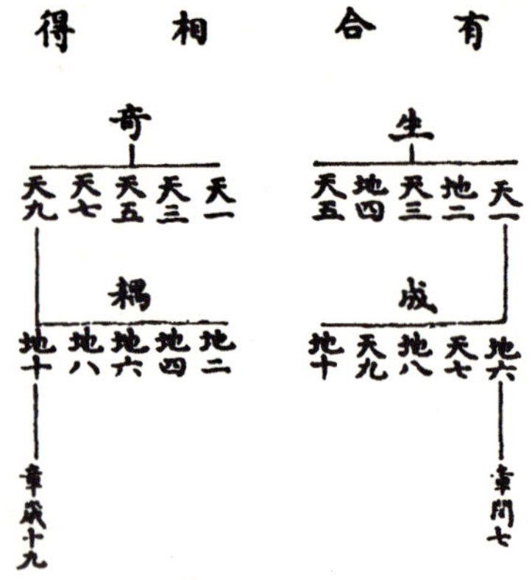

大衍四十九蓍分奇掛策數圖

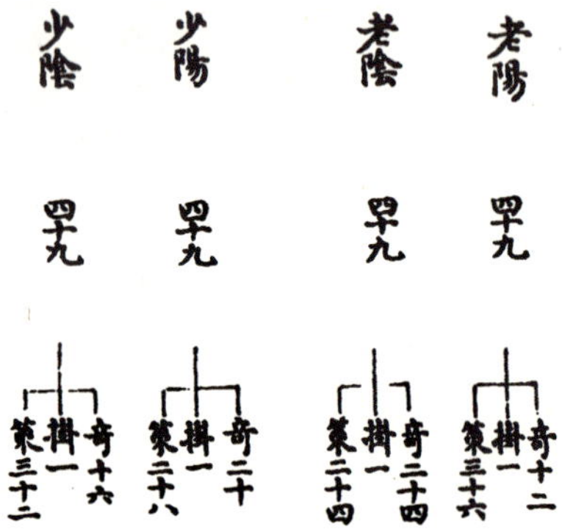

大傳曰：天數五，地數五，五位相得而各有合。朱子曰：相得謂一與二、三與四、五與六、七與八、九與十，各以奇耦爲類而自相得。有合謂一與六、二與七、三與八、四與九、五與十，皆兩相合。愚按：天一、地六爲生成相合之始，天九、地十爲奇耦相得之終，一與六成七，一章之閏數也。九與十成十九，一章之歲數也。大衍象閏之本原在此矣。唐《大衍曆議》謂合二終以紀閏餘，意亦猶此，但止見一章之歲而未明七閏之數也。

大衍四十九蓍均奇掛策數圖

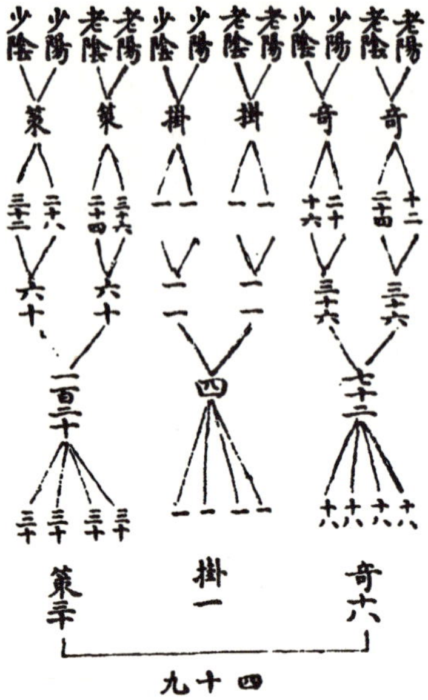

大衍歸奇於扐以象閏圖

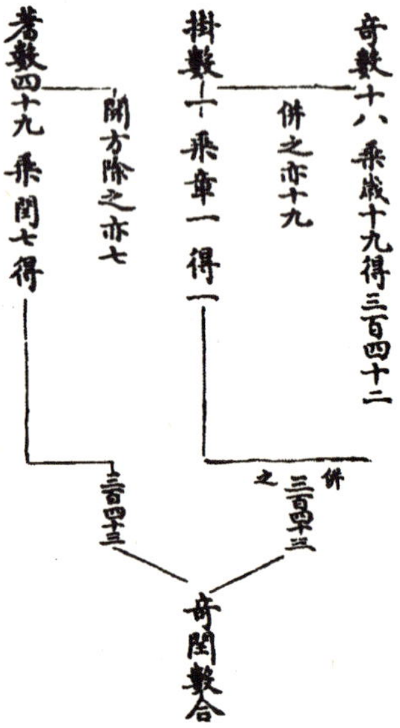

一章十九歲七閏辨一閏再閏數圖

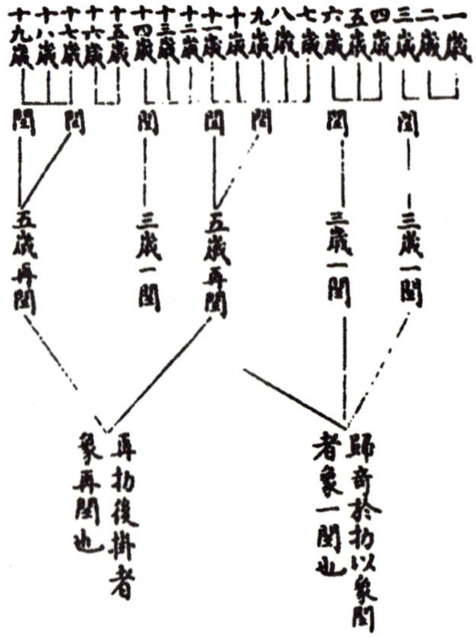

上三圖申衍河南楊氏之說。

世率謂三歲必一閏，五歲必再閏。周而復始。殊未知，曆法有三歲一閏，而五歲不再閏者。今以一章十九歲七閏之數立爲此圖，則知三歲一閏，五歲再閏，各有攸當，非周而復始之謂矣。

《大傳》曰「歸奇於扐以象閏，五歲再閏，故再扐而後掛」，先儒多謂三歲必一閏，又兩歲而再閏，周而復始。朱子畫爲定圖，亦止如此。蓋於曆法，未嘗深攷故也，惟韓康伯謂十九年七閏爲一章，五歲再閏者二，故畧舉大凡者，爲得之而未詳。余嘗攷之曆法，則自入章之始，三歲而逢首閏，又三歲而逢次閏，又三歲而逢第三閏；爲三歲而一閏者三，然後兩歲而始逢第四閏，此兩載逢閏之後，又三歲而逢第五閏，又三歲而逢第六閏；爲三歲一閏者二，然後兩歲而又逢第七閏。蓋一章之中，通有七閏，三歲一閏者五，兩歲一閏者二耳。若以五歲再閏言之，則第三閏之三歲，第六閏之三歲，皆在五歲之中，則爲三歲一閏者三，而五歲再閏者二也。然則大衍掛扐所以象閏者，非謂三歲一閏之後，必有五歲之再閏也，不過言閏有三歲而一者，有五歲而再者，故以一扐而象其一閏者，以再扐而象其再閏者耳。若夫以奇當閏，則河南楊氏乘除之説盡之，惜不見於圖，世多未曉，併以其法圖之，右方庶覽者，可一見而決焉。

以上諸圖並用大衍象閏之數。

洛書九數乘爲八十一圖

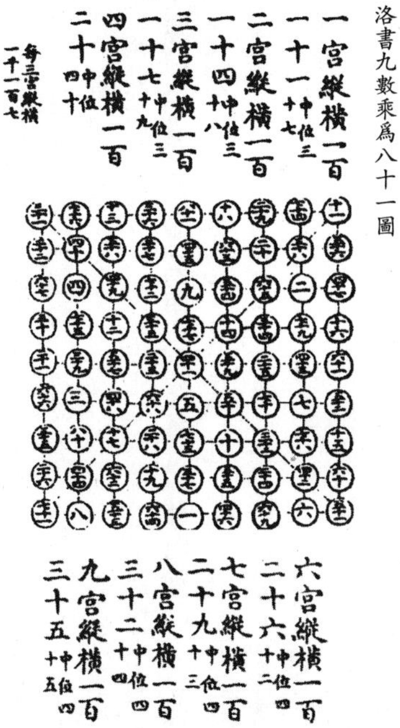

九九八十一，合黄鐘之律，律之所自始也；九九八十一，合太初之歷，歷之所自起也；九九八十一，爲皇極内篇範之所自衍也；九九八十一，爲太元之首，元之所自作也。

九宮坎一、坤二、震三、巽四、乾六、兑七、艮八、離九爲後天，每宮乾一、兑二、離三、震四、巽五、坎六、艮七、坤八爲先天。每宮二百九十二，中合四宮亦各二百九十二，縱横八百七十六。

《易》之數以《河圖》爲體，以《洛書》爲用，體則一定而不易，用則萬變而不窮。惟其一定而不易，故衍之之數，雖不一而不能易其本體；惟其萬變而不窮，故衍之成大衍，而猶有餘用焉。此上二圖之作，皆所以明《洛書》之變也。其第一圖每宮爲九，凡九九八十一位，一依《洛書》次序而布，縱横各得三百六十九，對位皆得八十二，八十一而有餘，猶子雲《太元》之有畸、贏也。第二圖以先天八卦合九宮之位而布之，凡八九七十二，縱横皆得八百七十六，九宮之數各得二百九十二，中合四宮數亦如之，每宮之數皆自左而右，自上而下，合先天圓圖之序，總九宮之數，則戴履、左右、肩足之象，無一不本於《洛書》。蓋一一爲一，無可圖者，二二爲四，縱横不等，三三爲九，乃可妙縱横之布，而爲變之始也。夫《洛書》之變，神妙如此，而世鮮知之，吾故列此二圖，右方以爲通變之本。噫！子雲之《太元》，蔡氏之内篇，皆由《洛書》九數而出者，亦未嘗知此二圖之變也。學者能精思之，則《易》可擬，《元》可續，《疇》可衍，而《潛虚》《洞極》不足爲奇矣。

九宮八卦綜成七十二數合洛書圖

陰陽變易成洛書圖

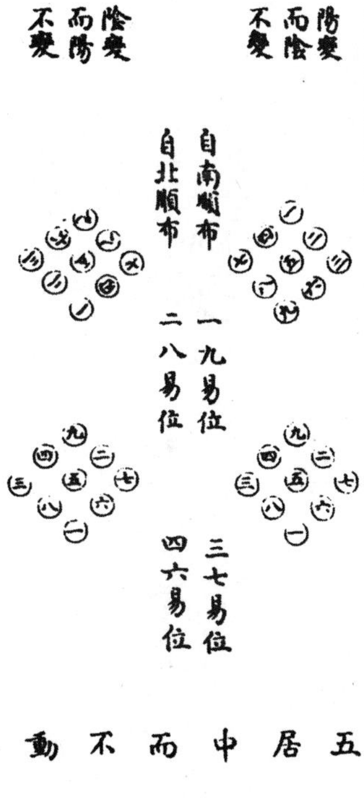

陽變而陰不變者，陽動而陰静也。陰變而陽不變者，以陰從陽也。

《河圖》以一、二、三、四分而四方，六、七、八、九隨而合之，其數則自然矣。《洛書》之數三、四、六、七則皆相依，一、二、八、九則不相從，毋乃强合十五之數乎？曰：此亦自然天成，非人力爲之也，何者？自一至九順而布之，自南而北則一、九、三、七之位必變易，而後合此陽變陰合、陽動陰静之義也。自一至九順而布之，由北而南則二、八、四、六之位亦必變易，而後合此陽爲主而陰聽命，陰能從陽，陽不能從陰之義也。此分而言之也。若合而言之，則陰陽之位有互爲變易之妙焉，此吾謂《河圖》爲易之體，《洛書》爲易之用者，蓋一爲「不易」之「易」，一爲「變易」之「易」故也。按：自《河圖》五位用生成相配以下十四圖，當爲翼衍小序所謂先天八卦、洪範九疇之合是也。原本誤分入三卷之前今改附二卷之後。

宋・鮑雲龍《天原發微》卷一三　蔡西山曰：圖書之象，自漢孔安國、劉歆、魏關、朗子明，有宋康節先生、邵堯夫皆謂如此，至劉牧始兩易其名，而諸家因之，故今復之，悉從其舊。古今傳記自孔安國、劉向父子、班固皆謂河圖授羲、洛書授禹，關子明、邵康節皆以十爲河圖，九爲洛書，而九宮之數戴九履一，左三右七，二四爲肩，六八爲足，正龜背之家也。朱子曰：讀《大戴禮》書只得一證甚明。其《明堂篇》有二九四、七五三、六八一之語，鄭注謂法龜文也，然則漢人固以九爲洛書矣。胡爲劉牧意見以九爲河圖、十爲洛書，悉反先儒之説，託言其圖出於希夷，不立文字。【略】劉牧又曰，天地五十五數，河圖四十五，虛十數而不用者，以四隅四正皆合而得十，又合中央之五，而縱横皆十五，亦五十五也，而五數不用者，天一加五爲六，地二加五爲七，天三加五爲八，地四加五爲九，天五加五爲十，故曰地十成之也。

元・陳師凱《書蔡傳旁通》卷四中　故《洛書》縱横錯綜皆十五，而爲十五者有九。以横計之，二九四，四九二各爲十五，一也。七五三，三五七各爲十五，二也。六一八，八一六各爲十五，三也。以縱計之，二七六，六七二各爲十五，四也。九五一，一五九，各爲十五，五也。四三八，八三四，各爲十五，六也。以斜計之，二五八，八五二，各爲十五，七也。四五六，六五四，各爲十五，八也。以錯計之，正之二三，隅之二四，以及中五，又虛中而七跨八，九跨六，各爲十五，九也。愚故曰，五九者，書之大數也。

明・王文素《算學寶鑒》　又曰：黄鍾、林鍾、太簇，律皆全寸，各得三分，爲一統也。以一生三爲南吕，得三分也。就以三因南吕，得九數，是爲姑洗數也。又以三因姑洗數九，得二十七爲應鍾數也。又再以三因應鍾數二十七，得八十一爲蕤賓數也。又再三因大吕數二百四十三，得七百二十九爲夷則數也。以上遞用三因之，至仲吕通得一萬九千六百八十三數，又九因通數，得一十七萬七千一百四十七數，此是黄鍾陰陽之氣化生萬物者也。

《洛書圖》戴九履一，左三右七，二四爲肩，六八爲足，五居中尖。總積四十五數，横直三行並斜各積一十五數相均。

洛書均數圖

楊輝因而度之，乃作四四、五五等圖，乃八陣攢九之圖。又有連環一圖，以七十二子分爲九隊，化爲一十三隊，積數俱各相均，誠妙用其數者也。愚亦述立圖而載於後。

求積法曰：併載九履一，共一十，以九子乘之，折半，得總積四十五。以三行除之，得横、直、斜皆一十五數。

花十六圖

求等圖

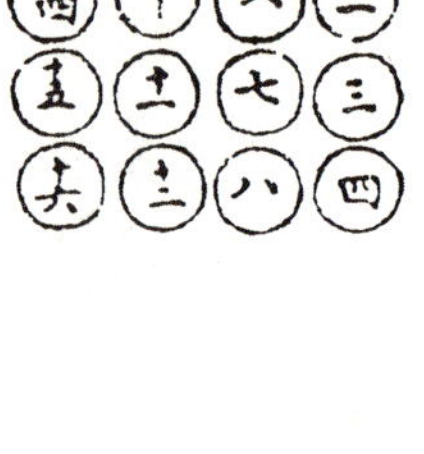

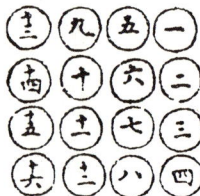

花十六圖，總積一百卅六，分列四行，横、直各積三十四。

求等口訣：

求寄如條鼠尾繩，根稍搭配便相停。往還盟朽横先等，對换編排登亦同。

均數法曰：依求等圖列數，而均横行先等，復以一易十六，以四易十三，以六易十一，以七易十，而横直皆等矣。皆倣此。

輻輳圖三十六子，總積五百六十一，爲四十五子用之。一横、一直、二斜，并中一方，各用九子，均積一百六十五。求積法曰：置總子三十三，別置三十三，添一，得三十四，相乘折半，得五百六十一。

輻輳圖

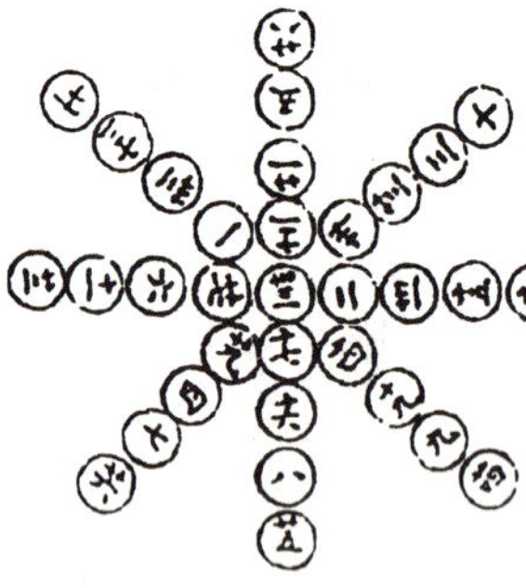

方勝圖

方滕圖十六子，總積一百三十六，畫爲四區，各積三十四，借爲九區，亦各積三十四。求積法曰：併首尾十六共一十七，乘尾十六，折半，得總積一百三十

花王字圖

六，以四區除之，得各積三十四。

[花]王字圖一百四子，總積五於四百六十根，各積四百二十。借爲十七環，亦各積四百二十。

求積法曰：置總子添一，得百五，乘總子一百四，得數折半，得總積五千四百六十，以十三環除之，得各積四百二十。

古珞錢圖百二十子，十五錢，各積四百八十四，借爲二十五錢，亦各積四百八十四。總積七千二百六十。

古珞錢圖

求積法曰：以總子百二十自乘，加入總子，折半，得總積七千二百六十，就以十五錢除之，得各錢積四百八十四。

連環圖百二十八，擺十六環，各積五百一十六。借爲二十五環，亦各積五百一十六。總積八千二百五十六。

求積法曰：置總子百二十八自乘，加總子，折半，得總積八千二百五十六，以十六環除之，得各積五百十六。

連環之圖

纓絡圖四十二子，擺爲七環，各積百二十九，借爲十三環，亦各積百二十九。

總積九百三，求積如前。

纓絡圖

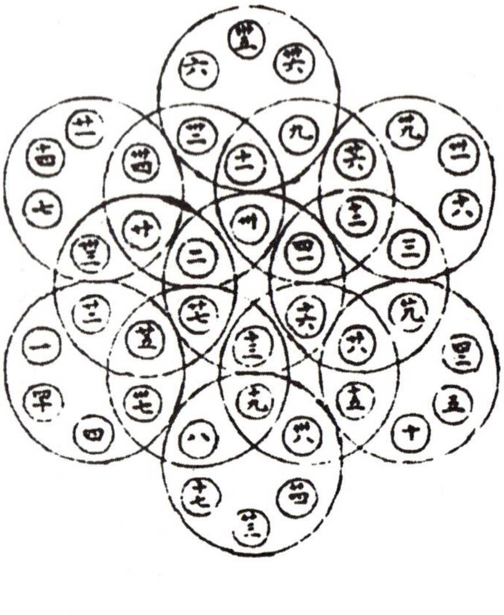

假令二十四老人，長者壽高一百，次者遞減一歲，止於七十七。共積總壽二千一百二十有四。卜會三社，八老相令七百八歲。蓋因人情逸順散，而復令更換六次。其換六次，其積仍均七百有八。乇見連用之道。

求積法曰：併首尾，共一百七十七，以二十四老乘之，得四千二百四十八，折半，得總積二千一百二十四。

求等法曰：依求圖列數，得横三行先等，第一圖是也，餘圖别求，其變尤多，不及備載。

三同六變之圖

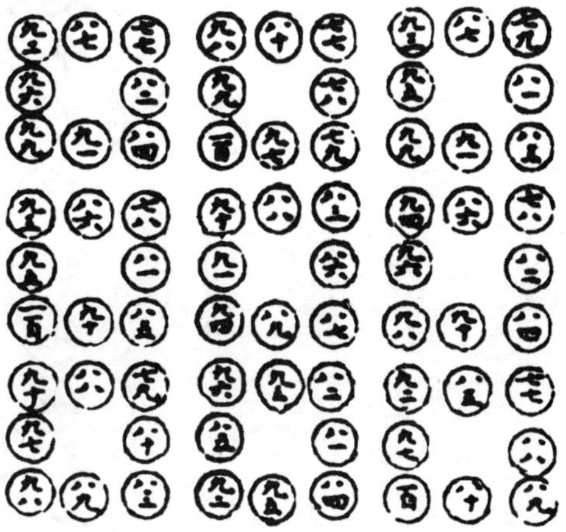

明・黃道周《三易洞璣》卷一三　舊時卦例，不出圖書，一六、七二、九四、三八以爲致用，五十、四九、一六、三八、二七以爲立體。

明・程大位《算法統宗》卷一七

五五圖

易換術曰：先以十三居中位，周圍連中位，各三層。列：

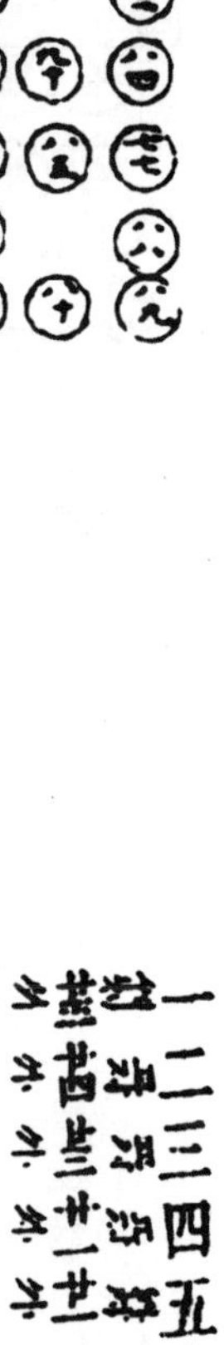

各相對換畢即得數。上橫有餘，下橫不足，各數八。

［六六圖］　求積法曰：併上一、下二十五，共二十六，以二十五乘之，折半得積三百二十五爲實，以五行爲法，除之得縱橫斜角，皆得積六十五數。

解曰：併上下數者，非圖中之上下，一乃數之始爲上，二十五乃數之終爲下，後皆倣此。

求積法曰：併上下數上一、下三十六，共三十七，以三十六乘之，折半得積六百六十六爲實，以六行爲法，除之得縱橫斜角，皆積一百一十一數。

易換術曰：以一換三十六，俱斜對相取。

六六圖

聚六圖

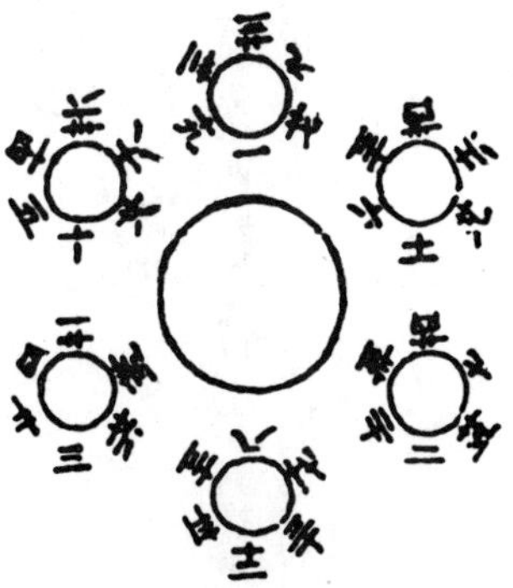

［聚六圖］　六子迴環，各積二百一十一數。

歌：奇行八子順流來，遇偶之行逆上排。八八尽將排列畢，把來橫取更休猜。

一行帶八兼求五，二三須尋七六陪。却以四行居隊角，均平八陣顯奇才。

［一、八、五、三、二、七、六、四，各行皆居坎位。］

法曰：以一、三、五、七之行爲奇，以二、四、六、八之行爲偶，却以六十四子依上順逆排畢，然後橫取上層排於坎陣，先以第一行一居北，次以八行六四居東北，又以五行三十三居東，又以三行十七居東南，又以二行十六居南，又以七行四九居西南，又以六行四八居西，又以四行三二居北。○第二層俱依此法而排則，八陣均平各積二百六十，以小輔大，而無强弱不齊之數也。

八陣圖

又［八陣圖］　如截坎之東四子，艮之西四子，亦成一陣之積，凡兩陣各取半面四子積一百三十，合而俱成一陣，共積二百六十數也。

求積法見易數圖内。

清·李長茂《筭海説詳》　洛書衍數圖

洛書之數，戴九履一，左三右七，二四爲首，六八爲足，縱横斜角皆十五數。因衍爲四四、五五、六六，以至百子，各縱横斜角皆同一數，圖各列後。

洛書圖

易换術曰：九子斜排，上下對易，左右相换，四圍挺出，以上一對换下九，次以左七對换右三，换畢，將四維二四六八挺出，平直列三行，即前圖縱横斜角皆積十五數。

求積法：併上下數一、九共十，以九乘之，得九十，折半得共積四十五數，以三行爲法除之，得縱横斜角皆十五數。

易换三三圖

易换術曰：十六子作四行排列，先將外四角對换，一换十六，四换十三；次將内四角對换，六换十一，七换十，换畢，縱横斜角皆積三十四數。即下圖是也。

求積法：以始數一、終數十六併之得十七，以十六乘之，得二百七十二，折半得共積一百三十六，以四行爲法除之，得縱横斜角皆三十四數。若内外四角不動，换易四面八位亦合。

易換四四圖

四四圖

此內外四角不動，將四面八位亦交互對換，與上對換內外四角，皆縱橫三十四數。

又易換四四圖

自五五至百子圖，皆以始數一與末尾數相對，首二數與末二數、首三數與末三數，挨次或正或斜相對。五七九單數者，則中心一單位居中，餘皆互對。求積法：以首數一、末數二十五併之得二十六，以二十五乘之，得六百五十，折半得共積三百二十五，以五行爲法除之，得縱橫斜角皆合六十五數。

五五圖

求積法：以首數一、末數三十六併之共三十七，以三十六乘之，得一千三百三十二，折半得共積六百六十六，以六行爲法除之，得縱橫斜角皆得一百一十數。

六六圖

求積法：以首一并末四十九共五十，以四十九乘之，得二千四百五十，折半得共積一千二百二十五，以七行爲法除之，得縱橫斜角皆一百七十五。

七七圖

求積法：首數一併末數六十四共六十五，以六十四乘之，得四千一百六十，折半得共積二千零八十，以八行爲法除之，得縱橫斜角皆二百六十數。

八八圖

求積法：首數一併末數八十一共八十二，以八十一乘之，得六千六百四十二，折半得共積三千三百二十一，以九行爲法除之，得縱横斜角皆三百六十九數。

九九圖

求積法：首數一并末數百共一百零一，以一百乘之，得一萬零一百，折半得共積五千零五十，以十行爲法除之，得縱横斜角皆五百零五。

十十百子圖

八陣圖　歌：奇行八子順流來，遇偶之行逆上排。八八盡將排列畢，把來横取更休猜。一行來八兼求五，三二須尋七八陪。卻以四行居隊角，均平八陣顯奇才。上法一三五七行爲奇，二四六八行爲偶，六十四子順逆排畢，横取上行，排列坎陣二艮三震，以此排列八陣。

解義：八陣先從坎起，坎者，數之始生也，八層横筭，皆積二百六十，一層取排一陣，積數皆同。然按序排去六十四子，亦是順逆同迴，如一坎二艮，順至乾宮八，皆順也，即將九置乾宮，兑十、坤十一，以次逆回至坎宮十六，皆逆也，又將十七置坎，順艮而下，仍循一順一逆次序，(系)[絲]毫不亂。

八陣圖

如截坎之東四子，艮之西四子，亦成一陣之積；截艮之上四子，震之下四子，亦成一陣之積。凡半面四子，各積一百三十，兩陣各取半面四子，合而俱成一陣，計積二百六十，而無强弱不齊之數。

八陣圖

［九宮連環陣］　求積法：併首一末七十二，共七十三，以七十二乘之，得五千二百五十六，折半得共積二千六百二十八，以九爲法除之，得每環八子爲一陣，各積二百九十二，二子多寡相資，鄰壁相兼，此九陣化一十三陣，見運用之道也。

解義：每陣直分一半四子，横分一半四子，皆一半，積一百四十六子，彼此一半相合，皆成一陣之數，故曰連環九陣。化十三陣，九宮共九陣，内中四空相合，包藏四陣，共十三陣也。凡排法，始坤次離次巽次乾次艮次兑次中次震，從一數起，每宮二子，挨次排去至震，又挨次逆回至坤，再順回至震，又逆回至坤，完畢，每排二子俱相對安下，首坎位，次巽乾，次兑震，次坤艮，從上層自右而左排完，即接排下層，次排中層，上下層一例，中層一例，如上下排二子，先上後下，中層即先下後上，相反是也。

九宮連環陣

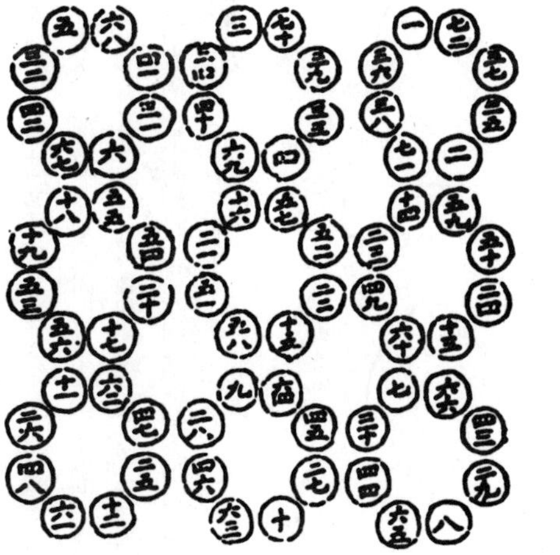

聚五圖　二十子作二十五子用，五圖各皆得積六十五數。

聚五圖

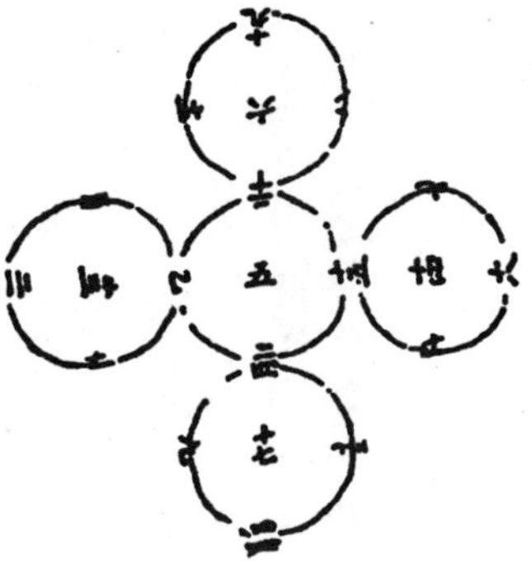

聚六圖　六子迴環，各積一百一十一數。

聚六圖

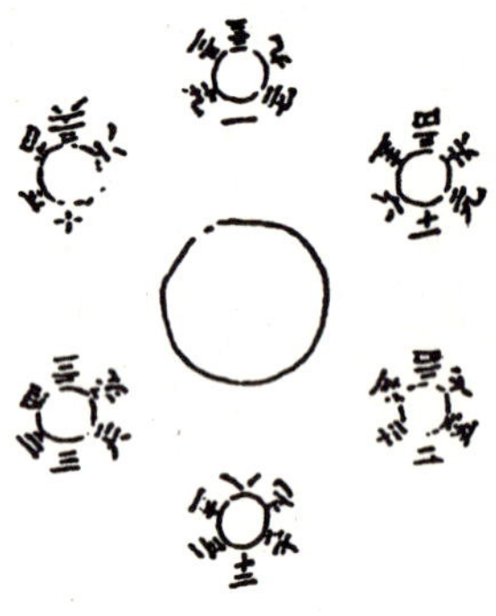

聚八圖　右二十四子作三十二子用，各積一百數。

聚八圖

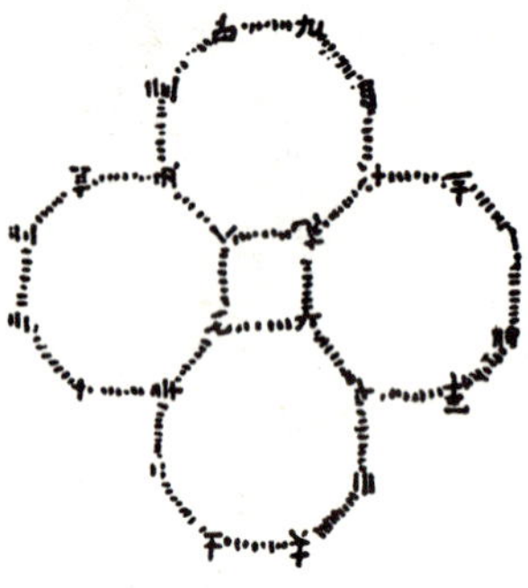

聚九圖　斜直周圓併中九，各一百四十七數。

攢九圖

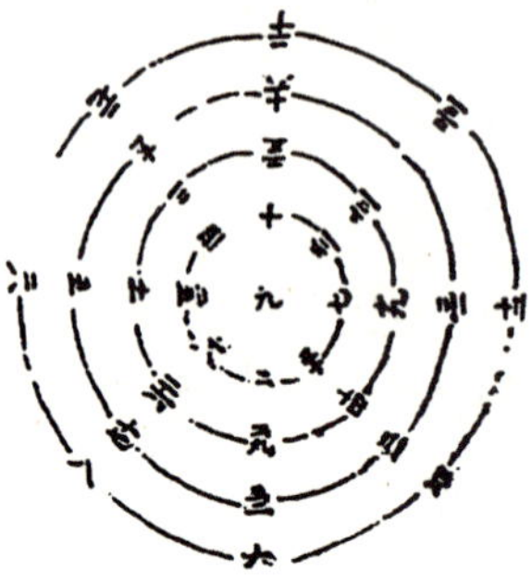

清・萬年淳《易拇》卷一　圖説

伏羲八卦次序【略】《河圖》置五十於中，《洛書》置五於中，列一二三四六七八九於四正四隅，蓋五十爲心，五又十之心也。五爲心者，不用五也，尊五也。又《洛書》中五無卦位，故三元九宫有男寄坤、女寄艮之説，故八卦不數五，而五自在其中，猶四時不數土，而土自在其中也。即太乙廟算起八卦之例，亦不數五。此皆古人成法也。又一二三四分四象，與以六七八九分四象，一也。一二三四以五加之，仍是六七八九，六七八九以五減之，仍是一二三四。在河圖，以六爲老陽，七爲少陰，八爲少陽，九爲老陰，六七八九即一二三四，故一爲老陽，二爲少陰，三爲少陽，四爲老陰。六之所以爲老陽者，以一爲老陽也。

右上一圖。一與六、二與七、三與八、四與九、五與十居中，河圖之位也。一六爲七，二七爲九，三八爲十一，四九爲十三，合之成四十，加中十五，爲五十五，河圖之數也。下一圖一與九，三與七，四正也，二與八，四與六，四隅也，合之成四十，加中五爲四十五，洛書之數也。反復此二圖，乃知乾一、兑二、離三、震四、巽六、坎七、艮八、坤九，正合陰陽老少之象，而五十不與焉。

《河圖》生數與成數可合而爲一，可分而爲二，一六、二七、三八、四九、五十，此合而爲一者。

清・張潮《心齋雜組・算法圖補》《算法統宗》所載十有四圖，縱横斜正，無不妙合，自然有非人力所能爲者，大抵皆從《洛書》悟而得之。內惟百子圖於隅徑不能合，因重加改定，復以意增布，雜圖亦皆有自然之妙，乃知人心與理數相爲表裏，引而伸之，當猶有不盡於此者，姑即其已然者列於後。

參三圖

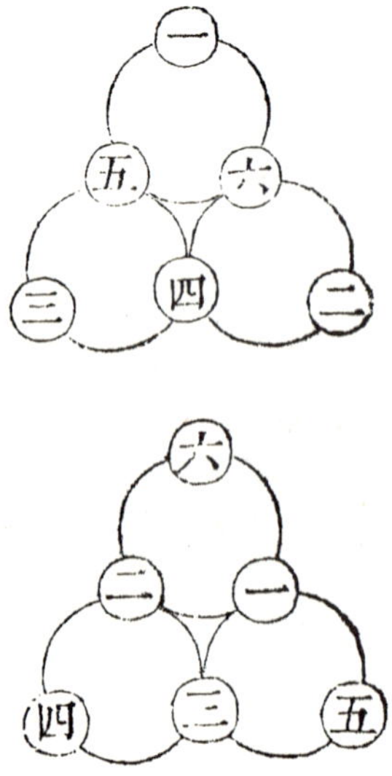

六子作九子用。三角各十二數，每面各九數。
同上。三角各九數，每面十二數。

參三圖

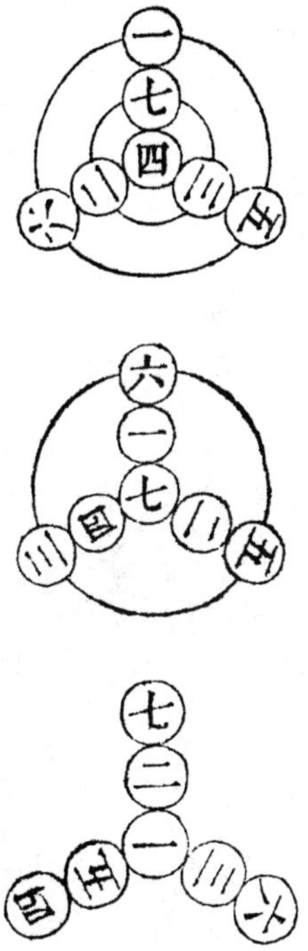

七子作十五子用。圍徑俱十二數。
七子作十二子用。外圍三徑俱各十四數。
七子作九子用。三徑各十數。

揲四圖

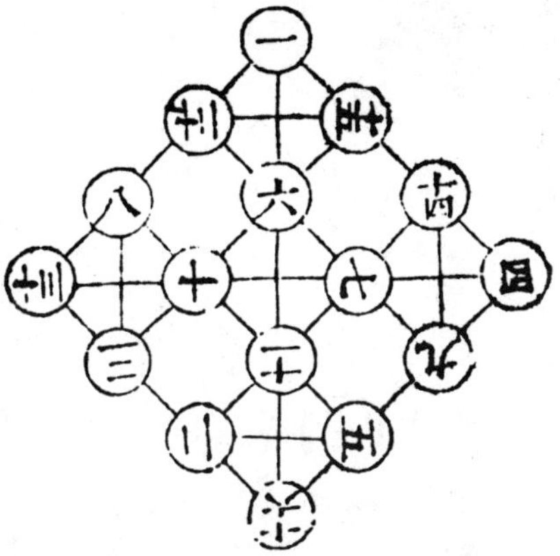

伍五圖

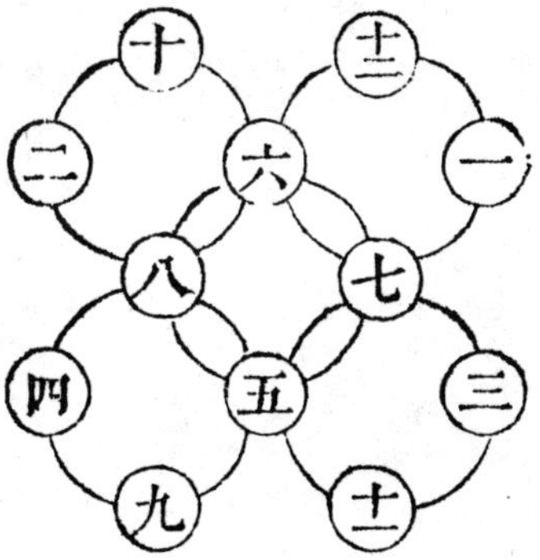

［揲四圖］ 角徑平徑四方四尖，中心俱三十四數。十六子作六十四子用。
［伍五圖］ 十二子作二十子用。各二十六數。

又 伍五圖［上］ 十六子作二十子用。各得三十四數。

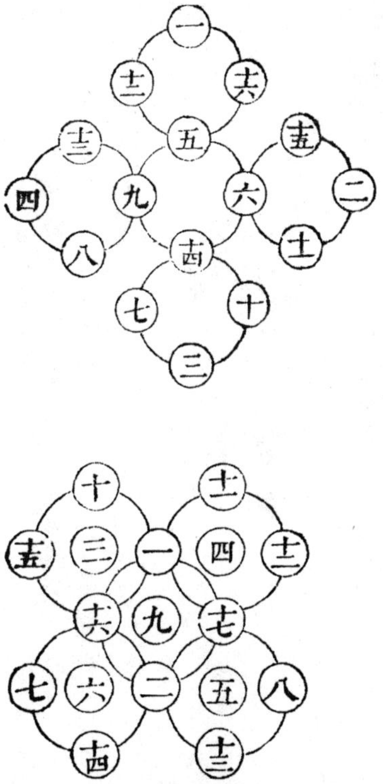

又 伍五圖［下］ 十七子作二十五子用。各四十五數。
又 伍五圖［上］ 二十一子作二十五子用。各五十五數。

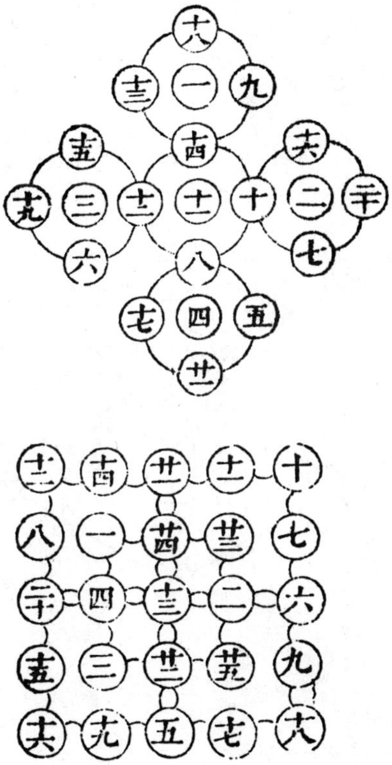

又 伍五圖[下] 二十五子作四十五子用。各百十七數。

方六圖

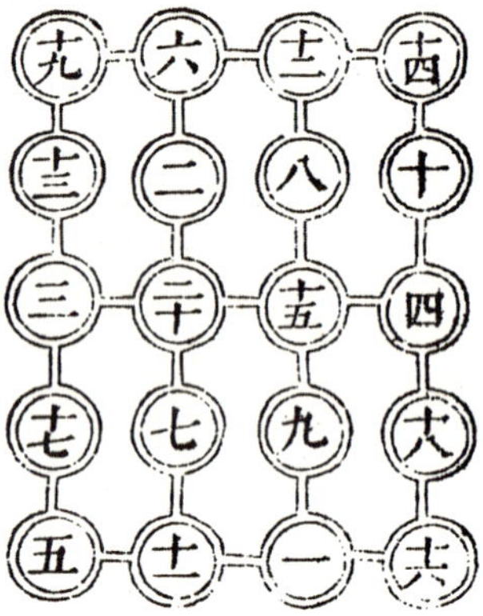

[方六圖] 二十子作三十六子用。各六十三數。

六合圖

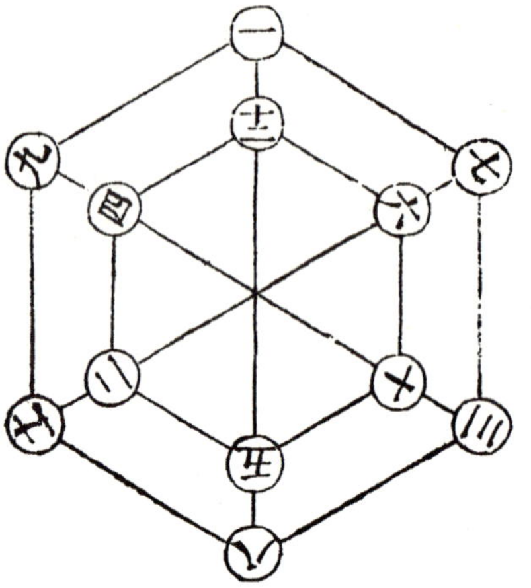

三徑二合陣,每四子各二十六數。十二子作八十四子用。

兩圍三合陣,每六子各三十九數。

又 六合圖 十八子作七十二子用。

圖徑並每方各五十七數。

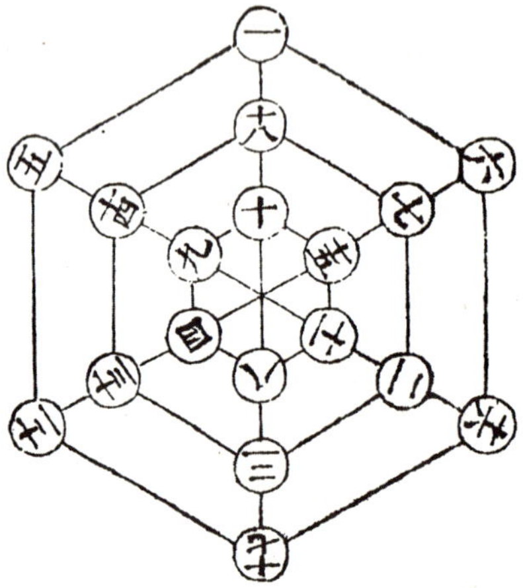

更定聚六圖

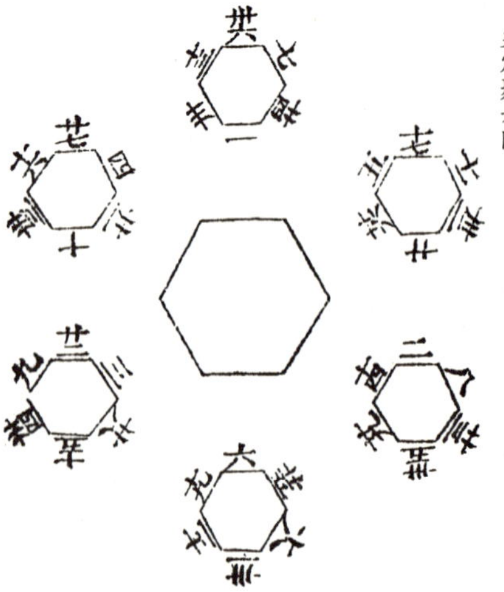

[更定聚六圖] 每對三十七數。每陣百十一數。

龜文聚六圖

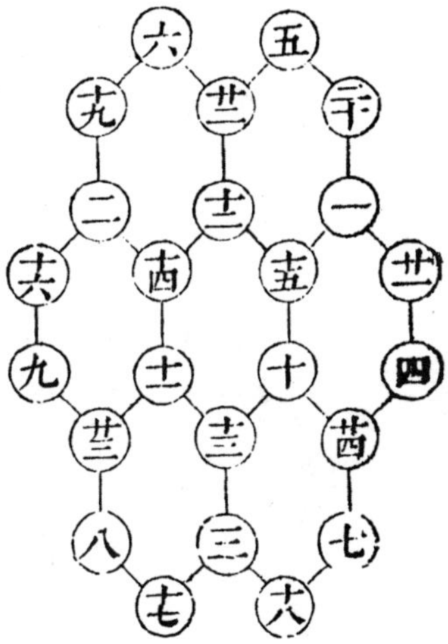

[龜文聚六圖] 二十四子作四十二子用。各七十五數。

七襄圖

[七襄圖] 三十一子作四十九子用。各百十二數。

八陣圖

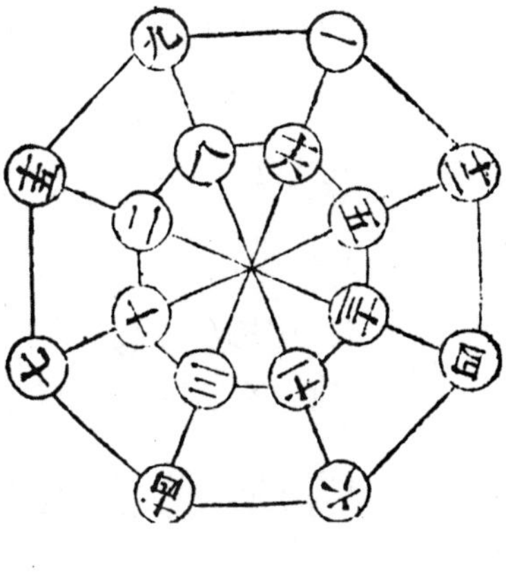

[八陣圖] 每方及徑，每四子各三十四數。十六子作百四十四子用。圍及半圖每八子各六十八數。

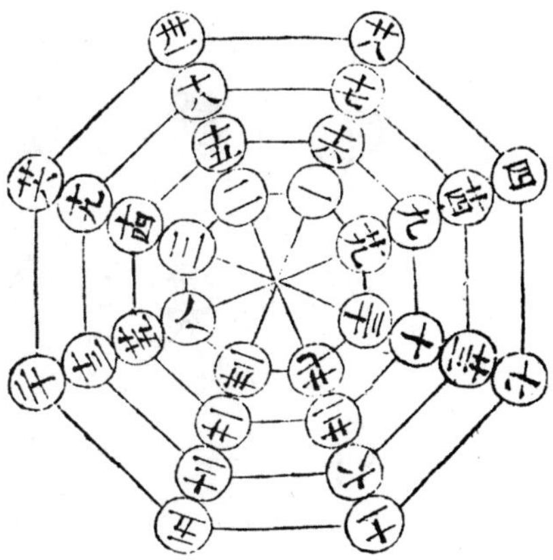

又 八陣圖 三十二子作六十四子用。圍徑各一百三十二數。

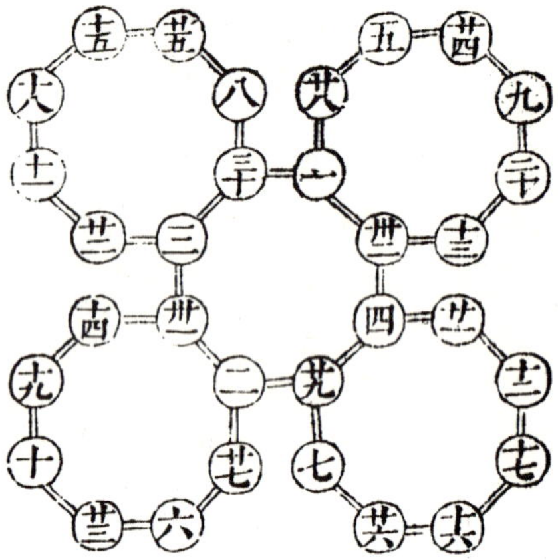

又
八陣圖　三十二子作四十子用。各一百三十二數。

九宮圖

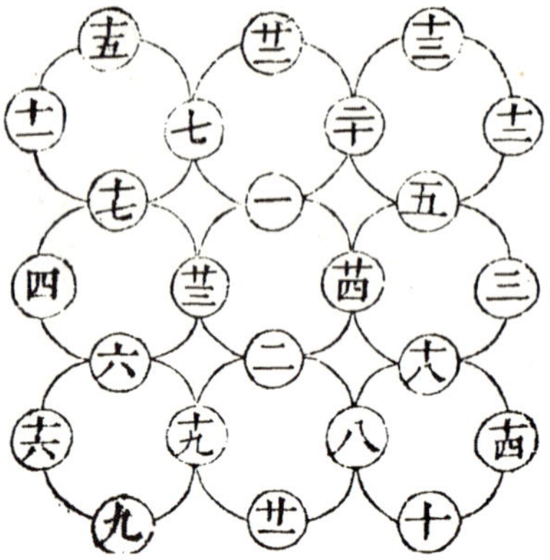

［九宮圖］　二十四子作三十六子用。各五十數。

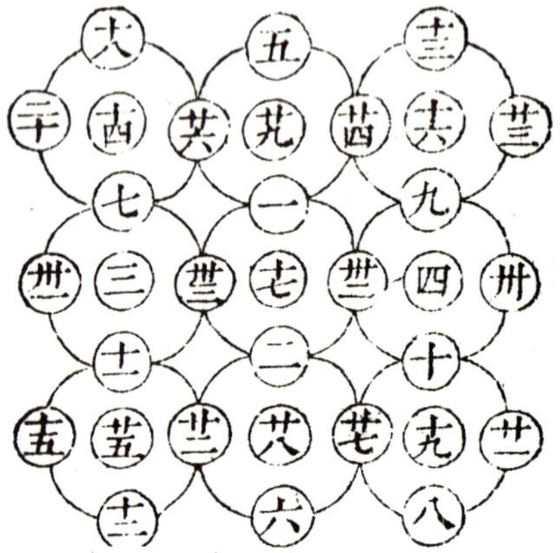

又
九宮圖　三十三子作四十五子用。各八十五數。

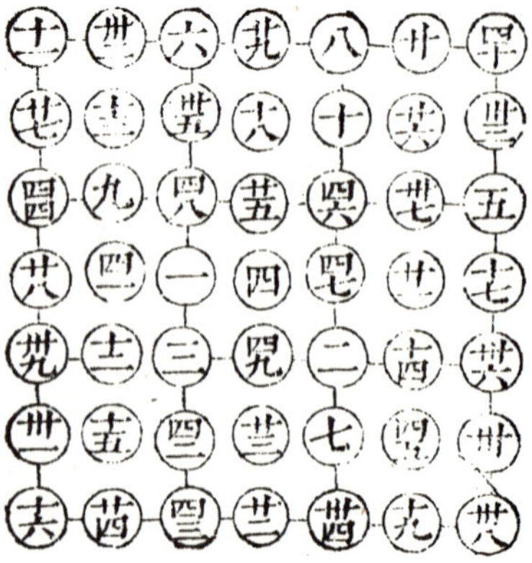

又
九宮圖　四十九子作八十一子用。各二百二十五數。

更定百子圖

［更定百子圖］　縱横斜正，各五百零五數。一百子作二百二十子用。

清·保其壽《增補算法渾圓圖》　《心齋雜俎》有算法二十五圖，張山來自云係《算法統宗》十有四圖之外者，推而演之，當不盡於此云云。《統宗》余未經見，惟山來所演皆平圖，不知立方與渾圓尤爲可喜，其源雖權輿《洛書》，其巧實不可思議，當是天地間合有此一種理數。特假手山來與余耳。

瓜瓞圖

每面二十一數，三圖本一圖。十四子作三十二子用。

六合立方　凡六面每面十八數，八子作二十四子用。

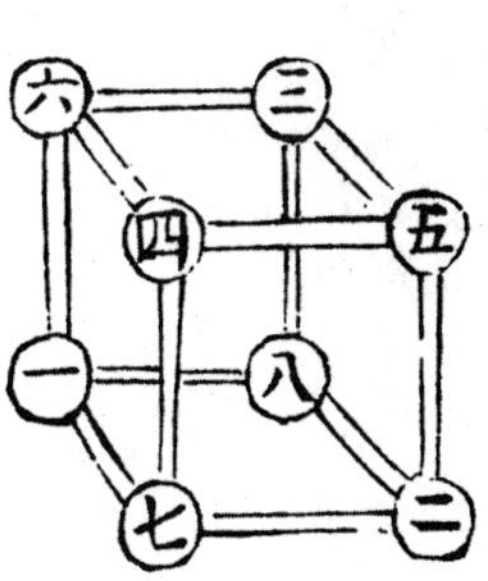

立方　每面二十六數，十二子作二十四子用。

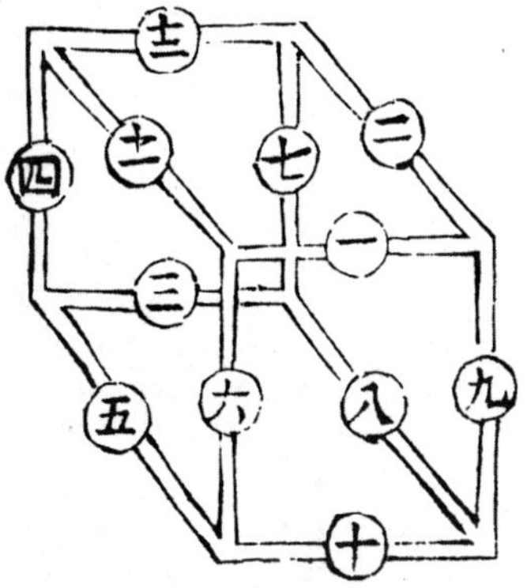

又

立方　每面七十六數，二十子作四十八子用。合前二法成此。

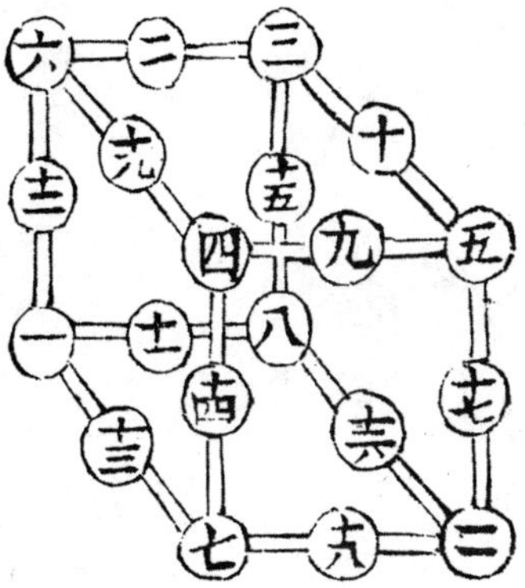

又

立方　每面一百八十二數，三十二子作七十七子用。

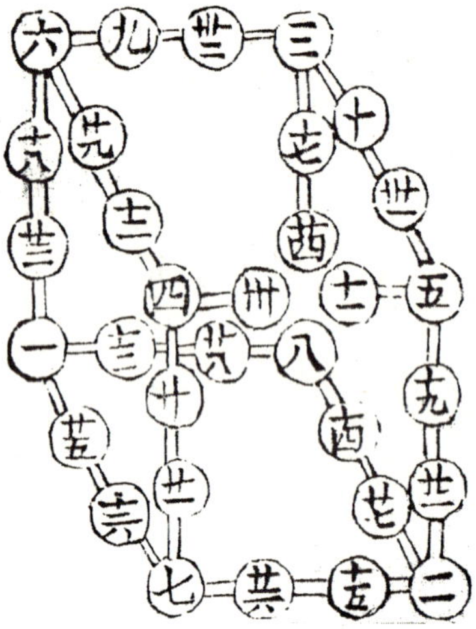

渾三角　每線十三數，每面三十九數。十二子作二十四子用。

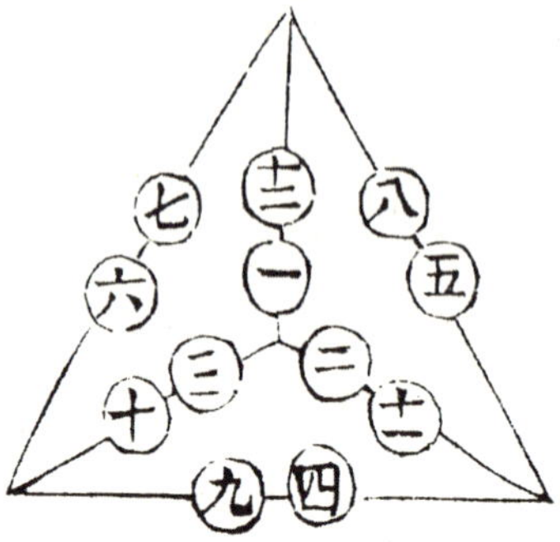

又

渾三角　每面十四數，八子作十六子用。凡三角必中心獨用一子。

此平圖也，渾圖在後。

形同馬射皮毬，八在陰面。

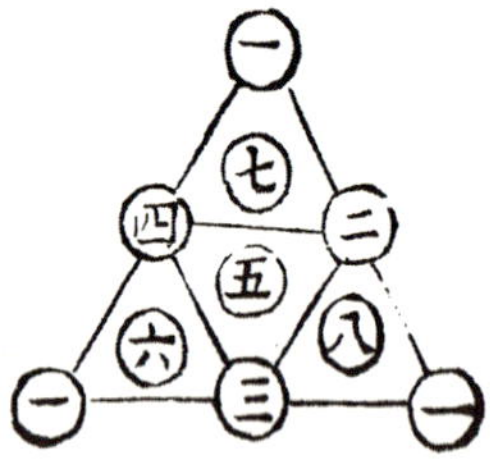

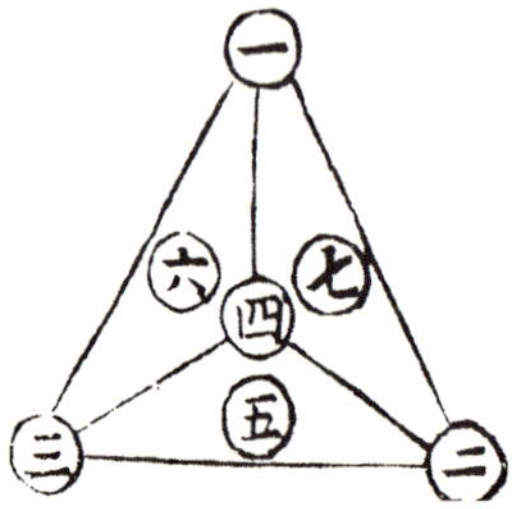

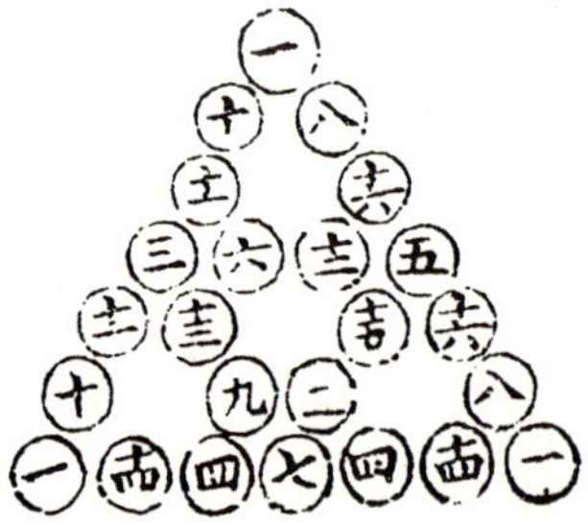

面各七十二數，十六子作三十六子用。

此圖極費經營。如以一二三四居角餘用六子，斷不成章。及用十六子以一二三四歸角四分之，又有畸零。故用一三五七。

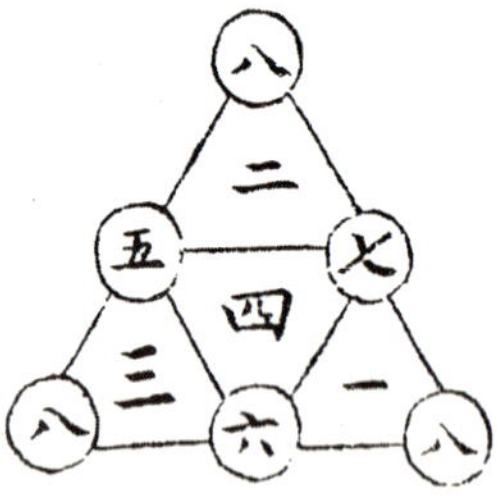

面各二十二數，諸圖均可如此。

面各八十一數，即前顛倒易之。

面各四十八數，十八子作四十八子用。如以一換十八、二換十七，逐子相易，即成每面六十六數。

以十三換一亦可一即換七。

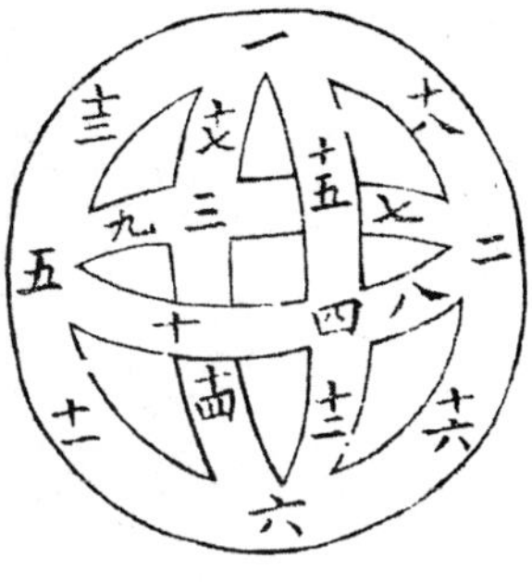

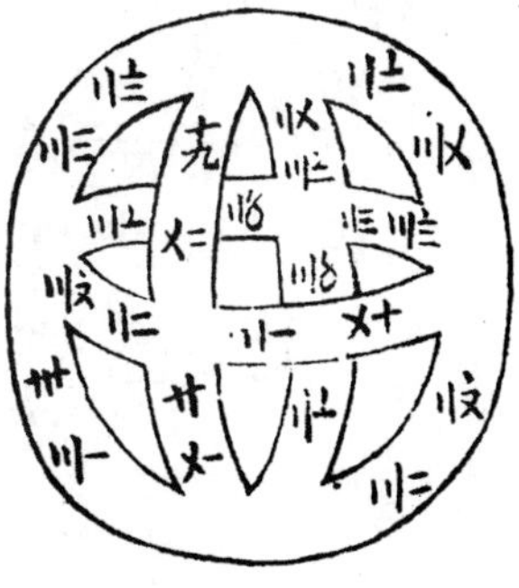

前用十八子，此自十九起至四十二止。每梁加二子加入前圖面各一百〇九數，加入變局一百二十七數。

若加一子不合八除。

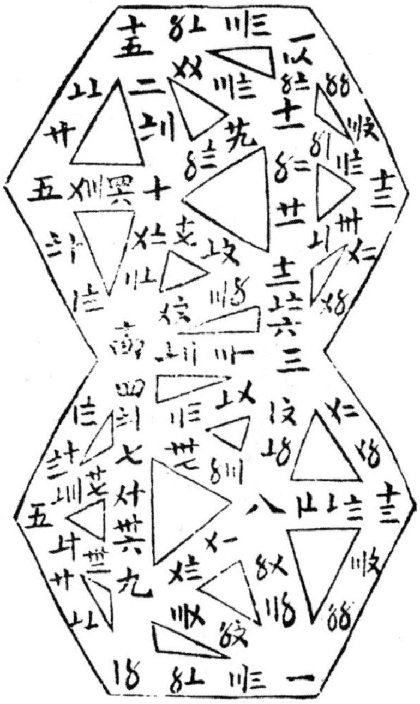

面各二百七十九，七十二子作百八十子用。

面各五百二十七數，百〇二子作二百四十子。

六合渾圓

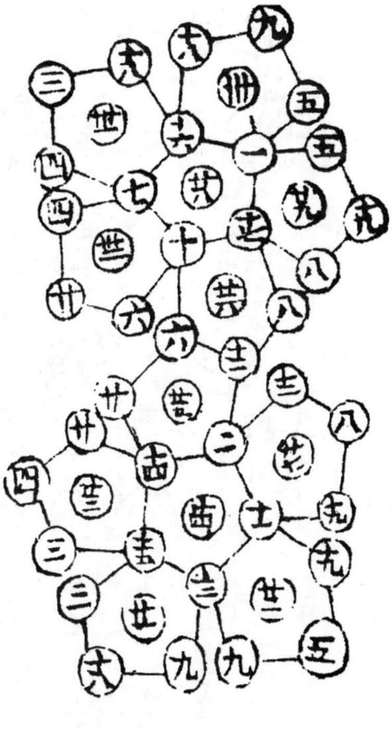

每面七十九數，三十二子作七十二子用。

此平圖渾圖見後。

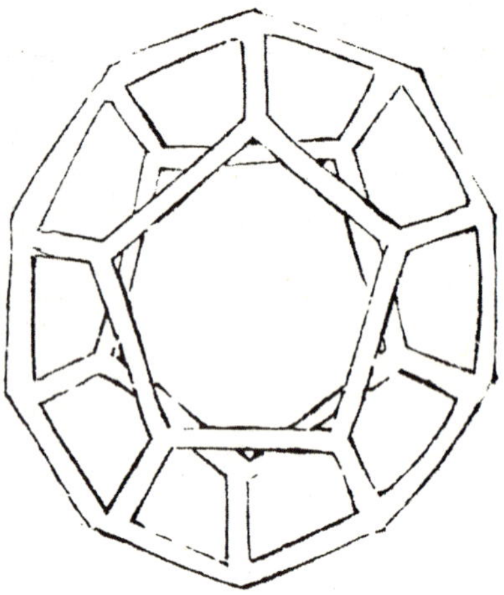

平看似中大邊小，其實(一)[十]二面俱五角均勻，毫無强弱，惟積二十子三倍之不合十二除，故用三十二子。

六合渾圖

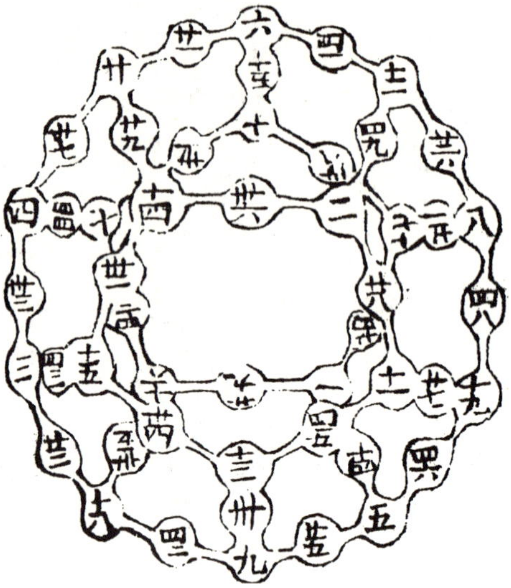

每面二百三十數，五十子作一百二十用。子有大小者大近小遠。

六道渾天

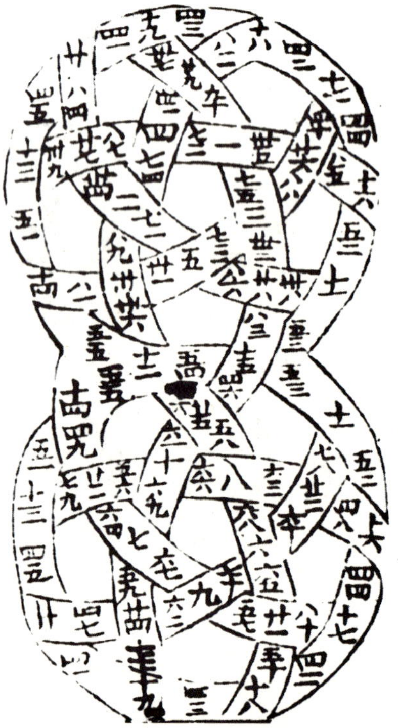

每五角十子，積三百八十數。三角六子積二百二十八數。九十子作二百四十子用。

以紙六條，作圈相間爲之甚妙。渾圖見後。

自一至六十歸梁，餘歸角。

角與梁易，角一子加六十，梁一子減三十，五子加三百，五子減一百五十，餘一百五十。則每面得數五百三十。每三角得數三百十八。諸圖俱可仿此。

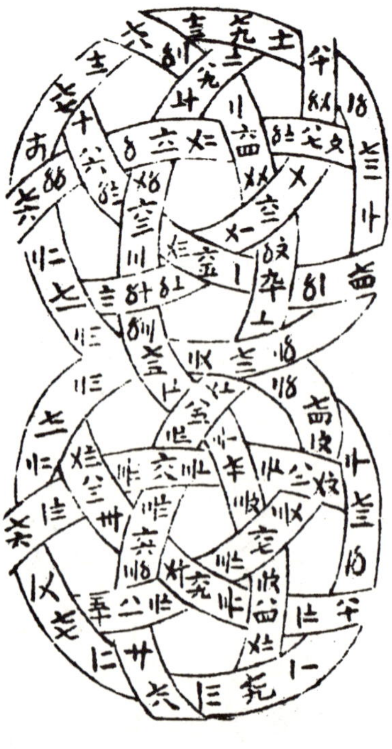

自一至九十顛倒互易圖

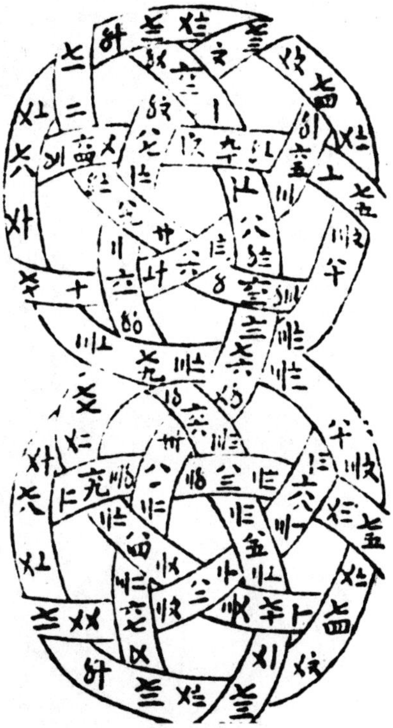

自一至三十，積四百六十五數。一子作二子用，倍之得九百三十數。以十二除之固不合。作二十分亦不可。故增六十子共九十子，交加處一子作四子，用餘子作二子用。

由前推演，本不即盡，用子愈多，配搭愈便。然法已無遺何取乎誇多生歉耶。

數學教育與考試總部

主編 郭金海 付佳

古代數學教育部

綜論

《周禮・保氏》 養國子以道，乃教之六藝：一曰五禮，【略】六曰九數。

漢・班固《白虎通德论》卷四《辟雍》 八歲毁齒，始有知識，入学学書計。

《漢書・食貨志》 八歲入小學，學六甲、五方，書計之事。

唐・徐堅《初學記》卷二一《文部》 文字

古者子生六歲，而教數與方名，十歲入小學，學六甲，書計之事。

唐・李林甫等《唐六典》卷二一 國子監

隋置算學博士二人，從九品下。

《隋書・百官志》 國子寺元隷太常，祭酒一人，屬官有主簿、録事各一人，統國子太學四門、書、算學。各置博士，國子太學四門各五人，書、算各二人。助教，國子太學四門各五人，書、算各二人。學生，國子一百四十人，太學四門各三百六十人，書四十人，算八十人。

唐・韓愈《昌黎先生文集》卷三九 請上尊號表

臣某言：臣得所管國子、太學、廣文、四門及書、算、律等七館學生沈周封等二百人狀。稱身雖賤微，然皆以選擇，得備學生，讀六藝之文，修先王之道，粗有知識，皆由上恩【略】今自嗣位已來，歲有餘耳，臻此功德其何捷哉！置郵傳命，未足以論。以非常之功，襲尋常之號，以冠古之美，屈守文之名。臣子之誠，闕而不奏，天號人稱，不滿事實。斯亦搢紳先生之過也。謂臣官居師長，不言謂何？考其所陳，中於義理，天人合願，不謀而同，非臣之愚所敢隱蔽，輒冒死以聞。伏乞天恩特允誠志，令公卿大夫得竭思慮，取正於經以定大號，有司備禮擇日以頒。天下幸甚！天下幸甚！

唐・李觀《李元賓文集》外編卷二 請修太學書

在昔學有六館，居類其業，生有三千，盛侔於古。近季禍難，竊用耗息。陛下君臨，宿弊尚在，執事之臣，顧爲不急。升當學之徒，罔敢上達。積微成慝，超稔曆紀。賤臣極言，誠合要道。具六館之目，其曰國子、太學、四門、書、律、算等，今存者三，亡者三。

《新唐書・選舉志》 凡算學，《孫子》《五曹》共限一歲，《九章》《海島》共三歲，《張丘建》《夏侯陽》各一歲，《周髀》《五經算》共一歲，《綴術》四歲，《緝古》三歲，《記遺》《三等數》皆兼習之。

算學生三十人，以八品以下子及庶人之通其學者爲之。

凡算學，録大義本條爲問，答明數造術，詳明術理，然後爲通。試《九章》三條，《海島》《孫子》《張丘建》《夏侯陽》《周髀》《五經算》各一條，十通六，《記遺》《三等數》帖讀，十得九，爲第。試《綴術》《緝古》，録大義問答者，明數造術，詳明術理，不失義理，然後爲通。《綴術》七條，《緝古》三條，十通六，《記遺》《三等數》帖讀，十得九，爲第。落經者，雖通六，不第。

又《百官志》 國子監

算學博士二人，從九品，助教一人，掌教八品以下及庶人爲生者。二分其經，以爲業。《九章》《海島》《孫子》《五曹》《張丘建》《夏侯陽》《周髀》《五經算術》《緝古》爲顓業，兼習《記遺》《三等數》。凡六學束修之禮、督課、試舉，皆如國子學，助教以下所掌亦如之。

又《食貨志》 唐世百官俸錢，會昌後不復增減，今著其數【略】書、算、律學博士，内謁者，中局署令，上局署丞，五官挈壺正，京都園苑四面監，九成宫總監副監，醫、針博士，醫監，陵廟令，司竹、温泉監丞，太子藥藏局丞，王府參軍事，王國大農，公主邑司丞，四千。

宋・王應麟《玉海》卷一一二 學校

隋始置算學博士二人。

宋・楊輝《楊輝演算法・乘除通變本末》卷上 習算綱目

先念九九合數。一一如一至九九八十一，自小至大，用法不出於此。

學相乘起例并定位。功課一日。

温習乘法題目。自一位乘至六位以上，並定位。功課五日。

學商除起例并定位。功課一日。

温習除法題目。自一位除至六位除以上，並更易定位。功課半月日。

既識乘除起例，收買《五曹》《應用演算法》二本，依法術日下兩三問。諸家演算法不循次第，今用二書，以便初學。且未要窮理，但要知如何發問，作如何用法答題，如何用乘除。不過兩月，而《五曹》《應用》已算得七八分矣。《詳解演算法》第一卷有乘除立問一十三題，專説乘除用體。玩味注字，自然開曉。

諸家算書用度不出乘、除、開方三法。起例不出如、十二字，下算不出横、直二位。引而伸之，其機殆無窮盡矣。乘除者本鉤深致遠之法，《指南演算法》以加、減、九歸、求一，旁求捷徑，學者豈容不曉？宜兼而用之。

學加法起例并定位。功課一日。

温習「加一位」「加二位」「加隔位」。三日。

學減法起例并定位。功課一日。

加法乃生數也，減法乃去其數也。有加則有減。凡學減必以加法題答考之，庶知其源。

用五日温習足矣。

學「九歸」，若記四十四句念法，非五七日不熟。今但于《詳解算術》「九歸」題術中細看注文，便知用意之隙，而念法、用法一日可記矣。

温習「九歸」題目。一日。

「求一」本是加減，乃以倍、折兼用，故名求一。其實無甚深奥，卻要知識用度。卷後具有題術下法，温習只須一日。

「穿除」又名「飛歸」，不過就本位商數除數而已。《詳解》有文，一見而曉。加減至「穿除」皆小法也。

商除後不盡之數，法爲分母，實爲分子。若乘而還原，必用通分。分母、分子繁者，必用約分。諸分母，子不齊而欲併者，必用合分。分母、子有二較，其多寡者，必用課分。均不齊之分者，則用平分。斤連銖兩，匹帶尺寸，亦猶分子，非乘分除分不能治之。治分乃用算之喉襟也。如不學，則不足以知算。而諸分並著《九章·方田》，若以日習一法，不旬日而周知。更以兩月温習，必能開釋。《張丘建算[經]》序云：不患乘除爲難，而患分母、子之爲難。以輝言之，分子本不爲難，不過位繁。剖析諸分，不致差錯而已矣。

開方乃演算法中大節目。勾股、旁要、演段、鎖積多用。例有七體：一曰開平方，二曰開平圓，三曰開立方，四曰開立圓，五曰開分子方，六曰開三乘以上方，七曰帶從開方，並載少廣、勾股二章。作一日學一法，用兩月演習題目。須討論用法之源，庶久而無失忘矣。

《九章》二百四十六問，固是不出乘、除、開方三術。但下法佈置尤宜遍歷。如互乘、互换、維乘、列衰、方程，並列圖於卷首。

《九章》二百四十六問，除習過乘、除、諸分、開方，自余方田、粟米，只須一日。下編衰分，功在立衰。少廣全類合分。商功皆是折變。均輸取用衰分、互乘。每一章作三日演習。盈不足、方程、勾股用法頗雜，每一章作四日演習。更將《九章纂類》消詳，庶知用算門例，《九章》之義盡矣。

《事物紀原》載勾股、旁要，本是兩章，今總爲一章。詳觀法意，實是兩端。劉徽以旁要之術，變重差減積，爲《海島》九問。劉益以勾股之術治演段鎖方，撰《議古根源》二百問，帶從益隅開方，實冠前古。《九章》序云：或得一二，以能自成一家之書，信矣。但《海島》題法隱奥，莫得其秘。李淳風雖注，祇云下法，亦不曾説其源。《議古根源》原無細草，但依術演算，亦不知其旨。自《九章·勾股》而有二書，因二書增續諸家之妙。序又云：《九章》猶儒者之六經，醫家之《難》《素》，兵法之《孫子》歟。是故勉學者知《九章》矣。

佚名《算學源流》

[崇寧]國子監算學令

諸學生習《九章》《周髀》義及算問，謂假設疑數，兼通《海島》《孫子》《五曹》《張丘建》《夏侯陽》算法，並曆算、三式、天文書。諸試以通粗並計，兩粗當一通，算義、算問以所對優長，通及三分以上爲合格。曆算即算前一季五星昏曉宿度，或日月交食，仍算定時刻早晚及所食分數。三式即射覆，及豫占三日陰陽風雨。天文即豫定一月或一季分野、災祥，並以依經備草合問爲通。

又 [崇寧]國子監算學格

官屬：博士四員，内二員分講《九章》《周髀》，二員分習曆算、三式、天文，學正，舉行學規，一員。職事人：學録，佐學正糾不如規者，一人；學諭，以所習業傳諭諸生，一人；司計，掌飲食支用，一人；直學，掌文籍及謹學生出入，二人；司書，掌書籍，一人；齋長，糾齋中不如規者；齋諭，掌佐齋長道諭諸生，齋各一人。學生：上舍三十人，内舍八十人，外舍一百五十人。補試：試命官公試同，《九章》義三道，算問二道。私試：孟月補上内舍第一場，《九章》《周髀》義三道，算問二道；私試：仲月補上内舍第二場，曆算一道；私試：季月上内舍第三場，三式或天文一道。

又 [崇寧]國子監算學對修中書省格

秋試，奏到算學升上舍等第，推恩下項。上舍上等通仕郎，上舍中等登仕郎，上舍下等將仕郎。

《宋史·職官志》 國子助教，廣文、太學、四門、書學、算學博士，律學助教，書、算學無助教。

《元史·選舉志》 銓法下

各路司吏有闕，於所屬衙門人吏內選取。委本路長官參佐，同儒學教授考試，習行移、算術，字畫謹嚴，語言辯利，《詩》《書》《論》《孟》內通一經者爲中式，然後補充。

明·郭鎜等《皇明太學志》卷七 政事

講肄

唐大司成領六學，有律學，有書學，有算學。我高祖屢詔諸生講習律令，而於書仿，監規所示，亦既詳明，後又頒書及數之法於國學暨諸鄉學。今律令既不常講，而書仿或亦應文。至於數，置不復及也。按原洪武二十五年所頒數法，凡生員，每日務要學習算法，必由乘因加歸除減，精通《九章》之數。昔之善教者，經義、治事貴在兼通，曾謂律令、數學切於日用，可忽而不之學乎？

清·丁福保《算學書目提要》 學算提要

余作《算學書目提要》畢，恐初學閱之仍無門徑，因作是篇爲提要中之提要云。

算學家術例雖繁，撮其大要，不外兩途。商功積尺、三角測量，其用止於加減乘除、開方、八綫，淺近易能，挾其術足以大得名利，有益家國，此經濟家之算學，人人所能者也。博通舊説，刱造新法，苦心孤詣，索隱鉤深，成則後學蒙其福，不成則空費心血，擲於無何有之鄉，此著作家之算學，非人人所能者也。

經濟家之算學即普通學也，宜先閱華氏《筆談》，或《算法須知》。通其前四卷。再閱《數理精藴》之開平方、立方，句股、三角（或《九數通攷》），則尋常日用之算法，不外乎此矣。再閱《代數術》之第一卷及第六卷至第九卷。《算式集要》《運規約指》《代數幾何》，亦已通其大略，乃閱《近代疇人著述記》附《筆談》後。《算齋瑣語》，即華氏《算草叢存》第八卷。則一切算理，亦已略知門徑。所謂普通學也，以上所述，最爲簡便。學者如有人指點，不過七八月間，已能卒業。故經濟家之算學，爲人人所能。

著作家之算學，即專門學也，宜從《筆算數學》入手。或先通普通學亦可。演草既熟，數理又明，再閱《代數備旨》《代數術》《代數學》《代數難題》《三角數理》或《八綫備旨》。《幾何原本》或《形學備旨》。《微積溯源》《代微積拾級》《格物測算》《疇人傳》，以及朱氏之四元、李氏之海鏡、戴氏之對數、項氏之句股、董氏之割圜、徐氏之橢圜、李氏之則古昔齋、華氏之行素軒，攷古則《算經十書》，博涉則《白芙堂叢書》，如是十年，必能博通舊説。然欲刱造新法，開古人未開之境，殊未敢必，故著作家之算學，非人人所能。習算者無論普通學與專門學，均須閱一題即演一草，否則閱書雖多，布算不熟，褎手畏難，必不能成。余見中年以上習算者多蹈此弊，欲矯其弊，惟有逐題演草而已。此余閱歷之言，幸勿以淺近忽之。或謂《筆算數學》，最有實用，普通學中，何以遺之？不知此書最繁，推算一年，尚難演畢，如以此書冠首，恐學者望而生畏，半途輟業。一切三角測量，幾何代數諸術，終不知其門矣。或又謂入手之書甚多，即如提要所云《數理精藴》《數學啓蒙》《算法統宗》《筆算便覽》諸書，不一而足，何必從《學算筆談》《算法須知》入手？不知入手之書本無一定，即余曩時學算，亦不盡如今之所述。然回首思之，覺惟此最爲簡便，學者如不憚煩，即多歷迂曲之途，亦無妨也。

紀事

宋·王溥《唐會要》卷三五 學校

貞觀五年以後，太宗數幸國學、太學，遂增築學舍一千二百間。國學、太學四門亦增生員，其書、算等各置博士，凡三千二百六十員。其屯營飛騎亦給博士，授以經業。已而高麗、百濟、新羅、高昌、吐蕃諸國酋長，亦遣子弟請入國學。於是國學之內八千余人，國學之盛近古未有。

神龍二年九月，敕學生在學，各以長幼爲序。初入學，皆行束修之禮。國子太學，各絹三匹；四門學，絹二匹；俊士及律書、算學，州縣各一匹。皆有酒酺，其束脩三分入博士，二分助教。以每年國子監所管學生，國子監試；州縣學生，當州試。並選業優長者爲試官，長官監試。其試者，通計一年所受之業，口問大義大條，得八已上爲上，得六已上爲中，得五已上爲下。

又 卷六六

東都國子監

其年〔元和二年〕十二月，國子監奏：兩京諸館學生總六百五十員，請每館定額如後。兩監學生總五百五十員，國子館八十員，太學館七十員，四門館三百員，廣文館六十員，律館二十員，書館十員，算館十員。

又 廣文館

顯慶元年十二月十九日，尚書左僕射于志寧奏置，令習李淳風等注釋《五曹》《孫子》等十部算經，爲分二十卷行用。顯慶三年九月四日，詔以書、算學業明經，事唯小道，各擅專門，有乖故實，並令省廢。至龍朔二年五月十七日，復置律學、書、算學官一員。三年二月十日，書學隸蘭台，算學隸秘書局，律學隸詳刑寺。

又 卷九一 內外官料錢上

大曆十二年四月二十八日，度支奏加給京百司文武官及京兆府縣官每月料錢等，具件如後【略】國子書、算博士及助教，諸王府國子丞尉，諸總監主簿，各一千九百一十七文。

宋·王應麟《玉海》卷四四《藝文》 《會要》：永隆元年十二月，太史令李淳風進注，擇《孫子》等十部算經，分爲二十卷。《傳》云：奉語與鄭博士梁述、助教王真儒等是正《五曹》《孫子》等書，刊定注解，立於學官。志注《五曹》《孫子》等算經二十卷，《算經表序》一卷。淳風又注《周髀》二卷，注《九章》九卷，注《九章算經要略》一卷，注《五經》《張邱建》《海島》《甄鸞》《孫子算經》共九卷，釋祖沖之《隸術》五卷，注王孝通《緝古算術》四卷。

又 卷一一二《學校》 元豐算學崇寧四學

元豐七年正月，吏部請於四選補算學博士闕，從之。十二月辛未，詔通算學者就試，上等除博士，中下等爲學諭。元祐元年，國子監請修建算學，詔罷之。崇寧三年六月壬子，建算學、書、畫學、醫學。五年四月十二日，詔書、畫、算、醫四學並罷，其書、畫學附國子監，置博士各一，員十一。有十九日，復置算學，隸秘省。大觀元年二月十七日，詔書、畫學諭、正、録、直，各置一人，復置醫學。三年十一月，算學尊黃帝爲先師，風后等配享，商丞咸至周王樸七十人從祀。四年三月二日，詔四學併入太醫局、太史局、翰林書藝圖畫局。政和三年，復置算學，宣和二年七月己未罷。

宋·李攸《宋朝事實》卷九《官職》 算學

元豐七年，詔四選命官通算學者，許於吏部就試，其合格者，上等除博士，中次爲學諭。元祐元年初，議者謂：本監雖准朝旨造算學，元未興工，其試選學官亦未有應格。竊慮徒有煩費，乞罷修建。崇寧三年，遂將元豐算學條制修成敕令。五年，罷算學，令附國子監。十一月，從薛昂請，復置算學。大觀三年，太常寺考究，以黃帝爲先師，自常先、力牧至周王樸以上從祀，凡七十人。四年，以算學生併入太史局，後入秘書省。宣和二年，並罷官吏。

清·徐松輯《宋會要輯稿·崇儒三·算學》 哲宗元祐元年六月二十八日，看詳編修國子監太學條制所狀：准朝旨，同共看詳修立國子監太學條例，及續准指揮，國、律、武學條貫令一就修立外，檢准官制格子，國子、太學、武學、律學、算學五學之政令。今取到國子監合干人狀，稱本監自官制奉行後來，檢坐上件格子，申乞修置算學。准朝旨，踏逐到武學東大街北，其地堪修算學。乞令工部下所屬檢計修造。奉聖旨依。今看詳上件，算學已准朝旨蓋造，即未曾興工。其試選學官，未有人應格。切慮將來建學之後，養士設科，徒有煩費，實於國事無補。今欲乞賜詳酌寢罷。詔罷修建。

[崇寧]三年六月十一日，都省劄子：切以算數之學，其傳久矣。《周官》大司徒以鄉三卿教萬民，而賓興之。三曰六藝，禮、樂、射、御、書、數，則周之盛時所不廢也。歷代以來，因革不同，其法具官在。神宗皇帝追復三代，修立法令，將建學焉。屬元祐異議，遂不及行。方今紹述聖緒，小大之政，靡不修舉，則算學之設，實始先志，推而行之，宜在今日。今將《元豐算學條制》重加删潤，修成敕令，並對修看詳一部，以《崇寧國子監算學敕令格式》爲名，乞賜施行。從之。都省上《崇寧國子監算學畫學敕令格式》，詔：頒行之，只如此書可也。

[大觀]三年三月十八日，禮部狀：據太常寺申，算學以文宣王爲先師，其配享從祀，合依太學、辟雍例，於殿上設兖、鄒、荆三國公爲配享，及十哲爲從祀外，有自來著名算數之人，即繪畫於兩廊。本寺據修蓋算學駱詢等申，契勘合塑畫神象，除大殿上先師、三公、十哲，可以依太學等處體例施行，兩廊繪畫從祀人等，即未審有官人合裝著是何服色冠帶，無官人如何畫造。本寺今契勘到繪畫從祀人內，有系孔子廟廷從祀，已追封官爵。漢中壘校尉劉向追封彭城伯等，及舊有公侯爵人漢留侯張良等，並有官無封爵人風后等，不見官爵無官封人大橈等。契勘算學文宣王並三公、十哲所服，合依大學體例外，其餘乞從朝廷加賜五等之爵，然後隨所封，以定其所服之服。從之。

[大觀]三年十一月七日，太常寺奏詔：天文、算學，合奉安先師並配饗從祀繪像，未合典禮，可令禮官考古稽禮，講究以聞者。臣等竊詳黃帝獲寶鼎，迎日推策，畢風后、力牧、常先、犬鴻以治民，順天地之紀、幽明之占、死生之説，又使

大橈造甲子，隸首作算數，容成綜之，所以考定氣象，建五行，察發斂，起消息，正閏餘，其精粗顯微，無不該極。今算學所習天文、曆、算、三式法算四科，其術皆本於黄帝。臣等稽之載籍，合之典禮，謂尊黄帝爲先師，而以其當時之臣風后、力牧、大鴻、大橈、隸首、容成、臾區、常儀爲配饗，又以後世精於數術者，定其世次，分繪兩序，以爲從祀。今具下項：風后、力牧、大鴻、大橈、隸首、容成、臾區、常儀已上八人，今欲擬配饗。商巫咸、周箕子、周商高、周榮方、晉史蘇、秦卜徒父、晉卜偃、魯梓慎、晉史趙、魯卜楚丘、鄭裨灶、趙史墨、齊甘德、魏石申、漢留侯張良、漢丞相張蒼、漢司馬季主、漢太史丞鄧平、漢方士唐都、漢洛下閎、漢鮮於妄人、漢大司農耿壽昌、漢太子太傅夏侯勝、漢魏郡太守京房、漢諫議大夫翼奉、漢騎都尉李尋、漢嚴君平、漢中壘校尉劉向、漢侍中賈逵、後漢尚書張衡、後漢尚書郎周興嗣、後漢北海人郎顗、後漢平原人襄楷、後漢尚書單揚、後漢光禄大夫樊英、後漢穀城門侯劉洪、後漢左中郎將蔡邕、後漢大司農鄭康成、魏劉徽、魏少府丞管輅、吴太史趙達、晉征南大將軍當陽侯杜預、晉尚書郎郭璞、晉天水人姜岌、張丘建、夏侯陽、宋御史中丞何承天、宋長水校尉祖冲之、後魏侍中崔浩、後魏太常卿高允、後魏算學博士商紹、北齊丞相倉曹參軍信都芳、北齊散騎侍郎宋景業、北齊開府田曹記室許遵、後周甄鸞、隋盧太翼、隋太府十卿蕭吉、隋上儀同臨孝恭、隋散騎侍郎張冑元、隋太史丞耿詢、隋太學博士劉焯、隋太學博士劉炫、唐太史令傅仁均、唐算曆博士王孝通、唐太史令李淳風、唐太史令瞿曇羅、唐内供奉王希明、唐左拾遺李鼎祚、唐太子少詹事邊岡、周樞密使王朴，已上七十人，今欲擬從祀。

［大觀］四年三月二日，詔：算學生併入太史局，學官及人吏等並罷。有合條畫事，並具奏聽事。

政和三年三月二十三日，大司成劉嗣明奏：承前算學内舍算學生武仲宣進狀，昨於去年三上封章，乞留算學等。奉聖旨，令國子監依元豐六年九月十六日指揮施行。本監申，伏睹舊算學見今空閒，舍屋具存，别無官司拘占，相度欲乞依舊爲算學。從之。

［政和］三年六月二十八日，算學奏：承朝旨，復置算學。今檢會《崇寧國子監算學條令》，乞下諸路提舉學事，司行下諸州縣等，諸命官入學，投納家狀，差使以下許服襴鞹。仍呈驗歷任或出身文學，繳納在官司者聽先入，仍勘會。諸命官，未入。在入限諸命官及未出官人若殿侍，謂非諸軍補授者，欲入律學或算學者，聽入諸試，以通粗並計，兩粗當一通。算義問以所對優長，通及三分爲合格。諸學生本科所習外占一小經，遇太學私試，間月一赴。欲占大經者聽，補試［命官公試同］《九章》義三道，《算問》二道。算學命官公試，一入上等，轉一官。殿侍、差使、借差同，已下減年試准此。幕職、州縣官循兩資，未入官選人、知令録仍占射差遣一次。内文學免召升朝及運司保明，注合入官。三入中等，循一資。使臣即減二年磨勘，願占射差遣者聽。殿侍指射合入本等差遣，願侯借差已上收使者聽。未入官選人，占射差遣一次。文學免召升朝官及運司保明，注合入官。五入下等，占射差遣。使臣即減一年磨勘。未入官選人，不依名次注官。殿侍候補借差已上，聽收使。内文學免召升朝官及運司保明，注合入官。算學升補：上舍上等通仕郎，上舍中等登仕郎，上舍下等將仕郎。學生習《九章》《周髀》義及算問，謂假設疑數，兼通《海島》《孫子》《五曹》《張丘建》《夏侯陽》算法。私試，孟月、季月同，《九章》儀二道，《周髀》義一道，算問二道；仲月《周髀》義二道，《九章》義一道，算問一道。升補上内舍，第一場《九章》義三道，第二場《周髀》義三道，第三場算問五道。從之。

［政和］六年四月十九日，詔：通仕郎武仲宣自大觀初興復算學後來，注釋考正見行算經一百八十九卷，特與循一資。

宣和二年七月二十一日，詔：算學元豐中雖存有司之請，未嘗興建，又所議置官，不過傳授二員。今張官置吏，考選而任使之，大略與兩學同，既失先帝本旨，賜第之後不復責以所學，何取於教養，可並罷。官吏依省罷法。應文籍錢物令國子監拘收。

宋・李燾《續資治通鑑長編》卷三五〇《神宗》 ［辛未］詔許四選命官通算學者，依參選人赴吏部就試，合格入上等，除博士，中下等爲學諭。元祐元年六月二十八日罷算學。

宋・王栐《燕翼貽謀録》卷一 應伎術官不得與士大夫齒，賤之也。至道二年正月，申嚴其禁，雖見任京朝，遇慶澤只加勳階，不得擬常參官。此與書學、畫學、算學、律學並列於文武兩學者異矣。

《宋史・本紀》 徽宗二

［大觀二年六月］乙未，以殿中六尚、算學、大官局、翰林儀鸞司皆隸六察。

［大觀三年］十一月丁未，詔算學以黄帝爲先師，風后等八人配饗，巫咸等七十人從祀。

又《禮志》 又有算學。大觀三年，禮部太常寺請以文宣王爲先師，兗、鄒、荆三國公配享，十哲從祀。自昔著名算數者畫像兩廡，請加賜五等爵，隨所封以定其服。於是中書舍人張邦昌定算學：封風后上穀公，箕子遼東公，周大夫商高郁夷公，大撓涿鹿公，隸首陽周公，容成平都公，常儀原都公，鬼俞區宜都公，商巫咸河東公，晉史蘇晉陽伯，秦卜徒父潁陽伯，晉卜偃平陽伯，魯梓慎汝陽伯，晉史趙高都伯，魯卜楚丘昌衍伯，鄭裨灶滎陽伯，趙史墨易陽伯，周榮方美陽伯，齊甘德菑川伯，魏石申隆慮伯，漢鮮於妄人清泉伯，耿壽昌安定伯，夏侯勝任城伯，京房樂平伯，翼奉良成伯，李尋平陵伯，張衡西鄂伯，周興慎陽伯，單揚湖陸伯，樊英魯陽伯，晉郭璞聞喜伯，宋何承天昌盧伯，北齊宋景業廣宗伯，隋蕭吉臨湘伯，臨孝恭新豐伯，張胄玄東光伯，周王朴東平伯，漢鄧平新野子，劉洪蒙陰子，魏管輅平原子，吴趙達穀城子，宋祖冲之范陽子，後魏商紹長樂子，北齊信都芳樂城子，北齊許遵高陽子，隋耿詢湖熟子，劉焯昌亭子，劉炫景城子，唐傅仁均博平子，王孝通介休子，瞿曇羅居延子，李淳風昌樂子，王希明琅琊子，李鼎祚贊皇子，邊岡成安子，漢郎顗觀陽子，襄楷隰陰子，司馬季主夏陽男，洛下閎閬中男，嚴君平廣都男，魏劉徽淄鄉男，晉姜岌成紀男，張丘建信成男，夏侯陽平陸男，後周甄鸞無極男，隋盧大翼成平男。尋詔以黄帝爲先師。

又《選舉志》 算學

崇寧三年始建學，生員以二百一十人爲額，許命官及庶人爲之。其業以《九章》《周髀》及假設疑數爲算問，仍兼《海島》《孫子》《五曹》《張丘建》《夏侯陽》算法，並曆算、三式、天文書爲本科。本科外，人占一小經，願占大經者聽。公私試三舍法，略如太學、上舍三等推恩，以通仕、登仕、將仕郎爲次。大觀四年，以算學生歸之太史局，並書學生入翰林書藝局，畫學生入翰林圖書局，醫學生入太醫局。紹興初，命太史局試補，並募草澤人。淳熙元年春，聚局生子弟試曆算《崇天》《宣明》《大衍曆》三經，取其通習者。五年，以《紀元曆》試。九年，以《統元曆》試。十四年，用《崇天》《紀元》《統元曆》三歲一試。紹興二年，命今歲春銓太史局試，應三全通，一粗通，合格者並特收取，時局生多闕故也。嘉定四年，命局生必俟試中，方許轉補。理宗淳祐十二年，秘書省言：舊典乙太史局隸秘省，今引試局生不經秘書，非也。稽之於令，諸局官應試曆算、天文、三式官，每歲附試，通等則以精熟爲上，精熟等則以習他書多爲上，習書等則以占事有驗爲上。諸局生補及二年以上者，並許就試。一年試曆算一科，一年試天文、三式兩科，每科取一人。諸同知算造官闕有試，翰林天文官闕有試，諸靈台郎有應試補直長者，諸正名學生有試問《景祐新書》者，諸判局闕而合差，諸秤漏官五年而轉資者，無不屬於秘書。而局官等人各置腳色，遇有差遣、改補、功過之類，並申秘書。今乃一切自行陳請，殊乖初意。自今有違令補差，及不經秘書公試補中者，中書執奏改正，仍從舊制，申嚴試法。從之。

元・完顔納丹等《通制條格》卷五 學令

習學書、算。至元二十四年十一月初六日，尚書省奏：前者春裏，柳林裏，有時分立了國子監官人每的，怯薛歹每的兄弟孩兒每根底漢兒文字、算子教學呵，怎生麼道奏來。如今官人每的孩兒每學有，怯薛歹每的孩兒每無。如今運算子、文字學呵，後頭勾當裏使唤呵。勾當裏教行呵學的，怯薛歹每的孩兒每根底交太史院裏學運算子，國子監裏學文書呵，怎生奏呵是也，那般者麼道聖旨了也。欽此。

《元史・世祖本紀四》 ［至元八年五月］令蒙古官子弟好學者，兼習算數。

明・姚廣孝等《明太祖實録》卷五五 ［洪武三年八月］是月，京師及各行省開鄉試。自初九日始試初場，復三日試第二場，又三日試第三場。京師直隸府州貢額百人，河南、山東、山西、陝西、北平、福建、江西、浙江、湖廣各四十人，廣西、廣東各二十五人。若人材衆多之處，不拘額數。或不能及數者，亦從之。考試之法，大略損益前代之制，初場《四書》疑問，本經義及《四書》義各一道，第二場論一道，第三場策一道。中式者，後十日復以五事試之，曰騎、射、書、算、律。騎觀其馳驅便捷，射觀其中之多寡，書通於六義，算通於九法，律觀其決斷。

又 卷二一六 ［洪武二十五年二月］甲子，命學校生員兼習射與書、數之法。【略】數，習《九章》之法，務在精通，俟其科貢，兼考之。

明・申時行等《明會典》卷七八《禮部・學校・儒學》 洪武二年，詔天下府、州、縣立學校，學者專治一經，以禮、樂、射、御、書、數設科分教。

明・張輔等《明宣宗實録》卷五八 ［宣德四年九月］乙卯，北京國子監助教王仙言：【略】近年生員，止記誦文字，以備科貢。其於字學算法，略不曉習。改入國監，曆事諸司，字畫粗拙，算數不通，何以居官蔽政，乞令天下儒學生員，並習書算。上謂行在吏部臣曰：其言皆有理。自今國子監博士、助教考滿稱職者，必升用，生員亦會兼習書算。

《清會典則例》卷一五七 國子監

算學之教

雍正十二年，奏准：康熙五十二年設算學館於暢春園之蒙養齋，簡大臣官員精於數學者司其事，特命皇子親王董之。選八旗世家子弟學習算法。又簡滿漢大臣翰林官纂修《數理精蘊》及《律吕諸書》。至雍正元年告成，御製序文，鐫版頒行。自明季司天失職，過差罕稽，至此而推步測驗，罔不協應。際此理數大備之時，正當淵源傳授，垂諸億萬斯年，應於八旗官學增設算學，教習十有六人，教授官學生算法。每旗官學擇資質明敏者三十餘人，定以未時起，申時止，學習算法。

乾隆三年奏准：設立官學教養八旗子弟，專以讀書翻譯爲業，以備將來録用。至算法一藝，理數精微，非童稚所能驟通。況以一時之暫，教授三十餘人，勢難遍及。按算法乃欽天監專司，其如何教習録取之處，應令酌量辦理，其官學生習算法，概行停止。又奏准：算學設漢教習二人，即於奏停八旗官學内教習算學之人充補。月廪等項照八旗官學漢教習例。五年期滿，果能盡心訓課著有成效者，該管大員奏交吏部議敘。舉人筆帖式充補者，交與欽天監以靈台郎補用；貢、監生員充補者，以挈壺正補用；官學生、算學生充補者，以博士補用。將來教習員闕，於奏停教習撥補完日，令該管大員會同欽天監於學内教習有成之人，考選充補。又奏准：就欽天監附近專立算學一所，額設學生滿洲、漢人各十有二人，蒙古、漢軍各六人。滿洲、蒙古、漢軍即於八旗官學内擇其從前曾學算法資性相近願學者，不拘旗分選取。漢人無論舉、貢、生、童或世業子弟，取同鄉京官印結，具呈國子監，會同管理算學大臣考試，秉公録取。又奏准：算法中線面體三部各限一年通曉，七政共限二年。每季小試，歲終大試，由算學會同欽天監考試，勤敏者獎勵，怠惰者黜退別補。又奏准：算學生每月膏火，照官學生例，在本旗諮領。至漢算學生旅食京師，非漢軍在京有家産可比，較漢軍官學生加銀五錢，由監於户部領給。又議准：欽天監天文生，向於本旗考取生監補用，令應將五年期滿算學生，學有成效者，由該管大員會同欽天監秉公考取，擬定名次，諮吏部註册，俟各本旗天文生員闕挨補。至考取生監停其補用。再天文生，每旗滿洲二人，漢軍一人，並無蒙古。今算學生既有蒙古六人，爲數無多，應與滿洲算學生一同考送吏部，按定名次歸各該旗補用。漢算學生五年期滿，一同考取。舉人引見以博士用，貢、監、生、童以天文生補用。

[乾隆]四年奏准：算學隸國子監管轄，應稱國子監算學。所有考校、一應文移案卷即用監印鈐蓋。又奏准：算學教習之飯食衣服，由監行文支給。

[乾隆]六年議准：滿洲、蒙古、漢軍算學生向例與官學生，一同考試監生，惟有童生考取漢算學生者，不得與考。嗣後漢算學生有通習經史者，照官學生例，俟考取監生時諮送國子監一例考驗，果文理明通，授爲監生，應鄉闈試。

[乾隆]十年奏准：欽天監肄業生二十四人，撥歸算學肄業，無庸別給膏火。倘教習不敷，即選學業有成之算學生，協同分教，已補者即食本俸，未補者仍領學生膏火。一應教習、應考取天文生，均照算學生例。

[乾隆]十二年奏准：算學額設教習三人，協同分教。三人嗣後教習未滿五年，分教未經實授，遇有升任，如實心訓課、勤慎稱職之人，均仍留教習。令滿五年，奏明交部議敘。

又　卷一五八　欽天監

雍正三年，聖祖仁皇帝御製《律曆淵源》百卷刊刻告成，内《曆象考成》四十二卷，《律吕正義》五卷，《數理精蘊》五十三卷。世宗憲皇帝御製序文頒行天下。令監官欽遵《曆象考成》推算，以康熙二十三年甲子爲上元。十年重修《考成交食表》一卷。又奏准御制《律曆淵源》及《考成後編》書版均交監收貯，願刷印者聽，並頒賜各省聽其翻刻，以廣流傳。

一，本監官生升補

康熙七年諭：天象關係重大，必得精通熟習之人乃可占驗無誤。著直隸各省督撫曉諭所屬地方有精通天文之人，即行起送來京考試，於欽天監衙門用，與各部院衙門一例升轉。欽此。

[康熙]九年，題准：每旗選取滿洲官學生六人，漢軍官學生四人，劄監分科教習，有精通者以博士補用。又奏准：天文生，滿洲漢軍由監行文國子監，取官學生選補。漢人由監自行選補。又奉旨：天文生給與從九品頂帶照例補用。

[康熙]五十八年議准：進士、舉人、貢監生員内有通曉天文算法者，具呈禮部會監考試。果優者，進士舉人以博士用，貢監生員以天文生用。

雍正元年議准：著内閣九卿詹事翰林將素所知精通相度人員各行保舉。

[雍正]二年，奏准：候補天文生，及補用天文生之監生，生員由監送順天府入皿字型大小鄉試。

[雍正]三年，奏准：本監官生舉人准應會試，監生生員准應鄉試。

[雍正]五年，奏准：八旗天文生有闕，由吏部考補。十二年定本監官由監

諮部題補者，監正、監副由吏部引。

［乾隆］三年覆准：國子監專立算學，以滿洲十有二人，蒙古六人，漢軍六人，漢十有二人肄業，學有成效，該管大員會監考定名次，滿、蒙古、漢軍諮送吏部註册。蒙古借補滿洲天文生，漢軍專補漢軍天文生，俟本旗有闕，挨名補用。漢算學生移監，照例補用。其學内需用書籍器物，各於所司諮取。

［乾隆］四年，覆准：每世業子弟五人，由監選三科官，人品老成、精通術業者，一人爲教習，督率課程。每年季考，亦令考試分别等第。三年内學有成效，令該教習出具結狀，方得補用。如世業子弟依恃父兄，在監名爲學習，而術業生疎者，即行黜退。又覆准：國子監算學助教，教習五年期滿，請旨交部議敘，助教照例升用五官正教習。舉人筆帖式充補者，以靈台郎用。貢監生員充補者，以挈壺正用。官學生算學生充補者，以博士用。均與本監官員間補。

［乾隆］十年覆准：蒙古天文生升用，亦照分用滿洲天文生之例，每四人升用一人，升至靈台郎。遇有蒙古五官正員闕，歸於内閣中書各部院，筆帖式内一例考取。又覆准：期滿之算學生，有舉人出身者，准以博士補用。又覆准：天文生中式文舉人者，無庸離任，滿洲、蒙古照例考試，漢軍漢人照例簡選。遇應用知縣之年，歸班選用。又奏准：本監官生三年考核一次，術業精通者保題升用，不及者停其升轉，再加學習。如能黽勉供職，即予開復，仍不及者，降職一等，再令學習。三年能習熟者，准予開復，仍不能者，黜退。又奏准：以肄業生取三十人留監，分給漏刻科六人，在監學習，與漏刻科世業子弟一同考校補用。其二十四人附算學，肄業考定名次，與時憲、天文兩科世業子弟一同考校補用。

［乾隆］十七年奏准：博士天文生有限於材質，止堪供職天文生，不勝博士之任者，將博士降補天文生。其天文生不准升補博士，仍令在天文生供職，以觀後效。

清·《欽天監則例》 本監官生升補

［乾隆四年］［欽天監］又覆准國子監算學助教教習五年期滿請旨交部議敘，助教照例升用，五官正，教習舉人筆帖式充補者以靈台郎補用，貢監生員充補者以挈壺正補用，官學生算學生充補者以博士補用。均與本監官員相間補用。

又 ［乾隆十年］是年［欽天監］覆准期滿之算學生有舉人出身者准以博士補用。

《清文獻通考》卷六四《學校考》 旗學

［康熙五十二年］初設算學館，選八旗世家子弟學習算法，以大臣官員精於數學者司其事，特命皇子親王董之。

又　卷六五《學校考》 太學一

［康熙九年］諭：天文關係重大，必選擇得人，令其專心習學，方能通曉精微。可選取官學生與漢天文生一同學習，有精通者，俟欽天監員缺，考試補用。尋議於官學生内每旗選取十名交欽天監分科學習，有精通者，俟滿漢博士缺補用。

又　卷六六《學校考》 太學二

［雍正十二年］定奉天復、金二州學出貢額，復州三年貢一人，金州五年貢一人，命教授八旗官學生算法。先是康熙五十二年，設算學館於暢春園之蒙養齋，簡大臣官員精於數學者司其事，特命皇子親王董之。選八旗世家子弟學習算法，又簡滿大臣翰林官纂修《數理精藴》及《律吕諸書》，至雍正元年告成。御制序文，鐫板頒行。至是年，於八旗官學增設算學教習十有六人。每旗官學各擇資質明敏者三十餘人，定以每日未時起，申時止，學習算法。

又　卷六七《學校考》 太學三

［乾隆三年］停止教授八旗官學算法，專設算學。先是雍正十二年八旗官學增設算學，教習十六人，教授官學生算法。至是以設立官學，教養八旗子弟專以讀書、翻譯爲業，算學理數精微，非童稚所能驟通，況以一時之暫，教授三十餘人，勢難遍及所有官學生，習學算法之例概行停止。尋議令欽天監附近專立算學，額設教習二人，滿漢學生各十二人，蒙古、漢軍學生各六人。即以向來八旗教習算法，由舉人筆帖式，貢監生員出身者充補教習。補完之日，即於學内學習有成之人考選充補。五年期滿，量補欽天監等官。其滿洲、蒙古、漢軍各學生，即於八旗官學生内擇其曾學算法、資性相近者，不拘旗分選取；漢人無論舉、貢、生、童或世業子弟，願入算學者聽。考試録取俱照官學例，月給膏火。功課中線、面、體三部各限一年通曉，七政共限二年。每季小試，歲終大試，分别勤惰去留。五年期滿，舉人出身者以博士用，余俱補天文生。

又　卷八三《職官志》 國子監

算法館助教，漢一人，分教算學生；俄羅斯學助教，滿洲、漢人各一人，分教俄羅斯子弟。算法館與俄羅斯學助教，具於六堂官助教内遴委監司之。

清末數學教育與考試部

制度分部

綜論

清·奕訢等《同治元年七月二十五日總理各國事務奕訢等摺》 竊查咸豐十年冬間，臣等於通籌善後章程内，以外國交涉事件，必先識其性情，請飭廣東、上海各督撫等分派通解外國語言文字之人，攜帶各國書籍來京，選八旗中資質聰慧年在十三四以下者，俾資學習。【略】

臣等行文兩廣總督、江蘇巡撫，派委教習，並行文八旗，挑選學生去後，嗣據各該旗陸續將學生送齊，而所請派委教習，廣東則稱無人可派，上海雖有其人，而藝不甚精，價則過鉅，未便飭令前來，是以日久未能舉辦。臣等伏思欲悉各國情形，必先諳其言語文字，方不受人欺蒙。各國均以重貲聘請中國人講解文義，而中國迄無熟悉外國語言文字之人，恐無以悉其底蘊。廣東、江蘇既無咨送來京之人，不得不於外國中延訪。旋據英國威妥瑪言及該國包爾騰兼通漢文，暫可令充此席。臣等令來署察看，尚屬誠實，雖未深知其人，惟以之教習學生，似可無事苛求。因於上月十五日先令挑定之學生十人來館試行教習，並與威妥瑪豫爲言明，祇學語言文字，不准傳教；仍另請漢人徐樹琳教習漢文，並令諳爲稽察，即以此學爲同文館。至應給脩金一節，各國公使以爲必需重貲，方肯來教。而現在英國包爾騰，據威妥瑪聲稱，本係在外教徒，尚有餘資，若充中國教習，係屬試辦，本年祇給銀三百兩，即可敷用。至明年如教有成效，須歲給銀千兩内外，方可令其專心課徒，俾無内顧之優。臣等查外國人惟利是圖，既令教習，諸不得不厚其薪水以生其歆羡之心。至漢教習薪水，按照中國辦法，現擬每月酌給銀八兩，將來應否加增，應由臣等隨時酌辦通計。

【略】

附章程

謹將臣衙門新設同文館酌擬章程六條，恭呈御覽。

一，請酌傳學生以資練習也。查舊例，俄羅斯文館額設學生二十四名，今改設同文館，事屬創始，學生不便過多，擬先傳十名，俟有成效，再行添傳，仍不得逾二十四名之數。此項學生，臣等前在八旗中僅挑取二十名，除已傳十名外，記名人數無多，將來傳補將次完竣，應由八旗滿、蒙、漢閒散内，擇其資質聰慧、現習清文、年在十五歲上下者，每旗各保送二三名，由臣等酌量録取，挨次傳補。

一，請分設教習以專訓課也。查舊例，俄羅斯文館准挑取俄羅斯佐領下另檔之人令在教習巴克什上行走，巴克什亦准奏請作爲主事。今所延英文教習包爾騰，只圖薪水，不求官職。將來如廣東、上海兩處得人，應照咸豐十年奏定章程，由該省督撫保送來京充補。此缺係中國人充當，如果教授有成，自應酌量奏請奬勵，每年薪水即不得援照外國人辦理。至漢教習現係順天人候補八旗官學教習徐樹琳充當。嗣後漢教習乏人，擬即由考取八旗官學候補漢教習内仿照鴻臚寺序班定制咨傳直隸、河南、山東、山西四省之人，取其土音易懂，便於教引。仍取具同鄉京官印結，在臣衙門投卷，試以詩文，酌量録取，挨次傳補，月給薪水銀八兩。二年期滿，如有成效，無論舉貢班次，均奏請以知縣用，再留學二年，准以知縣分發各省歸候補班補用。至將來學生增多，及覓有教授俄、法等國語言文字之人，此項中外教習，再行隨時酌增分堂教授。

一，請設立提調以專責成也。查舊例，俄羅斯文館提調，由内閣侍讀學士、理藩院郎中、員外郎内揀選，專管學館一切事務。今改設同文館，無庸由内閣、理藩院咨取，以歸簡易。應即由臣衙門辦事司員中揀選滿漢各一員，兼充該館提調，所有館務，責成該員等專心經理，如督課得力，遇有奬叙教習之年，一併奬勵。專設蘇拉三名，以備驅策，每名月給工食銀二兩五錢。

一，請分期考試以稽勤惰也。查舊例，俄羅斯文館有月課、季考、歲試三項，月課則每月初一日由該教習擬定文條，散給諸生繙譯謄卷，該教習分別等第註册備查。季考則於二月、五月、八月、十一月之初一日舉行，出題、等第，均如月課，惟試卷則呈堂裁定，始行註册。是月停止月課。至歲試則於每年十月初十日前，堂定日期面試，考列一等者賞給筆墨紙張，以示奬勵。是月月課、季考均行停止。今改設同文館，除遇有考試勿庸停止月課、季考外，其餘一切均請仿照辦理。惟所試之藝，現在甫經開學，於外國文字未必遽能熟悉，一年之内，應先滿漢文字考試，俟一年後學有成效，再試以外國照會，令其繙譯漢文。

一，請限年嚴試以定優劣也。查舊例，俄羅斯文館乾隆二十二年奏定五年由本館考試一次，考取一等者授八品官，二等者授九品官，三等者留學讀書。由已中等第内擇其優者，堂委副教習，額設助教二員，由副教習内揀選，奏請補放。助教教導有方，奏請授爲主事，分部遇缺即補，仍在館行走。嗣於嘉慶八年，經軍機處、内閣具奏，改爲由吏部照各項考試之例，奏請欽派閲卷大臣，在上諭館考試，分別等第，升授如前。惟八品官考取一等者升授七品官，七品官復考一等者授爲主事。又於道光十九年，經吏部奏准學生由七品官授爲主事，遇缺班次過優，改爲到部學習三年期滿，與各項候補主事統較行走日期，以次挨補等因，各在案。今改設同文館，臣等擬請每届三年由臣衙門堂官自行考試一次，核實甄別，按照舊例，優者授爲七、八、九品等官，劣者分別降革、留學，俟考定等第，將升降各生咨行吏部註册。其由七品官考取一等應授主事者，舊例因鼓勵學生起見，准其遇缺即補，嗣經改爲三年期滿與各項候補主事統較行走日期以次挨補，自此升途稍隘，而學習者漸不如前。今欲令該學生等認真學習，擬仍照舊例辦理，嗣後由同文館考取七品官復考一等授爲主事者，請仍准掣分各衙門行走，遇缺即補。至考試學生時，該助教等如果訓導有方，亦應由臣衙門奏請以主事分部遇缺即補，仍兼館行走。

一，請酌定俸餉以資調劑也。查舊例，俄羅斯文館助教每年俸銀八十兩，七品官每年俸銀四十五兩，八品官每年俸銀四十兩，九品官每年俸銀三十二兩三錢；學生傳補，咨旗坐補馬甲錢糧。今改設同文館，擬請仿照俄羅斯館舊章辦理。助教等俸銀數目，均請悉仍其舊。現在部庫各項支絀，未便由庫支領。臣等酌擬此項放款，悉由奏撥各海關船鈔項下支給。至學生錢糧，即照俄羅斯館學生舊章，遇有本旗馬甲缺出，照例坐補，以資調劑。

又奕訢等《同治五年十二月二十三日總理各國事務奕訢等摺》 竊臣等前因製造機器、火器必須講求天文、算學，議於同文館内添設一館，招取滿漢舉人、恩、拔、副、歲、優貢生，並前項正途出身之五品下京外各官，考試録取，延聘西人在館教習，並聲明一切章程，俟奉旨允准後，再行詳細酌定，奏請施行等因，於十一月初五日具奏，奉旨「依議，欽此」，欽遵在案。

臣等伏查此次招考天文、算學之議，並非矜奇好異，震於西人術數之學也。蓋以西人製器之法，無不由度數而生，今中國議欲講求製造輪船、機器諸法，苟不藉西士爲先導，俾講明機巧之原，製作之本，竊恐師心自用，徒費錢糧，仍無裨於實際，是以臣等衡量再三，而有此奏。

論者不察，必有以臣等此舉爲不急之務者，必有以舍中法而從西人爲非者，甚且有以中國之人師法西人爲深可恥者，此皆不識時務之論也。夫中國之宜謀自强，至今日而已亟矣。識時務者，莫不以采西學、製洋器爲自强之道。疆臣如左宗棠、李鴻章等，皆能深明其理，堅持其説，時於奏牘中詳陳之。上年李鴻章在上海設立機器局，由京營揀派兵弁前往學習；近日左宗棠亦請在閩設立藝局，選少年穎悟子弟，延聘洋人教以語言文字、算法、畫法，以爲將來裝造輪船、機器之本。由此以觀，是西學之不可不急爲肄習也，固非臣等數之人私見矣。

或謂雇賃輪船，購買洋鎗，各口均曾辦過，既便且省，何必爲此勞績？不知中國所當學者固不止輪船、鎗砲一事，即以輪船、鎗砲而論，雇買以應其用，計雖便而法終在人；講求以得其源，法既明而用將在我。蓋一則權宜之策，一則久遠之謀，孰得孰失，不待辨而明矣。

至以舍中法而從西人爲非亦臆説也。查西術之借根實本於中術之天元，彼西土目爲東來法，特其人性情縝密，善於運思，遂能推陳出新，擅名海外耳，其實法固中國之法也。天文、算學如此，其餘亦無不如此。中國創其法，西人襲之，中國儻能駕而上之，則在我既已洞悉根原，遇事不必外求，其利益正非淺鮮。且西人之術，我聖祖仁皇帝深韙之矣，當時列在台官，垂爲時憲，兼容並包，智周無外，本朝掌故亦不宜數典而忘。況六藝之中，數居其一。古者農夫、戍卒，皆識天文，後世設爲厲禁，知者始鮮。我朝康熙年間，特除私習天文之禁，由是人文蔚起，天學盛行，治經之儒皆兼治數，各家著述考證俱精。語曰：「一物不知，儒者之恥。」士子出户，舉目見天，顧不解列宿爲何物，亦足羞也。即今日不設此館，猶當肄業及之，況乎懸的以招哉？

若夫以師法西人爲恥者，其説尤謬。夫天下之恥，莫恥於不若人。查西洋各國，數十年來，講求輪船之制，互相師法，製作日新，東洋日本近亦遣人赴英國學其文字，究其象數，爲仿造輪船張本，不數年後亦必有成。西洋各國，雄長海邦，各不相下者無論矣。若夫日本，蕞爾國耳，尚知發憤爲雄，獨中國狃於因循積習，不思振作，恥孰甚焉！今不以不如人爲恥，轉因靳至其人，將來或可突過其人，而獨以學其人爲恥，將安於不如而終不學，遂可雪其恥乎！

或謂製造乃工匠之事，儒者不屑爲之；臣等尤有説焉。查《周禮》考工一記，所載皆梓匠輪輿之事，數千百年，黌序奉爲經術，其故何也？蓋匠人習其事，儒者明其理，理明而用宏焉。今日之學，學其理也，乃儒者格物致知之事，並非强學士大夫以親執藝事也，又何疑乎？

總之，學期適用，事貴因時。外人之疑議雖多，當局之權衡宜定，臣等於此籌之熟矣。惟是事屬創始，立法宜詳，大抵欲嚴課程，必須優給廪餼，欲期鼓舞，必當量予升途，謹公同酌擬章程六條，繕呈御覽，恭候欽定。

再，查翰林院編修、檢討、庶吉士等官，學問素優，差使較簡，若令學習此項天文、算學，程功必易。又進士出身之五品以下京外各官，與舉人五項貢生事同一律，應請一併推廣招考，以資博采。是否有當，伏乞皇太后、皇上聖鑒訓示遵行。

附清單

謹將酌擬同文館學習天文、算學章程六條，抄録恭呈御覽。

一，請專取正途人員以資肄習也。查天文、算術，義藴精深，非夙知勤學用心之人，難以漸窺底藴，與專習外洋語言文字之學生不同。前議專取舉人、恩、拔、副、歲、優貢生，及由此項出身人員，今擬推廣，凡翰林院庶吉士、編修、檢討，並五品以下由進士出身之京外各官，俾充其選。緣該員等研經有素，善用心思，致力果專，程功自易。服官者由京外各衙門保送，未仕者取具同鄉京官印結及本旗圖片，逕赴臣衙門具呈，由臣衙門定期試以策論等項，考取送館學習。其各省保送人員，程途遠近不齊，難以久候，應俟咨送到時，陸續考試，以免耽延。至京外各衙門咨送此項人員，務須擇其年在三十以内者，方可咨送。如有平日講求天文、算學，自願來館學習，藉資印證以精其業者，其年歲亦可不拘。

一，請飭各員常川住館以資講習也。查成事必由居肆，力學務在親師。本館留學各員，必須朝夕在館，講習問難，方可積漸見功。若朝出暮歸，往來蹀躞，則晨夕之荒功不少，而心思亦因以不專。今議在館學習人員，無論京外，均一概留館住宿，飯食由臣衙門備給。其出入由該館提調立號簿，隨時登記，以便稽查。至各本衙門如有應送差使，以及考試等事，仍准照舊辦理，以期兩不相妨。

一，請按月考試以稽勤惰也。查在館學習人員，果能專心致志，自可日起有功；惟其中勤惰之分，亦必隨時考察，用資策勵。今議俟該員等學習半年之後，按月出題考試一次，由臣等親加校閲，分别甲乙，優者記功，劣者記過。功過分而勤惰見，相形之下，奮勉益生。

一，請限年考試以觀成效也。查三載考績，朝廷課吏之方，誠以功力積至三年，優絀無不立見。今議每届三年，舉行大考一次，分别等第：高等者立予奏獎，並酌量差遣試用；下等者照常學習，俟下届考試再行察看。

一，請厚給薪水以期專致也。查此次留學各員，難保無寒畯之士，必須優加體恤，乃可冀其用志不紛。今議在館各員，除飯食由臣衙門備給外，每月仍各給薪水銀十兩，俾資津貼，庶内顧無憂而心益專壹矣。

一，請優加奬叙以資鼓勵也。查該員等學習三年，試居高等，足見其平日用心勤苦，始終不懈，自應格外優奬，以爲後之留學者勸。今議此項人員，均准各按升階，格外優保班次，以示鼓舞而廣招徠。

又奕訢等《同治六年正月二十一日總理各國事務奕訢等片》 再，查臣衙門現議添設學習天文算學館，咨取進士、舉人、恩、拔、副、歲、優貢生，並翰林院庶吉士、編修、檢討及由前項出身之京外各官，考試録取留學，業經條議章程，奏奉諭旨准辦在案。

惟查臣衙門前設學習英、法、俄國語言文字各館，均設洋教習一員，專司講繹；此外各設漢教習一員，兼課漢文，令該學生等奉以爲師。現在學習天文、算學之員，均係已成之材，漢文無不通曉，漢教習自可不設，但亦必須有羣情宗仰之一人在彼指引開導，庶學者有所稟承，否則該館只有洋人講貫，而中國無師表之人，恐來學者竟疑專以洋人爲師，俾修弟子之禮，未免因此裹足。臣奕訢與臣文祥、臣寶鋆、臣董恂、臣崇綸公同商酌，惟有臣徐繼畬老成望重，品學兼優，足爲士林矜式，擬請旨飭派徐繼畬作爲總管同文館事務大臣，以專稽查而資表率，謹附片具奏請旨。

清・《同治六年正月二十一日上諭》 同治六年正月二十一日内閣奉上諭：

「總理各國事務衙門奏請派員充總管新設同文館事務大臣等語。太僕寺卿徐繼畬，老成望重，足爲士林矜式，著仍在總理各國事務衙門行走，充總管同文館事務大臣。惟寺務恐難兼顧，著開太僕寺卿缺，以專責成，而資表率。欽此。」

清・張盛藻《同治六年正月二十九日掌山東道監察御史張盛藻摺》 竊臣考《堯典》授時，分命羲和，《周禮》缺司空一篇，漢儒補以《考工記》，未聞水、火、工、虞之職俱習鳥、火、虚、昴之文，亦未聞天官六屬俱習考工之事。我朝頒行憲書，一遵《御製數理精蘊》，不爽毫釐，可謂超軼前古矣；即或參用洋人算術，不過借西法以印證中法耳。

近見邸鈔，總理各國事務衙門請設同文館，專用正途科甲人員學習天文、算術，以爲製造輪船、洋槍之用，臚列六條，意在專講習，勤考課；又恐人之不樂從也，乃厚給廪餼，優與奬叙，以鼓舞之，其誘掖奬勸用心苦矣。臣愚以爲朝廷命官必用科甲正途者，爲其讀孔、孟之書，學堯、舜之道，明體達用，規模宏遠也，何必令其習爲機巧，專明製造輪船、洋槍之理乎？若以自强而論，則朝廷之强莫如整紀綱，明政刑，嚴賞罰，求賢養民，練兵籌餉諸大端。臣民之强則惟氣節一端耳。朝廷能養臣民之氣節，是以遇有災患之來，天下臣民莫不同仇敵愾，赴湯蹈火而不辭，以之禦災而災可平，以之禦寇而寇可滅，皆數百年深仁厚澤以堯、舜、孔、孟之道爲教有以培養之也。若令正途科甲人員習爲機巧之事，又藉升途、銀兩以誘之，是重名利而輕氣節，無氣節安望其有事功哉？臣以爲設立專館，祇宜責成欽天監衙門考取年少穎悟之天文生、算學生，送館學習，俾西法與中法互相考驗。至輪船、洋槍，則宜工部遴選精巧工匠或軍營武弁之有心計者，令其專心演習，傳受其法，不必用科甲正途官員肄習其事，以養士氣而專責成。

清・《同治六年正月二十九日上諭》 同治六年正月二十九日，内閣奉上諭：「御史張盛藻奏天文算學等事宜歸欽天監、工部，無庸招集正途學習一摺。前據總理各國事務衙門奏請設同文館，專用正途科甲人員學習天文、算術，並擬章程六條呈覽，當經降旨依議。兹據張盛藻奏，科甲正途讀書學道，何必令其習爲機巧，於士習人心大有關繫等語。朝廷設立同文館，取用正途學習，原以天文、算學爲儒者所當知，不得目爲機巧。正途人員用心較精，則學習自易，亦於讀書學道無所偏廢。是以派令徐繼畬總管其事，以專責成，不過借西法以印證中法，並非舍聖道而入歧途，何至有礙於人心士習耶？該御史請飭廷臣妥議之處，著毋庸議。欽此！」

清・倭仁《同治六年二月十五日大學士倭仁摺》 昨見御史張盛藻奏天文、算學無庸招集正途一摺，奉上諭：朝廷設同文館，取用正途學習，原以天文、算學爲儒者所當知，不得目爲機巧，於讀書學道無所偏廢等因，欽此。數爲六藝之一，誠如聖諭爲儒者所當知，非歧途可比。惟以奴才所見，天文、算學爲益甚微，西人教習正途，所損甚大，有不可不深思而慮及之者，請爲我皇上陳之。

竊聞立國之道，尚禮義不尚權謀；根本之圖，在人心不在技藝。今求之一藝之末，而又奉夷人爲師，無論夷人詭譎未必傳其精巧，即使教者誠教，學者誠學，所成就者不過術數之士，古今來未聞有恃術數而能起衰振弱者也。天下之大，不患無才。如以天文、算學必須講習，博采旁求，必有精其術者，何必夷人，何必師事夷人？

且夷人吾仇也，咸豐十年，稱兵犯順，憑陵我畿甸，震驚我宗社，焚毁我園囿，戕害我臣民，此我朝二百年未有之辱，學士大夫無不痛心疾首，飲恨至今，朝廷亦不得已而與之和耳，能一日忘此仇恥哉？

議和以來，耶穌之教盛行，無識愚民半爲煽惑，所恃讀書之士講明義理，或可維持人心。今復舉聰明雋秀、國家所培養而儲以有用者，變而從夷，正氣爲之不伸，邪氛因而彌熾，數年以後，不盡驅中國之衆咸歸於夷不止。伏讀聖祖仁皇帝御製之集，諭大學士、九卿、科道云：「西洋各國，千百年後，中國必受其累」。仰見聖慮深遠，雖用其法，實惡其人。今天下已受其害矣，復揚其波而張其焰耶？聞夷人傳教，常以讀書人不肯習教爲恨。今令正途從學，恐所習未必能精，而讀書人已爲所惑，適墮其術中耳。

伏望宸衷獨斷，立罷前議，以維大局，而彌隱患，天下幸甚！

清・奕訢等《同治六年三月初二日總理各國事務奕訢等摺》 同治六年二月十六日，軍機處抄交出御史張盛藻、大學士倭仁條奏各一件，除張盛藻一摺業奉明降諭旨著勿庸議外，其倭仁一摺奉旨：「該衙門知道。欽此！」臣等查閲倭仁所奏，陳義甚高，持論甚正，臣等未曾經理洋務之前，所見亦復如此，而今日不敢專恃此説者，實有不得已之苦衷，請爲我皇太后、皇上詳陳之。【略】

溯自洋務之興，迄今二三十年矣。始由中外臣僚未得窾要，議和議戰，大率空言無補，以致釀成庚申之變。彼時兵臨城下，烽焰燭天，京師危在旦夕，學士大夫非袖手旁觀，即紛紛逃避。先皇帝不以臣奕訢等爲不肖，留京辦理撫務。臣等不敢徒效賈誼之痛哭流涕，胡銓欲蹈東海而死，空言塞責，取譽天下，而京城内外尚以不早定約見責，甚至滿漢臣工連銜封奏，文函載道，星夜迭催，令早換約。臣等俯察情形，不得不俯徇輿論，保全大局。自定約以來，八載於兹，中外交涉事務，萬分棘手，臣等公同竭力維持，近日大致雖稱馴順，第苟且敷衍目前則可，以爲即此可以防範數年、數十年之後則不可。是以臣等籌思長久之策，與各疆臣通盤熟算，如學習外國語言文字，製造機器各法，教練洋槍隊伍，派赴周遊各國訪其風土人情，並於京畿一帶設立六軍，藉資拱衛。凡此苦心孤詣，無非欲圖自强。又因洋人制勝之道，專以輪船、火器爲先，從前御史魏睦庭曾以西洋製造火器不計工本，又本之天文度數，參以句股算法，故能巧法奇中，請在上海等處設局訓練。陳庭經亦請於廣東海口設局製造火器。臣等復與曾國藩、李鴻章、左宗棠、英桂、郭嵩燾、蔣益澧等往返函商，僉謂製造巧法，必由算學入手，其議論皆精鑿有據。左宗棠先行倡首，在閩省設立藝局、船廠，奏交前江西撫臣沈葆楨督辦。臣等詳加體察，此舉實屬有益，因而奏請開設天文算學館，以爲製造輪船、各機器張本，並非空講孤虛，侈談術數，爲此不急之務。又恐學習之人不加揀擇，或爲洋人引誘誤入歧途，有如倭仁所慮者，故議定考試必須正途人員，誠以讀書明理之士，存心正大，而今日之局，又學士大夫所痛心疾首者，必能臥薪嘗膽，共深刻勵，以求自强，實際與泛泛悠悠漠不相關者不同。倭仁謂夷爲吾仇，自必亦有臥薪嘗膽之志。然試問所爲臥薪嘗膽者，姑爲其名乎？抑將求其實乎？如謂當求其實，試問當求之愚賤之人乎？抑當求之士大夫乎？此臣衙門所以有招考正途之請也。今閱倭仁所奏，似以此舉斷不可行。該大學士久著理學盛名，此論出而學士大夫從而和之者必衆，臣等向來籌辦洋務，總期集思廣益，於時事有裨，從不敢稍存迴護。惟是倭仁此奏，不特學者從此裹足不前，尤恐中外實心任事不尚空言者亦將爲之心灰而氣沮，則臣等與各疆臣謀之數載者，勢且隳之崇朝，所係實非淺鮮！臣等反覆思維，洋人敢入中國肆行無忌者，緣其處心積慮在數十年以前，凡中國語言文字，形勢虛實，一言一動，無不周知，而彼族之舉動，我則一無所知，徒以道義空談，紛爭不已。現在晌届十年换約之期，即日夜圖維，業已不及；若安於不知，深慮江河日下，及設法求知，又復衆論交攻，一誤何堪再誤！左宗棠創造輪船各廠，以爲創議者一人，任事者一人，旁觀者一人，事敗垂成，公私均害。李鴻章置辦機器各局，以爲無事則嗤外國之利器爲奇技淫巧以爲不必學，有事則驚外國之利器變怪神奇以爲不能學，並引宋臣蘇軾之言，以爲言之於無事之時，足以有爲，而恒苦於不信；言之於有事之時，可以見信，而已苦於不及。該督撫等所論，語多激切，豈故好爲辯爭，良由躬親閱歷，艱苦備嘗，是以切實不浮，言皆有物。在臣等竭慮殫思，但期可以收效，雖冒天下之不韙，亦所不辭。該大學士既以此舉爲窒礙，自必別有良圖，如果實有妙策可以制外國而不爲外國所制，臣等自當追隨該大學士之後，竭其檮昧，悉心商辦，用示和衷共濟，上慰宸廑。如別無良策，僅以忠信爲甲胄，禮義爲干櫓等詞，謂可折衝樽俎，足以制敵之命，臣等實未敢信。所有現議開辦同文館事宜，是否可行，伏祈聖明獨斷，訓示遵行。

清・倭仁《同治六年三月初八日倭仁摺》 伏思是非者不易之理，好惡者天下之公。前因同文館延聘夷人教習正途一事，上虧國體，下失人心，是以罄竭愚誠，直言無隱，固非爭以意氣之私也。今閱總理衙門所奏，大率謂忠信禮義之空言無當於制勝自强之實政，奴才愚見竊謂不然。夫欲求制勝必求之忠信之人，欲謀自强必謀之禮義之士，固不待智者而後知矣。今以誦習詩書者而奉夷爲師，其志行已可概見，無論所學必不能精，即使能精，又安望其存心正大、盡力報國乎？恐不爲夷人用者鮮矣。且夷人機心最重，狡詐多端，今欲習其秘術以制彼死命，彼縱陽爲指授，安知不另有詭謀？奴才所慮墮其術中者，實非過計耳。

方今時事多艱，義當共濟，豈忍以游談侈論，邀譽沽名。第議論不爲苟同，正所以求其至是。若謂奴才此論一出，不特學者裹足不前，即中外實心任事者亦心灰而氣沮，則持論亦過激矣。夫利之所在，衆所必趨，既有薪水，又得優保，人亦何樂而不從？而謂一人之空言，遂能沮千萬人之嚮往乎？至任事諸臣，公忠體國，修内攘外，應辦之事甚多，何至因此一議，羣相解體？此尤不待辯而自明者也。

總之，夷人教習算法一事，若王大臣等果有把握使算法必能精通，機器必能巧製，中國讀書之人必不爲該夷所用，該夷醜類必爲中國所殲，則上可紓宵旰之憂勞，下可伸臣民之義憤，豈不甚善。如或不然，則未收實效，先失人心，又不如不行之爲愈耳。戰勝在朝廷，用人行政，有關聖賢體要者，既已切實講求，自强之道，何以逾此，更不必多此一舉，轉致於人才政體兩無裨益也。

清・奕訢等《同治六年三月十九日總理各國事務奕訢等摺》 竊維臣衙門設立同文館，招考天文、算學，前因倭仁條奏，謂此事窒礙難行，經臣等瀝陳舉辦情形，實具不得已苦衷，并係與各省疆臣悉心商籌，非臣等私見，是以抄録曾國藩等摺件信函，請飭倭仁閱看，俾知底蘊。原期釋其疑慮，共濟時艱。兹倭仁并未體會各該督撫等所陳各件之意，仍謂此事以不行爲是，亦似臣衙門抄録各件全未寓目者然。

伏查臣衙門招考正途考究天文算學，其亟應舉行之故，前摺已縷悉言之，豈可贅陳。惟是夷患之興，匪伊朝夕。當年内外臣工，不求禦制實際，徒以空言塞責，遂釀庚申之變。今值腹地未靖，兵財交困，縱極力講求思以自强，幸而收效，固在數十年以後。若仍前苟安，不思補苴，其大患亦或在數年、數十年以後。但望臣等言之不中，而國勢永慶奠安，斷不願言之幸中，而朝廷毫無備豫，此臣等所以鰓鰓過慮不敢以道學鳴高、祇顧目前而不肯任勞任怨也。左宗棠所云「非常之舉，謗議易興，無人執咎」等語，此時浮議之騰，果不出其所料。當茲權宜時勢，預籌制勝，既經疆臣曾國藩、左宗棠、李鴻章、郭嵩燾、蔣益澧等與臣等往返函商，必須從此入手。況雇覓洋人不過與之講究其法，並奏明不修弟子之禮，此摺業經發抄，倭仁豈有不知？乃一則曰「師事夷人」，再則曰「奉夷爲師」，輒臆造師名目，阻人嚮往。當御史張盛藻條奏此事，明奉諭旨之後，臣衙門投考者尚不乏人；自倭仁倡議以來，京師各省士大夫聚黨私議，約法阻攔，甚且以無稽謠言煽惑人心，臣衙門遂無復有投考者。是臣等未有失人心之道，人心之失倡浮言者失之也。因思法令之行，原冀樂從，今人心既爲浮言所搖，臣等無從勉强，擬就現在投考者擇期考選，取中者入館研究，仍時加察核，倘有弊端，即奏請裁撤。

若倭仁所奏，果有把握等語，臣等祇就事所當辦，力所能辦者，盡心以辦，至成敗利鈍，漢臣如諸葛亮尚難逆睹，何況臣等？是此舉之把握，本難預期，因倭仁之倡議而益多阻滯矣。

又奕訢等《同治六年三月十九日總理各國事務奕訢等片》 再，自道光二十年以來，因海疆多事，曾經奉有諭旨，廣招奇才異能之士，迄無成効。近年臣等與各疆臣悉心講求，仍無所獲，往返函商，不得已議奏招考天文算學，請用洋人，原欲窺其長短以收知彼知此之効也。並以中國自造輪船、槍砲等件，無從入手，若得讀書之人旁通其書籍、文字，用心研究，譯出精要之語，將來即可自相授受，並非終用洋人，今浮言既出，念所期已屬無望。惟查倭仁原奏內稱「天下之大不患無才，如以天文、算學必須講習，博采旁求必有精其術者，何必夷人？」據此是內外臣工先後二十餘年所求而弗獲者，倭仁耳目中竟有其人，不勝欣幸！相應請旨飭下倭仁，酌保數員，各即請擇地另設一館，由倭仁督飭，以觀厥成。若能如此辦理，更屬兩得之道，裨益非淺，彼時臣衙門原請奏辦之件，即行次第裁撤。倭仁公忠體國，自必實心保舉，斷不致因恐誤保獲咎，仍請如前降旨旁求，僅博延覽之虛名全無究竟之實效。是否有當，理合附片密陳。

清·《同治六年三月十九日上諭》 同治六年三月十九日，內閣奉上諭：「總理各國事務衙門奏，遵議大學士倭仁奏同文館招考天文算學請罷前議一摺。同文館招考天文算學，既經左宗棠等歷次陳奏，該管王大臣悉心計議，意見相同，不可再涉游移，即著就現在投考人員，認真考試，送館攻習。至倭仁原奏內稱『天下之大不患無才，如以天文算學必須講習，博采旁求，必有精其術者。』該大學士自必確有所知，著即酌保數員，另行擇地設館，由倭仁督飭講求，與同文館招考各員互相砥礪，共收實效。該管王大臣等並該大學士，均當實心經理，志在必成，不可視爲具文。欽此！」

清·倭仁《同治六年三月二十一日倭仁摺》 本月十九日，內閣奉上諭：「倭仁原奏內稱，『天下之大不患無才，博采旁求，必有精其術者。』該大學士自必確有所知，著即酌保數員，另行擇地設館，由倭仁督飭講求」等因，欽此。

竊奴才前以夷人教習正途，有妨政體，故力陳其不可，所以盡當言之分，非爭意氣之私也。茲恭讀上諭，同文館招考天文算學，經王大臣悉心計議，不可再涉游移，是此事行止業已斷自宸衷，奴才何敢再參末議。惟奴才前奏謂算法係六藝之一，如欲講求，中國豈無精是術者，蓋以理度之，天文算學世有專家，不必奉夷人爲師耳。

至摺內所陳，原謂立國之道當以禮義人心爲本，未有專恃術數而能起衰振弱者。天文算學祇爲末議，即不講習，於國家大計亦無所損，並非謂欲求自强必須講明算法也。今同文館既經特設不能中止，則奴才前奏已無足論，應請不必另行設館，由奴才督飭辦理；況奴才意中並無精於天文算學之人，不敢妄保。

清·《同治六年三月二十一日上諭》 同治六年三月二十一日，內閣奉上諭：「前因大學士倭仁奏天文算學博采旁求，必有精其術者，曾降旨令其酌保數員，另行擇地設館，由倭仁督飭講求。茲據該大學士奏稱，『意中並無其人，不敢妄保』等語。倭仁現在既無堪保之人，仍著隨時留心，一俟諮訪有人，即行保奏，設館教習，以收實效。欽此。」

清·于淩辰《同治六年三月二十七日通政使司通政使于淩辰摺》

竊臣歷觀前史，漢、唐、宋、明皆有黨人名目，此端一開，未有不立見其禍者。我朝二百餘年，從無此習。乃自議設天文算學館以來，驗之人心，考之士氣，竊有大可慮者。天文、算學招考正途人員，數月於茲，衆論紛爭，日甚一日，或一省中並無一二人願投考者，或一省中僅有一二人願投考者，一有其人，遂爲同鄉、同列之所不齒。夫明知爲衆論所排，而負氣而來，其來者既不恤人言，而攻者愈不留餘地，入館與不入館，顯分兩迹，已成水火，互相攻擊之不已，因而互相傾覆，異日之勢所必至也。

乃臣恭閱本月十九日上諭：「總理各國事務衙門奏遵議大學士倭仁奏同文館招考天文、算學請罷前議」一摺，等因，欽此；又恭閱本月二十一日上諭：「前因大學士倭仁奏天文、算學博採旁求必有精其術者，曾降旨令其酌保數員，另行擇地設館，由倭仁督飭講求」等因，欽此。在朝廷揆時度勢，用意固自甚深，然臣於此轉恐於衆論紛争之日，而更啓之使愈争也。天文算學館外，又復另立一館，是學洋人者一館，不學洋人者一館，學洋人者勢必愈尊洋人，不學洋人者勢必愈鄙洋人，愈鄙夫學洋人者，愈激愈争，愈争而愈不可解，而黨患成矣。在該管王大臣等洞悉大體，斷不至各有意見，而自來朋黨之禍，不成於上，而成於下，勢使然也。又況兩争者必無兩勝，學洋人者勝，適以長洋人之驕，鄙洋人者勝，愈以招洋人之忌，將來釁端必自此始。

溯自咸豐十年議和以來，容忍包荒，至於今日，凡有血氣，莫不痛心。而所恃爲異日滌雪者，正以上下同心，和衷共濟，根本之地，深固不摇耳。即總理各國事務衙門王大臣等，數年來苦心羈縻，無非養晦待時，不敢輕躁以誤大局，中外臣民從無異議。今天文算學館甫設而争端即啓，争端啓則朋黨必成。夫天文算學本屬技藝之末，其果能得力與否尚不可知，而先令臣子別户分門，開國家未有之風氣，所關實非淺鮮。臣惟伏願我皇上以至仁至勇之聖心，密籌消弭防患未形，庶永無漢、唐、宋、明黨人之禍，天下幸甚！萬世幸甚！

清・崇實《同治六年四月十三日崇實摺》 竊奴才於三月底接准總理各國衙門咨稱，奏准招考天文及算學人員，並給發告示章程等件。奴才詳閱原奏，言中國宜謀自强，至今爲亟，具見在廷諸臣深謀遠慮，思患豫防，用心良苦。惟議專取翰林院並五品以下由進士出身京外各官及舉人、恩、拔、副、歲、優貢生員，俾充其選，仍試策論等項，以定去留，似於事理未協。竊明天文、算法委曲深細，本係專門之學，與策論等項不同，每有學問素優而不明歷律，亦有推步甚密而不善詞章，蓋文理可托之空言，而數學必歸於實測。聰明異用，難易攸分。今於收録之始，若遽試以算學，則素所未諳，無從棄取，若仍試以策論，則正途各員固所優爲，今欲其舍已成之功名，而效初學之講習，智力窮於小數，物曲限其入官，萬一僥倖之徒，但糜廪禄，入館既久，程功仍虚，無益時勢之短長，徒滋中外之疑議，非所以昭示臣民，畫一政體也。

奴才以爲機器之學本當講求，而因時制宜，尤爲今日之急務。查此種學問，各省不乏其人，而沿海諸疆更多講習。自嘉慶、道光年以來，古書復出，西法益明，九章、四元，發揮殆盡，内地習算之士，往往推陳出新，借今證古，能擢用一工，必有留意時務者專心壹志，與爲抗衡，且將入乎其中，超乎其外。即以西士爲法，亦禮失而求諸野之遺意，雖航海往學，且不爲過，尋常拘墟之見，誠無關於得失之數也。

惟算學之上下優劣，不一其等，應請旨飭下内外大臣及各省督撫，誠有灼知才技優長者准其荐舉，給與貲斧，咨送總理各國事務衙門，奏請皇上簡派精於數學之大員詳加核試，次其等第。如能實盡所學，不妨破格超擢，獎之禄位；其有著書立説之處，亦許隨時酌定進呈，伏候御覽。以此鼓舞羣才，必能應時而起。且考言、考行，事尤一貫，用數、用器理本兼資，如果能製造奇器有關時用者，必先試以小器，驗其制勝之端，然後更以大器試之，庶不致實求名應。其正途各員，有向來講求此業者，聽其自行呈請効用。或有深心之人，願與西士互相考證者，亦不必朝廷爲之設館授餐，但使各直省精選數人，將其實用已足以風示天下，而好學之士即能轉相作述，得所師承。既無須限定正途，亦無庸盡師西士，如此辦理，庶合時宜，而息物論。

清・楊廷熙《同治六年五月二十二日楊廷熙條》 遇缺即選直隸州知州臣楊廷熙跪奏，爲天象示警，人言浮動，請旨撤消同文館，以弭天變而順人心，杜亂萌而端風教，應詔直陳，仰祈聖鑒事：

臣聞天垂象見吉凶，故聖人常因天道以警人事。今年自春及夏，久旱不雨，屢見陰霾蔽天，御河之水源竭，都中之疫癘行，本月初十日大風晝晦雨時之久，此非尋常之災異也。十七日伏讀邸抄，見候補内閣侍讀學士鍾佩賢奏稱亢旱日久，請旨飭廷臣直言極諫，以資修省。恭奉上諭，「著在廷諸臣，於時政得失盡心獻替，毋循故常，毋避忌諱。爾大小臣工，務當精白乃心，共圖匡弼，以期君臣交儆，感召天和。欽此！」仰見兩宫皇太后勤求政理，皇上勵精圖治，敬天愛民之至意。然天象之變，必因時政之失，京師中街談巷議皆以爲同文館之設，强詞奪理，師敵忘仇，禦夷失策所致。臣思天道淵微雖不繫於一事，而此事實貽患之大者，謹越職昧死，爲陛下條陳之。

竊維修德行政，實千古臨御之經；盡人合天，乃百代盛强之本。自來奇技淫巧，衰世所爲，雜霸驩虞，聖明無補。所以唐虞深明天道，亦止授時齊政，垂爲典章，未聞使羲和、仲叔作推步之書，成周記列考工，亦衹分職設官，勤於省試，未聞令庠序學校習工師之事。推之孔子不言天道，孟子不重天時，非故秘也，誠以天文數學，機祥所寓，學之精者禍福之見太明，思自全而不爲世用，事事委諸氣數，而或息其忠孝節義之心；學之不精，則逆理違天，道聽塗説，必開天下奇衺詭惑之端，爲世道人心風俗之害。伊古以來，聖神賢哲，不言天而言人，不言數而言理，其用意至深遠矣。

前月見總理各國事務衙門請開設同文館，專用翰林、進士、恩、拔、副、歲少年科第官員，延西洋人教習天文、算數，以爲製造輪船、機器之用，臚陳六條，俱奉旨准行。旋見御史張盛藻奏請改派學習，繼見大學士倭仁請罷前議，臣以爲同文館之議，或可中止。玆復見總理衙門示期考試，録取送館攻習。臣月餘以來，日夜研思同文館原奏，覺其事、其理、其言、其心，有不可解者十焉。

謂學士大夫不可無羞無恥，而必欲激其羞惡之良、愧恥之念，其見未嘗不善。然而中國之可羞可恥者，未有大於西洋之流毒、西人之倡亂矣。自道光年間起釁粤東，其前誤於琦善等喪師辱國，失守沿海礮臺，任其盤踞香港，因得潛窺内地虚實，熟悉江海水道，故由廣東而江、浙，而天津，搆數千年未有之禍，擾亂中國之邊疆，憑陵中國之城池，侵據中國之關口，耗散中國之財賦，荼毒中國之人民，屢和屢叛，國家之貧弱因之。其後誤於端華、肅順等，藉寇要君，牽制沿海將帥，因而戰守失策，於咸豐十年乘中原多事，又復渝盟敗約，肆虐京華，焚燒宫闕，以致文宗皇帝北狩熱河，上賓龍馭。諸王大臣目擊其變，身受其災，正宜嘗膽臥薪，處心積慮，勤思破敵之良策，廣求濟變之人才，以掩當年之羞，以雪數世之恥，方足以激勵天下也。乃今日不恥不共戴天之讐，而羞不知星宿之士，何忘大恥而務於小恥也！此臣之不解者一也。

原奏稱西人製器之法，無不由度數而生；又稱其法本中國之法特西人縝密，善於運思，意以爲深明天文、數學無過西人，此又所見之不廣也。中國自羲、軒、堯、舜、禹、湯、文、武、周公、孔、孟以及先儒曩哲，或仰觀俯察，開天明道，或繼承纘述，繼天立極，使一元之理，二五之精，三極之道，旁通四達，體之爲天人性命參贊化育之經，用之爲帝典、王謨、聖功、賢學之準，廣大悉備，幽明可通，所以歷代之言天文者中國爲精，言數學者中國爲最，言方技藝術者中國爲備。如渾天儀、乾鑿度、太玄、洞極、潛虚、星紀、九章、三率、周髀、皇極諸書，相繼而起，恐西學之輪船、機器未必有如此幽深微妙矣。又況中國爲人材淵藪，數理載國朝精藴，二百餘年，時憲無失閏之譏，天象無昏迷之誚，是此時之天文、算數較歷代爲尤精也。夫以中國之大，養士之久，豈無一二知天文、明數學之士足以駕西人而上之者哉？即如康熙、乾隆時，當塗縣徐文靖，一文學士，作山河兩戒考，取諸家之辨論與西士互相考證，其閒星宿多寡，度數躔次歧異者不一而足，可見西洋於天文、數學未必精也。又有侍郎胡煦，作《周易函書》，講明河洛理數，指陳勾股尺算，俱采入《四庫全書》，最易通曉，何不令天下舉而習之，而必自卑尊人、舍中國而師夷狄？此臣之不解者二也。

原奏稱製造輪船、機器，苟不藉西士爲先導，俾講明機巧之原，製作之本，竊恐師心自用，徒費錢糧，意必以輪船、機器爲西洋恃以制勝中國之具，而亦用輪船以敵輪船，機器以禦機器，其策尤非也。夫有利器者在有善其事之工而器始利，有善事之工，無善用之人，其器不利；即有善用之人，遇有人焉，能破之，其器仍不利。嘗見《宋史》，載水賊楊太湖中浮舟，以輪激水，其行如飛，官舟迎之輒碎，而岳飛兵到，不數日其船悉破，其人就擒。可見輪船、機器不足恃也。況中國數千年來未嘗用輪船、機器，而一朝恢一朝之土宇，一代拓一代之版章。即我朝自開創以來，與西洋通商非一日，彼之輪船、機器自若也。何康熙時不准西洋輪船數隻近岸，彼即俯首聽命，不敢入内地一步？及至道光、咸豐，沿海將帥督撫，開門揖盜，内廷大臣以耳爲目，先存畏憚之心，請旨屢示寬容，而彼愈張兇燄。然猶有僧格林沁於天津一戰，破彼輪船十餘隻，又可見輪船機器，即洋人用之亦不足恃也。今不思破之之方，禦之之術，竊恐中國將來之輪船機器較彼尤精，而用之不得其法，不得其人，未必不徒費錢糧，徒勞人力也。此臣之不解者三也。

原奏稱，論者不察，必以臣等爲不急之務。第思此時當務之爲急者，不在天文而在人事，不在算術機巧而在政治修明。近來洋人伏於肘腋閒，横行恣睢，沈幾觀變。朝廷急宜憂勤惕厲，奮其神武，或旁招遠詔，求天下之人才，或博訪周咨，知民閒之疾苦。近責樞密大臣，正本清源，深謀遠慮，務使立一法必思不戾舊章，行一令必期永孚衆志，不得敷衍了事，不得唯阿取容。遠策將帥督撫，振興士卒，整飭官常，作忠義之氣於行閒，盡教養之懷於民上，條例無益者除之，免胥吏弄法，黜陟無實者駁之，免督撫專權，應天以實不以文，敬事而信無所欺。如此則紀綱立，號令行，政教興，洋人雖衆，機器雖利，輪船雖多，斷不敢肆行無忌也。今自皇上御極以來，汲汲以求賢爲念，而廷臣薦舉半皆獲罪人員；時時以安民爲心，而凋敝餘生猶有官吏剥削。新章一出，成憲徒事變更；軍務未竣，賞賚時多反覆。嘗見久經奏調保舉人員，部曹胥吏竟置諭旨於不問，輒敢駁斥經外臣奏參者，此律例煩苛，曹司胥吏得從中舞弊也。舉劾當臚陳事實，今則於六法之外，擬一二語以爲甄叙，無怪薦彈乖異，無實不足示勸懲也。且資格限難於自効，賢才所以多消阻；官禄薄無以養廉，士夫所以荒職業。善政未修於上，實學未講於下，而猶令舍人事以習天文、數學，此臣之不解者四也。

原奏稱，中國之宜謀自强，至今而已亟也。夫自强之道，豈在天文、算數、輪船、機器哉？臣觀史册，見歷代之致昇平、臻郅治者，皆上有至誠無息之令主，下有各盡其職之臣工，緯武經文，一時天下畏威懷德，庶民子來，百工咸集，蠻夷率服矣。今者西洋以數千魑魅魍魎横恣中原，朝廷猶因循含忍，不籌控馭之奇策，懾服之宏規；而且宰輔不聞撻伐之書，臺諫竟無驅除之疏，吏部惟知循例即以爲得人，户部只悉收捐即以爲富國，兵制大壞而兵部不知，工作不精而工部不省，無惑乎人才不興，國用不足，兵氣不揚，國威不振也。有自强之心，無自强之政，而徒震驚於外洋機器、輪船不可制，此臣之不解者五也。

原奏稱，招取翰林、進士、五項正途京外官員考試録取，延聘西人在館教習。此尤大傷風教。夫洋人之與中國，敵國也，世讐也，天地神明所震怒，忠臣烈士所痛心，無論偏長薄技不足爲中國師，即多材多藝層出不窮，而華夷之辨不得不嚴，尊卑之分不得不定，名器之重不得不惜。況科甲人員，讀聖賢書，將以致君澤民爲任，移風易俗爲能，一旦使之師事讐敵，竊恐朝夕相聚，西人或懷私挾詐施以蠱毒，飲以迷藥，遂終身依附於彼昏瞀不醒，習其教者牢不可破，而忠義之氣自此消矣，廉恥之道自此喪矣，機械變詐之行自此起矣。聖賢之大道不修，士林之節概不講，無一非西學階之厲也。此臣之不解者六也。

原奏稱，西洋各國講求輪船之製，互相師法，製作日新，雇買以應其用，計雖便而法終在人，講求以得其源法既明而用將在我，因開設同文館。揆諸立館之心，亦隱慮洋人布滿天下，數十年來從無有人議及破之禦之之法，而乃於少年科甲中擇其穎悟者師其製作，或洞悉源本，或陰得人才，以爲將來破之禦之地步，此中委曲又不便明示天下，以啓釁端，而故爲權宜之計，久遠之謀。不知其計亦左，其謀亦拙也。夫洋人詭譎百出，所爲狡焉思逞，侵陵中國者，方將以輪船、機器罔中國無窮之利，斷不肯以精微奥妙指示於人。就令其盡心竭力，舉其理其源細微曲折全行教授，亦不過製成船器與之並駕齊驅已耳，而破之禦之之法豈能並以相告哉？況輪船必熟諳江海水性水道，而運用始靈。今使科甲人員明其理、悉其源，將來造輪船時，勢必引繩削墨，一一教工匠製作，又必紛紛採明江海水勢淺深，教水手運用制敵之法，有如是之勞而能成功者乎？竊見古今來堅甲利兵足以制敵之命，較機器尤精也，而人不爲用，屢有棄甲曳兵之時；高城險塞足以爲人之衛，較輪船尤固也，而人不爲守，屢有棄城失險之候。可知天時不如地利，地利不如人和也。兹不操出奇之勝算，而爲依樣之葫蘆，此臣之不解者七也。

原奏稱李鴻章、左宗棠等皆能深明其理，堅持其説，或設藝局，或設機器局，揀派兵弁與少年子弟，延請洋人教以語言文字、算法、畫法，以爲將來造輪船、機器之本。由此以觀，是西學之不可不急爲肄習也。臣思此事，疆臣行之則可，皇上行之則不可；兵弁少年子弟學之猶可，科甲官員學之斷不可。何也？疆臣之制作，信從者不過一省一時，朝廷之詔令，遵守者則在天下萬世；兵弁子弟學之不過成其藝事，科甲官員學之即可寖成風俗也。蓋科甲官員，四民之瞻仰，天下所崇奉者也。查耶穌之教，流入中國有年，不能誘善良而行習者，以其書皆怪誕不經之書，其教乃違天害理、滅倫廢義之教，所以稍有知識者必不聽其蠱惑也。今而使少年科甲人員習其天文、數學，北而修弟子之儀，不二十年間，循例升轉，內而公卿大臣，外而督撫大吏，皆惟教是從，惟命是聽，出於門墻者也。萬一徇私情，廢公義，其害可勝言哉？又恐天下之人，因科甲尚且學習，遂相習成風。或奉行不善，一時顓蒙愚魯之輩，奸宄不法之徒，藉習天文、算學爲名，結黨成羣，互相引誘煽惑，倚彼勢力，造言生事，洋人愈得進步連合響應以倡亂階，恐西學未成，而中原多故也。是西教本不行於中國，而總理衙門請皇上導之使行也，此臣之不解者八也。

原奏稱，事屬創始，立法宜詳，欲嚴課程，必須優給廩餼，欲欺鼓舞，必當量予升途，是於勤惰之中，亦寓賞罰之道。竊思賞罰爲驅策天下之大柄，賞罰宜公，禄養宜厚，豈僅於同文館一處行之哉？近日陜、甘、滇、黔、豫、楚，賊氛正熾，軍士譏譁屢告，京外大小官員廉俸裁撤，未見增加，從公枵腹，而朝廷之賞罰無位，隨財而行，殺賊立功者不稽核真僞於前，而苟求出身於後，特開補交、捐免、保舉之條，此賞之不信也。因罪獲譴者不追咎其既往，予自新於將來，有加倍捐復之例，則罰之不必也。而且遇缺存遇缺之名，即用無即用之實；披堅執鋭者半目爲夤緣，循行數墨者厚膺其爵賞，將何以勵戎行而伸士氣也？兹惟於同文館厚廩餼、廣升途，何明於此而暗於彼，略其大而舉其細也！此臣之不解者九也。

原奏稱外人之物議雖多，當局之權衡宜定，臣等於此籌之熟矣。此言尤屬偏執己見，專擅挾持，啓皇上以拒諫飾非之漸。夫自古帝王，立隆建極，務在循天理，順人情。故詢事考言，用中執兩，而後成爲大知；懸鞀設鐸，博採旁搜，而後不拂乎民心。若事當於理而可行，自必詢謀僉同，無有疑議。若事必不可行而行之，物議沸騰，在所不畏人言，浮動置若罔聞，尼沮者招愆，諫諍者獲譴，則有王安石之行新法，秦檜之主和議，大抵如是也，其後禍及天下，害貽後世，何莫非膠固擅權獨行獨斷之所致哉？伏見我朝成憲，凡改一制度，設一官職，必下王大臣、九卿、翰詹、科道會議妥協，覆奏施行，所以無專擅諸弊。今新立一同文館，而令翰林、進士科甲正途出身京外各官皆從事夷狄，此何等重大事件，關繫匪輕，豈總理衙門數人之私見遂能決然行之而無弊乎？即觀其原奏命意，亦競競於人言，務爲迴護。是其設立同文館之初，未嘗不明知此事之不當於天理，不洽於人心，不合於衆論，而必欲潰夷夏之防，爲亂階之倡，此臣之不解者十也。

臣知同文館爲總理衙門請旨准行，未嘗計及於行之害、不行之利，狃於目前，忽於日後，强詞奪理，萬難挽回；惟見兩宮皇太后自聽政以來，遇事必虛衷訪問，斟酌盡善，不拘成見。兹於同文館之設，創制非宜，謹請收回成命，以杜亂萌，而端風教，弭天變而順人心。若事在必行，恐失信於外洋，又生釁隙，仰懇將翰林、進士科甲有職事官員撤銷，惟招取曾經學過天文、算數者考録送館，與西人互相印證。如此既無失信於外夷，亦可無傷風化也。

清・《同治六年五月二十九日上諭》 同治六年五月二十九日，内閣奉上諭：「前因天時亢旱，詔求直言，原冀於國計民生有所裨益。兹據都察院代奏候選直隸州知州楊廷熙奏請撤銷同文館以弭天變一摺，呶呶數千言，甚屬荒謬！同文館之設，歷有年所。本年增習天文、算學，以裨實用，歷經御史張盛藻、大學士倭仁先後請罷前議，因其見識拘迂，疊經明白宣示。兹據該知州所陳十條，不過摭拾陳言，希圖自炫，原可置之不論，惟有關於風俗人心者甚大，不得不再行明示。楊廷熙因同文館之設，並詆及各部院大臣。試思楊廷熙以知州微員，痛詆在京王大臣，是何居心！且謂『天文、算學，疆臣行之則可，皇上行之則不可』。普天之下，孰非朝廷號令所及，豈有疆臣可行而朝廷不可行之理！又謂『事在必行，懇請將翰林、進士科甲有職事官員撤銷』。尤屬謬妄。國家設立科目，原以登進人才，以備任使。曾國藩、李鴻章等均係翰林出身，於奉旨交辦中外交涉事件，從無推諉，豈翰林之職專在詞賦，其國家政務概可置之不問乎？至所稱『西教本不行於中國，而總理衙門請皇上導之使行』，及『專擅挾持，啓皇上以拒諫飾非之漸』等語，更爲肆口詆誣，情尤可惡！推原其故，總由倭仁自派總理各國事務衙門行走後，種種推托所致。楊廷熙此摺，如係倭仁授意，殊失大臣之體，其心固不可問；即未與聞，而黨援門户之風，從此而開，於世道人心大有關係。該大學士與國家休戚相關，不應堅執己見，著於假滿後，即到總理各國事務衙門之任，會同該管王大臣等和衷商酌，共濟時艱，毋蹈處士虛聲，有負朝廷恩遇。至楊廷熙草莽無知，當此求言之際，朝廷寬大，姑不深責。恭親王、寶鋆請將楊廷熙所奏十條派大臣核議，並請將該王大臣及現任各大臣均暫開總理衙門差使聽候查辦，自係爲楊廷熙摺内有『專擅挾持』等語。當此時事多難，該王大臣等不避嫌怨，力任其難，豈可顧恤浮言，稍涉推諉，所請著毋庸議。欽此。」

清・奕訢等《同治六年六月初二日總理各國事務奕訢等摺》 竊臣衙門於上年十一月初五日奏請招考天文、算學，專取滿漢舉人、恩、拔、副、歲、優貢生，並前項正途出身之五品以下京外各官，考試録取，旋復奏請推廣考試，翰林院編修、檢討、庶吉士並進士出身之五品以下京外各官，均蒙諭旨允准；嗣因浮言四起，正途投考者寥寥，並經奏明就現在投考各名考選等因在案。

兩月以來，投考之人，正途與監生雜項人員相間。臣等以此舉既不能如初念之所期，不敢過於拘執，因而一律收考，共計投考正雜各項人員九十八名，定期五月二十日在臣衙門扃門考試，計已到者七十二名，先經投考臨時未到者二十六名。試以策論，認真考校，將各員試卷公同閱看，擇其文理可觀者選取三十名，於二十六日覆加考試，文藝均屬一律。謹將録取各員試卷恭呈御覽，伏候欽定後，即將取中各名送館學習。如將來人數不敷，再行招考，以資研究【略】

又奕訢等《同治七年五月初七日總理各國事務奕訢等摺》 竊臣衙門於同治元年七月間奏定同文館章程内，分設教習一條，請於直隸、山東、山西、河南四省之候補八旗教習咨取考試，挨次傳補。嗣於上年六月間，因禮部咨稱四省中候補八旗教習無人，經臣等奏請推廣舊章，將咸安宮、景山等項候補教習均准一體考試，奉旨允准在案。

本年三月間，臣等因教習曹佩珂留館一年又將期滿，當經循案咨傳考試，經禮部咨送孔慶翥等三員，業已定期，飭令赴考，並無一人投到。旋有舉人何森榮一員，取具同鄉京官印結赴臣衙門具呈投考。臣等以何森榮雖未由禮部咨送，既願赴考，未便阻其向往，因將何森榮先行考試録取，傳令即在同文館行走。一面仍咨禮部，將未到之孔慶翥等諄切催傳，遲至閏四月十七日，據禮部咨稱，現有王廣寒一員赴部驗到，此外仍無報到之人。

臣等查同文館教習專事訓課漢文，兼司稽查，從前指定直隸、山東、山西、河南四省人員，原爲語音明白，易於教授。乃禮部先以該四省候補八旗教習無人咨覆，迨臣等奏請推廣，迭次片催，僅據送到王廣寒一員。現在若仍抱泥舊章，恐以後投考無人，不敷録取，以致員缺懸待。臣等公同商酌，應即變通辦理，以免貽誤。擬請嗣後無論何省，凡係舉貢正途出身，俱准取具同鄉京官印結，赴臣衙門具呈投考；其在部之候補教習，如有願考者，仍准禮部照章咨送，統由臣衙門彙齊考試，擇其文字優長、語言明白者，詳慎録取，遇有缺出，按照名次，先後傳補，庶於推廣之中仍寓監別之義。

又奕訢等《同治七年五月二十三日總理各國事務奕訢等片》 再查臣衙門設立同文館，原擬遴舉聰穎之士，精習泰西語言文字，遞及步算測量。乃當未經開館之先，謡諑羣興，爲所惑者不無觀望，彼時投考諸人，流品不一，經臣等勉强考試，取録三十人，開館肄業。今年五月十二日，復查照奏定六個月再行考試章程，令該學生等在本署大堂當面出題考較，其中尚堪造就者不過數人，若再一律留館，非特優劣無從區別，而一切膏火薪水徒供哺餟，亦屬所費不貲。臣等公同商酌，除將學經半年毫無功效之學生等立予撤退外，其李逢春等十人，察其所業既有肯認真，自當加以勉勵，令其在館朝夕講求。但人數過少，擬令該學生等與舊在同文館内八旗俊秀同在一館，俾資探討。查教習天文、算學之英國人額布廉、法國人李弼諧，本係兼八旗俊秀教習，現在暫歸一處，既更便於稽察，亦不曠誤課程。臣等仍督率各教習等，悉心啓導，斷不稍涉遷就。一俟將來招考人數漸多，再行分別辦理。總期事非虚應，學有成功，用副朝廷選拔真材，宏濟艱難之至意。

又奕訢等《同治七年十二月二十三日總理各國事務奕訢等摺》 竊臣衙門設立同文館，前於同治元年七月二十五日奏定章程，每届三年由臣衙門自行考試一次，核實甄別，按照舊例，優者授爲七、八、九品等官，劣者分别降革、留學等因。嗣於同治四年十月，該館學生已届三年，經臣等面試，將考列在前之學生奏請授爲八、九品官，咨部註册，仍留館學習，其餘分别記優、記過及咨回本旗各在案。扣至本年十月，又届三年。經臣等定期於十二月初六、初七及十一等日，傳集英、法、俄三館學生在大堂公同面試，飭提調等在旁稽察，以防槍替等弊。初次考試，將各國配送洋字照會令其譯成漢文，覆試日又將各國漢字照會令其繙譯洋文。因洋文非臣等所習，特飭總税務司赫德與各館外國教習會同閲看，分别名次高下，並由臣等密書漢文語句，隔座令該學生以洋字繙寫，與外國教習看明譯漢，兩相核對，將洋文之優者與漢文互相比較，悉心評定甲乙。該學生中頗有大意符合並無舛悮者，自應分别優劣，照章辦理。茲謹將擬定各館學生名次及分别優叙留咨，開列清單，恭呈御覽。

《清續文獻通考》卷一〇七《學校考》 同治元年始設同文館於京師，從總理衙門王大臣之請也【略】五年允郭嵩燾請，召生員鄒伯奇、李善蘭赴同文館差委。六年諭：前據郭嵩燾總理衙門奏請設同文館，專用正途科甲人員學習天文、算術，並擬章程六條呈覽，當經降旨依議。

清・王先謙《東華續録［同治］》 同治十九

［同治二年］諭：前據總理各國事務衙門奏，遵議設立學習外國語言文字學館爲同文館，當經照所議行。該衙門已行知，該將軍等遵照矣。因思總理衙門固爲通商綱領，而中外交涉事件則廣東上海爲總匯之所。見據李鴻章奏稱，上海已議設立外國語言文字學館，廣東事同一律，亦應仿照辦理。

清・《廣方言館全案・上海初次議立學習外國語言文字同文館試辦章程十二條》 ［同治二年］一館中延訂近郡品學兼優紳士一人爲總教習，舉、貢、生員四人爲分教習，分經學、史學、算學、詞章爲四類，而以講明性理，敦行立品爲之綱。就肄業生四十名中，度其年歲之大小，記誦之多少，性情之高明沉潛，均匀派撥四人，分課學習。西語西文之暇，仍以正學爲本。

又 《計呈酌擬廣方言館課程十條》 ［同治三年］一習算學。孔門六藝不廢書、數。況西人製造日新月異，俱從算學而出。南海鄒特夫征君謂：今日算學之衰，非不精深之患，而不熟習之患。高明者窮深機遠，務爲隱奥，以相矜異，其下者躐等而進，望而生畏，廢然意阻。即使所著之書流布寰宇，雖有識者賞其佳妙，而習之者不給世用。茲擬每日西學之暇，午後即學習算術，無論筆算、珠算，先從加減乘除開方入手。中學則熟習《算經十書》，前賢代有著述，皆可流覽。西學則幾何、重學、代數諸書，循序而漸進焉。除課文日停習，餘日不得作輟。若有性質所近，徑免課文，專習算學亦可。至測量製造之法，如學有端緒，即可引與考究。

又《附録近年變通從前辦法酌立簡明條規十則》［光緒二十年］一英文、法文、算學、天文生徒，分作四館教授。遵照業師所定功課毋得曠廢，由監館委員隨侍留心稽察，以杜敷衍推託之弊。每星期前四天肄業西學、算學，各專其門，每日以八點鐘爲限，後三天肄業經史、古文、時藝。房虚星昴值日，兼得詩文論賦，歸中學教習評改。僅習中學，偏廢西學者，應令赴各處書院肄業，不得住宿。【略】一算學學徒系生、監出生，每逢大比之年，稟詳南洋大臣，諮送總理衙門録取，俾應順天鄉試，每名酌給川資。其入膠庠，登賢書者，亦給花紅，以示優異。一中學、算學教習，有應鄉、會試者，假期以兩個月爲度，及遇昏喪大事，必須自請權館之人，照章講授，免荒學生功課，並備一切供應，館内不能另送修金膏火等費。【略】館内現在教習員司薪修、夫役工食每年約需經費數目：一算學正教習一名，每月修金二十兩，伙食銀三兩六錢，油燭洋一元，跟丁錢五千文。一算學副教習一名，每月修金十八兩。

清·《續修陝西通志稿》卷三六《味經書院建制沿革》［同治］十一年，候選同知舉人長安柏子俊與舉人咸陽劉煥唐光蕡於院内設求友齋，以天文、地理與經史、掌故、理學、算學課士【略】又一算術，在秦爲絶學，刻梅氏《籌算》及《平三角舉要》，令諸生習之，又令築通儒台以實地測驗，又立蠟局，創復幽館，後又立時務齋。其大旨欲溝通中西，利用前民，以救時局。

清·《張文襄公奏議》卷三四《設立自强學堂片》［光緒十九年］兹於湖北省城内鐵政局之旁，購地鳩工，造成學堂一所，名曰自强學堂。分方言、格致、算學、商務四門，每門學生先以二十人爲率，湖北湖南兩省士人方准與考。方言學習泰西語言文字，爲馭外之要領；格致兼通化學、重學、電學、光學等事，爲衆學之入門；算學乃製造之根源；商務關富强之大計。每門延教習一人，分齋教授，令其由淺入深，循序漸進。不尚空談，務求實用，所需經費，暫就外籌之款，湊撥濟用，俟規模漸擴、成效漸著，再行籌定專款。奏明辦理，以爲經久至計。朱批：該衙門知道，欽此。

又卷五二《變通政治人才爲先導遵旨籌議折》［光緒二十七年五月二十七日］臣等謹參酌中外情形，酌擬今日設學堂辦法。擬令州縣設小學校及高等小學校，童子八歲以上入蒙學，習識字，正語音，讀蒙學歌訣諸書。除四書必讀外，五經可擇讀一二部。家塾義塾悉聽其便，由紳董自辦，官勸導而稽其數每年報聞上司可也。十二歲以上入小學校，習普通學，兼習五經，先講解後記誦，但解經書淺顯義理。兼看中外簡略地圖，學粗淺算法，至開立方止。學粗淺繪圖法，至畫出地面平形止。習中國歷代史事大略，本朝制度大略，習柔軟體操，三年而畢業，紳董司之，官考察之。十五歲以上入高等小學校，解經書較深之義，理學行文法，學爲策論、詞章。看中外詳細地圖，學較深算法，至代數幾何止。學較深繪圖法，至畫出地上平剖面、立剖面、水底平剖面止。習中國歷史大事，外國政治學術大略，習器具體操，兼習外國一國語言文字之較淺者。此學必設兵隊操場。三年而畢業，官司之，紳董佐之。畢業後本管府考之分數及格者，給予憑照，作爲附生送入府學校。分數欠者，留學府設中學校。十八歲高等小學校畢業取爲附生者，入中學校習普通學。其有監生世職職銜、願入普通學者，亦聽，但須酌損學費，與附生一律教課。其有營弁、營兵文理通暢，能解算法，繪圖考驗有據者亦准收入此學。温習經史、地理，仍兼習策論詞章，並習公牘書記、文字，學精深算法至弧三角【略】三年而畢業，學政考之，給予憑照，作爲廪生送入省城高等學校。省城應設高等學校，一區大省容二三百人，中小省容百餘人。屋舍不便者，分設兩三處亦可。但教法必須一律，非由中學校普通學畢業者不能收入。擬參酌東西學制分爲七專門【略】七工學，凡測算學、繪圖學、道路河渠、營壘製造、軍械火藥等，事皆屬焉。

又卷五七《籌定學堂規模次第興辦折》［光緒十六年］臣之洞於到湖北時，創建兩湖書院，經史之外，兼課輿地、算學、圖繪等門，旋復陸續添設自强、武備，將弁、農務、工藝各學堂，延聘東西洋教習，分課文武、實業各種有用之學，各書院學堂一律兼習體操、兵操。旋於光緒二十四年九月欽遵懿旨將兩湖、經心、江漢三書院，於經史外，均分課天文、輿地、算學、兵法四綱，門目遞增，規模略具。

清·孫詒讓《籀廎述林》卷五《瑞安新開學計館敘》 光緒乙未，東事甫定，中國賢士大夫始畫然有國威未振之懼，於是京都及南洋皆有强學書局之舉，而瑞安同人亦議於邑城卓忠毅公祠，開學計館，以教邑之子弟。皆以甄綜術藝，培養人材，導厥塗徹，以應時需，意甚盛也【略】學計館之開，專治算學以爲致用之本。

學制

綜論

清・張百熙等《奏定高等學堂章程》

立學總義章第一

第一節　設高等學堂，令普通中學堂畢業願求深造者入焉。以教大學豫備科爲宗旨，以各學皆有專長爲成效。每日功課六點鐘，三年畢業。

第二節　高等學堂定各省城設置一所。

第三節　高等學堂之規制，本應容學生五百人以上方爲合宜。但此時初辦，規模略小亦可，然總期能容二百人以上，以備人才日盛，容納多人。

第四節　高等學堂應令貼補學費，聽各省核計本省款項能否籌措，暨本學堂常年經費隨時酌定。

第五節　高等學堂應將每歲所教功課、所辦事務，及教員員數、辦事人數、學生入學及畢業人數，於年終散學後，稟報本省學務處轉稟督撫察核，并擇其要略，咨明學務大臣查考。

學科程度章第二

第一節　高等學堂學科分爲三類：第一類學科爲豫備入經學科、政法科、文學科、商科等大學者治之。第二類學科爲豫備入格致科大學、工科大學、農科大學者治之。第三類學科爲豫備入醫科大學者治之。

第二節　第一類之學科凡十科：一、人倫道德，二、經學大義，三、中國文學，四、外國語，五、歷史，六、地理，七、辨學，八、法學，九、理財學，十、體操。其有志入大學之經學、理學科者，可於第三年缺心理及辨學，而課算學、物理。

外國語惟英語必通習，德語或法語選一種習之。其有志入法科大學者，可加課蠟丁語，此爲隨意科目。

第三節　第二類之學科凡十一科：一、人倫道德，二、經學大義，三、中國文學，四、外國語，五、算學，六、物理，七、化學，八、地質，九、鑛物，十、圖畫，十一、體操。其有志入格致科大學之動物學門、植物學門、地質學門，并農科大學之各學門者，可加課動物及植物；其有志入工科大學之土木工學門、機器工學門、電氣工學門、採鑛及冶金學門、造船學門、建築學門，格致科大學之算學門、物理學門、星學門，農科大學之農學門、農藝化學門、林學門者，可加課測量。

外國語於英語外，聽其選德語或法語習之；惟有志入格致科大學之化學門，工科大學之電氣工學門、採鑛及冶金學門，農科大學之各學門者，必專選德語習之。又其有志入格致科大學之動物學門、植物學門、地質學門，農科大學之獸醫學門者，可加課蠟丁語；但此加課之蠟丁語爲隨意科目。

第四節　第三類之學科凡十一科：一、人倫道德，二、經學大義，三、中國文學，四、外國語，五、蠟丁語，六、算學，七、物理，八、化學，九、動物，十、植物，十一、體操。

外國語於德語外，選英語或法語習之。

第五節　各類學科學習年數，以三年爲限。

第六節　各學科程度及每星期授業時刻表。如左。

第一類學科

第一年

學科	程度	每星期鐘點
人倫道德	摘講宋、元、明、國朝諸儒學案，擇其切於身心日用而明顯簡要者。	一
經學大義	講《欽定詩義折中》《書經傳説彙纂》《周易折中》。	二
中國文學	練習各體文字。	五
兵學	外國軍制學	一
體操	普通體操　兵式體操	三
以上通習。		
英語	講讀、文法、繙譯、作文。	九
德語或法語	講讀、文法、繙譯、作文。	九
歷史	中國史	三
地理	政治地理	三
以上主課。		

合計　三十六

第二年

學科	程度	每星期鐘點
人倫道德	同前學年。	一
經學大義	講《欽定春秋傳説彙纂》。	二
中國文學	同前學年。	四
心理及辨學	心理學大意　辨學大意	二
兵學	戰術學大意	一
體操	普通體操　兵式體操	三
以上通習。		
英語	講讀、文法、繙譯、作文。	九
德語或法語	講讀、文法、繙譯、作文。	九
歷史	亞洲各國史	三
地理	政治地理	二
以上主課。		

合計　三十六

第三年

學科	程度	每星期鐘點
人倫道德	同前學年。	一
經學大義	講《欽定周禮義疏》《儀禮義疏》《禮記義疏》。	二
中國文學	同前學年，兼考究歷代文章流派。	四
兵學	各國戰史大要。	三
體操	普通體操　兵式體操	三
以上通習。		
英語	講讀、文法、繙譯、作文。	八
德語或法語	講讀、文法、繙譯、作文。	八
歷史	西洋各國史	三
法學	法學通論	二
理財學	理財學通論	二
以上主課。		

合計　三十六

右表中英語外，德語、法語二科聽學生選習一科。有志入中國經學門者，其第二年缺心理及辨學，第三年缺中國文學而加課物理、算學，其時刻表如左。

學科	第一年每星期鐘點	第二年每星期鐘點	第三年每星期鐘點
算學	〇	二	〇
物理	〇	〇	四

以英語入學，而有志選習政法科大學法律門之德國法、法國法，文科大學之德國文學門、法國文學門者，其外國語之授業時刻，應變更，表如左。

學科	第一年每星期鐘點	第二年每星期鐘點	第三年每星期鐘點
英語	四	四	四
德語或法語	十四	十四	十二

有志入政法科大學者，可加課隨意科目之蠟丁語，其授業時刻表如左。

學科	第一年每星期鐘點	第二年每星期鐘點	第三年每星期鐘點
蠟丁語	〇	〇	二

第二類學科

第一年

學科	程度	每星期鐘點
人倫道德	摘講宋、元、明、國朝諸儒學案。	一
經學大義	講《欽定詩義折中》《書經傳説彙纂》《周易折中》。	二
中國文學	練習各體文字。	三
兵學	外國軍制學	二
體操	普通體操　兵式體操	三
以上通習。		

英語	講讀、文法、繙譯、作文。	八
德語或法語	講讀、文法、繙譯、作文。	八
算學	代數　解析幾何	五
圖畫	用器畫　射影圖畫	四

以上主課。

合計　三十六

第二年

學科	程度	每星期鐘點
人倫道德	同前學年。	一
經學大義	講《欽定春秋傳説彙纂》。	二
中國文學	同前學年。	二
兵學	戰術學大意	一
體操	普通體操　兵式體操	三

以上通習。

英語	講讀、文法、繙譯、作文。	七
德語或法語	講讀、文法、繙譯、作文。	七
算學	解析幾何　三角	四
物理	力學　物性學　聲學　熱學	三
化學	化學總論　無機化學	三
圖畫	用器畫　射影圖法　陰影法　遠近法	三

以上主課。

合計　三十六

第三年

學科	程度	每星期鐘點
人倫道德	同前學年。	一
經學大義	講《欽定周禮義疏》《儀禮義疏》《禮記義疏》。	二
中國文學	同前學年，兼考究歷代文章名家流派。	三
兵學	各國戰史大要	二
體操	普通體操　兵式體操	二

以上通習。

英語	講讀、文法、繙譯、作文。	四
德語或法語	講讀、文法、繙譯、作文。	四
算學	微分積分	六
物理	光學　電氣學　磁氣學	三
化學	有機化學	五　講義三　實驗二
地質及鑛物	地質學大意　鑛物種類形狀及化驗	二
圖畫	用器畫　陰影法　遠近法　機器圖	二

以上主課。

合計　三十六

右表第三年之課程，其有志入格致科大學之動物學門、植物學門、地質學門，農科大學之農學門、農藝化學門、獸醫學門者，缺算學。有志入工科大學之土木工學門、機器工學門、造船學門、建築學門，格致科大學之算學門、物理學門、星學門者，缺化學之實驗。有志入格致科大學之各學門、農科大學之各學門者，缺圖畫。有志入農科大學之林學門者，缺英語。

又有志入格致科大學之動物學門、植物學門、地質學門，農科大學之各學門者，可加動物及植物。其授業時刻表如左。

學科	第一年每星期鐘點	第二年每星期鐘點	第三年每星期鐘點
動物及植物	○	○	四　動植物之種類及構造

又有志入工科大學之土木工學門、機器工學門、電氣工學門、採鑛及冶金學門、造船學門、建築學門，格致科大學之算學門、物理學門、星學門，農科大學之

農學門、農藝化學門、林學門者，可加課測量。其授業時刻表如左。

學科	第一年每星期鐘點	第二年每星期鐘點	第三年每星期鐘點
測量	○	○	三 平地測量、高低測量、製圖

又有志入格致科大學之動物學門、植物學門、地質學門，農科大學之獸醫學門者，可加課隨意科目之蠟丁文。其授業時刻表如左：

學科	第一年每星期鐘點	第二年每星期鐘點	第三年每星期鐘點
蠟丁語	○	○	二

第三類學科

第一年

學科	程度	每星期鐘點
人倫道德	摘講宋、元、明、國朝諸儒學案。	一
經學大義	講《欽定詩義折中》《書經傳説彙纂》《周易折中》。	二
中國文學	練習各體文字。	四
兵學	外國軍制學	二
體操	普通體操　兵式體操	三
以上通習。		
德語	講讀、文法、繙譯、作文。	十三
英語或法語	講讀、文法、繙譯、作文。	三
算學	代數　解析幾何	四
動物及植物	動物學　實驗	四
以上主課。		
合計　三十六		

第二年

學科	程度	每星期鐘點
人倫道德	同前學年。	一
經學大義	講《欽定春秋傳説彙纂》。	二
中國文學	同前學年。	二
兵學	戰術學大意	一
體操	普通體操　兵式體操	三
以上通習。		
德語	講讀、文法、繙譯、作文。	十三
英語或法語	講讀、文法、繙譯、作文。	三
算學	解析幾何　微分積分	二
物理	力學　物性學　聲學　熱學	三
化學	化學總論　無機化學	三
動物及植物	植物學　實驗	三
以上主課。		
合計　三十六		

第三年

學科	程度	每星期鐘點
人倫道德	同前學年。	一
經學大義	講《欽定周禮義疏》《儀禮義疏》《禮記義疏》。	二
中國文學	同前學年，兼考究歷代文章名家流派。	二
兵學	各國戰史大要	二
體操	普通體操　兵式體操	三
以上通習。		
德語	講讀、文法、繙譯、作文。	九
英語或法語	講讀、文法、繙譯、作文。	三
蠟丁語		二

物理	光學　電學　磁氣學	六	講義三 實驗三
化學	有機化學	六	講義三 實驗三

以上主課。

合計　三十六

以德語入學者，其外國語之授業時數表，應變更，如左。

學科	第一年每星期鐘點	第二年每星期鐘點	第三年每星期鐘點
德語	九	九	七
英語或法語	七	七	五

外國高等學堂均有倫理一科，其講授之書名《倫理學》。其書内亦有實踐人倫道德字樣，其宗旨亦是勉人爲善，而其解説倫理與中國不盡相同。中國學堂講此科者，必須指定一書，闡發此理，不能無所附麗，以致汎濫無歸。查列朝學案等書，乃理學諸儒之言論行實，皆是宗法孔孟，純粹謹嚴，講人倫道德者自以此書爲最善。惟止宜擇其切於身心日用，而其説理又明顯簡要、中正和平者，爲學生解説，兼講本書中諸儒本傳之躬行實事，以資模楷。若其中精深微渺者，可從緩講，俟入大學堂後，其願習理學專門者，自行研究。又或有議論過高，於古人動加訾議，以及各分門户互相攻駁者，可置不講。講授者尤當發明人倫道德爲各種學科根本，須臾不可離之故。

經學大義有二：一，全經之綱領；一，全經之會通。講説以簡明爲主，勿令學生苦其繁難。此堂所講諸經大義，應即用欽定八經講授，其説解皆正大精核，不流偏倚。講授者務擇其最要之大義，謹遵闡發，每經大義不過數十事，不必每篇全講。斷不可好新務奇，致啓駁雜支離之弊。惟經義奥博無涯，學堂晷刻有限，若欲博綜精研，可俟入大學專門後爲之。

第七節　各類豫備學科之程度，總以學生畢業後足入分科大學領解各學科之理法爲準。

第八節　各類學科之外國語，備將來進習專門學科之用，在各科中最爲緊要，故教授時刻較各學科增多。但徒增多時刻，尚不足收語學之實效，要在凡教各種科學，取合宜之西文參考書，使之熟習，并責成語學教員，考究最合用之教授法，使學生語言之學力易於增進。

又《奏定大學堂章程》

立學總義章第一

第一節　設大學堂，令高等學堂畢業者入焉，並於此學堂内設通儒院。外國名大學院，即設在大學堂内。令大學堂畢業者入焉，以謹遵諭旨，端正趨向，造就通才爲宗旨。大學堂以各項學術藝能之人才足供任用爲成效；通儒院以中國學術日有進步，能發明新理以著成書，能製造新器以利民用爲成效。大學堂講堂功課，每日時刻無一定，至少兩點鐘，至多四點鐘；通儒院生不上堂，不計時刻。大學堂視所習之科，分别或三年畢業，或四年畢業，通儒院五年畢業。

第二節　大學堂内設分科大學堂，爲教授各科學理法，俾將來可施諸實用之所；通儒院爲研究各科學精深義蘊，以備著書、製器之所。通儒院生但在齋舍研究，隨時請業請益，無講堂功課。

第三節　各分科大學之學習年數，均以三年爲限。惟政法科及醫科中之醫學門以四年爲限；通儒院以五年爲限。

第四節　大學堂分爲八科。

一、經學科大學，分十一門，各專一門，理學列爲經學之一門。
二、政法科大學，分二門，各專一門。
三、文學科大學，分九門，各專一門。
四、醫科大學，分二門，各專一門。
五、格致科大學，分六門，各專一門。
六、農科大學，分四門，各專一門。
七、工科大學，分九門，各專一門。
八、商科大學，分三門，各專一門。

日本國大學止文、法、醫、格致、農、工六門，其商學即以政法學科内之商法統之，不立專門。又文科大學内有漢學科，分經學專修、史學專修、文學專修三類。又有宗教學，附入文科大學之哲學科、國文學科、漢學科、史學科内。今中國特立經學一門，又特立商科一門，故爲八門，其學術統系圖附後。日本高等師範學堂講授參考者，亦參用《學海堂經解》，陸軍中央幼年學校以《資治通鑑》爲參考之書。近日妄人乃謂中國經學、史學爲陳腐不必講習者，謬也。

以上八科大學，在京師大學務須全設。若將來外省有設立大學者，可不必限定全設。惟至少須置三科，以符學制。

第五節　各分科大學，應令貼補學費，由本學堂核計常年經費，臨時酌定。

第六節　各分科大學，每學年可特選學生中之學術優深、品行端正者，稱之爲優待學生，免其學費，以示鼓勵。其選取優待學生，係憑每學年終考試之成績，由大學總監督及分科大學監督定之。

優待學生，若於其受優待之學年内，有品行不良、學業懈怠，或身罹疾病無成業之望者，即除其名。

第七節　泰西各國國内大學甚多。日本亦有東京、西京二大學，現尚欲增設東北、西南二大學，籌議未定。此外尚有以一人之力設立大學者，以故人才衆多，國勢强盛。中國地大民殷，照東西各國例，非各省設立大學不可。今先就京師設立大學一所，以爲之倡，俟將來各學大興，即擇繁盛重要省分增設，並以漸推及於各省。

各分科大學科目章第二

第一節　經學科大學理學附。

經學分十一門：一、周易學門，二、尚書學門，三、毛詩學門，四、春秋左傳學門，五、春秋三傳學門，六、周禮學門，七、儀禮學門，八、禮記學門，九、論語學門，十、孟子學門。願兼習一兩經者，聽。十一、理學門。【略】

第五節　格致科大學

格致科大學分六門：一、算學門，二、星學門，三、物理學門，四、化學門，五、動植物學門，六、地質學門。今依次列各門科目如下。

算學門科目

主課	第一年每星期鐘點	第二年每星期鐘點	第三年每星期鐘點
微分積分	六	○	○
幾何學	四	二	二
代數學	二	○	○
算學演習	不定	不定	不定
力學	○	三	三
函數論	○	三	三
部分微分方程式論	○	四	○
代數學及整數論	二	四	四
補助課			
理論物理學初步	三	○	○
理論物理學演習	不定	○	○
物理學實驗	○	不定	○
合計	十七	十六	十二

第三年末畢業時，呈出畢業課藝及自著論説。

以上各科目，講堂鐘點最少，惟實驗及演習鐘點不能預定，以實有所得而止。以外應以球函數、高等數學雜論、數學研究爲隨意科目。

以上各科書籍，外國皆月異而歲不同。大概算學之書愈新出者愈簡，宜擇譯善本講授。

課程

綜論

清·《同文館題名録》　課程表

由洋文而及諸學共須八年。館中肄習洋文四種，即英、法、俄、德四國文字也。其習英文者，能藉之以及諸課，而始終無阻。其餘三國文字，雖熟習之，間須藉漢文以及算格諸學。

首年	認字寫字	淺解辭句	講解淺書
二年	講解淺書	練習句法	繙譯條子
三年	講各國地圖	讀各國史略	翻譯選編

四年

數理啓蒙　代數學　翻譯公文

五年

講求格物　幾何原本　平三角　弧三角　練習譯書

六年

講求機器　微分積分　航海測算　練習譯書

七年

講求化學　天文測算　萬國公法　練習譯書

八年

天文測算　地理金石　富國策　練習譯書

以上課程，惟漢文熟諳、資質聰慧者可期成就，否則年數雖加，亦難望有成。至西語則當始終勤習，無或間斷；而天文、化學、測地諸學，欲精其藝者，必分途而力求之；或一年，或數年，不可限定；此其大綱。至于細目，仍宜與各館教習隨時體察，酌量變通可也。

其年齒稍長，無暇肄及洋文，僅藉譯本而求諸學者，共須五年。

首年

數理啓蒙　九章算法　代數學

二年

學四元解　幾何原本　平三角　弧三角

三年

格物入門　兼講化學　重學測算

四年

微分積分　航海測算　天文測算　講求機器

五年

萬國公法　富國策　天文測算　地理金石

至漢文經學，原當始終不已，故于課程并未另列。向來初學者每日專以半日用功于漢文，其稍進者亦皆隨時練習作文；至于醫學未列課程者，蓋非諸生必由之徑，或隨時涉于體骨等論，以廣學識，或俟堂憲諭令而專習之皆可。

堂諭附

總教習會同各館教習，前擬課程表一紙，呈堂批閱。茲遇整頓館務，著將課程表翻譯洋文，以漢洋合璧刷印三百本，交與館生各執一本，俾知趨向。

光緒二年　月　日特諭

《清會典》卷一〇〇　記京師同文館各科課程內容

凡算學，以加減乘除爲入門。有筆算，有籌算，皆以定位爲準。加減乘除，均有帶分，故須用通分法。次九章，方田、粟米、衰分、商功、均輸、盈朒、方程、少廣、句股，爲九章。內惟少廣、句股義最深，用亦最繁。堆垜爲少廣之一支，自一乘垜以至諸乘垜。次八綫，正弦、餘弦、正切、餘切、正矢、餘矢、正割、餘割，謂之八綫。次則測量，度之可以取直角者，曰句股測量，其不能取直角者，曰三角測量。三角有邊角比例，兩邊夾一角，三邊求角諸法。次則中法之四元術，西法之代數術。四元數，上下左右，別以位次。代數乘方正負，分以記號，其相消開方法則同，二者皆以已知數求未知數，是謂造法之法。四元代數既明，以之御九章及九章以外各題，因題立法，無不如志。又有正弧三角，用邊角比例，及次形次斜弧三角。其有相對邊角者，用邊角比例。其無相對邊角者，用垂弧或用次形三角。求邊用次形或用求半邊正弦自乘方法。三邊求角，用總較法或用開平方得半角正弦法。兩弧夾一角，用矢較法或用半外角正切法。至求南北直綫、北極高度地半徑差、黃赤距緯清蒙氣差、時差、朦影、刻分晝夜永短、節氣時刻、日月視徑、實徑、日月距地地影半徑、太陽食限、日食三限時刻、日食三差、太陽太陰高弧東西南北差、日食甚用時真時、初虧復圓用時真時、日食分秒方位、五星衝伏留退、恒星經緯度、中星時刻、日躔月離、太陰入交月數、太陰食限、太陰食分初虧復圓食既生光時刻，皆有專法。然後講求重學，以明演放礮位，駕駛舟車，一切營建製造之法，以至《代微積拾級》諸算之精密焉。

清・《湘鄉東山精舍章程稾[附章程]》

[章程]一入舍肄業者，算學爲先。目前經費不敷，只能先聘算學山長。蓋三角、八綫、幾何、代數實爲西學根本，不獨製造須采源於算術也。將來經費既足，可爲推廣，如格致、商務、方言皆各有專門，專而可精益求精。但中西當會其通，諸生與四書、五經宜仍專一經，以爲根柢，矯除章句小儒之習，庶幾蔚爲成經濟有用之材。

一河圖寓加減之源，洛書肇乘除之祖，《周髀》九數，疇人命官，唐制六科，明算取士，所從來久矣。國朝《欽定數理精蘊》《儀象考成》諸書，尤爲萬世算學之準繩。故定制於國子監，額設算學肄業生，滿漢蒙各若干人，分年教授，比年各省提學亦加試算學，是算法固人人所童而習之者也。而俗人或目算學爲西學，又謂習算法爲效法西人，孤陋寡聞，貽譏大雅，願有志者，毋固毋必，博學審問，講明其理而切究之。

一算學當循序精進。初學一年幾何、代數、平三角、少廣；第二年則習曲線、微分、積分；第三年則習弧三角及微積分之深義，立體之幾何。一學算法代數者，先學乘除加減四小數，及命分立方諸學之變既精，乃討論對數表之用，算尺之法，及代數第一級之理。一學勾股者，先學劃直線及各種角於地，並按驗直線及各種角命度與否之法既精，及學三角形、多角形與勾分直線爲數段之法，遂及比例線諸平方線，各種立方質之理，參究泰西各勾股便捷之法。一學勾股畫法者，諸生當於逐日所談論畫法之圖匯成一帙。其所討論則爲影立體諸行，於直平二向並來其本質之尺寸等事。

清・盛宣懷《皇朝經世文新編》卷五上《學校・擬設天津中西學堂章程稟》

職道之愚，當趕緊設立頭等、二等學堂各一所，爲繼起者規式。惟二等學堂功課，必須四年，方能入頭等學堂。頭等學堂功課，必須四年，方能造入專門之學。

頭等學堂功課，歷年課程分四次第：第一年，幾何、三角勾股學、格物學、筆繪圖、各國史鑒、作英文論、翻譯英文。第二年，駕駛並量地法、重學、微分學、格物學、化學、筆繪圖並機器繪圖、作英文論、翻譯英文。第三年，天文工程初學、化學、花草學、筆繪圖並機器繪圖、作英文論、翻譯英文。第四年，金石學、地學、考究禽獸學、萬國公法、理財富國學、作英文論、翻譯英文字。

二等學堂功課，歷年課程分四次第：第一年，英文初學淺言、英文功課書、英文拼法、朗誦書課、數學。第二年，英文文法、英文字拼習、朗誦書課、英文尺牘、翻譯英文、數學並量法啓蒙。第三年，英文講解文法、各國史鑒、地輿學、英文官商尺牘、翻譯英文、代數學。第四年，各國史鑒、坡録伯斯第一年、格物書、英文尺牘、翻譯英文、平面量地法。

清・梁啓超《飲冰室合集集外文》上册《時務學堂功課詳細章程》

［光緒二十七年］第一節，本學堂所廣之學，分爲兩種：一曰溥通學，二曰專門學。溥通學，凡學生人人皆當通習；專門學，每人各占一門。第二節，溥通學之條目有四：一曰經學，二曰朱子學，三曰公理學［此種學大約原本《聖經》，參合算理公法格物諸學而成，中國尚未有此學，其詳別見］，四曰中外史志及格算諸學之粗淺者。第三節，專門學之條目有三：一曰公法學［憲法民律之類爲内公法，交涉公法約章旨類爲外公法］，二曰掌故學，三曰格算學【略】第一年讀書分月課程表：第七月格算門：《格物質學》，此爲言格致總學最新而最明白之書；《學算筆譚》《筆算數學》，以上學算淺顯易入之書。【略】第八月格算門：《幾何原本》《形學備旨》，二書宜參互讀；《代數術》《代數備旨》，二書宜參互讀【略】第九月格算門：《幾何原本》《形學備旨》《代數術》《代數備旨》《地學淺釋》《地指學》【略】第十月格算門：《幾何原本》《形學備旨》《代數術》《代數備旨》《地學淺釋》《化學鑒原》【略】第十一月格算門：《幾何原本》《形學備旨》《代數術》《代數難題》《化學鑒原續編》《化學分原》【略】第十二月格算門：《幾本》《代數難題》《代微積拾級》《微積溯源》《化學鑒原續編補編》。

課藝分部

題解

［美］丁韙良《京師同文館算學課藝序》 西方算術本出希臘，方言謂之瑪底瑪底克，譯即致知之義，由已知而推及未知，舉一可以反三也。《聖經》云致知在格物，是西東所論如出一轍。蓋格物爲算學之用，而算學爲格物之本，故學算而不及格物，則虚薄而無憑。格物而不藉算學，則淺嘗而不入。譬諸鑿井者，其器不利僅得石罅之細流，利則通泉脈而達重淵，器之爲用大矣哉。泰西格致之學日興者無他，亦祗善用古人之器而已。顧當時創術者不過慕其理之真切，初未料爲用如是之廣甚，有謂算術爲五行外別創世界騖於高論，而不屑用於俗事。殊不知算學之窔奧，正寓於事物之尋常。雖匠氏之規矩、準繩猶不及也。希臘地處偏隅，舟楫未出大洋，今航海者本其測算之術，履險如夷，在希人不過研究弧角之理，又何嘗思及通商海外乎。是知實學原無求效之心，而利益自在其中矣。近代攻格致諸學者，知算學利國便民，於古人所遺法度推廣，以闡其微，則是別創世界之中，著開疆拓土之功，不啻以遠鏡窺天而覺天高於古，以輪艘渡海而覺地廣於古也。觀夫以代數用於幾何、句股、各種曲綫，以微積用於各面、各體，游刃於虚，勢如破竹。不但格致製器等學標新領異，即算學亦極深研幾。好事者設會共相策勵，月刊算報以傳播難題妙法，其用心洵可嘉矣。夫厤象之學興於東土最早，後世於

唐虞遺術未能廣爲傳授，則良法美意幾於澌滅。蓋所貴者，器象名物之微，而非博大精深之旨也。皇朝遠承堯舜，政重璣衡，使數千年之厤學絶而復續，豈不懿歟。溯自康熙年間，重修厤法，較古最爲精密。迨同治初年，於同文館内分設專館，以攻厤算、格致諸學，殆深知富强之道寓於此焉。開館以來十有餘載，兹由副教習席淦、貴榮等將所積試卷選輯四帙，顔曰：《算學課藝》。凡天文、地理、火器、測量均爲切實之要端，閲者於諸生造詣亦可畧見一斑。是皆李壬叔先生教授之力也。嗚呼，合中西之各術，紹古聖之心傳，使算學復興於世者，非壬叔吾誰與歸。將來果能開厤算之科以取士，定見奇才輩出，而天下儒林亦莫不肄業及之，則防海禦邊諸策皆不期而自備矣。光緒六年歲在庚辰三月美國惪三丁韙良序。

清・賈步緯《廣方言館算學堂課藝序》　廣方言館之設，由來舊矣。英法語言文字外，兼以算學課諸生。辛卯秋添設一門曰天文。余以繙譯忝充教習，謂推步測量必先通曉幾何、對數諸術者，裁成較易。爰於算學生徒中擇得數人，近郡朱生祖樑、龔生傑、湘省李生鴻杭，皆從余受業之三子者，澄心渺慮，能探奥窔。近以其師沈君所輯算學諸生課藝質余。余閲竟謂之曰：自島夷環伺以來，當世士夫羣起而講自强之道，節取西法，創造各種新式器械，精益求精，不遺餘力。俊傑識時務諸君子，誠有焉然。而事貴圖其要，尤貴探其原。西人所謂化學、光學、電學、格致學、製造學，非算無以明其理，即無以致其用。算學之於今日不綦重乎？諸生在館有年，學有師承，是卷胥能發明題藴，曲暢旁通，洵可公之同好，以爲習疇人業者入門之一助。言未既監院禹君適至告以意，亦以余言爲然，因相與贊成其事付諸手民。爲序數語於簡端時。

光緒柔兆涒灘之歲日躔實沈初度南匯賈步緯識。

清・汪一麟《上虞算學堂課藝序》　班生有言，安其所習，毁所不見，終以自蔽。此學者之大患也。而講求術藝，培養人材，以儲國家之用，則亦爲有司者之責。一麟戊戌秋，攝篆上虞，適當八月政變，士皆諱言新學，復敝精神於無用之文。顧念時局艱危，需材孔亟，不於此儲材興學，豫待時需，而使士皆閉塞，民智未開，心竊不安。邑有王孝廉寄廎、徐孝廉焕庭者，創算學館於經正書院，選生徒數十人，延剡溪支先生爲教習，用以精求數理，蔚成有用之才，與一麟私心，深相契合，遂捐廉首創，從臾其成，自己亥解任，與彼都人士，别三年矣。比得二孝廉書，索序所刻諸生課藝文。竊念數雖六藝之一，而有益實用，勝於八股詩賦多多，小之治生理財，足以自殖身家。大之步天測地制器治兵，足以力圖富强。一麟於此道素未究心，惜不能論定諸生學力，所造何如藉以見支先生善誘苦心，而既出以問世，其運思之新穎，用法之巧捷，想知算者必能辨之，無俟予之贅辭也夫。

光緒二十七年十二月賜進士出身，知安吉縣事前署上虞縣知縣汪一麟叙。

清・蔡元培《上虞算學堂課藝序》　凡學術有普通，有專門，所志不同，而教科即隨之以異。以算學言之，普通者抽理以鍊心，演法以應用，爲人人所當習，而無取乎博深。教者務以一定之理，至新至捷之法授之而已。專門者，學説無新舊，術式無煩簡，苟有所長，咸不得而抹之，而又不得以論定之理，新譯之法爲已足，務進而益上，理無窮，法無窮，而學即與之爲無窮，非教者所能究竟，無亦導門徑，決然否，以激衝其内動力而已。吾鄉支雯甫先生，以專門算學名。歲戊戌，同歲生王君寄廎，設算學館於上虞，集生徒數十人，延先生而教授焉。先生於初學者外，不屑屑日授課本書。惟使博覽成説，質問新義，間四日則出問題試之，而爲之評定其得失，務以養其自助之精神，引其獨闢之思想，洵乎得專門教授法者，既三年，高材生卒業者若而人。先生爰選其答問之作，繕寫付刻以行世。當世算學家觀其問答間標新領異之趣，而先生之循循善誘，亦足以窺見一斑矣。

光緒二十七年十二月山陰蔡元培叙。

清・支寶枏《上虞算學堂課藝・序》　學算之道無他，演數、闡理、用法三者盡之矣。數不外加減乘除開方，理不外幾何動静諸學，法不外元代微積諸術。顧法綜萬變，非明理無以會其通，理尚懸虚，非設數無以證諸實，數至繁雜，非立法無以挈其綱，神明乎數理法之用，而後可執簡以馭繁，因難以見巧，推陳以出新。余習算廿餘年，素不喜落書中窠臼。今以課徒，尤持此見，每撰一題，必使之因題審理，由理定法，題既增新，法難泥舊，而演數之簡捷，則又在隨機應變，非指示所能徧及者。噫！丁酉歲莫，辭兩湖書院講席。歸來，戊戌冬閒，由蒯禮卿觀察娉主江南高等學堂，甫經數月，多所造就，旋即裁去，重主是席，忽忽又二年矣。幸諸生日新月異，相與有成。余亦舉生平所得者，略發諸題以問世。適王君寄廎、徐君焕庭，請刻課藝，爰取歷課算稾，擇其自出心裁，足以發人巧思者，依次編列百餘題，付諸手民，以爲學算者他山之助。時光緒辛丑孟冬嵊縣支寶枬序於經正書院之北窗下。

清・崔朝慶《江南高等學堂算學課藝・序》 科舉時代各省之書院，以制藝、詞章校士，主講者常有課藝之刻。自奉明詔永停科舉，令講求科學，此事遂浸衰歇，甯垣鍾山講舍改爲江南高等學堂。吾師繆藝風先生總持教務。朝慶與東臺楊冷仙、丹徒支樹屏、靖江范簡甫，同掌數學一科，自癸至丙，計已四歷寒暑。講授之暇，甄録月試之卷，擇尤彙存，裒然成帙，請於藝風師付之棗梨，并附擬稿一二爲算學課藝。蓋即算學試驗之作也。昔金匱華中書若汀所譯之《代數難題》，其末附載英國岡布理智書院算學考題，逐題皆具解式，亦有教員自作之篇。近時，日本之教科書中，往往有各學校之算學試驗問題解式。是東西洋文明之國，皆有此種編輯課藝。之中可以覘生徒之造詣，而教員之能勝任與否，亦寓乎其間。江南爲人文薈萃之區，而高等學堂乃兩省翹材肄習之校。朝慶忝主此席，心餘力絀，覽是編者可以知區區之所以教已。

光緒丙午秋九月静海崔朝慶識。

綜論

清・席淦　貴榮等《京師同文館算學課藝》卷二

今有圓球三十五箇于平面上壘成三角垛球徑皆一尺。求垛之頂點距平面若干。　朱格仁

答曰：四尺二寸六分强。

法曰：四因球徑，自之與倍球徑自乘之數相減，開方，得數三歸二因，自之與四因球徑自乘之數相減，開方，得數加球徑，即得問數。

解曰：三十五球之三角垛，凡五層自最上一層，球心與最下一層臨邊三球心作六線，成六等邊形。以一邊爲弦，半邊爲句，求得股，爲每一邊之中垂線。又取其三分之二爲句，一邊爲弦，求得股爲六邊形。自尖至底中心之立垂線，即最上一層球心至最下一層球心之直高，故加入上下二半徑，即得垛之頂點距平面之高。

今有果子三百六十四枚，欲以三角垛堆之。求層數若干。　杜法孟

答曰：十二層。

天元草：立天元一爲高于上　【略】又代數式　層數＝天【略】　六積＝$天^{三}$丄三$天^{二}$丄二天　【略】

今有奇層圓果垛一所，截去上若干層僅存五層，共積四百六十二枚。求原層若干。　汪鳳藻

答曰：十三層。

原層數＝天　【略】相消得　三〇$天^{二}$丅一二〇天＝三五一〇　【略】

今有四角垛果子一所，共直錢一千三百六十五文，只云最下層每枚直一文，其上逐層每枚遞貴二文，求層數若干。　汪鳳藻

答曰：九層。

層數＝天【略】　二$天^{四}$丄八$天^{三}$丄一〇$天^{二}$丄四天丅四$天^{三}$丅六$天^{二}$丅二天＝一六三八〇

今有一與七連比例垛，只云底積一萬六千八百〇七，求全積若干。此類垛之公式若何。　楊兆鋆

答曰：一萬九千六百〇八。

【略】　公式＝$\frac{(底積丅一)次率}{次率丅首率}$丄一＝$\frac{一六八〇六\times七}{六}$丄一＝一九六〇八

今有方尺之石塊依立方垛之，最下之方邊十四尺。求石塊若干。　王宗福

答曰：一萬一千零二十五塊。

二乘方垛有方一，廉四，隅一。方以層數爲高，廉以層數減一爲高，隅以層數減二爲高。各以三角三乘垛求積術入之。【略】　方積丄四廉積丄隅積＝所求塊數＝一一〇二五

今有連比例若五與三，首率爲十，限數幾何。又有正負相間連比例若三與一，首率爲八，限數幾何。　汪鳳藻

答曰：前首率二分之五爲限數二三一，後首率三分之二爲限數九分之八丄。

如圖，甲乙爲首率，乙丙爲二率，甲丁爲限數。設乙丙爲首率，則乙丁爲限數，甲乙與乙丙比若甲丁與乙丁比。甲乙與乙丙若五與三，則甲丁與乙丁亦若五與三。甲丁、乙丁之較，爲甲乙。乙丁與甲乙若三與二，甲乙爲十，則乙丁爲十五，甲丁爲二十五，即爲首率二分之五。合問。

又如圖，呷吃爲首率，呷呐爲二率，叱呐爲三率，㖗吃爲限數。呷吃與㖗吃若叱呐與㖗呐。叱呐爲呷吃九分之一，則㖗呐亦必爲㖗吃九分之一，即顯呷吃首率三分之二，叱呐必爲㖗吃限數九分之八。首率爲八，則限數爲六。合問。

瓜豆同日發芽生蔓。瓜蔓初日長一尺六寸，以後每日所長遞減半。豆蔓初日長一寸，以後每日所長遞加半。二蔓第幾日相等。　　蔡錫勇

答曰：五日。

解曰：此即連比例率數，瓜蔓初日所長爲末率，豆蔓初日所長爲首率，得若干率數，即二蔓相等日數。以代數明之。【略】

今有物不知數，欲勻分爲五，則多一數。欲勻分爲七，則多六數。欲勻分爲三，則多二數。求原數若干。　　汪鳳藻

答曰：原數四一。

法：先求兼數，所多之數同爲兼數。則相乘爲一行。如本題無兼數，則皆用本數依次列之。如甲、乙、丙諸數爲衍法，衍法相疊乘，得數爲衍總。以衍法各除衍總，得各數，爲衍泛。以衍法各度衍泛，不盡各數爲衍奇。衍奇遞加而列之，滿衍法去之，餘仍列之，與題中本奇數相等而止，爲衍衰。視有幾衰，以乘衍泛，爲衍定，并衍定爲原泛，以衍總遞次減之，即得原數。其算式【略】

今有上物三值五，中物五值七，下物七值三，共物百共值百。求三物各若干。　　席　淦

答曰：上三，中五五，下四二。

$一上丄一中丄一下=共物=一〇〇 \quad \frac{三}{五上}丄\frac{五}{七中}丄\frac{七}{三下}=共值=一〇〇$

【略】

考中之等數，知甲必爲九可約之數。如以甲爲三六，則負數大于二五〇，不能減。設爲一八，則中數大于一百，故知必爲二七，而得中數爲五五。九下等十四，甲則下爲四二，而上必爲三，中每減五六，故知有一答。

今有大物一值五，中物一值四，小物二值一，共物百共錢百。求三物各若干。　　徐廣中

答曰：一答大八，中四，小八八。一答大一，中一三，小八六。

【略】

考中之等式，甲若爲四〇，中即爲四〇，其價逾百，不合。若甲爲五〇，則不能減，故知甲必在四〇、五〇之間。若甲爲四二，則中數又大，設爲四四，則九甲又大於四〇〇，故知必爲四三、四四，而有二答。

又　卷四　城根有河，不知其闊。由城樓頂引繩至河之外岸，繩長一百九十五尺，樓高一百六十九尺。求河寬若干。　　廷　俊

答曰：九十七尺强。

$河寬=天 \quad 繩長^{二}丅樓高^{二}=天^{二}$

清・席淦　貴榮《京師同文館算學課藝》卷四

有甲乙丙三物，俱不知價。但云甲價加四十文，開平方，得乙價。乙價加十八文，開平方，得丙價。丙價加七十六文，開平方，得甲價。試求三價各若干。　　長　秀

答曰：甲九，乙七，丙五。

$乙=天 \quad 天^{二}丅四〇=甲 \quad (天^{二}丅四〇)^{二}丅七六=丙 \quad 天^{四}丄一六〇〇丅八〇天^{二}丅七六=丙$ 【略】

求得乙七，自之，減四十，得甲九。甲自之，減七十六，得丙五。

有甲乙二物，俱不知價。但云甲價之立方三倍等於乙價之平方，而乙價之立方等於甲價之平方八十一倍。求甲乙價各若干。　　王文秀

答曰：甲三，乙九。

天地二元細草：立天元一爲甲價，立地元一爲乙價。【略】

今有甲乙二數，不知多少。但知甲之三乘方根等於乙。甲乙二數相乘，倍之等於四倍乙之自乘數。求甲乙數各若干。　　賡　善

答曰：甲十六，乙二。

$乙=天 \quad 天^{四}=甲 \quad 二(天^{四})天=(四天)^{二} \quad 二天^{五}=一六天^{二}$ 【略】

今有甲乙丙三人合本營商，共銀二千兩。一年後甲分夥抽出銀本利共三百六十兩。二年後乙分夥抽出銀本利共九百八十兩。三年後丙獨得本利銀共一千六百兩。求三人原本各若干，每年得息幾分。　　杜法孟

答曰：每年息二分，甲本三百兩，乙本七百兩，丙本一千兩。

$二九四〇=共本利 \quad 九四〇=共利 \quad 利率=天 \quad 本率=一〇$ 【略】

求得利率二與本率一〇，相加得一二爲法。以利率乘甲抽出銀爲實。以法除之，得六〇爲甲利，以減三六〇，餘三百兩爲甲本。次倍利率，加本率，得一四爲法。倍利率乘乙抽出銀爲實。以法除之，得乙利二百八十兩，以減乙抽出銀九八〇，餘七百兩爲乙本。又三倍利率加本率，得一六爲法。三倍利率乘丙獨得銀爲實。以法除之，得六百兩爲丙利。以減丙獨得銀餘一千兩爲丙本。

又式求甲本【略】

今有甲乙丙三人合夥得利三百六十兩。甲本比乙本如二與三比，丙本如二與五。求各人應得利若干。　　貴　榮

答曰：甲利七十二兩，乙利一百零八兩，丙利一百八十兩。

甲利＝天　$\frac{\text{二}}{\text{三天}}$＝乙利　$\frac{\text{二}}{\text{五天}}$＝丙利　甲利丄乙利丄丙利＝共利　【略】

今有人贖質物，本利共錢九千八百五十文。只云利錢平方開之，得數以加本錢，共五千六百九十文。又開方數爲日數一百二十五分之十三。求本利及日數每千文月利若干。每月三十日，不用小建。　　王文灝

答曰：本五千六百二十五文，利四千二百二十五文，日數六百二十五日。

本＝天（五六九〇丅天）^{二}＝利　（五六九〇丅天）^{二}丄天＝九八五〇　【略】

今有人賭錢，失本四分之一，復得三兩，旋失三分之一，又得二兩，終於失七分之一，僅剩十二兩，求本銀若干。　　王文灝

答曰：二十兩。

本銀＝天　$\frac{\text{四}}{\text{三天}}$丄三＝初次餘銀　$\frac{\text{四}}{\text{三天丄一二}}$＝初次餘銀

$\frac{\text{三}}{\text{二(初次餘銀)}}$丄二＝二次餘銀　$\frac{\text{一二}}{\text{六天丄二四}}$丄$\frac{\text{三}}{\text{六}}$＝二次餘銀　【略】

今有富翁有銀九萬分，與四兒多寡不同，但云大兒之銀以二除之，二兒之銀減二千，三兒之銀加二千，四兒之銀以二乘之，則皆等，求四兒銀各若干。　　塔克什訥

答曰：大兒四萬，二兒二萬二千，三兒一萬八千，四兒一萬。

等銀＝天　二天＝大兒銀　天丄二〇〇〇＝二兒銀　天丅二〇〇〇＝三兒銀　$\frac{\text{二}}{\text{天}}$＝四兒銀　【略】

今欲造正方臺三座。甲臺之邊多於乙臺邊七尺，乙臺之邊多於丙臺邊五尺。定造磚見方五寸，共十二萬一百八十四枚。求三臺各高若干。　　貴　榮

答曰：甲臺高二丈二尺，乙臺高一丈五尺，丙臺高一丈。

甲臺高磚數＝天＝甲臺邊　天丅一四＝乙臺高磚數＝乙臺邊　天丅一四丅一〇＝丙臺高磚數＝丙臺邊　甲臺高磚數^{三}丄乙臺高磚數^{三}丄丙臺高磚數^{三}＝共磚　【略】

開方得四四，折半，得二丈二尺爲甲臺高。減七尺，得一丈五尺爲乙臺高。又減五尺，得一丈爲丙臺高。

今有平臺，但知高與長闊三邊之比如三四五之比。三邊之和以一百八十乘之，恰得平臺之立方積數。求邊各若干。　　李逢春

答曰：高十八，長二十四，闊三十。

三邊和＝天　$\frac{\text{三}}{\text{一二天}}$＝高　$\frac{\text{四}}{\text{一二天}}$＝長　$\frac{\text{五}}{\text{一二天}}$＝闊　【略】

開平方得七十二，即三邊之和。乃以三四五相加，得十二爲一率，三爲二率，七十二爲三率，求得四率十八，即高。以十二爲一率，四爲二率，七十二爲三率，求得四率二十四，即長。以十二爲一率，五爲二率，七十二爲三率，求得四率三十，即闊。

欲造一土臺，上廣二丈，長三丈，下廣二丈三尺，長三丈五尺，高一丈八尺。每日每人程工八立尺，用匠七十二人。幾日畢工。　　沈　鐸

答曰：二十一日又八分日之七。

法：以上長三丈倍之，得六丈，加下長三丈五尺，共九丈五尺。以上廣二丈乘之，得一九〇〇尺。另倍下長，得七丈，加上長三丈，共得十丈。以下廣二丈三尺乘之，得二三〇〇尺，以兩數相併，得四二〇〇尺。以一丈八尺乘之，得七五六〇〇尺。以六除之，得一二六〇〇爲實。以七十二人乘每日每人程工八立尺，得五七六爲法。除之，得二十一日又八分日之七。

今有塔係石磚木造成，全高三分之一爲石，四分之一爲磚，六分之一爲木，但知瓦頂三丈六，求塔高若干。　　彦　慧

答曰：十四丈四尺。

塔高＝天　$\frac{三}{天}$丄$\frac{四}{天}$丄$\frac{六}{天}$丄三六＝天　【略】

法：以三分之一展爲六分之二，加六分之一，得六分之三，收爲四分之二，加四分之一，得四分之三，爲石磚木之高，則瓦頂三丈六自必爲四分之一。以四倍三丈六，得十四丈四尺，即塔高。

今有長方營盤，南北一百八十丈，東西一百二十丈，四面濠溝與營盤同積。求濠溝寬若干。　聯　芳

答曰：三十丈。

濠寬＝天　二天丄營南北邊＝濠南北邊　二天丄營東西邊＝濠東西邊　【略】

今有尖錐形圓塔，墻上下厚薄相等，高四丈六尺，墻外底周五丈二尺，墻內底周四丈二尺，試推其塔磚料立方尺寸若干。　貴　榮

答曰：一千四百五十四立方尺。

法：先求得外周圓積，以高乘之，以三除之，得大尖錐體積。次求得內周圓積，再求得次高，以乘之，以三除之，得小尖錐體積。兩積相減，得所求。【略】

求得四率，以高四六乘之，得九二四六，以三除之，得三〇八二，爲大尖錐體積。【略】

次求次高。【略】

求得四率高三七，以乘圓積一三二，得四八八四，以三除之，得一六二八，爲小尖錐體積。兩錐體相減，餘一四五四，即磚料一千四百五十四立方尺。

某火藥局藏硝炭磺，不知各若干斤，亦不知共若干斤。但云於其共重之半，加二千五百斤爲硝，於其共重之四分之一，減一千斤爲炭，於其共重十分之二，減一千斤爲磺。試推共重若干斤。　朱格仁

答曰：一萬斤。

天＝共重　$\frac{二}{天}$丄二五〇〇＝硝　$\frac{四}{天}$丅一〇〇〇＝炭　$\frac{一〇}{二天}$丅一〇〇〇＝磺　【略】

製球形炸礮，徑一尺二寸，厚三寸。求需鐵若干。　李逢春

答曰：五千三百零三兩三錢强。

先求大球積，【略】［得］九〇四又七七八六八三三〇〇。

次求小球積，【略】［得］一二三又〇八七三三五四〇〇。

既得大小二球，相減餘七九一六九一三四七九〇〇，以方寸鐵重六兩七錢乘之，得五千三百零三兩三錢强，即所求。

今有馬二匹，鞍一副，值銀二十兩，加於此馬，則與彼馬價等，加於彼馬則與此馬價相倍，求馬價各若干。　貴　榮

答曰：此馬價值四十兩，彼馬價值六十兩。

此馬＝天　二〇丄天＝彼馬　【略】以法除實，得四〇，即此馬價，加二〇，得六〇，即彼馬價。

有某問漁者得魚若干，對曰以魚數自乘，加十三，開平方，以十二乘之，以四減之，其數爲八十。試推魚數。　辛澤賢

答曰：六魚。

魚數＝天　一二$\sqrt{天^{二}丄一三}$丅四＝八〇　【略】

大小月每十九年循環，共二百三十五，計日六千九百四十。求大小月各若干。　熊方栢

答曰：大月一百二十五，小月一百一十。

法：以二百三十五用月小之二十九日乘之，得六千八百一十五日，以減六千九百四十，餘一百二十五，即大月數。以大月數減二百三十五，餘一百一十，即小月數。更以一百二十五用三十日乘之，得三千七百五十，以一百一十用二十九日乘之，得三千一百九十，併之恰得六千九百四十。合問。

今有錢不知數，欲勻分于若干人。每人十二文，多十二文。每人十四文，少十四文。求人數，錢數各若干。　博勒洪武

答曰：人數十三，錢數一百六十八。

法：以天代錢數，以地代人數，得方程式。　一二地＝天丅一二㊀　一四地＝天丄一四㊀　【略】

今有賣柑者云：我果共值錢一萬六千四百六十四文，每果值錢倍於筐數，每筐盛果三倍於筐數。求筐果各若干。　王鎮賢

答曰：筐十四隻，果五百八十八枚。

筐數＝天　二天＝每果值　三天＝每筐盛果　六天^{二}＝每筐盛果值　【略】

設一達官有侍姬八人，每日令二人侍飲，周而復始，每周不得二人兩次同

班。求幾日一周，每人每周值班幾日。　博勒洪武

答曰：一周二十八日，每人每周值班七日。

法：以八減去一得七，爲高，以八乘之，得五十六，折半，得二十八，即一周日數。再題言每周不得二人兩次同班，則八減一，得七，即每周每人值班日數。

有匠人約作工四十日，給價二百文。若曠工，每日罰錢八十文。工完給錢五千文。求作工幾日，曠工幾日。　胡玉麟

答曰：作工二十九日又七分日之二，曠工十日又七分日之五。

做工日數＝天　四〇丁天＝曠工日數　【略】

有船載男、婦、小兒九十人。男較婦多四，小兒較男婦多十。求各數若干。　聯　第

答曰：男二十二名，婦十八名，小兒五十名。

法：以男、婦、小兒九十名內減十小兒，餘八十，折半，得四十，內減四男餘三十六，折半，得十八，即婦人共數，加四男，得二十二，即男人共數。男、婦二數相併，得四十，再加十小兒，得五十，即小兒共數。

問鄉人種地若干，曰若以畝數加四，開平方，復加原數，得二十六。求原數若干。　慶　全

答曰：二十一。

畝數＝天　(二六丄天)⼆＝天丄四　【略】

試將甲乙二數之和與甲乙二數之較，以代數自乘。　長　秀

[答曰：]　甲⼆丄乙⼆丅二甲乙　甲⼆丄乙⼆丄二甲乙

試將甲乙二數之和與甲乙二數之較，以幾何畫圖而自乘。　胡玉麟

如圖，子丑爲甲，丑寅爲乙，卯子即其和方，內函辰子甲方、卯辰乙方及巳辰、辰寅，甲乙相乘二長方，故甲乙二數和自乘，爲甲方加乙方，加甲乙相乘二長方。

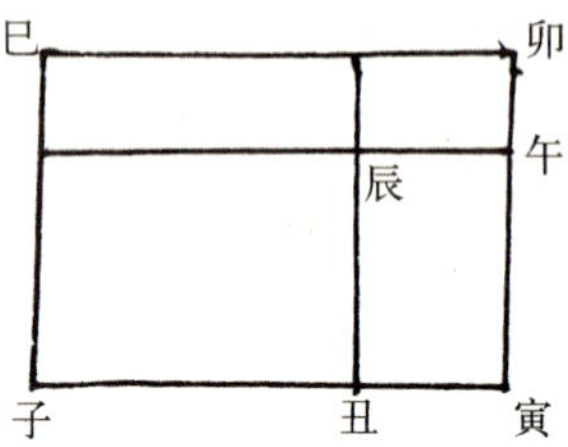

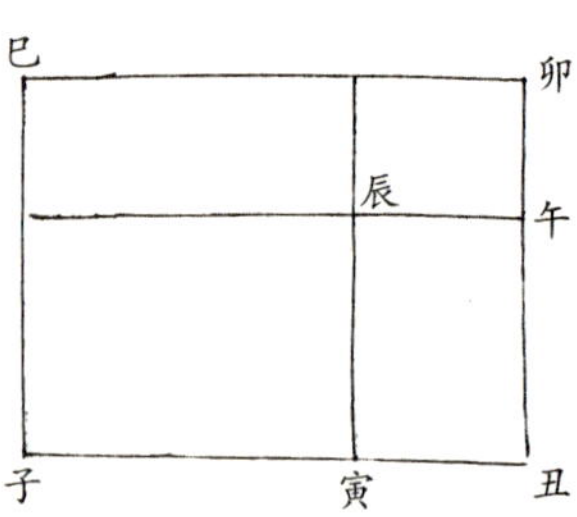

又圖，子丑爲甲，寅丑爲乙，辰子即其較方，爲卯子甲方內少卯辰乙方及巳辰、辰丑、乙乘甲乙之較二長方，故甲乙二數較自乘，爲甲方加乙方，卯辰乙方爲巳午、卯寅二長方同用，故加一乙方即補成二長方。減甲乙相乘二長方。

今有人以綾三羅五易絹十二，收回錢十千。又有人以綾絹各四易羅七。恰好又有人以羅二絹四加錢十千，以易綾六。求三物每匹價各若干。　楊兆鋆

答曰：綾二千八百文，羅二千文，絹七百文。

綾＝天　羅＝地　絹＝人　三天丄五地＝一二人丄一〇〇〇〇㊀　四天丄四人＝七地㊁　二地丄四人丄一〇〇〇〇＝六天㊂　【略】

法除實得綾價二千八百文。依戊式得羅價二千文，依乙式得絹價七百文。合問。

今有桃、梅、李三果，只云三桃比二梅，二李價多二十四文。二桃、三李比五梅價少十二文。四桃、三梅比八李價多一百零八文。求三果價各若干。　時雨化

答曰：桃價四十八文，梅價三十六文，李價二十四文。

【略】

今有紹酒三壜，高粱酒四壜，共銀二十六兩。紹酒四壜，高粱酒三壜，共銀二十七兩又十二分兩之一。求二酒每壜銀若干。　聯　興

答曰：紹酒每壜四兩又三分兩之一，高粱酒每壜三兩又四分兩之一。

【略】

以七除二七三得三九，以一二約之，得三兩又四一一，即高粱價，四乘之，於首式銀內減之，三除之，得四兩又三一，即紹酒價。

有甲乙二人各買油五斤，合盛一大瓶內，回家欲分之，既無秤又無量，只有二小瓶。一七斤而滿，一三斤而滿，用以量而分之，其法若何。　王鍾祥

法：先以大瓶之油用三斤瓶灌出二瓶，俱傾入七斤瓶內。次復用三斤瓶從大瓶灌出一瓶，即以三斤瓶內之油將七斤之瓶續滿，則三斤瓶內必餘二斤。乃以七斤仍還入大瓶，以三斤瓶內所餘之二斤傾入七斤空瓶內。末以大瓶內所餘八斤之油再以三斤之瓶灌出。一瓶亦傾入七斤瓶內，則七斤瓶內合前所餘之二斤爲五斤，大瓶內亦餘五斤。

今有營兵一千五百二十五名，以正方形分爲兩隊。但云此邊較彼多五人，求各邊兵丁若干。　聯　興

答曰：大隊邊兵丁三十名，小隊邊兵丁二十五名。

大隊邊＝天　天丅五＝小隊邊　大隊邊^{二}丄小隊邊^{二}＝共兵　二天^{二}丄二五丅一〇天＝一五二五【略】　小隊邊＝天　天丄五＝大隊邊　大隊邊^{二}丄小隊邊^{二}＝兵共　二天^{二}丄二五丄一〇天＝一五二五　【略】

今有將軍以實體方形擺隊，或問每隊兵數，曰若於二十五萬内減全營兵數，餘開方，復以一隊兵數乘之，爲十二萬。求每隊兵數若干。　楊兆鋆

答曰：三百。

每隊兵＝天　全營＝天^{二}　天$\sqrt{二五〇〇〇〇丅天^{二}}$＝一二〇〇〇〇　【略】

今有人攜水烟來京，共賣得三十八千四百十六文。但云烟之箱數若每箱包數，亦若每包兩數，亦若每兩值錢數。求箱數若干。　長　盼

答曰：十四隻。

法：以三十八千四百十六文開平方，得每包兩數一百九十六兩。次以一九六開平方，得箱十四隻。【略】

清·劉彝程　沈善蒸等《廣方言館算學課藝》

假如甲爲法，乙爲實，可將法除實化爲連比例級數。二式，一俱正號，一正負相間之號，俱與原除得數相等。又甲之卯方加乙之卯方，其卯爲奇數，或甲之卯方減乙之卯方，其卯爲偶數，皆可化爲連比例級數與乘法相乘之數。兩級數不同，而兩乘法必令相同。試證之。　長洲朱祖樑

解曰：依題之前半，當先求甲，約乙之連比例級數兩式試令　甲＝乙丅丁

則　$\frac{甲}{乙}=\frac{乙丅丁}{乙}=一丄\frac{乙}{丁}丄\frac{乙^{二}}{丁^{二}}丄\frac{乙^{三}}{丁^{三}}丄\frac{乙^{四}}{丁^{四}}丄\cdots$　爲一式。又令　甲＝乙丄丁　則　$\frac{甲}{乙}=\frac{乙丄丁}{乙}=一丅\frac{乙}{丁}丄\frac{乙^{二}}{丁^{二}}丅\frac{乙^{三}}{丁^{三}}丄\frac{乙^{四}}{丁^{四}}丅\cdots$　爲二式。此一、二兩式皆爲連比例級數。【略】

今有俱整實根之立方式，一百二十八爲負實，四十八爲負上廉，空下廉，一爲正隅。試用代數亥加人法開得三箇方根各幾何，并録細草。　元和龔傑子英

答曰：方根八，又負四，又負四。

依題得　地^{三}丅四八地丅一二八＝〇　【略】

設如甲減一爲左法，甲之平方根倍之爲左實，甲減一之平方根爲右法。甲冪加一，以天冪乘之，倍之，以甲減一之冪加之，開平方，以甲減之，以一加之，復開平方爲右實。左法除左實與右法除右實等。求天之同數。　元和龔傑子英

[答曰]：　$天=\frac{甲丅一}{二\sqrt{甲}}$　【略】

算式愈變愈顯，愈化愈簡，非深於代數者不辦。

欲取大數天，小數地之兩數，令兩數之冪相減，一須等於兩數相減，二須等於兩數相加。又令兩數之冪相加，一須等於兩數相減，二須等於兩數相加。問取兩數之法，並論天地大小之限。後一法之地，每有一箇同數，天必有兩箇同數。後二法之天，每有一箇同數，地必有兩箇同數。每一法、二法，天地俱爲整數者，祇有一箇答數。試證之。　瀏陽李鴻杭紹白

依題上半得　天^{二}丅地^{二}＝天丅地（甲）　天^{二}丅地^{二}＝天丄地（乙）　【略】　依題下半得　天^{二}丄地^{二}＝天丅地（丙）　天^{二}丄地^{二}＝天丄地（丁）　【略】

盈朒或雙套盈朒及貴賤差分題如以兩面積相減之法考之，則其理易得，各繪圖以明之。　長洲朱祖樑鷺清

草曰：盈朒及貴賤差分之題，皆可歸入方程術中，而《九章》則各分其術，故莫如以圖解之，乃覺易明。設盈朒題有人分物，每人少分若干，盈若干。每人多分若干，不足若干，則以盈不足相并爲實，多少兩分數相較爲法，法除實得人數。又設貴賤差分題鷄兔同籠共頭若干，共足若干，則以鷄足乘共頭，以減共足，餘兩足較除之，得兔數。復以兔足乘共頭減共足，餘仍兩足較除之，得鷄數。試作一二兩圖於左。

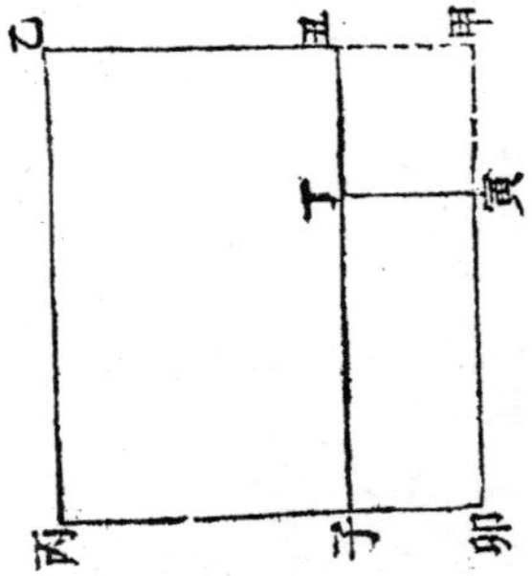

如一圖，乙丙爲人數，丑子、甲卯俱等。丙子爲少分數，乙丑等。丙卯爲多分數，乙甲等。丁子寅卯爲盈數，丑丁甲寅爲不足數。少分數與人數相乘爲乙丙丑子積，以減乙丑丁寅卯丙原磬折形，餘丁寅子卯積，爲盈數。又多分數與人數相乘，爲乙丙甲卯積，減原磬折形，少一丁丑甲寅積，爲不足數。盈不足相併，即爲丑子甲卯一長方積。其長子丑爲人數，其闊子卯爲多少兩分之較，故以較除積而得人數也。至於雙套盈朒理，仍無殊。惟人數不同，故必齊其人數同爲卯倍，而又以兩人數互乘，兩分數相較即爲卯倍人分數之較，而除其卯倍盈朒相并得人數，則與單法相比祇多一卯倍分母耳。

又如二圖，庚未爲鷄數，辛亥、酉午等。未壬爲兔數，申亥、戌午等。庚酉爲兔

足，壬戌等。庚辛爲鷄足，壬申等。庚壬等鷄兔共數辛申、酉戌。等。如皆作鷄數，則以鷄足乘共數爲庚辛壬申積，以減庚辛亥午壬戌原罄折形，餘亥午申戌長方積。其長申亥爲兔數，其闊申戌皆鷄兔足之較。如皆作兔數，以兔足乘共數，爲庚酉壬戌積，以減原罄折形，餘爲辛酉亥午長方積。其長辛亥爲鷄數，其闊辛酉仍爲足較，故以較除積，一得兔，一得鷄也。

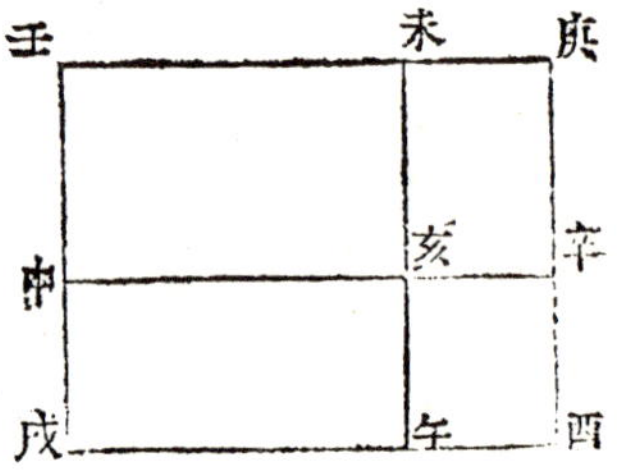

理法周密，圖解詳明，是謂務其本。

清·支寶枏等《上虞算學堂算學課藝》卷上

甲、乙、丙、丁四數之和爲二十六。甲乘乙，加丙，乘丁，得九十二。甲乘丙，加乙，乘丁，得七十六。甲乘丁，加乙，乘丙，得六十八。問四數。 趙崇義

如題 甲⊥乙⊥丙⊥丁＝二六㊀ 甲乙⊥丙丁＝九二㊁ 甲丙⊥乙丁＝七六㊂ 甲丁⊥乙丙＝六八㊃ 【略】

[答曰：] 得 甲＝二或＝一 乙＝六或＝七 丙＝八或＝五 丁＝一〇或＝三 【略】

甲、乙、丙、丁四數和二十。其四數平方之和一百二十六。甲、乙和，以丙、丁連乘之，丙、丁和，以甲、乙連乘之，併兩乘得數爲三百七十。其四數連乘爲三百三十六。問四數。 趙崇義

甲⊥乙⊥丙⊥丁＝二〇㊀ 甲^{二}⊥乙^{二}⊥丙^{二}⊥丁^{二}＝一二六㊁ 丙丁(甲⊥乙)⊥甲乙(丙⊥丁)＝三七〇㊂ 甲乙丙丁＝三三六㊃ 【略】

[答曰：] 甲＝八 乙＝七 丙＝三 丁＝二 【略】

天除乙，與甲相減，又自乘，於左。甲天相減，自乘，於右。併左右與丙等。試求天之相等式。設甲十七，乙四十，丙二百二十五，天爲何數。 石承宣

如題得 (甲丅天)^{二}⊥(甲丅$\frac{天}{乙}$)^{二}＝丙 【略】

[答曰：] 天＝$\frac{二}{二}$±$\frac{二}{二}\sqrt{二八一}$ 或 天＝八或＝五 【略】

綫長一千三百三十寸，截爲不等六段，每段依次遞減，均成連比例。其首末兩段和與中兩段和比，若五十五與三十六比。問六段各長若干。 蔣嘉麟

命六段爲 天^{五} 天^{四}地 天^{三}地^{二} 天^{二}地^{三} 天地^{四} 地^{五} 如題有比例 天^{五}⊥地^{五}：天^{二}地^{二}(天⊥地)：：五五：三六 【略】

[答曰：]六段爲 二×三^{五}＝四八六 二×二×三^{四}＝三二四 二×二^{二}×三^{三}＝二一六 二×二^{三}×三^{二}＝一四四 二×二^{四}×三＝九六 二×二^{五}＝六四 【略】

七百二十九正實，四千三百七十四負從，八千六百六十七正一廉，六千一百五十六負二廉，九百六十三正三廉，五十四負四廉，一正隅，開六方得六根。試用代數變之，其六根爲何式。 王瓚

依題 天^{六}丅五四天^{五}⊥九六三天^{四}丅六一五六天^{三}⊥八六六七天^{二}丅四三七四天⊥七二九＝〇 【略】

[答曰：其六根爲] 天＝六±三$\sqrt{三}$ 天＝九±六$\sqrt{二}$ 天＝一二±三$\sqrt{一五}$ 【略】

八十負加減一萬五千五百五十二負之平方根，爲實立方開之爲何式。 石承宣

如題得 丅八〇±$\sqrt{丅一五五五二}$ 【略】

前題。 郭允恭

仿題得 丅八〇±$\sqrt{丅一五五五二}$ 【略】

[答曰：] 天^{三}丅二天⊥二八＝〇 天^{三}丅八天⊥二八＝〇 天^{三}⊥一〇天⊥二八＝〇 解之 天＝一∓三$\sqrt{丅三}$ 天＝四±二$\sqrt{丅三}$ 天＝丅五±$\sqrt{丅三}$

二之立方根略爲五十分之六十三，試由此略數以求二與四之兩立方根，開至小數十餘位用何法最捷。 劉承祖

其 (一.二六)^{三}＝二.〇〇〇七三六 即 二＝(一.二六)^{三}(一.〇〇〇一八八)^{丅一}㊀ 開立方得 $\sqrt[三]{二}$＝一.二六(一⊥.〇〇〇一八八)$^{丅\frac{一}{三}}$ 依二項例化級數，【略】其 一級＝一.二六 二級＝丅$\frac{三}{一級}$×〇.〇〇〇一八八＝丅.〇〇〇

〇七八九六　三級=丅$\frac{三}{三×二級}$×.〇〇〇一八八=.〇〇〇〇〇〇〇〇九八九六　故　$\sqrt[三]{三}$=$\begin{cases}一.二六\\ 丅〇.〇〇〇〇七八九六\\ 丄〇.〇〇〇〇〇〇〇〇九八九\end{cases}$=一.二五九九二一〇四九八九　若㊀式自乘開立方，【略】化爲級數，其　一級=一.五八七六　二級=丅$\frac{三}{三×一級}$×.〇〇〇一八八=丅.〇〇〇一九八九七九二　三級=丅$\frac{六}{五×二級}$×.〇〇〇一八=.〇〇〇〇〇〇〇三一一七　故　$\sqrt[三]{四}$=$\begin{cases}一五八七六\\ 丅.〇〇〇一九八九七九二\\ 丄.〇〇〇〇〇〇〇三一一七\end{cases}$　即　$\sqrt[三]{四}$=一.五八七四〇一〇五一九七

五與三之兩立方根，試由略數以求級數，使歛級較速，當用何略數以化級數。　沈祖緜

[答曰：]　$\sqrt[三]{三}$=一.四四二二四九五七〇三

有三位之數自乘，其乘得數之末三位，仍與原數等。問原三位爲何數。　劉繼向

令原數爲天，千位以上總數爲地，得　$天^{二}$=一〇〇〇地丄天　【略】

[答曰：]　丙=五　乙=二　甲=六　或　丙=六　乙=七　甲=三

整數三位爲立方根，自乘再乘爲立方積，根積相減能成千者，有十三數。根積相加能成千者，僅有二數。能一一舉之否。　王　瓚

[答曰：]　故合用三位數，惟有四三二、五六八兩數而已。

甲乙兩整數，使五倍甲方，加四段甲乙相乘積，平方開之，必爲整數。其乙與甲比大於四與五比，而小於三與四比。計兩數俱在百以外，二百以內者，有三答數。試立法以求之。　劉承祖

[答曰：]四〇八或四八一或五六〇。

一爲一級，三因天爲二級，五因天方爲三級，七因天三方爲四級。如是而下，得無窮級。其三級以下之和數等於一。問各級總數及天同數。　沈祖緜

如題逐級列之　一丄三天丄五$天^{二}$丄七$天^{三}$丄…　其三級下之和得

$\frac{(一丅天)^{二}}{一丄天}$丅(一丄三天)=一　即　一丄天丅(二丄三天)(一丅天)=〇　即　三$天^{三}$丅四$天^{二}$丅二天丄一=〇　即　(三天丅一)($天^{二}$丅天丅一)　故　天=$\frac{三}{一}$　而　$\frac{(一丅天)^{二}}{一丄天}$=三　爲和數。

一爲一級，四因天爲二級，十因天方爲三級，二十因天三方爲四級，三十五因天三方爲五級。如是而下，天各方倍數依三角三乘垛遞增，得無窮級，併各級得八十一。問天之同數。　沈祖緜

[答曰：]　天=$\frac{三}{二}$

天爲一級，八因天方爲二級，二十七因天三方爲三級，六十四因天四方爲四級。如是而下，得無窮級，併各級得二百十六分之九十一。求天之同數。　石承宣

如題得　天(一丄八天丄二七$天^{二}$丄六四$天^{三}$丄…)=$\frac{二一六}{九一}$　【略】

[答曰：]　天=$\frac{七}{二}$

有六數各不等，俱成正平方，亦俱成三角平垛。併六數不滿五千萬。欲求六數及總數，試操何術以得之。　戚孔懷

凡句股形，【略】方邊爲一、六、三五、二〇四、一一八九、六九三〇，垛高爲一　二×$二^{二}$　$七^{二}$　二×$(一二)^{二}$　$(四一)^{二}$　二×$(七〇)^{二}$　其積均爲一、三六、一二二五、四一六一六、一四一三七二一、四八〇二四九〇〇，併六數四九四八一四九九八五〇〇〇〇〇〇〇。

三角三乘垛果子積一所，頂層值錢一文，二層每枚值錢三文，三層每枚六文。以下每層依三角立垛遞增，共值錢七萬五千四百三十九文。問高有幾層。　戚孔懷

識別得共值錢，即三角三乘垛與三角立垛逐層相乘之積，必增其積爲一〇　箇五乘垛，其同高者一箇　高丅一　者　$\frac{一×一}{(三丅一)(四丅一)}$　箇。　高丅二　者　$\frac{一×二×一×二}{(三丅一)(三丅二)(四丅一)(四丅二)}$　箇。如題【略】開六方，得　一二　即高也。

四角立垛果子積一所，底層每枚值錢一文，上一層每枚值三文，再上一層每枚值六文。逐層遞上，依三角立垛逐層遞增，共值錢一萬四千七百五十六文。問高幾層。

識别三角立垛倒積與四角立垛逐層相乘，必增其積爲四角四乘垛。命高＝天【略】

開四乘方，得　一四　爲高。　王　瓚

又　卷下　一正實，二負從，一負廉，一正隅，其三根爲周率七分之一與七分之三與七分之五。倍餘弦此方任開其一根，即以根減於一，以約一，爲第二根。或根減一，以根約之，爲第三根。試證之。　戚孔懷

凡　二餘弦寅甲餘弦卯甲＝餘弦（寅丅卯）甲丄餘弦（寅丄卯）甲　令　七/二　周＝甲　二（餘弦甲丄餘弦二甲丄餘弦五甲）＝亥　以　餘弦甲　乘之　一丄二餘弦二甲丄二餘弦四甲丄餘弦六甲＝亥餘弦甲　【略】

清·張鴻勛《江西武備學堂中西算學課藝》卷上

代數記號演義

泰西之學大小各數概以挨位記數，以單位爲單數，二位爲十數，三位爲百數，四位爲千數，五位爲萬數，至於無窮數，皆累次增位而已。零數作〇，即無此數之意。小數加點，係小一數之數。無盡之數作連點。尚有餘數之意。

【略】

何謂代數，因其所求之數未得，先用天、地、人、物等字代之，然後以得其數。若題中本有名字，即以各名代各數，眉目更清。至于已知真數，本用甲、乙、丙、丁等字代之。愚按：此説竟可不用，免得多費一番周折。

【略】

附代數移項法

設如有天數，不知多少。若以二除之，等于三減一。問天之同數。

如題得　二/天＝三丅一　移除作乘法，得　天＝二（三丅一）　即　天＝六丅二　即　天＝四　左邊之除如何移至右邊，作乘爲相等之數也。

以真數顯明其理　二/四＝三丅一（上）　若照題先半之，言天以二除，得　二＝三丅一　即半天之數也。若求天之原數，即將（上）移除作乘得　四＝二×三丅二×一　即　四＝六丅二

右因諸生不明代數移除作乘及移項之理，故設此題以真數顯之，必須原式兩邊相等移之亦等耳。

開正平方演義

何謂正平方，四面方也。有長有廣，而無厚，幾何所謂面者也。平方即稱方面，縱横之數相同。一乘如布之經緯，然故謂之幂，既稱平方，每數均當作方尺，須百寸進尺，百尺進丈。譬如方積百寸，其方邊爲十寸，即横直均一尺也。平方之積，由縱横相加，漸漸而大，是以開方減去初商之積，餘用二廉一隅商之。二廉者即縱横數也。一隅者即續商之小方也。故續商先以縱横相加，續商乘之，再與續商自乘相併，得一罄折形，減實有餘，再用三商。即再續商。無餘前商之數，相併即是方根也。方邊即方根。

平方初商表

積	一	四	九	一六	二五	三六	四九	六四	八一	一〇〇
商	一	二	三	四	五	六	七	八	九	一〇

平方因逢百進位，故開方隔一數定位。

假如平方根十二，其面積一百四十四，先由四數定單位二，再由百數定進位十也。

凡百之數，均由一數爲始。平方之積，既由縱横相加，漸漸而大。如不用商除，可用一、三、五、七、九奇數，其理亦通。

開帶縱平方演義

帶縱平方者，縱横不同，係兩兩等邊相成之面積也。故其商除應視帶縱之大小，與初商相加減，非與尋常開平方可比。若欲開方根，必先知其縱横相差之較，或縱横相併之和，然後可以得其方根。

如有長闊之較爲問者，則用較爲帶縱，加所開之數商除之，而得長與闊或原積，與半較自乘數相併，以開正平方而得長闊之半和，半和減半較而得闊半和，加半較而得長或用四因原積，與較數自乘，相併，以開正平方而得長闊之和，和加較折半而得長和，減較折半而得闊。

如有長闊之和爲問者，則用和爲帶縱，減去所開之數商除之，而得闊與長或

原積，與半和自乘數相減，以開正平方而得長與闊之半較，半較加半和而得長半和，減半較而得闊或用四因原積，與和數自乘，相減以開正平方，而得長與闊之較，較加和折半而得長和，減較折半而得闊。

夫半較、半和自乘，與原積相加減開方而得半和較，同四因原積，與全較全和自乘，相加減，開方而得全和較之理，皆出幾何所謂面與線之比例邊加一倍，而積加三倍也。猶邊得其半，而積爲四分之一也。固無論中法如是，而西法何曾不如是也。名雖曰帶縱，若以理度之，仍不外乎正平方之一理。

附開立方不用商除法

夫開方法，惟平方如除法易開。然除法有法，商數平方雖無法，商數尚有初商等法，亦不甚難。至於多乘方，其積已層層相因，解之頗覺不易，即如開立方，古來亦無簡明善法，世代疇人靡不籌之熟矣。勛前於暑夜無事，極思其理，得一不用商除之法。兹姑録之以俟高明審正爲幸。

平方之積，係二乘垜之數，故用奇數可以代商，即末層之數加一，折半，亦得商數。

立方之積，係高減一之六個三乘垜多高數，是以高減一之三乘垜之積數，以六乘之，與原積相減，餘爲商數。

三乘垜之積第一層一，第二層加二，爲三。第三層加三，爲六。第四層加四，爲十。第五層加五，爲十五。第六層加六，爲二十一。第七層加七，爲二十八。以下累層照加，故算立方，以依法算之，免用商除。

例如立方積五百一十二尺，問方邊幾何。

法：將上列七層三乘垜之積相併，得八十四，以六乘之，得五百〇四尺，與原積相減，餘八尺，即是方邊。

此法如遇多數，即將整數商積先行減去餘積，再用下層之數算之。至于帶縱立方，俱已設法可求，俱擬刊入《靈憲書屋算艸》内。

又 卷中

比例演義率讀律。

比例者，西人三率法也。以原有二數爲二率，今有一數爲一率，共爲三率，以求之而得。今有所求之數，亦爲一率，故名雖三率，實四率也。其法皆以二三率相乘，一率除之，得四率，爲用甚廣。大則推步測量，小則用功命事，不勝詳述。兹就是編諸草論之，異乘同除，以原有除原有，是謂同除。以今有乘之，是謂異乘，曰正比例。

同乘異除，以原有乘原有，是謂同乘。以今有除之，是謂異除，曰反比例，又曰轉比例。

同乘同除，古以併乘爲異乘同乘，併除爲異除同除，今乘除俱用併法，是謂之同乘同除，以數比例合一比例，故曰合率比例。

首率以二數相和者，曰和數比例。

首率以二數相較者，曰較數比例。

首率或較或和，二率數相同，惟其三率應以此數求彼數者，或應以彼數求此數者，其理近乎盈虛消長，可名互率比例，古書罕見言及，特表出之。

正比例法

設如原有洋銀七錢三分五釐，換錢九百〇六文二毫五厘五絲。問今有洋銀一兩換錢若干。

正比例

一率　原有銀七錢三分五厘

二率　原有錢九百〇六文二毫五厘五絲

三率　今有銀一兩

四率　今換錢一千二百三十三文

法：以二率與三率相乘，再以一率除之，即得四率。若易四率爲一率，所得四率必一率之數。若易一四率爲二三率，或以二率爲一率，除之則所得四率必三率之數，或以三率爲一率，除之，則所得四率必二率之數。總之，二三率相乘同於一四率相乘，而一二率相除同於三四率相除，或一三率相除，亦同於二四率相除，故多銀比少錢猶少銀比多錢比例之理，大率如是，餘題悉可類推。

代數草前題。

令天代問數，如題得　.七三五：九〇六.二五五：：一：天　得相等式

.七三五天＝一×九〇六.二五五　移乘作除，得　天＝一二三三

設如前放槍一百四十聲，用藥一十六兩八錢。問今放槍三百八十五聲，應用藥幾何。

正比例

一率　前放槍一百四十聲

二率　前用藥一十六兩八錢

三率　今放槍三百八十五聲

四率　今用藥四十六兩二錢

代數草前題。

令天代問數，如題得　一四〇：一六.八：：三八五：天　得相等式　一四〇天＝一六.八×三八五　移乘作除，得　天＝$\frac{一四〇}{六四六八}$　即　天＝四六.二

轉比例法即反比例。

設如原有九五色銀四百三十六兩五錢，問換九七色銀應得幾何。

轉比例

一率　今換九七色銀
二率　原有九五色銀
三率　原有四百三十六兩五錢
四率　今換四百二十七兩五錢

正比例原有爲一二率，今爲三四率，如水漲之船高，或水淺之船低，轉比例易原有爲二三率，今爲一四率，如日高影低，或日低影高，大凡比例之題，入手必須辨明此理，庶無錯謬之弊。

設如左右二營點兵額數相同，左營以每隊一十五人，共有三十九隊。問右營以每隊一十三人，共有幾隊。

轉比例

一率　右營每隊一十三人
二率　左營每隊一十五人
三率　左營共有三十九隊
四率　右營共有四十五隊

代數草前題。

令天代右營隊數，如題得　一三：一五：：三九：天　得相等式　一三天＝一五×三九　移乘作除，得　天＝四五

前題日高影低，此題日低影高也。

和數比例法

設如製造銀圓，每銀三十二兩，加銅五兩五錢。問今欲鑄銀圓一千八百七十五兩，應用銀、銅各幾何。

和數比例

一率　銀銅相和三十七兩五錢即每銀三十二兩加銅五兩五錢。
二率　每銀三十二兩
三率　今鑄銀圓一千八百七十五兩
四率　應用銀一千六百兩

若二率易銅五兩五錢，即得四率，應用銅二百七十五兩。

代數草前題求銅證之。

令天代銅數，如題得　三二丄五.五：五.五：：一八七五：天　得相等式　三七.五天＝五.五×一八七五　移乘作除，得　天＝二七五

設如甲乙二船各由東西二埠同時開行，但知甲船每時行一十一里，乙船每時行七里，二埠相距三百一十五里。問何時二船相遇及至遇所各行幾里。

和數比例

一率　二船每時所行相和一十八里
二率　二埠相距三百一十五里
三率　每一時
四率　二船相遇一十七時半

若將一十七時半，以一十一里乘之，得甲船行一百九十二里半，以七里乘之，得乙船行一百二十二里半，二數相併，共得三百一十五里。合問。

代數草前題。

令天代相遇時刻，如題得相等式　(一一丄七)天＝一×三一五　移乘作除，得　天＝$\frac{一八}{三一五}$　即　天＝一七丄$\frac{一}{二}$

和數互率比例法

設如某營操兵，第一陣每隊二十四人，第二陣每隊二十六人，共演二陣，計一百二十五隊。問每陣隊數及兵數各幾何。

法：以二陣每隊人數相併爲一率，以二陣共隊之數爲二率，蓋一二率既以相和均勻，是以三率必以視數之盈絀爲主。若第一陣之每隊二十四人，其隊數必多；若第二陣之每隊二十六人，其隊數必少。如各以本隊人數演本陣隊數，豈非相悖，故以三率必須交互，方無訛謬，後衍較數互率比例，其理亦然。

和數互率比例

一率　二陣每隊人數相和五十人
二率　二陣共演一百二十五隊
三率　每隊二十四人
四率　第二陣六十隊

代數草前題求第一陣隊數。

令天代第一陣隊數，如題得相等式　(二四丄二六)＝二六×一二五　移乘作除，得　天＝$\frac{五〇}{三二五〇}$　即　天＝六五

以上中西二草求得之數，若以各減二陣，共隊一百二十五。所得各隊，即係本陣之數也。

較數互率比例法

設如軍營獲勝，使甲乙二兵節節報捷。甲每日行一百二十里，乙每日行九十里。令乙先行四日，再令甲趕去，同時到地。問各行幾日及所報之處距營幾里。

法與和數互率相同。惟和數一率相併較數一率相減耳。

較數互率比例

一率	三十里即甲每日行一百二十里減乙每日行九十里之數。
二率	乙先行四日
三率	甲每日行一百二十里
四率	乙行一十六日

代數草前題求甲行幾日。

令天代甲行日數，如題得相等式 (一二〇丅九〇)天=四×九〇 移乘作除，得 $天=\frac{三〇}{三六〇}$ 即 天=一二

以上中西二草求得之數，若各以加減四日均得本數。如求距營里數，以十二日乘一百二十里，或十六日乘九十里，均得一千四百四十里也。

如前題先求里數，以三十里爲一率，四日爲二率，九十里與一百二十里相乘得一萬〇八百里爲三率，求得四率距營一千四百四十里也。合問。

合率比例法

設如練軍三名，月給餉銀一十七兩。綠兵七名，月給餉銀九兩。今欲裁去綠兵三千二百一十三名，將其餉銀撥入練軍項下。問應添練軍若干名。

一次比例

一率	綠兵七名
二率	綠兵月給餉銀九兩
三率	裁去綠兵三千二百一十三名
四率	裁去餉銀四千一百三十一兩

二次比例

一率	練軍月給餉銀一十七兩
二率	練軍三名
三率	今撥餉四千一百三十一兩
四率	今添練軍七百二十九名

右草二比例，可合一比例。是名合率比例，如下代數草。

代數草前題。

先以一十七兩乘七名爲一率，九兩乘三名爲二率。

令天代應添練軍之數，則有比例 七×一七∶三×九∷三二一三∶天

得相等式 一一九天=二七×三二一三 移乘作除，得 $天=\frac{一一九}{八六七五一}$ 即

天=七二九

合率比例豈止二比例合一比例而已，即三次四次比例概可合作一比例。

又 卷下

方程演義

何謂方程，因其物價各相交互，分列條段，如方之周轉也。命意立術，各相比例，故方者比也，程者式也。其術必須辨明正負，分設行數。蓋二色方程，其題不能設三行。三色方程，其題不能設二行，亦不能設四行。如色多行，少固不能布算。至色少行多，而却亦無所用。惟以幾色設幾行，以成一定之式，然後遞互偏乘，齊其首項，彼此相消，至餘一法一實而止，以得一數。由此按題以推其餘。

如以二色方程爲問者，列左右二行，以左行首數偏乘右行，以右行首數偏乘左行，消去一色，其餘一色即可知矣。

如以三色方程爲問者，列左右中三行，以中行爲主，首數偏乘右行，又右行首數偏乘中行，另以中行首數偏乘左行，又左行首數偏乘中行。其次，中右所乘相消，與中左所乘相消，餘色仍列左右二行，再依二色方程之法，其首數各偏互乘，再消一色，其餘一色，即得所求。

如以四色方程爲問者，列一二三四行，一與二互乘，二與三互乘，三與四互乘，乘就各相消，列爲左右中三行。再如三色方程之法算之可也。以次多一色，即多一互乘相消，餘可類推。

如算和數方程，均係正數彼此互乘，乘得之數，則同名相減。

如算較數方程，有正有負，必先認一主行，如主行爲負，它行爲正者，相消即加爲負，或主行爲正，它行爲負者，相消即加爲正，所謂異名相加是也。至於主行正，它行亦正者，必須主行數多，以減它行少數，餘仍爲正。若主行數少，它行數多，主行不足減它行之餘數，即爲主行之負數，故算方程者，第一正負要明，庶幾加減不致紊亂矣。

凡方程之乘法，均同天元代數之例，正乘正爲正，負乘負亦爲正，負乘正爲負，正乘負亦爲負，明其和較，分其正負，上下可以互求，前後亦可易位。惟變通其用，不失其常，斯方程之術備也。

二色和數方程法

設如鷄兔同籠，不知其數，但云共頭一百七十二，共足四百四十四。問鷄兔各幾何。

此題以每鷄一頭每兔一頭，共頭一百七十二，又每鷄二足，每兔四足，共足四百四十四。應以和數方程御之。

中法九章草

右　鷄一　兔一　頭一百七十二　四四三四
左　鷄二　兔四　足四百四十四　四四四
減盡〇　減餘二　減餘一百。

法：以右行首數一偏乘左行，仍爲原數。又以左行首數二偏乘右行，得鷄頭二，兔頭二，共頭三百四十四，與左行相消，首數減盡，次數餘二，爲每兔比每鷄所多之足，三數減，餘一百，爲兔所多之共足，以二除之，得兔五十，以減共頭一百七十二，餘一百二十二，爲鷄數也。

代數草前題先求鷄法。

如題得方程式　兔丄鷄＝一七二㊤　又　四兔丄二鷄＝四四四㊦　以四通㊤，得　四兔丄四鷄＝六八八　消㊦得　二鷄＝二四四　移乘作除，得

鷄＝二四四／二　即　鷄＝一二二　所以得　兔＝一七＝丅一二二　即

兔＝五〇

以上中西二草，一先求兔，一先求鷄，所得皆同。所謂上下可以互求，前後可以易位也。

比例式中所謂相等之式，即方程式耳。

代數各草所稱通者，即係乘也。餘題仿此。

二色較數方程式

設如甲乙二國養兵，不知兵之多寡，但云一甲比三乙，則甲國之兵多九萬。若二甲比七乙，則二國之兵相等。問甲乙二國之兵各幾何。

中法《九章》草先求乙國之兵。

右　甲一正　乙三負　兵九萬負
左　甲二正　乙七負　兵〇
減盡〇　減餘一正　兵一十八萬負

法：以右行一偏乘左行，仍得原數。又以左行二偏乘右行，甲爲二正，減左無餘，乙爲六負，減左餘一，爲正。兵一十八萬爲負，以一除之，仍得原數，即乙國之兵也。題言二甲比七乙，如一甲即比三乙半也，與一十八萬乘之，得甲國之兵六十萬。合問。

代數草前題先求甲國之兵。

如題得方程式　三乙丅甲＝丅九〇〇〇〇㊤　又　七乙丅二甲＝〇　以三通之，得　二一乙丅六甲＝〇㊦　以七通㊤得　二一乙丅七甲＝丅六三〇〇〇〇　消㊦得　甲＝六三〇〇〇〇　所以得　七乙＝一二六〇〇〇〇　移乘作除，得　（七）[乙]＝一二六〇〇〇〇／七　即　乙＝一八〇〇〇〇

二色和較方程法

設如贛郡至省，水程九百六十里。順流而下，舟行八日。若省至贛逆流而上，舟行一十五日。風之順逆相當。問每日舟行與水流之速率。

是題立意，本由西術而得，今特中西並相發明。

中法《九章》草

右　舟八正　水八正　里數九百六十負
左　舟十五正　水十五負　里數九百六十負

法：以右行八日偏乘左行，得舟一百二十日正，水一百二十日負，里數七千六百八十負，又以左行十五日偏乘右行，得舟一百二十日正，得水一百二十日正，里數一萬四千四百負。若異名相減，同名相加，得舟行二百四十日爲法。得里數二萬二千〇八十爲實。法除實，得每日舟行之速率九十二里。若同名相減，異名相加，得水流二百四十日，爲法，得里數，餘六千七百二十，爲實，法除實，得每日水流二十八里。合問。

代數草前題。

如題得方程式　八舟丄八水＝九六〇㊤　又　一五舟丅一五水＝九六〇以八通之，得　一二〇舟丅一二〇水＝七六八〇㊦　以一十五通式上得　一二〇舟丄一二〇水＝一四四〇〇㊤　消式㊦得　二四〇水＝六七二〇(甲)　若同名相加，異名相減，㊤、㊦相消，得　二四〇舟＝二二〇八〇(乙)　(甲)、(乙)各以八〇約之，得式(甲)　三水＝八四　又(乙)　三舟＝二七六　二式移乘作除，得

水＝$\frac{三}{八四}$　即　水＝二八　又　舟＝$\frac{三}{二七六}$　即　舟＝九二

三色方程法

設如甲、乙、丙三營調兵，若甲數調一營，乙數調二營，丙數調三營，則兵一千五百四十名。若甲數調二營，乙數調一營，丙數調二營，則兵一千四百四十名。若甲數調二營，乙數調三營，丙數調一營，則兵二千〇二十名。問甲、乙、丙之數各幾何。

是題爲三色和數方程。四層和數應爲負。

中法《九章》草【略】

代數草前題。

如題得方程式　甲丄二乙丄三丙＝一五四〇㊤　又　二甲丄乙丄二丙＝一四四〇(甲)　又　二甲丄三乙丄丙＝二〇二〇㊦　以二通㊤得　二甲丄四乙丄六丙＝三〇八〇　消(甲)得　三乙丄四丙＝一六四〇(甲)　消㊦得　乙丄五丙＝一〇六〇　以三通之，得　三乙丄一五丙＝三一八〇　消(甲)得　一一丙＝一五四〇　即　丙＝一四〇　所以得　乙＝一〇六〇丅八〇〇＝三六〇　得甲＝一五四〇丅七二〇丅四二〇＝四〇〇

附雜題法

設如馬、礮、鎗三色軍隊，共軍七百一十六名，但云鎗隊比馬隊多七十二名，而礮隊比馬、鎗二隊少四名。問三色軍各幾何。

中法：以共軍七百一十六名，加礮隊與馬鎗二隊之較四名，得七百二十名，爲馬、鎗二隊之倍和。折半得三百六十名，爲馬、鎗二隊之和。減馬、鎗二隊之較七十二名，餘二百八十八名，爲馬隊之倍。折半得馬隊一百四十四名，加七十二名，得鎗隊二百一十六名。若馬、鎗二隊之和，減礮隊與馬、鎗二隊之較四名，餘即礮隊三百五十六名也。

代數如題，得　馬丄鎗丄礮＝七一六　若　礮＝$\frac{二}{七一六丄四}$丅四　即　礮＝三五六　若　鎗＝$\frac{四}{七二〇丄一四四}$　即　鎗＝二一六　若　馬＝$\frac{四}{七二〇丅一四四}$　即　馬＝一四四

設如孝、悌、忠、信、禮、義、廉七營，每營屯勇三百八十四名，第一日將悌、忠、信、禮、義、廉六營各撥一半調駐孝字營，以後挨次遞調，至第七日，則將孝悌忠信禮義六營各調一半，撥入廉字營。問各營人數各若干。

中法：以每營勇丁三百八十四名，以七乘之，得二千六百八十八名，于上。以三百八十四名加上，以一百二十八除之，得二十四名，爲孝字營人數。若以一百九十二名加上，以六十四除之，即得四十五名，爲悌字營人數。若以九十六名加上，以三十二除之，得八十七名，爲忠字營人數。若以四十八名加上，以一十六除之，得一百七十一名，爲信字營之人數。若以二十四名加上，以八除之，得三百三十九名，爲禮字營之人數。若以一十二名加上，以四除之，即得六百七十五名爲義字營之人數。若以六名加上，以二除之，得一千三百四十七名，爲廉字營之人數。合問。

代數如題，得　孝丄悌丄忠丄信丄禮丄義丄廉＝七×三八四　第七日各營所駐人數，得　孝＝$\frac{一二八}{二六八八丄三八四}$　即　孝＝二四　又　悌＝$\frac{六四}{二六八八丄一九二}$　即　悌＝四五　又　忠＝$\frac{三二}{二六八八丄九六}$　即　忠＝八七　又　信＝$\frac{一六}{二六八八丄四八}$　即　信＝一七一　又　禮＝$\frac{八}{二六八八丄二四}$　即　禮＝三三九　又　義＝$\frac{四}{二六八八丄一二}$　即　義＝六七五　又　廉＝$\frac{二}{二六八八丄六}$　即　廉＝一三四七

設如軍中功成行賞，前敵馬軍四百八十名，礮軍六百六十名，後營馬軍八百

四十名，礮軍一千〇二十名，團勇一千二百名，但云賞給後營礮軍每名之數比賞團勇加倍，而比賞後營馬軍之數減半。至於賞前敵礮軍每名之數，尤比賞後營馬軍加倍，却比賞前敵馬軍之數減半。共給賞銀一萬一千三百四十兩。問各兵每給銀若干。

中法：以共銀一萬一千三百四十兩爲實。以後營礮軍倍之，得二千〇四十名。後營馬軍以三乘之，得二千五百二十名。前敵礮軍以四乘之，得二千六百四十名。前敵馬軍以五乘之，得二千四百名。團勇一千二百名。諸數相併，得一萬〇八百名，即爲法。以法除實，得團勇每名給銀一兩〇五分，爲實。若以二乘實，得後營礮軍每名給銀二兩一錢。若以三乘實，得後營馬軍每名給銀三兩一錢五分。若以四乘實，得前敵礮軍每名給銀四兩二錢。若以五乘實，得前敵馬軍每名給銀五兩二錢五分。合問。

代數令天代前敵馬軍數，地代前敵礮軍數，人代後營馬軍數，物代後營礮軍數，元代團勇數　四八〇天丄六六〇地丄八四〇人丄一〇二〇物丄一二〇〇元＝一一三四〇　因　元＝$\frac{二四〇〇丄二六四〇丄二五二〇丄二〇四〇丄一二〇〇}{一一三四〇}$　即　元＝$\frac{一〇八〇〇}{一一三四〇}$　即　元＝一.〇五　所以得　物＝二×一.〇五　即　物＝二.一　又　人＝三×一.〇五　即　人＝三.一五　又　地＝四×一.〇五　即　地＝四.二　又　天＝五×一.〇五　即　天＝五.二五

設如造築甲、乙、丙鐵路三條，但云乙比丙遠三十里，均爲枝路，惟甲爲幹路。若三路各俱多築二十里，則甲遠可抵二乙丙之遠。若三路各俱少築三十里，則甲遠可抵三乙丙之遠。問三路各遠幾何。

中法：以二乘乙丙，加築四十里，得八十里，減甲，加築二十里，餘六十里于上。又以三乘乙丙，少築六十里，得一百八十里，減甲，少築三十里，餘一百五十里，與上相併，得乙丙和二百一十里。題言乙丙較三十里，若和加較，折半，得乙路一百二十里。若和減較，折半，得丙路九十里。二路相倍，加上，得甲路四百八十里。合問。

代數如題，得　甲丄二〇＝二(乙丄二〇丄丙丄二〇)　移項得　甲＝二乙丄二丙丄六〇㊤　又　甲丅三〇＝三(乙丅三〇丄丙丅三〇)　移項，得　甲＝三乙丄三丙丅一五〇　消㊤得　乙丄丙＝二一〇㊦　因　乙丅丙＝三〇　消㊦，同名相減，得　二丙＝一八〇　即　丙＝九〇　若異名相減，得　二乙＝二四〇　即　乙＝一二〇　則　甲＝一八〇丄二四〇丄六〇　即　甲＝四八〇

設如官司招兵，初日招五人，以後每日遞加七人，共招兵四百四十人。問招來幾日。

中法：立天元一得　太丨　爲日數，天元減一得　𝍤丨　爲日差，以天元乘之，得　太𝍤丨　合以二除之，爲增差。今不除，便爲倍增差，與每日遞加七人，相乘得　太𝍤丄　爲增率。副以初日招五人乘日數，得　太Ⅲ　倍之得　太〇丨　與增率相併，得　太Ⅲ丅　爲二倍招兵數，寄左。乃以二通，共兵四百四十，得八百八十，與左爲同數，相消　Ⅲ三丅　開平方得一十一日。合問。

附天元開方草【略】

代數草前題。【略】

令天代日數　天丅一　爲日差，$\frac{二}{天(天丅一)}$　爲增差，如題得　五天丄$\frac{二}{七(天^{二}丅天)}$＝四四〇　移除作乘，相消得　七天^{二}丄三天＝八八〇　配成平方，得　天^{二}丄$\frac{七}{三}$天丄$\left(\frac{一四}{九}\right)^{二}$＝$\left(\frac{一四}{九}\right)^{二}$丄$\frac{七}{八八〇}$　即　天^{二}丄$\frac{七}{三}$天丄$\frac{一九六}{九}$＝$\frac{一九六}{二四六四九}$　兩邊各開平方，得　天丄$\frac{一四}{三}$＝$\frac{一四}{一五七}$　即　天＝$\frac{一四}{一五七丅三}$　即　天＝一一

設如發電致友人，每報費洋一元，加補水譯費洋二角，但云共字數比每字之價多十八倍。統計報費、補水譯費，共用洋二十元〇五角二分。問字數、字價各幾何。

中法：立天元一得　太丨　爲每字之價，以多十八倍，加之得　太丨　爲共字之數，與天元相乘，得　太〇丨　寄左。乃以一元二角爲法，二十元〇五角二分爲實。法除實，得一十七元一角，與左爲同數。相消得　〇丨　約之得　〇丨　開平方得三角，爲每字之價，以十九乘之得五十七，爲共字之數也。

代數草先求字數。

令天代字數，如題得　一.二天$\left(\frac{一九}{天}\right)$＝二〇.五二　移項得　天^{二}＝

$\frac{\text{一.二}}{\text{一九}\times\text{二〇.五二}}$　即　天^{二}＝三二四九　開平方得　天＝五七　又　字價＝$\frac{\text{一九}}{\text{五七}}$＝三

清・崔朝慶《江南高等學堂算學課藝》

有$(a+b+c+d)(a+b-c-d)(a-b-c+d)(a-b+c-d)$及$(-a+b+c+d)(a-b+c+d)(a+b-c+d)(a+b+c-d)$。求此二式之和。　李鳴謙

［答曰：］$16abcd$

［演算過程略］

有人誤書二次式第二項之係數，求得二根，一爲 3，一爲 -8 又有人誤書其式末項之數，求得二根，一爲 5，一爲 -7 問其式之二根該若干。　鍾福慶

因一誤在第二項之係數，則末項之數未誤也。一誤在末項之數，則第二項之係數未誤也。其第二項之係數與末項之數，可從求得之根而知。凡二次式第二項之係數反其號必爲二根之和。故以正五與負七相加得負二，反其號爲正二，即二次式第二項之係數也。又二次式末項之數必爲二根相乘之積，故以正三與負八相乘得負二十四，即二次式末項之數也。由此知，其式爲　$x^2+2x-24=0$　兩邊各加 25 得　$x^2+2x-1=25$　各開平方，得　$x+1=\pm5$　移項，得　$x=\pm5-1$　知其二根，一爲 4　一爲 -6

有不等三正整數，任以二數相加，皆等於正整數之平方冪。求三數最小之值。　方彦忱

令三數爲 A、B、C，總數爲 P。

［答曰：］　$A=2\cdot4^2-2=30$　$B=2\cdot3^2+1=19$　$C=2\cdot2^2-2=6$

［演算過程略］

又崔朝慶《江南高等學堂課藝續編》

設二元一次方程式爲　$\frac{x}{8}+\frac{y}{6}=\frac{x}{4}+\frac{y}{2}=1$　求 x 與 y 之值。　喜　源

［答曰：］　$x=16$　$y=-6$

［演算過程略］

有二數，其和其積其平方之和，俱相等。問二數各若干。　張慶琦

［答曰：］　$x=\frac{3\pm\sqrt{-3}}{2}$　$y=\frac{3\mp\sqrt{-3}}{2}$

［演算過程略］

求證 $1+2x^4 \not< x^2+2x^3$　毛洪勛

命　$x=1\pm y$　則　$1+2(1+\pm y)^4 \not< (1\pm y)^2+2(1+\pm y)^3$　即　$1+2(1\pm4y+6y^2\pm4y^3+y^4)\not<(1\pm2y+y^2)+2(1\pm3y+3y^2\pm y^3)$　又即　$3\pm8y+12y^2\pm8y^3+2y^4\not<3\pm8y+7y^2\pm2y^3$　去相同之項，得　$5y^2\pm6y^3+2y^4\not<0$

以 y^2 除之，得　$5\pm6y+2y^2\not<0$　分開爲　$(1+2y+y^2)+(4\pm4y+y^2)\not<0$　即$(1\pm y)^2+(2\pm y)^2\not<0$　小於 0 之數爲負數。無論　$1\pm y$　與　$2\pm y$　爲正爲負，其平方必爲正數，故　$(1\pm y)^2+(2\pm y)^2\not<0$

求證 n 爲整數，則 $n^2(2n^4+3n^3-n^2-3n-1)$能以 36 約之。　張學純

因　$2n^4-n^2-1=(n^2-1)(2n^2+1)$　$3n^3-3n=3n(n^2-1)$　故　$n^2(2n^4+3n^3-n^2-3n-1)=n^2(n^2-1)(2n^2+3n+1)$　又因　$n^2-1=(n-1)(n+1)$　$2n^2+3n+1=(n+1)(2n+1)$　故　$n^2(2n^4+3n^3-n^2-3n-1)=(n-1)n^2(n+1)^2(2n+1)$　又因　$2n+1=(n-1)+(n+2)$　故　$n^2(2n^4+3n^3-n^2-3n-1)=(n-1)^2n^2(n+1)^2+(n-1)n^2(n+1)^2(n+2)$　凡相連三整數之連乘積必能以$\lfloor 3$約之。今後節之數，一爲連乘積之平方，一爲兩連乘積之相乘積，故能以$\lfloor 3\times\lfloor 3$約之。

求一之七乘根。　崔朝慶擬作。

命　$x=\sqrt[7]{1}$　化之得　$x^7-1=0$　由《代數術》第二百七十七款知　x^7-1　之各乘子之式爲　$x-1$　$x^2-2x\cos\frac{2\pi}{7}+1$　$x^2-2x\cos\frac{4\pi}{7}+1$　$x^2-2x\cos\frac{6\pi}{7}+1$　又因　$\cos\frac{6\pi}{7}=-\cos\frac{\pi}{7}$　$\cos\frac{4\pi}{7}=-\cos\frac{3\pi}{7}$　故　x^7-1　之各乘子之式可化爲　$x-1$　$x^2+2x\cos\frac{\pi}{7}+1$　$x^2-2x\cos\frac{2\pi}{7}+1$　$x^2+2x\cos\frac{3\pi}{7}+1$　又依解二次方程式之法解之，得　$x=1$　$x=-\cos\frac{\pi}{7}\pm\sqrt{\cos^2\frac{\pi}{7}-1}$　$x=\cos\frac{2\pi}{7}\pm\sqrt{\cos^2\frac{2\pi}{7}-1}$　$x=\cos\frac{3\pi}{7}\pm\sqrt{\cos^2\frac{3\pi}{7}-1}$　又　$\cos^2A-1=-\sin^2A$　故　$x=1$　$x=-\cos\frac{\pi}{7}\pm(\sin\frac{\pi}{7})i$　$x=\cos\frac{2\pi}{7}\pm(\sin\frac{2\pi}{7})i$　$x=-\cos\frac{3\pi}{7}\pm(\sin\frac{3\pi}{7})i$　又因《代數術》第二百六十一款有公式爲　$\cos nA\pm(\sin nA)i=\{\cos A\pm(\sin A)i\}^n$　故又可化各根爲　1　$\cos\frac{\pi}{7}\pm(\sin\frac{\pi}{7})i$　$\{\cos\frac{\pi}{7}\pm(\sin\frac{\pi}{7})i\}^2$　$\{\cos\frac{\pi}{7}\pm(\sin\frac{\pi}{7})i\}^3$

清・席淦　貴榮等《京師同文館算學課藝》卷二

今有不等邊之四邊形，惟兩邊平行，一爲十四，一爲九，相距六。其餘邊若引成三角形，求二形面積若干。　文　續

答曰：四邊形面積六九，三角形面積一一七又五|三。

法：以兩邊和二三半之，得一一又二|一，以乘相距六，得六九，爲四邊形積。次以相距六與矩邊九相乘，以兩邊較五除之，得一又五|四，加相距六，得七又五|四，以乘長邊半數七，得一一七又五|三，即三角形積。

如圖，甲乙丙丁四邊形，甲乙九，丙丁十四，庚辛六，引甲丙、乙丁至巳，成巳丙丁三角形。按幾何例，將甲乙、丙丁二邊各半之，相加，以乘其垂綫庚辛，即得形積。求三角形積，即於形内作巳辛垂綫，分原形爲巳辛丙、巳辛丁二句股形。次與庚辛平行作甲壬、乙戊二綫，作乙癸等甲丙，則巳庚甲與甲壬丙爲同式，甲庚乙與乙戊丁爲同式。夫兩分形既同式，則其和形亦必爲同式，故丁癸丁戊加壬丙。與乙戊比若甲乙甲庚加乙庚。與巳庚比，既得巳庚，以加庚辛，得巳丙丁三角形之垂綫，以乘丙丁半底，得形積。

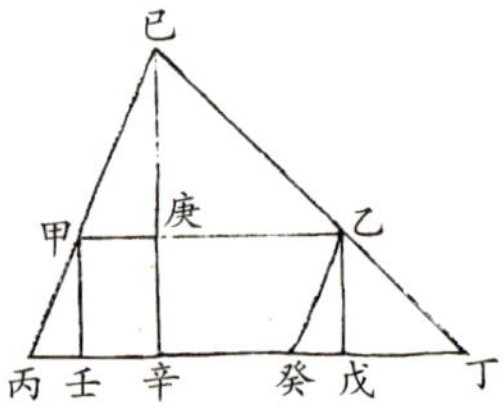

三角形或形内或形外或大邊上欲取一點，作三距角綫。令三距綫與三分邊和皆等。　　左秉隆

法：以三分邊各爲半徑，作相切三小圓。又求以一點爲心，作一大圓，容此三小圓，即得所求。今録其法於左。

如圖，有甲、乙、丙三小圓，求容此三小圓之大圓心丁法。任聯二小圓心如甲、丙。作甲戊綫，又作此二小圓之公切綫戊己。二綫相交於戊，乃自戊點作乙圓之切綫戊庚。自庚過乙作庚丁綫。次自乙、丙二圓切點作乙丙之垂綫至辛，以辛爲心，庚爲界度，丙圓周於壬。自壬過丙作綫，與庚丁相交於丁，即得所求。

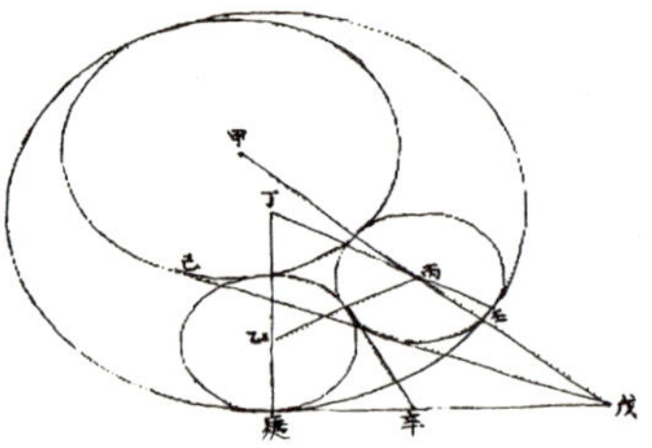

圓内二通弦直角相交，若以各分弦成方，則四方之和必與圓徑自乘等。試作圖明其理。　貴　榮

如圖，圓内任作庚丙、乙丁二正角交綫，交於癸。癸乙、癸庚二方等於乙庚方。癸丙、癸丁二方等於丙丁方。半丙庚於辛，過圓心壬引長之作辛戊綫。引丙丁作丙戊。從戊點作戊庚綫，必等於戊丙。己庚必等於丁丙。乙庚、庚己二方原等於乙己全徑方，亦必等於癸乙、癸庚、癸丙、癸丁四方和。

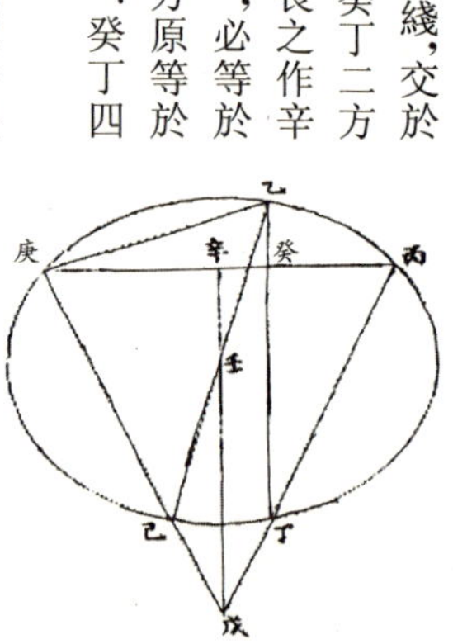

今有兩通弦平行而不在圓心一邊者，其一長八尺，一長六尺，相距七尺，求圓徑若干。　文　續

答曰：十尺。

如圖，壬爲圓心，甲乙、丙丁平行二通弦，庚辛圓徑，戊己相距。按幾何例，凡圓徑與通弦相交成直角，必平分通弦爲正弦。正弦自乘等於交點所分圓徑大小分相乘。今命戊點所分小分庚戊爲天元，命己點所分小分己辛爲地元，則有代數式如左。【略】

如是求得庚戊天元爲二尺，己辛地元爲天元減一，得一尺。二元并之，以加戊己七尺，得十尺，即圓徑。

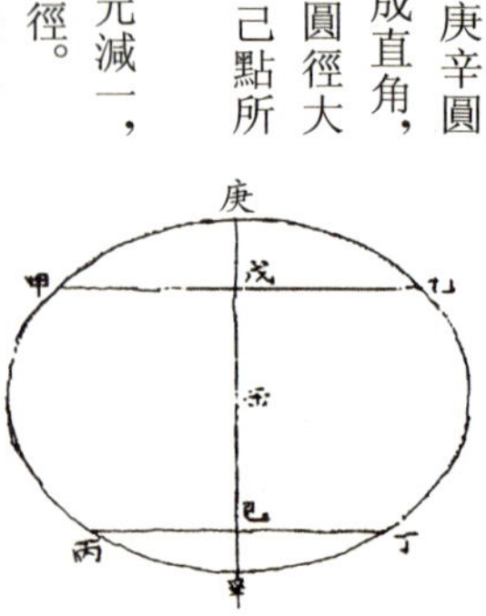

容圓之四邊形，其相對二邊之和必與餘二邊之和等。試作圖明其理。　貴　榮

如圖，甲乙丙丁容圓四邊形，從各邊切圓之點向圓心作半徑綫如戊心、己心、庚心、辛心。與各邊成直角。次從各角作分角綫，抵圓心如甲心、乙心、丙心、丁心。得同勢句股形者四。以乙戊心、乙辛心二形言之，乙心爲公弦，心戊、心辛兩句等，戊辛俱爲直角，心乙戊、心乙辛二角又等，則乙戊、乙辛必等。推之，甲己必等於甲戊，丁庚必等於丁己，丙庚必等於丙辛，然則甲乙必等於甲己、乙辛和，丁丙必等於丁己、丙辛和，甲乙、丙丁和，亦必等甲丁、乙丙和。

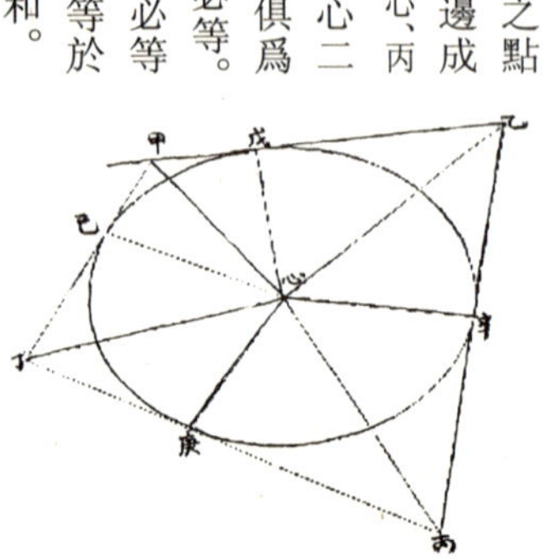

今有大小二圓相交，大半徑十七，小半徑十，交弧内二矢和六。求正弦及二

矢各若干。　貴榮

答曰：正弦八，大圓矢二，小圓矢四。

如圖，甲壬丁、甲辛丁大小二圓，壬戊爲大圓徑，乙戊爲其半，與乙甲等。辛己爲小圓徑，丙己爲其半，與丙甲等。兩圓相交於甲、於丁，甲丁爲兩圓通弦。甲庚爲兩圓正弦，與庚丁等。庚戊爲大圓甲戊弧之矢，庚己爲小圓甲己弧之矢，己戊爲二矢和。甲庚丙爲小圓中句股形。從甲點作甲辛、甲己二直綫，成辛庚甲、甲庚己大小二同式句股形。乙庚甲爲大圓中句股形。從甲點作甲壬、甲戊二直綫，成壬庚甲、甲庚戊大小二同式句股形，求圓矢如左。

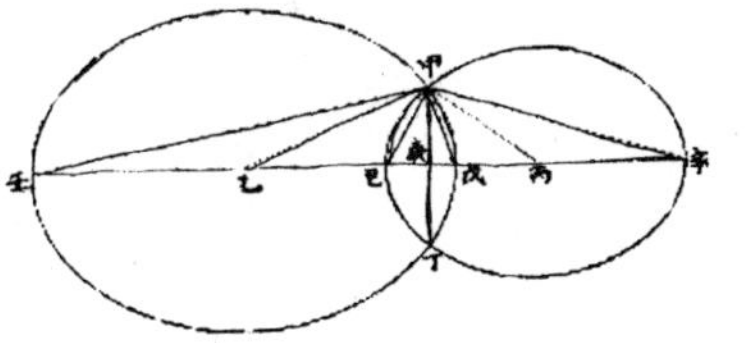

求大圓矢天元草【略】

法：以八四爲實，以四二爲法，除之得二，即大圓矢。

求小圓矢天元草【略】

法：以一九二爲實，以四八爲法，除之得四，即小圓矢。

求得大圓矢次求正弦比例【略】

法：以大圓矢二與二大半徑內減大圓矢，餘三二相乘，得六四，開平方得八，即正弦。

求得小圓矢次求正弦比例【略】

法：以小圓矢四與二小半徑內減小圓矢餘一六相乘，亦得六四，開平方得數同前。

大圓內容以半徑爲徑之二中圓，復於二隙容二小圓，有大圓徑一萬，求小圓徑若干。　陳壽田

答曰：一千六百六十六又三二。

如圖，丁、未二中圓，巳、午二小圓，甲乙與戊乙等，作丁巳聯心線，成丁乙巳句股形，以代數演之，如左。

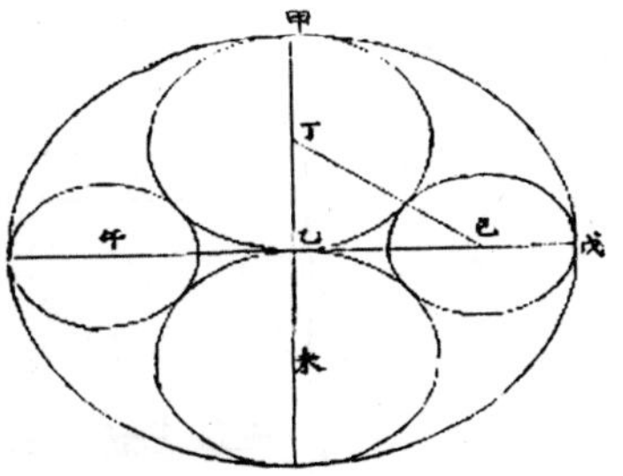

小圓徑＝天　【略】

圓內任取一點，任作三線至周，分圓而爲三分，求作三分所容三小圓。　左秉隆

如圖，甲爲圓內任取之點，甲乙、甲丙、甲丁爲任作三線。今欲求甲乙丙分所容之小圓心。法：先平分甲角，作甲戊線。次自大圓心己，與甲戊平行，作己庚線。又與甲乙平行，作庚辛切線。二線相交成角，乃自交點向甲作線至壬，復自壬向己作線，交甲戊於癸，即得甲乙丙所容之小圓心。餘二心皆可如法求之。

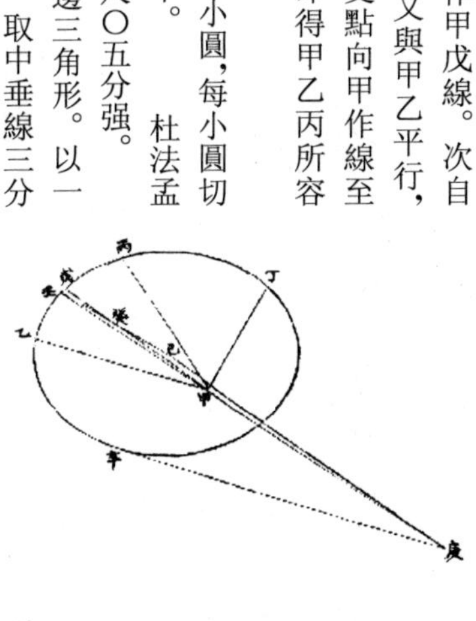

今有相等三大圓，相切隙中容三小圓，每小圓切二大圓。大圓徑十萬。求小圓徑若干。　杜法孟

答曰：小圓徑一萬〇一百〇二尺〇五分强。

法：自三大圓心，作三線，成等邊三角形。以一邊爲弦，半徑爲句，求得股爲中垂線。取中垂線三分之二爲心丙，三分之一爲丁心，與丁丙半徑成心丁丙句股形。又自小圓心甲至切點乙，至大圓心丙，作甲乙、甲丙二線，成甲丁丙、甲乙心二不等句股，甲乙心與心丁丙同式，甲丁丙與心丁丙不同式。甲乙甲子等爲小圓半徑，亦爲甲丙、丁丙較，以代數求之，有等式　甲乙＝小半徑＝天　【略】

取小圓心法，作丙心丁之分角線，割大圓於子。作丙子半徑，引長遇心丁垂線於甲，即小圓心。餘二圓仿此。

【略】開方得半徑，倍之得全徑。

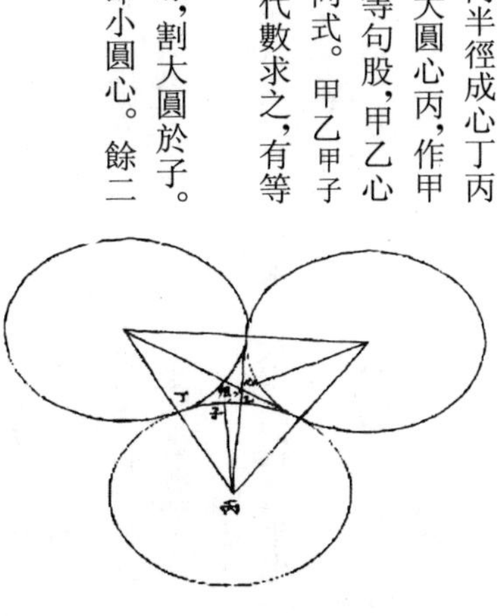

三角內求作相等相切六圓。　懿善

平分三邊形之三邊於一、二、三，作乙一、丙二、甲三三中垂線，相交於丁。平分丁甲一角，作分角線遇丁一線於子。以丁爲心，以丁子爲度，度於二三兩線，遇於丑與寅，則丑子寅爲所求之三圓心，而子一爲其半徑。若過子點作線與甲丙邊平行，遇甲三丙二兩線於卯辰，又自卯與辰各作線，與甲乙、乙丙兩線平行，則得又三圓心。

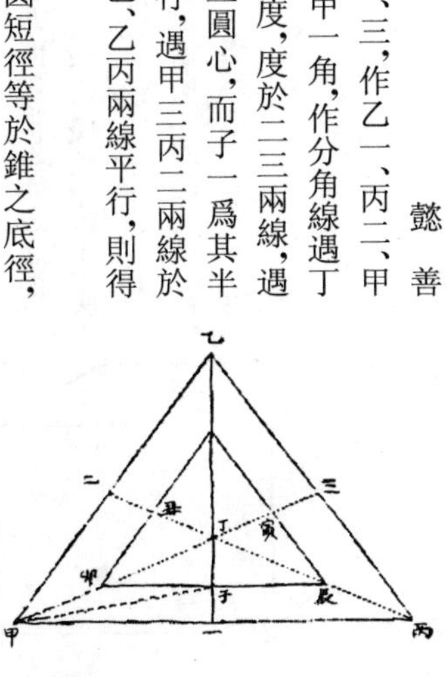

有長橢圓體及圓錐體，橢圓短徑等於錐之底徑，

長徑等於錐高。此二體和即等徑、等高之圓柱。試解其理。　蔡錫勇

如圖，甲乙丙丁爲圓柱積，其長甲乙戊己、丙丁并同。即戊己庚辛撱圓體之長徑。戊乙丁錐體之高，其闊甲丙庚辛、乙丁并同。即撱圓體之短徑、錐體之底徑。夫渾圓本得同徑圓柱積三分之二，錐體得三分之一，撱圓亦然。今以甲丙短徑求得甲壬丙癸圓面，甲乙乘之，爲柱積，三歸之爲戊庚辛半撱圓積，亦爲戊乙丁圓錐積，則戊庚己辛全撱圓積必得圓柱積三分之二，戊乙丁圓錐積必得圓柱積三分之一，故相併即圓柱積也。

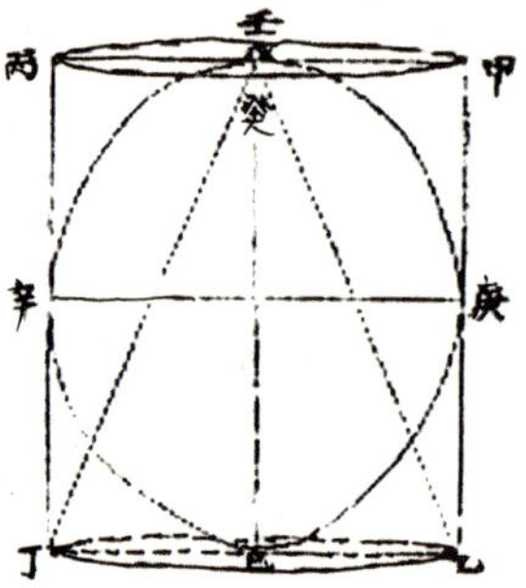

大球截積，内求所容相等相切三球。　蔡兆熊

如圖，子辰午爲大球截積，子午爲截積通弦，己午爲正弦。取丑未，倍己午，作丑未寅等邊三角形，其中垂線寅己。引長己申至卯。令申卯等於半己申，以卯爲心，寅爲界，截辰卯線於酉，則酉己爲小球全徑，乃於截積平圓面内以圓心己爲心，酉己爲邊，作等邊三角，其三角點即小球切點也。

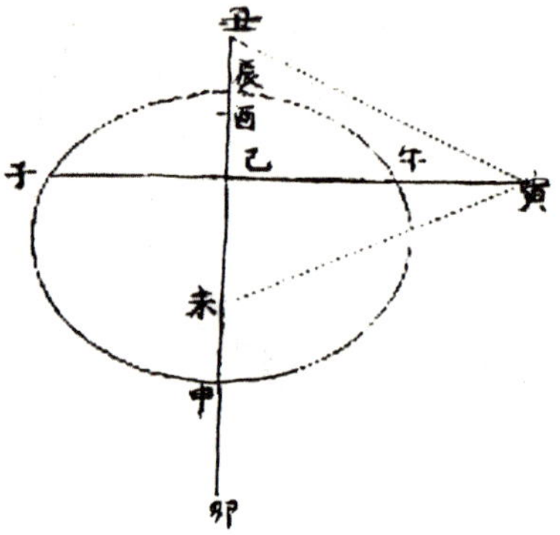

又圖，設三球心爲乙，爲丙，爲甲。作三線相連，成乙甲丙等邊三角形，其心爲戊，丁爲大球心，作丁戊、丁丙，成戊丙丁句股，乃立小球半徑爲天。【略】

依式是三正弦爲方正實，六大矢爲長闊較，開四個方，得小球半徑。三大矢爲長闊較，開一個方，爲小球全徑。寅己方三倍午己方。己卯爲半較，得酉己，即爲小球徑。

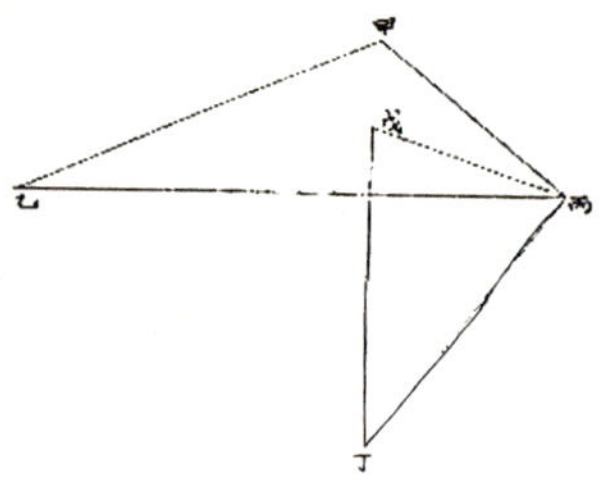

六面體内容八面體，其二體比例若何。　汪鳳藻

如圖，甲乙正六面體，先求作内容八等面體。法：取子乙、乙丑、丑卯、卯子四面之心丙、丁、戊、巳四點，作丙巳、巳戊、戊丁、丁丙四線，成丙戊直角四等邊形，即内容八面體半錐體之底面。次取子丑、乙卯二面之心庚、辛二點，作庚丙、庚丁、庚巳、庚戊、辛戊、辛丁、辛巳、辛丙八線，成庚辛丁己八等面體。其六角均切六面體之面心。欲明二體之比例，命六面體之一邊爲甲，八面體之一邊爲乙，以數明之。【略】

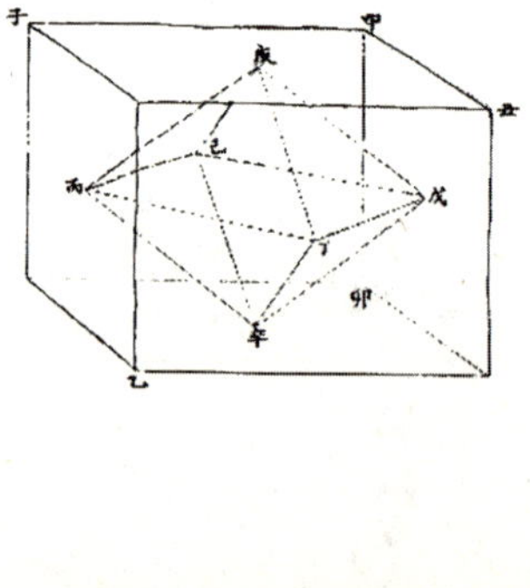

今有平圓、立圓、平方、立方各一，只云取平圓積九分之一、立圓積九分之二、平方積五分之三爲共，内減立方積九分之八餘二尺。又取平圓積九分之一、立方積九分之二、立圓積四分之一爲共，内減平方積五分之四不足二尺。又取立圓積四分之一、立方積九分之二、平方積五分之一爲共，内減平圓積三分之二餘二尺。又取平方積五分之一、立方積九分之四、平圓積三分之一爲共，内減立圓積九分之七不足二尺。又立圓徑少於平方邊一尺，而多於立方邊一尺，爲平圓徑三分之二。求四者各若干。　陳壽田

答曰：平圓徑六尺，立圓徑四尺，平方邊五尺，立方邊三尺，平圓積二十七尺，立圓積三十六尺，平方積二十五尺，立方積二十七尺。

平圓積=天　立圓積=地　平方積=人　立方積=物【略】

今有正圓球三角垛，共十球，球徑一尺。求垛頂至平面高若干。　杜法孟

答曰：二尺六寸三分强。

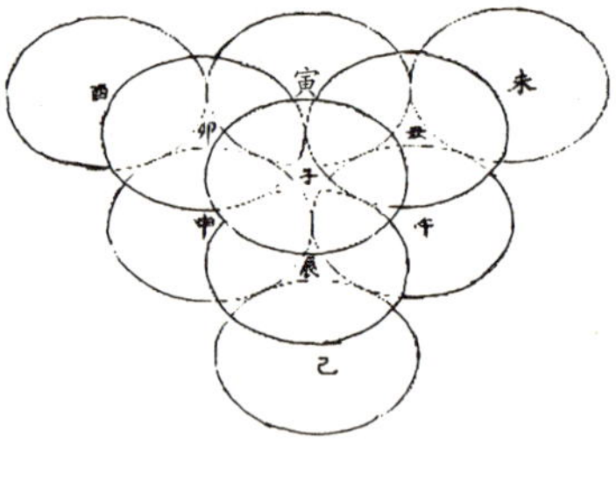

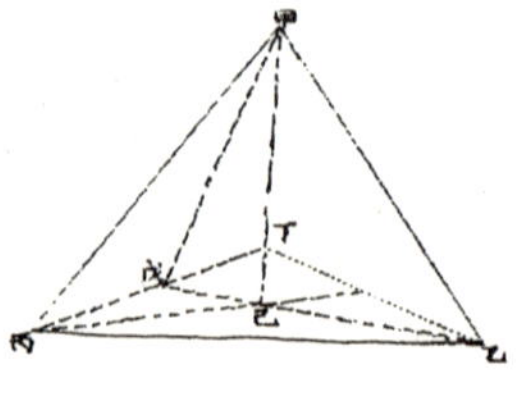

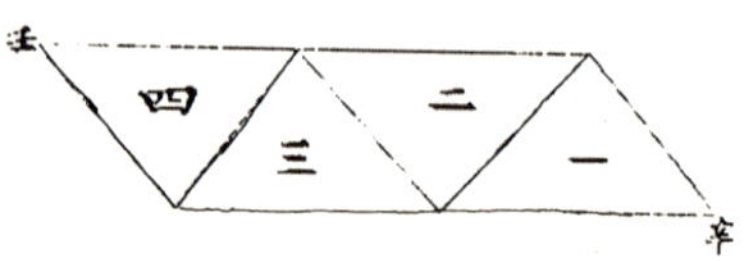

法：自上層一球與中層三球四球心作六線，成六等邊形。邊與球徑等，以一邊爲弦，半邊爲句，求得股，爲每一邊之中垂線。又以一邊爲弦，中垂線三分之二即分角線。爲句，求得股，爲六等邊。自尖至底中心之立垂線倍之，加球徑，爲垜頂至平面之高。

如圖，子、丑、辰、卯、巳、午、未、寅、酉、申十球，子爲上層，辰、丑、卯爲中層，巳、午、未、寅、酉、申爲下層。試自子、辰、丑、卯四球心作甲、乙、丙、丁六邊形稜，六角四平鋪之，則面亦四如壬辛。各成一等邊三角形。試以乙丙丁一面爲底，取乙丙一邊爲弦，丁丙一邊折半爲句，求得乙戊股爲底面之中垂線。又以甲丙一邊爲弦，巳丙中垂線三分之二。爲句，求得甲巳股，爲自尖至底中心之立垂線，即六邊形之高亦即上層球心至中層球心之高，亦即中層球心至底層球心之高，故倍之，加上下二半徑，得垜頂至平面之高。

又法，以倍球徑爲邊，作六等邊形。如前法求得立垂線加球徑，即得如前圖甲乙邊倍，則甲巳立垂線必倍，故加球徑即得。

又法，以每邊自乘，三歸二因，開平方即得自尖至底中心之立垂線。如前圖戊丙爲甲丙線之半，則戊丙方爲甲丙方四分之一，甲戊方必爲甲丙方四分之三，亦即十二分之九。又巳戊線爲甲戊線三分之一，則巳戊方爲甲戊方九分之一。甲巳方必爲甲戊方九分之八，亦即甲丙方十二分之八，亦即甲丙方三分之二，故以每邊自乘三歸二因，開平方，得立垂線。

又　卷三

有平句，有明股，求圓徑。　　長秀

半徑＝天　平句＝甲　明股＝乙　$\frac{天}{甲乙}$=梯頭　$\frac{天}{甲乙}$丄二甲=梯底　梯頭梯底＝半徑^{二}　【略】

有底句，有明股，求圓徑。　　長秀

半徑＝天　底句＝甲　明股＝乙　$\frac{甲}{天^{二}}$=平句弦較　甲丅$\frac{甲}{天^{二}}$=二平句

二高句平句弦較＝二平句高句股較　【略】

有邊股，有平句股較，求圓徑。　　廷鐸

半徑＝天　邊股＝甲　平句股較＝乙　【略】

有底弦較和，有高句股較，求圓徑。　　辛澤賢

半徑＝天　和＝甲　較＝乙　乙丄天＝高股　甲丅二天丅乙＝高弦

句^{二}丄股^{二}＝弦^{二}　【略】

有斷弦和較，有平句，求圓徑。　　王鎮賢

半徑＝天　斷弦和較＝甲　平句＝乙　【略】

有斷句股較，有大弦和和，求圓徑。　　聯印

圓徑＝天　斷句股較＝甲　大弦和和＝乙　【略】

有大弦，有叀句，求圓徑。　　王鎮賢

半徑＝天　大弦＝甲　叀句＝乙　$\frac{甲}{(天丄乙)(二天丄二甲)}$=大句　【略】

有大弦，有底句，求圓徑。　　王鎮賢

半徑＝天　大弦＝甲　底句＝乙　【略】

有明弦，有底句，求圓徑。　　斌衡

半徑＝天　明弦＝甲　底句＝乙

有明弦，有高股，求圓徑。　　王鎮賢

半徑＝天　明弦＝甲　高股＝乙　$\frac{乙}{(乙丅天)^{二}}$=斷句股較　【略】

又

有圓城，正東正南皆有門。甲出南門三十步而立。乙出東門南行，望甲與城墻在一線上，復斜行至甲處，共行三百九十步。求城徑若干。　　汪遠焜

答曰：二百四十步。

如圖，子南東圓城形，庚南爲甲行步數，即叀句，亦即平股弦較。庚丁爲平股，即半城徑。庚丙爲平弦，丁東、心庚二線同。丙東爲底句，加庚丙爲底句平弦和，即乙行步數。

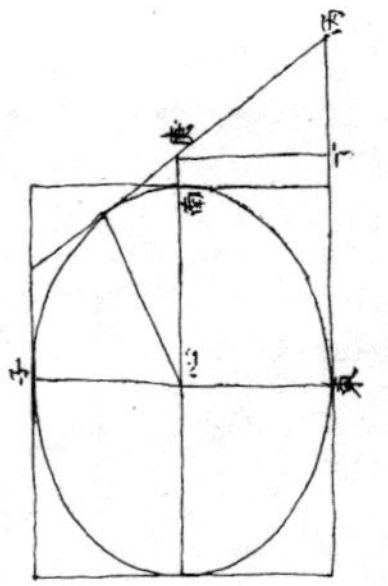

城半徑＝天＝平股　甲行步數＝叀句＝甲＝平股弦較

乙行步數＝底句平弦和＝乙　【略】

有圓城，甲出南門東行七十二步而立。乙出北門北行一百五十步，復東行二百八十步望見甲。求城徑若干。　　杜法孟

答曰：二百四十步。

如圖，乙戊爲城徑，子丑爲半徑，甲乙丁丙等。爲甲出南門東行七十二步。

戊丁己庚等。爲乙出北門北行一百五十步。辛丁爲東行二百八十步。試以甲丙戊丁加城徑。爲一率，丙辛丁辛內減甲乙。爲二率，己庚爲三率，求得四率庚辛，與丁辛相減，得庚丁。戊己等。甲乙子丑小四邊形與子丑己戊大四邊形同式。甲乙與子丑比若子丑與戊己比。

城半徑＝天＝丑子　甲乙＝梯頭　【略】

開方得半徑，倍之得全徑。

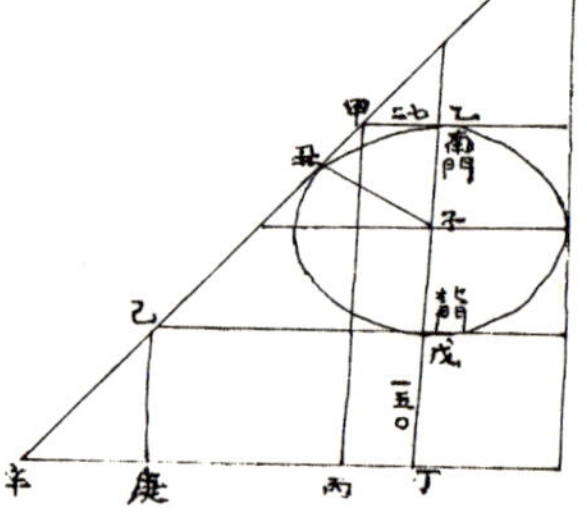

二明股弦較等於虛弦和較。試作圖解。

陳壽田

如圖，甲乙丙明句股，卯丙午虛句股。試自圓心巳至切點作巳戊線，癸午與午戊等，丙乙與丙戊等，則丙午虛弦與丙乙午癸和等，加卯丙、卯午虛句股和，得卯乙、卯癸和，爲虛和和，與乙丑等。試取丁點，令甲丁等於明弦，則乙丁爲明股弦較。夫甲巳與甲午等，甲丁、甲丙同爲明弦，以甲巳減甲丁，得丁巳。以甲午減甲丙，得丙午，爲虛弦。依顯丁巳亦爲虛弦。復取己子，令與丁己等，則子丑亦爲明股弦較，與乙丁必等。丁子必爲二虛弦。以乙丑虛和和減之，得乙丁、子丑二段之虛弦和較，亦即二明股弦較，故二明股弦較等於虛弦和較也。

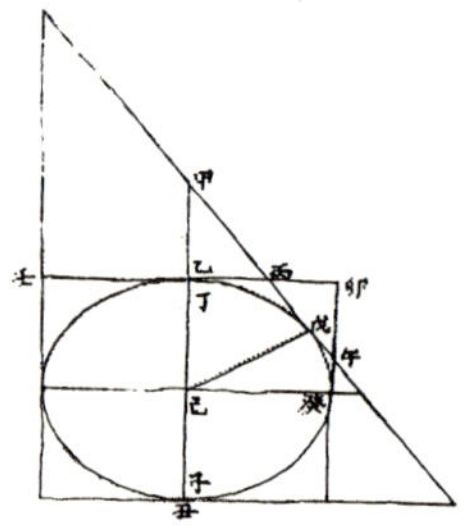

虛句叀弦較等於叀句股較。試作圖解。

英鐸

如圖，子丑虛句，丁戊叀弦，以子丑與丑戊叀句相加，得子戊，爲平句。以丁戊與地丁叀股相加，得地戊，亦爲平句。試於子戊平句內減去丁戊叀弦，餘必等於地丁叀股。再於地丁叀股內減丑戊叀句，餘即爲叀句股較也。

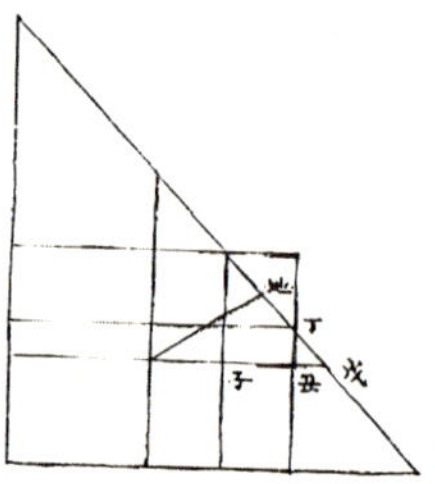

大股內減邊弦等於平句股較。試作圖解。　陳壽田

如圖，戊爲圓心，甲乙爲大股，作丁戊線，與丑戊正交。戊丁丙平句股，甲丁壬爲邊句股，甲丁爲邊弦，丙丁爲平句，丙戊平股與丙乙等，則丁乙即平句股較。以甲乙減甲丁，得丁乙，即平較。故大股減邊弦等于平句股較也。

大股內減平句股較等於邊股平句和。試作圖解。

懿善

如圖，甲乙丙大句股，甲巳丁邊句股，丁戊丙平句股，甲乙大股，甲巳邊股。丁戊平股[與]巳乙等。取巳庚如丙戊，爲平句。巳乙平股內減巳庚平句，即庚乙平句股較，故甲乙大股內減庚乙平句股較，等於甲巳邊股加巳庚平句。

叀句股和內減虛股弦較，等於叀弦。試作圖解。

承霖

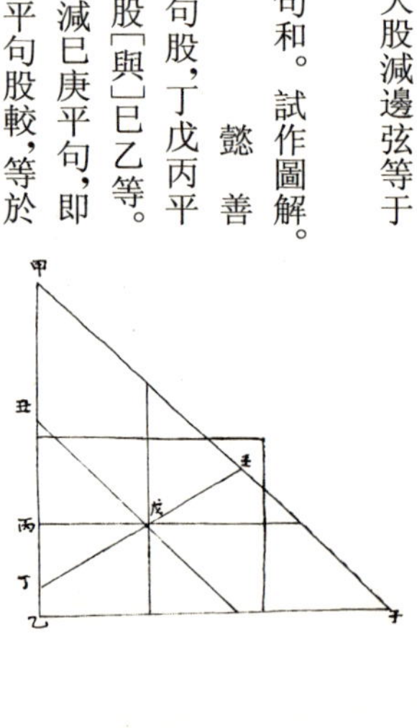

如圖，庚壬丙爲半徑，爲股之平句股。其弦則庚己虛弦、己丙叀弦和。其股則庚戊虛股、戊壬叀股和。其股弦較必爲虛股弦較、叀股弦較和，而丁辛、乙辛同爲半徑，則平股弦較又等叀句。依句股例，和較小較相加爲句，則虛股弦較必等叀弦和較，叀句股和減叀弦和較即虛小較。故等於叀弦。

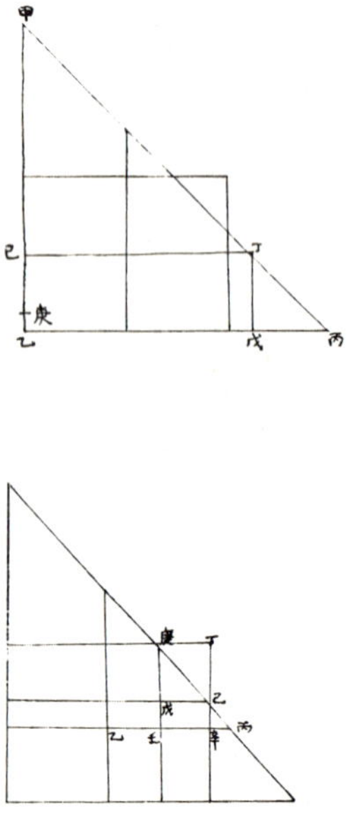

明股叀句相乘等於虛句股積。試言其理。

王宗福

如圖，甲子己大句股外之丙天丁，爲虛句股。今自圓心作甲己之垂綫心地，則丙地等丙辰，明句。地丁等丁戊，叀股。天辰內減天丙虛句，餘爲半虛較和。天戊內減天丁虛股，餘爲半虛較較。緣天辰、天戊均爲半虛和和故。按：較較乘較和等於二直積，則明句之半虛較和乘叀股之半虛較較，必等於虛句股積。惟明句乘叀股原等於叀句乘明

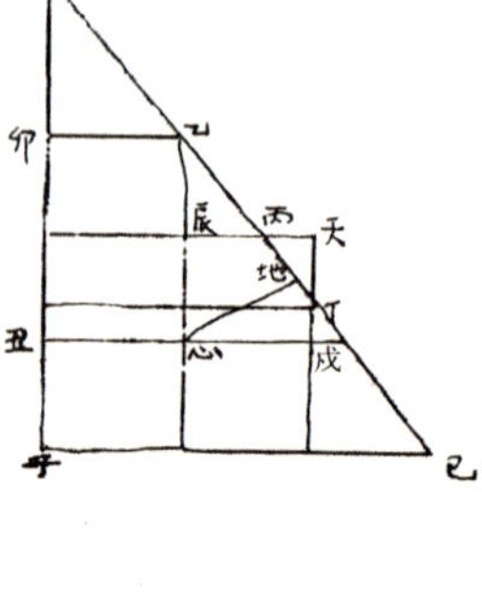

股，故明股叀句相乘，等於虛句股積。

高股乘平句等於明股弦和乘叀句弦和。試作圖解。

胡玉麟

如圖，甲乙丙大句股，乙丁容圓方。自心至切點作戊巳線，正交甲丙，則辛巳戊爲高句股，戊巳庚爲平句股，以半徑爲句，半徑爲股故。巳癸等癸寅，巳子等子丑，則辛巳高股爲明句弦和，巳庚平句即爲叀股弦和。故明句弦和高股。與叀句弦和比若明股弦和與叀股弦和平句。比。

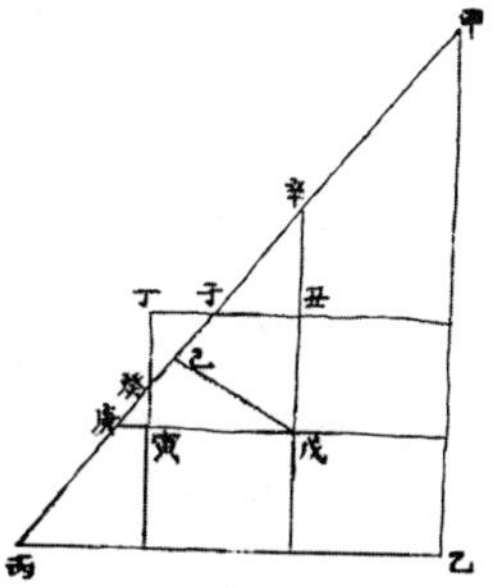

大差句乘小差股，等於虛句乘大股，亦等於邊股乘倍叀股。試作圖解。

胡玉麟

如圖，甲乙丙大句股，乙丁容圓方，戊辰丙底句股，癸午丙平句股，子寅大差句，巳丑小差股。自圓心至切點作甲丙正交線辛壬，則戊壬辛爲高句股，辛壬癸爲平句股。以半徑爲句，半徑爲股故。壬癸等丙午，壬丙即等丙辰，則戊丙底弦減壬丙底句，餘戊壬等甲庚。庚乙原等戊辰，則甲乙大股即爲底弦較和。又壬巳等巳未，子壬即等子卯。作巳申線與丙乙平行，作子酉線與丁丑平行，則戊申等戊壬，申辰即爲底弦和較，等申辰之巳丑，亦爲弦和較。子酉癸亦爲平句股，辛未等丁未，則未癸爲平股弦較，未酉即爲平弦和較，等未酉之丁子，亦爲其弦和較。夫寅丁全徑原爲二平股內減丁子平弦和較，則子寅大差句即平弦較和也。故平弦較和大差句。與底弦較和大股。比若平弦和較虛句。與底弦和較小差股。比。

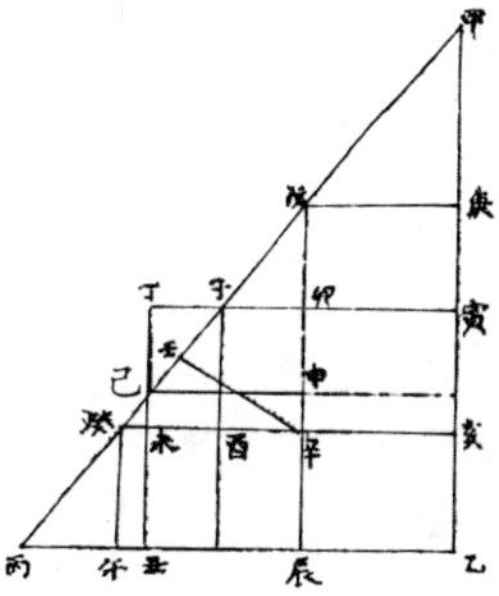

又壬子等子卯，寅亥等寅卯，甲壬即等甲亥，則壬癸即爲邊股弦較。壬癸原等癸酉，則酉亥即爲邊弦和較，等酉亥之子寅，亦爲其弦和較。又壬巳原等巳未，丑辰原等丑未，二壬丙即小差三事和，內各減巳丙小差弦，餘二巳壬叀股，即爲小差弦和較，故邊弦和較大差句。與小差弦和較二叀股。比若邊股與小差股比。

又　卷四

造句股最簡之法若何。

貴　榮

第一術　取一數

第一法　設奇數三爲句，自之得九，減一，折半，得四，爲股。加一，折半，得五，爲弦。

第二法　設偶數八爲句，折半得四，自之，減一，得十五，爲股，加一得十七，爲弦。

第二術　取二數

第一法　設相連二數三與四相加得七，爲句。相乘，倍之得二十四，爲股。股加一得二十五，爲弦。

第二法　設間一二數三與五相加得八，爲句。相乘得十五，爲股。股加二得十七，爲弦。

第三法　設任取二數二與六，相乘，倍之得二十四，爲句。各自之，相減得三十二，爲股。相加得四十，爲弦。

第三術　取三數

只一法　設連比例三數二與四與八，首末兩率相加，折半得五，爲弦。相減，折半得三，爲句。中率四爲股。

以上三術共六法，第二術較第三術簡，第一術較第二術爲最簡。

句股形有對句股二角，有弦和較，求句股弦。其法若何。

貴　榮

法：以半徑爲一率，句旁半角餘切爲二率，弦和較爲三率，求得四率，爲弦較較。與弦和較相加，折半，爲句。相減，折半，爲股弦較。次以半徑爲一率，股旁半角餘切爲二率，弦和較爲三率，求得四率，爲弦較和。與弦和較相加，折半，爲股。相減，折半，爲句弦較。并句弦較、股弦較，以加弦和較得弦。

如圖，甲乙丙句股形，從句股二角各作平分綫，於交點丁向句股作垂綫，如丁巳，如丁戊。視丁己爲半徑，則丙己爲句旁半角餘切，丁己半徑。與丙巳句旁半角餘切。若丁巳半弦和較。與丙巳半弦較較。亦若倍丁巳弦和較。與倍丙巳。弦較較。視丁戊爲半徑，則甲戊爲股旁半角餘切。丁戊半徑。與甲戊股旁半角餘切。若丁戊半弦和較。與甲戊半弦較和。亦若倍丁戊弦和較。與倍甲戊。弦較和。

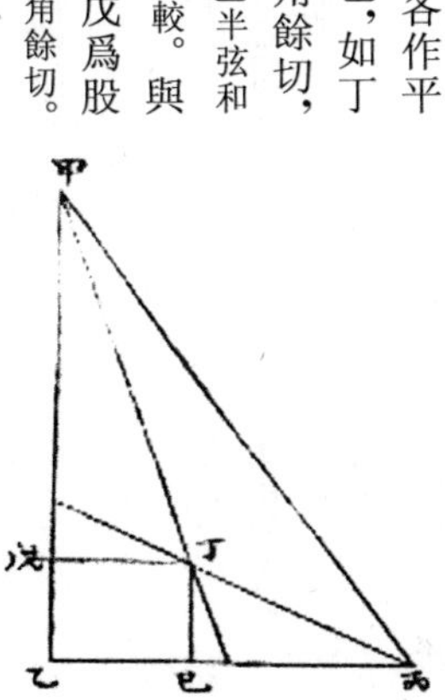

又解

如圖，句股形，設股爲半徑，則句弦和爲句旁半角餘切。甲乙句弦和乘句弦較原等丙丁股方兩冪。每減一，同用丙乙矩，句弦較乘股。每加一，己戊矩。弦和較乘弦較較。則巳丙股乘弦較較即半徑乘弦較較。必等於己乙句弦和乘弦和較。即句旁半角餘切乘弦和較。

又圖，句股形，設句爲半徑，則股弦和爲股旁半角餘切。甲乙股弦和乘股弦較原等丙丁句方兩冪。每減一，同用丙乙矩，股弦較乘句。每加一，戊己矩。弦和較乘弦較和。則巳丙句乘弦較和即半徑乘弦較和。必等於己乙股弦和乘弦和較。即股旁半角餘切乘弦和較。

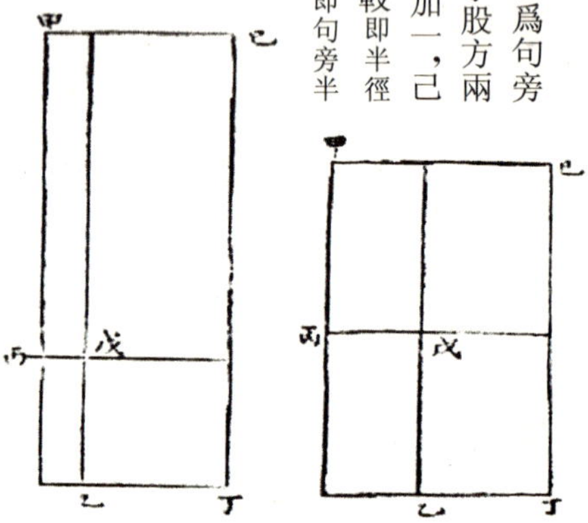

汪鳳藻

有句股較，有弦和和，求對句股之二角。其法若何。

法：以句股較爲一率，弦和和倍之爲二率，半直角正弦爲三率，求得四率，爲較。又仍以前二率爲一二率，以半徑爲三率，求得四率，自乘轉加半徑自乘之倍，開方得數與較相減，爲半較角餘割。既得半較角，則與半直角相加減，即得句股二旁角。

如圖，甲乙丙句股形，以甲乙弦爲半徑，作丁戊象限，半之於巳。復作巳庚象限，則巳甲乙角爲半較角，乙甲庚角爲其餘角，庚辛爲其餘切，辛甲爲其餘割。乃自辛與乙丙平行作線，將甲丙引長遇於癸，成甲辛癸句股形，與原形同式，而有比例。

一率　原形句股較

二率　原形倍弦和和

三率　半直角正弦甲子爲甲丑之半，即甲辛癸形半句股較。

四率　較甲辛癸形之弦和和。

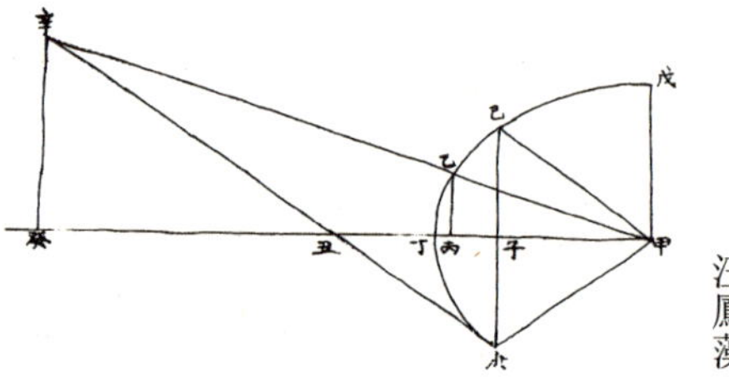

再比例

一率　原形句股較

二率　原形倍弦和和

三率　半徑即甲辛癸形句股較，自乘，折半，開方之數。

四率　甲辛癸形倍弦和和自乘，折半，開方之數。

以後得之四率自乘，爲甲辛癸形弦和和方二，加半徑自乘之倍，即如加一句股較方。夫弦和和方二、句股較方一，併之開方，得方邊，爲弦與弦和和之和也。故與先得四率相減，餘爲弦，即半較角餘割。

弦和和方二加句股較方一等於弦與弦和和併自乘方圖

甲乙爲弦　乙丙爲股　丁丙爲句　丁戊等甲乙

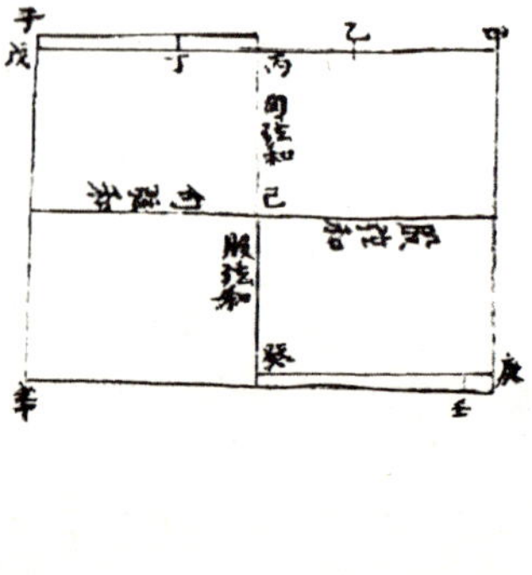

移癸壬補子丙，則成甲巳、巳子、辛巳、巳庚四箇句弦和。股弦和矩與兩箇弦和和方等，加一庚壬句股較方，即成甲辛正方。其方邊爲弦與弦和和之和。

弦和較乘弦和和，等於二直積。試作圖明其理。

汪遠焜

如圖，甲乙丙句股形，以弦句爲半徑，各作圓。引長乙丙股至己及丁未，作甲己、甲戊二直綫，則成甲丙己、甲丙戊大小二同式句股形。丁戊小句股較本形弦和較。與甲丙小股本形句。之比若丙壬丙己內減去等丙戊之己壬即得。大小二句股較和本形二股。與甲丙、丙己大小二股和本形弦和和。之比。故弦和較乘弦和和等於二直積。

中垂綫乘弦，等於圓徑乘半和。試作圖明其理。

貴榮

如圖，甲乙丙句股形，甲壬句弦較，癸丙股弦較，壬癸爲弦和較方。即圓徑方。依乙丁中垂綫平行作甲戊、丙巳

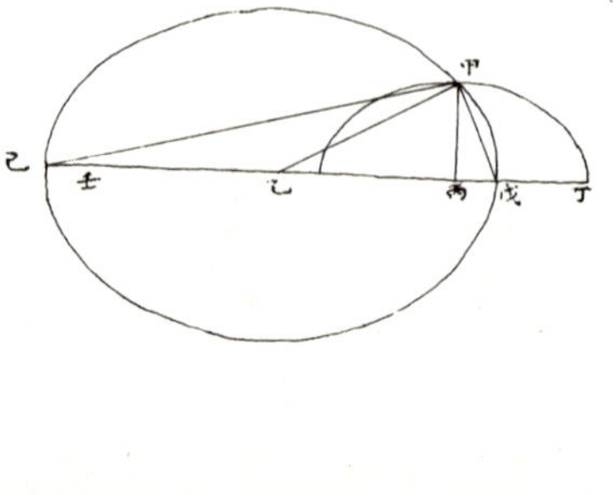

二綫。次依甲丙平行作戊巳綫，聯之則戊丙爲中垂綫乘弦，移甲乙戊於丙庚辛，移丙乙巳於甲庚辛，戊丙中垂綫乘弦必等於辛乙句股直積。除甲癸矩不動外，移子癸股弦較乘弦和較於癸丑，將辛寅股弦較乘句弦較改爲甲卯弦和較半方，則卯丑圓徑乘半和，辰丑弦和較即圓徑。亦等於辛乙句股直積。卯丑與戊丙既各等句股直積，則二矩宜無不等。所以中垂綫乘弦等於容圓徑乘半和。

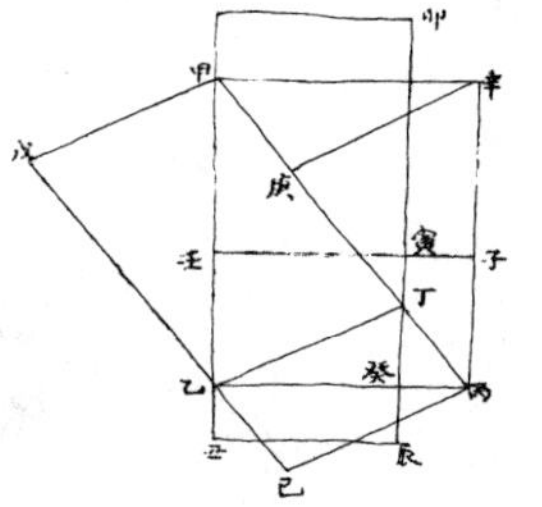

三事和乘邊綫較，等於圓徑乘邊綫和。試作圖明其理。

王鍾祥

如圖，甲乙丙句股形，乙丁中垂綫，乙巳、戊巳均爲方邊。自己作乙丁、丁丙之垂綫巳庚、巳辛，成乙庚巳、戊辛巳二句股形，與本句股形同式，均以方邊爲弦，則二形必等。夫庚巳等巳辛，亦等庚丁，則乙庚巳三事和即等於邊綫和，而邊綫較即等其弦和較，故大三事和與小弦和較即邊綫較。相乘等於小三事和即邊綫和。與大弦和較。即圓徑。相乘也。

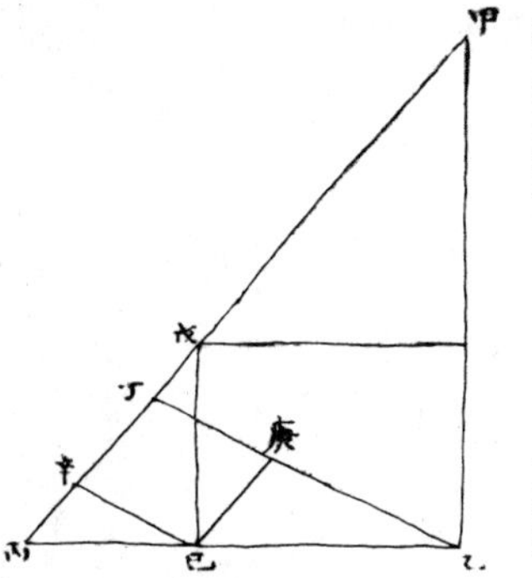

句乘弦較，等於三事和乘股弦較。試作圖明其理。

貴榮

如圖，甲乙丙句股形，以弦爲半徑，作丙戊己丁圓。次從丙角作丙丁及丙戊二綫，成丁乙丙及丙乙戊大小二同式句股形。何則？試引長丙乙作丙己綫，丙己正交丁戊，各至圓界。戊己弧等於戊丙弧，丁己弧等於丁丙弧。小形丙角所當戊己弧與大形丁角所當戊丙弧等。小形戊角所當丁丙弧與大形丙角所當丁己弧等。餘二乙角又俱直角，所以同式大句本形句。與大句股和本形三事和。之比若小句本形股弦較。與小句股和本形弦較較。之比。

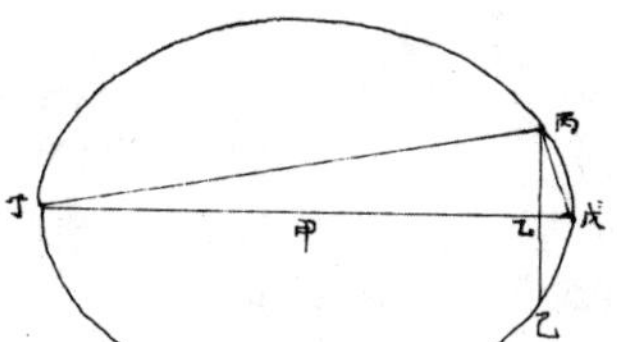

句弦和乘弦和較，等於弦較較乘股。試作圖明其理。

貴榮

如圖，甲乙丙句股形，丁乙爲弦和較，丁戊爲其方，戊丙爲股弦較，戊己爲其倍，乙己爲弦較較，甲丁爲句弦較，甲己矩爲弦較較乘股冪。除甲戊矩不動外，試將庚辛二股弦較乘句弦較矩改爲戊壬弦和較方。次移辛巳二股弦較乘弦和較矩，補於壬癸，成一甲癸冪。其長即句弦和，其闊即弦和較，與原積甲己冪必等。

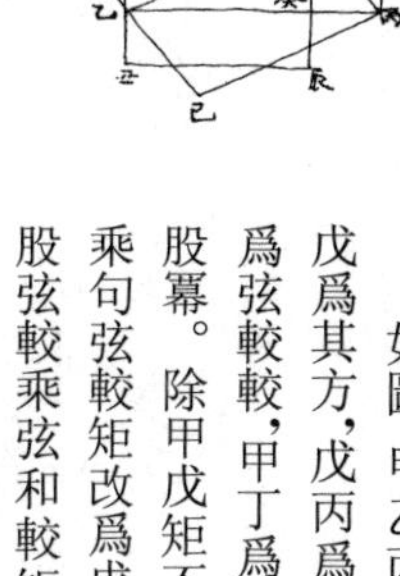

倍股乘股弦較等於弦和較乘弦較較。試作圖明其理。

杜法孟

如圖，甲乙丙句股形，丙子爲股弦較，丙丁爲其方，丙戊爲句，丙己爲其方，戊子爲弦和較，戊庚丁磬折形爲弦和較乘弦較較，丁辛壬磬折形爲倍股乘股弦較二形之積等。試各加一丙丁正方，則子辛壬爲股弦較乘股弦和，丙己爲句方，其積原等。今各減一丙丁正方，其積仍等。

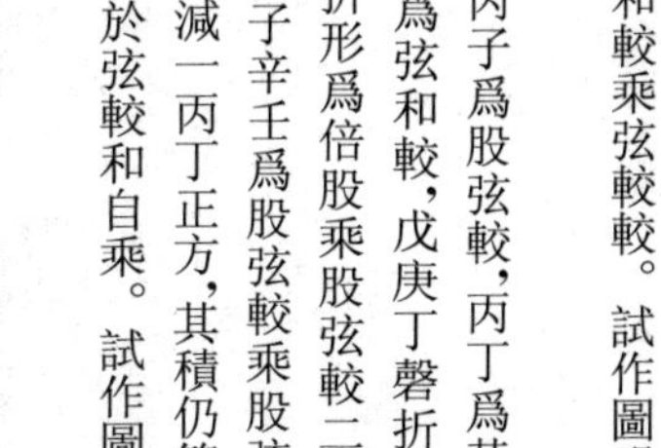

句弦較乘倍股弦和，等於弦較和自乘。試作圖明其理。

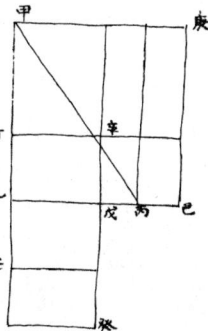

貴榮

如圖，甲乙丙句股形，依弦作戊丙己半圓，甲爲圓心。從形心作三分角綫及三垂綫，復從丙作丙戊綫，成戊乙丙、甲丁心大小二同式句股形，可以比例。

一率　小句股較　本形句弦較
二率　倍小股　本形弦較和
三率　大句股較　本形弦較和
四率　倍大股　本形倍股弦和

前題。

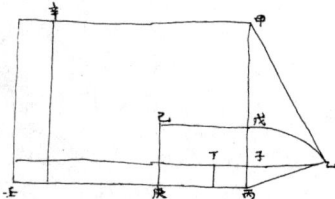

李逢春

如圖，甲乙丙爲邊句股，丁戊己爲明句股，甲庚己爲大差句股，戊辛爲明句，自乘壬癸與邊句等庚壬，爲明句，乘邊句之積，倍之得丑壬，爲明句，乘邊句之倍積，必與子辛大差句自乘等。何則？因丑辛爲同用之積，所餘子寅、寅壬二積亦等。因卯寅爲二明句，乘虛句寅辰亦爲二明句乘虛句。卯丑

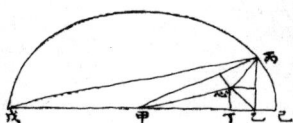

爲平弦和較方，午壬爲平股弦較乘二平句弦較。此二積又等。故明句乘倍邊句等於大差句自乘也。明句即句弦較，邊句即股弦和，大差句即弦較和。

股弦和乘倍句弦較，等於弦較和自乘。試作圖明其理。　汪鳳藻

如圖，甲乙丙句股形，甲丙爲股，乙丁爲股弦和，乙戊爲其方，己丁爲弦較和，己庚方弦較和自乘也。己辛爲倍句弦較，辛壬長方股弦和乘倍句弦較也。曷見己庚辛壬二形積等乎？曰：除同用之己癸矩餘丁癸，弦和較乘弦較和。癸壬句乘倍句弦較。二長方形。試於丁癸形內作庚子方，弦和較自乘。於癸壬形內作癸丑矩，股弦較乘倍句弦較。爲等積，尚餘子丁丑午二形同爲弦和較乘倍句弦較。又相等，即丁癸與癸壬等矣。次每加一己癸矩，則己庚方不與辛壬長方等積乎。

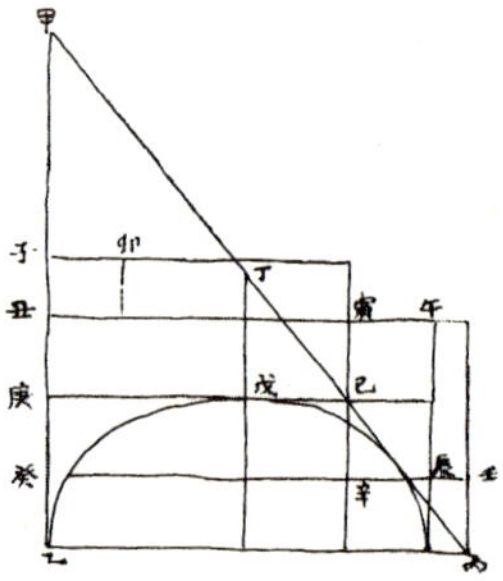

前題。　王文秀

如圖，甲乙丙句股形，以股爲半徑，截弦於丁。丁丙爲股弦較，與丙戊等。乙戊爲弦和較，作巳戊方，甲巳爲句弦較，庚巳爲其倍。自庚作直綫，切辛角，而至丙因弦和較爲股弦較二句弦較之中率，故必切辛角。成大小二同式形，故庚己小股即二句弦較。與庚巳辛小句股和即弦較和。之比若庚乙大股即弦較和。與庚乙丙大句股和即股弦和。之比。

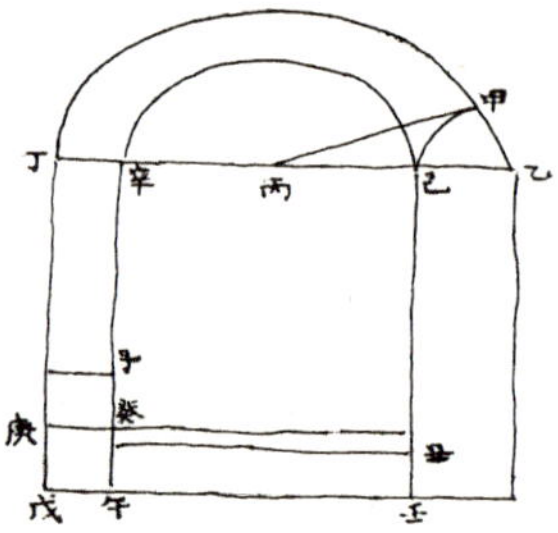

句弦較乘句弦和，再以句乘之，與股乘倍句股積等。試作圖明其理。　杜法孟

如圖，庚巳爲句，子辛等。庚辛爲股，巳戊等。巳辛爲直積，即二句股積。再以巳戊股乘之，得辛戊一立方積。子壬爲句弦較，乙丙等。子乙爲句弦和，壬丙等。子丙爲句弦和乘句弦較，再以子辛句乘之，得辛丙一長立方積，與辛戊之

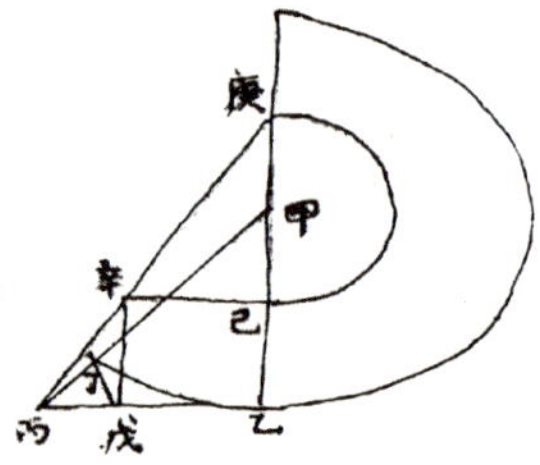

積等。蓋子丙面積爲句弦較乘句弦和，子戊面積爲股自乘方，其面積原等，庚巳、子辛俱爲句，其高度又等，故二立方之積等。

前題。　貴榮

如圖，甲乙丙句股形，甲戊股冪，乙丁句乘股直積，即倍句股積。併之，得丁戊矩，爲句股和乘股冪。巳丁邊句股和。試截乙己大方股冪即句弦較乘句弦和。蓋句弦較乘句弦和原等股冪。與乙丁小方倍句股積之比若甲己大邊股與甲丁小邊句之比，即股乘股與股乘句之比若股與句比。故句乘股冪即句弦較乘句弦和。等於股乘倍句股積。

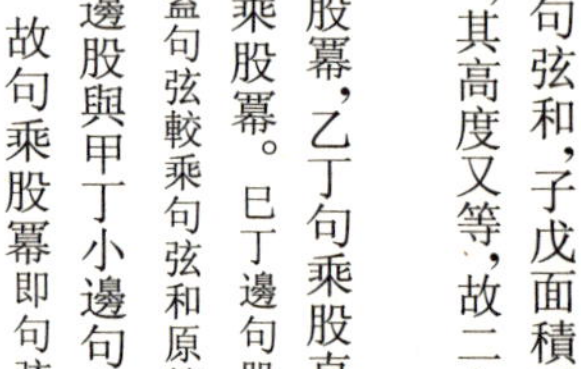

句股形容長方有句股較，有長闊和，有積較，求句股及長闊。　陳壽田

句股和＝天　句股較＝甲　長闊和＝乙　積較＝丙　【略】

開方，得句股和，加句股較，半之，得股減句股較，半之，得句。句股和、句股較各自乘，相減，八歸之爲句股積，減積較，得長方積，四因之，以減長闊和，自乘，開平方，得長闊較，與長闊和相加，半之爲長。與長闊和相減，半之，爲闊。

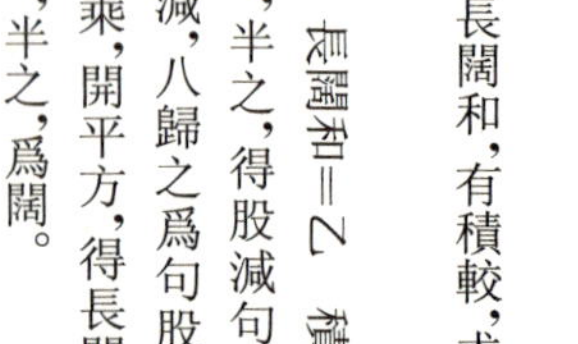

有句方二分之一等於股弦和。只云弦和較方十分之一等於五個股弦較，求句、股、弦各若干。　貴榮

答曰：句十二，股三十五，弦三十七。

句＝天　股弦較＝地　【略】

開方得句十二，自之得一四四，折半得七二，即股弦和。以除句方，得二，即股弦較。和較相減，折半，得股三十五。和較相加，折半，得弦三十七。

有句冪減句，等于弦較和。只云股等于倍弦較較，求句、股、弦各若干。　貴榮

答曰：句五，股十二，弦十三。

句＝天　股＝地　天^{2}丁天＝弦較和　地＝倍弦較較　【略】

股＝天　句＝地　地丁天＝弦　【略】

有直積一百一十步又二分步之一。只云句取八分之三，股取九分之四，共得八步又十二分步之十一。求句、股各若干。　王宗福

答曰：句八步又三分之二，股十二步又四分之一。

句＝天　$\frac{天}{一一〇丄三}$＝股＝$\frac{二天}{三一一}$㊉　【略】

開方得八。乃以隅三二四爲分母，乘實、除隅。【略】

開方得二一六爲分子，與三二四公約數爲一〇八以除母子，即得句八$\frac{三}{二}$

依㊉式得股一二$\frac{四}{二}$

有五句，三股，立方開之，少於股一步，三和四較平方開之，多於句二步，求弦較較容圓徑和若干。

胡玉麟

答曰：六步。

句＝天　股＝地　較較丄徑＝二天　【略】

開方得句三，倍之得六，即弦較較容圓徑和。

有弦和較六尺，有句股積六十尺。求句、股、弦各若干。

熙　璋

答曰：句八尺，股十五尺，弦十七尺。

句＝天　弦和較＝甲　句股積＝乙　【略】

股＝天　二天丅甲＝弦較和　【略】

弦＝天　【略】

今有容方容圓二徑和一百三十尺，二徑較加中垂綫九十四尺。求邊徑綫各若干。

胡玉麟

答曰：方邊六十尺，圓徑七十尺，中垂綫八十四尺。

半徑＝天　二徑和＝甲　綫較和＝乙　【略】

開方，倍之得容圓徑七十尺，於甲數內減之餘六十尺，爲方邊乙數，內減二徑較十尺，餘八十四尺，即中垂綫。

有大小二弧之正弦、餘弦，求其和弧、較弧之正弦、餘弦。

貴　榮

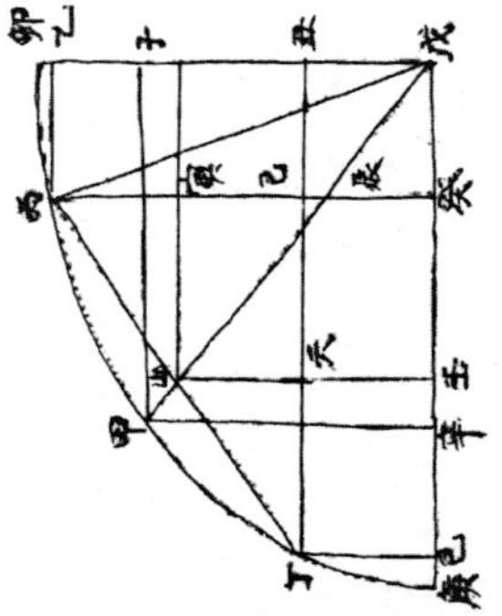

如圖，戊卯庚一象限，甲庚大弧正弦甲辛、餘弦甲子。甲丙小弧甲丁等。正弦丙山、餘弦山戊。丙庚和弧正弦丙癸、餘弦丙乙。丁庚較弧正弦丁己、餘弦丁丑。甲辛戊與山壬戊同式。辰癸戊與辰山丙兩辰角等。癸、山俱直角，戊、丙二角必等。作山寅垂綫，山寅丙與辰山丙同式，必與甲辛戊同式，甲辛戊原與辰癸戊同式。可以比例。

求正弦比例。

一率　甲戊半徑。　　一率　甲戊半徑。
二率　甲辛大弧正弦。　　二率　辛戊大弧餘弦。
三率　山戊小弧餘弦。　　三率　山丙小弧正弦。
四率　山壬即壬癸。　　四率　寅丙即寅己

山壬、寅丙相加得和弧正弦丙癸，相減得較弧正弦丁己。

求餘弦比例。

一率　甲戊半徑。　　一率　甲戊半徑。
二率　甲辛大弧正弦。　　二率　辛戊大弧餘弦。
三率　山丙小弧正弦。　　三率　山戊小弧餘弦。
四率　山寅即壬癸亦即壬己。　　四率　壬戊

山寅、壬戊相減得和弧餘弦丙乙，相加得較弧餘弦己戊。

有本弧正弦，求五倍弧之正弦。

蔡錫勇

法：先求得本弧餘弦。以半徑爲弦，正弦爲句，求得股，即餘弦。

如圖，甲乙本弧倍之，爲甲丁弧，求倍弧正弦丁壬。

法：以半徑心乙爲一率，正弦乙巳爲二率，餘弦巳心爲三率，即心子。求得子癸，即辛壬，爲四率。倍之，得丁壬爲倍弧之正弦。依法再求得倍弧，即爲四倍弧之正弦丙子。又以半徑丙心爲一率，四倍弧正弦丙子爲二率，戊心本弧餘弦爲三率，求得四率戊申，與丑卯等。又以半徑丙心爲一率，四倍弧餘弦心子爲二率，本弧正弦巳戊爲三率，求得四率巳丑，乃以兩四率丑卯、丑巳相加，得巳卯爲五倍弧之正弦。

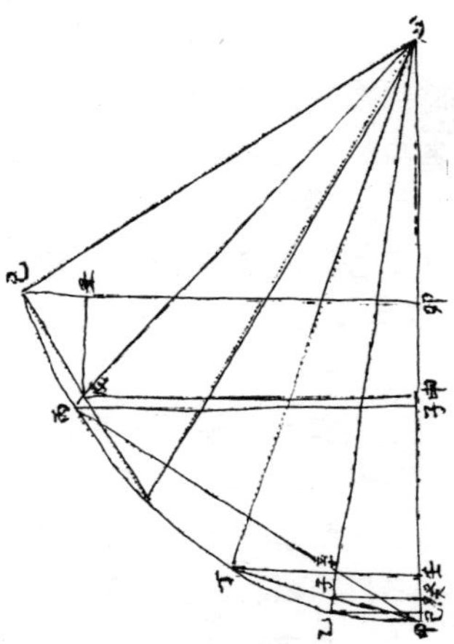

有大小二弧之正切，求大小較弧之正切。　　席　淦

法：以小弧正切減大弧正切，爲正切較。以正切較乘大弧正切，大弧正割除之，爲小分股。以小分股減大弧正割，爲大分股。乃以小分股乘半徑方，爲實。以大分股乘大弧正切，爲法。法除實，得較弧正切。

如圖，子丁小弧，其正切庚丁。戊丁大弧，其正切甲丁，正割甲丙。較弧戊子，其正切戊辛，自庚甲庚爲兩正切較。作庚己綫與辛戊平行，自己作己癸綫與甲丁平行。甲己庚與甲丁丙爲同式形，故以甲庚乘甲丁，甲丙除之，得甲己，爲小分股，與甲丙相減，得己丙，爲大分股。丙己庚與丙戊辛爲同式形，故己丙與己庚之比若戊丙與戊辛之比，即甲丁乘己丙與甲丁乘己庚，亦若戊丙與戊辛，而甲丁乘己庚等於甲己乘半徑，甲己庚、甲丁丙同式故。即甲丁乘己丙與甲己乘半徑，亦若戊丙與戊辛二中率相乘，即爲甲己小分股乘半徑方，爲實。以己丙大分股乘甲丁大弧正切，爲法。除之而得戊辛較弧正切也。

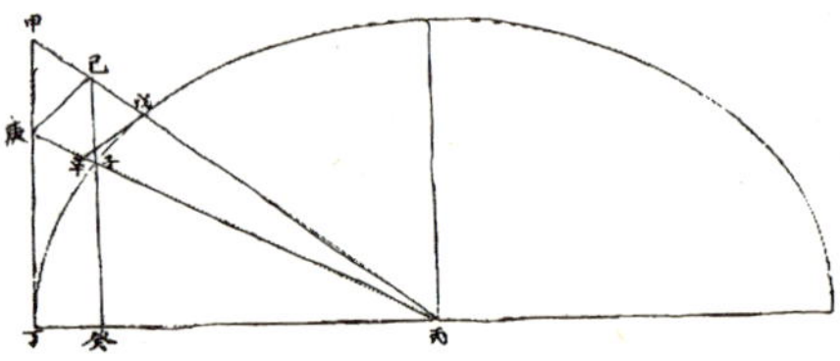

弧矢形内求任作相切二圓，其心俱在弧背，其周俱切弦。其法若何。　　楊兆鋆

法：自大圓心作心甲半徑，取甲點作戊辛之垂綫甲丙。以甲爲心，甲乙爲度，作圓，乙即甲圓周切弦之一點。引長甲丙綫至丁，作丁甲半徑。甲即甲圓心切弧之一點。自丁至戊作丁戊綫，割甲圓周於己，即二圓切點。乃作甲己綫引長至弧背，得庚點，即爲庚圓心。以庚己爲度作圓，其切弦點爲壬，即丁戊綫交弦之點也。

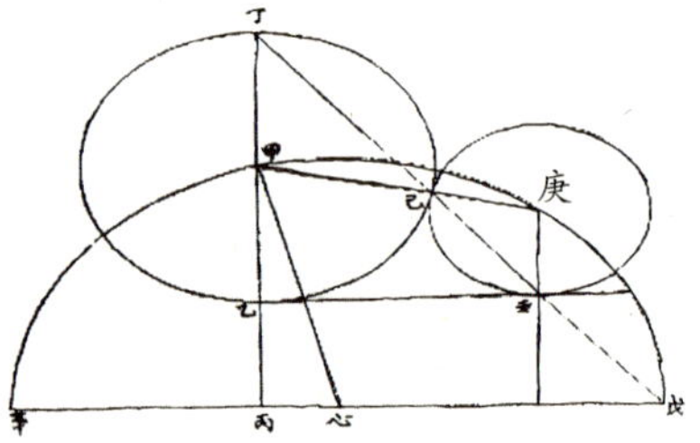

清・劉彝程　沈立民《廣方言館算學課藝》

設半句弦較加股弦較，問比弦和較孰大。　　劉循程序堂

法令　$甲^2=$半句弦較　$乙^2=$股弦較　則　$四甲^2=$倍句弦較　$四甲^2乙^2=$弦和較冪　$二甲乙=$弦和較　而半句弦較加股弦較爲　$甲^2+乙^2$　凡二冪相加，其中必有二直積一較冪。今弦和較止有$二甲乙$　直積，則弦和較必小於半句弦較加股弦較可知，此一法也。設另以甲等於半句弦較，乙等於股弦較，則　$四甲=$倍句弦較、$四甲乙=$弦和較冪，而半句弦較加股弦較之冪爲　$(甲+乙)^2$　凡和冪中必有四直積一較冪。今弦和較冪止有$四甲乙$　直積，則半句弦較加股弦較大於弦和較明甚，此又一法也。合問。

用代數推求，理明辭簡。

句弦較與股弦較比，若股乘弦較和與句乘弦較較比。句弦和與股弦和比，若股乘弦較較與句乘弦較和比。試證比例之原，並推廣其義，增衍句弦和與股弦較之比及股弦和與句弦較之比。　　長洲朱祖樑鷺清

草曰：凡比例之理，或一二率，或三四率，或一三率，或二四率。各以任何數乘除之，而理與數不變，故其式亦可變化無窮。因究其原，莫不從六術原比例式而出。如欲推廣其義，當由原比例式遞求之。細草列左。【略】

有甲乙之和弧正切寅，有甲乙兩正切之和卯，求甲乙各正切。法置寅内減卯，以寅除之，爲長方積。卯爲長闊和，開平方，得長爲甲正切，闊爲乙正切。　　龔　傑子英

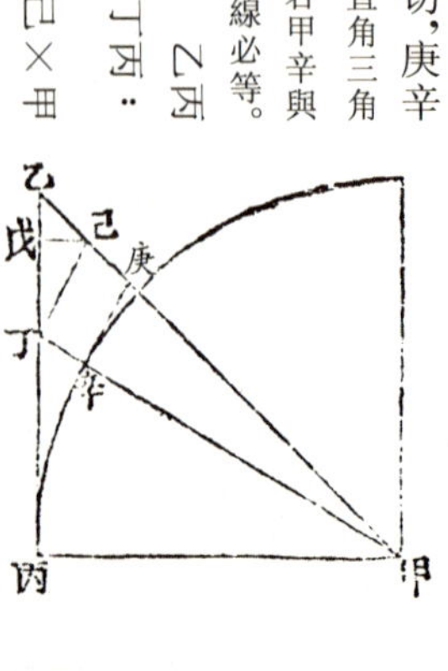

解曰：乙丙爲和弧正切，丁丙爲甲正切，庚辛爲乙正切，戊丁同甲丙丁直角三角形與丁戊己直角三角形爲同式，故甲丁與丁己比，若甲丙與戊丁比，又若甲辛與庚辛比。甲丙與甲辛同爲半徑，故戊丁與庚辛其線必等。乙戊爲和弧正切，中減去兩正切之和，故以　乙丙 : 甲丙 :: 乙戊 : 戊己　以　戊己 : 戊丁 :: 丁丙 : 甲丙　故　$\frac{乙丙}{乙戊\times甲丙}=$戊己　及　戊己×甲丙＝丁丙×戊丁　惟令甲丙爲半徑一，則　$\frac{乙丙}{乙戊}=丁丙\times戊丁$

即題所謂寅約寅減卯等於甲正切乘乙正切之長方積也。圖解確鑿，以比例證長方積之理，尤爲得旨。

今有勾股直積一千六百八十，勾弦和九十八，求三事。此題有不同式兩形，試用立天元法演得開立方式，如立天元爲句，開得兩箇方根，即兩形之句，或立

天元爲股，爲弦，爲句弦較皆然，併録天元、開方兩細草。　　無錫張時良景亭

答曰：句四十，股四十二，弦五十八。又句二十四，股七十，弦七十四。

草曰：立天元一爲股，以除直積，得 丨⊥Ⅲ〇 〇六 爲句，倍之得 Ⅲ≡丅〇 〇太 以減句弦和 ≐Ⅲ 得 Ⅲ≡丅ϕ Ⅲ≐太 爲句弦較，以乘句弦和，得 Ⅲ=Ⅲ=Ⅲϕ ≐丅〇≡太 爲股冪。寄左。以天元自之得 〇太 〇丨 消左得 Ⅲ=Ⅲ=Ⅲϕ ≐丅〇≡ 〇 ㄨ 爲帶縱立方式，其開方草。【略】

因平方式從上位次商式内變出其開得數，必爲又一根之次商無疑，故須以所得數加上位初商四十，得七十，爲第二式股，以除直積一千六百八十，得二十四，爲第二式句，減句弦和九十八，得七十四，爲第二式弦。另以第一式股四十二除直積，得四十，爲第一式句，以減句弦和九十八，得五十八，爲第一式弦。合問。

洞悉開方之理，故能布算詳明。

三十度餘弦與正割比，若三與四比。三十六度餘弦與正割比，若五之平方根加三與八比。試證之。　　李鴻杭

草曰：依題前半別得六十度通弦爲六等邊形之一邊，等於半徑，半之爲三十度正弦。因八線表半徑爲一，則二除一爲三十度正弦。因半徑冪内減正弦冪爲餘弦冪，則【略】得 三十六度餘弦：三十六度正割：：三丄√五：八

如下圖，甲丙爲半徑，甲己等。丙己爲三十六度通弦丙丁等。丙戊爲三十六度正弦，甲乙爲三十六度正割，己丁爲三十六度倍正矢，己戊爲正矢。戊丁等。半徑爲首率，通弦爲中率，倍正矢爲末率。因半徑甲己内減己丁末率，餘丁甲等於丙己中率，故乙式半之，即甲丁加丁戊得甲戊，爲三十六度餘弦也。若與甲丙平行作庚乙線，則庚乙甲角與乙甲丙角等。丙丁既等於丁甲，則丁丙甲角亦必等於丁甲丙角，於庚乙丙直角内減去庚乙甲角，餘丁乙丙角，於乙丙甲直角

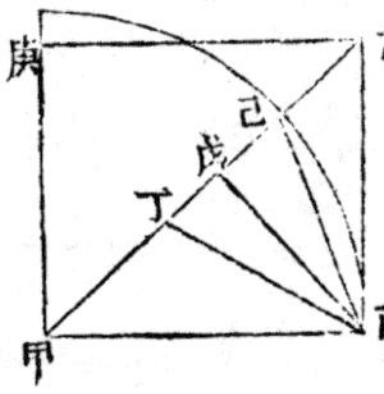

内減去等乙甲丙之丁丙甲角，餘丁丙乙角，必與丁乙丙角等。丁乙丙、丁丙乙二角既等，則丁丙、丁乙兩腰必等。丙丁既等於丁甲，又等於丙己，故置中率倍之，即得甲乙三十六度正割也。

明晰暢達，足爲諸卷之冠。

今有方斜形，方與斜比若斜與倍方比。又方斜和與方比，若方與方斜較比。又方斜和與斜比若斜與倍方斜較比。試證其理。　　元和龔　傑子英

草曰：審此題第一比例以方爲首率，斜爲中率，倍方爲末率。蓋斜冪爲方冪之倍，以斜爲中率，自之爲斜冪，即倍方冪，故以首率方除之，得倍方，爲末率。此證方與斜比若斜與倍方比之理也。其第二比例以方斜和爲首率，方爲中率，方斜較爲末率何也。蓋和較相乘等於大冪中減去小冪，即斜冪中減去方冪。夫斜冪爲方冪之倍，斜冪中減去方冪，仍餘方冪，故方斜和乘方斜較，必爲方冪，則首末率相乘得方冪，非等於中率方自乘乎。此證方斜和與方比，若方與方斜較比之理也。其第三比例以方斜和爲首率，斜爲中率，倍方斜較爲末率何也。蓋方冪既爲方斜和方斜較相乘之數，則斜冪爲方冪之倍，必爲方斜和乘方斜較倍之數。故首末率相乘得斜冪，即等於中率自乘。此證方斜和與斜比，若斜與倍方斜較比之理也。合問。

推闡詳明，絶無一浮泛語。

三十度正切與半徑比，若一與三之平方根比。試證之。　　元和龔　傑子英

草曰：凡句股理，股旁角、句旁角三十度或六十度者，句必得弦之半，故八線六十度正割爲半徑之倍。設半徑爲一，六十度正割爲二，六十度正切必爲三之平方根，是半徑與六十度正切比，若一與三之平方根比。又若六十度餘切即三十度正切與半徑比也。合問。

簡括瀏亮，兼而有之。

有股、有句，法以股自之，爲長方積，倍句爲長闊較。又有股、有弦，法仍以股自之，爲長積，倍弦爲長闊和。問開平方得長闊各爲何數。繪圖明之。　　瀏陽李鴻杭惟揚

開得長爲句弦和，闊爲句弦較。如圖甲乙爲股，甲己等。甲丙爲句，丙戊等。丙丁爲弦。以甲丙與丙丁相加，得甲丁，爲句弦和。以丙戊與丙丁相減，餘戊丁，爲句弦較，丁壬、丁子皆等。則甲戊必爲倍句，甲子必爲倍弦。試以甲乙股自之，得甲己庚乙一股方，而此股方又即甲辛丁壬一長方。蓋辛己弦和較與己庚

股相乘積，原與丁壬句弦較乘乙丁弦較較等積，故甲庚股方可易爲甲壬長方，且股冪原係句弦和乘句弦較所成。今以甲戊倍句爲長闊較，故開得長甲丁即句弦和，開得闊丁壬即句弦較。若以甲子倍弦爲長闊和。因丁子與丁壬等。開得長亦即甲丁句弦和，闊亦即丁壬句弦較也。

不拘陳法，獨出心裁，圖解確鑿，足見思深。

今有合弦一百四十，斷句股和二十八，問城徑幾何。 無錫張時良景亭

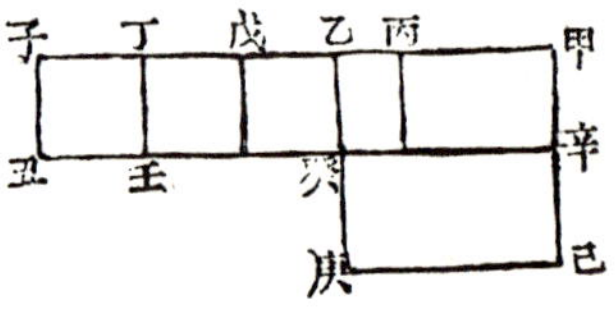

答曰：城徑九十六。

識別合三和，即通句股和，斷三和，即通句股較，而句股較之句股和，即句股和之句股較，所以題中之斷句股和，即合句股較。試先依有弦、有句股較，求句股法，求得合句、合股比例，即可得城徑。【略】

直以斷句股和爲合句股較，立算思精，法密於海鏡之理，極能融會貫通。

今有三角形，大腰一百十三，小腰三十九，底一百四十八。問中垂線及三角之角度各若干。 瀏陽李鴻杭惟揚

答曰：中垂線十五，乙角七度三十七分四十四秒有零，丙角二十二度三十七分十一秒有零，甲角一百四十九度四十五分四秒。

此知三邊求垂線及角度。法：以三邊相加得三百爲三邊和，折半得一百五十爲半和，與大腰一百十三相減，餘三十七，爲中較，與小腰三十九相減，餘一百十一，爲大較，與底一百四十八相減，餘二，爲小較。三較連乘，以半和乘之，得一百二十三萬二千一百，開平方得一千一百十，爲三角面積，倍之，以底除之，得長十五，即三角形中垂線。蓋三較連乘，半和除之，得三角容圓半徑冪。又半徑乘半和，得三角形積。今半和不除，更乘之，是半和冪乘半徑冪，即半和半徑相乘積，自乘亦即三角積自乘，故開方而得積也。

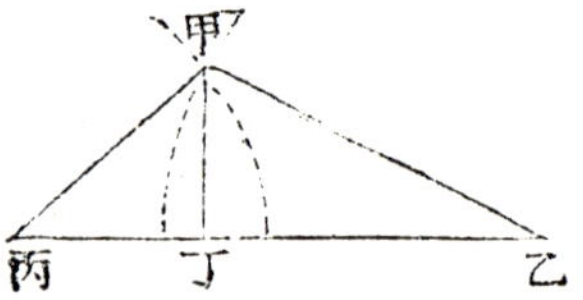

今既得垂線，則以甲丁垂線爲對所求之邊，甲丙小腰爲對所知之邊，甲丁丙直角爲對所知之角。以比例之 甲丙邊三十九：甲丁邊十五∷丁角正弦十萬：丙角正弦三八四六一五三 檢正弦表得二十二度三十七分十一秒有零，即丙角。又以丁角爲對所知之角，甲乙爲所知之邊，甲丁爲對所求之邊 甲乙邊一百十三：甲丁邊十五∷丁角正弦十萬：乙角正弦一三二七六〇〇 檢正弦表得七度三十七分四十四秒有零，即乙角，以乙丙二角相并，得三十度十四分五十五秒〇，與一百八十度相減，餘一百四十九度四十五分四秒，即甲角。合問。

用三角容圓徑法化爲求垂線，思致精深，迥不猶人，答數細密，猶其餘事。

本弧正弦除半徑冪，四約之，得三倍弧正弦。問本弧爲若干度。 長洲朱祖樑鶩清

依題求得本弧爲十八度，乃作十等邊形圖於左，并作解曰。如圖巳丁爲本弧，申丁爲本弧正弦，子辛等。子丁爲半徑，巳子等。壬乙爲三倍弧之倍正弦。丑亥等。試作丁丙線，令與壬乙平行，而壬丁線又與午丙平行，則丁丙必等於壬乙，亦爲三倍弧之倍正弦。而丁子辛角所對之弧，爲兩分。丙丁甲角所對之弧爲四分。丁角係邊角，須折半，故亦得兩分，即等於心角子角，而丁甲丙角、丁辛子角兩角俱爲直角，則亦必等，是甲角又與辛角等。凡三角形兩角既等，餘一角必等，故丁辛子、丁甲丙兩三角形，即爲同式，乃得比例如左。

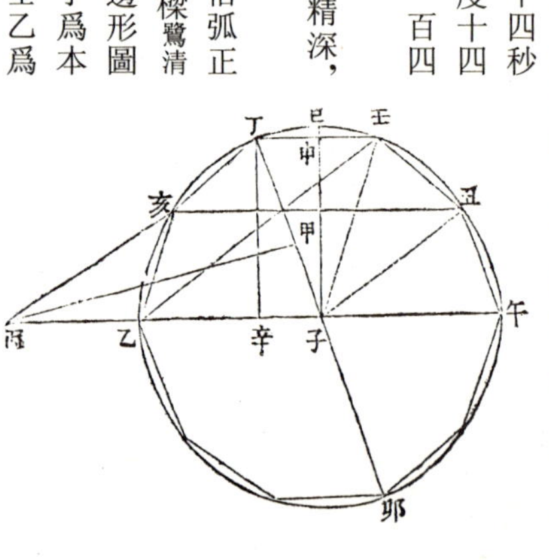

子辛小句即本弧正弦 ：子丁小弦即半徑∷甲丁大句即半徑之半 ：丁丙大弦即三倍弧之倍正弦

右二三率相乘爲半箇半徑冪，是已少去一二之乘法，故再以二約之，即得三倍弧正弦也。又法於原圖上作壬子半徑線，又作子丑半徑線，與丙丁平行，而丑亥又與午丙平行，則子丙必等於丑亥，亦即等於丙丁，故丁丙子大三角形、壬子丁小三角形，皆爲等腰三角形。而此兩三角又同用子丁兩角，故爲同式，即得比例如式。

一率 壬子小底即本弧倍正弦。 二率 丁子小弦即半徑。
三率 丁子大底即半徑。 四率 丁丙大腰即三倍弧倍正弦。

此二三率相乘爲半徑冪，而首率已用本弧正弦之倍，故二約之，亦即得三倍弧正弦也。合問。

有句弦和一百六十二，弦和較四十，求句、股、弦並言其理。　丁國鈞

答曰：句五十六，股九十，弦一百零六。

答曰：句六十五，股七十二，弦九十七。

草曰：句弦和與弦和較相乘，得六千四百八十，與股乘弦較較等積，以句弦和爲長闊和，用帶縱平方法開之，得十八，爲長闊較。和較相加，折半得九十，爲股。以較減和，折半得七十二，爲弦較較。弦較較弦和較相加，折半得五十六，爲句。句減句弦和，得一百零六，爲弦。因四倍股弦較大於句弦較，則股與弦較互易，加減之，而得另式句股。今試以九十爲弦較較，七十二爲股，自乘，以句弦和除之，得三十二，爲句弦較。句弦較加句弦和，折半得九十七，爲弦。句弦較減句弦和，折半得六十五，爲句。凡比例之理，一率與二率比若三率與四率比，即一率與二率比，若三率減一率爲三率與四率減二率爲四率比。其數雖變，而其理不變，故可比例。【略】

以加減比例證兩長方積相等之理，簡括詳明。

欲造句股形，令句股弦皆爲整數。試言其法並依法求得真數一二式。　元和龔　傑子英

法令　甲^{二}=句弦較，二乙^{二}=股弦較，四甲^{二}乙^{二}=弦和較冪，二甲乙=弦和較　二甲乙丄二乙^{二}=句，二甲乙丄甲^{二}=股，二甲乙丄甲^{二}丄二乙^{二}=弦　爲第一法。又令　甲^{二}=股弦和，二乙^{二}=句弦和，四甲^{二}乙^{二}=弦和和冪，二甲乙=弦和和　二甲乙丁甲^{二}=句，二甲乙丁二乙^{二}=股，甲^{二}丄二乙^{二}丁二甲乙=弦　爲第二法。

又令　二甲^{二}=句弦和，二乙^{二}=句弦較，四甲^{二}乙^{二}=股冪　二甲乙=股，甲^{二}丁乙^{二}=句，甲^{二}丄乙^{二}=弦　爲第三法。

三法中任以何數代其甲乙，皆可求得整數句股。此外，尚有數法。若句弦較乘倍股弦和等於弦較和冪。股弦較乘倍句弦和等於弦較較冪。股弦和乘股弦較等於句冪。悉是三率比例，俱可化爲公式，以求得整數句股。茲不復贅。設令甲爲三，乙爲二，則從第一法得句二十，股二十一，弦二十九。從第二法得句三，股四，弦五。從第三法得句五，股十二，弦十三。所得皆爲整數，而後知甲乙二數可以任取者也。合問。

理明法備。

今有句弦較三倍之，加二得弦。只云股弦較四倍與弦加三等，問句、股、弦三事各幾何。又若句與股互易可得另形三事，又幾何。　元和龔　傑子英

答曰：句二十，股二十一，弦二十九。又另形句三，股四，弦五。

按：此題何以有另形三事。蓋三倍句弦較加二得弦，即十二倍句弦較，與四弦減八相等。又四倍股弦較等於弦加三，即十二倍股弦較，等於三弦加九，於十二倍句弦較中減去十二倍股弦較，得弦減十七，爲十二倍句股較，即十二倍句股較加十七等於弦。設如句股互易，句弦較，必小於股弦較，而兩數既減之後所得十二倍句股較等於十七減弦，即弦等於十七減十二倍句股較。夫同一弦也，一則等於十二倍句股較加十七，一則等於十七減十二倍句股較弦。既有二句股亦必各有其二。此所以有另形三事也。

術曰：以八十爲正實，二十四爲負廉，一爲正隅，爲縱平方式。【略】

證明所以另形之理，議論確實，算式亦變化盡致。

等邊三角面積内容平圓，其圓徑得中垂線三之二。等邊面三角體積内容立圓，其圓徑得立垂線二之一。設面體兩形邊邊相等，則面内所容平圓徑與體内所容立圓徑比若二之平方根與一比。試證其理。　朱祖樑

解曰：如圖，甲庚丙等邊平三角，

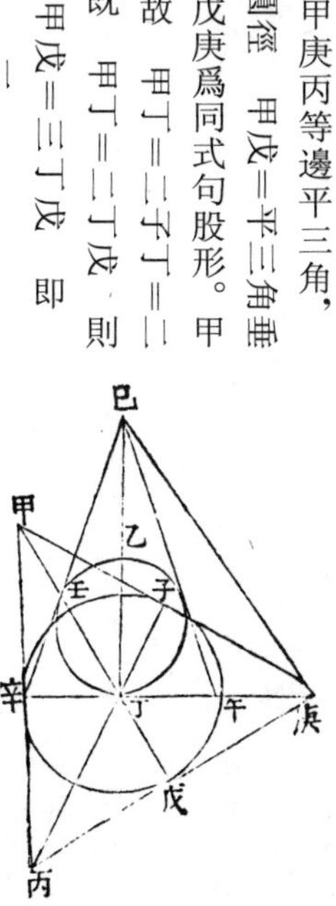

壬戌=辛午=平圓徑　甲戌=平三角垂線，而甲子丁與甲戌庚爲同式句股形。甲庚等於戊庚之倍，故　甲丁=二子丁=二丁戌=二午丁　既　甲丁=二丁戌　則　甲丁丄丁戌=甲戌=三丁戌　即　$\frac{三}{甲戌}$=丁戌　即　$\frac{三}{二甲戌}$=二丁戌　故平圓徑爲垂線三之二。設令圓徑爲二，即垂線爲三也。又等邊立三角容圓與平三角等邊等面，則立體之底即如甲庚丙，則從立體之尖直剖爲二，又從剖開之一邊觀之成己庚辛三角形，而己庚線不切於立三角内容之圓，故即成己午辛等腰三角形。惟因　己午=平三角垂線=三　又　辛午=平三角容圓徑=二　以己午辛三角形半之，成己丁辛句股形，爲股上容圓形，而　句=辛丁=一　弦=己辛=三　即　句丄弦=四　己丁股=$\sqrt{(三)^{二}丁一}$=$\sqrt{八}$　乃依《海鏡》股上容圓求徑法　$\frac{句加弦}{倍直積}$=圓徑　而　倍直積=二$\sqrt{八}$　故$\frac{四}{二\sqrt{八}}$=乙丁立圓徑　而

$\frac{四}{三\sqrt{六}}=\frac{二}{\sqrt{六}}=\frac{\sqrt{四}}{\sqrt{六}}$ 乂 $=\sqrt{\frac{四}{六}}=\sqrt{\frac{二}{三}}$ 既 $\frac{二}{\sqrt{六}}=\sqrt{\frac{二}{三}}$ 故立圓徑爲立垂線二之一。又題云 平圓徑：立圓徑∷$\sqrt{\frac{二}{三}}$：一 即 二：$\sqrt{三}$∷$\sqrt{三}$：一 則其一四率相乘等於二三率相乘，故可比例也。

證理頗得題旨。

句股形自股弦交角作線，至句之中點爲甲。自句弦交角作線，至股之中點爲乙。有甲四尺，乙三尺，問句、股、弦各幾何。 瀏陽李鴻杭

答曰：句二尺三寸九釐四毫有零，股三尺八寸二分九釐七毫有零，弦四尺四寸七分二釐一毫餘。

術曰：置甲冪四之，以四乙冪減之，復以十五除之，開平方得股。置乙冪十六之，以四甲冪減之，復以十五除之，開平方得句。置甲冪加乙冪十二之，以十五除之，開平方得弦。

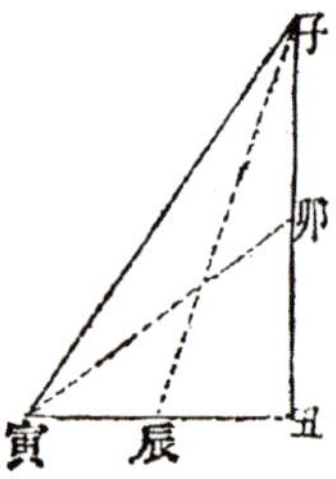

如圖，子丑爲股，卯丑爲半股，子卯等。丑寅爲句，丑辰爲半句，辰寅等。子寅爲弦。依題得子辰等於甲，寅卯等於乙。命【草略】

有術有草，正合體例。

有句弦較，有股弦較，求弦和較，向有舊法。兹更思得一法，以二較相加爲弦，以句股較爲句，求得股冪，半之，開平方得弦和較。試證之。 元和龔　傑子英

法令　甲＝句弦較、乙＝股弦較　則　小弦＝甲⊥乙、小句＝甲丅乙　弦冪中減去句冪，得股冪，如　(甲⊥乙)^{二}丅甲丅乙＝四甲乙　因倍句弦較乘倍股弦較等於弦和較倍冪，是所得股冪，即爲弦和較倍冪，宜其半之，開平方得弦和較也。合問。

簡鍊名貴，以少許勝人多許。

欲作整數句股形，任取一數甲，自之於上，又任取一數乙，自之，倍之於下，以甲乙相乘，倍之於中，視中數大於上下二數，乃以中數爲弦和和，上下二數大者爲股弦和，小者爲句弦和。因求得小形句股弦，或以中數爲弦和較，上下二數大者爲句弦較，小者爲股弦較。因求得大形句股弦，大小二形不同式，而必同一句股較。若中數小於上數或小於下數，祇可爲弦和較，不能求得小形。問兩句股較必等之理。又問作上中下數準何意旨可否不依此作法而逕取他數代之，且欲令中數必大於上下二數亦有法否。 瀏陽李鴻杭紹白

句股公法有弦和和、句弦和、股弦和者，以句弦和減弦和和得股，以股弦和減弦和和得句。有弦和較、句弦較、股弦較者，以句弦較加弦和較得股，以股弦較加弦和較得句。各依法求得弦。今同一上中下三數，一爲相減而得句股，一爲相加而得句股，故知相減者求得爲小形句股弦，相加者求得爲大形句股弦。若中數小於上數或小於下數，因弦和較可小於句弦較，而弦和和不可小於股弦和或句弦和，故中數祇可爲弦和較，不能求小形也。大小一形同一句股較之理。上下二數，一爲股弦和，一爲句弦和。股弦和内減句弦和同用之弦減盡，餘爲股。内減句之數，是小形之句股較，係以上下二數之小者減大者。上下二數，一爲句弦較，一爲股弦較。句弦較内原有一股弦較，一句股較，以股弦較減句弦較，餘爲句股較，是大形之句股較，亦係以上下二數之小者減大者，故知其必等也。股弦和較、句弦和較相乘，倍之，開方得弦和和較，故任取之上下二數，亦必相乘，倍之，開方適盡者。試任取一甲，任取一乙，相乘倍之，開方不盡，而以甲冪、乙冪相乘，開方適盡。甲冪、乙冪相乘，倍之，則又開方不盡。均不能得整數句股，故必以甲冪爲上數，倍乙冪爲下數，上下二數相乘，倍之，開方得倍甲乙，相乘爲中數，上中下三數無論逕取他數代，或依本法求，欲令中數大於上下二數，於任取二數時，令一數大於又一數，而小於又一數之倍。如令甲大於乙，而小於倍乙，於上數甲冪、中數倍乙乘甲，各以甲除之，則上數餘甲，中數餘倍乙。中數不即大於上數乎。又於下數倍乙冪，中數倍乙乘甲，各以倍乙除之，則下數餘乙，中數餘甲，中數不即大於下數乎。

理明辭達。

有半徑，求三十六度正割。其半徑與正割及正矢與割徑差及餘弦與半徑，各詳其率之名號而比例之。 長洲朱祖樑鷺清

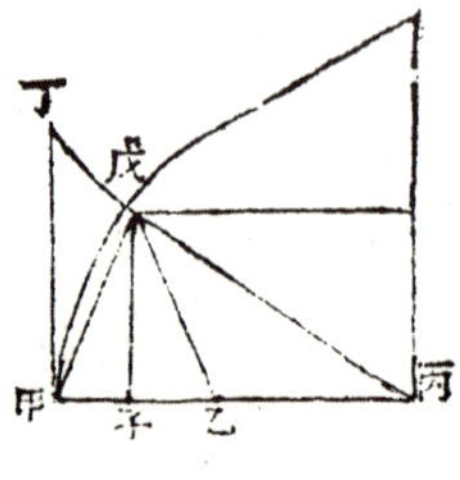

如圖，戊丙、甲丙俱爲半徑，甲戊爲三十六度通弦，戊乙、乙丙俱等，甲子爲正矢，子乙等。子丙爲餘弦，丁戊爲徑割較，乃用理分中末線，有首率求中末率之法。因甲丙戊大三角形與甲戊乙小三角形爲同式，故可相比。

半徑爲首率，得連比例式　甲丙：丙戊：甲乙　即　半徑：通弦：倍正矢㊀　以首率自之，開帶縱方得倍正矢及通弦，而戊子丙與丁甲丙兩句股形又可相比，得連比例式如下。

倍子丙：戊丙小弦∷甲丙大句：半丁丙大弦即半割徑差又加半徑之半　即半徑，小句即倍餘弦。又即　大底腰和即甲丙丄甲戊：大腰即甲丙∷小底腰和即甲戊丄甲乙：小腰即甲戊　又即　半徑丄通弦：半徑：通弦㊁　故　通弦＝半丁丙＝半正割　即　倍通弦＝正割　而㊁式之首率即㊀式之首中率相加。中率即㊀式之首率，末率即㊀式之中率，則㊁式較㊀式各升一位，是於首率上又加一率，即可名之爲前率，而兩式相合仍爲連比例，如下式。

半徑丄通弦∷半徑∷通弦∷倍正矢　如是，則比例之理可明，而名號亦得矣。

圖解明顯，層次亦清。

股弦和除弦較和爲一率，句弦和除弦較較爲二率，股弦較除弦較較爲三率，句弦較除弦較和爲四率。此一率與二率比或三率與四率比，皆若股與句比。試證比例之理。

元和龔　傑子英

依題得比例式　$\frac{弦丄股}{弦丄股丅句}:\frac{弦丄句}{弦丄句丅股}::\frac{弦丅股}{弦丅股丄句}:\frac{弦丅句}{弦丅句丄股}$

即　(弦丄股丅句)(弦丄句)：(弦丄句丅股)(弦丄股)∷(弦丅股丄句)(弦丅句)：(弦丅句丄股)(弦丅股)　又即　股(弦丄股丄句)：句(弦丄股丄句)∷股(股丄句丅弦)：句(句丄股丅弦)　一二率各以三和約之，三四率各以弦和較約之，則此一率與二率比或三率與四率比，皆若股與句比，而如題所云矣。

簡潔確當，允稱佳作。

句弦較、股弦較相加，自之，等於二因弦和較冪加句股較冪。以代數或條段之理證之。

元和龔　傑子英

草曰：　凡句弦較、股弦較相乘，倍之，爲弦和較冪。此題二弦和較冪乃句弦較乘股弦較四倍積也。而句弦較、股弦較相加，自之之積，係一句股較冪，一股弦較冪。二句弦較股弦較相乘之冪，亦即一句股較冪及四句弦較乘股弦較之積。故二弦和較冪加句股較冪，即等於句弦較、股弦較相加，自之也。如圖，子丑爲句弦較，丑辰爲股弦較，子丑寅卯爲句弦較冪，內有句股較冪一，股弦較冪一，句股較股弦較相乘之直積二。子申午辰爲句弦較、股弦較相加，自乘之大積。於大積中減去子亥戊酉句股較冪，餘亥戊酉申午辰磬折積，惟此磬折積中，丑辰巳寅、寅卯申未兩段，原是句弦股弦兩較相乘，亥丑寅乙亦是兩較相乘，乃以寅巳午未與酉卯乙戊相接，又配成兩較相乘，共爲四段。兩較相乘積即等於兩段弦和較自乘也。

圖立法甚善。

今有圓球中穿一圓孔，求積法。以球徑爲弦，孔徑爲句，求得股爲小球徑。其小球體積即孔球積，又如截球體穿孔，孔徑小於截徑者，仍以前法求得股爲小球徑。依孔球截高截取小球中段積，即得。試言其理。

長洲朱祖樑

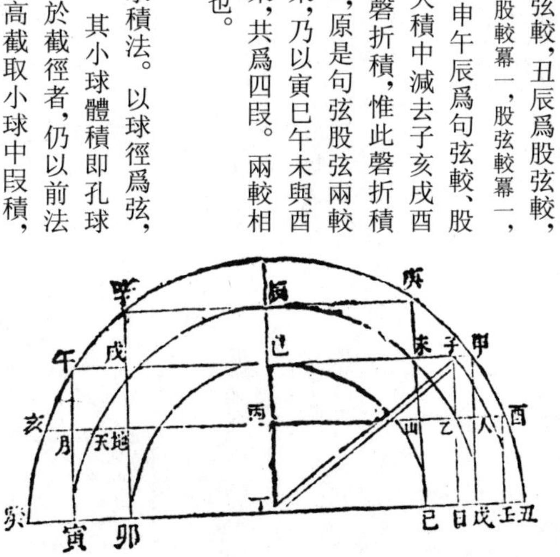

解曰：將孔球橫截爲二，再取其一。直截爲二，即將孔球分而爲四也。如圖，即孔球四分之一，試以庚辛爲孔徑未戌、山地、巳卯皆等，即題中之句也。戊寅爲小球徑、人月、申午皆等，即題中之股也。丑癸爲孔球徑，即題中之弦也。惟孔球既分爲四，故將題中之句股弦折半而爲句股弦，則其冪亦得原冪四分之一，而理仍不變。如圖中半孔徑巳丁爲句，半小球徑申巳爲股，半孔球徑申丁爲弦之類是也。又凡各種圓形皆可以各種方形解之，其理無異，故就平面而論，將申丁半球徑自乘方內即弦冪。減去一巳丁半孔徑，自乘方即句冪。所餘者即等於巳申半小球徑自乘方即股冪。凡半徑冪等，即全徑冪亦無不等，而圓面形亦等，故其中間之平面必爲相等。而兩球之高又相等，其體積自無不等之理矣。而題又云兩球積上下各截去若干，其積仍兩兩相等，則試將原圖作半球形，觀任向西亥一截，而孔球之截徑即爲西亥。小球之截徑，爲乙天。而孔徑小於截徑終不變，故仍爲山地。乃以孔球截徑半之，得酉丙、壬丁、子丁皆等，小球截徑半之，得乙丙、子巳、日丁皆等，以孔球截半徑子丁，爲弦小球截半徑，子巳爲股，巳丁半孔徑爲句，則孔球截半徑冪内即弦冪。減去一半孔徑冪即句冪。減去乙必等於小球截半徑冪即股冪。則全圓面形亦仍等，是其截去積之底，亦爲等矣。而高又等，則截積安得而不等，故無論任向上截，或下截，或上下皆截，將上法類推之，自必逐段相等矣。

圖解詳明，乃能言皆作據，其説理完備，猶爲餘事。

句弦較、股弦較相加，自乘内減兩段弦和較冪，等於句股和冪減四段直積，試證之。　元和龔　傑子英

如圖，甲乙爲句弦較，乙丙爲股弦較，甲壬爲句弦較、股弦較相加自乘方，丁乙亦爲股弦較，故甲丑爲句股較方，惟因幾何理。

句股和冪丁四段直積＝句股較冪　於甲壬方中減去甲丑句股較冪，餘丁丑戊庚壬丙磬折積。又試以子癸辛壬股弦較方移入丑卯寅子方内，則磬折積變爲丁寅癸丙及戊庚辛卯兩長方積。其長爲句弦較，其闊爲倍股弦較，又因幾何理。

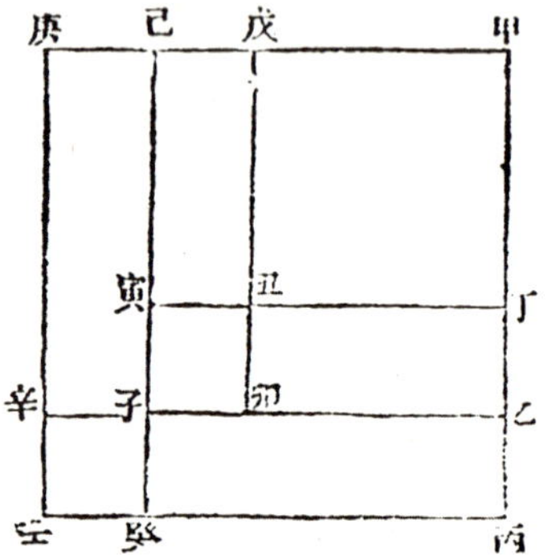

句弦較乘倍股弦較等於弦和較冪，所以減餘之磬折積，即爲兩段弦和較冪也。

詳證條段移補之理，明白簡易。

三角形有兩邊，有小邊所對之角，求餘二角。　元和龔　傑子英

此題有兩箇答數。昔人雖未論及，然一題實有不同式之兩形。法：以正弦與大邊相乘，小邊除之，檢餘弦表，得度爲較角，加減象限得鈍鋭二角，皆爲大邊所對之角。以所有角減象限，復以較角減之或加之，皆爲兩邊所夾之角。若有兩邊，有大邊所對之角，求餘二角，法以角度與半周相減，分所有角爲鈍鋭二形，則夾角亦有兩答。惟因小邊所對爲一定角度，仍無兩答。試繪圖明之。

如圖，甲乙丙三角形，有丙乙角，有甲丙邊，有甲乙邊，依理對邊對角即可求得甲乙丙角。兹以丙角正弦與大邊相乘，小邊除之，檢餘弦表者，蓋以丙角之對邊與丙角正弦比若乙角之對邊與乙角正弦比所得之正弦。不檢正弦表而檢餘弦表，則其度數必係甲乙丙角與象限相較之角度。如一圖丁乙甲角，二圖甲乙丁角是也。又三角相并爲一百八十度，無論乙角爲鋭爲鈍，於半周中減去乙角，餘甲乙戊角，必爲甲丙二角之和。故既得甲乙丁較角加減象限，即得乙角鈍鋭二形。設乙角爲鋭，則以較角加象限爲甲丙二角之和。設乙角爲鈍，則以較角減象限爲甲丙二角之和。試於二角和中與甲丙平行作一己乙線，則甲丙乙角與己乙戊角同，所以二角和中減去所有角，餘己乙甲角必等於乙甲丙角也。即兩邊所夾之角。至於有兩邊，有大邊所對之角，以所有角減半周成鈍鋭二形，如三圖甲乙丙角及甲戊丙角是也。其夾角如乙甲丙及戊甲丙本有二形，惟因甲丙戊爲一定角度，故夾角仍無兩答也。

圖一

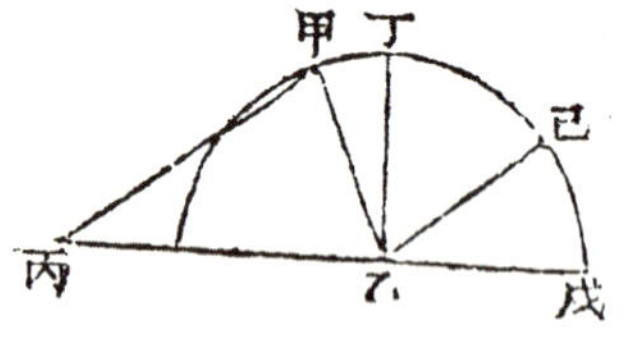

圖二

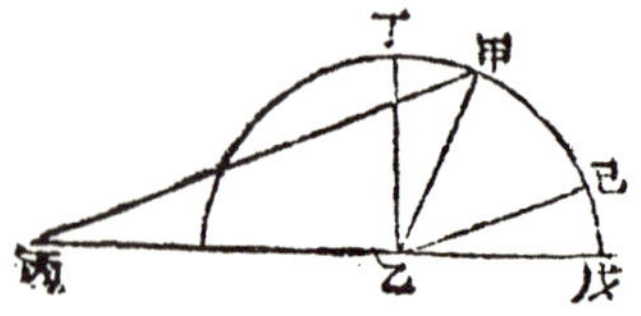

圖三

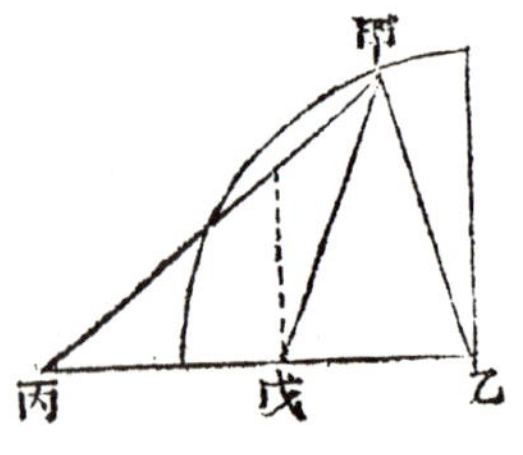

圖解清析，論説中將題中至要之處剴切詳陳，尤爲顯豁。

圓球體上下各截去積一段，令兩截面平行，有球徑，有截體之高，有兩截面徑之和。求兩截面徑。　元和龔　傑子英

法：以高冪加半和冪自之，以四倍高冪減之，以四倍高冪加和冪約之，爲長方積。以半和爲長闊和，或以高冪加半較冪自之，以四倍高冪減之，以較冪加四倍高冪約之，爲長方積。以半較爲長闊較，各開方得長，倍之爲大截徑，得闊，倍之爲小截徑。

如圖，丙丁庚辛爲截積，丙庚爲大截徑，丁辛爲小截徑，甲乙爲高，戊己爲圓徑。設自心至丁至丙各作線，則丙心及丁心二半徑線皆爲弦。丙甲及丁

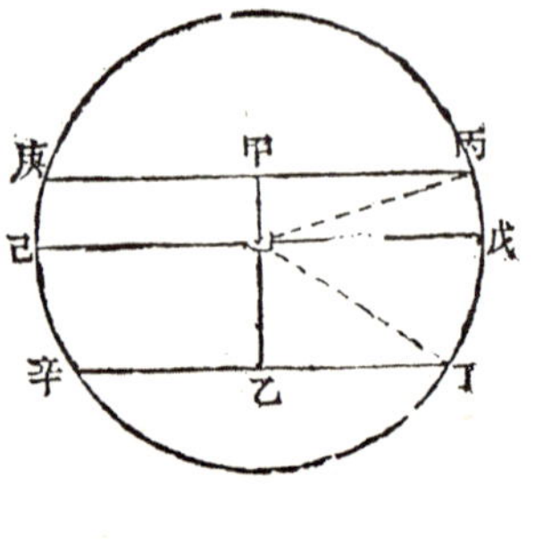

乙皆爲股。甲心及心乙皆爲句。而高爲兩句和，半截面徑和爲兩股和，半截徑較爲兩股較。夫兩句股形既同一半徑爲弦，則此股大於彼股，此句必小於彼句，故兩股冪相減必等於兩句冪相減。其式【略】

圖解、算式，均極詳明。

半徑自乘變爲長方積，圓徑爲長闊較，開平方得闊，爲二十二度半正切。試爲圖解。

長洲朱祖樑鶯清

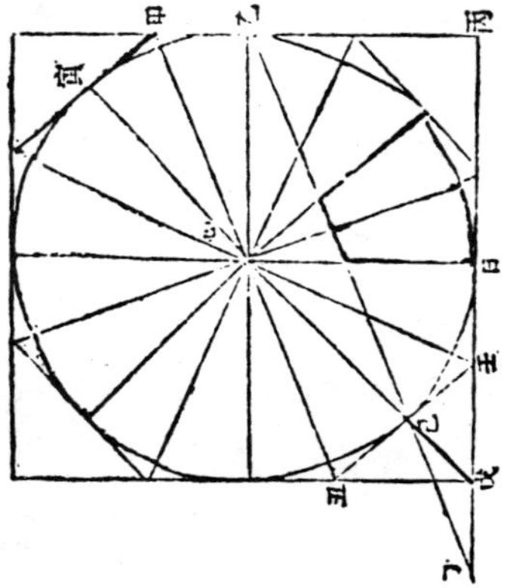

如圖，心日爲半徑，心乙、乙丙皆等，甲乙爲二十二度半正切，甲寅、己丑、己壬、己戊皆等。試作乙丁線，復將丙戊全徑引長至丁，成乙丁丙句股形，與甲心乙句股形平行，即爲同式，而又必令丁戊等於戊己二十二度半正切，因甲心乙角所對之弧爲一分，而丁己戊角與寅己乙角又爲交角己角所對之弧，爲兩分。因邊角折半，亦爲一分，是與丁角等矣。兩角等，則己戊與戊丁兩邊亦無不等，乃得比例如左。

一率　丙丁股即全徑加二十二度半正切。

二率　丙乙句即全徑。

三率　心乙股亦即全徑。

四率　甲乙句即二十二度半正切。

而二三率相乘本等於一四率相乘，則丙乙二率與心乙三率相乘之方積即半徑冪。必等於丙丁一率與甲乙四率相乘之長方積。而其闊即爲二十二度半正切，其長即爲全徑加二十二度半正切，故其較爲全徑，開平方而得闊，爲二十二度半正切也。

圖解詳明。

清・支寶枏《上虞算學堂課藝》卷下

句股形自直角作垂綫至弦，分原形爲大小兩句股形。大形股弦和三百，小形句弦和九十。問垂綫及原形句、股、弦。　劉承祖

識別得原形爲弦率，大形爲股率，小形爲句率。試令天爲垂綫，則　天丄三〇〇＝大形弦和和　天丄九〇＝小形弦和和　三〇〇丄九〇＝原形弦和和

故【略】　$\frac{三〇〇}{(六〇)^{二}}=\frac{五}{六〇}=$一二　爲大形股弦較，與股弦和相加減而半之，得

大形弦＝一五六＝原形股　大形股＝一四四　又　$\frac{九〇}{(六〇)^{二}}=$四〇　爲小形句弦較，與句弦和相加減而半之，得　小形弦＝六五＝原形句　小形句＝二五

故　一四四丄二五＝一六九＝原形弦

今有甲乙二人同在方城之西北隅。甲向南先行十四分鐘，至西南隅。然後乙向東直行，甲仍向南行三百三十六步。二人切城之東南隅同時望見，即各依斜綫相向而行。乙至東南隅，更歷十分鐘，甲始至東南隅相會。問城徑及二人每六分鐘時，各行若干步。

戚孔懷

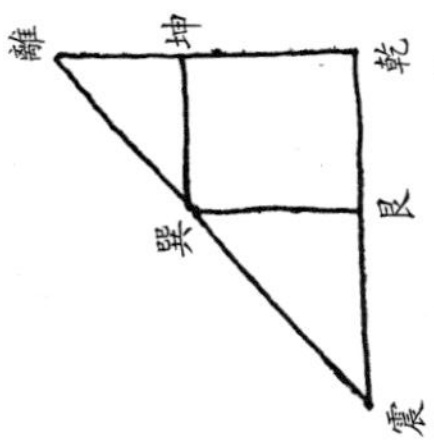

乾至坤爲甲行一四分之路。坤至離爲南行三三六步。命　城徑＝天、三三六＝子　則【略】如以甲南行步　三×一一二　爲句，如上圖。則城徑　四×一一二＝四四八　爲股，乙東行步爲　$\frac{三}{七}$×四×一一二　甲六分鐘行　$\frac{一四}{六}$×四×一一二＝一九二　乙六分鐘行　$\frac{三×一一二}{一九二}×\frac{三}{七}$×四×一一二＝五九七$\frac{三}{一}$　如以甲南行步　四×八四　爲股，如下圖。則城徑　三×八四＝二五二　爲句，乙東行步爲　$\frac{四}{七}$×三×八四＝七×六三　甲六分鐘行　$\frac{一四}{六×三×八四}$＝一〇八　乙六分鐘行　$\frac{三×一一二}{一〇八}$×七×六三＝一四一$\frac{四}{三}$

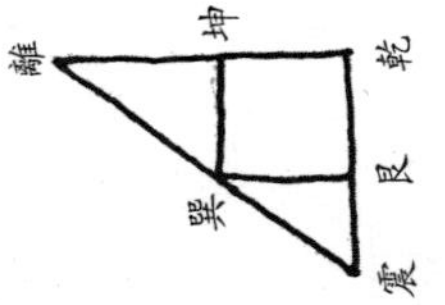

今有方城一座，四邊中半開門。甲乙二人同在北門。乙從城外向東直行而立，甲入城出南門，復向南直行八百六十四步，切城之東南角望見乙。二人復依斜綫相向而行，會於城之東南角。甲共行路與乙共行路比若七與四比。問城徑幾里。

戚孔懷

命　天＝城徑、子＝八六四　則　巽離$=\sqrt{天^{二}丄子^{二}}$　【略】故　天＝

$\frac{一六八}{七〇×八六四}$=三六〇 即一里，倍之得城徑二里。

句股容方切句股之方邊爲一萬三千七百四十，切弦之方邊爲一萬三千二百六十。問三事。

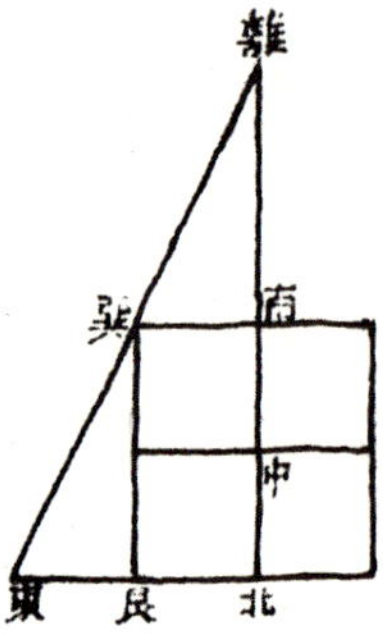

圖甲

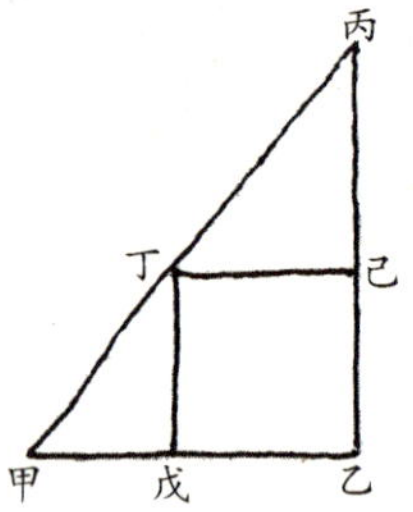

圖乙

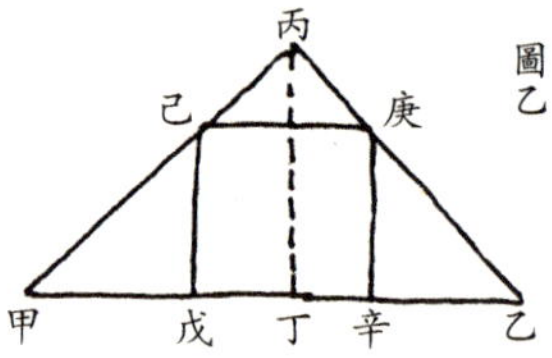

命 一三七四〇=甲、一三二六〇=乙 按甲圖，得句股理 $\frac{句⊥股}{句股}$=甲 從乙圖，得【略】 句股=乙($\frac{弦}{句股}$⊥弦) 【略】配方，【開】得 股=二二九×一七×一二 句=二二九×一七×五 弦=二二九×一七×一三

句股形内容方邊圓徑和，與垂綫相減，得一千六百二十六。方邊垂綫和四千八百。問三事。 石承宣

令 天=圓徑、地=弦 則 【略】得 $\frac{弦}{股丅句}$=$\frac{一七}{七}$ 由此得 $\frac{弦}{句}$=$\frac{一七}{八}$ $\frac{弦}{股}$=$\frac{一七}{一五}$ 又 $\frac{弦}{股⊥句丅弦}$=$\frac{一七}{六}$ 以約天，得 弦=一七×二三 故 句=八×一七×二三 股=一五×一七×二三

長方積於上下二闊及左右二長，任俱截爲不等二段。次聯各截點，成四句股形。其四直角即長方積四角。左上角句股積五十六，右上角句股積三十，左下角句股積二十五，右下角句股積九。左段截闊上小於下三，上段截長左大於右四。問各段長闊。 郭允恭

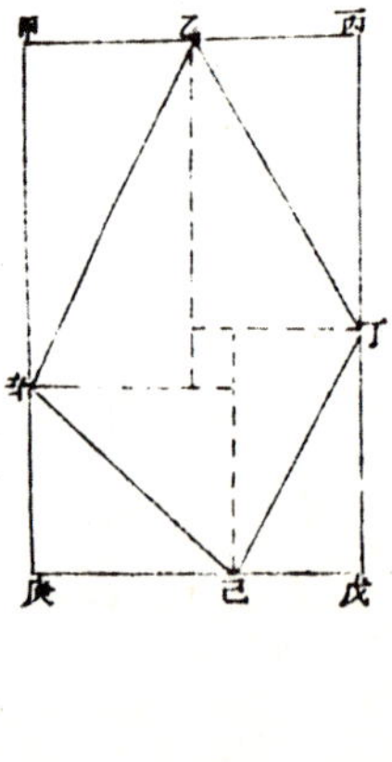

命 天=甲乙 天⊥三=己庚 $\frac{天}{二×五六}$=甲辛 $\frac{天⊥三}{二×二五}$=庚辛 $\frac{天}{二×五六}$丅四=丙丁 $\frac{天⊥三}{二×二五}$⊥四=丁戊 $\frac{二×五六丅四天}{二×三〇天}$=乙丙 $\frac{二×二五⊥四(天⊥三)}{二×九(天⊥三)}$=己戊 如題得【略】 (天丅七)(天⊥$\frac{三}{二三}$)=〇 故 天=七 己庚=七⊥三=一〇 甲辛=$\frac{七}{二×五六}$=$\frac{一六}{一}$ 庚辛=$\frac{七⊥三}{二×二五}$=五 丙丁=$\frac{七}{二×五六}$丅四=一二 丁戊=$\frac{七⊥三}{二×二五}$⊥四=九 乙丙=$\frac{二×五六丅四×七}{二×三〇×七}$=五 己戊=$\frac{二×二五⊥四(七⊥三)}{二×九(七⊥三)}$=二 即爲各段長闊。

句股形從直角取句股各三分之一，作兩直綫至對角兩直綫相交，各分爲大小二分。其大分與小分比俱若三與一比。又分句股積爲四段，其依弦一段，得全積二分之一。餘三段相等，俱得全積六分之一。試證之。 劉川

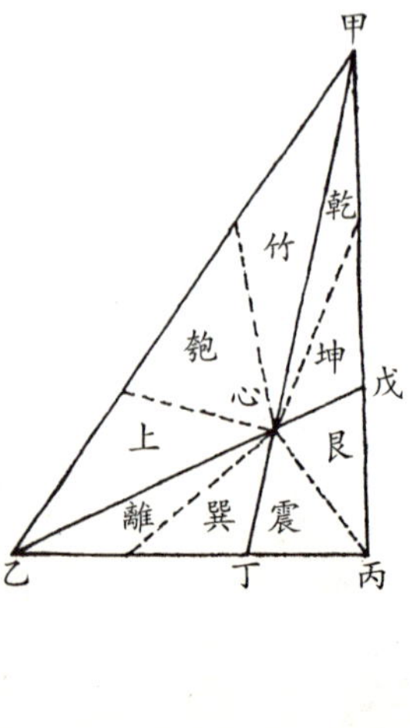

乾、坤、艮三積，同以三|股爲底而等高，即等積。震、巽、離三積，同以三|句爲底而等高，亦等積。土、匏、竹三積，同以三|弦爲底而等高，又等積。惟甲丙丁句股積，爲全積三分之一，得 乾⊥坤⊥艮⊥震=$\frac{二}{一}$股×$\frac{三}{一}$句=$\frac{三}{一}$積 乙丙戊句股積 巽⊥離⊥艮⊥震=$\frac{三}{一}$積 兩式相等，即 乾⊥坤=巽⊥離 亦等於 艮⊥震=$\frac{六}{一}$積 故 乾⊥坤⊥巽⊥離⊥艮⊥震=$\frac{二}{一}$積 與全積相減，得 土⊥匏⊥竹=$\frac{二}{一}$積 故 土=匏=竹=$\frac{六}{一}$積

如以甲丁與乙戊兩綫爲底，取原形三分之二，勻分爲四分以比例之，得 竹⊥匏

丄土：乾丄坤∷$\frac{二}{積}$：$\frac{六}{積}$∷三：一　或　竹丄匏丄土：離丄巽∷$\frac{二}{積}$：$\frac{六}{積}$∷三：一　即　乙心：戊心∷甲心：丁心∷三：一

股乘句弦較爲甲，句乘股弦較爲乙，求直積之開方式若何。設甲爲明股一百八十九，乙爲東句一百六十，則城半徑爲何數。　戚孔懷

命　天＝句股　甲＝股(弦丅句)　乙＝句(弦丅股)　甲丄天＝股弦　乙丄天＝句弦　【略】化而歸之，得　$天^{四}$丅四甲乙$天^{二}$丅二甲乙(甲丄乙)天＝$甲^{二}乙^{二}$　爲直積之開方式。又按《海鏡》圖，明股加城半徑爲高弦，即極股。東句加城半徑爲平弦，即極句。高平二弦相乘，城半徑除之爲極弦，故求城半徑之開方式，仍與前同以真數入之，得　$天^{四}$丅一二〇九六〇$天^{二}$丅二一一〇七五二〇天＝九一四四五七六〇〇　【略】開三乘方，得四百二十，爲城半徑。

三角形內容圓形，外作三圓，其圓周各切於一邊，及餘兩邊之引長綫。有三邊，求四圓徑之公式。試以代數證明。其法設大邊九百七十五，中邊九百五十二，小邊九百四十三，則三圓徑爲何數。　劉川

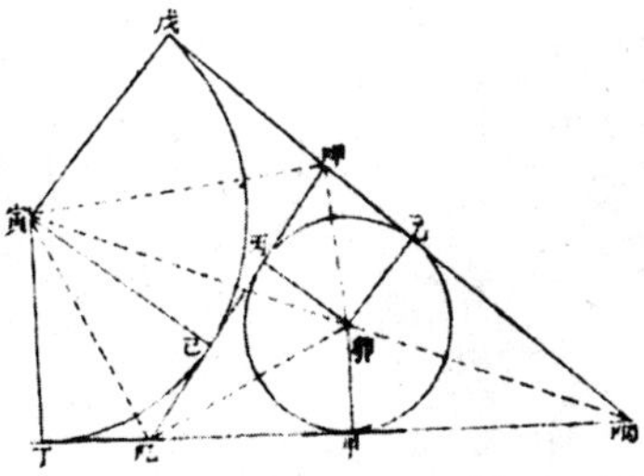

呷吃呥三角形內容甲乙丙圓，自圓心卯至三邊作卯甲、卯乙、卯丙三垂綫，爲半徑。又自卯至各角作卯呷、卯吃、卯呥三綫，即分原形爲六句股形，而兩兩相等。命三邊和爲二申　則呥甲爲　申丅丙　吃甲爲　甲丅乙　呷吃爲　申丅甲　令卯甲爲　$\frac{二}{一}$味　三角積

$\sqrt{申(申丅甲)(申丅乙)(申丅丙)}$　爲積，其　$\frac{二}{一}$味(申丅甲)＝呷丙卯乙積　$\frac{二}{一}$味(申丅丙)＝呥乙卯甲積　$\frac{二}{一}$味(申丅乙)＝吃甲卯丙積　相併得

$\frac{二}{一}$味(三申丅甲丅乙丅丙)＝積　即　味＝$\frac{申}{二積}$

又引呷呥至戊，使呷戊如吃丙，引長吃呥至丁，使吃丁如甲丙，則呥戊與呥丁並爲三邊半和。又移丙點至己，截吃己如呷丙，則吃己亦如吃丁，於是自丁戊己三點，作垂綫至寅，則寅即爲切呷吃邊之圓心。而三垂綫俱爲其半徑。引長呥卯綫至寅，成呥寅丁大句股形，與呥卯甲小句股形同式而有比例　呥甲：卯甲∷呥丁：寅丁　惟　呥甲＝申丅丙　而　卯甲＝$\frac{申}{二積}$　呥丁＝申　如令寅丁＝味丙　以此同數代入上式，得　申丅丙：$\frac{申}{二積}$∷申：味丙　即

味丙＝$\frac{申丅丙}{二積}$　依同理　味乙＝$\frac{申丅乙}{二積}$　味甲＝$\frac{申丅甲}{二積}$　【略】

三角形三邊外切圓，與《海鏡》大差、小差、太虛三形相似。彼以弦較和或弦較較或弦和較爲法，四因句股積爲實。此以三邊較各爲法，倍三角積爲實。法半而實亦半也。如命三邊爲大、中、小，其三邊較之倍，可名爲大較和、大較較、大和較，則《海鏡》諸法施於直角固可，即施於銳角、鈍角亦無不可。

平三角形，命其大中小三邊爲甲乙丙，任取一邊上作平圓，其圓周切於餘兩邊。若鈍角或切於餘一邊及又一邊之引長綫，試作三圓徑之公式。設甲爲四千四百五十二，乙爲三千九百七十五，丙爲二千七百零三，則三圓徑爲何數。　劉繼向

呷吃呥三角形，平分吃角，作吃乙分角綫。以乙爲心作圓，切於餘邊甲、丙二點一圖切於餘二邊，二圖則切於餘一邊及又一邊引長綫。命三邊爲甲乙丙，準形學理　吃呥丄呷吃：呷呥∷吃呥：呥乙　即　甲丄丙：乙∷甲：呥乙　【略】

命三角積　$\sqrt{申(申丅甲)(申丅乙)(申丅丙)}$　爲積，甲乙爲　$\frac{二}{一}$味乙　則

呷乙＝$\frac{甲}{二積}$　故有比例　呷呥：呷丁∷呥乙：甲乙　【略】即　味乙＝$\frac{甲丄丙}{四積}$

依同理　味甲＝$\frac{乙丄丙}{四積}$　味丙＝$\frac{甲丄乙}{四積}$　爲公式。【略】

圖一

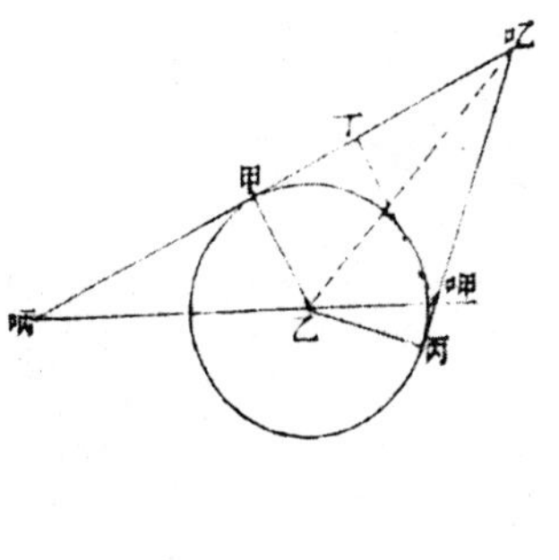

圖二

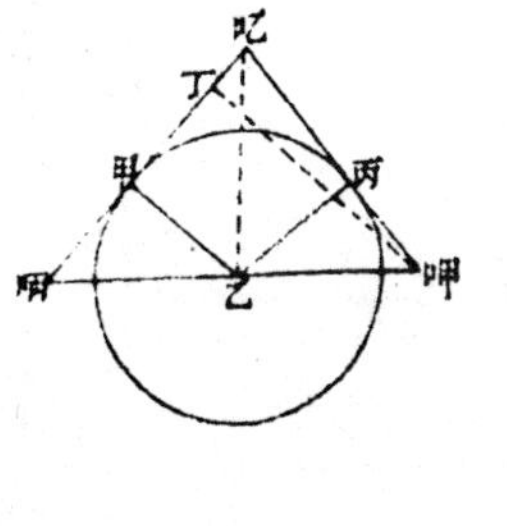

此法與《海鏡》邊底合三形同，祇易句股積爲三角積耳。

平三角三邊各引長之，任取一邊引長綫上作平圓。令圓周切於餘二邊之引長綫。若角爲鈍，則切於餘小邊及大邊之引長綫。有三邊，求圓徑。法四倍三角積爲實，餘二邊相減爲法，法除實，得本邊引長綫上圓徑。試證其理。若三邊爲三百零八與二百七十五與一百八十七，則三圓徑若干。

劉承祖

圖一

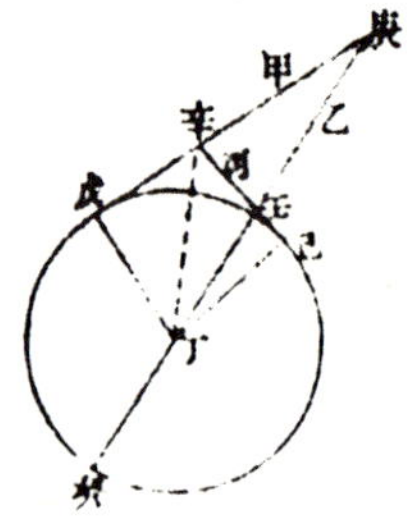

圖二

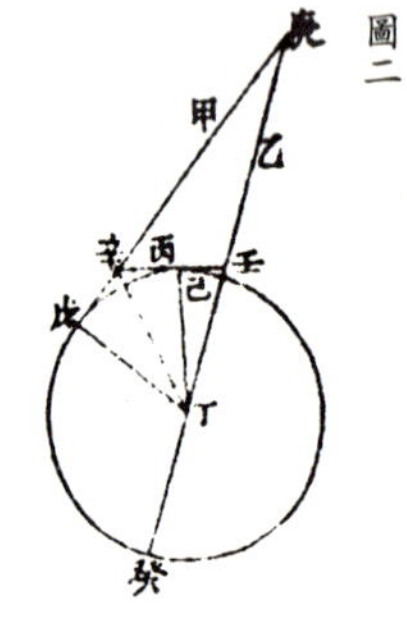

庚辛壬三角形，引長庚辛、庚壬二邊於戊、於癸。平分辛外角，作分角綫辛丁，以丁爲心，作戊己癸圓，則己戊爲餘二邊引長綫之切點。一圖切於餘小邊引長綫，二圖則切於餘小邊。從戊庚丁及丁壬己兩句股形得比例

$\frac{甲}{二積}:乙::丁戊:丁庚$　$\frac{丙}{二積}:乙::己丁:丁壬$　即　$丁庚=\frac{二積}{甲乙}\times丁戊$

$丁壬=\frac{二積}{乙丙}\times己丁$　相減，即　$丁庚丅丁壬=乙=(\frac{二積}{甲乙丅乙丙})$半徑　即

$半徑=\frac{甲丅丙}{二積}$　倍之，命圓徑爲$徑_{大}$、$徑_{中}$、$徑_{小}$，依同理　$徑_{大}=\frac{乙丅丙}{四積}$

$徑_{中}=\frac{甲丅丙}{四積}$　$徑_{小}=\frac{甲丅乙}{四積}$【略】

《海鏡》明、叀二形，舊云句股外容半圓，未見確當。今改云句股弦引長綫上容圓，又不遺卻斷形，且與邊底合三形兩兩互舉，理本天然，通之以鋭、鈍三角，愈覺妙理環生耳。

《海鏡》容圓諸形，可以鋭、鈍三角通之。法以大中小三邊代其弦、股、句三事，其諸三角形，仍以通虚大小差及邊底明叀合斷極高平名之。計三邊及五和五較諸定率，共有十三形，即有十三容，俱以本形三角積四之，爲實，本形定率爲法，法除實，得城徑。設三邊率爲二十一與二十與十三，或二十或十三與十一。試演各形三邊與城徑俱爲整數，并畫鋭、鈍圖以明之。

王瓚

鋭角圖

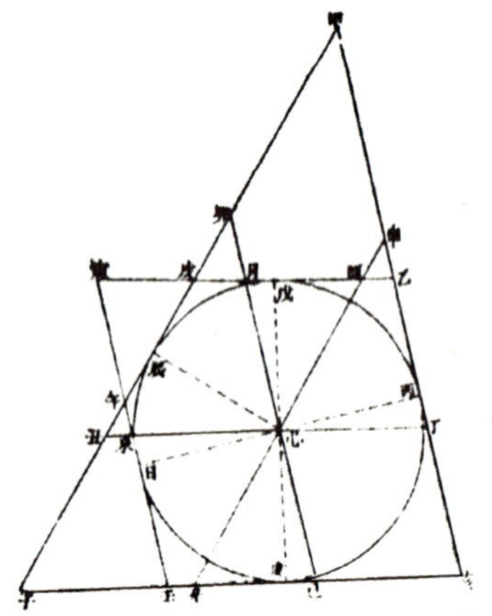

鈍角圖

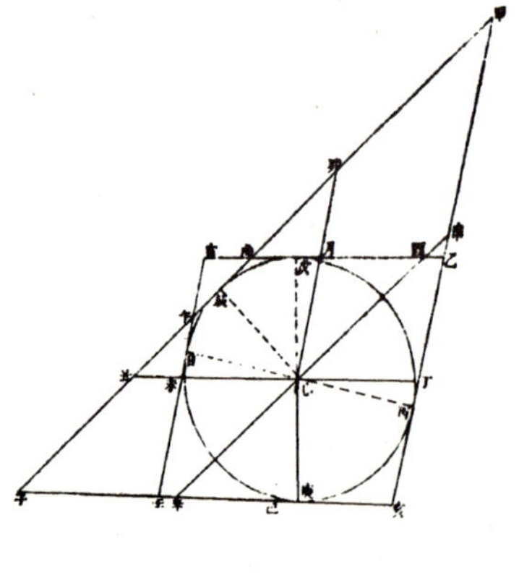

甲子亥通形，爲三角形内容圓。寅午戌虚形，爲大邊外容圓。午子壬小差形，爲中邊外容圓。甲戌乙大差形，爲小邊外容圓。申辛亥合形，爲大邊上容圓。子卯己底形，爲中邊上容圓。甲丑丁邊形，爲小邊上容圓。申酉乙斷形，爲大邊引長綫上容圓。卯戌月明形，爲中邊引長綫上容圓。午丑未叀形，爲小邊引長綫上容圓。心辛己平形，爲大中二邊上容圓。申心丁高形，爲大小二邊上容圓。平高二形以垂綫爲半徑，鋭角在形内，鈍角在形外。卯丑心極形，爲中小二邊上容圓。其心辰等諸虚綫皆城半徑也。命三邊率爲大中小，則通率爲　大丄中丄小，其三邊爲　(大丄中丄小)大　(大丄中丄小)中　(大丄中丄小)小　三邊和與三邊倍較連乘，平方開之，爲四箇三角積。以通定率　(大丄中丄小)^{二}　約之，得　$\sqrt{(大丄中丄小)(大丄中丅小)(大丄小丅中)(中丄小丅大)}$　爲城徑式。推之，虚三邊　(中丄小丅大)大　(中丄小丅大)中　(中丄小丅大)小　【略】

各以四箇三角積爲實，各定率爲法，俱得

$\sqrt{(大丄中丄小)(大丄中丅小)(大丅中丄小)(小丅中丅大)}$　爲城徑。設　大＝二一　中＝二〇　小＝一三　爲鋭角形，其

城徑＝$\sqrt{五四×二八×一四×一二}$　＝九×八×七＝五〇四　其通三邊【略】設

大＝二〇　中＝一三　小＝一一　爲鈍角形，其

城徑=$\sqrt{四四×二二×一八×四}$=四四×六=二六四　其通三邊【略】

《海鏡》諸題，知二事可求城徑。三角必知三事，始能求城徑。此等題設問較《海鏡》原書尤爲有趣，惜集隘不能多録，姑列一首以爲例。

三角形將底勻分爲三。從分點至頂角作兩分底綫，又將兩腰折半，各至對角作兩分腰綫。四綫相交即截分底綫爲三段。其三段之比若五與三與十二之比。又截分腰綫爲四段。其四段之比若六與四與五與十五之比。試證之。

擬作

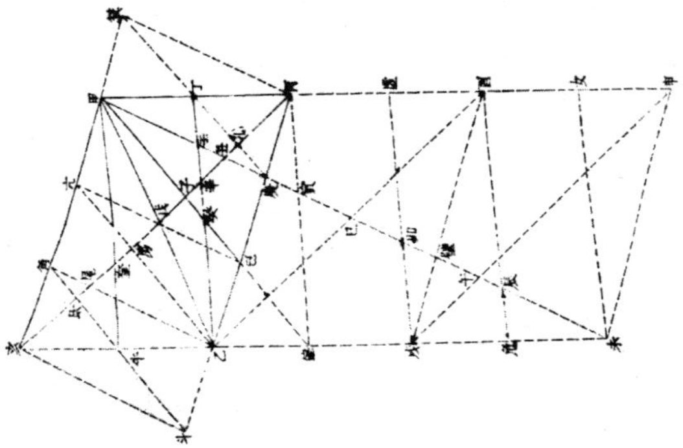

甲乙丙三角形，如題作甲庚、甲己兩分底綫，乙丁、丙戊兩分腰綫。將右腰甲丙引長至申，使甲申三倍於甲丙。引長甲庚至未，丙戊至亥，作甲亥、酉戌、申未三綫，與底平行而等，補成亥申斜方形。將甲申綫六平分之，作甲牛、丙室、虛戌、酉危、女未五綫，俱與乙丁平行。作乙酉、戌申二綫，俱與亥丙平行，則甲未綫三平分於庚、壁二點。四平分於丑、巳、午三點。五平分於壬、寅、卯辰四點。如以甲未爲六十，即分爲　甲庚=$\frac{三}{六〇}$=二〇　甲丑=$\frac{四}{六〇}$=一五　甲壬=$\frac{五}{六〇}$=一二　而　丑庚＝甲庚丅甲丑＝五　丑壬＝甲丑丅甲壬＝三　故　丑庚：丑壬：甲壬：：五：三：一二　同法　己癸：子癸：甲子：：五：三：一二　又作箕丙、亢己、角乙、亥斗四綫，俱與甲庚平行。作箕庚、亢乙、角斗三綫，俱與甲己平行，則亥丙綫半之於戌，三平分於辛、奎二點，四平分於丑、戊、尾三點，五平分於心、子、房、氐四點。如以亥丙爲六十，即分爲　丙戌=$\frac{二}{六〇}$=三〇　丙辛=$\frac{三}{六〇}$=二〇

丙丑=$\frac{四}{六〇}$=一五=丙心=$\frac{五}{六〇}$=一二　而　丙子＝二丙心＝二四　戊子＝丙戊丅丙子＝六　子辛＝丙子丅丙辛＝四　丑辛＝丙辛丅丙丑＝一五　故　戊子：子辛：辛丑：丑丙：：六：四：五：一五　同法　壬丁：辛壬：癸辛：乙癸：：六：四：五：一五

諸卷證釋詳明，儘多佳構，卻未能爽心豁目，一望了然，故作此以示初學。自記。

三角形底一千五百六十，自底端兩角作垂綫至兩腰。兩垂綫相交成同式大小四句股形。垂綫所截兩小弦相比若十三與十一比。四形句股較與弦較較比俱若四與三比。問兩腰。

郭允恭

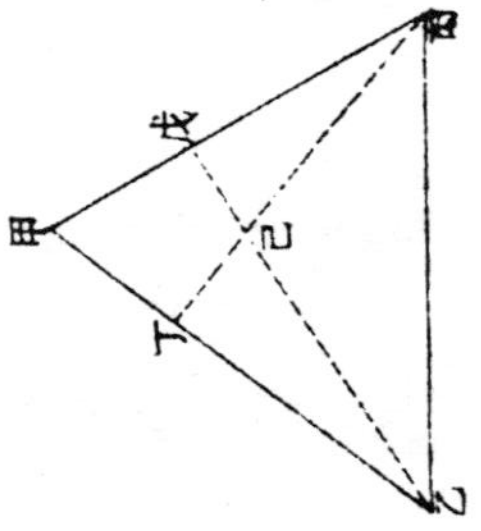

甲乙丙三角形，自乙丙底兩端作丙丁與乙戊兩垂綫，成丁乙己、戊乙甲、戊丙己、丁丙甲四句股形，爲同式。準題　弦丁句：弦丁股丄句：：四：三　【略】

即得　甲乙＝一四五六　甲丙＝一三五二　爲兩腰。

三角形勻分頂角爲三，作兩分角綫至底，分底爲左中右三段。有三段求兩腰及分角綫，其式若何。設左段六十六，中段三十，右段二十五，兩腰及分角綫若干。

石承宣

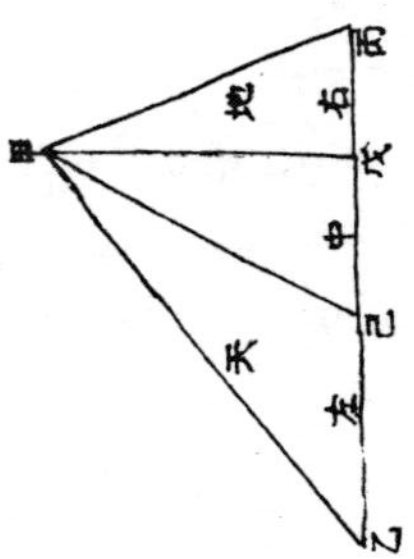

令二腰爲天地，底三段爲左、中、右。如題　乙甲己角＝己甲戌角＝戌甲丙角　從己甲丙與戊甲乙兩三角形，俱平分頂角，得　甲戌=$\frac{左}{中天}$　甲己=$\frac{右}{中地}$　準形學理　甲丙×甲己丅丙戌×戌己＝甲戌^{二}　解見後。即

$\frac{右}{中地}$丅中右=$\frac{左^{二}}{中^{二}右^{二}}$　㊀　同理　甲乙×甲戌丅乙己×戌己＝甲己^{二}　即　$\frac{左}{中天}$丅中左=$\frac{右^{二}}{中^{二}地^{二}}$　㊁

以$\frac{中}{右}$乘之【略】

天=左$\sqrt{\frac{左右丅中^{二}}{右(左丄中)}}$

地=右$\sqrt{\frac{左右丅中^{二}}{左(右丄中)}}$　而　甲戌=$\frac{左}{中}$天

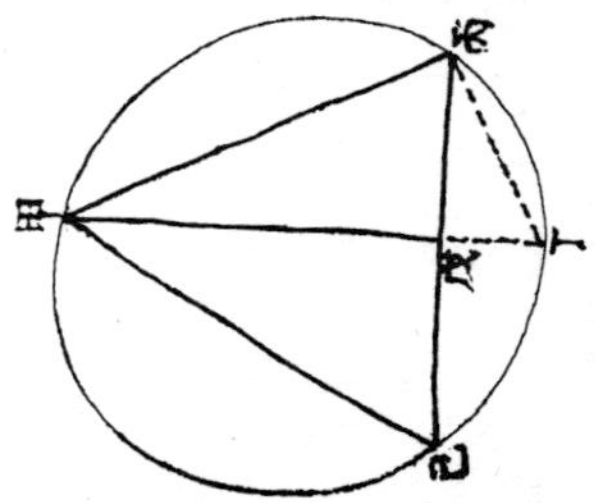

甲己$=\frac{右}{中}$地　真數入之　天$=\frac{\sqrt{五}}{二六四}$　地＝五五　甲戊＝二四$\sqrt{五}$　甲己＝六六

又平分甲角，將甲戊分角綫引長至丁，作丙丁綫，成甲己戊及丙丁戊及甲丁丙三形，相似而比例等　己甲戊角＝丁甲丙角＝丁丙戊角　。因所對弧俱爲丙丁＝己丁　，又　甲己戊角＝甲丁丙角　則餘角　甲戊己角＝甲丙丁角＝丙戊丁角　故　甲丙∶甲丁∷甲戊∶甲己　即　甲丙×甲己＝甲戊×甲丁㊂　丙戊∶丁戊∷甲戊∶己戊　即　丙戊×己戊＝甲戊×丁戊　以減[式三得]　甲丙×甲己丅丙戊×己戊＝甲戊(甲丁丅丁戊)＝甲戊^{二}

三角形自頂角作分角綫至底，平分面積爲二，而兩分角之比若一與二比。有大腰甲，小腰乙，求分角綫及底。且倍乙必大於甲，其頂角與小腰交底角或爲鋭或爲鈍，則兩腰之比例若何。　郭允恭

子丑寅三角形，從頂角丑平分面積，其　子卯＝寅卯

令　子丑＝甲，丑寅＝乙，子寅＝底，丑卯＝天，子丑卯角＝亥，寅丑卯角＝二亥　【略】若寅角爲鈍，則　甲^{二}＞乙^{二}丄底^{二}　【略】　即　$\frac{乙}{甲}>\frac{二}{\sqrt{六丄二\sqrt{一七}}}$＝一.八八七二

若丑角爲鈍，則【略】　$\frac{乙}{甲}<$一.七三二〇　若爲鋭角形，必$\frac{乙}{甲}>$一.七三二〇　而　$<$一.八八七二　若等於二數，則爲直角矣。

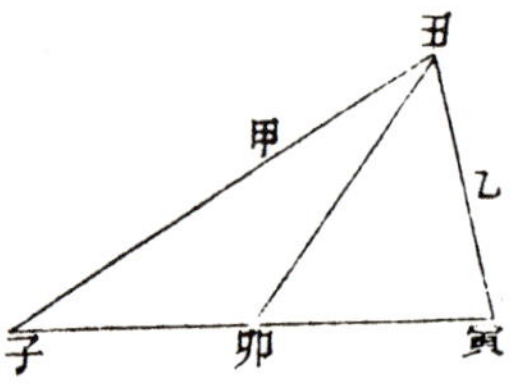

三角形底與兩腰和比若七與二十比。其兩底腰夾角比若三與一比。試求三角之正弦而得三邊之比例。　戚孔懷

命三角爲甲乙丙，如題　乙＝三甲，丙＝周丅(甲丄乙)＝周丅四甲　其　正弦(周丅四甲)＝正弦四甲　依八綫倍弧各理，【略】所以　底∶大腰∶小腰∷三三六∶五八五∶三七五

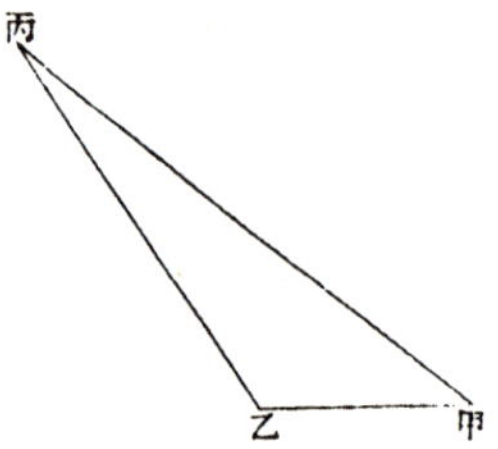

正切方加餘切方，以四十四乘之，內減一百六十六，等於正切四方加餘切四方。問正切式及角度如何。　蔣嘉麟

命正切爲天，餘切爲$\frac{天}{一}$　如題得　四四(天^{二}丄$\frac{天^{二}}{一}$)丅一六六＝天^{四}丄$\frac{天^{四}}{一}$

以　天^{二}丄$\frac{天^{二}}{一}$　自乘【略】，化爲　(天^{二}丄$\frac{天^{二}}{一}$)丅四四(天^{二}丄$\frac{天^{二}}{一}$)丄一六四＝〇

配之【略】解之，加二，得　(天丄$\frac{天}{一}$)^{二}＝四($\sqrt{五}\frac{丄}{丅}$一)^{二}　開平方，化爲

天^{二}丅二($\sqrt{五}$丅一)天丄一＝〇　天^{二}丄二($\sqrt{五}$丅一)天丄一＝〇　天^{二}丅二($\sqrt{五}$丄一)天丄一＝〇　天^{二}丄二($\sqrt{五}$丄一)天丄一＝〇　四式，各解之

天＝$\sqrt{五}$丅一丄$\sqrt{五丅二\sqrt{五}}$＝正切六三。　天＝$\sqrt{五}$丅一丅$\sqrt{五丅二\sqrt{五}}$＝正切二七。　天＝丅($\sqrt{五}$丅一)丄$\sqrt{五丅二\sqrt{五}}$＝正切一五三。　天＝丅($\sqrt{五}$丅一)丅$\sqrt{五丅二\sqrt{五}}$＝正切一一七。　天＝$\sqrt{五}$丄一丄$\sqrt{五丄二\sqrt{五}}$＝正切八一。　天＝$\sqrt{五}$丄一丅$\sqrt{五丄二\sqrt{五}}$＝正切九。　天＝丅($\sqrt{五}$丄一)丄$\sqrt{五丄二\sqrt{五}}$＝正切一七一。　天＝丅($\sqrt{五}$丄一)丅$\sqrt{五丄二\sqrt{五}}$＝正切九九。

正切等於一，其弧六分之一爲何度，正切何式。　石承宣

令　正切甲＝酉　依八綫理　正切六甲＝$\frac{一丅一五酉^{二}丄一五酉^{四}丅酉^{六}}{六酉丅二〇酉^{三}丄六酉^{五}}$

【略】化之，【略】以　(一丅酉^{二})丄二酉＝〇　約之，得　(一丅酉^{二})^{二}丅八酉(一丅酉^{二})丄四酉^{二}＝〇　加　一二酉^{二}　開方　一丅酉^{二}丅四酉＝$\frac{丄}{丅}$二酉$\sqrt{三}$　故化爲　酉^{二}丅二酉丅一＝〇　酉^{二}丅二(二丄$\sqrt{三}$)酉丅一＝〇　酉^{二}丅二(二丅$\sqrt{三}$)酉丅一＝〇　三式，解之　酉＝$\sqrt{二}$丄一＝正切六七。三〇′　酉＝丅($\sqrt{二}$丅一)＝丅正切二二。三〇′　酉＝$\sqrt{六}$丄$\sqrt{二}$丄二丄$\sqrt{三}$＝正切八二。三〇′　酉＝丅($\sqrt{六}$丄$\sqrt{二}$丅二丅$\sqrt{三}$)＝丅正切七。三′　酉＝$\sqrt{六}$丅$\sqrt{二}$丄二丅$\sqrt{三}$＝正切五二。三〇′　酉＝丅($\sqrt{六}$丅$\sqrt{二}$丅二丄$\sqrt{三}$)＝丅正切三七。三〇′

三角形外切圓於三邊中點，作垂綫抵圓周，命爲甲乙丙，求圓徑之開方式。　王　瓚

設甲四十九，乙四十，丙十三，圓徑及三邊各若干。

呷吖呐三角形，半三邊於咦、啐、吒三點，過三點作心叮、心吧、心哦三半徑，又作呷丑、呐子二徑，補成呷丑呐、呷丑吖、呐子吖三句股形。各邊俱倍於呷心啐、呷心咦、呐心吒三句股形。其呐子吖角，爲呐丑吖之外角，而兩餘弦相等。

令　呷丑＝天　吀叮＝甲　子吒＝二心吀＝天丅二甲　㖄哰＝乙　丑呐＝二心哰＝天丅二乙　吧嗅＝丙　丑吒＝二心嗅＝天丅二丙

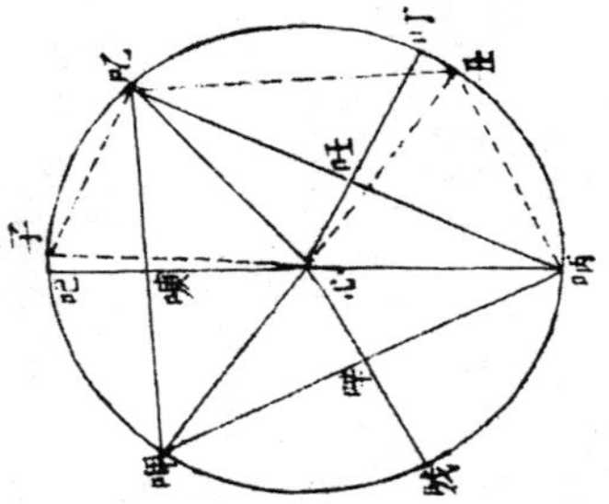

其　子角餘弦$=\frac{呐子}{子吒}=$丅丑角餘弦　即

丑角餘弦$=$丅$\frac{天}{天丅二丙}$　從吒丑呐三角形，【略】

吒呐$^{二}=$(天丅二甲)^{二}丄(天丅二乙)^{二}

丄$\frac{天}{甲}$(天丅二甲)(天丅二乙)(天丅二丙)　而

吒呐$^{二}=$子呐^{二}丅子吒$^{二}=$天^{二}丅(天丅二丙)^{二}　相消，【略】　天^{三}丅二(甲丄乙丄丙)天^{二}丄(甲丄乙丄丙)^{二}天丅四甲乙丙＝〇　入真數【略】開立方，得大數一三〇中小二數不合於用。爲圓徑，而　吒呐$=\sqrt{八一\times四九}=$一二六　呷呐$=\sqrt{九〇\times四〇}=$一二〇　呷吒$=$二$\sqrt{一一七\times一三}=$七八

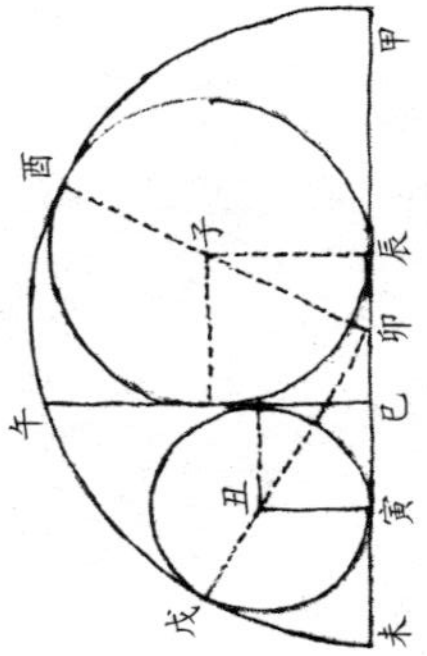

半平圓內作正弦截圓徑，爲大小二矢，於二分形內作大小二圓，其圓周俱切於弦矢弧三點。有大圓半徑甲，小圓半徑乙，求弦矢式。設甲一百六十八，乙一百十二，弦矢若干。

蔣嘉麟

令　申巳＝天　巳未＝地　子辰＝甲　丑寅＝乙

則　卯甲$=\frac{二}{天丄地}$　卯己$=\frac{二}{天丅地}$　從子卯辰句股形，【略】故　地(天丅二甲)＝甲^{二}㊀　又從丑卯寅句股形，【略】故　天(地丅二乙)＝乙^{二}㊁　從㊀得　天＝二甲丄$\frac{地}{甲^{二}}$　代入㊁，得　(二地丄甲)(地丅二乙)$=\frac{甲}{乙^{二}地}$　即　地^{二}丄$\left(\frac{二}{甲}丅\frac{二甲}{乙^{二}}丅二乙\right)$地＝甲乙　從題　甲＝一六八＝$\frac{二}{三\times一一二}=\frac{二}{三乙}$　故【略】　$\left(地丅\frac{二四}{一九}乙\right)^{二}=\left(\frac{二四}{三五}乙\right)^{二}$　即

地$=\frac{四}{九}=$乙＝二五二　而　天＝二甲丄$\frac{九}{四甲^{二}}=$三乙丄乙＝四四八　其

午巳$=\sqrt{天地}=$三乙＝三三六

大平圓作通弦截圓徑，爲大小二矢。以二矢爲徑，作中小二圓。切中圓外上下作二等圓，俱切大圓及通弦。切小圓外上下作二等圓，俱切大圓及通弦。二等圓又相等，有二矢，求四等徑。

張之梁

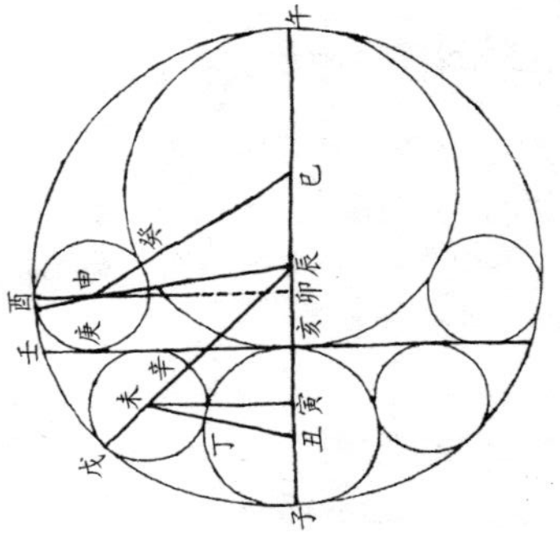

如題，中圓外等徑切於酉、庚、癸三點。小圓外等徑切於戊、辛、丁三點。從大中二圓心辰、巳作申巳卯、申辰卯二句股形。令等徑爲天　午亥＝甲　子亥＝乙　則

巳卯$=\frac{二}{甲丅天}$　巳申$=\frac{二}{甲丄天}$　辰卯$=\frac{二}{甲丅乙丅天}$　申辰$=\frac{二}{甲丄乙丅天}$　故申卯$^{二}=$甲己^{二}丅己卯$^{二}=$甲天　又　申卯$^{二}=$申辰^{二}丅辰卯$^{二}=$(甲丅天)乙　相消，得　天$=\frac{甲丄乙}{甲乙}$　從大小二圓心辰、丑作未辰寅、未丑寅二句股形【略】，相消，亦得　天$=\frac{甲丄乙}{甲乙}$

平圓外切一圓，又切於割切二綫，或切於割切之引長綫。有半徑與割切二綫，求切圓徑式如何。設半徑九尺八寸，切綫三丈三尺六寸，割綫三丈五尺，切半徑若干。

張之梁

甲乙丙爲割切與半徑所成句股形。平分甲角。作甲丁分角綫，於此綫上取心作圓，切於庚、壬、丑三點，補成乙丁壬、乙丁癸二句股形。令　乙丙＝甲　甲乙丅甲丙＝壬乙丅庚丙＝乙　丁壬＝丁庚＝天　則　丁乙＝甲丄天　乙癸＝甲丅天　丁癸$=$二$\sqrt{甲天}$　乙壬$=\sqrt{甲^{二}丄二甲天}$　故　$\sqrt{甲^{二}丄二甲天}$丅二$\sqrt{甲天}=$乙　【略】

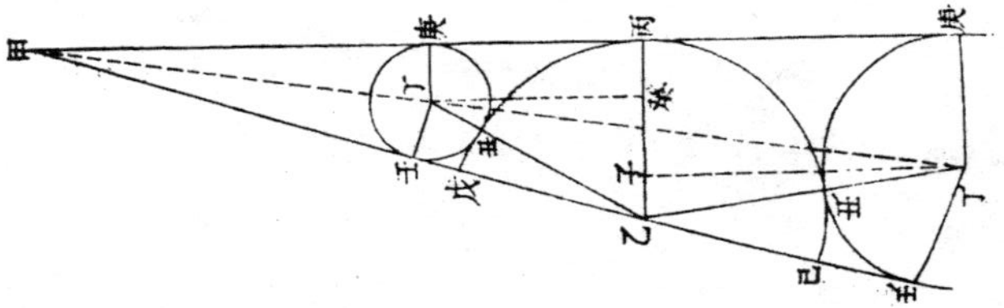

得　天$=\frac{七}{二六丅一〇}$乙＝二(二六丅一〇)　故　天＝三二＝庚丁　或

天=七二=庚丁　一切於割切弧，一切於割切弧之引長綫，叵　乙壬丁丙庚與　丙庚丁乙壬　俱爲割切較也。

大平圓截圓徑爲不等二分，以二分各爲圓徑，作中小二圓。於中小二圓外大圓內復作相等二圓，與大中小三圓相切，有大中小三徑，求等徑。法：置中小二徑相乘，以減大徑方爲法，大中小三徑連乘爲實，法除實得等徑。試證之。　劉川

大圓心丑，中圓心子，小圓心寅，等圓心卯，聯諸圓心成卯子寅、卯丑寅兩三角形。作卯己垂綫，截辰己如寅己。作卯辰綫，命　申未=大　二子未=中　二寅甲=小　二卯酉=天　則　子寅=$\frac{天}{二}$　子丑=$\frac{小}{二}$　丑寅=$\frac{中}{二}$　卯寅=$\frac{小丄天}{二}$　卯子=$\frac{中丄天}{二}$　卯丑=$\frac{大丄天}{二}$　從卯子寅形，得　子辰=$\frac{(卯子丄卯寅)(卯子丅卯寅)}{子寅}$=$\frac{(大丄二天)(中丅小)}{二大}$㊀　從卯丑寅形，得　丑辰=$\frac{(卯丑丄卯寅)(卯丑丅卯寅)}{丑寅}$=$\frac{(中丅二天)(大丅小)}{二中}$　加　子丑=$\frac{小}{二}$　得　子辰=$\frac{中(大丄二小)丅二天(大丄小)}{二中}$　消㊀化之　天=$\frac{二大中小}{大^{二}丄中^{二}丄小^{二}}$　惟　$中^{二}丄小^{二}=大^{二}丅二中小$　故　天=$\frac{大中小}{大^{二}丅中小}$

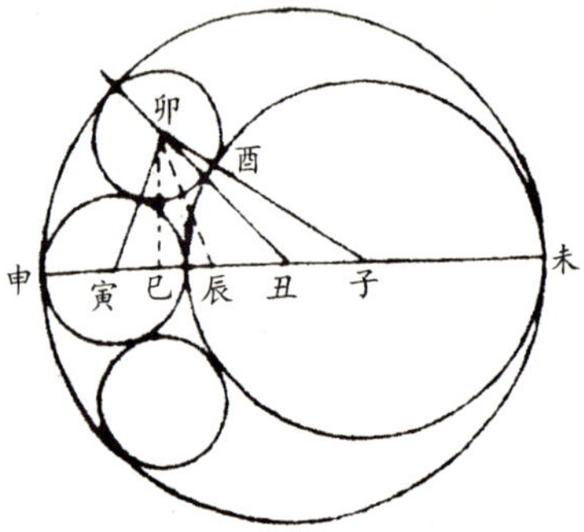

三角形內切圓圓心至切點三半徑，各引長之於三引長綫上取圓心，距切點爲度，作不等三圓。三圓自相切，俱切於內圓。有三邊，求三切圓半徑。法：以三邊求得內切半徑，各以邊較除之，得三半角正切。任取夾一邊之兩半角，正切相加，內減一爲法，內切半徑爲實，法除實得夾角之邊外切半徑。試證其理。　陳元鼎

命三角[形]爲呷叱吶，對邊爲甲乙丙。三邊半和爲申，內切半徑　心丙=未　外切半徑　丙子=天、乙寅=地、甲丑=人　從寅心子、丑心子、寅心丑三形得　正弦$\frac{寅心子}{二}$=餘弦$\frac{呷}{二}$=$\sqrt{\frac{天地}{(天丄未)(地丅未)}}$㊀　所以

餘弦$\frac{叱}{二}$=$\sqrt{\frac{天人}{(天丄未)(人丄未)}}$㊁

餘弦$\frac{吶}{二}$=$\sqrt{\frac{地人}{(地丄未)(人丄未)}}$㊂

其　$\frac{㊀×㊁}{㊂}$　爲　$\frac{餘弦\frac{呷}{二}餘弦\frac{叱}{二}}{餘弦\frac{吶}{二}}$=$\frac{天}{未丄天}$　故

天=$\frac{未}{正切\frac{呷}{二}丄正切\frac{叱}{二}丅一}$

同理　地=$\frac{未}{正切\frac{呷}{二}丄正切\frac{吶}{二}丅一}$

人=$\frac{未}{正切\frac{叱}{二}丄正切\frac{吶}{二}丅一}$　其　未=$\sqrt{\frac{(申丅甲)(申丅乙)(申丅丙)}{申}}$

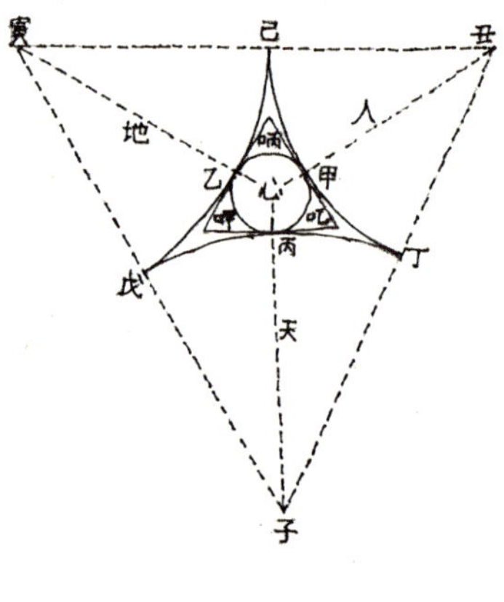

角圖

前題。大邊之切圓，若夾大邊之兩半角正切和大於一，則以凸面切於餘兩圓。若半角正切和等於一，則圓至無窮大，以大邊之引長綫切於餘兩圓。若半角正切和小於一，則圓爲負，須易其方向，以凹面切於餘兩圓，而大邊之切點仍不易。試並證之。設三邊爲十三、十四、十五，或爲六十八、八十七、九十五，或爲二十五、二十九、三十六，求三形之各半徑。　陳元鼎

前作三切半徑之公式。若夾邊兩半角正切和大於一，如前題角圖。若等於一，則母爲〇，圓至無窮大，如亢圖。從寅心酉、丑心申、寅心丑三形，因爲　寅心酉=九〇°丅呷　丑心申=九〇°丅叱　地丅未=(地丄未)餘弦呷

餘弦$\frac{呷}{二}$=$\sqrt{\frac{地}{地丄未}}$　餘弦$\frac{叱}{二}$=$\sqrt{\frac{人}{人丄未}}$　餘弦$\frac{吶}{二}$=$\sqrt{\frac{地人}{(地丄未)(人丄未)}}$

化得地人式同，惟　天=〇〇　若兩半角正切和小於一，則母爲負，須易其向，如氐圖。從寅心丑、子心寅、子心丑三形，因爲　子心寅=呷　子心丑=叱　所以

餘弦$\frac{呷}{二}$=$\sqrt{\frac{天地}{(天丅未)(地丄未)}}$　餘弦$\frac{叱}{二}$=$\sqrt{\frac{天人}{(天丅未)(人丄未)}}$　餘弦$\frac{吶}{二}$=

$\sqrt{\frac{(地\perp未)(人\perp未)}{地人}}$ 化得地人式同，惟 $天=丅\frac{一丅(正切\overset{二}{呷}正切\overset{二}{叱})}{未}$ 以

數證之，角圖三邊 甲＝一三 乙＝一四 丙＝一五 則 未＝四

正切$\frac{二}{二}$ 呷＝$\frac{二}{三}$ 正切$\frac{二}{二}$ 叱＝$\frac{七}{四}$ 正切$\frac{二}{二}$ 哂＝$\frac{三}{三}$ 故 天＝五六 地

＝二四 人＝一六.八 亢圖三邊，【略】。氐圖三邊【略】。

亢圖

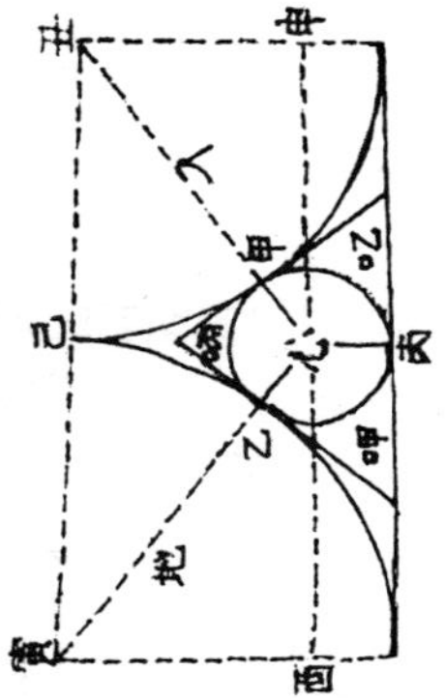

氐圖

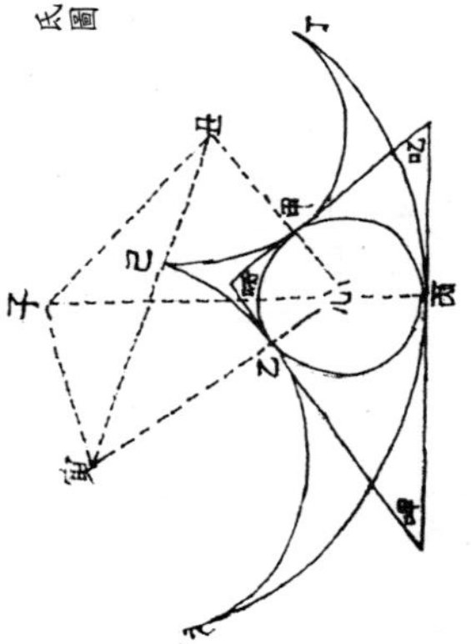

圓外切兩兩相等四邊形，以四角各爲心距切點爲度，作一大圓、二中圓、一小圓，四圓必遞相切。過大小兩圓心作直綫於直綫上取兩圓心，又作四圓之外切圓及四圓之內切圓。有外圓半徑甲，內圓半徑乙。求內外兩圓心距及大中小各半徑并四邊內切圓半徑。 陳元鼎

命大、中、小半徑爲大、中、小，叱哂爲 甲⊥乙 其 甲丅乙 爲大小二半徑和。從呷叮哂、呷嗘哂、呷叱哂三形，得【略】解之

$小=\frac{二}{甲丅乙丅\sqrt{甲^{二}\perp乙^{二}丅六甲乙}}$ $大=\frac{二}{甲丅乙\perp\sqrt{甲^{二}\perp乙^{二}丅六甲乙}}$ 故

$中=\frac{甲丅乙}{二甲乙}$ 其 兩心距 $=大丅小=\sqrt{甲^{二}\perp乙^{二}丅六甲乙}$ 又求得

$心丑=\frac{甲\perp乙}{二甲乙}\sqrt{三}$ 緣【略】 心

丑^{二}＝吁心×叱心 也。

梯形上下二廣和等於倍斜。以四角各爲心，半廣爲度，作兩兩相等四圓。四圓必互相切。又作四圓之內切圓及外切圓，有內半徑四寸九分，外半徑二尺九寸四分。問上下廣及梯高。 郭允恭

命 甲丑＝天 乙子＝地

丁庚＝丁辛＝甲 心壬＝心

癸 ＝ 乙

己子＝己丑＝己卯＝$\sqrt{天地}$ 從前題理 $心丁=丙心距=\sqrt{甲^{二}\perp乙^{二}丅六甲乙}$

$己心=\frac{甲\perp乙}{乙}\sqrt{甲^{二}\perp乙^{二}丅六甲乙}$ $己丁=\frac{甲\perp乙}{甲}\sqrt{甲^{二}\perp乙^{二}丅六甲乙}$

準題 甲＝二九四＝六乙 故【略】

$一四地丅二\sqrt{天地}=\frac{七}{二四〇}乙^{二}$ ㈠

又【略】 $一四天\perp二\sqrt{天地}=\frac{七}{二四〇}乙^{二}$ ㈡ 以加減㈠，一

$四(天\perp地)=\frac{七}{二\times二四〇}乙$

即 天⊥地＝二四〇 ㈢

$一四地丅四\sqrt{天地}丅一四天=〇$

即 $七^{二}地丅$

$一四\sqrt{天地}\perp天=五〇天$ 開平方【略】，即 四九地＝天(五一⊥一

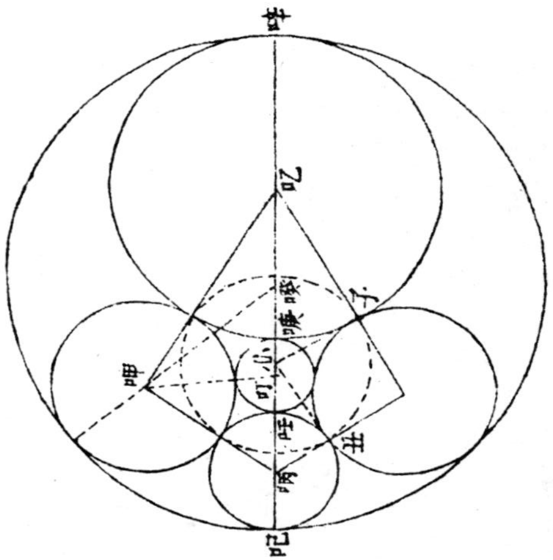

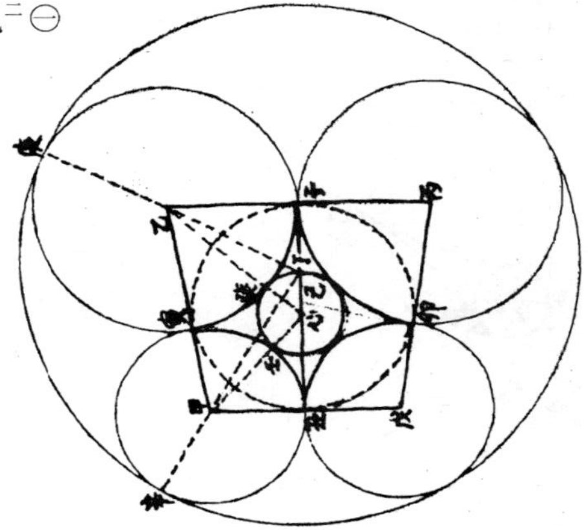

〇$\sqrt{三}$）化爲（一〇〇丄一〇$\sqrt{三}$）天＝四九（天丄地）＝四九×二四　故　天＝一二（一〇丅$\sqrt{三}$）　地＝一二（一〇丄$\sqrt{三}$）　梯高＝二$\sqrt{天地}$＝二四×七$\sqrt{二}$

上二題四圓心，俱在橢圓周。內外兩圓心，即橢圓之兩心。兩半徑和爲長徑。

前題梯形四圓若同切一直綫，有內切圓半徑乙。求上下廣及高。　劉承祖

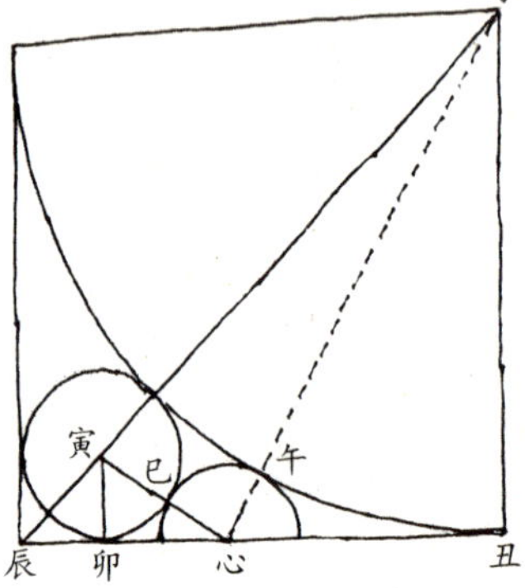

子丑卯寅半梯形，命子丑爲天，寅卯爲地，則　子辰＝天$\sqrt{二}$　寅辰＝地$\sqrt{二}$

子寅＝子辰丅寅辰＝（天丅地）$\sqrt{二}$　即

天（$\sqrt{二}$丅一）＝地（$\sqrt{二}$丄一）　即

天＝地（三丄二$\sqrt{二}$）㊀　【略】　即

地＝乙（四丄二$\sqrt{二}$）（三丅二$\sqrt{二}$）＝乙（四丅二$\sqrt{二}$）　天＝乙（四丄二$\sqrt{二}$）

而　四乙$\sqrt{二}$　爲其高。

此四圓俱在拋物綫上。內切小圓心，即拋物綫心。

前題梯形四圓俱切於大圓外，有內切圓半徑四，外切圓半徑二十一。求廣與高。　王瓚

甲乙丙丁半梯形，戊心爲內外二圓心距。外圓既與前題易向，必反其號。命　戊己＝甲　壬心＝乙　甲乙＝天　丁丙＝地　則　丙癸＝$\sqrt{天地}$　以丁甲　代前題之甲，【略】。令　癸戊＝子　癸心＝丑　丙戊＝子丅$\sqrt{天地}$

丙心＝$\sqrt{天地}$丅丑　乙心＝$\sqrt{天地}$丄丑　乙戊＝$\sqrt{天地}$丄子　【略】

相消，約爲　$\{\sqrt{三}(甲丄乙)丄\sqrt{甲^{二}丄乙^{二}丄六甲乙}\}$地＝二$\sqrt{三}$甲乙

【略】　$\sqrt{甲^{二}丄乙^{二}丄六甲乙}$＝三一　故

$二地=\dfrac{一七^{二}}{一六\times二一(五〇丅三一\sqrt{三})}$

$二天=\dfrac{一七^{二}}{一六\times二一(五〇丄三一\sqrt{三})}$　$高=\dfrac{一七}{一六\times二一\sqrt{三}}$

此梯形四角俱在雙曲綫上。內外兩圓心，即雙曲綫之兩心。內外兩半徑較爲橫徑。

圓徑二百八十九尺，欲作弦截圓面三分之一，弦長若干。録《八綫備旨》總習問第十題。　擬作

圓面積勻分爲乙丁丙、乙丁壬寅、壬寅丑三分，則甲戊丁乙爲全積六分之一，截丁丑弧爲圓周六分之一。命　二八九爲二甲　丁戊＝甲天　【略】　弦長＝二甲餘弦天＝二七八.六七三二

此題算草原書不甚詳晰，因諸生見詢，作此示之。

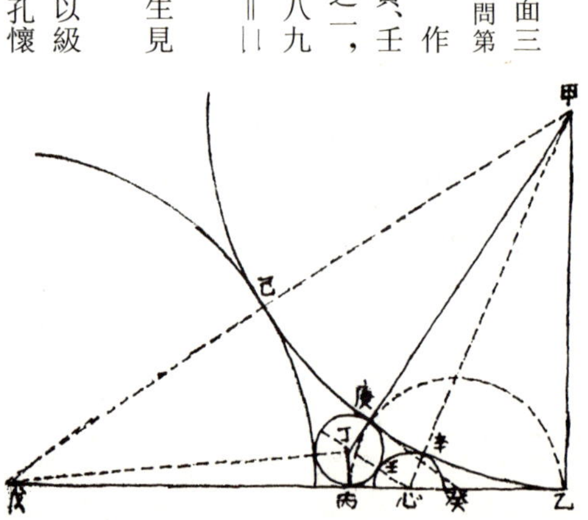

弧矢形弧長百尺，矢闊五尺。試以級數求圓徑與弦密數。　戚孔懷

命半徑爲天，半弧爲甲，倍矢爲乙，其有弧求矢之級數，爲　$\frac{二}{乙}=\frac{二天}{甲^{二}}丅\frac{四丄天^{三}}{甲^{四}}丄\frac{六丄天^{五}}{甲^{六}}丅\frac{八丄天^{七}}{甲^{八}}丄\cdots$

【略】　天＝甲（$\frac{乙}{甲}丅\frac{三\times四甲}{乙}丅\frac{三\times五\times六甲^{三}}{乙^{三}}丅\cdots$　其　乙＝一〇

甲＝五〇　天＝二四九.一六二二

徑＝四九八.三二四四　叵　弦＝$\sqrt{四\times五\times四九三.三二四四}$＝九九.三三〇七

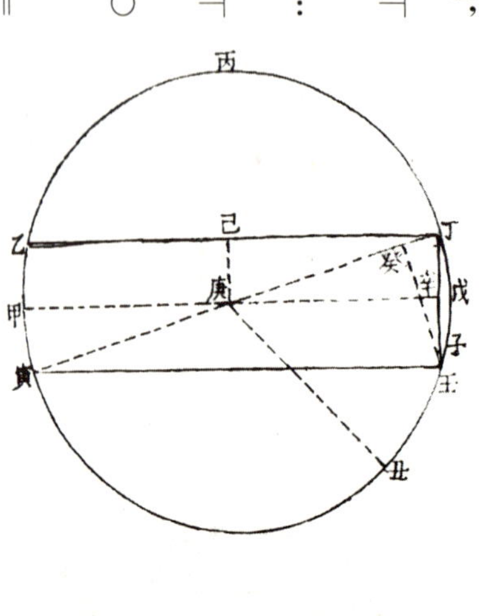

拋物綫以通徑二爲比例綫，四十五之平方根加減五爲橫綫，或以二十七之平方根加減二十四之平方根爲橫綫，或以五之平方根加減二爲橫綫，或以十之平方根加減八之平方根爲橫綫。求其縱綫爲何綫。試一一以簡明之式，顯其無比例之理。　陳元鼎

準拋物綫理　比例綫$\div$從线^{二}=橫綫=$\sqrt{四五}\pm五$　比例綫：小分∷二：五

大分：$\sqrt{較積}$∷$三\sqrt{五}$：$二\sqrt{五}$　皆有等，故橫綫和爲第二合名綫，較爲第二斷綫。其　縱綫=$\sqrt{二(\sqrt{四五}\pm五)}=\sqrt{三\sqrt{五}\sqrt{五}}\pm\sqrt{\sqrt{五}}$　因

$\sqrt{五\sqrt{五}}$　與　$\sqrt{\sqrt{五}}$　爲兩中綫　$五\sqrt{五}$：$\sqrt{五}$　又正方有等

矩形=$\sqrt{二五}$=五=比例面　故縱綫和爲第一合中綫，較爲第一中斷綫。又

橫綫=$\sqrt{二七}\pm\sqrt{二四}$　∵　比例綫：大小分　俱無等，而

大分：$\sqrt{較積}$∷$三\sqrt{三}$：$\sqrt{三}$　有等，故其橫綫和爲第三合名綫，較爲第三斷綫。

其　縱綫=$\sqrt{二\sqrt{二七}\pm二\sqrt{二四}}=\sqrt{四\sqrt{三}}\pm\sqrt{二\sqrt{三}}$　因　$\sqrt{四\sqrt{三}}$

與　$\sqrt{二\sqrt{三}}$　爲兩中綫　$四\sqrt{三}$：$二\sqrt{三}$　又有等

矩形=$\sqrt{二四}$=中面　故縱綫和爲第二合中綫，較爲第二中斷綫。又　橫綫=

$\sqrt{五}\pm二$　∵　比例綫：小分∷二：二　有等，而　大分：$\sqrt{較積}$∷$\sqrt{五}$：一

無等，故橫綫和爲第五合名綫，較爲第五斷綫。其

縱綫=$\sqrt{二(\sqrt{五}\pm二)}=\sqrt{\sqrt{五}\perp一}\pm\sqrt{\sqrt{五}\top一}$　∵　$\sqrt{五}\perp一$：$\sqrt{五}\top一$

無等　正方和=$二\sqrt{五}$=中面　矩形=二=比例面　故其縱綫和爲比中方綫，較爲合比中方綫。又　橫綫=$\sqrt{一〇}\pm\sqrt{八}$　因比例綫：大小分　俱無等，又

大分：$\sqrt{較積}$∷$\sqrt{一〇}$：$\sqrt{二}$　亦無等，故其橫綫和爲第六合名綫，較爲第六斷綫。其　縱綫=$\sqrt{二(\sqrt{一〇}\pm\sqrt{八})}=\sqrt{\sqrt{一〇}\perp\sqrt{二}}\pm\sqrt{\sqrt{一〇}\top\sqrt{二}}$　∵

$\sqrt{一〇}\perp\sqrt{二}$：$\sqrt{一〇}\top\sqrt{二}$　無等　正方和=$二\sqrt{一〇}$=中面

矩形=$\sqrt{八}$=中面　兩中面無等，故縱綫和爲兩中面之綫，較爲合中中方綫。

《幾何》第十卷所以難讀者，以有比例無比例之理，不能一一顯之於圖也。證以代數根號，一經變通，昭然若揭，且合名綫祇一點可分爲二分，與斷綫祇有一箇同宗綫，各理亦不辨自明。録此以爲讀《幾何》第十卷者法。

論算先貴論理，理明則法生。《幾何》一書專言算學之理，凡學算者，不可不講求者也。《幾何》首言點、綫、面、體四事，此乃數理總括之大旨。象數之學不外乎此點者。無長短廣狹厚薄，係最微之數也。無論與它項相乘或與它項相除，其數不能稍變，是以微分之學，應亦先須知此綫者，有長無廣，係多數聯成也。有横有曲，非但與它項乘除顯有出入，即與它項加減亦覺懸殊。面者有長有廣，而無厚，係二數相乘而成也。有方有圓，即謂之冪。體者，長廣厚三字皆全，係再乘之數而成也。各形俱備，即謂之體。自點引之爲綫，綫展爲面，面積爲體，是名三度。若至三乘，又爲綫，四乘又爲面，五乘又爲體。以下所乘，挨次皆變綫、面、體矣。

清·崔朝慶《江南高等學堂算學課藝》

句股形以句爲底，容一正方形。又以弦爲底，容一正方形。問二方孰大。

王憲章

如圖，ABC 句股形，以句爲底，容 CE 正方形，CD 爲方邊。又以弦爲底，容 FH 正方形，FG 爲方邊。因 AD 必大於 AG　而 ACD 與 AFG 爲同式句股形，ACDE 與 AFGH 爲同式四邊形。依斜線分之，爲兩兩同式三邊形。故 CD 必大於 FG

又 CG 小於 FG　則 AC 大於 AF 同以 AG 爲弦，句小者，股大。句大者，股小。而 ACDE 與 AFGH 爲同式四邊形，故 CD 必大於 FG

如後圖，ABC 與 DAE 爲同式句股形，KL 切於 ABC 形之句，又切於 DAE 形之弦。因 LC 大於 LE，則 AC 小於 AE 同以 AL 爲弦，句大者，股小。句小者，股大。故 AC 與方邊之比大於 AE 與方邊之比。

又兩形同用 ACLE 積，而 LDC 積大於 LBE 積，故 ABC 形小於 ADE 形，即 AC 與方邊之比大於 AE 與方邊之比。

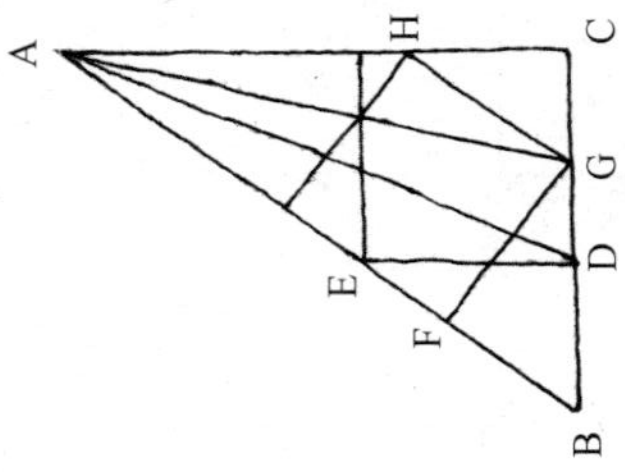

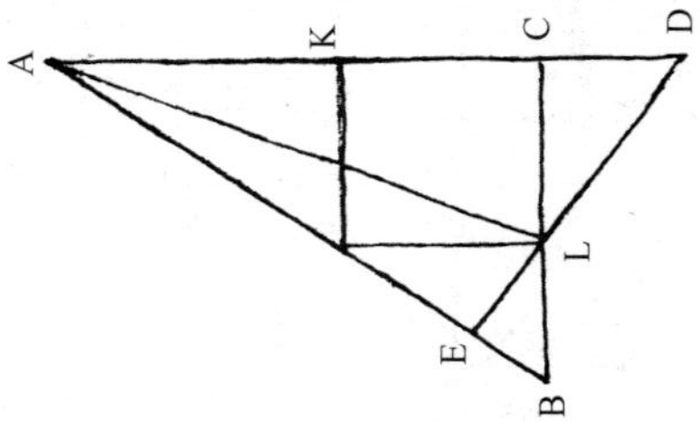

句股形以句爲底，容一正方形。又以弦爲底，容一正方形。問二方孰大。

高輔勳

命以句爲底所容之方邊爲 x，以弦爲底所容之方邊爲 y。

準三角容方理　　方邊$=\dfrac{2積}{底+高}$　　得　　$x=\dfrac{2積}{句+股}=\dfrac{2積}{弦+容圓徑}$

$y=\dfrac{2積}{弦+\dfrac{句股}{弦}}=\dfrac{2積}{弦+中垂綫}$　即　$x:y::弦+中垂線:弦+容圓徑$　因　中垂綫$>$容圓徑　故　$x>y$

又從 x 之值減 y 之值得　　$x-y=\dfrac{2積[弦^2+句股-(句+股)弦]}{(句+股)(弦^2+句股)}=$

$\dfrac{積[(句+股)^2+弦^2-2(句+股)弦]}{(句+股)(弦^2+句股)}=\dfrac{積(句+股-弦)^2}{(句+股)(弦^2+句股)}$

其實爲正數，法亦爲正數，除得之數必爲正數。由此可知 $x>y$

又從 y 之值減 x 之值得　　$y-x=\dfrac{2積[(句+股)弦-(弦^2+句股)]}{(句+股)(弦^2+句股)}=$

$\dfrac{積[2(句+股)弦-\{弦^2+(句+股)^2\}]}{(句+股)(弦^2+句股)}=\dfrac{積[-(句+股-弦)^2]}{(句+股)(弦^2+句股)}$

其實爲負數，法爲正數，除得之數必爲負數。由此可知　$y<x$

句股形外依三事各作一平方，又作三聯線，聯之爲六邊形。其兩邊爲句與股，兩邊同爲弦，皆已知之數。求餘兩邊。

范循廉

如圖，ABC 句股形，BD 爲句方，CF 爲股方，AH 爲弦方，DE 與 FG 及 HI 爲所作之三聯線，成 DEFGHI 六邊形。因 DI 與 EF 爲句與股，DE 及 GH 同爲弦，故所求。惟 FG 及 HI 兩邊，乃從 G 點作縱線，交 AF 引長線於 K　從 H 點作橫線，交 BI 引長線於 L　成 FGK 與 HIL 兩句股形。因 AGK 與 BHL 皆與 ABC 原形同式，而 AG 與 BH 同爲原形之弦，則 AK 與 HL 同爲原形之股，GK 與 BL 同爲原形之句，故以 GK 原句 FK 倍原股爲句與股，求得弦，即 FG 邊。又以 HL 原股 IL 倍原句爲句與股，求得弦，即 HI 邊。

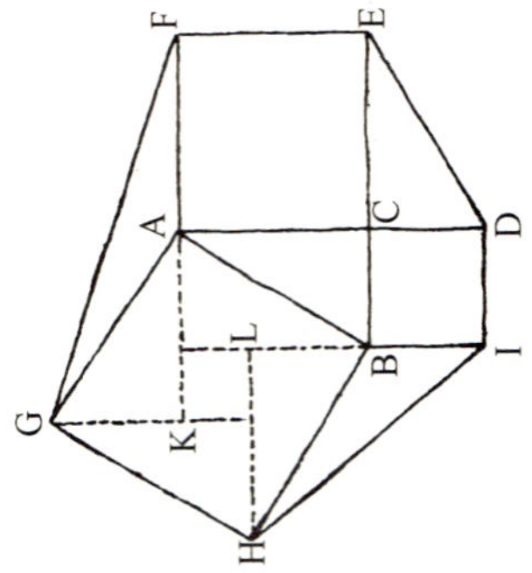

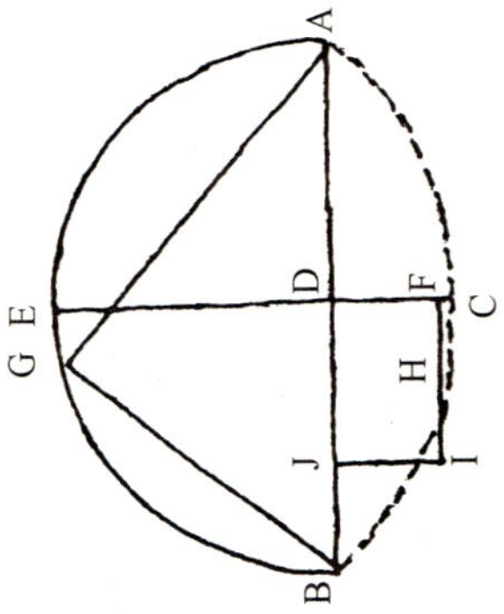

有弦與句股和，求作句股形。梅氏《句股舉隅》舊法外，有他法否。

夏道沛

擬定四法於左。

第一法從句股較得句股。橫線 AD 與 BD 及縱線 DE 同爲半弦。縱線 EF 爲句股和之半。以 D 爲心，A 爲界，作 AEB 半周，又以 E 爲心，A 爲界，作 AGB 弧。從 F 作橫線，割 BG 弧於 H　取 HI 如 DF　又取 DJ 如 FI　乃以 A 爲心，J 爲界，於 BE 弧取 C 點，作 AC 與 BC 聯線，成 ABC 句股形。

因　$\left[\frac{1}{2}(\sqrt{2}弦+和)\right]\left[\frac{1}{2}(\sqrt{2}弦-和)\right]=\left[\frac{1}{2}(股-句)^2\right]$　故　$(FG+EF)(EG-EF)=\overline{FH}^2$

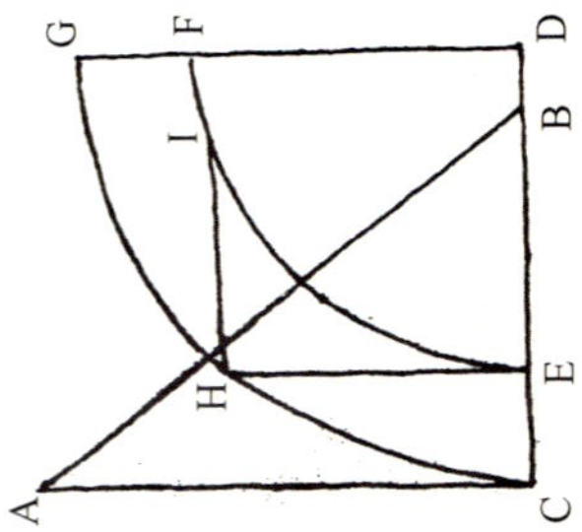

第二法從弦較得句股。橫線 DE 與縱線 DF 同爲弦，橫線 DC 與縱線 DG 同爲句股和之半。以 D 爲心，E 與 C 爲界，作 EF 與 CG 兩象限。從 E 作縱線，交外弧於 H　從 H 作橫線，交內弧於 I　取 EB 如 HI　從 C 作縱線，以 B 爲心，弦爲度，於縱線取 A 點作 AB 聯線，成 ABC 句股形。

因　$\left[\frac{1}{2}(和+弦)\right]\left[\frac{1}{2}(和-弦)\right]=\left[\frac{1}{2}(弦+股-句)\right]\left[\frac{1}{2}(弦-股+句)\right]$　故　$(CD+DE)(CD-DE)=(DE+BD)(DE-BD)$

第三法從中垂線得句股。橫線 AD 與 BD 同爲半弦，BE 爲弦和和四之一，縱線BF爲弦和較。以D爲心，A爲界，作半周，又作DF聯線。從E作線與之平行，交BF引長線於G　從G作橫線，交半周於C　從C點作CB與CA聯線，成ABC句股形。

因　$\frac{1}{4}$(和+弦)(和−弦)＝$\frac{1}{2}$弦×垂線　故　BE×BF＝BD×BC

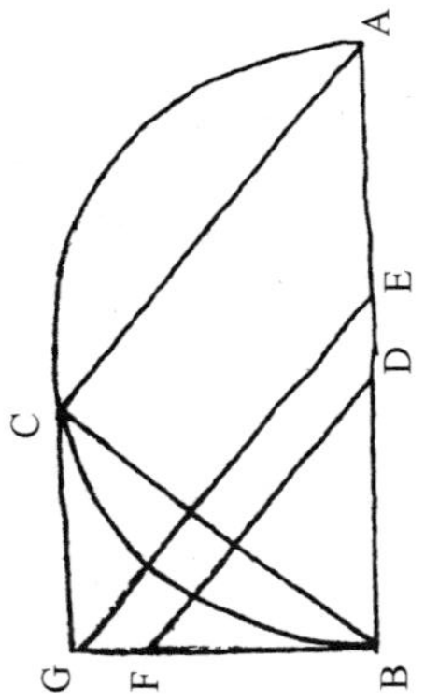

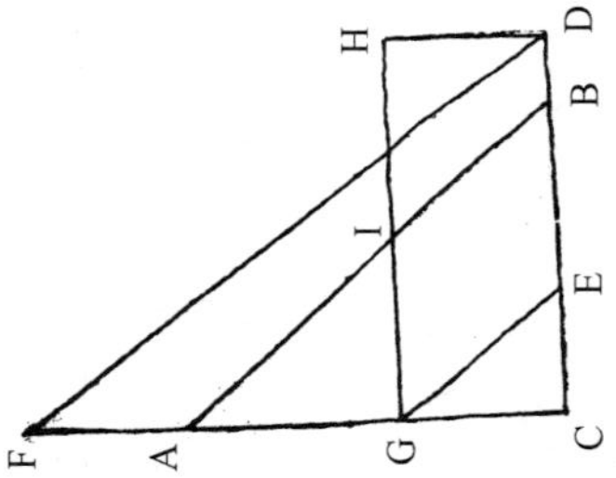

第四法從容方邊得句股。橫線DE爲半弦，DC爲句股和之半，縱線CF爲弦和和之半，作DF聯線。從E作線，與之平行，交CF線於G　作GH橫線如CD取GI如CG　以H爲心，I爲界，於CD線取B點作BI聯線，又引長交縱線於A點，成ABC句股形。

因　$\left[\frac{1}{2}(和+弦)\right]\left[\frac{1}{2}(和-弦)\right]=\frac{1}{2}和\times方邊$　$\overline{放邊}^2=\left[\frac{1}{2}(和-2方邊+股-句)\right]\left[\frac{1}{2}(和-2方邊-股+句)\right]$　故　CF×CE＝CD×CG　$\overline{DH}^2$＝(HI＋BD)(HI−BD)

兩等邊三角形，已知內容外切二圓徑，求邊與底。　支恒楝

令內圓徑爲a　外圓徑爲b　邊爲x　底爲y

準三角理　$a=y\sqrt{\frac{2x-y}{2x+y}}$　$b=\frac{2x^2}{\sqrt{4x^2-y^2}}$　則　$ab=\frac{2x^2y}{2x+y}$ (i)

$\frac{b}{a}=\frac{2x^2}{2xy-y^2}$ (ii)　從 i、ii 兩式，化得　$y=\frac{2ab}{2x^2-ab}x$　$y=\frac{1}{b}(b+\sqrt{b^2-2ab})x$　故　$\frac{2ab}{2x^2-ab}=\frac{1}{b}(b\pm\sqrt{b2-2ab})$

由此得　$x^2=\frac{a}{2}(3b\pm\sqrt{b^2-2ab})\div\frac{1}{b}(b\pm\sqrt{b^2-2ab})=\frac{b}{2}(b+a\mp\sqrt{b^2-2ab})=b^2-\frac{1}{4}(b\pm\sqrt{b^2-2ab})^2$　$y^2=\frac{a}{2}(3b\pm\sqrt{b^2-2ab})\times\frac{1}{b}(b\pm\sqrt{b^2-2ab})=a(2b-a\pm\sqrt{b^2-2ab})=b^2-(a\mp\sqrt{b^2-2ab})^2$　而　$x=\sqrt{b^2-\frac{1}{4}(b\pm\sqrt{b^2-2ab})^2}$

$y=\sqrt{b^2-(a\mp\sqrt{b^2-2ab})^2}$

兩等邊三角形，已知內容外切二圓徑，求邊與底。　朱董

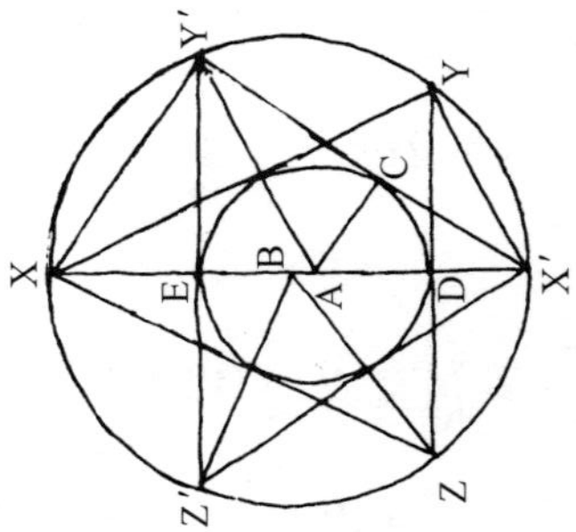

如圖，XYZ　與　X′Y′Z′　同爲兩等邊三角形。A　與　B　爲內外二圓心。AC AE同。爲內圓半徑。BX及BZBX′及BZ′同。爲外圓半徑。AB爲二心距。因Y′AE與Y′AC兩句股形相等，而XY′A角乃從XY′C直角減AY′C角之餘角，故XAY′角等於XY′A角。兩角等，兩邊必等，故AX與XY′等。依同理AX′與X′Y亦等。

令內圓半徑爲a　外圓半徑爲b　二心距爲n　則　XY′＝AX＝$b+n$　X′Y＝AX′＝$b-n$　BD＝$a+n$　BE＝$a-n$

從圖中別得　AC：AX′∷XY′∷XX′ (i)　　XY＝$\sqrt{(XX'^2-X'Y^2)}$ (ii)

X′Y′＝$\sqrt{(XX'^2-XY^2)}$ (iii)　　YZ＝$2\sqrt{(BZ^2-BD^2)}$ (iv)　　Y′Z′＝$2\sqrt{(BZ^2-BE^2)}$ (v)

從i式得　a：$(b-n)$∷$(b+n)$：$2b$　化爲等式　$2ab=b^2-n^2$　即　$n^2=b^2-2ab$

兩邊各開平方　$n=\sqrt{b^2-2ab}$　從ii式得　XY＝$\sqrt{4b^2-(b-n)^2}$　從iv式得　YZ＝$2\sqrt{b^2-(a+n)^2}$　從iii式得　X′Y′＝$\sqrt{4b^2-(b+n)^2}$　從v式得

$Y'Z'=2\sqrt{b^2-(a-n)^2}$

已知内容外切二圓徑，求作兩等邊三角形。　袁　譚

先作ABCD圓爲外切之圓，作AC與BD十字線爲外切圓徑。次於BD取BE如内容圓徑，乃平分ED於F　以F爲心，E爲界，作弧交AC於G　以G爲内容之圓心，BE之半爲度，作HI圓爲内容之圓，切H,I二點，正交AC　作JK與LM二通弦，從A點至JK通弦之二端作聯線，成AJK兩等邊三角形。從C點至LM通弦之二端作聯線，又成CML兩等邊三角形。

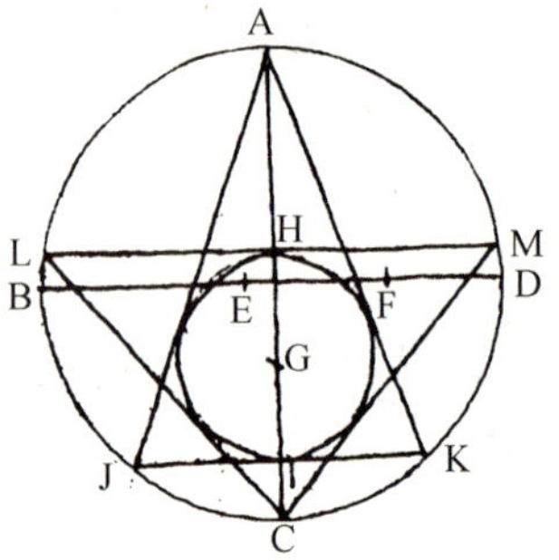

有直線求分爲二分，以其一分爲平方形之一邊，又一分爲等邊三角形之一邊。令兩形之面積相等。　王震保

如圖，AB爲直線，又任作AC直線。依A端任作ADE等邊三角形，其垂線爲DF　以F爲心，FD爲度，取G點，以AG爲徑，作半圓，截DF於H　以E爲心，FH爲度，取I點，作IB聯線。復自E點作與IB平行之線，截AB於J　以AJ爲邊，作等邊三角形。以JB爲邊，作正方形。兩形之面積相等。

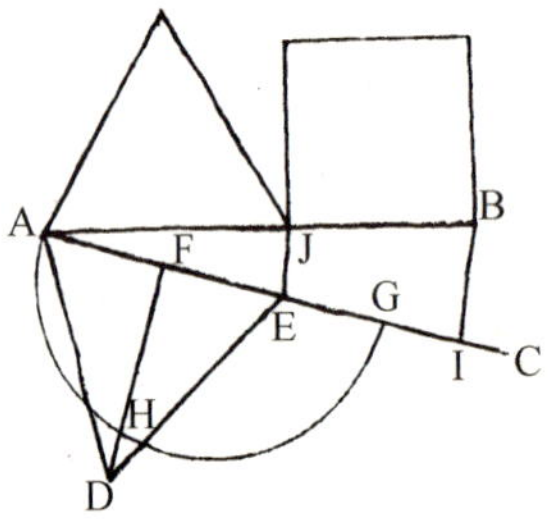

有直線求分爲二分，以其一分爲平方形之一邊，又一分爲等邊三角形之一邊。令兩形之面積相等。　袁　譚

如圖，AB爲直線，從A端引長至C　又依AC引長線作AD及AE　乃以D爲心，E爲界，作EF弧，平分CF於G　又以G爲心，C爲界，作弧引長AD與之交於H　從H引長至I　如ED　自B至I作聯線。從H作線，與聯線平行，交AB直線於J　以AJ爲正方形之一邊，JB爲等邊三角形之一邊。兩形之面積相等。

任何四不等邊形，自兩對角線之中點作聯線，其兩對角線冪加四段聯線冪等於各邊冪之和，求證。　旋鞠生

如圖，ABCD爲四不等邊形，AC與BD爲兩對角線，EF爲兩中點之聯線。又作AE與CE二聯線，作AN爲BD之垂線。

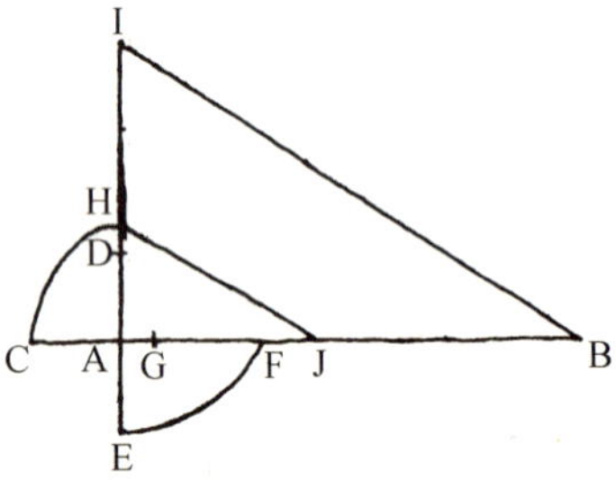

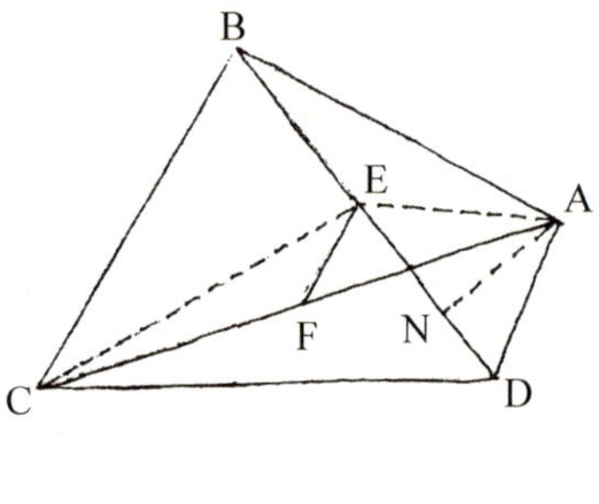

準三角理　$\overline{AB}^2+\overline{AD}^2=\overline{BN}^2+\overline{DN}^2+2\,\overline{AN}^2=(\frac{1}{2}\overline{BD}+\overline{EN})^2+(\frac{1}{2}\overline{BD}-\overline{EN})^2+2(\overline{AE}^2-\overline{EN}^2)=\frac{1}{2}\overline{BD}^2+2\,\overline{AE}^2$

依同理　$\overline{BC}^2+\overline{CD}^2=\frac{1}{2}\overline{BD}^2+2\,\overline{CE}^2$　又因　$\overline{AE}^2+\overline{CE}^2=\frac{1}{2}\overline{AC}^2+2\,\overline{EF}^2$

故　$\overline{AB}^2+\overline{AD}^2+\overline{BC}^2+\overline{CD}^2=\overline{BD}^2+2(\overline{AE}^2+\overline{CE}^2)=\overline{BD}^2+\overline{AC}^2+4\,\overline{EF}^2$

立方體内容一圓球，其圓球内又容一小立方體，而小立方體内又容一小圓球。如是互容至無窮。知外體之高，求内外各立方體之高之和。　李振聲

命　内外各立方體之高之和$=x$　第一立方體之高＝第一圓球之徑＝a　則

第二立方體之高＝第二圓球之徑＝$\frac{1}{\sqrt{3}}a$　第三立方體之高＝第三圓球之徑＝$\frac{1}{3}a$　第四立方體之高＝第四圓球之徑＝$\frac{1}{3\sqrt{3}}a$

……故得等式爲　$x=(1+\frac{1}{\sqrt{3}}+\frac{1}{3}+\frac{1}{3\sqrt{3}}+\cdots)a$ (1)　以$\frac{1}{\sqrt{3}}$乘(1)式，得

$\frac{1}{\sqrt{3}}x=(\frac{1}{\sqrt{3}}+\frac{1}{3}+\frac{1}{3\sqrt{3}}+\cdots)a$ (2)　從(1)式減(2)式，餘爲　$(1-\frac{1}{\sqrt{3}})x=a$　變之得

$x=\frac{\sqrt{3}}{\sqrt{3}-1}a=\frac{(\sqrt{3}+1)\sqrt{3}}{(\sqrt{3}+1)(\sqrt{3}-1)}a=\frac{3+\sqrt{3}}{2}a$

設三角形内容三不等圓，其三圓之周相切，又各切於三角形之二邊。已知由大而小三圓之半徑爲 a、b、c，求三角形之三邊。

崔朝慶擬作。

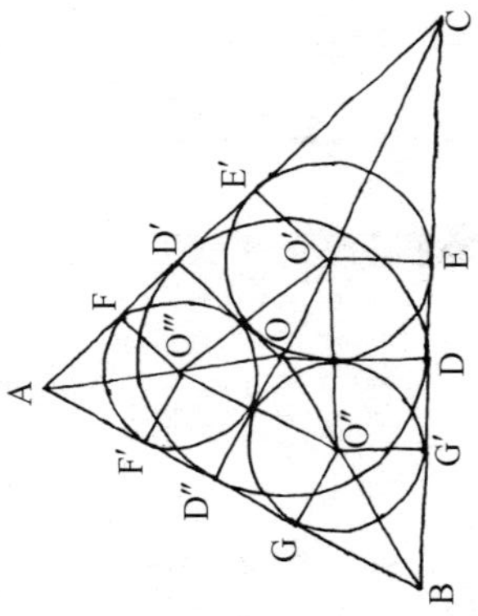

先求三角形容一大平圓之半徑。

從圖别得 O″G′EO′、O′E′FO‴、O‴F′GO″ 三梯形，與 O‴O″O′ 三角形之和等於 DOD′E′O′E、D′OD″F′O‴F、D″ODG′O″G 三磬折形之和。

命 $OD=OD'=OD''=r$ 【略】由此得

$DOD'E'O'E$ 積 $=(r+a)(\sqrt{ab}+\sqrt{ac}-\sqrt{bc})$、

$D'OD''F'O'''F$ 積 $=(r+c)(-\sqrt{ab}+\sqrt{ac}+\sqrt{bc})$、

$D''ODG'O''G$ 積 $=(r+b)(\sqrt{ab}-\sqrt{ac}+\sqrt{bc})$ 合爲等式【略】，化得 $r(\sqrt{ab}+\sqrt{ac}+\sqrt{bc})=c\sqrt{ab}+b\sqrt{ac}+a\sqrt{bc}+\sqrt{(a+b+c)abc}$ 【略】已知 r 之值，求三角形之三邊，[得]

$$BC=\frac{b(\sqrt{ab}-\sqrt{ac}+\sqrt{bc})}{r-b}+2\sqrt{ab}+\frac{a(\sqrt{ab}+\sqrt{ac}-\sqrt{bc})}{r-a}=\frac{\{2r^2-(a+b)r\}\sqrt{ab}+(a-b)r(\sqrt{ac}-\sqrt{bc})}{(r-a)(r-b)}$$

$$AC=\frac{a(\sqrt{ab}+\sqrt{ac}-\sqrt{bc})}{r-a}+2\sqrt{ac}+\frac{c(\sqrt{ab}+\sqrt{ac}+\sqrt{bc})}{r-c}=\frac{\{2r^2-(a+c)r\}\sqrt{ac}+(a-c)r(\sqrt{ab}-\sqrt{bc})}{(r-a)(r-c)}$$

$$AB=\frac{c(\sqrt{ab}+\sqrt{ac}+\sqrt{bc})}{r-c}+2\sqrt{bc}+\frac{b(\sqrt{ab}-\sqrt{ac}+\sqrt{bc})}{r-b}=\frac{\{2r^2-(b+c)r\}\sqrt{bc}+(b-c)r(\sqrt{ab}-\sqrt{ac})}{(r-b)(r-c)}$$

清・支寶枏等《上虞算學堂課藝》卷下

北半球三島北緯度俱等，中島距西島三十六度，中島距東島九十度，東西二島相距一百零八度。問北緯及東西二島距中島偏度。

劉承祖

辛爲北極亦爲距等圈心，丁戊己爲赤道，甲乙丙爲三島。甲己、乙戊、丙丁俱爲相等北緯度。半甲丙於丑，半甲乙於卯，半乙丙於子，作甲乙、甲丙、乙丙三通弦，成平三角形，其外切圓半徑，即北緯之餘弦也。如題

甲丙＝通弦一〇八°＝$\frac{二}{\sqrt{五}丄一}$　　甲乙＝通弦九〇°＝$\sqrt{二}$

乙丙＝通弦三六°＝$\frac{二}{\sqrt{五}丅一}$　其　半和＝$\frac{二}{\sqrt{五}丄\sqrt{二}}$

三邊較＝$\frac{二}{\sqrt{二}丅一}$ 或 $\frac{二}{\sqrt{二}丄一}$ 或 $\frac{二}{\sqrt{五}丅\sqrt{二}}$　故　三角積＝$\sqrt{\frac{四}{一}\times\frac{四}{三}}=\frac{四}{\sqrt{三}}$　而　北緯餘弦＝$\frac{四\times三角積}{甲乙\times甲丙\times乙丙}=\sqrt{\frac{三}{二}}$　其　北緯正弦＝$\sqrt{\frac{三}{一}}$＝.五七七三五〇三＝正弦三五°一五′五二″　又從辛甲卯、辛丙子兩正弧三角形　正弦甲辛卯＝$\frac{甲辛}{甲庚}=\sqrt{\frac{二}{三}}\times\frac{一}{\sqrt{二}}=\frac{一}{\sqrt{三}}$，故　甲辛乙＝二甲辛卯＝一二〇°＝東島偏度　又　正弦丙辛子＝$\frac{丙辛}{丙癸}=\sqrt{\frac{二}{三}}\times\frac{四}{\sqrt{五}丅一}=\frac{八}{\sqrt{三〇}丅\sqrt{六}}$＝.三七八四六六九＝正弦二二°一四′一九″　故　丙辛乙＝四四°二八′三八″＝西島偏度

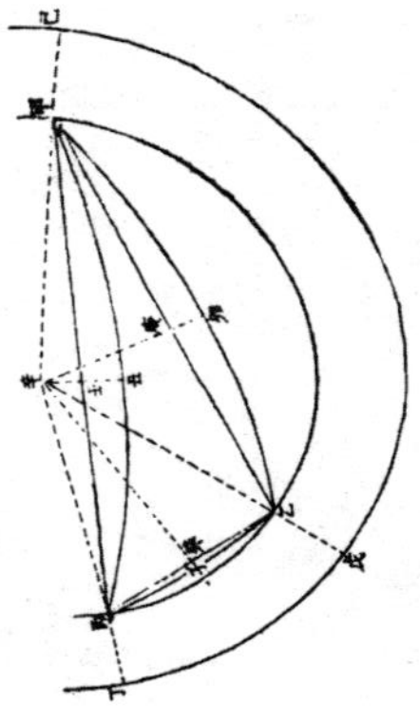

甲、乙、丙三城俱在北半球。乙居甲東，相距一百零一度十八分三十五秒七五。丙居甲西，相距一百零八度二十六分五秒八二。乙丙相距一百十九度四十四分四十一秒五七。自北極作垂弧至三距度俱等。問垂弧及三城北緯及乙丙距甲偏度。

王　瓚

半和弧＝一六四°四四′四一″五七　其三較弧　甲丁＝甲己＝四五°　乙戊＝乙丁＝五六°一八′三五″七五　丙戊＝丙巳＝六三°二六′〇五″八二　各檢正切，得　巳子＝丁子＝一　戊寅＝丁寅＝$\frac{二}{〣}$　戊丑＝己丑＝二

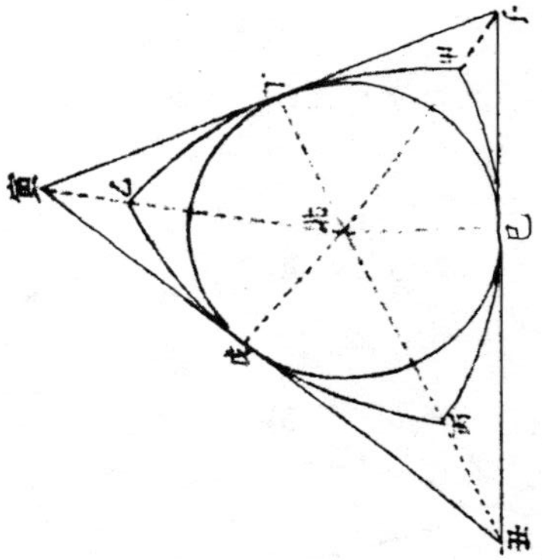

故　正弦北丁＝$\frac{一丄\frac{二}{〣}丄二}{一\times\frac{二}{〣}\times二}=\sqrt{\frac{三}{〢}}$　以約三較弧正切，得　正切甲北丁＝$\sqrt{\frac{二}{〣}}$　正切乙北丁＝$\frac{二}{〣}\sqrt{\frac{二}{〣}}$　正切丙北

巳＝二√(三/三) 惟 √(三/三)＝一.二二四七四四九 故 甲北丁＝五〇°四六′〇六″五 乙北丁＝六一°二六′二一″ 丙北己＝六七°四七′二九″五 乙偏甲東＝一一二°一二二七″五 丙偏甲西＝一一八°三三′三六″ 又求得餘弦北丁＝√(三/二) 餘弦甲丁＝三/二√二 餘弦乙丁＝√(三/四) 餘弦丙己＝√(五/二)

故 餘弦北甲＝餘弦甲丁×餘弦北丁 即 餘弦北甲＝三/二√(三/二) 同法

餘弦北乙＝√(三九/四) 餘弦北丙＝√(一五/二) 各化真數檢正弦表，得 甲北緯＝二四°〇五′四一″四 乙北緯＝一八°四〇′四二″三 丙北緯＝一四°五七′四七″六

有海口二處，一在北緯三十度，一在四十度，其經度之較爲五十度。又有一島在南緯十八度，距二海口等遠。試求自二海口至其島之最近路各方向與相距

擬作

録《八綫備旨》總習問第十六題。

呷爲北極，吃、呐爲二海口，咦啐爲赤道弧。先從呷吃呐形 乙＝六〇°

丙＝五〇° 呷＝五〇° 三/二(乙⊥丙)＝五五° 三/二(乙丅丙)＝五°

三/二呷＝二五° 求得 正切三/二(吃⊥呐)＝餘弦三/二(乙⊥丙)/餘弦三/二(乙丅丙) 餘切三/二呷

正切三/二(吃丅呐)＝正弦三/二(乙⊥丙)/正弦三/二(乙丅丙) 餘切三/二呷 故 對正切三/二(吃⊥呐)＝一〇.五七一〇八〇三八 對正切三/二(吃丅呐)＝九.三五八二五八九四 三/二(吃⊥呐)＝七四°五八′一七″ 三/二(吃丅呐)＝一二°五一′一一″四 【略】，半吃呐於叮，作呷叮分弧。從咙島作垂弧咙叮，引長至吒，補成呷咙吒、呷叮吒兩正弧三角形。令 呷叮吒角＝叮 咙叮＝庚 吒叮＝辛 呷叮＝丁 呷咙＝一〇八°

從呷叮吃、呷叮呐兩形【略】 對餘弦丁＝九.七八六二〇一一四 丁＝五二°

一九′一八″七 【略】故 正切辛＝餘弦丁/正弦丙正弦吃 對正切辛＝一〇.〇九七七三九三〇 辛＝五一°二三′三三″ 【略】 庚＝五六°五九′四〇″ 【略】 咙吃＝咙呐＝五九°二三′一六″ 爲等距。【略】 對正切叮呐咙＝一〇.六三七〇五七三二 叮呐咙＝七七°〇〇′四四″＝叮吃咙 其 吃＝八七°四九′二八″ 呐＝六二°〇七′〇六″ 而 咦呐咙＝一八〇°丅呐丅叮呐咙＝四〇°五二′一〇″ 爲南至東方向 呷吃咙＝一八〇°丅吃丅叮吃咙＝一五°〇九′四八″ 爲南至西方向。

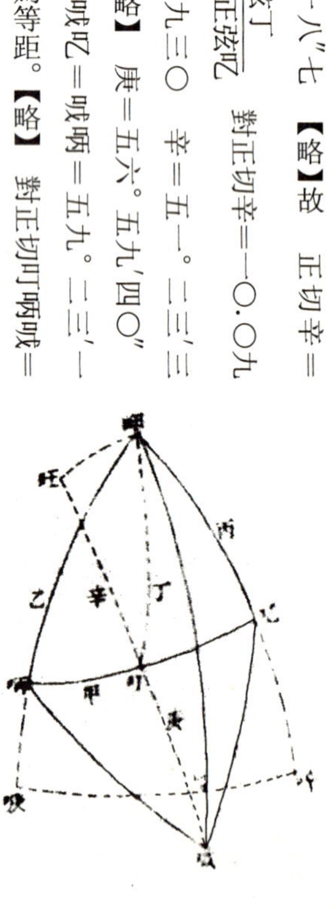

某地晝與夜比若十九與十一比。而午綫日正高度與子綫負高度比若三與一比。問日與地赤緯名若干度。 沈祖緜

子午爲赤道，丑卯巳爲赤緯度，巳未爲日正高度，寅丑爲日負高度，亥午爲半晝度，子亥爲半夜度。如題有比例各式【略】，即 心亥＝二四°。【略】 子寅/子丑＝三/二 令 子丑＝天 則 子寅＝二天

從卯心亥正弧三角形 亥卯＝子丑 故 正弦心亥/正切卯亥 ＝ 正切子寅 即 正切二天/正切天＝正弦二四°。【略】 二/(一丅正切²天)＝正弦二四°。即 正切²天＝一丅二正弦二四°。即 正切²天＝.一八六五二六八 開平方 正切天＝.四三一八八七五 即 天＝二三°二一′三二″ 爲日赤緯，故 辰午＝辰未丅午未＝九〇°丅四六°四三′〇四″＝四三°一六′五六″ 爲地赤緯。

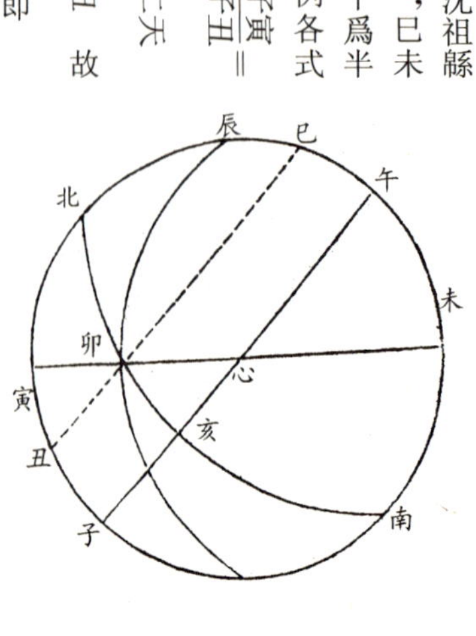

夏至日太陽赤緯北二十三度二十七分。甲地晝與夜比若七與五比。乙地晝與夜比若五與三比。然二地卻同見日出。問二地緯度與經度較及相距里數。 戚孔懷

辰爲北極，子午爲赤道，庚乙辛爲乙處地平，卯爲天頂，卯午爲其北緯，乙己爲日出至卯正時刻，壬甲癸爲甲處地平，寅爲天頂，寅丑爲其北緯，甲己爲日出至卯正時刻。如題

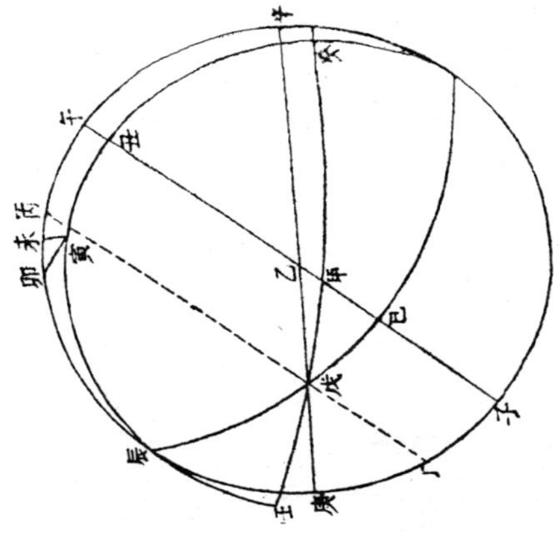

$甲己=\frac{七⊥五}{七丅五}\times 九〇^{\circ}=一五^{\circ}$

$乙己=\frac{五⊥三}{五丅三}\times 九〇^{\circ}=二二^{\circ}三〇'$ 故 甲乙＝午丑＝七°三〇′ 戊己＝二三°二七′ 從戊乙己形 $正切戊乙己=\frac{正弦乙己}{正切戊己}$ 即 $正切辰卯=\frac{正弦二二^{\circ}三〇'}{正切二三^{\circ}二七''}$ 又從戊甲己形 $正切戊甲己=\frac{正弦甲己}{正切戊己}$ 即

$正切辰寅=\frac{正弦一五^{\circ}}{正切二三^{\circ}二七'}$ 故 對正切辰卯＝一〇.〇五四四二四九七 對正切辰寅＝一〇.二二四二六八四 即 辰卯＝四八°三四′五一″ 辰寅＝五九°一〇′三七″ 以減 九〇° 得 乙地北緯＝四一°二五′〇九″ 甲地北緯＝三〇°四九′二三″ 又 甲乙＝午丑＝卯辰寅角＝七°三〇′ 爲甲偏東度，從卯辰寅形，作垂弧寅未 正切辰未＝餘弦七°三〇′×正切五九一〇′三七″ 對正切辰未＝一〇.二二〇五三六九 ＝對正切五八°五七′三五″ 而 卯未＝辰未丅辰卯＝一〇°二二′四四″ $餘弦卯寅=\frac{餘弦辰未}{餘弦卯未餘弦辰寅}$ 對餘弦卯寅＝九.九九〇〇八七六＝對餘弦一二°一一′四二″ 得距度 一二°一一′四二″＝一二°一九五五五＝二四三九.一一里

清・席淦　貴榮《京師同文館算學課藝》卷二

今有 $(甲⊥天)^{\frac{三}{二}}$ 求其級數。　　　　貴榮

$級數=\sqrt{甲}⊥\frac{三\sqrt{甲}}{天}丅\frac{八\sqrt{甲}甲}{天^{二}}⊥\frac{一六\sqrt{甲}甲^{二}}{天^{三}}丅\cdots$ 【略】

清・崔朝慶《江南高等學堂算學課藝》

有級數式，其奇級之數爲1，偶級之數爲0。求 n 級之和。　　　　王震保

令 x 爲 n 級之和，則 $x=\frac{n+1}{2}$ 或 $=\frac{n}{2}$ 即 $\left(x-\frac{n+1}{2}\right)\left(x-\frac{n}{2}\right)=0$ 又即 $x^2-\frac{2n+1}{2}x=-\frac{n^2+n}{4}$ 配成平方 $x^2-\frac{2n+1}{2}x+\frac{4n^2+4n+1^2}{4^2}=\frac{1^2}{4^2}$ 兩邊各開平方 $x-\frac{2n+1}{4}=\pm\frac{1}{4}$ 移得 $x=\frac{2n+1\pm1}{4}$ 因 n 爲奇數，則分子之末項爲正 n 爲偶數，則分子之末項爲負。

可令 $\pm1=+(-1)^{n\pm1}$ 或 $-(-1)^n$ 故 $x=\frac{2n+1+(-1)^{n\pm1}}{4}$ 或 $\frac{2n+1-(-1)^n}{4}$

清・席淦　貴榮《京師同文館算學課藝》卷一

推日食定方位法，試詳言之。　　　　陳壽田

如圖，甲爲天頂，乙爲北極，丙戊癸庚爲地平，丙甲癸爲子午圈，戊巳庚爲赤道，庚爲卯正，巳爲午正，戊爲酉正，子亥辛爲赤道距等圈，丑爲太陽。當赤道於寅，當地平於丁，甲丑丁爲高弧，乙丑寅爲赤經，成甲丑乙斜弧三角形，求丑角及甲丑弧。此形知乙角當巳寅弧爲真時日距午西赤道度，知甲乙弧本地北極距天頂，知乙丑弧日距北極寅丑爲日距赤道北緯度。試作甲壬垂弧，分爲甲丑壬、甲乙壬二正弧形，同以壬爲直角。先用甲壬乙形，以半徑與乙角餘弦比若甲乙弧正切與壬乙弧正切比。檢表得乙壬弧爲真時距北極分邊，與乙丑弧相減，得丑壬弧，爲距日分邊。次以半徑與甲乙弧正弦比若乙角正弦與甲壬垂弧正弦比。檢表得甲壬垂弧。次用甲丑壬形，以丑壬弧正弦與甲壬垂弧正弦比若半徑與丑角正切比。檢表得丑角爲真時赤經高弧交角。隨以其度正弦與半徑比若甲壬垂弧正弦與甲丑弧正弦比。檢表

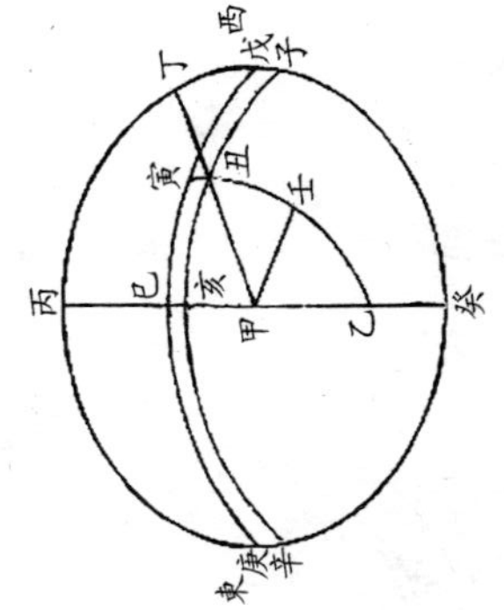

得甲丑弧爲真時日距天頂，於是以求三差。如圖，甲爲日心，又爲日照地體全明半面之正中，與地心相合爲一點。壬乙癸丑即地體受日照全明之半面，中隔月天上應渾天之半周，其自中心至圜界之甲癸平圜半徑當月天之分，即本日地平高下差。壬甲癸爲赤經，乙巳丑爲赤道，丁甲丙爲白經，庚辛寅爲白道，甲辛爲食甚實緯，辛爲食甚月心，戊爲復圓日影心。甲戊爲真時日距天頂。當月天之分爲本時高下差，戊巳等子辛爲真時視緯，子戊等巳辛爲真時東西差，甲子爲真時南北差。

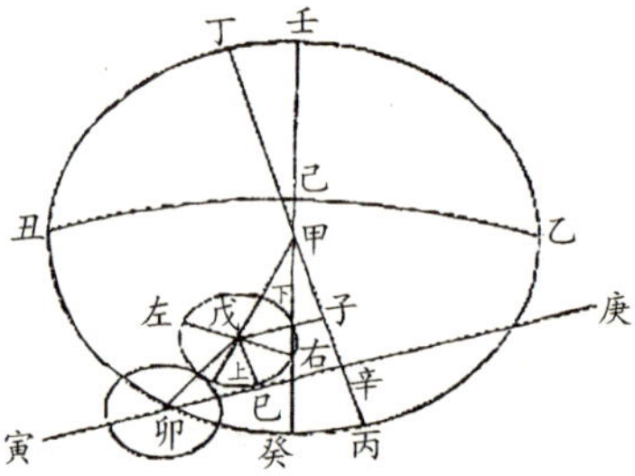

求法：先以甲癸半徑與甲戊真時日距天頂，正弦比若地平高下差與真時高下差比，而得甲戊真時高下差。乃用甲子戊直角形，此形知戊甲子角真時白經高弧交角以所得戊甲癸角真時赤經高弧交角即前圖之丑角，與丙甲癸角赤白二經交角相加，即得戊甲子角也。及甲戊真時高下差，求甲子、子戊二邊。以半徑與甲角餘弦比若甲戊與甲子比，而得甲子真時南北差。以半徑與甲角正弦比若甲戊與子戊比，而得子戊真時東西差。又以復圓真時與食甚用時相減，得距時與一小時兩經斜距爲比例，得辛卯爲真時實距弧，內減辛己真時東西差，得己卯爲真時視距弧，戊卯爲真時兩心視相距，其時與併徑恰等。乃用戊己卯句股形，有戊己、己卯二邊，求卯角。乃以戊己與卯己比若半徑與卯角正切比，檢表得戊卯己角爲復圓，併徑白經交角因卯己視距弧在緯東故。與上戊己角、等戊甲辛角。白經高弧交角相減，得上戊卯角，爲復圓併徑高弧交角，即方位角。其日在戊，月在卯，卯戊即併徑，戊甲爲高弧，故知復圓方位角爲上偏左也。因視距弧緯東，故爲復圓。

假如織女第一星黃道北緯六十一度四十三分三十四秒，赤道北緯三十八度三十八分十四秒。求黃赤經度各若干。　汪鳳藻

答曰：黃道經度十三度四十三分四十二秒，赤道經度八度十六分二十八秒。

如圖，甲乙爲黃道，丙丁爲赤道，戊爲黃極，己爲赤極，庚爲星，庚辛爲黃道北緯六十一度四十三分三十四秒，與九十度相減，得二十八度十六分二十六秒，爲星距黃極度，爲一邊。庚戊。庚壬爲赤道北緯三十八度三十八分十四秒，與九十度相減，得五十一度二十一分四十六秒，爲星距赤極度，爲一邊。庚己。己戊爲黃赤二極之距即黃赤大距。爲一邊。求庚戊己、庚己戊黃赤二極角。乃用開方得半角正弦法，先求赤極角。

一率　戊己角旁小弧二十三度二十九分　正弦九六〇〇四〇九〇二四六

二率　小弧之較弧二十八度四分三十六秒以三弧之和折半爲半總，與小弧相較，得小弧之較弧。　正弦九六七二七〇〇四六三一

三率　大弧之較弧十一分五十秒以半總與大弧相較得大弧之較弧。　正弦七五三六八三二三五七六

四率　初數七六〇九一二三七九六一

一率　庚己角旁大弧五十一度二十一分四十六秒　正弦九八九二七一四九七九六

二率　初數七六〇九一二三七九六一

三率　半徑一〇〇〇〇〇〇〇〇〇〇

四率　末數七七一六四〇八八一六五

以半徑乘末數，開平方，得半角正弦八八五八二〇四四〇八三，檢表得四度八分十四秒，倍之得八度十六分二十八秒，爲赤極角度。丁壬即赤道經度。

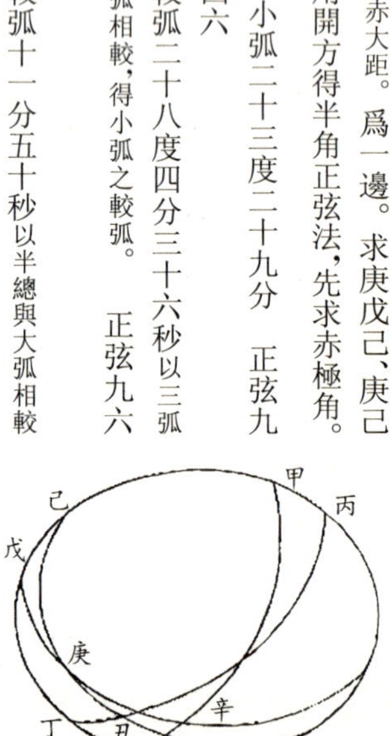

次以邊角相求法，求黃極角。

一率　庚戊弧二十八度十六分二十六秒　正弦九六七五四九一三七七六

二率　庚己弧五十一度二十一分四十六秒　正弦九八九二七一四九七九六

三率　己角八度十六分二十八秒　正弦九一五八一〇五五四四四

四率　戊外角　正弦九三七五三一九一四六四

檢表得十三度四十三分四十二秒，爲黃極外角度。乙辛即黃道經度。

假如測一星，已知其距天頂度，亦知距午經度，亦知本地北極出地度。推星之赤緯，其法若何。　蔡錫勇

如圖，甲爲北極，戊己爲赤道，乙爲天頂，丙爲星，戊子爲距午經度，即甲角度。即距午經度。此形甲乙丙有甲乙邊即北極出地度減象限之餘。有乙丙邊即星距天頂度。有甲角度。即距午經度。求甲丙邊，以減象限，得星之赤緯。

先求丙角。

一率　乙丙弧正弦
二率　甲角正弦
三率　甲乙弧正弦
四率　丙角正弦

次求甲丙弧。

一率　半較角正弦
二率　半和角正弦
三率　半較弧正切
四率　半甲丙弧正切

既得甲丙弧，以減象限，得星之赤緯度。

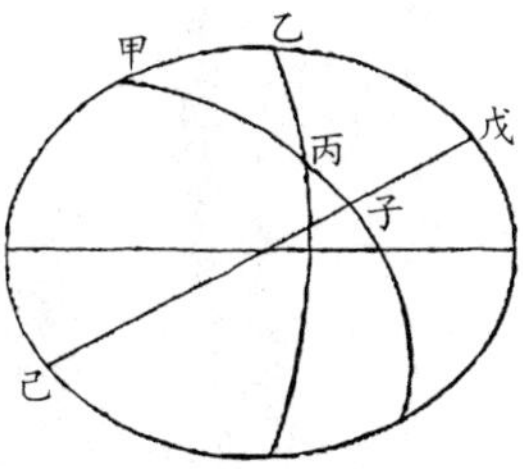

任測一恒星，欲定北極出地度，其法若何。　汪鳳藻

如圖，甲己乙丙子午圈，甲乙爲地平，丙爲天頂，丁爲所推之北極，則戊己爲赤道。任測一星如子，欲定北極出地度。法：先測得子庚赤道北緯度、戊庚星距午線赤道經度及子辛高度，乃取丁子丙斜弧三角形，用垂弧法作子丑垂弧，高弧交地平點近子點，則垂弧在形內出地度少。近午點，則垂弧在形外出地度多。分原形爲丁子丑、子丑丙二正弧三角形。有丁子弧，象限減北緯。子丙弧，象限減高度。丁角，即戊庚赤經度。及丑直角。先求子丑垂弧，次求丁丑及丑丙二弧，相加得丁丙，以減丙甲象限，餘丁甲，即所推北極出地度。

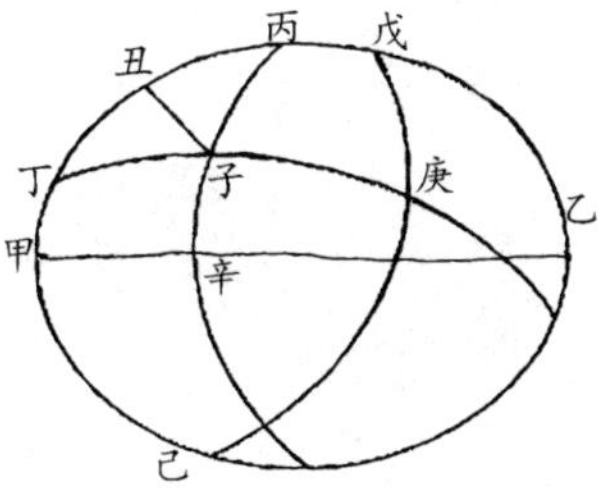

設太陽視差角八八六秒，試推日地相距及太陽圓徑，並明其由金星而求視差角之理。　王宗福

答曰：日地距九千二百二十萬洋里，太陽圓徑八十五萬洋里。

如圖，(爲甲)[甲爲]地心，甲丙爲地半徑，乙爲太陽，成甲乙丙三角形。有丙直角，乙視差角，甲丙邊。求甲乙日地距。乃以乙角正弦爲一率，半徑爲二率，甲丙地半徑爲三率。求得四率爲甲乙日地距九千二百二十萬洋里。設以甲爲日心，甲丙爲日半徑，乙爲地，有乙角十六分，甲乙日地距及丙直角，求甲丙太陽半徑。又以半徑爲一率，乙角正弦爲二率，甲乙日地距爲三率。求得四率爲甲丙太陽半徑，倍之，得太陽圓徑八十五萬洋里。

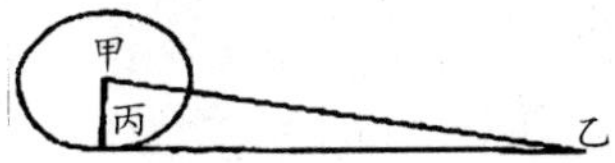

又圖，甲爲日，乙爲星，丙爲地，丁乙丙爲金星視差角，丁甲乙爲太陽視差角，乙丙爲甲乙七分之三，丁甲乙角必爲丁乙丙角七分之三。此可明其由金星而求視差角之理矣。

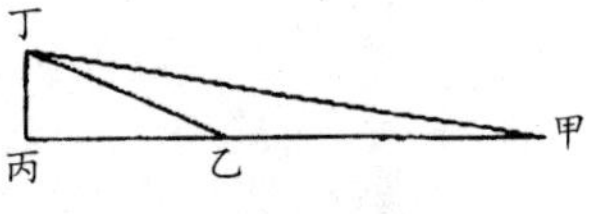

土星圓徑洋里七萬，距星一萬里，有光帶寬二萬六千里，如金環圍繞。求光帶面積若干。　貴榮

答曰：九四七五○四三四○二里。

法：倍光星相距，加星徑，得九萬里。命爲小圓徑，以邊綫相等，面積不同定率，求得小圓面積六三六一七二五○九六。

一率　方積定率一○○○○○○○○
二率　圓積定率七八五三九八一六
三率　今方積八一○○○○○○○○
四率　今圓積六三六一七二五○九六

次以上所設小圓徑加帶寬倍數，得一十四萬二千里，命爲大圓徑，以定率求得大圓面積一五八三六七六八四九八。

一率　方積定率一○○○○○○○○
二率　圓積定率七八五三九八一六
三率　今方積二○一六四○○○○○
四率　今圓積一五八三六七六八四九六

兩圓積相減，餘九四七五○四三四○二里，即所求環積。

金星二百二十五日一周，某日與地同行。試推須俟若干日復與地同行。　蔡錫勇

答曰：五百八十四日又五分日之二。

按：金星繞日一周爲地球繞日一周八分之五，乃有比例。

一率八五　二率三六五四之一　三率一　四率五八四五之二

設新到一海島，冬至巳正太陽高弧二十四度四分。求北極出地若干度。　陳壽田

答曰：三十六度二分三十一秒。

如圖，甲爲北極，丁爲天頂，甲丑寅壬爲子午經圈，甲卯寅爲赤經，丑己壬爲

赤道，戊己庚爲地平，壬爲子正，己爲卯正，丑爲午正，丁癸辛爲高弧。今太陽在乙，當赤道於卯，當地平於癸，卯即巳正之點，成甲乙丁斜弧三角形。此形知甲角當丑卯弧日距午東赤道度。以巳正與午正十二小時相減，得二小時，變爲三十度即丑卯弧日距午東赤道度。知丁乙爲太陽距天頂。以乙癸太陽高弧與丁癸九十度相減，得丁乙弧六十五度五十六分，即口距天頂。知甲乙弧冬至日太陽距北極一百十三度二十九分，求甲丁弧。試作乙丙垂弧於形外補成甲丙乙、丁丙乙二正弧形，同以丙爲直角。先用甲丙乙形，求丙乙、甲丙二弧。

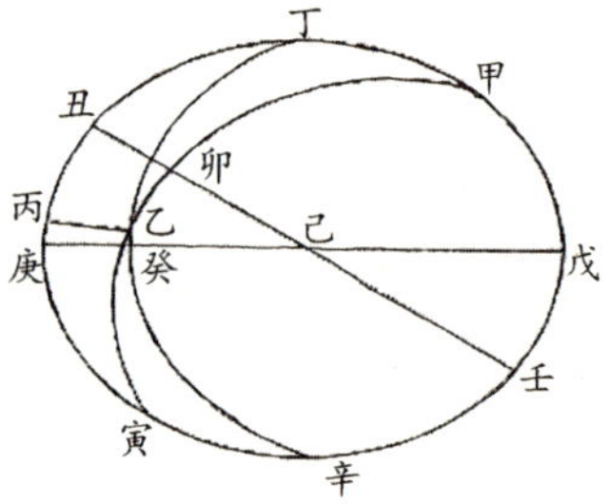

一率　半徑
二率　甲角正弦
三率　甲乙弧正弦
四率　丙乙垂弧正弦

一率　半徑
二率　甲角餘弦
三率　甲乙弧正切
四率　甲丙弧正切

右求得丙乙垂弧二十七度十七分四十六秒，甲丙弧一百十六度三十八分三十一秒。次用丁丙乙形求丙丁弧。

一率　丙乙弧餘弦
二率　丁乙弧餘弦
三率　半徑
四率　丙丁弧餘弦

右求得丙丁弧六十二度四十一分二秒，與甲丙弧相減，得甲丁弧五十三度五十七分二十九秒，爲北極距天頂，與九十度相減，得甲戊弧與丙庚弧等。三十六度二分三十一秒，即北極高度。

設新到一海島，於芒種日測得日出寅正日入戌正。求北極出地若干度。　陳壽田

答曰：五十度十分十一秒。

如圖，己甲丙庚爲子午圈，壬爲北極，己丁丙爲赤道，甲丁庚爲地平，丁爲卯正，己爲午正，丙爲子正，癸點寅正。當地平於子即日出時刻，壬癸爲赤經，戊子乙爲芒種日赤道距等圈，子癸爲日距赤道北緯度二十二度三十八分十六秒。用丁癸子正弧三角形，癸爲直角，丁癸弧爲日出卯前赤道度三十度以六小時減寅正四小時，餘二小時，變度得三十度，即卯前酉後赤道度。求丁角。

法：以子癸弧正切未癸爲一率，丁癸弧正弦丁癸爲二率，丁壬半徑爲三率，得四率丁角正切壬辰。檢表得五十度十分十一秒，即壬丁甲角度。當壬甲弧爲所求新至海島之北極出地高度，此由日出時刻求北極高度也。

又圖，丁爲酉正，己爲午正，丙爲子正，壬爲北極，巳丁丙爲赤道，戊子乙爲赤道距等圈，壬癸爲赤經。用子癸丁正弧形癸爲直角，有丁癸弧，日入酉後赤道度有子癸弧，求得壬丁甲角，亦當壬甲弧。此以日入時刻，求北極高度也。

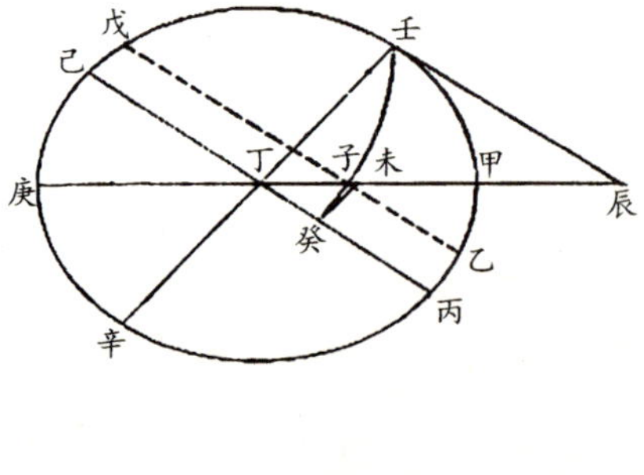

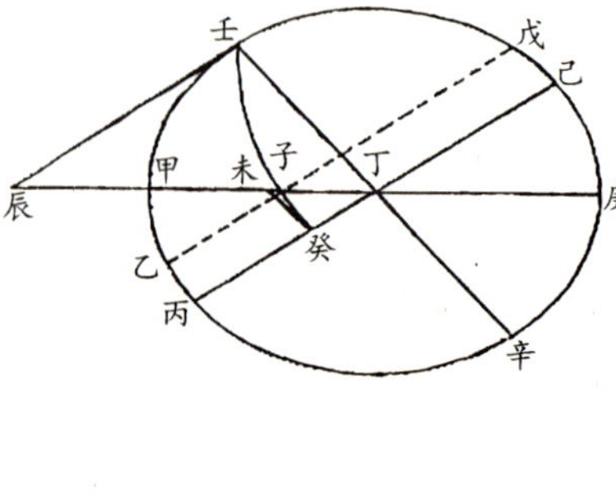

設新到一海島測得北極出地三十度，求白露日巳正太陽高弧若干。　陳壽田

答曰：五十二度五十三分五十五秒。

如圖，甲爲北極，乙爲天頂，乙己癸庚爲子午圈，辛戊卯爲赤道，乙丁癸爲高弧，甲壬丑爲赤經，丙爲太陽，壬爲巳正，甲己爲新得海島之北極高三十度，丙壬弧五度五十五分十一秒爲白露日之赤道北緯度，與甲壬九十度相減，得甲丙弧八十四度四分四十九秒爲日距北極度，成甲乙丙斜弧形。乃自乙作乙子垂弧於形內分乙子甲、乙子丙二正弧形。同以子爲直角，求法列於左。以巳正與十二小時相減，變度得三十度，即日距午東赤道度。以北極出地三十度與九十度相減，得六十度，即北極距天頂。

先用乙子甲正弧形。此形有甲角，當辛壬弧三十度爲日距午東赤道度，有甲乙弧北極距天頂六十度，有子直角。

一率　半徑　　二率　甲角正弦　　三率　甲乙正弦　　四率　乙子正弦

檢表得乙子垂弧二十五度三十九分三十二秒。

一率　半徑　　二率　甲角餘弦
三率　乙甲正切　四率　甲子正切

檢表得五十六度十八分三十六秒，即甲子弧。

以甲子弧與甲丙弧相減，得子丙弧二十七度四十六分十三秒，即日距分邊。

次用乙子丙正弧形。此形有子內弧，距日分邊有乙子垂弧，有子直角。

一率　半徑　　二率　子丙餘弦
三率　乙子餘弦　四率　乙丙餘弦

檢表得三十七度六分五秒，與九十度相減，得五十二度五十三分五十五秒即所求。

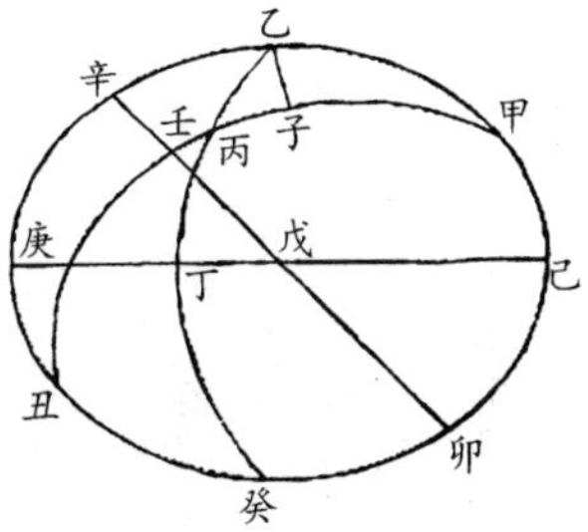

又法

以日距北極與北極距天頂相加減，半之，得半和較弧，甲角半之，爲半角。

一率　半和弧正弦　二率　半較弧正弦
三率　半角餘切　四率　半較角正切
一率　半和弧餘弦　二率　半較弧餘弦
三率　半角餘切　四率　半和角正切
一率　半較角正弦　二率　半和角正弦
三率　半較弧正切　四率　半對弧正切

檢表倍之，得乙丙弧三十七度六分五秒。餘法同前。

地距日一萬二千地徑。求所受光熱有幾分。　馬呈忠

答曰：二十三億零四百萬分之一。

法：以天球面積除地球面積，即得。【略】

以地徑爲一，日徑爲百零六，日距地一萬二千，月距地三十。當月食。推地影尖距月若干遠。　貴榮

答曰：八十四又七分之二

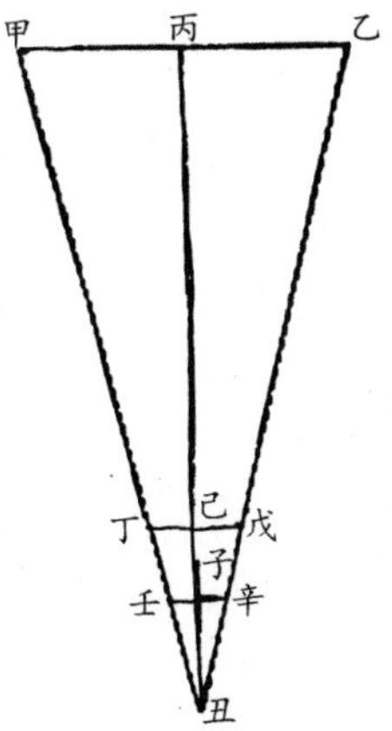

如圖，甲乙爲日徑，丁戊爲地徑，壬辛爲月徑。丙己日距地一萬二千兩心相距，己子月距地三十，兩心相距。命己丑爲天，乃有等數。【略】求得己丑一一四又一〇五之三〇，約之，得一一四又七分之二，内減己子月距地三〇，餘子丑八四又七分之二，爲地影尖距月之度。

已知月地距，測日食東西視差，以推日地距其法若何。　楊兆鋆

如圖，甲乙爲地面二測處，丙爲月，人在甲見月在日面丑，人在乙見月在日面子。

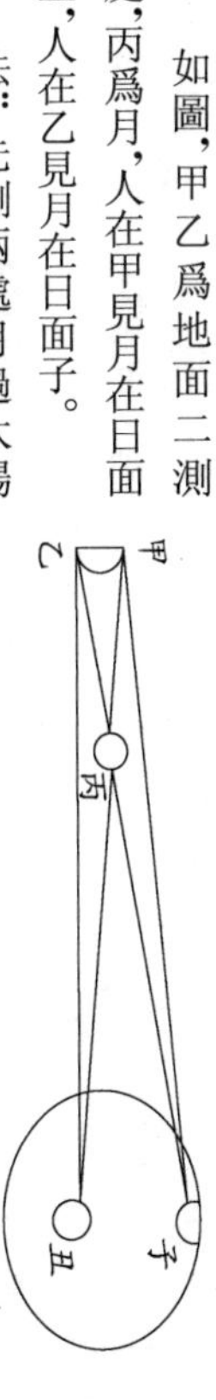

法：先測兩處月過太陽面出入時刻。以二處時刻之較變爲角度，量得子甲丑或子乙丑視差角，又以甲乙二處距弧求得通弦甲乙。而甲丙等乙丙，皆爲地面距月心，故有甲乙丙三角形，有三邊，求得丙角與半周減得甲丙子角，既得甲丙子角，即可得丙子甲角。乃以子角正弦與甲角正弦比若甲丙月距地與丙子月距日比，得丙子加乙丙，即日地距。

測月地距，其法若何。　王宗福

如圖，子爲月，甲爲地面測處，心爲地心，心子甲角爲視差角，乙爲天頂，子甲乙角爲月距天頂角，其外角爲子甲心角。

法：用心甲子三角形，有三角及甲心邊。地半徑。求得子心邊，即月地二心距也。

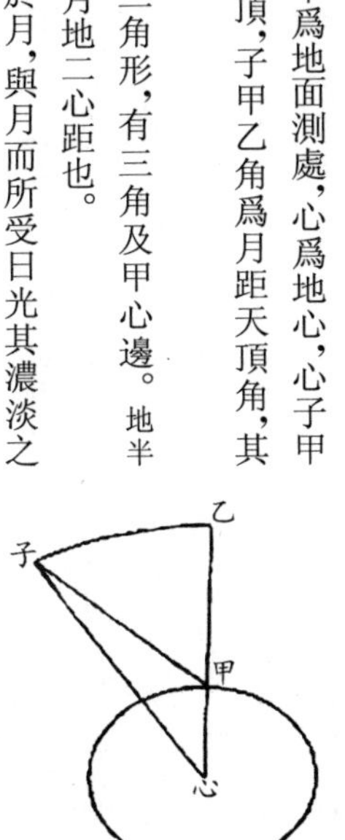

地面日光反照於月，與月而所受日光其濃淡之比例若何。　貴榮

解曰：濃與淡比若日月相距與日地相距，加月地相距，各自乘，反比。

日月二體積之比例，以何法測而推之。　胡玉麟

如圖，甲爲日，人在乙測之。先測甲乙丙視角及甲乙日地距，乃用甲乙丙形。此形有乙視角，丙爲直角，有甲乙日地距，求甲丙日半徑，既得日半徑，即與地半徑比若一百十一又二分之一

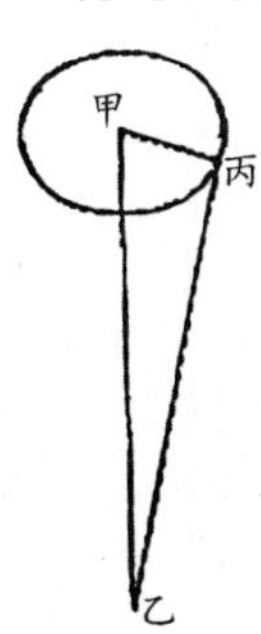

與一比。又得太陽與地球二體積比若一百三十八萬四千四百七十二與一比。

又如次圖，子爲月，卯爲地，子卯爲二心距，子寅爲月心與人目距。先測得子寅距及子寅丑視角，乃用子丑寅形。此形有子寅月心與人目距，有子寅丑視角，丑爲直角，求得子丑月半徑，即以地徑與月徑比若一與○·二七二九比。又以地球與月二積比若一與○·○二○四比。合之，即爲日月二積之比，爲一三八四四七二與○·○二○四比。

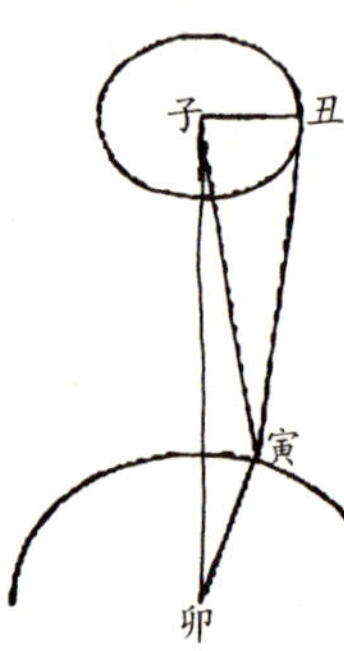

日月二視徑相等，以何法測其真徑。　　徐廣坤

法：以半徑爲一率，地心距日月心爲二率，視角即地心視日月，以日月半徑爲對邊之角。正弦爲三率，求得四率，倍之即日月真徑。

如圖，甲爲日心，甲丙爲日半徑，乙爲地心，乙甲爲地心距日心之遠。自乙視甲成甲乙丙三角形，乙角可測而知，丙爲直角，求甲丙邊有比例。

一率　半徑　　二率　乙角正弦

三率　甲乙邊　四率　甲丙邊

求得甲丙爲日真半徑，倍之，得日徑。測月同。

置閏之法與理試詳言之。　　陳壽田

考之閏者，日月不齊之數。聖人立四仲中星以定之，在璿璣玉衡以齊之。職此之故，乃參贊化育之道，調燮四時之理，不可不慎也。蓋其法以歲實三百六十五日四分日之一，太陽每日行天一度，太陰每日行天十三度十九分度之七，以定三年一閏，五年再閏，十九年七閏，萬古不易之理也。

今以法計之，以每日日行一度與月行十三度十九分度之七相減，餘十二度十九分度之七，爲一日之月距日度。用通分法通爲二百三十五分爲法，以周天三百六十五度四分度之七亦通爲六千九百三十九分小餘七五爲實。以法除實，得二十九日二百三十五分日之一百二十四小餘七五，約爲二十九日九百四十分日之四百九十九小餘七五爲朔策，乃以每歲三百六十日與歲實三百六十五日四分日之一相減，餘五日四分日之一，通爲五日九百四十分日之二百三十五，爲一歲之氣盈。以朔策二十九日九百四十分日之四百九十九與三十日相減，餘九百四十分日之四百四十一，爲一月之朔虛。以十二月乘之，得五千二百九十二分，以九百四十分收之，得五日九百四十分日之五百九十二，爲一歲之朔虛。乃以一歲之氣盈朔虛日數相併，得十日九百四十分日之八百二十七，即一歲之閏率，遞加之，得逐歲之閏率。視某歲某月無中氣，即可定閏月也。此即置閏之法。至于其理乃氣盈朔虛所積而成。何謂氣盈氣中氣也？盈有餘也，朔月與日會光盡而復蘇也，虛不足也。夫歲有十二月，月有三十日，三百六十日，一歲之常數也。太陽行黃道一周日與天會，則三百六十五日五時三刻三分有奇，較常數多五日五時三刻三分有奇，是爲氣盈。此係用時刻分，與前同以周日分之，得前法之氣盈。月與日會一月，則二十九日十二時一刻十二分有奇，十二會三百五十四日三刻三分有奇，較常數少五日十五時十一分奇，是爲朔虛，是以置閏必以氣盈朔虛爲主。然三年何以一閏？因尚不足以盡餘分。五年再閏，則又太過，須至十九年七閏。其閏餘已足朔策之七倍，則氣朔分齊乃爲一章，其數有常而不變。此皆以平行言之也。今節氣合朔皆用日之實行，以無中氣之月爲閏月。凡閏月必準一節氣。日有盈縮，月有遲疾，其節氣合朔，有進退，故置閏之遠近較平行復有參差。然至十九年，則盈縮遲疾已過數周。合而計之，實行與平行之數亦得近合矣。

地面與地平所差，何法計算。　　辛澤賢

丙丁＝天　天丄乙丙＝乙丁　甲乙^{2}丄甲丁^2＝乙丁^2　甲乙^{2}丄甲丁^2＝天^{2}丄乙丙^{2}丄二乙丙天

甲乙＝乙丙　甲丁^2＝天^{2}丄二乙丙天【略】

開方得丙丁，即地面與地平較。

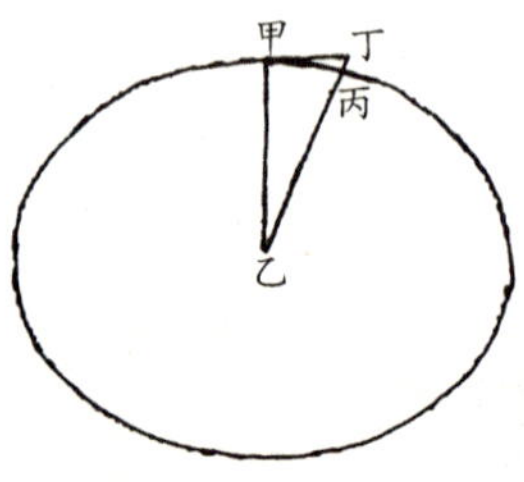

日月五星其面上攝力大小不等，求測算公式，並推物在日在地輕重比例。　　貴榮

答曰：前解公式命日月五星爲諸曜。大曜面上攝力：小曜面上攝力：：大半徑方：小半徑方　後解比例：物在地重：物在日重：：一：二六五

如圖，丙球爲日，丙心半徑。乙球爲月，乙心半徑。甲球爲五星，自人目視之

星小於月。甲心半徑。球無論大小，俱係積微點所成攝力，由心而發散於球面上。各點球積大小不等，球面上攝力亦大小不等。因 大球方寸攝力：小球方寸攝力∷大球面積：小球面積 又 大球面積：小球面積∷大半徑方：小半徑方 故 大球面上攝力：小球面上攝力∷大半徑方：小半徑方

此爲測算之公式。

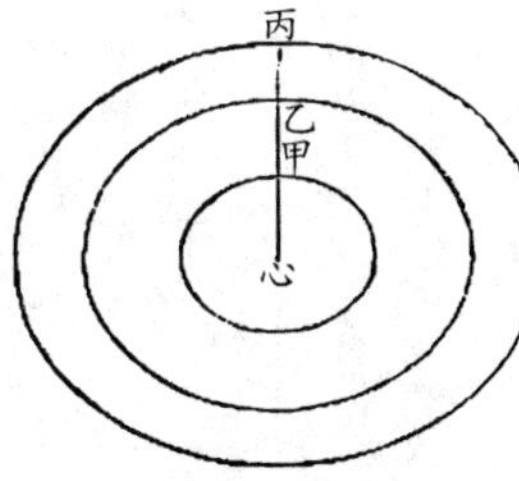

題又云推物輕重之比例。

法：以太陽縮爲地球，與地球命爲大小相等兩球，其輕重地與日比若一地全徑一之立方。與一一九一〇一六日全徑一〇六之立方。比，亦若物重一與一一九一〇一六比。此以正比例求得物在與地同體之太陽上重。次以縮爲地球之太陽與本體太陽命爲輕重相等兩球，大半徑五三·〇，小半徑·五，大半徑方二八〇九·〇〇與小半徑方·二五比若一一九一〇一六與一〇六比。四歸之太陽質輕於地質四倍。得二六·五。此以反比例求得物在本體之太陽上重。然則物在地與在日比其輕重，必若一與二六·五比。

假如地上之物移至各星上，必改變輕重。試言其比例公式且作圖解。

胡玉麟

凡物重皆因球心引力之大小而增減。而引力之大小，一視乎球體之質積。質積大，則引力亦大。一視乎球徑之大小。球徑小，則引力反大也。

如圖，甲爲地球，乙爲星球。設其質等而積不等，移甲重至乙，其輕重必變。甲心小於乙心，物在甲距心近而重大，物在乙距心遠而重小。然乙積大於甲積，引力亦增，不可不計。故其比例爲二半徑方之反比也。

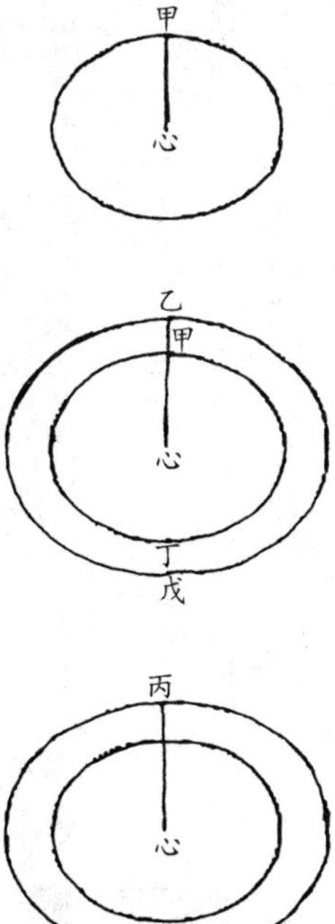

一率乙心² 二率甲心² 三率乙重 四率甲重。

惟各星與地球其質之疎密各有不同，則其引力亦有增減，故再設星球如丙與乙等積，而與甲異質。夫乙球既與甲球等質，則其乙甲丁戊球周皆爲虛形，而丙乃實體。惟與乙等積，則二球徑亦等，故仍以乙代丙，而爲比例。然二球質積之比，原若其半徑立方之比，則二半徑立方之正比即若乙重與丙重之比。

一率乙心² 二率丙心² 三率乙重 四率丙重，即[一率]甲心³ [二率]乙心³

[三率]乙重 [四率]丙重。【略】

相消得 $丙重=\frac{甲心}{甲重\times 乙心}$ 爲公式。

既得公式，再以各星之重率乘除其率較地重用乘，較地輕用除。之，即得移至星上之輕重。

有半球體，求重心。

王鍾祥

如圖，子丑寅爲半球體，作丑子、丑寅二綫，成丑子寅圓錐形。取丑辰四分之一午點爲圓錐重心，既得圓錐重心，以反比例求之，即得半球之重心。有比例如左。

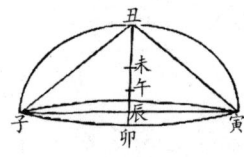

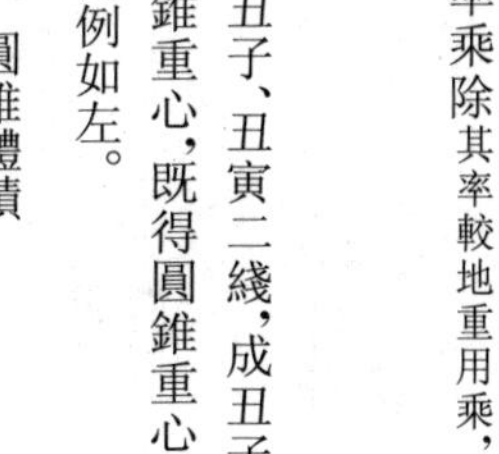

一率 半球體積 二率 圓錐體積

三率 圓錐重心 四率 半球體重心

半周有質弧綫，求重心。

王宗福

如圖，甲丙乙爲半周有質弧綫，丙心爲半徑。半徑自乘，以象限周除之，得重圓二心距丁心，丁點即重心。

$重距積和=二半徑^2$ $質和=半周$ $\frac{重圓}{心距}=\frac{半周}{二半徑^2}$

$=\frac{象限}{半徑^2}$

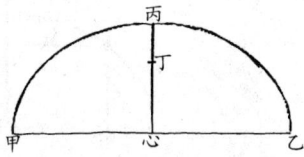

有半圓面截去六十度，截線正交圓徑，求殘積之重心。

王宗福

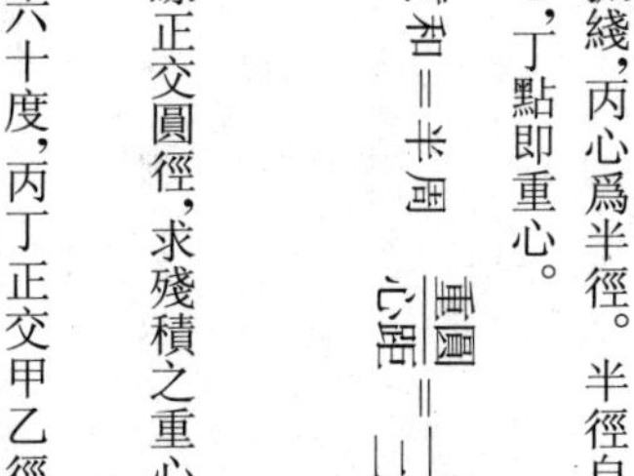

如圖，甲丙乙半圓面，丙乙六十度，丙丁正交甲乙徑，求甲丙丁殘積之重心。先作心丙半徑，將殘積分爲甲心丙、丙心丁二分。丙心丁句股之句爲半徑之半，求得丙心丁之重心爲卯。復求得半圓重心比例，得一百二十度。甲心丙積之重心如子，作子卯綫，甲丁丙積與丙心丁積比若子卯與子丑

比，丑即所求重心。

有銅版長六尺，廣二尺，於一頭去一徑一尺四寸之圓面，圓周距長廣邊三寸。求重心距圓周若干。　承霖

答曰：重心距周十五寸又萬分寸之九四三二。

法：先求圓面積，依徑一周三.一四一六定率比例，得半周二一.九九一二，以半周乘半徑，得圓面積一五三.九三八四，以與甲乙丙丁積四百寸相減，餘二四六〇六一六，爲甲乙丙丁虛積。而甲乙戊己積爲八百寸，乃以甲乙丙丁虛積加甲乙己戊爲共積，與庚辛線比若甲乙己戊積與辛天距比，求得辛天二十二寸九四三二，内減圓半徑七寸，得十五寸又萬分寸之九四三二，爲所求。

有端硯一塊長一尺，寬五寸，厚二寸，作一圓池距三邊各五分，深一寸二分。求重心距各邊若干。　博勒洪武

如圖，甲乙丙丁爲硯，丙戊庚丁、甲乙庚戊二正方相等，壬子圓池，圓距丙戊、丙丁、丁庚三邊皆五分。法：先求得壬子積，與丙戊庚丁積相減，餘三三四八。甲乙戊庚積亦爲五十方寸，則有比例如左。

一率　共積　　二率　共長

三率　丙戊庚丁殘積三三四八　　四率　丁心一九

求得丁心一九，則距甲乙邊三寸四分强，距丙丁邊六寸六分，距甲丙乙丁皆二寸五分。

有二半球徑十二寸，緊合沈水十二丈，試推其所受壓力，並需力若干方可對面拉開。　胡玉麟

法：以球徑用周徑定率求得同徑平圓面積，四倍之，即全球面積。乃以水重定率以沈水深乘之，以乘球面積，即得所受壓力。蓋用力拉物其力必分爲二。如上圖用力於甲，其力仍爲甲乙，用力於丙、於己，則力分丁戊、丁壬、庚辛、庚癸，故其全面上點點計之，即若半球積。然故其對面拉開另有比例，如左。

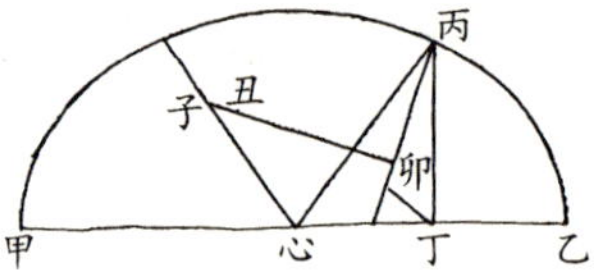

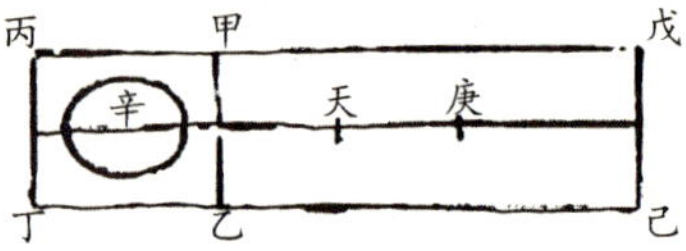

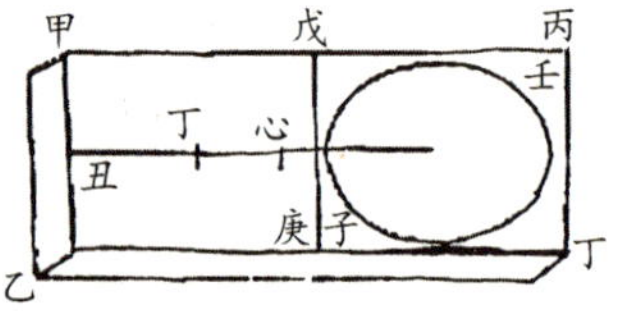

一率　一分徑以半徑爲高之圓柱積　二率　半球積

三率　球面上一分圓面所受壓力　四率　拉開之力

有一石球穿一大孔改作井闌，球徑二尺，重千斤，井口徑一尺六寸即孔徑。求闌重若干。　陳壽田

答曰：二百六十斤。

法：先以球徑二尺爲弦，井口徑一尺六寸爲股，求得句一尺二寸，即闌高。又以球徑自乘，再乘，得八〇〇〇以二尺化作二十寸，自乘，再乘。爲一率。闌高自乘，再乘，得一七二八，爲二率。球重一千斤爲三率。得四率二百十六斤，即闌重也。

半鋼條＝天＝乙丁　$\frac{戊乙}{天}=\frac{乙丁戊角正弦}{丁戊乙角正弦}=\frac{一二〇度正弦}{三〇度正弦}=\frac{三〇度餘弦}{三〇度正弦}$

$\frac{戊乙}{天}=\frac{三〇度余弦}{三〇度正弦}$　$天=\frac{三〇度餘弦}{戊乙(三〇度正弦)}=一寸餘$

有銅條放於半球形之盤内，倚邊而斜立。盤寬二尺，鋼條與地平成角三十度。試推其長若干。　楊兆鋆

答曰：二尺二寸强。

如圖，甲乙爲鋼條，壬丙爲盤寬，丁爲條重之中心，乙戊、壬戊、丁戊三力均施，必相會於戊點，丙壬乙角三十度，則丙壬戊角必六十度。庚戊壬爲等邊三角形。三邊既等，則三角亦必等，而皆爲六十度。乙庚等戊庚，又等丙庚。丙壬乙角等丁戊乙角，又等戊乙丁角。乙丁又等戊丁，則戊丁乙爲等腰三角形。乙丁戊角一百二十度，以代數求之，有等式。

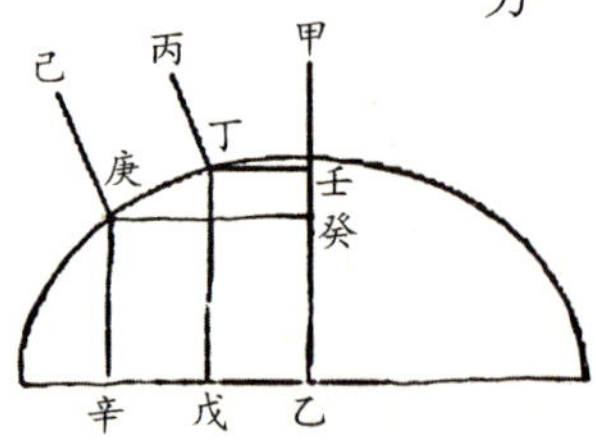

有圓錐木體，其質重與水重比若三百四十三與五百一十二比。倒置水面，其中線入水十四寸。求不入水尚有幾寸。　汪鳳藻

答曰：二寸。

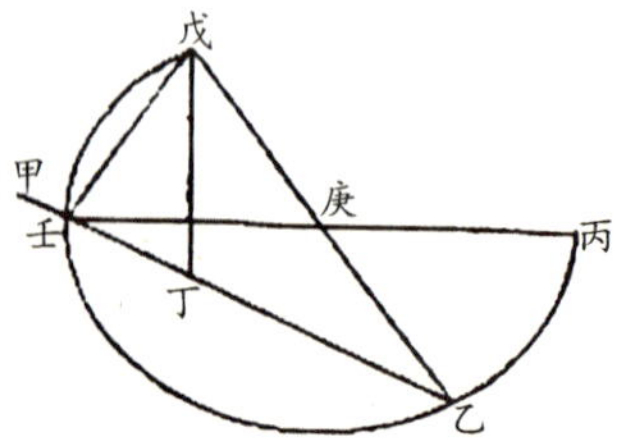

未入水＝天　一四＝甲、三四三＝乙、五一二＝丙　$\frac{丙}{乙(甲丄天)^{三}}\times$水定率重

＝木體全高立方重＝甲^{三}×水定率重　乙(甲丄天)^{三}＝丙甲^{三}　甲^{三}乙丄三甲

乙天^{二}丄三甲^{二}乙天丄乙天^{三}＝丙甲^{三}【略】

開方式【略】得二。

有國王以黄金六百兩令工造璽，疑其攙銀，令博士驗之，入水失重四十兩。試推攙銀若干，并詳其驗法。　貴榮

答曰：二百兩。

按水重學理，黄金於水失重二十分之一，銀於水失重十分之一，乃有等數。

二元草　攙銀＝天　净金＝地　$\frac{一〇}{天}$＝銀失重　$\frac{二〇}{地}$＝金失重　$\frac{一〇}{天}$丄$\frac{二〇}{地}$＝四〇　二〇天丄一〇地＝八〇〇〇　二天丄地＝八〇〇　地＝八〇〇丅二天　以地之同數代地得　六〇〇丅天＝八〇〇丅二天　二〇〇＝天

其理以幾何明之。

如圖，甲乙六百兩，乙丙一兩，丁丙金輕率，戊壬等己壬銀輕率，己戊爲二輕率較，庚丙爲净金，庚壬爲攙銀，辛壬丙磬折形爲金攙銀之失重，辛戊爲二失重較。即應失重今失重之較。以己戊二輕率較除之，得己辛攙銀數，即甲庚。

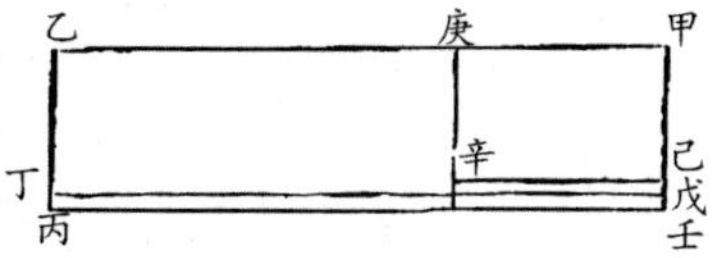

驗法以水權平之。

法：將砝碼與璽較準，置砝碼於天平左盤之上，璽繫於右盤之下，垂於桶中。以水注之，則璽上浮，再以水注於右盤之内，令兩盤平，然後將水傾出除去同體之水，餘水若過二十分之一，則知其中有僞，而多寡可立辨矣。

有杠桿長二十七尺，以人力百斤欲移動千二百五十斤之石，試推其倚所當在何處。　杜法孟

答曰：距石二尺内。

法：以力重相加爲一率，桿長爲二率，力爲三率。求得四率，得倚所。

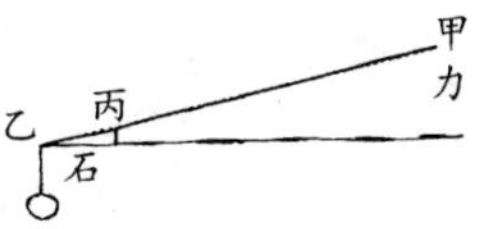

有句股形曲桿，倚點在直角。句三尺，股四尺，重七斤。句端懸重一斤定於何方向。　貴榮

答曰：距股四十二度四十分，距句四十七度二十分始定。

如圖，乙甲丙句股形曲桿，甲乙左三尺折半於丁，甲乙重等於己。甲丙右四尺折半於戊，甲丙重等於庚。乙端懸辛重。乙丁分爲四分。己辛共重爲一率，辛重爲二率，乙丁四分爲三率，求得四率。壬丁一分，己辛二重懸於丁乙二點，等於癸重，懸於壬點，則癸必等於庚。次作壬戊直綫折半於子，從甲角過子點作地平之垂綫甲丑。次從丙角作甲丑之正交綫丙寅，爲地平綫。次從乙角作乙寅綫，與甲丑平行。次以甲戊二尺爲股，甲壬一尺八寸$\frac{三}{四}$爲句，用句股法求得壬戊弦二尺七寸$\frac{八七七}{一四四}$半之於子，得子戊一尺三寸五分$\frac{八七七}{七二}$次以甲戊爲一率，甲壬爲二率，半徑爲三率，求得四率。戊角正切九三七五〇〇〇，檢表得甲戊子角四十三度五十一分。有甲戊邊，有子戊邊，有戊角，用兩邊夾一角法求得戊甲子角四十二度四十分，爲甲戊方向，即甲丙方向，以減戊甲壬角，餘壬甲子角四十七度二十分，得甲壬方向，即甲乙方向。

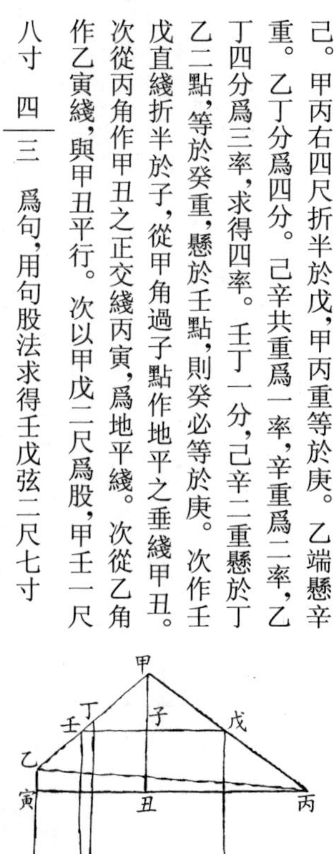

有鐵錘四，其重如三、四、五、六之數。按次分懸於直桿，每錘相距一尺。試求定點。　杜法孟

答曰：定點在四、五二錘之間，距懸四之點九分尺之七，距懸五之點九分尺之二。

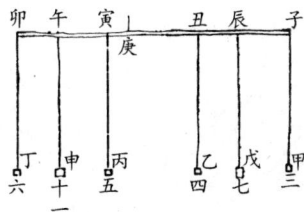

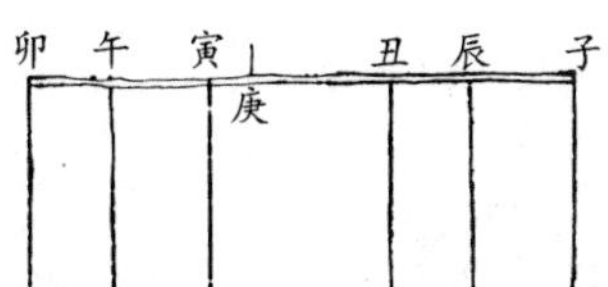

如圖，子卯爲桿，子、丑、寅、卯各相距一尺。懸甲、乙、丙、丁四鐵錘，如三、四、五、六之數。先以甲三、乙四相加，得七爲一率。子丑長爲二率。甲錘三爲三率。求得四率辰丑，知甲、乙定點在辰，距子七分尺之四，距丑七分尺之三。甲、乙分懸於子、丑，與并懸於辰等。又以丙五、丁六相加，得十一爲一率。寅卯長爲二率。丙五爲三率。求得四率午卯。知丙、丁點在午，距寅十一分尺之六，距卯十一分尺之五。丙、丁分懸於寅、卯，與并懸於午等。次以戊七甲三、乙四并。與申十一丙五、丁六并。

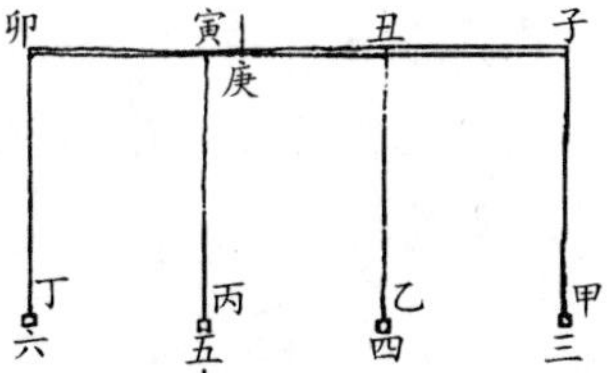

相加，爲一率。辰午長爲二率。戊七爲三率。求得四率庚午。知定點在庚，戊爲甲、乙之并重，申爲丙、丁之并重。庚爲戊、申二重之定點，亦即爲甲、乙、丙、丁四重之定點。

前題又法。

如圖，子寅爲寅卯之倍，丁重爲甲重之倍，其定點適在寅，并甲、丁二重懸於寅，則寅懸十四，子、丑、寅、卯懸四重，與丑懸四、寅懸十四等。如前法求得庚點，即定點。

有句三股四句股，欲於股上取一點懸之。令弦平於地平，其法若何。　席淦

如圖，先求句股積之重心甲。自甲作弦正交綫丙乙懸於丙，即弦合地平，求丙戊綫。法：以戊丁、戊己方，倍之，相併，減丁己方，四除之，開方得戊庚四二七。自庚作庚辛垂線，求得戊辛大分邊四一，戊庚與辛戊若戊甲與乙戊二七三。又丁戊與己戊若乙戊與丙戊三四一。

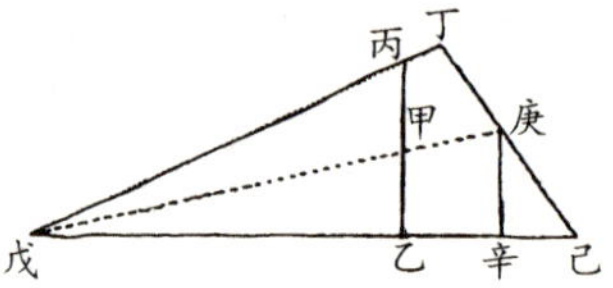

前題。　楊兆鋆

如圖，甲乙丙句股面，取甲乙句三分之一于丁，甲丙股三分之一于戊，各作垂綫丁己、戊庚，交點心即句股面重心。切心點正交乙丙，作綫辛壬，則辛點爲令弦平地平之點。而戊辛等甲丁，戊心辛與本形同式，故比例如甲丙比甲乙若戊心比戊辛。句與戊心句三之一。相乘，股除之，得戊辛，以加戊丙，得辛丙大分。減甲戊，得甲辛。小分。

又法，用心庚己形求之，有等式。【略】 $甲丙:乙丙::\frac{三乙丙}{甲丙^{二}\ 乙丙^{二}}:辛丙$

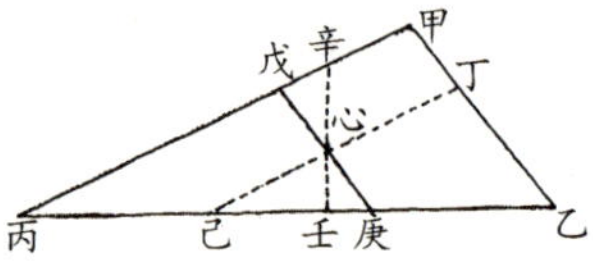

求得辛丙即大分減股，得小分。

有句八股十五句股面，於弦取二點，令懸之一句，平如地平，一股平如地平。其法若何。　席淦

如圖，先求句股重心甲。自甲作句股之垂綫，引長至弦，懸於丙、辛二點，則句股合地平。丙已爲弦三之一，辛己爲弦三之二。何也？甲丁爲庚丁三之二，乙丁必爲戊丁三之二，丙乙與戊己平行，丙丁必爲己丁三之二，而丙已必爲三之一。又己甲爲己癸三之二，己壬必爲己戊三之二。辛壬與丁戊平行，則辛已必爲丁已三之二。丙已五·六六六六，辛巳一一·三三三三。

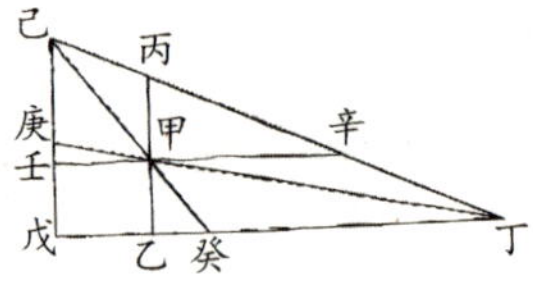

前題。　楊兆鋆

如圖，甲乙丙句股形，取甲乙句三分之一于丁，乙丙股三分之一于戊，各作綫巳丁、庚戊，交點心即句股面重心。因庚戊過心點，正交乙丙，己丁過心點，正交甲乙，故取庚、己二點懸之，股與句必皆平于地平。又因丁巳爲句三分之一，乙戊爲股三分之一，故巳丙、甲庚必均爲弦三分之一。

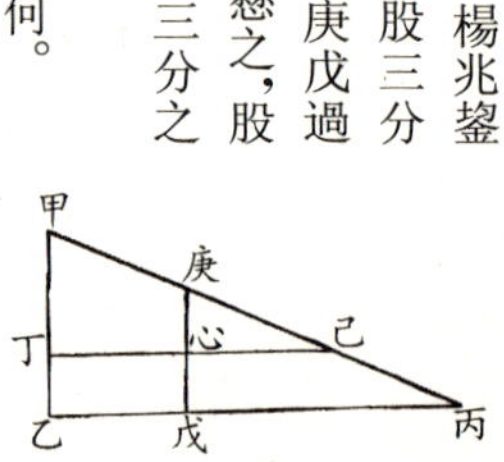

有礮膛徑尺五，若以鐵較水重八倍，求其礮子輕重若何。　貴榮

法：以方圓邊線相等體積，不同定率。立方一九〇九八五九三一七爲一率。球積一〇〇〇〇〇〇〇〇〇〇爲二率。膛徑一五自乘，再乘，得三三七五爲三率。求得四率一七六七寸又一九〇九八五九三一七之二七八五八六八六一，爲球積。再以水每方尺率七十六斤化爲一千二百一十六兩，以一千寸除之，得每方寸十二錢又二十五分之四，以乘球積得二一二〇四，再八倍之，得一六九六三二。以十六〇除之，得一千六百斤强，即礮子重。

有鎗子向上直放，二十秒始落，求其升高若干，並作圖明其理。　文續

答曰：一千六百尺。

法：以二十秒折半，自之，得一百。以初秒所過之路十六尺乘之，得一千六百尺，即所求之高。

如圖，甲乙丙三角形，甲乙等縱綫爲時，乙丙等橫綫爲速，十秒內所過之路即爲甲乙丙三角形積。

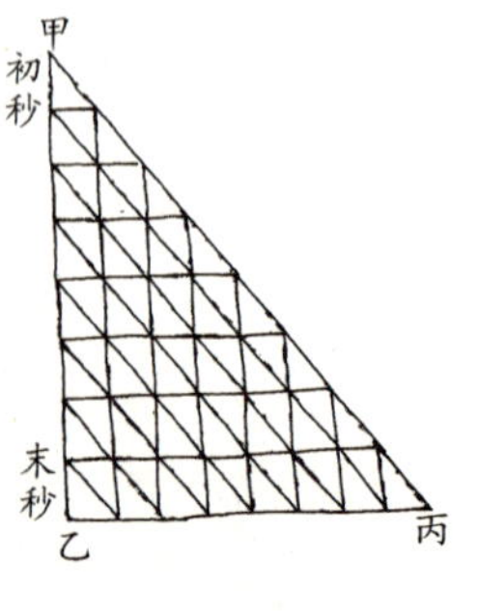

有一礮其最遠界二十里，移於高山頂，高出平地四十里，下測一敵營，須用四十五度方向方能及之。求營距礮若干遠。　王宗福

答曰：四十里。

如圖，甲爲礮，甲壬爲四十五度方向，丑爲抛物綫頂點，甲辛即山高，丁爲敵營。丑未五與丙未方一百比若丑未加己丁四五與己未

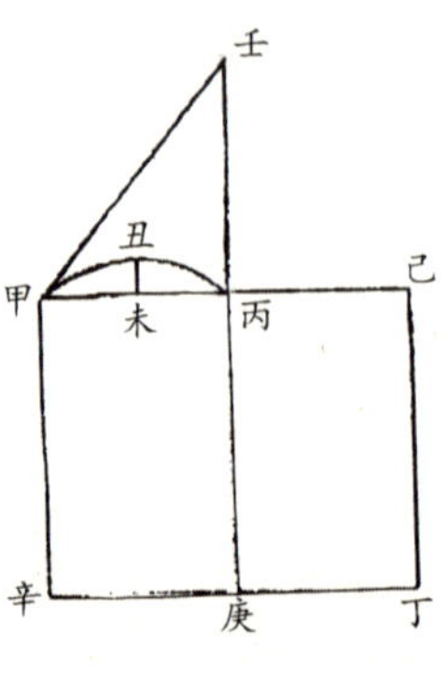

方九百比，得己未三十，即得甲巳即辛丁。距四十里。

有礮子平速一秒五里，求最遠界若干。　　黎子祥

答曰：二百九十三萬四千七百八十二尺强。

$\text{最遠界}=\frac{\text{地力}}{\text{速}^{二}}=\frac{二七六}{八一〇〇〇〇〇〇〇}=二九三四七八二六〇寸$

有礮子重四兩，出礮口一秒行二千尺。求其力若干。　　汪鳳藻

答曰：一八一一五九强。

$\text{力}=\text{重}\times\text{高}\quad \text{高}=\frac{二\text{地力}}{\text{速}^{二}}=\frac{五五二}{四〇〇〇〇〇〇〇〇}=七二四六三七零$

$\text{力}=\frac{二六}{四}\times 七二四六三七零=一八一一五九零$

於高山頂平發一礮，歷二刻五分鉛子始及地。求山高若干。　　汪遠焜

答曰：六百〇八萬五千八百丈。

$\text{山高}=\text{甲丁}=\text{天}\quad \text{天}=\frac{二}{\text{時}^{二}\text{力}}=\frac{二}{(二一〇〇)^{二}(二七六)}=(二一〇〇)^{二}(一三八)=六〇八五八〇〇〇〇寸$　求得六百萬零八萬五千八百丈，即山高。

有甲乙二球皆七分凸力。甲重一兩，一秒行十七尺。乙重七錢，一秒行六尺。對面相擊，求二後速。　　楊兆鋆

答曰：擊後一秒(中)甲前行一尺零二分，乙返行十六尺九寸五分。

$\text{甲前速}=一七=\text{子}\quad \text{乙前速}=六=\text{丑}\quad \text{甲本速}=\frac{\text{甲}丄\text{乙}}{(\text{子}丄\text{丑})\text{乙}}=九四寸$

$\text{乙本速}=\frac{\text{甲}丄\text{乙}}{(\text{子}丄\text{丑})\text{甲}}=一三五寸\quad \text{甲後速}=一〇二分\quad \text{乙後速}=一六九五分$

法：先用比例求得各本速，各以七分凸力乘之，得甲六尺五寸八分，得乙九尺四寸五分。加各本速，得甲十五尺九寸八分，得乙二十二尺九寸五分，爲甲乙相擊前後二速和。各以前速相減，得甲負後速一尺零二分，得乙後速十六尺九寸五分。

凡懸輪其每點所具之力，按距軸心自乘正比。其理若何。　　汪鳳藻

準重學理，力之等式爲$\frac{二\text{地力}}{\text{重速}^{二}}$　惟　$\text{速}=\text{角速}\times\text{半徑}$　故

$\text{力}=\frac{二\text{地力}}{\text{重}\times\text{角速}^{二}\times\text{半徑}^{二}}=\frac{二}{\text{角速}}\times\text{質重}\times\text{半徑}^{二}$　而懸輪每點蓄力隨輪大小，於角速無涉，則式中角速有定數，力之大小一。惟半徑爲憑，故恒成正比例也。如圖丙甲爲距心二點，丙遠而甲近。丙點蓄力必大於甲點蓄力，而角速丙心丁、甲心乙恒同，即與力無涉，故丙力與甲力比若丙心方與甲心方比。設丙心三，甲心一，則丙力必九倍於甲力也。

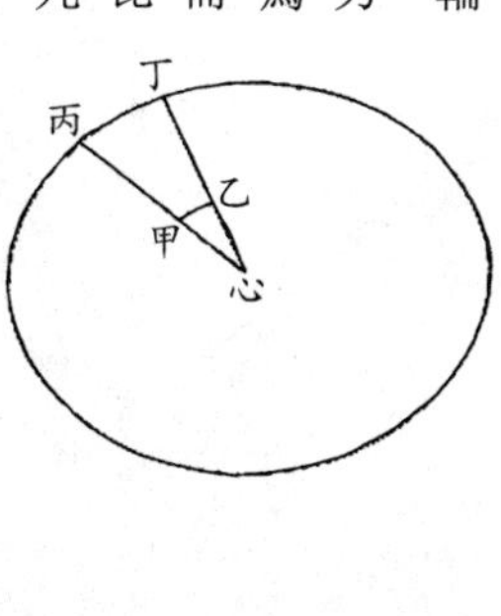

有滑車兩邊懸二重，一十斤、一二十五斤，重者下行，輕者上行。求第一秒各過若干路。　　長秀

答曰：二重各行六尺。

法：以二重之較與一丈四尺第一秒下墜定率。相乘爲實。以二重和除之，即得第一秒中二重各行路。

如圖，甲爲滑車，乙重十斤、丙重二十五斤。設丙亦重十斤，則乙丙二重相抵不動。今二重相抵，餘十五斤。第一秒中應行一丈四尺，而十五斤所受之力爲相抵之二十斤所分，故以三十五除二一〇得六尺，即乙丙二重第一秒中各行之路。

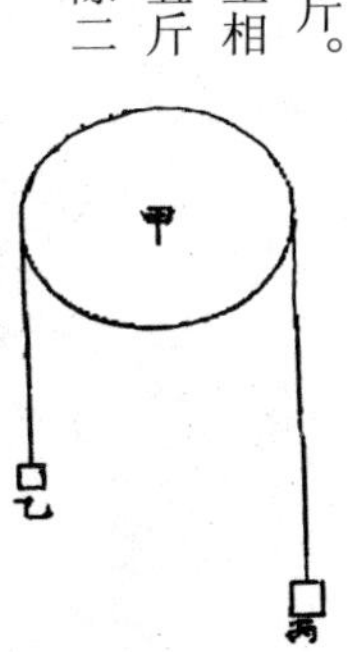

有滑車以一索懸二重於兩邊，甲重八兩，乙重三兩，求第一秒甲乙下上行尺寸若干。　　汪鳳藻

答曰：六尺又十一分尺之四。

如圖，丙爲滑車，甲、乙爲二重。甲重八兩、乙重三兩。設二重等，則相抵不動。令甲與乙相抵，餘五兩。定率第一秒當下行十四尺，而五兩所受之力爲相抵之六兩所分，故十四尺以十一除得一尺又十一分尺之三，又五因之，得六尺又十一分尺之四，即第一秒甲下行乙上行之路。

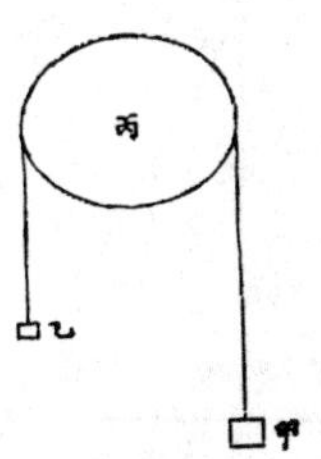

有物下墜數秒，而末秒之路爲全路三分之一。試求其秒數。　　時永清

答曰：七秒又一七八二。

二方根爲一四一四二，三方根爲一六四三一，兩根較爲二二八九，乃有

比例：

一率　兩根較二二八九　　二率　三方根一六四三一

三率　一秒　　　　　　　四率　七秒又一七八二

如圖，甲乙丙爲全路積，甲丁戊積爲三分之二，戊丁乙丙積爲三分之一，甲乙爲共時，丁乙爲一秒。甲乙丙積與甲丁戊積比若三與二比。甲乙丙積與甲丁戊積比又若甲乙方與甲丁方比，即三與二比。若甲乙方與甲丁方比，亦即三方根與二方根比，若甲乙與甲丁比。故三方根二方根較與三方根比若甲乙、甲丁較之丁乙一秒與甲乙共時比。

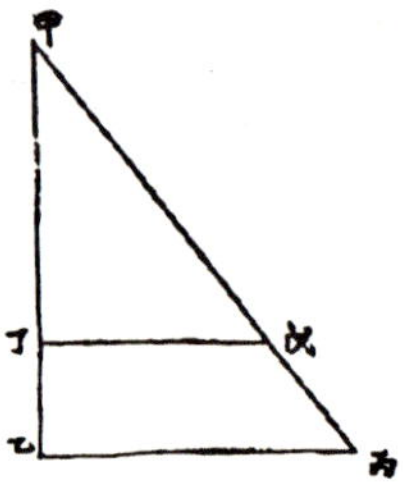

崇嚴墜石逾十秒始聞其聲。試推其高若干。　左秉隆

答曰：一千一百七尺强。

以初秒下墜十四尺及每秒聲行一千尺計之。

高＝天　下墜歷秒＝$\sqrt{\frac{二八}{二天}}$　聞聲歷秒＝$\frac{一〇〇〇}{天}$ 【略】

有輪船自上海至吳淞，往返共八十里，需時三點鐘，潮水每點鐘行二十里。求船行之速。　博勒洪武

答曰：三十里零九强，即平速。

速＝天　$\frac{天\perp二}{四〇}\perp\frac{天\top二}{四〇}=三$ 【略】開方得三十里零九强。

有雕自塔尖下飛，集於地。其處距塔底三百十四丈一尺五寸九分。求塔尖高若干。　汪鳳藻

答曰：二百丈。

法：倍距用爲周，求得徑即塔高。如圖，甲乙爲塔高，雕自甲飛至地丙，成甲丙半擺綫，乙丙爲距，戊丙爲擺綫軸。準重學理，甲丁直綫與戊子丙丑圓周逐點相合，必等，即戊丑丙半周等於甲戊，亦等於乙丙矣。故倍乙丙爲周，求得戊丙徑，即得甲乙塔高也。

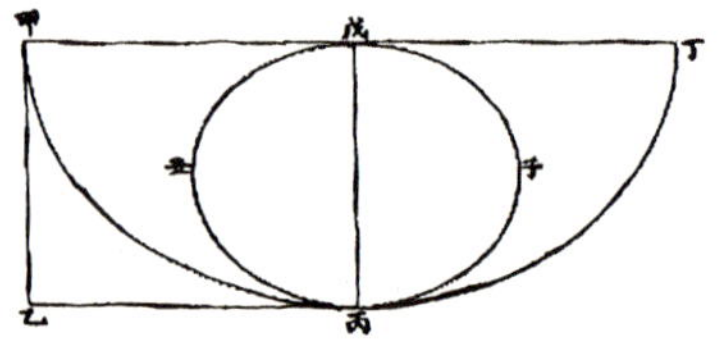

又　卷二

今有礮臺六百九十七尺長，對面有敵國兵船。從此頭視之，成角八十四度四十分，從彼頭視之成角八十六度三十分。求船距二處及礮臺與船最近之處相距各若干。　楊樞

答曰：船距此頭四千五百三十一尺，距彼頭四千五百一十九尺，礮臺與船最近之處相距四千五百一十一尺。

先求乙角。法：以丙角八十四度四十分與丁角八十六度三十分相併，以減半周一百八十度，餘八度五十分，爲乙角度數。

次求乙丁邊。

一率　乙角正弦九一八六二八　　二率　丙丁邊二八四三二三　　三率　丙角正弦九九九八一一

四率　乙丁邊三六五五〇六

檢表得，乙丁邊四千五百一十九尺。

次求乙丙邊。

一率　乙角正弦九一八六二八　　二率　丙丁邊二八四三二三

三率　丁角正弦九九九九一八　　四率　乙丙邊三六五六一三

檢表得，乙丙邊四千五百三十一尺。

末求乙戊中垂綫。

一率　半徑一〇〇〇〇〇〇　　二率　丙角正弦九九九八一一　　三率　乙丙邊三六五六一九　　四率　乙戊垂綫三六五四三〇

檢表得，四千五百一十一尺，即礮臺與船相距最近之處。

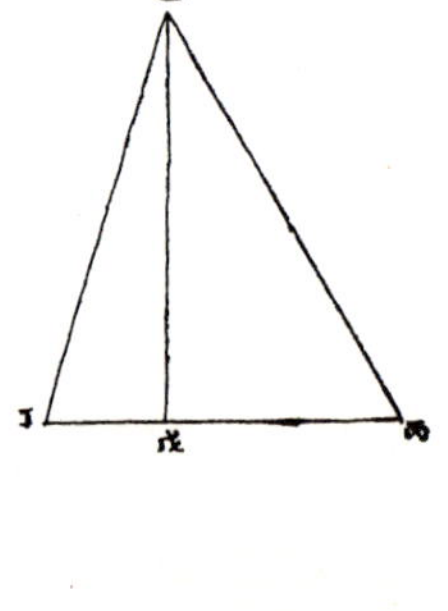

有礮臺不知其長，但知從某處量至此頭三百丈，量至彼頭四百丈，兩綫成角二十二度。試推礮臺若干長。　蔡錫勇

答曰：長一百八十九丈五尺八寸。

依平三角兩邊夾一角法，先求得丙角，再求乙丙邊，用對推數之比例如左。

一率　兩邊和七百丈二·四五〇九八

二率　兩邊較一百丈二·〇〇〇〇〇

三率　半外角七十九度正切一〇·七一一三四八

四率　半較角正切九·八六六二五〇

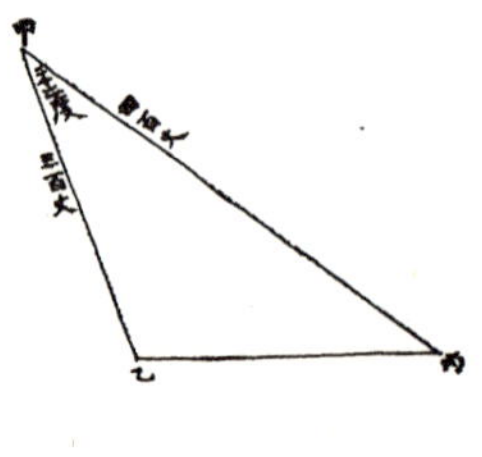

檢表得三十六度一十九分，以加半外角度得乙大角一百一十五度一十九分。若減半外角度，得丙小角四十二度四十一分。次求乙丙邊。

一率　丙角正弦九·七七二五〇三

二率　甲乙邊二·四七七一二一

三率　甲角正弦九·五七三五七五

四率　乙丙邊二·二七八一九三

檢表得，一百八十九丈五尺八寸，即礮臺長。

自山根視山頂，其綫與地平成角四十八度，距山二百步復視山頂，其角三十二度。求山高若干。　熊方柏

答曰：二百八十五步。

別得此爲重測法，則有比例。

一率　兩餘切綫較六九九九三〇四　　二率　半徑一〇〇〇〇〇〇〇〇

三率　二百步　　四率　二百八十五步有奇，即山高

今有甲乙二船，在海有丙丁二樹，在岸既知二樹相距若干。欲求其二船相距若干，試作圖明其理。　左秉隆

如圖，甲乙爲二船，丙丁爲二樹。今既知丙丁相距若干，而欲推甲乙之相離，法於丙處用儀器以邊向丁窺箭指甲，得甲丙丁角若干度。又指乙得乙丙丁角若干度。次依丙丁直線行至丁，再用儀器以邊向丙窺管指甲，得甲丁丙角若干度。又指乙得乙丁丙角及甲丁乙角各若干度，共得三角形三。一甲丁丙，二乙丁丙，三甲丁乙。今算甲丁丙形有丁丙邊，丁丙二角，求甲丁邊。

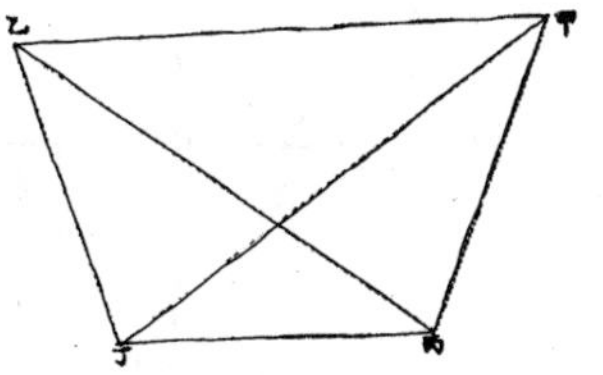

一率　甲角正弦　　二率　丁丙邊　　三率　丙角正弦　　四率　甲丁邊

次用乙丁丙形，有丁丙邊，丙丁二角，求乙丁邊。

一率　乙角正弦　　二率　丁丙邊　　三率　丙角正弦　　四率　乙丁邊

次用乙丁甲形，有甲丁、乙丁二邊及丁角，求甲角。

一率　兩邊和　　二率　兩邊較

三率　半外角切線　　四率　半較角切線

檢表得，半較角以減半外角，得甲角。

末求甲乙邊。

一率　甲角正弦　　二率　乙丁邊　　三率　丁角正弦　　四率　甲乙邊

今有兄弟三家欲掘井，使距各家維均，甲乙相距二十丈，乙丙二十二丈，丙甲二十四丈。試推其井應在何處與距各家之遠近若何。　左秉隆

答曰：井與各家相距十二丈五尺有奇。

如圖，以甲丙爲一率，甲乙、乙丙和爲二率，甲乙、乙丙較爲三率，求得四率，爲底邊較三丈五尺。與甲丙相減，半之，爲句。以甲乙爲弦，求得股十七丈四尺，餘爲甲乙丙三角形之中垂綫。次以中垂綫爲一率，甲乙爲二率，乙丙爲[三]率，求得四率二十五丈有奇，爲圓徑。半之，爲井與各家相距數。

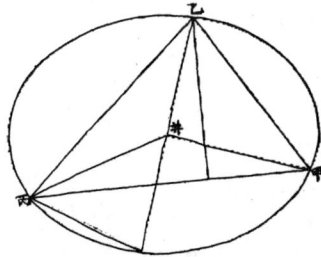

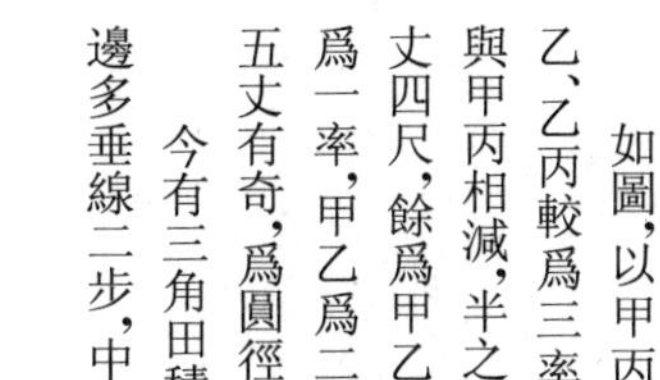

今有三角田積，減中垂線，餘七十六步。但云小邊多垂線二步，中邊多垂線九步，求垂線若干。　汪鳳藻

答曰：八步。

垂綫＝天　七六＝甲　二＝乙　九＝丙　田積＝甲丄天　小邊＝天丄乙

中邊＝天丄丙　大分底＝$\sqrt{丙^{二}丄二乙天}$　小分底＝$\sqrt{乙^{二}丄二乙天}$　大分底天丄小分底天＝二田積　【略】

開五乘方，得八，即垂線。

今有弧矢田，試作一界線，平分爲二分。　杜法孟

如圖，丙乙甲弧矢田，先作乙甲直線。自乙甲弧折半丁點至壬，作丁壬小矢。自壬至丙作壬丙線，以丁壬丙爲界，即分弧矢田爲兩平分。

解曰：丁壬甲等於丁壬乙，自壬與乙丙平行作壬戊線，與甲丙平行作壬辛線，則成壬戊甲、壬戊丙、辛壬乙、辛壬丙四句股形等式、等積。甲壬丙、乙壬丙皆得二句股積，故等。

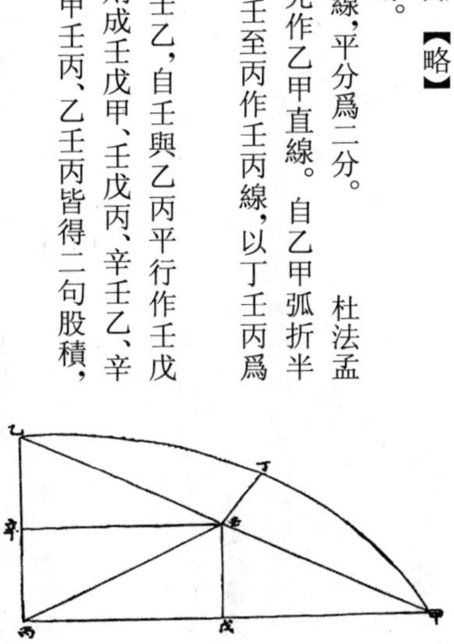

又解曰：丁壬甲等於丁壬乙，甲壬丙、乙壬丙二三角形其底等，甲壬等於乙壬。其高又等。同以壬丙爲高。故其積等。

今有圓田一段，中有長方池，計田積一千五百八十七方步。從池短邊過心至圓周四十二步。從長邊過心至圓周三十七步。求圓徑及長短邊各若干步。用古率。　汪鳳藻

答曰：圓徑五十四步，長邊三十步，短邊二十步。

半徑＝天　甲丁＝四二　乙丙＝七　甲心＝四二丁天　乙心＝三七丁天　四(甲心×乙心)＝池積＝田積　【略】　七八〇三丄天^{二}＝三一六天　[開方得二十七]

倍二十七，得五十四，爲全徑。四十二減二十七，倍之，得三十，爲長邊。三十七減二十七，倍之，得二十，爲短邊。

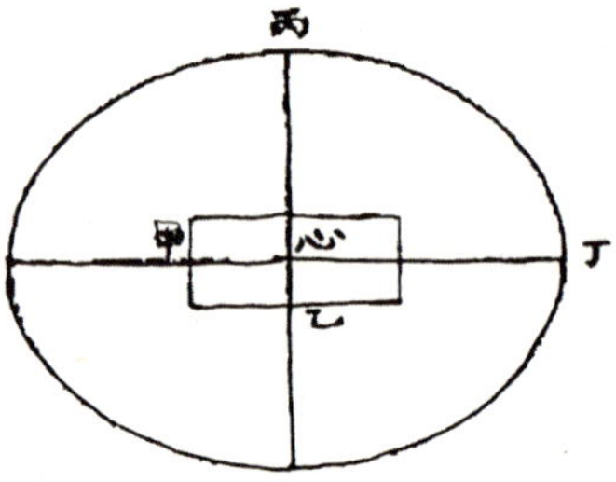

清・劉彝程　沈善蒸《廣方言舘算學課藝》

有甲、乙二人迭居一室，甲居室日納洋十二元，乙居室日用洋七元。甲乙互相出入，至月終計存洋二百六十五元。問甲、乙各居室日數。　無錫丁國鈞雲卿

答曰：甲居二十五日，乙居五日。

如圖，子申爲三十日，丑未等。子丑爲甲出洋數，申未等。子辰爲甲居日數五午等。辰申爲乙居日數，午未、卯巳、寅辰、酉戌俱等。子寅卯巳午丑磬折積爲計存洋二百六十五元。設三十日全作甲居日，算得三百六十元，爲子丑申未長方積。設乙亦出洋十二元，得辰申未午長方積。今乙非惟不出十二元，反用去七元，即少寅辰申未午巳卯磬折積，故子丑申未長方積內減去子寅卯巳午丑磬折積，即戌酉未午長方積。因寅卯等於戌辰故也。其長即十二加七，得十九。其闊即乙居日數。故以甲出洋十二元與三十日相乘，內減去計存洋數，餘數以十九除之，即得乙居日數。如以三十日全作乙居日，用洋七元算，則得亥子酉申長方積與子寅卯巳午丑磬折積相加，移戌申積，補寅巳積，即得亥戌午丑長方積。其闊爲甲居日數，長與前同，故以七元乘三十日與計存洋相加，得數以十九除之，得甲居日數。合問。

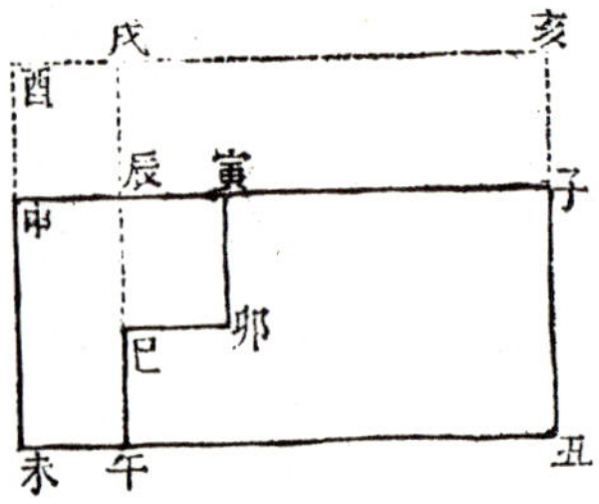

圖解詳明。

設有人出外營商，每次獲利俱得本之天倍。第一次返以原本存家，以所獲利爲二次之本。第二次返以二次本存家，以所獲利爲三次之本。如是往返人次，其末次未返時，家存共數爲丁。若置丁二四，連乘之，加四本與末返攜回之本利共數，等丁小於攜回之數，即天爲大於單一之數，求天之同數。設置丁以三五連乘之，加五本或四六連乘之，加六本，則天皆變爲另一同數。

長洲朱祖樑鷺清

草曰：依題得第一次存家之數，即爲本。第二次爲　本天　第三次爲　本天^{二}　如是共回人次，則末次攜回之本利共數必爲　$\left(\dfrac{人}{天\perp天}\right)^{人\top一}$本　其丁之同數爲全級中減去末次攜回之本利共數。【略】

上各式可見，丁之倍數加一等於天之二方本之倍數減一，等於天，故得式中之首項，即等於第二項，第三項即等於第四項，故如置丁以五七連乘之，加七本，天必等於六。置丁以六八連乘之，加八本，天必等於七。推之天等於八九，亦復如是，無不合於理也。

佈算周密，於題之繁冗處搞中肯綮，題蘊畢宣毫無遺憾。

今有自來水管向上正直放水，量得水柱頂高於管口一百尺，管口面積一方寸。試用每秒地力生速三十二尺入算，一分時放出若干水。　長洲朱祖樑鷺清

草曰：休法以第一秒所墜數十六除水高百尺得六.二五，即爲出管秒數之自乘數，開方得二秒半爲水出管之時，而題中水之頂高數爲一百尺，則已除去兩秒半所墜之數，而兩秒半所墜之數爲一百尺，則加水頂高數一百尺，得二百尺，即爲兩秒半共出之水，乃得比例如左。　兩秒半：二百尺::一秒：八十尺　又依題得比例　一秒：八十尺::六十秒：四千八百尺　乃將四千八百尺改爲四萬八千寸，以管口面積一方寸乘之，得四萬八千方寸，爲出管水之體積。合問。

明白曉暢。

清・支寶枏《上虞算學堂課藝》卷上

兄弟三人營生，每日除衣食房用外，欲積餘洋滿甲元，以備用。惟長兄曠業無盈，亦無歉。次弟曠業欲滿甲元，須六十日。幼弟曠業，須三十日。若能省食祇九又十三分之三日或省衣祇十又十一分之十日，或省房租祇十二日。問此家滿甲元須幾日。或令一人獨營，或三人合營，須幾日。若將甲元爲衣或食或房租獨用，或三項合用，各有幾日。 沈祖緜

命 天＝長賺甲元日數 地＝次賺甲元日數 人＝幼賺甲元日數 子＝衣用甲元日數 丑＝食用甲元日數 寅＝房用甲元日數 則 長一日賺洋＝$\frac{天}{甲}$ 次一日賺洋＝$\frac{地}{甲}$ 幼一日賺洋＝$\frac{人}{甲}$ 衣一日用洋＝$\frac{子}{甲}$ 食一日用洋＝$\frac{丑}{甲}$ 房一日用洋＝$\frac{寅}{甲}$ 如題長兄曠業，爲 $\frac{地}{甲}丄\frac{人}{甲}丅\frac{子}{甲}丅\frac{丑}{甲}丅\frac{寅}{甲}=〇$ (甲) 次弟曠業爲 $\frac{天}{甲}丄\frac{人}{甲}丅\frac{子}{甲}丅\frac{丑}{甲}丅\frac{寅}{甲}=\frac{六〇}{甲}$ (乙) 幼弟曠業爲 $\frac{天}{甲}丄\frac{地}{甲}丅\frac{子}{甲}丅\frac{丑}{甲}丅\frac{寅}{甲}=\frac{三〇}{甲}$ (丙) 省衣爲 $\frac{天}{甲}丄\frac{地}{甲}丄\frac{人}{甲}丅\frac{丑}{甲}丅\frac{寅}{甲}=\frac{一二〇}{一一甲}$ (丁) 省食爲 $\frac{天}{甲}丄\frac{地}{甲}丄\frac{人}{甲}丅\frac{子}{甲}丅\frac{寅}{甲}=\frac{一二〇}{一三甲}$ (戊) 省房租爲 $\frac{天}{甲}丄\frac{地}{甲}丄\frac{人}{甲}丅\frac{子}{甲}丅\frac{丑}{甲}=\frac{一二}{甲}$ (己) 六式通分相加，以五約之，得 $\frac{天}{甲}丄\frac{地}{甲}丄\frac{人}{甲}丅\frac{子}{甲}丅\frac{丑}{甲}丅\frac{寅}{甲}=\frac{一二〇}{八甲}$ (庚) 故 此家滿甲元日數＝$\frac{八甲}{一二〇甲}$＝一五 以(庚)與六式各相減，化之，得 天＝$\frac{八}{一二〇}$＝一五＝長獨營日數 地＝$\frac{六}{一二〇}$＝二〇＝次獨營日數 人＝$\frac{四}{一二〇}$＝三〇＝幼獨營日數 子＝$\frac{三}{一二〇}$＝四〇＝衣獨用日數 丑＝$\frac{五}{一二〇}$＝二四＝食獨用日數 寅＝$\frac{二}{一二〇}$＝六〇＝房獨用日數 其 $\frac{八丄六丄四}{一二〇}$＝六$\frac{三}{二}$＝三人合營日數 $\frac{五丄三丄二}{一二〇}$＝一二＝三項合用日數

硯二方，墨四端，筆三枝，共價八百六十文。墨、硯二價相減，與筆價比，若四與七比。筆、墨二價平方之和與硯價平方等。問三價。 趙崇義

設 天＝硯價 地＝墨價 人＝筆價 則 天^{二}丅地^{二}＝人^{二} 【略】 即 天丅地＝$\frac{七}{四人}$ 天丄地＝$\frac{四}{七人}$ 相加減，折半 天＝$\frac{五六}{六五人}$ 地＝$\frac{五六}{三三人}$ 因有方程 人$\left(\frac{五六}{一\times六五}丄\frac{五六}{四\times三三}丄三\right)$＝八六〇 即 四三〇人＝五六×八六〇 故 人＝一一二 而 天＝一三〇 地＝六六

運賣水菓者，分作三次零售。初次售去枚數爲原枚數平方根之五倍，每枚比原價多八文。二次售去餘數七分之四，每枚比原價多五文及售完每枚反比原價得五分之三。通盤核算，每枚祇賺錢三文，而原枚數減四，以原枚數之平方根減五，約之，適等於每枚原價。問原枚數及價。 王璐

命 天^{二}＝原枚數 $\frac{天丅五}{天^{二}丅四}$＝每枚原價 五天＝初次售去 $\frac{七}{四(天^{二}丅五天)}$＝二次售去 $\frac{七}{三(天^{二}丅五天)}$＝末次售去 【略】。如題得式 四〇天丄$\frac{七}{二〇天(天丅五)}$丅$\frac{七\times五}{六天(天^{二}丅四)}$＝三天^{二} 【略】解之 天＝一二 故 天^{二}＝一四四 $\frac{天丅五}{天^{二}丅四}$＝二〇

買綾八尺，羅六尺，絹九尺，共計錢五千二百三十文。絹尺價內減綾尺價，爲羅尺價二十九分之一。并綾絹尺價，自乘，內減羅尺價，自乘，與綾絹尺價相乘之倍等。問各尺價。 王璐

命 天＝綾價 地＝羅價 人＝絹價 得 八天丄六地丄九人＝五二三〇 (一) 天丅人＝$\frac{二九}{地}$ (二) (天丄人)丅地^{二}＝二天人 即 天^{二}丄人^{二}＝地^{二} (三) 將(二)自之， 天^{二}丅二天人丄人^{二}＝$\frac{八四一}{地^{二}}$ 與(三)相消， 二天人＝$\frac{八四一}{八四〇地^{二}}$ 與(三)相加， 天^{二}丄二天人丄人^{二}＝$\frac{八四一}{一六八一地^{二}}$ 開平方 天丄人＝$\frac{二九}{四一地}$ 與 人丅天＝$\frac{二九}{地}$ 相加減，折半【略】代(一)【略】化之【略】，

即　地＝二九〇　故　天＝$\frac{\text{二九}}{\text{二〇地}}$＝二〇〇　人＝$\frac{\text{二九}}{\text{二一地}}$＝二一〇

洋商於甲、乙二處收繭，甲處鮮繭十七斤，可得乾繭六斤。乙處鮮繭三斤，僅得乾繭一斤。每鮮繭二十斤，甲比乙價多一元，而繅絲五斤，甲比乙少用乾繭一斤。二處繭洋俱一萬七千三百四十元，所繅共絲亦相等，惟乙比甲多收乾繭之斤數，能繅絲二百五十斤。問二處繭價及繭絲斤數。　石承宣

令　天＝甲鮮繭二十斤之價　天丅一＝乙鮮繭二十斤之價　$\frac{\text{二〇}}{\text{天}}$＝甲每斤之價　$\frac{\text{二〇}}{\text{天丅一}}$＝乙每斤之價　【略】。又令　地＝甲繅絲五斤乾繭　地丄一＝乙繅絲五斤乾繭　【略】，故　天＝九　地＝一六　而　$\frac{\text{二〇}}{\text{天}}$＝.四五　爲甲處繭價　$\frac{\text{二〇}}{\text{天丅一}}$＝.四〇　爲乙處繭價，其絲爲　四二五〇

前後房屋兩座，後座掛大燈，前座掛小燈。每座燈之行數與每行盞數等。小燈比大燈多三行。大燈用大燭四次，小燈用小燭五次。大燭一枝重倍於小燭，小燈比大燈共多用燭二斤，而大燈二行，每次用一斤。問大小燈及燭斤數、每斤枝數。　王璐

命　天^{二}＝大燈共數　（天丄三）^{二}＝小燈共數　則　四天^{二}＝共用大燭枝數　五（天丄三）^{二}＝共用小燭枝數　【略】，即　天＝九　所以　大燈＝八一　小燈＝一四四　大燭＝一八　小燭＝二〇　每斤枝數＝三六

純蠟作燭，價嫌太貴，雜以賤料，每斤減價一百一十文，惟每斤減少二枝，始光亮與純蠟燭等。純蠟燭一枝歷三點鐘，雜料燭一枝歷兩點半鐘，用雜料燭一斤之時，設換爲純蠟燭必多費錢十二文。用純蠟燭一斤之價，設買爲雜料燭，能多歷時兩點鐘。問二燭價及每斤枝數。　戚孔懷

命天爲用純燭一斤之點鐘數，則　$\frac{\text{三}}{\text{天}}$　爲純燭一斤枝數　$\frac{\text{三}}{\text{天}}$丅二　爲雜燭一斤枝數　二$\frac{\text{三}}{}$×$\frac{\text{三}}{\text{天丅六}}$　即　$\frac{\text{六}}{\text{五（天丅六）}}$　爲用雜燭一斤之點數。其$\frac{\text{二三}}{\text{天丄二}}$　爲純燭斤價所買雜燭枝數。以雜燭一斤枝數減之，得$\frac{\text{二三}}{\text{天丄二}}$丅$\frac{\text{三}}{\text{天丅六}}$　即　$\frac{\text{一五}}{\text{天丄四二}}$　以約每斤減價　一一〇　得$\frac{\text{天丄四二}}{\text{一五×一一〇}}$　爲雜燭一枝之價，故　$\frac{\text{三}}{\text{天丅六}}$×$\frac{\text{天丄四二}}{\text{一五×一一〇}}$　即$\frac{\text{天丄四二}}{\text{五×一一〇（天丅六）}}$　爲雜燭斤價，加　一一〇　得　$\frac{\text{天丄四二}}{\text{六×一一〇（天丄二）}}$

爲純燭斤價。各以點數約斤價，得　$\frac{\text{天丄四二}}{\text{六×一一〇}}$　爲一點用雜燭所費之錢。$\frac{\text{天（天丄四二）}}{\text{六×一一〇（天丄二）}}$　爲一點用純燭所費之錢。相減，得　$\frac{\text{天（天丄四二）}}{\text{二二×一一〇}}$

以雜燭點數　$\frac{\text{六}}{\text{五（天丅六）}}$　乘之，依題得　$\frac{\text{天（天丄四二）}}{\text{一〇×一一〇（天丅六）}}$＝一二

【略】　解開之，得　天＝$\frac{\text{六}}{\text{一四九丄四九}}$　用大數得　天＝三三　代入各式得純燭一斤十一枝，價三百零八文，雜燭一斤九枝，價一百九十八文。若用小數得他同數，但非整數。

書一本僱人録之，試一點鐘時，其所録之行數卻比全書行數之平方根少六。當録至三刻時，其已録行數平方之倍與未録之行數比，若六與七兩平方比。問書行數及幾點録畢。　蔣嘉麟

設全書行數爲天^{二}，則三刻鐘所録之行數爲　$\frac{\text{四}}{\text{三}}$（天丅六）　録畢之點數爲$\frac{\text{天丅六}}{\text{天}^{二}}$　依題有比例　二×$\frac{\text{四}^{二}}{\text{三}}$（天丅六）^{二}∶天^{二}丅$\frac{\text{四}}{\text{三}}$（天丅六）∷六^{二}∶七^{二}

【略】配成正方，　天^{二}丅$\frac{\text{一七}}{\text{五六四天}}$丄（$\frac{\text{一七}}{\text{三八三}}$）^{二}＝$\frac{\text{一七}^{二}}{\text{五一九八四}}$　開平方即得天丅$\frac{\text{七}}{\text{三八三}}$＝±$\frac{\text{一七}}{\text{三三八}}$　用其正號，得　天＝三〇　則　天^{二}＝九〇〇

故　$\frac{\text{天丅六}}{\text{天}^{二}}$＝三七$\frac{\text{三}}{}$　爲録畢點數。

有果亥簍枚數各不等，先取第一簍添入，餘各簍照原數各加甲分之乙。又取第二簍添入，餘各簍亦照各數加甲分之乙。如是以至取第亥簍，加各簍，則亥

簍俱得甲乙和之亥方枚。問亥簍各原數。附《代數備旨》桃子七筐題。　　擬作

令$人_{一}$、$人_{二}$、$人_{三}$…$人_{亥丅一}$、$人_{亥}$爲各簍原果，則　$人_{一}丄人_{二}丄人_{三}…丄人_{亥}=亥(甲丄乙)^{亥}$　【略】

【略】若桃子七筐題，令　甲＝乙＝一　亥＝七　從前法，其 $二^{七}(八_{一}丅七×二^{六})=二^{七}$　即　$八_{一}=七×二^{六}丄一$　加一，折半，得 $人_{二}=七×二^{五}丄一$　遞加一，遞折半，得　$人_{三}=七×二^{四}丄一$　$人_{四}=七×二^{三}丄一$　…　$人_{七}=七丄一$　又從後法，其總數之半爲　$七×二^{六}$　加剩數　$二^{六}$　得　$(七丄一)二^{六}$　約爲　$人_{七}=七丄一$　倍之減一，得　$人_{六}=七×二丄一$　遞倍之，遞減一，即得　$人_{五}=七×二^{二}丄一$　$人_{四}=七×二^{三}丄一$　$人_{三}=七×二^{四}丄一$　$人_{二}=七×二^{五}丄一$　$人_{一}=七×二^{六}丄一$

一家用度不足，每日三餐，以麥佐一餐，麥斗價比米少一百四十文。惟每三餐麥，須比米多用二升。計一月較全用米，可省錢八百四十文。設餘二餐之米錢盡買麥，則一月可多食五日。問米麥斗價每日用米麥各若干。　　趙崇義

令　天＝米升價　地＝每日全用米升數　則　天丅一四＝麥升價　地丄二＝每日全用麥升數　其　天地＝每日全用米錢　$\frac{三}{二}$天地＝每日米錢　$\frac{三}{一}$(地丄二)(天丅一四)＝每日麥錢，如題得【略】　天＝四二　而　地＝四丄$\frac{七}{天}$＝一〇　知米斗價四二〇文，麥斗價二八〇文，日全用米一〇升，全用麥一二升，日用米$六\frac{三}{二}$升，用麥四升。

甲、乙、丙兵三營，共一千三百五十五名。甲營多於丙營三百三十六名，而每營各排列成行，卻俱成正平方。甲、乙二邊較與乙、丙二邊較等。問三營各若干名。　　劉承祖

命　一三五五＝子　三三六＝丑　乙營＝天　則　甲營＝$\frac{二}{子丅天丄丑}$　丙營＝$\frac{二}{子丅天丅丑}$　如題　$\sqrt{\frac{二}{子丅天丄丑}}丅\sqrt{天}=\sqrt{天}丅\sqrt{\frac{二}{子丅天丄丑}}$　即　$\sqrt{\frac{二}{子丅天丄丑}}丄\sqrt{\frac{二}{子丅天丅丑}}=二\sqrt{天}$　自乘移之【略】代入真數，【略】開平方移之，得　乙營＝四四一　故　甲營＝六二五　丙營＝二八九

錢五千五百文，買筆、墨、硯共百件。筆一件三十四文，墨一件四十八文，硯一件八十三文。問各有幾答。　　王璐

命　天＝筆　地＝墨　人＝硯　得　天丄地丄人＝一〇〇㊤　三四天丄四八地丄八三人＝五五〇〇㊦　【略】

設　子＝$\frac{二}{人}$　則　人＝二子㊀　地＝一五〇丅七子㊁　將兩式代入㊤　天＝五子丅五〇㊂　觀㊁與㊂，知子之同數不能大於　二一　小於　一一　故子同數爲　一一　一二　一三…二一　而天同數爲　五　一〇　一五…五五　地同數爲　七三　六六　五九…三　人同數爲　二二　二四　二六…四二　是每件各有答數十一。

閹雞一，值錢四百。公雞一，值錢二百。母雞一，值錢一百二十。雛雞一，值錢四。共雞一百，共值錢四千。問雞各若干。　　王璐

命　天＝閹雞　地＝公雞　人＝母雞　物＝雛雞　得　天丄地丄人丄物＝一〇〇㊤　四〇〇天丄二〇〇地丄一二〇人丄四物＝四〇〇〇㊦　【略】由㊤㊦觀之，物必以十進，因　天丄地丄人　不能大於　三〇　小於　一〇　可知物不能小於　七〇　大於　九〇　如命　物＝七〇　代入式中，得　人＝二〇〇丅$\frac{二}{三四三丅五天}$　天必爲奇，且不能大於一，故　人＝三一　其　人＞三〇　不合。或命　物＝九〇　代入式中，得　人＝二〇〇丅$\frac{二}{四四一丅五天}$　天必爲奇，且不能小於九，又不合。故命　物＝八〇　則　人＝$\frac{二}{五天}$丄四　代㊤　天丄地丄人＝二〇　即　地＝一六丅$\frac{二}{七天}$　所以知　天＝二　地＝九　人＝九　或　天＝四　地＝二　人＝一四

有洋萬餘元，均分爲四，給與四處災户。甲處每户給洋十九元，剩回五元。乙處每户給洋十七元，剩回六元。丙處每户給洋十三元，剩回二元。丁處每户給洋十一元，剩回三元。問共洋若干元，四處各若干户。　　王瓚

四數皆數根，其衍母爲　一九×一七×一三×一一＝四六一八九　置甲　$\frac{一九}{一七×一三×一一}$＝一二七$\frac{一九}{一八}$　以　$\frac{一九}{一八}$　輾轉累約至餘一，得【略】，以乘衍母，得　一四×一七×一三×一一　(甲)　又置乙　$\frac{一七}{一一×一三×一九}$＝一五九$\frac{一七}{一四}$　以　$\frac{一七}{一四}$　累約，【略】　一五×一一×一三×一九　(乙)　又置丙　$\frac{一三}{一一×一七×一九}$＝二七三$\frac{一三}{四}$　以　$\frac{一三}{四}$　累約，【略】得　七×一一×一七×一九　(丙)　又置丁　$\frac{一一}{一三×一七×一九}$＝三八一$\frac{一一}{八}$　以　$\frac{一一}{八}$　八累約，【略】得　一〇×一三×一七×一九　(丁)　其　(甲)⊥(乙)⊥(丙)⊥(丁)　得　一一×一三(一四×一七⊥一五×一九)⊥一七×一九(七×一一⊥一〇×一三)　即　一一×一三(一七×一九⊥三〇〇)⊥一七×一九(一一×一三⊥六四)　滿母去之，得　三八六〇〇⊥三〇六七三＝四六一八九⊥三〇八三　其　三〇八三　即每處洋數，四之，得　一二三三二　爲共洋，故第一處　$\frac{一九}{三〇八三丅五}$＝一六二　名，第二處　$\frac{一七}{三〇八三丅六}$＝一八一　名，第三處　$\frac{一三}{三〇八三丅三}$＝二三七　名，第四處　$\frac{一一}{三〇八三丅三}$＝二八〇　名。

兩城信局僱信班五名往還。甲每日行九十六里，後二日多行六里。乙每日行八十五里，後三日少行五里。丙每日行八十里，後一日少行二十里。丁每日行七十二里，末僅行半日。戊每日行六十三里。俱能自此城達彼城。問兩城相距幾里，五人各行幾日。　沈祖緜

列五人每日所行里數　甲九六　乙八五　丙八〇　丁七二　戊六三　其丙　一六×五　丁　八×九　俱由甲、乙、戊而生。甲之乘數三，又從戊而生，可約之，如　甲三二　乙八五　丙一　丁一　戊六三　爲定母。丙、丁二數母爲一，可不用，故　衍母＝三二×八五×六三　又列各人多行少行里數　甲二×六　乙丅三×五　丙丅二〇　丁丅三六　戊〇　丙、丁母爲一，戊則子爲〇，俱可從省，祇求甲奇　$\frac{三二}{六三×八五}$＝一六七$\frac{三二}{一一}$　乙奇　$\frac{八五}{三二×六三}$＝二三$\frac{八五}{六一}$　將不盡數　$\frac{三二}{一一}$　輾轉迭約，至餘一而止，得二一。【略】故甲行十三日，乙行十五日，丙行十六日，丁行十七又二分一日，戊行二十日。

有本銀八千兩，發與甲乙二商。生息一年，共取利銀七百九十四兩，併二人之利率，得百分之二十。若將甲利率減百分之一，乙利率加百分之一，則二人之利相等。問二人本利及利率各若干。　陳景陶

命　八〇〇〇＝寅　七九四＝卯　天＝甲本　地＝甲利率　則　寅丅天＝乙本　$\frac{五}{二}$丅地＝乙利率　準題　天地⊥(寅丅天)($\frac{五}{二}$丅地)＝卯　(一)　若地丅$\frac{一〇〇}{一}$＝甲利率　$\frac{五}{二}$丅地⊥$\frac{一〇〇}{一}$＝乙利率　則　天(地丅$\frac{一〇〇}{一}$)＝(寅丅天)($\frac{五}{二}$丅地⊥$\frac{一〇〇}{一}$)　(二)　【略】，故　乙利率＝$\frac{二〇〇}{二二}$或＝$\frac{二〇〇}{一七}$　而　甲利＝二三×一九＝四三七　乙利＝二一×一七＝三五七

九之天方加四之地方，得七千五百八十五。三之天減一方，乘二之地加一方，得一千七百二十八。求天、地之同數。　趙崇義

如題得　九^{天}⊥四^{地}＝七五八五　即　三^{二天}⊥二^{二地}＝七五八五　(一)　又　三^{天丅一}×二$^{地⊥一}$＝一七二八　三之，得　三^{天}×二$^{地⊥一}$＝三×一七二八　即　二×三^{天}×二^{地}＝五一八四　與式一相加減　三^{二天}⊥二×三^{天}×二^{地}⊥二^{二地}＝一二七六九　三^{二天}丅二×三^{天}×二^{地}⊥二^{二地}＝二四〇一　各開平方，得　三^{天}⊥二^{地}＝一一三　三^{天}丅二^{地}＝四九　相加減折半　三^{天}＝八一＝三^{四}　二^{地}＝三二＝二^{五}　故　天＝四　地＝五

一人騎良馬，一人騎駑馬，同時從甲往乙。初一點鐘二馬之行路相等。入後，良馬每點遞增速一里，駑馬每點遞減速一里。騎良馬者至乙即返行，離乙十五里，始遇騎駑馬者。迨良馬回至甲，駑馬適至乙。問二馬相遇及良馬往返各歷若干時，甲乙相距及初一點鐘各若干里。　王瓚

命寅爲二馬相遇時，卯爲良馬往返時，天爲初一點鐘相等行路，地爲甲乙相距。當相遇時，良馬行路爲　寅天⊥$\frac{二}{寅(寅丅一)}$　駑馬行路爲　寅天丅$\frac{二}{寅(寅丅一)}$　二行路相加，得　二寅天＝二地　(一)　又相減，得　寅(寅丅一)＝二×一五　(一)　良馬往返共行路爲　卯天⊥$\frac{二}{卯(卯丅一)}$　駑馬至乙共

行路爲 $卯天丅\frac{二}{卯(卯丅一)}$ 二共行路相加，得 $二卯天=三地$ ㈢ 又相減 $卯(卯丅一)=地$ ㈣ 以式一約式三，得 $\frac{寅}{卯}=\frac{三}{三}$ 解其式二，得 $寅=六$，故 $卯=\frac{三}{二}寅=九$ 由式四得 $地=八\times九=七二$ 由式一 $二\times六天=一四四$ 即 $天=一二$ 爲初速。

有銀勻分爲六，發與甲、乙、丙、丁、戊、己六商生息。甲越一年還，乙越二年還，丙、丁、戊、己遞越三、四、五、六年還。甲、己本利和與乙、戊本利和比，若九百九十一與九百三十比。共得六人本利銀十八萬六千一百八十六兩。問本與利率及六人各還銀若干。 石承宣

命 天=各人本 地丅一=利率 得方程式 $天(地丄地^{二}丄地^{三}丄地^{四}丄地^{五}丄地^{六})=一八六一八六$ ㈠ $\frac{天(地丄地^{六})}{天(地^{二}丄地^{五})}=\frac{九九一}{九三〇}$ 以 天地(地丄一) 約其母子，得【略】故 $六天\times\frac{五^{六}}{一一\times九一\times三一}=一八六一八六$ 即 $天=\frac{一一\times九一\times三一\times六}{一八六一八六\times五^{六}}=五^{六}$ 爲各人原本。其各人本利共銀 $甲=六\times五^{五}=一八七五〇$ $乙=六^{二}\times五^{四}=二二五〇〇$ $丙=六^{三}\times五^{三}=二七〇〇〇$ $丁=六^{四}\times五^{二}=三二四〇〇$ $戊=六^{五}\times五=三八八八〇$ $己=六^{六}=四六六五六$

有洋六百元發商生息。每年收回百元，至十年而本利收清。如以略近數遞求密數，其息爲本十萬分之幾。 王 瓚

如題，得 $一〇〇(六天^{一〇}丅天^{九}丅天^{八}丅\cdots丅天丅一)=〇$ 以 一〇〇 約之 天丅一 乘之，得 $六天^{一一}丅七天^{一〇}丄一=〇$ 如以甲爲略數。令 $甲丄地=天$ 故 $六(甲丄地)^{一一}丅七(甲丄地)^{一〇}丄一=〇$ 詳之，【略】 $天=\frac{六六甲丅七〇}{甲(六〇甲丅六三)丅甲^{丅九}}$ ㈠

如令 $甲=一.一$ 以代(之)[式]【略】 $天=一.一〇六$ 又以 $甲=一.一〇六$ 以代之，【略】 $天=一.一〇五五八$ 故息爲 $\frac{一〇〇〇〇〇}{一〇五五八}$

有銀萬兩存店生息。每三日爲期，取回銀五十五兩，越六百日，收回銀二百期，而本利俱清。利上加利，問息爲本若干分之一。此題如以一爲本率，人爲息率，則一加人之二百方萬倍之於左，一加人之二百方減一，以人約之，又五十五乘之於右。左右相消，而截去人四方，以下不用。又以首項數偏約各項得一，爲隅。人之倍數，爲廉。人方之倍數爲從。人三方之倍數，爲實。開立方，得數爲母，一爲子，即息率也。試演之。 王 瓚

令 人=三日息率 一=本率 又令 天=一丄人 則第一期爲 $一〇〇〇〇天丅五五$ 第二期爲 $一〇〇〇〇天^{二}丅五五天丅五五$ 直至第二百期爲 $一〇〇〇〇天^{二〇〇}丅五五(天^{一九九}丄天^{一九八}丄\cdots丄天^{二}丄天丄一)$ 又因收回二百期，而本利俱清，所以此式可等於〇。故如題，【略】以 天丅一 乘之，得【略】依二項例化之，【略】相消，以 一〇〇〇 約之，截 人^{四} 以上不用， $九五七六三二七.七五人^{三}丄一二六七六三人^{二}丄九〇五.五人=一$ 【略】開立方，得 一〇三七 以除一，得 $人=\frac{一}{一〇三七}$ 即息率也。

兩城相距四十八里，良、駑二馬各行一次，歷時有二與一之比。初一刻各行三里。入後逐刻良馬有一減地與一之比，駑馬有一與一減地之比。問地之同數及行到刻數。 郭允恭

命天爲良馬行到刻數，二天爲駑馬行到刻數，故良馬所行爲

$$三\left\{一丄\frac{一丅地}{一}丄\left(\frac{一丅地}{一}\right)^{二}丄\left(\frac{一丅地}{一}\right)^{三}丄\cdots丄\left(\frac{一丅地}{一}\right)^{天丅一}\right\}=$$

$$\frac{\frac{一丅地}{一}丅一}{三\left\{\frac{(一丅地)天}{一}丅一\right\}}=\frac{地}{三(一丅地)\left\{\frac{(一丅地)^{天}}{一}丅一\right\}}=四八$$ 即

$$\frac{(一丅地)^{天}}{一}=一丄\frac{一丅地}{一六地}=\frac{一丅地}{一丄一五地}$$ ㊀ 又駑馬所行爲

$$三\left\{一丄(一丅地)丄(一丅地)^{二}丄(一丅地)^{三}丄\cdots丄(一丅地)^{二天丅一}\right\}=$$

$$\frac{地}{三\{一丅(一丅地)^{二天}\}}=四八$$ 即 $(一丅地)^{二天}=一丅一六地$ ㊁ 以 ㊀ 自乘

【略】，與(乙)相乘，【略】，移項以一六地約之，得【略】 地=$\frac{二五}{一}$ 入(甲)

【略】 天=$\frac{對二五丅對二四}{對五丅對三}$=$\frac{.〇一七七二八七七}{.二二一八四八七五}$ 即 天=一二.五一三五

故 二天=二五.〇二七

甲、乙二物行路。初一刻俱行子里。入後逐刻，甲物有七與八之比，乙物有八與七之比。若二物之共行路相等，乙時須三倍於甲時。問等路爲子之幾倍及所行刻數。 石承宣

令 天=甲所行刻數 三天=乙所行刻數 即得連比例【略】，得方程

七子$(\frac{七^{天}}{八^{天}}$丅一$)$=八子$(一丅\frac{七^{三天}}{八^{三天}})$=八子$\frac{八^{三天}}{七^{三天}}(\frac{天^{三天}}{八^{三天}}$丅一$)$ 以 $\frac{七^{天}}{八^{天}}$丅一

約而化之，【略】開立方，即得 $(\frac{七}{八})^{天}$=二 配對數

天=$\frac{對八丅對七}{對二}$=$\frac{.九〇三〇九丅.四八五〇九八}{.三〇一〇三}$=$\frac{.〇五七九九二}{.三〇一〇三}$=五.一九〇九

而等路爲 $(\frac{七^{天}}{八^{天}}$丅一$)$七子=(二丅一)

七子=七子

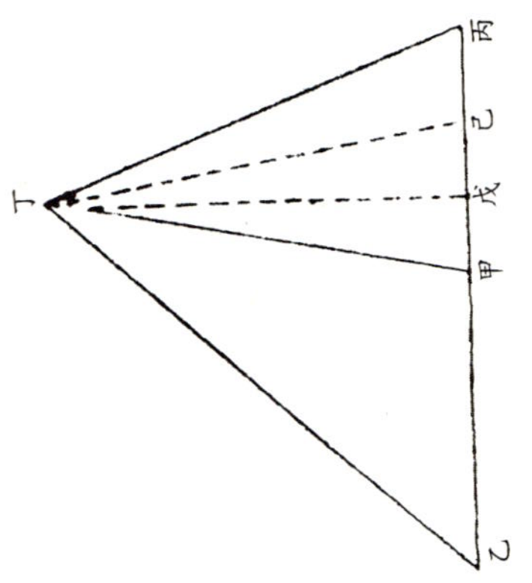

隔岸有一塔，欲知其高，爰從立處測得塔高仰視角之正切五分之三，向右横量十七丈之處，測得仰視角正切二十六分之十五，向左横量二十五丈之處，測得仰視角正切八分之三。其三測處爲一直綫。問塔高。 沈祖緜

丁爲塔脚，甲爲初測處，丙爲右測處，乙爲左測處。命 塔高=天 甲乙=二五

甲丙=一七 甲丁=$\frac{三}{五}$天 乙丁=$\frac{三}{八}$天 丙丁=$\frac{一五}{二六}$天 作丁戊垂綫，截 戊己=甲戊 己丁=甲丁 從丁甲乙形，得 $\frac{甲乙}{乙丁^{二}丅甲丁^{二}}$=乙己 即

$\frac{三×二五}{一三}$天^{二}=乙己㊀ 從丁甲丙形，得 $\frac{甲丙}{丙丁^{二}丅甲丁^{二}}$=己丙 即

$\frac{三×二五}{天^{二}}$=己丙 加㊀ $\frac{三×二五}{一四天^{二}}$=己乙丄己丙=四^{二} 即 天^{二}=三^{二}×二五 即 天=一五

人在北山巔，欲知其高。適山南有一城，知東、西、南三城門相距成句股形，東南二門相距二百二十丈，爲股。西南二門相距一百九十丈，爲句。從山巔俯測東西二門，其俯視角正切俱爲五分之二，測南門俯視角正切爲八十七分之二十六。問山在城内或城外各高若干。 蔣嘉麟

東西南句股形，北爲山底，作北庚、北辛二綫，正交於句股。

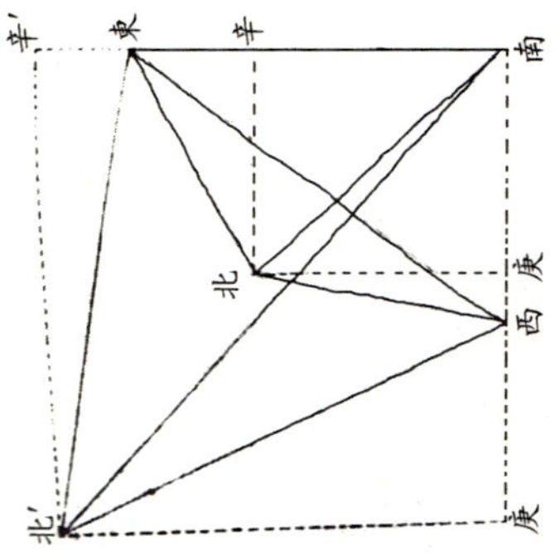

令 山高=天 東南=二二〇=甲

西南=一九〇=乙 北西=北東=$\frac{二}{五}$天=丑天 南北=$\frac{二六}{八七}$天=子天 從北南東三角形【略】，從北南西三角形【略】，惟 南庚=北辛 故 南庚^{二}丄南辛^{二}=南北^{二} 代入各式，【略】 天^{二}=四×(六五)^{二}或=(六五)^{二} 即 天=一三〇或二六五 用小數，在城内北點 南北=$\frac{二}{一五}$×二九 南庚=$\frac{二}{一五}$×二〇 南辛=$\frac{二}{一五}$×二一 用大數，在城外北點 南北=一五×二九 南庚=一五×二一 南辛=一五×二〇 二形互爲句股也。

清・張鴻勛《江西武備學堂中西算學課藝》卷上

設有營盤東西長六十，又南北廣四十丈，四圍欲挖濠溝，要與營盤同積。問濠溝四面同寬若干。

中法：以長六十丈與廣四十丈相乘，得二千四百丈，爲營盤積，倍之得四千八百丈，爲營共濠溝帶縱方積。以六十丈減四十丈餘二十丈，爲長廣較，折半得一十丈，爲半較，自乘得一百丈，加帶縱方積，共得四千九百丈，開平方得七十丈，爲半和，減半較餘六十丈，爲營連濠溝南北之廣，減營寬四十丈餘二十丈，爲濠溝南北兩邊之寬，折半爲濠溝四面之同寬也。若以半和加半較，得八

十丈，減東西原長六十丈，餘二十丈，折半亦得一十丈之同寬。此係空心帶縱方法也。

代數令天代濠寬，如題得　(二天丄四〇)二天丄(六〇)=(六〇)(四〇)　詳之移項，得　四天^{二}丄二〇〇天=二四〇〇　以四約之，得　天^{二}丄五〇天=六〇〇　配成平方法，得　天^{二}丄五〇天丄$\frac{四}{二五〇〇}=\frac{四}{二五〇〇}$丄六〇〇　即　天^{二}丄五〇天丄$\frac{四}{二五〇〇}=\frac{四}{四九〇〇}$　兩邊各開平方移項，得　天=$\frac{二}{七〇丅五〇}$　即　天=一〇

清・崔朝慶《江南高等學堂算學課藝》

有船於平水河中，一小時能行八里。今有河道長九里。此船一往返需三小時。問每小時水流之速。　　張嘉桂

令船之平速爲　a　河道之長爲　b　往返之時爲　n　水流之速爲　x　則船下行一小時之速爲　$a+x$　船上行一小時之速爲　$a-x$

故有等式　$n=\frac{b}{a+x}+\frac{b}{a-x}=\frac{2ab}{a^2-x^2}$　化得　$a^2-x^2=\frac{2ab}{n}$　又化得

$x^2=a\left(a-\frac{2b}{n}\right)$　兩邊各開平方，得　$x=\sqrt{a\left(a-\frac{2b}{n}\right)}$　代入真數，得

$x=\sqrt{8-\left(8-\frac{2\times9}{3}\right)}=\sqrt{16}=4$

字簍中檢得一紙，爲三十七人分銀之算題。其總銀與答數皆塗改不清，僅能看出總銀數中有二兩三錢四字，答數之末爲二分三釐，上有四字模糊。問總銀及答數各幾何。　　范循廉

令總銀五位以上，爲　$10000x$　末二位爲　z　答數之上二位爲　$100y$　則　總銀$=10000x+2300+z$　答數$=100y+23$

依題得等式　$10000x+2300+x=3700y+851$　即　$100x-37y+15+(z-51)\div100=0$

因各字元俱爲整數，而　z　爲二位之數，祇可令　$z=51$　則　$100x-37y+15=0$　而　$y=(100x+15)\div37=3x-(11x-15)\div37$　又令　$y=3x-m$　則$(11x-15)\div37=m$　而　$x=(37m+15)\div11=3m+1+4(m+1)\div11$　又令　$x=3m+1+4n$則$(m+1)\div11=n$　而　$m=11n-1$

由此得　$x=37n-2，y=100n-5$　總銀$=370000n-17649$　答數$=10000n-477$

因答數祇四位，n不能大於一，所以知總銀爲三百五十二兩三錢五分一釐，答數爲九兩五錢二分三釐。

有穀商欲買收米、麥、黍三種穀物。若用現銀，每一圓所買之麥可比米多三升二合。每一圓所買之黍可比麥多六升八合。因用期票須六箇月之後償銀，每買麥一石比米價少一圓三角。每買黍一石比麥價少一圓七角。問年息率幾何。　　馮遠翔

命　年息率$=x$　期票買米一石之價$=y$　則　期票買麥一石之價$=y-1.3$　期票買黍一石之價$=y-3$　因　六個月之息率$=\frac{x}{2}$　依比例得　現銀買米一石之價$=y\div(1+\frac{x}{2})=\frac{2y}{x+2}$　現銀買麥石之價$=(y-1\cdot3)\div(1+\frac{x}{2})=\frac{2(y-1\cdot3)}{x+2}$　現銀買黍一石之價$=(y-3)\div(1+\frac{x}{2})=\frac{2(y-3)}{x+2}$　又依比例得　現銀一圓之米數$=100\div\frac{2y}{x+2}=\frac{50(x+2)}{y}$　現銀一圓之麥數$=100\div\frac{2(y-1\cdot3)}{x+2}=\frac{50(x+2)}{y-1\cdot3}$　現銀一圓之黍數$=100\div\frac{2(y-3)}{x+2}=\frac{50(x+2)}{y-3}$　由此立方程式【略】得　$x=\frac{62}{125}=.496$　知年息率爲四割九分六釐。

某國行投票選舉之法。甲、乙、丙爲公舉之人。甲一千五十六票，乙九百八十七票，丙九百三十三票。依票數之多寡而論，甲應被選。因查得投票之人有投票於乙，又投票於丙者八十五人，獨投票於乙者七百四十四人，獨投票於丙者九十八人。其餘尚須一一查明。兩處投票祇算半票。問甲、乙、丙三人孰應被選。　　盧美意

先須查考獨投票於甲者若干人，兼投票於甲、乙者若干人，兼投票於甲、丙者若干人。然後以兩處投票之數折半，與獨投票於一處之票數各相加，比較多寡，定孰應被選。

命獨投票於甲之人數爲 x，兼投票於甲、乙之人數爲 y，兼投票於甲、丙之人數爲 z。按題得等式　$x+y+z=1056$（1）　$744+y+85=987$（2）　$98+z+85=933$（3）　【略】由此得甲、乙、丙三人之票數　甲票數 $=148+\frac{158+750}{2}=602$　乙票數 $=744+\frac{158+85}{2}=865\frac{1}{2}$　丙票數 $=98+\frac{750+85}{2}=515\frac{1}{2}$　乙之票數最多，知乙應被選。

甲、乙二船同由呷港開向叱港。同時，有丙、丁二船同由叱港開向呷港。甲船與丙船在距離呷港一百二十里之處相遇。甲船與丁船在距離呷港一百四十里之處相遇。又乙船與丙船在距離叱港一百二十六里之處相遇。乙船與丁船在呷叱二港之適中處相遇。問甲、乙、丙、丁四船速度之比如何。　施鼎立

因乙、丁二船在呷叱二港之適中處相遇，知乙速與丁速等，命　乙速 $-$ 甲速 $=$ 丁速 $\div$ 甲速 $=x$　丙速 $\div$ 甲速 $=y$　則　乙速 $\div$ 丙速 $=\frac{x}{y}$　得兩方程式爲

$120+120y=140+140x$（1）　$120+120y=126+126\times\frac{x}{y}$（2）　【略】$y=\frac{1+7x}{6}$（3）　【略】　$y=\frac{3}{4}$ 或 $\frac{1}{5}$　化 x 與 y 之值爲同母分數，得　乙速 $\div$ 甲速 $=$ 丁速 $\div$ 甲速 $=\frac{2}{4}$　丙速 $\div$ 甲速 $=\frac{3}{4}$　又　乙速 $\div$ 甲速 $=$ 丁速 $\div$ 甲速 $=\frac{1}{35}$　丙速 $\div$ 甲速 $=\frac{7}{35}$　由此知，甲、乙、丙、丁四船速度之比，如 4，2，3，2 或如 35，1，7，1

有兵不知其數，排爲八匝之中空方陣比排爲四匝之中空方陣，其第一列少十六人。問兵數幾何。　吴錫芬

命　兵數 $=x$　則八匝中空方陣内外周人數之和爲　$\frac{2x}{8}$　即　$\frac{x}{4}$　其内外周人數之較爲 56　故以 56 與　$\frac{x}{4}$　相加，折半，得　$\frac{\frac{x}{4}+56}{2}$　爲外周之人數。以 4 與　$\frac{\frac{x}{4}+56}{2}$　相加，四除之，得　$\frac{\frac{\frac{x}{4}+56}{2}+4}{4}$　爲第一列之人數。【略】人數，故得【略】　$x=640$

午前看時辰表，見時針在Ⅺ與Ⅻ之間，分針在Ⅻ與Ⅰ之間。其後約隔一時許，見時針與分針之位置互易。問午前看表時之分數。　李啟暹

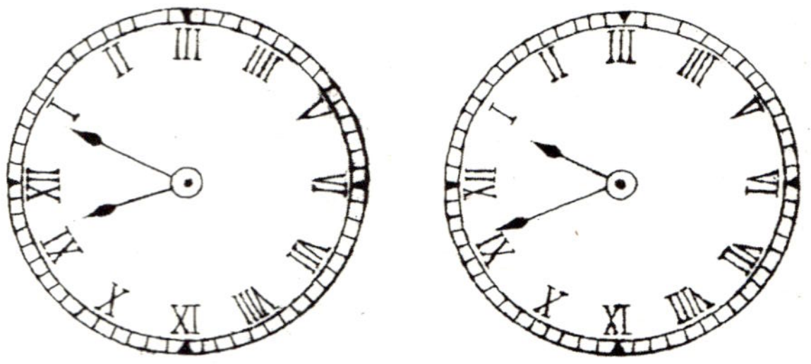

命午前看表時之分數。即分針所指之分數。爲 x，則時針所指之分數爲　$55+\frac{x}{12}$　化之得　$\frac{660+x}{12}$　其分針距離時針之分數爲　$\frac{660+x}{12}-x$　化之得　$\frac{660-11x}{12}$　【略】　得　$x=\frac{660}{143}=\frac{60}{13}=4\frac{8}{13}$，即四分又十三分分之八。

考試分部

題解

清·《萬國公報》第三二七期　禮部奏請考試算學摺稿

同治九年九月二十七日軍機處片交閩浙總督英、船政大臣沈等附片奏稱：水師之强弱，以船砲爲宗，船砲之巧拙，以算學爲本。西洋砲船愈出愈奇，幾於不可思議，實則由厘毫絲忽積算而來，算積一分，巧逾十倍，故後來居上耳。我聖祖仁皇帝天亶聰明，幾務餘閒，旁及象數。當時儒臣梅文鼎等親承聖訓，類能與西人上下議論，近世通梅氏學者尚不乏人，而經生成一家言，言無質証。欽天監衙門墨守推步成法，於理無所發明。今朝廷於閩滬造船，津門造砲，可謂備矣。然工匠依圖仿造，縱盡得其所當然，亦步亦趨，勢且不及。京師設同文館、

閩滬兩廠均設學堂，以講明算法，可謂求其本矣。然精通算學者，必不肯輕去其鄉以遠涉重洋。雜出商賈間者，所指授皆膚淺之談，未必有精心妙理。即或募人赴西國就學，而應募者多飄泊無賴，荒陋不學之人，雖費歲月，縻重資，熟其文字言語，不足以傳其秘。臣等再四籌商，合無仰懇聖恩，特開算學一科，誘掖而奬進之，使家有其書，人自爲學。其專長是學者，内而總理各國事務衙門户工二部，外而水師關榷鹽糧諸衙門及船砲各局差使，均以不可少之才處適相當之地。其本係正途出身兼通是學者，尤宜别加優異以示殊榮，使以其學印証船砲要工，及駕駛、核算各事宜，一一曉然於所以然之理，庶幾精益求精等語。軍機大臣奉旨：該部議奏。欽此。欽遵到部。當經臣部以算學係隸國子監行查去後，兹據國子監將設立算學案據及現在辦理章程聲覆前來。臣等查算學一門，權輿隸首，而詳於《周官》之九數。周末疇人子弟失官分散，書籍更遭秦火。中原之典章既多闕佚，海外之支流反得真傳，此西學之所以有本也。洪維我聖祖仁皇帝聰明天亶，薈萃中西算法，御纂《數理精蘊》一書，加減乘除，凡多寡輕重、貴賤盈朒無遺數，比例分合，凡方圓大小、遠近高深無遺理。徵其用則測天地之高深，審日月之交會，察四時之節候，較晝夜之長短，以至協律度，同量衡，通食貨，便營作，無所不統。於雍正元年鐫板頒行，以爲天下萬世法。良以算學所係，理奥數深，學者束髮受書，即當從事於此，以漸進於廣大精微之域，而爲國家異日有用之才。故其時並不另立科目，致令分門别户，專爲一家言也。迨日久廢弛，士大夫得粗遺精，往往目爲小道，或鄙夷而不學，或學而不精。若特開是科，竊恐未能研究於平日，安能應試於臨時。昔康熙年間，楊光先與湯若望賭測日影於午門，九卿無一知其法者。由是以推，將不獨應試者人數不敷，即主試者亦恐驟難其選。至若定以程式，又必開剽竊等弊而無濟於用。查道光二十三年，兩廣總督祁𡎴請開製器通算一科。同治元年，貢生黎庶昌請開絶學之科，均經臣部以事多窒碍奏駁，均奉旨允准在案。所有該督等奏特開算學一科，應毋庸議。惟查同治元年上諭：現在山林隱逸，以及末秩下僚，各擅所長，湮没不彰，甚爲可惜。着京外三品以上各官，并着各省學政悉心訪查，臚舉所長，候旨録用等因。欽此。仰見皇上博采旁搜，一藝必庸之至意。現在山林隱逸，以及末秩下僚中，如果有專精算學者，應請飭下京外三品以上大員，恪遵前旨，核實保薦，聽候簡用。其本係正途出身兼通是學者，即如該督等所請，别加優異，以示殊榮。若有資質明敏願學算法者，統歸國子監算學照章學習。無論舉、貢、生、監及大員子弟，均准録取。其各省學政考試，仍一體録送科場，不阻其上進之路。總期由成法而得其變化，即末藝而溯其本原，仰副朝廷造就人才之意。如此多設其途，較之特開一科尤覺鼓勵奮興，不至以實求而以名應，庶算學不難日益精密矣。所有臣等遵議，緣由是否有當，伏乞聖鑒。爲此謹奏，請旨。

清·《算學取士專檔》

光緒十三年三月二十五日(日)軍機大臣欽奉慈禧端佑康頤昭豫莊誠皇太后懿旨：御史陳琇瑩奏請將明習算學人員，量予科甲出身，並游歷人員准接原資，參贊等官缺出准令游歷人員兼充，暨溉田購用機器各摺片，著該衙門會同吏部、禮部妥議具奏醇親王奕□著一併與議。欽此。相應傳知貴衙門欽遵辦理可也。

光緒十三年三月二十五日軍機處交出陳琇瑩抄摺，稱爲洋務需才，請舉明習算學之人，量予科甲出身，以求實用，而勵人才。恭摺仰祈聖鑒事。竊自中外交涉以來，言西學者，内而同文館，外而機器局、船政局、廣方言館，其淵藪也。出洋學童，於測繪製造一切，尤具有師法。特迹其議論，不免怵於先入爲主之説，以事事爲必效法洋人，素持莊論者遂執用夷變夏一言，起而詰難，交譏互病，姑勿具論，而緩急之時，學童亦實不盡足恃。邇者皇上詔各部院保出洋游歷，竊意正途人員，宜可以藉此練習洋務，而遷延三月，保送未聞，則留心西學者之難其選也。臣愚以爲西法雖名目繁多，要權輿於算學。洋務從算學入於泰西諸學，雖不必有身兼數器之能，而測算既明，自不難按圖以索。特西人之言格致，皆專門名家，非確有師承，身親而目覩之，則亦不能洞澈其原委。臣考國子監原設算學，比歲各省學臣於考試經古外，加試算學，可否仰懇天恩，飭下各該學政，於歲科試報習算學之卷面，試其實在通曉者，即正場文字稍遜，亦寬予録取。原卷咨送總理各國事務衙門，經該堂官覆勘後，作爲算學生員。届鄉試時，治算學之生員，除頭貳場仍試四書五經文外，其三場照繙譯鄉試例，策問五題，專試算學。再照官卷例，另編字號，於定額外酌中數名。會試亦如之。中式後，請予京職，遇有游歷員缺，即令出洋赴泰西各書院學習。學成差旋，專充總理各國事務衙門、各海關及各國出使等項差使。下届中式者，即派源繼往。各此雖不必持設專科，而此項人員，其學則參究中西，實事求是，其職則多居清要，進非他途，不至爲時論所輕，而得力亦與藝成而下者有間。天下之人知上意所嚮，孰不争趨於利禄之途？數年後，西學不日起有功者，臣不信也。否則，人情不甚相遠，士人一官京秩，積資可平進貳卿，外擢監司，孰則舍書習之帖括詞賦以殫心於鉤章棘句之書哉？古人有市駿骨以千金而良馬踵至者，求之殷斯應之速也。今將强人情以所不習，設科伊始，不能不寬其格以爲招。迨人材日盛，或如曩者廷臣之議，特開藝學科，或仿泰西書院之法，令直省各建學堂，先藝水師，次及他學，斯時不患衡校之無其人，教習之難其選矣。如以學習西法爲嫌，不知西人算學，其始亦竊中土之緒餘，特禮失求野，不能不師其所長耳。其實勾股之術，具載《周官》《算經》諸書，歷代多有。聖祖仁皇帝御製《數理精蘊》，亦俯采西法。一時鉅儒如李光地、梅文鼎、何國宗輩，皆以明算受知，海内學人蒸然向化。故大學士阮元纂《疇人傳》，乾嘉以來治此學者最盛。考之古聖之遺經，證之國朝之成憲，揆之當今之急務，算學之習，似無可議。至出洋後，審察敵情，講求洋律，旁推曲暢，是在各該員之能自得師，而衆楚一齊無容爲之逆計者也。夫敵人所以能抗衡我者，恃其船堅礮利而已。苟士大夫盡襲故蹈，常置有用之書不求收，何以上慰宵旰？現值創辦海軍，將來水師、礦務、鐵路、輪船及槍礮等製，方日出不窮，誠得深明西學，曾經出洋人員參布朝列，既非若空言洋務者之或未周知，復不至如左袒泰西者之易滋流弊，於海防、通商實大有裨益。事固有似迂而實切者也。可否將明習算學之人歸入正途考試，令由科甲出身之處，出自聖裁。臣愚昧之見，是否有當，伏乞皇太后、皇上聖鑒。謹奏。

光緒十三年三月二十五日軍機處交出陳琇瑩抄片，稱再保舉游歷各部院堂官，於所屬各員不審其能不能，而輒問其願不願。風聞願保者固不乏，留心經世之紆而迫於饑驅者，恐亦不免。竊意各部院人員中，洋務即非所司，學有根柢，通知時事者，亦必不少，而遷延逾限，苦於無以應詔者。大抵資深之員，内升外轉皆在指顧，其不願別項差使，自不待言。該堂官因其辦公熟悉，亦不欲遽易生手。尋堂行者（者）又苦於素不深知臨時周章，不得已而遍加傳問，特是游歷之選，以備使材所舉。苟非有關國體，可否飭下各堂官於平日出色人員秉公遴選。除本署現有要差外，餘者擇尤保送。至該員雖奉派出洋，仍以本署差事爲斷。應得京察者照保一等，業經截取者，按班銓選，遇應升缺出，照例進單，並仰懇天恩量予擢用，以昭激勸。非年紀篤老及家有老親不許陳請，以杜規避。各堂官不得專顧部務，不令素資得力者出，而練習邊材其職務較簡，衙門更不得以無員可保爲詞，含糊覆奏。引見記名後，如人員過多，經費不足，亦可分別先後發往，不致溢額。謹附片具陳，伏乞聖鑒。謹奏。

光緒十三年三月二十五日奉旨。欽此。

光緒十三年三月二十五日軍機處交出陳琇瑩抄片，稱再外洋參贊、領事等官，向由使臣奏帶。現在各部院方保游歷人員，將來各該員在洋當差，遇有交涉事宜，使臣儘可藉資臂助。際此度支奇絀，出使經費具有定章，臣思游歷與參贊、領事職掌雖殊，其練習洋務，則一。擬請飭下各國使臣，除業經奏帶，隨員毋庸更換，以資熟手外，嗣後倘有參贊、領事缺出，停止奏調，就近將游歷得力人員酌令兼充。此外，即有人地相需，堪以保舉之員，應由各使臣咨送總理各國事務衙門考驗後，聽候奏請，方發往差遣。如此庶於撙節經費之中，兼杜濫調隨員之漸。謹附片具陳，伏乞聖鑒。謹奏。

光緒十三年三月二十五日奉旨。欽此。

光緒十三年四月十六日禮部片文稱，所有會議御史陳琇瑩奏請將明習算學人員，量予科甲出身一摺，相應繕擬出語片送總理各國事務衙門酌定，可也。

照録粘單

查同治九年閩浙總督英桂等奏請特開算學一科，當經禮部以算學理數精深學者，束髮讀書，即當從事於此，以漸進於廣大精微之域，而爲國家異日有用之才，故並不另立科目。致令分門別户專爲一家言，而士大夫往往目爲小道或鄙夷而不學，或學而不精。若特開是科，竊恐未能研究於平日，安能應試於臨時，不但應試者人數不敷，即主試者亦恐驟難其選。若定以程式，又必開剽竊等弊而無濟於用。所請特開算學一科，應無庸議。惟現在山林隱逸，以及末秩下僚中如有專精算學者，應請飭下京外大員核實，保薦聽候簡用。其本係正途兼通是學者，即別加優異，以示殊榮。若有資質明敏願習算法者，統歸國子監照章學習。無論舉、貢、生、監及大員子弟，均准録取。各省學政考試生監時，如有精通算法者，准報明考試。果其學術優長，咨送禮部轉送國子監，録試仍一體録送科場等因，奏准通行在案。是算學雖未設專科，而既有保薦及考送兩途已足堅其向學之心，而宏其登進之路。今該御史復請令各學政將録取生監算學試卷咨送總理各國事務衙門，覆勘鄉會試三場，策問，照繙譯例以算學命題，再照官卷另編字號，額外取中，其於考試之法，似更周詳。第當風氣初開，中外臣工精是學者尚少。一旦强其所不習而責以試人，不惟閲卷鮮有定評，恐命題亦難尋窾要。且近年各省學政以録取算學諸生咨部送監者，通計每歲不過數人。若鄉試字號分省另編，則人數無多。不必關節潛通而預識爲某生之卷，弊端不可勝言。臣等以爲事屬創行，固宜寬。爲取以拔其尤，更當嚴。爲防以袪其僞，擬請旨飭下各省學政，於歲科試生監中有通曉算學者，面加考試，將試卷咨送總理各國事務衙門，由該王大臣覆勘註册。俟鄉試之年，按册咨取，赴該衙門以算學命題考試，擇其精通者録送鄉試；粗淺者，仍國子監及各學政照例録科。其同文館及各省學堂、機器局、廣方言館，無論教習及學生，凡係貢監生員，俱准由各該管大臣咨送總理各國事務衙門一體考録，咨送順天府不分滿、合、貝、皿字數。如人數在二十名以上，統於卷面加印「算學」字樣，仍與通場士子一同試以詩文、策問，無庸另出算學題目。其試卷由外簾另爲一束，封送内簾，比照太省官卷定例。每二十名於額外取中一名，但文理清通即爲合式。如並無清通之卷，任缺無濫。卷數雖多亦不得過三名，以示限制。其録科之卷總理各國事務衙門於揭曉以前，彙送禮部備查。至會試向無另編字號之例，凡由算學中式之舉人，應仍歸大號。與各該省士子憑文取中，則該生等非因算學得科甲，而科甲内自能得精通算學之人，與該御史所謂進非他途，不至爲時論所輕而得力與藝成而下者有間之説，正相脗合。至山林隱逸以及末秩下僚，如有精通算學者，應遵照同治九年奏定章程，請旨飭下京外三品以上大員核實保薦，聽候簡用，庶求才愈廣，收效愈宏。安知李光地、梅文鼎諸臣，不復見於今日，而豈若專爲一家言者，僅足備百工商賈之末也哉！

光緒十三年四月十九日吏部片文稱，准總理各國事務衙門咨稱御史陳琇瑩條奏各摺片。欽奉懿旨，著該衙門會同吏部、禮部妥議具奏醇親王，著一併與議等因，欽此。咨行前來，所有本部查照例章酌擬各條相應粘單咨送。俟定議後，希即知照本部，以便會同辦理可也。

又　照録粘單

吏部查京察爲考績大典各衙門保列一等均有定額，必在署辦事之員方能予以上考，其出差人員半年内由本衙門註考。半年外列一等，均有定額，必在署辦事之員。該堂官隨時考核，察其才識，稽其勤惰，實係稱職之員，方能予以上考。其出差人員，半年内由本衙門註考。半年外即由差所衙門註考。原以離署既久，該堂官無從周知也。若游歷人員離署更遠，即素係出色之員，其是否始終勤奮，該堂官無從遥度，自未便含糊註考。擬請嗣後出洋人員，届京察之期，如在部實係政績卓著應得一等者，出洋在半年以内，仍准其保列一等。出洋在半年以外，該堂官無從註考，應由出使大臣隨時查核。如實係才品兼優之員，咨明總理衙門奏請奬敘。不入京察考察之例，以符定制。至京官俸滿截取人員，定例於保送引見，分別記名後，應進單者，吏部知照軍機處進單。遇有請旨之缺，恭候簡用。應歸部選者，由部按班銓選，其中出差人員，例不查扣出差日期。如應升輪選到班，該員尚未差旋，並准一體升選，先行開其本缺。應引見者，俟差竣後補行引見。均經辦理在案，嗣後派充游歷人員俸滿應行截取，仍俟差竣保送引見。記名後歸部分別辦理，如係業經截取記名，自應查照截取定章核辦，勿庸另行更議。其在京各衙門官員，如遇應升缺出，例應開列具題，請簡或例應通行論俸引見補授。

派出例有年限差使人員，均於單内列名並於名下註明現出何差。惟記名人員遇有缺出，按照例定員數次序引見補授者，該員適值出差，例應扣除。歷經分別辦理又定例現任各官派往軍前辦事，如論俸應升即行請旨補授。俟回京再行引見等語。所有該御史請將游歷各員遇應升缺出照例進單，自係爲激勵使才起見，自應量爲變通。嗣後派充游歷人員如遇應升之缺，查係開列，具題請簡或通行論俸引見補授。該員如係合例之員仍照例於單内列名恭候簡用。其業經記名人員遇有缺出，例應按次引見補授者，除記名御史人員，仍照舊例辦理外，其各衙門小京官等項，均勿庸扣除，即於引見單内列名仍將現出何差之處，於名下註明恭候簡用。至各衙門郎中以下等官，遇有應升應補之缺，亦准其升用補用，勿庸查計出差日期，扣除貲俸，應開缺者，均先開其本缺應引見者，俟差竣後再行引見。此外，別項差使仍不得援以爲例。

光緒十三年四月二十五日吏部片文稱，四月二十四日准貴衙門將會議御史陳琇瑩條陳奏稿一件片送前來，本部已將會奏出語寫入所有堂銜，一併開單封送，相應片行貴衙門查照至期會同具奏可也。

照録堂銜

兼署吏部尚書、工部尚書臣宗室崑岡　吏部尚書臣徐桐　吏部左侍郎臣松溎　署吏部左侍郎、禮部左侍郎臣徐郙　革職留任吏部右侍郎臣景善　吏部右侍郎臣李鴻藻

光緒十三年四月二十五日禮部片文稱，准總理各國事務衙門將會議御史陳琇瑩奏請將明習算學人員，量予科甲出身奏稿繕就封送本部，將會奏出語寫入，並開送堂銜及堂銜下有無註寫一併片送等因，前來查本部會奏出語前經繕擬説帖片送貴衙門在案。茲據送到會稿相應節録原擬出語繕入畫齊，將原稿並開列堂銜，送回至貴衙門原稿内。本部有酌爲刪節之處，應一併知照貴衙門查照

可也。

計開

尚書宗室奎　尚書畢感冒　左侍郎宗室敬　左侍郎徐　右侍郎續假　右侍郎童

清・沈桐生《光緒政要》卷一三《總理衙門奏會議算學取士事》

疏云：竊光緒十三年三月二十五日，軍機大臣欽奉慈禧端佑康頤昭豫莊誠皇太后懿旨：御史陳秀瑩奏請將明習算舉人員，量予科甲出身，並游歷人員准按原資，參贊等官缺出准令游歷人員兼充。暨溉田購用機器各摺片，著該衙門會同吏部、禮部妥議呈奏，醇親王奕譞著一併與議。欽此。欽遵會議，仰見聖慮周詳，慎重名器，造就人才之至意，欽佩莫名。查該御史原奏稱：中外交涉以來，言西學者，機器、船政等局，同文、方言等館，其淵藪也。出洋學童，於測繪製造，一切具有師法，特迹其議論，不免怵於先入爲主之説，以事事爲必效法外洋。邇者詔各部院奏保出洋游歷，竊意正途人員，宜可藉此練習洋務，而遷延三月，保送未聞，則留心西學者之難其選也。臣愚以爲西法雖名目繁多，皆權輿於算學。洋務從算學入，於泰西諸學，雖不必有身兼數器之能，而測算既明，不難按圖以索。國子監原設算學，比年各省學臣，亦知試算學。可否仰懇飭下各該學政，於歲科試報習算學之卷，寬予録取。原卷咨送總理衙門復勘，作爲算學生員。屆鄉試時，除頭場、二場仍試四書五經文，其三場照繙譯鄉試例，策問五題，專試算學。再照官卷例，另編字號，於定數外酌中數名。會試亦如之。中式後請予京職，遇有游歷員缺，即令出洋赴泰西各書院學習。學成差旋，專充洋務及出使等項差使。如此則進非他途，不爲時論所輕，既非若空言洋務者之或未周知，復不至如左袒泰西者之易滋流弊等語。臣等維造才取士之法，貴與時爲變通。溯查同治五六兩年，總理衙門奏監生准其鄉試，皆充補繙譯官，均經奏奉諭旨允准。原冀誘掖獎勸，開以進身之途，使之日起有功。至鄉會試場取士，向有成法，難於率議更張。故道光中，兩廣督祁璜奏開奇才異能五科，內有製器通算一門。咸豐初年，御史王茂蔭亦曾言之。同治九年，閩浙督臣英桂等奏開算學科，先後部議，皆以格於成例中止。特是九數居六藝之一，《周禮》以之興賢能，明算例六科之中，唐制以之程選舉。我朝欽定《數理精蘊》《儀象考成》諸書，尤爲萬世算學之準繩，故定制於國子監額設算學肄業生，滿、蒙、漢各若干人，分年教授。是天文、算學，本學人所當童而習之者。竊以列聖開物成務，睿謨深遠，旁採西洋之巧算，融入中法之精微。以制器而論，則御製天體、赤道諸儀，既已邁古爍今，即下至行軍、火器之利，亦嘗俯採西法。康熙中，每遇征討之役，命欽天監官南懷仁、湯若望造砲隨軍，此其明證，而世人或目算學爲西學，殆未之深察也。且即以西學而論，其人材半出於格致書院，以理法擴其聰明，亦半出於水師練船，以閲歷堅其胆識，而不特考校文字一日之短長以進退之。三角、八綫、幾何、代數，誠爲西學根本。然西學以測算始，實未嘗以測算止。故近年南北洋船政各處設立製造、管駕、武備、水師學堂，擇其藝成者入練船習學，又拔其尤者，充補水師員弁，以造就人才，有裨實用。良以西藝亦非算學一端可盡，而從事於天算者，未可遂謂之練習洋務也。惟查製造各學，未嘗不探原於算術，誠有如該御史所稱名目雖繁權輿於此者。欲盡取西學之所長，殆必以算學爲先導，但使選舉有法，亦可資激勸而廣招徠。臣等就原奏所陳，公同商酌，試士之例，未容輕議變更，而求才之格，似可量爲推廣。擬請旨飭下各省學臣，於歲科試時，生監中有報考算學者，除正場仍試以《四書》、經文、詩、策外，其考試經古場内另出算學題目，果能通曉算法，即將原卷咨送總理各國事務衙門復勘註册。俟鄉試之年，按册咨取赴總理衙門，試以格物測算及機器製造、水陸軍法、船礮水雷，或公法條約、各國史事諸題，擇其明通者録送順天鄉試，不分滿、合、貝、皿字號，如人數在二十名以上，統於卷面加印「算學」字樣，與通場士子一同試以詩、文、策問，無庸另出算學題目。其試卷由外簾另爲一束，封送内簾，比照大省官卷之例，每於二十名額外取中一名，但文理清通，即爲合式。如並無清通之卷，任缺無濫。卷數雖多，亦不得過三名，以示限制。其録科之卷，總理各國事務衙門於揭曉以前，咨送禮部備查。至會試向年另編字號之例，凡由算學中式之舉人，應仍歸大號，與各省士子合試，憑文取中。如此則搜求絶藝之中，仍不改科舉取人之法，似亦獎勵人才之一道。至學堂練船中，學已有成，已得官職，或不願投考者，仍歸該管大臣核計年勞保奬，與考試一途兩不相妨。此項人員，若於會試中式後，得用京職，恭候點派數員，作爲同文館纂修，俾專講席，嗣後或游歷外洋，或充出使等差，均可隨時奏派，因材器使。庶洋務非託空言，而得力與藝成而下者，自有間矣。伏乞聖鑒。謹奏。

清・奕劻等《光緒十五年七月二十九日總理各國事務奕劻等奏[摺]》

光緒十三年四月二十八日，總理各國事務衙門會同禮部議覆御史陳琇瑩奏請將明習算學人員量予科甲出身一摺，內稱各省生監有報考算學者，學臣於考試經古場內，另出算學題目，果能通曉算法，即將原卷咨送總理各國事務衙門覆勘註册，俟鄉試之年，按册咨取，赴總理各國事務衙門試以格物、測算諸題，擇其明通者録送順天鄉試，不分滿、合、貝、皿等學號，如人數在二十名以上，統於卷面加印「算學」字樣，與通場士子一體試以詩、文、策問，無庸另出算學題目；其試卷由外簾另爲一束封送內簾，比照大省官卷定例，每二十名於額外取中一名，卷數雖多亦不得過三名，以示限制等因，奏奉懿旨：「依議。欽此！」欽遵行知各省遵照辦理。

嗣後天津水師、武備學堂教習及學生，上海廣方言館肄業生，並總理各國事務衙門同文館學生，均經先後奏准一體録送順天鄉試各在案。

上年戊子鄉試，總理各國事務衙門將各省送到生監及同文館學生試以算學題目，共録送三十二人，由順天府統於卷面加印「算學」字樣，按照人數，在二十名以上取中一名亦在案。

本年己丑恩科鄉試，先期照章咨行各省學政及南北洋大臣，備文咨送。現在投考者僅十五人，由總理各國事務衙門嚴加考試，於算法均尚明通，惟人數未及二十名，不敷取中；而其中廪增附各生既不能赴監録科，又難以回籍應試，進退維谷，恐有乖造就之本心。查科場條例內，順天鄉試欽天監肄業之天文生，由監生及各省生員充補者，送國子監録科；由順天生員充補者，送順天學政録科。是生員充補天文生，原准其編入「皿」號應試，似可仿照此例，量爲變通。臣等公同商酌，擬請嗣後考試算學各生，由總理各國事務衙門録科後，如人數在二十名以上，自應遵照奏定章程，不分滿、合、貝、皿，統於卷面加印「算學」字樣；如額取中倘人數不足二十名，除八旗、順天、奉天生員仍歸滿、合、吏、貝等號外，其各省生員，應與監生一併散歸南北中皿字號，一體應試，以免向隅。如蒙俞允，所有此次考試算學之生監，即由總理各國事務衙門咨送順天府查照辦理。……

清・《李文忠公奏稿》卷六〇　學堂人員請一體鄉試片

臣於光緒六年七月，奏開天津水師學堂，挑取各省良家子弟專習駕駛。八年四月，又分設管輪學堂，其習駕駛者，則授以天文、地理、幾何、代數、平弧三角、重學、微積、駕駛、御風、測量、演放魚雷等項。其習管輪者，則授以算學、幾何、三角、代數、重學、物力、汽理、行船、汽機、機器畫法、機器實藝、修定魚雷等項。十一年五月，又奏開武備學堂，調取各營中穎異少年，授以兵法、地利、軍器、砲臺、算法、測繪及步砲馬隊操法。近更考取幼生文義，粗通者課以幾何、代數、重學、測量、砲准等書。查學堂之設，雖爲造就將材起見，要皆以算學入手，兼習經史。其中亦有文理清通而志切觀光者，儻異日得由科甲進身，則文武兼資，未始不可爲禦侮干城之選。惟該學生等籍隸各省，程途遠隔，若令先期回籍靜候學臣按臨，未免廢時曠課。臣再四思維，當兹洋務奮興之際，既欲惜其寸陰，又體國家作人之方，未便阻其進取，合無仰懇天恩，俯准於鄉試之年，除各省士子兼通算學者由本省學臣考試諮送外，所有天津水師武備學堂學生及教習人員，届時就近由臣遴選文理清通者開單諮送總理衙門聽候考試，録送一體鄉試，以資鼓勵，而廣登進。若幸而獲雋，仍歸學堂及水師陸軍調用，俾收實效。是否有當，謹附片陳請，伏乞聖鑒訓示遵行，謹奏。

綜論

清・王同愈《校士算存》卷一

依前題［求於半圜內作有法六等邊形，其一邊切圜徑，其邊之中點切圜心。］

設圜徑一百，求內容六邊形之一邊。　萬聲揚江夏

荅曰：每邊二十七又千分之七百三十五。

按題得丁戊爲 二五　庚戊爲 $\sqrt{三}\times二五$　己戊爲 $二\sqrt{三}\times二五$　丁戊自乘得 $(二五)^{二}$　己戊自乘得 $四\times三\times(二五)^{二}$　相加得 $(四\times三+一)(二五)^{二}$　開平方，得己丁爲 $\sqrt{一三}\times二五$　己丁：丁戊∷乙丁：丁壬　丁壬爲 $\frac{\sqrt{一三}\times二五}{二\times二五\times二五}$　即 $\frac{\sqrt{一三}}{二\times二五}$　倍之，得 $\frac{\sqrt{一三}}{一〇〇}$　爲壬癸。分母子以 $\sqrt{一三}$ 乘之，即得 $\frac{一三}{一〇〇\sqrt{一三}}$　故得。

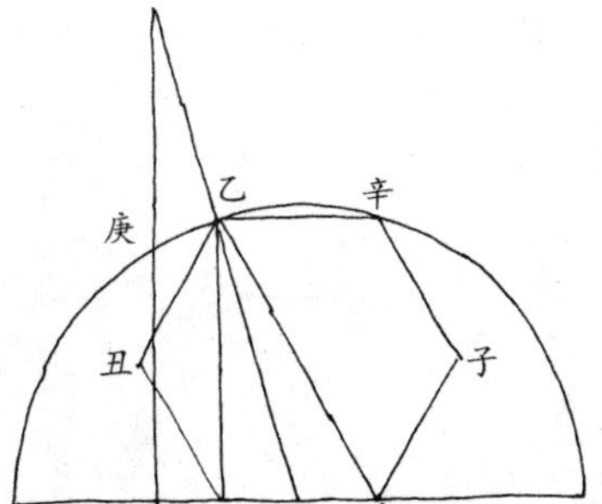

法曰：以十三開平方得三六〇五五五一二七五，以一百乘之，得三六〇．五五五一二七五爲實，十三爲法。除之，得二七．七三五〇〇九八，即六邊形之一邊也。

弧矢形内容長方，令長與闊比若七與三比。已知通弦十九，正矢六。求長、闊。

汪寶珩汭陽

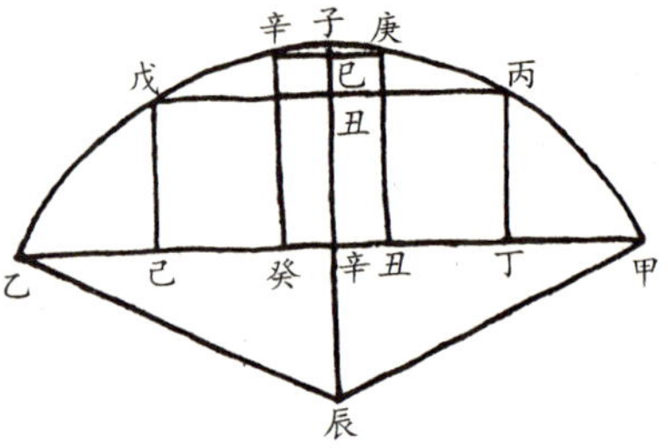

荅曰：一長一〇．六三四一九九一，闊四．五五七五一三九。一長五．九二三一五七四五，闊二．五三八四九六〇五。

甲庚辛乙弧矢内容長方。長與闊比，若七與三。題未言長邊或短邊切于通弦，則有兩形合于題理。如丙丁戊己形爲長邊切于通弦，庚辛壬癸形爲短邊切于通弦是也。

命　七天＝長　三天＝闊　二正矢／一（四／二通徑二上正矢二）＝子辰㊀　命　子辰＝米　子午＝甲

先求丙己方之長、闊，得　子丑＝甲丁三天　依㊀得【略】

天＝丅八五／二（未丅甲）丄八五／二 √一四四未二丄一九六（二未丅甲）甲　惟因　未＝一〇五二〇八三三三□□　甲＝六　故　天＝一．五一九一七一三　七天＝一〇．六三四一九九一　三天＝四．五五七五一三九　如求庚癸方之長、闊，則子巳＝甲丅七天　從㊀式，得【略】　天＝〇．八四六一六五三五　三天＝二．五三八四九六〇五　七天＝五．九二三一五七四五

設有圜城，外圍以濠。濠之内周抵城根外周，距城十丈，濠之面積以八十乘之，等于城之面積。求城徑。

高建壁汭陽

荅曰：城徑三千二百零九丈九六八九四五六。

命　甲乙＝城半徑＝天　乙丁＝一〇＝甲

周（甲丄天）二丅周天二＝濠面積　周天二＝城面積

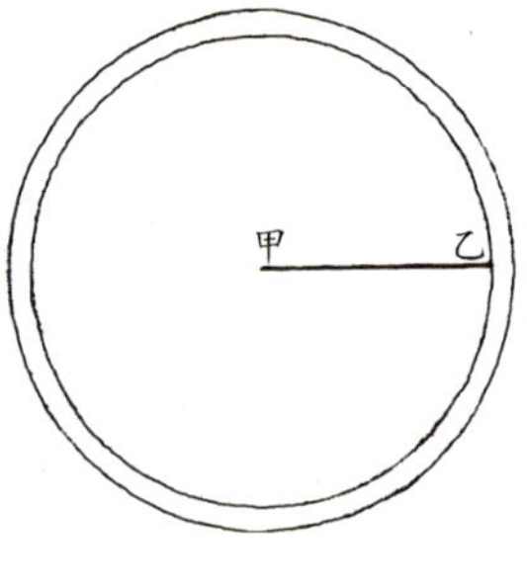

依題得　八〇周［（甲丄天）二丅天二］＝周天二　【略】

天＝（八〇丄√六四八〇）甲＝（八〇丄三六√五）甲＝一六〇四九八四四七二八

設圜田一區中有方池，池西南隅適合圜心，東北隅距圜周最近，爲三步。已知田積四百八十步，求圜徑及方邊。

何子卿郿西

荅曰：圜徑二十六步弱，方邊七步强。

令　池邊＝乙丁＝天　池斜＝甲乙＝√二天　周半徑＝甲丙＝甲乙丄乙丙＝√二天丄三

（√二天丄三）二丅天二＝四八〇　【略】　天＝二周丅一／一［√九六九周丅四八〇丅三√二周］＝七．〇六一九…　圜徑＝二（三丄√二×七〇六一九）＝二五．九七三八…

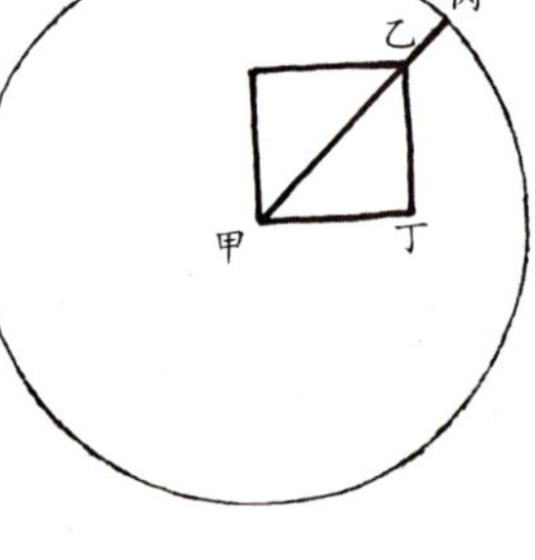

作同心大小三圜。合外兩環面積均等于内圜面積。設大徑一萬，求内兩圜徑。

荅曰：中圜徑八千一百六十五弱，小圜徑五千七百七十三强。

依《運規約旨》二卷九十三題。作甲乙爲大圜半徑，即以半徑爲徑作甲戊己乙半圜，三分甲乙綫于丙、于丁，各作甲乙之垂綫遇圜界于戊、于己，乃以甲爲心，戊與己各爲界作圜，即得内兩圜界。其外兩環面積，均與内圜面積相等。今欲求内兩圜半徑甲戊與甲己。先設大圜半徑甲乙爲三，則因己丁或戊丙爲甲丁或乙丙。與甲丙或乙丁。之中率，即二之平方根。又依句股理，己丁自乘得二，甲丁自乘得四，相加開平方得√六，即甲己中半徑。又戊丙自乘亦得二，甲丙自乘得一，相加開平方得√三，即甲戊小半徑。乃依題列比例于下。

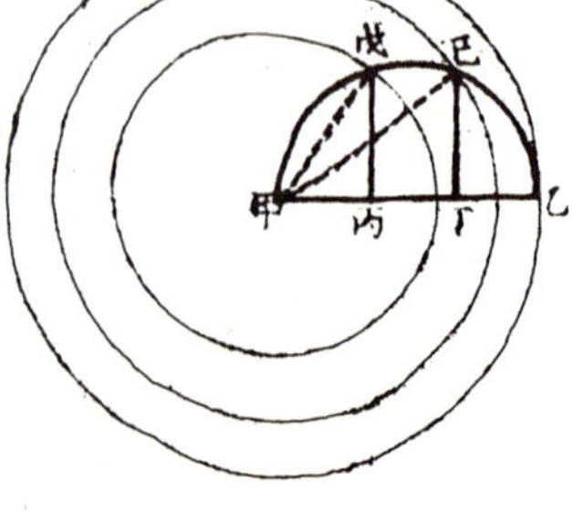

一率　大半徑三甲乙。

二率　中半徑√六甲巳。

三率　大半徑五千今題所設大圜徑爲一萬。

四率　中半徑四千零八十二四八三奇
一率　大半徑三甲乙。
二率　小半徑$\sqrt{三}$甲戊。
三率　大半徑五千
四率　小半徑二千八百八十六五七一奇

以兩四率所得倍之，即所求內兩圜徑也。

平圜內容三等邊形與四等邊形面積之比，若二十七之平方根與八比。試求其證。　李　芳 天門

如圖，甲乙丙丁四等邊形與甲戊己三等邊形，爲同圜所容。題言甲戊己與甲乙丙丁兩面積之比若二十七之平方根與八比。

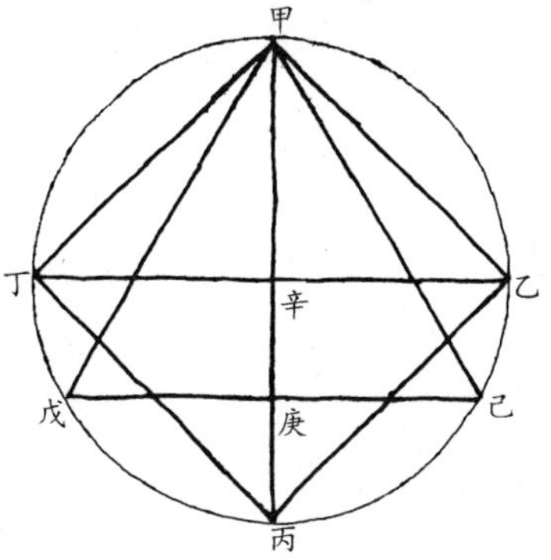

設甲辛半徑爲未，則　甲庚$=\frac{三}{二}$未

因　$\sqrt{三}:一::甲庚:庚己$　【略】　甲戊己$=$庚己$\times$甲庚$=\frac{三\sqrt{三}未^{二}}{四}$　又　甲乙丙丁$=二未^{二}$　【略】　故　甲戊己:甲乙丙丁$::\sqrt{二七}:八$

三等邊形每邊十九，求內容有法五等邊形之一邊。　蒲　圻

答曰：每邊七微弱。

令　乙丁$=$甲　$二:\sqrt{三}::乙丁:甲丙$

故　甲丙$=\frac{\sqrt{三}}{二}$甲㊀　又令　庚戊$=$庚己$=$天

因五邊形邊與對角綫之比若理分中末綫大分與全分之比　$\frac{\sqrt{五}丅一}{二}:一::庚戊:戊己$

【略】則　庚丙$=\sqrt{\frac{四天^{二}}{(\sqrt{五}丅一)^{二}}丅\frac{天^{二}}{四}}$㊁

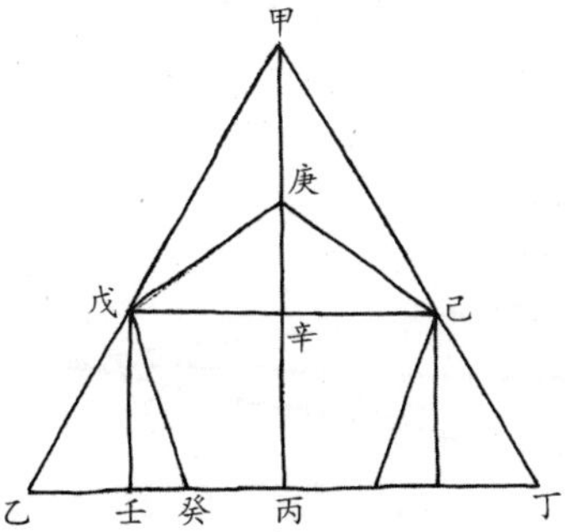

【略】則　庚辛$=\sqrt{天^{二}丅\frac{天^{二}}{(\sqrt{五}丅一)^{二}}}$㊂　以㊂減㊁，得　庚丙丅庚辛$=$辛丙$=\sqrt{\frac{四天^{二}}{(\sqrt{五}丅一)^{二}}丅\frac{天^{二}}{四}}丅\sqrt{天^{二}丅\frac{天^{二}}{(\sqrt{五}丅一)^{二}}}$㊃　又　$二:\sqrt{三}::戊己:甲辛$　故　甲辛$=\sqrt{三}\frac{天}{\sqrt{五}丅一}$㊄　以㊄加㊃，【略】與㊀列爲相等式

$$天\left[\frac{\sqrt{三}}{\sqrt{五}丅一}丄\sqrt{\frac{四}{(\sqrt{五}丅一)^{二}}丅\frac{一}{四}}丅\sqrt{一丅\frac{一}{(\sqrt{五}丅一)^{二}}}\right]=\frac{\sqrt{三}}{二}甲$$

$$天=\frac{\frac{\sqrt{三}}{二}甲}{\frac{\sqrt{三}}{\sqrt{五}丅一}丄\sqrt{\frac{四}{(\sqrt{五}丅一)^{二}}丅\frac{一}{四}}丅\sqrt{一丅\frac{一}{(\sqrt{五}丅一)^{二}}}}$$

即

$$天=\frac{\frac{\sqrt{三}}{二}甲}{\frac{一}{\sqrt{五}丅一}\left[\sqrt{三}丄\sqrt{\frac{一六丅(\sqrt{五}丅一)^{二}}{四}}丅\sqrt{(\sqrt{五}丅一)^{二}丅一}\right]}=\frac{\sqrt{三}(\sqrt{五}丅一)甲}{二\sqrt{三}丄\sqrt{一六丅(\sqrt{五}丅一)^{二}}丅二\sqrt{(\sqrt{五}丅一)^{二}丅一}}$$

正方形內容三等邊形，令一角切于正方之角，餘二角切于邊。設方邊一百，求三角形之邊。　尹援一 恩施

答曰：三角形之邊一〇三五二八有奇。

如圖，呷吃呐叮爲正方形，呷己辛爲內容之三等邊形，呷呐爲正方之對角綫，呷庚爲三角形之垂綫。庚呐爲兩綫較，與三角形半邊庚辛等。準幾何例，呷呐方等于呷叮、叮呐二方和，呷辛方等于呷庚、庚辛二方和，而呷⿰口庚、⿰口庚辛二方和加己辛乘呷庚亦等于呷呐自乘。因庚呐等于庚辛。依此理有等式。

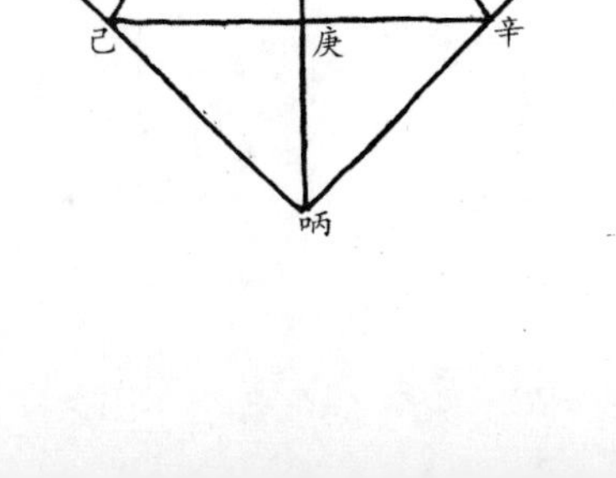

令　三角邊$=$天　方邊$=$甲　則　$天^{二}丄天\sqrt{\frac{三天^{二}}{四}}=二甲^{二}$　【略】

$天=二甲\sqrt{二丅\sqrt{三}}=甲\left(\sqrt{\frac{三}{二}}丅\sqrt{\frac{一}{二}}\right)=甲(\sqrt{六}丅\sqrt{二})=一〇三五二八\cdots$

二十五等邊形面積爲一萬，求其邊。　　陳曾矩蘄水

荅曰：每邊十四又一千分之二百一十七。

法：以圜周三百六十度二十五分之，得每分爲一十四度十分度之四即一十四度二十四分，如甲乙丙角，半之，得七度一十二分如甲乙丁角。又以面積一萬二十五分之，得四百如甲丙乙面積。乃設甲丙爲天，甲乙丁角爲叱，甲丙乙面積爲申，列等數式如左。

依比例　$正切叱:一::\frac{二}{三}天:乙丁$【略】

$天=二\sqrt{申正切叱}=四〇\sqrt{〇.一二六三三二九四}=一四.二一七一三\cdots$

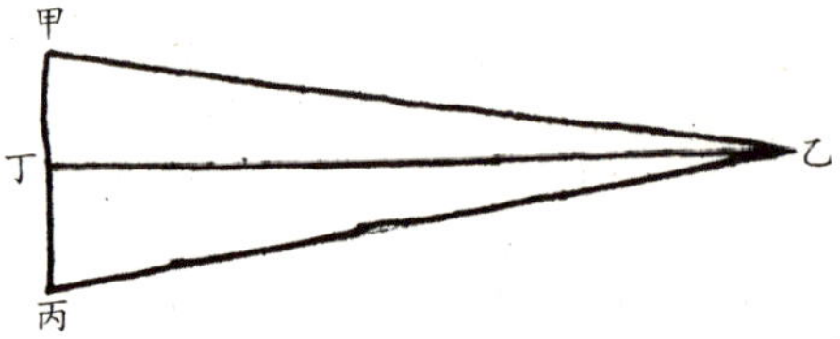

又 卷二

前題：設圜錐形之曲面積大于底面積一倍，求腰綫與底所成角度。　　蘇忠才荆州

荅曰：同前[腰綫與底所成角六十度]。

如圖，甲乙丙丁戊爲圜錐，以甲己高爲軸，甲丙腰綫繞甲己軸一周，爲曲面積。試將曲面積展成平面，爲甲丙乙庚弧面。其丙丁乙戊庚弧必等於底周，而諸腰綫爲其半徑。因底周等於二半徑乘周率，則底周爲　二己丙周　依弧面求積法，甲丙乙庚面積必爲

$\frac{二己丙周\times甲丙}{二}=周己丙\times甲丙$　底面積爲

二己丙周　依題得　$己丙\times甲丙周=己丙^{二}周$　即　甲丙=二己丙　因

$\frac{甲丙}{己丙}=餘弦甲丙己=\frac{一}{二}=.五$　檢表得腰底交角六十度。

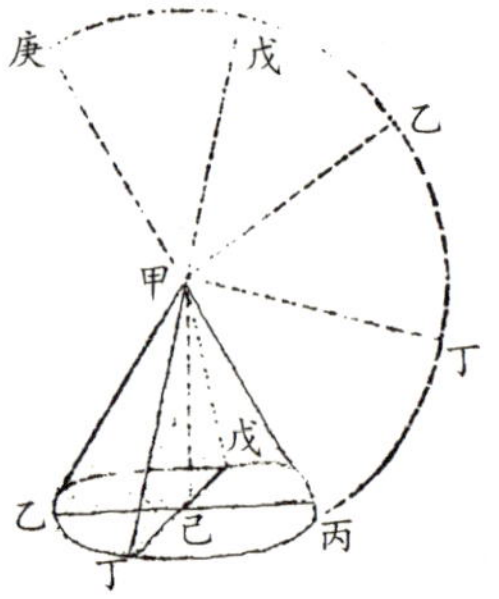

設有截圜錐體，上下圜面平行。已知上圜半徑四尺，截高十八尺。周圍皮積五除之，等于上下圜面積較。求體積。　　洪琳璐蘄水

荅曰：一千九百九十立方尺有奇。

如圖，甲乙庚丁辛爲截錐剖面，甲戊及乙丁爲截高，甲乙爲上圜半徑，丙丁爲下圜半徑，甲丙爲截腰。命高爲甲，上圜半徑爲乙，下圜半徑爲天，則兩圜面積較爲周$(天^{二}丅乙^{二})$　周圍皮積爲截腰丙甲乘中周，即上下圜半徑和庚辛乘周率，即$\sqrt{(天丅乙)^{二}丄甲^{二}}周(天丄乙)$　依題得相等式

$五周(天^{二}丅乙^{二})=\sqrt{(天丅乙)^{二}丄甲^{二}}周$

$(天丄乙)$　即【略】　$二\sqrt{六}(天丅乙)=甲$　$天=\frac{二\sqrt{六}}{甲}丄乙$　惟因

$截錐積=\frac{三}{周甲}(天^{二}丄乙天丄乙^{二})$　以天之同數代入，得　$積=\frac{周}{三}甲$

$\left(\frac{二四}{甲}丄三\frac{二\sqrt{六}}{甲乙}丄三乙^{二}\right)=周甲\left(\frac{七^{三}}{甲^{三}}丄\frac{二\sqrt{六}}{甲乙}丄乙^{三}\right)=一九九〇\cdots$

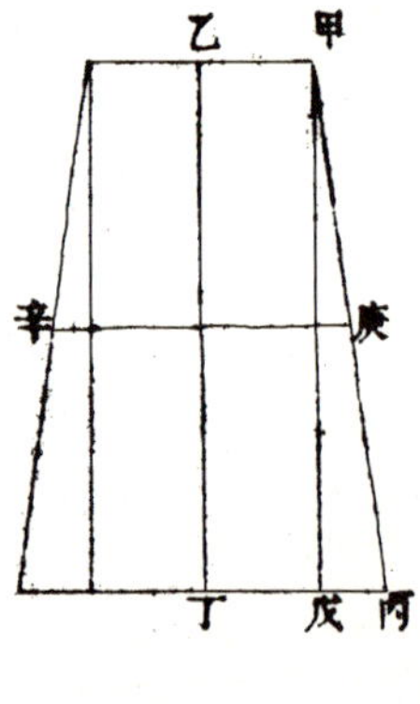

以橢圜爲底之尖錐形，高四尺，底長徑三尺，短徑一尺，求體積。　　徐覲揚天門

荅曰：六立方尺二百八十三寸一百八十五分有奇。

凡尖錐體得同底同高柱體積三分之一。今依題先求底面積，因橢圜面爲長短二徑上平圜面之中率。《曲綫説》一卷四款。故得　底面=

$\sqrt{\frac{四}{周}長徑^{二}\times\frac{四}{周}短徑^{二}}=\frac{四}{周}長徑\times短徑$

即得　$尖錐=\frac{三}{高}\times\frac{四}{周}長徑\times短徑=\frac{二}{三四}周$

$=二周=六.二八三一八五三\cdots$

以長徑爲軸之橢圜體，内容圜柱。欲令其體積爲最大。設長徑爲甲，短徑爲乙，求柱高及底徑。　　任濬清江陵

荅曰：　$柱高=\frac{\sqrt{三}}{甲}$　$底徑=\frac{\sqrt{三}}{乙}$

如圖，甲乙丙丁爲橢圜體剖面，己戊庚辛

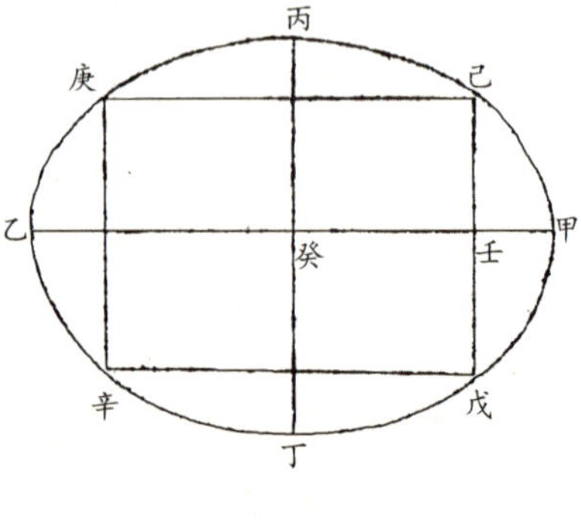

為圜柱剖面，試依長徑甲乙為軸，甲丙乙半橢圜面繞軸一周，必為橢圜體。其庚壬面亦繞軸一周，必為所容圜柱體。設圜柱體為最大，則其剖面亦為最大。乃依甲乙為長徑，丙丁為短徑，求庚己柱高，命為天。己戊柱徑，命為地。準《曲綫說》第二款，有比例。 $甲乙^{二}:丙丁^{二}::壬乙\times壬甲:己壬^{二}$ 【略】即 $乙^{二}(甲^{二}丁天^{二})=甲^{二}地^{二}$ 而 $地=\frac{甲}{乙}\sqrt{甲^{二}丁天^{二}}$ $天地=\frac{甲}{乙}天\sqrt{甲^{二}丁天^{二}}$

此式為圜柱剖面按《代微積拾級》求函數極大、極小捷法。 $\frac{甲}{乙}天\sqrt{甲^{二}丁天^{二}}$ 為最大，則 $天\sqrt{甲^{二}丁天^{二}}$ 亦為最大，即 $甲^{二}天^{二}丁天^{四}$ 亦為最大，求其微係數，得 $二甲^{二}天丁四天^{三}$ 命此式等於〇，則【略】 $天=\frac{\sqrt{二}}{甲}$ $地=\frac{甲}{乙}\sqrt{甲^{二}丁天^{二}}=\frac{\sqrt{二}}{乙}$ 為所求。又 $天地=\frac{二}{甲乙}$ 可知，圜柱剖面為長短徑矩形之半，必為最大。反言之，圜柱剖面為最大，則必等於長短徑矩形之半。

圜球徑十二寸，剖為大小兩半球，其兩體積之比若一與三之比，求兩截徑。

李楚珩襄陽

答曰：大半球截徑八寸零分八釐三豪七絲有奇，小半球截徑三寸九分一釐六豪二絲有奇。

命 $六截徑=天$ $半球徑=六=甲$ $大截球=亥$ $截面半徑=地$ 依《代微積拾級》十四卷十一款，求曲綫體積微分公式 $彳亥=周地^{二}彳天$ 又依平圜理 $(二甲丁天)天=地^{二}$ 代入公式 $彳亥=周(二甲丁天)天彳天$ 求積分，得 $亥=周(甲天^{二}丁\frac{三}{天^{三}})$ 以 二甲 代天，則得全球積，【略】惟題言大小兩截球比若三與一比，則全球與大截球比若四與三比，故得【略】 $天^{三}丁三甲天^{二}丄三甲^{三}=〇$ 依《代數術》一百零八款法，令 $天=地丄甲$ 【略】故得 $地^{三}丁三甲^{三}地丄甲^{三}=〇$ 又依《代數術》一百二十一款，解三次式第二法【略】 $地=二\sqrt{\frac{三}{午}}正弦一〇°=二甲正弦一〇°$ 故得 $天=甲丄地=甲(一丄二正弦一〇°)=八〇八三七七八四$

前題。

莊開績襄陽

答曰：大半球截徑八寸一分不足，小半球截徑三寸九分有餘。

準形學例【略】，所以如題 $全球積=\frac{六}{(一二)^{三}周}$ $大截積=\frac{八}{(一二)^{三}周}$ ㈠ $小截積=\frac{二四}{(一二)^{三}周}$ ㈡ 令 $天=大截徑=大截高$ 則 $一二丁天=小截徑=小截高$ 所以 $二\sqrt{天(一二丁天)}=大底徑=小底徑$ 代入公式，得 $\frac{周[四天^{三}丄四\times三(一二丁天)天^{三}]}{二四}=大截積$ ㈢ 以㈢與㈠相消，【略】，即 $一四四天^{二}丁八天^{三}=三\times(一二)^{三}$ 以八約之，故又得【略】，故 $天=一八(一丁\frac{天^{三}}{(六)^{三}})$ 此可見，天不能不大于六。如令 天=七 則 $一八(一丁\frac{天^{三}}{(六)^{三}})=\frac{四九}{一八\times一三}=四.七九\cdots$ 左右之差數過大。再令 天=八 則 $一八(一丁\frac{天^{三}}{(六)^{三}})=\frac{六四}{一八\times二八}=七.八九\cdots$ 左右之差數甚微，依法求得八寸一分不足，為略近之數。

黃金二十立方寸，欲鑄為相等四球，求球徑。若改為徑寸之球，可得若干球，試並推之。

李士奇安陸

答曰：四球徑各二寸一分二釐一豪四絲有奇。徑寸球三十八枚，小餘一九七…

依題之上半得每球之積為五立方寸，乃命半徑為天，則球積為 $\frac{三}{四}周天^{三}$ 得等數式 $\frac{三}{四}周天^{三}=五$ $天^{三}=\frac{四周}{一五}$ 而 $天=\sqrt[三]{\frac{四周}{一五}}=一.〇六〇七\cdots$

依題之下半，得 $\frac{六}{二}周$ 為徑寸之球積。命球之數為地，則 $\frac{六}{二}周地=二〇$ $地=\frac{周}{一二〇}=三八.一九七\cdots$

設將金球一枚改鑄為小球九校，求大球皮積與九小球皮積之比例。

隗文雲棗陽

答曰：八十一之立方根與九比。

設半徑為甲，依微積術求得其體積為 $\frac{三}{周}四甲^{三}$，又設小球半徑為天，則

小球積爲 $\frac{\text{三}}{\text{周}}\text{四天}^{\text{三}}$ 故得相等式 $\text{九}\frac{\text{三}}{\text{周}}\text{四天}^{\text{三}}=\frac{\text{三}}{\text{周}}\text{四甲}^{\text{三}}$ 即 $\text{九天}^{\text{三}}=\text{甲}^{\text{三}}$ $\text{天}=\frac{\sqrt[\text{三}]{\text{九}}}{\text{甲}}$ ㊀ 又依《微積溯源》一百六十五款，求全球皮積公式得 $\text{四甲}^{\text{二}}\text{周}$ 爲大球皮積 $\text{四天}^{\text{二}}\text{周}$ 爲小球皮積 $\text{三六天}^{\text{二}}\text{周}$ 爲九小球皮積，故得比例式 大球皮積：九小球皮積∷四甲周：$\text{三六天}^{\text{二}}\text{周}$ 以㊀式天之同數代入四率，得 $\text{四甲}^{\text{二}}\text{周}:\text{三六}\frac{\sqrt[\text{三}]{\text{八一}}}{\text{甲}^{\text{二}}}\text{周}$ 即 $\text{一}:\frac{\sqrt[\text{三}]{\text{八一}}}{\text{九}}$ 即 $\sqrt[\text{三}]{\text{八一}}:\text{九}$

前題。

答曰：大球皮積與小球皮積之比，若一與九之立方根比。

令 天=大球徑 地=小球徑 準形學例，【略】依題言 大球積=九小球積

即 $\frac{\text{六}}{\text{周天}^{\text{三}}}=\frac{\text{六}}{\text{九周地}^{\text{三}}}$ 故 $\text{地}=\text{天}\sqrt[\text{三}]{\frac{\text{九}}{\text{一}}}$ 所以 $\text{小皮積}=\text{周地}^{\text{二}}=\text{周天}^{\text{二}}\sqrt[\text{三}]{\frac{\text{八一}}{\text{一}}}$ 九小皮積：大皮積∷$\text{九周天}^{\text{二}}\sqrt[\text{三}]{\frac{\text{八一}}{\text{一}}}:\text{周天}^{\text{二}}$ 即 $\text{九}\sqrt[\text{三}]{\frac{\text{八一}}{\text{一}}}:\text{一}::\sqrt[\text{三}]{\text{九}}:\text{一}$

設有三等邊柱體，任從一角斜剖之，令剖面成三邊形，其三邊之比若三、四、五。已知柱體每邊一丈，求剖面之三邊。 黄子和蕲州

答曰：大邊一丈八尺有奇，中邊一丈四尺有奇，小邊一丈一尺有奇。

如圖，戊丙丁爲三等邊柱體之底面，甲乙丙爲剖面所成三邊形。試作乙己綫平行戊丁，則成甲乙己、丙乙戊、甲丙丁三句股形。而甲己與乙戊兩句和邊等于甲丁句，乃命甲乙丙形三邊之公約數爲天，依題所言比例得 甲乙=三天 乙丙=四天 甲丙=五天 【略】 三天=

$$\frac{\text{四}}{\text{一}}\sqrt{\frac{\text{二}}{\text{二五}\perp\sqrt{\text{一九三}}}}=\text{一.一〇二四四六}$$

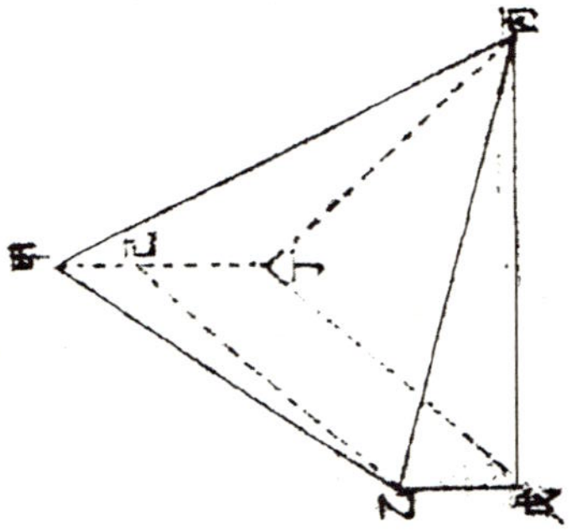

七六… $\text{四天}=\frac{\text{三}}{\text{一}}\sqrt{\frac{\text{二}}{\text{二五}\perp\sqrt{\text{一九三}}}}=\text{一.四六九九二九〇一}\cdots$ 五天=

$$\frac{\text{二二}}{\text{五}}\sqrt{\frac{\text{二}}{\text{二五}\perp\sqrt{\text{一九三}}}}=\text{一.八三七四一一二八}\cdots$$ 爲所求。

前題。 饒漢祥廣濟

答曰：同前。

如圖，甲乙丙丁三等邊柱體自丙角斜剖之，過戊至己成丙戊己三不等邊形，于柱體乙甲面自己作直綫，至寅平行乙丁，則柱體三面各成一句股形，皆以柱體之邊爲股，剖面之邊爲弦，而其大中兩句較必等于小句。如丙乙減丙寅餘寅乙，等于己丁。有等數如左。

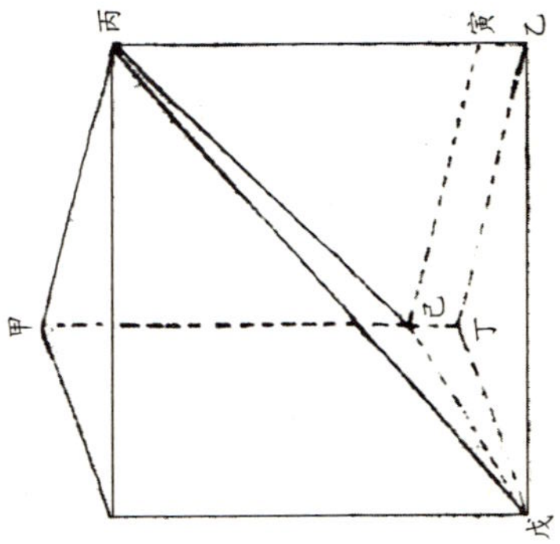

令 剖面小邊=天 中邊=$\frac{\text{三}}{\text{四天}}$ 大邊=$\frac{\text{三}}{\text{五天}}$ 【略】 天=

$$\frac{\text{四}}{\text{一}}\sqrt{\frac{\text{二}}{\text{一}}(\text{二五}\pm\sqrt{\text{一九三}})}=\text{一.一〇二}\cdots$$ 中邊=$\frac{\text{三}}{\text{四天}}=\text{一.四六九}\cdots$ 大邊=$\frac{\text{三}}{\text{五天}}=\text{一.八三七}\cdots$

設有三角柱體，任從腰斜剖之，令剖面成等邊三角形。已知元形大邊三十七，中邊三十六，小邊十一，求剖面之邊。 曾紀亨漢陽

答曰：剖面之邊四十一小數六八二五有奇。

別得剖面之邊爲弦，則柱之三邊各爲句或股，而大中兩邊上句股形之兩句和必等于小邊上句股形之股。乃命大邊之句爲天，中邊上之句爲 天人 則小邊之股爲 天人丄天 因三句股形之弦爲相等，故得方程式 $(\text{三七})^{\text{二}}\perp\text{天}^{\text{二}}=(\text{三六})^{\text{二}}\perp\text{天}^{\text{二}}\text{人}^{\text{二}}$ ㊀ $(\text{三六})^{\text{二}}\perp\text{天}^{\text{二}}\text{人}^{\text{二}}=(\text{一一})^{\text{二}}\perp(\text{天人}\perp\text{天})^{\text{二}}$ ㊁

從㊀式得 $(\text{三七})^{\text{二}}\top(\text{三六})^{\text{二}}=\text{天}^{\text{二}}(\text{人}^{\text{二}}\top\text{一})$ $\frac{\text{人}^{\text{二}}\top\text{一}}{\text{七三}}=\text{天}^{\text{二}}$ 從㊁式得

$(\text{三六})^{\text{二}}\top(\text{一一})^{\text{二}}=(\text{二人}\perp\text{一})\text{天}^{\text{二}}$ $\frac{\text{二人}\perp\text{一}}{\text{一一七五}}=\text{天}^{\text{二}}$ 故【略】

人＝$\frac{一一七五}{一}$（七三（七三⊥$\sqrt{一四七一七二九}$） 因

天^{二}＝$\frac{二人⊥一}{一一七五}$＝$\frac{二(七三⊥\sqrt{一四七一七二九})⊥一一七五}{(一一七五)^{二}}$＝

$\frac{二\sqrt{一四七一七二九}⊥一三二二}{(一一七五)^{二}}$＝$\frac{三}{二}$（二$\sqrt{一四七一七二九}$丅一三二一）

$\sqrt{天^{二}⊥(三七)^{二}}$＝弦＝剖面之邊＝$\sqrt{\frac{三}{二}(二\sqrt{一四七一七二九}丅一三二一)⊥一三六九}$ ＝$\sqrt{\frac{三}{二}[二\sqrt{一四七一七二九}⊥二七八六]}$＝四一.六八二五… 爲所求。

前題。 劉馥漢陽

答曰：同前。

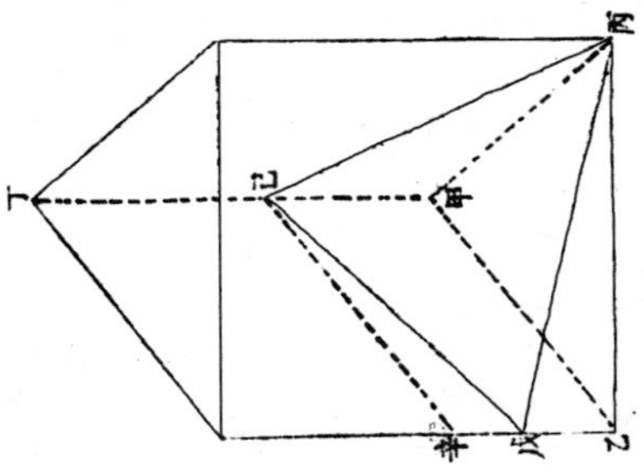

如圖，甲乙丙丁三角柱體，甲丙爲小邊，乙丙爲大邊，甲乙爲中邊，于甲丁棱之己點斜剖至戊、至丙，其剖面成己戊丙三等邊形，則柱體之三面亦成三句股形，皆以剖面之邊爲弦，一以柱體之邊爲句如甲丙，兩以柱體之邊爲股如乙丙與甲乙，其甲乙即己辛，而甲己丙形之股甲己與乙戊丙形、己辛戊形兩句和辛乙等，故有等式 剖面之邊＝天 甲丙＝一一＝乙 甲乙＝三六＝丙 乙丙＝三七＝甲

依前理，【略】自乘【略】 ［天＝］四一…

立方形其高、闊、長三邊之比，若三、五、七之比。置三邊和以一百七十五乘之，適與積等，求三邊。 李滂天門

答曰：高一十五，闊二十五，長三十五。

命 三天＝高 五天＝闊 七天＝長 依題得方程 一七五(三天⊥五天⊥七天)＝三天×五天×七天 【略】 天＝五 三天＝一五 五天＝二五 七天＝三五

倍直積爲長方積，二弦爲長闊較，開帶縱方所得長、闊爲何數。試以代數解之。 莊開續襄陽

答曰：長爲弦和和，闊爲弦和較。

設 長＝天 闊＝地 則 二句股＝天地 ㊀ 二弦＝天丅地 ㊁ 四弦^{二}＝天^{二}丅二天地⊥地^{二} 四乘㊀式加之，【略】兩端開方 二(句⊥股)＝天⊥地，與二式相加減得【略】，即 天＝句⊥股⊥弦 地＝句⊥股丅弦

句自乘爲長方積，二股爲長闊較，開帶縱方所得長、闊爲何數。試以幾何或代數解之。 黃聯元宜昌東湖

答曰：長爲股弦和，闊爲股弦較。

先以代數之理解之，命 長＝天 闊＝地 則 天地＝句^{二} ㊀ 天丅地＝二股 ㊁ 自乘【略】四因㊀式，加之，得 天^{二}⊥二天地⊥地^{二}＝四(股^{二}⊥句^{二}) 開方【略】 天⊥地＝二弦 加減二式，而以二約之，得 天＝弦⊥股 地＝弦丅股 是爲證。

句股形與平圓相疊，圓心在弦上，圓周過股弦交角而切于句。已知句二十七，股三十六，求圓徑。 鄧振瑄江陵

答曰：圓徑四十。

如圖，呷叮爲平圓，呷吃呩爲與平圓相疊之句股形，心爲圓心，呷爲圓周所過之角，叮爲切點。自心作心哎綫與吃呩句平行。作心叮半徑與呷呩股平行，成呷哎心、心叮吃兩句股形，皆與呷吃呩同式。而呷哎爲股與半徑較，心吃爲弦與半徑較，以代數求之，有等式。

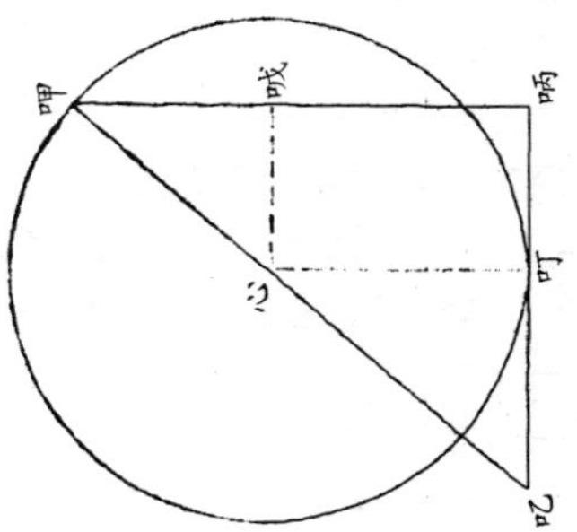

令 半徑＝天 股＝甲 句＝乙

弦＝$\sqrt{甲^{二}⊥乙^{二}}$ 因 甲丅天：天：：天：$\sqrt{甲^{二}⊥乙^{二}}$丅天 故【略】 ［天＝］二〇

股二十一，句弦相乘五百八十。求句、弦。 何聯卿鄖西

答曰：句二十，弦二十九。

股＝二一 ㊀ 句弦＝五八〇 ㊁ ㊀式自乘 股^{二}＝弦^{二}丅句^{二}＝四四一 ㊂ 再自乘 弦^{四}丅二弦^{二}句^{二}⊥句^{四}＝一九四四八一 ㊃ ㊁式自乘，四之 四句^{二}弦^{二}＝一三四五六〇〇 ㊄ 與㊃式相加【略】，開方【略】，與㊂式相加減，同以二約之，【略】各開平方 弦＝二九 句＝二〇

句股容方形，已知方邊十二，句股較一百六十八，求句、股。 王鍾麟江夏

答曰：句一十四，股一百八十二。

準句股求方邊公式　$\frac{句丄股}{句股}$=方邊　令　句=天　方邊=一二=乙　股丅句=一六八=甲　則　股=甲丄天　句丄股=甲丄二天　代入公式【略】　天=$\frac{一}{二}$[$\sqrt{甲^{二}丄四乙^{二}}$丅(甲丅二乙)]　以真數代還，得　天=$\frac{一}{二}$[一七〇丅一六八丄二六]　即　天=一四　而　股=一八二

句股和二十三，弦冪內減直積餘開平方得十三，求句、股、弦。　王廷瑞蘄州

答曰：句八，股十五，弦十七。

準題得　句丄股=二三㊀　句^{二}丄股^{二}丅句股=一六九㊁　㊀式自乘　句^{二}丄股^{二}丄二句股=五二九　以㊁式減之，　三句股=三六〇　即　句股=一二〇　以減㊁式，　句^{二}丄股^{二}丅二句股=四九　兩端開方　股丅句=七　與㊀式加減，以二約之　股=一五　句=八　$\sqrt{句^{二}丄股^{二}}$=弦=一七

前題。　張鍾景廣濟

答曰：同前。

命　天=句　則　二三丅天=股　天^{二}丄(二三丅天)^{二}=弦　天^{二}丄(二三丅天)^{二}丅(二三丅天)天=(一三)^{二}　詳之，【略】配成平方，兩端開方【略】　天=五或八=句　二三丅天=八或一五=股　$\sqrt{八^{二}丄一五^{二}}$=一七=弦

股弦和、弦較較之和二百零六，句股和、弦較和之和二百二十九，求句、股、弦。　李　滂天門

答曰：句三十六，股七十七，弦八十五。

令　(弦丄股)丄弦丅(股丅句)=二弦丄句=甲　(句丄股)丄(弦丄股丅句)=弦丄二股=乙　句=天　弦=$\frac{二}{甲丅天}$　股=$\frac{二}{乙丅\frac{二}{甲丅天}}$=$\frac{四}{二乙丅甲丄天}$　因　(四句)^{二}丄(四股)^{二}=(四弦)^{二}　故【略】　天=$\frac{一}{二三}$\{丅(二乙丄三甲)丄$\sqrt{(二乙丄三甲)^{二}丄一三(四甲^{二}丅(二乙丅甲)^{二})}$\}　惟因　甲=二〇六　乙=二三九　代入式中得　天=$\frac{一}{二三}$[丅一〇九六丄一五六四]=三六　弦=$\frac{二}{二〇六丅三六}$=八五　股=$\frac{二}{二三九丅八五}$=七七

股弦和八十一，兩弦一句和九十一，求句、股、弦。　莊毓麟襄陽

答曰：句九，股四十，弦四十一。

求句術曰：識別得兩弦一句和，內減股弦和，餘十，爲弦較較。以乘股弦和，得八百一十，爲長方積，即以股弦和八十一爲長闊較，用帶縱較數開平方法算之，得闊九，爲句也。

求股術曰：識別得倍股弦和內減兩弦一句，餘七十一，爲股，與句股較之和自乘，得五千〇四十一，以減股弦和冪六千五百六十一，餘一千五百二十，以四歸之，得三百八十，爲長方積。三因股弦和，內減二段兩弦一句和，餘六十一，折半得三十〇五，爲長闊較，用帶縱較數開平方法算之，得四十，爲長，即股也。

求弦術曰：以股弦和自乘，得六千五百六十一，以兩弦一句和自乘，得八千二百八十一。兩數相加，得一萬四千八百四十二。以四歸之，得三千七百一十〇五，爲長方積。另以股弦和折半，得四十〇五，內加兩弦一句和，得一百三十一〇五，爲長闊和。用帶縱和數開平方法算之，得闊四十一，爲弦也。

求三事公法曰：四因兩弦一句和，得三百六十四，內減股弦和三段二百四十三，餘一百二十一，以乘股弦和八十一，得九千八百〇一，開平方得九十九，爲句與弦和和之和，內減股弦和，餘十八，折半，得九，爲句。如以兩弦一句和倍之，與股弦和相加，得二百六十三，內減句與弦和和之和九十九，餘一百六十四，以四歸之，得四十一，爲弦。如以股弦和三因之，內加句與弦和和之和，得三百四十二。另以兩弦一句和加倍減之，餘一百六十，以四歸之，得四十，爲股也。

列圖如左。【略】

股弦較十六，句股和與句弦和相乘三萬六千八百，求句、股、弦。　陳　善安陸

答曰：句六十四，股一百二十，弦一百三十六。

別得句股和與句弦和之較，即股弦較，乃以句股和、句弦和相乘，三萬六千八百爲長方積，股弦較十六爲長闊較，依帶較縱開方法，置半較八自乘，得六十四，加積得三萬六千八百六十四，開正平方，得一百九十二，爲半和，倍之，得三百八十四，爲句股和與句弦和之和，即二句與股弦和之和也。

又別得股弦和與股弦較相乘等于句自乘，乃以二句及股弦和之和與股弦較相乘，得六千一百四十四，即等于二句乘股弦較加句自乘，亦等于二股弦較加句與句相乘，故以六千一百四十四爲長方積，二股弦較三十二爲長闊較，依帶較縱開方法，置半較十六自乘得二百五十六，加積得六千四百，開正平方，得八十，爲半和，減半較十六，餘六十四，爲闊，即句也。以二句一百二十八減二句與股弦

和之和，餘二百五十六，爲股弦和加股弦較，半之，得一百三十六，爲弦減股弦較，半之，得一百二十，爲股。

句、股、弦爲連比例三率，已知句一百，求股、弦。　張大慰建始

答曰：股一百二十七二〇一九微强，弦一百六十一八〇三四微弱。

$\text{句}=\text{一〇〇}=\text{甲}\quad \text{弦}=\text{天}\quad \text{股}^{二}=\text{甲天}$　【略】　$\text{天}=\frac{二}{(一丄\sqrt{五})}\text{甲}=$[一]
$\text{六一.八〇三四}\quad \sqrt{\text{甲天}}=\sqrt{\frac{二}{一丄\sqrt{五}}}\text{甲}=\text{一二七二〇一九}$

直積七百八十四，句旁角之正餘切和四，求句、股、弦。　潘選青黃州

答曰：句一十四小數四九三九有奇，股五十四小數〇九一八有奇，弦五十六。

令　$\text{句}=\text{天}$　$\text{直積}=\text{甲}$　則　$\text{股}=\frac{天}{甲}$　$\frac{句}{股}=\text{句旁角正切}=\frac{天^{二}}{甲}$

$\frac{股}{句}=\text{句旁角餘切}=\frac{甲}{天^{二}}$　依題得【略】即　$\text{句}=\text{一四四九二九}\cdots$　$\text{股}=\text{五四〇九一八}\cdots$　$\text{弦}=\sqrt{\frac{四}{二}(\sqrt{六}丄\sqrt{三})^{二}\text{甲}丄\frac{四}{二}(\sqrt{六}丅\sqrt{三})^{二}\text{甲}}=二\sqrt{甲}=\text{五六}$

句股形句與弦之比若二弦減句與二弦加句之比，求句旁股旁兩角度。　陳曾德蘄水

答曰：句旁角五十五度五十分十一秒，股旁角三十四度九分四十九秒。

依題得　$\text{句}:\text{弦}::\text{二弦}丅\text{句}:\text{二弦}丄\text{句}$　即　$\text{二弦句}丄\text{句}^{二}=\text{二弦}^{二}丅\text{句弦}$　移項　$\text{句}^{二}丄\text{二弦句}=\text{二弦}^{二}$　配成平方【略】，開方【略】，而　$\frac{弦}{句}=\text{句旁角餘弦}=\text{股旁角正弦}=\frac{二}{\sqrt{一七}丅三}=\text{五六一五五二八}$　檢餘弦表，得五十五度五十分十一秒，爲句旁角。檢正弦表，得三十四度九分四十九秒，爲股旁角，如所求。

又　卷五

設有一長方形，一斜長方形，其邊皆兩兩相等，斜方面積得長方積四分之三，求斜長方之兩角度。　萬聲揚江夏

答曰：大角一百三十一度二十四分三十五秒，小角四十八度三十五分二十五秒。

如圖，甲乙丙丁爲長方形，呷乙丙叮爲斜長方形，同以乙丙爲底，引長乙丙至戊。以丙爲心，丁與叮爲界，作丁叮戊象限，則丙叮與丙丁均爲半徑。庚叮爲乙丙叮外角之正弦，斜長方形之大角。亦即甲乙丙角之正弦。斜長方形之小角。又庚叮等于丙辛，爲斜長方乙丙邊之垂綫。依此理，有等式。

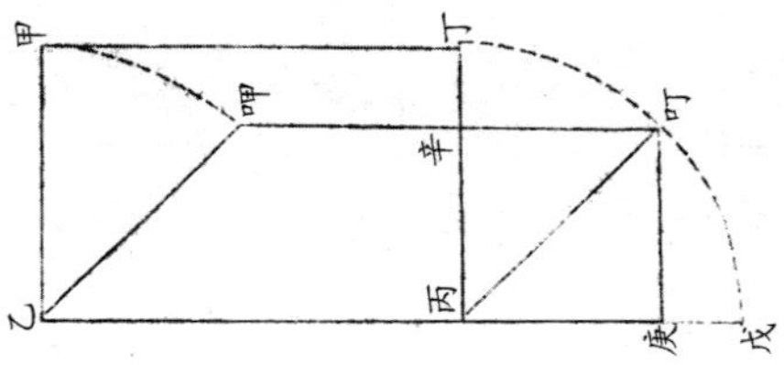

命　$\text{正弦丙}=\text{天}$　則　$一:\text{天}::\text{丙叮}:\text{庚叮}$　故　$\text{庚叮}=\text{丙辛}=\text{丙叮}\times\text{天}$　依題言【略】　$\text{乙丙}\times\text{丙叮}\times\text{天}=\frac{四}{三}\text{乙丙}\times\text{丙丁}$　$\because \text{丙叮}=\text{丙丁}$　$\therefore \text{天}=\frac{四}{三}=\text{〇七五〇〇〇〇}$

檢正弦表，得四十八庚三十五分二十五秒，爲斜長方形小角度。如呷乙丙角。以減一百八十度，餘一百三十一度三十四分三十五秒，即大角度如乙丙叮角。也。

本弧正切加四半徑，以本弧正割除之，等于三，求本弧度。　王明海江陵

答曰：本弧五十七度二十一分或一百五十度四十三分二十秒。

因　$\text{正切}^{二}丄\text{半徑}^{二}=\text{正割}^{二}$　命　$\text{正切}=\text{天}$　則　$\text{正割}=\sqrt{\text{天}^{二}丄一}$　依題得方程式　$\frac{\sqrt{天^{二}丄一}}{天丄四}=三$　$\text{天}丄四=三\sqrt{\text{天}^{二}丄一}$　【略】

$\text{天}=\frac{四}{二\pm三\sqrt{二}}=\text{一.五六〇六六〇二}$　或　$=丅\text{〇.五六〇六六〇二}$　由天之正數檢表，得五十七度二十一分，爲本弧度。由天之負數檢表得，二十九度一十六分四十秒。因正切爲負，必爲鈍角，故以減一百八十度，餘一百五十度四十三分二十秒，爲本弧又一同數。

本弧之正切、正弦冪相減邊等于半徑冪，求本弧度。　王立模江陵

答曰：本弧五十一度四十九分三十八秒。

設　$\text{本弧}=\text{天}$　$\text{正切}^{二}\text{天}丅\text{正弦}^{二}\text{天}=一$　㊙　因　$\frac{一}{正切天}=\frac{餘弦天}{正弦天}$　【略】代入甲式，得【略】　$\text{正弦天}=\sqrt{丅\frac{二}{一}丄\frac{二}{\sqrt{五}}}=.\text{七八六一}$　檢表得　天=五一°四九′三八″

本弧正弦爲一率，倍正餘弦和爲二率，倍正餘弦較爲三率，推得四率爲本弧

餘弦。求本弧度。

答曰：本弧四十八度三十三分四十五秒或四十一度二十六分一十五秒。

天＝正弦　√(一丅天²)＝餘弦　天²＝(天丄√(一丅天²))：二(天丅√(一丅天²))：√(一丅天²)　【略】

天＝√(三/二(一±√(六五/一)))　天＝{七四九六七八二／六六一八〇二五}　本弧＝{四八°三三′四五″／四一°二六′一五″}

又 卷六

任何堆垛形，用積較術，均可化爲幾箇三角諸乘垛和較而成。其法或用初二三等較，則可化爲幾箇同乘不同高之三角垛，或用積較根，則可化爲幾箇同高不同乘之三角垛。二法所得無異，試證之。　萬聲揚江夏

設堆垛形，其弟卯層之公式爲 卯(三卯丅一)/二　以一、二、三等數遞代其卯，得

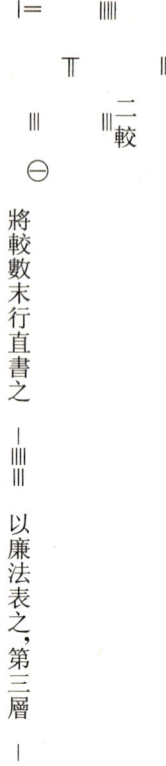

某層	一	二	三	四	五
某層之數	一	五	一二	二二	三五

遞求其相連兩層之較

一　初較　四　二較　三

將較數末行直書之　一 ‖‖　以廉法表之，第三層　一

又以廉法表之，第二層　一一　兩次減之適盡，故知所減之，餘 〇‖‖

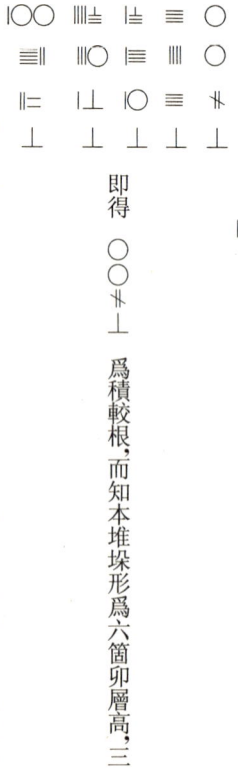

設堆垛形爲一箇。卯層三角二乘垛，兩箇卯減一層三角二乘垛之和，其卯層總積爲 卯(卯丄一)(卯丄二)/一二三 丄 二(卯丅一)卯(卯丄一)/一二三　此堆垛形依初二三等較，

改爲幾箇同乘不同高三角垛之和之法也。

如將㊀式齊其左行而書之，并補足下一行，依其數之加減而補其虛位，其法每置上一數，以下數減之，爲右上數　即得 〇≠‖ 爲積較根。

此式可表明，元堆垛形爲兩箇卯層，三角一乘垛負三箇卯層，三角二乘垛正其卯層。總積爲 三卯(卯丄一)(卯丄二)/一二三 丅 二卯(卯丄一)/一二　此堆垛形依積較根，改爲幾箇同高不同乘三角垛之較之法也。

如將第一法之式變之，【略】又將第二法之式變之，【略】可見兩法所得無異，即本題之證也。

堆垛形弟一層爲一乘二之平方，弟二層爲二乘三之平方，三層以下類推。試依積較術，求卯層以上總積之公式。　祝長慶黃岡

答曰：其式爲 卯(卯丄一)(卯丄二)(三卯丄五)/三×四

依題得弟卯層之公式爲 卯(卯丄一)²　以〇、一、二、三、四遞代其卯，得五層各數，爲 〇 四 三六 一四四 四〇〇　求積較根，其式如下。

即得 〇〇≠⊥ 爲積較根，而知本堆垛形爲六箇卯層高，三角三乘垛止二箇卯層高，三角二乘垛負。故本堆垛形求卯層高總積之公式，可由此推得，即

總積＝六卯(卯丄一)(卯丄二)(卯丄三)/一二三四 丅 二卯(卯丄一)(卯丄二)/一二三 ＝ 卯(卯丄一)(卯丄二)/三×四 {三(卯丄三)丅四} ＝ 一/三×四 卯(卯丄一)(卯丄二)(三卯丄五)

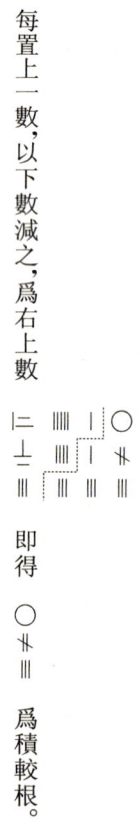

爲所求。

設有一、二、三、四以至二百連乘之積，以三爲法，屢約之。問最多能約若干次，使實無奇零，並問求次數之法。

黃瑞麟孝感

答曰：最多能約九十七次。

法曰：置二百爲實，三爲法，約之，得六十六，餘二，不滿法，棄之。又以六十六爲實，三爲法，約之，得二十二，適盡。又以二十二爲實，三爲法，約之，得七，餘一，不滿法，棄之。又以七爲實，三爲法，約之，得二，餘一，不滿法，棄之。二亦不滿法，不復約，即將其四次約得之數併之，得九十七，如答數。

解曰：因三爲數根，則連乘積 一·二·三·四…(二〇〇) 內有三爲乘數之各項皆在 (一×三)(二×三)(三×三)…(六六×三) 內，即 一·二·三…(六六)$(三)^{六六}$㊀ 又 一·二·三…(六六) 內有三爲乘數之各項皆在 (一×三)(二×三)(二×三)·…(二二×二) 內，即 一·二·三·…(二二)$(三)^{二二}$㊁ 又依同例 一·二·三·…(二二) 內有 (一×三)(二×三)…(七×三) 即 一·二·三·…七$(二)^{七}$㊂ 又 一·二·三…七 內有 (一×三)(二×三) 即 一·二$(三)^{二}$㊃ 故將㊀、㊁、㊂、㊃式中三之乘方併之 $(三)^{六六}(三)^{二二}(三)^{七}(三)^{二}=(三)^{六六丄二二丄七丄二}=(三)^{九七}$ 即連乘積內所容三之最大方，其指數九七即三約連乘積最多次數也。

已知 $乙=(\sqrt[二]{二}丅一)甲$ 求證 $甲^{二}\{一丅\frac{(甲丄二乙)^{二}}{乙^{二}}(一丄\sqrt{四丄\frac{乙}{二甲}丅\frac{甲}{二乙}})^{二}\}$ 等於 $\frac{四九}{甲(五\sqrt[二]{二}丅一)}$

邱　喦黃岡

法：以乙之等式代入下式，依次化之，即得本題之證。【略】

設有甲、乙兩數，乙自乘以甲加一乘之，或甲、乙各自乘相加，或甲、乙各乘至三乘方相減。三法所得均等。求甲、乙兩數。

楊　超江夏

答曰：甲爲一六一八〇三三九九，乙爲一二七二〇一九六五。

$(甲丄一)乙^{二}=甲^{二}丄乙^{二}$㊀ $甲^{二}丄乙^{二}=甲^{四}丅乙^{四}$㊁ 從一式得 $甲乙^{二}=甲^{二}$ 即 $乙^{二}=甲$㊂ 從二式得 $一=甲^{二}丅乙^{二}$ 以三式代入，得 $一=甲^{二}丅甲$ 【略】 $甲=\frac{二}{一}丄\frac{二}{\sqrt{五}}$ $乙=\sqrt{甲}=\sqrt{\frac{二}{一}丄\frac{二}{\sqrt{五}}}$

設有甲、乙兩數各自乘相減等于兩數相乘，亦等于兩數相減。求甲、乙兩數。

王　璋羅田

答曰：甲等於〇.六一八〇三三九九正或一.六一八〇三三九九負。乙等于〇.三八一九六六〇一正或二.六一八〇三三九九正。

按題得 $甲^{二}丅乙^{二}=甲丅乙$㊀ $甲乙=甲丅乙$㊁ 從㊀式得 $甲丄乙=一$ $乙=一丅甲$ 代入㊁式 $甲丅甲^{二}=二甲丅一$ $甲^{二}丄甲=一$ 【略】，故得 甲=〇.六一八〇三三九九 乙=〇.三八一九六六〇一 或 甲=丅一.六一八〇三三九九 乙=二.六一八〇三三九九

按：甲、乙兩正同數，即理分中末綫之大小兩分也。

設有甲、乙兩數，甲與乙比若四與三。甲之平方與乙之立方比若三與四。求甲、乙兩數。

楊震坦鍾祥

答曰：甲三又八十一分之一十三，乙二又二十七分之一十。

由 甲:乙::四:三 得 $甲=\frac{三}{四}乙$ $甲^{二}=\frac{九}{一六}乙^{二}$ 由 $甲^{二}:乙^{三}::三:四$ 得 $甲^{二}=\frac{四}{三}乙^{三}$ 故【略】 $乙=\frac{二七}{六四}=二\frac{二七}{一〇}$

$甲=\frac{三}{四}乙=\frac{八一}{二五六}=三\frac{八一}{一三}$

設有一平方、一立方。平方邊等于立方邊三分之二，平方積等于立方積十一分之二。求兩方邊。

徐　灝安陸

答曰：平方邊一又二十七分之一十七，立方邊二又九分之四。

平方邊=天　立方邊=地　$天=\frac{三}{二}地$ 【略】

$地=\frac{二}{一}×\frac{九}{四}=\frac{九}{二二}=二\frac{九}{四}$　$天=\frac{三}{二}×\frac{九}{二二}=\frac{二七}{四四}=\frac{二七}{一七}$

設有一平方、一平圓。方面積爲圜面積五分之三，問方邊與圜徑之比例。

劉家馴鄖陽

答曰：若十五乘周率之平方根與一十比。

令 天=方邊　地=圜徑　$方面=天^{二}$　$圜面=\frac{四}{周}地^{二}$　依題【略】，故得

$天:地::\sqrt[二]{一五周}:一〇$

設有直綫長六寸，分爲大小兩分。令大分與小分比若圜容五等邊與半徑比。問大小兩分數。

余寅暉應山

答曰：大分三.二四二一〇二七，小分二.七五七八九七三。

依《數理精蘊》求圜內容五邊形法，半徑爲理分中末綫。全分則五邊形每邊

爲全分自乘加大分自乘之平方根。

又設全分爲一，按理分中末綫之條理，求得大分 $\frac{二}{\sqrt{五}丅一}$ 乃依前法求得半徑爲一之内容五等邊，爲 $\sqrt{\frac{四}{(\sqrt{五}丅一)^{二}丄一}}$ 即 $\frac{二}{一}\sqrt{一〇丅二\sqrt{五}}$

依本題　大分：小分∷五等邊：半徑　大分丄小分：小分∷五等邊丄半徑：半徑　即得【略】小分，即 $\frac{\frac{二}{一}\sqrt{一〇丅二\sqrt{五}}}{六}$＝小分＝二.七五七八九七三

大分＝六丅二.七五七八九七三＝三.二四二一〇二七

設有遞加之比例三率，置中率以五除之，則成連比例三率，而首末率不變。已知首率六，求中、末率。

徐人驥建始

答曰：中率二百九十六九六九三六奇或爲三〇三〇六三奇，末率五百八十七九三八七二二奇或爲〇〇六一二七奇。

令　首率＝六＝甲　中率＝天　末率＝地　$\frac{二}{甲丄地}$＝天㈠　$\frac{二五}{天^{二}}$＝甲地㈡　㈠自乘，【略】代入㈡式。【略】從㈠式得　天＝$\frac{二}{甲丄地}$　天＝$(二五\pm一〇\sqrt{六})$甲

設有連比例三率，已知首末率和爲甲，首末率各自乘相併之數爲乙，求三率各公式。

李焕春宜昌

首丄末＝甲㈠　首^{二}丄末^{二}＝乙㈡　㈠自乘，【略】以㈡減之　二首末＝甲^{二}乙丅乙㈢　以減㈡，【略】開平方，【略】故得　首＝$\frac{二}{一}(甲丄\sqrt{二乙丅甲^{二}})$㈣　末＝$\frac{二}{一}(甲丄\sqrt{二乙丅甲^{二}})$㈤　因 $\sqrt{首末}$＝中　故以二約㈢式　首末＝$\frac{二}{甲^{二}丅乙}$　$\sqrt{首末}$＝中＝$\sqrt{\frac{二}{甲^{二}丅乙}}$㈥　即得㈣、㈤、㈥爲三率各公式。

設有連比例五率，其首末率之和九十三，任相連兩率之比若一與五，求五率各數。

陳鸞翥荆門

答曰：首率六百二十六分之九十三，二率六百二十六分之四百六十五，三率三又六百二十六分之四百四十七，四率十八又六百二十六分之三百五十七，五率九十二又六百二十六分之五百三十三。

令　甲＝首率　甲天^{一}＝二率　甲天^{二}＝三率　甲天^{三}＝四率　甲天^{四}＝五率　則　甲丄甲天^{四}＝九三㈠　惟　甲：甲天∷一：五　故　甲天＝五甲　即　天＝五　代入㈠式得　甲丄甲五^{四}＝九三　而　甲＝$\frac{一丄五^{四}}{九三}$＝$\frac{六二六}{九三}$　甲天＝$\frac{六二六}{四六五}$　甲天^{二}＝$\frac{六二六}{二三二五}$＝三$\frac{六二六}{四四七}$　甲天^{三}＝五$\frac{六二六}{一一二五}$＝一八$\frac{六二六}{三五七}$　甲天^{四}＝九〇$\frac{六二六}{一七八五}$＝九二$\frac{六二六}{五三三}$

設有幾何級數　甲　甲未　甲未^{二}　等等，其第寅級與第　寅丄一　級之和等于第　寅丄二　級，求卯級已上之和數。

法：以未乘至　卯丄一　方減未，以甲乘之即得。試求其證並求未之同數。

答曰：未之同數爲 $\frac{二}{\sqrt{五}丄一}$＝一.六一八…　或爲 $丅\frac{二}{\sqrt{五}丅一}$＝丅〇.六一八…

令　甲未^{寅丅一}　爲第寅級之公式，申爲卯級以上之和　甲丄甲未丄甲未^{二}丄…丄甲未^{寅丅一}丄…丄甲未^{卯丅一}＝申　甲未丄甲未^{二}丄甲未^{三}丄…丄甲未^{寅}丄…丄甲未^{卯}＝申未　甲未^{二}丄甲未^{三}丄甲未^{四}丄…甲未^{寅丄一}丄…丄甲未^{卯丄一}＝申未^{二}　因題言　甲未^{寅丅一}丄甲未^{寅}＝甲未^{寅丄一}　則　甲丄甲未＝甲未^{二}　亦得　申丄申未＝申未^{二}　故　申＝申未^{二}丅申未＝

$$\left\{\begin{matrix}甲未^{二}丄甲未^{三}丄甲未^{四}丄…丄甲未^{卯丄一}\\ 丅(甲未丄甲未^{二}丄甲未^{三}丄…丄甲未^{卯})\end{matrix}\right\}＝甲未^{卯丄一}丅甲未＝(未^{卯丄一}丅未)甲$$

即爲本題之證。又從　甲丄甲未＝甲未^{二}　得　一丄未＝未^{二}　未^{二}丅未＝一　未^{二}丅未丄$\frac{四}{一}$＝$\frac{四}{一}$丄一＝$\frac{四}{五}$　未丅$\frac{二}{一}$＝$\frac{二}{\pm\sqrt{五}}$　未＝$\frac{二}{一\pm\sqrt{五}}$＝一.六一八…或丅〇.六一八…

清·王同愈《校士算存》卷一

半圓内全徑上平列四小圓，互相切。試作圖，以求小圓心點。設全徑二十，求小圓徑。

王耀勳漢陽

答曰：小圓徑四.八〇五〇六有奇。

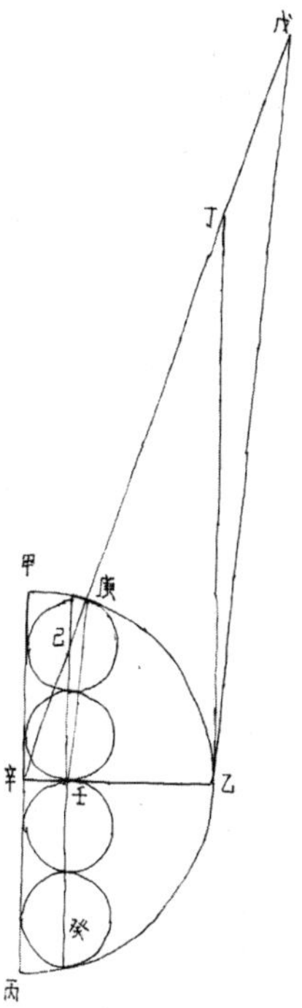

求小圓心法曰：甲乙丙爲半圓，甲丙爲徑，作乙辛半徑，爲甲丙之垂綫，平行甲丙自乙作乙丁綫，令其長三倍，于乙辛。次自圓心作辛丁綫，復引長至戊，令戊丁等于乙辛。乃作戊乙直綫，自庚點作綫與戊乙平行，遇乙辛綫于壬。壬辛即小圓半徑也。過壬點作己癸綫，與甲丙平行，遇辛庚綫于己，即一圓心也。

論曰：壬辛爲小圓半徑，己壬三倍于壬辛，今取乙丁亦三倍于乙辛，則乙辛丁與壬辛己必爲同式句股形矣。己庚亦爲小圓半徑，己壬三倍于己庚。今取乙丁亦三倍于丁戊，而己庚與丁戊又同在一直綫上，則戊丁乙與庚己壬必爲同式三角形矣。有此兩形爲同式，故可假彼形以定此形，而知壬辛必爲小圓半徑，己點必爲一圓心點也。今設大圓半徑爲十，求小圓半徑，有等數。

$庚辛＝一〇＝甲$　$己庚＝壬辛＝天$　$己壬＝三天$　$己辛＝庚辛丅己庚＝甲丅天$　因　$壬辛^{二}丄己壬^{二}＝己辛^{二}$　故　$天^{二}丄九天^{二}＝甲^{二}丅二甲天丄天^{二}$　【略】　$九天＝(\sqrt{一〇}丅一)甲$　$天＝\frac{九}{一}(\sqrt{一〇}丅一)甲＝\frac{九}{一〇}(\sqrt{一〇}丅一)$　$二天＝\frac{九}{二〇}(\sqrt{一〇}丅一)＝$

四.八〇五〇六…

大小兩圓相交，已知大徑甲，小徑乙，兩圓心距(于)[丙]合弧，内容兩等圓。試求其心點及圓徑。　張瀌江夏

如圖，甲乙兩圓相交于子、丑。甲乙爲兩心距，甲丙爲大圓半徑，乙丁爲小圓半徑，于丙子丁合弧内容圓，求其心點所在。

法：作兩圓之公切綫戊己，又作兩圓之公通弦子丑，引長遇切綫于壬。或將戊己切綫中分之，亦得壬點。從壬點作壬庚、壬辛兩切綫。次從庚辛兩點作甲庚、乙辛兩半徑綫，相交于卯，即圓心也。求餘一圓心法，倣此爲之。

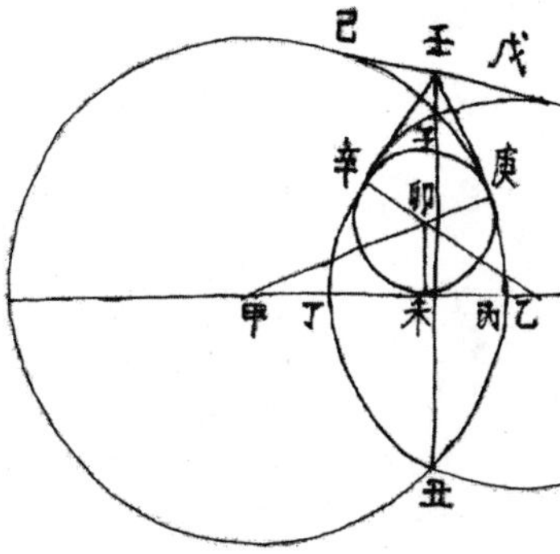

求圓徑法，試作卯未半徑爲乙甲之垂綫。有等式如下。

$甲庚＝\frac{二}{甲}$　$乙辛＝\frac{二}{乙}$　$甲乙＝丙$　$卯庚＝卯辛＝卯未＝天$　【略】

$天＝(\frac{甲丅乙}{二})^{二}\{丅[丙^{二}丅\frac{四}{(甲丅乙)^{二}}](甲丄乙)\stackrel{丄}{丅}二丙\sqrt{[丙^{二}丅\frac{四}{(甲丅乙)^{二}}]甲乙}\}$

爲所求。

大小兩圓相交，兩交點距十四，兩圓心距十六，大圓徑二十四，求小圓徑。　賀鑄淵利川

荅曰：小圓徑十八七七五二六〇九六奇。

如圖，甲庚戊爲大圓，甲辛戊爲小圓，甲戊爲交點距，乙丙爲圓心距，甲乙爲大圓半徑，求小圓半徑甲丙有等數。

$甲乙＝一二$　$甲丁＝七$　$丙乙＝一六$

【略】　$\sqrt{甲丁^{二}丄丁丙^{二}}＝甲丙＝$

$\sqrt{(七)^{二}丄(一六丅\sqrt{九五})^{二}}＝\sqrt{四〇〇丅三二\sqrt{九五}}＝四\sqrt{二五丅二\sqrt{九五}}＝$

九.三八六三〇四八…

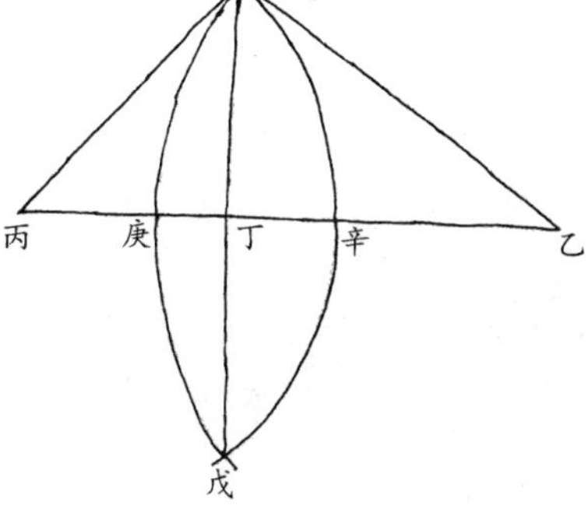

拋物面内容平圓，其正弦大于通徑，則圓界有兩點切曲綫，而容圓徑即通徑與倍正弦之較。試以拋綫諸款證之。　□□□武昌

如圖，丙辛庚壬癸拋物面，壬辛爲通徑，乙丙爲正弦，戊子爲内容圓兩切點，丁戊爲半徑。作甲戊公切綫，則己戊爲其正弦，己丁爲其次法綫，甲己爲其次切綫。依曲綫理，《微積溯源》六十六款。次法綫恒等于半通徑，次切綫恒倍于截徑。如甲己倍于

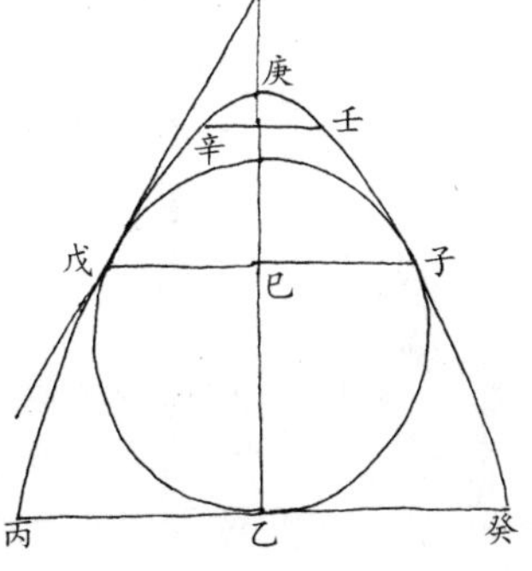

庚己。乃命半通徑爲甲，如己丁。圜半徑爲天，如丁戊及丁乙。正弦爲乙，如丙乙。依《曲綫説》三卷一款系例。$\frac{二甲}{乙^{二}}$＝庚乙㊀　次依本圖　己丁：丁戊：：丁戊：甲丁　故【略】　二天＝二乙丅二甲　即得圜徑，爲倍正弦與通徑較之證矣。

求于半圜內作有法六等邊形，其一邊切圜徑，其邊之中點切圜心。試詳其法。　萬聲揚江夏

法曰：甲乙辛丙半圜，丁爲圜心，平分甲丁半徑于戊，作庚戊垂綫，引長至己，取庚己等于庚戊。次從圜心至己作丁己綫，遇圜界于乙，乃作乙辛綫平行甲丙，即爲內容六邊形之一邊也。既得乙辛，則從乙辛兩點作甲丙之垂綫，遇甲丙于壬、于癸，以辛與癸各爲心，乙辛爲度，各作圜界，相遇于子。以乙與壬爲心，各作圜界，相遇于丑，聯乙辛子癸壬丑作綫，而成六等邊形。

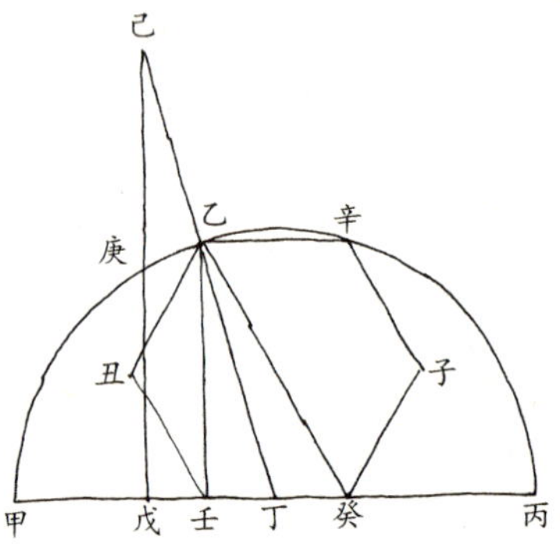

解曰：六等邊形壬癸與乙壬比，必若三等邊形半邊與垂綫比，則丁壬與乙壬比，必若三邊形四分邊之一與垂綫比。又若三邊形半邊與倍垂綫之比。三四率同以二乘之，即得。

今作庚戊綫平分甲丁于戊，則丁戊與庚戊比，亦若三邊形半邊與垂綫比。又取己戊大于庚戊一倍，則丁戊與己戊比，必若三邊形半邊與倍垂綫比，即丁壬及乙壬同比例。故作丁己綫，遇圜界于乙，而從乙作乙壬丁形，即可定內切六等邊形所在也。

前題：設有圜城，外圍以濠。濠之內周抵城根外周，距城十丈，濠之面積以八十乘之，等于城之面積，求城徑。　胡　錚沔陽

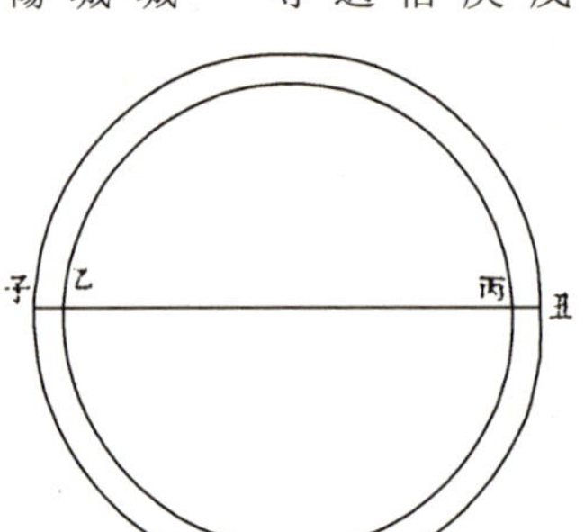

荅曰：城徑三千二百一十丈，爲畧近之數。

天＝乙丙＝城徑　天丄二〇＝子丑＝全徑　徑方一之圜積＝甲^{二}　準幾何理　一：天^{二}：：甲^{二}：城積　城積＝甲^{二}天^{二}　同理　一：(天丄二〇)^{二}：：甲^{二}：全積　全積＝甲^{二}(天丄二〇)^{二}　濠積＝甲^{二}(天丄二〇)^{二}丅甲^{二}天^{二}＝二〇甲^{二}(二天丄二〇)　依題理　一六〇〇甲(二天丄二〇)＝甲^{二}天^{二}　天^{二}丅三二〇〇(天丄一〇)＝〇　觀此式可知，天不可小于三二〇〇。若令天爲三二〇〇，則負項大於正項。再令天爲三二〇九，則負項仍大於正項。惟令天爲三二一〇，則負項小于正項，且所差之數極微。故知三二一〇爲畧近之根。坿列求天之同數表于左。【略】

同圜所容五等邊自乘方與十等邊自乘方比，若五之平方根加五與二比。試求其證。　劉家佺漢陽

令　半徑＝一　十等邊＝天　準理分中末綫比例　一：天：：天：一丅天

【略】　十等邊^{二}＝$\left(\frac{二}{\sqrt{五}丅一}\right)^{二}$＝$\frac{四}{六丅二\sqrt{五}}$＝$\frac{二}{三丅\sqrt{五}}$　準幾何理　五等邊^{二}＝半徑^{二}丄十等邊^{二}　【略】故　五等邊^{二}：十等邊^{二}：：五丄$\sqrt{五}$：二

又　卷二

設圜錐形之曲面積大于底面積一倍，求腰綫與底所成角度。　王立模江陵

荅曰：腰綫與底所成角六十度。

解曰：凡圜錐曲面積等於腰綫乘底半周。底面積等於底半徑乘底半周。故曲面積與底面積之比，恒若腰綫與底半徑之比。今題言，曲面積大於底面積一倍，則腰綫必大於底半徑一倍，即腰綫等於底全徑，而兩腰與底全徑所成三角形爲三等邊形，其邊等其角亦等。凡三等邊形之角皆爲六十度，故知本題所求腰與底所成之角爲六十度也。

四等面體內容球徑與外切球徑之比，若一與三之比。試求其證。　周朝綱恩施

如圖，甲乙丁丙爲半四面體形。依甲乙一邊，甲丙、乙丙二垂綫直剖之甲乙丁，爲一整面。丙乙丁爲半底面，甲丙丁爲半旁面，甲乙戊己爲外切球上最大圈，庚癸子辛爲內切球上最大圈，同以壬爲心點。外圈以甲乙兩角爲切點，內圈以底面、旁

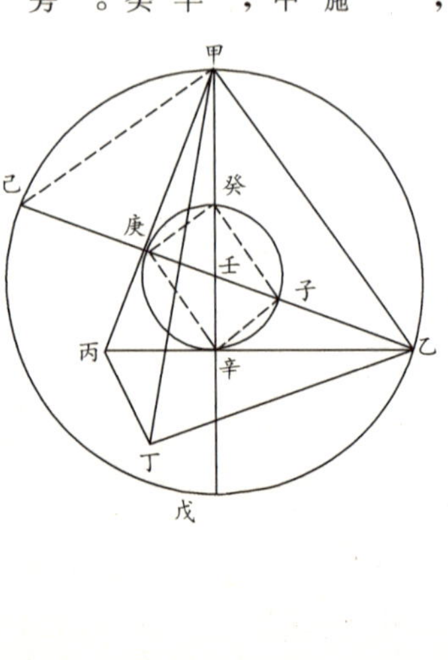

面兩三角心庚、辛爲切點。四面形每面均爲平邊三角形，故其邊甲乙、乙丁、甲丁均相等，丙丁爲其半邊，甲丙與乙丙均爲平邊三角形之垂綫。庚、辛既爲底旁兩面之心，則丙辛必爲丙乙三分之一，丙庚必爲甲丙三分之一。又丙辛庚與丙乙甲兩三角形相似，丙辛比丙乙若庚辛比甲乙。又庚子癸與己乙甲兩直角形相似，而庚辛與子癸等，故庚辛比甲乙與庚子比己乙。依平理，則丙辛比丙乙若庚子比己乙。惟因丙辛爲丙乙三分之一，故庚子亦爲己乙三分之一。故題云內切球徑即庚子。與外切球徑即己乙。之比，若一與三之比也。

設有徑寸之球十枚，疊成三角垛形，求垛高。　周晝欄東湖

答曰：高二寸六三三弱。

如圖，將底層六圜心聯成乙丙丁等邊三角形，其每邊必等于四箇球半徑。又從三角心庚點作甲庚垂綫，取甲點爲頂上一球之心，至乙、丙、丁各點作綫，亦均等四箇球半徑，乃取各邊四分之一爲度，引長垂綫，上作甲戊，下作庚己，均等于球半徑，則戊己必爲垛形之高。依此理，有等數

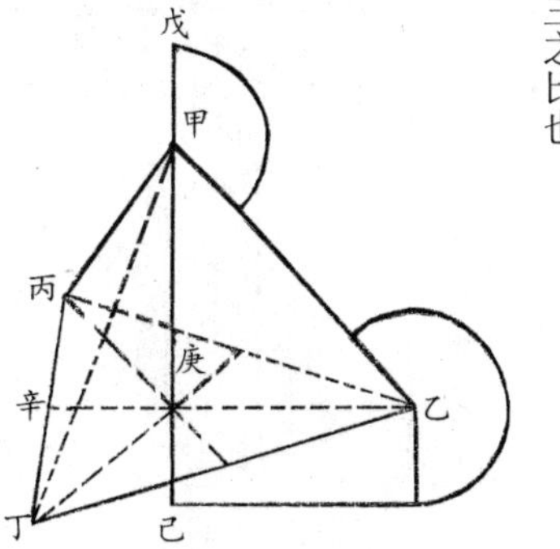

$甲乙=乙丁=丙丁=四球半徑=二寸$　$乙辛=\sqrt{乙丁^{二}\text{丅}\frac{四}{丙丁^{二}}}=\sqrt{三}$

依幾何理　$乙庚=\frac{三}{二}乙辛=\frac{三}{二}\sqrt{三}$　又依句股理　$甲乙^{二}\text{丅}乙庚^{二}=甲庚^{二}$　則

$甲庚=\sqrt{四\text{丅}\frac{九}{四\times三}}=\frac{三}{二}\sqrt{六}$　故　$甲庚\perp甲戊\perp庚己=戊己=\frac{三}{二}\sqrt{六}\perp一=$二。六三三弱　爲所求。

前題：設將金球一枚改鑄爲小球九枚，求大球皮積與九小球皮積之比例。　莊毓麟襄陽

答曰：若一與九之立方根比。

解曰：大球體積既等于九小球體積，則大球與一小球體積之比若九與一比。惟因球體之相比，如其兩球徑之立方比，故大球徑立方與小球徑立方之比，若九與一比，即大球徑與小球徑比，若九之立方根與一比。大球徑平方與小球徑平方比，若八十一之立方根與一比。又凡兩球皮積之比，如其徑之平方比因皮積與徑之平方均爲面。故大球皮積與小球皮積之比，若大球徑平方與小球徑平方之比，即若八十一之立方根與一比。而大球皮積與九小球皮積之比，若八十一之立方根與九比。三四兩率各乘至立方，同以八十一除之，仍開立方，即得八十一之立方根與九比，同于一與九之立方根比，爲大球與小球皮積之比例也。

又　卷四

李氏天元句股細草末二圖有股弦較、有句和和，求句。及有股弦較、有句和較，求句。立法均嫌迂回，試以簡法更作圖解。　許光熊雲夢

有股弦較、有句和和，求句法曰：兩數相乘爲長方積，股弦較爲長闊較，開帶縱較方，得闊，爲句。其長爲句較和。

有股弦較、有句和較，求句法曰：兩數相乘爲長方積，股弦較爲長闊較，開帶縱較方，得長，爲句。其闊爲句較較。

解曰：如圖甲乙爲弦，乙丙爲股，丙丁爲句，甲丁爲句和和，甲辛爲股弦較，甲庚長方爲股弦較，句和和相乘積。此積內有股弦較與句相乘積一，如丙庚方。有股弦和較相乘積一，如甲壬方。惟因股弦和較相乘，即等於句冪，故移甲壬長方爲壬己正方，則甲庚長方變爲丙己長方。此方以丙戊句較和爲長，丙丁句爲闊，丙壬股弦較爲長闊較，故以句和和、股弦較相乘，爲長方積，股弦較爲長闊較，開帶縱平方所得闊，即句也。

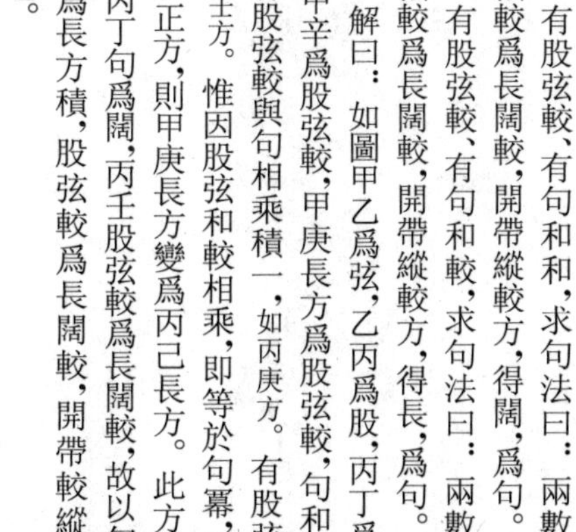

又解曰：如圖丙子爲句，甲子爲句和較，甲丑長方爲股弦較、句和較相乘積。如令壬寅爲股弦較，則甲丑長方變爲寅己長方。因前解甲壬方原與壬己方等。今子壬與壬卯兩方既皆爲股弦較乘句，則甲丑方與寅己方必等。此方以寅卯句爲長，寅戊句較較爲闊，壬寅股弦較爲長闊較，故以股弦較、句和較相乘爲長方積，股弦較爲長闊較，開帶縱平方，所得長即句也。

句、股容正方，令方邊切于弦。已知弦長及方邊之數，求句、股，試作圖解。　張紹華東湖

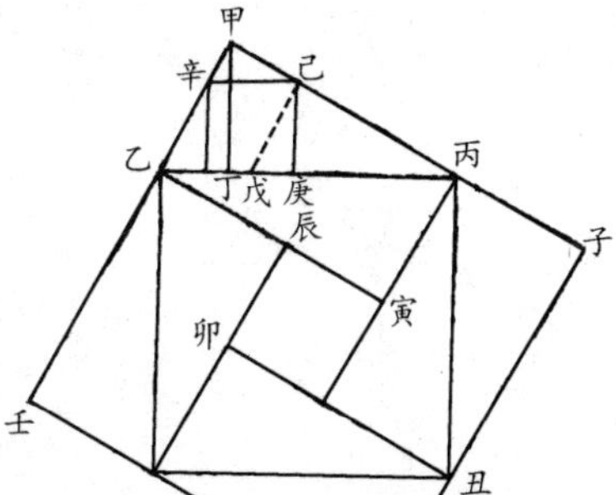

法：以弦與方邊相減爲一率，方邊爲二率，弦爲三率，求得四率爲中垂綫。次置弦加二，垂綫以弦乘之，開平方爲句股和。弦減二，垂綫以弦乘之，開平方爲句股較。和較相加，折半爲股。相減，折半爲句。

如圖，甲乙丙句股形内容庚辛正方，一邊切于弦。試與甲乙平行，作己戊綫，則戊己丙形與元形同式。其中垂綫己庚即方邊。其弦丙戊即元形弦減方邊，因乙戊與辛己必等。故以弦減方邊，丙戊與方邊己庚之比，必若乙丙弦與甲丁中垂綫之比也。又以乙丙弦自乘，得乙丑方，于外作四句股形，成甲癸方等于句股和自乘，于内作四句股形，成寅卯方等于句股較自乘。又因四句股形與倍直積等，弦乘二垂綫亦與倍直積等，故于弦方外加弦乘二垂綫，即四箇甲乙丙形。必與子癸方等。弦方内減弦，乘二垂綫，必與寅卯方等。惟因弦自乘加減弦乘二垂綫，即同于弦乘弦加減二垂綫，故以此二數各開平方，即得句股和甲壬與句股較卯辰既得和較相加，折半爲股，相減，折半爲句，即本題立法之理也。

任何句股形，其弦和和與句之比必若二股與弦和較之比。試作圖解。　謝九徵東湖

案：據一四率相乘等于二三率相乘，則弦和和與弦和較之矩形必等于二句與股之矩形。依此理證之。

如圖，乙巳爲句股和，辛巳等。甲巳癸甲等。與巳戊均爲弦，則甲乙爲弦和和，丙丁等。乙戊爲弦和較，丙壬與丁癸皆等。丙癸矩形爲弦和和與弦和較相乘。若移辛癸形于士戊，兩形皆以弦爲長，弦和較爲闊。則成辛丙子乙磬折形，與元矩形等。此磬折形爲丙巳正方減子巳正方所成，即知弦和和與弦和較相乘，必等于句股和自乘減弦自乘。

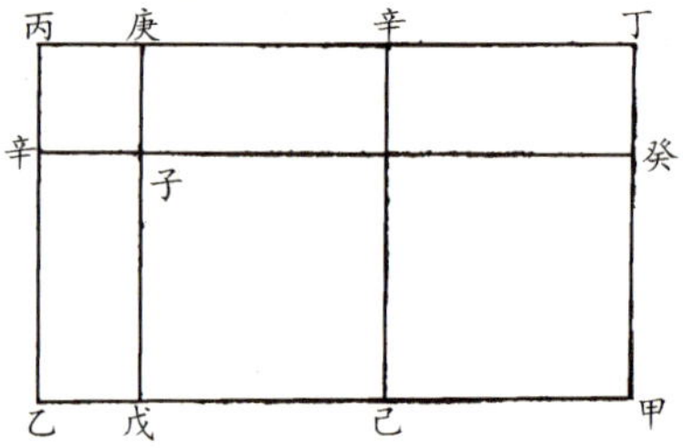

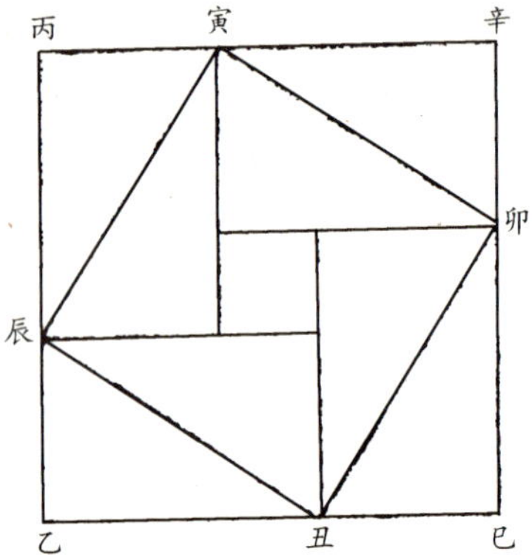

又如圖，丙巳爲句股和自乘方。乙丑、辛寅等，爲股。巳丑、丙寅等，爲句。依丑、寅、卯、辰作四弦綫，則丙巳方内減寅丑方所餘寅辛卯、卯巳丑等，四句股積即二句股相乘積，故知二句乘股亦等于句股和自乘減弦自乘。依二圖之理即知，弦和和與弦和較之矩形必等于二句與股之矩形矣。

前題。　王發科東湖

一圖

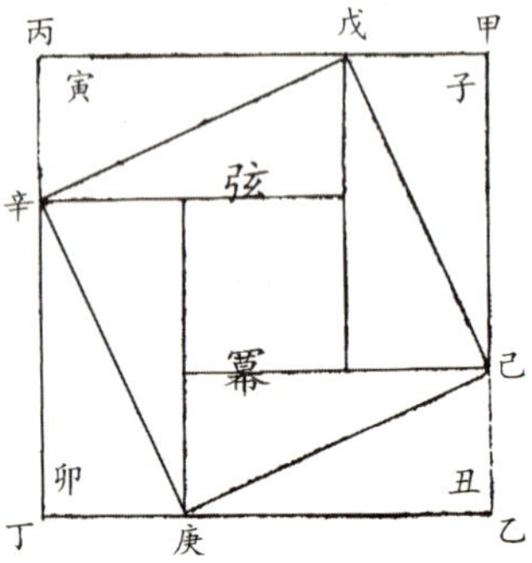

二圖

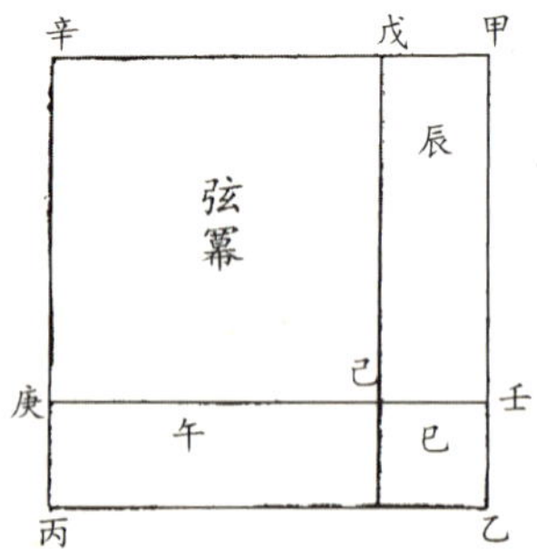

三圖

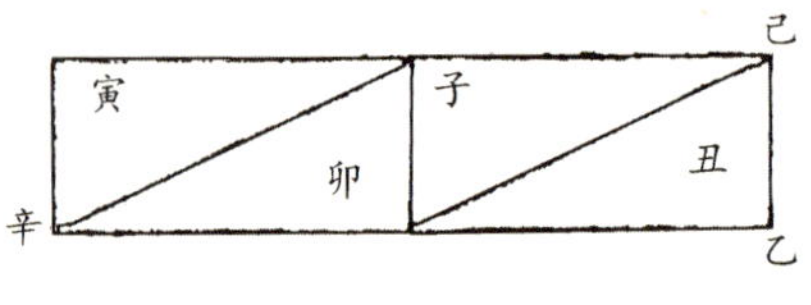

四圖

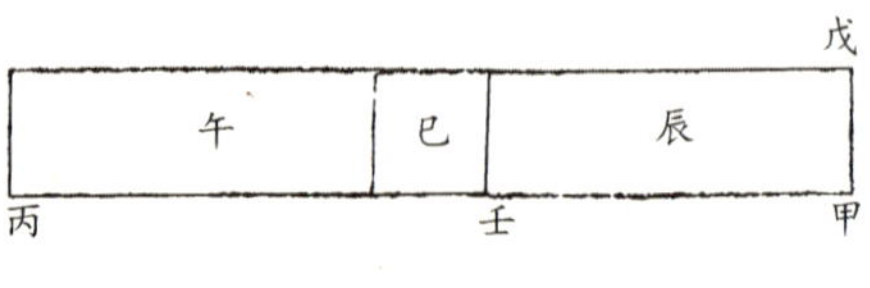

如一圖，甲乙丙丁方爲句股和冪。甲戊、己乙、庚丁、丙辛均爲句。甲己、乙庚、丁辛、丙戊均爲股。戊己、己庚等，爲弦。戊己庚辛方爲弦冪。句股和冪内減去弦冪，餘子丑寅卯四句股積，合成一長方，如三圖。以己乙句爲闊，乙辛二股爲長。

如二圖，甲乙丙辛亦爲句股和冪。戊己庚辛亦爲弦冪。甲戊、庚丙均爲句股和，内減弦即弦和較。甲壬加乙丙爲句股和，加弦即弦和和，故于句股和冪内減去弦冪，餘辰巳午三段積，合成一長方，如四圖。以甲戊弦和較爲闊，甲丙弦和和爲長。

解曰：三四兩圖既同爲句股和冪内減去弦冪，所餘之積則兩積必等明矣。兩積既等，而長方形之長闊又各不同，則可列爲比例，即以三圖之長闊爲二三率，四圖之長闊爲一四率，是以弦和和四圖之長。與句三圖之闊。之比，必若二股三圖之長。與弦和較四圖之闊。之比也。

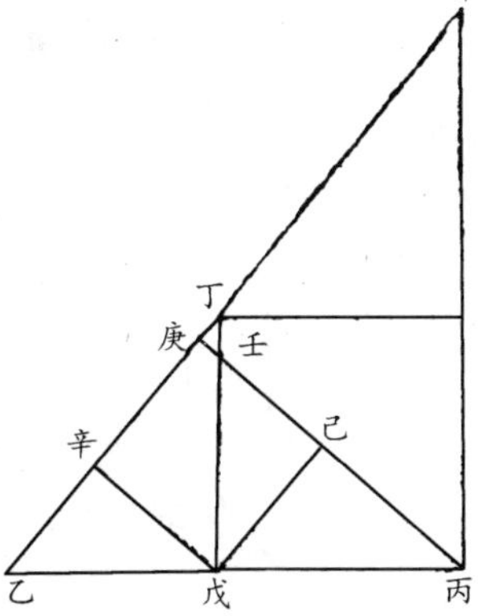

句股形句股和與弦之比，若中垂綫與内容方邊之比。試作圖解。　楊霆垣鍾祥

解曰：于甲乙丙句股形内作丁丙正方，又作丙庚垂綫，則丙壬戊形與丁戊乙形必相等。因兩形同式，又同以方邊爲股，故相等。又作兩形之垂綫戊己與戊辛，則戊丙己形與丁辛戊形亦等。因辛戊等于庚己，故戊己等于庚己，故丙庚爲丙己戊形句股和，丙戊爲其弦。惟丙戊己形與甲乙丙大形亦同式，故大形句股和與弦比，若小形句股和丙庚與弦丙戊比。丙庚爲甲乙丙形之中垂綫，丙戊爲其内容方邊，故題言云云。

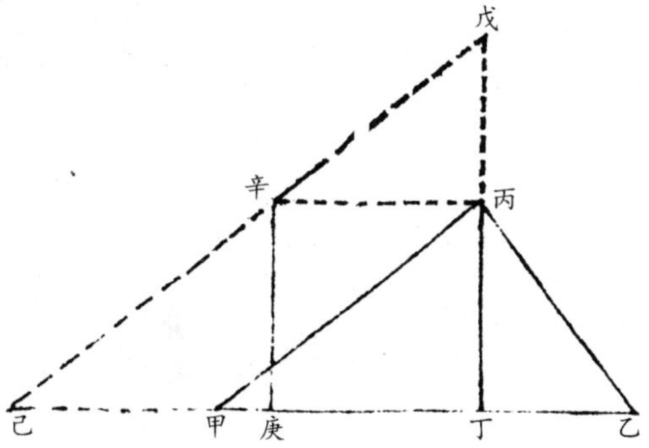

句股形内作垂綫，取垂綫爲方邊，另作句股容方形，與比形同式，則另形之弦必等于元形之句股和。試作圖解。

張樹東黄州武生

如圖，甲乙丙爲元句股形，甲丙爲股，丙乙爲句，丙丁爲垂綫。以丙丁垂綫爲方邊，另作丁戊己句股容方形，其己戊弦必等于甲丙、丙乙和。蓋己戊與甲丙平行，丙辛與甲己平行，則己辛必等于甲丙。又辛丙戊小句股形與丙丁乙小句股形同式，而皆以容方之邊爲股，則辛戊必等于乙丙。己戊爲己辛、辛戊之和，故等于甲丙、乙丙之和也。

句股容圓形，以圓徑作方邊，元股爲股，更作句股容方形，其容方形之句爲元形之弦較較。試作圖解。

張樹東黄州武生

如圖，甲乙丙爲句股容圓形，壬辛爲圓徑，甲乙丁爲句股容方形，其方邊等于圓徑，甲乙爲公同之股，丙丁爲兩句之較。準句股和較之例，容圓徑爲弦和較，股與弦和較之較即句弦較。弦和較加倍股弦較，即弦較較。而容圓句股形之比例句弦較與弦和較比，若弦和較與倍股弦較比。又容方句股形之比例，股方較與方邊比，若方邊與句方較比。本題句股容方形既以元股甲乙爲股，則甲己股方較即元形之句弦較也。又以元形之圜徑爲方邊，則己戊、戊庚兩方邊，皆元形之弦和較也。兩比例均爲連比例，首中兩率既等，末率必等。然則丁庚句方較，亦即元形之倍股弦較也。庚丁爲元形之倍股弦較，加元形之弦和較庚乙，成乙丁，爲容方形之句，則容方之句其爲甲乙丙形之弦較較，無疑矣。

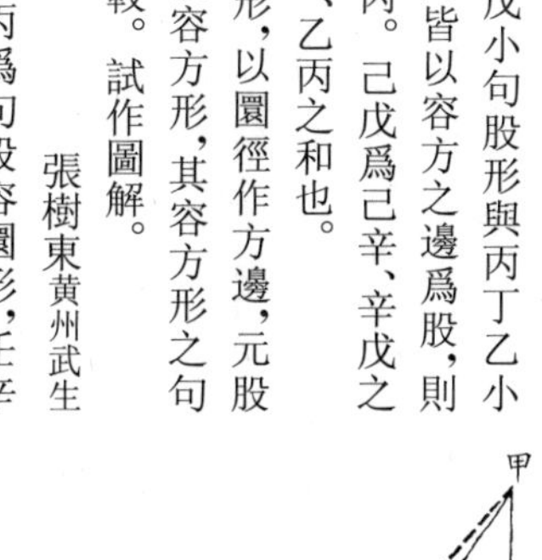

句股形外各以句股爲徑，作半圓。又以弦爲徑，過直角作半圓。其所截兩鐮形積之和必與元句股積等。試證其理。

朱綺章隨州

如甲乙丙句股形，各以一邊爲徑，作半圓。題言甲戊丙庚與甲丁乙己兩鐮形之和與甲乙丙形等。

解曰：凡平圓面積等于全徑方乘四分周率之一，而句方、股方和等于弦方，

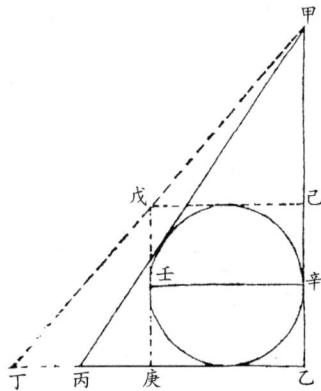

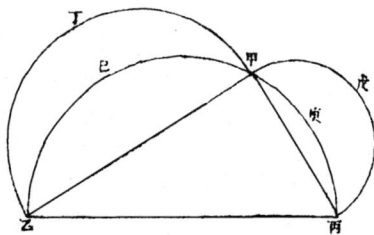

故句上平圓與股上平圓面積和亦等于弦上平圓面積。因四分周率之一爲公共之乘數，故圓面與方面無異。即句上半圓與股上半圓面積和亦等于弦上半圓面積。惟甲丙戊句上半圓所含甲庚丙弧面與甲乙丁股上半圓所含甲己乙弧面，同爲乙己丁乙己面皆爲鐮形，一則餘乙甲丙面，即元句股形。故題言兩鐮形之和必與元句股形等也。

前題。　　　　許光熊雲夢

準幾何理，圓之面積相比若其徑方相比　甲丙^{二}：甲乙^{二}：：弦上圓積：股上圓積　甲丙^{二}：丙乙^{二}：：弦上圓積：句上圓積　甲丙^{二}：甲乙^{二}丄丙乙^{二}：：弦上圓積：股上圓積丄句上圓積　即　甲丙^{二}：甲乙^{二}丄丙乙^{二}：：弦上半圓：股上半圓丄句上半圓　惟　甲丙^{二}＝甲乙^{二}丄丙乙^{二}

故　弦上半圓＝股上半圓丄句上半圓

又因　弦上半圓＝甲乙丙積丄甲己乙丁積丄丙辛乙壬積　股上半圓＝甲己乙丁積丄甲丁乙戊鐮　句上半圓＝乙壬丙辛積丄乙壬丙癸鐮　故得　甲乙丙積丄甲己乙丁積丄丙辛乙壬積＝甲己乙丁積丄甲丁乙戊鐮丄丙辛乙壬積丄乙壬丙癸鐮　即得　甲乙丙積＝甲丁乙戊鐮丄乙壬丙癸鐮

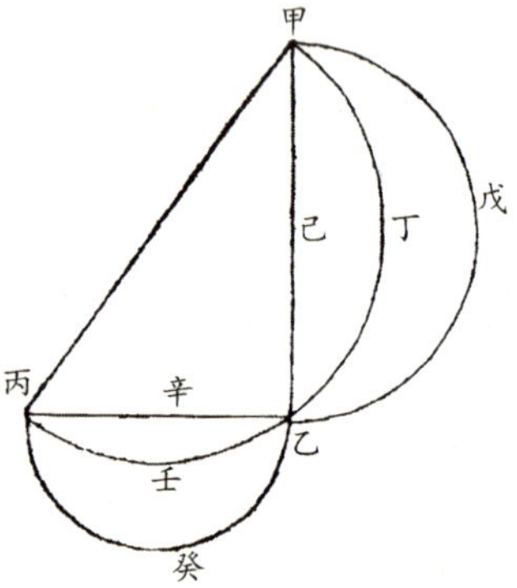

環形内依外周作通弦，切于内周，即以此通弦爲徑更作一圓，其面積必與環形積等。試證其理。　　　　楊華甫隨州

如圖，乙丙爲内圜半徑，甲乙爲外圜半徑，甲丁爲外周之通弦，切于内周丙點。甲丙爲通弦上所作圜半徑。三半徑成直角形。依直角形理，甲乙上正方減乙丙上正方必等於甲丙上正方。惟因環形積等于外圜面積減内圜面積，即甲乙方減乙丙方乘周率。而甲乙方減乙丙方，既等于甲丙方，則環形積等于甲丙方乘周率，即等于甲丙爲半徑之圜面積。故題言甲丁通弦上所作圜與環形積等也。

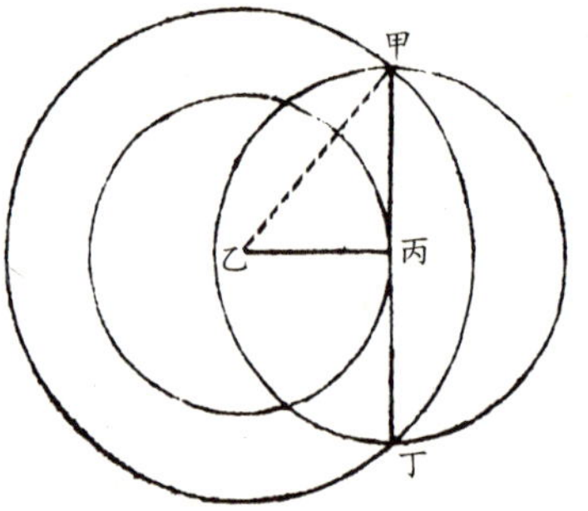

若以幾何之理解之，如圖甲乙爲弦，乙丙爲股，甲庚爲弦方，辛庚爲股方。弦方内減股方，爲句方，則乙戊辛己磬折形必等于句方。移辛己形于丁壬，則磬折形變爲丁戊長方。以甲丁股弦和爲長，甲戊股弦較爲闊。因甲丙與甲戊等，故丁丙爲長闊較。因乙丁與乙丙均爲股，故丁丙爲二股。所以句方爲長方，二股爲長闊較，開得長爲股弦和，即甲丁。開得闊爲股弦較，即甲戊也。

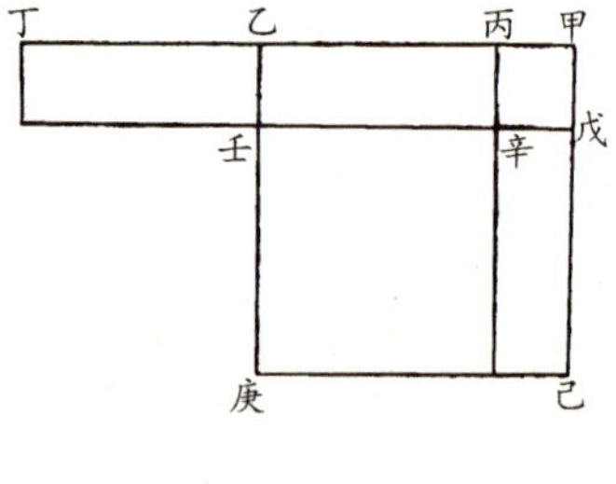

句與股比若股與卯倍句弦和比，則句與弦比若一與卯加一之比。試以幾何或代數理解之。　　　　周朝綱恩施

如圖，甲乙丙句股形，引長句至庚。又作甲庚爲甲丙之垂綫，則甲乙庚與元形相似，乙丙句與甲乙股比若甲乙股與乙庚比。題言乙庚爲卯倍句弦和，則乙丙與甲丙比若一與卯加一之比。試以弦甲丙爲半徑，丙爲心作半圜，則乙丁爲句弦較，乙戊爲句弦和。又甲丁乙與甲乙戊相似，故丁乙與甲乙比若甲乙與乙戊比。兩比例同以甲乙爲二三率，故兩一四率爲轉比例，即乙戊與乙庚之比若乙丙與乙丁之比。惟因乙戊爲句弦和，乙庚爲卯倍句弦和，故乙戊與乙庚比若一與卯比，即乙丙與乙丁之比若一與卯之比。以一二率相加爲二率，三四率相加爲四率，則乙丙與丁丙之比若一與卯加一之比。乙丙爲句，丁丙同于甲丙爲弦，故題言云云。

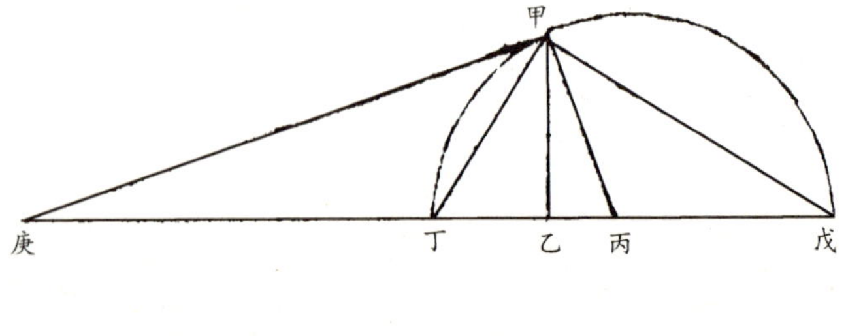

又以代數理證之，如左。

準題言　句：股：：股：卯(句丄弦)　依句股常理(弦丅句)：股：：股：(句丄弦)　合之　句：(弦丅句)：：(句丄弦)：卯(句丄弦)　即　句：弦丅句：：一：卯　而　句：弦：：一：：卯丄一

又　卷五

本弧餘弦爲一率，正弦與半弧正切較爲二率，正弦爲三率，正矢爲四率，試作圖解。　　　　李楚珩襄陽

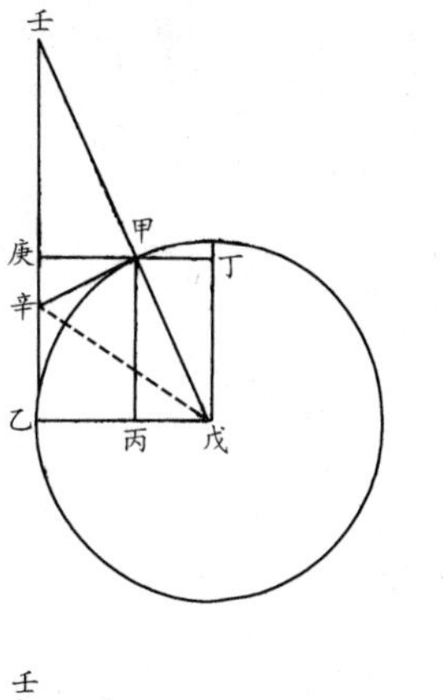

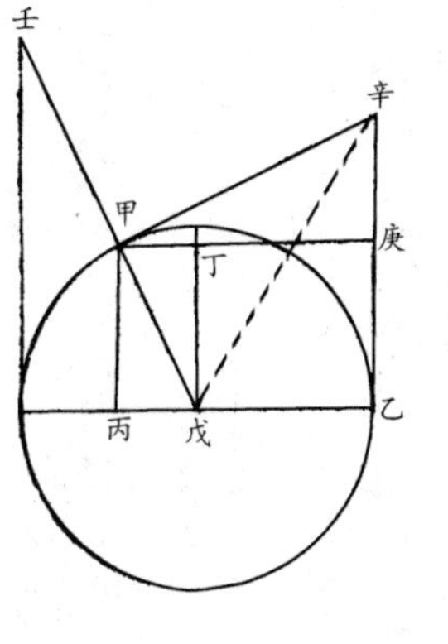

如圖,甲乙爲本弧,甲丙爲正弦,庚乙同。甲丁爲餘弦,丙戊同。乙丙爲正矢,甲庚同。作壬戊正割之垂綫甲辛,遇切綫于辛點,則甲辛與乙辛皆爲半弧正切。庚辛爲正弦與半弧正切較。因辛甲戊爲直角,故辛甲庚角同于丙甲戊角。兩形既均爲直角形,則必同式,故丙戊與庚辛之比同于甲丙與甲庚之比,故題言云云。

前圖顯鋭角用正矢,後圖顯鈍角用大矢。

兩圖解同。

本弧正弦與正矢比若半徑與半弧正切比,試作圖解。

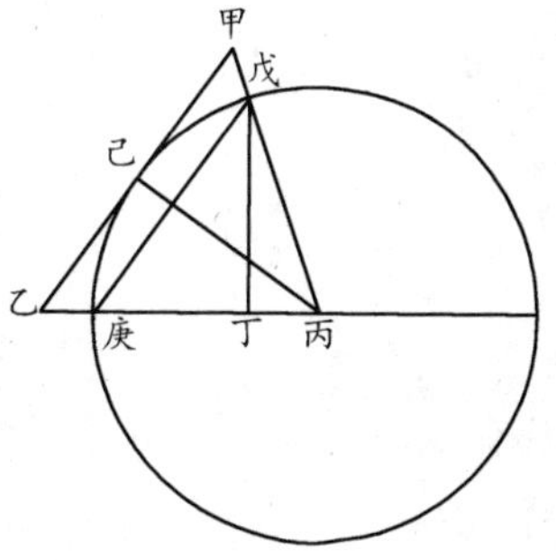

如圖,戊己庚爲本弧,戊丁爲正弦,庚丁爲正矢。平分本弧于己,作己丙半徑綫,戊己與己庚皆爲半弧。次作甲乙綫,與己丙正交,則甲己與己乙皆半弧正切。題言戊丁與丁庚比若丙己與己乙比。

試作戊庚通弦,必與甲乙綫平行。而戊庚丁角與己乙丙角必等。戊庚丁與己乙丙既同爲直角形,庚角又與乙角等,則兩形必爲同式。所以戊丁與丁庚之比,必同于己丙與己乙之比也。

前題。

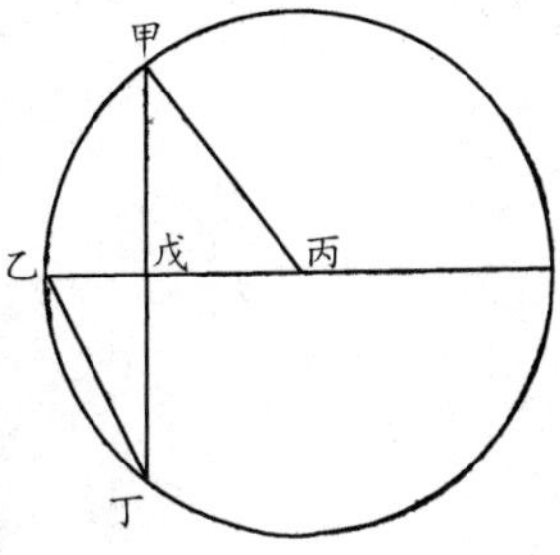

如圖,甲乙爲本弧,甲戊爲正弦,乙戊爲正矢。試引長正弦,作戊丁,與甲戊等。又作乙丁綫,則丁角所乘之弧即甲乙,與丙角同。依形學理,界角小于心角之半,故丁角必爲丙角之半。惟因戊丁與乙戊之比若半徑與丁角正切之比,所以本弧正弦與矢之比若半徑與半弧正切之比,即爲本題之證。

清・王同愈《校士算存》卷一

相切兩等徑小圓均切于大圓周外。已知小圓徑等于大圓徑五十一分之二十八。求自兩小圓心至大圓心各作直綫,其交角若干度。

王　夔　通城

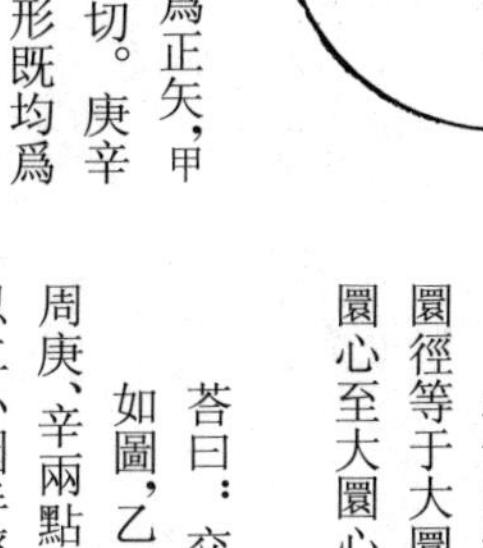

荅曰:交角四十八度二十八分四十二秒。

如圖,乙丙兩小圓相切于丁,又均切于甲圓周庚、辛兩點。聯各心點成甲乙丙等腰三角形。以二小圓半徑乙丙爲底,大小兩半徑和甲乙或甲丙爲腰,命甲庚爲天,則乙庚爲 $\frac{\text{五一}}{\text{二八}}$ 天　求乙、甲、丙角有等數。

$\text{甲乙}=\text{甲丙}=\text{甲庚}\perp\text{乙庚}=\text{天}\perp\frac{\text{五一}}{\text{二八}}\text{天}=\frac{\text{五一}}{\text{七九天}}$　$\text{乙丙}=\text{二}\frac{\text{五一}}{\text{二八}}\text{天}=\frac{\text{五一}}{\text{五六天}}$　準三角理　$\frac{\text{二甲丙}\times\text{甲乙}}{\text{甲丙}^{\text{二}}\perp\text{甲乙}^{\text{二}}\text{丅}\text{乙丙}^{\text{二}}}=\text{餘弦乙甲丙角}=\frac{(\text{七九})^{\text{二}}}{(\text{七九})^{\text{二}}\text{丅}\text{二}(\text{二八})^{\text{二}}}=\frac{\text{六二四一}}{\text{四六七三}}=.\text{七四八七五八二}$　查表得　甲角＝四八°二八′四二″

前題。三等邊形每邊十九,求内容有法五等邊形之一邊。

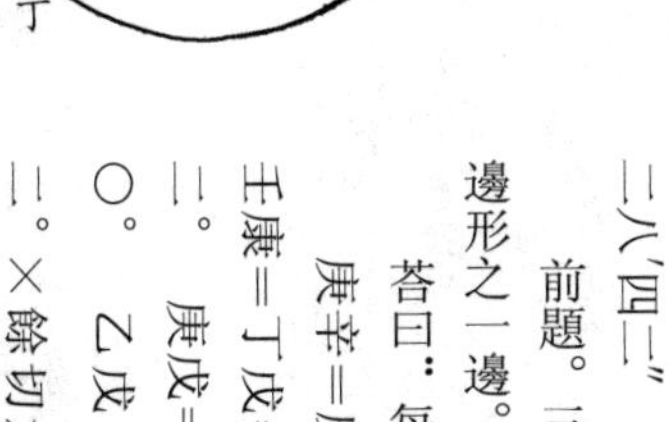

荅曰:每邊六九九五〇一七七。

庚辛＝庚己＝天　庚辛壬角＝五四°。壬庚＝丁戊＝天正弦五四°。　庚己戊角＝七二°。　庚戊＝天正弦七二°。　庚乙戊角＝六〇°。　乙戊＝庚戊餘切六〇°＝天正弦七二°×餘切六〇°。　$\text{乙戊}\perp\text{戊丁}=\frac{\text{一}}{\text{二}}\text{甲乙}$　故

【略】　$\text{天}=\frac{\text{二}(\text{正弦七二}^{\circ}\times\text{餘切六〇}^{\circ}\perp\text{正弦五四}^{\circ})}{\text{一九}}=\text{六九九五〇一七七}$

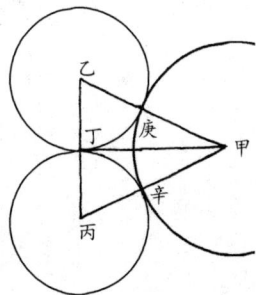

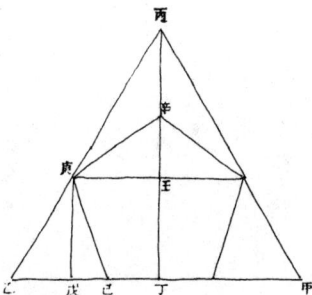

句股形内容五等邊等角形，其一邊切于股。有句、有股，求五邊形之邊綫。其法若何。

程　英江夏

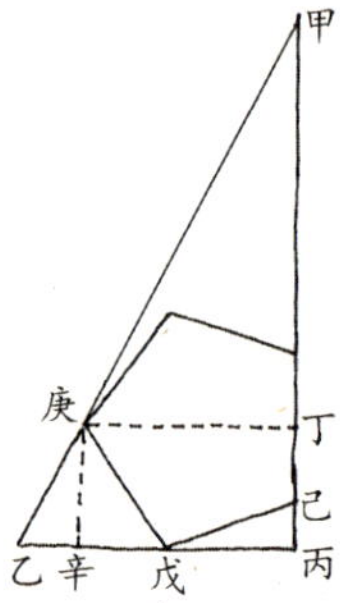

別得五邊形每角爲一百零八度。按一圖得□己戊＝己戊庚＝一〇八°。戊己丙＝一八〇°丅一〇八°＝七二°。己戊丙＝九〇°丅七二°＝一八°。丙戊庚＝一〇八°丄一八°＝一二六°。庚戊辛＝一八〇°丅一二六°＝五四°。

設　戊庚＝戊己＝天　則【略】依同式形，得比例　甲丙∶乙丙∷甲丁∶庚丁　故【略】　天＝$\frac{\text{股(餘弦己戊丙丄餘弦庚戊辛)丄句正弦庚戊辛}}{\text{句股}}$

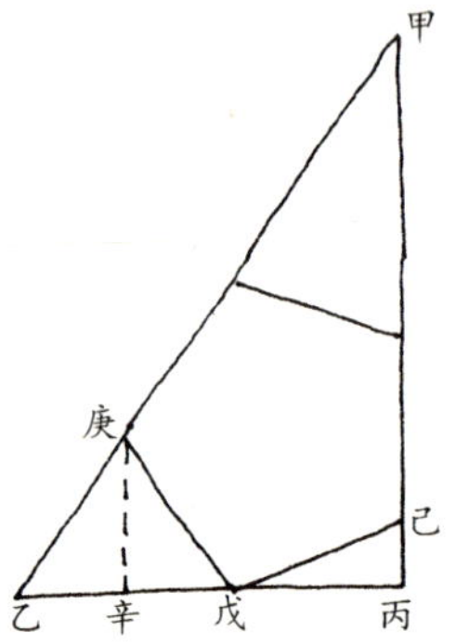

按：依上圖甲乙丙角必大於五十四度。設等於五十四度，則如第二圖必有一邊切於弦。何以知之？因庚戊辛角爲五十四度。證已見前。設庚乙戊角亦爲五十四度，則兩角之和一百零八度，同於乙庚戊之外角。而一百零八度又合於五邊形各角之度，故知其一邊必切於弦。

所以甲乙丙角小於五十四度，而大於四十五度，則如第三圖其切於弦之角與第一圖不同，故不能從第一圖公式求其邊。又乙角小於四十五度，則句股互易，與題理不合，故本題以乙角在五十四度以上者爲一界，以乙角在四十五度至五十四度之間者爲二界。今依第二界求邊，從本圖之理立爲公式如左。

別得　己戊丙＝八°。　癸庚戊＝五四°。

【略】　因　乙戊∶壬戊∷乙丙∶甲丙　故

【略】　天＝$\frac{\text{二句正弦庚丄股餘弦戊}}{\text{句股}}$

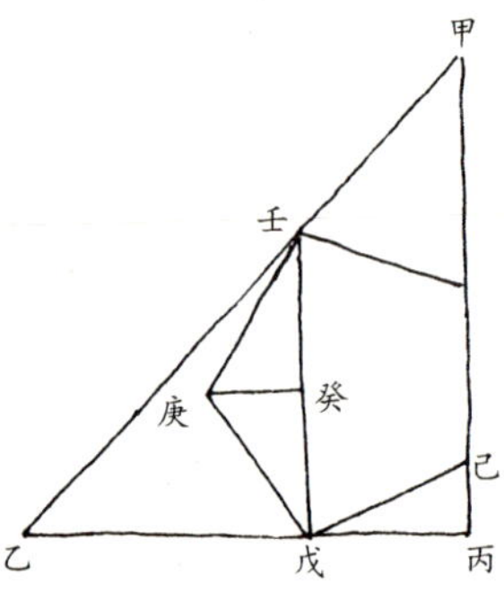

長方形内任取一點，至四角各作直綫，分爲大小不等四三角形。其相對兩三角形面積之和均等長方積之半。試爲圖證。

祝乾逵恩施

甲乙丙丁長方形内任取一點戊，至四角各作直綫。題言甲戊乙與丙戊丁兩形之和或甲戊丙與乙戊丁兩形之和，均等於長方積之半。

試自戊點作四邊之垂綫，則有等數式。

甲戊壬＝甲戊庚　乙戊辛＝乙戊庚　丙戊壬＝丙戊癸　丁戊辛＝丁戊癸　四式相加，得【略】　甲戊丙丄乙戊丁＝甲戊乙丄丙戊丁㊀　又因　甲戊丙＝$\frac{\text{二}}{\text{甲丙}}$×戊壬　乙戊丁＝$\frac{\text{二}}{\text{乙丁}}$×戊辛　既知　甲丙＝乙丁　故　甲戊丙丄乙戊丁＝$\frac{\text{二}}{\text{甲丙}}$×(戊辛丄戊壬)

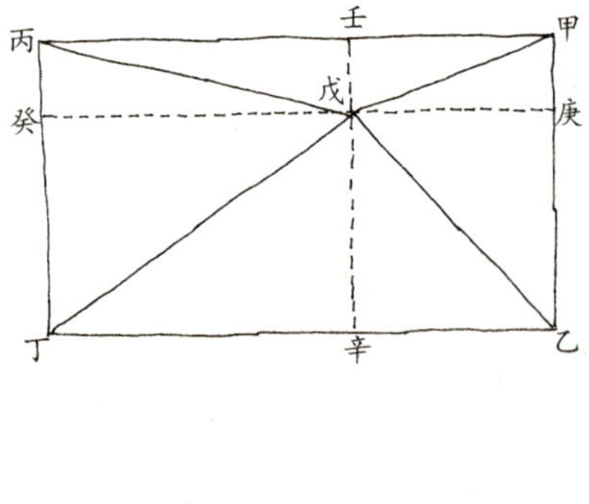

又知　戊辛丄戊壬＝壬辛＝甲乙　故　甲戊丙丄乙戊丁＝$\frac{\text{二}}{\text{甲丙×甲乙}}$　依同理，得　甲戊乙丄丙戊丁＝$\frac{\text{二}}{\text{甲丙×甲乙}}$　即爲本題之證。

又案：依㊀式移之，得　乙戊丁丅丙戊丁＝甲戊乙丅甲戊丙　或　乙戊丁丅甲戊乙＝丙戊丁丅甲戊丙　故知依本題所言，則長方形此相連兩邊上三角形之較，與彼相連兩邊上三角形之較必等。

前題。

尹掄一恩施

如一圖，證甲卯丙與乙卯丁兩形之和等于半長方。試與長邊平行過卯點作庚己綫，又作乙丙對角綫。依形學理，同底等高之三角形，其積必等，故乙卯丁形與乙戊丁形等，甲卯丙形與甲戊丙形等，又甲戊丙與丙戊丁形亦等。因兩形同以丙戊爲底，其自甲丁兩角至丙乙作垂綫亦等，故兩形必等。故甲卯丙與乙卯丁之和與乙丙丁等，乙丙丁爲長方積之半，則其和亦爲長方積之半矣。

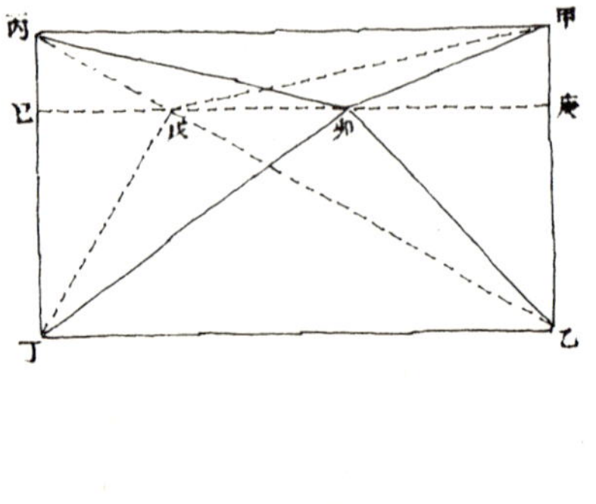

如二圖，證丙卯丁與甲卯乙兩形之和等於半長方。試與短邊平行作癸壬綫，又作丙乙對角綫。依同

理可知，丙卯丁與丙辛丁等，甲卯乙與甲辛乙等。又因甲辛乙與乙辛丁亦等。同以乙辛爲底，甲丁兩角至乙丙之垂綫爲高。故丙卯丁與甲卯乙之和與丙乙丁等，丙乙丁爲長方積之半，則其和亦爲長方積之半矣。

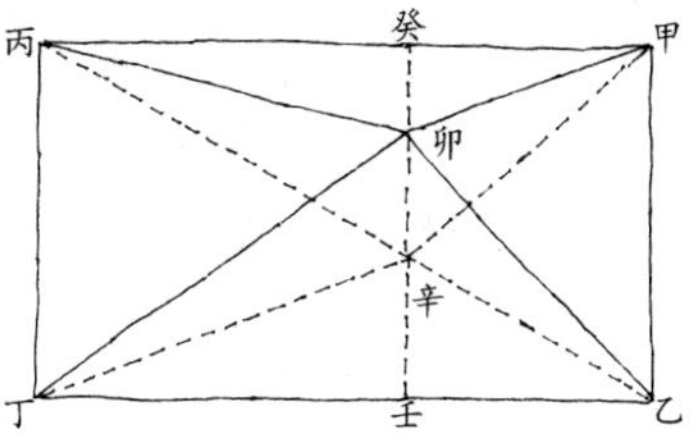

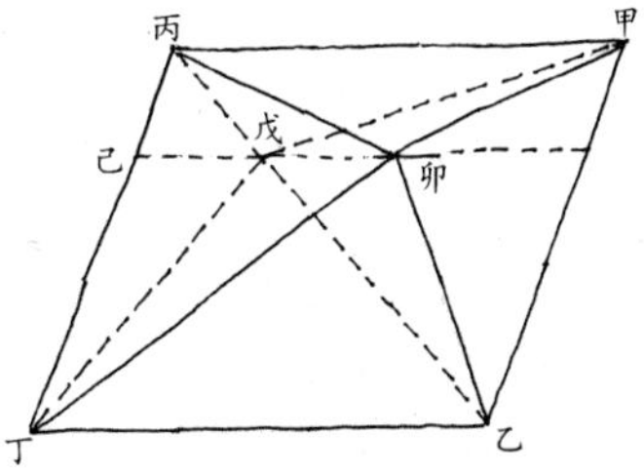

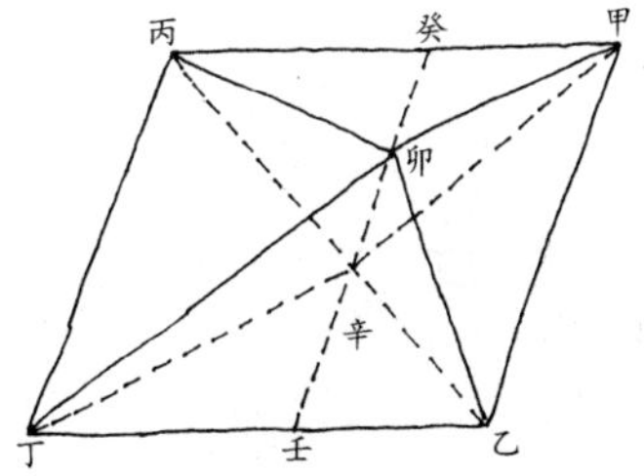

又如本題長方形更爲平行方形，亦合于題中所言之理。坿作二圖如左，其說悉與前同。

又　卷二

王立模江陵

設有斜圜錐體，錐尖距底心十六，底半徑七，腰綫與底相交之最小角二十一度，求錐高及體積。

荅曰：垂綫八微强，體積四百一十〇七五七九。

如圖，甲乙丙爲斜圜錐體直剖面，乙戊爲錐尖至底心，甲戊與戊丙均爲底半徑，乙丁爲錐高，丙角爲最小角。今已知戊丙七，乙戊十六，丙角二十一度，求乙丁垂綫。

先從乙戊丙三角形求乙角，有比例。

一率　乙戊十六

二率　戊丙七

三率　丙角正弦〇·三八五三六七九

四率　乙角正弦〇·一五六七八五九

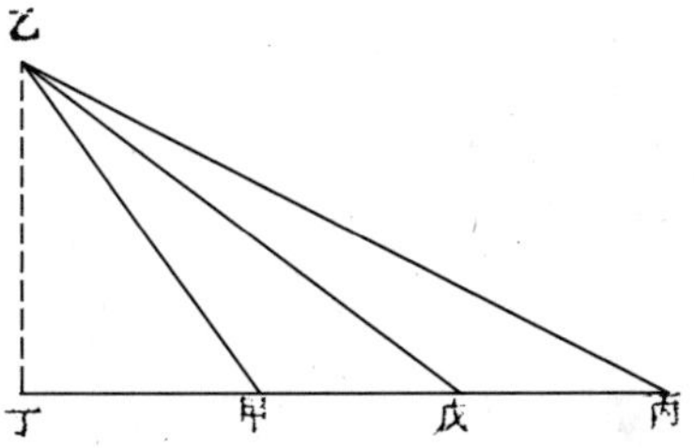

檢正弦表，得乙角爲九度一分十四秒，加丙角二十一度，得三十度一分十四秒，即乙戊丁角。乃從乙戊丁形求乙丁，有比例。

一率　半徑一

二率　戊角正弦〇·五〇〇三〇八一

三率　乙戊十六

四率　乙丁八·〇〇四九三〇三

既得乙丁高，乃以底半徑七自乘，得四十九，以周率乘之，得一百五十三九三八〇，以高八〇〇五〇乘之，得一千二百三十二七三七，以三除之，得四百一十〇七五七九，爲圓錐體積也。

又　卷五

莊開績襄陽

三角形有頂角，有底邊，有兩腰和，求餘三角。舊法或變爲他三角形求之，或先求兩腰。今欲徑求兩角正弦，試詳其術。

令　天＝正弦大角　甲＝正弦頂角　酉＝兩腰和　未＝底邊　因　大腰：正弦大角∷底邊：正弦頂角　所以　$大腰=\frac{甲}{未天}$　$小腰=\frac{甲}{甲酉丅未天}$　準三角例

$$餘弦大角=\frac{二底小腰}{底^{二}丄小腰^{二}丅大腰^{二}}$$　所以

$$餘弦大角=\frac{二未(甲酉丅未天)}{甲(未^{二}丄酉^{二})丅二酉未天}$$　準八綫例　$餘弦=\sqrt{一丅正弦^{二}}$　故

$$\sqrt{一丅天^{二}}=\frac{二未(甲酉丅未天)}{甲(未^{二}丄酉^{二})丅二酉未天}$$　令　$未^{二}丄酉^{二}=丙$　$二未酉=乙$　則

爲　$\sqrt{一丅天^{二}}=\frac{甲乙丅二未^{二}天}{甲丙丅乙天}$　自乘【略】。如將乙丙之原同數代還，則得

【略】$\left[天^{二}丅\frac{未}{甲酉}天丄\frac{二未^{二}}{酉^{二}丅未^{二}}\right]^{二}=\frac{四未^{四}}{(一丅甲^{二})(酉^{二}丅未^{二})^{二}}$　兩邊各開平方，

得　$天^{二}丅\frac{未}{甲酉}天丄\frac{二未^{二}}{酉^{二}丅未^{二}}=\frac{二未^{二}}{\sqrt{一丅甲^{二}}\times(酉^{二}丅未^{二})}$　依二次常例配成

正方，得　$天^{二}丅\frac{未}{甲酉}丄\frac{四未^{二}}{酉^{二}甲^{二}}=\frac{四未^{二}}{酉^{二}甲^{二}}丅\frac{二未^{二}}{(一丅\sqrt{一丅甲^{二}})(酉^{二}丅未^{二})}$

故　$天=\frac{二未}{酉甲\pm\sqrt{酉^{二}甲^{二}丅二(一丅\sqrt{一丅甲^{二}})(酉^{二}丅未^{二})}}$　所以

$正弦大角=\frac{二未}{酉甲丄\sqrt{酉^{2}甲^{2}丅二(一丅\sqrt{一丅甲^{2}})(酉^{2}丅未^{2})}}$

$正弦小角=\frac{二未}{酉甲丅\sqrt{甲^{2}酉^{2}丅二(一丅\sqrt{一丅甲^{2}})(酉^{2}丅未^{2})}}$　令　呷＝頂角

則　$正弦大角=\frac{二未}{酉正弦呷丄\sqrt{酉^{2}正弦^{2}呷丅二正矢呷(酉^{2}丅未^{2})}}$

$正弦小角=\frac{二未}{酉正弦呷丅\sqrt{酉^{2}正弦^{2}呷丅二正矢呷(酉^{2}丅未^{2})}}$　因

$一丅\sqrt{一丅甲^{2}}=一丅餘弦呷=正矢呷$　故也。

三角形大中小三邊爲連比例，設以中邊爲底，則大小兩分底之比若寅與卯之比。求大角餘弦法，以寅卯較冪加四和冪，開平方加一較，以二和乘之，開平方，以卯乘之爲實，二和冪爲法，法除實得所求餘弦，其角爲鋭。依前法，將法實中之卯盡反其正負之號，得又一形。大角之餘弦，其角爲鈍。試求其證。

萬聲揚江夏

如圖，命　餘弦乙＝天　丙丁＝寅　乙丁＝卯　則　$甲乙=\frac{天}{卯}$

$甲丁^{2}=\frac{天^{2}}{卯^{2}}丅卯^{2}$　$甲丙^{2}=\frac{天^{2}}{卯^{2}}丅卯^{2}丄寅^{2}$　$甲丙=\frac{天}{\sqrt{卯^{2}丄(寅^{2}丅卯^{2})天^{2}}}$

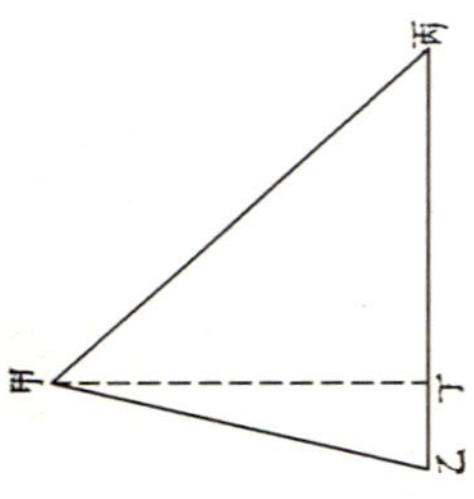

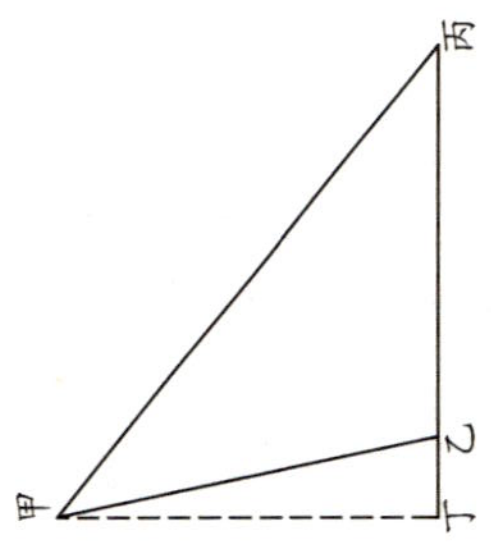

因題言　$甲乙\times甲丙=乙丙^{2}$　即　$\frac{天}{卯}\times\frac{天}{\sqrt{卯^{2}丄(寅^{2}丅卯^{2})天^{2}}}=(寅\pm卯)^{2}$

化分【略】兩邊各自乘【略】　$天=\pm二\frac{(寅\pm卯)}{卯}$

$\sqrt{二(寅\pm卯)[\sqrt{(寅\mp卯)^{2}丄四(寅\pm卯)^{2}}丄(寅\mp卯)]}$　依八綫理，凡鋭角之餘弦爲正鈍角之餘弦，爲負。又因天之正負兩同數，以卯之正負而異，故知卯爲正，天必爲鋭角之餘弦；卯爲負，天必爲鈍角之餘弦。故先求得鋭角餘弦之等數式，而令卯盡反其正負之號，即鈍角之餘弦也。

三角形平分大邊作一綫，至大角爲分底綫。又平分大角作一綫，至大邊爲分角綫。已知大邊甲，中邊乙，小邊丙，求二綫之長。其法若何。　黄梅芬東湖

求分底綫法曰：中小二邊各自乘，相併倍之，以大邊自乘方減之，開平方，二除之，即分底綫也。

求分角綫法曰：中小二邊和自乘，減大邊，自乘，以中小兩邊相乘積乘之，開平方，中小二邊和除之，即分角綫也。

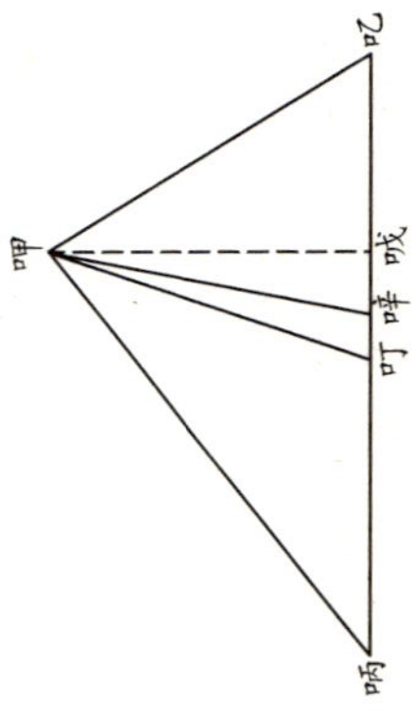

如圖，呷吧呐三角形，呷呐爲中邊，即乙。呷吧爲小邊，即丙。吧呐爲大邊，即甲。即底，呷叮爲分底綫，呷啐爲分角綫。試作呷哦垂綫。依形學例，有等式　$呷呐^{2}=呷叮^{2}丄叮呐^{2}丄二叮呐\times叮哦$　故【略】　$呷叮^{2}=呷吧^{2}丅叮吧^{2}丄二叮吧\times叮哦$　相加　$二呷叮^{2}=呷呐^{2}丄呷吧^{2}丅叮呐^{2}丅叮吧^{2}$　即　$二呷叮^{2}=甲呐^{2}丄呷吧^{2}丅二叮吧^{2}$

$呷叮=\sqrt{\frac{二}{呷呐^{2}丄呷吧^{2}丅\frac{二}{吧呐^{2}}}}=\sqrt{\frac{二}{乙^{2}丄丙^{2}丅\frac{甲^{2}}{二}}}=\frac{一}{二}\sqrt{二(乙^{2}丄丙^{2})丅甲^{2}}$

此求分底綫法之證也。

又依形學例　呷呐：呷吧∷呐啐：吧啐　呷呐丄呷乙：呐啐丄吧啐∷呷呐：呐啐　呷呐丄呷吧：呐啐丄吧啐∷呷吧：吧啐　惟　呐啐丄吧啐＝呐吧＝甲　呷呐丄呷吧＝乙丄丙　故　$呐啐=\frac{乙丄丙}{甲乙}$　$吧啐=\frac{乙丄丙}{甲丙}$　惟

$呐哦=\frac{二甲}{乙^{2}丅丙^{2}丄甲^{2}}$　次從　啐哦＝呐哦丅呐啐　$呷哦^{2}=呷啐^{2}丅啐哦^{2}=呷啐^{2}丅(呐哦丅呐啐)^{2}$　$呷呐^{2}=呐哦^{2}丄呷哦^{2}=呐哦^{2}丄呷啐^{2}丅(呐哦丅呐啐)^{2}=呷啐^{2}丄二呐哦\times呐啐丅呐啐^{2}$　故　$呷啐^{2}=呷呐^{2}丄呐啐^{2}丅二呐哦\times呐啐$

【略】 $\text{甲哔}=\frac{\text{乙}\perp\text{丙}}{\text{二}}\sqrt{\text{乙丙}[(\text{乙}\perp\text{丙})^{\text{二}}\top\text{甲}^{\text{二}}]}$ 此求分角綫法之證也。

三角形之三垂綫爲甲，爲乙，爲丙。求三邊之公式，其法若何。 高建壁沔陽

令 $\text{二面積}=\text{天}$ $\text{小邊}=\frac{\text{甲}}{\text{天}}$ $\text{中邊}=\frac{\text{乙}}{\text{天}}$ $\text{大邊}=\frac{\text{丙}}{\text{天}}$ 準三邊求面積公式

$\text{面積}=\frac{\text{二}}{\text{天}}$ 【略】

$$\text{天}=\frac{\sqrt{(\frac{\text{丙}}{\text{二}}\perp\frac{\text{乙}}{\text{二}}\perp\frac{\text{甲}}{\text{二}})(\frac{\text{丙}}{\text{二}}\perp\frac{\text{乙}}{\text{二}}\top\frac{\text{甲}}{\text{二}})(\frac{\text{丙}}{\text{二}}\perp\frac{\text{甲}}{\text{二}}\top\frac{\text{乙}}{\text{二}})(\frac{\text{甲}}{\text{二}}\perp\frac{\text{乙}}{\text{二}}\top\frac{\text{丙}}{\text{二}})}}{\text{二}}\quad \left.\begin{matrix}\text{小邊}=\frac{\text{甲}}{\text{二}}\\ \text{中邊}=\frac{\text{乙}}{\text{二}}\\ \text{大邊}=\frac{\text{丙}}{\text{二}}\end{matrix}\right\}\times$$

$$\frac{\sqrt{(\frac{\text{丙}}{\text{二}}\perp\frac{\text{乙}}{\text{二}}\perp\frac{\text{甲}}{\text{二}})(\frac{\text{丙}}{\text{二}}\perp\frac{\text{乙}}{\text{二}}\top\frac{\text{甲}}{\text{二}})(\frac{\text{丙}}{\text{二}}\perp\frac{\text{甲}}{\text{二}}\top\frac{\text{乙}}{\text{二}})(\frac{\text{甲}}{\text{二}}\perp\frac{\text{乙}}{\text{二}}\top\frac{\text{丙}}{\text{二}})}}{\text{二}}$$

平三角形有兩邊夾一角，求餘二角。法：以所求角之對邊爲一率，其倚邊爲二率，所知角之餘割爲三率，求得四率，加減所知角之餘切銳用減，鈍用加，即所求角之餘切。試作圖解。 李先達黄陂

如圖，甲乙丙三角形，乙爲所知之角，甲乙與乙丙爲夾角之兩邊，丙爲所求之角。作甲丁爲乙丙之垂綫。又與乙丙平行，作戊己綫。以甲庚爲半徑作弧，則甲戊爲乙角之餘割，戊庚爲其餘切，己庚爲丙角之餘切，戊己爲乙丙兩角餘切和。因甲戊己與甲乙丙爲同式，故甲乙與乙丙比若甲戊與戊己比，既得戊己以乙角餘切戊庚減之，餘庚己，即丙角餘切，故題云云。

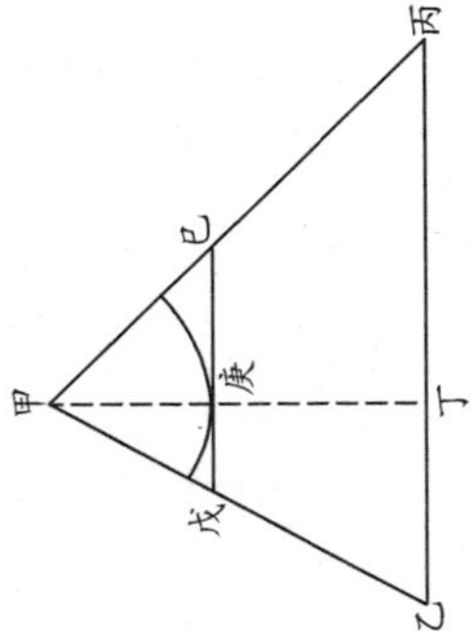

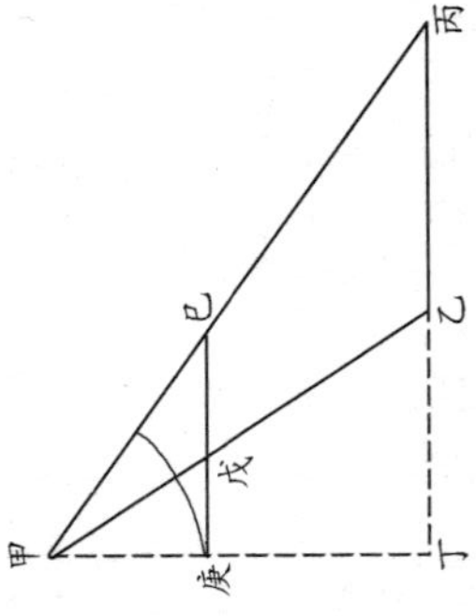

又如圖，設所知，乙角爲鈍角，則戊庚爲乙角餘切，己庚爲丙角餘切，戊己爲兩餘切較。依同理，甲乙與乙丙比若甲戊乙角餘割。與戊己比，既得戊己以乙角餘切戊庚加之，得己庚，爲丙角餘切。故題又言加減云云。

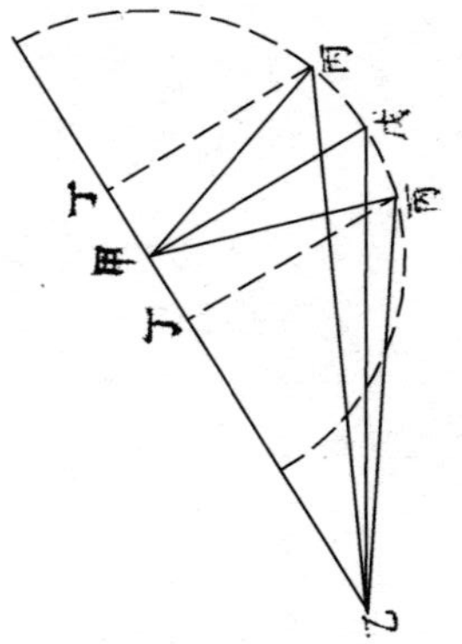

三角形以一邊爲底，餘兩邊爲兩腰。若令兩腰爲句股，則所成句股面積與元三角面積之比若八與七比。求元形之頂角度。 沈兆蓮天門

答曰：頂角六十一度二分四十一秒，或一百一十八度五十七分十九秒。

如圖，甲乙丙三角形，乙丙爲底，甲乙與甲丙爲兩腰。設以甲戊爲句。等于甲丙。甲乙爲股，成甲戊乙句股形。題言甲戊乙與甲丙乙兩面積之比若八與七比。試作三角形之垂綫丙丁，則甲戊乙與甲丙乙兩面積之比必若甲戊與丙丁比，即甲戊與丙丁比，亦若八與七之比。惟因甲戊同于甲丙，而丙甲丁角即元形頂角，或頂角之外角，故從甲丙丁句股形，甲丙與丙丁之比若半徑與甲角正弦比，即若八與七比，得其正弦爲 $\frac{\text{八}}{\text{七}}$，等於〇八七五〇〇〇〇。撿正弦表，得六十一度二分四十一秒，爲元形頂角，以減半周，得一百一十八度五十七分一十九秒，亦爲元形頂角也。

三角形面積自乘得九百八十，大中兩邊較三，大小兩邊較五。求三邊。 尹炳奎江夏

答曰：大邊十二，中邊九，小邊七。

令 $\text{九八〇}=\text{甲}$ $\text{三}=\text{乙}$ $\text{五}=\text{丙}$ $\text{大邊}=\text{天}$ $\text{中邊}=\text{天}\top\text{乙}$ $\text{小邊}=\text{天}\top\text{丙}$

準三邊求面積公式 $\text{面積}=\frac{\text{四}}{\text{一}}\sqrt{(\text{大}\perp\text{中}\perp\text{小})(\text{大}\perp\text{中}\top\text{小})(\text{中}\perp\text{小}\top\text{大})(\text{大}\perp\text{小}\top\text{中})}$

即 $\text{一六面積}^{\text{二}}=(\text{大}\perp\text{中}\perp\text{小})(\text{大}\perp\text{中}\top\text{小})(\text{中}\perp\text{小}\top\text{大})(\text{大}\perp\text{小}\top\text{中})$ 以三邊之等數代入【略】，以真數代入，得 $\text{一五六八〇}=\text{三天}^{\text{四}}\top\text{三二天}^{\text{三}}\perp\text{五二天}^{\text{二}}\perp\text{一二八天}\top\text{二五六}$ $\text{三天}^{\text{四}}\top\text{三二天}^{\text{三}}\perp\text{五二天}^{\text{二}}\perp\text{一二八天}\top\text{一五九三六}=\text{〇}$ 依四次式法解之，得天之正同數爲十二，即大邊，以兩較減之，得九與七，即中小兩邊也。

三角形外容圜，其中垂綫與小腰比若大腰與圜徑比。試依鈍鋭二形。鈍角垂綫在形外，鋭角垂綫在形内。各作圖解。　黄乾元孝感

如圖，甲乙丙爲圜内所容三角形，前圖爲鋭角，後圖爲鈍角。甲乙爲小腰，甲丙爲大腰，乙丙爲底，甲丁爲中垂綫，前圖在形内，後圖在形外。甲戊爲圜徑。題言甲丁與甲乙之比若甲丙與甲戊之比。

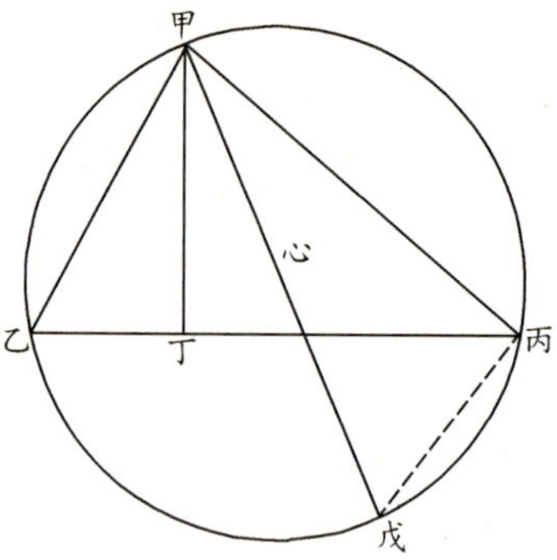

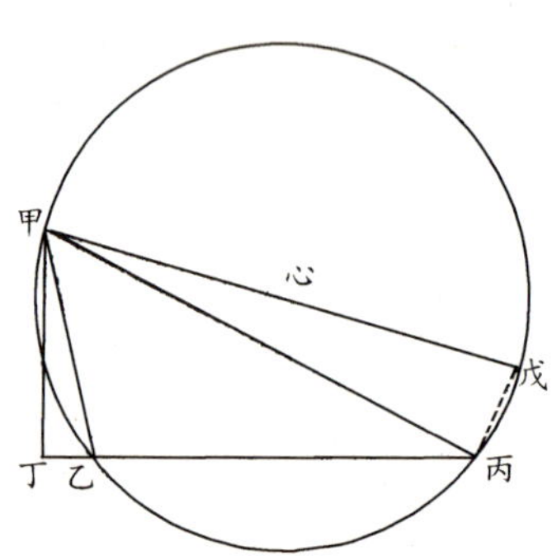

試作丙戊綫，成甲戊丙直角形，凡圜徑上所成三角形，必爲直角三角形。其戊角所當之弧爲甲丙，與甲乙丁角所當之弧同。後圖戊角所當之弧爲甲乙丙，甲乙丁角之外角所當之弧爲丙戊甲，則甲乙丁角所當之弧亦必爲甲乙丙。而甲乙丁亦爲直角形，則必與甲丙戊形相似。所以依句股形股與弦之比例而得，甲丁與甲乙之比若甲丙與甲戊之比也。

平三角形内容長方，有底綫二百二十四，中垂綫一百六十八，長方積一千九百零八。求長方之兩邊。　李士奇安陸

答曰：長方兩邊爲一百五十九與十二，或爲二百一十二與九。

如圖，呷吃呐三角形，中容叮吧嘆哦長方或吁己庚戌長方，其積相等。呷哷爲中垂綫，呷吁或甲子爲長方形一邊與垂綫較，而呷叮哦或呷吁戌與呷吃呐爲同式。依題列等數於左。

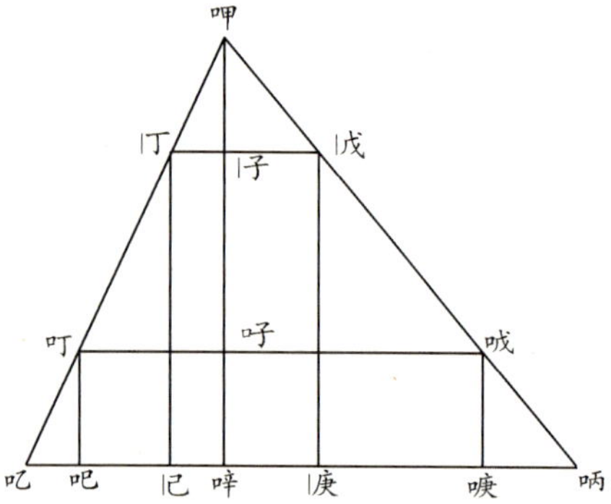

令　吃呐＝二二四＝甲　呷哷＝一六八＝乙　哦吧積或戌己積＝一九〇八＝丙　叮吧或吁己＝天　叮哦或吁戌＝$\frac{丙}{天}$　乙丅天：$\frac{丙}{天}$∷乙：甲　【略】

$天=\frac{乙}{二}\pm\frac{乙}{二}\sqrt{\frac{(甲乙丅四丙)乙}{甲}}$　以真數代入，得　$天=\frac{一六八}{二}\perp\frac{一五〇}{二}=一五九$　或　$天=\frac{一六八}{二}丅\frac{一五〇}{二}=九$　而　$\frac{丙}{天}=一二$或二一二

三角形兩腰和十八，中垂綫五，底邊十二。求兩腰。　許光熊雲夢

答曰：大腰十八，小腰五。

令　大腰＝天　小腰＝一八丅天　一二：一八∷天丅(一八丅天)：底較

底較　＝　$\frac{一八(二天丅一八)}{一二}$　＝　三（天丅九）

$大分底=\frac{一二}{二}\perp\frac{三(天丅九)}{二}=\frac{三(天丅五)}{二}$　因　大腰^{二}＝垂綫^{二}丄大分底^{二}　故

【略】　天＝九$\frac{丄}{丅}$四　即　大腰＝九丄四＝一三　小腰＝九丅四＝五　案：小腰與中垂綫等，則此形爲直角三角形。

清・王同愈《校士算存》卷三

設有圜筩高六十寸，滿以水于筩底開一小孔。水從孔中流出一分時，漏盡。當漏至二十四秒時，水面距筩口若干。

荅曰：距筩口三十八寸四分。

準重學理，墜物下行之路按秒數平方正比。惟圜筩水滿時，壓力大，其流速，水漸減，壓力漸小，流亦漸遲，故自筩口至水面時，與路之比例，當與擲物上行之理同。依題得全時二分化爲一百二十秒。之平方與全路六十寸。比，若全時減任何時二十四秒。之平方與其時所過之路水面距筩口。比。設命任何時爲甲，所過之路爲天，有等數式。

因　(一二〇)^{二}：六〇∷(一二〇丅甲)^{二}：天　故　$天=\frac{六〇(一二〇丅甲)^{二}}{(一二〇)^{二}}$　惟　甲＝二四　所以　$天=\frac{六〇\times九二一六}{一四四〇〇}$＝三

八四

設礮昂六十度，彈擊遠二千五百尺，求彈行空中離地最高點。

陳曾德蘄水

答曰：六百四十九尺五一九有奇。

如圖，甲乙爲礮軸，甲戊爲彈擊之遠，甲丁戊爲彈行之拋物綫。丁爲頂點，即彈行空中最高點。丁丙爲最高點離地之遠，即拋物綫之截徑。乙丙爲拋綫之次切綫，倍大于截徑丁丙。依甲乙丙句股形，有比例式

一率　半徑一〇〇〇〇〇〇〇

二率　甲角正切一七三二〇五〇八

三率　甲丙甲戊之半一二五〇

四率　乙丙丁丙之倍一二九九〇三八一

求得四率，半之，得六百四十九尺五一九〇五有奇，爲丁丙即最高點離地之遠也。

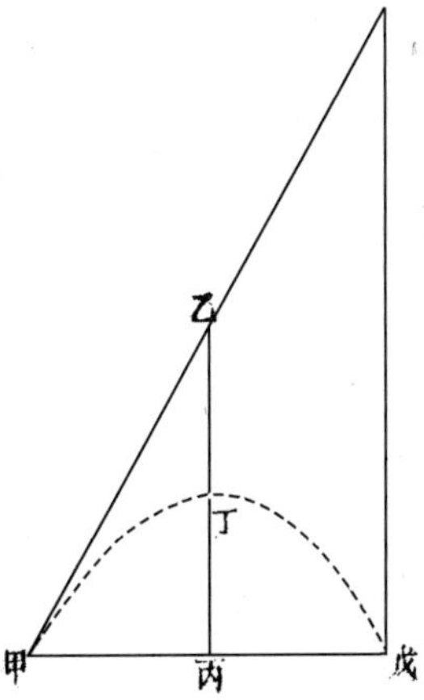

有礮軸昂度、有最遠界，求彈擊之遠。

曾紀亨漢陽

法：以半徑爲一率，倍昂度正弦爲二率，最遠界爲三率，求得四率，爲彈遠。試作圖解。

如圖，甲乙庚爲礮昂四十五度角，乙庚爲最遠界。凡最遠界爲礮昂四十五度彈擊之遠。設礮昂度爲甲丙戊度。低於四十五度。甲丙爲礮軸，丙戊爲彈擊之遠。題言半徑與倍甲丙戊角之正弦比若乙庚與丙戊比。

試將丙戊引長至丁，則甲丙戊界角所乘之弧爲甲丁，與甲丙弧等。又自圓心作庚丙半徑，與最遠界庚乙等。則甲庚丙心角所乘之弧，亦爲甲丙。依幾何理，心角倍大於界角，故甲庚丙角倍大於甲丙戊角。

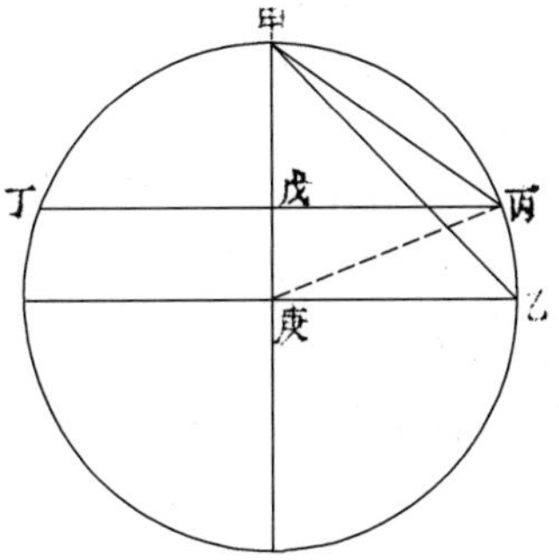

設庚丙爲半徑一之比例，則丙戊爲庚角正弦之比例，故得　半徑：庚丙::庚角正弦：丙戊　因　庚角＝二甲丙戊　庚丙＝乙庚　代入上比例式，得　半徑：乙庚::(二甲丙戊)正弦：丙戊　一三率互易　半徑：(二甲丙戊)正弦::乙庚：丙戊　即爲本題比例之證。

如圖，甲丙爲礮軸，甲丙戊角爲昂度，高於四十五度。則甲庚丙角倍大於甲丙戊角。如庚丙爲半徑一之比例，則戊丙爲甲庚丙角正弦之比例，凡鈍角正弦同於外角。餘證悉同前圖。

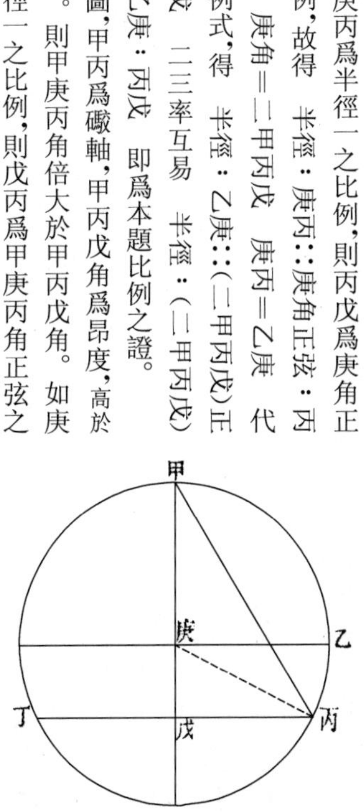

前題。

黃瑞麟孝感

依李氏《火器真訣》第九款，分作二圖。甲戊諸半徑爲最遠界，丁辛爲礮軸，丁辛庚角爲昂度，前圖低於四十五度，後圖高於四十五度。庚辛爲彈擊之遠，作戊辛半徑。又從戊作丁辛之垂綫，則丁戊己與丁庚辛兩直角形必同式因兩形同一丁角，而丁戊己角必與丁辛庚角等。又因丁戊辛爲等腰三角形，丁戊與戊辛爲兩腰。則丁戊辛角必倍大於丁戊己角，即倍大於丁辛庚角。如以丁戊或戊辛當八綫之半徑，必以庚辛當丁戊辛角之正弦，故半徑與丁戊辛角正弦之比，同於戊辛與庚辛之比，故以半徑爲一率，倍昂度之正弦爲二率，最遠界爲三率，推得四率即爲彈擊之遠也。

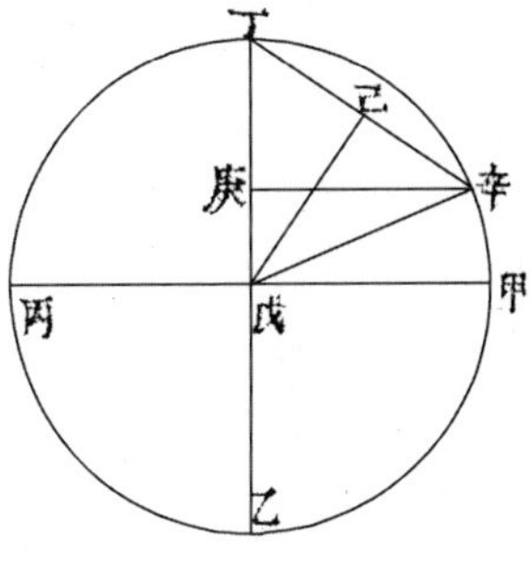

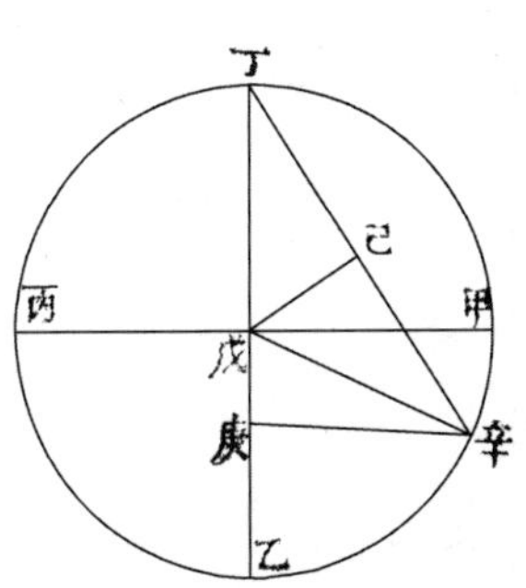

快車由甲至乙五小時，慢車由乙至甲八小時。兩車同於已正開行，求相遇

時刻。

答曰：相遇在未初四分三十七秒弱。　鍾龍瑞雲夢

令　相遇時分＝天　甲至乙＝一　五：天：：一：$\frac{天}{五}$　八：天：：一：$\frac{天}{八}$

$\frac{天}{五}$⊥$\frac{天}{八}$＝一　一三天＝四〇　天＝$\frac{一三}{四〇}$＝三⊥(六〇)^{T一}⊥三六(六〇)^{T二}⊥…

設有甲乙二船，甲船初一開行，乙船初四開行，至初九日追及甲船，至十三日追過甲船二百三十里。求兩船日行里數。　張大慰建始

答曰：甲船日行一百十五里，乙船日行一百七十二里二分里之一。

令甲船日行天里，乙船日行地里。甲船初一至初九行九天里，乙船初四至初九行六地里，適相等。又初十至十三，甲船行四天里，乙船行四地里，較甲船多行二百三十里，故得方程式

九天＝六地 ㊀　四天⊥二三〇＝四地 ㊁　㊀式以二乘之，三約之　六天＝四地　與㊁式相等，得　六天＝四天⊥二三〇　即　二天＝二三〇　而　天＝一一五　地＝$\frac{六}{九}$天＝一七二$\frac{二}{一}$

設以纜繫船首風從正南來。令船欲向北，水從西南來。又令船欲向東北，測得風力與水力之比若三十二與二十五之比。求船定時船尾所指方向。　邱　嵒黄岡

答曰：船尾指北偏東十九度三十五分一十六秒。

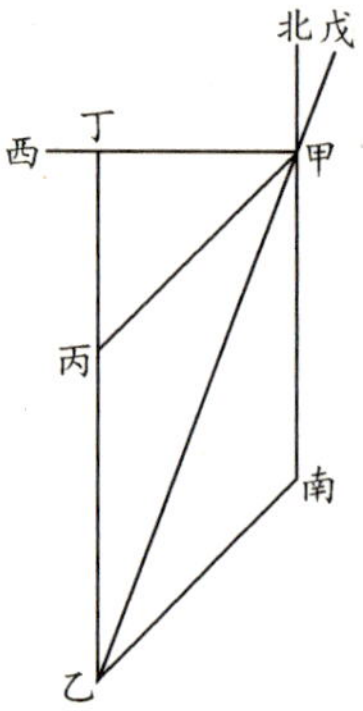

別得西南水力與正南風力之交角爲四十五度，如丙甲丙角。準重學理，既有甲南與甲丙之分力，必有甲乙并力與之相抵，而其船始定其甲乙并力，爲纜繩所指之方向，即爲船尾所指之方向。惟丙甲南爲四十五度，則西甲丙與甲丙丁亦爲四十五度，而丙丁與甲丁必等。準《幾何》四卷十一題，凡兩邊等直角三角形，斜綫方必倍大于其邊方。此有等數　甲丙＝二五　丙丁＝甲丁＝$\sqrt{\frac{三}{六二五}}$＝$\frac{三}{二五\sqrt{三}}$　甲南＝乙丙＝三二　乙丁＝乙丙⊥丙丁＝三二⊥$\frac{三}{二五\sqrt{三}}$　惟因　乙丁：甲丁：：一：正切甲乙丁　故　正切乙＝$\frac{三二⊥二五\sqrt{三}}{二五\sqrt{三}}$＝$\frac{三二\sqrt{三}⊥二五}{二五}$＝$\frac{一四二三}{二五(三二\sqrt{三}T二五)}$＝〇三五五八四七四

撿正切表得十九度三十五分十六秒，爲甲乙丁角。惟甲乙丁與乙甲南等，即與北甲戊等。乙甲戊既爲船尾方向綫，則北甲戊角必爲船尾距正北之方向角矣。

前題。　胡　坤黄梅

答曰：距正北一十九度三十五分一十六秒，距東北二十五度二十四分四十四秒。

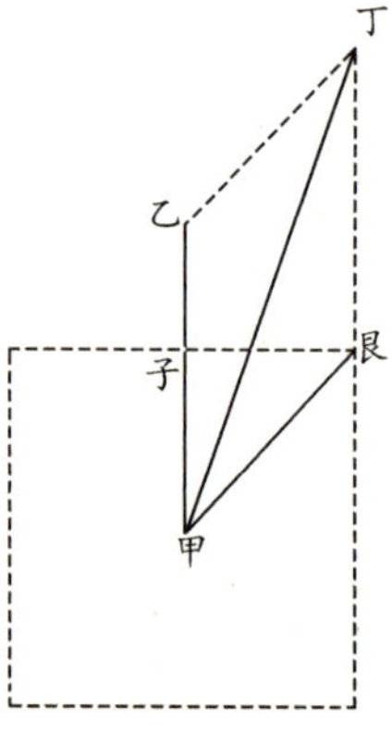

如圖，甲爲船繫處，子爲正北，艮爲東北，甲乙與甲艮爲三十二與二十五之比。依重學理，與甲乙平行作丁艮綫，與甲艮平行，作乙丁綫，成甲乙丁艮平行方形。作甲丁對角綫，即船尾所指方向。蓋甲乙風力與甲艮水力并爲甲丁力也。

求法：已知甲乙邊三十二，乙丁邊即甲艮。二十五，甲乙丁角一百三十五度。因乙甲艮度角四十五。用兩邊夾一角法，有比例。

一率甲乙乙丁和五十七

二率甲乙乙丁較七

三率半外角正切〇四一四二一三六

四率半較角正切〇〇五〇八六八三

查表得二度五十四分四十四秒，以與半外角二十二度三十分相加，得二十五度二十四分四十四秒，相減得十九度三十五分一十六秒，爲船尾方向兩距度也。

設有弧矢面，以繩繫弧背懸之。令矢平于地平，求自繫點至矢之垂綫，其公式若何。　李哲昭漢陽

答曰：其公式爲 $\sqrt{未^{二}\text{丅}\frac{九申^{二}}{(二未甲\text{丅}甲^{二})^{三}}}$ 甲爲正矢，未爲半徑，申爲半弧矢形面積。

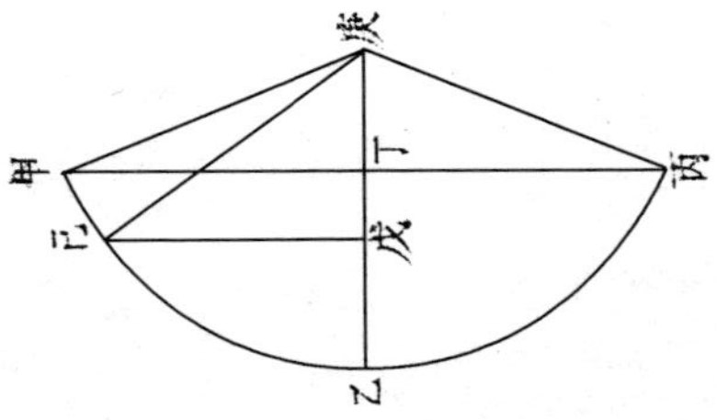

如圖，甲乙丙弧矢形，戊爲重心，己爲繫點，己戊爲自繫點至矢之垂綫，庚甲及庚乙均爲圓半徑。設半徑爲未，乙丁正矢爲甲，乙甲丁半弧矢面爲申。依《格物測算》力學一卷微積重心公式，得

$戊庚=\frac{三申}{(二未甲\text{丅}甲^{二})^{\frac{三}{二}}}$ 因 $己庚^{二}\text{丅}庚戊^{二}=己戊^{二}$ 故 $己戊=\sqrt{未^{二}\text{丅}\frac{九申^{二}}{(二未甲\text{丅}甲^{二})^{三}}}$

前題。 劉　馥漢陽

答曰：求得公式爲 $\sqrt{未^{二}\text{丅}\frac{九申^{二}}{地^{六}}}$ 申爲半弧矢面積，地爲半通弦，未爲半徑。

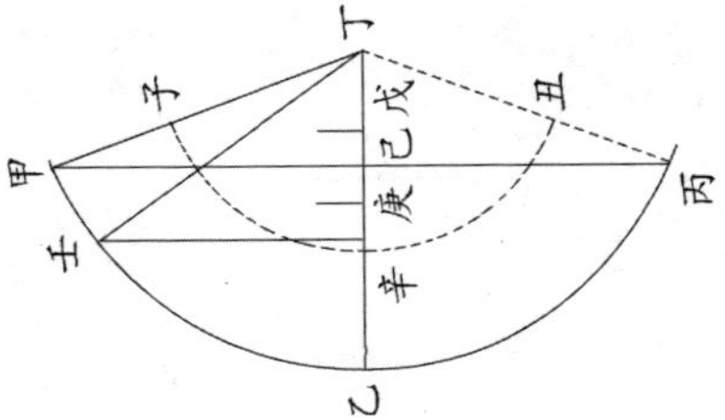

如圖，甲乙丙弧矢面，丁爲圜心，辛爲重心，壬辛爲自繫點至矢之垂綫，庚爲丁甲乙丙分圜面之重心，戊爲丁甲丙三角之重心，庚辛爲分圜與本形之兩重心距，戊庚爲三角與分圜之兩重心距。案：重學理，重心距之比若其面積之比。依此理而演公式于左。

命 甲乙弧＝人 甲丁＝半徑＝未 甲己＝正弦＝地 乙己＝正矢＝天

則依分圜面求重心法，得 $丁庚=\frac{三人}{二未地}$ 又依三角形求重心法，得

$丁戊=\frac{三}{二}(未\text{丅}天)$ $戊庚=丁庚\text{丅}丁戊=\frac{三}{二}\left[\frac{人}{未地}\text{丅}(未\text{丅}天)\right]$ 因 弧矢面：三角面∷戊庚：庚辛 令 弧矢面＝甲乙丙＝二申 三角面＝甲丁丙＝(未丅天)地 【略】 二申丄(未丅天)地 即甲乙丙丁分圜積，而以甲乙弧入，約之所得爲半徑，即未，故 $丁辛=\frac{三申}{未^{三}地\text{丅}(未\text{丅}天)^{三}地}=\frac{三申}{[未^{三}\text{丅}(未\text{丅}天)^{三}]地}$ 又因

$未^{二}\text{丅}(未\text{丅}天)^{二}=地^{二}$ 故 $丁辛=\frac{三申}{地^{三}}$ 爰從 $丁壬^{二}\text{丅}丁辛^{二}=壬辛^{二}$

$壬辛=\sqrt{未^{二}\text{丅}\frac{九申^{二}}{地^{六}}}$ 即本題所求之公式也。

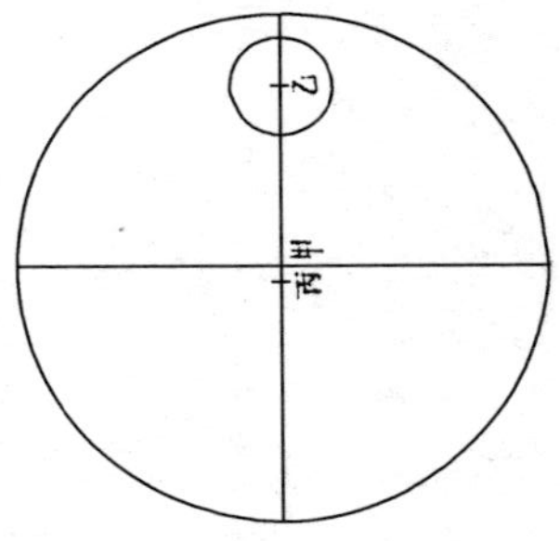

設有徑尺之圜木板于近周處穿去徑寸之小圜。兩圜心距四寸，求重心距兩圜心。 楊肇基大冶

答曰：距大圜心九十九分寸之四，距小圜心四寸又九十九分寸之四。

如圖，甲爲大圜心，乙爲小圜心，甲乙爲兩圜心距四寸，甲圜既穿去乙圜，重心必在甲乙引長之綫上，設在丙點。準重學理，甲丙與乙丙之比必若小圜面積與大圜面積之比。

設甲丙爲天，大圜半徑爲 $\frac{二}{一}$ 小圜半徑爲 $\frac{〇二}{一}$ 故得

$天:(天\text{丄}四)::\frac{四〇〇}{周}:\frac{四}{周}$ 即【略】 $天=\frac{九九}{四}$

又 卷五

德安府城在北緯三十一度十六分六秒，春分日辰正，求太陽高弧度。 鍾龍瑞雲夢

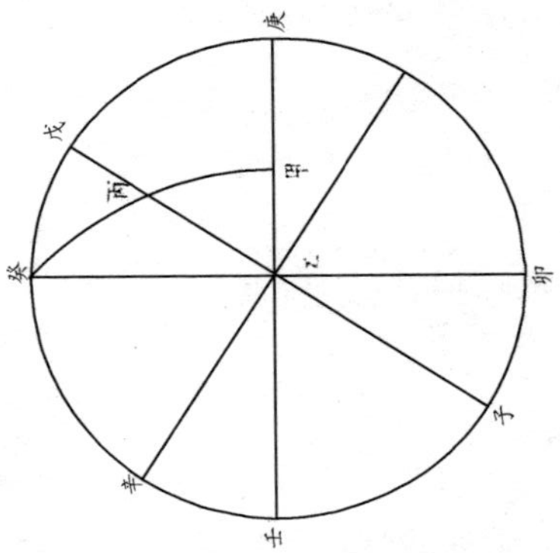

答曰：二十五度一十八分三秒。

如圖，壬癸庚卯爲子午規，癸爲天頂，庚壬爲地平，戊子爲赤道，辛爲北極，戊癸爲赤道緯度，以減癸庚象限，餘戊庚即乙角所當之弧。丙爲太陽，丙甲爲高弧，丙戊爲辰正距午正度，以減戊乙象限，餘丙乙弧，乃從甲丙乙正弧三角形有乙角，有丙乙弧，有甲正角，求甲丙弧，有比例。

一率 半徑對數一〇

二率 乙丙正弦對數〇九六九八八九七〇

三率　乙角正弦對數〇九九三一八三七

四率　丙甲正弦對數〇九六三〇八〇七

撿表得二十五度一十八分三秒，即高弧度也。

秋分後十日三小時二刻八分，求太陽距緯。　許光熊雲夢

答曰：三度五十七分五十六秒强。

撿太陽周日平行表，一日所對爲　五九′〇八″二〇‴　十曰得　五九一′二三″三〇‴　二刻三小時所對爲　七′二三″三一‴　二刻八分化作三十八分，所對爲　一′三三″三八‴　併之　一〇°〇〇′二〇″五〇‴

如圖，秋分後黄經如甲乙，其正弦如乙辛，太陽距赤道南緯如乙丙，其正弦如乙丁，半徑如己心，黄赤交角如甲，其正弦如己庚。因己庚心與乙丁辛兩句股形同式，故列比例，以對數演之。

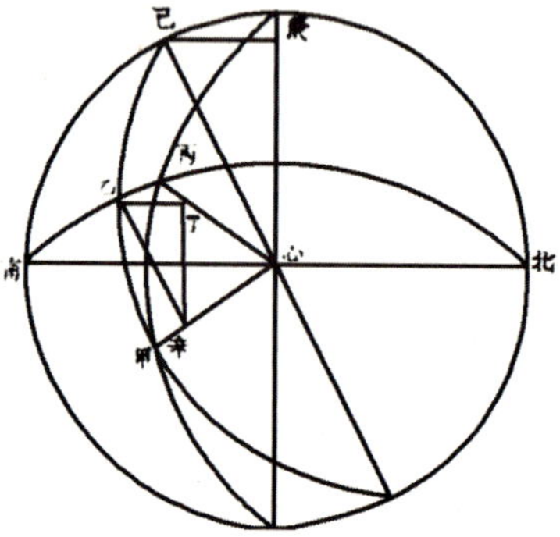

一率半徑　　　　　　　己心　對數一〇

二率甲角二十八度二十七分　正弦己庚　對數九五九九八二七〇

三率甲乙十度〇分二十秒　正弦乙辛　對數九二四〇〇〇八八

四率乙丙　　　　　　正弦乙丁　對數八八三九八三五八

撿正弦表得三度五十七分五十六秒强，即太陽距赤道南之緯度也。

又　卷六

設官司招兵，初日招九人，以後逐日遞加三人，共招一千一百二十五名。求日數。　武鳳池黄安

答曰：二十五日。

命日數爲天，依《代數術》五卷五十三款公式得　甲=初級=九　卯=層數=天　丁=較數=三　人=末級=甲⊥(天丅一)丁

甲=總數=二/卯(甲⊥人)=[二甲⊥(天丅一)丁]二/天=一一二五　由此得方程式　二甲=二甲天⊥丁天²丅丁天　以丁約之，【略】，配成平方【略】開之

天⊥二丅/(二甲丅丁)=二丅/一√((二甲丅丁)²⊥八丁甲)

天=二丅/一[丅(二卯丅丁)⊥√((二甲丅丁)²⊥八丁甲)]　此爲算學級數有總積公較初級求層數之公式。以本題各同數代入，得　天=

=六/二[丅一五⊥√((一五)²⊥八×三×一一二五)]=六/二(一六五丅一五)=二五

前題。　石荆璞黄梅

答曰：同前。

因初日九人，次日十二人，三日十五人，四日十八人，乃依積較術求之。

九　三

一二　三

一五　三

一八　三　得積較根，爲　九三　設命日數爲天，則總積之公式爲

六天⊥三天(天丅一)/二=一一二五　詳之得　三/二天²⊥一五/二天=一一二五

以三/二除之　天²⊥五天=七五〇　即【略】　天=五〇/二=二五

凡卯爲數根，則甲減一、甲減二，以至甲減卯加一連乘之積，除首末兩項外，各次之倍數必可以卯約之。試求其證。　王耀勳漢陽

依題言　(甲丅一)(甲丅二)(甲丅三)…(甲丅卯丅一)　如將此式詳爲級數，則第一項以下皆有卯爲乘數。今述其詳法于左。

因設式之一項爲　一一㈠　以二乘之，得　二二　降位加㈠得　一三二㈡　以三乘之，得　三九六　降位加㈡得　一六一一六　加㈢　以四乘之，得　四二四四四　降位加㈢，得　一一〇三五五〇五〇㈣　順是以下所得㈠、㈡、㈢、㈣等式，即卯爲二、三、四、五等數中一箇。依連乘積所詳級數中各項之倍數式，惟因各倍數式之首項恒爲一，第二項以下各式不同，而皆有遞加之理。今依㈠、㈡、㈢等式，尋其各項遞加之理。

一…一項　一丄三丄三丄…二項　三丄九丄三四丄…三項　六丄四四丄…四項…　依積較術，求得各項之積較根。第二項爲　〇一　第三項爲　〇〇〆≡　第四項爲　〇〇〇一〇̲　〣　即　二/(卯丄一)卯(二)

一二三/卯(卯丄一)(卯丄二)(二)

一二三四/三卯(卯丄一)(卯丄二)(卯丄三)　丅　一二三四五/一〇卯…(卯丄四)　丄　一二三四五六/一五卯(卯丄一)…(卯丄五)　丅　一二三四/卯…(卯丄三)(四)…

惟第二項中之卯當自等于二起，第三項中之卯當自等于三起，第四項中之卯當自等于四起因如卯爲二，則無第三項。卯爲三，則無第四項故也，故以　卯丅一、卯丅二、卯丅三　各代入(二)、(三)、(四)中之卯，則得連乘積前四級之倍數如下。

一　二/(卯丅一)卯　一二三/(卯丅二)(卯丅一)卯　一二三四/三(卯丅三)(卯丅一)卯(卯丄三)　丅　一二三四五/一〇(卯丅二)…卯(卯丄一)　丄　一二三四五六/一五(卯丅二)…卯…(卯丄三)　丅　一二三四/(卯丅三)(卯丅二)(卯丅一)卯…　如將各倍數變之，即得連乘積之詳式

(甲丅一)(甲丅二)…(甲丅卯丅一)=

$甲^{卯丅一}$

丅　一二/(卯丅一)卯　$甲^{卯丅二}$

丄　一二三四/(三卯丅一)(卯丅二)(卯丅一)卯　$甲^{卯丅一}$

丅　一二三四五六/一五(卯丅一)卯(卯丅三)(卯丅二)(卯丅一)卯　$甲^{卯丅四}$

丄　……………………………

可見，各項中皆有卯爲乘數，故卯爲數根，則必可以約各項之倍數。惟其首項倍數恒爲一，末項倍數恒爲一、二、三至(卯丅一)之連乘積，所函各乘數皆小于卯，故卯爲數根，必不能約第一項及第末項之倍數也。

清·《中國教會新報》第一二七期　京師同文館庚午年歲考題　算學題

弧三角三邊甲乙、甲丙、乙丙，求甲角。用矢較法若何。用開平方得半角正弦法若何。二法孰繁孰簡。

弧三角形，已知三角，求形內面積，其法若何。

圓內任作二正交線，俱至圓周而不過心，分圓周爲四不等分。於對面二分作二通弦，各平分之。於分點作二垂線，會於圓心，大通弦上之垂線必等於小通弦之半，小通弦上之垂線必等於大通弦之半。能言其理否。

有大小二弧正弦，求其和弧較正弦。有幾法。

勾股形內容相等相切三小圓，其周俱切弦，又旁二圓，一切勾，一切股。已知勾、股、弦，求圓徑。其法若何。

二勾弦較乘股弦和等於弦較和自乘。試作圖明其理。

有重弦，有明勾，求圓徑。其法若何。

凡物相吸，其力按遠近自乘反比例。能畫圖而明其理否。

有勾股求弦，有勾弦求股，有股弦求勾。三法試以幾何畫圖而推原其理。

平三角形，若有等邊，其對等邊之內角必等。若以等邊引長，其外角亦相等。

平三角形之三角和必等於二直角。

有人問某將軍，營兵若干。對曰：以其兵數二百倍復加，以原數自乘，共計九十九萬。試問兵數若何。

今有人販牛馬，三馬五牛賣銀八百兩，五馬三牛賣銀一千一百二十兩。問馬、牛價各若干。

某村人口一千五百，婦人較男子多一半，小兒較男婦加倍。試問男、婦、小兒各若干。

有一數，以十三約之，餘一。以十一約之，餘三。以七約之，餘二。試推其數若干。

今有二球輕重相等，一自上墜下，一以平速橫行，歷時三分所過路等。試求墜下之球何時之速與平速等。

今有大小二球對懸於滑車上，一重三斤，一重五斤。歷三秒，五斤之球下行若干尺。

木星全徑十一倍於地球全徑，二球之積比如其全徑立方之比。問木星之體大於地球幾何。

某人以磚一萬九千六百八十三依立方形疊起。問邊有若干磚。

有地長二百四十三步，寬二十七步。若改爲方田，其邊長幾步。

清·《中西聞見録》第七期 壬申年京師同文舘歲考題 算學題

今有句冪減句等于弦較和，只云股等于倍弦較較。試求句、股、弦各若干。

今有弧矢銅面，其弧背四十五度。試求重心至正弦若干尺寸。半徑十萬尺。

今有砲位，膛徑尺五。若以鉄較水重八倍。試推其砲子輕重若何。

今有正弧三角，甲、乙俱鋭角，丙爲正角。有甲、乙二角，求三邊。其比例若何。

今有斷句股較，亘句弦較，求容圓半徑。其式若何。

今有大弦，有亘句，求容圓徑，其式若何。

有鎗子向上直放二十杪始落。試推其升高若干，並繪圖明其理。

某處有路過山頂，兩邊均各二十五里，其兩邊與地平成角四十五度。若隨地平鑿山而過，試推路長若何。

今有弦較較六，句弦較八。求句、股、弦各若干。

今有立方式

〇九一一
三⊥⊥⊥
⊤

試開之。

今有三乘方式

九
五
九五〇
二一
一七一
六⊥
二⊤⊥
⊤
⊥

試開之。

又 第二〇期 癸酉年京師同文舘歲考題 算學題

京都冬至，太陽出入前後曚影時刻若干。推法若何。

有山高 一〇.五 里，從山頂看天邊，其線與地平成角一度六分四十五秒。試推地球圓徑。

圓柱形，其高等于徑，則其柱周面積等于同徑球面積，亦等于同徑圓面積四倍。試解其理。

欲于弧矢形內作平列相切三小圓。其法其理試詳言之。

句股形有對句股二角，有弦和較，求句、股、弦。其法若何。

有大差弦較和、小差弦較較，求容圓半徑。其代數式若何。

有方鐵每邊十一寸三分，以之鑄成砲子。其圓徑若何。

有邊弦，有底句，求圓徑。其代數式若何。

甲乙二人在河岸相距三百六十步，對岸有樹，甲視之與乙成角八十二度二十七分，乙視之與甲成角三十一度十五分。試推其樹離二處若干遠。

有句弦較九，弦和較六。求句、股、弦各若干。

有人放紙鳶，線長三百三十二步，自人手隨地平量至紙鳶正下有二百四十四步。試推其紙鳶有若干高。

清·《同文舘題名録》 光緒四年京師同文舘各科歲試題

天文算學題

試求京師己卯元旦太陽出入時刻。

試求京師己卯元宵太陰出入時刻。

墜物之速率，由地球而推之於太陽。其法如何。

設物自無窮遠墜地，其速不能無窮。試論其理而推其數。

今有 戊＝[天⊥地]^{卯} 試求其級數。

今有平圓，以切綫爲軸。試求其體積。

亘句，邊句相乘等於半徑冪。試作圖解。

今有平圓內容外切二等式句股形，只云外句股和三百九十一，內句股較四十二。求圓徑若干。

今有開方式

正八三二三二〇〇〇〇
負三〇一九二〇〇〇
正八三四〇〇
正一三〇〇

試開得若干。

格物測算題

有半球與正立圓錐合成一器，其錐頂截去五寸，將半球平面向下而倚於其上，球徑錐底錐高皆尺半，盛水。試求內受壓力若干。

氣學力積反比之理。試言之，並以曲綫畫圖發明之。

有人以泳氣鐘入水撈取貨物，鐘形如圓錐，高七尺，底徑六尺，鐘入水三丈。試推水入鐘若干。

除寒暑表之極冷點，更有所謂寒極，其冷爲人所未經見，而算術尚可推之，實事可驗之。其各法若何。

有千尺之氣熱二百八十度，若減熱三百度。(法輪表)試推氣縮若干。

有氣球盛氣萬尺，熱八十度，(法輪表)升空十里，減熱百度。試推其氣積增減若何。

天文題(洋文)

試推月距地若干遠，並論其法。

知某星帶徑地之帶徑並星地相距三者。試推其日距角度公式。

克伯爾測天文三綱，試一一言之。弧三角有邊求角，有角求邊，試列其各式。

橢圓求面積，其公式若何。

算學題(洋文)

自鳴鐘一晝夜間共打幾下，試以加乘二法核算。

設圃人種圓地二塊，一有 $\frac{五}{四}$ 畝，一有 $\frac{七}{三}$ 畝，每畝得菜價銀 $\frac{九}{一七}$ 兩。試推共得銀若干。

金山距上海二萬零六百五十四里，設輪船日行八百九十八里，需若干日往返。

日距地二萬七千四百四十萬里，光行每秒五十六萬里。試推日光至地，需若干分杪。

見電光後十五秒方聞雷聲，其聲行每秒一千零四十洋尺。試推雷擊處遠近若何。

于某域南門放砲，見光後越十二秒聲方聞於北門。試推二門相距若干遠。

光緒十二年京師同文館各科大考題

天文題

假若某日呷爲日之赤緯度，北吠爲黃赤交角，呐爲地，自春分迄某日所行之度，求表明甲正弦等於丙正弦乘天天正弦。

火星二十四點鐘自轉一周，其內月七點鐘三十九分零十四秒繞火星一周，此月所行之軌道恰在火星之赤道上，此月距火星面上四千洋里，火星之徑爲四千二百里。求人在火星上看此月，自出至落，歷時若干。

秋分之日，求子正時黃道與地平所成角若干度。

有彗星距太陽四億里，自太陽窺此彗星其黃經度爲一百四十度，黃緯度爲十度，南地之黃經度爲七十度。求此彗星距地若干里。

行海路定船方位之法，求表明。

有三角形，其三角之橫縱綫爲二與三，五與六，四與八。求三角形之面積若干。

格物測算題

物自極高下墜地，力時變而無恒，其求速公式。何法推之。

物自無窮遠落地，其末速幾乎七洋里，設自無窮遠而落於太陽。試推其末速何如。

有鐘自赤道移至北極。試推其杪擺次數加增若干，並明其用以探測地形之法。

有百斤砲子以一千六百尺之速擊鐵甲船。試以尺磅推算其力。

砲子轟擊土城，若倍其速，必深入四倍。試明其理。

船有鐵桅，必爲空身。試言其故，並算其空身與實體者强弱比例。

漢文算學題

山高一里半，山上有營，平地測得其高度爲三十度。用平地最遠界八里之砲擊之，砲軸應用若干度方向。

岸上東西兩砲臺並列海中，有輪船在東砲臺之正南，於西砲臺測得船與東砲臺成角六十二度四十分，二砲臺相距三十丈。求船距二砲臺各若干遠。

有甲、乙、丙三家，甲距乙三十步，乙距丙四十步，甲距丙五十步，三家共掘一井，令距三家遠近適等。求井距三家若干遠。

原有工人一百，開河四十丈，二十日工畢。今開河八十丈，欲於四日工畢，求應用工人若干。

原有兵七百名，每年額餉一萬二千六百兩。今有新著兵三百名，發餉三千一百五十兩，求應役若干月。

今有立方積八〇六二一五六八，求方邊。

今有平方積一一六九六四，求方邊。

洋文算學題

有一千八百五十兩銀，生息三年，年利五分，利加利，求總利若干。

有人賣騾子一匹，價錢八十九兩零九吊，而賺原價三分之一。求問原買價若干？銀價壹兩十五吊。

譬如十一個人用一百天，一天作十點鐘功夫，挖一坑長一百尺，寬五十尺，深十尺。求四十四人一日作八點鐘功夫，挖一坑深五尺，寬七十五尺，長二百五十尺，用日若干。

有甲、乙二人各有銀若干，乙贈甲銀十五兩，則甲銀等於五倍乙銀，甲贈乙銀五兩，則甲、乙銀相等。求原有銀各若干。

有人釣一尾魚，尾重九斤，魚頭分量等尾之分量與其半身之分量，而其身之分量等於頭與尾之分量。求魚之總分量若干。

二千五百三十六萬七千八百七十九零四分之一，求開立方。

光緒十八年京師同文館各科大考題

格物測算題

今有金銀各半斤，合成一塊。若水中權之，試推其減重若干。

海面天氣與水輕重比例欲以水銀測之。其法若何。

今有氣毬圓徑十五尺，若以輕氣實之，試算其勝重若干斤兩。

昔者以黃道圓徑測光之速。近今有別法測之而反以光之速証黃道之圓徑試言其理。

光自平鑑重返，其差度必倍於二鑑之角。試明其理。

力之分合，其測法試畧言之。

漢文算學題

大圓內容相等相切四小圓，則大徑與小徑比若四十五度正弦與正矢比。作解。

平圓內容外切二同式句股，有內句股較、外勾股和，求圓徑。其代數式若何。

有邊股、有小差弦，求圓徑。其代數式若何。

句股較四十七，弦和較六十，求句、股、弦各若干。

甲、乙、丙三人共出本銀一千五百二十兩，共得利銀一百九十兩。甲分一百二十兩，乙分四十兩，丙分三十兩。三人原本各若干。

今有立方積一八五八八五六五四四九，求其邊。

今有平方積一三六一六一，求其邊。

今有長方積一千八百，較縱四十七，求其邊。

今有數三千零九十六，以百零八乘之，求其得數。

洋文算學題

有人見塔於正北塔尖之高度爲四十五度。人行正東一百尺，又測其高度爲三十度，求算塔高若干尺。

地半徑爲四千洋里，求算地周若干洋里。

（三甲）之正弦等於三乘甲之正弦減四乘甲之正弦自乘三次，求作據。

人立於城之西北隅，測西山於正西偏南十五度。立於城之西南隅，測西山於正北偏西七十五度。二隅相距十四里，求算山距，城若干里。

十五度之正切，求算爲若干。

甲自乘加乙自乘減丙自乘乘甲自乘加乙自乘加丙自乘，求算爲若干。

用 甲丅乙 除 甲^{四}丄甲乙^{三}丅甲^{二}乙^{二}丅乙^{四} 求算得數若干。

今有二式：甲自乘減七甲加十二與甲自乘減五甲減十四。求各式分爲生數。

六月初五日有船自上海起程赴英國，每日行六百里。六月初八日又有船自上海起程赴英國，每日行七百五十里。求算何時何地二船相及。

譬如一百兩銀每年生利二兩五錢，有人放一千八百兩銀，求算歷若干年本利相等。

光緒二十一年京師同文館大考題

天文測算題

於某處卯正，太陽高度爲十五度，太陽正東之時，高度爲二十三度。求算某處北極出地若干度。

設 甲$^{正}_{弦}$ = $\frac{二}{\sqrt{五}}$ 乙$^{餘}_{切}$ = 三 求算甲加乙爲若干度。

今有式 地^{三甲}丅二地^{甲}(丁)$^{餘}_{弦}$丄一 求分爲生數。

甲$^{正}_{弦}$ 減 $\frac{(二甲)^{正}_{弦}}{一\times二}$ 加 $\frac{(三甲)^{正}_{弦}}{一\times二\times三}$ 下項類推。求算無窮項總合爲若干。

人立於船桅之上，距海面一百五十尺，測天雲高度爲三十度，又測水涵雲影低度爲三十二度。求算雲高若干尺。

洋文算學題

有人買牛一羣，共價銀一百八十兩。失牛二頭，下餘之牛每頭賣價較買價多銀一兩，不賠不賺。求算牛若干頭。

今有級數，首項爲十零二分之一，二項爲九零三分之一，三項爲八零六分之一。求算二十五項之總合若干。

今有式 （五甲丅三乙） 求算此式自乘九次爲若干。

今有倍級數，第四項減第二項等於一百六十八，第三項減第一項等於五十六。求算各項若干。

有人租肥瘠地共三十四畝，統價銀二百四十二兩，肥地每畝八兩，瘠地每畝六兩。求算肥瘠各畝若干。

假如軍營中有兵一千，其糧足供六十日之需，越二十五日，增八十五人。求算下餘之糧仍供幾許日之用。

設四十五人作工一件，用七十七日。求算三十五人用日若干。

有甲乙二人一同貿易，乙之股分較甲多銀五百兩，共賺銀四千兩，而甲於中分賺銀一千六百兩。求算甲乙股分各若干。

有甲乙運販，各帶錢相等，入市糴糧，甲買二百七十二斤而餘錢二十五吊，乙買二百九十七斤而欠錢一百吊。求算二人帶錢若干。

十四萬八千三百零二兩銀，均分一百五十四人。求算每人分銀若干。

有人買茶葉七百二十八箱，共價錢一百四十八萬一千四百八十吊。求算每箱價錢若干。

有二處相距八十五里零二百四十五尺，其間欲修鐵路三十五尺寬，每二十五方尺，工價銀八十九兩。求算共用銀若干。

十二萬八千五百九十四吊錢均分若干人，設每人分錢十七吊，仍餘六吊。求算人數若干。

有火車每點鐘行二十九萬五千六百八十尺。求算八百五十二點鐘行里若干。

設有人作工一件，每日工錢五吊，如一日不至，除扣工錢之外仍罰錢一吊，至四十八日，僅剩錢一百六十二吊。求算作工若干日。

漢文算學題

平三角形外容圓，切一邊及餘二邊之引長綫。已知三邊，求圓徑法若何。

大小二弧其和較二正弦之和乘半徑之半，等於大弧正弦小弧餘弦相乘積。試解之。

不等邊之四邊形，任自一角作綫，分本形爲二等分。其法若何。

大小二弧，二正弦相乘，二餘弦相乘，二積相加，以半徑除之，得較弧餘弦。試解之。

有人分銀不知其數，只雲每人四兩，餘十二兩，每人七兩，少六十兩，問人數、銀數各若干。

今有式 $(甲丄天)^{三}$ $(乙丄天)^{四}$ 二數相乘各若干。

光緒二十三年京師同文館各科大考題

前館漢文算學題

今有長方、正方田各一，面積相等，只云長方田之長二十五尺。其闊不及正方田之邊四尺。求方邊及闊各幾何。

今有式 $天^{二}=(天丅三)(二天丅八)$ 求天之同數。

今有式 $一丄三\sqrt{丅三}$ 求其三方若干。

今有二式 $二丄三\sqrt{丅一}$ $三丄五\sqrt{丅一}$ 相乘得若干。

今有二式 $\sqrt{二四}$ $\sqrt{二四三}$ 相乘得若干。

今有式 $\sqrt{甲丄二甲^{二}丄甲^{三}}$ 以 $\sqrt{甲^{三}丄八甲^{二}丄十六甲}$ 減之得若干。

今有二位之數，其二位相加爲九，若倍其原數，以九除之，則二位顛倒。求原數若干。

有一人做工，每日工錢三百文，自出飯錢一百文，停工日無工錢，如是五十日，共餘錢七千文。問做工幾日、停工幾日。

今有式 $\frac{天丅三}{天}=\frac{天}{天丄四}$ 求天之同數。

今有式 $\frac{甲^{二}丅\frac{甲^{三}}{二}}{甲^{二}丄\frac{甲^{三}}{二}}$ 化爲整分若何。

今有式 $\frac{甲天^{三}地^{二}}{乙^{二}丙地^{三}}$ 將未知之元遷於分子若何。

今有式 $天^{三}丄天^{二}丅五天丄四$ 以 $天^{二}七天丅五$ 乘之得若干。

后館漢文算學題

有大小二數，其二方之和爲一百七十，若大數加三，小數加一，其二方之和爲二百六十。求二數各若干。

今有式 天二丅地二＝八九

天丄二天地丄地＝九三 求天地之同數。

有人買羊一群共用銀二百四十兩，後走失四只，將餘者仍售銀二百四十兩之數，如是每只比原價貴二兩。求原羊數若干。

今有式 天四丅一八天三丄一一九天二 丅三四二天＝三六〇 求天之同數。

今有式 二天丄二地丅人＝四五

三天丄三人丅地＝四二

四地丄四人丅天＝五五 求天、地、人之同數。

今有式 六天丄三地丄人＝八九

三天丄二地丄人＝五四

天丄地丄人＝三〇 求天、地、人之同數。

今有疊分式 $\frac{六\frac{五}{四}}{四\frac{一}{二}}$ 化爲整分得若干，又化爲小數，得若干。

今有諸數 四二 四五 五〇 五四 求其小公倍。

後館代數題

今有二式 天地（天丅地）＝七十

天地（三天丅四地）＝一八二 試算天地之同數若干。

有諸人入飯肆同餐，共賬一百七十五吊錢，先訂公攤，内有二人不攤，下餘每人多出十吊。推人數若干。

今有式 $\frac{三天丄一二天丄九}{天二丄五天丄六}$ 求約盡之。

二數相合爲十三，各數立方相合爲五百五十九。推二數若何。

今有二式 $\frac{天}{五}$丅$\frac{地}{二}$＝$\frac{二}{三}$

天丅地＝二四二 $\frac{一一}{二四三}$ 求天地同數若干。

第一班數學題

若物二十九零十分之九斤，值十二喜林［先令］五零二分之一本士［辨士］。推四零五分之一斤值銀若干。

甲用所有之銀四分之一，又下餘銀用三分之一，現僅存七十五磅零十二喜林。推此人原有銀若干。

今有屋長十六零五分之二尺，寬十一零八分之一尺，高九零七分之一尺，四壁糊紙。若一方尺價爲一零五分之三本士，推共價銀若干。

甲與乙十日可作一工，甲單作用十五日。推乙單作用日若干。

若五人每日作十六點鐘工，用三零二分之一日，刈十二零二分之一畝麥子。試算七人每日作十二點鐘工，刈十五畝，用日若干。

後館數學題

有院落，長頂寬五倍，墁地共用十磅十喜林十一零四分之一本士。若每方碼價爲二零四分之一本士，推長、寬各若干。

今有屋長二十四尺，寬十五尺，高十二尺，四壁糊紙。若每方碼價爲二本士，試算共價若干。

若二百二十五斤零十二兩糖，價爲三磅十五喜林三本士。推每斤值錢若干。

試算一方里爲若干畝。

有商販購茶葉七箱，每箱重二百六十五斤，價每一百一十二斤二十三磅四喜林四本士，以後出售賣價每斤四喜林零二本士。試算賠賺若干。

弧三角形題

解直角弧三角形之各方程式，詳書作證。

今有甲乙丙弧三角形共三角，命爲甲、乙、丙，其三邊爲呷吃呐，試證（正弦呷）乘（餘弦吃）等於（正弦呐）乘（餘弦吃）減（餘弦呐）乘（正弦吃）乘（餘弦呷）。

相似平三角形之比例爲其相似邊平方之比例。

塔竪平原上，立旗竿，高二十尺，人立於平原某處，測塔及竿皆成角三十度。推塔高若干尺。

若直綫與平面内二直綫正交，試證必與面内各綫正交。

前館代數題

一百四十四兩銀，欲均分若干人。若少二人每人可多分銀一兩，推上數若干。

今有二式 天二地（天丄地）＝八十

天二地（二天丅三地）＝八十 求算天地同數若干。

今有式 $\dfrac{天^{四}\text{丅}一一五天\text{丄}二四}{二四天^{四}\text{丅}一一五天^{三}\text{丄}一}$ 約尽之。

二數相減爲三，各數立方相減爲二百七十九，推二數若干。

今有式 $天^{\frac{二}{五}}\text{丄}地^{\frac{二}{五}}=\dfrac{十一}{三}$，$天\text{丄}地=二四三\dfrac{三二}{二四三}$ 求天地同數若干。

清·《大學堂譯學館各項考試題目》

甲堂算學題

（1）今有二數，其相乘之積等於其平方之較，其平方之和等於其立方之較。問二數各若干。

（2）有二位之數，若以二位相乘之積除之得二，若加二十七，其二位即顛倒。問係何數。

（3）今有二數之較等於四，其和與平方之較相乘等於一千六百。問二數各若干。

（4）今欲將二十分爲兩分，令其兩分之方相乘等於九千二百十六。問各分若干。

（5）今欲將十八分爲二分，令二分之方相比若二十五與十六相比。問各分若干。

（6）有二數之和等於一百，其兩方根之較等於二。求二數各若干。

（7）有 $正弦^{6}吃+餘弦^{6}吃=1-3餘弦^{2}吃正弦^{2}吃$ 試求其証。

（8）有 $正弦^{2}呷正切^{2}呷+餘弦^{2}呷餘切^{2}呷=正切^{2}呷+餘切^{2}呷-1$ 試求其証。

（9）有乙甲丙角，其分角線爲甲丁，從甲作直線甲戊，則丁甲戊角必等於乙甲戊與丙甲戊兩角之半和或兩角之半較。試求其証。

（10）三角形内任取一點，至三角各作直線，此三線之和必小於三邊之和而大於其半，試求其証。

乙堂算學題

（1）某甲以每月所得利息之三分之一爲子女教育費，以八分之一爲書籍費，以十分之一爲布施費，尚餘三百十八元爲一切零用費。問月利共有若干。

（2）設有一竿，其長之十分之一染紅色，二十分之一染白色，三十分之一染黄色，四十分之一染緑色，五十分之一染藍色，六十分之一染紺色，尚餘三百零二尺以染金色，求全竿之長。

（3）有大小二田，小田之長倍於闊，大田比小田長多五十步，闊多十步，故其積亦比小田多六千八百步。問大小田之廣狹各若干。

（4）一農夫共有牛羊三十五頭，共價一百九十一元五角，但知牛價每頭十二元五角，羊價每頭二元二角五分。問牛羊各幾頭。

（5）設有屋一所，園一區，共價八百五十元。但知屋價之五倍等於園價之十二倍。問屋與園其價各若干。

（6）有大小二數，其較爲一。若自乘相減其餘數爲十五，問二數。

（7）甲乙二人，得羊一羣。甲分得七十二隻，乙分得九十二隻。甲不究，乙以三十五元貼於甲，由是了結。問每羊之價。

（8）有大小兩數，其和爲五千七百六十，其較等於大數之三分之一。問兩數各若干。

（9）有乙甲丙角，共分角線爲甲丁。從甲作直線甲戊，則丁甲戊角必等於乙甲戊與丙甲戊兩角之半和或兩角之半較。試求其証。

（10）三角形内任取一點，至三角各作直線。此三線之和必小於三邊之和而大於半。試求其証。

中外數學交流總部

主编　王雪迎　高　峰

中外數學交往與翻譯活动部

中印中阿分部

綜論

《摩登伽經》卷下　明時分別品第七

大婆羅門，我今更説晝夜分數長短時節，汝當善聽。冬十一月，其日最短，晝夜分別，有三十分，晝十二分，夜十八分。五月夏至日，晝十八分，夜十二分。八月二月，晝夜停等。自從五月，日退夜進，至十一月，夜退日進，至於五月，日夜進退，亦一分進，亦一分退。月朔起於初月一日，其月起於二月一日，節氣起春。

我當復説刹那分數。婦人紡線，得長一尋，是則名爲刹那時也。六十刹那，名一羅婆。三十羅婆，名爲一時。此一時者，日一分也。凡三十分，爲一日夜。此三十分，各有名字。日初出分，名曰四用。二月一日，日初出時，人影長於九十六尋。第二影長六十尋，第三名富影，長十二尋。第四名屋影，長六尋。五名大富影，長五尋。六名三園影，長四尋。七名對面影，長三尋。第八名共，於日正中，影共人等。第九名尺影，長二尋。第十名勢影，長四尋。十一名勝影，長五尋。十二大堅影，長六尋。十三婆修影，十二尋。十四端正影，六十尋。十五凶惡，九十六尋。此是一日十五分名。日没名惡，二名星現，三名收攝，四名安隱，五名無邊，第六名忽，七名羅刹，第八名眠，第九名梵，第十名地提，十一鳥鳴，十二名才，十三名大，十四影足，十五丘聚。此是晝夜三十分名，是三十分名一晝夜。三十晝夜，名爲一月。此十二月，名爲一歲也。

大婆羅門今復説漏刻之法。如人瞬頃，名一羅婆。此四羅婆，名一迦啅。四十迦啅，名一迦羅。三十迦羅，則名一刻。如是二刻，名爲一分。一刻用水盈滿五升，圓筩四寸，以承瓶下，黄金六銖，以爲此筩，漏水五升，是名一刻。如是時法，我已分別。

今説里數由旬之法。七微塵名一細，七細名一塵，七塵爲一兔毛，七兔毛名一羊毛，七羊毛名一牛毛，七牛毛名曰一蟣，七蟣名一虱，七虱名一麥，七麥名一指，十二指名眦多悉提，二眦多悉提名一肘，四肘名一弓，千弓名一聲，四聲名一由旬。

我今復説斤兩輕重。十二麥名一大豆，十六大豆名修跋那，重十二銖，二十四銖名爲一兩，十六兩名爲一斤，二兩名一婆羅，二婆羅名一撮，二撮名一掬，六掬名鉢悉他，二十四婆羅名摩伽陀鉢悉他。如是廣説斤兩數法。【略】

大婆羅門我今復説月會諸宿。六月中旬，月在女宿，未在七星，其一月中，晝十七分，夜十三分。爾時當樹十二寸表，量日中影，長於五寸。七月中旬，月在室宿，未在於翼，晝十六分，夜十四分，影長八寸。八月中旬，月在婁宿，未在於亢，影十三寸，晝夜各分，爲十五分。九月中旬，月在昴宿，未在於房，影十五寸，晝十四分，夜十六分。十月中旬，月在觜宿，未在於箕，影十八寸，晝十三分，夜十七分。十一月中旬，月在鬼宿，未在於女，中影則有二十一寸，晝十二分，夜十八分。臘月中旬，月在七星，未在於危，影十八寸，晝十三分，夜十七分。正月中旬，月在翼宿，未在於奎，影十五寸，晝十四分，夜十六分。二月中旬，月在角宿，未在於胃，影十三寸，晝夜十五，爲三十分。三月中旬，月在氐宿，未在於畢，中影十寸，晝十六分，夜十四分。四月中旬，月在心宿，未在於參，中影七寸，晝十七分，夜十三分。五月中旬，月在箕宿，未在於鬼，中影四寸，晝十八分，夜十二分。如是等。名月會宿法。

我今更説出閏之要。於十九年，凡有七閏，五年再閏。其日五月至於十月盡，皆南行，夜增一分，日減一分。從十一月至盡四月，皆俱北行，晝加一分，夜減一分。月形增損，由日遠近。日、月、熒惑、辰星、歲星、太白、鎮星，是爲七曜。其歲星者，於十二歲始一周天。其鎮星者，二十八歲乃一周天。太白歲半始一周天。熒惑二歲始一周天。辰星一歲乃一周天。凡歲三百六十五日。日一周天，月三十日乃一周天。此是七曜周天數法。

《隋書・經籍志三》　《婆羅門天文經》二十一卷，婆羅門捨仙人所説。《婆羅門竭伽仙人天文説》三十卷，《婆羅門天文》一卷，《婆羅門算法》三卷，《婆羅門陰陽算曆》一卷，《婆羅門算經》三卷。

《開元占經》卷一〇四　筭法

臣等謹案：《九執曆》法，梵天所造，五通仙人承習傳授，肇自上古，（白）[白] 博乂二月春分朔，於時曜躔婁宿，道歷景止，日中氣和，庶物漸榮，一切漸長，動植驩喜，神祇交泰，櫂茲令節，命爲歷元。竊稽開設法數，建立章率，述而不作，信而好古，竊簡易之智陳，得希夷之妙術，河帶山礪，久而逾新，藏往知來，挹而靡竭。嘗試言之，蓋以其國人多好道，苟非其氣，雖曰子弟，終不傳也。臣等謹憑天旨，專精鑽仰，凡在隱秘，咸得解通，今削除繁冗，開明法要，修仍舊貫，緝綴新經，備列筭術，（貝）［具］摽如左，自作口訣，亦題目附本章。

筭字法　樣。一字　二字　三字　四字　五字　六字　七字　八字　九字點。

右天竺筭法，用上件九箇字，乘除其字，皆一舉禮而成。凡數至十，進入前位，每空位處，恒安一點，有間咸記，無由輒錯，運筭便眼，趂須先及歷度。

右天竺度法，三百六十，礭符管律，更無奇賸。中國賸五度四分度一，今□□□家術源天竺，則棄没日，不入歷度。中國則收没日，推日歷度。由是度數不合，彼此有異。又凡稱没者，虛數之謂也。所以二十四氣，遇没十六日移；節在漏刻，遇没十日移。然天地所產，人最靈焉，骸骨之數，有法象乎。翫同管律，理亦詳矣。

推積日及小餘章。閏及甲子筭、七曜直等，在術中。上古積年，數太繁廣，每因章首，遂便刪除，務從簡易，用舍隨時。今起明慶二年丁巳歲二月一日，以爲歷首，至開元二年甲寅歲，置積年五十七筭。甲子五十筭。術曰：置積年。假令推開元二年甲寅歲事，置五十七筭爲積年；若推向前一年癸丑歲事，即減一筭；若推向其年三月五日事，既歷後一年，乙卯歲事，即加一筭，他皆倣此。以十二乘之，加自入年已來所積月。假令推其年三月五日事，即歷起二月一日爲首，於二乘訖數上更加一筭，即是加入年所經一箇月了。加訖，重張位下，以七乘之；恒加一百三十二，以二百二十八除之，得閏月。不盡，爲閏餘，既未滿閏，棄之。以閏月加上位，爲積月，以三十乘之，加自入月已來所經日；假令推三月五日事，即於三十乘訖數上更五筭，即是加入月所經五日了。重張位下位，十一乘之，恒加差四百二十九，一百六十九，以七百三除之，得自入歷已來所經小月。其小月，梵云欠夜。不盡爲小餘。其小，梵云小月餘。以小月減上位，爲積月。其小餘及積日，各列爲位，又置積日，以六十除，棄之，餘從庚申筭上命之，得甲子之次，又置積日，以七除，棄之，餘從熒惑月命得之七曜直日次。一筭爲熒惑，二筭爲辰星，三筭爲歲星，四筭爲太白，五筭爲填星，筭定爲日。其七曜直用事法，別具本占。

推中日章。凡在梵歷，大例分積滿六十成一度，其度積滿三十成一相，其相積滿十二乘棄之，他皆倣此。其相，梵一音呼爲星施，是聚义也。承前或［謂］爲次，或［譯］爲辰，今從相也；其度，梵音呼爲薄伽，承前［譯］爲大分，今從度也；其分，梵音呼爲立多，承前譯爲小分，今從分也。術曰：置積日重張位，下位以十二乘，以九百除之，得没度。其没度，中國在歷法爲没日者是也。不盡，十五除之，得没分，恒加差三十分，其分薄六十成一度。以没度減上積日，又每退積日一，置爲六十分，以没分減之，減餘列爲中日分位，其減訖積日，以三百六十除之，得自入歷已來所經年，棄之，假令置積年五十七筭，還只除得五十七。餘以三十除之，得相，不盡爲度。其相及度，與前所列中日分併之，置爲日中位。置位皆三重，從戴而列之，其下位列分，其中位列度，其上位列相，他皆倣此。

推中月章。術曰：置小餘重張位，下位二十五餘之，得者加上位，加訖，以六十除之，得度，不盡爲分，其度分列爲位。又置自入月已來所經日，假令前推積日，加自入月五筭，推此亦須准前數置止筭。以十二（除）［乘］之，以三十除之，得相，不盡爲度。以其相及度，與前所列度及分併之，又與中日併之，置爲中月位。

推高月章。術曰：置積日，以九除之，得度；餘以六十乘之，依前除之，謂亦九除也，得分。其度以三百六十除，棄之，餘以三十除之，得相，不盡爲度，其相及度兼分列爲位。又置積日，以六十除之，得分，其分滿六十，成一度。以其分併前所列分位，恒加差十八相二十六度四十一分，一相十三度四十五分，置爲高月位。

推月藏章。承前或譯爲月損益率。術曰：置中月，以高月減之，如不（是）［足］減，於月中相位上更加十二相（藏）［減］之。減訖，置爲月藏位。

推日藏章。承前或譯爲日損益率。術曰：置中日，減二相二十度，如不足減，於中月相位上更加十二相減之也，他皆倣此。減訖，置爲日藏位。

推定日章。日段六：第一段，三十五。第二段，三十二。第三段，二十七。第四段，二十二。第五段，十三。第六段，五。右一段，每管十五度，兩段管一相，凡在六段，用管三相。術曰：置日藏，若相及度位俱定，唯有分者；置分，以第一段三十五乘之，以九百除之，得分。凡此分滿六十成一度。恒視日藏位，相定及一二三四五相者，命曰殺首；六七八九十及十一相者，命曰稱首。又，凡在梵歷，相定是一相法一相，是二相法二相，是法，他皆倣此。得殺首，即以此度分損中日位；得稱首，即以此分益中日位。以度損益度以損益分。如是損益訖，置爲定日位。

推定月章。承前或譯爲月或。月段六：第一段，七十七。第二段，七十一。第三段，六十一。第四段，四十七。第五段，三十。第六段，十。右一段，每管十五度，兩段管一相，凡在六段，用管三相。術曰：置月藏，若相及度位俱定，唯有分者；置其分，以第一段七十七乘之，以九百除之，得分。凡此分滿六十成一度。恒視月藏位，相定段一二三四五相者，命曰羖首；六七八九十及十一相者，命曰稱首。得羖首，即以此度分損中月位；得稱首，即以此度分益中月位。如是損益訖，置爲定月位。

敘三相已下藏例。日與月並同此法。置藏位，若相定位，其度不滿十五兼有入者，而置其度，以六十乘之。内分，在梵歷，是名通作分也，亦以第一段乘之，以九百除之，得分；其分命用，並亦准前。置藏位，若有十五度已上者，直將除棄十五度訖，十乘度内分也，他皆倣此。以次第二段乘之，准前除也，他皆倣此。以次第二段乘之，准前除之。凡言准前者，用舊術也。今亦用九百除之，他皆倣此。得分，其分加上位，不滿六十成一度，其度及分命用，並已准前。置藏位，若有一相十五度已下者，直除去一相訖，即併列第一段第二段爲上位，餘通分，内子以次段乘之，自餘命用，並亦准前。置藏位，若有一相十五度已上者，直除訖，一相兼十五訖，即併第一段，訖至第三段，爲之位，旬餘命用，並亦准前。置藏位，若有二相十五度已下者，除訖，二相訖，而開列第一段，迄至第四段，爲上位，自餘命用，並亦准前。置藏位，若有二相十五度已上者，有除訖二相兼十五度訖，即列第一段迄至第五段爲上位，自餘命用，並亦准前。置藏位。若唯有三相更無度分者，直棄三相訖，即併列第一段迄至第六段爲上位，自餘命用，並亦准前。

敘三相已上藏例。日與月並用此法，凡在梵歷，[他]皆倣此。置藏位，如有三四五相者，別置六相以減之，減餘相度分。至於排段命用，並亦准前。此承前[譯]云，傍五六相，以本減傍，去上張下，命用者是也。置藏位，如有六七八相者，直棄六相，餘相度分。至於排段命用，並亦准前。置藏位。如有九十及十一相者，別置十二相減之，減餘相度分。至於排段命用，並亦准前。

推晝刻及夜刻章。梵歷晝夜刻共有六十刻，凡一刻即六十分。成都計揔有三千六百分，若作一百刻，每一刻得三十六分。刻段三：第一段，一百六十。第二段，一百三十二。第三段，五十四。右一段，每管一相，凡在三段，用管三相。至於排段別位，(受)[以]及乘除敘例命用，亦同前定日法。術曰：置定日，若相空，即置其度，通作分；以第一段一百六十乘之，以一千八百除之，得分。其分滿六十成一刻。其分一，六十除之，得刻，不盡爲分，恒加三十刻，置爲夜刻分位。又恒別置六十刻，以所置刻及減之，減餘刻及分，置爲短刻分位。凡春分後，晝漸長，夜漸短，其長刻晝也，短刻夜也，春分羖首也；秋分後，夜漸長，晝漸短，其長刻夜也，其短刻晝也，秋分稱首也。其長刻及其短刻及分，合置爲全晝全夜刻位。其全晝全夜刻及分，並各半之置爲半晝半夜位。置定日，若有一相，直棄一相，即列第一段，一百六十爲上位，餘通作分，以第二段一百二十乘，以一千八百除，自餘命用，並亦准前。置定日，若有二相，亦直棄二相，併列第一段第二段二百九十爲上位，餘通作分，以第三段五十四乘之，以一千八百除之，自餘命用，並亦准前。

推月域章。承前或譯爲明量，確據梵音，呼爲勃夜，其義云月食限也。謂每經一晝一夜，月行吞得度數之量也。(澤)[譯]爲域者，亦得劑域之限也。此月域内兼日行，分合在其中。術曰：置今日定月，以昨日定月減之，餘通作分，凡置爲月域位。又法置七百九十爲本位，又取通乘月段，以九乘之訖，直棄一位，餘者恒視月藏三四五六七八相者，命曰蟹首；九十[十]一兼相位定及一二相，命者龜首。蟹首益本位，龜首損本位，即是月域。

推日域章。承(首)[前]譯爲日法，明量其義，日以減却日行分，故標日爲前也。日行分法，相位定及一相、二相、三相，行分五十七；四相，行分五十八；五相，行分五十九；六相，行分六十；七相、八相、九相，行分六十一；十相，行分六十；十一相，行分五十九。術曰：恒視定月相位，以前行分，於月域數内，假令相位空，即於月域數内減却行分五十七，他皆倣此。減訖，置爲日域位。

推宿刻章。宿法，於此術中，凡是宿，平等爲八百分，天竺每以月臨宿，占其日一，即休咎仍取其宿用事，又唯用二十七宿，命婁爲始，去牛，終奎。其牛宿，恒着吉祥之時，不拘諸宿之例，別有占筭法。術曰：置定月，通作分，謂三十乘内度，六十乘度内分，他皆倣此。以八百除之，得已通宿次，餘者是用宿。假令除得爲婁二百，胃三百，即是已過宿次，餘者是所臨畢宿用事也，他皆倣此。以六十乘之，以月域除之，得宿刻。又乘又除，謂亦以六十乘，亦以月域除，他皆倣此。得分，置其刻及分，爲宿刻位。

推宿斷章。術曰：置半[夜]刻及分，兼全晝刻及分，以宿刻及分減之，先減夜刻。謂從夜半子時，向亥匝至於戌酉而減之。如夜刻盡，餘以減晝刻。亦謂從酉向申未等而有減之也。如減夜不盡，即直只減夜，不減晝也。知夜晝俱盡，(入)[餘]以減往夜刻。謂從卯向寅(日)[丑]等而減之也。如減往夜全刻亦盡，餘以減往晝刻。謂從酉向申等而減之也。凡減晝夜刻，至所止處，是正著兩宿界中央刻時，謂已遇宿位未所臨宿之初也，其日時月初臨其宿用是也。以此時名宿斷時，置其刻及分，爲宿斷位。

推節刻章。或譯爲著蝕時，或譯爲日節，中國名爲加時，梵云即切，詳意義如竹以節隔其間。今日一晝一夜□□□□□，其昨日一晝一夜相分，每刻之處，亦如竹節，由是名焉。

術曰：置定月，以定日減之，如不足減，於定月相位上更加十二相減之。減餘通作分，以七百二十除棄之，其棄者，是加自入月已來日，若少於本數，名未來節數，若多於本數，名過去節斷。餘者名爲節除，以六十乘，以日域除之，得節刻，不盡，又乘又除，凡言又乘又除，皆是依前數乘之，依前數除之。今此以六十乘，以日域除，他皆倣此。得分，置其刻及分，爲節刻位。

推節斷章。謂正著蝕時也，亦是往日今日每兩界中央分判檢劑節斷之處也。術曰：置半夜刻及分，兼全晝刻及分，以節刻及分，一如取宿斷法，減之，至所止刻，爲節斷刻時。謂正著蝕時也。置其刻及分，爲節斷位。

推均分章。承前或譯爲月度分法，在梵歷，此術(九)〔尤〕妙，朔下日月相及度分筭三位，並均；望即度及分二位，均；弦即准只分一位，均；推得朔望均分路日月交蝕。根法，置定月，以(日定)〔定日〕減之，減餘有六相者，棄有(有)〔六〕相，餘通作分，名爲過去根法，如減餘通五相者，別置六相減之，減餘作分，名爲未來根法。術曰：置根法以六十乘之，以日減除之；如是過去，以除得數損之日分；如是未來，以除得數益定日分。又以除得數加根法，以六十除之，得度不盡，爲分。如是過去，損定月度分；如是未來，益定月度分。日月度分均平齊等，即并列之，置爲均分位。又法：置節刻位，通作分，列爲根法。術曰：置根法，以定日行分謂日域術中，相法之下，所摽五十七等是也。乘之，以三千六百除之，得分；其餘損益，定日分。其損益法，損之而得均者，即便損之；益之而得均者，即便益之。又置根法，以日域乘之，以三千六百除之，得分；其分又以六十除之，得度，不盡爲分；以其度及分損益，定月度分。日若益之，月亦益之；日若損之，月亦損之。如是損益訖，置爲均分法。俱損俱益，是均分也；一損一益，非均分也。

推阿脩章。承前或譯爲風，或(澤)〔譯〕爲蝕神，梵之曰呼爲羅喉。《釋典》所云：羅喉，阿脩王，即此臣靈也。又《河圖》云：暗虛值月，則月蝕；值星，則星亡；亦謂此怪靈也。又諸曜則巡宿順行，其阿脩則巡宿逆轉，掩蔽日月，以亦交蝕。術曰：置積日，以六千七百九十四除之，得爲已過遍數，棄之，餘以十二乘之，准前除之。謂亦以六千九百九十四除之也。得相；餘以十三乘之，准前除之，得度；餘以六十乘之，准前除之，得分；列爲前位。又別置五相二十四度四十分，以其前位減之，如不足減，於五相位上更加十二相減之。減訖，餘相度分，置爲阿脩位。

敘日月蝕法。凡筭蝕者，先置均分及阿脩位，從前蝕之後，斗至六箇月白博义，天竺每月二博义，從月初至十五日，爲白博义，從十六日至月盡，爲黑博义。其博义，譯云翅也。十五日，月當交蝕之限，從前蝕後，斗至六箇月黑博义，月盡日也。日當交蝕之限，月或〔七〕箇月白博义蝕，或五箇月白博义蝕，或十四日蝕，或十六日蝕。日或七箇月蝕，或五箇月蝕，或十六日蝕，日或七箇月蝕，或五箇月蝕。又，日蝕初虧，皆在西方，月蝕初虧，皆在東方，蝕既者，雖亦帶隅，正方之數俱多也。其正方，謂東西方也。蝕鮮者，雖亦帶隅，正方之數(小)〔少〕也。又蝕所從方，進而虧黑，還於其方，退而放明也。又蝕色初至如煙，於時亦如煙，又蝕不盡，缺處黑；如盡，外赤色，中赤黑色。

推間量府章。日月有蝕無蝕，及起虧方隅，並在此術中。置均分，以阿脩減之，如不足減，加十二相於均分相位上減之。記減，得殺首，爲北行；若得北行，其有日蝕，初起西北；其有月蝕，初起東南。得稱首，爲南行。若得南行，其有日蝕，初起西南；其有月蝕，初起東北。餘者，置爲間量府。凡有蝕法減阿脩訖，餘者即是間量府也。如十二度已下，月即有蝕；十二度已上，無蝕。凡日蝕法減阿脩訖，餘者即是間量府也。兼有日成間量訖，有十二度已上，日即有蝕；十二度已下，無蝕。如其加十二相，減阿脩者還，却置十二相減訖蝕者，置爲間量府；如其減阿脩有六相已上者，置棄六相，餘者置爲間量府；如其減阿脩訖，有五相已上者，別置六相減之，減訖，餘者置爲間量府。

推月間量命。

段法　凡一段，管三度四十五分，每八段管一相，總有二十四段，用管三相。其段下側注者，是積段，併成三數。第一段，二百二十五。第二段，二百二十四，并四百四十九。第一相；第三段，二百二十二，併六百七十一。第四段，(一)〔二〕百一十九，併八百九十。第五段，二百一十五，併一千一百五。第六段，二百一十，併一千三百一十五。第七段，二百五，併一千五百二十，第八段，一百九十九，併一千七百一十九。第九段，一百九十一，併一千九百一。第十段，一百八十三，併二千九十三。第二相；第十一段，一百七十四，併二千二百六十七。第十二段，一百六十四，併二千四百三十一。第十三段，一百五十四，併二千五百八十五。第十四段，一百四十三，併二千七百二十八。第十五段，一百三十一，併二千八百五十九。第十六段，一百一十九，併二千九百七十八。第十七段，一百六，併三千八(百)〔十〕四。第三相；第十八段，九十三，併三千一百七十七。第十九段，七十九，併三千二百五十六。第二十段，六十五，併三千三百二十一。第二十一段，五十一，併三千三百七十二。第二十二段，三十七，併三千四百九。第二十三段，二十二，併三千四百三十一。第二十四段。七，併三千四百三十八。術曰：置間量府，通作分，以二百二十五除之，得者爲段。以其段下併數列爲上位，假令除得一，其第一段下無併，即直列二百二十五爲上位；如其除得二，即例側注併(教)[數]四百四十九爲上位；如其除得三，例側注併數六百七十一爲上位。他皆倣此。餘以次段乘之。假令除得三，例側注併數爲上位訖，即以第四段二百一十九乘之，他皆倣此。以二百二十五除之，得者併上位，置爲間量命。非月蝕用之。

推月間量法。術曰：置間量命，以四乘之，置爲初位；又列置四萬三千四十一，以月域除之，得者假令除得五十一，即以五十一除初位。以除初位，得度；不盡，六十乘之，依前除之，得分，置爲月間量位。如推日蝕列筭日間星法。

推月量法。術曰：置月域，以二乘之，以四十九除之，得度；不盡，以六十乘之，依前除之，得分，置是月量位。

推阿脩量法。術曰：置月域，以五乘之，以四十八除之，得度；不盡，以六十乘之，依前除之，得分，置爲阿脩量位。

推阿脩及月全位半位法。置阿脩量與月量，併之爲全位；又半之，爲半位。其全位、其半位，各列爲位。

推蝕經刻法。謂初虧至復滿所經刻數也。術曰：置量，自相乘，先以度自相乘，列爲上位，又以分自相乘，以三上除之，加上位，凡三十分從度者，謂收半已上也。又置半位，亦自相乘，亦如收分法爲之。置半位相乘訖數減之，減余以開方除之，其開方，梵音云根法也。得者，以六十乘之，又以日域除之，得刻；不盡，又乘又除，得分。其刻及分，二乘之，謂位分也。置爲虧滿刻法。又以其數加節斷刻上，節斷是，若初虧得此刻，通至復滿時。

推月規法。此術中，備載日月虧缺多少，及蝕既深淺等事。術曰：置月量半，准其數，或用綖，或用木，爲規限，繞作光明壇。又置間量，准其數，或以綖，或以木，從光明壇正中心向蝕方引出至末際，置爲位。又起末際位，據爲正中心，置阿脩量半，准其數，或用綖，或用木，爲規限，繞作黑暗壇，據黑暗壇掩著處，以定虧缺多少，蝕既深淺，一如其事。若推日蝕掩規，置月量半，爲光明壇，以日成間量府，得作間量者，爲間量。以月量半，爲黑暗壇，自餘算術，並同月規法。

推蝕甚法。謂蝕後更停，經一刻，或二刻，或半刻，方始退蝕放明也。術曰：置阿脩量半，以月量半減之，餘又以月間量減之，如其減間量盡，爲蝕盡；如其減不盡，爲蝕不盡。若盡即有蝕甚法，若不盡則無蝕甚法。減餘，以六十乘之，以日域除之，得刻；不盡，又乘又除，得分。其刻及分，二乘之，謂倍也。置爲蝕甚刻位。

推蝕刻位。謂左右用行數推步，蝕隅畔劑並圖如左。術曰：置間量，以九十乘之，以半位除之，得度，置爲蝕行法。

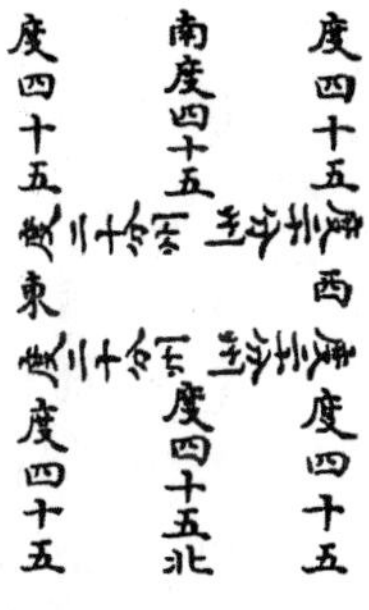

右先爲八方，訖東西正中加一畫，各中通，以成十方。諸方各置四十五度，其東西二分頭加一中畫，便是各半其方，即東西各四半方也。各置二十二度三十分，言蝕從虧者，是從中道北入也；言從南虧者，是從中道南入也。

若從東北隅入，月蝕即從東中道北行，以蝕行減方數盡，則蝕初之分。南入法准此。若從西北隅入，日蝕即從西中道北行，以蝕行減方數盡，即蝕初之分。南入法准此。

推日量法。術曰：置日行分，謂日減術前所摽五十七等數。以六十乘之，以十一除之，得度，餘以六十乘之，依前除，得分，置爲日量法。

推日蝕法。凡云日蝕，太白從月(星)[量]伐阿脩(星)[量]；又併日月二爲半位，其所用間量之，並以日間爲之，日蝕術算，亦同月蝕也。術曰：置節斷刻位，通作分，謂六十乘刻内分也，別置之，爲刻分位。

推日上星駟法。術曰：置定日，以半夜刻及全晝刻併之，併訖，所行刻以減定日分行，減訖，置爲日蝕出位。又別置三十度，以日出位度及分減分，其減分法，退一度，破爲六十分而減之。減餘，通作分，置爲上虛駟。

段法　第一段，一百九十八。第二段，二百三十二。第三段，二百九十。第四段，三百五十一。第五段，二百六十。第六段，三百五十八。

右六段，從上向下，爲殺首，次從下向上，爲稱首；及置上虛駟，恒視日出相，得殺首、秤首次第；假令日出相定，即得殺首也，謂即須用殺首第一段乘也，他皆倣此。以其段乘之，以一千八百除之，所得者，謂所得數也。以減刻分位，成減爲一相，即以一相加日出相位。日出位中度及分並棄之。即以次段減。(段)[假]令用殺首第[二]段乘上虛駟訖，即(第刻分位乘三十)[用第二]段二百三十二減之，又以一相准前加日出相位，又以其次段減刻分位，成減，又以一相加日出相位，視刻分位數，堪更減之，他皆倣此。至不成減止，餘刻分位不成減，云餘也。以三十乘，以所至段除，(能)[謂]止從殺首加三相於星相位訖，即取次四段除之，他皆倣此。得(此)度不盡，以六十乘，依前除得分，以所得度及分，並加日出位，加訖，即是節斷。恒減三相，減訖，殺首爲北行，稱首爲南行。日間(如是)量府[如是]三相已上，准減相例爲(如)之，(爲)[如]其相定及三相已下，捴通作分，謂三十乘内度，六十乘度也。一如前推月間量命法爲之，置爲月間量命，以一百四十六數除之，所得爲度，餘以六十乘之，依前除之，所得爲分，置爲位。恒觀月間量府，若羖首減，謂隨方眼法。隨方眼法，其隨方眼，中國用三十五分也。若稱首以加隨方眼法之置以位，爲中命，置中命又一如前命法爲之，置爲後命，月域乘之，以五萬一千五百六除之，所得爲度，餘以六十乘之，依前除之，所得[爲]分。所得度及分，恒視間量府，謂均分，減阿脩訖，間量府也。得羖首減之，亦爲均分，減阿脩訖，間量府也。得稱首加之，亦謂如均分，間量府也。減阿脩訖，置爲日間量；如十一度已下，有蝕；十一度已上，無蝕。又併日月二量爲全位，復半之，爲半位，置半位自相(至)[乘]，又置日間量，亦自相乘訖，即以半位數内減却日成數，成減有蝕，不成減無蝕，餘並一如蝕中敘。凡在歷大側，如其分不足減，退度一，置爲六十分而減之；如其度不足，退相一，置爲三十度而減之；如其相不足減，加十二相而減之。置上虛駟，恒日出相，依羖首、稱首次第，假令日出相定，即得羖首也，謂即用羖首第二段乘也，他皆倣此。以其段乘之，以一千八百除之，所得者，謂所除得數也。以減刻分位，成減，爲一相，即以一相加日出相位，其日出位所有度及分並棄之。又即以次段減刻分位，假令用羖首第一段乘上虛駟訖，即用以第二段二百三十二減之，他皆倣此。成減，又以一相加日出相位，又以次段[分]減刻[分]位，成減，又以一相加日出相位；每視刻分位數，堪更減段者，恒教此法，減而加之，至不成減止，餘以三千乘，以所至段除之，(日)得度，不盡，六十乘，依前除之，得分，以此度及分並加日出位，其日出位度分先並棄之，令以此度加及分置之。加訖，即是節斷著也。其節斷著恒減三相，減訖，得羖首，爲北行；得稱首，爲南行。置爲日間量府。如其有三相已上，謂日間量府有三相已上也。准減相例其例在定日術後者是也。爲之；如其三相已下，揔通作分，謂三十乘相内度，六十乘度内分也。如推月間量命法爲之，置爲日間量命，以一百四十六除之，得度；餘以六十乘之，依前除之，得分；恒視日間量府，若得羖首，即以此度分數内減却隨方；其隨方眼，中國用三十五分。若得稱首，即以此度分數内更併隨方眼，置爲中命；置中命，又再更一如前命法爲之，置爲後命；置後命，以月域乘之，以五萬一千五百六十六除之，得度，餘以六十乘，依前除之，得分；恒視間量府，得均分，減阿脩訖，間量府也。得羖首，以此度分損之；謂損其減阿脩訖，間量府也。得稱首，以此度分益之；謂其減益阿脩訖，間量府也。如此損益訖，置爲日間量位。其間量數，有十一度已下，日即占蝕；十一度已上，又併日月二量爲全位，又半之，占無蝕；爲半位，置半位自相乘，又置日間量亦自相乘，即以半位數，謂有相乘訖數也。内減却日間量數，謂自相訖數也。成減，有蝕；不成減，無蝕。自餘術理咸悉，一如月蝕中術。

宋·釋法雲《翻譯名義集》卷八　數量篇第三十六

理非數，量如虛。空無丈尺，事有法度，猶丈尺約虛空。故大品須菩提白佛，無數，無量，無邊，有何等异？佛言無數者，名不墮數中。若有爲性中，無爲性中。無量者，量不可得。若過去，若未來，若現在，無邊者，諸法邊不可得，雖性非筭數所知，而相有分齊之量。今附此集，編出數量，俱舍論五十二數，皆從一增至十也，謂一　十　百　千　万　洛义億也。　度洛义兆也。　俱胝京也。　末陀秭也。　阿庾多垓也。　大阿庾多壤也。　那庾多溝也。　大那庾多澗也。　鉢羅庾多正也。　大鉢羅庾多載也。　矜羯羅或甄迦羅。　大矜羯羅頻婆羅或頻跋羅。　大頻婆羅　阿閦婆或阿芻婆。　大阿閦婆　毗婆訶　大毗婆訶　嗢蹭伽　大嗢蹭伽　婆喝那　大婆喝那　地致婆　大致地婆　醯都　大醯都　羯臈縛　大羯臈縛　印達羅　大印達羅　三磨鉢躭　大三磨鉢躭　揭底　大揭底　枯筏羅闍　大枯筏羅闍　姥達羅　大姥達羅　跋藍　大跋藍　珊若　大珊若　毗步多　大毗步多　跋羅攙　大跋羅攙　阿僧企耶。

宋·王應麟《困學紀聞》卷九　唐曹士蔿《七曜符天曆》，一云《合元萬分曆》，本天竺曆法。

《舊唐書·曆志三》　[大衍曆]按天竺僧俱摩羅所傳斷日蝕法，其蝕朔日度躔於鬱車宫者，的蝕。

元·王士點等《元秘書監志》卷七　司天監

至元十年，北司天臺申：本台合用文書，計經書二百四十二部，本臺見合用經書一百九十五部。兀忽列的《四擘算法段數》十五部；罕里速窟《允解算法段目》三部；撒唯那罕答昔牙《諸般算法段目並儀式》十七部；麥者思的《造司天儀式》十五部；【略】海牙剔《窮曆法段數》七部；呵些必牙《諸般算法》八部；《積尺諸家曆》四十八部；速瓦里可瓦乞必《星纂》四部。

《元史·曆志四》　[耶律楚材]以西域、中原地里殊遠，創爲里差，以增損之，雖東西萬里，不復差忒。

又　《百官志六》　回回司天監，秩正四品，掌觀象衍曆。提點一員，司天監三員，【略】天文科管勾一員，算曆科管勾一員，三式科管勾一員，測驗科管勾一員，漏刻科管勾一員。

明・貝琳《七政推步》 時曆官元統去土盤譯爲漢算，而書始行乎中國。

明・黄省曾《西洋朝貢典録》卷下 阿丹國第二十二

論曰：國初司天監外設回回司天監，取回回人世官之，用本國土板曆，并兼推算。

明・唐順之《寄周臺官詩》《荆川文集》卷三 沙書暗譯西番曆，草奏多陳南極占。

明・程大位《筭法統宗》卷一七 寫筭

寫筭鋪地錦爲奇，不用筭盤數可知。

清・盛百二《尚書釋天》卷四 明洪武時譯西域曆，即回回土盤，始著有本輪小輪之目。

《明史・曆志七》 〔回回曆〕其書多脱誤，蓋其人之隸籍臺官者，類以土盤布算，仍用其本國之書而明之，習其術者，如唐順之、陳壤、袁黄輩之所論著，又自成一家言，以故翻譯之本，不行於世，其殘缺宜也。

清・方中通《數度衍》卷三 洛書算

通曰：【略】即鋪地錦。乘尚似籌，而除則不可用矣。

清・許桂林《算牖》卷四 鋪地錦法

畫横竪格作斜線，于格之外上列法，右列實，乃以乘法徧乘，填寫格内，每一方格斜線界爲二尖格，小數填下半格内，大數填上半格内，乘畢乃合斜線内數爲得數，于格外下方及左方，自下而上，以次寫之。其斜線内數滿十進之上位，作號記之，與筆算同。按：鋪地錦可乘不可除。《數度衍》載有除法，不可用，而其乘法視筆算、籌算尤爲明確也。

紀事

唐・張翃《唐故銀青光禄大夫司天監瞿曇公墓誌銘並序》《全唐文補遺》 唐大曆十有一年歲次景辰夏四月，銀青光禄大夫司天監瞿昙公薨。是年冬十月乙酉朔，葬於長安城西、渭水南原先塋之次，禮也。公諱譔，字貞固。發源啓祚，本自中天，降祉聯華，著於上國，故世爲京兆人也。烈曾諱逸，高道不仕。烈祖諱羅，皇朝太中大夫、司津監，贈太子僕。烈考諱悉達，皇朝銀青光禄大夫、太史監、江寧縣開國男食邑五百户，贈汾州刺史。公即太史府君第四子也。【略】轉秋官正，兼知占候事。及國家改太史監爲司天臺，有詔委公纂叙前業，發揮秘典，因賜緋魚袋。尋正授朝散大夫、守本司少監。【略】有子六人，長曰昇，次曰昪、昱、晃、晏、昴，皆克荷家聲，早登宦籍。

《新唐書・曆志四下》 《九執曆》者，出于西域。開元六年，詔太史監瞿曇悉達譯之。斷取近距，以開元二年二月朔爲曆首。度法六十。月有二十九日，餘七百三分日之三百七十三。曆首有朔虚分百二十六。周天三百六十度，無餘分。日去没分九百分度之十三。二月爲時，六時爲歲。三十度爲相，十二相而周天。望前曰白博义；望後曰黑博义。其算皆以字書，不用籌策。其術繁碎，或幸而中，不可以爲法。名數詭異，初莫之辨也。陳玄景等持以惑當時，謂一行寫其術未盡，妄矣。

又《艺文志三》 曹士蔿《七曜符天曆》一卷。建中時人。

又《西域列傳下》 枝庶分王，曰安，曰曹，曰石，曰米，曰何，曰火尋，曰戊地，曰史，世謂九姓，皆氏昭武。【略】以十二月爲歲首，尚浮圖法，祠祆神，出機巧技。十一月鼓舞乞寒，以水交潑爲樂。

元・程鉅夫《拂林忠憲王神道碑》《雪樓集》卷五 〔愛薛〕於西域諸國語、星曆、醫藥無不研習。【略】受知定宗，薦其賢，召侍左右。

《元史・百官志六》 世祖在潛邸時，有旨徵回回爲星學者，札馬剌丁等以其藝進，未有官署。

《明史・西域列傳四》 默德那，回回祖國也。【略】隋開皇中，其國撒哈八撒阿的幹葛思始傳其教入中國。迄元世，其人徧於四方，皆守教不替。國中城池、宫室、市肆、田園，大類中土。有陰陽、星曆、醫藥、音樂諸技。

《明會典》卷二二三 钦天监

〔洪武〕三十一年，革回回監。【略】回回官生附隸本監，子弟仍世其業，以本國土板曆相兼推算。

《清會典事例》卷八三〇 钦天监

〔順治〕十四年議准回回科推算虚妄，革去不用，止存三科。

中日中朝中越分部

綜論

[日] 藤原時平等《延喜式》卷二〇　大學寮

凡應講説者，《禮記》《左傳》各限七百七十日。《周禮》《儀禮》《毛詩》《律》各四百八十日。《周易》三百一十日。《尚書》《論語》，令各二百日。《孝經》六十日。《三史》《文選》各准大經，《公羊》《穀梁》《孫子》《五曹》《九章》《六章》《綴術》各准小經。《三開重差》《周髀》共准小經。《海嶋》《九司》亦共准小經。

又　凡博士講説者，依日數給食料。日米二升、酒一升、鹽一合、東鰒二兩、雜醋二兩、雜鮓二兩、海藻一兩、油夜別一合。講説訖准經賞錢。大經卅貫，中經廿貫，小經一十貫。《論語》《孝經》共一十貫。其《三史》《文選》《律》各准大經。令《孫子》《五曹》《九章》《六章》《綴術》各准小經。《三開重差》《周髀》共准小經。《海嶋》《九司》亦共准小經。

又　凡得業生者，明經四人、文章二人、明法二人、筭二人，竝賜夏冬時服，人別夏絁一疋、布一端，冬絁二疋、綿四屯、布二端。申省給之。食法見大膳、大炊式。

又　凡須講經生者三經，傳生者三史，明法生者律令，筭生者漢晉《律曆志》《大衍曆議》《九章》《六章》《周髀》《定天論》。竝應任用諸國博士。被任之後，所給公廨十分之一。每年割留，隨國所出交易輕物，付貢調使送寮，令充本受業師。若有未進，拘使返抄。但諸道博士、得業生等兼國并非受業人，不在此限。

又　凡學生補食口者，令得業生、文章生等各隨其業試之。五條之中通三以上爲及第。音生書生博士試之。但明經、明法、筭等生，先奉遊學試。紀傳學生歷寮試者，不更試之。

[日] 清原夏野《令義解》卷三　學令

凡筭經，《孫子》《五曹》《九章》《海島》《六章》《綴術》《三開重差》《周髀》《九司》各爲一經，學生分經習業。【略】其筭學生，辨明術理，然後爲通。試《九章》三條，《海島》《周髀》《五曹》《九司》《孫子》《三開重差》各一條。試九全通爲甲，通六爲乙；若落《九章》者，雖通六猶爲不第。其試《綴術》《六章》者，準前《綴術》六條，《六章》三條。謂若以《九章》與《綴術》，及《六章》與《海島》等六經，愿受試者亦同合聽也。試九全通爲甲，通六爲乙。若落經者，謂《六章》總不通也。雖通六猶爲不第。

又　《六章》，釋云六卷，高氏也，《古記》無別。《三開重差》，釋云三卷，高氏也，《古記》無別。《九司》，釋云一卷；《九司》，《古記》雲一卷，《九司》事，雜計出。

[日] 藤原佐世《日本國見在書目録》　曆數家　百六十七卷。曆術、九章、漏刻、如本、海島、算。

《章程纂要》三　《玄鏡宿曜》一　《漏刻經》三朱史撰。
《漏刻經銘》一　《曆疏》一　《長曆》四
《立成曆》一　《六甲》一　《周曆》
《廿四氣用節曆》一卷　《尚書曆》一　《正曆術》四
《三等數曆》一　《大衍曆術》一　《大(術)[衍]立成》十二
《元嘉曆》一　《麟德曆》八　《儀鳳曆》三
《九章》九卷劉徽注。　《九章》九卷祖中注。　《九章》九卷徐氏撰。
《九章術義》九祖中注。　《九章十一義》一　《九章圖》一
《九章乘除私記》九　《九章妙言》七　《九章私記》九
《九法算術》一　《六章》六卷高氏撰。　《六章圖》一
《六章私記》四　《九司》五卷　《九司算術》一
《三開》三卷　《三開圖》一　《海島》二
《海島》一徐氏注。　《海島》二祖中注。　《海島圖》一
《綴術》六　《夏侯陽算經》三　《新集算例》一
《五經算》二　《張丘建》三　《元嘉算術》一
《孫子算經》三　《五曹算經》五甄鸞撰。　《要用算例》一
《婆羅門陰陽算曆》一　《記遺》一　《五行算》二。

[日] 源爲宪《口游》

九九八十一　八九七十二　七九六十三　六九五十四　五九卌五
四九卅六　三九廿七　二九十八　一九九。
八八六十四　七八五十六　六八卌八　五八卌　四八卅二
三八廿四　二八十六　一八八。

七七卌九　六七卌二　五七卅五　四七廿八　三七廿一
二七十四　一七七。
六六卅六　五六卅　四六廿四　三六十八　二六十二
一六六。
五五廿五　四五廿　三五十五　二五十　一五五。
三四十二　二四八　一四四。
三三九　二三六　一三三。
二二四　一二二。
一一一。

謂之九九。

［日］黑川道祐《雍州府志》卷七《土産門》　算盤，倭俗謂十露盤。

明・李言恭《日本考》卷四　數目

一許多子。　二勿達子。　三蜜子。　四欲子。　五意子子。
六木子，又後子。　七乃子。　八孛子。　九箇箇那子。　十多和。
十一壽一之，又多七丢達子。　五十我壽，又大。　百鰕古。
千仙，又借一貫。　萬慢。　億和古。

又　算法

一一。　二義。　三三。　四細。　五我。
六六古。　七西之。　八法之。　九姑。　十壽。
一兩一之弓。　一錢一之末米。　一分一之分。　一斤同音。　厘毫絲忽皆同。
一層一之葉。　一張一之賣。　一件許多失那。　一箇許多子。　一次許多革里。
一着一之目古。　一盤一之盤。　一斗同音。　一石一之箇古。　一升同音。
一尺一沙古。　一丈一之兆。　一疋一單。　其一半番朋。　餘倣前數用。

又　器用　算盤。所(大)[六]盤。

［日］山縣昌貞《牙籌譜序》　牙籌，舊明人之所製，便捷頗勝用算盤者。

［日］村瀨義益《算法勿憚改序》　《桐陵九章捷徑算法》《算法啓蒙》《直指統宗》爲異朝之書。

清・周達《日本調查算學記・自序》　語曰：知己知彼，百戰百勝。兵戰有之，學戰亦然。深閉固拒，豐蔀以自豪者，立于二十世紀學戰競争場中，罔有不敗者也。象數之學，爲學界之一部分，其體用之廣，殆能灌輸于諸學之中，而效無形之能力者，故深思之士恒喜究之。自項、戴、徐、李諸鉅子發明割圓、對數、招差、垛積之術，古算進化已達極點。乃世界交通，西法東漸，相形之下，頓見其絀，優勝劣敗，理象已昭。而吾國疇人，猶專己而守殘，狃于所習，而毀其所不見，牽合西法，緣飾古義，侈然以自大，如某氏所著《三續疇人傳》，吾殆赧於卒讀。其他類此者，尚不暇枚舉也。以故三十年來，寸無進步，是學者之深恥也。彼東鄰者與我同文，西算輸入遠後于我，日人譯代微積、高等西算，約在明治十年左右，後於墨海書館之譯書將及三十年，後於製造局之譯書亦將及十年。而二十年來，進步之速，乃駸駸亞于歐美，是果操何術哉。

緒論

蓋我國自光緒初年，上海製造局譯出西算數種後，廿餘年來無繼起者。其有一二私家譯述，率皆淺易不足觀。日本自明治初年，已將西國最高等算書譯出，其程度實出我製造局譯籍之上。厥後年年增譯歐美新著，搜羅殆遍。而我國學人乃抱一二陳古譯籍以自豪，不亦陋歟？邇來我國算學界上略放一線之光明，東瀛新籍漸漸輸入，此可喜之現象也。

我國與日本算學界上從未交通，僅《白芙堂叢書》中刊有《算法圓理》一種，《古今算學叢書》中刊有《天生法指南》一種，皆日本之古算也，此外則未見有他書。夫歐西算籍自三百年前已入中土，而日本近在此鄰，獨隔絶不相聞問，豈非東亞算學界上之大缺點乎？

又　第一　關係於算學之學校社會

官立學校，無與算學直接者，其間接于算學而關係較多者。爲理科大學。理科大學算學科，限三年卒業，茲將其分年之課程列之如左：

第一年	微分積分	立體及平面解析幾何學
	初等算學雜論	星學及最小二乘法
	理論物理學初步	理論物理學演習
	算學演習	
第二年	一般函數論及橢圓函數論	代數的曲綫論
	高等微分方程式論	整數論及代數學
	力學	算學演習
	物理學實驗	
第三年	一般函數論及橢圓函數論	高等幾何學

代數學　　　高等微分方程式論
高等解析雜論　　力學
變分法　　　算學講究

以上爲算學專科之課程，其餘如星學科物理學科，其課程中，算學亦居最要之成分也。

大學卒業，謂之學士。學士欲研究特別高深之學科者，則入大學院。現入大學院研究算學者凡四人：計研究歸納幾何學者一人，曰藤田外次郎；研究整數論者一人，曰松村定次郎；研究代數學者二人，曰根津千治，曰富田逸二郎。茲四人者，皆極深研幾，冥心孤造，將來必能發明奇賾之理，見之著述，静以俟之。

私立學校，有東京物理學校，在神田區小川町，校長爲理學士中村精男氏。此校雖間接於算學，然其算學一科，機關最備，體魄最大，爲私立學校之冠。物理學校分科，爲物理學、化學、算學、重學、測量學，其算學之課目爲算術、代數、幾何、三角、解析幾何、微積分之六門，甚爲完備。又校中月出雜誌一冊，或著或譯，或登來稿，其所刻之算學，皆高深之學理焉。

東京至誠學院，在麴町區飯田町三丁目，爲研究德國學而設，惟内設有算學專修部，於算學頗有關係，分爲尋常科、高等科、質問科、最高等科之四項。其最高等科之課目，爲代數方程式、重學、解析幾何學、微積方程式，其研究之程度頗高云。

私立學校之直接於算學者，余所知者凡五所：曰研數學館，曰數學專修義塾，曰數理學館，曰東京數學院，曰順天求合社，皆在神田區一帶。

研數學館，在神田區猿樂町九番地，館主爲奥平浪太郎，著述宏富。館中之規則，以速成爲目的，分爲初等速成科、普通速成科。初等課程，爲算術、代數、平面幾何之三科。普通課程，爲算術、代數、平面幾何、立體幾何、三角之五科。每月刊行講義録二回，現僅出三冊耳。

數學專修義塾，在神田區仲猿樂町十七番地，塾長爲早川萬彌氏。館中規則，分爲本科、速成科二種。本科又分爲普通、高等二科。普通科之課程，爲算術、代數、平面幾何、立體幾何、平面三角。高等科之課程，爲代數、球面三角、近世幾何、幾何圓錐曲線、解析幾何、重學、微積分。速成科之課程，與普通科同，惟教授之法，則依速成階級，限半年卒業焉。

數理學館，在神田區裏猿樂町九番地，館主松岡文太郎。此館專教授普通算學，課程甚不完備，規模亦甚狹小，惟館中附有數學雜誌社，每月刊行數學雜誌一小冊，松岡主其事焉。

東京數學院。爲上野清所創，在神田區仲猿樂町十五番地。院中算學科目，分爲別科、普通科、本科三種。別科及普通科之課程，爲算術、代數、幾何，別科四個月卒業，普通科八個月卒業。本科程度較高，課目較多，分爲代數、幾何、解析、幾何、三角、微分、積分、最小二乘法、重學之八門，區爲四級，每一級之修業期爲四個月。其所用教科書，大半爲上野清所編譯者。院中刊行之講義録，已出版者，有《算術講義録》《代數講義録》《幾何講義録》之三種。

順天求合社，在神田區仲猿樂町，以測量及天文爲主，故曰順天求合也。其學科分爲尋常、高等兩科。尋常分爲三級，限一年半卒業，其課程爲算術、代數、幾何、三角、測量。高等分爲二級，限一年卒業，其課程爲方程式論、力學、球面三角法、解析幾何學、微積分、微分方程式、天文學。本科之外，另有測量專修科，蓋其所趨重在此也。

以上各私立學校雖與算學有直接之關係，然校中並不專課算學一門，或兼課外國語言，或兼課普通理化學。如順天求合社，則兼課工業學校預備科；東京數學院，則兼課陸海軍受驗預備科。特既以算學名其校，則其趨重之點在是耳。

算學社會，余所知者僅神田區之數理學會一處，爲彼國算學士研究討論之所，惟社會場所頗狹小，蓋經費少也。會中刊有講義録發行，已出版者，僅《測量術講義》一種，聞明年將刊《算學雜誌》，凡會中同人發明之新理，皆揭載焉。

余每閲一校，必先日以書投其校長，叙明來意，約定時日。諸學校知余爲支那調查員，無不欣然接待，導觀各處，指示一切。臨行必贈以章程報告，甚有贈以校中出版之書籍者，亦可見聲氣之相感矣。然調查學校，僅得其表面，内情甚不易知，惟觀其研究之學科，及其出版之書籍講義雜誌等，可略知其程度。理科大學尚已，次則物理學校、東京數學院，亦錚錚者也。

又　第二　關係於算學之書籍雜誌

日本以數學之名詞，該括代數、幾何、三角、微積等。而加減乘除之事，如吾邦之所謂數學者，彼則謂之算術，與吾邦之稱謂適相反焉。故人書肆購書，若言購算學者，彼則取淺近之數學書與觀；若言購數學書，則代數、幾何、微積等高深之書至矣，是不可以不知也。是編凡遇自己叙述處，皆用吾邦之稱謂。遇日本之名詞，則仍日本之稱謂。如東京數學院不能改爲東京算學院，《算術教科書》不能改爲《數學教科書》也。是等之處，閲者自能別之。

吾以爲算之古文爲祘，古籌策之象形也，以之該括幾何、微積等學，固不切當。然以數學二字，該括一切，亦有不妥。如幾何、三角等，乃形學之類，不得仍以數學名之。若欲定一名詞，足以範圍不漏者，則象數學三字庶幾近之。

日本之書，從出者美。同一書也，有初版、再版以至十數版之別。每易一版，必有所增改，故凡購一書，必先察其爲第幾版，及考其出版之年月，以定其新舊。然算學之書，往往不在此例，儘有十數年前之書，毫無增改者。蓋算學之理，出入甚少故也。

日本譯西算，在我國製造局譯書之後，故其名詞多沿我國，如方程式、二項例，微係數之類是也。然近人著書，往往有所更改，易以新名詞者，若其算式則仍用西式，與我國譯籍迥異矣。

日本刻書，往往每卷分出，一書也，先出第一卷，閱若干時，復出第二卷。有歷數年而全書始出者，亦有中更變故，終不能出全者。如上野清所譯《庫利司塔爾代數學》，樺正董所譯《修列米而伊微積分學》，皆甫出上卷。又如文部省所刻查氏《微積分學》，僅出微分一卷，《代微積全書》僅出代數、幾何二卷。此二書則已歷十餘年，尚未續成，恐終不能見全書矣。如此類者甚多，講義録尤甚。且有全書已出，而亦肯每卷分售者，故書易殘缺，亦易配齊。

書肆大都在神田區一帶，惟欲旁搜博采，則須兼求之舊書肆。猿樂町舊書肆最多，比户皆是，一望無際，購書者於此須放開眼界觀之。

日本譯籍中，有三大代數學最爲著名。三大代數學者，庫利司塔爾《大代數學》、司米司《大代數學》、突翰多爾《大代數學》是也。此三書學理精深，包孕宏富，算學界上占有極大之價值焉。

《庫利司塔爾大代數學》爲理論最新之書。長澤氏歷舉其書中特色之點，異于他書者，凡三十四事，可想見其精湛矣。庫氏原書，本有兩種，一爲長澤龜之助所譯，一爲上野清所譯。上野氏所譯之本，爲最完備，惜僅出上卷，學者深以未窺全豹爲憾。

《司米司大代數學》譯本最多，有長澤氏譯本，有岩村氏譯本，有奥平氏譯本，而以上野清講義爲最善。上野氏講本已出至十二版，近復以郝爾及乃脱二氏之代數學增入合成一極完備極美善之書。上野氏又取司米司郝爾乃脱三氏之代數問題，另作《詳解》一卷，印成單行本，以補原書之遺，可謂毫髮無遺憾矣。

《突翰多爾大代數學》出版最早，爲長澤龜之助所譯，市鄉弘又將其例題解式譯出，爲單行本。突氏之書宏深肅括，足與庫司二氏抗衡。

《司氏突氏之小代數學》及《代數教科書》譯本最多，幾于觸目皆是。中以高橋氏譯《突氏新中學代數學》、上野氏著《司氏小代數學講義》、藤澤氏、飯島氏合譯之《司氏代數學教科書》爲最善。

明治十九年所刻《烏德氏代數學》雖稍舊，然確是高等之書，現時已無新版，舊書肆中往往有之。烏德即《代數難題》中所稱之吴德，英國代數大家也。《代數難題》中常引吴書，當時讀之，苦恨未見譯本，今乃于日本遇之，亦快事也。其所分類，與《代數難題》略同。後附岡布黎智書院課題，則與《難題》中所載者互有異同。

Determinate 譯即一定之記號也，日本直譯其音爲テトルミナント，我國譯爲定準數，或譯爲排列定數。此法爲代數中新發明之理，其發達約在十九世紀之初。製造局近譯之《算式解法》中，略見一斑，以前譯書皆無之。日本所刻大代數書中皆有此一類，而單行本則甚少，僅上野氏編譯一種，其書即名《テトルミナント》。近見長澤氏編譯一書，亦名《テトルミナント》，其書以哈紐司氏之書爲主，而旁參以畝阿氏及司渴脱氏之書，斟酌妥協，爲日本テトルミナント專書之善本，現已脱稿，尚未出版也。

論理方程爲代數學中一大學科，長澤氏譯有《論理方程式》一鉅帙，係突氏所著，以補突氏《大代數學》之不足者。市東氏又爲作《例題解式》一册，此書論方程式之理，曲盡變化，所引皆歐西著名學理，益人無量神智。

《方程式之理論》一小册，爲長澤氏與宮田氏合纂者。自云著書之目的，欲補司米司《大代數學》之不足。全書區爲四編，第一編爲テトルミナント，第二編爲微分方程式，第三編爲代數方程式，第四編爲數字方程式。此書所言，皆高尚之學理，甚有特色。另有武藤氏所著《代數方程式原理》一書，則皆普通淺近之理，不足觀已。

因子分解之法，《代數備旨》中所謂劈生數者是也。吾國代數書中于此術皆語焉不詳，日本有單行小書，專研究此種學理者。以余所見，有三種：《日代數因子分解活法》，松岡氏所編也；《日代數因子分解解法自在》，平井氏所編也；《日代數因子分括原理》，武藤氏所編也。一小小學理，而剖析入微乃如此，日人好學，真不可及。

博文館所刻《百科全書》內，有《代數學》一種，爲理學士高木貞治所編。其編纂之例，別有旨趣，迥異恒蹊，蓋論理方程式之類，非泛論代數之書也。其所采有勿拔奈脱塞列諸氏所著高等之書，可補突氏論理方程式之不足。

原濱吉氏著有《摘要代數》一卷，摘録代數各種要理，務求簡練，以充速成教科之課本最善。惜僅至二次方程式而止，聞以下不日即續出云。

東京數學院所出版之《代數講義録》，於普通代數之理法，搜羅略備，以充中等教科書最善。

代數演習之書，有太田氏所編《代數問題集》，板倉氏所編《代數理論問題集》，皆有題無解，足供演習之用。太田氏所編各題，皆在《司米司大代數學》例題之外，蓋其立意不與之同也，惟程度不高，僅適普通教育之用。至解題之書，則有三木氏《代數問題解法自在》、松岡氏《代數解法之極意》、上野氏《司米司大代數學問題講義》，此三書中，上野氏之書尚已，餘則程度不高也。

數學之書，余以淺近忽之，故不甚經意，然亦不可一概論。如《百科全書》中之《新撰算術》一編，乃高尚學理之書也。書爲高木貞治所編，專論數學之原理，與尋常數學之蹊徑迥殊，其聲價幾與微積解析諸高等學理抗衡。按 Arithmetic 有兩種意義：一爲計算十進數之方法，即世俗所通行之數學也；一爲專論整數之性質，乃最高尚之學科。日人有名爲整數論者，此書蓋整數論之類也。

數學教科書，最難得恰當者，深一步不可，淺一步不可。蓋略深一步，即侵占代數之地位，或竟成整數論矣。能將此界限分清，而居于恰好之地位者，惟藤澤利喜太郎之《算術教科書》爲最。蓋藤澤氏辨析數學與代數及整數論之界限最嚴，其所著之《算術條目教授法》，即專爲此而作也。此書吾國已有譯本矣。

幾何之書，最古者爲宥克立，長澤龜之助所譯，即歐几里得之《幾何原本》也。宥克立即歐几里得之促音，蓋以人名名其書者。此書既非高等學理之書，又不合于教科之用，彼邦人士視爲考古之物，譯之以備一格耳。

長澤龜之助氏謂余曰：「古代歐洲之學人，視歐几里得之《幾何原本》如宗教家之視經典，幾于一字不敢增損，迨至一千八百年之際，幾何學進步甚速，崇拜歐氏之夢漸醒，知《幾何原本》淺易不足咀嚼，又以其條理不合於教科之用，於是爲之點竄改易者，紛紛出矣，此實幾何學進步之現象也。無論何種學科，苟爲一學説所限制者，决不能有進步，必須衝決舊藩，自樹新幟，乃能相爭相勝，而進步之象見焉。」云云。長澤氏所譯《改正增補歐几里得幾何學》一書，即英人約翰可成氏所改竄之《幾何原本》也。可成氏爲英國幾何學大家，其所增改，多近時名理，較歐氏原書真有大輅椎輪之别矣。

《平面幾何學講義》，上野清所編，爲幾何學中之大類書，搜集英美幾何學書，殆無慮數十家。上野氏謂余曰：平面幾何問題，略備於是書矣。日本現行之平面幾何書，能比此書完備者，尚未見也。書分五類，曰直線，曰圓，曰面積，曰比例，曰作圖，合爲一鉅帙，其比例一類，上野氏自謂爲苦心經營之作焉。

東京數學院出版之《幾何講義録》，亦係平面之部，完備不及上野氏之書，然條理清晰，合于教科之體例。

《幾何問題解法通鑑》，小島岩吉氏所編，其編纂之秩序，以英國幾何學教授法改良協會之幾何條目爲主。其書所采擇者，有阿素寫雄氏幾何學、維爾孫氏幾何學、削不奈氏幾何學，以此三書之問題定理，分類編入，并附對照表，以便檢查。惟書中將問題及解説，分卷列之，檢閱之際，頗覺不便。

《平面幾何學通解》一册、《立體幾何學通解》一册，數學研究會所編。體例彷彿《幾何問題解法通鑑》，而無題解不相聯續之病，其立體一册，采擇甚富，此書係最近出版者，日本最風行一時。

上野清氏所編《立體幾何學講義》，其稿本凡三册，現甫出二册。立體幾何尚無完備之書，上野氏發心編一最完備之立體幾何學，如大類書然。故于此講義最爲注意，經營慘淡，不肯稍苟。

長澤氏、藤本氏合譯之《平面幾何學》，係從米人温脱窩而司氏之書譯出。温氏幾何書，最有名譽，然此本卻非高等之書，僅合於中學之程度耳。

幾何學中，有創格之著述焉，曰《幾何學玉篇》，長谷川吉次郎所著也。仿字書體例，以本書命題之圖形，依次分類，列爲目録，謂之一覽表，視表中之圖形，即可知其問題之大意，而檢閱其題之解證，蓋人之視圖形，恒比視問題爲易也，此可謂幾何學中之翻新花樣者矣。

日本立體幾何教科書不多見，有遠藤又藏氏所編《新式立體幾何學》，經文部省檢定，文辭簡明，教科善本。其中解證之法，多遠藤氏自出心裁者，與他書互有異同，可以參考。日本學人譯著之書，往往大同小異，轉相勦襲，如遠藤氏之書，是能自立者也。

《幾何問題解法自在》，平面二册，立體一册，皆三木清二所編纂。三木氏所編《問題解法自在》之書凡四種，除幾何外，尚有《算術應用問題解法自在》、《初等高等代數問題解法自在》、《平面三角問題解法自在》。此四種内，以幾何爲最善，搜采去取，頗有條理，足供演習之用。

幾何中新穎奇賾之理，皆在近世幾何學中。近世幾何學所研究，與古代幾何學所研究者，蹊徑迥殊，故高等之幾何書，無不附以近世幾何一門。日本所譯《近世幾何學》之單行本有二：一爲野口氏《近世幾何學》，係從法書譯出者；一爲菊池氏《近世平面幾何學》，係從英書譯出者。此二書所載，皆新奇之理。野口氏之書，尤精深焉。

理學社刊有神東惇氏所譯《幾何學之三大問題》一小册，係從羅斯巴爾氏所著《算學上之革新及過去現在之問題》書中第八章節譯者。三大問題者，一、求作二倍正立方積之立方邊。二、分角爲三等分。三、求作等于平圓積之正方形。此三問題，爲古代有名之難題。此編歷叙其源流沿革，及各家解法之由疎而密，由難而易，乃此三問題之歷史也。

日本三角之書出版最早者，爲《突氏平面三角法》及《球面三角法》。此二書皆長澤龜之助所譯，并另刊有單行本之例題解式。其程度比製造局所譯英人海麻士之《三角數理》較高，而《球面三角法》則更完美。名理要義，搜羅極富，日本現行之球面三角書，無出其右者。

上野清所編《平面三角法講義》，其稿本凡五册，自第一册至第四册，爲普通之學理，第五册爲高等之學理，現出版者僅兩册。此書材料豐富，出《突氏平面三角法》之上。上野氏有志欲采擇諸家學理，著一最完備最高尚之球面三角法，累次爲余言之，然尚未動筆。余日盼其成書，爲學界上添一新著也。

三角教科之書，日本所用者大率英人克濟氏及突翰多爾氏之書。克氏之書種類甚多，要皆初等教育及中等教育之程度，然在教科書中，其聲價頗足與突氏相頡頏。

松村定次郎所著，有《新撰三角法》一册，在博文館所刊《百科全書》中，爲三角中理論之書，頗爲高尚。其編次之法，一變從來三角書之面目，條理秩序，嶄然一新，蓋研究參考書之體例也。

三角法之小品書，有三木氏《平面三角問題解法自在》、松岡氏《三角法解法之極意》、原濱氏《新三角法》并例題解式，此三書皆簡而不漏，而原濱氏之書，更合于中學教科之用。

圓錐曲線之書出版者不多，上野清所譯《突氏軸式圓錐曲綫法》，最爲宏富。又有長澤龜之助所譯英人獨來氏《幾何圓錐曲綫法》，內附録一卷，論調音比及聯極與反象之説，極爲新穎，又緒言一卷，敘圓錐曲綫之歷史甚詳。此二書，皆有單行本之例題解式。

《彈道數理》一小册，係長澤龜之助氏從英人帕金生氏書中節譯者。彈道者，槍礮彈子飛行之道，即拋物綫之理也。

Analytical geometry 吾國有譯爲代數幾何者，有譯爲方程界綫者，皆不切當。日本譯之爲解析幾何學，蓋 Analytical 有分解及解式之意。Analytical geometry 者，蓋以幾何學解方程式之意也，與 Algebraic geometry 不同。Algebraic geometry 即代數幾何學之謂，蓋另一學科也。山陰社君亞泉以解析幾何學名詞太冗，改爲代形學，然解析幾何學，與綜合幾何學 Synthetical geometry 對立者也。此二術，皆以幾何與代數並用，然其所用之法不同，故其學科各異。若將解析幾何學混稱之曰代形學，或稱之曰代數幾何，則解析與綜合何以別哉？且與 Algebraic geometry 又何以別哉？吾以爲解析幾何學之譯名，蓋確當而不可易也。

日人以數學、代數、幾何、三角等爲屬于普通之算學，解析幾何及微積分等，則屬于高等之算學，故官私各學校之課程，其普通算學中皆無解析幾何之學科也。日本解析幾何學之書最多，長澤龜之《助氏解析幾何學講義》，係譯英人巴庫爾氏之書，爲解析幾何學中之宏著。原濱吉氏亦有《解析幾何學講義》，係譯司米司氏之書，完備亞於長澤氏之書，而條理秩序則勝之，可爲高等教科之用。

三木清二氏著有《解析幾何學捷徑》一册，其編纂之法，以速成爲目的，合于自修者之用，例題最多，另有解式一册，以備演習者之參考。

解析幾何學中，門類支派極多，若但欲知其大畧，而不欲深究者，則《解析幾何學大意》一書可以涉獵。書爲澤田吾一氏所編，每類略具端緒，成一小册。其著此書之宗旨，則欲引起學者習高等算學之觀念，而以是書爲媒介也。

日本現行之平面解析幾何學書最多，而立體解析幾何學書則甚少，蓋立體解析已爲甚高之學科也。現出版者，僅長澤龜之助氏所譯英人阿爾濟司氏之《解析立體幾何學》一種。此編雖爲高深學理之書，而其解説仍自詳明平易，此長澤氏譯書之特長也。

算學中有最近發明之學理，曰 Grassmann 日人譯之爲四元法，創于哈米爾吞氏，其術與解析幾何略似，故日人有附載於解析幾何中者，然實與解析幾何學迥異。蓋解析幾何，不過論數量之大小而已，此術則兼論數量行動方向之性質，其理論最新最奇，故西人謂其中含有哲學之性質。此術能兼平立解析幾何之用，用此術以推一切曲線、曲面、曲體，較微積尤便，實算學中獨立之學科也。所謂四元者，乃一種特性數量之名，與吾國之四元術迥殊焉。四元之名，太熟易混，將來譯書，必須更改。

日本高等算學士，無不喜研四元法者，而出版之四元書則甚少。刊成專書者，僅木村駿吉氏之《四元法講義》一種，且僅出第一册，鳳毛麟角，學者珍之。長澤氏譯《阿爾濟司解析立體幾何學》，編末附有四元法一類，僅發其端倪，引起學者四元法之觀念而已。長澤氏近又編譯《四元法教科書》一種，尚未脱稿。余略聞其編譯之體例，大略以英人哈第司氏之書爲主，而旁參以特脱氏之書。全書分爲三節，首節論ベクトル之加減法，次節論ベクトル之乘除法，三節則將直線、平面、平圓、立圓及圓錐曲綫等之應用題，以四元法解之。四元法本爲高尚之學科，苦無導引初學之書。此書若出，可以爲學四元法者之階級矣。ベクトル者，英語爲 Vectors，譯即有定方向之數量也。

上野清氏贈余一稿本算學書，且告余曰：「此友人三上義夫氏之所譯，乃四元法之一種。而材料新奇，具有特色，我邦同學者，將來所欲講究之最新數理論也，三上氏無力琱刻，君歸，望譯以漢文傳之。」云云。余受此稿，珍藏篋中，惟吾國算學界上，向未有四元法之書，學者心中無此觀念，驟語以高深之書，恐扞格不入。俟長澤氏《四元法教科書》出，余將先譯之，此書則須後出，庶不凌躐。

現今世界之高等算學，而其應用又極廣大者，莫微積若矣。我國《拾級》《溯源》二書，皆非高等程度，且於微積要理，遺漏尚多。如多變函數求極大極小法，及重積分法，皆最通行之學理，而二書皆缺而不備，實不足以饜學者之心。故余此次東來，於微積之書，尤加意訪求，冀以補我邦之缺點也。

微積書出版最早者，爲長澤龜之助所譯《突氏微分學》及《積分學》，此二書刊於明治十五六年之間，在我國《溯源》出版之後。譯者深通漢算，當未譯此二書之前，已見我國《溯源》之譯本，故其名詞多從漢譯。然其書則遠出《溯源》之上，《拾級》更無論矣。其《積分》一册，尤爲美備，如重積分法，求任何截體之體積、皮積法，與旋轉面之體積、皮積法不同。以積分推平均值、決疑數法、變分法等，皆吾國積分書中所未見者也。此二書之例題多精妙者，另有單行本之例題解式。

《微分學講義》《積分學講義》，各一册，亦長澤氏所撰，即《突氏微積分學》之原本。但依講義體例，詮釋加詳，且將例題解式，分卷編入，以免檢閱之勞。

長澤氏所譯《微分方程式》，爲英人包爾氏所撰，書約七百餘頁，名理絡繹，洋洋大觀。微分方程式爲微積學中之特別學科，故有專書以研究之，我國尚未有此種譯述也。

《盍田梅爾氏微積分學》，爲中西信定氏所譯。其書略於理論，詳於應用，多以微積之理，推格致之事，體例甚創，是有實用之書也。

博文館《百科全書》中，有《新撰微分積分學》一種，爲松村定次郎所編。松村氏所編之書，長於條理秩序，素有名譽。此編雖爲紙幅所限，《百科全書》每種紙數皆有限制。不能完備，然其斟酌去取，簡而不陋，井井有條，是其特色也。

最近出版之微積書，有樺正董氏所譯《微分積分學》，爲德人修列米而伊氏之名著，共二卷，現甫出上卷。其書理論最新，於曲綫及級數，言之尤詳，爲他書所不及。

《微積分學教程》三册，陸軍士官學校所編。又《微積提要》兩册，不著撰述人名氏，疑亦學校所編課本。此二書皆唐裝袖珍本，雖係簡略之書，然如多變函數求極大極小法，及重積分法，則皆略具，不似《微積溯源》之絶不道及也。

微積分，高等學理也，無淺近之書以導初學，則通者少。故編譯初等微積書，爲最要之事。長澤氏所編譯者，有《初等微分積分學》《初等微分方程式》，又譯有諸庫司氏之《初學微分學》，解微係數之理頗詳。蓋初學于微分中，最難明者爲微係數，諸氏知其弊，故獨趨重此點也。又原濱吉氏所編譯之《初等微分積分學講義》，亦曲折詳明，便於初學。我國如欲譯算學書，于此類尤宜先譯也。

天文書，日本尚無善本。文部省所刻《洛氏天文學》二册，詳於理而略於法，與我國所譯之《談天》彷彿相似。又有須藤傳治郎編譯之《星學》，較洛氏之書爲新。然欲求一理法兼備便于推步之書，尚未見也。

我國有《化學名目表》《汽機名目表》《中西藥名表》等等，而無算學名目表之作，故算書中之術語人名，旁歧百出，複雜舛錯。一奈端也，忽作牛頓，忽作奈端；一棣麼甘也，忽作第摩愛，忽作棣麼甘；一二項例也，忽作合名法，忽作二項例。令人惶惑，無所適從，是大憾事也。日本譯一名詞，必西和并列。而單行本之算學字典亦最多，宜取其算學字典爲底本，博考中東之譯書，其譯名與我同者，仍之，我書雖有此名詞，而譯名各異者，則易以中名，新名詞爲我書所無者，則或仍用日名，或斟酌改易之，譯成《中西算學名目表》一書。則以後譯書，有所依據，不致歧異，此算學界中第一要事也。惟兹事體大，必須博考詳審，若鹵莽爲之，則定名舛譌，遺誤匪淺。

《數學公式》一小册，原濱吉氏著，羅列代數、幾何、三角各公式，有式無解，以爲學校受驗之夾帶本也。然舟車中携帶備考，亦甚便益。又白井義督氏著《數學公式及原理》一書，較原濱吉氏之書稍詳，增多解析幾何、微積分三類之公式，每式略有解法，然甚不詳晰。

日本算學書中最有趣之一書，曰《數學游戲》，乃英國算學大家包爾氏所著，而日本竹貫氏所譯者也。雖名游戲，而中多奇趣之理。耐人尋味。聞此書在英國初出版時，一日售去二千部，亦可知其聲價之高矣。又有八木氏所編《算數奇觀》，亦游戲書之類，然淺薄，遠不如包爾氏之書。

算學解題之書極多，如三千題、五千題、一萬題之類，不勝枚舉，大率無精神、無條理者居多。其稍有可觀者，有白井氏《數學難問詳解》，内分算術、代數、幾何、三角四類，雖是抄撮之書，然所撰皆上駟。白井氏又著有《數學問題算術代數二樣之解法》一書，約二百餘題，每一題先以數學即算術也。解，後以代數解，以誘初習代數者，然淺易且無條理，不足觀也。富山房編有《數理問答》一小册，分算術、代數、幾何三門，書雖淺，然編輯頗佳。便于初學。

凡一種科學，必有其歷史。如《疇人傳》，即我國之算學歷史也。日本遠藤利貞氏著有《大日本數學史》一書，於彼邦古算之源流沿革，考據精詳，其體例以時代分，而不以人分，與《疇人傳》之體例迥異。日本古代茫昧，考證極難，遠藤氏自云「拋棄十九年心血，歷盡無數困難，始成此一書」，其用力亦云勤矣。

算學莫盛于歐西，而其算學中之歷史，吾人至今不知，是大遺憾也。日本譯西書，號稱極盛，而亦無此種譯述，吾不解焉。近見三上義夫氏譯有《西洋算學歷史》一書，將次脱稿。此書以英人蛤覺利氏之書爲主，而以英人果氏之《希臘算學史》及英人包爾氏之《西洋算學史》補之，卷帙宏富，敘西算源流進化之歷史最詳，以時代學術分類，而不以人分類，體例甚佳。三上氏譯此書，亦極慘淡經營，務求盡善，將來成書，實爲東亞算學界上放一異彩。昔阮文達撰《疇人傳》成，一時聞風思奮者，羣以治絶學爲高，人人有冀他日附名傳末之希望。故道咸間之疇人，遠勝於康乾時代，是皆其影響之結果也。吾謂此書一出，其影響於吾東亞疇人者，當不在阮書下矣。

吾國譯書中，有高於日本者一種，曰《決疑數學》。決疑數學者，西名爲 Probaility 日本譯爲適遇法，多附見于代數學中。其單行本，僅長谷川氏之《初等數理適遇法》一種。決疑數中精深之理，多半用微積推算，而此書僅載用代數推算之法，其用微積者，則不具焉。我國之《決疑數學》，爲傅、華二氏合譯者，雖不能完美，而程度則較彼書高矣。

我國之《決疑數學》，與《代數術》《微積溯源》同時譯出，當時在事諸公，皆以此書爲算學中之旁門左道，余親聞之華氏。不願付刊，稿本存之製造局中，歷有年所。後爲緝之家叔所得，知爲有用之書，付之剞刻，至丙申年始出版。故日人譯此書，無所參證，其學名術語，皆自定，而與我書不同。夫決疑數者，天下至奇、至確、至有用之學理也，譯成後，遲二十年而始出版，以致中日譯名歧異，是誰之過歟？雖然，傅、華譯本中所定之名詞，率多紕戾冗沓，亦不足依據也。將來如譯此種書，必須重定名詞。

日本學校中之高等算學科及星學、測量、物理諸學科中，皆有最小二乘法一課。最小二乘法，即《決疑數學》中之一類，西名 Leastsquare，我國譯爲極小平方法，與日名相似。蓋以人力測天文、格致各事，不能無差，此法所以改正其差，使近于真數也。因其應用最廣，故能獨立一科。

日本近三十年之算學事業，大半爲繙譯西書，其邦人自著之書絶少。是不過西洋算學之代表，不能謂爲日本之特色也。日本有古算焉，其程度亦頗高，其所謂點竄術、天生法者，與我邦之天元、四元絶相似。惟我邦之元術，專以位次分，彼術則兼用記號，幾近於代數矣。

點竄術、天生法，猶非日本古算之極點也。上野氏贈余《求積通考》一書，爲日本古算家内田氏所著。其術直與西國微積之理相似，共百餘題，凡曲線之長與面積及曲體積、皮積，無不窮形盡變。上野氏謂余曰：「此書爲我邦特質之算理也，當時西算尚未輸入，而書中已能發明橢圓、双曲、抛物、擺線之理。東西闇合，至奇至奇。惟書中有垜積招差、綴術諸名目，與支那之術名相同，而其術亦畧相似，或者導源于漢算歟？至與西洋，則實無關係。此可見我東亞算學之程度本高，而東西人之聰明才智不相遠也。」長澤氏謂余曰：「此書術理精深，即以微積求之，亦非最深之微積不能得，余曾以微積解此書一過。其稿未刊，藏之物理學會書庫中。」合觀二氏之言，可想見此書之精深奧賾，而日本古算程度之高，實令人覩而驚嘆也。按我國明、董、項、戴、徐、李之書，有時亦與微積相似，惟所發明者，僅對數、平圓二術及橢圓求周之術而已，夏紫笙氏《致曲術》。乃抄撮《代微積拾級》者，仍是西算，非中國固有之算理也。内田氏之書，則于一切圓形之變相，無不極數究理，宛轉妙合，是真能增光于東亞算學界上者矣。吾觀日本近二十年來，繙譯西算之盛，雲蒸霧萃，夷然視之，無所動于吾心，蓋非其固有之物也。及觀此書，吾乃不得不驚服彼邦人士心力之鋭矣。

平心論之，日本者，無固有之文明，而慣吸取他國之文明，以入而俱化者也。故古代則取法於唐，近代則取法於歐美。正如螺蠃之負螟蛉，祝曰似我似我，不七日而似矣。即如内田氏書中，所引垜積招差、綴術等，可決其後我國輸入者也，然彼能鎔鑄改良，發揮而光大之，不能不歎其青出於藍，後來居上矣。

知古而不知今，是謂陸沉。歷史所以考古，雜誌所以知今也。故一學科之發達，則此二者，如輔車之相依，缺一不可焉。日本算學雜誌類，自來頗多，而近時反少見焉，是不可解。現發行者，僅數理學館之《數學雜誌》，每月一册，今甫出至第十册，體魄不大，高尚之學理甚少。又有《東京物理學校雜誌》，雖不專載算學，而每期中之算學必居其半，且所載大率精深之學理，遠勝于《數學雜誌》。此雜誌亦每月發行一册，現已出至第一百三十四號，以前各册皆售罄，無從補購。惟各册中之問題解義，近已刊有單行本，分卷發行，現第一卷已出版，其中之問題解義，係自第一號雜誌起，迄第三十九號雜誌止之内容者也。

十年前數理社發行之數學三雜誌，最有名譽，久已停止，舊本亦無從購買。三雜誌者：一、《數理會堂》，二、《普通數學雜誌》，三、《數學書生》。又有《東京數理書院月報》，亦久已停止。

余偶在舊書肆中，購得《數學報知》，共一百五十册，係共益商社發行者，自明治廿三年起，至明治三十年報館停歇爲止，完全無缺，最爲難得。此七年中，彼國算學界之現象，如學理之發明，新書之出現等等，無不詳載，實大觀也。

【略】

結論

中日比鄰，求學最易。綴學之子，聯袂東渡者，歲以數百計。有官師之責，銜命而往，考察武備、警察、教育、師範者，歲以數十計。紀游之録，調查之記，汗牛而充棟。其有研精一科，專門一藝，爲特別求學而往者，蓋百不獲一。至於洞察彼國專門學界之情勢，窮源析流，歸而著書，以告國人者，則絶未之聞也。夫日本文明，以視歐美，固瞠乎其後，然以算學而論，吾國三十年來，學界寂寞，殆無生氣，而彼乃發揮光大，斐然可觀。就近而取法，其具有先進之師資者，舍日本其誰乎？及今不急起而追之，後將望塵莫及矣。願與海内治疇人之學者，共黽勉以圖之。

《周書・百濟傳》　又解陰陽五行。用宋《元嘉曆》，以建寅月爲歲首。

宋・張世南《游宦紀聞》卷八　高麗國有《九執曆》。

［朝］鄭麟趾《高麗史》卷五〇《曆志一》　夫治曆明時，歷代帝王莫不重之。周衰，曆官失紀，散在諸國，於是國自有曆。至五季閏國若蜀若唐之類，雖立國崎嶇，而亦莫不各有所用之曆焉。蓋以先民用授人時，不可一日廢也。高麗不別治曆，承用唐《宣明曆》。自長慶壬寅，下距太祖開國殆逾百年，其術已差。前此唐已改曆矣，自是曆凡二十二改，而高麗猶馴用之。至忠宣王改用元《授時曆》，而開方之術不傳，故交食一節，尚循宣明舊術。虧食加時不合於天，日官率意先後以相牽合而復有不效者矣，而終麗之世莫能改焉。今其所傳之本，往往脱漏附會，殆非厥初行用之真。然非當時所用，不必追正，而其全書又未可見，故姑著於篇，而附授時於其後。作曆志。

又　卷七三《選志一》　三國以前未有科舉之法，高麗太祖首建學校，而科舉取士未遑焉。光宗用雙冀言，以科舉選士，自此文風始興。大抵其法頗用唐制。其學校有國子、大學四門，又有九齋學堂，而律書筭學皆肄國子。其科舉有制述、明經二業，而醫卜、地理、律書筭、三禮、三傳、何論等雜業，各以其業試之，而賜出身。

［朝］金致仁《大典通編》卷一　限品敘用。籌學隨才敘用。

［朝］黄胤錫《頤齋亂稿》卷一四　豈《啟蒙》當元朝東來，而中國則無傳耶？

［朝］洪正夏《九一集》卷九　癸巳閏五月二十九日，余與劉生壽錫入館中，與五官司曆何國柱論筭。

司曆問：今有三百六十人，每人出銀一兩八錢，問共若干。

答曰：六百四十八兩。

司曆問：今有米一百五十石，每石價銀一兩二錢，問共若干。

答曰：一百八十兩。

司曆問：今有米二百五十石，令五百人分之，問該米若干。

答曰：五斗。

司曆問：今有銀三百五十一兩，每銀一兩五錢糴米一石，問米若干。
答曰：二百三十四石。
司曆問：今有平方積二百二十五尺，問每面若干。
答曰：一十五尺。
司曆問：今有大小平方各一，共積四百六十八尺，只云大方面多小方面六尺，問大小方面各若干。
答曰：大方面一十八尺，小方面一十二尺。
法置積内減差自乘數餘爲實，倍差爲從方，以二爲隅法，以帶從平方開之，得小方面。
司曆以尺許木示之，曰：此雖無星，用鎚稱之可知。夫物之輕重，君能知其用乎？余曰：未嘗用也。司曆乃出其木，懸物於左，用鎚於右，鎚重三兩。纓則在中矣，執纓而尺量之，左者五寸八分，右者七寸二分半，而物重可知。
今有無星秤稱物，而只云鎚邊七寸二分半，物邊五寸八分，鎚重三兩，問物重幾何。
答曰：物重三兩七錢五分。
法置鎚邊七寸二分半，以鎚重三兩乘之，得二十一寸七分半，爲實，以物邊五寸八分除之，得物重三兩七錢五分。
上使阿齊圖曰：司曆之筭，爲天下第四，而其筭法充滿於腹中矣。如君輩不可抗衡。又曰：司曆之問既多，而君無一問，盍試其術。
余問：今有璞玉一塊，形如鳥卵，内容方玉而空之，殼重二百六十五斤一十五兩五錢，只云殼厚四寸五分，問玉方、石徑各若干。
司曆曰：此術甚難，未可猝解，明日吾當解之。其後終無解示。
原答：玉方五寸，石徑一十四寸。
原法：立天元一爲玉方 〇𝍠 加入倍之云數，九寸。爲石徑 𝍨𝍠 再自乘九因，爲十六段石積 𝍥𝍣𝍥𝍠 𝍪𝍠𝍰𝍦 𝍡𝍫𝍢 𝍣 寄左，又列玉方面再自乘，又以十六乘之，爲十六段立方玉積 〇〇〇𝍩𝍯̸ 以減寄左，得 𝍥𝍣𝍥𝍠 𝍪𝍠𝍰𝍦 𝍡𝍫𝍢 𝍯̸ 再寄列殼重通兩，以石率三而一，得一千四百十八寸半，又以十六乘之，得二萬二千六百九十六，與再寄相消，得開方式 𝍠𝍥𝍠𝍫𝍫̸ 𝍪𝍠𝍰𝍦 𝍡𝍫𝍢 𝍯̸ 以減從立方開之，得玉方五寸。

司曆問：有渾圓積一千九十八寸六三三，問内容立方一面若干。
答曰：立方一面七寸二分一有奇。
法置渾圓積，以十六乘之，得一萬七千五百七十八寸一二八爲實，以九爲隅法，以立方開之，得渾圓徑一十二寸五分不盡三，爲立方斜角之數。斜角者，自立方東南上角至西北下角也。就自乘爲弦自乘數，此三段句自乘數。句即方面。三歸得五十二寸八厘不盡一，爲實，以平方開之，得立方一面七寸二分一厘不盡九厘五户九絲。
司曆問：有圓徑十尺，問外切八邊形每邊若干。
答曰：每邊四尺有奇。
法置徑十尺，自乘得一百尺，爲實。倍徑得二十，爲從方。以一爲隅法，以平方開之，得每邊四尺不盡。

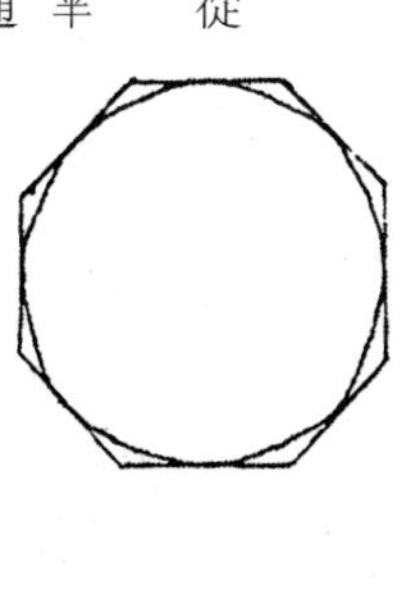

司曆曰：何以解之？劉生解曰：丙自乘倍之，當折半而倍之者，欲兼得戊也。平方開之，以加丁，即得乙丁戊之通長，即圓徑也。故徑自乘則其爲數也。有丁自乘數一段，乙戊通長自乘數一段，即丙自乘兩段。丁與乙戊相乘數二段，故曰徑自乘，内有面自乘數三段，八邊面自乘數。面乘乙戊數二段，故爲實。倍徑則有丁面二介，乙戊通長二介，故爲從方。以一爲隅者，從方之中只有丁二介，故欲加入一丁也。司曆曰：此真法也，因以書去。
余曰：置徑十尺。以七因，七即一段斜也。以十七十七即一段斜二段方相併數。除之，得八角每面四尺十七分尺之二。

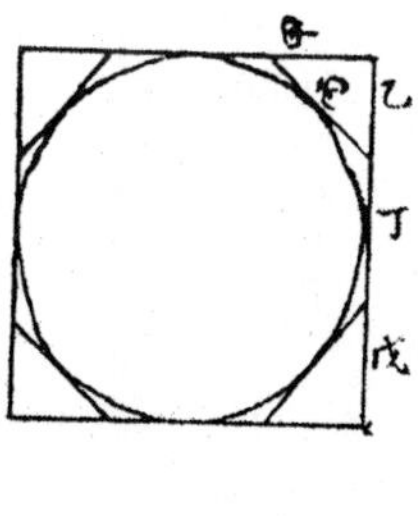

司曆問：有等邊立三角體，每邊十尺，問内容積若干。
答曰：一百一十七尺八寸四分九厘六毫一絲有奇。
法以十尺爲弦自乘，又十尺折半得五尺爲句自乘，相減餘七十五尺爲實。平方開之，得股八尺六寸六分不盡四厘四毫。爲中長，以每面十尺乘之，折半得平三角積四十三尺三寸，寄左。又列中長八尺六寸六分，二之三而一，得中心五尺七寸七分三厘三毫不盡一系。爲句，就自乘，得三十三尺三寸三分九毫九二八九。又上斜十尺爲弦，自乘得一百尺。以小減多，餘六十六尺六寸六分九厘〇〇七忽二一爲實，平方開之，得股八尺一寸六分五厘一毫不盡。即中高也。以中高乘寄左，得三百五十三尺五寸四分八厘八毫三絲。三歸得立積。司曆曰：是矣。

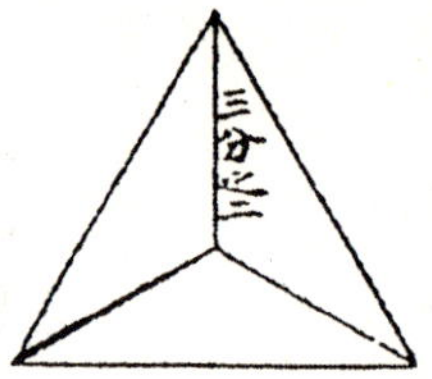

司曆問：有圓徑十尺，問内容五邊形每邊及積若干。

答曰：五角每邊五尺八寸，五角捴積六十二尺五寸。

法置徑十尺自乘，三之四而一，得圓積七十五尺。乃五之六而一，五角之捴積六十二尺五寸。就以五而一，得每角積一十二尺五寸。圓内容五角是六分之五也。

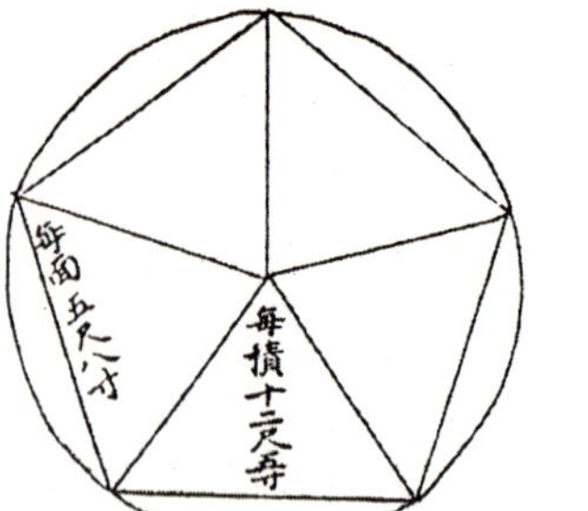

余圓形示之。司曆曰：是矣。劉生曰：東國未有此法，出於何術？司曆曰：此即周天三百六十度之法，每角周七十二度，而半弦三十六度之正弦數。劉生曰：圓則在外，五邊在内，在内之弦當不及於外周。而今謂周與弦相等，何耶？司曆曰：然則三十六度之數誤矣。劉生曰：正弦數若何而算得乎？司曆曰：查八線表即得。而不用八線表，亦有算法。理深，一時不能算。余曰：理深者，可得而學乎？司曆曰：《幾何原本》《測量全儀》二書方得。劉生曰：兩書可謂算之大家，若何而得乎？司曆曰：出來之際，二書留置於鳳凰城矣，歸時送之。劉生曰：其中切要法一二可得，以爲東方永久傳示之表準乎？司曆曰：法不能記，不可以教矣。余問曰：吾等之算至何等地位乎？司曆曰：君之算術，已曉者什七八，而未得者二三，可不勞以知矣。君其勉旃。劉生曰：所謂二三分，可從以學乎？司曆以匆卒未能辭焉。余曰：然則公之所持册子，今可以傳書乎？司曆以其私集謄書册《句股圖説》册名。出示。其中句股法一問，書于左。

今有句股積四百八十六尺，只云句股弦相和得一百八尺，問句股弦各若干。

答曰：句二十七尺，股三十六尺，弦四十五尺。

法曰：置積四因爲實，以三和一百八尺爲法，除之得弦和較十八尺，以減三和，餘折半，得弦四十五尺。

司曆問：今有句股弦共九十六尺，問句股弦各若干。

答曰：句二十四尺，股三十二尺，弦四十尺。

司曆曰：何以解之？余以併句三股四弦五得十二，以除三和得九，以乘各率之法示之。司曆曰：是矣。而此出句股弦係三四五之數，若不用三四五之數，不俱何數，其理皆同。又曰：句股變化，共二百四十條，可知否？余曰：句股推之，將至四百餘條。司曆曰：句股之别術可得聞乎？余與劉生句股法共二十餘問并法示之，司曆持去。

其法列于左。劉生所問十餘條不録於此。

今有句股田積六十尺，只云股弦差二尺，問句股弦各若干。

答曰：句八尺，股一十五尺，弦一十七尺。

法曰：置積倍之，自乘得一萬四千四百尺爲實。另以差二尺自之，得四尺爲從廉，倍差得四尺爲隅法，以帶從立方開之

得股一十五尺。

今有句股田積一百三十五尺，只云句弦和三十七尺五寸，問句股弦各若干。

答曰：句一十二尺，股二十二尺半，弦二十五尺半。

法曰：置積倍之以和乘之，得一萬〇一百二十五尺。就倍之，得二萬〇二百五十，爲實。另以和自乘，得一千四百〇六尺二寸五分爲從方，正。以一爲隅法，負。立方翻積法開之

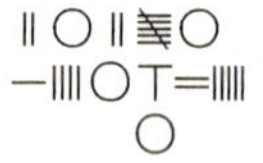

得股二十二尺五寸。

今有句股田一段，只云句乘弦得五百四十四尺，又云句股差一十四尺，問句

股弦各若干。

答曰：句一十六尺，股三十尺，弦三十四尺。

法曰：置句乘弦數自乘，得二十九萬五千九百三十六爲實，另以差自乘，得一百九十六爲乙從，倍差得二十八爲丙從，以二爲丁從，以帶從三乘方開之

＝Ⅲ≣Ⅲ≡丅
甲〇
乙丅≟丨
丙Ⅲ＝
丁‖

得句一十六尺。

今有句股田一段，只云股乘弦得一千二十尺，又云句弦差一十八尺，問句股弦各若干。

答曰：句一十六尺，股三十尺，弦三十四尺。

法曰：置股乘弦數自乘爲實。另以差自乘，得三百二十四爲從廉，負。倍差得三十六爲隅法，正。以立方翻法開之

〇〇≢丅
〇＝≡
〇Ⅲ
丨〇Ⅲ〇≢〇

得弦三十四尺。

今有句股田積二百四十尺，只云句除股一尺八寸七分半，問句股弦各若干。

答曰：句一十六尺，股三十尺，弦三十四尺。

法曰：置積倍之，以云數一尺八寸七分五厘。乘之，得九百爲實。平方開之，得股三十尺。

今有句股田積九十六尺，只云股除弦一尺二寸半，問句股弦各若干。

答曰：句一十二尺，股一十六尺，弦二十尺。

法曰：置積倍之，自乘爲實。云數一尺二寸五分。自乘，得一尺五寸六分二厘半。內減一尺，餘五寸六分二厘五毫爲隅法，以帶從三乘方開之

≢丄Ⅲ丄‖
〇
〇
〇
〇≣丅＝Ⅲ

得股一十六尺。

今有句股田積六十尺，只云股乘弦得二百五十五尺，問句股弦各若干。

答曰：句八尺，股一十五尺，弦一十七尺。

法曰：置積倍之，自乘得一萬四千四百。另以云數自乘，得六萬五千〇二十五。二數相減，餘五萬六百二十五爲實。以三乘方開之，得股一十五尺。

司曆曰：算家諸術中，方程正負之法，極爲最難，君能知之乎？余曰：方程之術，即中等之法，何難之有？

余布算之際，司曆曰：中國無如此算子，可得而誇中國乎？余即以與之，則擇其中四十箇而去。

司曆曰：君之姓名書去，吾當以示大國。因書吾與劉生姓名以去。

[越]阮朝國史館《大南會典事例》卷二五九　欽天監　［官書］《曆象考成》《直指原真》《月令粹編》《欽定儀象考成》《高厚蒙求》《管窺輯要》《御製數理精蘊》《新製靈臺儀象志》《五類迷竅》《物理小識》《格致鏡原》《地球説書》。

[越]潘輝框《指明立成演算法・序》　予姓潘，字輝框。【略】力學算辨，粗得《統宗》，可不立成法訓以示後人，使易精識，爲自淺入深之學者乎。

紀事

[日]舍人親王等《日本書紀》卷一九　［欽明天皇十四年六月］遣內臣闕名。使於百濟。【略】別勅：醫博士、易博士、曆博士等，宜依番上下。令上件色人正當相代年月，宜付還使相代。又卜書、曆本、種種藥物，可付送。【略】［十五年二月］別奉勅，貢易博士施德王道良、曆博士固德王保孫、醫博士奈率王有悛陀、採藥師施德潘量豐、固德丁有陀、樂人德三斤、季德己麻次、季德進奴、對德進陀，皆依請代之。

又　卷二二　［推古天皇十年十月］百濟僧觀勒來之，仍貢曆本及天文地理書，並遁甲、方術之書也。是時選書生三四人，以俾學習於觀勒矣。陽胡史祖玉陳習曆法，大友村主高聰學天文遁甲，山背臣日並立學方術，皆學以成業。

又　卷三〇　［持統天皇四年十一月］甲申，奉勅始行《元嘉曆》與《儀鳳曆》。

[日]菅原真道等《續日本紀》卷八　［養老五年正月甲戌］又詔曰：文人武

士，國家所重。醫卜方術，古今斯崇。宜擢於百僚之内，優遊學業，堪爲師範者，特加賞賜，勸勵後生。【略】筭術：正六位上山口忌寸田主，正八位上悉悲連三田次，正八位下私部首石村。

又　卷一二　［天平七年四月辛亥］入唐留學生從八位下下道朝臣真備獻《唐禮》一百三十卷、《大衍曆經》一卷、《大衍曆立成》十二卷、測影鐵尺一枚、銅律管一部、鐵如方響寫律管聲十二條、《樂書要録》十卷、絃纏漆角弓一張、馬上飲水漆角弓一張、露面漆四節角弓一張、射甲箭二十隻、平射箭十隻。

又　卷二〇　［平天寶字元年十一月癸卯］勅曰：如聞，頃年諸國博士、醫師，多非其才，託請得選。非唯損政，亦無益民。自今已後，不得更然。其須講經生者三經。傳生者三史。醫生者，《大素》《甲乙》《脉經》《本草》。針生者，《素問》《針經》《明堂》《脉決》。天文生者，《天官書》、漢晉《天文志》、三色簿讚、《韓楊要集》。陰陽生者，《周易》、新撰《陰陽書》《黄帝金匱》、五行大義。曆筭生者，漢晉《律曆志》《大衍曆議》《九章》《六章》《周髀》《定天論》。並應任用，被任之後，所給公廨一年之分，必應令送本受業師。如此，則有尊師之道終行，教資之業永繼，國家良政，莫要於兹。宜告所司，早令施行。

又　［天平寶字元年八月］己亥，勅曰：安上治民，莫善於禮。移風易俗，莫善於樂。禮樂所興，惟在二寮。門徒所苦，但衣與食。亦是天文、陰陽、曆筭、醫針等學，國家所要。並置公廨之田，應用諸生供給。其大學寮三十町，雅樂寮十町，陰陽寮十町，内藥司八町，典藥寮十町。

[日]佚名《類聚三代格》卷五　定官員并官位事

［日本貞觀十三年］應加增筭博士位階事。

[日]藤原基經等《文德實録》卷八　齊衡三年四月戊戌　散位外從五位下冰宿祢繼麻呂卒。繼麻呂【略】精於筭術，天長二年爲主計筭師，稍遷承和八年爲算博士兼爲主計助，年老致仕。

《明實録・太祖實録》卷六八　洪武四年九月癸巳　日本國王良懷遣其臣僧祖來進表箋，貢馬及方物，並僧九人來朝，又送至明州、台州被虜男女七十餘口。先是，趙秩等往其國宣諭。秩泛海至析木崖，入其境，關者拒勿納，秩以書達其王，王乃延秩入。秩諭以中國威德而詔旨有責讓其不臣中國語，【略】於是其王氣沮，下堂延秩，禮遇有加。至是，奉表箋稱臣，遣祖來隨秩入貢，詔賜祖來等文綺帛及僧衣。比辭，遣僧祖闡、克勤等八人護送還國，仍賜良懷《大統曆》及文綺紗羅。

清・顧棟臣《初等代數學講義序》 丁福保《初等代數學講義》　癸卯之秋，吾友丁子仲祜應京師大學堂譯學館教習之聘。越明年春，余由豫入都，丁子出《初等代數學講義》一編眎余，曰爲我序之。代數學者，西名阿爾熱巴拉，導源於亞拉伯人，其後日漸發達，近數十年遂流衍及吾東亞。日本算學科約分六大綱：曰算術，曰代數學，曰三角，曰幾何，曰解析幾何，曰微分積分。代數學又析爲三類：曰大代數學，曰中代數學，曰小代數學。大代數學譯自西籍最著聞者有三家，而以上野清所譯庫利司氏書爲尤善，高等算學科用之。中代數學始加減乘除，終對數。小代數學終於二次通同方程式，均普通算學科用之。代數學中最要關鍵則在因子分解一法，即《代數備旨》中之劈生數，能化一切繁式爲簡式，無法爲有法，爲習代數者必研之學理。此其大較也。中華號稱算學最古之國，即代數學之輸入亦在日本之先，然今日海内學子所墨守者，不過滬上舊譯《代數學》《代數術》《代數難題》數種，在當時雖見爲新書，今日已不合學校教科之用。稍適教科用者，只有教會所刊《代數備旨》一書，其程度又僅合中代數學之上卷。求如日本完全無缺之教科書，中土尚未有也。抑棟臣竊有進者世界天演之理，愈開通則愈改革，則愈進步，政界學界莫不皆然。故昔之所謂新法者，今日已成陳迹，今之所謂新法者，轉眴又將成陳迹。兹者萬里堂闥，天涯比鄰，諸族耽耽，物競赫赫，各國之新政、新學、新理想、新智識，方日出不窮，以傲我，以困我，區區算學不過學界中一部分，而代數學又不過算學中一部分，曾是區區者，而猶株守舊聞，瞠乎居後，不聞有小小改革、小小進步，其他政界、學界之缺點更不堪言矣。棟臣於算理未窺萬一，戊戌以前曾與仲祜以斯學相切劘，而體羸多病，輒復棄去。五年之間奔走四方，逾太行，涉黄河，北發燕晉，西抵關隴，南游荆、豫、鄧、蔡諸邦，蹤跡所至，輒訪求海内能算之士，於太原得楊君筱湄，於長安得秀水陶君拙存，於汴梁得常熟言君笠甫，陶言二君，或還浙東，或赴永城，而余又萍梗飄蓬，迄靡定所。今者再入都門，得與仲祜重逢話舊，視所著書則已學業大成，得力於日本算書者尤邃。是編爲教授初學而輯，特其緒餘，嘗鼎一臠，味已可旨，仲祜方唾棄之，别撰新代數以授諸生。余以是編當日本之小代數學，新代數當日本之大代數學，並行不悖，義固各有當也。方今東洋算學家又新出四元法，與中土古代四元同名異軌，其學理又駕微積分之上，海内尚未有譯本。仲祜精東文，儻以暇時譯出，以惠來學，則我國算學前涂不亦足壯矣哉。光緒甲辰五月同里顧棟臣謹序於京師譯學館。

清・周達《巴氏累圓奇題解・敘》 （豆）[亘]古今窮中外幾何理之奇聞者，蓋莫希臘學者巴泊游司氏 Pappuse 之「累圓奇題」若矣。【略】西籍謨儒奈端得是題，爲之詮釋，一日夜而成，而德儒來本支積六月之力，乃得其解。【略】余曾馳書問日本東京數學物理學會會友之深通西籍者，據云奈端之解當時刊於某雜誌，此雜誌至今無傳本，故奈氏之解亦佚，若來氏之解則絶無有知者矣。 然固嘗與東儒討論是題矣。東儒之解是題也，恒用倒形法 Inversions，日本譯爲轉倒法。 而吾友長澤氏亦以代數三角法解之。倒形法誠敏捷靈妙，不可以訾。然根據於天下至深之術，其失也流於晦，不能爲顯豁呈露之狀，學者故難言之。代數三角之解稍明確矣，而長澤氏所論列則又遙午支曼，涉於十數紙之多，讀之眩睛而罷神，是亦非其至者也。不佞初受是題於長澤氏，已復於《數學報知》見倒形法之解，意皆有所未慊，時思自創新義，而塵事倥偬，未遑爲也。甲辰夏歸自京師，閉户謝客，讀書自娱，日月多暇，時復取巴氏奇題而紬繹之。【略】初原稿僅以第一、第二兩欵補題解巴氏之題，甫脱稿，以示東友長澤氏。時長澤方譯法人卡塔蘭氏 Cataran 大幾何學，更思博採幾何奇題以附於卡氏之書。見是稿遽録入之。顧原稿簡則簡矣，然未能推衍盡致，故茲復增入第三欵補題爲公用之理，而巴氏題特別之形自包括其中，可不煩言而解矣。末復附新題數條，皆幾何中之精義妙理，足補巴氏所不及者。全書無以名之，仍名之曰《巴氏奇題解》，名則猶是，義則不僅囿於巴氏矣。

又周達《日本調查算學記・自序》 壬寅之冬，受揚州知新算社囑託，東渡調查，入其邦，接語其疇人，叩以漢算之源流，則皆娓娓言之，若燭照而數計。夫敵已洞悉我情勢，而我猶深閉固拒，豐蔀以自豪也，不亦危哉。昔遼相某謂宋使曰：汝國事，我盡知，我國事，汝不知也。鄭昭而宋聾，其勝負不待智者而決矣。旅東月餘，所聞所見，輒記録之，積久成帙，歸舟多暇，稍加釐訂，成書一卷，非獨爲知新社調查之報告，亦將以破吾國疇人專己守殘之習，使之競争進步，與東西學子相見於腦電心血之下一角其勝負，則是編也，其可爲吾軍之偵諜也夫。光緒壬寅殘臘識於西京丸舟中。

緒論

余以壬寅仲冬東渡日本，其目的專調查算學之事。【略】余於二年前，在友人處見日本近譯西算數種，乞歸讀之，深爲豔羨，猶以一鱗一爪未盡大觀爲憾。時有東渡調查之志，今年因受揚州知新算社囑託，東裝東來，此實中日算學界上交通之大關鍵也。

余調查之事約分爲三種：

一、關係於算學之學校社會官立私立直接間接；

二、關係於算學之書籍雜誌；

三、關係於算學之人物。

又 第三　關於算學之人物

余之東游，迫于時日，投縞袂者，僅十餘人，其所談論，都不復記憶，所與深談者，僅上野清、長澤龜之助二君。二君者，彼邦疇人中之泰斗，譯書等身，彼邦算學界中，著述之富，舍二君外，殆無第三人矣。余與二君交，不足十日，而傾蓋如故，若夙契然，終日談算，娓娓不倦，余以日語不甚嫻熟，而二君又不通漢語，故以筆談代之，問答之語，頗有與學理有關係者，故録二君問答之語最多，其餘諸人問答之語，就所記憶，亦撮録一二。天涯芳草，回首如夢，側身東望，不藤憶舊之感。

上野清，東京人，住麴町區中六番町二番地。余之初見上野君也，先日投以書，略言欽慕識荆之意，君復書，約定時日，在住宅相見，其子女均出見，聚談歡然，旅情頗慰，問答之語，譯録如左。

周：僕在支那，即聞先生盛名，今得識荆，忭慰無似。

上野：僕淺陋無學，何敢當先生盛譽，敢問先生東來之宗旨何在？

周：僕因中日兩國，算學界上從未交通，故欲打破界限，溝通聲氣，收交換智識之益。此次之調查，實因受揚州知新算社社員囑託，其調查之要目，約分爲學校、書報、人物之三類。惟初次東渡，人地生疎，尚乞先生紹介一切，實兩國學界之大幸。

上野：先生宗旨甚善，紹介之事，我輩之責任，義不敢辭。所謂知新算社者，其章程規則若何，能略示歟？

周：知新算社創自庚子，迄今三年，其經費由創辦者數人籌集，入社者概不取資，每月例會三次，演説學理，互相研究，外埠函問疑義，有知必答，月開會課一次，遠近皆可應課，年終擇尤付刊，此社中規則之大略也。行篋攜有詳細章程，翌日送呈。明年社中擬創《算報》，現同人已籌集經費矣。本社擬與貴國各算學社會聯約，有所發明，互相報告，有所疑難，互相質問，以通聲氣，而資觀摩，尚望代爲介紹。

上野：謹當代爲介紹。僕少學算，亦從漢算入手。李壬叔之書，亦嘗涉獵，後又購得上海製造局所譯各書，觀其算式，與西式不同，殊覺不便。吾國譯書，譯其文而不改其式，貴國改之，何所取義？

周：我國譯西算最早，李壬叔與偉烈亞力合譯《代數學》及《代微積拾級》，實在咸豐時代，距今且五十餘年。當時通西文者絶少，風氣未開，少見多怪，若不將羅馬字母易爲甲乙，亞剌伯數字改爲華文，則必目爲異端怪物，無人肯讀，數字既易，則加之減之符號與十一之數字相混，故不得不易爲丄丅，此當局者之苦心也。嗣後製造局譯書一次，其譯算書者又皆李氏之門生故舊，且又不通西文，僅憑西人之口述，故不敢更張，仍用舊式。三十年來，沿用至今，已深入學者腦部，皆以舊式爲便。其間偶有用新式者，如《代數備旨》之類，反覺其不便，習非成是，以致翹然獨異于各國，此最不幸事也。亦有一二豪傑刱言改用西式，則又顧慮書籍出版後不易銷售，觀望逡巡，莫敢先發。社會上之習慣已久，非有大力者，孰能轉移風氣哉。

上野：貴國算書，想必極多，僕所有者，僅三十年前製造局之譯籍，近時若有新譯，乞先生紹介一二。

周：我國繙譯事業甚幼稚，自製造局譯出算書數種後，至今未見新譯，其有一二西人所譯，如上海益智書會、廣學會、登州文會館，其所譯之算書，既甚少且皆淺率無味者居多，至今學界上有聲價之書，仍製造局所譯數種而已。

上野：然則貴國學人，仍讀三十年前之算書乎？三十年來，竟無新著之輸入乎？

周：無可奈何，聊復爾爾。

上野：我國之算書，亦有十餘年前之譯本，而至今仍襲用者，惟其版必累次更新，每易一版，必以新理增入，故其書歷久而不廢。泰西各國亦然也。貴國製造局之書，至今曾易版乎，有所增改乎？

周：仍三十年前之原本，無所更改也。

上野：高等學理，改變者甚少，若普通教科之書，則須因本邦學問之程度，而累累變更，不可執一，務求盡善。我邦算書之出版者，統高等、普通而計之，每年平均約增加四十餘部，然較歐美則尚不逮十分之一也。

周：甚羨貴國之文明進步。我國製造局譯出之算書，並非高等者，僅及中學教育之程度，而其書之體例，又不合于教科之用，真所謂非驢非馬矣。

上野：貴國所譯華里司《代數術》《微積溯源》二書，未免太舊。華里司者，十七世紀之人物也，故近世發明之新理，書中多未道及。

周：誠然。吾國學人亦苦其乾枯無新意，且書中並無習題，言盡意止，毫無餘味。《代數術》一書，體例尤爲龐雜，其二十二、二十三兩卷，乃是解析幾何，並非代數。又二十四、五兩卷，乃論三角者，當另作一書，不當羼入代數。蓋三角者，獨立之學科。代數之範圍中，不能該括三角也。

上野：此譯者之過也。西人算書，無論何種皆有習題。余藏有華里司西文原書，每卷皆附有習題，今貴國譯本皆删去。又華里司之全書，凡五種：曰《代數學》，即首卷至二十一卷也；曰解析幾何學，即二十二、三兩卷也；曰三角法，即二十四、五兩卷也；曰微分，曰積分，即《微積溯源》也。今貴國將前三種合刻，總名曰《代數術》，以致名實混淆，僕不測譯者何意也？

周：僕之所疑，得先生之説證明，益知譯者之誤以三書爲一書矣。惟將解析幾何誤認爲代數，自《代微積拾級》之命名已然。當《拾級》出版時，李譯之《代數學》已燬于火，學者不知代數爲何物，誤將《拾級》前數卷認爲代數，故有「拾級難讀」之謡。至今頑陋學者，仍勦襲此説，實堪憫笑。蓋《拾級》一書，由解析幾何入微積，取徑最好，且每卷習題，亦皆詳載無遺，以存原書面目，不似後之譯者，強作解事，生吞活剥也。謂其書失之淺易則可，謂其書失之難晦則不可也。

上野：貴國譯書之華氏，今尚存乎？其著述出版者有幾種？

周：華氏今尚存，年七十餘，腦筋已壞，不復能用心矣。我國製造局所譯之算書，大半出自其手，其自著之書則不佳，晚年所著數種，尤爲可笑，惟壯年所著《積較術》一種，稍有可觀，然亦非華氏所刱獲。我國元代郭守敬氏著《授時曆》，其平立定三差，已具有積較之理。後朱松庭氏作《招差垛積》，羅茗香氏詮釋之。觀羅氏之細草，似亦用積較之術，但未明揭于篇耳。至傅九淵氏作《招差術解》，則直用積較之術，大暢其恉，而無所隱。華氏之術，不過就傅術踵事而增華耳。近見《司米司大代數學》中有遂差法一類，與積較術絶相似，始知此術西人已發見也。

上野：積較術，僕亦曾見之，即西人之逐差法也。逐差法，本有限較數法之一種，特有限較數法，能馭一切代函數、指函數、圓函數，而逐差法僅能馭代函數中之有理整函數而已。

周：僕讀《談天》侯失勒約翰傳，内有引用有限較數之説，亟思見此書，而我國無此譯本，求之貴國，亦無此譯本，敢問其術之大略。

上野：有限較數法，爲最高等之算理，我國學人僅就西書肄習，未曾譯爲和文。其術與微分相似，特微分之較，細入無間，而此術所求之較，則有數可見。算學中有時不能用極微之較數，而須用有窮之較數者，則微分之術窮，而有限較數之法，獨擅長矣。有限較數法，西名Finite Differences，吾國有譯爲定差者，有譯爲有窮差數者，術中用種種特别記號，有求各次較數之法，與求各次係微數法略相似，又有還原之法，則與積分術略相似，實算學中獨立之學科也。

周：僕調查事華歸國後，猶願與先生書翰往來，以談學理，千里一室，吾道不孤。

上野：先生歸國後，于算學界上，欲作何等事業？

周：僕當爲之事甚多，但就算而論，則所欲盡綿薄於學界者，固以譯書辦報輸入新理爲事，然僕尤有一大心願，即欲改革舊式，使與各國一律，不致翹然獨異是也。然兹事體大，非朝夕所能收效，逆料將來新舊式交代之際，必有一番大沖突。歸國後，當聯合同志，盡力爲之。

余晤上野，非止一次，所録問答，亦非一日之語，撮其要而記之，所存止于此數，不及十分之一也。

上野有女，名石子，年甫二十，研精算理，能讀父書，凡上野所著書，皆經石子校定，上野氏《司米司大代數講義》序中，已自言之。石子爲女學會算學講師，女學講義中刊有石子所著講義。余晤上野，並見石子。石子自言，曾在女子高等師範學校卒業。日本女學，偏重應用，而無高等學科，其所習高等算學，則從伊父所受云。石子又言，心理學家言，女子心最細，腦最靈，魄弱而魂強，冒險進取之精神，或不如男子，然研究專科，發明學理，則較男子爲勝。而東西各國，女學教育，每不列高尚之學理，一若屏女子于學界之外者，此最不公平之事，以是知男女平權，尚有待也云云。石子言論俊爽，多類此。蘭心蕙質，令人敬愛。石子又問余：中國有女子精算理者否？余答曰：我國女學不講，守無才爲德之謬説，牢不可破，其稍自振拔，從事學問者，則羣目爲不祥，求其粗識之無，略通吟詠者，已希有矣，況能專精科學乎。惟據《疇人傳》所言，有葛宜、沈綺、王貞儀者，通曆算之學，各有著述，然是等之人，每不爲社會所重，頑固者且詬病之，以故如鳳毛麟角，曠世而一見。近來女學漸倡，間有一二名媛，通知時局，發憤求學者，然如令嬡之專精絶學，極深研幾，僕尚未見也。石子贈余《女學講義》一册，内有銅版石子肖像。余臨行贈以詩數章，曾記内有一絶云：「千秋絶學屠龍技，領袖名山屬阿誰。目盡亞洲無鉅子，合將此席讓娥眉。」是亦可爲藝林之佳話矣。

長澤龜之助，筑後人，寓東京小石川區小日向台町三丁目五十三番地，長身鶴立，美鬚髯，善談論，精漢文，通英法語。居宅距小山上，竹樹環繞，幽静絶倫，顔其軒曰竹弄軒。竹弄者，取其合之爲算字也。并出示其竹弄軒記，其篤嗜斯學，可想見矣。長澤譯書最早，亦最多，且多高等書，凡東京數理書院及數書閣之出版書，十九皆出其手也。余之見長澤也，因上野氏之介紹，然余與長澤之交誼，殆非上野所能及。凡人之交際，其間有電氣爲之主宰，電氣不合，雖白首如新焉，電氣合，雖傾蓋如故焉。余與長澤，電氣之契合，蓋僅見者。相見甫數日，然十年之誼，亦無以異矣。每當夕陽欲墮，松風怒號，午月當空，竹陰掩映，兩人促膝，對踞小樓上，賞奇析疑，雄談淺酌，幾不知身在異國。會君有事往東海道，余亦偃蹇將歸，臨别依依。送我歧路，寒松落日，若不勝情，余口占一絶贈之曰：「世外桃源海外身，秦時流水别離聲。漁郎一去成今古，落日松風無限情。」噫！楊柳灞橋，桃花潭水，離愁宕樣，至今猶留腦部中也。余與長澤，筆談最多，兹擇其有關學理者録之。

長澤：讀上野君介紹書，知先生東遊之宗旨，甚佩甚佩！來東幾日矣？起居飲食，頗相宜否？調查之事，已有眉目否？

周：承關切，感謝！貴國山川明媚，風土清嘉，旅人居之，頗覺適意。來東已半月矣，調查之事，僅十得三四耳。久耳盛名，今得識荆，甚慰飢渴，觀架上所列漢文書極多，先生必深通漢文者。

長澤：僕性嗜漢文，喜讀高青邱之詩，間亦效顰爲之，不能工耳。僕自弱冠學算，迄今且三十年矣。初習和算，嗣得貴國所譯之西算書數種，通其術，後習英法文，乃自譯西算，至今沉溺西書，舊業荒落，言文野僿，貽笑通人。

周：先生通數國語言文字，以治專門之學，是人生幸福也。壁間所懸，是奈端之肖像乎？

長澤：然。僕生平最慕奈端，於西國得其肖像，日懸左右，以資景仰。舊著有牛董氏之傳，牛董即奈端也，譯音之異耳。按：吾國亦有譯爲牛頓者，其實即奈端，非兩人也。我國出版之牛董傳極多，然以不明理科之人撰此書，猶隔靴搔癢、瞽人説象也，故僕參酌東西各書，著成此傳，形狀與學説並述，使讀者得尚友之資，而不没牛董氏之真相焉。

周：貴國關孝和之學問如何？其所著之七部書，有刊行者否？

長澤：關氏爲我國古算大家，後牛董而生，先牛董而死，發明新理甚富，而以《圓理》《綴術》二種爲最。《圓理》即積分術中求積法，《綴術》即二項例也。七部書向有刻本。二十年來，洋算風潮大盛，和算古籍，無過問者，故無人翻刻印行。明年距關氏之死二百年，東京物理學會擬舉行關氏二百年紀念會，有刊行七部書之議。

長澤：吾國創有東邦協會，其宗旨在保東亞之平和，聯中日之睦誼，僕亦忝列會員，深冀中日睦鄰修好，學界上亦得以交通，兩國學人。互受其益。

周：兩國敦睦，學界固因以交通，即兩國不幸而出於戰争，學界亦不因之阻閡，蓋學界與國界無甚相關，國界上之戰争平和，於學界上影響甚微也。

周：貴國所刊之司氏、突氏、庫氏《三大代數學》，其優劣若何？又先生所譯之《庫氏大代數學》與上野氏所譯之《庫氏大代數學》，何本爲新？

長澤：庫氏之書，長于理論，聲價最高。司氏、突氏之書，搜采極富，便于參考。司、突二書，程度相若，殆難軒輊。庫氏之書，西文有兩種，當此書來時，吾邦已入版權同盟，非得著者許可，不能擅自翻譯，當時僕以函乞庫氏之版權，庫氏快諾，并贈一肖像一序言，即編首所刻者是也。僕譯成此書出版後。上野氏亦將其又一本譯出。僕所譯者爲後出之本。較上野氏所譯者較新，然上野氏所譯之本爲最完備，是其大代數學，僕所譯者，蓋中代數學耳。

周：貴國入版權同盟，學人亦覺其不便否？

長澤：然。初入版權同盟，學界有大騷動。然吾國已脱離繙譯之時代，進入于著述之時代矣，固亦無大害也。

周：僕于三四年前，著有《數根性情考》一書，發明數根之理，中有二例：一，卯若爲數根，而與甲無等，則 $\frac{卯}{二}\left(\frac{卯丅一}{甲}丅一\right)$ 必爲整數；二，卯若爲數根，則 $\frac{卯}{二}\left(一\cdot二\cdot三\cdots(卯丅一)丅一\right)$ 必能爲整數。此二例，當時自以爲創獲，乃讀《突氏大代數學》，則二例皆載。其第一例，爲非而馬氏所發明者，其第二例爲維而孫氏所發明者。地隔數萬里，時隔百餘年，而闇合若此，亦奇矣。所謂理之精者，今古同源，法之密者，中西一轍也。然不知者，或且以爲勦襲西書矣。僕之得此式，其取徑與彼二氏迥不相同，及其結果，乃竟暗合，殆所謂此心同此理同歟？

長澤：算學中往往有兩人同時各剏一法，不謀而同者。如奈端與來本之之各造微分術，古累固里與來本之之各剏正切級數，阿但司與拉不列之各測得海王星。廣而論之，即我國之關孝和與貴國之項、戴、徐、李諸氏所發明者，亦大半與西人闇合。考之算學歷史上，如此例者，且不一而足，剏法者固各得盛名也，庸何傷哉。

周：僕所著《數根性情考》，原非完備之書，然遍考貴國代數書中，所論數根之性情，則更簡略遺漏。數根固無專書耶？

長澤：數根之術，爲整數論之一種。整數論，本附于代數中，後因此術漸次發達，爲用最多，故離代數而獨立。非而馬氏即研究整數論之大家也，所發明者最富，然皆理論高尚，解證煩難。此等書，非已造高深之域者不能讀。吾國研究高深算理者，率皆能通西文，自能取原書閲之，不必讀譯書矣。故整數論及專論數根之書，絶無譯成和文者，僅附見于代數書中之一鱗半爪而已。

周：凡考數根之性情有兩類：一，凡數根，必有某某之性情；二，凡數有某某之性情者，必爲數根。此兩類中，第二類之性情爲最嚴密。凡非數根之數，不得有其性情，故比第一類爲尤難，竟無良法簡式，以爲考數根真數之用者。

長澤：然。西書所考者，亦皆屬於第一類爲多。其第二類，殆無良法簡式。即如維而孫之例，$\frac{卯}{二}\left(\frac{卯丅一}{一}丄一\right)$ 可以屬于第二類，然從此式以考數根之真數，則不啻以小于數根之數，一一約之，至皆不能約而後知其爲數根也。僕閲西書多矣，實未見有第二類之簡法，未識貴國有之乎？

周：我國數根之書絶少，故僕不量綿薄，妄欲有所作述。昔者李壬叔有考數根四術之作，其術之根源，即於 $\frac{卯}{二}\left(\frac{卯丅一}{甲}丅一\right)$ 之式中，以二與三代其甲，實祇一術，而變化之爲四術，且實屬于第一類，而强作第二類之用，故往往非數根之數，亦能羼入。後金匱華蘅芳氏，作數根開方術，其所用考數根法，即抄襲李氏之 $\frac{卯}{二}\left(\frac{卯丅一}{三}丅一\right)$ 式，亦以第一類誤爲第二類，且未變通求之，故偶合之數更多。其 $\frac{卯}{二}\left(\frac{卯丅一}{三}丅一\right)$ 一式，證之至十數頁之多，式之根源，仍未證出，僅演幾次真數以明之而已。

長澤：僕於一西書中見一條，題曰「支那之問題」，略言「此術傳自支那，即凡有 卯/二（卯丅/三 一丅丄） 之式，若卯爲數根，則此式必能得整數。反之，若卯非數根，則必不能得整數。云云。然其前半證明極易，即非而馬氏之例也。後半之反例於實驗上不合。多有非數根之數，亦能令其式爲整數者。其反例蓋誤也。」蓋 卯/二（卯丅/三 一丅丄） 之式，西人已數見不鮮矣，然皆屬之于第一類。其屬之于第二類，而決其有反例者。蓋始于支那之算家，故曰支那之問題也。初見此條，未審其果出自貴國與否。今聞先生言，乃知即李、華二氏之書所載也。

周：華氏不足論矣。以李氏之學識，豈不知其考數根之術非密法乎？然至需用數根之時，雖無密法，亦不能不考，故不得已取其略近之法，而著之於篇。用其法而不合者，不過千百分之一二，慰情聊勝無耳。此非僕護前人之短也。《則古昔齋》十三種內，並無考數根四術，今所傳者，蓋李氏未經審定之稿本耳。意者李氏已知其非密法，故不欲付剞劂。即如非而馬氏，非歐西著名研究整數論之大家乎。其所發明，宜無誤矣。然其所考得數根之一例曰：凡數有 卯二⊥一/二 之形者，必爲數根，而其原理亦未證出。千七百三十二年，尤拉氏考得若卯爲五，則其數爲「四二九四九六七二九七」，即「六四一」與「六七〇〇四一七」相乘之數，非數根也。又千八百八十年，倫德氏考得若卯爲六，則其數爲「二七四一七七」與「六七二八〇四二一三一〇七二一」相乘。又有俄國之僧帕拔清氏，考得若卯爲十二，則其數能以「一一四六八九」約之，若卯爲二十三，則其數能以「一六七七七二一六一」約之。由此觀之，非而馬氏之例之誤也明矣。然氏之盛名，不因此而稍減也。蓋智者千慮，必有一失，不足爲病。李氏之考數根術，亦此類耳。

長澤：先生推崇李氏甚至，李氏之學問果如何？

周：吾國先哲之言曰：欲知人，須論世。蓋世界進化，今勝於古，學問之道，如積薪然，層層憑藉，後來居上。故以今人之學問，與古人比，當綜合其時代而合率以比之。夫奈端，拉果蘭諸、哈米爾吞之學問，豈不遠過于古之歐几里得、亞奇默得、阿布洛尼司諸人乎？然以其時代之後先，學問之程度，合率以相比，吾未見奈端諸人之腦力，有以遠過于歐(几)[几]里得諸人也。李氏生當咸同時代，舉世攘攘，墨守古法，氏獨能抉去藩籬，繙譯西籍，勿論其學，即其卓識亦可欽矣。夫李氏者，過去時代之人物也。今世學界大通。新理雲集。迴視李氏之書。殆如椎輪大輅。僅能爲歷史上之材料矣。然以今之學子，置身于李氏之時代，其造詣有以過于李氏乎？吾知其難也。貴國關孝和所發明者，置于今世學界，猶芻狗耳，然貴國學人猶崇拜之者，豈非以其時代之不同哉。僕之心儀李氏也，亦若是焉而已矣。

長澤：誠然誠然。哲學家固有古今人腦力無高下說。

周：重學、天文學，爲應用算學中最要之學科，求之貴國。此二類之佳書甚少，曷故？

長澤：僕有執友某君，司東京天文臺事，嘗編有最完美之天文書，書未成而作古，身後遺稿飄零殆盡，殊爲可惜。重學之書，僕嘗有志于此，擬分爲高等、初等兩部。初等者，以幾何、代數等普通算法推重學之理。高等者，則以曲綫微積推之。久蓄此志，稍暇當起草。至於重學之名，甚不合用。吾國初亦譯爲重學，後改爲力學。然尚有以重學之名，專屬之静重學者。貴國李壬叔所譯之重學，僕曾見之，譯筆極佳，惜原本太舊耳。欲求致用，宜譯高等重學，且宜擇西國近出之書譯之。

周：我國所譯華里司《代數術》，第二百七十一欵，奈端之求周級數，不合乎全徑爲一九十度之弧背，必有誤，而書中未揭其術之根源，未知其誤在何處？乞先生繙西書以正之。

長澤：檢西書閲之，其級數之和等于 三乙/三 周，而西書中之 乙/三 周，每作 乙/三 譯者不察，或誤將 三乙/三 周認作 三×/三 周，故曰爲全徑爲一之九十度弧背云云也。

摘録長澤氏問答語止於此。此外尚有問答學理數件，因篇幅冗長，不能列入，俟附于他書揭之。

日本古算，程度頗高，疇人亦盛。寛永、寶永之間，諸流競起，各立門戶，而以關流爲最著。關流者，關派也，爲彼國古算大家關孝和氏所創。關氏湛深覺學。超倫軼羣，彼邦人士崇拜之，至有算聖之目，視我邦之崇拜梅李，尤加甚焉。當寛寶時代，西譯未入東土，故所謂關流者，皆研究點竄、圓理諸術，其深造處亦自可驚。迨至安政、慶應之間。西法東漸，始有洋算之名，與和算並行。維新以來，西算之風大啓，士皆舍棄舊學，從事譯籍，所謂關流和算，相形之下，頓見蕭索。彼中泰斗，如岡本則録，如長澤龜之助，皆由和算而通漢算，由漢算而通西算，彼時我製造局已譯有代數、微積各書，而彼尚無也。一時風氣大轉，舉國從之，然而猶有抱殘守缺，獨嗜古算，綿闕流于一綫者。以余所知，有川北朝鄰君，其所持論，吾有味焉。川北氏之輪曰：「凡一國之學問，必有其特色。和算者，吾國之特色也。西法東來，翻新花樣，其所發明，實出我上，吾不敢非。惟將吾國之特色，一筆抹搬，吾亦不忍。舉世滔滔，皆趨新者，吾一人獨則古昔，吾豈不欲與世逐逐哉，吾固別有懷抱也。二十年來，爲繙譯時代，士皆從事英、米、法、德之籍，藐茲和算，已有蠟車覆瓿之懼，秋風紈扇之悲，吾懼來者之不見我古代固有之文明也，吾故以孤力維持之。」云云。蓋亦有心人之言也。日本近時古算家，已如晨星碩果，其著名者，惟川北氏一人而已。欲考求日本古算源流者，須于川北氏訪之。川北氏住東京麴町區隼町十六番地。

川北氏于現今算家中，年輩爲最老，自安政、慶應之間，已從和算大家御粥內田二氏治闕流算學，傳其系統。日本古算家最重系統。維新以來，又治西算，創共同出版會，繙譯歐美高等算書，即現今日本學界上最有名譽之數理書院出版書也，每一書成，川北氏必爲之校閱，蓋川北氏非專已守殘疾視新法之人，蓋能深通西算，而又以保存國粹爲主義者也。

松岡文太郎，岡本則録之弟子也，爲數理學館館主，又爲《數學雜誌》撰述發行人。余思爲本社聯絡之，以通聲氣，故由上野清介紹往見。松岡傲睨自大，頗有輕視支那人之意，余以言折服之，故所談意氣語爲多，學問語爲少。茲録其有關數學雜誌之問答數條，以爲我國辦算報者之標準。

周：貴國十年前，算學雜誌類之出版頗多，而近來反見稀少何也？除貴學館之外，尚有他種算學雜誌否？

松岡：數理學館。創設已十餘年。七八年前，已有《數學雜誌》之發行，後因事中止。至今年復續遺緒，而規模較前爲小。現今專門之數學雜誌，只此碩果而已。

周：我國知新算社，欲與貴雜誌社聯絡，以通聲氣。

松岡：最善。將來貴國學人，有新發明，可寄登本雜誌。

松岡：貴國有數學雜誌之出版否？

周：戊戌年間，有黃某發行之《算學報》，今又有所謂某某算報者，然皆等諸自鄶，於學界上毫無影響。知新社同人，久欲創一算學雜誌，而爲經費所限，遲迴至今。蓋我國於專門之雜誌，銷售最少，二年前有《亞泉雜誌》之發行，專揭載算化物理之學，而僅售出二百餘份。今若發行專門算學之雜誌，其銷數亦無以逾于此數。故人皆遲迴審顧，而莫敢爲也。

松岡：敝社之《數學雜誌》，在諸雜誌中，銷售之數爲最少，然亦逾千份也。

周：我國若發行算學雜誌，更有難者。蓋發行雜誌，本以輸入新理新法爲宗旨，然或程度稍高，則曲高和寡，無人過問，于銷售上大有阻碍。若降格徇衆，卑無高論，務爲陳言，以悦俗目，則有妨本社之名譽，且大違乎發行者之宗旨也。知新社社員，爲此問題，已集議數次矣。

松岡：無已，則以高等與普通者並列，而趨重于高等一邊，其普通者，則以淺明而有條理之教科書當之，又爲之輪説傳記以增其味，小説游戲以博其趣，懸賞問題以鼓其興，質問應答以給其求，雜録新聞以廣其識，如是則購閲者必多，而于發行者之宗旨亦不背，此所舉數類，凡歐美之科學雜誌，皆具有之，不獨數學雜誌之體例爲然也。

東邦新造，人文蔚起，湛深絶學，魁彦尤多。鄙人所交，不及什一，茲所記者，尤覺寂寥。記上野清，記長澤龜之助，爲其爲彼國學界鉅子，著述最富，而所與談之學理，又最多也。記上野石子，爲吾國女學勵也。記川北朝鄰，爲其爲彼國古算家之碩果也。記松岡文太郎，爲其發行《數學雜誌》，可與吾國學界通聲氣也。于是吾之調查算學記，乃擱筆于此。

又周達《卡塔蘭氏幾何學定理及問題序》 東友長澤龜之助氏，譯佛儒卡塔蘭氏《幾何學》既竟，以晤不佞曰：爲我序之。不佞三年前於《數學報知》中，已見卡氏《幾何學》之條目緒論，其爲書果深博奥衍。今長澤氏譯以日文，又益網羅古代近世之名理，以附益之，則其書愈以信美矣。【略】故是書之成，微獨東人士之慶幸，抑亦吾國疇人之所樂睹也。光緒三十年歲次甲辰季秋之月建德周達序於揚州知新算社。

清・崔朝慶《數學辭書序》［日］長澤龜之助《解法適用數學詞典》 日本算書，多於吾國數十倍，其中以長澤先生編譯者爲最多。近數年來輸入吾國之書，足以汗牛充棟。故習算之士無不知有長澤先生者。朝慶自庚子出都，就館金陵，往往繇郵便訂購日籍，得算書百有餘種。講授之暇，嘗搜輯各書中之表爲《算表合璧》一編。其米突法度量衡表，即撰擇先生所著之算術教科書也。客冬有友人東渡，囑持一帙以詒先生，因而就正焉。猥蒙許可，自此函牘往來，常獲教益，於是益欽佩先生謙中之誼，爲尤不可及。近得先生手書，并示以新輯《數學辭書》之體例，凡分八門，曰辭書之部，曰英和對照學語之部，曰算術代數幾何三角解法之部，曰數學小史之部，分門別類，足補中等教育師生參攷之用，允推東亞獨一無二之鉅作也。前乎此者，有駒野政和之《數學字彙》，宫本藤吉之《數學字典》，皆失之簡略。先生年力尚富，其著述足以餉遺吾黨者正未有窮，此書出，而算界又放一異彩矣。而此書尤當家置一編者也。光緒乙巳夏五清國江蘇崔朝慶謹序。

清・葉耀元《容圓切點圖解・序》 己丑之秋，元入都赴京兆試。一日造同鄉王紱卿主政之廬，其喆嗣孝胥兄口述是圖，謂見之於同文館，莫知其所自出。圖奇理奧，不可思議。【略】前歲與英儒艾約瑟君相質證，謂嘗於多祿畝書中見有相類之圖。嗣復詢諸美儒潘慎文君，以爲得未曾有。然劉師省菴夫子則曰，曾於一册日本書中見多圖，間有與此相類者，往往有圖無説，閲書者每無從索解。甲午之秋，有友自扶桑返，袖出古算書一册，謂向横濱舊書坊購得者，内載圖甚夥，自加減諸分以迄少廣句股盈朒差分，爲圖不下七百餘。

清・何壽朋《幾何學教科書序》 光緒壬寅，余主潮州金山講席。黄君任初曾以文字相質證。其爲文汪洋恣肆，下筆數千言，實美材也。數日任初復來見，談論縱横，磊落不群。時任初方弱冠，余勸其游學東瀛，旋負笈東行，肄業於宏文學院。潮士之游學海外者，以任初爲權輿。甲辰余應調隨槎奉公使署，文牘之暇，與任初過從尤密，聆其言，則懇誠切摯，無囂張之氣也，覘其學，則深沈醖釀，無放恣之態也。余笑謂任初，君今前後真判若兩人。頃任初已肄業東京高等師範學校，他日所造更深，必有出於余意想之外者，學成而歸，爲吾國前途之教育家，由是而加以經驗，進而爲吾國前途之政治家，俱深有望於任初。昨任初來以譯書事相告，謂近譯成《平面幾何學》，將以餉祖國學界，又謂此書爲一八六九年數學博士維廉氏原著，爲日儒大脇、奧平兩氏所譯。爲幾何學教科書之善本，亦可爲學者自修參攷之用，乞以一言爲序。余與任初交好有年，又驚其學識之變遷，如是之速，特詳攷交際始末，以爲潮士告，至此書之價值，則有目共賞，出版後學者自知之。固無俟余之贅言也已。光緒三十二年孟冬之月何壽朋拜撰。

《後漢書・循吏列傳》 王景，字仲通，樂浪詽邯人也。八世祖仲，本琅邪不其人。好道術，明天文。諸吕作亂，齊哀王襄謀發兵，而數問於仲。及濟北王興居反，欲委兵師仲，仲懼禍及，乃浮海東奔樂浪山中，因而家焉。【略】景少學《易》，遂廣闚衆書，又好天文術數之事，沈深多伎蓺。

《唐會要》卷三五 學校

貞觀五年以後，太宗數幸國學、太學，遂增築學舍一千二百間。國學、太學、四門亦增生員，其書、算等各置博士，凡三千二百六十員。其屯營、飛騎亦給博士，授以經業。已而高麗、百濟、新羅、高昌、吐蕃諸國酋長，亦遣子弟請入國學。于是國學之内，八千餘人。【略】神龍二年九月，敕學生在學，各以長幼爲序。初入學，皆行束脩之禮。【略】俊士及律書、算學，州縣各絹一匹。

［朝］全富軾《三國史記》卷八《新羅本紀》 ［孝昭王元年八月］高僧道證自唐廻，上天文圖。

又 卷九《新羅本紀》 ［景德王八年］三月，置天文博士一員、漏刻博士六員。

又 卷三八《雜志・職官上》 國學，屬禮部，神文王二年置。景德王改爲大學監。惠恭王復故。【略】或差筭學博士若助教一人，以《綴經》《三開》《九章》《六章》教授之。凡學生位自大舍已下至無位，年自十五至三十皆充之，限九年。若朴魯不化者罷之，若才器可成而未熟者，雖逾九年，許在學。位至大奈麻、奈麻而後出學。【略】漏刻典，聖德王十七年始置，博士六人，史一人。

又 卷四三 金巖傳

性聰敏，好習方術。少壯爲伊飡，入唐宿衛。間就師學陰陽家法，聞一隅則反之以三隅。自述循甲立成之法，呈於其師，師撫然曰：「不圖吾子之明達，至於此也。」從是而後，不敢以弟子待之。大曆中還國，爲司天大博士。

［朝］佚名《朝鮮史略》卷二《新羅紀》 ［文武王］改用新曆。奈麻德福入唐學曆術，而還用其法。

《宋史・外國列傳三・高麗一》 ［大中祥符］八年，詔登州置館於海次以待使者。其年，又遣御事民官侍郎郭元來貢。元自言：【略】三歲一試舉人，有進士、諸科、算學，每試百餘人，登第者不過一二十。

［朝］佚名《朝鮮史略》卷五《高麗紀》 ［忠肅王］十七年，元至順元年。【略】光陽君崔誠之卒。誠之從忠宣，在元定内亂立武宗，常在左右，多所贊襄。又精於數學，得

《授時曆法》，傳於東方。及畧黨疏列國家事，將訴中書省，厲聲却之不署名。

〔朝〕鄭麟趾《高麗史》卷七《世家第七》　〔文宗十年八月〕西京留守报：京内進士、明經等諸業舉人，所業書籍，率皆傳寫，字多乖錯，請分賜秘閣所藏九經、漢晉唐書、論語、【略】律算諸書，置于諸學院。命有司各印一本送之。

又　卷七三《選舉志一》　〔仁宗十四年十一月〕凡明筭業式，帖經二日内，初日貼《九章》十條。翌日帖《綴術》四條、《三開》三條、《謝家》三條。兩日並全通。讀《九章》十卷，破文兼義理，通六机，每義六問，破文通四机。讀《綴術》四机，内兼問義二机，《三開》三卷，兼問義二机，《謝家》三机，内兼問義二机。

〔朝〕佚名《國朝寶鑒》卷三五　是年以後，朝鮮使臣時到中國，訪求新曆法。

清・梅文鼎《勿菴曆算書目》　少廣拾遺　〔康熙〕壬申，余在都門，有三韓林□□寄訊楊時可及丁令調，屬問四乘方、十乘方法，諸乘方中，惟此二者不可以借用他法。摘此爲問，蓋亦留心學問人也。因稍爲推演至十二乘方，亦有條而不紊。

〔朝〕金始振《重刊筭學啓蒙序》　余少也嘗留意筭學，而東國所傳不過《詳明》等書淺近之法，如九章、六觚微妙之術，鮮有解者，無可質問。歲丁酉，居憂抱病，無外事，適得抄本《楊輝筭書》於今金溝縣令鄭君瀁，又得國初印本《筭學啓蒙》於地部會士慶善徵，較其同異，究其源流，則楊輝非但字多豕亥，術亦舍易趨難，不便初學。啓蒙簡而且備，實是筭家之摠要。第其末端二紙漫弊過半，殆不可辨。今大興縣監任君濬於術無所不通，一見而解之，手圖而補其缺，其後偶得一抄本讎之，果不差毫釐，於是乎遂爲成書。而布之不廣，慮益久而絶其傳，要以楊輝望海島一章添入卷尾，刊梓而壽之，以遺後之游執君子云。順治十七年庚子七月下浣通政大夫守全南道觀察使兼兵馬水軍節度使巡察使全州府尹金始振識。

清・潘逢禧《算學發蒙・古算一》　古算説略

愚近得《算學啓蒙》一書，爲元大德時朱松庭先生所著，其中有明縱横訣，又布算閒有列圖，乃知单位則縱，十位則横，百千以下，縱横相閒，皆有一定，無雜亂者。此書久佚朝鮮五百餘載，道光中維揚羅君茗香始得朝鮮本重刊，蓋徵君不及見，故攷證未免稍疏也。

明・李文鳳《越嶠書》卷一　測景中

宋文帝元嘉中，南征臨邑。五月立表望之，日在表北九寸一分，交州影在表南二寸三分。交州去洛陽水陸七千餘里，蓋山川回折使之然也。以表取其絃直，當下千里。唐開元十二年，（則）〔測〕交州夏至影，在表南三寸二分，與元嘉所測畧同。

清・徐松《宋會要輯稿・蕃夷四》　交阯

〔大觀元年〕閏十月十日，詔交阯進奉（人）〔入〕乞市書籍，法雖不許，嘉其慕義，可除禁書、卜筮、陰陽、曆筭、術數、兵書、敕令、時務、邊機、地（里）〔理〕外，許買。

〔越〕佚名《越史略》卷下　〔李高宗貞符四年〕王與太后觀僧官子弟試誦般若經，又御鳳鳴殿試黄男辦寫古人詩及運筭。孟冬，又御崇章殿試三教子弟辦寫古詩及賦詩、經義、運筭等科。

又　〔天資嘉瑞十一年〕孟冬，試三教子弟辦寫古人詩、運筭、賦詩、經義等科，賜及第出身有差。

〔越〕吴士連《大越史記全書・本紀全書》卷五《陳紀一》　〔陳圣宗紹隆四午〕試吏員以書算。

又　卷七《陳紀三》　〔陳憲宗開祐十一年〕春，改《授時曆》爲《協紀曆》。時候儀郎太史局令鄧輅，以前曆皆名《授時》，請改曰《協紀》，帝從之。

又　卷八《陳紀四》　〔胡漢蒼開大二年〕又明年再行鄉試，如前年。時士人專業，期於進取。【略】試法倣元時，參場文字分爲四場，又有書算場爲第五場。

又吴士連《大越史記全書・本紀實録》卷三《黎紀二》　〔黎太宗紹平四年〕考試書算，中式六百九十人，補内外各衙門屬掾，試法第一場暗寫古文，第二場真書，第三場算法。

又　卷四《黎紀四》　〔黎圣宗洪德八年〕試從官應得入流子孫以書算，許充各衙門吏如文武子孫如中例。

又　卷五《黎紀五》　〔黎威穆帝端慶二年〕考試軍色民人書算於進武殿廷，應考者三萬余人，取中阮子棋等一千五百十九人。

又　〔黎太宗大寶六年八月〕罷裴時亨職，爲太史令如故。時亨妄奏是月十六卯時月食，詔百官詣承天門救，月不見食。監察御史同亨發劾其罪。【略】帝既命罷時亨門下右司郎中僉知西道職。

〔越〕阮朝國史館《大南實録正編・世祖實録》卷三二　嘉隆六年四月，諭曰：推測天度，在乎識之於豫；若象緯已形，而始知之，不幾曠厥司乎！先是每值日食月食，清人牒至，欽天監方以奏報，故戒之。

又　卷四〇　嘉隆九年四月，阮有慎自清還，以大清《曆象考成》書進言：我《萬全曆》與大清《時憲書》從前用明《大統》曆法，三百餘年未加改正，愈久愈差，清康熙年間參用西洋曆法，匯成是編，步測精詳，比之《大統》愈密，而三線八角之法又極其妙，請付欽天監令天文生攷求其法，則天度齊而節侯正矣。帝稱善。

又　卷四六　嘉隆十二年二月，陳震、阮皓自廣東還，獻瑪瑺書西洋曆，帝令阮文勝譯以進。

又　《大南實録・聖祖實録》卷一八　明命三年冬十一月，以翰林院檢討阮名砷爲欽天監監副，砷嘗陳曆法，請遵大清星曆造七政經緯曆，以考驗五星行度凌犯，詳録其實於史書，傳之來世。再考協紀辨方書舊式製造春牛，頒行天下，以明農侯早晚，且復古人出土牛送寒氣善法。

[越]阮朝國史館《大南會典事例》卷二六〇　欽天監

[明命]十一年諭欽天監等員：前者推算曆法乃能於月食復圓分秒，摘出清人差謬之處，頗屬可獎。

明・黎澂《南翁夢録》　詩諷忠諫　[交阯陳元旦]通曉曆法，嘗（看）[著]《百世通紀書》，上攷堯甲辰，下至宋元日月交蝕，星辰躔度，與古符合。

中西分部

紀事

[意]　艾儒略《大西利先生行跡》　越明年癸未，利子始同羅廣入端州，新制台郭公並太守王公甚喜款留，遂築室以居利子，間製地圖、渾儀、天地球、考時晷、報時具，以贈於當道。

又　[萬曆十七年己丑]其後司馬節齋劉公開府端州，知利子欲進內地，以廣宣其教，遂移文韶州府，命于南華寺居停。

明・沈德符《萬曆野獲編》卷三〇《外國・大西洋》　利瑪竇字西泰，以入貢至，因留不去。【略】入都時，在今上庚子年。

清・黄伯禄《正教奉褒》　神宗萬曆八年，教士利瑪竇來華，初至廣東肇慶府。【略】萬曆二十八年，瑪竇偕龐迪我等八人賫貢物詣燕京進獻。十二月二十四，具疏。

[意]　利瑪竇《幾何原本・序》　歲庚子，竇因貢獻僑邸燕臺。癸卯冬，則吳下徐太史先生來。太史既自精心，長於文筆，與旅人輩交游頗久，私計得與對譯，成書不難。於時以計偕至，及春薦南宮，選爲庶常，然方讀中秘書，時得晤言，多咨論天主大道，以修身昭事爲急，未遑此土苴之業也。客秋，乃詢西庠舉業，余以格物實義應。及譚幾何家之説，余爲述此書之精，且陳翻譯之難，及向來中輟狀。【略】先生就功，命余口傳，自以筆受焉，反覆展轉，求合本書之意。以中夏之文，重復訂政，凡三易稿。先生勤，余不敢承以怠。迄今春首，其最要者前六卷，獲卒業矣。

《明史・外國列傳七》　利瑪竇【略】二十九年入京師，中官馬堂以其方物進獻，自稱大西洋人。

《明實録・神宗實録》卷三五四　萬曆二十八年十二月甲戌　天津稅監馬堂奏：遠夷利瑪竇所貢方物，暨隨身行李，譯審已明，封記題知。上令方物解進，瑪竇伴送入京，仍下部譯審。

又　卷三五六　萬曆二十九年二月庚午　天津河御用監少監馬堂，解進大西洋利瑪竇進貢土物並行李。禮部《會典》止有西洋國及西洋瑣里國，而無大西洋，其真僞不可知。又寄住二十年方行進貢，則與遠方慕義，特來獻琛者不同。且其所貢天主、天主母圖，既屬不經，而隨身行李，有神仙骨等物。夫既稱神仙，自能飛昇，安得有骨。則唐韓愈所謂凶穢之餘，不宜令入宮禁者也。況此等方物未經臣部譯驗，徑行賫給，則該混之非，與臣等溺職之罪，俱有不容辭者。又既奉旨送部，乃不赴部譯，而私寓僧舍，臣等不知其何意也。但查各夷必有回賜，貢使必有宴賞。利瑪竇以久住之夷，自行貢獻，雖從無此例，而其跋涉之勞，芹曝之念，似宜加賞賚，以慰遠人。乞比照暹羅國存留廣東有進貢者賞例，仍量給所進行李價值，并照例給與利瑪竇冠帶，回還。勿令潛住兩京，與內監交往，以致別生枝節。不報。

明・王應麟《利子碑記》《增訂徐文定公集》卷首下　[利瑪竇]西泰同龐子迪我，號順陽者，僅數友輩，越黃河，抵臨清，督稅宮官馬堂，持其貢表恭獻闕廷。

明・李之藻《刻職方外紀序》　萬曆辛丑，利氏來賓，余從寮友數輩訪之。其壁間懸有大地全圖，畫線分度甚悉。利氏曰：此我西來路程也。

又李之藻《圜容較義序》　昔從利公研窮天體，因論圜容。拈出一義，次爲五界十八題，【略】譯旬日而成編，名曰《圜容較義》。殺青適竟，被命守澶，時戊申十一月也，柱史畢公梓之京邸。近友人汪孟樸氏因校《算指》，重付剞劂，以公同志。

明・徐光啓《幾何原本序》　[利瑪竇]與不佞游久，講譚餘晷，時時及之，因請其象數諸書，更以華文獨謂此書未譯，則他書俱不可得論，遂共翻其要約六卷。

又徐光啓《題幾何原本》　戊申春，利先生以校正本見寄，令南方有好事者重刻之，累年來竟無有校本留置家塾。

又徐光啓《勾股義》　勾股自相求，以至容方、容圓、各和各較相求者，舊《九章》中亦有之。第能言其法，不能言其義也。所立諸法，蕪陋不堪讀。門人孫初陽氏删爲正法十五條，稍簡明矣。余因各爲論撰其義。

明・孫元化《幾何用法・序》　予先師受《幾何》於利泰西，自丙午始也。【略】戊申纂輯《用法》，别爲一編，以便類考。【略】十餘年無有問者，稍示究心，則借鈔《用法》止矣。【略】庚申武水錢御(冰)[冷]先生忘年勢而下詢。當暑孜孜，似欲爲此書拂塵蠹者。而余因檢篋中，原草已烏有，聊復追而志之。然載於《幾何》者固在，若舊纂則多所推廣，竟不能盡意。尚冀異日者，幸遇友人鈔本藉以補之。

明・鄭洪猷《幾何要法序》　《幾何原本》之帙，譯自西國，裁自徐太史先生之手。【略】特初學望洋而嘆，不無驚其繁。余因晤西先生，得受《幾何要法》。【略】崇禎辛未仲春陸安鄭洪猷書。

[意] 利类思《不得已辯》　「藉曆法行教」辯　先是明季壬戌年，開局改曆法。閱十年，而湯若望自陝西西安府天主堂行教，以崇禎四年辛未欽取進京。

[意] 艾儒略《大西利先生行跡》　京兆玉沙王公立石爲文記之，有内官言于相國葉公文忠曰：諸遠方來賓者從古皆無賜葬，何獨厚於利子。文忠公曰：子見從古來賓，其道德學問有一如利子者乎。毋論其他事，即譯《幾何原本》一書，便宜賜葬地矣。

明・徐爾默《跋幾何原本三校本》《徐氏宗譜》　昔萬曆丁未，泰西利氏口譯而授之先文定公，先文定筆受而述之簡册，正其訛舛，删其複蔓，而付之剞劂氏。越五年辛亥，再校而復刻之。今此本中仍多點竄，又辛亥以後之手筆也。捧讀之餘，儼然對越。因念吾輩讀書，如拂塵几，愈拂愈淨，不厭其煩也。譯本曾轉寄西土，彼中學人，謂經先公訂正之後，較之原本翻覺屈志發疑，心計成數。以此知公之於數學，出自性成，特藉西文以發皇耳。

明・王徵《遠西奇器圖説録最・序》　丙寅冬，余補銓如都，會龍精華、鄧函璞、湯道未三先生以候旨修曆，寓舊邸中，余得朝夕晤請，教益甚歡也。暇日，因述《外紀》所載，質之三先生，笑而唯唯，且曰：諸器甚多，悉著圖説，見在可覽也，奚敢妄。余亟索觀，簡帙不一，第專屬奇器之圖之説者，不下千百餘種。【略】乃其説則屬西文西字，雖余嚮在里中，得金四表先生爲余指授西文字母、字父二十五號，刻有《西儒耳目資》一書，亦略知其音響乎。顧全文全義，則茫然其莫測也。於是亟請譯以中字，鄧先生則曰：譯是不難，第此道雖屬力藝之小技，就必先考度數之學而後可。蓋凡器用之微，須先有度有數，因度而生測量，因數而生計算，因測量計算而有比例，因比例而後可以窮物之理，理得而後法可立也。不曉測量計算則必不得比例，不得比例則此器圖説必不能通曉。測量另有專書，算指具在《同文》，比例亦大都見《幾何原本》中。先生爲余指陳，余習之數日，頗亦曉其梗概，於是取《諸器圖説》全帙，分類而口授焉。余輒信筆疾書，不次不文，總期簡明易曉，以便人人覽閲。

又　《奇器圖説》乃遠西諸儒攜來彼中圖書，此其七千餘部中之一支。就一支中，此特其千百之什一耳。

[清] 四庫館臣《曆體略提要》《四庫全書總目提要》卷一〇六　《曆體略》三卷明王英明撰。英明字子晦，開州人，萬曆丙午舉人，是編成於萬曆壬子。上卷六篇，曰天體地形，曰二曜，曰五緯，曰辰次，曰刻漏極度，曰雜説。中卷三篇，曰極宫，曰象位，曰天漢。下卷則續見歐邏巴書，撮其體要，曰天體地度，曰度里之差，曰緯曜，曰經宿，曰黄道宫界，曰赤道緯躔，曰氣候刻漏，凡七篇。又附論日月交食一篇。然其上中二卷所講中法，亦皆與西法相吻合。蓋是時徐光啓《新

法算書』尚未出，而利瑪竇先至中國，業有傳其説者，故英明陰用之耳。」

《明史・曆志一》 ［崇禎］三年，玉函卒，又徵西洋人湯若望、羅雅谷譯書演算。

又 ［崇禎］九年正月十五日辛酉，曉望月食，天經及大統、回回、東局，各頂推虧圓食甚分秒時刻。【略】其日，天經與羅雅谷、湯若望、大理評事王應遴、禮臣李焻，及監局守登、文魁等赴臺測驗，惟天經所推獨合。

又 ［崇禎］十六年三月乙丑朔日食，測又獨驗。八月，詔西法果密，即改爲《大統曆法》，通行天下，未幾國變，竟未施行。

又《徐從治列傳》 ［孫］元化，字初陽，嘉定人。天啓間舉於鄉。所善西洋礮法，蓋得之徐光啓云。

又《外國列傳七》 ［萬曆三十九年］五官正周子愚言：「大西洋歸化人龐迪我、熊三拔等深明曆法。其所攜曆書，有中國載籍所未及者，當令譯上，以資採擇。

又 自瑪竇入中國後，其徒來益衆。【略】禮部郎中徐如珂惡之。【略】［崇禎］四十四年，與侍郎沈潅，給事中晏文輝等合疏斥其邪説惑衆，且疑其爲佛郎機假託，乞急行驅逐。【略】至十二月，令豐肅及迪我等俱遣赴廣東，聽還本國。命下久之，遷延不行，所司亦不爲督發。四十六年四月，迪我等奏：「【略】近南北參劾，議行屏斥。【略】乞並南都諸處陪臣，一體寬假。」不報，乃怏怏而去。豐肅尋變姓名，復入南京，行教如故，朝士莫能察也。

清・张汝霖《澳門記略》卷下《澳蕃篇》 崇禎二年五月己酉 朔日食，禮部侍郎徐光啓依西法預推分數，與大統、回回所推互異。已而光啓法驗，餘皆疎。禮部侍郎翁正春因請倣洪武初設回回曆科之例，令迪我等同測驗，從之。開局於首善書院，以光啓督之，光啓因舉李之藻，西洋人龍華民、鄧玉函。玉函卒，又徵西洋人湯若望、羅雅谷譯書演算。六年十月，光啟病，以山東參政李天經代之。

清・蔣良騏《東華録・順治二》 順治元年六月壬午 修正曆法西洋人湯若望啓言：臣於明崇禎二年來京，曾用西洋新法釐正舊曆。製有測量日月星晷、定時考驗諸器，盡進内廷，用以推測，屢屢密合，近聞諸器盡遭賊毀，臣擬另製進呈。

又《順治三》 順治元年八月丙辰 朔，日有食之。是日，令大學士馮銓同湯若望攜窺遠鏡等儀器，率局監官生，齊赴觀象臺測驗。【略】惟西洋新法，一一吻合，大統、回回兩法，俱差時刻云。

又 順治元年十一月己酉 欽天監印信著湯若望掌管，所屬該監官員，嗣後一切進曆占候選擇等項，悉聽掌印官舉行。

清・印光任 張汝霖《澳門記略》卷下《澳蕃篇》 順治元年，命用西洋曆法。澳中精于推算者，時時檄取入監。

又 順治元年，以西洋新法推算精密，詔用之，二年書成。【略】康熙三年，復用舊法，已因舊法不密，用回回法。七年，命大臣傳集西洋人與監官質辨，測驗正午日影。明年，遣大臣赴觀象臺測驗，遂令西洋人治曆。初書面載「欽天監依西洋新法」字，及是去之。

清・薛鳳祚《三角算法敘》 笲學有勾股三率，于數無所不統，天文家又有三邊三角諸法。【略】［順治］癸巳秋月與穆先生作此于白下，而爲之記。

又薛鳳祚《比例對數表敘》 奈三角勾股，病撿取不易，穆先生出而改爲對數。【略】此實为穆先生改曆立法第一功。予执筆以受，时而重譯，于戊辰曆元後二十五稔，歲在壽星。

清・李清植《文貞公年譜》卷下 康熙四十二年癸未 公蒙賜《幾何原本》《算法原本》二書，雖經指授大意，未能盡通。

《清實録・聖祖實録》卷二四五 康熙五十年二月戊辰 算法之理，皆出自《易經》。即西洋算法亦善，原係中國算法，彼稱爲阿爾朱巴爾。阿爾朱巴爾者，傳自東方之謂也。

又 卷二五五 康熙五十二年六月丁丑 諭和碩誠親王允祉：《律呂》《算法》諸書，應行修輯。【略】爾率領庶吉士何國宗等於行宫内立館修輯。

又 卷二六一 康熙五十三年十一月乙卯 允祉等以《御製律呂正義》進呈，得旨：《律呂》《曆法》《算法》三書，著共爲一部，名曰《律曆淵源》。

《清實録・高宗實録》卷一五四 乾隆元年十一月丙寅 ［康熙］六十一年六月内，《數理精蘊》《曆象考成》皆告成。【略】雍正元年九月内，校刻全竣。

《清會典則例》卷二二 欽天監

［康熙］八年，定漢監正用西洋人，名曰監修。【略】雍正三年，以西洋實授監正，去監修名。六年，增設西洋監副一人。

清·黃伯禄《正教奉褒》 雍正三年三月二十日,上諭:戴進賢治理曆法,著補授監正,加禮部侍郎銜。

《清實録·世宗實録》卷三四 雍正三年七月乙卯 命内閣學士何國宗等閱視河道,諭曰:【略】爾等將儀器輿圖一併帶去。再有算法館行走,明白測量人員,著何國宗指名舉奏二人帶去,詳加測量。

《清會典則例》卷一五八 欽天監

雍正三年,聖祖仁皇帝御製《律曆淵源》百卷刊刻告成,内《曆象考成》四十二卷、《律呂正義》五卷、《數理精藴》五十三卷。【略】又奏准《御製律曆淵源》及《考成後編》書板,均交監收貯,願刷印者聽,並頒賜各省聽其翻刻,以廣流傳。

又 [雍正]十三年十月,恭進乾隆元年時憲書式,奉准,書前面改爲「欽天監欽遵《御製數理精藴》印造時憲書頒行天下」。

清·年希堯《視學·序》 視學之造詣無盡也,予曷敢言得其精藴哉?雖然,予究心於此者三十年矣。【略】近得數與郎先生諱石甯者往復再四,研究其源流。【略】予復苦思力索補繪五十餘圖,並爲圖説,以附益之。

清·四庫館臣《曆象考成後編提要》《四庫全書總目提要》卷一〇六 《御定曆象考成後编》十卷,《新法算書》推步法數,皆仍西史第谷之舊。其圖表之參差,解説之隱晦者,聖祖仁皇帝《曆象考成》上下二編研精闡微,窮究理數,固已極一時推步之精,示萬世修明之法矣。第測驗漸久而漸精,算術亦愈變而愈巧。自康熙中西洋噶西尼、法蘭德等出,又新製墜子表以定時,千里鏡以測遠,以發第谷未盡之義。【略】第谷舊法經緯俱有微差,雍正六年六月朔,日食。以新法較之,纖微密合。是以世宗憲皇帝特允監臣戴進賢之請,命修日躔、月離二表,續於《曆象考成》之後。然有表無説,亦無推算之法。吏部尚書顧琮恐久而失傳,奏請增修表解圖説,仰請睿裁,垂諸永久。凡新法與舊不同之處,始抉剔底藴,闡發無餘,而其理仍與聖祖仁皇帝御製上下二編若合符節。益足見聖聖相承,先後同揆矣。

《清會典則例》卷一五八 欽天監

[乾隆]十九年,御製《儀説》二卷,《新測恒星經緯度表》三十二卷,名《御製儀象考成》。

清·黃伯禄《正教奉褒》 [乾隆三十六年]高慎思補欽天監監副。

[乾隆四十年]安國寧補欽天監監副,旋任監正。

[乾隆四十六年]索德超補欽天監監副。【略】[乾隆五十八年]晉升欽天監監正。

[乾隆五十年]湯士選奉旨進京,初任欽天監監副,旋升監正,兼管國子監算學館。

[嘉慶十年]李拱辰奉旨補授欽天監監副【略】[道光三年]奉旨补授钦天监監正,兼管算學館。

[嘉慶十三年]六月,福文高奉旨補授欽天監監正,兼理算學館事務。

[道光二年]畢學源蒙宣宗成皇帝特授欽天監監副。

[道光六年]高守謙奉旨授欽天監監正,十七年因疾告假回西,自後钦天監内,无西士任事者。

數學譯著評介部

算術分部

《同文算指》

題解

清・四庫館臣《同文算指提要》《四庫全書總目》卷一〇七　《同文算指前編》二卷、《通編》八卷　明李之藻演西人利瑪竇所譯之書也。《前編》上下二卷，言筆算定位、加減乘除之式及約分通分之法。《通編》八卷，以西術論九章。卷一曰三率準測，即古異乘同除；曰變測，即古同乘異除；曰重測，即古同乘同除。卷二卷三曰合(類)[數]差分，曰和較三率，曰(洪)[借]衰互徵，即古差分，又謂之衰分。卷四曰疊借互徵，即古盈朒。卷五曰雜和較乘，即古方程。卷六曰測量三率，即古句股；曰開平方，曰奇零開平方，即古少廣。卷七曰積較和開平方，卷八曰帶縱諸變開平方，曰開立方，曰廣諸乘方，曰奇零諸乘方，亦皆即古少廣。按：九章乃《周禮》之遺法，其用各殊，爲後世言數者所不能易。西法惟開方即古少廣。句股，各有專術，餘皆以三率御之。若方田、粟布、差分、商功、均輸五章，本可以三率御之。至於盈朒以御雜隱互見，方程以御錯糅正負，則三率不可御矣。蓋中法西法，固各有所長，莫能相掩也。是書欲以西法易九章，故較量長短，俱有增補。其論三率比例，視中土所傳方田、粟布、差分諸術，實爲詳悉。至盈朒、方程二術，則皆仍舊法。少廣略而未備，且法與數多出入之處。梅文鼎《方程餘論》曰：「《幾何原本》言句股三角備矣，《同文算指》於盈朒、方程，取古人之法以傳之，非利氏之所傳也。」又曰：「諸書之謬誤，皆沿之而不能察，其必非知之而不用，能言之而不悉，亦可見矣。」誠確論也。然中土算書，自元以來散失尤甚，未有能起而蒐輯之者。利氏獨不憚其煩，積日累月，取諸法而合訂是編，亦可以爲算家考古之資矣。

清・丁福保《算學書目提要》卷下　中西算總類三

《同文算指前編》二卷、《通編》八卷。【略】案：是書前編言筆算定位、加、減、乘、除、分法，通編以西術論九章，在當時筆算初行，頗爲新奇，今則已覺太舊。惟利氏於萬曆十年，不遠九萬里航海東來，是爲西算始入中土之一大關鍵。

[意] 利瑪竇譯　明李之藻演《同文算指前編》目録

卷上

定位第一　加法第二　減法第三　乘法第四　除法第五

卷下

奇零約法第六　奇零併母子法第七　奇零絫析約法第八

化法第九　奇零加法第十　奇零減法第十一

奇零乘法第十二　奇零除法第十三　重零除盡法第十四

通問第十五

又《同文算指通編》目録

卷之一

三率準測法第一補八條

變測法第二補五條

重準測法第三補十四條

卷之二

合數差分法第四上補二十六條

卷之三

合數差分法第四下補十五條

和較三率法第五補三條

借衰互徵法第六補三條

卷之四

疊借互徵法第七補三條　又補盈朒十條、疊數盈朒八條

卷之五

雜和較乘法第八俱補

遞加法第九補例十二條

倍加法第十

卷之六

測量三率法第十一補句股略十五條　綜論

開平方法第十二

開平奇零法第十三

卷之七

積較和相求開平方諸法第十四俱補　凡七則

卷之八

帶縱諸變開平方法第十五俱補　凡十一則

開立方法第十六

廣諸乘方法第十七一乘至七乘　尋原

奇零諸乘第十八

綜論

明·李之藻《同文算指·序》　古者教士三物，而藝居一，六藝而數居一。數于藝，猶土于五行，無處不寓。耳目所接，已然之迹，非數莫紀；聞見所不及，六合而外，千萬世而前而後，必然之驗，非數莫推。已然、必然，總歸自然。乘除損益，神智莫增，矞詭莫掩，顓蒙莫可誑也。惟是巧心濬發，則悟出人先；功力研熟，則習亦生巧。其道使人心心歸實，虛憍之氣潛消；亦使人躍躍含靈，通變之才漸啓。小則米鹽淩雜，大至畫野經天。神禹賴矩測平成，公旦從《周髀》窺驗。誰謂九九小數，致遠恐泥？嘗試爲之，當亦賢于博奕矣。乃自古學既邈，實用莫窺，安定蘇湖，猶存告餼。其在於今，士占一經，恥握縱衡之蒜；才高七步，不嫺律度之宗。無論河渠歷象，顯忒其方；尋思吏治民生，陰受其敝。吁！可慨已。往游金臺，遇西儒利瑪竇先生，精言天道，旁及算指。其術不假操觚，第資毛穎。喜其便于日用，退食譯之，久而成帙。加減乘除，總亦不殊中土。至於奇零分合，特自玄暢，多昔賢未發之旨。盈縮句股，開方測圜，舊法最囏，新譯彌捷。夫西方遠人，安所窺龍馬龜疇之秘、隸首商高之業，而十九符其用，書數共其宗。精之入委微，高之出意表。良亦心同理同，天地自然之數同歟？昔婆羅門有《九執曆》，寫字爲算，開元擯謂繁瑣，遂致失傳，視此異同，今亦無從叅考。若乃聖明在宥，遐方文獻何嫌並蓄兼收，以昭九譯同文之盛。矧其裨實學、前民用如斯者。用以鼓吹休明，光闡地應，此夫獻琛輯瑞，儻亦前此希有者乎？僕性無他嗜，自揆寡昧，游心此道，庶補幼學灑掃應對之闕爾。復感存亡之永隔，幸心期之尚存。薈輯所聞，釐爲三種。《前編》舉要，則思已過半。《通編》稍演其例，以通俚俗，間取《九章》補綴，而卒不出原書之範圍。《別編》則測圜諸術存之，以俟同志。今廟堂議興曆學，通算與明經並進，傳之其人，儻不與《九執》同湮。至于緣數尋理，載在《幾何》，本本元元，具存《實義》諸書。如第謂藝數云爾，則非利公九萬里來苦心也。萬曆癸丑日在天駟仁和李之藻振之書於龍泓精舍。

明·徐光啓《刻同文算指序》　數之原，其與生人俱來乎？始於一，終於十。十指象之，屈而計諸，不可勝用也。五方萬國，風習千變，至于算學，無弗同者；十指之賅存，無弗同耳。我中夏自黃帝命隸首作算，以佐容成，至周大備，周公用之，列於學官以取士，賔興賢能而官使之。孔門弟子身通六藝者，謂之升堂入室。使數學可廢，則周孔之教踳矣。而或謂載籍燔於嬴氏，三代之學多不傳，則馬、鄭諸儒先相授何物？唐六典所列十經，博士弟子五年而學成者，又何書也？由是言之，算數之學特廢於近世數百年間爾。廢之緣有二：其一爲名理之儒土苴天下之實事，其一爲妖妄之術謬言數有神理，能知來藏往，靡所不效，卒於神者無一效，而實者亡一存。往昔聖人所以制世利用之大法，曾不能得之士大夫間，而術業政事盡遜於古初遠矣。余友李水部振之卓犖通人，生平相與慨歎此事，行求當世算術之書，大都古初之文，十一近代俗傳之言，十八其儒先所述作，而不倍于古初者亦復十一而已。俗傳者，余嘗戲目爲閉關之術，多謬妄弗論。即所謂古初之文與其弗倍於古初者，亦僅僅具有其法，而不能言其立法之意。益復遠想唐學十經，必有原始通極微渺之義，若止如今世所傳，則浹月可盡，何事乃須五年也？既又相與從西國利先生游，論道之隙，時時及於理數。其言道言理，既皆返本蹠實，絕去一切虛玄幻妄之説。而象數之學亦皆遡源承流，根附葉著，上窮九天，旁該萬事，在於西國膠庠之中，亦數年而學成者也。吾輩既不及覩唐之十經，觀利公與同事諸先生所言曆法諸事，即其數學精妙，比于漢唐之世，十百倍之。因而造席請益。惜余與振之出入相左，振之兩度居燕，譯得其算術如干卷。既脱稿，余始間請而共讀之、共講之。大率與舊術同者，舊所弗及也；與舊術異者，則舊所未之有也。旋取舊術而共讀之、共講之，大率與西術合者，靡弗與理合也；與西術謬者，靡弗與理謬也。振之因取舊術斟酌去取，用所譯西術駢附梓之，題曰《同文算指》。斯可謂網羅藝業之美，開廓著述之途。雖失《十經》，如棄敝屩矣。算術者，工人之斧斤尋尺，曆律兩家旁及萬事者，其所造宫室器用也，此事不能了徹，諸事未可易論。頃者，交食議起，天官家精識者，欲依洪武故事，從西國諸先生備譯所傳曆法，仍用京朝官屬筆如吴太史，而宗伯以振之請。余不敏，備員焉。值余有狗馬之疾，請急還南，而振之方服除赴闕。儻一日者復如庚戌之事，便當竣此大業，以啓方來，則是書其斧斤尋尺哉？若乃山林畎畝，有小人之事，余亦得挾此往也，握算言縱横矣。萬曆甲寅春月友弟吴淞徐光啓撰。

明・楊廷筠《同文算指通編序》 自龜馬呈祥，圖書闡秘，羲、軒聖人則而象之，而容成、隸首推演其法，數學於是焉肇。世所傳上、中、下三等法，即未必盡出黄帝，要之自然相生，開天立教，非聖人不能作也。然古者列于六藝，上有教下有習，孔門七十二賢兼通其事，而學者猶云：「藝成而下，何至如今不通一事，舉數學且失傳哉？」蓋自秦火爲虐，古先象數圖書煨燼殆盡。竊意裨海之外，垓埏之遠，必有秦炬所不及，異書異術，可以同文互證。而數年來，乃得西國數學種種成書，皆生平未見，一大奇也。往予晤西泰利公京邸，與譚名理累日，頗稱金蘭。獨至幾何圜弦諸論，便不能解，公歎曰：「自吾抵上國，所見聰明了達，惟李振之、徐子先二先生耳。」未幾，余有事巡方，卒卒未再叩，而公已即世。求之方册，徐太史爲譯《幾何》，李水部爲推《算指》，而余乃獲因利公未泯之緒，以尋古數學于不墜。或曰世術乘除非數歟？曰此窶藪也。用之離合變化，而其法窮；積渺忽遞至正載，而又窮；因顯測微，因可見測不可見，而又窮。假令數術止是三尺之子頃刻可以擅能，何以通之聖門，遂稱賢哲？而昔人攻治其業，至五年而始成哉，此其指可識矣。夫天地名物，無非此數。律度量衡，準繩規矩，數所紀也，故曰極其數，遂定天下之象。然數有體有用，恢之乎不可窮，約之于無何有，皆體也。參伍錯綜，萬變莫測，則其用也。《算指》所言，大抵皆用之法。標準于損益乘除，極變于開方句股。援新而傳諸舊，合異而歸諸同。棼緒難領，則立多端以析之；義意難明，復設假例以通之。而數之蘊於是始顯，變始盡，其用心良已勤，牖世良亦切矣。《易》曰：「制而用之，謂之法。」又曰：「利用出入，民咸用之，謂之神。」法而不適於用，與用而不利於用，皆不足以盡神。是編所傳，匪籌匪觚，惟馮三寸不聿，盡乎天地名物，律度量衡、準繩規矩，離合變化，因所見測所不見之用，而無或差忒，此所謂神也。振之夙稟靈心，兼容武庫，而復孜孜問學。意有所向，輒屏營一氣，極慮研精，以求至當。是故獨至之解，每不可及，用志不分之效也。茲服闋入長安，屬禮官，上書訪海内專門之業，儻造膝而求所謂同文之指，幸出之枕中，公諸史館，異日爲蘭臺石室之藏，彰我國朝同文之盛，即謂十經、《九執》雖亡不亡，可也。謹敘簡端，并質之太史公。

著録

清・張廷玉等《明史・藝文志一》 小學類

（李璝）[李之藻]《同文算指通編》(二)[八]卷、《前編》二卷。

清・張之洞《書目答問・子部》 天文算法

《天學初函・器編》三十卷。明徐光啓等。明刻本，十種，目列後。**【略】**《同文算指前編》二卷，《通編》八卷。明李之藻譯。又海山仙館本。明本有《别編》一卷。

清・梁啓超《西學書目表》附卷 《同文算指前編》二卷、《通編》八卷、《别編》一卷。《天學初函》本；《海山仙館》本。《四庫》著録。

清・劉鐸《古今算學書録》 象數第三

《同文算指前編》二卷。**【略】**《同文算指别編》一卷。**【略】**《同文算指通編》八卷。

清・徐維則《東西學書録》附《東西人舊譯著書》 《同文算指前編》二卷、《通編》八卷、《别編》一卷。

《數學啓蒙》

題解

清・徐維則《東西學書録》卷下 算學第十二

《數學啓蒙》二卷。上海排印本二册；湖南刻本；上海縮印本改名《西算入門》。英偉烈亞力著。專明筆算，分加減乘除、分法、比例、方法、對數各門。每法但列一題，蓋《數理精藴》之節本。其開方一門之廉法表，最便初學，但語太簡潔，初學易忽略讀過，轉不求解。

清・丁福保《算學書目提要》卷中 《數學啓蒙》二卷。英國偉烈亞力撰。案：是書爲《數理精藴》之節本，每法衹列一題，最爲簡要，誠初學之善本。其對數一門，較《精藴》爲易讀。第二卷有開諸乘方捷法，爲《數理精藴》所無。此法刱自何而捺，在西士爲新術，即中土天元開方。故偉烈氏曰：「上下數千年，東西數萬里，心同，此理同也。」

清・謝興堯《數學啓蒙提要》《續修四庫全書總目提要（稿本）》三十一册 《數學啓蒙》二卷。咸豐三年刊本。英國偉烈亞力撰。【略】此書乃其初作。前有自序。直用中文，不事譯述。以西人而能此，洵難能也。氏於中國古算源流，研究極深，如《九章》《四元》及《數理精藴》，無不融會貫通。此書内容，即多取《數理精藴》者。卷一由加、減、乘、除，至通分、小數；卷二由比例、開方，至造對數表，由淺入深，各法俱備，分節立術，設題布算，雖仍用中法，而體例已與今之算術課本大致相同。按：偉烈亞力雖係英人，素習西法，而此書所舉義例，無異爲《御製數理精藴》之節本。惟每法衹列一題，最爲簡要，實初學者之善本。其卷末對數一門，較《精藴》尤易讀。又此書各法，最可注意者，如第二卷之開諸乘方捷法，爲《數理精藴》所無。此法創自郝爾賴，在西士爲新術，蓋即中法之天元開方，彼此前後暗符。故氏謂上下五千年，東西數萬里，而發明不殊，可謂此心同，此理亦同也。亦足見中法天元、四元之精邃。又稱天元較借根方更爲精密，然自西書漸次輸入，習中算者日鮮，天元之學亦就湮没，滋可惜也。

［英］偉烈亞力《算學啟蒙》目録

綜論

［英］偉烈亞力《數學啓蒙・序》 天下萬國之大，無論中外，有書契即有算數。古者西邦算學，希臘最盛。周之時閉他臥剌、歐几里得、亞奇默德，漢之時多禄某、丢番都之數人者，皆傳希臘之學，然猶未明以十而進定位之理也。此方算術，至唐中衰。獨印度自古在昔，已審乎十進之理，無乎不該。自時厥後，阿喇伯諸國盛行其術。蓋阿喇伯得於印度，而歐羅巴人復得之阿喇伯者也。此術既明，比例開方諸法，益爲精密。明萬曆間，英士訥白爾始造對數。今歐士諸國，皆以筆算用之，算數諸法於是乎大備。中國算學，肇自黄帝。嬴政焚書，《周髀》《九章》尚在人間，後人靡不祖述此書。若夫求一之術，出於《孫子算經》，南宋末，秦道古因之以成《大衍策》。元初，李冶、朱世傑兩君以立天元一術，大暢厥旨，薈萃各家，窮極奧渺。自元迄明，此學幾絶，而盤珠小術盛行於世。至萬曆時，西士利瑪竇等至京師，釐定歷曆，絶學因之復明。利公授西學

於李之藻，所箸有《同文算指》，第西法與中法同原。清初，康熙《御製數理精蘊》，此書於中西諸法，皆有次第。西法中有名借根方者，宣城梅氏謂與元人天元術同法，而天元更爲精密，於是諸家遂修立天元一，而不習借根方矣。夫古今中西算術，義類甚深，儒者視爲疇人家言，不能使閭閻小民習用易曉。竊謂上帝降衷，實有恒性，知識聰明，人人同具。彼數爲六藝之一，何以至今不能人人同習耶？余自西土遠來中國，以傳耶穌之道爲本，餘則兼習藝能。爰述一書，曰《數學啓蒙》，凡二卷，舉以授塾中學徒，由淺及深，則其知之也易。譬諸小兒，始而匍匐，繼而扶牆，後乃能疾走。茲書之成，姑教之匍匐耳，扶牆徐行耳。若能疾走，則有代數、微分諸書在，余將續梓之。俾覽其全者，知中西二法，雖疏密詳簡之不同，要之名異而實同，術異而理同也。癸丑季冬英國偉烈亞力自序。

清·金咸福《數學啓蒙跋》《數學啓蒙》卷尾　中國算數之學，《九章》而後，作者滋多，大抵古人以籌算，所謂「持籌握算」是也。今則國家度支、農商貿易，皆以珠算，其理未嘗不通。顧天下之數無窮，而算愈無窮，欲窮其數，則珠算不能以盡。自泰西人入中國，而筆算之法以行，於是恒河沙、阿僧祇之數皆得而定矣。大英國偉烈先生，于道光丁未年，越八萬里航海而來，寓滬城北關外，日與華人相討論。以中國文字纂輯一書，名曰《數學啓蒙》，乃詳筆算之術也。自加減乘除起，至開諸乘方對數而止，凡二卷。九數横列，以加減乘除爲法，而其用不同。取其和同之數則用加，取其相較之數則用減，應聚而取其積則用乘，應散而取其分則用除。或先加後減，或先減後加，或先乘後除，或先除後乘，或加減乘除互用，雖千變萬化，總之不出乎加減乘除之法。神而明之，存乎其人耳。中國仁廟《御制數理精蘊》内載筆算之法，今先生作此書，多本其意而發明之。授之吾徒，童而習之，俾由淺入深，雖愚必明。得其門以窺算學之堂奥，將易簡而得天地之數者，其是書之謂歟？咸福從學於先生有年矣，於此道尚未有得。承先生命，僅述其緣由如此。癸丑仲冬月上澣受業門人金咸福。

清·諸可寶《疇人傳三編》卷七　偉烈亞力

偉烈亞力，英吉利國人。道光二十七年，越八萬里航海而來，寓居上海北門外租界，開墨海書館。日與華人相討論，熟習中國語言文字，精於算學。初譔《數學啓蒙》二卷，專詳筆算。起加減乘除諸分比例，至開諸乘方對數而止，坿《十進對數表》於末。咸豐三年刊行。【略】論曰：偉烈氏精通中國語言文字，又好博覽典章，能見其大，學識亦足以副之，故所譔譯，序次厓略，皆有可觀焉。於《啓蒙》第二卷列開諸乘方又捷法，蓋即我秦道古書實方廉隅、商步益翻之舊。其自記曰：「無論若干乘方，且無論帶縱不帶縱，俱以一法通之，故曰捷法。此法在中土爲古法，在西士爲新法。上下數千年，東西數萬里，所造之法，若合符節，信乎此心同此理同也。」所言如是，是非中西一揆之明徵乎？彼嘵嘵於新舊優劣者，曷與讀偉烈氏之書。

清·孫維新《泰西格致之學與近刻繙譯諸書詳略得失何者爲最要論》清王韜《格致課藝彙編》卷四　《數（家）［學］啓蒙》，印於咸豐三年，其書淺而易明。共分兩卷，由加減乘除、命分、小數，以至比例、開方、對數，各有術有法，設題演算，洵西學之門徑，西算之津梁也。

清·王仁俊《格致古微·略例》　格致之學，中發其端，西竟其緒。偉烈之《數學啓蒙》、合信之《全體新論》，類能引吾中書，敷暢厥指，夷而中國，則中國之兼羅外籍，比物此志也。

著録

清·張之洞《書目答問》卷三《子部》　天文算法第七

《數學啓蒙》一卷。西洋人偉烈亞力。上海活字版本。

清·梁啓超《西學書目表》卷上　《數學啓蒙》。偉烈亞力。上海排印本。二本，六角。《數理精蘊》之節本，極便初學。

清·劉鐸《古今算學書録》　象數第三

《數學啓蒙》二卷。英偉烈亞力。上海鉛板活字本；上海縮印袖珍本，改名《西算入門》。

清·劉錦藻《清朝續文獻通考》卷二七四　經籍十八

《數學啓蒙》二卷，偉烈亞力撰。

《心算啓蒙》

題解

清・徐維則《東西學書録》卷下　算學第十二

《心算啓蒙》一卷。美華書館排印本，一册。［美］那夏禮著。演數必先記數，故西人習算以心算始。此書釋題習問由淺及深，依次誦習，步步入勝。前數章雖一覽無餘，入後愈引愈深，即已通數學者亦須耐想，方得發人心智，蒙學中善本也。

綜論

［美］那夏禮《心算啓蒙・序》　蓋數學一道法無窮，而有定學，是學者必由淺而入深焉。是書原爲初學而設也，以故不嫌淺陋，務使學者不畏難、不心怠，循序漸進，駕輕就熟，將見無所往而不得焉。兹僅譯以加減乘除，以至奇零之數而止，其中算法或分或合，或順或逆，無非使學者心思焕發，面面皆通，將擴此而至精微，亦先得此而爲初步，予有厚望焉。

清・孫維新《泰西格致之學與近刻繙譯諸書詳略得失何者爲最要論》《格致課藝彙編》卷四　蘭醫生之《西學啓蒙》，那夏禮譯之《心算啓蒙》，哈邦氏輯之《心算（初）［數］學》，皆淺見小書，只爲便蒙之用，無甚深意。

清・叶瀚《初學讀書要略・初學宜讀諸書要略》　演數必須記數，記數須練心力，故西人習算以心始。童幼初教算法，須教以心算，宜購閱《心算啓蒙》。

著録

清・梁啓超《西學書目表》卷上　《心算啓蒙》。奴愛士。一本，一角。太淺不必讀。

清・劉鐸《古今算學書録》　象數第三

《心算啓蒙》一册。美那夏禮，美華書館活字本。

《西算啓蒙》

著録

清・梁啓超《西學書目表》卷上　《西算啓蒙》。一本，一角。太淺，不必讀。

清・徐維則《東西學書録》卷下　算學第十二

《西算啓蒙》一册。不著撰人名氏。

《算學奇題》

題解

清・徐維則《東西學書録》卷下　算學第十二

《算學奇題》《算學奇論》無卷數。《格致彙編》本。英傅蘭雅輯。此皆當時中外人所問答或見諸報章者採輯成，書中有奇特之算法，爲尋常思索不到者，不可不閲也。

綜論

清・李鏐《與英國傅蘭雅書》《奇題削筆》卷首　貴館設有器具，殆中夏士夫聞所未聞者歟？編有《算學奇題》一門，凡十九題，遠徵明算家推求法數，蓋以會通中西之絶藝。展閲之下，不禁眉舞。凡在燈窗風雨之時，以及行李舟輿之次，精校衍草於拙稿，增《削筆》一卷，誠快事也。按第二題，駁者謂無此三角形，説者謂平弧三角形，信乎。然題無徑數，又無角度，如草校之，則仍無法平弧三角形也。不若以面爲面冪，展之即爲有法之形，而且有有理之法。按第七題，爲最深之算學，仍命球徑爲八寸，校得鑽徑爲四寸八分六釐強，比原答爲大一倍。按第十六題，原積二百八十尺，原答誤爲一百八十尺，臺高爲九尺一三有奇不盡，殊失命題雅意，責在校刊。第六卷者之欠精核也，校得臺高爲十尺，上下長闊俱系整數。餘不縷述，謹録三題細草附呈。

又李鏐《奇題削筆》卷首　《格致彙編》六卷，丙子春夏間自上海格致書院出。每卷有算學奇題一門，六卷凡十九題。係英國傅蘭雅設問，遠徵明算家推求法數。蓋陽以試中西絶藝，實陰以試英雄之彀也。

清・崔朝慶《算理紬奇・序》　此書乃因《格致彙編》之算學奇題而作也。《彙編》之算題有奇者，有無奇者，輯《彙編》者奇之，斯爲奇題矣。聘耆與余之輯是編，闡奇題之奇也。臨海李君琅卿亦奇奇題者，著有《奇題削筆》一種。其時《彙編》初出六卷，奇題僅十九耳，今《彙編》輯有七帙，奇題之數數倍于此。而聘耆與余之奇奇題，則與李君之奇奇題異，彼備收而斧之，茲擇尤而繹之。《彙編》之奇題不足，乃雜取古今中外算書以益之，相與討論，數月之功，以成此書。

著録

清・劉鐸《古今算學書録》　象數第三

《算學奇題》。傅蘭雅。《格致彙編》本。

《筆算數學》

題解

清・徐維則《東西學書録》卷下　算學第十二

《筆算數學》四卷。益智書會本，三册。[美]狄考文著，鄒立文譯。以官話發明算術，甚便初學。論理論法，無不詳盡。全書約二千八百餘題，日演十餘題，足爲一年程課。中年學算或不能全演習問，可習至第十章後，再習十八、十九兩章，即接學代數可也。

清・丁福保《算學書目提要》卷中　西算類二

《筆算數學》三卷。美國狄考文輯，蓬萊鄒立文述。案：是書條理極是，算題最多。學者從此入手，其演數必熟，故各處學堂每以此本爲啓蒙之初級。惟是書例用官話，而譯語中時雜山東土音，文筆亦多繁拙處。

第十二章利息，學者依題推算，其小數每多不合，此係演草時截位或有不同，故與答數小有不符，亦不必多生疑竇。惟第七十三問，答數當改爲買主則定期上算，地主則現銀上算，相差二百五十兩零八錢。

第二十章八十一問，答數誤，王姓本銀當得三千六百十七兩又九八〇八三分兩之七三七八九，李姓本銀當得一千三百八十二兩又九八〇八三分兩之二四二九四。

第二十一章論均中比例，其答數均未詳盡，如以代數無定式推之，則答數界限瞭如指掌矣。

第二十四章二百零八問，須開帶縱立方。近時教算者因學生未曾習過，即云倍句股積内加句弦較方，開平方得股。學者每不知此非公法，蓋此題爲句三股四之同式形，句弦較方適居股方四分之一，故能偶合若此。

[美]狄考文著　清鄒立文譯《筆算數學》目録

第十五章　粮餉十四問　第十六章　稅餉十二問
第十七章　乘方二十問　第十八章　開方一百二十六問
第十九章　級數九十八問　第二十章　差分九十四問
第二十一章　均中比例四十一問　第二十二章　推解一百十八問
第二十三章　量法八十一問　第二十四章　總雜問一百二十六問
共二千八百七十六問。

綜論

［美］狄考文《筆算數學・序》　算學者，係算法之總名，内包種類甚多，即如數學、代數學、形學、八線學、微分積分學等。凡此諸學，彼此各有分別，各有次序，然而皆以數學爲本。由此愈推愈廣，愈出愈精，以至算法之極微妙處。故學者欲登算途，必不得躐等而進，非由數學入門不可。

今此書即數學也，蓋書中專一論數，併獨用數所能算之賬目。且所編之條問，大抵皆爲貿易交涉所恒用者。至於一切難題，非代數不能算者，俱已置之不論，故特取名謂數學也。

考中國算書，大都文義深沉，令人難解。其所以難解者，或爲理原精微，筆下未能闡明；或爲理屬淺近，詞中特求深奥；或恐學者病其繁瑣，書内獨貴捷簡。因而所算之條問，立之法術，以及所用之名目，不過示以當然，而絶不詳其所以然矣。不知數算等書，並非以録成法爲貴，乃以解明法中之理爲貴也，故成此編。每法之前必有講解，步步淺顯，層層清楚，後以推得之理，立法設問，以作學者之階梯，望學者能拾級而進也。蓋無論何學，凡能言得明白，即當以明白語發明，致使閲者一目了然。若明爲淺近之理，竟以古奥言語，顯得極其深厚，則如水晶面上蔽以薄紙，是易於覩透之物轉爲不易覩透之物矣，此豈著書之名家哉？或曰：「人情多喜新奇，若書中字句十分顯亮，便不足以傳世。」此言謬矣。以閲算書者，莫非爲通其理、達其用耳。果能將其精奥之理，以淺白語徹底發明，將見學者祇知其理之深，未覺其辭之淺也，猶有鄙其淺顯者乎？

此書純以官話作成，非謂文理不可用也。誠以數學爲算法之初步，人當童年，即宜學習，若必待其能通文理，而後學之，恐已晚矣。況以文理著書，雖更珍重，然往往因文法太省，滋生疑竇，令人錯會其意，又何如官話更能言得真切分明，使學者有定見哉？

觀數學，較觀小説不同，以此書話雖淺顯，而理深精奥，非細爲研究，勤加習演，萬難洞悉其理法也。試想中國之於算學，雖歷來已有，而終未盛行者，其故有二：一則向無考算之例，國家原不以此爲重，近年雖添入新例，而學堂仍不列爲課程，不過好學者隨便看書而已。二則算書未有註解，字句又太深奥，欲鑽亦鑽不通。總之，算學原係一種精妙學問，其書非淺顯明白，實難揭其底藴，學者非延師課查，誠難造其極也。

數學古今共分三家：一曰籌算，一曰珠算，一曰筆算。今此書乃專言筆算，查往年之算書，雖亦有言筆算者，但較今日之算術，其靈便機巧，實有天淵之別。或曰：「中國既通行珠算，即當將珠算改作增補，成爲完璧，何必另訂新法，而獨成一家哉？」吾將應之曰：「此並非以珠算絶不可用，特不如筆算更合用耳。蓋用珠算，全憑記其書中之歌詞，以及所有拘定之成法。若用筆算，則不必專恃記性，乃恃其能通法術之理。理既通達，法自易於記矣。」或云：「珠算一揮而就，既較筆算更速，即較筆算見長也。」不知珠算之速者，特在加減之小賬而已，若夫大賬，實未可與筆算衡也。且筆算之所以較遲者，乃在現寫數目。苟以筆算法記賬，其數目碼字已先寫好，然後與珠算相較，其孰遲孰速，真有不可逆料者也。況珠算隨打隨去，不留蹤迹，倘一有錯，即無處尋覓，必須自始至終，全行再算。若用筆算，則無此弊，以諸數俱在目前，有錯可以隨意檢查，祇須將錯改正，立即得矣。可見小賬，珠算亦不如筆算更靈便也。復進而言之，若遇有命分，或比例，則有許多層節，互相錯雜，以珠算算之，須得一邊運珠，一邊用筆記之，縱使能以算出，亦不如幾架算盤，方可足用。又況代數以上之算法，非用筆算不可。然則筆算之功用，既如此廣大，不如儘早由數學入手，或易或難，即全括於其中矣。

西國筆算，數目各皆横列，以其文字原係横行，是故寫之、念之，實無有不便也。今中國文字既係豎行，則數目寫法亦當隨之，方爲合宜。其實無論横行、豎列，理則一也，即法術與解説，亦無不同也。因欲改横爲豎，祇須一例通改，殊屬易易。蓋人之悉横法者，自必悉豎法矣。或曰：「横法幾乎通行天下，何庸再改？」不知法以利便爲貴，何必固執？試觀文字當中兼有數目字者，如用豎法，就本行即可寫上，勿庸再估他行。譬如寫四萬七千八百五十四，可隨意寫之如下 47854，倘依横行寫之，非佔兩行不可，如下 47854。此猶數之不甚大者，至代數八線等學，其方程與文字交相參雜，每見一行文字佔數行空地，實不便至極矣。且横法於記賬一事，絶不能用，而豎法則甚合宜。其記法係將錢數，或銀數，各位頂各位寫上，寫滿一面，即加之，過至下面，接之再寫，如此記法，不第清楚，且查出入之共數，亦可省工多多矣。觀一卷所附之記賬規模便知。但恐有人仍欲用横法，故書中一切算式俱將兩法並列，隨人擇用可也。至解説中偶有字眼不同之處，則在豎法字眼之下，以小字另加横法之字眼，學者莫以此混彼也。

書中各法之前，俱有解説，一爲伸明算式及法術之理，二爲學者之標準，以解諸習問也。是故爲教習者，宜使門生按解説之規格，解明屬各法之條問，直至純熟爲止。如是初學者雖有不深洞徹之理，久之則自貫通矣。

查書中習問，或有嫌其多者。雖如此多，亦不過僅足學者習演之用耳。試觀人之學算不成，總因習演不熟，因而特選各種習問，並切人間之常事編成。問法層出，不拘一格，總期學者精練藝才，臨事恒有定見，不致墮於迷津也。至第三卷之條問，亦有自中國算書採取者，欲知採取何書，觀其問下小字，已載明矣。至論書中之答，俱經細心算過，雖不敢謂毫無差謬，猶望無大謬之可指也。

學習筆算，若用墨筆寫於紙上，或寫於油板水牌上，雖無不可，而終屬未便。莫若用石筆及石板水牌，如或有錯，可以隨手抹去。舉凡從師學算者，宜將每日所學之習問，先於水牌上算訖，後呈與教習，以備查閲可也。

學算之要訣，即在温習演練，而年少者尤當勤加習演。學過加減乘除四大公法，務要回首重學。蓋算學之理，皆憑已知者解所未知，若徒學新而不温故，使其目熟、手熟、心熟，將見學不幾日，即不能領畧，勢必心灰意懶，而英鋭之氣遂頓息矣。總之，凡未成學算之功者，大都因欲求速，不肯用力於開端，以致生倦心也。譬如人之學藝，若徒喜多喜速，而不肯躬親操作，一一學習，以爲爲之師者僅將規矩訣竅，明以示之，則其藝已成矣，斯人也欲爲巧匠能乎？夫學藝者固如此，而學算者亦若此也。蓋數學雖爲算學中之一學，亦爲六藝中之一藝，欲急功取效，決無此理。惟望有志於算術者，各皆由淺入深，恒心學習，自必成爲算學之名家矣。光緒十八年歲次壬辰季春下浣狄考文自序。

清・孫維新《泰西格致之學與近刻繙譯諸書詳略得失何者爲最要論》《格致課藝彙編》卷四 《筆算數學》，美國狄考文譔，便於學徒習練。故由加減乘除，以至諸等命分、小數、比例、百分、利息、保險、賠賺、糧餉、開方、級數、差分、推解、(理)[量]法各術，多綴題問，使學者按題演算，易於精熟。因此，其書不免煩累，亦不得已也。狄君來華幾三十年，於登州設文會館，常肄業者幾百餘人，每日課程算學爲要。因譔此書，以便授徒。初僅抄本，於光緒元年始以活字印成，爲用頗久。

清・梁啓超《讀西學書法》 學算必從數學入，乃及代數。偉烈之《數學啓蒙》，即《數理精蘊》之節本，每法取其一題，而去其蕪詞，極便學者。狄考文之《筆算數學》，專爲授蒙之用，全用俗語，習問極多，皆便於初學之書也。二書於比例、開方兩門，皆極簡明。狄書更能舉其要，非中國舊説所能及，惟狄書譯筆太繁耳。

清・叶瀚《初學讀書要略・初學宜讀諸書要略》 初學既習心算，宜教以《西算啓蒙》《數學啓蒙》《筆算數學》三種數學之書。【略】若《筆算數學》，條理甚是，而所列之題太多。又譯語用山東土官話，非其地不能便用領悟。初學宜全購三種，依提要所言諸理，取其要理，依題列式演習，自易索解。《數理精蘊》之演算法，原本與《筆算數學》之「數目綜論」數理相近，亦宜隨時熟習。學法當從記算起，再進演加法，次演乘法，次演除法。整數之理，已可講明，再習諸等法，次即分法。習分法之先，宜講明生數、質數、奇偶數、公生數、公倍數、公度數，再進習命分、約分、通分之法。此步功夫，以《筆算數學》之「數目綜論」「命分」二卷爲詳盡，不可喜簡而從他書。

清・黄慶澄《中西普通書目表・西學入門書》 《筆算數學》，此書與《數學啓蒙》皆近日最通行本，然均未完善。

清・丁福保《算學書目提要》附《學算提要》 《筆算數學》最有實用，普通學中，何以遺之？不知此書最繁，推算一年，尚難演畢。如以此書冠首，恐學者望而生畏，半途輟業，一切三角測量幾何代數諸術，終不知其門矣。

著録

清・梁啓超《西學書目表》卷上 《筆算數學》。狄考文、鄒立文。益智書會本。三本，一元。用俗語，教學童甚便，惟習問太緐。

清・劉鐸《古今算學書録》 象數第三

《筆算數學》四卷。鄒立文、狄考文同譯。

清・趙惟熙《西學書目答問》 藝學第二

算學 《筆算數學》三册。美狄考文輯，鄒立文述。益智會本。是書全以俗語設問，詞淺意明，初學易於問津。

《廣學會譯著新書總目・算學》 《筆算數學》。一部，價洋七角。

《算式解法》

題解

清・丁福保《算學書目提要》卷中 西算類二

《算式別解》十四卷。合衆國好司敦、開奈利同撰，英國傅蘭雅口譯，金匱華蘅芳筆述。案：是書新奇特甚，皆非尋常算書中所有。深於代數、微積者閲之，必能别有進境，而於初學則不甚相宜。戊戌七月間，若汀師謂余曰：邇來筆述算書十四卷，七日而成，其算式尚未譯出。是書在算學中能以偏師制勝，擬名曰《代數别解》。其後以算式屬周君文甫補譯，周君深於算，兼通英文，故能任之。後又改名曰《算式别解》云。

[英]傅蘭雅譯 清華蘅芳述《算式解法》目録

第一卷 加法 第二卷 減法 第三卷 乘法
第四卷 約法 第五卷 乘方 第六卷 開方
第七卷 相等式 第八卷 對數 第九卷 三角法
第十卷 雙曲線三角函數 第十一卷 微分 第十二卷 積分
第十三卷 定準數 第十四卷 解説代數各種記號

綜論

[美]好司敦 開奈利《算式解法・序》 近來算學書甚多，内以算式爲要。然解説算式，不易明白，而教算之師不肯多費時刻，解與學生聽，所以明白之人少。又如平常製造工藝，算式亦甚多，而平常之人，以爲不通曉算學最深之理，則不能解其式。所以作此小書之原意，欲指出其平常之式，極易明白，而如果數學之大略已知，則此小書斷無有不明白之處。又此書能詳細讀畢，則後來所遇製造工藝之算學書，無有不易通者。總之，此書爲算學書旁助之本，並非詳細論算學深理之書也。美國費拉特尔飛阿城大學堂内算學教習好司敦與開奈利共作，於一千八百九十八年正月刊行。

著録

清・徐維則輯 顧燮光補《增版東西學書録》卷下 算學第十二

《算式別解》十四卷，未見。

《上海製造局譯印圖書目録・算學類》 《算式解法》十四卷，二本。連史五角，賽連三角。

《決疑數學》

題解

清・徐維則《東西學書録》卷下 算學第十二

《決疑數學》十卷。《行素軒算學叢書》本，一册；製造局本，四册，未印出；安徽周氏刻。英傅蘭雅譯，華（薇有）[蘅芳]述。所採各題，一能顯出決疑算學理所能推得之各事，二能顯出特設之算法能最有公用者。

清・丁福保《算學書目提要》卷中 西學類二

《決疑數學》十卷。英國傅蘭雅口譯，金匱華蘅芳筆述。案：是書從拉不拉斯與布韋森等所著書内輯出。決疑數理在算學中最爲精妙，能以彼例此，以虚課實。小則施諸博戲之事，大則用諸格物之學，以及人壽之修短，獄訟之多寡，商舶之遇風濤，貨廛之兆焚如，皆可求其定率，推其中數，此西人所以刱保險之各公司也。決疑之用，廣矣大矣，吾意數年之後，必能盛行。

［英］傅蘭雅譯　清華蘅芳述《決疑數學》目録

綜論

［英］傅蘭雅譯　清華蘅芳述《決疑數學》總引　決疑數理爲算學中最要之一門也，凡天下無一定之事，可先攷其相關之各，故而用算學推其分數之大小，以知其有否此事之決疑數若何。或其事未必確實，而心中疑信未定，則用決疑數可以自安其心。自古以來格致家所攷出之各種學問，除數件事已足以自明之外，足以自明之事，如幾何之公論是也。其餘各理未必果爲真確，則有或多或少、疑惑不決之處，或有千分之一、萬分之一不定之事，皆可用決疑之理定其各事。約有若干分屬于此，若干分屬于彼，故于尋常習見之事，用決疑數大有裨益。凡人心中所想各事，必自覺其事之爲是爲否，而揣度其事所憑之故，畧分爲二類，一爲已知其成事之各源，有其各源定有其事，則從其各源以斟酌其事之是否，可以知之。二爲其成事之各源未知，惟已見有相似之事如何，同類之事如何，而因此以爲本事必如何。【略】

凡天下之事，能知其一切之源者蓋少，然此類之事用決疑數能定其有否之比例，即如博戲中打標、奪彩各種不正之事是也。所以將此種事以算學之法攷明其各理，可使天下之人知凡事莫不有數，斷無幸獲之益。如能明其理，則有數種最要之事，于衆人有大益者，易從此理明之。故有人言能令人明決疑數之理，則能治好賭之弊。惜賭博者均屬淺人，而決疑數之理則從最深之算學而出，安得使淺人明之乎？總之，事之可用占卜之類，皆可用決疑數之法以攷其難易，所有最大之益。因從此算學之理内又添出許多妙法，于他事用之大有便益，此即爲決疑數之真益處也。

推算凡事之決疑數，若其成此事之源未曾先知，惟藉凡物有一定之法，而疑其成此事之法總不改變，但其源之理從小數中不易看出，而至大數中則易明。

如于萬事中擇同類者並觀之，則其次第與每閱若干期有此事，大約不爽。即如各國所生之人，男女之比恒有定率，若但從一小處之人計之，所得之比例數，其差尚多。如論一國在一年内所生之人，則與定率相近。如將各國多年所生之人數，取其中數，則更與定率相近，其差必小，至不能覺。曾有推算此事者，言每男二十一、女二十爲定率。又如人壽命之長短，其享年之中數，亦屬于此類。雖各國各等人體質有強弱，作事有安危，處境有貧賤、富貴之殊，居處有寒熱、燥溼之異。然合一國之人，計其壽之中數，每年畧同。如藉此中數，設一保壽之公司，其公司定能得利。凡人事之有數可計者，其中數亦每年不變。即如一國内每年犯各種罪案之人，或聽訟者審問若干人、定罪若干名、釋放若干名，其中數亦不變。或計每年内火災所燬之房屋若干間，值錢若干數，亦如之。又如貿易之商家，每年有若干船遭風波危險而壞或沈于海中，其中數亦如之。又如信局中每年每月送信之數，公醫院中每年治病若干名等類，或以年計，或以時計，其中數之差必在極小之限内，而年數愈多，查核愈詳，則所得之數愈近于定率。

因凡同類之事，每若干時得若干次，甚近于一定之率。則國家治民，或民自治，或興起風俗，改定章程，有多事能藉決疑數之理推之。雖事之未來者，無人能逆料其全，而其大畧如何，則能從以往之事知之。譬如擲骰子，得若干點，能先有一定之決疑數，則不甚懸殊也。總之，其事無論爲何種，或爲天然而成，或爲人工所作，若能從已有之事詳細核得決疑率，皆可用決疑之理推算其後來之事當如何。

決疑數之算學理，其初爲巴斯果與勿馬兩人所創，畧在一千六百與一千七百年之間。有以題問巴斯果云：「兩人對局相博，各出錢若干，約定勝三次者盡得所置之錢，及第一人勝兩次，第二人勝一次，各願罷博。欲依兩人能勝之決疑數，分其所置之錢，求其比例若何。」巴斯果答：「此題雖無錯誤，然其解法只能合于此式，而非公用之法。」後以示勿馬，勿馬解此題，得一公法，無論若干人、若干次，俱能用之。巴斯果猶不信勿馬之解法，故兩人有書往復辯論此事。其書印在兩人所著之書中。觀其書，易知當時算學家之識見如何。

是時晦正士亦著一書，論占卜之比例理。此書初印于斯古敦之《習演幾何》書內，一千六百五十八年。此爲論決疑數理之第一種書。書中有巴斯果與勿馬所解之題，並其解法及公論，又有五個新題。其題若依今時所有之法解之甚易，惟當時已視爲極難之題矣。後五十年，孟德默得初將其中之兩題詳解之。一千六百五十九年，有人將晦正士之書譯作英國文字，原書爲羅馬文。另加一種博法，名曰「發拉安」，其書不詳作者姓名，疑爲摩德所作，書名曰《決疑理論》。

北奴里初言決疑數之理，不但能用之于博戲之事，更有最要之用處。凡天然之事、人定之事，若非見過多次，宛如淩亂無序。苟能將大數攷其詳細，則能推算以後之事應至如何。北奴里死後七年，即一千七百十三年。其書始行于世，名曰《決疑數術理》，内有多題，極有趣味，又論排列之理並無窮級數之理。書内最奇者，爲論作事至無窮次之理，凡決疑數之理深者，都以此理爲本。其理曰：凡事每試一次，必或爲有，或爲無，而試之次數愈多，其決疑數愈近于所試之次數與得此事之比例，則此數即可爲任試一次時所預知之決疑率。惟試之次數可以極多，至決疑率與所得之實數，其差小至不覺，則其所差之數爲不能名之數。北奴里自言有二十年功夫專心推此種之題。

一千七百〇八年，孟德默得作一書，名《卜戲算學理》，第二次刷印又添設數事，並載北奴里兄弟兩人之書札。此書之功甚大，因所論古時博戲之法，藉此流傳至今，而其所引占卜之事，今已無人見其原書也。

是時棣美弗初將決疑數之理更詳攷之，其書初用羅馬文字印行，一千七百十一年。名曰《測命理》。一千七百十六年，造決疑數之理，一千七百三十八年，印第二次。其書以第三卷爲最要，已包保壽之命票數理在内。此書中有數題清雅絶俗，其中之最奇者，論循環級數之理，爲前此所未有，而此種算學又大有用處也。棣美弗所設之理，將北奴里之理更推廣之。依北奴里之理，有一事試之若干次，而内得合者若干次、不合者若干次，即可得以後再作此事之決疑數之大畧，其所有之差必在一定之限内，試之次數愈多，則其限愈小。但此理尚未能全，應定其以後多作此事，其合者之決疑數必在一定之限内，而其限之數必能定之，惟此事必將各數從一二三四以至所試之次數相乘，如依常法乘之，則工夫甚大，繁難之極，若多至萬次，則無人肯算矣。有斯忒林者設一公式，能得此種連乘積之畧數，其法只用級數之首數項推之。棣美弗既得斯忒林之式，方能定決疑數之限，而北奴里之理其益更大矣。

決疑數之理，初在以上所述之各書中傳播天下。凡喜談算學者見之，皆以爲是算學中有奇趣之一門，從來有大名之算學家，無有不論此理者。法國博物會中、布國博物會中所有每年印出之新書，有北奴里兩兄弟與尤拉闌迫及卑固韋林等人所記之書，大半論打標之理。德闌孛得有數本小書，亦論此學，惟尚有數處小誤。有如此大名之人，而書中有誤，亦爲奇事。北奴里之弟但尼里在俄京博物會記録之書中，有一條論數人博錢，則各人指望之決疑數值價若干。但此事所憑之故，有不能定者，因各人所押錢之多寡與其所有之本錢有比例，而不係乎錢數之多少也。英京博物會内一千七百六十三四年記事之書中，有卑斯所作兩則，亦爲要論。因凡事之決疑數必藉已試之事而得，依卑斯之理，能詳定其決疑數。其理云：有一事連試多次，求證其決疑之分數，必在某限之内。

決疑數之理已明之後，第一種用處可核出人壽之中數，而從此推算保壽之命有數事票，可藉人之生存而得錢。此事初在荷蘭國試行之，初用此法者，爲里突與棣韋德兩人。惟至開列一表，言明各人之命票，依其人之歲數定價若干者，爲哈里所始。哈里于一千六百九十三年書中言之。命票之事，在本書内命票款中與核人死數之款中，詳言其源流。雖英國人所作專論此事之書中，但列推算命票之表，從表定人生存之時，收錢若干，今值錢若干。然而此一件事，其公理不止于此，因有他事必藉決疑數之理而得之，即作表之後，必試此表至多次方有可憑。又必須定其依此表以出命票，可有何界限爲穩。又法試表中之事，何者爲輕，何者爲重，已試過數次，得其中數，則可推將來之中數與今日之中數之較在何限内。此皆爲緊要之題，而在決疑數學之内者也，除決疑數之理，無他法能明之。

用決疑數之理以聽獄訟，或以評理之十二人所評之是否，西法審案，必有任舉之十二人評理。問官所定之罪是否，俱在堪都昔所作之書中詳論之。一千七百八十五年，堪都昔作一書，論將多人之主意，依決疑數理定之之法。此書甚巧妙，內有數事，于人有大益。北奴里初欲在書中作一款論審案之決疑數，因早死而未成。北奴里之姪在一千七百十一年所作之書中有一款論此事中所最要緊定見者，爲應派多少人評理，又所派之人內應有若干人之意見相同，以定人之有罪無罪，則不至于有不公之事，其決疑數以大者爲要，反之，如果評者言其有罪，則釋放其囚之後，評者必受其害，所以決疑數必在此兩事之間。惟堪都昔之時，只有其理，而未有可憑之舊案，以核其數。厥後布韋森作一書，所用三數，更可憑信，茲姑不論，俟後再言之。

決疑數中又有一事與前所論者相連，即口證，口證即見證。應看輕看重之決疑數是也。此種事理，其決疑數所憑者，爲各證者所説之理，而無法能試作證之人其言爲真爲假，或真假之比例如何。又因作證者所陳各事甚紛雜，而其人之作事如何，作證如何，全憑其性情意氣。或因其偏見，或因其模糊，皆與真假之故有關，而無人能深悉之。又無人能將若干口證之人，指明其爲真爲假之中數，所以此式中所用之數，則必爲假如之數，只能得決疑數之大畧而已。此種決疑數雖不能全以爲憑，但如遇兩造之口證大相反，而無法能得剖決之路者，用此決疑數必有益處。如所設之議論步步合法，而得其真理之畧，則不如他法設最巧之議論更好。

決疑數之理在格致學中用之有大益，即如測量各物，其數不免有小差，依決疑數之理，能得其差之中數。因人之五官及所用之各種測器所能得數之位有一定之限，過此限則數不能明，即如天文家各種測量之事，若有極微之差，則所得之數與他得數相比，必有不合之處。所以必測之多次，將各次之數相比，而用決疑數之算法連之，以得其最近之畧數。所以濟五官測器之窮也。如拉果蘭諸一千七百七十三年所著之書內，論取測量差中數之理，此理爲拉不拉斯攷之最詳。今時所常用之極小平方法，爲勒占德于一千八百〇六年所作《論彗星行道》之書初論之，拉不拉斯已證過此法，即爲以決疑數得極小差之法。惟勒占德之書未出之時，哥斯已以同理設一法，見于其本書中。

一千八百十二年，拉不拉斯作一書，名《決疑數學之理》，爲論數理中最奇之書。此書中所論決疑數之理，並其推各事特設之法，及所設有趣味之難題，爲前人所大不及，因能將舊理改爲新面目故也。但其書有一弊，除天下極大本事之算學家，更無人能解之。蓋拉不拉斯已忘其自己之本事，與平常之算學家無比也。書之編次亦無一定之法，且有數處重出，學者最難明之，其算法巧妙莫測，並有躐等而進之處，初學者極難過去。然其書雖有此各弊，而明算學者必列之于最巧最妙之算書中。

一千八百三十七年，布韋森作一書，名曰《定案決疑論》。觀此書之名，宛如但論決疑數理一事，惟書中大半論公理，並用公理所馭緊要之題。書之末五卷，但論各名目及定案之事。先是堪都昔與拉不拉斯所論定案之決疑數，因未有可憑之數，故不能詳細。是時法國新出一書，內有所定之各案，可核出需用之各數，故布韋森因此更查核之。其所查得之事，大有趣味，詳見其所著之書中。

布韋森已在一千八百二十七年至三十二年定日期書之附卷內，有一則論測數中差之理。

學者若欲究決疑數最深妙之處，必觀拉不拉斯與布韋森所著之書。其理及用理之數法，爲拉固羅瓦在一千八百二十二年所著《決疑數入門》之書中言明之。

棣美弗之後，英國所作決疑公理之書不多，大都無足觀者。如一千七百四十年辛布森作《決疑數理》，設題甚多，解題之法甚巧，但都屬于已知其決疑數之一類。又有多德森著《算學武庫》內有同類之題不少。又如勒波革所作之《多利智慧》叢書中所論決疑數之理，惟將其全體之大畧明之。蓋英國文字論決疑數理之書，其最佳者爲棣麼甘所作，印在倫敦之叢書中，一千八百三十四年。卷帙雖不多，而拉不拉斯之要式，俱在其中矣。

今此書中所論決疑數之學尚不能全，因此學中所包各事紛雜繁重，又有數種題必用算學中最深最難之法推之，如亦列入篇中，奚有人樂觀之？若再將此理之最深處詳細剖別，使常人亦能明之，則所須用之算式必費許多楮墨，而成鉅卷，非叢書中所能容。故只能言其大畧，並將用此理以推拉不拉斯、布韋森等所設之題，擇其要者採之。所採各題能作兩種用法，一能顯出決疑算學理所能推得之各事，二能顯出特設之算法，能最有公用者。

清・梁啓超《讀西學書法》 《決疑數術》，局譯成未印。西國人命保險諸事，即用此法。《格致彙編》曾有一篇略言其術，然不能盡也。

清・黄慶澄《中西普通書目表》 《決疑數學》，顯虛爲實，算家極詣，數學至此乃見實用。慶澄謂此一種學派他日必當大昌。

著録

[英]傅蘭雅《江南製造總局翻譯西書事略》 已譯成未刻各書目録 《決疑數學》。譯書人名：傅蘭雅。筆述人員：華蘅芳。約成本數：四本，一百。

清・梁啓超《西學書目表》附卷《近譯未印各書》 《決疑數術》。傅蘭雅、華蘅芳。製造局。四本。未印。

清・劉鐸《古今算學書録》 象數第三

《決疑數學》十卷。華蘅芳、傅蘭雅同譯。安徽周氏刊本，上海鉛印本。

《數學佩觿》

題解

清・徐虎臣《數學佩觿・凡例》

一，本書之規則，仿日本渡邊政吉之《高等小學新體算術》以及竹貫登代多之《高等小學筆算教科書》、美狄考文之《筆算數學》，採其所長，而參以鄙見，以期充高等師範中學諸學校補習數學之教科書也。

一，本書所設之問題，雖多市儈之俗語，然間有關於實學者。如道里之距、關税之徵、各埠人口之考，皆從專書中摘出，決非臆度，習者察之。

一，本書所設之問題，習者須將各款算式推求其立法之意，再將所問之題逐條算明，始能習下章之算式。夫學問之道，貴乎循序漸進，勿踐躐等之弊。苟能如此，於數月間尚不能領會數學之精微，未之信也。

一，本書自整數加、減、乘、除，迄開平、開立，悉網羅而無遺。然於教授之際，使生徒少費力而易領會者，則一委於教員之活用。

一，本書之解釋例題及摘録算式問題等，習者用於學校，得教師之指示，即能領會。在於家庭亦可自修，而漸能融貫。但於編譯此書之際，反覆推求，自覺毫不涉錯雜艱澀之弊。雖然，如苟缺利通之便，惟希世之疇人家叱正而補修之，則幸甚矣。

又《目録》

綜論

清・王鏞《數學佩觿序》　數爲六藝之一，後世儒者以其末置焉而輕視之。不知綴言成句，必有其終，如文行忠信、仁義禮智之類，非信之輕於文、行、忠，智之輕於仁、義、禮也。況數之爲用，舉凡生民日用之瑣屑，朝廷度支之紛繁，山川道里高深遠近之距，星辰日月黄赤軌道之躔，握算持籌，秒忽靡忒。他若泰西各學，其必以數爲基礎焉，更難僂指計矣。方今明詔迭下，促各省府廳州縣徧設學堂，頗知以是爲先務。顧中土算書種類亦夥，其精者大都各攄心得，成一家言。若登岑樓，階梯未具，以之教授來學，奚啻引入迷津？美狄考文之《筆算數學》《代數備旨》，其體例畧合於課程書，惜其間措辭鄙俚，設題蕪雜，推術論理，復多未美、未備之處，識者詆之。辛丑秋季，江鄂兩省合設編譯官書局於金陵。其時今蘇撫恩藝帥開藩於茲，延予總編纂算書事，獲與徐君嘯崖昕夕討論。徐君邃於算，爰仿日本渡(編)[邊]政吉之《新體算術》，逐款删訂，於法之罣漏者增益之，術之紛歧者穿貫之。復將原書所設各題，以中邦之事物易彼國之名辭，成《數學佩觿》二卷。輯既竣，屬予修飾之，以予不敏，曷足益徐君？然展讀一過，已覺有條不紊，俾學者瞭然秩然，循序漸進。由此以習代數，如破竹，至數節以後，自然迎刃而解，爲補習溥通數學之最善本也。光緒壬寅孟秋之月上元王鏞識。

《數學問答》

題解

清・徐維則輯　顧燮光補《增版東西學書録》卷下　算學第十二

《算學問答》□卷。上海中西書室本。德奈賓王著。近教徐家匯學堂學生之用，以官話手録歸疊乘除筆算四法，末附英德法三國文。其書頗便於教授幼童。

《心算教授法》

題解

清・徐維則輯　顧燮光補《增版東西學書録》卷下　算學第十二

《心算教授法》一卷。南洋公學本。日本金澤長吉著，董瑞椿口述，朱念椿筆述。是書屬單級教授法。單級者，合四種學級之生徒，而一教師課之于一時也。書中按級設題，甚便學者。

《物算教科書》《筆算教科書》

題解

清・徐維則輯　顧燮光補《增版東西學書録》卷下　算學第十二

《物算教科書》二卷、《筆算教科書》二卷。南洋公學本。日本文學社編，董瑞椿口述，朱念椿筆述。前者本名《實物計故》，省曰「物算」。後者是算算，故逕以「筆算」名之。各分爲上下兩卷，上卷教師所用，下卷生徒所用。是書較《筆算數學》尤合於童子心才，蓋幼童學算，其位數不宜過多也。

《算學公式及原理》

題解

清・顧燮光《譯書經眼録》卷四　象數第十二

《算學公式及原理》一卷。上海文明書局洋裝本，一册。日本白井義督撰。都九類：曰算術，曰代數，曰平面幾何，曰立體幾何，曰平面三角，曰球面三角，曰解析幾何，曰微分，曰積分。凡一公式之下，附以原理圖解，理論精晰。

《中學算理教科書》

題解

清・顧燮光《譯書經眼録》卷四　象數第十二

《中學算理教科書》第一卷。教科輯譯社洋裝本。日本水島久太郎著，陳榥譯補。説理透闢，措詞明達，於數理公式尤所詳備。

《算術條目及教授法》

題解

清・顧燮光《譯書經眼録》卷四　象數第十二

《算術條目及教授法》二卷。《教育世界》本。日本藤澤利嘉太郎著，王國維譯。

上編曰汎論，計十二節：一普通教育中數學科之目的，二算術科之目的之特殊，三英法德算術之異，四以算術解釋代數上之事項之困難，五於算術中深入整數論之不可，六於英國算術與代數之遠别，七於本邦算術之來歷，八所謂理論流義算術於本邦普通教育之不適當之事，九所謂理論流義算術於本邦普通教育之弊害，十競争試驗之材料中不可重置算術，十一算術即日本算術，十二注意。

下編曰各論，計十四節：一算術條目，二數學之定義當自算術中除之，三定義，四數之呼法及數之寫法，五四則，六諸等，七整數之性質，八分數（暨）〔及〕循環小數，九比及比例，十步合算及利息算，十一開平方開立方不盡根數，十二省略算，十三級數，十四求積對數。

《算術教科書》

著録

《廣學會譯著新書總目・算學》　《算術教科書》。我國算書號稱繁博，然適用於教授者殊鮮。山西大學譯書院編成。二册，價洋六角。

《新譯算術教科書》

題解

《審定書目・書目提要》《學部官報》第五七期　《新譯算術教科書》二册。湖南編譯社本。湖南余焕東、趙繚輯譯。算術之編譯，較代數學爲難。東西各國代數書中相異之點不過形式之間，與夫配列事項之次序，實無所謂異，亦無可異之理。算術則不然，宜於彼者未必宜於此，自非體察本邦之情勢不可。外此尚有宜注意者數端：教科之書，原欲導學者於路，苟以簡畧爲便，則大失教育本旨，一也；全書之中但以理論爲主，使閱者視以爲不可解之學科，二也；問題過多，其中或不免有乖謬，致導人於陷穽之弊，三也。故當確定算術條目，勿使輕重之失序。是編逐譯樺正董氏之書，遣詞達意，具見精當。諸等法由譯者自行編纂，頗有條理，例題尤能注重於我國教育，甚合中學教科之用。惟中外度量衡之比較，應以部尺部平爲準，此用關尺關平，再版應改。

《中學適用算術教科書》

題解

《審定書目・書目提要》《學部官報》第五七期　《中學適用算術教科書》一册。科學會本。日本樺正董著，連江陳文譯輯。自藤澤利喜太郎著《算術條目及教授法》，一矯舊日陵躐無序之弊，編輯教本者，翕然宗之，而以樺正董氏《算術教科書》爲最擅名。惟其中諸等法、百分算兩編，不適吾國學子之用，自非另行編輯不可。而向之從事逐譯者，于此處罔甚措意，其於數學進步阻礙實多。譯者有鑒於此，特以平日所心得者摘要補入，甚便學者。是書之特色計有數端：説理清晰，毫無翳障，一也；由淺及深，階級犁然，二也；所載例題於科學多有關繫，三也。故言中學算術者，當以是最完備云。間有誤刊之處，具詳校勘表中，再版時當詳加改正。

代數分部

《代數學》

題解

清・丁福保《算學書目提要》卷中　西學類二

《代數學》十三卷。英國棣麽甘撰，偉烈亞力口譯，海甯李善蘭筆受。案：是書佶屈難讀，其算式之行款，亦不甚清楚，遠不如《代數術》之醒目。自二次式以上，已無解法，於代數一術，亦未爲完書也。然此書頗有妙理，學者皆宜瀏覽一過，以增識見。其與《代數術》有相合者，有《代數術》所未及者，略舉於左，以便檢閱。

第一卷可與《代數術》第六、第八卷參證。其一題每有二解，一爲不合理，一爲合理，互相校勘，頗能開學者心思。後坿《重學》題數則，如重心收於中點之類，初學讀之，亦可略知桿理。惟重率類第四題、雜題類第三題，均誤，見顧尚之《代數餘燼》。

又第五奇式言圈約圈等於任何數，其説甚新。微分術中凡倍點之一次微係數，必有幾箇同數，亦此理也。昔京師天文館曾以 $\frac{○}{○}$ 爲課題，貴榮謂等於一，見《格致彙編》。然究不若等於任何數之理長。

第三卷可與《代數術》第四卷參證，惟論及漸變之理，則爲代數術所闕。

第五卷可與《代數術》第九卷參證，惟所言配平方之法，遠不如代數術之簡明。

第六卷論無限增無限損之限。共分十一款，其理已入於微分。

第七卷論常函數越函數及求等數。其求等數法，可與代數術第三卷參證。

第八卷論級數。凡級數第一級約第二級，第二級約第三級，其數若小於一，則爲有限；若大於一，則爲無限。有限者爲斂級數，無限者爲發級數，其説甚簡明。末附無窮級數求諸係數法。

第九卷論代數推得之數，與數學推得之數，有時相等，有時相近而不能恰合，所以數學不能推盡其幾何者，在代數恒以無窮級數明之。

第十卷論記函數法，與第七卷相爲表裏。

第十一卷論代數或化爲級數，立二攷法，一散而攷之，一合而攷之，所以爲合名法也，與二項例同。

第十二卷論訥對數，十三卷論訥對數有不便處，故改爲十進對數，可與《代數術》第十八卷參證。

〔英〕偉烈亞力口譯　清李善蘭筆受《代數學》目録

卷首　綱領
卷一　論一次方程
卷二　論代數與數學之記號不同
卷三　論多元一次方程
卷四　論指數及代數式漸變之理
卷五　論一次二次式之義及二次方程之數學解
卷六　論限及變數
卷七　論代數式之諸類并約法
卷八　論級數及未定之係數
卷九　論代數與數學之相等不同
卷十　論紀函數法
卷十一　論合名法
卷十二　論指數對數之級數
卷十三　論用對數爲算術之捷法

綜論

〔英〕偉烈亞力《代數學・序》　近代西國，凡天文、火器、航海、築城、光學、重學等事，其推算一皆以代數馭之。代數術略與中土天元之理同，而法則異。其原始即借根方，西國名阿爾熱巴拉，係天方語，言補足相消也，昔人譯作東來法者非。此法自始至今，屢有更改，愈改愈精，故今之代數，非昔可比，雖謂今之新學也可。今略述其源流。其創自何國何人，莫可攷已。當中國六朝時，希臘有丟番都者傳其法，但用數不用記號，而天竺已先有之，且精于丟氏，能推一次、二次式，並有求一法，甚賅備，幾與秦九韶大衍術相埒。波斯、天方皆傳其法，而精不逮焉。及元時，以大利薄那洗學自天方，以傳于其國，歷三百年，習者寥寥。至明嘉靖、萬歷間，思鐵法利以其法傳于日爾曼，白勒得利傳于法蘭西，立可傳于英國，由是其學漸盛。初天竺代未知數用五色名，波斯、天方則各用方言之物字，其傳入歐羅巴也，以大利、英國仍用物字，故即名物術云。是時惟未知數用字代，已知數皆用本數。至肥乙大始盡以字代，是爲今代數術之始。厥後學者精益求精，創爲方程式，即借根方之相等法也。既而佳但造三次式，佛拉利造四次式，代加德造指數，而用益便。至奈端造合名法，而登峯造極矣。當借根方入中國時，西國于此術尚未深焉，殆不及天元、四元。而今能如此精絶者，豈非好學之效哉？借根方記號殊簡略，其加號用丄，與今代數同，昔名多，今改名正。減號用一，今用丅，昔名少，今改名負。相等號用＝，與今同。其右數，昔名等數，今改名同數。而諸自乘方之指數、開諸方之根數，皆昔所未有之號也。又借根方之根，今改名元，今所謂根數，非元也。凡此諸名之改，皆從天元、四元。而天元、四元之位次，則皆易以記號，于布算時更便捷焉。嗚呼！自以對數代真數，而省算十倍，今更以代數代數學，而省算百倍矣。雖然，欲習代數者，當先熟加、減、乘、除、通分、小數諸法，循序漸進。若躐等求益，我恐徒勞而無功也。抑余自歐洲航海七萬里來中土者，實愛中土之人，欲令明耶穌教，以救厥靈焉。夫帝子降世，舍生救民，乃教中至要之道，《聖經》言之甚詳。而余顧汲汲譯此書者，蓋上帝賜人以智能，當用之務盡，以大顯于世。故凡耶穌之徒，恒殫其心思，以攷上帝精微之理。已知者，即以告人；未知者，益講求之，斯不負賦畀之恩。若有智能而不用，或用之而不盡，即爲自暴自棄，咎實大焉。此書之譯，所以助人盡其智能，讀此書者，見己心之靈妙，因以感上帝之恩，而思有以報之，是余之深望也夫。咸豐九年歲次己未孟冬英國偉烈亞力自序。

清・王同愈《棣氏代數學序》《棣氏代數學》卷首　西人言代數專書譯行中土者，以棣麽甘之《代數學》爲最先。顧是書傳本絶少，自華里司之《代數術》流播海内，近代疇人尟有知此者矣。是書與《代微積拾級》同爲咸豐季年所譯。其論限及變數，與夫函數、合名諸法，類皆微積術之先導，蓋所㠯與《拾級》一書相輔而行者也。近人往往苦《拾級》之難讀，庸非未覩是書之至歟？江夏程生得製造局元刻本，匄集同志重加校栞，乞序於余。余惟其表彰往籍，嘉惠後學之盛心有足多者，爰書數語予之。程生名英，余今歲校試所得士也。光緒二十四年戊戌九月十二日元和王同愈序。

清・張世準《棣氏代數學敘》《棣氏代數學》卷首　間嘗登衡嶽，攬瀟湘諸勝，泛洞庭，涉江漢，浮濟洛沂淮，達河陟泰岱之巔，循大行而北，往來齊楚燕趙間，交遊半天下。平生莫逆交，如海甯李京卿壬叔，淹雅宏通，兼精西學，算學爲當時最。江夏程廣文維周，學邃品端，醞釀深厚，栖遲冷署，以青氈老。其胸所蓄積，或偶見於詩。今數十年，知交零落，如斯人已徂謝，不可復見，而吾年則既耄矣。憶昔匏繫都門，與壬叔處最久。壬叔嘗與西士偉烈亞力翻譯重、算、天文、火器諸書，朝夕孜孜不倦。時余究經史，治古文，喜遊覽，耽情書畫，傲然以爲弗屑。倦遊反鄂，西學盛行，學者始少理壬叔之緒，乃悟壬叔之用力勤，用心苦，而爲功於學者甚巨。程子鶴笙，維周之冢孫也，英年秀出，爲學具有家法。算學之精，超越流輩，於近世算家，尤服膺壬叔。手鈔《代數學》十餘卷，則正壬叔得之偉烈亞力者。披閱數過，猶彷佛吾友昕夕衍草，口瘏手据，時爲慨歎。久之，顧流傳未廣，譌脱亦多。鶴笙懼其久而佚也，因博訪通人，悉心訂正，於規式未盡合者更定之。成校勘記一卷，仿阮文達注疏例，附箸卷末。經始於丙申年九月，迄戊戌正月而書成。昔宣城梅氏譯借根方，以釋天元一，其義始明。元和李尚之校正《天元細草》，而《海鏡》始有善本。壬叔之視宣城，洵不多讓。若鶴笙，其亦尚之之流亞歟？余深幸壬叔得傳人，維周之食報於其後，尚未有艾。益悔曩者之顓己守常，囿於所習，而交臂失之也。夫學期致用，而何中西之有？攷泰西各國所由以致富强，不外光化電汽聲重諸學，壹是皆以算爲本。而代數又算學之至精，其爲用甚廣。諸學階梯，於是乎在。神州古稱震旦，山高水深，孕奇毓秀，豈世哲人傑士借徑是書，進探光化電汽聲重之奥，以補中學所未及，而上佐國家富強之業者，則是書之益吾中國，豈淺鮮哉？竊願學者有鑒於余，無徒老大而悲傷焉，則幸甚。至其書之源流功用，原序詳之，非所素習，故不敢強贅一辭云。時皇清光緒二十四年春王正月楚南張世準叔平甫序於鄂垣後長街潛寶，時年七十有四。

清・程英《棣氏代數學跋》《棣氏代數學》卷末　《代數學》十三卷，海甯李壬叔先生述、西士偉烈亞力譯棣麼甘之原本也。其言立欵辨數演式求證合名諸法，莫不窮究奧突，推闡靡遺，觸類旁通，心從矩應。啟造化之秘藏，導疇人以捷軌。誠算學家不可少之書也。自譯成後，上海製造局以活字板印之，出書一次且少，他處亦無刻本。英購之數年不可淂，心常嚮往之。癸巳秋，偶同許君奎垣於友人家見有是書，不禁狂喜。借歸手抄之，珍同拱璧。後二年，張子津世叔自湘來，見此書亦喜甚。因言壬叔先生爲其尊甫叔平太世叔故友，太世叔求是書欲刊之久矣。今既獲覩，親爲之序，而以校刊囑英。時英師華若汀先生再分校兩湖書院，英於請業之餘言及重刊之舉，師深以爲然。且云原本擺印體例未盡善，今爾宜詳爲訂正，因告以校刊程度及排比記識義例。於是鳩集同志，各出槖金，兩歷寒暑，始告厥成。英不揣固陋，箸校勘記一卷，儗坿卷末，以資用弗充，俟續刻補出。其任讐校者，蘇君星舫、劉君子雲、其弟子蕃、周君晴峯、許君奎垣、曾君仲嘉、鄧君裕庵、蔡君用之，皆與英同業，而有得於是書者也。光緒二十四年歲次戊戌季秋月江夏程英謹識。

清・孫維新《泰西格致之學與近刻繙譯諸書詳略得失何者爲最要論》《格致課藝彙編》卷四　《代數學》，乃英人棣麼甘譔，偉烈亞力與李善蘭同譯，印於咸豐九年。首卷外共分十三卷，首言綱領，一論一次方程，二論代數與數學之記號不同，三論多元一次方程，四論指數及代數式漸變之理，五論一次二次式之義及二次方程之數學解，六論限及變數，七論代數式之諸類並約法，八論級數及未定之係數，九論代數與數學之相等不同，十論紀函數法，十一論合名法，十二論對數指數之級數，十三論用對數爲算術之捷法。其書固詳備矣，惜以活字擺印無多，久已告罄，今無從覓矣。

《上海科學書局書目録》《筆算數學詳草》附　《棣氏代數學》十三卷。是書之原本，爲英人棣麼甘撰，李壬叔與偉烈亞力所譯。所言各法皆博大精深，窮究奥突，代數中最上乘之書也。譯成後，僅出書一次，外間傳本絶少，茲以校正精本付諸石印。

著録

清・梁啓超《西學書目表》附卷《近譯未印各書》　《代數學》。偉烈亞力、李善蘭。已佚。

清・劉鐸《古今算學書録》 象數第三

《代數學》十三卷。英棣麼甘撰，李善蘭、偉烈亞力同譯。上海墨海刊本，不戒于火，僅存第一卷。

《代數術》

題解

《算學書目提要・代數術》《湘學新報》第十一期 《代數術》二十五卷。製造局本，六本；石印本。英國華里司輯，傅蘭雅口譯，金匱華蘅芳筆述。諸卷或論代數本法，或論代數用法，本法爲體，用法爲用。天元可乘不可除，代數可乘兼可除。有天元，一切算法可廢；有代數，一切天元諸法可廢。遍檢代數諸書，由加而減而乘而除而比例而開方，本末兼該，無有出于是書之右者。尤苦自開二次方以上，法不具，例不備；其三次方，亥人相加，用以代地，入於元式，令分爲二，各等於〇，皆以爲非。華氏《筆談》辨之，亦祇謂不如此，分之不能等於〇，至其所以等於〇之故，終未説明。不知此式依法分之爲二，不過二式中所函之數彼此相等，非各等於〇。令各等於〇者，漸入微分術，用求亥人諸同數，別有所有相關之理也。

清・徐維則《東西學書録》卷下 算學第十二

《代數術》二十五卷。製造局本六册；上海石印本；《西學大成》本，摘刊第二十二卷「代數幾何」；《中西算學大成》本，並《三角數理》通名《代數術》，有删節。英華里司輯，英傅蘭雅譯，華蘅芳述。遍檢代數諸書，由加而減而乘而除而比例而開方，本末兼賅，無有出於是書之右。已明平常算理者，讀此書最要。二十三卷方程界綫，近人往往以爲誤而不讀。曾細研之，實爲由代數通微積最便之路。《中西算學大成》并將此卷删去，尤非是。其八綫數理與《三角數理》之前數卷參訂，每欵皆標明求某某之式，有目一清，頗便學者。《中西聞見録》有艾約瑟《阿爾熱巴喇源流攷》一篇，可參觀。

清・丁福保《算學書目提要》卷中 西學類二

《代數術》二十五卷。英國華里司輯，傅蘭雅口譯，金匱華蘅芳筆述。是書爲代數之叢書，視《代數學》《代數備旨》較詳備。編輯既精，譯筆尤善，爲算學家必讀之書。初學閱第一卷後，宜先閱第六、七、八、九四卷，否則至求等數分指數諸法，必厭倦不能再閱。所以代數學之次第，等數指數皆居一次式之後也。陽湖方子可先生在粤博學館教算，亦先教以一次二次式，而以等數指數居其後。初學不可不知。

清・謝興堯《代數術提要》《續修四庫全書總目提要(稿本)》三十二册 《代數術》二十五卷。測海山房叢書本。英國華里司著，英人傅蘭雅、無錫華蘅芳共譯。

【略】是書由傅蘭雅口述，蘅芳筆記，費一年之工，於同治十二年完成。共二十五卷，二百八十一欵。凡中法所謂天元四元者，於此大備，即今之代數學也。卷首有蘅芳序，述數學進步之由。全書卷一論代數起首之法，即釋號與加減乘除；卷二論代數諸分之法，即分法、等法、約法，及分數除法；卷三論代數之諸乘方，即乘方與開方法；卷四論無理之根式，乃分指數之化法，即分指數之加減乘除法也；卷五論代數之比例；卷六論變獨元之一次方程式；卷七論變清多元之一次方程式；卷八論一次式各題之解法；卷九論二次正雜各方式之解法；卷十綜論各次式；卷十一論三次方程各式解法；卷十二四次解法；卷十三論等職各次式之解法；卷十四論等根各次式之解法；卷十五求實根之法；卷十六求畧近之根數；卷十七論無窮級數；卷十八論對數與指數之式；卷十九計息法；卷二十連分數；卷二十一論未定之相等式，即無定數也；卷二十二論用代數解幾何之題，即今代數幾何也；卷二十三論方程式之界(限)[綫]；卷二十四、五皆八綫數理。綜觀全書，即今之代數，在昔時則包括四元級數、割圓八綫諸理，足証中算之疏陋，而漸趨向西法也。因習此一編，則凡中法之所謂難題者，均可迎刃而解矣。此實中國數學之一轉變，亦吸納西化之初步也。書中設題舉例，繪圖布算，俱極詳明，較之中算，亦有條理。惟符號列算，仍沿舊式，如以丄、丅爲加減，又不以子母爲代數，而以甲乙丙丁代已知數，天地人等代未知數，則仍四元之成式。此雖小節，殊值注意。蓋可見習俗難移，且守舊算家猶以西法之不如中術，正排擊之也。至後維新之論勃起，人爭棄舊，始全取西法。此書實過渡期中之代表譯述，今日視之，固無足異，在當時實爲偉大之著也。

綜論

清・華蘅芳《代數術・序》 《代數術》二十五卷，余與西士傅蘭雅所譯也。傅君本精於此學，余亦粗明算法。故傅君口述之，余筆記之，一日數千言，不厭其艱苦。凡兩月而脱稿，繕寫付梓，經年告成。爰展閱一過，而序之曰：數之名，始於一而終於九，故至十則進其位，而仍以自一至九之數名之，至百則又進其位，而仍以自一至九之數名之，如是以至千萬億兆，其例一也。夫古人造數之時，所以必以十紀之者，誠以數之多，可至無窮。若每數各與一名，則吾之名必有窮時，且紛而無序，將不可記憶。不如極之於九，而以十進其位。則舉手而示，屈指而記，雖愚魯者皆能之。故可便於民生日用，傳之數千百年，至今不變也。觀夫市廛貿易之區，百貨羅列，精粗、美惡、貴賤之不同，則其數殊焉；多寡、長短、大小之不同，則其數又殊焉。凡欲以其所有易其所無者，必握算而計之，其所斤斤計較者，莫非數也。設有人言吾可用他法以代其數，夫誰能信之？良以其乘除加減不過舉手之勞，頃刻而得，無有奧邃難明之理在其間，本無藉乎代也。惟是數理幽深，最耐探索，疇人演算，務闡精微。於是乎設題愈難，布算愈繁，甚至經旬累月不能畢一數。且其所求之數，往往雜糅隱匿於各數之內，而其理亦紆遠而不易明。若每事必設一題，每題必立一術，枝枝節節而爲之，術之多將不可勝紀。而仍不足以窮數理之變，則不如任數理之萬變，而我立一通法以馭之，此中法之天元、西法之代數所由作也。代數之術，其已知、未知之數皆代之以字，而乘除加減各有記號以爲區別，可如題之曲折以相赴。迨夫層累已明，階級已見，乃以所代之數入之，而所求之數出焉。故可以省算學之工，而心亦較逸，以其可不藉思索而得也。雖然，代數之術誠簡矣，誠便矣，試問工此術者，遂能不病其繁乎？則又不能也。夫人之用心，日進而不已，苟不至昏眊迷亂，必不肯中輟。故始則因繁而求簡，及其既簡也，必更進焉。而復遇其繁，雖迭代數十次，其能免哉？由是知代數之意，乃爲數學中鈎深索隱之用，非爲淺近之算法而設也。若米鹽零雜之事，而概欲以代數施之，未有不爲市儈所笑者也。至於代數、天元之異同、優劣，讀此書者自能知之，無待余言也。同治十二年十月二十日金匱華蘅芳序。

清・諸可寶《疇人傳三編》卷七 華里司 華里司，一作斯。英吉利國人，算學名家。所輯《代數術》二十五卷，首釋號，次論加減乘除，次諸分，次開方，次分指數化法，次比例，次獨元、多元、等職、等根、實根之各次方程式，次求略近根數，次無窮級數，次對數，次計息，次連分數，次無定之式，次解幾何之題，次方程界線，次八線數理終焉。同治十一年，金匱華君蘅芳與英士傅蘭雅共譯之，上海機器局刊行。【略】《代數術》末卷之中，載求平圓周率簡捷法式，爲尤拉所設。

清・孫維新《泰西格致之學與近刻繙譯諸書詳略得失何者爲最要論》《格致課藝彙編》卷四 《代數術》，英人華里司輯，傅蘭雅與華蘅芳同譯，刊於同治十一年。共二十五卷，凡二百八十一欵，由淺及深，循序而論。【略】是此書較《代數學》尤精詳矣，尤賅備矣，於尋常算題已無不可馭矣。

清・梁啓超《讀西學書法》 習代數者，當以《代數術》爲正宗，而以《代數備旨》輔之。然《代數術》卷二十三論方程界線頗有錯誤，學者讀至此，姑緩置之，躐讀下卷可也。

清・黃慶澄《中西普通書目表》 《代數術》，視《代數備旨》較詳備，譯筆亦極具苦心，間有晦澀處。

清・叶瀚《初學讀書要略・初學稍進諸書要略》 《代數術》前卷本與《備旨》同，三次方程以後恐有脱略，學者亦不可不讀，因無他書可讀也。

清・解宗輝《代數術補式・例言》

一，《代數》二十五卷，其最不可忽者：首卷之釋號、一卷之減乘二法、二卷之諸分中加減乘除、三卷之四指數、六卷之五法十二式、七卷之各種方程、八卷之解一次各題細草、九卷之解二次各題細草、十五卷之求實根、十六卷之求略近之根、十七卷之無窮級數、十八卷之論對數、二十一卷之無定式、二十二卷之代數幾何、二十四五兩卷之八線數理。其餘他卷，亦不可不知，不過以備一格而已。

一，《代數術》者，實能括九章之蘊，窮四元之變，鎔各家之法，兼綜衆妙，向爲疇人家一大都術也。若比例一卷，可以馭粟布、差分、商功。多元一次一卷，可以馭各種方程，可以明四元相消。解一次式一卷，可以馭差分之匿價借衰，可以馭商功之行道遲速。解二次式一卷，可以馭句股，可以解截積，可以開帶縱之平方。求各次之根四卷，可以窮少廣之各乘方。無窮級數一卷，可以求廉法表之底，可以明諸垛積之合用。無定式一卷，可以馭不完之題，可以省大衍之繁。代數幾何一卷，可以明句股三角之條段。方程界線一卷，可以攷各次式之情狀，八線數理二卷，可以窮三角之變，可以明割圓之術，可以開各曲線之先路。

求弦切割矢諸表，可以求内容外切，可以解二次三次式之方根。

著録

清・張之洞《書目答問・子部》　天文算法

《代數術》二十五卷、卷首釋號一卷。今人譯。上海刻本。

[英] 傅蘭雅《江南製造總局翻譯西書事略》　《代數術》。撰書人名：英國華里司。譯書人名：傅蘭雅。筆述人名：華蘅芳。刊書年歲：一千八百七十二年。每書本數：六本。每書連史紙價錢：一千二百八十文。

清・梁啓超《西學書目表》卷上　《代數術》。傅蘭雅、華蘅芳。製造局本。六本，八百。最要。

清・劉鐸《古今算學書録》　象數第三

《代數術》二十二卷。英華里司輯，華蘅芳、傅蘭雅同譯。江南製造局本；石印縮本，中西算學大成本，有刪節。

清・丁立中《八千卷樓書目》卷一一《子部》　天文算法類

《代數術》一卷。英華里司撰，傅蘭雅譯。刊本。

清・劉錦藻《清朝續文獻通考》卷二七四　經籍十八

《代數術》二十五卷。傅蘭雅、華蘅芳譯述。

《上海製造局譯印圖書目録・算學類》　《代數術》二十五卷，六本。連史一元五角，賽連九角五分。

《數學理》

題解

清・徐維則《東西學書録》卷下　算學第十二

《數學理》九卷附一卷。製造局本，四册。英棣麼甘著，趙元益、英傅蘭雅同譯。凡記數、加減乘除、分數、開方、比例之理，悉以淺近出之。而數學一切變化之理，均已包括全盡。其附卷「習算各法」，學者皆可曉然。學代數者，從此書入最便，若初學不甚相宜。

清・丁福保《算學書目提要》卷中　西學類二

《數學理》九卷坿一卷。英國棣麼甘撰，傅蘭雅口譯，新陽趙元益筆述。

案：是書甚新，爲數學中最精之書。其深處已寓微分之理，質性聰穎者閱之，必有速效。《湘學報・書目提要》云：「悉以淺近出之，其坿卷，初學皆可曉然。」此説非是。排列之法，各種算書所闕。《代數難題》雖列此一門，然言之甚略，頗不易解。惟是書第九卷論之最詳，欲知排列之法者，必以此卷爲基礎。

坿卷第十款論何而捺解相等式之理，能開多位小數之方，其説較《數學啓蒙》爲詳備，其理與天元同，其列式則異，《學算筆談》第六卷亦引及之。此外諸款，立説亦新，學者均宜瀏覽。

[英] 傅蘭雅口譯　清趙元益筆述《數學理》目録

卷一　記數之理	卷二　加減之理	卷三　乘法之理
卷四　約法之理	卷五　分數之理	卷六　小分數之理
卷七　開平方之理	卷八　比例之理	卷九　排列之理

附卷共分十一款

綜論

清・孫維新《泰西格致之學與近刻繙譯諸書詳略得失何者爲最要論》《格致課藝彙編》卷四　其論數學各理，均由極淺起首，漸進深奥，爲童蒙所易學也。

清・梁啓超《讀西學書法》　《數學理》説理由淺而深，每門必及代數，頗嫌躐等，於初學不甚相宜，惟天才絶特者讀之，或有速效。

清・黄慶澄《中西普通書目表》　切用。

清・趙惟熙《西學書目答問》　藝學第二

算學　《數學理》九卷附一卷，訂四册。英棣麼甘撰，英傅蘭雅譯，趙元益述。製造局本。是書説理由淺而深，頗有引人入勝之致。其附卷則習算各法也。

著録

［英］傅蘭雅《江南製造總局翻譯西書事略》《數學理》。撰書人名：英國棣麼甘。譯書人名：傅蘭雅。筆述人名：趙元益。刊書年歲：一千八百七十九年。每書本數：四本。每書連史紙價錢：七百六十文。

清·梁啓超《西學書目表》卷上　《數學理》。傅蘭雅、趙元益。製造局本。四本，四百八十。

清·劉鐸《古今算學書録》　象數第三

《數學理》九卷附一卷。英棣麼甘撰，趙元益、傅蘭雅同譯，江南製造局本。

清·丁立中《八千卷樓書目》卷一一《子部》　天文算法類

《數學理》九卷。英棣麼甘撰，傅蘭雅譯。刊本。

《上海製造局譯印圖書目録·算學類》　《數學理》九卷附一卷，四本。連史九角，賽連六角。

《代數難題解法》

題解

《算學書目提要·代數難題》《湘學新報》第十二期　《代數難題》十六卷。製造局本，六本；石印本。英國倫德編輯，傅蘭雅口譯，金匱華蘅芳筆述。卷一至卷十二，從英國算學家吴德所著之代數書内録出，卷十三至卷十六，從岡布理智書院所考之課内録出。綜核全書，有三善焉：用代演草，極整極簡，整則可法，簡則易明，其善一也；原初算式，初無删節，始終本末，條段分明，其善二也；微妙之理，意想不及，一經解明，涣然冰釋，其善三也。華氏《筆談》抉拾數題，著之於篇，以爲代數助變之法。竊謂今日習算，必不可不習代數；欲習代數，必不可不習《代數術》。《代數術》亦非完書，自開二次方以上，應增之款甚多。志切補亡，遍搜中西人所著，是書而外，惟李壬叔所著《代數學》。李書已佚，然嘗於鄂見抄本，識留心邊務者，正可因益求詳。

清·徐維則《東西學書録》卷下　算學第十二

《代數難題解法》十六卷。製造局本，六册；石印本。英倫德編輯，英傅蘭雅譯，華蘅芳述。用代演草，極整極簡，所列之式，初無删節，始終完備。此從英國算學家吴德所著代數書及岡布利智書院所考課中録出。有數法爲初學思索不到者，讀之極能啓發人心思。既讀《代數術》以後，不可不讀是書也。

清·丁福保《算學書目提要》卷中　西學類二

《代數難題》十六卷。英國倫德編輯，傅蘭雅口譯，金匱華蘅芳筆述。案：原書云：「此書所解之題，大半從英國算學家吴德所著代數書内録出，又益以大書院中考試之題。其解題之法，整齊簡易，最便初學。又有微妙之法，爲初學之人所思索不到者。」又云：「書中算式，竝未删節，依此式以解題，無人能議其非。因考試算學時，每有得數不誤，但因解題之法繁簡不得其當，以致被黜者，故不可不講求也。」以上二則，言皆碻切，真能提全書之綱，故録之。

［英］傅蘭雅口譯　清華蘅芳筆述《代數難題解法》目録

卷十一　雜題類四
卷十二　雜題類五
卷十三　岡布理智書院第一次考題　第二次考題　第三次考題　第四次考題
卷十四　岡布理智書院第五次考題　第六次考題　第七次考題
卷十五　岡布理智書院第八次考題　第九次考題　第十次考題
卷十六　岡布理智書院第十一次考題　第十二次考題

綜論

清・孫維新《泰西格致之學與近刻繙譯諸書詳略得失何者爲最要論》《格致課藝彙編》卷四　卷卷設題，題題布解，解法整齊簡明，最便初學讀之。又有微妙之法，爲初學所思索不到者。式多繁雜，變化無窮，洵習算家有用之書也。

清・梁啓超《讀西學書法》　《代數難題解法》率有算草，無解説，非已習代數者不能明之。代數即通，可習微分積分，則爲今時世界上算數之峰極矣。

清・黄慶澄《中西普通書目表》　《代數難題》内多精誼。

著録

[英]傅蘭雅《江南製造總局翻譯西書事略》　《代數難題解法》。撰書人名：英國倫德。譯書人名：傅蘭雅。筆述人名：華衡芳。刊書年歲：一千八百七十九年。每書本數：四本。

清・梁啓超《西學書目表》卷上　《代數難題解法》。傅蘭雅、華衡芳。製造局本。六本，九百六十。

清・劉鐸《古今算學書録》　象數第三　《代數難題解法》十六卷。英倫德編，華衡芳、傅蘭雅同譯。江南製造局本；石印縮本。

清・丁立中《八千卷樓書目》卷一一《子部》　天文算法類

《代數難題解法》十六卷。英倫德輯，傅蘭雅譯。刊本。

清・劉錦藻《清朝續文獻通考》卷二七四　經籍十八　《代數難題解法》十六卷。傅蘭雅、華衡芳譯述。

《上海製造局譯印圖書目録》　算學類　《代數難題解法》十六卷。六本。連史一元八角，賽連一元二角。

《代數須知》

題解

清・徐維則《東西學書録》卷下　算學第十二　《代數須知》一卷。《格致須知》二集本，一册。英傅蘭雅著。將代數一學，檢其淺明者，約分四章。雖透發未爲詳備，而簡潔可喜，足爲入門之階。

清・謝興堯《代數須知提要》《續修四庫全書總目提要(稿本)》三十二册　《代數須知》一卷。光緒十三年印本。英人傅蘭雅撰著。【略】以當時朝野從事維新，盛倡科學，而初學入門苦無善本。因撰《格致須知》若干種，凡三十餘册。每册一類，分天文、地志、化學、算術、重學等，皆以「須知」爲名，便初學也。此書亦一卷，前有總引，述代數之理與用，明其概略。共分四章：首爲代數起首法，係將代數諸理運用於數學法内，故名「起首」；二論代數命分法；三論代數求同數法；四論代數乘方開方法。其第一章由數元字、指數、方根，以至方程之同式、異式，先舉例以明代數之式。第二章由質數、合數，以至公生數等，即今之分數。第三章由求同數，至定方程式，則舉例題演草、算式証明。第四章由分數開方，至二次方程，言簡理明，較之中算家所著，殊爲精要。自謂「止此四章，不敢謂將代數之理全行發透，而所載理法，亦堪玩味」，「欲求深奥，可閱《代數術》與《代數難題》諸書」云。此書雖爲淺近之書，而影響實大。因天元之理，學者難知；代數之式，初學可至，故疇人學者多以此編爲津梁。至書中所列算式題草，仍爲天地人元，與中算式因循習慣，尤具苦心。昔人視天元爲艱深者，至此已變爲簡易，科學之進步，於此可見。按代數輸入最早，清初名借根方，雖取其理，不用其名與式。至清中葉，則有《元代合参》等書，以代數、天元並用。迄清末，始有代數專書，然其算式名詞，則仍天元。由此探奥抉微，昔之言天元者，兹則以微積、對數爲尚矣，而客卿輸入之功，不亦鉅哉？故是書雖淺，其在當時之功效，則甚大也。

綜論

[英]傅蘭雅《代數須知》總引　中國之四元，即西國之代數。學習算學而至此，便覺算學中别具一等樂趣。此余心領而神會者也，何則？蓋代數乃以字求數，題中將求之數，即設字代之；題中已有之數，即録而用之。然有時已有之數太大，全録之未免過累，故亦設字代之，於是通盤皆字，並無所謂數者。而於某字與某字宜加宜減宜乘宜除之處，俱按法作用，終得一式，乃數代已知數之字，與一代將求數之字相等。復將原有數代回，即得將求之數。既得之數，初猶疑未必即所求也，及代於題中，乃知非此數别無與題相配者。然後知代數之妙，真妙不可言傳。此綜論代數之義，其能令人妙悟，增人見識，不待言矣。論代數之用，須詳審題中之意，宜以某字代某數，又詳參題中之理，以開成規式，更須明悉設、求、消、化四法，便能變通簡捷，熟能生巧，無格格不通之弊。今將代數一學，檢其淺而易明者，約成此書，共分四章：第一章係將代數諸理運用於數學法內，名謂代數起首法；第二章論代數命分法；第三章論代數求同數法；第四章論代數乘方開方法。止此四章，不敢謂能將代數之理全行發透。而所載理法，亦堪玩味。猶令人一目了然，聊爲入門之階。欲講求深奥者，可觀《代數術》與《代數難題》諸書。

著録

清·劉鐸《古今算學書録》　象數第三

《代數須知》一册。傅蘭雅。《格致須知》本。

《廣學會譯著新書總目·算學》　《代數須知》。【略】一册，價洋八分。

《代數備旨》

題解

清·徐維則《東西學書録》卷下　算學第十二

《代數備旨》六卷。益智書會排印本一册。美狄攷文著，鄒立文、生福維同述。習問太多，且除加減乘除命分外，止有一次二次方程式，代數一術亦未完備，然以教初學良便。蓋狄君所譯各書，皆以供學堂授徒用也。聞此六卷乃其上編，尚有下編已譯出未刊。

清·丁福保《算學書目提要》卷中　西學類二

《代數備旨》一册。美國狄考文選譯，蓬萊鄒立文、平度生福維筆述。案：是書習問之多，與《筆算數學》相同。如在學堂中令學生依題演算，則是書甚佳；如年在弱冠以後自習代數，既畏推演，又思捷獲，必以是書爲煩瑣。故欲習演數者，宜以是書爲主；欲得速效者，宜以《代數術》爲主。

狄考文謂《代數學》特欲顯其藝能小巧，故未能始終詳備，令人由淺以及深；謂《代數術》乃欲備述代數之大旨，以供人之查檢，是爲已知者之涉獵而作，非爲未知者之習學而作也。是書蓋專爲初學入門而設，故至二次式而止，如欲求深，則進之以《代數術》，益之以《代數學》，極之以《代數難題》，則所學深矣。第二百零四、零五兩款，解二次方程之變法，立術甚新，可補《代數術》之闕。第二百零七款第十六問，一光學題，其推算之法，至二百二十八款始發明之，所論乘方反比例之理甚詳，學者觀之，亦可略知光理。

[美]狄考文譯　清鄒立文　生福維述《代數備旨》凡例

一、此書文雖淺顯，而理實深奥。非如閑書，一覽之餘，即能揭其底蘊也。故學之者須專心致志，步步温習，方能得此書之精微矣。

二、欲習此書者，必先熟於數學，如加、減、乘、除、諸等命分、小數等等，否則其理難窮，其事難終也。

三、作此書之意，原爲學中之諸生，有名師善爲訓導而作者。但此書既作之詳細精明，即凡好數學靈敏之士，能恒其心，鋭其志，用心習學者，亦皆可得其明也。

四、此書乃由淺及深，原有一定之序。故凡欲學之者，亦當按部就班，斷不可躐等而進。設若學數欵而又舍數欵，則必不能得其明也。

五、凡爲師者，宜使諸生將書中之法術，一一解明證出，觀其是否明白。且書中之習問，又宜使其一一算清。至於當背者，惟有法術而已，餘者不必背也。

六、此書所用之數目字，並非中國之數目字，乃亞拉伯之數目字也。夫所以欲用亞拉伯之數目字者，其故有三：一、此數目字乃天下通行者，即中國亦有必行之勢。二、其益即在於省筆，因亞拉伯國之數目字不過僅有十一筆，而中國之數目字竟有二十五筆之多。三、若用中國之數目字，及至列成行時，其一二三等字必至相混不清，而亞拉伯之數目字則未有此弊也。

七、此書所用之算學式，乃豎行寫之，非若泰西之橫行也。夫所以欲用豎行者，一欲順中國寫字之法，二欲省紙張。嘗觀已譯之算書，有用橫行寫者，每一字即用一行，行之以上以下皆無他用。夫以有用之紙，置於無用之地，其用紙張也，何等靡費乎？

八、此書習問之荅，所以欲列之後者，乃欲諸生先依書中之理，自出心裁而算之，後不過將荅撿出，對証之而已。

又《目録》

綜論

[美]狄考文《代數備旨・序》　從來理溯淵源，必由乎舊；術求敏捷，必出以新。泰西之有代數，由來久矣。當本朝康熙時，天主教始傳入中國，名之爲借根方，西名阿爾熱巴拉也，此借根方即古代數。但其入中國時，泰西於此術尚未精深，殆不及天元、四元。維時中國天元失傳，而天主教始登借根方於《數理精蘊》。嗣後泰西諸國，益研益精，愈求愈密，至今可謂窮纖入微，登峯造極矣。故今日之代數，視昔日之借根方，實有不可同日而語者。論代數相消之理，與天元、四元所謂「如積相消」「齊同相消」者，殊塗而同歸。夫天元一始見於宋之秦九韶《數書九章》，元之朱世傑《四元玉鑑》《算學啓蒙》，及李仁卿之《測圓海鏡》《益古演段》。此諸算書至清初時，皆無從可得。幸而高麗猶有存者，於《數理精蘊》製成之後，始由高麗覓得，而四元之學遂復行於中國。嘉慶道光年間，焦里堂有《天元一釋》，羅茗香補撰《玉鑑細草》，近年更有李善蘭之《四元解》，凡此諸書，總爲闡發四元之奥(頤)[賾]也。然而著作雖多，而明者終少，何也？以四元布列之法，乃在上下左右分乘方數。其式雖簡，而理甚委曲，入者未深，輒迷眩矣。而代數則以乘方指數別之，復加諸號以顯之。式雖頗繁，而理甚明晰，學者一目則瞭然矣。且四元祇能分上下左右四項，故無五六以上諸元，欲多用元，須以己意另立算式。代數則不拘元數多少，皆可布算。況其法全而理精，即其用尤廣也。譬諸木役，既有全套之利器，自可應其諸事之用。若但有一斧，欲善其事，能乎？代數之於天元，亦猶是也。然則代數匪特遠勝於借根方，復遠勝於天元、四元矣。

試略述其源流。肇初創自何國何人，今則無可考稽。祇知當六朝時，希臘有丟番都傳其法，多以形學之理證之，但用數不用記號。而天竺亦有之，且精於丟氏，能推一次二次式，其代未知數用五色名，更有一法，幾與秦九韶之大衍術相印。或疑大衍術原出於天竺，後隨佛教傳入中國，然無確據。又波斯與亞拉伯皆傳其法，其代未知數各用方言之物字。及元時，以大利薄那洗，學自亞拉伯，以傳於其國。至明嘉靖、萬曆時，鐵法利傳於日耳曼，白勒得利傳於法蘭西，立可傳於英吉利。其未知數皆以物字代之，遂名爲「物術」云。是時惟未知數用字代，其已知數未有用字代者。至肥乙大，始將已知之數亦兼用字代之，而成代數之權輿。因而學者精益求精，創爲方程，即借根方之相等法也。厥後佳但作三次式，佛拉利作四次式，代加德作指數，由是其學漸盛。特未知用號明之，學者不過用心記之而已。迨牛頓出，始加以諸號，並作諸捷簡法，依其淺深難易之步數臚列，而集代數之大成。凡形學、曲線、八線、微分積分諸學，無不因代數以廣其用。即推天文、火器、航海、光學、力學、電學等事，亦無不以代數馭之。故代數之爲代數，誠爲無不通之數學也。至今著作叢出，其法已廣傳於萬國矣。

於咸豐年間，偉烈亞力先生有一譯本名《代數學》，近年傅蘭雅先生有一譯本名《代數術》。此二書雖甚工雅，然而學者仍難就緒。蓋人作書，意各不同。有爲闡發數理，以備好算家考查而作者；有爲務求新異，以顯其獨得之奇者。觀偉公所譯之原本，特欲顯其藝能小巧，故未能始終詳明，令人由淺以及深也。而傅公所譯之原本，乃欲備述代數之大旨，以供人之查檢，是爲已知者之涉獵而作，非爲未知者之習學而作也。況此二書皆無習問，學者無所推演，欲憑此以習代數，不亦難乎？

今此書係博採諸名家之著作輯成，並非株守故轍，拘於一成本也。書中次序規模，則以魯莫氏爲宗，而講解則多以拉本森爲宗，其無定方程則以投地很得爲宗，總以取其所長爲是。此諸原本，皆爲西國教讀之名書，所用名目記號，無不詳以解之。所言諸理，無不明以證之。其諸算式，亦無不先作解以顯其所以，後立法以示其當然。蓋其一切法術，俱由法問推出。且每立一法，必加習問，或兼設題問，令學者習演，以至於純熟也。然觀中國之談算學者，以爲隨問演草，因題立術。學者病其繁瑣，讀不終篇，輒倦而思臥耳。不知學算之要訣，以推演爲最。如無習問，何以顯其法術之妙？推演無多，何以知其變通之神？法既不能精通，理自不能融洽。習問之功，豈淺顯哉？余觀習算之人所以有倦心者，大都由於不明其理，或無好學之志耳。果有好學之志，復能洞悉其理，則必搜羅各種題問，以窮算中之妙趣，猶有病其繁瑣者乎？有種算書，徒以捷簡爲優。因而設法立術，直不解其所以之故。或擇其易解者解之，其難解者缺之。此等著作，雖捷簡亦何足貴？今譯《代數備旨》一書，實有與此不相侔者。一則卷中次序，係依淺深相關之理，遞次而進；二則所立諸法不分難易，俱各詳爲證明；三則每法必加習問，使學者有所習演；四則特選其有用者，筆之於書，無用者概已去之；五則辭義淺顯，非爲炫異而作，乃欲習之者洞察其精微而作。有此五者，庶可以宏代數之量，致使學者大得其裨益焉。緣代數之功用與形學同，不第有用於天文格物等學，更能練習人之心才，而推之於萬事也。是故泰西諸國，凡男女學塾，無不習學。不但能培植人材，亦大有利於國家矣。余既忝生耶穌教中，即有與物同胞之心。因而遠涉中華，宣傳神子降世、舍生救民之聖道。此固以道爲重，望世人同登天路，而得天堂之永生也。且又欲人精於學問，故設文會館，教授各種要學。其書之未合於用者，即自爲繙譯，惟求中華各種學問大振，克造其極。非特棄假崇真，大獲洪福於來世，復能國強民富，共戴昇平於今生。果能如此，實余之厚望也。

余譯此書已經數年，其所以稽遲未成者，以筆述之人疊次轉移，恒有所遷延也。蓋此書之首數章係鄒立文先生述稿，後爲他事中止，則請生福維先生繼之。因此生素嗜數學，用特延請，以畢其事。余以既得其人，當必速竣其功。不意生先生中途逝世，無奈復藉鄒立文先生之筆譯完，並將所有譯稿修改審定。余等既各盡其所能，則冀書中或無大謬之可指矣。光緒十七年正月十六日狄考文序

清・范震亞《代數備旨下卷序》《代數備旨下卷》卷首

余自束髮以來，性嗜數學，迄今十有餘載。暇覽諸作，唯狄君考文所譯《代數備旨》一書，井井有條，瀍理兼備，犁犁不繁，淺深遞進，闡諸家所未發，詳前人所不周。法由理立，題因術設，足令學者一目了然，并心研究，固代數之圭臬，而算學之基礎也。豈若炫異者刱一術，以顯己獨得之奇；闡理者立一法，以備人參考之需，祇爲已知者多一旁求之法，非爲未知者得一入門之助也。惜書中所載，至二次方程爲限，其下若三次，若四次以下，暨未定方程、無窮級數，悉未備録。宗師命題，往往有各次方程解法，即平常課題中，亦有自二次式化至三次式者，後學苦其無術以解之，因病其書簡捷，未能以宏代數之量，誠憾事焉。余於己亥之秋，得其下卷輈稿，澄心渺慮，會其奧窔，覺向之所不能解者，今可解矣；向之所未明者，今明矣。然後知代數之大成，至此而始竟其術，以臻其功耳，遂珍而藏之。後經同人問及無定方程解法，因出所藏遺稿示之，彼欲余公之同好，以爲素嗜數學者大得其裨益焉。余也不揣固陋，重爲校正，加以潤色，又從而增其所未備，融於篇中，庶可副諸公之望，以繼狄君之志也。稿脱付諸手民，爲序數語於簡端，時光緒二十八年仲夏之月四明范震亞識。

清·華世芳《代數啓蒙序》馮澂《代數啓蒙》卷首　癸巳、甲午之間，橐筆游武昌。時與閩中辜君鴻銘從事自強學堂，縱談及算，嘗爲余言：「西國算學約分三家：一爲專門家，著書創術，闡發新理；二爲輯録家，彙集成編，足資考證；三爲教授家，階級層升，便於講解。今中國設立學堂，宜多譯教授之書，則事半而功倍。」余聞其説而韙之。嘗以所聞證諸所見，西書如棣麽甘之《數學理》《代數學》，專家之書也；華里斯之《代數術》《微積溯源》、海麻士之《三角數理》，皆輯録家之書也。其中非無奇妙之理，精深之詣，而欲令學者憑此以通諸術，則苦其難而中輟者多矣。惟狄考文、潘慎文、赫士、求德生輩所譯各書，（網）〔綱〕舉目張，有條不紊，列法問以爲之程式，設習題以練其工夫，洵爲教授之善本矣。然讀其書者，每以法實倒置，縱横易位爲病。

清·叶瀚《初學讀書要略·初學稍進諸書要略》　代數以《代數備旨》爲始基，此書只二次方程，未竟代數之緒。

清·黄慶澄《中西普通書目表》　《代數備旨》，有條理，間有瑣碎處。

清·彭致君《改正代數備旨補草序》　各學均有教科善本，惟代數算學，則梓行雖多，或高深而不切于實用，或簡畧而不詳明。可爲知者道，不可爲初學者言。西人所譯《代數備旨》一書，其中設問千數百餘題，由粗淺漸入精深，以至二次式，無法不備。惜其僅前列法問，餘則有題無草，學者必自爲演繹，以證其合與否。初學恒苦其難，且非數年不能卒業。

又《凡例》　原書爲美國狄考文先生所譯，據云此書爲西國教讀之名書，誠然。但法問少而習題多，縱學者天資最高，亦有不能遍解之勢，是教者勞而學者不易。

清·徐錫麟《代數備旨全草·凡例》　狄君所譯《代數備旨》書，爲中等代數最善教科書。書中編列習問，所以闡發心思，俾學者練習法術，意至良也。

著録

清·梁啓超《西學書目表》卷上　《代數備旨》。狄考文、鄒立文。上海排印本。一本，五角。雖未備，而便初學。

清·劉鐸《古今算學書録》　象數第三

《代數備旨》十（二）〔三〕章。美狄考文撰，鄒立文、生福維同譯。美華書館鉛版擺印本。

清·趙惟熙《西學書目畣問》　藝學第二

算學　《代數備旨》四卷，訂二册。美狄考文輯，鄒立文述。上海本。是書與《筆算數學》同出一手，故習問亦繁，且法未完備，不如《代數術》之善也。

《廣學會譯著新書總目·算學》　《代數（借）〔備〕旨》。一部，價洋四角。

《算法天生法指南》

題解

清·謝興堯《算法天生法指南提要》《續修四庫全書總目提要（稿本）》三十一册

《算法天生法指南》三卷。《古今算學叢書》本。日本左衛門安明編集。是書前後無序跋，作者經歷不可詳攷。全書爲影印原寫本，間附日文。觀其圖例術式，極爲精詳，足徵作者研究之深、致力之勤。書共三卷，卷一無署名，卷二署「最上流元祖會田筭左衛門安明編集」，下署「門生市野金助茂喬、丸田源五右衛門正通校訂」，卷三署名同，惟下署門人爲「渡邊治右衛門一、市瀨長兵衛惟長校訂」。由本書内容精細，及其校訂門人之衆，是作者乃算術名家，故桃李盈門也。此書卷一首爲「立原」，所舉加減乘除之符號、凡例極多，大致仍本中法。其代數字雖取甲乙丙丁、天地玄黄等字，而列式則特異，惟其精神尚未吸收西法也。除舉符號、算式外，卷一所研究證明者，均勾股弦及切圓之理與術，法式一如中法，先設題立術，次繪圖求証作答；卷二爲矩形及割圓諸式，頗似今之幾何；卷三爲菱形，及不等邊各形之内容外切。全書皆以天元立算，其術多本元李冶《測圓海鏡》、朱世傑《四元玉鑑》諸説，而融會貫通之。其精審處則出自心裁，如繪圖以「黑白積」証明，實較中法顯明也。按中算天元、四元之學，爲古法最精華者，雖似今之代數，而簡捷過之。自明而後，其學幾絶，其書則流傳海外。當時高麗國且列爲取士課藝，日本亦藏有《四元玉鑑》最全佳本。及清中葉，阮文達公元及其門人羅香茗輩酷嗜天算，徵求佚籍，始復由海外鈔回，天元之學因得大顯。今讀此編，亦可窺其源流也矣。見《四元玉鑑》羅士琳跋。更可見海外學者對於古法研討之精，較之中士，有過之無不及也。得此一編，則朱氏之書，不虛傳海外。是書內容，固已非朱氏之説所能範圍，然作者實朱氏之知己，亦四元之功臣也。

綜論

[日]渡邊治一等《算法天生法指南跋》 夫數者，與天地共生者也。無天地則已，苟有天地，則物皆無不有數焉。故曰所以成變化而行鬼神也，所以紀衆理而敘群倫也。近代學者莫用意於此，豈不惑之甚乎？我會田先生以英傑絶世之資，張膽瞋目，朝考夕習，遂揭旗幟其道，振金鼓其黨，至雄視和華古今，令千歲無比肩，豈不是道之先鳴首動者乎？往年著書頗脱稿，今又著此編，以惠後者。蓋先生稟陰陽之偉氣，倜儻不羣，加以研精專一，竭終身之知巧而成者也，非浮淺輕儇、靳名疚利之徒所能庶幾於朝夕也。語曰「涉淺水者見蝦，其尤深者視蛟龍」，希世有深入於先生之道者矣。先生爲人沉毅誠愨，博究群書，尤耽術數，著述千餘卷。今將梓此篇，令吾輩數人校之。吾輩不勝抃舞，遂書卷尾尓。文化七年庚午五月。

清・張迪襄《天生術演代序》 癸卯秋，迪襄客丹江，錢司馬小修出天生術見示。天生術者，日本門安明氏之所作也。迪襄受而讀之，見其書精覈簡切，多前人所未發，惟取徑既別，義例亦殊，研索之下，初覺茫乎其莫入也。情不能已，乃依題以代數演之，以意逆志，比類旁通，久之，漸有門徑可尋。其所云同規者，比例也；矩合者，方程式也；解之者，以真數代還之也；撰之、括之者，猶代數之化法也。其定位似天元，其結式似代數，而圖多有目所未見者。交商矩合，尤他書所未道及。

著録

清・劉鐸《古今算學書録》 象數第三

《算法天生法指南》五卷。日本安明。日本明石舍刊本。

清・徐維則《東西學書録》卷下 算學第十二

《算法天生法指南》五卷。日本明石舍刊本。日本安明著。

《溥通新代數》

題解

清・顧燮光《譯書經眼録》卷四 象數第十二

《溥通新代數》六卷。江楚編譯局木刻本，三册；上海石印本。徐虎臣選譯。本書規則仿日本諸家所譯英國突兑翰多爾之《代數學》、英史密司《大代數》、美駱賓生之《代數教科書》等，參酌損益，以副《溥通新代數》之旨，故自代數加減、乘分迄多次式之解法，於每款之內悉解例題，並附問題數則，由淺及深，間有摘從古書者，以示古今中西一轍之理，且析理極精，形式至簡，設問反復引申，旁推曲容，無罣漏支離之病，誠習代數教科中之善本也夫。

清・徐虎臣《溥通新代數》凡例

一，本書之規則，倣日本諸家所譯英國突兑翰多爾之《代數學史》、史密司之《大代數》、美國駱賓生之《代數教科書》等，參酌而損益之，以期副「溥通新代數」之名。

一，本書自代數加減乘分，迄多次式之解法，雖悉搜羅。然西人之著述汗牛充棟，發明新理處不遑屈指，如奈端、葛西尼等其巨擘也，著作頗富，惜有文字不通之憾。僅藉東人轉譯之書，以管窺之見而參考之，難免無缺陷之處，當如何增損之，不得不質諸世之疇人家。

一，本書於每款之內，悉解例題，並附問題數則，皆由淺而及深。讀是書者，能逐題演習，循序漸進，亦無深邃難明之處。然所設之題，間有從古書中摘來者，以示古今如一、中西合轍之意。

一，本書於解釋例題處，總以文辭簡易、旨意明晰爲宗旨，以期合教科書之體裁，非若專門著述家説理精深、考據詳明者可比。雖然，未免蹈文字麤略之弊，讀者諒之。

一，本書之鍊習問題，不附答於卷末者，使合教科書之性質，恐染避難就易之弊。考東西各國，凡教科書，有教員用與生徒用之區別。其生徒用者，概無附答之例，容另刊解題之單行本，以副獨修者之期望。

又《目録》

卷一

第一篇　定義　　第二篇　正負之區別及加減法
第三篇　乘法　　第四篇　除法
第五篇　和較加減乘除　　第六篇　劈生數
第七篇　公倍數及最小公倍數　　第八篇　分數

卷二

第九篇　一次方程式　　第一〇篇　多元一次式
第一一篇　乘方及平方根　　第一二篇　二次方程式
第一三篇　三次式以上之方程式
第一四篇　二元二次方程式

卷三

第一五篇　二次以上方程式之問題　　第一六篇　分指數及負指數
第一七篇　根數　　第一八篇　立方根
第一九篇　比及比例　　第二〇篇　變數
第二一篇　排列及組合　　第二二篇　雜例補劈生之未盡義
第二三篇　記數法

卷四

第二四篇　分數分項　　第二五篇　等差級數
第二六篇　等比級數　　第二七篇　調和級數
第二八篇　雜體級數　　第二九篇　推差法
第三〇篇　二項法　　第三一篇　泛倍數
第三二篇　循環級數　　第三三篇　插入法
第三四篇　不等式　　第三五篇　指數方程式

卷五

第三六篇　對數　　第三七篇　複利法
第三八篇　連分數　　第三九篇　數之性情
第四〇篇　不定方程式

卷六

第四一篇　適遇法　　第四二篇　定準數
第四三篇　多次方程式

綜論

清・徐虎臣《溥通新代數・序》　《皇極經世》云：「天下之數出於理，違於理則入於術，世人以數入於術，故失於理。」偉哉其言也。嗚呼！天下之數，無一非出於理，天下之理，皆憑於數而始顯。苟無理，則數不生；苟無數，則理不顯。理者，天下之公道也，亘萬世而不變，通萬國而不異，彌萬物無不存。若夫日月之麗於蒼天，星辰之運於太虛，皆有自然之理爲之主宰。欲證明自然之理，唯數而已。苟無理，則天地混沌，日月失明，星辰飛散，人類死滅，草木枯朽，萬物無噍類矣，則數何以起？由此觀之，天下之數出於理者不誣。違於理，則入於術矣。術者，一人之私意，非天下之公道也，亘萬世不能無變更，通萬國不能使相同，欲定萬世不易、萬國普通之公理，非數而何？我聖祖仁皇帝《御製數理精蘊》云：「數者，理之證也。」實千古之卓見。夫欲明自然之理，不可不知一切之數學；欲知一切之數學，不能不先窮代數之理。代數爲一切數學之基礎，欲明一切之數學，固不能不藉徑於代數。代數學者，西名阿爾熱巴拉，譯亞剌伯語，謂補足相消之意。始從方程式而得，厥後屢屢更變，愈改愈精，故今之代數學異於往古之術也。當我朝康熙年間，西人始傳阿爾熱巴拉之法於我國，譯名曰借根方。其法與中國之天元不謀而合，且不若天元之簡捷易明。自嘉道以來，天元之學日精，江都焦氏、甘泉羅氏、海甯李氏相繼發明天元、四元之奧理。此時西人之代數亦日進於精深，故咸豐年間，李海甯與偉烈亞力合譯《代數學》；同治年間，華金匱與傅蘭雅合譯《代數術》《代數難題》等，而所譯之書皆改十、一爲丄、丅，又易其分數之母子。考其更改之意，西書之加減號，因與數字之十與一相混；倒其分數之母子者，因既命爲分母、分子，則母不能不居於子之上之意。考代數之源流，創自何國何人雖不能詳。然當埃及國最盛時代，有丟都番氏著書十三卷，爲最古之代數書。今所存者，纔六卷耳。其書載算術之題，唯知用數而未詳用號之理。但當時天竺已有此法，且精於丟氏，波斯、亞剌伯皆傳其法而不精當。晉隆安四年，西曆四百年時。有亞力山太之女士配把麟，其人者博學多能，著作頗富。後回民燒亞力山太之圖書館，其書大概歸於烏有。今所傳者，有丟氏算法之解釋。明萬曆年間，西曆一千六百年間。於羅馬之撥根圖書館見丟氏之著作，而爲希臘之文，於是代數學者初從天竺而傳於亞喇伯。唐元和八年，西曆八百十三年。亞喇伯之數學家便麼西著代數學之書，今猶在於英國阿克斯福德之麥獵養圖書館。至道光十一年時，西曆一千八百三十一年。英國之羅先始譯英文，然意大利之薄那洗已從天竺傳於本國。當薄氏之壯年，在巴巴利用九數字，已作算數之善法。自薄氏從天竺傳代數學之後，凡三百年間，學者尚稀。至明弘治七年，西曆一千四百九十四年。而意大利之羅卡司代保兒始印代數書而發行，此爲西國印代數書之始，而其書題以《算術幾何比例之合篇》，故歐洲之代數學以意大利爲最早。厥後弗里耶斯、大太里耶、迦但、佛拉利等之諸士接踵而起，故此學大進。明弘治十八年，西曆一千五百五年間。弗里耶斯造三次方程式之解法，後大太里耶更訂其法。嘉靖二十四年，西曆一千五百四十五年。迦但印三次方程式之解法，佛拉利者出於迦但之門，於萬曆七年西曆一千五百七十九年創四次方程式之解法。隆慶六年，西曆一千五百七十二年。磨倍留著《代數論》，由是此學稱意大利爲最盛。然嘉靖二十三年，西曆一千五百四十四年。日耳曼之思鐵法利曾著《整數四術》，創十、一、√之諸號。二十九年，西曆一千五百五十年。英國之立可、法國之白勤得利各傳其學於本國，此時立可又創＝號，爲適等。然未知數雖悉用號，而已知數則仍用數也。至肥乙太始創已知數之諸號，爲今之代數學之濫觴。肥乙太者，法國人，善數學，於方程式之性情發明處頗多。崇禎四年，西曆一千六百三十一年。英國之奉利屋德、荷蘭之紀若爾獨，皆修肥乙太之法而更進，由是此學盛於歐洲。然天竺初創此法時，用五色之名，至波斯、亞剌伯亦各用方言之物名。其傳入歐洲意大利、英國時，而仍用物名，故有「物術」之稱。萬曆二十一年，西曆一千五百九十三年。蘇格蘭之納白爾始造對數，四十二年，西曆一千六百十四年。著録《對數用法》，凡西士之曆算家無不心服。雖然，此書猶有三項之缺：一、對數之正負不明；二、真數增加時，對數反減少；三、對數底以無窮級數，立數不易。同時有英國之巴理知氏明數學理，訂正納白爾之法，以十爲底，而創新對數。此種之對數，皆爲正數，其真數增加時，對數亦偕之增加，最適於用。造自一至二萬，及自九萬至十萬之十四位之對數。至崇禎元年，西曆一千六百二十八年。荷蘭之巴拉哥亦著對數書，從一至十萬之對數，各載十位，爲今之通行者。但至萬曆二十八年以後，西曆一千六百年後。新法之發明尤多。愛倫之布郎開爾造連分數，法國之代加德造指數，英國之奈端造合名法，忽拏造求方程式實商略近數之法，瑞西之斯士莫造方程式實商界限之法，其他蘇格蘭之馬格老臨、戴老，英人之棣麼甘、鮑國，法人之本丁、封留爾，瑞西之尤拉，日耳曼之戈士，那威之阿拜爾等之諸大家興起，此學益進。憶薄氏從天竺傳此學時，能至今日之程度，亦思想所不及。所以得如此之精者，賴先輩好學之效。惟希後之學者懷先輩之功勞，益求精密，而更進此學於高深之域，庶不負前人之心力也。光緒癸卯仲春江甯徐虎臣識。

清・王鏞《溥通新代數敘》 行遠自邇，登高自卑，理所必然，不容陵躐。古者之於士也，六年教之數與方名，九年教之數日，十年學書計，就易知易能之事，優游饜飫於勝衣就傅之時。迨少長，而易知者果知矣，易能者果能矣，然後更進以較難者焉。故其始也，人無有因其易而忽視之；其卒也，人無有因其難而震驚之。後世教士之法，一切大異於古，里塾黨庠之内，不聞有以數計爲教者。方今風氣漸開，各學堂之課程，罔不以祘爲基礎。於是平昔精帖括、工辭章之儒者，始思降心俛首而習之。獨是帖括已精矣，辭章已工矣，其穎異者大都在弱冠以後。語以祘之易者，彼將輕心掉之，曰此孩提之事也，奚待學？若語以祘之難者，彼又讀之弗克知，思之弗克解，瞠目結舌，不崇朝而頹然沮矣。噫嘻！天下有跬步未移而可以適蠻貊，培塿未陟而可以登泰岱者哉？徐君嘯崖曩嘗選譯《數學佩觿》二卷，邇也卑也；茲復選譯《溥通新代數》六卷，邇與遠所歷之徑塗，卑與高所循之階級也。其析理也極之至精，其列式也要諸至簡，其設問也反復引申。旁推曲盡，無罣漏，無支離，蓋欲使過時而後學者不以始之易而輕之，不以終之難而畏之。循是以往，愈引愈深，以馴至於遠也高也，夫何難？光緒癸卯仲春上元王鏞識。

《算術代數貳樣之解法》

題解

清・顧燮光《譯書經眼録》卷四　象數第十二

《算術代數貳樣之解法》一卷。同文印刷舍洋裝本。日本白井義督著，聽秋子譯。科學以數理爲基本，而由淺入深，自繁得簡，於同一問題得貳樣之解法，即算術、代數是也。本書合貳樣解法，譯者並補演解式，以明其理，則此書誠爲是學貫通之善本矣。

《代數學教科書》

著録

《廣學會譯著新書總目・算學》《代數學教科書》。是書日本西師意譯，理法明備，詞意暢達，代數科文佳本，中學堂教授之用。二本，價洋一元二角。

《最新代數學教科書》

題解

《審定書目・書目提要》《學部官報》第五七期 《最新代數學教科書》一册。中東書社本。日本真野氏、宮田氏合編，江夏權量譯。長澤龜之助嘗謂彼邦言算，已脱翻譯之時代，進而爲著作時代。乃今觀和文代數各書，究屬自撰者少，而輯譯者多。即如真野、宮田二氏之書，説理極明而立式歸簡，可謂精心結構，要其大綱仍多譯自西籍。我國代數教科書向無善本，非失之簡略，即失之蕪雜。譯者有鑒於此，知欲習切要之學科，當先得完全之教本。特纂此編，藉以充中學及師範學校之用。昔藤澤利喜太郎謂：算術當準本國之情勢而自行編輯，若代數則勿妨譯外國之書以充本國之用。今之迻譯，即本此義。誤處特爲籤出，再版應改。

《新體中學代數學教科書》

題解

《審定書目・書目提要》《學部官報》第五七期 《新體中學代數學教科書》。科學書局本，三册。日本高木貞治著，金賡周藩譯。代數之書爲東邦所譯輯者，類皆互相沿襲。求其別開生面，説理顯、立法密、舉例詳，而設題又有層次者，殊不多見。是書採取歐洲名家之説，遣詞達意頗有斟酌。其擅長處，則以至單簡之方法解釋一切原理。又以學子習代數書理論雖詳，不可不推廣其應用。以故用意選擇，所載例題莫不避陳求新。惟雜題彙於卷尾，猶未盡善。曩查理斯密著《初等代數學》，其於雜題之例分置諸編中，自信以爲善法。此則與之相左，是其稍欠精審處。然以大段言，固足備中學參考之用也。譯文間有未妥之處，其詳校勘表中，再版時當加改正。

《查理斯密小代數學教科書》

題解

《審定書目・書目提要》《學部官報》第五七期 《查理斯密小代數學教科書》一册。科學會本。英人查理斯密著，連江陳文譯。近百餘年，泰西研究代數者日益精邃。而斯密氏爲尤著，論者謂其長於理解。今觀其所著各籍，良副是言。此編迻譯，採用長澤龜之助增補本，與原書稍有出入。例言以爲較宜於我國學者，此固一説。其實近之從事編輯者，直譯西籍甚尠，類多借徑東文，不僅是書爲然也。考本書原名之義，譯爲「初等代數學」方合。茲因義烏陳氏本標名如是，特改今稱，期免混淆。此則殊可不必，宜仍從原稱，以符名實。綜覈兩家之本，彼系直譯，故詞意或有欠融貫處；此用譯義之法，較爲爽朗。雖其中亦有沿襲東邦名詞未盡精審者，然論其大體，要非漫無抉擇比也。書中欠妥之處，具詳校勘表中，再版應改。此外尚有丁氏福保編譯之《例題詳解》，足與是册相輔而行。特坿録其書名，以備學者之參考。

《司密司大代數學詳草》

題解

《上海科學書局書目録》顧鼎銘《筆算數學詳草》附　原書係奥平浪太郎著，今已譯成華文。解式簡明，次序井然。近百年内，西洋代數學之進步甚驟。其新法新理，此書無不備具，誠代數學中之箸述也。

幾何分部

《幾何原本》

題解

清·四庫館臣《幾何原本提要》《四庫全書總目》卷一〇七　《幾何原本》六卷。西洋人歐幾里得撰，利瑪竇譯，而徐光啓所筆受也。歐幾里得，未詳何時人，據利瑪竇序云中古聞士。其原書十三卷，五百餘題，利瑪竇之師丁氏爲之集解，又續補二卷於後，共爲十五卷。今止六卷者，徐光啓自序云「譯受是書，此其最要者，遂刊之。其書每卷有界説，有公論，有設題。界説者，先取所用名目解説之；公論者，舉其不可疑之理；設題則據所欲言之理，次第設之，先其易者，次其難者，由淺而深，由簡而繁，推之至於無以復加而後已，是爲一卷。每題有法、有解、有論、有系。法言題用，解述題意，論則發明其所以然之理，系則又有旁通者焉。卷一論三角形，卷二論線，卷三論圓，卷四論圓内外形，卷五、卷六俱論比例。其於三角、方圓、邊線、面積、體積比例變化相生之義，無不曲折盡顯，纖微畢露。」光啓序稱其「窮方圓平直之情，盡規矩準繩之用」，非虚語也。又案：此書爲歐邏巴算學專書，且瑪竇序云「前作後述，不絶於世」，至歐幾里得而爲是書，蓋亦集諸家之成，故自始至終，毫無疵纇。加以光啓反復推闡，其文句尤爲明顯。以是弁冕西術，不爲過矣。

清·周中孚《幾何原本提要》《鄭堂讀書記》卷四五　《幾何原本》六卷。《天學初函》本。西洋歐幾里得撰，利瑪竇口譯，徐光啓筆受。《四庫全書》著録。《明史·藝文志》作利瑪竇撰。前有萬曆丁未西泰引稱：「幾何家者，專察物之分限者也，其分者若截以爲數，則顯物幾何（數）[衆]也；若完以爲度，則指物幾何大也。歐幾里得修幾何之學，所制作甚（象）[衆]甚精，其《幾何原本》一書，尤確而當。曰『原本』者，明幾何之所以然。凡爲其説者，無不由此出也。題論之首，先標界説，以設公論，題論所据。次乃具題，題有本解，有作法，有推論。十三卷中，五百餘題，一脈貫通，卷與卷、題與題相結倚，初言實理，至易至明，漸次積累，終竟乃發奥微之意義。至今世又復崛起一名士，爲竇所從學幾何之本師，曰丁先生。既爲之集解，又復推求續補，凡二卷，與元書都爲十五卷。又每卷之中，因其義類，各造新論，然後此書至詳至備。竇自入中國，徐先生命余口傳，自以筆受焉。其最要者前六卷，獲卒業矣。但歐幾里得本文已不遺旨，若丁先生之[文]，唯譯注首論耳。」今按：是書論三角形，論線，論圓，論圓内外形各一卷，論比例二卷，每卷之首，各有界説。其首卷又有求作四則，公論十九則。其法以點線面體，疏三角測量之理，以比例大小分合，疏算法異乘同除之理，由淺入深，善于曉譬。《天學初函》諸書，當以是書爲最，以其不言數而頗能言數之理也。故元扈序稱爲度之宗，所以窮方圓平直之情，盡規矩準繩之用，由顯入微，從疑得信。蓋不用爲用，衆用所基，真可謂萬象之形囿，百家之學海矣。前又有雜議八則，題再校本一則。

清·徐維則《東西學書録》卷下　算學第十二

《幾何原本》舊譯六卷，新譯九卷，共十五卷。萬曆辛亥再校本；《天學初函》二編本；製造局依《數理精蘊》排印本三册；《海山仙館叢書》本。以上皆刻前六卷。咸豐七年韓應陛刻本，祇後九卷；金陵與《則古昔齋算學》《重學》三種合刻本，共二十册；上海石印本。以上皆十五卷。《中西算學大成》本，十七卷。

希利尼歐几里得著。前六卷，意大利利瑪竇口譯，明徐光啓筆受；後九卷，英偉烈亞力口譯，李善蘭筆受。前四卷論綫與面，第五卷論比例，第六卷論面與比例相合，第七、八、九卷論數，第十卷論無比例之幾何，第十一卷至末卷俱論體，而第十三卷論中末綫之用，其第十四、十五卷申言等面五體，首列《與薄大古書》，則後人所續也。每款先列界説，每題有法有解、有論有系，言理不言術，言象不言數，非心思細密者不可讀。狄攷文謂將當時算學幾盡載其中。又謂七、八、九、十四卷各國多不譯，偉烈君譯各國所不屑譯者，不過爲好奇者所樂觀。其語未免過當，要之此四卷於《幾何》中最精奧，故李壬叔亦云各國俗本多掣去之。製造局六卷本有異同。金陵局本第十卷分上中下，《中西算學大成》本析而爲三，故有十七卷。

清・丁福保《算學書目提要》卷中　西學類二

《幾何原本》十三卷。希利尼國歐几里得撰，後人續增二卷，共十五卷。其前六卷，明徐光啓、利瑪竇所譯，其後九卷，李善蘭、偉烈亞力所譯。案：是書前四卷論綫與面，第五卷論比例，第六卷論面與比例相合，第七、八、九卷論有比例、無比例之理，第十卷論無比例十三綫，第十一、十二卷俱論體，而第十三卷論中末綫之用，第十四、十五卷申言等面五體。卷中每題有法有解，有論有系。其前六卷人人能解，俱宜熟讀。其第七、第八、第九、第十卷，狄考文謂無甚大用，爲英人所不屑繙譯，偉烈氏譯之，不過爲好奇者之所樂觀耳。狄氏斯言，實獲我心。

綜論

明・徐光啓《幾何原本序》　唐、虞之世，自羲、和治曆，暨司空、后稷、工、虞、典樂五官者，非度數不爲功。《周官》六藝，數與居一焉，而五藝者不以度數從事，亦不得工也。襄、曠之於音，般、墨之於械，豈有他謬巧哉？精於用法而已。故嘗謂三代而上爲此業者盛有原原本本，師傳曹習之學，而畢喪於祖龍之焰。漢以來多任意揣摩，如盲人射的，虛發無效；或依儗形似，如持螢燭象，得首失尾。至於今而此道盡廢，有不得不廢者矣。《幾何原本》者，度數之所宗，所以窮方圓平直之情，盡規矩準繩之用也。利先生從少年時，論道之暇，留意藝學。且此業在彼中所謂師傳曹習者，其師丁氏，又絶代名家也，以故極精其説。而與不佞游久，講譚餘晷，時時及之。因請其象數諸書，更以華文。獨謂此書未譯，則他書俱不可得論，遂共翻其要約六卷。既卒業，而復之由顯入微，從疑得信。蓋不用爲用，衆用所基，真可謂萬象之形囿，百家之學海。雖實未竟，然以當他書，既可得而論矣。私心自謂：不意古學廢絶二千年後，頓獲補綴唐、虞三代之闕典遺義，其裨益當世，定復不小。因偕二三同志，刻而傳之。先生曰：「是書也，以當百家之用，庶幾有羲、和、般、墨其人乎？猶其小者。有大用於此，將以習人之靈才，令細而確也。」余以謂小用大用，實在其人，如鄧林伐樹，棟梁榱桷，恣所取之耳。顧惟先生之學，畧有三種，大者修身事天，小者格物窮理。物理之一端，别爲象數，一一皆精實典要，洞無可疑，其分解擘析，亦能使人無疑。而余乃亟傳其小者，趨欲先其易信，使人繹其文想見其意理，而知先生之學可信不疑，大槩如是，則是書之爲用更大矣。他所説幾何諸家藉此爲用，畧具其自敘中，不備論。吴淞徐光啓書。

［意］利瑪竇《幾何原本敘》　夫儒者之學，亟致其知，致其知當由明達物理耳。物理渺隱，人才頑昏，不因既明累推其未明，吾知奚至哉。吾西陬國雖褊小，而其庠校所業，格物窮理之法，視諸列邦爲獨備焉，故審究物理之書極繁富也。彼士立論宗旨，惟尚理之所據，弗取人之所意。蓋曰理之審，乃令我知；若夫人之意，又令我意耳。知之謂，謂無疑焉，而意猶兼疑也。然虛理隱理之論，雖據有真指，而釋疑不盡者，尚可以他理駁焉，能引人以是之，而不能使人信之，其無或非也。獨實理者、明理者，剖散心疑，能強人不得不是之，不復有理以疵之，其所致之知，且深且固，則無有若幾何一家者矣。幾何家者，專察物之分限者也。其分者若截以爲數，則顯物幾何衆也；若完以爲度，則指物幾何大也。其數與度，或脱於物體而空論之，則數者立算法家，度者立量法家也。或二者在物體，而偕其物議之。則議數者，如在音相濟爲和，而立律吕樂家；議度者，如在動天迭運爲時，而立天文歷家也。此四大支流，析百派。其一量天地之大，若各重天之厚薄，日月星體去地遠近幾許、大小幾倍，地球圍徑道里之數，又量山岳與樓臺之高、井谷之深、兩地相距之遠近、土田城郭宫室之廣袤、廩庾大器之容藏也。其一測景以明四時之候、晝夜之長短、日出入之辰，以定天地方位，歲首三朝，分至啓閉之期，閏月之年，閏日之月也。其一造器以儀天地，以審七政次舍，以演八音，以自鳴知時，以便民用，以祭上帝也。其一經理水土木石諸工，築城郭，作爲樓臺宫殿，上棟下宇，疏河注泉，造作橋梁。如是諸等營建，非惟飾

美觀好，必謀度堅固，更千萬年不圮不壞也。其一製機巧，用小力轉大重，升高致遠，以運芻糧，以便泄注乾水地，水乾地，以上下舫舶。如是諸等機器，或借風氣，或依水流，或用轉盤，或設關捩，或恃空虛也。其一察目視勢，以遠近正邪高下之差，照物狀可畫立圜、立方之度數於平版之上，可遠測物度及真形，畫小使目視大，畫近使目視遠，畫圜使目視球，畫像有坳突，畫室屋有明闇也。其一爲地理者，自輿地山海全圖，至五方四海，方之各國，海之各島，一州一郡，僉布之簡中如指掌焉。全圖與天相應，方之圖與全相接，宗與支相稱，不錯不紊，則以圖之分寸尺尋知地海之百千萬里，因小知大，因邇知遐，不悮觀覽，爲陸海行道之指南也。此類皆幾何家正屬矣。若其餘家，大道小道，無不藉幾何之論以成其業者。夫爲國從政，必熟邊境形勢，外國之道里遠近、壤地廣狹，乃可以議禮賓來往之儀，以虞不虞之變，不爾不妄懼之，必悮輕之矣。不計算本國生耗、出入錢穀之凡，無以謀其政事，自不知天文，而特信他人傳説，多爲僞術所亂熒也。農人不豫知天時，無以播殖百嘉種，無以備旱乾水溢之灾，而保國本也。醫者不知察日月五星躔次，與病體相視乖和順逆，而妄施藥石針砭，非徒無益，抑有大害。故時見小恙微疴，神藥不效，少壯多夭折，蓋不明天時故耳。商賈懵於計會，則百貨之貿易，子母之入出，儕類之衰分，咸晦混。或欺其偶，或受其偶欺，均不可也。今不暇詳諸家借幾何之術者，惟兵法一家。國之大事，安危之本，所須此道尤最亟焉。故智勇之將，必先幾何之學。不然者，雖智勇無所用之。彼天官時日之屬，豈良將所留心乎？良將所急，先計軍馬芻粟之盈詘，道里地形之遠近、險易、廣狹、死生。次計列營布陣形勢所宜，或用圓形以示寡，或用角形以示衆，或爲卻月象以圍敵，或作鋭勢以潰散之。其次策諸攻守器械，熟計便利，展轉相勝，新新無已。備觀列國史傳所載，誰有經營一新巧機器，而不爲戰勝守固之藉者乎？以衆勝寡、強勝弱，奚貴以寡弱勝衆強？非智士之神力，不能也。以余所聞，吾西國千六百年前，天主教未大行，列國多相并兼。其間英士有能以羸少之卒當十倍之師，守孤危之城，禦水陸之攻，如中夏所稱公輸、墨翟九攻九拒者，時時有之。彼操何術以然？熟於幾何之學而已。以是可見此道所關世用，至廣至急也。是故經世之雋偉志士，前作後述，不絶於世，時時紹明增益，論撰纂爲盛隆焉。

乃至中古，吾西庠特出一聞士，名曰歐几里得，修幾何之學，邁勝先士，而開迪後進，其道益光。所制作甚衆甚精，生平諸書了無一語可疑惑者，其《幾何原本》一書尤確而當。曰「原本」者，明幾何之所以然，凡爲其説者，無不由此出也。故後人稱之曰：「歐几里得以他書踰人，以此書踰己。」今詳味其書規摹次第，洵爲奇矣。題論之首，先標界説，次設公論，題論所據；次乃具題，題有本解、有作法、有推論，先之所徵，必後之所恃。十三卷中五百餘題，一脈貫通。卷與卷、題與題相結倚，一先不可後，一後不可先。纍纍交承，至終不絶也。初言實理，至易至明，漸次積累，終竟乃發奥微之義。若暫觀後來一二題旨，即其所言，人所難測，亦所難信。及以前題爲據，層層印證，重重開發，則義如列眉，往往釋然而失笑矣。千百年來，非無好勝強辯之士，終身力索，不能議其隻字。若夫從事幾何之學者，雖神明天縱，不得不藉此爲階梯焉。此書未達，而欲坐進其道，非但學者無所措其意，即教者亦無所措其口也。吾西庠如向所云幾何之屬幾百家，爲書無慮萬卷，皆以此書爲基，每立一義，即引爲證據焉。用他書證者，必標其名，用此書證者，直云某卷某題而已，視爲幾何家之日用飲食也。至今世又復崛起一名士，爲竇所從學幾何之本師，曰丁先生，開廓此道，益多著述。竇昔游西海，所過名邦，每遘顓門名家，輒言後世不可知，若今世以前，則丁先生之於幾何無兩也。先生於此書覃精已久，既爲之集解，又復推求續補，凡二卷，與元書都爲十五卷。又每卷之中因其義類，各造新論。然後此書至詳至備，其爲後學津梁，殆無遺憾矣。

竇自入中國，竊見爲幾何之學者，其人與書信自不乏，獨未睹有原本之論，既闕根基，遂難捌造。即有斐然述作者，亦不能推明所以然之故。其是者，已亦無從別白；有謬者，人亦無從辨正。當此之時，遽有志翻譯此書，質之當世賢人君子，用酬其嘉信旅人之意也。而才既菲薄，且東西文理又自絶殊，字義相求，仍多闕略。了然於口，尚可勉圖；肆筆爲文，便成艱澁矣。嗣是以來，屢逢志士，左提右挈，而每患作輟，三進三止。嗚呼！此游藝之學，言象之粗，而齟齬若是，允哉始事之難也。有志竟成，以需今日。歲庚子，竇因貢獻僑邸燕臺。癸卯冬，則吴下徐太史先生來。太史既自精心，長於文筆，與旅人輩交游頗久，私計得與對譯，成書不難。於時以計偕至，及春薦南宫，選爲庶常。然方讀中秘書，時得晤言，多咨論天主大道，以修身昭事爲急，未遑此土苴之業也。客秋，乃詢西庠舉業，余以格物實義應。及譚幾何家之説，余爲述此書之精，且陳翻譯之難，及向來中輟狀。先生曰：「吾先生有言『一物不知，儒者之恥』，今此一家已失傳，爲其學者，皆闇中摸索耳。既遇此書，又遇子不驕不吝，欲相指授，豈可畏勞玩日，當吾世而失之？」嗚呼！吾避難，難自長大；吾迎難，難自消微，必成之。先生就功，命余口傳，自以筆受焉，反覆展轉，求合本書之意。以中夏之文，重復訂政，凡三易稿。先生勤，余不敢承以怠。迄今春首，其最要者前六卷獲卒業矣。但歐几里得本文已不遺旨，若丁先生之文，惟譯註首論耳。大史意方鋭，欲竟之，余曰：「止，請先傳此，使同志者習之。果以爲用也，而後徐計其餘。」大史曰：「然，是書也苟爲用，竟之何必在我？」遂輟譯而梓是，謀以公布之，不忍一日私藏焉。梓成，竇爲撮其大意，弁諸簡端。自顧不文，安敢竊附述作之林？蓋聊述本書指要，以及翻譯因起，使後之習者知夫創通大義。緣力俱艱，相期增修，以終美業。庶俾開濟之士，究心實理，於向所陳百種道藝，咸精其能，上爲國家立功立事，即竇輩數年來旅食大官，受恩深厚，亦得藉手萬分之一矣。萬歷丁未泰西利瑪竇謹書。

清·李善蘭《幾何原本序》 泰西歐几里得譔《幾何原本》十三卷，後人續增二卷，共十五卷。明徐、利二公所譯，其前六卷也，未譯者九卷。卷七至卷九論有比例無比例之理，卷十論無比例，十三綫，卷十一至十三論體，十四、十五二卷亦論體，則後人所續也。無七、八、九三卷，則十卷不能讀；無十卷，則後三卷中論五體之邊不能盡解。是七卷以後，皆爲論體而作，即皆論體也。自明萬歷迄今，中國天算家願見全書久矣。道光壬寅，國家許息兵與泰西各國定約。此後，西士願習中國經史，中士願習西國天文算法者，聽聞之心竊喜。歲壬子，來上海，與西士偉烈君亞力約續徐、利二公未完之業。偉烈君書無不覽，尤精天算，且熟習華言。遂以六月朔爲始，日譯一題。中間因應試、避兵諸役，屢作屢輟，凡四歷寒暑始卒業。是書泰西各國皆有譯本，顧第十卷闡理幽元，非深思力索，不能驟解，西士通之者亦尟。故各國俗本掣去七、八、九、十四卷，六卷後即繼以十一卷。又有前六卷單行本，俱與足本並行。各國言語文字不同，傳録譯述，既難免參錯，又以讀全書者少，翻刻譌奪，是正無人。故夏五三家，層見疊出。當筆受時，輒以意匡補。偉烈君言：「異日西士欲求是書善本，當反訪諸中國矣。」甫脱稾，韓君緑卿寓書，請捐資上板，以廣流傳。即以全稾寄之，顧君尚之、張君嘯山任校覈。閲二年，功竣，韓君復乞序之。

憶善蘭年十五時，讀舊譯六卷，通其義。竊思後九卷必更深微，欲見不可得。輒恨徐、利二公之不盡譯全書也，又妄冀好事者或航海譯歸，庶幾異日得見之。不意昔所冀者，今自爲之，其欣喜當何如耶？雖然，非國家推恩中外，一視同仁，則懼干禁網不敢譯；非偉烈君深通算理，且能以華言詳明剖析，則雖欲譯，無從下手；非韓君力任剞劂，嘉惠來學，張、顧二君同心襄力，詳加讐勘，則雖譯有成書，後或失傳。凡此諸端，不謀麕集，實千載一時難得之會。後之讀者，勿以是書全本入中國爲等閒事也。咸豐七年龍在丁巳正月五日海甯李善蘭序。

［英］偉烈亞力《幾何原本序》 粵稽中國算量曆律之學，古書咸扗，獨言幾何者絶少。幾何之學，不知託始何國，或云埃及，或云巴比倫，博攷之士僉其造自天竺，迄無定論。今所傳最古者，周定王時，他勒著是學於希臘。景王時，閉他臥刺修明其術。元王時，依卜加造作諸題，始有成書，皆幾何法也。顯王、赧王時，有歐几里得者，不知何許人，傳是學於亞力山太，埃及城名，見《新約全書·使徒行傳》六章九節。述樂律算術等書，尤著名者，曰《幾何原本》，較昔術尤精。後人宗之，莫可訾議，故歐几里得之《幾何原本》獨爲完書。當是時，埃及國王多禄某問曰：「幾何之法，更有捷徑否？」對曰：「夫幾何若大路然，王安所得獨闢一途也？」自此方輿之内繙譯是書者，亞於新、舊約全書。余來中國，見有《幾何》六卷，明泰西利氏繙。算學家多重之，知其未爲全書，故亦不甚滿志。宣城梅氏云：「有所祕耶？抑義理淵深，繙譯不易故耶？」學問之道，天下公器，奚可祕而不宣？不揣檮昧，欲續爲成之。顧我西國此書，外間所習，或六卷，或八卷，俱非足本。自來海上，留心蒐訪，實鮮完善，仍購之故鄉，始得是本，迺依希臘本繙我國語者。我國近未重栞，此爲舊板，較勘未精，語譌字誤，豪釐千里，所失匪輕。余媿譾陋，雖生長泰西，而此術未深，不敢妄爲勘定。會海甯李君秋紉來游滬壘，君固精於算學，於幾何之術，心領神悟，能言其故。於是相與繙譯，余口之，君筆之，删蕪正譌，反復詳審，使其無有疵病，則李君之力居多，余得以藉手告成而已。是書六卷後至十五卷始全。末二卷出自他手，非歐几里得所著。以全書綱領言之，前四卷論線與面，弟五卷論比例，弟六卷論面與比例相合。此利氏譯。弟七、八、九卷論數。弟十卷論無比例之幾何，分二十五類，明各類各線，與他類諸線俱無等，此卷在幾何術中最爲精奥。弟十一卷至末卷，俱論體。而弟十三卷論中末線之用，弟十四、十五卷申言等面五體。此余所譯。書既成，微特繼利氏之志，抑亦解梅氏之惑，殊深忻慰。所重有感者，我西人之來中國，有疑其借曆算爲名，衾以行其耶穌主教者。夫耶穌主教，本也；曆算諸學，末也。曆算非主教宗旨，而格致窮理亦人人所宜講明切究者。徐光啓之序前書也，謂西學甚大，先於其小者測之。小也者，即吾所云末也；大也者，即吾所云本也。本何在？則帝子降生，捐

身救世是也。故余之來賓，以首明聖教爲事，願與天下學者謹謹焉求其本，而弗遺於其末，愈爲余之所厚望也已。咸豐七年正月十日偉烈亞力序。

清・曾國藩《幾何原本序》 《幾何原本》前六卷，明徐文定公受之西洋利瑪竇氏，同時李涼庵彙入《天學初函》。而《圜容較義》《測量法義》諸書，其引《幾何》，頗有出六卷外者，學者因以不見全書爲憾。咸豐間，海甯李壬叔始與西士偉烈亞力續譯其後九卷，復爲之訂其舛誤，此書遂爲完帙。松江韓綠卿嘗刻之，印行無幾，而板燬於寇。壬叔從余安慶軍中，以是書眎予，曰：「此算學家不可少之書，失今不刻，行復絶矣。」會余移駐金陵，因屬壬叔取後九卷，重校付刊。繼思無前六卷，則初學無由得其蹊徑，而亂後書籍蕩泯，《天學初函》世亦稀覯，近時廣東海山仙館刻本，疵謬實多，不足貴重。因并取六卷者，屬校刊之。蓋我中國算書以九章分目，皆因事立名，各爲一法。學者泥其迹而求之，往往畢生習算，知其然而不知其所以然，遂有苦其繁而視爲絶學者。無他，徒眩其法而不知求其理也。《傳》曰：「物生而後有象，象而後有滋，滋而後有數。」然則數出於象，觀其象而通其理，然後立法以求其數。則雖未覩前人已成之法，刱而設之，若合符契。至於探賾索隱，推廣古法之所未備，則益遠而無窮也。《幾何原本》不言法而言理，括一切有形而概之曰點、線、面、體。點、線、面、體者，象也。點相引而成線，線相遇而成面，面相疊而成體。而線與線、面與面、體與體，其形有相兼有相似。其數有和有較，有有等有無等，有有比例有無比例。洞悉乎點線面體，而御之以加減乘除，譬諸閉門造車，出門而合轍也。奚啻敝敝然逐物而求之哉？然則九章可廢乎？非也。學者通乎聲音訓詁之端，而後古書之奥衍者，可讀也；明乎點線面體之理，而後數之繁難者，可通也。九章之法，各適其用。《幾何原本》則徹乎九章立法之源，而凡九章所未及者，無不賅也。致其知於此，而驗其用於彼。其如肆力小學，而收效于群籍歟？同治四年十月曾國藩。

明・徐光啓《幾何原本跋》 是書刻於丁未歲，板留京師。戊申春，利先生以校正本見寄，令南方有好事者重刻之。累年來，竟無有，校本留寘家塾。暨庚戌北上，先生没矣。遺書中得一本其別後所自業者，校訂皆手跡。追惟篝燈函丈時，不勝人琴之感。其友龐、熊兩先生，遂以見遺，庋置久之。辛亥夏季，積雨無聊，屬都下方争論曆法事，余念牙絃一輟，行復五年，恐遂遺忘。因偕二先生重閲一過，有所增定，比於前刻，無差遺憾矣。續成大業，未知何日，未知何人，書以(俊)[俟]焉。

清・韓應陛《續譯原跋》 《幾何原本》原書十五卷，前六卷利瑪竇譯，而徐光啓所筆受者。乾隆間已由兩江總督採進收入《四庫》。《四庫總目》兼引徐、利序語，知徐、利序亦並經録入。利序云：「太史意方鋭，欲竟之。」又云：「太史曰是書也苟爲用，竟之何必在我？」而徐題語亦云：「續成大業未知何日，未知何人。」今偉烈氏亞力既續譯其後九卷，海甯李氏善蘭爲之筆受，而《幾何原本》原書遂全。夫徐、利俱精天算家言，李、偉亦俱精天算家言。徐居吳淞，李亦寓吳淞。利生於歐羅巴而游於中土，偉烈亦生於歐羅巴而游於中土；利信奉耶穌，偉烈亦信奉耶穌。前書徐、利各譔一序，此書李、偉烈亦各譔一序。何前後一一相同如是？顧未知後日亦得收入《四庫》與否也。而果在何時收入，由何人獻進也？書以俟焉。咸豐七年二月十一日婁韓應陛。

明・徐光啓《幾何原本雜議》 下學工夫，有理有事，此書爲益。能令學理者祛其浮氣，練其精心；學事者資其定法，發其巧思，故舉世無一人不當學。聞西國古有大學師，門生常數百千人，來學者先問能通此書，乃聽入。何故？欲其心思細密而已。其門下所出名士極多。

能精此書者，無一事不可精；好學此書者，[無]一事不可學。

凡他事能作者能言之，不能作者亦能言之。獨此書爲用，能言者即能作者，若不能作自是不能言。何故？言時一毫未了，向後不能措一語，何由得妄言之。以故精心此學不無知言之助。

凡人學問，有解得一半者，有解得十九或十一者。獨幾何之學，通即全通，蔽即全蔽，更無高下分數可論。

人具上資，而意理疎莽，即上資無用。人具中材，而心思縝密，即中材有用。能通幾何之學，縝密甚矣。故率天下之人而歸於實用者，是或其所由之道也。

此書有四不必：不必疑，不必揣，不必試，不必改。有四不可得：欲脱之不可得，欲駁之不可得，欲減之不可得，欲前後更置之不可得。有三至三能：似至晦實至明，故能以其明明他物之至晦；似至繁實至簡，故能以其簡簡他物之至繁；似至難實至易，故能以易易他物之至難。易生於簡，簡生於明，綜其妙，在明而已。

此書爲用至廣，在此時尤所急須。余譯竟，隨偕同好者梓傳之。利先生作叙，亦最喜其亟傳也，意皆欲公諸人人，令當世亟習焉。而習者蓋寡。竊意百年之後，必人人習之，即又以爲習之晚也，而謬謂余先識，余何先識之有？

有初覽此書者，疑奥深難通，仍謂余當顯其文句。余對之度數之理，本無隱奧，至於文句，則爾日推敲再四，顯明極矣。倘未及留意，望之似奧深焉。譬行重山中，四望無路，及行到彼，蹊徑歷然。請假旬日之功，一究其旨，即知諸篇，自首迄尾，悉皆顯明文句。

清・劉獻廷《廣陽雜記》卷四　《幾何原本》有十二卷，徐玄扈所譯者只前六卷耳。綫則備矣，體未之及也。《原本》推論其理，作用全未之及。

清・杜知耕《幾何論約・序》　《幾何原本》者，西洋歐吉里斯之書，自利氏西來，始傳其學。元扈徐先生譯以華文，歷五載，三易稿而後成。其書題題相因，由淺入深，似晦而實顯，似難而實易，爲人不可不讀之書，亦人人能讀之書。故徐公嘗言曰：「百年之後，必人人習之，即又以爲習之晚也。」書成於萬曆丁未，至今九十餘年，而習者尚寥寥無幾，其故何與？蓋以每題必先標大綱，繼之以解，又繼之以論，多者千言，少者亦不下百餘言。一題必繪數圖，一圖必有數線，讀者須凝精聚神，手誌目顧，方明其義。精神少懈，一題未竟，已不知所言爲何事。習者之寡，不盡由此，而未必不由此也。若使一題之藴，數語輒盡，簡而能明，約而能該，篇幅既短，精神易括，一目了然，如指諸掌，吾知人人習之恐晚矣。

清・吴學顥《幾何論約序》　《幾何原本》一書，創於西洋歐吉里斯。自利瑪竇攜入中國，而上海徐元扈先生極爲表章，譯以華文，中國人始得讀之。其書囊括萬卷，包羅諸有，以爲物之形有短長，有闊狹，有厚薄。短長曰線，闊狹曰面，厚薄曰體，以三者提其大綱，而曲直相參，斜正相求，方員相準，多寡相較，輕重相衡，以虛例實，用小該大，自近測遠，參之伍之，錯之綜之，物之形得而無閡，數無遁理矣。顧其書雖存，而習者卒鮮，即稍窺其藩，亦僅以爲歷學一家之言，不知其用之無所不可也。

清・方中通《幾何約》方中通《數度衍》附　西學莫精於象數，象數莫精於《幾何》。

清・陳萬策《中西算法異同論》《切問齋文鈔》卷二四　觀《幾何原本》一書，自丁先生以來，若六經之尊貴，可以考其用心，宜其爭衡於中法也。

清・梅文鼎《勿菴曆算書目》　幾何摘要　《幾何原本》爲西算之根本，其法以點線面體疏三角測量之理，以比例大小分合疏算法異乘同除之理，由淺入深，善於曉譬。但取徑縈紆，行文古奧而峭險，學者畏之，多不能終卷。

清・阮元《疇人傳》卷四三　歐几里得

歐几里得著《幾何原本》十三卷，後有丁氏者，利瑪竇師也，爲之集解，又續補二卷，共十五卷。利瑪竇入中國，譯其書止六卷。第一卷論三角形，二卷論線，三卷論圓，四卷論圓内外切形，五卷、六卷俱論比例。卷中每題有法、有解、有論、有系。法言題用，解述題意，論則發明其所以然之理，系則又有旁通者也。論曰：《天學初函》諸書，當以《幾何原本》爲最，以其不言數而頗能言數之理也。如云：「自有而分，不免爲有，兩無不能并爲一有」，非熟精度數之理，不能作此造微之論也。

清・諸可寶《疇人傳三編》卷五　韓應陞

西人點線面積之學，莫善於《幾何原本》。凡十五卷，明萬曆間利譯止前六卷，咸豐初，英吉利士人偉烈亞力續譯後九卷。海寧李壬叔氏寫而傳之，舍人反覆審訂，授之剞劂，亞力以爲泰西舊本弗及也。

清・華蘅芳《學算筆談》卷五　《幾何原本》爲西法中最古之書，不言法而言理，不言數而言象，蓋徹乎立法之源，凡《九章》所不及者，無不賅也。不讀《幾何》，則不能明點線面體之理，而於加減乘除開方之用，終不能了然於心目之間。是書第十卷之理甚深，非初學所能通曉，但觀其前六卷可也。

《幾何》之界説及各題，字字齊着力，其釋題之語，無一字不周到，無一句無來歷。學者讀慣此書，其心思自能縝密。則看各種算學之題，如禹鼎燭奸，可以無遁形矣。

清・孫維新《泰西格致之學與近刻繙譯諸書詳略得失何者爲最要論》《格致課藝彙編》卷四　《幾何原本》，乃周顯時希臘人歐幾里得所撰，止十三卷，後人續增二卷，共十五卷。明萬曆間，義大里人利瑪竇與徐文定公共譯成爲前六卷。尚有九卷，計二百餘年，無人續貂。迨咸豐間，始經英士偉烈亞力與李君善蘭譯成完帙，韓君綠卿捐資刊印。印行無幾，板毁於寇。同治間，曾文正公重刊於金陵，直行至今，人所共睹。

首卷載畍説公論，一卷三角形，二卷論性，三卷論圜，四卷論圜内外形，五卷論比例，六卷論線面比例，七卷至九卷論有比例無比例之理，十卷論無比例、十三綫，十一至十三卷論體，十四十五卷亦論體，乃後人所續也。每卷設題，按題貼説，由淺及深，秩然有序，實算術中之第一要學也。

清・車善呈《泰西格致之學與近刻繙譯諸書詳略得失何者爲最要論》《格致課藝彙編》卷四　顧泰西格致之學，所包者廣，所造者深，而發揮於推算者有三種：

曰算學，曰重學，曰天學。其挈領提綱，包涵衆有，而算學、重學、天學無不賅者，則有《幾何原本》一書。西人歐几里得譔，凡十五卷，爲泰西言算之祖。【略】凡天地間有形象可指者，推求無不密合，洵推算之津梁，儒家萬不可不讀之書也。

清・梁啓超《讀西學書法》 《幾何原本》，徐文定僅譯前六卷，至李壬叔乃續成之。然第十卷之理甚深，非初學所能解，即西人學校通習者，亦僅在前六卷，故(偉力亞烈)[偉烈亞力]謂：「西人欲求此書善本，當反索之中國矣。」學者初但觀徐譯，久之此學日深，神明其法，自能讀全書也。

清・黄慶澄《中西普通書目表》 《幾何原本》十五卷，奇書。前六卷心力尤足，利、徐二公之學實駕偉、李之上。學算從《幾何》入手，再看別書，勢如破竹，學者切勿畏難。

清・吴道鎔《幾何贅説序》潘應祺《幾何贅説》卷首 愚竊謂《幾何》一書，絲聯繩貫，一義不通，前後斷絶。每證一義，繁複隱奥，象窮於形容，詞窮於擬議。觀西儒偉烈亞力述埃及王語欲更求捷徑，則此學之難治久矣。文定嘗言能精《幾何》者，無一書不可精，好學《幾何》者，無一事不可學。其筆受利氏譯爲此書，自謂推敲顯明。譬山行者，四望無路，至則蹊徑歷然。然見蹊徑待於既至者，當未至時，雖以善辯如文定，無術解其意。中藴結設，四顧徬徨，廢然思返，將終其身，無見蹊徑之一日，安所望讀而好，好而精哉？然則所謂顯明者，亦顯明於讀者已顯明之心，其未明者不在此例也。西人以代數推形學之書，其有譯本者，如美儒羅密士之《代形合參》、英儒艾約瑟之《圜錐曲綫説》，初治形學者，驟難問津。此外若《代數術》《代微積拾級》，皆有代數幾何一類，亦止粗具厓略。惟英儒韓伯連形學書，依《原本》篇第，多用記號等式以代論説，其詮釋自一卷至六卷，及十一卷之前半卷而止，意在專發明平面立面之理。其自序云：「立體之理已詳李察純尖堆形學書，故不贅及。」李氏書吾國絶尟見，獨此書孤行，未爲完備，且流布十餘年來，尚無譯本。故吾國講授幾何者，仍用利氏、偉烈氏前後譯本，或參以狄氏《形學備旨》，教者學者疲精殫力，事倍而功半。

著録

清・張廷玉等《明史・藝文志三》 天文類

利瑪竇《幾何原本》六卷。

清・張之洞《書目答問・子部》 天文算法

《天學初函・器編》三十卷。明徐光啓等。明刻本，十種，目列後。【略】幾何原本六卷。明徐光啓譯。又海山仙館本。全書十五卷，餘九卷未譯，今始譯行。

又 新譯《幾何原本》十三卷、續補二卷。李善蘭譯。上海刻本。

清・梁啓超《西學書目表上》 《幾何原本》。利瑪竇、徐光啓、偉烈亞力、李善蘭。金陵刻本，與《則古昔齋算學》《重學》三種合刻，共二十本，值二千七百。初學宜先讀前六卷。又前六卷。利瑪竇、徐光啓，製造局依《數理精藴》排印本，三本，四角。有删改，不如讀原書。

清・劉鐸《古今算學書録》 象數第三

《幾何原本》六卷。明徐光啓、意大里利瑪竇同譯。明萬曆辛亥再校本；明李之藻刊《天學初函》二編本；《海山仙館叢書》本；金陵書局合刊後九卷本。

又 《幾何原本》後九卷。李善蘭、英偉烈亞力同譯。咸豐七年韓應陛刊本；金陵書局刊合前六卷共十五卷本；石印縮本十五卷；中西算學大成本同。《幾何原本》十三卷、續補二卷，前六卷爲徐、利二君所譯，後九卷李、偉二君續譯，其書始全。韓氏所刻後九卷，版燬於兵。金陵十五卷本，并《重學》《則古昔齋算學》合刻，前序數篇，葉數錯亂，(儲)[諸]可寶撰《疇人傳三編》采偉序，亦承其誤。

清・趙惟熙《西學書目答問》 藝學第二

算學 《幾何原本》十三卷，續增二卷，訂十五册。希利尼人歐几理撰，前六卷意利瑪竇譯，明徐光啓述；後九卷英偉烈亞力譯，李善蘭述。南京本。是書爲歐西算學之祖，入中國亦最先，故凡習西算者，咸讀之。自十卷以後，理境更深，頗難索解，初學者必先從事於前六卷，即西人學校所習亦然。按：是書已見《答問》，因其爲西算要本，故録之。

清・丁立中《八千卷樓書目》卷一一《子部》 天文算法類

《幾何原本》六卷。西洋歐几里得撰，利瑪竇譯。《海山仙館》本；刊十三卷本；曾氏刊十五卷本。

清・劉錦藻《清朝續文獻通考》卷二七四 經籍十八

《新譯幾何原本》十三卷，續補二卷。偉烈亞力、李善蘭譯。

《上海製造局譯印圖書目録》 附刻各書

《幾何原本》，三本。連史八角五分，賽連五角五分。

《幾何要法》

題解

清・周中孚《幾何要法提要》《鄭堂讀書記》卷四五 《幾何要法》四卷。崇禎辛未刊本。明西洋艾儒略口述，瞿式穀筆受。《四庫全書》著録，在《新法算書》內。《明史・藝文志》天文類。作艾儒略撰。前有崇禎辛未安陸鄭洪猷序【略】，然考其每卷之首俱有洪猷等校梓姓氏，則洪猷特校梓之一人，而其序文不及艾儒略、瞿式穀一字，不可解也。惟徐元扈光啓等《新法算書》是居其一，至稱艾儒略萬曆時入中國，著《幾何要法》四卷，即《幾何原本》求作線面諸法，而較《幾何原本》爲詳。阮雲臺師《疇人傳》四十四亦即采此數語爲傳，而不置一辭，則亦不深取之矣。其書大都取《幾何原本》而删存其要，别爲一書。每卷各立章名，卷一凡十七章，卷二凡二十九章，卷三凡十四章，卷四凡三章，總七十三章，其次序亦不相同。蓋明人改頭換面之書也。考元扈于《幾何原本》之首冠雜議數條，有云：「此書有四不必，不必疑，不必揣，不必試，不必改。有四不可得，欲脱之不可得，欲駁之不可得，欲減之不可得，欲前後更置之不可得。」此書乃改之減之，前後更置之，顯蹈元扈之所戒，何元扈《新法算書》不大加訶斥乎？豈以其書尚便于初學耶？則吾寧取杜伯瞿之《論約》爲有條理矣。

[英] 艾儒略口述　清瞿式穀筆受《幾何要法》目録

有圜求作圜内三角切形與所設三角形等角章第十六
有圜求作圜外三角切形與所設三角形等角章第十七
有圜求作内切圜直角方形章第十八
有圜求作外切圜直角方形章第十九法有二
有直角方形求作形内切圜章第二十
有直角方形求作形外切圜章第二十一
有圜求作圜内五邊切形，其形等邊等角章第二十二
有圜求作内切圜五邊及十邊形章第二十三
有圜求作圜外五邊切形，其形等邊等角章第二十四
五邊等邊等角形求作形内切圜章第二十五
五邊等邊等角形求作形外切圜章第二十六
求作圜内六邊切形，其形等邊等角章第二十七
求作圜内十五邊切形，其形等邊等角章第二十八
圜内有同心圜，求作一多邊形切大圜不至小圜，其多邊爲偶數而等章第二十九

卷之三
界説章第一十則
三髀規章第二
於有界直線上求立等邊三角形章第三
於有界直線上求立一不等三角形章第四
於有界直線上求立三不等角形章第五
有直線角求兩平分之章第七
有直角求三平分之章第七
有角任分爲若干分章第八
有三直線求作三角形，其三邊如所設三直線等章第九
設一三角形求别作一形與之等章第十
一直線任于一點上求作一角如所設角等章第十一
有三角形求兩平分之章第十二
凡角形任于一邊任作一點，求從點分兩形爲兩平分章第十三
有三邊直角形以兩邊求第三邊長短之數章第十四

卷之四
界説章第一八則
審矩章第二
一直線上求立直角方形章第三
有直線形求作直角方形與之等章第四
有三角形求作平行方形與之等而方形角又與所設角等章第五
有多邊直線形求作一平行方形與之等而方形角又與所設角等章第六
有多直角方形求并作一直角方形與之等章第七
有平行方形求作三角形與之等，而三角形一角如所設角等章第八
一直線上求作平行方形與所設三角形等，而方形角又與所設角等章第九
設不等兩直角方形如一以甲爲邊一以乙爲邊，求别作兩直角方形自相等而并之又與元設兩形并等章第十
兩直線形不等求相減之較幾何章第十一
有圜求作一直角方形與之等角章第十二
有直角方形求作一圜與之等章第十三
推用一法任有直線形求作一圜與之等，又任設一圜求作直線形與之等

綜論

明·鄭洪猷《幾何要法序》 世之執牛耳盟者，幽言理至。度數之學，則以爲迂而無當於道，而芻狗置之。夫度數而斤斤術藝也，則芻狗置也可。度數之中，大而授時定曆，正律、審音、算量，分秒不爽；水泉灌溉有資，與夫力小任重，營建機巧畢具；而兵家制勝，列營陣、揣形勢、策攻守，所須乎此者，尤亟用之如斯其廣且切也。此而可芻狗視之，將義畫虞璿，亦枯而不靈之器；禹奏平成，可舍句股勿用；而姬公測驗，必周髀是問，何爲也？始信理脱數而藏，易借以覆短；數傳理而見，則有物有事，假作不得，假説亦不得也。善哉！《幾何原本》之帙，譯自西國，裁自徐太史先生之手，其中比分櫛解，義數詳明，可以佐隸首、商高所不逮，可以補十經、《九執》之遺亡。而梓甘翟襄不擅長焉者，神而明之，引類而伸之，先王制器前用之法備見矣。特初學望洋而嘆，不無驚其繁。余因晤

西先生，得受《幾何要法》。其義約而達，簡而易從，如攻堅木，先其易者，後其節目，久也，相説以解。先河而後海，昔有言之矣，不操縵而能安絃，有是學乎？爰是訂而副諸梓人，僭數語弁其端。有咲而詑猷以俗吏而迂譚度數之理也，猷烏知？崇禎辛未仲春陸安鄭洪猷書。

清・李子金《幾何易簡集・序》 《幾何原本》者，西洋所習之舉業也。自利瑪竇先生西來，口譯其文，徐太史光啓秉筆以成之，而中國始有傳書。其自序中以爲百種道藝，咸取資于是書，蓋亦云神而明之，存乎其人耳。而其爲功于世最近而可驗者，則所以窮方圓平直之情，盡規矩準繩之用，如徐太史所言者是也。書成，刻于萬曆丁未，其中解論詳明，了無可疑。而西國之儒猶恐初學之士苦其浩繁，又有《幾何要法》一書，文約而法簡，蓋示人以易知易從之路也。越二十有五季，至崇禎辛未，有西先生艾儒略者口述是書，陸安鄭洪猷先生爲之作序，而《要法》遂與《原本》並傳矣。

予素亦不厭鄙事，于《幾何》一家深有取焉。因思《要法》所載，于法雖隱括無遺，而其當然之則與其所以然之故，則未曾明言也。若止讀《要法》而不讀《原本》，是徒知其法而不知其理，天下後世將有習矣而不察者。夫《原本》一書，乃合上智下愚，悉納于教誨之中，惟恐有一人之不能知、不能行。故于至深之難解者解之，于至淺之不必解者亦解之。論説不厭其詳，圖畫不厭其多，遂致初學之士有望洋之嘆，而不得不以《要法》爲捷徑。是幾何之要法既行，而幾何之原本或幾乎廢矣。

清・阮元《疇人傳》卷四四 艾儒略

艾儒略，萬曆時入中國，著《幾何法要》四卷。即《幾何原本》求作線面諸法，而較《幾何原本》爲詳。

著録

清・張廷玉等《明史・藝文志三》 天文類

艾儒略《幾何要法》四卷。

清・張之洞《書目答問・子部》 天文算法

《新法算書》一百零三卷。明徐光啓等。明刻本，三十種，原名《崇禎曆書》。目列後。【略】《幾何法要》四卷。

清・劉鐸《古今算學書録》 象數第三

《幾何要法》四卷。明艾儒略譯。《新法曆書》本；《曆法典》本。

清・徐維則《東西學書録》附卷《東西人舊譯著書》 艾儒略，《幾何法要》四卷。

《圜容較義》

題解

清・四庫館臣《圜容較義提要》《四庫全書總目》卷一〇六 《圜容較義》一卷。兩江總督採進本。明李之藻撰，亦利瑪竇之所授也。前有萬曆甲寅之藻自序。稱：「【略】昔從利公研窮天體，因論圜容，拈出一義，次爲五界十八題，借平面以推立圜，設角形以徵渾體」云云。蓋形有全體，視爲一面，從其一面例其全體，故曰「借平面以測立圜」。面必有界，界爲線爲邊。兩線相交，必有角。析圜形則各爲角，合角則共成圜，故曰「設角以徵渾體」。其書雖明圜容之義，而各面各體比例之義，胥於是見。且次第相生，於《周髀》圓出於方、方出於矩之義，亦多足發明焉。

綜論

明・李之藻《圜容較義・序》 自造物主以大圜天包小圜地，而萬形萬象，錯落其中；親上親下，肖呈圜體。大則日躔月離，軌度所以循環；細則雨點雪花，潤澤專於涓滴。【略】蓋天籟地籟人籟，聲聲觸竅皆圜；如象官象事象物，粒粒浮空有爛。所以龜疇蓍策，用九之妙無窮；羲畫文重，圍圜之圖不改。草玄翁之三數，安樂窩之一丸，先天後天，此物此志云爾。

凡厥有形，惟圜爲大。有形所受，惟圜最多。夫渾圜之體難明，而平面之形易晳。試取同周一形，以相參考。等邊之形，必鉅於不等邊形；多邊之形，必鉅於少邊之形。最多邊者圜也，最等邊者亦圜也。析之則分秒不億，是知多邊，聯之則圭角全無，是知等邊。不多邊等邊，則必不成圜，惟多邊等邊，故圜容最鉅。若論立圜渾成一面，則夫至圜何有周邊？周邊尚莫能窺，容積奚復可量？所以造物主之化成天地也，令全覆全載，則不得不從其圜。而萬物之賦形天地也，其成大成小，亦莫不鑄形于圜。即細物可推大物，即物物可推不物之物，天圜地圜，自然必然，何復疑乎？第儒者不究其所以然，而異學顧恣誕於必不然，則有設兩小兒之爭，以爲車蓋近而盤盂遠，滄涼遠而探湯近者。不知二曜附麗於乾元，將日午之近遠疇異；氣行周繞于地域，其厚薄以斜直殊觀。初暘暎氣，故暉散影巨而炎旭應微；亭午籠虛，則障薄光澄而曝射當烈。又有造四大洲之誕，以爲日月遶須彌爲晝夜，地形較縱廣於由旬者。試問須彌何物，淩日與月而虧天；且縱廣奚稽，乃狹與彎之變相。積由旬至億千萬，則地徑有度，金輪豈厚載所容；統忉利謂三十三，則象緯正圜，諸天之綦絫可恠。且夫極辨者方圜之體，若白黑一二之難欺；最精者方圜之度，當微渺毫芒之必析。冲虛撰模稜而侮聖，釋氏騁荒忽以誣民。彼曾不識圜形，惡足與窺乾象？夫寰穹邈矣，豈排空馭氣可以縱觀；乃道理躍如，若指掌按圖無難坐得。

昔從利公研窮天體，因論圜容。拈出一義，次爲五界十八題，借平面以推立圜，設角形以徵渾體。探原循委，辨解九連之環；舉一該三，光映萬川之月。測圜者，測此者也；割圜者，割此者也。無當于歷，歷稽度數之容；無當於律，律窮絫黍之容。存是論也，庸謂迂乎？譯旬日而成編，名曰《圜容較義》。殺青適竟，被命守澶，時戊申十一月也，柱史畢公梓之京邸。近友人汪孟樸氏因校《算指》，重付剞劂，以公同志。匪徒廣略異聞，實亦闡著實理。其於表裏𥘵術，推演幾何，合而觀之，抑亦解匡詩之頤者也。萬曆甲寅三月既望涼庵居士李之藻題。

著録

清・張廷玉等《明史・藝文志三》 天文類

利瑪竇【略】《圜容較義》一卷。

清・張之洞《書目答問・子部》 天文算法

《天學初函・器編》三十卷。明徐光啓等。明刻本，十種，目列後。【略】《圜容較義》一卷。明李之藻。

清・梁啓超《西學書目表》附卷 《圜容較義》一卷。

清・劉鐸《古今算學書録》 象數第三

《圜容較義》一卷。明李之藻、利瑪竇同譯。《天學初函》二編本；《海山仙館叢書》本；《守山閣叢書》本；掃葉山房本；《西學大成》本。

清・徐維則輯　顧燮光補《增版東西學書録》附上《東西人舊譯著書》 利瑪竇【略】《圜容較義》一卷，或標明李之藻撰。《天學初函》二編本；掃葉山房本；《海山仙館叢書》本；《守山閣叢書》本；《西學大成》本；《中西算學叢書》本。此書專明圜容之義，而各面、各體比例之義亦備。

《測量全義》

題解

清・周中孚《測量全義提要》《鄭堂讀書記》卷四四 《測量全義》十卷。《崇禎曆書》本。明西洋羅雅谷撰。雅谷字(間)[味]韶，歐邏巴人。天啓末年入中國，寓祥符縣。崇禎三年督修新法，徐光啓奏請録用，赴局供事。《明史・藝文志》載徐光啓《崇禎曆書》注云「《測量全義》十卷」，蓋光啓所督修也。

是書凡測直線三角形一卷，測線上下二卷，測面上下二卷，測體一卷，測曲線三角形一卷，測球上大圈一卷，測星一卷，儀器圖説一卷。前九卷屬法原，後一卷屬法器。法原者，法之所以然也；法器者，法之所當然也。第一卷之首爲略説二十三則，四、五卷之首爲略説十三則，猶《幾何原本》例也。夫曆家所重，全在測量，所當測者，略有三事：一曰線，測其長短；二曰面，測其長短廣狹；三曰體，測其長短廣狹厚薄。故繇線而面而體，繇直線而曲線，平面而曲面、方體而圜體，譬之跬步，前步未行，後步不得近也，是測量之全義也。前有序目，備論其各篇之次第云。考《明志》載其全書凡一百二十六卷，共三十四種，今所見者僅此一種而已。

〔意〕羅雅谷《測量全義》目録

綜論

〔意〕羅雅谷《測量全義・序》　《測量全義》十卷,前九卷屬法原,後一卷屬法器。法原者,法之所以然也。凡事不明于所以然,則其已然者,茫茫不知所來,其當然者,昧昧不知所往。即使沿其流,齊其末,窮智極慮,求法之確然不易,弗可得已。況天之高,星辰之遠,曆數之賾且隱也,而不究其原,可乎?旋觀往代,如二十一史所載,漢以後諸家之曆,詳矣。大都專求法數,罕言名理,即才士間出,亦各窺一二,莫覩大全,雜以易卦樂律,益增迷瞀。何恠乎千八百年,而未有定法也。夫曆法之原有二:其一則象緯之原也,天事也;其一則推測之原也,人事也。象緯之原,如《測天約説》所論,百中之一二耳。其他散見于七政本論,會而通之,聊足著明矣。此書所論,則推測之原也。古今言推測者又有二:其可以形察,可以度審者,謂之吏術;不可以形察,不可以度審者,謂之綴術。此所論者,又綴術也。綴術之用又有二:其一總物以爲度,論其幾何大,曰量法也;其一截物以爲數,論其幾何衆,曰筭法也。曆象之家兼用二法,如鳥之傅兩翼,則無所不可之矣。

凡幾何之屬有四:曰點、曰線、曰面、曰體,點引爲線,線展爲面,面積爲體。究此四者,諸有形有質之物,細若纖芥,鉅若大圜,悉可極其數,而盡其變,所以能範圍不過,曲成不遺也。點不可爲度,線不可爲形,必三線交,始成三角形焉。凡度與數不用此形,即巧曆無從布筭。故三角者,雖形體之始基,實測量之綱要,諸卷中當首論者,此也。

凡言度數,必通大小、通近遠者也。三角形繇兩視線、一徑線,徑線者,所測物之廣也。徑之兩端出兩直線,入交於目睛之最中而成形。如分寸咫尺,爲近小之形,乃至大圜七政,爲遠大之形。形絶不等,然其爲三角等,則比例必等。因而用小推大,用近推遠,亡不合者,故曰「通大小、通遠近」也。夫學難者必自近也,學微者必自顯也。最難且微,莫如天之三光;最易且顯,莫如地之百物。次卷所測,測地與物,以此故也。然而測一物之高,一山之高,與測日月星辰去地之高也,無以異,則亦通大小、通遠近者也。

其次進而測面,測面者,平方、平圓之類,其變不可勝窮也。然而測物之面,與測地景之面,測日月星之面,其理一也。又進而測體,體者,立方、立圓之類,其變不可勝窮也。然而測物之容與測地之容,日月星之容,其理一也,是皆遠近大小通焉者也。既曰通焉,而不言遠大,先言近小者,則所以習之也。習之奈何?習手與目,以求其貫也;習心與意,以求其信也。不習不貫,未有能信者也;習且貫,未有不信者也。故習小習近,言遠大者之所求也。

夫論度數,至於測體,深矣微矣,然而皆平面、直線也。天則圓體,其面圓面,其線曲線也。測圓面之難,十倍平面;測曲線之難,十倍直線。蓋圓與曲謂之弧,而測弧無法。於無法中求有法,其勢不得不難。世有傳弧矢筭術、割圓術者,皆非術也。其本術稍見于《大測》,其爲數則《割圓八線表》,而此書第七至第九則言其理與法也。蓋以弧背求弦矢,用測曲線三角形,展轉推求,展轉變易,凡周天衆規,相交相距,所以經緯七政、運行四時、推遷運會者,上下百千萬年,可知也。諸天諸曜,種種運行,悉無一定之法,其爲紛賾,莫可勝原。此弧弦諸法,則可以能追求至盡乎?蓋所論者,非諸曜自行之度數,而宗動天之度數也。宗動者,不依七政,而能爲七政之準則,則曆家謂之天元道、天元極、天元分至,終古無變易也。因此推步,是以有恒御無恒,曆家之立法最難在此,其用法最易,亦在此矣。

終之以法器,何也?曰器之用大矣,智者非器不作,明者非器不述;差者非器不改,合者非器不驗;教者非器無以措其辭,學者非器莫能領其意;巧者非器末繇見其長,拙者非器有所匿其短。是以唐虞欽若,首在璣衡,歷代以還，屢更其制。据今所有，則渾天儀、簡儀、立運儀、渾天象四器也。而年逾數百，久闕繕治，地址傾墊，樞軸鏽蝕。渾天一儀，不復運動；簡儀、立運，猶似堪用，復少黄道規環，且測候多端，止憑一器，架柱森列，多成映蔽。均賦辰度，尚未精密；刻定宿度，則又元時所測，非今測也。此卷中分列諸器，擇其最急，畧有五種：曰測高儀，曰距度儀，曰地平經緯儀，曰赤道經緯儀，曰黄道經緯儀。有此諸儀相襲並用，彼礙則此通，可以無求不得矣。更求密測，責以分秒無差，則一式又須三器。三器俱列，用相參較，三測並合，則製器精工，安置如式，測驗得法，灼然具見矣。有不合者，可以推究病源，更求釐正。釐正之後，測復參差，則擇其同者用之。若止據一器，有得即真，無從知其然不然，可不可乎？且舊儀大環，徑止五尺二寸，度止十分。今擬新式，用半徑者六尺，則三倍大也；度得百分，則十倍細也。用全徑亦六尺，度可六十分，亦六倍細也。夫今之改憲，欲求倍勝于古，非倍勝之器，諒無從得之矣。或疑法器重大，取數復多，即用物必奢，是又不然。今之舊儀，不能揣知輕重，大都唐宋以來，考諸史志，約略相等。《宋史》言東都渾儀四座，每座約銅二萬餘斤。今擬諸式，槩從輕省，若得宋元一儀之費，足以盡造諸器有餘矣。且每式三器，誠不可少，若宛轉相就，則經緯儀可以得距，地平儀可以得高，一倍本數，亦能通用。或五大既全，稍從狹小以爲副貳，兼用精鐵，以省銅材，固無不可，則所計一儀之費，尚可損其半也。惟是舊儀欲將修改，則一器止堪一用，其修改之費，恐過于造作，計不當爲之耳。惟渾天象止以測到度分，量度經緯，在于施用，未爲關切，今體製完美，無煩再造矣。

著録

清・張廷玉等《明史・藝文志三》　天文類

徐光啓《崇禎曆書》一百二十六卷。【略】《測量全義》十卷。

清・張之洞《書目答問・子部》　天文算法

《新法算書》一百零三卷。【略】《測量全義》十卷。

清・徐維則輯　顧燮光補《增版東西學書録》附上《東西人舊譯著書》　羅雅谷《測量全義》十卷。《新法算書》本。

《測量法義》

題解

清・四庫館臣《測量法義提要》《四庫全書總目》卷一〇六　《測量法義》一卷，《測量異同》一卷，《勾股義》一卷。兩江總督採進本。明徐光啓撰。首卷演利瑪竇所譯，以明勾股測量之義。首造器，器即《周髀》所謂矩也。次論景，景有倒正，即《周髀》所謂仰矩、覆矩、臥矩也。次設問十五題，以明測望高深廣遠之法，即《周髀》所謂知高、知遠、知深也。次卷取古法九章勾股測量，與新法相較，証其異同，所以明古之測量法雖具而義則隱也。然測量僅勾股之一端，故於三卷則專言勾股之義焉。序引《周髀》者，所以明立法之所自來，而西術之本於此者，亦隱然可見。其言李治廣勾股法爲《測圓海鏡》，已不知作者之意。又謂欲説其義而未遑，則是未解立天元一法，而謬爲是飾説也。古立天元一法，即西借根方法。是時西人之來亦有年矣，而於治之書，猶不得其解，可以斷借根方法必出於其後矣。三卷之次第，大畧如此，而其意則皆以明《幾何原本》之用。蓋古法鮮有言其義者，即有之，皆隨題講解。歐羅巴之學，其先有歐几里得者，按三角方圓，推明各類之理，作書十三卷，名曰《幾何原本》。按：利瑪竇之師丁氏續爲二卷，共十五卷。自是之後，凡學算者，必先熟習其書，如釋某法之義，遇有與《幾何原本》相同者，第註曰「見《幾何原本》某卷某節」，不復更舉其言。惟《幾何原本》所不能及者，始解之。此西學之條約也。光啓既與利瑪竇譯得《幾何原本》前六卷，並欲用是書者，依其條約，故作此以設例焉。其《測量法義序》云：「法而系之義也，自歲丁未始也。曷待乎？於時《幾何原本》之六卷始卒業矣，至是而傳其義也。」可以知其著書之意矣。

清・周中孚《測量法義提要》《鄭堂讀書記》卷四四　《測量法義》一卷，《測量異同》一卷，《句股義》一卷。《天學初函》本。

明徐光啓撰。《四庫全書》著録。《明史・藝文志》以《測量法義》一卷爲利瑪竇作，據卷首題「利瑪竇口譯、徐光啓筆受」，故專屬之利氏也。【略】今觀其書，先造器，次論景，又次本題十五首，大都原本《周髀》，以明測望之法。并附三數算法，即《九章》中異乘同除法也。

綜論

明・徐光啓《題測量法義》 西泰子之譯測量諸法也，十年矣。法而系之義也，自歲丁未始也。曷待乎？於時《幾何原本》之六卷始卒業矣，至是而後能傳其義也。是法也，與《周髀》《九章》之句股測望異乎？不異也。不異何貴焉？亦貴其義也。劉徽、沈存中之流，皆嘗言測望矣，能説一表，不能説重表也；言大小句股能相求者，以小股大句、小句大股兩容積等，不言何以必等能相求也，猶之乎丁未以前之西泰子也。曷故乎？無以爲之藉也。無以爲之藉，豈惟諸君子不能言之，即隸首、商高亦不得而言之也。《周髀》不言藉乎？非藉也。藉之中又有藉焉，不盡説《幾何原本》不止也。《原本》之能爲用如是乎？未盡也，是鼷之于河，而蠡之于海也。曷取是焉先之？數易見也，小數易解也，廣其術而以之治水治田之爲利鉅，爲務急也，故先之。嗣而有述者焉，作者焉，用之乎百千萬端，夫猶是飲于河而勺于海也，未盡也，是《原本》之爲義也。

著録

清・張廷玉等《明史・藝文志三》 天文類

利瑪竇【略】《測量法義》一卷。

清・張之洞《書目答問・子部》 天文算法

《天學初函・器編》三十卷。明徐光啓等。明刻本，十種，目列後。【略】《測量法義》一卷。明徐光啓。

清・徐維則輯 顧燮光補《增版東西學書録》附上《東西人舊譯著書》 《測量法義》一卷。《天學初函》二編本；《守山閣叢書》本；《海山仙館叢書》本；《指海》本；《中西算學叢書》本。或標徐光啓撰。蓋當時各書皆利口授，而徐與李之藻筆述也。此書專明句股測量之義。

《算式集要》

題解

清・徐維則《東西學書録》卷下 算學第十二

《算式集要》四卷。製造局本，二册。《富強叢書》本。英哈司韋輯，英傅蘭雅譯，江衡述。前二卷專言各種面積、體積之算式，第三卷專言圜錐曲線之算式，第四卷附論測算地面諸法。每欵先解題，次圖，次法，次公式，次設題。雖深奧之題，觀其算式，一目瞭然。而各種有法之形，幾無不備，測算家最便檢查。華蘅芳譯有《相等算式理解》，未刻。

清・丁福保《算學書目提要》卷中 西算類二

《算式集要》四卷。英國哈司韋輯，傅蘭雅口譯，元和江衡筆述。案：是書首論各種綫面之算式，次論各種體積之算式，次論圓錐曲綫之算式，埘卷論測算地面諸法。言法不言理，每法後必有數題，以顯其法之用。卷端有表有圖，法簡而明，最便推算。

卷中所列各表，今人每不解其所由來。不知表内各數，大半以最小之根數，從其求邊之本術返求之而得。學者試依法推算一二數，則可釋然無疑矣。

清・謝興堯《算式集要提要》《續修四庫全書總目提要（稿本）》三十一册 《算式集要》四卷。《測海山房叢書》本。英國哈司韋原著，傅蘭雅、江衡共譯。【略】是書共四卷，因総集名式，設數明之，故名《算式集要》。卷一論各種綫面之算式，卷二論各種體積之算式，卷三論圓錐曲綫之算式，卷四附論測算地面諸法。言術不言理，有表有圖，包舉閜括，殊便學者。每卷之中，又分若干欵。如一卷論綫面，中分四邊形、三角形、不等邊形、多邊形等諸求面積法，及平圓、橢圓、分圓、截球求積求周。二卷論各種體積，中分方錐、多等面體、内外球徑面體皮積之法，及圓柱、圓錐、弧體、橢弧體、抛物綫、雙曲綫、雜綫形體諸法。三卷論圓錐曲綫，中分五種，曰三角，平圓，橢圓，抛物綫，雙曲綫。四卷測量，則分測角度、三角地形、多直綫角形之地、測城邑大田等法。各卷皆設題布算，立法繪圖，每題均列各種法式。在當時算書，已涉高深。又此書名詞圖式，多與今日算書相同，一洗從前之繁冗。故至清末西法第二次輸入，明末湯若望等，可稱第一次。實中國天算學之最大進步時期，開後來科學發展之先河。致此書之博大精詳，無所不包，使學算者得一善本，其功猶在其次矣。

綜論

清・孫維新《泰西格致之學與近刻繙譯諸書詳略得失何者爲最要論》《格致課藝彙編》卷四　《算式集要》，即量法也。共四卷，論各種綫面體積、圓錐曲綫之算法，均以相等式明之。雖極深奥之題，觀其算式，一目了然，毫無難義，洵度量之捷徑也。並附測算地面諸法，亦測量之便用也。乃英人哈思韋所輯，傅蘭雅與江衡同譯，刊於光緒三年。

著録

[英] 傅蘭雅《江南製造總局翻譯西書事略》　《算式集要》。撰書人名：英國哈司韋。譯書人名：傅蘭雅。筆述人名：江衡。刊書年歲：一千八百七十七年。每書本數：二本。每書連史紙價錢：四百八十文。

清・梁啓超《西學書目表》卷上　《算式集要》。傅蘭雅、江衡。製造局本，二本，二百四十。便學者。

清・劉鐸《古今算學書録》　象數第三

《算式集要》四卷。英哈司韋輯，江衡、傅蘭雅同譯。江南製造局本；石印縮本。

清・趙惟熙《西學書目答問》　藝學第二

算學　《算式集要》四卷，訂二册。英哈司韋輯，英傅蘭雅譯，江衡述。製造局本。

清・丁立中《八千卷樓書目》卷一一《子部》　天文算法類

《算式集要》四卷。英哈司韋撰，傅蘭雅譯。刊本。

《上海製造局譯印圖書目録》　算學類　《算式集要》四卷，二本。連史五角，賽連三角。

《形學備旨》

題解

清・徐維則《東西學書録》卷下　算學第十二

《形學備旨》十卷。益智書會本二册；坊間改名《續幾何》。美狄攷文、劉永錫同譯，鄒立文述。是書挈《幾何》之要，增以近世新得妙理，每卷末皆有習題，足資參詳。後數卷多用代數式解題，較《幾何》之解説聯篇累牘者，簡明多矣。算數之書，後出爲勝，理固然也。

清・丁福保《算學書目提要》卷中　西學類二

《形學備旨》十卷。美國狄考文選譯，蓬萊鄒立文筆述。案：是書有許多要題，爲《幾何》所不載，故近世學者咸以是書爲宗。蓋狄氏生歐氏之後，因歐氏所已言，而更推尋所未至，故較《幾何》益爲精密，亦繼起者之易爲功耳。

[美] 狄考文譯　清鄒立文述《形學備旨》凡例

一，此書原爲要學，凡欲洞悉其理者，非熟習之不可。若視如閑書，以爲一覽之餘，即能揭其底藴焉，已大誤矣。

一，此書共十卷，二百餘題，皆一脈貫通。凡在後之題，各憑前題以爲証，故學者必循次第，斷不得躐等而進也。

一，書中一切規模，特備學堂之用，因學此書者，莫如少年。但人當少年之時，非名師善爲訓導，按課考驗，實難窮其理而終其事也。

一，此書雖備學堂所用，要不獨從師者可學。即凡靈敏之士，能恒其心、鋭其志者，亦皆可學也。第恐存心欲速，閲一題遂舍一題，是旋得旋失，未幾即涉於渺茫矣。總之，必因熟而進，始能藉已明之理，以解所未明也。

一，學此書者，必用心習畫圖之法。使其正斜不差，遠近畢肖，蓋圖對而理自顯，圖誤則理亦隨之晦矣。

一，書中之各界、各題、各系，學者必温習精熟，以備用時易於援引。即先生考課，亦宜常使其重敘所已學之諸題。

一，先生命學生証題，必先使之畫圖，後按書理用己之言語解証。凡圖中甲、乙、丙、丁等字，亦須隨口以竿指明。口一言及某字，竿即指定某字，毋得亂行指揮，令聞者不知何所視也。

一，題証間所引用之前題、前系，學者不只當舉其數，且更宜敘其詞。如是聽者固可了然於心，即証者亦可熟練各題，愈知各題之用矣。

一，凡圖中有呷、吃、呐、叮等字，與甲、乙、丙、丁等字對用者，即知兩形爲相配之形，其理彼此相關。此呷、吃、呐、叮宜念爲口甲、口乙、口丙、口丁。

一，凡書中之系，俱必因題而得証。但多有理之淺顯者，並未加証，以爲雖有一二步之小証，學者不難自爲証明。至若理之頗深奧者，俱已証之如証題然，第無論系之。有証無証，先生必令學者一一發明其理，庶不致僅知其當然，而不知其所以然也。

一，學此書之要訣有二：一在聚精會神以察其理，二在按圖以記其証。蓋理明則畫圖必易，圖明則記証之層次不難。使未能準理以畫圖，按圖以記証，則証者實難措一辭矣。由是觀之，粗心浮氣者固不得學此書。即徒記字句者，亦不得學此書也。

又《目録》

綜論

［美］狄考文《形學備旨・序》　依古來算學一門，凡好學之士，靡不樂意考察。故世代相沿，各國才士多著作，算書屢屢增添，以益世之學問，使其進於高明。第由上古以及近世，無論中外算學之著作，惟推希利尼國之歐几里得爲最。非謂其爲首創之人，亦非謂書中之題盡爲彼所作。乃謂其搜羅前書之至善者，加以己所創多題，而輯爲成書，使先後有序，以令人便於觀覽。從來所作算書，其有用於世者，大抵無一書及其用之廣且長也。夫歐氏算書原分一十三卷，後有人增補兩卷，共爲一十五卷。久已譯爲華文，名《幾何原本》。前六卷係明時利瑪竇所繙，後九卷乃咸豐時偉烈亞力所譯。今余作形學一書，與《幾何原本》乃同而不同。其所以不名「幾何」，而名「形學」者，誠以「幾何」之名所概過廣，不第包形學之理，舉凡算學各類，悉括於其中。且歐氏創作是書，非特論各形之理，乃將當時之算學幾盡載其書。如第七、八、九、十諸卷耑論數算，絶未論形，故其名爲「幾何」也亦宜。而今所作之書，乃耑論各形之理，歸諸形於一類。取名「形學」，正以「幾何」爲論諸算學之總名也。此書雖較小於《幾何原本》，而《幾何原本》之真有用者，要無一不載，即於其外所增添者，亦復不少。蓋歐氏算書雖數經譯爲英文，終未聞有譯七、八、九、十卷者。即或有之，亦屬好書之家自爲繙之。而孰意偉烈亞力竟不惜心力，甘費資財，舍諸更美妙之法，而繙泰西之所不屑繙者。即其餘諸卷，亦有多題無甚大用，不過爲好奇者之所樂觀耳。更有許多要題，乃近世新得，不在歐氏書內，故西國每譯是書，無不將諸要題增補於各卷之後，以完其理。而偉烈亞力竟絶未增補，此吾之所不解也。茲《形學》一書，乃删其無用之費題，增其至要之妙理，且多變其証法，用近世名士所得至妙、至簡之証。至於所增補諸題，多在後數卷。蓋此數卷乃近時所大過乎歐氏，而爲彼所未究及者也。此諸題之所以爲要，因乃算學上乘如八線、量法、航海法諸學之所資藉也。即吾著此書，亦非欲訾議歐氏，誠以學問之途，世有增廣，人孰甘拘守成規，而不更求進益？今既得其尤奥妙者，何妨增之補之，以盡天下之大觀哉？是書之作，大都以美國著名算學之士魯米斯所撰訂者爲宗。不取誇多鬭靡，惟用簡便之法，包諸形之用。若必以馳騁爲工，亦非不能，特無益於學者耳。粵稽中國博學士所著之算書，如《九章》《算學啓蒙》《算法統宗》《勾股六術》，良以甚多。第論及形學一事，不過句股之理及各物之量法而已。夫勾股之理固屬緊要，然亦不過形學之一端。即量各物之法，亦畧而不詳，大都因擬度而得，非因推証而得也。何若此書各題，俱以不可疑、不可駁，顯然易知之理，証其恰當不差也哉！夫然舉凡人世所知之理，復無較形學之理更確鑿，而無從間疑者焉。形學之大益有二：其一使人積真理於心，以備算學之上乘所用。如八線、量地法、航海法、天文諸學，若非善於形學，斷不能梯階以進。況與代數參合，即成幾

何極上極奥之學。其二使人練習靈才，能於諸事得其恰當之理。蓋此學乃一脈貫通，先後相結倚而進，學者必精其心，持其綱，循其序，然後可造其極。故既証畢書中諸題，即習成以理推事之妙訣，是形學正可爲衆理之備預也。由是觀之，人焉得謂形學一書，於爲學者多無用哉？即或學者一生無事量地度物，而所得一切貞固至要之理，並習成靈才推事之妙，亦足償所費之工。故於西國，凡求爲人師者，無一不習形學，矧於察究諸物之理，亦深得濟。余今不惜心力而著是書，正企夫中華之凡爲學者察而學之，可以考察萬事萬理，辨其真僞，庶不至爲世俗所惑，而上乖天道也耶。果如是焉，吾心亦愉快無憾矣。

余作是書，爲功非易，若無中國友生襄助，實難就緒。今幸有立文鄒生與永錫劉生，深明此學，實爲我竣功之助。鄒生筆述而定其文法，劉生備習題、畫圖，參閲全書。余等既屢次刪正，冀書中庶無大謬也夫。光緒十年八月廿五日狄考文序。

清・李宗岱《形學備旨序》 狄君考文，美國博雅士也。甲申春，余從來東牟，得與晤言。叩其所藴，則格致諸學，靡所不通。而天文算法，尤爲精詣。間嘗以所著《形學備旨》一書示余，尋繹兼旬，始窺全豹。蓋自始至末，理法相生，不可以躐等升，不可以半途廢。如蟻穿九曲之珠，迴環委婉，然後能豁然貫通也。於是喟然嘆曰：此教人用心之書也，豈僅形學云爾哉？夫人之心思，用之則灵，不用則窒。古昔聖王之設教也，八歲入小學，則教以射御書數；十五入大學，則教以格物致知。凡以教人善用其心，則由一事一物之微，推而至於治國、平天下，無异道也。乃後儒空談性理，於始基之實學，廢而不講。其流弊遂至於迂談闊論，多不切於事情。而一二隱遯者流，又倡爲讀書不求甚解之説，以自鳴其曠志。於是不用心之人，引爲口實。而古來學校之良法美意，愈蕩然無存矣。孔子曰：「飽食終日，無所用心，不有博弈者乎？爲之，猶賢乎己。」聖人豈教人博弈哉？亦勉人用心焉。爾博弈猶賢，矧賢於博弈者乎？吾甚願世之學者，於天下之事，均能如讀此書之必用其心；尤願世之爲師者，均能效狄君之循循善誘，如此書之能引人以用心也。庶幾乎天下之學術、政治，蒸蒸日上矣。是爲序。光緒十一年歲次乙酉季秋既望，南海李宗岱拜譔。

清・孫維新《泰西格致之學與近刻繙譯諸書詳略得失何者爲最要論》《格致課藝彙編》卷四 美國狄考文【略】於光緒十一年，復選輯《形學備旨》十卷，印行問世。乃以美國著名算家士魯米斯所著成稿，增損補益，遂成全本。與《幾何原本》大旨相同，而去其無甚用之繁題，補以簡要之妙術，大有用於八線、量法、航海法諸學。是此書一出，大可省《幾何原本》之煩累矣。

清・黄慶澄《中西普通書目表》 《形學備旨》，簡便。

清・壽孝天《形學備旨全草・序》 《形學備旨》十卷，教士狄氏所輯。即《幾何原本》擇其要而補其闕，殆吾所謂簡而明之書也。惟所列習題尚無證解，并不如《筆算數學》《代數備旨》，亦狄氏所輯，而尚有答數之可印證也，習衍者憾焉。

著録

清・梁啓超《西學書目表》卷上 《形學備旨》。狄考文、鄒立文。益智書會本，二本。七角五分。

清・劉鐸《古今算學書録》 象數第三

《形學備旨》十卷。鄒立文、劉永錫、美狄考文同譯。上海美華書館鉛印本。

清・趙惟熙《西學書目答問》 藝學第二

算學 《形學備旨》十卷，訂四册。美狄考文撰輯，鄒立文述。益智會本。是書與《幾何原本》同而實異，蓋《幾何》兼論數，此專論形，且增有新得要題數十則，習《幾何》者宜兼讀之。

清・丁立中《八千卷樓書目》卷一一《子部》 天文算法類

《形學備旨》十卷。美狄考文輯。活字板本。

清・劉錦藻《清朝續文獻通考》卷二七四 經籍考一八

《形學備旨》十卷。狄考文、劉永錫譯述。

《廣學會譯著新書總目》 算學 《形學(借)[備]旨》。一部，價洋七角五分。

《量法須知》

題解

清・謝興堯《量法須知提要》《續修四庫全書總目提要(稿本)》三十二册 《量法

須知》一卷。光緒十三年刊本。英國傅蘭雅著。【略】以當時學者欲習天算，苦乏善本，因撰《格致須知》若干種，爲之先導。由算術、幾何、三角，以至微積、曲線，俱撰專書，由淺入深，讀者稱便。是書一卷，首列小敘，述全書要略。本書共分六章，體例術語，純用新法。惟代數字及算式，則仍舊術，循習慣也。第一論三角形類，又分六欵：一、有三角形求面積；二、已知正角三角形任兩邊，求餘一邊；三、有兩腰等之正三角形，已知其底，而求兩腰；四、已知三角形底，求中垂線；五、知三角形之兩數，求又一數；六、三角體求皮積。第二論四邊形類，共分七欵，乃求立體、柱體、劈形體之皮積。第三論多邊形類，共計三欵，求多邊形之面積、皮積等，並附多等邊形及面積二表，以資檢閱。第四論圓形類，共五欵，乃求截球體及環形雜論。第五論橢圓，亦分六欵，論長短橢圓及皮積。第六論各種截體與線，由求錐形以至各類螺線。書中於每欵之下，皆繪圖作解，詳述其理，稍涉繁難者，則設題舉例証明。故本書數理，在當時雖涉高深，而理明辭暢，學者易曉，（詢）［洵］數學課本之佳構也。【略】言簡意賅，理明法備。今讀此篇，足見作者於數理之融會貫通，而更証其才識也。

綜論

［英］傅蘭雅《量法須知・總引》 量法者，乃因所已知之數，而推算所未知之數也。大概分爲四等：一爲推算某線之長短，二爲推算某面之方積，三爲推算某體之皮積，四爲推算某體之立積。且因測量可以知角度，因角度可以求線，因線可以求面，因面可以求體。如有一方體，其底面邊線各二尺，高亦二尺，將底面邊線自乘，得四方尺，爲底面積；再與高相乘，得八立方尺，爲其體積。反之，如開其體之立方根，可得每面之邊線，開面之平方根，亦得其邊線。由是觀之，量法亦日用工作内所必需者。玆特掣其要領，擇人所常見常用者，按欵繪圖，按圖設題，按題立法，一一釋解，使線面體形，各種相求之法，無不一目了然。論線面體與形等類甚繁，試畧舉其名目，臚列於左：如線有直線、弧線、雙曲線、拋物線、擺線、圜柱螺線、平面螺線之類；形有正角三角形、斜角三角形、等角三角形、正方形、平行方形、二平行四邊形、四不等邊形、磬折形、等邊多邊形、不等邊多邊形、平圜形、分圜形、橢圜形；體有球體、截球體、二平面截球體、橢圜體、橢圜截體、圓柱體、圓柱截體、環形體、環形雜體、圓錐體、圓錐截體、多邊錐體、多邊錐截體、方柱體、三角柱體、劈形體。凡此諸類，莫不各有公法求之，習之亦算學之一助云。

著録

清・徐維則《東西學書録》卷下　算學第十二

《量法須知》一卷。《格致須知》二集本，一册。英傅蘭雅著。是書即《算式集要》之節本。同文館譯有美丁韙良《格物測算》，已佚。

清・劉鐸《古今算學書録》　象數第三

《量法須知》一册。傅蘭雅。《格致須知》本。

《廣學會譯著新書總目》　算學

《曲線須知》。【略】一册，價洋八分。

《器象顯真》

題解

清・徐維則《東西學書録》卷下　圖學第二十四

《器象顯真》四卷附圖。製造局本，三册；《富強叢書》本。英白力蓋輯，英傅蘭雅譯，徐建寅删述。首卷論畫圖器具，其卷二論用幾何法作單形，卷三以幾何法畫機器視圖，卷四機器視圖匯要，凡算學家之畫，悉具於中。

清・丁福保《算學書目提要》卷中　西學類二

《器象顯真》四卷附圖。英國白力蓋輯，傅蘭雅口譯，無錫徐建寅删述。案：是書首論畫圖器具，次論用幾何法作單形，次以幾何法畫機器視圖，次機器視圖匯要，最爲明晰，洵形學家必讀之書。

清・謝興堯《器象顯真提要》《續修四庫全書總目提要（稿本）》三十二册　《器象

顯真》四卷附圖。同治十年，江南製造局印本。英人白力蓋輯著，英國傅蘭雅口譯，無錫徐建寅刪述。【略】此書【略】爲幾何畫輸入中國之最早者。全書共四卷，圖式三百六十有二，前後無序跋。卷一論畫圖器具，内分用器綜論、規、單比例尺、分角器、平行尺、針、畫圖方板、丁字尺、直界尺、曲線板、蓋釘等節。卷二論用幾何法作單形，下分畫圖綜論、幾何界説，復分七章：一直線題、二直線交圓線題、三圓面角面題、四比例更面題、五橢圓線拋物線題、六牆柱正花線八種、七各種擺線。卷三以幾何法畫機器視圖，共分五章：一綜論、二視圖比例、三界線分粗細、四簡體視圖、五各體相貫視圖。卷四機器視圖匯要，亦分五章：一螺絲視圖、二機件視圖、三齒輪視圖、四汽機事件視圖、五觀已成之器具作草圖。每章之下，復列細目，分條説明，繪圖精細，文字詳明，洵當時幾何學之最要著述也。因中國自明末至清中葉，天算之學大昌，惟學者多論其理，或演其式。求其如今之幾何畫，從原理方面解釋者，殊鮮。此書則純爲幾何原理。卷一論器；卷二論各角式與圓形，在本書中極爲精要，因所謂幾何者，其最要即角與圓也；卷三論橢圓與拋物線等，在數理已涉高深，書中名爲「簡體視圖」；卷四論齒輪，即軸心與徑等，多屬重學、力學範圍。全書要以二三兩卷最爲佳妙，誠彼時言算術、勾股、少廣者所必讀也。又本書因係歐西原著，故條款分明，秩序井然，論理少而實例多，蓋亦中算書所弗及也。惟一切型式，如代數等，則仍存中算面目，足証譯者苦心。按：清末自北之同文館、南之製造局創立，西洋科學法制，漸次輸入，中國曆算亦大進步。而此書價值，實不在《代數術》《微積溯源》《幾何原本》《筆算須知》《重學》諸名著下也。

著録

［英］傅蘭雅《江南製造總局翻譯西書事略》 《器象顯真》。撰書人名：英國白力蓋。譯書人名：傅蘭雅。筆述人名：徐建寅。刊書年歲：一千八百七十二年。每書本數：二本。每書連史紙價錢：四百八十文。

又 《器象顯真圖》。撰書人名：英國白力蓋。譯書人名：傅蘭雅。筆述人名：徐建寅。刊書年歲：一千八百七十九年。每書本數：一本。每書連史紙價錢：四百文。

清・梁啓超《西學書目表》卷上 《器象顯真》並圖。傅蘭雅、徐建寅。製造局本，三本，四百八十。

清・劉鐸《古今算學書録》 象數第三

《器象顯真》四卷附圖，一册。英白力蓋輯，徐建寅、傅蘭雅同譯。江南製造局本。

清・趙惟熙《西學書目答問》 藝學第二

圖學 《器象顯真》四卷附圖，訂三册。英白力蓋輯，英傅蘭雅譯，徐建寅述。製造局本。是書爲機器圖畫之專本，製器須從習算入手，故二、三卷於算法特詳。

《上海製造局譯印圖書目録》 圖學類

《器象顯真》四卷，三本。連史七角五分，賽連五角。

《運規約指》

題解

清・朱逢甲《運規約指提要》《中國教會新報》第一八三期 《運規約指》三卷，英國白起德撰，英國傅蘭雅口譯，中國徐建寅筆述。

全書凡一百三十六題，專論運規之法。第一卷論單形，凡六十題；第二卷論諸形相合，凡四十四題；第三卷論更面，凡三十二題。自第一題至第十六題論作線，引起作形諸法；自六十二題至七十二題論形線相聯，引起諸形相合之法；自一百五題至一百十六題論面積及比例之理，引起更面諸法。凡爲圖一百三十有六，按圖考法，使人易明焉。夫欲制器之精，宜先明運規之法，是書繪諸形運規之法，而不言其所以然，要之此書實爲制器之根本也。此書撰譯之旨，爲工匠繪圖而設。蓋西國製器，必先繪圖。而工匠雖知製器，不皆能貫通諸形，使不能巧繪諸圖，即不能巧製諸器。譬如造一大輪舟，而製汽機諸器，如不依法繪圖，則一器之微差，即諸器皆歸無用，以會合諸器時，即不能不巧合也。是繪圖之所係甚大，故特撰譯此書，以示之法。夫《孟子》有言"不以規矩，不能成方圓」，又曰「規矩，方圓之至」，可證運規矩之法爲工師示巧匠之要法。此書言運規，而不言運矩者，言運規而運矩賅焉矣，圓中容方，即規中寓矩矣。中國言製器之書，莫古於《考工記》，而有法無圖。至《宣和博古圖》《三禮圖》及《大清會典》諸圖，雖有器圖，而非言製法。即西人《奇器圖説》亦第繪已成之器，而非言成器之法。又如中國諸算書所繪方圓弧角諸圖，乃言算法，而非言運規，其指各殊。此書所言運規諸法，乃繪圖製器之根本，實中國未有之書也。

《算學書目提要·運規約指》《湘學新報》第十一期 《運規約指》三卷。製造局本，一本；石印本。【略】學算以作圖爲第一步功夫，圖學中法惟《益古演段》，西法惟《幾何原本》，是書即節録《幾何》，略有附益。然首言單形諸法，次言合形諸法，次言更面諸法，條段詳明，於西學中實爲蕘楚。

清·徐維則《東西學書録》卷下 圖學第二十四

《運規約指》三卷。製造局本，一册。英白起德輯，英傅蘭雅譯，徐建寅述。幾何學以作圖爲要，是書即節録《幾何》，略有附益。然首言單行諸法，次言合形諸法，次言更面諸法，條段詳明，足與《器象顯真》相輔翼。

清·丁福保《算學書目提要》卷中 西學類二

《運規約指》三卷。英國白起德輯，傅蘭雅口譯，無錫徐建寅筆述。案：是書首論單形，次論諸形相合，次論更面，共一百三十六題，能括形學之大綱，洵爲形學中最簡最精之書。第四十一題，圓内容七等邊形，其法以半徑爲弦，半徑之半爲句，求得股即爲七等邊之每一邊。此非通法，盡人而知，故學者咸訾是術之謬。不知圓徑設爲一尺，而所弱之數，不及一釐。若於尺幅中作圓容七邊形，其差愈微，更可不計。立法雖疏，實爲可用。若圓徑爲極大，欲求内容七等邊之密率，則另用專術可也。

第一百二十一題，其法頗簡，初學每不易解。如究其立法之原，即從《幾何原本》第六卷第十五題化出，故宜參閲。其第四行第四字，「丁」字當作「乙」。

清·謝興堯《運規約指提要》《續修四庫全書總目提要（稿本）》三十一册 《運規約指》三卷。同治九年製造局印本。英國白起德輯著，英人傅蘭雅口述，無錫徐建寅筆譯。【略】此書共三卷，與《器象顯真》相表裡，亦論幾何畫之著也。不分章節，以題式爲次序，共一百三十六題，每題一圖，數亦如之。前後無序跋，卷一論單形，即中法弧矢、點線角圓之理。由一至十六，均論作線，以引起作形諸法。至六十題爲一卷，由論垂線、底線及各種三角形，以至圓之内容外切，及橢圓，以各形三角形爲最精。卷二論諸形相合，由第六十一題至一百四題。自六十二至七十二各題，先論形線相聯，以引起諸形相合之理；七十二題以後，則論三邊、四邊，與圓及各等邊，與不等邊諸形，而以圓爲基礎。卷三論更面，即求多邊形之積，由一百五題至一百三十六題。其前十題先論面積及比例之理，以引起更面諸法；自一百十六題以後，所証多各形之等積。故全書卷一多論三角，卷二多述圓之内容外切，卷三則論等積，均極精粹。本書因係幾何畫，故先述作法，次証例題，無式與草。雖不似《器象顯真》之深邃，而簡便過之，故此書可爲《器象顯真》之先導，皆述幾何畫之佳著也。按此二書實西洋幾何畫輸入中國之始，而此書尤要，因凡三角、圓、面積諸形，讀此即可明其構造之原。且由淺入深，條理明晰，在當時算書中，蓋不可多得者也。

綜論

清·徐壽《格致彙編序》《格致彙編》卷一 工師之要尤在畫圖定制，使形體有度，結構有章，大小比例無纖毫之或失，方圓正側有尺寸之可憑，以《運規約指》爲始基，《器象顯真》集其成。

清·黄慶澄《中西普通書目表》 以下五種，均製造家切用之書：《運規指約》《器象顯真》《圓錐曲線》《周密知裁》《比例規解》。

《上海科學書局書目録》顧鼎銘《筆算數學詳草》附 《簡明幾何畫法教科書》。是書之原本，爲英人白起德所編輯，徐建寅與傅蘭雅所譯。【略】英文原書名《簡明幾何畫法》，譯者改爲《運規約指》，似未悉恰，故改今名。

著録

[英]傅蘭雅《江南製造總局翻譯西書事略》 《運規約指》。撰書人名：英國白起德。譯書人名：傅蘭雅。筆述人名：徐建寅。刊書年歲：一千八百七十一年。每書本數：一本。每書連史紙價錢：二百四十文。

清·梁啓超《西學書目表》卷上 《運規約指》。傅蘭雅、徐建寅。製造局本，一本，一百二十。

清·劉鐸《古今算學書録》 象數第三

《運規約指》三卷。英白起德輯，徐建寅、傅蘭雅同譯，江南製造局本。

清·趙惟熙《西學書目荅問》 藝學第二

算學 《運規約指》一册。英傅蘭雅譯，徐建寅述，製造局本。

清·丁立中《八千卷樓書目》卷一一《子部》 天文算法類

《運規約指》三卷。英白起德撰，傅蘭雅譯。刊本。

《上海製造局譯印圖書目録》 圖學類

《運規約指》一卷，一本。連史三角，賽連二角。

《畫器須知》

題解

清·徐維則《東西學書録》卷下 圖學第二十四

《畫器須知》一卷。《格致須知》二集本，一册。英傅蘭雅著。是書所列各器，即《象器顯真》第一卷解説，字句互有異同。製造局印有英傅蘭雅、趙元益譯《繪畫測量諸器圖説》一册，未出。

綜論

[英]傅蘭雅《畫器須知·總引》 畫圖一事，乃尚象之先導、製器之始基。雖機件之大，一紙可容；體面之繁，全圖畢具。大小比例，能無分毫之或失；方圓正側，自有尺寸之可憑。故製造工藝內，欲造器物，必有畫圖之師，先繪形圖，始能按圖仿造。而畫圖之要，必先知畫圖應用之器，及諸器運用之法。蓋畫機器等物之圖，或將大縮小，或以小放大，均須尺寸合法、比例無差。雖用尋常筆墨，勉強可畫其形，然各件之大小遠近，易有大差。況有邊角曲直、體面方圓，非常筆所能準合者，故必有特設之器，方合畫圖之用。間有繁密之圖，獨恃尋常之器。尚不足用，必另製精緻靈便之器用之，始能心手相應。學者必先將常器之理法，習練精熟，運用得法，自能熟中生巧，製造精器以適所用焉。茲將畫圖應用諸器，分類論説，列爲六章：一曰筆，二曰規，三曰尺，四曰紙，五曰板，六曰要説。筆所以繪線者也，規所以爲圓者也，尺所以取直者也，紙所以承圖者也，板所以托紙者也，均屬畫圖必需之器物。先習熟此各器之用法，然後施之於畫圖，自能得心應手，漸次精進。畫圖器不但有功於製造，尤有用於算學。如畫平圓、橢圜、直線、曲線、三角、四邊諸形，均必需規尺等器，故習算學者，亦當講求畫圖之器。此曰「畫器須知」，宜矣。

《周幂知裁》

題解

[英]傅蘭雅譯 清徐壽述《周幂知裁》目録

圓錐形之罩　截圓錐形之罩
壺蓋即大(純)[鈍]角之截錐形　缺環即短截錐數塊合成之一塊
橢圓形之盤其斜邊以四塊合成　橢圓形之盤其斜邊以二塊合成
蛋形橢圓之盤其斜邊以二塊合成　匏形之盤其邊可任分若干塊成之
長形限角之盤以二塊成之　長形限角改一端爲半圓
長圓形　半球形之罩以幾個截圓錐形合成之
半球之瓜瓣形界線又法裁成　截方錐形之罩
截方錐以二塊合成之　截錐形底方而口圓以二塊合成
截錐形底爲長方口爲正方二塊合成　截錐形底爲長方口爲正圓二塊合成
截錐形大小兩端俱爲長方二塊合成　錐截形即方錐削棱成八面
半管之端正角接縫　半管之端鈍角接縫
凹凸面之包角線　凹凸面之正反包角線
八面鐘形之罩　同徑之管丁字接縫

同徑之管人字接縫　大小二管丁字接縫
大小二管人字接縫　大小二管偏側接縫
屋面上烟通接縫　屋脊上烟通接縫
管端正角接縫　管端鈍角接縫銳角同
彎管三節連成　彎管四節連成
彎管五節連成　錐形管之接縫即壺嘴之類
屋脊上烟通之孔　長圓蓋兩端爲半圓，兩邊爲直線
八角蓋方形倣此　圓蓋

綜論

清・黃鐘駿《疇人傳四編》卷一一 布倫

布倫，英吉利人。著有《周冪知裁》一卷，論各體面分合之理頗備，製造家悉宗其法。

著録

清・梁啓超《西學書目表》卷上

《周冪知裁》。傅蘭雅、徐壽。製造局本，一本，在《西藝知新》中。

清・徐維則《東西學書録》卷上 工藝第八

《西藝知新》正編十卷，《續編》十二卷。製造局本；上海石印二層本。【略】《周密知裁》一卷。美布倫輯，英傅蘭雅譯，徐壽述。論器、壺、盤、管之裁割銲接法，皆從圓周割分，然後合爲各器面積，故曰《周密知裁》。

清・趙惟熙《西學書目答問》 藝學第二

算學　《周冪知裁》一冊。美布倫編輯，英傅蘭雅譯、徐壽述。製造局本。是書爲《西藝知新》八種之一。【略】爲習製造者至要之本。

《算法圓理括囊》

題解

清・徐維則《東西學書録》卷下 算學第十二

《算法圓理括囊》一卷。《白芙堂叢書》本。日本加(恱)[悦]傳一郎俊興著。設題均甚奇奥，大率以級數立算，頗不易讀。其友邨上國輝序其書謂「其高妙精微，非入其室者不能輒解」，信然。書序永嘉五年壬子，按即中國咸豐二年。

清・謝興堯《算法圓理囊括提要》《續修四庫全書總目提要（稿本）》三十一冊

《算法圓理囊括》一卷。白芙堂叢書本。日本長崎加悦傳一郎俊興著。俊興自號卵殻同島，爲日本嘉永時人，當中國清代道咸時也。其經歷不可詳攷，惟讀其書，數精例詳，實日本維新前之算學家也。書共一卷，前有鄉人長崎邨上國輝序，稱其書「高妙精微，非入其室者不能輒解」。是書撰於嘉永五年壬子七月，即中曆清咸豐二年壬子。書中討論証明者，爲圓徑、球面、弧形、輪心、軌線、句股、弧背術、穿穴圓徑、長立圓、大小圓相交等，長立圓即橢圓也。其繪圖列算，雖與昔時中法相似，而奇妙則過之。按：日本之科學文藝，在今日固足媲美歐西，維新以前，科學尚不如今日之盛。當時中國曆算之學，已發揚光大，而算家所著割圓之術，尚不逮是書精確，其思慮深微，於此可見。攷是書所用之術，其大要爲因已知而求得未知，特設問發題，立算布式，能錯綜盡變。大都以連比例名率爲主，輪困、環球、容切、面體，或重點之分動定，或曲線之判螺擺，類如心差皮積，截徑殘周，穿穴玲瓏等形式，皆超越常度，其新奇均中算所弗及。雖迹象小異，而埋解則大同焉，即今之幾何算術也。邨上氏稱著者「善盡其變化，而足爲有用」。又謂「卵殻自幼即嗜數學，勵精之久，遂究其淵源矣」。足見著者致力之勤，歷時之遠。惜當時中國算家僅刊其書，未注意其術，殊可惜也。今諸可寶《疇人傳三編》有著者小傳，亦足傳矣。

綜論

［日］邨上國輝《算法圓理括囊序》 友人卵殼自幼嗜數學，勵精之久，遂究其淵源矣。今著書名曰《圓理括囊》，欲梓之公於世，乃屬余爲序焉。或曰：方今諸方數家之書，皆以爲童蒙進學之階，故其爲益也亦多。今觀卵殼所著，高妙精微，而非入其室者不能輒解，乃屬無用長物者邪？若夫推天文以制曆，量地形以正經界，則各有其官司焉。今卵殼者，市井之人也，固莫關於斯，則將何用之？余謂卵殼之所以自號「卵殼」者，其有意於此乎？夫卵者有用，而殼無用，然非殼無卵。今卵殼之術善盡其變化，而足爲有用。數家外圍防其潰墮，猶殼之於卵，則無用之爲用亦大也哉。會卵殼來復促序，余固不識數術，即書之以問，遂塞其責焉。嘉永五年壬子七月，長崎邨上國輝。

著録

清・劉鐸《古今算學書録》 象數第三

《圓理括囊》一卷。日本加悦（博）［傳］一。白芙堂算學叢書本。

清・丁立中《八千卷樓書目》卷一一《子部》 天文算法類

《圓理括囊》一卷。日（光）加悦（傳）［傳］一撰。白芙堂本。

《奈端數理》

題解

清・丁福保《算學書目提要》卷中 西算類二

《奈端數理》四册。英國奈端撰，偉烈亞力、傅蘭雅口譯，海甯李善蘭筆述。

案：是書分平圜、橢圜、拋物綫、雙曲綫各類，橢圜以下尚未譯出。其已譯者亦未加删潤，往往有四五十字爲一句者，理既奥賾，文又難讀。吾師若汀先生屢欲删改，卒無從下手。後爲大同書局借去，今已不可究詰。謹告當代疇人，如獲此書，亟付梓人，當亦好奇者所樂觀。

綜論

清・梁啓超《讀西學書法》 《奈（瑞）［端］數理》，製造局譯，未成。聞理太奥賾，李壬叔亦不能譯云。

清・梁啓超《論中國學術思想變遷之大勢》《飲冰室文集》之七 若汀譯《奈端數理》，未卒業。若汀先生於丁酉冬以其所譯《奈端數理》屬鄙人使校印之，未印而戊戌難作，行篋書物悉散佚，茲編與焉。七年來，耿耿負疚，不能去懷。微聞此編未遭浩劫，爲競賣者所得，未知今歸誰氏。海内君子有藏之者，幸付梓人，公之於世。既以惠我學界，亦使鄙人對於譯者得贖重咎也。

著録

［英］傅蘭雅《江南製造總局翻譯西書事略》 尚未譯全各書目録

《奈端數理》。譯書人名：傅蘭雅。筆述人名：李善蘭。原有本數：八本。已譯本數：三本。

清・梁啓超《西學書目表》附卷《近譯未印各書》 《奈端數理》。傅蘭雅、李善蘭。製造局，三本。未譯成。

清・徐維則《東西學書録》卷下 算學第十二

製造局有英傅蘭雅、李善蘭譯《奈端數學》三册，未成。

《圓錐曲線說》

題解

清・徐維則《東西學書録》卷下　算學第十二

《圓錐曲綫說》三卷。金陵刊本，附《則古昔齋重學》；《中西算學大成》爲《代數術》第十九、二十、二十一三卷。英艾約瑟、李善蘭同譯。論圓錐曲線三種：曰橢圓線，曰雙曲線，曰拋物線，均以代數比例布算，證明圓錐割成三曲線之理，及求心差弦矢等法。其於法線、次法線、次切線皆未之及。學者既讀此書，再取《代微積拾級》三、五、六、七卷讀之，於圓錐三曲之學，大概具矣。

清・丁福保《算學書目提要》卷中　西算類二

《圓錐曲線說》三卷。英國艾約瑟口譯，海甯李善蘭筆述。是書論橢圓綫共十一款，雙曲綫共十三款，拋物綫共十六款，爲曲綫中最簡之書。學者如閲拋物綫，宜從吾師若汀先生所著《拋物綫說》入手，更爲簡易。

清・謝興堯《圓錐曲線說提要》《續修四庫全書總目提要（稿本）》三十一册

《圓錐曲線說》三卷。光緒刊則古昔齋本。【略】

是書分三卷，卷一論橢圓線，共十一欵；卷二雙曲線，共十三欵；卷三拋物線，共十六欵。爲曲線中最簡明之書，因當時言曲線者，僅氏及華蘅芳之譯述而已。時粵匪蹈江南，善蘭避居上海，與西士譯書甚富。西洋科學之輸入中國，氏之功實大。按：割圓綴術，中法舊有，且當時算家時有發明，更求捷術，惟皆止於三角、平圓，橢圓以上則明之者鮮。故此書之譯述，及華蘅芳譯《拋物線》，均彼時數學界極需要者。因圓錐任意割之，其所成面有六種界：一頂點、二三角形、三平圓、四橢圓、五雙曲線、六拋物線，是書即專論圓錐截面之後三者。蓋截面錐底，交角小於錐腰錐底交角者，爲橢圓線；大於錐腰錐底交角者，爲雙曲線；等於錐腰錐底交角者，爲拋物線，即在今算學中，亦屬高深。卷前無序跋，僅列總說。因布算述理之先，必先明其線之公名，如中點、徑、徑軸、屬徑、截徑、通徑、弦線、切線、次切線、爲法線、次法線、爲心、爲兩心差、倍兩心差。而求之之法，不出乎比例，故加減乘除開方盡之矣。書中繪圖列算，備極詳明。因係譯著，其條欵全屬西法，惟其數字及代數名詞，仍爲舊式。當昔割圜弧矢之術極盛之際，復得此書，使中國數學更爲精進。初爲金山錢熙輔刊行，今所傳則善蘭重刊本也，及後《古今算學叢書》等，亦均收入。

綜論

清・諸可寶《疇人傳三編》卷七　艾約瑟

［艾約瑟］又集《圓錐曲線說》三卷，亦譯附而行。圓錐任意割之，其所割之面有六種界：一頂點，二三角形，三平圜，四橢圓，五雙曲線，六拋物線。其線之公名必先明之者，爲中點，爲徑軸，爲徑，爲屬徑，爲截徑，爲通徑，爲弦線，爲切線，次切線，爲法線，次法線，爲心，爲兩心差，倍兩心差。所以求之之法，不出乎比例，而加減乘除開方盡之矣。譯既卒業，初爲金山錢教諭熙輔刊行，今所傳則京卿重刻本也。

清・孫維新《泰西格致之學與近刻繙譯諸書詳略得失何者爲最要論》《格致課藝彙編》卷四

［是書］亦有用於測量，較《算式集要》中所論者，又覺詳細焉。

著録

清・張之洞《書目答問・子部》　天文算法

《曲綫說》一卷。李善蘭譯。則古昔齋刻本。

清・梁啓超《西學書目表》卷上　《圓錐曲線說》。艾約瑟、李善蘭。金陵刻本，附《重學》後。

清・劉鐸《古今算學書録》　象數第三

《曲線說》三卷。李善蘭、艾約瑟同譯，附《重學》後。金陵局本；重刊本；石印本。

清・丁立中《八千卷樓書目》卷一一《子部》　天文算法類

《曲線說》三卷。西洋胡威立撰，艾約瑟譯。刊本。

清・劉錦藻《清朝續文獻通考》卷二七四　經籍十八

《圓錐曲線說》一卷，李善蘭撰。

《曲綫須知》

題解

清・徐維則《東西學書録》卷下　算學第十二

《曲綫須知》一卷。《格致須知》二集本，一册。英傅蘭雅著。是書即《圓錐曲綫説》之節本，所節亦不過十分之一。

清・謝興堯《曲線須知提要》《續修四庫全書總目提要（稿本）》三十二册　《曲線須知》一卷。光緒十四年刊本。英人傅蘭雅撰。【略】此書一卷，乃繼《三角》而作。首爲小敘，論曲線之定義與範圍，以曲線共分四種，因分章述理、列式、舉例、証明。首爲比例總理，以比例爲推求曲線之本也，次曲線綜論，中詳論長徑、短徑、中點、通徑、正弦、正矢、曲線心、兩心差、漸近線等基本定率，並繪圖舉例。次橢圓，共設十題例，圖解算式，以明其理。次雙曲線，亦設十題，次第與上同。按：數理雖繁，其形不外點線面體，此書則專論線者，而線又分四種：曰平圓、橢圓、雙曲、拋物，此四線均生於圓錐體，因凡正角三邊形以直邊爲軸，繞轉一周，則成圓錐體。自頂至底，皆爲平圓，愈近頂，則其圓周愈小。離頂斜割，則爲橢圓；順腰線平行割之，則成拋物線；順軸平行割之，則成雙曲線。以平圓之理已詳三角，故此篇特論橢圓、雙曲、拋物三種。又以比例之法爲求各線之用，故先明比例。書中於各線之術，擇要選易，繪圖衍算，學者由此推演，可施之測量，可啓發性靈。在數理雖屬高深，而此篇文字則淺顯精要。攷清代中國算家，言高深數理者，多至弧矢而止，鮮有及雙曲、拋物者。惟李善蘭、華蘅芳等言之，亦受西士影響。故此書在當時裨益學者殊大，固不能以其淺近而忽視之也。

綜論

[英] 傅蘭雅《曲線須知・總引》　算法之學，精矣奥矣。曰數算，曰曆算，曰天算，有用於日用之間；曰代數，曰微積，曰幾何，有用於事物之理。格致中，算學爲諸學之冠，凡遇難明之理，多以算式明之。故習格致學，均宜以算學爲首務。算學概分兩類：一講法，一論理。法多以數明，理必以形証。徒知法，不能明其所以然；必明理，始得知其所致用。理出於形，曰點，曰線，曰面，曰體，奥理顯然，易推易測，幾何學内論之詳矣。諸線中有曲線四種：一平圜線，二橢圜線，三雙曲線，四拋物線。此四線生於圓錐體，凡正角三邊形，以直邊爲軸，繞轉一周，則成圓錐體。自頂至底，皆爲平圜，愈近頂，其圜周愈小。離頂斜割之，則成橢圜；順腰線平行割之，則成拋物線；順軸平行割之，則成雙曲線。平圜有一心，徑線均相等；橢圜有二心，其徑分長短；雙曲線徑有縱橫；拋物線均無短徑。平圜之理，多詳於三角八線學中。兹特論橢圜線、雙曲線、拋物線三種，擇要選易，繪圖演算，因名曰《曲線須知》。閱者由此推演，以求精進，一可施之測量，一可啓發靈性。蓋算學之理，天造地設；算學之法，千變萬化。能析至紛之數，能窮至(頤)[賾]之理，能洩天人之祕奥，能解方寸之疑團。益人非淺，妙用良多，詎可以等閒忽之耶？

著録

清・劉鐸《古今算學書録》　象數第三

《曲線須知》一册。傅蘭雅。《格致須知》本。

《廣學會譯著新書總目》　算學

《曲線須知》。【略】一册，價洋八分。

《圓錐曲線》

題解

清・徐維則《東西學書録》卷下　算學第十二

《圓錐曲線》一卷。益智書會本，一册。美路密司著，美求德生選譯，劉維師述。是書以比例布算條段，有視艾書較詳處。圓錐學之用爲形學中最要，是書本附《形學備旨》後，故題中所引諸欵皆憑《形學備旨》。

清・丁福保《算學書目提要》卷中　西算類二

《圓錐曲綫》一册。英國路密司撰，求德生口譯，山東劉維師筆述。案：是書原坿《形學備旨》後，故書中所列之題，每引及之。其拋物綫共十六題，橢圓綫共二十四題，雙曲綫共二十五題，其簡明與前書相埒。而三種曲綫後共有習問題四十二，學者可依次推演，其獲益必倍速於他書。

綜論

[美] 求德生《圓錐曲線・序》　嘗攷形學一書，於中朝周懿王時，泰西已有傳焉。然當時所用之線，惟直線與平圜周之曲線而已。故有數種習題，不能憑此直線與平圜周一一推算出之者。是不得不另求他曲線以配之，即所謂圜錐曲線之三種也。迨赧王時，西方有阿桔彌提斯者，始行而效也。証拋物線所割面積，等於外切矩形三分之二，並証橢圜面積與外切平圜面積有何比例。但古時惟究圜錐曲線之理，未明其用。邇來知圜錐學之用，爲形學中極廣大而至要者也。比如人擲物，其受拋力與地之吸力時同，所行之路必爲圜錐學中之拋物線。行星繞行太陽之軌道，皆成橢圜之曲線，而彗星所行之軌道，則備拋物線、雙曲線、橢圜三者。以是知欲講求格致、天文等學，不能離乎圜錐學。而本書作自美國算學家路密司，約畧講明三種曲線之理。原附於《形學備旨》之後，故題中所引諸卷，皆憑《形學備旨》云云。光緒十九年五月十五日，求德生序。

著録

清・梁啓超《西學書目表》卷上　《圓錐曲線》。求德生、劉維師。益智書會本。一本，二角五分。

《廣學會譯著新書總目》　算學　《圓錐曲線》。一本，價洋三角。

《幾何舉隅》

題解

清・顧燮光《譯書經眼録》卷四　象數第十二

《幾何舉隅》一、二、三、四、六卷，補譯《幾何原本》第六卷一卷。江夏董氏家墩刊本；上海掃葉山房石印本，三册。英託咸都輯，鄭毓英譯述，湯金鑄校繪。《幾何原本》言算理極深，中西算學奉爲圭臬，近日西人迭有增修，用記號解釋，設題問答，尤稱簡明。鄧氏以英人託咸都所演幾何法式譯爲《舉隅》一書，而西人幾何演題始傳中國。是書中名目概照原本，另作界説弁於卷首，其第五卷因論綫之比例靡有所推，故從缺如。而託氏原本第六卷亦闕數題，爲是書他題推論所及，囚補譯之，弁於卷首。書題理深邃者，則附圖以明之。

[英] 託咸都輯　清鄭毓英譯述《幾何舉隅》凡例

一，是書倣設如今有之意，故只有題目，並無論解。

一，書中名目一照原本，不取異同。惟未見於原本中者，則另作界説，弁於卷首，以期閲者一覽了然。

一，是書所譯，僅有一、二、三、四、六五卷，其第五卷因論線之比例，靡有所推，故從闕如。

一，近日泰西盛行之原本，爲西士託咸都所輯。檢對第六卷中，有數題未見於譯本者，因爲是書題中推引所及，用特補譯，弁於本卷之首。

一，泰西舉隅題目，指不勝屈，閲是書者，作窺豹之想可也。

一，是書每數題之前，必書推原本某卷某題起，至某題止，蓋爲初學推陳出新，引前徵後。

一，是書題目，解論尚易，求圖頗難，故每題不附以圖，欲使學者先難而後獲也。惟題中有非圖不明者，不得不以圖附之。

一，是書題中，有理係淺近，不用詳明者，非遺漏也，蓋欲學者求諸至理之中，悟於無言之外。

一，六卷以下，亦有舉隅，余苦無暇日譯成全書。徐氏云：「苟爲用，竟之何必在我。」有感斯言，故止於此。

一，余譯是書，或作或輟，歷兩寒暑。其中字酌句斟，期於明簡，自謂破費苦心，冀無遺誤，然仍望諸君子勗其不及焉。

綜論

清・鄭鈗英《幾何舉隅・序》 《幾何原本》，格致一書也，自明徐文定公受之泰西利氏，手譯其前六卷，而後中國始有是學。迨我朝海甯李壬叔先生復受之偉烈氏，續譯其後九卷，《原本》一書始稱大備。其徹算學之原，關世用之大，具見於《原本》列敘中，茲不贅論。惟其既爲格致之書，則引而推之，此中尚多未格未致者，不能融會貫通。雖讀盡全書，亦於下學無補。第欲格而無待格之物，欲致而無待致之知，又烏從而格之？又烏從而致之？此《幾何舉隅》所由譯也。泰西士人以格致爲入學之始基，以《原本》爲格致之發軔。好學深思之士又因之窮流竟委，作爲《舉隅》，以爲讀《原本》者發其巧思。蓋即朱子所謂「因其已知之理而益窮之，以求至乎其極也」。夫理日窮則日闢，心日用則日精。不有《原本》，無以爲用力之資；不有《舉隅》，無以爲廣思之助。是《原本》爲《舉隅》之體，《舉隅》爲《原本》之用，二者相需，不當偏廢。官齋課暇，聊以自娱，世之君子，尚其勗余之不逮焉。是爲序。時光緒六年四月吴航鄭鈗英。

清・湯金鑄《幾何舉隅序》 幾何爲算學根柢，凡天下有形之物，算理悉寓其中，幾何不言數而言理，而數胥函於理也。當周末希臘人歐几里得撰《幾何原本》，西國算家奉爲圭臬。自明季入中國，徐文定公與意大利人利瑪竇譯其六卷。國朝梅定九徵君精其學，算理多與後各卷相通，而未及續譯。咸豐閒，李壬叔徵君與英人偉烈亞力始盡譯之，而中國乃有全書。近西國算家迭有增修，且多用記號解釋，尤簡而明，皆不出《原本》範圍。而益爲推闡，設題問答，使學者反覆探求，觸類引申，蘄以致用，俗所稱鎖鑰錕者也。

戊寅歲，余承吴春帆中丞邀，赴福建船政學堂教習諸生算學，與長樂鄭君彬侯共事。鄭君教英人托咸都所演幾何法式，嘗譯爲《舉隅》一書，相與討論。西人幾何演題問答，近始流傳中國，而鄭君首譯之。用以啓發心思，易於觸悟，誠爲算學不可少之書。以繼徐、李二家所譯，爲疇人臬矱。當時曾手摹一帙，藏諸行篋，時取披尋。風塵屢閲，歲月浸馳，忽忽廿餘年矣。余由閩返粤，辦理雷局事務，鄭君亦爲水陸師學堂洋文教習。近承南皮張制府命，在兩湖書院講授算學，鄭君又爲自強學堂英文教習。迭與比鄰，時相過從。屢勸付刊，以貽來學。適江夏董君筱侯彙刻算學叢書，既將《原本》重刊，屬爲覆校。並取此書校繪，畀董君刻之，以備諸生肄業。由此擴充，而凡爲此學者，皆可家置一編，藉資隅反，刻書行世，嘉惠學人。此董君之盛意，而鄭君譯本由是而傳矣。刻既成，因識其緣起如此。光緒二十五年歲在己亥花朝後花縣湯金鑄序。

《幾何探要》

題解

清・徐維則輯　顧燮光補《增版東西學書録》卷下　算學第十二

《幾何探要》□卷。《滙報》本。法□□著，滙報館譯。於幾何之理言之極詳。

清・顧燮光《譯書經眼録》卷四　象數第十二

《幾何探要》九卷。《滙報》本。法□□著，滙報館譯。都爲九卷。蓋歐幾里得《幾何原本》十三去四，聊存其數而已，大較則後人修潤者居多。卷多提其精義，立爲若干題，題所造論與公論異，公論無待闡明而題則必須理證。理有餘藴，則系以申之，案以推廣之。卷末各從義類，設問題若干，以練習學者。殆言幾何中之善本也夫。

綜論

清・徐維則《增版東西學書録例目》 《滙報》中附譯之《幾何探要》，圖說詳明，尚稱精審。

《形學拾級》

題解

清・劉光照《形學拾級》凡例

一，是書共分九卷，前五卷爲平面形學，後四卷爲立體形學。

一，是書原本係美國雅禮大學堂算學教習腓禮普、費世爾二君所輯。蓋路密司爲美國天算名家，其所著之形學，久已風行海内。繼路氏之後者，爲腓、費二君，將路氏所有之形學著作參互攷正，酌改增補，以進於今代算學格式。本書即其譯本也。

一，是書内含自理、界、題、證、系五項。自理者，天然易知之理也。界者，限定所論之事，以清其界也。題者，據已知之理，斷定其必有或必無之事也。證者，徵明題中斷定之事理何以必有，何以必無也。系者，由題而生之小題也。

一，是書習題分證題、作圖、推算三項。蓋證題作圖足徵學者之心得，而推算則憑虛理獲實用矣。

一，是書作圖之法，臚列各卷。蓋欲學者演證之時，按法作圖，隨題獲用，不致紙上談兵，託諸空言也。

一，是書圖式力求清晰，凡圖中應有之線，因題而作者，繪爲重跡；因證而作者，繪爲輕跡；距目較遠者，繪爲虛跡。且立體形學之諸圖，每兩兩併列，一爲映像，係真體也；一爲線圖，便於仿作也。

一，是書比例悉作附題，列於卷三之首。至於無公箇之幾何，則於卷二内設題申明，詳加解釋。誠以圓面圓體諸題，於無公箇幾何，所賴良多也。

光緒三十二年冬安邱劉光照自識於濰邑廣文學堂。

又《目録》

上册　平面形學

開端　　卷一　直線所成之形

卷二　平圓　　卷三　比例　似形

卷四　多邊形之面積　　卷五　有法多邊形　圓繞一點之稱形

下册　立體形學

卷六　平面　　卷七　稜體

卷八　圓體　　卷九　圓體之積

總習題

綜論

清・劉玉峯《形學拾級・序》 形學者，究各形相關之理，以溯立法之源，爲算學上乘所由出者也。八線學非此無以立，弦切測繪學非此無以步短長，航海學非此無以繪水程，天文學非此無以位星象。用誠溥矣，益莫大焉。數百年來爲歐美學堂中所必肄之書，以其不獨爲算學中之脈絡，且於物理學中具有相通之妙蘊也。故自希臘國歐几里以還，歐美諸名家畢力研究，精益求精。然觀利瑪竇及偉烈亞力所譯之《幾何原本》，僅得窺其崖略，尚未能揭其底蘊。惟吾師光東先生所譯之《形學備旨》，久已風行海内，人所共見。然前人已發其端，而無他人善繼其緒，恐終未能登峯而造極。況邇來實學漸興，學界日進，墨守舊章，誠不足以資進化，獲實益也。劉君子耀有鑑於茲，爰取美儒腓、費二君新近編纂，譯列成集，以補當時之所未備。其證題解圖，多掃除陳腐，汰繁雜而補闕畧。其作圖推算，悉闢創新，機憑虛理，而獲實用。深著大端，詳推要理，遂有以探算學之奥，闡數理之幽。至所繪線圖，跡有輕重之分；所列映像，色有陰陽之别，遠近畢肖，眉目頗清，較之舊譯算本，奚啻霄壤？是爲序。時維光緒丙午冬十月濰陽廣文學堂西學教習高密蓬山氏劉玉峯。

著録

《廣學會譯著新書總目》 算學

《形學拾級》。一部，價洋八角。

《平面立體幾何學教科書》

題解

《審定書目・書目提要》《學部官報》第五七期　《平面立體幾何學教科書》二冊。昌明公司。算學研究會編。幾何學所以無善本者，則以凡立一説，必索證明之方，徵引愈繁，愈使閲者猝難索解。近日新出之書，遇有義藴深邃之處，恒用代數式以爲解證，可省無限煩文。惟繙自東籍，其於名詞等類，不計其適於我國應用與否，竟一概沿襲，殊爲不合。是編以樺正董氏之書爲底本，嗣經上海曾氏亦復迻譯。惟是本較彼本語意覺爲明瞭，間或參用日本名詞，頗具斟酌。審定可作爲中學教科書。其中或有欠妥處，具詳校勘表内，再版應改。

《新譯幾何學教科書》

題解

《審定書目・書目提要》《學部官報》第五七期　《新譯幾何學教科書》二冊。中國圖書公司。日本樺正董著，上海曾鈞譯。是書義例條貫，圖式簡明，堪爲教科書之用。惟解釋之處，語句間欠妥愜。如定義七條所稱平面云者「過在於其中二點之直綫，全與其表面密合者也」，不知「其表面」三字何指。七十四條注「引平分頂角之直綫與所定之線相重」，不知「所定之綫」爲何綫。又定義二十三條系一言角，系二言直綫，注謂「系二之理，緣用系一系二言自直線上之一點而作，在於其一傍諸角之合，等於二直角」；系四言在一點周圍諸角之和等於四直角，注謂「過角頂延長一線用系三」，此等引證似欠分曉，雖聲言系之證明，僅指其大要，然所指不確，在教者難於指點，學者即未易領悟，兩兩無益。又三十九條誤 A = K 五十五條直角誤爲 AOM 六十九條所引二十七條爲三十七條之類。訛錯尚多，應俟改正後，再行審定。

《幾何學教科書》

題解

清・顧燮光《譯書經眼録》卷四　象數第十二

《幾何學教科書》一卷。寧波新學社洋裝本。日本林鶴一著，鄔肇元譯。本書爲幾何平面之部，其宗旨以便省學生腦力爲主，故文簡意備，無舊籍沈晦之弊。其證明並用記號，簡略而不失于嚴正。定理與設問之證明，間有省畧，留爲教員各紓所見之地。問題稍難者，亦畧示以解法，且以求積問題以説明代數學之應用焉。至書中所用多日本術語，雖有一二不同，然均於定義中説明，學者亦能索解。

《最新中學教科書幾何學》

題解

《審定書目・書目提要》《學部官報》第五七期　《最新中學教科書幾何學》平面部一冊，立體部一冊。商務印書館本。美國宓爾著，山陰謝洪賚譯。幾何之學，近分英法德各派。要而言之，此學與算術大異其性質。以簡易實用爲務者，算術之要旨。藉少數之公理以證明定理，雖極淺近之端，亦不得不詳爲解剖者，幾何學之特色也。是書條理完密，足使學者引伸觸類，不致有厭倦畏難之苦。惟直角之名相沿已久，今一旦改用別稱，意謂一百八十度既指爲直角，則不得不以九十度爲正角。其實兩象限可稱爲平角，一象限宜仍稱直角。又列式太舊，或難以饜讀者之心。自宜重加編訂，方合教科書體裁，現充作中學參考之資可也。

三角分部

《大測》

題解

［德］鄧玉函《大測・目録》 大測者，測三角形法也。凡測筭，皆以此測彼，而此一彼一，不可得測。《九章》筭多以三測一，獨句股章以二測一，則皆三角形也。其不言句股者，句與股交，必爲直角，直角者，正方角也。遇斜角，則句股窮矣。分斜角爲兩直角，亦句股也，遇或不可得分，又窮矣。三角形之理，非句股可盡，故不名句股也。句股之易測者，直線也，平面也。測天則圜面曲線，非句股所能得也，故有弧矢弦割圜之法。弧者，曲線；弦矢者，直線也。以弧求弧，無法可得，必以直線曲弧相當相準，乃可得之。相當相準者，圜徑之法也，而圜與徑終古無相準之率。古云「徑一圍三」，實圍以内二徑之六弦，非圍也。祖沖之密率云「徑七圍二十二」，則其外切線也，非圍也。劉徽密率云「徑五十圍百五十七」，則又其内弦也，非圍也。或推至萬億以上，然而小損即内弦，小益即外切線也，終非圍也。曆家以句股開方，展轉商求，累時方成一率，然不能離徑一圍三之法。即祖率已繁，不復能用，況徽率乎？況萬億以上乎？是以甚難而實謬。今西法以周天一象限分爲半弧，而各取其正半弦。其術從二徑六弦始，以次求得六宗率，皆度數之正義，無可疑者。次用三要法，相分相準，以求各率，而得各弧之正半弦。又以其餘弧之正弦爲餘弦，以餘弦減半徑爲矢。弧之外，與正弦平行而交於割線者爲切線，以他半徑截弧之一端，而交於切線者爲割線。其與餘弦平行者，則餘切線也，即正割一線交於餘切線而止者，餘割線也。以正弦減半徑者，餘矢線也。總之爲八線。其弧度分爲五千四百，每一度分有八線焉，合之爲四萬三千二百率也。其用之，則一形中有三邊三角，任有其三，可得其餘三也。凡測候所得者，皆弧度分也。以此二三弧，求彼一弧，先簡此弧之某直線，與彼弧之某直線，推筭得數，簡表，即得彼弧之度分。不勞餘力，不費晷刻，爲之者勞，用之者逸。方之句股開方以測圜者，甚易而實是也。然則必無差乎？曰有之。或在其末位，如半徑設十萬，則所差者，十萬分之一也；設千萬，則所差者，千萬分之一也。曆家推演至微纖以下，率皆棄去，即謂之無差，亦可。故論此法者，謂于推步術中，爲農夫之剡耜、工匠之利器矣。測天者所必須，大于他測，故名大測。其解義六篇，分爲二卷；八線表九十度，分爲六卷。如左。

第一卷　因明篇第一　割圜篇第二　表原篇第三

第二卷　表法篇第四　表用篇第五　測平篇第六

綜論

清・劉獻廷《廣陽雜記》卷四 《大測》二卷，割圓八綫之本也，若三角形、鋭角、鈍角諸測法，未之有也。

清・梅文鼎《勿菴曆算書目》 正弦簡法補 《大測》諸書，言作八線表之法，亦綦詳矣。

清・梅瑴成《赤水遺珍・求弦矢捷法》《梅氏叢書輯要》卷六一 《大測》割圓之法，理精數密，然不能隨度以求弦矢。

著録

清・張廷玉等《明史・藝文志三》 天文類 徐光啓《崇禎曆書》一百二十六卷。【略】《大測》二卷。

清・張之洞《書目答問・子部》 天文算法 《新法算書》一百零三卷。明徐光啓等。明刻本，三十種，原名《崇禎曆書》，目列後：【略】(天)[大]測二卷。

清・徐維則《東西學書録》附卷《東西人舊譯著書》 湯若望【略】《大測》二卷。明徐光啓同撰。《新法算書》本；《重訂新法曆書》本；《圖書集成・曆法典》本。

《三角算法》

題解

［波］穆尼閣　清薛鳳祚《三角算法》目録

綜論

清・薛鳳祚《三角算法・敘》《曆學會通・致用部・三角算法》卷首　筭學有勾股三率，于數無所不統。天文家又有三邊三角諸法。蓋度數之法，皆取之割圓，而或分或合，其有定者也。至於懸空立義，本無定法，而皆稟於大圓。則無定法者，皆有定理。明哲之士，因其有定者以爲樞，而用其無定者以窮其變。神哉！技至此無以加矣，又何事物紛賾雜沓者之足慮哉，誠曆學致用之第一義也。癸巳秋月，與穆先生作此于白下，而爲之記。

著録

清・劉鐸《古今算學書録》　象數第三

《三角算法》一卷。薛鳳祚。《曆學會通》本。

《三角數理》

題解

《算學書目提要・三角數理》《湘學新報》第十四期　《三角數理》十二卷。製造局本，六本；石印本。【略】全書本代數立説，一切條段皆以算式明之，無須圖解。以直三角形各邊之比例數爲八綫，則半徑爲一，可省乘除。用正負二號以明方位相反之法，則弧角八綫加減出於自然，不得詳審。法無不備，理無不賅，所設各題尤能極三角八綫之變。言三角者，當以此書爲總匯焉。

清・徐維則《東西學書録》卷下　算學第十二

《三角數理》十二卷。製造局本六册，上海石印本；《中西算學大成》本，有删節。英海麻士輯，英傅蘭雅口譯，華蘅芳述。前八卷論平三角，後四卷論弧三角。大率以比例求邊角，而以級數究其極。法無不備，理無不賅。第六卷專論對數，有足以補《代數術》第十八卷之未備。《中西算學大成》於三角祇取其第四卷各種解法，卷中尚節去其測量器諸欵。蓋其前數卷與《代數術》之八綫數理無甚異，故不録也。弧三角各欵皆不删節，惟去其十二卷之設題。

清・丁福保《算學書目提要》卷中　西學類二

《三角數理》十二卷。英國海麻士輯，傅蘭雅口譯，金匱華蘅芳筆述。案：是書於三角八綫之理，推闡無遺，自始迄終，無一款虛設，誠算氏至精之書也。諸氏《疇人傳三編》謂其説解過煩費，仍不能變外角和較與垂弧次形總較諸舊法，此乃有意攻擊，故作苛論。

［英］傅蘭雅口譯　清華蘅芳筆述《三角數理》目録

卷一　論三角法中用比例數之理
卷二　論兩角或多角之各比例數
卷三　論造三角比例表之法三角比例表即八線表也。
卷四　論平三角形之各種解法
卷五　論各角之比例數乘約變化之理
卷六　論對數
卷七　三角形各理設題
卷八　三角形各理設題
卷九　論球上之各圈及弧三角形界説
卷十　解正弧三角形之法
卷十一　論數種特設之事以求弧三角形之法
卷十二　弧三角各理設題

綜論

清・諸可寶《疇人傳三編》卷七　海麻士

海麻士，英吉利國人。專精三角八線之學，箸書十有二卷，皆言三角數理，即用爲名。首明三角用比例之理，次論兩角或多角諸比例數，次論造八線比例表之法，次解平三角諸形，次論諸角比例乘約變化之理，紀彼國算士棣美弗創例也，附以專論對數術及諸三角形，設題一百則，爲書三卷，以引學者。次總説球上各圈及弧三角形之界，次解正弧、斜弧三角形之法，次雜論求弧角數種特設之事，終以弧三角形，設題二十七則焉。亦傅氏、華氏共譯之本，機局刻之。其説解過于煩費，仍不能變外角和較與垂弧次形總較諸舊法。自海氏書出，乃益覺莊愍公拾遺三術，難能而可貴，其駕過西人也遠甚。

清・孫維新《泰西格致之學與近刻繙譯諸書詳略得失何者爲最要論》《格致課藝彙編》卷四

《三角數理》，即平弧三角法，刻於光緒四年。有十二卷，率以比例求三角形之邊角，實爲八線學之根本，又爲測量法之要術，亦幾何中之一種也。凡平三角形，必有六事，三爲邊，三爲角，六事中已生其三，則餘三事可以法求而得之。近年以來，三角算法之意，比昔更廣。海麻士輯著此書，已稱皆備焉。

清・叶瀚《初學讀書要略・初學稍進諸書要略》

《三角數理》《代數難題》一書，惜無解説，實爲數學之上乘。既明形、代，可以尋求矣，此則代數中之進步也。

清・黄慶澄《中西普通書目表》

《三角數理》，最切用，當與《代數術》連讀。

著録

［英］傅蘭雅《江南製造總局翻譯西書事略》

《三角數理》。撰書人名：英國海麻士。譯書人名：傅蘭雅。筆述人名：華蘅芳。刊書年歲：一千八百七十八年。每書本數：六本。每書連史紙價錢：一千四百文。

清・梁啓超《西學書目表》卷上 《三角數理》。傅蘭雅、華蘅芳。製造局本，六本，八角。

清・劉鐸《古今算學書録》 象數第三

《三角數理》十二卷。英海麻士輯，華蘅芳、傅蘭雅同譯。江南製造局本。

清・丁立中《八千卷樓書目》卷一一《子部》 天文算法類

《三角數理》十二卷。英海麻士撰，傅蘭雅譯。刊本。

清・趙惟熙《西學書目答問》 藝學第二

算學 《三角數理》十二卷。訂六册。英海麻士輯，傅蘭雅譯，華蘅芳述。製造局本。

《上海製造局譯印圖書目録》 算學類

《三角數理》十二卷，六本。連史一元五角，賽連九角五分。

《三角須知》

題解

清・徐維則《東西學書録》卷下 算學第十二

《三角須知》一卷。《格致須知》二集本一册。英傅蘭雅著。約分六章，前五章論平三角，從《三角數理》一卷、四卷節出。第六章論弧三角，從九卷、十卷節出。三角之理雖不甚詳，初學可一讀之。

清・謝興堯《三角須知提要》《續修四庫全書總目提要（稿本）》三十一册 《三角須知》一卷。劉鐸編《古今算學叢書》本。英人傅蘭雅著。【略】是書雖一卷，而簡切詳明，遠邁中算。因使習者易於演算，一洗繁冗之弊。書中算數名詞及格式，雖仍中法，而體制則純西式，頗似今之三角課本，分題演草、說明。共分六章：第一章三角綜論，第二章三角形邊角相關之理，第三章直三角形邊角相求法，第四章論一角爲鈍或三角俱鋭之三角形，第五章推物之高遠，第六章綜論弧三角形。按：三角術自明末西法輸入後，如梅文鼎《弧三角舉要》、明安圖《弧線三角形邊角相求法》，以至薛鳳祚、陳訏，而項名達、徐有壬、謝家禾、顧觀光等，代有發明，或立法未備，或布算迂回。而此書之長，其論三角之理，乃就邊角之已知者，而求所未知者；論三角形之用，乃於無法量度之事，以三角法推算之。然其法綦繁，其用甚隱。是編則變繁爲簡，轉難成易。其理與用，畢呈目前，洵所謂科學方法也。凡讀此書，欲僅明三角之法者，已足以償其願；欲深三角之理者，亦可以開其端。書雖小而用大，言雖簡而意該，可謂三角入門之捷徑、八綫測算之津梁。清末習算者均以此書爲善本，其影響之大，亦未以其小而忽之也。

綜論

［英］傅蘭雅《三角須知・總引》 三角法又名八線術，其所以名謂八線者，以三角法中所用之數，乃正弦、餘弦、正切、餘切、正割、餘割、正矢、餘矢八種線也。所以名謂三角者，以三線各端相遇而成三角形也。三角法中，雖盡用八線，而用八線所証明推求者，終爲三角形之各事。故此書不爲「八線須知」，而謂「三角須知」。論三角之理，乃就邊角之已知者，而求所未知者。論三角之用，乃於無法量度之事，而以三角法推算之；或有法量度而需工甚多，仍不得其准數，以三角法推算，則簡而且准；更有物之高不可攀，遠莫能及者，非三角法無由測其高遠也。論三角之理，乃明邊角相關之比例，以弦、切、割、矢求其邊角。求邊角所用之數，俱爲對數，故推算時對數表乃所不可少者。論此書之義，乃三角路引也。因講三角之書，其法甚繁，其用甚隱。人初閲之，法術不能驟得，妙用又非明顯。故有謂其多難，而自甘暴棄者；有誤其無用，而不屑學習者。而此書則變繁爲簡，轉難成易，其理其用，畢呈目前。欲僅明三角之法者，此書足以償其願；欲深究三角之理者，此書足以開其端。書雖小而用大，言雖簡而意該。一閲是書，便知實爲三角入門之捷徑，八線測算之津梁，切勿以其爲一本小書，而忽之也。

著録

清・劉鐸《古今算學書録》 象數第三

《三角須知》一册。傅蘭雅。《格致須知》格致書室刊本。

《廣學會譯著新書總目》 算學

《三角須知》。【略】一册，價洋八分。

《八線備旨》

題解

清・徐維則《東西學書録》卷下　算學第十二

《八線備旨》四卷。美華書館排印本一册。美羅密士撰，美潘慎文、謝洪賚同譯。此書爲論三角八線中最簡要之本。

清・丁福保《算學書目提要》卷中　西學類二

《八綫備旨》四卷。美國羅密士撰，潘慎文選譯。案：八綫之學，其用最廣，步天測地、行軍航海，在所必需。然所有陳編，皆於初學不甚相宜，惟是書卷帙無多，説理甚詳。每卷中又坿以習練之題，可令學者隨時推演，以消厭倦之心，誠初學之寶筏也。

是書與《形學備旨》相輔而行，故書内每引及之，學者又宜互相參證。

［美］潘慎文譯《八線備旨》凡例

一，是書原本係美國羅君密士所著，羅君爲天算名家，於代數、曲線、幾何、微積等學，莫不各有撰述，《代微積拾級》即其一也。《形學備旨》原本亦爲羅君所輯，故是編之算理苟已具於《形學備旨》者，止舉所見篇目，而其詞則不復贅。

一，原本更有論對數與航海法各一卷，都爲六卷。但對數已經別譯，而航海又嫌過畧，不足以備學者觀覽，姑且從刪。俟有暇日，擬另譯一編，出以問世。

一，是編名目字樣悉依前人譯書成規，遇有未經見者，姑爲酌立新名，杜撰之誚，知所不免。

一，里、畝、丈、尺等數，華英迥別，苟欲改譯，則奇零小數，不勝其煩。故是編於此類，則改譯者少，而仍舊者多，善學者決不至演其法而泥其數也。

一，原本後附對數、八線、弦切對數、偏較等表，以便檢查。然諸表皆經登州文會館另譯付梓，閲是書者必當取以合觀，而於此不復列焉。

又《目録》

綜論

［美］潘慎文《八線備旨・序》　八線之學，其由來遠矣。千餘年前，希利尼士人已啓其端。近三百年來而漸盛，名家迭興，妙理日出，至今日而幾臻絶頂。明季利氏諸人東來，始傳其法於中國。然其前如元趙友欽之割圜，已爲權輿，厥後梅、戴、明、江諸公，莫不推究及此，具有成書。但以其理繁而用罕，疇人子弟亦每不之深求，故其學未盛。在泰西，則測地、行軍、航海、推步等胥有賴乎是。而算學之致用者，且當以八線學爲首屈一指。凡言算者，莫不習焉。是編爲羅君密士所輯，取平、弧三角形及測地、量法，彙爲一帙。理既簡要，語皆明晰，而又悉切於用。其深賾之理，則未暇及，蓋爲初學計也。余館課之餘，譯以授徒。爲日之久，不覺成帙。因思有志之士，習此者亦復不少，是書既便初學，則私之於己，何如公之於世？不揣譾陋，爰付剞劂。聊書數言，以冠其首。光緒十九年仲春之月潘慎文序於葑溪之博習書院。

此書自甲午年付梓之後，所印者俱已售罄，而索購者仍源源而至。故特重校，以付手民。其前次誤失，承山東文會館指出者，已經一一更正。且亦畧自別書摘增數欵，以期更有益於學者。其有不逮，仍望匡余。光緒二十二年季春之月潘慎文識。

清・黄慶澄《中西普通書目表》　《八線備旨》，明晰。

清・劉鵬振《八線備旨習題詳艸・自序》　泰西潘慎文、赫士諸君所譯天算各書陸續發行。各書中推解明備，條理井然，較中國舊著諸本，有過之無不及焉。且每欵之末附習題數條，或求證其理，或求解其題，反覆推衍，理法益明，其有益於學者正多。

清・劉鵬雲《八線備旨習題詳艸序》　八線苦無善本，西人著三角諸書，其法甚繁，其理甚隱，閲者每苦其艱深，畏難而退。憑此以學，不亦難乎？潘君因譯《八線備旨》一書，分爲四卷，條理詳明，引人入勝，繁者馭簡，難者轉易，可謂善本矣。恐人泥於成法，能學而不能用，故每卷附以習題，貴學者觸類引伸，詣臻純熟。

著録

清・梁啓超《西學書目表》卷上　《八線備旨》。潘慎文、謝洪賚。上海排印本，一本，四角。

清・劉鐸《古今算學書録》　象數第三

《八線備旨》四卷。美羅密士撰，謝洪賚、美潘慎文同譯。美華書館鉛印本。

《八線拾級》

題解

清・劉光照《八線拾級》凡例

一，是書風行海内，固非一家。然多爲舊本，不合時宜。近將泰西就今演用者繙譯成書，學者肆志研究，自能揭其底藴。

一，此書名目俱依其舊，人名、地名之下各贅以原文，恐失其真也。

一，求弦切之法措詞簡當，不曾贅敘，令學者一目了然，不致無所用力也。

一，求諸星之經緯、太陽出入之時刻，不第爲算學補助，亦可窺天文之端倪矣。

一，總習問所列航海諸則，依法服習，可得航海門徑，不致一無的準。

一，列公式於後，以便撿用。習問之答，附於篇末，欲學者按理推求，以証心得，不致由答推算，無少裨益也。

一，每款習問二十餘則，以備演究，非故瑣瀆，蓋一題自有一題之精妙也。余譯此書，原從課徒之暇，積日累月而成，如章法字句或有錯訛，以失作者本旨，仰好學者參互正定，以匡不逮，是所厚望。

又《目録》

第一章　鋭角之函數

角之準箇　角之函數　以線顯角之函數　據角變考函數之變　餘角函數　各函數互求之式　45°與30°之函數

第二章　直三角形

以真數解直三角形　以對數解直三角形　等腰三角形　有法多邊形

第三章　角度論

任何度之角　任何角之函數解　函數之正負　變角之函數　角之大於360°之函數　將各函數化爲第一象限之函數　差90°之角　負角函數　兩角和之函數　兩角較之函數　倍角之函數與半角之函數　函數之和較　反函數

第四章　斜三角形

正弦例　餘弦例　解斜三角形四端　三角形面積

第五章　雜問直三角形　斜三角形　面積　平面行船　同緯中緯行船　紆道行船

角度論總習問　美國頭等學堂試題

第六章　作對數表法

對數綜論　指數級數　對數級數　小角之函數　西氏造正餘弦真數表法　毛非耳術　詳正餘弦爲無窮級數

第七章　正弧三角形公式　訥氏術　解正弧三角形六端　等(要)[腰]弧三角形

第八章　斜弧三角形要式　半角半邊公式　高氏式訥氏　解斜弧三角形六端　求弧三角形面積

第九章　弧三角形之用天球　縱横弧　求經緯度題問

附平弧三角形公式與總答

綜論

清・郭伯符《八線拾級序》　劉君子耀渠邱，好學士也。自幼肄業登郡文會館，非惟精於算術，亦且嫻於英文。辛丑秋，膺濟南大學堂教習之選，館課之餘，譯有美國温氏所輯八線，名曰《八線拾級》。書成示余，見其圖式之清晰，解證之詳明，由淺入深，一目瞭然。穎悟者固不難融會而貫通，即遲頓者亦不至無門之可入，誠演算者所不可少之書也。蓋八線之用，較之代數、形學尤爲要。舉凡測天步地、航海行軍，及光電之妙理、聲汽之奧義，莫不以八線爲門徑。故好學之士，未有不講求八線者。今泰西名家迭出，法則愈變而愈簡，理則愈推而愈新。温氏所輯是編，可謂已臻絶頂矣。視夫從前之繁雜難明、闕畧不備者，其優絀奚啻天壤。吾知是書一出，其裨益於學算者非淺矣，豈曰小補之哉？光緒壬寅冬月上浣沂南郭伯符信之氏序於濟南大學堂。

清·周之楨《八線拾級跋》 八線之爲用無窮也，舉其大者，若考察天文、繪測海道，及一切光電之妙蘊、力汽之要條，莫不借八線以顯之，而始有所措手焉。然八線之術，以雜而錯訛互出，以繁而粉糅難解，此又大匠之規矩而不能使人者也。欲宣其妙，莫如選時宜之經師，條分而縷析之，斯爲美。邇來美國頭等學堂所演有《八線拾級》，窮深極妙，而微顯幽闡，誠算學中之寶筏，令學者可拾級而上也。然而文字尤殊，譯之者洵非易易。蓋專依西人之文法，而不能稍爲審定，則詞必屈信而不伸。若更換作者之矩矱，而大易其步驟，則理或幽深而難明。審如是，非於文字學、算學之精通中西者，何能爲學者導之先路也？先生劉君子耀先就學於文會館，質性穎悟，精勤好學，凡中西之能事，莫不登峯而造極。光緒辛丑，本省學堂延作師。凡一切學術皆殫精竭慮，歷寒暑而不輟。苟有所得，則欣然意適焉。於是課徒之暇，繙譯西國《八線拾級》一書，不離其規矩而神明在握，仍循其等級而顯達易曉。齊雜以整，御繁以簡。誠可爲學者之楷模，可拾級而上之矣。此書既成，不第爲算學之一助也。學以致用，其舉措之皆準者所係，豈淺顯云爾哉？

著録

《廣學會譯著新書總目》 算學

《八線拾級》，安邱劉光照譯。計九章，專講三角及弧三角形。一本，價洋七角五分。

《弧三角闡微》

題解

清·謝興堯《弧三角闡微提要》《續修四庫全書總目提要（稿本）》三十二册

《弧三角闡微》五卷。光緒二十四年戊戌同文館活字版本。清英人歐禮斐譯著。【略】是編專論弧三角，即今之高等三角學。【略】全書論理列式，在當時均屬新創，因其直接譯自歐西數理書籍也。惟其設題舉証，僅列代數法式，而無數字。以其已屬高深，學者明理之後，自可演算。此書之作，因爲教材，故與專研數理者有别，而次序清明，立術簡捷，洵稱善本。中國算家，執此一編，亦可深求。蓋作者雖無大發明，書中則僅多新理也。按中國曆算之學，道咸而後，研討發明，學者輩出。及後西洋代數術及微積諸術輸入，數理益明。時西算家海麻士曾以代數解平弧三角各公式，譯成《三角數理》一書，兼論以弧三角推測地面，及求各等面體之内容外切，其法式實駕中法如梅勿菴、汪衡齋諸名家而上之。因新法晚出，益臻精簡，乃光緒初年譯行後，至此書之作，將二十年，而弧三角之新理爲彼書所未闡明者猶多。是書即足補其缺，故此編實彼時言弧三角者之最新完本。然今日視之，正如彼之視昔。然於當時數學之影響，及中國科學之演進，關係固極鉅也。

［英］歐禮斐譯著《弧三角闡微》目録

綜論

清・袁昶《弧三角闡微敘》 算術古疎今密,《周髀》云:「仰矩以測高,臥矩以測遠,覆矩以測深。」此第言句股之理。今泰西多方劬學士,積世積測,積人積智,所傳弧三角測量之法,其用實大於句股。句股止能測正方,平三角可以測斜方,弧三角則可以測圓方。凡日躔月離交食高度北極、璇璣四游、赤緯內外度、地上蒙氣差,以及測山川鳥道高下、衺直、遠近之數,皆非操弧角互求之術,不足以禦其變,而俾分秒無爽,洵所謂潭思渾蓋,妙合靈憲者也。蒙不解疇人之術,曩同文館算學教習李徵君善蘭嘗以割圜八綫之術語予,時方汎濫於九流二氏,又性便樗散,不耐苦思,竟未之學。徵君每訪予,輒談宗浄了義,娓娓不倦,而不及數。然九數乃六藝中要事,深憾未之問津,不敢援程邵故事爲解也。今館中總教習階四品文山歐君,精於天、算、格、化諸學,比年督課諸生甚勤,敷文析理,昕夕無倦。以講肄之暇,取泰西弧三角新術編排去取,采輯成書,名《闡微》。猶恐學者不能觸類旁通,乃附題若干,令人得以演習,洵津梁後學之盛心也。自頃代數大行,如稻麻竹葦流布益廣,凡幾何八綫諸題,向須圖解者,今皆能以代數馭之,簡明過於圖解。西儒海麻士曾以代數解平、弧三角各公式,成《三角數理》一書。其書兼論以弧三角推測地面,及求各等面體內容外切球半徑諸法。倘使前賢如梅勿庵、汪衡亝諸公講求弧矢者見之,必歎爲新法晚出,益臻簡捷。然六藝之新機,日出而不窮。《三角數理》乃光緒初年譯行,迄今二十餘年,弧三角新理爲彼書所未闡明者良多。今得歐君精擇而詳衍之,補前人所未逮。所謂大略成而椎輪失其巧,律琯備而截竹掩其美。算術之密,以後出者爲尤精,有如是夫。光緒廿有五年龍集己亥春正月桐廬袁昶謹序。

《最新中學教科書三角術》

題解

《審定書目・書目提要》《學部官報》第五七期 《最新中學教科書三角術》一册。商務印書館本。美國費烈伯、史德朗合著,山陰謝洪賚編譯。近日新出之算學書,類皆繙自東籍,故不免於鉤棘支離。譯者獨能不借徑和文,直譯兩書,甚爲難得。其曩譯各書,算式太舊,不甚合教科之用。此則參酌於新舊之間,雖未必盡愜人意,然固勝於舊籍多矣。本編之特色計有七事,具見於作者原敘。其中如以曲綫代表法解三角函數、反函數、雙線函數,確爲他書所未載。其餘雖非罕見之作,然亦較他書爲顯豁。末附各表,最便檢閱。惟既譯是册,以供中學教科之資。尤宜譯有義蘊較深之書,以供專家研究之用,所望其賡續成編也。

解析幾何　微積分分部

《代微積拾級》

題解

《算學書目提要・代微積拾級》《湘學新報》第十三期 《代微積拾級》十八卷。上海本,三本。英國偉烈亞力口譯,海甯李善蘭筆述。是書先言代數,次言微分,次言積分,由易而難,若階級之漸升,故名之曰《代微積拾級》。卷一以代數推幾何,與《代數術》二十二卷同;卷二作方程圖法,與《代數術》二十三卷同。李著於前,華録於後。今人反以爲難讀,棄之不收,非所知也。微分術第三欵後所列三題，答數皆誤，華氏《筆談》已改而正之。按：《數術記遺》有微積算法，是微積之術本起中國宋元間，後乃傳入西國耳。然中國與西人求微積略有不同，《萬象一原》求微積法，將每種變數析之又析，以至於至微至細；又將此至微至細之數積之又積，以求至於本數之限。每題各設一法，題無盡，法亦無盡。西人不然，每類但用代數以求公式，公式既定，任何同類之數代入公式中，即得其微分、積分。所求微積者，皆藉代數。是代數非微分積分無以盡其用，微分積分非代數無以窮其變。兩美並合，觀止矣。雖有他術，不敢請也。

清・徐維則《東西學書録》卷下　算學第十二

《代微積拾級》十八卷。咸豐己未墨海書局刊本；又活字板本；趙元益、李鳳苞同校本三册。坊間改名《代數學》；《中西算學大成》摘刻第九卷「論越曲線」，爲《代數術》殿。美羅密士撰，英偉烈亞力譯，李善蘭述。前九卷論代數幾何，首作方程圖法，自點與線以至越曲線，圖説明備。其圓錐曲線各欵，則艾書採其原，此書竟其委。中七卷論微分，後二卷論積分。微分者，一刹那中由小漸大之積也。合無數微分之全積，則積分也。大抵由代數級數，以求其限而推其變。列欵設題，簡明可讀。惟十卷微分第三款三題答數及十七卷積分第六款兩題答數，皆有誤處。華氏《筆談》已訂正之，學者可檢閲也。

清・丁福保《算學書目提要》卷中　西算類二

《代微積拾級》十八卷。米利堅羅密士撰，英國偉烈亞力口譯，海甯李善蘭筆述。案：是書代數幾何，較微分更爲難讀。其第一卷可與《代數術》二十二卷參證，其第二卷可與《代數術》二十三卷參證。漢徐岳《數術記遺》有「不辨積微之爲量」句，近人遂謂微積之學，權輿邃古，趙宋以後，流入遠西。不知《數術記遺》但虛用「積微」二字，猶嵇叔夜《養生論》有「積微成損」句，並未有微積算法也。此種坿會，甚覺可厭，通人見之，諒必不取。敢告來學，慎勿拾其唾餘。

清・謝興堯《代微積拾級提要》《續修四庫全書總目提要（稿本）》三十一册　《代微積拾級》十八卷。光緒上海刻本。美國羅密士撰，英國偉烈亞力口譯，李善蘭筆述。羅爲合衆國天算名家，【略】是書共十八卷，【略】先論代數幾何者九卷，次論微分數理者七卷，終論積分求法及曲線改直線，與求皮積、面積、體積等算式者二卷。分條列題，舉例証明。【略】書中所論微分術與積分術，尤爲深奥。故書之代數幾何，較微分更爲難讀。其第一、二卷，可與《代數術》二十二、三卷參証。又是書初刊於上海墨海書院，錯訛極多，華若汀《學算筆談》頗多是正。華氏繹有《微積溯源》八卷，微積學之入中土者，當時僅此二書。互有短長，而《溯源》尤可補是書法之未備，例之所略。以之參閲，頗便捷也。由此書可知中國數學之漸進於深微也。

〔英〕偉烈亞力口譯　清李善蘭筆述《代微積拾級》凡例

一，書中諸記號，爲古算書所未有，今詳釋之。⊥ 者，正也，加也。丅 者，負也，減也，右減左也。× 者，相乘也，又並列亦爲相乘，如 甲乙，即甲乙二元相乘也。÷ 者，約也，右約左也，或作 一 法居上，實居下，如 $\frac{甲}{乙}$，即以甲約乙也。∷ 者，指四率比例也。（ ）者，括諸數爲一數也，名曰括弧。√ 者，開方根也，如 √甲 謂甲之平方根，∛甲 謂甲之立方根，∜甲 謂甲之三乘方根，餘類推。元右上角之小字名指數，有整指數，如 $甲^{二}$ 謂甲之自乘方也，$甲^{三}$ 謂甲之再乘方也，$甲^{四}$ 謂甲之三乘方也。有分指數，如 $甲^{\frac{一}{二}}$ 謂甲之平方根也，$甲^{\frac{一}{三}}$ 謂甲之立方根也，$甲^{\frac{一}{四}}$ 謂甲之三乘方根也。有負整指數，如 $甲^{丅一}$ 謂以甲約一也，$甲^{丅二}$ 謂以甲自乘方約一也，$甲^{丅三}$ 謂以甲再乘方約一也。有負分指數，如 $甲^{丅\frac{一}{二}}$ 謂以甲之平方根約一也，$甲^{丅\frac{一}{三}}$ 謂以甲之立方根約一也。餘類推。＝ 者，左右二數相等也，如 甲＝乙 謂甲等于乙也。＜ 者，右大于左也。＞ 者，左大于右也。彳 者，微分也，如 彳天 言天之微分也。禾 者，積分也，如 禾彳天 言天微分之積分也。○ 者，無也。∞ 者，無窮也。

一，凡同類之元及圖中同類之點，皆同用一字，而以 〃、〃 別之，如 天′、天″、甲′、甲″ 之類，欲令讀者便記憶也。又或于元之右下角，記一、二、三、四等小字，如呋一、呋二之類，亦係同類之元，而其理則異。

一，有簡式，有詳式，如天地和自乘，其簡式爲 $（天⊥地）^{二}$ 其詳式爲 $天^{二}⊥二天地⊥地^{二}$ 凡書中言詳之者，謂依簡式，用代數乘除開方法，改爲詳式也。

一，凡代數式推定後，天元之同數，或僅有一數，或有二三四數，以至多數，皆謂之滅數。言其數代天元，能令式中正負恰消盡也。

一，舊法八線表之半徑，或爲十萬，或爲百萬千萬不等。今以半徑爲一，以一乘除，位無升降。故凡以半徑乘除者，皆不言。

一，式中諸字，有代數者，如甲乙子丑天地等字。又如周代周率，根代對數根，訥代對數底之類是也。有指實者，如弦指某角度之正弦，切指某角度之正切，對指某數之對數是也。

一，諸數字之旨各異，函數者，言其數中函元之加、減、乘、約、開方、自乘諸數也。長數者，言幾何漸增漸減之微數也。變數者，言其數或漸變大，或漸變小，非一定之數也。常數者，言其數一定不變也。

一，凡代數字皆橫書，幾何字皆直書，而弦切諸字，配代數字亦橫書，如 甲弦 乙切 之類是也；配幾何字亦直書，如 甲乙丙弦 丁戊己切 之類是也。

又《目録》

卷一　代數幾何一

以代數推幾何

卷二　代數幾何二

作方程圖法

卷三　代數幾何三

論點　論線　易縱橫軸法

卷四　代數幾何四

論圜

卷五　代數幾何五

論拋物線

卷六　代數幾何六

論擶圜

卷七　代數幾何七

論雙曲線

卷八　代數幾何八

諸曲線依代數式分類

卷九　代數幾何九

論越曲線　擺線　對數曲線　螺線　亞奇默德螺線　雙曲線螺線　對數螺線

卷十　微分一

例　論函數微分

卷十一　微分二

疊微分　馬氏捷術　戴氏新術　諸自變數之函數

卷十二　微分三

第一次微係數解　論函數極大極小　求函數極大極小捷法

卷十三　微分四

越函數　指函數微分　對函數微分　圜函數微分

卷十四　微分五

曲線義　用微分推曲線之四線法　論極曲線之次切線、切線　論曲線及曲線之面積、曲面體積諸微分　論極曲線及其面積之微分　論曲線之漸近線

卷十五　微分六

曲率半徑　漸伸線　漸伸線諸例　擺線理

卷十六　微分七

論一切曲線中諸理

卷十七　積分一

綜論　論各微分之積分　用級數求積分法　論弧線微分之積分　論合名微分之積分

卷十八　積分二

用積分術令曲線改直線之理　求曲線面積　求曲面積　求曲線體積

綜論

清・李善蘭《代微積拾級・序》　中法之四元，即西法之代數也。諸元、諸

乘方、諸互乘積，四元別以位次，代數別以記號，法雖殊，理無異也。我朝康熙時，西國來本之、奈端二家又創立微分、積分二術，其法亦借徑於代數，其理實發千古未有之奇祕。代數以甲、乙、丙、丁諸元代已知數，以天、地、人、物諸元代未知數；微分、積分以甲、乙、丙、丁諸元代常數，以天、地、人、物諸元代變數。其理之大要，凡線、面、體皆設爲由小漸大一刹那中所增之積，即微分也，其全積即積分也。故積分逐層分之爲無數微分，合無數微分仍爲積分。其法之大要，恒設縱橫二線，以天代橫線，以地代縱線，以伕代橫線之微分，以彵代縱線之微分。凡代數式，皆以法求其微係數，係於伕或彵之左，爲一切線、面、體之微分。故一切線、面、體之微分，與縱橫線之微分，皆有比例。而疊求微係數，可得線、面、體之級數曲線之諸異點，是謂微分術。既有線、面、體之微分，可反求其積分。而最神妙者，凡同類諸題，皆有一公式，而每題又各有一本式。公式中恒兼有天、地，或兼有伕、彵，但求得本式中天與伕之同數，或地與彵之同數以代之，乃求其積分，即得本題之全積，是謂積分術。由是一切曲線、曲線所函面、曲面、曲面所函體，昔之所謂無法者，今皆有法。一切八線求弧背，弧背求八線，真數求對數，對數求真數，昔之視爲至難者，今皆至易。嗚呼！算術至此，觀止矣，蔑以加矣。羅君密士，合衆之天算名家也，取代數、微分、積分三術，合爲一書，分款設題，較若列眉，嘉惠後學之功甚大。偉烈君亞力聞而善之，亟購求其書，請余共事譯行中國。偉烈君之功，豈在羅君下哉？是書先代數，次微分，次積分，由易而難，若階級之漸升。譯既竣，即名之曰《代微積拾級》，時《幾何原本》刊行之後一年也。

咸豐九年龍在己未孟夏八日海甯李善蘭自序。

[英] 偉烈亞力《代微積拾級·序》 幾何之學，自歐几里得至今，專門名家，代不乏人。粵在古昔，希臘最究心此學，爾時以圜錐諸曲線之理，爲最精深。亞奇默德而後，其學日進。至法蘭西代加德，立縱橫二軸線，推曲線內諸點距軸遠近。自有此法，而凡曲線無不可推。故曲線之數多至無窮，而以直線爲限，一例用曲線之法馭之。既得諸曲線，依代數理推之，可得諸平面、諸曲面、諸體。其已推定之曲線，略舉其目，曰平圜線、撱圜線、雙線、拋物線、半立方拋物線、薛荔葉線、蚌線、擺線、餘擺線、和音線、次擺線、弦切諸線、指數線、對數線、亞奇默德螺線、對數螺線、等角螺線、交互螺線、兩端懸線、葛西尼諸撱圜線、平行動線。而圜錐諸曲線與他曲線統歸一例，無或少異，此代數幾何學也。自有代數幾何，而微分學之用益大。

微分學非一時一國一人所作，其源流遠矣。數學有數求數，代數無數求數，然所推皆常數。微分能推一切變數，創法者不一家，理同而術異。來本之者，日耳曼人也，立界說曰：「以小至無窮之點，積至無窮多，推其幾何，名爲推無窮小點法。」難者曰：「無窮小之點，雖積之至無窮，不能成幾何。」解之曰：「但易無窮小爲任何小，即有積可推矣。」故其說雖若難解，而其理未始不合也。而英國奈端造首末比例法，不用無窮小之長數，乃用有窮最小長數之比例，而推其漸損之限。其幾何變大則爲末限，變小則爲首限。此法便于幾何，而不便于代數。後造流數術，棄不用，而謂萬物皆自變，其變皆有速率，凡幾何俱可用直線顯之，故速率之增損可用直線之界顯之。此說學者皆宗之。嘉慶末，法蘭西特浪勃造限法，自云不過用奈端首末比例耳。而蘭頓別創新法，凡微分一憑代數，不云任近限，而云已得限，名曰賸理。拉格浪亦造法，多依附戴老之理，大略與蘭頓同。綜論之，微分不過求變幾何最小變率之較耳。家數雖多，理實一焉。奈端、來本之同時，各精思造法，未嘗相謀相師也。奈端于元上加點，以顯流數，如·甲爲甲之流數是也。用以推算，覺不便，故用來氏之彳號以顯之。積分者，合無數微分之積也，亦用來氏之禾號以顯之。微分積分爲中土算書所未有，然觀當代天算家，如董方立氏、項梅侶氏、徐君青氏、戴鄂士氏、顧尚之氏暨李君秋紉所著各書，其理有甚近微分者，因不用代數式，故或言之甚繁，推之甚難。今特偕李君譯此書，爲微分積分入門之助。異時中國算學日上，未必非此書實基之也。

咸豐九年歲在己未夏日耶穌弟子偉烈亞力序。

清·諸可寶《疇人傳三編》卷七　羅密士

羅密士，米利堅國人，天算名家也。嘗取法蘭西人代加德之推曲線諸點、日爾曼人來本之彳號禾號法、合馬格老臨之詳獨變數爲級數、戴勞之詳兩變數和較之函數爲級數諸術，都爲一書，得十有八卷。先論代數幾何者九卷，次論微分數理者七卷，終論積分求法及曲線改直線與求皮積、面積、體積等算式者二卷。分款設題，較若列眉，由易而難，若階級之漸升然。咸豐間，海甯李京卿善蘭偕英國算士偉烈亞力譯行之，刻于墨海書館，遂以《代微積拾級》名其書云。

清·孫維新《泰西格致之學與近刻繙譯諸書詳略得失何者爲最要論》《格致課藝彙編》卷四　書分十八卷，詳釋代數幾何、微分、積分三種。代數幾何者，以代數推幾何之點線圜及各種曲線；微分者，凡線面體皆設爲由小漸大一刹那中所增之積，即微分也，其全積即積分也。故積分逐層分之，爲無數微分；合無數微分，仍爲積分。其法之大要，恒設縱横二線，以天代横線，以地代縱線，以彳代横線之微分，以彵代縱線之微分。其理奥秘精深，非通曉幾何者，不易輒明此書也。

清·梁啓超《讀西學書法》 李壬叔初譯《代數學》，已佚。其存者《代微積拾級》，一依西人文法，不敢稍有變動，故極佶屈難讀。馮林一嘗以己意重演之，爲《西算新法直接》，然不能善也。

清·黄慶澄《中西普通書目表》 《代微積拾級》《微積溯源》，微積之學，二書未爲全備。然中國别無譯書，只得從此二書入手。

清·陳志堅《微積闡詳·序》 康熙間，英之奈端、德之來本之相繼刱微分積分之術，遂於深算學界中，别闢一程，謂非名理日出不窮之證乎？自咸同間，《代微積拾級》《微積溯源》二書先後譯行，其術乃傳中土。顧《溯源》理窟深奧，讀者猝難領解。《拾級》則淺深有序，門徑易窺，惟是列款雖詳，詮題務簡，尚非按時授課之書。方今朝廷鋭意興學，廣闢校舍，高等學以上，微分積分編爲程課，其不可無完備教科書必也。堅於斯術究心有年，觕窺厓畧，爲不揣冒昧，取二書中尤關要理者，得如干款，釐爲五卷，名《微積闡詳》。

又 卷一 微積爲算學中最深之事，固已然。竊謂其立術雖深，要不外理與法與數三者，理即法而具，法因數而存，則欲究其法，宜先演數。李海甯譯《拾級》一書，由代而微而積，等級井然。且每類設題，時時舉數以證之，其誘進學者，深心如揭矣。

著録

清·張之洞《書目答問·子部》 天文算法

《代微積拾級》一卷。李善蘭譯。上海刻本。

清·劉鐸《古今算學書録》 象數第三

《代微積拾級》十八卷。美羅密士撰，李善蘭、偉烈亞力同譯。咸豐己未上海墨海刊本；又活字本；趙元益、李鳳苞同校，未刊；石印縮本，假名《代數學》。

清·劉錦藻《清朝續文獻通考》卷二七四 經籍十八

《代微積拾級》十八卷。偉烈亞力、李善蘭譯述。

《廣學會譯著新書總目》 算學

《代微積拾級》。三本，價洋一元。

《代形合參》

題解

清·徐維則《東西學書録》卷下 算學第十一

《代形合參》三卷，附一卷。美華書館排印本，一册。美羅密士著，美潘慎文譯，謝洪賚述。是書前二卷即《代微積拾級》之前九卷，而條段算式均有增益，後兩卷曰空中之點、之直線、之平面及曲面，皆以代數三次式推體積中各事。三變數二次公式一章，則以容諸曲綫之變。附卷以圖顯格致之理，則又及諸曲綫之用。此書可與方程界綫參看，已明方程界綫之理者，閲此書較易。潘序云：「原書至今屢加增訂，蓋後出之本，益臻美備。」其微積兩種必有可觀，惜未譯出。

清·丁福保《算學書目提要》卷中 西算類二

《代形合參》三卷，坿一卷。美國羅密士撰，潘慎文口譯，山陰謝洪賚述。

案：是書前二卷即《代微積拾級》之前九卷也，惟譯文互有詳略，合而參證，其理益明。第三卷論空中之點與直綫，以及平面曲面三變數二次公式，甚明晰。其坿卷論格致之理，即推算寒暑之變遷，江河之淺深，人壽之中數，恒風之方向，以及内地熱度空氣壓力之類也。初學閲之，始知象數有裨實用。

[美]潘慎文譯 清謝洪賚述《代形合參》凡例

一，是編體例，悉準原本。分卷列欵，標目設題，一仍其舊。

一，所用名號，皆遵前人，其未嘗經見，始酌立一二。

一，原本末坿「以圖顯格致之理」一卷，於學者不無裨益，爰并譯之。

一，卷内引用八線學甚多，即前譯《八線備旨》一書也。

一，數碼用亞拉伯字，其便處用者自知。

一，學此書者，必先於數學、代數、形學、八線等，涉畧津涯，更能潛心玩味，始可領會。非然，罕有不望洋興歎者也。

又 《目録》

卷一 有定式形學

第一章 以代數推形學

第二章　作方程圖法

卷二　無定式形學

第一章　點之縱横線

第二章　直線

第三章　易縱横軸

第四章　論圜

第五章　拋物線

第六章　橢圜

第七章　雙曲線

第八章　二次方程式

第九章　三次以上式之線

第十章　越曲線

卷三　立方形學

第一章　空中之點

第二章　空中之直線

第三章　空中之平面

第四章　曲面

第五章　三變數二次公式

全書共計爲卷三，爲章十七，爲欵三百十四，爲題三十四，爲問二百七十二，爲圖一百九十三。

坿卷　以圖顯格致之理

綜論

［美］潘慎文《代形合參・序》　算之爲學，理深而用廣。就其術而類分之，則名可約舉也：曰數學，曰代數，曰形學，曰八線，曰微積，已足盡括而無遺。各類之中，門户紛繁，由淺入深，條理井然，術有異則用不同，非可比而一也。然分之爲用，不如合之而用益廣。如形學以圖爲宗，不言數而言理，直溯立法之本原，使讀者展視了然，爲益大矣。惟立方以上，不能繪象，而形學之術窮。若代數則無問四乘、五乘以上，俱可以式顯之，此代數之用所以廣於形學也。以代數推形學之題，則難易不可同日而語。然苟無形學條段之本理爲之根，則亦無從布式。是故形學得代數而用益廣，代數藉形學而理益明。合代數、形學之術，遂有以探算學之奥，闡數理之幽，而羅密士君《代形合參》之所由作也。歷舉圜錐曲線、越曲線及其面體，一一有法馭之，深著大端，詳闡要理。二次已上，畧及而已，蓋程途已啓，尋索不難矣。原書已經前人譯爲華文，海内風行。惟原書至今屢加增訂，後出之本，益臻美備，算學之道，推陳出新。因課徒之計，遂加重譯。珠玉在前，難乎爲繼，鄙陋之誚，知不免矣。光緒十九年仲冬之月潘慎文自序。

著録

清・梁啓超《西學書目表》附卷《近譯未印各書》　《代形合參》。潘慎文。益智書會，未印。

清・劉錦藻《清朝續文獻通考》卷二七四　經籍考一八

《代形合參》三卷附一卷，潘慎文、謝洪賚譯述。

《廣學會譯著新書總目》　算學　《代形合參》。一本，價洋一元。

《微積須知》

題解

清・徐維則《東西學書録》卷下　算學第十二

《微積須知》一卷。《格致須知》二集本，一册；《行素軒算學叢書》本。英傅蘭雅著，華蘅芳述。是書即《代微積拾級》第十、十一、十二及十七、十八卷之節本。第十卷微分三欵，一二兩題答數已校正。亦名《微積初學》，刊入《華氏叢書》中。

綜論

[英]傅蘭雅《微積須知·總引》 天下事之至精微者，莫如算學；而算學中之至深妙者，莫如微積二學，寔闡發千古未啓之妙理，較一切算術，尤加一等。其理法亦借代數而顯，如代數以天地人物等字代未知之數，以甲乙丙丁子丑等字，代已知之數。而微分、積分則以天地人物等字代變數，以甲乙丙丁等字代常數。理之要領，乃設線、面、體，由小漸大，一傾刻中所增之積，即微分也，其全積即積分也。故若將積分逐次分之，可得無數微分；合無數微分，即得一積分。此微分、積分之攸判，而相關也。微分術，乃設縱橫二線，橫線以天代之，縱線以地代之，以𢓭、彵代縱橫二線之微分、積分術。乃已有微分式，而令其還原得積。其中之最奇妙者，即同類諸題，可用一公式求之。法將本題之式，求得天𢓭之同數，或地彵之同數，代於公式中，求其積分，即得本題全積。自有微、積二學，一切曲線、曲線所函之面，曲面、曲面所函之體，向所不能推求者，今皆有法核算。算學至此，乃觀止矣，篾以加矣。惜華士少有習此術者，即力學之士，亦偶一觸目，倏爾掩卷厭讀，畧一披閱，旋即置諸案側，其故蓋不知其中佳境也。余不揣陋劣，約輯是書，以引人漸入，冀勿持此書而譏其理皆淺近、法多簡畧，則幸甚。

著録

清·劉鐸《古今算學書録》 象數第三

《微積須知》一册。傅蘭雅，《格致須知》本。

《廣學會譯著新書總目》 算學 《微積須知》。【略】一册，價洋八分。

《合數術》

題解

清·徐維則《東西學書録》卷下 算學第十二

《合數術》十一卷。製造局本，未刊。英白爾尼著，英傅蘭雅譯，華蘅芳述。合諸項乘數之指數，以成一數，故曰合數。其法由古廉法表而生，以新理發明指數之意蘊，推廣真數之作用。凡真數、對數之雜糅難明，與夫戴勞之例、馬格老臨之例、拉果闌諸之例、拉不拉斯之例所難通者，以合數推之，皆可不煩言而解，實算學中之偏師制勝者。昆明林紹清曾本其立術之旨，另述一卷刊行，名曰《合數述》。上卷明其法，下卷詳其用，簡明易曉，學者先取讀之，亦足見合數之梗概矣。

綜論

清·林紹清《合數述序》 丁亥春杪，勞大令乃宣以傅君蘭雅、華君蘅芳近譯之《合數術》惠示。是書爲英國白君爾尼所撰，別以新理、新法發明指數之義蘊，推廣真數之作用。凡真數、對數之雜糅，及所設最繁難、最無憑之相等式，他法所不能推，或勉強能推而極費心力者，以是術推之，皆可不煩言而解，算學中之偏師制勝者也。書凡十一卷，尚未刊行。爰手録一過，詳加校核。召手民而商剞劂，乃以工費過鉅，力有未逮不果。

《微積溯源》

題解

清·徐維則《東西學書録》卷下 算學第十二

《微積溯源》八卷。製造局本，六册；上海石印本；《中西算學大成》本。英華里司輯，英傅蘭雅譯，華蘅芳述。前四卷微分術，後四卷積分術。其書較《代數術》更深一層。前偉烈氏譯《代微積拾級》，已具微積之梗概，此書足以補其未備。凡代數甚繁之法，以微積馭之而極簡，故微積足以濟代數之窮，而尤能窮究諸曲線之情狀。謂微積爲今日算學之峯極，誰曰不宜？

清・丁福保《算學書目提要》卷中　西算類二

《微積溯源》八卷。英國華里司輯，傅蘭雅口譯，金匱華蘅芳筆述。案：《拾級》甚覺難讀，例又不備。惟是書譯筆甚善，可以明其所晦；款例又詳，可以補其所略。二書參閱，頗爲便捷。【略】

第一百三十四款至一百三十六款，有甲乙丙丁四式，爲一切合名微分式求積分之公式，最爲精妙。學者至此，盍以他處之題，用此四法化之，必能曲暢旁通，怡然焕然。

微積之譯入中土者，僅有《拾級》《溯源》二書，故其術尚未詳備。日本所譯微積書極多，惜係東文，海内疇人宜續譯之。

清・謝興堯《微積溯源提要》《續修四庫全書總目提要（稿本）》三十一册　《微積溯源》八卷。同治十三年刻本。英國華里司輯，傅蘭雅、華蘅芳同譯。【略】此書八卷，共一百九十一欵。前四卷爲微分術，後四卷爲積分術，於同治十三年譯成。因微積分乃算學中最深之事，是書包括殊廣，頗爲完備。其卷一爲論變數與函數之變比例，所設例題算式，極繁極詳；卷二疊求微係數，論戴勞所設之例，即發明英算士戴勞所創立求級數之公法也，又論戴氏之術所不能馭之題；卷三求函數極大極小之數，即求曲線之切線式，末論極曲線之切線法線公式；卷四論曲線相切，求兩箇變數之疊微分；卷五起論積分，先論反流數獨變之函數；卷六求虛函數微分式之積分；卷七求曲線之面積，求曲線所成之體積，求曲線體之皮積；卷八求雙變數微分之積分，及第二類以上微分之積分。全書討論微積分算學之各種要理，大略已備，且極詳明。復於卷末附録最深之幾何題數則，并論其解法，所以廣微積之用。是書偏重實例，間及理論。故其解法常列數式，使此高深數學，易於了然，因明之者甚少也。按咸豐年間，海甯李壬叔與西士（韋）［偉］烈亞力共譯《代微積拾級》，流傳海内，學者奉爲高級數學之善本。惟其缺略仍多，華氏特譯此書以補之，故此書較《代微積拾級》爲完本也。又書中列式用名，多仍舊貫，如數字仍爲甲乙丙丁，代數仍用天元，則當時習俗使然，不易驟改耳。

《微積溯源》目録

第一卷

論變數與函數之變比例　論各種函數求微分之公法　求兩函數相乘積之微分　求多函數連乘積之微分　求變數之分函數微分　求變數諸乘方之微分　求變數平方根之微分　求重函數之微分　求多項函數之微分　代函數求微分各題　求二項例之證　越函數微分　圓函數微分　繁函數求微分諸題

第二卷

疊求微係數　論戴勞所設之例　論馬格老臨之例　論戴氏之術所不能馭之題　求雙變數微分　求隱分之數

第三卷

求函數極大極小之數　求曲線之切線式　論極曲線之切線法線公式　論曲線之漸近線　求曲線界内之面積微分並曲線之微分　論漸伸之曲線

第四卷

論曲線相切　求兩箇變數之疊微分　改其自主之變數　論無窮小數之理

第五卷

論反流數　論獨變之函數　求實函數微分式之積分

第六卷

求虛函數微分式之積分　求二項微分式積分　以級數求積分法　求對函數微分式之積分　求指函數微分式之積分　求圓函數角函數微分式之積分

第七卷

求曲線之面積　求曲線之長　求曲線所成之體積　求曲體之皮積　求與拗捩線等長之直線

第八卷

求雙變數微分之積分　求第二類以上微分之積分　求輳腰線之性情

綜論

清·華蘅芳《微積溯源·序》　《微積溯源》八卷，前四卷爲微分術，後四卷爲積分術，乃算學中最深之事也。余既與西士傅蘭雅譯畢《代數術》二十五卷，更思求其進境，故又與傅君譯此書焉。先是咸豐年間，曾有海甯李壬叔與西士偉烈亞力譯出《代微積拾級》一書，流播海内。余素與壬叔相友，得讀其書，粗明微積二術之梗概。所以又譯此書者，蓋欲補其所略也。書中代數之式甚繁，校算不易，則劉君省菴之力居多。今刻工已竣矣，故序之曰：吾以爲古時之算法，惟有加、減而已，其乘與除，乃因加、減之不勝其繁，故更立二術，以使之簡易也。開方之法，又所以濟除法之窮者也。蓋算學中自有加、減、乘、除、開方五法，而一切淺近易明之數，無不可通矣。惟人之心思智慮日出不窮，往往以能人之所不能者爲快。遇有窒礙難通之處，輒思立法以濟其窮。故有減其所不可減，而正負之名不得不立矣；除其所不受除，而寄母通分之法，又不得不立矣。代數中種種記號之法，皆出於不得已而立者也。惟每立一法，必能使繁者爲簡，難者爲易，遲者爲速，而算學之境界藉此得更進一層。如是屢進不已，而所立之法於是乎日多矣。微分、積分者，蓋又因乘、除、開方之不勝其繁，且有窒礙難通之處，故更立此二術以濟其窮，又使簡易而速者也。試觀圓徑求周，真數求對數等事，雖無微分、積分之時，亦未嘗不可求。惟須乘、除、開方數十百次，其難有不可言喻者。不如用微積之法，理明而數捷也。然則謂加、減、乘、除、開方、代數之外，更有二術焉，一曰微分，一曰積分，可也。其積分術爲微分之還原，猶之開平方爲自乘之還原，除法爲乘之還原，減法爲加之還原也。然加與乘，其原無不可還，而微分之原有可還，有不可還，是猶算式中有不可開之方耳，又何怪焉？如必曰：加、減、乘、除、開方已足供吾之用矣，何必更究其精？是舍舟車之便利，而必欲負重遠行也。其用力多而成功少，蓋不待智者而辨矣。同治十三年九月十八日，金匱華蘅芳序。

清·諸可寶《疇人傳三編》卷七　華里司

論曰：嗚呼！吾觀《微積溯源》之序，而歎華君於是乎失言矣。夫加、減、乘、除、開方之五者，萬算之所由立也，都術也。今若曰吾不用加、減、乘、除、開方，而可以他術得數焉，雖聖人亦豈能之乎？泰西萬事不離乎算，萬算不離乎五術，不待詳已。代數之法，消納通約，化分易位，仍是五者爾。無加減，則正負和較之名胡以辨？無乘除，則法實子母之義胡以明？無開方，則根級指對之等差胡以不淆？推而至於微分、積分云者，皆不能不用代數式以求之，猶代數之不能不用五者之術而成式也。且也《溯源》之第二款論變比例者，明明曰函數之同數，可用加、減、乘、除、開方等法而得之。斯言也，曷爲自忘之歟？殆尊信之太過，無乃滋惑歟？抑何弗思之甚耶？然則任求一切函數諸變比例，與夫任求曲線、曲面、曲體，諸反流數、諸級數，安在有舍此五者之一術乎？是故謂能濟加、減、乘、除、開方之難者，其可也；謂能出加、減、乘、除、開方之外者，不可也。又試即華君所取譬者，而進一解曰，算之得數也，如舟車之行遠也；算之有加、減、乘、除、開方也，如舟之有舵、車之有輪也。雖以帆艭牛馬行者鈍而遲，以水火氣機行者利且速，其爲舟車之致遠也，若獨擅長技然。然究其所以致遠而制舟車之用者，亦惟輪舵焉而已矣。使必謂今之致遠者，吾有異物於此外焉？是直欲廢舵而遊江海，棄輪而馳岡原也。天下容有是舟車哉？後之覽者當恍然已。

清·孫維新《泰西格致之學與近刻繙譯諸書詳略得失何者爲最要論》《**格致課藝彙編**》**卷四**　《微積溯源》，【略】較《代數術》尤深一層矣。書共八卷，前四卷論微分術，後四卷論積分術。算術以變繁爲簡，轉難爲易，化遲爲速、爲善，微分積分者，實因加減乘除，開方之不勝其繁，且有窒礙難通之處，立此二術，以濟其窮，並使簡易而速者也。此書深奥精密，前偉烈亞力譯《代微積拾級》，僅粗明微積二術之梗概，有此書，可以補其缺略矣。

清·楊選青《華文西文利弊論》《**清朝經世文三編**》**卷二**　言微積者，有如《代數積拾級》數卷，《微積溯源》八卷。惟《微積溯源》勝於《代微積拾級》之略，蓋《溯源》之前四卷爲微分術，後四卷爲積分術，其理最奥，其義最深。

清·陳平瑛《微積通詮序》黄啓明《**微積通詮**》**卷首**　余惟微積之書，中國僅有《代微積拾級》及《微積溯源》二譯本。《拾級》條分而縷析，《溯源》抉隱而鉤深，皆最精最奇之作也。昔吴縣馮氏病《拾級》中文義語氣晦澀難讀，因著《西算新法直解》，以行於世。今佩星此書則務在闡明《溯源》之奥藴，使人易曉其作書之意。

著録

[英] **傅蘭雅《江南製造總局翻譯西書事略》**　《微積溯源》。撰書人名：英國華里司。譯書人名：傅蘭雅。筆述人名：華蘅芳。刊書年歲：一千八百七十五年。每書本數：六本。每書連史紙價錢：一千二百文。

清・梁啓超《西學書目表》卷上　《微積溯原》。傅蘭雅、華蘅芳。製造局本，六本。七百二十。

清・劉鐸《古今算學書録》　象數第三

《微積溯源》六卷。英華里司輯，華蘅芳、傅蘭雅同譯。江南製造局本；石印縮本。

清・丁立中《八千卷樓書目》卷十一《子部》　天文算法類

《微積溯源》八卷。英華里司撰，傅蘭雅譯。刊本。

清・趙惟熙《西學書目答問》　藝學第二

算學　《微積溯源》八卷，訂六册。英華里司輯，英傅蘭雅譯，華蘅芳述。製造局本。

《上海製造局譯印圖書目録》　算學類

《微積溯源》八卷，六本。連史一元二角，賽連七角五分。

《微積學》

題解

清・顧燮光《譯書經眼録》卷四　象數第十二

《微積學》二卷。商務印書館洋裝本，一册。美羅密士著，美潘慎文原譯，謝洪賚筆述。是書與李氏善蘭所譯之《代微積拾級》一書原本同出一手，然詳略迥異，各章俱有增益。末章以微積推重學，爲推算物理學之要術，爲前譯所無，蓋據英文最新之增訂本也。凡分上下二卷，上卷言微分，凡八章；下卷言積分，凡七章。原書有「微積源流考略」一篇，譯之冠於卷首，俾講斯學者得資考證焉。按微積爲算學之極，學者驚其程度之高，每有望洋之歎。是編取便初學，造語淺易，取材簡括，較舊譯《微積溯源》頗合教科之用。

[美] 潘慎文譯　清謝洪賚述《微積學》目録

卷上　微分學

第一章　微分解　比例限　代函數微分

第二章　越函數微分

第三章　疊微分　展函數爲級數　數自變元函數　隱分數

第四章　以圖顯第一次微係數　函數極大極小

第五章　平面曲線之切線法線　漸近線

第六章　凸凹率　曲線奇點　作曲線

第七章　弧面積之微分

第八章　切　曲率　屈伸線　擺線

卷下　積分學

第一章　求獨項式二項式微分積分　實積分　圓函數

第二章　實分數　無法微分積分

第三章　二項微分積分　分求積分法　求積分公式

第四章　以無窮級數求積分　求對、指、圓函數微分積分

第五章　疊積分　多變元函數積分　微分方程式

第六章　易平面、曲線面爲矩形　求曲線之長　求曲線旋成之皮積、體積

第七章　據微積推力學諸理

數表分部

《割圓八線表》

綜論

［德］鄧玉函《割圓八線表用法》 割圓八線表，即大測表也。其數之多，其用之廣，於測量百法中皆爲第一，故名大測。分言之，則有正弦數、切線數、割線數、矢數、餘弦數、餘切線數、餘割線數、餘矢數。皆于割圓之一分，以其相當之直線與其曲線相求，而爲測量推算之用，故名割圓八線也。其義與法，略見《大測》二卷中。今此刻與他本小異，故先述其列表法，次述用法一二。

著録

清・張廷玉等《明史・藝文志三》 天文類

徐光啓《崇禎曆書》一百二十六卷。【略】《割圓八線表》六卷。

清・張之洞《書目答問・子部》 天文算法

《新法算書》一百零三卷。明徐光啓等。明刻本，三十種，原名《崇禎曆書》，目列後：【略】《八線表》一卷。

清・梁啓超《西學書目表》附卷《通商以前譯著各書》 《八線表》一卷。《新法算書》本，《四庫》著録。

清・徐維則《東西學書録》附上《東西人舊譯著書》 湯若望【略】《割圓八線表》附代勾股開方法一卷。明徐光啓同撰。《重訂新法算書》本。

《割圓八線表》六卷。明徐光啓同譯。《新法算書》本。

清・丁立中《八千卷樓書目》卷一一《子部》 天文算法類

《八線表》一卷。明西洋鄧玉函、羅雅谷、湯若望撰。明刊本。

《比例對數表》

綜論

清・薛鳳祚《比例對數表・敘》《曆學會通・正集》卷一二 日月星辰，有生之類莫不仰之，而人莫克詳其數，其故何也？良以理數繁微，作法太難，令人多望洋之嘆。即时有遠想者，不過取昔人立成諸法，循數步推。甚至靈臺世業，亦止因仍旧簡，不知本原。夫不知其原，則不能通變諸法，此其要在勾股。奈三角勾股，病撿取不易，穆先生出而改爲對數。今有對數表，則省乘除。而況开方、立方、三四五方等法，皆比原法工力十省六七，且無舛錯之患。此實爲穆先生改曆立法第一功。予执筆以受，時而重譯，于戊辰曆元後二十五稔，歲在寿星，歷春暨夏而秋，方盛暑則烈湯薰灼，揮汗浹背，勞誠勞矣，功于何有？

清・梅文鼎《勿菴曆算書目》 比例數解

比例數表者，西算之别傳也。其法自一至萬，並設有他數相當，謂之對數。假令有所求數，或乘或除。但於本表簡兩對數相加減，即得所求。乘者，兩對數相加得總。除者，兩對數相減得較。總較各以入表，取其所對本數，即各所求之乘得數、除得數。

中土習用珠盤，西法用筆，用籌，用尺，各有所長，垛積合總，莫速於珠盤；乘法位多，莫穩於筆算；開平方，莫便於籌算；製器作圖，莫良於尺算。然並須布算而知。今則假對數以知本數，不用乘除，惟憑加減。加減者，對數也；求得者，本數也。所算在彼，所得在此，一對即知，無所庸其推索。術之奇也，前此無知者。本朝順治間，西士穆尼閣以授薛儀甫，始有譯本。

對數之奇，尤在開方。古開方術至三乘方以上，委曲繁重，積晷刻而後成。今用對數，俄頃可得，如平方但取對數折半，立方取對數三之一，三乘方則四之一，四乘方則五之一，五乘方以上並然，並取其所對本數，命爲所求方根。神速簡易，殆非擬議所及。

又有《四線比例數》，亦穆所授也。八線割圓，西曆舊法。今只用正弦、餘弦、正切、餘切，故曰四線。舊《八線表》以正矢、餘矢，即餘弦、正弦之餘，故列表止六，而有八線之用。今《比例數》又省去兩割線，故表只四線，然亦實有六線之用矣。

穆先生曰：「表有十萬，西來不戒於途，僅存一萬。萬以上，以法通之。」四線本數逾百萬，而亦列對數，是即以法通之之數也。嘗見薛刻別本，數有二萬。

儀甫又有《四線新比例》，用四線同，惟度析百分。從古率也。

穆有《天步真原》，薛有《天學會通》，並依此立算。不知此，則二書不可得而讀。

著録

清・劉鐸《古今算學書録》 象數第三

《比例對數表》一卷。薛鳳祚、法穆尼閣同譯。《曆學會通》本。

清・徐維則《東西學書録》附上《東西人舊譯著書》 穆尼閣【略】《比例對數表》一卷。薛鳳祚同譯。《曆學會通》本。

《八線簡表》

題解

清・徐維則《東西學書録》卷下 算學第十一

《八線簡表》一册。製造局本；《中西算學大成》本。泰西人原書，賈步緯校述。割圓一術，中西自古算學家皆以勾股屢次開方，費極大工夫始得圜周密率。而八綫一表實刱自西人，從三角比例衍級數，而立表始易，其法見《代數術》及《三角數理》。此册列正余弦切割各數至分而止，故曰「簡表」。除首位，小數七位，平常測算已足敷用。其正餘矢爲正余弦與半徑相較之數，故不列表。

著録

［英］傅蘭雅《江南製造總局翻譯西書事略》 《八線簡表》。撰書人名：數理精蘊。譯書人名：賈步緯。刊書年歲：一千八百七十七年。每書本數：一本。每書連史紙價錢：三百文。

清・劉鐸《古今算學書録》 象數第三

《八線簡表》一册。賈步緯校。江南製造局活字本。

《上海製造局譯印圖書目録》 附刻各書

《八線簡表》。算學九。一本。連史三角，毛太二角。

《對數表》

題解

清・徐維則《東西學書録》卷下 算學第十二

《對數表》一册。製造局本；《中西算學大成》本。泰西人原書，賈步緯校述。對數創自訥白爾，後布里格斯改爲十進，即今表也。以加減代乘除，爲用最便。造法見《代數術》及《三角數理》。局本真數一萬，假數去首位，凡十位，萬以外用中比例求之。有説詳卷首。

綜論

清・賈步緯《對數表説・緣起》 對數表爲西術步天之一，其法以真數自一至十萬，俱造假數，逐一與真數對列成表，故名「對數表」。相傳爲前明西士訥白爾所創，復有布里格斯變通其術，改爲十進，用之益便。國朝順治間，西士穆尼閣始傳此法至中土。以加代乘，以減代除，以加倍代自乘，故折半即開平方，以三因代再乘，故三歸即開立方。推之多乘方，皆遞加一數，誠算學至捷之術也。顧其全表僅見《御制數理精蘊》，因字數浩繁，外無別刻。全書既不易求，世遂罕習其術。蓋布算必擇簡便，不假思索，莫捷於表，舍表幾不成算。亟倣活字翻行，敷布海內。首明造表之原，次詳用表之法，俾得乘除開方均可表代，且所求之位數爽然，庶可開習算之門徑云。

著録

[英] 傅蘭雅《江南製造總局翻譯西書事略》《對數表》。撰書人名：數理精蘊。譯書人名：賈步緯。刊書年歲：一千八百七十三年。每書本數：一本。每書連史紙價錢：二百十文。

清・劉鐸《古今算學書録》 象數第三

《對數表》四册。賈步緯校。江南製造局活字本。

《上海製造局譯印圖書目録》 附刻各書

《對數表》。算學六。四本。毛太八角。

《八線對數簡表》

題解

清・徐維則《東西學書録》卷下 算學第十二

《八綫對數簡表》一册。製造局本；《中西算學大成》本。泰西人原書，賈步緯校述。八綫真數，簡者七八位，用之乘除，殊嫌煩重。故設爲對數，而以加減馭之，爲甚便。此册亦至分而止，去首位，假數九位。

著録

[英] 傅蘭雅《江南製造總局翻譯西書事略》《八線對數簡表》。撰書人名：數理精蘊。譯書人名：賈步緯。刊書年歲：一千八百七十七年。每書本數：一本。每書連史紙價錢：三百文。

清・丁立中《八千卷樓書目》卷一一《子部》 天文算法類

《八線對數簡表》一卷。國朝賈步緯撰。刊本。

《上海製造局譯印圖書目録》 附刻各書

《八線對數簡表》。算學十。一本。毛太二角。

《新排對數表》

題解

清・徐維則《東西學書録》卷下 算學第十二

《新排對數表》無卷數。益智書會排印本一册。美路密司原書，美赫士譯，朱葆琛述。首真數對數表，次弦切對數表及輔表，次弦切真數表及正割真數表，次弧真數表，次經緯表。每篇皆列較數，甚省推算之煩。觀《三角數理》六卷摘刻一篇，知西國對數表皆如是。其弦切表即八綫表，矢無所用割線，則可依代數對數，求之甚易，故不列也。卷首略述用表各法，數目全用西文。極清晰便檢，實善本也。

清・丁福保《算學書目提要》卷中 西學類二

《對數表》一册。坿《八線對數表》《八線表》。美國路密司撰，赫士譯，高密朱葆琛筆述。案：是書卷帙不多，各表咸備，在算表中最爲精簡。其對數雖止一萬，旁列較數，可備十萬之用。八線亦列較數，可求零秒，視舊表用中比例法，便捷多矣。

[美] 赫士譯 清朱葆琛述《新排對數表》目録

對數表解　真數對數表　弦切對數表　弦切輔表　弦切真數表
正割真數表　弧真數表　經緯表　算學恒用諸數

綜論

[美] 赫士《對數表・序》 本《對數表》爲美國數學家路密司所作，惟《經緯

表》乃自吉利司裨量地法中摘取。刊是書之意，誠以中土向用之對數表不列較數，故每遇零數，須費推算之工。且所印書目既用中華字，則筆畫繁而字體小，故易模糊不明。至本書所載諸表，非惟面面各具其應用之較數，更用亞拉伯數目字，排印清晰。則用是書者，庶免煩勞迷離之弊矣。

著録

清・梁啓超《西學書目表》卷上　《新排對數表》。赫士、朱葆琛。上海排印本。一本，一元。用西文，極清晰。

清・劉鐸《古今算學書録》　象數第三　《新對數表》一册。朱葆琛、美赫士同譯。上海活字本。

《翻譯弦切對數表》

綜論

清・賈步緯《弦切對數説》　八線表亦西術步天之一，其爲用之巧也，在平三角既可以方例圓，在弧三角又能以平測渾。究其實，皆無數句股之立成也。然用以課平弧各術，猶苦積數多而乘除費。故必再於對數表中逐一各求其相當之假數，立爲表，則凡比例之應用乘除者，只須一加一減，即得所求之角度。既知角度，竟可不必問真數矣。是以古人有「對數專爲八線而設」之説，誠步天捷徑也。其表備見《御製數理精蘊》，全書卷帙繁重，購求不易。故亦以活字翻行，次於對數之後，以引來學。二表並爲步算之利器，似不可須臾離也。顧八線中除去矢線，向不入表外，尚有割線似亦可省。凡比例中有正割者，可易用餘弦；有餘割者，可易用正弦。若與半徑爲比，祇須將乘除率互换，得度仍同。蓋弦線、割線與半徑爲連比例，而半徑恒爲中率故也。明乎此理，弦切四線足以窮弧角之變，無遺義也。

著録

［英］傅蘭雅《江南製造總局翻譯西書事略》　《弦切對數表》。撰書人名：數理精蘊。譯書人名：賈步緯。刊書年歲：一千八百七十三年。每書本數：一本。每書連史紙價錢：五百文。

《上海製造局譯印圖書目録》　附刻各書　《翻譯弦切對數表》。算學七。八本。毛太一元七角。

算器分部

《籌算》

題解

清・周中孚《籌算提要》《鄭堂讀書記》卷四五　《籌算》一卷。舊稿本。不著撰人名氏，前後亦無序跋。《明史・藝文志》有羅雅谷《籌算》一卷，其書有載入徐光啓等《新法算書》。雅谷亦在修志之列，此羅氏之手稿也。凡造法七類，用算法三，用籌法四，蓋以算術最繁，故以簡法濟之，亦治算術者之津梁也。考西域國舊法，皆用筆算，筆之變而爲籌，猶中土之易算子爲珠盤。然用籌仍須以筆加減，同不如筆算之爲便矣。故梅勿菴既作《籌算》七卷，復作《筆算》五卷。

［意］羅雅谷《籌算》目録

加法　減法　命分二法

用法四條　乘法　除法　開平方法　開立方法　子母算法附

綜論

［意］**羅雅谷《籌算・序》**　算數之學，大者畫野經天，小者米鹽凌雜，凡有形質、有度數之物與事，靡不藉爲用焉。且從事此道者，步步蹠實，非如談空説玄，可欺人以口舌；明明布列，非如握槊奪標，可欺人以強力；層層積累，非如谿旬刹那，可欺人以荒誕也。而爲術最繁，不有簡法濟之，即當年不能殫，惡更工它學哉？敝國以書算，其來遠矣。乃人之記函弱而心力柔，厭與昏每乘之，多有畏難而中輟者。後賢別立巧法，易之以籌，余爲譯之，簡便數倍。以似好學者，皆喜以爲此術之津梁也。遂梓行之。《傳》不云：「不有博奕者乎？爲之，猶賢乎已。」是書稍賢於博奕。然旅人入來，未及它有論著，以此先之，不亦末乎？行復自哂曰：「小道可觀，聊爲之佐一籌而已。」崇禎戊辰暮春廿日雅谷識。

著録

清・張廷玉等《明史・藝文志三》　天文類

羅雅谷《籌算》一卷。

清・張之洞《書目答問・子部》　天文算法

《新法算書》一百零三卷。明徐光啓等。明刻本，三十種，原名《崇禎曆書》，目列後：**【略】**《籌算》一卷。

清・梁啓超《西學書目表》附卷《通商以前譯著各書》　《籌算》一卷。《新法算書》本。《四庫》著録。

清・劉鐸《古今算學書録》　象數第三

《籌算》一卷。湯若望等編。《新法曆書》順治年刊本。

清・徐維則《東西學書録》附上《東西人舊譯著書》　湯若望**【略】**《籌算》一卷、《籌算指》一卷。《新法算書》本。

又　羅雅谷**【略】**《籌算》一卷。《新法算書》本。西人之法皆用筆算，易之以籌，雖取簡便，然易於移動，故今日多尚筆算也。

《比例規解》

題解

［意］**羅雅谷《比例規解》目録**　規凡二面，面五線，共十線，其目如左。

第一平分線　第二分面線　第三更面線　第四分體線　第五更體線

第六分弦線　第七節氣線　第八時刻線　第九表心線　第十五金線

右比例十線之外，依《幾何原本》，其法甚多。因一器難容多線，故止設十線，其不爲恒用者，姑置之。稍廣焉，更具四法如左：

一、平面形之邊與其積。

二、有形五體之邊與其積與其面。

三、有法五體與球或内或外兩相容。

四、隨地造日晷求其節氣。

綜論

［意］**羅雅谷《比例規解・序》**　天文曆法等學，舍度與數，則授受不能措其辭，故量法、筭法恒相發焉。其法種種不襲，而器因之，各國之法與器，大同小異，如筭法之或以書，或以盤珠，吾西國猶以爲未盡其妙也。近世設立籌法，似更超越千古。至幾何家用法，則籌有所不盡者，而量該之，不能不藉以爲用。今谿《幾何》六卷六題，推顯比例規尺一器，其用至廣，其法至妙，前諸法器不能及

之。因度用數，開闔其尺，以規揗度，得筭最捷。或加減，或乘除，或三率，或開方之面與體，此尺悉能括之。又函表度、倒景、直景、日晷、句股弦筭、五金輕重諸法，及百種技藝，無不賴之，功倍用捷，爲造瑪得瑪第嘉最近之津梁也。昔在上海，曾爲徐宗伯造其尺，而未暇譯書。今奉上日修曆，兼用敝庠之法，思此小器爲用既廣，曷敢秘而不傳？第中西文字絶不相同，倘因艱澁而輟譯，是坐令此器不得其用，不甚可惜哉？因草創成書，請教宗伯。此器之倘爲用於世也，則潤色之，增補之，定有其時，而谷之不文，或見亮於天下後世也矣。崇禎庚午仲秋，遠西羅雅谷識。

清・梅文鼎《度算釋例・自序》《梅氏叢書輯要》卷八　至比例規一種，用兩尺張翕以差多寡，與牙籌之衡縮進退，珠盤之上下推移，理亦相通，而爲製特簡。按羅序言：「此器百種技藝無不賴之，功倍用捷，爲造瑪得瑪第嘉之津梁。」然則，彼中藉此製器，如工師之用矩尺。則日晷等製，並其恒業，迺書中圖説反有參錯，非故爲靳秘也。良由倣造者衆，未必深知法意，爰致承訛。抑或譯書時語言不能盡解，而強以意補，遂多筆誤耳。

著録

清・張廷玉等《明史・藝文志三》　天文類

徐光啓《崇禎曆書》一百二十六卷。【略】《比例規解》一卷。

清・梁啓超《西學書目表》附卷《通商以前譯著各書》　《比例規解》一卷。

清・劉鐸《古今算學書録》　象數第三

《比例規解》一卷。明徐光啓。《新法曆書》本；重訂《新法曆書》本；《曆法典》本。

清・徐維則《東西學書録》附上《東西人舊譯著書》　羅雅谷【略】《比例規解》一卷。或標明徐光啓撰。《新法算書》本；重訂《新法曆書》本；《圖書集成・曆法典》本；《中西算學大成》本。

凡分十綫，梅勿庵有《度算釋例》，即本是書而有所增訂。

《算器圖説》

題解

清・徐維則《東西學書録》卷下　算學第十二

《算器圖説》一卷。《格致彙編》本。英傅蘭雅輯。論當時最靈巧算器之制度與用法，乃法人多馬所創製，僅一篇。

清・劉錦藻《清朝續文獻通考》卷二七四　經籍考一八

《算器圖説》一卷，傅蘭雅撰。

臣謹按：算器之制度與用法，爲法人多瑪所剏製，最稱靈捷，是編特略見一斑云。

綜論

［英］傅蘭雅《算器圖説・序》　算學内加減乘除，凡數之小者，本屬簡易，可一思而得；稍深者，可以筆算之，或以算盤算之，亦不甚難也。惟算學深繁之題，用算盤亦有算不到之處，即使能算，則費時甚久。西國設對數之法，最便於推算之事，但如數大於對數之界限，則不能用矣。故二百餘年内，西國算學家頗爲想法，欲造便用算器，能推算至大之數。英國與瑞典國各有算學家精造算器，最爲靈巧。極大極深之數，無不容易推算。惟其算器大而繁，造之之價甚大，尋常之人不能購用。如英國巴比支所造之算器，藉國家資助而成之。用其算器者，推算航海書中各種數表，得悉前表書有多差，而以此器所推成之新表爲準，由此有大益於航海之人。略五十年前，有法國哥買城人，名多馬，閒暇時想法造成最便用之算器。能造大者與小者，合於各等人之用。後五十年内，其算器造得愈加精細，裝於箱内，其形狀略如大八音匣，巧妙可觀。如第十二圖，其大號者長二十三寸，寬七寸，高四寸，能推算大數，迅速成功。如八位之數，以八位數相乘，則十八杪時内，能得其合數。又如有大至十六位之數，以八位數約之，則

二十四杪時内，能得約出之數。又如十六位之數，要開平方根，則一分零數杪時内，能得其根數，萬無錯誤。况用此器者，不必精於算學，只須知器之用法，則無所不能做矣。各西國内有依法用此器十年至二十年者，尚未用壞，無須修理。凡欲推算大數之通商巨賈，或仕途官宦，或税務諸司，或天文地理等之格致家，其一用此器者，則後來必不能捨之矣。上海已經有兩個大號算器，係隆茂洋行經手，自英國購來。每個價值與水腳費等，畧洋錢一百元。一爲天文士賈步緯所購用，一爲本館購用之。如有來申覽者，一覽即知其器巧妙。茲因遠方之人，故特設《算器圖説》備閲。

著録

清·劉鐸《古今算學書録》 象數第三

《算器圖説》，傅蘭雅。《格致彙編》本。

《新式算器圖説》

題解

清·徐維則《東西學書録》卷下 算學第十二

《新式算器圖説》一卷。《格致彙編》本。英傅蘭雅輯譯。論新式算器，一爲美國斐拉得他倫廠所造算器，一爲美國加法算器。書僅一篇，其用法、價值均詳列。

數學名詞術語翻譯部

算術　代數分部

題解

《數學中英名詞對照表》

算學　代數名詞對照表例言

一，本編所列名詞係照原議，備中學堂以下之用。

一，本編名詞多從舊有算書，如《數理精蘊》《算經十書》及徐、李、梅、戴諸家著作採輯，遇有後出名詞，乃行譯補。

一，代數學名詞與算學名詞相同者多，無取重複，今僅列其異者。

圖表

《數學中英名詞對照表》

算學名詞對照表

定名	西文原名	定名理由
算學	Arithmetic	
數	Number	
幾何	Quantity	
單位	Unit	
名數或曰著數	Concrete Number	

續表

定名	西文原名	定名理由
不名數或曰𠃋數	Abstract Number	
指碼	Digits	
十進法	Denary Scale	
整數	Whole Number	
讀數法	Numeration	
記數法	Notation	
阿剌伯碼	Arabian Numerals	
羅馬碼	Roman Numerals	
四法	Four Simple Rules	
加法	Addition	
和	Sum or Total	
加於	Plus	
等於	Equals	
減法	Subtraction	
較或曰差	Difference	
減數	Subtrahend	
被減數	Minuend	
餘	Remainder	
減去	Minus	
括號	Brackets or Vinculum	
乘法	Multiplication	

續表

定　名	西文原名	定名理由
乘數	Multiplier	
被乘數	Multiplicand	
積	Product	
乘以	x Into or Multiplied by	
連乘積	Continued Product	
除法	Divison	
除數	Divisor	
被除數	Dividend	
商	Quodient	
餘	Remainder	
除以	÷Divided by	
奇數	Odd Number	
偶數	Even Number	
元數	Prime Number	
合數	Composite Number	
約數	Factor	
倍數	Multiple	
公約數	Common Factor	
最高公約數	Highet Common Factor	
公倍數	Common Multiple	

續表

定　名	西文原名	定名理由
最低公倍數	Lowest Common Multiple	
分數	Fractions	舊曰命分、殘分。按：西文原名 Fraction 拉丁文 Fractio (a breaking in pieces) 即破單位而言。舊名殘分，原與西名義恰合。今從意常用。
命分	Denominator	通曰分母。按：西文原名 Denominator 拉丁 Denominare (denoting a Number) 即於一整數之中命之爲幾分之數，故定命分。
舉分	Numerator	通曰分子。按：西文原名 Numerator，拉丁 Numerare 即舉所命之分多寡而言，故定舉分。
正分數	Proper Fraction	
不正分數	Improper Fraction	
簡分數	Simple Fraction	
繁分數	Compound Fraction	
帯整分數	Mixed Number	
通分法	Reduce to equavalent fractions with Common Denominator	
分數加法	Addition of Fractions	

續表

定名	西文原名	定名理由
分數減法	Subtraction of Fractions	
分數乘法	Multiplication of Fractions	
分數除法	Divison of Fractions	
小數	Decimals	
整數部分	Integral Parts	
小數部分	Decimal Parts	
小數點	Decimal Points	
小數記法	Notation of Decimal Fractions	
小數讀法	Numeration of Decimal Fraction	
小數加法	Addition of Decimals	
小數減法	Subtraction of Decimals	
小數乘法	Multiplication of Decimals	
小數除法	Divison of Decimals	
循環小數	Circulating Decimals or Recurring Decimals	
純循環小數	Pure Recurring Decimals	
雜循環小數	Compound Recurring Decimals	
循環點	Recurring Points	
指數	Index	
自乘法或曰升權術	Involution	

續表

定名	西文原名	定名理由
權	Power	
一次權或曰本數	1st Power	
二次權或曰自乘數	2nd Power	
平方即二次權	Square	
立方即三次權	Cube	
四次權	Fourth Power	
求根術	Evolution	
根	Root	
開方	Extraction a Square Root	
開立方	Extracting a Cube Root	
天之甲次權或曰升天元爲甲次權	Raise X to the Nth Power	
天之甲次根	Nth Root of X	
平方根	Square Root	
立方根	Cube Root	
通約法	Reduction	
度	Measurement	
稱	Weight	
量	Capacity	
名數	Concrete or Denominate Number	

續表

定　名	西文原名	定名理由
單名數	Simple Denominate Number	
複名數	Complex Denominate Number	
本位單數	Standard Unit	
輔位單數	Auxiliary Unit	
線度或曰度法	Linear Measure or Measure of Length	
平方數或曰見方	Square Measure	
冪法	Superficial Measure or Measure of Surface	
立方數或曰嘉量法	Capacial Measure or Measure of Capacity	
衡法	Measure of Weight	
時間量	Measure of Time	
角度	Measure of Angle	
熱度	Measure of Temperature	
複名通約法	Reduction to the Same Unit	
複名加法	Addition of Complex Denominate Numbers	
複名減法	Subtraction of Complex Denominate Numbers	
複名乘法	Multiplication of Complex Denominate Numbers	

續表

定　名	西文原名	定名理由
複名除法	Divison of Complex Denominate Numbers	
率	Rate	
項	Terms	
首項	First Term	
末項	Last Term	
正率	Direct Ratio	
反率	Inverse Ratio	
連率	Continued Ratio	
單率	Simple Ratio	
複率	Compound Ratio	
二次權率	Duplicate Ratio	
三次權率	Triplicate Ratio	
首率	First Ratio	
末率	Last Ratio	
前項	Antecedent	
後項	Consequent	
比例	Proportion	
正比例	Direct Proportion	
反比例	Inverse Proportion	
連比例	Continued Proportion	

續表

定名	西文原名	定名理由
比例分	Proportional Parts	
中項	Means	
外項	Extremes	
比例幾何	Proportional Quantities	
中比例幾何	Mean Proportional	
比例第三項	Third Proportional	
百分法	Percentage	
賺賠術	Profit and Loss	
賺	Profit	
賠	Loss	
本	Principal	
利	Interest	
利率	Rate of Interest	
中用	Brokerage	
總數	Amount	
月利率	Monthly Rate	
年利率	Annual Rate	
單利	Simple Interest	
複利	Compound Interest	
年金	Annueties	
見價	Present Worth	
貼兑	Discount	

代數學名詞對照表

定名	西文原名	定名理由
代數學	Algebra	
已知之幾何	Know Quantity	
未知之幾何	Unknow Quantity	
見數	Numerical Figure	
所與數	Datum	
符號	Signs	
積	Product	
係數或曰係率	Co-efficient	
見係	Numerical Co-efficient	
平方	Square	
指數	Exponents	
平方根	Square Root	
立方根	Cube Root	
带根數	Surd	
根	Radix	
代數式	Algebrical Expression	
同項	Like Terms	
異項	Unlike Terms	
單項式	Monomial Expression	
多項式	Multinomial Expression	

續表

定名	西文原名	定名理由
雙項式	Binomial Expression	
三項式	Trinomial Expression	
括弧	Bracket	
括線	Vinculum	
正數	Positive Quantity	
負數	Negative Quantity	
代數差	Algebrical Difference	
加減號例	Law of Signs	
遞降權	Descending power	
遞昇權	Ascending power	
乘次	Dimension	
二次項	A term of two Dimensions	
三次項	A term of three Dimensions	
二次式	An Expression of the 2th degree of Quadratic Expression	
三次式	An Expression of the 3rd degree	
等次式	Homogeneous Expression	
雙項定理	Binomial Theorem	
商餘定理	Remainder Theorem	
方程	Equations	

續表

定名	西文原名	定名理由
一次方程	Simple Equations	
同元方程	Identical Equations	
公式	Formula	
同式	Identity	
方程根	Root of the Equations	
移項	Transposed Terms	
求作題	Problems	
聯立方程	Simultaneous Equations	
一次方程	Equations of the 1st degree	
二次方程	Equations of the 2th degree or Quadratic Equations	
消元術	Elimination	
加法消	Elimination by Addition	
減法消	Elimination by Subtraction	
代入消	Elimination by Substitation	
等數消	Elimination Equality	
整式	Integral Expression	
有理式	Rational Expression	
複分數	Complex Fraction	
聯立一次方程	Simaltaneous Simple Equations	

續表

定名	西文原名	定名理由
正指數	Positive Indices	
聯立二次方程	Simaltaneous Quadratic Equations	
指數理	Theory of Indices	
整指數	Integral Index	
根號	Radical Signs	
負指數	Negative Indices	
單簡带根數	Elementary Surds	
無理數	Irrational Quantity	
有理數	Rational Quantity	
二次带根數	Quadratic Surds	
單带根數	Simple Surds	
複带根數	Compound Surds	
同類带根數	Like Surds	
異類带根數	Unlike Surds	
連耦带根數	Conjugate Surds	
有公約之數	Commensurable Quantities	
無公約之數	Incommensurable Quantities	
對待變法	Variation	
對待正變	to very directly	
對待反變	to very inversely	

續表

定名	西文原名	定名理由
因乘變	to very jointly	
不變	Constant	
等差級數	Arithmetical Progression	
公差	Common Difference	
等差中級數	Arithmetical Mean	
中項	Middle Terms	
等率級數	Geometrical Progression	
公乘率	Common Ratio	
等率中級數	Geometric Mean	
連續項	Consecutive Terms	
無窮	Infinity	
調和級數	Harmonical Progression	
調和中級數	Harmonic Means	
二次方程式之理	Theory of Quadratic Equations	
實	Real	
虛	Imaginery	
有理	Rational	
無理	Irrational	
雜式方程	Miscellaneous Equations	
排列法	Permutations	

續表

定名	西文原名	定名理由
集合法	Combinations	
公項	General Terms	
係數	Co-efficients	
對數	Logarithm	
對數底	Logarithmic Base	
常用對數	Common Logarithm	
對數指標	Characteristic	
對數小餘	Mantissa	
訥白爾對數	Napiers Logarithms	
底準	Modulus	
進數法	Scale of Notation	
常用紀數法	Common Scale of Notation	
十進法	Denary Scale of Notation	
進數根	Radix (of the Scale)	
二進法	Binary Scales of Notation	
三進法	Ternary Scales of Notation	
四進法	Quarternary Scales of Notation	
五進法	Quinary Scales of Notation	
六進法	Senary Scales of Notation	
七進法	Septenary Scales of Notation	
八進法	Octenary Scale of Notation	

續表

定名	西文原名	定名理由
九進法	Nonary Scales of Notation	
十進法	Denary Scales of Notation	
十一進法	Undenary Scales of Notation	
十二進法	Duodenary Scales of Notation	
非十進數之分數	Radix-Fractions	
非十進數之小數點	Radix-Point	

幾何學　解析幾何分部

題解

《數學中英名詞對照表》

形學名詞對照表例言

一，形學分純净形學、解析形學兩科，而純净形學又分歐几里得形學、射影形學兩門，本表所列形學名詞以歐几里得形學應有者爲斷。

一，歐几里得形學自十七世紀以來，屢經改易，計近日歐美通行之本約分兩派，一派稱歐几里得者乃合《幾何原本》之前六卷及第十一、十二兩卷而增删者也，一派稱形學者則合平面、立體、渾員面三部而編次者也。第一派範圍較狹，本表所據者乃第二派。

一，吾國形學之譯，以徐文定之《幾何原本》爲最早，美人狄考文之《形學備旨》次之，本表定名多選自以上兩種，遇有原定之名義欠切合或後出之名爲原書所未載者，則搜索古義，依據新説而酌訂之。

一，本表名詞編輯次序，各以類從，先之以總論，繼之以點、線、面、體而以渾員面終焉。其範圍則以近日通行之形學爲準，其《幾何原本》之舊譯與近世形學之新名而非通行本所應有者，則不備載，識者鑒之。

又　解析形學名詞對照表例言

一，解析形學向分平面、立體兩部，但其深造非藉微積分不能明，故編輯家多分二等，曰初等解析形學以備高中學堂之用，曰高等解析形學（或稱超越解析形學 Transcendental Analytic Geometry）以備大學之用。本表所定名詞以初等解析形學應有者爲斷。

一，吾國初等解析形學之譯，以海甯李氏及英國偉烈氏合譯之《代微積拾級》爲最早，山陰謝君及美國潘君合譯之《代形合參》次之，兩書同出於美國羅密士之手，而後者較詳，本表所選名詞即依據後者。

一，本表名詞凡選自舊有者，皆不標明出處，如爲所新定或改定者則必註明理由，至理由中所謂舊譯作某某，係指《代微積拾級》及《代形合參》兩書之名詞而言，近譯作某某或東譯作某某則指新譯之各解析形學及日本名詞而言。

圖表

《數學中英名詞對照表》

形學名詞對照表

定名	西文原名	定名理由
形學	Geometry	近日通稱幾何學不知所本，按吾國斯學之譯，以《幾何原本》爲最早，而徐、利兩序中皆無幾何學一名，咸豐中葉海甯李氏與英國偉烈氏續譯其後九卷，偉烈氏序中有幾何之學，不知託始何國一語。近日之所謂幾何學者，其或濫觴於此乎。顧考其實，則偉烈氏幾何之學云云亦殊欠協，蓋幾何一字在英文爲 Quantity 而幾何學一字在英文爲 Geometry 幾何者，物之大小多寡之謂也，論之者不專屬 Geometry 下，而算學上而微積皆爲論幾何之書，而 Geometry 之所論者不過幾何之一種耳，烏得以全體之名名其一部分之學？考 Geometry 一字乃由 Geo metre 相合而成。Geo 者，地也。metre 者，測量也。是其初義乃專指測地。顧測地則不能無形，而測山陵邱壑又不能無體，故其界說曰 Geometry 者，論點、線、面、體之本德狀態及其度量也，而點、線、面、體之總稱在英謂之 Figure 在我則爲形，故定名形學。
純淨形學 解析形學	Pure Geometry Analytical Geometry	此形學之兩大類也。純淨形學，舊無譯名。今補訂解析形學。舊有代幾何、代形合參、經緯幾何諸名，今皆不取。
初等形學	Elementary Geometry	亦僅稱形學，Geometry
歐几里得形學	Euclidean Geometry	此謂歐几里得派之形學也。至歐几里得所著之形學，則稱《幾何原本》The Elements 或稱《歐几里得幾何原本》Euclid's Elements
平面形學	Plane Geometry	
立體形學	Solid Geometry	
求積形學	Stereometry	

續表

定　名	西文原名	定名理由
渾員面形學	Spherical Geometry	通作球面形學。按：球字本義爲美玉。《書》球琳琅玕或借作捄。《廣雅》捄法也。《詩・商頌》受小球大球。今之以員物爲捄的係俗解，斷不可用。
界說	Definition	舊譯作界說，近譯作定義，今從舊譯，以其名義適與西文恰合故也。
幾何	Quantity or Magnitude	Magnitude 者，大小長短之謂也，近或譯作度字。Quantity 者，多寡輕重之謂也，近或譯作數字量字。但二者亦有可通用之處，而尋常言 Quantity 則 Magnitude 之義已在其中。考英字 Quantity 有普通、專門兩義。以普通之義言，其最初者祇謂物之大小、長短、多寡、輕重也，嗣推廣其義，凡物之可增減，可度量者，如點、線、面、體，以及時間、角度之類，亦謂之幾何。算學、形學所論之幾何，皆此類之幾何也。以專門之義言，數目之數謂之幾何，代數之號謂之幾何，代號所成之項，代項合成之式，及凡數學研究之所能及，與夫方法之所能到者，亦莫不謂之幾何。故其爲幾何也，有已知者 Known Quantity 有未知者 Unknown Quantity 有真實者 Real Quantity 有虛幻者 Imaginery quantity 有不變者 Constant Quantity 有可變者 Variable Quantity 有有理者 Rational Quantity 有無理者 Irrational Quantity 近以數量等字譯之，祇可得其一義，可作爲專譯，而籠統包括之名，仍應從古，訂作幾何。

續表

定　名	西文原名	定名理由
么匿幾何 么匿	Unit Quantity Unit	幾何之爲大、爲小、爲多、爲寡，未定者也，必擇一定幾何立爲標準而比較之。其大、小、多、寡乃見。此所擇之定幾何，英文謂之 Unit Quantity 或簡稱 Unit 亦譯作單位，此正如幾何之譯。作數量者皆掣取其一義而言之，非統括之名也。惟形學不言數，名義宜統括。今從轉音，訂作么匿幾何，簡言么匿。么本含單義也。
量度	Measure	
位	Position	
形式	Form	
點	Point	
線	Line	
面	Surface or Superficies	
體	Solid	
形	Figure	
有法之形 有法之體	Geometrical Figure Geometrical Solid	舊作幾何形、幾何體，今既改幾何學爲形學，若云形學形、形學體，則極爲不詞，故改稱有法之形，有法之體，以濟其窮。蓋形學所論形體未始非有法者也。

續表

定名	西文原名	定名理由
亙	Dimension	舊譯作度，近或作量。按：英文原名謂一方向之長短也。故線之Dimension有一曰自左至右，即長也。面之Dimension有二曰自上至下、自左至右，即長寬也。體之Dimension有三曰自上至下、自左至右、自前至後，即長寬厚也。其義實與度量無涉。今擇取自某至某之義，極意搜索得一亙字，即隸變亙字。《說文》：木部柦竟也。柦古文亙。段若膺注云：今字用亙，不用柦，從舟，在二之間絶流而竟，會意也。又《吴都賦注》：亙，引也。《西都賦注》：亙，徑度也。皆與原文意合。
長	Length	
寬	Breadth	
厚	Thickness	
面積冪	Area	
體積	Volume	
容量	Capacity	
本德	Property	東譯作性質。按：英文性作 Nature 質作 Substance 皆就物之本體而言。Property 者，物之所具而可見者，而非物之本體也，不得以性質論。今從英文 Special Attribute 之義，譯作本德。德者，得也，如直線之直、平面之平，皆線面之所得也。古稱玉德、水德，是物未嘗不可言德之明證。加一本字者，猶言直線之直、平面之平，皆直線與平面所有之德，他線與他面則不能有此德也。

續表

定名	西文原名	定名理由
說	Statement	
題	Proposition	
求證題	Theorem	
定理	Theorem	定理與求證題兩名，在英文無別，其意則微有不同。如形學正文中之所謂 Theorem 者，係指推定之理而言，且可引用以證他 Theorem 者也，其練習中之所謂 Theorem 者，不過示與 Problem 有別，且不可引用以證他 Theorem 者也。以漢文言之，若僅稱定理，則不待練習，若徑稱求證題，則二項求證題 Binomial Theorem 賸餘求證題 Remainder Theorem 諸名又不可通，故譯訂兩名。
公理	Axiom	舊作公論。按：Axiom 亦定理之一種，不過淺顯已極，西語云 Self obvious 譯云自明，無待考證，乃理而非論也，故改譯公理。
求作題	Problem	
成術	Problem	成術者，前人所已推得之術，如作垂線、平行線之類。此名在英文與求作題無別，今爲便於行文起見，譯訂兩名。說見前定理名下理由。
准作	Postulate	舊譯可作，今本 let it be granted 之意改定准作。
題解	General enunciation	

續表

定名	西文原名	定名理由
題文	Prtionlar enunciation	
構造	Construction	按：此名亦可譯作圖，或僅譯一法字，要視其所居之職如何，至其名之本義，則衹有構造一説。
證	Proof	
系	Corollary	
旁案	Scholium	
討論	Discussion	
證法	Proof or Method of proving theorems	
解法	Solution or Method of solving problems	
綜合法	Synthetic Method	
解析法	Analytic Method	
正推法	Direct Method	
窮謬術	Indirect method or Method of reducio ad absurdum	
設事	Hypothesis	
斷語	Conclusion	
限格	Condition	東譯作條件，殊不可取。按：形學中，凡求作題，必有所限定之程格與所求作之事項，如求作等邊三角形一題，等邊乃限定之程格，三角形乃求作之圖形。今本此義立名。

續表

定名	西文原名	定名理由
所求	Requirement	
正論之定理	Typical theorem	
對論之定理	Opposite theorem	
駁論之定理	Contradictory theorem	
互論之定理	Converse theorem	
不變幾何 可變幾何	Constant or constant Quantity Variable or variable Quantity	亦作常數變數。惟形學係專論幾何之書，數雖爲幾何之一種，但不足括幾何之全，又變字上若不加可字，則爲已變、變後之數，故改今名。
漸增幾何 漸減幾何	Increasing Variable Decreasing Variable	西文原名作漸增可變幾何、漸減可變幾何。按：漸增漸減已含可變之意，似不必特爲提出，故譯名從簡。
軌跡	Locus	
限	Limit	
最大限	Maximum	
最小限	Minimum	
無量大	Infinity	
無量小	Zero	
幾何之量	Measure of a Quantity	
倍數	Multiple	

續表

定名	西文原名	定名理由
分數	Sub-multiple	
有公度之幾何	Commensurable Quantities	
無公度之幾何	Incommensurable Quantities	
率（音律）	Ratio	《幾何原本》作比例。其於英文 Proportion 字則稱同理比例，但遇比例上加區別字時，則又略去同理二字。如和數比例、較數比例之類，是 Ratio 與 proportion 兩名之義混矣，今以率字譯 Ratio 以比例譯 proportion 使兩名判然爲二，以便引用。
有公度之率	Commensurable Ratios	
無公度之率	Incommensurable Ratios	
項	Term	舊作率。按：兩幾何對待謂之率，獨幾何似不應稱率，故改。
前項	Antecedent	
後項	Consequent	
等項率	Ratio of equality	
不等項率	Ratio of inequality	
盈率	Ratio of greater inequality	西文原義作較大不等項率，今譯盈率。盈者，此大於彼之謂，即是較大之意。既曰較大，則前後項之不等又可知矣。故從簡作盈率。

續表

定名	西文原名	定名理由
朒率	Ratio of less inequality	理由與盈率名同。
反率	Reciprocal Ratio	
單率	Simple Ratio	
複率	Compound Ratio	
二次權率	Duplicate Ratio	
三次權率	Triplicate Ratio	
四次權率	Quadruplicate Ratio	
二次根率	Sub-duplicate Ratio	
三次根率	Sub-triplicate Ratio	
四次根率	Sub-quadruplicate Ratio	
比例	Proportion	舊作同理比例，今改。說見率名理由。
外項	Extremes	
中項	Means	
正比例	Direct proportion	
反比例	Inverse proportion or Reciprocal proportion	
連比例	Continued proportion	
單比例	Simple proportion	
複比例	Compound proportion	

續表

定名	西文原名	定名理由
比例幾何	Proportionals or Proportional quantities	四幾何對待成相等之兩率，英文謂之 Proportionals 或稱 Proportional quantities 今直譯比例幾何，但中西文法不同，四字名詞中文每生窒礙，故舊譯形學。凡遇難定名詞，多以常語代之。今雖譯訂此名，至於行文，仍可隨時變化。如舊所謂有比例之幾何及四幾何成比例之類，神而明之，是在用者。
中比例幾何	Mean proportional	
第三比例幾何	Third proportional	
第四比例幾何	Fourth proportional	
反率定理	Invertendo	舊譯反理。按：此係比例各定理之一，謂兩正率相等而成比例，則其反率亦相等而成比例也。故改今名。
互位定理	Alternando	舊譯屬理，今取兩中項互易其位或兩外項互易其位之意，改譯今名。
和項定理	Componendo	舊譯合理，今改。
較項定理	Dividendo	舊譯分理。分字名義不符，故改。
和較定理	Componendo and dividendo	舊無譯名，今合和項、較項兩定理之名而譯訂之。
等加定理	Addendo	舊無譯名。按：此定理言。設有若干相等之率，則任舉一率，皆等於其餘各率前項之和，以比其後項之和也。故譯等加。

續表

定名	西文原名	定名理由
連乘定理	ex equali	此謂有若干比例而連乘之，其積數仍爲比例也。舊無譯名，今取其義定之。
交點	Point of intersection	
切點	Point of Contact	
中點	Middle point	
中分點	Bisecting point	
交匯點	Point of concurrence	
定點	Fixed point	
動點	Moving point	
相當點	Homologous points	
相對點	Symmetrical points	
直線	Straight or right line	
曲線	Curve line or curve	
折線	Broken line	
有限線	Definite line	
無限線	Indefinite line	
天垂線	Vertical line	
地平線	Horizontal line	
平行線	Praralled lines	
垂線	Perpendicular	
斜線	Oblique line	

續表

定名	西文原名	定名理由
切線	Tangent	
漸近線	Asymptote	
相當線	Homologous lines	
相對線	Symmetrical lines	
界線	Bounding line	
綴線	Connecting line	
展線	Generating line	舊作母線，今取展線成面之意改譯展線。
初線	Initial line	
相交線	Intersecting lines	
交匯線	Concurrent lines	
距	Distance	
垂距	Perpendicular distance	
全線	Whole line	
線段	Segment of a line	謂全線之一段也。舊作線分。分，亦段也。在線譯段較妥，故改。
角	Angle	
角之邊	Sides of an angle	
角肢	Arms of an angle	角肢即角之邊，一線而二名者也。角之邊最通用。
角端角頂	Vertex of an angle	他處亦可譯尖點。
角點	Angular point	

續表

定名	西文原名	定名理由
直線角	Rectilinear angle	
曲線角	Curvilinear angle	
平面角	Plane angle	
平面直線角	Plane rectilinear angle	
平面曲線角	Plane curvilinear angle	
夾角	Included angle or Contained angle	
鄰角	Adjacent angle	
對角	Opposite angle	
對頂角	Vertically opposite angles	舊作對角，即英文亦有作 opposite angles 者。近年新出教科書始有此別。緣對角之名義太泛，凡兩角之地位相對者，皆可謂之對角，至對頂角則專指兩直線十字交加所成之對角而言。今從新說，增訂此名。
直角矩	Right angle	直角名義殊未協，今以積重難返，不改。但在他處或以譯矩爲便，故並存之。
斜角	Oblique angle	
鈍角	Obtuse angle	
鋭角	Acute angle	
平角	Straight angle	按：英文原義應譯直角，前既以直角作 Right angle 故今改譯平角。
折角	Reflex angle	舊無譯名，今照英文原義譯作折角。

續表

定名	西文原名	定名理由
周角	Perigon	舊無譯名，今取周天三百六十度之意譯作周角。
直餘角矩餘	Complementary angle	舊作餘角，補角，今取餘角，并加一直字以明餘之所屬，或作矩餘，亦便用，故并存之。
平餘角準餘	Supplemnentary angle	見直餘角名。
周餘角規餘	Conjugate angle	見直餘角名。
外角	Exterior angle	
内角	Interior angle	
外對角	Exterior opposite angles	
内對角	Interior opposite angles	
互角	Alternate angles	
外互角	Alternate exterior angles	
内互角	Alternate interior angles	
面	Surface	
平面	Plane surface or Plane	
曲面	Curved surface	
錐曲面	Conical surface	
柱曲面	Cylindrical surface	

續表

定名	西文原名	定名理由
平行面	Parallel planes	
平面形	Plane figure	
平面直線形	Plane rectilinear figure	
平面曲線形	Plane curvilinear figure	
邊	Side	
周邊	Perimeter	
三邊形	Trigon	
四邊形	Quadrilateral	
多邊形	Polygon	
相似形	Similar figures	
相等形	Equivalent figures	
相合形	Congruent figures	
等周形	Isoperimetric figures	謂周邊相等之形也，今縮作等周形。
相當邊	Homologous sides	
相當角	Homologous angles	
類似率	Ratio of similitude	
相對形	Symmetrical figures	
相對之軸	Axis of symmetry	
三角形	Triangle	
底	Base	

續表

定名	西文原名	定名理由
肢	Legs	按：三角形以在下之邊爲底，其餘二邊英文謂之 Legs 此譯肢。
垂高	Altitude or Perpendicular height	
直三角形句股形	Right triangle or Right-angled triangle	
對矩弦	Hypotenuse	
等邊三角形	Equilateral triangle	
不等邊三角形	Scalene triangle	
等腰三角形	Isosceles triangle	
鈍三角形	Obtuse-angled triangle or Obtuse triangle	
鋭三角形	Acute triangle or Acute-angled triangle	
頂角	Vertical angle	
中線	Median	
中分線	Bisector	
平行四邊形	Parallelogram	
對角線	Diagonal	
方形	Square	舊作正方形、平方形，今從簡稱方形。
斜方形	Rohmbus	
長方形	Rectangle	
斜長方形	Rohmboid	

續表

定名	西文原名	定名理由
對平四邊形	Trapezoid	對平四邊形者，猶言兩邊相對而平行之四邊形也。如其餘兩邊亦相對而平行，則爲平行四邊形矣。舊作梯形。梯字未協，故改。
等腰四邊形	Isosceles trapezoid	
不整齊四邊形	Trapezium	不整齊四邊形者，謂形之四邊既不兩兩相等，亦不兩兩平行也。不整齊名義見下，整齊多邊形名理由。
等邊多邊形	Equilateral polygon	
等角多邊形	Equiangular polygon	
整齊多邊形 不整齊多邊形	Regular polygon Irregular polygon	舊作有法、無法。按：英文 regular 與 irregular 兩字乃整齊與不整齊之謂，係專就形之式樣而言，至其面積仍可用法求之，實非無法，故改今名。
五邊形	Pentagon	
整齊五邊形	Regular pentagon	
六邊形	Hexagon	
整齊六邊形	Regular hexagon	
七邊形	Heptagon	
整齊七邊形	Regular heptagon	
八邊形	Octagon	
整齊八邊形	Regular octagon	
九邊形	Nonagon	

續表

定　名	西文原名	定名理由
整齊九邊形	Regular nonagon	
十邊形	Decagon	
整齊十邊形	Regular decagon	
十一邊形	Hendecagon	
整齊十一邊形	Regular hendecagon	
十二邊形	Dodecagon	
整齊十二邊形	Regular dodecagon	
十五邊形	Quindecagon	
整齊十五邊形	Regular quindecagon	
凸多邊形	Convex polygon	
凹多邊形	Concave polygon	
外突角	Salient angle	
内陷角	Re-entrant angle	
圜	Circle	亦作圓形。今擬以圜作名物字，以圓作區別字，故改。
圜周	Circumference	
圜心	Centre	
圜徑	Diameter	
圜半徑	Radius	
切圜	Tangential circles	
同心圜	Concentric circles	
公切線	Common tangent	

續表

定　名	西文原名	定名理由
互交公切線	Transverse common tangents	謂公切線而交於兩圜之間者也，故以互交二字爲區别。
對峙公切線	Direct common tangents	謂公切線而不交於兩圜之間者也，英文原義謂直接，今譯對峙，猶言分立於兩圜之左右也。
内公切線	Internal common tangent	
外公切線	External common tangent	
相交圜	Intersecting circles	
正交圜	Orthogonal circles	
正交	To cut orthogonally	
内切	To touch internally	
外切	To touch externally	
半圜周	Semi-circumference	
弧	Arc	
大弧	Major arc	
小弧	Minor arc	
互足弧	Conjugate arcs	此謂兩弧相足而成一周，故稱互足。若對正弧而名其所餘之一，亦可譯周餘弧。
割線	Secant or Secant line	
弦	Chord	

續表

定名	西文原名	定名理由
弧弦形	Segment of a circle	古作弧矢形。矢字非形學所應有名詞。《幾何原本》作圜分。圜分之義，應視上下文而定，若單獨言之，則多歧義，因象限輻間諸形皆可以圜分括之故也。今倣弧矢形之意，改譯作弧弦形。
弧弦形之底	Base of the segment of a circle	
全圜	Whole circle	
半圜	Semi-circle	
象限	Quadrant	
輻間	Sector	舊作分圜形、圜心角形，意義俱欠明確。今改輻間，言輻而弧存焉，且未有居兩輻之間而非 Sector 者也。
背弧角	Angle inscribed in the segment of a circle or Angle at circumference	
乘弧角	Angle subtended by an arc	
當心乘弧角	Angle at centre subtended by an arc	亦簡稱當心角。
當周乘弧角	Angle at circumference subtended by an arc	亦簡稱當周角。
内容多邊形	Inscribed polygon	
周嫈圜	Circumscribed circle	舊作外包圜，頗嫌不詞。今從英文原義，改譯今名。

續表

定名	西文原名	定名理由
内切圜	Inscribed circle	
外切多邊形	Circumscribed polygon	
多邊形之内切圜心	In-centre of a polygon	
多邊形之周嫈圜心	Circum-centre of a polygon	
整齊多邊形心	Centre of a regular polygon	
三角形之旁切圜	Escribed circle of a triangle	
三角形之旁切圜心	Ex-centres of a triangle	
射影	Projection	
垂線足	Foot of perpendicular	
正影	Orthogonal projection	
斜影	Oblique projection	
射影面	Projecting plane	
受影面	Primitive plane	
倚角	Inclined angle or angle of inclination	
渾角	Solid angle	
渾角面	Faces of a solid angle	

續表

定　名	西文原名	定名理由
渾角稜	Edges of a solid angle	
渾角頂	Vertex of a solid angle	
廉角	Dihedral angle	舊譯二面立體角，今改。
對頂廉角	Vertical dihedral angles	
相鄰廉角	Adjacent dihedral angles	
直廉角	Right dihedral angle	
銳廉角	Acute dihedral angle	
鈍廉角	Obtuse dihedral angle	
平廉角	Straight dihedral angle	
直餘廉角	Complementary dihedral angle	
平餘廉角	Supplementary dihedral angle	
隅角	Trihedral angle	舊譯三面立體角，今改。
隅面角	Face angle of a trihedral angle	此謂兩稜所交之角也。兩稜所括之面爲隅角之面，故其所交之角即稱爲隅角之面角。
兩等面隅角	Isosceles trihedral angle	
單矩隅角	Rectangular trihedral angle	隅之面角有一爲直角者，下類推。

續表

定　名	西文原名	定名理由
雙矩隅角	Bi-rectangular trihedral angle	
三矩隅角真餘角	Tri-rectan gular trihedral angle	
多面角	Polyhedral angle	簡稱觚。
割平	Secant plane	
割界	Section	
凸多面角	Convex polyhedral angle	簡稱凸觚。
凹多面角	Concave polyhedral angle	簡稱凹觚。
體	Solid or solid figure	
界面	Bounding plane	
稜	Edge	
面	Face	
尖點	Vertex	
稜柱	Prism	舊作三稜體。按：此係以稜名體之總稱，不應以三示別。
三稜柱	Triangular prism	
四稜柱	Quadruangular prism	
五稜柱	Pentagonal prism	
正稜柱	Right prism	

續表

定　名	西文原名	定名理由
斜稜柱	Oblique prism	
整齊稜柱	Regular prism	
類似稜柱	Prismatoid	
斜截稜柱	Truncated prism	
正交割界	Right section	
斜交割界	Obliqne section	
稜柱兩端	Bases of prism	
旁稜	Lateral edges	
旁面	Lateral faces	
垂高	Altitude	
旁面積旁冪	Lateral area	
全面積全冪	Total area	
體積	Volume	
平行體	Parallelepiped	此乃整齊四稜柱之一種也。惟此柱重在六面兩兩平行，而整齊四稜柱其旁面未必平行，故别立此名。
正平行體	Right parallelepiped	
斜平行體	Oblique parallelepiped	
長方平行體	Rectangular parallelepiped	
立方	Cube	
圓柱	Cylinder	

續表

定　名	西文原名	定名理由
展線	Generatrix	
導線	Directrix	
元線	Element	東譯作素線，今改元線。因素字經理化學用作原質之意，而此線則非質也。
正圓柱	Right cylinder	
斜圓柱	Oblique cylinder	
旋成圓柱	Cylinders of revolution	
相似旋成圓柱	Similar cylinders of revolution	
共軛旋成圓柱	Conjugate cylinders of revolution	此謂以長方形之縱横邊遞爲軸之旋成圓柱也，舊無譯名，今補訂。
内容稜柱	Inscribed prism	
周營圓柱	Circumscribed cylinder	
外切稜柱	Circumscribed prism	
内切圓柱	Inscribed cylinder	
圓錐	Cone	
稜錐	Pyramid	
稜錐尖點	Vertex of pyramid	
斜高	Slant height	
三稜錐	Triangular pyramid	

續表

定名	西文原名	定名理由
四稜錐	Quadruangular pyramid	
五稜錐	Pentagonal pyramid	
整齊稜錐	Regular pyramid	
正截稜錐	Frustrum of pyramid	
斜截稜錐	Truncated of pyramid	
對頂錐曲面	Conical surface of two nappes	此謂共頂而展線同一之錐面也，舊無譯名，今取 Vertically opposite 之意，譯作對頂。
上錐曲面	Upper nappe	
下錐曲面	Lower nappe	
正錐	Right cone	
斜錐	Oblique cone	
旋成圓錐	Cone of revolution	
相似旋成圓錐	Similar cones of revolution	
共軛旋成圓錐	Conjugate cones of revolution	
正截圓錐	Frustrum of cone	
斜截圓錐	Truncated cone	
內切圓錐	Inscribed cone	
外切稜錐	Circumscribed pyramid	

續表

定名	西文原名	定名理由
周營圓錐	Circumscribed cone	
內容稜錐	Inscribed pyramid	
多面體	Polyhedron	
多面體之面	Faces of polyhedron	
多面體之稜	Edges of polyhedron	
多面體之角	Vertices of polyhedron	
整齊多面體	Regular polyhedron	
整齊四面體	Regular tetrahedron	
整齊六面體	Regular hexahedron	亦稱立方體。
整齊八面體	Regular octahedron	
整齊十二面體	Regular dodecahedron	
整齊二十面體	Regular icosahedron	
渾圓	Sphere	
內切渾圓	Inscribed sphere	
外切多面體	Circumscribed polyhedron	
內容多面體	Inscribed polyhedron	
周營渾圓	Circumscribed sphere	
渾圓心	Centre of sphere	
渾圓徑	Diameter of sphere	
渾圓半徑	Radius of sphere	

續表

定名	西文原名	定名理由
渾圓面	Surface of sphere	
渾圓割圜	Circle of sphere	
大圜	Great circle	
小圜	Small circle	
渾圓軸	Axis of sphere	
渾圓極	Pole of sphere	
帶	Zone	
帶界	Bases of zone	
帶界帶	Zone of one base	
帶體	Segment of sphere	舊作球分。義界欠清，今改。
帶體兩端	Bases of spherical segment	
單端帶體	Spherical segment of one base	
渾圓瓣	Spherical wedge	東譯作月形體、弓月體、球楔體、蹄狀體等名，既欠統一，亦欠恰當，故改。
新月形	Lune	
渾圓錐	Spherical pyramid	
渾圓輻間	Spherical sector	東譯作扇形體，義不明確，故改。
新月形之角	Angle of a lune	
渾圓面形弧線形	Spherical figure	

續表

定名	西文原名	定名理由
弧三角形	Spherical triangle	
弧多邊形	Spherical polygon	
極距	Polar distance	
極三角	Polar triangle	
準餘三角形	Supplemental triangle	
相對弧三角	Symmetrical spherical triangles	
單矩弧三角	Right spherical triangle	
雙矩弧三角	Bi-rectangular spherical triangle	
三矩弧三角	Tri-rectangular spherical triangle	
鈍弧三角	Obtuse spherical triangle	
銳弧三角	Acute spherical triangle	
等腰弧三角	Isosceles spherical triangle	
不等邊弧三角	Scalene spherical triangle	
等邊弧三角	Equilateral spherical triangle	
弧三角之和溢	Spherical excess of a triangle	

定　名	西文原名	定名理由
解析形學	Analytical geometry	舊譯作代數幾何、代形合參，近譯作解析幾何、經緯幾何。按：Analysis之譯解析最妥，Geometry之不可譯幾何，其說已見《形學名詞對照表》，故改今名。
狄嘉爾形學	Cartesian geometry	按：解析形學創自法人狄嘉爾，故嘗稱狄嘉爾形學，以著其派，且以別於歐几里得形學云「狄嘉爾舊譯作代加德，不甚通行，近譯作笛卡爾，字面嫌俗，故改今名」。
平面解析形學	Plane analytical geometry	
立體解析形學	Solid analytical geometry	按：Solid之譯立體，係對Plane之譯平面而言，但立體兩字實含有物質之意，而英文Solid亦不免此病，故近日學者有謂，與其稱Solid毋甯稱Volume較爲穩妥，又有謂立體形學宜改稱空間形學Geometry of space或稱三亘形學Geometry of three dimensions惜都未通行耳。
初等解析形學	Elementary analytical geometary	
圓錐曲線學 圓錐曲線割錐	Conics or Conic sections	此平面解析形學之一部分也。平面解析形學不專論圓錐曲線，但此曲線爲普通及預備學校所必修，故著作家多輯專書（英文無初等解析形學，祇有圓錐曲線學），名之曰Conic sections以漢文譯之，若祇稱圓錐曲

續表

定　名	西文原名	定名理由
圓錐曲線學 圓錐曲線割錐	Conics or Conic sections	線，則書與線無從區別，故分譯兩名，以圓錐曲線學名書，以圓錐曲線名線。又案：圓錐曲線若以割圜八線之名例之亦可譯作割錐七界，或簡作割錐。今以圓錐曲線爲四字名詞，微嫌繁重，故并存之（圓錐曲線，舊作圜錐曲線，前於《形學名詞對照表》中曾經規定以圜作名物字，以圓作區別字，故改圜爲圓）。
經緯	Co-ordinates	即所用以表一點之方位者也，舊譯作縱橫線，義嫌太泛，近譯作坐標，亦覺不詞，故改譯今名。
定位法	System of Co-ordinates	近譯作坐標法，本表既不取坐標一名，自不便用，故改今名。
經緯定位法	Rectilinear system of C-ordinates	
經緯軸	Axis of Co-ordinates	
經軸	Axis of ordinate	
Y軸	Axis of y	
緯軸	Axis of abscissa	
X軸	Axis of x	
直交軸	Rectangular axes	
直經緯	Rectangular Co-ordinates	

續表

定名	西文原名	定名理由
斜交軸	Oblique axes	
斜經緯	Oblique Co-ordinates	
元點	Origin	
經距 緯距	Ordinate Abscissa	舊作縱線、横線，義嫌太泛，近譯作縱坐標、横坐標，與原文不協。今改縱距、横距。距者，點與軸之距離也。
角距定位法	Polar system of Co-ordinates	舊譯作極角距，不成名詞，近譯作極坐標法，亦頗費解。今取舊譯而去極字，下綴定位法三字，使與前定之經緯定位法名一律。
角距	Polar Co-ordinates	
極點	Pole	
定軸	Polar axis	舊作原線，近作極軸，都不甚合。今以此軸係對 Radius vector 而言，原有一静一動之分，故改譯定軸。
向角	Direction angle or Vectorial angle	舊譯角，嫌太泛，近譯變角，又嫌與 Variable angle 溷。今取 Direction angle 一名，改譯向角。
輻距	Radius vector	舊作帶徑。今按：此名係用以表一點之位，故援前例譯距曰輻距者，取其有輪輻之意，且以别於經緯距云。

續表

定名	西文原名	定名理由
幾何	Quantity	近譯作量，或作數量。按：Quantity 係從拉丁文 Quantitas 而來，英譯曰 How much 此譯作幾何，似最妥協。又按：英文 Quantity 有普通、專門兩義，以普通之義言，其最初者祇謂物之多寡也，嗣推廣其義，凡物之可增減，可度量者，如點、線、面、體以及時間，角度之類，亦謂之幾何。算學、形學所論之幾何者，皆此類之幾何也。以專門之義言，數目之數謂之幾何，代數之號謂之幾何，代號所成之項 Term 多項合成之式 Expression 及凡數學研究之所能及與夫方法之所能到者，亦莫不謂之幾何。故其爲幾何也，有已知者 Known quantity 有未知者 Unknown quantity 有真實者 Real quantity 有虚幻者 Imaginary quantity 有不變者 Constant quantity 有可變者 Variable quantity 有有理者 Rational quantity 有無理者 Irrational quantity 是故舊以數量等字譯 Quantity 則其義界反因之而狹。籠統包括，似無有愈於幾何一名者也。
不變幾何	Constant quantity	舊作常數，義界嫌狹，且形學不言數，譯 Quantity 爲數，尤覺不便，故改今名。
可變幾何	Variable quantity	舊作變數。按：變字單用有已變、變後之意，而此之謂變乃對不變而言，故改今名。

續表

定名	西文原名	定名理由
不變	Constants	此不變幾何之簡稱也。中西文法不同，有時在西文可僅稱不變，而在中文必須言不變幾何，方能醒豁。行文家宜隨地而變，勿以辭害意可也。
原定之不變 臆定之不變	Absolute constants Arbitrary constants	Absolute 東譯作絶對，即我所稱之無匹也。近譯從之者頗多，顧在此處極不合用。按：英文 Absolute 與 Arbitrary 用於 Constants 之前成爲對待名詞，前者謂幾何之不變，乃其本然之不變，後者謂幾何之不變，非本然之不變，乃以己意而認其爲不變也，以己意認其爲不變可譯作臆定之不變，則其本然之不變似可譯作原定之不變，使相對待，故改今名。
可變	Variables	此可變幾何之簡稱也。説見不變名下之定名理由。
自變幾何 因變幾何	Independent variables Dependent variables	舊譯作自變數、因變數。按：數之不可用且不必用。其理由俱見前，故改譯今名。
正	Positive	
負	Negative	
正幾何	Positive quantity	
負幾何	Negative quantity	
記號號	Sign	
正號	Positive sign	

續表

定名	西文原名	定名理由
負號	Negative sign	
同號	Like sign	
異號	Unlike sign	
軌跡	Locus	
方程	Equation	通作方程式，今去式字。説見《代數學中英名詞對照表》。
點之軌跡	Locus of a point	
線之方程	Equation of a line	
軌跡之方程	Equation of a locus	
方程之軌跡	Locus of an equation	
軌跡之繪法	Construction of loci	
方程之討論	Discussion of an equation	
軌跡之交點	Intersection of loci	
方程之解法	Solution of an equation	
一次方程	Simple equation or equation of the 1st degree	
二次方程	Quadratic equation or equation of the 2nd degree	
一級軌跡	Locus of the 1st order	

續表

定名	西文原名	定名理由
二級軌跡	Locus of the 2nd order	
直線	Straight line	
直線方程	Equation of a straight line	
截軸	Intercept	近譯作截片，片字未安，或作截線，亦嫌太泛。按：此名在解析形學中係指直線所截之軸而言，故有 Intercept on axis of x Intercept on axis of y 兩名，似不如譯作截軸爲安。
截橫軸	Intercept on axis of x	
截縱軸	Intercept on axis of y	
坡切	Slope	近譯作坡線，殊不協。按：此名在解析形學中係指直線與x軸交角之正切而言，乃三角率之值也，非線也。今作坡切，以坡言其勢，以切舉其值。
經緯直方程直方程 經緯斜方程斜方程 角距方程	Rectangular equation or eq^n referred to rectangular axes Oblique equation or eq^n refrred to oblique axes Polar equation	一線之方程，常視定位之法而異，其式定位分經緯、角距兩法，而經緯定位法之軸又分直交與斜交兩門，故一線之方程可分三式：屬於直交之經緯軸者今譯作經緯直方程，或簡稱直方程；屬於斜交之經緯軸者，今譯作經緯斜方程，或簡稱斜方程；屬於角距定位法者，即稱角距方程。
直線之直方程	Rectangular equation of a st. line	

續表

定名	西文原名	定名理由
直線之角距方程	Polar equation of a st. line	
直線之截軸方程 直線之垂距方程	Symmetrical equation of a straight line Normal equation of a straight line	直線方程不獨因定位之法而異其式，又因所用之不變幾何而異其名，以縱橫截軸爲不變幾何者謂之直線之截軸方程，近譯作配合方程，似欠妥協，以自元點之垂距爲不變幾何者謂之直線之垂距方程，近譯作法線方程，嫌與 Equation of the normal to a curve 混，故都不取。
圜	Circle	
平圜方程	Equation of a circle	
平圜之直方程	Rectangular equation of a circle	
平圜之角距方程	Polar equation of a circle	
圜心	Centre of a circle	
圜周	Circumference of a circle	
圜徑	Diameter of a circle	
圜半徑	Radius of a circle	或云圜輻。
圜之割線	Secant of a circle	
圜之割線方程	Equation to the secant of a circle	
圜之切線	Tangent to a circle	

續表

定名	西文原名	定名理由
圜之切線方程	Equation of the tangent to a circle	
切點	Point of contact	
圜之法線	Normal to a circle	舊譯法線之法字不知所本，今以沿用已久，且無較佳之名可立，擬不改。
圜之法線方程	Equation of the normal to a circle	
圜之影切線 圜之影法線	Subtangent to a circle Subnormal to a circle	舊譯作次切線、次法線，兩次字似無所取義。按：此兩線之對於切線與法線，若以射影言之，即是切線與法線之影，今本此義定名。
圜之影切線方程	Equation of the subtangent to a circle	
圜之影法線方程	Equation of the subnormal to a circle	
弦	Chord	
圜徑之弦	Chord of the diameter	
圜徑方程	Equation of the diameter of a circle	
切點之綴弦	Chord of contact	
切點之綴弦方程	Equation of the chord of contact	

續表

定名	西文原名	定名理由
圜之樞點 圜之紐線	Pole of a circle Polar of a circle	此謂任取一點，或在圜內，或居圜周，或在圜外，自此點作割線或弦以達圜周，就所遇於圜周之兩點，各作切線，其切線交點之軌跡，英文謂之 Polar 所取之點則謂之 Pole 新舊各刻都無譯名。按：Pole 爲割線制動之主，故譯樞點。Polar 爲切線交點之軌跡，若縮作切交軌跡，則與樞點無關，且失西人命名之初意。按：《說文》，紐，系也。陸明德《莊子音義》引崔注云，系而行之曰紐。恰與交點之軌跡之義相合，且與樞點相維繫，故譯作紐線。
等切軸	Radical axis	此謂兩圜等切線交點之軌跡也，近譯作根軸，乃就字翻譯，似欠明顯。今取其意，譯等切軸。
等切心	Radical centre	此謂三圜等切線之交匯點也。兩圜等切線之交點之軌跡謂之等切軸，三圜之等切線兩兩舉之得等切軸三，是三者之交匯點英文謂之 Radical centre 近譯作根心，似甚費解，今援等切軸譯名之例，改譯等切心。
畢弗	Parabola	新舊譯都作拋物線。按：此線雖爲拋物所必循之路，若即以拋物名之，則窒礙甚多。例如 Parabolic Mirror 一名若譯作拋物鏡或拋物線鏡，則不可通矣。按：《詩·小雅》觱沸檻泉，觱沸，泉湧出貌。凡泉水湧出，布濩四垂，未有不成 Parabola 者。又《玉篇》觱作滭，今用滭沸以傳其義，而簡作畢弗，以便書寫，故改今名。

續表

定名	西文原名	定名理由
畢弗方程	Equation of a parabola	
畢弗之直方程	Rectangular equation of a parabola	
畢弗之角距方程	Polar equation of a parabola	
畢弗之軸	Axis of a parabola	
軸足	Foot of axis	
畢弗之導線	Directrix of a parabola	舊譯作準線。按：此名在立體形學中已譯作導線，故仍之。
畢弗之勺點	Focus of a parabola	舊譯作定點，義嫌太泛。東譯作焦點，雖與原文尚合，但橢圜之 Focus 則不便稱焦近，或譯作曲心，而畢弗又爲無心曲線。鄙意此名若祇取一義譯定，將來用之於他處，窒礙必多，似以憑空爲妥。考《説文》：勺，挹取也。象形中有實恰與 Focus 所處之境及所司之職相合，故改譯今名。
畢弗之頂點	Vertex of a parabola	
畢弗之弦	Chord of a parabola	
畢弗之勺弦	Focal chord of a parabola	
勺輻	Focal radius	此謂畢弗上任一點與勺點之距離也。舊作帶徑，今不取。
畢弗之通弦	Latus rectum or parameter of a parabola	舊譯作首通徑。按：此爲勺弦之一，不應稱徑，而此弦之所以别於他勺弦者，則以其直垂畢弗之軸也，故首字無所指，今删首字而改徑爲弦。

續表

定名	西文原名	定名理由
畢弗之徑	Diameter of a parabola	
畢弗徑之方程	Eqⁿ of the diameter of a parabola	
畢弗之切線	Tangent of a parabola	
畢弗之切線方程	Eqⁿ of the tangent of a parabola	
畢弗之法線	Normal of a parabola	
畢弗之法線方程	Eqⁿ of the normal of a parabola	
畢弗之影切線	Subtangent of a parabola	
畢弗之影法線	Subnormal of a parabola	
畢弗之樞點	Pole of a parabola	
畢弗之紐線	Polar of a parabola	
樞點之紐線	Polar of the pole	
樞點之紐線方程	Equation of the polar of the pole	
橢圜	Ellipse	
橢圜方程	Equation of an ellipse	
橢圜之勺點	Foci of an ellipse	
橢率	Eccentricity	

續表

定　名	西文原名	定名理由
橢圜之長軸	Transverse or major axis	亦譯作横軸,但不如長軸爲妥。蓋既稱横,則橢圜必平卧,若橢圜直立,則横而縱矣。
橢圜之短軸	Conjugate or minor axis	或譯作屬軸。此名在 Hyperbola 中當别譯,但在橢圜中似以長短對待爲安。
橢圜之心	Centre of an ellipse	
橢圜之頂點	Vertices of an ellipse	
橢圜之通弦	Latus rectum or parameter of an ellipse	
副圜	Auxiliary circle	舊無譯名,《代形合參》稱外切圜,嫌與英文 Circumscribing circle 混。今從原義,譯作副圜。
小副圜	Minor auxiliary circle	《代形合參》作内切圜,今改。說見上。
橢角	Eccentric angle	近譯作離心角。按: Eccentric 在他處或可譯離心,但在橢圜,則不可因副圜、橢圜小副圜皆 Concentric 者也,或云橢圜之形可以兩異心圜旋轉而成,是則此角乃以兩圜心之距離爲一臂,以較大圜之某定徑爲一臂所成之角,顧因此即譯作離心終覺未安。今無以名之,名之曰橢角。
橢圜之切線	Tangent to an ellipse	
橢圜之影切線	Subtangent to an ellipse	

續表

定　名	西文原名	定名理由
橢圜之法線	Normal to an ellipse	
橢圜之影法線	Subnormal to an ellipse	
橢圜之導圜	Director circle of an ellipse	此謂橢圜直交切線之交點之軌跡也,舊無譯名。今援前 Directrix 譯導線之例,譯作導圜。
橢圜之樞點	Pole of an ellipse	
橢圜之紐線	Polar of an ellipse	
橢圜之徑	Diameter of an ellipse	
橢圜徑之方程	Equation of the diameter of an ellipse	
交儷徑	Conjugate diameters	單言之則稱儷徑。
交儷半徑	Semi-conjugate diameters	
橢圜之弦	Chord of an ellipse	
交儷弦	Supplemental chords	近譯作補弦。按: Supplemental 之譯補,雖與原文尚合,但用之於弦字之上,在中文則費解矣。今以徑之與此二弦平行者,既稱爲交儷徑,則弦之與交儷徑平行者自可稱交儷弦,以示連絡,故改今名。
橢圜之導線 勺點之紐線	Directrix of an ellipse Polar of a focus	按: 此二而一者也。Directrix 前已定作導線,故今仍之。英文舊書論橢圜多注重導線,而新刻則多取任一點之兩勺距之和爲不變幾何,蓋橢圜之定解有六,以前説爲最古,以橢率爲最新,故新出教科書多不載 Directrix 之名,或僅舉爲勺點之紐線之别稱而已。

續表

定名	西文原名	定名理由
橢圜之直方程	Rectangular equation of an ellipse	
橢圜之角距方程	Polar equation of an ellipse	
撥弨	Hyperbola	舊譯作雙曲線。按：凡名詞上加單、雙字樣，總以原名所固有者爲妥，若爲原名所無，而以己意加之，則將來遇原名上加單、雙字時，必生窒礙。例如此名之譯雙曲線，則 Hyperboloid 當譯雙曲線體，而 Double hyperboloid 一名若譯雙雙曲線體，則費解矣。又曲線爲 Curve 之通譯，雙曲線一名若轉爲英文則有 Double curve 之訛，故鄙意終以此譯爲不可用。按：此線如兩弓反背。《説文》：癶，足剌癶也，讀若撥。今即以撥字代之。弨，反弓也。以撥字存兩支相背之意，以弨字象其形，故改今名。
撥弨方程	Equation of an hyperbola	
撥弨之勺點	Foci of an hyperbola	
撥弨之頂點	Vertices of an hyperbola	
撥弨之弦	Chord of an hyperbola	
撥弨之勺弦	Focal chord of an hyperbola	

續表

定名	西文原名	定名理由
撥弨之通弦	Latus-rectum or parameter of an hyperbola	
撥弨之左支	Left-hand branch of an hyperbola	
撥弨之右支	Right-hand branch of an hyperbola	
撥弨之心	Centre of an hyperbola	
撥弨之橫軸	Transverse axis of an hyperbola	
撥弨之屬軸	Conjugate axis of an hyperbola	此名若對橫軸言，亦可稱縱軸，惟以縱軸爲橫軸之撥弨，爲本撥弨之屬撥弨（合言之亦稱相屬撥弨），故稱其軸爲本軸之屬軸。
屬撥弨	Conjugate hyperbola	
相屬撥弨	Conjugate hyperbola	
等勢撥弨 矩形撥弨	Equilateral hyperbola Rectangular hyperbola	此謂橫軸與屬軸相等之撥弨也，舊作等邊撥弨，嫌邊字無所指，故改邊爲勢。凡此種撥弨，其漸近線必互垂，故亦稱矩形撥弨。
漸近線	Asymptote	
撥弨之切線	Tangent to an hyperbola	

續表

定　名	西文原名	定名理由
撥弨之切線方程	Equation of the tangent to an hyperbola	
撥弨之影切線	Subtangent to an hyperbola	
撥弨之法線	Normal to an hyperbola	
撥弨之法線方程	Equation of the normal to an hyperbola	
撥弨之影法線	Subnormal to an hyperbola	
撥弨之導圜	Director circle of an hyperbola	
撥弨之導圜方程	Equation of the director circle of an hyperbola	
撥弨之導線	Directrix of an hyperbola	
撥弨之徑	Diameter of an hyperbola	
撥弨徑之方程	Equation of the diameter of an hyperbola	
撥弨之交儷徑	Conjugate diameters of an hyperbola	

續表

定　名	西文原名	定名理由
二次方程之判決式	Discriminate of an equation of The second degree	二次方程或表直線，或表平圜橢圜，或表畢弗撥弨，於何決之於其係數之代式決之，故此式爲判決方程所表何線之所據，今名之爲判決式。
曲線之心	Centre of a curve	
有心曲線	Central curve	
無心曲線	Non-central curve	
平面曲線	Plane curve	
代數曲線	Algebraic curve	此謂代數方程所能表之曲線也。
超越曲線	Transcendental curve	此謂非代數方程所能表之曲線也。
初等平面曲線	Elementary plane curve	此謂代數曲線之表以二次方程者。
高等平面曲線	Higher plane curve	此謂三級以上之代數曲線及所有之超越曲線也。
戴俄克利斯曲線 挂藤曲線	Cissoid of Diocles	此線係希臘數學家戴俄克利斯所創，取名 Cissoid 者，猶謂此曲線如藤蘿之緣墻而上也，故英譯謂之 Ivy-shaped curve 今譯兩名，一專一公，曰戴俄克利斯曲線以著其所出，曰挂藤曲線以示其所似。以下曲線之譯兩名者，皆準此例。
尼柯米地斯曲線 蚌甲曲線	Conchoid of Nicomedes	Nicomedes 希臘數學家，約生於西曆紀元前二百年。Conchoid 英譯作 Shell-shaped curve，猶言如蚌蛤之甲也。

續表

定名	西文原名	定名理由
三分角度法	Trisection of an angle	此爲希臘數學家所殫心研究之形學題也。
二倍立方法	Duplication of a cube	此亦希臘數學家所最重視之形學題也。戴俄克利斯及尼柯米地斯兩氏之曲線，皆因研究二倍立方法及三分角度法而得，故附定其名於此。
貝魯利曲線 合紐曲線	Lemniscate of Bernoulli	希臘字 Lemniscate 之本義，謂如帶之結紐也，其形則如亞剌伯號碼之 8 也。此線係希臘數學家歐達各薩斯 Eudoxus 所發明，而英人則屬之於瑞士數學家貝魯利。案：Cissoid 奈端亦有所發明，而英人屬之於戴俄克利斯，以著其本。Lemniscate 爲降生前四百年之人所發明，而英人則屬之於近二百年之人貝魯利，其命名者之偶誤耶？抑貝魯利之 Lemniscate 有所別於歐達各薩斯者耶？存以待考。
阿烈細曲線	Witch of Agnesi	阿烈細係義大利之女數學家命名。Witch 之義不可考，故公名從闕。按：英文 Witch 謂女巫也，取以名曲線甚奇。
鹿獨曲線	Cycloid or trochoid	舊譯作擺線，云能顯擺條及重物向地心之理。按：此曲線關於物理學之要德有二：一使物循此線而斜下，則墜落極速，故英人或稱之爲 Line of quickest descent 二使重錘循此線而擺，則無論擺程之大小，其往返之時間

續表

定名	西文原名	定名理由
鹿獨曲線	Cycloid or trochoid	必平均，故英人又稱之爲 Tautochronous curve。是物必循此線而行方有極速均時之效，譯作擺線，頗嫌反果爲因，且此線有 Prolate，curtate 兩種，皆與擺錘無涉，統名擺線則費解矣。今以此曲線爲圜轉所成，而圜轉頗似鹿，獨故取以名之。按：此曲線相傳爲義大利人格力里羅 Galileo 所發明，但不可據，故專名從闕。
鹿獨曲線之底線	Base of cycloid	
鹿獨曲線之展圜	Generating circle of cycloid	
鹿獨曲線之展點	Generating point of cycloid	
外鹿獨曲線 內鹿獨曲線	Curtate cycloid Prolate cycloid	鹿獨曲線以展點所居之位而異其形。展點居展圜之周者爲 Trochoid 或稱 Common Cycloid 今不另譯。居其外者爲 Curtate cycloid 居其內者爲 Prolate cycloid 故以內外別之。
對數曲線	Logarithmic curve	
螺線	Spiral	
一匝螺線	Spire	
度圜	Measuring circle	

續表

定名	西文原名	定名理由
亞奇默德螺線 等距螺線	Spiral of Archimedes	此線係亞奇默德所發明，而異於他螺線之處，則在兩匝之距離平均，故譯兩名。
畢弗螺線	Parabolic spiral	
撥弨螺線	Hyperbolic spiral	亦稱反螺線 Reciprocal spiral 則取其徑距與向角成反待之率也，今不譯以螺線之形，皆定於徑距與向角之率，他螺線俱不以率名，此亦未便獨異，故秖譯撥弨一名。
卜杖螺線	Lituus spiral or lituus	近譯作利竇螺線，誤以 Lituus 爲人名，似欠考據。按：Lituus 爲古羅馬卜官所執之杖上端蜷曲，英人柯慈 Cotes 取以名此線，象其形也。
對數螺線	Logarithmic spiral	

三角學分部

題解

《數學中英名詞對照表》

平弧三角形名詞對照表例言

一，三角法以形學爲根本，間用代數，故此編名詞其已見於二科者不復贅，學者自可檢尋。

一，編輯次序，先總名，次測角法三角率，次各率真數造法。其去取範圍，以近日適用之三角教科書爲準。

一，本編名詞多從舊有算書，如《三角數理》《八線備旨》及諸名家著作中採輯，遇後出者則爲補譯，尚恐遺漏，容再續訂。

圖表

《數學中英名詞對照表》

平三角名詞對照表

定名	西文原名	定名理由
三角學	Trigonometry	按：英文原名 Trigonometry 乃從希臘之 Triangle 三角形與 Measure 測量二字綴合，爲數學之一部分。
初等三角學	Elementary trigonometry	
高等三角學	Higher trigonometry	
平面三角學	Plane trigonometry	簡稱平三角。
弧三角學	Spherical trigonometry	簡稱弧三角。
解析三角學	Analytical trigonometry	
旋轉線	Revolving line	
始初線	Initial line	
元點	Origin	
角	Angle	
正角	Positive angle	
負角	Negative angle	

續表

定　名	西文原名	定名理由
角之量法	Measurement of angles	
六十分量法	Sexagesimal measure	
百分量法	Centesimal measure	
弧度量法	Circular measure Radian measure	
率	Ratio	
三角率	Trigonometrical ratio	舊作割員八線。其實八者皆兩線之比，古人畫員，以一爲半徑，於是即線得率，而弦、切、割、矢等名生焉。今定爲三角率者嫌線字之或誤初學也。
正弦	Sine	
餘弦	Co-sine	
正切	Tangent	
餘切	Co-tangent	
正割	Secant	
餘割	Co-secant	
正矢	Versed sine	
餘矢	Coversed sine	
公式	Formula	
函數或曰函	Functions	
圓函數	Circular functions	
偶函數	Even functions	

續表

定　名	西文原名	定名理由
奇函數	Odd functions	
複角	Compound angles	
複角函數	Functions of compound angles	
倍角	Multiples of angles	
倍角函數	Functions of multiple angles	
矩餘之三角率	Trigonometrical ratios of Complementary angles	
準餘之三角率	Trigonometrical ratios of Supplementary angles	
同界角	Coterminal angles	
仰角或曰仰視角	Angles of elevation	
俯角或曰俯視角	Angles of depression	
傾角或曰下垂角	Dip	
地平差	Dip of the horizon	
三角形本德	Properties of triangles	
三角解法	Solution of triangles	
直角三角形解法	Solution of right angled triangles	

續表

定　名	西文原名	定名理由
斜角三角形解法	Solution of oblique-angled triangles	
幾何術解法	Geometrical solution	
歧式	Ambiguous case	
假設角	Subsidiary angles	
高	Heights	
距	Distances	
方程	Equations	
三角方程	Trigonometrical equations	
級數	Series	
有限級數	Finite series	
無限級數	Infinite series	
整數	Integer	
指數方程	Exponential equation	
真函數	Natural functions	
三角真函數	Natural trigonometrical functions	
對函數	Logarithmic functions	
三角逆函數	Inverse circular functions	
分角函數	Functions of submultiple angles	
不等量	Inequalities	

續表

定　名	西文原名	定名理由
互式	Alternating expressions	
對稱式	Symmetrical expressions	
正等式	Identities	
三角率之值	Value of the Trigonometrical ratios	
正弦真數	Natural sine	
餘弦真數	Natural cosine	
正切真數	Natural tangent	
餘切真數	Natural cotangent	
正割真數	Natural secant	
餘割真數	Natural cosecant	
正矢真數	Natural versine	
表列對數	Tabular logarithm	

弧三角名詞對照表

定　名	西文原名	定名理由
弧三角學	Spherical trigonometry	
圜	Circle	
圜徑	Diameter of a circle	
渾圜徑	Diameter of the sphere	
圜弧	Circular arc	

續表

定名	西文原名	定名理由
大圜弧	Arc of the great circle	
小圜弧	Arc of the small circle	
交圜弧	Arc of the intersecting circles	
廉角	The angle between two planes	
圜軸	Axis of the circle	
圜極	Poles of the circle	
起算圜	Primary circles	
次立圜	Secondary circles	
圜面	Planes of the circles	
弧三角形解法	Solution of the spherical triangle	
渾員面曲線	Spherical curves	
原三角形	Original triangles or Primitive triangles	
納白爾周形五部法	Circular parts of Napier	
赤道	The equator	
赤道弧	Arc of the equator	
地面子午線	Meridians on the earth's surface	
經度	Longitude	
緯度	Latitude	

微積分相關術語及算式符號分部

圖表

[英] 偉烈亞力《代微積拾級》卷首

英文序附中英術語對照表

Abbreviated exPression 简式
Abscissa 横線
Acute angle 鋭角
Add 加
Addition 加法
Adjacent angle 旁角
Algebra 代數學
Algebraic curve 代數曲線
Altitude 高,股,中垂線
Anomaly 奇式
Answer 答
Antecedent 前率
Approximation 密率
Arc 弧
Area 面積
Arithmetic 數學
AsymPtote 漸近線
Axiom 公論
Axis 軸,軸線
Axis major 長徑,長軸
Axis minor 短徑,短軸
Axis of abscissas 横軸
Axis of coordinates 縱横軸
Axis of ordinates 縱軸
Base 底,句
Binomial 二項式
Binomial theorem 合名法
Biquadratic Parabola 三乘方拋物線
Bisect 平分
Brackets 括弧
Centre of an ellipse 中點
Chord 通弦
Circle 平圜
Circular exPression 圜式
Circumference 周
Circumscribed 外切
Coefficient 係數
Coincide 合
Common algebraic exPression 代數常式
Commensurable 有等數
Common 公
Complement 餘

Complementary angle 餘角
Concave 凹
Concentric 同心
Cone 圓錐
Conjugate axis 相屬軸
Conjugate diameter 相屬徑
Conjugate hyperbola 相屬雙曲線
Consequent 後率
Constant 常數
Construct 作圖
Contact 切
Converging series 歛級數
Convex 凸
Coordinates 縱橫線
Corollary 系
Cosecant 餘割
Cosine 餘弦
Cotangent 餘切
Coversedsine 餘矢
Cube 立方
Cube root 立方根
Cubical Parabola 立方拋物線
Curvature 曲率
Curve 曲線
Cusp 歧點
Cycloid 擺線
Cylinder 圓柱
Decagon 十邊形
Decrease 損
Decreasing function 損函數

Definition 界說
Degree of an expression 次
Degree of augular measurement 度
Denominator 分母,母數
Dependent variable 因變數
Diagonal 對角線
Diameter 徑
Difference 較
Differential 微分
Differential calculus 微分學
Differential coefficient 微係數
Differentiate 求微分
Direction 方向
Directrix 準線
Distance 距線
Diverging lines 漸遠線
Diverging series 發級數
Divide 約
Dividend 實
Division (absolute) 約法
Division (concrete) 除法
Divisor 法
Dodecahedron 十二面體
Duplicate ratio 倍比例
Edge of polyhedron 稜
Ellipse 橢圓
Equal 等
Equation 方程式
Equation of condition 偶方程式
Equiangular 等角

Equilateral 等邊
Equimultiple 等倍數
Evolute 漸申線
Evolution 開方
Expand 詳
Expansion 詳式
Explicit function 陽函數
Exponent 指數
Expression 式
Extreme and mean ratio 中末比例
Extremes of a proportion 首尾二率
Face 面
Factor 乘數
Figure 形,圖
Focus of a conic section 心
Formula 法
Fourth proportional 四率
Fraction 分
Fractional expression 分式
Frustrum 截圓錐
Function 函數
General expression 公式
Generate 生
Generating circle 母輪
Generating point 母點
Geometry 幾何學
Given ratio 定率
Great circle 大圈
Greater 大
Hemisphere 半球

Hendecagon 十一邊形
Heptagon 七邊形
Hexagon 六邊形
Hexahedron 六面體
Homogeneous 同類
Homologous 相當
Hyperbola 雙曲線,雙線
Hyperbolic spiral 雙線螺線
Hypotheneuse 弦
Icosahedron 二十面體
Implicit function 陰函數
Impossible expression 不能式
Inclination 倚度
Incommensurable 無等數
Increase 增
Increasing function 增函數
Increment 長數
Indefinite 無定
Independent variable 自變數
Indeterminate 未定
Infinite 無窮
Inscribed 內切,所容
Integral 積分
Integral calculus 積分學
Integrate 求積分
Interior 裏
Intersect 交
Intersect at right angles 正交
Inverse circular expression 反圓式
Inverse proportion 反比例

Irrational 無比例
Isolated Point 特點
Isosceles triangle 二等邊三角形
Join 聯
Known 已知
Law of continuity 漸變之理
Leg of an angle 夾角邊
Lemma 例
Length 長短
Less 小
Limit 限
Limited 有限
Line 線
Logarithm 對數
Logarithmic curve 對數曲線
Logarithmic spiral 對數螺線
Lowest term 最小率
Maximum 極大
Mean Proportional 中率
Means 中二率
Measure 度
Meet 遇
Minimum 極小
Modulus 對數根
Monomial 一項式
Multinomial 多項式
Multiple 倍數
Multiple Point 倍點
Multiplicand 實
Multiplication 乘法
Multiplier 法
Multiply 乘
Negative 負
Nonagon 九邊形
Normal 法線
Notation 命位，紀法
Number 數
Numerator 分子，子數
Oblique 斜
Obtuse 鈍
Octagon 八邊形
Octahedron 八面體
Opposite 對
Ordinate 縱線
Orgin of co-ordinates 原點
Parabola 抛物線
Parallel 平行
Parallelogram 平行邊形
Parallelopiped 立方體
Parameter 通徑
Part 分，段
Partial differential 偏微分
Partial differential coefficient 偏微係
Particular case 私式
Peutagon 五邊形
Perpendicular 垂線，股
Plane 平面
Point 點
Point of contact 切點
Point of inflection 彎點
Point of intersection 交點
Polar curve 極曲線
Polar distance 極距
Pole 極
Polygon 多邊形
Polyhedron 多面體
Polynomial 多項式
Positive 正
Postulate 求
Power 方
Primitive axis 舊軸
Problem 題
Produce 引長
Product 得數
Proportion 比例
Proposition 欵
Quadrant 象限
Quadrilateral figure 四邊形
Quadrinomial 四項式
Quam Proxime 任近
Quantity 幾何
Question 問
Quindecagon 十五邊形
Quotient 得數
Radius 半徑
Padius vector 帶徑
Ratio 率
Rational expression 有比例式
Reciprocal 交互
Rectangle 矩形
Rectangular 正
Reduce 化
Reduce to a simple form 相消
Regular 正
Relation 連屬之理
Represent 顯
Reverse 相反
Revolution 匝
Right angle 直角
Right-angled triangle 句股形
Round 圜
Root 根
Root of equation 減數
Scalene triangle 不等邊三角形
Scholium 案
Secant 割線
Secant (trigonometrical) 正割
Segment 截段
Semicircle 半圜周
Semicubical Parabola 半立方抛物線
Semibiquadratic Parabola 半三乘方抛物線
Series 級數
Sextant 記限
Side 邊
Sign 號
Similar 相似
Sine 正弦
Singular Point 獨異點
Smaller 少

Solid 體
Solidity 體積
Sphere 立圓體，球
Spiral 螺線
Spiral of Archimides 亞奇默德螺線
Square 方，正方，冪
Square root 平方根
Straight line 直線
Subnormal 次法線
Subtangent 次切線
Subtract 減
Subtraction 減法
Sum 和
Supplement 外角
Supplementary chord 餘通弦
Surface 面
Surface of revolution 曲面積
Symbol of quantity 元
Table 表
Tangent 切線
Tangent (trigonometrical) 正切
Term of an expression 項
Term of ratio 率
Tetrahedron 四面體
Theorem 術

Total differential 全微分
Transcendental curve 越曲線
Transcendental expression 越式
Transcendental function 越函數
Transform 易
Transverse axis 橫軸，橫徑
Trapezoid 二平行邊四邊形
Triangle 三角形
Trident 三齒線
Trigonometry 三角法
Trinomial 三項式
Triplicate 三倍
Trisection 三等分
Unequal 不等
Unit 一
Unknown 未知
Unlimited 無限
Value 同數
Variable 變數
Variation 變
Verification 証
Versedsine 正矢
Vertex 頂點
Vertical plane 縱面

a	甲	*Këă*	*A*	呷	*Këă*	α	角	*Këŏ*	Α	嗃	*Këŏ*
b	乙	*Yĭh*	*B*	乚	*Yĭh*	β	亢	*K'ang*	Β	吭	*K'ang*
c	丙	*Ping*	*C*	昞	*Ping*	γ	氐	*Tè*	Γ	呧	*Tè*
d	丁	*Ting*	*D*	叮	*Ting*	δ	房	*Fâng*	Λ	嗙	*Fâng*
e	戊	*Mow*	*E*	哎	*Mow*	ζ	尾	*Weì*	Ε	吣	*Sin*
f	己	*Kè*	*F*	叱	*Kè*	η	箕	*Kè*	Ζ	娓	*Weì*
g	庚	*Kăng*	*G*	唐	*Kăng*	Θ	斗	*Tòw*	Η	嗘	*Kê*
h	辛	*Sin*	*H*	啐	*Sin*	ι	牛	*New*	Θ	呌	*Tòw*
i	壬	*Jìn*	*I*	吀	*Jìn*	κ	女	*Neù*	Ι	吽	*Néw*
j	癸	*Kweì*	*J*	喹	*Kweì*	λ	虛	*Heu*	Κ	旼	*Neù*
k	子	*Tszè*	*K*	吇	*Tszè*	μ	危	*Weî*	Δ	噓	*Heu*
l	丑	*Chòw*	*L*	吜	*Chòw*	ν	室	*Shĭh*	Μ	喟	*Weî*
m	寅	*Yin*	*M*	嚊	*Yin*	ξ	壁	*Peĭh*	Ν	喹	*Shĭh*
n	卯	*Maòu*	*N*	唡	*Naòu*	ο	奎	*K'wei*	Ξ	噼	*Peĭh*

Ο	喹	*K'uei*	ρ	胃	*Weí*	*O*	哌	*Shîn*	*o*	辰	*Shîn*
Π	嘍	*Lôw*	σ	昴	*Maòu*	*P*	吧	*Szè*	*p*	巳	*Szè*
Ρ	嗰	*Weí*	τ	畢	*Peĭh*	*Q*	吘	*Woó*	*q*	午	*Woó*
Σ	嘐	*Maòu*	υ	觜	*Tsuy*	*R*	味	*Wé*	*r*	未	*Wé*
Τ	嗶	*Peĭh*	χ	井	*Tsìng*	*S*	呻	*Shin*	*s*	申	*Shin*
Υ	嘴	*Tsuy*	ω	柳	*Lèw*	*T*	哂	*Yèw*	*t*	酉	*Yèw*
Φ	嘇	*San*	F	嗮	*Hân*	*U*	哦	*Seŭh*	*u*	戌	*Seŭh*
Χ	哄	*Tsìng*	f	函	*Hàn*	*V*	咳	*Haé*	*v*	亥	*Haé*
Ψ	嵬	*Kueì*	ϕ	椷	*Hân*	*W*	吻	*Wŭh*	*w*	物	*Wuh*
Ω	唎	*Lèw*	ψ	涵	*Hân*	*X*	吠	*T'eën*	*x*	天	*T'ëen*
ε	訥	*Nŭh*	M	根	*Kăn*	*Y*	哋	*T'é*	*y*	地	*T'é*
d	彳	*Wé*	π	周	*Chow*	*Z*	叺	*Jin*	*z*	人	*Jin*
∫	禾	*Tseăh*									

[英]傅蘭雅口譯　清華蘅芳筆述《算式解法》卷一四

算式內所常遇之記號

丄　此爲正號,或相加之號。如　五丄七=一二　按:西文原書作+從前譯爲丄號。

丅　此爲負號,或減號。如　七丅五=二　按:西文原書作−

±　此爲可正負之號。如　七±五=一二或二　按:原書作 ±

∽　差號。如　五∽七=丄二　即五與七之較爲二。

>　大于之號。如　七>五　爲七大于五。

<　小于之號。如　五<七　爲五小于七。

=　相等。如　五丄七=一二

≠　不相等。如　五≠七　即五不等于七,或五與七不相等。

≡　相同。如　二(甲丄乙)≡二甲丄二乙　即兩邊相同。

≧　此爲相等或大于之號。如　己≧三〇　爲己必大于或等于三〇之意。

≦　此爲相等或小于之號。如　己≦三〇　爲己等于或小于三〇之意。

∽　此爲略等于之號。如　〇.六六七∽$\frac{三}{二}$

×　此爲乘號。如　五×七=三五

·　亦爲乘號。如　甲·乙=甲×乙=甲乙

÷　此爲約法之號。如　三÷四=〇.七五

—　此爲橫線約號。如　$\frac{四}{三}$=三÷四=〇.七五

/　此爲立線約號。如　三/四=三÷四=〇.七五

( ) { } [ ]　均爲括弧。如　五(六丄七)=五{六丄七}=五[六丄七]=五×一三

此爲包括之簡便者。

|　此爲合數畫。如　五×$\overline{六丄七丄八}$=五(六丄七丄八)=五×二一=(一五〇)

[一〇五]

∞　此爲無窮之號。如　三×三×三…至于無窮=∞

∝ 此爲同變數之號。如水柱壓力∝水之深。

∵ 此爲所以之意。因 三⊥五=八 ∵ 三⊥三⊥五=三⊥八

∴ 因爲之意。如 三⊥三⊥五=三⊥八 ∴ 三⊥五=八

∶∷∶ 此爲比例。如 三∶五∷六∶一〇 爲三與五若六與十，即三與五之比若六與十之比。

^{二} 此爲平方之號。如 $三^{二}=九$

^{三} 此爲立方之號。如 $三^{三}=二七$

^{卯} 此爲指數。如 $三^{卯}=三×三×三…$至卯次

^{丅卯} 此爲負指數。如 $三^{丅卯}=\frac{一}{三^{卯}}$

$四^{\frac{二}{一}}$ 此爲根指數。如 $四^{\frac{二}{一}}$ 爲四之平方根等于二。

$四^{\frac{卯}{一}}$ 爲分指數。如 $四^{\frac{卯}{一}}$ 等於四之卯方根。

$\sqrt{\ }$ 又 $\sqrt[二]{\ }$ 爲開方號，即根號。如 $\sqrt{四}=四^{\frac{二}{一}}=二$ 即等于四之平方根。

$\sqrt[三]{\ }$ 此爲立方根號。如 $\sqrt[三]{二七}=三$ 及 $\sqrt[三]{七二九}=九$

$\sqrt[卯]{\ }$ 此爲卯方根。如 $\sqrt[卯]{甲}=甲^{\frac{卯}{一}}=$甲之卯方根

! 或 ∟ 爲連倍數。如 $七!=七×六×五×四×三×二×一$

Σ 此爲和數之號。如 Σ(甲乙丙)=甲乙丙各項之和 按：Σ 爲希臘字母之一，有時譯作和，有時譯作昴。

‖ 此爲排列定數。如 $\begin{vmatrix}甲&丙\\乙&丁\end{vmatrix}=甲×丁丅乙×丙$

π 此爲希臘字母，用以代周率之比。如 $\frac{徑}{周}=三.一四一五九…$

$對_{一〇}天$ 此爲天之常對數。如 $對_{一〇}一〇〇$ 等于 二.〇〇〇

$對_{心}天$ 或 雙曲線對天 此爲天之訥白爾對數。如 $對_{心}一〇〇$ 等于 四六〇五二

壬或癸，爲虛式之意。如 壬=癸=$\sqrt{丅一}$

函(天) 此爲天之函數。如 $天^{二}$ 及 $\sqrt{三}$ 及 對天 及 甲天 俱爲天之函數，而可以 函(天) 記之。

角正弦 此爲角角之正弦，即弦約垂線所得之數。

角餘弦 此爲角角之餘弦，即弦約底線所得之數。

角切線 此爲角角之切線，即底線約垂線得之數。

角餘切 此爲角角之餘切，即切線之倒數。

角割線 此爲角角之割線，即餘弦之倒數。

角餘割 此爲角角之餘割，即正弦之倒數。

角正矢 此爲角角之正矢，即一丅角餘弦

角正弦 此爲餘矢，即其有正弦爲角之角。

角正弦雙曲線 即角角之雙曲線正弦。

角餘弦雙曲線 即角角之雙曲線餘弦。

角切線雙曲線 即角角之雙曲線切線，即 $\frac{角正弦雙曲線}{角餘弦雙曲線}$

角餘切雙曲線 即角角之雙曲線餘切，即 $\frac{一}{角切弦雙曲線}$

角割線雙曲線 即角角之雙曲線割線，即 $\frac{一}{角餘弦雙曲線}$

角餘割雙曲線 即角角之雙曲線餘割，即 $\frac{一}{角正弦雙曲線}$

咃 即地之極小分。

彵 即地之無窮小分，即微分。 即咃之界限。

$\frac{伕}{彵}$ 此爲地之微分倍數，依天而論之。如呋等于〇，則 $\frac{伕}{地}$ 爲 $\frac{呋}{咃}$ 之限比例。

$\frac{伕^{二}}{彳^{二}地}$ 此爲地之二次微分倍數，依天而論之，即 $\frac{伕}{彳(\frac{伕}{彵})}$

$\frac{伕^{卯}}{彳^{卯}地}$ 此爲地之卯次微分倍數，依天而論之。

·地　此爲地之微分，依時論之，即　$\frac{彵}{酉}$

地′　此爲地之微分，依容積而論之，即　$\frac{彵}{伸}$

∫　今譯作禾。此爲積分之號。

∫己(天)彳天　今譯作　禾函(天)彳天　此爲　函(天)　之積分，依天而論之。

∫∫　今譯作秝。此爲雙積分之號。

∫∫∫　今譯作穪　此爲三次積分數號。

中西數學關係與比較總部

主編　鄧　亮　馮立昇

中西會通部

曆算分部

題解

明・徐光啓《治曆緣起》卷一　曆書總目【略】臣等愚心以爲，欲求超勝，必須會通，會通之前，先須翻譯。蓋《大統》書籍絶少，而西法至爲詳備，且又近今數十年間所定，其青于藍、寒于水者十倍前人，又皆隨地異測、隨時異用，故可爲目前必驗之法，又可爲二三百年不易之法，又可爲二三百年後測審差數因而更改之法，又可令後之人循習曉暢，因而求進，當復更勝于今也。翻譯既有端緒，然後令甄明《大統》、深知法意者，參詳考定，鎔彼方之材質，入《大統》之型模。

清・薛鳳祚《曆學會通・正集敘》　中土文明禮樂之鄉，何詎遜於外洋？然非可強飾説也，要必先自立於無過之地，而後吾道始遵，此會通之不可緩也。斯集殫精三十年始克成帙。舊説可因可革，原不泥一成之見。新説可因可革，亦不避蹈襲之嫌。其立義取於《授時》及《天步真原》十之八九，而西洋二者亦間有附焉。鎔各方之材質，入吾學之型，庶幾詳内亦以及外，亦無偏詘。

綜論

明・徐光啓《大測》　已上所述皆遠西法也。彼自度以下遞析爲六十，今中曆遞用百析爲便，故須會通前表爲百分之表。其會通法如西六十分即中之百分，半之三十分即五十分，又半之十五分即二十五分，以五爲法，西三分即中五分，次用倍法，六分即十分，九分即十五分，十二分即二十分，如是以至六十。

明・方以智《物理小識・序》　萬曆年間，遠西學入，詳于質測而拙于言通幾，然智士推之，彼之質測，猶未備也。儒者守宰理而已，聖人通神明，類萬物，藏之于易，呼吸圖策，端幾至精，曆、律、醫、占，皆可引觸，學者幾能研極之乎？智何人斯，敢曰通知，顧自小而好此，因虚舟師物理，所隨聞隨決，隨時録之，以俟後日之會通云耳。

明・錢士升《賜餘堂集》卷二《天機秘鈐序》　今之言緯算者，率宗西法。所云日月交蝕繇於地影蔽虧，恰證戊巳暗虚之義，然其法精而未密。如謂天度無奇嬴微杪，天頂隨各國地中主日至爲北極，分火土水氣爲四行，皆裔夷偏漏之説。而至於死近，天帝不重埋藏，以人子棄之中野爲正禮，悖道尤甚。有如廟堂之上旁招通儒，以中法折西法，考歲差，定律曆，以贊聖代授時齊政之治，則玄易先生其人哉。執此以往，旦暮遇之矣。

清・王錫闡《曉庵新法》卷四　視徑日月徑分。【略】用新法會通《崇禎曆書》，以日月遠近初分與一度相減，餘因徑差準分如初分而一，得數視初分過一度者減，不及者加，加減於視徑中準爲正弦，得日月徑分。又增法月遠近定分與遠近初分相減，餘因月徑正弦如定分而一，得數視定分強於初分者減，弱於初分者加，加減於月徑正弦仍爲正弦，得月徑次分。

清・胡亶《中星譜》附《平度日度會通算法》　如先有平度分，欲知日度分，以日度三百六十五度二十五分爲實，以平度三百六十度爲法，除之得日度一度〇一分四十五秒八十三微零，準平度一度凡遇各宫宿之平度分，以一〇一四五八三乘之，即得日度分。如先有日度分，欲知平度分，以平度三百六十度爲實，以日度三百六十五度二十五分爲法，除之得平度九十八分五十六秒二十六微零，準日度一度凡遇各宫宿之日度分，以九八五六二六乘之，即得平度分，其理同也。如新法度下之分秒微等遞以六十計，即須先將分秒微等數俱通六爲十次併入度下總乘之。

清・梅文鼎《曆學疑問》卷一　論西法積年

問：曆元之難定，以歲月日時，皆會甲子也。若西曆者，初不知有甲子，何難溯古上元，而亦截自戊辰歟。曰：西人言開闢至今止六千餘年，是即其所用積年也。然曆書不用爲元者，何也？既無干支，則不能合於中法，一也。又其法起春分，與中法起冬至不同，以求上古積年畢世不能相合，二也。且西書所傳不一，其積年之説，先有參差，三也。故截自戊辰爲元，亦鎔西算入中法之一事，蓋立法之善，雖巧算不能違矣。

又梅文鼎《勿庵曆算書目·中西算學通序例》 算數作於隸首，見於《周官》，吾聖門六藝之一也。自利氏以西算鳴於是，有中西兩家之法，泒別枝分，各有本末，而理實同歸。或專己守殘而廢兼收之義，或喜新立異而缺稽古之功，算數之所以無全學也。夫理求其是，事求適用而已，中西何擇焉。雖然不爲之，各極其趣，亦無以觀其會通。因不揣固陋，著書九種，而爲之序例。爾後論撰稍多，因以此爲初編云爾。

清·張廷玉等《清朝文獻通考》卷二二九 御製《曆象考成後編》十卷。臣等謹按：測驗之學，積久而彌精。自西史第谷以來，其法盛行，我聖祖仁皇帝創《曆象考成》上下二編，闡發精微，洞徹理數，固已貫通中西之法，以歸於大同，垂諸萬世矣。西洋噶西尼、發蘭德等即將第谷未盡之蘊，更爲推衍，窮極纖微，其大端有三：一曰太陽地半徑差，一曰清蒙氣差，一曰日月五星之本天，驗之經緯，尤爲密合，是以世宗憲皇帝特命修日躔月離二表，續於《曆象考成》之後，然未加詳説，亦未及推算之法。我皇上纘承前緒，夙夜勤求，復增修表解圖説，凡新法與舊法不同之處，疏剔精鑿，而古法新製，脗合無殊。仰見聖學之高深，而心源之符合也已。

又 《曉菴新法》六卷。明初元統造《大統曆》，因郭守敬遺法增損不及百一，及西人利氏來歸，頗工曆算。崇禎初，命禮臣徐光啓譯其書，數年而成，遂盛行於世。今兼採中西，去其疵纇，參以臆見，著曆法六篇，會通若干事，考正若干事，表明若干事，增葺若干事，立法若干事。舊法雖舛而未可遽廢者，兩存之；理雖可知，而非上下千年不得其數者闕之；雖得其數而遠引古測未經目信者，別見補遺，而正文仍襲其故，非敢妄云窺其堂奧也。

清·四庫館臣《天學會通提要》 臣等謹案：《天學會通》一卷，國朝薛鳳祚撰。鳳祚有《兩河清彙》，已著録。是書本穆尼閣《天步真原》而作，所言皆推算交食之法。按：推算交食凡有兩例：一用積月積日，以取應用，諸行度數由平三角、弧三角等法，逐次比例，而得食分時刻方位者；一用立成表，按年月日時度數，逐次檢取加減，而得食分時刻方位者。鳳祚此書，蓋用表之例，殊爲簡捷精密。梅文鼎訂注是書，亦稱其以西法六十分通爲百分，從授時之法，實爲便用。惟仍以對數立算不如直用乘除爲上法。惜所訂注之處，未獲與之相質云。

又 《勿庵曆算書記提要》 臣等謹案：《勿菴曆算書記》一卷，國朝梅文鼎撰。文鼎有《曆算全書》，已著録。此乃合其已刻未刻之書，各疏其論撰之意。【略】又謂西法約有九家：一爲唐《九執曆》，二爲元扎瑪里廸音《萬年曆》，三爲明馬沙亦黑《回回曆》，四爲陳壤、袁黄所述《曆法新書》，五爲唐順之、周述學所撰《曆宗通議》、《曆宗中經》，皆舊西法也；六曰利瑪竇《天學初函》、湯若望《崇禎曆書》、南懷仁《儀象志》、康熙《永年曆》，七曰穆尼閣《天步真原》、薛鳳祚《天學會通》，八曰王錫闡《曉菴新法》，九曰揭暄《寫天新語》、方中通《揭方問答》，皆新西法也，非深讀其書亦不能知其故。又《周髀》補註一條曰：觀其所言里差之法，是即西人之説所自出也。《回回曆》補註一條曰：《回回曆》即西法之舊，率泰西本回曆而加精，是皆於中西諸法融會貫通，一一得其要領，絶無爭競門户之見，故雖有論無法，仍録之術數類中，爲測算之綱領焉。

清·安清翹《推步惟是·叙》 推步之學，測量難而論説易，以測量須實算而論説多空談也。然亦有辨。如逐聲掠影，無得於心，謂之空談則可。若就實象究明實理，據已然之迹而探所以然之故，則論説之難與測量等。西法測量勝古法，而論説亦有得有失。韓子曰，文無難易，惟其是爾。余謂數無中西，惟其是爾。乃即兩家之書折衷取是，不存中西之見，其中西同誤者則一揆諸理，著論七十六篇，雖然天象高遠，學問無涯，不敢自是也，尚賴同志君子取而正焉。

又 卷一 三大綱

推步之術其要有三大綱：高卑一也，東西一也，南北一也。高卑者，自渾圓心至渾圓面，直線也。東西、南北皆渾圓面，弧度也。高卑以圓心爲宗，東西、南北皆以極點爲宗。【略】又按：三大綱以高卑爲要。蓋東西南北者，圓周也。高卑者，圓徑也。圓周，弧線也。圓徑，直線也。《周髀》曰圓出於方，方即直線也。且東西南北皆以極點爲宗，從兩極作直線，必過圓心，是圓心者兩極之中權也。凡圓周弧線必會於極，凡直線必輳於圓心，然極有兩點，而圓心則只一點，此高卑所以爲尤要也。又按：算術自根方至各乘方不過一縱一横一立而已，一縱一横則成平面，一立則成立方，又一縱則成三乘方，又一横則成四乘方，又一立則成五乘方，自此至於無窮，不過三者遞相加而已。一縱者，南北之象也。一横者，東西之象也。一立者，高卑之象也。天象三大綱與算術相表裏，通算術即知天象矣。凡議論迂謬及浮辭無當，皆由不精算理爾。

清·阮元《疇人傳》卷一七　梁令瓚

論曰：二十八宿距星去極度，舊經新測，互有多少。梅徵君文鼎據爲西法恒星依黄道東移之證，故詳録之。

又　卷三二　李之藻

論曰：西人書器之行于中土也，之藻薦之於前，徐光啓、李天經譯之於後。是三家者，皆習於西人，亟欲明其術而惟恐失之者也。當是時，《大統》之疏闊甚矣，數君子起而共正其失，其有功於授時布化之道，豈淺小哉。

又　徐光啓

論曰：自利氏東來，得其天文數學之傳者，光啓爲最深。洎乎督修新法，殫其心思才力，驗之垂象，譯爲圖説，洋洋乎數千萬言，反覆引伸，務使其理其法足以人人通曉而後已。以視術士之祕其機械者，不可同日語矣。迄今言甄明西學者，必稱光啓，蓋精于幾何，得之有本，其識見造詣，非文魁、守忠輩所能幾及也。

又　卷三六　薛鳳祚

論曰：國初算學名家，南王北薛並稱，然王非薛之所能及也。曉庵貫通中西之術，而又頻年實測，得之目驗，故于湯、羅新法諸書，能取其精華，而去其糟粕。儀甫謹守穆尼閣成法，依數推衍，隨人步趨而(巳)[已]，未能有深得也。

又　卷四一　惠士奇

論曰：惠氏世傳漢學，今世學者皆宗之，蓋儒林之選也。紅豆以律吕、象數研究者稀，因潛心二事，著《琴笛理數考》以明律，《交食舉隅》以明推步。觀其以金錢食解《春秋》食既，辨沈括日月有氣無體之説，言甚甄明，雖專門名家，無以過之也。

又　卷四二　江永

江永，字慎修，婺源人也。讀梅文鼎書，有所發明，作《數學》八卷。【略】七曰中西合法擬草。徐光啓「鎔西人之精算，入《大統》之型模」，正朔閏月從中不從西，定氣整度從西不從中，然因用定氣，遂以交中氣時刻爲太陽過宫，舉中法十二次之名繫之，而西法十二星象亦時用之於表，此則既非中法，復非西法，實可疑之端。文鼎《疑問補》已言之。又整度一事，當參酌者，亦其一端。永以此二事擬數表明，仍以文鼎之説冠于卷首。【略】

論曰：慎修專力西學，推崇甚至，故於西人作法本原，發揮殆無遺藴。然守一家言，以推崇之故，并護其所短。《恒氣注術辨》專申西説以難梅氏，蓋猶不足爲定論也。

清·周中孚《鄭堂讀書記》卷四四　天文算法類

《表度説》一卷。明西洋熊三拔撰。【略】其書因土圭舊制，變爲捷法，可以隨意立表，分五題以明其説。第一題，日輪周天，上向天，下向地，平其轉於地面俱平行，故地體之景亦平行。第二題，地球在天之中。第三題，地球小於日輪，從日輪視地球，止於一點。第四題，地本圜體。第五題，表端爲地心。蓋以西洋天圜地亦圜，及地球小於日輪之説，講古算術者多非之，故先即表度之易見者立説證明，於測日爲獨詳焉。

又　《經書算學天文攷》一卷。國朝陳懋齡撰。【略】是編成於嘉慶丁巳，前有自序，以北周甄鸞《五經算術》于《堯典》中星、《周禮》致日等項，尚有略不議及者，而《職方》封國、《王制》開方、《魯論》乘馬，雖詳哉言之，卒難了然于心口。因依恒星東行，詳攷歲差，以弧三角視法，圖寫渾儀，依郭守敬《授時法》通攷《詩》《書》，及于魯隱，著爲史表，使學者可依法推步，凡十九篇。許周生序稱其全皆有據依，而又明白易曉，足輔疏家之略。其實是攷俱從西算以推測，終不及甄氏書之存古法也。

又　《揣籥小録》一卷。國朝張作楠撰。【略】婺源齊梅麓彦槐以新製面東西日晷並所衍北極高度表贈丹邨，以之案極度低昂，可隨處測驗。因探其立法之根，即其法而變通之。易斜規爲平圓，從晷腰出弧綫，以準北極，鐫之牙版，承以銅座，底置螺柱，以取地平，並因齊表增入經度及各州縣度分，衍成北極經緯度分全表。其製晷畫晷及用晷之法，各爲圖説，附于表後，凡十五篇。取蘇文忠日喻篇中語，命之曰《揣籥小録》。趙懷玉序之，稱其能不囿中西之見，將割切二綫探討略盡。其北極經緯一表，尤從古書鎔入西法，洵可謂方罫寰宇，網盡六合，萬國之大，直可指諸掌矣。俾用者可按節氣以知南北，亦可因時刻以知節氣云。

清·陳杰《緝古算經圖解》卷上　第一問凡一術。

凡日月同度謂之合朔。今合朔之先，夜半時，既可知日所在度分，則欲求月所在度分，必先求日月相去之度分。夫日月相去之度分，即日先行分，亦即夜半至朔日月□行差分，故與每日日月所行差分比例等。夫每日月行定分九千，日行定分七百，日月所行差分八千三百，此其可知者也。夜半至朔，月行四千五百分，日行三百五十分，日月所行差四千一百五十分，此其不可知者也。故以日法爲一率，小餘爲二率，每日日月所行差分爲三率，求得四率，爲夜半時日先行分。

猶以每日日行定分爲一率，夜半至朔日行分爲二率，或以每日月行定分爲一率，夜半至朔月行分爲二率，求之俱得夜半時日先行分也。【略】

又試以寒秋作直線，來秋作[直]線，成寒來秋三角[形]，乃以寒暑作直線立於中，割秋來線成暑來線，亦必與前圖來往線同。故以寒秋比秋來，亦若寒暑與來往。此西法也，凡言以者爲一率，言比者爲二率，言若者爲三率，言與者爲四率。古法以秋來乘寒暑，寒秋除之，得來往。辨見凡例。準前論來往線本不可知，今以可知諸線比例得之。故以所得命爲先行分，以減夜半日所在度分，餘即夜半月所在度分也。

附論。此術於全書中最爲明淺。日躔有定，小餘無定，以日躔及小餘爲比例，即是加時日度也。然王氏自詡其得算妙，稱爲新術。蓋比例之法，妙難殫述，淺之可以村豎皆知，深之至于神化莫測。攷自太初以降，凡累代推步之術，雖皆用比例，然未能盡其蘊，故爲此淺顯者以明之耳。玩後求均給積尺，及圓變爲方各術，知王氏之用比例，蓋神乎技矣。

清・黃鍾駿《疇人傳四編》卷七 孫蘭

論曰：孫茂才篤信西法，親受業於湯氏，得泰西之正傳，復能出其精思推極之，以盡其變，卓然成一家之言。與他人之謹守師說，依法推衍者不同。「洞乎其有源，淵乎其不可測」，王氏心湛之言，信非虛譽。其造詣當與徐光啓、李之藻並駕齊驅，而出薛鳳祚之上。乃著述之止於此，而書且不傳也。惜哉！

紀事

明・徐光啓《治曆緣起》卷一 一，議博訪取。按《明會典》：凡天文地理等藝術之人，行天下訪取考驗取用。【略】今議臣部訪求及通行各省直，不拘官吏、生儒、草澤、布衣，但有通曉曆法者，具文前來。其言天文者，一槩不取。即明曆者，亦不必遽行起送，先取其著述文字并令豫算交食凌犯數條，或製造儀器式様，并申到部，查核果有裨益，方行取用。庶真材得以自見，而贋鼎濫竽無能雜進矣。但據臣等所見聞，近世言曆諸家，大都宗郭守敬舊法，比于見在監官，藝猶魯衛，無能翹然出于其上也。至若歲差環轉，歲實參差，天有緯度，地有經度，列宿有本行，月五星有本輪，日月有真會似會，皆古來所未聞，惟西國之歷有之，而舍此數法，則交食凌犯終無密合之理。高[皇帝]嘗命史臣吳伯宗與西域馬沙亦黑翻譯曆法，蓋以此也。萬曆四十年，監正周子愚建議欲得參用，務令會通歸一。今亦宜做其說，參用西法，果得會通歸一，即本朝之曆可以遠邁前代矣。【略】

曆書總目

臣竊惟星曆之學，興於邃古，如伏羲作干支，神農分八節，黃帝綜六術，顓頊命二正是已。六經可考者，則《虞書》之在璣齊政，曆象授時，《周禮》之土圭致日月，馮相氏會天位辨時叙也。而黃帝以下六曆皆不傳。其傳者自西漢《太初曆》始，《太初》以後迄于勝國，千四百年改曆者七十餘次，創法者十有三家，約略計之，二十餘年而一修改，百餘年而一創法。其間學士、疇人、布衣、草澤流傳衍繹，曾無絶緒。即有守株之陋，時呈秀林之材矣。元郭守敬兼綜前術，時朔新意，《授時》既就，以爲終古絶倫。後來學者謂守此爲足，無復措意，三百五十年來，并守敬之書亦皆湮没，即有志之士，殫力研求，無能出守敬之藩，更一舊法，立一新義。確有原本、確有左驗者，則是曆象一學，至元而盛，亦自元而衰也。我高[皇帝]神聖首出，深明象緯，元統、李德芳争言歲實消長。[聖]諭云：但以七政行度交會無差者爲是。然而二臣亦各不能自爲無差，是後命儒臣吳伯宗等翻譯《西域曆書》三卷，載在掌故，又面諭詞臣李翀等曰：邇來西域陰陽家推測天象至爲精密有驗，其緯度之法，又中國書之所未備，此其有關於天人甚大，宜譯其書，隨時披閲，庶幾觀象可以省躬修德，順天心、立民命焉。又稱其測天之道甚是精詳，豈非禮失而求之野乎。所惜者翻譯既少，又絶無論説，是以一時詞臣曆師無能用彼之法，參入《大統》、會通歸一者。又其本法係阿剌必年所造，是隋開皇己未去今一千三十二年，其地復迤西數萬里，千年以來天象密移，事事遷革，無從更定，數萬里外地度經緯，亦各參差，牽彼就此，自多乖迕。今本科所推交食與《大統》互異，五星凌犯亦未能悉合天行，蓋爲此也。邇來星曆諸臣頗有不安舊學、志求改正者，故萬曆四十年，有修曆譯書、分曹治事之議。夫使分曹各治事畢而止，《大統》既不能自異於前，西法又未能必爲我用，亦猶二百年來分科推步而已。【略】譬如作室者規範尺寸一一如前，而木石瓦甓悉皆精好，百千萬年必無敝壞，即尊制同文，合之雙美，朝之鉅典，可以遠邁百王、垂貽永世，且于高[皇帝]之遺意爲後先合轍、善作善承矣。臣惟茲事義理奧隱，法數殷繁，述叙既多，宜循節次，事緒尤紛，宜先基本，今擬分節次六目，基本五目，一切翻譯

譔著，區分類別，以次屬焉。【略】

其二用西法，高[皇帝]嘗得回回曆法，稱爲乾方先聖之書，令詞臣吴伯宗等與馬沙亦黑同事翻譯，至今傳用，惜亦年遠漸差。萬曆間，西洋天學遠臣利瑪竇等尤精其術，四十等年曾經部覆推舉，今其同伴龍華民、鄧玉函二臣見居賜宇，必得其書其法，方可以較正訛謬，增補闕略。蓋其術業既精，積驗復久，若以《大統》舊法與之會通歸一，則事半而功倍矣。

又　卷二　禮部尚書兼東閣大學士臣徐光啓謹奏，爲修曆缺員，謹申前請，以竣大典事。臣於崇禎二年七月十四日欽奉明旨，督領修正曆法事務，中因兵事輟業，至三年八月續理前緒。四年正月二十八日以後，三次進過曆法書表共七十二卷一摺，於日躔、月離、恒星、經緯、日月交食各種法義并立成數目略已具備，所少者止日食一卷及五星經緯交會，以較全功，則未完者約四分之一也。猥以疎庸，仰蒙特簡入閣辦事，控辭未遂，迄今五月，竟不能復尋舊業。止令在局遠臣、該監官生併知曆人等推筭，得各色立成表二十餘卷，譯譔得日躔交食及土木火星曆指藁草六卷。内立成表，則諸臣自能詳加磨覆，陸續繕寫。惟曆指譯述法意義多奥賾，臣不在局，尚未能修潤成書也。臣曾於崇禎三年十二月初二日以協修缺員具表請補，奉旨下部，至今未得其人，今者日多，草創而莫爲成全，恐稽大典，則用人一事似屬難緩。但治曆明時，古昔視爲鴻鉅，故前漢首用丞相張蒼，而近代著作有以宰相樞密主領裁奏於上，太史令丞等測驗推步于下者，誠重之也。方今在任大臣，既各有本等職掌，外臣之中，臣所知者，如山東巡撫朱大典、陝西按察使李天經，又有封疆方面之責，不得不於庶僚草澤中求之，是以廣諮博訪，徘徊數月，今看得原任監察御史告病在籍金聲思致沈潛，文辭爾雅，博涉多通，兼綜理數，堪以委用。使居討論修飾之任，其遣文析義，當復勝臣，若已成諸書，方令該監官生漸次學習，中間會通二法，亦須甄明大意者爲之董率。臣又看得原任誥勑房辦事、大理寺評事、今聽降王應遴學亦通綜，且數請修曆，屢疏奉旨在部可據用之，率領官生可以集事。且此二臣者，不煩徵求，不增資費。在金聲，病已痊愈，乞勑下都察院催取赴補，便可前來；在王應遴，現在候缺，亦乞勑下吏部，量與相應職級，使之供事。倘得此兩臣在局，而臣亦時加稽覈，即前項未完書表，可計期告竣矣。若草澤中，未必無人臣所求，惟取好學深思，心知其意，試有徵驗者，方敢上聞，今未敢濫及也。臣不勝惶悚待命之至。爲此具本，謹具奏聞。

清·王錫闡《曉庵新法·序》　炎帝八節，曆之始也，而其書不傳。黄帝、顓項、虞、夏、殷、周、魯七曆，先儒謂其僞作。今七曆具存，大指與漢曆相似，而章蔀氣朔未覩其真，其爲漢人所托無疑。太初、三統法雖疎遠，而創始之功不可泯也。劉洪、姜岌次第闡明，何、祖專力表圭，益稱精切。自此南北曆家率能好學深思，多所推論，皆非淺近所及。唐曆大衍稍親，然開元甲子當食不食，一行乃爲諛詞以自解，何如因差以求合乎。至宋而曆分兩途，有儒家之曆，有曆家之曆。儒者不知曆數而援虚理以立説，術士不知曆理而爲定法以驗天，天經地緯，躔離違合之原，概未有得也。國初元統造大統曆，因郭守敬遺法，增損不及百一，豈以守敬之術果能度越前人乎。守敬治曆首重測日，余嘗取其表景反覆布算，前後牴牾，餘所剏改多非密率，在當日已有失食失推之咎，况乎遺籍散亡，法意無徵，兼之年遠數盈，違天漸遠，安可因循不變耶。元氏藝不逮郭，在廷諸臣又不逮元，卒使昭代大典踵陋襲僞，雖有李德芳争之，然德芳不能推理而株守陳言，無以相勝，誠可嘆也。近代端清世子、鄭善夫、邢雲鷺、魏文奎皆有論述，要亦不越守敬範圍，至如陳壤摭拾《九執》之餘津，冷逢震墨守元會之畸見，又何足以言曆乎。

萬曆季年，西人利氏來歸，頗工曆算。崇禎初命禮臣徐光啓譯其書，有曆指爲法原，曆表爲法數，書百餘卷，數年而成，遂盛行於世，言曆者莫不奉爲俎豆。吾謂西曆善矣，然以爲測候精詳可也，以爲深知法意未可也。循其理而求通可也，安其誤而不辨不可也。姑舉其概：二分者，春秋平氣之中；二正者，日道南北之中也。《大統》以平氣授人時，以盈縮定日躔，法非謬也。西人既用定氣，則分正爲一，因譏中曆節氣差至二日。夫中曆歲差數强，盈縮過多，惡得無差。然二日之異，乃分正殊科，非不知日行之朓朒而致誤也。曆指直以佛已而譏之，不知法意一也。諸家造曆，必有積年日法，多寡任意，牽合由人。守敬去積年而起自辛巳，屏日法而斷以萬分，識誠卓也。西曆命日之時以二十四，命時之分，以六十通計，一日爲分一千四百四十，是復用日法矣。至於刻法，彼所無也。近始每時四分之，爲一日之刻九十六，彼先求度而後日，尚未覺其繁，施之中曆則窒矣。反謂中曆百刻不適於用，何也？且日食時差法之九十有六，與日刻之九十六何與乎？而援以爲據，不知法意二也。天體渾淪，初無度分可指，昔人因一日日躔命爲一度，日有疾徐，斷以平行，數本順天，不可損益。西人去周天五度有奇，斂爲三百六十，不過取便割圜，豈真天道固然。而黨同伐異，必曰日度爲非，詎知三百六十尚非弦弧之捷徑乎？不知法意三也。上古寘閏，恒於歲終，蓋曆術疎闊，計歲以寘閏也。中古法日趨密，始計月以置閏，而閏於積終，故舉中氣以定月，而月無中氣者即爲閏。大統專用平氣，置閏必得其月。新法改用定氣，致一月有兩中氣之時，一歲有兩可閏之月，若辛丑西曆者，不亦盭乎。夫月無平中氣者，乃爲積餘之終，無定中氣者，非其月也。不能虚衷深考，而以鹵莽之習，侈支離之學，是以歸餘之後，氣尚在晦，季冬中氣，已入仲冬，首春中氣，將歸臘杪，不得已而退朔一日，以塞人望，亦見其技之窮矣。不知法意四也。天正日躔，本起子半，後因歲差，歷丑及寅。若夫合神之説，乃星命家猥言，明理者所不道。西人自命曆宗，何至反爲所惑，而天正日躔定起丑初乎。況十二次舍命名，悉依星家，如隨節氣遞遷，雖子午不妨異地，而玄枵、鳥味亦無定位耶？不知法意五也。

歲實消長，昉於統天，郭氏用之，而未知所以當用，元氏去之，而未知所以當去。西人知以日行高卑求之，而未知以二道遠近求之，得其一而遺其一。當辨者一也。歲差不齊，必緣天運緩促，今欲歸之偶差，豈前此諸家皆妄作乎。黄、白異距，生交行之進退，黄、赤異距，生歲差之屈伸。其理一也。曆指已明於月，何蔽於日。當辨者二也。日躔盈縮最高，斡運古今不同，揆之臆見，必有定數。不唯日躔，月星亦應同理。但行遲差微，非畢生歲月所可測度。西人每詡數千年傳人不乏，何以亦無定論？當辨者三也。日月去人時分遠近，眎徑因分大小，則遠近大小，宜爲相似之比例。西法日則遠近差多，而眎徑差少，月則遠近差少，而眎徑差多，因數求理，難可相通。當辨者四也。日食變差，機在交分，日軌交分，與月高交分不同，月高交於本道與交於黄道者又不同，曆指不詳其理，曆表不著其數，豈黄道一術足窮日食之變乎？當辨者五也。中限左右，日月眎差時或一東一西，交廣以南，日月視差時或一南一北，此爲眎差異向，與眎差同向者加減迥別，曆指豈以非所常遇，故寘不講耶？萬一遇之，則學者何從立算？當辨者六也。日光射物，必有虚景。虚景者，光徑與實徑之所生也。闇虚恒縮，理不出此。西人不知日有光徑，僅以實徑求闇虚，及至步推不符天驗，復酌損徑分以希偶合。當辨者七也。月蝕定望，唯食甚爲然，虧復四限，距望有差。日食稍離中限即食甚，已非定朔，至於虧復，西曆名交角相去尤遠，西歷乃言交食必在朔望，不用朓朒次差，西曆名次均加減。過矣。當辨者八也。歲填熒惑，以本天爲全數，日行規爲歲輪，太白辰星以日行規爲全數，本天爲歲輪，《曆指》又名伏見輪。故測其遲速留退，而知其去地遠近，考於歷指，數不盡合。當辨者九也。熒惑用日行高卑變歲輪大小，理未悖也；用自行高卑變歲輪大小，則悖矣。太白交周不過二百餘日，辰星交周不過八十餘日，歷指皆與歲周相近，法雖巧，非也。當辨者十也。

語云：步曆甚難，辨曆甚易，蓋言象緯森羅，得失無所遯也。據彼所述，亦未嘗自信無差。五星經度，或失二十餘分，西法一十二分。躔離表驗，或失數分，交食值此，當失以刻計，凌犯值此，當失以日計矣。故立法不久，違錯頗多，余於曆説已辨一二，乃癸卯七月望食當既不既，與夫失食失推者何異乎？且譯書之初，本言取西歷之材質，歸大統之型範，不謂盡墮成憲，而專用西法如今日者也。余故兼采中西，去其疵纇，參以己意，著曆法六篇，會通若干事，攷正若干事，表明若干事，增葺若干事，立法若干事。舊法雖舛，而未可遽廢者，兩存之；理雖可知，而非上下千年不得其數者，闕之；雖得其數，而遠引古測，未經目信者，别見補遺，而正文仍襲其故。爲目百幾十有幾，爲文萬有千言，非敢妄云窺其堂奥，庶幾初學之津梁也。

或曰：子云稱雒下爲聖人，識者非之。嗣是名曆代興，業愈精而差愈見，徒供人之彈射。子今法成而彈射者至矣。曰：培岡阜者，易爲高，浚溪谷者，易爲深。夫曆二千年來差愈見而法愈密，非後人知勝於古也，增修易善耳，或者以吾法爲標的，則吾學明矣，庸何傷？

清·張敬《頤性老人像識語》阮元《疇人傳》 道光癸卯四月，先父隨從祖叔未解元謁文達公於文選樓下。公是年壽八十，宣宗成皇帝恩賜「頤性延齡」額，遂號頤性老人。從祖壽七十六，眉長寸餘，先父爲摹勒二老真容於石，曰《眉壽圖》。其時據文選樓刻《疇人傳》後四十四年，迄今又後三十九年。求單行本不可得，敬於友人處假得叢書本校讐重刊訖，從家藏舊榻，謹摹頤性老人像，以弁卷首，俾讀是書者識公之容，知公爲名臣大儒猶孜孜於天文算學，以汲引後人如此。又假得羅氏《續傳》，坿刻以足之。於是古今中西秝算源流，粲然具在，而甘泉振起絶學之功，至是而益章已。

清·戴煦《象數一原跋》項名達《象數一原》 予束髮聞先生精於筭而閉門養痾，未便輕謁。丙戌秋，予補《四元玉鑑細草》成，假録于吉甫王君，先生高足也。先生因是獲覯予書，即命駕見過，引爲忘年交。顧先生十年以長，且夙成名德，未敢安也。然自是常相過從，遂共定開方捷術。而予《對數簡法》亦過蒙賞鑒譽。戊申冬，先生來書，懇到詳勉，無所不盡，末言弦矢互求、橢圓求周二種爲愜意之作，恐病軀不及蕆事，乞代整理。彼時方謂殆謙讓語，未以爲意。逾年而先生竟逝矣。去歲，哲嗣建霞大兄以遺書《象數一原》囑校補，詳加研誦，則四卷零分諸論果僅六紙，而六卷橢圓求周亦圖解未立。校勘未半，頓觸前緒，愴然久之。夫以予賦質譾陋，何足窺見藩籬，特感平生諄屬之言，不能不畢力竭情，冀纂明於萬一。緣本序中條目，補完零分諸論，兼補求周圖解附卷末，餘鄙見所及，亦間綴案語。既成，因叙其顛末，并録先生來書於後，以見予之不避僭越嫌，蓋自有故，而讀先生書者，當有以諒予之心矣。

清・王先謙《東華續録［同治］》 同治六十一

諭内閣御史張盛藻奏天文算學等事宜歸欽天監，工部毋庸招集正途學習一摺。前據總理各國事務衙門奏請設同文館，專用正途科甲人員學習天文算術，並擬章程六條呈覽，當經降旨依議。兹據張盛藻奏，科甲正途讀書學道，何必令其習爲機巧，于士習人心大有關係等語。朝廷設立同文館，取用正途學習，原以天文算學爲儒者所當知，不得目爲機巧。正途人員用心較精，則學習自易，亦於讀書學道無所偏廢，是以派令徐繼畬總管其事，以專責成，不過借西法以印證中法，並非舍聖道而入歧途，何至有礙于人心士習耶？該御史請飭廷臣妥議之處，著毋庸議。

算術分部

題解

清・梅文鼎《中西算學通・序》 天下之不可不通，而又不易通者，算數之學是也。人之所通而亦通焉，未敢以爲通也。學至算數，則不可以強通，惟其不可以強通也而通焉者，必自然之理。故道器可使爲一源，天人可使爲一貫，古今可使爲一日，中外可使爲一人。【略】余則以學問之道，求其通而已。吾之所不能通而人則通之，又何間乎今古，何別乎中西？【略】夫西國歐邏巴之去中國殆數萬里，語言文字之不同，蓋前此數千年未嘗通也，而數學之相通若此，豈非以其從出者固一理乎？是故得乎其理，則天道人事，經緯萬端，而無所不宜。苟其不然，咫尺牆面，欲成一小事，亦不可得。此無異故，器一道也，人一天也，故可以一人一日之心，通乎數千載之前與數萬里之外，是之謂通。

又 凡例目録

中者，中國之法也。自隸首作算數，《周禮》大司徒以六藝教萬民，而賓興之，一曰九數。此算學之祖也。

西者，泰西法也。自隋開皇中，西域阿剌必年，西學始入中國。唐史《九執曆》不用籌策，唯以筆書，其進位則作點。此西學之祖也。

算學者，質言之也。論數之原，出于河圖洛書。極其所用，則以仰觀星文，敬授民時。大而體國經野，平水土，制禮樂，協律呂，和陰陽，籌兵食，庀財用，天道人事備其中。而質言之，則算數而已。世之言數者，或緣飾浮説以相誇詡，而非其質也。儒者之言曰：「精義入神，不離灑掃應對。」余所竊比，則古之算學云爾。

通者何也？聖作明述，我不敢知。夫亦曰，兩家之書具在，姑爲之通其説焉已耳。其通者，吾通之；其不可通者，固不敢強爲之説。蓋余之所通如是而已。

通之説又有二，言理略數，是冒理也；言數昧理，是淺數也。通焉而理在數中，使言理者不能遁于虚無，言數者亦不敢相矜以穿鑿荒唐，而自神其説，此理數之通也。今之言數者，中西兩家而已。譬之字音，一善爲反法，一善爲切脚，其所得之音一也。或執其一説，而廢其一説，是不學之過也。通焉而尊古者，知西法雖爲新創，初不謬於古人，而其三角八線諸法，實補古法之遺。尊西者，亦知古人之法或傳久多誤，原其立法之初，決不遜於西學，而如盈朒、方程，實亦西法所未有。二者可相資，不可偏廢。此中西之通也。

綜論

清・李子金《天弧象限表》 表中所無者宜用中比例法。西法以六十分爲一度，不便乘除。予以百分通之，而復省約其文。凡自一至九自十一至十九之類，其分數皆表中所無，宜用中比例法。

清・梅文鼎《勿庵曆算書目・籌算》 籌算之法，蓋始於作曆書時。《曆引》言算術，古用觚棱，近便珠算，西法第資毫穎，今復有籌算之創，其簡捷更倍於疇昔諸術。由是言之，則籌算乃爾時新創，非歐邏之舊術。其爲術也，本係直籌橫寫。鼎此書，則易之以橫籌直寫，乃所以適中土筆墨之宜。

又梅文鼎《勿庵曆算書目・勿菴度算》 西人尺算，即《比例規解》所述也。余初購《曆書》佚此卷。歲戊午，黄俞邰太史爲借到皖江劉潛柱先生本，乃鈔得之，頗多譌缺，殊不易讀，蓋攜之行笈，半年而通其旨趣。歲庚申，晤桐城方素作中履，見鼎所作尺，驚問曰：君何從得此？蓋家兄久欲爲此，而未能履遊，豫章拾得遺本寄之，乃明厥製耳。續見位伯書，以三尺交加取數，故秪能用平分一綫，且亦非《比例規解》本法也。夫用規取數，則兩鋭所到，毫釐可辨，而其數即徵之本尺，執柯伐柯，其則不遠，所得無殊於横尺，而爲用加捷。不知位伯何故改法，又不知素伯所拾遺本，其立法何似。惜未獲與之深論也。書原本無算例，今所用者，並吾弟爾素所補，而參之以陳礲菴者也。嘉禾陳獻可先生藎謨有《尺算用法》一卷，然亦只平分一綫，爾素書則諸綫皆備。余亦時時涉筆，聊以窮其作法之根，通其用尺之變，而未暇爲例。今得二書，補塞遺缺，中邊備矣。

又有矩算，則鼎所創也。西人用三角，故兩其尺。今用句股，故(祇)[祇]用一尺一方版，其理無二。初晤位伯，極言尺算之奇，而未悉厥狀，思之屢日，爰成斯製。續從新安戴季默得礲菴書，内有斂規取數之用，然後疑前所悟之猶非也。最後得《比例規解》，其疑乃釋。蓋比例即異乘同除之理，故可以句股取之。而原法以規當横尺，本自靈妙，並存兩術，用相參校，則比例之理益著矣。

又梅文鼎《勿庵曆算書目・少廣拾遺》 古有一乘方至(九)[五]乘方相生之圖，而莫詳所用。《同文算指》演之具七乘方，亦非了義。《西鏡録》增有廉積立成，然譌亂不可讀。歲壬申，余在都門，有三韓林口口寄訊楊時可及丁令調，屬問四乘方、十乘方法。諸乘方中，惟此二者不可以借用他法，摘此爲問，蓋亦留心學問人也。因稍爲推演至十二乘方，亦有條而不紊。

清・梅瑴成《增删筭法統宗・凡例》 一，異乘同除爲《九章》樞要，宜次乘除後，《統宗》殊簡略，故採《筆算》書語以發其蘊，西人三率法可以互相發明，亦並論之。

【略】

又 卷一 異乘同除

按：異乘同除，先有三件而求一件，故曰古法有四隅，今有一隅虚也，然乘除算術，未有非以三件求一件者。以交易明之，如以銀兑錢，有銀若干，兑錢若干，問銀每兩該錢若干。此每兩銀即今有之一件，因其爲一，故省乘耳。又如每銀一兩兑錢若干，今有銀若干，問該兑錢若干。此每銀一兩即原有之一件，因其爲一，故省除耳。以此推之，無往不然。西人有三率法，即異乘同除之理，然彼以比例言之甚明暢，附詳于後。

清・四庫館臣《九章録要提要》 臣等謹案：《九章録要》十二卷，國朝屠文漪撰。文漪字莼洲，松江人。其書因古九章之術，參以今法，與杜知耕所著《數學鑰》體例相似，而互有詳畧踈密。知耕詳於方田，文漪則詳於勾股，知耕論少廣備及形體，文漪推少廣則研及廉隅之辨，知耕參以西法，每於設問之下附著其理，文漪則采録梅文鼎諸書，推闡以盡其用，大致皆綴集今古之法以成書，而取舍各異，合而視之，亦可以互相發也。是書有借徵一條，即借衰疊借之術，爲知耕之所未及考，其所載雖未極精密，然於借數之巧，固已得其大端矣。

清・孔廣森《少廣正負術内篇》卷上 廣森備官翰林，與窺中秘，得見王、秦、李三家之書，覃思研究，通其義類，試諸籌計，得草若干，顧今人尠習於開諸乘方之法，苦其方廉稠疊，而莫明其方廉之所由生，宣城梅氏《少廣拾遺》，亦但有平方立方廉隅圖，至三乘方以上，則云不能爲圖。愚謂物之形體，平方立方盡之矣。特平冪立積之不可知者，乃借諸乘方以求之，本有其數而無其形，將圖其有形者則冪不可以爲邊，積不可以爲冪，將於其無形者，而假圖以明其數，則冪積即可變爲邊，諸乘皆可變爲平方也，輙構諸乘方廉隅圖書首。

清・焦循《乘方釋例》 平方立方論

知廉隅之理而又辨此三法，平方、立方之術始爲了然。穆尼閣曰：開方莫便於籌。所謂便者，便于求廉隅之數，而单數、空數、進數之所由定，終在乎一心之會通，非籌之所能代也。

清・許桂林《算牖》卷二 籌算乘法

列乘數，自下而上乘，從實末位最小數起，次乘之位必高于前所列之位一位。列訖，以併法併之。

桂林案：此梅氏舊例，以筆佐籌也。若以珠佐籌，則從實末小數起，而次數進位加之，加畢即得數，省併法矣。蓋籌内之數本已相乘，故籌算之乘只是加法耳。

清・馮經《算略》 算學總論

算學有線面體三部，有方田至句股九章，算之者有筆、籌、珠算三用，而要不外併減乘除四事。併，如散線幾條，續長若干。減，如截去長線幾尺，尚存若干。乘謂由線求面，由面求體。如用版寫字，界分横容十行，每行直容十字，計得面積百字，是爲平方，疊起十版，計得體積千字，是爲立方。横線短少，直線加多，是爲長方。除謂攤開。如有字四百，要分二十五行，則以二五爲法，除之，俗名二歸五除，攤得每行十六字。若要横直均齊，則以平方開之，攤得横二十行，每行直容二十字，自乘二二如四也。若有字八千，要分每頁、每行與字均齊，則以立方開之，攤得二十頁，每頁每行字數同前，再乘二四如八也。若有字十六萬，要分每卷、每頁、每行與字均齊，則以三乘方開之，攤得二十卷，每卷、每頁、每行字數同前。若有字三百二十萬，要分每套、每卷、每頁、每行與字均齊，則以四乘方開之，攤得二十套，每套、每卷、每頁、每行字數同前。餘可類推矣。他如由少問多，由多問少，則乘除互用，以明似異實同，謂之比例四率，音律。皆由已知實數以求未知虛數。

清・安清翹《樂律心得》卷一　論連比例爲樂律之要

樂律之學，數學也。數學以連比例爲第一義，十二律之相生即連比例之理也。明連比例之理，於樂律之要盡之矣。

又　論十二律相生即算術連比例之理

前論連比例之理既明，始可言樂律矣。蓋六律者即連比例七率，而第七率得第一率之半。十二律者即連比例十三率，而第十三率得第一率之半也。自黄鐘起至半黄鐘止，或自半黄鐘起至黄鐘止，依連比例術求之，循環無端，相生不已，樂律於是無餘蘊矣。

清・阮元《疇人傳》卷三三　陳藎謨

論曰：藎謨生當有明末，造西人初入中國，能舉其矩度、比例規之法，反覆引申，而傅合古義，是亦歐邏之功臣矣。至其論圓率創立太極周徑術，謂當以周天三百六十五度二十五分七十五秒，外加太極一十微，以三十一萬五千二百五除之，得徑一百一十五度八十七分九十三秒五十微，餘四微八三二五。乘還得三百六十五度二十五分七十五秒，餘五微一六七五。合二餘，得太極一十微，乃爲不内不外之數。斯則出于肊造，不合算理，未可以爲法也。

又　卷三五　王錫闡

論曰：錫闡考正古法之誤而存其是，擇取西説之長而去其短，據依圭表，改立法數，雖私家撰述，未見施行，而爲術深妙，凡在識者莫不慨然稱善也。梅徵君文鼎《勿庵書目》曰：「從來言交食只有食甚分數，未及其邊，惟王寅旭則以日月圓體分爲三百六十度，而論其食甚時所虧之邊凡幾何度，今爲推演其法，頗爲精確。」然則《考成》所采文鼎以上下左右算交食方向法，實本于錫闡矣。

又　卷四〇　袁士龍

論曰：士龍謂内圓求外方，積三十二因，二十五歸，然則方周率四，圓周率三一二五也，與古率、徽率、密率俱不合。其所謂方程神算，亦以意爲之，非《九章》之方程也。《測量全義新書》，今德清許兵部宗彦藏有是書。

又阮元《李君尚之傳》　古算術至唐以後幾於亡，明泰西利瑪竇入中國，有《幾何原本》一書，徐光啓、李之藻之徒從而演繹之，《周官・保氏》《九章》之遺法不能獨照數計也。李之藻《同文算指》以西術易九章盈朒方程之説，梅宣城定九謂非利氏本意，蓋中西術其理則同，而立法則異，三率比例較古法方田、粟米、差分爲密，而少廣爲西法所無，是略而不備矣。宣城梅氏近世推絶學，以梅氏智計，豈有不知古法與西法不同者，第囿於西術而《九章算經》諸書皆未之見，所見者惟《周髀》勾股之法，雖欲深求古術，然苦無古籍，出於意測耳。

清・周中孚《鄭堂讀書記》卷四五　天文算法類

《筆算》五卷。國朝梅文鼎撰。《四庫全書》著録，定爲第二十種，乃《曆算全書》曆學之第二種也。

按：筆算本西人之法，然觀《九章》中盈朒方程，必立副位，厥後用仍資筆札，故筆算仍非西人之獨智。求之于古，實有相通之故。勿庵因會通西算而作是書，不用横列而用直寫，以便文人之用。蓋直下而書者，中土聖人之舊，與籌算易直爲横，其理正同，而定位一端，視舊法亦捷。

清・羅士琳《疇人傳續編》卷四八　明安圖

論曰：杜泰西三法，見於梅文穆公《赤水遺珍》。而其所以立法之原，乃無一語道及，且祇立乘除之數，但云截去末八位，藏匿根數，祕而不宣，致汪孝嬰廣文萊誤詆其數爲偶合。今觀静庵之法與解，始知杜氏法原，蓋用連比例術：以半徑爲一率，設弧共分爲二率；二率自乘，一率除之，得三率；以二率與三率相乘，一率除之，得四率；由是推之，三率自乘，一率除之，得五率；二率、三率相乘，一率除之，得六率；三率、五率相乘，一率除之，得七率；循序而進，雖至億萬率，胥如是也。文穆之謂以設弧共分自乘爲屢乘數，即二率之自乘也；其截去末八位者，即一率半徑之省除法，因半徑爲一千萬，一歸不須歸，故截位以代除。設半徑爲一萬，則所截去者爲末五位，而非八位。或半徑不盡爲一之整數，則又非除不可，此布算者所宜辨明也。西法之妙，莫捷於對數，以其用加減代乘除。而對數之用，莫便於八線，以八線之積數過多，運算匪易，用對數則一加一減，即得弧度，不復更用乘除。考對數之由來，亦起於連比例，又安知當日立八線表時，不暗用此法推算邪？然則彼之所謂六宗、三要累求句股者，殆飾詞耳，特張大其說，故作繁難，以炫異欺愚，在好事者不覺墮其術中。靜庵之作是解也，其始本欲發其自得之義，相與抗衡，可謂能自樹立。其子又克繼父志，不墜家聲，方之古人，洵堪與北齊祖沖之父子媲美。昔祖氏以綴術求割圓密率，至今推爲最允，今靜庵以連比例求密率捷法，綴術雖不傳，而連比例之屢乘屢除，繹其名義，似有近乎綴術之遺，即謂之爲明氏新法也可。

又　卷五〇　汪萊

論曰：孝嬰超異絶倫，凡他人所未能理其緒者，孝嬰目一二過，即默識靜會，洞悉其本原，而貫達其條目。諸所著論，皆不欲苟同於人，是誠算家之最。特矯枉過正，未免有時失之於偏。尤於西學太深，雖極加駁斥，究未能出其範圍。觀其用真數、根數，以多少課和較，而泥於可知、不可知，尚是墨守西法。其於正負開方之妙，終不逮李尚之秀才鋭之能通變也。即如所悟得之等積、等弦和，謂有兩形倚伏於其中，固亦善於入深，然用帶縱兩次開方，不無委曲繁重。若以正負開方古法御之，四倍積自乘爲實，和自乘爲益廉，倍和爲隅，開立方得兩正數爲兩句，和再自乘與四倍積自乘相併爲實，四倍和再乘爲益方，五倍和自乘爲從廉，倍和爲益隅，開立方得兩大數爲兩弦，尤覺簡捷。蓋凡和數形皆有兩答，不僅等積已也。如句三十三，股五十六，弦六十五，句弦和九十八，黄方二十四，又句四十，股四十二，弦五十八，句弦和亦九十八，黄方亦二十四之屬，不勝枚舉。所争者，不過有奇零無奇零而已。如句股積六，句弦和八，既爲句三股四弦五之句股形矣。又有一句股形，爲句二又四之一，股五又五之一，弦五又四之三，是已。《四元玉鑑》明積演段一門前九題，悉以直積十二步與句弦和八步爲問，原答之外，尚有奇零之一答。而果垛疊藏一門，則又於堆垛之法，推演無遺矣。向者孝嬰創求五分之一之通弦，初甚詆杜德美求弧矢法爲偶合，及見監正明安圖《割圜密率捷法》，以一、二、三、四、五洎十、百、千、萬諸分弧通弦比例，得弧矢通法，始翻然改悔。惜孝嬰未見朱氏《四元玉鑑》一書，致句股知積及諸乘尖堆新術，有積薪之嘆。要之，精思妙悟，研幾入神，其真自不可沒。

又　卷五二　謝家禾

論曰：弧矢截積之術，諸算嘗皆用古率。向校朱氏《四元玉鑑》一書，竊見有以徽、密率截弧矢積二法，積思三晝夜，始獲其解，蓋即本舊法而加一倍差耳。穀堂《弧田問率》副并三積，其立法之根，實與余暗合。嗣余校秦書田域第六題蕉田求積，覺秦率固錯，朱書徽、密率亦於率不通，曾撰訂誤一則，附刊於《四元釋例》之末。近又校明氏《密率捷法》，悟得連比例屢乘屢除之所得加減諸衰，似有類於郭邢臺《授時草》之平、立、定三差，而其原要莫外乎朱書之如像招數。自來圜率之密，莫密於祖氏，惜所著之《綴術》佚傳已久。繹其名義，綴者連也，相連不絶，爲交絡互綴之象，荀子所謂綴綴然是已。意其法殆亦如秦氏之大衍求一。爰融會諸家法意，寓明氏之諸衰，於朱氏之招差中，用成《綴術輯補》，而弧矢截積，亦可由此生焉。因知天元之後，益以四元，而凡艱深之術，如李欒城所謂「溟涬黯黮」者，皆可如積推演。《綴術》之外，佐以大衍，而凡賾繁之數，如《易》所謂「參伍錯綜」者，又皆可追綴而求之。數家者，皆宋元來至精之詣，近始復彰者也。

清・夏鸞翔《萬象一原》卷一　右四術爲求訥白爾對數法。訥白爾對數以一爲根，造表最便，且微分、積分術中必須用之，猶算法之乘除開方也，故列於用術之末。

右所得訥氏對數，如欲改爲中國對數，祇須以中國對數根乘訥氏對數即得本真數之中國對數。

清・李善蘭《考數根法》　凡數，他數度之不能盡，惟一可度盡者，謂之數根。見《幾何原本》。然任舉一數，欲辨其是數根否，古無法焉。精思既久，得攷之之法四，以補《幾何》之未備。【略】

第一法之乘法第二，第四法之天元求一，所用之方數愈大，則屢乘屢度之次數愈少，故用數之數十方、數百方皆可用，但其積數之位太多，不能用正數而用賸數。賸數者，滿本數去之之餘也。又凡小於所用方積、大於本數之諸方積，必盡求其賸數，一一列之，屢乘屢度時，餘數得諸方之賸數，與得正數之理無異也。

又李善蘭《對數探源》　正數以乘除爲比例，對數以加減爲比例。正數連比例之率以前率與後率遞減之，則所餘者仍爲連比例之率，且仍如原率之比例。對數連比例之率以前率與後率遞減之，則所餘者必爲齊同之數，是故有對數萬求其逐一相對之正數，則爲連比例萬率，其理夫人而知之也。有正數萬求其逐一相對之對數，則雖歐羅巴造表之人僅能得其數，未能知其理也。間嘗深思得之，歎其精微玄妙，且用以造表較西人簡易萬倍，然後知言數者之不可不先得夫理也。

清・吴嘉善《學彊恕齋筆算序》 士當爲有用之學。有用者何？不托諸空言而必見諸實效者。是數爲六藝之一，古之士無不通者，今或以爲小道而忽之，誤矣。聖祖仁皇帝御定《數理精蘊》一書，妙契天元，超邁前古，淺識者不能窺高深於萬一。時宣城梅定九徵君篤志嗜古，尤精歷算，箸書闡明各法，意境洞然；乾嘉以來言算學者宗之，蓋有深得乎《數理精蘊》之旨而相爲發明者。惟是書卷帙繁重，開卷者輒望洋卻步，而淺顯簡易如《算法統宗》者又多承訛踵謬之處，故定九之孫文穆公欲刪改以爲善本，惜其本不傳。近如《算法大成》一書，多有可採，惟以正負開方爲算家故設難題，不適於用，不免爲識者所噱。

清・梅啓照《學彊恕齋筆算・重刊序》 《十翼》云，數往者順，知來者逆，是故易逆數也。歐羅巴筭法皆以逆數，而說卦已先言之，其他周秦以下諸子之書，漢儒毖緯之説，足與西學相發明者，更復不勝枚舉。夫以筭法爲絶域侏儒，俶詭怪幻之談，足以生心而害政，固宜賢人君子去之惟恐不遠也。若知其本爲中國之學，先聖先師之所創造，名臣鉅儒之所禮授而習傳，則凡讀書窮理之士，出其餘力，取中西諸法閎覽而精思之，或亦籌戰、守利、器用、治河渠者之所不廢歟。欽惟我仁廟親定《律書淵源》，集數學之大成，而勿菴梅氏、曉菴王氏、慎修江氏、東原戴氏諸家亦能崇闡微言，爲絶學於舉世不爲之日，况今中外一家，島夷獻技，(薩)[歐]几里得筭書，前明徐光啓所筆受諸利瑪竇者，僅六卷，今亦續譯以成完書，曾文正師鐫版於滬上，他如時賢所簒述，更日新而靡窮。

又 **卷二** 正比例

正比例即相當比例，亦即異乘同除。

西法以、比、若、與四字爲一率、二率、三率、四率，蓋以一率比二率若三率與四率也。其用法以一率爲歸除之法，二率乘三率爲實，除得之數即四率也。

又 轉比例即同乘異除。

以原有爲二率、三率，轉以今有爲法，除得四率，曰轉比例。

又 差分比例

按分遞析比例。二八差分，四六差分，三七差分。

差分者，即《九章》衰分以御貴賤禀税者也，其類甚多。而按分遞析皆爲相連比例，如二八差分、四六差分、三七差分，皆以十分爲總率，遞析差分亦以十分爲總率，加倍減半差分則以倍半爲率。《九章》衰分術曰：各置列衰，副併爲法，以所分乘未併者各自爲實，實如法而一。按列衰者，相與率也。各置者，各各置之也。副者，兼也，别兼算位有所合也。併之者，由分而合，即以爲總率也。述差分比例。

按數加減比例遞加遞減差分、超位加減差分、互和折半差分、首尾互準差分，以上四項皆爲相當比例。

遞加遞減者，有三色、五色、七色，均以總法比總實，即得中一色之數，凡單數皆同。有四色、八色、十色，亦以總法比總實，得中間兩數相和折半之數，凡雙數皆同。超位加減者，如三人買物，甲比乙多一倍，乙比丙多二倍之類。立衰分求之，與遞次加減無異。

互和折半者，但知首一人比末一人之較數，三色則將第一數、第三數相和折半，即得第二數、第三數之中數，既得中數，按較數之分加減之，即得遞加之數。奇偶照三四例。

首尾互準者，即互和折半之變體，蓋互和折半知總物數、總人數，又知首比末之較數。首尾互準者，則但知總人數與首尾各分數，或但知首尾幾位共分數，由此互相準折而得，要以互和折半之法逆推之，而即明也。

又 盈朒以御隱雜互見。

盈，有餘也。朒，不足也。設有餘不足以求適中，亦因較得數之法。

一盈一朒，以兩數相加爲相較之率。

兩盈或兩朒，則以兩數相減爲相較之率。

一盈一適足，一朒一適足，則無可加減，盈朒之數即較數。

清・潘逢禧《算學發蒙》 籌算説略

筆算創始西儒。曆書出，乃有籌算，實即筆算之變體也。筆算須臨時紀數，籌算則列數於籌，無論乘除開方諸率，無不畢具，列籌几案，瞭若列眉，較之舊傳鋪地錦，尤爲巧妙。但西人文字，皆衡列爲行，故籌算本法，因仍筆算，均係横書，彷佛珠盤之位，至除法則實横而商數縱，頗難定位。梅徵君定九謂既用筆書，在中土宜以直下爲便，爰改横籌直書，於定位尤加詳審，可謂折衷至當，獨惜於鈔録籌積之法，尚未盡明晰。南海何夢瑶《算迪》所載乘除歌訣，録積截實，爲例最精，惟乘法以法首與實位對列，不特與筆乘原法，迥有不同，且於法實互用時，又不能一律認根，閲者不免眩瞀。兹酌改原訣數字，詳見卷中。定以法尾對實位，庶與各法通行無礙。又籌製舊式，但列九因積數，至籌之行數，均須臨時點算，兹於各籌上下兩半圈之中，均列古算位，某積某行，可一望而知，似亦握算者之一快也。抑余於此有感焉。古算沿用數千百年，未有變製，自元明間易爲珠盤，由是而筆算，而籌算，而尺算，輾轉相生，紛然雜出，豈今人心思果勝於古哉？蓋寧拙毋巧，古製所以久存，後世精華盡洩，是渾沌而鑿七竅也。嗚呼！可觀世變矣。

又　尺算説略

中士算器，古用籌策，元明間易爲珠盤。西算舊以筆録，繼乃用籌。雖器有不同，皆輾轉相承爲用。至尺算則别出新意，以量代算，法與古殊，而用特簡妙。其書爲西儒羅雅谷所譯。尺分十線，一平分，二分面，三變面，四分體，五變體，六割圓，七節氣，八時刻，九表心，十五金。凡此十線，或分作數尺，或合作一尺，而總名曰比例規。以兩尺可開可合，有似作圓之器也。按羅序云：此尺，百種技藝，無不賴之，功倍用捷，爲造瑪得瑪第嘉之津梁。蓋西人藉此製器，十線並資，固缺一不可者。惜其中圖説參差，簡而不詳，閲者憾焉。國初梅定九徵君，偕其季爾素，爲之校注折衷，直窮底藴，改分面線爲平方，變面線爲更面，分體線爲立方，變體線爲更體，節氣線爲正弦，時刻線爲正切，表心線爲正割，皆直正其名，庶免悮用。又著爲《度算釋例》一書，於是條貫井然，可施諸用。第十線尺式，分點疏密不同，各隨所用。平方更面者，以御面冪也。立方更體者，以御體積也。五金者，以御輕重也。割圓正弦、正切、正割諸線者，以御測量併製儀晷之用也。用法微妙。均非核數所資。惟平分線尺式，按尺匀點，耑御乘除，最爲巧捷。兹特取爲一種，並於三率比例各法，較梅氏原書，增以設例，加以理解，附之四種之後。庶握算者，有以尋其緒而究其根，由是進求各線之變化，諸法之精微，悟量算同歸之理，是亦算學家别調也。願以質之同好者。

清・王鑒《算學啓蒙述義》卷下

方程正負門

鑒案：方程一術，其妙即在直減各行中有各色物數有共錢或各色加減所餘之錢，其物數或二色、三色，推而至於多色，求法皆同其術。或以左減右，或以右減左，必使物數減成一色，則所餘之錢即爲此物數之共錢，上法下實，即得物價矣。其正負則以無斜畫、有斜畫别之。其以此行減彼行者，本欲減盡首位，但首位既減，則以下必須俱減。其首位或不足減，或減而不能盡，則以此行之首位通之。通之者，使彼行各加若干倍，於是首位足減矣。一次減不盡，以二次、三次、任何次減之，以減盡爲率。夫首位一次減盡者無論矣，若以多次減者，以下各位不必皆足減也，故有同名相減、異名相減之例。其例見總括，明正負術均以首位爲主，兩首位係同名則用同名相減例，其異名則用異名相減例。其首位爲同名相減者，以下各位遇同名亦相減，遇異名則相加。其同名相減，若不足減，則反減之，其餘數變其正負記之，所謂正無人負之，負無人正之也。至正負既變之後，則彼此變爲異名，則又變減而爲加矣。其首位爲異名相減者，以下各位遇異名亦相減，遇同名則相加。其異名相減，若不足減，則反減之，其餘數仍其正負記之，所謂正無人正之，負無人負之也。仍其正負，則彼此變爲同名，則又變減而爲加矣。其同名相減不足減，反減之，其餘數變其正負以記之，何也？夫正者，本有之數也。負者，所少之數也。以正減正，而減數大於本數，則反減，非真反減也，乃於本數内盡其所有而減之也。盡其所有而減之仍不足，此不足之數是所少之數也，故正無人負之。以負減負，彼此皆係所少之數，至不足，則減數所少之數甚於本數所少之數也。其餘數是減數之所少，實本數之所當增也，移居本位不得仍爲負也，故負無人正之。其異名相減不足減，反減之，其餘數仍其正負以記之，何也？夫正負既異，本不可以相減，正負異而相減是反用之也。以正減負，是以彼數之正抵消此數之負，抵消之後仍有正數，即是此數所少之數，但此數之本數原是負，則移其餘數於此，自當正仍爲正以别之也，故正無人正之。以負減正，是以彼數之負抵消此數之正，抵消之後仍有負數，亦是此數所少之數，但此數之本數原是正，則移其餘數於此，自當負仍爲負以别之也，故負無人負之。此正負加減之理也。原術所言得數皆舉減成之後而言，但其中除首位以減盡爲率不計外，以下或有不足減而反減，或有始相減而繼相加，學者不明其例，每至束手，今於各問之下，細列其式，庶幾粲然在目焉。

又　開方釋鎖門三十四問

鑒案：開方出於少廣，秦道古《數學九章》於開方之法最備，國朝李氏鋭《開方説》、焦氏循《開方通釋》皆本秦氏而加詳。《四元玉鑑》載今古開方會要圖，乃梅定九先生廉率立成之所本。而正負諸乘方，則李氏、焦氏之書實爲初學津梁，總不外乎同加異減，商生隅而上行二語。是編所言超位之法，最爲精妙，由平方以及諸乘方皆可一以貫之，故先生但有平方立方細草，三乘以下略焉。今於平方立方術下附列開方詳式，其法悉本李氏、焦氏，舉一反三，是在學者。

又　開方釋鎖門

今有立方冪一萬七千五百七十六尺，問爲方面幾何。【略】

鑒案：以上開平方、立方二式，諸乘方皆可以類推。凡初商既得之後，平方當求方法，立方求方法，復求廉法，其法仍以初商乘隅入廉，與前所得之廉數相加，復以初商乘之入，方與前所得之方數相加，是爲次商方法，又以初商乘隅入廉，與所得之廉數相加，是爲次商廉法，方法一退廉法，再退隅法，三退此次商數，降於初商一位也。若次商數降於初商二位，則方退二，廉退四，隅退六矣。其三商以下準諸此。其三乘方以下，亦準諸此。此皆指正方而言，方廉皆空者也。而正負帶從方，則有加減之法，然正方之次商方廉中已有數與加從方同，其減從方亦不過變加爲減耳，其理一也。此外又有益積翻積之法。焦氏循云，秦道古于商兩次者，有投胎、換骨二法。投胎即益積，方與實同名相加也。換骨即翻積，方與實異名相消也。

鑒案：益積乃初商生隅減方，其餘數以初商生之，與實同名相加，謂爲益積。翻積則商數大於實也。大抵和在方而兩數首位同者則不翻積，兩數首位異者商大數則翻積，商小數仍不翻積。此外又有初商減實已盡方中之數，未盡仍當求方法，以次商減之，大抵和在方而次商等於較數者則然也。至於翻法，玲瓏其類，不一要之，得式雖異，其開法則同，兹不備載。其實皆以正負相當爲準。何謂相當？試以開得數乘各層數，如平方一乘方數再乘廉數，立方則一乘方數再乘廉數三乘隅數，乘訖，正與正併，負與負併，實正者與正併，實負者與負併，其正負之數必等，是謂正負相當。明乎此，則定商亦不難，初商擬商十者則用前法，以十乘各層數，擬商百者則用前法，以百乘各層數，乘訖，併其正負，視其正負之數最大者畧等與否，即可知其能商十百與否也，此定商之捷法也。

【略】今有積四百六十八步强半步，問爲圓周幾何。

答曰：七十五步。【略】

鑒案：十二段圓面積爲圓周羃以分母四通積步以十二乘之，已將積步變爲帶分圓周羃也。若徑以此數開方得數後，當開其母報除，今以分母再自乘乘之爲實，實數内已帶分母三乘方數爲分母矣。以此數開平方，則分母之三乘方數亦隨之而開平方也。夫分母三乘方數，開平方得分母自乘數，故開得數後，以分母自乘數除之也。此法不如開其母報除爲捷，然分母之數，有可以開方者，有不可以開方者，因設累乘法，以免分母之開方。又法列積通分，又以分母乘之爲實，則其數内帶分母之平方數爲分母也，開得數後，以分母除之，亦即原術之意。但原術係帶分母之三乘方數爲分母，此則帶分母之平方數爲分母，似稍捷耳。

又案：開方實不盡者，其法有三。以餘實爲分子，借商一，如法步之，入方即以方法爲分母，名曰借商，此一法也。平方以隅乘實，從不動隅定爲一，立方以隅再乘實一乘從廉不動隅爲一，如法步之，商得數爲子，隅爲母，名曰連枝同體。三乘以上類推，此又一法也。從退實廉退從隅退廉各一位步之，名曰退商。案：退商係求細數，使餘實至極細時，雖棄之可也。凡開方命分者不可以還源，退商棄零數亦不可以還源，第得數較密耳。

以上七問均係開正方，兼及開帶分方法。第八問以後皆天元一術，其開方式皆帶從正負諸乘方。案：天元一術實少廣借一筭之遺意，同數相消後仍當開方以求之，且開方法遇同則加，遇異則減，同者正負同名，異者正負異名也。實何由而爲負，隅法之一又何自而來，然則雖正方亦從天元如積而得式也，不有相消焉。有正負，非天元無以得開方之式，非開方無以得天元之真數也。故先生附天元細草於開方釋鎖之後，不另立門，誠以二者相輔而行，不可偏廢。第天元一術，世久驚爲絶學，幾於不敢問津，由其體例不明，故無從措手耳。爰節録《玉鑑》中天元釋例，詳爲演説，學者可由是而入朱氏之室焉。

清·丁取忠《對數詳解序》 言算至今日可謂無法不備，無美不臻矣。即對數一術，乃西士所稱爲至精至簡者，而近日海寧李壬叔善蘭、南海鄒特夫伯奇，皆創立新法，較西人舊法，簡易數倍，而與西人近日所推之新法，不謀而隱隱合符。後人之心力，不可突過先民耶？然常對之外又有訥對，頭緒紛繁，每令學者望洋生歎，即有鋭意此道者，亦病其語焉不詳，詳焉不顯，窮極鑽研，亦廢然思返。

清·李善蘭《行素軒算稿序》 算術莫難於開方。開平、立方不難，開三乘已上諸方爲難。開三乘以上諸方尚不難，開實從廉隅、正負雜糅諸方爲難。自元和李氏取宋秦道古法演爲《開方説》，則開正負雜糅諸方亦不難矣。然有益積，有翻積開之雖不難，而定商甚難，定商難則開之仍不易矣。金匱華君若汀創立數根開方法。數根者，他數不能度惟一可度之數也。凡開方之實必爲諸數根連乘之積，而開得之元數必即實中一數根，或即實中若干數根相乘之數。其法先求元之尾數及元之位數，乃視實中之數根及若干數根相乘之數，其尾數位數與所求合者爲商數。有若干商數，一一開之。其開法亦如秦氏，但無次商。其式可開若干次者，即有若干商法，開之恰盡。此法併諸商爲一商，故無翻積、益積，不特生面獨開，且較舊法簡易什倍。余又告以倒開法，蓋順開法以商數乘隅自下而上逐層加減而乘之，必至減實不能恰盡，始知商數非元數。倒開法以商數除實自上而下逐層加減而除之，不必至隅，但除之不盡，即知商數非元數，則簡易之中又簡易焉。華君即取而用之，可謂從善如流矣。

清・徐鳳誥《筭學啓蒙通釋》卷上　異乘同除門

誥按：《九章》今有註云，此都術也。凡九數以爲篇名，可以廣施諸率，舉一隅而三隅反者也，誠能分詭數之紛雜，通彼此之否塞，因物成率，審辨名分，平其偏頗，齊其參差，則終無不歸於此術也。西法云比例，《九章》云今有，平弧三角、八線等法皆比例，即皆今有，後人謂之異乘同除。其爲用亦大矣。茲以三、九、二十七、八十一設爲四率，以解西法之十二種比例，載於異乘同除之首。後於各問中有可以四率解者，直以四率註之。其相當比例法以二率、三率相乘，一率除之，得四率。相連比例法中率自乘，首率除之，得末率。演之如左。總之，一、四兩率相乘與二、三兩率相乘之數等，中率自乘與首末兩率相乘之數等。比例無他巧也。率即律。

又　卷中　差分均配門

今有甲乙丙共分息錢四十五貫三十六文，甲元錢五十八貫，乙元錢四十五貫，丙元錢三十六貫。問各分息錢幾何。【略】

誥按：差分即《九章》衰分。西法所設按分通析比例也，今于以下各術均立比例式以明之。

清・諸可寶《疇人傳三編》卷三　項名達

論曰：項年丈與先大夫同舉省試。可寶習聞年丈之學，以「推見本原，融會中西成法，以通其變，竟未竟之緒，發未發之藏」爲歸。旨哉言乎，可爲後生法也。若論割圜術率從三角堆整數中推出零數，但用半徑，即可任求度。若分秒諸弦，不資弧線及他弦矢，每一乘除，便得一數，可謂簡易而捷矣。惜成法專書，今無傳本。而心得緒餘，猶賴有静庵助教《算法大成》所采，羼存什一，實已爲紫笙宫簿、秋紉京卿諸家開其先。發覆探微，尖堆之時義大矣哉！亟加甄録，用詔來學。

又　卷四　徐有壬

論曰：道咸朝，吾浙以算學自鳴者夥矣。顧能於古今諸名大家外，因法立法，獨樹一幟者，斷推莊愍公焉。公蓋於堆垛招差之法，最爲究心，故所譔述，類皆課虚責有，鑿險縋幽。及立爲術也，又若天造地設，不假推尋而得者。子登編修嘗謂公於術甚精，而其立法之原，不以示人，得不爲後世之汪衡齋計乎？公亦以爲然，而因循不果。今僅《橢圜正術》一編，秋紉京卿居撫幕時，謂其駕過西人遠甚，曾爲圖解。餘則術意深邃，其不終至於湮晦也幾希。

又　戴煦

論曰：先編修兄可炘，戴族壻也。文節季子訓導穗孫與可寶視同歲生。辛壬癸甲之間，可寶從先都事兄可繼同習算，又與公子以恒同客上海，嘗相縱論西人連比例諸術，因得讀先生遺書與《行狀》，心竊嚮往之。夫言對數於今日，理明法備，蔑以加已。其初訥白爾造表，以真數開九乘方極多次，所得方根零數，名自然對數。其底二人七一八二八一八二八四五九有奇者，即先生所謂假設對數，今曰訥對是也。後有佛拉哥以訥表十之對數，爲二人三〇二五八五〇九二九九有奇，不便於進位，乃改爲十進對數。其根〇元四三四二九四四八一九〇三二五有奇者，即先生所謂定準對數，今曰常對是也。常表底爲一，訥表根亦爲一，故以常對根乘訥表則得常表對數，以常對根除常表則得訥表對數，可互爲比例，而得數悉符者也。顧當先生著書時，中朝但有《數理精藴》所采之常對全表，如訥表、如《代數》諸書尚未譯行，獨能發其覆而啓其藏，創爲捷法，便巧密合，可不謂之神勇乎？同時李京卿作《探源》，則以諸乘方平立尖錐布算而得較。徐莊愍立簡法，則以大小長方和遞除而得根。皆不相謀而道無弗合，異曲而同工者矣。於是顧尚之氏爲逕求六術、還原四術、和較相求八術，鄒特夫氏爲求較、求根四術及純雜表降位法，夏紫笙氏亦有求訥對四術。諸家雖抽秘騁研，窮極變化，而充類至義之盡，要皆有先生之書導其先路耳。最後長沙丁處士取忠、湘鄉曾孝廉紀鴻合譔《對數詳解》五卷，則以代數顯其理，而訥對常對之藴，纖屑無遺焉。愚嘗謂對數表者，西人能造之，能用之，而其理不能自明之。時閱數百年，地限三萬里，必待中朝智能之士，而後無美弗臻。觀先生與諸家之書，均創新法，其簡易精當，實有什(伯)[佰]於彼舊法者。世顧曰，吾人心力不能高出泰西萬萬哉，曷察其傾倒於先生者何如乎？是故今日言對數，固莫得而加已。而開山之功，吾尤爲先生首屈一指云。

又　卷五　顧觀光

論曰：顧上舍有言曰：「積世積測，積人積智，歷算之學，後勝於前，微特中國，西人亦猶是也。舊法者，新法之所從出，而要不離舊法之範圍。且安知不紬繹焉而別有一新法在乎？故凡以爲已得新法而舊法可唾棄者，非也。中西之法可互相證，而不可互相廢。故凡安其所習而黨同伐異者，亦非也。」嗚呼！真通人之論哉。上舍之於古今中西諸算術，無所袒，而皆有所發明，可謂能澈中邊者已。而對數逕求十有八術，獨於立時戴、李而外，拔幟立幟，唯變所適，每唱愈高。夫豈褊陋自畫與夫逞臆武斷、信口詆諆者，所可同年而語歟？上舍遠矣。

又　卷六　曾紀鴻

論曰：曾孝廉英才盛年，從宦江表，雖居金粉煙水之區，然守文正公家灋，一切聲色狗馬、紈綺肥甘之惑無因至前。是時方奏開機局，廣譯西書，又得幕下賓客，若李京卿、張明經、丁處士諸君子，當代號爲明算，足與賞奇析疑，樂數晨夕。孝廉講習其間，折中一是，術必盡通，而理必盡貫，故其譔著窮極窅眇，多發人所未發，豈非後來居上者耶？顧獨惜天不假年，未克從哲兄之後，出使絶域，歷覽俄、英、法、德諸國，以其心得，證之於目。吾知採録諏詢，增長神智，推步之學，將有日進而無疆者，而孰謂孝廉之可傳者止於此乎？是則可傷也已。

清·董毓琦《盛世參苓算稿》　九章補例此算例《九章》未載，爰將中西合取巧捷之法爲習算初梯，故冠《盛世參苓》之首。

西書有此題無算例。

今有人負米過關，第一關每七斗抽税一斗，第二關每五斗抽税一斗，第三關每三斗抽税一斗，三次抽後只剩米五斗。問原米若干。

用命分法求得原米十斗零四十八分之四十五，折算得十斗零九升三合七勺五撮。高明者固知命分有借數比例之西術，恐初學無從入手。琦擬新法，以便中人，得數之易，名曰就剩歸原法。此法乃中西所無，實有裨於初算，非愚而好自用也。

琦所撰新法，以三斗、五斗、七斗連乘，又以剩五斗乘之，得五百二十五爲實，乃以三斗抽一剩二、五斗抽一剩四、七斗抽一剩六，以二、四、六連乘得四十八爲法，除之得十斗零四十八分之四十五，以四十五爲實，四十八爲法，除得分子九升三合七勺五撮。若依此立算，知其當然，不能知其所以然，爰將就剩歸原法逐層推算，以明所以然之理如左。

用就剩歸原法得數。法曰：該米到第三關只剩五斗，是原米不止五斗，因三次減餘所剩耳。此題因求原米，無從着手，不得不向每關索回，以符原數。先將第三關所剩五斗，知爲七斗五升所減之餘，何以知之？因關例三分抽一，原米三斗抽去一斗，只剩二斗，原米六斗抽去二斗，只剩四斗，索其還原，該關還我二斗，方合六斗原數。今將剩米内先以四斗，索回原米六斗，又將一斗索回一斗五升，因二斗索回三斗，則一斗索回一斗五升，故知五斗原米爲七斗五升，乃於五斗剩數内四斗作爲六斗，五斗作爲七斗五升，又將七斗五升到第二關，索回原數，因此關例五分抽一，則五斗抽去一斗，只剩四斗，故於七斗五升數，以四斗作爲五斗，以二斗作爲二斗五升，以一斗作爲一斗二升五，以次照數升索得原數九斗三升七合五，又將此數到第一關，照七分抽一索回原數，故以六斗作爲七斗，以三斗作爲三斗五升，以九斗作爲十斗零五升，餘仿此索回，得原米十斗零九升三合七勺五撮。列算式於左。【略】

又就剩歸原捷法

西式改用中式，實直寫爲妙法。【略】

觀此則中西一理，自可融會貫通，奈何各執一偏，刻舟求劍□□中西合法，淘其渣滓，取其精華，爲後學津梁，渡人寶筏。

清·鄧建章《中西算學入門匯通》卷上

筆算歸除説

歸除者，分數也。以數分數，有各得均齊之義焉。凡有兩數，以此數減彼數，減得幾次，即爲所得，然所減之次數多，則益至於紛而難紀，此歸除之所以立也。歸者，一位歸之而得，如歸作幾分而均分之也。除者，多位除之而得，蓋以所得之數與法相因而於實内除去也。其法，以原數爲實，横列於下，除數爲法，横列於上。法之小於實者，法之首位與實之首位列齊。法之大於實者，則法比實退一位。看實足法幾倍，即爲得數。自法之末位上，紀所得之數，既得數，乃以所得與法相因，書於實下，與實相減餘者，即爲次商實，依次按位歸除，以恰盡爲度。如實不足法之一倍者，則得數爲〇。定位之法，以法中所命單位，與原實相對之數，爲所得之首位數。若實之位數少於法者，則作幾〇位以補足法，然後位數一覽即明。

減餘者，乃所得與法相因之數在實中所減者，其數每與法位相對，即初商之餘實也。至於實位所餘之數，則每次取下一位，續於減餘之末，以爲每商之實。若實無餘位，而歸除仍未盡者，則按位添〇以紀之。

又　作籌法

籌以牙、木、銅、紙爲之皆可。每籌九位，每位上下作半圓界，列數其中。第一籌以自一至九書之於半圓界内，第二籌以一二如二至二九一十八書之，數有兩位，上半圓書一數，下半圓書一數，餘類推。另置一空籌，籌二面皆用，正面爲第一籌，背面爲第九籌，餘俱倣此。爲籌二十五，足以敷用。兩籌相合，兩半圓合爲一，若上半圓爲三，下半圓爲二，合之爲五也。

籌算最便於乘除，不便於加減，故無加減二法。

清・龔傑《立方奇法・凡例》

一，凡正立方，其方根爲奇零不盡者，用二項例甲加天之卯約寅方令寅等於一之級數式，開之最爲便捷。此書專開數在萬億之內，萬萬曰億。有四五位整數方根之正立方，其法簡其用廣也。

一，立方積可以開整數根者，自可用此法以開之，而積之能開整數方根與否，亦必有可以考驗之處，其法詳於後欵。

一，用此法開正立方，但取其奇取其捷耳，於立方之理並不發明。用此法者，於開立方之正法固不可不知也。蓋惟能知正法者，斯能神明乎斯法。

又龔傑《求一捷術識》 僕竊憾焉。茲思得一法，即由約數之最大者求之，雖約數極多，而最小數頃刻可得。立法極淺，御題極易，質諸專家，以爲何如。

又 古歌解序 《孫子》歌曰：三人同行七十稀，五樹梅花廿一枝。七子團圓正半月，除百零五便得知。此歌嘗於梅瑴成《增删算法統宗》中見之，不知是否孫子所作。嘗攷《孫子算經》，並無是歌，而物不知數題算法又與歌相合，則爲孫子作亦未可知。古來言算者，每以此歌爲不足法。山陽駱騰鳳《藝游録》中亦言此術未易得解。余既作《求一捷術》，後偶檢此歌，忽悟可爲求一題通法，雖得數並非最小數，較大衍術似覺明顯。特未經人道破此理，遂無由表見耳。爰爲詳解並推廣其理，俾古人立法之原復明於當世。

又 古歌解 或謂孫子立法之原，固已明矣。惟欲以此法推演求一術題，必先求約數餘一所置數，不誠爲費事乎。曰：是亦有公法。設如題中有甲乙丙三個約數，欲求甲約每餘一所置數，宜令乙丙相乘爲實，以甲歷減之，如餘一即爲甲每餘一所置數，如非餘一，則二乘實，再以甲歷減之，設仍非餘一，則三乘實，再以歷甲減之，如是類推，必減餘爲一，而後所置數乃定。求乙與丙每餘一所置數亦同。設約數有多項，求法亦同，惟置數必甚繁瑣，不及余所作《求一捷術》之便耳。

清・崔朝慶《垛積一得》 《玉鑑》中茭草形段、如像招數、果垛疊藏三門，推演垛積可謂曲盡變化之妙，《則古昔齋算學》中《垛積比類》圖表法三者俱備，條分派別，詳細言之，朱氏以後當首屈一指。余研究二書已非一日，依法推演，觸處皆通，惟詢其立法之理則漫無以應，歷來算書中亦無之，近忽有所悟，因取三角平垛、立垛、三乘垛演成代數細草，質之朋好，僉謂足傳，蓋各種變垛皆出於三角諸垛之理，即足以明各種變垛之理神而明之，存乎其人。此不過發凡起例而已。

清・黃鍾駿《疇人傳四編》卷八 廖家綬

論曰：廖贊府算術，爲近日湘南翹楚。精於測量，而以礮法爲最。雖釋術與溯源相爲表裏，算例多而分門別類，設題務盡其變，定術不涉於繁，如舊設諸題，悉變爲一次比例，惟增設諸題有用數次比例者。釋術以發明其術之所以然，溯源則又推闡拋物線，所以能馭平圓之理。至於臨敵施放昂度，固因遠而推遠，更須憑測望而後得，遞經步算不無稽遲，非準制器，不足以致用也。因更剙制器術，顔曰致用，以礮昂度寓於表尺之間，而重測横表，步算諸繁胥可省焉。法至簡，則練習不難；用至捷，則倉猝無失。其有益於行陳，豈淺鮮哉？

清・丁福保《算學書目提要》卷下 《同文算指》前編二卷，通編八卷。案：是書前編言筆算定位加減乘除分法，通編以西術論《九章》。在當時筆算初行，頗爲新奇，今則已覺太舊。惟利氏於萬曆十年，不遠九萬里航海東來，是爲西算始入中土之一大關鍵。而踵其後者，則有熊三拔、陽瑪諾、鄧玉函諸人，是時已有橢圜地動之説矣。

又 《學計韻言》一卷。案：是書始列位，終天元，薈中西之精蘊，節象數之緊要，製以七言，章凡八十，語簡而韻，最便諷誦，用以啓蒙，洵稱善本。

清・劉彝程《九章實義・敘》 夫九章之名，於古爲尚，顧必以此分類，則重複多而名實亦不甚相稱，惟能運其理而不泥其名，斯可以言九章矣。嘗思比例爲算法大宗，最靈最簡，以運九章，固可囊括無遺，面體積之理，不若比例之用廣，但相乘開方諸法，舍之即無由成算，以運九章，可得十之八九。若夫方程正負術，人皆目爲專門，以爲非遇其題，即無其式，不知正負之理，無往不宜，況立多元，則同數易覓，相消便可成式，蓋方程法雖不便於面體積之題，然自開方題外無不易舉，故以方程運九章，可得十之七八。至句股術，原不外乎比例面體積之理，亦可運九章之大半，惟題境繁多，非分類闡釋，不能覩其大全，故句股可自爲一種，不必沾沾焉運九章也。

又 卷一《比例上》 比例御之分

世人於帶分之數每曰通分，但通分二字專爲齊同，其母古人所謂通分納子是也。故言通分者，僅指加減，未及乘除。朱氏《算學啓蒙》有之分齊同門，以之分命名，最爲賅括。兹欲於之分之數，備言乘除加減法，而人慮治之者未握其要，故以比例御之，雖其事無須借用四率，然以四率排之，尤覺循途即得，一目了然也。

又《比例下》 比例運方田

是書言比例處最多。此卷以比例御九章，尤以比例爲重。既言比例，即排四率，四率之理，無題不有，其名目將書不勝書，算書每以簡省爲便，故自此卷以下，凡遇排四率處，皆僅冠以彼既此必四字，而删去一、二、三、四率名目，或并彼既此必四字亦不用，而僅作四行排之，讀者凡遇排四行處，應即知爲四率即可。因是而識比例之意。

清・方克猷《方子壯數學・諸乘差對數説》 明理【略】用諸乘差造表起於郭太史之垜積招差，其法屢乘屢除均自下而上，如階級重重，迤逦遞進，依法演示，不勞審定，其理蓋出於天元諸乘方之式，熔級數之術於立成之中，用之良便，省示亦多，故今取之。學者試以級數式與用立成表同演示一次，兩相比較，則繁簡勞逸自知之矣。【略】

求八線對數法

舊術割圜八線求對數，必須別立一術以御之，不能如對數之徑求之也，因對數爲虚立之數，無句股比例之可言耳。今以和較術馭之，則任舉一線，而諸線無不可求，且與上術通爲一法，足見理之至者，法無不通也。金山顧氏於對數八線求法，用功至深且勤，自謂心力已盡此矣。其求切線煩難尤甚，引爲遺憾。今得此和較術，則八線通爲一法，均坦途矣。

清・劉澤楨《中西數學通解》卷三 諸比例

凡物彼此相形，並之而用加，較之而用減，聚之而用乘，散之而用除，觀之不過兩率，然乘除之間，四率之理已默寓其中。如因乘，命法曰，人幾何，每人得物幾何，求總物幾何，則是每人得物幾何，與幾何人共得物幾何相比，而成四率，乃自小而得大也。如歸除，命法曰，有物幾何，命幾何人分之，每人得物幾何，則是共人幾何，共物幾何，與每一人得物幾何相比，而成四率，乃自大而得小也。蓋因命數以一人爲法，故乘與除各省其率耳。是雖名爲乘除而實爲相比之四率也。至於比例正法，所該甚廣，大而推步七政天行，測量高深廣遠，小而量功命事，度大移小，無一非由比例而得。蓋以兩數爲比例，用今有之數，即可以得未有之數也。比例之理雖分相連、相當二種，而相當比例之中，實又兼相連比例。相當比例，一率比二率，如三率之比四率。而相連比例，首率比中率，若中率比末率者。是即中率爲二率，又爲三率也。盡人皆知線有線之比例，面有面之比例，體有體之比例，殊不知差分、盈朒、方程、借衰、疊借之類，正皆比例之屬也。然此類中有合數之比例，分數之比例，均數之比例，借數之比例，非條分縷析，各項專論，則不備。故仍舊各自爲類，而獨於比例中最切者，詳明其理，以列法焉。其法一名異乘同除。或名爲準測，或名爲順單。以原有之兩件相除，故爲同除，以今有之一件乘之，故曰異乘。如先乘而後除亦同。而今則質言之曰正比例，蓋以原有之兩件爲一率、二率，以今有之一件爲三率，而所求之一件爲四率也。一名爲同乘異除。或名爲變測，或名爲互視，或名爲逆單。以原有之兩件相乘，故爲同乘，以今有之一件除之，故曰異除。而今則質言之曰轉比例，蓋以原有之兩件爲二率、三率，以今有之一件爲一率，而所求之一件則爲四率也。然論其乘除之名雖異，究其比例之理則一而已。今以數明之。如原有之兩數爲二與四，今有之一數爲八，以原有之二作一率，原有之四作二率，今有之八作三率，即得今所求之四率爲十六。而一率二與二率四之比，即三率八與四率十六之比，爲相當之比例也。如原有之兩數爲八與四，今有之一數爲十六，以原有之八作二率，原有之四作三率，今有之十六作(三)[一]率，即得今所求之四率爲二。而一率十六與二率八之比，即三率四與四率二之比也。或以一率十六與三率四之比，即同於二率八與四率二之比，皆爲相當之比例也。總之，乘除之名有異同，四率之列有更換，而既成比例之後，其理無不歸於大同。由此引伸觸類，推而廣之，有合幾四率而爲一四率者，則名爲同乘同除。或名爲重測，或名爲順較逆較。而今則質言之曰合率比例，蓋其理亦不過合幾乘而爲一乘，合幾除而爲一除，各按四率，參互錯綜，豈能出於比例之外哉。凡此各種比例，俱設數例於後，以明立法之根，加之解説，以廣用法之意。

又 卷一八 各體權度比例

數學至體而備，以其綜線面之全，而盡度量衡之用也。蓋線面存乎度，體則存乎量，求輕重則存乎衡，是以又有權度之比例。其法概以諸物製爲正方，其邊一寸，其積千分，較量豪釐，俾有定率。然後凡物知其體積，即知其重輕，知其重輕，即知其體積，而權度無遁情也。且體之爲質不一，邊積等者，輕重不等，輕重等者，邊積不同，皆有互相比例之法，而各體無混淆也。

清・吴壽萱《學古堂日記・疊徵比例術》 疊徵比例，何爲而作也，因舊有疊借互徵，立法繁重，且半雜方程等題，以足成之。推其意，不過因方程外數題既不全出於盈朒，又不足馭之以方程，舍疊借更無他法可求。余積思三晝夜，將各題予取之理，除方程之可求者，一一推闡，化爲比例，較舊術簡易何止倍蓰。

著録

清・方中息《數度衍序》 此大人見《數度衍》而勉二弟之語也。弟之研極者十餘季矣。初大人廬墓合山重編時論時，衍極數以示息等，弟退即變數十圖以進，大人喜甚，因命精數，弟遂發明勾股出於《河圖》，加減乘除出于《洛書》。既而玩泰西諸書，乃合筆、籌、珠之三法，而窮差別于九章已。三弟得尺算一法，即以貽弟，復數晝夜而盡其變，可謂精矣。方弟之著是書，獨處一室，廢寢食而寒暑不輟，故宜其探賾索隱，鈎深致遠莫不具也。三弟以爲三千年之一書，豈虚譽哉。余得盡讀之，喜而書數言于大人勉語之後。

清・戴震《九數通考序》余少時讀《周官》經六書九數之目，因尋求漢永元中南閣祭酒許慎《説文解字》，以爲古小學賴是以存，而前此北平侯張蒼傳古《九章算術》，魏劉徽爲之註者，卒不可得。近有宣城梅氏撰《中西算學通》，獨《九數存古》有録無書，蓋唐宋立之學官所謂《算經十書》，厘厘《周髀》有全文，梅氏所論述，《周髀》而外，絶不見徵引，是以意欲存古而未能歟？常熟屈君省園嗜古，好深湛之思，於書靡不披覽，尤加意實學，俾足以致用。既撰《萬言肆雅》，爲識字津涉。其治算數也妙盡其能，亦兼中西而會通之，乃舉而分隸九章，則又梅氏所志焉未逮也。

清・屈曾發《九數通考・序》 古者九數，列於六藝，掌於保氏，以教國子，故七十子之徒身通其術。秦漢而後，代不乏人，如洛下閎、張衡、劉焯、祖冲之輩，各有著述，號爲專家。唐宋設明經算學科，其書頒在學宫，令博士弟子肄習，誠以算雖小學，實格物致知之要務也。夫九章之術，用以齊七政，正五音，敬天授民，格神和人，以至同量衡、通食貨、便營作，莫不賴之以爲統紀，其爲道豈淺鮮哉！近世以來，學士文人，以其無關進取，遂視爲賈人胥史之事，棄置不復留心，而里塾教授，又僅抄因乘歸除歌訣，及方田、粟布數法轉相傳習，問以《九章》名目，茫然不能舉對，良可慨已。曾自早歲遊心算學，間嘗采輯傳本手自抄録，以備遺忘，然於按題立法之故，究未能通曉原委，洞悉其所以然，心嘗格而不化。己丑之春，因事入都，得聖祖仁皇帝御製《數理精藴》，伏而讀之，訂古今之同異，集中西之大成，蒐羅美備，剔抉奥微，平日之格而不化者，一旦涣然冰釋，且得開拓其心胸，增廣其聞見。因歎大聖人之制作超出百代之上，而又惜薄海内外，窮儒寒畯，未獲悉覩全書，乃不揣固陋，舉曩時所輯，重加增改，一折衷於《數理精藴》。書凡十有三卷，名曰《九數通考》，學者誠取而習之，不特古者六藝教人之法，可以得其旨趣，即我朝文軌大同，制作明備之休，亦藉以仰窺萬一矣。

清・李鋭《第五册算書跋》 是卷窮幽極微，真算氏之最也。愚更以正負開方爲説，括爲三例。其一，凡隅實異名，正在上，負在下，或負在上，正在下，中間正負不相間者可知。其二，凡隅實異名，中間正負相間，開方時其與隅異名之從廉皆翻，而與隅同名者可知，不者不可知。其三，凡隅實同名者不可知。質諸孝嬰，未審以爲何如計。余與孝嬰別已二載，今孝嬰假館六安，余又旅寓杭州，相去千餘里，安得同共一堂相與極論也。念之，念之。

清・謝蘭生《未廬先生傳》馮經《算略》 所著有《四書學解》《周易畧解》《詩經書經畧解》《攷工記注》《羣經互解》《算畧》等書，凡皆薈萃儒先，畧參己見，而尤邃於《易》。其釋卦象多以十翼爲據，釋爻詞以象詞爲本。河洛之數，以《周髀經》爲宗，而旁及於筆算、籌算，隨手指畫，不差杪忽。先生嘗曰，此雖《九章》之數，非心手絶敏，未易精熟。故自先生殁而其傳遂隕云。

清・范淩霻《比例匯通序》 保氏言九數，鄭氏謂方田、粟米、差分、少廣、商功、均輸、方程、贏不足、旁要。旁要，勾股也。其見於經者，《冢宰》以三十年之通制國用；《大司徒》以土圭之法測土深，正日景，以求地中；《小司徒》經土地井牧其田野；《遂人》以土地之圖經田野；匠人建國，眡以景，爲規識日出之景與日入之景。而門堂溝洫廣深高下之制，釐然大備，國家經世之務多矣，由大農、度支、水衡、錢幣以迄於民間日用，豆區釜鍾，銖兩之細，莫不有其程式而無毫髮分寸之謬。虞舜之巡方也，首以同律度量衡。先聖王所以使民敬讓而不争者，恃此道也。羅子茗香，少治經，四子六經之書靡不貫究，亡何去其鉛槧積習，日與疇人畸士聚首講肄，遂殫精於算學。夫算之有《九章》也，從乎朔而言也。今羅子之言曰：與其分爲九章而法轉淆，不如統歸比例而用畫一也。夫事各有其要領在焉。讀《春秋》者舍例無以釋春秋，讀律者舍例無以造律，然則言算者舍比例之法，安能通諸朝廷官府、放之天下而皆準哉？羅子之成是書也，有解有圖，有歌有訣，中之以比例諸術，大暢西人之旨，如綱之在綱，如葉之附枝，如馬援之聚米，歷歷可覩，如管輅之捫星，落落可識，非探頤索隱者，惡乎能之。

清·羅士琳《比例匯通·序》 歲乙亥，讀禮家門，日以課子爲事，舉業之外，旁及六藝，因亨輻每有所問，輒觸於心，竊思勾股、少廣相表裏，而方田與商功無異，差分與均輸何殊，自《九章》之名立而滋人之惑甚夥，與其因比例之不同分作九章，而其法轉淆，不若判九章之各别統歸比例，而致用畫一。爰不揣譾陋，按類相從，謹摘《九章》中之切於日用所必需者若干條，滙爲比例十二種，以各定率比例冠諸首，以借根方比例載諸後，以諸乘方開法附諸末，共成四卷帙，曰《比例滙通》，庶學士大夫以及賈人胥吏當權衡度量時可恍然。數之一道，無非比例以生，蓋亦聖人所謂一以貫之云爾。論成於乙亥之冬，謀食謀衣，終朝弗輟，遂致束之高閣，今檢敝笥偶得是編，用加推演，録而成卷，追憶草稿之初，不覺忽忽兩載矣。

清·招培中《乘方捷術序》 是書隱括董君方立割圜連比例、戴君鄂士開方捷法之説。而立開方四術，演圖詳解，以明其理，右通左達，以同其條，俾學者開卷瞭然，布算不紛。其於納白爾表，以連比例乘除法，逕開一無量數乘方以求之，又立求對數較四術以求之，亦用連比例乘除法一以貫之，立術最爲簡易。

清·丁取忠《對數詳解序》 余幼嗜數學，閲舊書對數比例，喜其演數之詳，復病其抉理之不顯，則雖詳如未詳也。近年與曾君栗諴交，講求天元借根之理，而尤孜孜於《代數術》一書，偶思對數之繁賾，唯代數可顯其理，因謂栗諴曰：子穎悟絶倫，心精力果，何弗用代數式詳解對數乎？栗諴曰：此夙志也。遂以數月之力，譔《對數詳解》五卷，始明代數之理，爲不知代數者開其先路也。中言對數之理，末言對數之用，作書之本意，爲對數設也。其於常對、訥對，辨晰分明。常對以十爲底，訥對以二七一八二八二爲底，常對以〇四三四二九四五爲根，先求得各真數之訥對，復以對數根乘之，即爲常對數級數，朗然有條不紊，雖初學讀之，苟能循序漸進，無不可相説以解者。

清·李善蘭《四元解·序》 汪君謝城以手抄元朱世傑《四元玉鑑》三卷見示，天元之外，又有地元、人元、物元，書中每題僅列實方廉隅諸數，無細草，讀之茫然，深思七晝夜，盡通其法，乃解明之。先釋列位及加減乘除相消諸法，復以天物相乘人地相乘，諸數無可位置，爲改定算格，取首四問各布一細草，且明開方之法。恐初學仍不能通復，取細草逐節繪圖詳釋之，術雖深，讀此可豁然矣。

清·左潛《求一術通解序》 黄君玉屏與余同習筭。時吾湘言筭者丁果臣先生爲之倡，先生年幾七十，嗜筭之心，老而彌篤，凡近日之善言筭者，先生皆訂交焉。余學雖淺，先生不棄，亦引爲忘年交。余與黄君皆師事之。黄君健於思而鋭於進，凡古筭之繁者、深者、變幻而莫測者，必一一究其源。嘗言數莫簡於較，西筭之精，善於求較耳。余心折焉。自是君所立筭法，所言筭理，與余多暗合。先是，余增訂徐君青先生《割圜綴術》既成，忽悟通分捷法，析分母分子爲極小數根而同者去之，凡多項通分頃刻立就。因演數草，手録成帙。君方校訂時君清甫《求一術指》，閲余法，遂悟泛母求定母捷法，繼又悟求乘率捷法，又月餘遂成通解二卷示余。余惟近日精筭諸家後先接踵，精思妙理，鑿險通幽，其因仍舊術而絶無增變者，惟大衍一術已耳。夫《孫子筭經》物不知數一題以三五七立算，在大衍題尚爲淺顯，經中有術無草，殆未深求至理，原非有意故秘機緘。至宋秦氏始立約分求等求乘率諸法，數雖煩瑣，理實精深。後之攻是術者皆未能洞悉其源，是以於所以然之理俱未能切近言之也。今黄君是書，極力推闡，簡捷精詳，於秦術之外别樹一幟，而理亦殊塗同歸。且大衍諸題筭式不一，古法每次約分祇得一式，遺漏良多，今變爲數根，端倪畢露，可謂簡而彌賅，而以記數解秦氏天元尤爲千古卓見，較之前人，洵所謂後來居上者矣。書成，余慫恿付梓。因書此以道黄君之意，竝質之果臣先生以爲何如也。

清·梅啓照《學彊恕齋筆算·序》 本朝宣城梅勿菴徵君博極羣書，精通理數，獨得數千年不傳之絶學。叢書一出，而算法大明，御製《數理精藴》多採擇之。乾嘉而後，通幾何之義者日衆，其師傳有由來也。今年秋，英祥崖制軍、沈幼丹中丞自閩上書，請詔設算學一科，廷臣以算學本附國子監，寢其議。封篆後，偶有餘閒，爰采輯古今成法，得《筆算書》十卷，非敢曰遂精其術，亦述平日所嘗習者，以爲家塾弟子學數之階梯云耳。

又《重刊序》 《十翼》云，數往者順，知來者逆，是故易逆數也。歐羅巴筭法皆以逆數，而説卦已先言之，其他周秦以下諸子之書，漢儒毖緯之説，足與西學相發明者，更復不勝枚舉。夫以筭法爲絶域侏𠌯，俶詭怪幻之談，足以生心而害政，固宜賢人君子去之惟恐不遠也。若知其本爲中國之學，先聖先師之所創造，名臣鉅儒之所禮授而習傳，則凡讀書窮理之士，出其餘力，取中西諸法閎覽而精思之，或亦籌戰、守利、器用、治河渠者之所不廢歟。欽惟我仁廟親定《律書淵源》，集數學之大成，而勿菴梅氏、曉菴王氏、慎修江氏、東原戴氏諸家亦能崇闡微言，爲絶學於舉世不爲之日，況今中外一家，島夷獻技。（薩）［歐］几里得筭書，前明徐光啓所筆受諸利瑪竇者，僅六卷，今亦續譯以成完書，曾文正師鐫版於滬上。他如時賢所纂述，更日新而靡窮。

清・潘祖蔭《學彊恕齋筆算序》 梅小巖方伯，蔭同年也。以禁近之臣出司大藩，使車所至，既有聲矣。以其餘閒輯《筆算》一書，教其子弟，屬蔭序之。蔭讀其書，既樂其原本經訓，復洞見中西法分合之由，且慨慕聖祖教澤之長，海內人才奮興之衆，其用心可謂勤且篤矣。

清・吴嘉善《學彊恕齋筆算序》 余同年梅筱巖方伯，爲徵君族裔，於家學極有心得，公餘輯《筆算》一書，務擇其切近者備列其法，以示初機，豈非以此爲世用所必需，而欲人人通曉，不畏其難，其用心亦如定九徵君之公而溥歟。書成以示予。予不敏，尚能略言其意，而以告世之有志於此者，於是編神而明之，將登徵君之堂，以上窺《數理精蘊》之旨，此書之志於是乎在。而製造之學，西人所矜爲獨得者，更不難發其扃而闢其奧，而所謂一事不知，儒者之恥，其少可免夫。

清・王鑒《筭學啓蒙述義・序》 余數年以來究心於此，凡中西之學，悉以得力，於是書者證之，莫不左右逢原，涣然冰釋，此中甘苦，皆所躬歷，爰舉先生引而未發之處，詳爲詮説，附注其下，其言一以淺近爲歸，亦猶先生啓蒙之志云爾。

清・董毓琦《天代蒙泉・序》 余故作《天代蒙泉》爲啓蒙之捷徑，立一公法，以簡御繁，使知當然者能知所以然，否則句股和較諸題七十餘條，一題各有一法，若條條記憶，更僕難言。此法無論若何和較，句股弦三數俱無如求句股者以天元假股弦幂相減，求弦者以天元假句股幂相加，即句幂減弦幂以求股，句幂加股幂以求弦，舊法以和較無句股數可加，不得已立各法以馭各題，此則以公法假幂乘而加之，一法可通，遇題即了，不若《代微積拾級》中眉目不清，令人費解，願質高明。

又董毓琦《盛世參苓算稿・序》 至元明八股取士，疇人子弟寥落晨星，幸有國朝之王寅旭、薛儀甫、揭子宣、梅勿菴、江慎修、戴東原、屈省園、焦里堂、項梅伯，及近時之李四香、李壬叔、丁雲梧、吴子登、黄蔚亭，不求利達，抱負自殊，星算能留一線，若無後起者接墜緒於茫茫，恐禹跡岣嶁，漸消風日，縱後進有求碧落，而碑皆没字，奈之何？南北各學堂開創十有餘年，究無一人能踵梅、江絶學，縱琦能守遺法，而一傅衆咻，無補空言。甲申秋，張學士暫攝船政，琦課生徒，擬呈題目，乃多醫診病，後醫評其前醫，悮認淺近爲難題，庋諸高閣。題附於後。何則？船政皆習啊嚏，不求者也之乎，且學惟機器之用，只求方圓面積，不必天算高深，所以句股不知和較，開方不知帶縱，平角不知弧算，豈西人俱不知此，但所請者僅機器之一端，知方圓面積即了，如鄉村之請製衣算布，請一裁縫即了，不知尚有梅、江諸人。若梅文穆與裁縫同至鄉間，詢以衣褲方圓，人皆以裁縫爲絶技，而梅文穆瞠乎在後矣。前沈文肅奏請另開算學一科，部議附在國子監，蓋以算科不但考者鮮人，即識算文宗亦難膺選。國家既開學堂，何不兼通中學，留前人一綫之遺，運際唐虞書同文而珙球萬國。琦作俑恐請入甕，不敢自荐毛鉗，蓋邁年已踰艾政，倘用心過甚，嘔盡心肝，不旋踵而墓木拱矣。雖脩脯萬金何益哉。故僅筆之爲書，作《參苓》《天代》各種，爲學堂後進階梯，不必由琦教習，以此稿刊與諸生，按圖索驥可耳。此皆淺近入門、新創簡捷之法，惟北伐俄羅、試洋遇霧等題，要必中西融會貫通，先由御製《曆象考成》《數理精蘊》《梅氏叢書》《算書廿一種》天元各術簡錬以爲揣摩，始能游刃有餘。拭目以俟來者。

清・劉承幹《垛積衍術序》 金壇馮蒿盦丈一日出溧陽强賡廷先生汝詢所爲《垛積衍術》四卷示予，蓋鍼砭海寧李壬叔徵君《垛積比類》作也。以古開方圖爲立法之根，縱横相生，無不密合，不必如李氏之展轉牽引，而自得於天地自然之數，反復研求，其於三角平立各垛體之較數層數洞悉其原，無豪髮差忒，問題雖淺而理甚顯，設數雖簡而説甚詳，幾幾上窺松庭、俯揖茗香，又匪獨爲李氏諍友已也。

清・强汝詢《垛積衍術・序》 宋以前算書罕言垛積，元朱氏《四元玉鑑》始列九題，稱爲精妙，然數明而理未顯，始學者多難之。同治八年夏余暫寓大梁，與劉子恕觀察論算事，偶及垛積之難，旅居多暇，遂取古開方圖爲諸乘垛之根，紬繹推衍，至五乘垛止，列表以著各垛之變，立説以顯得數之由，設術以明求積之法，又取茭草三角方圓各正垛高積互求諸術，著爲算例，弁之於首。循是以求垛積，庶幾難者皆易矣。草稿既竣，余將南歸，適子恕購得《垛積比類》出以相示，蓋海寧李氏所著新刊行者也。覽其條理與余書頗不同，又聞汪孝嬰、董方立兩先生各有論垛積書，余均未之見，不知其説云何，姑存此稿，以質世之知算者。

清·沈善蒸《立方奇法叙》 開方無捷法，然算學至今日，積人積智，蹊徑益開，海内專家安知無變法捷之者。獨憾滋陬散處，聲欬不通，著作之成而未傳，傳而未顯者，不獲數數覯，雖有新理，吾烏從而知之。龔子好學深思，致力於算有年矣，不拾唾餘，獨求心得，頃復從九減七減中神明變化，創獲一法，甚新奇，而出之簡易，以御整數正立方，迎刃而解，直捷逾常法倍蓰，雖專家之衆，吾烏知創爲通法，不更有捷於是者。然是已爲開方中别闢一途，世不乏同好，博搜兼討，日冀有新理之餉遺，得是良足其欣賞，當何如也。其亟播之别有心得之術，補前人所未備者，亦應次第質諸世，以饜快覩之心，無使如余之以不知爲憾也。

清·勞乃宣《籌算蒙課·序》 西人課童蒙以諸學淺近之理，依次編爲功課書，頒諸學校，按書程課師以是教弟子，以是學不勞而功易成，洵善法也。余宰吴橋，勸設里塾於各鄉，於講讀弟子規、小學諸書外，兼課以淺近算學，既各予以算籌及《籌算淺釋》矣，繼思《淺釋》雖淺，尚無依次課程爲教者法，因略仿西人功課書之意爲此編，於筭式列位加減乘除，皆以極淺者爲始，由漸而進，定爲逐節演習之式，以授塾師。爲師者第按此定本循序講授，量其資質以爲遲速，雖童蒙極鈍之資亦必能相説以解。此書既畢，乃及《淺釋》，自沛然無扞格之虞矣。古者子生六年教之數與方名，十年學書計，童蒙之年無不習算者，其必有簡易之教法可知，惜乎今不傳矣。此編雖仿西人，或猶有古人小學之遺意也乎。

清·徐异《沿沂亭算稿·粟布捷徑叙》 异嘗觀《粟布演草》所載求利率法，多一次收回，則多開一乘方，故或四五次，或六七次，尚堪推演，至數十次收清，則必開數十乘方，甚非易事，況其在百次以上者乎？則其術未爲通法，但欲求一簡捷之法，又迄不可得。邇日偶焉省悟知求此利率之法可以級數馭之，惟其級數或用有窮，或用無窮，不下六七種類，皆遲斂之式，能使收回之次數愈多，而級數之斂愈速者僅有一種，爰用此級數演成一公式，遂無論二三次收清，以至千萬次收清，俱堪一例推求，全無窒礙，誠爲粟布算法闢一捷徑矣。

清·卓垣焯《算學便讀叙》 周君子盤數學士也，作有《算學啓蒙》，源流本末，挈領提綱，便於初學，讀是書而按濵求旨，多購中西算書，探頤索隱，未有不造臻神妙也。

清·周運煃《算學便讀·叙》 兹編《算學四言啓蒙便讀集成》一卷，舉算術要領，作歌畧以訓童蒙，使由斯悟入，能觀其通歟，達制器以還於道，能知其法歟，先明數以成其藝，但得其膚歟，亦明酬應出入之數。

代數分部

綜論

清·明安圖《割圜密率捷法》卷一《步法》 弧背求正弦

法以弧背本數爲第一條，次以半徑爲連比例第一率，弧背爲連比例第二率，求得連比例第三率。次置第一條，以三率乘之，二率除之，得第四率數，二除之又三除之，得數爲第二條，應減，另書之。次置第二條，以三率乘之，二率除之得第六率數，四除之又五除之，得數爲第三條，應加，書於第一條之下。次置第三條，以三率乘之，二率除之得第八率數，六除之又七除之，得數爲第四條，應減，書于第二條之下。第一條第三條相併，第二條第四條相併，兩總數相減，得數即正弦。

按：此以連比例遞求四六八率以加減二率也，四率用二除三除，六率用四除五除，皆依次遞加一數以爲法也，四率爲減，六率爲加，八率又爲減，相間以爲消息也。數小者尚可省，數大者依次求之。建功案：此加減乃西法通例也。若援古開方例，以正負别加減于二四六八等應減之條爲負數用斜畫作誌，似較另書之例甚便，且無混淆之慮。

又 卷三《圖解上》 弧矢弦相求圖解

凡解有因法而得者，有不因法而得者。因法而得者，法如是，解如是止也。不因法而得者，法如是，解不止于如是也。不因法而得，何以有是解乎，蓋其初非爲法解也，亦欲自立一法與前法並行，及深思而得之，乃與作者脗合，遂以爲是法之解，故法如是，而解之曲暢旁通，不止于如是也。先生初聞杜泰西圜徑求周弧背求弦求矢之法，知其義深藏而不可不求甚解，欲自立一法以觀其同異，因思古法有二分弧法，西法又有三分弧法，則遞分之亦必有法也。由是思之，遂得五分弧及七分弧，次列三分弧、五分弧、七分弧三數觀之，見其數可依次加減而得，遂加減至九十九分弧，然其分數皆奇數也。又思之，遂得二分弧，依前法遞推至四分弧、六分弧，加減至百分弧，則偶數亦備矣。然猶分而不能合也。又思之，奇偶可合矣。然逐層求之，數多則繁，若累至千萬分猶未易也。又思之，其數可超位而得，則以二分弧、五分弧求得十分弧，以十分弧求得百分弧，以十分弧、百分弧求得千分弧，以十分弧、千分弧求得萬分弧，既得百分弧、千分弧、萬分弧三數，然後比例相較而弧矢弦相求之密率捷法于是乎成。及其成也，與杜泰西之法無異，遂以是爲解焉。豈非不因法而得者乎。計其次第相求以至成書，約三十餘年，今觀其解，初若與本法絶不相侔，及循序而進，而其法之必由乎此，又有確然無可疑者。至于設一術，取一數，反覆求之，諸法皆立，而其用未盡，誠所謂法如是，解不止于如是也。際新親承指授，且不敢違遺命，今輯其解，並述其意云。

清・汪萊《衡齋算學》第六册《第五册算書跋》　論曰：尚之此例，足爲余書之凡，而余書所謂不可知之數有二數，相淆者有三數。相淆者推之，三乘方以上則有恒河沙、不可思議、無量數，相淆者必辨其爲二、爲三、爲恒河沙、不可思議、無量數，皆著其求之之法，以示後人，使不生疑惑，則又非例所能括者。故余于二乘方以下已煞費苦心，而尚之亦不得例也。且尚之之第二例亦稍有未當處，蓋所謂隅實異名而中間從廉正負相間者，即余書之第五十一條也。此條有可知，有不可知，若非先以余法審别之，而驟以正負法開方，設遇不可知之數，如一與一千與一十萬三數相淆，而題爲一萬萬，真數少一萬一十萬一千，根積又多一十萬一千，一一乘方積與一二乘方積相等者，自一至一十萬相去遠矣。茫無進退之限，初商何以下算？初商不能下算，何以開方而知其翻爲同名與否？又況雖翻而不同名，亦有可知者。如八百真數少一百，根積又多一十，二一乘方積與一二乘方積相等，則每根之數惟十，斷無相淆。以余補法按之可以得其故矣。想尚之作例時，愁緒紛挐，故未克竟其奥。年來殆更進一解已。

清・項名達《象數一原》卷五《諸術通詮》　上四卷發明整分、半分、零分起度弦矢率，而會歸於遞加數，未雖斟定各數算術，係爲術推原，非就術詮解也。且弦矢率與遞加數相應者乃其用數，而諸率自有其本數，求弦矢須遞增本數之乘除而術始備。新立此弧弦矢求他弧弦矢二術，其義藴實包攬無遺，一切術皆自此而生而各據其一得。今按術詮解，二術顯，一切術自明，故半徑求弦矢二術及董氏、杜氏諸術，雖彼此互異，幾莫知意指之所存，及以二術通之，則違者順，奥者彰，無不宛轉相從而約歸一致。河濟江淮皆水也，瓶盤釵釧皆金也，蓋象與數既得其通，而術之各據一得者亦有通詮無異詮矣。

又　知本度矢求他度矢

總論曰：圜中諸線其率互通，理數精微，實難思議，酌定此二術，凡勾股割圜、六宗三要二簡法，與夫杜氏九術、董氏四術，均於此得其會通焉。術中本數之乘除根於連比例，諸率用數之乘除根於零整分遞加。所以能比例者，以同式兩等邊三角相連次列也。所以與遞加數合者，以弧分遞加，諸率亦隨之遞加也。不拘拘倍分、析分，任立一分子母，而即有三角以著其形，有遞加以範其數，奇偶錯立，和較互呈，以及正負加減之所由然，無不曲會冥符。弦與矢遂條然而各就其緒，理數之妙固如是哉。此二術乃其本術下二術，特本此變通之，以備製表之用耳。

又　以半徑求逐度正矢

論曰：弦矢術每求一數有兩種乘除，其除法常不易，乘法則隨本度、他度而定。依本度得三率而定本數乘法，以本度校他度得分子母而定用數乘法，二者固不能省也。顧念六十度通弦正矢，即半徑，若用爲本度，則一率半徑與二率通弦、三率倍矢皆等，可以省本數乘除，但校定分子母依遞加數乘除之祇一半徑，而一象限逐度分杪之弦矢無不得矣。圜中諸線之交通固由於通弦倍矢，而正弦矢實爲八線之宗，其用最廣。因立術求之，術中乘除加減與前二術大略相同，所異者，正弦術半其本度爲分母，第一數中弦矢皆增二除，求各數省去本數乘除外，各增分母自乘之除耳。半本度爲分母者，正矢倍矢同在一度，而正弦度則得通弦度之半。今定六十爲本度，欲求他度，必須求倍他度通弦，折半而後得不倍他度，而半本度分子母比例亦同。故求正矢即以六十度爲分母，求正弦則以三十度爲分母也。增二除者，半徑乃本度通弦倍矢，求諸數減併後折半，方得他度正弦矢。今第一數先以二除，一數半則諸數皆半，後不煩折也。增分母自乘除者，遞加數本法每降一率必分母除之，降兩率必分母自乘除之。前三術無此除者，因所用三率業經除過，今既不用三率，則不能省此除也。

又　論董氏四術

又論曰：董氏立此四術，以方錐堆釋之。方錐堆亦出於三角堆，即整分遞加數也。故所釋弦矢率祇有倍分。倍分中弦率亦祇有奇分。至析分弦矢，第假倍分之率轉相校勘以定乘除而已。顧使不究所由然，而但論其術，則四術頗多疑義。如倍分術置弧分自乘遞減一九二十五等爲求弦乘法，遞減一四九等爲求矢乘法，而析分則轉以減數乘弧分自乘而又各減一爲乘法。倍分術通弦爲二率，倍矢爲二率，而析分則必需弧分除通弦、弧分自乘除倍矢始得二三率。倍分術得數分列左右，各併之相減爲弦矢，而析分則逕併諸數爲弦矢。似其術兩不相通矣。由今考之，始知求諸數乘除有異者，以分子母互爲一省乘省除故也。得數後加減有異者，以分子母互爲大小乘法有正負故也。凡此皆由分子母而定，而分子母實由零分遞加數而生，故明乎零分遞加，不惟幾分之幾可以任求，且可爲析分術推其原，兼可爲倍分術補其缺，而四術之互異者亦於是得其通矣。

又　論杜氏九術

總論曰：弧與弦矢不相通，通之以極細分。極細分通弦即弧倍矢，即弧爲二率之三率，但本弧與極細弧其弦矢可互求，即弧與弦矢亦可互求。此董氏倍分、析分四術實爲此九術之原，今更以分子母覈之，而其理益顯。蓋弦矢，方邊也。弧，圜綫也。方有盡，圜無盡。分之設也，可有盡，而亦可無盡。假其有盡者，察數之變，而還其無盡者，得理之通弧與弦矢乃無可復遁。此割圜之能事，至九術而極，而非有分子母亦無以啓其秘而發其扃也。

又　卷六《諸術明變》　象百變，即數亦百變。全體達用，故無一非變。全用在體，故無變非一。非體一而用變也。前所論象爲弦矢，正不惟弦矢而已，一度中八綫皆是象，豈遂不與數會者？又不惟八綫而已。盈兩間耳聞目見，身觸意知者皆是象，豈遂不與數會者？今將舊所定弦矢求八綫術、開諸乘方捷術、算律管新術列於卷中，是皆從遞加數轉變而得。末乃列橢圜徑求周術，因其淵奧難知，別立三術引其緒，妙在用倍外矢，後二術遞次乘除，其比例不離乎零分遞加。求橢弦和術又別含一種比例，默具於整分遞加圖中而昭然相示者。於是融兩種比例爲一比例，以立本術。至加減之差亦出於數之不得不然，以其限於分。故若分極於無分，即差入於無差，而徑求周之術始定。向思闡明之，而病軀不能從事，姑發其意，以俟知者。此皆變之一隅也，不知變無以顯從體起用之神，知變而不知一，無以全攝用歸體之妙。余故曰：會一原者始可與論百變矣。

弦矢求八綫術

杜氏術有徑求周，無周求徑，向思補之而不得其方。蓋以連比例全恃半徑爲一率，無徑則比例無可施也。後因研究橢圜，竊嘆遞加數蘊含之神妙，斟定平圜周求橢圜周術，廼類推而得此。所惜者，除法微贏於乘法降位，頗難求至百餘數，八位尚未消盡，固不足爲術也。惟確知其得數的是圜徑，而數所由來又別自一理，非假途於徑求周者，且以徑求周參校之，周主奇，徑主偶，三奇數之始，故求周起三乘，遞次以奇數自乘爲乘法，而以越次之奇數自乘減一爲除法；二偶數之始，故求徑起二除，遞次以偶數自乘爲除法，仍以按次之偶數自乘減一爲乘法。此蓋奇偶相從，乘除互易，殆有自然之象數寓乎其間。爰附載於此，後有好學深思者，或因此變通之，另補其術，俾周徑得以互求，則更妙矣。

又　開諸乘方捷術

總論曰：遞乘遞除術以開方平方向嘗爲八線互求之用，戴君鄂士《對數簡法》亦用之，而未能推及諸乘方者，以乘多則比例難尋，廉式又繁，而不可御也。由今思之，遞乘遞除其數生於比例而成於遞加，以比例論平方，以借根爲一率，減積之根爲二率，求得三率，因以一率、三率爲逐數比例，蓋遞間一率也。而立方則間二率，三乘方則間三率，每多一乘則多間一率，約計其數，無論一率、四率相比，一率、五率相比，要皆與本乘之積比積等，故概用借積或本積，除其減積爲遞次乘法，以遞加論平方廉率二，乘法起于第三數之一與三，由是以三、五、七、九等奇數乘得各數，除法起於第二數之二，由是以四、六、八、十等偶數除得各數，蓋遞加以二也，而立方則遞加三，三乘方則遞加四。推之諸乘，廉雖多種，而本乘數加一實爲諸廉總率，故概取廉率二因、三因爲除法，後加減其一爲乘法。此兩種乘除相須爲用，有連比例以引其緒，復有遞加數以就其閑。平方如是，諸乘方即莫不如是也。苟明乎其故，以御他術當亦無不可通。而開方乃算學初階，廉雜商難得此已無復慮。好學深思者，本是術而引伸觸類焉，其爲用可勝窮哉。

又　算律管新術

總論曰：以上四術，求橢圓周爲本術，後三術爲求橢周所由來，故備載之。有抵周線術而各橢弦可求，有橢弦術而各橢弦和可求。橢弦和既可求，橢圜周即無不可求。其用全在逐分倍外矢，各三率不齊，須以倍外矢齊之。倍外矢不齊，又須以半徑齊之。所以能齊其不齊者，則恃有遞加數一圖與之婉轉而符會，觀後圖解便可洞然。夫求平圓弧線，非遞加數而其率不通，今求橢圓弧線亦復如是。然則圓理無窮，一遞加數有以括之矣。誠妙矣哉。

清·安清翹《學算存略》卷二　天元算略

茲用立天元一之名，以示存古之意，而以根方連比例著其理，至以多少分正負以相消明加減，亦取其於理易明而便於用者。庶初學易入而又不迷於其原也。

論曰：凡數皆可謂之一，是故立天元一者，數學一貫之術也。何以言之？蓋數有天、有人。自一生二，二生三，以至無窮者，天爲之也。始於一，究於九，至十又爲一，乃至百千萬億，皆可名之爲一者，則人爲之也。由根生平方，由平方生立方，以至無窮，如自一生二，二生三，以至無窮也，亦天爲之也。十之爲根，百之爲平方，千之爲立方，萬之爲三乘方，自此以上，皆以十爲等，亦人爲之也。何也？以十爲等者，數之一端耳。設如邵子《易數》兩儀生四象，四象生八卦，八卦生十六，十六生三十二，三十二生六十四，皆以二爲等，則二即根也，四即平方也，八即立方也，十六即三乘方也，三十二即四乘方也，六十四即五乘方也。如楊子雲《太元》三方，九州，二十七部，八十一家，皆以三爲等，則三即根也，九即平方也，二十七即立方也，八十一即三乘方也。推之以四爲等者，四即根也，以五爲等者，五即根也。凡通分之術，設一整數，任剖爲若干分，皆可謂之根，即皆可謂之一也。由斯以論數之等，任人爲之，不可爲典要，而其爲一根，則無不同。其由根生平，由平生立，亦無不同。此立天元一術所以能盡數之變也。算術至此至庸至奇，謂之一貫之術，詎不信歟。

清·阮元《疇人傳》卷三九　梅文鼎

論曰：文穆藉徵君章明步算之後，能不墜其家聲，又得親受聖天子之指示，故其學愈益精微。以借根方解立天元術，闡揚聖祖之言，使《洞淵》遺法，有明三百年來所不能知者，一旦復顯于世，其有功算學，爲甚鉅矣。

清·羅士琳《割圜密率捷法跋》　竊惟割圜肇自《九章》，《大測》生于八線，舊傳弧背求矢，濫觴已久，然非密率。自西士入中土，設六宗三要諸術，爲割圜八線起算，法始大備。六宗者，圜內容三邊、四邊、五邊、六邊、十邊、十五邊是已。三要者，以正弦求餘弦、以本弧正餘弦求倍弧半弧、正餘弦是已。復又推廣之，用益實歸除及益實兼減實歸除增求圜內容十四邊、十八邊與大三分之一通弦，于是最小者爲五分之弦，其自一分至四分之弦則中比例求之，特取數紆回，不能隨度以求弦矢，故非表無以濟算。杜氏原法雖捷，但僅傳其術，未皀厥旨，且秖能以弧求弦矢。是書既補成弦矢求弧諸術，更爲圖說法解，以明立術之原。亡友董子初得九術，因其乘除諸母數有合于垛積招差，譔《割圜連比例術圖解》上中下三卷，以垛積解其術之當然，而于術之所以然則闕如焉。孰若是書三隅悉反一，貫胥通數，不必符乎六宗法，不必依乎三要，而弧與弦矢彼此互求得之頃刻，可謂愈精愈簡矣。

又羅士琳《比例匯通》卷三《借根方發凡》　根者，綫也，面之界也。借根而並言方者，根爲方之邊，若根乘根則成平方，根乘平方則成立方，以至屢乘及多乘方俱所必用，故名之曰借根方。凡布算者，先借一根爲所求之物，因之以加減乘除，務令與未知之數比例齊等，而所求之數乃出，大致與設色比例相似。然設色比例止可以御本類，此則一切算法無不可以御之，是誠比例之大全，數學之極訬者矣。茲僅就諸比例之所設各法，用借根方法一一推演之，以明九章即比例之故。其全法容俟另撰《借根方解》，庶幾由淺及深，引人入勝爾。

又羅士琳《疇人傳續編》卷四七　朱世傑

論曰：漢卿在宋元間，與秦道古、李仁卿可稱鼎足而三。道古正負開方，仁卿天元如積，皆足上下千古。漢卿又兼包衆有，充類盡量，神而明之，尤超越乎秦、李兩家之上。其茭草形段、如像招數、果垛疊藏各問，爲自來算書所未及。郭太史《授時草》平、立、定三差所謂垛積招差者，殆通乎此。祖氏序謂二書相爲表裏，不其韙歟？蓋當時競言天元之學，推其源實出於衰分，雖同爲假借之算，而衰分所借者爲今有之見數，天元所借者爲所求之問數，見數實而問數虛，故衰分較易。若天元者，既爲問數，祇可互爲隱伏，不容交相雜廁，故必立之於太極見數下，使其有所區別，以求同數之兩式，尤必使兩式之正負各異，庶於錯綜參伍中消成一段，俾隱伏之問數立見。所謂如積求之者，凡數之相乘或自乘，皆謂之積。凡題必有兩見數，或如題用定率得積，或如題用加減乘除得積，以兩見數各演一式，其正負自必不同。譬之題有三四兩數，以八乘三，同於以六乘四，均得二十四是已。故同一弦冪也，有以和冪內減倍直積爲式，有以較冪內加倍直積爲式，兩式雖同，兩式之爲和較，爲正負則互異其法。又有類於盈不足術，假令令之兩式，惟假令令之兩式消後一行，僅得實法兩層，天元兩式消後一行不盡，爲實法兩層，其階級重重，率由屢乘所得，故又假借爲實方廉隅諸數，而以開諸乘方法御之。地元則於天元所假借之一算外，復別假一算，此一算既不可使之與太極天元相混，故旁立於太極之左，其兩式相消後，尚有綴附者，交羼於其側，不成一行，不可爲開方之段，必更尋一同數之式以相消，使三式化爲兩式，兩式終歸一行。譬之三、四相乘，倍之亦得二十四。句股二冪相併，亦爲弦冪是已。此兩式因一由題中今有數所成，故曰今式；一由云數所成，故曰云式。用以作記耳。至於三元、四元，不過多一元則多一假借之算，亦多一元則多一同數之式，凡二元二式、三元三式、四元四式，悉如方程之二色、三色、四色，互通齊同，相當直除，其或上下左右。不能升降進退者，則又剔而自乘，務使或升或進，齊同相當。所謂剔而自乘者，譬之二、四相乘爲一十二，若三自乘爲九，四自乘爲一十六，以九與一十六相乘，初不異夫一十二自乘之爲一百四十四。此中之變化莫測，自然而然，可謂别具神奇，曲盡妙理，是誠算學中最上乘也。惜唐荆川、梅文穆諸公，未經深究，錯會厥旨，漫以術士祕其機緘訾之，致二書并佚。阮相國在浙時，獲大德本《四元玉鑑》，而以未見《啓蒙》爲憾。近士琳又訪獲朝鮮重刊本《算學啓蒙》，因仿《論語》皇侃疏、《七經孟子考文》傳自日本例，校刻行世，并《玉鑑》一書，亦爲補撰《細草》刊布。將見漢卿之書，不難人人通曉，士琳亦不憚以平易之語，反覆詳明，引申取譬，導其先路，實欲斯文未墜，絶學復昌，是所望也。

又　卷五一　焦循

論曰：天本無形，古人之所謂横帶天腰者爲赤道，斜交赤道者爲黄道，殆如棋枰劃界，以便測算耳，非天確有黄、赤道也。然則西人所謂本輪，均輪，次輪，亦虚象耳，非確有諸輪如連環相套於無形之天也。乃西人言之鑿鑿，甚且謂天有九重，層層相包，如裹葱頭，日月五星列宿，在其體内，如木節在板，一定不移。其所以能衒惑愚人者，正在此等新奇無據之説。乃不謂梅、江諸君，竟受其欺，遂以爲天真有質，真有若是諸輪。果使天真有質，真有若是諸輪，何以未幾而變爲橢圓之天？不識向之諸輪，究竟棄置何所？里堂輪、橢二釋意主實用，故詳於法而略於理，旨哉洵儒者之學也。至於天元之妙，妙在寄母。尚之謂減所不可減，非負不能通其變。余竊以爲除所不受除，非寄母不能通其變。寄母者，通分之謂也。不除此而乘彼，在常法多一除，立天元恒多一乘。故凡兩次除者，天元則變爲平方；三次除者，天元則變爲立方。是欲究天元之術，必先明正負開方之理。而天元之爲用甚廣，昔郭太史《授時術》尚用之以求弧矢，是不獨可賅《九章》，尤治秝者之所必不可少也。里堂天元、開方二釋，闡明其法，使人人通曉，較梅文穆之僅辨天元爲借根方所本，其功不更鉅哉？

清·葉棠《天元一術圖説》　解帶縱平方

總論曰：帶縱諸方所以盡開方之變，借衰互徵所以佐差分之窮，方程又差分之極神者也，先解諸法以明天元。蓋天元之術，備差分、少廣、方程而加精者也，神明變化，莫可端倪。阮芸臺先生云：少廣著開方之法，方程别正負之用，立天元一者，融會少廣、方程而加精焉者也。其術廣大精微，無所不包。大之躔離度數，小之米鹽淩雜，凡他數所能馭者，立天元皆能馭之，他術所不能馭者，立天元獨能馭之。信斯言也！雖窮神知化，無以逾其精深，探賾索隱，不足擬其神妙，而後知立天元者，乃天地之秘奥，算術之寶術也。明代唐、顧二公，以立天元一無下手之處。荆川之説曰：藝士著書，往往以秘其機爲奇，所謂立天元一云爾，如積求之云爾，漫不省爲何語。而箬溪則言：細考《測圓海鏡》如求城徑即以二百四十爲天元，半徑即以一百二十爲天元，既知其數，何用算爲，似不必立可也。遂盡删去細草，但演開帶從諸乘方法，得無舍本而求末乎？【略】余又惜其於此書參伍錯綜之妙，未曾盡吐爲恨，不能使披覽者如登坦途。己酉夏，同邑鄭子容甫從余游，言算事，而兼及天元，講論之暇，因作此卷，欲此學昌明，故兹編於正負相減、相加、相乘諸法，詳細推衍，於諸和較相求之理盡發隱奥，作圖立説，以闡明千古不傳之秘，務求大義曉暢，庶令來學得其門户，望而輒解，無有滯礙，俾人人皆可習天元。倘文穆復生，亦當擊碎唾壺也。

清·李善蘭《垛積比類》卷一　垛積爲少廣一支，而元郭太史以步躔離，近汪氏孝嬰以釋遞兼，董氏方立以推割圜，西人代數微分中，所有級數，大半皆是，其用亦廣矣哉。顧歴來算書中不恒見，惟元朱氏《玉鑑》茭草形段、如象招數、果垛疊藏諸門爲垛積術，然其意在發明天元一，故言之不詳，亦無條理。汪氏、董氏之書有條理矣，然一但言三角垛，一但言四角垛，餘皆不及，則亦不備。今所述有表，有圖，有法，分條别派，詳細言之，欲令習算家知垛積之術，於九章外别立一幟，其説自善蘭始。

又李善蘭《四元解·算例》　凡算式皆自左而右，步而左爲十百千萬，步而右爲分釐毫絲，其右方作〇者，則末位爲十，作〇〇者，則末位爲百。凡末位升幾位，則作幾〇，其不作〇者，則末位爲步。若左方作〇者，則首位爲分，作〇〇者，則首位爲釐。凡首位降幾位，則作幾〇，若步下帶分釐者，則分位下注一分字。

凡算有正負，以有∖者爲負，無者爲正。

凡算格，以真數爲太極居於中格，虚數爲四元居上下左右格。太下一格爲天元，再下一格爲天元自乘數，再下一格爲天元再乘數，凡多一格則多一乘。太左一格爲地元，再左一格爲地元自乘數，凡多一格則多一乘亦如之。太右一格爲人元，再右一格爲人元自乘數。太上一格爲物元，再上一格爲物元自乘數，凡多一格則多一乘亦如之。天元左一格爲地元乘天元數，再左一格爲地元再乘天元數，其右一格爲人元乘天元數，再右一格爲人元再乘天元數，凡多一格則多一乘亦如之。天元下一格之左爲地元乘天元冪數，其右爲人元乘天元冪數，凡多一格則多一乘亦如之。天元再下諸格亦如之。物元左一格爲地元乘物元數，其右一格爲人元乘物元數，凡多一格則多一乘亦如之。物元上諸格亦如之。若天元與物元相乘，地元與人元相乘，則作○以誌之。按：未經剔而消之，前無零位，故作○不混。若偶遇有零位，則作△以別之。其天元乘物元則作於算式之下，物元乘天元則作於算式之上，地人相乘則作於算式之左右，乘幾次則作幾○。作○所以濟算格之窮，然最易譌亂，今爲改算格，詳易萬倍，具見後算格圖說。

凡加法，以太加太，以某元加某元，各齊其位。同名相加，異名相減。相加者，正者正之，負者負之。相減者，本數大，則本數正者正之，負者負之。加數大，則加數正者正之，負者負之。無對者，則正者正之，負者負之。

凡減法，亦齊其位。同名相減，異名相加。相減者，本數大，則正者正之，負者負之。減數大，則正者負之，負者正之。相加者，本數正者正之，負者負之。無對者，本數正者正之，負者負之。減數正者負之，負者正之。

凡相消，得今云諸式後，加減不必齊其位，可以太加減元，亦可以元加減太，且可以諸乘數與太元相加減，但其格式次序則不可亂。如以此行第一格加減彼行第二格，則此行第二格當加減彼行第三格也。

凡得今云諸式後，可以同名相加減，亦可以異名相加減。其異名相加，一如減法，相減一如加法。

凡乘法，亦齊其位列爲左右兩式，以左式太起自上而下偏乘右式右邊第一行，復偏乘第二行，以次至右式左邊末一行止，爲乘第一次，又以左式太下一格偏乘右式爲乘第二次，以次至太下末一格，乘畢，復以太左一行自上而下以次偏乘右式，如此至太左末一行，乘畢，復以太右諸行如法偏乘右式。用物元者，則又以太上諸格及太上左右諸格乘。凡左式有若干格，則乘若干次。同名相乘所得爲正，異名相乘所得爲負。乘畢，同名相加，異名相減，各依其位併之。如天元乘太則爲天元，天元乘天元則爲天元自乘數，天元乘地元則爲天地元相乘數，各以所乘定其位也。

凡除法，有四元者皆不受除寄爲母，若僅有天元或僅有三元者，則可以天元除。以除天元一層得太一層，以除太一層得太上一層，凡除幾次，則上幾層。若僅有二元者，則并可以地元除以除地元一行得太一行，以除太一行得太右一行，凡除幾次，則右幾行。若除法中帶有他數者，則亦不受除寄爲母。用四元則不可除，用三元則僅可以天元除者，拘於算格也。今改定算格，則皆可除矣。詳後圖說。

凡相消法，即同減法。

凡互隱通分相消法，列爲左右兩式，以左式左行依乘法偏乘右式，亦以右式左行偏乘左式，乘畢，依減法相減，以其減餘復爲左式，又以左式右行偏乘右式，亦以右式右行偏乘左式，乘畢相減，以其減餘復爲右式，以減餘兩式仍如前相乘相減，如此累次消之，消至左右各剩二行，乃以左式右行、右式左行爲內二行，相乘爲內二行得數，以左式左行、右式右行爲外二行，相乘爲外二行得數，兩得數相消得爲開方數也。若左右兩式行數不等者，則以其左行相乘減，復得左式，後不必更以右行相乘減，便以原兩式中行數少者復爲右式也。若與後得之左式行數仍不等，則第二次相消仍不必更求右式，便以此復爲右式也。凡消至左右各兩行時，當各於最上一層記太字，然後內外相乘也。

凡剔而相消，法無一定。其常法，則用三元者以三式，列爲中、左、右，以中式上一層偏乘左式，亦以左式上一層偏乘中式，乘訖，相減得數復爲左式，次以中式下一層偏乘左式，亦以左式下一層偏乘中式，乘訖，相減得數爲中左式，復以中左式與減得之左式如前相乘相減，復以減得之數一爲中左式，一爲左式，仍如前相乘相減，如此遞減至止剩一層而止，乃移人元及諸乘數皆書於天元諸位，其中式與右式相消亦如之。用四元者，以四式列爲左、中左、中右、右，先以左式與中左式如三元相消法，以下一層相乘相減，復以中右、右兩式以下一層相乘相減，復以中左、中右兩式以下一層相乘相減，以減得之三式復列爲中、左、右，以左與中、以中與右、以右與左復如前，以下一層相乘相減，如此遞減至消盡天元乃止，復各以其右一行如前相乘相減，亦遞減至消盡人元乃止，乃移物元及諸乘數皆書於天元諸格，此正法也。然依此相消，則前得後得兩式行數必多互隱，通分相消時，布算必繁，而所得開方式層數又必極多，開方時布算又必更繁矣。故常用變法，或此兩式欲相乘相減，先以彼式與此兩式相加減，或相乘相減，得一式後，不復更求一式，而以所得之式與他一式相乘減，錯綜變化，惟意所命，總要求得前後兩式行數不多爲貴。其法詳見後細草中。

凡有四元者，剔而相消時，地元、物元諸乘數中又有天、人元乘之者，皆當以法剔分之，令先消去　此亦古算格則然，若今改定算格，則不須爾也。【略】

一元之圖，線理也。二元之圖，平方理也。三元之圖，立方理也。四元之圖，三乘方理也。故太居上止一格，天元從下乘之則二格，再乘之則三格，引而長之之道也，非線何？天元諸數止一行，以地元乘之則二行，再乘之則三行，線乘線爲面之道也，非平方何？天地元相乘止一方，以人元乘之則二方，再乘之則三方，線乘面爲體之道也，非立方何？三元相乘止一體，以物元乘之則二體，再乘之則三體，線乘體爲長體之道也，非三乘方何？由是推之，太者，單數也，點也。元者，太之行也，線也。元自乘者，行之比也，面也。元再乘者，面之疊也，體也。是一元中本具線、面、體，用諸元而線、面、體之外又有線、面、體焉。且此元與彼元乘而爲長方形，長方形亦面也。此元與彼元之冪乘而爲或高或扁立方，或高或扁立方亦體也。是諸元各具線、面、體，諸元相乘而線、面、體之中又生線、面、體焉。其理之妙如此，則古人上下左右之格，不得不改爲立方、三乘方之格矣。且改其格，非徒明理也，亦且便於法，故格改而天、人、地、物相乘諸數皆有位，不必寄位而作圈，格改而諸元爲法皆可除，不必寄分而爲母。以天元除者皆得上一層，以地元除者皆得右一行，以人元除者皆得上一方，以物元除者皆得右一方。至於相乘、相消之繁簡，加減之難易，其相去又有不待言者矣。曰審如是，則三元當疊而爲立體，四元當疊而爲三乘體，今何以皆分爲諸面也？曰立體、三乘體者，其理也，不得不分爲諸面者，其勢也，有盈尺之書於此，子能不逐張展之而能通其義乎？故書必逐張展之，而後可讀。三元、四元之體，必逐層分之而後可算。

又李善蘭《測圓海鏡細草序》　今來同文館，即以此書課諸生，令以代數演之，則合中西爲一法矣。丁君冠西欲以聚珍板印古算學，問余何書最佳，余曰：莫如《測圓海鏡》。丁君曰：君之學得力此書最多，將以報私淑之師耶？余曰：然。然中華算書，實無有勝于此者，請讀阮文達公之序，始知非余阿私所好也。

清・黃宗憲《求一術通解・敘》　自《孫子筭經》物不知數一題有術無草，後人罕通其妙，遂無有論及者。宋秦氏道古以大衍釋之，其法始顯。國朝駱氏春池、張氏古愚各有專書，然求等約分頭緒不一，初學茫然。近日時君清甫《求一術指》立法稍簡，亦僅識其當然，而於所以然終闕如也。同治癸酉，左君壬叟衍通分捷法一帙，將分母分子析爲各數根，任以多項通分，頃刻可得，可謂善於求較者矣。余因悟大衍術，析各泛母以求定母，形跡顯露，術理朗然，較之舊術簡而愈詳。夫立天元一始見於秦氏《數書九章》，繼見於李氏《測圓海鏡》，李氏之天元得梅文穆以借根方釋之而彰，而秦氏之天元，焦氏理堂、李氏秋紉各執一說，究之皆未暢其旨。竊謂秦氏以記衍數一次爲天元，別無深理，以此釋之，令閱者瞭如指掌。

又《例言》

一，求定母，舊術極繁，至《求一術指》稍歸簡捷，而約分之理仍不易明。今拆各泛母爲極小數根，瞭如指掌，遇題有多式者，一索無遺。

一，求衍母，以各定母連乘，與舊術同。

一，求衍數，舊術以定母除衍母得其衍數。今以餘位定母連乘，亦得本位衍數，布筭時取便用之。

一，舊術有求奇數之例，今不用。

一，求乘率，舊術先以奇定相求，得奇一，再立天元，累乘累加，亦覺眩目。今以定母衍數對列，輾轉相減，遞求寄數，即爲乘率，不立天元。

一，定母累減衍數，即餘一者無乘率，即以衍數爲用數，有乘率者，以乘率乘衍數，所得爲用數，與舊術同。

一，舊術有借用數之法，贅設，删之。

一，大衍題荅數無窮，古人皆設所求數少於衍母，故併各總數滿衍母去之，不滿即所求。若遇所求數多於衍母者，則不然也。此論原書未及，今特詳之。

一，是編所定新法，意在明數理之相通，非敢與古人辨得失。謹述數題，申明術意而止。

一，是編分上下二卷，上卷發明古人立公式之理，下卷則隨題立法。故另設數題，以明用捷法之理。

一，求乘率，恒以衍數餘一而止，兹增補求反乘率法，郤以定母餘一而止，卷末亦另設新題，以明其用。

一，大衍術有可以代數求者，乃近日曾君栗諴所述，附録於後，理亦與本術相通。

一，是編釋案，辭取淺顯，以便初學，雖傷煩冗，亦所不計，倘有不盡術意者，更俟高明增補之。

清·梅啓照《學彊恕齋筆算》卷三《方程》 方程以御錯糅正負。

方，比也。程，式也。因設數齊其分，以比方之定爲已成之式，凡法皆如之，故曰方程。蓋用互乘以齊其分，使其首尾皆同，減盡而餘，一法一實以得一數也。法雖有三色、四色、五色以至多色，不過累乘累減以歸一法一實而已。二色設二行，三色設三行，若少一行不可算，若多又可不必。故解方程者又云，凡設數必成方而後可算也，其要在分和較和數相比者互乘。而相減較數相比者，古人定爲正負之名，以辨加減異同之號。正負異號則相加，正負同號則共減。理與盈朒同，正者爲主之數，負者虚比之數。始也任以首色爲正，互乘衆色，與首色同類皆正也，與首色異類皆負也，繼以互乘所得之數，視正負之同異而加減之，然加減之餘又有正變爲負、負變爲正。今定爲例，和數不用正負，較數則用正負之號，和較兼者，和仍不用而較用之，和較交變則隨法用之，神而明之，存乎其人焉耳。【略】

盈朒改用方程法

劉徽《九章》注，戴東原以爲文多脱誤，嘗作訂譌，偶讀《盈不足》章善田惡田一題，術用借衰，義仍隱雜，改以方程，如數釋之，較顯十倍。

清·王鑒《筭學啓蒙述義·序》 朱松庭先生兼秦、李之所長，成一家之著作，世所傳者，惟《四元玉鑑》及《筭學啓蒙》二書。《玉鑑》細草已軼，甘泉羅氏起而補之，歲更一紀，始獲脱稿，四元之學於是暢明。《啓蒙》久經放失，賴朝鮮重刊本以復行於世，此本亦羅氏所得，復爲之作識，誤以證其譌爲之作，附釋以洩其秘，則羅氏始終爲先生功臣，殆有天焉。夫羅氏，吾鄉人也。昔先生游吾郡而爲是書，付梓者則有趙元鎮。元鎮亦吾鄉人也。今余又解先生之書，則先生之於吾鄉人士，千載而下，謦欬相接，誠如羅氏所謂有緣者，又得謂非天耶？顧是書命以啓蒙，似無待於解。然統觀三卷，其淺者不過通功易事之細，屠沽市儈類能爲之，及其變化錯綜，探賾索隱，極而至於天地之情變，日月之交會，皆可以其理通之，恐學者習其術而未易窺其立法之原，知其著而無以得其引伸之故。

清·華蘅芳《算草叢存》卷二《垛積演較》 余前著《積較術》三卷，以明正負諸乘方邊積相求之法，而於諸乘之垛積僅舉端倪，未曾詳演也。今春多暇，爰取《四元玉鑑》中有關於垛積之題，以積較之術求其開方式，覺向之視爲至難者，今乃至易矣。

又 卷三《積較客難》 客有三揖而進者曰：吾觀子之積較術，凡求多乘之積、開正負諸方均以加減得之，誠簡易極矣，然充其術之量，衹能馭正負多乘方，而於連比例則不能馭也，豈非憾事乎？余曰：積較之不能馭連比例，誠如君言，然君亦何取乎連比例而必欲以積較馭之乎？客曰：吾嘗讀項、戴兩家之書，而知屢乘屢除之術莫不由連比例而生，積較之術若能馭此，則逐秒逐分逐度之弦矢切割均可按次加減而得，無須屢乘屢除之繁，豈不甚便？無如其不能也，此吾所以深惜其美中尚有不足也。余曰：君言積較之不能馭，亦曾以數核之乎？抑亦但憑空論乎？客曰：吾何嘗不以數核哉。吾嘗列若干連比例率數，屢求其較，不能至盡，是以知其不能也。余曰：子真爲項、戴之書所囿而不知通變者也。凡無窮之級數，以連比例解之固屬可通，然以爲真是連比例則未必也。以余視之，亦是諸乘方之和較耳，豈有積較之術而不能馭此者乎？客曰：願聞其畧。余曰：級數之項雖無窮，而截其任若干項則與有窮之級數何異乎，即與多次之式又何異乎？夫多次之式即正負諸乘方也，正負諸乘方，積較所能馭也。何昧昧若是乎？客曰：謹受教。余曰：此中並無深意也，試畧舉一式以明之。

客曰：積較之術竟有如是神妙乎，吾知之矣，子無庸再演矣。吾向者惑於連比例之説，以無窮級數爲迴異於諸乘方，故質於子，及子以截尾之法變之爲諸乘方，而吾心之疑滋甚。何也？凡天元所得之相消式，其當開平方者不能截去其隅而爲法實也，其當開立方者亦不能截去其隅而爲平方也，今於無窮級數乃可任截其幾項爲各次之式，吾恐所得之諸乘方以積較求之，或未能與數密合也，故必欲請子演之，及演之數十行而其數悉合，吾乃恍然悟矣。天元所得之諸乘方，其各方俱爲倍數而其元每大於一，大於一之元愈乘愈大，故不能舍其大而用其小，級數所函之諸乘方其各方俱爲分數而其元每小於一，小於一之元愈乘愈小，故所得之小數，遞降其位，截而去之，不過尾位之數少差耳，庸何傷？是蓋於無法之中取其略近之數耳，然亦確有至理。非子爲吾演之，則終身不明此理矣。余曰：非君之多疑而善問，余亦安知君之不明此理也。方且謂人皆明之，不必舉以告人也，則此理之得顯於世，君之功也夫。客揖而退，余乃援筆而記之。

清·徐鳳誥《筭學啓蒙通釋》卷下 方程正負門

今有羅四尺，綾五尺，絹六尺，直錢一貫二百一十九文，羅五尺，綾六尺，絹四尺，直錢一貫二百六十八文，羅六尺，綾四尺，絹五尺，直錢一貫二百六十三文，問羅、綾、絹尺價各幾何。

答曰：羅九十八文，綾八十五文，絹六十七文。

術曰【略】

詰按：方者，法也。程者，式也。如三色者必消爲二色，二色者必消爲一色，只留一法一實，以法除實，先得其一色之數，而後乘除，得各色也。夫所謂正負者，多少也，亦有初無正負而加減後得正負也。其例以二行之兩首位，無論同異，皆相減也，故有同名相減，亦有異名相減。如兩首位同名相減，其下有異名者即相加，所謂正無人負之負無人正之者。設如所減之一位無數，即空位也，或有數同名不足減，即以所多之數反其正負以加之。如兩首位異名相減，其下有同名者即相加，所謂正無人正之負無人負之者。設如所減之一位無數或有數異名不足減，即以所多之數如其正負以加之。此正負之大略也。梅氏用對乘對減，只用同名相減已耳。其於異名者，則變其一行正負以相從，其法非不足重也。然以古法推衍，方可與天元、四元通爲一氣，所以前此天元、四元之不傳者，其因古法之未出與？審是而古法豈不重哉！直減，即直除也，凡減必以一行爲主。設以爲主之右行直減左行，如左行首位減之未盡，其所餘者又不足右行首位之數，則必以右行之首位遍乘左行，再直減之一次，不盡，二次減之，二次不盡，三次減之，均以首位減盡爲止，或亦以左行餘數遍乘右行，而後以右行減之，可省數次減之煩。凡立爲主之行，不論左右，求其便者用之而已。

又　中西通術

有弦有勾股和求勾股【略】

按：勾股弦較和十三事，知其二皆可求其一。茲用代數演勾股六術。以未與申代已知之數，天代未知之數，依勾股之理，六術又如一術也。此天元、代數之同法也。惟代數式中既演至開方式，而又兩邊各配成平方者。如第二術一題，是於弦幂內減較幂，餘二分之爲勾股積，再加半較幂，開平方，得數減半較爲勾，加半較爲股，此帶縱平方常法也。中法天元求一、正負開方，自平方以至十、百乘方，不假別術，皆通爲一法，勝此多矣。姑照代數法詳演一式於右，以見例。此後演至左右兩邊可以得開方除法等式，則亦如天元法左右相消爲開方除法，等式仍用正負法求之。

清・楊兆鋆《須曼精廬算學》卷一七　句股全草

句股算術，元和李尚之鋭以立天元一，長沙李晉夫錫蕃以借根方，元和江霄緯衡以代數術，三法相通，同條共貫。憶昔從金匱華若汀先生蘅芳游，衍句股稿一帙，與江氏草同，今失。嗣入京館，受之王叔師者，悉以方程式入之，推闡尤捷。十三事互求，題凡一百九十八，求題法以三事互求得三題，句與五和五較求股弦得二十，股弦如之得四十，甲和與九事求三事得二十七，乙和與八事求三事得二十四，遞減而下，丙和得二十一，丁和得十八，戊和得十五，己較得十二，庚較得九，辛較得六，壬較得三，癸較空，併之得一百九十八。內就已知之數加減與折半可得不須求者三十六，實一百六十二題，演草如左。

清・董毓琦《天代蒙泉・序》　我浙李壬叔爲嗜痂之癖，爲京師同文館總教，棄中法以授徒，於今其法盛行，而中法原原本本皆遯荒野矣。自元明八股取士以來，天算日淹而不講，我聖祖仁皇帝天縱亶聰，集中西之大成，製《數理精蘊》《曆象考成》諸編，爲千古不磨之業，通之則智珠在握，擴之得砲械輪機。近如立方馭氣缸馬力，句股馭砲法高低，宆率馭輪銅機鐵，三角馭遠近高深，弧度馭九重星日，而代數僅馭雜糅和較，紙上空談，無補實用，而微積各級馭無窮小、無窮多，咄咄書空，癡人說夢。平心而論，西人之術非爲不精，蓋其闡畢生精力，中西各法業已薈萃胸中，故作此游刃有餘，別開生面。而不察者全豹一斑，刻舟求劍，而於中法若罔聞知，無怪其術不精，學一題只馭一題，不能博覽窮通，誠恐數百年後華人愈學愈矇，不知中法爲何物。琦實憫之。譬之五穀養生，習焉不察，而嗜好洋烟必致鳩形鵠面。御馬者韁鞍嫻熟六轡如絲，方學磬控縱送，若轡鞍未習，輒作縱送之觀，未有不傾馬下者。究之中西各法，一律相通，學者必先句股而後和較，先開方而後帶縱，先三角而後弧度。學弧算者，先正弧而後斜弧，既斜弧而後次形。各算皆通，再習天元爲偏鋒之技，後通代數爲酒後耳熱之歌。第今學中法者，天元之技尚屬寥寥，推其故，前人立法秘其機械，著書者不搜抉本根，方寸岑樓，難窺底蘊，以致有明唐荆川、顧箬溪習算諸公無可入手，謂天元不省何語。矧代數更屬離奇，加減紛如，不清眉目，且紆廻隱奧，習記維艱，以致學堂生徒習一題，不能變化，皆由算根未得爲厲之階。

又　天元晰理衍草欲知《天代蒙泉》，先明天元晰理。今將弧矢、方田、開方帶縱剖晰毫芒，以明天元之理如左。

如弧矢細草有矢二十五步，弦一百五十步，求圓徑。舊術矢自乘加半弦自乘，以矢除之，得圓徑。其所以得圓徑之理，終古無人道及。琦補啚詳晰以明之，即《中西算法》《數理精蘊》等書只明勾股比例，以矢爲首率，半弦爲中率，截徑爲末率，以中率自乘，以首率矢除之，得末率。截徑加矢得全徑。尚未詳明其理，觀圖自明。

清・鄧建章《中西算學入門匯通》卷下　代數各種記號

章按：中國譯西國算書，計有明迄今共有三次，一爲崇禎時西士利瑪竇、湯若望入中國與徐、李諸公譯《新法算書》。一爲咸豐間西士偉烈亞力在上海墨海書館與李壬叔譯《幾何》後九卷及《代微積拾級》《談天》等書。一爲同光間西士傅蘭雅等在江南製造局與華若汀、若溪譯《代數術》《微積溯源》等書。各以天地人物及干支列宿之名等字代字母，其算式中之記號亦畧爲改更，此書中所代之字及各種記號仍仿照原譯之式。

清・蕭履安《天元草》卷一　樹枏案：句股之法，自《周髀》後，魏劉徽注《九章算術》，雖能觸類增長，然實只有句股弦相求及有句有股有弦和較相求之八法，其餘和較雜糅，則未之及也。宣城梅氏按舊術變通之，立法三十四，又創新術一十有八，合之共成六十術，似於和較極參伍錯綜之妙矣，然其時中法之天元、四元既未明，西法之代數、微積亦未出，是以術尠造微。欲求其能，如《海鏡》之以和較互求，又能以和較之和較互求，則術窮。又欲求其能，如《緝古》之以冪積和較互求，《玉鑑》之以五和五較之冪積和較互求，則術尤窮。元和李氏、甘泉羅氏闡天元、四元之奥，極句股和較之神，洵已不留餘蘊，然亦只能以一個冪積和較互求，若有無數冪積和較之和較羼雜錯糅，則仍無從縋鑿。蕭先生謂羅、李二家其所以不克我行我法者，蓋緣綱領未得，不能執簡馭繁故也。其所立和較法，區以四門，不逾百字。見先生所著《七祘顯微》。匪特六十法所能馭者，固能馭即六十法所不能馭者，亦無不能馭。今爲依術演草，逐一推廣，由淺入深，無論任何冪積和較之和較，及任何和較冪積冪積之和較，均不難披郤導窾，條理井然，信乎上可匡古人之不逮，下可瀹後起之靈明者矣。

又　卷四　樹枏案：面者，綫之積也。自西人代數、微積之術出，綫之名不一，面之形亦不一。代加德立縱横二軸綫後，則有橢圜綫、雙曲綫、越曲綫、拋物綫，又有蚌綫、擺綫、餘擺綫、次擺綫、和音綫、薜荔葉綫，與亞奇默德之各等螺綫。其施之製器、測天、駕駛、演放各法，既無美不備。羅密士又統括諸綫之面，以各次式各區爲類，凡三次式據奈端分爲四類，共八十種，四次式據歐樓分爲一百四十六類，共五千餘種，五次式以上綫之種類愈析愈多，未能悉攷，是由綫求面，在代微積尚難窮其底蘊，何論天元？然聞蕭先生云：算數之學，貴在握要，果能若網在綱，則不獨代微積有一術貫通之妙，即天元一亦有一術貫通之妙。蓋萬物之象不出圜方，即萬象之數不離圜方。苟於方圜交錯之中，其寄分也，無黖黸鶴突之弊，其分合也，無勉强羼雜之繁，則天元之妙自具箇中。《周易》所謂範圍天地而不過，曲成萬物而不遺，未始不可於此基之。今依先生之術，反覆演草，首以句股容圜，以迄三角各等面形容各等之圜，錯綜變化，無不以一術貫通之。據此則代數、微積之妙自更有抉乎其要者矣。

又　卷五　樹枏案：幾何之學，以點綫面體括《九章》，梅定九謂體之形不一，皆有長短，有闊狹，有厚薄，方體如櫃、如㪷，圜體如柱如卵、如丸，其所著各法，自正立方體形起，至曲面體以及各等面體形錯綜互容止，理雖條暢而術則紛難，學者已不無望洋之歎，况方今代數、微積之術出，凡一切曲綫、曲綫所函面、曲面所函體，昔之所謂無法者，今皆有法。又船礮之法，自綽潑門創立算術而後，如蒲而捺、羅利、美以納、白勢那等日新月異，術各不同，而旁部氏以轆轤面積與火切面爐柵面積之數，求號馬力實馬力及化汽漲力之體積，昔之所稱至難者今皆至易，然步算艱晦，即西士亦有束手之時。嘗考岡布理智書院包爾所出考題，其限之寬也以一月，其賞之重也以金錢百元，卒至解者無人，包爾乃自爲術，究亦自慚繁重。蕭先生於是創爲簡捷新奇之術，較之包爾原法精密簡當過之十倍。見先生所著《七祘顯微》。竊嘗推求其故，誠非有他，蓋緣各綫各面各體之分合皆有操縱自如之妙，而其所以能致其妙者，則又由元而代而微積，均逐有淹貫豁然之功。然則天元之於體積，果能目無全牛，則代數、微積自不難恢恢游刃，是體積之在算氏關係甚非小也。今依其術，反復演草，首以立方體積，以迄橢圜體積與拋物綫螺綫各等體積，參錯雜糅，逐皆貫以一術，行將推而廣之，則不獨元代、微積之學可以冠絶中外，即施之船礮製作，亦更有神妙莫測之奇矣。其裨益軍國豈淺鮮哉。

清・蔣士棟《思棗室算學新編四種附算稾》　思棗室對數旁通

案：長沙丁取忠序《對數詳解》云：舊書《對數比例》，喜其演數之詳，復病其抉理之不顯。又謂對數之繁賾，唯代數可顯其理。遂與湘鄉曾紀鴻成《對數詳解》五卷。顧其書中所演各式，仍未能軼代數術論對數諸款範圍，閱之頗難愜意。因思代數既有開方比例各種式號，則不妨徑從開方比例起算，再四推求，始得匯通。既得之後，覺式中化卯方根及去卯分數卯倍數等法皆明白簡易，而且與微分之理亦極相近。尤妙者，訥對之爲自然對數，常對之爲十進對數，已可不言而喻。

清・黃慶澂《算學報》 丁酉八月附天元加減乘除定正負説

黃慶澄曰：正負者，即佛氏之所謂對也。天下無無對之理，即無無對之事之物。小者大之對，大爲正，小爲負。少者多之對，多爲正，少爲負。惡者善之對，善爲正，惡爲負。非者是之對，是爲正，非爲負。不寧惟是。等茲人也，若者所長，若者又爲所短，則正中含負矣。等茲人也，若者所短，若者又爲所長，則負中含正矣。等茲人也，昨而見功，今而又見過，則正變爲負矣。等茲人也，昨而見過，今而又見功，則負變爲正矣。依茲而推，舉天下之事事物物，怪怪奇奇，億幻兆變，無時無地不有一正負之理，參伍錯綜於其間。明乎此，而後可與論學，而後可與論格致，而後可與論觀人，而後可與論治天下。

黃慶澄曰：正負奇矣，定正負之用則更奇。何也？正負者，理也。定正負者，法也。定正負之法者，力也。法既定，則力生，法愈嚴，力愈厚，無論萬正萬負，正正負負，負正正負，皆法之所施，力之所鎮也，然究其歸，則以理爲本。

清・曹汝英《算學襍識》卷六 變通杜德美割圓四術

杜德美割圓四術，入中國已久，其首三術，俱以半徑冪爲屢次除法，第四術以半徑爲屢次除法。若半徑爲一，則無他異，若半徑非爲一，則如下法變通之，每次可省一除法。

弧背求正弦法

半徑除弧背爲第一數正，第一數自乘爲屢乘法，屢乘法乘第一數二除之、三除之爲第二數負，屢乘法乘第二數四除之、五除之爲第三數正，屢乘法乘第三數六除之、七除之爲第四數負。順是以下，皆如是遞求，至單位下，乃併諸正數，減諸負數，所餘以半徑乘之，得所求正弦。

弧背求正矢法

先置弧背以半徑除之，得數自乘爲屢乘法，屢乘法二除之爲第一數正，屢乘法乘第一數三除之、四除之爲第二數負，屢乘法乘第二數五除之、六除之爲第三數正，屢乘法乘第三數七除之、八除之爲第四數負。順是以下，皆如是遞求，至單位下，乃併諸正數，減諸負數，所餘以半徑乘之，得所求正矢。

正弦求弧背法

半徑除正弦爲第一數，第一數自乘爲屢乘法，屢乘法乘第一數二除之、三除之爲第二數，屢乘法乘第二數九乘之、四除之、五除之爲第三數，屢乘法乘第三數二十五乘之、六除之、七除之爲第四數。順是以下，皆如是遞求，至單位下，乃併諸數，以半徑乘之，得弧背。

正矢求弧背法

先置倍矢以半徑除之爲屢乘法，倍矢爲第一數，屢乘法乘第一數三除之、四除之爲第二數，屢乘法乘第二數四乘之、五除之、六除之爲第三數，屢乘法乘第三數九乘之、七除之、八除之爲第四數，屢乘法乘第四數十六乘之、九除之、十除之爲第五數，屢乘法乘第五數二十五乘之、十一除之、十二除之爲第六數。順是以下，皆如是遞求，至單位下，乃併諸數，以半徑乘之，開平方，得數爲所求弧背。

清・潘應祺《算學襍識・跋》 夫算學爲天下公理，放之東海而準，放之西海而亦準。代數之術或東捌西因，或西捌東因，或東西各捌而適同，皆無足異者。學人居今，稽古既通其法，惟當精益求精，本無庸斷斷於中西之辨。然世俗好奇竟有崇西抑中，甚至以東來之譯言爲非者，涓涓不塞，流爲江河，不可謂非人心世道之憂也。

清・劉光蕡《時務齋算稿叢抄・序》 古之格致合理數而一之，今之格致分理數而二之。理外於數，則理遁於虛，虛元之説、清談之習皆將雜焉。而理之益身心、家國者，特僅此儒術所以有積弱之勢也。【略】夫算術至今日融會中西，御製《數理精蘊》詳載借根方術已開其端，由此而天元、四元、代數、微分、積分皆較古術精簡宏奧，學者不能淺嘗止也。而邢生廷莢等或以天元演借根，或以借根演天元，或以代數演借根，或合元代，悉取其公式，於布算尤便，理本寓深于淺，術即由淺得深，演尋常之數，即能得深奥之理。格致之學固貴近，求之實迹而不必遠索諸虛空也。

清・王澤沛《測圓海鏡細草通釋序》 其因故究新，靈境日闢，以定爲今之式者，又非一人一時一地之所成就也。源流散見各書中，兹不具述。中西學而果異也？如派之別，此二術必爲江與河矣。如途之歧，此二術必爲燕與越矣。乃今觀二術之用，如撥蒙密行欹斜，水複山環，轉而彌曲，曲而彌爽，尺荆咫棘中皆有從容翔步之樂，蓋途殊而歸同者歟。然且言中法者右天元，言西法者右代數，斷斷然、呶呶然歷數十百年而未有已，何哉？沛嚮受學同文館時，嘗聞席翰伯師述，曩者李壬叔先生之言曰：學者之言天代，其强爲抑揚者，畛域之見，即門户之見也。其不忘乎彼此之私者，其未融乎異同之迹也。蓋見爲異，則加減乘除之用，天元別以方位，代數別以記號，立法判然兩歧。即見爲同，亦但窺其相等相消之理，借虛問實之意，而徑途曲折間，終覺參差牴牾，不能涣然釋、怡然解。

是宜同設一題兩草竝演之，方程同數，代數求方程，天元求同數。取徑毋歧，則兩術之同而異、異而同者，可節節按，可一一合。後學之士，庶以觀其通而散其結乎。因擬取欒城《海鏡》諸題，演以代數，名之《天代合草》，顧以著述精博，又牽於訓課，弗遑也。

又《例言》 《海鏡》一書，發揮天元一術。兹以代數演之，見二術之無異理，故所用方程，悉踵舊轍。其有舍直從紆，避簡就煩者，元和李氏論之備矣，閲者諒諸。

舊圖句股容圓，自圓心圓外縱横取之，得大小十五形，實則上下高同，上下平同，黄廣倍高，黄長倍平，號爲十五，特十一耳。近李壬叔先生所傳九容圖表，共十三形，適符十三事之數，亦備協十三事之率，式同例通，一覽了然，且原書雖無圓心斜綫，固有弦上容圓一題，雖無合斷兩句股形，固有角差、即合差。旁差即斷差。等名，以知近傳圖表，非增新，乃復舊也。兹所演草，悉用今名，通形曰大，皇極曰太，黄廣曰倍高，黄長曰倍平，按之原書，無嫌歧出。

舊草先有寄左數，後得同數，不詳著所以同之故。其一事而兩求者，易知者也。其他或由一形得等積，或由兩形得比例，雖非隱奥，亦迷初覩。兹竝揭出，以便覽觀。【略】

十三形共一百六十九事，往往兩形互通，而彼此異名，如大弦即太和和，合較即斷和之類。不煩竝稱，稱其要者，隨所用爲要。或由此形求得，而用入彼形，則竝稱之，或互通之，理較曲，如邊小差即叀大和，又爲平句之類。則亦竝稱之，其大和較大差較較等事之同爲城徑，則常以徑稱之，高句平股等事之同爲半徑，常以半徑稱之。

原書設問，皆以求城徑，其有舍城徑求他事者，大率他事既得，城徑即易知也，故題末概曰問荅同前，兹悉仍之。其有既得他事，而城徑尚需宛轉費力者，閒爲補演徑求城徑草數則，以見隨舉一事皆可得城徑，竝不必借徑亐他事也。

原書題語，故爲繁紆，蓋以導學者亐孰諳也。兹悉照録，閒有芟易三數字處，必存舊觀，初學欲參天代異同者檢循維便，非煩也。其設問過於淺直，可不思得者，或芟去數題，非漏也。

又 卷一 假令有圓城一座，甲乙二人俱在乾地，乙東行三百二十步而立，甲南行六百步望見乙。問城徑幾里。

荅曰：城徑二百四十步。

謹案：原書自此以下凡十題，除弦上容圓外，皆用句股求弦法。先開一平方，得弦後，再以除法得城徑。兹以代數演之，不必兩次遞求，惟以一式徑得城徑，但所用比例，仍即原書，不復別求新巧。此固所以釋原書耳。

又 卷二 乙出南門不知步數而立，甲出西門南行四百八十步，望乙與城參相直，復就乙斜行二百五十五步與乙會。問荅同前。

案：此題宜用股弦求句法，徑得城半徑，其故爲紆曲者，李氏尚之以爲發明立天元一術，使人易曉，今踵其例，又以見天元通於代數云。

清・丁福保《算學書目提要》卷上

《四元玉鑑細草》十八卷。案：【略】羅氏於此書研究一紀，敝精耗神，致疽發於背者兩次，以成全草，其用心亦良苦矣。近人因其演草甚難，最易混淆，故喜演代數，而畏習四元。然四元爲中算最精之術，既已習算，亦宜略知一二。余謂習代數者，苟費旬日之力以習四元，其効必倍速於前人。因述其習四元之捷法如下：

是書卷首特設四題，各演一草，以發其凡。以下諸題，終不能出此範圍，是習此已可概全書矣。其第一題立天元，曰一氣混元，即代數之立獨元也。第二題立天地二元，曰兩儀化元，即代數之立二元也。第三題立天地人三元，曰三才運元，即代數之立三元也。第四題立天地人物四元，曰四象會元，即代數之立四元也。如以此四題，先以代數演爲詳草，與羅草互勘，其相消剔分之理，無不迎刃而解，豈非愉快事哉。此四題代數草已見《算學啓蒙通釋》所坿之中西通術。

惟開正負諸乘方，代數不如天元之便。然李氏雖有《開方説》，易氏雖有《開方釋例》，其定商均無公法，蓋超步之例，遇益積、翻積而已窮也。吾師若汀先生因創爲數根開方，又用倒開之法，以變通舊術，洵爲空前絶後之作。學者既通數根開方，則一切講開方之書，皆可廢矣。【略】

自演代數細草與四元互勘，及學習數根開方，旬日之閒，已可了然，較之古人，事半功倍。斯亦繼起者之易爲功耳，非前人拙而後人巧也。

又 卷下 《董方立遺書》。案：是書之最著名者，惟《割圜連比例術圖解》一書。因泰西杜氏割圜九術，語焉不詳。乃究其立法之原，用連比例從三分弧起算，推之若干分弧，覺其諸率數皆成三角堆，遂易乘除而爲遞加法，後又悟得各率根數皆由弧分而生，始知任何分弧率數，俱可徑求，説本蔣士棟《圓率釋董》。

洵空前絶後之作也。較諸左氏之《綴術釋明》，簡易多矣。其橢圜求周術，非通法，羅氏續傳，論之甚詳。

又《則古昔齋算學》。案：是書之方圓、弧矢、對數三種，皆以尖錐立算，最爲深邃。其四元解之算式，與羅草迥異，雖仍覺繁重，而可免夾縫中寄數之弊，亦屬快事。餘亦精卓。近世算家，無有出其右者。

余同歲生蔣君留春，最服膺李氏。嘗謂余曰：道咸閒算學風行，疇人林列，然或墨守數學而不解天元，或酷嗜天元而略於數學，故所造俱未淵博。獨李氏既精審於幾何之理，復神明乎如積之學，宜其目空一切，名盛當時。假令壬叔而在，余雖爲之執鞭，所欣慕焉。

又《恒河沙館算草》。案：筆算數學有四色，均中比例，除本法之外，欲以代數求之，初學每無下手處。蓋百雞術自三色以上，亦略而不詳。自吾師若溪先生作《答數界限》，其法始爲詳備。《代數術》求連分數，學者每苦其繁，因不知可以求公度數法求之也。迨是書一出，而連分數學，便如坦途。

又《思柬室算學新編》四種。案：是書篇幅簡括，釋義精微，若溪師稱其洞見古人立術根源，洵爲篤論。然非於代微積稍有門徑，不能讀也。

清・劉其偉《代數句股草・敘》 算學之有代數，其原出於《數理精蘊》之借根方，其理通於宋秦九韶之天元一。惜泥古者不知新，得新者輒厭古，未見有會通其旨，以代數衍句股者。夫句股之法，始於《九章》，自幾何之學興，而三角八線之理日新月異，以量地制器爲實用，以步天測海爲極功，算學至今日似已超於古矣。然而句股之理實寓於三角之中，代數之法即合乎四元之旨，惟能以代數釋句股，而進求乎三角八線，深探乎微分積分，庶幾由淺及深，同條共貫也。

清・林傳甲《微積集證》卷二 知新

馮林因《拾級》作《直解》，舉其淺而遺其深，夏紫笙以《微積》演《曲線》，僅詳於用，弗著其理。推陳出新，有待後哲。作知新。【略】

[《學算筆談》]辛者點也，辛之各方亦點也。點與點相加，必與原點無異。

甲案：點雖極小，終不能等於〇。《幾何》所云自有而分不免爲有。又云兩無不能并爲一有。《筆談》謂辛爲點，更多一重疑竇。蓋辛不可爲〇也。華氏知微分不可形求，不可理喻，而乃以形强求之，無惑初學之難明也。余謂形可求者，象也。理可喻者，法也。前於《攷古》篇《測圓海鏡》節已證辛所代爲虛設之象，兹更申論虛設之法，譬如《代數術》求對數公式，依二項例詳至卯方兩邊減一，以卯約之，又化其兩邊有卯之項於弧外，然後令卯等於〇而消去之，蓋借卯以詳級數耳。微分之辛亦係虛設以立式，余故援對數之卯以喻其理。

[《疇人傳三編》]西人竊垛積招差爲微分、積分。

甲案：中法以垛積爲最精，西法以積分爲最精，理雖相通，法仍亘異，擬合二法立一新術，以會中西之通，俾習垛積者更思求進於積分，習積分者亦知推原於垛積也。因謂許奎垣曰：微分既得新術，積分亦可得新術否。許君演成二章爰録如左。【略】

清・華世芳《沿沂亭算稿叙》 普通之算学，尽人所能者也。專门之算學，則非尽人所能者也。何也？普通之算学，必有形象可状，言語可形容，條段可質證，數目可攷驗，故雖中下之姿，習之三四年，亦能步躔離，測經纬，以其有規矩之成法在也。若專門之算学，則形象、言語、條段、數目四者之俱窮，獨憑一心之靈，批郤導窾，出無入有，不囿於法，而并可造法，此非天姿絶高者不能。

清・盧靖《萬象一原演式・序》 近世算術以微積分爲最深而最難，又爲格物科學所不可少。吾國五十年來僅有譯成之《代微積拾級》與《微積溯源》二書。《拾級》簡奥詰屈，海内疇人咸以難讀爲苦，强作解人，如某公之《直解》，擅易其所譯之號，顛倒訛誤，豈徒無益於後生。《溯源》較爲詳備，然不立題，不設數，愈講微分爲何物，愈令人迷惑恍惚而不可捉摸，疇人探索經年而不得其方者，比比然也。項、戴、徐、李之書，其理本多近微積，然鮮用代數式，故言之甚煩，推之甚難，且多言法而不言理與用。後生小子讀西書既難，如彼讀諸家之書又不易。如此，究烏從而闚微積之門徑耶？更何遑乎格物製器而致用也。杭州夏紫笙先生爲項氏梅侣之高弟，最究心於曲綫之術，讀《拾級》後，所造益深。南海鄒徵君刻其《遺書》，稱爲後來居上，洵不誣也。其所著之書，如《致曲術》《少廣縋鑿》《洞方術解》，皆精闢獨到，凌駕古人，而《萬象一原》九卷尤能匯萃中西，執其一本，以御萬象，吾國疇人家所僅有也。惟其書之缺點與項、戴、徐、李諸公之書同。

清・朱正元《泛倍數衍・序》 旨哉王君之言曰，微分中之平變者無難，即其不變以求其變也。王君之用泛倍數，雖立法本代數術，而引人入勝，殊足補其所缺，與用微分術有殊途同歸之致，即如二項例，或用泛倍，或用微分，得式同也。或曰數，實事也，烏可泛哉。曰此邊泛彼邊，實也。御實以泛，立天理也。因泛得實，相消法也。元自爲元，不相淆也。項自爲項，各爲主也。蟬聯遞代，故相生而無相窮也。若夫某級數應無元之偶方，或應無奇方，依法相消，本項自然相滅，則又法之奇而正者也。充是術之量，雖未足以遽窺微分術之奥，或可以祛習微分者之疑。其疑既祛，斯可進窺其奥。將見微分一術盡人能之，一如算家之於乘除也。豈不快哉！豈不快哉！

清·王季同《泛倍數衍》 泛倍數求級數之法，見於《代數術》。依法求之，甚爲便捷，然第能化方程式爲級數，而不能徑得級數，則必用級數之式，仍不能求也。其不能徑得級數之故，蓋因《代數術》中皆用級數與方程式相消而得其倍數，無方程式則無由相消，故不能求。茲變通其法，用其已知之性情代入級數，使兩邊皆級數之函數亦可相消而得倍數矣。

清·徐虎臣《溥通新代數·凡例》 一，本書於每款之内悉解例題並附問題數則，皆由淺而及深，讀是書者能逐題演習，循序漸進，亦無深邃難明之處。然所設之題，間有從古書中摘來者，以示古今如一中西合轍之意。

【略】

清·丁毓俞《勾股演代序》 勾股之由來已久，《周髀算經》其鼻祖也。他如《九章》《勾股六術》《算法統宗》《數理精蘊》及他書中，各有論説，誠以其用爲至廣也。諸書行世，業已有年，取而觀之，盡人可通，而通者卒鮮，其故何歟？誠以習算之道，貴先明理，理明則法自通。以上諸書，類多以圖證理，繁雜難記，初學睹此，直不知法從何出，即令能記其法，一遇諸書未有之勾股，即無從下手，總由明理未深也。

清·鄒尊顯《分類演代·序》 算數者，技藝之末流，而亦聖教之所莫能外也。《論語》云：行有餘力，則以學文。可見爲弟子者，宜以孝弟謹信親愛葆其天真，亦必以餘力學文，擴其才智也。攷朱子註云：文謂詩書六藝之文。夫六藝者，禮樂射御書數也。數，即今之算數，雖居六藝之末，而亦弟子所不容不學者耳。獨念中西算書日出不窮，浩如淵海，烏能畢學，而況於弟子乎？

又《凡例》

一，是書内有一題詳演數法者，皆隨其題情而爲之，故不敢憚煩，以冀開拓學者之心思，至於孰爲簡捷，則在學者自擇之焉。

一，是書所演代數算草，皆係《數理精蘊》及《數學啓蒙》原題，理法圖解詳見原書，學者可自參攷，故不復贅。

一，是書爲欲令學者與原書互勘起見，故於代數入門諸法，不復鈔襲，學者自取觀之可也。

一，是書分類之題，凡其係《數理精蘊》之題而已有算草者，俱爲全演代數式，凡其係《數學啓蒙》之題而未有算草者，亦俱爲全演代數式，故不復另列習問。

又鄒尊顯《元代開方通義·序》 大《易》有言曰：窮則變，變則通。通之爲用大矣哉。中國算術之有天元，固已巧不可階矣，其後又有《四元玉鑑》之書出，而天元之推廣愈宏。逮至泰西算學家創代數，流傳中土，中人譯之，以天、地、人、物等元代未知之數，以甲、乙、丙、丁等元代已知之數，蓋即中國之《四元玉鑑》也。惟其式俱横列，眉目清楚，較《四元玉鑑》之上下左右分列，易至混淆者，尤爲盡美盡善，獨於開方一術，則自二次雜方外，其三次雜方已覺不勝繁難，雖立有撿表，開方一法亦不甚簡易，至於四次以上更多滯礙難通，從無名家能創一通術以御之，此其術亦窮矣，而何不思變計耶？夫代數雜方以天代未知之數，奚啻天元雜方以一代未知之數也，其立法之初意本同。立法之初意同，則其佈算宜無不可通之理。間嘗取代數三次雜方式，以天元之義通之，按式推演，其得數若合符節，從可知代數四次以上之雜方，無不可以天元之義通之也。用是設立方、三乘方、四乘方、五乘方方根和較等題，先演天元如積相消之式，而開其方，而後演代數之三次方、四次方、五次方、六次方諸式，各聚其已知之數於左，變通開法，與天元得數毫釐不爽。則即七次以上雜方各式，其變通開法，亦何以異？是算學家之習代數開方者，其亦三復太《易》「窮則變變則通」之言可也。

清·張家樾《求一得齋算學·李氏句股術補識》 按：我師所補列式不列數，則實方位中各有加減乘除不能不借資代數記號，如加號爲⊥，減號爲丅，乘號爲甲乙，除號爲$\frac{甲}{乙}$之類。至每位之負號，仍循天元舊例，用╲以識別，蓋不得已作此變通之法，非自淆其例也。識者諒之。張家樾謹識。

清·陳志堅《求一得齋算學·李氏句股術補》 元和李氏尚之撰《天元句股術》，有術、有草、有圖解，可謂至詳且晰矣。然其間題式俱備者僅三之一，有式無題者轉居三之二，往往先用加減得他式，即用他術入之，雖得數亦同，然究非正術。爰各就本法，依術演草，計五十三條，都爲一卷，以貺初習天元者，圖解從略，節篇幅也。作李氏句股術補。

又　連分數開方

開本非平方數之根，廉隅相湊，層層割補，布算頗繁，每苦無整齊之法，而以連分數馭之，則列式井然，得數由疏而密，雖逐行乘併亦費推求，然以法約實，究爲便易，且於常法外有此一境，亦習開方者所宜知，故爲述其術如左。至連分數之用，固不盡於此也。

又　演無定式一

算術之妙無過於代數，而代數馭題之妙無過於無定方程。《孫子算經》物不知數一題，後人罕通其妙，宋秦道古以大衍術釋之，而其法始顯。《張邱建算經》雞翁雞母題問，甄李注釋於前，丁時推衍於後，其術意之深可知。而以無定方程馭之，則兩術不難貫爲一條，爰即物不知總與百雞術及求一術別題之類，各演數則，都爲一卷，如後方。

演無定式二

無定方程之妙，上卷言之詳矣。今究其理，凡方程式少未知數多，如方程式一而未知數有二，方程式二而未知數有三之類，爲界限不完全之題，故一問往往有多答，然既有無定式，即題之解法有若干數，或有無窮數，均可由之而審，是即無界限之界限也。顧演其術者，每三色方程而止，其實有未知數四、方程式二亦未嘗不可馭也。惟未知數愈多，方程式愈少，則界限愈寬，而答數必更多耳。爰即筆算數學中均中比例數題如法推演，別爲一卷，以見立法之所賅甚廣耳。

演無定式三

代數無定式，其遞減遞代與大衍求一術隱相脗合，而兼可用以馭二次方則更爲秦氏書所未及，因即代數術中兩平方和等於一平方二題之類廣爲推演，得二十八題，每題著一公式，任取何數代入公式，而皆可得每一題之同數，豈非快事。別爲一卷，爲二次正方之無定式。然此特舉例而已，非謂可求之題祇有此數也。

又　粟布術廣

《粟布演草》列發商生息諸題，李君壬叔作廉法表及求總率二術，吳君子登復著捷術，列指數開方二表，而爲術益趨簡易，由此三事互求，理歸一貫，誠快事也。顧知原本及收回反求利率，必開多乘方始能得數，演算繁難，非初學驟能學步。爰即有原銀利率求收回數及有利率收回數求原本各題，用代數及對數解之，並證捷術，即由求摠而得，并坿撰題數則，各出新意，以顯連比例之妙用，藉博奇趣，作《粟布術廣》。

又　一雜題類存

自西算譯行，弧弦八綫，精蘊畢宣，成法具存，勿庸辭費。茲就題之稍深奥者，隨類偶存一二，藉資隅舉云爾。

清·方克猷《方子壯數學》　改定約法術

李氏諸表，鎔級數之術入天元之式，如階級重重迤邐遞進，法一定而理隨之，不勞審顧，蓋出於古梯法。開方之圖，與郭太史用三差之法較級數之自上而下者，其省功，不但每級少一常數除係數乘也，但自下逆上，全恃約法，而《闡幽》所定之術，實不可用，豈非此術中弟一大缺陷乎？顧尚之序《弧矢》，早以約法爲憾，而李氏亦明知之，而卒無以易也。今爲改定，兩賢有知，當有相視而笑者矣。

術曰：置乘法冪在地，以除法冪除之，視除得之數降若干位，即可知乘除若干次，應降至單位也。按今《數理精蘊》八綫表，爲八位數，假如每次乘除降一位，則乘除八次，即降八位，而至單位下，應用表中弟九層起，即弟十八乘積爲應用之最下尖錐，假如每次降二位，則乘除四次，即降八位，而至單位下，應用表中弟五層起，即弟十乘積爲應用最下尖錐也。餘放此，均可一約即得。凡表中尖錐積逐層降位遲者，須依次酌加尾數方密。

又　四元術贅

今即以代數之法注四元，互相對勘，兩兩比較，而四元之理可不煩言而解，而元代之難易即亦不辨而自明，此亦闡中法者之所有事焉。【略】

案：四元例步至前後二式，恒從左行消起，此草獨先消右行，正以見消法之神，與前草相發明。而在代數式，則逐次增一地除。

清·周毓英《中西算學集要·代數引蒙釋例》　一，代數之法，無論何數，皆可任以何記號代之。今西國所常用者，每以二十六箇字母代各種幾何，因題中之幾何有已知之數，亦有未知之數，其代之例恒以起首之字母代已知之數，以最後之字母代未知之數。今譯之中國則甲乙子丑等元代已知數，以天地人等元代未知數。

清·劉澤楨《中西數學通解·序》　數学一途，古人之作可謂備矣。以中法論，《九章》最古，天元、四元次之，我朝自聖祖仁皇帝御製《數理精蘊》，親授蒙养齋諸臣肄習，千古绝学焕然復興，一時疇人輩出，李雲門作《九章细草圖説》，李尚之校《測圓海鏡细草》，羅茗香演《四元玉鑑》全草，至易氏有《四元释例》，李氏有《四元解》，吴氏有《四元草》《四元名式释例》《四元淺释》，他如梅、項、徐、戴諸公，闡發讐校，各有著作，則中法備矣。以西法論，南懷仁、湯若望輩顯名於開國之初者無論矣，近數十年間，偉烈亚力譯《代數学》《代微積拾级》，傅蘭雅譯《代數術》《微積溯源》《三角數理》《代數難題解法》，狄考文譯《筆算數学》《代數備旨》，趙静涵譯《數学理》《算式輯要》，推之《幾何原本》《形学備旨》《圓錐曲線圖説》《運規約旨》等書，無不探微提要，助我文明，則西法備矣。至坊間刻本，言最新，言改良，言再版者，尤汗牛充棟，指不勝屈。習算者並蓄兼收，亦或有一得之效，故居今日而言算術，譬若游五都之市，萬貨雜陳，任人取携，無不飽所欲而去，何必抒軸予懷，更别有所撰述哉？且著作亦難言矣。非國語，非非國語，起廢疾，起起廢疾，三傳異文，五經異義，古今異派，漢宋異解，一不得當，改錯刊誤者，羣起而攻，治經猶然，況算学當發達時代，尤不必於古人陳作外，輕弄筆墨，癡符自詅也。然著書者如此，其衆習算者反覺其難，豈盡天資之劣哉？中法一法，西法一法，各有入門，各有極境，欲諸術兼通，非皓首窮年，莫窺底藴。夫当世之責□孔殷，藐躬之仔肩綦重，英雄造時势，竟以有用精力消磨於六藝之末乎？顧欲使習算者之捷其途，必先使著書者之鋤其梗，欲使習算者不移步輒迷，必先使著書者能旁通無間。南條北條，水異流也，同朝宗于海；寒帶热帶，地異候也，同怙冒于天。五色異彩而同美，八音異響而同聲。筆尺珠筹異形，同一算器，常法元代異式，同一數理。舍其名以徵其實，所謂中法、西法者，形式上之觀念，無当於數理之精微者也。

又　卷四　遞折差分

以上二八、三七、四六、遞折差分各題，凡天元算法皆可作代數算之，代數算法皆可作天元算之。但須用寄分，必明寄分之法者，乃能以代數作天元算之。學者宜觸類旁通，勿爲一法所囿焉可。

凡代數命天等某數，又幾分之幾天等某某數，即常法之各分數。其代數解算之法，未有不含一個比例之理，但常法必逐項算之，乃得各項數。代數既求得天之同數，代於各式，即可得各項數。

又　卷一〇　代數開帶縱平方法

凡帶縱平方，在代數名曰雜二次方程，共有三式須知。

其一爲　天^{二}丄乙天＝甲　此即中法較縱長方也。甲爲積數，乙爲縱多數。

其一爲　天^{二}丅乙天＝甲　此亦較縱長方式。

其一爲　天^{二}丅乙天＝丅甲　此即和縱長方也，亦以甲爲長方積，乙爲邊和。

凡二項式之方。原等於首項之方加首末項相乘之二倍，又加末項之方。如天丄地爲二項，自乘得

天丄地
天丄地
————
天^{二}丄天地
　　丄天地丄地^{二}

併之得　天^{二}丄二天地丄地^{二}

此可見　天^{二}　爲首項天之方　二天地　爲首項天與末項地相乘之二倍　地^{二}　爲末項地之方也。故若以前方程之左端　天^{二}丄乙天　爲整方之前二項，則乙天　必爲首末項相乘之二倍無疑矣。但已知根式之首項爲天，即知末項爲　二/乙　因此欲令左端爲整方，則必加以　二/乙　之方，又因方程不可失其相等，故必以　二/乙　之方加於兩端。

清・周書訓《勾股題鏡序》　蓋聞温故而知新，引伸以觸類，學問之道，所以貴得頴悟才也。而數算之法，繁雜深邃，尤非頴悟者，無能會通焉。

清・劉光照《勾股題鏡序》　算學之有勾股也，由來久矣，其法備載於《勾股六術》《九數通攷》《測圓海鏡》諸書，然名目紛繁，寔難就緒，因題立術，無所適從，即令學者苦心鋭志，亦不過知其當然，而不知其所以然也。終未見有援題引證，以晰其理，融會貫通，以探其奥者，豈智不逮歟，毋亦平日演算未得善本與？

清・張松溪《勾股題鏡・凡例》

一，本書悉用亞拉伯數目字，其加減乘除等號，概用泰西通行者。

二，書中圖證佈算，仿照形學代數。欲看此書，可與形學代數參閲。

又　卷一　勾股容形

本卷第六欵之法問兼擇《測圓海鏡》數題，以形學代數演之。其證算之法，較原書更覺簡明。學是書者，如能熟練本卷諸問，即讀《測圓海鏡》，庶無疑難矣。

清·毛宗藩《萍課演筭·凡例》

一，是編雖止二十三題，然各術演之略備。如高弧題則爲天算，圓球驗水及竹筒貯油題則爲格物測算，方圓角積題則幾何之理，織匠計工題則求一之遺，鋭鈍和較等題則明三角之比例，發帑犒軍等題則極代數之變化，他若天元、借根，則隨題附見，初無定屬。【略】

一，方内容圓題，原草所演於角積分合之理，似已詳盡，惟求之之法，前人有以圓積二十二分之六，方積二十八分之六爲隅積者，其理蓋由徑七周二十二之率而悟，亦可與原草相印證。至海寧李氏以諸尖錐之合積爲方圓之較，取徑不同，求法亦較繁，且其意爲弧矢互求張本，非第窮究隅積已也。附辨於此，以備參訂。

一，正負開方之術，莫捷於南海鄒氏、杭州夏氏之書，然究係借徑，而於超步變退之曲折，翻致茫然。是編所演開方數草，卻以元和李氏爲宗，丁長沙所謂終當以尚之之説爲正法也。

清·毛宗藩《萍課演筭》 問：《九章》古術云：五雀六燕，集稱之衡，雀俱重，燕俱輕，一雀一燕交相處而衡適平。今倣其法，增爲六雀七燕，計五雀一燕與六燕一雀輕重適等，但取相等，並不限定分兩總數，則每雀每燕應重若干？試演其理。【略】

憶歲丙申應選拔之科，試帖以五雀六燕命題，場中惟事刻畫，不復計及算理。比試罷，取《九章》閲之，覺此等題馭以方程，必須就題中或題外另設一相當數方可列式，疑其尚爲借術。思别立通法，迄未能得。嗣習代數，首取此題演之，乃得因草立術，與舊法遂判途徑，即上端所述是也。

清·吴壽萱《學古堂日記》

垂綫互求術

舊法有句有股有弦求中垂綫，則以句股相乘，弦除之，得中垂綫，此外無聞焉。然垂綫一術，所包甚廣，句股容方容圓以及容三邊五邊等形，皆從垂綫取意，欲以一句股截成兩句股，則尤非垂綫不爲功，因從三事求垂綫外，别設三十問，分爲八術，悉以天元一馭之。

又 平方和較術

讀屈氏《通攷》各面形求邊周有大小兩正方形四題，均以常法推之，而兩方邊積和較之理究嫌未盡，因别立三十題，分爲七術，有邊和積和、邊較積較、大積和、大積較、小積和、小積較、反較諸名，恐學者未易領悟，因逐術以天元詳衍之。

清·趙校覈《四元消法易簡草識語》 案：天元一術爲中國極詣之書，算學最精之境，而四元則又較天元更進一境，定安張氏謂其涵羅萬象，樞紐衆變，洵篤論也。元朱世傑《四元玉鑑》一書，明時已失其傳。國朝康熙時歐羅巴人獻借根方，聖祖仁皇帝命蒙養齋諸臣習之，乃得因借根方而悟天元之法。由是述者輩出，相得益彰。而集各家之大成，發四元之隱奥者，則以甘泉羅茗香《四元玉鑑細草》爲最，顧理愈精則法愈難。羅氏紹前人絶學之傳，其布算演草或不免周折紆徐之病，故演元之士往往讀其書而畏其繁。蓋天元之難，難在如積以前，而四元之難，難在如積以後。天元如積後，一消即可開方。四元如積後，則須輾轉相消，多方加減，然後可得開方，式甚有費紙十數頁，費時一二日，乃消得一開方式者，此四元之所以令人生畏也。是書之作，即致力於消法。其所以能令消法簡易之故，則一由精窺朱術而超脱羅氏之恒蹊，一由採用代數而别開天元之生面。例如朱氏互隱通分，羅氏演以齊同消法，經是書一一推出，與羅氏繁簡遂分。補正羅術各題，皆以朱草校朱草，以朱術釋朱術，惟所得於朱者深，所以邁乎衆者遠。代數移項即四元之剔法，羅氏所用剔法各自乘而兩相消，是書所用剔法則取與任一式相等之數皆可相消，其理與代數同，其法與羅氏異。代數等式有兩邊開方之理，是書遇可開者即剔元數開方，爲消法中最簡捷之坦途，爲四元書未道及之妙理。《代數難題》有借代一法，是書於三才四象等題亦用借他元之法，寔能戛戛生新，奇極妙極。餘如借真數以相消、約元式以相消種種消法，不勝枚舉，皆抉代數等式之奥妙，而闢四元未有之神奇。所謂於題界内多得一等式即能於常例外别出一簡法者，此也。由是而多乘方可省爲少乘方，或竟可省開方爲除式，妙法層出。職此之由，而是書特色尤在含代數之精神，存四元之面目。近今以代數解四元者多矣，大抵改用代數形式，好古者譏爲喧賓奪主，是書獨能謹守家法，不亂師承，所謂步式力求其簡，説理力求其新者，皆四元之本可簡，四元之本可新，初非有牽强附會於其間也，洵四元之寶筏，而演元者必讀之書矣。惟其間或用小數以開方，則演算非便，或畫横綫爲分式，則體例稍乖，就本書精美例之似屬不當。如是者，要之中國之有四元，猶西國之有代數，各樹其幟，兩不相謀，而所以用元用代之理由，則外貌似覺萬殊而中藏要歸一本。學者無精造之思想，遂不能窺數理之奥，而别開簡易之途。是書研精幾深，闢其肯綮，於止境中增一進境，於古法後開一法門，是可爲菲薄中算者勸矣。近今習算之士，往往棄中國算書如敝屣，謂有代數與微積，何必天元與四元？夫微代之與四元，其比較自有前人之評論，固不敢曲言中勝於西，然亦不敢妄言中無足法。學者欲以算學專家要貴羅中西各有之書而兼資研究，舍微代而專攻四元，是昧温故知新之義，薄四元而專求微代，亦貽數典忘祖之譏。得是書而讀之，或因讀是書而更進之，將有融貫中西而不可限量者矣。是所望於業算學者。

清・陳棠《四元消法易簡草・敘》 中法以《四元玉鑑》爲詣極之書，惜自元迄明絶少通其術者，迨國朝數學昌盛，明祘之士接踵而起，於是羅茗香、李壬叔、戴仲乙三先生始各以己意步爲細艸，戴氏細艸尚未刊出。朱術乃復明於世。顧四元不難於求如積，而難於相消。三先生所演之艸，皆求密合原術，雖有簡易之法，概置弗用。學者憚於煩難，以故能用其法者仍覺寥寥。棠有鑑於此，爰取其法之煩難者，悉改歸簡易，不惟與羅、李、戴三先生所演艸異，即與朱術亦不同，但借朱氏所編之題設法演艸而已，至於朱所不能設題者，今併補之，朱必用數艸得數者，今或以一艸馭之，則所謂思之思之鬼神通之，非棠所敢矜創獲矣。歲光緒己亥莫春望日溆浦陳棠自敘於湘水校經堂之治事齋。

又《凡例》

一，是書本因消法而作，不詳如積之草，嗣因請業新化鄒伯宗先生得見戴氏《玉鑑細艸》鈔本，采用代數除式，可省旁注寄母之煩，乃亟用其法，補如積艸，庶演元之士得以先覩爲快。

一，戴氏除式上法下實，中用古篆丩間之，尚易迷學者之目。今改用横畫，與代數通爲一例，庶閲者一目了然。

又 卷一之四《句股測望》 第八問

棠按：右句股測望一門，原書無圖，今謹補之併加説解。其有術稍艱深者，概改以比例通之，欲使觀者中於領悟，非欲合天元比例爲一術也。其餘諸門，仍依朱例將圖解統冠易簡艸前，不復贅焉。

又 卷二之二《左右逢元》 第一問

棠按：右題朱原術開三乘方，羅氏用句股和較十三事，戴氏用一元、二元、三元反覆求之，皆得四乘方，遂謂絶不能省至三乘方。疑原書之文有誤，今立天元爲句，題本兼問句股，据羅本原文答數亦只有句三步三字，自當立天元爲句。用乘約法消之，得式與羅同。羅立元爲句得開方式，見十二艸後案語中。用約法消遂省開立方，不惟較羅、戴二艸爲簡，即較朱術亦簡。蓋以乘法得式必繁，約法得式必簡也。惟是剔而必配成整數式約之，爲中西祘法所未見，恐人未免疑爲偶合，試再演一艸以證之。

又 卷四《四象朝元》 第四問

棠案：借真數代消，雖代數中所常用之法，然代數多用於二元之二次式，案二次式即平方式。至於三元及三次以上之式，則用之絶少。《代數難題》所載求天地人同數各題多非三次式，間有在三次以上者亦屬整而易化之式。今於右四題將天地人物用真數代消之法各演一艸，可知四元四等式中可任擇數式之便於消者消得一箇元之真數，其餘三箇元數皆可借代而得人，庶幾不至視四元如畏途耳。

第五問

棠案：四元用借真數消之固較常法爲便，然遇不易變化之式，尚苦真數難得，兼用借元數法以濟其窮，則更便矣。蓋四元四數上下左右各占一方，即欲再借他元，已覺無可位置，惟兼用二法，則既不礙其位置，又可助其變化，實四元中第一簡便法也。舉右題以見隅。

又《四元消法易簡草・記》 右共十二例，申明朱術者二，通分、剔法。變通西法而入之者四，約元式、開方用剔、借元數、借真數。餘六例，雖亦不外推廣中西舊法，然苦心所詣，頗有足以補中西之所不及者。

清・勞乃宣《四元消法易簡草跋》 《九章》之法，莫妙於方程之直除。直除者，籌法也。雖以四色、五色方程之繁重，以直除御之，皆化爲簡易，西法所莫能及也。四元即方程之推廣，自當與方程相貫通。朱氏書本皆籌法，羅氏不知其爲籌，故演草不能盡合朱氏本意。余以籌法釋朱氏書，自謂頗有簡於羅氏之處，而剔消仍用各自乘法，猶不免於繁重。

著録

清・江臨泰《量倉通法・識》 丹邨是書融會中西，通貫爲一，而於各法之殊途同歸，及隱奧難曉如立天元借根方者，尤推闡曲暢，轉鳥道而引之康莊，俾人人可由淺入深，因端竟委，厥功偉矣。丹邨博學好古，著作等身，不欲以歴算名家，今即是編求之，其體例之詳，立法之密，用心之細，引據之博，有專家所不能及者。其生平之實事求是，即此見其概矣。

清・阮元《觀我生室彙稿序》 吾鄉羅君茗香深通古學，愈闡愈精，其所箸書，余大半爲之序。今復裒其所已刻者十種，自述其大凡。其因乾隆時滿洲博繪亭監副曾取句股中舊有之容方邊、容圜徑，益以西法之容中垂線，交互相求，剏爲新法，其書未傳，爰立天元一補得四卷，名曰《句股容三事拾遺》。又因習西法者致疑天元，爰取其弧三角中有一角及有角旁兩邊術，鎔入立天元一，法用和較，推衍成式，名曰《三角和較算例》。又因元大德時朱松庭《四元玉鑑》一書，深潛秘奥，讀者苦之，爰演細草，並爲釋例，名曰《四元玉監細草》一十四卷，附《四元釋例》二卷。又因《玉鑑》于四元一門寥寥數問，例式未備，爰詳其各式，名曰《演元九式》。又因《玉鑑》有茭草形段、果垛疊藏二門，足補少廣之缺，爰取臺錐形引而申之，名曰《臺錐積演》。又因《玉鑑》而復訪得《算學啓蒙》一書，凡一卷，亦朱氏所撰，最便初學，爰爲之疏釋校正，而并付諸梓。又因乾隆時滿洲明靜菴先生暨其弟子陳舜五靈臺郎曾撰有《割圜密率捷法》，凡四卷，蓋補泰西杜德美所不足，而發明八線立成之所由來也。向惟鈔本，譌踳甚多，爰爲排比圖式，校正算數，同里岑君紹周加案，刊刻以廣之。【略】然茗香箸述等身，其現經刊刻而未竣者一種，曰《弧矢算術補》，蓋因李氏遺書有《弧矢算術細草》，其術未備，爰增二十七術，合成四十術。其業經成書而未刊者七種，以向在靈臺時，奉總理敬公命派推十年交食，爰遵現行之橢圜法，于各求下綴以法解，名曰《交食圖説舉隅》。又因讀《書經》有「生明」「生魄」之語，後世雖有推算正升、横升、斜升之法，于隨地隨時太陰之明邊分秒方位則未之計也。爰搆新術，復以監中舊有推算日食坤輿圖法未經刊行，乃合而成書，名曰《增廣新術》。【略】凡所箸述，貫徹古今，窮極幼渺。余向作《疇人傳》論，謂世有郭守敬其人，誠能偏通古今推步之法，親驗七政運行之故，精益求精，期于至當，則其造詣當必有出于西人之上者。茗香即其人也。

清・曾紀鴻《綴術釋明序》 吾友左君壬叟，湘陰相國之姪也，英年績學，於詩文賦字，無不深純，每應試必冠其曹，而於數學一道，尤孜孜不倦，遇有疑難之題，必窮力追索，務洞澈其奧窔而後止。嘗謂方圓之理，乃天地自然之數，吾之宗中宗西，不必分其畛域，直以爲自得新法也可。曾釋徐君青氏綴術，又釋戴鄂士求表捷術，兹又釋明靜菴弧矢捷術，而一貫以天元寄分之式，於圓率一道，三致意焉，可謂勇矣。

清・丁取忠《借根方勾股細草序》 《借根方句股細草》一卷，長沙李錫蕃晉夫演。晉夫幼穎悟，工詩文，有神童之目。【略】嘗與予學算，思力尤絶，古人之立天元一，西人之借根方，一見輒通曉。予嘗病句股和較相求諸術一術馭一題，鮮有簡法。晉夫謂借根方一術足以了之。乃發例得數十題，皆用借根法。

清・孫萬春《游藝課草初集序》 昔吾友劉煥唐主講味經書院，有課稿叢鈔之刻，合天元、四元、借根、代數而一之，然言勾股者極多，意在補西人之缺，他術未遑及也。兹淂此刻，而算式於焉大備，將見不數年關中算學昌明，人争捷獲，不特中法爲土苴，即西人舊法亦筌號矣。

清・蕭履安《游藝課草初集・序》 僕以淺陋，謬來關中承乏游藝講席，深懼弗克勝任。初到時，試諸生以天元、代數，無一能知其爲何物者，因勉竭誘導，除三八堂課外，又設日課，數月來，僕既不敢或懈，諸生亦率能自勉，似於元代頗有進功。因念李敬齋之《測圓海鏡》，李四香之《句股細草》不過僅爲初學示門徑，既未免失之淺，而李壬叔所譯之《代微積》與《重學》曲綫，半多黠矓譎詭，又未免失之晦。爰漸批郤導窾，由淺入深，舉凡測圓題如有明股與叀股弦較之類，句股題如有句較較加減若干除股又加減若干開某乘方等某之類，重學題如以重過滑車求方向，重加三足架求抵力之類，微積題如以函數求疊次微繫數之類，此外又泛及各門，如八綫相求、正弧斜弧、測地測天與《代數難題解法》之類，類不一種，總之題必求新，法必求簡，理必求明，頗有爲古人所未發者。夫一物不知，儒者之恥，况數原爲六藝之一，今又重以洋務繁興時，則有若天學、地學、兵學、化學、重學、電學、光學、聲學、水學、汽學，與一切駕駛、測繪、格致有用之學，均舍算無以入門，倘得人人共相講求，蔚成樸學，用以强我國家，誠快事也。顧以一人口講指畫，其能開拓風氣者，尚屬有限，故特不揣淺陋，謹將改草課藝，略爲選輯，捐資以付手民。若夫測算礮準，遠近速率，平日頗與諸生極力講求，因另有《礮法顯微》專書，隨當續出，兹故不録。

清・鄧建章《中西算學入門匯通・序》 嘗見宏閳劬學之材，其經術文章均臻美備，至算則目爲疇人末技，不足登大雅之堂。設偶閲是書，幾乎不能句讀，於是讀不終行，即掩卷而束之高閣。無他，未得其門，而不知其用之廣且大也。同文館者聘西人爲教習，以授天文句股、造船製器諸法也。張盛藻疏謂文儒近臣不當崇尚技能，師法夷裔，倭文端派充館大臣莅任適墮馬以足疾請急，而部院庶僚俱自以下喬遷谷爲恥，是以有用而視爲無用者。梅文穆疏請學臣以《曆象考成》天文命題試士，而莊親王允福等以此術廣大精微，恐士子未能貫通登答置無庸議，是知其有用而置諸無用者。余少時輙明珠算，欲求他術，苦無逕途，因見《時憲書》以御製《數理精蘊》標於面，知此書定爲推步法程。赴試時，於官局得梅刻原本，恭讀之下，稍有會心。并蒐訪坊間他䉶部，而卒不多得，僅獲一二。每於讀書、經商之暇，偶爾涉獵，始知諸術之加減乘除，靡不與珠䉶同理，雖其中奥義未克周知，而賴有成法以導先路，守轍循塗，心目遂爲之一静。古人以算術收其放心，信不誣也。夫珠算爲世所通知，米鹽瑣屑之事皆需乎此，筆與籌猶人所易曉，其餘諸法，得其門者蓋寡，誠由斯門而拾級以登，循序以進，其左右逢原之妙，定有不可勝言者，而步天之極功，製器之實用，均基於此，在慧心人自領之而自造之。余則未能也，惟於各術撮其要而隨時記之，又恐一知半解，移步即迷，間立一解，以杜遺忘，而借根方、天元、代數，理本相通，兼列一式，以附於下。積數旬得若干頁，彙爲一帙，分上下卷，爰付梓，以爲家塾中學習䉶法初基，俾學者於三餘之暇，間一研究，聊當游藝之助，余所厚望焉。如欲出而問世，不足供有識者之一噱，余則何敢。

清・蕭鐘秀《借根演元跋》 右《借根演元》一卷，醴泉舉人邢君瑞生學。邢君憤遼海之戰割地賠費，謂四郊多壘，爲士之恥，首倡爲味經創立時務齋，欲盡通西學，折節習算，不期年即通其術。【略】瑞生知今日習算不能以古《九章》止也，取近人李君晉夫所演《借根句股草》，以天元演之，末及四元，蓋欲讀《九章》者，由借根以入天元、四元，而終及代微積各術也。

清・劉光蕡《句股互求公式跋》 然則秉樞此册亦可謂善於融會中西者矣。其式以代數演，並存天元之式。習《九章》者，至盈朒句股，此册已導以天元代數之路。蓋合天元已知、未知之數悉代以字，近人已多爲之，亦以見二術之本無不同也。

清・崔琳《古籌算考釋續編序》 琳惟算之用籌，中法也。中法莫精於四元，而世人多難之，非四元之難，以筆算爲四元則難耳。先生衍四元既純用籌，以復古人之舊，而綴術亦變通筆算舊式，壹以四元乘除之式，用籌衍之。其他若大衍求一，既闡明秦氏舊法，復益以新法三色差分，則合舊法之歧而一者而一之。理分中末線，則壹馭以天元。正負開方難於定商者，則有屢次商一、商二及商五之法，此皆先生殫精極思，出古人範圍之外者，而簡易易從，勝於舊法遠甚。又所設各題先其易者後其難者，有引人之勝，無躐等之弊。四元求一術綱領所在，皆條分縷晰，各置於前，使讀者開卷先洞明竅要，然後取題如法布算，自不至茫乎其若迷。且四元之後繼以綴術，求一之後繼以三色差分，立法取徑一貫，而下學者果循序以求，譬如舊路重經谿徑曲折，皆胷中所素識，則意之所嚮，自可信步而行，固不獨天元開方前編已具，而此所補者爲可不思而得也。其易知易能如此，雖以琳之不敏，讀之猶不至苦其難通，況聰穎之士才力且十倍者乎。方今算學功令所重，世之攻此者日益多，苟得先生是編讀之，吾知其收效之速，必有倍蓰於讀他算書者。然則是編既出，不誠習中法者之一大快哉。

清・劉其偉《代數句股草・敘》 今含章姪請學句股，苦無簡易之本，因思《九數通考》備載句股諸法，一題一術，尚病紛繁，特於《算學叢書》中檢得李四香《天元句股草》、李晉夫《借根方句股草》，皆能執簡馭繁，與代數相表裏，然究不若用代數之爲明且易也，遂將近刻華君代數諸書，參用其法，以衍句股，並與趙荆山茂才相切磋，祇期便於初學，非敢問世也。

清・華世芳《沿沂亭算稿叙》 徐生點撰年少思鋭，近以所著《沿沂亭算稿》四卷見示。一爲《粟布捷徑》。吴氏子登《粟布演草》多一次收回，則多開一乘方，若在數十次以上，開方已不勝其繇。生以速斂之級數立爲公式，如數代入，頃刻可得。曩嘗以二百次收回命題，他人需低數十番而不能竟者，生以尺幅馭之，而淂數密合，其簡捷爲何如哉。一爲《萬象一原校勘记》。夏氏紫笙殁於廣州，遺稿歸吴氏子登，余伯兄嘗録副谋刻，以脱讹頗多，尚待覆校，藏諸篋中者有年，近汪氏穰卿見之，重其爲鄉先輩箸述，刻入振綺堂叢書，一仍原本而未校也，再刻於蘇州書局，則并有汪刻不譌而譌者矣。生以微積術一一校正，洵爲紫笙之諍友矣。一爲《曲率回求》。凡求曲率半徑，以本曲線之式二次求微分，得佌佌〻之諸同數，代入公式中即淂，而有曲率半徑反求其原式，僅略見於《溯源》百八十三款，生乃推之拋線、橢員、雙線，無不可通，亦積分中精詣也。一爲《積分難題》。凡微分式求積分之法，以雙變數之理爲最深，且往往有不可求之式，生特設雙變數諸題而各求其積分，昔之所謂難者，從此或稍易焉。凡此四種，皆戛戛獨造，卓然成家，其能不囿於法而并可造法者哉。方今海内習普通代數者，如雲而起，求能如生之專門精進，實不多覯。世之覽此書者，苟不察著書之苦心，漫謂是亦尽人所能者也，抑亦淺之乎測徐生矣。

清・翟寶書《拋物淺釋・緣起》 蒙既編《測量圖説》，俾隊勇易知易能，朝夕從事於兹，凡演放槍礮，即取四十五度爲準，某槍及某處，某礮及某處，日久演熟，得其遠界，敵至遠界內一擊而中，固不待謀諸拋物線矣。然必欲定準頭彈子所落不爽丈尺，則空中拋物虛線可得言焉。原夫物之拋也，自起點以至高弧復下墜以及地面，其所行之線本直而無曲，爲地心力所吸，故彈子所行非圓非橢，名曰拋物，亦曲線中之一端也。攷西法求曲線，恒以代數衍之，豈隊勇所能解？國朝海陵李氏精求算術，自謂心力不讓西人，撰《則古昔齋》一書，內有《火器真訣》，計十二款，詳言拋物線之形式，惜有圖無術，不適於用。又於曲線第三以代數演拋物線，凡十六款，空靈精確，但只可爲工算者說法上乘，舉以教隊勇，則茫乎其若迷也。他如董祖脩之《礮法撮要》，影響約畧，僅存虛式。丁友雲之《礮法舉隅》，拘墟淺陋，未闡精微。又如金楷理之《礮準心法》，於圖表之算法未詳，且若故秘機緘之三者，均爲時流所譏，良有以也。蒙不揣檮昧，師壬叔先生之意而演其式，凡所憑依皆以最遠界底線爲主，通弦心頂皆置之不講，誠以底線爲人所共見，丈尺明劃，便於起算，不鑿空虛。演法以四率爲宗，一乘一除，不嫌冗曲。別爲平擊、仰擊、俯擊三種，逐式條例，各具分支，並附以捷法，逐度求之，莫不脗合，似可濟行軍之用而饜隊勇之心。且一見而知，瞭如指掌，苟稍識之，無必不苦其艱深，稍具靈明，必不病其晦澀，顏之曰《拋物淺釋》，固不俟元代之始能馭也。隊勇訓練，餘閒授以測算，未爲不可。所痛者，繩甕寒儒，風塵末吏，杞憂徒切，安所得槍礮列隊而演習之，以覘吾術之能準與否。但揆之於理，固自不謬，爰誌其緣起焉。

清・盧靖《萬象一原演式・序》 靖承乏上都，塞外事簡，蒙漢語言不通，游牧習俗難改，前欲鼓勵工藝，牧礦諸切近之端，懸賞經年，無一應者，又安可與言深微之學理。夏日如年，爰取《萬象一原》，逐術以代數式演之，彌月而成，爲級數百三十有四，其術爲萬象一原所未有者，剌取《拾級》《溯源》以及項、徐之書以補之，不佞類推而得者亦坿入焉，都百六十有八式，庶略通代數者，讀此書即可求一切曲線、曲線所函面、曲面所函體、一切八線求弧背、弧背求八線、真數求對數、對數求真數，如網在綱，更不勞思索而得矣。術增於舊十之二，而文字反簡五之三，或爲讀夏氏書與講微積者少解其繁難也與。

清・王季同《九容公式・序》 曩年蒯禮卿世叔嘗語余曰：洞淵九容，爲句股十三。句股各十三事，任舉二事，無不可求城徑，盍仿句股六術之例，依題立術，以類相從，撰成一書乎？余退而思之，十三句股，凡一百六十九事，去其相同者與等於城徑者，尚有六七十事，任舉其二，爲題二千餘，其中能加減而易爲他題者，十無一二，然則爲題將百倍於句股六術矣。一人爲之，恐畢生不能竟也，不果撰。昨與人談算，偶及近人所箸《九容表》，以平句、高股、極句、極股、半徑五事加減之，能盡得十三句股之十三事，因思五事既可盡九容之變，若以代數入之，當能求得公式也。爰試演之，果得公式，雖不能如句股六術之條段分明，然二千餘題，能以一式馭之，於習九容者不無小補乎。

清・江衡《亡女緗芬跡略》 余專以算學課女，珠算既嫻，授以筆算，其應如響，自加減乘除至分數化法、比例開方、句股三角，三月間盡通之。尋學代數術，而於天元一術始扞格不相入。余拈天元舊題，命演代數草，而與天元草逐項相比，始悟元代二術中西之通，自是學大進，命縱觀各書。

清・江彤《西樓遺稿跋》 吾姊嗜算，心思靜專，好以天元、代數二術互相證驗，融中西爲一家，且能用新法考知舊術之疏。李壬叔京卿嘗於《重學》卷中附天元草課同文館生，演《海鏡》以代數，蓋欲學者因此識彼，以會其通。吾姊之學即如是。

清・丁毓翕《勾股演代序》 澤普王君，爰即累年所素習者，編爲一篇，加以己所創多題，名曰《勾股演代》。此書共分五卷。首卷論作勾股形法，乃本形學之理，以連比例求任兩數所成之勾股，苟熟其法，即欲任出若干勾股題問，無煩難矣。次卷論勾股和較相求法，闡奧發微，千變萬化，其法可謂詳且備矣。三卷論勾股形面積與勾股弦和較相求法，其面積與勾弦和較，或股弦和較互求諸問，向來疇人皆未有法算，而王君以代數摸索法算之，遂以補中國算書之闕。四卷論正勾股三種，即按勾三股四弦五之比例而出者，首種他書已有，後兩種爲王君自撰，附此以申勾股之義，變幻無窮。五卷論勾股內容方邊圓徑，及勾股測量法，而求容圓徑第二法，係王君按形學之理推出，法術較首法爲甚捷便。至於勾股形，已知一邊與餘兩邊之比例互相求法，向來算書皆未言及，而王君又增補於五卷之末，誠發古人未發之奇也。以上各種，證以形學，揭勾股奧妙之理，算以代數，省乘方開方之繁，庶使世之學勾股者，觀此爲一助云。從此可見，理溯淵源，必由乎舊，事求敏捷，必賴以新，而各種實學之有用，已略露一斑矣。

清・王錫恩《勾股演代・序》 勾股算學，由來尚矣。周時商高已開其端，後世疇人，切心考究，各有著述。第其論勾股諸書，多用圖證，記憶繁難，更有不言算理，不加習問，俾學者視之，幾難若登天，望塵卻步，所以習之者雖多，而精通者卒鮮，此皆因無簡易完本之所致也。余不揣譾陋，乃取中西勾股諸書，採其精粹，揭其體要，加以累年所學習者，集腋成裘，彙爲一編，專以代數之理，推演勾股諸題，故算草列式，悉照代數成規，已習代數者，自能一目了然。若夫作勾股形法，新奇精巧，乃補向來所未有。正勾股形，新增兩種，亦所以申明其義。至於勾股形内容方邊圓徑及測量等法，俱加詳證，淺顯易明。學者果能閱算草以明其理，演習問以熟其法，則凡勾股之問，遇題推算，應手而出，自無煩難矣。數年前余已輯成此書，因恐遺笑大雅，未敢付諸手民。今思私之於己，不若公之於人，又蒙吾友張君豐年、欒君寶琛，詳爲校勘，潤色詞句，或可望無大謬，然大純不無小疵，仍望讀書諸公匡余不逮。

清·劉玉峯《勾股演代跋》 算學、格致，不判兩途。算學寓格致中，而格致由算學始，是以算學藉格致而獲實用，格致賴算學而創新理。算學、格致有相生相依之功焉。王君錫恩博學士也，格致、物理靡所不通，而天文、算學尤其所精，每於督課之餘，心切著作，閒嘗以所著《勾股演代》一書示余，披閱之下，竊有快於心焉。或曰：坊間已有《勾股六術》《勾股舉隅》及各類算書，中所提明者堪資後學已復不少，惟坊本勾股諸書類皆缺畧不詳，紊亂不清，以致學者朝夕揣摩，鮮克有功。余久已惋惜之。幸王君不惜心力，嚴加參酌，芟其重複，增其缺畧，補闕拾遺，融會貫通，後又獨出心裁，用簡妙之法增深奧之理，創設新題以補他書之所未備，使勾股一學無缺畧不詳之憂。是編分爲五卷，會其旨趣，歸類爲三，言作法以推勾股之原因，借合較以明勾股之妙理，算測量以彰勾股之實用。條析縷分，綱舉目張，亦無紊亂不清之慮。念夫肆内宿刊類多借用法術，不專闡發奧義，或則不列算式，致使勾股實理虚而難憑，使學者廢事失時，實難有益於後進。而是書多列算式，即專借代數諸理推演勾股諸題，演此借彼，知新温故，較徒頌維法術者又等而上之矣。歷兩寒暑稿成，讀者共相許可，奉爲津梁，嗣蒙高君鳳池稱善，故王君慨然將全稿相讓，日後刷印發售，均由高君主權，王君概不過問。余知其巔末，用綴數語刊之簡端，是爲跋。

清·鄒尊顯《分類演代·序》 余之以算學課弟子也有年矣，其於初學中法爲主，西法副之，先加減乘除，次分數、比例、借衰、盈朒、方程、開方、句股、三角，次各面各體測量弧角等法，而後及天元、代數，亦謂循序漸進，有條不紊。無何近日風氣趨重西法，童冠負笈者略通文理，往往急於應試，勢不能不爲速成之計。顧欲其速成也，豈易言哉。將先西法而後中法乎，則其層累曲折如故。抑弁髦中法而專事西法乎，則又於中法之理茫然莫窺其藴，方寸中有法無理，亦終不免有滯礙難通之慮，烏乎可！於是取《數理精藴》及《數學啓蒙》之題，揀其與代數題相近者，先示以本法，隨演代數式，以誘掖之，積久成帙，分門別類，其不合類者删之，至若方程算法，儼然開代數之先路，無庸更爲演算。其所演凡九類，一曰互换加減，即《數理精藴》之疊借互徵題也，二曰按分遞折，三曰遞加遞減，皆《數學啓蒙》兩種比例原題也，四曰超位加減，前俱《數學啓蒙》比例題，末一題則疊借互徵第一題也，五曰和較互徵，六曰無定方程，則《數學啓蒙》之和較比例題，所區而別之者也，七曰盈朒，八曰句股，九曰三角，則全係《數理精藴》原題也。初學誠取此以與原書互勘之，引伸之，推測而知，因此識彼，或於代數之入門，亦不無小補焉。用是不揣固陋，願以公諸天下之爲弟子者，以爲觸類旁通之一助云。

佚名《中西數學通解序》 乙巳秋，朝廷詔罷科舉，以普通學號召天下。越明年，复檄州縣設學，列算數爲專科，聘四方精其業者爲教師。嗚呼，崇尚可謂至矣。然吾竊不能無恨者。算學一道本平常，自通市以來，西人挾其長以傲我，而世之竊其餘緒者，以淺陋文艱深，增多符號，改變方程，而常法天元、四元、借根、代數之理轉晦，問津者多却步焉。劉克生茂才獨窺其隱，思出而補救之，乃彙集諸書，加以己裁，每遇一題，列常法式一，天元式一，代數式一，而借根四元亦融會貫通，以餉後學，可见理本無奇，實則一也。

清·黄天慶《中西數學通解序》 劉克生茂才所撰《中西數学通解》一書，合常法天元、代數爲一貫，使業此者由淺入深，循序漸進，不苦無門徑，易窺其奥窔，洵後学津梁，算書翹楚者也。然非績学有年，貫通融會，何能發前人所未發，爲習九九者別開一捷徑乎？獨是算学一道，通中法不易，通西法尤難，故近世習算者，非淺嘗輒止耶，一得自封，即有一二好学士，博览旁通，而又未必能滙中西之理，一一解釋，以證明其殊途同逯之旨，豈獨近世然哉。溯自周髀著算，代有傳書，如劉徽之《海島算經》，王孝通之《緝古算經》，朱世傑之《四元玉鑑》，顧應祥之《弧矢算術》，此皆純用中法，而於西法則未之及。至於《測量異同》《比例會通》《幾何原本》《割圜綴術》等，此又純用西法，而於中法亦未之及。求其法兼中西，如董方立之算數《遺書》，梅文鼎之《曆算全書》，鄒徵君之《遺書八種》，雖不無互證參觀之妙，而又不過搜中西各式彙輯成編，非融通其理，逐題剖析。吾知是書一出，習算者必事半而功倍矣。且夫維新以來，朝廷以實学望之。下士一時留心算術、登峰造極者固不乏人，而半解一知，挾此以居奇者亦所在皆是。劉君本沉静之天資，加以精鋭之学力，復能就平日苦心孤詣，了解於心者，筆之於書，以公諸世，其人其志，豈沽名弋利者可並論耶？慶與劉君友徐子清同学法政，课餘得閲其書，且聆其人之志趣之高且大，爰欽佩其学，敬服其品，而爲之敘。

清・徐子清《中西數學通解序》 九九，小數也。然性情不與相近，學之恒苦其(鶤)[難]入。余自束(髲)[髮]受書，凡(絰)[經]史微言，百家古義，艱深奥僻，亦不憚悉心研究，會厥指歸，惟天算一門，求之深而反淺，求之淺而又深，惝怳迷疑，幾有莫識所從之慨。癸巳歲，肄業于嘉之九峰院，同學適有談算者，心嚮往之，然方治《公羊》，淺嘗而未暇深究也，退而告諸劉君，劉君竊心喜而潛脩焉。無何中東釁起，策論制更，慨念時艱，情殷補救，爰集同人延師習算，乃古書之傳记既繁简失宜，舛误迭見，而世之自命通人者，又僅舉一知半解之學居奇，而諱莫如深，到處招摇，逢人睥睨，挾不貲之身，大言不怍，幾若肩國家偉重事業即在此區區算博士者，究之筆尺珠籌，徒襲其迹，元代微積，莫會其通，金玉其外，敗絮其中，問道于盲，不貽顛仆，害者鮮矣。余因是決然舍去，而劉君仍潛脩不輟焉。夫玉之焕其彩，彫琢之功也，鏡之耀其光，磨拭之力也，學之萃其精，砥礪之效也。劉君以聰明特達之資，竭渺慮澄思之力，舉常法天元、四元、借根、代數諸術，一一探頤索隱，觸類旁通，且谓元代諸術與常法實同一理，惜無人比例解之，故學者易常法而(鶤)[難]天代。余深韙其言，勸作通解，惠我同人。劉君雅不欲僅以算鳴也，遲疑未果，適玫優命下，因促繕夙草，呈政提學方公，深蒙獎勵，準予刊發。夫借根一術，即彼土天文家亦称爲東來法，可知中西數學實殊塗同歸，自疇人失傳，習算者率抑中揚西，莫衷壹是，豈知常法天元、四元、借根、代數諸術，特異其名，異其式，而理與法固脗合無閒也。今取其全稿讀之，覺所謂常法之某數，即天元某數，亦即代數某數，與其間異回之故，辨晰之精，诚有如編中所云讀一算書而羣書如晤，習一算術而諸術皆通者，有心人當自領之，無煩余之强聒也。且六藝教人，數居其末，二童分果，數取其多，計較之私，有生俱備，九九小數，何言性情不相近，學之(鶤)[難]入哉？蓋經師不可得，人師复(鶤)[難]求，數學一途，遂若有阻人向往之势，得劉君書以爲指針，則天下無不可習算之人，習算者亦無得粗忘精，知此昧彼之慮，中西歸一貫，言取新、言改良者無能逸其範圍矣。故是書之作，余既幸余之積久未達者豁然貫通于一旦，余尤幸世之習算者無虚耗之日力，合天代諸術轉瞬而洞澈一心，別殫精于富强實業，促文明之進步，駕歐西而上之，是則余私心所厚望，亦劉君作是書之微旨也。

清・劉澤楨《中西數學通解・序》 楨也神回隷首，夢晤商高，博稽算術，寢饋与俱，歴有年所，深知常法天元、四元、借根、代數，名式雖異，理法實同，因与硯友徐君子清、馬君星垣商確体例，著《中西數学通解》一書，共二十卷，首常法，次天元，次代數，每算一題皆以三法比例釋之，而借根、四元亦觸類互徵，以窮其變，後埘弧三角術，借資推步，凡以補古書之缺點，損習算者之費時也。雖辨異统同，小有出入，要無南轅北轍之势，讀一算書而羣書如晤，攻一算術而諸術皆通，亦習算者之樂事也。

清・陳康黼《萍課演筭序》 吾友毛君价臣以《萍課演算》示余，且告之曰：曩者會稽顧勷堂明府令萍鄉，有萍鄉課藝之選，而算學有題無草，暇時取而演之，得草稱題數，馭題之法，通取古今中西之術，以求其是，而代數則演之獨多，吾以自課而已，非云造法也。价臣之致力，可謂勤矣。价臣於算，精代數，近方究心推步，將進而益上，以期至古作者之林。吾於算未嘗問津也，而樂究其理。竊謂自代數入中國，顯於世者三十年，綴學之士樂其簡易，而以四元爲詬病。夫四元別以位次，一位之差，全算皆失，誠不如代數之簡捷。然而代數之理，即四元之理。中西學者遥相撰述，未嘗聞問，而造車合轍，無或背馳，可知天下事，求其是者，皆有至當不易之理，新舊交閧，徒虚矯耳。抑又聞金匱華氏之言矣，疇人之學，將以適用也，精而熟之，可以造法。价臣之學，將馴至於造法歟。乃若其精且熟也，既如此矣，持是草以問世，必有能辨之者。

清・夏啓瑜《萍課演筭序》 余友毛君价臣以《萍課演祘》見示，題凡二十有三，爲會稽顧勷堂明府令萍鄉岀課藝，所選有其題而無其草，君取而演之，輒成是編。坊友謀付諸剞劂，君欿然若有不自足者，因人之書以成書，何足竟君之所學。然天元、借根、代數之法略具於兹，以視譁嚣論議差無故實者，固不可同年而語矣。

清・毛宗華《萍課演筭・序》 是編爲萍鄉課蓺算題演草，故名曰《萍課演算》，雖卷帙無多，然合古今中西各祘術，如天元求一、借根、代數，以及天算、格物測算等，莫不隨題並演，以博其趣，至其精當不易之處，若方内容圓、句股容方、燕雀交處諸草，尤覺心裁獨出，非徒循成法者可比。

清・陳棠《四元消法易簡草》

學部奏摺

臣等復督飭精於算術各員詳加覆覈，該書布式簡當，説理明通，於四元消法碻有心得，雖代數法興，改用號式，較之四元尤爲簡易，然四元之術自羅士琳、李善蘭諸人而後專家日尟，漸成絶學，該訓導於舉世不爲之日，獨能殫精覃思，攻苦成書，以保存舊學而發明新理，其專研深鍥之功，實亦有未可任其湮没者。

四川總督趙奏片

兹查有湖南溆浦縣人候選訓導陳棠，攻苦績學，尤精算術，著有《四元消法易簡草》一書，前由湖廣督臣陳夔龍咨送學部審定，作爲高等學堂參攷書，伏思四元爲疇人專門之業，該訓導伏處湘沅，冥心孤造，其演段設式具有發明，所闡學理與代數互相印證，法極簡當，委非嚮壁虚造者所能强襲，合無籲懇天恩，將所著《四元消法易簡草》一書發交學部審閲，呈候宸衷覈定，酌予奬勵。

清・勞乃宣《四元消法易簡草・跋》 今讀陳君是編，其剔代法及約法用剔、開方用剔諸法，鎔代數之巧算入四元之型模，與方程直除之理若合符節，可謂深得古人之意矣。若再以籌法入之，朱氏有知，當亦相視而笑也。

清・劉若曾《四元消法易簡艸・敘》 溆浦陳君葦舟校經餘閒紬繹疝理，剏立新例，補正古術。余受而讀之，始知朱氏原術本自易簡，即所謂精而不雜，自然而然也。羅氏演艸時尚未得《疝學啓蒙》傳本，以致失於繁難，習四元者不能不藉羅氏細艸爲入門，是更多一重障碍也。陳氏力矯羅氏之弊，不厭演算之繁難，務欲闢一易簡之法，以惠初學。他日學校如用四元教科書，必以是編爲善本矣。陳君既演草以補羅氏缺憾，又演句股弦黄一題以補朱氏缺憾，其用心可謂勤矣。夫易簡之道，本自天然，妙於疝者偶得之耳，既得之，然後知矯揉造作之術恒枝枝節節爲之，而不足以明公理立通法也。朱氏《玉鑑》苞舉無方，近日讀之而有得於古者，不過海寧、金匱兩大家。李秋紉先生垜積比類藉如像招數、果垜疊藏，以解尖錐之象，西人治微積、演級數者，其條理不如是之明備也。華若汀先生開方古義藉今古開方會要圖，以明遞開一數之法，西人代數三次式以上，其開方不如是之直捷也。陳氏是編不言垜積、開方，而專力於剔消借代變化之法，不規規求合於朱氏原術，故能推陳出新，非尋常泥古初持門户者可比。朱氏有知，亦當引爲益友。

幾何分部

綜論

清・陳松《推測易知》卷四《數學測量簡法》 測量例義

《周髀》曰：偃矩以窺高。此用矩測高之法。偃者，仰也。仰矩方可測高。矩之一股植立在前，一股定平在下，然後比例推之。蓋平股與立股之比，即所知之遠，與所測之高之比也，故仰測而得高。覆矩以測深。此用矩測深之法也。覆者，俯也。俯矩方可測深。矩之一股立者在前，一股平者在上，平股與立股之比，即所知之遠，與所測之深之比也，故俯測而得深。卧矩以知遠。此用矩測遠之法也。卧者，平也。平矩方可測遠。以矩之一股爲横向内，一股爲縱向前，是以横與縱之比，即所知之度，與所求之遠之比也，故平測之而得遠。蓋以矩或表杆，相度窺測。立者則取其直，平者則取其方，必使成直角。以大小勾股爲比例，以在器之勾股比所測之勾股，彼此相形而得之者也。然勾股爲直角，而三角形則惟變所適，而無定形，要以角度爲準，而用割圜八線以爲比例。凡求角求邊，皆以三角形之法爲本，總以對所知爲一率，對所求爲二率，所知爲三率，得四率即所求也。或一測或屢測，惟在隨時而致用。或用正或用餘，惟在比例之相當。不特凡物之高深廣遠可得而推，即七政之躔度，天地之形體，俱可得而測也。

又 勾股測量説

測必先量，量爲測之本。量而後測，測濟量之窮。蓋曠野平疇可量也，至高山峻嶺兩處垂線，相距之平遠無可量矣。一里、二里可量也，至數十百里，穿山越海直距之里數，更無可量矣。於不能量之處，而欲知其數，非測不爲功。測法或以矩度，或以儀器，要必量一處爲始基。故先定一直角，横短直長，以横爲勾，直短横長，以直爲勾，測定其弦，并得其股，而轉測他處，即以是爲底線焉。凡用矩度或立表杆，必用垂線，取其與地平成直角，以爲準則。若地不平，須記某處與人目所看相平爲記。至三角測量，必取資儀器。象限儀九十度爲準，以定表、遊表爲二視線，其相距之度，即爲所測之角。

高遠深廣説

測量之學，非圖不明，非器無以定率。然測之尺寸設或不準，亦不足以代算。茲以矩表百分爲一儀，象限九十度爲一儀，及設如高遠各條悉圖如左，以爲入門之徑，推算之基。凡用矩表測得之數，不用八線表則以二三率相乘，一率除之。或用算學對數表，二三率相加，一率減之。其用象限儀測得度分，先查八線表弦切之數。如正切一度，前三字〇〇一七四，作爲一百七十四數。又如正切四十四度五十九分，前四字九九九四，作爲九千九百九十四之類。按八線表度分假數，原列八位，首位得一爲一千萬。《數理精蘊》於測算遠近高下法内，八線表首位改爲一十萬，今作首位一萬者，因其對數表附刻一萬零數故也。查算學對數表，二三率相加，一率減之，求得四率，亦與相乘之數同。或用八線表弦切線，與所量之附近里數丈尺。每丈作一千，每尺作一百之類。乃以二率三率相乘，一率除之，得數亦是所測里數丈尺無異也。以丈尺爲主線者，所求四率之數，即是丈尺。以里分爲主線者，所求四率，即是里分也。又對數表内十里爲千數，一里爲百數，一分作十數也。

測量簡易説

算學有句股三率，於數無所不統。歷象家又有三邊三角諸法，尤爲變通。蓋度與數，皆取之割圓，而或分或合，其有定者也。至於懸空立義，本無定法，而一稟於大圜，則無定法，實有定理。明哲之儒，因有定者以立之法，用無定者以究其理，正餘相生，大小相比，高下相準，遠近相度，而天下無不可算之物矣。乃探奇伐異之士，推玄步虚，多方衍説，設算愈岐，立法愈繁，譚理則愈入愈曲，愈闡愈晦，廢盡時日，幾於幽無可縋、險無可鑿。其究也，以有用之心思，措諸無用之地。斯即好學深思者，青年受術，皓首難期，而欲執此以示初學，無怪乎其望而生畏也。松常病之。竊欲於至繁至難之中，挈一至簡至易之術，法取其便，理匯其通，而其適於用也，則無之而不可，庶人人可以學步，將用力少而成功多，爲初學一大快事。然遍覽羣書，訖無涯岸，因思算術多端，莫顯於測量，亦莫切於測量。何者？算無定形，測量則指有形以定無形者也。算無定數，測量則據有數以定無數者也。形顯數確，而法隨之。形分、數合、法立而理隨之。隨測隨得，多測多得。觸類旁通，而平方、立方、平圓、立圓、邊角、弧矢諸法，自不待煩言而解矣。請申説之。

今夫總物以爲度，論其幾何大，曰量法也。截物以爲數，論其幾何多，曰算法也。二法相函，其端有四：曰點，曰線，曰面，曰體。究此四者，諸有形有質之物，細若纖芥，鉅若大圜，悉可極其數而盡其變矣。如第分而言之，則點不可爲度，線不可爲形，必三線相遇，而形始成三角焉。故合之而後有三角，有三角而度與數可得而測也。舍此不用，雖巧術無從布算。是三角者，測量之總綱也已。且凡言度數，必通大小通遠近者也。三角形有兩視線、一徑線。徑線者，吾所測此物之點，與彼物相去之點，中間相聯之線是也。視線者，於徑線之兩端，各出直線，交入於目睛之最中，而成三角形是也。是形也，反正順逆，欹斜零整，出之無方，用之無窮，神明規矩，變化生心，無不如是。不獨此也。其所測在分寸咫尺，則爲近爲小之三角形。所測在大圜七政，則爲遠爲大之三角形。兩形絶不相等，其爲三角，一也。一則相同。相同則兩形可以相比，兩算可以相例，故曰通大小、通遠近也。夫學難者必自易始，學繁者必自簡始。最繁且難，莫如天之三光，最簡且易，莫如地之百物。松茲所言，測地面高深廣遠之形，無非物也，無非三角也，無非簡且易也。然則測一方之高遠，測一山之高遠，與測日月星辰之高遠，無以異也。高深與廣，悉準諸此，則亦通大小、通遠近者也。其次進而測面，面之積亦曰羃，平方、平圓之類，其變不可勝窮。然測物之面，測地景之面，與測日月星辰之面，其理一也。又進而測體，體之積亦曰容，立方、立圓之類，其變不可勝窮。然測物之容，測地景之容，與測日月星辰之容，其理一也。是皆大小遠近通焉者也。既曰通焉，而松不言遠大，專言近小者，取便於習也。便於習奈何？習目與法，以求其慣，習心與理，以求其信。不習不慣，未有能信者也。且習且慣，未有不信者也。故習近習小，即遠大之徵也。能遠能大，皆近小之效也。夫而後人人可以學步，人人習之，而且信之曰真簡真易也，乃知非松一人之私智私説也夫。謹列用法、假如、比例數則於左。

又 用法一則

測量必須用器，或象限矩、度等儀並用九十度尺爲比例。圖見此卷第三十一頁。象限九十度，即三百六十度羅經，用其四分之一，合之以中心爲樞紐，卯十五度爲地平，午十五度爲天頂，由地平數一度至天頂九十度爲止。若以九十度爲象限，以横直之角爲樞紐，其安遊表，或垂線，皆可通用。測廣用羅經三百六十度者，以其便於記度數也。於地面有形可望之物，對定作一直線，命爲初次根源線。此線須□通，蓋係指定之物與目正對，則爲直線。若所指之物，其左或右又有一物可指可測，中間相隔幾度，又知丈尺里數，不論斜列相當，對定所測兩兩相值，作一横徑之線，合得幾度，比較若干次，到九十度，用一半四十五度，每次該幾丈幾里，即知總共若干也。若對岸並無兩處可指，或不知其兩處中間所隔丈尺里數。再從原測附近兩旁，或左邊，或右邊。任擇一寬平無礙之處，定一橫線。其橫線之兩端，一端聯初次所定之直線，又一端復視所測之物，出一直線，成三角形，命爲二次之界限線。此線亦宜□通。蓋係因所測之物，對向左右無排列相當之形，故無橫線可定，即就初次所定直線之端另擇一處定作橫線，合一虛直線成三角形也。若其對向左右有排列相當，又知中間相隔幾丈幾里，即可先定對向橫徑，無庸覓旁處橫線矣。須明辨之。然後將羅經儀器，兩處對所測之形，查其當橫線中間相隔幾度幾分，合計量得幾丈幾里，即將此幾丈幾里爲法。按象限九十度，用四十五度尺，比照若干度，相加幾倍，始合四十五度之數。如測中間隔五度量得三十丈，共比九次五度，合四十五度，即九個三十丈。總共二百七十丈，或隔二度量得三十丈，當比二十二次半五度，合四十五度，是其二十二個半三十丈，亦係二十二倍半三十丈。共爲六百七十五丈。餘倣此。若有零餘，亦照法扣算。總其積數，即得所測有形不知廣遠之數矣。此用測便知，不須表算之簡易法也。此言用法，僅即廣遠以明其理。如用測高深，只將儀器側放，則橫直兩線移步換形，不外三角。三角又只求其一邊，餘皆同。卷内所載測量并算各則，莫不同此根原。同此三角，因數與理相符，故引以爲題，使學者易曉耳。

清·李子金《天弧象限表序》 天弧象限表者，乃本西洋之割圓八線表而變通其數、省約其文者也。方圓漸次之較，不可以爲典要，故自古及今，無推算之良法。古人但以立差、平差、乏差之三率求日行盈縮、月行遲疾之差，其法與弧背求弦之數暗相符合，雖分毫之間微有不同，而用以求乏朔、乏望亦庶乎密而可用矣。西洋諸儒亦知方圓漸次之較原無相通之比例，乘除加減一切布算之術至此而窮，于是乎準圓形之周，用多邊比量之法，詳加考定，剖圓形爲四象，而割圓八線表作焉。内分弦矢切割之四線，每線各有正餘，是爲八線。此八線者，皆于割圓之分，以其相當之直線與其曲線相求，而爲測量推算之本。其數至多，其用至廣，于測量百法中皆爲第一，故又名大測表焉。予讀之，而知其所用之數可以變而通之，所著之文可以省而約之，故不揣庸陋，妄加筆削，非敢求異，亦本之愚見則然耳。按：天弧之大小不等，則弧弦之長短不一，其不可以算數求者，止在此正弦之一線耳。既有正弦，便有餘弦，既有正餘之兩弦，便有切割之兩線，而兩矢又即在兩弦之中，是一線得而八線即從而俱得。如是則于八線之中，止表正弦之一線足矣。然正餘相求，必須用勾股開方之法，然後可得。今考前四十五度之正弦即後四十五度之餘弦，後四十五度之正弦即前四十五度之餘弦，與其用四十五度之一弦多一開方，又不若用四十五度之兩弦省一開方也。予用是于八線表中止取正弦、餘弦之兩線，其他皆從推算而得，爲法甚捷而爲用甚便，故不必將八線之數盡列之表中也。舊表九十餘葉，爲文十有餘萬，而不見其多。今表不過七葉有半，爲文不過數千，而不見其少。況西法以六十分爲度，不止難于布算，而其數亦疎，予變通其數，以百分爲度，不止易于布算，而其數更密，于文則與繁而寧儉，于用則與疎而寧密，雖冒更張襲取之譏所不辭也。割圓雖云八線，舊表止載六線，予復于六線之中止載兩線，其不仍以割圓八線名表，而以天弧象限名表者，蓋因其與八線之實不相副而變易其名耳。若云貪前人之功以爲己力，則吾豈敢。

又 諸線相求之法：以正絃求餘絃，置正弦、半徑各自乘，相減，餘以平方開之即得。以餘弦求正絃同法。以兩弦求正切線，置正弦爲實，以餘弦除之即得。本當先以半徑乘後以餘弦除。此用捷法，凡當用全數乘除者，皆在可省，只于位上定之。以兩弦求餘切線同法。以正弦、正切求正割線，以正弦除正切即得，或以餘弦除半徑亦得。以餘弦、餘切求餘割線，以餘弦除餘切即得，或以正弦除半徑亦得。

予又有用三線之法：其法于六線中止列三線，前四十五度則有正弦、正割、餘切，而無餘弦、餘割、正切。求正切則用正弦、正割相乘，求餘弦則用正弦、餘切相乘，求餘割則用正割、餘切相乘。後四十五度則有餘弦、餘割、正切，而無正弦、正割、餘切。求餘切則用餘弦、餘割相乘，求正弦則用餘弦、正切相乘，求正割則用餘割、正切相乘。較八線表可省一半，較予象限表則乘而不除，亦宜列爲成書，今不備載。

用切割兩線之法：表中止有正、餘之兩弦，而無切、割之兩線。欲得切、割兩線之數，固用兩弦求之矣。若先有切、割等線，而欲得正弦之數者，則又不可無法也。假如現有切線而不知正弦，法當以半徑、切線各自乘，二數相并，平方開之則得割線，然後以割線除切線即得正絃也。或現有割線而不知正弦，則以半徑、割線各自乘，二數相減，平方開之則得切線，亦以割線除切線得正弦。

制象限儀法：推測之學，其理不出于比例。比例之最妙者，莫如勾股。但勾股爲正方角，而別有等角、斜角之類，則非勾股之法之所能盡，必以象限儀之度測之，以象限表之數推之，而後天之高、星辰之遠，以及一切方圓、三角等形無不可得而知矣。

又 徑背求弦法可代象限表

其法置所有正背度分，以度率一寸七分四釐五毫通之，得若干用減半周，三十一尺四寸一分六釐。餘爲餘背，兩背各自乘，爲各背冪，即各背一乘方也，并之，減去徑冪，四百尺。餘爲兩背冪，大于兩弦冪之共積，另置各背冪，再以各背乘之，爲二乘方，置二乘方，再以各背乘之，爲三乘方，以各背一乘方、二乘方加三乘方之半爲各率，并之爲總率。置共積，以各率乘以總率除，則得各背冪，大于各弦冪之積，以減各背冪，餘爲各弦冪之積，平方開之，得各弧之通弦，折半即象限表中半背之各正弦、餘弦也。欲得正切線，則置正弦，以半徑乘以餘弦，除之。或省一乘，只以餘弦除之，其本位即正切線之數也。欲得餘切線，則置餘弦，以半徑乘之，以正弦除之。或省一乘，只以正弦除之，其本位即餘切線之數也。既得兩切線，即置正切線，以半徑乘之，或省一乘。以正弦除之，即得正割線，或只以餘弦除半徑更捷，置餘切線以半徑乘之，或省一乘。以餘弦除之即得。餘割線或只以正弦除半徑更捷。凡當用半徑全數乘除者，皆在可省，只于位上㝎之。

徑弦求背法可代象限儀

其法依勾股之制，立表窺之，以表作勾，以兩表相去作股，求出弦數若干，以弦除勾即得表中正弦，除股即得表中餘弦，表中正弦，表中餘弦，乃象限表中之數，非所立之表也。表字恐混故註之。其勾股之弦，即表中半徑之全數也。半徑十尺，其數即十萬也。以正弦減半徑，十尺。得餘矢，以餘弦減半徑，十尺。得正矢，倍正弦，得正弧通弦，倍餘弦得餘弧通弧，兩通弦相乘，折半，得半圓內勾股之積，以減半圓之積，一百五十七尺〇八分。餘爲兩弧共積，兩弧各以二弦一矢相并，以矢乘之，爲各弧之率，并之爲總率，置共積，以各率乘以總率除，則得各弧之積，各加弧內三角積，取半圓內勾股積，折半，即各弧內三角積也。得各弧分之積，置各弧分之積，以全周三百六十度乘之，以全積三百一十四尺一寸六分除之，即得各弧之度，或以一象九十度乘之，以一象之積七十八尺五寸四分除之，亦得。取正弧之度，折半，即象限儀所測之角度也。取餘弧之度，折半，即餘角之度也。

又按：弧矢之形，弦爲直線，背爲曲線。曲線與直線相求，自古無相通之比例，故徑背求弦，徑弦求背，皆無良法。即以西洋之巧算，亦不過列爲八線表，製爲象限儀而已。但每遇一數，必須携表以備查考，携儀以便測望，未免稍贅。予不揣庸劣，創立二法，皆就兩弧本身之數升降消息以爲比例布算，雖多曲折，而得數實云近密，蓋亦于無法中求爲有法，不得已而後起耳。雖然，予所創之法，固前古所未有，然亦不過遷就其數以求可用，若妄謂數出天然，確不可易，予又何敢自欺以欺人乎？

清・黃百家《學箕初稿》卷二《復陳言揚論句股書》 夫句股云者，横直之謂也，雖《周髀》以表屬股，以景屬句，然其時止有直表而無横表，故股修句廣得判然以分屬焉。【略】兄才質境地，遠非弟比。願從此而并西術之所謂三角八線者，供次第及之。

清・梅文鼎《勿庵曆算書目・幾何摘要》 《幾何原本》爲西算之根本。其法以點線面體疏三角測量之理，以比例大小分合疏算法異乘同除之理，由淺入深，善於曉譬。但取徑縈紆，行文古奥而峭險，學者畏之，多不能終卷。方位伯《幾何約》又苦太畧。今遵新譯之意，稍爲順其文句，芟繁補遺，而爲是書。於初編則爲第七。柘城杜端甫孝廉知耕有《幾何論約》、吾弟爾素有《幾何類求》，並可與是書參證。

又《幾何補編》 《天學初函》內有《幾何原本》六卷，止於測面。其七卷以後，未經譯出。蓋利氏既殁，徐、李云亡，遂無有任此者耳。然《曆書》中往往有襍引之處，讀者或未之詳也。壬申春月，偶見館童屈篾爲燈，詫其爲有法之形，其製以六圈成一燈，每圈匀爲六折，並周天六十度之通弦，故知其爲有法之形，而可以求其比例，然《測量》諸書皆未言及。乃覆取《測量全義》量體諸率，實攷其作法根源，法皆自楞部至心，即皆成錐體，以求其分積，則總積可知矣。以補原書之未備。而原書二十等面體之算謬，固疑其有誤者，今乃徵其實數。《測量全義》設二十等面體之邊一百，則其容積五十二萬三八〇九。今以法求之，得容積二百一十八萬一八二八，相差四倍。又《幾何原本》理分中末線，亦得其用法。《幾何原本》理分中末線，但有求作之法，而莫知所用。今依法求得十二等面及二十等面之體積，因得其各體中稜線及輳心對角諸線之比例，又兩體互相容及兩體與立方立圓諸體相容各比例，並以理分中末線爲法，乃知此線原非徒設。則西人之術固了不異人意也。爰命之曰《幾何補編》。

又《弧三角舉要》 三角之用，莫玅於弧度；求弧度之法，亦莫良於三角。故《測量全義》第七、第八、第九卷耑明此理，而舉例不全，且多錯謬。其散見諸《曆指》者，僅存用數，無從得其端倪。《天學會通》圈線三角法作圖草率，往往不與法相應，缺誤處竟若殘碑斷碣，弧三角遂成祕密藏矣。今一以正弧三角爲綱，仍用渾儀解之，於《曆書》原圖稍爲增訂。而正弧三角之理盡歸句股，可指而數焉。於是而參伍其變，則斜弧三角之算亦歸句股矣。書凡五卷。其目曰弧三角體式、曰正弧句股、曰求餘角法、曰弧角比例、曰垂弧、曰次形、曰垂弧捷法、曰八線相當。蓋自是而算弧度者有端緒可循，讀《曆書》者亦有塗徑可入。

又《環中黍尺》 《舉要》中弧度之法已詳，然更有簡訬之用，不可不知也。《測量全義》原有斜弧用兩矢較之例，但所立圖，姑爲斜望之形，聊足以明其意象，而無實度可言。今一以平儀正形爲主，則凡可以算得者，即可以器量。渾儀真象，陳諸片楮，而經緯歷然，無絲毫隱伏假借，測算家一快事也。

至於加減代乘除之用，《曆書》僅舉其名，不詳其説，意若有甚珍惜者，蓋嘗疑之數十年而後，乃今得其條貫，即初數、次數、甲數、乙數諸法，並砉然以解。書凡五卷。其目曰總論、曰先數後數、曰平儀論、曰三極通幾、曰初數次數、曰加減法、曰甲數乙數、曰加減捷法、曰加減又法、曰加減通法。

其又法與加減同理，而取徑特殊。兒以燕於《恒星曆指》中摘出，千里致書相詢，爰附末簡，以不没其用心之勤。○甲數乙數用法甚奇，本以黄道求赤道，李世德孝廉準其法，以黄求赤作爲圖論，又製器以象之。世德於此中有得其書，原可專行，故未附此。

又《塹堵測量》 塹堵測量者，借土方之法以量天度也。其術以平圓御渾圓，以方體測圓體，以虚形準實形，故托其名於塹堵也。古法斜剖立方成兩塹堵，塹堵又部爲三，成立三角，立三角爲量體所必需，然此義中西皆未發。今以渾儀黄赤道之割切二線，成立三角形，立三角本實形，今諸線相遇成虚形，與實形等。而四面皆句股，即弧度可相求，不須用角，西法通於古法矣。又於餘弧取赤道及大距弧之割切線，成句股方錐形，亦四面皆句股，即弧度可相求，亦不言角，古法通於西法矣。二者竝可用堅楮爲儀，以寫其狀，則弧度中八線相爲比例之理，瞭如掌紋。作法詳本書。而郭太史圓容方直矢接句股之法，亦不煩言説而解。書凡二卷。其目曰總論、曰立三角摘録、曰渾圓内容立三角、曰句股錐、曰句股方錐、曰方塹堵容圓塹堵、曰圓容方直儀簡法、曰郭太史本法、曰角即弧解。

又《幾何增解數則》 其目有四，曰以方斜較求斜方、曰切線角與圓内角交互相應、曰量無法四邊形捷法、曰取平行線簡法。竝就幾何各題而增，故不入《補編》。《補編》專言體積，並《幾何》未有之題。

又《仰規覆矩》 一查地平經度，爲日出入方位，一查赤道經度，爲日出入時刻。竝依里差，用弧三角立算，與《曆書》法微别。秀水友人張簡菴雍敬熟觀余所製簡平儀，有所悟入，因作此相質。

又《方圓冪積》 《曆書》周徑率至二十位，然其入算仍用古率。十一與十四之比例，本祖冲之徑七周二十二之密率。豈非以乘除之際，難用多位歟？今以表列之，取數殊易，乃爲之約法，則徑與周之比例，即方圓二冪之比例，徑一則方周四，圓周三一四一五九二六五，而徑上方冪與圓冪亦若四與三一四一五九二六五。尾數八位，並以表爲用。亦即爲立方、立圓之比例。同徑之立方與圓柱，若四與三一四有奇，則同徑之立方與立圓，若六與三一四有奇。殊爲簡易直捷。歲癸未，匡山隱者毛心易乾乾惠訪山居，偶論周徑之理，因復推論及方圓相容相變諸率，益覺精明。蓋學問貴相長也。○中州謝野臣廷逸，毛先生壻也。於數學甚有精思，偕隱陽羨，自相師友，著述甚富，多前人所未發。

又梅文鼎《幾何通解》 用理分中末線説

言西學者，以《幾何》爲第一義，而傳只六卷。其有所秘耶？抑爲義理淵深，翻譯不易，而姑有所待耶？《測量全義》言有法之體五，其面其積皆等，其大小相容相抱，與球相似。《幾何》十一、十二、十三、十四卷諸題，極論此理。又《幾何》六卷，言理分中末線，爲用甚廣，量體所必需，《幾何》十三卷諸題全賴之，古人目爲神分線。又言理分中末線求法，見本卷三十題，而與二卷十一題同理，至二卷十一題，則但云無數可解。詳見九卷。其義皆引而未發。故雖有此線，莫適所用。疑之者十餘年。辛未歲，養病山阿，游心算學，於量體諸法，稍得窺其奥。爰證歷書之誤數端，於十二等面、二十等面，得理分中末之用，及諸體相容之確數，故以立方爲主，其内容十二等面邊得理分線之末，二十等面邊得理分線之中，反覆推求，了無凝滯，始信幾何諸法可以理解。而彼之秘爲神授，及吾之屏爲異學，皆非得其平也。其理與法，詳《幾何補編》。

清・戴震《割圜弧矢補論》卷首 古九數方田算弧矢形，有矢弦求徑之術，弦折半自乘，矢除之，加矢爲圜徑。學者莫明其義出於句股。又弧矢求積，古今未有密灋可推，蓋圜之於方有一定之比例，弧矢於長方無一定之比例。余思之竟日，遂得其理。凡弧矢形，平截圜之半徑體勢不齊，猶夫三角形之無直角體勢不齊也。必求分圜之積，乃知弧矢積，猶三角必截之成句股也。就矢弦求其圜徑，猶夫就三角形求其截句股之懸綫也。形之有三角、有弧矢者，以不齊齊天下之不齊，三角則有句股御之，弧矢則割圜御之，而句股、割圜道通爲一，又以齊齊其不齊。是用著於篇。

清・汪萊《衡齋算學》第六册 平圓形

有圓内若干度之通弦，求其度三分之一之通弦。

法曰：置所有若干度之通弦，以一百萬萬萬乘之，得數自乘爲帶縱立方積，以三百萬萬萬爲帶縱立方高闊和，用第二册中帶縱立方高闊和法開之，得末率之高，以一乘方法開之，得三分之一之通弦。

解曰：三全分之通弦較三分之一之通弦爲三倍而少一半徑爲一率，三分之一通弦爲二率，之四率，第三册五分取一法中已暢發西士之旨。然西法布算，迺用益實歸除，而不顯立進退之限，推求較難，今改用帶縱立方，而以末率當之，斯顯然易得矣。【略】

論曰：善用法者，能使無用爲有用。帶縱和立方之法，無用者也，而可以爲有用，其在學者之善會乎。【略】

又論曰：西人杜德美有隨度求弦矢捷法，梅氏《赤水遺珍》載之未備。戊辰冬，効力史館，協修朱君雲路出示所藏，乃覩德美全法。竭旬日，思得其立法之原，歎爲至妙。姑舉一隅於此。如通弧求通弦，以通弧本數爲第一條，次以半徑爲連比例第一率，通弧本數爲第二率，二率自乘一率除之得第三率，次置第一條以三率乘之、一率除之得第四率，四除之又二除之、三除之爲第二條，應減此所減者四率二十四分之一也。何以減二十四分之一，緣三全分通弦較三分之一三通弦併數少一四率，若併三分之一三通弦，如前法求得三率是爲九倍，又求得四率是爲二十七倍，應減二十七分之一。至五全分通弦較五分之一五通弦併數少五，四率准前法應減二十五分之一。至七全分通弦較七分之一七通弦併數少一十四，四率應減二十四分小分五之一大分。九全分通弦較九分之一九通弦併數少三十，四率應減二十四分小分、三之一大分。遞而計之，五分較三分於二十四分之外省三分之二，七分較五分省二分之一，九分較七分省五分之二。由是母子俱進，母大而子小，此二十四分之餘。正如一尺之棰，日取其半，萬世不竭也。夫有數不能竭者，無數竭之，諸分者有數等邊形，弧線者無數最多邊形，最多而無數，此二十四分之餘不得不竭，故無論何度何分，徑減四率二十四分之一至六十等率之加、八十二等率之減，數既相因，理無二致。善會者自得之。

清・董祐誠《割圜連比例圖解》卷上 右四術爲立法之原，杜氏九術由此推衍而歸於簡易，蓋弧與弦矢相求，皆弧與一分之弦合，故即以弧數爲弧之分數，則一分之數極微，減差亦極微，可以不計，而其所用之三率已藏一自乘數，故不更求乘數。今所立弦矢相求術，則弧不與弦合，析分愈少，則弧弦差愈多。必當如減差以求乘數，而三率內不復更藏自乘數，方爲密合。又以正弦求正弦，則如通弦術而每數內各省一四除。正矢求正矢，則矢數弧分並同，故不復省四除。法雖小異而理實相同也。遞求之次愈多，則得數愈密，故單位下仍宜加小餘數位，蓋畸零絫積，尾數易差耳。舊法求弦矢以立八線表，取數紆迴，五分之弦則用中比例，後更增求三分之一通弦，術用益實歸除。汪氏萊更補求五分之一通弦術，商除進退皆難遽定。今立此術，任求幾分之弦矢，法皆一貫，惟通弦在半徑以上矢及正弦在半徑二之一以上者，當求得半弧之弦矢求之數大者又半之，故以六十度之弦矢順次遞求一象限内之弦矢悉得其乘除之數，並有定程，無煩詳審，句股割圜之術，蓋愈精而愈簡矣。

清・項名達《象數一原・序》 方圜率古不相通也。徑求周，以勾股衍算不易，割圜弧矢率又甚疎，西人八線妙矣。求八線必資六宗三要二簡法，非可徑求。所以然者，方有盡，圜無窮，勢難强合也。自杜氏術出而方圜之率始通，其術用連比例，一率半徑，二率通弦，三率倍矢，由是遞求諸率，有徑即得周，有弦矢即得弧，有弧亦即得弦矢，其算捷，其數亦最真。顧是術也，梅氏《赤水遺珍》載焉而未釋，明静庵先生捷法解釋焉而未抉其原，當自爲一書，非正釋也。自董氏術出，而方圜率相通之理始顯。術凡四：曰求倍分弦矢，求析分弦矢。審定乘除法，以明率數。倍分率，圜所以通方也。析分率，方所以通圜也。其釋倍分率以方錐堆，而方錐堆實出於三角堆。弦之二率即兩堆根相并數，四率即兩立積相并數，矢之三率即兩平積相并數，五率即兩三乘積相并數，四五率以下多乘積以還莫不如是，故遞次乘除皆求堆積法也，而即以之求弦矢。弦之分有奇無偶，矢之分奇偶俱全。至析分率，則三角堆無其數，即假倍分之率較量而反釋之，可爲獨具隻眼矣。所疑者，堆積既與率數合，何以有倍分無析分？倍分中弦率又何以有奇分無偶分？且弦矢綫聯於圜中，於三角堆何與？蓄是疑有年。丁酉歸自苕南舟中，偶念此，恍然曰：三角堆數起於一，遞加一得堆根，遞加根得平積，遞加平積得立積，蓋遞加數也。弦矢率由圜中兩等邊三角挨次比例而生，亦起於半徑之一，半徑即一率，遞加一率得二率，遞加二率得三率，遞加三率得四率，亦遞加數也。數有整必有零，起整分者曰整數，遞加祇一式，即三角堆相連兩根積相并與倍分矢率倍分中奇分弦率等數。起零分者曰零數，遞加有無量式，不可以三角堆名依式推衍，倍分中偶分弦率及析分弦矢率實參列其間。不惟若是，倍分者，一分弧之幾，常以一爲分母。析分者，幾分弧之一，常以一爲分子。今得零分，則分子母不必定一，任設幾分弧之幾，無不可求。因立此弧求他弧兩術，以補所未備。又不惟若是，分子母既可任設，則六十度通弦倍矢與半徑等諸率齊同，取爲分母，任設某度爲分子，并諸率本數可省去不求，但求遞加差數，即得逐度分秒之通弦倍矢，亦即得逐度分秒之正弦、正矢。因更立半徑求弦矢兩術，以備製表之用，似便於用弧。約言之，弦矢諸率其比例生於兩等邊三角，其數本於遞加兩等邊三角。尖，象也。遞加數，尖數也。通方圜必以尖。故自來割圜術不離勾股，而得其象未得其數，取數不無繁重，自有零整分遞加，而後象與數會，分於是定，率亦於是通。分即遞加數之根，率即遞加數之積。分以子母管乎外，圜涵方也。率以奇偶應乎內，方就圜也。割圜術至此始無餘藴。

清・安清翹《一線表用・敘》 鎔西洋之巧筭，入中法之型模，此治歷者之定說也。然自徐文定修《新法筭書》已有偏重西法之意，雖中法勝西法者亦棄而不用。梅勿菴欲會合中西，而不得其要領。至今兩家言天數者，猶斷斷未已也。余以爲測量須精，而布筭貴簡。

又 卷一 然立表則甚屬繁難，表數既多，檢表亦煩。八線舊表，自一分起角，度五千四百，句股形二千七百，新表自十秒起角，度三萬二千四百，句股形一萬六千二百。夫新表必自十秒起者，以舊表自一分起，至六十度以後，切割二線不可用中比例也。夫舊表已屬繁難，然且不可用，是立表無簡法矣。其所以無簡法者，由於用切割二線也。是以近時歷學名家著書甚富，然皆不能立表布筭。既不能布筭，是無用之書也。今止用古法半弧弦列爲一線表，凡筭術用切割二線者，俱設法改用半弧弦，補古法之未備，除西法之繁難，庶爲歷學之一助云爾。

清・周中孚《鄭堂讀書記》卷四四 天文算法類

《弧三角舉要》五卷。國朝梅文鼎撰。【略】勿庵以三角之用，莫妙於弧度，求弧度之法，亦莫良於三角，因爲摘其肯綮，從而疏剔訂補，以直截發明其所以然。其曰有八，曰弧三角體勢，曰正弧三角形附舊稿，曰求餘角法，曰弧角比例，曰乘弧法，曰次形法，曰乘弧捷法，曰八綫相當法。一以正弧三角爲綱，仍用渾儀解之，正弧三角之理盡歸句股，參伍其變，斜弧三角之算亦歸句股。文雖不多，實爲此道中開闢塗徑，蓋自是而算弧度者有端緒可循，讀厤書者亦有塗徑可入矣。

又 卷四五 天文算法類

《量倉通法》五卷。國朝張作楠撰。初，阮雲臺師撫浙時，仿天文家用一萬分爲日法之法，製量倉尺頒行各屬，不用斛率，即知穀數，立法甚捷。丹邨因華亭徐華西延緒以量倉訣相質，爰取曩所肄習者，爲之逐句詮釋，復設求積求邊諸例，以暢其義，而隱伏雜糅者，間以借根方法馭之，並附測體各術，合爲是編。前四卷于各體形邊積相求法略備，後一卷自各體求積求邊，及更體互容權度比例堆垜諸法，各具算例，與前法相輔而行，觀此益知夏侯陽、方倉、張邱建以爲未得其妙也。

又 《方田通法補例》六卷。國朝張作楠撰。徐華西既屬丹邨撰《量倉通法》五卷，復以梅勿庵《方田通法》立術簡奥，未設算例，又環斜、弧矢、眉梯、錢錠諸法形難以徑得，爰屬丹邨仿量倉法，補成完帙。因采各法，折衷于御製《數理精藴》，先明其理，次詳其數，終窮其變，分類排纂。卷一爲畝法、步法、丈量法及丈田歌訣解、捷田歌訣解、方田通法表，卷二至卷四爲算例，卷五爲雜法，卷六爲附録。前有自序，稱雖以方田設問，而反覆推求，務使可以測方田，即可以測他形，以求合于《九章》之旨云。或以三角八綫比例，或以借根方立算，豈止爲量田設法而已哉？

又 《倉田通法續編》三卷。國朝張作楠撰。丹邨撰《倉田通法》，時麗水俞愛山俊以數學來質。因其雖曾習借根方法，而未解立天元一爲借根方所本，爰取倉田諸題，括草示之，遂通其術。並輯課草暨曩法之涉于倉田者爲是編，以續《倉田通法》後。卷一爲設例上，以量田，冠以立天元一法算例，附以開帶縱諸乘方簡法。卷二爲設例中，以量田。卷三爲設例下，以量倉。學者得此書爲初桄，庶幾隱伏糅雜諸題，可迎刃而解矣。

清・鄭復光《句股容三事拾遺序》 算數推步之學，元代大備矣。歐邏晚出，益加精密，顧其說好非古而自是習尚然也。如不同心天之心差變而爲小輪，小輪之軌跡變而爲橢員，因數有微差，遂形求惟肖，誠足以發難顯之情。學者和之，亦從而是今非昔，弁髦古灋，不亦陋乎？李欒城立天元一，未詳所始，其自序云老大以來得洞淵九容之術，蓋亦有所受之矣。顧箬溪刪去細艸，幾于失傳。至梅文穆公因借根方識其所本，元和李氏註釋推演，于是其學漸箸。

清・羅士琳《句股容三事拾遺・序》 數莫竆于句股，然極和較之變，大都六十題盡之矣。若搭其通例，則又不外二十五術而已。至句股中函數爲另積所得不入此例，其容方邊、容員徑在《九章算術》通謂之黄方，其容垂綫在《句股演》則謂之截弦分兩，又謂之中長。李氏《測員海鏡》一書全以句股容員爲題，設問一百七十，孔氏《少廣正負術》之外篇亦間以方邊爲題，設問二十四，以中長爲題設問十，要皆于極變之外別尋新義。嗣繪亭先生名博啓，滿洲正白旗人，乾隆年官監副。更取句股形中所容之方邊、員徑、垂綫三事分配和較，捌灋六十，惜其書未刊，久經寖没，今所傳者唯有方邊及垂綫求句股弦一題，灋用平行綫剖容方另爲四小句股形，借垂綫爲小句股和借方邊爲小弦求小句小股，以小股比垂綫若方邊比句，以小句比垂綫若方邊比股，以小股比股若方邊比弦。吉光片羽，塵此獨存。

清・張作楠《方田通法補例序》 徐華西既屬楠撰《量倉通法》，復以梅氏《方田通法》立術簡奧，未設算例，又環斜弧矢、眉梯錢錠諸形難以徑得，屬仿《量倉法》補成完帙，使田曹倉曹各有專書。攷方田法自《九章》以下，若孫子、五曹、夏侯陽、張邱建、程賓渠諸家，踵而加詳，然圓方相求，僅據舊率，故未密合，惟《數理精蘊》於各面形之邊線相等面積不同、面積相等邊線不同者，各立定率比例，而後方斜周徑始無遁形，如以線測面，則以邊線長短求面積多寡用以丈量田地，即古方田法也。以面測線，則以面積多寡求邊線長短用以分田截積，即古少廣法也。由線而面，由面而體，苟明乎立法之根、比例之理，則測面測體一以貫之，況《九章》第一章雖以方田命名，其實有邊求積胥統之方田，有積求邊胥統之少廣，倉田特其中一類，未有能量各形而不能量倉與田者，亦未有不能量各形而獨能量倉與田者，且未有能量倉而反不能量田者，然《五曹算經》分倉田爲二，蓋爲初學説法不得不爾。

又張作楠《八線對數類編・引》 西人對數以加減代乘除最簡妙，然乘除開方數在十萬外須別立法御之，且除與開方或遇奇零不盡，運算緐難，反不若常法之易，惟用於弧三角則四率皆八線，以二率三率相加，一率減之，即得弧度，既知弧度，更不復求其真數，用甚捷。阮雲臺少保所以謂對數爲八線設也。舊表不列割線，《數理精蘊》用比例法增補，尤爲完備。玆求簡便，分弦切爲二類而列求割線矢線法如左。

又張作楠《弧角設如・序》 夫法取其密，何分今古，算取其捷，何問中西。薛氏《天學會通》專用對數，固非正法，若以八線測球體，雖隸首復生，當無以易，況又有對數以省乘除，一加一減即得弧度，何捷如之。《衡齋算學》因總較法餘弦矢較用加減疑對數法窮，雲樵於兩弧夾一角以切綫分外角法通之則仍不窮。梅文穆《赤水遺珍》於三弧求角列開方得半角正弦二術以乘除課其繁簡，雲樵以對數衍之，迎刃而解，竟似西人創此二術爲對數設者。然非於弧角比例之理，反覆貫通，即使手八線對數一編，亦不過如臺官演撰，課其數則不誤，叩以理則全乘，不將移步即迷乎。故以對數妙八線之用則可，因有對數遂不復探本原則不可。

清・江臨泰《弧角設如序》 夫測算之學，至本朝而極盛，御定《秝象考成》撰天察紀，明時正度，洩千古不傳之秘，一時講明而切究者，若梅勿菴、王曉菴、薛儀甫、李安溪及家慎修、錢竹汀、李尚之輩，於中法、西法各有心得，卓然成家。第草野既未由履觀臺窺中秘，而諸家撰述持論不同，詳略互異，讀者每望洋而返，間有留心斯事者，又或鄙演撰爲疇人末技，而務鉤棘字句以示秘奥，吹毛索瘢以矜創獲，甚且於中西之辨斷斷不休，如講學家之攻良知爭無極，不知推步躔離取其驗於天者從之，不必問其爲中與西也，立術布算取其密且捷者從之，亦不必問其爲古與今也。羅雅谷云，算數比例，步步蹠實，非若談空説元可欺人以口舌，明明布列，非若握槊奪標可欺人以强力，層層積累，非若由旬刹那可欺人以荒誕。西儒之術，驗之懸象，既有合於天，課以算數，復較密於古，使必舍八線而用三乘方取矢，舍三角測量而尋重差綴術之遺緒，舍易就難，已無異改今時筆札皆從篆體，强今人脣吻盡復古音，況陰竊其實而陽避其名，改三邊求角爲三距求觚，改三鋭角爲三觚句於句股，改一鈍二鋭爲三觚一倨於句股，改同式形比例爲同限互權，而曰：此我法，非西法。篠驂卉犬，是亦不可以已乎。

清・趙懷玉《揣籥小録序》 自西學興，治曆者往往各存異見，互發違論。其實得數不符，固不足爲理之合，苟理既合，亦何害爲道之同，是所譯諸書適能與古法相濟，而非所以相病也。

清・羅士琳《疇人傳續編》卷四八 陳懋齡

論曰：陳副貢《天文考》，阮相國于道光中刊入《學海堂經解》中，並云其《周禮地中考》原圖，設九圓以解地圓，似反支離，且外大圈黄赤道既爲大規，而小圓上黄赤道又爲直線，亦似矛盾，因以爲地圓之理本屬易曉，不若倣《乾坤體義》圖爲之較便。副貢韙其言，爰復更定一圖，附於原圖之次。

又 卷五一 董祐誠 張成孫

論曰：方立沈默精敏，所著書洵足以超邁古人。尤所撰之秝術序，探本窮源，不獨指摘其三蔽所在，且可使後學知因造之端。書雖未成，而其志實與元和李尚之秀才鋭擬撰《司天通志》，大略相同，皆有功于象緯者也。惟栩橢圓求周，誤據《九章》句股葛生纏木術，以橢圓大徑爲弦，小徑爲句，求得股，副以小徑求得圜半周爲句，與所求之股，復求得弦爲橢圓半周，於術不通。蓋葛生纏木，若使兩面對纏，其相交處必有角，故可借爲句股形求之。而橢圓之形則爲斜剖之圓柱，與葛纏者迥異，其受剖處無痕跡可尋，故能有合於長圓，而不能有合於句股，以其相交處無角也。夫其相交處無角，則其形不同，其數必恒小於橢周，信非通法。曩曾以此論告之其兄玉椒農部基誠，乃農部既不知算，兼以友愛其弟，不忍湮没其所著之書，堅不節去此術，致方立有遺憾，惜哉。

清・陳昌齊《測天約術・序》 古有黄赤道相準之率，大約就渾儀比量得之，無所謂算術。自元郭太史守敬始以弧矢命算，其法一出於句股，然入算必先求矢，又用三乘方，取數不易。西法以弧角八線相求，謂之弧三角法，雖亦出於句股，而能盡句股之變。又其入算也，僅一乘除，視弧矢術爲較便，然猶慮乘除之煩也。則又有八線對數比例法，易乘除爲加減，斯尤便之便者矣。弧三角形内有正角者曰正弧三角形，無正角者曰斜弧三角形，參伍錯綜，爲類繁多，諸算書所載冗雜難稽，學者往往難之。今於正弧三角形約爲六法，斜弧三角形亦爲六法，其正弧三角形則取利瑪竇之省除法，斜弧三角形則取穆尼閣之不分線法，凡以求其簡易也。明乎此，而七政之升降出没，經緯之縱横交加，無不可知矣。

清・徐有壬《造各表簡法・序》 圜不可量，綴之以方。弧不可比，綴之弦矢。乘除不可省，綴之對數。皆不可無立成。昔人名之曰鈐，曰表，皆立成之别名。□法有八綫表，有對數表，萬算皆從此出，表之用大矣哉。惜其刱造之初，取徑紆徊，布算繁賾，不示人簡易之方，令學者望洋興歎。如八綫對數一表，至今無人知其立表之根者，不可謂非缺事也。余讀《四元玉鑑》，究心於垜積招差之法，推之割圜諸術，無所不通。蓋垜積者，遞加數也。招差者，連比例也。合二術以施之割圜，六通四闢，而簡易之法生焉，導源於杜德美氏，發揮於董方立氏，旁推交通於項梅侶氏、戴鄂士氏、李秋紉氏，幾無遺藴矣。

清・黄炳垕《測地志要》卷二 主線偏求腰線

自測弦至進推横廣，法綦備矣。然郡邑之山嶺江湖、村市橋梁，既星羅而綦布，而疆界之斜直凹凸、遠近廣狹，亦殊相而異形，苟非有執簡御繁之法，曷以悉得其本位，而俱合其真形哉？因取《數理精藴》《幾何原本》造地圖法，及《新法曆書》《測量全義》測繪洲島郡邑法，兼而用之。《幾何原本》兩儀俱用鋭角，而不言量取底線，《測量全義》備言主線爲底，兩角求兩腰并隔礙處輾轉相求之法，而角度兼用鈍角。擇兩高曠處兩端平安儀器，或矩度定表相對，凡前後所見各形象，均視兩遊表視線相交之點，爲其物之本位，至邊界不齊之處，亦以是法施之，繪於圖上無不各得其本位，而合其真形焉。

又 卷三 差角測高

凡建城邑，必依山爲主，藉爲瞭望禦侮之資也。苟非預測其直下之高數，則臨時施用，何所據以爲準哉？測法用象限儀，以前後兩角度差數，爲布算之樞紐，總不外小勾股比例大勾股之理。此術施之軍中，可測敵城樓櫓之高卑。

又 求遠測高

重差測高，須對高頂退步，又必取平準，若亂山中不得退步，難取平準，其術窮矣。今合重表測遠知遠測高二法，以斜距測之，又用遞測法，於斜坡測之，而測高之術，乃用之而不窮。

又 重差測深

與測高同理。但測高用立儀，人目近表樞。用懸儀，人目近表端。度數皆自下而上。測深用立儀，人目近表端；若定表在上亦以人目近樞。用懸儀，人目近表樞。度數皆自近而遠。矩度亦然。對角内爲距地平分，對角外爲距中心分。惟此不同，若在軍中，遇敵營在低窪之地，欲爲淹水計，可用此法測之。

又 卷四 隔河量地

隔河量地，即梅勿菴《勾股闡微》遥量平面法，《三角法舉要》載此法，名隔水量田。軍中測敵城大小，此法登高用之，遥量山面亦可用。即上三角測遠、兩遠推廣、距里求積三法，若用圖算紙上一量即得丈數。勿菴云，《新法厤書》言測量詳矣，然未著斯法，意其在《幾何》後數卷中，爲未譯之書歟。案：咸豐間，海寧李壬叔善蘭與西士偉烈亞力續譯後九卷亦不載此法。

清・夏鸞翔《外切密率序》 方圓率不相通，通之以極細分通弦，杜氏刱爲簡術，方立董氏申其意，吾師梅侶項先生滙其全，秋紉李君又著《弧矢啓祕》而術乃大備。杜術先以本數比例，後以用數入之，李術先定率數乘除，後以本數入之，究其指歸，實出一理。所惜者，杜氏有弦矢術，無切割術，李氏有其術，而分母分子之源，未經解釋，欲依杜氏例釋之，罕有得其通者。顧弦矢與切割，本可互爲比例，弦矢二綫之實數，本弦矢率率數而生，是弦矢率可當弦矢綫也。綫可比例，率豈不可比例？惟用率内諸率各自爲率，必須累次乘除，且必令切割率分母同於弦矢率分母，乃驗所得分子爲切割率分子，每得一分子，即爲一次乘法，乘法可變，而除法不可變，於是以比例所得之率數乘除法，乘除弧背，其求得之數，必仍爲比例所得之切割矣。

又夏鸞翔《假數測圓序》 數未有有正而無負者，對數何獨不然？單一以上爲正對數，其用數爲一帶畸零，四十五度内正割類之，單一以下爲負對數，其用數爲微小於一，四十五度外餘弦類之，此出于象數之自然，初不容有假借者。父執戴鄂士先生，發前人未發之蘊，剏爲負算對數，正負全而對數乃無遺憾。爰本正負二義，以徑求八綫對數，精思所到，捷徑忽開矣。余惟對數以減代除，實內減法爲正減，減餘仍爲正，法內減實爲反減，減餘易爲負，負算之由，已肇于此。凡有連比例三率，其中率爲一者，其首末二率之對數，爲數必同，爲正負必異，而以兩真數互相除，其除得之數，亦必一正一負，而以單一爲中率，正割半徑餘弦正連比例三率也。若降半徑爲單一，正割餘弦亦從之而降，降位半徑冪之對數爲無數，降位正割餘弦之對數相加，仍得降位半徑冪之對數，亦必爲無數。綫如是，率亦如是。故演得之正割對數率，及餘弦對數率，必同母子而異正負。惟正負異，故以減爲加，惟母子同，故相減適盡，適得一之對數也。八綫之中，惟正割必正，餘弦必負，而又以半徑爲中率，至他綫皆與正負用數不相似，故徑求無其術耳。

清・戴煦《假數測圓・序》 表者何？對數表、八線表、八線對數表是也。三表爲新法推步所必須，惟用之甚便，而求之甚難，非集數十人之力，積數十年之功，未易蕆事。往歲得連比例開平方法，用以求開方表，且即開方表求諸對數，立術較簡，而未出舊法範圍。復變通天元一術，先求假設對數，因以求定準對數，而求對數者，遂可不復開方。後又悟連比例平方法，即開諸乘方通法，因用連比例求諸對數，而得數益捷，此求對數表捷術也。至割圓八線，必資大測，無能舍六宗三要者，自循齋梅氏譯泰西杜氏德美以連比例求弦矢諸術，而八線乃可徑求，特其術但有求弦矢之法，而無求切割二線之法，緣復補爲推演弧背與切割二線互求諸術，于是割圓之法乃大備，此求八線表捷術也。若八線對數，則必由弧背求得八線，然後再由八線真數，求其對數，縱有捷法，亦須兩次推求，茲復會合對數捷法與割圓捷法，以盡其變，而知四十五度以內割綫及四十五度以外正弦諸對數，均可由弧背徑求，既得半象限割綫或正弦對數，而一象限內諸綫對數，皆可加減而得，此又求八線對數捷術也。

又《假數測圓・識》 新法推步，用八線表則較繁，而用八線對數表則較易。竊嘗思必待求得八線，而後由八線一一求其對數，縱有捷法，亦屬多一轉輾，若能舍八線，而徑用弧背求其八線對數，不更直捷乎。顧雖有此意，而禦之之法，殊不可得也。至去歲，獲見壬叔李君，甫接談，未數語，壬叔即首議此事，頓驚喜其意見之同，然詢以禦之之法，亦未得其梗概。何則？蓋以真數求假數，本非逐數可求，故恒借他數爲用數，今既但知弧背，又烏知此八線之真數，或可徑求假數乎。抑尚須求用數乎？如須求用數，則即不可求矣，此徑求八線假數之所以難也。今秋，録《外切密率》既竟，忽悟四十五度以內割線，頗可徑求假數，不必借用數。依法衍之，果得徑求割線對數之術。復思割線既可徑求，當不僅可求一線，因又悟連比例開方法。其用初商實較大者二術，可求負算對數，而因以得弧背求四十五度以外正弦對數之術。夫八線內既得二線對數，則諸線對數，可加減而得。遂乘數旬暇，衍爲術解，並坿算式，以爲求表之助。至他線對數，亦可徑求，特須借用弧背對數，而求弧背對數，仍籍對數表，殊失徑求之意，故置不取焉。他日質之壬叔，未識定以爲何如也。

清・劉世仲《方圓闡幽跋》 自王孝通《緝古祘經》、李敬齋《測員海鏡》、朱仁卿《四元玉鑑》書出，中法之巧不可思議，然揆天協紀，厥用未宏，蓋厤術、祘章兩不相合，而邢臺授旹之數差至明季，剌謬叢生，其不可用也亦已久矣。利氏來賓始傳輪法，南熊高足踵事增華，疇人弟子積闡其微，逮刻白爾、葛西尼改用橢員，按諸實測，先天弗違，屢變加精，洵振古之奇作也。承學之士惑於天員之說，而不知叚借以求密合之理，遥遥置諸不論。嘉道間，纂述家僅江都焦氏有《釋橢》一卷，雖明比例，而宗恉未悉，觀者歉如。

清・李善蘭《方圓闡幽》

第一當知西人所謂點、線、面皆不能無體。

天地間有色者不能無形，有形者不能無體，蓋色由形著，形由體呈。今試以墨作一點于紙上，細如微塵，此形之至小者也，然非憑虛而有乃墨所成，既爲墨所成，則其墨非體乎。是故點者體之小而微者也，線者體之長而細者也，面者體之闊而薄者也。

第二當知體可變爲面，面可變爲線。**【略】**

第三當知諸乘方有線、面、體循環之理。

一乘方爲面，即平方。二乘方爲體，即立方。三乘方爲線，線即中法立天元之元，西法借根方之根也。四乘方復爲面，五乘方復爲體，六乘方復爲線。推之至於無窮，其爲線、面、體三者循環無已。

又李善蘭《天算或問》

又問曰：此九題李氏不用天元推演，其各法之理可得聞與？

答曰：句股容圓及九題皆以句股相乘倍之爲實，而法則各異，要皆以容圓之大句股爲主。大句股以三事和爲法得圓徑。句上容圓之句股，其三事和即大句股之股弦和，故即以股弦和爲法。股上容圓之句股，其三事和即大句股之句弦和，故即以句弦和爲法。此即連比例中率自乘、末率除之、得首率之理也。推之九題莫不皆然。【略】

或問曰：先生言古人句股求弦圖，割截移補，殊不簡捷，願聞簡捷之法。

答曰：以弦爲底，作一中垂綫，分爲大小二句股形，皆與原句股形同式。其大形以股爲弦，小形以句爲弦，故大形與股方比，小形與句方比，皆若原形與弦方比，合大小二形即原形，故合句股二方即弦方也。【略】

或問曰：平三角三邊求角，以夾角之二邊相乘，倍之爲一率，二冪相加，以對角之邊冪減之爲二率，半徑爲三率，得四率爲本角之餘弦，何也？

答曰：此大小句股比例也。以夾角之小邊爲弦，正交大邊之中垂線爲句，截大邊一分爲股，此形與半徑正餘弦所成句股形同式，一率乃弦乘倍大邊，二率乃股乘倍大邊，三率八線弦，四率八線股也。或以夾角之大邊爲弦，正交小邊引長線之垂線爲句，小邊加引長線爲股，則一率乃弦乘倍小邊，二率乃股乘倍小邊，三率八線弦，四率八線股也。【略】

或問曰：平三角求積，以三邊半和與各邊相減得三較，三較連乘以乘半和，開平方得積，何也？

答曰：三角容圜，自圜心作三邊之垂線，截三邊爲六分，夾角二分兩兩相等，即三較也。三邊半和爲一率，任取一較爲二率，餘二較相乘爲三率，則垂線冪爲四率。又垂線乘半和即三角積，二三率相乘乃半和乘垂線冪也，以一率除之，得垂線冪。今不除，更乘之，是半和冪乘垂線冪，即半和垂線相乘積自乘，亦即三角積自乘也，故開平方得三角積。

又問曰：四率之理則既聞命矣，敢問此四率何以知其相當也？

答曰：任取二較必同在一邊，以此邊爲底，餘二邊爲腰，作一中垂線，分三角形爲二句股形，中垂線即股也。兩句弦和比若底内二較比，故兩較相乘積與兩句弦和相乘積比若垂線冪與股冪比，兩句弦和相乘是句弦和帶餘一句弦和爲母也，股冪爲句弦較、句弦和相乘積是句弦較帶句弦和爲母也，半和爲兩句弦和之半，餘一較爲兩句弦較和之半，是半和與餘一較比必若兩句弦和相乘積與股冪比，故亦若底内兩較相乘積與垂線冪比也。

又問曰：句弦和所帶之母，餘一句弦和也。句弦較所帶之母，本句弦和也。母既不同，何以比例合也？又兩句弦和何以與底内二較同比例也？

答曰：所指比例非本句弦和與本句弦較相爲比，乃本句弦和與餘一句弦較相爲比，股爲二形所公共，故餘一句弦較與餘一句弦和相乘，亦得股冪，是二帶母仍同也。設三角底邊不變，二腰之和亦不變，任變其形，作中垂，分爲二句股，則此句弦和與彼句弦較或彼句弦和與此句弦較比例亦不變，恒若半和與餘一較非底内二較也。之比也。

兩句弦和與底内二較同比例者，此更易明，但于所容圓心作二線至底與二腰平行，成小三角形，與本形同式，且亦分二小句股形，以垂線爲股，又自圓心作底之平行線至二腰，成二四等邊形，二小句股形之二弦各爲其邊，則底内二較與兩个小句弦和等，故與兩大句弦和同比例也。【略】

或問曰：《赤水遺珍》弧三角二邊求角法，以二弧之和折半爲半總，與角旁兩弧相較得二較弧，乃以角旁小弧正弦爲一率，小弧之較弧正弦爲二率，大弧之較弧正弦爲三率，得四率爲初數，又以角旁大弧正弦爲一率，初數爲二率，半徑爲三率，得四率爲末數，以半徑乘末數，開平方，得半角正弦。圖解不甚明晰，願更詳言之。

答曰：此以天元推之，理自明識。別得角旁兩弧之正弦各爲半徑，其距等圈内二半角正弦相乘積與二較弧正弦相乘積等，立天元一爲半角正弦，以角旁大弧正弦乘之半徑除之，不除寄爲母得 ○太 大弧正弦。爲大距等圈内半角正弦，内帶半徑爲母。又以角旁小弧正弦乘天元半徑除之，不除寄爲母得 ○太 小弧正弦。爲小距等圈内半角正弦，内帶半徑爲母。二正弦相乘得 ○○元 大弧正弦×小弧正弦，爲相乘積，内帶半徑冪爲母○寄左。乃以二較弧正弦相乘，又半徑冪通之得小較正弦×大較正弦×半徑冪，爲同數，與左相消得小較正弦×大較正弦×半徑冪，○小弧正弦×大弧正弦，實與隅俱以小弧正弦×大弧正弦，約之得 $\frac{\text{小弧正弦}\times\text{大弧正弦}}{\text{半徑冪}\times\text{大較正弦}\times\text{小較正弦}}$ ○ 卜 開平方得半角正弦實之上爲分母，下爲分子，乃大較正弦與小較正弦相乘，又以半徑冪乘之，而以大小弧正弦相乘積除之也。若分言之大小二較正弦相乘，以小弧正弦除之，以半徑乘之，又以大弧正弦除之，又以半徑乘之，乃開平方則，即西人之法也。

又問曰：兩距等半角正弦相乘之積，何以知其與兩較弧正弦相乘積等也？

答曰：自三角心作三弧正交三邊，分三邊爲六弧，對邊二分即二較弧也。以三角心爲球頂點，則六弧之切線合成一平三角形，容一距等圈距等圈之半徑，即所作三弧之正弦六弧之切線，亦即距等圈之切線，則角旁兩弧正弦及兩距等正弦成二同式三角形，其面與六弧切線所成之面平行，其邊交互成四率比例，兩距等正弦相乘即一四率相乘，兩較弧正弦相乘即二三率相乘，故二積等也。【略】

或問曰：平三角以中垂線乘半底得面積，不知弧三角之面積亦可求否？

答曰：可其法置半球，自頂點均分爲三百六十大分，每大分又均分爲六十中分，每中分又均分爲六十小分。有弧三角欲求其面積者，以三角之度相并減去一百八十度，餘幾度幾分幾秒即知其面積與幾大分幾中分幾小分等，此法歸安嚴君立峰所造，攷之密合可信也。

又問曰：攷之之法若何？

答曰：球容四面、六面、八面、十二面、二十面諸體，體之邊皆通弦也。依通弦之弧背分球面爲各分，其面積必皆等，則攷之易矣。依四面體分之爲三角形四，其面積等于一百八十大分，其三角皆一百二十度，相并得三百六十度，減去一百八十度恰，餘一百八十度也。依六面體分之爲四角形六，每形對角分之爲三角形十二，其面積等于六十大分，其二角皆六十度，一角一百二十度，相并得二百四十度，減去一百八十度，恰餘六十度也。依八面體分之爲三角形八，其面積等于九十大分，其三角皆九十度，相并得二百七十度，減去一百八十度，恰餘九十度也。依十二面體分之爲五角形十二，每形由中心作五對角弧作五垂弧分之，爲三角形一百二十，其面積等于六大分，其一角九十度，一角六十度，一角三十六度，相并得一百八十六度，減去一百八十度，恰餘六度也。依二十面體分之爲三角形二十，其面積等于三十六大分，其三角皆七十二度，相并得二百十六度，減去一百八十度，恰餘三十六度也。累攷皆密合，知其法非臆造也。

或問曰：弧三角兩弧夾一角，求餘二角，用切線分外角法，以兩弧半和之餘弦爲一率，半較之餘弦爲二率，半外角正切爲三率，得四率爲餘角半和之正切。又以兩弧半和之正弦爲一率，半較之正弦爲二率，半外角正切爲三率，得四率爲餘角半較之正切。前人未有圖解，願詳其理。

答曰：此當列款明之。【略】

或問曰：先生嘗言法除實畸零不盡者，其數必爲迴環數。又言畸零不盡者，其數必爲無窮連比例。願聞其詳。

答曰：迴環數者，如七除一，得畸零數爲一四二八五七一四二八五七一四二八五七，如是至無窮，必一四二八五七迴環不已也。又如十三除一，得畸零數爲七六九二三〇七六九二三〇，如是至無窮，必七六九二三〇迴環不已也。凡畸零數莫不如是。連比例者，如七除十，初商一，餘三，則畸零數必以一爲首率，其連比例皆如十與三。又如十三除百，初商七，餘九，則畸零數必以七爲首率，其連比例皆如百與九。凡畸零數莫不如是。

或問曰：梅氏《方圓冪積》末有橢圜體截積一條，自註云訂秝書之誤，然梅氏法亦未密合。橢圜體求截積果無法乎？

答曰：安在其無法也。梅氏特未精思爾。試以大矢爲一率，大矢加半徑爲二率，小圓角爲三率，得四率爲小分，又以小矢爲一率，小矢加半徑爲二率，大圓角爲三率，得四率爲大分。一法半徑乘徑冪大矢冪除之爲一率，小矢加半徑爲二率，全積爲三率，得四率爲大分，半徑乘徑冪小矢冪除之爲一率，大矢加半徑爲二率，全積爲三率，得四率爲小分。用此二法推之皆密合也。

或問曰：《幾何原本》作圜內五邊形法似覺太繁曲，不知更有簡法否？

答曰：亦嘗思得一法。先作一切線等于半徑之半，即作一割線，次以切線端爲心，切點爲界，旋規分割線爲二分，次自圜心作半徑之垂線，末自切點作線過割線分點至垂線，即五等邊形之一邊也。

又問曰：願聞其理。

答曰：凡理分中末線，小分、半大分和之正方五倍半大分之正方。《幾何原本》十三卷三題。半徑爲大分，切線爲半大分，割線即小分、半大分和也。以切線減之，則餘爲小分。自圜心至末所作線之半徑垂線，與割線減餘等，亦爲小分。因割線上兩三角相似，皆有兩邊相等也。凡理分中末線以圜內六邊形之一邊即半徑。爲大分，則必以十邊形之一邊爲小分，十三卷九題。故垂線爲十邊形之一邊。凡圓內五邊形一邊之正方，等于六邊形、十邊形各一邊之正方和，十三卷十題。今以半徑爲股垂線爲句，而末作線爲其弦，則必等于五邊形之一邊矣。

清・曾紀鴻《綴術釋明序》 此明静庵、董方立推演杜德美弧矢捷術之可貴也。向來求八綫者，例用六宗、三要、二簡各法，若任言一弧度，必不能考其弦矢諸數。至杜氏創立屢乘屢除之法，則但有弧徑，而八綫均可求。董方立解杜術，先取直綫之極微者，令與弧綫合，而後用連比例，以推至極大，又考諸率數與尖錐理相合。故用尖錐以釋弧矢，而弧矢之理以顯，而數亦顯。明静菴解杜術，先取四分弧通弧、十分弧通弦直綫之極大者，用連比例，以推至千分、萬分弧通弦之極微者，考其乘除之率數，與杜氏原術乘除之理相合。故用綴術以釋弧矢，而弧矢之數以出，而理亦出。董、明二君，均爲弧矢不祧之宗，無庸軒輊其間。邇百年中繼起者，如戴鄂士煦、徐君青有壬、李壬叔善蘭，所者名書，雖自出新裁，要皆奉董明爲師資也。

又曾紀鴻《圓率考真圖解》　乃淺學薄涉之夫，猶思妄更前率，逞彼謬論，書齋多暇，輒思詳爲推考，折中一是，然若用内容外切法，則須數年之力，始可得二三十位密率。近數十載内，言算諸家，皆宗泰西杜氏德美法，删去屢次開方，改用屢乘屢除。董氏方立、徐氏君青、李氏秋紉皆邃於此術者也。因思以八綫徑求弧背真數，而八綫之整數易知者，唯九十度正弦與半徑等，同爲單一。三十度正弦與半徑之半等，其數爲〇五，四十五度正切與半徑等，同爲單一。若用九十度正弦，依徐君青術，求得弧背，二因之，即半周率。若用四十五度正切，依徐氏術，求得弧背，四因之，即半周率。若用三十度正弦，依徐氏術，求得弧背，六因之，即半周率。三術中唯用三十度正弦求弧背得數較速。然欲求三四十位，則斂級亦鈍。或用四十五度正切求弧背，二三十位，一人爲之，須數百年方可得數。所以然者，凡正切求弧背者，必以正切冪爲乘率，半徑冪爲除率，四十五度正切即半徑猶之不乘不除，僅有一除三除五除七除，諸正負數，故降位極遲也。今思變爲捷術，法將四十五度正切，分爲二分，取其一分正切，定爲二分半徑之一，又用四十五度切綫，與半徑等。爲大弧切，此二分半徑之一爲小弧切，用大弧切、小弧切求較弧切公式，求得較弧正切，爲三分半徑之一，乃先用小弧切綫二一，依徐氏術求得弧背真數，爲小弧再用較弧切綫三一，依徐氏術求得弧背真數，爲較弧，爰將小弧、較弧兩真數相併，即四十五度弧背，四因之，即半周率，二因半周率，即全周率矣。

清·劉彝程《割圓闡率·序》　割圓密率，舊法用内容外切方邊，屢求句股以測圓周，西法用六宗、三要、二簡法，以求八線。一則開平方至極多次，事固繁苦，一則益實歸除商除進退，亦大不易，皆非法之盡善者也。至西士杜德美氏，以連比例遞求術御弧度弦矢，而割圓之法，乃歸簡捷。顧是法也，梅文穆公《赤水遺珍》述焉而未詳其解。明静庵氏設千百萬分弧，以合其乘除之數，尚非立法本意，蓋解焉而未得其要也。迨董氏方立以弦求弦矢求矢喻其意，以垜積求增乘之積明其用，而杜術遂昭然若揭矣。然其書以垜積互求，弦矢互求，弧度與弦矢互求，三者合爲一釋，似無先後階級。

清·左潛《割圜八綫綴術序》　是書祖杜氏而宗明氏，又旁參以董氏之法，八綫相求，各立一式，因式立法，不煩審顧之勞，因法入算，不費尋求之苦。嚮之不可立算者，今皆能馭之以法。即有不能立法布算者，而其式終存，則式能濟法之窮，而度圜諸綫，一以貫之，無遺法矣。推其立式之由，所謂比例術，即明氏定半徑爲一率，所有爲二率或三率之法也。所謂還原術，即明氏弧背求正矢，又以正矢求弧背之法也。所謂借徑術，即明氏借十分全弧通弦率數求百分全弧通弦率數，借百分全弧通弦率數求千分全弧通弦率數諸法也。所謂商除法，又即還原術之變法也。是故綴術之生因於明氏，而又足以盡明氏之變。明氏之未能立式也，借根方法取兩等數，其分母分子雜糅繁重而不可通也，其多號少號輾轉互變而不可約也。試取明氏書馭之以綴術，其遞降各率頃刻可求，則是書也，其真能因法立法，而更能樹幟於明、董之後者。與書爲徐君青先生所作吴君子登述而成之，顧詳於式而略於草。惟弦求矢、矢求弦、弦求切、切求弦、弧求割、小切求大切、小切求大弦、小割求大矢八式有草，餘皆有式無草。欲考其立式之原，不可遽得學者難焉。

清·徐有壬《割圜八綫綴術》卷二　凡綴術之始，莫不先得各求式，一名率數。以爲依據，後乃鎔之而爲術。求式者，連綴而下，連比例各率之式是也。唯有此式，故以半徑爲一率，所有數爲二率或三率，求其以下各率，列之式中，乘法乘之，除法除之，爲第一，以下各數又依式中正負同加異減，消得各數爲所求或爲所求數所生之三率，此條分縷析之本法也。又合數次乘除爲一次乘除，即前數以得後數，其不可徑得者，乃求加減之差以加減之，此同條共貫之簡法也。列爲術者皆簡法也，而皆以求式爲之幹焉，然其式何自而生？其生於弦求矢乎。弦求矢者，開方所馭也。今不馭以開方，而馭以屢乘屢除之法，所得與開方而得者不殊。此綴術立法之巧，爲能於算術中自成一隊者也。術曰：正弦自乘，全徑除之，爲第一數。第一數自之，全徑除之，爲第二數。倍第一數，加第二數，以第二數乘之，全徑除之，爲第三數。倍第一、第二數，加第三數，以第三數乘之，全徑除之，爲第四數。順是以下，倣此推求，至若干數，并之爲所求正矢也。

清·吴嘉善《造整句股表簡法》　舊有求同句股較之整數各句股形法，因大小差相乘，倍之，等於弦和差冪，大小和相乘，倍之，等於弦和和冪，是則三和三差，本同一理，故可以小形之三和，作大形之三差，由小而大，遞得無窮句股形，而各句股差，自無不同耳。若以代數化之，更可得簡便之法如下。【略】

案：此法所有無量無窮句股形，皆從句三股四正形而生，故《周髀》祇列句三股四一形，爲一切句股形之根本，信不誣矣。遠合於古義，一善也。諸家所創造句股整數，皆需乘除，獨此法僅用加減，近便於推求，二善也。陳氏静菴《算法大成》，造整句股形表，以股弦較大小爲次序，惟同較各形中，每形必有一形有公約數，即與他形之若干倍重複，此法挨次遞求，庶無重複，併無遺漏，三善也。

清・梅啓照《學彊恕齋筆算》卷四 句股弦　句股即九數旁要，大禹以之治水步天，亦必從此入。其理奥衍，其用繁賾，甚未易明。唐荆川先生《句股測望論》所謂古人執數寸之矩，而日月運行朓朒遲速之變，山谿之高深廣遠，目力所及無不可知者也，横爲句，直爲股，斜爲弦。《周髀》所云，徑隅即弦也。三者可以互求。又有和較諸術，輾轉相求，觀其通則一以貫之矣。述句股弦互求。

又 割圓　天體圓，步天非習割圓不能入門，其法以周逕相求，而弧矢之術生焉。有平圓，只一面，如鏡是也。有立圓，一曰渾圓，則有體積，如球是也。有橢圓，横逕短而直逕長，或直逕短而横逕長，如蛋是也。橢圓最難，立圓次之。學者先從平圓入手，故開方之後，亟測平圓，然平圓既得，立圓、橢圓亦迎刃解也。咸豐八年，以年家子謁徐君青中丞，於春明讀其《務民義齋算學》，析理精深，學有心得。第一卷載測圓密率即精妙絶倫。今述其義，間系以圖，使瞭如指掌焉。

又 卷五 平三角　三角者何？直角、鈍角、鋭角，其形凡三也。平三角者何？角皆直線，在平面也。適足九十度者謂之直角，以其入象限内無稍偏斜，故曰直，猶正直人也。過九十度以上者謂之鈍角，以其大於直角而形鈍。凡物之不尖者曰鈍，人之不敏者亦曰鈍。根人是也。不及九十度者曰鋭角。鋭者，尖利之意。凡戈矛之類鋒利曰鋭，兵之强壯者亦曰精鋭是也。一直角九十度，得半周之半，合兩直角必得一百八十度。若鋭角、鈍角大小懸殊，然合三角亦必得一百八十度。此自然之理，一定之數，故知其二，可以得其三。知其一，可以求其二。而邊與角，角與邊，句股之理數具焉，可以互相求也。

又 三角測量儀器　有全圜儀三百六十度，有半圜儀一百八十度，有象限儀九十度。凡四象限成全圜，兩象限成半圜，故象限儀足用矣。至句股測量，曩時已有《測量淺説》一卷，重表疊矩已具，不贅述。

又 卷七三 邊和較　凡三邊不等之三角，無論直、鈍、鋭，均可以大長邊爲底，次長邊與短邊相加爲兩弦和，相減爲兩弦較，取兩弦和乘兩弦較爲實，以大長邊之底爲法，除之便得分底，是大長邊之分底和除得大長邊之分底較也。何也？大長邊之分底和乘分底較，即與兩弦和之乘兩弦較同其面積也。夫兩相乘之積既同，以和除積得較，以較除積得和也，亦自然之理也。

借彼之和乘較，而得此之和乘較相等面積，則以此之和除面積而得此之較也，明矣。自述。

問：三邊皆邊線，何以名次長邊、短邊曰兩弦？曰：此變法也。凡三角平置之，一角尖上指天頂，角之對邊下應地平，餘兩角一在左，一在右。從上指天頂之角尖，虛垂一線至下應地平之大長邊，無論直鈍、鋭角，皆分爲兩直角矣。既分爲兩直角，是一三角變爲兩句股形，其中線爲公共之股，其大長邊之底爲左、右兩句，其次長邊爲弦，短邊亦爲弦。一弦向左，一弦向右，故曰兩弦。此弦乃句股弦之弦，非八線表中之正餘弦也。自述。

清・華蘅芳《算草叢存》卷四《臺積術解》 長與廣相乘爲平方，又以高乘之爲立方，此理之易明者也。斜解立方爲兩塹堵，斜解塹堵爲一陽馬、一鼈臑。鼈臑之積居陽馬二分之一，居塹堵三分之一，居立方六分之一。陽馬之積居塹堵三分之二，居立方三分之一。塹堵之積居立方二分之一。此數之易明者也。臺積之術，上長倍之，加下長，以上廣乘之，下長倍之，加上長，以下廣乘之，併之，以高乘之，六而一，則數與理俱不易明。余謂此亦不外乎通分納子之法耳。直剖臺積爲一立方、四塹堵、四陽馬，此形迹之顯然者也。其四塹堵可合爲兩塹堵，其四陽馬可合爲一陽馬，此數理之可知者也。立方之術，其分母爲一，塹堵之術，其分母爲二，陽馬之術，其分母爲三，欲合三術爲一術，則非通分不可，試以代數之式明之。

清・諸可寶《疇人傳三編》卷二 朱鴻

論曰：朱觀察居乾嘉之際，杜術明書，初顯於世，習者蓋寡矣。而新譯西説，固無所謂圓錐曲線也。夫錐與柱之體積，互爲内外，可以相函相比，其數理不自相通乎？觀察以句股形求之者，正是不易之論。使西人者舍所設縱横二軸，彼將以何法馭諸曲綫耶？至觀察所求周徑四十位密率，以今攷之，自二十五位以後，其小數縱不盡得真，而輪輅疏樸，用心則勤，又未足爲觀察疚者已。

又 周濟

論曰：周教授之用算也，蓋神明乎句股和較之術矣。先丈計步者，所以立一爲率也。役行馬止者，所以知對角之垂綫也。縱横環繞如之者，所以偏度其邊也。於是可不煩儀矩，而邊線悉得矣。邊線既得，乃綜錯所記，而如法入之，面冪實積將焉遁哉？夫九數之學，貴明體而達用，然後可見諸施行而無所閡。教授小試其端，而易視其爲法方田一言，若謂夫人而能之耳？抑思道古測望之篇，敬齋《演段》之草，苟深通而熟悉之，有資乎兵農者，其利甚廣，而其效且大。今欲得如教授之才，海内誠不多覯，有之而遂得盡其用又什弗二三焉。亦獨何歟？

又　卷五　鄒伯奇

論曰：鄒徵君天姿過人，力學甚摯。聞其讀書，遇名物制度，必窮晝夜探索，務得其確，或按其度數，繪爲圖，造其器而驗之，涣然冰釋而後已。故其解識，多前人所未發，又能正舛誤，别是非，皆以算術權衡之。晚年論算家新法曰：「自董方立以後，諸家極思生巧，出於前人之外，如華嚴樓閣，彈指即見，實抉算理之窔奥。然恐後之學者，不復循途守轍，而遽趨捷法，將久而忘其所自，是可憂矣。」人於是益服所慮之遠。夫歷算必善測量，測量必資儀器，而製器精巧，與西人所稱重學、光學、化學相連。徵君獨深明其理，證之古籍，皆由冥揆而得。測地繪圖，尤多創解。今《南海縣志》諸圖，爲徵君手定義例，跬步實測，密合無憾。雖以西人爲之，微妙不是過也。使九服州郡，焉得盡人盡地而仿之，合成鉅觀，豈非千秋之業乎？若夫尚志高蹈，任天而行，又豈好爵所能縻哉？於虖！難已！

清・陶保廉《測地膚言》

矩度測沿途底綫遠近高低法

測望一術，無非將鎮堡村莊之星羅棋布者，分剖爲大小勾股形，大小三角形，以便入算繪圖，其關鍵全在底綫。然地面凹凸萬狀，任便量去，底綫必不準，則各處所測高深廣遠，雖得大概，而迤邐曲折，不能脈絡貫通。全境形勢，更不能綱舉目張。此測望之大弊也，不可無法以馭之。用繩着地量，無從知其高低。用有度分之尺桿，將繩兩端扣入尺桿，可按分寸知高低。惟繩引至，數丈外，必成弧背形，斷不能平直如矢。用西洋帶尺雖佳，然太輕薄引至七八丈易受風彎曲，不能扯直。或合漲縮不同之銅鐵爲尺，或用平剖面法，惟經費太鉅，未易照辦。法用雙矩度、合兩矩爲一。羅經及表竿。竿長十五尺，或二十尺，竿頭作記號。用小旗或横木條，或加别物。另用木桿，長五尺，比竿畧粗。上端加鐵圈二，相去一尺，可插表竿，旁亦作記號。離地五尺，并附垂綫。桿末鑲鐵尖，長五寸，分三足，下歧上合，曲處可受槌。測時，定起手之某處，爲首段底綫首點。記冊。令人持竿桿，順路向前行數百步，長短任便，以能望見上下兩記號爲度。將表竿插定，視桿左右垂綫取直。爲首段末點，乃用羅經定首末點之向。記冊。立矩於首點，架高四尺。以矩側邊向前，矩心在上，先測上記號，移指尺至後矩，人目從尺末視矩心與記號成一綫，得後矩小勾幾分。次測下記號。移指尺至前矩，人目從矩心視尺末與記號成一綫，得前矩小勾幾分。即可比得首末點之遠近高卑，乃以首段末點爲二段首點。仿此推廣。

又　象限儀測量

矩度既明，高深廣遠無不可測。然但知邊數，不知角度也。多取直角，不便於鋭、鈍也。比例位少，而小數無多也。則象限儀之用三角法者，又不可不知矣。再言象限儀。

以三百六十度定圓周，天下物之凡爲圓者，無遠近，無巨細，皆得以全周三百六十，或半周一百八十度度之。即天下不圓之物，出入於九十度内外，成直角、鋭角、鈍角者，亦皆得以半圓之半之象限度之。象限以三角爲體，以八綫爲用，三角爲勾股之别術，而能馭勾股所不能馭。無論角之直、鋭、鈍，三角之度之和并也。必等於半周二象限。之度。以兩角度減半周，餘必爲所求角度。以鈍角度減半周，餘必爲外角度。鈍角即用外角之八綫。并兩角滿半周，則彼此必互爲外角。此爲内則彼爲外，此爲外則彼爲内也。并兩角滿象限，則彼此必互爲餘角。此正則彼餘。三角三邊共六數，已知有三數，即可求未知之三數。求角者，以對所知角之邊，爲一率。已知之邊，適對已知之角。比對所求角之邊，二率。若所知角之正弦，三率。比所求角之正弦。四率。依正弦數檢八綫表，即得所求角度。或角無所對之邊，所知角對面之邊未知。邊無所對之角者，則以兩邊和比兩邊較，若半外角所知角減半周，餘數折半，爲半外角。之正切，與半較角之正切。兩角相減餘爲較，以半較角度減半外角，餘爲小角。以半較角加半外角，得大角。但知三邊而求角者，以夾所欲求角之兩邊相乘之倍，比兩邊冪和，減對所求角之邊冪，凡數自乘，所得爲冪。若半徑與所求角之餘弦。求邊者，以對所知邊之角正弦，比對所求邊之角正弦，若所知邊與所求邊。測量時，求角少而求邊，多其義詳《平三角舉要》及《三角數理》等書，兹不暇詳論。半取勾股形釋之，俾易運用。象限明，則半周儀、全周儀舉一可反三矣。西人紀限儀兼用光學，經緯儀用平、立兩輪，皆由象限變通而擴充之耳。

又　割圓八綫圖

欽天監四遊表半圓儀之制，加一比例弧，西國謂之勿匿。内厚外薄如斧削，緊切於象限弧內周，以比例分數。理詳後。尺自九寸以下，剖其半，令見中綫所切度分。儀中央穿孔，面方背圓，以便立儀時貫之於柱。用長螺釘，方其底，與儀孔之方處吻合，不礙指尺。螺釘貫儀透柱外，俟測望適準，以螺絲旋緊，令勿動。測高深立儀。立半徑指天頂，卧半徑爲地平，尺指所測物在中間，尺下爲物高出地平之度。尺上爲物距天頂度。測廣遠卧儀。指尺與定表之間，爲物之角度。若借高求遠者，則亦用立儀。一度六十分，一分六十秒，若剖至分秒，則象限太大，不便攜帶。今僅具度數，測望時，指尺如在兩度之間，又慮無從知其分數，因有比例弧之設。其比例無定，最便者，取儀上十四度爲比例弧之長，八百四十分。平分爲十五段。每段五十六分，較原一度少四分。其第一分綫，能比出十五分度之一，即一度中之四分。其第二分綫，能比出十五分度之二。比例弧之零分綫，對儀上某度，即得某度。若零綫對兩度之間，則查零綫後第一分綫對儀度綫，爲得四分。若第二分綫對儀綫，爲得八分。遞後一條，遞加四分。所謂對儀綫者，不論對儀上何綫，總以比例弧之第幾分綫，定其分數。或平分儀上每度爲二段，每段三十分。取二十九段爲弧長，八百七十分。平分三十段。每段二十九分，較原一段少一分。其第一分綫，能比出三十分半度之一，即一度中之一分。零綫後第一分綫對儀綫，爲得一分。第二分綫對儀綫，爲得二分。若取三十一段爲弧長，共九百三十分。平分三十段，每段三十一分，較原一段多一分。亦同。或平分儀之每度爲四段，每段十五分，即九百秒。取五十九段爲弧長，八百八十五分。平分六十段。每段八百八十五秒，即十四分四十五秒，較原一段少十五秒。其第一分綫，能比出六十分每段之一，即十五秒。種種不同，隨儀之大小斟酌之。

象限弧外，畫成矩度，一器可兩用。擇燥透堅木，將木之文理，縱橫鑲合，則漲縮之差畧均。或鎔整塊銅片，槌磨極平。於四邊及應刻畫處，用規矩畫一樣式，挖去空處，再刻度分。襯以木座。測望之難，雖善算不無小差。若製器不精，與測時安置不平直，則其弊更甚。

欽天監地平緯儀，一名象限儀，半徑六尺。矩度象限儀，象限內畫方矩，半徑五寸四分。方矩象限儀，象限內外各畫方矩，半徑八寸五分。矩度全圓儀，圓內下半周畫矩度，通徑六寸。小花全圓儀，通徑止二寸。是儀器大小任便，若用測天象，當以大爲貴。

又 求邊簡法

算法除難於乘，以半徑一千萬爲一率，但須降七位而已。直角之正弦，即半徑，故皆可以半徑爲一率。如知股求勾者，以半徑小股比餘切小勾，或用正切。若所知股與所求勾。如知勾求弦者，以半徑小勾比正割小弦，或用餘割。若所知勾與所求弦。餘可類推。總擇各綫所成小勾股，與大形同式者爲比例。

銳角、鈍角用正弦，不能以半徑爲一率，而可以對所知角餘割乘二率，得數仍爲二率，乃以半徑自乘冪一百萬億爲一率。《孫子算經》以萬萬爲億、萬萬億爲兆。其理如左。【略】

測望各術，畧識乘除即能明白。顧測望之難，不在運算而在製器。測天諸器，非深通幾何學者不能造。測地之器，雖較易造，然攻金攻木，巧遜班輸，爲方爲圓，差生秒忽，往往有目力所不能察，而其實仍未密合者。造器既不能無差，加以置器差、目力差、蒙氣差，縱有善算，斷難愜心。貴當視測望爲淺事者，非閱歷之言也。

立儀求直用垂綫，卧儀求平用西國酒準最佳，無則製極平之水平用之。

又 紀限儀測量

紀限儀測量西人製器往往名同式異，此與行軍測繪所載稍有不同。有矩度、有象限，測地之器粗具矣，然制作既未精良，又無遠鏡以視遠。靈臺所用，祕府所藏，力難仿造，則購西人儀器爲宜。厥器不一，便於航海及軍中攜帶者，爲紀限儀。

西式紀限儀，創自奈端，或云哈德里所造，與欽天監紀限儀一名距度儀，用一弧一幹加小輪者不同。其制，由圓心出左右兩定幹，即爲圓半徑。幹間弧度，得圓周六分之一。即六十度。又由圓心出游幹，其端當圓心有回光鏡，即極平之襯錫玻璃。其末綴勿匿，即比例弧，理詳前。均隨游幹移動。左定幹上有鏡，半面回光，半面透光。旁有雜色鏡，以便測日時障目，除光暈。右定幹上有遠鏡。對目之鏡面凹，對物之鏡面凸。或俱用凸鏡，則物鏡之凸，須小於目鏡之凸。理詳格致諸書。人目從遠鏡窺所測物在半透光鏡。再移游幹，令圓心上回光鏡內物影，射至半回光鏡，遠鏡中能見回光透光鏡上，並有所測物。乃查勿匿所切度分，爲測得之度。【略】

紀限儀本非專爲測地之用，用諸測地，不能無弊。如高物之巔末，非直下而爲斜弦者，將兩光綫勉强湊合，究屬不準。如測兩物相距，而兩物高低懸殊者，亦不能準。其回光鏡玻璃，若非真平，則弊更多。惟軍中偵探敵營，不能用重大儀器，從容審察，則可於馬上持此器，測其大概。又海中波浪掀騰，既無地平綫，而酒準等物俱不能用，則此器尤便。

又 航海測法附。此由《談天》節録，餘法詳《航海通書》。

先認定一星，已知其距極度。距天頂度。由遠鏡内窺海中地面界，即水天交際處，目力能見之海面圓界。移游幹，令星之回光與地面界合。定游幹，查得星距地面界高度，減去地面界深度，海水附地成渾圓，目光至地面界盡處四周皆爲弧綫。地平綫以上爲真高度。以下爲地面界深度。得真高度，即可求船所至之緯度。求地面界深度法，持儀窺地面界時，其視綫必與人目直下之垂綫成若干度角，以減象限即得。紀限儀最便於航海，特標之。餘若求北極出地、東西偏度等，須兼明天文，非數語可了。具詳各種算書，斯編但言測一鄉一邑之法，力求淺近，故不復述及。

又 經緯儀測量

前言紀限儀，除航海外，僅便於軍中恖促之需。若繪精細輿圖，須測算確切，則紀限儀實未適用。欲求盡美，莫如經緯儀。經緯儀爲測天利器，而亦便於測地。攷欽天監所用，下臥地平圈徑五尺，上立一象限。今番舶運售者，大都用平立兩全圓，各有勿匿弧，平輪之心有立軸，中有横軸，貫立輪能上下動，并能左右轉，遠鏡附立輪，可低昂以測高深，旋動以測廣遠。

又 簡法測量

前言各法，勾股三角之至淺者也。然非畧知算術，不能運用。欲無煩思慮，人人能知，則測而不算者爲羅經，即測即繪者爲平面桌，官民所常用者爲丈量，總言之曰簡法測量。

清·沈善蒸《造無零句股表捷法》 按：此書《古今算學書録》作造無零句股表捷法，而《古今算學叢書》則作造整句股表簡法，蓋一書也。丙申年殺青云。李嚴識。

舊有求同句股較之整數，各句股形法因大小差相乘倍之，等於弦和差冪，大小和相乘倍之，等於弦和和冪，是則三和三差，本同一理，故可以小形之三和，作大形之三差，由小而大，遞得無窮句股形，而各句股差，自無不同耳。若以代數化之，更可得得簡便之法如下。【略】

案：此法所有無量無窮句股形，皆從句三股四正形而生，故《周髀》祇列句三股四一形，为一切句股形之根本，信不誣矣。遠□于古義，一善也。諸家所創造句股整數皆需乘除，獨此法僅用加減，近便于推求，二善也。陳氏静薺《算法大成》，造整句股形表，以股弦較大小为次序，惟同較各形中，每厥形必有一形有公約數，即与他形之若干倍重複，此法挨次遞求，庶無重複，併無遺漏，三善也。

清·蔣士棟《思棗室筭學新編四種附筭稾》

思棗室弧矢釋李

項名達曰：方圓之率不相通。通方圓者，必以尖句股、尖象也。三角堆，尖數也。夫既云三角堆，則當先索其底，故海寧李善蘭會得此意，以諸乘尖錐圖明之，而其弟心梅又以半徑冪内減餘弦冪，開方得正弦，以減半徑爲餘矢證之，方圓之理可謂推闡無遺矣。其實仍從連比例求矢術悟來也。【略】

案：最大餘弦除半徑，在微積術中爲圓函數變比例之限，所以偉烈亞力序《代微積拾級》有言，觀李氏所著書其理有甚近於微分者，殆指此耳。唯李氏各術每不詳其法之所從來，學者往往知其然，而不知其所以然，故余於《對數旁通》内曾發其求較公式，今又特發其正弦求弧背公式，俾讀李氏書者可一覽了然也。

又 思棗室圓率釋董

泰西杜德美著割圓九術，陽湖董祐誠攷究其理，因用連比例從三分弧起算，推至若干分弧，覺其諸率數皆成三角堆，遂易乘除而爲遞加法，後又悟得各率根數皆由弧分而生，始知任何分弧率數俱可徑求，洵謂卓見。其術以弧分爲一率，弧分減一折半爲根，以根與根加一相乘，以乘二率，二除之，三除之，得立尖錐積，爲四率，又弧分減三折半爲根，以根與根加三相乘，以乘四率，四除之，五除之，得四乘尖錐積爲六率，求八率十率，依此遞推。案正負相閒併之，即所求任何分弧之共率數。【略】

案：《白芙堂叢書》《綴術釋明》取二分弧、五分弧通弦借求得十分弧通弦，又借十分弧通弦遞推得千分弧、萬分弧通弦，立法雖巧，施算尚繁，何如董氏書尋原究委，御簡於繁乎。世人嘗目明、董爲弧矢不祧之宗，無庸軒輊其閒。以余論之，明氏以法勝董氏，以理勝人力天工，不可不别。

又 思棗室算稾

擬任設一數求正句股術。

元和李鋭作任設兩數求正句股法，定兩奇數、兩偶數爲一術，又奇偶兩數爲一術，求法各不相同，用之每覺不便。涉獵經年，忽有所觸，因變通舊術，得以任設一數求之，且可除去奇偶名類，使統歸劃一。凡正句股之弦冪必可化爲兩箇整數自乘積，所化之形爲一正方與一磬折形，如弦冪二十五可化爲正方九、磬折形十六，或正方十六、磬折形九。若任設之弦冪，無論如何化之，其方外之磬折形恒不能恰合整數之自乘積。由是可知，欲求正句股，必先令弦冪内之磬折形能合自乘之積者，然設弦冪以求磬折形必合自乘之積難，何如先設自乘積變爲磬折形而求弦冪之易也。蓋弦冪内之磬折形，若移爲長方形，其長與闊之和即本方冪之倍邊數，如磬折形九或十六，移爲長方形，其長闊和必同爲十，所以無論奇數、偶數之自乘積，皆可變爲磬折形，亦皆可移爲長方形，其長與闊之和必恒等於兩箇弦數也。因定其法如左。

任設一數爲句或股，自乘化爲兩箇相乘數，相加折半爲弦，相減折半爲股或句。

案：此法原脱胎於李氏之兩奇數、兩偶數，蓋李氏術以兩數各自乘相加減。余術則以一數自乘，化爲兩數相加減。殊不知一數自乘化爲兩箇相乘數，與兩數各自乘之兩積用代數式顯之，其理初無二也。

清・丁福保《算學書目提要》卷中　《橢圓求周圖解》一卷。案：橢圓求周，古無其術，董氏所拗，悉皆謬誤，惟項氏以袤爲徑，求大圓周及周較相減，戴氏以廣爲徑，求小圓周及周較相加。有此二術，其法始密。

又　《平三角舉要》五卷。案：《勿菴曆算書目》曰：西法用三角，猶古法之用句股也。而三角能通句股之窮，要其理不出於句股。故鋭角形分之則二句股也，鈍角形以虚補實，亦句股也，至於弧三角，則於無句股中尋出句股，其法最奇，其理最確。八綫之用，於是而神。故是書俱以句股釋三角，有圖有解，明白曉暢，初學閲之鮮有不能明者。

清・翟寶書《拋物淺釋・弁首》

釋拋物線之理

拋物線者，亦曲線也。綫胡以曲？地心力吸之故也。每秒計十六尺。以秒數平方乘之，故例以平圓則不合，例以橢圓則不合。名曰拋物線，如物之拋於空中而所行之線。另有求法。

釋拋物線之式

拋物之式有如勾股，其遠界與地平恒爲勾線，物之拋也若弦，而曲下垂至地，故可以最遠界自乘倍之，開方，以地心吸力除之，得拋物線式。

釋求拋物線之法

求拋物線法不必遠求也，勾股而已。勾股可以御平圓，拋物雖非平圓，而所成之角恒藉八線之理明之，與平圓無異，故可以比例入之。求其各線，即知其角度幾何，而拋物線之遠界、高界均可推矣。

釋求拋物線之用

拋物線之形不同，恒以四十五度爲最遠界，何也？倍角正弦大，遠界亦大。正弦最大爲九十度，故方向角四十五度爲最遠界。若所行之線過四十五度與不及四十五度同，逐度皆然。敵至遠界内，近一度則昂一度，其用不爽也。平擊如是，至仰擊、俯擊各有遠界，平距昂度亦可推測而知其用焉。

清・周達《三角和較術圖解序》　大易六十四卦，繫之以象，孔門六藝殿之以數，象與數固百學之祖哉。雖然常數有元代，變數有微積，數學之都術立矣。象學則自古無都術焉，非無都術也。數學言數，數者一成而不可以易，象學言理，理者百變而不離其宗。夫以百變之物而欲以一都術盧牟而檻制之難乎。其難矣。周子仰而思俯而索，求之冥冥，歷有年所，一旦灑然，曰得之矣，三角之術，其象學之都術哉。凡世界之上一切形形色色可以圖求象測者，無慮其若何繁賾沓複，幽邃阻深，苟剖之以三角，條分而緒解之，罔不導款中窾，迎刃砉然，故象學之有三角猶數學之有元代、微積焉。雖然猶有辨元代、微積之術，苟得其意，皆可如題曲折以赴之，而三角之於象學則不然，如此則通如彼則窒，如此則巧如彼則拙。其通窒巧拙之故，恒眎乎所以用之者何如，故必洞澈於三角之中，乃能神明於三角之外，不然徒執三角一卷，貿貿然以號於人曰是即象學之都術也，其不爲算胥所笑哉。

清・包榮爵《三角和較術圖解序》　三角之術，古未有以和較相求者。有之，自錢塘項氏始，推陳出新，釐訂比例，幾何中之傑作也。顧原書有法無解，溯厥根源，未易窺測。

清・何壽章《圓錐曲綫論心》　圓錐三曲綫，中土於古無聞也，亦不見於歐几里得之書。然西人之説，當戰國赧王時，彼土已有阿桔彌提斯者證明條段，是曲綫學在西土由來尚矣。其傳入中土者，則艾約瑟所譯之《曲綫説》，其嚆矢焉。嗣是而《代微積拾級》《微積溯源》諸書皆嘗闡發三曲之理。中土諸儒如李秋紉氏、夏紫笙氏、華若汀氏所著祘稿，亦多論是學。顧橢圓無定式而必有兩心，拋物、雙曲無盡界而各有一心，其求心之法諸書多有，而所以爲心之故則從未言及者。然美利堅求德生譯《曲綫學目》習題第一即心點，法蘭西汕答佃礦務學堂課程《代數拾級》第十三課曰各心點，則知彼土爲是學者必有詳論所以爲心之書，惜未有翻譯者耳。閒以暇日，深思其故，蓋三曲綫皆本於圓錐，而圓錐者，疊大小諸平圓而成，圓錐軸即諸平圓之心。三曲綫既本於圓錐，其心必本於平圓。爰以幾何之理，明其條段，復以代數逐款證之，或亦爲是學者所不廢與。

清・彭竹陽《彭氏啓蒙數學談理》卷一〇 勾股

勾股者測高深量遠近之用。爲形學中最要之一件事也。【略】

勾股十三事名目

勾、股、弦、勾股較，勾與股相較之餘數。勾弦較，勾與弦相較之餘數。股弦較，股與弦相較之餘數。勾股和，勾與股相加之總數。勾弦和，勾與弦相加之總數。股弦和，股與弦相加之總數。弦較較，弦與勾股較相較之餘數。弦和較，弦與勾股和相較之餘數。弦較和，弦與勾股較相加之總數。弦和和。弦與勾股和相加之總數。

右勾股弦及其和較凡十三事。任舉兩事，皆可命題，而求出勾股弦。總計之，凡題七十有八。至其十三事中，任舉兩事相加減乘除，與他兩事相加減乘除而成題者，其題則不知凡幾矣。然道乃一貫，舉一反三，任何變化，皆爲有形之算法。欲精此理，必洞悉十三事中，其何事與何事相加減乘除，而成何等形狀，又等於何事與何事相加減乘除，應以何事加之、減之、乘之、除之，而得何事，如抽亂絲然，得其頭緒，自然一線到底，有條不紊，又何難焉？但欲明十三事相乘除之形狀，必先明十三事相加減之成何物。今特創一法曰勾股記號，按記號而加減之，所得之數，與何事相等，而成何事，莫不瞭如指掌。如下：

勾股記號加減表

命勾股較爲●，股弦較爲△，弦和較爲—丨，弦和較加股弦較便等於勾，即△—丨。勾加勾股較爲股，即●△—丨。股加股弦較爲弦，即△●△—丨。有此三事。其餘十事均按號而得。

又 造勾股法

但欲解勾股之理，必先知造勾股之法。造勾股之法又不僅一術，然取其易解者，莫如用三率連比例之一法。其法任設一個數爲首率，無論偶數奇數均可。又任設一個數爲二率，必須大於首率之數始可。以二率自乘，凡比例恒爲四率，所以成三率者，使二率之數又爲三率，二三率相乘無異二率之數自乘，故直用二率自乘，可省一率而成三率。以首率除之，凡二率之數須自乘，以首率除之，能盡者始可取爲二率。而得末率，乃以首率與末率相加，折半得弦。此爲一定不移之理。以首率與末率相減，折半得勾或股，均不能定。此則須看折半之數，如大於中率，即二率也。即爲股，而中率即爲勾，首率即爲股弦較，其比例則係股弦較與勾之比，若勾與股弦和之比，故股弦較加股弦和折半而得弦，股弦較減股弦和折半而得股也。如首率與末率相減，折半之數小於中率，則折半之數爲勾，而中率爲股，首率即爲勾弦較，其比例則係勾弦較與股之比，若股與勾弦和之比，故勾弦較加勾弦和折半而得弦，勾弦較減勾弦和折半而得勾也。

清・陳志堅《求一得齋算學》

三角新理一

邊角相求之術，凡推步星躔，測量區宇，爲用至廣，然僅僅恃有常法，未免移步輒窘。茲不拘舊術，別闢新機，割切兼資，和較互用，頗具參伍錯綜之妙，其閒亦有一二爲前人已發之藴而理有相需非關蹈襲，且題著圖解，務使循法者洞知立法之由，則區區此心固足。爲同志告焉。

整句股釋術一

數理相生之妙，如循環之無端，始焉本理，以立法繼焉，因法以生理。整數句股肇端於句三股四弦五，層累而上，萬億京垓不可究極，而要惟句方股方并與弦方等爲立法之宗，由斯而變化之，錯綜之，且旁推而交通之，則無量數之整句股可求，且凡同弦或同句或同股或同任和與任較或同積同弦和，其整句股無不可求，且無不可立式以求，蓋數理無盡藏本，取之不竭爾。作整句股釋術。

清・席淦《方子壯數學序》 凡幾何家於無法諸直綫形，面必析爲諸平三角，體必析爲諸立三角，而後其積可求。無法諸曲綫形亦然。方内容圓，方圓之較積無法曲綫形也，然平方爲有法形，平圓亦有法形，兩有法形之積較不得遂謂之無法也。先師海寧李壬叔先生首以諸乘方合尖錐解方圓積較之理，用之割圜，象數符會，天造地設，碻乎其無疑矣。惟是各尖錐之積數可知，而此各尖錐上所成之曲綫之性情猶不可知。

清・方克猷《方子壯數學》

尖錐曲綫考

中法之垜積招差尚已，董氏已來，始用諸對數割圜以闡西法之遺，自古幾何家所未發也，然未有能圖其形狀，以顯條段之理者。有之，自《則古昔齋noise學》始。李氏作尖錐之圖，因得諸乘方尖錐所成之曲綫，然此曲綫之性情究爲何等，應屬於何類，中西諸家無能言之者，雖李氏亦由之而不能知之，未有以碻證其理，使學者了無疑義也。有之，則自今所爲《曲綫考》始。

八綫法衍

八綫相當，成比例式者百有五十，而矢綫及和較之變，尚不與焉，何其繁也。今以是圖馭之，案圖索式，俯式即是，參互錯綜，無所不通，於至繁之中得至簡之用焉，亦古遞加圖之遺，而數學之璇璣迴文也。

清・石振埏《勾股形邊角相求術圖解》 自代數專行，而習算者於條段層折及奥衍曲達之理多不能心知其故。其深造者，動如斯賓塞爾所云溺於代而不見其所代，將以求益反得其蔽。淺學家則依傍成式，搬演定法，叩以根源，茫乎莫解。深者困代而得難，淺者恃代而忽易。捷徑開而進步轉阻形學荒也。形學自爲一事，而不能以代，代也久矣。形非圖不明，圖非説不暢，亦固然矣。句股者諸形，測算之通用而莫能外者也。古人於此門，按剔備至，自和較互求，求容方容圓中垂綫，及積與和較相求，以至《測圓海鏡》求圓城内外諸同式直綫，亦既無隱不按，獨未有爲邊角和較相求者。邊角相求之理，在三角爲顯，在句股爲隱。和較，緐也。古人舊術偶未及此，項氏名達本其所爲句股和較六術，推闡蹊逕，刱爲邊角相求三十二術，循其次弟，共貫同條，僻徑深蹊，悉成康莊，術簡而明，布算良便，然比例之理，俱極精深，既未自爲圖説，轉令讀者茫乎莫得其源。法立而理不明，其於學者奚裨耶。振埏於丁亥歲閲項書，喜其術之新，而病其理之隱，憤懣沈思，諜然已解其爲術皆自其所爲六術而來，因爲之圖解，旬日而就，專明術理，不設問題，圖可共者不重繪，説可通者不複演，理之至奥者，如第十七題以下投發必盡不留餘蘊，欲使學者相説以解也。

清・潘應祺《幾何贅説・例言》 幾何雖爲算學之宗，然原書體例，止言理而不言數，故凡鋭志窮理之士，皆能讀之，初非曾習算者而後能讀之也。惟是同讀幾何，而以未習算者與曾習算者較，則曾習算者之領悟，必易數倍。方今算學一門，幾如布帛菽粟，明算之士，所在多有，故不揣固陋，輒於各題論證之中，多用算術、代數之式，以代文詞，按式指陳，剖解較易，蓋專爲曾習算者計，而不復爲未習算者計也。學者但曾習算術及代數一次式，則取是篇而循序觀之，自不難盡通其蘊矣。惟二卷十一題之捬法，係用解代數二次雜方式法，此不過恐學者疑本題設數之故，故特爲解之，學者閲至此，如未明其法，姑置之可也。【略】

習題中間有算術、代數之題，大率皆就幾何理之範圍者，作者宜引幾何以發明其理，然後按算術、代數之法推之，即可得其所求矣。幾何理之關於算學問題者，其範圍甚廣，此不過稍露端倪而已。

算術、代數非本書所言，習題似不宜兼及。然一卷四十七題之四增題，亦言開平方，是前人已破其例矣。且贅説實專爲曾習算術、代數者而言，故特兼及之，俾知幾何與算術、代數之互相爲用，當亦學者所樂爲研究者歟。

又潘應祺《經算雜説》

投壺壺徑解

《禮記・投壺》壺頸脩七寸，腹脩五寸，口徑二寸半，容斗五升。鄭氏注云，腹容斗五升，三分益一則爲二斗，得圓囷之象，積三百二十四寸也，以腹脩五寸約之所得，求其圓周，圓周二尺七寸有奇，是爲腹徑九寸有餘也。孔疏謂以斗五升計之，則壺徑唯八寸餘。又謂鄭以二十整數計之，不取經文斗五升之義。朱子亦謂鄭君知借而不知還，知加而不知減，若欲得圓壺實數，當就方形規而圓之，則壺腹之高雖不減於五寸，其廣雖不減於八寸五釐，而其圍則僅爲二尺四寸一分五釐。案：孔、朱皆以鄭注爲非，而不知鄭君之益爲圓囷之象者，即與壺腹同徑同高之圓囷也。以腹脩五寸約之得圓囷之圓冪，亦即壺腹之圓冪，據此圓冪而求其周徑，非即壺腹之周徑乎？其算理昭晰無疑，初非不取經文而强用整數以布算也。惟鄭云三分益一爲二斗，當作二分益一爲二斗二升半，蓋凡渾圓或橢圓體皆爲其同徑同高之圓囷體，三分之二是二圓囷，與三壺腹等，即一圓囷與一壺腹有半等，故以壺腹二分益一乃爲圓囷體也。甄氏鸞《五經算術》禮記投壺法仍用鄭注三分益一之説，求得壺徑九寸二百七十五分寸之八十一，尚非碻數。此或因三分二之餘數爲三分一，故徑益以三分之一，千慮一失，容或有之，至其算理之精碻，誠有非後人所能輕議者。試并繪圖覈算以解之，斯鄭義明而經義益明，而孔、朱之疑義亦可以析耳。

如圖甲丙乙丁爲壺腹，腹脩五寸，腹徑九寸有奇，是其形當爲扁橢圓體，故以橢圓圖之。甲乙爲腹脩五寸，丙丁爲腹徑，外切壬丙癸丁圓囷體，其高即甲乙，其徑庚辛與腹徑丙丁等，其體積三百六十四寸五百分，置壺腹所容斗五升，二分益一得二斗二升半，以量法每斗立方積一百六十二寸乘之得三百六十四寸五百分。以甲乙脩五寸約之，得戊庚癸辛圓冪七十二寸九十分，以十二乘之得八百七十四寸八十分，開平方除之，得二十九寸有奇，爲戊庚癸辛圓周，即壺腹之周，此依鄭君用古率徑一周三推算，若用密率，腹周當爲三十寸二分六釐六毫有奇。以三約之得九寸有餘，爲辛庚，圓徑即丙丁腹徑。若用密率，腹徑當爲九寸六分三釐四毫有餘。夫壺腹爲扁橢圓體，欲求其周徑，必先求其圓冪。欲求其圓冪，故借

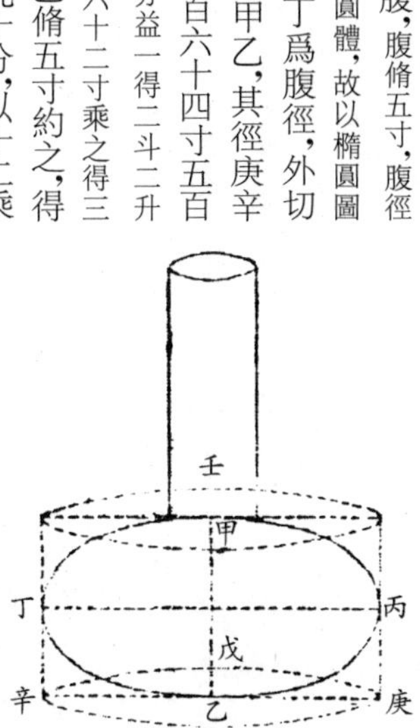

徑於圓囷。本非假方體求之，然後規之使圓也。孔、朱之疑，疑其用益積之數而不用經文之數，而不知益積之後，其形已變爲圓囷，於是立法推算，一以圓囷爲衡，非用益積之數而仍作壺腹算之也。圓囷之積雖大於壺腹，而周徑則實與壺腹同，非囷積大則周徑宜多，壺積小則周徑宜少也。所益之積固可借而不必還，可加而不必減也。鄭義既明，則凡謂壺徑八寸有餘者，皆可不辨而知其非矣。

又　半矩謂之宣解

《考工記》半矩謂之宣。鄭氏注云：矩，法也。所法者，人也。人長八尺，而大節三頭也，腹脛也，以三通率之，則矩二尺六寸三分寸之二，半矩尺三寸三分寸之一。按鄭君此注，蓋以矩角所對之弦而言，可以尺寸紀數者也。程氏瑶田謂，鄭君於車人一記囫圇看去，未能分別其起例有二道。起例於半矩者，爲凡造物發斂不同之形，是爲倨句之例。起例於半柯者，爲凡造物修短無定數，是爲尺寸之例。意謂凡言矩者，皆以倨句言，不以數言也。且謂鄭君注磬氏之磬折，何以不言一矩有半爲四尺，而別用句股求弦法。意謂矩既爲二尺六寸三分寸之二，則一矩有半當爲四尺，車人既以數言之磬氏，何以不以數言之？不知《考工記》言矩亦有二例。一以矩之倨句即角度。言，言其倨句之形不能紀之以數，如磬氏之矩是也。一以矩之弦綫言，言其倨句所對之邊可紀以數，如車人之矩是也。故鄭君注磬氏則言其形，注車人則言其數也。且磬氏言倨句而車人之事不言倨句，是未可以倨句概車人之矩也。車人爲車，柯長三尺，一欘有半之柯亦長三尺。柯以數言，矩亦當以數言矣。上下相承，昭然若揭，然則半矩爲尺三寸三分寸之一亦可見矣。試竝以圖明之。

如圖甲乙丙角爲一矩之倨句，甲乙戊爲一矩有半之倨句，祇明其曲折之形，不能紀之以數，後人名一矩之倨句爲直角，以九十度命之，然數以度言則形之大小無異，究不能以尺寸度之也。此磬氏倨句之説也。甲丙爲一矩，長二尺六寸三分寸之二，甲丁、丁丙皆爲半矩，各長一尺三寸三分寸之一。此車人半矩之説也。

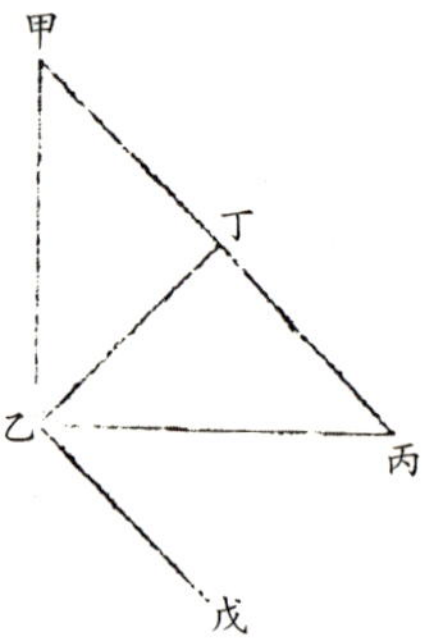

程氏謂車人之事，一矩實一曲矩之角，半矩實判曲矩之半之鋭角，是以半矩爲甲乙丁角或丁乙丙角。舉倨句概車人之矩，吾未見其可也。

清・劉澤楨《中西數學通解》卷一一　句股

《周髀》曰：折矩以爲句廣三，股修四，徑隅五。既方其外，半其一矩，環而共盤，得成三四五。兩矩共長二十有五，是爲積矩。此言句股正數之所以立法也。蓋句股得長方之半形，故其一角必成矩，所謂直角也。而後可謂句股。如其一角不能成矩，則爲三角形而非句股矣。因句股一角必直，故立於圜界之正一半，而自直角所作垂線，遂成連比例三率。是以直角相對界所作方形之積，必與兩旁二界所作兩方之積等，而句股弦彼此相求之法於此生焉。其法所該有四：一句股弦三者知其二而得其一，或知其二而得其積。一句股形自其直角對弦界求垂線，及形内容方圓等形。一句股弦三者知其一，復知其餘二者之較，或二者之和，而得其二。或知其兩較或兩和，或一較一和，而得其三。一知其積，復知其和較，而得句股弦。句股弦和較之法，雖雜出多端，然皆不出句股弦方積相求之理。較有句股較，句弦較，股弦較。和有句股和，句弦和，股弦和，和較相疊。又有弦和和，即弦與句股和相和。有弦和較，即弦與句股和相較。有弦較和，即弦與句股較相和。有弦較較，即弦與句股較相較。又有句和和，股和和，即弦和和也。句和較，股較和，即弦較和也。股和較，句較和，即弦較較也。句較較，股較較，即弦和較也。此四者皆句股之正法，理一定而數隨之者也。

案：句股一術，爲用甚廣，題問繁雜，故古人專立句股爲《九章》之一。我聖祖仁皇帝御製《數理精蘊》，亦以句股專立一門，每題各有圖解，又於借根方中列十問題，以放中西一貫之理。外如梅文鼎以十五術概一百四十四題，作《句股闡微》一卷，項氏名達以六總術概二十五術，統七十八題，作《句股六術》，竝立句股加減表，及句股比例術解。李尚之從《益古演段》《四元玉鑑》諸書，推演而作《句股草》，用立天元一法，解算句股。李晉夫從《精蘊》中借根方法推演而作《句股細草》，專用借根方法，統以二十五題。傅蘭雅所譯之《代數術》二十二卷，論代數幾何，則立句股互求法式。方子可所輯之《代數通藝録》七卷，平方術内，亦詳列句股諸法式。要之，解算句股，或用常法，或用天元，或用借根代數，立術固各有所長，而其理無不相貫。今遵《精蘊》，每類隨拈數題，合以天代釋之，以明中西相通之理。

又　**卷一二**　三角形

凡三角形立於圓界之一半者爲直角，即句股，過圓界之一半者爲鈍角，不及圓界之一半者爲鋭角。然不拘鋭角、鈍角，自一角至底邊作垂線，即分爲兩直角，是仍不離乎句股也。兩腰等者，垂線即當底之一半，而兩腰不等者，所分底界，則有大小不同，故和較相比之法因之而生。蓋和求較，較求和，要必歸於句股相求之理。由句股而得垂線，則凡面積及内容方圓等形，皆無不可得。至於三角形角度相求之法，乃割圜八線，實所以極三角之用，即如《周髀》所謂仰矩知高、俯矩知深是也。故另爲一卷。兹但取三角形之面線相求諸法，悉具圖解，以次句股，使與句股相表裏焉。

又　卷一三　邊角相求

三角形有直角者爲句股，無直角者作中垂線，分爲兩直角形，則亦成兩句股，是皆有其二而得其一，或有其三而分爲二，概以邊線相求者也。至於割圜之法，則凡三角形，有一角即有八線，皆成句股，而可比例以相求。故三角形不論角之直與鋭、鈍，要以角度爲準。而三角之度，必與兩直角之度等。角之大者，所對之邊亦大；角之小者，所對之邊亦小。凡三角三邊，但知其三，而其餘者悉可得。若直角則惟知其二，而其餘者亦可得。此三角形之法所由立，而測量之用所由廣也。如知兩角一邊求又一邊者，以對所知之角與對所求之角爲比，即如所知之邊與所求之邊爲比也。知兩邊一角求又一角者，以對所知之邊與對所求之邊爲比，即如所知之角與所求之角爲比也。或所知之角，在所知兩邊之間，而求又一角者，則角無所對之邊，而邊亦無所對之角，必用兩邊之和較與所知角之外角半弧之切線爲比，而得所求兩角與所知角之外角半弧之較，既得較而角度亦得矣。又如知三邊而求三角者，則以三角形求中垂線，分爲兩直角形，而三角自隨之而得。或用三邊之方面，按法比例而得兩直角形之各一角，既得一角而三角亦可得矣。若止有三角，則三邊無所約束，故不成法。蓋角度爲虚率，而邊線爲實數，有實數而虚數可馭。總以比例四率，展轉用之，惟在分合有法，相度得宜耳。

案：三角形邊角互求各法，當先明割圜八線之理。夫割圜八線，起於弧度劃分角線而得。《周髀經》曰：圓出於方，方出於矩。誠哉古人之言，千古不易之理也。惜代遠年湮，其法不傳。劉宋祖沖之以圓容六邊起算，元趙友欽以圓容四邊起算，皆以屢求句股，變方爲圓，其得數雖密，而成功不易。明末西人入中國，有割圜八線、六宗、三要等法，詳《精蘊》。而圜度内外諸線相求之法始備，八線之表亦詳《精蘊》。以立，然不知其勞神若干，需時幾何矣。其後杜、董、徐之屢乘屢除，已較捷於六宗等法，而李氏術與新術尤爲捷便。及觀代數八線數理，而得數更密且速，實非在前各法所能企也。然八線已立爲表，則割圜之法自可從緩，但照表檢查，各線無不可得。所謂前人爲其難，後人享其易也。兹第將八線名式，列圖於左，并詳檢表之法，使學者知用表焉可也。

又　卷一五　各面形

面之爲形成於方圜。直線所成皆方之類，曲線所成皆圜之類。立法則方爲圜之本，度圜者必以方，而度方者必以矩，所謂方有盡而圜無盡是也。論理則圜又爲衆界形之本，蓋衆界形或函圜，或函於圜，其邊皆當弧線之度，故求衆界形者，必以圜界爲宗也。然自衆界形之中心分之，則又各成三角形，皆以句股爲準則。故句股、三角形雖爲面，而不囿於面之中，却别立一章焉。要之，衆界形邊求積者歸之句股，積求邊者歸之正方，引而伸之，觸類而長之，凡爲面形者不能違是也。

又　卷一六　立方

立方者，等邊六面之體積也。以形而言，雖爲六面十二邊之所合，以積而言，則爲自乘再乘之數。因其縱横與高俱相等，故十二邊皆如一線。其得一邊，而十二邊莫不相同。其積之也，自線而面，自面而體，次第相乘，而後得其全積。其開之也，必次第折之，而後得其一邊。是故古人立爲方廉長廉之制，每積三位，而得邊之一位，所謂一千商十定無疑，三萬纔爲三十餘，九十九萬不離十，百萬方爲一百推是也。其法先從一角而剖其體，以自一至九自乘再乘之數爲方根，與實相審，量其足減者而定之，是爲初商。初商減盡無餘，則方根止一位。若有餘實，即初商方積外，别成一缺角三面磬折體。其附初商之三面者，謂之方廉。其附初商之三邊者，謂之長廉。其附初商之角者，謂之隅。廉有三，故以三爲廉法。隅惟一，而隅之三面，即附於三長廉之端。合三方廉三長廉一小隅，始合次商之數。故商除之法，以初商自乘三因爲三方廉面積，視初商餘實足方廉面積幾倍，即定爲次商，乃以次商乘三長廉爲三長廉面積，又以次商自乘爲小隅面積，共合三方廉三長廉一小隅面積，以次商數乘之爲次商廉隅之共積，所謂初商方積外，别成一缺角三面磬折體者是也。如次商外尚有不盡之實，則初商次商方積外，仍爲三方廉三長廉一小隅，又成一三面磬折體。但較前方廉愈大，長廉愈長，而隅愈小耳。凡有幾層廉隅，俱照次商之例遞析之，實盡而止。如開至多位，實仍不盡者，必非自乘再乘之正數。此開立方之定法也。體形不一，而容積皆以立方爲準。故立方爲算諸體之本，諸體必通之立方，而法乃可施也。

帶縱和數立方

帶縱較數立方，其法已難。而帶縱和數立方，立法尤難。帶一縱立方，高闊相等，惟長不同。如以高長和或長闊和爲問者，則以初商爲高與闊，而與和數相減，餘爲長，乃以高與闊自乘，以長再乘，爲初商積。其或和數甚多而積甚少，按立方法算之，必至大於原積者，則以和數除原積得數，約開平方，可得幾數，取略大數以定初商，初商減積有餘實者，其初商方積外，有二方廉一長廉成兩面磬折體形，而初商之高與闊少一次商，初商之長多一次商，故内少一方廉積。商除之法，則以初商之高與闊與初商之長相乘，倍之，爲二方廉面積，視餘實足方廉面積幾倍，取略大數以定次商，而以初商自乘，次商再乘得一方廉積，與餘實相加，始足次商二方廉一長廉之共積。故以次商與初商之長相減，餘爲初商次商之共長，與初商相乘，倍之，爲二方廉面積。又以初商次商之共長，與次商相乘，爲一長廉面積。合二方廉一長廉面積，以次商乘之，爲二立方廉一長廉之共積。所謂初商方積外，成兩面磬折體形是也。其帶兩縱相同立方，長闊相等，惟高不同。如以高闊和或高長和爲問者，則以初商爲高，與和數相減，餘爲長與闊，乃以長與闊自乘，以高再乘，爲初商積。其或和數甚多而積甚少，按立方法商之，必至大於原積者，則以和數自乘除原積，約足幾倍，取略大數以定初商，初商減積有餘實者，初商方積外，止一方廉，成一扁方體形。而初商之高，少一次商，初商之長與闊，各多一次商，故内少二方廉一長廉積。商除之法，則以初商之長與闊自乘，爲一方廉面積，視餘實足方廉面積幾倍，取略大數以定次商，以次商與初商之長與闊相減，餘爲初商，次商之長與闊，而與初商相乘，次商再乘，倍之，得二方廉積。又以次商自乘，初商再乘，爲一長廉積。合二方廉一長廉積，與餘積相加，始足次商一方廉積。故以初商次商之長與闊自乘，次商再乘，爲一方廉積。所謂初商方積，外成一扁方體形是也。其帶兩縱不同立方，與帶兩縱相同立方同。但帶兩縱相同者，其次商積爲一正方廉。帶兩縱不同者，其次商積爲一長方廉耳。要之，定商皆以小於半和爲準，有時退商而反不足，進商而反有餘，須合初商次商以斟酌之。至次商以後，因有益積之法，故廉法亦不足憑，則又須較量而增損之。

又 卷一七 各體形

體之爲形成於面，面之相合爲厚角，故凡體形皆自厚角所合而生。面之所合不能成厚角，則體亦不能成形，惟渾圓則無角，然求積之法，亦合衆尖體而成渾圓，是雖無角而實賴於角也。方體有正方、斜方、尖方、方環、陽馬、塹堵之異，圓體則有渾圓、長圓、尖圓之殊，至於各等面體，惟成於三角、四角、五角之面，而兼盡乎方圓之理。函於圓者，其角切於球之外面。函圓者，球之外面切於各面之中心。而各體又有互相容之妙。因其各面皆等，故其中心至每邊之線皆同。就其各形而分視之，則成各等邊面形。因其各形而細剖之，則成各同底尖體形。然求積總以勾股爲準則，蓋體成於面，面生於線，理固然也。有積求邊，則必以方圓爲比例。然圓又出於方，此方所以爲立法之原，入算之本也。

又 卷二〇 弧三角説

天算之學，古疏今密，其要皆推本於弧角。宋以前法無傳人，至元郭太史始以弧角命算，有平視側視諸圖，推步立成諸數，黄赤相求，乃有定率，但其法先立天元一爲矢，用三乘方開算，得數不易，故只能列一象限中之度率，不能復求細數。明時偏重文藝，斯道不講，西人乃承乏以顯其長。逮我朝術精測量，疇人子弟仰窺御製《曆象攷成》前後編，并讀梅徵君《舉要》《黍尺》《塹堵》諸書，及項、戴、焦、李諸家算法，皆用西人八線比例，布算之法，視郭氏較捷。然梅、項諸書，或説理過深，或立法太簡，或舉例而未徵諸數，學者輒望洋思返。惟張君丹邨《設如》一書，融會諸法，括以二十八題。江君雲樵又於每題增衍對數，省用乘除，立法尤捷，顧設如左弧右弧諸目，後學恒移步即迷，不若江雲樵之《舉隅》可按題以得其比例，而圖説尤精。今攷《舉隅》以十八題括正斜弧角各形，西人訥氏之法，則正斜弧角形各六公式，因節取《舉隅》十四題，以訥氏十二公式御之。《舉隅》斜弧三角邊角比例二題，若用訥氏公式則較繁，爰仿訥氏之法，别增二公式以演之。又總較法四題，《舉隅》用餘弦加減求矢較，不便用對數，故後另列對數總較法。玆以《設如》法入之，使常法對數及訥氏公式，無不一一相通。纍如貫珠，即鈍根人業。此亦可觸類旁通，豁於一旦。是亦學算之一樂也。

清·朱鈞弼《量地法》

第一欵　格物學與量地法，理可貫通，而事分繁簡。格物者，蓋欲究明物體之大小輕重堅脆，或察其性情形狀顔色，與夫光耀臭味之屬。量地法，則惟考物體之大小，及其形狀而已。

凡物各面有界址限定者，謂之體。故體以面限之，面以綫限之，綫又以點限之。體有三展向，長寬高是也，面有長寬二展向，綫有長展向，點則絶無展向。

又　第四欵　有天人二角，共一乙丁之股，其丁丙、丁甲二股，亦共作一直綫，名曰兩旁角形。

按：西法三角形，雖係直角，亦不立句股之名。故此款乙丁、丁丙、丁甲三綫，皆謂之股，猶之二十欵内所述，不論句方、股方，皆謂之戛得正方形也。

又　第十欵　按：算學一事，法非理不明，理非圖不顯。如此款所論三角形外之天角，何以等於三角形内人物之和二角，若不顯其直理，何以定厥指歸。試將前圖與甲乙平行作一丙丁直綫，並將各綫引而長之，則戊己庚辛二綫皆爲平行綫上直落之間綫，以戊己爲間綫。證以變角之理，則人角等於石角，以庚辛爲間綫。證以抵角之理，則物角等於金角。人既等於石，物既等於金，則金石二角之和，亦即人物二角之和。故外角等於旁角外，其餘兩角之和。

第十一欵　三角形之角，直者稱直角，鈍者稱鈍角，三邊尖者稱鋭角。三角中惟有一直角，或一鈍角。蓋三角之數，統合而算，僅得二直角之數。三角形直角之兩股爲小邊綫，西名戛得典。其與直角相對之綫爲大邊綫。西名希波天奴洗。

按：西書直角，不立句股之名，故兩戛得典，皆謂之股。下文倣此。三角形有三邊同長者爲同邊三角形，兩邊同長者爲同股三角形。

又　第十七欵　假如量一綫之長度，必須另取一綫，先定其長度，即以此綫作爲單尺，然後再審欲量之綫，共得此綫之幾何倍。單尺即密達尺。

按：密達者，西國通用之尺名也。譯書者每因各處方言不同，遂致稱名各異，或曰美打，或曰邁當，或曰密達，其實皆一物也。其尺合地球圓周四分一弧綫一千萬分之一分。或曰合地球半徑一千萬分之一分。較以英尺，約得三十九寸又一百分之三十七。較以美尺，約得三十九寸又一千之三百六十八。較以中國營造尺，約得三十一寸八分有奇。

密達尺内，最常用之小度，即生的密達，即密達尺一百分之一。咪哩密達，即密達尺一千分之一。若一千密達，名爲一唭囉密達。欲量面之大小，則用測面尺，即方密達尺，及其小度方生的密達尺，方咪哩密達尺。又有倍加之方密達尺。西名阿又西名黑克他兒。

以上各方尺，皆可量面形邊綫之長度。用測面尺，不能隨即量面，必將面之長寬邊綫先行量出，然後始能算出面之地方幾何。

又　第二十欵　每一箇直角三角形。其希波天奴洗即大邊綫中法謂之弦。正方形，必與兩箇戛得典即小邊綫中法謂之句與股。正方形同大。式如下圖。

如圖甲乙丙爲直角三角形，甲爲直角，絲方爲希波天奴洗方，中法謂之弦方。金石二方爲二戛得典方。中法謂小者爲句方，大者爲股方。金石二方相併，與絲方等。

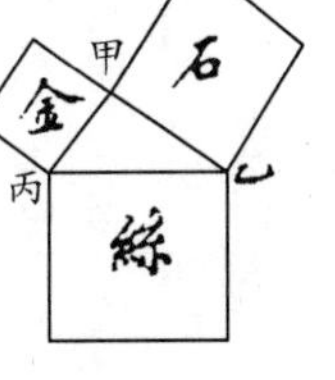

清・鄔銓《容切捷要序》　句股之妙，顯於割圜。割圜之妙，肇於容切。容皆正弦之倍，切皆正切之倍。此法之莫能易也。割圜密率，另具捷法。繼杜德美氏而起者，有梅勿庵氏、明靜菴氏、汪衡齋氏、董方立氏、徐鈞卿氏、項梅侶氏、戴諤士氏、李壬叔氏、丁果臣氏，雖則皆有發明，但屢用乘除，多至數十位，非特佈算繁重，抑且易於淆亂。用以求八線，或稍捷，如以求容切，則仍未見捷也。

著録

清・年希堯《測算刀圭・叙》　然而猶或有望洋之歎者，以未得其門户也。閒嘗流覽曆算家言，擇其義類明晰，用之切要者，摘録刊布，使學者悠然會心，而日孳孳焉以進于其全，於此學或不無小補。其書三種。一曰三角法摘要。全部曆書，皆三角法也。不明乎此，則曆書不可得而讀矣。内分二支。曰弧三角。凡曆法所測，皆弧度也。弧綫與直綫不能爲比例，則推測理窮。弧三角者，剖析渾圓之體，而各于弧綫中得其相當直線，即于無句股中尋出句股。此法之最奇最確，聖人復起，不能易也。弧三角之用法頗多。而其最著明者，爲黄赤交變一圖，反覆推論，瞭如列眉。熟此一端，則其餘不難漸及矣。至于弧角比例，亦其中要旨，而原書解未當，故特爲正之。曰平三角。弧三角之法，生于平三角者也。然而測量諸法，平三角之用爲多，故言之特詳也。一曰八線真數表，凡弧三角平三角，並以八線爲用。曰真數者，以别于假數也。一曰八線假數表，因假數以得真數用加減省乘除，甚便初學，法之巧也。其法爲西儒穆泥閣所譯，原止四線，謂之對數。然既知切線，可推割線，則八線在其中矣。而總名之曰《測算刀圭》，誠以此學奧衍隱賾，不翅瀛海神山，而刀圭入口，身生羽翰，即蓬萊方丈惟所遊行，豈非大快，故亟欲與同學共之。

清・梅沖《勾股淺述・序》 六藝以九數竝稱，而學者好言勾股，豈不以揆天度地爲用至神，而所以窮象數之變，其精解奧義原定引察壬之思而供尋味哉。先徵君著曆算書八十八種，於西法之秘爲神異者，皆通以勾股，而盡發其覆，故專言勾股者反畧，特舉隅一卷，少示數端而已。(子)[予]少承庭訓，粗聞先人緒論，未能竟學。歲癸丑，從李雲門先生遊，先生詳加指示，稍得其門徑，因敬奉御製《數理精蘊》言勾股者反覆探索，依題集解，間參取他書，竝約其精要，輯爲一編，自備省覽。後陳明經勉甫問數學於予，出以相示。既而精通三角八綫，於曆算學直深入閫奧，顧以此編爲佳，謂明淺易入，語簡而説備，慫恿付梓。予曰：算書之弊有二，其一艱深其詞，李治所謂故爲溟涬黯黮，惟恐學者得窺仿佛，其心私也；其一不肯遵守(城)[成]法，自矜創獲以別立新解，而反失其故步。茲編似幸免於此。然特集録舊説，爲之宣導窾會，以變從淺易，要僅屬鈔胥而已。且凡言算者，必前廣以九章，後深以三角，於欽若授時事有所發明，庶足見數學之大。予亦曾究觀六宗三要，於御製《曆象考成》上下二編及後編，并採集圖説以爲約本，而鞿驅四方，未遑卒業，家學固未能稟承，要不敢以區區者自限也。而(子)[予]將使吾以此自見耶？陳子曰：此書少單行善本，吾但爲習勾股者計耳。因重加訂正，爲家塾引蒙之一助，題曰淺述，以惟淺乃可入深，用誌學步先人之意云爾。

清・董祐誠《割圜連比例圖解・序》 嘗欲更創通法，使弦矢與弧可以徑求，覃精累年，迄無所得。己卯春，秀水朱先生鴻以杜氏九術全本相示，蓋海寧張先生豸冠所寫者。九術以外，別無圖説，聞陳氏際新嘗爲之注，爲某氏所祕，書已不傳。迺反覆尋繹，究其立法之原，蓋即圜容十八觚之術，引伸類長，求其絫積，實兼差分之列衰、商功之堆垛，而會通以盡句股之變。《周髀經》曰：圜出於方，方出於矩，矩出於九九八十一。圜，弧也。方，弦矢也。九九八十一，遞加遞減、遞乘遞除之差也。方圜者，天地之大體，奇耦相生，出於自然。今得此術，而方圜之率通矣。

又《割圜連比例圖解・跋》 《割圜解》既成之二年，朱先生復得《割圜密率捷法》四卷於鍾祥李氏，蓋乾隆初欽天監監正明圖所解，而門人陳際新所續成者。其書釋連比例諸率，分弦矢爲二術，皆先設百分千分萬分諸弧，如本法乘除之棄其畸零以求合於矢之十二、三十、五十六，弦之二十四、八十、百六十八諸數，遂謂遞加一數以爲除法者，特取其易知而便於記憶，則其於立法之原似未盡也。然反覆推衍，使弧矢奇耦率可互通，鉤隱探賾，雜而不越。蓋師弟相承積三十餘年之久，推其用心，可謂勤且深矣。陳氏序言圜徑求周及弧求弦矢三術爲杜德美氏所作，餘六術則明圖氏補之，與張先生所傳互異。又借弧借弦二術並見陳氏書中，范氏所作其闇合歟。

清・黎應南《下學葊勾股六術序》 余在都，獲與項君梅侶交，輒以數學相過從。梅侶耽精思當，窮極要眇，時雖寒暑饑渴不暇，顧苟有得，則欣然意適，若無可喻於人。嘗語余曰：守中西成法，搬衍較量，疇人子弟優爲之。所貴學數者，謂能推見本原，融會以通其變，竟古人未竟之緒，而發古人未發之藏耳。余是其言。顧以碌碌走塵俗，未遑卒業，迨余筮仕浙，梅侶亦主講苕南，見所著《勾股六術》，擊節稱善，曰是足爲數學導矣。勾股乃學數初步，恒苦和較諸術之紛糅，未入門先作門前之繞，往往阻於難而莫敢入。得是術導之，簡而明，條焉而不紊，一展卷瞭然矣。且以見數，有和較故變，生變故參伍錯綜，不可爲典要，其爲物也雜，而其爲途也繁，設非洞徹乎其原，焉能齊雜以整，御繁以約，極其變而仍適得其常哉？梅侶嘗立有弧三角總較術，求橢圓弧線術，術雖定未有詮釋，余促成之，而義奧趣幽，非旦夕可竟事。是六術也，獨先成，雖未足見梅侶之深，而所謂變通成法，爲古人竟其緒而發其藏者，於是可見一班云。

清・項名達《平三角和較術・序》 三角法無所用其和較也。往歲朱筠麓給諫以黄赤大距升度差爲題，囑余求黄赤道。思累日，始於無可比例中尋得比例線，立正弧三角和較，凡六術，著圖説，以呈給諫。給諫謬賞焉。復曰：由正弧而斜弧，其和較當亦可求，至平三角之和較，愈無不可求，曷足成之？累年來役役塵網，鮮從事於籌筴，雖其術漸次粗定，而未有成書。癸卯夏，王子琴逸究三角理數，愛是術，堅欲付梓，余維勾股和較且有以無用置之者，何況三角。顧三角以八線爲用，八線割圜法也，至精妙而不可窮者莫如圜理，用八線於三角而圜理呈，用八線於三角之和較而圜理愈呈，是術雖無所可用，或亦極數究理者所不廢歟。

清・安清翿《一線表用・敘》 今於二事俱用中法，而測量則取西法之精者，爲書六卷，名曰《一線表用》，雖不敢謂兼綜中西之長，而於兩家之異同庶幾歸於一是，且於儒者格物致知之學不無少裨益云。

清・趙懷玉《揣籥小録序》 邑侯張君來莅陽湖，【略】公餘之暇，發舒所積作爲《揣籥小録》一書，使余外孫莊敏持以見示。敏固受知於君者也。余雖不解算法，受而讀之，敬其能不囿中西之見，將割、切二綫探討畧盡，其北極經緯一表尤從古書鎔入西法，洵可謂方罫寰宇、網盡六合、萬國之大直可指諸掌矣。

清・江臨泰《弧角設如序》 曩游梁溪，齊梅麓屬仿算經設如之例撰弧三角細草，以課各術疎密，成簡明算法一卷，梅麓以爲太略，擬增補圖説，久而未就，知張丹邨有《弧角設如》之作，亟索觀之，則多予舊稿所未及者。【略】丹邨是編，融會諸家，括以二十八例，條分縷晰，綱舉目張，並因予言，於垂弧總較法外補切線分外角及開平方得半角正弦二法，其於弧角比例可謂擇之精而語之詳，而豪髮無遺憾矣。輙不揣固陋，增衍對數於各例後，第恐談秝理者將笑丹邨爲疇人末技耳。

清・齊彦槐《弧角設如序》 予曩官梁溪，暇輙與江君雲樵演弧角之算，而歎西儒對數之妙，爲不可思議，頗疑汪衡齋總較法不便用對數之説，質之雲樵。雲樵曰：總較法非不可用對數，衡齋不解用耳。因檢梅文穆《赤水遺珍》所載三弧求角開平方得半角正弦二術示予。予涣然冰釋，益信雲樵於此事真能貫通。詎雖以文穆之高明，猶議西人不當置簡法於前、繁法於後，爲刺繡而藏其金針。詎知此二法，西人特爲對數設，其至繁者乃其至捷者也。惜衡齋已亡，不及聞雲樵之言而改正其説。予既罷官，薦雲樵於丹邨。丹邨之才，十倍於予，得雲樵朝夕講求，而測算之學益進。玆所撰《弧角設如》一書，即予數年前與雲樵謀欲成之而未果者，丹邨可謂好學矣。然丹邨著書非爲名也，爲嘉惠來學也。夫著作之家，有名有實，觀其書可以知其人。予嘗謂戴東原爲人不如梅勿菴，勿菴之書惟恐人不知，東原則惟恐人知，勿菴用西法則曰此西法也，用其法必闡其理，東原則用西法而避其名，且務爲簡奥，令人猝不易了。此非由心術之不同乎。且夫乾以易知，坤以簡能，大樂必易，大禮必簡，天下事未有不簡且易而得爲精者。以八線馭弧角實簡於三乘方求矢，以對數馭八線又實易於八線之用乘除，乃詆之者至比於異端邪説，若不可一日存於天壤間者。噫！亦惑矣。善乎，丹村之言曰，法取其密，何分今古，算取其捷，何問中西。通人之論，亦君子之論也。是編厚不盈寸，而弧三角形參伍錯綜，及諸家同異之説悉具其中，既作釋例以推作法之原，復列對數以便布算之用，卷帙不繁，雖貧者易購，文字無障，雖鈍者能通，使學者皆得是書讀之，則皆可以知黄赤經緯之度，舉東原所秘爲絶學者，一旦而公之人人，非大快事哉。故觀丹邨之書，而知丹邨之爲人也已。

清・張作楠《方田通法補例・序》 爰採各法，折衷於《數理精藴》，先明其理，次詳其數，終窮其變，分類排纂，復得書六卷，名曰《方田通法補例》，雖以方田設問，而反覆推求，務使可以測方田即可以測他形，以求合於《九章》之旨，故或以三角八線、比例，或以借根借方立算，是爲量田設法未免太深，而揆諸重句測海、寸木量天則又自媿淺甚也。

又張作楠《弧角設如・序》 婺源齊梅麓彦槐以弧三角比例錯綜變换，不可端倪，御製《曆象考成》草野既未由仰窺，而梅徵君《弧三角舉要》《環中黍尺》《塹堵測量》及梅循齋、江慎修、戴東原、焦里堂諸家書，或闡理精深，或立術簡奥，或舉例而未徵諸數，讀者目眩心迷，無從入手，屬仿算經設如之例，各撰細草，以便初學。因檢曩所衍正弧斜弧諸算草，分門排纂，質之江雲樵。雲樵曰：對數表爲八線設，談弧三角而不及對數，是舍易就難，非所以引誘來學也。且汪衡齋謂總較法不便用對數，非對數不可用，彼自不能用耳。遂次第補之。【略】爰作釋例以明其理，次列設如以備其法，殿以雲樵對數細草以妙其用。梅麓閲之，如以爲可作步算初桄，幸爲我語來學曰：江雲樵善用對數，非别有秘法，不過肯向本法上多費苦心耳。

又張作楠《揣籥續録・序》 余既撰《揣籥小録》以備測時之用，復因梅氏諸方日軌以弧三角法逐節氣求太陽距地平高度，係用新法黄赤距緯二十三度三十一分推算，又列表自北極高二十度至四十二度止，而二十度以前如廣東之瓊海，五十度以外如黑龍江烏喇等處，現隸版圖者皆未之及，謹依欽定《曆象考成後編》實測黄赤大距二十三度二十九分推算。按：古法推日在赤道内外最大之數約二十四度，而《新法算書》載亞里大各於周顯王二十五年測得黄赤大距二十三度五十一分二十秒，變從中法度分得二十四度三十五分奇，較古法爲强，自後屢測屢改，漸有减分，除依巴谷於漢景帝中元元年所測與亞里大各同外，如亞爾罷德於唐僖宗廣明元年庚子測定黄赤大距二十三度三十五分，《授時曆》則减爲二十三度三十三分三十二秒，《新法算書》又减爲二十三度三十一分三十秒，至我朝《考成》上編始測定爲二十三度二十九分三十秒，《後編》又减三十秒。西人言黄赤大距，古大今小，此其證與？自極高十八度至五十五度逐節氣加時太陽距地高度以列表，並屬江雲樵推得横直二表日景長短爲表影立成，以補前録所未備云。

又張作楠《高弧細草・序》 曩在京師，力不能置鐘表，因用垂弧本法逐節氣時刻求太陽距地高度，並用正切餘切比例加减太陽半徑求横直表景長短，作四十度高弧細草。京師北極出地四十度稍弱。歸里後，復成二十九度細草。金華府北極出地二十九度十分。補官括蒼，又續二十八度細草。處州府北極出地二十八度二十五分。以備檢查，然依法推步，每度動經旬月，及更歷一地，又須另衍，存之行篋，幾等黄金擲虚牝矣。今春周葵伯回武林，屬衍三十度細草。杭州府北極出地三十度十七分。而毘陵諸好事者，又以不及江南各度晷景爲憾。江南蘇州府北極出地三十一度二十二分，太倉州三十一度二十九分，松江府三十一度整，常州府三十一度五十一分，江寧府三十二度零四分，鎮江府三十二度十四分，揚州府三十二度二十七分，通州三十二度二十八分，淮安府三十三度三十二分，徐州府三十四度十五分，海州三十四度三十二分。簿書鮮暇，屬江雲樵補之，不旬而就，詫而叩其術，則所創對數簡法也。夫古人以高弧測景求天於渾圓，以表臬測景求天於平面，其用最鉅，其法甚繁，彼立表求地中，經生家紛紛聚訟無論已即郭邢臺行測四出所得無幾，熊三拔《表度説》用十二爲率，創製各晷，視古法較捷，然以三角八線推之，猶多未確。馬德稱《四省表景立成》僅及午正，已爲梅勿菴所稱，非以此法未易操觚歟。自有西人八線對數可以省乘除，然勿菴氏尚謂薛儀甫專用對數不如直用乘除爲正法，近時名家如汪衡齋亦有總較法不便用對數之説，余撰《揣籥續録》時雖亦採用雲樵對數總較法，而不能省加減折半之繁，又不能不檢正餘弦表數，故仍依梅氏例，有時無刻，誠苦其繁也。雲樵乃以定緯距緯餘弧相加減折半之正弦餘弦一率二率較數立表徑與三率加減即得四率，既不須加減折半，又不須檢正餘弦表，可謂善用對數矣。得此法而補成各省細草，計日可成，豈非快事。爰列垂弧總較法於前，以溯其源，次以矢較正弦及對數總較諸法以通其變，再列雲樵所創新術及各表於後以妙其用，而附以所衍各草彙爲一帙以貽葵伯，且以質諸好事者。

清・項名達《象數一原・序》　爰乘數月暇，著爲圖説二卷。友人王子琹逸嗜算術，遍涉中西，見是術愛之，欲與杜、董術合刊爲一册，囑余序其大意。余因詳術所由，不嫌辭費者，亦以此通貫方圜之率，非董氏理無自彰，非杜氏法無自立，非勾股割圜等法以爲導，亦無自察象稽數以底於至精，然則古人創始之難，其可忽哉。

又《象數一原・絶筆序》　向玩弦矢諸率會得遞加數，復析圜得兩等邊三角，其象適與數會，因草成圖解一册，聊自達意而疎脱甚多。丙午冬，謝去紫陽講席，筆墨就閑，漸編定整分、半分起度兩種弦矢率，而梁楚香中丞復以紫陽大小課藝囑選，辭不獲，遂又見阻。楊緗芸農部在京見舊刻《割圜捷術》序中言及圖解，亟思一見，丁未冬來杭見訪，因示以所編。緗芸謂書未半而君年垂邁，是書斷不可不成，且不可緩成。尅期以一載，臨别尚諄切致囑。余感其意，爲之定書名曰《象數一原》。卷一曰整分起度弦矢率論，卷二曰半分起度弦矢率論，卷三、卷四曰零分起度弦矢率論，卷五曰諸術通詮，卷六曰諸術明變。隨將卷三編定。選課畢，復阻於病，今夏始將卷四著有六紙，不料病軀重感濕熱，兼肝乘脾，幾不可救，醫治兩月無起色，乃又重感燥火，致臟腑無不病者，遍體血脉不行，醫盡束手，自知殘燈微焰，斷難久延，而是書從此擱筆矣。缺而不完，世間事大都如是，何必戀戀？所歉者，負緗芸諄囑之心耳。然書雖未完，而零分各腰率、零分遞加數卷三中已衍成其式，惟義賾緒繁，擬分條詳論。於卷四業論至易率法之相當率寄分畢，則論用率寄分、論定率寄分，皆宜分别奇偶論之，而易率法畢。次論衍遞加數法，亦論寄分、論子母、論正負、論奇行偶行積子母互異、論直行併行積子母互異，而遞加數畢。次論遞加數，即各形腰率而正負不同，論心角形腰與腰較率正負相反，論併積即弦矢率易正負有定法，論矢率弦率子母全半之不同，而弦矢率畢。末乃依半分起度式分六術，以明其算。特彼論全半，此論子母，異同處略一分别可也。至卷五、卷六，皆有舊稿，且經編定，只須照式録之。今將各卷總爲一束，設有本鄙意而續成者，惟條論稍難，六術則易於從事。無續成者卷四作未完之書，亦無不可。

又　項名達致戴煦書項名達《象數一原》　曆學於中西術須一體視之，不可有門户之見。又算術古疎今密，習此道者往往以闢古自矜，不知無古之疎，安得有今之密。不但無密，恐并疎亦不可得。究一理、立一術以垂於後，殊不容易，我幸知之，而乃肆口相詆乎。品學醇美如閣下，將來大著成時，固無慮是。然此病犯之極易，願涉筆時加意爲禱。弟於此道不過稍涉藩籬，其稍可示人者，祇弦矢互求及求橢圓弧綫二種，只因困於病魔，亦已置之。自去歲緗芸來，力言此二種斷不可不成書，且催促之兼爲謀措刻資，感其厚意，故去夏及秋將弦矢術釋有三册，一整分起度，一半分起度，一零分起度，皆以兩等邊三角明其象，遞加法定其數，末乃申論其算法。整分、半分者均已告成，零分者算法未釋，尚擬將拙定四術及董氏、杜氏諸術别爲一册詳解之。但現在病體頗頓，精力日衰，弦矢術或勉力成之，橢圓則不能著解矣。此道無人能助，可爲將伯之呼者，惟有閣下，將來稍有頭緒，謹當呈政，尚乞代爲整理之。是所感禱。

清・戴煦《象數一原識》項名達《象數一原》 先生專刻開諸乘方捷術補術論曰：初得前二術，未經校驗，晤鄂士戴君語及開方，余謂諸乘方之根積連比例也，其廉率遞加數也，若以遞乘、遞除開之，諸乘方可通爲一例。鄂士以爲然。翼日治定前稿，將以質鄂士，而鄂士已有見於此，簡示兩術。一借大積，與前第一術相合。一借小積，其得數則正負相間。余既喜第一術之得所印證，又思此正負相間者，較前第二術雖降位稍遲，而在數中其術實所應備。何則？第一術借大積，則本積爲小積，故以借積比減積。第二術借小積，則本積爲大積，故以本積比減積。是比例皆用大積也。夫大積可比例，豈小積獨不可比例？今此正負相間術借小積，即以小積比減積，以是推之，當更有借大積仍以小積比減積而與爲對待者。因續衍一術，復以質鄂士。而鄂士復有見於此，出其稿，若合符節焉。蓋鄂士推闡四元，於方廉正負之理深入三昧，故觸而即通如此。爰取鄂士稿補列於後，命曰補第一術，補第二術。得此而術乃大備，兼以誌兩人心得之同云爾。按此四術者，煦皆與有力，然皆先生之發其緘也。

清・戴敦元《句股容三事拾遺序》羅士琳《句股容三事拾遺》 算書之祖，無過《周髀》。説者謂出自周公受之商高，所言句廣股修，其傳最古，究莫知誰作，唯《周禮》地官保氏教國子以六藝九數，鄭氏注有旁要，今有重差、夕桀、句股諸目，句股之見于經實肇于此。迨劉徽倍圓徑有和較相求之灋，嗣是言句股者繇顯之微，其名義遂層出而不已。羅生茗香治經之餘，尤肆力于算，凡古《九章》以次大衍求一、正負開方、四元和會，及西人之三角八綫一切術，悉臻幼眇。近欲窮句股之變，取所容三事，觸類引信，箸書三卷，坿術一卷，以補其缺。

清・黎應南《句股容三事拾遺序》羅士琳《句股容三事拾遺》 李欒城自言其學得諸洞淵九容。夫九容之名不可考矣，然《九章》句股章有容員、容方諸問，李氏《海鏡》一書即以句股容員立算，意洞淵之學其神明于句股者乎。夫朱青出入，并差互見，淳風注言之最爲簡當。元和李尚之夫子箸《句股算術細艸》既立圖解，復御以立天元一，蓋取《益古演段》之例，習句股者可以渙若冰釋矣。特句股，邊數也。邊積相求，由來已久，而方員交錯則未之前聞。吾友甘泉羅君茗香精心篤志，且閔俗學不得其原也，融會諸家，參以已見，爰箸《句股容三事拾遺》一書，于容方、容員之外，增容垂綫一門。或云容垂綫之名，古所無也，然用之演天元，反覆皆成妙理，又何論于中西乎？故卷首舉其綱，卷中明其用，卷末窮其變，體例大略本諸欒城，俾學者知所入門。言之雖繇，無非闡發古人求是之意，斯亦欒城後所不可少之書也。

清・鄭復光《句股容三事拾遺序》羅士琳《句股容三事拾遺》 茗香先生博學好古，于中西推步靡不畢貫，以天元一灋知之者鮮，借句股容三事爲一編，闡發李氏之學。三事者，方邊、員徑、垂綫也。垂綫之名仿于幾何，王公元啓《句股演》則謂截弦分兩，小矩之股即大矩之句，是亦不始自西人，特異其名耳。此一編也，以爲發古人之覆可也，以爲通西灋之窮亦可也。

清・羅士琳《三角和較算例・序》 士琳少習天元一術，嘗取句股形中之容方邊、容圜徑、容垂線分配和較，演得《句股容三事拾遺》四卷。又緣亡友黎斗一大令應南戲拈難題見質，復演得《句股截積和較》一卷。私計于句股和較之術，可謂發揮殆盡。近烏程陳静盦助教杰罷官南歸，小住邗上，舊雨重逢，朝夕過從，相與譚蓺甚樂。静盦篤信西法，因見《玉鑑》一書諸法悉備，唯三角形用角度者獨缺，輒疑天元亦有時而窮。損書下詢云，有道光七年考取之算學生張某，曾設有一角及大小腰各與底邊和一題，未知何自而來，特無常法可馭。【略】黃梅雨作，閒居無憀，因思角度所恃爲用者，半徑與正餘弦三者而已，爰以三者互相差并，括爲三例，分隸斜平三角和較得例各八題，題各四術，凡從開平方者六十四術，空從者四術，無隅者十六術，同者十二術，大都九十六術，彙爲一卷，訓曰《三角和較算例》，用補西法之所窮，質諸静盦，當亦爽然于天元之一以貫之神妙莫測矣。

清・陳際新《割圜密率捷法序》明安圖《割圜密率捷法》 欽天監監正明静庵先生，自童年親受數學於聖祖仁皇帝，至老不倦，病革時，以遺稿一帙囑其季子景臻命際新續而成之，曰此《割圜密率捷法》也。內圜徑求周、弧背求弦求矢三法，本泰西杜氏德美所著，實古今所未有也。亟欲公諸同志，惜僅有其法而未詳其義，恐人有金針不度之疑。予積解有年，未能卒業，汝與同學者務續而成之，則予志也。先生沒，際新尋緒推究，質以平日所聞面授之言，遇有疑義，則與先生之季子景臻及門人張良亭相與討論，而良亭、景臻亦時同推步校録，越數年，甲午始克成書。

清・岑建功《割圜密率捷法序》明安圖《割圜密率捷法》 曩讀梅文穆公《赤水遺珍》載杜氏德美有不須開方秪立乘除之數求周徑密率，及正弦正矢捷法，特未詳立法之根，學者恒苦莫抉其旨。監正明静庵先生既其弟子陳舜五先生，因杜氏圜徑求周，及弧求弦矢三術推廣引伸，更補成弦矢求弧六術，使環轉相生，術無賸義，詳加圖解，著爲是書，聞爲某氏所秘，未經刊布。汪孝嬰廣文初甚詆斥杜術爲巧合，繼見是書，始翻然改悔，見《衡齋算學》第三册洎第六册中。陽湖董孝廉亦因未見是書，用梁積釋連比例爲割圜圖解，載在《方立遺書》。建功竊以爲，方今算學昌明，凡天元、四元，以及大衍求一諸術，皆次第復彰於世，何可使是書復湮，閒與吾友羅子茗香述及此事。茗香以舊鈔本見示，據云係從戴大寇簡恪公家藏原本影鈔。因亟假録其副，算校付梓，以公同好。伏思是書于割圜之理，推闡無遺，尤可舍表徑求八線。朱小梁觀察曾據術求得四十位周徑率，爲徑一周三一四一五九二六五三五八九七九三二三八四六二六四三一八六三六七四七二三七九五一四，小餘七一五一九。與割圜本法所求者合。蓋推其原，先設十百千萬諸分弧，如本法乘除之，以求合於弦之二十四分八十分百六十八分、矢之十二分三十分五十六分諸數。俾弧矢奇耦，率可互遇。向之莫抉其旨者，一旦豁然，是誠術之至精且捷者也。其謄寫魯魚，算式舛錯，悉爲校正。閒有隱晦，難於布算，亦各加案詳釋。刻既竣，爲述其緣起如此。

清・羅士琳《割圜密率捷法跋》 是書屏卻屢求句股舊法，亦設連比例術，弦取耦率，矢取奇率，別䊮乘除諸母，寓中法之理于西法之中。士琳曾據術推演其得數，與表無異，因之互校八線對數，得表中列數刊錯者凡五條。其一度十三分二十秒正切當爲八三二九〇九三四二四九，原表八三三九一九三四二四九。六度四十一分十秒正弦當爲九〇六六〇六四八三二二，原表九〇六六六六四八三二一。十二度五十分正弦當爲九三四六五七九四一一七，原表前頁不錯，後頁九三四六五五九四二一七。十六度三十二分十秒正切當爲九四七二六〇九〇〇〇〇，原表九四七二六〇〇〇〇〇〇。四十二度三十二分四十秒正切當爲九九六二七二八七五六〇。原表九九六二七二八七四六〇。是此書不獨可舍表以求八線，且可據八線以覈表中刊刻之誤。交相成而迭爲用，輔益是資，洵割圜不易之金鍼。其視八線表也，宜益加珍重，又安得目爲西法而忽之邪？

清・戴煦《外切密率・序》 新法推步必資八線，求八線必資六宗三要二簡法，而布算綦繁，且無徑求之術。自泰西杜氏德美，以連比例九術入中國，而割圓之法始簡，顧其術但能求弦矢而不能求切割二線。鈞卿徐氏有切線弧背互求二術，而于割線尚未全也。間嘗與梅侶項先生議及，欲補全之，深思累年，始悟連比例率既可互相乘除，自可互相比例，則借求弦矢諸術變通之，而求切割二線諸術，靡不在是矣。因推衍數術以呈先生，而先生以未有術解爲嫌，于是更爲術解，以取徑迂回，深慮言難達意，又復累年始竟。録未及半，而先生遽歸道山，無可印證，用是嗒焉神喪，輒棄置不復道。至去歲獲交海昌壬叔李君，以所著《對數探源》《弧矢啓祕》見示。其《對數探源》，與予《對數簡法》後一術，殊途同歸，而《弧矢啓祕》，則用尖堆立算，別開生面，兼有割線諸術，特未及餘弧耳。緣出予未竟殘稾請正，而壬叔頗賞予餘弧與切割二線互求之術，再四促成，今歲又寄札詢及，遂謝絶繁冗，扃户鈔録，閲月乃竟。

清・夏鸞翔《外切密率序》 父執戴鄂士先生，本此意以立術，可謂渺慮凝思，無幽不燭，尤妙者爲餘弧求切割二術，蓋弦矢綫聯于圓中，任極大不能至弧背三之二，切割線出于圓外，若將近九十度切割之大，殆有無量數，求至數十數後，諸數之差甚微，萬不能降至單位，以此二術濟其窮，則三率餘弧之小，可至纖微，除二率半徑，得一率爲第一數，亦可大至無量數，而難者反易矣。析理之精，固如是乎。昔吾師嘗以弧分不通切割爲憾，若見此術解，必且狂喜鼓舞不能已已。惜哲人云萎，先生之孤詣苦心，不及欣賞，展讀是編，不禁師門之痛也。

清・伍崇曜《假數測圓跋》 右求表捷術三種，共九卷，國朝戴煦撰。【略】考是書，其一曰《對數簡法》二卷，《續對數簡法》一卷，求對數表捷術也。西人若往訥白爾作對數比例，後有巴理知、佛拉哥，復增修其立表之真數，自一至十萬，行之數十年，始入中國。舊雖傳立表之法，而數重緒多，窮年莫殫。鄂士詳加探索，立簡法，上卷論開方，下卷因假設對數，以求定準對數，續悟開無量數乘方法，得方根零數，以乘對數根，則任設真數徑得對數，蓋抉開方之閫奥，而探對數之真源矣。其二曰《外切密率》四卷，求切綫割綫表捷術也。西人杜德美著求弦矢捷法，梅文穆公載入《赤水遺珍》。乾嘉間，明静庵、董方立各爲圖解，可謂詳盡。至求切割二綫，仍須弦矢比例而得，徐鈞卿《務民義齋算學》有切綫弧背互求二術，而割綫尚未全，且但立術而無圖解，初學恒未易悟。鄂士深思累年，補其闕畧。諸君書均流布海内，故於弦矢不復詳。其三曰《假數測圓》二卷，求對數八綫表捷術也。阮文達《疇人傳》論對數，專爲八綫表而設，蓋弧三角術，用八綫對數，一加一減，即得弧度，不必復求其真數，而八綫對數表之所由立，本先得八綫真數，再由真數求其對數。鄂士以爲縱有捷法，亦屬多一轉輾，乃精思所到，捷徑忽開，而逕用弧背，可得八綫對數，尤爲創獲前人所未曾有也。夫表數繁多，傳刻不無譌誤，承用者無從覺察，欲以舊法校算，則經旬累月，不能竟一數，有此三種，則表雖殘佚，隨手可補，無慮浸久失真之弊，可謂易知簡能，大有功於新法者矣。湖州張南屏，嘗攜此書至東館，西人見之甚爲欽服，以爲理近微分，曾用活字版刻入算學叢書，而流傳不廣。

清・劉彝程《割圜闡率・序》 竊恐讀者猝難暢然滿志，爰本其意，重加發明，以通弧求通弦通矢二術，爲率數之本，先以垜積遞求術釋之，次以一分弦求幾分弦矢術釋之，都爲一卷，庶幾有條不紊，而二術立法之原以顯。二術既顯，則一切弧度八線相求之術，可證前人所已有，即可創前人所本無。蓋二術之率數既定，則以率數遞推遞創，而一切之術，可指顧而得，故取舊術并新定術共十餘則，次爲一卷，各以率數演之，以闡發立術之故，因以《割圜闡率》名焉。至末卷借弧求線，借線求弧諸術，乃爲角度極大之弧線而設，有前二卷以明其理，尤不可無此卷以盡其用，理與用俱得，而割圜之能事畢矣。

清・吳嘉善《割圜八綫綴術序》 善於算術，蓋嘗麤涉其藩，至於所謂割圜術者，則讀董氏、明氏之書而不能解也。及獲交於徐君青先生，乃稍解之。先生於堆垜招差之原最爲究心，故其《務民義齋算學》中大小八綫相求諸法，課虛責有極爲鑿險縋幽，及其立爲術也，又若天造地設，不假推求而得者。

清・劉世仲《方圓闡幽跋》 今讀大箸三集，角積互求，以及求實引角兩心差，員錐六種線界諸法，莫不綱舉目張，言簡義晰，至是而橢員無餘蘊矣。

清・李善蘭《橢圜正術解・序》 新法盈縮遲疾皆以橢圜立算，徐君青中丞謂其取徑迂回，布算繁重，且皆係借算，非正術也。因撰是卷，法簡而密，尤便對數，駕過西人遠矣。但各術之理俱極精深，恐學者驟難悟入，客窗多暇，輒逐術爲補圖詳解之。

又李善蘭《火器真訣・序》 凡鎗礮鉛子皆行拋物線，推算甚繁，見余所譯《重學》中。欲求簡便之術，久未能得。冬夜少睡，復于枕上反覆思維，忽悟可以平圜通之，因演爲若干欵，依欵量算，命中不難矣。

清・陸桂星《測地膚言跋》 庚寅秋，余与海塩陳子康應陝甘制府楊石泉宫保之招，道出關中，慕豐鎬之盛，停驂匝月，晤秀水陶拙存，示近作數種，中有《測地膚言》一册，以象限切綫之法用矩度，以矩度勾股之義釋象限，中西各術頗具梗概，所言切綫分外角等法，亦足与梅氏相印謬。

清・席淦《方子壯數學序》 甲午春，得讀方子壯比部大著《曲綫考》二卷，其論割圜法亦分爲四象限，而用諸乘拋物綫與諸乘尖錐相合成一直積，以證明其閒之曲綫，即西書之所謂諸乘拋物綫，其形狀可知，即其性情亦可知，不獨形爲有法之形，即綫亦有法之綫矣。生平之疑，至此豁然。

清・周書訓《勾股題鏡序》 乙巳復同事於青島禮賢書院，得張君所著勾股書四卷，觀覽再三，見其理證圖畫，形學之體裁也，法術式樣，代數之規則也，而發明推究者，乃容形焉，測量焉，演代焉，積較焉，皆中國九章難明費解之題，然此書提綱挈要，融會貫通，難者以易，隱者以顯，悉如鏡之燭照無遺，名之曰《勾股題鏡》，豈虛語哉。夫代數形學，泰西所傳習也，勾股算章，中國之古法也。張君者，援西術以明中法，酌古傳以著此書，其有功於古人者，固不待言，其裨益於後學者，尤非淺鮮。

清・劉光照《勾股題鏡序》 張君子清特於叢書中，去其無益之繁題，增以切用之要問，著此書以便學者，爲功豈淺鮮哉。此書雖較少於勾股叢書，然勾股大要綱目無一不載，惟證算之法與他書不同，蓋勾股難題悉以天元推算，所列算草多用中土號碼，是書則按形學以解其理，本代數以佈其式，而號碼則概用泰西通行者，式既簡明，證復淺顯。

清・鄔銓《容切捷要序》 不佞客夏著《句股問津》成，出稿就正有道，獲交康哉陳先生。先生固以算學世其家者，見而謂能盡句股之蘊，極和較之變，甚勸進於容切自三邊起至三百六十邊止，以妙割圜之用。自問鮮學，時又將于役吴興，謝以異日。忽忽一年，檄調北闈，歸自苕上，復與先生得過從，故交欣聚，舊學重商，促早卒業，並以捷法眎我，屬無負少年。嗚呼！先生之學勤矣，先生之意殷矣，再三思之，謂既用割圜，莫妙八線，臆剏求容切之法，曰法先以度化分，分化秒，秒化微，欲求幾等邊，先分幾等弧，然後收微成秒，收秒成分，收分成度，視得若干度分秒，半之，檢弦切表即得。自秒以下算家畧焉。如求内容，以半徑一爲一率，半弧度之正弦爲二率，今有之半徑爲三率，求得四率，倍之，即内容幾等邊之一邊也。如求外切，以半徑一爲一率，半弧度之正切爲二率，今有之半徑爲三率，求得四率，倍之，即外切幾等邊之一邊也。維過四十五度以後，則正變爲餘，餘變爲正，自問較密率尤易。以質先生，頗韙其法。本擬逐邊衍算，恐同貽誚算，胥姑就弧度分之，自三邊至三百六十邊，如表列之，待求幾等邊，但如法求之即得，誠捷而要者也。《漢志》曰：陽以圜爲形，其性動，陰以方爲節，其性静。太極之理，静中有動，動中有静。士生數學明備之時，妙於割圜之用，亦何不可得動静交相養之妙者哉。

綜合分部

綜論

清·梅文鼎《中西算學通·序》 天下之不可不通,而又不易通者,算數之學是也。人之所通而亦通焉,未敢以爲通也。學至算數,則不可以強通,惟其不可以強通也而通焉者,必自然之理。故道器可使爲一源,天人可使爲一貫,古今可使爲一日,中外可使爲一人。何也?通與礙對,理本無礙,何待于通?自學者執其所通,以強齊乎其所不可通,于是通在一人者礙在天下,是謂通其所通,非吾之所謂通。無他,虚見累之也。數學者,徵之于實,實則不易,不易則庸,庸則中,中庸則放之四海九州而準。器即爲道,人即爲天,又何古今中外之不可一視乎?三代以上,未有以數學名家者,蓋夫人而能數學也。《内則》「六歲教數與方名」,則既服習之童子之年。而《周官·大司徒》「以鄉三物教萬民」,一曰九數,其屬保氏掌之,以教國子。《魯論》言游藝在志道、據德、依仁後,孔子弟子身通六藝者七十二人。當其時,上以是爲治,下以是爲學,無往不資其用,算學之名可以不立。嘗觀禹平水土,以八年底績,非有數以紀之,何以率作興事,屢省考成?而導河自積石、龍門,數轉入海,經營萬里,以及河濟之分、江漢之合,高下迴曲,激湍停泓瀦洩之勢,遠近之距,淺深之度,先後之宜,功之難易久暫,人夫之衆寡,器用財貨之規畫,畎澮溝洫川塗之疏密縱横,使無勾股測量之法以爲之程度,其能剋期授功而奏平成萬世永賴乎?周公之制禮也,自六官以至萬民,郊廟、辟雍以逮郊坰田野,服食器用,百工技巧之事,規畫盡制,洪纖具舉,尤其較著者矣。燔書以後,上視儒術爲迂,而士亦自荒于辭章記誦,或虚談名理,無裨實用,略形名度數爲粗迹不道,而道德、事業乃分爲二。其弊至於尸其官不習其事,優游嘯詠,謂持大體,賦式經用一切付之胥史之手,而叢脞益甚。然漢《藝文志》有杜忠、許商算術各數十卷,唐有算學博士,以十經爲學,期五年而學成。元郭若思用垛疊立招差、圓容方直、矢切勾股諸術治曆,又推其法治河有效,則其學固不絶于世。至于有明,承用元曆二三百年不變,無復講求。學士家務進取以章句帖括,語及數度,輒苦其繁難,又無與弋獲之利。身爲計臣,職司都水,授之握算,不識横縱者,十人而九也。古數學諸書僅存者,皆不爲文人所習,好古博覽之士,或僅能舉其名。儒者之言,遠宗河洛,深推律吕,又或立論高遠,罔察民故。而世傳算法,率坊賈所爲,剽竊杜撰,聊取近用,不能求其本末,而古書漸亡。數學之衰,至此而極。萬曆中,利氏入中國,始倡《幾何》之學,以點線面體爲測量之資,制器作圖,頗爲精密。然其書率資翻譯,篇目既多,而取徑紆迴,波瀾闊遠,枝葉扶疏,讀者每難卒業。又奉耶蘇爲教,與士大夫聞見齟齬。學其學者,又張皇過甚,無暇深考乎中算之源流,輒以世傳淺術,謂古九章盡此。于是薄古法爲不足觀,而或者株守舊聞,遽斥西儒爲異學,兩家之説遂成隔礙,此亦學者之過也。余則以學問之道,求其通而已。吾之所不能通而人則通之,又何間乎今古,何别乎中西?因彙集其書而爲之説。諸如用籌、用筆、用尺,稍稍變從我法,亦以見西儒之學,初不遠人意。若三角、比例等,原非中法可該,特爲表出。古法若方程,亦非西法所有,則專爲著論,以明古人之精意不可湮没。又具爲《九數存古》,以著其概。書凡九種,總曰《中西算學通》。夫西國歐邏巴之去中國殆數萬里,語言文字之不同,蓋前此數千年未嘗通也,而數學之相通若此,豈非以其從出者固一理乎?是故得乎其理,則天道人事,經緯萬端,而無所不宜。苟其不然,咫尺牆面,欲成一小事,亦不可得。此無異故,器一道也,人一天也,故可以一人一日之心,通乎數千載之前與數萬里之外,是之謂通。傳曰:「思之思之,鬼神通之。非鬼神也,精神之極也。」余之寢食于斯者廿年矣,遇其所不能通,未嘗不思,或積疑至數年而後得其解,則未嘗不樂。故欲以其所通與同志者共之;其所未通,亦望君子之幸教之也。是爲序。

又梅文鼎《與潘稼堂書》 又承惠寄異闓秝金,雖片羽不足以盡吉光,然其測食之金,誠有出于舊術之外,即此已足垂諸千古。某嘗思今之爲授時法者輒疑西説,而尊西術者往往欲抹摋古人,良由各守師説,不復詳攷羣書,彼此既不相通,遂尠持平之論,惟徐文定下語猶有斟酌,至開局數年之後,推重郭法乃甚于前,豈非以討論漸深,能闚立術之意乎?治西法而仍尊中理者,北有薛,南有王,著述並自成家,可以專行。然北海之書詳于法,而無快論以發其趣,剞劂又多草率,人不易讀。王書用法精簡,而好立新名,與歷書互異,亦難卒讀。【略】又于友人所見小帙,是約西法入授時,甚簡而妙,然未著撰人之目,竊以鄙意斷之,以爲非王先生不能作也。其書大體純擬元史歷經而實用西術,然亦微有差别。所立諸名多與西異，以此知之，然則當亦有自立諸表及測驗改憲之説。

清・年希堯《面體比例便覽・序》　數者，乃兩間之一巨物也。夫天自可爲天，地自可爲地，萬物自可爲萬物，不可使之相通，而猶不可使之相限。數則不然，以之參天，天不失其度，以之兩地，地因之而劃，萬物限於大小者則量之，限於長短者則度之，限於輕重者則權之，限於聲音者，以律吕升降之，限於世代者，以歲月紀載之，無往而不有數也，此其有形之數也。至於陰陽五行，氣化遷流，屈伸交錯，此其無形之數也。其數也，所統者大，所該者切，不亦於兩間爲一巨物乎？聖人因物格理，因理辨形，因形設數，不期而承河圖洛書之用矣。所以黄帝命隸首作《九章》，别理所存，施之於法，而周公與商高尚論《周髀》，展縱横高下以廣其用，而古經濟聖帝明王之所必需。今其學也，日趨於亡，學士大夫不精心以究其理，庶人即究心於理，而見聞不廣，因而斯道幾至於息。幸逢我聖祖仁皇帝道學本宗，深通物理，萬幾之暇，留心於數，如此四十餘年，緒前聖將絶之學，闡數理未宣之秘，構幾何原本，申明《九章》句股、少廣、方田之義，探算法原本，播揚差分、粟布、均輸之該，以借根方較方程、盈朒、衰分之微，辯假數乃約差分之層級，以假形真之用，於是數學自今日復明之於天下後世矣。

清・張廷玉等《清朝文獻通考》卷二二九　御製《數理精藴》

臣等謹按：是編爲康熙五十二年聖祖仁皇帝御定《律曆淵源》之第三部。於中西兩法融會貫通，權衡歸一。上五卷曰《數理本源》，曰《河圖》，曰《洛書》，曰《周髀經解》，曰《幾何原本》，曰《算法原本》，則其立綱明體者也。下四十卷曰首部，曰選部，曰面部，曰體部，曰末部，則其分條致用者也。又八卷曰《八線表》，曰《對數闡微表》，曰《對數表》，曰《八線對數表》，則其經緯異同，辨訂今古者也。至本法所不能求者，一一疏通證明之。俾學者了然心目，實爲從古未有之書。大聖人所以妙契天元精研化本者，胥不外乎是矣。

清・屈曾發《九數通考・例言》　謹按：御製《數理精藴》以線面體分部九章之義，包括無遺，精深浩博，非初學所能驟窺。兹編專爲學算而輯，故仍以九章分卷，俾學者知九數之名義。

近代算書流傳者少，坊間所刻程氏《統宗》號爲善本，而平方、立方、定位未經指明，平圓、立圓、比例未能密合，又或僅傳其法而弗申其解，習者未能了然於心手間也。伏讀《數理精藴》條理分明，本末昭晰，始若發蒙，兹編分類輯録。中西一貫，迥非向來傳本所及。

《數理精藴》所載設如各題，大約舊傳者十之五，新增者十之四，舊題而用新法者十之一。兹編限於卷帙，未能悉登，每種僅列一題，間有一題而備數法者，所以明算法殊途同歸之趣也。

算學理數，非圖不顯，非説不明。兹編圖則細列，説則詳著，庶幾理數既明，而所以用算之法，亦迎刃而解，學者果能精思熟玩，觸類引伸，即以窮天下之變不難矣。

舊本各種歌訣，便於學者記習。兹編仍舊俱載，間有隱晦舛誤之處，重加删潤改正，俾讀者一覽了然。

九章設如，坊本混淆雜出。兹編昈分條貫，皆有理義，細玩自見，非好爲更張也。

難題昉於劉氏《通明算法》，嗣後吴氏《比類》、程氏《統宗》遞相纂集，然其法皆不離乎《九章》，明其法而善用之，題雖難無難也。故分輯於各條之中，不另標出。

數理本原，肇於《圖》《書》，度量權衡，根於黄鐘。《周髀》爲算書之祖，幾何乃西法之宗。學算而不講求，非先河後海之旨也。故弁於卷首，竊比《數理精藴》之上編所以立綱明體云爾。

方五斜七，周三徑一，正六面七，諸説皆舉大概以立言，非可定率以立算。向來刻本皆據此爲問答，鶻突了事，安所得真數而求之乎？

《數理精藴》所載諸物輕重，面體比例，皆有定率，求之不爽毫釐。今彙輯卷首，以便檢閲。

坊本開卷，多載因乘歸除，自一至九之設如，以爲初學入門。兹編不載，非畧也。諸法業已散見各條，細玩自可得其端緒。若初學者無從入手，只消以自一至九之數，挨列於盤，另以自一至九之數各爲法，以漸習之可耳。

各面形求積爲丈量田地之原，各體形求積爲盤量倉窖之原，各面形求邊周爲分田截積之原，各體形求邊周爲米求倉窖之原。坊本於方田章僅載量田盤倉諸法，少廣章僅載截田求倉諸法，是求末而遺本也。兹編於此二章輯録獨詳，亦欲共探其本耳。

割圓之法，屢求句股，相傳已久。西法又有八線、六宗、三要等説，而圓度内外諸線相求之法始備。坊本皆闕而不載，非通儒之見也。兹編另爲一卷，附於九章之後，庶明於三角之法，乃得爲算學之全云。若夫弧三角算，係造歷者專家之業，故未編入。

《數理精蘊》後載借根借方之法，以假數求真數，有對數比例之法，以加減代乘除，皆西人用算之捷徑。因卷帙浩繁，未能悉載。惟比例規一法，既可以尺代算，而於畫圖製器尤所必需。故另輯末卷，以備參考。至於外間所傳籌算、筆算等法，雖不學可也。

《數理精蘊》命位，皆以筆記，故有作〇作之號。茲編從俗所便，概用珠盤。中間立説，不無小異，然説雖殊而理與法則仍一也。

是編所輯，大要本於《數理精蘊》。其間歌訣雜法，兼採舊本，他如河洛圖説則本《周易折衷》，方程設例則參梅氏全書，不敢忘其所自也。

清·阮元《疇人傳》卷四一　陳厚耀

論曰：吾鄉通天文算法之學者，國初以來，以泗源先生爲第一。焦君里堂循曰：「曙峯以聖天子爲師，故其所得精奧異人。方其引見時，諄諄不倦，何其遇之隆也。世之談算法者，動推梅氏，敬觀聖祖諭梅瑴成數語，千秋定論，可不朽矣。郡志載曙峯所著《孔子家語注》《左傳分類》《禮記分類》《戰國異辭》十七史正譌》諸書，蓋已久亡，今存《春秋世俗譜》一卷、《春秋長曆》十卷，乃《左傳分類》中之二種也。」焦君與余同里，湛深經術，而尤善爲算，會通中西，折衷至當，著有《里堂學算記》十六卷。泗源先生之學，可引而弗替矣。

又　卷四四　熊三拔

論曰：揆日爲推步之要務，簡平儀表度之用於測日爲特詳。梅徵君謂中西算法，並以日躔爲主，是也。《水法》龍尾、恒升、玉衡車諸製，非究極算理者不能作。而龍尾一車，尤於水旱有補裨之功，戴庶常震所以有贏旋車之記也。長洲沈君培深於此學，因屬指授工人造一具，目驗之，得水多而用力省。推而行之，足以利民生矣。

清·羅士琳《疇人傳續編》卷五〇　李鋭　黎應南

論曰：尚之在嘉慶間，與汪君孝嬰、焦君里堂齊名，時人目爲「談天三友」。然汪期於引申古人所未言，故所論多創。創則或失於執。焦期於闡發古人所已言，故所論多因，因則或失於平。惟尚之兼二子之長，不執不平，於實事中匪特求是，尤復求精，此所以較勝於二子也。慨自利氏西來，羣相趨附，古法不彰久矣。王、梅、江、戴諸君，非不力争復古，其時書籍未見，文獻無徵，所謂挽回絶詣者，則純是臆測耳。猶幸戴氏於殘叢中掇拾得《算經十書》，而後諸古曆算書，始次第復顯。尚之爲錢少詹事高弟，成藍謝青，又能專志求古，不遺餘力，繼往開來，續殘補缺，遂使二千年來淪替之緒，得大昌於世。是王、梅、江、戴諸君，不過開其先，猶不能踐其實，而啓籥窮源，則端自尚之始，厥功不誠偉哉！

又　卷五一　許桂林　周治平

論曰：【略】周君亦深於天算，兼習西法。阮相國曩撰《曾子注釋》，謂其能融會中西之説，曾采其言。

又　卷五二　張作楠

論曰：丹邨之學，謹守西法，依數推演，隨人步趨，無有心得，殆如屈曾發、徐朝俊之亞耳。其所著之書雖多，要皆採襲於《欽定數理精蘊》《欽定曆象考成》《欽定儀象考成》，旁及秦、李諸書，亦如屈氏之《九數通考》而已。且屈書務在致用，而卷帙以簡便爲貴，故初學者至今寶之。張書則大率爲晷景中星而設，又復務在全備，故卷帙雖多，半皆抄撮，世有目丹邨爲算胥者，韙矣。

又　劉衡

論曰：《語》云：「工欲善其事，必先利其器。」觀察之學，能出新意以製器，御煩於簡，俾至賾者一歸至便。如日晷之箕尺，測量之句股尺，開諸乘方之籌與表，皆器也，皆新意之獨造也。若其借根方與四率，則又詳明術例，使初學易於入門。

清·周中孚《鄭堂讀書記》卷四五　天文算法類

《同文算指》前編二卷，通編八卷。明李之藻演西洋利瑪竇之書也。《四庫全書》著録。前有萬曆癸丑涼庵原序，稱：利瑪竇先生精言天道，旁及算指。其術不假操觚，第資毛穎。喜其便于日用，退食譯之，久而成帙。加減乘除，總亦不殊中土。至于奇零分合，特自元暢，多昔賢未發之旨。盈縮句股，開方測圓，舊法最艱，新譯彌捷。薈輯所聞，釐爲三種。前編舉要，則思已過半，通編稍演其例，以通俚語，間取《九章》補綴，而總不出原書之範圍。別編則測圓諸術，存之以俟同志。然則涼庵原書尚有別編，合爲一帙，不知刊是書時何以不及別編也。其書蓋取舊術甚酌去取，用所譯西術駢附梓之，總題曰《同文算指》。前編凡十五篇，一定位，二加法，三減法，四乘法，五除法，六奇零約法，七奇零併母子法，八奇零參析約法，九化法，十奇零加法，十一奇零減法，十二奇零乘法，十三奇零除法，十四重零除盡法，十五通問。通編凡十八篇，一十三率準測法，二變測法，三重準測法，四合數差分法，五和較三率法，六借衰互徵法，七疊借互徵法，八雜利較乘法，九遞加法，十倍加法，十一測量三率法，十二開方平法，十三開平奇零法，十四積較利相求開方諸法，十五帶縱諸變開平方法，十六開立方法，十七廣諸乘方法，十八奇零諸乘。大抵標準于損益乘除，極乘于開方句股，援新而傳諸舊，合異而歸諸同。棼緒難領，則立多端以析之，義意難明，復設假例以通之，而數之蘊始顯，變始盡，其用心良已勤，牖世良亦切矣。

又　御定《數理精蘊》五十三卷。康熙五十三年聖祖仁皇帝御定《律曆淵源》之第三部也。謹案：是書上編五卷，曰立綱明體，凡六部，一曰數理本原，二曰河圖，三曰洛書，四曰周髀經解，五曰幾何原本，六曰算法原本。所以解周髀，探河洛，闡幾何，明比例也。下編四十八卷，曰分條致用，凡五部，一曰首部，二曰線部，三曰面部，四曰體部，五曰末部。又四表，一曰八線表，二曰對數闡微表，三曰對數表，定率對數表附。四曰八線對數表。一以線面體括《九章》，極于借衰，割圓求體，變化于比例規，比例數，借根方諸法，蓋表數備矣。

又　《九數通攷》十三卷。國朝屈曾發撰。曾發，字省園，常熟人。謹案：御製《數理精蘊》以線、面、體分部，《九章》之義，包括無遺，精深浩博，非初學所能驟窺。且薄海内外，窮儒寒畯，又未獲悉覩全書。省園乃撰是編，一折衷于《數理精蘊》，因專爲學算而設，故仍以《九章》分卷，俾學者知九數之名義。其書卷首乃圖書爲數學之原説、黄鍾爲萬事根本説，《周髀經》解、《幾何原本》節録。卷一爲詳訣説法，卷二至卷十爲九章，卷十一爲三角形法，卷末爲比例規解。凡圖則細列，説則詳著，條理分明，本末昭晰，用算之法，迎刃而解，學者果能精思熟玩，觸類引伸，即以窮天下之變不難矣。是以戴東原震序稱是編方之古算法，猶説文之後，不可無《玉篇》《廣韻》，以今之詳，廣古之略，以今之逐事加密，盡抉古之奧云。

又　《句股割圜記》三卷。國朝戴震撰。西法三角八綫，即古之句股弧矢。自西學盛行，而古法轉昧。東原乃取梅勿菴所著《平三角舉要》《塹堵測量》《環中黍尺》三書之法，易以新名，飾以古義，作此三篇。篇各一卷，凡爲圖五十有五，爲術四十有九，記二千四百一十七字，因《周髀》首章之言，衍而極之，以備步算之大全，補六藝之逸簡。又慮習今者未能驟通乎古，乃附注今之平三角、弧三角法于下，以引申其義。較之戴氏遺書中原象僅存其記文者，此實爲定本矣。治經之士，能就斯記卒業，則凡疇人子弟所守，以及西國測量之長，胥可貫徹靡遺焉。

清・江藩《算迪敘》　數學與推步之術，我朝咸推宣城梅氏，然所著之書，叢脞淩雜，始末不能明備。聖祖仁皇帝欽定《數理精蘊》及欽定《曆象考成》，窮方圓之微眇，薈中西之異同，伊古以來未有此鴻寶鉅典也。【略】何君之書，由梅氏之書而通之，典學、筆算、籌算、表算、方程、句股、開方、帶縱、幾何、借根方諸法，皆述梅氏之學，至於割圜之八線、六宗、三要、二簡及難題諸術，本之梅氏而又闡《精蘊》《考成》之旨矣。近日爲此學者，知法之已然，不知立法之所以然。若何君可謂知立法之所以然者，豈人云亦云哉。

清・管嗣復《天元一術圖説序》　康雍之際，西學甚盛，有志復古者，亦第合中西，以觀會通，未能舍西法別立一幟也。

清・徐用儀《重刻〈疇人傳〉正續序》　數爲六藝之一，精之可以齊七政、定四時，豈小道哉！算學之書以《周髀算經》《九章算經》爲最古，後世推步之術視古益精密，中法西法相輔而行，至國朝而法乃燦然大備。

清・朱福詵《重刻〈疇人傳〉正續序》　夫東夷范史所譏，無疑於西域，其善一也。聖人有作興神物，以前民用，大道不器，懷餘巧而爲世宗，然自炎漢製地動之儀，金行記里之鼓，靈明愈啓，伎巧斯增，必欲拾抱甕之陳言，薄機春爲小智，人生今而反古器，求舊而匪新，其於乃心，豈能饜足？夫製器在於觀象，窮理乃能致用，今將取彼良法爲我長技，運量户牖之内，規畫掌握之間，實有裨於大計，亮無嫌於小道，其善二也。唐帝咨羲和而授時，公旦問商高而立式，麟史之譏，司(術)[曆]必明交食之理，鄒國之推日至，實詳歲差之法要，皆理析豪芒，學窮度數，即譯西人瑪底之文，亦猶大學格致之義，是則論理不能遺數，由顯可以入微，其善三也。近者宣城祖孫竝擅參微之學，東原師弟咸垂繼絶之功，即以公之丹青元化冠冕九流，猶復提要鉤元，作範垂訓，是知持籌之子多在握槧之流，況今國家廣厲學官，特增疇法。九章可習，遠仿於周官，六科竝重，近追夫唐代，益當爲實事求是之學，博儒生稽古之榮不誣，方將庶有達者，其善四也。

清・張敬《頤性老人像識語》阮元《疇人傳》　近代諸家，或借法切綫以馭天，或用代微積以立式，精微簡捷，超軼前人，然欲溯四千五百年來推步沿改之原，惟此書爲大備。蓋算固以簡捷爲宜，而理必以博通爲本。數典忘祖，儒者所羞。敬嘗廣購算書，於筆畊餘閒，篝燈推究，輒苦代數爲難通，繼而得羅先生《玉鑑細草》，深思十餘夕，盡悟其理，由是以習代微積諸書，如觀掌紋，至於相消後開正負立方以上，代數必繞道借開，四元則超步即解，優絀之故，參攷自明。爰勸諸同學，以誦讀餘功，兼課數學，務在明中西之法，無相雜糅，通古今之變，各期心得，庶可仰副老人作傳深心於萬一云。

清・華蘅芳《學算筆談》卷五　論觀書之法

學者既通《九章》，又能明《幾何》中條段之理，則宜涉獵各種算學之書。

如觀秦道古《數書九章》則知有求一之術，觀梅氏《叢書》及《數理精蘊》則知有弧三角、對數之術，觀羅氏《觀我生室》或丁氏《白芙堂叢書》則知有天元四元之術，觀《代數學》及《代數術》則知天元之外更有代數之術，觀《代微積拾級》及《微積溯源》則知代數之外更有微分、積分之術。

凡此諸術皆爲今世之所有，而其理其法則爲從古及今明算之人闡發數理之奥賾而成。然數理淵深不可限量。其中妙義任人探索，終無窮盡之時，不可謂此理之外更無他理，此法之外更無他法也。余非謂甫通《九章》《幾何》之人即能觀以上所言之各書而盡解之也。惟恐人囿於條段之理，則心思不能超脱，故欲以元代諸書廣其眼界耳。學問之道，貴乎温故知新，而算學之事，則宜去故生新，不將已知已能之事撇開一邊，則其先入之見膠固積滯於胸中，足以蒙蔽心思，而新義不得復入矣。譬如飲食過飽，則致不易消化，必待其消歸烏有，而後能再食他物，否則珍羞羅列滿前，亦無下箸之處也。凡觀算學之書，其淺近之處，過目即解，本無待於研究，至於深文奥義以及數理之繁賾者，則非一時所能通，惟遇難通之處，亦不必極力思索，但將其所言之事置之心中，勿助勿忘，閲數月自能通曉。嘗見有初學算法之人，年少氣盛，日夜究心算學，遇有難通之處，積思致廢寢食，雖其所得通者可速於他人，而卒至用心過度，遽促天年，著作未成，九原遺恨，良可慨已。夫算學不過爲六藝中之一藝耳，則究心此學者，不必以生平之全力赴之，祇須於正務之暇，當作游藝之事斯可矣。昔之人以著棋爲消閒之事，今之人以鬬牌爲消閒之事，觀算學書亦是消閒之事也。人若能以著棋、鬬牌之工夫用之於觀書，而即以著棋、鬬牌時所用之心思以究夫算學之理，則未有不成一代疇人者也。凡觀算學之書遇有不明之處，不妨放過此處，而再看下文。且不妨抛去此書而另觀他書，因上文所未詳者或於下文解之也，此書之所忽略者或爲彼書之所賅備也。若觀各書皆不能明，而心中窒塞煩悶，則宜屏棄學算之事，少或數月，多至經年，必自能憶及各書，而取觀之，此時之光景宛如良朋密友久别重逢，其相得之情有非筆墨所能罄者也。有一種算學之書，但有各種算術而不言其立術之理，則觀此書者不必自思其理，久後必能從别種算學中自得其理。數理繁賾之處，其變化之法，書中未必將其曲折之故一一明言，則觀者亦不必極力思索，但從其以上各法細觀之，必已有式在前也。凡觀算學之書不必記其句語，亦不必記其算式，只須明其大意而已。已明其理即可置之，未明其理亦姑且置之，因今日不明可俟異日明之也。他種學問皆忌作輟，而算學則不忌作輟，且其進境即在於作輟之中，此非身歴其境者不知也。事物之理，自其外而觀之則能見其全體，自其内而觀之則能見其底藴，惟以我觀物不可反爲物所役也。若入乎其中而不能出乎其外，則如入牛角之中而不得出矣。觀書者亦不可反爲書所役也。九容之術原書已不勝其繁，又從而抽繹其義，引伸其説，名目愈多，頭緒百出，試思此種算學，究竟有何用處。凡觀算書有數箇最快意之境界，既習九章之術，而得幾何點綫面體之理以印證之，一快也。初通天元之術，知一切算題皆爲我法所能馭，二快也。舍天元而習代數，知天元所不能爲之事皆爲代數所能爲，三快也。凡觀算書有數處最難於進步，然不過此關，則終身不能再有進境矣。如已習幾何之人不肯舍其條段之理而習天元，此乃先入之見誤之也，已習天元四元之人又不肯舍其剔分易位之事而習代數，此乃中西之見誤之也。善學算者不存先入之見，亦不存中西之見，故其學無止境亦無限量。

清・華世芳《近代疇人著述記》　《疇人傳》自羅茗香續後，未有再續者。近時算家著述序跋足繼前賢而開後學者，頗不乏人。顧或僻處偏隅，遺書未顯，或英年多故，著作未成，亦往往而有欲搜訪而續輯之，誠未易言矣。然而覃精數理者，名山之絶業也；多方蒐録者，尚友之苦心也。不揣檮昧，勉效管窺，意在網羅，有傷繁冗，謹分條詮次如左。

儀徵阮文達公元，嘗以虞劆推《小雅》「十月之交，在幽王六年」，因用《時憲術》上推幽王六年十月朔正，得入交。督漕運時，立糧艘盤糧尺算法，頒行各省。又嘗溯古今沿革之原，究中西異同之致，掇拾史書，薈萃羣籍，創爲《疇人傳》，自黄帝以降，甄而録之，得二百八十人，綜算氏之大成，紀步天之正軌，至今游藝之士奉爲南鍼。

甘泉羅茗香士琳，少時所著，有《比例匯通》四卷，摘《九章》中切於日用者，匯爲比例十二種，意主發明西法。後益專精於天元、四元之術，著《觀我生室彙稿》，已刻者凡九種：曰《句股容三事拾遺》，本博繪亭之法，取句股中舊有之容方邊、容圓徑，益以西法之容中垂綫交互相求，一以天元御之；曰《三角和較算

例》，取斜平三角中兩邊夾一角術，鎔入立天元一法，用和較推演成式。【略】

烏程程静莽杰，著《算法大成》上編，凡十卷，門分類別，意在引誘初學。其中平、弧三角數卷頗能洞見本原，句股求三整數法尤爲新得之理，惟以天元正負諸乘方爲算家故設難題，不適於用，未免爲識者所噱。下編十卷，則由法而致用，顧無刻本，蓋未定之書也。【略】

錢唐項梅侣名達，其算學之書，已刻者曰《下學莽算書》，凡三種：曰《句股六術圖解》，變通舊術，分術爲六，使題之相同者通爲一術，圖解明晰，比例精簡；曰《平三角和較術》；曰《弧三角和較術》，極數究理，於無可比例中尋得比例，婉轉妙合，古所未有，惜其圖解尚無成書。未刻者曰《象數一原》，項氏原書祇六卷，而卷四僅六紙，爲未完之書，殁後其友人鄭鄂士校補之，始成全帙，凡七卷：卷一曰整分起度弦矢率論，卷二曰半分起度弦矢率論，卷三、卷四曰零分起度弦矢率論，皆以兩等邊三角明其象，遞加法定其數，末乃申論其算法；卷五曰諸術通詮，取新立此弧弦矢求他弧弦矢二術，半徑求弦矢二術，及杜氏、董氏諸術，按術詮解之；卷六曰諸術明變，雜列所定弦矢求八線術，開諸乘方捷術，算律管新術，橢圜求周術，皆從遞加數轉變而得者也；卷七曰橢圓求周圖解，則鄂士所補纂也。其弟子錢唐王吉甫大有，篤嗜算術，徧涉中西兩家言，嘗校刻《割圜捷術合編》，不知有他著述否。

烏程徐莊愍公有壬，著《務民義齋算學》，已刻者凡七種：曰《測圓密率》，本杜德美、董方立輩屢乘屢除之法，而廣爲互求之術；曰《造表簡法》，以垛積招差之法，求西人立表之根；曰《橢圓正術》，因新法盈縮遲疾皆以橢圓立算，而取徑迂回，布算繇重，爰撰是術，法簡而密，尤便對數；曰《截球解義》，直抉球與等徑等高之圓囷，其外面皮積亦等之理，爲幾何所未發；曰《弧角拾遺》，括舊法垂弧、次形矢較諸目，而統歸於和較，施之對數尤便；曰《表算日食三差》，以西法步算多資於表，獨日食未立步法，故用新法補之；曰《朔食九服里差》，增廣疇人舊術，爲見食各州郡隨時測驗之準。其未刻者，尚有《堆垛測圓》三卷，《圓率通攷》一卷，《四元算式》一卷，《校正九執術》一卷，《古今積年解源》二卷，《强弱率通攷》一卷，燬於兵燹，不可得見矣。

錢唐戴鄂士煦，《粤雅堂叢書》中刻其所著《求表捷術》三種，共九卷。其一曰《對數簡法》《續對數簡法》，始以開方表諸對數，繼因假設對數即訥白爾對數。以求定準對數，即十進對數。續悟開無量數乘方法，用連比例求諸對數，而得數益捷，此求對數捷術也。曰《外切密率》，用連比例互相比例，借杜德美求弦矢諸術變通之，以求切、割二線，割圓之法乃大備，此求八線表捷術也。曰《假數測圓》，創爲負算對數，可舍八線而徑用弧背入算，以求八線對數，此求八線對數表捷術也。又有《四元玉鑑細草》，與羅茗香所著略同，而圖解明暢過之。《音分古義》二卷，以連比例立算，與古律分脗合。皆未刻。

吴縣馮景亭桂芬，著《弧矢算術細草圖解》一卷，本李四香十三題而詳演天元加減乘除開方各式，意淺語詳，有裨初學，刻入《昭代叢書》中。咸豐之季，西人新術初入中土，通其法者尟，而李壬叔所譯《代微積拾級》一書尤爲難讀，因取其書逐節疏解。與上元陳子僊瑒同撰《西算新法直解》一書，惟輕改其所記之號，所代之字，此正如戴東原之變易舊名，轉足以疑誤後學也。又有《中星表》，按咸豐辛亥天正冬至星度立算。

金山顧尚之觀光，著書甚多，全稿名曰《武陵山人雜著》，其言算者有十一種：曰《算賸》初、續編，凡二卷；曰《九數存古》，依《九章》爲九卷，而以堆垛、大衍、四元、旁要、重差、夕桀、割圜、弧矢諸術坿焉，皆采自古書，而分門隸之；曰《九數外録》，則隱括西術，爲對數、割圓八線、平三角、弧三角、各等面體、圓錐三曲線、静重學、動重學、流質重學、天文重學，作記十篇；曰《六曆通攷》，據《開元占經》所紀《黄帝》《顓頊》《夏》《殷》《周》《魯》積年而爲之考證；曰《九執曆解》，曰《回回曆解》，皆就其法而疏通證明之；曰《推步簡法》，曰《新曆推步簡法》，曰《五星簡法》，則就疇人所用術，改度爲百分，趨於簡易，而省其紆曲；曰《算賸餘稿》，曰《雜著》，則身殁之後，余師張嘯山先生爲之分别編次者也。

杭州夏紫笙鸞翔，遺書凡四種：曰《萬象一原》，曰《致曲術圖解》，推究縱横線之條理，研求微積分之奥竅；曰《洞方術》，探索夫遞加數尖堆底之原，可以加減代乘除，爲求弦矢之捷徑；曰《少廣縋鑿》，專立捷術以開各類乘方，通爲一術，可徑求數十位方根，無論益積、翻積，俱視爲坦途矣。

臨川紀慎齋大奎，著《筆算便覽》。其書以筆算爲名，而兼及籌算，述宣城梅氏之義，具見簡明。同治庚午，南昌梅氏重梓《算經十書》，曾取其書，附刻於後。

【略】

南海鄒特夫伯奇，遺書曰《學計一得》，以算術解經義，爲治經者之助；曰《補小爾雅釋度量衡》三篇，博引傳注，考證詳明；曰《格術補》，述《夢溪》之遺緒，爲算學之支流；曰《對數尺記》，因西人對數表而變通之，以尺代表，製簡用廣;曰《乘方捷術》,首立開方四術,以明其理,又立求對數較四術,以探其賾,末設對數開方計息諸草,以著其術之切於日用;曰《存稿》,則雜文也。嘗繪輿地全圖,其經度無盈縮,而緯度漸狹,相視皆爲半徑與餘弦之比,橫九幅,縱十一幅,合之則成地球滂沱四隤之形,以圜繪圜,其形維肖。又準咸豐甲寅歲前恒星經緯,繪赤道南北恒星圖二幅。其未定之書尚有《測量備要》二册。其弟子伊善卿德齡有《求弦矢通術》一卷,刻入《傳習録》中。

嘉定時清夫曰(醰)[醇],熟於求一之術,嘗以大衍一術求等約分,頭緒不一,撰《求一術指》一書。晚年目已雙瞽,猶能手按珠盤,口授其子。著有《百雞術衍》二卷,以張邱建百雞一題,衍爲大中小三色,皆有分子之題,以盡通分之妙。每題分立兩法,一馭以方程,一馭以求一,以示術理相通。每問各列三答,以存其概,然疏略甚多,若以代數求之,則合問之答數尚不止此也。【略】

長沙丁果臣取忠,爲楚南絶學之倡,嘗校刻《白芙堂算學叢書》。其所撰述者,曰《數學拾遺》,多發明古今算家未盡之旨;曰《輿地經緯度里表》,據魏氏《海國圖志》以補張氏《揣籥小録》,爲之析旗部,增海國,推距里,惟魏圖轉輾鈎摹,所紀經緯不足爲據,而據以推算,不無毫釐千里之謬,即如今實測英國倫頓爲中國京師中線偏西一百十六度二十八分,而此表乃云一百二十七度十分,差至一千二百餘里。其他各國誤率類是;曰《粟布演草》,其書以發商生息爲題,彙輯各家術草,以明開方之術,而鄒特夫截算,續商二法,亦藉以附見焉;曰《對數詳解》,一本乎代數之法,而闡明對數之理,與用算式緐重,演算不易,則曾栗誠之力也。

海寧李壬叔善蘭【略】所自著者,有《則古昔齋算學》,凡十四種:曰《方圓闡幽》,曰《弧矢啓祕》,曰《對數探源》,皆以尖錐立算,發古人未發之秘;曰《垛積比類》,則本《玉鑑》遺法,而分條別派,詳細言之,於《九章》外別立一幟;曰《四元解》,指明算例,改定算格,詳演細草圖解,術雖深,讀此可豁然矣;曰《麟德術解》,以李氏盈朒、遲速二法爲《授時術》平、定二差所託始,因取史志所載,校正而解明之;曰《橢圓正術解》,以徐所立正術俱極精深,遂術爲補圖詳解之;曰《橢圓新術》,則又變通正術,而益趨於簡易;曰《橢圓拾遺》,拾西説之遺義,以究曲線之極致;曰《火器真訣》,以抛物線之法,通之於平圓;曰《尖錐變法釋》,攷西術之異同,别用法之正變,可以抉對數之藩籬而無餘蘊矣;曰《級數回求》,爲一切級數互求之準繩;曰《天算或問》,則雜紀其答問之詞,單文賸義,剖析入微;曰《考數根法》,數根者,惟一可度而他數不能度之數也,立法凡四,可補幾何之未備。

湘陰左壬叟潛,所著有《割圜八線》《綴術補草》《綴術釋明》《綴術釋戴》等書,一貫以天元寄分之法用以立式,巧變莫測。又有《通分捷法》一帙,將分母、分子析爲極小數根,而同者去之,任以多項通分,頃刻可得。

湘鄉曾栗誠紀鴻,文正公之次子也,著有《圓率通攷》,據西士尤拉之法見《代數術》二十五卷。而立新術,推得圓率百位,爲從古所未有。其他算稿尚未成書,卒以用心過度,嘔血而卒。

清·徐鳳誥《筭學啓蒙通釋·例言》

一,是書本羅茗香先生所得朝鮮刻本,其中譌誤坿釋原所以存古,今欲便於初學,故於各問下分別更正增入,以便一目了然。【略】

一,是書所用之度量衡皆當時之定率,與今有異,然皆藉以發明立筭之法耳,不必拘執。

一,是書由淺而深,絶無重複,法之明於前者不再見於後,而於古法亦無遺漏。

一,方程正負術見於《九章》,而梅氏《方程論》等書只有同名相減而無異名相減之法,故於天元、四元鑿枘不入。此書於正負術詮釋獨詳,學者擘精覃思,可以抉天元、四元之奧矣。

一,正負開方始見於秦九韶《數學九章》,江都焦理堂、元和李尚之諸先哲於秦書探賾索隱,其法遂彰,今於開方釋鎖一門逐問演式以便初學。

一,天元之學始見於李欒城《測圓海鏡》《益古演段》,至有明筭學中衰,竟目爲術士之學,今於天元一術不厭精詳,逐問下别立附草,俾學者知天元之無法不可也。

一,於天元逐問後詳明条段,俾知開方舍天元無以呈其象,天元舍開方無以知其數。

一,是書不言勾股法,而如積同數即勾方股方等於弦方,其於和較糅雜各法,天元術演之甚詳,勾股之法備矣。

清·諸可寶《疇人傳三編》卷五　夏鸞翔

論曰:鄒徵君曰:「昔沈存中以隙積、會圓二術,古書所無,自言深思而得之。今按會圓即弧田面線相求,爲郭若思三乘方求矢之啓端,然所得非密周。

孔巽軒又推至七乘方，略近之，仍不及杜德美法之脗合。隙積即堆垜，其術僅明立體，亦未及《四元玉鑑》之推至多乘也。蓋人心之靈，有開必先，欲窮其極，在人之善變而已。又《授時術》以垜積招差求日行盈縮，其意蓋引伸於《綴術》，是曲線與堆垜相通，已露端倪。及西法出，專以諸輪三角相求，遂無有理會之者。今則以微分、積分馭曲線，無所不通，然後知隙積之有裨於會圓者，固甚要也。紫笙諸書成非一時，故其術有互見者，亦有具題而缺術者，今竝仍之，不加芟削，後有同好熟讀而精思之，當更有無限觸發也。」徵君之學有聲中外，觀所以推崇夏宫簿者，可謂至矣。

又　卷六　吴嘉善

論曰：吴編修以文學侍從之班，精孶數理，博通中西，然後假持節淩絶域，美哉使乎，不愧皇華之選矣。今讀其譔述，芟闢榛蕪，引人入勝，所以嘉惠初學者，法備而意良，惓惓乎不啻金鍼之盡度焉。彼明儒《統宗》諸書，惡能企其什一哉？

又　左潛

論曰：今天下言相業之盛，鮮不震驚乎湘鄉、湘陰者。語其道德文章，與夫事功赫濯，固晚近數十年來士大夫所莫得而比數者已。而羣從昴季，類能充其材力，不爲地望習俗所囿，咸奮於學問以自見，不又難之難乎？左上舍心智過人，深造自得，所謂中西家新舊諸法，皆循其當然，而抉其所以然，斐然有作，足以信今而傳後。迺與粟諴孝廉，英年飈謝，同遺不禄之悲。吾於是益歎天之生才不易，生之而又若故吝之，弗盡其才之用，抑獨何哉？噫嘻！

清・吴友炎《興算學以廣實用説》　夫今之言算學者，不過合中西諸法，溯其源流，較其異同，故有得其數而不知其理，得其理而不察其數者矣。

清・潘應祺《經算雜説・跋疇人傳》　夫天算之學，言理則中西若一，言術則西人研究或有過於中國者，蓋其萃畢生之精力以求通一藝，而天算之法愈悟愈巧，此西人亦未嘗無一得也。甄録西洋諸人，蓋亦如徐文定所謂鎔西洋之巧算、入大統之型模，梅徵君所謂以西法補中法之缺陷也。羅氏《續傳》師仿其意，搜羅宏富，有足多焉，洵不愧爲阮氏功臣矣。

清・鄧建章《中西算學入門滙通》附記　盛朝聖祖仁皇帝諭云：論者嘗謂今法古法不同，殊不知原自中國，流傳西土，西人守之不失，歲歲增修，以致精密，毋庸歧視。又有云鎔西洋之巧算，入中法之型模。梅文穆公贈江慎修先生扇，録勿菴先生《咏歷代天文厤志詩》一首，結句云：能忘創始勞，萬事有權輿。又親書一聯云：殫精已入歐邏室，用夏還思亞聖言。併恭録之，以見聖君賢相皆有中西合轍之意焉。鄙意所謂歐室者，蓋本於此。

清・陸桂星《測地膚言跋》　竊雖測量爲算家一術，算雖小道，關係非輕，自和仲之學流傳西土，蕞尔島國輒挾所专以傲中夏，彼所謂重學、化學諸端，無非由算學推衍。謀國是者欲与並駕齊驅，急需明算之士以治軍，實海内學人所当遵。周官師氏保氏之教於三德三行五禮六儀而外，兼肄九數，庶幾宏材蔚起，共濟時艱，學算者亦不必斤斤于中法西法之别矣。

清・華世芳《思棗室筭學新編四種附筭稾序》　九數爲六藝之一，固士夫所應習者，顧世之鄙夷不屑者，恒以小道目之，而張大其説者則又侈口。西國製造端本於格致，導源於算學，於是振興絶業，提倡宗風，督撫有保舉之奏，學政有考試之條，薄海内外，翕然興起。嗟乎！是豈真知算之切於實用而爲是哉，抑騖乎其名而以是爲階梯哉？然士之講求有用之學者，未嘗不藉是留心象數以邀時譽而逐浮名，余嘗見世之治算者矣。籌筆、珠算靡不嫻熟，元代、幾何略得綱領，習其術而罕明其理，演其法而不知其然，遂使句三股四之術無異八股五言之用，若是者，謂之干禄。其或廣購圖籍，執卷以娱，未讀凡例，先觀卒章，偶閲數行，何曾終幅，躐等淺嘗，無異嚼蠟，若是者，謂之浮慕。更有涉獵徑塗，略知目録，乘除未熟，遽議開方，代數不諳，侈談微積，依坿疇人，争思不朽，耳食者驚爲淹通，有識者哂其謬妄，若是者，謂之剽竊。祛此三者之蔽，求有能篤好深思，心知其意，如吾友蔣君留春者，實未易數數覯也。

清・俞樾《算學報識》　六書九數，周司徒教民之遺法也。本朝經學昌明，書數二學超踰前代。乾嘉以來，士大夫皆喜言六書，咸同以來，又厭六書而喜言九數，亦風會使然哉。自泰西之學行於中原，而言算學者有中法，又有西法。《易》曰殊塗而同歸。今之學者或宗中法，或尚西法，此不知其歸之一也。或謂西法皆出於中法，此不知其塗之殊也。黄君愚初孶精算學，於中西之法皆能貫而通之，病昔之著書者言其數不言其理，承學之士讀之茫然，又或推論精微、無裨實用，亦非古者以九數教民之本意也。糾合同志刱爲《算學報》，月出一編，流布海内，每設一題，必繪圖以明之，使讀者曉然於其理。如是又皆切於日用，不爲曼衍之談，附和於河圖洛書之説。學者由此而熟之，引綴量用，庶不至望洋而歎乎。余不知算，何足序君之書，然與君談，則於天地陰陽之原，與凡醫卜星命諸術家說，無不通曉，蓋亦當代一振奇人也。因書數語貽之，聞尚有《格致蒐奇》一書，惜未知何時卒業，老夫尚得一讀否也。

清・卓垣焯《算學便讀叙》 自有熊氏命隸首定算數，而律度量衡由是成焉。後人祖其灋，則有筆算、籌算、度算、珠算者，大以格物致知，憑心製造，小以測量，羃積累黍無遺，歷代皆有通人，至國朝而參用中西，其灋尤備，無如專門名家，自昔匪易，非童而識之，何由得其旨趣也。

清・支寶枏《上虞算學堂課藝・序》 學算之道無他，演數、闡理、用法三者盡之矣。數不外加減乘除開方，理不外幾何動静諸學，法不外元代微積諸術。顧法綜萬變，非明理無以會其通。理尚懸虛，非設數無以證諸實。數至繁雜，非立法無以挈其綱。神明乎數理法之用，而後可執簡以馭繁，因難以見巧，推陳以出新。

清・彭清棟《西樓遺稿序》 予聞心理學者之言曰，感覺之性，人皆具之，而不能無所偏。偏在感性者，必工於言情詩，其志也。偏在覺性者，必深於覈理數學，其志也。故二者兼善恒難，其人而女子之覺性大都遜於男子，則能通數學爲尤難。夫數學之理無窮，然約而言之，不外比例而已。數學之術亦無窮，然約而言之，不外通無比者使有比而已。邊角不可比，通之以弦切，虛實不可比，通之以元代，曲直不可比，通之以微積，自斯以往，所求之理益邃，則所運之術必愈工。

清・江熹《西樓遺稿》 有股二十二尺，句弦較十六尺，求句與弦。【略】

舊法，句股各術，一術馭一題，故每馭一題，必作一圖，全恃條段之理爲之，繁瑣甚矣。惟天元、代數二術，能一以貫之，不必留心條段，而條段自見，一洗舊法拘牽之病。同邑李尚之先生有《天元句股草》，長沙李晉夫先生有《借根句股草》，家大人有《代數句股草》，得此三者以御句股，洵一貫之道也。南豐吳氏又因天元用真數煩重，創爲名式，有《天元名式釋例》一卷，末設一題以起例。今演代數草以證明之。

又 圭田一段，不知圭闊，只云長五十步，值銀五十四兩，今從上尖截闊十二步，值銀六兩，問截長圭闊各幾何。以代數術求之。

此朱氏《四元玉鑑》中卷題，原係天元草。甘泉羅氏補。【略】

此題求得之截長，係整帶零數，從截長求原闊，多一分數除法，而卻能得原闊之整數，但依代數常法，步步無差，自然吻合。試與原書天元草比對，逐層眉目可數。中西立法，可會其通。

又 三角形，已知底邊與垂綫，求内容正方形邊。【略】

此代數術之妙用，能令人無心於法，而自合乎法。

清・曹汝英《直方大齋數學上編》卷一 習算最忌涉獵，每見初讀算書者，於入門粗淺之理，不必苦思輒明其法，惟既明之後，每不肯多取題目以演習之，蓋以爲粗淺之理，人所共知，無庸斤斤演習，不如將演習之光陰推究其稍深者，於是此法僅明，旋習他法，循是爲之，必覺其難進矣。不惟難進，即向之所僅明者，至是亦若明若晦矣。凡此之病，皆由演習不多所致也。西國學堂所用算書，每立一法，必多設題目，使人得藉以爲演習之資，用意至爲深遠。今倣其體，作數學三編，以饟學子，非敢謂不由是不可以有成也，惟由是而不通數學者蓋亦鮮矣。上編不惟法取淺近，設數亦不尚繁難，蓋必熟習簡約之數而繁難者始不易錯誤也。中編次序與西國普通學堂所習者略同，惟遇有與中國古算書相通者，則隨在印證之，若有於中國不甚切用而爲西國所常用者，亦必節録之，蓋欲學者不存中西畛域之見也。下編所録皆西國高材生所習之法，讀之可知彼都人士其於數學一門成就何若也。凡此三編遣詞不厭卑近，惟立法必尚顯明，學者苟能循序漸進，則代數以上諸種算術亦不難習矣。上編亦爲已通文理者而設，若蒙館數學須俟他日有暇再輯録之。

清・彭竹陽《彭氏啓蒙數學談理・例言》

一，是書之速率。算學啓蒙，現通行最善之本，以《筆算數學》爲最。然以西人而操中語，未免言之格格不入，且題多解少，讀其書者仍雖師授，以現頒行學堂章程功課時刻而論，非兩年不能卒業，即使卒業，其於全部諸法未必均能一一釋然無疑。讀是書者，若每日二點鐘之恒課，只須二月便能讀全部，且於各法無不洞悉了然，其遲速之比例何如矣。

一，是書之宗旨。算學除立元求題之外皆爲常法，常法之書以御製《數理精藴》爲完備，故狄君之著《筆算數學》亦本之。此書即以此册爲宗旨，自命分以後正比例起，至盈朒章止，所有諸題均因之，而解說則全行更易。原書之法誤者甚多，皆一一駁正之，每解一法必窮究其所以然，務期學者了然而後已。

一，是書之特色。邊線相乘成面積理，求之古算書，能解其所以然者則無焉。非古人不明也，蓋算學談理非難，知其理而能談出之爲更難也。今是書道之甚詳，其所以然之理莫不畢露紙上。命分一章，自古演說有解無圖，爲初學者言，甚爲難事。今是書皆逐一設圖，以狀其齊分之理，於是其加減乘除之法莫不迎刃而解。且《數理精蘊》於此章尚有大謬之處，如以數乘丈尺，或除丈尺，而仍得丈尺，以丈尺乘丈尺，或除丈尺，而仍得丈尺，諸類之誤甚多，讀是書者便知其謬。級數一章，古法無圖，且無通法，稍亂其級數之次序則不能算，今特創一通法，而以圖狀之，任何雜亂，莫不一律解之。勾股一章爲形學之要理，西人則不明此學，惟我中國有之，中算家皆目爲難事，以其十三事之名目，與各事相乘之積，任設兩事，皆可成題，其法甚繁故也。今著者於是特創句股之加減號，則古書之加減表可以删，並推擴古比例表之用法，則一切言勾股著作者可以緘口不言。且令學者只竭數日之精力，便於此類理思過半矣。

清・周毓英《中西算學集要・凡例》

一，推步七政爲算術最大最要之學，謹首從《考成》下編、後編，恭述各步法暨日躔月離交食諸理，爲籌人式焉。

一，算術難學而易精，惟門徑崎嶇，無導師者每望而却步。兹詳述用筆、用籌諸法，而天元、代數各入手訣咸備，俾初學開卷瞭然，皆有精進之途。諸子語務淺近，亦不加以潤色焉。

清・劉澤楨《中西數學通解・例言》

一，中西算術，各有所長。即各自成編，故常法天元、四元、借根、代數、微積諸術，一術有一術入門，即有一術極境，學者每苦移步輒迷，必欲諸術兼通，皆須從入門下手，始能臻於極境，皓首窮年，只作一算博士，何與國家實用？今舉常法元代諸術，列爲通解，俾學者讀一算書而羣書如晤，習一算術而諸術皆通，既可省日力以讀經世書，即可儲訏謨以濟當途用。

一，中西算術，殊途同歸，古人亦曾有言之者。如梅循齋因借根而悟天元，羅茗香因天元、方程而精四元，李壬叔、華若汀又因四元、借根而譯代微積重諸術，然所著各書，皆爲明算者道，非爲學步者言也。即方君子可撰《通藝録》一書，以代數解常法，後列天元、借根、代數合解，最便初學，亦只列數題，初非完璧，兹故觸類通解，上補先民缺，下啓後學聰，一得之愚，竊自獻焉。

一，中西算書，不下數百種，然或説理過深，或立法太簡，甚或鄙俚繁雜，顛倒掛漏，皆非善本，惟御製《數理精蘊》，由線而面而體，層次井然，盡美盡善。兹故欽遵《精蘊》體例，每類隨録數草，以概其餘。

一，《精蘊》之割圜難題，是編獨逸而不録者，因屢求勾股、割圜、八線、六宗、三要、二簡法、八線相求諸術，皆爲弧角八線而設，而八線既立爲表，且其法繁而非捷，故從略焉。至難題各問，雖爲前法所未及，要不外點線面體之理，學者如法推之，自然合問，故不贅。

一，對數法甚簡便，是編不詳作法，因表已立成，載在《精蘊》，查檢可知，故畧舉條例，俾學者知其用法可也。

一，是編惟方程則用四元，借根只列數題。蓋方程以外之題，天元可以馭之，自可不用四元，借根爲西法之初基，至今習者已罕，故特取數題，以備一格。

一，今之言算者，競重代數而棄天元，謂天元不及代數捷也。夫代數所能馭之題，固有爲天元所不能馭者，然尋常問題，以天元馭之，簡便亦不下於代數，且代數至開立方帶縱以上，一題一法，繁而無紀，若天元開方，自平方以至若干乘方，皆可以一例開之，此又代數之不如天元也。故二法並列，爲學者中西一貫之助。

一，天元，古法有以元居上太居下者，今命爲太上元下，其便有二：一與四元太下爲天元之例相符，一相消後開方可省移位之繁，故有二層者，則爲上實下法。

一，天元、四元，實依《測圓海鏡》《算學啓蒙》《四元玉鑑》等書，變通演草，而開方則直用華氏之法，以華法較二李鄒夏，尤爲明捷也。

一，代數除式，從《代數術》上法下實，分數式亦從《代數術》上爲分母，下爲分子。

一，代數之法實依《代數術》《代數備旨》《算式輯要》《代數通藝録》等書，以意採擇，如法演草，而開方至三次雜方以上，則專用《代數術》求實根之法，及求畧近之根法，蓋代數開方惟此二法可爲通法，餘皆隨題立法，茫無歸宿，故不備詳。又華氏《開方古義》，因古法七乘方圖式，創設代數開方表，亦爲通法，尤屬簡明，故附録之，以示學者。

一，代數算草，皆用中文，不用西文，意在使捷法普及，未習西文者，亦觸目心解，無所迷混。至坊間刊本，有從卷末反向卷首，自左之右者，非中文體例，竊所不取。

一，數學以步天爲極功。弧三角者，天算之要術也，故附列編末，爲學者推步之助。

一，言弧三角者，中西不下數十家。而江雲樵《弧三角舉隅》，西人訥氏法，較爲賅簡，故特比而列之。然此特演數之書，學者欲明其理，則應讀《三角數理》，欲廣其用，宜讀御製《曆象攷成》前後編，御製《儀象攷成》等書。

一，常法借根，全録《精蘊》原草，未敢增删。至弧三角，則於《舉隅》原草畧爲變通，取其與訥氏法相符。

一，中西算術，式不同而法合者，悉於草後作解明之。實不相合者，不敢牽就强同，仍於草後解其所以不同之故，至每題僅作一解，理法猶未詳明，則别加案語論説以申其義。

一，天元、四元、代數諸草及解説案語，皆以己意，隨筆直書，只期理法詳明，使人易曉，其字句則不暇雕琢。

一，是編宗旨，專爲明中西一貫之理，故天元、四元、代數各法，或有此書未能備及者，然編中所列，已金鍼盡度矣，如欲習一家術者，則取本法書博觀焉可。

清・朱鈞弼《量地法》

第二欵

凡言一線而未指明何様之線者，但作直線看。各線須用羅馬字母命名，其字母係寫於該線之兩端。

按：羅馬字母，讀之者鮮，今易以甲乙丙丁等字，以求閲者易解。以下概從其例，不復贅述。

第三欵

有甲乙、戊己二線，交會於一點，則分平面爲四分，每分自成一角。【略】

凡角之名目，多用希臘字母登註，兹列字母於後。

按：希臘字母，亦鮮識者，今易以天地人物等字。

第六欵

倘兩綫交貫而作四角。【略】

案：加減乘除，各種記號，中西不同。即譯西書者，亦種種不同。兹將此書所用記號開於左，學者務宜切記，下不復贅。

著録

清・梅文鼎《中西算學通・序》 余則以學問之道，求其通而已。吾之所不能通而人則通之，又何間乎今古，何别乎中西？因彙集其書而爲之説。諸如用籌、用筆、用尺，稍稍變從我法，亦以見西儒之學，初不遠人意。若三角、比例等，原非中法可該，特爲表出。古法若方程，亦非西法所有，則專爲著論，以明古人之精意不可湮没。又具爲《九數存古》，以著其概。書凡九種，總曰《中西算學通》。

清・談泰《疇人傳・序》 夫欲正其術之是非，則必窮其術之緣起，欲窮其術之緣起，當先考造術之人與造術之時，洞澈本法之所以然，然後可加以論定。《傳》曰：讀其書，不知其人，可乎？泰於學無所獲，而檮昧之質篤好推步之書，曩從辛楣先生游，於諸術麤有究心，而底滯横生，未能得其要領。今閲司農此編，絲牽繩貫，粲若列星，遵《時憲》之型模，鎔歐邏之巧算，萃羣言而撰傳，按百代以類從，於以溯七十餘家沿革之源流，於以驗二千餘年躔離之進退，於以校經緯諸儀之體制，於以息中西兩造之(頌)[訟]争，括而不支，簡而不滿，後之欲從事於斯者，以是書爲金科玉律可矣。

清・焦循《第五册算焦記》 予幼好九九之學，雖求之古書而不能得其指歸。自交吴中李尚之鋭、歙縣汪孝嬰萊，得兩君切磋之益，于此藝少有進。而兩君亦時時以所得見示，令商論其可否。是時李仁卿、秦道古之書兩君均未之見也。歲乙卯，余在浙始得見《益古演段》《測圓海鏡》兩書，急寄尚之。尚之喜甚，爲之疏通證明，復推其術于弧矢，著書以明郭太史《授時草》所用天元一術。已而予又得秦氏所爲《數學大略》，亦撰爲《天元一釋》《開方通釋》以述兩家之學。庚申冬，與尚之同客武林節署中，互相證訂，喜古人絶學復續于今日。明年孝嬰來揚州，因以語之。壬戌春，予在京師，孝嬰自六安，寄一書來，甚言秦、李兩家之非，而剖析其可知、不可知。《衡齋算學》中第五册是也。是秋予復在浙，尚之寓于孤山，買舟訪之，以孝嬰之書與相參核。尚之深嘆爲精善，復以兩日之力，作開方三例以明孝嬰之書之所以然。于是秦、李兩家之學，至此益明。今年村居教徒，稀入城市，出入于農圃醫卜之術。秋八月有走馬來者，叩門甚迫，童子驚相告，予視之，則孝嬰也。延入塾中，對飲于豆花棚。語間，孝嬰謂予曰：或謂尚之誚吾所著書，有之乎？予因出尚之所爲《衡齋算學跋》與之。孝嬰怡然曰：尚之固不我非也。因謂予曰：子亦爲我一言。予諾之。孝嬰復走馬去。門人請曰：秦、李之書，李君疏之，汪君難之，不已異乎？予曰：此兩君所以是也。兩漢經生守一家之言，華藻鞶帨，通人鄙其固焉。鄭康成爲禮經作注，雖子夏之言猶駁之，秦越人宗岐伯之言而作八十一難，蓋非深入其室者不能疏，亦非深入其室者不能難。得李君之疏，而秦、李之書明，得汪君之難，而秦、李之書益明。古人立言固樂夫人之深入而難我，不樂人之略觀大意而謟附我也。門人退，録之以寄孝嬰，即以爲之言。

清・江衡《須曼精廬算學・序》 今觀於楊星使須圃先生而益信焉。先生負經世才，壯游歐洲，識鑑閎遠，李文忠、劉忠誠深器之，平日肆力於古今中外政書，兼精訓詁辭章，餘力及天算，積稿垂三十年，及兹釐定授梓，二十四種。其於宋元以來佚存之古籍，與夫咸同兩朝譯行之新書，淹貫融通，富有心得。蓋自海寧李氏集算家之大成，舉而授諸先生，從游京館，親炙日深，宜其所造精邃，近惟習算者壹以西法，而古義久湮，源流未晰，如甄鸞五曹、欒城九容之屬，幾不能舉其目。得是編，以津逮學子，庶於先河後海之義，稍有悟乎。

清・劉承幹《須曼精廬算學跋》 楊誠之星使，余妻姑壻也，爲海寧李壬叔閣讀善蘭入室弟子，著有《須曼精廬算學》二十四種，術備數題，題演各法，溝通新舊，且有勝於古術者。余近刊《吴興叢書》，以算法爲絶學，仿張文襄《書目答問》載生存人海寧李氏之例，以示博雅君子，謂斯編非第頡頏鄉先達，兼可補梅氏、戴氏所遺，而爲後學之南鍼，庶不讓西人以獨智乎。

清・邵瓚《數學心得序》 錢辛楣之論曰：梅氏能用西學，婺源江氏永則爲西人用。予因以服嘉定識高而益重宣城學正也。歲辛未，予師竹莊吴公開藩於皖，季春來遊，留避溽暑，出示宿松石君仁鏡所編《數學心得》一書，云石君曾佐余幕，今物故，其嗣奉遺命抱書至，意欲余傳之也。子其校定，以付手民也可。予受而讀之，歎其博學詳説，折衷貴當。其立八綫細表，尤爲測算妙用，尊中以綜西法，駸駸乎有度越前人之意，洵足傳焉。

清・楊樞《經算雜説序》 潘生因出所著《經算》與曹生《襍識》合刊之，問序於余。余統觀二書，酌古準今，中西通貫，裨益算學，實非淺鮮，不意兩生之學竟深造自得若是。

清・曹汝英《經算雜説序》 英與潘君同司測繪事，夜分餘閒竟得互相討論，如在實學館之日，以視曩之常不相見，固自懸絶，即視數刻之談，亦有逕庭人生聚散之端，不禁感慨係之故，每談至千慮一得者，算式之簡者，及新譯算書所未言或言之而未詳者。潘君輒囑記之，蓋欲以爲他日聚散之談助也。於是隨談隨筆，久漸成帙，潘君因慫慂付梓。英應之曰：君於算學多所撰述，而解經之作尤精，倘肯洩中郎之秘，英當坿驥以行，否則終不敢出此。潘君詢其故。英曰晚近翻譯算學之書盛行，寰宇嚮風之士，不患其不醉心西法，而患其蔑古荒經，英之欲先刊經算者，欲使其中西通貫，不至於沈溺而不知返耳。潘君以英言不謬，欣然從之。爰相與參定，并録諸木，以就正當世有道焉。

清・潘應祺《算學襍識跋》 嘗與曹君粲三論此，未嘗不爲之惄焉。故曹君《襍識》於華夏輪軸一物，再三致意，并合刻拙稿，冀以經義樹之先聲，然後合中西爲一致，俾專言西算者或因此而不至爲忘本之學焉。斯曹君之用意至深遠矣。刻既竣，曹君趣爲跋尾，澂思累日，羌無一言，謹書與曹君之所常談以質諸當世之治中法、治西法者。

清・吴道鎔《直方大齋數學上編序》 曹君之言曰：西人重學，其求數雖資於算，然如分力、并力及重心爲重學要理，皆須實驗，實與物理學相出入。此外算學約分三支，曰形，曰代，曰三角而已。形學則有幾何、曲綫以逮剖解諸術，代數則有諸元、乘方以及對數諸術，三角曰平、曰弧，皆根八綫，則有測量推步諸術，綜其條流，皆以微積爲歸墟，而導源必自加、減、乘、除、開方五者之數學始。余之爲數學也，分上、中、下三編。上編術必淺近，説取簡易，期學者之易明也。中編貫通中西，務袪畛域，欲學者明而漸融也。至於下編，皆採西人新術，蓋既明且融，可語變化，而數學之能事畢。學者惟先習熟上編，而後中編、下編，可與代形諸術漸次互求。荀子曰：以淺持博，博固非淺不爲基也。吾於此編，竊取斯義，是在學者循序致精，毋躐等以希速化而已。

清・王澤沛《測圓海鏡細草通釋・序》 今年夏，劉舍人振愚世丈，偶復與沛論及，意暗與壬叔先生合。沛因述先生未竟之志，以其缺而憾之。舍人曰：子盍卒成之乎，勉之哉，吾爲子顔其名曰《通釋》，因其通也，而取以釋之，倘亦無戾壬叔先生初旨乎。沛案：九容圖共十三勾股形，原圖號十五形實十一耳，當以壬叔先生所定十三形爲正説，詳凡例。形各十三事，任舉其二爲問可得題二千餘，原書一百七十題，猶非問之最深曲者，况舊草具在，而以相通之術釋之，殆事半而功倍焉。學課餘閒，輒遂從事。舍人方輯《古今算學叢書》，將採而登之，沛惟九九賤技，能無當於學人之業，欒城氏已重嘆之矣，况是術在昔日爲絶學，在今日則非其至者也，奚徒供人憫笑資爲。舍人曰：然，然以是爲習天代者導，不既抉其藩而窺其窔乎。且俾學者知中西閉户之車，出門而合轍也，闢自封之畺，進而逢深造之源，庶幾棟梁宗桷，舉爲國家効其尺寸焉，詎不偉歟。

清・陳志堅《求一得齋算學・序》 堅往讀《史記・曆書》《漢書・曆律志》等篇，往往不得其解，則不禁掩卷歎曰：士人固不可不習算哉。因於《九章算術》等書稍稍措意，惟其時方角逐名場，奔馳南北，未皇深究其術也。自庚寅公車報罷，遂絶意進取，乃得萃中法之天元，西法之借根、代數，博覽而深探之，漸漸得窺厓略。又數年，由大挑秉鐸青溪，衙齋多暇時，與諸生討究舊術，紬繹新理，演草相示，積帙遂夥。今國家敦尚實學，秉軸諸鉅公方欲取法泰西，講求格致，以立富强之基，海内有志之士聞風嚮應，我知數年之後，必將家習幾何，人知元代，區區所得，知不值識者一噱，第十餘年精力所寄，竟遂躅之敗簏，亦殊可惜，爲不揣固陋，擇其稍有意致者，得七種，曰《李氏句股術補》一卷，曰《連分數開方》一卷，曰《演無定方程》三卷，曰《三角新理》三卷，曰《整句股釋術》一卷，曰《粟布術廣》一卷，曰《雜題類存》一卷，都十一卷，付諸剞劂，其間不無繆盭，惟方家是正焉。

藝文

清・方中通《辛丑〈數度衍〉成》 秦余易象本家傳，筆冢成堆研亦穿。自笑十年忘寢室，寧夸兩手畫方圓。收將今日東西學，編作前人内外篇。聊以娱親消歲月，行藏未卜且由天。

清・梅文鼎《擬璿璣玉衡賦》 擬璿璣玉衡賦有序。【略】遂使靈臺，徒爲文具。交食或乖，誰知其故。帝謂兮草澤，疇明理兮習數，爾乃理難終隱，道有必開，天相其衷，西人揭來，如禮失兮求埜，似問郯兮識官。此珍秘兮勿洩，彼菽帛兮非難。于是吴淞太史、仁和水部夜譯晨鈔，心追手步，亦得請而開局，集歐邏與儒素。擷西士兮精英，入中算兮罏鑄。釐清臺兮禨候，良占測兮可据。怵巧拙兮相形，新術精兮羣妒。慨萬里兮作賓，兼十年兮發覆。歷成兮弗用，良書兮徒著。何人事兮多違，或蒼穹兮有待。唯我盛朝度越千代，正朔初頒，適逢斯會，唯欽若以爲懷，奚畛域乎中外，洞新法之密合，命遵行爲定制。哂豎儒兮固陋，謬執古兮非今。【略】象限平轉兮測高與庳，割圜八綫兮于是焉施。合四爲一兮周天在兹，度唯九十兮厥數已全。紀限六十兮于以參焉，正反隅角兮靡幽弗宣。用稽距度兮兩星之間，弧三角之法兮推其所然。五者相資，多人分測，片晷之餘，各盡目力。假變行之迅速，無須臾之或失。【略】折照浮光兮氣水水氣，清濛厚薄兮地心相配。交食淺深兮起虧進退，地景厚薄兮青綠明昧。視差有多少兮命天九重，月有弦望兮太白攸同。抱曰爲輪兮互入相容，超西法之舊兮信天能之弗窮。

清・曹自鋈《勾股淺述序》 數之名尊於《圖》《書》，數之實大於律歷。夫高托卦爻，推原河洛。奇偶積而運五行，蓍策備而當萬物。然而六九以紀陰陽，何與生成之德；五六以標中合，何資交泰之功？是雖三變七者圖而神，四變八者方以智。理別有在，數豈居名？至於鐘律之説，實因算數而彰。然而上生下生悉由天籟，損一益一務審元音。紀律以數而黍尺莫定於羊頭，守數求音而竹管難諧於鳳吹。是故孟堅多舛，元定仍疎，要在達聰，功非布算，况細雖極於空積忽微，明不過於乘除加減，有籍握觚之技，無關運策之精，斯知托理爲高乃鮿生之陋見，倚律爲重亦小學之卮，言聿惟羲和之歷象，實爲隸首之正宗，致探賾索隱之能，極察紀撰天之術，殿九章而獨貴，開三角以居先。道有在焉，厥惟勾股，原夫商高，有傳甄鸞。是述注推趙爽，釋本淳風。通規矩之神明，詳併差之分合。朱與青既分羃積，黄與赤少辨端倪，皆言《周髀算經》。測量乃此中一事，《海島》初著於劉徽。重表、累矩運用斯神，三望、四望參稽必審。法益宣乎半矩，書本號曰《重差》。晉劉徽序《九章算術》云：凡望極高、測絶深而兼知其遠者必用重差，輒造重差并爲注解，以究古人之意，綴於勾股之下，度高者重表，測深者累矩，孤離者三望，離而又旁求者四望。是其書本名《重差》，至唐初改題曰《海島算經》。張邱建之四問綦詳，《張邱建算經》三卷，有北周甄鸞註其書，皆設爲問答，十二問爲勾股測望，十三問爲勾股和較，十四問爲重勾股顛倒測望，十五問爲臥勾股左右進退測望。王孝通之六術惟備。唐王孝通《緝古算經》一卷，有推勾股邊積互求者六術。【略】若割圜之有製，尤大法所由昭。矢弧肇於郭公。元郭大史守敬有弧矢割圜法。割切傳於西士。西法有弦矢割切四綫，互爲正餘，名割圜八綫。要之劉、祖則六弧爲用，劉徽、祖冲之背以圜内六邊起數。友欽則四角是先。元趙友欽以圜内四邊起數。與夫求等邊而表六宗，割圜八綫表始目圜内容六邊、四邊、十邊、三邊、五邊、十五邊，名曰六宗，蓋用圜徑求各等邊之一邊爲相當弧之通弦以爲立法之原，故謂之宗。因本弧而爲三要。既得六種形之一邊，各半之即得六種弧之各正弦，爰命此六種弧爲本弧，按法可求本弧之餘弦，可求倍本弧之正弦餘弦，亦可求半本弧之正弦餘弦，是爲三要。起數雖異，收效無殊。割圜之術皆作勾股於圜内，其法不外是數者，所得數皆相合。惟成集古今，學兼中外。表既立於八綫，功乃大於九紘。西人以割圜八綫爲表，推步者用之最便。蓋西法不言勾股，因勾股而盡發其藏古法，足統幾何，得幾何而益昭其變。《幾何原本》乃西法之宗。觀夫鋭角、鈍角之必歸直角綫，皆取於中長；大分、小分之明判兩分面，則同於一股。至理分中末之神，爲圜内十邊之一，廣求立方之等面，并得諸體之相容，要惟連比例之相生，益彰正方角之至用。故立成於二千七百，即象限而畧備其形；說皆見本書附論中。索解於十有二重，極斜弧而始窮其妙。算之深奥至弧三角而極，斜弧又其至奥也。然要皆在折渾圓尋勾股，蓋七政之升降出没，經緯之縱横交加，莫不成勾股，於十二重天之中而可用邊角互求之法。勾股之能事畢矣，數家之大用昭矣。余少耽小學，長慕方聞。觀象靈臺，喜藩籬之偶涉；探源星宿，識旨趣之攸歸。迨返卧乎山中，久斂心於海外。乃有專家之舊裔，互欽文藝之兼通。萬樹春風横彩牋而醉月，一鐙夜雨傾炙輠而談天。高溯夫七衡六間之規，近究夫外切内容之準。將一編之彙輯，作衆法之統宗。顧以指海，道於寸針。以約爲貴，寫天光於尺水；惟淺斯明，不取驚以望洋。聊以資夫，記里軌特闡於《周髀》，說且後夫，歐羅爲約古籍之精。成法其在少著。兩家之合，大指躍如。快覩新編，頓攖舊緒。用指陳其途徑，即詳析其源流。嗟乎！問道已希，誰辨夫假借攀援之習；因端而發，且逞夫窮高極遠之設。立中道而可從，作前驅而已足。一生二，二生三，物莫能紀極，可執此以濟莊叟之窮；圓出方，方出矩，天亦受範圍，曷因此以溯周公之學。新安曹自鍳。

清・曹恩沛《勾股淺述跋》 夫三幕九据，道足擬於卦爻；一握六觚，志特詳於律歷。皇極著堯夫之異，儒理彌精；靈憲傳平子之儀，詞章最富。古來藝術多出文人，從見經生不遺曲學。抱村先生家比天官之舊，生慕龍門；技兼算策之精，步親馬帳。然而三載相依，高咏每多逸藻；一燈寂守，放觀樂及羣書。談大易之微言，非但揲蓍之參兩；考禮經之鉅制，豈從頒土之方田。不好學書，風遺叙股；偶然觀象，星辨鼎勾。喜爲駢四儷六之文，時見鬬角鉤心之製。從中而周四角，巧答回文；舉一而反三隅，端從兩叩。間或攷疏箋於漢學，何嘗思選舉於唐家。乃者論天地之高空，忽謂乘除可得；攬溪山之清曠，又謂丈尺可稽。人或斥爲奇談，乃特徵其實學。爰出舊稿，重訂新編，教本隸、商，書成勾股。沛也少習五經，未得甄鸞之解；殫思六藝，願爲高鳳之專。以緒論之時聞，作一詞之小贊。【略】先生探割圜之秘，上究六宗；盡絜矩之能，《勿菴歷算書目》謂勾股測量即所謂絜矩。久明三率。即比例法。備曉乎割切矢弦之用，兼綜乎點綫面體之全。西人以點綫面體四部，盡數理之全。固将共勒一編，不辭多算。然以五曹簡約，莫爲銅斛之徵；八綫微茫，誰與金針之度。用但立夫中道，已特表以正宗。得斯自足，無慚保氏之傳；由此進求，便是西人之奥。早指途於海島，不致驚於望洋。畧示機於矢弧，庶以資夫省度。是知心游萬仞，必神明於方圓規矩之中；身卧半間，恒統御乎廣遠高深之極。雖小張其籌畫，已甚耐於研尋。即近知遠，儼開大道之端；補短截長，具見變通之利。沛将子焉學步，藉以知方。用籍會計可付於一勾，攷證亦資於八股。章兼少廣，即開方也，勾股每算必用之。用籍田賦之常經；說備倨勾，更識考工之古器。或相倍蓰，或相什伯，或相千萬，道誠足破許行；不失黍絫，不失圭撮，不失毫釐，言已無慚班固。太元參摹四分之作，應知不等覆瓿；徵君八十八種之書，於此復觀繩武。

清・黄炳垕《測地志要》 七律二首

拙著《測地志要》成，蒙邑侯陶公暨諸同志授諸梓人，爰述梗概，并誌知己之感七律二首。

行年五十媿無聞，一藝何奇薦牘紛。兩表測窮三角度，雙鞵踏徧萬峰雲。矢弦切割勞推算，廣遠高深細剖分。搏兔也憑全力赴，偏隅原可例垓埏。

數卷編成兩鬢絲，茲茲塵世更誰知。南雷自昔貽弓冶，西法於今奉鼎彝。苦志不隨滄海變，精心未受古人欺。名山石室存奢願，何幸良朋付棗棃。

清・黄慶澂《算學報》丁酉七月 黄慶澄曰：異哉！異哉！太空冥冥無端有物，有物斯有比，有比斯有差，有差斯有例。日星有舒斂，黄赤距緯有廣狹，北極出地有寡多，此天之比例也。山有崇卑，水有深涸，陸有陂平，此地之比例也。十指殊度，九竅異用，五藏分主十二經別支，此人之比例也。顧吾又聞佛氏之言曰，一切微塵國，現一切相，成一切法，皆非真實。曷明曷暗？大明爲明，小明爲暗，大暗爲暗，小暗爲明。曷寒曷熱？大寒爲寒，小寒爲熱，大熱爲熱，小熱爲寒。曷動曷静？大動爲動，小動爲静，大静爲静，小静爲動。曷智曷愚？大智爲智，小智爲愚，大愚爲愚，小愚爲智。依茲而推，舉一切大小、長短、厚薄、精粗、貴賤，皆比例也，皆非真實也。不甯惟是。等茲人也，或以功蝕過，或以過蝕功，盈之虚之，虚之盈之，此加減比例也。等茲人也，或始而見功，繼而見過，繼而見大過，或始而見過，繼而見功，繼而見大功，進之退之，退之進之，此遞加遞減比例也。等茲人也，昨功今過，昨過今功，參伍錯綜，各如其際，此互和比例也。等茲人也，功半過半，功增過增，節其犖犖，以定生平，此互準比例也。尤足奇者，若有一个疑良疑惡，色空空色，不可方物，徐而察之，其中有則此和較比例也。依茲而推，舉一切大小、長短、厚薄、精粗、貴賤，萬曲億折，然然否否，皆比例也，皆非真實也。異哉！異哉！一刹那間，一而二之，二而一之，比數例數。請得斷之曰，世間無物，見物非物，我不見物，惟見比例。

又《算學報》丁酉八月　開方提要

黄慶澄曰：點相引而成線，線相引而成面，面相引而成體，體相引而成世界。點者，元之積也。線者，根之積也。面者，平方之積也。體者，立方之積也。世界者，無量諸乘方之積也。顧吾思之太空茫茫，怳兮惚兮，不見有點，烏所謂方，乃有聖人，其名曰覺，次之第之，厥術以開。開日月星爲天，開山河爲地，開七竅爲人，以文字開智慧，以政教開風氣，瘠苦之區開爲樂土，榛狉之俗開爲文明，始焉成點，繼焉成線，俄而成面矣，俄而成體矣，俄而成世界矣。開之義大矣哉。不明乎此，塊然一物而固閉嚴，拒畇不逮，尺履不逮，尋緦緦焉，自以爲得計。嗚呼！此誠悖大造之公理，爲有生之惡障，安得一大慈大悲者爲鑿其蔽而祛其蒙也。

清・楊兆鋆《須曼精廬算學序》　乃自序其篇旨。序曰：諸星行軌，循乎橢圓，或遵雙曲，鈞以測天，撰《橢曲同詮》。拋彈擺錘，動循厥線，礮轟球擊，轂馳鐘旋，撰《拋擺致用》。容在圓内，切在圓外，各求圓心，形分小大，撰《平圓容切》。積面成體，體形不一，勤推所求，均是密率，撰《體積各求》。存中積隙，孝嬰遞兼，吾師比類，斯爲外篇，撰《堆垜演算》。物動生力，力判分合，速與路時，公法以立，撰《力學探原》。鈎金片楮，各有重心，心或體外，研理推尋，撰《重心釋》。理升降鎮，壓一動一，静窮理致，知物無遯影，撰《動定格物》。鏡力所及，星辰非遠，視實兩差，窺象關鍵，撰《天象管窺》。行星繞日，不毘不離，弗由常度，流孛斯奇，撰《健行衍義》。物不知數，道古始通，諸母法繁，三元理同，撰《求一通術》。弧矢切割，生於正弦，六宗三要，二簡齊詮，撰《割圓舉綱》。假借句股，輾轉方程，有如射覆，匿數終明，撰《句股索隱》。悟徹九容，九容者，句上容圓，股上容圓，弦上容圓，句股上容圓，句外容圓，股外容圓，弦外容圓，句外容半圓，股外容半圓。《海鏡》斯著，舍天元一，代數是御，撰《九容演代》。句股推闡，洞淵引伸，繪圖訓解，奧蕴畢陳，撰《句股圖解》。髀經有言，方出於矩，絜度相求，不差絫黍，撰《句股容方》。句股與弦，五和五較，百七十題，演代全稿，撰《句股全草》。縱横相乘，是爲直積，五事和較，不難弋獲，撰《直積各問》。句股形内，有線中垂，求十三事，攸往咸宜，撰《垂線諸求》。形内三線，宛轉互求，監正稿亡，補佚持籌，撰《邊徑線釋》。蔣氏益古，欒城演段，剖發方圓，田形畢見，撰《方田推步》。土圭正景，立表所祖，求深求遠，引繩中矩，撰《立表測量》。比例問目，二十有六，古算遺珍，工商可讀，撰《比例設問》。須曼算經，各以類聚，槐院課餘，一鱗一羽，撰《雜題偶檢》。

清・王元珠《西樓遺稿題辭》

巾幗争推未易才，沈楊慧業獨兼該。不圖一夕罡風起，五月江城悵落梅。

蕭江家世由來著，况復淵源家學深。豈獨譽傳内文案，繡成寶相羡神鍼。

元代精微妙貫通，中西數術本從同。更兼史學三長擅，冊首吟成字字工。

未圓好夢鞠花秋，何遽乘鸞返十洲。留得西樓遺墨在，一編珍重付雕鎪。

西學中源説部

曆算分部

綜論

明・熊明遇《格致草・序》 上古之時，六府不失其官，重黎氏世敘天地而別其分主。其後三苗復九黎之亂德，重黎子孫竄於西域，故今天官之學裔，土有顓門，堯復育重黎之後不忘舊者，始復典之。

清・顧炎武《日知録・月食》 日食，月掩日也。月食，地掩月也。今西洋天文説如此。自其法未入中國而已有此論。【略】其説并不始於近代。張衡《靈憲》曰：當日之沖光常不合者，弊於地也，是謂在星星微月過則食。

清・王錫闡《王曉庵遺書》卷四《曆策》 舊法之屈于西學也，非法之不若也，以甄明法意者之無其人也。今考西曆所爭勝者，不過數端，疇人子弟駭于覩聞，學士大夫喜其瑰異，互相夸耀，以爲古所未有。孰知此數端者，悉具舊法之中，而非彼所獨得乎？一曰平氣、定氣以步中節也，舊法不有分至以授人時、四正以定日躔乎？一曰最高、最卑以步朓朒也，舊法不有盈縮遲疾乎？一曰真會、視會以步交日也，舊法不有朔望加減食甚定時乎？一曰小輪、歲輪以步五星也，舊法不有平合定合、晨夕伏見、疾遲留退乎？一曰南北地度以步北極之高下、東西地度以步加時之先後也，舊法不有里差之術乎？大約古人立一法，必有一理，詳于法而不著其理，理具法中，好學深思者自能力索而得之也。西人竊取其意，豈能越其範圍？

清・梅文鼎《曆學疑問補》卷一

論西曆源流本出中土即《周髀》之學

問：自漢太初以來，曆法七十餘家，屢改益精，本朝《時憲曆》集其大成，兼采西術而斟酌盡善，昭示來茲，爲萬世不刊之典。顧經生家或猶有中西同異之見，何以徵信而使之勿疑？曰：曆以稽天，有晝夜永短、表景中星可攷，有日月薄蝕、五星留逆伏見淩犯可驗，乃實測有憑之事。既有合於天，即當采用，又何擇乎中西？且吾嘗徵諸古籍矣，《周髀算經》，漢趙君卿所注也，其時未有言西法者，（唐開元始有《九執曆》，直至元明始有《回回曆》。）今攷西洋曆所言寒暖五帶之説與《周髀》七衡脗合，豈非舊有其法歟？且夫北極之下，以半年爲晝，半年爲夜，赤道之下，五穀一歲再熟，必非憑臆鑿空而能爲此言，夫有所受之矣。然而習者既希所傳，又略讀《周髀》者，亦祇與《山海經》《穆天子傳》《十洲記》諸書同類並觀，聊備奇聞，存而不論已耳。今有歐邏巴實測之算，與之相應，然後知所述周公受學商高，其説亦非無本，而惜其殘缺不詳。然猶幸存梗槩，足爲今日之徵信，豈非古聖人制作之精神，有嘿爲呵護者哉。

又 論蓋天與渾天同異

問：西術既同《周髀》，是蓋天之學也。然古曆皆用渾天，渾天與蓋天原爲兩家，豈得同歟？曰：蓋天，即渾天也。其云兩家者，傳聞誤耳。天體渾圓，故惟渾天儀爲能惟肖，然欲詳求其測算之事，必寫記於平面，是爲蓋天。故渾天如塑像，蓋天如繪像，總一天也。總一周天之度，也豈得有二法哉？然而渾天之器，渾員其度匀分，其理易見而造之亦易。蓋天寫渾度於平面，則正視與斜望殊觀，仰測與旁闚異法，度有疎密，形有垤坳，非深思造微者不能明其理，亦不能製其器，不能盡其用，是則蓋天之學，原即渾天而微有精觕難易，無二法也。夫蓋天理既精深，傳者遂尠，而或者不察。但泥倚蓋覆槃之語，妄擬蓋天之形，竟非渾體。天有北極無南極，倚地斜轉，出没水中，而其周不合，荒誕違理，宜乎揚雄、蔡邕輩之辭而闢之矣。蓋漢承秦後，書器散亡，惟洛下閎始爲渾天儀，而他無攷据。然世猶傳蓋天之名，説者承訛，遂區分之爲兩，而不知其非也。載攷容成作蓋天，隸首作算數，在黄帝時，顓頊作渾天在後。夫黄帝神靈首出，又得良相如容成、隸首，皆神聖之人，測天之法宜莫不備極精微，顓頊蓋本其意而製爲渾員之器以發明之，使天下共知，非謂黄帝、容成，但知蓋天不知渾天，而作此以釐正之也。知蓋天與渾天原非兩家，則知西曆與古曆同出一源矣。（《元史》載仰儀銘以蓋天與安訢宣夜等並稱六天，而殊渾於蓋，猶沿舊説。續讀姚牧菴集，有所改定，則已知渾蓋之非二法，實爲先得我心，詳見鼎所著《二儀銘註》。）

又 論中土曆法得傳入西國之由

問：歐羅巴在數萬里外，古曆法何以得流通至彼？曰：太史公言，幽厲之時，疇人子弟分散，或在諸夏，或在四裔，蓋避亂逃咎，不憚遠涉殊方，固有挾其書器而長征者矣。如《魯論》載少師陽、擊磬襄入於海，鼓方叔入於河，播鼗武入於漢，故外域亦有律吕音樂之傳。曆官遐遁而曆術遠傳，亦如此爾。又如《傳》言，夏衰，不窋失官，而自竄於戎翟之間，厥後公劉遷邠，太王遷岐，文王遷豐，漸徙内地，而孟子猶稱文王爲西夷之人。夫不窋爲后稷，乃農官也，夏之衰而遂失官，竄於戎翟，然則羲和之苗裔，屢經夏商之喪亂，而流離播遷，當亦有之。太史公獨舉幽厲，蓋言其甚者耳。然遠國之能言曆術者，多在西域，則亦有故。《堯典》言：乃命羲和，欽若昊天，曆象日月星辰，敬授人時。此天子日官在都城者，蓋其伯也。又命其仲叔分宅四方，以測二分二至之日景，即測里差之法也。羲仲宅嵎夷，曰暘谷，即今登萊海隅之地；羲叔宅南交，則交趾國也。此東、南二處皆濵大海，故以爲限。又和叔宅朔方，曰幽都，今口外朔方地也，地極冷，冬至於此測日短之景，不可更北，故即以爲限。獨和仲宅西，曰昧谷，但言西而不限以地者，其地既無大海之阻，又自東而西，氣候略同内地，無極北嚴凝之畏。當是時，唐虞之聲教四訖，和仲既奉帝命測驗，可以西則更西，遠人慕德景從，或有得其一言之指授，一事之留傳，亦即有以開其知覺之路。而彼中頴出之人從而擬議之，以成其變化，固宜有之。考史志，唐開元中有《九執曆》，元世祖時有札瑪魯丹測器，有西域《萬年曆》，明洪武初有瑪沙伊克、瑪哈齊譯《回回曆》，皆西國人也，而東南北諸國無聞焉。可以想見其涯略矣。

又 論渾蓋通憲即古蓋天遺法

問：蓋天，必自有儀器。今西洋曆仍用渾儀渾象，何以斷其爲蓋天？曰：蓋天以平寫渾，其器雖平，其度則渾，非不用渾天儀之測驗也。是故用渾儀以測天星，疇人子弟多能之，而用平儀以稽渾度，非精於其理者不能也。今爲西學者，多能製小渾儀、小渾象，至所傳渾蓋通憲者，則能製者尠，以此故也。夫渾蓋平儀置北極於中心，其度最密，次晝短規，又次赤道規，以漸而踈，此其事易知。又次爲晝長規，在赤道規外，其距赤道度與晝短規等，理宜收小，而今爲平儀所限，不得不反展而大，其經緯視赤道更闊以踈。然以稽天度，則七政之躔離可知，以攷時刻，則方位之加臨，不爽若是者。何哉？其立法之意，置身南極，以望北極，故近人目者，其度加寬，遠人目者，其度加窄，視法之理宜然，而分秒忽微，一一與勾股割圜之切線相應，非深思造微者，必不能知也。至於長規以外，度必更寬更闊，而平儀中不能容，不得不割而棄之，淺見者或遂疑蓋天之形，其周不合矣。是故渾蓋通憲即古蓋天之遺製無疑也。

又 論渾蓋通憲即蓋天遺法二

問：利氏始傳渾蓋儀，而前此如《回回曆》並未言及，何以明其爲古蓋天之器？曰：渾蓋雖利氏所傳，然非利氏所創，吾嘗徵之於史矣。《元史》載札瑪魯丹西域儀象，有所謂烏藴都尔喇卜垣者，其製以銅如圓鏡而可掛，面刻十二辰位、晝夜時刻，此即渾蓋之型模也。又云上加銅條綴其中，可以圓轉，銅條兩端各屈其首爲二竅以對望，晝則視日影，夜則窺星辰，以定時刻，以占休咎，此即渾蓋上所用之闚筩指尺也。又言皆嵌鏡片，二面刻其圖凡七，以辨東西南北日影長短之不同，星辰向背之有異，故各異其圖，以盡天地之變，此即渾蓋上所嵌圓片，依北極出地之圖而各一，其圖準天頂地平，以知各方辰刻之不同，與夫日出入地晝夜之長短及七政躔離所到之方位及其高度也。其圓片有七，而兩面刻之，則十四矣。西洋雖不言占法，然有其立象之學，隨地隨時分十二宫，與推命星家立命宫之法略同，故又曰以占休咎也。雖作史者未能深悉厥故，而語焉不詳。今以渾蓋徵之，而一一脗合，故曰渾蓋雖利氏所傳，而非其所創也。且利氏傳此器初不別立佳稱，而名之曰渾蓋通憲，固已明示其指矣。然則何以不直言蓋天？曰：蓋天之學，人屏絶之久矣，驟舉之，必駭而不信。且夫殊蓋於渾，乃治渾天者之沿謬，而精於蓋天者原視爲一事，未嘗區而別之也。夫渾天儀必設於觀臺，必如法安置而始可用，渾蓋則懸而可掛，輕便利於行遠，爲行測之所需，所以遠國得存其製而流傳至今也。

又 論渾蓋之器與《周髀》同異

問：渾蓋通憲豈即《周髀》所用歟？曰：《周髀》書殘缺不完，不可得。攷據所言，天象蓋笠，地法覆槃。又云：笠以寫天。而其製弗詳。今以理揆之，既地如覆槃，即有圓突隆起之形，則天如蓋笠，必爲圓坳曲抱之象，其製或當爲半渾圓，而空其中，略如仰儀之製，則於高明下覆之形體相似矣。乃於其中按經緯度數以寫周天星宿，皆宛轉而曲肖矣。是則必以北極爲中心，赤道爲邊際，其赤道以外漸斂漸窄，必別有法以相佐，或亦是半渾圓内空之形，而仍以赤道爲邊。其赤道以南星宿，並取其距赤道遠近，求其經緯度數而圖之。至於南距赤道甚遠不可見星之處，亦遂可空之不用，於是兩器相合，即周天可見之星象俱全備而無遺矣。以故不知者因其極南無星，遂妄謂其周不合而無南極也。

又或寫天之笠竟展而平，而以北極爲心，赤道爲邊，用割圓切線之法以攷其經緯度數，則周天之星象可一一寫其形容。其赤道南之星亦展而平，而以赤道爲邊，查星距赤道起數，亦用切線度定，其經緯則近赤道者距踈，離赤道向南者漸密，而一一惟肖。其不見之星，亦遂可空之，是雖不言南極而南極已在其中。今西洋所作星圖，自赤道中分爲兩，即此製也。所異者，西洋人浮海來賓，行赤道以南之海道，得見南極左右之星，而補成南極星圖，與古人但圖可見之星者不同，然其理則一。是故西洋分畫星圖，亦即古蓋天之遺法也。

《周髀》云「笠以寫天」當不出坳平二製，至若渾蓋之器，乃能於赤道外展闊平邊，以得其經緯，遂能依各方之北極出地度，而求其天頂所在及地平邊際，即晝夜長短之極差，可見於是地平之經緯，與天度之經緯相與，錯綜參伍，而如指諸掌，非容成隸首諸聖人不能作也。而於《周髀》之所言一一相應，然則即斷其爲《周髀》蓋天之器，亦無不可矣。夫法傳而久，豈無微有損，益要皆踵事而增其根本，固不殊也。利氏名之曰渾蓋通憲，蓋其人强記博聞，故有以得其源流而不敢没其實，亦足以徵其人之賢矣。

又 論簡平儀亦蓋天法而八線割圓亦古所有

問：西法有簡平儀，亦以平測渾之器，豈亦與《周髀》相應歟？曰：凡測天之器，圓者必爲渾，平者，即爲蓋。唐一行以平圖寫星象，亦謂之蓋天。所異者只用平度，不曾以切線分渾球上之經緯踈密耳。簡平儀以平圓測渾圓，是亦蓋天中之一器也。今攷其法，亦可以知一歲中日道發南斂北之行，可以知寒暑進退之節，可以知晝夜永短之故，可以用太陽高度測各地北極之出地，即可用北極出地求各地逐日太陽之高度，推極其變而置赤道爲天頂，即知其地方之一年兩度寒暑，而三百六旬中晝夜皆平，若北極爲天頂，即知其地之能以半年爲晝，半年爲夜，而物有朝生暮穫，凡《周髀》中所言，皆可知之。故曰：亦蓋天中一器也，但《周髀》云「笠以寫天」，似與渾蓋較爲親切耳。夫蓋天以平寫渾，必將以渾圓之度按而平之，渾蓋之器如剖渾球而空其中，乃仰置几案，以通明如玻瓈之片平掩其口，則圓球内面之經緯度分映浮平面一一可數，而變坳爲平矣。然其度必中密而外踈，故用切線。此如人在天中則渾天之内面乃正視也，故寘北極於中心。簡平之器則如渾球嵌於立屏之内，僅可見其半球，而以玻瓈片懸於屏風前，正切其球，四面距屏風皆如球半徑而無欹側，則球面之經緯度分皆可寫記而抑突爲平矣。然其度必中闊而旁促，故用正弦。此如置身天外，以測渾天之外面，故以極至交圈爲邊，兩極皆安於外周，以考其出入地之度乃旁視也。由是言之，渾蓋與簡平異製而並得爲蓋天遺製審矣，而一則用切線，一則用正弦，非是則不能成器矣。因是而知三角八線之法，並皆古人所有，而西人能用之非其所創也。伏讀御製《三角形論》，謂衆角輳心以算弧度，必古曆所有而流傳西土，此反失傳彼則守之不失且踵事加詳至哉，聖人之言，可以爲治曆之金科玉律矣。

又 論蓋天之學流傳西土不止歐邏巴

問：佛經亦有四大州之説，與《周髀》同乎？曰：佛書言須彌山爲天地之中，日月星辰繞之環轉。西牛賀州、南瞻部州、東勝神州、北具盧州，居其四面，此則亦以日所到之方爲正中，而日環行不入地下，與《周髀》所言略同。然佛經所言，則其下爲華藏海，而世界生其中。須彌之頂爲諸天而通明，故夜能見星，此則不知有南北二極，而謂地起海中，上連天頂，始如圓墻圓柱之形，其説難通，而彼且謂天外有天，令人莫可窮詰。故婆羅門等，婆羅門即回回。皆爲所籠絡，事之唯謹。《唐書》載回紇諸國多事佛，回紇即回回也。然回回國人能從事曆法，漸以知其説之不足憑，故遂自立門庭，別立清真之教，西洋人初亦同回回事佛，唐有波斯國人在此立大秦寺，今所傳景教碑者，其人皆自署曰僧。回回既與佛教分，而西洋人精於算，復從回曆加精，故又別立耶蘇之教，以別於回回。觀今天教中七日一齋等事，並略同回教，其曆法中小輪心等算法，亦出於回曆。要皆蓋天《周髀》之學，流傳西土而得之，有全有缺，治之者有精有粗，然其根則一也。

清・朱書《杜溪文稿》卷一　然是時西曆初行，言古曆者多疑西法。勿菴則謂曆以後起精，西法在《大統》《回回》二曆後，既未習其説，何以懸斷其非，乃多方購致西曆書，讀之歎曰：徐文定公真解人哉，然要亦吾聖人舊耳，吾疇人失之，而彼土得之。數傳以後忘其所自，易其名以相夸。今觀其言北極下一年爲一晝夜，其説具《周髀算經》，而地正員不方則自《大戴禮》已言之，非彼人創立也。

清・梅瑴成《操縵卮言》　明史曆志附載西洋法論

先臣梅文鼎曰：遠國之言曆法者，多在西域，而東、南、北無聞。唐之《九執曆》，元之《萬年曆》，及洪武間所譯《回回曆》，皆西域也。蓋堯命羲和仲叔分宅四方，而羲仲、羲叔、和叔則以嵎夷、南交、朔方爲限，獨和仲曰宅西而不限以地，豈非當時聲教之西被者遠哉？至於週末，疇人子弟分散，西域、天方諸國接壤天陲，非若東、南有大海之阻，又無極北嚴凝之畏，則抱書器而西征，勢固便也。臣惟歐羅巴在回回西，其風俗相類，而好奇喜新競勝之習過之。故其曆法與回回同源，而世世增修，遂非回回所及，亦其好勝之俗爲之也。羲和既失其守，古籍之可見者僅有《周髀》。而西人渾蓋通憲之器、寒熱五帶之説、地圓之理、正方之法，皆不能出《周髀》範圍，亦可知其源流之所自矣。夫旁搜博采，以續千百年之墜緒，亦禮失求野之意也。故備而論之。

清·四庫館臣《周髀算經提要》　是書内稱周髀長八尺，夏至之日，晷一尺六寸，蓋髀者股也，於周地立八尺之表以爲股，其影爲勾，故曰《周髀》。其首章周公與商高問答，實勾股之鼻祖，故御定《數理精蘊》載在卷首而詳釋之，稱爲成周六藝之遺文。榮方問於陳子以下，徐光啓謂爲千古大愚。今詳考其文，惟論南北影差以地爲平遠，復以平遠測天，誠爲臆説。然與本文已絶不相類，疑後人傳説而誤入正文者。如《夏小正》之經傳參合，朱子未訂以前使人不能讀也。其本文之廣大精微者，皆足以存古法之意，開西法之源。如書内以璇璣一晝夜環繞北極一周而過一度，冬至夜半璇璣起北極下子位，春分夜半起北極左卯位，夏至夜半起北極上午位，秋分夜半起北極右西位，是爲璇璣四游，所極終古不變，以七衡六間測日躔發斂，冬至日在外衡，夏至在内衡，春秋分在中衡，當其衡爲中氣，當其間爲節氣，亦終古不變。古蓋天之學，此其遺法。蓋渾天如毬，寫星象於外，人自天外觀天，蓋天如笠，寫星象於内，人自天内觀天，笠形半圓有如張蓋，故稱蓋天，合地上地下兩半圓體，即天體之渾圓矣。其法失傳已久，故自漢以迄元明，皆主渾天。明萬曆中，歐邏巴人入中國，始别立新法，號爲精密，然其言地圓，即《周髀》所謂地法覆槃、滂沱四隤而下也。其言南北里差，即《周髀》所謂北極左右，夏有不釋之冰，物有朝生暮穫，中衡左右，冬有不死之草，五穀一歲再熟，是爲寒暑推移，隨南北不同之故。春分至秋分極下常有日光，秋分至春分極下常無日光，是爲晝夜永短，隨南北不同之故也。其言東西里差，即《周髀》所謂東方日中西方夜半，西方日中東方夜半，晝夜易處，如四時相反，是爲節氣合朔如時、早晚隨東西不同之故也。又李之藻以西法製渾蓋通憲，展晝短規使大於赤道規，一同《周髀》之展半衡使大於中衡。其《新法算書》述第谷以前，西法三百六十五日四分日之一，每四歲之小餘成一日，亦即《周髀》所謂三百六十五日者三，三百六十六日者一也。西法多出於《周髀》，此皆顯證。特後來測驗增修，愈推愈密耳。

清·張廷玉等《清朝文獻通考》卷二二九　御定《曆象考成》四十二卷。臣等謹按：是編合《律吕正義》《數理精蘊》二編，凡三部，本爲一書，初名《律曆淵源》，此即其第一部也。天文推步之術，由疎而漸密，然西洋算術本於《周髀》，特中土失其傳，而西人能推闡其説。我國朝聲教覃敷，泰西諸國，累譯而至。曆算之術，測闡彌詳。聖祖仁皇帝以精一之心，執大中之矩，特命諸臣詳加考證，釐定此書。上編曰《揆天察紀》，下編曰《明時正度》，集中西之法而歸於一致，推衍精密，累黍無差，殊非管蠡之見所能窺測也。

清·劉啓端《大清会典圖》卷一一六　天文一一　西人談天，始於伊巴谷、多禄某，當漢元光中，與衡時相後先，疑亦中法之流及西土者。

清·段玉裁《戴東原先生年譜》　四十二年丁酉五十五歲。先生在四庫館，所校定之書進呈，文淵閣本皆具載年月銜名，聚珍板亦載之，而杭州文瀾閣寫本不載，故不能詳者，類述於此，大抵皆癸巳以後，丁酉以前五年所定也。

一曰《周髀筭經》。此經爲筭學十書之首，而三千年來學者昧其旨趣，先生謂此古蓋天之法，自漢以迄元明皆主渾天。明時歐羅巴人入中國，始稱别立新法。然其言地圜即所謂地法覆槃、滂沱四隤而下也。其言南北里差，即所謂北極左右，夏有不釋之冰，中衡左右，冬有不死之艸，是爲寒暑推移，隨南北不同之故也。其言東西里差，即所謂東方日中，西方夜半，西方日中，東方夜半，晝夜易處，如四時相反，是爲節氣合朔，加時早晚，隨東西不同之故也。《新法曆書》述第谷以前西法三百六十五日四分日之一，每四歲之小餘成一日，即所謂三百六十五日者三，三百六十六日者一也。西法出於《周髀》，所謂天子失官，學在四夷者歟。而刻本脱誤多不可通，古本五圖而失傳者三，譌舛者一。凡皆正之補之。學者可以從事，如道河積石源流正矣。

清·凌揚藻《蠡勺編》卷三一　西曆

吾邑張南山曰：西法實中法所流傳，至萬曆間復還中國，非至是而始行于中國也。今略舉數端證之。太史公言，幽厲之時，疇人子弟散入殊方，一也。西洋曆所言寒煖五帶之説，與《周髀》七衡合，而《周髀算經》漢趙君卿已爲之註，二也。立天元一法，利瑪竇不得其解，而宋秦九韶、元李冶皆能言之，三也。西利瑪竇撰《經天該》，其星名與中國同，而丹元子《步天歌》隋時已著，四也。西法言各省節氣不同，即中國里差之法，是里差之法實爲西法所自出，五也。西洋有借根法名阿爾熱巴拉，阿爾熱巴拉者華言東來法也，是尤爲中國流傳至西之明證，六也。且用西法者，第取其測算之精而已，至紀日于午何如紀于子之善也，紀月于望何如紀于朔之善也，是西法有不及中法者，而中法固在西法之前者也。

清・阮元《疇人傳》卷二　沈括

論曰：括於步算之學，深造自得，所上三議，並得要領。其《景表》一議，尤有特見。所謂煙氣塵氛，出濁入濁之節，日日不同，即西人蒙氣差所自出也。

又　卷一三　瞿曇悉達

論曰：《九執(術)[曆]》，今西法之所自出也。名數雖殊，理則無異。如《九執》之十二相，即西法之十二宫也；中日中月，即太陽太陰平行度也；日藏月藏，即引數；定日定月，即實行也。《九執》日平行起春分減二相二十度，則最高起算之端在夏至前十度矣。今法最高有行分，而在夏至後，《九執》最高則恒在夏至前十度也。日量即日徑，月量即月徑。阿修者，日道月道之交，亦即地景也。間量者，距緯也。以日月地景徑及距緯論交食，亦與今西法同也。惟《九執》譯於唐時，其法尚疏，後人精益求精，故今之西法爲更密合耳。

清・簡朝亮《尚書集注述疏》卷一　述曰：【略】《周髀》者，蓋古句股之數，曆度著焉。其書稱周公受於大夫商高者也，其稱陳子與榮方所言者，雖或失之，然曆度終賴以存也。書疏言蔡邕《天文志》嘗議《周髀》之書，則其書古矣。宋太祖時沮渠茂虔獻其書，今泰西算術皆繇是推之也。周者，日表立東周也，故曰周髀長八尺。髀者，股也，正晷者句也。《周髀》云，天三百六十五度四分度之一，歲三百六十五日四分日之一。又云歲三百六十五日九百四十分日之二百三十五。所謂四分日之一也，《漢志》謂在天成度，在曆成日者是也。蓋周天之度何以知之乎，積日後天之數則知之矣。月二十九日九百四十分日之四百九十九，亦周髀義也。天左旋，日月亦從而左旋。其右旋者，因其不及天而見者也。不及天者，後天者也。曆家言日月右旋，今泰西灋同，蓋於度分不及者，不以爲日月後天之數，而以爲日月所行之數則實測然也。

清・董毓琦《盛世參苓算稿・序》　自堯典令命羲仲宅西曰昧谷，其法已流於歐羅巴。自秦政焚坑，魯壁僅留蝌蚪，而草野尚有遺賢。漢洛下閎獨抱卞和之璞，北平張蒼能治《顓頊曆》，張壽王尚奉《黄帝調曆》。漢中葉西人多禄畝襲取中法，盛行泰西。

清・王仁俊《格致古微》卷一　《易》　凡三百六十當朞之日。案：即《九執》《回回術》以整數紀天行之祖。秦蕙田《觀象授時》曰，《九執》《回回》等書以三百六十度紀周天之行而不用奇零，其實邵子元會運世法已然，蓋本之《易》，定爲整數，非預襲乎西法也。王鳴盛《蛾術編》七十二曰，古曆三百六十五日四分之一，今曆已將奇數去之，就整數以便算。俊謂此西法襲我中法之證。

又　《書》　《堯典》乃命羲和章。案：此章皆曆學之祖。寅賓之類以測象，曰宅嵎夷，宅南交，宅西，宅朔方，即後世里差之法。星鳥之類以測象，星即歲差之法，朞三百有六旬有六日，以閏月定四時成歲以測象，月即歲實及置閏法。梅文鼎《曆學疑問》曰和仲宅西爲西法之所本是也。

在璿璣玉衡。案：此測天儀器之祖。《史記索隱》九引馬傳曰，機渾天儀可轉旋，故曰機衡，其中横筩以璿爲機，以玉爲衡，蓋貴天象也。《隋書》十九引鄭注曰，其轉運者爲機，其持正者爲衡，皆以玉爲之。宋本《御覽》引范寧注，璿爲衡璣者，轉也，衡者平也，若今渾天矣。玉者所以正天文之器，今西人儀器不能越此範圍。【略】

日月之行則有冬有夏，《洪範》傳月有九行。案：月行即白道説也。王沂《續通考》曰，唐宋來，以九道爲月道總名，而推算之法則一，元《授時》則直以月道爲白道，明《大統》及西法皆與《授時》同。

又　《周禮》　大司徒以土圭之灋測土深，正日景，以求地中。日南則景短多暑，日北則景長多寒，日東則景夕多風，日西則景朝多陰。案：此測驗之法，可悟地圜之理也。《觀象授時》曰，環地南北之外有北極高下爲準，而東西之度即所謂景朝景夕者。陳懋齡《經書算學天文攷》曰，凡日在天頂則表無景，此惟戴日下則然。中國地在日北，日在正南，故可以景之進退分寸言，而于冬夏至測之景之進退分寸不能過是。又曰地渾圓如毬，天在地平上，見者一百八十度。西人象限之法分地平上爲兩象限，南北各九十度，有極出地度，有赤道度，有黄道度，皆于兩象中取之。《食舊德齋襍箸》曰里差之法自古爲然，逮後疇人出亡，厥術幾佚，至元耶律楚材《西征庚午元曆》以尋斯干城爲里差之元，東加西減，而有東西里差。郭守敬奏遣官東極高麗，西踰滇池，南迄朱厓，北盡鐵勒，凡二十七所，誌其極出地度並晷景，而有南北里差，然猶未備也。我聖祖仁皇帝分命臺臣四方行測，遂盡取天下郡縣化極出地並偏京師度，繪爲輿圖，然後言里差者有攷焉。鄒伯奇《學計一得》上曰，據《新法算書》載周顯王時西人測得二十三度五十一分二十秒，中比例求之，是尺五寸之測實諸侯去籍時所改，《新法曆書》曰割圜亦屬古法，蓋人用圭表測天，天圓而圭表直，與圓爲異類，詎能合歟？此所以有割圓之法也，新法名爲八線表云。【略】

馮相氏掌二十八星之位。案：此二十八宿西法所本。《觀象授時》引戴震曰，歐邏巴之法本之回回，而回回則本之中土漢時，故中法有二十八宿，彼亦同。

挈壺氏懸壺以水火守之，分以日夜，鄭注漏箭共百刻。案：此漏用整刻之始。《觀象授時》曰，古刻法晝夜共百刻，每刻六分之爲六小刻，每小刻又十分之，故晝夜六千刻，每刻六十分也。其散於十二辰，每一辰四大刻二小刻，共得五百分。漢建平中改百刻爲百二十刻，若不改分則五十分爲一刻，十刻爲一辰也。梁天監中改用整刻九十六，若不改分，則每刻得六十二分有半。二法皆不若古用八大刻四小刻之密。回回晝夜刻法亦用整刻九十六，每一辰八整刻，而以四刻爲一小時，猶夫古法之有初初、初一、初二、初三、初四、正初、正一、正二、正三、正四也。每小時六十分，猶夫古法每刻六十分之意而變用之也。其度法有初度，有一度，亦猶古法有初初、初一、正初、正一也。周天用三百六十度，亦猶晝夜三十六頃之説也。今歐邏巴刻法悉同回回。俊案：《明史・天文志》西洋之説命日爲九十六刻，使每時得八刻無奇零，以之布算之器甚便。又案：此即自鳴鐘式所自出也。《説文》漏以銅盛水，刻節，晝夜刻百。《小學紺珠》薛季宣云，晷漏有四，銅壺、香篆、圭表、輥彈。西洋自鳴鐘制出刻漏。《疇人傳》云，輥彈即自鳴鐘，宋以前有之。俊案：明馮時可《蓬窗續録》曰，利瑪竇出自鳴鐘，僅如小香盒，精金爲之，一日十二時，凡十二次鳴，亦異物也。王士禎《池北偶談》云，香山嶴有定時臺，巨鐘覆其下，立飛仙臺偶，爲擊撞形，亦以機轉之。俞先生《樾茶香室三鈔》曰，据續録此中國有自鳴鐘之始。然云一日十二鳴，則與今製異。据偶談時發響起子末一聲，至午初十二聲，復起午末一聲，至子初十二聲。前揭圓槃書十二辰，俟某時鐘動，則蟾蜍移籌指某位，即今自鳴鐘。然子初十二聲，午初十二聲，則與今製尚有異也。

又 《左傳》 莊七年恒星不見。案：此即西算地影説也。《新法書》曰，恒星依黃道東行，六十九年一百九十一日七十三刻而行一度。多祿某測一百餘年而行一度。泥谷老後多祿某一千三百八十六年，又以時史所記測得六十一年而行一度。第谷用前賢之成法，展轉參訂，得每年行五十一秒七十年又七閲月而行一度。《觀象授時》曰，西人測恒星東行，或六七十年一度，或逾百年一度亦如漢以來言歲差者之疏密不一。

十八年三月日有食之。案：《經義叢鈔》載范景福説曰，步春秋日食，黃氏南雷用西法，閻氏百詩用中法。中法自《太初》《三統》以後，代有改憲，惟《授時》集諸術之大成。西法自利瑪竇諸儒入中國，各有發明，唯御製《曆象考成》推闡精備，以之攷春秋日食二法，小異而大同。前儒或專用中法，專用西法，未嘗參較。宣城梅氏論中西同異，亦言其理而不覈其數。沈存中《筆談》載衞樸精於算術，春秋日食，樸得三十五，惟莊十八年三月日食，古今算皆不入食限。黃南雷以西法推之，在夏二月，於周爲四月，謂是年二月有閏，故樸算不合。今以西法覈之，當在夏三月，於周爲五月。黃氏蓋偶誤其月而算數不訛。以《授時》較之，入限亦在夏三月，於經文後二月即置一閏尚後一月，難以通矣。竊疑襄公時再失閏，當莊公之世似已失一閏，故月數不符，迨襄二十七年頓置兩閏以應天正，其後始符乎曆數。是以昭二十四年五月日食，閻百詩以授時推之遂合其數可稽，不然豈《授時》不合於莊公之時，而獨合於昭公之時乎？且古今異時，術宜修改，上推有先天後天之失，亦不過數日數時。如莊十八年日食，《穀梁傳》云夜食也，是爲帶食加時宜在卯，西法推之在壬子戌初，中法推之在壬子酉初，於經文後七時，此僅求平朔交泛，毫釐差積，古今之勢也。若尚後一月，中西皆同，非失閏之説無以通之。至黃南雷推得癸丑未初，蓋密求定朔實交周尚有實距時加減分，故於平朔差十餘小時而干支爲癸丑，與杜氏《長曆》四月朔合，蓋《長曆》閏在上年歲終故也。此足見西法上推密於《授時》，而《後編》歲實又與前編不同，亦似更有消長之法。徐文定公曰，鎔西人之巧算，入大統之型模，惟我朝時憲之精碻，足以當之矣。

又 《孟子》 離婁苟求其故，千歲之日至可坐而致也。案：中曆步算以冬至爲始，紀歲以立春爲始，西曆紀月，遂有建子、建寅二法。顧觀光《西月日攷補遺》曰，西人紀月二法，建子、建寅如中曆步算起冬至而紀歲則起立春也。但彼以太陽會恒星爲歲，不用閏月，又與中曆不同。各宮朔日之度參差不齊，獅子十七度或十八度，雙女十八度，天秤十七度或十八度，天蝎十八度，寶瓶二十二度，雙魚二十度或廿一度，白羊二十度，金牛廿一度，蓋白羊以後日行縮曆故一月三十度而不足，天秤以後日行盈曆故一月三十度而有餘。梅文鼎謂西曆以太陽行滿三十度即爲一月，亦攷之未盡矣。

又 **卷二** 《續漢書》 《律曆志》得三百六十五四分度之一爲歲之日數，歲十九名之曰章。案：此亦西曆所本也。《新法算書》曰，默冬於周考王十四年推定十九年而太陰滿自行本輪之周，復與太陽同度，爲月二百三十五，是謂章歲。西法謂之金數用以求月之日，故古西法以二十八章歲爲一衺，十五衺爲一總，積七千九百八十年，每年三百六十五日四分日之一。周考王十四年爲總期之四千六百八十六年。《疇人傳》曰十九年爲一章，三百六十五日四分日之一爲一歲，與後漢《四分術》同，知西法密合天行，亦以漸臻非一蹴幾也。又曰西人舊率即四分法。

又《晉書》《天文志》郗萌宣夜説，天了無形質，仰而望之，高遠無極，故蒼蒼然，譬之望遠道黄山皆青，察千仞深谷而黑，青非正色，黑非有體，日月衆星浮生空虛中，行止須氣，是以七曜游住順逆伏見無常，進退不同，無所繫著，若綴附天體不得爾也。案：《談天集證》曰，此與西法無一不合，行止須氣尤妙，申之曰氣足以攝則行，西人所謂離心力也，氣足凝之則止，即所謂向心力也。《疇人傳》曰，不附天體，則七曜自存高下，可知西人言日月五星各居一天，即不綴附天體説。俊案：許桂林嘗采宣夜遺文通以西法，著《宣西通》三卷，知西法之本宣夜者多矣。日月衆星浮生虛空之中。案：即西人物黏吸於毬上説也。《天香樓偶得》曰，《晉志》此説已奇，西學言地如一圓毬，凡一切流峙動植之物皆黏吸於毬上，故海水繞毬而流，人物環毬而生。【略】

又《律曆志》劉洪《乾象術》過周分云云兼數云云。案：《疇人傳》曰月行十三度十九之七，此平行率也。驗諸天象，或行十三度不足，或十四度有餘，知月行有遲疾矣。此遲疾一周，至度端又過三度有奇。乾象之過周分，西人之月最高行也。日有日道，月有月道，月道出入乎日道，自離交而前而後，各有相距之數，其最大爲五度有奇。乾象謂之兼數，西人云黄白距緯也。

又《南齊書》《祖沖之傳》。祖沖之注《九章》，造《綴術》數十篇。亦見《南史》。案：此西人籌算之所放。《夢溪筆談》曰求星辰之行，步氣朔消長，謂之綴術，謂不可以形察，但以算數綴之而已。据沈説知祖氏積候既久而成此推步之法。《學海堂四集》十四載伊德齡曰，推五星伏見順逆，求日月之盈縮遲疾，步氣朔之消長，皆賴測候。得其實行，乃通以所歷周率分，得其平行，復以平行加減實行，乃知進退損益之數。故測候精而立法密。祖氏《綴術》，惟此足以當之。若平圓周徑弧矢相求，有形可見。劉徽、祖沖之求密率，皆用句股屢求，然求之細則太煩。西人杜德美爲捷法，習之者不解，謂與劉、祖法異。董方立作《割圜連比例圖解》明之，乃知根於極小句股。西法始有次輪、均輪、橢圓之法，似數生於象，其立法之根乃因盈縮之極數借次輪之象以顯之，數有不合，又加均輪以湊之，仍未密合，乃更爲橢圓，行均分積以齊之，以求日行可矣，求月行復有盈縮，有負圈，有朔望輪，求星之行，則有伏見歲輪，又以日行高卑而增減歲輪，豈果能乘虛御風而見有此輪耶？何以定此輪之大小哉？亦以算數綴之而已。故其法隨時修改，則其輪徑必隨時增減。梅文鼎《弧三角舉要》序曰，自劉徽、祖沖之各爲圓率，逮元趙友欽定爲徑一則圍三一四一五九二，與今西術略同，皆割圓以得之，非句股奚籍焉？王鳴盛《蛾術編》七十二曰，西洋曆法本於祖沖，蓋因遼人大石林牙至天方傳其術，因而轉入西洋，外國善遵師説守而不變。陳潮《綴術緝補》曰，戴震於《永樂大典》檢得《算經十書》，因《綴術》佚亡，遂取西人籌算一册代之，究屬未善。

又《新唐書》《天文志》。詔一行與令瓚等更鑄渾天銅儀，圓天之象，具列宿赤道及周天度數，注水激輪，令其自轉一晝夜而天運周，外絡二輪綴以日月，令得運行，每天西旋一周，日東行一度，月行十三度十九分度之七，二十九轉有餘而日月會，三百六十五轉而日周天，以木櫃爲地平，令儀半在地下，晦明朔望遲速有準，立木人二於地平，上其一前置鼓以候刻，至一刻則自擊之，其一前置鐘以候辰，至一辰亦自撞之，皆於櫃中各施輪軸鉤鍵，關鏁交錯，相持置於武成殿前，以示百官，無幾銅鐵漸澀，不能自轉。俊案：上元三年，楊炯補校書郎，備見銅渾之象，作渾天賦，見《新唐書・文藝》王勃傳，《舊唐書・文苑傳》，又《玉海・天文類》。遂藏於集賢院。【略】案：西人所製儀器，總不能出此篇之窠臼。《疇人傳》載唐志銅鐵下敓漸字，内孔誤作兩孔，裏黄誤作裹黄，兩方誤作西方，今正。【略】

泥婆羅國頗解推測盈虛，兼通曆術事。天竺國善天文曆算之術。罽賓國遣使進天文經，拂菻國其王城門樓中懸一大金，稱以金丸十二枚屬於衡端，以候日之十二時，爲一金人其大如人，立於側，每至一時，其金丸輒落，鏗然發聲引唱，以紀日時，毫釐無尖。案：顧炎武《日知録》曰，西域人善天文，自古已然，蓋不始回回、西洋也。据顧説知西人襲吾中法不自今日始矣。【略】

唐開元十二年，南宫説測得大率五百二十六里二百七十步，景差有奇，皆未爲密率。案：西法密率説本此。

又《元史》《天文志》簡儀之後繼以仰儀。案：此半周象限二儀所本也。梅文鼎《二銘補注》曰，西器或用一環之半爲半周儀，或四分環之一爲象限儀，并因此而益簡之，以測渾體，初無不足。【略】

郭守敬創法五事，二曰月行遲疾，古術皆用二十八限，今以萬分日之八百二十分爲一限，凡析爲三百三十六限，依垛疊招差求得轉分進退，其遲疾度數逐時不同，蓋前所未有。案：垛疊招差，即彼平方、立方法也。又見本傳齊履謙行狀。《疇人傳》二十五曰，垛疊招差，句股弧矢之法，前此言算造者弗能用也。《疇人傳》曰，屢次乘除之後，其加減之衰，如平方、立方與郭守敬垛積招差法正類。

又　卷三　《周髀》　謹案：欽定《四庫提要》曰，歐邏巴人言地圓，即所謂地法覆槃，滂沱四隤而下也。其言南北里差，即北極左右夏有不釋之冰，物有朝生暮穫，中衡左右，冬有不死之草，五穀一歲再熟，是爲寒暑推移，隨南北不同之故，及所謂春分至秋分極下常有日光，秋分至春分極下常無日光，是謂晝夜永短，隨南北不同之故也。其言東西里差，即所謂東方日中，西方夜半，西方日中，東方夜半，晝夜易處，如四時相反，是謂節氣合朔，加時早晚隨東西不同之故也。其西曆書述第谷以前西法三百六十五日四分日之一，每四歲之小餘成一日，亦即《周髀》三百六十五日者三，三百六十六日者一也。又《乾坤體義提要》曰，利瑪竇撰是書，言天象以人居寒煖爲五帶，與《周髀》七衡説畧同。又《測量法義》《測量異同》《句股義提要》曰，徐光啓撰演利瑪竇所譯，以明句股測量之義。首造器，器即《周髀》所謂矩也。次論景，景有倒正，即所謂仰矩、覆矩、卧矩也。次設問十五題，以明測望高深廣遠之法，即所謂知高知遠知深也。又《渾蓋通憲圖説提要》曰，李之藻撰，梅文鼎嘗作訂補其説曰，渾蓋之器，見於《元史》札瑪魯鼎所用儀器，疑爲《周髀》儀術流入西方。聖訓煌煌，知所折衷矣。

天象蓋笠，地法覆槃、滂陀四隤而下。又北極之下，以春分至秋分爲晝，秋分至春分爲夜。又日行極北，北方日中，南方夜半。日行極東，東方日中，西方夜半。日行極南，南方日中，北方夜半。日行極西，西方日中，東方夜半。案：此地圓之説也。聖祖仁皇帝問陳厚耀地圜出何書，以《周髀》對問。何以見其圜，以《職方外紀》西人言繞地過一周，四帀皆生齒所居，故知其爲圜。且東西測景有時差，南北測星有地差，皆與圜形相合。陳所對如此。《曆學疑問補》曰，惟地體渾圓，故近赤道則晝夜之長短漸平，近北極則晝夜長短之差漸大，推而至北極之下，遂能以半年爲晝，半年爲夜矣。若地爲平面，則南北晝夜皆同，安得有長短之差，隨北極高下而異乎？一也。又曰，地圓與天相似，太陽隨天左旋繞地環行，各以其所到之方正照而爲日中正午，其對冲之方在地影最深之處即夜半子時矣。使地爲平面，東西一望皆平，則日一出地而萬國皆曉，日一入地而八表同昏，安得有時刻先後之差？此日中彼夜半乎？《周髀》又言，北極之下不生萬物，北極左右，夏有不釋之氷，物有朝耕暮穫，中衡左右，冬有不死之草，五穀一歲再熟，惟天地同渾圓，故易地殊觀而寒暑别。北極下地即以北極爲天頂，而太陽周轉近於地平，陽光希微，不能解凍，萬物不生，其左右猶能生物，而以春分至秋分爲晝，故朝耕而暮穫也。

笠以寫天。天青黑，地黄赤，天數之爲笠也。青黑爲表，丹黄爲裏，以象天地之位。而七衡圖後又云，凡爲此圖以丈爲尺，以尺爲寸，以寸爲分，分一千里，凡用繒方八尺一寸。案：此即古繪圖法，益證地形爲圓也。《曆學疑問補》曰，寫天之笠竟展而平，而以北極爲心，赤道爲邊，用割圓切線之法以考其經緯度數，則周天之星象可一一寫其形容。其赤道南之星亦展而平，而以赤道爲邊，今西洋所作星圖，自赤道南中分爲兩即此。又云笠以寫天，似與渾蓋較爲親切耳。夫蓋天以平寫渾，必將以渾圓之度按而平之，渾蓋之器如剖渾球而空其中，乃仰置几案以通明，如玻瓈之片平掩其口，則圓球内面之經緯度分映浮平面，一一可數而變坳爲平矣。然其度必中密而外疎，故用切線。蓋西法有簡平儀，亦以平測渾之器。凡測天之器，圓者必爲渾，平者即爲蓋。簡平儀以平圓測渾圓，是亦蓋天中之一器也。由是言之，渾蓋與簡平異製而並得爲蓋天遺製，一則用切線，一則用正弦，非是則不能成器矣。因知古人本有切弦割線之法，而西人襲之。《三角形論》謂衆角輳心以算弧度，必古曆流傳西土，此反失傳也。顧觀光書後曰，經中周徑里數爲繪圖而設，非其真，西人渾蓋通憲見於外衡大於中衡，與《周髀》合。鄒伯奇《皇輿全圖》自序曰，地圖以天度畫方，至當不易，然地球經緯相交皆成正角，而世傳輿圖至邊地竟成斜方形，既非數理，又失地勢，其蔽在以緯度爲直線也。昔嘗爲小總圖依渾蓋儀用半度切線以顯迹象，然州縣不備，且内密外疏，容與實數不符，故復爲此。其格緯度無盈縮而經度漸狹，相視皆爲半徑與餘弦之比例，横九幅縱十一幅合之，則成地球滂沱四積之形，欲使以圖繪圓其圖乃肖也。

清·黄鍾駿《疇人傳四編》卷一　岐伯

論曰：金匱華明經世芳曰，上古言天諸家，絶無師説，而天地動静、左行右行之理，見諸古書者，則惟岐伯始言之。如金山顧上舍觀光云，其言上者右行者，謂日行黄道，自北而西，而南而東，是右行也。其言下者左行者，謂地有四游，自南而西，而北而東，是左行也。左右皆一歲一周天，而右行之度微不及於左行，故云餘而復會，是即西法之最高、卑行也。其言天地動静者，自地視之，地不動而日月五星皆動；自日視之，日不動而地月五星皆動。動無定形，遲速無常度，宜鬼臾區不能徧明也。其言七曜緯虛者，謂七曜皆在太虛之中，非同麗一天，亦非各有一天也。其言地爲人之下、太虛之中者，自人視之，地爲下，而地在太虛之中，與七曜等，斷無七曜皆動而地獨静之理也。其言大氣舉之者，凡物動則風生，静則風息，地旋轉於本心，九十五刻奇而一周，則大氣之環繞於天地，亦九十五刻奇而一周。使一刻不動，一刻無大氣，而地不能安於其所。惟地之動終古不息，故大氣之旋亦終古不息。而人物之附於地者，不見其動，但見其静也。其言風寒在下者，西法之冷際也；燥熱在上者，西法之火際也；温氣在中者，西法之温際也。寒性堅凝，風以動之，而太陽之火遊行其間，則化而爲温。水土之氣爲太陽所吸，行上至冷際，遂能升高爲卑，映小爲大。西人清蒙氣差從此出矣。其言象之見者，星高於太陽，則距地遠而視若小；下於太陽，則距地近而視若大。五星以太陽爲心，古知之矣。其言西行、北行、東行、南行者，春氣西行，則視日恒差而東；夏氣北行，則視日恒差而南；秋氣東行，則視日恒差而西；冬氣南行，則視日恒差而北。此高卑盈縮之理，即下者左行之説也。

竊按《素問内經》[《内經·素問》]與推步曆數相表裏者，尚不止此。而其文簡意賅，理奧趣深，直通造化之原，爲格致學之大者。則西人格致一學，其亦以此爲嚆矢也與？攷西史，當周幽王時，羅馬人漢尼巴潛入中國，得《内經·素問》諸書歸國，精心覃究，十有餘年，醫名鵲起，各國人多受業焉。彼中穎悟之士，或即此書以旁通於推步曆數，未可知也。

又　惠施

論曰：地爲球體，聞者每驚奇而駭異，不知古書已屢言之。惠子所謂天與地卑者，即地繞日而行，則地之上下左右無非天也；山與澤平者，即地半徑萬一千餘里，而山之最高與海之最深者，皆不過十五里，約爲地半徑七百分之一，故覺山與澤平也；我知天[下]之中央，燕之北、越之南者，即地形橢圓，其長半徑之中在北極下，則燕之北也，其短半徑之中在赤道下，則越之南也。觀於此，而知源之出於中國，益信然矣。

算術分部

綜論

明·張自烈《正字通》卷七　秒弭沼切。【略】秒，同律數。十二秒而當一分，十分而寸。今曆大率一分百秒，或八十秒。西法每度六十分，一分六十秒。其義本此。《周禮總義》曰：十二時，每時八刻二十分，每刻六十分秒因之，則古已有六十分之法。《班固傳》造計秒忽。註：秒，禾芒。忽，蛛網。皆物之細者。

清·年希堯《測算刀圭·叙》　算數作於隸首。九數中句股以御高深廣遠，本於《周官·大司徒》。算數測量之學，其來已久，後世劉徽、祖冲之等又加密測，謂之割圓密率。歷代講求，踵事加詳。至今西術，而有三角八線之用，殆已無可復加。然《周髀算經》所載北極之下朝耕暮穫，與西測地圓之説實相符契。由是觀之，算術本自中土，傳及遠西，而彼中學者，專心致志，群萃州處而爲之，青出于藍而青于藍，氷出于水而寒于水，亦固其所。我國家同文之治，聲教汔於四表，西人慕義，來者益多，既兼釆其法以治曆明時，而曆書百卷流通宇下，亦賴此地文人爲之發揮編纂，而其旨逾明，其精益出，是則古人測算之法，得西説而始全，而中西同異之疑，亦至今日而始定，可謂千載一時。

又年希堯《度算釋例敘》　《度算釋例》者，宣城梅子定九因西人之作而爲之者也。西學未出之先，古有《九章》，一曰方田，以御田疇界域；二曰粟布，以御交易質劑；三曰差分，以御貴賤廩税；四曰少廣，以御方員冪積；五曰商功，以御功程積實；六曰均輸，以御遠近勞費；七曰贏不足，以御隱雜互見；八曰方程，以御錯糅正負；九曰句股，以御高深廣遠。而總名之九數，則言算數，而測量已在其中矣。秦火以後，淵源莫考，不知何時此學流入西國，西國之人家傳代習，精于測量，遂能以量法爲算法。

清·陳杰校《緝古算經·例言》　一，比例之灋，昉自《九章》，傳由西域。在古灋曰異乘同除，在西灋曰比例等。假如甲有錢四百，易米二斗，問乙有錢六百，易米幾何。答曰三斗。灋以乙錢爲實，甲米乘之，得數，甲錢除之，即得。錢與米異名相乘，錢與錢同名相除，故謂之異乘同除。此古瀍也。以甲錢比甲米，若乙錢與乙米。凡言以者一率，言比者二率，言若者三率，言與者四率。二三率相乘，一率除之，即得。此西瀍也。古瀍在元明時，中土幾已失傳，不知何時流入西域。明神宗時西人利瑪竇來中國，出其所著之書，中土人皆矜爲創見，其實所用皆古瀍，但易其名色耳。兹以西人名色解王氏，固取其平近，亦以明中西之合轍也。

清·駱騰鳳《藝遊録》卷一　筆算定位

筆算，西法也，亦古人用籌策之遺意，即謂歐羅獨智，亦當如翻切之學出於波羅門書，相承而不可廢也。

清·潘逢禧《算學發蒙·筆算》　筆算説略

筆算之法，始於《同文算指》，乃西儒舊式，利西泰所授，前明李水部之藻所刻也。考唐有《九執曆》，不用布算，唯以筆紀。史謂其繁重，其法不傳。今之筆算，或其遺意歟？其列位皆係衡行，乘法則法數與實數相叠，除法則得數與實數相離，殊混人目。後如《西鏡録》等書，乃稍稍講明，然亦酌取中法爲之，未盡精審。宣城梅徵君始爲詳加更定，易横而直，乘法則縱衡相遇，除法則法實相對，算理井然，有條不紊。蓋旁行者，西法之書也。天方國字自右而左，歐羅巴字自左而右，皆衡列爲行。彼中文字既衡，故筆算亦衡，中土文字既直，故筆算亦宜直，庶便於用，非矜勝也。至如布算之法，定位爲先。西儒創始之時，容有未善。徵君於乘除兩法，仍以每下得術，法上得零定之，可謂卓見矣。或者以算兼用筆爲煩。不知近人日用，不過乘除小數，若如方程勾股諸法，則必各列副位，是未嘗不資筆札也。獨念古人創立《九章》，意美法良，自經祖龍之燄，淵源莫攷。不知何時，此學流入西國。西國之人，家傳户習，遂能獨出新意。分道揚鑣，曲暢其理。而我中國至元明後，廢絶不講，儒者幾不能舉似，是亦重可慨也。語曰：禮失則求諸野。信哉。

清·徐鳳誥《算學開方》　吾鄉阮文達公序《測圓海鏡》云：今歐羅巴本輪、均輪、橢圓、地動諸法，其密合無以加矣。原其推步之密，由于測驗，測驗既精，濟以筭術，則有弧三角法。所以筭弧三角者，則有八線表。所以立八線表者，則先求六等邊形、四等邊形以至十(四)八、十四等邊。其求十八等邊、十四等邊二法，則用益寔減寔歸除。所謂益寔減寔歸除者，究其寔即借根方。借根方即天元一。自梅文穆公謂借根方即天元一，阮文達公謂益實減實歸(階)除即借根方。斯二公者真神悟矣。誥因用天元演十八等邊、十四等邊，因推而悟之。理分中末線，西人名曰神分線，惜亦但傳其法，使中率與末率相加與首率等，而究其(其)所以然之理，何以求得中率便爲十等邊形，則歴觀諸籍，其立筭之本均未明析，兹用天元詳其法，用三分弧之通弦明其理。庻學者可知，理分中末線及益寔減寔歸除要皆天元一之法也。

清·王仁俊《格致古微》卷一　《易》《繫辭》大衍之數五十，其用四十有九，分而爲二，以象兩掛，一以象三，揲之以四，以象四時。案：此籌算之始也。梅文鼎《古算衍畧》一曰：大易揲蓍，以一蓍當一數，蓍策所以決疑，非常用之物，故特隆重其製而加長，長則不可以横，故皆縱列，惟分二象兩之後掛，一策以別之，使無淩雜，餘皆縱列，其數四十九，故四揲以稽其實數。布算之法用之若何？曰：五以下皆縱列，六以上則横置，一籌以當五而縱列，其餘然。則十百千萬何以列之？曰：其式皆自左而右，畧如珠筭，亦如西域寫算之位。

又　《書》五皇極。案：蔡沈皇極數即西人寫算法所本。《古算衍略》一曰蔡所紀算位一至五皆縱列，六至九皆横一於上以當五。又自一之一至九之九皆並列，兩位自左而右，此用於宋者。

又　《儀禮》鄉射儀籌八十。案：此用籌之始。又名籌馬。《周禮·大司馬》注争禽者罰以假馬，疏假馬謂獲禽所算之籌，投壺曰正爵既行，請爲勝者立馬，一馬從二馬，以慶三馬，既立，請慶多馬。趙翼《陔餘叢考》四十三曰，今人博局諸戲多用籌馬紀數，其原蓋本於投壺。要之投壺與射禮相通，籌馬皆所以紀數，後世遂襲其名而用小變耳。虞兆漋《天香樓偶得》曰，馬之爲名，所施不一，如《禮記》所云，是以計數之物爲馬也，今俗猜枚之物謂之拳馬，賭博者以物衡錢謂之馬子，交易者以銅爲法衡銀輕重謂之法馬，皆屬計數。黄先生以周《儆季文鈔》六曰，疇人子弟以籌計數，一縮一横，其法仿古司射之釋算，前人已論之。

又　《禮記》王制古者以周尺八尺爲步，今以周尺六尺四寸爲步，古者百畝當今東田百四十六畝三十步，古者百里當今百二十一里六十步四尺二寸二分。案：即彼變測之法所本。孔廣牧《禮記·天算考》曰，此九章同乘異除法也，西法謂之變測，亦謂三率互視。梅文鼎《三角法舉要》或問篇云，互視之術，以同實而成其比例即此法。

又　《大戴禮》王言布指知寸，布手知尺，舒肘知尋。案：此以手指布算之法。《癸巳存稿》十曰：《宋史·律曆志》崇寧時制樂，魏漢津請帝中指寸爲律、徑圍爲容、盛取身爲度之義，則可云布指知寸則非也。《大戴禮》布指知寸言平布十指即是古一尺，指廣一寸。何注公羊側手爲膚，鄭注投壺四指曰扶四寸，鄉射記握素一膚皆一指。案：寸古尺止如此，若大人中指中節之長，或不止今尺一寸矣，且非布義。俊案：《戴禮》又言布手知尺，舒肘知尋，今以手指布算如，俗稱一掌經之類，疑本此。

又《論語》 子罕固天縱之將聖又多能也。案：聖學如天，無所不包。算術特聖學萬分之一。《御覽》七百五十五引《藝經》捐悶三不能比兩者，孔子所造。《困學紀聞》九引之，又引《數術記遺》世人言三不能比兩，乃云捐悶與四維，甄鸞注《藝經》曰，捐悶者周公作，先布本位，以十二時相從。徐援稱捐悶是奇兩之稱。此雖或出依託，然可證捐悶古術周公所創，孔子述之，特今不傳耳。故聖門若曾冉諸賢精通算術，蓋淵源有自矣。彼矜言創獲者，亦知算術爲先聖緒餘乎？

又《易緯》 卧算爲年，立算爲日。案：此亦籌算法也。《古算衍略》一曰，位數多者恐其相混，故三十三、二十二之類，竿位皆一縱一橫以別之。縱即立算，橫即卧算也。《古算器攷》据此以證古有橫直相錯之法。黃宗羲《南雷文約》曰，卧算長水所謂橫也，立算所謂豎也。

又《京氏易傳》 下圓者徑一而開三也，方者徑一而取四。案：此古算之所起也。《困學紀聞》引《京氏易》有積算法，此篇蓋其類。

又 卷二《南史》 沖之又注《九章》《綴術》數十篇。案：沖之注《綴術》，又見宋隋書《律曆志》，《南齊書》本傳。西算立垛積招差以求氣朔消長之説本此。《疇人傳》曰，立垛積招差以求氣朔消長即《綴術》之遺。《綴術》一書當如立天元術之流入彼中，吾亡之而彼得之矣。

密率徑七周十二，又設盈朒二限。案：此亦西算所本也。《新法算書》曰：亞奇默德作圓書，其一云三倍又七十之十則朒，其二云三倍又七十一之十則盈。《疇人傳》曰：三倍又七十分之十即祖沖之密率徑七周二十二也，設盈朒二限，亦沖之遺法。

圓容六邊起算，屢求句股，得徑一者，周三一四一五九六二五。案：西算本此亞奇默德作圓書，言徑一周三之理已詳見前李之藻《圜容較義》，書名襲之，盈朒二限，亦沖之法也。

又《元史》 郭守敬《授時術草》乘除之位。案：此西人筆算籌算所本。《一燈精舍》甲部稾五曰，郭氏之法自左而右，今西人筆算亦皆自左而右。

又 卷三《九章》 一曰方田，以御田疇界域。二曰粟布，以御交易質劑。三曰差分，以御貴賤廪稅。四曰少廣，以御方員冪積。五曰商功，以御功程積實。六曰均輸，以御遠近勞費。七曰贏不足，以御隱雜互見。八曰方程，以御錯糅正負。九曰句股，以御高深廣遠。案：此西算所自出也。年希堯《度算釋例》序曰，西學未出古有《九章》，言算數而測量在其中，秦火以後，不知何時流入西國，西人精于測量，遂能以量法爲算法。如羅雅谷所繹《比例規解》者，尤爲簡妙。梅子之言曰，西人之術多以象告，而翻譯者或未深諳厥，故得其形似，參之臆解，作者之精意遂掩，或者不察，疑其故爲祕惜，亦不然也。夫理有當知與天下共明之而已。中西何異焉？陳杰《古算經細草》例言曰，比例之法放自《九章》，傳由西域，在古灋曰異乘同除，在西法曰比例等。假如甲有錢四百，易米二斗，問乙有錢六百，易米幾何？答曰三斗。法以乙錢爲實，甲米乘之得數，甲錢除之即得。錢與米異名相乘，錢與錢同名相除，故謂之異乘同除，此古法也。以甲錢比甲米，若乙錢與乙米，凡言以者一率，言比者二率，言若者三率，言與者四率，二三率相乘，一率除之即得，此西法也。古法在元明時已失傳，明神宗時西人利瑪竇來中國，出其所著之書，中土人皆務爲創見，其實所用皆古法，但易其名色耳。茲以西人名色解王氏固取其平近，亦以明中國之合轍也。又有論曰，二十一史律志無不用此例者，他如《九章》《緝古》十種算書，大半皆用比例，無如古人總不言比例。如《緝古算經》第二問求均給積尺，欲以本體求又一形之體，忽取兩面冪之數，一用以乘，一用以除，而得。又第九問求圓囤，第十問求圓窖，忽以周徑乘除，即如方亭法求之諸數悉得。讀者實莫能解，走作圖解，蓋審諦久之，而始知其爲比例言，乃明言比以揭之，嗣是而凡閲古算書罔弗比例矣。

又 秦九韶《九章》 載立天元一術。案：即彼借根方也。梅瑴成供奉内廷，聖祖仁皇帝授以西洋借根法，始知借根方即立天元術。談泰曰，西人存心叵測，恨不盡滅古籍，俾得獨行其教以自衒所長，吾儒託生中土不能表章，使之淹没，但知西人之借根方，不知古法之天元一，此豈善尊先民者哉？駱騰鳳《開方釋例》自序曰，天元一術見宋秦氏九韶《九章大衍數》中，初不言創於何人，元李冶《測圓海鏡》《益古演段》二亦用此術，冶稱其術出於九容，今不可詳所自矣。是術也，自平方立方以至多乘方，悉用一術，即芻童、羨除諸形，亦無不可握管而得。西法借根方實源於此，乃以多少代正負，欲掩其襲取之迹，不知正負以別異同，多少以分盈朒，毫釐千里，必有能辨之者。

又《張邱建算經》序。凡約法，高者下之，耦者半之，奇者商之，副置其子及其母，以少減多，求等數而用之，乃若其通分之法，先以其母乘其全，然後內子母不同者，母互乘子，母亦相乘爲一母，諸子共之，約之通分，而母入者出之則定。案：西算亦有雞翁母雛問答法本此。《疇人傳》六曰，雞翁母雛一問而有三答，惟憑心計，於率不通。

幾何分部

綜論

明・陳藎謨《度測》卷上 詮經

請問用矩之道。

謂用表之宜測望之法。

詮曰：以上推製矩之原，立矩之法，以下言其運用也。前經文絶不言表，後叚榮方、陳子條荅，乃言立竿測景。趙氏指出用表之宜，蓋用表與用矩法相倚輔，或表不須矩，或矩不須表，亦可此言用矩之道，似純用矩者。泰西得其遺法。三代以來，不知用矩之道矣。愚意兩著之，而數益宏備。【略】

周公曰：善哉。

善哉言明曉之意所爲問一事而萬事達。

詮曰：商高所言，理明而法備，通幽而入微，上遡庖犧，下迄百世，未有可逾此法者。

周公上叚稱其大，下叚稱其善，于言下洞徹天地矣。

右《周髀算經》首章。徐玄扈曰：凡《九章》句股之鼻祖，甄鸞、李淳風輩爲之重釋，頗明悉，實爲算術中古文第一。愚按：甄、李重釋止趙君卿句股方圓圖而不及經，俱争析其流耳，原本在此不在彼也。又曰至于商高問答之後，所謂榮方問于陳子者，言日月天地之數，則千古大愚也，而亦有近理者。數十語絶勝渾天家。愚故揭首章及趙注詮之，使學者遡矩度之本，其來有自，以證泰西立法之可據焉。

又 詮器

泰西之有《測量法義》也，實本《周髀》舊術而加詳焉。器有矩度以十二爲法，自乘積實百四十有四，《周髀》亦曰兩矩共長二十有五，是謂積矩，是蓋《周髀》以五爲法也。

清・黄宗羲《勾股述序》 句股之學，其精爲容圓、測圓、割圓，皆周公商高之遺術，六藝中之一也。自後學不講，方伎家遂私之，溪流逆上，古塚書傳，緣餙以爲神人授受，吾儒一切冒之以理，反爲所笑。近世韓苑洛作志樂，律管空圍，不明算法，割裂湊補，終成乖謬。其言志樂成而九鶴下舞於庭，不知律吕未諧，何以能感九鶴也。珠失深淵，罔象得之。於是西洋改容圓爲矩度，測圓爲八線，割圓爲三角。吾中土人讓之爲獨絶，闢之爲違天，皆不知二五之爲十者也。數百年以來，精于其學者，元李冶之《測圓海鏡》，明顧箬溪之《弧矢算術》，周雲淵之《神道大編》，唐荆川之《六論》，不過數人而已。海昌陳言揚因余一言發藥，退而述爲句股書。空中之數，空中之理，一一顯出，真心細于髮析秋毫而數虚塵者也，不意制舉人中有此奇特。余昔屏窮壑雙瀑，當牕夜半，猿啼倀嘯，布算簌簌，自歎真爲痴絶。及至學成屠龍之伎，不但無所用，且無可與語者，漫不加理。今因言揚遂當復完前書，盡以相授，言揚引而伸之，亦使西人歸我汶陽之田也。

清・方中通《數度衍》卷首之一 數原

九章皆勾股説。通曰：九數，曰方田，御田疇界域，曰粟布，御交質變易，曰差分，御貴賤稟税，曰少廣，御積冪方圓，曰商功，御功程積實，曰均輸，御遠近勞費，曰盈朒，御隱雜互見，曰方程，御錯糅正負，曰勾股，御高深廣遠，《周禮》保氏注也。《周髀》，周之算經也。陳子曰：髀者股也，正晷者勾也，以勾爲首，以髀爲股。又曰：髀者表也。然《周髀》獨明勾股，不及九章，何哉？偃矩以望高，覆矩以測深，臥矩以知遠，勾股之自爲用也。環矩以爲圓，合矩以爲方，方數爲典，以方出圓，勾股之所生也。數有可見者，有隱而不得見者，有互見者，有旁見者，其變無窮，藏於圓方。少廣，圓方所出也。方田、商功，皆少廣所出。一方一圓，其間不齊，始出差分，而均輸對差分之數。盈朒者，借差求均，又差分均輸所出，而以方程濟其窮。度也，量也，衡也，原於黄鐘，粟布出焉，黄鐘出於方圓者也。三分益一，圓周變爲方周，四分用三，圓積變自方積，故勾股之容，圓方不同，方田少廣生焉。折半以平，粟布、均輸生焉。盈朒、方程生於諸和，商功差分生於諸較。勾股豈非九數之原乎？設爲九章者，便用耳。田疇界域，或見於勾股少廣，方田統之矣。交質變易，或見於差分均輸，粟布統之矣。故九章以用而分，不以數而分也。泰西立十八法，盈朒曰疊借互徵，方程曰雜和較乘，分少廣爲九，而開方諸法有其七，其二曰遞加倍加，勾股有其略，差分仍爲差分，粟布商功見於三率，均輸見於重準測，名異理同，究無同異也。加減乘除出於洛，亦成於勾股。和者，勾股弦之相併也。較者，勾股弦之相較也。併以成加，較以成減，勾股自之而爲弦積，則乘成，弦積開方而爲弦，則除成。有河即有洛，有勾股即有加減乘除，何往非圖書引觸哉。

清・梅文鼎《績學堂文鈔》卷一《再寄李安卿孝廉書》　自違誨益，一紀有餘。回首昔遊，依依如昨。己卯在貴省過承雅愛，爲梓方程。一水過從，以爲至易。不意出嶺匆劇，良晤爲虚。辛巳首春，戒裝入閩。瀕行疾作，又不果行。兹者復當計偕小兒隨隊北來，肅泐數行，以候近履。所欲請益者甚多，然非面教亦不能悉也。某生平讀書不肯懷疑，故于曆算之學嗜之畢生，非自負其偏長，亦以此中義類耐人尋繹，如陟層峯屐與目追，如入九嶷境隨途啓，連類引伸，求以自信其心而止。故自闊別以來，未嘗不于塵事之隙，養痾之餘，輒有論列，其入益深，其用益簡，然但可爲知者道，故亟欲相見，但未審機緣合并確在何時？愚向謂三角即句股，郭守敬渾天之法與西法一理，今益了然。又幾何中如理分中末綫之類，共相詫爲神異者，求其根皆出句股。始知吾聖人九數範圍天地，九州萬世所不能易。想高明聞此亦爲撫掌一快也。自承中丞公之教，不復爲簡帙繁重之書，每多爲小本，以便省覽。合計所撰有數十種，其書各單行，而義亦相發，然皆草稾，容當努力陸續謄清，寄請斧正。其《曆學疑問》尚有當補之篇，宜附之圖，而久未成者，惰廢之愆，真難自解，亦緣鄙性惟欲自明所疑，故往往于所以然之故不憚詳推，而當然處反略。又此書欲人易曉，于淺深之間甚費斟酌。今所論撰，皆三角、幾何深處，不能附入其中，而業已爲之，又難中輟，遂令本書反閣。兹擬屏去一切于正臘之間，專力續成，宜有以就正也。天下萬事不能自主，不但友朋之聚散，著撰之存軼，非可預知，即筆墨所及，亦如山花開放，每于無意中得之，既忝深知，知不以鄙言爲妄耳。

清・全祖望《鲒埼亭集》卷一一　碑銘《梨洲先生神道碑文》

公諱宗羲，字太冲，海内稱爲梨洲先生。【略】嘗言勾股之術乃周公、商高之遺，而後人失之，使西人得以竊其傳。

清・四庫館臣《測量法義提要》　臣等謹案：《測量法義》一卷，《測量異同》一卷，《勾股義》一卷，明徐光啓撰。【略】然測量僅勾股之一端，故於三卷則專言勾股之義焉。序引《周髀》者，所以明立法之所自來，而西術之本於此者，亦隱然可見。其言李冶廣勾股法爲《測圓海鏡》已不知作書之意，又謂欲説其義而未遑，則是未解立天元一法，而謬爲是飾説也。古立天元一法，即西洋借根方法，是時西人之來亦有年矣，而于冶之書猶不得其解，可以斷借方法必出於其後也。

清・江永《河洛精藴》卷六

論三率連比例之理

三率連比例者，以中率爲樞紐，重之而成四率也。《洛書》無重位，何以知其有連比例？以其奇耦數左右旋，有再加之比例而知之也。如一與三九，一其三爲三，兩其三爲六，三其三爲九，今三之後，即得九，是再加也。其中有两三爲之連，三三如九與一九如九等積矣。二與四八，二其二爲四，三其二爲六，四其二爲八，今四之後即得八，是再加也。其中有两四爲之連，四四十六與二八十六等積矣。此如乘方之法，初爲方根，一乘之爲平方，再乘之即爲立方。如以二爲方根，二二如四，二四如八。以三爲方根，三三如九，三九二十七。平方、立方之間其數必驟增。《洛書》奇耦相次，止如乘方，則有重疊之數，隱於其間矣。重數相乘即自乘，正方首尾相乘長方也，而長方與正方必同積。如平圓中截一爲小矢，則九爲大矢，三爲正弦，倍之爲通弦，通弦即中二率，重疊之數也。或先有小矢、大矢之數，而求正弦。一九如九約三三如九，與之等積，則正弦必三矣。或先有小矢、正弦而求大矢，三三如九約九一如九，與之等積，則大矢必九矣。是賴三率連比例之法可求弦與矢也。又變半徑爲中間相連兩率，半徑爲十，全數如正弦與全數若全數與餘割，而餘割線可得矣。有正弦可求餘弦，餘弦與全數，若全數與正割，而正割線可得矣。有正弦可求切線，正切與全數若全數與餘切，則餘切線可得矣。蓋正弦與餘割、餘弦與正割、正切與餘切，其相乘之數皆與半徑全數自乘等積，是以可相求，皆三率連比例之理也。此皆弧矢割圓造八線表之大用，《洛書》明以數理示人矣。

八線表者，正弦、正矢、餘弦、餘矢在圓内，正切、正割、餘切、餘割在圓外。大西洋天學家所造其法，分大圓爲三百六十度，每一度分爲六十分，每一分皆具八線，所以爲一切測算之準繩。前此魏劉徽、晉祖沖之、元趙友欽皆精割圓之術，求圓徑之實數，然皆不能作表。西士始創爲之，有《大測》一書專論之，其求十邊三十六度之通弦，謂之理分中末線，得之甚奇，以今觀之，其數出於《河圖》中宮之五與十也。

又　理分中末線出《河圖》中宮説

《河圖》中宮十數爲股，五數爲句，是股得句之倍，句得股之半也。句自乘二十五，股自乘一百，合冪一百二十五，開方求弦得一萬一千一百八十〇三三九，以句五加弦爲句弦和一萬六千一百八十〇三三九，以句五減弦爲句弦較六千一百八十〇三三九，其餘爲三千八百一十九六六一，是股十中減去句弦較之數也。句弦和爲全線股，倍句爲大分，句弦較爲小分。列率之理，句弦和與倍句若倍句與句弦較，首尾相乘與中間相乘，其積皆一百也。又以倍句爲全線，句弦較爲大分，分餘線三八一九六六一爲小分，倍句與句弦較若句弦較與分餘線，首尾相乘與中間相乘，其積皆三八一九六六一也。八線表半徑用全數如十，則句弦較六一八〇三三九，即十邊三十六度之通弦，得十邊即可求五邊七十二度之通弦。其列率即《洛書》三率連比例之理，其所得十邊通弦之數，實生於五與十而五十，即《河圖》之中宮，至平中有至奇焉。西人秘惜其法，謂此線爲神分線，豈知神奇即在目前哉。

清・梅沖《勾股淺述・例言》

一，西人連比例三率及中垂綫、大分、小分與理分中末綫諸説，理不異勾股，而又別成一解，若兼采之，自足暢此中奥藴，而爲語甚繁。是書期便初學，祇明古法，餘俟續編。【略】

一，先徵君《勾股舉隅》内弦與勾股和求勾股用量法圖説，乃勾股與三角八綫相通之精藴，録載卷終，見西法所由出。

清・沈大成《學福齋集・文集》卷二〇《句股小述》　句股竿術，其精爲容圜、測圜、割圜，周公商高之遺法，自西洋人改容圜爲矩度，測圜爲八綫，割圜爲三角，自炫獨得，而世人耳食目論，遂忘其故。余嘗考《九章竿經》載劉徽割圜術及祖沖之皆以割六弧起數，趙友欽乾象周髀法以四角起數，今西法割圜八綫以六宗率則兼用之，而横詆古人但知徑一圍三，徐光啓等傅會之，是不知二五之即十，不亦傎乎。蓋今之三角竿即古之句股，而割圜八綫又從而引伸之者也。略述其要，爲學者言之。法以素方版，先界一正方，取準中心一點，所謂八綫之根，即半徑規之中心小半圜也。凡四率術之第一率半徑〇亦同。然後于方之内邊規一大圜，周分三百六十度，隨割一角四分讀去聲。之一，得九十度，爲則即象限儀也。而八綫從此可分，所謂割圜也從此而分。取正矢、餘矢、正弦、餘弦、正割、餘割、正切、餘切，所謂八綫也，此三角之本也。然欲明此法用器有三。一曰半徑規，又曰半圜，又曰半弧，上分一百八十度，即三百六十度之半，以爲三角取度之用。二曰規車，上合而下分，其末鋭以爲規圜分度之用。三曰分氂尺，西洋原尺名分氂豪尺，今不能細分以氂爲止。自分而氂分須極準，以爲取量各綫之用。皆範銅爲之。有此三器，隨宜取用，而三角八綫了然矣。分八綫之法，先畫一三角形，以取三綫，其初爲一點，自左而右引爲一綫曰平綫，西法曰矢綫，即中法之句也，以六寸爲率。又自下而上引爲一綫，曰直綫，西法曰切綫，即中法之股也，亦以六寸爲率。又從矢綫之根至切綫之杪止，凡綫下爲根上爲杪。引爲一綫，曰斜綫，西法曰割綫，即中法之弦也。矢切二綫皆六寸，其割綫一定八寸五分，蓋矢、切二綫原可不拘寸數，今以六寸爲率者，因分氂尺止用六寸，合四十五度之定數。各綫之數倣此。再用規車從矢綫之根起，至切綫之根止，規一半圜綫，將此半圜綫分四十五爲定數，蓋非半圜不能定此數，是以先定矢綫，後定切綫，既有度數，則割綫出矣。三角形各綫既具，以分氂尺量之即得八綫之尺寸，而八綫之底藴見于此，可知三角、句股、割圜、八綫之本一理矣。今設有三十五度之切綫四寸二分，因矢綫只六寸，故只四寸二分。矢綫六寸，十倍之即六尺，則切綫四寸二分，亦十倍得四尺二寸矣。若矢綫之六寸折半爲三寸，則切綫之四寸二分折半爲二寸一分矣。餘可類推。蓋矢切二綫合象限折半四十五度之定數，俱是六寸，故以爲則八綫之長短、大小原無一定，今依分釐尺所定而取之，則初學易曉。苐用尺量即得各綫之尺寸矣。象限止九十度，折半得四十五度，自一度至四十五爲四正綫，自四十六度至九十爲四餘綫，四餘以通四正之用，蓋因切割二綫過四十五之外漸漸加長，無有底止，故用餘綫代量，以通其用。今設有五十八度之切綫，已過四十五度之外，則以九十度全數減去五十八度只剩三十二度，則用餘切代量得九寸六分，再取五十八度之切綫，以尺量之亦九寸六分。此法最捷，不必布竿之紛紜也。是故規車盡圜之用，半徑規盡度數之用，分氂尺盡各綫之用，句股之學無難矣。至比例尺理法亦精，恐初學一時難明，不若分釐尺之較便，故只用之云。

清・董祐誠《割圜連比例圖解・跋》　余以垜積釋比例而三角及方錐堆三乘以下，舊無其術。近讀元朱世傑《四元玉鑑》茭草形段、果垜疊藏諸問，乃知遞乘遞除之術近古所有，而遠西之士尚能守其遺法，有足珍者。

清·阮元《疇人傳》卷一 榮方 陳子

論曰：以句股量天，始見於《周髀》。後人踵事增修，愈推愈密，而乃嗤古率爲觕疏，毋乃既成大輅而棄椎輪耶？歐邏巴測天專恃三角八線。所謂三角，即古之句股也。伏讀聖祖仁皇帝御製《三角形論》曰：「論者謂今法、古法不同，殊不知原自中國，流傳西土，毋庸歧視。」大哉王言！非星翁術士所能與知也。

又 卷四三 亞奇默德

亞奇默德，作《圜書》，言圜形之理，内三題：一題言圜形之半徑，偕其周，作句股形，其容與圜形之積等。二題言凡圈周三倍圈徑有奇，此有二法。其一云，三倍又七十之十則朒；其二云，三倍又七十一之十則盈。三題言圜容積與徑上方形之比例，一爲十一與十四而朒，一爲二百二十三與二百八十四而盈。又有《圜球圓柱書》，論圜球之全理，一卷。三十一題言球上大平圜之積，爲本球圜面積四之一。三十二題言徑三之二，乘大平圜之積，生球容之數。又論量球一分之容，與橢圓體及分角體之理。《新法算書》。

論曰：三倍又七十分之十，即祖沖之密率徑七周二十二也。設盈朒二限，亦沖之遺法也。

清·趙懷玉《揣龠小録序》 夫測驗之用在八綫，八綫之始由割圜，圜之體具渾象之全而割切者八綫之四也。八綫雖闡自西人，遡其所由，實《九章》之句股。考郭太史弧矢割員法，先變渾爲平，任割平之一分皆有弧、有矢、有弦，乃以弧、矢、弦與員半徑互爲句股。今也弦、矢皆仍其名，割即半徑之割出員外者，切則切弧之外綫，而皆以附用弧者爲正，附棄弧者爲餘，於是綫凡得八，順逆犁然，縱橫句股，中西之理，豈有間哉？

清·岑建功《割圜密率捷法序》 割圜，古法也。圜不割，則無由知圜之周。自魏劉徽注《九章算術》，以勾股術用圜内六邊形起算，從其六觚之環，即爲徑一周三之古率，由是而弧矢之術生焉。元趙友欽《革象新書》用圜内四邊形起算，由是而西人之六宗三要二簡法生焉。

清·王鑒《筭學啓蒙述義》 望海島術出楊輝筭法。

今有望海島立二表各五丈，丈當作步。相去千步，前後參直，從前表卻行一百二十三步，人目著地取望島峰與前表參齊，復從後表卻行一百二十七步，人目著地取望島峰亦與後表參齊。問島高及島距前表幾何。

答曰：島高四里五十五步，島距前表一百二里一百五十步。六尺爲一步，三百步爲一里。

鑒案：此三角比例術也。世之言西學者，輒謂三角始於西人，觀此術及《四元玉鑑》或問歌象第一問葭蒲梢接題，皆得三角中妙用。是時泰西之學未入中國，古人已立其法，特未立三角之名耳，且其術皆借句股立筭，似可以句股賅之。又安知古人不另有著述，湮没不傳，或亦如天元一術流入外洋，爲西人借根方所依傍。未可知也。

又 卷中 田畝形段門十六問。

今有三斜田一段，大斜七十五步，中斜六十步，小斜四十五步，中股長三十六步。問爲田幾何。【圖略】

答曰：五畝六分二厘半。

術曰：列大斜七十五步，以中股長三十六步乘之，得二千七百步，折半得一千三百五十，爲田積，步以畝法而一。合問。

鑒案：此即西法三角之濫觴也。中股乘大斜得長方積，乃三斜形倍積，故折半得田積。三角形自中股剖之成二句股形，同以中長爲股。西人三角算法皆借句股爲用，則句股可以該三角也。中學惟測海島術係三角比例，《玉鑑》或問歌象第一問係三角求中垂線法，《啓蒙》有三斜田。竊謂古人必有算三角法，其書殆湮没不傳耳。識此以告世之治中學者。

清·程岱葊《野語》卷八 習天文

或謂中土士人習天文者少，非西人不可。余聞西人測算本於《周髀》，自中土失傳，西人改易名目，來售其術，是西法即中土之法耳。

清·張自牧《瀛海論》 圜，一中同長。方，柱隅四讙。圜規寫攴，攴體八觚，即割圜之義。方柱見股，勾股也，攴、股二字，阮本皆作支，古文通用。重其前弦，其軲法意規負三。以上皆八線三角之祖。【略】西人言器，莫精於十字架，蓋奇偶相交之形，用之成規，折之成矩，[骨畐]之成角，剖之成弧，制器之用備矣。先儒相承，《河圖》《洛書》，中宮五數，皆作十字綫，特未闡其義耳。

清·王仁俊《格致古微》卷一 《周禮》《輪人》輪輻三十，以象日月也。蓋弓二十有八，以象星也。案：此即割圜八綫術也。《學計一得》上曰，伯奇案，輪以利轉，故取象日月，晦朔弦望，循環不窮，蓋以覆下，故取象星辰斡繫，然不過假象以紀數，如《易繫》言，乾坤之策凡三百有六十，當朞之日云爾，而於此可見割圜之術，古已精密。古算經不傳，魏劉徽、宋祖沖之、元趙友欽等，或以圜容六邊起算，或以圜容四邊起算，皆屢求句股而得圜周。明末西人入中國，又有六宗、三要、二簡法，以求割圜八綫，以爲理精法密，古所未有。然錯綜加減，僅越五分而得一正絃，其每分每秒仍用中比例。至杜德美傳求弦矢捷法九條，則任設畸零之弧弦矢皆可猝得割圜之術。於是觀止，此雖出於西人，必古割圜之本法，視屢求勾股者超越何啻倍蓰哉？蓋輪人之爲輪牙，其入輻之鑿，及蓋弓宇際相距，欲其分度之均，則必有數矣，非割圜則安取之？而三十邊、二十八邊，又非劉、趙諸法可得也。故欲得真數輪，則以輪崇爲徑，而求圜容六等邊爲本弧弦，又求本弧五分一之弦，或求圜容五等邊爲本弧弦，又求本弧六分一之弦。蓋則以蓋廣爲徑，而求圜容七等邊爲本弧弦，又求本弧四分一之弦，或求圜容四等邊爲本弧弦，又求本弦七分之弦。或以輪蓋全徑求三十分之一、二十八分之一之通弦。夫求本弧七分一之弦、五分一之弦及徑求通弦之法，爲六宗三要之所不備，而古考工之所需，則西法豈能度越前古哉？

望而眡其輪，欲其幎爾而下迆也。進而眡之，欲其微至也。無所取之，取諸圜也。案：此幾何術之一法。《學計一得》下曰，幎爾而下迆，即幾何所稱圜界與輻綫必爲直角也。微至者即八綫之正割數必大於半徑全數。西國有《圜書》，見《天學初函》考工數語，其中國之圜書乎？【略】

築氏爲削，長尺博寸，合六而成規。弓人爲天子之弓，合九而成規。爲諸侯之弓，合七而成規。大夫之弓，合五而成規。士之弓，合三而成規。案：此割圜弧矢術也。《學計一得》下曰，古人於割圜弧矢之術，言之鑿鑿，動不失規矩。學者輒以周三徑一爲古法，末學之失也。

又 《論語》 憲問冉求之藝。案：今西算幾何之術，實本於冉求《藝經》。《家語》子貢曰，好學博藝，冉求之行也。是冉子之藝，聖人稱許之外，尤見推於同學。藝指六藝，以禮樂射御書數爲斷，但下言文之以禮樂，則此篇藝字當舍禮樂而言。伐齊之役，冉有用矛，子適衞，冉有僕，孔訂六經，躬侍贊修，則能射御書可知。但古人訓詁，有以小名代大名者，冉子所長，止舉九數言即其例。《國語・魯語》貪欲無藝，此藝字嫥指算言，無藝猶言無算也。曾子問地圜，孟子知日至聖門多通算，得冉子而三矣。必知幾何爲冉子所傳者。《藝林餘話》曰，西洋有算書名《幾何》，冉求所造，中國無之，猶《楞嚴經》乃番僧語，今在中國，而西域無之。《柔遠記》十六曰，《幾何》一書，原本西洋人歐几里得作，其學有傳出自冉有，後中國喪失，流傳泰西，彼土智士得而專精，用以推步。《使俄草》七曰，法博物院有先賢冉有夫子神位，不知何以獨列此間。閱其紀，載蓋一千八百年前，於中國一廟中得之者。噫！聖門所稱藝士。《幾何原本》即夫子所手著者。今其靈爽，豈其隨之西渡，故歐洲之創造乃能日精一日耳。

又 卷二 《晉書》 《裴秀傳》爲地圖十八篇，制圖之體有六。一分率，辨廣輪之度。二準望，正彼此之體。三道里，定所由之數。四高下，五方邪，六迂直，三者因地制宜，校夷險之異。案：今西法測量繪圖，不出此六法中。葉瀾曰，裴氏分率之説即西人角度比例之説也；西人之準測綫點角度即準望正體之説也。測繪之事，遠大之地必以經緯求距，分圖之地全資測角之工，而正體一言盡之矣。道里所以定所由之數言角點之相距，非知其里數，則不能證其實也。西人凡測量繪圖之事，無不以里數爲準。高下、方邪、迂直，此三體者，所以濟等邊平線之窮也。西人測量三角之妙用，盡具於六解中。其器數不必相同，而其理要無少異。

又 卷三 《周髀》 圓出於方，方出於矩，半其一矩，智出於句，句出於矩。案：此即三角説。《疇人傳》一曰，句股量天，始於《周髀》。歐邏巴測天，專恃三角八線，所謂三角即古之句股也。淩揚藻《蠡勺編》曰，黄梨洲謂句股術乃周公商高之遺，西人竊其傳。梨洲有《授時曆故》《測圖要義》。《澡身集》曰，句股者，西法所謂三角也。衡之以爲句，縱之以爲股，衺而引之以爲弦，正而信之以爲開方，是故并之則爲矩，環之則爲規，圓内容方，方内容圓，則爲羃積弧矢。五寸之矩可以盡天下之方，一圍之規可以盡天下之圓。以陽之晷景在地樹一表，而句股數可得。

又 《劉徽九章算術注》 序。度高者重表，測深者累矩，離者三望，離而又旁求者四望，此即所謂重差也。案：旁要、夕桀，蓋皆測望中之一事。旁要測方，夕桀測圓。旁要爲三角法所本。孔廣森曰，旁要即西人三角法也。《疇人傳三編》曰釋名在邊曰旁。《史記》扁鵲倉公傳索隱云，方猶邊也，要即古署字。孔説殆近之矣。夕桀云者，《廣雅釋詁》云，夕，衺也。王氏《疏證》引《吕氏春秋》明理論是正坐於夕室也，注云言其室邪夕不正。桀者，揭也。《文選》謝靈運擬劉楨詩注，桀與揭音義同。又《東京賦》薛注，揭，猶表也，蓋樹表而邪望之，即劉徽所云偭離者也。疑重差、夕桀，古人本以旁要該之，其實此三者皆不離於句股，後人强爲之分析耳。錢氏《十駕齋養新録》疑夕桀爲互乘之譌。阮元又以今有爲即《九章算術》中今有術。案：互乘、今有皆算家通法，不能另列爲一章，且不得雜出於旁要，重差下也。

又 《墨子》《經》上，圜，一中同長也。同，重、體、合、類。異，二體，不合，不類。同異而俱之於一也。同異交得放有無。平，同高也。直，參也。纑，間虛也。《説》云，纑，虛也者，兩木之間，謂其無木也者。又端，體之無序而最前者也。《説》云，端，是無同也。又有間，中也，間，不及旁也。《説》云，有間舊作間，畢改作間，是謂夾之者也。間謂夾者也。又中，同長也。《説》云，心中自是往相若也。又圜，一中同長也。案：此算學也。《學計一得》下曰，圜一中同長也，即幾何圜而惟一心圜界距心皆等意。同重體云云，即比例規更體更面意。《東塾讀書記》曰，平，同高也，即《海島算經》兩表齊高也。直，參也，即《海島算經》後表與前表參相直也。《九章算術》劉徽注，凡廣從相乘謂之羃，即纑也。《海島算經》云以表高乘表間，李淳風注前後表相去爲表間，即所謂兩木之間無木者也。又端，禮之無序而最前者也，所謂端即西算所謂點也，體之無序即所謂線也，序如東序西序之序，猶言兩旁也。《幾何原本》線有長無廣，即所謂無序，謂無兩旁也。《幾何原本》線之界是點，即所謂最前也。《幾何原本》又云，直線止有兩端，兩端上下更無一點，即所謂無同也。又有間中也云云，《幾何原本》云，直線相遇作角爲直線角，作直線界中之形爲直線形，皆此所謂有間也，線與界夾之也。又中同長也云云。《幾何原本》云：圜之中處爲圜心，一圜惟一心，無二心，圜界至中心作直線俱等，即所謂一中同長也。此文義易明者。俊謂二説有未盡者，如《經》上故所得而後成，故即苟求其故之故，《經説》上圜規寫支者支體觚即割圜也，又方矩見支若支通句股之股即三角也。

又 卷四 《淮南子》 天文。欲知天之高，樹表高一丈，正南北相去千里，同日度其陰，北表二尺，南表尺九寸，是南千里陰短寸，南二萬則無景，則直日下也。陰二尺而得高一丈者，南一而高五也，則置從此南至日下里數，因而五之，爲十萬里，則天高也。若景與表等，則高與遠等也。案：此西人測高遠者所本，亦即《周髀》以髀爲股，以景爲句，度高遠之法。特沿千里差一寸之説，而御以重表測海島之術。《學計一得》上曰，其實得二尺與尺九寸影之地緯度差三十四分，在地祇百里餘耳。

清・徐鳳誥《筭學啓蒙通釋》卷中 田畝形段門。

誥按：田無定形，形無定角。除方田定率諸形之外，凡求諸形積必先定爲三角，而以三角折半成直角，即句股田形也。西人之三角本於《九章》圭田。西法有等邊三角形，有兩不等邊三角形，有三不等邊三角形，要皆剖爲直角三角形，或補成直角三角形，而後可施其法。面之形不能少于三角，如有比三角再少者，則謂之線，不得謂之形矣。《九章》曰圭田，西法曰三角，皆筭數之至要者。古云入則直田，出則諸門。《書》曰圭田二十五畝。圭田者，畸零之田也，必折成圭形而後可得其法。今因田畝形段，先論及之，以知各種面形所由來也。

清・黄鍾駿《疇人傳四編》卷一 冉子

論曰：錢塘袁太史枚曰：西洋有算書，名曰《幾何》，乃冉子所造，今在海外，而中國無之。蓋即今《幾何原本》，本冉子舊法，流傳海外，西人得之，出其精思，以成此書。猶之西人稱天元爲借根方，名曰阿爾熱八達，譯言東來法可證也。

著録

清・周中孚《鄭堂讀書記》卷四四 天文算法類

《周髀算經》二卷，音義一卷。夫周髀者，蓋天之書也，稱周公受之商高，而以句股爲術，故曰周髀。周公、商高問答，其本文也，榮方、陳子以下，所推衍也。而張平子、蔡伯喈以爲述類雖存，考驗天牧，多所違失。案：榮方、陳子始言晷度，張、蔡所疑，或在於是。若周髀本文，辭簡而意該，理精而用博，實言數者所不能外。其圓方矩度之規，推測分合之用，莫不與西法相爲表裏。然則商高一篇，誠成周六藝之遺文，而非後人所能假託也，即榮方、陳子，皆周公之後人也。以句股量天，始見於此，後人踵事增修，愈推愈密，乃循張、蔡之説，嗤古率爲觕疏，毋乃既成大略而棄椎輪耶？歐邏巴測天，專恃三角八線。所謂三角，即古之句股也，而即造端於是書，豈非算法之統宗乎？

又 卷四五 《度算釋例》二卷。國朝梅文鼎撰。《四庫全書》著録，定爲第二十一種，乃《曆算全書》曆學之第四種也。按：西學未出之先，古有《九章算術》，而測量已在其中。不知何時此學流入西國，家傳代習，精于量，遂能以量法爲算法，如羅雅谷問韶所譯《比例規解》者，尤爲簡妙。

又 《度算釋例》四卷。第一卷國朝楊作枚撰，作枚，字學山，無錫人。後三卷梅文鼎撰。《四庫全書》著録，定爲第二十三種，乃《曆算全書》法原之第二種也。

【略】卷二爲句股積求句股弦、句股容方、句股容圓、句股和較四篇，乃專言體積之法，中多參以鮑燕翼法，頗與《三角法舉要》不同，要其理亦相通耳。卷三爲句股法解幾何原本之根，幾何不言句股，然其理並句股也，故其最難通者，以句股釋之則明。惟理分中末線，似與句股異源，兹爲游心于立法之初，而仍出于句股。信古《九章》之義，包舉無方矣。

又《三角法舉要》五卷。國朝梅文鼎撰。《四庫全書》著録，定爲第二十四種，乃《曆算全書》法原之第一種也。按：西法用三角，猶古法之用句股也。而三角能通句股之窮，要其理不出于句股，故鋭角形分則二句股也。角形以虚補實，亦句股也。不明三角，則曆書佳處必不能知，其有缺處，亦不能正矣。

代數分部

綜論

清・陳康祺《郎潛紀聞》卷六　宣城梅穀成、泰州陳厚耀同直南書房，正定算學諸書。聖祖嘗召厚耀於便殿問：測景使何法？厚耀不知。上寫西人定位法、開方法、虛擬法示之，又命至御座旁，隨意作兩點，上自用規尺畫圖，即得相去幾何之法。穀成直蒙養齋，上亦授以借根方法，諭之曰：西洋人名此書爲阿爾熱八達，譯言東來法也。幾餘召對，時有指授，自後二人之學彌益精邃。

清・四庫館臣《數學九章提要》　天時類綴術推星，本非方程法，而術曰方程，復於草中多設一數，以合方程行列，更爲牽合。所載皆平氣平朔，凡晷影長短，五星遲疾，皆設數加減，不過得其大槩，較今之定氣定朔用三角形推算者，亦爲未密。然自秦漢以來，成法相傳，未有言其立法之意者，惟此書大衍術中所載立天元一法，能舉立法之意而言之。其用雖僅一端，而以零數推總數，足以盡奇偶和較之變，至爲精妙，苟得其意而用之，凡諸法所不能得者，皆隨所用而無不通。後元郭守敬用之於弧矢，李治用之於勾股方圓，歐邏巴新法易其名曰借根方，用之於九章八線，其源實開自九韶，亦可謂有功於算術者矣。

又《測圓海鏡提要》　按：立天元一法，見於宋秦九韶《九章》大衍數中，厥後《授時草》及《四元玉鑑》等書，皆屢見之。而此書言之獨詳，其關乎數學者甚大。然自元以來，疇人皆株守立成，習而不察，至明遂無知其法者。故唐順之與顧應祥書謂立天元一漫不省爲何語。顧應祥演是書，爲分類釋術，其自序亦云立天元一無下手之術，則是書雖存而其傳已泯矣。明萬曆中，利瑪竇與徐光啓、李之藻等譯爲《同文算指》，諸書於古九章皆有辨訂，獨於立天元一法闕而不言，徐光啓於《勾股義序》中引此書，又謂欲説其義而未遑，是此書已爲利瑪竇所見而猶未得其解也。迨我國家醲化翔洽，梯航鱗萃，歐邏巴人始以借根方法進呈，聖祖仁皇帝授蒙養齋諸臣習之，梅穀成乃悟即古立天元一法，於《赤水遺珍》中詳解之，且載西名阿爾熱巴拉（案：原本作阿爾熱巴達，謹據西洋借根法改正），即華言東來法，知即冶之遺書，流入西域，又轉而還入中原也。今用以勘驗西法，一一脗合。穀成所説，信而有徵，特録存之，以爲算法之秘鑰，且以見中法西法互相發明，無容設畛域之見焉。

清・孔廣森《少廣正負術》内篇上　少廣者，所以測量物之形體，推積以知冪，推冪以知邊。凡數之始，必生於邊。邊與邊乘，是爲平冪。邊與冪乘，是爲立積。冪與冪乘，是爲三乘方。冪與積乘，是爲四乘方。積與積乘，是爲五乘方。其廣袤相等者爲正諸乘方，不等者爲從諸乘方。有廣袤故有和較，有和較故有正負。和則以所求之邊減之，較則於所求之邊加之。得多爲正，得少爲負。凡以正乘者，同名不變，異名則變。凡以負乘者，異名不變，同名則變。正負交變，必視其異形同實之件，相權而互齊之，斯隱詭糅錯之數皆見。蓋其理近於方程，而其用可以該商功、句股之變，簡以御繁，易以知難者焉。自唐王孝通《緝古算經》、宋秦九韶《數學九章》已寓其術。厥後欒城李氏大申明之，著《測圓海鏡》《益古演段》二書。至明而失其傳，遂有顧氏《測圓釋術》之編出，不達敬齋所立天元一細草，盡舉而刪去，妄哉。西人入中國，見此法，取而更修之，謂之借根方。然彼或譯言東來法，未嘗泯其得自中國也。但借根方，不復因天元以取定法，又開方不用古從廉負隅，益積翻積諸式，於是有數無法，煩亂而不可究，非本少廣之意矣。

清・阮元《重刻測圓海鏡細草序》　《測圓海鏡》何爲而作也，所以發揮立天元一之術也。算數之書，《九章》尚已，少廣著開方之法，方程別正負之用，立天元一者，融會少廣、方程而加精焉者也。李敬齋自序，稱老大以來得洞淵九容之説，日夕玩繹，而鄉之病我者，使爆然落去而無遺餘。蓋其精心孤詣，積累數十年，而後能神明變化，無不如志若此。洎乎明代算學衰歇，顧箬溪應祥作《測圓海鏡分類釋術》《測圓算術》等書，以立天元一無下手之處，每章輒删去細草，而但演開帶從諸乘方法，舍其本而求其末，不知妄作之罪，應祥實無可辭焉。國朝梅文穆公肄業蒙養齋，親受聖祖仁皇帝指示算法，始悟西人所譯借根方，即古立天元一之術，流入彼中者，於所著《赤水遺珍》中論之甚悉，於是立天元術，又得章明。文穆之功，斯爲鉅矣。

又阮元《疇人傳》卷二四　李治

論曰：立天元術，算氏至精之詣也。明季數學名家，乃不省爲何語，而其術幾亡矣。梅文穆公瑴成供奉内廷，我聖祖仁皇帝授以西洋借根方法，始知西洋借根方即古之立天元術，于是其學復明於世。冶所撰《測圓海鏡》《益古演段》並著録欽定《四庫全書》，元視學浙江，從文淵閣抄讀，屬元和縣學生李鋭覆校算式，貽歙縣學生鮑廷博刊入《知不足齋叢書》，以廣其傳。江都貢生焦循又作《天元一釋》，闡其奥義，洞淵遺法，庶幾千古永存矣。

清・駱騰鳳《藝遊録》卷一　論借根方法

借根方者，理同於衰分之立衰，而實原於天元一，而易其名也。

清・張作楠《倉田通法續編・序》　余撰《倉田通法》時，麗水俞愛山俊以數學來質，因其曾習借根方法，屬之校訂算草，愛山未解立天元爲借根方所本，隨授以秦道古大衍數、李欒城《測圓海鏡》《益古演段》、郭邢臺《授時曆草》，及近時張古餘《緝古算經細草》、李尚之《弧矢算術細草》，並取倉田諸題，拈草示之，遂通其術。

又　卷上　算例

立天元一法算例。按：立天元法自秦道古、李欒城後，惟郭太史求周天弧度用其法取矢，若唐荆川、顧箬溪則得李氏之書而不能解矣。我朝梅文穆公親受聖祖仁皇帝指示算法，始悟西人所譯借根方即古立天元術流入彼中者。按：借根方法，歐羅巴名阿爾熱巴拉，即華言東來法，是借根方本之立天元，西人原不諱所自來矣。今考其法，如立天元一即借根方之借一根也，數分正負即借根方之多幾少幾也，以真數與虚數加減乘除即借根方之幾方、幾根、幾真數與幾方、幾根、幾真數相乘除加減也，以寄左數與同數比例即借根方之幾方、幾根、幾真數與真積若干相等也，相消後餘二層則上法下實除之，三層則平方開之，四層則立方開之，五層以上則以諸乘方開之，即借根方之以平方、立方、諸乘方求根數也，三層以下層爲實、中層爲從、上層爲隅，四層以下層爲實，實上爲從，從上爲廉，廉上爲隅，即借根方之一平方多幾根、少幾根就以幾根爲從也。惟借根方兩邊加減後餘數仍分兩邊，立天元相消用減法，減後止有減餘一邊，與借根方之某數與某數相等異耳。今舉例如左。

又　天頭按語。按：李冶《測圓海鏡》序云，老大以來，得洞淵九容之説，日夕玩繹，而向之病我者使爆然落去而無遺餘，謂此術所自來也。

阮雲臺宫保云，少廣著開方之法，方程别正負之用，立天元一者，融會少廣、方田而加精焉者也。其術廣大精微，無所不包，大之而躔離度數，小之而米塩凌雜，凡他術所能馭者，立天元皆能馭之，他術所不能馭者，立天元獨能馭之。又曰，今割圜八線内求十八等邊、十四等邊二法，用益實減實歸除原其實，即借根方，借根方即立天元一，然則西法之精符天象，獨冠古今，亦立天元術有以資之也。

清・羅士琳《疇人傳續編》卷四七　元好問

論曰：世但傳遺山工詩文，而不聞遺山明算數，他書亦絶未敘及，惟《四元玉鑑》後序有云：「平水劉汝諧撰《如積釋鎖》，絳人元裕之《細草》，後人始知有天元。其時楊雲翼、張行簡、李冶、許衡、耶律履暨其子楚材，皆精曆學，又皆與遺山善。」遺山既往來於其間，宜亦知算，則其有《細草》也，信必不妄。而本傳缺載，何歟？此蓋與《宋史》不爲秦九韶立傳，致大衍求一術幾湮，事略相同。夫自有天元，而後知《授時》弧矢相求之妙，亦自有《大衍》而後知演撰積年日法之故。然則天元與大衍，洵治曆者所必不可少也。昔梅文穆公供奉内廷，蒙聖祖仁皇帝授以借根方法，且諭曰：「洋人名此書爲阿爾熱八達，譯言東來法。」是立天元一術，幸得聖天子指示，始得復彰。而《大衍》則載在秦書，不絶如綫，獨《如積釋鎖》失傳，藉非祖序，又安知遺山之有此絶學乎？推原其故，蓋史爲曆本，曆以數成，數居六藝之一，由藝以明道，儒者之學也。自堯命羲和、舜察璣衡而降，由周秦以迄金元，凡授時、頒朔諸大典，莫不掌之太史，故司馬遷、劉羲叟諸公胥得預治曆修史之事。嗣是史乘歸於詞館，司天别設專官，遂使儒林實學下同方伎。當時遺山文名又重，自必史臣以爲不應有此九九薄能，致《細草》亦淪替無存。噫！是何貴末賤本之若是歟？又劉汝諧其人不詳，據遺山北渡初獻書中「令公請以一寺院所費養天下名士書」中枚舉者，有劉汝翼名，未知即其人否？俟考。

又羅士琳《比例匯通》卷三　借根方發凡

借根方者，蓋假借根數方數以求實數之法，即元學士李冶所立天元一是也，原名東來法，西人謂之爲阿爾熱八達。今名乃譯書者就其法而質言之耳。

清・葉棠《天元一術圖説》　解帶縱平方

我朝梅文穆公供奉内廷，蒙聖祖仁皇帝授以借根方法，敬受而讀之云：其法神妙。因悟即古天元之術，遂以借根方解天元，無不脗合。蓋西人以多少之名變天元正負之號，别其名爲借根方，又名其書爲阿爾熱巴拉，譯言東來法，是明言得自中土也。《赤水遺珍》引《四元玉鑑》中方池生葭蒲一條，言其藏匿根數，微露端倪，所謂秘其機以爲奇，惟恐緘縢之不密，或泄其金針，誠有如荆川所云者。余於此説未敢以爲然也。夫天元一術見於宋，盛於元，學士著書，臺官治厤，莫非此物似熟習見聞，不須詳衍，故簡括數語，僅列算式，初非藏匿金針，詎意至明竟失其傳，學者不得其解，遂以爲秘其機，幸遠人嚮化，而文穆公因闡揚秘奧，遂使中土之書晦而復彰。且云以借根方解天元，其堅立破，倘荆川復生，定當擊碎唾壺，文穆之功大矣，似猶疑古人有秘習之見存也。

清・汪曰楨《如積引蒙・序》　如積之術，爲西法借根方所從出。敬齋李氏之《測圓海鏡》《益古演段》，松庭朱氏之《四元玉鑑》《勾股啓蒙》備矣。余少而讀之，十餘年不得其解。既而見焦里堂《天元一釋》、李壬叔《四元解》，乃始稍稍解悟，誠算術之至巧至捷者也。

清・石仁鏡《數學心得》卷五　且借根方即天元一，西人名之曰阿爾熱八達，譯言東來法，於以歎禮失求野之義，而幸天學之失而復得也。

清・劉業全《立天元一源流述》　粤自《世本》載隸首作算之原，《周官》特著保氏之法，而九九之數以興。遞至漢唐，其法浸備，《九章算術》中，如少廣章借一算以爲隅，方程章别正負以爲用，實立天元一之權輿，特未創立名目耳。至宋秦九韶著《數學九章》，始列天元一之法於大衍術中。厥後元郭守敬、朱世杰皆屢述之。故世之言立天元一者，咸謂自秦氏始。然稽秦氏之立天元一，實似盈不足之維乘，較開方之借算、方程之正負，尚稍有差别。及欒城李氏冶出，始合少廣方程爲一，舉立法之意而暢言之，其加減乘除之例與正負相消之理，足以盡奇偶和較之變。苟得其意而用之，凡諸法所不能御者，皆能御之，可謂至精且妙矣。然自元以來，疇人子弟(犬)[大]抵墨守立成，習焉不察。至有明一代，諸生讀《大全》，習八股，士大夫究心性刻語録，即盡畢生之能事。顧應祥毅然删《測圓海鏡》之細草，徐光啓至謂欲説其義而未遑，是均未解天元一爲何如法，謬爲飾詞以欺世耳。我國家醲化翔洽，梯航鱗萃，歐羅巴州人繼利氏而來者，始以借根方法進。梅文穆公一見即悟爲古立天元一之法，遂於所著《赤水遺珍》中詳解之，並載其西國名曰阿爾熱巴喇，譯言東來法也。考古《虞書》帝堯命羲和於東曰宅隅夷，即今登萊海隅地，於南曰宅南交，即今交趾國地，於北曰宅朔方，即今蒙古内外札薩克地，至於西則僅曰宅西而已，蓋東南北皆有疆域以限之，至於西則闕如，故可西則西之。是以中法流入西域，一變而爲默狄納國王馬哈麻之回回術，再變而爲歐邏巴之新法。立天元一之流於西土更名借根方，又轉而還入中華，亦固其所。近日如李氏鋭、羅氏士琳、焦氏循，是皆洞悉天元理者，而李氏之分别借根方之兩邊加減，又與立天元一之相消，不同尤爲親切著明云。

清・華世芳《近代疇人著述記》　長沙李晉夫錫蕃，著《借根句股細草》一卷，括七十八題，爲二十五術，大旨與李四香《天元句股細草》相仿。而西法之借根，即中法之天元也，固可相附而行。

清・梅啓照《學彊恕齋筆算》卷一〇　借根方

借根方者何？假借根數、方數以求實數，即元學士李冶所立天元一也。法與借衰疊借略同。

清・王韜《弢園文録外編》卷一　原學

中國天下之宗邦也，不獨爲文字之始祖，即禮樂制度、天算器藝無不由中國而流傳及外，當堯之世，羲和昆仲已能制器測天，用璿璣玉衡以齊七政，而兄弟四人分置於東西南朔，獨於西曰昧谷者，蓋在極西之地而無所紀限也。當時疇人子弟，豈無授其學於彼土之人者。故今借根方猶稱爲東來法，乃歐洲人必曰東來者是指印度而非言震旦也，不知印度正從震旦得來，歐人之律歷格致大半得自印度，而印度則正授自中原。【略】中國爲西土文教之先聲，不因此而益信哉。

清・王鑒《筭學啓蒙述義》卷下　堆積還源門【略】

今有三角、四角果子各一所，共積六百八十五箇，只云三角底子一面不及四角底子一面七箇，問二色底子一面各幾何。

答曰：三角底面五箇，四角底面一十二箇。

術曰：六之共積得四千一百一十，於上位列不及七箇，張三位，上位倍之加一得一十五，中位加一得八，下位得七，三位互乘得八百四十，以減上位，餘三千二百七十爲實，倍不及七加一得一十五，自之得二百二十五，於上位又列不及七加一，倍之得一十六，以不及七乘之得一百一十二，又加二併入上位，共得三百三十九爲從方，又列不及七加一得八，六之得四十八爲從廉，以三爲隅法，開立方除之，得三角底子一面五箇，加不及七箇即四角底子一面一十二箇。合問。

鑒案：此以天元一術求得開方式，視其若何相乘，若何加減，遂據以爲法。學者習天元後，自得其立法所由來也。

堆積之術，郭太史《授時術》以之御平立定三差，《四元玉鑑》中茭草形段、果垜疊藏、如象招數諸門言之甚詳，所謂風峯撤星落一等形極垜積之變化。汪氏孝嬰，董氏方立闡三角、四角之術，條分縷析，各自成家。近李氏善蘭《垜積比類》一書可謂集諸家之大成矣。即西人之級數以及微分、積分，無非借垜積以立法，要皆出於今古開方會要圖。其圖載《四元玉鑑》，可知後人獨得之奇，皆古人未言之蘊也。是卷僅言三角、四角，略示其倪，然諸乘垜均不出三角、四角之外也。

清・諸可寶《疇人傳三編・序目》　序曰：明經明算，竝重唐典。元精明替，爰逮鼎建。聖祖首出，斯學大顯。盛世無外，古籍盡獻。灋曰東來，實源大衍。

又　卷三　陳杰

論曰：南豐吴編修嘉善曰：「凡平三角大小弦冪相減，與大小句冪相減相等，故句較與弦較之比，同於弦和與句和之比，爲互視比例。今以天元入之，不必知此識別，而與知識別者等。平三角者，陳静菴氏所謂有用者也。天元、四元者，陳氏所斥爲無用者也。然遇此題，不以元術入之，當如何殫精竭慮，乃得其法。則無用者果爲無用矣乎？」夫陳助教於天元、四元數理，未嘗究其體用，乃至失言，編修之訕宜已。且獨不攷夫陽城太守之以天元演《緝古》乎？固殊塗而同歸者也。然觀助教之書，苦心孤詣，自足名家。若定句股弦三數，皆整法表列股弦較，自一至九萬九千四百五十八遞加數，自二至八百九十二，設爲姑求十萬以内諸不同式形，而皆爲度盡之數，誠自然之妙，未洩之奇。餘如倍弧求通弦，及諸三角邊角互求，易弧爲平，所創新法，亦頗洞見本源。專精比例，當時奉爲大師，豈倖致哉？至謂西人竊取乘除而爲比例，竊取句股而爲八線，良非虚語。愚又謂西人竊取四元而爲代數，竊取招差堆垜而爲微分、積分，則其書後出，惜乎助教之不及平議矣。

又　卷四　羅士琳

論曰：羅明經之學，卓然名家。其始也頗習西法，幾以比例、借根爲止境矣。既而周遊京國，連獲佚書，遂爾幡然改轍，盡廢其少壯所業，殫精乎天元、四元之術，著作等身，墨守終老，惟以興復古學，昌明中法爲宗旨，可謂博而能專者歟。以明經之才之學，猶且初信彼術，況它人乎？是故《匯通》一刻，不必爲明經諱也。慨自咸同來，西書愈出，風氣日開。夫厭故而喜新，畏難而趨易，人情也。吾見世俗講習，類宗彼法，而忘其源自東來，而弗究其未能軼我範圍，而昧夫相得益彰之道，爭巧誇捷，惑溺者衆，羣往焉而不知其所返，有甚於明季徐、李諸人者，豈非明經《續傳》所逆料乎？豈獨在人心學術之可憂乎？吾之繼明經而論列者，實有大懼於此。此所爲汲汲而弗自揣者也。

又　卷六　李善蘭

論曰：李京卿邃于數理，專門名家，用算學爲郎，王公交辟，居譯署者幾二十年，勳階比秩卿寺，遭遇之隆，近代未之有也。夫其聰彊絶人，蓋有天授。讀所譔譯諸書，剖析入微，奥窔盡闢，體大而思精，言簡而義賅，其爲薄海内外所傾倒也宜已。嘗聞治算之要，理與數也云爾。加、減、乘、除、開方也者，法也有理焉。堆垜、招差、天元、四元，與夫對數、代數、微分、積分也者，所以用法之法也，是術也而數起矣。數有萬變，理惟一元。術無論古今中西新舊也，其皆能舍加、減、乘、除、開方，而他有所用法乎？是故異者其名耳，而其實正同也。同者何，理而已矣。執理之至簡，馭數之至繁，衍之無不可通之數，抉之即無不可窮之理，人胡爲相畛域哉？昔者借根方法進呈，聖祖仁皇帝諭蒙養齋諸臣曰：「西洋人名此書爲阿爾熱巴拉，案原本作八達，謹据西法改正，譯言東來灋也。」於是悟借根之出天元。梅氏發之於前。今知變四元爲代數，京卿證之於後。如于《重學》卷中附天元數草，課同文館生，演《海鏡》以代數，非欲學者因此識彼究其一致乎？自得京卿，而梅氏之説弗湮。亦有梅氏，而京卿之説益信。立言不朽，此類是也。吾知天下後世之讀京卿書者，謂其心爲梅氏所共見之心，而其義爲梅氏所未及之義，論其世可想見其爲人，必曰梅氏以後，一人而已。阿好云乎哉，豈弗盛歟？

又　卷七　偉烈亞力

論曰：偉烈氏精通中國語言文字，又好博覽典章，能見其大，學識亦足以副之，故所譔譯，序次厓略，皆有可觀焉。於《啓蒙》第二卷列開諸乘方又捷法，蓋即我秦道古書實方廉隅、商步益翻之舊。其自記曰：「無論若干乘方，且無論帶縱不帶縱，俱以一法通之，故曰捷法。此法在中土爲古法，在西土爲新法。上下數千年，東西數萬里，所造之法，若合符節，信乎此心同此理同也。」所言如是，是非中西一揆之明徵乎？彼嘵嘵於新舊優劣者，曷與讀偉烈氏之書。

清・徐鳳誥《筭學啓蒙通釋・中西通術》 原圖總𥡴積式本出於《易》，以第一級一爲太極，第二級一一爲兩儀，由此而按級加倍，則四象八卦生焉。其於算也，始見於《四元玉鑑》，謂爲古法七乘方圖，梅勿庵謂古兩畔之单數爲廉率立成，江都焦氏里堂謂此圖義藴精深，非尋常算書所能擬其圖，正視之，斜視之，横視之，平視之，均有深意。西人名爲級數。梅文穆公《赤水遺珍》載西士杜德美譯割圜捷法，屢乘屢除，今代數名爲無窮級數，二項例合名法，以至微分積分，皆與此圖合。兹將此圖演成各式，冠於編首，以明立法之有本也。

古開方本原圖一

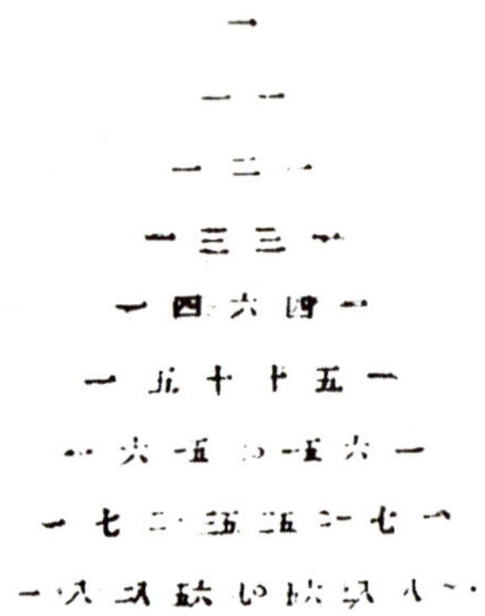

清・杞廬主人《時務通考》卷一九 學校

一千三百六年，法始以阿剌伯字母施於筆算，蓋曆算之學自印度始由漸而西。借根方之名爲東來法可證也。

清・楊兆鋆《須曼精廬算學》卷一〇 健行衍義

然謂回曆、西法出自彼土又未盡然。堯命和仲宅西曰昧谷，不限以地，和仲奉命西征，西方智慧之人固有得其一言以開知覺之路者。宣城梅氏謂其學即《周髀》蓋天之學，確有所見。即如天元一術流入西土，目爲東來法，亦可見同源而異流。

清・劉承幹《須曼精廬算學跋》 治曆明算之學，古疏今密，時代使然。積人積智，以獲新法，皆由舊法融會而生，是故借根濫觴於天元，代數冥合於四元，而天元一術固發軔於宋金者，後世之精微深妙，實已早闢其機緘矣。

清・李鏐《天代蒙泉跋》 天元之學，集算法之大成。西人借根方得天元如積之法，而未得其式，蓋不知天元法中有式也，故曰借根方，僅學天元之半。近出代數，則又學天元之式，而故爲變易名色，多爲標識，反亂天元之式，蓋未知天元之式中有法也，故又曰代數僅學天元步法之一法。精於元學者，一見洞然，如沸湯沃雪，自不爲代數所惑。惟學無根底，語好新奇輩，不免矜爲一得不得不，亟爲正之。

清・董毓琦《天代蒙泉序》 代即天元，西稱阿爾達巴拉，譯言東來法，載於《赤水遺珍》。又稱爱夸斯翁，譯言方程，載於《法華字典》。考秦九韶九章大衍、正負開方、各色方程和較，皆天代之權輿，郭太史授時弧矢，朱松庭《四元玉鑑》、李敬齋《測圓海鏡》，天元愈出愈奇。泰西得此變爲借根方，梅瑴成以天元破之，一戰而北，乃又變代數以鳴高，否則中法無美不該，毋庸置喙。

又 算學闢邪崇正説

算學有中西二法，今古懸殊。學者鎔衆説而折衷之，去邪歸正，去僞存真，斯爲得之。中法自句股開方以至弧角爲諸法之正宗，如四子之書，不偏不倚，一貫之旨，已足爲吾道範圍，何必更求他説。楊墨異端之説，亞聖何闢之深，蓋惡莠恐其亂苗也。自八股興而古學替，天算竟無專家。西人因肆其術以居奇，於是變天元爲借根方，變四元爲代微積拾級。代數已爲無用，而微積各級所謂歧路又有歧焉。攷《拾級》代數第一題，今有句有股弦和求股，命呷𠮙句爲乙，呐𠮙股爲天，股弦和爲申，依幾何理，呷𠮙自乘，加𠮙呐自乘，同於呷呐自乘，代作乙自乘，加天自乘，同於申少天自乘，亦同於申自乘少二申天加天自乘數，兩邊各去天自乘，則得乙自乘數，同於申自乘少二申天，即爲二申天，同於申自乘少乙自乘數，故得天同於二申爲上法，申自乘少乙自乘數爲下實，除之，得股四。代術如此繁衍，何不依中法句自乘，股弦和自乘，兩數相減，倍和爲法，除之得股，豈不簡捷？何必用許多正負乘除加減，駕無益之蜃樓哉。如行道然，自清江走東道，半月抵燕，乃不行此，而走皖北過江，飛洞庭，經桂林象郡，折昆明，走蜀道，過長安，經山右，渡居庸以入都，豈不與正道較遠乎？如下文微積荂級以無窮之小點推至無窮多，費多少心思作無益之論。夫子曰：索隱行怪，後世有述，吾不爲之。古法已集大成，即間有杜德美之捷法，刻白爾之對數，非不可博覽參觀，法有可取則取之，讀書者當放開眼界，折衷衆説，棄取維精。入夫子門牆，戴吾道儒冠者，不能背聖而馳。若曰西之《拾級》較勝中法，是謂子貢賢於仲尼，多見其不知量。代數之興，李壬叔爲倡，好奇者踵而和之，其欲立異鳴高，固結而不可解，推其意，豈故爲楊墨操入室之戈哉。其誤信已深，莫能爲當頭喝棒耳。大抵溺愛者，不明癡女子好聽佛法，僧尼之唾罵皆經，即琦昔日好奇，而於《拾級》一書朝夕揣摩，到融會貫通，知爲嚼蠟。古法中法無美不該，如四子之書，堂堂正正，爲吾學之正宗，功愈深而味愈厚，乃無故爲無益之求，攻乎異端曷故。即欲兼通西算，用夏變夷，未聞變於夷者也。機器肇於公輸木鳶，孔明流馬，有宋鄱陽之戰，以水激輪，名千里船，西國擴爲輪船。故西人借根之算名曰東來法，而中人反以西法炫奇。如星命家榜曰西法五星，不知星命雖宗《天步真原》，實法回回，中曆，皆隸亞細亞，而歐羅巴無五星之説，惟言衆行星五十有四，而左緯與天王、海王等，且該國無旺相支干、五行生尅，則休咎何自而推？倘曰中法五星尚有把握。竊以學算先明中法句股開方、弧角八線，如五經四書斯爲正道，正道既明，或游藝於四元、《拾級》，既明其術，知其爲算學中之八股，技成無用不可，爲初學津梁。有明歌白尼、第谷、利瑪竇、熊三板、羅雅谷、湯若望、穆尼閣等其曆法，皆正正之旗，徐光啓所譯《新法曆書》藉資考證，聖祖仁皇帝心實嘉之，所製《曆象考成》兼用第谷，刻白爾、葛西尼之法，故法有可採則採之，如六宗二簡以馭弧，均數橢圓以步象，其立法未始不精，不可盡掩西之美。若《代微積拾級》，直斥之爲異端。琦何闢之甚深，蓋惡是而非，恐初學入其迷途，中法與古法日淹不明於後世也。昌黎原道，君子反經，拭目俟之。

清・鄒祖蔭《四元玉鑒四象細草詳解・敘》 㫺元李敬齋著《海鏡》以發天元，朱松庭著《玉鑑》以闡四元，我朝梅文穆公云西人所譯借根方即古立天元一之術，於是學者崇尚天元矣。

清・蕭鍾秀《借根演元跋》 夫不通代數、微積，不能讀西書，而欲通代數、微積，必取逕於天元、四元。天元、四元之術，倡明於元而晦於明。至我朝西法借根術傳入中國，其法本之中國之天元，由子識母，而天元、四元之術復顯。

又蕭鍾秀《天元句股逕求和較術跋》 邢君瑞生以天元演李晉夫借根句股，張君鴻山校之矣。鴻山謂，原書無逕取和較者，乃補八草，並爲術解圖論。夫句股術，求得句股弦，加減即得和較，不必逕求也。然可以逕求，則必有逕求之數與理。猝而思之，竟不能得。以天元逐段演之，其數自出，數出而條段明，條段明而理自著，術以立焉。前人謂，通天元可以自創算術，此其證矣。甚矣，學算者不可不深究天元也。逕求和較，《四元玉鑑》中有之，然以直積求，非以句股弦數求也。故鴻山又取《數理精蘊》直積九術演之，而和較易爲句弦或股弦，竟非立方不能馭。鴻山又以借根體類二術補之，即四元明積演段法也，亦可知借根之出于天元矣。

清・潘應祺《算學褋識跋》 方今言西算者，往往等中法於弁髦。如阿爾熱八達，譯言東來法，明見聖祖仁皇帝之諭，而其法與古天元術若合符節，故先儒恒謂西法借根方原本於中土天元術。雖流傳碻證，叵得詳稽，而當時翻譯之名，豈盡無據？乃世之好奇者徒執近時西士疑似之言，狄考文《代數備旨》序云，或疑大衍術原出天竺，後隨佛教傳入中國，然無確據。不信東來之義，而必溯源於希臘之刁番都，蓋以刁氏爲六朝時人，先於秦、李數百年，欲證其法之非出自中國也。抑知天元、大衍在中國亦不知始自何時，則秦、李之前庸詎知中國非先有其術？是不能執刁氏與秦、李爲斷明矣。且西人釋阿爾熱八達云天方國字也，此法未入歐西以前，久已流行於天方國，或疑天方受之於波斯，波斯受之於印度，至八百年希臘人刁番都始作《代數學》十三卷，説詳英人《祖臣字典》。據此則阿爾熱八達之爲東來已可概見。蓋歐西視天方爲東，天方視波斯爲東，波斯又視印度爲東，而印度之東即爲中國，是譯言東來。以今西説覈之，碻有非臆測杜撰而爲言者，雖所云東來，未必實謂中國。然溯厥流傳，固是自東徂西，而印度之能傳此法，又或者先受於中國。如重學中參差輪軸一物，西書直標其名曰華夏輪軸，此可爲中法西行之證。天元之輾轉西行，當亦類是耳。知乎此，則代數不能祖刁氏，而東來之義，亦瞭然矣。

清・孫萬春《游藝課草初集序》 天下事皆古勝於今，惟算學則今精於古。今人震驚西法，而不知借根之術仍得自中華，故借根明而天元之術明，四元明而代數之術亦明，誠禮失而求諸野也。

清・吳樹梅《微積集證序》 微積，西算最精之詣也，其理則先秦諸子多已言之。爲盈尺之捶，日折其半，非微分乎？端體之無序而最前者，非積分乎？推而廣之，零言隻義散見諸書者，不知凡幾，安見非中易土所固有，久而散失，爲借根之自東而西乎？顧世人明算者多一叩以微分積分，往往瞠目哆口不能荅，何也？非有所鄙夷而不屑，則以爲高遠而難能門户之見錮之也。夫不聞梅宣城言乎，吾算無分中西，惟求其是而已。

清・林傳甲《微積集證》卷一《攷古》 借根本於天元，代數本於四元，承學之士類能言之。獨微積譯入中土，則皆習焉而不察，豈知我皇古以來已有其術哉。作攷古。

〔《周髀算經》〕昔者周公問於商高曰：竊聞大夫善數也。請問古者包犧氏立周天歷度，夫天不可階而升，地不可得尺寸以度，請問數安從出？商高曰：數之法出於圓方。圓出於方，方出於矩，矩出於九九八十一，故折矩以爲句廣三股脩四徑隅五，既方其外，半其一矩，環而共盤，得成三四五兩矩，共長二十有五，是謂積矩，故禹之所以治天下者。此數之所由生也。

甲案：西人天算之精，於天則爲橢圓，於算則惟微積。微積之用，尤在曲線，爲多曲線之法，咸藉縱横兩軸以立算。縱横軸者，中國之句股，所謂矩也。命横線爲天，縱線爲地，曲線爲人，則其微分式 $\sqrt{彳天^{二}\ 丄\ 彳地^{二}}$ 等於彳人，豈非句冪股冪等於弦冪之證乎？況既云圓出於方，方出於矩，矩出於九九八十一，是以句爲短徑，股爲長徑，所成之圜不爲平圓而爲橢圓矣。可見《周髀》步天，殆以微積之義，法切之線施之於橢圓面積，後世誤以平圓解之，所由格格而不通歟。彼梅定九號爲絶學，戴東原善讀古書，惜乎皆不及發明之也。

「《周髀算經》」周公曰：大哉言數。請問用矩之道。商高曰：平矩以正繩，偃矩以望高，覆矩以測深，臥矩以知遠，環矩以爲圓，合矩以爲方，方屬地，圓屬天，天圓地方，方數爲典，以方出圓。

甲案：高深廣遠，測量家優爲之。環矩爲圓，則與聖人周旋中規之義不合。夫規爲圓，任可弛張，矩爲圓，頗嫌板滯，故可決其非平圓。閒嘗思作橢圓，其法凡七，其器莫良於十字槽。十字者，環列四矩所成也。商高遺製，越數千年絶而弗傳，舉世猶無知者。悲夫。

「《周髀算經》」笠以寫天，天青黑地，黄赤天數之爲笠也。青黑爲表，丹黄爲裏，以象天地之位，是故知地者智，知天者聖。智出於句，句出於矩，夫矩之於數，其裁制萬物唯所爲也。周公曰：善哉。

甲案：蓋天爲渾天之半。《儀象志》析恒星爲赤道南北兩圖，即寫笠也。然寫渾於平，經緯皆變，非微積莫馭。如《溯源》載墨加禱之法是也。近人徐君青《截球解義》、夏紫笙笠殼術，皆闡《周髀》遺文，發微積奥義者矣。至所謂裁制萬物者，則囊括乎點綫面體，有形有象之類而莫外矣。

「《九章算術》」「方田」劉徽案：爲圓以六觚之一面乘半徑，二因而六之，得十二觚之冪，若又割之，次以十二觚之一面乘一觚之半徑，四因而六之，則得二十四觚之冪，割而靡細，所失彌少，割之又割，以至於不可割，則圓周合體而無所失矣。

甲案：《微積溯源》論變數與函數變比例之限云，如《幾何原本》證明平圓之面積必比其外切多等邊形之面積最小，若其外切多等邊形之邊愈多，則面積愈近於平圓之面積，其較數之小可至莫可名言，觀此則奈端之紀函數、拉果蘭諸之函數變例，皆不出劉氏範圍矣。

「《九章算術》」「粟米」李淳風案云：所求之率減半，所有之率亦減半。又案云：其率錢多物少，反其率錢少物多。

甲案：粟米即《周官》九數之今有術，賈公彦疏誤以今指，漢時先儒辨之甚詳，後世珠盤風行，古書日晦，《算法統宗》猶詳其法，即所謂異乘同除、同乘異除也。利氏《同文算指》四率之法謂異乘同除爲正比例，同乘異除爲轉比例，《數理精蘊》採之微分之術，首詳函數變數相與之變比例。其增函數者，變數大函數亦大，變數小函數亦小，有正比例之意焉。其損函數者，變數小函數轉大，變數大函數轉小，有轉比例之意焉。然其原實出粟米矣。

「《九章算術》」「衰分」術曰：各置列衰爲法，今有數乘各未并爲實，如法而一，不滿法者以法命之。

甲案：衰分爲尖錐之濫觴。尖錐與微積相表裏。南豐吴子登太史著《九章翼》，其衰分門採緝平立三角各垜以附其後，可見後人之新法大都先喆之遺言。烏程徐莊愍公曰：垜積者，遞加數也。招差者，連比例也。合二術以施之割圓，六通四闢，故所著《測圓密率》《造表簡法》，西人亦傾服而引重焉。

「《九章算術》」「少廣」開方術曰：置積爲實，借一算步之，超一等，議所得以一乘所借爲法，而以除，除已倍法爲定法，其復除，折法而下，復置借算，步之如初。開立方術曰：置積爲實，借一算步之，超二等，議所得以再乘所借一算爲法，而除之除已三之爲定法，復除，折法而下。

甲案：定法者，即諸乘方第一廉也。微分術 $天^{二}$ 之微分爲 $二天彳天$ 又 $天^{三}$ 之微分爲 $三天^{二}彳天$ 馮林一《西算新法直解》云：天之諸乘方之彳天。即其第一廉，其斯之謂。

「《九章算術》」「商功」塹堵術曰：廣袤相乘，以高乘之，二而一。陽馬術曰：廣袤相乘，以高乘之，三而一。鼈臑術曰：廣袤相乘，以高乘之，六而一。

甲案：割圓必借徑於方，曲線各式咸賴直線以明之。如任設一曲線體析之，析之必成無數鼈臑體，即微分也。依此而求積分，即曲線體也。

「《九章算術》」「方程」正負術曰：同名相除，異名相益，正無入負之，負無入正之。其異名相除，同名相益，正無入正之，負無入負之。

甲案：借根之多少，即天元之正負也。譯書時非故爲歧異，特《海鏡》等編爲唐荆川輩删去細草，無人解耳。至後李壬叔譯《代數學》，始依古名改正之。

嘗聞西人言借根、代數，西人均作阿爾熱巴拉，可見西人原爲一術。至于微積，不過藉代數方程式另用他法化之，其正負一仍方程之舊云。

［《九章算術》］［句股］今有木長二丈，圍之三尺，葛生其下，纏木七周，上與木齊，問葛幾何？術曰：以七周圍爲股，木長爲句，求弦爲葛之長。

甲案：此《微積溯源》所謂拘捩線也。華氏曰：凡曲線不在一箇平面者，謂之拘捩線是也。許氏奎垣刱縱横立三軸之説，謂拘捩線析之極微，即爲立方之對角線。其言最爲確鑿，而句股公理簡括精深，不僅能馭《算式集要》中之圜柱螺線、尖錐螺線也。

［《漢書·律曆志》］上無有忽微。注云：忽微，若有若無，細於髮者也。

甲案：賈誼《新書》六術篇云：數度之起始於微細，深合今日微分之旨。如天丄辛之辛，不可謂辛爲有，亦不可謂辛爲無，其實則辛爲虛設之式，以立算得式後，仍令之等於無也。此意初學驟不易通，余於知新篇另有解。

［《數術記遺》］不知積微之爲量，詎曉百億於大千。

甲按：《廣韻》微細也，《説文》積聚也，不煩言而解。乃甄鸞引《楞嚴經》云：積微成一阿耨，七阿耨爲一銅上塵云云。又引《華嚴經》有一千中千世界，有大鐵圍山繞之，名曰大千世界云云。雖襍引釋典，亦頗有合無數微分成積分之意。溯和仲宅西，以後疇人失散，或在夷狄，釋曇悉達繙《九執曆》爰開回回、泰西之先，然則歐洲微積之所自其源流，畧可攷矣。

［《夢溪筆談》］數有積尺之法，如芻甍、芻童、方池、冥谷、塹堵、鼈臑、圓錐、陽馬之類，物形備矣，獨未有隙積一術。隙積者，謂積之有隙，如累棋層壇，及酒家罌雖侶覆斗，四面皆殺，緣有刻缺及虛隙之處，用芻童法求之常失於少，予思而得之用芻童法爲上行，下行別列下廣，以上廣減之，餘者以高乘之，六而一，併入上行。

甲案：隙積之法，以今考之，即立體錐垛。其所云積之有隙，則另於算家闢一蹊徑。如李壬叔《方圓闡幽》，其求圓積，先求圓界與外切方所成之尖錐積，然後與方積相減，爲圓積四分之一，蓋合沈存中隙積、會圓而爲一也。

至於西人求餘弦級數，以半徑爲第一數，第一數以後爲正矢級數反號相減者。蓋正矢者，餘弦抵圓界間之隙積也，其各級爲無數尖錐，合成則堆垛之術也。引伸觸類，算術豈有窮哉。

［《數書九章》］甲泛母 ||||≡ 以二除之得 ‖⊥ 以三除之得 |||| 又以三除之得 |||

甲案：積分化式皆藉泛倍數。倫德《代數難題》謂求乘數之法是也。能以一數化爲兩數相乘，故積分賴之。至於用之無窮級數徑求互求，尤游刃有餘。

［《數書九章》］平方云：凡不可開，謂之無數。諸乘方云：其二數不可開，謂之無數。凡無數必兩無數。

甲案：李尚之《開方説》已引秦氏之書，詳演算式矣。《代數術》總論各次式例云，其虛根之式必爲偶。《微積溯源》積分一百一十三款云，設分母之乘數爲虛式，則必有兩兩之形。可見在西人爲新法，在中土則爲古法矣。此外竊超步進退爲最捷法，竊連體同枝爲去分母，則又不勝枚舉焉。

［《測圓海鏡》］弦上容圓法曰：句股相乘，倍之爲實，句股和爲法。

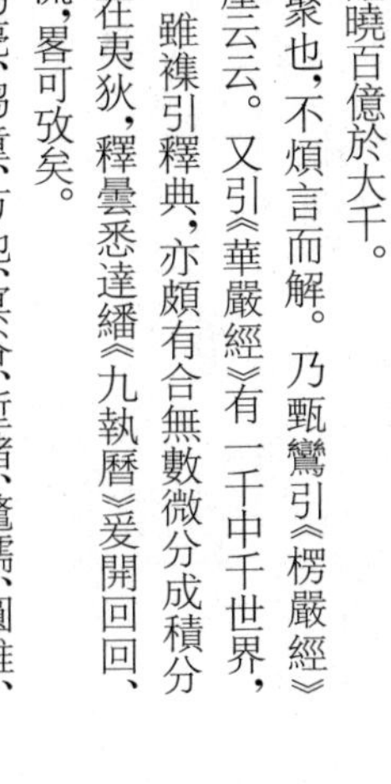

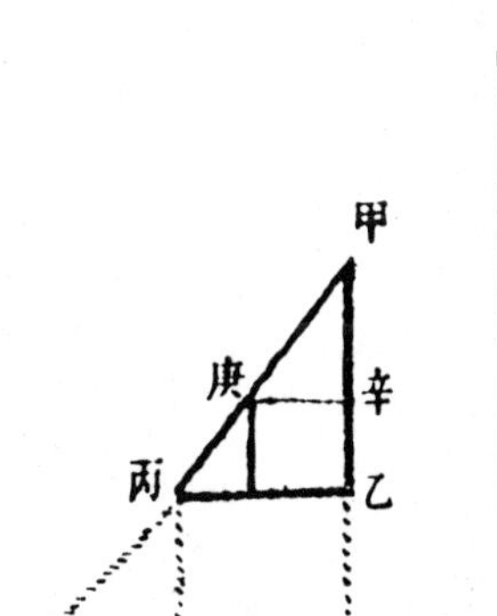

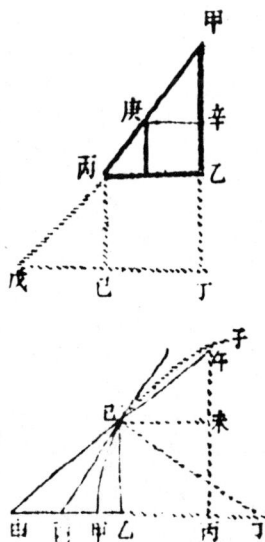

甲案：《數理精蘊》句股容方即本之此術也。句股和爲一率，句爲二率，股爲三率，求得四率爲句股形內所容之方邊。如圖甲乙丙句股形，庚辛爲所容之方邊，又引甲乙至丁，引甲丙至戊，又聯丁戊作一線，共成甲丁戊句股形，則原式乙丙句變爲甲丙戊句股形所容之方邊，由是比例之，則甲丁與乙丙之比同於甲乙與庚辛之比，蓋所求在庚辛，而所設大句股形特借同式而生比例耳。微分之辛爲虛設之式。《溯源》第六十五款設甲已爲任何曲線，申丁爲軸，甲乙爲横線，乙已爲縱線，天代横線，地代縱線，又引甲已曲線至午，則午點下垂之縱線爲午丙，其横線爲甲丙，其甲丙横線與甲乙横線之較爲乙丙與已未等，即辛也，故以天丄辛代甲丙横線，地代午丙縱線，以大比小，以虛課實，則與《海鏡》同。至于西人《溯源》原書，其圖皆分陰文陽文、虛線實線，中國混爲一律，故人不知孰爲虛象、孰爲實象也。

〔四元玉鑑〕古法七乘方圖

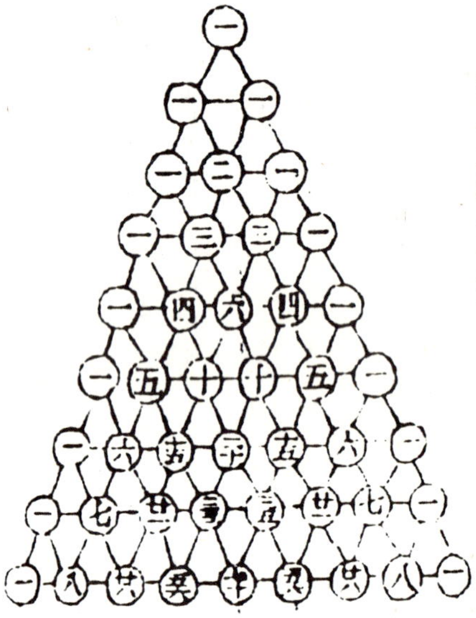

甲案：梅勿菴《少廣拾遺》云：嘗見《九章比類》《曆宗算會》《算法統宗》俱載開方作法本原圖，而僅及五乘竝無算例，《同文算指》稍變其圖，具七乘方算法而不適於用，詮釋不無譌誤，《西鏡録》演其圖爲十乘方，舉數僅三乘而已。

又案：駱春池云是圖專爲天元一而設，夏紫笙云數雖至約理則無窮，凡算法精深者皆不外是。甲案：微分最要之公式，莫若二項例，故《溯源》一十七欵首證明之，如 甲丄天 即 ㊀㊀ 也，甲²丄二甲天丄天² 即平方 ㊀㊁㊀ 也，甲³丄三甲²天丄三甲天²丄天³ 即立方 ㊀㊂㊂㊀ 也，以上類推，任至若干方俱如是，可見代數諸乘方倍數皆從廉法表而生矣。吾獨惜勿菴、春池之不及見，紫笙亦引而未發也。至於華氏古義實爲開方通法，彼土之枝枝節節於三次式以上者，當讋伏中原之有人矣。

〔《四元玉鑑》〕茭草形段術曰：立天元一爲落一底子。羅氏草曰：立天元一爲落一底子，以天元加一乘之，又以天元加二乘之，合以六除之，爲共積。又術曰：立天元一爲撒星底子。羅氏草曰：立天元一爲撒星底子，以天元加一乘之，又以天元加二乘之，又以天元加三乘之，合以二十四除之，爲共積。又術曰：立天元一爲嵐峯底子。羅氏草曰：立天元一爲嵐峯底子，三乘之加一，以天元乘之，又以天元加一乘之，又以天元加二乘之，合以二十四除之，爲共積。

甲案：無窮級數爲無數垜積合成，於以知西人之微分、積分殆竊我垜積之緒餘，略爲推闡，試以天元之説變爲代數式，則落一爲 $\frac{天(天丄一)(天丄二)}{一\cdot二\cdot三}$ 撒星爲 $\frac{天(天丄一)(天丄二)(天丄三)}{一\cdot二\cdot三\cdot四}$ 嵐峯爲 $\frac{天(三天丄一)(天丄一)(天丄二)}{一\cdot二\cdot三\cdot四}$

〔《授時術》〕置黄道矢去減周天半徑，餘爲黄赤道小弦，以二至内外半弧弦乘之爲實，黄道上弦爲法，除之得黄赤道内外半弧弦。以矢求半背弦差，加入半弧弦，得内外半弧背。

甲案：杜德美正弦求弧背術與《微積溯源》馬氏公式所得同觀，其全級爲弧背，首項爲正弦，首項以後各級即正弦與弧背之較數，古法之弦背差也。中西兩家求弧背，其理皆同。江慎修乃謂郭法之弦矢猶八線之弦矢，其句股皆八線之句股，究之郭法，西法終莫能同，寧割愛於古人，宜其遭梅循齋之嚴斥，來錢竹汀之唾駡，然江氏固未見杜德美之術矣。

〔《革象新書》〕方圓之内畫爲圓，圖徑十寸，圓内又畫小方圖，小方以算術最爲圓象，自四角之方添爲八角曲圓爲第一次，若第二次則曲爲十六，第三次則曲爲三十二，第四次則曲爲六十四，凡多一次，其曲必倍，至十二次其曲爲一萬六千三百八十四，其初之小方漸加漸展漸實，角數愈多，而其爲方者不復爲方而變爲圓矣。

甲案：劉徽以六邊起算，趙友欽則以四邊起算，其所得圓周之率同，猶之以象限九十度正弦求弧背，四因之得圓周，以半象限四十五度正切求弧背，八因之亦得圓周也。代數重方程之界限，微分重變數之限。算法之密，古人已一絲不走矣。

〔《弧矢算術》〕弧矢者，割圓之法。割平圓之旁狀若弧矢，故謂之弧矢，其背曲曰弧背，其弦直曰弧弦，中衡曰矢，而皆取則於徑。徑也者，平圓中心之徑也。背有曲直，弦有修短，係於圓之大小，圓大則徑長，圓小則徑短，非徑無以定之，故曰取則於徑，而其法不出於句股開方之術。

甲案：明季士夫率以空疏相尚，顧箬溪學士獨以弧矢句股表率後賢，一線之傳終於不墜，其云弦矢皆取則於徑一語，最爲精深。夫圓錐四種，其理一也。變平圓之半徑爲長短則橢圓矣，變長短徑於形外則雙曲線矣，變其徑爲無盡界則抛物線矣。曲線之法切皆句股也。背之曲直，弦之修短，無遁形矣。學士不能擴而充之者，豈非不解立天元之故哉。其好學深思，未可厚非矣。

[《數理精蘊》]橢圓求面積術云：圓面積與橢圓面積之比，同於圓外所切之正方形與橢圓外所切之長方形之比。求體積術云：函橢圓之長方體與所設橢圓體之比，同於函球之正方與所函球體之比。

甲案：《溯源》求橢圓面積云：其面積之比例，恒與長短二徑之比例同。殆依《精蘊》之法，仿《九章・粟米》約分耳。信然。

一率　正方　長徑^{二}　長徑
二率　長方　長徑×短徑　短徑
三率　平圓
四率　橢圓

[《割圜連比例》]有幾分弧之小弧正弦求大弧正弦術曰：分母乘正弦爲第一數正分母，自乘減一，乘第一數正弦自乘，乘之半徑，幷除之，二除之，三除之，爲第二數負分母，自乘減九，乘第二數正弦自乘，乘之半徑，幷除之，四除之，五除之，爲第三數正分母，自乘減二十五，乘第三數正弦自乘，乘之半徑，幷除之，六除之，七除之，爲第四數負，順是以下皆如是，乃併諸正數，減諸負爲得數。

甲案：鄒徵君曰：算學自董方立以來，如華嚴樓閣，彈指即見，蓋屢乘屢除至董氏乃精也。今《代數術》第二百五十五款　正弦卯甲　級數　$卯地丅\frac{卯(卯^{二}丅一)}{二\cdot三}地^{三}丄\frac{卯(卯^{二}丅一)(卯^{二}丅九)}{二\cdot三\cdot四\cdot五}地^{五}丅\cdots$　出於數十年後，暗與之合，而云卜奴里所設，又云尤拉所輯，又云拉果蘭諸所證，其法與微分同，彼族已莫知出於誰手，豈知我中國有先知先覺者乎。

[《橢圓求周術》]以大徑爲平圓徑，求得圓周爲第一數正，次置第一數，以半心差幷乘之，大半徑除之，四除之，爲第二數負，次置第二數，以半心幷乘之，大半徑除之，一乘之，三乘之，十六除之，爲第三數正，順是以下皆如是，求至單位下止，乃正負併減爲橢圓周。

甲案：橢圓，古法不可得聞矣。朱小梁刱圓柱斜解之説，董方立衍葛生繞樹之術，羅茗香已辨其不密，項梅侶術成而橢圓求周乃有定法。後數十年，《溯源》成其求橢圓四分之一弧爲　$\frac{一}{二}周(一丅\frac{一}{二^{二}}戌^{二}丅\frac{一^{二}三}{二^{二}四^{二}}戌^{三}丅\frac{一^{二}三^{二}五}{二^{二}四^{二}六^{二}}戌^{五}丅\cdots)$

以四乘之得　$二周(一丅\frac{一}{二^{二}}戌^{二}丅\frac{一^{二}三}{二^{二}四^{二}}戌^{三}丅\frac{一^{二}三^{二}五}{二^{二}四^{二}六^{二}}戌^{五}丅\cdots)$

爲橢圓全周，與項氏合。

[《對數簡法》]既得十之假設對數，以爲除法，用除逐數假設對數，即得逐數定準對數也。

甲案：假設對數，即訥白爾對數。定準對數，即布格里斯對數，所謂常對數也。《溯源》第三十六款　$\frac{一}{訥(一〇)}$　爲常對數之根，戴氏著書在粤氛之前，墨海尚未繙書，滬瀆尚未設局，戴氏乃精思得之。

《續對數簡法》第二開方術曰：法任截本數幾位，依本率數累乘之，爲第一數正，次以截去數爲除法，本數内減截去數，其減餘爲乘法，乃以乘法乘第一數，除法除之，又以率數乘之，爲第二數正，乘法乘第二數，除法除之，又以率數減一乘之，二除之，爲第三數，正如是遞推至率數減盡而止，乃併諸正數爲得數。

甲案：此戴鶚士開方四術之一，即《代微積拾級》所謂合名法，《微積溯源》所謂二項例也。戴氏四術，西人只得其二焉。茲僅録其一者，以明西人之原於此也。率數今名指數，除法今名分母，乘法今名分子，第幾數今名第幾級，或曰第幾項，要之中書重在文，西書種在式而已。嗟乎！未譯西書以前，戴氏殫精竭力，所得倍於西書。我輩繼戴氏之後宜知勉矣。

[《測圓密率》]正切求弧背術曰：正切爲第一數正，正切自乘，乘第一數，半徑幷除之一乘之，三除之，爲第二數負，正切自乘，乘第二數，半徑幷除之，三乘之，五除之，爲第三數正，順是以下皆如是，遞求至單位，乃併諸正數，減諸負數得弧背。

甲案：杜德美九術無正切求弧背法，徐莊愍公始刱之。《微積溯源》第三十八款以微分求得之，第一百三十九款復以積分求得之。《代數術》云來本之所刱，未幾古累固里演得以爲已作，其實不相謀也。吾觀大圜之下，大輿之上，凡有血氣心知者，此心同此理同也。我不敢知曰西人之法皆竊中國而爲之，然中國先聖先賢戛戛獨造，固不假重譯於殊域，則蒙之撰述，蓋恐人之數典忘祖，因而大聲疾呼云。

清・李文田《方子壯數學序》　幾何之學尚已，其源蓋出於周官保氏之教，大而治曆明時，小而公私期會，莫不資乎數以爲用。今泰西人獨用是學而精之，充其極，遂以富國强兵，所謂禮失而求諸野者，非耶？彼借根方一術，自稱爲東來法，是其明證也。

清・文廷式《純常子枝語》卷二六　借根方爲東來法，近時薛福成《四國日記》以爲譯語之誤，此不足辨也。余嘗謂中國曆算一變於乾竺，再變於回回，三變於歐羅巴，並採摭菁華，補我未備，事具史傳，無俟抑揚。至於倡始之功，自歸東土軒轅迎日，羲和定時，五千年前昭著簡策，何可誣也。西人書云希臘天學之最創始者曰他勒。他勒，米利都人也，童時即喜觀天，嘗誤落溝中，保母援出之，曰他勒何爲遠察天而近不視地耶。於時希臘人喜吟咏善論議講政治武備，或言性理，然無治天學者，獨他勒好言天，凡天地之理，其所掰獲者多與今合，先時航海者皆以北斗爲北極，他勒始斥其疏而以極星爲北極，又推得太陽平徑亦密合，始倡言地爲球體，預推某年日當食，至時果驗，此前人所未有者。黑鹿獨都史言，米太與路底亞戰，當晝忽昏黑如夜，遂罷戰，蓋他勒預推此時當日食也。邇時天文家陪律上推周匡王三年秋分後七日午前日食，月影中綫由小亞細亞東北過亞美尼至波斯。按小亞細亞東北當時三國戰地也。他勒之前，希臘未知測天，此必本之他國曆表，蓋非久測不能預知，或曾得迦勒底表未可知也。按他勒一譯作他里斯，爲希臘七賢之一，夫當周匡王時，中邦曆學實已大著，日蝕月食詩人詠之，史傳載之，知其常數矣，而希臘天學乃始萌芽，迦勒底表實東來之塙據耳。

著録

清・周中孚《鄭堂讀書記》卷四五　天文算法類

《數學九章》九卷。宋秦九韶撰。【略】其書自出新意，不循古《九章》之舊，別取八十一題，釐爲九類。一曰大衍，其術以元閏數連環求等約爲定母；二曰天時，亦大衍及古少廣法也；三曰田域，古少廣及方田句股法也；四曰測望，古少廣重差夕桀法也；五曰賦役，古衰分粟米互易法也；六曰錢穀，古方田均輸粟米换易法也；七曰營建，古商功均輸法也；八曰軍旅，古少廣商功均輸及盈朒法也；九曰市易，古盈朒方程法也。諸術所載開方圖，于正負加減益積翻法説之尤詳。凡開平開立及開三乘以上方，通一爲道，有移胎、换骨、玲瓏、連枝諸目，其法雖不盡精密，而立天元一法爲李仁卿、郭若思所本，西人之借根法亦從出此也。是以阮雲臺師《疇人傳》二十二論曰：自元郭守敬《授時術》截用當時爲元，迄今五百年來，疇官術士，無復有知演紀之法者，獨《數學九章》猶存其術。嗜古之徒，得以攷見古人推演積年日法之故，蓋猶告朔之餼羊矣。明顧應祥《測圓海鏡》分類擇術，詳衍開方諸法，然加減混淆，學者昧其原本。讀九韶書，而後知昔人開方除法，固有一以貫之者。留情九數之士，所宜熟讀而研究之也。

又　《測圓海鏡細草》十二卷。元李治撰。【略】敬齋自幼喜算數，恒病夫攷圓之術例出于牽強，殊乖于自然，及得洞淵九容之説，日夕玩繹，而鄉之病始落去而無遺。客有求其説者，于是衍之爲一百七十問，分正率、邊股、底句、大股、大句、明叀、大斜、大和、三事和、雜揉，之分十一類，而冠以圓城圖式，總率名號、今問正數、識別雜記。附新設四率。四篇，合爲是編，目曰《測圓海鏡》。蓋取夫顔延之文天臨海鏡之義也。其問有荅有法有細草，皆用立天元一布算。其爲術也，廣大精微，無所不包，大之而躔離度數，小之而米鹽淩雜，凡他術所能御者，立天元皆能御之，他術所不敢御者，立天元獨能御之。自古天文家，若郭若思所造《授時術》中法，號爲最密，而其求周天弧度，以三乘方取天，亦用立天元術，則其爲用亦神矣。今歐邏巴本輪、均輪、楕圓、地動諸法，其密合無以加之，究其實即借根方法。借根方即立天元一。然則西法之精密，亦立天元術有以資之也。

又　《倉田通法續編》三卷。國朝張作楠撰。丹邨撰《倉田通法》，時麗水俞愛山俊以數學來質。因其雖曾習借根方法，而未解立天元一爲借根方所本，爰取倉田諸題，拈草示之，遂通其術。

綜合分部

題解

清・黃宗羲《敘陳言揚〈句股述〉》　句股之學，其精爲容圓、測圓、割圓，皆周公、商高之遺術，六藝之一也。自後學之不講，方伎家遂私之。【略】珠失深淵，罔象得之。於是西洋改容圓爲矩度，測圓爲八線，割圓爲三角。吾中土人讓之爲獨絶，辟之爲違天，皆不知二五之爲十者也。【略】餘昔屏窮壑，雙瀑當窗，夜半猿啼倀嘯，布算簌簌，真爲凝絶。及至學成，屠龍之伎，不但無用，且無可語者，漫不加理。今因言揚，遂當複完原書，盡以相授；言揚引而伸之，亦使西人歸我汶陽之田也。

清・《聖祖仁皇帝御製文集》第三集卷一九《三角形推算法論》 《孟子》曰：規矩，方員之至；聖人，人倫之至。益見規矩、方員乃數學之根本，太極兩儀之變化也。三代以上，人心尚實，有學必精，所以考定日月之盈縮，七政之參差，鳥獸草木之應候，又以閏月定四時，庶績咸熙者，豈偶然哉。古人璿璣齊七政，表度準南北，察兩至明太陽之回轉，識二分爲寒暑之變遷，日月星辰交食、凌犯，入差，清濛、地氣之考，苟非測量，難得其詳。有測量而無推算，勢不可成。所以古人以圓容衆角，衆角容方，自方而三角，勾股在其中矣。勾三股四絃五者，以直角而論，乃一角九十度，竝兩角又九十度，即成半圜一百八十度也。若非直角出入九十度内外者，勾股之所不能推，雖分作直形，湊合偶成，亦非數家之堂奥，何足論哉？上古若無衆角歸圓，何能得曆之根而成八線之表？皆因俗就易畏煩，以功名仕宦爲重，敬天授時爲輕，故置而不論，以至如此。康熙初年間，以曆法争訟，互爲訐告，至於死者不知其幾。康熙七年閏月頒曆之後，欽天監再題，欲加十二月又閏。因而衆論紛紛，人心不服，皆謂從古有曆以來，未聞一歲中再閏。因而諸王九卿等再三考察，舉朝無有知曆者。朕目覩其事，心中痛恨，凡萬幾餘暇，即專志於天文曆法，二十餘年所以略知其大概，不至於混亂也。論者以古法、今法之不同，深不知曆。曆原出自中國，傳及於極西，西人守之不失，測量不已，歲歲增修，所以得其差分之疎密，非有他術也。其名色條目雖有不同，實無關於曆原，皆係於歲修察考之密，方圓衆角之推算，測量經緯之分合，則曆法行之千年，何弊之有？三角者，圜方衆角之盡精微易曉，舍此而他求，必致混雜，曆不可成矣。唐一行、元郭守敬不過借回回曆少加潤色，偶合一時而已，亦不能行久，可見出於意見，非有根基於算術也。曆本於測量，終於推算，授之於民時，驗之於交食，豈能逃於衆目之所觀乎？

清・《數理精蘊》上編卷一《周髀經解》 數學之失傳久矣。【略】明萬曆間，西洋人始入中土，其中一二習算數者，如利瑪竇、穆尼閣等，著爲《幾何原本》《同文算指》諸書，大體雖具，實未闡明理數之精微。及我朝定鼎以來，遠人慕化至者漸多，有湯若望、南懷仁、安多、閔明我相繼治理曆法，間明算學，而度數之理漸加詳備。然詢其所自，皆云本中土所流傳。粤稽古聖，堯之欽明，舜之濬哲，曆象授時，閏餘定歲，璿璣玉衡，以齊七政，推步之學，孰大於是。至於三代盛時，聲教四訖，重譯向風，則書籍流傳於海外者，殆不一矣。周末疇人子弟失官分散，嗣經秦火，中原之典章既多缺佚，而海外之支流反得真傳，此西學之所以有本也。【略】若《周髀》本文辭簡而意該，理精而用博，實言數者所不能外，其圓方矩度之規，推測分合之用，莫不與西法相爲表裏，然則商高一篇，誠成周六藝之遺文，而非後人所能假託也。舊註義多舛訛，今悉詳正，弁於算書之首，以明數學之宗，使學者知中外本無二理焉。

清・阮元《疇人傳・凡例》 一，西法實竊取於中國，前人論之已詳。地圓之説，本乎曾子；九重之論，見於《楚辭》。凡彼所謂至精極妙者，皆如借根方之本爲東來法，特譒譯算書時不肎質言之耳。近來工算之士，每據今人之密而追咎古人，見西術之精而薄視中法，不亦異乎！是編罔羅今古，善善從長，融會中西，歸于一是。凡改一率、立一法者，輒因管見所及，於篇末著論，以發其趣。是非互見，謬妄不經者，亦皆竊寓褒貶，評其得失。天學淵微，折衷匪易，所願與海内學人共審定之者也。

【略】

清・王仁俊《格致古微》卷一 《易》《革彖》湯武革命順乎天而應乎人，象君子以治曆明時。案：《後漢書・賈逵傳》引《易》金火相革之卦曰治曆明時，又曰湯武革命順乎天而應乎人，言聖人必儀象日月星辰，据此知大《易》所言乃後聖應天順人樹曆法之準，故漢以後言曆者多引之。臣謹攷順治元年秋七月，世祖章皇帝詔以新法造《時憲書》頒行天下，此我朝治曆之始初。利瑪竇之師丁氏學於歐几里得幾何眇指，明季攜其書東來，徐光啓、李之藻等爲之潤色，厥後熊三拔、龐迪我等測驗於前，湯若望羅雅谷等編纂於後。王之春《柔遠記》所謂遭逢盛世，因其成帙，用備疇人之掌，遂爲一代授時改憲之權輿。《記》曰有開必先，顧不信與。昔聖祖仁皇帝諭李光地曰，曆象算法朕最留心。御製《三角形論》曰，論者謂今法古法不同，殊不知原自中國流傳西土。大哉言乎。揚子曰衆言淆惑折諸聖，臣敬闡聖訓用冠斯篇，復象雷在地中，復案此地中有電氣説也。美國丁韙良《電學入門》曰乾電機有鐵錬下垂於地，引地中之電氣上通於機也，若將鐵錬離地，則電氣立絶，此係明驗故電之擊物不僅由雲而下，亦有由地而上者。《易》曰雷在地中，職是故耳。可見西學源於中書，彼國學人尚能證之。

又 卷二 《史記》《曆書》疇人子弟分散，或在諸夏，或在夷狄。案：此西人師法中國之碻論。疇人即籌人。程大昌《演繁露》謂古字假借以算數得名是也。即如地圓之説本於曾子九重之論，見於楚辭。《疇人傳》例言之我謂西法，彼曰東來。胚胎中書，不勝枚舉。

綜論

清・王夫之《思問録》 西洋曆家既能測知七曜遠近之實，而又竊張子左旋之説以相雜立論。蓋西夷之可取者，惟遠近測法一術，其它則剽襲中國之緒餘，而無通理可守也。

清・吴雲《數度衍序》 數學自三百六旬有六載于《書》，萬千五百二十載于《易》，尚矣。然而三代以下，未之或知也。不知者，因理而忘數，遂謂數無與于理，于是身通六藝者，止於春秋。至戰國時，千歲日至五百餘歲五十七，十百之田制，一五之爵籍，八九五之農法，孟子何爲而悉數哉。數在則理在。曆、天、井田、爵，人之所係也。今未或知矣。至明神宗時，有西學曰利氏，從歐羅來，言天而知度，言地而知方，言物而知器，且可以人氣之多少而可以知壽之長短，不但物象然也。即爲物，可爲琴自鳴，爲燈自炤，爲更籌自報，爲爐火自燃，爲門以數百萬木屑合成而若無痕之壁，以尋常物象觀之，固亦足異。然豈知即以此爲常物象乎。知其數者，即知道矣。舍數何所謂道參天兩地而倚數，孰非數，又孰非道，道既曰貞。夫一一云足矣，而何必曰萬一千五百道出于天。天云足矣，而何必曰三百六十道，不亦勞乎其勞，正所謂道也。指南于周，辯壤于孔，列賦于禹，何爲也哉？今未之或知矣。六藝之後，身通七二，誰復有聞？于是樂律曆運、農田水利、治河繕城、濟荒治餉、建土擇方之要，俱一一而不講。數不定因事不定，遂多用民力民財而事竟不成，不惟事不益民而反累民，安問其知吾三百六、萬一千五如吾聖賢之所言耶？宜數學之不能知也。利西歐亦非知數者，又非能知吾中國之數者。遠人知數，則何必當周之時，猶復賴吾周公之指南而後能歸，以此而知遠人之不能知數也。然則利西歐之數何爲而出乎？人不讀書，知古論世耳。成王聖化，周公秉政，其國來朝，得吾職方氏之六藝而歸，猶之郯子之知吾周官以爲郯子之學云爾，乃謂郯子知古官氏而我不知。何也？歐羅之數，得自吾周公而往也。此吾方小衍氏近從西學穆氏而後歸焉，猶邵子之從穆氏而歸吾《易》也。

清・方中通《數度衍・凡例》 此書明勾股出於《河圖》，加減乘除出於《洛書》，知一切不外河洛也。故首言其原黄鐘爲數之始，故次律衍，線面體之理盡於幾何，故約之，至於曆法，別有專書。

西學精矣，中土失傳耳。今以西學歸九章，以九章歸《周髀》，《周髀》獨言勾股，而九章皆勾股所生，故以勾股爲首，少廣次之，方田次之，商功次之，差分次之，均輸次之，盈朒次之，方程次之，粟布次之。

又 卷首之一 《數原》四算説

通曰：古法用竹徑一分，長六寸，二百七十一，而成六觚，爲一握，即少廣圓以六包也。後世有珠算而古法亡矣。泰西之筆算、籌算，皆出九九。尺算即比例規，出三角。籌尺雖不備加減，其用甚便。蓋乘莫善於籌，除莫善於筆，加減莫善於珠，比例莫善於尺。用加爲減，用加減爲乘除，借此知彼，無往而非比例也。好學深思，可以通而幾矣。

清・陳世明《數學舉要・序》 嘗觀古者教人之法，必原本於六藝。竊疑數之爲道小矣，惡可與禮樂侔。既而思人之所以切於身而宜於事，動有所資，而静有所守，是六者舉缺一不可。故古之教人使少習其事，而長窮其理，自一能一技之微，以及修己治人之大，人皆可學，學皆可適於用，要不爲空虚無實之弊貽悞天下也。後世禮樂御之教皆無傳，所習者惟有書，射則責之武夫，數則委之商賈販鬻輩，學士大夫恥言之，皆以爲不足學，故傳者益鮮。明末泰西氏始入中國，今其流稍盛，海内好學者亦謂其學本出自中國，中國失其傳而泰西氏始得之。其説固無考，然亦不必考也。

清・施彦恪《徵刻曆算全書啓》 利氏來賓，西書羣訖。在天道幽遠，固屢析而逾精；論師授源流，亦本同而末異。不有高識，誰辯根宗？【略】謂馬沙亦黑七政經緯之度分，於泰西已爲藍本；而《授時曆草》圜容方直之巧算，較三角豈有懸殊？度里求差，亦守敬、一行之遺法；歸邪舉正，實唐虞三代之成模。術皆踵事而增，難忘創始；道在順天求合，何別中西？釋從前聚訟之紛，去諸家畛域之見。闡解還期共曉，立言總出虚公。

清・阮元《疇人傳》卷四五 湯若望

論曰：明季君臣以《大統》寖疏，開局修正，既知新法之密，而訖未施行。聖朝定鼎，以其法造《時憲書》，頒行天下。彼十餘年間，辯論翻譯之勞，若預以備我朝之采用者，斯亦奇矣。夫歐羅巴，極西之小國也。若望，小國之陪臣也。而其術誠驗於天，即録而用之。我國家聖聖相傳，用人行政，惟求其是，而不先設成心，即是一端，可以仰見如天之度量矣。若望以四十二事，表西法之異，證中術之疏，由是習於西說者，咸謂西人之學非中土之所能及。然元嘗博觀史志，綜覽天文算術家言，而知新法亦集合古今之長而爲之，非彼中人所能獨創也。如地爲圓體，則《曾子》十篇中已言之。太陽高卑，與《考靈曜》「地有四游」之說合。蒙氣有差，即姜岌「地有游氣」之論。諸曜異天，即郄萌「不附天體」之說。凡此之等，安知非出於中國，如借根方之本爲東來法乎？蓋步算之道，必後勝於前，有故可求，則修改易善。古法之所以疏者，漢魏之術冀合圖讖，唐宋之術拘泥演撰，天事微眇，而徒欲以算術綴之，無惑乎其術之未久輒差也。至《授時》去積年日法不用，一一憑諸實測，其于天道已能漸近自然，然則由《授時》而加精，不得不密於前代矣。彼西人者，幸值其時耳。使生於《授時》以前，則其術必不能如今日之密。唐之《九執》、元之《萬年》可證也。且西術之密，亦密於今耳，必不能將來永用無復差忒。小輪之法，旋改橢圓，可見也。世有郭守敬其人，誠能徧通古今推步之法，親驗七政運行之故，精益求精，期於至當，則其造詣當必有出於西人之上者。使必曰西學非中土所能及，則我大清億萬年頒朔之法，必當問之于歐邏巴乎？此必不然也。精算之士，當知所自立矣。

又　卷四六　杜德美

論曰：梅文穆公曰：「割圓舊術，屢求句股，至精至密，但開數十位之方，非旬日不能辦。今立乘除之數以求之，得之頃刻，與屢求句股者無異，故稱捷法。」又曰：「弧矢之術，有弧背即可求弦矢。《大測》《割圓》之法，理精數密，然不能隨度以求弦矢。今任設奇零之弧，分度不必符乎六宗，法不必依乎三要，而弦矢可得，斯誠術之奇而捷者也。」文穆之稱道如此。而其所以立法之根，乃無一語及之。余嘗反覆布算，乃知屢次乘除之後，其加減之衰，如平方、立方，與郭守敬垜積招差法正相類。夫立垜積招差以求氣朔消長，即祖冲之《綴術》之遺。然則《綴術》一書，亦當如立天元術之流入彼中，吾中土亡之，而彼反得之矣。

清・羅士琳《割圜密率捷法跋》　說者謂西法遠遜中法。此蓋本吾鄉阮太保相國《疇人傳》利瑪竇論，吾中土之法之精微深妙，有非西人所能及者一語，誠以中法由理得數，形上之謂也。西法由器得數，形下之謂也。算自明季寖疏，禮失求野，采及遠人，近年中法盛行，唐宋以來諸算書悉皆佚而復顯，由是得證彼之中比例即古今有術，彼之益實歸除及益實兼減實歸除即古正負開方術，彼之借根方即古立天元一術，名異實同，初非西人所獨剏，且彼之割圜仍不外屢求句股，究亦本諸中法，以故中學興而西人退。

清・阮元《續疇人傳序》　向疑《八線表》及《八線對數表》字數在一二百萬已上，且盡數目之字，非有文義可尋，而字體微芒，細碎叢密，保無寫刻之譌，緣從屢求句股所成，無由讐校。近見羅氏茗香以乾隆間明氏捷法校得《八線對數表》一度十三分二十秒正切第五字〇誤作一，又六度四十一分十秒正切第五字〇誤作六，又十二度五十分正弦第六字七誤作五，又十六度三十二分十秒正切第七字九誤作〇，又四十二度三十二分四十秒正切第九字誤作四，可見西人之所能者，今人亦能之也。【略】

在昔聖人治易畫象，獨於革卦，一則曰治曆明時，取諸革，再則曰天地革而四時成。夫日三月成時，月三日成霸。霸之義，從月，亦從革。《說文》，革，更也。故術家因之，隨時修改，以求合於天行。自古以來，所以有七十餘家之術，而《授時》歲實之上考用長，下推用消，黄赤大距之古大今小，歲差之古今不同，皆其明證。非古人之心思才力不逮今人，亦非古法之疏，不若今法之密，蓋迫於積漸生差，術以是見疏耳。漢落下閎謂《太初(術)[曆]》八百歲當差一日，亦本取革之義。自西人尚巧算，屢經實測修改，精務求精，又值中法湮替之時，遂使乘間居奇，世人好異喜新，同聲附和，不知九重本諸《天問》，借根昉自天元，西人亦未始不暗襲我中土之成說成法，而改易其名色耳。如諸輪變爲橢圓，不同心天變爲地球動是已。元且思張平子有地動儀，其器不傳，舊說以爲能知地震，非也，元竊以爲此地動天不動之儀也，然則蔣友仁之謂地動或本於此，或爲暗合，未可知也。西法之最善者，無過八線，然舍表無以布算，苟如羅氏以密率招差，是其法亦無異乎元朝《授時曆草》，更安知八線表不亦由於此乎？世之學者，卑無高論，且因八線對數以加減代乘除，競趨簡便，日習其術，罔識其故，致古人精詣盡晦矣。夫爲數之道，首在《虞書》，辨氣之盈虚，課日月五星之遲疾，因時制宜，即孟子所謂「苟求其故」，此亦實事求是最大最難者也。枚乘《七發》曰孟子持籌而算之，萬不失一，此漢人亦必有所本。前傳未列孟子，應否補列，請思酌之。

清・朱福詵《重刻〈疇人傳〉正續序》　昔者地員立說肇於曾子之書，天體孰營昉自靈均之問，坐臥渾儀之下，中郎致其精思，甄明緯度之中，鄭君推爲絶學，儒者所稱，於斯爲盛。自疇家之學以息，六蓺之道寖微，號一公以聖人，謂郭氏爲絶蓺，末學加之頽廢，俗儒黜以鄙夷。禮失求野，良可慨已。歐邏巴人承列朝放失之餘，綜彼中傳習之術，法以日密，用以日繁，流入中華，遞相傳授，人立一法，家箸一書。遭逢聖祖仁皇帝聰明由於天縱，制作侔於造化，究其精蘊，勒爲成書，於是樸學承流，通人接踵。【略】夫掘地爲臼，踵而增華，閉門造車，出則合轍，必謂西人筭學盡取中灋爲之，則竺乾之旨或通於洙泗，莊列之言每同於宗乘，詞非相襲，義可借觀，蓋法惟一。乘叚名字，以道衆生，數始太極，改率憲以爲新法，徒取彼而遺此，猶識二五而不知十也。新田徐氏有言，古義既明，知西法莫外。又云，欲中西之法各明，其真無相襍糅。由斯兩説乃爲持平。觀公所傳，西人亦復志在嘉善，是則宣聖可作不陋。

清・查燕緒《重刻〈疇人傳〉後跋》　工始於光緒壬午正月，越五月告成。亟督印行，俾世之震驚西學者，讀阮氏、羅氏之書，而知地體之圓辨自曾子，九重之度昉自《天問》，三角八綫之設本自《周髀》，蒙氣之差得自後秦姜岌，盈朒二限之分肇自齊祖沖之，渾蓋合一之理發自梁崔靈恩，《九執》之術譯自唐瞿曇悉達，借根方之法出自宋秦九韶、元李治天元一術。西法雖微，究其原，皆我中土開之。

清・陳慶鏞《讚銘説策問策對》　問鄭注《周禮》九數有旁要、夕桀二義，何解？《周髀算經》言積矩之法其即句股所從出歟？七衡六間用以測天能通其義否？《三統術》東九西七差分之數何若中月相求六扐當爲七扐然歟？劉徽注《九章》綴《重差》於句股，其術凡幾？甄鸞注《孫子》《五曹》《夏侯陽》《張邱建算經》，又傳《五經算術》，其義例可備舉否？開差幕開差立又設密率爲圓徑一周三一四，或謂當得三一六，果精于祖沖之歟？王孝通《緝古》二十術果能發明商功之説歟？立天元一法，自秦九韶發之，爲李治所本，《測圓海鏡》《益古演段》所未詳者何在？《四元玉鑑》以茭草形正負可推究其微否？西法四率、三角、八線、借根方，其與中法有異同歟？抑疇人子弟分散而彼得其傳歟？皇上學貫天人，深探理蘊，多士涵濡有素，盍悉陳之無隱。

清・邵瓚《數學心得序》　近二十年，泰西諸國於海口互市，士有洽聞者與衍幾何、重學、代術、談天等書，其義益細，然觀其橢圜設象之宜動静分并之説，不出周髀用矩遺意。又如三角即句股，借根方即天元一，雖爲道屢遷，而其法不易善乎。

清・江臨泰《量倉通法識》　夫理之至者，中西一轍，法之精者，先後同揆。自談西學者詆古法爲粗疎，而伸中法者又或執古率以難新術，不知三角即句股也，借根方即立天元也，三率比例即今有術，重測即重今有術也，借衰即衰分之列衰，叠借即盈朒之假令也。他若天周三百六十度則邵子嘗言之，日周九十六刻則梁天監中嘗行之，三一四一五九二之率則祖沖之、趙友欽已先用之。

清・鄒伯奇《學計一得》卷下　論西法皆古所有

《考工記》輪輻三十，以象日月也。蓋弓二十有八以象星也。伯奇按：輪以利轉，故取象日月晦朔弦望，循環不窮，蓋以覆下，故取象星辰斡繫，然不過假象以紀數，如《易繫》言，乾坤之策凡三百有六十，當朞之日云爾，而於此可見割圜之術，古已精密。古算經不傳，魏劉徽、宋祖沖之、元趙友欽等，或以圜容六邊起算，或以圜容四邊起算，皆屢求句股而得圜周。明末西人入中國，又有六宗、三要、二簡法，以求割圜八綫，以爲理精法密，古所未有。然錯綜加減，僅越五分而得一正絃，其每分每秒仍用中比例。至杜德美傳求弦矢捷法九條，則任設畸零之弧弦矢皆可猝得割圜之術，於是觀止矣。嘗謂此雖出於西人，必古割圜之本法，至是而後，天啓其衷，燦然復明於世。視屢求勾股者超越何啻倍蓰哉？蓋輪人之爲輪牙，其入輻之鑿，及蓋弓宇際相距，欲其分度之均，則必有數矣，非割圜則安取之？而三十邊、二十八邊，又非劉趙諸法可得也。故欲得真數輪，則以輪崇爲徑，而求圜容六等邊爲本弧弦，又求本弧五分一之弦，或求圜容五等邊爲本弧弦，又求本弧六分一之弦。蓋則以蓋廣爲徑而求圜容七等邊爲本弧弦，又求本弧四分一之弦，或求圜容四等邊爲本弧弦，又求本弦七分之一弦。或以輪蓋全徑求三十分之一、二十八分之一之通弦。夫求本弧七分一之弦、五分一之弦及徑求通弦之法，爲六宗、三要之所不備，而古考工之所需，則西法豈能度越前古哉？

《記》約，望而眡其輪，欲其欲其幎爾而下迆也。進而眡之，欲其微至也。無所取之，取諸圜也。伯奇按：幎爾而下迆，即幾何所稱圜界與輻綫必爲直角也。微至者，即八綫之正割數必大於半徑全數也。西國有《圜書》引，見《天學初函》諸部考工數語，其亦中國之圜書乎？

《考工記》築氏爲削，長尺博寸，合六而成規。又弓人職云，爲天子之弓，合九而成規；爲諸侯之弓，合七而成規；大夫之弓，合五而成規；士之弓，合三而成規，則古人於割圓弧矢之術，真知灼見，故能言之鑿鑿，而動不失規矩，爲算學者輒以周三徑一爲古法，實未學之失也。

梅勿菴言，和仲宅西，疇人子弟散處西域，遂爲西法之所本。伯奇則謂：西人天學，未必本之和仲，然盡其伎倆，猶不出《墨子》範圍。《墨子・經上篇》云，圜，一中同長也。即幾何言圜面惟一心，圜界距心皆等之意。又云，同，重體合類。二體不合不類。同異而俱之於一也。同異交得，放有無。此比例規更體更面之意也。又曰，日中，正南也。又《經下篇》云，景迎日，景之大小，説在地。亦即《表度説》測影之理。此《墨子》俱西洋數學也。西人精於製器，其所恃以爲巧者，數學之外有重學、視學。重學能舉重若輕，見鄧玉函《奇器圖説》，亦見《墨子·經説下》。招負衡木一段，升重法也。兩輪高一段，轉重法也。視學者，顯微爲著，視遠爲近，詳湯若望《遠鏡説》，然其機要亦《墨子·經下》臨鑑而立，一小易一大而正數語，及《經説下》景光至遠近臨正鑑二段，足以賅之。至若泰西之奉上帝，佛氏之明因果，則尊天明旨，同源異流者耳。《墨子·經上》云，此書旁行，正無非。西國書皆旁行，亦祖其遺法，故謂西學源出《墨子》可也。法苑珠林，以爲造書，凡有三人。長名曰梵，其書右行。次曰佉盧，其書左行。少者倉頡，其書下行。欲以西國之書駕羲黄之上，豈不謬哉？

西學之精，惟在製器，然古人非不能製器也。《考工記》曰，智者創物，巧者述之守之，世謂之工。百工之事，皆聖人之所作也。後儒不讀考工之書，凡有造作，輒以爲器數之末，委之拙工，古法日以消盡，隧爲西人所笑。然西人之説，最新者謂日静地動，則漢張衡曾作地動儀矣；其言橢圓兩心差，伯奇亦嘗於《緯書》及《靈憲》《廣雅》參考，得古人所定之數；日體黑點，非遠鏡莫能見者，而《淮南子》諸書傳日中有烏之説，即謂此物，是古人已於遠鏡窺得之，傳聞失實，乃謂烏爲烏。名蔽於所見也；乃若比例規以五金與水比較輕重體積，乃重學之一種，而《史記五帝本紀正義》引《尚書帝命驗》説五府之名義，有曰元矩者，黑帝汁光紀之府名曰元矩。矩，法也。水精元昧，能權輕重，故謂之元矩。然則以水權輕重之術，亦古算經所當有矣。

清·張自牧《瀛海論》 今天下競談西學矣，蒙以爲非西學也。天文曆算本蓋天、宣夜之術，彼國談幾何者亦譯借根方爲東來法，疇人子弟類能知之。

清·郭嵩燾《丁冠西中西聞見録選編序》 《周禮》小行人掌邦國之禮籍，其民利害與其禮俗政教之順逆及有暴亂札凶與康樂和親安平各爲一書，每國辨異之，以周知天下之故，而内史掌讀四方之事書，外史掌四方之志，又一繫其事於史官，其於諸國之紀録至周備矣。於是設爲懷方氏，以致四方之民；爲合方氏，以達四方之道路；爲訓方氏，以道四方之政事與其上下之志。所以通其財利，同其好善者求之，不厭其詳，引而導之，不嫌其曲至也。而又有土訓道地圖以詔地事，道地慝以辨地物。誦訓道方志以詔觀事，道方慝以詔辟忌。凡國之封域與其物産及其政教人民之美，可法而惡、可爲勸懲者，莫不編爲成書，垂示天下，無有能逃於聞見之外以自寬假者。近歐洲諸國得此意，以爲日報，沿海書館仿行，其法雜取民間軼事，傅會傳播，以廣異聞。冠西先生彙集日報之善者，輯爲《中西聞見録》一書，萃日報爲月報，甫十餘月而罷，自以搜討之勤而懼流傳之不能廣也。又彙集其善者，爲《中西聞見録選編》，而以所得推步之方、博物之旨附列其中。夫西學之借根方，代傳爲東方法，中國人所謂立天元也。西人用之鍥而不已，其法日新，而中國至今爲絶學。冠西主講同文館，始用以爲教，汲汲焉勤，誨而不勌。自明季利瑪竇倡西學於中國，近偉勒亞力所著書尤精，冠西遂講明而傳習之。三人者，相望數百年，號爲博覽，而冠西之功尤偉矣。是編乃其著書之一種，觀所著録，未嘗不以所學詔之人人，而其大旨要歸於勸善規過，用心之勤篤如此。戴聖之言曰：其爲人也壯，不譔述老不傳授，亦可謂無藝之民矣。冠西賢哉。抑何所藝之精而教之，詳且盡也。嵩燾老病衰殘，因冠西追思戴氏無藝之言，自以愧悚，爲揚其義於簡端，昭示天下學者，俾知西學之淵源皆三代之教之所有事，而冠西之爲人爲足任道藝相勖之資，爲尤難能也。

清·梅啓照《學彊恕齋筆算·序》 古之稱治水者神禹尚已，而金吉甫据筭經以謂句股之法自禹刱之，以測遠近高深，周文公受筭法於大夫商高，故周禮溝洫澮川之制，尺寸皆有矩度。由漢以來，治河之功首推王景，顧范史於景方略絶不致詳，獨傳首敘景少學易，又好天文術數，沈深多技藝。彼二聖一賢爲天下創非常之原，神功盛烈，宜若非人思議所及，乃古載籍所紀僅出於是。蓋治水之必先明筭若是其彰彰也。夫筭法者，古人所視爲日用飲食、心身性命之學，而非方伎者流專門名家之事也。三代盛時，九數列於六藝，學者童而習之，而《史記》傳仲尼弟子亦稱身通六藝者七十有二人，則非惟童而習之，即聖道亦於是寓矣。自聖道隱而六藝廢，士大夫心思材力羣馳鶩於虚無之域，而疇人子弟抱器西游，彼土桀黠之徒積世窮年，專精一藝，亦遂以成千古之奇。吾聞西國格致會十五家，其最先者爲天文筭學，爲重學，爲測量家學，究其原，則皆蓋天、宣夜、《周髀》《九章》之遺，即彼土談幾何者，亦謂借根方爲東來法。歷三千年復歸於東，庸可數典而忘其祖邪？

清·王仁俊《格致古微》卷五 續補遺之通論

聖祖仁皇帝御製《三角形論》曰，論者謂今法古法不同，殊不知原自中國，流傳西土，毋庸歧視。梅文鼎欽奉聖祖授以借根方法，論曰，西洋人名此書爲阿爾熱八達，譯言東來法也。臣謹案：西法之源，聖祖所諭流傳一言以蔽之矣。尋繹再三，無任欽忭，既節引於子部，敬詳冠於通論。

《曆學疑問》一曰，西曆之同中法不止一端。言日五星之最高加減即中法之盈縮厤，在太陰則遲疾厤也；言五星之歲輪即段目；言恒星東行即歲差也；言節氣以日躔過宮即定氣也；言各省節氣不同即里差也。但中言盈縮遲疾，西以最高最卑明其故；中言段目，西以歲輪明其故；中言歲差，西以恒星東行明其故；是中曆所著者當然之運，西曆所推者所以然之源。此可取者也。若夫定氣里差，中曆原有其法，但不以註曆耳，非古無今有也。西曆始有者，五星之緯度是。案：梅文鼎此論，止言辜較耳，尚有未詳盡者。中曆太陽、太陰有緯度，西曆曆并及五星之緯。蓋西曆因中曆而闡發愈詳，大輅椎輪，約推中土，蓋必悟當然之運，而始識所以然之源。五星緯度非西曆始有也。

《曉庵新法》曆法五曰，天問圜則九重，則七政異天説古有之。益知西説原本中學，非臆撰也。西曆所矜勝者不過數端。疇人子弟駭于創聞，學士大夫喜其瑰異，互相夸耀，以爲古所未有，孰知悉具舊法中，非彼所獨得乎。一曰平氣定氣以步中節，舊法不有分至以授人時四正以定日躔乎？一曰最高最卑以步朓朒，舊法不有盈縮遲疾乎？一曰真會視會以步交食，舊法不有朔望加減食甚定時乎？一曰小輪歲輪以步五星，舊法不有平合定合晨夕伏見疾遲留退乎？一曰南北地度以步北極之高下，東西地度以步加時之先後，舊法不有里差之術乎？西人竊取其意，豈能越其範圍？又曰西洋新法大抵與土盤曆同。案：王錫闡此論已盡發西人之覆，而猶有遺者，如西人竊乘除而爲比例，竊句股而爲八綫，竊四元而爲代數，竊招差堆垜而爲微分積分，竊開方命分母數之方面而爲綫，子數之羃積而爲面，皆其證。

《觀象授時》疇人子弟既分散或在夷狄，則後世西域《九執》《回回》術數及西洋算法豈非從中土流散在彼而衍其傳者乎？此可爲西法襲中法之證。案：秦蕙田此説，据《史記・厤書》而探知西學之原，陳義甚高，與《明史・天文志》所論先後一轍。

《疇人傳》四十四曰，天文算數之學，吾中土講明而切究者，代不乏人。自明季不務實學，而此業遂微，西人起而乘其衰，不得不矯然自異。然但可云明算不如泰西，不得云古人皆不如泰西也。我國家六藝昌明，若吴江王氏、宣城梅氏皆精於數學，實能盡得西法之長而匡所不逮，至戴東原發明《五曹》《孫子》等經，而古學明。錢竹汀論《三統》《四分》以來諸家術，而古推步學又明。學者苟能綜二千年來步算諸書一一研究之，則知中法精微深妙，非西人所能及者。彼不讀古書，謬云西法勝於中法，是但知西法安知古法哉。案：明季利瑪竇以新法入中土，徐光啓至以今日羲和稱之，一時西人接踵，人心嚣然。烏乎，臺官步勘天道疏闊，物必自腐而後蟲生，假令光啓躬際聖清，耳聆阮論，當亦恧然汗下。

《疇人傳》四十五曰，新法亦集古今之長爲之，非彼所能創。如地爲圓體曾子言之，太陽高卑與考靈曜四游説合，蒙氣有差即姜岌游氣論，諸曜異天即郄萌不附天體説，凡此安知非出於中國，如借根方本爲東來法乎？必曰西學非中土所能及，則大清億萬年頒朔之法，必當問於歐羅巴乎？必不然也。案：阮元此論，惜不令湯若望見之。夫若望以四十二事表西法之異，證中術之疏，耳食之徒遂謂歐洲算術超於吾國，毋亦飲水忘源乎。疇人一傳，標列古書，表章中法，庶有志之士當思自奮，勿謂西人所愚也。

《續疇人傳》敍曰，西人尚巧算，值中法湮替之時，乘閒居奇，世人同聲附和，不知九重本諸天問，借根放自天元，西人未始不襲我成法而易其名色耳。如諸輪變爲橢圓，不同心天變爲地球動是已。且張平子有地動儀，其器不傳，舊説以爲能知地震非也，此地動天不動之儀也。蔣友仁謂地動或本此，或爲暗合，未可知也。西法之善者無過八線，然舍表無以布算，苟如羅氏以密率招差，是其法亦無異授時曆草，安知八線表不由此乎？案：九重諸條，又爲前傳所未及。蓋羅士琳成《續傳》，時在文達晚年，見道益精，觀此敍語，信乎學與年進也。

《續疇人傳》曰，歐羅巴自詡其法之精密，勝於中法，不過三角、八線、六宗、三要、借根方、連比例諸法，安能軼吾天元、四元、綴術、大衍，與夫正負開方、垜積招差諸法上哉。案：羅士琳此論，真能歷數家珍而奪西人之席，且羅氏不獨能言也。嘗以乾隆閒明氏捷法校得八線對數表，一度十三分二十秒正切第五字○誤一，又六度四十一分十秒正切第五字○誤六，又十二度五十分正弦第六字七誤五，又十六度三十二分十秒正切第七字九誤○，又四十二度三十二分四十秒正切第九字五誤四，可見西人所擅長者，好學深思，類能道之。

《疇人傳》三編四曰，世俗講習，類宗彼法而忘其源自東來，而弗究其未能軼我範圍而昧夫相得益彰之道，爭巧誇捷，惑溺者衆，羣往焉而不知其所返。案：諸可寶此論，深嫉不知中學徒誇西法爲聖者，此近世之痼疾，可謂洞見癥結矣。

《結埼亭集》曰，古學廢絶，西人獨擅其長，中原反宗之。唐荆川、顧箬溪、邢雲路欲會通焉而尚未能，黄梨州出，始言周公、商高之術，中原失傳而被篡於西人。按其書以求汶陽田可歸也。案：全祖望此説，可稱碻論。中學之被篡於西人者多矣，安得盡歸趙璧哉。

《鑑止水齋集》曰，欲中西之法各明其真，無相雜糅，謂古義明，可以知西法之莫能外也。案：許宗彦此論，專主發明古義。夫古義本也，西法末也，未有根柢先撥而枝葉茂盛者。知言哉。

《蠡勺編》三十一載張南山曰，西法實中法所流傳，萬曆間復還中國，非始行于中國也。史公言，幽厲之時，疇人子弟散入殊方，一也。西曆所言，寒暖五帶説與《周髀》七衡合，而《周髀》漢趙君卿爲之註，二也。立天元一法，利瑪竇不解，而宋秦九韶、元李冶能言之，三也。利瑪竇撰《經天該》，星名與中國同，而丹元子《步天歌》隋時已著，四也。西法言各省節氣不同，即中國里差法，五也。西洋有借根法，名阿爾熱巴拉，阿爾熱巴拉者，華言東來法，六也。且用西法者，取其測算之精而已。至紀日于午，何如紀子？紀月于望，何如紀朔？是西法有不及中法者，中法固在西法之前也。案：張南山此説，歷舉西學之源，既詳且碻，末言西法且不及吾，足使彼族頫首。

《尚書釋天》曰：宋太祖時沮渠茂虔獻方物並《周髀》一卷，而西曆五帶之説又全同《周髀》。太史公云，幽厲之後，周室衰微，陪臣執政，史不記時，君不告朔，故疇人子弟分散，則西法即不必果本義和，有自來矣。若回紇家托名黄帝，且謂漢武時已入中國，恐未必然。吴氏宗潛曰，漢祕史云，元狩三年，帝遣使詣西域回紇之國，謂昔黄帝封姬姓者七十國，蚩尤之亂，姬姓者亦奔於回紇，其觀象者皆從之回紇，今有知天象者在焉。乃取之以校五衡、五星、十一曜之經緯。回紇天文生三人至校，其推算氣候躔度與漢無異，止閏月有差，遂留之咸陽。此回回厤入中國之始也。案：盛百二此論，謂西法不必果本義和，亦有自來，洵持平之見。

談泰曰，治算者不讀古書，謂西法密於中法，此大惑也。西人存心叵測，恨不盡滅古籍以自衒所長。案：此論載《經義叢鈔》，意在表章中書，發爲讜論，真先得我心者。

《瀛海論》中曰，今天下競談西學矣，蒙以爲非西學也。曆算本蓋天、宣夜之術。談幾何者，譯借根方爲東來法。《大戴》如誠天員而地方，則是四角之不揜也。《周髀》地旁沱四隤，形如覆槃。【略】《周禮》保氏教國子以禮樂射御書數爲六藝，六經諸子論禮樂之微通於性命九章之奥窮，極造化而樂與數尤相爲表裏。欽定律曆三書，推闡律數有精於西人者。今欲制機氣，則量萬物運用水火，誠不能不取之於三角八線及化器電火諸藝術。然名爲西學，則儒者動以非類爲羞，知其出於中學，則儒者當以不知爲恥。泰西文字本於佉盧，《史記・大宛傳》《漢書・西域傳》皆有畫革旁行之文，墨子經上讀此書旁行，此尤文體之可據者。輪舟制不過數十年，輪車更出其後，古有指南車、飛車，其制不傳。火輪車，本唐一行水激銅輪自轉之法，泰西以商爲國本，一切大政，商賈皆得。與《左傳》陳懷公朝國人謀從吴楚，子産對韓起曰，先君與商人世有盟誓，有春秋遺風。《陰符經》天之至私，用之至公，蓋合百姓之私，以成王者之公也。中國官與民勢分懸絶氣扞格而不通。治兵首重嚴整，《書・牧誓》《詩・常武》《周禮・大司馬》及管子、孫子所言綦詳。泰西練兵，適與古合，但當自責以今人之不如古人，正不必自諉於中國之不如外國也。西人紀載云，火礮創於中國，彼師我法而能精之。案：張自牧此篇，《柔遠記》十九節采之，真能抉西學之原。惟以耶穌十字附會圖書，以聖經證夷教，斯失言矣。

《四國日記》二曰，《堯典》定時，《周髀》傳算，西人星算學權輿於此，其他安知其非取法於中華也？西士論及創制，每推中國，如新報之仿邸鈔，化學之本煉丹，信局則採孛羅之記，印書則爲馮道之遺，煤燈之本四川火井，考試之本歲科取士，至於南鍼、火藥、算學、天文之開於中國無論矣。案：王之春此論，即据西士所言以證出自中學，可謂要言不煩。

《柔遠記》十九曰，制器尚象利用本出於前民。幾何作於冉子，而中國失其書，西人習之，遂精算術。自鳴鐘創於僧人，而中國失其傳，西人習之，遂精機器。火車本唐一行水激銅輪自轉之法，加以火蒸氣運，名曰汽車。火礮本虞允文采石之戰，以火器敗敵，名爲霹靂。凡西人之絶技，皆古人之緒餘，西人豈真巧於華人哉？案：王之春此説，在《蠡測巵言》廣學校篇，舉一反三，彼震懾於西學者當廢然矣。餘見《瀛海論》。

《使俄草》三曰，西人精於格致，中土已先有言者。《淮南子》之鍊上木火雲水，《亢倉子》之蜕地蜕水，《關尹子》之石擊石生光，彼所詡爲絶學者，皆不能出吾書。【略】案：王之春此論，大恉以世人不屑稱道西學，其變本加厲者，竟言中學無用，乃爲此持平之論，而西學之由來愈恍然矣。

陳萬策《中西算法異同論》曰，中法言異乘同除，西法總之四率異矣，而爲比例之理則同。中法句股也，用邊，而西法謂之三角也，用角，三邊三角可以互求，劉徽祖冲之、趙友欽以四角起數，所算圓周之率，與西法曾無毫釐之差，而西人以六宗率作剖圓八線者，其術亦不外乎此。案：此論中西算學異同，又西學本中學之一證。

顧觀光與張文虎書曰，算理黄赤斜交者，西法升度差也。地面測望者，西法地半徑差也。案：此書見《武陵山人雜著》，以許氏太陽行度解据，日行赤道原無盈縮，而人目視之有盈縮，由黄赤斜交及地面測望爲説，故爲之，取西法以證中法，於西人竊取吾法，雖未明言，而力据上游，則仍《九數存古》之恉也。

《務民義齋算學》三書叙曰，《書緯·考靈曜》地恒動不止而人不知，譬如人在大舟中閉牖而坐，舟行而人不覺也。西人謂地動天不動，説本此。其捌爲便捷之法，亦中國古法也。西人用字代數，原於古籌算，今改用子算，較寫算不尤簡捷乎？或謂西人機器獨擅其長，然中國未嘗無機器也。《虞書》璿璣玉衡，武侯木牛流馬，經史所載可考，且《考工記》云知者捌物巧者述之。其中立表定向，可通天文。弓矢權衡，可通重學。夫西人學中法而能自立，豈中國人不能學古人而自立哉？案：錢國寶此叙，亦知西學源於中法，歸其旨曰自立，可謂能自得師者。

《對數詳解》叙曰，對數一術，乃西士所稱至精至簡者，而李善蘭、鄒伯奇創立新法，較西人舊法簡易數倍，而與西人近日新法不謀而合。案：李、鄒尋繹古書而立新法，乃西人與之合轍，正西人暗襲中法之據。丁取忠此叙信哉。

《綴術釋明》叙曰，聖神制器尚象，利物前民，其於數理必有究極精微，範圍後世者，代久年湮，數學漸至失傳。近泰西猶能推闡古法，推陳出新，而中國之才人智士或反蹈其成轍而率由之。孔子曰，天子失官，學在四夷。正今日之謂也。案：曾紀鴻此叙，祇就算學言之，然而發攄西算推本中學，可謂助我張喙。

謝祖源請派員游歷疏曰，《周髀》九數，疇人命官，攷工五材，庶士分職。班固志前代藝文，於經典外，列叙兵書、術數、方技諸略，此皆專門利用之學，聖人不廢。夫外洋測算衍自中法，制器相材原於攷工，營陣束伍乃司馬法步伐進退之遺，開採五金仿周禮卝人之職，測繪地輿亦晉人裴秀成法。案：此疏意主中士兼通西學。夫一物不知，儒者之恥。謝説甚是。其謂利用之學，聖人不廢，外洋測算，衍自中法，真通人之論哉。【略】

劉嶽雲答李善蘭書曰，西人以天算爲最精，初入中國，即挾此自重。而光化電等學，則近世尤密。然如天圜見《周髀》《大戴》，地動見《考靈耀》《乾鑿度》《元命苞》《括地象》，六等星差見徐整《長曆》，天河經天一周見《抱朴子》，天河爲小星所聚見《物理論》，五星日月各一天見郄萌傳，朦氣見姜岌傳，雷爲地氣見周易論衡，則中國言天文未嘗讓西人也。《墨子》經上圜，一中同長也，此謂圓體自中心出徑綫至周等長也。又云，方，柱隅四讙也，誤此謂方體四維，皆有隅等面等邊等角也。《莊子》一尺之棰，日取其半，萬世不絶，此幾何妙理。他如借根即天元一術，代數術中求無定數即大衍求一術，累乘累除即堆垜招差，則中算未嘗讓西人也。【略】案：此書與《格物中法》叙相表裏，真能探西學之原者。

《日本雜事詩》注一曰，泰西之學，墨翟之學也。古以儒墨並稱，或稱孔墨。孟子且言天下之言歸於墨，其縱横可知。後傳於泰西。泰西之賢智者，衍其緒餘，今遂盛行其道矣。至天算，法本《周髀》蓋天之學，彼譯借根方爲東來法。火器得於普魯斯人，爲元將部下，卒彼，亦具述源流。近丁韙良説電氣道本於磁石引鍼琥珀拾芥。凡彼之精華終不能出吾書。第我引其端，彼竟其委耳。案：黄遵憲此注，以日本新尚西學，故引中學以折之，斯亦能張吾軍者，餘則《瀛海論》已言之，不贅述。

閔先生彤章曰，西法本始於中，即借根之方，彼中尚名東來。大綱並出周禮條目，散見諸子，可知格致一門，三代必有專書。想秦政欲以愚人，盡付虐焰，自先儒補以義理，聖門游藝之學缺焉無傳。案：閔先生此論，自邳州學署郵寄義最簡括，謂三代有格致專書，經秦焚去，尤奇而碻。

偉烈亞力《數學啓蒙》第二卷列開諸乘方又捷法自記曰，無論若干乘方耳，無論帶縱不帶縱，俱以一法通之，故曰捷法。此法在中土爲古法，在西士爲新法。上下數千年，東西數萬里，所造之法，若合符節，信乎此心同此理同也。案：此開諸乘方又捷法，蓋即我秦道古書實方廉隅、商步益翻之舊。据偉烈所言，可見西法本乎中法，彼中博學之士尚能言之，故附其説以爲殿焉。

清·徐鳳誥《筭學啓蒙通釋·例言》 一卷末附刊中西通術一卷，本滄海一粟，然象數本歸一義，中西豈有兩途，故西法之借根方即中法天元一術也，西法之代數術中求無定數即中法大衍求一術也，西法之累乘累除即中法堆梁招差也。泰西格致之學本於中法，習西學者慎毋食果忘樹也。

清·趙惟熙《時務齋算稿叢抄序》 《周禮·保氏》以六藝教國子，一曰五禮，二曰六樂，三曰五射，四曰五馭，五曰六書，六曰九數。孔門弟子身通六藝者七十二人。古之爲學，無不求體用兼備者。自祖龍一炬，典籍盡失。漢承秦弊，又溺於黄老之説，以清静無爲爲治，而古人教士之術遂以日亡。嗣是帖括文辭更盛迭貴，六藝中僅書學存自餘或不能舉其名吁陋已。今天子天亶聰明，振興實學，四海嚮風，士習丕變禕哉，蓋返本復古之初桄也。【略】夫今之時爲生民以來一大變局，欲知所務，莫要於悉外情。欲悉外情，莫要於通西學。算法者，西學之門徑也，階梯也。欲悉外情而不通西學，猶滅燭而索物也。欲通西學而不習算法，猶入其室而不由户也。鈔中首及算稾，以爲始基，可謂知所務矣。由是知類通達，人材奮興，將進而天文焉，而地輿焉，而格致焉，而製造焉，然後從博返約，以求復我古聖先師體用兼備之學，余又惡能測其所至哉。嗚呼！自嬴秦肆毒，抱器者散而之四方，彼海西諸邦遂得竊我古聖先師之緒餘，以爲專門名家之學，反傲我以所長，久假不歸，惡知其非有乎？天欲廣同文同倫之化，將以我聖教徧澤含生眞性之倫，以益彼所本無，則先取古聖先師之成法，所以明體而達用者，以還我所固有，又篤生聖人，俾其匡之、直之、輔之、翼之，以財成輔相於其間，造物無言而意可知矣。竊願世之學者勿震驚西學而駭爲精深，亦不必鄙夷西學而安於固陋，禮求諸野，官訪於郯，借彼制器尚象之方，緯我祖述憲章之業，異日者延千古之絶學，大一統之閎規，其在斯乎，其在斯乎！余日望之矣。

清・黄鍾駿《疇人傳四編》卷一 墨翟

竊按：算學實用，猶在制器，而其效莫切於戰守。《墨子》書中稱公輸子爲木鳶，飛三日不下，而翟之爲車轄也，須臾劉三寸之木，而任五[十]石之重。又言公輸般爲雲梯之械以攻宋，墨子見之，乃解帶爲城，以牒爲械。般設攻城之具，機變者九，而墨子設備九距之，般之攻械幾盡，而墨之守禦有餘。是墨子之機巧，已足與公輸相頡頏。則讀《墨子》「魯問」「公輸」及「備城門」以下諸篇，謂西人機器、兵法、車船、礮械之學，其源出於《墨子》也可。此外，若化徵之理，合類之義，旁行之書，尊天明鬼之旨，觸類旁通，謂西人格致政教諸學，其源皆出於《墨子》也亦可。

清・潘應祺《跋疇人傳》 《疇人傳》四十六卷，阮文達公撰。《續傳》六卷，羅茗香先生撰。其凡例云，極乎數之用，則步天爲最大。故傳中輯録於推步之源流，術法之改變，積年日法、歲實朔實等數，言之獨詳，而古人之稍通算術者，亦載於篇。蓋表章絶學，意至善也。西人算法自明季入中國，我朝觀象授時以西法巧捷頗采用之，而承學之士以爲西法精妙，遠駕古人以上，遂以中法爲不足道。如江慎修、張丹邨之流，墨守西法，罔知通變，甚至傅會西法以詆中法。夫西法誠巧，習其法而用之可也，習其法而囿於法不可也。彼世之囿於西法者，要未知西算之原於中土耳。文達於《暨亥傳》論謂，西人以地球經緯求里差，即暨亥步地之術；於《郄萌傳》論謂，西人言日月五星各居一天，即宣夜七曜不綴附天體之謂；於《虞喜傳》論謂，西法之恒星東行不外歲差之説；於《崔靈恩傳》論謂，渾蓋合一之理，發於西人未入中土以前；於《姜岌傳》論謂清蒙氣差，即岌所稱地有遊氣；於《瞿曇悉達傳》論發明《九執術》爲今西法所自出；於《沈括傳》論謂煙氣塵氛出濁入濁之節日日不同，即西人蒙氣差之説。至於借根方即天元一術，宣城梅氏已發其覆，文達亦往往稱之。此皆獨具卓識，用告來學，使不徒矜西法而薄古人，固足見文達攷古之精，亦足見文達箸書之意也。【略】又案《續傳》序云，容有挂漏，俟再續焉。近人華氏世芳撰《再續疇人傳擬目》，見《江左校士録》。古今西洋網羅聿備，諸氏可寶《疇人傳三編》皆續録國朝人，未有補前代之遺者。閒嘗攷之載籍，復得二人焉。一日周之慎到。慎子有天形如彈丸，其勢斜倚之説，今西人謂地球斜倚繞日，其兩極與渾天之兩極相當，然則地球斜倚天勢亦當斜倚，慎子之言不足爲西人言天之祖哉？此又不獨地員辨自《曾子》，九重昉於《天問》，《墨子》有中西算法，《莊子》有地球説已也。華氏《擬目》，以岐伯傳天地動静之言首爲，補入若慎子者，尤不可不急爲表出耳。

清・黄遵憲《日本國志》卷三二 學術志一

外史氏曰：以余討論西法，其立教源於《墨子》，吾既詳言之矣。而其用法類乎申韓，其設官類乎《周禮》，其行政類乎《管子》者，十蓋七八。若夫一切格致之學，散見於周秦諸書者尤多。余考泰西之學，墨翟之學也。尚同兼愛，明鬼事天，即耶穌十誡所謂敬事天主、愛人如己。他如化徵易，若鼃爲鶉，五合水火土，離然鑠金，腐水離木；同，重體合類；異，二體，不合，不類，此化學之祖也。均，髮均縣。輕重而髮絶，不均也。均，其絶也，莫絶，此重學之祖也。一少於二，而多於五；説在重，非半弗新；新，倍二尺餘，尺去其一；圜，一中同長；方，柱隅四讙；圓，規寫攴；方，柱見股；重其前，弦其股，法意規圓三，此算學之祖也。臨鑑立景，二光夾一光；足被下光，故成景於上；首被上光，故成景於下；鑑近中則所鑑大，遠中則所鑑小，此光學之祖也。皆著《經》上、下篇。《墨子》又有備攻、備突、備梯諸篇，《韓非子》《吕氏春秋》備言墨翟之技，削鳶能飛，非機器攻戰所自來乎？又如《大戴禮》：曾子曰，如誠天圓而地方，則是四角之不掩也；《周髀》註：地旁沱四隤，形如覆槃；《素問》：地在天之中，大氣舉之；《易乾鑿度》：坤母運軸，蒼頡行地，日云一度，風輪扶之；《書考靈曜》：地恒動不止，而人不知春秋；《元命苞》：地右轉以迎天；《(地)[河]圖括地象》：地右動，起於畢，非所謂地球渾圓、天静地動乎？《亢倉子》曰：蜕地謂之水，蜕水謂之氣；《關尹子》曰：石擊石生光，雷電緣氣而生，可以爲之；《淮南子》曰：黄埃青曾赤丹白礜元砥，歷歲生澒。其泉之埃，上爲雲，陰陽相薄爲雷，激揚爲電，上者就下，流水就通而入於海，錬土生木，錬木生火，錬火生雲，錬雲生水，錬水反土，中國之言電氣者又詳矣。機器之作，《後漢書》張衡作候風地動儀，施關發機有八龍銜丸，地動則振龍發機吐丸而蟾蜍銜之；《元史》順帝所造宫漏，有玉女捧時刻籌，時至則浮水上，左右二金甲神，一懸鐘，一懸鉦，夜則神人按更而擊，奇巧殆出西人上；若黄帝既爲指南車，諸葛公既爲木牛流馬，楊么既爲輪舟，固衆所知者。相土宜，辨人體，窮物性，西儒之絶學，然見於《大戴禮》《管子》《淮南子》《抱樸子》及史家方伎之傳，子部藝術之類，且不勝引。至天文算法，本《周髀》蓋天之學，彼國談幾何者，譯稱借根方爲東來法。火器之精，得於普魯斯人，爲元將部下卒，彼亦具述源流。近同文館丁韙良説雷氣，道本於磁石引鍼、琥珀拾芥，凡彼之精微，皆不能出吾書也。中土開國最先，數千年前環四海而居者，類皆蠻夷戎狄。鶉居蛾伏，混沌芒昧，而吾中土既聖智輩出，凡所以厚生利用者，固已無不備。其時儒者能通天地人，農夫戍卒能知天文，工執藝事得與坐而論道者，居六職之一。西人之學，未有能出吾書之範圍者也。西人每謂中土泥古不變，吾獨以爲變古太驟。三代以還，一壞於秦之焚書，再壞於魏晉之清談，三壞於宋明之性命，至詆工藝之末爲卑無足道，而古人之實學益荒矣。大清龍興，聖祖崛起，以大公無外之心，用南懷仁、湯若望爲臺官，使定時憲，經生之兼治數學者類多融貫中西，闡竭幽隱，其精微之見於吾書者，皆無不樂用其長。特憾其時西人藝術猶未美備，不獲博採而廣用之耳。百年以來，西國日益強，學日益盛，若輪船，若電線，日出奇無窮，譬之家有秘方，再傳而失於鄰人，久而迹所在，或不憚千金以購還之，今輪船往來，目擊其精能如此切，實如此正當攷求古制、參取新法，藉其推闡之妙，以收古人制器利用之助，乃不考夫所由來，惡其異類而並棄之，反以通其藝爲辱，效其法爲恥，何其隘也。夫弓矢不可敵大礮，槳櫓不可敵輪船，惡西法者亦當知之。特未知今日時勢之不同，古人用夏變夷之説，深入於中，誠恐一學西法，有如日本之改正朔、易服色、殊器械以從之者，故鰓鰓然過慮，欲并其善者而亦棄之，固亦未始非愛國之心，顧以我先王之道德涵濡於人者至久，本朝之恩澤維繫於人者至深，所謂天不變，道亦不變，終不至盡棄所學而學他人，彼西人以器用之巧、藝術之精，資以務財、訓農，資以通商、惠工，資以練兵，遂得縱横倔強於四海之中，天下勢所不敵者，往往理反爲之屈，我不能與之争雄，彼挾其所長，日以欺侮我、凌逼我，終不能有簪筆雍容坐而論道之日，則思所以扞衛吾道者，正不得不藉資於兵法以爲之輔，以中土之才智，遲之數年，即當遠駕其上，内則追三代之隆，外則居萬國之上，吾一爲之而收效無窮矣。曾是一慚之不忍，而低首下心，沁沁覞覞，爲民吏羞乎。且器用之物，原不必自爲而後用之。泰西諸國以互相師法，而臻於日盛，固無論矣。日本蕞爾國耳，年來發憤自強，觀其學校分門别類，亦駸駸乎有富強之勢，則即謂格致之學，非我所固有，尚當降心以相從，古人之説明明具在不恥術之失其傳，他人之能發明吾術者，反惡而拒之，指爲他人之學，以效之法之爲可恥，既不達事變之甚，抑亦數典而忘古人之實學、本朝之掌故也已。

清·金永森《西被考略》卷六　考工製造

《弢園文録》曰：中國，天下之宗邦也，不獨爲文字之始祖，即禮樂制度、天算器藝無不由中國而流傳及外。當堯之世，羲和昆仲已能制器測天，用璿璣玉衡以齊七政，而兄弟四人分置於東西南朔，獨於西曰昧谷者，蓋在極西之地而無所紀限也。當時疇人子弟豈無授其學於彼土之人者，故今借根方猶稱爲東來法，乃歐洲人必曰東來者是指印度而非言震旦也，不知印度正從震旦得來。歐人之律歷格致大半得自印度，而印度則正授自中原。即以樂器言之，七音之循環迭變，還相爲宫，而歐人所製風琴，其管短長合度，正與中國古樂器無殊。他如行軍之樂鐃吹之歌，中國向固有之，至今失傳耳。當周之衰，魯國伶官俱懷高蹈而少師陽襄則遠入於海，安知古器古音不自此而西乎？他若祖沖之能造千里船，不因風水，施機自運，楊么之輪舟，鼓輪激水，其行如飛，此非歐洲火輪戰艦之濫觴乎？指南車法則創自姬元公以送越裳氏之歸，霹靂礮則已見於宋虞允文采石之戰，固在乎法朗機之先。電氣則由試琥珀法而出者也。時辰鐘則明揚州人所自行製造者也。此外測天儀器何一非由璿璣玉衡而來哉？即以文學言之，倉頡造字前於唐虞，其時歐洲草昧猶未開也。即其所稱聲明文物之邦，如猶太、如希臘、如埃及、如巴比倫、如羅馬所造之字，至今尚存，文學之士必以此爲階梯，所謂臘頂文、希利尼文也，然中國之字、六書之義咸備，西國之字僅得其一，偏諧聲之外，惟象形而已。埃及字體散漫，其殆古所稱雲書而雲名者歟。《猶太書紀》載獨詳上下，約略五千年，未必能先於中國也。觀其轉徙所至，總不越乎亞阿兩洲之間，而文學彬彬稱爲泰西之豳岐鄒魯，顧得其所譯之書觀之，其精理微言遂於中國遠甚，惟祭祀儀文髣髴相似，其他同者或亦由東至西漸被而然者也。中國爲西土文教之先聲，不因此而益信哉。

又 洪戒山人曰：今之竊西學皮膚者，其不足語知新無論矣。彼抱兎園册而輙稱舊學者，果舊學乎哉？所謂舊學者，大都緣唐宋以後之紕政藉記誦以弋取科第已耳，其去秦漢學者不可以道里計，勿問隆古此稱舊學，堪齒冷矣。論者謂當今時局既變，宜務求新蒙以爲語新不足饜學者之心，姑與語舊或可發其蒙而袪其蔀，測天、測地、測風、測雨、測水、測火、測電及一切靈巧技藝、變幻莫測者，悉出古人學，莫舊於此矣。叩以數端，懵乎罔識嗚虖舊學之亡久矣。譬家有鼎彝，毁棄不顧，偶游都市見骨董陳設晃漾奪目，反生豔羨，今之學者何以異是。蒙考古時奇器得六十餘事，使犂靬幻人望而失色郤走，雖屬紙上空談，亦足張漢廣大矣。班孟堅有云：安所素習，毁所不見，此學者之大患。斯言諒哉。

清・朱壽朋《東華續録［光緒］》 光緒一百三十二

光緒二十二年丙申春正月，【略】丁巳總理各國事務衙門奏，光緒二十一年十二月二十二日准軍機處鈔交御史胡孚宸奏，書局有益人才請飭籌議以裨時局一摺，軍機大臣面奉諭旨，著總理各國事務衙門議奏，欽此欽遵，到臣衙門，查原奏内稱京師近日設有强學書局，經御史楊崇伊奏請封禁，在朝廷預防流弊，立意至爲深遠，惟局中所儲藏講習者，首在列聖聖訓，及各稱政書，兼售同文館、上海製造局所刻西學諸書，繪印輿圖，置備儀器，意在流通秘要圖書，考驗格致精藴，所需費用皆係捐貲集股，絶無迫索情事，所刻章程尚無疵謬。此次封禁，不過防其流弊，並非禁其嚮學，倘能廣選才賢，觀摩取善，此日多一讀書之士，他日即多一報國之人，收效似非淺鮮，請旨飭下總署及禮部各衙門，悉心籌議官立書局，選刻中西各種圖籍，任人縱觀，隨時購買，並將總署所購洋報選譯印行，以擴見聞，或在海軍舊署開辦經理，既善，流弊自除，庶於國家作育人才、挽回時局之本心不相剌謬等因。臣等維國勢之强弱視乎人才，人才之盛衰繫乎學校。古者家塾、黨庠、州序、國學，自諸侯以達王畿莫不建學，大而德行道藝，細而名物象數，綜貫靡遺，是以人才日盛。近世學者往往避實騖虚，舍難就易，視西人一技之長，一能之擅或斥爲異學，或詫爲新奇，不知西人之學無不以算學爲隱括，西算之三角與中算之句股理無異同。《周髀經》曰「圜出於方」，又曰「方數爲典，以方出圜」，言圜之不可御而馭之以方，西人三角八綫之法實基於此。餘若天學、化學、氣學、光學、電學、重學、礦學、兵學、法學、聲學、醫學、文字、製造等學，皆見中國載籍，試取管、□、關、列、淮南諸書，以類求之，根原具在，可知西學者中國固有之學，西人踵而行之，所謂禮失而求諸野耳。

清・成本璞《九經今義》卷一〇 《周禮》 六書九數，古人以爲小學，今人以爲絶詣，近且讓西人以獨擅矣。解字以形聲義三者爲主，叔重成編，説者百家。二徐以下，得戴段桂王嚴鈕諸人，而道大昌。然碎義支辭，罔闚宏旨，亦無用之學也。天地之間有聲而後有形，有形而後有義，故許書之中，諧聲幾居大半，結繩以後，書契代興，佉盧左行，誼同蒼頡。西人依聲以製字，雖各國之字母不同，皆本諧聲之旨，先演拉丁之文，猶太、希臘最講文字，西國各種書籍皆其譯解，紀載獨詳。西人多游學，其地蓋彼中鄒魯絃誦之區也，中國宜速講譯學於西書，深窺其奥，以之治國。教士具有本末，不使市儈傖父粗解語言文字者得以緣爲奸利。至九章之術，遠本商高，曩哲鑽求，代創新法。宣城梅氏精研其術，遂爲國朝之冠。近代如李壬叔、華若汀諸人皆能兼貫中西，蔚然名家。考驗數理，大率古疏而今密，中疏而西密。然西人述其曆法本於周宣，謂《周髀》宣夜也。又借根方即天元，西人謂之東來法。幾何學則出於聖門之冉有，流傳獨遠。蓋西人布算竊中土之緒餘而贊演之，精思鋭力，推陳創新，固中土所不及也。

著録

清・周中孚《鄭堂讀書記》卷四四 天文算法類

《地球圖説》一卷，圖一卷。國朝西洋蔣友仁譎譯，何國宗、錢大昕同潤色，李鋭補圖。【略】案地球即地員，元時西域札馬魯丁造西域儀象，有所謂苦來亦阿兒子者，漢言地理志也。其製以木爲圓球，畫水與地，今之地球，即其遺法。乾隆中，友仁奉旨譎譯《地球圖説》，翰如等並爲之潤色，其書較熊有綱《表度説》等書更爲明晰詳備，惟侈言外國風土，或不可據。至其言天地七政恒星之行度，則皆沿習古法，所謂疇人子弟散在四夷者也。

藝文

清·梅文鼎《雨坐山窗》 丙戌。雨坐山窗得程偕柳書寄到吳東巖詩箋依韻奮之。

司徒三物臚九數，宋唐科目兼明算。先典難稽厄祖龍，洛下權輿起西漢。乾象幽微久乃著，踵事生新斯理燦。溯其根本在羲和，敬授親承堯與舜。洊經三季事頻更，疇人失職遐荒竄。試觀西説類周髀，蓋天古術存遺翰。聖神天縱紹唐虞，觀天幾暇明星爛。論成三角典謨垂，今古中西皆一貫。御製《三角形論》言西學實源中法，大哉王言，著撰家皆所未及。枯朽餘生何所知，聊從月令辨昏旦。幸邀顧問遵明訓，疑義胸中茲釋半。御札乘除迅若飛，定位開方辭莫贊。庶勤榆景奮殊恩，望洋學海期登岸。却憶司成接對年，阿季多才精剖判。胥巘奉司成命從余學曆算。握別金臺十四秋，山齋舊稾徒堆案。安得斯人其欣賞，討論鈎校窮宵旰。一得自憐知者希，抱書高望懷英俊。邗上歡逢君竹林，歸颿話舊通遥訊。風雨中來千里書，凶問忽承驚且歎。頻年存殁增悲慟，六月間歸自上谷，晤劒宜綺園于蕪城，詢知胥巘屬有微疾，不意竟以去世。安溪李生世得訃音得之邗上。兒以燕去秋溘逝，到家始知。迴看歲月多泄翫。絶學其興應者誰，佳什長唫呼鶡鴠。

又梅文鼎《上孝感相国》 疇人守師説，蔑肯窺西書。歐邏矜别傳，寧能徵昔儒。二者不相通，樊然生齟齬。大哉聖人言，流傳自古初。伏讀聖製《三角形論》，謂古人曆法流傳西土，彼土之人習而加精焉爾。天語煌煌，可息諸家聚訟。曆同聲教訖，茲事肇唐虞。沐浴文治深，敢自棄顓愚。地僻志空遠，撰述徒區區。閩洛幸同時，庶將箴我疎。

清·曹自燊《勾股淺述序》 至鏡齋之《海鏡》，因圓象爲測圓。大衍術益申秦氏，借根方遠啓西人。斯與蘊之畢宣，實靈奇之獨擅。元李治字鏡齋，撰《測圓海鏡》，以勾股容圓爲題，而多言立天元一。按立天元一法見於宋秦九韶九章大衍數中，厥後《授時草》及《四元玉鑑》等書皆屢見之，而此書言之獨詳。明一代無解之者。至本朝西人進借根方法，梅文穆公始悟爲即立天元一，蓋流入西域而彼人異其名也。於以見中法西法本互相發明。此書之關於數學也大矣。

清·胡壽頤《同文館》 咸池律學出華胥，推步奇才異國儲。西去流沙通譯語，東來周髀寶神書。泰西算法原出中國，故名句股曰東來法。餘應置閏從中古，差已超辰改太初。圜日行星參七政，六虛變動説坤輿。指地球。

清·史夢蘭《爾爾書屋詩草》卷二七 言古 《意大利里亞國馬戲歌》

車騎闐門金鼓沸，行人蝟聚情如醉。紫竹林中正作場，争道西洋來馬戲。戲稱以馬戲何居，吐蕃蹀馬或其遺。跳猿舞象鬬犀兕，並及虎豹舉熊羆。踏索尋橦無不有，更番問作惟騊騳。直立馬背如錐立，橫擔斜抄形離奇。玉鐙低藏蜻點水，金圈連躍鶯穿枝。哄堂喝采齊拍手，赤髮碧眼誇妖姬。我聞謝莊賦舞馬，明皇馬舞金殿下。項羽曾留戲馬臺，此戲彼戲殊難假。魚龍百戲昉西京，走丸跳劒吞刀并。傴師傀儡始作俑，黄公角觝今留名。石虎之時尚猿騎，馬頭尾脇任游戲，走馬或在頭，或在脇，或在尾，馬走如故，名爲猨騎事，詳《鄴中記》。中華馬戲實肇茲，正值羶腥污内地。古先玩好戒奇異，奇技之興皆季世。戲雖刱造尚當祛，况乎盜襲來攘利。世傳西法精歷家，豈知法亦始中華。奈何數典忘其祖，勾股競推歐羅巴。數理精蘊出御譔，泰西算法何足算。鬼工巧説奪天工，炫人多與馬戲同。

清·袁昶《漸西村人初集》詩九《李壬叔善蘭七十初度》 欲敂授時誼，慙非許公才。銅渾寫北極，玉鑑破東來。宣夜鑽三術，登高笑九能。千春曙幽漆，一日欻風雷。未遇景陵世，對天虚上台。徒觀靈壽杖，醉扶宣城梅。歐羅巴人初得元朱世傑所著《四元玉鑑》，號東來法，遂知測祘。

清·王蘭昇《述學》下篇孫雄《[道咸同光]四朝詩史》甲集卷四 周孔不可作，聖道久微茫。三教踵學起，代興亂東方。貞觀大秦寺，傳教實濫觴。野語雖荒誕，未敢侮彼蒼。利氏一朝來，邪説始披猖。天静地球動，兩儀易其常。修省爲多事，彗孛非災殃。自恃測造能，鑿空論陰陽。六經皆瞽説，相誇破天荒。天地收指掌，水火出探囊。盜竊造化巧，橫行勢莫當。富貴從此出，舉國趨若狂。策足争捷徑，掉頭去康莊。哀哉世人愚，我聞西學長。實剽東來法，變本加誇張。况茲乃末藝，非道不爲良。聖賢黜機巧，實恐人類戕。不聞輸墨智，能逾古帝皇。彼彝實不仁，以技恣陸梁。自古天道微，不外人倫彰。西學焉知天，人倫已盡亡。均權亂五教，平等廢三綱。政刑自有本，前王垂憲章。恃人不恃器，在德不在强。人心先化戎，毋乃太不祥。自顧名位微，孤憤塞中腸。閉户良不忍，纓冠恐徒傷。坐歎時事艱，一宵三起牀。淫巧破混沌，毒焰薰元黄。腥羶徧九州，何時覩三光。自非王佐才，誰致世道昌。我欲張聖幟，何人誓先行。我欲報國仇，何人賦同裳。赤手障狂瀾，孤身立大防。此責終誰諉，行歌徒激昂。志大竟何裨，力小不自量。取笑搢紳翁，裹足仕宦場。詭遇謝功利，苦節矢冰霜。家國有天命，治亂視行藏。九死誓不變，汚俗冀一匡。窮達殉斯道，賢聖遥相望。作詩告同志，擲筆淚浪浪。

反駁分部

綜論

明・熊明遇《表度説序》 西方之儒之書，持之有故，言之成理也。或曰中夏聖神代起，開闢以來，詎閟斯旨，而借才異域爲。熊子曰：古神聖蚤有言之者。【略】古未有歐羅巴通中夏，通中夏自今上御曆始。

清・四庫館臣《欽定四庫全書總目》卷四一《經部》 小學類二

《重修玉篇》三十卷。西域以字母統雙聲，此各得於聰明之自悟，華不襲梵，梵不襲華者也。稽其源流，具有端緒。特神珙以前自行於彼教，神珙以後始流入中國之韻書。亦如利瑪竇後，推步測驗參用西法耳，豈可謂歐羅巴書全剽竊洛下、鮮于之舊術哉。戴氏不究其本，徒知神珙在唐元和以後，遂據其末而與之争，欲以求勝於彼教，不知聲音之學西域實爲專門，儒之勝於釋者，别自有在，不必争之於。

清・安清翹《推步惟是》卷四 西法不必傳自中土

西法不必傳自中土。西法始入中土，中土人多疑之，及其法盛行，則又悉從其説。梅勿庵兼綜中西，遂有西法傳自中土之論。其説大要有四。一謂《堯典》命羲和仲叔分宅四方，東南北皆有限地，以東南濱大海，北方極冷之地，獨和仲只曰宅西，而不限以地。和仲奉命測驗可以西則更西，遠人或得其一言之指授，一事之流傳。周衰，疇人子弟分散，抱算器而遠征，亦唯西爲甚便也。一謂西法同於《周髀》，其寒煖五帶之説與七衡脗合，其地圓之理與所云北極之下半歲爲晝，半歲爲夜，赤道之下五穀一歲再熟者同。一謂利氏所傳渾蓋通憲即古蓋天遺法。一謂三角八線之法並皆古人所有而西人能用之，非其所創也。據此數者以爲西法傳自中土之證，似有合矣。而愚獨不敢以爲然，何也？《堯典》宅西舊有二説。一説謂西爲地名，與嵎夷、南交、朔方一例，其説近是。一説謂西無定地，説本牽强難信。今遂據無定地之説以爲中法流傳西土之徵，其果可憑乎？《周髀》一書爲測量之祖，其所言里差與西法地圓之理同，然《周髀》實未明言地圓，其所云北極下地高旁陀四隤而下，雖地圓之大致可見，然其意謂北極高而四面下，乃以高下言地形，即地法覆槃之意，非如西法直言地無平面人皆環立也。然則西法同於《周髀》者，乃其理同耳。理之至者，不以東海西海而異。今因其理之同而謂西法出於《周髀》，其果然否耶？至渾蓋通憲乃以平測渾之器，精於視法者方能知之。利氏直露渾蓋之名，亦以中土之名名之耳，非其始即有此名也。梅氏謂渾天如塑像，蓋天如繪像，是以蓋天等於平面也。又云渾蓋通憲乃蓋天之遺製，輕便利於行遠，所以遠國得存而流傳至今。然蓋天之説，乃渾圓之半中高而四下，非平面繪像之比。且視法之理，古未有言之者。今以蓋天等於平面而以渾蓋通憲同於蓋天，又安可信以爲誠然耶？至西法之三角八線，與中法之句股弧矢本無不同，但古法用圓内弦矢，而西法又於圓外加割切二線，且立表以便用，在古法本無不足，而西法更加簡捷，兼而明之可也，必謂三角八線爲古之所有，又何爲其然耶？蓋其故因西法之密，中土無以加由，是求其原於上古，以爲西法之密者皆吾中土上古之所有也。然西法亦前疎後密。今以爲唐虞三代之法流傳入於西土，則是所流傳者乃其疎者，非其密者也。夫象數之大者，莫如正朔置閏，今西土正朔閏月無一與古同者，豈其細者流傳而大者反不流傳耶？且西法本同回回，回回法入中土已久，未有言其爲中土所流傳者，至西法入而始謂其原自中土，豈非見西法之密而爲此説耶？講西法者未必肯心服矣。愚謂天無中西之異，言天者不必存中西之見。遵西法而輕詆古人者，妄也。守中法而不知兼收西法之長者，拘也。守中法而并攘西法爲巳有，其亦可以不必矣。

清・蔣湘南《七經樓文鈔》卷四 西法非中土所傳論

西法初入中國，當時驚爲神奇，久之而見其與回回法合也，則以爲本於回回，又見其與中法合也，則爲本於中土，烏知西人固自有其祖法耶？其祖法見於釋藏，有婆羅門捨仙人所説《天文經》二十一卷，竭伽仙人所説《天文經》三十二卷，《婆羅門天文》一卷，《算法》三卷，《陰陽曆説》一卷，《算經》三卷，五通仙人《九執曆》三卷，文殊師利菩薩所説《宿曜經》二卷，皆隋代沙門法經所譯，唐人修

《隋書》皆見之者也。婆羅門爲西方之教之最古者，天地初開闢時，第一出世之聖人曰毗婆尸佛，回回書謂之阿丹，太西書謂之阿當，（中）中國謂之盤古，其所傳之教曰婆羅門，所有經卷皆云自天降也。太西之祖師曰耶穌，生當中國漢哀帝時，回回之祖師曰穆罕默德，生當中國隋文帝時，其所傳皆婆羅門之教，故其曆術皆婆羅門之法。婆羅門以三百六十爲度，以下皆以六十遞折。回回、太西亦然。婆羅門每日九十六刻，回回、太西亦然。婆羅門有閏日無閏月，回回、太西亦然。婆羅門命度起春分，命日起午正，回回、太西亦然。婆羅門七政有最高加減，有中心行度，回回、太西亦然。婆羅門算太陰有第一加減，第二加減，回回、太西亦然。婆羅門有五星緯度，算交食有九十度限，回回、太西亦然。婆羅門無支干而以七曜紀日，回回、太西亦然。所異者，婆羅門恒星天只二十七宿，起畢軫女而不用牛宿，而回回、太西則二十八宿，與中法二十八舍同。婆羅門有十二相而無金牛，白羊等宮名，而回回、太西之十二宮名無不同。蓋婆羅門爲西方最古之術，回回、太西皆因之而加精者也。回回法以穆罕默德遷都之年爲元，其年正直隋開皇十九年己未，此爲廢積年而用截元之始。太西即用耶穌降生之年爲元，故中國入後仍上溯於漢代，此又回回與太西不同者也。儒者因西法之三角即《周髀經》之句股，遂援史記疇人子弟散在四夷之説，以西法爲中土所傳，而不知其祖法乃在釋藏。或疑釋家書乃竊儒書而僞爲者，則陋儒夜郎自大之見也。五通仙人即文殊師利菩薩，其《九執曆》爲瞿曇悉達所傳，一行作《大衍曆》多采其法。

《中西聞見録》第六號　《聞見録》公局閲曰：觀公抒議，窮源竟委，蒐羅固備致矣。第以西名阿爾熱巴喇，爲譯言東來法，此乃梅文穆公於《赤水遺珍》中誤解耳。如云非梅公自撰，乃出於《數理精蘊》，是亦西人之誤譯也。蓋阿爾熱巴喇，乃亞喇伯語。阿爾者，其也，彼也。熱巴喇，有能之意也，有擄取之能也。五字合讀，即彼爲算學中有能法也。至《疇人傳》三十九卷亦云，借根方，西洋人名爲阿爾熱八達，原本巴喇，誤爲八達，譯言即東來法，不知彼對時緣何故誤解，致貽此病。如公所言，《虞書》命羲和時，於西則闕如，故可西則西，是以中法流入西，一變而爲回回術，再變而爲歐洲新法，西士更名爲借根方，是中國於帝堯時已有立天元一法矣。諒非公之臆説，但不知出於何書？何以公於前言云，立天元一法於宋秦九韶時始列乎？兹譯有《阿爾熱巴喇源流考》一紙，下月續録，庶百餘年之貽誤可解矣。

清・薛福成《出使英法義比四國日記》卷五　光緒十六年十一月二十一日記。

今泰西之代數學，即所謂借根方法也。阿喇伯語謂之阿爾熱巴喇，蓋其學亦閲千百年愈研愈精，始臻此詣，非一時一人之智力所能爲也。康熙年間其法始入中國，梅文穆公一見即悟爲古立天元一之法。立天元一者，《九章算術》中加少廣章借一算以爲隅，方程章别正負以爲用，實已爲之嚆矢，至宋秦九韶著《算學九章》始列立天元一之法於大衍術中，厥後元郭守敬、朱世傑皆屢述之，欒城李氏著《測圓海鏡》始合少廣、方程爲一舉，立法意而暢言之，其加減乘除之例與正負相消之理足以盡奇偶和較之變，凡諸法所不能御者皆能御之。是中國立天元一之法，秦氏肇其端實闡幽微，而李氏暢其旨尤爲精妙，西人借根方法適與相合。梅氏於所著《赤水遺珍》中詳解之，並謂阿爾熱巴喇者譯言東來法也。中國之考古者遂謂中法流入西域，一變而爲謨罕默德之回回術，再變而爲歐羅巴之新法。而西人之明算學者則力辯之，謂譯阿爾熱巴喇爲東來法者，實係譯者之譌，且云千餘年前希臘、印度等國已傳其法，但不能如今日之精耳。余謂研精究微之學，乃宇宙間公共之理，不必辨其孰爲傳習，然中國之有此法亦既千年矣，夫誰謂中國之才人學士不逮西人之智力哉。

清・俞樾《算學報識》　自泰西之學行於中原，而言算學者有中法，又有西法。【略】或謂西法皆出於中法，此不知其塗之殊也。

清・王澤沛《測圓海鏡細草通釋・序》　譚數者動偁中西學，中西學有以異乎？中法妙於天元，西法妙於代數，創法之初，彼此絶不相知也。謂借根方即天元一流入彼中者，臆斷之詞，不足據亦不具辨。

又　《疇人傳三編》七卷。案：【略】惟諸氏太重中算，殊非公論。蓋今之代數微積，日闢新理，天元四元，墨守故轍，相形之下，判若天淵，如仍執阮、羅之陳言，得毋爲通人所笑。

諸氏謂西人竊取四元而爲代數，竊取招差堆垛而爲微分積分，語見陳杰傳。不知一切算理，無不相通，無所謂竊取也。孰優孰劣，亦無容諱。借根不如天元，西人不能諱也。四元不如代數，華人不能諱也。代數開多次方，不如數根開方，亦不必爲代數諱也。從長棄短而已。惟近人最喜言各種西學皆出中土，謂電學出於《周易》，化學出於《洪範》，竊取《禹貢》之精而爲礦學，竊取黄鐘之義而爲聲學，竊取《周官》之火射枉矢而爲火學，竊取《墨子》之臨鑑立景而爲光學，竊取冉求之藝而爲幾何之學，竊取《管子》之精而爲商務之學，此種坿會，等諸瞽説可也。

著録

清·丁福保《算學書目提要》卷中　《代微積拾級》十八卷。案：【略】漢徐岳《數術記遺》有不辨積微之爲量句，近人遂謂微積之學權輿邃古，趙宋以後流入遠西，不知《數術記遺》但虚用積微二字，猶嵇叔夜養生論有積微成損句，並未有微積算法也。此種坿會甚覺可厭，通人見之，諒必不取。敢告來學，慎勿拾其唾餘。

又　卷下　《算法大成》上編十卷。案：是書首論加減乘除開方，二論句股，三論比例割圓八綫，四論對數三角形，五六論平三角，七八九十論弧三角，由淺入深，最爲明晰，而於弧三角法尤爲詳備。蓋陳氏爲天算專家，故獨詳於推步之學。惟謂李冶、秦九韶、朱世傑輩更爲天元四元，法愈難而理愈晦，愈無所用，反被西人竊取乘除而爲比例，竊取句股而爲八綫。此等孟浪之言，初學慎勿誤信。

中西比較部

曆算分部

綜論

明·羅明祖《羅紋山全集》卷一四 日圖

此一晝一夜之積也。何所本乎？《記》曰：大法天而主日。《湯銘》曰：日新則通乎，晝夜之道而知已。孔曰：時習。《庸》曰：須曳層層剥進，何處下手？道書有之曰：不刻時中分子午，無爻象内佈乾坤得之矣。

邵子曰：一動一静，天地之至玅至玅者歟。一動一静之間，其天地人之至玅至玅者歟？其詩曰：何者謂之幾，天根理極微。今年初進處，明年未來時。此際堪意會，其間難丁辭。若人知此意，何事不能知。

數何以本？太初也，曰從乎天也。《易》曰：天數二十有五四分度之一，二十有五之謂也。近西筭截三百六十，而棄五度四分度之一。郭守敬叛四分度之一而割爲四二五，俱非也。今約四分之一，而起于一日一刻，惟二沙不盡，以八約之而仍符二十有五。子母異地而逢矣，納於八之界，何也。循環渾淪，千古不息，躔度次舍，界限相嬗，天道非數可盡。强天以赴曆，曆法之固也，實其數以稽運，虚其限以待差，正閏不爽，高遠可致，其在斯乎？

清·張廷玉等《明史》卷二五 中星

古今中星不同由於歲差，而歲差之説中西復異。中法謂節氣差而西，西法謂恒星差而東，然其歸一也。

清·儲方慶《儲遯菴文集》卷七 曆法

執事之疑于西法者其説有四，愚竊以爲不然，故無取乎治曆之陳言而直抒所見，以答明問。執事曰：西法行而渾天諸儀悉廢不用，是執事之疑在廢渾儀也，而未竟其説。復益之。曰：歲差之法莫善于郭守敬，可以上下數千年而胥合，何以元明四百年間竟無循其法而考定者？愚以爲元明之曆皆循守敬之法也。守敬之法至本朝而始變，則其所謂長不及百年，短不及六十年而差一度者，固四百年來無日不考定，無日不舉行，但在今日或無有循其法而考定者，不可謂四百年來竟無循其法而考定者也。四百年來日循其法，而執事獨致疑于考定之無人，愚竊以爲不然也。執事曰：西法既用減每日之刻，積至一月，當少一百二十刻，時刻減則度數差，度數差則氣候易，而驗之合朔與日月交食，未有差移，執事之所疑者莫甚于此，而愚以爲無疑也。度數之差，氣候之易，與時刻之增減無與也，何則？時刻之增減，所謂日法也。古之爲日法者，《太初曆》以爲八十一分，《四分曆》以爲九百四十分，《大衍曆》以爲二千四十分，其間多寡之不齊，盈縮之異，致各隨所用，以爲推步之術耳。如以其數之少也，而度數于此差，氣候于此易，則莫少于《太初》之八十一分。《漢曆》凡五變，何以獨推司馬遷哉？蓋度數之差不差，氣候之易不易，當求之于天與日會日與月交之中，而不在乎一日之時刻。時刻之增減，治曆者各以意爲之，要以盡一日之晷影耳。而執事遂疑其不可據，愚竊以爲不然也。執事曰：詘西法之未盡善而伸歲差爲可永遵，必先辨彼此之是非，以折服其心。愚不知執事之所謂歲差者，虞喜之差法耶？何承天之差法耶？抑前所云郭守敬之差法耶？則必在郭守敬矣。然守敬歲差之法，雖云度越古今，而西法亦未始無歲差也。但古之歲差爲一分五十秒，而今則不及五十一秒，其間不無遠近之殊耳。如必以近者爲是，遠者爲非，則二十年來，其間置閏合朔、測景驗氣亦未至于有所差謬也。而遽謂此是而彼非，愚竊以爲不然也。執事曰：璇璣玉衡著在虞典，則渾天諸儀非郭氏臆剏審矣。應存應廢不可不論。此即前未竟之説而推求其旨歟。愚以爲渾天諸儀非璇璣玉衡也。璣衡之制蕩于秦火，漢洛下閎始經營之，鮮于妄人又度量之，至郭守敬而渾天儀乃大備，要以是爲窺測之具耳，窺測不爽則應存，窺測爽則應廢，後之窺測無精于渾天儀者則應存，後之窺測有精于渾天儀者則應廢，如必以渾天儀爲不可廢，愚不知大舜璣衡之制尚存否也？故因渾儀之不用而以是爲西法之病，愚竊以爲不然也。然則西法必可行乎？疑其不可行而推算之法未嘗謬于天，疑其可行而治曆之術又大謬于古。然則何以辨之？亦如執事所云，辨其何以是、何以非者以折服其心而已。蓋西法之推曆未嘗不是，而其非者則在神曆之術以欺世耳。今夫天度自古有奇零也，而西法獨齊之；測影且遍天下也，而西法獨于一隅得之；四餘自古以驗氣也，而西法獨損之置閏；自古以大寒之餘日也，而西法獨易之。震于其術者莫不歎爲神奇，而有識之士早已譏其秘詭而不足道矣。究之靈臺之占候，保章之觀察，時刻分秒之握算，其推步之密，固未可盡訾也。安得因其術并疑其法哉？愚謂亦斥其炫世之術而存其推步之法可耳，如必近舍西法以追復夫守敬之曆也，則自古無百年不變之曆，而史遷、一行以後又不當有郭守敬矣。其于順天求合之旨，無乃有悖乎？

盛珍示曰：制曆者在合天體之運行，不在合前人之成法。直抒所見，八面皆鋒，吾驚其才，吾快其識，吾又服其胆。

叔同人曰：駁題如拉朽，末云西法以術欺世，尤爲片言折獄矣。

清·戴名世《中西經星同異考序》戴名世《南山集》卷四　古之聖人敬授人時而在璿璣玉衡以齊七政，則夫推測盈虚以通曆數，是亦知天之學而博物君子之所尤宜用心者也。吾聞之先輩顧寧人之論曰，三代以上，人人皆知天文。七月流火，農夫之詞也。三星在天，婦人之語也。月離於畢，戍卒之作也。龍尾伏晨，兒童之謠也。後世文人學士有問之而茫然不知者矣。《易》曰觀乎天文以察時變，又曰仰以觀於天文。自後之儒者空疎不學，於天文尤甚，而遂以是爲疇人曆官之事，於是荒徼。海外之人皆得傲之以其所不知，而西學之入中國者，無不從而震之，然其說不主於占驗，以爲天象之變異皆出於數之一定，而於人事無與焉。君子譏其邪妄爲已甚矣，獨其所爲測天之器與其所爲諸圖志實亦精且密，與中國之法大抵多同，而亦不無有異者。如一經星也，有西法之所有而中國之所無者，有中國之所有而西法之所無者，要當博採而兼收之其說，不可盡廢。此梅君爾素《中西經星同異考》之所爲作也。

往在燕市獲交於爾素之兄定九，定九於書無所不讀，而尤精於曆學，直超出從前諸家之上，其所作《曆論》及《中西算學通》，嘗屬余序之。余諾而未果爲，蓋定九時時欲傳絕學於世，頗屬意於余，而余亦欲得定九親相指授，洞悉其源流，體會其精要，而後乃敢序定九之書。乃皆以饑寒餬口於四方，東西奔走，不能合併，至於今而此志未遂，所爲誦寧人之言而抱慚不能自已者也。今余讀爾素之書，中西兩家所傳之星數、星名，考其同異多寡，爲古歌、西歌以著之，使覽者一見了然，而其說詳見於發凡九則，余讀之而向時欲學之意蓋復津津然動矣。今聞定九將自閩歸，而余倘得稍暇無事，即褰裳涉宛陵登敬亭，訪爾素兄弟而就學焉，以酬曩昔之志，其未晚乎。爾素曰，此某兄弟之志也，遂書之。

清·梅文鼎《曆學疑問》卷一

論中西之異

問：今純用西法矣，若子之言但兼用其長耳，豈西法亦有大異于中而不可全用，抑吾之用之者，猶有未盡歟？曰：西法亦有必不可用者，則正朔是也。中法以夏正爲歲首，此萬世通行而無弊者也。西之正朔則以太陽會恒星爲歲，其正月一日定于太陽躔斗四度之日，而恒星既東行以生歲差，則其正月一日亦屢變無定，故在今時之正月一日，定于冬至後十一日，溯而上之可七百年，則其正月一日在冬至日矣。又溯而上之七百年，又在冬至前十日矣，由今日順推至後七百年，則又在冬至後二十日矣。如是不定，安可以通行乎。此徐文定公造曆書之時棄之不用，而亦畧不言及也。然則自正朔外，其餘盡同乎？曰：正朔其大者也，餘不同者尚多，試畧舉之：中法步月離始于朔而西法始于望，一也。中法論日始子半而西法始午中，二也。中法立閏月而西法不立閏月，惟立閏日，三也。黄道十二象與二十八舍不同，四也。餘星四十八象與中法星名無一同者，五也。中法紀日以甲子六十日而周，西法紀日以七曜凡七日而周，六也。中法紀歲以甲子六十年而周，西法紀年以總積六千餘年爲數，七也。中法節氣起冬至而西法起春分，八也。以上數端，皆今曆所未用。徐文定公所謂鎔西算以入大統之型模，蓋謂此也。就中推閏日用之於恒表積數而不廢閏月，猶弗用也。其總積之年曆指中偶一舉之，而不以紀歲。

又　論今法于西曆有去取之故

問者曰：皆西法也，而有所棄取，何也？曰：凡所以必用西法者，以其測算之精，而已非好其異也。故凡高卑加減黄道經緯之屬，皆其測算之根，而不得不用者也。若夫測算之而既合矣，則紀日于午，何若紀于子之善也。紀月于望，何若紀于朔之善也。四十八象十二象之星名與三垣二十八宿雖離合不同，而其星之大小遠近在天無異也，又安用此紛紛乎。此則無關于測算之用者也。乃若正朔之頒，爲國家禮樂刑政之所出，聖人之所定，萬世之所遵行，此則其必不可用而不用者也，又何惑焉。

又　論《回回曆》與西洋同異

問：回回亦西域也，何以不用其曆而用西洋之曆？曰：《回回曆》與歐羅巴，即西洋曆。同源異派，而疎密殊故。《回回曆》亦有七政之最高以爲加減之根，又皆以小輪心爲平行，其命度也，亦起春分，其命日也，亦起午正，其算太陰亦有第一加減、第二加減，算交食三差，亦有九十度限，亦有影徑，分之大小亦以三百六十整度爲周天，亦以九十六刻爲日，亦以六十分爲度，六十秒爲分而遞析之，以至於微亦有閏日而無閏月，亦有五星緯度及交道，亦以七曜紀日而不用干支，其立象也，亦以東方地平爲命宫，其黄道上星亦有白羊金牛等十二象，而無二十八宿。是種種者，無一不與西洋同，故曰同源也。然七政有加減之小輪，而無均輪，太陰有倍離之經差加減，而無交均之緯差，故愚嘗謂西曆之於《回回》，猶《授時》之於《紀元》《統天》，其疎密固較然也。然在洪武間，未嘗不密，其西域大師馬哈麻、馬沙亦黑頗能精于其術，但深自秘惜，又不著立表之根，後之學者失其本法之用，反借大統春分前定氣之日，以爲立算之基，何怪其久而不效耶。然其法之善者，種種與西法同，今用西法即用回回矣。豈有所取舍於其間哉。按：回回古稱西域，自明鄭和奉使入洋，以其非一國槩稱之曰西洋，厥後歐羅巴入中國，自稱大西洋，謂又在回回西也。今曆書題曰：西洋新法蓋《回回曆》即西洋舊法耳。論中舉新法皆曰歐羅巴，不敢混稱西洋，所以别之也。

又　論《回回曆》曆元用截法與《授時》同

問：論者謂《回回曆》元在千餘年之前，故久而不可用，其説然歟？曰：《回回曆》書以隋開皇己未爲元，謂之阿剌必年，然以法求之，實用洪武甲子爲元，而托之于開皇己未耳。何以知之？蓋《回回曆》有太陽年太陰年，自洪武甲子逆溯開皇己未，距算七百八十六，此太陽年也，而《回回曆》立成所用者太陰年也。《回回曆》太陰年至第一月一日與春分同日之年則加一歲，約爲三十二三年，而積閏月十二，所謂應加次數也，然則洪武甲子以前距算七百八十六年，當有應加閏月之年二十四次，而今不然，即用距算查表至八百一十七算之時始加頭一次，然則此二十四个閏年之月日將何所歸乎，故知其即以洪武甲子爲元也。惟其然也，故其總年立成皆截從距開皇六百年起，其前皆缺，蓋皆不用之數也。然則何以不竟用七百八十算爲立成起處，而用六百年？曰：所以塗人之耳目也。又最高行分自六百六十算，而變以前則漸減，以後則漸增。其減也，自十度以至初度。其增也，又自初度而漸加。此法中曆所無，故存此以見意也。初度者，蓋指巨蟹初點，惟六百六十算之，年最高與此點合，以歲計之，當在洪武甲子年前一百二十六算，其前漸減者，蓋是未到巨蟹之度，故漸減也。由是言之，其算宫分雖以開皇己未爲元，而其查立成之根，則在己未元後二十四年，即立成所謂一年。既退下二十四年故此二十四次應加之數可以不加，自此以後則皆以春分所入月日挨求，亦可不必細論，惟至閏滿十二個月之年乃加一次，此其巧捷之法也，然則其不用積年而截取現在爲元者，固與授時同法矣。

又　論天地人三元非《回回》本法

問：治《回回曆》者，謂其有天地人三元之法。天元謂之大元，地元謂之中元，人元謂之小元。而以己未爲元，其簡法耳。以子言觀之，其説非歟。曰：天地人三元分算，乃吴郡人陳壤所立之率，非《回回》法也。陳星川名壤，袁了凡師也，嘉靖間曾上疏改曆而格不行。其説謂天地人三元各二千四百一十九萬二千年，今嘉靖甲子在人元，己曆四百五十六萬六千八百四十算，所以爲此迂遠之數者，欲以求太乙數之周紀也。按：太史王肯堂《筆麈》云，太乙多不能算曆，故以曆法求太乙多不合，惟陳星川之太乙與曆法合。然其立法皆截去萬以上數不用，故各種立成皆止于千，其爲虚立無用之數可知矣。夫三式之有太乙，不過占家一種之書。初無關于曆算。又其立法以六十年爲紀，七十二年爲元，五元則三百六十年，謂之周紀，純以干支爲主，而西域之法不用干支，安得有三元之法乎。今天地人三元之數，現在《曆法新書》初未嘗言其出於《回回》也，蓋明之知《回回曆》者，莫精于唐荆川順之、陳星川壤兩公，而取唐之説以成書者爲周雲淵，述學述陳之學以爲書者爲袁了凡黄。然雲淵《曆宗通議》中所述荆川精語外，别無發明，有曆宗中經，余未見。而荆川亦不知最高爲何物。唐荆川曰：要求盈縮何故，減那最高行度，只爲歲差積久年年欠下盈縮分數，以此補之云云，是未明厥故也。若雲淵則直以每日日中之晷景當最高，尤爲臆説矣。了凡新書通《回回》之立成于《大統》，可謂苦心，然竟削去最高之算，又直用《大統》之歲，餘而棄《授時》之消長，將逆推數百年亦已不效，況數千萬年之久乎。人惟見了凡之書多用《回回》法，遂誤以爲西域土盤本法耳，又若薛儀甫鳳祚亦近日西學名家也，其言《回回曆》乃謂以己未前五年甲寅爲元，此皆求其説不得而強爲之解也。總之《回回曆》以太陰年列立成，而又以太陽年查距算巧藏其根故，雖其專門之裔且不能知，無論他人矣。查開皇甲寅乃回教中所傳彼國聖人辭世之年，故用以紀歲，非曆元也。薛儀甫蓋以此而誤。

又　卷二　論左旋

問：天左旋，日月五星右旋，中西兩家所同也。自横渠張子有倶左旋之説，而朱子蔡氏因之。近者臨川揭氏、建寧游氏又以槽丸盆水譬之，此孰是而孰非？曰：皆是也。七曜右旋自是實測，而所以成此右旋之度，則因其左旋而有動移耳。何以言之，七曜在天每日皆有相差之度，曆家累計其每日差度積成周天，中西新舊之法，莫不皆然。夫此相差之度，實自西而東，故可以名之右旋。然七曜每日皆東升西降，故又可以名之左旋。西曆謂七曜皆有東西兩動，而並出於一時，蓋以此也。夫既云動矣，動必有所向，而一時兩動，其勢不能，古人所以有蟻行磨上之喻。而近代諸家又有人行舟中之比也。七曜如人天如舟，舟揚帆而西，人在舟中向舟尾而東行，岸上望之，則見人與舟並西行矣。又天之東升西没，自是赤道七曜之東移於天，自是黄道兩道相差南北四十七度。自短規至長規合之得此數。雖欲爲槽丸盆水之喻，而平面之行與斜轉之勢終成疑義，安可以遽廢右旋之實測，而從左轉之虚理哉。然吾終謂朱子之言不易者，則以天有重數耳。曰：天有重數，何以能斷其爲左旋？曰：天雖有層次以居七曜而合之總一渾體，故同爲西行也。同爲西行矣而仍有層次，以生微差，層次之高下各殊，則所差之多寡亦異，故七曜各有東移之率也。然使七曜所差，只在東西順逆遲速之間，則槽丸盆水之譬，亦已足矣。無如七曜東移，皆循黄道而不由赤道，則其與動天異行者，不徒有東西之相違，而且有南北之異向，以此推知，七曜在各重之天，皆有定所，而其各天，又皆順黄道之勢，以黄道爲其腰圍中廣而與赤道爲斜交，非僅如丸之在槽、沙之在水，皆與其器平行，而但生退逆也。丸在槽與其盤爲平面，沙在水與其器爲平面，故丸與盤同運而生退逆，水與沙並旋而生退逆，其順逆兩象皆在一平面。蓋惟其天有重數，故能動移。惟其天之動移皆順黄道，斯七曜東移皆在黄道矣，是故左旋之理，得重數之説而益明。曰：謂右旋之度，因左旋而成，何也？曰：天既有重數矣，而惟恒星天最近動天，故西行最速幾與動天相若。六七十年始東移一度。自土星以内，其動漸殺以及於地球是爲不動之處，則是制動之權，全在動天，而恒星以内，皆隨行也。使非動天西行，則且無動，無動即無差，又何以成此右旋之筭哉。其勢如陶家之有鈞盤，運其邊則全盤皆轉，又如運重者之用飛輪，其運動也亦以邊制中，假令有小盤小輪附於大鈞盤大飛輪之上，而别爲之樞，則雖同爲左旋，而因其制動者在大輪，其小者附而隨行，必相差而成動移，以生逆度，又因其樞之不同也，雖有動移，必與本樞相應而成斜轉之象焉。此之斜轉亦在平面，非正喻其平斜，但聊以明制動之勢。夫其退逆而右也，因其兩輪相疊其退轉而斜行也，因於各有本樞而其所以能退逆而斜轉者，則以其隨大輪之行而生此動移也，若使大者停而不行，則小者之逆行亦止，而斜轉之勢，亦不可見矣。朱子既因舊説釋詩，又極取張子左旋之説，蓋右旋者已然之故，而左旋者則所以然之理也，西人知此則不必言一時兩動矣，故揭氏以丸喻七曜，只可施於平面，而朱子以輪載日月之喻，兼可施諸黄赤，與西説之言層次者，實相通貫，理至者，數不能違，此心此理之同，洵不以東海西海而異也。朱子語類問：經星左旋，緯星與日月右旋，是否？曰：今諸家是如此説。横渠説天左旋，日月亦左旋，看來横渠之説，極是只恐人不曉，所以詩傳只載舊説。或曰：此亦易見，如以一大輪在外，一小輪載日月在内，大輪轉急小輪轉慢，雖都是左轉，只有急有慢，便覺日月是右轉了。曰：然。但如此，則曆家逆字皆著改做順字，退字皆著改做進字。

又梅文鼎《曆學疑問補》卷一　論遠國所用正朔不同之故

問：《回曆》及西洋曆既皆本於蓋天，何以二教所頒齋日，其每年正朔如是不同？曰：天方國以十二個月爲年，即回回國。歐邏巴以太陽過宫爲年，月依歲差而變，此皆自信其曆法之善，有以接古蓋天之道，又見秦人蔑棄古三正，而以己意立十月爲歲首，今西南諸國猶有用秦朔者。故遂亦别立法程，以新人耳目，誇示四隣。今海外諸國多有以十二個月爲年，遵回曆也。蓋回國以曆法測驗疑佛説之非，故謂天有主宰，無影無形，不宜以降生之人爲主，其説近正。所異於古聖人者，其所立拜念之規耳。厥後歐邏巴又於《回曆》研精，故又自立教典，奉耶蘇爲天主，以别於回回。然所稱一體三身降生，諸靈怪反，又近於佛教而大聲闢佛，動則云中國人錯了。夫中土人倫之教，本於帝王，雖間有事佛者，不過千百中之一二，又何錯之云。

今但攷其曆法，則回回泰西大同小異，而皆本於蓋天，然惟利氏初入，欲人之從其説，故多方闡明其立法之意，而於渾蓋通憲直露渾蓋之名，爲今日所徵信，蓋彼中之英賢也。厥後曆書全部又得徐文定及此地諸文人爲之廣其筆譯，爲曆家所取資，實有功於曆學。其他可以勿論，若回回曆雖亦有所持之圓地球及平面似渾蓋之器，而若露若藏，不宣其義。洪武時吴伯宗、李翀奉詔翻譯，亦但紀其數，不詳厥旨。至數傳之後，雖其本科亦莫稽測算之根，所云烏蕪都尔喇卜垣之器，竟無言及之者，蓋失傳已久，殊可惜耳。

尤可深惜者，回回、泰西之曆，既皆本於蓋天，而其所用正朔乃各自翻新出奇，欲以自異，其實皆非。夫古者帝王欽若昊天順春夏秋冬之序，以敬授人時，出於自然，何其正大，何其易簡，萬世所不能易也。顧乃恃其巧算，私立正朔以變亂之，亦見其惑矣。徐文定公之譯曆書也，云鎔西洋之巧算，入《大統》之型模，非獨以尊《大統》也，揆之事理，固有不得不然者爾。

測算以求天驗不難，兼西術之長，以資推步頒朔，以授人時，自當遵古聖之規，以經久遠，虚心以折其衷，博考以求其當，有志曆學者，尚其念諸。餘詳後論。

又　卷二　論西法恒星歲即西月日亦即其齋日並以太陽過宫爲用而不與中氣同日

問：西法以太陽會恒星爲歲，謂之恒星年。恒星既隨黄道東行，則其恒星年所分宫度亦必不能常與中氣同日，曆書何以不用？曰：恒星年即其所頒齋日也，其法以日躔斗四度爲正月朔，故曰以太陽會恒星爲歲也。其斗四度蓋即其所定磨羯宫之初度也，在今時冬至後十二日。自此日躔行滿三十度即爲第二月交寶瓶宫。餘月並同，皆以日躔行滿三十度交一宫即又爲一月，而不論節氣。然其十二月之日數，各各不同者，以黄道上有最高卑差而日躔之行度有加減也。如磨羯宫日躔最卑行速，故二十八日而行一宫，即成一月，若巨蟹宫日躔最高行遲，故三十一日而行一宫，始成一月，其餘宫度各以其或近最卑、或近最高遲速之行不同，故日數皆不拘三十日，並以日躔交宫爲月，不論節氣。是則其所用各月之第一日即太陽交宫之日，原不與中氣同日。而且歲歲微差，至六七十年恒星東行一度，即其各宫並東行一度，而各月之初日在各中氣後若干日者又增一日矣。如今以冬至後十二日爲歲首，至歲差一度時，必在冬至後十三日餘盡然。此即《授時曆》中氣後幾日交宫之法，乃歲差之理，本自分曉，而曆書中不甚發揮斯事者，亦有故焉。一則以月之爲言，本從太陰得名，故必晦朔弦望，周而後謂之月，今反以太陽所躔之宫度爲月，而置朔望不用，是名爲月而實非月，大駭聽聞，一也。又其第一月既非夏正孟春，亦非周正仲冬，又不用冬至日起算，非曆學履端於始之義，事體難行，二也。又其所用齋日即彼國所頒行之正朔，歐邏巴人私奉本國之正朔宜也，中土之從其教者，亦皆私奉歐邏之正朔謂國典，何故遂隱而不宣，三也。初造曆書，事事闡發，以冀人之信從，惟此齋日但每歲傳單伊教不筆於書。然曆書所引彼中之舊測，每稱西月日者，皆恒星年也，其法並同齋日，皆依恒星東行以日躔交磨羯宫爲歲旦，而非與冬至中氣同日也，此尤爲太陽過宫，非中氣之一大證據矣。

或曰：曆書所引舊測多在千餘年以前，然則西月日之興所從來久矣。曰：殆非也，唐始有《九執曆》，元始有《回回曆》，歐邏巴又從《回回曆》加精，必在《回曆》之後，彼見《回回曆》之太陰年太陽年能變古法，以矜奇創，故復變此西月日，立恒星年以勝之，若其所引舊測，蓋皆以新法追改其月日耳。

清・江永《數學》卷八　算牘

授時平立定三差辯

勿庵先生云：《授時曆》於日躔盈縮月離遲疾並云以算術垜積一作叠。招差立算，而今所傳《九章》諸書無此術也。豈古有而今逸耶？載考歷草，並以盈縮日數離爲六段，並以段日除其段之積度，得數乃相減爲一差，一差又相減爲二差，則其數齊同，乃緣此以生定差及平差、立差。定差者，盈縮初日最大之差也，於是以平差、立差減之，則爲每日之定差矣。若其布立成法，則直以立差六因之，以爲每日平立合差之差。此兩法者，若不相蒙，而其術巧會，從未有能言其故者。余因李世德孝廉之疑，而試爲思之，其中原委亦自歷然。爰命孫瑴成衍爲垜積之圖，得書一卷。

又云，平立定差之法，古無其術，乃郭太史所創，爲以求七政盈縮之度所以造立成之根本也。據云依立招差，又云依垜叠立招差，則是古算術中原有其法而今採用之，然不可攷矣。愚因李問爲之衍算，頗覺其用法之巧焉。

永按：郭太史時，八線表未傳中土，以三差法求七政盈縮固巧矣。愚竊謂其數之不真，凡圓體參差截爲數段，前後相較，其畸零之數無時而盡，今以段曰除積度相較，至再而即齊同，無是理也。凡相差之尾數，前後疎密，必不均，用時有收有棄，未有能截。然齊一者，今恒六因立差以爲每日平立合差之差，則其差有常尾數不變。如太陽盈初縮末限平立合差之尾數恒爲八四六二，其較以六，縮初盈末限平立合差之尾數恒爲二四六八〇，其較以二，則盈縮加分盈縮積度之尾數皆有定率。於太陽如此，其他可知。平圓中亦必無此差率也。以至圓之體而欲以平方、立方之差求之圓鑿方枘，豈能相入哉？或曰郭氏於七政各分段目測之，其數蓋得之積候，未可謂其無憑也。曰凡以儀器測天，雖極精密，亦及度分而止，必不能得其秒微，各段相較，至二差而齊同，皆秒微之數，其積度畸零之小數必有遷就於其間者矣。觀太陰遲疾立成，其損益積度至於五度四二九三有奇，較西法加減均數爲贏，而又不知有二三均加減，則其逐日測到之度豈盡與天密合哉？平員中自然之差數，八線表盡之矣。使平立定三差之法果符天運，則八線亦可不立。既有八線之精算，爲一切測圓之凖繩，則此外更無歧途別徑，亦無取乎三差之巧矣。於古人之法，深究其根，存而不用可也。

清・談泰《疇人傳序》　古今算氏代不(之)[乏]人，推策則愈久而愈精，制器則愈新而愈巧，此非先民之識有所弗逮也。從來有因而成易，無因而成難，循已然之跡，發未盡之奧，前人心思之所竭，正後人智慧之所生，積薪之歎有自來矣。上古容成、隸首，中天羲和、叔仲爲術家鼻祖，而推步細草紀載無徵，三代以來亦無可攷。漢始有《太初》法，而班《志》不詳，惟《三統》號稱密要，與古多允合，爲中法之權輿。《四分》以後，《大統》以前，皆因之而修明耳。

自泰西入中國，始立新法新名，於是畛域攸分，搆爭頓起，終明之世，莫能是正。不知西土默冬當周考王十四年所述章歲、歲周與《四分》等，是古初西法未嘗不踈。《九執》《萬年》以次加詳。至利瑪竇而始盛，亦如中土之積漸而精。湯若望謂多禄某在漢時，法已詳備，真妄言也。

泰嘗謂，算學無分于今古，亦無分于中西，惟求其順時合天而已。大抵古之爲法也簡，今之爲法也煩，古之所無，今之所有，古之所取，今之所棄，中法凡七十餘改，西法亦屢經更定，蓋天道遠，非一手足所能御，天行健，非一朝夕所能窺，必遲之，又久而其差始見，雖有神解，烏能逆睹將來乎？是以列代疇人僂指難盡，載在簡籍，未易鉤稽。方其造法之初，或各守所傳，或獨出新意，或得諸當時實測，人自爲説，家自爲書，互有短長，勢不能（疆）［彊］之使一，此非一人一傳難以究其顛（未）［末］也。攷之于史，惟精算之士，專門之裔，始得刮入方技、藝術等傳，而他皆不與。至正史以外，尚有散見襍史暨説部諸書者，脱漏良多，從未有彙輯專書以臻美富者。【略】

西人推太陽有本輪、均輪，太陰更有次均輪，五星有三小輪，既又改小輪爲橢員，專主不同心天，是皆假設形象，隨意便添，以求合於天行者，非七政之輪忽多忽少，忽平忽橢也。利瑪竇與徐、李諸公同譯西書，而不明《測員海鏡》。光啓謂，欲説其義而未遑。是借根方必在天元一之後，東來之名，彼亦不能忘本，且借根方頗爲紆曲，遠遜仁卿之簡捷。再攷康熙三年十二月戊午朔，湯若望推日食與天象全不合，爲楊光先所劾。又若望述歌白尼，謂天動以員，太陽有最遠點，有躔度，是天與日俱動矣。而蔣友仁述歌白尼，復謂太陽静，地球動，恒星天不動，支離穿鑿，駭人聽聞。安有一人立論而乖異若此者乎？則不得謂西法無弊也。

清・阮元《疇人傳・凡例》　一，儀象者，測驗之先資也。　琁璣之製，見於《虞書》，尚（巳）［已］厥後，若漢之張衡，宋之錢樂之，唐之李淳風，梁令瓚，宋之沈括，蘇頌，元之郭守敬，代有增修，因而愈善。至西洋南懷仁、紀利安輩，而其製更密。前史凡渾儀、圭表、壺漏之等，並載于《天文志》，與推步區分爲二，然事實一貫，不容歧視。是編于儀器製度，摭録特詳，欲使學者知算造根本當憑實測，實測所資，首重儀表，不務乎此，而附合於律於易，皆無當也。

又　卷四　劉洪

論曰：月行十三度十九之七，此平行率也。而驗諸天象，或行十三度不足，或十四度有餘，是知月行有遲疾矣。此遲疾一周，自度端至度端而又過三度有奇，《乾象》謂之過周分，即今西人所謂月最高行也。日有日道，月有月道。月道之出入乎日道，自離交而前而後各有相距之數，其最大爲五度有奇，《乾象》謂之兼數，即今西人所謂黄白距緯也。洪刱始遲疾、陰陽二術，後來術家莫不遵用，其爲功步算大矣。蔡伯喈稱洪密於用算，鄭康成論《乾象》以爲窮幽極微，非虚譽也。

又　卷六　虞喜

論曰：古無歲差之説，有之，自喜始。其説以冬至度歲，歲西移，與日月兩交逆行相似。明末西人易爲恒星東行，而冬至不動。立法雖殊，而以爲歲之有差，則一也。

又　姜岌

論曰：古人驗昏旦中星，非特紀時候，且以攷日所在也。岌以月食檢知日度，其所得更準切矣。西人言蒙氣差，能升卑爲高，映小爲大，與岌所稱正合。然則蒙氣反光之差，不待第谷而後始明其理也。《論天》一篇，《隋志》以爲安岌之語。錢少詹大昕曰：「安岌當爲姜岌，字脱其半耳，其文即《渾天論》是也。」此説確不可易，故采掇《隋志》著于篇。

又　卷九　崔靈恩

論曰：李振之《渾蓋通憲圖説》，發明渾蓋合一之理，其法巧而捷矣。觀靈恩之論，知西人未入中土以前，古人固有先覺之者也。

又　卷三一　魏文魁

論曰：文魁主持中法以難西學，然其造詣較唐宋（術）［曆］家固已遠遜，反覆辨論，徒欲以意氣相勝，亦多見其不知量矣。至謂歲實之數，「不假思索，皆從天得」，「可以千載合天」，自欺乎，欺人乎！其悠謬誕妄，真不足與較也。

又　卷三六　楊光先

論曰：錢少詹大昕曰，吾友戴東原嘗言歐邏巴人以重價購《不得已》而焚燬之，蓋深惡之也。光先于步天之學，本不甚深，其不旋踵而敗，宜哉。然摘謬十論，譏西法一月有三節氣之新，移寅宫箕三度入丑宫之新，則固明于推步者所不能廢也。

又　卷四三　默冬

默冬，於周考王十四年，推定十九年而太陰滿自行本輪之周，復與太陽同度，爲月二百三十五，是爲章歲，西法謂之金數，用以求月之日。故古西法以二十八章歲爲一袠，十五袠爲一總，積七千九百八十年，每年三百六十五日四分日之一。周考王十四年，爲總期之四千六百八十六年。《新法算書》

論曰：十九年爲一章，三百六十五日四分日之一爲一歲，與後漢《四分術》同，以是知西法之密合天行，亦以漸而臻，非能一蹴幾也。古以四章爲一蔀，而至朔同在日首；二十蔀爲紀，而日名復得甲子。西人以二十八章爲一袠，乃古之七蔀也。七蔀之積日一十九萬四千三百一十三，以七除之適盡，蓋西法命日以七曜。所謂袠者，日月之行俱終，而七曜亦盡也。

又　亞里大各

亞里大各，於周顯王二十五年，測得黄赤大距爲二十三度五十一分二十秒。《新法算書》

論曰：古法推日在赤道内外最大之數約二十四度，以亞里大各所測，變從中法度分，得二十四度三十五分奇，較古法爲強。自後屢測屢改，漸有減分，乃皆不及二十四度。西人言黄赤大距古大而今小，則斯爲最大矣。

又　地末恰

地末恰，一作弟末加。於周赧王二十年，測角宿大星在鶉尾宫二十三度，又於四十三年西十月十二日，測金星晨見，蝕左執法。《新法算書》

論曰：地末恰測角大星在鶉尾宫二十三度，自是厥後，列星漸漸東行。中法言冬至西移，西人易以恒星東行之算。兩者相提，西説較長。然天上十二次星紀以至析木，皆以星象得名。列宿既有行分，則十二次亦隨之以移。今但以冬至日躔爲星紀，春分日躔爲降婁，名之與實，互相違戾，此則翻譯算書之失。王寅旭、梅定九諸君論之詳矣。

又　依巴谷

依巴谷，一作意罷閣，一作係巴科。於漢景帝中元元年，測黄赤大距，與亞里大各所測同。又於武帝元朔六年，測軒轅大星在鶉尾宫二十九度五十分，因著《恒星經緯度表》。又考定三百四十五平年又八十二日四刻，凡爲交會者四千二百六十七，爲轉終者四千五百七十三。又用兩月食，擇其前後各率均齊之數，因以定兩交行天之周數，交會五千四百五十八，兩交行天周五千九百二十三。又定月徑爲三十三分一十四秒。《新法算書》

論曰：古法言交、言會，皆指謂日月交食。西人以日月合朔爲交會，其稱名與古異矣。《月離曆指》卷一謂依巴谷在周顯王時，其第二卷又言依巴各在漢武帝元朔時，前後矛盾，不可究詰。然則彼所謂周時人、秦時人者，安知不皆烏有子虛之類耶？

又　多禄某

論曰：中土推步之學，自漢而唐而宋而元，大抵由淺入深，由疏漸密者也。乃多禄某生當漢代，其論述條目即與明季西洋人所稱往往相合，豈彼中步算之密固自昔已然耶？然攷西人舊率，即用後漢《四分》法，是則彼之立(術)[曆]，亦必先疏後密。而謂多禄某時其法之詳備已如是，毋亦湯若望輩夸大其詞，以眩吾中國，而徐、李諸公受其欺而不之悟也。

又　未葉大

論曰：蛋形即古所謂形如鳥卵也。後此西人以橢圓面積求太陽、太陰加減均數，其昉於此乎？

又　白耳那瓦

論曰：歲實小餘二十三刻三分四十五秒，與經緯度一百二十八年閏三十一日之率正合。戴庶常震曰：西洋新法，襲回回術。其云測定，乃欺人耳。

卷四六　奈端

論曰：歲實有消必有長。宋之《統天》，元之《授時》，下驗將來，皆消而不長，此必無之理，固不待至今日而始知其不善也。然今雖知其當漸長，猶不能立加減之法以施之步算者，蓋消長之數僅在微秒，非積之久久，不能審知其差率也。

又　噶西尼

論曰：天不必有小輪也。以小輪算均數，加減平行，驗之於天而合，則小輪之法善矣。天亦不必爲橢圓也。以橢圓面積算均數，加減平行，驗之於天而更合，則橢圓之法善矣。此與郭若思以垜積招法求盈縮疾遲差數，同爲巧算，而今法爲尤密耳。若以爲在天之實象，則爲其所愚矣。

又　蔣友仁

論曰：古推步家齊七政之運行，於日躔曰盈縮，於月離曰遲疾，於五星曰順留伏逆，而不言其所以盈縮、遲疾、順留伏逆之故。良以天道淵微，非人力所能窺測，故但言其所當然，而不復强求其所以然，此古人立言之慎也。自歐邏向化遠來，譯其步天之術，于是有本輪、均輪、次輪之算，此蓋假設形象以明均數之加減而已。而無識之徒以其能言盈縮、遲疾、順留伏逆之所以然，遂誤認蒼蒼者天果有如是諸輪者，斯真大惑矣。乃未幾，而向所謂諸輪者，又易爲橢圓面積之術，且以爲地球動而太陽静，是西人亦不能堅守其前説也。夫第假象以明算，則謂爲橢圓面積可，謂爲地球動而太陽静，亦何所不可？然其爲説至于上下易位，動静倒置，則離經畔道不可爲訓，固未有若是甚焉者也。地谷至今才百餘年，而其法屢變如此。自是而後，必更有於此數端之外，逞其私知創爲悠謬之論者，吾不知其伊于何底也。夫如是而曰西人之言天能明其所以然，則何如曰盈縮、曰遲疾、曰順留伏逆，但言其當然而不言其所以然者之終古無弊哉。

清・蔣載康《周官心解》卷一六　冬夏致日春秋致月以辨四時之敘。致以土圭度表景以求氣之至也。【略】古來欲得氣至之正爲難，今西法以春秋二仲日月對望時求二分，以冬行南地上天少地下天多，夏行北地上天多地下天少，日月東西相對或非真望，惟春秋分行中道，日月對衡於地平，天體上下適均，乃爲真望而易推。又日月之望有對宫不同道，然平分天度皆爲望限或望，未及卯酉之交或過交後望及前後有閏二分，或在月首，或在月杪，則因真望增損推至交道晷刻即得氣至之正，而無過不及之差。按二分測候大陰，西法殊善，然非即馮相致月之法，以西人用測候馮相度月景法固殊異也。

清・安清翹《推步惟是》卷四

古法高卑

或問：日之盈縮、月之遲疾、五星之遲留順逆，古法已有之，至西法始有高卑之説，以小輪立算。梅氏謂高卑者，盈縮遲疾順逆之所以然也。其言允矣，不知古人亦有知盈縮遲疾順逆之所以然出於高卑者乎。曰：唯宋沈太史括畧言之耳。《夢溪筆談》云，嘗攷古今曆法五星行度惟留逆之際最多差，自内而進者，其退必向外，自外而進者，其退必向内，其跡如循柳葉兩末鋭於中間，往還之道，相去甚遠，故兩末星行成度稍遲，以其斜行故也，中間行度稍速，以其徑絶故也。曆家但知行道有遲速，不知道徑又有斜直之異。按：沈太史因行道有遲速，推知道徑有斜直之異，此即因五星之遲留順逆而求其所以然也。其所謂柳葉形者即如小輪之橢形也。兩末星行成度稍遲者，星在小輪之左右也。中間行度稍速者，星在小輪上下也。此與西法若合符節，但言之未詳耳。太陽之盈縮，太陰之遲疾，與五星同理。凡測圓象，即以圓法加減之，此理之確然不易者也。沈太史精於算理，故能知此惜未能詳細言之。後人觀其書，遂畧而不察耳。《筆談》又云，黄道環天正圓。圓之爲體，循之則其妥至均，不均則不能中規衡，絶之則有舒有數，無舒數則不能成妥。以圓法相盪而得衰，則衰無不均。以妥法相盪而得差，則差有數跡。相因以求從，相消以求負。從負相入，以御日行，以言其變，則杪刻之間，消長未嘗同。以言其齊，則只用一衰。循環無端，終始如貫，不能議其隙。此圓法之微，古之言算者有所未知也。云云。按：此段語意雖不甚明晰，細窺其意，所謂不均不能中規者，即平分之度也；所謂衡絶之則有舒有數者，即所謂如循柳葉中間稍速以其徑絶兩末稍遲以其斜行之意也；以圓法相盪而得衰則衰無不均者，以平分之度爲根也；以妥法相盪而得差則差有數跡者，以兩末中間求漸差之度也；所謂妥法相盪者殆即柳葉形耳以言其變杪刻之間未嘗同者，漸差之數非平分也；以言其齊則循環無端終始如貫者，盈縮一周仍成一圓象也。凡此皆就黄道論之日行盈縮之所以然也。古來論盈縮以爲日行自差耳，唯沈太史求諸黄道而以圓法論之，誠千古之卓識也。《筆談》又云，星有行黄道之裏者，行黄道之外者，行黄道之上者，行黄道之下者。所謂裏外者，即五星之緯度也。所謂上下者，五星之高卑也。觀此則五星有緯度有高卑，沈太史固知之矣。

又　中西同異

自西法入而古法遂爲所掩，守古法者心有不服而卒無以勝之，遵西法者則矜爲神授而輕詆古人，然則中西果有不同者乎？曰：中西所共者天也，安有不同者哉？其所不同者，則人爲之也。中法周天分十二次，西法分十二宫；中法日月五星有盈縮遲疾，西法則有高卑加減；中法有柳葉形以明盈縮之理，西法有均輪以消息本輪之數；中法五星有段目，西法則有五星次輪；中法有定氣，西法則有日躔過宫；中法有里差，西法有地圓及各處節氣不同之説；中法有游氣之論，西法有蒙氣差；中法測日食有東西南北差，而西法測日食有三差；中法有句股弧矢算術，西法有三角八線；中法有立天元一，西法有東來法；中法算術有定子之法，西法有對數表。十一百二千三萬四，古人定子之術也，西法對數表即此理。若此之類，實無不同。至其所不同者，則人爲之雖異而實同也。中法步月離始於朔，而西法則始於望；中法一日始子正，而西法則始午正；中法有閏月，而西法則有閏日無閏月；中法以甲子紀日，而西法則紀日以七曜，只七日而一周；中法以甲子紀歲，六十年一周，而西法紀年則以總積共六千餘年；中法以南北爲緯度，東西爲經度，而西法則以東西爲緯，南北爲經；中法節氣始冬至，而西法則始春分；中法月五星有正交、中交，而西法則以中爲正，以正爲中。又西法之黄道十二象與中法之二十八宿不同，其餘星四十八象無一星與中法同名者。凡此皆人爲之，無關緊要。而西法之異於中法，其無理之甚者，則正朔是也。中法以夏正爲歲首，此萬世不易之道，而西法則以太陽躔斗四度之日爲歲首，置歲差不論矣。至歲差之説，中法以爲太陽西轉，而西法以爲恒星東行，此亦相反之一端。然歲差之理，由於黄極之行微速，黄道之行微遲，中西兩家俱未之知也。又西法有黄赤兩極，而古法亦有兩天樞星，西法以爲黄極繞赤極，而古法以爲北極有四游，此亦相反。然北極實非動天之極，中西兩家俱未之知也。由斯以論，西法異於中法者，既不若中法之善，而西法之善者又不出中法之外。然中法卒爲西法所掩者何也？曰：西法雖與中法畧同，而言之則加詳焉，測之則加密焉，且有中法之所未及者焉。中法言盈縮遲疾，而西法高卑視行之説較之中法則尤詳也；中法有柳葉形之説，而測算無術，西法之本輪、均輪則理數具備也；中法言里差，而西法地圓地半徑差之説則尤密也；中法太陰有月孛行度，而西法又有太陽高衝之行；中法有太陰緯度太陰兩交點，而西法則五星亦有緯度亦有兩交點；中法算交食有東西南北差而以午正爲加減之限，西法則又有高卑差而以黄平象限爲加減之限，此則中法之所未及也。而其尤便於用者在八線一表。幾何諸書既發明句股之理，而檢表代算，較中法之用開三乘方布算者實爲既簡且當。合斯數者，又當中法廢弛之時，西法乘虚而入，何怪中法之卒爲所掩也。然則學者宜何如。曰：在天者以合天爲主，不必存中西之見，在人者以授時爲要，蓋莫善於行夏之時以中法爲主，而參以西法之所長，有志斯學者尚審所擇乎。

又　象數以中法爲主

明季當數學廢弛之際，西洋乘其虚而入。爾時守古法者拘於成見，不能變通以兼收西法之長，而講西法者又爲西人所惑，每執新説以詆諆古人，水火交争，聚訟不休，良可歎也。其時知數者，首屬徐文定，然文定亦幾爲西人所惑矣，所謂鎔西洋之巧算、入大統之型模者，亦徒有其説耳。試畧舉之。古人日法各家不同，至以萬分爲日法，而其説定矣，何也？以其整數便於算也。西法以一千四百四十爲日法，此與漢人以八十一分爲日法其後又每取畸零不齊之數爲日法者亦何以異？且西法於周天度用三百六十，於刻法用九十六，皆取其便於算，獨日法不用整數，何也？授時度爲百分，分爲百秒，刻亦如之，而西法則度爲六十分，刻爲十五分，二者相較，西法何以勝中法？而文定舍中法而從西法，何也？又如八線表即句股之立成耳，其必不可易者，惟以半徑爲十萬或千萬，亦以其省乘除便於用也。其度用三百六十，亦便於作器，從之可也。若度必六十分，分必六十秒，秒以下俱以六十遞析，何如中法度爲百分，分爲百秒，秒以下俱以百析之爲尤便於用也？而文定又舍中法而從西法，何也？若當時列表半徑用西法，而度以下仍用中法，斯爲鎔西洋之巧算入大統之型模矣。乃并其餼羊去之，何也？古法之盈縮，即西法之高卑，西法以小輪心爲中距，不如古法盈末縮末之爲密也。而文定並去其盈縮之名，何也？古法之方直儀，即西法之弧三角也，不過一用正一用餘耳，古法只用弦矢，而西法兼用割切，其算加捷，若當時以古法爲主，而兼取其捷算，斯亦鎔西洋之巧算入大統之型模矣。乃并無一言及於古法，何也？夫西法可補中法之未備者，約有數端。如地半徑差，太陽最卑行，五星緯度，黄道有極，交食用黄道午中之類，皆不易之法。設文定取此數端補入《大統》，與中法融會爲一，斯爲盡善盡美。今觀《新法算書》，每云非舊法所能知也，肆口極詆，若欲廢古法而後已者，豈非爲西人所愚耶？近時梅勿庵先生兼明西法，而猶惓惓於古，如論七曜並有周、有轉、有交及用恒氣注數之類，不肯棄古法盡從西法，誠爲卓識，而江慎修又從而詆之，是誠何心哉？梅玉汝謂江氏諂附西人，雖其言過刻，要不爲無因矣。

清·程岱葊《野語》卷八　西洋曆法

西洋人之得留中土，亦非無故。其人率專精曆法，萬曆三十八年十一月朔當日食，曆官推算多謬，五官正周子愚言西洋歸化人龐迪我、熊三拔所攜曆書，有中國載籍所未及者，當令譯上。禮臣翁正春請仿洪武回回曆科例，令廸我等會同測驗。從之。迨迪我等去後，至崇禎時，曆法益疎舛，允禮書徐光啓之請，令其徒羅雅谷、湯若望等，以其國新法參較，開局纂修，書成，以崇禎元年戊辰爲曆元，視《大統曆》爲密。蓋其人自入中國，參考中國諸書，法益明備，纖毫不爽。

清·蔡孔炘《經學提要》卷一三

歲差

周章成曰：歲差之法起于日躔宿度之不齊，而其歸根則在九重天。所謂九重天者，最上一層之天也。日之比于列宿一歲退一周，至期必復與原星會。但列宿比九重天，每歲亦微有所退，日雖會于原星，而準以九重天之原點，則星實徐徐退去。以日躔之所遷驗列宿之退數，而歲差出焉。即如《堯典》中星與月令不同。堯時，春分日躔昴，初昏鶉鳥，在南方之中；夏至日躔星，初昏大火，在南方之中；秋分日躔房，初昏虚宿，在南方之中；冬至日躔虚，初昏昴宿，在南方之中。月令則仲春之月昏時井星，在南方之中；仲夏之月昏時亢星，在南方之中；仲秋之月昏時牛星，在南方之中；仲冬之月昏時壁星，在南方之中。此中星之不同也。但堯時以春分、夏至、秋分、冬至之日所考之中星而言，月令則一月之內有中者即得載之耳。二十八宿半隱半見，各以其時，故必于南方考中星。月令中星與後世又不同，歲差可見。古曆簡易未立差法，至東晉虞喜始立差法，以差法上追往古，每一差進一度，以差法下推將來，每一差退一度，然其法以五十年爲準，則失之太過。宋何承天倍其數，以百年差一度，又失之不及。隋劉焯《皇極曆》取二家之中，以七十五年差一度。唐一行《大衍曆》以八十三年差一度。宋《紀元曆》以七十八年差一度。元郭守敬《授時曆》以六十七年差一度。諸説紛紛，迄無定論。所以然者，因諸宿度數，曆家增減不同，而又有黄赤道之分，故莫能歸一。今西洋新法詳算列宿每年東行五十一秒，舊以天爲三百六十五度二十五分，度析百分，分析百秒。西法則以三百六十平剖之，度析六十分，分析六十秒。積七十年有奇而差一度，以千一百七十年有奇而差一宫，二萬五千四百一十年有奇而東旋一周矣。定歲之法，以列宿之退數加于每歲之中而成一歲，總以太陽之行與九重天原點相合爲主，若與列宿天之原宿度，固歲歲稍差也。

考舊曆書堯甲子冬至日躔在虚六度，昏時昴宿，在南方之中，至秦莊襄王元年冬至日躔在斗十二度，昏時壁宿，在南方之中，計二千二十八年差二十八度。漢太初元年丁丑冬至在斗十度，距秦莊襄元年一百四十五年，差二度。唐開元甲子冬至在赤道斗中十度，距漢太初丁丑八百二十七年，差十度。宋慶曆甲申冬至在斗五度，距唐開元甲子三百二十一年，差五度。元《授時曆》在箕九度。明萬曆丁酉在箕四度，合二至二分而考之，堯時冬至日躔在虚，春分在昴，夏至在星，秋分在房。漢冬至在斗，春分在婁，夏至在井，秋分在角。唐宋時冬至在斗，春分在奎，夏至在井，秋分在軫。元授時以來，冬至在箕，春分在壁，夏至在井，秋分在翼。此四千年來列宿東旋之大畧也。然列宿雖移，而十二宫不動，日躔更宿不更宫，即如堯時冬至日在虚，彼時虚在丑宫也，今時冬至日在箕，箕亦跨丑宫也。或疑日躔更宿，并更其宫者，非也。

又　里差

周章成曰：古無里差之名，而其端則見于經。堯命羲和分宅四方，賓日餞日，考驗時候。《周禮・大司徒》以土圭之法測土深，正日景以求地中，此皆里差之所見端也。古謂曰景在地千里而差一寸。測景之法，中央與四方相去各千里，各立八尺之表，夏至午正用土圭度表景，若其地偏南則景短，偏北則景長，偏東則景東，偏西則景西，惟景在表北，尺有五寸，適與土圭合，是爲地之中。所謂日南則景短多暑，日北則景長多寒，日東則景夕多風，日西則景朝多陰。日至之景尺有五寸，謂之地中，乃建王國是也。日夕謂如日之將夕，即景東。日朝謂如日之將朝，即景西也。其地表景以冬至測之，則丈有三尺。春秋二分，則七尺三寸。此法可以辨地中，即可以求節氣，故歷家從來用之。但千里一寸之説未足深信，而八尺之表一行亦嘗駁之。元郭守敬所用之表五倍于古，測景之地凡二十七處，蓋以表長則差數易見，而表多則參驗更詳也。

里差之法，在今爲分省節氣。西法云舊時立表測景以求時刻，難爲依據，即所測冬夏二至，猶未盡善。今用八線表法，庶稱密近。又不但用表時用別法以相濟。

又曰：古所謂地中，不過就中國言之，非大地之中也。大地之中，在赤道下，其地名爲煖帶。春秋二分，日中立表無景，過春分則景在南，過秋分則景在北。中國之地名爲温帶，居赤道北，故景恒射北。

清・黄炳垕《測地志要》卷一　月食時刻測各地經度

地輿以東西爲經，南北爲緯，與天度相應，但測緯尚易，而測經甚難。西人測經度，定一處爲正度中線，或用太陰淩犯星宿時，或用木旁四小星掩食木星時，兩地互測，得其時差，化爲度分。一小時化爲十五度，一刻化爲三度四十五分。知兩地相距里數，或用鐘表，於午正時較定分秒，以之東西行一日，或二三日，復以他器於午正時測定晷刻與鐘表時刻相較，即以所差時分化爲度分，得其距里。而要不若用月食時，兩處細測其刻分，爲能豪釐不爽也。蓋太陰恒多視差，即地半徑差。木旁小星，非目力所能見，必用極精極大遠鏡窺之，即鐘表之極凖者，亦非易得。惟月體受虧，普天同見而命時蚤晚不同，故同此一時，西人爲酉者，東人爲戌，於虧復及食既生光時，以中星及各星高弧，測算兩處時分之較，化作經度，方爲密合。若相距在一二百里間，則惟用測遠遞推之法。

清・李善蘭《麟德術解・序》　元郭太史《授時術》中法號最密，其平、立、定三差，學曆者皆推爲剏獲，不知《麟德術》盈朒、遲速二法已暗寓平、定二差於其中，郭氏特踵事加密耳。竊謂僅加立差猶未也，必欲合天，當再加三乘、四乘諸差，後世有好學深思之士，試取我説而演之，其密合當不在西人本輪、均輪、橢圓諸術下，而李氏實開其端剏始之功，又何可没也。

清・諸可寶《疇人傳三編》卷二　許宗彥

論曰：許駕部之隨任廣州也，與歐羅巴人習，得其推步麤術。顧其時談天家諸書，尚未盡譯行中土也。【略】至所記荷邏侯星，又即今西名之天王星耳。英吉利人侯失勒維廉於乾隆四十六年二月十九日夜依西曆譯改者，始以遠鏡測定，星道踞填星之外，體徑之角度爲三秒九一，行天一周爲三萬六百八十六日八二零八，約得八十四年有餘，與記言質小、行遲、諸數無弗吻合矣。若今名海王一星，則至道光二十六年八月初四日，普魯士伯靈臺官嘉勒乃測得之。在駕部時，雖彼國學者固亦有所未知也。由是觀之，吾人之用心特患其不專且摯耳，誰謂神明才智竟居歐羅巴後哉？有志之士宜思所奮興已。

清・王仁俊《格致古微》卷二　《明史》《曆志》回回曆法，天周度三百六十，每度六十分，每分六十秒，宮十二，每宮三十度，日周分一千四百四十，每時六十分刻九十六，每刻十五分，其法不用閏月，以三百六十五日爲一歲，歲十二宮，宮有閏日，凡百二十八年而宮閏三十一日。案：此西算歲實所本。戴震曰，凡百二十八年閏三十一日，是每歲三百六十五日之外又餘百二十八分日之三十一也。以萬萬乘三十一滿百二十八而一得二千四百二十一萬八千七百五十，此是回回舊法。明季西洋人弟谷測春分時刻，定歲實三百六十五日二十三刻三分四十五秒，以十五通二十三刻納三分，再以六十通之納四十九秒，共二萬九百二十五秒，是爲八萬六千四百分日之二萬九百二十五也，以萬萬平之，亦得二千四百二十一萬八千七百五十。乃知弟谷所定歲實，雖云測驗得之，實暗用回回法耳。

清・黃鍾駿《疇人傳四編》卷一　管夷吾

論曰：地球之度，上應周天，以今密率求之，得全周七萬二千里。置全周以求地心之徑，赤道徑爲二萬二千九百一十八里奇，二極徑爲二萬二千八百三十六里奇。二極徑略短，赤道徑略長，則地體固略帶橢圓形也。此云地數，蓋舉地心徑言之。東西二萬八千里，指赤道徑；南北二萬六千里，指二極徑。無奇零者，舉成數也。至南北較東西絀二千里者，大數同而小數異，古今尺里不同，難取準也。是管子固(巳)[已]知地爲球體與？

又　曾子

論曰：方者，地之道；圓者，地之形。方指道言，則形非方矣。西方言水地合爲一球，而四面居人，其地度經緯正對者，兩處之人以足相抵，此説固不自歐邏西域始也。

又　孟子

論曰：歙縣淩教授廷堪曰：「古之儒者通天地人，後之儒者鑿空談理而已，故驟聞西説，或以爲創獲而驚之，或以爲異學而排之，而究皆非也。西人之説，徵之《虞書》《周髀》而悉合。自當兼收並採，以輔吾之所未逮。不可陰用其説而陽斥之，則排爲異端，亦已過也。古書雖不盡傳，就其存者而推之，《虞書》《周髀》而外，《孟子》數言，尤其顯而易見。蓋天者，即西人所謂宗動天也。星辰者，即西人所謂恒星天也。宗動天晝夜一周，在恒星天之上，此天以南北極爲樞，以赤道爲中圍，挈七政並恒星而左旋。恒星如七政，在本天循黃道而右旋，而歲差生焉。《孟子》此言，爲歲差而發，非徒日至也。夫日至者，起算之端，即每年歲實之一周，雖小餘有强弱之殊，卑行有前後之異，而皆與星辰無涉。況歲若定則平，冬至固年年不變，何難坐致之？有所難知者，日至歲與星辰不同耳。欲求日至與歲歲星辰不同，非即以宗動天與恒星相較，則無以得其端倪。故曰：『苟求其故，千歲之日至，可坐而致也。』而謂宗動天出自西人，豈篤論哉？」

又　尸佼

論曰：地動之説，西人哥白尼始創言之。其後白拉里測得星光之差，律德測得赤道之吸力小於兩極，地動益有確據。而推步諸家奉西人之説以爲準的，不知我中土古人已言及之。《尸子》數言，固顯而易見者。

又　屈原

論曰：天有九重，七政運行，各一其法，此後世西人之説也，而古人已先言之矣。何謂九重？曰：最上爲宗動天，無星辰，每日帶各重天自東而西左旋一周。次曰恒星天，次曰填星天，次曰歲星天，次曰熒惑天，次曰太陽天，次曰金星天，次曰水星天，最下曰太陰天。次恒星天以下八重，皆隨宗動天左旋，然各天皆有右行之度，自西而東，與蟻行磨上之喻相符。又況南北順橢，與西人橢圓之法更相合乎，則西人之説，誠不背於古而有合於天也。

又　卷二　趙廣漢

論曰：鉤距者，蓋即御製《數理精蘊》線部所載：原有鵝八支，換雞二十支；每雞三十支，換鴨九十支；每鴨六十支，換羊二支。今卻有羊五支，問該換鵝幾何？法也，欲問鵝，先問雞，已問鴨，又問羊，錯綜其數，以類相準，則知鵝之多寡。中人名之曰同乘同除，西人則謂爲合率比例焉。誰則謂古今人不相及哉！

又　楊泉

論曰：地體橢圓，中國古書已屢言之，所謂東西長而南北短也。至天河爲衆星所聚，則非最精遠鏡不能測見。楊泉之論，特以理度之耳。是知格致家所得新理，每多古書之糟粕，固不得輙驚爲創獲矣。楊泉不詳其籍，大抵魏晉時人，存三國末，以俟徵攷。

又　卷三　皇甫謐

論曰：輿地以東西爲經，南北爲緯，與天度相應。在天一度，在地二百里。故求得兩處經緯度較數，即知兩處相距之里數。測地者持此以爲津梁，不知漢晉而遠，梗概早已略備。觀於謐之書，而可見矣。

又　裴秀

論曰：測繪地圖者，不知計里開方之法，則圖與地不能密合。故測量天地之高深，推度山川之廣遠者，不外乎精於制器，巧於用法而已。秀爲地圖制體有六法，雖未甚周密，而規模已略具其中。其言分率者，繪圖之法也；準望者，測經緯度也；道里者，測地面之大勢也；高下、方邪、迂直者，測地之子目也。後之人，器精法巧，特推廣其術而用之焉耳。

又　卷五　張載

論曰：金山顧上舍觀光曰，天本太虛，而七曜又皆右旋，則左旋者安在哉？祇以地實右旋於中，遂使天若左旋於外。如人在舟中，自北而南者，必見岸之北行；自南而北者，必見岸之南行。同一理也。惟岸有定距，人皆知其不動。而太虛無體，但見恒星河漢之自東而西，則不得不以左旋目之矣。異哉！張子乃能於千餘年後，推陳出新，發前人未發之覆，非好學深思以知其意，固難爲淺見寡聞者道也。況陰陽升降，發明曆書上游下游之理，冬至後陽氣上升，則地漸升，而日漸短，法家皆以恒理求之，宜其扞格而不相入矣。潮汐大小，兼論日月攝力，亦度西人説暗合。可見西人之創論，中土亦有先覺者也。

又　錢明逸

論曰：《回回曆》出天竺，以七曜紀日，兼羅睺、計都，則爲九曜。沈括謂之西天法。曹氏《符天曆》本之。今考其術與西洋合，則同源可知也。

又　卷七　何文廌

論曰：何茂才爲楚南耆儒生，與楊光先同時，持論亦多與楊同，而學識過之。楊以攻訐賈禍，茂才則明哲保身，不爲危言激論。至其議辯西法，不無偏見者，亦篤守古法之太過耳。

又　卷九　代迦德

論曰：代迦德言諸行星繞日，如急流中之盤弦，與國朝臨川揭氏槽丸盤水之喻，不謀而合。人同此心，心同此理也。詎以中西而或異哉？

又　卷一一　侯失勒維廉

論曰：中土疇人家業，世世相傳爲疇，西國何獨不然？按侯失勒氏稱英國天算名家，維廉與其子約翰先後爲天學公會總領，潛心力學，超越尋常。今世學天文者，咸奉爲標準。其妹曰加羅林，相助測天，功亦不細。約翰長子亦名約翰，爲印度軍中武官，即有博學之名。次子名亞力，勤習天學，爲大學内之一師。弓冶箕裘，世守勿替，亦西國之翹楚也。天地靈秀之鍾，豈必擇地而後生哉？

清・陳澧《［光緒］香山縣志》卷二二　澳夷技藝莫先於曆學，今之所謂西法也。其國有小學、中學、大學，分四科，曰醫，曰治，曰教，曰道。道即曆法。自利瑪竇入中國，言地四面懸空，日大於地，地大於月，地之最高處有闕，日月行度適當闕處，則光爲映蔽而食，五星高低不一，火最上，水最下，金木土參差居中，故行度周天有遲速，皆著圖而立説焉。**【略】**自羲和失其守，古籍之可見者，僅有《周髀》，而西人渾蓋通天之器，寒熱五帶之説，地圓之理，正方之法，皆不能出《周髀》範圍。史稱旁搜遠紹，以續千年之墜緒，亦禮失求野之意。信矣。**【略】**

按：日食由於月在日下，月食由於月入地影。《澳門記略》地之最高處有闕云云，所述誤也。且日月食之理，中國古書早已言之。惟地影謂之闇虛，闇虛見張衡《靈憲》。其實則一而已，其説非始於西人也。今特爲訂正之。

紀事

清・四庫館臣《新法算書提要》　臣等謹案：《新法算書》一百卷，明大學士徐光啓、太僕寺少卿李之藻、光禄寺卿李天經及西洋人龍華民、鄧玉函、羅雅谷、湯若望等所修西洋新曆也。明自成化以後，曆法愈謬，而臺官墨守舊聞，朝廷亦憚於改作，建議者俱格而不行。萬曆中大西洋人龍華民、鄧玉函等先後至京，俱精究律法。五官正周子愚請令參訂修改，禮部因舉光啓、之藻任其事，而庶務因循，未暇開局。至崇禎二年，推日食不驗，禮部乃始奏請開局修改，以光啓領之。時滿城布衣魏文魁著《曆元》《曆測》二書，令其子獻諸朝。光啓作《學曆小辨》，以斥其謬，文魁之説遂絀，於是光啓督成《曆書》數十卷，次第奏進。而光啓病卒，李天經代董其事，又續以所作《曆書》及儀器上進。其書凡十一部：曰法原、曰法數、曰法算、曰法器、曰會通，謂之基本五目。曰日躔、曰恒星、曰月離、曰日月交會、曰五緯星、曰五星交會，謂之節次六目。書首爲修歷緣起，皆當時奏疏及考測辨論之事，書末《曆法西傳》《新法表異》二種，則湯若望入本朝後所作，而附刻以行者，其中有解、有術、有圖、有考、有表、有論，皆鈎深索隱，密合天行，足以盡歐邏巴曆學之蘊。然其時牽制於廷臣之門户，雖詔立兩局，累年測驗，明知新法之密，竟不能行。迨聖代龍興，乃因其成帙，用備疇人之掌，豈非天之所佑，有開必先，莫知其然而然者耶。越我聖祖仁皇帝天亶聰明，乾坤合契，御製《數理精蘊》《曆象考成》諸編，益復推闡微茫，窮究正變，如月離二三均數分爲二表，交食改黄平象限用白平象限，方位以高弧定上下左右，又增借根方法解，對數法解，於點線面體部之末，皆是書所未能及者。八線表舊以半徑數爲十萬，各線數逐分列之，今改半徑數爲千萬，各線數逐十秒列之，用以步算，尤爲徑捷。至欽定《曆象考成後編》，日月以本天爲橢圓，交食以日月兩經斜距爲白道，以視行取視距，推步之密，垂範萬年，又非光啓等所能企及。然授時改憲之所自，其源流實本於是編，故具録存之。庶論西法之權輿者，有考於斯焉。

清・陳兆崙《紫竹山房詩文集》文集卷三 五朝歷法因革後序

臣謹按：以上古曆法因革，自宋高宗紹興中造渾儀，至明愍帝崇楨三年令徐光啓督脩，及李天經繼進書止，皆據五朝史志標爲綱目。蓋自宋建隆以迄靖康，法凡八變，自高宗迄德祐，屢變亦如前。宋承五代衰亂，及靖康兵燹之餘，儀器殘缺，算學闊疎，草澤中專家之學又多不在史局，故施行紛錯如此。自元世祖《授時》書出，而前書盡廢。其時史官郭守敬所造諸儀表，悉詣精妙，創用二線推測，八十年間遵用之。及明《大統》，書雖易其名，實仍其法，第行之既久，測候不能無差，自然之理也。《明史》志曰，後世法勝於古，屢改益密。《唐志》謂天爲動物，久則差忒，不得不屢變法以求之。其説近似而不然也。天行至健，確然有常，本無古今之異。其歲差盈縮遲疾諸行，古無而今有者，因其數甚微，積久始著，古人不覺而後人知之，非天行之忒也。使天果以動而易差，則必參差凌替而無典要，又安從脩改而使益密哉？此論甚篤。《大統》至成化後，交食往往不應，於是西法寖顯。史稱其發微闡幽，運算制器，前此未有，故徐光啓參用之以成其書。而《授時》及《大統》積久見差之所由然至是始正。後光啓入閣未久遽卒，雖有李天經續進書爲之羽翼，而撓之者衆，帝頗知西法之密，末年詔欲行之，旋廹國變，竟未施用。是故法無久而不變，而良法亦有待而後行。豈唯人事，抑亦天運也。

算術分部

綜論

佚名《歐邏巴西鏡録》卷首 西泰子之譯計除乘分、開平開立、測量句股金法數種，極簡明易習，第以筆書，無庸算子，凡山岳樓臺之崇卑、井谷川澤之深廣、道里之遠近、布帛之長短、米粟之多寡、權衡之輕重、物價之貴賤，靡不推測而知，即吾中國九章諸法，亦蔑有加于斯者，深爲算術家之南車西鏡矣。

清・方中通《數度衍》卷三《筆算》下 洛書算

通曰：又有一筆錦之法，似筆算而叠改不同。又有一掌金之法，五指，每指九位分三行，自下而上曰一二三，又自上而下曰四五六，又自下而上曰七八九，臨算暗記，殊覺可笑。即鋪地錦，乘尚似籌，而除則不可用矣。惟洛書算爲便，並列圖數而求之，雖乘除亦可得也。

又 卷四《籌算》 九籌

通曰：珠算、筆算皆有數而後乘，籌算無數而先乘也，故乘以籌爲捷。數盡九九，除亦因乘，故隨時施用，所遇數更，而先乘之數亦變，多寡前後相合自成。至若零籌無數，又無用之用也。

又 卷五《尺算》 法尺

通曰：法尺之式，上連下分，下則可開可合，上則相對不移，如此乃可爲法。

又 實尺 兩尺分寸須等，不可稍異。作一法尺。二實尺。

通曰：兩端變爲三角，因參知兩，勾股矩度，直景倒景，蓋同一源。加實尺

於法尺之上，謂之三角可也，謂之勾股可也。【略】

又 比例法　術曰：有實數於此，以某法數分之，得某數。今又有實於此，照前分例，求法幾何，將實尺比前實數，安法尺之前法數上，又將實尺比後實數，於法尺空處上下推移，求至脗合處，視法尺之分寸幾何，即所求數也。【略】

通曰：法實可互更，乘除可互用，此尺算之異於他算也。凡求得數，皆以比例，即乘除亦無非比例，故比例以尺爲便。

又 卷一二《開平方少廣》之七　珠算開平方法

通曰：四算中惟尺算不便於開方，而珠、筆、籌法亦不同，故分衍之。

清・陳世明《數學舉要・序》　是編也，凡爲卷一十有四，其布算之法皆以筆算爲用，若珠算、籌算、尺算之類，以不如筆算之便，故不録。

又 卷一

異乘同除法

異乘同除者，即四率之比例也。其理精，其用博，乃算術之樞要也。異乘者，其名異。同除者，其名同也。如以粟易布，則粟與粟爲同名，布與粟爲異名矣。設先有粟若干，易布若干，今復有粟若干，將以易布，則必以先所易之數爲例，以比今之所易，是先有之布與今有之粟異名也，則用以乘是爲異乘，若先有之粟與今有之粟同名也，則用以除，是爲同除法。當以原總物除原總價，則得每物之價，以乘今有之物，即得今有之價。然除有不盡，則不可以乘，故不先除而後乘轉變而爲先乘後除也。或有以爲先有之兩數與今有之兩數大小懸殊多寡不一，何以異乘同除而今得數耶？而不知兩數相形則比例生。比例者，或大若干或小若干，乃兩數相比之差數也。有兩數于此，又有兩數于此，數雖不同，而其各有相差之比例同，謂之比例等，或兩小數相等，又有兩大數相等，是謂相等之比例，故數雖有大小其相等之比例均也。又或兩小數相差三倍，又有兩大數亦差三倍，是謂三倍之比例。又或兩小數相差一倍有半，又有兩大數亦差一倍有半，是謂一倍有半之比例。故雖有大小，而其相差之比例則均也。法詳于後。

同乘同除法古以併乘爲異乘同乘，併除爲異除同除，今併用之。

同乘異除法又謂之變測，西人即所謂互視法也。

同乘者，二三率相乘之數乃原有之二件也。異除者，反以今有之一件爲首率也。法亦以二三率相乘爲寔，而以首率爲法，除之則得今所求之又一件爲四率也。雖與異乘同除相似，而法寔相反，故曰變測也。

又 卷六　命分除法

約分。凡命分，有可約者以法約之。古法曰：可半者半之，不可半者以少減多，更相減損，求其有等，以等約之，以等數除母子數，則皆除盡，西人謂之。術以兩數相減，餘數又以少減多，必至兩數相同而止，即用此相同之數爲法，以除原物餘數爲分母，再除用去者爲分子，即約之曰幾分之幾。

清・李子金《天弧象限表》　中西象限之數不同

中法同實數，故以一象限爲九十一度三十一分四十秒。西法用齊數，故以一象限爲九十度。欲變西數爲中數，只以一〇一四五六乘之即得，或以九一三一四乘之，以九歸之亦得。然不如前法止用一乘之爲便也。若移實度以就表，則置所有度分以九千八百五十六乘之，亦無不可，在臨時用之何如耳。

清・梅文鼎《少廣拾遺》卷首　少廣爲《九章》之一，其開平方法爲薄海内外測量家所需，非隸首不能作也。平方而外有立方，以爲鑿築土方之用，課工作者猶能言之。若三乘方以上，知之者蓋已尠矣。嘗見《九章比類》《曆宗算會》《筭法統宗》俱載有開方作法本原之圖，而僅及五乘，並無算例。《同文算指》稍變其圖，具七乘方算法，而不適于用，詮釋不無譌誤。《西鏡録》演其圖爲十乘方，而舉數僅詳平立三乘一式而已，餘皆未及。

又 開方求廉率作法本原圖　【略】圖最上書一者本數也。本數者，即大方也。大方無隅無乘除之可言，而數從此起也。次並列一者，方邊也，西法謂之根數，即一十一也。左一即本數。因有次商，而進位成一十爲初商之根，右單一爲次商之根。既有根數，即有平冪，故第三層一二一者，冪積也，西法謂之面，即一百二十一也。左一百爲初商自乘之冪，即大方積也。右單一爲次商自乘之冪，即隅積也，小平方也。中二十，則兩廉積也，並長方也。【略】

第四層一三三一者，立方積也，西法謂之體積，即一千三百三十一也。左一千初商再乘之積，大立方也。右單一爲次商再乘之積，隅積也，小立方也。中三百三十皆廉積也。三百爲三平廉積，扁立方也。三十爲三長廉積，長立方也。

又 開諸乘方大法　諸乘方法，惟平方爲用最多，因有專法。今自平方、立方，推之三乘以上，至于多乘，而通爲一法，是爲大法。諸乘方大法可以開平方。而平方專法不可以開諸乘方。【略】

謹按：作點分段，其用有二。一，以定開方有若干次也。如有一點則只開一次，有兩點則開二次，三點則開三次之類。一，以定開方所得爲何等數也。如只有一點，則初商即單數；二點則初商是十數，三點則初商是百數之類。是故初商減積，必至于最上點而止也，次商減積，必至于次點而止也。每開一次，必減積一次，而所減之數必各盡于其作點之位，亦可以驗開方之無誤也。又最上點以上，初商實也。次點以上，次商實也。每商皆以點位截實。此法于初商尤爲扼要。

又按：開方分段，古人舊法之精。錢塘吴信民《九章比類》，山陰周述學《曆宗算會》，悉著其説。而《同文算指》《西鏡録》本其意以作點定之，施于筆算，爲極善也。鼎于三十年前，見《同文算指》作點之法，驚嘆其奇。後讀諸書，始知其有所祖述，非西人創也。

又梅文鼎《勿庵曆算書目・比例數解》 比例數表者，西算之別傳也。其法自一至萬，並設有他數相當，謂之對數。假令有所求數，或乘或除。但於本表簡兩對數相加減，即得所求。乘者，兩對數相加得總。除者，兩對數相減得較。總較各以入表，取其所對本數，即各所求之乘得數、除得數。

中土習用珠盤，西法用筆、用籌、用尺，各有所長，垜積合總。莫速於珠盤，乘法位多莫穩於筆算，開平方莫便於籌算，製器作圖莫良於尺算。然並須布算而知。今則假對數以知本數，不用乘除，惟憑加減。加減者，對數也。求得者，本數也。所算在彼，所得在此，一對即知，無所庸其推索。術之奇也，前此無知者，本朝順治間西士穆尼閣以授薛儀甫，始有譯本。

對數之奇，尤在開方。古開方術至三乘方以上，委曲繁重，積晷刻而後成，今用對數俄頃可得。如平方但取對數折半，立方取對數三之一，三乘方則四之一，四乘方則五之一，五乘方以上並然，並取其所對本數，命爲所求方根。神速簡易，殆非擬議所及。

又有四線比例數，亦穆所授也。八線割圓，西曆舊法。今只用正弦、餘弦、正切、餘切，故曰四線。舊《八線表》以正矢、餘矢即餘弦、正弦之餘，故列表止六，而有八線之用。今比例數又省去兩割線，故表只四線，然亦實有六線之用矣。

又梅文鼎《西鏡録訂註》 《西鏡録》，不知誰作，然其書當在《天學初函》之後。知者《同文算指》未有定位之法，而是書則有之，其爲踵事加精可見。所立金法、雙法，亦即借衰互徵、疊借互徵之用，然較《同文算指》，尤覺簡明，但寫本殊多魯魚，因稍爲之訂。

清・焦循《歐邏巴西鏡録記》 梅勿菴先生手批《西鏡録》一册，元和李尚之得諸吴市。其書無撰者姓氏，而卷首稱吾中國《九章》，又標曰《歐邏巴西鏡録》，蓋中國人而纂西人之法爲此書也。首列加減乘除，而名加爲計，名減爲除，名除爲分，繼列定位法、試法、平方、立方、三乘方法，終之以金法、雙法。金法即《九章》之衰分，雙[法]即《九章》之盈不足也。梅氏《少廣拾遺》云：《九章比類》《算法統宗》皆有開方作法本原圖，僅及五乘，《西鏡録》廣至十乘。竊謂由平方、立方而至五乘方，其體例已明，明于五乘，雖百乘、千乘亦自瞭如視掌，固不必增耳。時嘉慶庚申冬十月，尚之與余同寓杭州節署，朝夕討論九章、天元、大衍之理，三鼓不倦，尚之以此見示，窮三日力自寫一本，因書卷末，以志朋友講習之樂。

清・許桂林《算牖・敘》 算家以簡爲貴，取其濟用，兼亦省心。桂林述《算牖》亦此志也。而其大端有二：一曰籌算，一曰四率比例。籌算省乘爲加，省除爲減，乘則不必徧乘，歸則無須撞歸。四率比例，往往多算者能以少算算之，累算者能以一算算之，且三率既定，即法實已分，斷不致法實顛倒之誤。四率本古法，而習乘除者多不之知，故特表之。即用珠算者習焉，其爲益于乘除不少也。籌算又最易曉。梅先生云：朝得，暮能學之，甚易，而用之甚簡，謂非捷徑乎？

又 卷一 正比例

西法謂之三率，亦可云四率，古曰異乘同除，梅先生稱爲《九章》之樞要，學者最宜留意。

又 卷二 省乘法

籌算用籌。籌以牙木銅紙爲之皆可。每籌九位，每位上下作半圓界之，寫數其中。第一籌以一一如一至一九如九書之。第一位爲一，第二位爲二，第九籌以一九如九至九九八十一書之。第一位爲九，第二位爲一八。餘可推。籌之別凡十，一至九及空位籌也。籌，二面作字，一與九同一籌，二與八，三與七，四與六，五與空位亦然。爲籌二十五，足以用矣。所以作半圓者，兩籌相合，則兩半圓合爲一圓。若上半圓内數爲二，下半圓内數爲七，合在一圓内，則二七合爲九也。

桂林案：唐瞿曇悉達譯《九執術》，其算法用字乘除，一舉札而成。凡數至十進入前位，每空位處恒安一點，此正今之筆算，蓋西土用筆算久矣。籌算後出而愈便。竊觀筆算與鋪地錦相似，其除法勝鋪地錦而不如籌，其乘法似尚不如鋪地錦之明便。籌算則羅雅谷舊法，本用直籌，甚與鋪地錦相似。梅先生改用横籌，作半圓界精巧簡妙，乘除並省。故焦里堂云：乘法三位乘三位者須九算，惟籌算則省，只三算。桂林以爲不止省算，兼且省心。蓋三位之乘即須着意，少紊其位，則大謬矣。籌算不過加之耳。除法亦省。如二十四人分銀二百一十六兩，珠算須用撞歸，凡二算，籌則檢二四籌，即見二百一十六在第九行爲每人九兩，竟不算矣。又如二百七十二文四斤，珠算用四歸，凡四算，籌則減二次，即得每斤價六十八文。

桂林又案：籌算乘除能互爲還原。如珠算而省，亦不必用梅氏九減七減試法。如九七五乘五五五五，珠算凡三十撥珠，作十五次乘，若依籌算，而以珠加減，只二十撥珠，作五次算，得五四一六六一二五，其以九歸七五除還原，即用原籌五次減之，得五五五五。珠算須作十五次除，籌算本以筆加減，故《疇人傳》論有籌算仍須用筆，不如筆算之便語。實則省于筆算。若用籌算而以珠加，減尤簡便也。

又　用表法

開帶縱立方、帶兩縱立方，梅先生《筆算》《籌算》俱詳。桂林此書，專求簡便，既不得簡法，故不列。欲學者，梅氏書具在也。

《少廣拾遺》云：平方積自乘爲三乘方，立方積自乘爲五乘方，開平方二次即三乘方，開平方立方各一次即五乘方，開平方三次即七乘方，開立方二次即八乘方，開四乘方、平方各一次即九乘方，惟四乘方、六乘方，不可借用他法。案：開諸乘方，梅氏皆有法，而莫便于西人穆尼閣所傳之對數表，但表凡數百葉，則亦煩矣。諸乘方不甚切于用。此書爲算學開其蒙，不取于備，故不詳。

又　卷三　少廣

開三乘方至十二乘方，《精蘊》乘方表最便，《對數表》尤便。《對數表》，西士若往訥白爾作，恩利格巴里知斯增修。開平方面積，折半，查假數，所對真數即方根。方根過五位仍須算，三乘方以上數愈多用愈捷矣。

又　卷四　尺算

尺算用比例尺，一名比例規，兩尺同樞，張翕進退以取數。其取數，《精蘊》用分釐尺，梅氏用銅規，梅先生《度算》言之甚詳明。所分十線。桂林竊謂：用平分線乘除，不如珠籌簡便，且尺大不過千分，三位乘除即不能具，平方、立方線、開方小數不可得，更面更體五金三線，不如用定率。惟分圓正弦、切割四線，可求弧度角度北極太陽高度可造儀晷，此書未及三角八線，故亦不及尺算。

清・徐養原《算法借徵論》阮元《詁經精舍文集》卷二　算法有衰分，有盈朒，古法也。自歐邏巴之説興，有所謂借衰互徵者，自以爲超妙矣。讀《九章算經》乃知，此法古已有之。均輸章鳧雁以下數術，盈不足章米桶以下數術，皆是。且其立法與説，皆比西學爲密。

清・阮元《疇人傳》卷四一　屠文漪

論曰：文漪之于算術，蓋程大位之流，所著《九章要録》，亦與《統宗》相類。惟少廣篇中，有開方求命分密法一條，謂「命分還原，必朒于原實。若不復加隅，又必盈于原實。更有法開之，令盈于原實之數甚微，則其法爲密。」斯則可已不已，未達深旨者也。蓋開方命分，母數爲方面，子數爲冪積，西人所謂面也。二者如曲線、直線之終古不能相通。開方而有命分，止就其相近之數言之，本無還原不盈朒之理，且《九章》云不可開者，以面命之，然則古人開方并無命分法也。

又　卷四四　羅雅谷

論曰：《九執曆》言天竺算法，用九箇字乘除，一舉札而成。後《回回》亦以土盤寫算。蓋西域舊法皆用筆算也。筆之變而爲籌，猶中土之易算子爲珠盤，然用籌仍須以筆加減，固不如筆算之爲便矣。

清・駱騰鳳《藝遊録》卷一

筆算定位

筆算，西法也，亦古人用籌策之遺意，即謂歐羅獨智，亦當如翻切之學出於波羅門書，相承而不可廢也。古算用籌，以一握之策爲之，然從横之積易紊，即并差之分難明矣。今算用珠，以九歸之訣行之，然法實之數易棼，即正負之名難別矣。筆算則有數可稽，有文可識，既不病於紛煩，復不難於循省，蓋日用間莫捷於珠算，而推步家莫便於筆算也。但操觚易習，定位難知，乘祇一途，除分兩類，苟非立爲成例，布算時鮮有不茫然無據者。故知乘除而不知定位，猶弗知也。《算法統宗》載定位歌訣，特爲珠盤而設，不可施於筆算也。

又　今有

術曰：以所有數乘所求率爲實，以所有率爲法，實如法而一。

劉徽注云：此都術也。凡九數以爲篇名，可以廣施諸率，所謂告往而知來，舉一隅而三隅反者也。誠能分詭數之紛雜，通彼此之否塞，因物成率，審辨名分，平其偏頗，齊其參差，則終無不歸於此術也。

今案：今有術出於《九章》粟米，後世謂之異乘同除，西法謂之四率比例，其實一也。

又　求圓周圓積法

今有圓徑一尺二寸，求周幾何。

法用周徑定率，以徑一爲所有率，周三一四一五九二六五爲所求率。今設一尺二寸爲所有數。而今有之三尺七寸六九九一一一八爲所求數，即周數也。此《九章》今有術，即西法之比例四率也。【略】

論曰：算術之精莫妙於開方、割圓。開方自平方以至多乘方，廉隅正負，并減殊紛。割圓自六弧以至千百弧，句股從横，乘除匪簡。世謂方易度而圓難測者，非也，特方直圓曲，遂覺方有定形而圓無定率耳。古法徑一周三，略存梗槩，魏劉徽覺其疎闊，更爲新術，自圓内六弧起算，割六弧以爲十二弧，割十二弧以爲二十四弧，由是爲四十八弧，爲九十六弧，遞求得一百九十二弧之算三百一十四寸六百二十五分寸之六十四，乃棄其餘分，即以三百一十四寸爲圓算之定率，以徑十寸除之得三十一寸四分，即周數也。此其密於古法者遠矣，但棄其零分，周率猶爲微少。劉宋祖沖之更加推測，求得三千七十二弧之算三百一十四寸一五九有奇，以徑十寸除之，定爲徑一而周三一四一五九二六五焉，又以率位太多不便於用，故有密率徑一一三周三五五，約率徑七周二十二，兩法並用，蓋較之徽率徑一周三一四者爲尤密也。西士創爲八線割圓，自謂出奇於前人之外，而所得周率與祖氏正同，是密率因西法而彰，非西士駕沖之而上也。至於平弧三角猶是句股之遺，然句股有圖説可攷，三角非儀表不行，則古人用句股而不用三角，非知有所不及，亦法有所不必設爾。

清・羅士琳《比例匯通・序》　數之所恃者，加減乘除耳。奇偶對待，則加減之，而巨細立成。奇偶縱横，則乘除之，而綱目不紊。推其原，不過以小比大，以寡比多，以虚比實，以假比真，以彼比此，以舊比新而已。此西人比例法之所以爲最上乘也。苟能明乎比例之率，無論一、十、百、千、萬以至無量數，紛紜錯亂，皆可不旋踵而徹底澄清，又何尚乎《九章》哉？惟是《九章》之名最古，後人不解《九章》乃備數而設，遂譁《九章》爲牢不可破之格，膠柱鼓瑟，其謬甚矣。殊不知《九章》即度與數之二端。分而言之。度，量法也，最淺者爲方田，稍進而爲少廣，爲商功，以極於勾股。數，算術也，最淺者爲粟布，稍進而爲衰分，爲均輸，爲盈朒，以極於方程。合而言之，其名雖《九章》，其實則比例也。

又　《比例匯通》卷一　九章解

自河圖洛書出，而隸首作竿，商高著經，算數於是興焉。《周禮・地官》保氏教國子以九數。九數者，《九章》也。一曰方田。方，界域也。田，田疇也。以廣輪而求方直，以周徑而求圓環，即今之丈量法也。二曰粟布。粟，穀也。布，錢也。以嘉量而求糧之多寡，以尋尺而求帛之短長，以銖兩而求物之輕重，即今之量倉簽税及求斤求兩法也。三曰差分。差，等也。物之淆者，等而分之，以貨物多寡求出税，以人户等第求徭役，以價直貴賤求良楛，即西洋之衰互徵法也。四曰少廣。廣，横也。截縱之多益横之少，以方法除積冪而求方，以圓法除方實而求圓，即今之開平方、立方法也。五曰商功。商，量也。以堅壤之率求穿地之實，以廣寬崇深求城塹溝渠之積，以車步往來求程途負載之功，即今之土方堆垛法也。六曰均輸。均，平也。輸，送也。以道里遠近而求舟車，以粟數高下而求僦直，以錢數幾何而求傭錢，即今之津貼水腳法也。七曰贏朒。贏，有餘也。朒，不足也。設有餘不足者以求隱雜之實數。隱雜者，不見之數。顯者，可見之數。故以顯者推隱雜者，則雖隱雜者驟然難考，而就有餘不足顯然之數求之，則人數物價之隱雜者犁然可定，即西洋之比例法也。八曰方程。方，比方也。程，法程也，程課也。數有難知者，據見在之，數比方而程課之，則不可知者可知矣。因設數齊其分以比方之，定爲已成之式，法雖有三種、四種以至多種，不過累乘累減以歸於一法一實而已，即西洋之互乘減併法也。九曰勾股。積闊爲勾，直長爲股，兩隅斜去爲弦，以勾股求弦之斜，以勾弦求股之長，以股弦求勾之闊，以勾股中容方容圓求山水之高深城塗之廣遠，樹表引矩，一望而知，即西洋之三角法也。夫勾股必藉開方，方田已包勾股，且同一法也，可以雜見於九章，而九章不能各自爲法，故比例通而九章無不通，此九章之名可擯廢，而比例之法宜加詳也審矣。況西人另有根方之法，以假根數方數而求實數，無論九章、三角、割圜，皆可統御，益可徵九章實比例，而比例之可以滙通九章者，即在是矣。

清・陳杰校《緝古算經音義》　第二問【略】從開立方除之。按：此句六字連讀，或以從字連上句讀，誤也。從，即容切，音宗直也，横之對也。《詩・齊風》曰：横從其畝。注：東西曰横，南北曰從。開，若哀切。梅勿庵曰：自《周髀算經》特著開平方灋，爲用甚大。開，亦除也。平方，長闊相等，形如碁局，有方，有廉，有隅，總曰平方。立方，長闊高皆相等，形如骰子，有方，有平廉，有長廉，有小隅，總曰立方。又曰：泰西家説句股開方甚詳；然未有帶從之術。《同文算指》取中算補之，其論帶從平方有十一種，而于立方帶從，終缺然也。程汝思《統宗》所載，又皆兩從之相同者，惟難題堆垜還原有二例，衹一可用，其一强合而已。兹以鄙意完其缺，凡立方帶從有三。一只帶一從，如云長多方若干或高多方若干是也。一帶兩從而從數相同，如云長不及方若干、高不及方若干是也。一帶兩從而從數又不相同，如云長多闊若干、闊又多高若干是也。［按］梅氏未見此書，遂以爲帶從立方，古無其術。而補此三條，誠可謂善悟。然觀梅氏所補，益見王術之精妙矣。蓋梅氏三條由淺入深，自謂已盡其蘊然。其所云帶兩從而從數不相同者，亦只是一箇齊全勻整長立方形。若王術，則或附帶，或缺角，竟是或長或扁，或大或小，或實或虛，以無數立方形，錯雜都聚，一并而開得之，夫豈梅氏所能企及哉。

清·李善蘭《對數尖錐變法釋·序》　善蘭昔年作《對數探源》二卷，明對數之積爲諸乘方合尖錐，金山錢氏刊入《指海》中。後與西士遊，譯泰西天算諸種，其言雙曲綫與漸近綫中間之積即對數積，核其數與善蘭所定諸乘方尖錐合，而其求對數諸較則法又不同。蓋善蘭所用正法也，西人所用變法也，不明其故，幾疑二法所用之根不同，故特釋之，以解後世學者之惑。

又　真數求對數

《對數探源》法：先求諸尖錐，置長方積取二分之一爲平尖錐積，取三分之一爲立尖錐積，取四分之一爲三乘尖錐積，取五分之一爲四乘錐積。餘可類推。

真數求對數，以真數除長方一次，除平尖錐二次，除立尖錐三次，除三乘尖錐四次，除四乘尖錐五次，如此遞除，至得數不滿表之末位十分之一而止，乃併其除得數爲本數之對數較，加入前一數之對數爲本數之對數。如三爲本數，則以較加入二之對數爲三之對數也。

《代數學》及《代微積拾級》法：以真數倍之減一爲法，除長方一次，除立尖錐三次，除四乘尖錐五次，除六乘尖錐七次，如此遞除，至得數不滿表之末位而止，乃併其除得數，倍之爲本數之對數較，加入前一數之對數爲本數之對數。

右《探源》以本數爲法，西術以倍本數減一爲法，《探源》各乘尖錐全用，西術間一尖錐用之，而得數皆合。

《對數探源》法乃依真數，截合尖錐爲若干層，取其最上一層也。西法則又截最上一層爲上下二層，而取下一層方面及諸偶乘尖錐截積倍之也。其兩數恰合者，則諸尖錐廉隅正負相消之理也。

清·華蘅芳《學算筆談》卷五　論比例之用

中法之異乘同除，即西法之四率比例也。《九章》之中，惟粟米一章真爲四率比例之題，方田、差分、商功、均輸，雖非全是比例，而其中藏有比例之理，故皆可以比例通之。若少廣、盈朒、方程、句股，每章各有專術，不必强以比例明之。羅茗香作《比例匯通》，將一切算法皆歸比例，識者譏之。

題中所藏之比例，其理未必盡顯，是在乎學者探索題意而得。其相比之理，則能將題中各數用加減乘除造成比例之率，有衹用一次比例者，亦有必用數次比例者，所以比例之名甚多，有正比例、轉比例、合率比例、按分遞折比例、遞加遞減比例、超位加減比例、和較比例等名，名目愈多，頭緒愈亂。余以爲比例只有一法，乃二三兩率相乘，以一率除之而得四率也。其名目之多，乃是造此諸率之法，隨題異形稍有分別耳。

清·華世芳《答數界限》　古時算題，一問衹有一答。自《張邱建算經》創立百雞之術，始陳繁變，悉本自然。近山陽駱氏又推廣之於四色差分，立法善矣。計數則非長沙丁氏從而訂正之，未及標明界限，不免心計之勞。考之西籍，凡三色如百雞之類者，以代數求之，其限立顯矣。至於四色，亦略而不詳，而均中比例之法遺漏尚多，且未必盡題可馭。

清·梅啓照《學彊恕齋筆算》卷二　比例

西法推步全資比例，小而程功亦用之，有相連、相當二種。相當者，正比例也。相連者，連比例也。正比例以一率比二率若三率與四率。而連比例首率比中率若中率與末率。《九章》之衰分、盈朒、方程皆比例法也，大抵異乘同除曰正比例，同乘異除曰轉比例，同乘同除曰合率比例。識別出第一率，則四通八達，然甚不易辨。有已知兩件，有原有、今有，必洞悉其根原，乃無訛舛。述比例。

清·潘逢禧《算學發蒙·凡例》

一，算術自元明以後，厥製繁多。然如寫算、即鋪地錦。一筆錦、河圖縱横圖、一掌金各類，或委曲繁重，或勉强配合，或便加減而不便乘除，徒取餙觀，無裨實用，概從删削。故兹集所取，僅止五種。

一，算術雖有《九章》，實不外乘除加減四法。四法既熟，即《九章》之階梯。是書於五種算器，惟古算不能一例。均就加減乘除四法，推闡求詳，以後由淺入深，均俟續刻。

一，古算，久已失傳，兹從各書中參悟而出。因係古器，不欲以俗説參之，故所設答問，皆採用經史律歷等書。其偶有附及圖説者，以引書非此不明。其偶有溢及《九章》者，以引書非此不備，究竟釋算非釋經。故經書中所有應算者，是集不能悉舉。

一，珠算，近日盛行，其實於加減最便。至乘除九章，或不及諸種算器。茲從時尚，將加減乘除中所有各法，統載其中，俾學者易於尋求，然後旁涉他種。

一，筆算，本出西國，初學似難，久久自熟，施之加減，微嫌鈍滯，至乘除諸用，則立法較精。吾取其精，中西何論焉。

一，籌算，亦西人繼起。即筆算所生，而加巧捷，無論智愚，一習即會。其用與筆算同功，有悞易知，久可覆核，晴窗默坐，點筆分籌，萬數紛陳，瞭然心目。此二種於文人學士爲尤便。

一，尺算，本西人製器之用。以量代算，黍絫不差，且三率比例各法，亦以一律行之，巧妙絶倫，洵爲算家別調。舊製尺分十線，各有用法，因是書僅及乘除，故但取平分線一種，餘姑從緩。

一，古算附列古書，後四種亦間採時事，庶幾一律，聊以自備遺忘，並非有心褒貶。至所引書目，緣係隨手鈔摘，遂忘原本故姓氏不及標明，非掠美也，閲者諒之。

一，五種算器，各有所便。古算、珠算便於加減，筆算、籌算便於乘除。籌算尤便於筆算。尺算則便於比例。兼收並蓄，因數而施，是在善學者，神明其用。

又　筆算　約分法

約分之法，西人謂之紐數。法以分母分子，兩兩相減，減至兩數相同，即以減餘之數，除母數子數，可約多爲少，最爲巧妙。但有不可約者，則不必約。如命分第一條是也。有可約者則約之，如命分第二條是也。

清・王鑒《筭學啓蒙述義》　筭學啓蒙總括

古法圓率：周三尺，徑一尺。

鑒案：平圓面周三則徑一不足，徑一則周三有餘，永無定率。西人連比例求得密數，爲徑一周三一四一五九二六五，然終不免於棄零，故古法周三徑一取整數也。

又　**卷上**　留頭乘法門　**【略】**

鑒案：留頭乘法與身外加法一理，第首位數大耳，内有發明秤率斤率銖率各法，不厭求詳，所以導初學也。其云起首先從次位呼者，筆算乘法自末位呼起，此係珠算之法從次位呼起，取其易於定位也。

又　異乘同除門八問。

鑒案：《九章》今有術即異乘同除，西人名爲比例法，以今有數乘所求率爲實，以所有率爲法除之，得所求數。西法立比例之名，最爲切近，要皆本於今有術。《幾何原本》載四率圖，頗能闡其理。梅氏《叢書》亦採其説。今特録之，以見中西之合轍也。

又　**卷下**　之分齊同門九問。

鑒案：之分即寄除也。凡法除實，實之數小於法不受除，即不必除，寄其法爲分母，實爲分子，命爲幾何分之幾何。此幾何數非真數，當以幾何除之，而後得真數也。蓋既不受除，故寄其除法爲分母，以便與他數相加減相乘除也。其與他數相加減，則以分母乘他數，蓋此數係未除之數，其除法爲若干數，則此數較已除後加若干倍，必使他數亦加若干倍，方與此數相齊。待其加減之後，以分母除之，則與已除之後與他數相加減一也。若他數亦有分母，是他數亦係未除之數，則以分母互乘其分子，使彼此相齊，加減後以兩分母相乘數除之，與先以分母各除之然後相加減。其理一也，所謂齊其子、同其母也。其與他數相乘者，即以此數乘之，但此數帶有分母，係暗加若干倍之數，相乘後仍當以分母除之也。其他數亦有分母，則兩數相乘，以兩分母相乘除之。其與他數相除者，以此數除彼數，則此數爲法，彼數爲實，但爲法之數帶有分母，已暗加若干倍，必須以分母乘爲實之數使之亦加若干倍也。以彼數除此數，則彼數爲法，此數爲實，但爲實之數既帶分母，是已加若干倍，則以分母乘爲法之數使之亦加若干倍也。若他數帶有分母，則以分母互乘其子，即可互爲法實也。之分一術，所以濟加減乘除之窮，而極加減乘除之變者也。學者不明加減乘除之理，不能習之分，不明之分之理，無以神其加減乘除之用。愚謂之分齊同與異乘同除兩術爲諸法之津梁，中學之天元，西學之代數，胥不外此。學者演習之餘，當深思其故也。

又　堆積還源門　**【略】**

今有圓毬一隻，徑一尺六寸，問積幾何。答曰：二千三百四寸。

術曰：列一尺六寸再自乘，又九因，得三萬六千八百六十四寸，以十六而一。合問。

鑒案：古法圓面積得方面積四分之三，故圓毬積得立方積十六分之九。西法圜毬積得高徑等之圜囷積三分之二，較古率爲密。

又 盈不足術門九問。

鑒案：《九章》盈不足以御隱襍互見，是盈不足術實於諸法之外獨立一幟。究其立筭之妙，已具幾何之義理，代數之條段。《九章》一書，作者不傳，其書蓋保氏之遺經，漢張蒼刪補校正，其出於漢以前可知。爾時距泰西通中國尚千餘歲，是古人實開其先也。然古人第示其法，未言其理，故學者習焉不察耳。今於逐問之下，附以圖說，治西學者當不河漢斯言。

清・龔傑《求一捷術・識》 《孫子》物不知數之題，古人用大衍術推算，理甚隱晦，不若代數衍式顯而易見。然代數無定式，用公約數輾轉相約，雖可必得其最小數，惟約數愈多，求法愈難，是以此等題自古迄今苦無捷術以御之。

清・簡朝亮《尚書集注述疏》卷一 其體積面冪周徑皆以密率乘除也。古者周徑之率徑一圍三，劉宋祖沖之以圜容六邊求之，元趙友欽以圜容四邊求之，皆割圜之術，屢求句股，得徑一者周三一四一五九二六五有奇。今泰西瀘同。此周率之密也，不踰律焉。

清・王仁俊《格致古微》卷五《補遺》 《漢書》《西域傳》安息國畫革旁行爲書記。服注横行爲書記。顔注今西方胡國及南方林邑之徒皆横行不直下也。案：此知西字旁行，其來已古。詳前西國數目字曰羅馬，曰阿喇伯。羅馬即漢書之大秦，古爲歐洲一統之國。阿喇伯即唐書之大食，厥境東西萬里爲回教之祖國。兩國盛時，跨據歐亞阿三州，故所用數目字迄於今皆流傳不替。羅馬之法取臘丁二十五字母中之六字，以六字分六數，曰一也，五也，十也，五十也，百也，千也，書中之章數，西曆之年，分鐘表日晷之時刻是也。阿喇伯之法原於印度，漢時天竺用之，既而流衍於其毗連國，迨謨罕默德創興回教，所用數目字分東西二式，亞洲之回教用東式，歐洲之回教用西式，至北宋西式字漸傳於歐洲諸國，遂以阿喇伯數目字名之。凡回教諸國及數學中咸重之。法與中華算術字碼同，特右行耳。見四國日記五。

清・楊兆鋆《須曼精廬算學》卷二三 設如瓶、罍，原貯有酒，若於罍內添酒五十兩，則所貯三倍於瓶，瓶內添酒五十兩，所貯等於罍。推瓶、罍原酒若干。【略】

再如前題，易等字爲倍，則瓶罍所貯頓異，試求之。【略】

觀上二題，猜測糅雜，甚覺糾紛，時習者爲之約半小時而成，且所得祇甲項，而乙項則覈題得之。若用西法代數，僅需時十分，且甲乙並得。難易懸殊。附演其草，以牖初學。【略】

清・劉樹堂《古籌算考釋序》 六書九數，小學也。古之人童而習之，後世老師宿儒白首而不能通其說，何哉？古以篆文爲通行之書，求六書之義於篆文易易耳，故識字即可通六書。迨篆變而隸，隸變而爲今之真書，去古漸遠，六書之義漸微，識字者不盡識篆文，而六書遂爲專家之學，其勢然也。古以籌算爲日用之具，十年學計，所學者即籌也。而《九章》所載莫非籌法，故學計即可通《九章》。迨珠算出而中法日趨於苟簡，筆算出而西法別闢其畛畦，籌算之法因失其傳，學計者不見古人籌算之妙用，開方以上視爲畏途，而九數遂爲莫傳之秘，亦其勢然也。無其器而求其道，固戛戛乎難哉。雖然篆文誠不通行於世矣，而《說文》之書具在，好學者潛心求之，六書之塗徑尚歷歷可尋也。若夫籌之器與法其亡也久矣，宋元以前籌法具存，故其時算學極盛，至明而籌法亡，算學亦衰。今日算學復大盛矣，然高深奇妙之術雖日出而不窮，而入門之始非珠算即筆算也。由珠算、筆算而造高深奇妙之域，其爲塗也，迂其階級之相懸也，遠與古籌算之本末一源，精粗一貫者不可同年而語。是故非聰明絶特之姿，不能深造而有得，欲如古者以九數爲童子之學，人人得而習之，不可得已。

清・勞乃宣《古籌算考釋・序》 古算皆籌也。珠盤興而籌之用漸廢，西法盛而籌之傳遂絶。

又 卷二 今有

《九章算術》今有術曰：以所有數乘所求率爲實，以所有率爲法，實如法而一。

秦氏《數書九章》互易推本術曰：以粟米互乘易法求之，列各數，以本色相對如鴈翅，以多一事者相乘爲實，以少一事者相乘爲法除之。

《詳解九章算法》互换乘除法曰：以所求率乘所有數爲實，以所有率爲法，實如法而一。

置位草曰：錢錢物物，數數率率，依本色對列，其各物原率，隨而下布，立式如後。

今有數　乘　　所求率　爲實
所有率　爲法

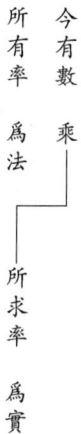

梅氏《筆算》異乘同除曰：以先有之數，知今有之數，兩兩相得，是生比例，莫善於異乘同除，乃古《九章》之樞要也。先有者二，今有者一，是已知者三，而未知者一，用三求一，故西法謂之三率。異者何也？言異名也。同者何也？言同名也。假如以粟易布，則粟與粟同名，布與粟爲異名矣。何以爲異乘同除也？主乎今有之物以爲言也。假如先有粟若干，易布若干，今復有粟若干，將以易布，則當以先所易之數例之，是先易之布與今有之粟異名也，則用以乘，是謂異乘。若先有之粟與今有之粟同名也，則用以除，是謂同除。皆用以乘除今粟，故曰主乎今有以爲言也。置今有粟，以異名之布乘之爲實，再以同名之粟爲法除之，是皆以今粟爲主，而以先有之二件乘除之也。

梅氏所引古圖

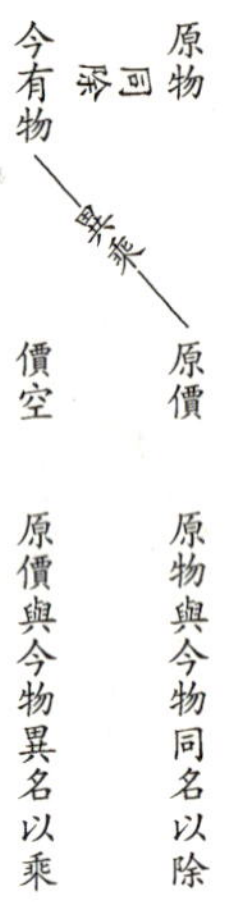

又曰：問何以不先除後乘。曰：以原總物除原物總價，則得每物之價，以乘今有總物，亦可得今有之總價。然除有不盡，則不可以乘，故變爲先乘後除，其理一也。

又重測法曰：三率有疊用兩次者，謂之重測，即兩箇異乘同除。

又併乘除法曰：以兩次乘除併而爲一，是合兩、三率爲一、三率也，即古法之同乘同除。古以併乘爲異乘同乘，以併除爲異除同除，今乘除俱用併法，故謂之同乘同除也。

又變測法曰：古謂之同乘異除，在三率謂之變測，即《幾何原本》之互視法也。凡異乘同除，皆以先有之一率爲法，即首率。以先有之又一率乘今有之一率爲實，即二率三率相乘。若同乘異除，則反以今有之一率爲法，《同文算指》列於第三，今依法實之序定爲首率。以先有之兩率自相乘爲實，《同文算指》列於第一、第二，今定第二、第三。雖亦以法除實，得今所求之又一率，即四率。與諸三率同，而法實相反，故曰變測。

吳氏《九章翼》曰：今有術，即今之四率比例，亦曰異乘同除法。術曰：以今有數乘所求率，得數爲實，以所有率爲法，除之得所求數。釋曰：今有數者，今所舉以爲問之數也。所求數者，今所求之數也，欲知其數而運算以求之，故曰所求數也。所有率、所求率者，舉以爲例之兩數也，以其爲率於今有者，故曰所有率，以其爲率於所求者，故曰所求率也。惟此兩率者爲例已定，故今所設之數，可比照以求，所以亦名比例式也。

又曰：反今有術，即同乘異除法，亦曰互視比例，又曰反比例也。術曰：以原有二數相乘爲實，以今有數爲法，實如法而一，得所求。釋曰：比例之法，一定不易，何以又列此術。蓋前術所馭，其式同而數不必同。茲則取其數同而式不必同也。如以四率比例言之，則以原有之一色爲一率、二率，而以今有之一色爲一率，得四率爲今所求數。蓋以一率、二率爲一類，而三率、四率又爲一類，故爲互視比例術也。至於比例之理，非有二致，特名色改耳。

今有一法，爲九數之都術。古謂之今有，宋人算書謂之互易互換，元明以來謂之異乘同除，西人謂之三率準測法，亦曰比例，亦曰四率比例，亦曰正比例。古所謂所有數與所求率，比例之二率三率也。古所謂所有率，比例之首率也。二、三兩率相乘，首率除之，得四率，爲所求數，此今有之正法也。其應疊用數次今有而併爲一次者，謂之併乘除法，亦曰同乘同除，《算學啓蒙》謂之雙據互換，西法謂之合率比例，亦曰總比例。古謂之重今有，則自今有而推廣之者也。其以原有二數相乘，而以今有數除之，以求同數之別一式者，謂之同乘異除，西法謂之變測，亦曰互視比例，亦曰反比例，亦曰轉比例。吳氏謂之反今有，則以今有而反用之者也。總之皆今有術也。其理梅氏、吳氏言之已詳，今專明古人用籌之法如左。

楊氏置位草式：置所有率於左上，所求率於左下，所有數於右上，以右上乘左下爲實，以左上爲法，其右下空位。蓋擬置所求數，與梅氏所引古圖，雖左右互異，而意實相同，故曰：錢錢物物，數數率率，錢錢物物以橫列言，數數率率，以直列言也。其所云各物原率，隨而下布，則通重今有而言，即秦氏所謂列各數以本色相對如鴈翅也。如併兩今有，則置所有數於右上，置第一所有率於中上，置第一所求率於中中，置第二所有率於左中，置第二所求率於左下，以右上、中中、左下斜列共三事，相乘爲實，以中上、左中斜列共二事，相乘爲法。如併三今有，則置所有數於首行首層，置第一所有率於次行首層，置第一所求率於次行次層，置第二所有率於三行次層，置第二所求率於三行三層，置第三所有率於末行三層，置第三所求率於末行末層，以首行首層、次行次層、三行三層、末行末層斜列共四事，相乘爲實，以次行首層、三行次層、末行三層斜列共三事，相乘爲法，故曰多一事者相乘爲實，少一事者相乘爲法也。推其意，所求數當置右行最下，則横視之亦錢錢物物，直視之亦數數率率矣。反今有式，古無明文，以理推之，當以原有之二色置於右上、左下，今有之一色置於左上。蓋今有以原有之二色直列，而以今有之一色置於側，反今有以原有之二色斜列，而以今有之一色置於隅，法異而理同也。今有式或以所有數置左下，所求率置右上，則錢錢物物直而數數率率横，法亦無異。即四率比例二三兩率可以互换之理，可各因所便而爲之也。

清・趙實君《古籌算考釋跋》 算學中西兩家相表裏者也。西法之比例、幾何即中法之九章，西法之借根方即中法之天元一，西法之代數即中法之四元，而習者每覺西法便、中法不便，何也？西法皆筆算。明季李、徐諸公譯西法自筆算始，後之學者亦俱自筆算始，故易於貫通。中法皆籌算，而籌法失傳已久，近今講天元、四元諸家率以筆算爲之，故每多扞格，非中法之不便，以筆算爲中法之不便也。

矩齋此書，於籌法久湮之後，考而釋之，以爲中法之階梯，其功不在李、徐譯筆算下。爰助之付梓，俾習中法者有所憑藉，如駕騏驥而騁康莊，當不使西法專美於宇内矣。

清・曹汝英《算學褋識》卷一 棄九法解

凡以兩數相乘，欲知其乘出數舛誤否，可用下法證之。其法西人名曰棄九法，梅氏謂之減九。

先畫兩綫相交成×形，乃以實之各位數相加，滿九則棄之，視其餘數若干，書於×之左，又取法之各位數如前法棄九，書其餘數於×之右，左右兩數相乘，滿九則棄之，書其餘數於×之上，又以原乘出數之各位相加，如前法棄九，書其餘數於×之下。若上下兩數相同，其數或不舛誤，若不相同則必誤矣。

又 四率比例

四率比例，有正有轉。中國算書皆分爲二法，西國雖亦有正轉之名，惟以一法賅之。其法曰，於所知三項中，定對所求爲三率，乃以餘兩項，合所求推尋，視所求應大於三率，或應小於三率。如應大，則於餘兩項中擇其大者爲二率。如應小，則擇其小者爲二率。再餘一項爲一率，二、三率相乘，一率除之得四率，爲所求。合率比例，每色照此類推，第三率祇得一數，一、二率視題有幾色，即有幾數。

清・陶保廉《衍元小草跋》 古《九章》皆用籌算，而天元正負術爲古籌布列之式，《孫子算經》所論縱横立僵皆有定法。前明通人莫解天元，海壖僑夷挾技傲我，於是競學西法有字之籌，罕知古人無字之籌。近世所作天元算草，既誤以爲筆算所寫算馬，復任意錯雜，應横者縱，應僵者立，而古籌蹤跡益晦，冥不可尋繹。

歲癸未，外舅勞玉初先生篹《古籌算考釋》六卷，而六觚一握之制，臥筭立筭之理，復明於世。凡天元諸乘方隱奥繁賾之處，馭以古籌，反手可得，無屬草易藁之煩冗。顧《考釋》重在稽古，略於論數，初學猶苦未備。余妻之母舅曲阜孔晴甫、和甫兩先生及妻弟闇文摘取《九數通考》中一百有三題，運以古籌，爲《衍元小草》二卷，以與《考釋》相補，備天元得此書益顯，其原爲籌算而非筆算，且辭達理明，童穉習之，亦自豁然。余妻嘗從晴甫先生受天元籌算，赤黑盈案，視同彈碁，未嘗以爲難也。每慨島族長技大半出於數理，中國西北諸行省覩聞狹隘，呰爲西法，棄之如遺，往往連數州郡莫知五曹六岔爲何事，東南人情浮囂，揣逐時趨，矜言西學，忘厥本原。二者蓋胥失之。

清・勞乃宣《古籌算考釋續編・序》 九數之學，肇自古初三代之隆，列於六藝。自漢唐以迄宋元，算學家莫不兢兢以法古爲重。迨西法入中國，而有算學今勝於古之論，學者乃有蔑古之心矣。閒嘗論之中國之學皆古勝於今，西國之學皆今勝於古，何也？文明之運以漸而開，必有極盛之會，過此則漸衰。中國文明開於先，以唐虞三代爲極盛，故古勝於今。西國文明開於後，今方漸臻於盛，故今勝於古。凡學皆然，算學亦何獨不然？而獨謂算學今勝於古，非篤論也。試觀古人籌算之法，囊括萬有，無所不賅，雖後世積人積智，新理日出，而加減乘除之體，縱横正負之用，百變而莫出其範圍，如憲法數十變而益精，而氣朔閏餘之規模終不能易羲和之舊，是則古先聖哲之所留遺，固百世所莫能外也。

余作《古籌算考釋》考明籌算古制，幸爲當代大雅所不棄，承學之士由吾説以造精深之域者，頗不乏人。古法之沾溉於今者，良不鮮矣。今復續撰是編，以補所未備。顧籌算之用，義藴無窮，前編僅及天元正負開方而止，四元以下猶闕。夫編中諸術多有近代所創設，及己意所推闡者，非盡商高、隸首之傳也，而必謂古勝於今，何哉？蓋諸術皆本於籌，籌之爲用，變動不居而神化不測其究也，易知而簡能非有古制之存，何由鑽仰而窮其妙乎？明算君子試取一握之籌，演而繹之，當知余言之不謬，而古法誠不可輕量也已。

又 卷三《綴術》上 《隋書・律曆志》曰：古之九數，圓周率三，圓徑率一。其術疏舛，自劉歆、張衡、劉徽、王蕃、皮延宗之徒，各設新率，未臻折衷。宋末南徐州從事史祖沖之，更開密法，以圓徑一億爲一丈，圓周盈數二按：當作三。丈一尺四寸一分五釐九毫二秒七忽，朒數三丈一尺四寸一分五釐九毫二秒六忽，正數在盈朒二限之間，密率圓徑一百一十三，圓周三百五十五，約率圓徑七，圓周二十二。又設開差冪，開差立，兼以正圓參之，指要精密，算氏之最者也。所著之書，名爲《綴術》，學官莫能究其深奥，是故廢而不理。沈氏《夢溪筆談》曰：求星辰之行，步氣朔消長，謂之綴術，謂不可以形察，但以算數綴之而已。

《綴術》之書，失傳已久。觀《隋志》所言，其術自爲割圓而設，顧其爲法何如則不可知。近世明、董、項、戴、夏、徐諸家，以連比例法推闡泰西杜氏割圓密率，其數連綴而下，與沈氏所謂不可以形察，但以算數綴之者，頗爲相近。吴氏、左氏述徐莊愍公之書，因直名之爲《割圜八綫綴術》。左氏又有《綴術釋明》《綴術釋戴》之作，或者祖氏之術。果如是乎？然祖氏之時，算皆用籌，則必運以籌算，乃能有合於古法。明氏用借根方，去古甚遠，爲法亦甚難。吴氏、左氏易以天元，稍近於古，法亦較易，而仍用筆算，猶未盡得古意。余讀明、董諸家之書，本吴氏、左氏天元之法，演以籌算，廣以四元，覺其法之繁重者皆簡便而易能，理之奥曲者皆明白而易曉，雖未知果合於祖氏原術與否，而比之用筆，實有漸近自然之妙。徐氏之書，包括明、董諸家之術，今於其中摘其比例還原、商除借徑諸術，各數條，兼採明、董之説，分晰演草，以明其概，餘可類推。

清・孔慶霄《古籌算考釋續編跋》 近世習算之士，大抵以筆算入手，專尚西法，非西法之果易於中法也，良以籌算失傳，無由窺中法之門徑耳。矩齋先生好學深思，考得古籌算法，釋而明之，著《古籌算考釋》一書，海内風行，於是中法復明於世，厥功甚偉。先生復殫精竭慮，以思擴充其術，嘗謂霄曰：古籌運用尚不止此，會當輯爲續編，以盡其妙。偶論及四元、綴術、大衍求一、方程求一、三色衰分諸法，試演以籌，無不覺其便。顧先生案牘勞形，忽忽十餘年，未暇録以示人。前歲由清苑返任吴橋，事稍簡，霄因促成之。未幾脱稿，自籌制補以迄正負開方補，都爲八卷，脈絡分明，籌式井然，較之筆算省力而易解。其閒綴術求級數，實與微積之理相通，而正負開方易得商數，則更駕乎西法而上之。是編雖云復古，而先生推闡精微，立説詳盡，或亦有古人未到處也。嗚呼！中法至此，亦可謂登峯造極矣。

清・劉瑗《微積集證敘》 傳甲童嬉時，輒拈香燼爲籌，別以朱墨，縱横布祘，父驚曰：此三代以前絶學也。昔梅定九、戴東原諸大儒，猶搬弄羅雅谷之籌而昧於攷古，可慨已。傳甲一秉古法而有勝於西人者四。其製甚簡，折枝即得，無寫字畫格之緐，一也。可加減，可別正負，二也。無論若干乘方，如何帶縱，通爲一法，三也。演成後，將祘式書於册，便於縮刻，四也。松庭、道古各書皆爲此法，但傳甲以前無人明言耳。

佚名《算法初津・序》 數居六藝之一，凡天地之高遠，山川之浩衍，朝廷軍國所需，小民日用所費，莫不明之于數。數之爲用，詎不大歟？顧其法不一，有珠算、籌算、筆算之別，而筆算尤精，盛衍西方，是非取西方之學以授我童蒙，安能免擇焉不精之譏耶？

又 卷二 定位

一，華人算以盤，西人算以筆，故一名筆算。西人以 123456789 字碼，代首先九數。其算法公例，凡一數置在他數之左，則彼數視此數，較大十倍，無殊算盤上第二位之數，視處右第一位之數，較大十倍。故同是碼 3 處右第一位，惟爲單數之三。若再書別數於其右，則處第二位，而變爲三十，數大十倍矣。由是以觀，算法不論中西，每數可有二值，一爲自有之值，定立不移，一爲處位之值，變更無定。譬如上碼 3 不論處在何位，總不外一加一，再加一，是爲其自有之值。若言其處位之值，則爲三十，爲三百，爲三千，常可十倍遞增，莫能限其底止也。

一，凡數中遇有空位，西人以 0 補之。譬如八十，惟有第二位十數八，並無第一位單數，書 80 以八誌第二位十數之八，加 0 於右，以補第一位單數空位，於是數碼 8 本泛然無定，可爲單數之八，或百位之八者，定爲十位之八，而爲八十矣。又如二百零七 207 第三位百數得二，第一位單數得七，其第二位十數，則空無所有，書實數於實位，書 0 以補其空位，俾左右實數，各處本位，而無絲毫之淆混。故曰 0 自無本值，洵爲確論。【略】

一，凡數目過多，不便記誦。西人思得一法，自右至左，每三碼，間以點，或稍留餘地，使之各成一列，寓目便明。其最後三碼一列，爲單數列，曰一，曰十，曰百。其次爲千數列，曰一千，曰十千，曰百千。再次爲兆數列，曰一兆，曰十兆，曰百兆。又次爲秭數列，曰一秭，曰十秭，曰百秭。等而上之，曰澗數列，曰極數列云云。要歸自個至百爲一列，簡明易曉，莫此爲若。如 564,593,423 先自右至左，每三碼以點析分，繼乃自左至右，按其在列之百十個數，挨次誦曰，五百六十四兆九百五十三千四百二十三，較稱五垓六京四兆九億五萬三千四百二十三，或云五十六千四百九十五萬三千四百二十三，顯豁不止倍蓰。又如

49.456748.254 亦自右至左，以點間其碼，讀曰，四十九秭，四百五十六兆，七百四十八千，二百五十四，即四壤九秭四垓五京六兆七億四萬八千二百五十四也。兩相較量，法之難易，不言自明。

一，整數算法，分有四式，曰加法，又曰疊法，曰除法，一曰減法，又曰退法，曰乘法，曰歸法。四法之意，與中國算書無異，惟字樣與規式迥不相同。

清・鄧端黻《中西度量權衡備考・例言》 嘗攷中國度量衡三者之制，皆出於律，而起於黃鐘。古以候氣律管，擇子穀秬黍中者，以一黍之廣度之，爲一分，十分爲寸，十寸爲尺，十尺爲丈，十丈爲引。量起於黃鐘之龠，以子穀秬黍中者，千二百實爲一龠，十龠爲合，十合爲升，十升爲斗，十斗爲斛。有以五斗爲斛者。衡起於黃鐘之龠，一龠容千二百黍，黍重十二銖，二十四銖爲兩，十六兩爲觔，三十觔爲鈞，四鈞爲石，此古制也。三千年來，官民共遵，世守勿失。自海禁大開而後，商埠日闢，輪船交通，互市之盛，亘古未有。度量權衡，各國不同，在今日而言，經商則互易之數宜通，以言工藝，則成本之原宜知，以言軍火，則槍礮之口徑葯彈之輕重宜明，以言公牘，則物類之尺寸價值之攷核宜究，凡此皆士大夫所宜盡以周知者也。黻雖粗通數藝，而於西學實非所知，庚寅春奉南皮宫保檄飭備員鐵政，派司稽核，在事十餘年，初於泰西權量制度名異數隔，未能闡合貫通，深以爲苦，蒙龍溪閣學毅若蔡公隨時指導，幸得免於隕越，摘有中西備攷手記，不過借資鏡攷而已，非敢以自詡也。

清・江南商業學堂《最新珠算教科書・敘例》 西人經商善用筆算，中國經商善用珠算，各有所長，不相掩也。近時學堂林立，俱崇尚筆算，而於吾國固有之珠算反不屑措意，誠以學筆算易，不若學珠算難耳。不知珠算所難，在於無教科善本，苟有善本，學之甚易，何畏其難。或詰之曰：筆算之誤，有迹可尋，查之立見，珠算之誤，無迹可尋，非覆算不爲功。二者比較，珠算雖速於筆算，而覆算亦費事也。應之曰：此事關乎學之熟不熟，學苟未熟，雖查筆算亦難立見其誤，且工夫不亞於覆珠算，學既熟矣，覆珠算一次亦甚易事，豈吾國商家簿記難盡恃耶。邇來東書輸入，筆算而外，兼課珠算，溯其法所由來，本出中土，吾國棄固有而忽諸，亦一缺點。爰採東書之所長，并補其所未備，編成三卷，計十三章，蓋不僅爲學堂課本計，兼爲商家守舊法者闢一簡捷之門也。

清・方克猷《方子壯數學》 諸乘差對數説

自屢乘屢除之術出，而割圜得捷徑焉。前賢推之於對數，而求對數亦得捷法焉，蓋弧矢之與對數不類而類者也。八綫之數由開方而得，對數之數亦由開方而得，二術之難，皆難於開方耳。非連比例可以通開方之率，非通開方之率無以得求對數之法也。導源於項梅侶氏，發揮於戴鄂士氏，而會通於李秋紉氏、顧尚氏之，幾美備矣。顧率數用數尚苦其繁，乘法除法未能畫一。李氏之術簡矣，而遞求一較尚非通法，且約法尤有大弊於用表，甚爲不便。顧氏從而變通之，亦未能得其要領也。西法則今表之外，又有各種對數，有各對數底，各對數根，頭緒紛繁，而以訥氏之對數爲之樞紐，所謂自然對數也。其求各對數之法，均有公式，而要皆借徑於訥對，蓋無論何對數之根，皆與其底之訥對爲連比例三率也。惟其求對數之級數式，於立術之源，不直抉其所以然，故級數公式間有異同，其於得式之根，往往武斷費解，初學閱之，萬難了然於心。此外李、戴諸家亦各自立術，要之均非通法也。夫萬祘皆生於和較，對數何獨不然？弦矢之所可求者，其較也。對數之所可求者，亦其較也。故西人衍其術爲微分，然較爲一者，乘法可省，較非一者，乘法不可省。以本數爲法者，諸乘方須遞次求之，而降位較遲，以和數爲法者，諸乘方可間一用之，而得數較速，此西法之所以異於李氏，而李君於尖錐變法中尚未能自言其所以然者也。間嘗本此以攷之諸家，證之西法，而後知其能暗用和較之術，而或不自知。今以此術推之，則六通四闢，一以貫之，而執簡馭繁之法生焉。故參酌李術爲之立成表而列之，且先之以明理，爲求對數者之助。

又 明理【略】

然則新法求常對數根則用連比例三率，何以得數同而立法不同也、曰：無不同也，此不過用合率比例，即古法之異乘同除也。質言之只是一通分化分法耳。凡比例四率，任以一數乘約其前二率或後二率，得數仍如原率之比例也。試置原法之四率在地，取二率之數並約其首二兩率而齊同通分之，即首率變爲二三〇二五八九有奇，而二率變爲一，又其三率原爲一，故中二率可省乘而徑以約過之首率除之，亦得末率爲對數根，是即變相當四率爲連比例三率矣。造訥氏對數之本原大約從此悟出，不可不知。

對數根之外，又有對數底，即借根方之根，而中法立天元之元也。蓋對數原可隨意而設，故有各種對數，但必先立一根數以爲定率，所謂對數底也，常對以一之真數爲十，則其對數即以十爲率，故二之真數必爲百，三之真數必爲千，千以上至萬億皆依此定之，是爲十進對數，即今對數表取其與真數之位數齊同，便於用也。如萬爲單上四位，故萬之對數首位必爲四，十萬爲上五位，故十萬之對數首位爲五之類。故造對數者必先定其底，而求對數者必先知其根。【略】

對數之與八線不類而類者也。八線爲句股之立成數，對數爲乘除之立成數，故檢八線表可以省句股互求之煩，檢對數表可以省乘除多次之煩，而表中則奇零之數爲多其求之也，非假累乘累除代開方之法無從下手，故西人謂之微積分。一言以蔽之，曰連比例而已。在割圜連比例借半徑爲首率，故半徑常爲法。對數連比例借對數之定率爲中率，故對數根常爲實。蓋内弦外切其數萬而圜半徑爲之率自一至億，其數萬而對數根爲之率，數萬變而此率不變，西人名之曰常數有以也。

清・劉澤楨《中西數學通解》卷五　按數加減比例

差分之内，又有按數遞加遞減，或互和折半者，皆爲相當比例。其法有四：一曰遞加遞減差分，蓋所加所減之中，遞次數目皆同者也。一曰超位加減差分，乃加減之中，彼此分數不同者也。一曰互和折半差分，蓋立法以首尾二數之較，互和折半以求中數，而遞加遞減者也。一曰首尾互準差分，乃以前幾分之數與後幾分之數互相比較，或以前幾分與後幾分定爲同數，以立準則，然後立衰數以求之者也。然超位加減即遞加遞減之一類，而首尾互準，又爲互和折半之變體也。

案：西法算數比例，即中國所謂按數加減比例也。《通藝録》因級數奇偶不同，特作二圖【略】，以明各數相求之理，頗簡而賅。

清・鄔銓《傳紅寫翠廬算俎》　籌算珠算合用説

算之用器，今西洋人有之。然籌亦器也。而算之用籌，又算之最古者也。考之於昔，持籌握算，借筯籌之載在史傳歷歷可考。厥後珠算行焉，唐以前不可考，約盛於五季及宋之時。古籌之製莫可得考。近以梅徵君《籌算》一書用法爲備，原其作籌之理，自一籌至九籌皆取之於乘法，而横書之，平方以次，則皆以立成之數横書之。梅氏謂傳自西人，彼中文字使然，今之用者，又復西法而直書之。其用法又以梅氏《學疆齋算學》爲最備，顧用筭仍必用筆，一直一横，理無二致。其用一也。至多位乘除相併，往往仍取便於珠，是始籌算也，中夾筆算，而仍以珠算終也。衡量其間似可不必用筆，小數勿論，大數莫若籌珠合用之爲愈矣。徐君訒菴喜算好學，有疑於此，就予決之。曰：是不難，請爲進之。加減勿具論，乘除可先得而言之矣。如乘法，則以所有之原數檢籌，如法列之，以今有之乘數於珠，檢籌位逐檔而加之。如除法，則以爲法檢籌，如法列之，以實有之數於珠，照籌位逐檔而減之。維除則更須照籌位所用之數而另爲記，較乘若少煩。至於開方，與除同法乘也。一舉手間，無不立見。若西人算器中行各孔所見之字矣。今試衍之。如有一二三四五數與五四三二一數相乘，先檢一籌至五籌，如法列之，次於珠盤，首取籌第五位一行之數列之，以次取籌四位三位一位各行之數，皆遞降一擋加之，則得數爲六七〇五九二七四五，即所乘數也。如以還原，即除法也，先檢五籌至一籌，如法列之，次於珠盤，以爲實六七〇五九二七四五之數列之，視籌於所列之數，先受除者，在籌第一位照數減之，記一珠於左緣，在筭第一位故也。餘仿此。餘一二七三八二七四五次受除者，在籌第二位照數減之，記二珠於一珠之下擋。餘〇一八七四〇七四五，又視受除者在籌第三位照數減之，記三珠於二珠之下擋。餘〇〇二四四四四四五，又視受除者在籌第四位照數減之，記四珠於三珠之下擋。餘二七一六〇五，又視受除者在籌第五位照數減之，記五珠於四珠之下擋。所除卻盡，則視所記數爲一二三四五，即所除數也。開方亦用減法，與除法同理。算法九章，不外乎加減乘除也。悉其理，無往而不宜，泥於數，迂執而難通。兹以破徐君之疑，特著斯説如幅。推而廣之，西人算器之作，理亦未必不在是。昔人有言，理之至者，中西合轍，法之精者，今古同歸。籌之用横用直，又何必多贅哉。

佚名《算法初級・凡例》

一，是書敬遵御製《數理精蘊》之例，文義聯屬處用直行，自上而下，數目排列處用横行，自左而右，以清眉目，惟其時中土尚無代數之法，故原書未作算號，今敬補之，加號用丄，減號用丅，乘號用×，除號用)(，庶與已譯代數術各書較若畫一。

一，是書以英偉烈亞力之《數學啓蒙》、美狄考文之《筆算數學》爲張本，惟《數學啓蒙》列入對數，究嫌躐等，《筆算數學》設題繁瑣，措辭鄙俚，悉從删削。他若日本金澤長吉之《心算教授法》《物算教科書》《筆算教科書》，苟有片長，均經采擇。

一，是書爲中國之課程書，所列數目以中國字爲主，他若公文契券之假借字民間沿用之俗馬，古人元術之籌式，東西洋通行之亞拉伯字，悉載首卷，教其識認，以爲他日汎覽各算書之地。

著録

清・周中孚《鄭堂讀書記》卷四四　天文算法類

《測量法義》一卷，《測量異同》一卷，《句股義》一卷。明徐光啓撰。【略】今觀其書，先造器，次論景，又次本題十五首。大都原本《周髀》，以明測望之法。并附三數算法，即《九章》中異乘同除法也。《九章算術》句股篇中故有用表用矩尺測量數條，與《測量法義》相較，其法略同，其義全闕，因爲《測量異同》六題。既具新編，以考舊文，如親掌矣。又以測量乃測句股之一端，故以專言句股之義者別爲一卷，凡十五題，各有圖法，并論撰其義，使夫學於算法者攬圖誦說，表然以解。至其自題稱《周髀》所謂榮方問於陳子者，言日月天時之數，則千古大愚也，是又全不諳古算術者然，不可解也。

又　卷四五　天文算法類

《籌算》一卷，不著撰人名氏，前後亦無序跋。《明史・藝文志》有羅雅谷《籌算》一卷，其書有載入徐光啓等《新法算書》，雅谷亦在修志之列，此或羅氏之手稿也。凡造法七類，用算法三，用籌法四，蓋以算術最繁，故以簡法濟之，亦治算術者之津梁也。攷西域國舊法，皆用筆算，筆之變而爲籌，猶中土之易算子爲珠盤。然用籌仍須以筆加減，固不如筆算之爲便矣。故梅勿庵既作籌算七卷，復作筆算五卷云。

清・丁福保《算學書目提要》卷上　《九章算術細草圖説》九卷。案：【略】惟盈不足門有蒲莞竝生、兩鼠穿垣、兩馬至齊三題，均非原術所能馭，吾師若汀先生所著《筆談》言之詳矣。夫蒲鼠二題，非但盈朒不能馭，即元代亦難下手，惟用連比例級數公式，及借徑於對數，最爲簡當。

又　卷中　《數學啓蒙》二卷。案：是書爲《數理精蘊》之節本，每法祗列一題，最爲簡要，誠初學之善本。其對數一門，較《精蘊》爲易讀。

第二卷有開諸乘方捷法，爲《數理精蘊》所無。此法刱自何而捺，在西土爲新術，即中土天元開方。故偉烈氏曰：上下數千年，東西數萬里，此心同，此理同也。

又　《數學理》九卷坿一卷。案：【略】排列之法，各種算書所闕。《代數難題》雖列此一門，然言之甚略，頗不易解。惟是書第九卷論之最詳，欲知排列之法者，必以此卷爲基礎。

坿卷第十款論何而捺解相等式之理，能開多位小數之方。其説較《數學啓蒙》爲詳備，其理與天元同，其列式則異。《學算筆談》第六卷亦引及之。此外諸款，立説亦新，學者均宜瀏覽。

又　卷下　《行素軒算稾》。案：是書之第一種爲數根開方，實能發古人未發之祕。蓋多次雜方，以天元開之，則翻積益積，定商不易。以代數開之，則枝枝節節，繁而且拙。今以數根倒開，簡易多矣。李壬叔先生稱其空前絶後，洵不誣也。

代數分部

綜論

清・明安圖《割圜密率捷法》卷三　圖解上

分弧通弦率數求全弧通弦率數

按：分弧通弦求全弧通弦，即弧背求通弦所由起也。若以數求之，不勝其繁。今用借根方法，專取其率數，率數定，則數可得而求矣。

設有圜周一弧，二分之，命圜半徑爲連比例第一率，一分弧通弦爲連比例第二率。求全弧通弦率數幾何。此題用勾股法求之甚易，然不能與諸法相通，故設此問，觀者依次求之，則知其不可易矣。【略】

法借一根爲半徑甲乙，爲連比例第一率，又借一根。借根方法任借數根俱可，故古法有立天元一、地元一、人元一者，《四元玉鑑》又有所謂四元者，皆此類也。

清・梅文鼎《勿庵曆算書目・方程論》　《九章》之第八曰方程，以御錯糅正負。自明算者稀，能舉其名者，或已尠矣。今諸書所存數例，率多臆説，而厥旨益汶。李水部括《九章》於西術，至此一章，亦仍其誤也。鼎疑之蓋將二十年，始得其解，然後知算法之有方程，猶量法之有句股，皆其最精之事。因作論明之。

蓋必如是，而方程始爲有用，即古人之别立一章，不爲徒設。竊意天下之大，豈無宋元以前之善本留至今日者，庶幾足以訂余之説？所望留心學問者，相與博求而共證之也。是爲初編之第六書。初，稼堂賞余此書，阮副憲于岳爲付刻貲，而余未及爲。嘉魚明府李安卿鼎徵乃刻於泉州，彼教人或見李序言西法不知有方程，憤然而争，不知西術有借衰互徵，而無盈朒方程，《同文算指》未嘗自諱，李序蓋有所本耳。

清·安清翹《學算存略》卷二　天元算略

立天元一，古名也，今謂之借根方。立即借也，元即根也，名異而實同。古法自明失傳，元人所著《授時曆草》《測圓海鏡》諸書，唐荆川、顧箬溪諸公已不得其解。近時梅玉汝始以西法借根方解之，而其理乃明。今細攷之，古法分正負，今法分多少，古法用左右相消，今法用兩邊各加各減。正負即多少也，兩邊即左右也，亦名異而實同。其微異者，今法加減之後，仍餘兩行，而左右爲相等，古法相消之後，只餘一行，而正負爲相等耳。

清·阮元《觀我生室彙稿序》　天算之學，傳之自古。自西法入中國，而古學遂微。夫算書之古，莫如《周髀》，而實爲泰西之法所由出。宋元天算之書，得《周髀》之精意者，莫過秦氏之正負開方法與李仁卿之立天元一術，而朱松庭集其成。彼泰西之借根方，即李氏之天元一，而較遜於天元一。學者每言西法勝于古法，豈其然乎？

又阮元《重刻測圓海鏡細草序》　其爲術也，廣大精微，無所不包，大之而躔離度數，小之而米鹽淩雜，凡它術所能御者，立天元皆能御之，它術所不能御者，立天元獨能御之。自古天文家，若元郭太史守敬所造《授時術》，中法號爲最密，而其求周天弧度，以三乘方取矢，亦用立天元術，載在《授時術草》者，可覆而按，則其爲用亦神矣哉。以元論之，又非獨如是已也。今歐邏巴本輪、均輪、橢圓、地動諸法，其密合無以加矣。原其推步之密，由於測驗，測驗既精，濟以算術，則有弧三角法，所以算弧三角者，則有八線表，所以立八線表者則先求六等邊、四等邊，以至十八、十四等邊。其求十八等邊、十四等邊二法，則用益實減實歸除，所謂益實減實歸除者，究其實即借根方，借根方即立天元一，然則西法之精符天象，獨冠古今，亦立天元術，有以資之也。試以是書所列一百七十問，反覆研究，考之於二千年以來相傳之《五曹》《孫子》諸經，蓋無以逾其精深。又證之以數萬里而外譯譔之《同文算指》諸編，實不足擬其神妙。而後知立天元者，自古算家之祕術，而《海鏡》者，中土數學之寳書也。

清·駱騰鳳《藝遊録》卷一

論《測圓海鏡》之法

算術至天元一法妙矣。然其妙處在立正負定加減。正負者，加減之謂，非多少之謂也。《測圓海鏡》以天元一明句股之用，神明變化，不可端倪。顧箬溪《分類釋術》，每章删去細草，固爲不知而作。近日李氏尚之以方程之正負解之，亦復未得其旨。何也？方程主於首位相減，有同減異加、異減同加二例，故特立正負無人作無入者非。之術，天元一則同名相加，異名相減而已。蓋正與正同名，負與負同名，同名即同類，故相加，正與負異名，負與正異名，異名不同類，故相減。其有兩正兩負而法宜相減者，則任變其一行之正爲負、負爲正以減之，蓋用以相減必先使之不同類也。其有一行爲正，一行有正有負，則變一行之小數正爲負、負爲正以減之。總之，正負可以互換。以此爲正則彼爲負，以彼爲正則此爲負，非若多少爲號不可移易者比，此古法之所以精妙也。至以又數與左數相消，相消即相減，亦必使之不相類，或變又數爲負，或變左數爲負，俱無不可。李氏謂借根方出於天元一術，其加減乘除之法並同，惟此相消法與借根方兩邊加減有異，不知借根方之異於天元一者在正負多少之異，不在兩邊加減之異也。李氏惑於正負即多少之説，每以借根方證天元一，故於正負加減之例恒多轇轕。不明正負之義，即與不知細草而删之者等。敬齋有知，未必以爲知已也。今别擬《測圓海鏡》正負加減之例如左。

凡同名者相加，如用以相減，則同正者變一行爲負、同負者變一行爲正以減之，如相加而遇異名仍相減也。

凡異名者相減，如一行爲正，一行有正有負，則變一行之小數正爲負、負爲正以減之，如相減而遇同名仍相加也。

凡又數與左數相消，以又數消左數則變又數爲負，以左數消又數則變左數爲負，若其數有正有負則變正爲負、負爲正以減之。

又　論借根方法

借根方者，理同於衰分之立衰，而實原於天元一，而易其名也。其法有真數，有根，有方。真數者，積也。根者，元也。所謂一平方多二根與二十四尺等者，即天元一術之正隅一正方二與負積二十四尺等也。一平方少四根與四十五尺等者，即正隅一方四與負積四十五尺等也。一平方多三十六尺與十三根等者，即負隅一正方十三與負積三十六尺等也。錯綜其名，各得四種，而以方根消積則皆同。惟借根方以多少爲號，天元一以正負爲名，此其異耳。竊嘗論之，正負有似乎多少，而古人立法之意實非以多爲正、少爲負也。正負者，彼此之謂，用以别同異、定加減耳，故多可爲正，亦可爲負，少可爲負，亦可爲正，加減乘除無不脗合，若以多少爲號，則盈朒有迹，加減時殊多窒礙矣。

帶從立方所云「一立方多十三平方多三十根與二萬七千一百四十四尺等者」，即正隅一正廉十三正方三十與負積二萬七千一百四十四尺等也。「一立方少七平方少八根與七千八十四尺等」者，即正隅一負廉七負方八與負積七千八十四尺等也。和數立方所云「一立方少三平方多二根與一萬二千一百四十四尺等者」，即正隅一負廉三正方二與負積一萬二千一百四十四尺等也。然多少不可更移，正負可以互易。如帶從之正隅、正廉、正方、負積者，亦可變爲負隅、負廉、負方、正積開之。和數之正隅、負廉、正方、負積者，亦可變爲負隅、正廉、負方、正積開之。凡諸乘方皆然此。正負之所以爲妙，非若多少之數一定而不可變也。

天元一正負，同名相加，異名相減。借根方則多少，同名相加者亦可相減，異名相減者亦可相加，其有不合，則有反減反加之法，此其别爲一術，亦無不可。然與天元一較，則西不如中也遠矣。如四平方多四根與二平方少三根相加，此多少異名，則於多四根内反減少三根，而多數大仍爲多，是爲六平方多一根，蓋名爲加而實減也。若以正負列之，則四正平方四正元與二正平方三負元相較，則同名相加得六正平方，異名相減得一正元矣。如五平方少二根内減三平方多三根，此多少異名，則於少二根内反加多三根，而原數少仍爲少，是爲二平方少五根，蓋名爲減而實加也。若以正負列之，則五正平方二負元與三負平方三負元（凡減數皆爲負。）相較，則異名相減得二正平方，同名相加得五負元矣。又如七平方多三根内減四平方多五根，此多與多減，減數大於原數，則反減，而減餘變爲少，是爲三平方少二根。若以正負列之，則七正平方三正元與四負平方五負元（凡減數皆爲負。）相較，即得三正平方二負元矣。如六平方少三根内減二平方少四根，此少與少減，減數大於原數，則反減，而減餘變爲多，是爲四平方多一根。若以正負列之，則六正平方三負元與二負平方四正元（二平方少四根應作二正平方四負元，兹爲減數正變爲負，負變爲正。）相較，即得四正平方一正元矣。由斯觀之，天元一法豈不直捷了當，無少窒礙耶？彼推尊西法，謂隸首有時而窮者，其不爲不學無術也與？

凡從立方體，或爲長方形，或爲扁方形，皆以三數相乘而得積，無所謂磬折形者。磬折形則必非三數相乘之積，而體不成方矣。借根方有云「一立方多幾根者指磬折形言」，雖法亦可御，而方無此體。此又異於古法者矣。

又 辨《赤水遺珍》之説

《四元玉鑑》「今有直田一畝足正向中間生竿竹，四角至竹各十三，借問四事原數目。答曰：闊十步，長二十四步。術曰：立天元一爲闊，如積求之。」【略】

梅氏用借根方法，今用天元一法。【略】

梅氏循齋云：求句求股法數無異，而《四元玉鑑》於求句云「爲益實爲從上廉爲益隅」，於求股云「爲正實爲益上廉爲正隅」，其詞迥異，又於求和云「爲益實爲正隅」，於求較云「爲正實爲負隅」，參差如此，殆故異其詞以自秘，抑傳寫之失其真耶。

今案：天元一與借根方相似而不同。梅氏以借根方解之，宜其格乎不入也。天元一之妙，首在立正負，其又數與左數相消本有二式，以又數消左數則變又數爲負。《玉鑑》求闊求和皆是也。以左數消又數則變左數爲負，其數有正有負，則正爲負，負爲正也。《玉鑑》求長求較皆是也。《玉鑑》各存一式，蓋以見正負可以互易也。所云益實、益隅、益上廉者，益謂負也，猶《測圓海鏡》之益方、益廉、益隅也。法本如是，非故自秘也。祇緣天元一法久失其傳，明代如唐荆川、顧箬溪且妄加訾議，又何怪循齋之茫然於《玉鑑》之云耶。

又 方城圓城求徑法

今有圓城，乙出南門直行一百三十五步而止，甲出西門南行四百八十步望乙，與城參相直。求城徑。

法以二行步相減，餘以自乘内減乙行算爲實，倍甲南行爲益從，一爲隅，平方除之，得半徑一百二十步。【略】

今案：此即《測圓海鏡》明句底句相乘得半徑冪者，亦謂之半矮梯也。

元校此草得數爲九百六十，立方少一，三乘方與十萬八百平方等，各降二位，即如各以平方除之，乃爲九百六十，元少一，平方與十萬八百步等。李氏鋭曰：九百六十益從負也，而此反以爲多一步常法正也，而此反以爲少，蓋誤以兩邊加減法命之耳。今案：正負可以互易，以九百六十爲負，則隅與實爲正，以九百六十爲正，則隅與實爲負，非若借根方之以多少爲號也。元校據借根方言就彼法求之，亦無不合。第以之釋天元一則誤耳。李氏惑於正負即多少之説，而不知正負可以互用，遂以兩邊加減爲誤，其爲不知天元法也一而已矣。

清・李鋭《測圓海鏡細草・跋》 天元如積之學，盛於元，亡於明，而復顯於本朝。梅文穆公《赤水遺珍》天元一即借根方解，發三百年來算家之蒙，可謂有功矣。惟立天元術相消，與借根方兩邊加減，實有不同，文穆於此似猶未達其旨。蓋相消之法，大略與方程直除相似，但以右行對減左行，或以左行對減右行，故曰相消。西人易爲加減，雖得數不殊，究不如古法之簡且易也。

清・李兆洛《養一齋集》文集卷二〇 雜著算數問

物生而有象，象而有滋，滋而有數。《易》曰：參天兩地而倚數，數之爲用大矣哉。九數特其小小者耳。六藝殿以九數。鄭司農云：九數，方田、粟米、差分、少廣、商功、均輸、方程、贏不足、旁要，今有、重差、夕桀、句股也。今《九章》有勾股而無旁要。劉徽有《重差》一卷，其旁要、夕桀曾見於他書否？夕桀或以互乘之譌，果然否？開方法，《九章》止於立方，三乘方以下始見何書？古法與泰西法孰爲簡便？開方借一筭所以張方廉之本，後人謂之立天元術，泰西謂之借根方，宋元及明精其術者幾人，其書見存者幾種？朱世傑《四元玉鑑》復於天元外益以三元，其乘除相消之法可略言否？要之，用數必有裨實用，如《九章》是也。借根方及四元之法可藉以知用數之無窮，而因以闢數術之巧拙，非日用之所施，必如宋之邵康節、明之黄忠端，庶幾通於數之原能參天而兩地者耳。諸生書數之學弁髦已知所志者，其悉陳之。

清・張作楠《倉田通法》卷四 借根方法

此法借假數求真數，與借衰疊借略同。然彼止可馭本部，此則不論線面體皆可馭之。如以線爲問則借根，以面爲問則借平方、長方，以體爲問則借立方及諸乘方，加減乘除，令與未知之數比例齊等而本數以出，立法殊巧。楠於測體各例中有設問隱伏雜糅者，間以此法布算。兹另爲一卷，並附加減乘除及開各乘方法於各條後。西法有借根方，猶中法有立天元。梅氏《赤水遺珍》嘗言之。顧欲求其根，必先明諸乘方法。如郭太史《授時曆草》求周天弧度以三乘方取矢，而顧箬溪所演測圓海鏡雖未得欒城本意，然足爲初學門徑者，以開方法頗詳也。他若《九章比類》《曆宗算會》《算法統宗》俱載開方作法本原圖，僅及五乘，並無算例，《同文算指》稍變其圖，具七乘方算法，不適於用，《西鏡録演》爲十乘方而舉數僅詳平立三乘一式，惟梅勿菴《少廣拾遺》平方至十二乘方，俱設算例，然廉法既繁，泛積定積，淺學驟難領會。恭讀御製《數理精蘊》，自平方至九乘方俱專立一法，又立根數兩位之表，若根數兩位者，以積數檢表即得，簡捷精妙，冠絶古今。

清・羅士琳《疇人傳續編》卷四八 博啓

論曰：曩者聞方慎菴監正履亨言：繪亭監副有是法，失傳，因仿監副遺法，用平行線剖半圓徑冪，爲四小句股形，以半圓徑減垂線，餘借爲小句股和，借半圓徑爲小弦，求得小句小股。以小股比垂線，若半圓徑比句；以小句比垂線，若半圓徑比股；以小股比股，若半圓徑比弦。又以半圓徑減方邊得較，用平行線剖較冪，爲四小句股形，借半圓徑爲小句股和借較爲小弦，求得小句小股。以小股比半圓徑，若方邊比句。以小句比半圓徑，若方邊比股。以小股比股，若較比弦。用補監副之佚。復立天元一術爲演得三事和較六十題，兼增立天地兩元爲廣例二十五術，撰《句股容三事拾遺》四卷，更試變通其法，御以八線。取方邊用方斜率，求得容方中之斜線。以垂線爲一率，半徑爲二率，斜線爲三率，求得四率爲正割，檢八線表得度，用與四十五度相加減，得垂線所分之大小兩弧。副以半徑爲一率，垂線爲二率，小弧正割爲三率，求得四率爲句。如以大弧正割爲三率，求得四率爲股。又如以大小兩弧之兩正切爲三率，求得四率，爲大小兩弧之兩分弦，相并得弦。餘二題仿此。其得數雖同，而尾數究有奇零。以八線表所列之數至單位止，單位以下棄其餘分，故不能如句股與天元所得之數密合。或有妄詆天元術不能馭三角和較者，此徒泥西法，不知天元之妙者也。抑知天元創於宋元之間，其時安能逆知西法之有三角形而預爲立法乎？要在學者善爲會通耳。試設平三角形，有一角而角在兩邊之中，有大邊與對邊和，有小邊與對邊和，求三邊及垂線。此西人常法所不能御者。若立天元一術，則任求何邊，或和數，或較數，皆一平方即得。然則天元之與西法，其優劣可由此見矣。

又 卷五二 張敦仁

論曰：天元一術，雖肇自宋元時，究其原實古《九章》少廣借一步之之遺。以天元釋《輯古》，亦猶夫雲門侍郎之以《九章》釋《輯古》，皆專志求古者也。較之妄以西法疏釋古書者，真有霄壤之判。

清・馮桂芬《西算新法直解・序》 大代數勝於四元，中人不能諱也。亦猶四元勝於借根，西人不能諱也。學問之道擇其善者而從之，中西無别焉。

又 《凡例》 代數之法，本於西法之借根方、中法之四元，而去其十百千萬紀數之繁重，法以字代各數，式代加減乘除等。

清・顧廣圻《數書九章序》 代夏方米　敦夫太史校其家道古《數書》開雕，屬文燾爲之覆算。其題問與術草不相應，或術與草乖甚且算數有誤，則當日書成後未經親自覆勘耳。至「綴術推星」題推五星逐度用遞加遞減之法，「揆日究微」題於節氣影差逐日不同皆以平派求之，此則法有古今，弗可概論也。大衍求一術，向以爲即郭守敬歷源，李冶《測圓海鏡》之天元一法及歐羅巴借根方法。今案：借根方之兩邊加減，雖與天元一相消不同，而其術即天元一法，無待論矣。若大衍術實非天元一法，未可以其有立天元一之語，遂以郭守敬及李冶所謂天元一者當之。《潛揅堂集》亦言大衍術與李敬齋自言得自洞淵者有異，不信然乎。聞李尚之嘗謂《孫子算經》中「三三數之，五五數之，七七數之」一題，爲大衍求一術所自出，予謂道古自序實已自言之。何也？是書大旨爲《九章》廣其用，如「賦役」章首題荅數至一百七十五條，每條步算之數至十餘位，而得數皆無不合，均貨推本題方程而兼衰分。劉徽云世人多以方程爲難，道古此題其難更何如矣。開方衍變，圖式備詳，足資後人參攷。凡此皆大有功於九章者。自序乃云：獨大衍術不載《九章》，其意以爲以各分數之奇零求各分數之總數，《九章》無此法，而《孫子》有之，此《九章》後可以立法者，故隱以語人使自得之也。試爲衍之。甲三乙五丙七爲元數，連環求等皆得，一不約便以元數爲定母，以定母相乘得一百五爲衍母，以各定母約衍母，得甲三十五，乙二十一，丙一十五，各爲衍數，滿定去衍得奇，甲二，乙一，丙一，以奇與定用大衍求乘率，仍得甲二，乙一，丙一，對乘衍數，得甲七十，乙二十一，丙一十五，爲各用數，次置三三數之，賸二，以二乘七十，得一百四十，五五數之，賸三，以三乘二十一，得六十三，七七數之，賸二，以二乘一十五得三十五，併所得爲二百三十三，是爲總數，滿衍母倍數去之，餘二十三，即所求數。凡所求數在衍母限內者，其數最小爲第一數，若大於此數者，遞加一衍母，數無不合者。或列各定爲母於右行，各立天元一爲子於左行，以母互乘子，亦得衍數。是反覆推之，而其術乃憭然也。作者之謂，聖述者之謂，明道古此術其述而進於作乎。他如推求本息題，各差有反錐、方錐、蒺藜之名，少廣投胎術即益積之異名，是必古有其名，而算數之書爲世所不經見者猶多也。

清・李善蘭《測圓海鏡細草序》　善蘭少習《九章》，以爲淺近無味，及得讀此書，然後知算學之精深，遂好之至今。後譯西國代數、微分、積分諸書，信筆直書，了無疑義者，此書之力焉。蓋諸西法之理，即立天元一之理也。

《魯論》記孔子之言曰：參乎，吾道一以貫之。又曰：賜，女以予爲多學而識之者歟？非也，予一以貫之。此聖人傳道之要旨，自曾子、子貢而外，莫得而聞焉。顧聖學始于志道，終于遊藝，故不獨道有一貫，藝亦有焉。元李敬齋先生著《測圓海鏡》，每題皆有法有草，法者本題之法也，草者用立天元一，曲折以求本題之法，乃造法之法，法之源也。且算術大至躔離交食，細至米鹽瑣屑，法甚繁已，以立天元一演之，莫不能得其法。故立天元一者，算學中之一貫也。明顧應祥《海鏡釋術》，但演諸開方法，而去其細草，重櫝輕珠，殊可笑焉。

清・管嗣復《天元一術圖説序》　自聖祖仁皇帝覃精天算，承學之士、專門名家者接踵，或昌明中法，或綜貫西學。宣城梅氏集中西之大成，有發明而無掊擊，識者韙焉。夫中法以一理包萬術，布算或病迂滯，而所操甚約，西法則隨題立術，術繁而得數較捷。康雍之際，西學甚盛，有志復古者，亦第合中西，以觀會通，未能舍西法別立一幟也。乾隆中朝庭開四庫館，中土古書盡出，自是天元、四元、大衍求一諸術盛行，而西學浸微，是雖人情厭故喜新，抑亦時會使然歟。蓋西法神明於句股，而於少廣、方程等章罕所發揮，天元一術則融會少廣、方程、衰分諸法，以濟算術之窮，實唐宋以後中土最精之法，非西學所能企及。

清・左潛《割圜八綫綴術序》　自泰西杜德美捌立割圜九術，以屢乘屢除通方圜之率，我朝明氏、董氏各立一家言以爲之説，而杜氏之義推闡靡遺。顧八綫互求尚無通術，未足以盡一圜之變。夫非明、董之智力不能因法立法，以盡其變也，其能窮杜氏之義也，資於借根方，其不能廣杜氏之法也，亦限於借根方。蓋借根方即天元一之變術，而借根方之不能立式，究不如天元一之巧變莫測也。

清・吴嘉善《借根方勾股細草序》　夫西法之借根方，即中法之天元一也，以之馭算，可謂得一而萬事畢矣。

又吴嘉善《四元草》　假如橢圓形，有大徑，徑。有倍心差，甲。從大徑截得正弦長，丙。求大徑上之矢與餘弦，其法若何？【略】

平三角者，陳氏静菴所謂有用者也。天元四元者，陳氏所斥爲無用者也。然遇此題，不以元術入之，立天元亦可。當如何殫精竭慮，乃得其法。則無用者果爲無用矣乎？

凡平三角，大小弦冪相減，與大小句冪相減相等，故句較與弦較之比，同於弦和與句和之比，爲亘視比例，今以天元入之，不必知此識别，而與知識别者等。

又吴嘉善《方程天元合釋・序》　方程，於《九章》中最爲精妙。其後又得天元一術，益爲變化莫測。其實此兩術者，二而一也，世人忽方程而以爲不足究心，畏天元而以爲無從入手，皆分別見耳。其中最要關鍵，枉於列各相當式，用法齊而相消，消去雜糅之數，而所求之數，自露端倪。方程此法，天元亦此法也。四元與借根方，以及近日新譯之代數，統是此法。

清・華蘅芳《學算筆談》卷五 論加減乘除開方之用

吾于算學生平未嘗受業于人，即與能算者相友善，亦未嘗數數問難也，惟樂觀各種算學之書。自十五六歲時，偶于故書中檢得坊本算法，心竊喜之，日夕展玩，不數月而盡通其義。吾父見其癖嗜此學，必是性之所近也，遂爲之購求算學之書，爰得《周髀》《九章》《孫子》《五曹》《張邱建》《夏侯陽》《輯古》《海島》《益古演段》《測圓海鏡》，俾縱觀之。除《益古》《海鏡》二書以外，其爲常法所能通者，以加減乘除開方之法馭之，無不迎刃而解，惟于天元之術則格格不相入者，幾及一年，始得渙然冰釋。後又得秦氏《數書九章》、梅氏《曆算全書》、羅氏《觀我生室》《李氏遺書》《董方立遺書》《衡齋算學》《焦理堂學算記》、駱春池《游藝録》，始知算學有古今中西之異同。而《幾何原本》當時尚未譯全，其前六卷世無單行之本，惟《數理精蘊》中有之。及購得《數理精蘊》，遂能通幾何之學，而吾年亦已二十矣。是時海内算學名家，如項氏梅侶，徐氏君青，戴氏鄂士，李氏秋紉，其所著各書尚未出，因訪秋紉於墨海書館，見其方與西士偉烈亞力對譯《代數學》及《代微積拾級》，尚未告竣。秋紉謂余曰：此爲算學中上乘功夫，此書一出，非特中法幾可盡廢，即西法之古者亦無所用之矣。余於是知天元之外更有代數、微分、積分之術，爰從其譯稿中録得數條視之，迄不得其用意之處。又閲數年，其譯本先後刊竣，惠我一編，披閲數頁外，已不知其所語云。何也？蓋其格格不相入者，猶之初讀《海鏡》時也。詰諸李君。則云：此中微妙，非可以言語形容，其法盡在書中，吾無所隱也，多觀之則自解耳，是豈旦夕之工所能通曉者哉。余信其言，反覆展玩不輟，乃得稍有頭緒，譬如傍晚之星初見一點，旋見數點，又見數十點，數百點，以致燦然布滿天空，是余之於代數其明也以漸，非如天元之術不悟則已，一悟則豁然開朗也。然後知代數之術，其層累曲折多於天元，故其致用之處亦比天元更廣。從此以後，無時不究心於代數，每覺李氏所譯之二種殊非易於入手之書，故余又與西士傅蘭雅譯出《代數術》《微積溯源》《三角數理》《代數難題解法》，流播於世。於是今之言算者，皆知西法之代數即是中法之四元，而其淺深難易則不可同日而語矣。

又 卷六 論天元

又有問者曰：單位以下之數用命分之法，衹能得其約略而不能極準，則惟有將餘式逐位開之，以得多位之數，然恒苦于每開一位之後，若不將實、方、廉、隅進退其位，則必用小數累乘，若進退其實、方、廉、隅之位，則必多作空位以誌之，而此兩法皆能使實、方、廉之位數愈變愈多，以多位之數逐層乘之加之，頗覺繁重，能有捷法變其繁重之事，使之稍從簡易乎？

答之曰：西人何而捺有截位開方之法，略可免此繁重之處。其法見于《數學理》及《數學啓蒙》中，惟布算之式與天元之式不同，今改書之，使與此卷之式一例。

又華蘅芳《開方別術》 西法之代數即中法之天元，故凡代數式以兩邊之項移於一邊，即可變作開方式。

又華蘅芳《微積溯源・序》 吾以爲古時之算法惟有加減而已，其乘與除乃因加減之不勝其繁，故更立二術以使之簡易也。開方之法，又所以濟除法之窮者也。蓋算學中自有加減乘除開方五法，而一切淺近易明之數，無不可通矣。惟人之心思智慮日出不窮，往往以能人之所不能者爲快，遇有窒礙難通之處，輒思立法以濟其窮，故有減其所不可減，而正負之名不得不立矣，除其所不受除，而寄母通分之法又不得不立矣，代數中種種記號之法，皆出於不得已而立者也。惟每立一法，必能使繁者爲簡，難者爲易，遲者爲速，而算學之境界藉此得更進一層。如是屢進不已，而所立之法於是乎日多矣。微分、積分者，蓋又因乘除開方之不勝其繁且有窒礙難通之處，故更立此二術以濟其窮，又使簡易而速者也。試觀圓徑求周，真數求對數等事，雖無微分、積分之時，亦未嘗不可求，惟須乘除開方數十百次，其難有不可言喻者，不如用微積之法理明而數捷也，然則謂加減乘除，開方代數之外更有二術焉，一曰微分，一曰積分可也。其積分術爲微分之還原，猶之開平方爲自乘之還原，除法爲乘之還原，減法爲加之還原也。然加與乘其原無不可還，而微分之原有可還有不可還，是猶算式中有不可開之方耳，又何怪焉。如必曰加減乘除開方已足供吾之用矣，何必更究其精，是舍舟車之便利而必欲負重遠行也，其用力多而成功少，蓋不待智者而辨矣。

又華蘅芳《代數術・序》 數之名始於一而終於九，故至十則進其位，而仍以自一至九之數名之，至百則又進其位，而仍以自一至九之數名之，如是以至千萬億兆，其例一也。夫古人造數之時，所以必以十紀之者，誠以數之多可至無窮，若每數各與一名，則吾之名必有窮時，且紛而無序，將不可記憶，不如極之於九，而以十進其位，則舉手而示屈指而記，雖愚魯者皆能之，故可便於民生日用，傳之數千百年至今不變也。觀夫市廛貿易之區，百貨羅列，精粗美惡貴賤之不同，則其數殊焉，多寡長短大小之不同，則其數又殊焉，凡欲以其所有易其所無者，必握算而計之，其所斤斤計較者，莫非數也。設有人言吾可用他法以代其數，夫誰能信之。良以其乘除加減不過舉手之勞，頃刻而得，無有奧邃難明之理在其間，本無藉乎代也。惟是數理幽深，最耐探索，疇人演算，務闡精微，於是乎設題愈難，布算愈繁，甚至經旬累月不能畢一數，且其所求之數往往雜糅隱匿於各數之內，而其理亦紆遠而不易明，若每事必設一題每題必立一術，枝枝節節而爲之，術之多將不可勝紀，而仍不足以窮數理之變，則不如任數理之萬變而我立一通法以馭之。此中法之天元、西法之代數所由作也。代數之術，其已知未知之數皆代之以字，而乘除加減各有記號以爲區別，可如題之曲折以相赴，迨夫層累已明，階級已見，乃以所代之數入之，而所求之數出焉，故可以省算學之工，而心亦較逸，以其可不藉思索而得也。雖然代數之術誠簡矣，誠便矣，試問工此術者遂能不病其繁乎？則又不能也。夫人之用心日進而不已，苟不至昏眊迷亂，必不肯中輟，故始則因繁而求簡，及其既簡也，必更進焉，而復遇其繁，雖迭代數十次，其能免哉？由是知代數之意，乃爲數學中鈎深索隱之用，非爲淺近之算法而設也。若米鹽零雜之事，而概欲以代數施之，未有不爲市儈所笑者也。至於代數天元之異同優劣，讀此書者自能知之，無待余言也。

又華蘅芳《算草叢存》卷二　盈朒廣義

觀以上各題算草，可見積較之術其意實無異於盈朒，惟布算之法不同，故其所馭之題能比盈朒更廣。

又可見積較之馭題，其蹊徑實與天元相同。天元則以一箇所求之數，如題之曲折求其如積之兩式，彼此相消。積較之術則屢設各數，如題之曲折以課之，其如積相消之理實與天元無異也。惟因屢設各數，故其草必比天元多數倍，迥不及天元之簡，然其所用者，皆爲實數，能使人易明，初學易於入手。余謂盈朒之後，天元之前，古人必更有一術，與余之積較術相似，以開天元之路，及至繁者漸簡，紛者漸約，而天元之術生焉，不然茫無頭緒之中，何能忽然創出天元一術，能使用之者不疑，習之者不倦，傳之千百年而不廢哉。

數學中最覺費手者，分數也。積較之術均用加減，凡遇分數之題，須處處通分，殊覺不便。天元則不除此而乘彼，故於分數之題亦能馭之，然尚不及代數之便也。天元寄母須處處説明，一有遺漏，便致謬誤。代數則書其分母於本數之上，不致遺忘，且其分母有時可以消去，似比天元之必用通分者便也。

誠如前論，則天元不如代數，積較不如天元，然亦有天元、代數所難而積較獨易者。如垛積之題是也。每種垛積各有本術，不得其術，雖天元、代數亦無所施，惟積較則用真數入算，苟有階級可循，即可由小知大，不必先知其如何加減、如何乘除而後能算也。所最奇者，非但能求其積，並可由此以得其加減乘除之法。此亦借徑於代數，故能如此，但用積較亦不能也。

清・李鳳苞《弧矢算術細草圖解劄記》　苞按：借根方與立天元異名而同寔，然初學習之，每以天元虛而易淆，借根確而易明，故梅勿庵先生嘗以借根法解郭太史用三乘方得矢天元法，誠取中西之法而一貫之矣。此編乃馮林一先生解尚之先生天元法也。暇時輒仿勿庵先生以借根法解之，隨時劄記上方，俾習此法者互證參觀，因端竟委，庶幾於數理精微可事半而功倍已。辛酉日在斗六。

【略】

借根法乘除俱備，然除法費算，不如先得元徑專用乘法爲便，不得元徑竟用寄母爲尤便。茲因並列二法，而於用除者闕焉不講可也。

清・徐鳳誥《算學啓蒙通釋》　中西通術　圖式七【略】。

右代數法總級數式。設立兩數，命一數爲甲，一數爲天，相加得 甲丄天 自乘，再乘，任爲無窮乘數，亦爲無窮級數，亦爲無窮連比例數，如欲逕求某一級之數，則亦如上求尖堆法，皆以甲之方指數爲根，以根減一爲平堆高，以根減二爲立堆高，挨次遞減爲各堆高，求得各級，以甲遞減一爲天，遞加一方連乘之，求至甲至無數天，如甲之方指數而止，如云甲減天得式如 甲丅天 自乘則各級皆一正一負相間。昔焦氏里堂《加減乘除釋》皆以甲乙丙丁代已知數，《四元玉鑑》以天地人物代未知數，此又於與西法代數不謀而合者也。

清・董毓琦《盛世參苓算稿・序》　船政爲人才淵藪，製器尚象，業已昆美西人，爲中國自強之計，學堂諸生蒸蒸日上，但所習泰西代數，不以中法參之，美哉猶有憾。

清・鄧建章《中西算學入門匯通》卷下　借根方算法　借根方算法與天元、代數名異而理同。

又　天元算法　元者，即借根方之根也。

清・張鼎祐《種竹書屋算草》 不習幾何，不易明天元如積，不明正負開方之理，不易求代數相等式之同數説。

今世譚算學者多矣。游藝子涉獵百家，頗會通厥旨，意欲闡明諸術，廣質諸海内同好，苦一人識不足以達，乃就九九先生而正焉。曰：先生神明算學，舉凡扞格拘泥之弊一空，是不難何者不習，何者不易明，何者不明，何者不易求，開後學之茅塞，樹先正之典型，願先生直論之無隱。先生曰：唯唯。人第知天元如積當明，不知《幾何》不可不習也。人第知代數相等式之同數當求，不知正負開方之理不可不明也。窮其流，溯其源，吾試爲子一一以説之。夫《幾何》之爲算也，徹乎立法之原，明乎條段之理。以此幾何求彼幾何，彼幾何不能遁。以彼幾何求此幾何，此幾何不能遁。故雖爲未知之幾何，可逕設一未知之幾何，即不啻已知之幾何，可逕得一已知之幾何。不必言數，數自了然。不必言法，法自昭然。本相度之精，寓相消之理。夫固萬算之所祖，亦即天元如積之所祖也。《幾何》凡十五卷，其十三卷，泰西歐几里得撰，其二卷則後人續也。前六卷徐光啓繹，泰西利瑪竇氏受之，後九卷李善蘭譯，泰西偉烈亞力受之，前後數百年，卒成於中西二三有志之士，不甚偉歟。蓋我中國算書，往往畢生習算，知其然不知其所以然，遂有苦爲繁而視若絶學者，求法不求理耳。若《幾何》則不言法而言理，括一切有形，概之曰點線面體。點線面體者，象也，點相引成線，線相遇成面，面相疊成體，而線與線，面與面，體與體，其形有相兼，有相似，其數有和有較，有有等，有無等，有有比例，有無比例，洞悉點線面體，而御以加減乘除。所謂閉門造車，出門合轍也，奚事逐物求之哉。故其書規摹次第，迥乎不同，題論之首，先標界説，次設公論，題論所據，次乃具題，題有本解，有作法，有推論，先之所徵，必後之所恃。十三卷中，五百餘題，一脉貫通，卷與卷，題與題，相結倚，一先不可後，一後不可先，纍纍交承，至終不絶也，初言實理，至易至明，漸次積累，終竟乃發奥微之義，若暫觀後來一二題者，即其所言，人所難測，亦所難信，及以前題爲據，層層印記，重重開發，則朗若懸鏡，眉髮無遺矣，是幾何專明所以然。舉天下繁頤雜亢之數，一設算不啻瞭如指掌，所以西士謂獨實理者。明理者，剖散心疑，能使人不得不是之，不復有理以疵之，其所致之知，且深且固，則無有若幾何一家者矣。學者誠能習此，條段既無所不明，又何患區區天元如積哉。天元之術，不必處處言條段，而一切條段之理，無不包括於其中，此《益古演段》之所由名也。蓋至如積相消，而條段之理，終不肯紊亂，世未有理明而法不立者。今試設一術於此，以求其積數。又試設一術於彼，以求其積數。此之積數，與彼之積數，其天元太極之等不同，而其爲積數則同，故曰如積也。天元一之所由立，不知之數，未知幾何，而必爲一數則可知，已知之數，見數也，未知之數，雖知其必爲一數，究藉算也，見數與藉數不同類，故别太極於天元外也。蓋太極可減天元，天元亦可減太極，故如積之數在太極也。又數與寄數相齊，謂之同數，亦謂之如積。如積之例，當其較則舍所盈，故加於盈而數合也。當其和則包所朒，故減其朒而數合也。如積相消，則同減而異加，無論同名異名，消餘必是異名，三層以上，雖有同名必有異名也。如積相比，則均輪之趨也。均輪者，於無比例之中，求爲比例。如積者，亦於無比例之中，求爲比例也。惟均輪所求者，相同之率。天元一所求者，相同之數。相同之率，由似以得其真，故異乘而除之。相同之數，緣分以得其合，故相消而除之。此天元如積之所由立也。而謂熟習幾何條段之理，猶不足洞達一切哉。甚矣，學算之難也。不習《幾何》，則固無如天元何，不習天元，則又無如正負開方何矣。數學中惟開方爲最難，古今論正負開方者，其書不下數十種，迄今中西兩家，尚無通法。按開方之用正負，其始見於宋秦道古九韶《數書九章》，蓋其時天元初出，因天元相乘而有正負，又因其以乘代除，層累益增，而有翻法益積，較與較爲同名，較與和爲異名，同異之分，正負之所以立也。加中較於下較，謂之益實。減上較於中較，謂之減從。於中和減下較，而以其餘爲上較之實，於上和減下較，而以其餘爲中較之實，謂之翻法。三者之法不同，皆準正負以爲加減也。秦道古術云，商常爲正，實常爲負，從常爲正，益常爲負，有時實或爲正，商或爲負，從或爲負，益或爲正者，則又開方術之變式也。古池推原一術，稱方爲益方，隅爲從隅。查此術和在中，較在上下，以實爲負，則方正隅負矣。今稱方爲益，隅爲從，是稱正爲益，負爲從矣，若以方爲負，隅爲正，則實宜爲正，又與實常爲負，之例不符，可知秦氏如此亦不拘拘也。按秦道古《九章》述開方法，至精極簡，實與天元四元相輔而行，其中投胎、换骨二法，尤非後來諸家所及。其式如益古演段之列位，置商於實上，以商生隅，上達於實，遇同名則相加，遇異名則相減，加則正仍爲正，負仍爲負，減則減餘在正則正，在負則負，自一乘以至百乘千乘，不假别術，可見理無異者，雖萬變不離其宗也。故貴推詳闡發，施之本術，毫無遺憾，然後施之别術，立見會通，矧其爲求代數相等式之同數哉。西國之代數，即中國之天元也。代數之論解法，有獨元一次式，有多元一次式，以及二次式，三次式，四次式，多次式，惟五次式以上，無人能思得一通用之法，可徑解之。求代數相等式，則有等職各次式，等根各次式，未定之相等式，大要互乘相求，以御雜糅正負，用意皆出於方程而已。攷代數之由來，乃欲從已知之名數，求其未知之數也，惟未知之數，本與已知之數不相等，不得已將已知未知之各元雜糅分合之，作一式，令兩邊所代之數相等，此之謂方程式。故其求同數，則於某方程式內，求未知元字所頂之數，爲求同數，要求其未知元字之同數。其法有二，一去分數，一遷項也。求同數爲無定方程式，則一式内有二未知元字，如某數設天爲一，則地爲五，以此二同數，代於原式内，則爲某數。由此可知，無論設天爲何數，則必有相當之數，使方程式之二端相等。故無定方程式之元字，能求如許同數。求同數爲定方程式，則兩式内各有二未知元字，求一同數可與兩方程式相當，則此同數爲已定。但此同數，不可止於一式求之，須就兩式求之。於兩式而求一同數，必設法先消一元字。求一元字之同數，論消元字之法有三，一加減而消，一相比而消，一相替而消也。求同數爲多元方程式，則一方程式，與各方程式相較，而使所消之元字皆同，如是相較而得之餘式，即少一元字。又取一餘方程式，與各餘方程式相較，而使所消去之元字皆同，則所得之式又少一元字。如此屢次相較，直至在一方程式内，只有一未知元字，即可求其同數。既得一元字之同數，即替於二未知元字之式内，又得一元字之同數。如是屢次替之，自能得各元字之同數。此求代數相等式之同數大綱也。人果素明正負開方之理，又何難於一以貫之？況夫代數通用於幾何，而正負開方即猶是立天元一哉。若是者，循序而進，有相聯之勢，無或格之虞，非謂舍此即不能學彼也，亦聊以見由此即可以通彼耳。縱使隸首復生，商高再出，當不能稍易吾言也。彼世之守方隅見者，其亦有動於中耶。不然，幾何代數創自西人，天元開方原於中土，勢必有不相通之病矣，何以古今數千年，華夷數萬里，卒能引而伸之，觸類而長之哉？蓋創天元者，何嘗見幾何之書，而天元之理，則無非幾何之理也。創代數者，何嘗見天元之書，而代數之理，則無非天元之理也。無他，幾何天元代數，其明理之法雖異，而其所明之理則同耳。習《幾何》即易明天元，明天元即易求代數，斯誠算學家千金不易之捷訣也。子歸而細索之，夫復何疑。游藝子曰：諾。

又　代數數理多於天元，微積數理多於代數攷。

曩者天元術出，算家驚爲創獲，以爲於理實多。寖假而有代數，則習天元者歎甚。寖假而有微積，則習代數者歎甚。無他，中國之天元，即西人代數之理，但不及代數之變化，代數又不及微積之盡變，所謂積世積人積智，愈出而愈妙者也。立天元一，猶云藉此算也，所求數尚未可知，姑藉此算以當之，而用之如其數，蓋立一算在此，而後加減乘除有所憑依，可藉之以求同數也。其求同數相消者，蓋執其兩端，則其數雖藏而不得遯也。至於虚數不可與實數相消，則位以别之。至於加無可加，減無可減，則命之爲負以存之。至於除之有不受除者，則有寄分法以通之。至於相消後得式，有不盡三層者，則有開各乘方以御之。亦可謂理精而法密矣。獨不可以及代數者，曷故？夫任數理之萬變，我立一法以馭之者，天元之所以比於代數也。如題之曲折以相赴，所代之數入之，所求之數出焉者，代數之所以勝於天元也。代數以字求數，題中將求之數，設字代之，題中已有之數，録而用之，有時已有數太大，不便全録，亦設字代之，於是通盤皆字，並不見數，而某字與某字加減乘除處，俱按法作用，終得一式，乃數代已知數字，與一代將求數字相等，復將原有數代回，即得將求數。初猶疑所得數，未必即所求也，及代於題中，乃知此數别無與題相配者，代數之妙如此。論代數之用，須詳審題中之意，宜以某字代某數，又參詳題中之理，以便成規式，更須明悉設求消化四法，便能變通簡捷，神明矩矱，無格格不通之弊。以視天元一翻積益積寄分之繁，十百千萬紀數之複，其理多不大彰明較著歟？然而微積則猶有進。代數無數求數，所推不過常數，微積則能推一切變數，且能推一切函數，是微積雖藉徑於代數，其理實發千古未有之奇。攷微積之理，凡線面體皆設爲由小漸大，一刹那中，所增之積，即微分也，其全積，即積分也。若將積分逐次分之，可得無數微分，即得一積分，此微分積分之攸判而相關也。微分術，立縱横二綫，横綫以天代之，縱綫以地代之，以天彵代縱横二綫之微分。積分術，已有微分式，而令其還原得積。其中之最神妙者，即同類諸題，可用一公式求之。法將本題之式，求得天彵之同數，或地彵之同數，代於公式中，求其積分，即得本題全積。自有微積二學，一切曲綫，曲綫所函之面，曲面，曲面所函之體，向所爲窒礙難求者，今皆有法覈準。數理至此蔑以加矣，彼代數顧何能相與頡頏耶？識者曰，算理一切從條段生，由來尚矣。天元條段，未知已知，不能一律使人明白焉，豈非猶抱餘憾哉。惟代數已知未知，其條段無不分明，較天元術實爲推廣矣。然或言之甚繁，或求之甚難，終不得一簡易之理者，則又微積之所以夐然莫尚也。故

清・黃慶澂《算學報》丁酉八月附　天元加減乘除定正負説

曰代數數理多於天元，微積數理多於代數。

天元中之定正負，其法與代數同，學者往往知其然，而不知其所以然。兹特一一詳析之。【略】

總之原實正二負二，適爲空數，則所乘之八正八負，亦必爲空數。今以太乘太得四正，則太乘元不能不作四負以消之。顧元乘太與太乘元爲同類，彼作四負，此亦不能不作四負，是無端而負此四數矣。於是乎以元乘元，反負爲正，作四正以償之，此造天元者，定正負之苦心也。請得申之。曰太乘太得正，此乘之正例也。至以太乘元、元乘太得負，均可權作元乘元觀也。元乘元得正，并可權作太乘太觀也。此皆乘之變例也。雖然，法因數定，數之相反，適以相成，其勢實萬萬不得不然。目曰變例，轉視正例而更嚴，則變例即成正例矣。神而明之，是在學者。【略】

又曰：此式本無所用，姑備一格以窮其變，即代數中所謂無理之根也。西人於此項正負煞費周折，然終不能無缺憾，惟設法以彌縫之而已。

又 天頭按語

案：代數中乘法，即與此同。學者能從天元參透消息，將來習代數時，自能涣然怡然。

大凡古人立一法以制萬物，必不能使物物各如其願。其便於多物而不便少物者，則强少物以就多物，亦勢使然耳。惟既有不便，不能不盡吾心以斡旋之。此三代帝王經世之雄畧也。

清·邢廷荚《借根演元》 借根演元用李錫藩借根句股題演坿三草。

設如有句八尺股十五尺求弦幾何。

草曰：【略】消左。李鋭曰：借根方出於立天元術，其加減乘除並同，惟此相消法與兩邊加減則有異，蓋相消只用減，兩邊加減則兼用加，二法相課，雖得數同，而正負互異。荚案：兩邊加減所得之式，若爲多乘方，則識别正負頗難，固不若天元識號之簡捷也。

清·劉光蕡《句股互求公式跋》 代數有公式，寫於寸楮，苟識其號，雖極深奧之數，一覽而晰，不煩布算也。夫西法有代數，其代未知之數固即中法之立元，其代已知之數亦即四元之寄分，合以爲式，能顯立術之理，使人曉然於所以加減乘除，則並天元之所謂術者，亦代入式中矣。近人譯《算式集要》一書，有益演算者甚鉅，然西術括以點線面體數之可爲公式者，必有法之形也。故公式自三角始，算三角必分爲句股，或補成句股。西術無句股公式，李壬叔演《代微積拾級》乃自句股始，則句股公式不可闕也。天元、代數之兩式相消，即方程之兩行相減。盈朒者，方程之端也。西算之巧，巧於求較。盈朒固審兩線之和較，而中法句股之精亦在和較。

清·黄鍾駿《疇人傳四編》卷九 肥乙大

論曰：金匱華若汀先生曰：「代數與借根本非兩法，乃譯者喜立新名，以至兩歧耳。按六朝時希臘人丢番都，以代數學名世。宋理宗時天方人穆罕偏謨撒，得代數學於印度，實今借根方也。至肥乙大以字母代數目字，始即今代數之法。至中土所譯借根方，與今日之代數異者，殆肥氏以前之書耳。」

又 卷一〇 歐樓

論曰：微分、積分爲算學絶詣，凡借根天元所不能推者，用此則無不可推，咸以爲創自近代。竊按西秝一千四十二年，當宋仁宗慶(秝)[曆]三年，法國儒士始創微分、積分，其由來固已久矣。奈端、歐樓等所造，特因其術而推闡益精耳！

清·王澤沛《測圓海鏡細草通釋·例言》 舊草凡由識别而得者，豫詳右方。兹悉入草中，尤較眉列，抑亦代數便於天元之一端也。其邊底等形，對乎小者而言，或泛稱大句大股明叀等形，對乎大者而言，或泛稱小句小股，兹草悉標本稱，勿虞眩混。【略】

明顧箬溪《分類釋術》，備詳乘除開方等法，今可從略，故於第一題荅以城徑若干，餘惟詳著所求之式，以抒其法，抑見問荅同前一語，非贅彔也。其式悉符舊法，顧或倍之，或四倍之者，亦往往而有，雖非歧異，肰較繁矣。此則天元剔消之法，爲代數所差遜者耳。

清·劉若曾《四元消法易簡艸敘》 古算經存於世者不及二十種，秦皇焚書一刼，《九章》其幸存者乎？明儒帖括一刼，《四元》其幸存者乎？康乾鼎盛之世，疇人雲起，然以宣城祖孫之好古而勿庵則未見《九章》之原書，循齋則讀《四元》而不解甚哉，絶學之不易續也。自戴東原掇拾《永樂大典》，《九章》始復舊觀，羅茗香繼起廣陵，《四元》亦有細艸。嘉道之間，西人《代微積》未譯，持借根之術以與天元較，則借根繁難而天元簡易，人孰不畏繁難而樂簡易乎？故一時中學盛而西學衰。阮芸臺、李尚之、焦里堂鼓吹於前，項梅侣、戴鄂士、徐君青崛起於後，雖西人不能不爲之低首焉。《代微積》既譯，近日習算之士往往憚四元之繁難，樂代數之簡易，學校課程遂棄四元而用代數，以致古祘書有積薪之歎，亦志士之所悲也。

清・勞乃宣《古籌算考釋續編》卷一《四元上》 四元之學

古書之傳於今者，惟有朱氏《四元玉鑑》一書。其書每術但列所立之元，及求得實方廉隅、開方正負之數，而無細草。卷首列假令四草，略具今式云式，三元之式，物元之式，前式後式，互隱通分消之，消而剔之，人易天位，物易天位，諸名目，及筭式，而布算之曲折不詳，故雖以梅文穆公之精博，尚不能無疑辭。道光間，甘泉羅茗香氏，竭一紀之力，演爲《細草》，易蓉湖氏復爲《釋例》，附於後羅氏，又爲《演元九式》一卷，以發其蘊，四元之學，乃大明於世。厥後海甯李氏有《四元解》，剖析極精，南豐吴氏有《四元淺釋》《四元草》，説理尤顯，均可爲朱氏之功臣矣。然而四元者，天元之推廣也，天元爲籌算，故四元亦爲籌算。祖氏後序所謂升降進退、寄之剔之，皆指籌位而言。餘籌易位一語，尤爲彰著。其爲籌算，蓋無疑義。羅氏諸家不知其布算之用籌，皆以筆算爲之，故雖窮極精微，而於古人立法之本原，終未盡合。易氏《釋例》論乘法，以逐行偏乘得數後，又復同名相加，異名相減，爲乘得之數，吴氏《淺釋》乘法，用鋪地錦法爲之，皆囿於筆算。李氏《四元解》，因天物相乘，人地相乘，無可位置，改定算格爲人元乘之向下一方，物元乘之向左一方，謂非徒明理，且便於法，不知筆算用之誠便，籌算用之彌不便，尚不如舊法寄於夾縫之便焉。是諸家皆未識籌法之妙也。易氏《四元釋例》十三則，其一則誤謂今式云式，即天元之寄左數與又數，吴氏已糾之。又一則謂今云四式之外，又有所謂副式、通式、次式及上中下式者，譬猶借甲乙丙丁等字樣，任意作記，無一定之則。考朱氏原書，無此諸式之名，而羅氏細草有之，是此則乃釋羅草，非釋朱書也。又一則論乘法不合古法。又一則謂凡彼此兩式齊同相消，若所齊同之一行或一層，正負互異，未便相消，則將彼此兩式相加也可，或將一式之正負全變也亦無不可。按：以加爲消，本於方程之異名相減、同名相加，乃古籌法也。若變一式之正負以相減，則沿用後人方程變一行之正負以相從之法，古書所無，用籌亦不便，亦不合古法。此外各則，則於四元諸法，言之甚爲明晰，今删其不合者著於篇，以明四元大旨，而別以用籌之法詳釋之如左。

一釋位次。四元者，天元之推廣也。觀祖氏後序，先有天元，次有地元，又次有人元，後乃有物元，由漸而成，非一人一時所造，故其逐漸推廣，胥有自然之勢。布算用籌，必以右手，向下向左，較向右向上爲順。天元位次本自上而下，及其廣爲地元，即先自右而左，其勢順也。迨廣爲人元，則下左已滿，乃不得不轉而向右，至於廣爲物元，則下、左、右三方皆滿，又不得不逆而向上，先後次第，出於自然，皆籌位也。布算之法，先置圓棊於中央，以定太極之位，余以薄銅葉規爲圓式，徑等於算籌，鐫太極圖形，爲記太位之具。太位如無數，則置於其處，即爲太之空位。如有數，則以算籌加諸其上，即知其爲太位之筭。雖於古無徵，而用之甚便，附識於此，以備一法。天元則以次而下，地元則以次而左，人元則以次而右，物元則以次而上，天地相乘則置於左下，天人相乘則置於右下，地物相乘則置於左上，人物相乘則置於右上。至天物相乘，則依例當在天之上、物之下，地人相乘，則依例當在地之右、人之左，而其處適當正中，有礙太位，故有寄於夾縫之法，但其法如何，朱氏原書不詳。考原書中，惟四元自乘演段之圖後附筭式，内有太右上、太左下夾縫各二筭，三才運元草中今式内有夾縫一筭，此外別無所見。依法推之，自乘演段圖之筭，一爲天物相乘，一爲地人相乘，而孰爲天物，孰爲地人，則原書無説。三才運元草之筭，爲地人相乘又乘天之數。而此筭所在，又各本不同。羅氏《細草》本在太位左下，丁氏《白芙堂》重刊原本在天位左下，李氏《四元解》前刻所得汪氏手鈔本，則正居天元位之左，未知孰是。羅氏《細草》，易氏《釋例》，以太左下爲天物相乘，太右上爲物人相乘，而其本三才運元原草地人相乘又乘天之筭，亦在太左下，與天物相乘無別。原書祇此兩式有夾縫之筭，而自相重複歧異，於例似乎未鈍。且所補三才運元細草，地人相乘之筭，又寄之太位左上，以遷就原草，與他草不同，亦不免自亂其例。丁氏本後記云：校刊是書，其體例悉依原本，其中譌字參用羅茗香氏校本，然羅本《細草》亦有遷就處，因囑黄君玉屏即卷首四題詳爲補正，務使理歸一貫，法無異同。考黄氏所補三才運元草，地人相乘之筭，寄於太位左下，其下即爲地人相乘又乘天之筭，兩位適相聯貫，甚爲自然。四象會元草，地人相乘之筭，亦寄太位左下，與前一律，皆異乎羅草。蓋即所謂理歸一貫，法無異同者，是也。其法蓋以太位左下爲地人相乘寄位，至天物相乘寄於何處，雖未明言，其必以太位右上之筭當之，可知矣。余所見《玉鑑》本，祇此三家。此書之刻本最初者爲何氏本，余未之見。丁氏所据，不知是否即何氏本，抑別有傳鈔本，然既稱原本，必可据依。今据其本與其草，以天物相乘之筭，寄之太位右上，地人相乘之筭，寄之太位左下，地人相乘又乘天之筭，寄之天位左下，又以此類推，以天物相乘又乘天之筭，寄之天位右上，天物相乘又乘地之筭，寄之地位右上，天物相乘又乘物之筭，寄之人位右上，天物相乘又乘人之筭，寄之物位右上，地人相乘又乘地之筭，寄之地位左下，地人相乘又乘人之筭，寄之人位左下，地人相乘又乘物之筭，寄之物位左下，第天位右上與人位左下，同在一處，地位右上與物位左下，亦同在一處。如專用一筭，自可即寄其處，若遇天物乘天與地人乘人同用，及天物乘地與地人乘物同用時，則略分左右以別之，可也。易氏《釋例》謂天再乘物，在天物相乘之下，物再乘天，在其左，天物各再乘，在其左下，地而再人，在地人相乘之上，人再乘地，在其右，地人各再乘，在其右上。其説不見原書，而易物於横，易地於縱，用時殊多窒礙，於羅氏草亦不合，似不可從。蓋夾縫寄位，乃無可位置權宜之法，故不輕用。偶用之，亦必設法先爲消去。至天物各再乘，地人各再乘，依例仍應在正中，與天物相乘、地人相乘無別，尤無可以位置之處。是以羅氏《玉鑑細草》《演元九式》兩書，三元、四元二十餘草，用夾縫之處無多，更無用天物各再乘、地人各再乘者。其《演元九式》自記中有云：地人相乘，天物相乘，各附於夾間，其元與冪乘，尚可權宜進退，間亦涉及，唯冪與冪乘，推而上之，幾無位置處，概從略。是此數固可不用也。至李氏《四元解》云：天元與物元相乘，地元與人元相乘，則作○誌之，其天元乘物元，則作於筭式之下，物元乘天元，則作於筭式之上，地人相乘，則作於筭式之左右，乘幾次則作幾○。吴氏《四元名式釋例》云：既曰寄位，似不必拘，唯所便寄之，自行作識可也，則皆筆算之法，非籌算所能用。蓋算籌無字，其天地人物各云，專以位次爲識別，其位次又必相連，乃能一視瞭然。故天物相乘，地人相乘，雖正位無可位置，必寄於夾縫與正位相近，其寄位又必有一定之所，若寄之式外，及任便寄之，則不能辨矣。李氏、吴氏蓋未知四元之本爲籌算，故爲此説耳。

又　卷五《求一上》　求一之術，肇端於《孫子算經》一題，而其法不詳，至秦氏大加發明，而法乃該備。其書於此一法備舉始終，明白詳盡，草中所繪之圖，皆係籌式。以籌演之，委曲周市，無微不到，皆顯而易知，簡而易能，毫無費解難明之處。後人不知其爲籌算也，以筆算、珠算求之，遂覺其諸多不便。故張古餘氏《求一算術》、駱春池氏《藝游録》、黃玉屏氏《求一術通解》，於其算式皆有所更定。其中惟奇定相求一術，更張最多。張氏則先以奇定互除得幾數，列於左行，立天元一於右行，以左行各數遞乘遞加右行，以次而下，右行末一數，即爲乘率。駱氏則平列三位，左爲奇元，中爲定元，右爲奇定，以奇定互商，偏乘三位以相減，左下末次得數，爲乘率。黃氏則列定母於右行，列衍數於左行，左角上預寄一數，輾轉累減，所寄數輾轉累加，至衍數餘一即止，視左角上寄數爲乘率。大抵皆以原法爲不便，力求其便，而適愈形其不便，不知布以籌算，原法固極便也。黃氏別立析數根法，較爲便捷，其泛母求定母，原書求等相約，諸術甚爲繁重。但泛母數少者，數根易見，如遇甚多之數，數根不能一覽而知，則考求數根，轉繁於原法矣。故其法可備一格，而不可以該全體，仍當以原書之法爲正。惟借用數以補空位之法，誠爲贅設，諸家刪之，良是。而考原書，本有或欲從省勿借任之爲空可也之語，是秦氏非不知其可省也。又求總等法，亦在可省之列。此外諸家臆改之處，悉不如原書，實由不知其爲籌算之故耳。使諸家知其爲籌算，必悔其不當妄改矣。今既知爲籌算，則取原書圖草，用籌依法布算，自能了然，固無待余之贅述也。特知之者少，故表而出之。取其原法，略加詮釋，擇取數題，依其原草，稍加訂正，以明其概，欲知其詳，仍當於原書求之。右引秦氏書九條，求一術自始至終，法已完具，惟端緒頗繁，其條理不易窺尋。今以原書爲本，參以諸家，定其法爲四大綱，一曰求定母，二曰求衍母，三曰求用數，四曰求得數，而以逐步所用諸法，分列爲十三目，使其眉目分明，有條不紊，悉以籌算入之，術雖繁，亦易曉矣。

又　卷八《天元補》　《數理精蘊》曰：設如以十萬爲首率，作相連比例三率，使中率末率相加，與首率等，求中率末率各幾何？

西人割圓，設理分中末線，作相連比例三率一法，爲圓内容十邊形之根。又設按分作相連比例四率二法，爲圓内容十八邊形、十四邊形之根。前一法用帶縱較數平方法算之，其理易明。後二法用益實歸除法算之，理既隱賾，法亦繁難。駱氏《藝游録》中，御以天元，三法通爲一例，已較明顯，然以首率十萬屢乘屢除，升降多位，且天元開方皆用筆算，猶覺繁重。今先以一爲首率，求得之數爲單後之位，得數後，再以十萬乘之，與以十萬爲首率求得萬位，理無二致，而入算時，一乘不增，一除不減，省算甚多。又天元開方皆以籌法入之，則變爲極簡極易之法。籌算之妙，於此可見。前編天元草，皆不兼開方，而開方別演草。此題以天元明其理，以開方求其數，必開方得數後，始見其簡易，故各演開方草於後。

清・劉彝程《簡易菴算稿・敘》　余每閲課卷，見夫泥於中法者，恒糾纏文字，論説輒不簡明；泥於代數者，恒展卷即演算式，絶不窮其源委。

清・徐謙《簡易菴算稿跋》　自元代朱、李二家始言天元、四元法，但算草未備，故自有明以至國朝梅氏父子，卒未能徹，其學幾絶厥。後李尚之始明天元，徐忠愍始通四元，而羅茗香復補《玉鑑細草》，於是天元、四元法始暢明於道咸年間。代數初入中國，譒者不解，訛謬不勝指數，先生爲之一一校正，其書始可讀。學者習其法，乃置天元、四元爲不足道。此又先生之功過於李尚之、徐忠愍輩也。夫學者讀書每囿於成法，不能變通，僅求能解而止耳。故代數雖妙逾古法，而學者仍無以自得，於是先生綜括衆理，獨運精思，批隙導窾，發而躍如。自先生以題誨人，而後代數雖屬西法，而人乃視爲已有矣。【略】至若讀先生推埵之法，則李紉叔之書可廢，讀開虛實根諸方之法，則皆代數術所不能言。而於對數，則見西法之不詳，於三角則補西法所未備，其他精旨妙義不可殫述，莫不縋險鑿幽而悉出之以易簡，讀者無不解之患，學者有駿發之益，至矣盡矣，蔑以加矣。

清・劉其偉《代數句股草》 代數釋例

九款 論借根方

式中有不成方者，若借根方，則用和縱、較縱、開方諸法算之，初學者尚若不便。代數則以天之平係數方，加於兩端，開之即得所求之數。代數之勝借根方者在此。【略】

十一款 論兩端相等

代數之求等，猶天元之如積相消。

清・林傳甲《微積集證》卷三 訂訛

中西對譯最易傳訛，差若毫釐，謬以千里，凡有舛誤，輒依術校之，或爲先輩已訂者，或爲友朋共得者，皆具録焉，以明非予一人之私言也。作訂訛。【略】

［《微積溯源》］論無窮小數之理，華氏案以上各欵之法乃流數之法，此節所論乃真微分之法，因舊譯《代微積拾級》既以流數爲微分，則不便更改以淆讀者之耳目，所以不得不以微分爲無窮小數，讀是書者，會通其意，不泥其名可也。

甲案：微分較流數加精，猶代數較借根加精，有深淺，無異同，乃《拾級》既弗言，《溯源》亦未盡，後譯《格物測算》《决疑數學》算式恒出乎，所譯之外，則二書只作《幾何》前六卷讀也。往客鄂州，見吾鄉蔡毅若觀察英文微積書十六册，見自强教習慶錫菴太守希臘微積書，欲譯未果，遽賦南遊，聞兩師已作古人矣。今自常寧來湘會故人，許君奎垣適掌求實書院，日以德文微積自課，多所新得，余亦慨然，欲續軌於海寧、金匱，是以演其説，訂其誤，上攷古書，近求事理，畧得端倪，猶未敢以此自限也。

又 卷四 辨疑

多聞貴乎闕疑，慎思繼以明辨，蓋理有似同而異者，法有似異而同者，講堂質問，畧得梗概，聞一知十，舉一反三，是在學者。作辨疑。【略】

［《代數術》］第四十四欵兩式若用根號相同之元，則可書其一，而以其係數相加減爲其係數。

甲案：嘗讀《溯源》疊求微係數，徵之西文，係數倍數實同一語，何以李氏譯書代數皆作倍微分，皆作係，未免兩歧。《代數術》於此畧露端倪，可證吾説不誣。特揭出之，俾學者會通其意，勿泥其名焉。【略】

［《重學》］依微分、積分、重學論之，自注云詳别書。

甲案：《重學》之譯在《代數積》之先，故體例多拘於借根方。如子少午乘地力云云，即子減午也。又如分數式皆實上法下，與後譯各書不同。嘉善陳維祺刻《中西算學大成》，雖改爲一例，然算式太小，舛誤亦多矣。

清・周運煃《算學便讀》 入算初階

中國四元，即西代數。其法雖殊，於理無異。泰西記號，廿六字母。今改天干，代已知數。天地人元，代未知數。丄音賞。號在左，謂之相加。丅音遐。號在左，謂之減注。其號又爲，丄正丅負。用之一項，即獨項式。每項用之，即多項式。真數相乘，必作一乂。音義。若乘多項，别以()音弧。是。兩數相等，式間有=。音異。天元之理，先定位次。同名相加，正負仍之。異名相減，從大不移。無對亦加，正負各宜。同名相減，分以正負。本大仍之，減大反數。異名相加，即加定位。無對亦加，減反本仍。以元乘太，其位不變。以元乘元，其位更注。同名相乘，所得爲正。異名相乘，所得爲正。以元除元，當升其位。以太除元，其位則仍。同名爲負，異名爲正。四元位次，太極居中。天下物上，人右地左。天乘而下，物乘而上。人乘累右，地乘累左。此皆大概，淺而易知。

清・支寶枏《上虞算學堂課藝・例言》

一，大衍求一爲古麻演元之本，今則爲用甚稀，然遇演奇諸題代數所難馭者，從大衍本術即迎刃而解，毫不費事。兹登二題，聊以存古，惟算式仍用代數，以從簡易。

一，開帶縱方用代數變化，可降四次爲二次式，降六次爲三次與二次式，至爲簡捷，然遇不能化者，不如用天元定商得數較易。蓋開方闡理，天元不及代數

之精，超步約商，代數不若天元之便。用法各從所宜，不拘一格。【略】

一，級數與垛積交相爲用，分列數題，以足上卷。

清・江熹《西樓遺稿》

吳氏原題曰：今有句股和甲。句弦較乙。其求句式若何。

原草曰：立天元一爲句。【略】

試與天元原草互證，命天爲句，即立天元一爲句。【略】

惟天元式各層自下而上，代數式則自左而右，逐節比較，自然符合。此可以證中西數理之同。既有吳氏天元名式一草，不可無此代數草以證之也。

又按：李氏《天元句股草》有句股和、句弦較求句法，以二冪相減，餘爲負實，二數相加，倍之，爲正從，一負隅，二冪相減，即 乙^{二}丄甲^{二} 也。二數相加，倍之，即 二(甲丄乙) 也，一即 天^{二} 也，惟此言負實正從負隅，而代數式則正實負從正隅，此可不拘，所謂盡反其正負，而值不變也。

又 員田一段，内有方池，容邊而占之，外餘地八畝六十五步七分半。只云四弧矢各闊十三步，問員田徑及池方。以代數術求之。

此朱氏《算學啓蒙》下卷題，原係天元草。

今草曰：命天爲員徑，甲代餘地八畝六十五步七分半，依畝法，通作一千九百八十五步七分半，乙代十三步。【略】

試與原書天元草相比，其就分四之者，因應除而不受除，乃不除此而轉乘彼，無害其爲相等式。代數之相等式，即天元之同積也。由前式，知有正負不可誤者三。

又 狐狸一頭九尾，鵬鳥一尾九頭。今只云前有七十二頭，後有八十八尾，問狐鵬各若干。以代數術求之。【略】

此梅氏《統宗》七卷題，原術以總頭七十二，減總尾八十八，餘十六爲狐鳥共數。梅氏謂其偶合，非通法，并爲之改正，先得二狐，後得九狐，似仍紆折。今以代數馭之，但順題之節次得相等式，一無牽强。梅氏在康熙時，其時代數尚未譯入也。

又 雞兔同籠，但知頭共三十六，足共一百，問雞兔各若干。以代數術求之。

此屈氏《通考》四卷題，原係差分術。

今草曰：命天爲雞數。【略】

今術似較原術簡易。

又 昆仲三人，季年得伯兄四分之三，仲年得伯兄六分之五，比季多八歲，問三人各若干歲。以代數術求之。

此梅氏《統宗》四卷題，原係衰分術。

今草曰：命天爲伯年。【略】

今式逐層比對，字字相同，可知代數術非惟暗合成法，且能考證舊法之通否。

又 有井，不知深，先將繩三摺入井，繩長四尺，後將繩四摺入井，繩長一尺，問井深及繩長各若干。以代數術求之。

此梅氏《統宗》七卷題，原係盈朒術。

今草曰：命天爲井深，地爲繩長。憑題得方程式。【略】

按：盈朒術，以代數演之，較原術爲簡，雖非一元可馭，至消去他元，則成獨元式。是故學演四元者，可由盈朒題入手。

又 有甲乙二缸，若於甲缸内添水五十斤，則比乙缸内水多二倍，若於乙缸内添水五十斤，則與甲缸内水相等。問二缸各儲水若干斤。以代數術求之。

此屈氏《通考》四卷題，原係疊借互徵術。

今草曰，命天爲甲缸水，地爲乙缸水。【略】

按：原術先求兩借數之差，次用兩朒法入之，頗紆折，不如今草之簡。

又 甲乙二箱，存銀不知其數，只云甲與乙二十四兩，則甲所餘得乙四分之一，乙與甲三十兩，則乙所餘得甲六分之一。問二箱存銀各若干。

題於舊術爲帶分二色方程，今演代數草。

命天爲甲箱銀數，地爲乙箱銀數，甲與乙二十四兩。【略】

此題既帶分，兩得數又俱帶零，遂兼通分加分減分諸法，布草□□愈繁，然此等分數襍糅，尚以代數式爲最簡焉。

清・席淦《泛倍數衍序》 西人以微積分推各級數，凡常法所能御與常法所不能御者，皆可由微積級數以求之。言西學者亦翕然稱焉。然烏程徐氏以垛積招差之法，求割圜八綫及球殼、球積、橢圜周、八綫對數，無所不通，知徐氏未嘗用微積也。海寧李氏以諸尖錐積求弧背八綫及對數，知李氏亦未嘗用微積也。是術亦不借徑微積，先設一泛函數，命爲本式之級數，是猶求未知數立天元一之意也。以泛函數代入本題相關之式，聚其項而消其函數，是猶天元代數相消開方之意也。用是術，以求常法所能御與常法所不能御之題，一以貫之矣。使徐、李二老見之，亦當呼爲畏友。彼之以微積自詡爲奇術者，不亦爽然若失乎。

清・蒯光典《泛倍數衍序》 中國之天元猶西人之代數，盡人而知之矣。用以立式，其深者，在中國則爲綴術之類，在西人則二項例之外曰泛倍數。泛倍數者，未定之二項例也。綴術固天元之義，泛倍數之倍數亦藉天元而定，仍天元之義也。長洲王子小徐用泛倍數立一術，八綫弧背互求，真數對數互求，旁及屢代之法，皆較新譯《代數術》簡易倍徙，而與用微分所推得者無異。小徐以此發西人未言之藴，固與綴術相得益章者也，抑小徐之意將以明微分也。余謂微分之所以不明者，以人泥於變幾何之說，而未深究立元之義也。其所謂變者，乃從題式變化而出，天下豈真有無法之形而可算者，其天微分初無數可言也，及求得其變比例之限而成相與比例，則天微分可以任大任小，仍立元之意也。蓋天元一謂之爲泛倍數也可，謂之爲變數亦無不可。苟明乎此，則小徐此術雖未足以抉微積之藩籬，信足爲學微積者之先導矣。世動言代、微、積三術爲古所未有，余竊不以爲然。古之籌算非今之籌算也，以紅黑等爲識別耳，亦必俟變化，既訖而後，以數入之。前人證攷工割圜非屢求句股所能御，又地動之說見於《尚書緯》，地爲扁圜之説見於張平子《靈憲》，平子且有候地動儀以及古歷章蔀之說，凡久視爲陳言者，今乃爲最新之義，爲微積致用之大端，特書闕有間所傳者僅九章耳。案《漢書・蓺文志》有《許商算術》等數十卷，竝無《九章筭術》之名，則《九章》爲殘缺不完之書無疑，而其盈朒章(网)[兩]鼠穿垣、蒲莞共生(网)[兩]題，尚足爲古有對數之證，何得言古無代數、微分、積分三術耶？論秦漢以後學術尚不能以今所傳習者爲據，况尚論三代疇人子弟未分散之時乎？戴東原氏有言補六藝之逸簡，吾於小徐望之，筭術特一端而已。

清・朱正元《泛倍數衍序》 大凡算學之道，有盡之數求之多易，無盡之數御之較難。是故乘易也，而除難，開方尤難。方易也，而圜難曲綫尤難。惟無盡也。顧理不可盡，而欲以力强盡之，則數不必遂盡。而於盡不盡之間，能使小至盡目力而不可察、盡心力而不可思議者，級數也，而微分之理寓焉矣。蓋微分者，乃算學中必至之程途，並非別開之蹊徑也。曩年某西人讀戴、徐諸公所著書，謂與微分有甚近者，自今攷之，信然。然或讀諸公書則不疑，讀微分則疑之，何也？殆驚於變數耳。不知變數者，乃未定之式、未知之數也。夫未定之式、未知之數，又何害於變乎？且古人亦嘗用之矣。借積以御乘方開方，析一數而二之，不宛然微分乎？逐項而遞求之，不宛然叠求微係數乎？蓋其所求微分，皆按廉法之理，是以綫之微分近點也，面之微分近綫也，立方之微分近面也，層累而上，其微分皆比本積少一方耳。

清・王季同《積較補解識》 天元開方定商甚難，西人有化爲正乘方者，亦甚瑣碎，未有通灋。華氏若汀創爲積較開方之術，又立積較還原、減層諸表，以乘與并入之，即得方根，誠爲開方捷灋。第華氏所創減層表，於立灋之理語焉不詳，還原表造灋太緐，閱者驟難明瞭。

清・彭竹陽《彭氏啓蒙數學談理》卷八 方程

方者，比方也，比較之方法也。幾數相間雜，時合而爲一，時分而爲幾，非用比較之方，將其相同之幾項法實減去，而餘一法一實，則不能得數焉。程者，式也。其比較之方，各有程式也，故曰方程。方程之術，在中法列於《九章》之内，用齊分相減之法，無論若干項之方程，恒屢齊分，屢相減，以減至得一項爲止。其理與代數無異，但方程之術必分正負，以常法御之。則正負之號不及代數之明晰。故梅氏方程，在中法已號稱諸書冠，然其中正負之誤，亦復不少。此由中西元代兩術未闡明以前，中算家解方程者，皆用一横畫號，以區別數之正負，使幾數互乘齊項後，依正負相加減而得數。若題只二三項者，其正負尚不難區別，若題爲多項，則千頭萬緒，正負迷亂矣。以代數御之，則無此弊，且其分正負之所以然，均宣露紙上，令學者一目了然，無尋索之苦。

清・徐虎臣《溥通新代數・敘》 《皇極經世》云：天下之數出於理，違於理則入於術，世人以數入於術，故失於理。偉哉其言也。嗚呼！天下之數，無一非出於理，天下之理皆憑於數而始顯，苟無理則數不生，苟無數則理不顯理者，天下之公道也，亘萬世而不變，通萬國而不異，彌萬物無不存，若夫日月之麗於蒼天，星辰之運於太虛，皆有自然之理爲之主宰，欲證明自然之理，唯數而已，苟無理，則天地混沌，日月失明，星辰飛散，人類死滅，草木枯朽，萬物無噍類矣，則數何以起。由此觀之，天下之數出於理者不誣，違於理則入於術矣。術者，一人之私意，非天下之公道也，亘萬世不能無變更，通萬國不能使相同，欲定萬世不易、萬國普通之公理，非數而何？我聖祖仁皇帝御製《數理精蘊》云：數者，理之證也。實千古之卓見。夫欲明自然之理，不可不知一切之數學，欲知一切之數學不能不先窮代數之理。代數爲一切數學之基礎，欲明一切之數學，固不能不藉徑於代數。代數學者，西名阿爾熱巴拉，譯亞刺伯語，謂補足相消之意，始從方程式而得，厥後屢屢更變，愈改愈精，故今之代數學異於往古之術也。當我朝康熙年間，西人始傳阿爾熱巴拉之法於我國，譯名曰借根方。其法與中國之天元不謀而合，且不若天元之簡捷易明。自嘉道以來，天元之學日精，江都焦氏、甘泉羅氏、海寧李氏相繼發明天元、四元之奥理。此時西人之代數亦日進於精深，故咸豐年間李海寧與偉烈亞力合譯《代數學》，同治年間華金匱與傅蘭雅合譯《代數術》《代數難題》等，而所譯之書皆改十一爲⊥丅，又易其分數之母子。考其更改之意，西書之加減號因與數字之十與一相混，倒其分數之母子者，因既命爲分母分子，則母不能不居於子上之意。

清·張成桂《微積通詮序》 《春秋》傳曰：物生而後有象，象而後有滋，滋而後有數，是故形體初具渾侖而運諸無窮，其鬱化精而幽賛之者，探賾索隱，剖割太真，於是迎日推筴之事興焉。蓋繇隸首以還，闢徑開畦，遞推遞轉，演臺錐者得懸解，擅叓術者偁通材，延至彳號禾號之别爲二營，而壼奥畢顯。花縣黄君佩星，工算術者也，篝燈之暇，括舉西士要旨，成《微積通詮》十六卷，以成桂猶知厓畧，俾爲之序。竊謂代數之後，繼以微積，椎輪大輅，先後攸分。來本之之學，鏤盱鉥腎，析以秋毫，蜚聲歐洲，及於震旦。嗣是如馬格老林、戴勞諸子，咸以其藝鳴，鑽笮靡遺，兹業不墜。夫代數僅馭直綫，惟微積可以馭曲綫，代數僅求常數，惟微積可以求變數，故夫函數大小繇合而離，繇進而退，其中層累曲折，如苞符之洩，其藴如以指喻指，以非馬喻馬之莫可端倪，擘而究焉，加以縋鑿，理固備矣，用亦廣矣。顧曩者金匱華若汀謂：有探討經年而未得其從入之塗者。

清·黄啓明《微積通詮·例言》

一，微積之術仍藉代數式爲用，故其加減乘除、開方並各種變項之法，均與代數常法同，其求各種曲線之長或面或體，必先依本曲線之理求其縱横二線之同數。故欲學微積者，須先通幾何之學，各種曲線之理，代數布算之法，方可從此問津。

一，微積之術專言變數，與代數求等之法迥不相同。故學微積者，須先化去其胸中之常見，而存其變易無方之見，然後於此術乃得頭緒。

一，微積術中各種變化之法，實超出乎代數之外，而不可以代數之常法解之。故甫學微積之人，每有閲歴經年而莫得其從入之門者。

一，微分立法之旨最難會意，倘會意有差，則失之毫釐謬之千里。故學微分者，貴有師承，否則必於全書展閲數次，先知梗概，然後以細意會之，其旨乃出。

一，微分求法視之雖淺，而其理實深，故華氏《筆談》謂其説理之處幾如囈語，演算之法竟如兒戲，殊不知微分者乃將極深之理變爲極淺，遂使極難之法變爲極易耳。

一，積分爲微分之還原，既知微分所由來，便知積分之法所由立。故學積分者，不必論其理，只可論其法耳。

一，積分求法又爲微分再進一步功夫，因平常數學之原皆可還，而微分之原有可還有不可還者也。其可還者既無定理，又無成法，其大要不外乎變化之法。其變之之法，總不外乎助變虚代二法。故學積分者，非深通代數變化之故不能爲之。

一，是編所輯，其大畧本《代微積拾級》《微積溯源》諸書而參以管見，因二書詞旨隱奥，每類之中僅露端倪，初學讀之不無臨卷茫然之歎，今則標其旨，明其法，究其用，務使術意發明而止，故雖詞句之俚俗，體例之失當，皆所不計也。

一，是編所輯原爲初學起見，法必求其顯，解必求其暢，使初學讀之一覽焉而知其立法之理，爲用之精，故解説之詳，有傷煩冗，兼文句中間有重複之處，亦所不計通者，諒之。

一，是編共十六卷，第一卷至第三卷言微分求法，第四卷至第八卷言微分實用，第九卷至第十二卷言積分求法，第十三卷至第十六卷言積分實用。倘有不盡術意者，海内君子尚期補之。

又 卷一

微分明綱

微分之術，從代數變通而得，故其加減乘除、開方與及各種記號均與代數常例同，而立法則異。如代數立法不過將已知之數與未知之數比例齊等，而所求之數以出，微分立法則無論點線面體皆設爲不定之數，其數既爲不定，則能變爲大亦能變爲小，其變大者必漸變漸大，變小者亦必漸變漸小，乃合其漸次所變之積，而所求之數以出。是代數立法只能推一切常數而不能推變數，而微分立法專能推一切變數也。又代數代法恒以甲乙丙丁子丑等元代已知之數，以天地人物等元代未知之數，而微分代法則以甲乙丙丁子丑等元代常數，以天地人物等元代變數，是代數之意專分别其已知未知，而微分之意則不計論其已知、未知，而專分别其常數與變數也。

所謂常數與變數者何也？如平圓之半徑設數已定，不復移易，是謂常數。

若其任一段之弧，或弧之弦矢切割各線，及各線與弧所成之面，皆能隨弧背上逐點而移，即能逐點而變，不能預定爲何數，是謂變數。

橢圓之長徑短徑皆爲設數已定，不復移易，是謂常數。若其曲線之任一段，或曲線上任一點之縱橫線，并其形內形外所能作之任何線或面或角，皆能隨曲線上逐點而移，即能逐點而變，不能預定爲何數，是謂變數。

拋物線之通徑設數已定，不復移易，是謂常數。若其曲線之任一段，或任一點之縱橫線或弧與縱橫線所成之面，皆能隨曲線上逐點而移，即能逐點而變，不能預定爲何數，是謂變數。其他仿此例推。

常數既爲設定之數，則不能變大，亦不能變小，又不能爲〇，恒以甲乙丙丁子丑寅卯等字代之。

變數既不能預定爲何數，則可以變大，亦可以變小，又可爲〇，恒以天地人物等字代之。

變數之中分爲二類，一曰自變數，一曰函數。自變數常在算式之右邊，然亦間有在算式之左邊者。函數常在算式之左邊，然亦間有在算式之右邊者。右邊之自變數任設若干項或若干元，而左邊之函數恒爲一，蓋以左邊之一數包函右邊諸變數于其中也。故左邊函數不能自變，必待右邊之自變數變，然後隨之而變。

如以平圓之八線爲函數，則其所配之弧爲自變數，其八線不能自變，必待其弧之變，然後隨之而變。若反推之亦可以弧爲函數，其所配之八線爲自變數，其弧不能自變，必待八線之變然後隨之而變。

又　微分明理

算學之理皆幾何之理也，無論四元、代數、微分、合數等法，雖變化各有不同，而其立算之始，非幾何不能爲功也。蓋幾何所持者條段，故條段明而題理亦明。四元、代數所持者題理，故題理明而條段亦明。至于代數中助變虛代之法，可謂窮極奇巧矣，然助變虛代之法，是代數中又用代數之意也，雖不可以條段明，亦堪以算理論也。今微分之術，論其理似不可以條段明，然細攷之，亦幾何之理也，論其法似不可以題理顯，然細按之，亦代數之法也，但其變化之故，則超出乎代數之外耳。

華氏《筆談》云：幾何之所以能使人易信者，因其所論之事分爲點、線、面、體四部也。天元之所以能使人無疑者，因其未知之元與已知之數，其條段有相當之理也。然天元中所立之元，有爲線者，有爲面者，亦有爲體者，是其元能兼線、面、體三者之用也，惟不能爲點耳。至于微分，則可以兼點、線、面、體四者之用，故以點、線、面、體釋之，而微分之式自明。

設有兩線于此，一稍長，一稍短，惟長短之所差者甚微，幾不能以數計，則此所差之數即爲微分。設有兩面于此，一略大，一略小，其大小之所差者甚微，幾不能以數計，則此所差之數亦爲微分。設有兩體于此，一較肥，一較瘦，其肥瘦之所差者甚微，幾不能以數計，則此所差數亦爲微分。

何也？其兩線之所差者，雖甚微而不能以數計，究不能謂其兩線相等也。若將此兩線齊其彼端而揣其此端，必有一點不齊也，所以可云點者線之微分也。其兩面之所差者，雖甚微而不能以數計究，不能謂其兩面相等也，若將兩正方之面齊其一角兩邊而揣其又兩邊，則必溢出兩線也，所以可云線者面之微分也，由是推之，可知所差甚微也。兩立方體彼此相較，必有三面溢出，所以可云面者體之微分也，從此更推之可知，每少一乘方之體必爲多一乘方之體之微分。如是言之，則算學中所謂微分者，並非空虛無據之物，乃實有迹象可徵者也。

又　微分本義

微分之代數，變通之代數也。微分之幾何，變通之幾何也。是以入理之深，得數之巧，迥非幾何、代數所能及。非謂有微分而幾何、代數均可廢也。蓋一切淺近易明之數，仍藉幾何、代數而明，至于各種深奧難明之理，幾何、代數所不易明者，以微分術推之，則無不破其機而洩其蘊，非神乎技者孰能與于斯。今將微分術中所應有之義詳列于左，以明其故焉。

一、明線面體之根原

線面體之根原，皆起于一點，何則？凡數之變大必由漸積而成，數之變小必由漸損而極，凡物皆然，則如地球初成必由一點起，漸積至今乃有如是。如直線初成，必由點起，是點爲直線變大之微分也。蓋非先有一點，則不能變成一直線。面積初成，無論方面圓面。必由直線起，是直線爲面積變大之微分也。蓋非先有一直線，則不能變成一面積。體積初成，無論方體、圓體。必由平面起，方體初成必由方面起，球體初成必由圓面起。是平面爲體積變大之微分也。蓋非先有一平面，則不能變成一體積。由是體起于面，面起于線，線起于點，究其原皆成于一點也。今以極微之分而攷求各種函數之積，蓋亦求其漸次所變之積，合而成之，而得一總積之法也。

二、明變率

微分之術，專言變數。變者，變易無常之謂也。其數既變易無常，則其比例

而成之各率亦必變易無常。【略】

三、辨常變

凡求微分之時只論變數，若算式中有常數者，雖多不論。蓋微分之法專言變數，以其能變大，亦能變小，亦能爲〇故也。若常數，則不能變大，亦不能變小，故不論。

四、記號

凡將函數之式求得其微分之後，則作一號以記之。或將求微分之時，先作一號以記之，其號如彳，即微字之偏旁也。如天之微分則作仸，人之微分則作⿰彳人，戊之微分則作　⿰彳戊　是也。又如有式　甲丄天　欲求其微分，則先作彳(甲丄天)　亦同。

又　卷一五　割圜八線級數上

弧背與八線互求，古無其術，自西士杜德美傳割圜九法，以屢乘屢除通方圓之率，此即代數、微分、積分中弧背與八線互求之級數式也。杜氏當時惟傳其式而不傳其立式之法耳。而明氏、董氏、項氏、戴氏、徐氏、李氏諸大家，皆本之立一家言，以爲之説，而杜氏之義推闡靡遺，由是弧背與八線互求皆有其術，可謂盡一圓之變矣。惟是立法雖巧，而算式浩繁，最難布算，學者難焉。竊思弧背與八線互求，惟微分積分能明其理，顯其法，因將以前所演微積算草，取弧背與八線互求諸級數式，著爲一篇，比用明、戴諸家之綴術與用代數所推得者，其簡易不啻萬倍云。

又　卷一六　割圜八線級數下

弧背與八線既可互求其級數，則任倍弧或任分弧之八線亦可互求其級數。董方立氏、徐君青氏均已列有成法，測圓之變至此幾窮矣。但綴術之法，算式浩繁，商除厭拙，學者望洋興歎，莫肯動筆。兹爲簡便之法，演成各式，以濟綴術之難云。

又　八線對數級數

弧背與八線互求，真數與對數互求，中西算書皆有公級數式矣，而八線求對數則未有也。自來八線求對數，用本線之真數，依真數求對數常法求之，未有能舍八線真數而徑用弧背入算者也，惟戴鄂士假數測圓，徐君青造表簡法，以屢乘屢除馭之，亦能舍八線而徑用弧背入算，惟是二君之書多言理者或畧于數，言數者或隱其理，均難鑿險追幽，深入顯出，且其算式極繁，最難布算，學者難焉。竊思八線對數一表爲天算家之刀圭，爲用最巨，苟無一公級數式以求之，未始非算家之缺事也。因譔是篇，以公同志。

清・陳志堅《微積闡詳・序》　人之心思愈用而愈靈，理之精微亦愈研而愈出。西法之代數與中法之天元殊塗同歸，于數理亦云精矣。

清・方克猷《方子壯數學》

四元術贅

中法至四元神矣。論者尚謂其遜於代數者，何也？不能立公式，一也。不能御微積，二也。元數之條段雖明，而真數則渾和於太極中，三也。然此固不必爲演元家諱也。至若以之馭雜糅繁難之題，鉤沈幽隱之數，則乘除升降，投之所向，無不如志，依法演𥹋，不煩審顧，不勞思索，吾謂代數弗如也。蓋元家之遜於代數者，𥹋格拘之，而元家之便於代數者，亦即𥹋格爲之。尺有所短，寸有所長，亦其勢使然也。四元似珠𥹋，代數似筆𥹋。夫人莫不喜代數之明顯，而苦四元之隱奧也。

又　四元贅説

代數之學易而難，四元之學難而易，何則？代數以指數爲用，能令式中條段一目了然，各項任意排列，一無窒礙，此其易也，然或遇多項乘方、極繁重艱深之題，連篇累幅，書法累墜，顛倒錯雜，消法之次序茫無端緒，故曰難。四元以算格爲用，真數皆渾涵於太位，而且元之諸方數同爲一，其中條段猝不易明，又拘於定位，動多牽制，此其難也，然若能神而明之，心知其意，則任何乘方、任何多項，法均一貫，但使依法演𥹋，不煩審顧，數一定而理隨之，數愈繁術愈簡，故曰易。四元術之長，非難不顯。試取《玉鑑》下卷三元類(未)[末]十乘方、三元(未)[末]十一乘方、四元末十三乘方等題改演代數，難易自知。自來釋四元者，如易氏《四元釋例》，吴氏《天元四元合釋》，諸家備矣，然或言之不詳，或抉理不顯。《四元解》尚矣，而以幾何顯四元，至多項乘方，則條段之理有時而窮，其有遺義，輒爲補之，餘前人所已詳者，故不述。

一，相消法，前人所謂相當式也。李氏鋭獨辨其與兩邊加減之相等式不同，其説不爲無見，惜其徒斷斷於加減閒也。天元之求兩如積，自不得謂非等數，然及其相消得式，則所求者非等數，實滅數也。等數之理，自是後人從借根方法以彼悟此，究之古人立天元之時，未嘗有借根代數也。天元所求得之如積，皆同數不同式之積也。惟不同式，故相減不盡而成等數，惟同數，故式中正負卻盡而成滅數。夫等數者，因兩邊相等而得名也。若無分兩邊，何所謂等？推天元相消立法之意，只是求其正負相當，消兩數而合爲一數，然後除焉、開焉，必商得一數，代入此式，能令式中諸項一時同變爲○者始爲元數，而真數以出，故曰滅數。蓋同一等數之式，借根代數用其分，而天元用其合也。故凡以天元式改爲代數式者，必將諸項合於一邊，而令其一邊等於○，正負始合，而代數式亦必加減至一邊爲○，而後成開方式，正此理也。

一，四元消法。凡四元四式非真同數也，亦非能同等也，不過同爲兩邊相等之式耳。其能用以相消者，則全賴通分。蓋等數式，任以一式乘之，仍相等也；任以一式除之，仍相等也；任以一式加之或減之，仍相等也；任以一式盡翻其正負，仍相等也。【略】

一，剔消法。《釋例》云：剔而各自乘其正負之積數，仍相當也。然何以能相當之理，尚無以顯之。蓋剔消之法不一，有直剔，有橫剔，且有斜剔，任意截之，均無不可。夫一式剔爲二式，各自乘相消，與本式自之爲兩者，既不同理，又非上條所謂別以他式乘之、除之、加之、減之者比而相等之。故總不慮其或變者，何也？以代數明之，同數相消，是消兩邊爲一邊，合式也。剔分相消，是改一邊爲兩邊，分式也。【略】

一，凡二元、三元、四元，猶方程之二色、三色、四色也。其今云等式，則方程之一行、二行也。《釋例》以方程解天元最爲直捷，但以今式云式爲天元之寄數、又數，則非。蓋寄數又數，同數也。若四元諸式不過同爲相當之式，非真能同數也。故天元消有減無加，四元消加減互用，雖同曰相消，而術意自別。吴氏駁之，是也，而亦有説焉。四元曰式雖非同數，然其式中正負莫不相當以成滅數，而令四式一時同等於○，則一也。既各式之一邊同等於○，是謂無數。無數之數，迺真同數也，則謂之寄數與又數也。亦宜不然，豈有參差不齊不同等之數而真能用之相消者乎？惟其四元之式皆成滅數，皆等於○，是之謂真相等數，故分之，合之，加之，減之，乘之，除之，剔之，齊之，任何變之，而式之等於○者不變也，故能錯綜變化，以得所求，所謂無數而數之以出者。此也，是正四元立術之原也。

一，前人謂四元者，合天元方程而加精者也，而其相消之法，尤是全出於方程。蓋方程非立元無以求得各式，立元非方程無以消爲一行，合而用之，各極其妙。譯代數者，直名等數爲方程式，有以也。前以方程釋四元者，易氏發之，吴氏闡之，備矣，惜其以方程釋四元，而不知以方程明消法也。四元之難，惟相消耳。其術從方程來，還以方程釋之，明白易曉，而法亦一貫，亦習四元者之先導也。今詳演其説如左。

清・劉澤楨《中西數學通解・例言》 一，今之言算者，競重代數而棄天元，謂天元不及代數捷也。夫代數所能馭之題，固有爲天元所不能馭者，然尋常問題，以天元馭之，簡便亦不下於代數，且代數至開立方帶縱以上，一題一法，繁而無紀，若天元開方，自平方以至若干乘方，皆可以一例開之，此又代數之不如天元也。故二法並列，爲學者中西一貫之助。

又 卷二 諸分法

案：分數之法，代數最重。凡不知分數法者，必不能解代數，以代數之多分數式也，學者宜於是法熟習之。至天元於此等數，惟有寄分一法，不除此而乘彼，意與代數去分相同，若命分、約分、通分則皆不便，故天元獨無分數之法。而《代數通藝録》諸分法，詳明簡當，與《精蘊》式異而理法實合，故特録《通藝録》法於左，以從省也。【略】

以上三法，依次較簡，於帶分代數，用處甚多，學者最宜熟習。其分數多者，如法互乘，爲數太繁，固不如後法爲便。而諸分母中，或有爲天地等元雜糅者，則又惟互乘之法可用，隨題得式，隨式用法，運用之妙，存乎一心而已。

又 卷三 正比例

常法代數，皆可作比例，惟天元則無之。然天元雖無比例之式，而未始不寓比例之理。如立天元一爲某數，即所求四率也。以原有之某數乘之，即一、四兩率相乘也。同數即二、三兩率相乘。相消所得之除式，即二、三兩率相乘，一率除之，得四率。是非比例亦比例也。後仿此。

又 卷四 加倍減半差分

加倍差分，其數自少而多，皆以倍而加。減半差分，則數自多而少，皆以半而減。因加減有定分，故立衰有定例。總以加倍減半之數爲相連比例，設爲借數以求正數也。【略】

設又田一千二百畝，分與甲乙丙丁四人種之，自上而下遞減一半，問各該若干。【略】

解曰：《精蘊》先求甲數，天代先求丁數，蓋由上遞減一半，無異由下遞加一倍，法異而理一也。天代先求最小丁數，實可免寄分去分之繁。如天元立天元八爲甲，代數命八天等甲，以下如法推求，即與《精蘊》無異。然代數變例，尚可任作幾天，天元則以立天元一爲定例，而無有立幾天元者。故必先求最小數，而法乃便易。

案：按分遞折比例一卷，皆用衰數立算。夫衰數，虛數也，假數也。以虛求實，用假形真，是比例中已早寓天代之妙。識者謂借衰即天代，愚謂比例法之衰數亦即天代。不識天代爲何物者，可先即衰數而三致意焉。

又 卷七 盈朒

盈，有餘也。朒，不足也。設有餘不足以求適中，亦爲因較而得正數之法，此固比例法也。但比例以實數求實數，而盈朒則以虛數求實數。然虛數皆與實數相較，而生盈朒之差，則虛數亦實數也。比例以所有之三率，求所餘之一率。而盈朒則所有爲兩數，且兩數之中各藏一數，其實亦三率也。其間有一盈一朒者，則以兩數相加爲相較之率。有兩盈或兩朒者，則以兩數相減爲相較之率。有一盈一適足，一朒一適足者，則無可加減，而或盈或朒之數即其較也。法不一致，惟在相較以得其差。理本一原，惟在互比以得其實。錯綜變幻，其用不窮，所謂以實御虛、和較互見者，庶幾盡於此矣。

案：盈朒之術，與天代最相近，而其理比天代爲淺。學算之人有不通天代者，然未有不通盈朒者也。能知盈朒之理，與天代之意相同，即可從盈朒以通天代。蓋題之上半節爲天元之寄左數，爲代數之此邊，題之下半節爲天元之同數，爲代數之彼邊，而天元相消，代數移項，即爲盈朒中法實之數。惟以盈朒馭題，必先辨其題爲一盈一朒，或兩盈兩朒，或盈與適足，朒與適足，而各以其本術馭之。若用天代，只須知盈者當加，朒者當減，適足當爲空，不必問其題之在盈朒中爲何如也。此天代之便於常法也。【略】

案：盈朒之術，在常法須分别各種題問，以爲推算之準，故其法較繁。若用天元、代數馭之，不過分别正負，以便加減而已，毋庸另作法式，合觀前草自明。至於雙套盈朒，不過加一帶分，如前算之，自可得數，故不贅。

又 卷八

借衰互徵

借衰互徵者，有總數而無分數，或有分數而無總數，或無分數總數之實率，而但有其虛率，則不得不别借一衰數以爲比例，然後可以得其真數，故曰借衰。然而所借之數，又各不同，有借於本數之中者，有借於本數之外者，借彼徵此，借虛徵實，故曰互徵。蓋先借各項衰數，合而爲總衰數，以總衰數與總真數比，即若各項衰數與各項真數之比也。或先借總衰數，加減出各衰數之較，以各衰數之較與真數之較相比，即若總衰數與總真數之比也。或以各衰數之較與真數之較相比，即若各項衰數與各項真數之比也。要之，皆就比例之法而推廣之耳。

案：此法先借衰數，然後作比例，與天代先立天元，再行推算，統歸一理。蓋常法之借衰，即天元之立天元一爲某數，代數之命天等於某數。常法有幾衰，天代即有幾天。但常法拈得一題，必須先擬出幾衰，各題變化莫定，故其擬借之法亦不一，令人難於推測。天代則統歸一法，既定天元，自然能推得幾天，無煩虛擬，此天代出於借衰，而實妙於借衰也。

又 疊借互徵

疊借互徵者，因原問内設數隱伏，一次借衰，尚不能得其真數，故不得不借兩數以比較之，先借一數與原數相較，復借一數與原數相較，然後據兩較以立算，而真數可得，故曰疊借。蓋以疊借之數比原問之數，或多或少，乃作盈朒法算之，以求兩借數之較也。故其較之一多一少者用加，或兩較俱多、兩較俱少者用減，一如盈朒之例。以兩差數之較，與兩借數之較爲比，而得借數與真數之較。或以兩借數互乘兩差數，以兩差數之較與互乘所得兩差數之較爲比，而得所求之真數。其法雖繁，實有條理，亦借數之巧也。

案：借衰互徵，其法較天代爲難。疊借互徵，繁於借衰互徵，必較天代爲尤難也可知。學者每以常法爲易，而以天代爲難，蓋由教者懷私，既不肯指破其迷。而中西算書，又各自成一家，從未有合爲一書，使人比類而觀，以明其理者。故學者多易常法而難天代，而不知天代即借衰，實較便於借衰焉。【略】

以前各題，常法天代必合解之。疊借互徵，則第合解天代而不及常法。蓋天元與代數本相類，而常法與天代，繁簡直判若天淵，固難牽合而强同矣。

又 卷九 方程

方者，比也。程者，式也。數有隱雜，則用互乘齊其分以比之，實有多少，則用正負定其式以減之，故曰方程。蓋用互乘者，所以齊其分，使其首數皆同，減盡而餘一法一實以得一數也。法雖有三色、四色以至多色，不過累乘累減，亦歸於一法一實而已。其二色者設二行，三色者設三行，有幾色必設幾行。若三色設二行，四色設三行，即不可算。若二色設三行，三色設四行，則其一行又可以不用。是故解方程者，又謂設數必成方而後可算也。用正負者，因每行所有之物與銀，有爲我所有者，有爲人所有者，以我所有易人所有，其值必彼此相當，故以正負分之。令我所應有者爲正，人所應有者爲負，逐行如之，則各行之正負，各自相當，而後可齊分而直減也。入算之始，以首色互乘衆色，與首色同類者皆正也，與首色異類者皆負也，互乘之後，以所得之兩行直減。同號相減者，本式大，其號不變，本式小而反減者，則正變爲負，負變爲正。異號相減者，則不減而反加，從其本式之名也。至於首色減盡，則第二色即爲首色。如有三、四以上諸色，則必重列減餘諸式，如法互乘以減之，至餘一法一實而止。此方程之大要也。

案：《九章》至方程，始用正負以加減乘除。天代之用正負，實昉於此。但方程正數則直寫正字，負數則直寫負字，天元以有斜畫者爲負，無斜畫者爲正。四元同。代數以⊥爲正，以⊤爲負，其號本不同，然其所以用正負，與用正負以加減乘除之理與法，無不一一相同。故能知方程正負之理與法，未有不了然於天代正負之理與法者也。

《九章》諸題，以天元馭之，無不可通。而方程一法，則獨不便於用天元，惟以四元馭之，則較簡易。蓋方程之術，已顯寓四元之理。世之習算者，往往易方程而難四元，不知各元環繞太極，亦一直行之方程也。故特以四元演方程，使人知四元即方程，方程即四元也。夫四元之術，古書之僅存者，惟朱氏《四元玉鑑》，然細草未詳，讀者苦難下手。至甘泉易氏有《四元釋例》，海寧李氏有《四元解》，南豐吴氏有《四元草》《四元名式釋例》《四元淺釋》，其於四元之行列方位、加減乘除相消開方之法，無不詳明，使人易曉。而此編不便備載，試特舉其要者言之。其行列方位，以太極居中，天元居下，如 太丨 地元居左，如 丨太 人元居右，如 太丨 物元居上，如 丨太 其全圖爲 丨太丨 但太極之空位，以太字記之，一經傳寫，不免四方游移之弊，故改用括弧，如 丨()丨 而太極之有數者，則書其數於括弧之内。眉目較清，部位較明。至其加減乘除開方各法，悉同天元。惟相消之法，天元只有如積相消，四元則有如積相消，有齊同相消。如積相消與天元同，齊同相消則與如積相消迥異。蓋如積相消，其彼此兩數只能相減而不能相加，齊同相消可以彼此相加減，與常法互乘齊分略同。法詳後草。

代數一次同局方程，與《九章》之方程，式異而理同法合。但和數、較數、和較兼用，和較交變、方程，以及纓絡方程，斷續方程，帶分方程，中法因題一變即生一法，便立一名。其名多，即其法亦繁。代數則只在審明正負，以便加減乘除，無論題理錯變，不過如尋常推算而已。【略】

按二色方程，以天元馭之，猶不覺其繁。至三色以上，則繁而不可解矣。惟多一色，即多立一元，其推算直與方程本術無異，此天元之不如四元也。然五色以上，即四元亦不能馭。惟代數則無論若干色之方程，皆可依法步算，此又四元之不如代數也。

又　卷一〇　平方

平方者，等邊四直角之面積也。以形而言，則爲兩矩所合。以積而言，則爲自乘之數。因其有廣無厚，故曰平方。因其縱横相等，故曰正方。蓋方積，面也，而其邊則線也。有線求面，則自乘而得積。有面求線，則開方而得邊。開方之法略與歸除同，但歸除有法有實，而開方則有實無法。故古人立爲商除廉隅之制以相求，每積二位，得邊之一位，所謂一百一十定無疑，一千三十有零餘，九千九百不離十，一萬方爲一百推是也。其法先從一角而剖其冪，以自一至九自乘之數爲方根，與所有之積相審，量其足減者而定之，是爲初商。初商減盡無餘，則方邊止一位。若有餘實，即初商方積外，別成一磬折形。其附初商之兩旁者，謂之廉。兩廉之角所合一小方謂之隅。廉有二，故倍初商爲兩廉之共長，是爲廉法。視餘積足廉法幾倍，即定其次商，隅即次商之自乘，故次商爲隅法。合廉隅而以次商乘之，則得兩廉一隅之共積，所謂初商方積外，別成一磬折形者是也。故次商爲初商所得方邊外之零，如次商數與初商餘積相減，尚有不盡之實，則又成一磬折形，而仍爲兩廉一隅，但較前廉愈長，而隅愈小耳。凡有幾層廉隅，俱照初次商之例，逐層遞折之，實盡而止。實不盡者，必非自乘之正數，遞折之至於纖塵，終有奇零。若餘實不足廉隅法之數者，則方邊爲空位。此開方之定法也。面形不一，而容積皆以方積爲準，故平方爲算諸面之本。諸面必通之方積，而後可施其法也。

華氏天元開方略説【略】

案：天元開方，自平方以至多乘，統歸一例，故特録華氏《開方略説》於此，以備開各乘方之用。代數則一類一法，各法自宜分類列之，故此但言開正平方之法。

又　卷一六　帶縱較數立方

帶縱立方者，兩兩等邊長方體積也。高闊相等，惟長不同者，爲帶一縱立方。長闊相等，而皆比高多者，則爲帶兩縱相同之立方。至於長闊高皆不等者，則爲帶兩縱不同之立方。開之之法，大概與立方同，祇有帶縱之異耳。其帶一縱之法，如以高闊相等，惟長不同爲問者，則以初商爲高與闊，以之自乘。又以初商加縱數爲長，以之再乘，得初商積。至次商以後，亦有三方廉三長廉一小隅，但其一方廉附於初商積之方面者，即初商數。其二方廉附於初商積之長面者，則帶縱也。其二長廉附於初商積之方邊者，即初商數。其一長廉附於初商積之長邊者，則帶縱也。其帶兩縱相同之法，如以長闊相等，皆比高多爲問者，則以初商加縱數爲長與闊，以之自乘。又以初商爲高。以之再乘，得初商積。至次商以後，其一方廉附於初商積之正面者，則帶兩縱。其二方廉附於初商積之旁面者，則各帶一縱也。其一長廉附於初商積之高邊者，即初商數。其二長廉附於初商積之長闊兩邊者，則各帶一縱也。其帶兩縱不同之法，如以闊比高多，長又比闊多爲問者，則以初商爲高，又以初商加闊縱爲闊，與高相乘，又加長縱爲長，以之再乘，得初商積。至次商以後，其一方廉附於初商積之正面者，則帶兩縱。其二方廉附於初商積之旁面者，則一帶闊縱，一帶長縱。其一長廉附於初商積之高邊者，即初商數。其二長廉附於初商積之長闊兩邊者，則各帶一縱。小隅則無論帶一縱兩縱，皆各以所商之數，自乘再乘，成一小正方體。其每邊之數，即三方廉之厚，亦即三長廉之闊與厚焉。凡有幾層廉隅，皆依次商之例，遞折推之，法雖不一，皆本於正方，而後加帶縱。故凡商出之數，皆爲小邊。方體共十二邊，若帶一縱，或帶兩縱相同者，則八邊相等，四邊相等。若帶兩縱不同者，則每四邊各相等。是故得其一邊，加入縱多，即得其各邊也。

案：代數以立方帶縱爲三次雜方，其公式如　天^{三}丄甲天^{二}丄乙天＝丙　其次項三項及右邊之數，無論爲正爲負爲缺一天項者爲　天^{三}丄甲天^{二}＝丁　其次項三項及右邊之數，無論爲正爲負爲分數皆可。至開之之法，詳於《代數術》《代數備旨》《代數通藝録》等書。愚初習算，竊謂代數至開三次雜方以上，其法歧出，其理較深，其得數最費轉折，初學讀之，難遽了然。即不畏繁難，殫力攷究，及了然其術，而移步又輒换形，無一可爲通法者。不若天元開方，無論平方立方，以至若干乘方，且勿問帶縱不帶縱，帶縱之同與不同，爲和爲較，無不可以一例推之。故識者謂布式莫便於代數，而開方莫捷於天元。爰以代數布式，天元開方，如前式　天^{三}丄三天^{二}＝丄丄二　以天^{三}　爲隅，三天^{二}　爲廉，丄丄二　爲實，改横爲豎，得

實	方	廉	隅
＝	〇	‖	｜
一			
一			

即與天元開方式無異。如法開之，即得。此以見天元開方之便於代數也。顧代數開方正法，各次既不同科，純雜又各異術，原不及天元開方之便。然執簡御繁，代數未始無開方通法也。今特録三術於左。以備學者取用焉。

一，《代數術》求實根之法，取各次式聚於一邊，令等於〇，然後視其末項真數，有數可度盡者，則其中必有一數爲天之同數。若因可度數過多，求法便嫌太繁，須得其從簡之法。則莫如作表求之。【略】

二，《代數術》求略近之根數法。無論何次方程，但將原式正數。

三，華氏《開方古義》因古法七乘方圖式，創設正負開方表各一，以爲代數開各乘方之用。【略】

以上三法，皆可爲開純雜各次方之通法，習代數者其留意焉。

《精蘊》以初商爲高與闊，加縱多爲長，乃以高與闊相乘，再以長乘之，用減原積。天元已將此理函於寄左數内。代數之二三四層式，亦即此理。故天代既得開方式後，直依常例推算，而無一題一法之累。

又　卷一九　借根方比例

借根方者，假借根數方數，以求實數之法也。凡法必借根借方，加減乘除，令與未知之數比例齊等，而本數以出，大意與借衰疊借之法畧同。然借衰疊借之法，止可以御本部，而此法則線面體諸部，皆可御之。其中有借根借方之不同，蓋因借根者方之邊數，即所謂線，以根自乘得平方，以根自乘再乘得立方，以根累次乘，即得累次多乘方。故以線類爲問者，則借根數以比之。以面類爲問者，則借平方長方以比之。以體類爲問者，則借立方或累次多乘方以比之。至於借數，又有一定之位與降位之法。要之，此法雖設立虚數，依所問之比例乘除加減，務令根方之數與真數相當適等，而所求之數以出。此亦借數之巧也。

清·陳棠《四元消法易簡草》卷二之三　左右逢元下第十七問

棠案：右原術用兩艸得兩元數，今用一艸得數者。蓋古時西法未入中國，未知用真數代消故也。

清·丁福保《算學書目提要》卷上　《張邱建算經》三卷。案：【略】惟雞翁母雛一題，立術簡奧，甄李兩注及劉氏細草，皆未達其立術之源，全憑心計而得。

故嘉定時曰醇著《百雞術衍》以發明之，於古書可爲功臣矣。然此種題如以代數無定式演之，答數界限，一望而知，豈不甚便。

又《測圓海鏡》十二卷。案：【略】降及明代，如積之學，不絶如綫，所以顧箬溪輩以爲無下手處。至昭代梅文穆公供奉内廷，聖祖仁皇帝授以西法之借根方，文穆遂悟天元之術，使已絶之學復明於世。由是李氏尚之作《開方說》以演秦法，又作《海鏡》《句股》二草以述李學，焦氏理堂撰《天元一釋》二卷、《開方通釋》二卷，以融會兩家之説，洵秦、李之功臣也。咸同之間，算氏之精天元者頗多，大衍之學，由是浸微。今則代數盛行，天元一術，棄若土苴，李氏之《細草》雖精，亦絶尠問津者矣。

又 卷中《對數詳解》五卷。案：【略】余謂造對法，當以《代數術》爲最簡。蓋如烏程徐氏、金山顧氏諸名家，其求常對之根，尚須乘除至數十次，較諸《代數術》第一百七十五款之求常對數根，繁重多矣。其求較法亦不如西人簡捷。蓋西人求較法，即求對函數之微分也。

又 卷下《續疇人傳》六卷。案：是書即補前傳所闕，從宋元起，至道光初年止，次於前傳之後，共成五十二卷。其議論較前傳更爲精核。統觀阮、羅二氏之言，皆偏袒古術，掊擊西法，蓋當時天元、四元之術，推闡靡遺，西人借根，相形見絀。主中奴西，良有以也。

幾何分部

題解

明・徐光啓《幾何原本・序》 利先生從少年時，論道之暇留意藝學，且此業在彼中所謂師傳曹習者，其師丁氏又絶代名家也，以故極精其説。而與不佞游久，講談餘暑，時時及之，因請其象數諸書更以華文，獨謂此書未譯則他書俱不可得論。遂共翻其要約六卷，既卒業而復之，由顯入微，從疑得信。蓋不用爲用，衆用所基，真可謂萬象之形囿，百家之學海。雖實未竟，然以當他書，既可得而論矣。私心自謂：不意古學廢絶二千年後，頓獲補綴唐虞三代之闕典遺義，其裨益當世，定復不小。

又徐光啓《句股義・序》 句股即三邊直角形也。底線爲句，底上之垂線爲股，對直角邊爲弦，句股上兩直角方形并與弦上直角方形等，故句三股四則弦必五，一卷四七注。從此可以句股求弦、句弦求股、股弦求句，一卷四七注。可以求句股中容方容圓，可以各較求句求股求弦，可以各和求句求股求弦，可以大小兩句股互相求，可以立表求高深廣遠以通句股之窮，可以二表四表求極高深極廣遠以通立表之窮，其大小相求及立表諸法，《測量法義》所論著畧備矣。句股自相求以至容方容圓、各和各較相求者，舊《九章》中亦有之，第能言其法不能言其義也，所立諸法蕪陋不堪讀，門人孫初陽氏删爲正法十五條，稍簡明矣。余因各爲論譔其義，使夫精於數學者覽圖誦説，庶或爲之解頤。

清・阮元《三角和較算例序》 羅君由此演爲《三角和較算例》一卷，凡九十六術，以通西法三乘方已上之窮。梅文穆公當日反謂，以借根方攻之，其堅立破，亦可謂倒用矛盾矣。

清・羅士琳《三角和較算例・序》 士琳以爲立天元一術超越羣法，爲自來算家至精之絶詣，豈區區三角形之所能限而從未有以角度馭之者。其説有二。天元一術顯于宋元以前，其時西法未入中土，尚不知有三角之名，安能豫設角度算例？此一説也。大凡天元多不受除，故當布算時悉取通分寄母，或豫乘以省後之除，或此乘以代彼之除及其相消後也。自不得不合累乘之數而并除之，故得數較密。若三角既資八線比例，其表所列弦矢諸數恒棄餘分，則尾位下究有微差。此又天元所不屑算之一説也。或曰算由形出，形以圖明。凡可算者爲有法之形，不可算者爲無法之形。此殆爲西法進一解耳。蓋西士精于製器，器必有形。凡形之長短廣狹厚薄，悉皆用比例規，别作度算以量取而得，故非圖則莪由算焉？天元純以理勝，不以形求。凡冪積之層見迭出，悉皆以虚實定正負别加減，因有正負斯有帶從，以其式有類于開方，即以開方法入之。舊説三乘已上無形狀可圖，誠以三乘已上無不從之方，故算不繫乎？圖惟理明而算亦通焉。

清・孫萬春《游藝課草初集序》 履安先生久以算學著名寰内，甲午之役，都中友人寄其所上條陳稿，深服其能以算學見諸實用，非徒託空言也。去歲當道聘主游藝學塾講席，於彭小皋同年處得讀其《求實濟齋書目》及《測繪坤輿新説》，知其於常法之外，又立三角簡法，與膠柱鼓瑟者迥殊。迩又以其年來諸生課艸付之攻木之工，其大要在命題力應陳腐，立法必求簡捷，且於重學三致意焉，蓋幾幾乎與泰西相伯仲矣。攷泰西所以能精者，以其於常法之外另求簡法也，故《代數難題》所録諸術，均試士時，於得數不誤之中，黜最繁而取㝡簡。先生三角測量已於舊法外獨樹一幟，此刻去迂途求捷徑，猶是《坤輿新説》意也。

清・陶保廉《測地膚言・跋》 測量爲算學一事，余質鈍體弱，嚴親戒勿攻算，故於數理至今茫然。隨侍陝右之二年，署中奉會典館行文飭辦全省輿圖，綜其事者清苑孫介眉先生，並延宏道、味經兩書院明算者多人分任測繪，咸能以所學見諸實事。余得與諸君子交，獲益良多，竊惟準望之術古疏今密，近人所輯《測地志要》等書美矣備矣，然在作者力求明顯，以授初學，仍未易解，蓋深人不能作淺語，而於各種儀器亦未暇一一詳論。因不揣固陋，抄撮陳言，參以臆見，將各儀器用法彙成一卷，名曰《測地膚言》，聊爲讀測地各書之階梯，以云數理，則固蹶之於河、蠡之於海也。

綜論

明・徐光啓《幾何原本・序》 唐虞之世，自羲、和治曆，暨司空、后稷、工、虞、典樂五官者，非度數不爲功。《周官》六藝，數與居一焉，而五藝者不以度數從事，亦不得工也。襄、曠之於音，般、墨之於械，豈有他謬巧哉，精于用法爾已。故嘗謂三代而上，爲此業者，盛有元元本本、師傳曹習之學，而畢喪於祖龍之燄。漢以來多任意揣摩，如盲人射的，虛發無效，或依儗形似，如持螢燭象，得首失尾，至於今而此道盡廢，有不得不廢者矣。《幾何原本》者，度數之宗，所以窮方圓平直之情，盡規矩準繩之用也。

又徐光啓《簡平儀説・序》 言曆者莫能舍旃。孔子曰澤火革，孟子曰苟求其故，是已。革者，東西南北，歲月日時，靡所弗革。言法不言革，似法非法也。故者，二儀七政，參差往復，各有所以然之故，言理不言故，似理非理也。唐虞邈矣，欽若授時，學士、大夫罕言之，劉洪、姜岌、何承天、祖冲之之流，越百載一人焉，或二三百載一人焉，無有如羲和、仲叔極議一堂之上者，故此事三千年以還忞忞也。郭守敬推爲精妙，然于革之義庶幾焉。而能言其所爲故者，則斷自西泰子之入中國始。先生嘗爲余言，西士之精於曆，無他謬巧也，千百爲輩，傳習講求者三千年，其青於藍而寒於水者，時時有之，以故言理彌微亦彌著，立法彌詳亦彌簡。余聞其言而喟然，以彼千百爲輩，傳習講求者三千年，吾且越百載一人焉，或二三百載一人焉，此其間何工拙，可較論哉。

又徐光啓《題測量法義》 西泰子之譯測量諸法也，十年矣。【略】是法也，與《周髀》《九章》之句股測望，異乎？不異也。不異，何貴焉？亦貴其義也。劉徽、沈存中之流皆嘗言測望矣，能説一表，不能説重表也。言大小句股能相求者，以小股大句，小句大股兩容積等，不言何以必等能相求也。猶之乎丁未以前之西泰子也。曷故乎？無以爲之藉也。

又徐光啓《測量異同・序》 《九章算法》勾股篇中，故有用表用矩尺測量數條，與今譯《測量法義》相較，其法畧同，其義全闕，學者不能識其所繇，既具新論以攷舊文，如視掌矣。今悉存諸法，對題臚列，推求同異，以竢討論。

又徐光啓《大測・序》 大測者，測三角形法也。凡測算，皆以此測彼，而此一彼一不可得，測九章算多以三測一，獨句股章以二測一，則皆三角形也。其不言句股者，句與股交必爲直角，直角者，正方角也，遇斜角則句股窮矣。分斜角爲兩直角，亦句股也，遇或不可得分又窮矣。三角形之理，非句股可盡，故不名句股也。句股之易測者，直線也，平面也。測天則圜面曲線，非句股所能得也，故有弧矢弦割圜之法。弧者曲線，弦矢者直線也，以弧求弧，無法可得，必以直線曲弧相當相準，乃可得之相當。相準者，圍徑之法也，而圍與徑終古無相準之率。古云徑一圍三，實圍以内二徑之六弦，非圍也。祖冲之密率云徑七圍二十二，則其外切線也，非圍也。劉徽密率云徑五十圍百五十七，則又其内弦也，非圍也。或推至萬萬億以上，然而小損即内弦，小益即外切線也，終非圍也。歷家以句股開方，展轉商求，累時方成一率，然不能離徑一圍三之法，即祖率已繁不復能用，況徽率乎，況萬萬億以上乎。是以甚難而實謬。今西法以周天一象限分爲半弧，而各取其正半弦，其術從二徑六弦始。以次求得六宗，率皆度數之正義無可疑者，次求三要法相分相準以求各率而得各弧之正半弦。又以其餘弧之正弦爲餘弦，以餘弦減半徑爲矢，弧之外與正弦平行而交於割線者爲切線，以他半徑截弧之一端而交於切線者爲割線，其與餘弦平行者則餘切線也，即正割一線交於餘切線而止者餘割線也，以正弦減半徑者餘矢也。總之爲八線，其弧度分爲五千四百，每一度分有八線焉，合之爲四萬三千二百率也，其用之則一形中有三邊三角，任有其三，可得其餘三也。凡測候所得者，皆弧度分也，以此二三弧求彼一弧，先簡此弧之某直線與彼弧之某直線，推算得數簡表即得彼弧之度分，不勞餘力，不費晷刻，爲之者勞，用之者逸。方之句股開方以測圓者甚易，而實是也，然則必無差乎？曰：有之，或在其末位，如半徑設十萬，則所差者十萬分之一也。設千萬，則所差者千萬分之一也。曆家推演至微纖以下率皆棄去，即謂之無差亦可。故論此法者，謂於推步術中爲農夫之剡耜，工匠之利器矣。

明・陳藎謨《度測》卷上　詮經

故折矩。

故者，申事之詞也。將爲句股之率，故曰折矩也。

詮曰：矩既定矣，有乘除可推矣。矩之立法何如，于是將周匝極方之矩，取中界而斜折之，有短者焉，有長者焉，有斜至于隅者焉。折如磬折、曲折之謂，言折成一句一股也。既具一句一股，即具一徑隅，泰西謂之三角形。方者謂之矩，今先舉一句一股之形言之，故云折矩，即木工曲尺。測量全藉方矩，不藉曲尺。不先指一句一股之理數，則意不明下方既方之外以下，始合兩句兩股而解合矩。【略】

既方之外，半其一矩。

句股之法，先知二數，然後推一。見句股然後求弦，先各自乘，成其實，實成勢化外乃變通，故曰既方之外。或并句股之實以求弦實之中，乃求句股之分并實不正等，更相取與互有所得，故曰半其一矩。其術句股各自乘，三三如九，四四一十六，并爲弦自乘之實二十五，減句于弦爲股之實一十六，減股于弦爲句之實九。

詮曰：詞不能盡者，藉圖以闡之。今借□字成圖以訓矩。體□古音方，又圍國二音。形與義皆合于矩。泰西以支干爲號爲文，今作□體代之，止曰上下左右 上 右 左 □ 下。【略】

兩矩共長二十有五，是謂積矩。

兩矩者，句股各自乘之實。共長者，并實之數。將以施于萬事，而此先陳其率也。

詮曰：【略】觀于泰西立矩表法，爲十二自之得百四十有四爲積，同此法也。今愚更其法爲十，自之得一百爲積，亦此法也。然則何不守商高所傳于周公者，而以二十五立法乎？曰測遠大者，小分愈細，得度愈真，故取天地成數以立法，猶之句六股八弦十也，收之則仍句三股四弦五矣。得分欲細，豈僅命十命百，即此定法，而命爲句六十股八十弦百積矩萬可也。更命爲句六百股八百弦千積矩百萬可也，仍不外句三股四弦五也。通乎矩度而審此，益見愚之不謬云。【略】

又　詮器

泰西之有《測量法義》也，實本《周髀》舊術而加詳焉。器有矩度以十二爲法，自乘積實百四十有四，《周髀》亦曰兩矩共長二十有五，是謂積矩，是蓋周髀以五爲法也。積矩者何？言冪也。冪者何？大方之面也。立法十二無不可通，然十二爲乘，十二爲分，不若夫十乘十，十分十之簡捷也。故今立法以十爲度，積矩之度百，積矩之分千，積矩之細分萬，以至十萬、百萬，詳密至矣。

又　詮法

泰西立法以支干定矩度，併以支干字行于論説，蓋由西法純以心記，不藉文字，覽其書者，非屬顯慧則按圖失論，不能見圖循論，失圖不能解論，是作法不能使下智者窺也。今槩去之，止曰上下左右，大句小句，大股小股，大弦小弦云。

舊法高遠命步千里，今槩以尺寸總之，欲命步則以尺之五，欲命里則以步之三百六十。

又　卷下

環矩以爲圓

商高謂周公曰：數之法出于圓方，圓出于方，方出于矩，矩出于九九八十一。又曰：環矩以爲圓。圓蓋難言哉。毋論世人不知圓，自古以迄今，茲名公大人，宛轉以定其法，皆得其近而不得其合也。愚反覆求之，悉得其合，先辨定之，然後可以言矩。矩得然後可以方，方得然後可言圓。俾與後學先資焉。

數有弧矢算法，此關天日黄赤道出度之原，無裨日用，繁而難入，算書少所載，言者不數人。荊川先生言句股測量而不及弧矢，箬溪先生言弧矢句股而不及測量，今合而言之，欲明圓先明圓之徑。徑也者，方也，平圓、立圓中心之徑也。割平圓之旁，狀若弧矢，其背曲曰弧背，其弦直曰弧弦，其中衡曰矢，一一皆取法于徑也。背有曲直，弦有修短，係于圓之小大。圓大則徑長，圓小則徑短，非徑無以定之。古法始于黄鐘律管，古言黄鐘之管，空圍九分，徑三分，遂言徑一圍三。後儒舉徑圍先從黄鐘始，且言圓徑一而周三，方徑一而周四，又從三四中講出許多大道理來，不知周三徑一不足，徑一周三有餘，此其粗略也。還原布算，雖直下可得，不合也。即善曆如郭守敬，言天徑亦云一百二十一度七十五分二十五杪，以此弧矢法測每日日行天度，後人遵之。何處向明眼人説㦲。故徑一周三不及辨也。辨後之革周三徑一而立法者。

一，魏劉徽周徑術。五十因，一百五十七除。

五十因周天得一萬八千二百六十二度八十七分五十秒，一五七除之得徑一百一十六度三十二分四十〇秒四十四微。

又以一五七乘之得一萬八千二百六十二度八十七分四十九秒〇八微。

又以五十除還原得周天三百六十五度二十五分七十四秒九十八微一十六纖。不及原一微八十四纖。

一，宋祖冲之周徑密術。七因，二十二除。

七因周天得二千五百五十六度八十〇分二十五秒，二十二除之得徑一百一十六度二十一分八十二秒九十五微。

又二十二因得二千五百五十六度八十〇分二十四秒九十微。

又七除還原得三百六十五度二十五分七十四秒九十八微五十七纖，不及原一微四十三纖。

一，西人周徑術。三一四一五九二。

以除周天得徑一百一十六度二十六分五十〇秒九十微。

乘還原得三百六十五度二十五分七十四秒七十六微六十二纖，不及原二十三微三十七纖六七二。

一，邢雲路徑圍相取，皆三二二六爲率。

以除周天得徑一百一十六度八十四分五十〇秒〇九微。

乘還原得三百六十五度二十五分七十四秒九十微，不及原七微八十六纖六。

又，邢雲路太一三才奇率三二二二二三〇三四。

以除周天得徑一百一十七度〇二分〇一秒八十微。

乘還原得三百六十五度二十五分七十四秒六十八微，不及原三十一微〇七纖五五三八八。

礵菴太極周徑術。

以周天七位外加太極一十微除得徑一百一十五度八十七分九十三秒五十微，得八位餘四微八三二五。

乘還得三百六十五度二十五分七十五秒，原餘五微一六七五合，二餘得太極一十微，不在內不在外。

又 合矩以爲方

商高曰：方數爲典，以方出圜。典，實也。以，法也。今《九章》之法實。周公所問，豈在置造方圜總從天地起？見聖智超悟于言外。又云：圜出于方。人所見大圜者，天球固也。指大方則以爲地體，不知地者，大氣舉之天中，不啻泰山于稊米，其德則方，其體則圜，于月食闇虛可見。然渾天大圜，必有大方以綰兩極樞者，在聖人六合之外，存而不論。其所存者何物也？蓋大方也。西士亦已窺此。其言九重天，最上爲宗動天。方者，静也。圜者，動也。竊謂大動之圜，有此大静之方以宗之，雖不晰其形象，亦稍得其實理。緣前舉高深廣遠圜五法，皆自淺至深，自小至大。圜法至于天，已深極大極，而不明于以方出圜，商高所言，周公所詢，徒虛語也，且又何以冒前五者之理，統前五者之法乎？商周之時，止見蓋天，不知渾天，然笠以寫天，出笠之方，無不同也。于是明合矩。

清·陳松《推測易知》卷四 數學測量簡法

矩度測量説 測高深廣遠，算學之稍難者也。然得其器，亦不難矣。古人用重表，西人用象限儀，近來算學家用矩度，益簡而便。然《周髀算經》已言：仰矩以望高，覆矩以測深。今人之智力，果能出古人上哉。他姑不暇論。論矩度用一正方木板，横直畫成正方格，格愈多則測愈密，以一百格爲度。横直同。板之側面加二小銅板，各鑽一眼，以代管窺，板之角掛一線，下垂一銅砣名垂線，窺測以此爲準也。

清·方中通《數度衍》卷九《少廣章》 方圓少廣之一。

諸率

通曰：求積者，用徑一圍三。度天者，用徑七周二十二。然徑一則圍三有餘，徑七則周二十二不足。今測以徑十七，周五十二，其率較細，大約四形之率，惟方率無差，他皆無準。方斜七而强，角面七而弱。圓率從難推求，惟舉成數而已。

通曰：方形剖周爲四面，面與中徑等，四面即四徑也。圓以三爲率。徑求周，以徑乘率。周求徑，以率除周。方以四爲率。徑求周，以徑乘率。周求徑，以率除周。

通曰：此勾股弦也。勾股皆五，各自乘，并之爲五十，開方，則弦七有零。七自之，惟四十九，較五十之開方，則少一數矣。今方斜以五七爲率。方求斜，以斜七乘方面，以方五除之。斜求方，以方五乘内斜，以斜七除之。

通曰：此亦勾股弦也。中徑爲股，半面爲勾，各自乘，并爲四十八二五，開方則七不足矣。今三角以六七爲率。面求徑，以徑六乘面，以面七除之。徑求面，以面七乘徑，以徑六除之。

清・李光地《榕村集》卷二〇　雜著三算法

周以六藝教士，其曰九數云者，一曰方田，以御田疇界域，二曰粟布，以御質劑變易，三曰衰分，以御貴賤廩税，四曰少廣，以御羃積方圓，五曰商功，以御功程積實，六曰均輸，以御遠近勞費，七曰贏朒，以御隱雜互見，八曰方程，以御錯糅正負，九曰勾股，以御廣遠高深，此聖人所以極數之用也。然古人精密之法不傳，而後世所用悉皆疎率，故所謂徑一圍三，徑五斜七云者，不過約畧之算，而其方圓相求三分進益，虛加實退，皆非真數也。自漢至元，惟劉徽、祖冲之、趙友欽爲算學之最，故徑七則圓圍二十有二，圓積十一則方積十四者，是其約法也。至於今日而新法立焉，其於方圓圍徑羃積之算不爽纖毫矣。而其書有所謂《幾何原本》者，則以點線面體爲萬數之宗，蓋點引而成線，線聯而成面，面積而成體，自此而物之多寡、長短、方圓、廣狹、大小、厚薄、輕重，悉無遁形，自此而物之比例、參求、變化、附會，悉無遁理。古所謂勾股者，舉中之法耳，今三角法即勾股也。然而有直角、有鋭角、有鈍角，又其算也。分周天爲三百六十度，而角度對之，故量角之度以爲起數之根，然則勾股有直而無鋭鈍，其數起於邊而不起于角，豈非有待于新法以補其所未備者乎。其用之則，以八線之表。八線者，亦古人所謂勾股弦也，今則變勾而曰矢，且有正矢焉，有餘矢焉，變股而曰弦，且有正弦焉，有餘弦焉，其在圓外之股，則曰切，且有正切焉，有餘切焉，變弦而曰割，且有正割焉，有餘割焉。八線相求，互爲正餘，故舉一則可以反三，窮三則可以知一。舉一反三，窮三知一者，則今之三率法是也。三率之法，即古者異乘同除之法，而其立法加妙用之，加廣則非古人之所及也。欲通新法者，必于幾何求其原，以三角定其度，較之以八線，算之以三率，則大而測量天地，小而度物計數，無所求而不得矣。

清・陳世明《數學舉要》卷三　曲線類

又算員周徑率

徑法一百尺，周法三百一十四尺一寸五分九厘二六五三五八九七九三二三八四，七弱六强。此法比前之徑一一三、周三五五者又較密矣。然周法之尾數太多，布算之時似覺太煩，故于布算用徑七周二十二之法，而求密則用此率可也。此率如《九章算法》所載劉徽之割員術與元趙友欽《革象新書》所撰乾象周髀法其數畧同，而西術之《測量全義》内亦此數也。

清・梅文鼎《勿庵曆算書目・三角法舉要》　西法之用三角，猶古法之用句股也。而三角能通句股之窮，要其理不出於句股。故鋭角形分之，則二句股也。鋭角形以虛補實，亦句股也。鈍角形補其虛角，則成半虛半實之句股形，又即成一虛句股之形。而所設鈍角形，又即爲兩句股相較之餘形，皆句股法也。至於弧三角，則於無句股中尋出句股，其法最奇，其理最確，八線之用，於是而神。是故全部《曆書》，皆三弧角之法也。不明三角，則《曆書》佳處必不能知，其有缺誤亦不能正矣。故以是爲初編之第五書也。

必先知平三角，而後可以論弧三角，猶之必先知句股，而後可以論三角也。平三角原止一卷，今廣之爲五卷。曰測算名義，曰算例，曰内容外切，曰或問，曰測量。是書安溪公刻於保定，乙酉南巡，蒙恩召對，進呈御覽。

又《句股測量》　測量必用句股，即《戴記》所謂絜矩也。絜矩之道，立少以觀多，即近以見遠，故立矩可以測高，覆矩可以測深，偃矩可以測遠。然而方可測，圓不可測，於是而割圓之法立。平可測，險不可測，於是而重差之術生。古書雖不盡傳，然《周髀》開方之圖，《海島》量山之算，猶存什一於千百。乃若《測圓海鏡》，元欒城李治著，明大司寇吴興顧箬溪先生應祥爲之著釋者。實句股容圓之一術，而引而伸之，遂如五花八陣。故具録其要，以存古意焉。於初編爲第八也。

古測量家有口術、綴術。口術者，謂以器測之而得其數，如纍矩重表之類，曆家則有渾儀窺管。綴術者，謂據所測之數，而繼之以算法，句股旁要是也。言測量，至西術詳矣，然不能外句股以立算。故三角即句股之精理，八線迺句股之立成也。平三角、弧三角不離八線，則皆句股之術而已。

又《正弦簡法補》　《大測》諸書，言作八線表之法，亦綦詳矣。續讀薛儀甫書，有用矢線求度法。爲之作圖，以發其意，因得兩法。在六宗率、三要法之外。兩法者：一曰正弦方羃倍而退位，得倍弧之矢。一曰正矢進位折半，得半弧正弦上方羃。而爲用加捷，不知作表何以不用也。薛書亦用六宗率、三要法作表，與《曆書》同。近見孔林宗《大測精義》，求半弧正弦法與余説不謀而合，可謂所見畧同矣。

又《用句股解〈幾何原本〉之根》　《幾何》不言句股，然其理竝句股也。此言句股，西謂之直角三邊形，譯書時未能會通，遂分途徑。故其最難通者，以句股釋之則明，惟理分中末線似與句股異源。今爲游心於立法之初，而仍出於句股，信古《九章》之義包舉無方。徐文定公譯《大測表》，名之曰《割圓句股八線表》，其知之矣。

又梅文鼎《平三角舉要・序》 西法用三角，猶古法之用句股也。但三角有鈍角，而句股無之。論者遂謂句股之術有所窮，殊不知鋭角形須分爲兩句股，鈍角形須補成句股。邊角比例，莫非句股也。至于弧三角，以直線測渾圓，其理最奇，又於無句股中尋出句股也。然則句股雖不能備三角之形，而能兼三角之理。三角不能出句股之外，而能盡句股之用。一而二，二而一者也。新歷之妙，全在弧三角，然必先知平三角，而後可以論弧三角，猶之必先知句股，而後可以論平三角也。

又《平三角舉要》卷一 測算名義

古用句股，有割員、弧背、弦矢諸名。今用三角，其類稍廣。不可以不知。爰摘綱要，列于首簡。

清・江永《數學》卷八 算賸

授時弧矢割員論

勿庵先生員容方直簡法，附《授時曆》弧矢割員圖，又附求黄赤内外度及黄赤道差法。論之云：割員之算始于魏劉徽，至劉宋祖沖之父子尤精其術，唐宋以算學設科，古書猶未盡亡。邢臺蓋有所本。又云：郭法用員容方直起算冬至，西法用三角起算春分，郭用三乘方以先得矢，西用八綫故先得弦。又西專用角而郭只用弧，西兼用割切而郭只用弦，種種各别而不害其同，有所以同者在耳。且夫數者所以合理也，歷者所以順天也，法有可采，何論中西，理所當明，何分新舊？在善學者知其所以異，又知其所以同，去中西之見，以平心觀理，則弧三角之詳明，郭圖之簡括，皆足以資探索而啓深思，務集衆長以觀其會通，毋拘名相而取其精粹。

永按：圓者徑一圍三，古人之恒言，算家之麤率，精於算者覺其未密，因以割員之術，劉、祖二家各有其率，蓋欲細求周徑之數，以究平員之理，未嘗剖之爲度，析之爲分，一一紀其縱横之線，以爲測天之用也。而算家相承仍用麤疎之率，立弧矢之法，或欲以曲求直則用三乘方法求矢，或欲以直求曲則因矢以求半背弦差。夫弧背爲曲線，矢弦爲直線，亘古無相通之率。不相通而强求之，其所求得之數必非真數也。嘗讀唐荆川先生《弧矢論》，攷其求背弦差之法，所得者猶是徑一圍三，六邊之周耳。古法求背弦差，以矢自乘爲實，以徑爲法，除實得半背弦差，倍之得全背弦差。假令半徑五，自乘二十五，徑十除之得二五，倍之得五，加於徑則半周十五。又如徑十而矢一者，通弦六，餘通弦八，餘矢二，以矢一自乘，以徑除之得小數一，倍之得二，爲背弦差，又以餘矢二自乘，以徑除之得小數，四倍之得八，爲背弦差。合兩通弦十四，加兩差一半，周亦得十五。皆徑一圍三之半周。又攷邢氏《律曆攷》衍三乘方求矢法，迂曲煩難，究其所得，仍是圍三徑一耳。此緐八線表未傳，不得不如此立算。其得數之非真，雖前人亦未嘗覺也。郭太史之求黄赤内外度也，先用帶從三乘方求各度矢，則得矢不真矣。其既得黄赤内外半弧弦也，又以矢度求半背弦差加入半弧弦，得内外半弧背，則弧度亦非真矣。其求黄赤差法，以黄道矢求半背弦差，減黄道度得黄道半弧弦，則得弦不真矣。其既得赤道半弧弦也，又求半背弦差，以加半弧弦，得赤道則赤道度，亦非真矣。夫表端者景正，源潔者流清。徑一圍三，其求先失而欲數之不謬也，得乎？八線之法至矣，剖析大員，細至分秒，無非真數，以此測天，絲毫莫能遁。勿庵先生與郭法相提而論，謂種種各别，不害其同，有所以同者，在愚謂郭圖之弦矢猶八線之弦矢也，其句股皆八線所有之句股也，究之郭法、西法終莫能同，有所以不同者在耳。先生謂當去中西之見，平心以觀理。夫理有真，亦有似使其似是而未真，則與真者相提而論，雖欲比而同之不可得矣。先生於郭法各添註，求黄道矢與弦則註云本法如此。原法如此，見前。求内外半弧背及赤道則註云原法如此，見前。今省夫存其本法而不論其法之是與非，豈不欲苛求古人與原法所有而今省，豈微覺其法之未善與？愚豈敢苛論古人哉，亦謂理數精微，不能兩是，則寧割愛於古人耳。

清・梅瑴成《勾股舉隅識》 勾股名義，肇見於《周髀算經》。其曰：折矩以爲勾廣三、股修四、徑隅五者，著其名也。又曰：偃矩以望高，覆矩以測深，卧矩以知遠者，致其用也。迨後劉徽、祖沖之割圓以求密率，西人六宗以求八線，可謂精義入神矣，要皆不能外勾股以立算。此其所以居九數之終，而曰以御高深廣遠，良不誣焉。

又梅瑴成《增删算法統宗》卷九 句股章第九

論曰：《周髀》云，折矩以爲句廣三、股修四、徑隅五，此句股之權輿與？其仰矩、覆矩、偃矩以測高深廣遠，所用惟句與股，而未嘗及于和較。迨劉徽、趙友欽等割圓求周，而有和較之用。西人用六宗三要以立八線之表，爲句股者五千四百，其用宏矣，又豈三、四、五之所能限哉？然則三、四、五者，乃句股之始事，而不能盡句股之藴也。然諸家言句股者，設問多不能出句三股四。皆句三股四之倍數。其法往往用之本題則合，移之他數則不合。如《統宗》有句股積有句弦較求句者，倍積爲實，半較爲縱，開方得句。有積有股弦較求股者，三倍積爲實，半較爲縱，開方得股。按：其數乃九倍句三股四而得者，依數求之，無不脗合。若另設句股數，其法舛矣。乃偶合耳，非通法也。大凡句股法，先知兩件，始可求其餘件。惟由句三股四來者，由加幾倍至數十百倍。只知一件，即可以求其餘件。如有句股積而求句，則九因其積，六而一，開方得句。求股者，置積十六乘之，六而一，開方得股。求弦者，置積二十五乘之，六而一，開方得弦。無庸帶縱也。此先有積，須以積爲比例，故用開方。若先知句股弦而求諸數，只須用乘除，不必開方，且其句弦較倍之即股，股弦較三倍之即句，併乘除俱省，然非通法也。其有句股積有句弦較求句，及有股弦較求股二題，《統宗》之法不可用，另立通法詳後。

清・陳厚耀《算義探奥》

勾股法義

九章之法，惟勾股最精，所以窮方圓曲□□□□□□□□高深廣狹之形者也。通乎勾股之義，則餘□□□□□□□而貫之以一，變之以萬，無往而非勾股之義□□□□□□人以法之所必然，而不明其理之所以然，則雖□□□□□□不爽，終膠於法中，而不能旁通於法外。究將易法而□□□□所自得於心之故耳。不知勾股雖難明，而繪之以圖□□□□然易見。近學西人幾何之術者，亦能畧言所以，而其□□□□支卦名爲識，使人之目上下移眡，而眩瞀莫知其條理□□□人既立勾股弦和較等名，變易互換，亦足以識之而分别條理矣。今又於勾股弦和較之外，借用十干、十二支、八卦等字以爲標識，不已贅乎。且勾股必用開方，凡方圓曲直之形，必歸於方而後可入算。今其圖或斜飛側立，不填中積，不標名數，而但撮其角之干支等字以爲名，顛倒重複，淆亂不清，較之中法，雖巧而實拙也。今圖仍依古法，標識詳明，盡去干支卦名不用，殊覺快目，而又立説以與圖互發，辭不煩而意已盡，解人當自知之。勾股之法，横曰勾，直曰股，兩隅斜去曰弦，勾股相差曰較，勾股相併曰和，股弦相差曰股弦較，勾弦相差曰勾弦較，股弦相併曰股弦和，勾弦相併曰勾弦和，弦與勾股和相減曰弦和較，弦與勾股較併曰弦較和，弦與勾股和併曰弦和和，弦與勾股較相減曰弦較較。其名義生變，凡十有三。

又　圓容法義

凡圓中之所容者，皆即圓徑以求邊，即弧弦。惟六角爲易曉，以圓徑折半即得故也。其他皆用勾股開方法以求之。如三角、四角、五角、十角、十五角之類，皆有術可求。其不可求者，如七角、十一角、十三角、十七角之類，則西人八線表，亦可兼採而用之。

清・梅沖《勾股淺述・例言》

一，勾股之術，以勾股弦三者相併相減以生和較，其目共二十有一，參伍錯綜，不可方物，要不外數者之一分一合而已。學者必知其所以分，乃知其所以合，始知綫之分合，再知面之分合。勾股能事盡之矣。兹特加析綫析面之目，庶排列易明，兼得由淺入深之序。

一，學勾股者先明立法之理，勿遽及其數。以理御法者，數不能外，以數湊數者，法不可通。甄鸞之注周髀爲李淳風所譏，《四庫全書總目》舉近代算書之失，病皆在此。兹編於析綫全不用數，析面每標一法，即以圖明立法之原，數則或設或不設，庶幾荆川先生所云「詳形上之義，弗詳形下之數」。

一，勾股圖多以甲乙丙丁爲誌，而著其説於下。今意取簡約，即將名數詳註圖上，庶顯而易見。其圖中不能盡者，間仍舊例。

一，勾股一題每有數法，專取直捷簡當者録之，期致用之便。有不甚簡捷，而曲暢旁通，足使義藴益顯者，兼録一二，以盡其變。

一，勾股中股弦較、勾弦較之用最多，其他和較相求似有具其法而無所用者，算書或不備及。今皆爲纂録，雖未必盡和較之變，已庶資五花八門之觀。

【略】

一，《算法統宗》詳勾股之用，爲他書所少，而於立法之意鮮所發明，又排次雜亂，殊難尋繹。兹於一法先明其理，乃以用依次附後，較爲明白。

一，《算法統宗》於九章後各列難題，勾股難題凡九，然有與前重出而絶不難者，又編爲歌訣，轉費研尋。今采列數條，而變其韵語，認題用法或有取焉。

一，勾股以御高深廣遠爲用至神，而所以測高測遠，術亦無多，爲列數條理不外是。【略】

一，勾股兼有諸算術，加減乘除，人所盡曉，兹不具論。平方及帶縱方并一二帶用他術者，附載其法，庶使本數可稽。

又　《附論》　數之列也，必有其形，不特勾股也。凡數乘則布爲面，除則仍歸一綫。兩數相乘，如三與四乘得十二，直四横三成長方面積，以三除之得四，以四除之得三，則綫也。平方自乘，如四與四乘得十六，成方面積，開爲一面，仍得四，則綫也。勾股之算，不離乘除、開方，學者先明凡數乘除之各有其形，則知諸圓變化之適肖其數也。

勾股之用原在一勾、一股、一弦。八綫之割圜與測天揆日之大法，不過三者而已，不及和較也。然不明和較，無以盡數理之變，況和較又自有其用，古人詳爲推究，正不可畧。

勾三股四弦五爲正勾股。凡勾股之算必用兩數，若正勾股則知其一即可知其餘，諸法皆不必用。如云勾十二，以正勾股之三除之得四，即知勾加四倍，餘皆如數加四倍便得。或和或較皆然。然入算之如無以知其爲正也，皆依法求之爲是。

勾股皆半長方形，若正半方形則有和無較，可無用算，非勾股所設。有以此立算者曰勾股，適等者，併而自乘，爲兩弦之冪，弦冪半之，開方得勾或股，乃平方上斜弦冪視方冪必大一倍之例，亦勾股中之一端耳。

勾股是長方之半形，其一角必爲矩，所謂直角也。直角。若無直角，則爲三角形，非勾股矣。

又　附辨勾股三角法

以一直，勾。一斜，弦。相加爲和，勾弦和。又相減爲較，勾股較。較乘和爲實，以底邊冪。爲法，除之仍得法原數，即知爲直角，又名正方角。定爲勾股形。如勾八，股十五，弦十七，其勾弦和二十五，較爲九，較乘和得二百二十五，以底邊十五除之，仍爲十五是也。

三角異於勾股者以用角，其實仍勾股也。直角三邊形即是勾股，正得象限九十度無待，求不及九十度者爲鋭角，須分爲兩勾股，過九十度者爲鈍角，須補成勾股，既得角而後求邊。邊者即勾股弦之綫也。是三角依勾股以立，初不能外於勾股。

西法之異於古者有二綫，曰中垂綫，亦曰垂綫，又曰中長綫。曰理分中末綫。又曰神分綫。中垂綫者，從一角至底邊作垂綫，即将一勾股分爲兩勾股，△底綫爲大小兩勾，斜綫爲大小兩弦，而同以垂綫爲股，所以分鋭角、補鈍角者，皆恃此垂綫之爲股也。有垂綫，則凡面積及内容方圓等形無不可得。理分中末綫者，乃半徑所作連比例三率之中率也。命一綫爲首率，而分之爲大小兩分，大分爲中率，小分爲末率，合之與首率等。其中率即圓内容十邊形之一邊也。其用甚廣，所以求各等面體及諸體相容，見叢書《幾何通解》中。兩幾不同，而爲邊比例則同，以連比例明勾股者，西法之長也。

勾股無定體，而八綫之勾股有定體。蓋勾股弦皆邊綫之數無方，今變而用角，則有弧度三百六十以限之，而四分之爲象限各九十度，舉一反三，即一象限之度，各析之爲六十分，凡爲勾股形二千七百，角度五千四百，九十度之分爲五千四百，而勾股形竝有兩角，故其形二千七百，而角數倍之。爲正弦爲切綫爲割綫共一萬六千二百，三項各五千四百，而正餘互用也。而勾股之形畧備，故八綫爲各弧各角之勾股所成，而勾股亦爲八綫所定，三角之求邊即各求其爲勾、爲股、爲弦之綫也。此三角與勾股二而一者也。

《周髀》云：偃矩以望高，覆矩以測深，卧矩以知遠。所謂以御高深廣遠者，實勾股之大用。劉徽之測望海島是其遺法。其術似神奇而未嘗不簡易。自三角法出，用儀器測量，角度低昂，既便撿八綫表以取數，似益徑捷。然必儀與表兼備而後其術可施，苟缺其一，能者束手。勾股則隨地可用，而取數未嘗不便，益知古法不可廢也。

勾股形在平圓内，其半徑恒爲弦，若正弦、餘弦則爲勾、爲股可以互用。古法勾弦較乘勾弦和，開方得股，即三角之正矢乘大矢，開方得正弦也。故勾股弦和較之法生於割圜，而割圜之理可即勾股弦和較而見。卷中勾弦和較下圓木鋸道一題，其圓圖即八綫割圜之理也。故西法之奥，即勾股可通。

西人於三角勾股專以四率比例爲言，其展轉推求，所云某與某之比猶某與某之比，文似雷同而精深奥衍，爲算術中别開一境。此編但明勾股舊説，不多及比例，而古法中之奥義環生，亦其見文心之妙，蓋於經生家爲較近焉，亦少資游藝之常談而已。

清・明安圖《割圜密率捷法》卷二　用法

今之法所以密於古者，以其能用三角形也。然三角形非八線表不能相求，若一時不得其表，雖精于其法者亦無從措手，惟用此法以之立表則甚易，以之推三角形則不用表而得數，與用表者同。其用可謂溥矣。

清・安清翹《一線表用・序》　西洋之測量精矣，至布筭則當用中法者亦有二事。古人割圓之術止用弦矢，西法則兼用割切，失於繁碎，此當用中法者一也。中法度爲百分，分爲百抄，日爲百刻，刻爲百分，皆取整數，不用通分，西洋則度法、日法俱用通分，畸零不齊，此當用中法者二也。

又　卷一　古句股弧矢之術，於理已盡，於法亦無不足，所少者，未曾立表耳。西法立八線表，弦矢之外，加切割二線。其必加切割二線者，以其省筭也。圓内句股半徑常爲弦圓外句股，用正切正割則半徑爲股，用餘切餘割則半徑爲句，凡用半徑則省乘除。

清・董祐誠《割圜連比例圖解・序》　元郭守敬《授時草》用天元術求弧矢，徑一圍三猶仍舊率。西人以六宗三要二簡術求八線，理密數繁，凡遇布算皆資於表。梅文穆公《赤水遺珍》載西士杜德美圜徑求周諸術，語焉不詳，罕通其故。

清・阮元《疇人傳》卷一　大章　豎亥

論曰：陽湖孫觀察星衍曰：所謂指青邱北者，當如後世輿地圖之類，指而算其相距之里差耳。西洋人以地球經緯求里差，謂中法之所未有，豈知我三古時已有其術哉！

清・張作楠《量倉通法》卷一《量倉歌訣解》　附圓周求徑法

割圜之術，祖冲之以圜容六邊起算，趙友欽以圜容四邊起算，俱得徑率一周率三一四一五九二六五。西人以割圓八線、六宗三要諸法求圜度内外諸線，亦得徑率一周率三一四一五九二六五。蓋中法以圜内容形，屢求句股，得無數多邊，圜外切形，屢求句股，得無數多邊，内外凑集，則圜周漸變爲直線。西人設圜界爲度分，内而正弦，外而切線，至於無數，則圜周亦漸變爲直線。可見理之至者，先後同揆，法之精者，中西一轍也。此外如徑七周二二，徑一一三周三五五，得周俱稍大，徑五十周一百五十七，得周稍弱，吴王蕃及《晉書・天文志》以周百四十二徑四十五爲率，今以徑一丈率之，周得三丈一尺五寸五分五釐五豪五絲五忽九分忽之五，較徽率爲強。亞奇默德言，圈周三倍圈徑又七十之十則朒，三倍又七十一之十則盈，即徑七周二十二之率也。近時西人杜德美周徑密率爲梅文穆所稱，今攷其法，設徑二周得六二八三一八五三一九九，半之得徑一周三一四一五九二六四九五，前九數皆與定率同，若方中通《數度衍》以徑十七周五十二爲率，邢雲路以徑一周三一一二六爲率，已失之稍弱。周長發《智術》又刱爲徑一者周三一二五，與袁士龍《測量全義新書》方周率四圓周率三一二五之率同，是又減邢氏千分之一弱弥甚矣。

又秦九韶環田三積術徑一百周三百一十六奇，爲國朝錢溉亭塘徑一周三一六之率所本。近談泰作一丈徑木板，以篾量其周，正得三丈一尺六寸奇。見阮雲臺少保《疇人傳》，併録以備攷。

清・岑建功《割圜密率捷法序》　元郭邢臺《授時草》立天元一求弧矢，猶仍古率徑一周三，不知周三者，舉成數約而言之也。《九章》少廣注載漢張衡率圜周冪五、方周冪八，此與宋秦九韶《數學九章》環田三積術謂以徑冪進位爲實、開方爲圜周率同。又《九章》方田注載劉歆率徑一千二百五十、周三千九百二十七，注載王莽銅斛云云，未詳誰氏之率，兹據《隋志》定此爲歆率。劉徽率徑五十、周一百五十七，吴王蕃率徑四十五、周一百四十二。迨劉宋南徐州從事祖沖之更開密率，以圜徑一億爲一丈，圜周盈數三丈一尺四寸一分五釐九毫二秒七忽，朒數三丈一尺四寸一分五釐九毫二秒六忽，正數在盈朒之間，於是定徑一百一十三、周三百五十五爲密率，又定徑七、周二十二爲約率。後世因之，斯爲最密。外此，如明陳藎謨太極率徑一、周三一五二二五，邢雲路率徑一、周三一一二六，又三才奇率徑一、周三一二二三二〇三四。邢氏二率前率見《疇人傳》，後三才奇率見《古今律曆考》。方以智《通雅》載徑十七、周五十二，康熙朝袁士龍智術與顧長發率同，爲徑一、周三一二五。或失之少，或失之多，皆不逮祖氏率。厥後西士亞奇默德作圜書三題，其第二題定周三倍徑又七十之十則朒，周三倍徑又七十一之十則盈。以數考之，朒率即祖氏之約率。約率本大於密率，而盈率更小於密率八千二十三分之六。唯利瑪竇等用内容外切諸術，屢求勾股，割之又割，内外相課，定爲徑一、周三一四一五九二六五三五八九七九三二三八四，以之立表求八線，理密數繁，然入算必資乎表。

清・阮元《三角和較算例序》　西法之所自詡者，用八線推三角角度暨借根方而已。不知借根方即天元一，而較遜于天元一，以不善寄母兼不善古開方法，故三乘方已上與夫正負雜糅之方，皆借根之所窮。而三角八線未見于天元一，習西法者遂疑天元亦于此有窮。茗香羅君則謂，元人之書所以不馭此者，彼時三角法未入中土也，而《玉鑑》歌象弟一題求葭蒲池深即隱寓三角形之理。予謂郭邢臺《授時艸》已有立天元一開三乘方求矢度，是天元之能馭角度已牖于此，是宋元時無三角八線之事而已，見馭三角角度之理。

清・羅士琳《三角和較算例・序》　句股之名，肇自《周禮》鄭注，其法則詳于劉徽《九章》，所謂并句股二冪爲斜長之弦冪是已。自兹厥後，推廣引申，雖極和較錯綜，胥莫遁乎冪積移補之外。迨西士刱用三角形，以邊角爲比例，秖須八線乘除，無事開方，世人日趨簡便，遂以爲三角可以盡句股之變，而句股不能賅三角之用，不亦傎乎。夫三角之異于句股者，以用角也。其實亦合兩句股所成，以兩形之弦一爲對邊，一爲大腰，并兩形之句或股爲小腰，是曰鋭角。若析兩形之句或股爲小腰，是曰鈍角。元朱世傑《四元玉鑑》或問歌彖弟一題葭蒲兩稍相接以弦較句和爲問，立天元一求池深，爲兩形之股，雖無角度，實隱寓一三角形也。

又羅士琳《割圜密率捷法跋》 然西法亦有不可没者，如弧矢八線，以密率圜周爲用，列表既便，測圜較確。復因八線積數太多，乘除匪易，設連比例求對數，以加減代乘除，爲用尤捷。斯二者，術之最善者也。故至今並重于世。

清・徐有壬《截球解義》卷首 《幾何原本》謂球與同徑同高之圓困，其外面皮積等，截球與截圓困同高，則其外面皮積亦等，而不直抉其所以然。偏檢梅氏諸書，亦未能明釋之也。蓄疑於心久矣。近讀李淳風《九章》注，乃得其解因釋之，以告同志。雖然以戴東原之善讀古書，而猶謂淳風此注當有脱誤，甚矣索解人之難也。今釋《幾何原本》，而淳風之注因是以明，蓋淳風用方，今用圓，其理則無二也。述《截球解義》。

清・顧觀光《九數存古・例言》 西人三角八綫諸法，未始不善，然非表即不能算，實於古法外別成一家。此書隻字不登，不特體例畫一，亦以嚴華裔之辨，大中外之防。有心世道者，當不以余言爲迂闊。西法與古機杼不同，別有論述，不入此集。

又 卷一 今有圓田周三十步，徑十步，問爲田幾何。答曰七十五步。

術曰：半周半徑相乘得積步。劉徽云半周爲從，半徑爲廣，故廣從相乘得積步也。【略】

圓率周三徑一，其術疏。漢劉歆、張衡之徒，各設新率，未臻折衷。宋祖沖之更開密法，以圓徑一億爲一丈，圓周盈數三丈一尺四寸一分五釐九毫二秒七忽，朒數三丈一尺四寸一分五釐九毫二秒六忽，正數在盈朒二限之間。密率圓徑一百一十三圓周三百五十五，約率圓徑七周二十二。又設開差冪、開差立，兼以正圓參之，指要精密，算氏之最也。《隋書・律曆志》。

古人謂圓徑一尺周圍三尺，後世考究則不然。徑一而周三則尚有餘，圍三而徑一則爲不足。徑一而周三一四猶是徑多圍少，徑七而周二十二卻是徑少周多。徑一百一十三周三百五十五最爲精密。其考究之術，畫百眼茶盤一眼，廣一寸，方圖之内畫爲圓圖，徑十寸，圓内又畫小方圖，以算術展爲圓象，自四角之方添爲八角曲圓爲第一次，若第二次則爲曲十六，第三次則爲曲三十二，第四次則爲曲六十四，凡多一次其曲必倍，至十二次則其爲曲一萬六千三百八十四，其初之小方漸加漸展，漸滿漸實，角數愈多，而其爲方者不復方而變爲圓矣。今以第一次言之，内方之弦十寸，名大弦，自乘得一百寸，名大弦冪，内方之句冪五十寸，名第一次大句冪，以第一次大句冪減其大弦冪，餘五十寸，名大股冪，開方得七寸七釐一毫有奇，名第一次大股，以第一次大股減其大弦，餘二寸九分二釐八毫有奇，名第一較，折半得一寸四分六釐四毫有奇，名第一次小句，此小句之數乃内方之四邊與圓圍最相遠處也，以第一次小句自乘，得二寸一分四釐四毫有奇，名第一次小句冪，以第一次大句冪折半得二十五寸，又折半得十二寸五分，名第一次小股冪，併第一次小句冪，得一十四寸六分四釐四毫有奇，名第一次小弦冪，開方得三寸八分二釐六毫有奇，名第一次小弦，即是八曲之一，八乘第一次小弦得三十寸六分一釐有奇，即是八曲之周圍也。若求第二次者，以第一次小弦冪就名第二次大句冪，以第一次大股冪減其大弦冪，餘爲第二次大股冪，開方爲第二次大股以減其大弦，餘爲第二較，折半名第二次小句，此小句之數即是八曲之邊與圓圍最相遠處也。以第二次小句自乘，名第二次小句冪，以第二次大句冪，兩折，名第二次小股冪，以第二次小股冪併第二次小句冪，名第二次小弦冪，開方爲第二次小弦，即是十六曲之一，以十六乘第二小弦，即是十六曲之周圍也。以第二次倣第一次，若至十二次亦遞次相倣，置第十二次之小弦，以第十二次之曲數一萬六千三百八十四乘之，得三十一寸四分一釐五毫九秒二忽有奇，即十寸徑之周圍也，以一百一十三乘之，果得三百五十五，故言其法精密之至。方爲數之始，圓爲數之終，圓始於方，方終於圓，《周髀》之術無出於此矣。《革象新書》。梅定九云，劉徽祖沖之以割六弧起數，趙友欽以四角起數，今西術六宗率則兼用之，可見理之至者，先後一揆，法之精者，中西合轍。西人謂古人但知徑一圍三，未深攷也。

清・夏鸞翔《萬象一原・識》 圓出於方而圓形不一，曲線之名因而萬殊焉。昔人所謂有法者，祇一平圓。至橢圓曲線，古已遺之。吾師項梅侣先生澄思渺慮，立術以求橢周。繼之者鄂士戴氏、君青徐氏，各立一術，而橢周乃爲有法之形。然止能求橢周，不能求截橢弧，且不能求諸曲線之弧與曲面與面積與體積，亦憾事也。自奈端、來本之二家作橫直二綫以馭曲綫，剏名曰微分、積分，於是昔所謂無法者，今皆有法。形雖萬，法則一，誠疇學之功臣也，亦人生之快事也。

又 卷三 二次綫

按：杜德美氏本有九術，其立術之根原只此二術，後李秋紉氏、徐君青氏、戴鄂士氏復立切割求弧弧求切割諸術，究之只是用此二術作一通分比例耳，是立術根原仍只此二術也。故列此二術於周徑術之後，餘術概不録焉。

余向思杜氏矢求弧術求得諸數仍須開方，與弦求弧術不一律，疑必更有一術可徑求其弧者。今以微分法演之，得右二術，乃歎近日西法之神妙也。且正弦求弧亦可用弦冪入算。用冪二術比用根二術乘除法皆加一數，極其整齊，乃知數本天然，不可强矣。

清・左潛《割圜綴術序》 自泰西杜德美刱立割圜九術，以屢乘屢除通方圜之率，我朝明氏、董氏各立一家言以爲之説，而杜氏之義，推闡靡遺。顧八綫互求，尚無通術，未足以盡一圜之變。夫非明、董之智力，不能因法立法以盡其變也。其能窮杜氏之義也，資於借根方，其不能廣杜氏之法也，亦限於借根方。蓋借根方，即天元一之變術，而借根方之不能立式，究不如天元一之巧變莫測也。

清・丁取忠《圜率考真圖解序》 蓋自古人以圓容六邊、圓容四邊割圓以求密率，由是内弦外切屢求句股，使内限外限合而爲一，而圓周以出。法至善矣，而求之甚難。西士固靈曾竭畢生之精力，祇得圓率三十六位，至没時，猶令其子刻之墓碑，誠以其得之難而失之易爲可惜也。厥後西士杜德美，以屢乘屢除之法代開方，得數較捷，然以之求十餘位則甚易，如求至多位，則乘除之數甚繁，而降位尤易譌誤。故秀水朱小梁氏曾以其法推得四十位，徐君青氏採入《務民義齋筭學》中，今攷其率，自二十五位以後悉與真數不合，亦足以見求圓率之難矣。

清・曾紀鴻《圜率考真圖解》 割圜一術，古人定徑一周三者，麤率也。以丈圜池則有差，以測躔度則差太甚，不可用矣。《周髀》曰：圜出於方，方出於矩。矩者，句股之形，即《幾何原本》所謂直角也。方易度而圜難測，方有盡而圜無盡，故昔人用割圜之法，内弦外切，屢求句股，爲無數多邊形，以切近圜界，使弧綫直綫，漸合爲一，而圜周始得。劉宋祖沖之以圜容六邊起算，元趙友欽以圓容四邊起算，明末西法始出，有六宗三要二簡諸門，而求圜周密率之法始定。設圜徑爲一，而周得三一四一五九二六五三五八九七九有餘。中西相隔數萬里，此率乃不謀而合，亦可信心無疑矣。

又《圜率考真圖解・跋》 曩讀古今人數學書，莫不言割圜之難。《數理精藴》中所載圜率，與西人固靈所求三十六位之數相同，皆用内容外切屢次開方之法。欲求此三十六位之率，不下數十年工夫，亦綦難矣。後有泰西杜德美，特立屢乘屢除之法，省去開方，較舊法爲稍捷。然秀水朱君小梁，用其術以求四十位圜率，止有二十五位不誤，其後十五位概行譌誤，足見紛賾繁難，易於淆亂。

又曾紀鴻《綴術釋明序》 《易・繫》曰：極其數遂定天下之象，則綜天下難定之象，以歸於有定，莫數若矣。在昔聖神制器尚象，利物前民，其於數理必有究極精微，範圍後世者，代久年湮，其數學漸至失傳。近三百年，泰西猶能推闡古法，翻陳出新，而中國之才人智士，或反蹈其成轍而率由之。孔子曰：天子失官，學在四夷。正今日數學之謂也。中國舊有弧矢算術，而未標角度八綫之名，未立八綫鈐表，則雖有用其理以入算者，而無表可藉，則每求一數，必百倍其功而始得，且得而仍非密率。明代譯出泰西八綫表，及八綫對數表，核其立法之源，得數之初，甚屬繁難，而成表之後，一勞永逸，大至於無外，細至於無微，莫不可以此表測之，則其用之廣大可想。然得表之後，雖無事於再求，而任舉一數，何能較其訛誤？若仍用舊術，則非匝月經旬，不得一數。

清・陳澧《東塾讀書記》卷一二 鄒特夫云：《墨子》經及經説有中西算法，澧因取而讀之。如《經》上云「平，同高也」，此即《海島算經》所謂兩表齊高也。又云「直，參也」，即《海島算經》所謂後表與前表參相直也。又云「纑，間虚也」，《説》云「纑，虚也者，兩木之間謂其無木者也」，《九章算術》劉徽注云「凡廣從相乘謂之冪，即此所謂纑也」，《海島算經》云「以表高乘表間」，李淳風注云「前後表相去爲表間」，即所謂「兩木之間無木者也」。又云「端，體之無序而最前者也」，《説》云「端，是無同也」，此所謂端即西人算法所謂點也。「體之無序」即所謂線也。序如東序、西序之序，猶言兩旁也。《幾何原本》云「線有長無廣」，即此所謂「無序」，謂「無兩旁」也。《幾何原本》又云「線之界是點」，即所謂「最前也」。《幾何原本》又云「直線止有兩端，兩端上下更無一點」，即所謂「無同也」。又云「有間，中也。間不及旁也」。《説》云「有間，舊作聞，畢本改作閒是也。謂夾之者也，間謂夾者也」。《幾何原本》云「直線相遇作角爲直線角，在直線界中之形爲直線形」，皆此所謂「有間」也，線與界夾之也。又云「中，同長也」。《説》云「心中自是往相若也」。又云「圜，一中同長也」。《幾何原本》云「圜之中處爲圜心，一圜惟一心，無二心，圜界至中心作直線俱等」，即此所謂「一中同長」也。此其文義易明者，其脱誤難明者，細繹之算術當更多耳。

清・黄炳垕《測地志要》卷二 三角測兩遠直角九十度，鈍角過九十度，鋭角不及九十度。三角皆有八線，鈍角用外角之八線。

凡勾股必取直角，三角則惟變所適而無定形，然直角即勾股，鈍、鋭二角，求垂線於形中，則成兩勾股形，求垂線於形外，亦成一勾股形。蓋勾股爲三角之體，三角爲勾股之用。三角與勾股，二而一者也。第推算之法，勾股用距中心分，即倒直影。及斜距分，三角則以八線，其用較廣，故用以測兩遠爲尤宜。

又　兩遠推横廣

《周髀算經》載：偃矩望高，覆矩測深，卧矩知遠，而無測廣之法。明末陳子藎謨著《度測》一書，補之曰：弦矩以測廣，乃合居卑求高，重矩求高，立高測遠，三法用之，必先取兩地相平，其用較隘。惟《數理精蘊》三角測量篇，用分角法，求得半較角，加減半外角，或用分邊總邊線，作勾股求弦法算之，神明其術，不必彼此相平，可得兩遠之横廣，尤便於推測云。

又　隔海山測洋面里程

劉徽之《海島算經》，以兩表相距千步，測得千二百五十五步之高，因得三萬零七百五十步之遠。此以重測法求島高，而後求其遠也。然海濱之地，高下不齊，勢難取平，况海面至數十里之遥，隨地球圓體而轉，亦難得平準。失之豪釐，差以千里，其法恐難密合。不如用測遠法，徑測海島之遠，即知海面之距里。不求其高，即不用取兩地相平。其法爲便且準云。

清・石仁鏡《數學心得》卷五　邵氏莘卿曰：是表推七曜交食、陵犯最爲精密，實依梅循齋所輯求弦矢捷法推求之，自秒至分，自分至度，及四十五度止，可謂勤矣。夫割圓之説，肇自《周髀》圓出於方、方出於矩之義。故昔人割圓之法，内弦外切屢求句股爲無數多邊形，以切近圓界，使弧線直線漸合爲一，而圓周乃得。宋祖冲之以圓容六邊起算，元趙友欽以圓容四邊起算，逮明季泰西人以八線推求，互相參考，其法相符。

又　八線表

西人八線以六邊起算，與中法祖冲之割圓術同。

何謂八線？正弦、餘弦、正切、餘切、正割、餘割、正矢、餘矢此八種線是也。八線有何用處？蓋因中法僅用句股以測方，而測圓之法僅有劉徽割圓一術，而天體渾圓，不能用句股，而以八種線撑住弧角，仍於無句股中求句股，而弧線之度因之可得，藉此以求七政等差，黄赤距緯，日月交食，始無餘憾矣。求之之法，則用六宗三要二簡法。如六宗圓内容六邊起算。【略】

八線以四邊起算，與中法趙友欽之術同。

又　卷一二　測量法

邵氏莘卿曰：三角測量法以矩度或表竿相度窺測，立者取其直，平者取其方，必使成直角，以大小句股爲比例，以在器之句股比所測之句股，彼此相形而得。然句股必爲直角，而三角形則惟變所適而無定形，要以角度爲準，用割圓八綫以爲比例。凡求角求邊皆以三角形之法爲本，總以對所知爲一率，對所求爲二率，所知爲三率，得四率即所求也。或一測，或屢測，惟在隨時而致用。或用正，或用餘，惟在比例之相當。至如度數測量，雖必取則儀器，凡全圓儀、半圓儀、象限儀，其體不同，其用則一。置九十度爲則，以定表、遊表爲二視綫，其相距之度即爲所夾之角，如是則天地山海之高深廣遠，日月五星之躔度遲疾，莫不可推。

清・蔣金鏞《測量集要敘》　測量，古用方直，算之甚易，測之甚難，蓋用方直意在空中佈以經緯，如圍棋盤，然欲求經緯之一格真數，必須退測，然每每限於地面之高下欹斜，便難施測矣。今用角度，測之甚易，不論地面之高下欹斜，可以窮變盡形，而算之甚難，蓋用角度以圓弧而求方直名曰八線，欲得一數，幾至通年累月，故西人有預爲算定八線表以資測算，誠偉事也。若無此表，縱能測不能算矣。迨乾隆間，泰西杜德美氏始有割圓捷術，即無八線表，亦得隨測隨算，由是方圓之率通，而於用圓之理益明。

又　圓周定率

凡圓徑，自圓邊過心至對邊，若不過心，則非圓徑。凡自心至圓邊，皆爲半徑，其環線爲圓周。古法以徑求周，用方數，内容外切，屢求句股，得徑一，周三一四一五九二六五有奇。西法用六宗三要，求得徑一，周三一四一五九二六五有奇，法異而得數同也。中西兩法，求周皆屬繁難。迨乾隆間，泰西杜德美氏始有求周捷術，得數仍同。兹不具論。

清・梅啓照《學彊恕齋筆算》卷四　圓逕求周

三因圓逕爲第一數。四分第一數之一，二除之，三除之，爲第二數。四分第二數之一，九乘之，四除之，五除之，爲第三數。四分第三數之一，二十五乘之，六除之，七除之，爲第四數。四分第四數之一，四十九乘之，八除之，九除之，爲第五數。四分第五數之一，八十一乘之，十除之，十一除之，爲第六數。順是以下皆如是，遞求至單位下，仍相并爲圓周。

此杜德美原法。秀水朱先生依法步算，逕一者，周三一四一五九二六五三五八九七九三三八四六二六四三一八六三六七四七二二七九五一四。周十者，逕三一八三〇九八八六一八三七九〇六七一五三七七六七五四六六九六三八九〇五六六六一。

按：圓周求逕，圓逕求周，古率逕一圍三，僅得圓内六觚之數，以之入算甚疎。臨川紀氏以爲，逕一圍三之下有各二十一分而益其一之法，後人失之。徽率，魏劉徽所定，逕五十，周一百五十七。密率，則劉宋祖冲之所定，逕七，周二十二。唐李淳風以此又密於徽率，故曰密率也。祖冲之以圓逕一億爲一丈，圓周盈數三丈一尺四寸一分五釐九毫二秒七忽，朒數三丈一尺四寸一分五釐九毫二秒六忽，正數在盈朒二限之間，故用逕一者，周三一四一五九二六五，亦庶幾矣。億，十萬也。

此法三因圓逕爲第一數，即古法逕一圍三也。其以求至單位下止，乃相併爲圓周，最爲精妙。如以丈爲單位，求至尺則可止矣。以尺爲單位，求至寸則可止矣。杜德美西法第三數用九乘之者，迺三三自乘之數；第四數用二十五乘之者，迺五五自乘之數；第五數四十九乘者，迺七七自乘之數；第六數八十一乘者，迺九九自乘之數。然則順是以下，第七數應用十一自乘之數，可知即增之曰：四分第六數之一，一百二十一乘之，十二除之，十三除之，爲第七數。四分第七數之一，一百六十九乘之，十四除之，十五除之，爲第八數。四分第八數之一，二百二十五乘之，十六除之，十七除之，爲第九數。四分第九數之一，二百八十九乘之，十八除之，十九除之，爲第十數。亦一定之理也。若依法步算，於秀水朱先生之外仍可增若干數。然步天以半逕爲一千萬，得半周三一四一五九二六五，則已足用。蓋圓周總不能盡。如此比密率又加密焉可已。此特揭其立法之原，使知數有自然之理也。

又　卷五　三角測量

句股測量，以小句股比大句股，又有求容方、容圓諸術，數之義微矣哉。然句股、重差之法，古人用表，《海島算經》所云，望海島立兩表，齊高三丈，相去千步是也。至製句股以爲矩，則更精矣。惟句股必取直角。倘限於地不能取直角，則重差術。孤離者三望，離而旁求者四望，亦甚艱於取差焉。又不若三角之邊角相求，無論有無直角皆可測量也。

又　卷六　三角測量

凡測得直角，其所知兩邊線一爲半逕，一爲正弦，九十度無正弦，以半逕之直者爲正弦。半逕一千萬九十度直角之，正弦亦一千萬。中法一爲句，一爲股。【略】

凡測得鋭角，其所知兩邊線一爲半逕，一爲割。中法一爲句，一爲徑隅，須中垂一虛線作股，分爲兩直角句股形。徑隅本《周髀》，即弦也。因西法八線表正弦，餘弦頗與相混，故凡句股弦之弦，俱用徑隅代之，以清眉目。【略】

凡測得鈍角，其所知兩邊線一爲内角半逕，一爲外角割。若儀器不將一邊線作地平，則一爲内角割，一爲外角割。中法一爲内角句，一爲外角徑隅，須虛垂一線作股，分爲兩直角句股形。【略】

凡三角求面積，直角以句股相乘，折半爲面積。鈍角、鋭角則從中作一虛線，分爲兩直角句股形，各以句股相乘，併之，折半爲面積。【略】

古以句股徑隅互求，本善。西法竟以八線相比，取其線之相類者比之，一乘一除即得之矣，較句股徑隅互求必用開方，尤簡便十倍。

用和較比例爲互視法古曰同乘異除。

問：和較之列四率與諸例不同，何也？曰：此互視法也。《同文算指》曰變測，古《九章》曰同乘異除，乃三率之別調也。同乘異除與異乘同除之序相反，何則？凡異乘同除皆以原有兩率之比例爲今有兩率之比例，其首率爲法，必在原有兩率之中。互視之術則反以原有之兩率爲二率、爲三率，先自相乘爲實。其首率爲法者反係今有之率，與異乘同除之序相反，故曰別調也。按：此殆即轉比例耶？曰然。以比若與之術二率、三率相乘，與一率、四率相乘同面積，故首率第一率。除之，得末率第四率。末率即第四率。除之，得首率。即第一率。【略】

倘將第一率乘第四率，或第四率乘第一率。而以第二率除之，必得第三率。以第三率除之，亦必得第二率。凡第二率、第三率相乘次序之不可亂如是。

互視之法，即古《九章》同乘異除之法，又即轉比例之法，以原有兩率自相乘爲實，與今有之兩率自相乘爲實，其實積兩兩相等，故亦可以第一率、第二率、第三率求得末第四率。原兩率自相乘，以今有之率除之，得今有之餘一率。倘今有兩率自相乘，以原有之率除之，亦即得原有之餘一率。但三率之術以比例成其同實，互視之術則以同實而成其比例，既成比例，即有四率，故可列而求之也。

又　卷八　弧三角

弧三角者何？曲線三角形也。以測渾圓，非此不可。其法較平三角爲尤難。古以八尺渾儀準周天，黄赤道相準之率於混儀比量僅得大概。元郭守敬始以弧矢命算，先求矢，又用三乘方取數。歷家則先求角，因角求弧。三弧度相交遂成弧三角形。弧三角之理明，而勾股之義盡矣。

弧三角有正弧三角形，有斜弧三角形。正弧即直角九十度斜弧，或鈍，或鋭。平三角合三角併之，共一百八十度。弧三角則不然，最小亦必過一百八十度，惟最大不及五百四十度。至五百三十九度止。有三角俱直者，有三角俱鈍者，有三角俱鋭者。雖有兩角，其餘一角非算不知。平三角有尺寸可計，弧三角在球面，但可分爲三百六十度而無尺寸可計，然亦無庸計尺寸而可入算，以有八線爲之生法也。平三角之八線止用於角，弧三角則兼用於邊。

平三角以角求邊是用弧線求直線，以邊求角是用直線求弧線，然角以八線爲用，仍以直線求直線也。弧三角以邊求角，以角求邊，似皆以弧線求弧線，然邊角皆用八線，仍是以直線求直線也。

平三角以不同邊而同角爲同式形，同邊又同角爲相等形。弧三角則但有相等形而無同式形。何也？以同角者必同邊，不同邊者必不同角也。二角可同，其餘一角必不同，蓋兩大圈無平行者。有平行之圈皆是距等圈，不能與大圈相遇成直角，故無同式形。

按：同式者，式樣相似而積冪不同也。相等者，則積冪同多寡，邊線同長短，角度同大小也。弧三角以大圈爲公度，故無同式形。

弧三角每有一形，即有無數次形自然在球面，或易邊爲角，易角爲邊，或以鋭角變小邊，或以鋭角變大邊，或以餘爲正，或以正爲餘，皆平三角所無。

平三角有心角，界角之别，同一弧度自心角當之弧度即角度，自界角當之角度得弧度之半。弧三角悉在弧面，其所當之弧距其角之點垣爲九十度，故無半度之理。凡自圓心出線，止有直線無弧綫，故弧三角無之自圓面出綫則有直綫、有弧綫，直綫成形爲平三角，弧綫成形爲弧三角。平三角止可平視，弧三角有正視、側視、仰視、俯視、遠視、近視之别，又面東、面西、面南、面北各有上下左右之辨也。

按：兩直綫一弧線仍是平三角。三線俱曲乃弧三角也。

清・潘逢禧《算學發蒙・尺算》　三率比例此即異乘同除法也，西人亦謂之互視。

清・王鑒《算學啓蒙述義・望海島術》　今據《海島筭經》原圖節録其説如左。【略】

凡此形三線與彼形三線平行必同式，必有比例。其説見於《幾何原本》。古人未見是書而立法動與之合，誰謂西法勝中國哉？

清・諸可寶《疇人傳三編》卷六　張文虎

論曰：張明經兼精律曆，力求實是，綜論古今中西諸家得失，頗持其平。讀其書可謂中立而不倚者已。旁要、夕桀之解，精妙獨到，非淺學薄涉之夫可語此也。可寶未見明經説，先蓋嘗私議之：「重差，徽序已詳，不煩辭費。愚以爲旁要、今有、重差、夕桀之四者，總在句股篇中，猶方田有諸分，少廣有平立方圓，商功有隄壍亭錐及芻曲盤冥爾。《音義》云：『以篇言之，故曰九章。』《周官》鄭注本意，若曰盈不足以上章凡八，旁要以下皆句股章而九也。《隋書・律曆志》敍次最明：『九曰，句股以御高深廣遠。』使無諸術，胡以御之？今案：今有即比例所本，錯見粟米章。李注明云此都術也。蓋今有又所以統御諸術者爾。試質言之。旁要也者，求之四旁也，即内容外切之方圜邊徑也。夕桀也者，斜破之也，即剖分焉而以和較同式相比，又即中垂線也。西人以弦爲底，句若股爲兩腰，則視垂線在中。古人以横句縱股視之，垂線自斜矣。《書・太甲上》『旁求俊彦』，孔傳『旁非一方』，《漢書・地理志上》顔注：『要，求之也』。夕有衺訓，見于高注張雅《説文解字》夕部，『桀，磔也。』《爾雅・釋天》李巡注『祭風以牲頭，蹄及皮，破之以祭，故曰磔。』古訓車裂爲磔，是桀有破裂訓也。桀，磔本通假字，形聲正同，無可疑者。然則邊徑容切垂線剖分，古人未嘗無其術，特書缺有間耳。句讀之不明，辭志之相害，後人之咎也。夫八線三角，泰西長技，罔弗以比例統馭之。由前之論，又焉能離句股而别有祖述哉？」臆説如是，差足補明經所未言。斷著于篇，用諗來學。

清・王仁俊《格致古微》卷二　《山海經》　《續漢志》注引曰，禹使大章步自東極至西垂，二億三萬三千三百里七十一步，使豎亥步南極盡北垂，二億三萬三千五百里七十五步，豎亥右手把算，左手指青邱北。案：此中國地圖之祖。《疇人傳》孫星衍曰，指青邱北者，如後世輿地圖之類，指而算其相距里差耳。洋人以地球經緯求里差，謂中法所未有，豈知我三古已有其術哉？

又　卷三　《墨子》　《經》上，圜，一中同長也。方，柱隅四讙也。案：讙疑作維此畫圖學也。吴壽萱曰，西法畫圖，用兩尖銅箝絲尖取在圜心一周尖向外旋繞一周而成圜界，如繪方，先取上下左右平行線而四角各分九十度，即方柱隅取四維之意。

又　卷五　《補遺》之《周禮》　保氏九數。鄭注：方田、粟米、差分、少廣、商功、均輸、方程、盈不足、旁要，今有重差、夕桀、句股也。案：旁要即彼三角法也。見孔廣森説詳前。

又　《續補遺》之《周髀》　數之法出於圓方。圓出於方。案：此古割圓術也。馮經《周髀算經》術曰，周徧全體，髀謂股分。此經即割圓法。凡圓中劃十字，界開四髀，每髀弧邊九十度，角在圓心，正似方隅，故曰正角。若開六髀，每髀六十度，則成鋭角。若合兩髀爲一髀，共百二十度，則成鈍角。若合三髀爲半圓，共百八十度，則角平矣。若開八髀，每髀四十五度，則角尤鋭。若合三髀爲一髀，共百三十五度，則角尤鈍。若合四髀爲半圓，則角平矣。馮以割圓爲説，而圓出於方之理益顯然，則割圓非西人所剏矣。

清・徐鳳誥《筭學啓蒙通釋》卷中

田畝形段門

今有圓田一段，周八十四步，徑二十八步，問爲田幾何。

答曰：二畝四分五厘。

術曰：列周八十四步，以徑二十八步乘之，得二千三百五十二，以四而一得五百八十八，爲田積步，以畝法而一。合問。

誥按：圓徑求周爲筭法之一大節。自古率徑一周三，是六角形，非圓形也。魏劉徽以六角形起筭，屢求句股，而圓邊變爲直線，定爲徑五十周一百五十七，是爲徽率。祖冲之本大衍之數五十，用方徑七方周二十八，圓徑七圓周二十二，是爲密率。嗣明季利氏來賓，亦如魏術，益加細密，屢求句股，定爲徑一周三一四一五九二六五，下猶零不盡。而後人議之，以爲屢求句股開方，必有零不盡之數，積少成多，亦未能密合。後又有西人杜德美者，不用句股，以數次加減乘除求得密率，亦與利氏合。《周髀筭經》云，圓出于方，方出于矩。以密率言之，當以利氏爲準。然方有盡，而圓無窮，雖精如利氏，而終有不盡之數。古人有見于此，定爲徑一周三之成數，雖後世有至精且密者，終不能得此數之窮。此朱氏所以用古率求之。

又按：此圓周圓徑求積定率法也，以圓面由中易心至邊，剖爲無數尖角，將圓周扯直爲長尖角，即半徑爲闊，長闊相乘，半之爲積，故半周半徑相乘得積，全周全徑相乘四而一得積〇。下二術徑求積周求積，其原皆出于周徑相乘，古率如此求，即今率亦莫不如此求。以下二術只可施于古率，今率未能也。

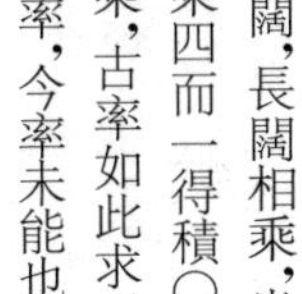

又　倉囤積粟門九問。

誥按：倉囤積粟與下商功修築皆立方形。西法云，凡數起於一點，由一點引長謂之線，以線乘線謂之面，再以線乘面謂之體。夫體者，形如骰子。設如三個骰子相連，謂之線。又以三個骰子乘之，得九，謂之面，即平方也。再以三個骰子乘之，得二十七，謂之體，即立方也。凡線，有直線，有曲線。曲線即圓線。如有二線，一端相併，一端漸開，謂之夾角線，不論線之長短，惟以開之寬者爲大角，開之窄者爲小角。凡三線相連，則謂之三角。如有甲乙丙三角形，言甲角必云乙甲丙角，或云丙甲乙角。言乙角、丙角者亦同。如單言一甲字即甲角，乙字即乙角，此皆三角之説也。凡分平圓形爲一角，則所割之圓邊爲弧線。其定一直線過平圓之面者謂之徑線，半之謂半徑線，平圓面由中心出線分平圓爲若干角者謂之輻線。凡於平圓内兩直線十字相交謂之直角，十字斜交其不足四分之一者謂之鋭角，過於四分之一者謂之鈍角。故正角、鋭角、鈍角線謂之三角。其次則有平行線。夫平行線者，二直線也，以二線之間寬窄俱等，雖至無窮不能相合，是謂平行線。此算法最要之理也。凡方圓曲直鋭鈍各面形，均以直線爲準。直線者，平行線也。言立體者，均以直高爲準。直高之數，平行二線間之數也。上田畝形段門，言面也。凡求面形，必先通之直方形而後可施其法，以其有平行線也。凡求體形，必先通之立方體而後可施其法，是故謂平行線爲算法之至要者。兹倉囤、商功二門皆言體之法也。如立方體折半爲壍堵體，壍堵三分之二爲陽馬體，即四角尖錐體也，陽馬折半爲鱉臑體，即三角尖錐體也。西法言立三角，皆鱉臑體也，有立方内容圓球體，立圓内容四面體、六面體、八面體、十二面體、二十面體，皆立三角體之法。點線面體皆以平行定冪積三角爲比例。故言面者，線之積也。體者，面之積也。

清・陶保廉《測地膚言》　矩度測量

測望之法，宜用三角八綫。惟驟語三角之法，未易明白。矩度所用勾股比例，較表竿爲密，較象限爲易，故先言矩度。

清・黄鍾駿《疇人傳四編》卷一　尹喜

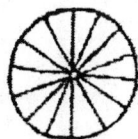

論曰：以四海爲脈者，即西人以地球經緯求相距里差之法耳。後世本此增修，精益求精，密益求密，每嗤古率爲疏，不誠得魚而忘筌哉！

又　墨翟

論曰：南海鄒徵君伯奇曰：梅勿菴言，和仲宅西，疇人子弟，散處西域，遂爲西法之所本。伯奇則謂，西人天學，未必本之和仲，然盡其伎倆，猶不出《墨子》範圍。《墨子·經上篇》云，圜，一中同長也。即幾何言圜面惟一心，圜界距心皆等之意。又云，同，重體合類。二體不合不類。同異而俱之於一也。同異交得，放有無。此比例規更體更面之意也。又曰，日中，正南也。又《經下篇》云，景迎日，景之大小，說在地。亦即《表度說》「測」景之理。此《墨子》俱西洋數學也。西人精於制器，其所恃以爲巧者，數學之外有重學、視學。重學能舉重若輕，見鄧玉函《奇器圖說》，亦見《墨子·經說下篇》。招負衡木一段，升重法也；兩輪高一段，轉重法也。視學者，顯微爲著，視遠爲近，詳湯若望《遠鏡說》。然其機要亦《墨子·經下篇》臨鑑而立，一小易一大而正數語，及《經說下篇》景光至遠近臨正鑑二段，足以賅之。番禺陳京卿澧曰：《墨子》書中有中西算法，南海鄒徵君伯奇已言之。如《經上篇》云平，同高也，即《海島算經》兩表齊高也；參直也，即《海島算經》「後表與前表參相直」也；纑，間虛也，《說》云纑虛也者，兩木之間，謂其無木者也，《九章算術》劉徽注廣從相乘曰冪，即所謂纑也。又有與西人點線面體之說相合者。如云端，體之無序而最前者也，此所謂端，即西人所謂點也；體之無序，即所謂線也；序如東西序之序，猶言兩旁也。《幾何原本》云線有長無廣，即所謂無序也，謂無兩旁也；《幾何》又云線之界是點，即此所謂最前也。又有與西人夾角之說合者。如云有間，中也。間，不及旁也，《說》云有間，謂夾之者也。間，謂夾者也。《幾何原本》云直線相遇作爲直線角，在直線界中之形爲直形線，皆此所謂有間也，線與界夾之也。又有與西人論圜合者。如云中，同長也，《說》云心中自往相若也，圜一中同長也，《幾何原本》云圜之中處爲圜心，一圜惟一心，無二心，圜界中心作直線俱等，即此所謂同長也。西人重學，是算學中最有實用者，《墨子·經下篇》已略言之。如云挈，有力也。引，無力也，即西人起重之法。西人窪鏡突鏡，俱本算法，《墨子》亦略言之。如臨鑑而立，景到，即影倒，字謂窪鏡也。又云足蔽下光，故成景於上；首蔽上光，故成景於下，此解窪鏡照人景倒之故也。又云鑑者近中，則所鑑大，景亦大；遠中，則所鑑小，景亦小，即此所謂突鏡也。西人制鏡之巧，不過窪、突二法而已，而其源皆出於算學，墨子固已先知之矣。而鄒氏之專言光學者，並有《格術補》一書，湘陰殷氏爲之箋，亦多引《墨子》經說以附會之。至於「均髮均縣」等語，即西人金錢雞毛之喻；一少於二，非半弗斱等語，爲重學之祖；臨鑑立景等語，爲光學之祖；圜，一中同長；方，柱隅四讙；圜，規寫攴；方，柱見股；爲八觚割圜句股重，其前弦其軲等語，爲三角八線。亦略見湘陰張氏《瀛海論》，與鄒氏說可相印證。

又　卷九　布大哥拉

論曰：步天測地製器，中法不外句股，西法不出三角。直三角即句股也。鈍、銳三角，形雖不同，自其中作垂線，即分爲二句股。名雖不同，其實一也。是以《周髀》立句三、股四、弦五之率，以句冪、股冪相加，與弦冪等。數千年疇人遵守勿替。布大哥拉生於希臘，所立率數以二小方相加，與一大方等，同出一轍，可見方出於矩之言，不獨爲中法之準則矣。

清·曹汝英《算學襍識》卷三　勾股

定句股無零法

無論何數，將此數自乘，而取其自乘數之上一數，半之爲弦，又取下一數，半之爲股，本數爲句，即無畸零也。

如所取數爲七，自乘得四十九，上一數爲五十，下一數爲四十八，上一數之半爲二十五，下一數之半爲二十四，則二十五爲弦，二十四爲股，七爲句。如所取數爲四，自乘得十六，上一數爲十七，下一數爲十五，上一數之半爲八·五，下一數之半爲七·五，則八·五爲弦，七·五爲股四爲句。

此法見西人摩士媧斯《機器袖珍》，原書祇言法不言理，又不設詳數。以《代數術》第二百款二題之式證之，合卯爲一，乙爲所取之數，其理立見。惟設數求之，如所取數爲奇，則無他異，如所取數爲偶，則股弦二事，必有單位下之數，不如用《代數術》二百款一題理，易之爲任設一數，倍之爲句，以此數自乘，減一爲股，加一爲弦，則無單位下之數矣。中法定句股無零，不惟句股弦三事互求，開方能盡，且須三事皆無單位下之數，西人則祇求開方能盡，不問三事有單位下之數與否，此中西之異也。

清·支寶枏《上虞算學堂課藝·例言》　一，《海鏡》九容曲盡句股形變態，施諸鈍銳三角，理亦無異，不過易直積爲倍三角積，易弦股句三事爲大中小三邊耳。惟更明斷三形，當改爲句股弦引長綫上容圓，三角則爲三邊引長綫上容圓，明叀二形，舊云句股外容半圓，未見愜當。合計當有十二容，三角容圓係古法，不在內。不僅九也。茲由句股以及三角歷證數題以爲例，至此等題設問層出不窮，俟另輯專書。

清・王修植《圓錐曲綫論心序》 向嘗謂中土證沵之書，多詳於演舛而略於説理，承學之士往往知其然而不知其所以然。自勿菴氏以言理爲諸老倡，於是海内揅觚家乃稍稍通幾何矣。

清・陳修齡《公式演算》卷一 平三角形

直三角形邊角相求公式【略】

按：直三角形，即句股形，蓋三角内有一直角者也。然中國古算書所稱句股形，只以邊爲比例，而直三角形則用八線之理，能以邊角爲比例。此其致用所以廣於句股也。

清・方克猷《方子壯數學》 尖錐曲綫考

《周髀》曰：圓出於方，方出於矩。兩矩中間之積是爲積分。西法所謂直角方形也。今設縱横二軸，任以一邊爲底，而餘一邊爲其高，相乘之則必成矩形，謂之直積。【略】

以上所論諸曲綫式，皆諸乘尖錐所成之曲綫也。此諸乘尖錐之曲綫，即諸乘抛物綫之曲綫也。尖錐積自天元一起，而平方，而立方，而三乘方，以至於無窮。抛物積亦自借根一起，而平方，而立方，而三乘方，以至於無窮。諸乘尖錐自直綫起，而漸增之，而漸乘之，變爲曲綫。抛物綫亦自直綫起，而漸增之，而漸乘之，變爲曲綫。諸乘尖錐設縱横二軸，以高底相乘，乘數加一爲法，得積。抛物亦設縱横二軸，以高底相乘，乘數加一爲法，得積。尖錐乘數之名，恒視其底方加一抛物綫乘數，即視其底方，故二術乘方之名恒差一。尖錐術所求爲直積上曲綫外一分之積，故其曲綫恒以凸邊向軸。抛物術所求爲直積上曲綫内一分之積，故其曲綫恒以凹邊向軸。若以此兩形依曲勢内外相合，即成一内外同用之直積，而其高同，其底同，其乘數原同，則其同用之曲綫安得不同？然則尖錐術所用之曲綫，其爲西人之抛物綫無疑矣。案：諸乘抛物綫之底方，即諸乘抛物綫之縱綫也，故其方指數均同。

凡諸乘方，中法用乘數，西法用指數，故差一數，如一乘爲平方，其乘數一，指數二也。二乘爲立方，其乘數二，指數三也。餘放此。

又 新法抛物綫割圜説

抛物綫何以用之割圜也，蓋一切無法諸曲綫形，謂諸不中規之曲綫。皆諸乘抛物綫之類也，準幾何理。凡同縱横軸之抛物曲綫，不同縱横軸者，理亦如是。乘漸增，則積漸長，而曲率亦必漸大，曲之至而有似乎平圜綫。若乘數增至任何多，則此諸曲綫中必有一段曲綫與圜周相切，切之至於至密則能與圜合而爲一。即有微差，其數可小至莫可形容。而此一段抛物綫即變爲平圜曲綫矣。此即西法所謂合智圜之理。而垛積招差一術，中土古法早已有之，何其神也。

抛物綫何以與垛積術合也？準微分數之理。凡數之變也，有平變，有增損變。平變之理，成平面形。增損變之理，則恒成爲垛積形。地心攝力爲漸加，率用增損變者也，故此力令抛物行於曲綫。惟是以所成之曲綫言之，則爲抛物綫，而以其所成之積數言之，則又爲堆垛形。二者所由來之理同，則其沵法安得不同？準重學理，凡動理有二，一爲平速，一爲漸加速。平速動恒成長方形，速爲闊時爲長，而所過之路即平方積也。漸加速則恒成垛積形，力爲高時爲長，速爲方積面，而路則垛積形全積也。凡物爲地心力所攝引而下墜，愈下愈速，成平方之反比例，皆爲漸加力之率。

垛積術爲用甚廣，抛物綫其一端而已。如日纏盈縮，楕圓綫也，而垛積術能求之。對數比例，雙曲綫也，而垛積術能求之。故圓錐三曲綫，中法垛積一術能通之，即二次式以上無窮諸曲綫，亦何不可盡通之。

抛物綫爲楕圓之極式固已，其實無窮諸曲綫均莫非楕圓之極式也，均可謂爲任一段之截圓綫而楕形者也。何也？準合智圜之理。凡任何曲綫半通徑之平方約法綫之立方，得數爲曲率半徑。試令此曲綫上之法綫與其半通徑等，則此曲綫式之一段即已合於中規之圜綫，而半通徑即爲其平圜之半徑。此可見諸曲綫式皆能成楕圜，即皆可變爲平圜。是故平圜綫之理，各種曲綫均可明之也。然而諸曲綫中，則惟抛物一綫，其積恒能爲整分數，而且與遞加數符合，尤爲有法之形。是以割圜之用，獨有取乎西人之單曲綫也。

凡抛物綫交角至九十度，其抛界爲〇，而必成一直綫，即〇乘抛物綫也。自九十度向四十五度行，抛界漸大，至限而爲極大。自四十五度向〇度則又漸小，至交角等於〇，則抛界亦等於〇，非無抛物綫也，此抛綫必合於地平圓界，即任一段截弧之平圜曲綫矣。是故抛物有二限，向九十度行至限必變爲直綫，向〇度行至限必變爲圜綫，惟因抛物成曲綫自平方綫起，其一分直積不能成曲綫。成曲綫者必自二分起，故割圜亦自平方抛物綫二分之積起，即立尖錐也。凡平方以下拋物綫仍爲一直綫，而如句股形即平尖錐。

惟因同徑上方圓二積之比例，其積差元爲四分之三一四一五九不盡，故其比例率視四分之三爲微盈而有餘。若此方圓二積之較，其積差則爲四分之〇八五八四一不盡，故其比例率視四分之一又爲微朒而不足。可見圜之直積必在三分與四分之閒，故割圜起立尖錐，而其用拋物綫起於平方也。又可見此盈朒二限中閒之積分，必恒爲奇零不盡之數，惟用增損變推之始能密合，故曰無窮諸單曲綫至限而與平圜周合而爲一也。

以數明之。命半徑上方形爲一，即相等二縱橫軸綫矩内直積。則方内所容一象限平圜積必爲四分之三一四一五九有奇，其真數爲〇七八五三七五五不盡。今取同軸之立方拋物綫内積爲〇七五，即四分全積之三也。以較圜積不定〇〇三五八七五有奇，是微盈也。又原方積與圜之較積四分之〇八五八四一奇，其真數爲〇二一四六〇二五不盡，今取同軸之立方拋物綫外積爲〇二五，即四分積之一。以視方圜之較積又多〇〇三五三九七五有奇，是又微朒也。故必漸增漸損以課之，方能卻合此四分之三一四一五奇與四分之〇八五八四一奇之密率也。

由此可見，古率取方積四分之三以當圜積者，其所得之積，實立方拋物綫上積也，以較平圜真積必朒其差，恒爲〇〇三五八七五有奇，而此所成之曲綫，其曲率亦必比圜率爲弱，故不能成真平圜綫，而必爲任一段之拋物曲綫也。如以此四段曲綫聯之，必成全椭圓形，而能與平圜同。用外容方形爲四點之公切綫，此椭圓積必仍爲平圜所容，是即古率所用以當平圜積者也。

又　尖錐術解

垛積招差，中法之最古者也，肇於《九章》商功，而詳於《四元玉鑑》。其以之步天致用者，則自郭太史始，後人引而申之。而割圓八綫、對數、椭圓諸術，一以貫之矣。此西法之所遺，而幾何家之所未發也。

清・劉澤楨《中西數學通解》卷一四　測量

《周髀》曰：偃矩以窺高，覆矩以測深，卧矩以知遠。蓋以矩度或表杆相度窺測，立者則取其直，平者則取其方，必使成直角，以大小句股爲比例，以在器之句股比所測之句股，彼此相形而得之者也。然句股必爲直角，而三角形則惟變所適而無定形，要以角度爲準，而用割圜八線以爲比例。凡求角求邊，皆以三角形之法爲本，總以對所知爲一率，對所求爲二率，所知爲三率，得四率即所求也。或一測，或屢測，惟在隨時而致用。或用正，或用餘，惟比例之相當。不特凡物之高深廣遠可得而推，即七政之躔度，天地之形體，俱可得而測也。

又　卷二〇　弧三角説

論曰：案弧三角法，不便用天元，説已見前。然依比例之理，亦可用天元步算。如正弧三角第一題，有丙直角，有甲角二十三度三十分，甲乙弧四十五度，求乙丙弧。法立天元一爲乙丙弧正弦，以半徑十萬乘之，【略】。餘題仿此類推。此可見算無定規，神而明之，存乎其人。

清・朱正元《周髀經與西法平弧三角相近説》　且屢變者，法也，不變者，理也。善變者以不變御至變，而無窮之變出焉。自其變者而言之，千萬言不能盡其緒者也。自其不變者而言之，一二言已足括其要。當今西法風行，援今証古，今勝於古，勿能諱焉。然考泰西之學，每有與我古書符合之處，即如西法之有平弧角，後來者驚爲創獲，而《周髀經》實以啓其緒，特未能暢厥指耳。謹按：《周髀》者，言蓋天也，而其測天以句股，平矩正繩以下六句，測法浸備，以下率用偃矩望高一語。其測天也，立表八尺以視日景其相去二千里，立兩表者，重測法也。原文謂在天千里影差一寸者，以兩表影相減餘二寸也。以地爲平遠乃成此算，疑非《周髀》本文。其算由比例而得，兩表影較爲一率，即兩句股。表長八尺爲二率，即小股。兩表相去二千里爲三率，即兩大句股。求得四率爲日去地之高，即大股。其表竿恒長八尺，故其在儀之影與在天之理恒若一寸與千里比。以下定各節氣，皆本此加減也。查經中所得里數雖非密合，因以地爲平遠，天爲平高，疑皆傳習者所竄入也。然其立法已啓近時西法之緒。其所言測量者，勾股也，西人言三角不言句股，謂三角可以概句股，句股不能概三角也。不知法雖異而理實相近。蓋三角法以對角邊對爲比例，又以角爲虛度，不可比擬，乃創爲八綫，以其角之正弦與對角之邊爲比例，高深廣遠一例可御。夫用三角必借徑於八綫，八綫縱横交錯皆成直角，以半徑斜剖之又成多個同式句股形，然則八綫御三角，猶是以句股御三角也。豈獨平三角爲然，弧三角亦然。雖爲算球形之巧法，若其立法之根，與句股亦甚相近也。蓋弧三角之八綫皆自球心生縱横相遇成立句股體形，而其弦切所成之句股皆爲同形，可以互相比例。用次形者，如平三角之用外角也。然則以八綫御弧三角，猶是以句股御弧三角也。夫算數不能無所憑藉而得八綫者，是以虛數御實也是不憑之憑也。《周髀》之測量句股也，即矩也，是亦八綫也，矩也。而何以八綫名之，曰是有象之八綫也，以句爲正弦，股爲餘弦，如互易之，以句爲股，以股爲句，是猶是餘角正餘弦必互易也。以切綫名之亦通。夫弦切與對邊本成比例，是以知角固能知邊之大小，亦可以知角之大小矣。若以句股言之，句大則股弦所成角必大，句小亦小，惟股亦然。是用句股測量，雖不明指爲角縷分爲度，實無往不用八線也。蓋近時用八綫法已在其言內矣。案《周髀》一書，其首篇了了數言最爲簡賅。其言曰方數爲典，以方出圓，是明知圓之不可御而必以方御之也。其言笠以寫天者，是寫天於笠之下面，成仰視形，言笠者謂其形如笠，實則半球矣。夫既寫天於笠，則又必寫笠於平，以傳久而行遠。漢儒議其非者，是誤渾爲平耳。夫古書多殘缺，儀又不傳，固不能確指其器與法究竟若何，惟當綜覽其首尾詞指，必一一符合，斯爲得之。今觀其精到之處，實與西法合。其自榮方問陳子以下，得失參半，自相矛盾，必原書已缺，傳習者竟爲補苴也。何以知之？案原書曰天象蓋笠，地法覆槃，又曰極下地高，滂沱四潰而下。夫既中高而四下矣，則地爲球形可知矣。又曰北方日中，南方夜半，東方日中，西方夜半，南方日中，北方夜半，西方日中，東方夜半。夫既晝夜互易矣，則地爲球形更可知矣。又曰北極之下不生萬物，北極左右夏有不釋之冰，中衡左右即赤道。冬有不死之草，五穀一歲再熟，是不獨知地爲球形，且知地理之分冷温熱三帶矣。又曰凡北極之地，物有朝生暮獲者，是即半年爲晝，半年爲夜矣。是其於黄赤邪距及日躔黄道之理已了然矣。乃知陳子所云，聽其言地固圓也，考其算則又以爲平遠矣，宜其數之不符也，而其書之爲後人補述可知，烏可以此短之哉？

又朱正元《西法測量繪圖即晉裴秀制圖六體解》 晉司空裴秀爲《禹貢地域圖》十八篇已佚，惟《晉書》本傳具載。其序言制圖之體有六，測繪之理包括無遺，實與近時西人至精之書、至詳之圖若合符契。謹據管窺所及，以通古今中西之郵焉。夫分率者，繪圖之法也。準望者，測經緯度也。道理者，測地面之大勢也。高下、方邪、迂直者，測地之子目也。繪必先測，故今且不言分率，先言準望。地體渾圓，南北二點當天空之南北二極，中要大圈亦當天空赤道，人在北極下，則以北極爲天頂，人漸向南，則見北極漸低，至赤道則北極與地平合。南極亦然。是地之南北不同，則北極出地之高低亦異也。東地之日出入早於西地之日出，入地周三百六十度應天周三百六十度，每度六十分，都爲二萬一千六分。日歷天周爲晝夜，地自轉一周成晝夜，以視象言則爲日歷天周。分二十四小時，時六十分，都爲一千四百四十分，故時之一分等於度之十五分，四分等於一度。此地在彼地之東一度，則此地之日出入早於彼地之日出入四分，時是地之東西不同，則日出入之遲早亦異也。欲測經緯，先定午線。西人之定午線也，較準指南針電氣差定子午儀，以窺日之過午爲其國之午線。其隨處測緯度也，則自日晷將午至過午時，用紀限儀或經緯儀屢測太陽高弧爲本處太陽過午線距地平高度，亦即本處午正，乃以太陽距地平高度減蒙氣差加地半徑差爲實高度，以減象限九十度得太陽距天頂度，以與本日太陽赤緯度南加北減即得北極出地之度。其隨處測經度也，或用月食，或用太陰凌犯星宿時，或用木旁四小星掩食木星時，常用之簡法，則以極準時表，俟太陽過其圓之午線時辰開準，乃行至本處測其午正，視時表差若干化分爲度，四分爲一度。即知本處在其國之東西若干度。夫地圓蒙氣之理，指南經緯之器，古書具詳，無容覼縷。即定午線測經緯之法，亦述不勝述。姑即《周禮》言之，《考工記》曰匠人營國，水地以縣，置槷以縣，以景爲規，識日出之景與日入之景，晝參諸日中之景，夜考之極星。水地，即西人用水準，亦名酒準。縣垂線也。極星，如西人之測句陳大星也。以歲差考之古蓋測帝星。此言定午線也。又大司馬以土圭之法測土深，正日景。土深指南北，日景指東西。夏至漏晝中，日南影短，是地在南近日，故土圭之景短也。日北景長，是地在北遠日，故土圭之景長也。此言定緯度也。日東景夕，是地在東，日過其國之午線時，東地之景已夕。日西景朝，是地在西，日過其國之午線時，西地之景方朝。此言定經度也。裴氏曰準望所以定彼此之體，又曰有分率而無準望，雖得之於一隅，必失之於他方，蓋地既與天相應，必以在天之度，與鳥飛之里互相檢較，而後彼此之體可正也。地本渾圓，寫入平幅，不能絲毫無所參差。西人益求精進，欲使其差極小，於是繪全球者有用弦切及等距諸法，繪分圖者有圓錐及圓柱諸法。今繪全球者率用等距，繪分圖者相地爲之，無成法，大約緯度不甚寬，則用圓錐法極相宜，因圓錐法經綫皆改爲直綫，與緯綫皆成直角。如用紙作錐形套於球外，令錐之旁面緊切本處之中緯綫，其錐之鋭鈍以緯度之餘切爲比例。其地如緯度稍闊者則用圓錐法，令錐旁稍割球面以消息之，若圓柱法雖爲繪海圖而設，然近赤道一帶用以繪地圖亦甚宜，因其經緯線所成之格幾成方格耳。若但有開方格子而不詳經緯，且不知其在大地之何處矣，其失固不待言。即注明其經緯，亦如以方目之網套於圓球之上，何能一一相應哉？天度既得，即當測量地面。測必先量，量爲測之本，量而後測，測濟量之窮。近日西人測地必先上應天度，分全圖形勢爲三五大三角形，則又不用量而用測矣。蓋曠野平疇可量也，至高山峻嶺、兩處垂線相距之平遠無可量矣。一里二里可量也，至數十里穿山越海直距之里數更無可量矣。西人之測地也，最初最要者爲測三角法。三角之最初最要者爲定底線。此底線乃本三角之本，亦衆三角之根也。西人定底線極鄭重，必屢測而後定，以防毫釐千里之差。底線既定，乃覓一可指之物，或立表。與底線之兩端成三角形，記其底線與角度之方向於册，測三角用平面畫圖桌最便，隨測隨繪。繪三角宜用鉛，以便圖成時擦去，惟須先定分率。又從本三角之腰轉測他處，而即以腰爲其底，或記於册，或用平面桌，均如前。更迭爲底，遞察不已，使大地成無數三角形。案：三角即中法之句股。試自三角以至一角作線，與對角之邊成直角，即分爲二句股形，改三角爲句股，則量句股弦以得股，化股爲句以測弦，展轉相推，亦可以御無數之形象。裴氏曰道里所以定所由之數，又曰有準望而無道里則施於山海隔絶之處不得以相通下，又以道里與徑路分别言之，則道里者固測量之始事，而與西人測三角無異者也。大局已定，則地面高下、方邪、迂直可細測矣。西人之測高下、方邪也，所用之器最要者爲紀限儀，爲瓶水地平儀。紀限儀以測高深之度數。測法於測處置二定點，或立表。與山頂成三點，以二定點間相距數爲底線，用平測三角法，已知三角一邊求得測處之任一點至山頂斜線之數，再用立測三角法，以斜線爲已知之邊，測得三角，求得山頂高於測處之數，及山頂垂線與地平成直角至測處之平距數。所謂測處者，即上所用求山頂斜距之點。測深者同。至測山之斜度，若用象限儀尤便捷。雖不及瓶水地平儀之準，而輕便過之。若測山之逐層高低，則非用瓶水儀不可。測法詳下。測法懸垂線於儀心，繫錘使下墜，依平邊仰望高處相切，視垂線所成角即爲斜度，實用餘角。若山根有退行之路，則用以測山之高及平距數較。平立測三角更便，其法或名重測，本前後立兩表因不便且難準，今爲改之。法於山前一處用象限儀，用瓶水地平儀更準。測得山頂與垂線及測處所成直角三角形之頂角，命爲甲角，又退行若干里，必使前後兩測處與山頂成一直線。又測如前，命爲乙角，乃以甲乙兩正切相減爲一率，半徑爲二率，退行里數爲三率，求得四率即山頂。須加儀器離地平數。若用甲正切或乙正切爲二率，則求得四率，爲山之平距數。用甲正切則得數爲山頂垂線下去前測處數，用乙角則爲去後測處數。瓶水地平儀以測逐層之高低，器爲長銅管，管上兩端上安玻璃瓶刻度，瓶與管成直角，管下承三足架，當管中承處爲活節，置器於高低之間，低昂銅管，視兩端瓶水等平而止，於器之上下對管口直尺，自管窺之而取其度高低懸遠者屢測之，而記其各層之數。山勢磅礴者，環測之，而記其各點之向。屢測者，逐層之高須等，以便命共距之數。環測者，各點之高亦須等，以便平成剖面之形。又山高與逐層之高之比，如平距與各平剖面平距之比，求之以記於册。

其測迂直也水道徑路之類，均其測迂直之間，而以測路輪記其遠近，使容於各三角之内。按古地理書，於名山大川往往記其高數及周圍數湖泊，亦記之周圍之數。班固《地理志》於大川記其里數，《水經》諸書尤詳。《古今注》曰大章車所以識道路也，起於西京，亦曰記里車。車上爲二層，皆有木人，行一里，上層擊鼓，行十里下層擊鐲。較近時測路，輪制更巧也。裴氏曰高下、方邪、迂直，諒哉言乎。雖書缺有間之校，則徑路必與遠近之實相違，三者皆因地而制形，所以校險夷之異。又曰有道里而無高下、方邪、迂直，而左右采獲者，尚足以互相發明，又何震於西人刮面圖之精也哉。測事既畢，可以繪圖矣。繪圖首事當明分率。分率者，地與圖之比例也。地球周徑之數，古者參差不齊，蓋由於尺制不同之故。康熙年間測各處經緯，定爲每度二百里，是地球一周實計七萬二千里。或爲每度二百五十里者，縱黍尺與横黍尺之差，其實二也。乾隆間西人蔣友仁按工部營造尺一百八十丈作一里，測得每度一百九十二里有奇，是地球全周僅有六萬九千餘里矣。營造尺即横黍尺。康熙、乾隆未聞有異而差池若此，非康熙之尺與測不準，即乾隆之尺與測不準也。近三十年來，法蘭西人竭數十年之力，測量地球全周之數，減去地面高低差，以海平圓而爲準，分爲四千萬分，定爲密達尺，歐洲各國皆韙之，蓋後來居上者矣。按：地圓之説見於經典，地動之説見於《尚書緯・攷靈曜》不待言矣。地爲匾圓，西人最精之詣也。前乎裴氏者，張平子《靈憲》已言之矣。密達尺亦西人最精之詣也。案：齊氏履謙《郭太史行狀》曰，嘗自孟門以東，循黄河故道，縱廣數百里間，皆爲測量地平。又嘗以海面較京師至汴梁地形高下之差，是後乎裴氏者，且見之實事矣。又何疑於裴氏哉？定分率本無定法，或以一寸代一里，或代十里，或代百里，或代千里，總以圖之詳略定比例之大小，西人作圖，每擇蕃盛之區另爲詳圖，比例展大。圖中尺寸遞加遞析，皆視此爲準。作分率、違分尺以遞析其極小之數，六十分之名曰度尺，二百分之名曰里尺。作分角器以定其方向之準，以紙爲之作半圓形，畫度分於周，近時改用明角徹底通用較易便析，作精圖必能分分秒者。分率既定，可布經緯。寫渾平本無長策，有經緯均作曲線者，有經曲緯直者，有經曲經直者，有經緯均作直線者。此即默加禱畫法，用作海圖最妙，舟行不迷方向也。之數法者，各有短長，或差在東西，或差在南北。但當相地以擇法，不可泥法以概地也。近時西人作各圖分圖，緯度不甚寬者多用圓錐法，若以中國幅員南北四十四度者，用圓錐法繪之，則以北緯四十度爲中緯，求得錐尖爲八十度，錐尖距中緯點爲六十八度十六分五十三秒，惟如緯太寬應用割入球面法消息之，則從中緯北十一度割入，中緯南十一度割出，則求得錐尖去中緯點爲六十七度十一分三十七秒。注中錐尖八十度，指角度距中緯數，係由本圖周比得。若填郡縣城之經緯，可展規按度分量分率度尺縱横定點即得。經緯漸遠赤道者，則按度求其距里，法以半徑爲一率，緯度餘弦爲二率，赤道上每度二百里爲三率，得四率即本處距里。案距里者本處兩經相距里。以里尺量之，亦得若填各三角形，須先定準底線，方向用分度器，即分角器。依測得角度，輾轉移向，定其方位，此繪平面形之要畧也。有山之處，既以其山根方向處作點，聯成曲線，爲天空俯視真形。其分山形平坦巉峭之法常用者爲黑白二線，黑白之多少定斜度之大小，全黑者爲四十五度，八黑一白者爲四十度，七黑二白者三十五度，順是而下，每少一黑線，即多一白線。則少五度，至零度則全爲白線矣。均分之則以線之粗細定斜度坦削。此繪剖面形之要略也。裴氏圖已失傳，其究竟何如繪法不能確指，然既分率準望而二之，則必有經緯度可知，既别道里徑路而二之，則其先測三角或句股形可知矣。按中法測田向用圭形，一田分爲多形，并之爲其共積圭形，即三角形，然則古人或測三角形亦未可知也。即分高下方斜而二之，則必有平剖面形又可知矣。至繪法，原無一定，歐洲各國尚不能一律，何必刻舟以求耶？綜斯六者，其於西人測地繪圖猶有未盡否耶？竊意裴氏當古圖失傳之後，十八篇之圖當僅如西人之總圖耳，未必能過詳也。其説當有所受之。案：管子曰凡主兵者必審知地圖，轘轅之險，濫車之水，名山通谷，經川陵陸邱阜之所在，苴草林木蒲葦之所茂，道里之遠近，城郭之大小，名邑廢邑困殖之地，必盡知之地形之出入相錯者，盡藏之然後可以行軍，襲邑舉措知先後不失地利，則古人地圖之詳可知。又案：《周禮》大司徒掌建邦土地之圖，周知九州之地域廣輪之數，司險職方等官又分掌之，則其圖之互爲詳略又可知。又案：《史記·蕭何傳》漢王所以具知天下扼塞户口多少、强弱之處、民所疾苦者，以何具得？秦圖書也。則其圖之非略具形似又可知。故今略陳古義，以明裴氏之有本確指。新法以明中西之同歸，若今日通行之圖，則明人之圖也。朱思本原本已不可見，無論宋以前矣，其於準望猶未精也。近人李氏、胡氏之圖畫，分分率準望，是矣，然所布經緯於算理可通而於形不甚肖也。鄒氏圖經緯肖矣，然所據者李氏之圖，不及胡圖之詳也。以裴氏所論核之，法尚未備也，何論測之精否乎？噫！古法之失傳者，殆不可更僕數也，豈僅測地繪圖一端已哉？

清·成本璞《九經今義》卷九 《周禮》 土圭測日景求地中，此後世里差之法所昉也。測太陽之緯度，定北極之出地而得里差，有地半徑差之加，有蒙氣差之減。夏至日景尺有五寸，張衡、鄭康成、王蕃、陸續皆謂影千里差一寸，其説已舛，大率五百二十六里二百七十步影差二寸有餘，相距三十度差一時，相距九十度差三時，相距一百八十度則晝夜時刻俱反對矣。如巴黎之午正當中國北京之酉正一刻，美京之戌初三刻九分，俄京之未正三刻十三分，英京之午正十一分，西貢之酉正三刻十分，馬賽之午正十一分，羅馬之午正二刻十一分。巴黎去赤道遠，夏至口行南陸晷影特長，故日長幾及八時有奇，而俄京已晝長十一時矣。地球橢圜，天静地動，西人測量之精，遠過中土用土圭測黄赤道，其法甚密。郭守敬立四丈之表，用影符測之，暨表測日體之上邊，横表測日體之下邊，表端架横梁以測其中心，其説可据。自西法既入，儀器益精，推闡日峃，向之所得皆成芻狗矣。

夏至樹八尺之臬，得日影尺有五寸爲地中。以西法八線表算之，八尺爲股爲一率，尺有五寸爲句爲二率，半徑爲股爲三率，求得四率正切一八六七五爲句，檢表得十度三十四分，加黄赤大距二十三度零，約得赤道距天頂三十四度，即北極出地度分。今河南開封等府及東之徐州、西之秦州皆是。考之外國，朝鮮之南海，日本之南部對馬島，印度之以拉部屬，花旗之西路，皆合影千里差一寸。以今算法推之，約差一度有零，凡二百五十里有奇。竊謂千里差一寸者，乃方千里差一寸也。古者八寸爲尺千里，當今八百里開方得六百四十里，即周尺方千里之數，亦即今二百五十里開方得六百二十五里，爲一度之差之數。《周禮》原以土圭土其地，而制其域知千里，亦指方里言也。

又 卷一二 《周禮》 職方氏掌天下之圖，以掌天下之地。要周刊其利害，乃辨九州之國，使同貫利，乃辨九服之邦，制其封域。測繪之學，由來尚矣。晉裴秀制圖，條陳六體，曰準望，曰高下，固賴乎測。曰方邪，曰迂直，復需夫繪。曰道里，曰分率，尤藉乎算。蓋精於測繪者，當先研算學，洞曉天文，悉心測量，方可依据。今西人最重此學，設爲專科，日事考究，精益求精，或測經線緯線之弧，或測全洲以準各國各土之疆域，以明各山各水之形勝，或測一國以定各省各府之界線，以定各城各鎮之位置，或因經畫而專指一方，或因武事而專詳一處，或因造鐵路而取平直以開山，或因開井礦而度形勢以鑿洞，或因航海以誌行程，或因游歷以指定向。繪事既繁，需人愈衆。中國於輿地之學，講求者絶少，如顧景范、顧亭林、閻百詩、胡朏明、顧棟高、洪北江、李申耆及益陽胡文忠公，各有成書，考求古今之沿革異同，天下之形勝扼塞而已，尚多疏舛，其於五洲之疆域，異國之廣輪，概乎其未之有聞也。今宜於省會設地學學堂，而令郡邑徧設地學會，延好學深思者，其講求之精，究西法多購儀器。中國測繪之器不過規矩準繩、羅盤日晷而已，然皆不精，大有毫釐千里之誤。西人製器甚精，如測天度則有經緯儀、紀限儀，測地面則有測平儀、羅盤儀，測時刻則有子午儀、日晷儀，綴以顯微鏡、窺遠鏡，仰測天經星宿布列、日月躔度可知也，俯測地理山水位置、道路遠近可得也，平測原野土田高下、地面低斜可見也。中國測地之法率以勾股爲主，西人則以三角爲用。蓋勾股之法必知二事始能推知一事，三角則已知三事可推未知三事，且度量三角之一邊較度量勾股之二邊爲功更省，而測一邊之二邊爲事不煩，故西人測地皆專用三角法。夫測繪之事，不厭精詳，須有專業之人，用精良之器，熟於天算之用，逐細詳測。西人每測地，常費數年之久，而英國兵部、海部之輿圖局，自開辦至今二百餘年，未嘗或輟。本國已臻絶詣，又推及於屬地，故印度、意大利亞等處皆有精詳之圖。近且經營及於緬甸矣。他國亦仿之。汲汲以爲先務，唐賈耽日地理之學，百聞不如一見，十説不如一圖。支那英俊之才，久爲各國所歎羨，誠皆講明此學，酌周禮之成規，參泰西之新製，使環球之形勝瞭如指掌，釐訂數千年來之舛訛，通解九萬里外之情狀，倘亦用世者所有事乎。

清・盧靖《割圜術輯要》

求周

按：圓徑求周術，計一十四式，前十式皆借正弦或正切求弧背術其式詳後。而得，後四式爲有周率求周術。第十一式所用之周率止五位，第十二式所用之周率　七/二二　爲西士亞幾默德所定者，與中國古之智率合。第十三式所用之周率　一一三/三五五　爲西士尤拉所定者，與中國北齊時祖冲之所定之密率合。第十四式所用之周率九位數，亦爲祖氏所定，與近時西國通用之數合。推算細密之圓周止此九位，已足用矣。

周率者，圓徑爲一之圓周也。即前十式之任一式。以徑爲一所得圓周之值數。泰西諸國均用π字母代之，中國向以周字代之，今恐與圓周之周字相混，乃改用元字代之。【略】法人提拉尼推得一百二十四位周率之數。

又　求正弦

按：《代數術》第二百五十五款天幅之總式註云：其夘爲奇。董方立氏以弦求弦術亦云：凡弦之倍分皆取奇數。今考其得術之由來，董氏用幾何，此用代數，皆係遞取其奇倍弧分而成者。當其時以爲不能通之於偶數，殊不知僅此一式，其夘之同數無論爲奇爲偶，皆能通用，不過夘爲奇數，其式爲有盡之級數，夘爲偶數，其式爲無盡之級數。至於二天幅之總式註云：其夘爲偶。今考之亦可奇偶通用，不過夘爲偶數，其式爲有盡之級數，夘爲奇數，其式爲無盡之級數。

著録

清・周中孚《鄭堂讀書記》卷四五　天文算法類

《方圓冪積》一卷。國朝梅文鼎撰。《四庫全書》著録，定爲第二十六種，乃《曆算全書》法原之第六種也。按：《崇禎曆書》用徑率至二十位，然其入算仍用古率十一與十四之比例，蓋即祖冲之徑七用二十二之密率，以其乘除之際難用多位也。是書爲之約法，則徑與用之比例，即方、圓二冪之比例，亦即爲立方、立圓之比例，殊爲簡易直捷。

又　《塹堵測量》二卷。國朝梅文鼎撰。《四庫全書》著録，定爲第二十九種，乃《曆算全書》法原之第五種也。曰塹堵測量者，借土方之法以量天度也。其術以平圓御渾圓，以方體御圓體，以虚形準實形，故託其名于塹堵也。書凡二卷，其目有八，曰總論，曰立三角法，曰渾圓内容立三角體法，曰句股錐形，曰句股方錐，曰方塹堵内容圓塹堵法，曰圓容方直儀簡法，附郭大史本法。曰角即弧解。蓋以渾儀黄、赤道之切割二綫成立三角形，而四面皆句股，即弧度可相求，不須用角，西法通于古法矣。又于餘弧取赤道及大距弧之割切諸線成句股，方錐方形，亦四面皆句股，即弧度可相求，亦不言角，古法通于西法矣。二者並可用塹堵爲儀，以寫其狀，則弧度中八線相爲比例之理，瞭如掌紋，而郭若思圓容方直矢接句股之法，不煩言説而解矣。

又　《句股割圜記》三卷。國朝戴震撰。西法三角八綫，即古之句股弧矢。自西學盛行，而古法轉昧。

清・丁福保《算學書目提要》卷中　《致曲術》一卷。案：是書首平圓，次橢圓，次抛物綫，次雙曲綫，次擺綫，次對數曲綫，次螺綫。每列一術，必以舊術冠於前，而以新定之術列於後，其舊術皆本於泰西杜氏、錢塘戴氏、項氏、烏程徐氏及《代微積拾級》。羅列諸説，優劣自見。學曲綫者，此爲最便。其致曲圖解，亦極明晰。

又《弧三角舉要》五卷。案：《勿菴曆算書目》曰：三角之用，莫妙於弧度。求弧度之法，亦莫良於三角。故《測量全義》第七、第八、第九卷，專明此義，而舉例不全，且多錯謬。其散見諸曆指者，僅存用數，無從得其端倪。《天學會通》圜綫三角法，作圖草率，往往不與法相應，缺誤處竟若殘碑斷碣。弧三角遂成祕密藏矣。今一以正弧三角爲綱，仍用渾儀解之，於曆書原圖稍爲增訂，而正弧三角之理，盡歸句股，可指而數焉。於是而參伍其變，則斜弧三角之算，亦歸句股矣。蓋自是而算弧度者，有端緒可循，讀曆書者，亦有塗徑可入。

古測量家必用句股，即戴記所謂絜矩也。絜矩之道，立少以觀多，即近以見遠，故立矩可以測高，覆矩可以測深，偃矩可以測遠。然而方可測，圓不可測，於是而割圓之法立。平可測，險不可測，於是而重差之術生。故西人測量，其術雖精，終不能外句股以立算。三角即句股之精義，八綫乃句股之立成也。說本梅氏。

綜合分部

綜論

清・方中履《數度衍序》 又衆近惟泰西諸書行于世，中國士大夫則不講也久矣。商高曰：禹之所以治天下，此數之所生也。《周官》保氏掌諫王惡養國子以道，則教六藝而數與焉。班固曰：數者，所以順性命之理也。由此觀之，數所以治天下，所以養國子，所以順性命。而士大夫不講，何哉？雖然難言之矣。古法用竹徑一分，長六寸，二百七十一枚，而成六觚，爲一握，今則用珠算，泰西則用筆算，又有籌算、尺算，其法不一，其理則同。然算之難不在是也。天不可階而升，至日月之出入，交食列星之伏逆遲留，皆能算而知之，豈不神哉。然而算之難不在是也。《書》曰：先其算命本起于黄鐘，度量衡皆于是生，所以宣養六氣九德，順天地，洽神明，類萬物之情，十二律旋相爲宫，並因算而得之。然而算之難不在是也。至張衡新率，冲之綴術，劉徽因木望山，趙彦和平地續狹斜，善矣，然一端耳。逮吾仲兄侍大人而學《易》，始明勾股出于《河圖》，加減乘除出于《洛書》，實前人所未發，此《數度衍》之所以作也。爲書二十六卷，合四法而論其長，則珠之加減，筆之除，籌之乘，尺之比例，敘九章，則謂皆生于勾股而歸於《周髀》，雖《幾何原本》《同文算指》《圜容較義》自云無出其右乎，而吾兄補其不足者多矣。方圓縱横，窮盡其變，詎非三千年之一書歟？

清・施彦恪《徵刻曆算全書啓》 粤稽帝王御世，道在承天；賢聖修身，學通知命。五行媾運，定甲子之斡旋；二氣冥孚，驗黄鐘之根本。奠鼇立極，想始行推步之年；規矩準繩，在既竭心思之後。幼教方名書數，迺遊藝復次於依仁；日觀弦朔晦明，信易理莫昭於懸象。故經緯天人之學，道重儒先；元會運世之文，理資河洛。然而道以人存，書缺有閒，五百年當差一日，至開元始破其疑；廿四日多下一籌，匪隸首疇徵其信。況葭灰卦筴，例逾紛而驗罕符；奇耦生成，理自明而言則晦。悠悠千古，代有通人；落落吾徒，寧無達者。乃剞心捷獲，既視以迂遠而弗爲；或有志參稽，又阻於畏難而中輟。律且嚴夫私習，算遂乏於專門。郭刑臺術妙割圓，遺編飽蠹；鄭端清心覃古法，讒口羣咻。西域官生，莫或自言根數；靈臺漏刻，徒知各靳私傳。占測分科，不相通曉，矧伊新術，能無齟齬？利氏來賓，西書羣詫。在天道幽遠，固屢析而逾精；論師授源流，亦本同而末異。不有高識，誰辯根宗？若夫蒐討網羅，綜羣言而求至當；製器尚象，因成法而得精思。大有人焉，生斯世矣。吾宣梅勿菴先生，江東世胄，宛水名家，幼是鄭(元)[玄]，却紛華而弗事；長同干寶，搜經史以爲糧。璇璣玉衡，讀《尚書》而遂通其製；方程句股，攷《周官》而輒洞其微。北海榻穿，參盡天官之祕；中山穎秃，鈔殘宛委之書。求友探奇，燕越無難遠涉；舊儀新器，異同不厭詳徵。集其大成，衷諸獨見。謂馬沙亦黑七政經緯之度分，於泰西已爲藍本；而《授時曆草》圜容方直之巧算，較三角豈有懸殊？度里求差，亦守敬、一行之遺法；歸邪舉正，實唐虞三代之成模。術皆踵事而增，難忘創始；道在順天求合，何別中西？釋從前聚訟之紛，去諸家畛域之見。闡解還期共曉，立言總出虛公。曆術七十有餘家，由疏漸密，各具短長，一一能言其改憲之故；圓周三百有六十，以平御渾，互相準測，了了能知其弧度之真。開萬古之心胸，羅星辰於几案。匪惟交食陵犯，不勞出户以前知；乃至山海高深，悉可運籌而坐致。準今酌古，前賢如在一堂；俯察仰觀，天上從今不夜。假令見諸施用，懸知天驗爲多，無俟《大衍》之候清臺；即其副在名山，共信千秋可俟，奚啻劉焯之傳《皇極》者矣？然而編摩既就，流布無期；草本益增，殺青有待。白雲怡悦，空懷持贈之心；寶劍深藏，誰辯斗牛之氣？且行年七十，斵輪深懼無傳；而著論詳明，發篋原堪衆賞。惟昔璣先蔡子，首録《籌算》於白門；亦有冰叔徵君，亟冠弁言於《通考》。《疑問》三卷，見燕山節度之新刊；《方程》一編，得泉郡孝廉而廣布。然而分來片玉，定想昆岡；折得一枝，益思鄧圃。曆法書五十八種，算數法二十二書。卷輙萬言，帙惟八十。欲成全璧，必取資於衆擎；所望高賢，竭表揚之雅好。或任鋟小卷欣賞，可以孤行；或分任大編輻輳，斯呈衆妙。償書給值，光溢牙籤；展卷披圖，心通渾象。數十載精勤所獲，庶人人皆可與能；千百年史志存疑，亦一旦泮然冰釋。苟循途而序進，由淺能深；更即事以徵文，無微不顯。知九數不離日用，司徒之教非迂；信大圓無改東西，馮相之占可據。詧二道之盈朒，圭景知天；悟萬國之環居，丸球測地。名刊遠布，見吾道之不孤；奧義宣昭，明儒術之有用。稱名小而取類大，用力少而見功多。減賓饌之一臠，奇文駐世；損倉庾之餘粒，絶學流通。公祕笈於良朋，竊深引領；成藝林之嘉話，敬告同聲。

清・梅瑴成《增删筭法統宗》卷一　度量權衡皆生于黄鐘之管

金，重十六兩。銀，十四兩。玉，十二兩。鉛，九兩五錢。銅，七兩五錢。鐵，六兩。石，三兩。

柳下居士曰：此率不知所本，數多不確。西書比例，鉛次于金而重于銀，向在蒙養齋，曾製各物較之，西説良是。此率殆不可用，姑存之以志權輿。

清・安清翹《學算存略・敘》　程子作字甚敬，曰即此是學。朱子與蔡季通論樂律，謂季通不能琴，便是無下學工夫。蓋程朱講學切近乎實，不爲虚遠元妙之談，故其言云爾。六藝之中惟算術最爲淺近，一與一爲二，二與一爲三，兩言已盡算術之要，雖天文曆數不出乎此。學者於算術，誠能如程子之於字、朱子之於琴，則可以通經，可以養心，是爲切實有用之學。如鈎深索隱，而實隣於小巧。如難題之類，或過求簡捷，而反失於繁碎。如西法量算與對數表之類，此則藝士之所爲，非儒者所貴也。

清・阮元《里堂學算記》　數爲六藝之一，而廣其用，則天地之綱紀，群倫之統系也。天與星辰之高遠非數無以效其靈，地域之廣輪非數無以步其極，世事之糾紛繁賾，非數無以提其要，通天地人之道曰儒，孰謂儒者，而可以不知數乎？自漢以來，如許商、劉歆、鄭康成、賈逵、何休、韋昭、杜預、虞喜、劉焯、劉炫之徒，或步天路而有驗于時，或著算術而傳之於後，凡在儒林，類能爲算，後之學者喜空談而不務實學，薄藝事而不爲，其學始衰降，及明代寖以益微，間有一二士大夫留心此事，而言測圓者不知天元，習回回法者不知最高，謬誤相仍，莫能是正，步算之道或幾乎息矣。欽惟我國家稽古右文，昌明數學，聖祖仁皇帝御制《數理精藴》、高宗純皇帝欽定《儀象考成》諸編，研極理數，綜貫天人，鴻文寶典，日月昭垂，固度越乎軒轅隸首而上之，以故海内爲學之士，甄明度數，洞曉幾何者，後先輩出，專門名家則有若吴江王曉闇錫闡、淄川薛儀甫鳳祚、宣城梅徵君文鼎，儒者兼長則有若吴縣惠學士士奇、婺源江慎修永、休寧戴庶常震，莫不各有譔述流布人間，蓋我朝算學之盛，實往古所未有也。【略】元思天文算法至今日而大備，而談西學者輙詆古法爲觕疏不足道，于是中西兩家遂多異同之論，然元嘗稽考算氏之遺文，泛覽歐邏之述作，而知夫中之與西枝條雖分而本幹則一也。如西法三率比例即古之今有術，重測即古之重今有，借衰即衰分之列衰，疊借即盈不足之假令，今之三角即勾股，借根方即立天元一，至於地爲圓體則曾子十八篇已言之，七政各有本天，與郤萌日月不附天體之説相合，月食入于地景，與張衡蔽於地之説不别，熊三拔簡平儀説寓渾于平，而崔靈恩已立義，以渾蓋爲一矣。的谷四方行測，創蒙氣反光之差，而(安)〔姜〕岌已云地有遊氣，濛濛四合矣。其它若天周三百六十度，則邵康節亦當言之，日周九十六刻，則梁天監中嘗行之，以此證彼，若符節之合，然則中之與西不同者其名，而同者其實，乃強生畛域，安所習而毁所不見，何其陋歟？

清・阮元《疇人傳》卷四四　利瑪竇

論曰：自利瑪竇入中國，西人接踵而至，其於天學皆有所得。采而用之，此禮失求野之義也。而徐光啓至謂利氏爲今日之羲和，是何其言之妄而敢耶？天文算數之學，吾中土講明而切究者，代不乏人。自明季空談性命，不務實學，而此業遂微，臺官步勘天道，疎闊彌甚。于是西人起而乘其衰，不得不矯然自異矣。然則但可云明之算家不如泰西，不得云古人皆不如泰西也。我國家右文尊道，六藝昌明。若吴江王氏，宣城梅氏，皆精于數學，實能盡得西法之長，而匡所不逮。至休寧戴東原先生，發明《五曹》《孫子》等經，而古算學明矣。嘉定錢竹汀先生著《廿二史攷異》，詳論《三統》《四分》以來諸家之術，而古推步學又明矣。學者苟能綜二千年來相傳之步算諸書，一一取而研究之，則知吾中土之法之精微深妙，有非西人所能及者。彼不讀古書，謬云西法勝于中法，是蓋但知西法而已，安知所謂古法哉？

清・羅士琳《疇人傳續編》卷四九　李潢

論曰：算自明季寖疎，古籍散佚，前賢精義，百無一存。西士因得逞其技，明人驟見西法，詫爲神奇，趨之若鶩，遂漫以爲古法不逮。噫！是何辭之偵歟。即有一二知算之士，狃於衆習，昧於絶詣，雖欲崇中黜西，而是非曲直先已模糊，又安能澈底窮源，直揭其短？侍郎信古能篤，實事求是，其於中西之學孰優孰劣，早經了了於胸中。故所著《九章細草》《輯古考注》二書，能發古人之真解，與古人息息相通，可謂力挽迴瀾，初非西學者所能窺其厓岸，倒置黑白也。《考注》第三問築隄下第四術，原稿奪注，劉君依例補之可也。惜其第三術羼列西法開方兩算草，與侍郎通體義例不協，不解何意。因思此蓋揭某妄增之草，方伯芟之未盡耳。余恐世之讀侍郎書者，以此議侍郎，故特表白之。

又　卷五二　謝家禾

論曰：【略】戴醇士學士熙序縠堂遺書，謂算學自隸首以來，詳於周官，述於漢晉，盛于唐而精於元。又謂積歲積人，積人積智，旨哉言乎。夫算數之學，至步天極矣。天亦一大圜也，其歲實、日法、氣朔、交轉，日月五星之躔離朓朒，何莫非割圜之遺？然天則高矣遠矣，積歲積行，積行積差，要在隨時測驗修改。彼歐羅巴自詡其法之精且密，妄謂勝于中法，究其所恃者不過三角、八線、六宗、三要與夫借根方、連比例諸法而已。其實所恃之諸法，又安能軼乎吾中士之天元、四元、綴術、大衍與夫正負開方、垜積招差諸法之上哉？吾願世有實事求是之儒，甄明象數，誠能循是以求，進臻至理，將見斯文未墜，古法大興，是又吾之厚望焉，亦續補《疇人傳》之素志也夫。

清・阮元《割圜密率捷法序》　夫大西洋人來於明末，乘諸古法失傳之時，所以有功於天學，迨及末流多習天主邪教，惑誘爲害，所以命其回國。若使今之人益明古法，不但有所接續，且使西法不得擅爲秘術，庶幾中士之書明明布列，步天之士藹藹周行，是所望也。

清・周中孚《鄭堂讀書記》卷四四　天文算法類

《渾天儀説》五卷。國朝西洋湯若望撰。【略】且以句股立算，未能合天，乃闡明圓線三角形，以盡諸弧之變，而洞交角之理，尤信握籌而算無若按儀而考之爲便捷也。

清・華蘅芳《學算筆談》卷五　論學算之法

算學中門徑甚多，歧途百出，非備嘗此中之艱苦者不能洞悉其曲折，所以學算亦不可無法也。

學算之人，其志向各有不同，故其所學之事遂亦從此分焉。綜而計之，大約可分爲兩類，一爲闡明數理以成著作，一爲推演各數施之實用。

算學中可施之實用者，皆無難爲之事，如推田畝之積步，倉廩之積斛，商功之積尺，測量高深廣遠，推步日月五星，皆已有成法在前，依其法而演之，祗須知加減乘除及比例之法，已綽乎有餘，其須用開方者固不多見也。

即進而論造表之法，如八線與弧背互相求，真數與對數互相求，或從縱橫兩線求各曲線之長，及其所函之面積、皮積、體積，若既有其本題之級數式，依其式而演之，亦不過用加減乘除開方而已，並無難爲之事也。

所以學算者之志向，若只求見用於當世，爲衣食名利之計，則祗須熟習整數、分數、小數之三種加、減、乘、除、開方，再從各書中摘録測量、推步各種成法，藏之篋中，便已無所不能算矣。天元、代數之術，皆可不必究心也。

若非急於求用，而務欲闡明數理，則其所學之事非株守成法者所可比。蓋因數學中深奥之理無窮，則其明理之法亦非一端所能盡，故必兼綜各法，乃於理無障碍之處也。

一切算法皆從條段之理而生，故算學中淺近之理皆可以幾何之法明之，惟篤信幾何之人每自恃其點線面體之學而不信天元，且不肯再習天元，此乃爲幾何所囿，而不得自脱者也。

用幾何之法以明算理，每題必作一圖，每圖必係以説。有圖無説，有説無圖，皆不足以發明題義。然至立方以上，其條段之理已不能繪圖，則幾何之術窮矣。

天元之術不必處處言條段，而一切條段之理無不包括於其中，此《益古演段》之所由名也。蓋至如積相消而條段之理終不肯紊亂，所以無論若干乘方，亦無論如何帶縱，不必分别其形象，而概以一例推之。

惟演元之書，其所設之各題，大抵務爲深奥而不適於用，習天元者不能不習其題，則從此又生魔障矣。此非爲天元所誤，乃爲天元書中之題所誤也。

即如句股弦可以彼此相求，又能以和較之數互相求，又能以和較之和較互相求，亦可謂極其變化之妙矣，猶不肯已，則以同式之各句股又成和較，而一一識别其彼此相關之理，標名立目，條分縷析以解之，創之者自詡神奇，傳之者共推絶學，師以此授其弟，官以此課其士，萃古今能算之才，使之困頓老死於句股之中而不自知悔悟者，李欒城之力也。

幾何之學從條段以明題理，故條段明而題理亦明。天元之學從題理以明條段，故題理明而條段亦明。惟幾何之條段必藉夫圖，天元之條段則無藉乎圖也。所以天元所明之理能比幾何更深。

然天元但能將未知之數明其條段，而其已知之數則渾和於太極之中，不能一望而知其條段如何。惟代數之術則無論已知之數、未知之數，其條段之理莫不一一分明。故代數所明之理又能廣於天元。

學者既明代數之術，則於數理之奧賾者固無不能明矣。然猶有言之，或甚繁求之，或甚難而不得簡易之法以賅之者，何哉？因代數但能推一切常數，而不能推其變數也。惟微分、積分之術，則能推一切變數，故有微分、積分之術，而代數之用愈廣矣。

或有問者曰：如子之説，天元勝於幾何，代數勝於天元，微分、積分又勝於代數，則學者何不徑習微積，而必從幾何、元代以及微積耶？

答之曰：不習幾何，則於如積之理不能盡明，故不可徑習天元。不習天元，則於正負開方之理不能盡明，雖從代數得其相等之式，亦不易求其同數。微分、積分，其算式仍籍代數爲用，不習代數，烏能徑習微積？所以幾何、元代、微積，其學必循序而及，不可躐等而進也。

或又問曰：微積之必由代數而出固無疑矣。若謂習代數者必先知天元，習天元者必先明幾何，此乃欺人之論也。夫天元中法也，幾何、代數皆西法也，中西各創其法，曾未彼此相謀，則創天元者固不知有幾何也，創代數者亦不知有天元也，不知者尚且能創，而謂反不能學者，天下有是理乎？

答之曰：余之所謂循序而及者，言如此學之則易於入手耳，非謂舍此即不能學也。創天元者固未見幾何之書，而天元之理則無非幾何之理也。創代數者雖未見天元之書，而代數之理則猶之天元之理也。然則幾何、元代，其明理之法雖異，而其所明之理則同，惟幾何爲初學所最易明，故必從幾何入手。天元之書難於幾何，而易於代數，以其有數可核也。代數之法繁於天元，而其用則廣於天元，故既明天元方可學代數。

又有問者曰：演數與明理既分爲兩途，則演數者固不必明理矣。惟不知明理者亦能演數否？且不知明理者，所演之數有異於不明理者所演之數否？

答之曰：明理之人，惟不喜演數耳，非不能演數也。使强明理之人爲演數之事，其演得之數亦無異於演數者所演之數也，惟專門演數之人因已演之甚熟，故速而且準，每爲明理者所不能及耳。

或又問曰：算法之事，所用者數也，明其理而不善演其數，則是能説而不能行矣，又曷取乎明理爲哉？

答之曰：演數者衹能用法，而明理者則能創法。凡演數者所用之法，皆明理者之所創也。算法古疏今密，古拙今巧，苟非明其理而精益求精，安能至此乎？明理之人，譬如創業，演數之人譬如守成，其勞逸難易有不可同日而語者。明理之人，非但能創前所未有之法，又能以因爲創而將從前已有之法改之，使更便於用，故有至難之法一變而爲至易者，亦有至繁之法一變而爲至簡者。即如圓徑求周，古時用割圓之法，開方數十次僅能得數位密率，今用屢乘屢除，可任求若干位密率而不必開方。又如求八綫之法，古時用六宗三要二簡法，而不能任求某角之綫，今則弧背與八綫能彼此相求。又如真數求對數，古時用中比例之法，以代開數十百次之方，今用級數，可以任求而不必用中比例，其簡易不知幾何倍矣。

或又問曰：明理始能創法，是創法之人無有不明其理者也。吾見近時算學之書，每有但言其所立之各術，而於立術之理則不贅一辭，豈其理衹能自明而不能與人共明歟，抑秘其立術之理而惟恐人之得明歟？

答之曰：子所言之書，其創法之時，蓋用天元之術以演各尖堆之垜積，枝枝節節而爲之，此中曲折之故，衹爲創法者所自明，若欲與人共明其理，則取徑紆迴，布算繁重，演之非易，言之甚難，不能如微分、積分之直捷簡明也。卷帙既多，則刊校均非易事，故先刊各術，而其釋術之書將俟續出。後因已見微積之術，覺己法不足以傳示後世，遂焚棄其稿，未可知也。或身遭兵燹就義成仁，而遺稿飄零散失，亦未可知也。

或又問曰：有數種算學之書，其所立之術，雖未嘗自匿其理，而觀其釋術之語，終不能明白曉暢，其故何也？

答之曰：立術之理，若非從大公至正之軌悟入，每覺可以意會而不可以言傳，故自明其理則易，欲使他人共明其理則難，蓋其人雖有鈎深致遠之心思，而筆墨所達未能曲盡其妙，則他人觀之仍不能明，此亦由於觀是書者功夫尚淺，未能領略其語耳。

或又問曰：今之算術密矣，巧矣，簡而易矣，蔑以加矣，吾恐從此以後，即有鑽研數理之人，亦未必能再創新術矣。

答之曰：他事皆有止境，而算學無止境也。古人創術之時，何嘗不自以爲巧密，逮有巧密於古術者，則以古術爲疎拙矣。後之視今，亦猶今之視昔，安知此後更無再巧再密之術，而視今之巧密者爲疎拙耶？

清·梅啓照《學彊恕齋筆算·序》 周官保氏教國子以六藝，五曰六書，六曰九數。鄭注九數，方田、粟米、差分、少廣、商功、均輸、方程、嬴不足、旁要，今有重差、夕桀、句股。隋書志九數，一曰方田以御田疇界域，二曰粟米以御交質變易，三曰衰分以御貴賤稟稅，四曰少廣以御積冪方圓，五曰商功以御功程積實，六曰均輸以御遠近勞費，七曰盈朒以御隱雜互見，八曰方程以御錯糅正負，九曰句股以御高深廣遠。夫數爲六藝之一，弟子童而習之，似無難事。然唐時以明算科取士，限以年九章、《海島》共三歲，《周髀》《五經算》共一歲，《孫子》《五曹》共一歲，《張邱建》《夏侯陽算經》各一歲，《綴術》四歲，《緝古》三歲，又非可日月計者。蓋淺而言之，民生日用，米鹽錙碎之類，盡人能知。深而言之，則天地萬物，幽深元遠，靡所不賅。欲得精通奥義之人，窮纖入微，探測無方，以究包犧氏立周天度數，始作九九之術，以合六爻之變，而類萬物之情，雖好學深思，心知其意，而窮年莫殫，累世莫究，遐哉未易言也。邇歲泰西人以通曉算數，創造火輪、機器及電氣線、來福礮、開花礮、風鎗、輕氣球等類，巧思妙製，轉相炫燿，詫爲奇異，其實無足奇異，特製器必精，兼不惜費而已。夫泰西之學，得中國渾天之遺，在彼謂之東來法，今中國稱之曰西法，其實一而已矣。虞書在璿璣玉衡以齊七政，蓋以混天儀考七曜之盈縮，周末此器淪亡，漢武時洛下閎復造渾天儀，著數學，沿及唐代，靈臺仍魏遺制，實多疎舛，魏劉徽以五十乘周一百五十七而一即逕，以一百五十七乘逕五十而一即周，謂之徽術。其後祖沖之以其不精，更推其數，設圓逕一億爲一丈，圓周盈數三丈一尺四寸一分五釐九毫二秒七忽，朒數三丈一尺四寸一分五釐九毫二秒六忽，正數在盈朒二限之閒。唐李氏改造渾儀，取以爲割圓密率，言其密於徽率也。五季紛亂，典籍散逸，及宋推步多舛，法十八變，不能合天。元郭守敬輶軒四出，乃更釐訂之，攷其法用弧矢術，以三乘方取數尚已。明代臺官復失其職，利瑪竇入中國，始用八線表、平三角、弧三角諸術，雖別立名目，究與古之句股、弧矢不異。

清·潘逢禧《算學發蒙》卷首 九章名義

一曰方田，以御田疇界域。二曰粟布，以御交易質劑。三曰差分，以御貴賤廩稅。四曰少廣，以御方員冪積。五曰商功，以御功程積實。六曰均輸，以御遠近勞費。七曰嬴朒，以御隱雜互見。八曰方程，以御錯糅正負。九曰勾股，以御高深廣遠。

按：九章，即《周禮》之九數。方程、勾股，尤爲奧妙。學算而窮九章無法不備矣。西人算學，號爲精邃，而於九章中，獨闕方程一種，則亦未盡美善也。

清·諸可寶《疇人傳三編》卷七 艾約瑟

論曰：錢教諭之言曰：「《漢志》權與物鈞而生衡，衡運生規，規圓生矩，矩方生繩，繩直生準，是規矩準繩，皆本於權衡矣。乃方圓平直之理，《九章》諸書言之綦詳，而獨不及於重學，豈久而失傳耶？西人重學，遠有師承，近百餘年間，愈入愈深。且用以步天，而知七政之行，由地球與諸曜之互相攝引，故其遲疾時時不等，遂於小輪不同心天之外，別開門戶。艾君謂言天學者必自重學始，因偕李君同譯胡氏書而附益之。余謂可以補算術之闕文，導步天之先路。而用定質、流質爲生動之力，以人巧補天工，尤爲宇宙有用之學。爰商之同縣顧君、南匯張君，詳校而付之梓。書中多以代數立説，與中法天元大略相似，讀者以意會之，可也。」教諭書後語如是。蓋自此書出，而明季舊譯之《泰西水法》《奇器圖説》等編，舉無足道矣。艾氏之功，誠偉已哉！

清·徐鳳誥《筭學啓蒙通釋·例言》

一，異乘同除，即《九章》内之今有，西法云比例，今於逐問下即以比例釋之，援今即以證古也。【略】

一，望海島術，即劉徽《海島筭經》，亦即《周髀筭經》之法。古云重差測海，寸木量天。西法雖精，不能出此範圍也。

清·劉承幹《須曼精廬算學跋》 明代士夫弇陋，至莫曉立天元爲何語，西法乘其弊而來，好奇者操觚駭服，駸駸乎數典而忘其祖。有清仁廟宏獎實學，宣城梅勿菴徵君以布衣蒙召對，御筆批點稿本，命其孫文穆公瑴成學習内廷，親授數理，榮寵逾恒，四方承學，聯袂踵興。休寧戴東原太史震尤爲縝密，顧梅氏所著書理深詞淺，惟恐人不解，戴氏《割圜記》等力求簡古，惟恐人之或知，後之人推論心術與取資圭臬者，咸樂以梅氏爲宗，津逮之功，不其偉歟。吾郡通算理者，在嘉道閒，則有姚文僖公文田、許積卿駕部宗彦、徐飴菴明經養原、臧眉卿孝廉壽恭、張秋水學博鑑、陳静菴博士杰，在咸豐時，則有淩厚堂茂才堃、張南坪茂才福僖、徐莊愍公有壬、汪剛木教諭曰楨，諸公造詣不齊，各有著述傳於世，專門精詣，繼起寥寥。

清・孫萬春《游藝課草初集序》 學者不由中法，而條段不清，難精代數，不習代數，而微積各術有非四元所能馭者。至於動静重學各比例，乃一切機器及聲光化電之權與，尤爲當務之急，不可不講求也。聞泰西重學諸書，有淺者，有中等者，有深者。李壬叔僅譯有中等者，且於西語不敢移易一字，法實往往倒置，學者病之。雖鄧玉函《奇器圖説》、顧尚之《九數外録》於淺重學略露端倪，而寥寥數幅，終難令人盡悟也。

清・徐雨泉《興算學以廣實用説》 器數之學，原與義理之學並重。自疇人失傳，而歐儒乃起而競勝，湯若望、南懷仁輩傳示中土，而算學始濫觴焉。方今機器、船政等局，同文、方言等館，出洋學童，於測繪、製造各學，俱有師法，然西法名目雖繁，而要以算學爲之根。

清・楊選青《華文西文利弊論》 嗟乎！談西學於今日亦可謂易矣，亦可謂難矣。何以易？易於襲西學之貌也。何以難？難於造西學之精也。溯自海禁宏開，而後泰西博學之士各挾所學以顯於中華，於是華人知西學之上有以益國計，下有以利民生，莫不切意講求，孜孜不倦，以故京師則有同文館，福建則有船政局，上海則有方言館，天津則有武備學堂，皆以西學爲首務，所以講求西學者亦不可謂不切、不可謂不殷矣。然而數十年來，無人升西學之堂、入西學之室、造西學之極、探西學之微者，何哉？則以講西學者徒用華文而不用西文之弊也。【略】且夫西學不一，即西學之宜用西文亦不一，試類陳之，以覘利弊之所在。一曰算學。中國算學亦甚備，如御製《數理精蘊》及梅、戴、徐、李、項、劉諸書，推陳出新，頗爲精美，然尚未及西學之詳備，此算學所以必以西學爲歸也。夫泰西之算學甚精，其自加、減、乘、除、開方以及代數、微積、曲線等法，莫不推陳出新，足資推測。以既繙譯者而論，則言加、減、乘、除、開方者，有如《幾何原本》數本，《三角數理》六本，《算法統宗》四本，《算式集要》二本，《數學理》四本，《勾股六術》一本，《開方表》一本，《數根開方術》一本；言代數者有如《代數術》二十五卷，《對數表》《八線簡表》《弦切對數表》各一卷，《八線對數全表》二卷，《代數難題解法》四本；言微積者有如《代（數）〔微〕積拾級》數卷，《微積溯源》八卷，惟《微積溯源》勝於《代微積拾級》之略，蓋《溯源》之前四卷爲微分術，後四卷爲積分術，其理最奥，其義最深。近來廣方言館諸公所新繙譯之算學等書又有數種。信如是，則算書如此之多，算法如此之備，苟使講求算學者心精力果，維日孜孜，即或第用華文，亦奚不可不知，第用華文而不用西文，實不足以言無弊也。何則？西文既繹爲華文，詞意每多扞格，且文以譯而變，即理以辭而晦，故往往有尋解不得處，此用華文所以有疑難之弊也。況乎算學之理甚微，道甚大，非旁徵曲引，融會貫通，無以出化而入神。苟徒用華文，則繙譯華文之算書猶得而學之，未經繙譯之算學即不得而學之，雖有聰明材力，亦苦於無所用，而欲其臻算學之極也難矣。是故講算學者必用西文，始可有利無弊也。

清・解崇輝《代數術補式・例言》

一，代數術者，實能括《九章》之蘊，窮四元之變，鎔各家之法，兼綜衆妙，向爲疇人家一大都術也。若比例一卷可以馭粟布、差分、商功，多元一次一卷可以馭各種方程，可以明四元相消解，一次式一卷可以馭差分之匿價借衰，可以馭商功之行道遲速，解二次式一卷可以馭句股，可以解截積，可以開帶縱之平方，求各次之根四卷可以窮少廣之各乘方，無窮級數一卷可以求廉法表之底，可以明諸垛積之合用，無定式一卷可以馭不完之題，可以省大衍之繁，代數幾何一卷可以明句股三角之條段，方程界線一卷可以攷各次式之情狀，可以開各曲線之先路，八線數理二卷可以窮三角之變，可以明割圓之術，可以求弦切割矢諸表，可以求内容外切，可以解二次三次式之方根。

清・周運煃《算學便讀・叙》 吾人所宜急之功而緩者，失之繼事者，不得不計之於早也。今日泰西强富，我中人訪其事迄少奏功，蓋未嘗不思其故而善爲之計。夫泰西之能權輿於政與藝。政則上下協心，事不可一言罄。至於藝，始於算。數，數歲入學即令通曉，幾何及長而習，諸藝胥易入門。中人欲通制作，壯年未明算法者比比。噫！無址何以樓哉。

清・周達《知新算社課藝初集・叙》 西文旁行，故式皆横列，中文直下而算式仍用横行，則侵佔篇幅必太。日本近譯之西算文與式皆横行，而其十餘年前所譯之書則文與式皆豎列，從未有文直而式横如吾國之算書者。今不欲過事更張，惟將式之冗長者改爲豎列，而短小者則仍横列，以省紙幅。

日本譯西算，譯其文而不易其式，吾國則并其式而亦易之。各國皆同，一國獨異，是最不便事也。本社固以變用西式爲目的者，然舊式習慣已久，藐兹課藝詎能挽此風潮徒取戾耳？故此編仍用舊式，惟有一二新記號能令演算便利，故不得不用，然亦詳加註釋，以期共明，庶不致少見多怪。

清・周毓英《中西算學集要・凡例》

一，垛積招差乃中法至精之詣，步天等術所用最廣。曩年讀梅氏書，不明其立法之源，嗣得傳九淵算草而始悟，亟公同好，以張中原旗鼓焉。

一，重學爲製器必需，雖肇端《攷工》、《墨子》亦時有新義。近者所譯專書辭義深奥，不及《奇器圖説》内所載之簡明，亦亟刻之，爲重學先路焉。

清・成本璞《九經今義》卷二《周易》下 日中則昃，月盈則食，日月行天之軌度皆可推測以符積算也。治曆明時，曆法者敬天勤民，王者之大端也。古今譚曆法者無慮數十百家，大率古疏而今密，中疏而西密。明氏之末，此法廢絶，而湯若望、利瑪竇乘隙以入中國，而後推步始有定率。我朝仍用其徒，而夷禍實自此萌芽矣。宣城梅氏固爲專門絶學，考定借根方即天元，著書如林，通貫中西，自後算家迭出，皆能即成法而推演之以立新式。近日西算益密，代數、微積尤爲精詣，幽思所契可役神鬼，習算之士乃不得不捨中從西矣。疇人子弟散在四夷宜自恧焉。

清・鄔銓《句股問津序》 數倚理以爲本，理得數而益彰。講三角八線之書，不啓於窮理而畧數，即困於重數而忽理，比比然矣。句股之法爲算學初步，大可以盡方圜，細可以求容積，顧其間和較紛糅，正變襍出，問津者每有望洋之歎。非他，理與數不能兼備故也。跡之陳書，有數端焉。《周髀》爲算書之祖，《幾何》探數學之源，古樸可風，義蕴斯備。然而九九之數，商高不聞一一而詳言。《幾何》雖自點而至體，未見舉數以一書，此言理而不言數者，終廢於偏也。《八線對數》稽表，即明《統宗》九章，其法畧備，雖一則真數假數，不憚屢求而後得，一則立法作歌，詳爲設問以徵題，其意殊美，用心誠深，然而數固言之晰矣，理終莫能闡微而抉奥。而言數而不言理者，究歸於憒也。《數理精蕴》立綱明體，無所不備，世實勿失，是固盡善盡美，然而鄉曲下士，又苦難於家誦户曉。至勿庵梅氏《句股闡微》一書，似可不難於習誦，但義理精邃，爲上乘説法，欲求迎刃而解殊，又非易。此雖數理皆備，而初學仍難，仰爲渡津筏者，又以其仰之彌高也。然則何爲而可？以愚計之，讀書必先明理數，學恐亦不外乎是。

清・華世芳《近代疇人著述記》 海寧李壬叔善蘭，與西士偉烈亞力續譯《幾何原本》之後九卷，以竟徐文定公未完之業。又譯《代數學》十三卷，《代微積拾級》十八卷，《重學》二十卷，《曲線説》三卷，《談天》十八卷，刊行於世。代數者，猶中法之天元、四元也，惟天元、四元之所重者在行列位次，而代數則不論行列位次，一切皆以記號明之，故其理雖同，而爲用尤廣。微分、積分者，凡線、面、體，皆設爲由小漸大，一刹那中所增之積即微分也，其全積即積分也。一切曲線及曲線所函面曲面，及曲面所函體，八線、弧背互求，真數、對數互求，昔之所謂無法而難求者，今皆有法求之而甚易矣。重學者，其學分動、静兩支。静重學所推者，力相定。動重學所推者，力生速，速有平速、漸加速之分。而其理之大要有二，曰分力、並力，曰重心，則静、動兩學所共也。又有流質重學，其力有二，曰互攝力，曰互推力。曲線者，圓錐三曲線也，一爲橢圓線，二爲雙曲線，三爲抛物線。置圓錐形截之，其截面、錐底交角小於錐腰、錐底交角者，爲橢圓線；大於錐腰、錐底交角者，爲雙曲線；等於錐腰、錐底交角者，爲抛物線。《談天》者，西士侯失勒所著天文之書也。其言日與恒星不動，而地與五星俱繞日而行，地與五星之繞日，與月之繞地，其軌道俱係橢圓，而歷時等，則所過面積亦等。此真順天以求合，而非爲合以驗天也。凡此數者，皆西人至精之詣，中土未有之奇，以視明季所譯，殆遠過之矣。

清・丁福保《算學書目提要》卷上 《詳解九章算法》一卷，坿《類纂》一卷。案：唐以算學取士，最爲盛行，趙宋崇寧亦立學宫，迨衣冠南渡，此學遂微，惟楊謙光先生捃輯叢殘，詳加解法，以成是書，在當時誠可貴也。其閒所有錯誤，江陰宋勉之詳加校勘，及秦氏《數學九章》，皆有札記，刻入《宜稼堂叢書》，然刊時校讎不精，脱誤尤多，吾邑鄒敬甫先生另有校本頗爲精密。然此皆攷古之資，無裨新學，譚西算者，或將土苴視之矣。

藝文

清・曹思沛《勾股淺述跋》 蓋數之功大於曆象，而勾股實總其成；數之學變於歐羅，而勾股實操其要。偃矩、覆矩、臥矩之用傳遠周文，朱實、青實、黃實之分註明趙爽。溯端倪之始法，早著於土圭；極變化之神機，最深於海鏡。元李冶《測圓海鏡》詳言立天元一法，乃中西算學之秘鑰。至宋而法源始著，九章別立於九韶。宋秦九韶撰《數學九章》，雖以九章爲名，而與古九章逈別。蓋古法設其術，此則別其用也。算自秦漢以來，成法相沿，未有言立法之意者，此書則畢其原，以盡其變。立天元一法實始於此。至明而異義畢宣，三角益明於三拔。西法之勝古者以三角，實即勾股之變也。明萬曆時西人熊三拔著有《表度説》等書。并差和較之名，初無殊致；古曰并差，今曰和較，一也。比例異同之用，別具精裁。西法皆言比例，即異乘同除、同乘異除之理。表古法於量竿，應嘉淺顯；闢新途於垂綫，大啓紛紜。奥衍於理分中末之神，立成於互作正餘之表。并見本書。此并數家之典要，實爲勾股之源流。

清·馮志沂《微尚齋詩集初編》卷二　題苗翁仙簏寒鐙訂均圖

古人已與不傳死，異代鑽研憑故紙。微言既絶俗喜新，曲學紛紛安所底。
西域老胡杭海來，衛道無人世風靡。司天步算用西法，一藝取長猶可爾。
悉曇卅六何語言，傅會喉牙配宫徵。六經三傳百家書，讀以梵音曾不恥。
倉聖制字代結繩，聲寓偏傍固其理。聲形違反求音切，縱有聰明亦安恃。
本朝經術軼前代，菰中一老椎輪始。後來推闡代有人，孤學終難喻庸鄙。
君探絶業百載後，欲以元音聰里耳。近師汶長得形聲，遠揖皋夔賡喜起。
驚愚豈免衆口謷，知我終當百世俟。狂言莫遣外人聞，君且著書吾醉矣。

引用書目

引用書目

清華大學藏戰國竹簡(四)·算表		李學勤主編	二〇一三年中西書局本
北大秦簡·算書甲種		韓魏　鄒大海整理	自然科學史研究,二〇二五年二期
尚書	漢	孔安國注	四部叢刊本
大戴禮記	漢	戴德	四部叢刊本
九章筭術	漢		遼寧教育出版社一九九〇年匯校本
史記	漢	司馬遷	武英殿刻本;中華書局一九六五年點校本
淮南子集釋	漢	劉安撰,何寧集釋	中華書局一九九八年本
漢書	漢	班固	武英殿刻本;中華書局一九六二年點校本
白虎通德論	漢	班固	四部叢刊本
説文解字	漢	許慎	文淵閣四庫全書本
周髀算經	漢		中國科學技術典籍通彙本
孫子算經			中國科學技術典籍通彙本
數術記遺	漢	徐岳	中國科學技術典籍通彙本
儀禮注疏	漢	鄭玄注,唐賈公彦疏	中華書局一九八〇年影印十三經注疏本
易緯乾鑿度	漢		武英殿聚珍版叢書本
後漢書	南朝宋	范曄,司馬彪	中華書局一九六五年點校本
宋書	南朝梁	沈約	中華書局一九七四年點校本
五經算術	北周	甄鸞	中國科學技術典籍通彙本
夏侯陽算經	唐		中國科學技術典籍通彙本
緝古筭經	唐	王孝通	清道光二十年斐文堂刻本
周書	唐	令狐德棻	武英殿刻本
隋書	唐	魏徵	中華書局一九七三年點校本
晉書	唐	房玄齡	中華書局一九七四年點校本
開元占經	唐	瞿曇悉達	
初學記	唐	徐堅	清光緒孔氏三十三萬卷堂本

唐六典	李林甫	唐	明刻本
通典	杜佑	唐	中華書局一九八八年點校本
昌黎先生文集	韓愈	唐	宋蜀刻本
吕子易説	吕巖	唐	清乾隆間曾燠刻本
李元賓文編	李觀	唐	文淵閣四庫全書本
靈樞經	王冰注	唐	四部叢刊本
敦煌算書			中國科學技術典籍通彙本
舊唐書	劉昫	後晉	武英殿刻本
唐會要	王溥	宋	武英殿聚珍版叢書本
太平御覽	李昉	宋	四部叢刊三編本
易數鈎隱圖	劉牧	宋	通志堂經解本
新唐書	歐陽修,宋祁	宋	武英殿刻本;中華書局一九七五年點校本
夢溪筆談	沈括	宋	明崇禎四年刻本
續資治通鑒長編	李燾	宋	文淵閣四庫全書本
周易本義	朱熹	宋	宋咸淳元年吴革刻本
律吕新書	蔡元定	宋	文淵閣四庫全書本
遊宦紀聞	張世南	宋	知不足齋叢書本
數書九章	秦九韶	宋	中國科學技術典籍通彙本
詳解九章算法	楊輝	宋	中國科學技術典籍通彙本
楊輝算法	楊輝	宋	中國科學技術典籍通彙本
謝察微算經	謝察微	宋	中國科學技術典籍通彙本
算學源流		宋	中國科學技術典籍通彙本
燕翼貽謀録	王栐	宋	歷代小史本
翻譯名義集	釋法雲	宋	四部叢刊本
玉海	王應麟	宋	文淵閣四庫全書本

困學紀聞	王應麟	宋	四部叢刊三編本
資治通鑑釋文	史炤	宋	十萬卷樓叢書本
宋朝事實	李攸	宋	武英殿聚珍版叢書本
大衍索隱	丁易東	宋	文淵閣四庫全書本
天原發微	鮑雲龍	宋	正統道藏本
雪樓集	程鉅夫	元	文淵閣四庫全書本
靜修先生文集	劉因	元	四部叢刊本
六藝綱目	舒天民	元	指海本
書蔡氏傳旁通	陳師凱	元	文淵閣四庫全書本
測圓海鏡	李冶	元	知不足齋叢書本
益古演段	李冶	元	知不足齋叢書本
算學啟蒙	朱世傑	元	中國科學技術典籍通彙本
四元玉鑑	朱世傑	元	中國科學技術典籍通彙本
丁巨筭法	丁巨	元	中國科學技術典籍通彙本
算法全能集	賈亨	元	中國科學技術典籍通彙本
詳明算法	安止齋	元	中國科學技術典籍通彙本
通制條格	完顏納丹	元	明鈔本
宋史	脫脫	元	中華書局一九七七年點校本
元秘書監志	王士點	元	文淵閣四庫全書本
南村輟耕録	陶宗儀	元	四部叢刊三編本
魁本對相四言雜字		明	明洪武四年刻本
元史	宋濂	明	武英殿刻本
明實録		明	臺灣中央研究院歷史語言研究所一九六二年校印本
魯班經	午榮	明	清乾隆間刻本
諸家算法及序記			中國科學技術典籍通彙本

九章比類	吳敬	明	中國科學技術典籍通彙本
南翁夢録	黎澄	明	涵芬樓秘笈本
算學寶鑑	王文素	明	中國科學技術典籍通彙本
七政推步	貝琳	明	文淵閣四庫全書本
西洋朝貢典録	黄省曾	明	指海本
越嶠書	李文鳳	明	明藍格鈔本
苑洛志樂	韓邦奇	明	文淵閣四庫全書本
樂典	黄佐	明	明嘉靖三十六年刻本
荊川集	唐順之	明	四部叢刊本
勾股算術	顧應祥	明	中國科學技術典籍通彙本
測圓海鏡分類釋術	顧應祥	明	中國科學技術典籍通彙本
弧矢算術	顧應祥	明	中國科學技術典籍通彙本
測圓算術	顧應祥	明	中國科學技術典籍通彙本
盘珠算法	徐心魯	明	中國科學技術典籍通彙本
數學通軌	柯尚遷	明	中國科學技術典籍通彙本
算法纂要	程大位	明	明萬曆二十六年家刻本
算法統宗	程大位	明	中國科學技術典籍通彙本
筭學新説	朱載堉	明	明萬曆三十一年刻本
律呂精義	朱載堉	明	人民音樂出版社一九九八年點校本
嘉量算經	朱載堉撰	明	續修四庫全書本
明會典	申時行	明	明萬曆內府刻本
元曲選	臧懋循	明	明萬曆間刻本
澹生堂藏書目	祁承爜	明	清宋氏漫堂鈔本
曆宗通議	周述學	明	明鈔本
筭法指南	黄龍吟	明	中國科學技術典籍通彙本

青泥蓮花記	梅鼎祚	明	明萬曆間刻本
幾何原本	歐几里得,[意]利瑪竇,[英]伟烈亞力等譯	古希臘	清同治四年金陵書局本
測量法義	利瑪竇譯,明徐光啟述	意	天學初函本
簡平儀説	熊三拔	意	文淵閣四庫全書本
表度説	熊三拔	意	天學初函本
測量全義	羅雅谷	意	上海古籍出版社二〇〇九年影印崇禎曆書本
大測	鄧玉函	德	上海古籍出版社二〇〇九年影印崇禎曆書本
割圓八線表	鄧玉函	德	上海古籍出版社二〇〇九年影印崇禎曆書本
籌算	羅雅谷	意	上海古籍出版社二〇〇九年影印崇禎曆書本
比例規解	羅雅谷	意	上海古籍出版社二〇〇九年影印崇禎曆書本
幾何要法	艾儒略譯,明瞿式穀述	意	西洋新法曆書本
崇禎曆書	徐光啟,李天經	明	上海古籍出版社二〇〇九年影印本
同文算指	利瑪竇授,明李之藻演	意	天學初函本
圜容較義	利瑪竇授,明李之藻演	意	天學初函本
儀禮節解	郝敬	明	明萬曆間郝氏九部經解本
萬曆野獲編	沈德符	明	清道光七年姚氏刻同治八年補修本
格致草	熊明遇	明	中國科學技術典籍通彙本
正字通	張自烈	明	清康熙二十四年清畏堂刻本
羅紋山全集	羅明祖	明	明末古處齋刻本
三易洞璣	黄道周	明	文淵閣四庫全書本
博物典彙	黄道周	明	續修四庫全書本
度測	陳藎謨	明	清鈔本
物理小識	方以智	明	文淵閣四庫全書本
千頃堂書目	黄虞稷	清	文淵閣四庫全書本
歐邏巴西鏡録		清	中國科學技術典籍通彙本

思問録	王夫之	清	中華書局一九八三年點校本
日知録	顧炎武	清	上海古籍出版社一九八五年集釋本
曉庵新法	王錫闡	清	守山閣叢書本
曉庵遺書	王錫闡	清	木樨軒叢書本
曆學會通	薛鳳祚	清	中國科學技術典籍通彙本
推測易知	陳松	清	清光緒十三年江西樹德堂刊本
中星譜	胡亶	清	文淵閣四庫全書本
字詁	黄生	清	指海本
數度衍	方中通	清	清光緒四年桐城方氏重刊本
幾何論約	杜知耕	清	文淵閣四庫全書本
天弧象限表	李子金	清	清抄本
幾何易簡集	李子金	清	清康熙間刻隱山鄙事本
黄宗羲全集	黄宗羲	清	浙江古籍出版社一九九三年本
筭海說詳	李長茂	清	續修四庫全書本
不得已	楊光先	清	民國十八年中社影印清抄本
算法全書	蔣守誠	清	清乾隆四年雲興堂刊本
聖祖仁皇帝御製文集	玄燁	清	文淵閣四庫全書本
數理精蘊		清	文淵閣四庫全書本
榕村集	李光地	清	文淵閣四庫全書本
廣陽雜記	劉獻廷	清	中華書局一九八五年點校本
心齋雜俎	張潮	清	清乾隆間詒清堂刊本
儲遯菴文集	儲方慶	清	清康熙四十年儲右文等刻本
南山集	戴名世	清	清光緒二十六年刻本
勿庵曆算書目	梅文鼎	清	清康熙間刻本，知不足齋叢書本
中西算學通	梅文鼎	清	清康熙十九年金陵刻本

曆學疑問	梅文鼎	清	清乾隆二十六年梅氏叢書輯要本
曆學疑問補	梅文鼎	清	清乾隆二十六年梅氏叢書輯要本
少廣拾遺	梅文鼎	清	清乾隆二十六年梅氏叢書輯要本
平三角舉要	梅文鼎	清	清乾隆二十六年梅氏叢書輯要本
績學堂詩抄	梅文鼎	清	清乾隆十七年梅穀成刻本
績學堂文鈔	梅文鼎	清	清乾隆十七年梅穀成刻本
勾股舉隅	梅文鼎	清	清康熙二十六年梅氏叢書輯要本
幾何通解	梅文鼎	清	清康熙二十六年梅氏叢書輯要本
度算釋例	梅文鼎	清	清乾隆二十六年梅氏叢書輯要本
籌算	梅文鼎	清	清光緒十一年曆算全書本
測算刀圭	年希堯	清	清康熙五十七年自刊本
面體比例便覽	年希堯	清	古今算學叢書本
視學	年希堯	清	清雍正間刻本
算義探奧	陳厚耀	清	清抄本
勾股述	陳訏	清	清康熙間刊本
數學舉要	陳世明	清	清康熙甲午自序精抄本
聖門禮樂統	張行言	清	清康熙四十一年刻本
清朝文獻通考	嵇璜	清	文淵閣四庫全書本
明史	張廷玉	清	武英殿刻本，中華書局一九七四年點校本
易明算法	沈士桂	清	刻本
操縵卮言	梅穀成	清	清乾隆二十六年梅氏叢書輯要本
赤水遺珍	梅穀成	清	清乾隆二十六年梅氏叢書輯要本
增刪算法統宗	梅穀成	清	清光緒三年江南製造局重刊本
切問齋文鈔	陸燿	清	清乾隆四十年刻本
鮚埼亭集	全祖望	清	四部叢刊本

清會典則例	张廷玉	清	文淵閣四庫全書本
割圜密率捷法	明安圖	清	清道光十九年石梁岑氏刻本
杜谿文稿	朱書	清	清乾隆元年梨雲閣刻本
周官心解	蔣載康	清	清嘉慶十一年經籠堂刻本
郎潛紀聞	陳康祺	清	清光緒間刻本
籀經堂類稿	陳慶鏞	清	清光緒九年刻本
戴東原先生年譜	段玉裁	清	經韵樓叢書本
蠡勺編	凌揚藻	清	嶺南遺書本
九章錄要	屠文漪	清	清乾隆間刊本
澳門記略	印光任，张汝霖	清	清乾隆間西阪草堂刻本
河洛精蕴	江永	清	清乾隆三十九年蕴真书屋刻本
數學	江永	清	守山閣叢書本
算迪	何夢瑤	清	清道光二十五年南海武氏刊本
紫竹山房詩文集	陳兆崙	清	清嘉慶間刻本
割圜弧矢補論	戴震	清	清抄本
戴東原集	戴震	清	四部叢刊本
策算	戴震	清	清華大學出版社一九九五—一九九九年戴震全集本
九數通考	屈曾發	清	清乾隆三十七年豫簪堂刊本
學福齋集	沈大成	清	清乾隆三十九年刻本
同度記	孔繼涵	清	續修四庫全書本
少廣正負術內篇	孔廣森	清	古今算學叢書本
九章算術細草圖說	李潢	清	中國科學技術典籍通彙本
十駕齋養新録	錢大昕	清	清嘉慶間刻本
四庫全書總目	紀昀	清	清乾隆五十四年武英殿刻本
測圓海鏡細草	李銳	清	古今算學叢書本

李氏遺書	李銳	清	清道光三年阮氏刻本
衡齋算學	汪萊	清	清嘉慶十五年刻本
勾股淺述	梅沖	清	清嘉慶三年刻本
乘方釋例	焦循	清	稿本
指明算法	汪訒菴	清	清集新堂刊本
算牖	許桂林	清	清道光十年玉田孫德坦刊本
推步惟是	安清翹	清	清嘉慶十六年樹人堂刻本
樂律心得	安清翹	清	清嘉慶十六年樹人堂刻本
一線表用	安清翹	清	清嘉慶十六年樹人堂刻本
學算存略	安清翹	清	清嘉慶十六年樹人堂刻本
定香亭筆談	阮元	清	清嘉慶五年揚州阮氏琅嬛僊館刻本
詁經精舍文集	阮元	清	叢書集成初編本
疇人傳	阮元	清	文選樓叢書本
疇人傳合編校注	阮元等撰，馮立昇等校注	清	中州古籍出版社二〇一二年本
鄭堂讀書記	周中孚	清	嘉業堂叢書本
東華續録[同治]	王先謙	清	清光緒間刻本
清会典图	劉啓端	清	清光緒間石印本
十朝詩乘	龍顧山人	清	福建人民出版社二〇〇〇年點校本
開方釋例	駱騰鳳	清	清道光二十三年刻本
藝遊録	駱騰鳳	清	清道光二十三年刻本
量倉通法	張作楠	清	清道光間張氏翠薇山房刊本
方田通法补例	張作楠	清	清道光間張氏翠薇山房刊本
倉田通法續編	張作楠	清	清道光間張氏翠薇山房刊本
八線對數類編	張作楠	清	清道光間張氏翠薇山房刊本
弧角設如	張作楠	清	清道光間張氏翠薇山房刊本

揣籥小錄	張作楠	清	清道光間張氏翠薇山房刊本
揣籥續錄	張作楠	清	清道光間張氏翠薇山房刊本
高弧細草	張作楠	清	清道光間張氏翠薇山房刊本
籌算說略	鄭復光	清	續修四庫全書本
六九軒算書	劉衡	清	清光緒二十九年刻本
易拇	萬年淳	清	清道光四年刻本
養一齋集	李兆洛	清	清道光二十四年活字印光緒四年增修本
宋會要輯稿	徐松	清	稿本
象數一原	項名達	清	清光緒十四年上海金匱華蘅芳刻本
勾股六術	項名達	清	清道光二十三年王大有刻本
平三角和較術	項名達	清	清道光二十三年王大有刻本
算略	馮經	清	嶺南遺書本
比例匯通	羅士琳	清	清嘉慶二十三年刻本
三角和較算例	羅士琳	清	清道光二十年刻本
句股容三事拾遺	羅士琳	清	清道光八年刻本
周無專鼎銘攷	羅士琳	清	清道光二十二年刻本
經學提要	蔡孔炘	清	清道光五年刻本
野語	程岱葊	清	清道光十二年刻二十五年增修本
思適齋集	顧廣圻	清	清道光二十九年徐渭仁刻本
測天約術	陳昌齊	清	清道光三十年南海伍氏刊本
管子校注	黎翔鳳	清	中華書局二〇〇四年本
割圜八綫綴術	徐有壬	清	清同治十二年長沙古荷池精舍刊本
造各表簡法	徐有壬	清	清同治間務民義齋算學本
截球解義	徐有壬	清	清同治間務民義齋算學本
割圜綴術	徐有壬	清	古今算學叢書本

外切密率	戴煦	清	古今算學叢書本
假數測圓	戴煦	清	古今算學叢書本
微尚齋詩集初編	馮志沂	清	清同治三年廬州郡齋刻本
測地志要	黃炳垕	清	清同治六年刻本
九數存古	顧觀光	清	清光緒十八年江蘇書局刊本
萬象一原	夏鸞翔	清	振綺堂叢書本
西算新法直解	馮桂芬	清	清光緒二年吳縣馮桂芬校邠廬刻本
乘方捷術	鄒伯奇	清	古今算學叢書本
割圜連比例圖解	董祐誠	清	清同治八年董方立遺书本
數學心得	石仁鏡	清	清同治十年半畝園刊本
學計一得	鄒伯奇	清	清同治十二年鄒徵君遺書本
對數詳解	曾紀鴻，丁取忠	清	古今算學叢書本
圜率考眞圖解	曾紀鴻	清	古今算學叢書本
借根方勾股細草	李錫蕃	清	清同治十一年长沙古荷池精舍刊本
造整句股表簡法	吳嘉善	清	古今算學叢書本
四元草	吳嘉善	清	古今算學叢書本
方程天元合釋	吳嘉善	清	古今算學叢書本
如積引蒙	汪曰楨	清	續修四庫全書本
綴術釋明	左潛	清	古今算學叢書本
數學啟蒙	偉烈亞力	英	清光緒十二年上海鉛版活字本
代數學	棣麼甘撰，[英]偉烈亞力，清李善蘭譯	英	清咸豐九年上海活字版，光緒三十一年石印本
代微積拾級	羅密士撰，[英]偉烈亞力，清李善蘭譯	美	清咸豐九年墨海書館刊本
方圓闡幽	李善蘭	清	清同治六年金陵則古昔齋算學本
橢圓正術解	李善蘭	清	清同治六年金陵則古昔齋算學本
火器真訣	李善蘭	清	清同治六年金陵則古昔齋算學本

考數根法	李善蘭	清	清同治六年金陵則古昔齋算學本
對數探源	李善蘭	清	清同治六年金陵則古昔齋算學本
垜積比類	李善蘭	清	清同治六年金陵則古昔齋算學本
四元解	李善蘭	清	清同治六年金陵古今算學叢書本
對數尖錐變法釋	李善蘭	清	清同治六年金陵則古昔齋算學本
麟德術解	李善蘭	清	清同治六年金陵則古昔齋算學本
算學課藝	席淦，貴榮	清	清光緒六年同文館聚珍版
七經樓文鈔	蔣湘南	清	續修四庫全書本
東塾讀書記	陳澧	清	清光緒間刻本
爾爾書屋詩草	史夢蘭	清	清光緒元年止園刻本
中西算學集要	周毓英	清	清光緒間巾箱本
測量集要	蔣金鏞	清	清光緒七年刊本
[光緒] 香山縣志	陳澧	清	清光緒五年刻本
學彊恕齋筆算	梅啟照	清	清光緒八年東河節署刻本
算學發蒙	潘逢禧	清	清光緒八年逸白齋刊本
李文忠公奏稿	李鴻章	清	清光緒三十一年金陵刻李文忠公全集本
代數術	華里司著，[英] 傅蘭雅，清華蘅芳譯	英	清同治十二年江南製造總局刻本
微積溯源	華里司輯，[英] 傅蘭雅，清華蘅芳譯	英	清同治十三年江南製造總局刻本
三角數理	海麻士輯，[英] 傅蘭雅，清華蘅芳譯	英	清光緒四年江南製造總局刻本
代數難題解法	倫德編，[英] 傅蘭雅，清華蘅芳譯	英	清光緒五年江南製造總局刻本
決疑數學	傅蘭雅，清華蘅芳譯	英	清江南製造總局刻本
算式解法	好司敦，開奈利撰，[英] 傅蘭雅，清華蘅芳譯	美	清光緒二十五年江南製造總局刻本
行素軒算稿	華蘅芳	清	清光緒八年梁溪華氏刻本
學算筆談	華蘅芳	清	清光緒八年華氏行素軒算稿本
算草叢存	華蘅芳	清	清光緒八年華氏行素軒算稿本

開方別術	華蘅芳	清	清光緒八年華氏行素軒算稿本
答數界限	華世芳	清	清光緒八年恒河沙館算草本
周密知裁	布倫輯，[英]傅蘭雅，清徐壽譯	英	清富強齋叢書本
數學理	棣麼甘著，[英]傅蘭雅，清趙元益譯	英	清光緒五年江南製造總局刻本
算器圖說	傅蘭雅	英	清光緒間上海格致書屋鉛印格致彙編本
量法須知	傅蘭雅	英	清光緒十三年益智書會刻本
畫器須知	傅蘭雅	英	清光緒十四年益智書會刻本
曲線須知	傅蘭雅	英	清光緒十四年益智書會刻本
三角須知	傅蘭雅	英	清光緒十四年益智書會刻本
微積須知	傅蘭雅	英	清光緒十四年益智書會刻本
代數須知	傅蘭雅	英	清光緒二十三年益智書會刻本
心算啟蒙	那夏禮	美	清光緒十二年美華書館重印本
弢園文録外編	王韜	清	清光緒九年鉛印本
格致課藝彙編	王韜	清	清光緒二十三年上海書局石印本
籀經堂類稿	陳慶鏞	清	清光緒九年刻本
古籌算考釋	勞乃宣	清	清光緒十二年刻本
盛世参芩算稿	董毓琦	清	清末福州刻本
天代蒙泉	董毓琦	清	清末福州刻本
日本國志	黄遵憲	清	清光緒間刻本
中西算學入門匯通	鄧建章	清	清末自序刻本
測地膚言	陶保廉	清	清光緒十六年守拙軒刊本
天元一術圖說	葉棠	清	清光緒十六年重刊本
種竹書屋算草	張鼎祐	清	清光緒十七年金陵刊本
瀛海論	張自牧	清	小方壺齋輿地叢鈔本
兩浙輶軒續録	潘衍桐	清	清光緒間刻本

出使英法義比四國日記	薛福成	清	清光緒十八年石印本
天元草	蕭履安	清	清光緒十九年成都刻本
四元玉鑒四象細草詳解	鄒祖蔭	清	清光緒十九年杭州官廨刊本
筭學啓蒙通釋	徐鳳誥	清	清光緒十二年刻本
筭學啓蒙述義	王鑒	清	古今算學叢書本
漸西村人初集	袁昶	清	清光緒間刻本
學古堂日記	吳壽萱	清	清光緒間蘇州學古堂刊本
對數表	賈步緯	清	清光緒三十年江南製造總局鉛印本
弦切對數表	賈步緯	清	清光緒二十六年江南製造總局鉛印本
疇人傳三編	諸可寶	清	南菁書院叢書本
籀廎述林	孫詒讓	清	民國五年刻本
代數備旨	狄考文，清鄒立文譯	美	清光緒二十三年美華書館石印本
筆算數學	狄考文輯，清鄒立文述	美	清光緒二十四年美華書館石印本
代數備旨	狄考文，清鄒立文譯	美	清光緒二十四年美華書館石印本
形學備旨	狄考文，清鄒立文譯	美	清光緒二十四年美華書館石印本
張文襄公奏議	張之洞	清	民國刻張文襄公全集本
書目答問	張之洞	清	民國十年朝記書莊石印本
合數述	林紹清	清	清光緒十四年石印本
算學報	黃慶澄	清	清光緒二十三至二十四年印本
立方奇法	龔傑	清	漸學廬叢書本
求一捷術	龔傑	清	漸學廬叢書本
古歌解	龔傑	清	漸學廬叢書本
同文館題名録		清	清光緒二十二年刊本
時務通考	杞廬主人	清	清光緒二十三年點石齋石印本
思秉室筭學新編	蔣士棟	清	清光緒二十三年家刊本

格致古微	王仁俊	清	清光緒二十二年王氏自刊本
算法圓理括囊	邨上國輝	日	白芙堂算學叢書本
代數啟蒙	馮澂	清	清光緒二十三年江蘇書局刻本
沅湘通藝錄	江標	清	叢書集成初編本
時務齋算稿叢抄	劉光蕡	清	清光緒二十三年陝西味經刊書處刊本
算學襍識	曹汝英	清	清光緒二十四年廣州成文堂刊本
游藝課草初集	蕭履安	清	清光緒二十四年刊本
籌算蒙課	勞乃宣	清	清光緒二十四年刻本
古籌算考釋續編	勞乃宣	清	清光緒二十四年刻本
經算雜説	潘應祺	清	清光緒二十四年廣州成文堂刊本
衍元小草	孔慶霽	清	清光緒二十四年刻本
清朝經世文三編	陳忠倚	清	清光緒二十四年上海書局石印本
東西學書録	徐以愻	清	清光緒二十五年刻本
測圓海鏡細草通釋	王澤沛	清	古今算學叢書本
九容公式	王季同	清	古今算學叢書本
割圓闡率	劉彝程	清	古今算學叢書本
九章實義	劉彝程	清	清光緒二十七年劉氏簡易菴石印本
廣方言館算學課藝	劉彝程	清	清光緒二十二年上海著易堂石印本
初學讀書要略	葉瀚	清	清光緒二十三年仁和叶氏自刊本
垛積一得	崔朝慶	清	古今算學叢書本
算理紬奇	顧儒基，崔朝慶	清	清光緒二十四年刊本
西學書目表	梁啟超	清	清光緒二十四年上海大同譯書局石印中西學門徑書七種本
讀西學書法	梁啟超	清	清光緒二十四年上海大同譯書局石印中西學門徑書七種本

飲冰室合集	梁啟超	清	中華書局一九八九年本
古今算學書錄	劉鐸	清	清光緒二十四年算學書局石印本
奇題削筆	李鏐	清	清光緒二十四年重印本
中西普通書目表	黃慶澄	清	清光緒二十四年算學報館刻本
算法天生法指南	安明	日	古今算學叢書本
疇人傳四編	黃鐘駿	清	留有餘齋叢書本
圓錐曲線	求德生,清劉維師譯	美	清光緒二十四年美華書館石印本
幾何舉隅	託咸都輯,清鄭毓英譯	英	清光緒二十四年江夏董氏重刊本
八線備旨	羅密士撰,[美]潘慎文譯	美	清光緒二十四年美華書館石印本
代形合參	羅密士著,[美]潘慎文,清謝洪賚譯	美	清光緒二十四年美華書館石印本
新排對數表	路密司著,[美]赫士譯,朱葆琛述	美	清光緒二十四年美華書館石印本
算學書目提要	丁福保	清	清光緒二十五年無錫竢實學堂本
初等代數學講義	丁福保	清	清光緒三十一年上海文明書局本
東西學書錄	徐維則	清	清光緒二十五年石印本
增版東西學書錄	徐維則輯,清顧燮光補	清	清光緒二十八年石印本
八千卷樓書目	丁立中	清	清光緒二十五年錢塘丁氏聚珍仿宋版
弧三角闡微	歐禮斐譯	英	清光緒二十五年同文館聚珍版
微積集證	林傳甲	清	清光緒二十六年刻本
代數句股草	劉其偉	清	清末自序刻本
代數術補式	解崇輝	清	清光緒二十六年上海順成書局石印本
簡易菴算稿	劉彝程	清	清光緒二十六年江南製造總局刻本
校士算存	王同愈	清	清光緒二十六年湖北督學使署刻本
上虞算學堂課藝	支寶枏	清	清光緒二十七年經正書院刊本
西學書目答問	趙惟熙	清	清光緒二十七年貴陽學署刊本
拋物淺釋	翟寶書	清	清光緒二十七年椽竹書屋主人校勘本

算學便讀	周運煃	清	玉田孫德坦刊本
沿沂亭算稿	徐異	清	清光緒二十七年刻本
西樓遺稿	江熹	清	清光緒二十八年元和江氏一漑齋刊本
三角和較術圖解	張毓瑗	清	清光緒二十八年刻本
萬象一原演式	盧靖	清	清光緒二十八年活字本
割圜術輯要	盧靖	清	清末石印本
圓錐曲綫論心	何壽章	清	清光緒二十八年刊本
中西度量權衡備考	鄧端擨	清	清光緒二十八年湖北鐵政洋局刻本
奏定学堂章程	张百熙	清	清光緒二十九年湖北學務處刻本
西被考略	金永森	清	清光緒二十九年武昌刻本
彭氏啓蒙數學談理	彭竹陽	清	清光緒二十九年重慶廣益書局鉛印本
知新算社課藝初集	周達	清	清光緒二十九年知新算社石印本
日本調查算學記	周達	清	清光緒二十九年中西書局本
巴氏累圓奇題解	周達	清	清光緒三十年知新算社石印本
勾股演代	王錫恩	清	清光緒二十九年上海美華書館本
直方大齋數學上編	曹汝英	清	清光緒二十九年羊城刊本
筆算數學詳草	顧鼎銘	清	清末上海科學書局鉛印本
改正代數備旨補草	彭致君	清	清光緒二十九年刻本
代數備旨全草	徐錫麟	清	清光緒二十九年浙紹特別書局排印本
數學佩觿	徐虎臣	清	清光緒二十八年江楚書局刻本
溥通新代數	徐虎臣	清	清光緒二十九年江楚書局刻本
分類演代	鄒尊顯	清	清光緒三十年刊本
元代開方通義	鄒尊顯	清	清光緒三十二年刊本
八線拾級	溫德鄂輯，清劉光照譯	美	清光緒三十年美華書館擺印本
最新珠算教科書	江南商業學堂	清	清光緒三十一年江南商業學堂刊本

公式演算	陳修齡	清	清光緒三十一年廣州刻本
微積通詮	黃啓明	清	清光緒三十一年廣州刊本
江西武備學堂中西算學課藝	張鴻勛	清	清光緒三十一年靈憲書屋刻本
形學備旨全草	壽孝天	清	清光緒三十一年石印本
求一得齋算學	陳志堅	清	清光緒三十年松江新陽陳志坚刻本
微積闡詳	陳志堅	清	清光緒三十二年松江䅽文墨齋刻本
江南高等學堂算學課藝	崔朝慶	清	清光緒三十二年江南高等學堂刻本
八線備旨習題詳草	劉鵬振	清	清光緒三十二年浙紹墨潤堂石印本
方子壯數學	方克猷	清	清光緒三十二年家刊本
勾股形邊角相求術圖解	石振埏	清	清光緒三十二年皖垣節署刊本
幾何贅説	潘應祺	清	清光緒三十二年番禺潘氏扈籬館刊本
勾股題鏡	張松溪	清	清光緒三十三年上海美華書館擺印本
形學拾級	劉光照	清	清光緒三十三年美華書館擺印本
中西數學通解	劉澤楨	清	清光緒三十三年樂山叢桂書屋刊本
萍課演算	毛宗藩	清	清光緒三十四年會稽顧氏刊本
九經今義	成本璞	清	清光緒三十四年長沙刻本
算學取士專檔		清	清光緒間刊本
天生術演代草	張迪襄	清	清宣統元年中州石印館石印本
東華續録［光緒］	朱壽朋	清	清宣統元年上海集成圖書公司鉛印本
四元消法易簡草	陳棠	清	清宣統元年刊本
道咸同光四朝詩史	孫雄	清	清宣統二年刻本
增補算法渾圓圖	保其壽	清	清末刊本
尚書集注述疏	簡朝亮	清	讀書堂叢刻本
廣學會譯著新書總目			清末鉛印本
微積學	路密司著，清劉光照譯	美	民國元年美華書館擺印本

垜積衍術	强汝詢	清	求恕齋叢書本
須曼精廬算學	楊兆鋆	清	吳興叢書本
譯書經眼錄	顧燮光	清	民國二十三年杭州金佳石好樓石印本
清朝續文獻通考	劉錦藻	清	萬有文庫本
純常子枝語	文廷式	清	民國三十二年刻本
算法初級		清	江楚書局刊本
弧矢算術細草圖解劄記	李鳳苞	清	清抄本
句股六術補		清	清抄本
算學開方	徐鳳誥	清	清抄本
傳紅寫翠盧算俎	鄔銓	清	清末抄本
量地法	朱鈞弼	清	清末抄本
大學堂譯學館各項考試題目			北京大學檔案館藏本
上海製造局譯印圖書目錄	上海製造局翻譯館編		民國間鉛印本
續修四庫全書總目提要(稿本)	中國科學院圖書館整理		齊魯書社一九九六年影印本
日本書紀	舍人親王	日	大阪朝日新聞社一九二八—一九二九年本
續日本紀	佐伯有義	日	大阪朝日新聞社一九二九年本
類聚三代格	前田尊經閣	日	八木書店二〇〇六年本
日本文德天皇實錄	藤原基經	日	日本寬政八年本
延喜式	虎尾俊哉	日	集英社二〇〇七年本
令義解	清原夏野	日	日本慶安五年本
日本國見在書目	藤原佐世	日	名著刊行會一九九六年本
口游	源为宪	日	雄松堂書店一九七五年古辞書叢刊本
雍州府志	黑川道祐	日	岩波書店二〇〇二年本
牙籌譜	山縣昌貞	日	
算法勿憚改	村瀨義益	日	東京研成社一九九三年江戸初期和算選書本

幾何學定理及問題	長澤龜之助譯	日	東京日本書籍株式會社一九〇六年本
三國史記	全富軾	朝	日本昭和六年朝鮮古典刊行會本
朝鮮史略		朝	國立北平圖書館善本叢書第一集本
高麗史	鄭麟趾	朝	日本明治四十一年至四十二年日本國書刊行會本
增補文獻備考	朴齊純	朝	朝鮮隆熙二年本
大典通編	金致仁	朝	朝鮮正祖五年金同活字本
頤齋亂稿	黄胤錫	朝	韓國精神文化研究院一九九四年韓國學資料叢書本
朝鮮王朝實錄	國史編纂委員會	朝	漢城探求堂一九七三年本
九一集	洪正夏	朝	誠信女子大學校出版部本
越史略		越	中華書局一九八五年本
大越史記全書	吴士連	越	日本明治十八年國文社本
大南實錄	张登桂	越	庆应义塾大学言语文化研究所一九八〇年本
大南會典事例	越南國史館	越	越南阮翼宗嗣德八年刻本
算學底蘊		越	抄本
指明立成算法	潘輝框	越	抄本

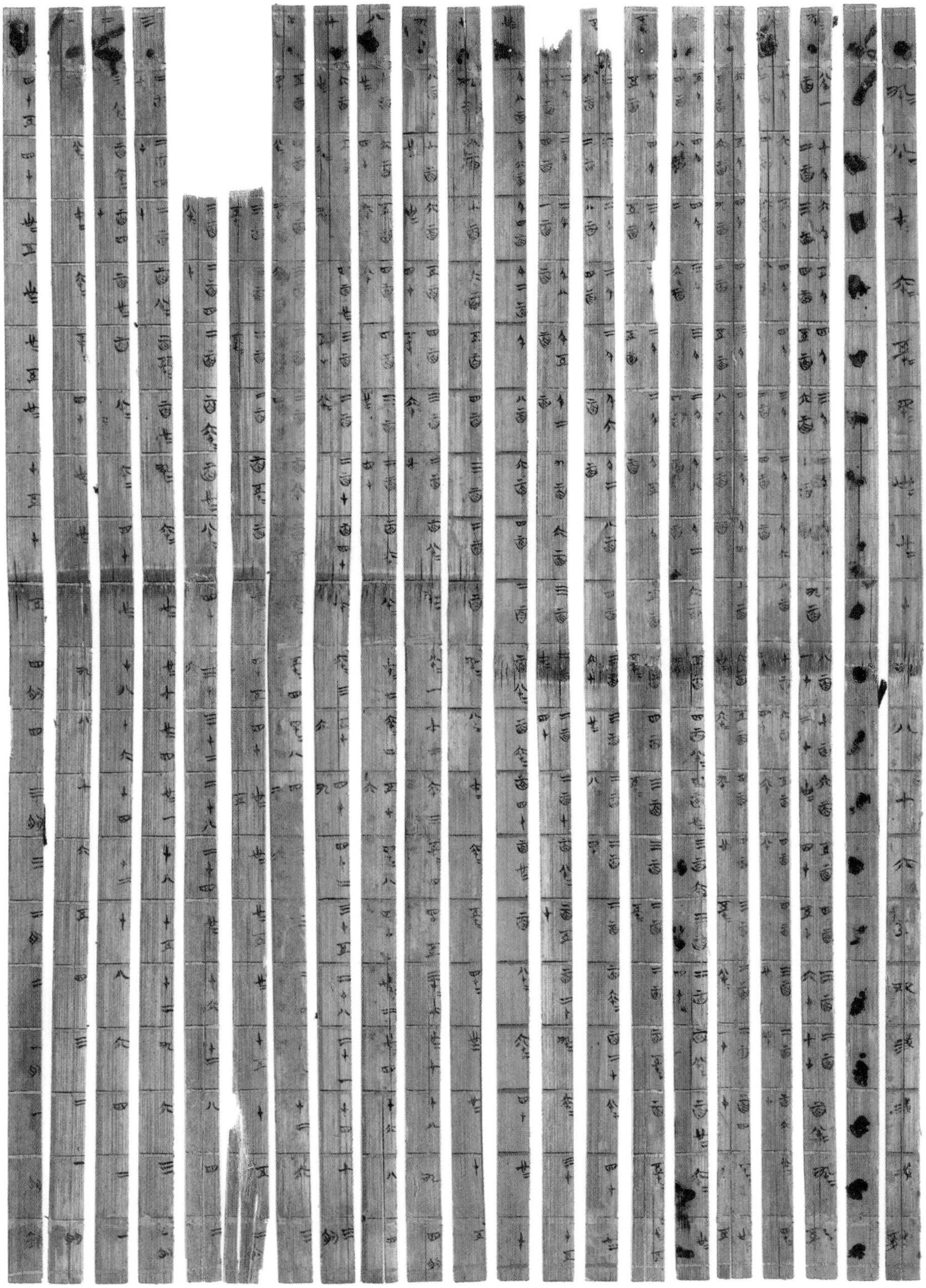

二一 二〇 一九 一八 一七 一六 一五 一四 一三 一二 一一 一〇 九 八 七 六 五 四 三 二 一

清華《戰國簡・算表》《算表》以中國古代戰國時期楚文字書寫，多異體、繁寫字及合文。含合文符。

（詳見第七十五至七十七頁）。

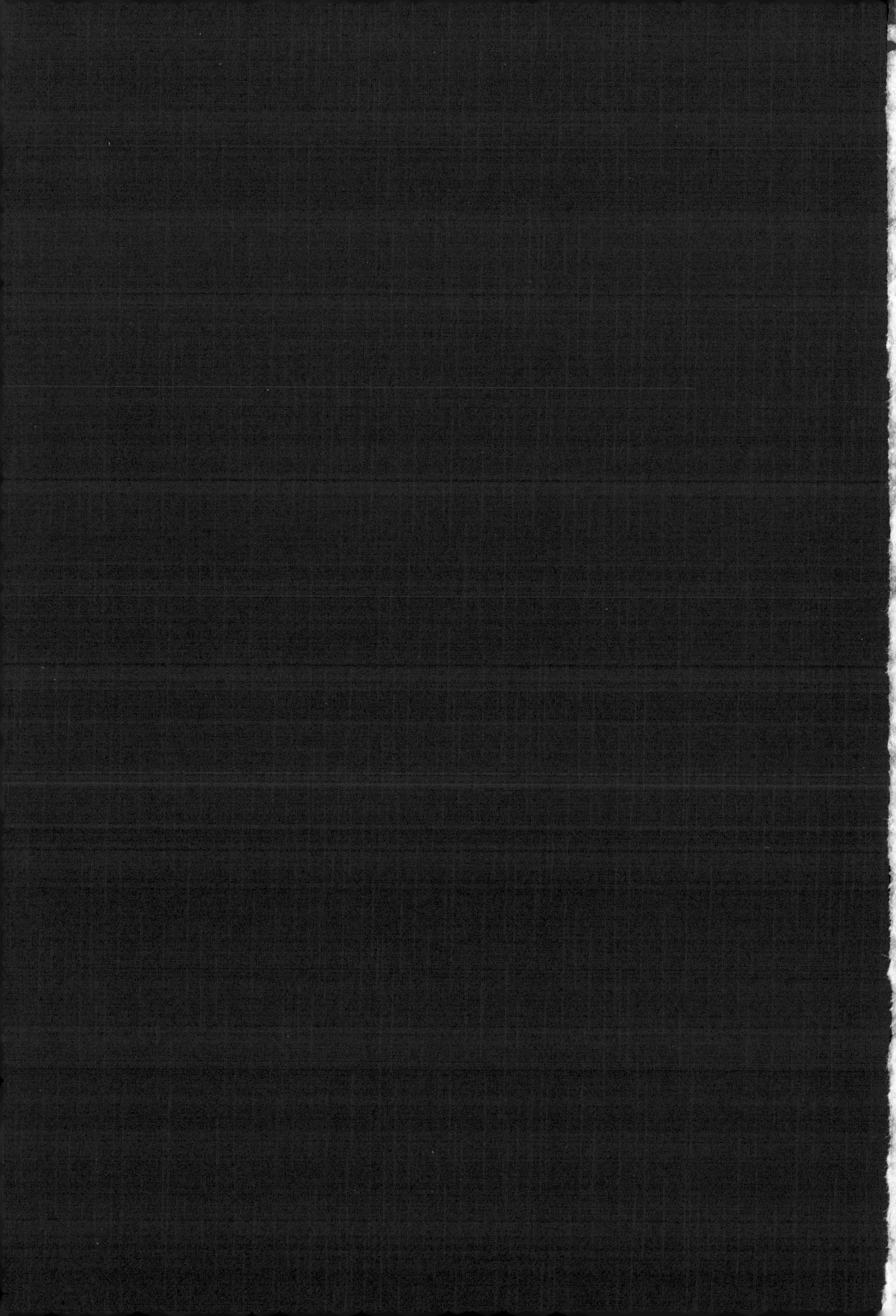